# چھوٹی اوکسفرڈ انگریزی اُردو ڈکشنری

# LITTLE OXFORD ENGLISH-URDU DICTIONARY

# چھوٹی اوکسفرڈ انگریزی اُردو ڈکشنری

شان الحق حقّی کی اوکسفرڈ انگلش اردو ڈکشنری کا ایک خوبصورت اختصار

ترتیب و تدوین

**ابراہیم سعد**

OXFORD
UNIVERSITY PRESS

اوکسفرڈ یونیورسٹی پریس

OXFORD
UNIVERSITY PRESS

گریٹ کلیرنڈن اسٹریٹ، اوکسفرڈ OX2 6DP

اوکسفرڈ یونیورسٹی پریس یونیورسٹی آف اوکسفرڈ کا ایک شعبہ ہے۔ یہ دنیا بھر میں درج ذیل مقامات سے بذریعہ اشاعت کتب تحقیق، علم وفضیلت اور تعلیم میں اعلیٰ معیار کے مقاصد کے فروغ میں یونیورسٹی کی معاونت کرتا ہے:

اوکسفرڈ نیویورک
اوکلینڈ کیپ ٹاؤن دارالسلام ہونگ کونگ کراچی
کوالالمپور میڈرڈ میلبرن میکسیکوسٹی نیروبی
نئی دہلی شنگھائی ٹیپی ٹورونٹو

درج ذیل ممالک میں اوکسفرڈ یونیورسٹی پریس کے دفاتر ہیں:
ارجنٹائن آسٹریا برازیل چلی چیک ریپبلک فرانس یونان
گوئٹے مالا ہنگری اٹلی جاپان جنوبی کوریا پولینڈ پرتگال
سنگاپور سوئٹزرلینڈ ترکی یوکرین ویتنام

Oxford برطانیہ اور چند دیگر ممالک میں اوکسفرڈ یونیورسٹی پریس کا رجسٹرڈ ٹریڈ مارک ہے۔



پہلی اشاعت ۲۰۰۵ء



چھٹی طباعت ۲۰۱۰ء

ISBN 978-0-19-597899-5

پاکستان میں نیو اسکیچ گرافکس پرنٹرز، کراچی میں طبع ہوئی۔
امینہ سیّد نے اوکسفرڈ یونیورسٹی پریس
نمبر ۳۸، سیکٹر ۱۵، کورنگی انڈسٹریل ایریا، پی او بکس نمبر ۸۲۱۴،
کراچی۔ ۷۴۹۰۰، پاکستان سے شائع کی۔

# ترتیب

# عرضِ ناشر

شان الحق حقی صاحب کی ۱۳ سال کی شب و روز کاوش کے نتیجے میں تیار ہونے والی ایک سو چوبیس صفحات کی **اوکسفرڈ انگلش اردو ڈکشنری** جنوری ۲۰۰۳ء میں منظرِ عام پر آئی۔ اس ڈکشنری کو ہر طبقۂ علم نے سراہا، پسند کیا اور اپنی نوعیت کی بہترین کوشش اور اردو زبان میں ایک گرانقدر اضافہ قرار دیا۔ اس کی مقبولیت کا اندازہ اس بات سے بخوبی لگا سکتے ہیں کہ اس وقت اس کا چوتھا ایڈیشن چھپنے گیا ہوا ہے۔ موجودہ چھوٹی ڈکشنری جو ہم آپ کے سامنے لا رہے ہیں کچھ مزید اضافوں کے ساتھ اس بڑی ڈکشنری کا ایک خوبصورت اختصار ہے۔ گو یہ چھوٹی ضرور ہے لیکن اپنی جامعیت اور افادیت کے اعتبار سے کسی بھی موجودہ ڈکشنری سے کم نہیں۔ الفاظ کے چناؤ میں خاص احتیاط برتی گئی ہے۔ رہنمائی کے لیے اوکسفرڈ کی اپنی چھوٹی ڈکشنریوں کو سامنے رکھا گیا ہے اور کوشش کی گئی ہے کہ نہ صرف روزمرہ استعمال کے الفاظ شامل ہوں بلکہ وہ تمام اہم الفاظ ڈکشنری میں موجود ہوں جن سے عام طور پر واسطہ پڑ سکتا ہے۔ الفاظ کے اوّلین اور زیادہ مستعمل معنی پیش کیے گئے ہیں۔ اختصار کے پیشِ نظر ثانوی، تکنیکی، عوامی، محاوراتی، تاریخی اور متروک معنی وہیں پیش کیے گئے جہاں ضروری سمجھا گیا ہے۔ ہاں مشتق الفاظ کے معنی جہاں بھی ممکن ہوا دیے گئے ہیں اور اسی طرح قواعد اور گرامر کے اعتبار سے اگر کوئی اشتباہ ہے تو اس کو جگہ جگہ وضاحتوں سے سمجھایا گیا ہے۔ معنی کو مزید عام فہم بھی بنایا دیا گیا ہے تا کہ کالج اور مدارس کے طالب علم اور عام قارئین اس سے بہتر طور پر فائدہ اٹھا سکیں۔

سات سو اٹھائیس صفحات پر پھیلی ہوئی اس چھوٹی ڈکشنری میں تقریباً اسّی ہزار الفاظ و محاورات، ان کے اردو مترادفات، معانی اور تشریحات شامل ہیں جو بڑی حد تک ہر قاری کی ضرورت کو پورا کریں گے۔ دیگر خوبیوں کے ساتھ اس کی ایک بہت بڑی اور اہم خوبی اس کا سائز ہے۔ فوری حوالے کے لیے اس کا کوئی متبادل نہیں ہے۔ اسکول کے بستے میں رکھی جا سکتی ہے اور بستر کے سرہانے بھی۔ اس کی اہمیت اور افادیت کو دیکھتے ہوئے اس کی قیمت خاص طور پر کم رکھی گئی ہے تا کہ ہر شعبے کے افراد اس سے مستفیض ہو سکیں۔ ہمیں پوری امید ہے کہ یہ ڈکشنری ہماری دوسری ڈکشنریوں کی طرح قارئین میں یقیناً بے حد پسند کی جائے گی۔

**امینہ سیّد**

مینیجنگ ڈائریکٹر

اوکسفرڈ یونیورسٹی پریس، پاکستان

۲۰۰۵ء

# مترادفات

| | |
|---|---|
| Anatomy | تشریح الاعضا |
| Archaeology | آثاریات |
| Archaic | قدیم |
| Art | نقاشی/فنون/آرٹ |
| Astrology | نجوم |
| Astronomy | فلکیات |
| Ballet | بیلے/ رقص |
| Biblical | بائبل |
| Biology | حیاتیات |
| Botany | نباتیات |
| Cards | تاش |
| Chemistry/ Chemical | کیمیا/کیمیائی |
| Chess | شطرنج |
| Coarse slang | فحش/ بازاری/مبتذل |
| Collective Noun | اسم جمع |
| Colloquial | بول چال |
| Computer | کمپیوٹر |
| Dentistry | دندان سازی |
| Derogatory | پھبتی / تحقیراً |
| Dialect | مقامی |
| Ecclesiastical | کلیسا |
| Economics | معاشیات |
| Electricity | برقیات |
| Electronics | برقیریات |
| Emphatic | تاکیدی |
| Euphemistic | حُسنِ تعبیر |
| Formal | رسمی |
| Game | کھیل |
| Genetics | جینیات |
| Geometry | ہندسہ/اقلیدس |
| Grammar | قواعد |
| History | تاریخ |
| Irish | آئرستان |
| Law | قانون |
| Linguistics | لسانیات |
| Literary | ادبی |
| Logic | منطق |
| Masculine | مذکر اسم |
| Mathematics | ریاضی |
| Mechanics | میکانیات |
| Medicine | طب |
| Meteorology | موسمیات |
| Military | فوج/عسکری |
| Music | موسیقی |
| Nautical | جہازرانی |
| offensive | بطور مذمت |
| Parliament | پارلیمنٹ/ پارلیمان |
| Philosophy | فلسفہ |
| Photography | فوٹوگرافی |
| Physics | طبیعیات |
| Poetical | شاعرانہ |
| Politics | سیاسیات / سیاست |
| Printing | طباعت |
| Proprietary Term | تجارتی نام |
| Prosody | عروض |
| Psychology | نفسیات |
| Roman Catholic Church | رومن کیتھولک کلیسا |
| Stock Exchange | دارالمبادلہ/ بازارِ حصص |
| Suffix | لاحقہ |
| Surgery | عملِ جراحی |

| | | | |
|---|---|---|---|
| Swimming | تیراکی | Variant | متبادل |
| Symbol | علامت | Wrestling | کشتی |
| Television | ٹیلیوژن/ٹی وی | | |

# مخففات

| | | | |
|---|---|---|---|
| adjective | adj. | صف | صفت |
| adverb | adv. | م ف | متعلق فعل |
| Australia | Austral. | آسٹر | آسٹریلیا |
| British | Brit. | برط | برطانوی |
| combination form | comb.form | | جزوترکیب |
| conjunction | conj. | | عطف |
| emphatic | emphat. | | تاکیدی |
| feminine | fem. | مث | مؤنث |
| interjection | int. | | فجائیہ |
| Northern England | N.Engl. | شمالی انگ | شمالی انگلستان |
| noun | n. | | اسم |
| noun plural | n.pl. | ج | اسم جمع |
| past participle | past part. | ماضیہ | ماضی معطوفہ |
| plural | pl. | ج | جمع |
| prefix | pref | | سابقہ |
| preposition | prep. | | حرف جار |
| pronoun | pron. | | ضمیر |
| Scottish | Sc. | اسکاچ | اسکاچستانی |
| see | | رک | رجوع کریں |
| South Africa | S.Afr. | | جنوبی افریقہ |
| symbol | symb. | | علامت |
| United States of America | US | امریکا | ریاست ہائے متحدہ امریکا |
| verb | v. | ف | فعل |
| verb, auxiliary | v.aux | ف امدادی | فعل امدادی |

# Aa

**A** تخفیف: ① ampere(s) ۔ ② answer ۔

□ **A1** بول چال: اعلیٰ، بدرجہ اولیٰ، بہترین۔ **A1، A2، A3** کاغذ کے معیاری سائز (طبق یا پنّے کی تعریف) جن میں سے ہر ایک پچھلے سے نصف ہوتا ہے۔

**a** *adj*. (also **an** before a vowel: *called the indefinite article*) ① ایک، یکے، کوئی۔ ② میں، در، فی کے مفہوم میں (*60 words a minute*)

**Å** تخفیف: angstrom(s) ۔

**AA** تخفیف: Alcoholics Anonymous ۔

**aardvark** *n*. بھٹ سؤر، افریقہ کا ایک دودھ پلانے والا جانور، تھوتھنی نلکی جیسی ہوتی ہے۔

**aback** *adv*. □ **taken aback** سٹ پٹایا ہوا، ششدر، حیران، ہکا بکّا۔

**abacus** *n*.( *pl*. **abacuses** ) شمار چوکھٹا، گنتارا، ایک مستطیل چوکھٹا جس میں تار کسے ہوئے یا نالیاں بنی ہوتی ہیں جن کے اندر پڑے ہوئے منکے اِدھر اُدھر کھسکائے جاسکتے ہیں، حساب کرنے کے لیے مستعمل۔

**abandon** *v*. & *n*. ف: ① تکمیل کار سے پہلے ترک کرنا۔ ② چھوڑ کر چلا جانا۔ اسم: بے پروا، آزادانہ انداز۔ ● **abandonment** اسم: ترک، تیاگ۔

**abandoned** *adj*. ① (آدمی) جسے چھوڑ دیا گیا ہو۔ ② خالی یا غیر مستعمل چھوڑا ہوا (مکان، گاڑی وغیرہ) ③ بے پروا، لاابالی۔

**abase** *v*. خوار کرنا؛ ذلیل کرنا، گرانا (خود کو یا دوسرے کو) ● **abasement** اسم: خواری، شرمندگی۔

**abashed** *adj*. سراسیمہ، گھبرایا، بوکھلایا؛ شرمندہ۔

**abate** *v*. کمزور، دھیما پڑنا یا ہونا، شدّت میں کمی آنا۔ ● **abatement** اسم: تخفیف، کمی۔

**abattoir** *n*. کمیلا، مذبح، بوچڑ خانہ۔

**abbess** *n*. عیسائی راہبات کی خاتون سربراہ۔

**abbey** *n*. ① خانۂ راہباں یا راہبات۔ ② کوئی گرجا جو راہبوں کی اقامت گاہ ہو۔

**abbot** *n*. وہ شخص جو راہبوں کی اقامت گاہ کا صدر ہو۔

**abbreviate** *v*. تخفیف کرنا، مختصر کرنا۔

**abbreviation** *n*. ① مخفف صورت، خصوصاً کسی لفظ یا فقرے کا اختصار۔ ② تخفیف، اختصار کا عمل۔

**ABC** *n*. ① حروف تہجی۔ ② کسی مضمون کی مبادیات اب ت۔ ③ ترتیب تہجی پر مبنی اشاریہ وغیرہ۔

**abdicate** *v*. ① (تخت و تاج سے) کلی دستبردار ہونا۔ ② تجنا، تیاگنا، چھوڑنا (عہدے، خدمت وغیرہ کو) ● **abdication** اسم: دست برداری۔

**abdomen** *n*. جسم کا وہ حصّہ جس کے اندر معدہ، آنتیں، رحم، تولیدی اعضا وغیرہ واقع ہوتے ہیں، پیٹ، شکم۔ ● **abdominal** صف۔

**abduct** *v*. اغوا کرنا، بھگا لے جانا۔ ● **abduction** اسم: اغوا۔ **abductor** اسم: مغوی۔

**aberrant** *adj*. ① عام سے مختلف، خلاف معمول۔ ② تسلیم شدہ معیار سے مختلف۔ ● **aberrance** اسم۔

**aberration** *n*. غلط روی، خطا کاری، معمول سے یا معیار سے انحراف۔

**abet** *v*. (**abetted, abetting**) (جرم یا مجرم کی) معاونت یا ہمت افزائی کرنا۔ ● **abettor** اسم۔

**abeyance** *n*. □ **in abeyance** معطل، عارضی طور پر موقوف۔

**abhor** *v*. (**abhorred, abhorring**) متنفر ہونا، کسی بات یا شے سے کراہیت کرنا، سخت ناگواری محسوس کرنا۔ ● **abhorrence** اسم۔

**abhorrent** *adj*. مکروہ، نفرت انگیز، سخت ناگوار۔

**abide** *v*. گوارا کرنا، برداشت کرنا۔ □ **abide by** (وعدہ) پورا کرنا، (نتائج) بھگتنا۔

**abiding** *adj*. مستقل، قائم، مسلسل۔

**ability** *n*. (*pl*. **-ies**) ① توفیق، استعداد، قدرت۔ ② ذہانت، ذہنی استعداد، لیاقت، قابلیت۔

**ab initio** *adv*. ابتدا سے؛ از آغاز۔

**abject** *adj*. ① بدحال، خراب۔ ② پست، خوار، زبوں، کسرنفسی میں مبتلا۔ ● **abjectly** م ف۔

**abjure** *v*. دستبرداری کا عہد کرنا؛ ترکِ تعلق کرنا۔

**ablaze** *adj.* جلتا ہوا، آگ کی لپیٹ میں۔

**able** *adj.* اہل، قابل، لائق، فاضل، ہنر مند۔

● **ably** م ف۔

**ablutions** *n. pl.* رسمی: وضو، غسل، پاک کرنے، دھونے، نہانے کا عمل۔

**abnegate** *v.* ① ترک کرنا؛ تیاگ دینا؛ انکار کرنا۔ ② منکر ہو جانا، چھوڑ دینا (حق یا عقیدے کو)

**abnormal** *adj.* معمول، رواج یا دستور کے خلاف۔

● **abnormality** اسم۔ **abnormally** م ف۔

**aboard** *adv. & prep.* (جہاز، ریل وغیرہ پر) سوار یا موجود۔

**abode** *n.* ادبی: ٹھکانا، رہنے کی جگہ، گھر۔

**abolish** *v.* منسوخ کرنا، ختم کرنا، مٹانا (کسی رواج یا روایت وغیرہ کو) ● **abolition** اسم۔

**abominable** *adj.* قابل نفرت، کریہہ، گھناؤنا۔

● **abominably** م ف۔

**abominate** *v.* ادبی: نفرت کرنا، گھن کھانا۔

● **abomination** اسم۔

**aboriginal** *adj. & n.* صف: کسی خطۂ زمین پر زمانۂ قدیم سے آباد۔ اسم: قدیم باشندہ، خصوصاً (**Aboriginal**) آسٹریلیا کا قدیم باشندہ۔

**aborigine** *n.* قدیمی باشندہ، خصوصاً (**Aborigine**) آسٹریلیا کا قدیمی باشندہ۔

**abort** *v.* ① (جنین کا) قبل از وقت اسقاط کرنا۔ ② قبل از وقت یا لاحاصل طور پر ختم کرنا یا کرانا۔

**abortion** *n.* اسقاطِ حمل خود بخود یا عملاً، خصوصاً حمل قرار پانے کے پہلے ۲۸ ہفتوں کے درمیان۔

**abortionist** *n.* اسقاط کرانے والا۔

**abortive** *adj.* لاحاصل، بے فائدہ، ناکام، شرمندۂ تکمیل۔ ● **abortively** م ف۔

**abound** *v.* وافر ہونا، بہتات سے ہونا۔

**about** *prep. & adv.* حرف جار: ① کے موضوع پر، کے بارے میں۔ ② لگ بھگ، اتنے وقت پر۔ ③ درمیان، اطراف میں، ہر جانب۔ م ف: ① تقریباً۔ ② جہاں تہاں، قرب و جوار میں۔ ③ ہر طرف، ہر جانب۔ ④ مصروف عمل۔ ⑤ متواتر، لگاتار۔ □ **be about to** کسی بات یا کام پر آمادہ یا کرنے کے قریب ہونا۔

**about-face** *n.* (also **about-turn**) ① مخالف سمت میں موڑ، اس طرح کہ منہ دوسری طرف ہو جائے۔ ② رائے، پالیسی وغیرہ میں ایسا اقدام۔

**above** *prep. & adv.* حرف جار: ① اوپر، اونچا۔ ② بڑھ کر، زیادہ۔ ③ مرتبے، عہدے، حیثیت یا اہمیت میں بڑھ کر۔ م ف: اوپر کو یا بالائی مقام پر، سر کے اوپر۔ □ **above board** روشن، منصفانہ یا منصفی سے۔ **above oneself** مغرور، متکبر، بد دماغ۔

**abracadabra** *n.* جادو منتر۔

**abrasion** *n.* ① (جلد، چٹان وغیرہ کے) رگڑنے، گھسنے کا عمل۔ ② رگڑ سے پڑنے والا نشان یا جگہ۔

**abrasive** *adj. & n.* صف: ① گھسنے، رگڑنے، رگڑ کر چمکانے والا۔ ② کھردرا، آزار دینے والا۔ اسم: رگڑ ڈالنے یا گھسائی میں کام آنے والا مادّہ۔

**abreast** *adv.* ایک ہی رخ پر، پہلو بہ پہلو، ہمدوش۔ □ **keep abreast of** تازہ ترین حالات سے باخبر رکھنا۔

**abridge** *v.* خلاصہ کرنا، اختصار کرنا۔

● **abridgement** اسم: خلاصہ، اختصار۔

**abroad** *adv.* بیرونی ملک کو یا بیرونی ملک میں۔

**abrogate** *v.* منسوخ کرنا، مٹانا، ختم کرنا۔

● **abrogation** اسم: منسوخی، تنسیخ۔

**abrupt** *adj.* ① اچانک، یکلخت۔ ② ناہموار، بے ربط۔ ③ پھسلواں، ڈھالو۔ ● **abruptly** م ف: دفعتہً، یکا یک۔ **apruptness** اسم: ناہمواری، بے ربطی۔

**abscess** *n.* پکا، پیپ سے بھرا پھوڑا، دنبل۔

**abscond** *v.* فرار ہونا، چپکے سے نکل بھاگنا خصوصاً غیر قانونی طور پر یا گرفتاری سے بچنے کے لیے۔

**abseil** *v.* اونچائی پر کمر میں بندھی رسّی کے سہارے سیدھی چٹان پر سے اترنا۔

**absence** *n.* ① کسی مقام یا شخص کے پاس سے غیر حاضری، عدم موجودگی۔ ② ناپیدگی، عدم وجود۔

**absent** *adj.* غیر حاضر، کسی جگہ یا مقام سے غائب، ناپید۔ □ **absent oneself** غائب رہنا۔

**absentee** *n.* غیر حاضر خصوصاً کام یا اسکول سے۔

● **absenteeism** اسم: غیر موجودگی۔

**absent-minded** *adj.* عادتاً بھلکڑ یا دھیان بٹا رہنے کی وجہ سے بے توجہی کے عالم میں، غائب دماغ۔
**absinthe** *n.* سونف کے ذائقے کی سبز شراب۔
**absolute** *adj.* مکمل، کامل، مطلق، غیر مشروط۔
**absolutely** *adv. & int.* م ف: کاملاً، پوری طرح، قطعاً۔ فجائیہ: (جواباً) قطعی، جی ضرور، بالکل۔
**absolution** *n.* ① کلیسا کی جانب سے گناہوں کی معافی۔ ② عفو، درگزر، خطا بخشی۔
**absolutism** *n.* مطلق العنانی، سیاسی، فکری، اخلاقی یا دینی معاملات میں کٹر پن۔ ● **absolutist** اسم۔
**absolve** *v.* الزام یا ذمّہ داری سے بری کرنا۔
**absorb** *v.* ① اپنی ذات میں یا اپنے اندر سمالینا، اپنانا۔ ② چوس لینا، جذب کرنا۔ ③ (دھکے، دھچکے وغیرہ کی) شدّت کو سہہ جانا۔ ④ توجّہ بٹا لینا، اپنے اندر محو کرلینا۔ ● **absorption** اسم: انہماک، کامل مشغولیت۔
**absorbent** *adj* جذب کرلینے، چوس لینے والا (خصوصاً مائع کو)
**abstain** *v.* ① بچنا، پرہیز کرنا خصوصاً شراب نوشی سے۔ ② اپنا ووٹ استعمال نہ کرنے کا فیصلہ کرنا۔ ● **abstainer** اسم۔ **abstention** اسم: گریز۔
**abstemious** *adj.* اعتدال پسند، معتدل خصوصاً کھانے پینے میں۔ ● **abstemiously** صف۔ **abstemiousness** اسم: اعتدال پسندی۔
**abstinence** *n.* پرہیز، اجتناب خصوصاً کھانے کی چیز یا شراب سے۔
**abstract** *adj., v. & n.* صف: ① مجرد، خیالی، غیر مادّی۔ ② فنون: تجریدی جو اشکال یا رنگوں وغیرہ کو خوش آئند ترتیب سے جوڑے نہ کہ حقیقی اجسام کے مطابق۔ ف: ① ہٹانا، کشید کرنا، علاحدہ کرنا۔ ② اختصار کرنا، خلاصہ کرنا۔ اسم: ① خلاصہ، تلخیص، اختصار۔ ② تجریدی فن پارہ۔ □ **in the abstract** نظری طور پر۔ ● **abstraction** اسم۔
**abstruse** *adj.* دشوار، عسیر الفہم، مبہم، دقیق۔
**absurd** *adj.* ① مہمل، بے معنی۔ ② نامعقول، فضول۔ ③ مضحکہ خیز، واہیات۔ ● **absurdity** اسم: بے تکا پن، خرافات۔ **absurdly** م ف۔

**abundant** *adj.* فراواں، کثیر، بہتات سے۔ ● **abundance** اسم۔ **abundantly** م ف۔
**abuse** *v. & n.* ف: ① غلط یا بری طرح برتنا۔ ② زبانی برا بھلا کہنا، گالی دینا۔ ③ برا برتاؤ کرنا۔ اسم: ① بدعنوانی، اختیار کا بے جا استعمال۔ ② گالم گلوچ۔
**abusive** *adj.* ① توہین آمیز، رکیک، مبتذل۔ ② تند، ظالمانہ۔ ● **abusively** م ف۔
**abut** *v.* (**abutted, abutting**) ① زمین، مکان وغیرہ کا ملحق، متصل ہونا۔ ② کسی پر جھکنا، ٹکنا، سہارا لینا۔
**abysmal** *adj.* نہایت قبیح، ناگوار، نہایت برا۔
**abyss** *n.* اتھاہ گھاٹی، جس کی بظاہر تہ نہ ہو۔
**AC** تخفیف: alternating current متبادل برقی رو۔
**Ac** علامت: عنصر actinium ایکٹی نیم۔
**a/c** تخفیف: account اکاؤنٹ۔
**academic** *adj. & n.* صف: ① تعلیم، علمی دنیا سے متعلق۔ ② نظریاتی، علمی۔ اسم: اعلیٰ تعلیمی درس گاہ کا استاد۔ ● **academically** م ف۔
**academician** *n.* کسی اکیڈمی کا رکن۔
**Academy** *n.* (*pl.*-ies) (**academy**) ① علمی درس گاہ۔ ② ممتاز دانشوروں، آرٹسٹوں یا سائنس دانوں کا حلقہ۔
**accede** *v.* رسمی: رضامندی ظاہر کرنا، منظور کرنا۔
**accelerate** *v.* زیادہ تیزی سے دوڑنا، کسی عمل کا زیادہ تیزی سے تکمیل پانا۔ ● **acceleration** اسم۔
**accelerator** *n.* رفتار تیز کرنے کی کل، خصوصاً گاڑی کے انجن کا پاؤں سے دبایا جانے والا پرزہ۔
**accent** *n. & v.* اسم: ① تلفظ کی ادائیگی کا انداز خصوصاً جو کسی طبقے یا علاقے سے مخصوص ہو۔ ② نبرہ، بل، زور جو لفظ کے کسی جز پر آئے۔ ③ حرف یا لفظ پر زور دینے کے لیے لگایا جانے والا نشان۔ ف: ① زور دے کر ادا کرنا (لفظ یا جزو لفظ کو) ② زور دینا۔
**accentuate** *v.* زور دینا، نمایاں کرنا۔ ● **accentuation** اسم۔
**accept** *v.* ① قبول کرنا، ہامی بھرنا، اقرار کرنا۔ ② رائے، توضیح وغیرہ کو درست تسلیم کرنا۔ ③ برداشت کرلینا، منظور کرلینا۔ ● **acceptance** اسم۔

**acceptable** *adj.* ① قبول کرنے، ماننے کے قابل، خوش آئند۔ ② کافی، اطمینان بخش، گوارا۔ ● **acceptability** اسم۔ **acceptably** م ف۔
**access** *n. & v.* اسم: ① داخل ہونے کا ذریعہ یا دروازہ۔ ② داخل ہونے یا استعمال کرنے کا حق یا موقع، دسترس، رسائی۔ ف، کمپیوٹر: (ذخیرۂ معلومات یا فائلوں وغیرہ تک) پہنچنا، رسائی حاصل کرنا۔
**accessible** *adj.* قابل رسائی، دسترس میں، پہنچ کے اندر۔ ● **accessibility** اسم۔ **accessibly** م ف۔
**accession** *n.* ① رسائی، پہنچ، کسی عہدے، رتبے پر۔ ② اضافہ (کتاب کا کتب خانہ میں)
**accessory** *n.(pl* **-ies)** ① اضافہ کردہ شے۔ ② اضافی اشیا مثلاً زنانہ لباس کے ساتھ، جوتے، دستانے بٹوہ وغیرہ۔ ③ صلاح کار، مددگار (خصوصاً مجرم کا، جرم میں شریک ہوئے بغیر)
**accident** *n.* ① حادثہ، اچانک واقع ہونے والی غیر متوقع بات یا واردات۔ ② اتفاق، تقدیری عمل۔
**accidental** *adj.* جو اچانک واقع ہو، حادثاتی، غیر متوقع۔ ● **accidentally** م ف۔
**acclaim** *v. & n.* ف: جوش وخروش کے ساتھ سراہنا یا خوش آمدید کہنا۔ اسم: تحسین و آفریں، خوش آمدید کا نعرہ۔ ● **acclamation** اسم۔
**acclimatize** *v.* (also **-ise**) نئی آب وہوا یا نئے حالات سے مانوس کرانا، رسانا بسانا یا مانوس ہو جانا۔ ● **acclimatization** اسم۔
**accolade** *n.* ① تحسین، ستائش، خوبی کا اعتراف۔ ② نائٹ کا خطاب عطا کرنے کی رسم۔
**accommodate** *v.* ① بسانا، سمانا، ٹھہرانا، رکھنا۔ ② موافقت، ہم آہنگی، میل، مطابقت پیدا کرنا۔
**accommodating** *adj.* روادار، نباہ کرنے والا، فراخ دل۔
**accommodation** *n.* رہنے کی جگہ۔
**accompany** *v.* **(-ies, -ied)** ① ساتھ جانا، ساتھ ساتھ ہونا۔ ② موسیقی: سنگت کرنا۔ ● **accompaniment** اسم۔ **accompanist** اسم۔
**accomplice** *n.* مجرم کا ساتھی، شریک جرم۔

**accomplish** *v.* انجام دینا، پورا کرنا، کر دکھانا، عہدہ برآ ہونا۔ ● **accomplishment** اسم۔
**accomplished** *adj.* ماہر، اعلیٰ تربیت یافتہ۔
**accord** *v. & n.* ف: موافق، ہم آہنگ ہونا، میل کھانا۔ اسم: معاہدہ، رضامندی، ہم آہنگی۔ □ **of one's own accord** ازخود، اپنی مرضی سے۔
**accordance** *n.* موافق، مطابقت۔
**according** *adv.* □ **according to** جیسا کہ کہا گیا، بمطابق اتنا ہی، ویسے ہی۔ ● **accordingly** م ف: نتیجے میں، اس لیے۔
**accordion** *n.* ایک تہ ہو جانے والا، دھونکنی سے پھونکا جانے والا ساز جس میں سُر نکالنے کے لیے کلیدیں یا بٹن لگے ہوتے ہیں۔
**accost** *v.* للکارنا، ٹوکنا۔
**account** *n.* ① بیان، روئداد۔ ② بینک یا کسی ادارے میں کھولا جانے والا حساب، کھاتا خصوصاً جس میں رقم رکھی اور نکالی جا سکے۔ □ **account for** ① توجیہہ کرنا، سبب بتانا۔ ② حساب پیش کرنا، جوابدہی کرنا۔ **on account of** بہ سبب، بوجہ۔
**accountable** *adj.* ذمّہ دار، جواب دہ۔ ● **accountability** اسم: جواب دہی۔
**accountant** *n.* محاسب، حساب دار۔ ● **accountancy** اسم: فن حساب داری، محاسبی۔
**accoutrements** *n. pl.* (*US* also **accouterments**) سازوسامان، ملبوسات۔
**accredited** *adj.* ① رسمی منظوری پایا ہوا، تسلیم شدہ (شخص یا تنظیم) ② عام طور پر مانا ہوا۔
**accretion** *n.* ① نمو، افزائش۔ ② خارجی اشیا وغیرہ جو اخذ کر لی جائیں۔
**accrue** *v.* **(accrued, accruing)** ملنا، حاصل ہونا؛ کمایا جانا (منافع وغیرہ) ● **accrual** اسم۔
**accumulate** *v.* اکٹھا، جمع، فراہم کرنا یا ہونا، بٹورنا، جمع ہونا، بڑھنا۔ ● **accumulation** اسم۔
**accumulator** *n.* ① برقی خانہ (سیل) جو دوبارہ باردار بنایا (چارج کیا) جا سکے۔ ② قماربازی میں ایسی شرط کہ ایک دفعہ کی جیت اگلی باری میں لگتی جائے۔

**accurate** *adj.* بالکل درست،غلطی سے پاک۔
● **accuracy** اسم۔ **accurately** م ف۔
**accusative** *n.* قواعد:حالت مفعولی؛اسم مفعول۔
**accuse** *v.* الزام لگانا،قصوروارٹھہرانا کسی خطا یا خرابی کا۔ ● **accusation** اسم۔ **accuser** اسم۔
**accustom** *v.* مانوس کرانا،عادی بنانا۔
**ace** *n. & adj.* اسم:① تاش کا پتہ جس پر ایک ہی نشان ہو۔ ② بول چال: ماہر، بے مثل، افضل، یکتا۔ ③ ٹینس: ایسی گیند جو مخالف سے لوٹائی نہ جا سکے۔
**acerbic** *adj.* ① کسیلا اور کھٹا، ترش و تیز ذائقے والا۔ ② تیز مزاج، تیز زبان۔ ● **acerbity** اسم۔
**acetate** *n.* ایسی ٹیٹ سے بنایا ہوا ریشہ یا کپڑا۔
**acetic acid** *n.* شفاف تیزابی مائع جو سرکے کا ذائقہ پیدا کرتا ہے۔(دوسرا نام **ethanoic acid**)
**acetone** *n.* ایک بے رنگ مائع کیتون جو روغن، وارنش وغیرہ بنانے میں کام آتا ہے۔
**acetylene** *n.* ایک بے رنگ گیس جس کا شعلہ بہت روشن ہوتا ہے، ویلڈ نگ میں کام کرتی ہے۔
**ache** *n. & v.* اسم: درد جو مسلسل ہو۔ف: ① دکھنا، درد کرنا؛ ② بہت خواہشمند، بے چین ہونا۔
**achieve** *v.* ① کوشش سے حاصل کرنا، پانا۔ ② کام یا کارنامہ سرانجام دینا۔ ③ کامیاب ہونا، کسی معیار پر پورا اترنا۔ ● **achievable** صف۔ **achiever** اسم۔ **achievement** اسم: کارنامہ۔
**Achilles heel** *n.* کسی کی کوئی دکھتی رگ۔
**Achilles' tendon** *n.* وہ پٹھا یا عضلہ جو ایڑی کو پنڈلی کی مچھلی سے ملاتا ہے۔
**acid** *n. & adj.* اسم: ان مادّوں میں سے کوئی جو الکلی کو بے تاثیر بنادیتے ہیں، عموماً ترش، لٹمس میں سرخ ہو جاتے ہیں، تیزاب، ترشہ۔ صف: ① کھٹا تیز ذائقے والا۔ ② کٹیلا، تیز، کھٹکنے والا۔ ③ تیزابیت کا حامل۔ ● **acidic** صف۔ **acidity** اسم۔ **acidly** م ف۔
**acid rain** *n.* بارش جس میں صنعتی آلودگی سے پیدا ہونے والی تیزابیت شامل ہو۔
**acknowledge** *v.* ① پہچاننا، قبول کرنا، اعتراف کرنا، تسلیم کرنا۔ ② رسید دینا، وصولیابی کی توثیق کرنا۔ ● **acknowledgement** اسم۔
**acme** *n.* اوج، عروج، انتہائے کمال۔
**acne** *n.* مہاسے، کمال دانہ۔
**acolyte** *n.* ① گرجا یا جلوس میں پادری کا مددگار۔ ② کوئی معاون، مددگار؛ شاگرد، مبتدی۔
**acorn** *n.* شاہ بلوط کے درخت کا پھل۔
**acoustic** *adj. & n.* صف: آواز یا سماعت سے متعلق، سمعی، صوتی۔ اسم: **(acoustics)**: کمرے، ہال وغیرہ کے اندر ترسیل آواز کی صلاحیت یا کیفیت۔
**acquaint** *v.* کسی کو یا خود کو واقف، مانوس، باخبر کرانا۔ □ **be acquainted with** شخص یا شے سے واقف یا روشناس ہونا۔
**acquaintance** *n.* ① روشناسی، واقفیت، جان پہچان۔ ② ملاقاتی جس سے سرسری شناسائی ہو۔
**acquiesce** *v.* رضامندی ظاہر کرنا۔
● **acquiescent** صف۔ **acquiescence** اسم۔
**acquire** *v.* حاصل کرنا، پانا۔
**acquired immune deficiency syndrome** دیکھیں AIDS۔
**acquisition** *n.* ① یافت؛ حاصل کردہ شے۔ ② حاصل کرنے کا عمل یا واقعہ۔
**acquisitive** *adj.* حاصل کرنے، بٹورنے میں تیز، حریص۔ ● **acquisitiveness** اسم۔
**acquit** *v.* **(acquitted, acquitting)** بری کرنا، الزام سے مُبرّا قرار دینا۔ □ **acquit oneself** کام پورا کرنا، عمل درآمد کرنا۔ ● **acquittal** اسم۔
**acre** *n.* ایکڑ، زمین کی پیمائش کا رقبہ جو ۴۸۴۰ مربع گز یا ۰٫۴۰۵ ہیکٹر کے برابر ہوتا ہے۔ ● **acreage** اسم۔
**acrid** *adj.* کٹیلا، تیز و تلخ، ترش، تند و تیز۔
**acrimonious** *adj.* جھلا، تندخو، مزاج کا کڑوا۔
● **acrimony** اسم: تیز مزاجی۔
**acrobat** *n.* قلاباز، جسمانی کرتب دکھانے والا۔
**acrobatic** *adj. & n.* صف: جسمانی کرتب دکھانے کے فن یا ہنر سے متعلق۔ اسم: **(acrobatics)**: جسمانی کرتب۔
**acronym** *n.* سرنامیہ، وضعی لفظ جو کئی الفاظ کے

پہلے حروف کو ملا کر بنا لیا جائے جیسے: *laser 'Nato*۔

**acrophobia** *n.* اونچائی سے غیر معمولی خوف۔

**acropolis** *n.* قدیم یونانی شہر کا اونچا قلعہ بند علاقہ یا قلعہ۔

**across** *prep. & adv.* ① پرلی طرف۔ ② ایک طرف سے دوسری طرف۔

**acrostic** *n.* کوئی نظم یا عبارت جس کی ہر سطر کے بعض حروف سے کوئی نیا لفظ بنے، جسے صنعت توشیح اور نظم کو موشّح کہتے ہیں۔

**acrylic** *n.* ایکریلک کا پارچہ یا ریشہ۔

**act** *n.& v.* اسم: ① تکمیل شدہ کام۔ ② اقدام، حرکت، کارروائی۔ ③ کسی تفریحی پروگرام کا ایک حصّہ۔ ④ کسی ناٹک کا ایک جزوی دور۔ ⑤ پارلیمنٹ کا منظور کردہ قانون۔ ف: ① عمل کرنا، طرزِ عمل اختیار کرنا۔ ② کارروائی کرنا، قدم اُٹھانا، اثر کرنا۔ ③ اداکاری کرنا۔

**acting** *adj.* قائم مقام۔

**actinium** *n.* ایک تابکار عنصر (علامت: Ac)

**action** *n.* ① عمل، کارروائی۔ ② جنگ، لڑائی، معرکہ۔ ③ عدالتی کارروائی، مقدمہ۔

**actionable** *adj.* قانونی کارروائی کے لائق۔

**activate** *v.* فعّال بنانا، کام سے لگانا۔ ● **activation** اسم۔ **activator** اسم۔

**active** *adj.* ① باعمل، فعّال، مستعد، محنتی۔ ② برسرِکار، مشغول۔ ● **actively** م ف۔

**activist** *n.* سیاست میں عملی اقدام کا قائل۔

**activity** *n. (pl.* **-ies)** ① باعمل، متحرک ہونے کی صورت حال۔ ② کوئی خاص کام، مصروفیت۔

**actor** *n.* اداکار، فلم وغیرہ میں اداکاری کرنے والا۔

**actress** *n.* اداکارہ۔

**actual** *adj.* ① اصلی، حقیقی، مادّی۔ ② موجود، حاضر، اس وقت پایا جانے والا۔

**actuality** *n.(pl.* **-ies)** حقیقت، اصلیت۔

**actually** *adv.* واقعتہً، حقیقتہً، اصل میں۔

**actuary** *n. (pl.* **-ies)** انشورنس کا ماہر خصوصاً وہ جو بیمے کے خطروں اور قسطوں کا حساب لگاتا ہے۔ ● **actuarial** صف۔

**actuate** *v.* ① حرکت میں لانا۔ ② چلانا۔ ③ کام پر لگانا۔ ● **actuation** اسم۔

**acumen** *n.* بصیرت، ذکاوت، تیزی طبع۔

**acupressure** *n.* علاج جس میں جسم پر خاص جگہوں پر دباؤ ڈالا جائے۔ ● **acupressurist** اسم۔

**acupuncture** *n.* کھال یا رگوں میں سوئیاں چبھونے کے ذریعے امراض کے علاج کا طریقہ (اصلاً چینی) ● **acupuncturist** اسم۔

**acute** *adj.* ① زود حس، حسّاس، تیز۔ ② ہوشیار، زود فہم۔ ③ (مرض) شدید، بہت بڑھا ہوا۔ ④ (زاویہ) ۹۰ درجے سے کم۔

**AD** تخفیف: *Anno Domini* تاریخ کی وضاحت کے لیے آتا ہے، مراد عیسوی تاریخ سے ہے۔

**adage** *n.* مثل، کہاوت، قولِ معروف، پُرمغز مقولہ۔

**adagio** *adv.* موسیقی: بلمپت لے میں، دھیمی۔

**Adam** *n.* صحائف سماوی کی رو سے پہلے انسان، حضرت آدمؑ۔ □ **Adam's apple** نرخرہ جو مردوں کے گلے میں نمایاں ہوتا ہے۔

**adamant** *adj.* ارادے پر سختی سے قائم، اٹل، ہٹیلا۔

**adapt** *v.* موافق، مطابق کرنا، کسی مقصد کے مطابق تشکیل دینا، حسبِ منشا بنانا، ڈھالنا، تبدیل کرنا، نئی شکل میں لانا۔ ● **adaptation** اسم۔

**adaptable** *adj.* ① خود کو نئے حالات کے مطابق ڈھال لینے کا اہل۔ ② جسے موافق، مطابق بنایا، حسب منشا ڈھالا جاسکے۔ ● **adaptability** اسم۔

**adaptor** *n.* کئی برقی پلگوں (اتصالی کلیدوں) کو ایک مخرج سے جوڑنے کا ذریعہ۔

**add** *v.* ① اضافہ کرنا، بڑھانا۔ ② جمع کرنا، میزان نکالنا۔ ③ مزید کچھ کہنا، بیان میں کوئی بات بڑھانا۔

**addendum** *n.(pl.* **addenda)** اضافہ شدہ شے خصوصاً کتاب میں؛ ضمیمہ۔

**adder** *n.* زہریلے سانپوں میں سے کوئی، افعی۔

**addict** *n.* عادی، رسیا، علّت میں گرفتار شخص۔

**addicted** *adj.* منشیات میں مبتلا، نشہ باز، علّتی۔ ● **addiction** اسم۔ **addictive** صف۔

**addition** *n.* جمع کا عمل، اضافہ، افزائش، شمولیت۔

**additional** *adj.* زائد، فاضل، مزید اضافی۔
●**additionally** م ف۔
**additive** *n.* اضافہ، ملائی جانے والی شے۔
**addle** *v.* گڑبڑ ڈالنا، ابتری مچانا، پریشان کرنا۔
**addled** *adj.* ① (انڈے کے لیے) گندہ، خراب۔ ② بگڑا، خراب، نادرست۔
**address** *n. & v.* اسم: ① وہ جگہ جہاں کوئی شخص رہتا ہو یا اُس مقام کی تفصیل جو ڈاک کے لیے ضروری ہو۔ ② حاضرین سے خطاب۔ ف: ① ڈاک کے لیے لفافے وغیرہ پر نام پتہ درج کرنا۔ ② خطاب کرنا۔ ③ کسی طرف دھیان دینا، توجّہ کرنا۔
**addressee** *n.* وہ شخص جس کے نام کوئی چیز (خصوصاً خط، چٹھی) بھیجی جائے۔
**adduce** *v.* پیش کرنا، نقل کرنا، لانا (دلیل، ثبوت)
**adenoids** *n. pl.* بڑھے ہوئے لمفائی نسیج جو ناک کے پچھلے حصّے اور حلق میں ہوتے ہیں۔ ●**adenoidal** صف۔
**adept** *adj.* نہایت اہل، کارگزار، ماہر، سدھا ہوا۔
**adequate** *adj.* کافی، حسبِ ضرورت، اطمینان بخش۔ ●**adequacy** اسم۔ **adequately** م ف۔
**adhere** *v.* ① (کسی مادّے کا) کسی سطح پر باہم چپکنا۔ ② کسی مقصد، عقیدے کا ساتھ دینا۔ ●**adherence** اسم۔ **adherent** صف و اسم۔
**adhesion** *n.* منسلک، چپکے رہنے کا عمل یا اہلیت۔
**adhesive** *adj. & n.* صف: چپکنے والا، چپکو۔ اسم: چپکانے، جوڑنے والا مادّہ، گوند وغیرہ۔
**ad hoc** *adv. & adj.* کسی خاص مقصد کے لیے، ہنگامی، وقتی، مخصوص۔
**adieu** *int. & n.* (*pl.* **adieus** or **adieux**) الوداع، خدا حافظ، اللہ نگہبان، رخصت۔
**ad infinitum** *adv.* تا ابد، مسلسل، بے انت۔
**adipose** *adj.* چربیلا، چربی سے متعلق۔
**adjacent** *adj.* نزد، نزدیک، ملحق، محاذی۔
**adjective** *n.* صفت، اسم صفت بطور کلمۂ صفت۔
●**adjectival** صف۔
**adjoin** *v.* ملحق، متصل، ملا ہوا ہونا۔

**adjourn** *v.* وقتی طور پر ملتوی کرنا (اجلاس وغیرہ) کسی اور وقت پر اٹھا رکھنا۔ ●**adjournment** اسم۔
**adjudge** *v.* ① جھگڑے کا فیصلہ کرنا، جھگڑا چکانا۔ ② عدالتی فیصلہ کرنا، حکم صادر کرنا۔
**adjudicate** *v.* ① کسی مقابلے، عدالت وغیرہ میں جج بننا، حکم بننا۔ ② کسی مطالبے وغیرہ کا فیصلہ کرنا۔
●**adjudication** اسم۔ **adjudicator** اسم۔
**adjunct** *n.* ضمیمہ، ذیلی یا الحاقی، ماتحت۔
**adjure** *v.* حلف دینا، قسم دینا، واسطہ دینا کسی کو کسی بات کے لیے۔
**adjust** *v.* ① مرتب کرنا، سنوارنا، تھوڑی بہت ترمیم، تصحیح کرنا۔ ② کارآمد بنانا، مطابقت، موافقت پیدا کرنا۔
●**adjustable** صف۔ **adjustment** اسم۔
**adjutant** *n.* وہ افسر جو اعلیٰ افسروں اور ماتحت فوجیوں کے درمیان رابطے کا کام کرتا ہے۔
**ad lib** *v., adj. & adv.* ف: (**ad libbed**، **ad libbing**) بلا تیاری بولنا یا کرنا۔ صف: فی البدیہہ، وقت کے وقت۔ م ف: ارتجالاً، بے تأمل، بے تکان۔
**administer** *v.* ① انتظام، بندوبست کرنا، چلانا (کاروبار وغیرہ کو) ② (دوا) دینا، (علاج) روبہ عمل لانا۔
**administrate** *v.* انتظام کرنا، منتظم کے طور پر کام کرنا۔ ●**administrator** اسم۔
**administration** *n.* انتظام، دیکھ بھال حکومت اور کاروبار وغیرہ کی۔ ●**administrative** صف۔
**admirable** *adj.* ① قابلِ تعریف۔ ② نہایت عمدہ، بہت خوب۔ ●**admirably** م ف۔
**admiral** *n.* بحریہ کا کمانڈران چیف، امیر البحر۔
**admire** *v.* سراہنا، پسند کرنا؛ پسندیدگی کا اظہار کرنا۔
●**admiration** اسم: تعریف، توصیف۔
**admissible** *adj.* لائقِ غور، قابلِ توجّہ، قابلِ تسلیم۔
●**admissibility** اسم۔
**admission** *n.* ① اعتراف۔ ② داخلہ۔
**admit** *v.* (**admitted,admitting**) ① اعتراف کرنا، سچ ماننا کسی عمل یا خطا کا۔ ② کسی کو داخل ہونے کی اجازت دینا۔ ③ ماننا، تسلیم کرنا۔
**admittance** *n.* داخلہ؛ داخلے کی اجازت عموماً کسی

ذاتی جگہ کے اندر۔

**admittedly** *adv.* جیسا کہ تسلیم کیا جاتا ہے، بالاتفاق، ضرور۔

**admixture** *n.* اضافہ کردہ جز، آمیزش، اضافہ۔

**admonish** *v.* ① ملامت کرنا، جھڑکنا، ڈانٹنا. ② زور دے کر کہنا، مصر ہونا۔ ●**admonition** اسم۔

**ad nauseam** *adv.* مسلسل، لگاتار، لاطائل طور پر، اکتانے کی حد تک۔

**ado** *n.* جھگڑا، فساد، افراتفری، مخمصہ۔

**adobe** *n.* کچی اینٹ جو دھوپ میں سکھائی گئی ہو۔

**adolescent** *adj. & n.* (شخص) بچپن اور جوانی کے بیچ کا۔ ●**adolescenc** اسم: بلوغ۔

**adopt** *v.* ① متبنّیٰ کرنا، گود لینا۔ ② اختیار کرنا۔ (راہ عمل، طریق وغیرہ) ③ قبول کرنا، منظور کرنا (رپورٹ وغیرہ) ●**adoption** اسم: منظوری، قبولیت۔

**adoptive** *adj.* متبنّیٰ کیا ہوا، اپنانے کے طور پر۔

**adorable** *adj.* ① قابل تعریف، پسندیدہ۔ ② مرغوب، مستحسن۔

**adore** *v.* ① چاہنا، عزیز رکھنا۔ ② پوجنا، پرستش کرنا۔ ●**adoration** اسم بتعظیم، تقدیس۔

**adorn** *v.* ① سجانا، بارونق بنانا۔ ② زیورات سے آراستہ کرنا۔ ●**adornment** اسم: تزئین۔

**adrenal** *adj.* گردے میں یا اس کے نزدیک۔

**adrenalin** *n.* (also **adrenaline**) ایڈرینالین، ایک محرک ہارمون جو دوران خون پر اثر انداز ہوتا اور ہیجان پیدا کرتا ہے۔

**adrift** *adv. & adj.* ① تیرتا ہوا، آوارہ، بے ٹھکانا۔ ② حالات کے رحم و کرم پر۔

**adroit** *adj.* پھرتیلا، تیز، ہنرمند۔

**adsorb** *v.* گیس یا مائع کے سالموں کو (اپنی سطح پر) روکنا جس سے ایک پتلی جھلی سی بن جائے۔

**adulation** *n.* عاجزانہ خوشامد، چاپلوسی۔ ●**adulatory** صف: خوشامدانہ۔

**adult** *adj. & n.* صف: بالغ، جوان، ذی شعور۔ اسم: جوان آدمی یا جانور۔ ●**adulthood** اسم: بلوغ۔

**adulterate** *v.* ملاوٹ کرنا، بہتر میں بدتر کی آمیزش کرنا۔ ●**adulteration** اسم: ملاوٹ۔

**adulterer** *n.* زانی، زانیہ، بدکار، حرام کار۔

**adultery** *n.* شادی شدہ فرد کا اپنے منکوحہ زوج کے علاوہ کسی دوسرے سے جنسی تعلق، زناکاری، بدکاری۔ ●**adulterous** صف: زناکار۔

**advance** *v., & n.* ف: ① آگے بڑھنا، ترقی کرنا۔ ② رقم، قرض یا پیشگی ادا کرنا۔ اسم: ① پیش قدمی؛ ترقی۔ ② پیشگی ادائگی؛ قرضہ۔ ③ (**advances**) لگاوٹ کا اظہار۔ ●**advancement** اسم۔

**advanced** *adj.* ① مدارج ترقی میں آگے، زمانے سے آگے ② ابتدائی سے آگے۔

**advantage** *n.* ① امتیاز، نمایاں خصوصیت۔ ② فائدہ، نفع۔ □**take advantage of** (کسی بات کا) فائدہ اٹھانا خصوصاً ناواجب طور پر؛ ورغلانا۔

**advantageous** *adj.* مفید، فائدہ مند۔

**Advent** *n.* ① کرسمس سے قبل کا زمانہ چار اتوار ملا کر۔ ② (**advent**) آمد، ورود۔

**adventure** *n.* اسم: ① غیر معمولی یا ہیجان خیز تجربہ۔ ② جوکھوں کا کام، مہم جوئی۔ ●**adventurer** اسم: مہم جو۔ ●**adventurous** صف: دلیرانہ۔

**adverb** *n.* متعلق فعل، وہ لفظ جو کسی فعل، صفت یا متعلق فعل کی توصیف یا توضیح کرے۔ ●**adverbial** صف۔ ●**adverbially** م ف۔

**adversary** *n.* (*pl* **-ies**) ① دشمن۔ ② مخالف، مقابل کھیل وغیرہ میں۔ ●**adversarial** صف۔

**adverse** *adj.* ① مخالف، دشمنانہ۔ ② تکلیف دہ، نقصان دہ۔ ●**adversely** م ف۔

---

وضاحت: *adverse* کبھی کبھی *averse* سے خلط ملط ہو جاتا ہے جس کے معنی متنفر، بے زار ہیں۔

---

**adversity** *n.* (*pl.* **-ies**) مصیبت، ابتلا۔

**advertise** *v.* ① اشتہار دینا۔ ② عام اطلاع کے لیے شائع کرنا۔ ③ اشتہار کے ذریعے طلب یا تلاش کرنا۔

**advertisement** *n.* عام اطلاع یا اعلان خصوصاً تجارتی مال یا خدمات کے بارے میں، اشتہار۔

**advice** *n.* ① مشورہ، صلاح۔② اطلاع، خبر۔

**advisable** *adj.* ① مناسب، درست (عمل) جس کی صلاح دی جاسکے یا تائید کی جائے۔ ② مفید، مناسب حال۔ ● **advisability** اسم۔

**advise** *v.* ① مشورہ دینا۔② تجویز یا سفارش کرنا۔ ● **adviser** اسم: صلاح کار۔

**advisory** *adj.* مشورہ دینے پر مامور۔

**advocate** *n.* اسم: ①وکالت، پیروی کرنے والا۔② کسی کے حق میں یا تائید میں بولنے والا۔ ف: دلیل سے تائید یا حمایت کرنا۔ ● **advocacy** اسم۔

**adze** *n.* (*US* **adz**) لکڑی چھیلنے کا بسولا یا کلہاڑی۔

**aegis** *n.* پناہ، امان، سرپرستی۔

**aeolian** *adj.* ہوائی، ہوا سے چلنے والا۔

**aeon** *n.* (also **eon**) طویل غیر معیّن مدّت۔

**aerate** *v.* ①مائع میں کاربن ڈائی آکسائڈ ملانا۔② ہوا کے میکانکی یا کیمیائی عمل کے زیرِ اثر لانا۔

**aerial** *n. & adj.* اسم: تار جس کے ذریعے ریڈیو کے اشارات نشر یا وصول کیے جاتے ہیں۔ صف: ①ہوائی جہازوں سے متعلق۔ ② فضا سے متعلق۔ ③ ہوا کی طرح لطیف، ایتھری۔ ● **aerially** م ف۔

**aero-** *comb. form* بمعنی ہوا، ہوائی جہاز۔

**aerobatics** *n.pl.* ہوابازوں اور ہوائی جہازوں کی فضائی قلابازیاں۔

**aerobics** *n.pl.* جسم میں زیادہ آکسیجن پہنچانے کے لیے کڑی ورزشیں۔ ● **aerobic** صف۔

**aerodynamic** *adj.* ہوائی حرکیات سے متعلق۔ ● **aerodynamically** م ف۔

**aerodynamics** *n. pl.* ہوا میں اجسام کے اڑنے تیرنے کا مطالعہ، ہوائی حرکیات۔

**aerofoil** *n.* پرواز میں سہولت پیدا کرنے کے لیے ہوائی جہاز میں لگا ہوا گولائی لیے چکنی سطح کا جز۔

**aeronautics** *n.* ہوا میں اجسام کی حرکت یا سفر کا مطالعہ، ہوانوردی۔ ● **aeronautical** صف۔

**aeroplane** *n.* مشینی قوت سے اڑنے والی گاڑی، طیّارہ، ہوائی جہاز۔

**aerosol** *n.* دباؤ کے ساتھ کسی سیّال یا گیس سے بھرا ہوا (ڈبّا وغیرہ) جس سے پھوار نکالی جا سکتی ہے۔

**aerospace** *n.* کرۂ ہوائی اور بالائی فضا اور اس میں ہوانوردی۔

**aesthete** *n.* (*US* also **esthete**) جمالیات سے شغف رکھنے والا شخص۔

**aesthetic** *adj.* (*US* also **esthetic**) جمال یا جمالیات سے متعلق، ذوق جمال رکھنے والا؛ خوش ذوقی پر مبنی۔ ● **aesthetically** م ف۔

**aesthetics** *n.* مطالعہ جمالیات۔

**aetiology** *n.* (*US* **etiology**) علّت یا سبب بتانے کا عمل، تعلیل؛ علم الاسباب، عللیات۔

**afar** *adv.* دور یا دور تک۔

**affable** *adj.* خلیق، ملنسار، خوش اخلاق، مہربان، حلیم الطبع۔ ● **affability** اسم۔ **affably** م ف۔

**affair** *n.* ① معاملہ، امر، بات، کام دھندا۔ ② کوئی اہم، لائق ذکر یا رسوائی کا واقعہ۔ ③ آشنائی۔

**affect** *v.* ① اثر کرنا، متأثر کرنا۔ ② بننا، مصنوعی تأثر کا اظہار کرنا، تصنع سے کام لینا۔

---

وضاحت: *affect* کو *effect* سے خلط ملط نہیں کرنا چاہیے جس کے معنی انجام دینا وغیرہ ہیں۔

---

**affectation** *n.* ① بناوٹ، تصنع، اتراہٹ، دکھاوا۔ ② پُر اظہار، انداز۔

**affected** *adj.* بناوٹی، تصنع سے پُر۔

**affection** *n.* میلان، رغبت، موانست۔

**affectionate** *adj.* بامحبت، بامہر، شفیق، دلدادہ۔ ● **affectionately** م ف۔

**affidavit** *n.* تحریری حلف نامہ یا بیان حلفی۔

**affiliate** *v.* الحاق کرنا کسی بڑے ادارے کے ساتھ؛ اپنے حلقے میں شامل کرنا۔ ● **affiliation** اسم۔

**affinity** *n.* (*pl.*-**ies**) ① کسی شخص یا چیز کی فوری یا فطری پسندیدگی یا کوشش۔ ② رشتہ، تعلق۔

**affirm** *v.* ① توثیق یا پُرزور تائید کرنا۔ ② حقیقت کے طور پر جتانا۔ ● **affirmation** اسم۔

**affirmative** *adj. & n.* صف: مثبت، اقراری

(بیان) اسم: اثباتی، ایجابی لفظ، جواب وغیرہ۔

**affirmative action** *n.* پسماندہ لوگوں کے حق میں کوئی عمل یا اقدام۔

**affix** *v. & n.* ف: ① اٹکانا، باندھنا۔ ② تحریراً اضافہ کرنا (دستخط یا مزید الفاظ کا) اسم: ① اضافہ، ضمیمہ۔ ② قواعد: سابقہ یا لاحقہ یا کسی لفظ کے درمیان کوئی اضافہ۔

**afflict** *v.* آزار دینا، ذہنی یا جسمانی تکلیف پہنچانا۔

**affliction** *n.* دکھ، آزار، بیماری۔

**affluent** *adj.* امیر، دولتمند۔ ● **affluence** اسم: فراخی، افراط۔ **affluently** م ف۔

**afford** *v.* ① کسی بات کے لیے کافی وسائل، وقت یا قدرت کا حامل ہونا، مقدور رکھنا۔ ② کسی بات کو کرنے کا اہل یا اس کے لیے آمادہ ہونا۔ ③ مہیا کرنا۔

**afforest** *v.* ① (زمین کو) جنگل میں تبدیل کرنا۔ ② درخت اگانا۔ ● **afforestation** اسم۔

**affray** *n.* بلوہ، فساد، نقض امن۔

**affront** *n. & v.* اسم: گستاخی، دیدہ دلیری، شوخ چشمی۔ ف: ہتک کرنا، توہین کرنا، دوبدو کرنا۔

**aflame** *adv. & adj.* ① آگ کی لپیٹ میں۔ ② مشتعل۔

**afloat** *adv. & adj.* ① پانی یا ہوا میں تیرتا ہوا۔ ② سمندر پر یا جہاز میں۔

**afoot** *adv.& adj.* رواں، چالو، زیرِ عمل، متحرک۔

**aforementioned, aforesaid** *adj.* مذکورہ بالا، جس کا ذکر پہلے کیا جا چکا ہے۔

**afraid** *adj.* ① ہراساں ترساں، ڈرا ہوا، خوف زدہ۔ ② معذرت کا کلمہ۔

**afresh** *adv.* نئے سرے سے، از سرِ نو۔

**African** *adj. & n.* صف: افریقہ کا یا افریقہ کے لوگوں سے متعلق۔ اسم: افریقی شخص۔

**Afrikaans** *n.* جنوبی افریقہ کی زبان جو ولندیزی کے زیرِ اثر پھیلی۔

**Afrikaner** *n.* افریکان بولنے والا جنوبی افریقہ کا سفید فام باشندہ، خصوصاً ولندیزی نسل کا۔

**aft** *adv.* جہاز کے دنبالے یا پچھلے سرے کی طرف۔

**after** *prep., conj., adv. & n.* حرف جار: ① بعد میں، پیچھے، عقب میں۔ ② اب جب کہ، اِس صورت میں کہ، اس نوبت پر۔ ③ اگرچہ، گوکہ، حالانکہ، باوجود یکہ۔ ④ تعاقب میں۔ حرف عطف: پس از۔ م ف: وقت کی تاخیر ظاہر کرنے کے لیے۔ اسم: (**afters**) بول چال: کھانے کے آخر میں میٹھا وغیرہ۔

**afterbirth** *n.* آنول نال۔

**after-effect** *n* کسی واقعے کے بعد رونما ہونے والا اثر، عواقب۔

**aftermath** *n.* نتائج، ماحاصل، شاخسانہ۔

**afternoon** *n.* سہ پہر، تیسرا پہر۔

**aftershave** *n.* شیو کرنے کے بعد چہرے پر لگانے کا لوشن۔

**afterthought** *n.* بعد میں آنے والا خیال یا اضافہ کی جانے والی شے۔

**afterwards** *adv.* بعد ازاں، بعد میں، بعدہٗ۔

**Ag** silver چاندی کی علامت۔

**Aga** *n.* تجارتی نام: ایک بڑا کھانا پکانے کا چولھا۔

**again** *adv.* دوبارہ، پھر سے، نیز، علاوہ ازیں، بلکہ، یہ بھی ممکن ہے کہ۔

**against** *prep.* ① خلاف، مقابل میں، ضد پر۔ ② بھڑ کر، لگ کر، سہارے سے۔

**agar** *n.* (also **agar-agar**) سمندری نباتات سے حاصل کردہ ایک لسلسا مادّہ جو جیلی وغیرہ بنانے میں کام آتا ہے۔

**agate** *n.* یشب، یشم، سنگ یمانی، سنگ سلیمانی۔

**age** *n. & v.* اسم: ① عمر، مدّت حیات؛ زندگی کا کوئی دور۔ ② (عموماً **ages**) مدّت دراز، لمبا عرصہ۔ ③ ماضی کا کوئی خاص زمانہ، دور۔ ف: (**ageing**، **aged**) ① بوڑھا ہونا، بوڑھا کر دینا۔ ② بوسیدہ ہونا۔

**aged** *adj.* ① اتنے برس کا۔ ② بوڑھا۔

**ageism** *n.* (also **agism**) عمر کی بنا پر تعصّب یا تخصیص۔ ● **ageist** اسم وصف۔

**ageless** *adj.* ہردم جواں، جو کبھی بوڑھا نہ ہو۔

**agency** *n.* (*pl.* **-ies**) ① ایجنٹ یا گماشتے کا کام۔ ② توسط، واسطہ، ذریعہ، وساطت۔

**agenda** *n.* ① لائحہ عمل۔ ② مدّنظر کاموں یا مدات کار

کی فہرست۔

**agent** *n.* ① کارندہ، نمائندہ۔ ② عامل قوت یا ذریعہ۔

**agent provocateur** *n.* دوسروں کو اکسانے، بھڑکانے، شہ دینے والا شخص۔

**agglomerate** *v.* ڈھیری لگانا، اکٹھا کرنا، بے ترتیبی سے سمیٹنا۔ ● **agglomeration** اسم۔

**aggrandize** *v.* (also **-ise**) ① قوت، اقتدار یا دولت میں اضافہ کرنا۔ ② عظیم تر بننا یا بنانے کی کوشش کرنا۔ ● **aggrandizement** اسم۔

**aggravate** *v.* ① بڑھانا، شدید تر کرنا (بیماری یا جرم کو) ② ناراض کرنا۔ ● **aggravation** اسم۔

**aggregate** *n., adj. & v.* اسم: ① مجموعہ مختلف اجزا کا؛ میزان۔ ② روڑی، کوٹے ہوئے پتھر۔ صف: مجتمع۔ ف: اکٹھا کرنا؛ ایک ڈھیر میں جمع کرنا۔ □ **in the aggrigate** مجموعی طور پر۔ ● **aggregation** اسم۔

**aggression** *n.* ① جنگجوئی، جارحیت، حملہ آوری، لڑائی جھگڑے میں پہل۔ ② دھونس، زبردستی۔

**aggressive** *adj.* ① جارح، جنگجو، جابر، ظالم۔ ② مخالفانہ، جارحانہ۔ ● **aggressively** م ف۔

**aggressor** *n.* جارح، حملہ آور۔

**aggrieved** *adj.* شاکی، نالاں۔

**aghast** *adj.* برہم، بددل، ششدر، ہراس زدہ۔

**agile** *adj.* پھرتیلا، چست، مستعد۔ ● **agility** اسم۔

**agitate** *v.* ① اکسانا، مشتعل کرنا۔ ② ہلانا، جھنجھوڑنا؛ احتجاج کرنا۔ ● **agitator** اسم۔ **agitation** اسم۔

**AGM** تخفیف: annual general meeting۔

**agnostic** *n. & adj.* لاادری، اس عقیدے کا حامل (شخص) کہ مادّی وجود کے علاوہ خدا یا کسی وجود کا علم محال ہے۔ ● **agnosticism** اسم۔

**ago** *adv.* قبل، پہلے۔

**agog** *adj.* اشتیاق سے، بیتابی سے، مشتاق۔

**agonize** *v.* (also **-ise**) ① آزار سہنا (خصوصاً ذہنی) ② آزار دینا، رنج پہنچانا۔

**agonizing** *adj.* (also **-ising**) آزار بھرا، درد والا۔

**agony** *n.* (*pl.* **-ies**) شدید آزار، ایذا، صعوبت۔

**agoraphobia** *n.* باہر کی فضا سے ڈرنا، فضا ترسی، گھر گھسناپن۔ ● **agoraphobic** صف و اسم۔

**agrarian** *adj.* زرعی، زمینی املاک سے متعلق۔

**agree** *v.* (**agreed, agreeing**) ① متفق، ہم خیال ہونا۔ ② ماننا، تسلیم کرنا۔ □ **agree with** ① صحت یا ہاضمے کے لیے موافق ہونا۔ ② متفق ہونا۔

**agreeable** *adj.* ① خوش آئند۔ ② کسی شخص کی بات ماننے کو آمادہ، تیار۔ ● **agreeably** م ف۔

**agreement** *n.* ① اقرار، سمجھوتا، معاہدہ۔ ② ہم خیالی، ذہنی موافقت۔ ③ ہم آہنگی، مطابقت۔

**agriculture** *n.* زراعت، کاشتکاری۔ ● **agricultural** صف: زراعتی۔

**agronomy** *n.* علم زراعت و کاشتکاری۔

**aground** *adj. & adv.* (جہاز) جو اتھلے پانی میں پھنس گیا ہو، دھنسا، ٹکا ہوا۔

**ague** *n.* جاڑا بخار، جُوڑی، تپ لرزہ؛ کپکپی، تھرتھری۔

**ahead** *adv.* آگے، پیش، بیش، بڑھ کر، نکلتا ہوا۔

**ahoy** *int.* جہازرانی: پکارنے کی آواز، ہو، ہوت، اَلا، ہلا۔

**AI** تخفیف: ① artificial insemination۔ ② artificial intelligence۔

**aid** *n. & v.* اسم: مدد، معاونت، امداد۔ ف: مدد دینا۔

**aide** *n.* مددگار؛ aide-de-camp. ایڈی کانگ۔

**aide-de-camp** *n.* (*pl.* **aides-de-camp**) کسی بڑے عہدے دار کا معتمد خاص۔

**Aids** *n.* (also **AIDS**) مخفف: (acquired immune deficiency syndrome) HIV سے لگنے والا ایک مہلک متعدی مرض جس سے جسم کی قوت مدافعت زائل ہوجاتی ہے۔

**aikido** *n.* جسمانی بچاؤ کا ایک مخصوص جاپانی طریقہ۔

**ail** *v.* تکلیف، دکھ ہونا یا دینا، بیمار پڑنا۔

**aileron** *n.* طیارے کے بازو کا وہ حرکت پذیر حصّہ جسے توازن قائم رکھنے کے لیے اوپر نیچے کیا جاسکتا ہے۔

**ailment** *n.* بیماری، خرابی خصوصاً چھوٹی موٹی۔

**aim** *v. & n.* ف: ① ارادہ یا کوشش کرنا۔ ② رُخ کرنا کسی طرف۔ ③ نشانہ لینا، سیدھ باندھنا۔ ④ نیت کرنا،

عزم کرنا، چاہنا۔ اسم: مقصد، مدعا، مطمح نظر۔

**aimless** *adj.* بے مقصد۔ ● **aimlessly** م ف۔ **aimlessness** اسم۔

**ain't** *contr.* بول چال: is not ، are not، am not ، has not، have not کا اختصار۔

---

وضاحت: معیاری انگریزی میں ain't کا استعمال عموماً غیر فصیح ہے۔

---

**air** *n. & v.* اسم: ① ہوا، جو آکسیجن اور نائٹروجن کا آمیزہ ہے اور زمین کو گھیرے ہے۔ ② نمایاں خصوصیت، مزاج یا انداز۔ ③ **(airs)** تکلّف، اتراہٹ، بناوٹ۔ ف: ① دھلائی کو گرم ہوا سے سکھانا۔ ② کمرے وغیرہ میں تازہ ہوا کا گزر پیدا کرنا۔ ③ کسی رائے کا برملا اظہار کرنا۔ ● **airless** صف۔

**air bag** *n.* ہوا سے پھلائی جانے والی حفاظتی پٹی۔

**air-bed** *n.* ہوا بھری توشک، گدا۔

**airborne** *adj.* ① ہوا یا ہوائی جہاز کے ذریعے لے جایا گیا۔ ② (ہوائی جہاز) جو ہوا میں اڑا ہوا ہو۔

**airbrick** *n.* جالی دار اینٹ۔

**air-conditioning** *n.* عمارت میں ہوا کی نمی، ہوا کے گزر اور درجۂ حرارت کو حسب منشا قائم رکھنے کا طریقہ یا نظام۔ ● **air-conditioned** صف۔ **air- conditioner** اسم۔

**aircraft** *n. (pl.* **aircraft)** ہوا میں پرواز کرنے والی سواری خصوصاً طیارے یا ہیلی کاپٹر۔

**aircraft carrier** *n.* ہوائی جہازوں کو لاد کر لے جانے والا سمندری جہاز۔

**aircrew** *n.* ہوائی جہاز کا عملہ یا اس کا کوئی فرد۔

**airfield** *n.* ہوائی جہازوں کا اڈہ، جہاں جہاز اترتے اور پرواز کرتے ہیں۔

**air force** *n.* فضائیہ، دفاعی افواج کا وہ شعبہ جو فضائی دفاع کرتا ہے۔

**airframe** *n.* طیارے کا جسم یا ڈھانچہ (علاوہ انجن)

**airgun** *n.* ہوائی بندوق جو ہوا کے دباؤ سے چھرّے چھوڑتی ہے۔

**airlift** *n. & v.* اسم: ہوائی جہاز کے ذریعے سامان یا فوج کو لے جانے کا عمل، خصوصاً کسی گھری ہوئی جگہ سے۔ ف: اس طرح لانا، لے جانا۔

**airline** *n.* ہوائی جہازوں کے ذریعے باربرداری کرنے یا سواریاں لے جانے والی کمپنی۔

**airliner** *n.* مسافر بردار ہوائی جہاز۔

**airlock** *n.* کسی پمپ وغیرہ میں پڑ جانے والا ہوائی بلبلہ جو اس کے کام میں رکاوٹ ڈالے۔

**airmail** *n.* ہوائی ڈاک۔

**airman** *n. (pl.* **-men)** ہوائی جہاز کے عملے کا فرد، خصوصاً فضائیہ میں۔

**airplane** *n.* امریکا: =AEROPLANE۔

**airplay** *n.* ریڈیو پر کوئی ریکارڈنگ سنوانا۔

**airport** *n.* ہوائی اڈہ۔

**air raid** *n.* ہوائی حملہ۔

**airship** *n.* ہوا سے ہلکا ایک مشینی ہوائی جہاز۔

**airspace** *n.* وہ فضائی رقبہ جس میں جہاز پرواز کر سکیں، خصوصاً وہ جو کسی ملک کی عملداری میں ہو۔

**airstrip** *n.* زمین کا قطعہ جو ہوائی جہازوں کے اترنے اور پرواز کرنے کے لیے موزوں ہو۔

**airtight** *adj.* جس میں سے ہوا کا گزر نہ ہو۔

**airwaves** *n. pl.* ریڈیو فریکوینسی جو پروگرام نشر کرنے کے لیے استعمال ہوتی ہے۔

**airway** *n.* ① ہوائی جہازوں کا مقررہ راستہ، فضائی شاہراہ۔ ② پھیپھڑوں میں ہوا جانے کا راستہ۔

**airworthy** *adj.* پرواز کے قابل درست (جہاز) ● **airworthiness** اسم۔

**airy** *adj.* **(airier, airiest)** ① ہوادار، کشادہ۔ ② لاابالی، اوچھا، غیر سنجیدہ۔ ③ ہلکا، نازک۔ ● **airily** م ف۔ **airiness** اسم۔

**aisle** *n.* ① گرجا کا اندرونی بغلی حصّہ۔ ② نشستوں کی قطار کے درمیان کا راستہ، راہداری۔

**ajar** *adv. & adj.* ادھ کھلا (دروازہ)

**aka** تخفیف: also known as: نیز موسوم بہ۔

**akimbo** *adv.* کولھوں پر ٹکے ہوئے (بازو) اس

طرح کہ کہنیاں باہر نکلی ہوئی ہوں۔

**akin** *adj.* ① خونی رشتے میں منسلک۔ ② ایک جیسے۔

**Al** aluminium ایلومینیم کی کیمیائی علامت۔

**à la** *prep.* بول چال: بمثل، بمطابق۔

**alabaster** *n.* سنگ جراحت، جپسم کی ایک قسم۔

**à la carte** *adv. & adj.* مینو کارڈ کے مطابق حسب منشا کھانے کا انتخاب۔

**alacrity** *n.* مُستعدی، چستی، پھُرتی۔

**à la mode** *adv. & adj.* رائج، فیشن میں۔

**alarm** *n. & v.* اسم: ① ہوشیار، خبردار کرنے کا عمل۔ ② چوکنّا کرنے کی آواز یا آلہ۔ ③ خطرے یا دشواری کا احساس، ہول۔ ف: ہراساں، دہشت زدہ کرنا۔

**alarmist** *n.* فضول چوکنّا کرنے کا عادی شخص۔

**alas** *int.* کلمۂ تاسف، مترادف: افسوس، ہائے۔

**albatross** *n.* ایک بڑا بحری پرندہ۔

**albeit** *conj.* ادبی: اگرچہ، تاہم۔

**albino** *n.* (*pl.* **-os**) آدمی یا جانور جس کی جلد اور بال پیدائشی طور پر بے رنگ ہوں، سورج مکھی، زال۔

**album** *n.* ① البم، مجلّد خالی صفحات جن پر تصاویر، ٹکٹ وغیرہ لگا کر رکھتے ہیں۔ ② دیر تک چلنے والا گراموفون ریکارڈ یا ریکارڈوں کا سلسلہ۔

**albumen** *n.* انڈے کی سفیدی۔

**albumin** *n.* پروٹین جو انڈے کی سفیدی، دودھ، خون وغیرہ میں ہوتی ہے۔ ● **albuminous** صف۔

**alchemy** *n.* (*pl.* **-ies**) قدیم علم کیمیا، جو خصوصاً سونا بنانے سے تعلق رکھتا تھا۔ ● **alchemist** اسم۔

**alcohol** *n.* ① الکحل، بے رنگ بھڑک اٹھنے والا مائع، شرابوں کا نشہ آور جز۔ ② مشروب جس میں یہ ہو۔

**alcoholic** *adj. & n.* صف: الکحل سے متعلق۔ اسم: الکحل کے نشے کا عادی۔ ● **alcoholism** اسم۔

**alcopop** *n.* ایک تیار مشروب جس میں الکحل شامل ہوتی ہے۔

**alcove** *n.* دیوار یا فصیل میں بنا ہوا طاق، محراب۔

**al dente** *adj.* سخت، کراری، جو دانت سے نہ ٹوٹے (خصوصاً آٹے، نشاستے سے بنی ہوئی شے)

**alderman** *n.* (*pl.* **-men**) ① تاریخ: انگلش کاؤنٹی یا ضلع کی کونسل کا شریک کردہ رکن، میئر سے کم رتبہ۔ ② امریکا، آسٹر: شہر کا حاکم اعلیٰ، گورنر۔

**ale** *n.* بیئر (جو کی شراب)

**alert** *adj. & v.* صف: چوکنّا، ہوشیار، باخبر، متوجّہ۔ ف: خبردار، متنبہ کرنا۔

**A level** *n.* advanced level اعلیٰ، GCSE اور او لیول سے اگلا درجہ۔

**alfalfa** *n.* ایک پھلی دار پودا۔

**alfresco** *adv. & adj.* کھلی فضا میں۔

**alga** *n.* (*pl.* **algae**) بحری کائی، جلبک، الجی۔

**algebra** *n.* علم ریاضی کا وہ شعبہ جو حروف و علامات کو اعداد و مقدار کے مثل کے طور پر استعمال کرتا ہے۔ ● **algebraic** صف۔ **algebraically** م ف۔

**algorithm** *n.* حساب وشمار کا مرحلہ وار عمل۔

**alias** *adv. & n.* عرف؛ لقب، دوسرا نام۔

**alibi** *n.* گواہی کہ ملزم جرم کے وقت موقع واردات کی جگہ نہیں تھا کہیں اور تھا۔

**alien** *adj. & n.* صف: ① نامانوس، بے میل، بیگانہ۔ ② اجنبی، پردیسی، دوسرے ملک سے۔ اسم: ① دوسری دنیا کی یا اس سے تعلق رکھنے والی مخلوق۔ ② غیر ملکی باشندہ جسے شہریت حاصل نہ ہو۔

**alienate** *v.* (کسی کو) برگشتہ، بیگانہ، مخالف بنانا۔

**alienation** *n.* بیگانگی کا عمل یا حالت۔

**alight**[1] *v.* ① سواری، گاڑی پر سے اترنا۔ ② اوپر سے نازل ہونا، فضا سے زمین پر آنا۔

**alight**[2] *adj. & adv.* جلتا، بھڑکتا، روشن۔

**align** *v.* ① قطار میں لانا، سیدھ میں لانا۔ ② ہم آہنگ کرنا۔ ● **alignment** اسم۔

**alike** *adj. & adv.* صف: مماثل، باہم ملتے جلتے۔ م ف: ایک ہی طرح سے؛ مماثل طور پر۔

**alimentary** *adj.* غذا، خوراک سے متعلق۔

**alimony** *n.* طلاق یا علاحدگی کے بعد زوجین میں سے کسی کی طرف سے دوسرے کو ادا کی جانے والی رقم۔

**alive** *adj.* ① زندہ، ذی حیات، باقی، موجود۔ ② پُر، بھرا ہوا۔ □ **alive to** آگاہ، خبردار، چوکنّا۔

**alkali** *n.* القلی، ان مادّوں میں سے کوئی جو تیزاب کو

بے اثر کر دیتے ہیں۔ ● **alkaline** صف۔
**alkaloid** *n.* کوئی نائٹروجن آمیز نامیاتی مادّہ۔
**all** *adj., n. & adv.* صف: ① کل رقم، مقدار یا حجم وغیرہ۔ ② سبھی، سارے، تمام۔ ③ کوئی، کسی بھی، کسی۔ اسم: ① سب افراد یا اشیا، ہر چیز۔ ② پورا، سارا، ہر کوئی، سب کے سب۔ م ف: ① کلّی طور پر، بالکل، نہایت۔ ② تمام تر۔ □ **all along** تمام وقت۔ **all but** تقریباً۔ **all in** ① بشمول، بمع۔ ② بول چال: تھکا ہارا۔ **all out** پورا زور لگا کر، پوری رفتار سے۔ **all right** ① قابل اطمینان، ٹھیک ٹھاک، بے خطر۔ ② حسب دلخواہ۔
**allay** *v.* گھٹانا، مٹانا، دُور کرنا، رفع کرنا (خوف وغیرہ)
**all clear** *n.* خطرہ ٹل جانے کی علامت، نشان۔
**allegation** *n.* الزام، دعویٰ جو محتاج ثبوت ہو۔
**allege** *v.* الزام دینا، محتاج دلیل دعویٰ کرنا۔
**allegedly** *adv.* جیسا کہ کہا جاتا ہے۔
**allegiance** *n.* اطاعت، وفاداری۔
**allegory** *n.* (*pl.* -ies) کوئی کہانی، ڈراما، نظم، تصویر وغیرہ جس میں مفہوم یا پیغام کو علامتی طور پر پیش کیا گیا ہو۔ ● **allegorical** صف۔ **allegorically** م ف۔ **allegorize** ف۔
**allegro** *adv.* تیز گت کی موسیقی یا دُھن۔
**alleluia** *int. & n.* (also **hallelujah**) فجائیہ: حمد ہو خدا کی۔ اسم: خدا کی تقدیس کا گیت، حمد۔
**allergen** *n.* کوئی شے جو الرجی پیدا کرے۔
**allergic** *adj.* الرجی زدہ۔
**allergy** *n.* (*pl.* -ies) طبعی خاصیت جو بعض اشیا مثل خوراک، گل زیرہ، روئیں یا خاک کے ذرات کا مضر اثر قبول کرتی ہے۔
**alleviate** *v.* کم کرنا، افاقہ کرنا، گھٹانا (درد، مصیبت وغیرہ کو) ● **alleviation** اسم۔
**alley** *n.* (*pl.* -eys) ① پتلی گلی، تنگ راستہ۔ ② باؤلنگ کے کھیل کا احاطہ۔
**alliance** *n.* باہمی مفاد کے لیے اتحاد یا تعاون کا اقرار، معاہدہ۔
**allied** *adj.* ① اتحادی، ملا ہوا، شراکتی۔ ② متعلق۔
**alligator** *n.* مگرمچھ کے خاندان کا رینگنے والا جانور۔

**alliteration** *n.* ایک ہی حرف یا ملتی جلتی آواز سے شروع ہونے والے الفاظ کو کسی عبارت یا مصرعے وغیرہ میں قریب لانا۔ ● **alliterative** صف۔
**allocate** *v.* مقرر، مختص، متعیّن کرنا (کسی مقصد، مقام یا کسی شخص کے واسطے) ● **allocation** اسم۔
**allot** *v.* (**allotted, allotting**) کسی کو بطور حصّہ یا ذمّہ داری دینا، تفویض کرنا۔
**allotment** *n.* ① قطعۂ زمین جو کاشت کے لیے کسی کے نام کیا جائے۔ ② حصّہٗ رسد۔ ③ تفویض، تقسیم کا عمل۔
**allotrope** *n.* کسی عنصر کی متعدد مادّی شکلوں میں سے کوئی (گرافائٹ، کوئلہ اور ہیرا سب کاربن کے عنصری روپ ہیں)
**allow** *v.* ① اجازت دینا، رضا دینا۔ ② دینا، مہیا کرنا۔ ③ کسی غرض یا مقصد کے لیے الگ کرنا۔ □ **allow for** زیر غور لانا، رعایت رکھنا۔
**allowance** *n.* وظیفہ، گزارا، بھتّہ؛ رعایت، اضافہ۔ □ **make allowances** رعایت رکھنا، خیال کرنا۔
**alloy** *n.& v.* اسم: دو یا چند دھاتوں کا مرکب، آمیزہ، میل، بھرت، کھوٹ۔ ف: ① آمیزش کرنا، بھرت کرنا۔ ② (تفریح وغیرہ کا) مزہ خراب کرنا۔
**allude** *v.* کنایہ کرنا، خصوصاً سرسری، بالواسطہ یا خفیہ طریقے سے۔ ● **allusion** اسم: اشارہ خصوصاً سرسری، خفیہ یا بالواسطہ۔ **allusive** صف۔
**allure** *v. & n.* ف: پرچانا، لبھانا۔ اسم: لُبھاؤ، کشش، جاذبیت۔
**alluvium** *n.* سیلاب کی لائی ہوئی باریک زرخیز مٹی۔ ● **alluvial** صف۔
**ally** *n. & v.* اسم: (ج: -ies) کوئی ریاست، ادارہ یا فرد جو دوسرے کا ساتھی ہو۔ ف: باہم ملنا، متّحد ہونا۔
**almanac** *n.* (also **almanack**) جنتری، تقویم، سالانہ کتاب۔
**almighty** *adj. & adv.* ① قادر مطلق، حاضر و ناظر، خدائے تعالیٰ۔ ② بول چال: بہت بڑا۔
**almond** *n.* بادام۔
**almost** *adv.* تقریباً، لگ بھگ۔

**alms** *n.pl.* خیرات، دان پن۔

**almshouse** *n.* خیرات خانہ۔

**aloe** *n.* ایلوا جو ایلو نامی درخت کا رس ہے۔

**aloft** *adv.* اونچا، ارفع؛ اونچائی کی طرف۔

**alone** *adj. & adv.* صف: ① اکیلا، تنہا۔ ② صرف اپنے آپ۔ م ف: صرف، خاص طور سے۔

**along** *prep. & adv.* حرف جار: ① ایک سرے سے دوسرے سرے تک۔ ② کسی سطح کی لمبائی یا اس کے کسی حصے پر یا اس کے متوازی۔ م ف: ① آگے یا بڑھ کر۔ ② کسی جگہ یا مقام پر۔ ③ ساتھ یا اپنے ساتھ۔

**alongside** *adv. & prep.* پہلو بہ پہلو، لگا لگا، ملحق (جہاز یا پشتے کے ساتھ)

**aloof** *adj.* دور، بے تعلق، الگ تھلگ؛ علاحدہ۔ ● **aloofly** م ف۔ **aloofness** اسم۔

**alopecia** *n.* گنج، بالخورہ۔

**aloud** *adv.* باآواز؛ زور سے۔

**alpaca** *n.* ① لمبے اون والا ایک جانور، لاما کے خاندان سے تعلق رکھنے والا۔ ② اس کی اون۔

**alpha** *n.* یونانی زبان کا پہلا حرف تہجی (A,α)

**alphabet** *n.* ترتیب تہجی، حروف ہجا جیسے ابجد، ابتث۔ ● **alphabetical** صف۔ **alphabetically** م ف۔

**alphabetize** *v.* (also **-ise**) ابجد کے حساب سے ترتیب دینا۔ ● **alphabetization** اسم۔

**alpine** *adj. & n.* صف: اونچے پہاڑوں سے متعلق۔ اسم: پہاڑی علاقوں میں اُگنے والا ایک پودا۔

**already** *adv.* پہلے ہی سے؛ پہلے ہی، اتنی جلدی۔

**Alsatian** *n.* وولف ہاؤنڈ کی نسل کا بڑا کتا، جرمن شیپرڈ۔

**also** *adv.* نیز، بھی، کے علاوہ۔

**altar** *n.* ① قربان گاہ۔ ② عشائے ربانی کی میز۔

**altarpiece** *n.* گرجا میں قربان گاہ کے پیچھے یا اوپر لگی ہوئی تصویر۔

**alter** *v.* بدلنا، تبدیل ہونا یا کرنا۔ ● **alteration** اسم۔

**altercation** *n.* جھگڑا، تو تکار۔

**alternate** *v., & adj.* ف: ادل بدل کر، باری باری سے آنا یا ہونا۔ صف: ① گنڈے دار۔ ② (دو مختلف چیزوں کی بابت) ایک دوسرے سے تبدیل شدہ۔ ● **alternately** م ف۔ **alternation** اسم۔

**alternative** *adj. & n.* صف: ① متبادل، دوسرا یا دوسرے جو کسی ایک کا بدل یا اس کی بجائے ممکن یا موجود ہوں ② باہم مختلف۔ اسم: دو امکانات میں سے کوئی، متبادل صورت۔ ● **alternatively** م ف۔

---

وضاحت: *alternative* کو *alternate* کی جگہ استعمال نہیں کرنا چاہیے۔

---

**alternator** *n.* ڈائنمو جو متبادل برقی رو پیدا کرتا ہے۔

**although** *conj.* باوجودیکہ، اگرچہ، تاہم۔

**altimeter** *n.* ارتفاع پیما۔

**altitude** *n.* اونچائی، سطح سمندر یا کسی سطح سے بلندی۔

**alto** *n.* (*pl.* **-os**) ① نچلی زنانہ آواز۔ ② بلند ترین مردانہ آواز۔ ③ اونچے سُروں کا ساز۔

**altogether** *adv.* ① بالکل، کاملاً، قطعی۔ ② بحیثیت مجموعی۔ ③ کل ملا کر۔ □ **in the altogether** بول چال: برہنہ۔

**altruism** *n.* ایثار پسندی، ہمدردی، خلق کی بہبود کا جذبہ۔ ● **altruist** اسم۔ **altruistic** صف۔

**alum** *n.* پھٹکری۔

**aluminium** *n.* ایلومینیم، ایک سفیدی مائل ہلکی دھات جس کو زنگ نہیں لگتا (علامت: Al)

**always** *adv.* ① ہمیشہ، ہر موقع پر، ہر بار۔ ② ہر صورت میں۔ ③ اکثر و بیشتر۔

**Alzheimer's disease** *n.* ایک دماغی بیماری جس میں آدمی سٹھیا جاتا ہے۔

**AM** تخفیف: amplitude modulation حیطہ کی کمی بیشی۔

**Am** عنصر americium کی علامت۔

**a.m.** تخفیف: *ante meridiem* قبل زوال۔

**amalgam** *n.* ① آمیزہ، مرکب۔ ② پارے کے ساتھ کسی دھات کا مرکب، لگدی جو دندان سازی میں

مستعمل ہے۔

**amalgamate** *v.* ملانا، آمیز کرنا، مخلوط کرنا۔
● **amalgamation** اسم: آمیزش، امتزاج۔

**amass** *v.* جمع کرنا، ڈھیر لگا دینا (خصوصاً دولت کا)

**amateur** *n.* کسی علم یا فن کا غیر پیشہ ور شائق۔

**amateurish** *adj.* غیر پیشہ ورانہ، نیم ماہرانہ۔

**amatory** *adj.* جنسی محبت یا خواہش سے متعلق۔

**amaze** *v.* ششدر کرنا، حیرت زدہ کرنا۔
● **amazement** اسم: اچنبھا، تعجب۔

**amazon** *n.* جنگجو بہت لمبی مضبوط ہٹی کٹی عورت۔

**ambassador** *n.* ① سفیر، سفیر کبیر۔ ② کسی مخصوص شے کا نمائندہ مبلّغ، سرگرم حامی۔

**amber** *n.* ① درختوں کا زردی مائل پتھرایا ہوا شفاف گوند۔ ② زردی مائل رنگ۔

**ambidextrous** *adj.* دوہتّھا، جو دونوں ہاتھوں سے یکساں مہارت یا آسانی سے کام لے سکے۔

**ambience** *n.* کسی مقام کا ماحول، آس پاس کی فضا۔

**ambient** *adj.* محیط، گھیرے ہوئے، چھایا ہوا۔

**ambiguous** *adj.* مبہم، ذومعنین، غیر واضح۔
● **ambiguity** اسم۔ **ambiguously** م ف۔

**ambit** *n.* گھیر، احاطہ، ماحول۔

**ambition** *n.* امتیاز یا کامیابی حاصل کرنے کی امنگ، کامیابی حاصل کرنے کا پکا ارادہ۔ ● **ambitious** صف: بلند حوصلہ۔ **ambitiously** م ف۔

**ambivalent** *adj.* متضاد جذبات رکھنے والا۔
● **ambivalence** اسم۔ **ambivalently** م ف۔

**amble** *v.& n.* ف: مزے مزے سے جانا۔ اسم: دوقدمی چال، آہستہ چال۔

**ambrosia** *n.* من پسند، فرحت بخش، مزیدار چیز۔
● **ambrosial** صف۔

**ambulance** *n.* بیماروں اور زخمیوں وغیرہ کو لانے لے جانے والی گاڑی۔

**ambuscade** *n.* قدیم: گھات، تاک، داؤں۔

**ambush** *n. & v.* اسم: خفیہ جگہ سے نکل کر اچانک حملہ؛ کمیں گاہ۔ ف: گھات میں بیٹھ کر حملہ کرنا۔

**ameba** amoeba کے امریکی ہجّے۔

**ameliorate** *v.* سدھرنا، بہتر ہونا یا سدھارنا، اصلاح کرنا۔ ● **amelioration** اسم۔

**amen** *int.* آمین، دعا کے بعد بولا جانے والا کلمہ، کاش ایسا ہی ہو!۔

**amenable** *adj.* ① آمادہ، اثر پذیر۔ ② ماننے والا۔ ● **amenability** اسم۔ **amenably** م ف۔

**amend** *v.* ترمیم، درستی کرنا، اصلاح کرنا (دستاویز وغیرہ کی) □ **make amends** تلافی کرنا۔ ● **amendment** اسم: ترمیم، درستی۔

---

وضاحت: یہ *emend* سے الگ ہے جو متن کی اصلاح کے لیے مخصوص ہے۔

---

**amenity** *n.* (*pl.* **-ies**) خوشگوار، خوش آئند اُمور یا خصوصیات کسی صورت حال یا مقام وغیرہ کی۔

**American** *adj. & n.* ① ریاستہائے متحدہ امریکا کا۔ ② سرزمین امریکا سے متعلق۔ ③ امریکی۔

**American football** *n.* رگبی سے ملتا جلتا، بیضوی گیند سے کھیلا جانے والا ایک کھیل۔

**Americanism** *n.* ریاستہائے متحدہ امریکا سے مخصوص لفظ، معنی، جملہ یا خصوصیات۔

**americium** *n.* مصنوعی طور پر تیار کردہ ایک تابکار دھاتی عنصر (علامت: Am)

**amethyst** *n.* ایک قیمتی پتھر یاقوت ارغوانی۔

**amiable** *adj.* خوش مزاج، دوست دار؛ پسندیدہ۔
● **amiability** اسم۔ **amiably** م ف۔

**amicable** *adj.* دوستانہ، مخلصانہ۔
● **amicably** م ف: خوش دلی سے۔

**amid** *prep.* (also **amidst**) درمیان؛ دوران میں، اثنا میں۔

**amino acid** *n.* پروٹین میں پایا جانے والا ایک نامیاتی تیزاب۔

**amiss** *adj. & adv.* صف: غلط، بے ضابطہ، ناقص۔
م ف: غلط طور پر، بے قرینہ۔
**amity** *n.* دوستی، دوستانہ روابط۔
**ammeter** *n.* برقی رو کی اکائیاں ناپنے کا پیمانہ۔
**ammonia** *n.* ایمونیا، ایک بے رنگ نہایت تیز بو والی گیس یا اس کا محلول (کیمیائی نام NH3)
**ammunition** *n.* گولہ بارود؛ گولیاں، شیل، گرینیڈ، وغیرہ۔
**amnesia** *n.* نسیان، بھول جانے کا مرض۔
● **amnesiac** صف و اسم۔
**amnesty** *n.* (*pl.* **-ies**) عام معافی۔
**amniocentesis** *n.* (*pl.* **amniocenteses**) پیدائش سے پہلے رحم میں جنین کے گرد مائع کا نمونہ لے کر جنین کی کیفیت کی جانچ۔
**amniotic fluid** *n.* رحم میں جنین کے گرد مائع۔
**amoeba** *n.*(*US* **ameba**) (*pl.* **amoebae** or **amoebas**) امیبا، یک خلیہ نامیہ جو اپنی ہیئت تبدیل کر سکتا ہے۔
**amok** *adv.* (also **amuck**) **run amok**□ وحشت زدہ ہو کر بھاگنا۔
**among** *prep.* (also **amongst**) ① کے درمیان، کے ساتھ۔ ② گروہ میں شامل۔ ③ درجے، زمرے میں۔ ④ کے بیچ، باہم، مشترک طور پر، مل جل کر۔
**amoral** *adj.* ① اخلاق سے غیر متعلق، لا اخلاقی۔ ② جس میں اخلاقی اصول کا دخل نہ ہو۔
**amorous** *adj.* جنسی محبت کی طرف مائل۔
**amorphous** *adj.* بے ہیئت، بے صورت۔
**amortize** *v.* (also **-ise**) (قرضے کو) رفتہ رفتہ بالا قساط اتارنا۔
**amount** *n.* کوئی رقم یا مقدار، کل تعداد، جسامت، وسعت وغیرہ میں۔ □ **amount to** کل اتنا ہونا۔
**amour propre** *n.* خود داری، عزتِ نفس۔
**amp** *n.* بول چال: ① ایمپیئر۔ ② amplifier۔
**ampere** *n.* ایمپیئر، برقی رو کی پیمائش کے لیے بنیادی اکائی یا اقل ترین مقدار (علامت: A)
**ampersand** *n.* علامت & = and بمعنی اور۔

**amphetamine** *n.* ایک ہیجان خیز دوا۔
**amphibian** *adj. & n.* ① پانی اور خشکی دونوں جگہ رہنے یا پایا جانے والا (حیوان) ② پانی اور خشکی دونوں پر چلنے والی سواری۔
**amphibious** *adj.* پانی اور خشکی دونوں جگہ پر رہنے والا۔
**amphitheatre** *n.*(*US* **amphitheater**) گول، بے چھت عمارت، کشادہ صحن اور اسکے اطراف سیڑھیوں کی طرح اونچی ہوتی ہوئی نشستیں۔
**ample** *adj.* ① وافر، فراواں؛ کثیر، وسیع۔ ② کافی، حسب ضرورت یا زیادہ۔ ● **amply** م ف۔
**amplify** *v.* (**-ied, -ing**) ① آواز یا برقی اشارات کی قوت کو بڑھانا۔ ② (کسی کہانی وغیرہ میں) مزید تفصیلات داخل کرنا، پھیلانا۔ ● **amplifier** اسم۔ **amplification** اسم۔
**amplitude** *n.* وسعت، کشادگی؛ زیادتی، وفور۔
**ampoule** *n.* چھوٹی بند نلکی۔
**amputate** *v.* کسی حصۂ جسم (خصوصاً ہاتھ پاؤں) کو کاٹ دینا، قطع کرنا۔ ● **amputation** اسم۔
**amuck** AMOK کا متبادل۔
**amulet** *n.* وہ چھوٹا سا زیور جو نظر بد سے بچنے کے لیے پہنا جائے، تعویذ۔
**amuse** *v.* (کسی کو) ہنسانے یا خوش کرنے کی بات کرنا، تفریح مہیّا کرنا، دل بہلانا۔ ● **amusement** اسم۔ **amusing** صف۔
**an** *adj.* حرف a (رک) کا متبادل جو ایسے الفاظ سے پہلے آتا ہے جو کسی حرف علّت سے شروع ہوں یا حرف علّت کی آواز رکھتے ہوں۔
**anabolic steroid** *n.* ایک مصنوعی اسٹرائیڈ ہارمون جو عضلات اور ہڈیوں کو مضبوط کرنے کے لیے استعمال ہوتا ہے۔
**anachronism** *n.* کوئی روایت، واقعہ وغیرہ غلط عہد سے منسوب۔ ● **anachronistic** صف۔
**anaconda** *n.* جنوبی امریکا کا ایک بڑا سانپ۔
**anaemia** *n.* (*US* **anemia**) خون میں سرخ ذرات کی کمی، قلّت الدّم۔

**anaemic** *adj.* (*US* **anemic**) انیمیا یا قلّت الدّم کا مریض، بُھس زدہ، زرد رُو؛ کم زور، نحیف۔

**anaerobe** *n.* ایسا نامی وجود جو بغیر ہوا یا آکسیجن کے زندہ رہتا ہے۔● **anaerobic** صف۔

**anaesthesia** *n.* (*US* **anesthesia**) بے ہوشی خصوصاً جو مصنوعی طور پر دوا کے ذریعے پیدا کی جائے۔

**anaesthetic** *adj.* & *n.* (*US* **anesthetic**) درد کے احساس کو معطل کر دینے والا (مادّہ)

**anaesthetist** *n.* (*US* **anesthetist**) بے حسی، بے ہوشی پیدا کرانے کا ماہر۔● **anaesthetize** ف۔

**anagram** *n.* کسی لفظ یا عبارت کے حروف کو لوٹ پھیر کر نیا لفظ یا جملہ بنایا ہوا، صنعتِ تقلیب۔

**anal** *adj.* مقعد سے متعلق۔

**analgesic** *adj.* & *n.* مُسکّن، دافع درد (دوا)

**analog** امریکا: ANALOGUE کا متبادل۔

**analogous** *adj.* مماثل یا متوازی۔

**analogue** *n.* (*US* **analog**) کوئی مماثل یا متوازی شے۔

**analogy** *n.* (*pl.* **-ies**) تمثیل، متشابہ، مکمل یا جزوی مماثلت۔

**analyse** *v.* (*US* **analyze**) ساخت یا ترکیب کا مکمل تجزیہ کرنا؛ تحلیل نفسی کرنا۔● **analyst** اسم۔

**analysis** *n.* (*pl.* **analyses**) کسی ساخت یا مادّے کے اجزا کی تفصیلی جانچ۔

**analytical** *adj.* (also **analytic**) تحلیلی عمل پر کاربند۔● **analytically** م ف۔

**analyze** امریکا: ANALYSE کا متبادل۔

**anarchist** *n.* سیاسی ابتری پھیلانے والا، انتشار پرست۔● **anarchism** اسم۔

**anarchy** *n.* ① انتشار خصوصاً سیاسی یا سماجی۔ ② حکومت کا عدم وجود۔● **anarchic** صف۔ **anarchical** صف۔ **anarchically** م ف۔

**anathema** *n.* (*pl.* **anathemas**) ① مردود، ملعون، نفرت کے قابل شخص یا شے۔ ② لعنت، پھٹکار۔

**anathematize** *v.* (also **-ise**) لعنت بھیجنا۔

**anatomist** *n.* تشریح الابدان کا جاننے والا۔

**anatomize** *v.* (also **-ise**) ① چیر پھاڑ کرنا۔ ② تفصیلاً جانچنا۔

**anatomy** (*pl.* **-ies**) جسمانی ترکیب اعضا وغیرہ کا مطالعہ، علمِ تشریح الابدان۔● **anatomical** صف۔ **anatomically** م ف۔

**ANC** African National Congress: تخفیف۔

**ancestor** *n.* (*fem.* **ancestress**) جد، پرکھا (خصوصاً کئی پشت اوپر)● **ancestral** صف۔

**ancestry** *n.* (*pl.* **-ies**) نسلی سلسلہ، آبا و اجداد۔

**anchor** *n.* & *v.* اسم: پانی کے جہاز کو باندھنے کا لنگر۔ ف: ① لنگر کی مدد سے جہاز کو محفوظ کرنا۔ ② مضبوطی سے باندھنا۔

**anchorage** *n.* لنگر اندازی کی جگہ۔

**anchorman** *n.* (*pl.* **-men**) ① رابطہ کار، خصوصاً نشری پروگراموں کا۔ ② اہم کردار۔

**anchovy** *n.* ایک چھوٹی، تیز مزے کی مچھلی۔

**ancient** *adj.* قدیم، دیر سے موجود، بہت پرانا۔

**ancillary** *adj.* جو کسی مرکزی ادارے کو لازمی مدد یا خدمت بہم پہنچائے، خصوصاً طبّی خدمت۔

**and** *conj.* حرف ربط جو الفاظ یا فقروں کو جو ایک ساتھ لائے جائیں ملاتا ہے جیسے اور، نیز۔

**andante** *adv.* اعتدال کے ساتھ دھیمی موسیقی۔

**andiron** *n.* آتش دان میں جلنے والے لکڑی کے لٹھوں کا دھاتی اسٹینڈ۔

**androgynous** *adj.* بیک وقت نر مادہ کی خصوصیات رکھنے والا۔

**anecdote** *n.* مختصر روایت، دلچسپ حکایت، واقعہ۔

**anemia** امریکا: ANAEMIA کا متبادل۔

**anemone** *n.* پودا جس میں سرخ، سفید اور اودے پھول لگتے ہیں۔

**anemometer** *n.* ہوا کا زور جانچنے والا آلہ۔

**aneurysm** *n.* شریان کی غیر معمولی سوجن۔

**anew** *adv.* دوبارہ، نئے سرے سے، نئی طرح سے۔

**angel** *n.* ① فرشتہ، اللہ تعالیٰ کا قاصد۔ ② بہت بھلا، نیک انسان۔ ③ بول چال: محسن، مربّی۔

**angelica** *n.* سنبل کی ایک قسم، انجلیق۔

**anger** *n.* & *v.* اسم:غصّہ،غضب۔ف:غصّہ دلانا۔
**angina** *n.* (in full **angina pectoris**) دل کادرد جس میں دم گھٹنے لگتا ہے۔② دل تک کافی خون نہ پہنچنے کے سبب سینے میں درد۔
**angle** *n.* & *v.* اسم:① زاویہ،گوشہ،کونا۔② نقطۂ نظر جس کی رو سے غور کیا جائے۔ف:① آڑے رخ رکھنا۔ ② (معلومات کو) خاص نقطۂ نظر سے پیش کرنا۔
**angle**[2] *v.* ① چھڑ اور کانٹے سے مچھلی پکڑنا۔② سوچی سمجھی تدبیر سے مطلب حاصل کرنا۔● **angler** اسم۔
**Anglican** *adj.* & *n.* کلیسائے انگلیسی سے متعلق (اس کلیسا کا ممبر) ● **Anglicanism** اسم۔
**Anglicism** *n.* انگریزیت۔
**Anglicize** *v.* (also **-ise**) انگلسیانا، انگریزیانا۔
**Anglo-** *comb. form* انگریزی، انگلستانی۔
**Anglo-Saxon** *adj.* &*n.* ① نارمن غلبے سے قبل کے انگلستانی باشندے یا زبان۔② انگریزی نژاد۔
**angora** *n.* ترکی بکری کی پشم سے بنا ہوا کپڑا۔
**angry** *adj.* (**angrier, angriest**) غصّے میں، حد سے زیادہ ناراض، برہم۔ ● **angrily** م ف۔
**angst** *n.* سخت تشویش۔
**angstrom** *n.* طول موج ناپنے کی اکائی۔
**anguish** *n.* حد سے زیادہ تکلیف، ذہنی عذاب۔ ● **anguished** صف: تکلیف میں مبتلا۔
**angular** *adj.* ① زاویہ دار، تیکھے نقوش کا (شخص) ② زاویائی۔
**anhydrous** *adj.* بے آب، بغیر پانی۔
**aniline** *n.* بے رنگ تیل جیسی رقیق چیز جو رنگ، ادویات اور پلاسٹک بنانے کے کام آتی ہے۔
**animal** *n.* & *adj.* ① حیوان، نامی جسم۔② انسان کے علاوہ دیگر حیوانی مخلوق۔
**animate** *adj.* & *v.* صف: زندہ، ذی حیات۔ف: ① زندگی بخشنا۔② جوش، ولولہ پیدا کرنا۔● **animated** صف۔ **animation** اسم۔ **animator** اسم۔
**animism** *n.* نباتات و جمادات میں ایک روح کو جاری و ساری ماننا۔
**animosity** *n.* (*pl.* **-ies**) عداوت۔
**animus** *n.* اظہار عداوت، دشمنی، کینہ۔
**anion** *n.* منفی بار رکھنے والا آیون۔
**aniseed** *n.* سونف، بادیان۔
**ankle** *n.* ٹخنہ، پاؤں اور پنڈلی کا جوڑ۔
**anklet** *n.* پائل، پازیب۔
**annals** *n. pl.* سال بہ سال واقعات کی روداد۔
**anneal** *v.* (شیشے یا دھات کو) تاؤ دینا، تپانا۔
**annex** *v.* ① اضافی طور شامل کرنا، نتھی کرنا۔ ② الحاق کرنا (دوسرے کی سرزمین کو) اپنی عملداری میں شامل کرنا۔③ ہتھیانا۔● **annexation** اسم۔
**annexe** *n.* کسی عمارت سے ملحق یا متعلق یا حصّہ۔
**annihilate** *v.* ① ملیا میٹ کرنا۔② شکست فاش دینا، کچل کر رکھ دینا۔● **annihilation** اسم۔
**anniversary** *n.* (*pl.* **-ies**) سالگرہ، برسی، کسی گزشتہ واقعہ کی یاد کی تقریب۔
**annotate** *v.* (کسی کتاب یا دستاویز پر) حاشیے لکھنا، شرح نگاری کرنا۔● **annotation** اسم۔
**announce** *v.* اعلان کرنا، اطلاع دینا۔
● **announcement** اسم: اعلان۔
**announcer** *n.* اعلان کرنے والا۔
**annoy** *v.* ناراض کرنا، بدمزہ کرنا؛ ستانا، مسلسل تنگ کرنا۔● **annoyance** اسم۔ **annoyed** صف۔
**annual** *adj.* & *n.* صف: سالانہ؛ سال بھر تک رہنے والا۔ اسم:① سالنامہ۔② وہ پودا جو تقریباً سال بھر رہے، اکسالہ۔● **annually** م ف: سال بہ سال۔
**annuity** *n.* سالانہ وظیفہ یا ادائگی۔
**annul** *v.* (**annulled, annulling**) ① (شادی وغیرہ کو) کالعدم قرار دینا۔ ② منسوخ کرنا، معدوم کرنا۔● **annulment** اسم: منسوخی۔
**annular** *adj.* دائرہ نما، گولائی لیے ہوئے۔
**Annunciation** *n.* جسد انسانی میں حضرت مسیحؑ کی آمد کی بشارت جو جبرائیلؑ نے حضرت مریمؑ کو دی۔
**anode** *n.* مثبت برقیرہ جو کسی برقپاش نلکی میں ہو۔
**anodize** *v.* (also **-ise**) برق پاشی سے (دھات) پرحفاظت کے لیے آکسائڈ کی تہ چڑھانا۔
**anodyne** *adj.* & *n.* (دوا) جو سکون دے یا درد

کو کم کرے۔

**anoint** *v.* تیل یا مرہم کی مالش کرنا، مسح کرنا۔

**anomaly** *n.* (*pl.* **-ies**) بے ربط ماحول، شے؛ بے قاعدگی۔ ● **anomalous** صف: بے قائدہ۔

**anon** *adv.* قدیم: ابھی، فوراً۔

**anon.** تخفیف: anonymous۔

**anonymous** *adj.* ① نامعلوم نام کا۔ ② نامعلوم اصل یا نسبت کا یا نامعلوم مصنف کا۔ ● **anonymity** اسم۔ **anonymously** م ف۔

**anorak** *n.* کپڑے یا پلاسٹک کی نم روک صدری۔

**anorexia** *n.* ① کھانے سے بے رغبتی۔ ② (پورا نام **anorexia nervosa**) ایک نفسیاتی مرض جس میں بھوک اڑ جاتی ہے، خصوصاً خواتین میں وزن گھٹانے کا شوق۔ ● **anorexic** اسم وصف۔

**another** *adj. & pron.* صف: ① مزید ایک اور۔ ② کسی سے ملتا جلتا، مماثل۔ ③ مختلف، دوسرا۔ ④ کوئی، کوئی اور۔ ضمیر: ① کچھ یا کسی اور۔ ② اشارہ۔

**answer** *n. & v.* اسم: ① کسی سوال کا جواب یا صورت حال کا ردِّعمل۔ ② مسئلے کا حل۔ ف: ① جواب دینا۔ ② بلاوے، اشارے پر عمل کرنا، پورا اترنا، کسی تعریف یا تفصیل پر۔ □ **answer back** دو بدو کرنا۔ **answer for** کسی کے لیے جواب دہ ہونا۔

**answerable** *adj.* ذمّہ دار، جوابدہ۔

**answering machine** *n.* ٹیلیفون کا جواب دینے اور پیغام ریکارڈ کرنے والی مشین۔

**ant** *n.* چیونٹی جس کی محنت کشی مشہور ہے۔

**antacid** *n. & adj.* دافع تیزابیت (مادّہ) جو تیزابیت کو خصوصاً معدے میں روکتا ہے۔

**antagonism** *n.* عملی مخالفت، مقابلہ، دشمنی۔ ● **antagonistic** صف۔

**antagonist** *n.* مخالف، حریف۔

**antagonize** *v.* (also **-ise**) عداوت، مخالفت یا دشمنی مول لینا۔

**Antarctic** *adj. & n.* قطب جنوبی یا اس سے متعلق۔

**ante** *n.* ① پیشگی رقم (مثلاً پوکر کے کھیل میں پہلا داؤ) ② پیشگی ادائگی۔

**ante-** *pref.* پہلے، قبل۔

**anteater** *n.* ان دودھ پلانے والے جانوروں میں سے کوئی جن کی خوراک چیونٹی یا دیمک ہے جیسے مور خور۔

**antecedent** *n. & adj.* اسم: ① گزشتہ، پیش رفتہ شے یا واقعہ۔ ② **(antecedents)** کسی شخص کی زندگی کے پچھلے واقعات۔ صف: پچھلا، گذشتہ۔

**antechamber** *n.* پیش کمرہ، پیش دالان۔

**antedate** *v.* ① کسی تاریخ سے پہلے کی تاریخ پر واقع ہونا۔ ② کسی دستاویز پر اصل سے پہلے کی تاریخ ڈالنا۔

**antediluvian** *adj.* ① طوفان نوح سے پہلے کا۔ ② بول چال: بہت پرانا۔

**antelope** *n.* افریقی ہرن، دبلا، لمبا، شاندار اور تیز۔

**antenatal** *adj.* ① قبل ولادت۔ ② زمانۂ حمل کا۔

**antenna** *n.* ① **(antennae** جمع) بعض حشرات کے سر پر لگے ہوئے محاسوں کی جوڑی۔ ② **(antennas** جمع AERIAL) ریڈیو ٹی وی کا اینٹینا۔

**anterior** *adj.* ① آگے کا، پیشیں، سامنے کے حصّے کے قریب۔ ② پہلے کا، ماقبل۔

**ante-room** *n.* پیش کمرہ۔

**anthem** *n.* ① ہم آواز ہوکر گائی جانے والی مناجات جو عموماً انجیل کی آیات پر مبنی ہوتی ہیں۔ ② ترانہ، مدحیہ یا ارادتمندانہ بول، خصوصاً قومی ترانہ۔

**anther** *n.* پودے کا وہ حصّہ جس میں زردانے ہوں۔

**anthology** *n.* (*pl.* **-ies**) مطبوعہ منتخب ادب پاروں کا مجموعہ خصوصاً شاعری کا۔

**anthracite** *n.* کوئلے کی ایک قسم جس میں جلنے پر برائے نام دھواں یا شعلہ ہوتا ہے۔

**anthrax** *n.* ایک خطرناک مرض جو مویشیوں سے انسانوں میں منتقل ہو جاتا ہے، کالا پھوڑا، جمرہ۔

**anthropoid** *adj. & n* صف: انسان سے مشابہ۔ اسم: انسان سے مشابہ حیوان خصوصاً بندر۔

**anthropology** *n.* انسانیات، علم البشر، بشریات۔ ● **anthropological** صف۔ **anthropologist** اسم: ماہر بشریات۔

**anthropomorphism** *n.* خدا سے یا کسی حیوان سے انسانی شکل و شخصیت منسوب کرنے کا عقیدہ۔

● **anthropomorphic** صف۔

**anti-** *pref.* ① مخالف، برخلاف۔ ② ضد، برعکس، مقابل، توڑ، جواب۔

**antibiotic** *n. & adj.* اسم: مختلف جراثیم کی پیدا کردہ یا مصنوعی طور پر تیار کی ہوئی جراثیم کش (دوا/مادّہ) صف: جراثیم کش کی طرح عمل پذیر۔

**antibody** *n.* (*pl.* **-ies**) خون میں پیدا ہونے والی دافع سمیّت پروٹین، انسدادی ضد جسمیہ۔

**anticipate** *v.* ① پیش بینی کرنا۔ ② وقت سے پہلے استعمال یا عمل میں لانا۔ ③ آس لگانا، امید باندھنا۔ ● **anticipation** اسم۔ **anticipatory** صف۔

**anticlimax** *n.* کسی اہم چیز کا مایوس کن انجام، آسمان سے زمین پر، بلندی سے پستی پر آنا۔

**anticlockwise** *adv. & adj.* گھڑی کی سوئی کے مخالف (حرکت)

**antics** *n. pl.* مہمل یا احمقانہ حرکات۔

**anticyclone** *n.* شدید ہوائی دباؤ کے علاقے سے ہوا کا چکّر کھا کر پھیلنا جس سے موسم سدھر جاتا ہے۔

**antidepressant** *n.* کسل مندی، پست حوصلگی دور کرنے والی دوا یا ذریعہ۔

**antidote** *n.* تریاق، کوئی مادّہ جو زہر کا توڑ کرتا ہے۔

**antifreeze** *n.* کوئی شے جو پانی کے نقطۂ انجماد کو گھٹائے، مانع انجماد۔

**antigen** *n.* کوئی بیرونی مادّہ جو جسم میں مدافعت کے لیے ضد جسمیے پیدا ہونے کا سبب بنے۔

**anti-hero** *n.* (*pl.* **-oes**) کسی کہانی یا ڈرامے کا مرکزی کردار جس میں روایتی خصوصیات جو ہیرو سے منسوب ہیں، موجود نہ ہوں۔

**antihistamine** *n.* الرجی کے علاج کے لیے ایک دوا جو ہسٹامین کے اثرات کا توڑ کرتی ہے۔

**anti-lock** *adj.* (بریکوں کے لیے) ایسے بنے ہوئے کہ اچانک لگانے پر پہیّوں کے مڑنے اور پھسلنے سے بچت ہو سکے۔

**antimacassar** *n.* کرسی وغیرہ کی پشت پر منڈھا جانے والا کپڑا تاکہ میل سے محفوظ رہے۔

**antimony** *n.* ایک چمکدار سفیدی مائل دھات، سرمہ، کحل (علامت: Sb)

**antipasto** *n.* (*pl.* **antipasti**) اطالوی کھانے کی ابتدا یا بھوک کھلنے والی شے۔

**antipathy** *n.* (*pl.* **-ies**) شدید یا گہری نفرت۔ ● **antipathetic** صف۔

**antiperspirant** *n.* پسینہ روکنے یا کم کرنے والا (مادّہ، مالشی تیل وغیرہ)

**antipodes** *n. pl.* عین مخالف سمت میں واقع جیسے کہ آسٹریلیا اور نیوزی لینڈ کرۂ ارض پر یورپ کے بالکل عقب میں ہے۔ ● **antipodean** صف۔

**antiquarian** *adj. & n.* صف: قدیم اشیا اور نوادر کا رکھنے اور مطالعہ کرنے والا۔ اسم: قدیم نوادر کے مطالعے سے تعلق رکھنے والا یا ان کا ماہر۔

**antiquated** *adj.* کہنہ، متروک، دقیانوسی۔

**antique** *n.& adj.* اسم: خاصی مدّت کی پرانی شے خصوصاً فرنیچر یا سامان آرائش۔ صف: قدیم، پارینہ، متروک، غیر مروج، عہد عتیق کا۔

**antiquity** *n.* (*pl.* **-ies**) ① زمانۂ قدیم خصوصاً قرون وسطیٰ سے پہلے کا دور۔ ② پرانے زمانوں کی اشیا، عمارت وغیرہ، آثار قدیمہ۔

**anti-Semitic** *adj.* یہود کا مخالف، ضد سامی۔ ● **anti-Semitism** اسم۔

**antiseptic** *adj. & n.* دافع عفونت؛ بیماریاں پیدا کرنے والے خورد اجسام کی افزائش کو روکنے کا عمل یا روکنے والی شے۔

**antisocial** *adj.* ① سماج سے الگ تھلگ۔ ② قائم سماجی نظام کے خلاف یا اس کے لیے مضر، سماج دشمن۔

**antistatic** *adj.* سکونی برق کے اثر کا توڑ کرنے والا۔

**antithesis** *n.* (*pl.* **antitheses** ) ① مخالف، برعکس، ضد۔ ② دو چیزوں کے درمیان تضاد، تقابل۔ ● **antithetical** صف۔

**antitoxin** *n.* خون میں قدرتی عمل سے پیدا ہونے والا دافع سمیّت مادّہ۔ ● **antitoxic** صف۔

**antler** *n.* بارہ سنگھے اور دوسرے (عموماً نر) ہرنوں کے سینگوں کا کوئی شاخچہ۔

**antonym** *n.* متضاد، برعکس، مخالف لفظ (م: اچھے

کے مقابل برا) SYNONYM کی ضد۔

**anus** *n.* مقعد، مبرز، غذائی نالی کے ختم پر فضلے کے اخراج کا سوراخ۔

**anvil** *n.* اہرن، سندان جس پر دھات کو رکھ کر ڈھلائی کے لیے کوٹتے اور ڈھالتے ہیں۔

**anxiety** *n.* (*pl.* **-ies**) بے چینی، فکر، تشویش۔

**anxious** *adj.* مضطرب، ذہنی طور پر بے چین، آشفتہ خاطر۔ □ **anxious to** بڑی لگن یا اشتیاق سے متمنّی یا سرگرم۔ ● **anxiously** م ف۔

**any** *adj.* ① ایک، کوئی بھی، کوئی سا۔ ② کچھ، خواہ کتنا یا کتنے یا کیسے۔ ③ برائے نام، معمولی۔

**anybody** *pron.* کوئی بھی، کیسا بھی آدمی۔

**anyhow** *adv.* کسی طرح بھی، جوں توں۔

**anyone** *pron.* کوئی بھی، کوئی سا بھی۔

**anything** *pron.* ① کوئی سی بھی شے۔ ② کیسی بھی شے۔ ③ جو کچھ بھی سہی۔

**anyway** *adv.* ① کسی طرح بھی۔ ② بہر صورت۔ ③ کسی بھی لحاظ سے۔ ④ تسلسل کے لیے۔

**anywhere** *adv.* & *pron.* م ف: کہیں بھی، کسی جگہ پر۔ ضمیر: کوئی جگہ۔

**AOB** تخفیف: any other business۔

**aorta** *n.* شریان کبیر جس کے ذریعے دل کو آکسیجن ملا خون پہنچتا ہے۔

**apace** *adv.* پھرتی سے۔

**apart** *adv.* ① علاحدہ علاحدہ نہ کہ ایک ساتھ۔ ② ٹوٹ کر، الگ الگ ہو کر۔ ③ ایک طرف (کو)، خارج از بحث، ایک طرف۔ ④ فاصلے پر۔

**apartheid** *n.* ① نسلی عصبیت کی پالیسی ماضی میں (خصوصاً جنوبی افریقہ میں) ② نسلی علاحدگی۔

**apartment** *n.* ① چند کمروں کی جگہ۔ ② امریکا: کوئی فلیٹ۔

**apathy** *n.* بے گانگی، لاتعلقی۔ ● **apathetic** صف۔

**ape** *n.* & *v.* اسم: حیوان رئیسہ بغیر دم کے، مثلاً گوریلا۔ ف: نقل اتارنا، نقالی کرنا۔

**aperitif** *n.* کھانے سے پہلے پیا جانے والا اشتہا انگیز نشیلا مشروب۔

**aperture** *n.* سوراخ، رخنہ، خصوصاً روشنی کے گزرنے کے لیے بنا ہوا راستہ۔

**Apex** *n.* (also **APEX**) ہوائی کمپنیوں کی مقررہ پروازوں کے کرائے میں رعایت کا دستور جبکہ روانگی سے مقررہ عرصے قبل ادائیگی کی جائے۔

**apex** *n.* سب سے اونچا نقطہ، چوٹی، منتہا۔

**aphasia** *n.* دماغی صدمے سے بولنے یا بات کو سمجھنے کی صلاحیت کا زائل ہو جانا، فتورِ نطق، افازیا۔

**aphid** *n.* ان چھوٹے کیڑوں میں سے کوئی جو درخت کے پتّوں، شاخوں کو برباد کر دیتے ہیں۔

**aphorism** *n.* کہن، مثل، مقولہ، پُر مغز قول۔ ● **aphoristic** صف: پُر حکمت۔

**aphrodisiac** *adj.* & *n.* صف: شہوت خیز۔ اسم: باہ یا جنسی خواہش کو ابھارنے والی دوا، مبہی۔

**apiary** *n.* (*pl.* **-ies**) مصنوعی چھتا، مگس خانہ جہاں شہد کی مکھیاں پالی جائیں۔ ● **apiarist** اسم۔

**apiece** *adv.* ہر ایک کے لیے، متفرق طور پر، الگ الگ، فرداً فرداً۔

**aplomb** *n.* یقین، خود اعتمادی۔

**apocalypse** *n.* (**the Apocalypse**) ① القا، وحی، انجیل کا آخری باب جس میں وحی بیان کی گئی ہے، خصوصاً دنیا کے خاتمے کی بابت۔ ② کوئی تباہ کن یا سنسنی خیز واقعہ۔ ● **apocalyptic** صف۔

**Apocrypha** *n.pl.* تورات کے وہ ابواب جو عبرانی تورات میں شامل نہیں۔

**apocryphal** *adj.* غیر مستند، مشتبہ۔

**apogee** *n.* ① وہ نقطہ جہاں چاند اپنے مدار میں زمین سے بعید ترین فاصلے پر ہو۔ ② بعید ترین یا بالاترین نقطہ، اوج، منتہا۔

**apologetic** *adj.* نادم، عذر خواہ، مجوب۔ ● **apologetically** م ف۔

**apologize** *v.* (also **-ise**) معذرت کرنا، اظہار ندامت کرنا۔

**apology** *n.* (*pl.* **-ies**) معذرت، صفائی، وضاحت۔ □ **an apology for** کسی چیز کی کمزور مثال۔

**apoplectic** *adj.* ① سکتہ زدہ، مرگی کا مریض۔

۲ بول چال : غصے میں بھرا، آپے سے باہر۔

**apoplexy** *n.* ۱ مرگی کا دورہ؛ فالج کا حملہ۔ ۲ بول چال: شدید غصہ۔

**apostasy** *n.* (*pl.* **-ies**) ترک عقیدہ، خصوصاً مذہب سے پھرنا، ارتداد۔

**apostate** *n.* مرتد، منحرف شخص۔

**a posteriori** *adj.* استقرائی، (استدلال) جو مشاہدے، تجربے یا دلیل پر مبنی ہو۔

**apostle** *n.* ۱ (**Apostle**) ان بارہ حواریوں میں سے کوئی جو عیسائیت کی تبلیغ کے لیے روانہ کیے گئے تھے۔ ۲ کسی اصلاحی تحریک کا نمائندہ۔ ● **apostolic** صف۔

**apostrophe** *n.* علامت اعراب جو حسب ذیل موقعوں پر آتی ہے: ۱ جبکہ کوئی حرف یا عدد چھوڑ دیا جائے (جیسے *I can't; he's; Jan.'92*) ۲ اضافت تملیکی کے طور پر جیسے (*boys' coats ; harry's book*)

**apothecary** *n.* (*pl.* **-ies**) قدیم: دواساز۔

**apotheosis** *n.* (*pl.* **apotheoses**) ۱ اُلوہیت کے درجے پر فائز۔ ۲ نمونۂ کامل، مایہ ناز مثال۔ ۳ برگزیدہ، قابل پرستش تصوّر یا نصب العین۔

**appal** *v.* (*US* **appall**) (**appalled,appalling**) ہراساں، خوفزدہ کرنا۔ ● **appalling** صف۔

**apparatus** *n.* آلات و اوزار خصوصاً سائنسی اور ٹیکنیکل کاموں کے لیے۔

**apparel** *n.* رسمی: پوشاک، لباس۔

**apparent** *adj.* ۱ بیّن۔ ۲ ظاہری، بظاہر۔ ● **apparently** م ف۔

**apparition** *n.* بھوت، چھلاوا۔

**appeal** *v.* & *n.* ف: ۱ منت کرنا یا رسمی درخواست کرنا۔ ۲ لبھانا، پسندیدہ نظر آنا۔ ۳ رجوع کرنا ۴ کسی فیصلے پر عدالت عالیہ سے رجوع کرنا۔ اسم: ۱ عرضداشت، درخواست، نالش۔ ۲ دلکشی، کشش۔

**appear** *v.* ۱ نظر آنا، ظاہر ہونا۔ ۲ پیش ہونا، سامنے آنا۔ ۳ شائع ہونا۔ ● **appearance** اسم۔

**appease** *v.* ۱ خاموش کرانا، ٹھنڈا کرنا، مطمئن کرنا۔ ● **appeasement** اسم: مصالحت خواہی۔

**appellant** *n.* عدالت بالا میں اپیل پیش کرنے والا شخص۔

**append** *v.* ساتھ لگانا، جوڑنا، منسلک کرنا۔

**appendage** *n.* منسلک شے، ضمیمہ، تتمّہ، تعلیقہ۔

**appendectomy** *n.* (*pl.* **-ies**) زائد انتڑی (اپنڈکس) کو عمل جراحی سے الگ کرنے کا عمل۔

**appendicitis** *n.* (اپنڈکس) کی سوزش۔

**appendix** *n.* (*pl.* **appendices** or **appendixes**) ۱ بڑی آنت کے نچلے سرے پر زائد خلیات سے بنی چھوٹی سی نلکی۔ ۲ کسی کتاب یا دستاویز کے ساتھ لگا ہوا ذیلی مواد، ضمیمہ، تعلیقہ۔

**appertain** *v.* متعلق ہونا، مناسب، برمحل ہونا۔

**appetite** *n.* فطری خواہش، خصوصاً بھوک۔

**appetizer** *n.* (also **-iser**) بھوک کھولنے والی کوئی کھانے یا پینے کی چیز۔

**appetizing** *adj.* (also **-ising**) اشتہا انگیز۔

**applaud** *v.* پُرزور طریقے سے سراہنا، داد دینا خصوصاً تالی بجا کر۔ ● **applause** اسم: داد، ستائش۔

**apple** *n.* سیب۔

**appliance** *n.* آلہ، جنتر، کل۔

**applicable** *adj.* ۱ قابلِ اطلاق، لاگو۔ ۲ موزوں، مناسب، برمحل۔ ● **applicability** اسم۔

**applicant** *n.* امیدوار خصوصاً کسی اسامی کا۔

**application** *n.* ۱ (مرہم وغیرہ) لگانے، لیپ کرنے کا عمل۔ ۲ درخواست، عرضی خصوصاً ملازمت، رکنیت وغیرہ کے لیے۔ ۳ اطلاق، استعمال۔ ۴ محنت، توجّہ، کسی کام میں جتے رہنے کا عمل۔ ۵ کسی خاص کام کے لیے تیار کیا ہوا کمپیوٹر پروگرام۔

**applicator** *n.* سطح پر پھیرنے خصوصاً جلد پر تیل وغیرہ ملنے کا آلہ۔

**applied** *adj.* عملی (علم یا مطالعہ)

**appliqué** *n.* کپڑے کے پارچوں کو کسی کپڑے پر چپکا کر یا سی کر نقش بنانے کا ہنر، پارچہ کاری۔

**apply** *v.* (**applied, applying**) ۱ کسی کام یا چیز کے لیے درخواست کرنا۔ ۲ قابل اطلاق، لاگو ہونا۔ ۳ کام لینا، چلانا، عمل میں لانا۔ ۴ ملنا، پھیرنا، بروئے کار لانا۔ □ **apply oneself** اپنی طاقت اور

توجہ لگانا۔

**appoint** *v.* مقرر کرنا۔ ● **appointee** اسم۔

**appointment** *n.* ① ملاقات کے وقت اور جگہ کا تعین۔ ② عہدہ، اسامی، تعینات کردہ شخص۔

**apportion** *v.* حصّہ داری کرنا، حصّہ لگانا۔

**apposite** *adj.* برجستہ، برمحل، موزوں، ٹھیک۔

**apposition** *n.* ① پہلو بہ پہلو رکھنا، ترتیب دینا۔ ② قواعد: کسی لفظ کے ساتھ توصیفی کلمے کا اضافہ (*William the Conqueror*)

**appraise** *v.* ① قدر و قیمت کا اندازہ کرنا، قیمت لگانا۔ ● **appraisal** اسم: تخمینہ، تشخیص۔

---

وضاحت: *appraise* کو *apprise* سے خلط ملط نہ کریں جس کے معنی مطلع کرنا ہیں۔

---

**appreciable** *adj.* قابل لحاظ، معقول، اچھا خاصا۔ ● **appreciably** م ف۔

**appreciate** *v.* ① قدر کرنا، بہت پسند کرنا، شکرگزار ہونا۔ ② سمجھنا، جاننا، ماننا، پہچاننا، قیمت بڑھانا۔ ● **appreciation** اسم۔ **appreciative** صف۔

**apprehend** *v.* ① سمجھنا، مشاہدہ کرنا۔ ② پکڑنا، گرفتار کرنا۔ ③ کسی بات کا دھڑکا، اندیشہ رکھنا۔

**apprehension** *n.* ① خوف، ہراس۔ ② فہم، ادراک۔ ③ پکڑ، گرفتاری۔

**apprehensive** *adj.* ہراساں، خائف، دھڑکے میں۔ ● **apprehensively** م ف۔

**apprentice** *n.* زیر تربیت، مبتدی، نوآموز۔ ● **apprenticeship** اسم۔

**apprise** *v.* اطلاع دینا۔

**approach** *v.* & *n.* ف: ① نزدیک یا نزدیک تر آنا۔ ② (کسی کو) کوئی تجویز یا مشورہ پیش کرنا۔ ③ کسی کام میں لگنا۔ اسم: پہنچ، رسائی یا پہنچنے کا ذریعہ۔

**approachable** *adj.* میل جول رکھنے والا جس سے بآسانی بات یا ملاقات کی جا سکے۔

**approbation** *n.* منظوری، اقرار، توثیق، ہامی۔

**appropriate** *adj.*& *v.* صف: موزوں، مناسب۔ ف: ① ہتھیانا، غصب کرنا۔ ② خاص مقاصد کے لیے (رقم وغیرہ) مخصوص کرنا۔ ● **appropriately** م ف۔ **appropriation** اسم: غصب۔

**approval** *n.* منظوری، پسند، موافق رائے۔

**approve** *v.* ① توثیق کرنا، منظوری دینا۔ ② موافق رائے رکھنا۔ ③ پسند کرنا۔

**approx.** تخفیف: approximately۔

**approximate** *adj.* & *v.* صف: ① تقریباً درست، اصل کے لگ بھگ۔ ف: قریب پہنچنا یا لانا۔ ● **approximaltely** م ف۔ **approximation** اسم: مشابہت، قربت۔

**APR** تخفیف: annual percentage rate (سود کا)

**Apr.** April کا اختصار۔

**après-ski** *n.* دن بھر برف پر پھسلنے کے کھیل (اسکی انگ) کے بعد سماجی تفریحات۔

**apricot** *n.* ① خوبانی؛ خوبانی کا درخت۔ ② پکی خوبانی کا زردی مائل نارنجی رنگ۔

**April** *n.* اپریل، شمسی سال کا چوتھا مہینہ۔

**a priori** *adj.* & *adv.* صف: ① جس میں سبب سے نتیجے کی طرف نظری استخراج کیا جائے۔ ② جو از روئے منطق تجربے پر مبنی نہ ہو؛ جس کے لیے تجربہ لازمی نہ ہو۔ م ف: اندازاً، قیاسی طور پر۔

**apron** *n.* ① کپڑوں کی حفاظت کے لیے سینے یا کمر سے نیچے تک لٹکا کر باندھا جانے والا کپڑا، پیش بند۔ ② اسٹیج کا وہ حصّہ جو پردے کے آگے ہوتا ہے۔ ③ ہوائی میدان میں پختہ فرش جہاں جہازوں کو لادنے کے لیے چلا کر لایا یا کھڑا کیا جاتا ہے۔

**apropos** *adv.* بمطابق، کے تعلق سے، بحوالہ۔

**apse** *n.* گرجا میں ایک چھت، قوسی یا زاویے دار جس پر بعض اوقات گنبد بھی ہوتا ہے۔

**apt** *adj.* مناسب، موزوں۔ □ **apt to** کوئی میلان رکھنے والا۔ ● **aptly** م ف۔ **aptness** اسم۔

**aptitude** *n.* ① فطری صلاحیت، مناسبت۔ ② لیاقت، موزونیت خصوصاً کسی خاص ہنر کو سیکھنے کی۔

**aqualung** *n.* غوطہ خوروں کے لیے سمندر میں

سانس لینے کا اُٹھاؤ آلہ جسے پیٹھ پر باندھ لیتے ہیں۔

**aquamarine** *n.* ہلکے سبزی مائل نیلے رنگ کا نگ، فیروزہ، یاقوت کبود۔

**aquaplane** *n. & v.* اسم: پانی پر سواری کرنے کا تختہ جسے موٹر کشتی سے کھینچتے ہیں۔ ف: (گاڑی کا) گیلی سڑک پر بے قابو ہوکر پھسلنا۔

**aquarium** *n.* (*pl.* **aquariums** or **aquaria**) زندہ آبی پودوں یا جانوروں کے لیے بنایا ہوا مصنوعی ماحول خصوصاً شیشہ دار حوض یا خانہ۔

**aquatic** *adj.* پانی کے اوپر، پانی میں یا پانی کے قریب رہنے یا ہونے والا۔

**aqua vitae** *n.* تیز قسم کی شراب خصوصاً برانڈی۔

**aqueduct** *n.* وادی کے اوپر پل کی شکل میں ستونوں کے سہارے بنائی ہوئی آبی گزرگاہ۔

**aqueous** *adj.* پانی کا، جس میں پانی ہو، آبی۔

**aquifer** *n.* آبیدہ مٹی یا چٹان کی پرت۔

**aquiline** *adj.* ① عقابی، عقاب جیسا۔ ② عقاب کی چونچ کی طرح مڑی ہوئی۔

**Ar** عنصر argon کی علامت۔

**Arab** *n. & adj.* اسم: ملک عرب کا باشندہ۔ صف: ملک عرب یا اہل عرب سے متعلق، عربی۔

**arabesque** *n.* ① بیلے رقص: ایک ٹانگ پیچھے کی طرف افقی طور پر بڑھا کر بازو پھیلانے اور دھڑ آگے نکالنے کا بھاؤ یا انداز۔ ② آپس میں لپٹے یا گتھے ہوئے پھول پتوں کا نقش یا طغرائی، پیچیدہ خطاطی۔

**Arabian** *adj.* عرب کا، عرب سے متعلق۔

**Arabic** *adj. & n.* اسم: عربی زبان۔ صف: عربی زبان کا، عربی۔

**Arabic numerals** *n.pl.* عربی گنتی ۱، ۲، ۳ وغیرہ۔

**arable** *adj. & n.* کاشت کے قابل (زمین)

**arachnid** *n.* مکڑی یا بچھو کی طرح کا جانور۔

**arbiter** *n.* کسی قضیے میں ثالث، حکم، پنچ۔

**arbitrary** *adj.* ناکافی واقفیت یا الل ٹپ انتخاب پر مبنی، اندھا دُھند۔ ● **arbritrarily** م ف۔

**arbitrate** *v.* ثالثی کرنا۔ ● **arbitration** اسم۔

**arbitrator** *n.* ثالث، حکم، وہ شخص جو قضیہ طے کرنے پر مامور ہو۔

**arbor** ARBOUR کا امریکی متبادل۔

**arboreal** *adj.* درختوں پر رہنے والا یا درختوں سے منسوب، شجری۔

**arboretum** *n.* (*pl.* **arboretums** or **arboreta**) وہ جگہ جہاں درخت مطالعہ اور دکھانے کے لیے لگائے جاتے ہیں۔

**arbour** *n.* (*US* **arbor**) باغ میں سایہ دار درختوں، بیلوں، اور پودوں سے بنا ہوا کنج یا شاخسار۔

**arc** *n.* ① دائرے کے محیط کا ایک حصّہ، قوس۔ ② برقیات: دو برقیروں کے درمیان نوری اخراج۔

**arcade** *n.* ① چھتا، چھت دار راستہ یا راہداری۔ ② کوئی پٹا ہوا پیدل راستہ جس کے پہلو میں دکانیں ہوں۔

**arcane** *adj.* پُراسرار، جسے کم لوگ سمجھتے ہوں۔

**arch**[1] *n. & v.* اسم: ① محراب، کمان، قوسی تعمیر جو بطور در یا کسی پل، چھت وغیرہ کو سہارنے کے لیے ہو۔ ② کوئی خمیدہ شکل۔ ف: محراب بنانا یا محرابی شکل دینا۔

**arch**[2] *adj.* دانستہ طور پر شوخ، شریر، نٹ کھٹ۔ ● **archly** م ف۔ **archness** اسم: چنچل پن۔

**arch-** *pref.* اعلیٰ، افضل، بھاری۔

**archaeology** *n.* (*US* **archeology**) مقامات کی کھدائیوں اور ان سے برآمد ہونے والی مادّی باقیات وغیرہ کے تجزیے سے قدیم تاریخ کا مطالعہ۔ ● **archaeological** صف۔ **archaeologist** اسم۔

**archaic** *adj.* قدیمی، پرانے زمانے کا، فرسودہ۔

**archaism** *n.* قدیم، متروک لفظ یا اسلوب۔

**archangel** *n.* سب سے اعلیٰ منصب والا فرشتہ۔

**archbishop** *n.* بڑا عیسائی پیشوا، اُسقف اعظم۔

**archdeacon** *n.* بشپ سے نچلا پادری۔

**archduke** *n.* تاریخ: سب سے بڑا ڈیوک (خصوصاً شہنشاہ آسٹریا کے بیٹے کا لقب)

**archeology** ARCHAEOLOGY کا امریکی متبادل۔

**archer** *n.* تیرانداز۔ ● **archery** اسم۔

**archetype** *n.* کسی چیز کا ابتدائی نمونہ؛ مثالی

نمونہ۔ ● **archetypal** صف۔

**archipelago** *n.* (*pl.* -os or -oes) ① مجمع الجزائر۔ ② جزیروں کے گرد سمندر۔

**architect** *n.* ماہرِ تعمیرات جو عمارات، جہازوں وغیرہ کا نقشہ بناتا اور تعمیر کی نگرانی کرتا ہے۔

**architecture** *n.* ① تعمیرات کا فن یا علم۔ ② کسی عمارت کی ڈیزائن اور تعمیر کے لحاظ سے وضع یا خصوصیت۔ ● **architectural** صف۔

**architrave** *n.* دروازے یا کھڑکی کے گرداگرد ڈھلا ہوا چوکھٹا۔

**archive** *n.* (usu. **archives**) سرکاری یا عوامی دلچسپی کی یادداشتوں اور دستاویزات کا ذخیرہ، محافظ خانہ۔

**archivist** *n.* دستاویزات کے محافظ خانے کا نگراں۔

**archway** *n.* چھتّے دار راستہ۔ چھتّا، ڈیوڑھی۔

**Arctic** *adj.* & *n.* ① قطب شمالی کے منطقے سے متعلق۔ ② (**arctic**) بول چال: نہایت سرد۔

**ardent** *adj.* پُر شوق، سرگرم؛ جوشیلا۔ ● **ardently** م ف۔

**ardour** *n.* (*US* **ardor**)، آتشِ شوق، گرم جوشی، شدید جذبہ، لگن، دُھن۔

**arduous** *adj.* جو مشکل سے حاصل یا سر ہو سکے۔

**area** *n.* ① کسی سطح کی وسعت یا پیائش، رقبہ۔ ② کوئی علاقہ یا خطّہ۔ ③ کسی مقصد کے لیے مخصوص کی ہوئی جگہ۔

**arena** *n.* ① اکھاڑا۔ ② مقابلے کا میدان۔

**arête** *n.* نکیلی چوٹی والی پہاڑی۔

**argon** *n.* ایک گیس، کیمیائی عنصر (علامت: Ar)

**argot** *n.* کسی طبقے یا حلقے کی مخصوص بولی۔

**arguable** *adj.* ① قابل استدلال۔ ② معقول، مدلّل۔ ● **arguably** م ف۔

**argue** *v.* ① کسی کے ساتھ تبادلۂ خیال خصوصاً پُر جوش یا اختلافی طور پر مباحثہ کرنا۔ ② دلیل سے سمجھانا، قائل معقول کرنا۔ ③ زیر بحث لانا۔

**argument** *n.* ① تبادلۂ خیال خصوصاً اختلافی اور طویل بحث۔ ② پیش کی جانے والی دلیل؛ استدلال کا عمل۔ ③ جھگڑا، تکرار۔

**argumentative** *adj.* بحث کا شوقین، جھکّی۔

**aria** *n.* آپرا میں یک صدائی ادائیگی۔

**arid** *adj.* (زمین یا آب وہوا کے متعلق) خشک، جھلسی ہوئی۔ ● **aridity** اسم۔ **aridly** م ف۔

**arise** *v.* (**arose, arisen**) ① پیدا ہونا، ابتدا کرنا۔ ② نتیجہ میں ظاہر ہونا۔ ③ توجّہ پانا، نظر میں آنا۔

**aristocracy** *n.* (*pl.* -ies) ① معاشرے کا طبقۂ اشرافیہ؛ اشراف، روٴسا۔ ② اعلیٰ طبقے کے لوگ۔ ● **aristocrat** اسم۔ **aristocratic** صف۔

**arithmetic** *n.* علم اعداد، ہندسہ، ریاضی، حساب۔

**ark** *n.* ① سفینۂ نوح۔ ② (**Ark of the Covenant** کا اختصار) وہ صندوق جس میں یہودی شریعت کی ملفوفہ دستاویزات یا تختیاں رکھی ہوں۔

**arm** *n.* ① انسانی بازو کندھے سے ہاتھ تک۔ ② کرسی کا ہتّھا۔ ③ کسی کمپنی یا ادارے کا کوئی شعبہ۔ ④ (**arms**) ہتھیار۔ ف: ① ہتھیاروں سے لیس کرنا۔ ② (بم وغیرہ کو) سر ہونے کے لیے تیار کرنا۔

**armada** *n.* جہازوں کا بیڑا۔

**armadillo** *n.* (*pl* **armadillos**) جنوبی امریکا کا ایک ممیل جس کے اوپر ہڈی کا سا خول ہوتا ہے۔

**Armageddon** *n.* ① (انجیل کی رُو سے) قیامت سے پہلے حق و باطل کا آخری معرکہ۔ ② بھاری معرکہ یا مہم۔

**armament** *n.* فوجی اسلحہ اور سامان جنگ۔

**armature** *n.* ڈائنمو یا بجلی کی موٹر کا گردش کرنے والا گچھا یا گچھے۔

**armchair** *n.* آرام دہ کرسی خصوصاً گدّی دار اور ہتّھے والی۔

**armistice** *n.* مخالف فریقوں کی جانب سے عام

معاہدے کے تحت چھیڑ چھاڑ کی بندش، عارضی صلح۔

**armlet** *n.* بازو بند، بازو پر باندھنے کی پٹی۔

**armor** امریکا:ARMOUR کا متبادل۔

**armorial** *adj.* نسبی نشانات سے متعلق۔

**armour** *n.* (*US* **armor**) زرہ بکتر۔

**armoured** *adj.* (*US* **armored**) زرہ بکتر سے لیس، بکتر بند۔

**armoury** *n.* (*pl.* **-ies**) (*US* **armory**) اسلحہ خانہ۔

**armpit** *n.* بغل، کانکھ۔

**army** *n.*(*pl.*-**ies**) ① منظّم زمینی فوج۔ ② انبوہ کثیر۔

**arnica** *n.* ایک پودا جس میں پیلے پھول آتے ہیں، دواؤں میں استعمال ہوتا ہے۔

**aroma** *n.* مہک، مخصوص خوشبو عموماً کھانے کی۔ ● **aromatic** صف: خوشبودار، معطر۔

**aromatherapy** *n.* تیل مالش میں جڑی بُوٹیوں کے ست اور اصلی تیلوں کا استعمال۔

**arose** ARISE کا صیغۂ ماضی۔

**around** *adv. & prep.* م ف: ① ہر سمت، چاروں طرف۔ ② مختلف جگہوں میں، یہاں وہاں۔ ③ قریب، پاس کے پاس۔ حرف جار: ① کسی قسم کے دائرے پر یا دور کے ساتھ ساتھ۔ ② کسی چیز کے چاروں طرف، گھیرے ہوئے۔ ③ ادھر اُدھر، نزدیک و دور۔

**arouse** *v.* ① ابھارنا، وجود میں لانا۔ ② جگانا۔ ③ عمل کا جوش دلانا۔

**arpeggio** *n.* (*pl.* **-os**) موسیقی: سرگم کے سُر جو ترتیب وار گائے یا بجائے جائیں۔

**arraign** *v.* ① الزام عائد کرنا، مجرم ٹھہرانا۔ ② معترض ہونا، عیب نکالنا۔ ● **arraignment** اسم۔

**arrange** *v.* ① مطلوبہ ترتیب سے لگانا، مرتّب کرنا، طے کرنا۔ ② منصوبہ بنانا، ہدایات دینا، بندوبست کرنا۔ ③ باہم طے کرنا۔ ④ کسی بندش کو بدلے ہوئے ساز و آواز کے لیے ترتیب دینا۔ ● **arrangement** اسم۔

**arrant** *adj.* نرا، پکّا، (*arrant nonsense* محض بکواس) ● **arrantly** م ف۔

**array** *n. & v.* اسم: ① صف آرائی۔ ② قطار، ترتیب۔ ③ ادبی: عمدہ لباس، پوشاک۔ ف: ① سنوارنا، آراستہ کرنا۔ ② مرتّب کرنا۔

**arrears** *n. pl.* بقایا یا نامکمل رقم، تکمیل طلب کام یا غیر ادا شدہ قرض۔

**arrest** *v. & n.* ف: ① گرفتار کرنا (کسی شخص کو) خصوصاً قانونی ادارے کی جانب سے۔ ② (توجّہ) کھینچنا، کسی کو روکنا۔ اسم: ① گرفتاری، پکڑ خصوصاً قانون کے تحت۔ ② رکاوٹ، بندش۔

**arrival** *n.* ① ورود، آمد، منظر پر ظہور۔ ② آنے والا شخص یا شے۔

**arrive** *v.* ① منزل پر پہنچنا؛ سفر کے اختتام یا طے شدہ مرحلے تک پہنچنا۔ ② کسی نتیجے یا فیصلے وغیرہ پر پہنچنا۔ ③ اپنی شہرت یا حیثیت قائم کرنا۔

**arrogant** *adj.* خود پسند، بد دماغ، نخوت زدہ (شخص یا انداز) متکبر۔ ● **arrogance** اسم: رعونت، خودسری۔ **arrogantly** م ف۔

**arrogate** *v.* ناروا طور پر اختیار یا ذمّہ داری سنبھالنا۔

**arrow** *n.* تیر، جو کمان سے چھوڑا جاتا ہے یا اس کی شکل کا نشان سمت وغیرہ بتانے کے لیے۔

**arrowroot** *n.* ایک پودا جس سے نشاستہ تیار کیا جاتا ہے جو غذائی یا طبی ضروریات میں استعمال ہوتا ہے۔

**arse** *n.* (*US* **ass**) بازاری: سرین، چوتڑ۔

**arsenal** *n.* اسلحہ خانہ۔

**arsenic** *n.* ① سنکھیا، ایک نہایت تیز زہر۔ ② ایک نیم دھاتی عنصر (علامت: As) ● **arsenical** صف۔

**arson** *n.* املاک کو عمداً آگ لگانے کا عمل، آتش زنی۔ ● **arsonist** اسم: آتش دان۔

**art** *n.* ① انسانی تخلیقی ہنر یا اس کا استعمال، فن پارہ۔ ② (**arts**) فنون لطیفہ جیسے نقاشی، موسیقی، خطاطی کا مجموعی نام۔ ③ (**arts**) علم کے شعبے (خصوصاً زبانیں، ادب، تاریخ) جو سائنسی، تکنیکی یا پیشہ ورانہ مہارت کے مقابل تخلیقی مہارت سے تعلق رکھتے ہیں۔

**artefact** *n.* (*US* **artifact**) انسانی ہنر اور صناعی کا نمونہ۔

**arterial** *adj.* شریانوں سے متعلق، شریانی۔

**arterial road** *n.* (سڑک) اہم، بڑی، شاہراہ۔

**arteriosclerosis** *n.* شریانوں کی اندرونی سطح کا سخت ہو جانا خصوصاً بڑھاپے میں۔
**artery** *n.* (*pl.* **-ies**) شریان، وہ نس جو آکسیجن آمیز خون دل کی طرف سے لے جاتی ہے۔
**artesian well** *n.* عموداً کھودا جانے والا کنواں خصوصاً چٹان میں سے گہرے پانی تک جہاں سے پانی کچھ زور کر کے یا بغیر زور کے خود بخود اوپر کھنچ آتا ہے۔
**artful** *adj.* چالاک، عیّار (آدمی) یا دھوکے کا (عمل) ● **artfully** م ف۔
**arthritis** *n.* جوڑوں کا ورم۔ ● **arthritic** صف۔
**arthropod** *n.* جانور، جس کے جسم کے کئی حصّے ہوتے ہیں، اعضا جوڑ دار اور ایک بیرونی ڈھانچا جیسے حشرات، مکڑی یا قشریے۔
**artichoke** *n.* (also **globe artichoke**) ① پھول نما سر کا پودا جس کے پتے سبزی کے طور کھائے جاتے ہیں۔ ② **(Jerusalem artichoke)** سورج مکھی کی قسم کا پھول جس کی جڑیں کھائی جاتی ہیں۔
**article** *n.* ① اشیا، عمومی طور پر بلا تخصیص۔ ② جز، حصّہ، کسی دستاویز کا کوئی حصّہ، جزو یا دفعہ۔ ③ قواعد: کلمۂ تخصیصی **definite article** (رک **the**) جو کسی اسم سے پہلی خصوصیت یا مانوسیت کو ظاہر کرتا ہے، کلمۂ غیر تخصیصی **indefinite article** (**a, an**) جو کسی اسم سے پہلے عمومیت کو ظاہر کرتا ہے۔
**articulate** *adj.* & *v.* صف: ① بولنے میں رواں۔ ② صاف، واضح (آواز، گفتگو)۔ ف ① الفاظ یا ارکان الفاظ کو وضاحت اور صفائی سے ادا کرنا۔ ② (خیال وغیرہ کا) باربط طریقے سے اظہار کرنا۔ ● **articulately** م ف۔ **articulation** اسم۔
**artifact** ARTEFACT کا امریکی متبادل۔
**artifice** *n.* ① ترکیب، تدبیر۔ ② ہوشیاری، چالاکی کا مظاہرہ۔ ③ مہارت، چابکدستی۔
**artificial** *adj.* انسان کا بنایا ہوا نہ کہ قدرتی۔
● **artificiality** اسم۔ **artificially** م ف۔
**artificial insemination** *n.* بغیر جفتی انجکشن کے ذریعے حمل۔
**artificial intelligence** *n.* کمپیوٹروں کی ترقی سے وہ کام جو عام انسانی ذہانت سے ہو جاتے تھے اب کمپیوٹر انجام دیتا ہے۔
**artillery** *n.* (*pl.* **-ies**) ① زمینی جنگ میں کام آنے والی بڑے دہانے کی توپیں۔ ② توپوں سے لڑنے والی فوج، توپ خانہ۔
**artisan** *n.* ① کاریگر، دست کار۔ ② مستری۔
**artist** *n.* ① نقاش، مصوّر۔ ② کسی فن کا ماہر۔ ③ گویّا، موسیقار، رقاص وغیرہ۔ ● **artistry** اسم۔
**artiste** *n.* فن کار، خصوصاً پیشہ ور مغنی یا رقاص۔
**artistic** *adj.* ① فن کاری سے فطری لگاؤ رکھنے والا۔ ② فن کارانہ۔ ③ آرٹ، فن یا اہل فن سے متعلق۔ ● **artistically** م ف۔
**artless** *adj.* سیدھا سادا، بھولا۔ ● **artlessly** م ف۔ **artlessness** اسم: سادگی، بھولا پن۔
**artwork** *n.* کسی مطبوعے میں شامل تصاویر۔
**arty** *adj.* (**artier, artiest**) بول چال: خام یا جھوٹی فن کاری کا نمونہ۔
**As** سنکھیا کی کیمیائی علامت۔
**as** *adv., conj. & prep.* م ف وعطف: ① تقابل میں وسعت، مقدار یا درجہ ظاہر کرنے کے لیے: جتنا، اتنا، جیسا، ویسا (*as old as you*) طور طریقہ ظاہر کرنے کے لیے: کی طرح، کی حیثیت سے، جیسے کہ، جس طرح (*do as you like*) ② جب، جب تک، جس عرصے میں۔ ③ چونکہ، کیونکہ، اس وجہ سے کہ، اس لیے کہ۔ ④ اگرچہ، باوجو دیکہ، ہر چند۔ حرف جار: حیثیت میں، شکل میں۔ □ **as for, as to** بارے میں، کی بابت۔ **as well** مزید، اس کے ساتھ۔
**asafoetida** *n.* (also **asafetida**) ہینگ، مختلف پودوں کی جڑوں سے حاصل ہونے والی تیز بو کی۔
**a.s.a.p.** تخفیف: as soon as possible۔
**asbestos** *n.* ایک لیفی (ریشہ دار) سیلیکائی دھات جس پر آگ اثر نہیں کرتی۔
**asbestosis** *n.* پھیپھڑوں کی بیماری جو ایزبسٹاس کے ذرّوں کے سانس کے ذریعے اندر پہنچنے سے پیدا ہوتی ہے۔
**ascend** *v.* اوپر اٹھنا، بلند ہونا، چڑھائی چڑھنا۔

**ascendant** *adj.* چڑھتا ہوا، بلندی پر جاتا ہوا۔
**ascension** *n.* ① اوپر چڑھنے کا عمل، بلند ہونے کی کیفیت۔ ② (**Ascension**) حضرت عیسیٰؑ کا آسمان کی طرف اٹھایا جانا۔
**ascent** *n.* اوپر چڑھنے کا عمل یا کیفیت۔
**ascertain** *v.* ① واقعہ کو تحقیق کرنا کہ درست ہے۔ ② معلوم کرنا۔ ● **ascertainable** صف۔
**ascetic** *n. & adj.* زاہد، تارک الدنیا، درویش۔ ● **asceticism** اسم: زہد۔
**ASCII** تخفیف: American Standard Code for Information Exchange کمپیوٹر کوڈ جس میں ہر حرف اور علامت کو نمبر دیے گئے ہیں۔
**ascorbic acid** *n.* وٹامن سی یا حیاتین ج۔
**ascribe** *v.* ① منسوب، محمول کرنا۔ ② ملکیت قرار دینا۔ ● **ascription** اسم۔
**asepsis** *n.* مضر جراثیم وغیرہ سے پاک حالت۔
**aseptic** *adj.* مضر جراثیم اور دوسرے خوردحیاتی نامیوں کی آلودگی سے پاک۔ ● **aseptically** م ف۔
**asexual** *adj.* جنسی عمل یا جنسی اعضا کے بغیر، بے جنس۔ ● **asexually** م ف۔
**ash** *n.* ① راکھ جو کسی چیز کے جلنے کے بعد رہ جائے۔ ② دیودار کی جنس کا پیڑ، چھال سفید چمکیلی۔
**ashamed** *adj.* شرمندہ، نادم، شرمسار، پشیمان۔
**ashcan** *n.* امریکا: dustbin کوڑے دان۔
**ashen** *adj.* ① راکھ کا، راکھ جیسا۔ ② راکھ کے رنگ کا، بھورا یا دُھندلا۔
**ashlar** *n.* چوکور تراشا ہوا بڑا اعماراتی پتھر۔
**ashore** *adv.* ساحل پر یا ساحل کی طرف۔
**Asian** *adj. & n.* صف: ایشیا اور ایشیائی لوگوں سے متعلق۔ اسم: ایشیا کا باشندہ، ایشیا نژاد۔
**Asiatic** *adj.* ایشیا کا، ایشیا سے متعلق۔
**aside** *adv. & n.* م ف: ① ایک طرف، الگ۔ ② خارج از بحث۔ اسم: ڈرامہ میں بولے جانے والے الفاظ جو بظاہر بعض کرداروں کو سنانے کے لیے نہیں ہوتے مگر ناظرین تک پہنچتے ہیں۔
**asinine** *adj.* احمقانہ۔
**ask** *v.* ① جواب مانگنا، پوچھنا۔ ② طلب کرنا، بلاوا دینا، مدعو کرنا، مانگنا یا رہبری چاہنا۔
**askance** *adv.* اِدھر اُدھر یا بھینگے پن سے۔
□ **look askance at** شبہ یا ناپسندیدگی کی نظر سے دیکھنا۔
**askew** *adv. & adj.* ٹیڑھی طرح، زاویہ دار۔
**asleep** *adj. & adv.* سویا، خوابیدہ۔
**asp** *n.* ایک چھوٹا زہریلا سانپ۔
**asparagus** *n.* ایک پودا جس کی پتیاں اور نرم ڈنٹھل کھائے جاتے ہیں۔
**aspect** *n.* ① کسی امر کا کوئی خاص جز یا پہلو، غور کرنے کا کوئی خاص طریق۔ ② چہرے کا تاثر، بشرہ، کسی شخص یا شے کا کوئی رخ۔ ③ کسی عمارت یا موقع کا ضلع جو کسی خاص سمت میں ہو۔
**aspen** *n.* سفیدا یا درخت حور جس کے پتے لرزتے رہتے ہیں۔
**asperity** *n.* مزاج یا لہجے کی درشتی۔
**aspersion** *n.* الزام دہی، تہمت، بہتان۔
**asphalt** *n.* ایک سیاہ قیری مادّہ جس کو ریت بجری وغیرہ کے ساتھ ملا کر سڑکیں پاٹی جاتی ہیں۔
**asphyxia** *n.* دم گھٹنا۔
**asphyxiate** *v.* دم گھوٹنا۔ ● **asphyxiation** اسم۔
**aspic** *n.* ایک مزیدار جیلی جو گوشت انڈوں وغیرہ پر چڑھانے کے لیے استعمال کی جاتی ہے۔
**aspidistra** *n.* ایک آرائشی پودا۔
**aspirant** *n.* کسی چیز کو حاصل کرنے کا مشتاق شخص۔
**aspirate** *n. & v.* اسم: حرف صحیح h کی آواز۔ ف: h کی آواز کے ساتھ تلفظ کرنا۔
**aspiration** *n.* ① کسی چیز کو حاصل کرنے کی شدید خواہش، امنگ۔ ② سانس کھینچنے کا عمل، تنفس۔
**aspire** *v.* زبردست خواہش یا شدید طلب رکھنا۔
**aspirin** *n.* ایک دوا جو درد کو آرام پہنچانے اور بخار کو کم کرنے کے لیے دی جاتی ہے۔
**ass** *n. & v.* ① گدھا۔ ② بول چال: گھامڑ آدمی۔ ③ امریکا: ARSE کا متبادل۔
**assail** *v.* ہلّہ بولنا، دھاوا کرنا۔
**assailant** *n.* حملہ آور۔

**assassin** *n.* قاتل خصوصاً کسی اہم شخصیت کا۔
**assassinate** *v.* ہلاک کرنا (خصوصاً کسی بڑے سیاسی یا مذہبی رہنما کو) ● **assassination** اسم۔
**assault** *n. & v* شدید جسمانی یا زبانی حملہ (کرنا)
**assay** *n. & v.* اسم: دھات یا اس کے اجزا اور کیفیت کے تعین کے لیے اس کی کچ دھات کی پرکھ۔ ف: پرکھنے، تجزیہ کرنے کا عمل کرنا۔
**assemble** *v.* ① جمع کرنا، اکٹھا کرنا۔ ② مرتّب کرنا، ترتیب دینا، پُرزے جوڑنا۔
**assembly** *n.* (*pl.*-**ies**) ① مجمع خصوصاً مجلس مشاورت یا مجلس قانون ساز۔ ② مشین یا کسی ڈھانچے کے حصّوں، پرزوں وغیرہ کو جوڑنے کا عمل۔
**assent** *v. & n.* ف: اتفاق کرنا، منظوری دینا۔ اسم: رضامندی، منظوری۔
**assert** *v.* ① اعلان کرنا، وضاحت سے کہنا، زور دے کر کہنا۔ ② اپنے حقوق یا رائے پر اصرار کرنا۔ □ **assert oneself** خود کو منوانا۔ ● **assertion** اسم۔ **assertive** صف۔ **assertiveness** اسم۔
**assess** *v.* ① اندازہ کرنا۔ ② قیمت یا املاک کا تخمینہ لگانا۔ ● **assessment** اسم: **assessor** اسم۔
**asset** *n.* ① قابل قدر خصوصیت، ایسی خصوصیت کا حامل شخص یا شے۔ ② املاک، اثاثہ۔ ③ کوئی قیمتی ملکیت۔
**assiduous** *adj.* ① مستقل مزاج، محنتی۔ ② گہری توجّہ دینے، گہرا لگاؤ رکھنے والا۔ ● **assiduity** اسم۔ **assiduously** م ف۔ **assiduousness** اسم۔
**assign** *v.* ① حصّے میں ڈالنا، ذمّے کرنا، منصب یا کام پر مامور کرنا۔ ② وقت، جگہ وغیرہ کا تعین کرنا۔
**assignation** *n.* اوقات کا تعین۔
**assignment** *n.* تفویض کردہ شے یا کام۔
**assimilate** *v.* ① ہضم کرنا، جزو بدن بنانا۔ ② ذہن نشین کرنا۔ ③ لوگوں کو ایک بڑے گروہ میں جذب کرنا۔ ④ مشابہت پیدا کرنا۔ ● **assimilation** اسم۔
**assist** *v.* مدد کرنا۔ ● **assistance** اسم۔
**assistant** *n. & adj.* اسم: مددگار، دکان میں گاہکوں کو دیکھنے والا۔ صف: ماتحتی میں کام کرنے والا۔
**associate** *v., & n.* ف: ① ذہن میں یکجا کرنا۔ ② ملانا، جوڑنا۔ ③ شریک بننا، موافقت کا اظہار کرنا۔ ④ کسی مشترکہ مقصد کے لیے آپس میں ملنا۔ ⑤ ربط ضبط رکھنا۔ اسم: ① ساجھی، رفیق کار۔ ② کسی ادارے کا ماتحت رکن۔ ③ شراکت، شریک کی حیثیت۔
**association** *n.* ① جمعیت، انجمن، سوسائٹی۔ ② تنظیم۔ ③ رفاقت، شراکت۔ ④ تصورات کے درمیان ذہنی ربط۔
**assonance** *n.* قریب قریب واقع ہونے والے الفاظ کے اجزا میں ہم آہنگی جو دو یا زیادہ بل دار حروف علّت کے مماثل ہونے سے پیدا ہوتی ہے۔ ● **assonant** صف۔
**assorted** *adj.* متنوّع، متفرق۔
**assortment** *n.* قسم قسم کا مجموعہ، بھانت بھانت کی اشیا یا مختلف طرح کے لوگوں کا جمگھٹا۔
**assuage** *v.* تسکین دینا یا آرام دینا۔
**assume** *v.* ① باور کرنا، سچ سمجھنا، ثبوت کے بغیر مان لینا۔ ② سنبھالنا، اختیار کرنا (عہدہ، منصب وغیرہ)
**assumption** *n.* مفروضہ، بلا دلیل تسلیم کردہ بات۔
**assurance** *n.* ① یقین دہانی؛ سچائی سے کیا ہوا وعدہ۔ ② انشورنس، خصوصاً بیمۂ زندگی۔ ③ وثوق، تیقن۔
**assure** *v.* اطمینان دلانا، یقین دہانی کرنا۔
**assured** *adj.* ① خود اعتماد۔ ② ضمانت شدہ۔
**assuredly** *adv.* یقیناً، بلاشبہ۔
**astatine** *n.* ایک تابکار مادّہ (علامت: At)
**asterisk** *n.* ستارے کا نشان (*)
**astern** *adv.* ① جہاز کے پچھلے حصّے کی طرف۔ ② پیچھے کی طرف۔
**asteroid** *n.* ان چھوٹے سیّاروں میں سے کوئی جو مریخ اور مشتری کے درمیان سورج کے گرد گھومتے ہیں۔
**asthma** *n.* سانس کا عموماً الرجی سے پیدا ہونے والا مرض، دمہ۔ ● **asthmatic** صف و اسم۔
**astigmatism** *n.* آنکھ کا نقص جس سے شکل بگڑی ہوئی دکھائی دے۔ ● **astigmatic** صف۔
**astonish** *v.* حیران کرنا، اچنبھے میں ڈالنا۔ ● **astonishment** اسم: تعجب۔
**astound** *v.* ہکّا بکّا کرنا، حیرت میں ڈالنا۔

**astral** *adj.* ستاروں کا، ستاروں سے متعلق، کوکبی۔
**astray** *adv. & adj.* راہ راست سے ہٹا ہوا۔
**astride** *adv. & prep.* م ف: ① ٹانگیں دونوں جانب رکھے یا لٹکائے۔ ② ٹانگیں چیرے۔ حرف جار: کسی شے پر اسے ٹانگوں کے بیچ لیے۔
**astringent** *adj. & n.* صف: ① جسمانی خلیوں میں کھنچاؤ پیدا کرنے والا۔ ② تند، سخت گیر۔ اسم: قابض، سکیڑنے والی دوا یا مادّہ۔ ● **astringency** اسم۔
**astro-** *comb. form* ستاروں کا، ستاروں سے متعلق۔
**astrology** *n.* ستاروں کا علم، نجوم، جیوتش۔
● **astrologer** اسم۔ **astrological** صف۔
**astronaut** *n.* خلا باز جسے خلائی جہاز میں سفر کی تربیت دی گئی ہو۔
**astronautics** *n.* خلائی سفر سے متعلق علم۔
**astronomical** *adj.* ① فلکیات سے متعلق۔ ② بول چال: نہایت طویل و عظیم جسے سوچنا محال ہو، جو خیال میں نہ سما سکے۔ ● **astronomically** م ف۔
**astronomy** *n.* اجرام فلکی کا مطالعہ، علم ہیئت۔
● **astronomer** اسم: ہیئت داں۔
**astrophysics** *n.* فلکیات کی ایک شاخ جو اجرام سماوی کی طبیعیات اور کیمیا سے تعلق رکھتی ہے۔ ● **astrophysicist** اسم۔
**astute** *adj.* ① ہوشیار، تیز فہم، دانا۔ ② چالاک۔
● **astutely** م ف۔ **astuteness** اسم۔
**asunder** *adv.* ادبی: دولخت؛ ٹکڑے ٹکڑے۔
**asylum** *n.* ① پناہ گاہ۔ ② قدیم: پاگل خانہ۔
**asymmetry** *n.* بے جوڑ پن، ناموزونیت، عدم تناسب۔ ● **asymmetrical** صف: غیر متناسب۔ **asymmetrically** م ف۔
**At** تابکار عنصر astatine کی علامت۔
**at** *prep.* ① مقام کی صراحت کے لیے، پر، میں کا مترادف۔ ② وقت کی صراحت کے لیے۔ ③ کسی معیار یا پیمانے کے مطابق درجہ وغیرہ ظاہر کرنے کے لیے۔ ④ کسی کیفیت یا کام میں شرکت ظاہر کرنے کے لیے۔ ⑤ قیمت یا نرخ بتانے کے لیے۔ ⑥ بہ نسبت، بمقابلہ۔ ⑦ برائے اظہار، سمت حرکت نشانہ یا مقصد۔
**atavism** *n.* ① نباتات یا حیوانات میں دور کے پرکھوں سے مشابہت کا پایا جانا۔ ② کسی قدیم نمونے کی طرف عود کرنا۔ ● **atavistic** صف۔
**ataxy** *n.* (also **ataxia**) طب: اعضا کی حرکات پر پورا قابو نہ ہونا، اختلال عضلات۔
**ate** EAT کا ماضی۔
**atheism** *n.* خدا کے وجود کے انکار، الحاد، دہریت، کفر۔ ● **atheist** اسم: دہریہ، کافر۔
**atherosclerosis** *n.* چربی دار مادّوں کے جم جانے کے باعث شریانوں کا نقص۔
**athlete** *n.* جسمانی ورزش کے کھیلوں سے تعلق رکھنے والا کھلاڑی۔
**athelete's foot** *n.* کائی (فطر) سے پیدا ہونے والا ایک مرض جو خصوصاً پاؤں کی انگلیوں کے درمیان اثر کرتا ہے، فطر پائی۔
**athletic** *adj. & n.* صف: ① کسرتی کھیلوں سے تعلق رکھنے والا۔ ② کسرتی بدن والا، قوی الجثہ۔ اسم: (**athletics**) ورزشیں خصوصاً دوڑ کی پٹیوں کی یا میدانی کھیلوں کی، جسمانی کھیل کود۔ ● **athletically** م ف۔ **athleticism** اسم۔
**atlas** *n.* نقشوں، خاکوں کی کتاب۔
**atmosphere** *n.* ① کرۂ فضائی جو زمین یا دوسرے سیاروں کے گرداگرد پایا جاتا ہے؛ ہوا۔ ② کسی جگہ یا صورت حال کی کیفیت رنگ، مزاج جیسا کہ محسوس کیا جائے۔ ③ دباؤ ناپنے کی اکائی۔ ● **atmospheric** صف۔
**atoll** *n.* حلقہ نما مونگے کی چٹانیں جو مرجانی جھیل کو گھیرے ہوں۔
**atom** *n.* ① کسی کیمیائی عنصر کا اقل ترین جز، جوہر۔ ② حقیر ترین مقدار۔ ● **atomic** صف۔
**atomic bomb** *n.* ایٹم بم جس کے پھٹنے کی طاقت جوہری توانائی سے حاصل ہوتی ہے۔
**atomic energy** *n.* جوہری توانائی۔
**atomize** *v.* (also-**ise**) ایٹموں یا مہین ذرّوں میں تبدیل کرنا۔ ● **atomization** اسم۔ **atomizer** اسم: مہین پھوار ڈالنے کا آلہ۔

**atonal** *adj.* موسیقی: جو کسی بندھے ہوئے راگ پر مبنی نہ ہو۔ ● **atonality** اسم۔

**atone** *v.* تلافی کرنا (کسی غلطی کی) ● **atonement** اسم: کفّارہ، عفوِالٰہی۔

**atrium** *n.* (*pl.* **atriums** or **atria**) ① قدیم رومی مکانوں کا مرکزی صحن۔ ② جسم میں خلا، خانہ، خصوصاً قلب کے دو بالائی خانوں میں سے کوئی۔

**atrocious** *adj.* ① بہت برا، نہایت ناخوشگوار۔ ② خبیث، بد باطن۔ ● **atrociously** م ف۔

**atrocity** *n.* (*pl.* **-ies**) ① انتہائی ظالمانہ یا وحشیانہ کام۔ ② خباثت، انتہائی ظلم۔

**atrophy** *v.* & *n.* ف: (**-ies**،**-ied**) گھلنا، نحیف ہونا، فاقے، ہاضمے کی خرابی، بڑھاپے وغیرہ کے باعث۔ اسم: گھلنے سوکھنے کا عمل، انحطاط۔

**attach** *v.* ① باندھنا، جوڑنا، لگانا، نتھی کرنا۔ ② لگاؤ رکھنا، مانوس ہونا۔ ● **attachment** اسم۔

**attaché** *n.* سفیر کے عملے کا کوئی عہدہ دار، جو خصوصی کام سے متعلق ہو، اتاشی۔

**attaché case** *n.* کاغذات کا مستطیل دستی بکس۔

**attached** *adj.* وابستہ، باندھا ہوا، جڑا ہوا۔ □ **attached to** مشتاق، چاہنے والا۔

**attack** *v.* & *n.* ف: ① حملہ، چڑھائی کرنا، زک پہنچانا یا شکست دینے کی کوشش کرنا۔ ② سخت تنقید کرنا۔ اسم: ① حملے کی کارروائی۔ ② جارحانہ اقدام یا طرزِ عمل۔ ③ بیماری کا اچانک وار۔ ● **attacker** اسم۔

**attain** *v.* ① پانا، پہنچنا (مقصد تک) ② حاصل کرنا۔ ● **attainable** صف۔ **attainment** اسم۔

**attar** *n.* عطر۔

**attempt** *v.* & *n.* ف: (کسی شے کے) حصول یا (کسی کام کی) تکمیل کی جستجو کرنا۔ اسم: مہم جوئی، سعی، کوشش، کارروائی۔

**attend** *v.* ① موجود ہونا، حاضر ہونا، ہمراہی میں ہونا، توجّہ کرنا۔ ② (**attend to**) کارروائی کرنا۔ ● **attendance** اسم: حاضری، موجودگی۔

**attendant** *n.* & *adj.* اسم: خدمت گار، مصاحب۔ صف: ① ساتھی۔ ② تابع، ساتھ واقع ہونے والا۔ ③ پیشی، حضوری، خدمت گاری پر مقرر۔

**attention** *n.* ① توجّہ، دھیان، غور۔ ② اہمیت، خیال، لحاظ، آؤ بھگت۔ ③ تپاک، تمیز کا برتاؤ۔ ④ فوج: مستعد انداز میں تن کر کھڑا ہونے کا انداز۔

**attentive** *adj.* ① متوجّہ، منہمک، مشغول۔ ② نہایت نرم گفتار، شائستہ۔ ③ ہمہ تن گوش۔ ● **attentively** م ف۔ **attentiveness** اسم: انہماک، التفات۔

**attenuate** *v.* ① پتلا کرنا، باریک کرنا۔ ② تخفیف کرنا، قوت، شدّت کم کرنا۔ ● **attenuation** اسم۔

**attest** *v.* ① تصدیق کرنا۔ ② شہادت دینا۔ ● **attestation** اسم: عملِ تصدیق۔

**attic** *n.* ① کسی مکان کی سب سے اونچی منزل عموماً چھت۔ ② اوپری منزل کا کوئی کمرہ، اٹاری۔

**attire** *v.* & *n.* ف: پوشاک، لباس زیبِ تن کرنا، پہننا۔ اسم: ادبی: پوشاک، لباس۔

**attitude** *n.* ① معیّن رائے یا ذہنی رویہ۔ ② بدن اور بشرے کا انداز۔ ③ بول چال: عدم تعاون کا برتاؤ۔

**attorney** *n.* (*pl.*- **eys**) امریکا: مستند وکیل۔

**Attorney General** *n.* انگلستان، امریکا اور دیگر ممالک میں سب سے اعلیٰ قانونی افسر۔

**attract** *v.* ① اپنی طرف کھینچنا، راغب، مائل کرنا۔ ② دلکش، جاذبِ نظر ہونا۔ ● **attraction** اسم۔

**attractive** *adj.* پُرکشش، جاذب، دلچسپ۔ ● **attractively** م ف۔ **attractiveness** اسم۔

**attribute** *v.* & *n.* ف: منسوب کرنا، محمول کرنا۔ اسم: صفت، خصوصیت، امتیاز۔ ● **attributable** صف۔ **attribution** اسم: نسبت دہی۔

**attributive** *adj.* قواعد: (صفت یا اسم) جو موصوف الیہ سے قبل آئے۔

**attrition** *n.* گھس گھس کے ختم ہونے کا عمل۔

**attune** *v.* مطابق، موافق، ہم آہنگ کرنا۔

**atypical** *adj.* جو کسی بندھے ہوئے انداز یا شکل کے مطابق نہ ہو۔ ● **atypically** م ف۔

**Au** سونے کی دھات کی علامت۔

**aubergine** *n.* (also **eggplant**) بینگن۔

**auburn** *adj.* سرخی مائل بھورا (بالوں کے لیے)

**auction** *n. & v.* اسم: نیلام۔ف: نیلام کرنا۔
**auctioneer** *n.* نیلام کنندہ۔
**audacious** *adj.* ① نڈر، بے خوف۔ ② گستاخ۔
● **audaciously** م ف۔ **audacity** اسم۔
**audible** *adj.* جسے سنا جا سکے، قابل سماعت۔
● **audibly** م ف۔
**audience** *n.* ① سامعین، حاضرین، ناظرین، جن سے خطاب کیا جائے۔ ② پیشی، حضوری، باریابی۔
**audio** *n.* آواز یا اس کی نقل۔
**audiotape** *n.* ① ایک مقناطیسی فیتہ جس پر آواز ریکارڈ ہو جاتی ہے۔ ② فیتے پر ریکارڈنگ۔
**audio-visual** *adj.* جس میں آواز اور مناظر دونوں سے کام لیا جائے۔
**audit** *n. & v.* اسم: محاسبہ، جانچ، پڑتال۔ف: حسابات کی جانچ پڑتال کرنا۔ ● **auditor** اسم۔
**audition** *n. & v.* اسم: آواز کی جانچ، گانے، اداکاری وغیرہ کے لیے انٹرویو۔ف: گانے، اداکاری وغیرہ کے لیے انٹرویو کرنا یا دینا۔
**auditorium** *n.* (*pl.* **auditoriums** or **auditoria**) تھیٹر، جلسہ گاہ وغیرہ کا وہ علاقہ جہاں حاضرین بیٹھتے ہیں۔
**auditory** *adj.* سماعت سے متعلق۔
**au fait** *adj.* واقف، باخبر۔ □ **au fait with**
**Aug.** تخفیف:August۔
**auger** *n.* برما جس سے سوراخ کرتے ہیں۔
**augment** *v.* بڑھانا، افزائش کرنا۔
● **augmentation** اسم: توسیع، بیشی، اضافہ۔
**augmentative** صف: اضافہ پذیر۔
**augur** *v.* (نیک یا بد) فال، شگون دینا۔
**augury** *n.* (*pl.* **-ies**) ① شگون، فال۔ ② شگون نکالنے کا کام، شگون کی تشریح۔
**August** *n.* عیسوی سال کا آٹھواں مہینہ، اگست۔
**august** *adj.* محترم، گرامی، لائق تعظیم۔
**auk** *n.* ایک غوطہ خور سمندری پرندہ، آک۔
**aunt** *n.* خالہ، پھوپھی، چچی، ممانی۔
**au pair** *n.* نوجوان بیرونی فرد جو کھانے اور جیب خرچ کے عوض گھریلو کام کاج کرے۔
**aura** *n.* کسی مقام یا شخصیت وغیرہ سے عیاں ہونے والی مخصوص فضا۔
**aural** *adj.* کان سے متعلق۔ ● **aurally** م ف۔
**aureole** *n.* (also **aureola**) نورانی ہالہ۔
**au revoir** *int.* خدا حافظ، رخصت کے بول (لفظاً جب تک کہ ہم پھر ملیں)
**auscultation** *n.* قلب، پھیپھڑوں وغیرہ سے آنے والی آواز کی برائے تشخیص مرض سماعت۔
**auspices** *n. pl.* □ **under the auspices of** زیر اہتمام، کفالت یا سرپرستی میں۔
**auspicious** *adj.* مبارک، مسعود، موافق۔ ● **auspiciously** م ف۔ **auspiciousness** اسم۔
**austere** *adj.* ① نہایت سادہ۔ ② متقی، پرہیزگار۔ ③ سخت گیر، کٹّر۔ ● **austerity** اسم: شدید سادگی۔
**Australasian** *n. & adj.* آسٹریلیا، نیوزی لینڈ اور جنوب مغربی بحرالکاہل کے جزیروں کا یا ان سے تعلق رکھنے والا (باشندہ)
**Australian** *n. & adj.* اسم: ① آسٹریلیا کا باشندہ۔ ② آسٹریلوی نسل کا۔صف: آسٹریلیا سے متعلق۔
**authentic** *adj.* اصلی، حقیقی، قابل اعتبار۔
● **authentically** م ف۔ **authenticity** اسم۔
**authenticate** *v.* ① اصلیت یا حقیقت کی تصدیق کرنا۔ ② توثیق کرنا، جائز درست قرار دینا۔ ● **authentication** اسم: توثیق۔
**author** *n.* ① مصنف خصوصاً کتابوں کا۔ ② موجد، مخترع، بانی۔ ● **authorship** اسم۔
**authoritarian** *adj.* ① اقتدار کی بھرپور اطاعت کی سرپرستی، حوصلہ افزائی کرنے والا۔ ② ظالمانہ، جابرانہ۔ ● **authoritarianism** اسم: جابریت۔
**authoritative** *adj.* ① معتبر، مستند، بھروسے کے لائق۔ ② تحکمانہ (رویہ)؛ خودرائے (شخص) ● **authoritatively** م ف۔
**authority** *n.* (*pl.* **-ies**) ① اطاعت نافذ کرنے کا اختیار۔ ② با اختیار شخص یا جماعت۔ ③ علم یا مہارت کا مان، کسی موضوع کا ماہر۔

**authorize** *v.* (also -ise) ① منظوری دینا۔② اختیار سونپنا، مامور کرنا۔ ● **authorization** اسم۔
**autism** *n.* نفسیات: اپنے آپ میں مکمل طور پر گم رہنے اور بیرونی دنیا سے ہم آہنگ نہ ہونے یا رابطہ نہ کرنے کی ذہنی کیفیت۔ ● **autistic** صف۔
**auto-** *comb. form* خود، خود اپنا، خود سے۔
**autobiography** *n.* (*pl.*-**ies**) خودنوشت سوانح عمری۔ ● **autobiographical** صف۔
**autocracy** *n.* (*pl.* -**ies**) مطلق العنان حکومت۔
**autocrat** *n.* خودمختار، مطلق العنان حاکم۔ ● **autocratic** صف۔ **autocratically** م ف۔
**autocross** *n.* ملک کے ایک سرے سے دوسرے سرے تک یا کچی سڑکوں پر موٹروں کی دوڑ۔
**autocue** *n.* تجارتی نام: ٹیلیوژن پر بولنے والے کو ناظرین کی نظر سے اوجھل، بولی جانے والی تحریر پڑھوانے کا طریقہ۔
**autograph** *n.* & *v.* اسم: دستخط خصوصاً کسی بڑے آدمی کے۔ ف: ① اپنے ہاتھ سے لکھنا (خط وغیرہ)
**autoimmune** *adj.* ایسی صورت میں ہونے والا (مرض) جبکہ جسم کے دافع مرض ضد جسمیے ان مادّوں کے خلاف عمل کریں جو قدرتاً جسم میں موجود ہوتے ہیں۔
**automat** *n.* امریکا: ① ایک جھری والی مشین جس کے ذریعے سامان فروخت ہوتا ہے۔ ② طعام خانہ جہاں ایسی مشین سے کھانے پینے کی اشیا حاصل کی جائیں۔
**automate** *v.* خودکاری نظام میں تبدیل کرنا یا ایسے ایسے نظام سے کام کرنا۔
**automatic** *adj.* & *n.* صف: ① انسانی دخل کے بغیر چلنے، کام کرنے والا (آلہ، مشین، ترکیب وغیرہ یا اس کا عمل) ② بلا ارادہ واقع ہونے والا۔ اسم: خودکار پرزہ، مشین یا گن۔ ● **automatically** م ف۔
**automation** *n.* ذہنی وجسمانی محنت بچانے کے لیے خود کام کرنے والے طریق یا کلوں کا استعمال۔
**automaton** *n.* (*pl.* **automatons** or **automata**) روبوٹ، ایسی کل جس میں حرکت دینے والی قوت پوشیدہ طور سے کام کرے۔
**automobile** *n.* امریکا: موٹرکار۔

**automotive** *adj.* موٹر گاڑیوں سے متعلق۔
**autonomous** *adj.* خوداختیاری، آزادانہ عمل کرنے والا۔ ● **autonomy** اسم: خودمختاری۔
**autopilot** *n.* خودکام کرنے والا مشینی جہازراں۔
**autopsy** *n.* (*pl.* -**ies**) لاش کا معائنہ۔
**autumn** *n.* خزاں، پت جھڑ، گرمی اور سردیوں کے درمیان موسم۔ ● **autumnal** صف۔
**auxiliary** *adj.* & *n.* صف: مددگار (شخص یا شے) اسم: (ج: -**ies**) ہاتھ بٹانے والا شخص۔
**auxiliary verb** *n.* قواعد: فعل امدادی جو دوسرے افعال کے معنی کو وسعت دیتا ہے۔
**avail** *v.* مفید، کارآمد ہونا۔ □ **avail onself of** فائدہ اٹھانا۔ **to no avail** بے حاصل۔
**available** *adj.* ① قابل استعمال، ہمدست، موجود، مہیّا۔ ② دسترس میں آسان۔ ● **availability** اسم۔
**avalanche** *n.* برف کا تودہ جو پہاڑ سے اچانک پھسل کر گرے، برفانی کڑاڑہ، برفشار۔
**avant-garde** *n.* & *adj.* اسم: بانی، طرح ڈالنے والے خصوصاً آرٹ یا ادب میں۔ صف: (خیالات وغیرہ) نئے، تجرباتی، ترقی پسندانہ۔
**avarice** *n.* حرص، لالچ، طمع۔ ● **avaricious** صف: حریص، لالچی۔ **avariciously** م ف۔
**Ave.** تخفیف: avenue۔
**avenge** *v.* ① انتقام لینا، بدلہ چکانا۔ ② قصاص لینا، ادلے کا بدلا کرنا۔ ● **avenger** اسم: منتقم۔
**avenue** *n.* ① چوڑی سایہ دار سڑک جس کے دونوں طرف اکثر پیڑ ہوتے ہیں؛ درختوں کے درمیان آنے کا راستہ۔ ② کسی مسئلے کے حل کا راستہ یا طریقہ۔
**aver** *v.* (**averred, averring**) وثوق سے کہنا۔
**average** *n.*, & *adj.*, اسم: ① عام، حسب معمول، رقم مقدار شرح وغیرہ۔ ② اوسط۔ صف: ① عام، معمول کا۔ ② اوسط کے قاعدے سے نکالا ہوا۔
**averse** *adj.* خلاف، غیر آمادہ۔
**aversion** *n.* بے رغبتی، کراہت، نارضامندی۔
**avert** *v.* ① ہٹانا، موڑنا، پھیر دینا۔ ② روکنا، ٹال دینا۔
**aviary** *n.* (*pl.* -**ies**) چڑیا خانہ، چڑیوں کو رکھنے کی

عمارت یا گھیرا۔

**aviation** *n.* ہوابازی، ہوائی جہاز رانی کی مہارت یا مشق۔

**avid** *adj.* مشتاق، حریص۔ ● **avidly** م ف۔ **avidity** اسم: حرص، تمع۔

**avionics** *n.* ہوابازی سے متعلق اطلاقی برقیریات۔

**avocado** *n.(pl.* **-os)** مگرناشپاتی جوناشپاتی سے مشابہ ایک پھل ہے۔

**avocation** *n.* چھوٹا موٹا کام دھندا۔

**avocet** *n.* پانی میں چلنے والا پرندہ، لم ڈھینگ سے مشابہ، چونچ اوپر کی طرف مڑی۔

**avoid** *v.* ① بچنا، احتراز کرنا۔ ② دور بھاگنا، گریز کرنا۔ ● **avoidable** صف۔ **avoidance** اسم۔

**avoirdupois** *n.* وزن کا پیمانہ جس میں پونڈ کے ۱۶ اونس یا ۷۰۰۰ گرین شمار ہوتے ہیں۔

**avow** *v.* ماننا، تسلیم کرنا، اعتراف کرنا۔ ● **avowal** اسم: اقبال، اعتراف۔

**avuncular** *adj.* چچا کی مثل، مہربان، شفیق۔

**AWACS** *n.* دشمن کے ہوائی جہازوں پر نظر رکھنے والا طویل فاصلے کا رڈار سسٹم [تخفیف: *airborne warning and control system*]

**await** *v.* انتظار کرنا، منتظر ہونا۔ انتظار میں ہونا۔

**awake** *v. & adj.* ف: **(awoke، awoken، awaking)** جاگنا، اٹھ کھڑا ہونا، مستعد ہوجانا۔ صف: ① چوکنا۔ ② آگاہ، واقف۔

**awaken** *v.* =AWAKE. فعل کا مترادف۔

**award** *v. & n.* ف: عطا کرنا، تفویض کرنا، دینا مثلاً رقم، سزا، انعام۔ اسم: ① دی ہوئی رقم، سزا یا انعام۔ ② قانونی فیصلہ۔

**aware** *adj.* ① باخبر، مطلع، آگاہ۔ ② اچھی طرح واقف۔ ● **awareness** اسم: آگاہی، شعور۔

**awash** *adj.* ① سطح آب کے ساتھ ہموار، لبالب۔ ② موجوں کی زد میں یا سیلاب زدہ۔

**away** *adv. & adj.* م ف: ① دور کسی جگہ سے فاصلے پر، الگ۔ ② معدوم یا مٹتا ہوا۔ ③ مسلسل، متواتر۔ صف: کھیل جو مخالف کے میدان میں کھیلا جائے۔

**awe** *n. & v.* اسم: عظمت کا رعب، ہیبت۔ ف: رعب داب میں لانا، متحیر کرنا۔

**aweigh** *adj.* جہاز رانی: (لنگر) سمندر یا دریا کی تہ سے اٹھا ہوا، معلّق۔

**awesome** *adj.* بارعب، ہیبت ناک، پُرجلال۔

**awful** *adj.* ① نہایت ناخوشگوار، بیزار، گھٹیا، برا، بد۔ ② بول چال: زیادہ، کثیر، بہت۔

**awfully** *adv.* ① ناخوشگوار، ناپسندیدہ طور پر، بھدے پن سے۔ ② نہایت، بغایت۔

**awhile** *adv.* کچھ عرصے کے لیے۔

**awkward** *adj.* ① استعمال کے لیے ناموزوں؛ دقت پیدا کرنے، خوبی سے کام نہ کرنے والا۔ ② بھدّا، بھونڈا، پھوہڑ۔ ③ پریشان کُن، حیران کرنے والا، الجھن میں ڈالنے والا۔ ④ جس سے نبٹنا آسان نہ ہو۔ ● **awkwardly** م ف۔ **awkwardness** اسم۔

**awl** *n.* لکڑی یا چمڑے میں چھید کرنے والا آلہ، سُوجا۔

**awning** *n.* شامیانہ، نمگیرا، ترپال، چھپر بندی۔

**awoke, awoken** AWAKE کا ماضی و ماضیہ۔

**AWOL** تخفیف: absent without leave۔ چھٹی بغیر درخواست۔

**awry** *adv. & adj.* م ف: بے ترتیبی سے، ناقص طور سے۔ صف: بے موقع، ٹیڑھا ترچھا، بے ڈول۔

**axe** *n. & v.* ① کلھاڑا، کلھاڑی۔ ② خرچ، عملے وغیرہ میں بڑی کٹوتی۔ ف: **(axed، axing)** ① علاحدہ یا برطرف کرنا۔ ② شدید تخفیف، سخت کٹوتی کرنا۔

**axiom** *n.* مشہور یا مانا ہوا مقولہ، مسلّمہ اصول۔ ● **axiomatic** صف: مشہور اقوال پر مبنی۔

**axis** *n.* (*pl.* **axes**) خیالی خط جس کے گرد کوئی جسم گردش کرے یا کوئی شکل قائم ہو۔ ● **axial** صف۔

**axle** *n.* دُھرا یا دُھری جس سے پہیے جڑے ہوتے ہیں۔

**aye** *adv. & n.* (also **ay**) م ف: ① قدیم یا مقامی: ہاں۔ ② (رائے شماری میں) ہامی بھرنے

کا آوازہ۔ اسم: اقرار، اثبات کا کلمہ خصوصاً رائے شماری میں۔

**azure** *n. & adj.* نیلگوں (آسمانی رنگ)

# Bb

**B** ① عنصر boron بورون کی علامت۔ ② تخفیف: black (pencil-lead) (کالی پینسل کا سرما)

**b.** تخفیف: born۔

**BA** تخفیف: Bachelor of Arts۔

**Ba** عنصر barium بیریم کی علامت۔

**baa** *v. & n.* ف: (baaing، baaed) ممیانا، میں میں ربھیں ربھیں کرنا (خصوصاً بھیڑ کا) اسم: بھیڑ یا بھیڑ کے بچے کی آواز۔

**babble** *v.& n.* ف: ① مبہم، غیر مربوط انداز میں بولنا، تتلانا، بڑبڑانا، بک بک کرنا۔ ② پانی کی رو کا بق بق کر کے بہنا۔ اسم: ① بڑبڑاہٹ، بکواس، بچکانہ باتیں۔ ② آوازوں کی بھن بھن، پانی کی ٹل ٹل۔

**babe** *n.* ① شیر خوار بچہ۔ ② معصوم، بے چارہ شخص۔ ③ بول چال: جوان عورت (عموماً بطور تخاطب)

**babel** *n.* مبہم شور خصوصاً ملی جلی آوازوں کا۔

**baboon** *n.* Papio نسل کا بڑا بندر۔

**baby** *n. (pl.-ies)* ① چھوٹا بچہ خصوصاً جو ابھی چل نہ سکتا ہو۔ ② اپنی جنس کی کوئی چھوٹی شے۔ ③ بول چال: بالی سی عورت، محبوبہ (عموماً تخاطب)

**babyish** *adj.* ① بچکانہ، سیدھا سادہ۔ ② ناپختہ۔

**babysit** *v.(-sat, -sitting)* ماں باپ کے پیچھے بچے کی خبر گیری کرنا۔ ● **babysitter** اسم۔

**baccalaureate** *n.* فرانس میں اعلیٰ تعلیم کے لیے موزوں قرار دینے کا اسکول کا آخری امتحان۔

**baccarat** *n.* تاش کا شرط بدنے والا کھیل۔

**bachelor** *n.* ① غیر شادی شدہ، مجرد، چھڑا۔ ② جس نے بیچلر کی ڈگری لی ہو۔

**bacillus** *n. (pl.* **bacilli** *)* ایک ڈنڈا نما جرثومہ۔

**back** *n., adv., v. & adj.* اسم: ① انسانی پشت، کمر، کاندھوں سے کولھوں تک، جانور کی اسی طرح کی پیٹھ۔ ② کرسی کی پشت یا کوئی اور شے جسے انسانی کمر سے نسبت ہو، لباس کا پچھلا رخ، کسی شے کا عقبی رخ یا حصّہ جیسے کار، مکان وغیرہ کا۔ ③ میدانی کھیلوں میں دفاعی کھلاڑی یا اس کا مقام۔ م ف: ① پچھلی طرف۔ ② واپس، لوٹ کر، جواباً بدلے میں ③ ماضی میں یا گزشتہ کی طرف۔ ف: ① مالی یا اخلاقی مدد دینا۔ ② شرط لگانا۔ ③ پیچھے جانا یا ہٹانا۔ صف: ① پچھلا، پچھلی طرف کا۔ ② سابقہ۔ ③ الٹی طرف کیا، اُلٹایا ہوا۔ □ **back down** اپنے مطالبے یا نقطۂ نظر سے دستبردار ہونا۔ **back out** کسی بات سے پلٹ جانا۔ **back up** ① تائید کرنا، بڑھاوا دینا۔ ② (کمپیوٹر ڈسک کی) نقل تیار کرنا۔ ● **backer** اسم: مالی یا اخلاقی مدد دینے والا۔

**backache** *n.* پیٹھ کا درد (خصوصاً طویل یا پرانا)

**back-bencher** *n.* پارلیمنٹ کا عام رکن جو کسی فائق منصب پر نہ ہو۔

**backbiting** *n.* غیبت، پیٹھ پیچھے برائی۔

**backchat** *n.* بول چال: زباں درازی، دوبدو۔

**backcloth** *n.* تھیئٹر: اسٹیج کے عقب میں سین کے لیے با مصوّر پردہ بطور منظر۔

**backdate** *v.* ① (معاہدے وغیرہ پر) سابقہ تاریخ ڈالنا۔ ② پچھلی کسی تاریخ سے نافذ العمل قرار دینا۔

**backdrop** *n.* = BACKCLOTH۔

**backfire** *v.* ① انجن کے سلنڈر میں بے قاعدہ طور پر پھٹنا، پٹاخہ کرنا۔ ② (کسی کارروائی کا) الٹا اثر دکھانا۔

**backgammon** *n.* بورڈ کا کھیل جس میں بساط پر رکھی ہوئی گوٹیں پانسہ پھینک کر چلائی جاتی ہیں۔

**background** *n.* ① کسی منظر، تصویر یا بیان کا وہ حصّہ جو اصل کو اجاگر کرے، پس منظر۔ ② کم اہمیت، غیر نمایاں شے۔ ③ کسی فرد کی تعلیمی استعداد اور سماجی حالات۔

**backhand** *n.* بلّے وغیرہ کا ہاتھ جو ہاتھ کی پشت مخالف کی طرف کر کے مارا جائے۔

**backhanded** *adj.* ① (چوٹ یا ضرب) جو ہاتھ کی پشت سے ماری جائے۔ ② تیکھا، مبہم، کج۔
**backhander** *n.* ① الٹے ہاتھ کا وار۔ ② بول چال: رشوت۔
**backlash** *n.* شدید یا نمایاں ردِّعمل۔
**backlist** *n.* ناشر کی فہرست کتب جو سابقہ لیکن دستیاب مطبوعات پر مشتمل ہو۔
**backlog** *n.* بقایا، ناتمام کام وغیرہ۔
**backpack** *n.* پیٹھ پر لے جایا جانے والا تھیلا، پٹھو۔
**back-pedal** *v.* **(-pedalled, -pedalling,** *US* **-pedaled)** اپنی سابقہ رائے یا عمل سے انحراف کرنا۔
**backseat** *n.* گھٹیا درجہ یا مرتبہ۔
□ **back-seat driver** وہ شخص جو ذمّہ دار نہ ہو مگر دخل اندازی کرے، دخل در معقولات کرنے والا۔
**backside** *n* بول چال: چوتڑ۔
**backslide** *v.* برائی یا خطا کی طرف واپسی۔
**backspace** *v.* ٹائپ مشین کے بیلن یا کمپیوٹر کے کرسر کو ایک یا زیادہ ٹھکیے پیچھے لے جانا۔
**backspin** *n.* گیند کو الٹی طرف گھمانا تا کہ سطح سے ٹکرا کے زاویہ بناتی ہوئی اٹھے۔
**backstage** *adv.& adj.* اسٹیج کے پیچھے۔
**backstreet** *n. & adj.* اسم: ذیلی یا بغلی سڑک یا گلی۔ صف: ناجائز یا غیر قانونی کارروائی پر مبنی۔
**backstroke** *n.* پیٹھ کے بل لیٹ کر تیراکی۔
**backtrack** *v.* ① الٹے پاؤں چلنا۔ ② اپنے پچھلے عمل یا خیال سے پھرنا۔
**backup** *n.* ① اخلاقی یا فنی امداد۔ ② محفوظ وسائل۔ ③ کمپیوٹر: احتیاطاً ذخیرے کی نقلیں تیار کرنے کا عمل۔
**backward** *adj. & adv.* صف: ① پچھلی یا آغاز کی طرف۔ ② پلٹا ہوا۔ ③ ذہنی طور پر پچھڑا ہوا یا کند ذہن۔ ④ جھجکتا، شرمیلا، دبّو۔ م ف = backwards- ● **backwardness** اسم: پسماندگی۔
**backwards** *adv.* ① مخالف سمت میں۔ ② پشت کے رخ پر، مقررہ ترتیب کے خلاف۔
**backwash** *n.* ① جہاز وغیرہ کے چلنے سے پچھلی طرف جانے والی لہریں۔ ② ردِّعمل۔
**backwater** *n.* ① مرکزی عمل یا خیال سے دور جگہ یا کیفیت۔ ② پانی کی رو سے بھرنے والا کھڑا پانی۔
**backwoods** *n. pl.* دورافتادہ، پسماندہ علاقہ۔
**backyard** *n.* ① مکان کا عقبی صحن۔ ② بول چال: قریبی علاقہ جہاں کوئی رہتا ہے۔
**bacon** *n.* سؤر کی پشت یا پٹھوں کا بنا ہوا گوشت۔
**bacterium** *n.* (*pl.* **bacteria**) جرثومہ، ایک یک خلوی نامی وجود۔ ● **bacterial** صف۔ **bacteriological** صف۔ **bacteriologist** اسم۔ **bacteriology** اسم: جرثومیات۔
**bad** *adj.* **(worse, worst)** ① گھٹیا، عیب دار۔ ② ناخوشگوار، ناپسندیدہ، ناسازگار۔ ③ نقصان دہ۔ ④ شریر، بدتمیز، ناکارہ، نامعتبر۔ ● **badness** اسم۔
**bade** BID کا ماضی۔
**badge** *n.* نشان جو کسی عہدے، رکنیت، کارنامے، علامت کے طور پر لگایا، سجایا جائے۔
**badger** *n. & v.* اسم: بجّو، نیولے کے خاندان کا ایک جانور۔ ف: تنگ کرنا، دق کرنا، چھیڑنا۔
**badly** *adv.* ① بے ڈھنگے پن سے۔ ② بہت شدید۔ ③ بری طرح۔ □ **badly off** مشکل حالات میں خصوصاً مالی پریشانیوں میں۔
**badminton** *n.* ایک کھیل جو تانت سے بُنے بلّوں سے ایک جال کے دونوں طرف چڑیا (شٹل کاک) کو اِدھر سے اُدھر اچھال کر کھیلا جاتا ہے۔
**baffle** *v.* ① چکرانا، بہکانا۔ ② ناکام بنانا (منصوبے وغیرہ کو) ● **bafflement** اسم۔
**bag** *n. & v.* اسم: ① تھیلی یا تھیلا، دستی بٹوہ۔ ② **(bags)** بول چال: بڑی مقدار، کثرت۔ ③ تحقیراً: عورت خصوصاً جو بدہیئت ہو۔ ④ ایک وقت میں مارا ہوا شکار۔ ف: **(bagging, bagged)** ① تھیلے میں ڈالنا۔ ② بول چال: قبضہ جمانا، ہتھیانا۔
**bagatelle** *n.* ① ایک کھیل جس میں گولیاں کیلوں جڑے تختہ پر بنے ہوئے سوراخوں میں ڈالنے کے لیے لڑھکائی جاتی ہیں۔ ② حقیر رقم یا مقدار۔ ③ مختصر دُھن۔
**baggage** *n.* سفری سامان، صندوق وغیرہ۔

**baggy** *adj.* **(baggier, baggiest)** ڈھیلا ڈھالا، پھولا ہوا۔

**bagpipes** *n. pl.* ایک ساز جس میں دھونکنی اور تین نلکیاں جڑی ہوتی ہیں جو دو مختلف سُر بجانے والے نرسلوں یا نڑوں کی طرف جاتی ہیں۔

**baguette** *n.* ایک لمبی پتلی فرانسیسی روٹی۔

**bail** (also **bale**) *n. & v.* اسم: ① زرِ ضمانت جو ملزم کو عدالت کے فیصلے تک عارضی طور پر رہا کرنے کے لیے طلب کی جائے۔ ② کرکٹ: دو جانب اسٹمپوں پر لیٹواں رکھی جانے والی دوگلیاں۔ ف: (نیز **bale**) کشتی وغیرہ سے اندر کا پانی باہر پھینکنا۔ □ **bail out** ① کسی ملزم کو ضمانت کی ادائگی پر چھوڑنا یا چھڑانا۔ ② کسی مشکل سے چھٹکارا دلانا۔

**bailey** *n.* قلعے کی فصیل۔

**bailiff** *n.* عدالت کا افسر جو فیصلوں کی تعمیل اور قرقیاں، گرفتاریاں کرتا ہے؛ قرق امین۔

**bailiwick** *n.* کسی کا خاص ذوق یا دائرۂ کار۔

**bain-marie** *n.* (*pl.* **bains-marie**) پکانے کا ایک برتن جس میں گرم پانی سے بھرا ہوا ایک اور برتن ہوتا ہے، اس کے اندر کسی چیز میں سالن وغیرہ رکھ کر چھوڑ دیتے ہیں جو آہستہ آہستہ پکتا رہتا ہے۔

**bairn** *n.* اسکاچ، شمالی انگلستان: بچہ۔

**bait** *n. & v.* اسم: ① لاسہ، طعمہ، چارہ، مچھلیوں یا دوسرے جانوروں کو پکڑنے کے لیے۔ ② ترغیب، لالچ۔ ف: ① ستانا، تنگ کرنا۔ ② شکار کو چارہ دینا۔

**baize** *n.* بانات، کھردرا کپڑا عموماً سبز۔

**bake** *v.* تنور یا گرم سطح پر سوکھا سینکنا، پکانا۔

**baker** *n.* نان بائی۔ ● **bakery** اسم۔

**baker's dozen** *n.* ۱۳ عدد۔

**baking powder** *n.* کیک وغیرہ میں خمیر اٹھانے کا سفوف۔

**balaclava (helmet)** *n.* گردن اور سر ڈھانپنے کے لیے ایک قسم کا اونی کنٹوپ۔

**balalaika** *n.* روسی گٹار سے ملتا ایک تکونا ساز۔

**balance** *n. & v.* اسم: ① پلڑوں اور ڈنڈی والی ترازو۔ ② وزن برابر کرنے والی قوت۔ ③ وزن یا مقدار کی مساوی تقسیم؛ جسمانی یا ذہنی توازن۔ ④ حساب میں وصولی ادائگی وغیرہ کا اتفاق یا فرق، ادائگی کا بقایا۔ ف: ① مقابلہ کرنا، ایک چیز کو دوسری کے مقابل جانچنا۔ ② سنبھلا، ٹھہرا، متوازن رکھنا، ہونا۔

**balcony** *n.* (*pl.* **-ies**) ① برآمدہ، عموماً جنگلہ دار۔ ② تھیٹر یا سینما میں بالائی نشستیں۔

**bald** *adj.* ① گنجا (آدمی) جس کے سر پر بال نہ ہوں یا تھوڑے ہوں۔ ② گھسا پٹا (ٹائیر) ③ دوٹوک، غیر تفصیلی۔ ● **baldly** م ف۔ **baldness** اسم: گنج۔

**balderdash** *n.* بکواس، واہیات، خرافات۔

**balding** *adj.* گنجا ہوتا ہوا۔

**bale** *n. & v.* (also **bail**) اسم: بندھا کسا ہوا گٹھا، گانٹھ۔ ف: گٹھے کی شکل میں باندھنا۔ □ **bale** (or **bail**) **out** (ہوا باز کا) ہنگامی حالت میں چھلانگ لگا کر چھتری کے سہارے اترنا۔

**baleful** *adj.* افسردہ، تاریک، ڈراؤنا، غضب ناک (انداز نظر وغیرہ) ● **balefully** م ف۔

**balk** BAULK کا متبادل۔

**ball** *n. & v.* اسم: ① گیند، گیند نما کوئی کروی شے۔ ② (**balls**) مبتذل: فوطے، خوٹے۔ ③ محفلِ رقص۔ □ **on the ball** بول چال: چوکس، چوکنا۔

**ballad** *n.* گیت جس میں کوئی داستان بتائی جائے۔

**ballast** *n.* ① کوئی وزن جو غبارے یا جہاز میں توازن قائم رکھنے کے لیے رکھا جائے، بارِ توازن۔ ② روڑی جو سڑک یا ریلوے لائن کے نیچے بچھائی جاتی ہے۔

**ball-bearing** *n.* گولی یا چھرّے دار دُھرا۔

**ballcock** *n.* حوض میں دستے دار چول سے بندھا کھوکھلا گولا جس کی بالائی اور زیریں جنبش سے حوض میں پانی کی سطح ہموار رہتی ہے۔

**ballerina** *n.* بیلے ڈانس کی رقاصہ۔

**ballet** *n.* مغربی طرز کا، ڈرامائی رقص جس کے ساتھ عموماً موسیقی بھی ہوتی ہے۔ ● **balletic** صف۔

**ballistic missile** میزائل جو قوت لگا کر پھینکا جائے اور پھر کشش ثقل کے زور سے نیچے گرے۔

**ballistics** *n. pl.* گولوں، آتشی ہتھیاروں کا علم۔ ● **ballistic** صف۔

**balloon** *n. & v.* اسم: ① غبارہ۔ ② غبارہ نما ساخت کی گرم ہوا سے پھلائی اور اڑائی جانے والی شے یا سواری۔ ف: غبارے کی طرح پھولنا یا پھلانا۔

**ballot** *n. & v.* اسم: ① رائے دہی عموماً خفیہ۔ ② رائے دہی میں ڈالے جانے والے مجموعی ووٹ۔ ف: (**balloting**، **balloted**) رائے شماری کرانا۔

**ballpark** *n.* ① بیس بال کے کھیل کا میدان۔ ② بول چال: تخمینی، اٹکل یا اندازے پر مبنی۔

**ballpoint** *n.* قلم جس کی نوک پر لکھنے کے لیے مہین گھنڈی ہوتی ہے۔

**ballroom** *n.* رقص گاہ۔

**ballyhoo** *n.* بول چال: شور شرابہ، ہڑبونگ۔

**balm** *n.* ① خوشبودار مرہم، فرحت یا اندمال کے لیے مستعمل۔ ② کوئی خوشبودار نبات۔

**balmy** *adj.* **(balmier, balmiest)** ① خوشبودار، ٹھنڈک پہنچانے والا۔ ② جس سے بام حاصل ہو۔ ③ BARMY کا متبادل۔

**baloney** *n.* (also **boloney**). بول چال: بکواس، ہرزہ گوئی۔

**balsa** *n.* امریکی درخت کی ایک ہلکے وزن کی سخت لکڑی جس سے ماڈل وغیرہ بنائے جاتے ہیں۔

**balsam** *n.* ① بلسان یا بلسم، نباتی ریزش جو مختلف پودوں سے حاصل کی جاتی اور بعض ادویات و خوشبویات میں استعمال ہوتی ہے۔ ② کوئی بلسانی درخت یا پودا۔

**baluster** *n.* جنگلے یا کٹہرے کو سہارنے والا آرائشی ڈنڈا یا پایہ۔

**balustrade** *n.* جنگلے یا کٹہرے کو سہارنے والے آرائشی ڈنڈے یا پایے آرائشی دیوار کی شکل میں۔

**bamboo** *n.* مدارینی علاقوں کا پودا بانس۔

**bamboo shoot** *n.* بانس کے پودے کی نرم کونپلیں جو سبزی کے طور پر کھائی جاتی ہیں۔

**bamboozle** *v.* بول چال: دھوکا دینا، چکرانا۔

**ban** *v. & n.* ف: (**banning**، **banned**) ممانعت کرنا بندش لگانا خصوصاً حکماً۔ اسم: امتناع، بندش۔

**banal** *adj.* معمولی، لش پش، سامنے کی بات۔ ● **banality** اسم: معمولی پن۔

**banana** *n.* کیلا۔

**band**[1] *n. & v.* ① پٹی، دھجی، پتری وغیرہ جو کسی چیز کے گرد باندھی جائے۔ ② کسی طرح کے طیف (خصوصاً ریڈیائی تعدّد امواج) کے طول یا تعدّد کا سلسلہ۔ ● **banded** صف۔

**band**[2] *n. & v.* اسم: ① منظّم گروہ، جتھا، ٹولا۔ ② موسیقاروں کا طائفہ۔ ف: جتھا بنانا، گروہ بندی کرنا۔ ● **bandleader** اسم: موسیقار طائفے کا ہدایت کار۔ **bandmaster** اسم۔ **bandsman** اسم۔

**bandage** *n. & v.* اسم: زخم پر باندھنے کی پٹی۔ ف: پٹی باندھنا (زخم وغیرہ پر)

**bandanna** *n.* ایک طرح کا بڑا رنگین سوتی یا ریشمی رومال یا گلوبند جس پر عموماً سفید چتیاں ہوتی ہیں۔

**b.& b.** تخفیف: bed and breakfast۔

**bandit** *n.* ڈاکو، قاتل خصوصاً کسی جتھے کا رکن۔

**bandstand** *n.* چھتری دار میدانی چبوترہ جس پر سے سازندوں کا طائفہ ساز بجاتا ہے۔

**bandwagon** *n.* بینڈ کے دستوں وغیرہ کو لے جانے والی سواری۔ □ **climb on the bandwagon** کسی تحریک، گروہ یا مقصد میں شریک ہونا جس کی کامیابی کا یقین ہو، موقع پرستی سے کام لینا۔

**bandy**[1] *adj.* **(bandier, bandiest)** ① ٹیڑھی (ٹانگیں) ② ٹیڑھ ٹنگا، جس کے گھٹنے الگ رہیں۔

**bandy**[2] *v.* **(-ies, -ied)** ① (بات، افواہ) اِدھر اُدھر پھیلانا، چرچا یا رسوائی کرنا۔ ② دوبدو، بحث کرنا۔

**bane** *n.* نحوست، بدنصیبی۔

**bang** *n., v. & adv.* اسم: ① دھماکا۔ ② تیز ضرب یا اس کی آواز۔ ف: ① زور کی آواز سے بھیڑنا یا مارنا۔ ② دھماکا کرنا۔ م ف: دھڑ سے، دھماکے سے۔

**banger** *n.* ① بول چال: قیمہ بھری آنت۔ ② بول چال: کھٹارا گاڑی۔ ③ پھٹنے، پٹاخا کرنے والی آتش بازی۔

**bangle** *n.* کڑا، پائل، پازیب، چوڑی۔

**banish** *v.* ① ملک بدر یا شہر بدر کرنا۔ ② نظر سے دور کرنا یا خیال سے دور کرنا۔ ● **banishment** اسم۔

**banisters** *n.pl.* (also **bannisters**) ①

زینے کا جنگلہ یا کٹہرا، ڈنڈوں پر ہاتھ کے سہارے کی پٹی کے ساتھ۔② جنگلے کا ڈنڈا۔

**banjo** *n.* (*pl.*-os) گٹار سے ملتا جلتا ساز۔

**bank** *n. & v.* اسم:① دریا کا کنارا، گھاٹ۔② ڈھلان، زمین کا ابھار۔③ سڑک کے پہلوؤں کا نشیب۔④ بینک، وہ مالی ادارہ جو لوگوں کی رکھوائی ہوئی رقموں سے سرمایہ کاری کرتا ہے، حسب ضرورت واپس ادا کرتا ہے۔⑤ یکجا قطار خصوصاً روشنیوں یا روشنی کے کھٹکوں وغیرہ کی۔ ف :①تودے یا ابھار کا گھاٹ کی شکل اختیار کرنا۔② رقم رکھوانا (بینک کے پاس)③ ایک پہلو سے اٹھا ہونا(الار) ہو جانا۔④ بند یا کناروں سے روکنا، محدود کرنا۔□ **bank on** بھروسا کرنا، تکیہ کرنا۔

**banker's card** = cheque card۔

**banker's order** کسی بینک کے نام املاک یا رقم حوالہ کرنے کی بابت تحریری ہدایت۔

**banknote** *n.* بینک کا جاری کردہ اقراری (عند الطلب، بھنانے کے قابل) نوٹ، ہنڈی۔

**bankrupt** *adj., n. & v.* صف: دیوالیہ، قانوناً ادائے قرضہ کے نا قابل قرار دیا ہوا۔ اسم : دیوالیہ قرضدار؛ خستہ حال، افلاس زدہ۔ ف: دِوالہ نکلوا دینا۔● **bankruptcy** اسم: دیوالیہ پن۔

**banner** *n.* لمبا مستطیل نشان جو دو ڈنڈوں پر گاڑا یا اٹھا کر لے جایا جاتا ہے اور اس پر کوئی نعرہ لکھا ہوتا ہے۔

**bannisters** BANISTERS کا متبادل۔

**banns** *n. pl.* مجوزہ شادی کا اعلان جو مقامی گرجا میں تین متواتر اتواروں تک کیا جاتا ہے۔

**banquet** *n.* بہت سے لوگوں کی شاندار ضیافت۔

**banquette** *n.* دیوار کے سہارے گدے دار بینچ۔

**banshee** *n.* روح کے بین جو گھر میں ہونے والی موت کی خبر دیتے ہیں۔

**bantam** *n.* اصیل مرغ۔

**bantamweight** *n.* جسمانی وزن، فلائی ویٹ اور فیدر ویٹ کا درمیانی درجہ، شوقیہ مکّے بازی میں۔

**banter** *n. & v.* اسم: چھیڑ خانی، مذاق، خوش طبعی۔ ف: ہنسی یا چھیڑ خانی کی بات کرنا۔

**Bantu** *n. & adj.* (*pl.* same or **Bantus**) اسم: وسطی و جنوبی افریقہ کے مختلف نیگرو قبیلے، ان کا کوئی فرد، ان کی زبانیں۔ صف: ان گروہوں سے متعلق۔

**bap** *n.* ایک بڑی گول لپٹی روٹی۔

**baptism** *n.* بپتسمہ، عیسائی مذہب میں داخل کرنے اور (عموماً) عیسائی نام رکھنے کی رسم جو ماتھے پر پانی چھڑک کر یا (بالغوں کو) غوطہ دے کر ادا کی جاتی ہے● **baptismal** صف۔

**Baptist** *n.* وہ عیسائی جو پوری طرح بھگو کر بپتسمہ دینے کا قائل ہو۔

**baptize** *v.* (also -ise) ① بپتسمہ دینا، تصبیغ کرنا۔② نام یا عرف رکھنا؛ عیسائی بنانا۔

**bar** *n., v. & prep.* اسم: ① لمبا ڈنڈا یا سلاخ۔② کوئی شے جو رکاوٹ کے طور پر ہو، بندش۔③ شراب خانے یا ریستوران وغیرہ میں لگا ہوا تختہ جس کے پیچھے سے مشروبات وغیرہ پیش کیے جاتے ہیں۔ ④ موسیقی: تحریری موسیقی میں سُروں کے لیے بنے ہوئے کھڑے نشانات میں سے کوئی۔⑤(the Bar) قانون: وکلا، بیرسٹری یا وکالت کا پیشہ۔ ف :(barred، barring) ① (دروازہ، کواڑ وغیرہ میں) کنڈی لگانا، بندش لگانا۔② رکاوٹ ڈالنا، مزاحم ہونا۔③ مخالفت کرنا، خارج رکھنا۔ حرف جار: بجز، بہ استثنا۔

**barb** *n.* ① تیر یا مچھلی کے کانٹے وغیرہ کا پیچھے مڑا ہوا حصّہ۔② چبھتا ہوا فقرہ۔

**barbarian** *n.* وحشی آدمی۔

**barbaric** *adj.* ① وحشیانہ، ظالمانہ۔② غیر مہذب۔

**barbarity** *n.* (*pl.* -ies) وحشیانہ سفّاکی، بربریت یا اس کی مثال۔

**barbarous** *adj.* غیر مہذب؛ ظالم؛ ناشائستہ۔

● **barbarism** اسم۔ **barbarously** م ف۔

**barbecue** *n. & v.* اسم: ① کھلی جگہ، کھلی آگ پر تیار کیا جانے والا کھانا۔② ایسے کھانے کو بھوننے کے لیے سیخیں، جالیاں وغیرہ، بھوننے کا چولھا۔ ف : کھلے چولھے پر بھوننا خصوصاً گوشت۔

**barbed** *adj.* دانستہ کچوکے دینے والا (فقرہ)

**barbed wire** *n.* خاردار تار۔

**barber** *n.* مردانے بال تراشنے، کاٹنے، خط بنانے

والا نائی، حجّام، اصلاح ساز۔

**barber-shop** *n.* مقبول عام گانا جس میں چار مردانہ آوازیں شامل ہوتی ہیں۔

**barbican** *n.* شہر یا قلعہ کا بیرونی حصار؛ دروازے یا اٹھاؤ پل کے اوپر دہرا منارہ۔

**barbiturate** *n.* ایک مسکّن خواب آور دوا۔

**bar code** *n.* چھپی لکیروں پر مشتمل اشارات جو اشیا کی شناخت ہوتے ہیں، جنہیں مشین سمجھ لیتی ہے۔

**bard** *n.* ادبی: شاعر۔ ● **bardic** صف۔

**bare** *adj. & v.* صف: ① کھلا، ننگا، بے ڈھکا۔ ② خالص، کھرا، بے بناوٹ، سیدھا سادا۔ ③ قلیل، محض۔ ف: کھولنا، سامنے کرنا۔

**bareback** *adj. & adv.* گھوڑے پر بلا زین۔

**barefaced** *adj.* بے ملاحظہ، گستاخ، ڈھیٹ۔

**barely** *adv.* صرف، محض، بمشکل، مختصر طور پر۔

**bargain** *n. & v.* اسم: ① سودا، معاملہ، فروخت کا معاہدہ۔ ② سستی دی جانے یا ہاتھ آنے والی شے۔ ف: سودا طے کرنا، چکانا۔ □ **bargain for** (or **on**) تیار رہنا، متوقع ہونا، بھروسا کرنا۔

**barge** *n.* لمبی سپاٹ پیندے کی کشتی جو ندی یا دریا میں چلتی ہے۔ □ **barge in** مداخلت کرنا۔

**baritone** *n.* دوسری سب سے نیچی مردانہ آواز یا اس آواز میں گانے والا شخص۔

**barium** *n.* (Ba:علامت) ایک سفید دھاتی عنصر (علامت:Ba)

**bark** *n. & v.* اسم: ① کتے یا لومڑی وغیرہ کی بھونک یا اس سے ملتی جلتی آواز۔ ② درختوں، شاخوں وغیرہ کی چھال، پوست۔ ف: ① بھونکنا۔ ② تڑخ کر، اکھڑپن سے بولنا۔ ③ کھجانا، رگڑنا (اپنی پنڈلی وغیرہ کو) ④ بکّل اڑانا (درخت وغیرہ کے)

**barley** *n.* جو، جو کا دانہ جس کی کئی قسمیں ہیں۔

**barley sugar** *n.* ایک قسم کی مٹھائی جو شکر ابال کر بنائی جاتی ہے۔

**barmaid** *n.* شراب خانے، ہوٹل وغیرہ میں شراب بیچنے، پیش کرنے والی عورت۔

**barman** *n.* (*pl.*-**men**) شراب خانے، ہوٹل وغیرہ میں گاہکوں کو شراب پیش کرنے والا مرد۔

**bar mitzvah** *n.* یہودی لڑکے کو ۱۳ سال کی عمر میں دائرۂ مذہب میں داخل کرنے کی تقریب۔

**barmy** *adj.* (**barmier, barmiest**) بول چال: باؤلا، احمق۔

**barn** *n.* اناج کی کوٹھی۔

**barnacle** *n.* چھوٹے بحری قشریوں میں سے کوئی جو گُنڈل یا نوع سے تعلق رکھتے ہیں۔

**barney** *n.* (*pl.* **-eys**) بول چال: چیخم دھاڑ۔

**barometer** *n.* ہوا کا دباؤ ناپنے والا آلہ، بادپیا۔ ● **barometric** صف۔

**baron** *n.* ① برطانوی امرا کا سب سے نچلا درجہ۔ ② اہم تاجر یا با اثر شخصیت۔ ● **baronial** صف۔

**baroness** *n.* بیرن کے مرتبے کی رئیس عورت یا بیرن کی بیوی یا بیوہ۔

**baronet** *n.* برطانوی طبقۂ امرا کا سب سے نچلا موروثی درجہ۔ ● **baronetcy** اسم: بیرن کی عملداری۔

**baroque** *adj. & n.* صف: نہایت مزیّن، پُر تکلّف، بھڑکیلا، خصوصاً سترھویں، اٹھارویں صدی کے فنی مذاق سے تعبیر۔ اسم: اس طرح کا انداز یا آرائش۔

**barque** *n.* پانی کا جہاز یا سفینہ۔

**barrack** *v.* شور غوغا مچانا، ہوٹنگ کرکے گڑبڑانا۔

**barracks** *n.* فوجی سپاہیوں کی اقامت گاہ۔

**barracuda** *n.* ایک بڑی اور پیٹو سمندری مچھلی۔

**barrage** *n.* ① وسیع علاقے پر جم کر گولہ باری۔ ② مصنوعی بند خصوصاً دریا پر۔ ③ تابڑ توڑ سوالات۔

**barre** *n.* بیلے رقص کی ریاضت میں استعمال ہونے والا کمر تک اونچا افقی عصا۔

**barrel** *n.* ① لکڑی کا کھڑے ڈھول نما ظرف جس میں تختے دھات کی پٹیوں سے کسے ہوتے ہیں، پیپا۔ ② لنبوتری نلکی یا نال، قلم یا بندوق کی۔

**barrel organ** *n.* ایک مشینی ساز جس میں گھومنے والا پنوں سے جڑا سلنڈر لگا ہوتا ہے۔

**barren** *adj.* ① بانجھ، بنجر، بے ثمر۔ ② بے فائدہ، فضول۔ ③ بے اثر، بے لطف۔ ● **barrenness** اسم۔

**barricade** *n. & v.* اسم: روک خصوصاً جو راستے میں کھڑی کی جائے۔ ف: رکاوٹ کھڑی کرنا۔

**barrier** *n.* ① تاروں کی باڑھ یا کوئی اور رکاوٹ۔ ② حائل، مزاحم شے یا صورت حال۔
**barring** *prep.* بجز، سوائے، بہ استثنا، علاوہ۔
**barrister** *n.* وکیل جو اپنے مؤکلوں کی طرف سے عدالت میں پیروی کرتا ہے۔
**barrow** *n.* ① دو پہیوں کی ہاتھ سے دھکیلنے والی ریڑھی۔ ②=WHEELBARROW۔ ③ قدیم قبر۔
**barter** *v. & n.* ف: اشیا کا مبادلہ (رقم کے استعمال کے بغیر) کرنا۔ اسم: مبادلہ کاری، فروخت، مبادلہ۔
**basal** *adj.* ① جو بنیاد پر، بنیاد سے متعلق یا بنیاد کے طور پر ہو۔ ② بنیادی، اساسی۔
**basalt** *n.* سیاہ آتش فشانی چٹان۔
**base** *n. & v.* اسم: ① بنیاد، نیو جس پر تعمیر قائم ہو۔ ② کوئی اصول یا نقطۂ آغاز۔ ③ وہ مقام جہاں سے کارروائی کی کمان کی جائے۔ ④ کسی مرکب کا اساسی یا حاوی جزو۔ ⑤ کوئی مادّہ جو تر شے کے ساتھ آمیز ہو سکے۔ ⑥ بیس بال: ان چار مقاموں میں سے کوئی ایک جن سے رن بنانے کے لیے باری باری گزرنا ضروری ہوتا ہے۔ ف: مبنی یا منحصر قرار دینا۔ صف: ① کمینہ، بزدل، ذلیل۔ ② پیچ، سفلہ۔ ③ مقابلتہً کم قدر۔
**baseball** *n.* امریکا کا مقبول کھیل جس میں دو ٹیمیں بلّے اور گیند سے ایک چار کھانوں والے میدان میں کھیلتی ہیں، جن پر سے بلّے باز کو گزرنا ہوتا ہے۔
**baseless** *adj.* بے اصل، بے بنیاد۔
● **baselessly** م ف۔
**basement** *n.* عمارت کا تہ خانہ۔
**bash** *v. & n.* بول چال، ف: اچانک یا زور سے ضرب لگانا، شدید حملہ کرنا۔ اسم: شدید ضرب۔
**bashful** *adj.* ① شرمیلا، جھجکو، جھینپو۔ ② دبّو۔
● **bashfully** م ف۔ **bashfulness** اسم۔
**BASIC** *n.* کمپیوٹر پروگرام بندی کی زبان جس میں انگریزی کے عام الفاظ استعمال کیے جاتے ہیں۔
**basic** *adj.* ① جو بنیاد یا تہ کے طور پر استعمال ہو۔ ② اساسی۔ ③ سادہ ترین۔ ● **basically** م ف۔
**basil** *n.* کالی تلسی، ایک خوشبودار جڑی بوٹی۔
**basilica** *n.* ① روما کا ایک قدیم ایوان جو عدالت اور اجتماعات کے لیے استعمال ہوتا تھا۔ ② ایسی ہی عمارت بطور گرجا گھر۔
**basilisk** *n.* ایک افسانوی اژدہا جس کی پھنکار اور نظر مہلک بتائی جاتی ہے۔
**basin** *n.* ① تسلا، خصوصاً گڑا ہوا، جس میں پانی بھرا جا سکے۔ ② گول گڑھا۔ ③ وہ علاقہ جو دریاؤں اور معاون دریاؤں سے سیراب ہو۔ ● **basinful** اسم۔
**basis** *n.* (*pl.* **bases**) ① اصل، بنیاد کسی چیز کی خصوصاً خیال یا دلیل کی۔ ② خاص اصول یا جزو۔
**bask** *v.* حرارت اور روشنی کے مزے لینا، آرام کرنا۔
**basket** *n.* بیت وغیرہ سے بنی ہوئی ٹوکری، پٹاری۔
**basketball** *n.* ٹولیوں کے درمیان کھیلا جانے والا کھیل جس میں گول اوپر ٹنگی حلقہ دار جالی میں سے گیند کو گزار کر بنائے جاتے ہیں۔
**basketwork** *n.* ٹوکری کے انداز میں بُنی ہوئی شے، نیز اس بنائی کا ہنر۔
**Basque** *n. & adj.* مغربی پائرنیز (جبل الابواب) کا باشندہ یا اس کی زبان۔
**bas-relief** *n.* سنگ تراشی یا کندہ کاری جس میں نقوش سطح سے قدرے ابھرے رہتے ہیں۔
**bass**[1] *n. & adj.* اسم: مردانہ آواز کا سب سے نچلا یا کھرج سُر۔ صف: موسیقی میں سب سے نیچا آہنگ۔
**bass**[2] *n.* عام کانٹے دار مچھلی، خار ماہی۔
**bassoon** *n.* دہری بانسری کی ایک قسم۔
**bast** *n.* لیمو، ترنج کے درخت کی اندرونی چھال یا ایسا ہی نرم لچکدار ریشہ جس سے چٹائیاں بنتے ہیں۔
**bastard** *n.* تحقیراً: ① غیر شادی شدہ جوڑے کی اولاد، ولدالحرام۔ ② مبتذل: بدکردار، نا پسندیدہ آدمی۔ ● **bastardy** اسم: حرام کاری، حرامی پن۔
**baste** *v* ① گوشت کو بھوننے میں چکنائی یا گوشت کے پانی سے نم کرنا۔ ② سینے سے پہلے کچی سلائی کرنا۔
**bastion** *n.* ① فصیل کا ابھرا ہوا حصّہ، گرگج۔ ② کوئی شے جو آگے نکلی ہوئی ہو۔
**bat** *n. & v.* اسم: ① گیند پر مارنے کا بلّا۔ بلّا مارنے والا، بلّے باز۔ ② چمگادڑ۔ ف: (**batting**، **batted**): ① بلّے سے مارنا۔ ② بلّے بازی کی باری لینا۔

**batch** *n.* ① گروہ، جمعیت۔ ② کھیپ۔

**bated** *adj.* **with bated breath**□ دم بخود، سراسیمہ۔

**bath** *n. & v.* اسم: پانی بھر کر نہانے یا ہاتھ منہ دھونے کا برتن، مع بھرے ہوئے پانی وغیرہ کے۔ ف: دھلانا، نہلانا کسی کو خصوصاً ٹب میں۔

**bathe** *v. & n.* ف: نہانا، جسم پر پانی بہانا، غوطہ لگانا خصوصاً تیرنے کے لیے۔ اسم: نہانے، تیرنے کا عمل۔ ● **bather** اسم۔

**bathos** *n.* اعلیٰ لہجے یا مذاق سے پست درجے پر اتر آنے کی لغزش جس سے ناہمواری اور بد مذاقی پیدا ہو۔ ● **bathetic** صف۔

**bathroom** *n.* غسلخانہ جس میں عموماً نہانے کے علاوہ صفائی کی دوسری سہولتیں بھی ہوتی ہیں۔

**batik** *n.* کپڑوں پر رنگین نقوش بنانے کا ایک طریقہ (اصلاً جاوا کا) جس میں رنگ سے خالی رہنے والے حصّوں پر موم پھیر دیا جاتا ہے، اس طرح کا نقشین کپڑا۔

**batman** *n.*(*pl.*-**men**) فوجی افسر کا خدمت گار۔

**baton** *n.* ① پتلی چھڑی خصوصاً موسیقی کے ہدایت کار کی۔ ② پولیس والے کا ڈنڈا۔

**batrachian** *n.* مینڈک یا غوکِ سام۔

**batsman** *n.* (*pl.*-**men**) کرکٹ کا بلّے سے کھیلنے والا یا کھیلتا ہوا کھلاڑی، بلّے باز۔

**battalion** *n.* ① پیدل فوج کا دستہ جو کسی بریگیڈ میں شامل ہو۔ ② کوئی ہمکار گروہ۔

**batten** *n. & v.* اسم: لکڑی یا دھات کی پٹّی جو اشیا کو باندھنے وغیرہ میں کام آتی ہے۔ ف: پٹّی سے باندھنا یا کسنا۔□ **batton on** دوسرے کے بل پر پھلنا پھولنا۔

**batter** *v & n.* ف: لگا تار پیٹنا خصوصاً نمایاں ضرر پہنچا کر۔ اسم: ① آٹے، انڈے، دودھ، پانی کا آمیزہ جو پکانے میں استعمال ہوتا ہے۔ ② بیس بال کا بلّے باز۔

**battering ram** *n.* بھاری بلّی یا شہتیر جس سے ماضی میں مورچوں یا قلعہ بندیوں کو توڑا جاتا تھا۔

**battery** *n.* (*pl.* -**ies**) ① برقی بار سے بھرا عموماً آسانی سے اٹھا کر لے جانے والا ظرف، برقی مورچہ۔ ② پنجروں یا خانوں کا سلسلہ، مرغی بانی یا گلّہ بانی کے لیے بنایا ہوا باڑا۔ ③ اسی طرح کا کوئی اور سلسلہ بالخصوص مربوط۔ ④ بھاری توپوں کے لیے بنا ہوا چبوترا عموماً مورچہ بند، توپ خانے کا دستہ مع توپ گاڑی وغیرہ۔ ⑤ قانون: ضربِ شدید کا ارتکاب۔

**battle** *n. & v.* اسم: ① مسلح افواج کے درمیان لمبی لڑائی۔ ② مقابلہ، سخت زور آزمائی۔ ف: ① جدوجہد کرنا۔ ② رکاوٹوں کو عبور کرنا۔ ③ لڑائی میں سامنا کرنا۔

**battleaxe** *n.* ① بھاری تبر۔ ② بول چال: کلّے ٹھسے والی رعب دار معمر عورت۔

**battlefield** *n.* میدانِ جنگ۔

**battlements** *n.pl.* فصیل کے اوپر موکھے دار مورچہ حصار بندی کا ایک حصّہ۔

**battleship** *n.* سب سے بھاری اسلحہ اور سب سے بڑی توپوں والا جنگی جہاز۔

**batty** *adj.*(**battier, battiest**) بول چال: سرپھرا، باؤلا۔

**bauble** *n.* نمائشی چھلاّ یا کھلونا، حقیر شے۔

**baulk** *v. & n.* (also **balk**) ف: ① اڑنا، جھجکنا۔ ② رکاوٹ ڈالنا، مایوس کرنا۔ اسم: ① رکاوٹ، راستے کا پتھر۔ ② بلیئرڈز وغیرہ: میز پر وہ جگہ جہاں سے کھلاڑی شروع کرتا ہے۔

**bauxite** *n.* ایلومنیم کی کچ دھات، باکسائٹ۔

**bawdy** *adj.* (**bawdier, bawdiest**) عریاں مذاق پر مبنی، ہزلیہ۔ ● **bawdiness** اسم۔

**bawl** *v.* پُکارنا، چلاّ کر بلانا، بات کرنا، بَین کرنا۔ □ **bawl out** بول چال: طیش میں آکر ڈانٹنا۔

**bay** *n., adj. & v.* ① خلیج، کھاڑی۔ ② پہاڑی کھوہ۔ ③ شجر دہشت جس کے گہرے سبز اور خوشبو دار پتےّ عموماً (سکھا کر) کھانے میں ڈالے جاتے ہیں۔ ④ صف: گہرے سرخی مائل بھورے رنگ کا (خصوصاً گھوڑا) ف: (کتے کے لیے) بھونکنا، چلاّنا، واویلا کرنا۔□ **at bay** گھرا ہوا، جسے بظاہر جائے پناہ نہ ہو۔

**bayonet** *n.* سنگین جس کا بھونکنے والا پھل رائفل کی نالی سے جُڑ جاتا ہے۔

**bay window** *n.* بیرونی دیوار میں نکلنے والی کھڑکی۔

**bazaar** *n.* ① بازار۔ ② کسی رفاہی کام کے لیے رقم جمع کرنے کے واسطے لگایا جانے والا میلہ۔
**bazooka** *n.* کم فاصلے کی مار کا نلکی دار راکٹ جو ٹینکوں کے خلاف استعمال ہوتا ہے۔
**BBC** British Broadcasting Corporation کی تخفیف۔
**BC** تخفیف: before Christ قبل مسیح (تاریخ)
**Be** بنیادی عنصر beryllium بیریلیم کی علامت۔
**be** *v.* ف: ① ہونا، زندہ، موجود ہونا۔ ② واقع ہونا، کیا جانا، کسی جگہ یا مقام پر ہونا۔ ③ باقی رہنا، جاری رہنا۔ فعل امدادی: ① ماضیہ کے ساتھ مجہول صورت میں لانے کے لیے۔ ② حالیہ کے ساتھ استمراری جملے بنانے کے لیے۔ ③ مصدر کے ساتھ فرض، امکان، ملجا یا مفروضہ ظاہر کرنے کے لیے۔
**beach** *n. & v.* اسم: سنگریزوں یا ریت سے ڈھکا ریتیلا ساحل۔ ف: کشتی وغیرہ کو ساحل پر چڑھانا۔
**beachcomber** *n.* آوارہ گرد جو ساحل پر گری پڑی چیزیں چن کر گزارہ کرتا ہے۔
**beachhead** *n.* ساحل پر اُترنے والی حملہ آور فوج کا بنایا مورچہ۔
**beacon** *n.* کسی اونچی یا نمایاں جگہ پر روشن کی ہوئی آگ یا چراغ، خبردار کرنے کے لیے۔
**bead** *n.* ① منکا، مہرہ، چھدا ہوا شیشے پتھر وغیرہ کا دانہ جسے پروکر مالا وغیرہ بناتے ہیں۔ ② بوند، بلبلہ۔
**beading** *n.* ① منکوں کی قطار کی سجاوٹ خصوصاً گول دامن کے کنارے پر۔ ② تسبیحی حاشیہ یا گگر۔
**beadle** *n.* گرجا یا کالج کا افسر رسومات۔
**beady** *adj.* ( **beadier, beadiest**) گول، چھوٹی، چمکیلی، ستارہ سی (آنکھوں کے لیے)
**beagle** *n.* ایک چھوٹا شکاری کتا۔
**beak** *n.* ① پرندے کی چونچ، منقار، اس سے ملتی کوئی تھوتھنی یا منہ جیسے کچھوے کا۔ ② بول چال: مجسٹریٹ۔
**beaker** *n.* ① لمبا، سیدھا گلاس نما پینے کا برتن۔ ② ایک مخروطی وضع کا شیشے کا برتن، سائنسی تجربات کے لیے۔
**beam** *n.& v.* اسم: ① شہتیر، بلّی، لکڑی یا لوہے کا سیدھا لمبا ٹکڑا۔ ② روشنی کی کرن یا دھار۔ ③ بشاشت کی نظر یا مسکراہٹ۔ ④ جہاز کی چوڑائی۔ ف: ① (روشنی یا ریڈیو کی لہروں کو) خارج کرنا۔ ② بشاشت سے مسکرانا۔ ③ تیزی سے چمکنا۔
**bean** *n. & v.* ① پھلی؛ پھلی کی بیل یا پودا۔ ② اس کا بیج یا کافی کا بیج۔ □ **full of beans** خوش و خرّم، چونچال، موج میں۔
**beanfeast** *n.* بول چال: ضیافت، تفریح۔
**bear**[1] *v.* (**bore, borne**) ① لے جانا یا لانا۔ ② حامل ہونا، متصف ہونا کسی خصوصیت سے، نشانات یا علامت رکھنا کسی بات کی۔ ③ پیدا کرنا، لانا (بچے، پھل وغیرہ) ④ اٹھانا، برداشت کرنا بوجھ، ذمّہ داری، لاگت وغیرہ۔ ⑤ سہنا، بھوگنا، روادار ہونا۔ ⑥ ذہن یا حافظے میں رکھنا۔ □ **bear down** ① دباؤ ڈالنا۔ ② دوڑ کے یا کسی غرض سے پہنچنا۔ **bear in mind** خیال میں رکھنا۔ **bear up** سنبھلنا، ہمت سے کام لینا۔ **bring to bear** کام میں لانا (اثر، قوت وغیرہ)
**bear**[2] *n.* ① بھالو، ریچھ۔ ② ریچھ سے ملتا جلتا کھلونا۔
**bearable** *adj.* قابل برداشت۔
**beard** *n. & v.* اسم: داڑھی، ریش۔ ف: کھلم کھلا مخالفت کرنا، مقابلے پر آنا۔
**bearing** *n.* ① کسی شخص کا ظاہر برتاؤ، رکھ رکھاؤ۔ ② (کسی سے) متعلق، ربط یا واسطہ رکھنے والا۔ ③ برداشت، سہارا۔ ④ مشین کا وہ پرزہ جو کسی گھومتے متحرک پرزے کو مدد دیتا ہے، چول، سہارا، بیر نگ۔ ⑤ کسی خاص نقطے کی نسبت سے کسی شے کی پوزیشن یا سمت۔
**bearskin** *n.* ایک لمبی سموری ٹوپی جو بعض رجمنٹیں خصوصی تقریبات میں پہنتی ہیں۔
**beast** *n.* ① حیوان، سوائے انسان خصوصاً چوپایہ۔ ② بول چال: ناخوشگوار یا قابل اعتراض بات یا شخص۔
**beastly** *adj.* (**beastlier, beastliest**) بول چال: نہایت قابل اعتراض یا ناخوشگوار۔ ● **beastliness** ۔ اسم: حیوان پن، درندگی۔
**beat** *v., n. & adj.* (**beaten ،beat**): ف (**beating**) ① مارنا پیٹنا، چوٹ لگانا۔ ② جھاڑنا (قالین وغیرہ کو) ③ متواتر زد لگانا، ٹکر مارنا۔ ④ ہرانا، غالب آنا۔ ⑤ پھینٹنا (انڈا وغیرہ) ⑥ دھڑکنا، کھڑکنا، بجنا۔

اسم:①موسیقی میں لے کا زور، موسیقی کے ہدایت کار کا اپنے اشاروں سے تال یا ٹھیکا۔ ②چوٹ، ضرب، ہاتھ، تھاپ (مثلاً تاشے پر) ③ معمول کے گشت کا حلقہ یا حدود۔ □ **beat it** بول چال: چل دو، رستہ پکڑو۔ ● **beat up** زوردار پٹائی کرنا۔

**beatific** *adj.* روح پرور، مسرت بخشنے والا۔ ●**beatifically** م ف۔

**beatify** *v.*(**-ies, -ied**) رومن کیتھلک کلیسا:① کسی کی تقدیس کا اعلان کرنا۔②دلشاد کرنا۔

**beatitude** *n.* تقدّس، برگزیدگی۔

**beauteous** *adj.* شاعرانہ: حسین۔

**beautician** *n.* حسن کونکھارنے،سنوارنے والا۔

**beautiful** *adj.* ① خوبصورت، دلکش۔② فرحت بخش۔③ نفیس،اعلیٰ،عمدہ۔● **beautifully** م ف۔

**beautify** *v.*(**-ies,-ied**) حسین بنانا،آرائش، تزئین کرنا۔● **beautification** اسم:جمال آفرینی۔

**beauty** *n.* (*pl.*-**ies**) ① حسن، جمال،روپ،وہ خصوصیات جو ذوق جمال خصوصاً نظر کو لبھائیں یا ذہن یا حسن اخلاق کو۔ ② بول چال: عمدہ نمونہ،جاذب نظر خصوصیت یا خوبی کا پہلو۔③ خوبصورت شخص۔

**beaver** *n.* اودبلاؤ،سنجاب،اس کا نرم ہلکا بھورا سمور۔ □ **beaver away** سخت محنت کرنا۔

**becalmed** *adj.* ہوا نہ ہونے سے حرکت سے محروم (جہاز وغیرہ)

**because** *conj.* اس سبب سے کہ، چونکہ، کے سبب۔ □ **because of** کے سبب سے، بوجہ۔

**beck**[1] *n.* شمالی انگلستان: ندی، پہاڑی نالہ۔

**beck**[2] *n.* توجّہ حاصل کرنے کا اشارہ جیسے سر یا ہاتھ سے۔ □ **at a person's beck and call** پیش یا حکم برداری میں۔

**beckon** *v.* اشارے سے بلانا یا توجّہ کھینچنا۔

**become** *v.* (**became, become, becoming**) ① ہونا یا ہونے کو ہونا۔② جچنا، موزوں، مناسب ہونا، زیب دینا۔● **becoming** صف۔

**becquerel** *n.* تابکاری کی SI اکائی۔

**bed** *n.* ① پلنگ، بستر کا گدا۔② سونے کے لیے بنائی ہوئی جگہ۔③ کیاری، پھولوں یا پودوں کی۔④ چپٹی سطح جو تہ کا کام دے، سمندر یا دریا کی تہ۔

**B.Ed.** مخفف: BACHELOR OF EDUCATION۔

**bedclothes** *n.pl.* چادر، کمبل وغیرہ۔

**bedding** *n.* گدّا اور چادر کمبل وغیرہ۔

**bedding plant** *n.* باغ کی کیاری کے لائق موسم کا پودا۔

**bedevil** *v.* (**bedevilled, bedevilling,** *US* **bedeviled**) ① وبال لانا، عذاب دینا۔ ② چکرانا، سٹّی گم کرنا۔③ آسیب زدہ ہونا۔ ④ وحشیانہ تشدّد یا برتاؤ کرنا۔● **bedevilment** اسم۔

**bedfellow** *n.* ① شریک بستر۔② ساتھی۔

**bedlam** *n* ہنگامے کا منظر۔

**Bedouin** *n.* (also **Beduin**) عرب کے ریگستان کا بدّو خانہ بدوش۔

**bedpan** *n.* بول و براز کے لیے بیمار کے بستر کے پاس رکھنے کا برتن۔

**bedraggled** *adj.* ناصاف، شکن آلود۔

**bedridden** *adj.* بیماری کے سبب بستر سے مستقل لگا، صاحب فراش۔

**bedrock** *n.* ① دریائی مٹی کی تہ میں واقع چٹانیں۔ ② کسی نظریے، کردار وغیرہ کے بنیادی اصول۔

**bedroom** *n.* خوابگاہ، سونے کا کمرہ۔

**bedsitter** *n.* (also **bedsit, bedsitting room**) بول چال: ایک کمرے کی مکانیت، عموماً مشترک سونے اور بیٹھنے کا کمرہ۔

**bedsore** *n.* لیٹے رہنے سے مریض کی پیٹھ میں پڑ جانے والے ناسور۔

**bedspread** *n.* پلنگ پوش۔

**bedstead** *n.* پلنگ، چارپائی کا ڈھانچا۔

**Beduin** BEDOUIN کا متبادل۔

**bee** *n.* شہد کی مکھی۔

**beech** *n.* ایک جنگلی پیڑ جس کی چھال خاکستری اور پتّے چکنے ہوتے ہیں، زان، تبولا۔

**beef** *n. & v.* اسم: ① بیل یا گائے کا گوشت جو کھانے

کے لیے ہو۔ ② مضبوط ڈنٹر بازو۔ ③ بول چال: شکوہ، احتجاج۔ ف: بول چال: شکایت کرنا۔

**beefburger** *n.* =HAMBURGER۔

**beefeater** *n.* ٹاور آف لندن کا کوئی محافظ؛ ملکہ کے خصوصی محافظ دستے کا رکن۔

**beefy** *adj.* **(beefier, beefiest)** بول چال: ٹھوس، مضبوط جسم والا۔

**beehive** *n.* شہد کی مکھیوں کا چھتہ۔

**beeline** *n.* **make a beeline for**□ کسی جگہ ناک کی سیدھ میں یا جلدی پہنچنا۔

**beep** *n. & v.* اسم: موٹر کار کے ہارن کی تیز آواز۔ ف: اسی طرح کی کوئی تیز آواز نکالنا۔ ● **beeper** اسم۔

**beer** *n.* الکحل آمیز مشروب جو جَو کے خمیر سے تیار کیا جاتا ہے۔ ● **beery** صف۔

**beeswax** *n.* شہد کے چھتّے کا موم، جس سے لکڑی کو چمکاتے ہیں، پالش کرتے ہیں۔

**beet** *n.* ایک ترکاری چقندر **(beet root)** یا شکر بنانے کے لیے میٹھا چقندر **(sugar beet)**

**beetle** *n. & v.* اسم: ① بھونرا، اس طرح کا کوئی سیاہ حشرہ۔ ② ہتھوڑا، موگرا، گھن۔ ف: بھاگ دوڑ کرنا۔

**beetroot** *n.* سرخ چقندر، چقندر کی ترکاری۔

**befall** *v.* **(befell, befallen, befalling)** شاعرانہ: ① واقع ہونا۔ ② (کسی کو) واقعہ پیش آنا۔

**befit** *v.* **(befitted, befitting)** ① موزوں، مناسب ہونا، زیب دینا۔ ② کسی پر واجب ہونا۔

**before** *conj., prep. & adv.* عطف: ① کسی وقت سے پہلے۔ ② بجائے اس کے۔ حرف جار: ① آگے، پہلے، قبل۔ ② پیشتر، مقدّم۔ ③ بجائے۔ ④ روبرو، سامنے، برائے توجّہ۔ م ف: ① معلومہ وقت سے قبل، پہلے ہی، ماضی میں۔ ② آگے۔ ③ سامنے کی طرف۔

**beforehand** *adv.* پیشتر، پہلے ہی۔

**befriend** *v.* دوستی کرنا، رفاقت کرنا۔

**befuddle** *v.* ① پلا کر دُھت کرنا۔ ② چکرانا۔

**beg** *v.* **(begged, begging)** ① مانگنا (خصوصاً پیسہ، کھانا وغیرہ) بھیک مانگ کر بسر کرنا۔ ② عاجزانہ، سنجیدگی سے سوال کرنا۔ ③ (کتے کے لیے) اگلے پاؤں اٹھا کر بیٹھنا، گویا منتظر ہے۔ **beg the question**□ ① ثبوت طلب بات کو ثابت کیے بغیر سچ سمجھ بیٹھنا۔ ② سوال سامنے رکھنا۔

---

وضاحت: بہت سے لوگ *beg the question* کو 'سوال اٹھانا' کے معنی میں لیتے ہیں جو مختلف فیہ ہے۔ اس کے بنیادی اور رائج معنی ہیں ثبوت طلب بات کو ثابت شدہ مان لینا۔

---

**beget** *v.* **(begot, begotten, begetting)** ادبی: ① (عموماً باپ کے، کبھی ماں باپ کے لیے) جنم دینا۔ ② برپا کرنا۔

**beggar** *n. & v.* اسم: ① فقیر، گداگر، بھکاری۔ ② غریب آدمی۔ ف: مفلس کر دینا۔ ● **beggary** اسم۔

**beggarly** *adj.* ① مفلس، نادار۔ ② ذہنی طور پر عاجز۔ ③ کمینہ۔ ④ تھڑدلا، تنگ دل۔

**begin** *v.* **(began, begun, beginning)** ① شروع کرنا، آغاز کرنا۔ ② کسی خاص وقت سے شروع ہونا۔ ③ آغاز کیا جانا، پہل کرنا۔

**beginner** *n.* مبتدی، کوئی نیا کام سیکھنے والا۔

**beginning** *n.* ① جگہ یا وقت جبکہ کوئی بات شروع ہو۔ ② سرا، منبع۔

**begrudge** *v.* ① ناراض ہونا؛ نا مطمئن ہونا (کسی بات سے) ② حسد کرنا۔

**beguile** *v.* ① لبھانا، رجھانا، خوش کرنا۔ ② دھیان پھرنا (کام وغیرہ کی طرف سے) ③ دھوکا دینا، جُل دینا۔

**begum** *n.* ① مسلم معزز خاتون۔ ② مسلمان بیاہی عورت کا لقب۔

**behalf** *n.* **on behalf of**□ ① (کسی فرد، اصول وغیرہ) کے حق میں۔ ② کسی کے نمائندے کے طور پر۔

**behave** *v.* عمل یا ردّعمل کی کیفیت ہونا؛ (نیز **behave oneself**) تمیز سے رہنا۔

**behaviour** *n.* **(*US* behavior)** طور طریق، برتاؤ، انداز اطوار؛ اخلاقی عادات۔

**behead** *v.* سراڑانا (کسی شخص کا) خصوصاً بطور سزا۔

**beheld** BEHOLD کا ماضی اور ماضیہ۔

**behind** *prep., adv. & n.* حرف جار: ① عقبی، پچھلی جانب، اس پار، دوسری طرف، آڑ میں، پوشیدہ۔ ② ماضی میں، گزشتہ، دیر سے۔ ③ کمتر، کمزور۔ ④ ذمّہ دار، جوابدہ۔ ⑤ تعاقب میں۔ م ف: ① پشت پر یا پشت کی طرف؛ اور پیچھے، اس پار۔ ② پس ماندہ، پیچھے چھوڑا ہوا، ادائگی میں پیچھے، پھسڈی۔ ③ کمزور حیثیت میں۔ ④ تعاقب میں۔ اسم: بول چال: چوتڑ۔

**behold** *v.* **(beheld, beholding)** ادبی: دیکھنا، مشاہدہ کرنا۔ ● **beholder** اسم: ناظر، شاہد۔

**beholden** *adj.* ممنون، زیر بار احسان۔

**behove** *v.* ① رسمی: بطور فرض عائد ہونا۔ ② موزوں، شایان شان ہونا۔

**beige** *n.* مدّھم، بادامی خاکستری رنگ۔

**being** *n.* ① ہستی۔ ② آدمی، انسان۔ ③ ہر شے جو موجود ہو یا خیال میں آسکے۔

**belabour** *v.* (*US* **belabor**) ① پیٹنا، زدوکوب کرنا، زبانی، لفظی چوٹ کرنا۔ ② (کسی موضوع پر) ضرورت سے زیادہ حجت کرنا یا ہندی کی چندی کرنا۔

**belated** *adj.* بہت دیر سے یا بعد از وقت آیا ہوا۔ ● **belatedly** م ف۔

**belay** *v.* کھلے رسّے کو کسی پشتے، ڈنڈے چٹان وغیرہ کے گرد باندھنا؛ سنگوانا، محفوظ کرنا۔

**belch** *v. & n.* ف: ڈکار لینا۔ اسم: ڈکار یا ڈکار کی آواز۔

**beleaguer** *v.* محاصرہ کرنا؛ تنگ، پریشان کرنا۔

**belfry** *n.* (*pl.* **-ies**) گرجا کا گھنٹہ گھر، یا اس میں گھنٹیاں لٹکانے کی جگہ۔

**belie** *v.* **(belied, belying)** ① تردید، تکذیب کرنا۔ ② ایفا نہ کرنا، کوتاہی کرنا، قاصر رہنا۔

**belief** *n.* ① عقیدہ، ایمان، یقین، ماننا، تسلیم کرنا شے، حقیقت یا بیان کو۔ ② بھروسا، اعتماد۔

**believe** *v.* ① سچ سمجھنا۔ ② فرض کرنا، باور کرنا۔ □ **believe in** ۔ ① وجود پر یقین رکھنا، اعتماد، بھروسا کرنا۔ ② مناسب، معقول سمجھنا۔ ● **believer** اسم۔

**Belisha beacon** *n.* ایک چمکدار نارنجی گولا جو پیدل سڑک پار کرنے کے مقام کی نشان دہی کرتا ہے۔

**belittle** *v.* ① قدر و قیمت گھٹانا۔ ② چھوٹا کرنا۔

**bell** *n.* ① پیالہ نما گھڑیال جو اندر لٹکی ہوئی زبان سے بجتا ہے۔ ② گھنٹے کی آواز خصوصاً بطور اشارہ۔ ③ گھنٹے کی طرح بجنے یا وقت بتانے والی شے خصوصاً برقیاتی کل۔

**belladonna** *n.* مکو کی قسم کا ایک زہریلا پودا، اس سے تیار کردہ ایک دوا۔

**belle** *n.* ① حسینہ۔ ② مانی ہوئی حسین عورت۔

**belles-lettres** *n. pl.* ادبی نگارشات۔

**bellicose** *adj.* لڑاکا، جنگجو۔

**belligerent** *adj.* ① جنگ یا تنازع میں مشغول۔ ② لڑاکا، جھگڑالو۔ ● **belligerence** اسم: جنگ پسندی۔ **belligerently** م ف۔

**bellow** *v. & n.* ف: ① بیل کی طرح چلّانا، ڈکارنا، دہاڑنا۔ ② کڑک کر بولنا، بالعموم غصّے سے۔ اسم: دہاڑ۔

**bellows** *n. pl.* دھونکنی۔

**belly** *n. & v.* اسم: (ج: **-ies**) ① پیٹ، انسانی جسم کا حصّہ سینے کے نیچے معدے اور آنتوں کو سمائے ہوئے۔ ② شکم، جسے جسم کے لیے غذا چاہیے۔ ف: (**bellied**، **bellying**) پھولنا یا پھلانا، ابھرا ہونا۔

**bellyful** *n.* پیٹ بھر کھانا۔ □ **have a bellyful of** (کسی شے سے) جی اوبھ جانا۔

**belong** *v.* ① کسی کی ملک ہونا، کسی کے لیے بطور فرض سپرد ہونا۔ ② صحیح مقام پر ہونا، ماحول سے میل کھانا۔ □ **belong to** کی ملکیت ہونا، کا ممبر ہونا۔

**belongings** *n. pl.* کسی کی ملکیت، اسباب۔

**beloved** *adj.* جس سے بہت پیار ہو۔

**below** *prep. & adv.* حرف جار: ① نسبتاً نچلے مقام پر، نیچے۔ ② مقدار یا درجے کے لحاظ سے کمتر۔ م ف: ① نچلی شرح یا سطح پر۔ ② نچلی منزل پر۔ ③ (متن یا حوالے کی بابت) مندرجہ ذیل۔ ④ نچلے رُخ پر۔

**belt** *n. & v.* اسم: ① کمر یا سینے کے گرد باندھنے کی چمڑے کی پیٹی یا حفاظتی بند۔ ② وہ پٹی جو مرتبے یا کارناموں کی علامت ہوتی ہے۔ ف: ① پیٹی لپیٹنا یا باندھنا۔ ② پیٹی سے کسنا۔ ③ بول چال: مارنا۔ ④ بول چال: دوڑنا، لپک کے جانا۔ □ **below the belt** ناروا طور پر۔

**bemoan** *v.* نوحہ کرنا؛شکوہ وفریاد کرنا، شکایت کرنا۔

**bemused** *adj.* مبہوت ، حیرت زدہ۔

● **bemusement** اسم۔

**bench** *n.* اسم :① لکڑی یا پتھر کی لمبی نشست۔② کام کرنے کی میز۔③ جج یا مجسٹریٹ کا دفتر یا منصب۔

**benchmark** *n. & v.* ① سروے کرنے والے کا بنایا ہوا نشان۔② کوئی معیار یا نقطۂ حوالہ۔

**bend** *v. & n.* ف:**(bending, bent)**① موڑنا، ڈھالنا یا ڈھلنا، مڑنا۔ ② چکرانا، گھومنا۔③ جھکنا یا جھکانا۔ ④ اپنی توجہ یا توانائی کو کسی راہ پر لگانا۔اسم: موڑ یا خم، چکّر یا پھیر۔● **bendy** صف۔

**bender** *n.* بول چال: شرابیوں کی سرمستیاں۔

**beneath** *prep. & adv.* ① خلاف شان، ہتک آمیز۔② زیریں، پست ، نیچے، تحت۔

**benediction** *n.* دعائے برکت۔

**benefactor** *n.* مربی، کسی مقصد کے لیے امداد دینے والا (خصوصاً مالی) ۔● **benefaction** اسم: امداد، عطیہ، دان۔ **benefactress** اسم۔

**beneficent** *adj.* نیک عمل کرنے والا، مخیر، مہربان۔● **beneficence** اسم: احسان، نیکی۔

**beneficial** *adj.* فائدہ مند، مفید، نفع بخش۔

● **beneficially** م ف۔

**beneficiary** *n.* (*pl.* **-ies**) مستفید ہونے والا شخص، خصوصاً کسی کی وصیت سے۔

**benefit** *n.&v.* اسم :① فائدہ ، موافق، مفید صورت حال۔② بیمے یا سماجی تحفظ کے تحت ادائگی۔ ف: **(benefited، benefiting** امریکا: **benefitted)** بھلا کرنا، فائدہ پہنچانا۔

**benevolent** *adj.* مخیّر، فیض رساں ، رفاہی۔

● **benevolence** اسم۔ **benevolently** م ف۔

**benighted** *adj.* ① ذہنی یا اخلاقی طور پر بھٹکا ہوا۔ ② اندھیرے میں گھرا ہوا۔

**benign** *adj.* ① نرم دل، حلیم، شفیق۔② موافق، مفید۔③ (مرض، پھوڑا وغیرہ) جو موذی یا خبیث نہ ہو۔

● **benignity** اسم۔ **benignly** م ف۔

**bent** (*past* and *past part.* of **bend**) *n.* رجحان، میلان۔ □ **bent on** آمادہ، تلا ہوا۔

**benzene** *n.* ایک بے رنگ مائع جو پیٹرولیم وغیرہ میں پایا جاتا ہے اور بطور محلِل یا ایندھن مستعمل۔

**benzine** *n.* مائع ہائڈروکاربنوں کا آمیزہ جو پٹرولیم سے حاصل ہوتا ہے، ڈرائی کلیننگ میں مستعمل۔

**benzol** *n.* (also **benzole**) بینزین، خصوصاً ناصاف شدہ، بطور ایندھن مستعمل۔

**bequeath** *v.* ① ذاتی املاک کسی کے نام وصیت کے ذریعے چھوڑ جانا۔② اگلی پشتوں کی طرف منتقل کرنا۔

**bequest** *n.* وراثت، موروثی شے۔

**berate** *v.* دھمکانا، جھڑکنا۔

**bereave** *v.* جدائی (خصوصاً موت) کا صدمہ سہنا، عزیز، دوست وغیرہ کی۔● **bereavement** اسم۔

**bereft** *adj.* محروم کیا ہوا، چھوڑا ہوا، اکیلا۔

**beret** *n.* کپڑے یا نرم نمدے کی ایک گول چپٹی ٹوپی۔

**beriberi** *n.* اعصاب کا ورم جو حیاتین ب کی کمی سے پیدا ہوتا ہے۔

**berk** *n.* بول چال: بدّھو، احمق شخص ۔

**berkelium** *n.* کیمیا: ایک ماورائے یورینیم تاب کار دھات (علامت: Bk)

**berry** *n.* (*pl.*-**ies**) بغیر گٹھلی کا چھوٹا رسیلا پھل۔

**berserk** *adj.* □ **go berserk** وحشت زدہ ہونا، غضب ناک، طیش میں بھرا ہونا۔

**berth** *n.&v.* اسم :① جہاز، ریل وغیرہ میں لیٹنے کی نشست۔ ② ساحل پر جہاز کے ٹھہرنے کی گودی یا لنگر انداز ہونے کی جگہ۔ف: جہاز کو گودی میں لنگر انداز کرنا۔

□ **give a wide berth to** دور رہنا، گریز کرنا۔

**beryl** *n.* ایک شفیف قیمتی پتھر خصوصاً مدھم سبز۔

**beryllium** *n.* ایک سفید دھات جو ہلکے رگڑ روک آمیزوں میں استعمال ہوتی ہے، (علامت: Be)

**beseech** *v.* **(besought, beseeching)** ① التجا کرنا۔② عاجزانہ طلب کرنا۔

**beset** *v.* **(beset, besetting)** ① مسلسل پریشان کرنا، یورش کرنا۔② گھیر لینا۔

**beside** *prep.* ① پہلو میں، قریب۔② مقابلۃً۔

□ **beside oneself** فکر، غم، غصّے وغیرہ سے مغلوب۔

**beside the point** موضوع سے غیر متعلق۔
**besides** *prep. & adv.* علاوہ ازیں، مزید برآں؛ نیز، مع ہٰذا۔
**besiege** *v.* ① محاصرہ کرنا۔ ② گھیرنا، یورش کرنا۔
**besmirch** *v.* ① آلودہ، بدرنگ کرنا۔ ② عزت، شہرت یا نام کو بٹا لگانا۔
**besom** *n.* لکڑی کی ڈنڈی کے گرد تنکوں کو باندھ کر بنائی ہوئی جھاڑو۔
**besotted** *adj.* رتجھا ہوا، ریشہ خطمی۔
**besought** BESEECH کا ماضی و ماضیہ۔
**bespeak** *v.* **(bespoke, bespoken, bespeaking)** ① پیشگی مخصوص کرالینا۔ ② باور کرانا، ثبوت، علامت ہونا۔
**bespoke** *adj.* سامان خصوصاً فرمائش پر تیار کردہ۔
**best** *adj., adv., n. & v.* صف: بہترین، نہایت عمدہ۔ م ف: ① بہترین طریقے سے۔ ② اعلیٰ ترین درجے پر۔ اسم: بہترین خصوصیت۔ ف: ہرانا، مات کرنا، بڑھ کر بولی دینا۔ □ **best part of** بیشتر حصّہ۔
**bestial** *adj.* ① وحشی صفت، ظالم، جنگلی۔ ② جنسی طور پر بدراہ۔ ③ درندے جیسا۔ ● **bestiality** اسم۔
**bestir** *v.* **(bestirred, bestirring)** □ **bestir oneself** سعی کرنا یا اکسانا (خود کو)
**best man** *n.* شادی پر دولہا کا خاص مصاحب۔
**bestow** *v.* بخشنا، عطا کرنا (انعام، حق وغیرہ) ● **bestowal** اسم۔
**bestride** *v.* **(bestrode, bestridden, bestriding)** ① کسی چیز پر ٹانگیں اِدھر اُدھر لٹکا کر بیٹھنا۔ ② ٹانگیں پھیلا کر کھڑا ہونا۔
**bet** *v. & n.* **(betting، betted** یا **bet)**: ف: ① داؤ لگانا، قسمت آزمائی کرنا، شرط بدنا۔ ② بول چال: یقین رکھنا۔ اسم: ① جوا، قمار، شرط۔ ② بدی ہوئی رقم۔
**beta** *n.* یونانی حروف تہجّی کا دوسرا حرف (B, β)
**beta-blocker** *n.* فشار دم کو گھٹانے کی دوا۔
**betake** *v.* **(betook, betaken, betaking)** □ **betake oneself** رسمی: کسی جگہ یا کسی کے پاس جانا۔

**bête noire** *n.* **(. bêtes noires)** کوئی شخص یا شے جس سے کسی کو ناپسندیدگی، وحشت یا خوف ہو۔
**betide** *v.* ادبی: نازل ہونا، آپڑنا، واقع ہونا۔
**betimes** *adv.* ادبی: جلد، بلاتاخیر، بروقت۔
**betoken** *v.* ① کسی بات کا اشارہ یا علامت ہونا۔
**betray** *v.* ① دشمن کے حوالے کردینا۔ ② بے وفائی کرنا، اعتماد کو جھٹلانا۔ ③ راز افشا کرنا، شہادت یا علامت بننا۔ ● **betrayal** اسم۔ **betrayer** اسم۔
**betroth** *v.* منگنی کرنا، شادی کی بات پکّی کرنا۔ ● **betrothal** اسم: منگنی۔
**better**[1] *adj., adv., n. & v.* صف: بہتر، زیادہ اچھا، پسندیدہ۔ م ف: ① زیادہ اچھے طریقے سے۔ ② زیادہ مفید طور پر۔ اسم: ① وہ جو زیادہ اچھا ہو۔ ② **(betters)** لیاقت یا مرتبے میں افضل لوگ۔ ف: ① سبقت لے جانا۔ ② اپنی حیثیت وغیرہ کو بہتر بنانا۔ □ **better half** بول چال: بیوی یا شوہر۔ **better part of** زیادہ بڑا حصّہ، عنصر، پہلو۔ **get the better of** لاجواب کر دینا، فوقیت حاصل کرنا۔ **better oneself** معاشرے میں بہتر درجے پر پہنچنا۔
**better**[2] *n.* داؤ لگانے، بولی دینے والا شخص۔
**between** *prep. & adv.* حرف جار: ① وقت یا مقام کے دو نقطوں کے درمیان۔ ② مادّی طور پر یا خیال میں علاحدہ کرتے ہوئے۔ ③ آپس میں وسائل کو یکجا کرکے، مشترک ملکیت کے طور پر، متفقہ یا ساجھے میں۔ ④ ایک جگہ سے دوسری جگہ تک آنا جانا۔ ⑤ ایک کام کو لینا دوسرے کو چھوڑنا۔ م ف: (نیز **in between)** بعض مکانی یا زمانی حدود یا سلسلے میں۔
**bevel** *n. & v.* اسم: کوئی ڈھالو سطح۔ ف: **(bevelled ، bevelling** امریکا: **beveled)** سیدھے کونے کو، ترچھا کرنا، اُریب دینا۔
**beverage** *n.* مشروب، پینے کی شے۔
**bevvy** *n.* *(pl.* **-ies)** بول چال: نشہ آور مشروب۔
**bevy** *n.* *(pl.***-ies)** کوئی جمگھٹا۔
**bewail** *v.* واویلا کرنا؛ سوگ منانا۔
**beware** *v.* خبردار!؛ ہوشیار رہو، چوکنے رہو۔
**bewilder** *v.* سٹ پٹا دینا، سٹی گم کر دینا۔

**bicker** *v.* چھوٹی باتوں پر جھگڑنا، بات بات پہ الجھنا۔
**bicycle** *n. & v.* اسم: بائیسکل، دو پہیّے کی سواری۔ ف: بائیسکل چلانا۔
**bid**[1] *v. & n.* ف: **(bidding،bid)** ① قیمت لگانا۔ ② نیلام میں بولی دینا۔ ③ تاش: جیتنے والے ہاتھوں کی پیشگی تعداد کا دعویٰ کرنا۔ اسم: ① کوشش، قسمت آزمائی۔ ② نیلام میں بولی۔ ● **bidder** اسم۔
**bid**[2] *v.* **(bid** or **bade, bidden, bidding)** ① (خوش آمدید یا خدا حافظ) کہنا۔ ② قدیم: حکم دینا۔
**biddable** *adj.* فرماں بردار۔
**bide** *v.* رہنا، ٹھہرنا۔ □ **bide one's time** اپنے موقع کا انتظار کرنا۔
**bidet** *n.* آبدست کی فوّارے دار چوکی جس پر طہارت کے لیے بیٹھتے ہیں۔
**biennial** *adj. & n.* صف: دو سال سے قائم، ہر دو سال بعد واقع ہونے والا۔ اسم: دو سال میں اُگنے، بڑھنے اور مُرجھانے والا پودا۔ ● **biennially** م ف۔
**bier** *n.* تختہ یا ٹھاٹھر جس پر ارتھی، جنازہ، میت یا تابوت رکھ کر دفن یا کریا کرم کے لیے لے جاتے ہیں۔
**biff** *n. & v.* اسم: بول چال: زوردار ہاتھ، گھونسا یا ضرب۔ ف: ضرب لگانا۔
**bifocals** *n. pl.* دہرے لینس کا چشمہ جس میں سے ایک دور کی نظر کے لیے ہوتا ہے اور دوسرا نزدیک کی۔
**bifurcate** *v.* دو پارہ کرنا، شاخوں میں تقسیم کرنا۔ ● **bifurcation** اسم۔
**big** *adj.* **(bigger, biggest)** ① بڑا، خاصی ضخامت، مقدار، شدّت وغیرہ رکھنے والا۔ ② اہم، معنی خیز، نمایاں۔ ③ بالغ۔
**bigamy** *n.* ایک شادی کے ہوتے دوسری شادی کا جرم۔ ● **bigamist** اسم۔ **bigamous** صف۔
**bigot** *n.* کٹّر، ہٹ دھرم، متعصب آدمی۔ ● **bigoted** صف: کٹّر۔ **bigotry** اسم: تعصّب۔
**bijou** *adj.* چھوٹا اور نفیس۔
**bike** *n.* بول چال: بائیسکل یا موٹر سائیکل۔ ● **biker** اسم۔
**bikini** *n.* نہانے کا زنانہ لباس، دو حصّوں پر مشتمل۔

● **bewilderment** اسم: حیرانی، پریشانی۔
**bewitch** *v.* ① لبھانا، شادمان کرنا۔ ② سحر زدہ کرنا۔
**beyond** *prep. & adv.* حرف جار: ① کے پرلی طرف، پرلے پار۔ ② حدود، مار، زد یا فہم سے باہر۔ ③ سے زیادہ، متجاوز۔ م ف: ① دوسرے سرے پر یا تک۔ ② اور آگے۔
**bezel** *n.* کوئی حلقہ یا چوکھٹا جو گھڑی کے شیشے وغیرہ کو تھامے رہے۔
**b.h.p.** تخفیف: BRAKE HORSEPOWER۔
**Bi** bismuth کی علامت۔
**bi-** *comb. form* دو، دگنا۔
**biannual** *adj.* سال میں دو بار ہونے والا، ہر ششماہی پر۔ ● **biannually** م ف۔
**bias** *n. & v.* اسم: ① تعصّب، کپٹ۔ ② کپڑے کی بنت سے اُریبی کٹائی کا حاشیہ۔ ③ گیند کو دی گئی بے قاعدہ شکل، اس کی بنا پر اس کی آڑی چال۔ ف: **(biasing،biased** یا **biassing،biassed)** ① تعصّب سے کام لے کر اثر، دباؤ ڈالنا۔ ② دانستہ کوئی رخ دینا، اثر انداز ہونا۔
**bib** *n.* بچوں کا گلوبند جو کھاتے وقت باندھ دیا جاتا ہے۔
**Bible** *n.* ① عیسائی یا یہودی مذہب کی مقدس کتاب جس میں تورات اور انجیل شامل ہیں۔ ② بول چال: کوئی مستند کتاب۔
**biblical** *adj.* بائبل سے متعلق یا بائبل میں درج۔
**bibliography** *n.* *(pl.* **-ies)** قاموس الکتب، فہرست کتب، کسی خاص مصنف یا موضوع کے اعتبار سے۔ ● **bibliographer** اسم۔ **bibliographical** صف۔
**bibliophile** *n.* کتابوں کا شوقین۔
**bicarbonate** *n.* ① کاربنی ترشے کے نمکوں میں سے کوئی۔ ② کاربنی سوڈا جو رفع تیزابیت یا خمیر اٹھانے کے لیے استعمال ہوتا ہے۔
**bicentenary** *n.(pl.***-ies)** دو صد سالہ سالگرہ۔
**bicentennial** *n. & adj.* اسم: دو صد سالہ تقریب۔ صف: دو سو سال تک قائم یا دو سو سال بعد آنے، رونما ہونے والا۔
**biceps** *n.* بازو کی مچھلی، عضلہ۔

**bilateral** *adj.* ① دوطرفہ، دوفریقوں کے درمیان۔ ② جو دوفریقوں پر اثر انداز ہو۔ ● **bilaterally** م ف۔

**bile** *n.* ① صفرا، پت، ایک سبزی مائل رطوبت جو جگر سے خارج ہوتی ہے۔ ② بدمزاجی، چڑچڑا پن۔

**bilge** *n.* ① جہاز کا چپٹا پیندا، جہاز کے پیندے میں جمع ہوجانے والا گندا پانی۔ ② بول چال: بکواس، خرافات۔

**bilharzia** *n.* ایک مدارینی کیچوا، اس سے پیدا ہونے والی بیماری۔

**bilingual** *adj. & n.* ① جو دو زبانیں بول سکے۔ ② دو زبانوں میں بولا یا لکھا جانے والا، دولسانی۔

**bilious** *adj.* ① صفرا کی خرابی کا مریض۔ ② غصیل، بدمزاج۔ ● **biliousness** اسم۔

**bill** *n.* ① سامان یا خدمت کے معاوضے کا تحریری گوشوارہ، وصول طلب رقم۔ ② مجوزہ قانون کا مسودہ۔ ③ پوسٹر۔ ④ تھیٹر کا تفریحی پروگرام۔ ⑤ امریکا: بینک نوٹ۔ ⑥ پرندے کی چونچ۔ □ **bill and coo** باہم اختلاط۔ **fill the bill** شرائط پوری کرنا۔

**billabong** *n.* آسٹر: دریا کی شاخ جو جوہڑ یا عقبی کھاڑی بن جائے۔

**billboard** *n.* بڑا، شارع عام پر لگا ہوا تختہ، اشتہاروں وغیرہ کے لیے۔

**billet** *n. & v.* اسم: فوجیوں کو ٹھہرانے کی جگہ۔ ف: **(billeting، billeted)** (فوجیوں کو) ٹھہرانا۔

**billhook** *n.* درانتی کی طرح کا اوزار جس کی اندرونی دھار جھاڑیاں چھانٹنے کے لیے ہوتی ہے۔

**billiards** *n.* ایک کھیل جو ایک مستطیل میز پر کھیلا جاتا ہے اور اس پر سے مخصوص ڈنڈے کے ذریعے گیندیں لڑھکا کر جالی دار سوراخوں میں ڈالی جاتی ہیں۔

**billion** *n.* ایک ارب یا کبھی کبھی ایک ملین ملین۔

**billow** *n. & v.* اسم: بڑی موج، لہر۔ ف: موج کی طرح لہرانا۔

**bimbo** *n.* (*pl.* -os or -oes) بول چال: خوبصورت عورت خصوصاً نوجوان، کم عقل۔

**bi-media** *adj.* ابلاغ عامہ کے دو ذرائع سے متعلق یا ان میں کام کرنے والا۔

**bimetallic** *adj.* دو دھاتوں سے بنا ہوا۔

**bin** *n. & v.* اسم: خاک دان، کوڑا کرکٹ ڈالنے کا بڑا ظرف۔ ف: **(binning، binned)** کوڑے دان میں پھینکنا۔

**binary** *adj* دہرا، ثنائی، دو جوڑوں پر مشتمل۔

**binary digit** *n.* (صفر اور BINARY SYSTEM ایک میں) کوئی عدد جو کمپیوٹنگ میں استعمال ہوتے ہیں۔

**bind** *v. & n.* ف: ① **(binding، bound)**: باندھنا، کسنا، جکڑنا۔ ② روکنا، تھامنا، بند کرنا، پابند کرنا۔ ③ حاشیہ ٹانکنا۔ ④ جلد بندی کرنا۔ ⑤ پٹی لپیٹنا۔ اسم، بول چال: علّت، بندش۔

**binding** *n.* ① شیرازہ بند، باندھنے والی شے، گوند وغیرہ۔ ② جلد (کتاب کی)

**binge** *n.* بول چال: جشن مے نوشی وخورد ونوش۔

**bingo** *n.* جوئے کا ایک کھیل جو نمبر والے کارڈوں سے کھیلا جاتا ہے۔

**binocular** *adj. & n.* صف: دونوں آنکھوں کے لیے یا دونوں آنکھوں سے کام لینے والا۔ اسم: **(binoculars)** دونوں آنکھوں سے دیکھنے کی دوربین۔

**binomial** *n.* دوعددی، ثنائی۔

**bio-** *comb. form* زندہ اجسام سے متعلق۔

**biochemistry** *n.* حیاتی کیمیا، زندہ اجسام کے اندر کیمیائی یا طبیعی و کیمیائی عمل کا مطالعہ، نامیاتی کیمیا۔ ● **biochemical** صف۔ **biochemist** اسم۔

**biodegradable** *adj.* جراثیم وغیرہ کے عمل سے خراب یا تحلیل ہوجانے والا۔

**biodiversity** *n.* کسی ماحول میں زندہ اجسام کی مختلف اقسام۔

**bioengineering** *n.* ① حیاتی انجینئری، حیاتیاتی عمل میں انجینئری کے اصول کا اطلاق۔ ② مصنوعی بافتوں یا اعضا کے ذریعے شکستہ اعضا کی بحالی، تبدیلی۔

**bioethics** *n. pl.* طبی اور حیاتیاتی تحقیق وغیرہ کی اخلاقیات۔

**biography** *n.* (*pl.* -ies) کسی شخص کی سوانح عمری، روئداد زندگی، سرگذشت۔ ● **biographer** اسم: سوانح نگار۔ **biographical** صف۔

**biology** *n.* ① نامی اجسام کا مطالعہ، علم حیات،

حیاتیات۔② کسی خاص علاقے کے پودے اور جانور۔
● **biological** صف۔ **biologist** اسم۔

**biomass** *n.* کسی معلومہ رقبے یا ضخامت کے اندر زندہ اجسام کا کل وزن یا مقدار۔

**bionic** *adj.* بجلی سے رواں، مصنوعی اعضا یا جسم رکھنے والا۔

**biopic** *n.* بول چال: کوئی سوانحی فلم۔

**biopsy** *n.*(*pl.*-**ies**) زندہ جسم کے کسی نسیجی پارے کو الگ کر کے مرض کے وجود یا کیفیت کا پتہ چلانا۔

**biorhythm** *n.* حیاتی زیر و بم، ہر پھر کر ہونے والے جسمانی عملوں میں سے کوئی جو ذہن، جذبات، مزاج پر اثر انداز ہوتے ہیں۔

**biotechnology** *n.* قدرتی حیاتی عملوں سے صنعتی یا اور طرح کے مقاصد حاصل کرنا، خصوصاً خورد حیاتی نامیوں کے تولیدی عمل سے۔

**bipartisan** *adj.* دو فریقوں سے تعلق رکھنے والا۔

**bipartite** *adj.* ① دو حصّوں پر مشتمل۔② دو فریقی۔

**biped** *n.* دو ٹانگوں والا یا دو پایہ جانور جیسے انسان۔

**biplane** *n.* ایک ابتدائی طیارہ جس میں ایک دوسرے کے اوپر دوہرے پر ہوتے تھے۔

**birch** *n.* پیڑ جس کا بکل پتلا پرت دار ہوتا ہے۔

**bird** *n.* ① چڑیا، پرندہ۔② بول چال: نوجوان لڑکی۔

**birdie** *n.* گولف: برابری سے ایک ضرب کم کا اسکور۔

**biro** *n.* (*pl.* **biros**) تجارتی نام: بال پوائنٹ۔

**birth** *n.* ① ولادت۔② کسی چیز کی تخلیق، آمد۔③ اصل، وراثت۔

**birth control** *n.* کم بچے پیدا کرنے کی تدابیر۔

**birthday** *n.* یوم پیدائش، سالگرہ۔

**birthmark** *n.* غیر معمولی بھورا یا سرخ پیدائشی نشان، لہسن۔

**birthright** *n.* پیدائشی حق، ملکیت یا وراثت وغیرہ کا جیسے بڑے بیٹے کا۔

**biscuit** *n.* بلا خمیر آٹے کی کراری ٹکیا، بسکٹ۔

**bisect** *v.* دو برابر کے حصوں میں تقسیم کرنا۔
● **bisection** اسم۔ **bisector** اسم۔

**bisexual** *adj. & n.* صف: دو جنسیا، جوزنانہ مردانہ دونوں جنسوں کے لیے رغبت رکھتا ہو۔ اسم: دو جنسا شخص۔ ● **bisexuality** اسم۔

**bishop** *n.* ① اعلیٰ مرتبے کا عیسائی پادری۔② شطرنج کا ایک مہرہ، فیل، پیلا۔

**bishopric** *n.* اُسقف کا منصب یا عملداری۔

**bismuth** *n.* ① سرخی مائل سفید دھات، پھول کانسی (علامت: Bi) ② اس کا کوئی مرکب دواءً مستعمل۔

**bison** *n.*(*pl.*same) جنگلی بیل؛ بھینس۔

**bistro** *n.*(*pl.*-**os**) چھوٹا ریستوران۔

**bit**[1] *n.* ① تھوڑی سی مقدار یا ٹکڑا، تھوڑا بہت۔② قدرے، کچھ کچھ، کسی قدر، جیسے کہ، گویا کہ۔③ تھوڑا وقت یا فاصلہ۔④ چھیدنے، سوراخ کرنے کا ایک آلہ۔⑤ کمپیوٹر: ثنوی رقم نویسی میں معلومات کی ایک اکائی۔

**bit**[2] BITE کا ماضی۔

**bitch** *n. & v.* اسم: ① کتیا۔② بطور مذمت: کینہ ور یا بد فطرت عورت۔③ حد درجے مشکل یا ناگوار صورت حال۔ف: بول چال: کینہ رکھنا، شکوہ شکایت کرنا۔ ● **bitchiness** اسم۔ **bitchy** صف: کینہ پرور، بدمزاج۔

**bite** *v. & n.* ف: ①(**biting, bitten, bit**): دانت سے کاٹنا، گڑونا، کھولنا، الگ کرنا۔② (کیڑے، سانپ، وغیرہ کا) ڈسنا، ڈنک مارنا۔ اسم: ① دانت سے کاٹنے کا عمل۔② کاٹنے کا نشان۔

**biting** *adj.* ① ڈنگ مارنے والا، کانٹا چبھونے والا، شدید سرد۔② اثر انگیز، چبھتا ہوا، کٹیلا۔

**bitter** *adj. & n.* صف: ① کڑوا، بدمزہ، تلخ، ناخوشگوار، سخت، صبر آزما۔② تند، زہریلا۔③ کاٹتا ہوا سرد۔ اسم: حشیش الدینار ملا کر تیار کی ہوئی تلخ بیئر۔
● **bitterly** م ف۔ **bitterness** اسم۔

**bittern** *n.* بگلے کی طرح کا پرندہ۔

**bitty** *adj.* (**bittier, bittiest**) اَنمل بے جوڑ، الم غلّم چیزوں کا مجموعہ۔ ● **bittiness** اسم۔

**bitumen** *n.* قیر، نفت، جو پیٹرولیم سے حاصل کردہ ہائڈروکاربنی مرکب ہے۔ ● **bituminous** اسم۔

**bivalve** *n.* آبی صدفوں میں سے کوئی جن میں دو جڑواں بغلی خانے ہوتے ہیں جیسے کستورا مچھلی۔

**bivouac** *n. & v.* اسم: بغیر خیموں یا چھت

(bivouacked، bivouacking):ف۔ کے زیرِ آسمان عارضی پڑاؤ۔ زیرِ آسمان پڑاؤ کرنا خصوصاً رات کو۔

**bizarre** *adj.* عجیب، بے ڈھنگا، بدہیئت۔

**Bk** berkelium کی علامت۔

**blab** *v.*(**blabed, blabbing**) بونگی، بے موقع بات کرنا، بھید ظاہر کردینا۔

**black** *adj.* & *n.* صف: ① سیاہ، کوئلے کے رنگ کا۔② بالکل اندھیرا، تاریک، کالا۔③ (آسمان، بادل وغیرہ) دُھندلا، ابرآلود۔④ شریر النفس۔⑤ افسردہ دل، اداس۔⑥ (چائے یا کافی) بے دودھ کی۔ اسم: ① کالا رنگ یا شے۔② سیاہ فام نسل کا فرد۔□ **in the black** حساب میں رقم موجود، مقروض نہیں۔ **black out** ① کھڑکیوں وغیرہ کی جھریاں بند کرنا یا تمام روشنیاں بجھا دینا۔② ہوش یا حافظے کا گم ہوجانا۔

**blackberry** *n.*(*pl.* **-ies**) ایک قسم کا سیاہ گودے دار بیر یا اسکی بیل جو کانٹے دار ہوتی ہے۔

**blackbird** *n.* ایک یورپی گانے والی چڑیا، جس کا نر کالے رنگ کا ہوتا ہے۔

**blackboard** *n.* تختۂ سیاہ جس پر چاک سے لکھتے ہیں۔

**black economy** *n.*(*pl.* **-ies**) غیر سرکاری بغیر ٹیکس معاشی دھندا۔

**blacken** *v.* ① سیاہ کرنا یا ہو جانا۔② رسوا کرنا۔

**black eye** *n.* آنکھ کے گرد چوٹ کا نشان۔

**blackguard** *n.* لفنگا، بدمعاملہ، بدمعاش آدمی۔

**blackhead** *n.* مسا، کیل مہاسے۔

**black hole** *n.* خلاؤں میں بعض مقام جہاں سے کوئی مادّہ یا شعاع نہیں نکل سکتی۔

**blackleg** *n.* مزدوروں کی ہڑتالی کارروائیوں میں حصہ لینے سے گریز یا انکار کرنے والا۔

**blacklist** *n.* مشتبہ یا ناپسندیدہ افراد کی فہرست۔

**blackmail** *n* & *v.* اسم: افشاءِ راز کی دھمکی دیکر رقم کی وصولی۔ ف: دھمکی دے کر رقم وصول کرنا۔ ●**blackmailer** اسم۔

**black market** *n.* سرکاری طور پر کنٹرول اشیا کی غیر قانونی خرید و فروخت۔

**blackout** *n.* وقتی طور پر بینائی، ہوش یا حافظے کا گم ہوجانا۔

**black pudding** *n.* سؤر کے گوشت، خشک خون نیز چربی سے بھری آنت کا ساسیج۔

**black sheep** *n.* کسی گروہ یا خاندان کا ناپسندیدہ شخص، بد، بے اصولا۔

**blacksmith** *n.* لوہار۔

**bladder** *n.* ① مثانہ جس میں پیشاب جمع ہوتا ہے۔ ② ہوا بھری مصنوعی تھیلی یا گیند۔

**blade** *n.* ① چاقو، چھینی وغیرہ کا پھل، ریزر بلیڈ کا دھاردار حصّہ۔② کشتی کے چپّو یا پنکھے وغیرہ کا چوڑا حصّہ۔ ③ گھاس کی پتی پتلی، نوکدار۔

**blame** *v.*& *n.* ف: الزام دینا، دوسرے کو غلطی، قصور کا ذمّہ دار قرار دینا، دوش دینا۔ اسم: تہمت، الزام، الزام دہی، دوش۔ ●**blameless** صف: معصوم، بے قصور۔ **blameworthy** صف: قصوروار، ذمّہ دار۔

**blanch** *v.* ① سفید کرنا، صدمے، خوف وغیرہ سے سفید یا پیلا پڑ جانا۔② گرم پانی ڈال کر (بادام وغیرہ) چھیلنا، ترکاری وغیرہ کو پانی میں ابالنا۔

**blancmange** *n.* مکئی کے آٹے کا حلوہ۔

**bland** *adj.* ① معتدل، ہلکا، بے مزا، پھیکا۔② نرم، خوش اخلاق۔ ●**blandly** م ف۔

**blandishments** *n. pl.* خوشامد، چاپلوسی۔

**blank** *adj.* & *n.* صف: ① بن لکھا، بے چھپا، خالی، سپاٹ۔ ② بے تأثر، حیران، گومگو کے عالم میں۔ اسم: ① بے بھرا فارم وغیرہ۔② خالی گزرنے والا وقت۔ □**draw a blank** کوئی جواب نہ پانا، ناکام ہونا۔

**blank cheque** *n.* چیک جس میں رقم درج نہ کی جائے، جو پانے والا خود لکھ لے۔

**blanket** *n.*& *adj.* اسم: ① کمبل اوڑھنے یا بچھانے کے لیے۔② کوئی دبیز تہ۔ صف: سب پر حاوی، جامع۔

**blank verse** *n.* بے قافیہ نظم۔

**blare** *v.* زور سے بولنا یا آواز کرنا۔

**blarney** *n.* خوشامدانہ باتیں، چاپلوسی۔

**blasé** *adj.* غیر متأثر کسی بات کے بہت دیکھی بھالی ہونے کے باعث۔

**blaspheme** *v.* کفر آمیز باتیں کرنا؛ مذہبی باتوں یا مقدس ناموں کی بے حرمتی کرنا۔ ●**blasphemer** اسم۔

**blasphemy** *n.*(*pl.* **-ies**) ایسی باتیں جن میں مذہب کی بے حرمتی کا پہلو ہو۔ ●**blasphemous** صف۔ **blasphemously** م ف۔

**blast** *n. & v.* اسم: ① ہوا کا تند و تیز جھونکا۔ ② دھماکے سے سخت دباؤ کے تحت اٹھنے والی تند تباہ کن لہر۔ ③ کسی ساز، ہارن یا سیٹی کا یکبارگی تیز سُر۔ ④ بول چال: سخت ڈانٹ، سرزنش۔ ف: ① دھماکہ خیز مادّوں سے چٹانیں وغیرہ اڑانا۔ ② دھماکا کرنا، تڑاقا کرنا، بھک سے اڑانا، تیز سُر نکالنا۔ ③ بول چال: سخت ڈانٹنا، پھٹکارنا۔ □**blast off** (راکٹ وغیرہ کا) چھوڑنے کی جگہ پر سے دھماکے سے سر ہونا۔

**blatant** *adj.* کھلا، صریح، شرم، لحاظ کے بغیر۔ ●**blatantly** م ف۔

**blather** *n.* (also **blether**) بکواس کرنا۔

**blaze** *n. & v.* اسم: ① آگ کی لپیٹ، شعلہ۔ ② چکا چوند کرنے والی روشنی؛ شفق، بھرپور روشنی۔ ③ جانور کے منہ پر سفید نشان، بھونری، پیڑ کا بکّل اکھاڑ کے بنایا ہوا نشان پہچان وغیرہ کے لیے۔ ف: تیز لو سے جلنا، روشن منور ہونا۔ □**blaze a trail** ① راستے کی رہبری کے لیے نشان بنانا۔ ② کسی بات میں پہل کرنا، ایجاد، اختراع کرنا۔

**blazer** *n.* ایک رنگین عموماً دھاریدار کوٹ جو بچے یا کھلاڑی وغیرہ وردی کے طور پر پہنتے ہیں۔

**blazon** *v. & n.* ف: موزوں الفاظ میں ادا کرنا، اعلان کرنا۔ اسم: نسبی نشان کی صحیح تعریف و توضیح۔

**bleach** *v. & n.* ف: دھوپ میں رکھ کر یا کیمیائی اجزا کے ذریعے سفید، بے رنگ بنانا، رنگ اڑانا۔ اسم: ① رنگ اڑانے کا مسالا۔ ② سفید کرنے کا عمل۔

**bleak** *adj.* ① چٹیل، لق و دق، اجاڑ۔ ② اداس، بھیانک۔ ●**bleakly** م ف۔ **bleakness** اسم۔

**bleary** *adj* (**blearier,bleariest**) ① دُھندلی، چندھی (آنکھ) ② کند، ٹھس (ذہن) ③ مبہم، غیر واضح۔ ●**blearily** م ف۔ **bleariness** اسم۔

**bleat** *v. & n.* ① (بھیڑ، بکری وغیرہ کا) ممیانا، میں میں، بھیں بھیں کرنا۔ ② شکوے کے لہجے میں بے معنی دھیمی آوازیں نکالنا۔ اسم: بھیڑ بکری وغیرہ کی آواز۔

**bleed** *v.* (**bled,bleeding**) ① خون نکلنا۔ ② فصد کھولنا۔ ③ رقم اینٹھنا۔

**bleep** *n. & v.* اسم: تیز کٹکھنے دار آواز۔ ف: اشارے یا چونکانے کے لیے اس طرح آواز نکالنا یا پیدا کرنا۔ ●**bleeper** اسم۔

**blemish** *n. & v.* اسم: جسمانی یا اخلاقی عیب۔ ف: حسن یا خوبی کو داغ لگانا، بگاڑنا۔

**blench** *v.* جھجکنا، ڈرنا، دبکنا۔

**blend** *v. & n.* ف: ① مختلف اجزا کو یا اقسام کو باہم ملانا۔ ② مخلوط ہونا۔ اسم: مرکب، آمیزہ، قوام۔

**blender** *n.* مشین جو عرق نکالنے، ٹکڑے کرنے، گھلانے ملانے کے لیے استعمال ہوتی ہے۔

**bless** *v.* ① دعا دینا، خدا کا فضل و کرم چاہنا۔ ② خدا کی حمد و ثنا کرنا۔ ③ کسی برکت کا اعتراف کرنا۔ □**be blessed with** کامیاب، بامراد ہونا۔

**blessed** *adj.* ① بھینٹ کیا ہوا، نذر کیا ہوا؛ متبرک، مقدس۔ ② خوش نصیب۔ ③ حسن تعبیر: ملعون، مردود۔ ④ بھاگوان؛ باسعادت۔ ●**blessedly** م ف۔

**blessing** *n.* ① برکت مانگنا، چاہنا (خصوصاً خدا کی رحمت) ② سرپرستی، پسندیدگی۔ ③ خدا یا قدرت کی طرف سے انعام، خوشی کی بات۔

**blether** BLATHER کا متبادل۔

**blew** BLOW کا ماضی۔

**blight** *n. & v.* اسم: ① کوئی پودوں کا مرض یا پھپھوند وغیرہ جن سے پودے مرجھا جاتے ہیں۔ ② نامعلوم قوت جو مضر یا تباہ کن ہو۔ ف: ① آزار پیدا کرنا۔ ② تباہ، خراب کرنا۔ ③ بگاڑنا۔

**blimey** *int.* بول چال: حیرت یا نفرت وغیرہ کے اظہار کا کلمہ۔

**blimp** *n.* ایک چھوٹا ہوائی جہاز۔

**blind** *adj.,v.& n.* صف: ① اندھا نابینا۔ ② پیش بینی، فراست یا معلومات سے محروم۔ ③ (سڑک وغیرہ کے لیے) پوشیدہ، نظر نہ آنے والی۔ ف: ① اندھا کرنا۔ ② فیصلے کی قوت سے محروم کر دینا۔ اسم: جھلملی

جوکھڑکی میں لگائی جاتی ہے۔□ **not a blind (or the blindest)** بول چال: بالکل نہیں، ذرا بھی نہیں۔● **blindly** م ف۔ **blindness** اسم۔

**blindfold** *v. & n.* ف: آنکھوں پر پٹی باندھنا۔ اسم: آنکھوں پر بندھی پٹی۔

**blink** *v. & n.* ف: ① آنکھیں جھپکانا۔② روشنی کا ٹمٹمانا یا جھپکیاں لینا۔ اسم: ① پلک جھپکانے کا عمل۔ ② جھپکی یا رہ رہ کر جھپکیاں۔

**blinker** *n. & v.* اسم: گھوڑے کی آنکھوں پر پڑی ہوئی اندھیری تا کہ ادھر ادھر نہ دیکھے۔ ف: آنکھوں پر پردہ ڈال دینا۔

**blip** *n.* ① ٹپکا، چھوٹی سی آواز جیسے پانی کے قطرے کے ٹپکنے کی یا بجلی سے پیدا کی جانے والی۔② راڈار کے پردے پر کسی کا سرسری نقش۔

**bliss** *n.* ① کامل مسرت، ترنگ، سرور۔② عالم بالا میں ہونے کی کیفیت، روحانی سکون۔● **blissful** صف: شاداں، فرحاں۔● **blissfully** م ف۔

**blister** *n. & v.* اسم: ① آبلہ، چھالا جو جسم پر رگڑ یا جلنے سے پڑجائے۔② کسی اور سطح پر ایسا ہی ابھار۔ ف: ① چھالا ڈالنا۔② چھالوں کی طرح نکلنا، پھلنا۔

**blithe** *adj.* ① شاد، مگن۔② لاابالی، بےفکرا۔ ● **blithely** م ف۔

**blitz** *n. & v.* اسم: ① اچانک شدید حملہ۔② پُرجوش ہلّہ، دھاوا خصوصاً کسی کام پر۔ ف: شدید دھاوا بول کر تباہی مچانا۔

**blitzkrieg** *n.* شدید فوجی حملہ جو فوری فتح حاصل کرنے کی نیت سے کیا جائے۔

**blizzard** *n.* برف کا طوفان تیز جھکّڑوں کے ساتھ۔

**bloat** *v.* ① پھلانا، ہوا بھرنا۔② پھولا ہوا ہونا۔

**bloater** *n.* نمک مل کر تھوڑا آگ پر رکھ کر محفوظ کی ہوئی مچھلی۔

**blob** *n.* ① پھٹکی، گول دھبّا یا چکتا۔② کسی مادّے یا سیّال شے کا قطرہ۔

**bloc** *n.* جماعتوں، حکومتوں یا گروہوں کا مشترک مقصد کے لیے اتحاد۔

**block** *n. & v.* اسم: ① کسی دھات، پتھر یا سخت چیز کا ڈلا، انگھڑ، ٹکڑا۔② لکڑی کا سپاٹ سطح کا کندہ۔③ بڑی عمارت خصوصاً جو مختلف حصوں میں تقسیم کی گئی ہو، متصل عمارتوں کا سلسلہ جو عموماً چار سڑکوں سے گھرا ہوا ہوتا ہے۔④ کوئی رکاوٹ، مزاحم شے پہیّے وغیرہ کی حرکت کو روکنے کے لیے لگایا جانے والا اڑنگا، پچّر۔⑤ بول چال: سر، منڈیا۔⑥ لکھنے کے کاغذوں کا مٹھا جنہیں ایک طرف سے چپکا دیا جائے۔ ف: روکنا، رکاوٹ ڈالنا راستے وغیرہ میں۔

**blockade** *n.& v.* اسم: کسی جگہ کا گھراؤ تا کہ رسد وہاں نہ پہنچ سکے۔ ف: محصور کرنا، گھیرا ڈالنا۔

**blockage** *n.* رکاوٹ۔

**blockbuster** *n.* بول چال: زبردست دھما کا خیز پیشکش جیسے کوئی فلم یا کتاب۔

**blockhead** *n.* احمق آدمی۔

**block letters** *n. pl.* انگریزی ابجد کے بڑے حروف۔

**bloke** *n.* بول چال: نفر، آدمی۔

**blond** *adj. & n.* صف: بھورے، ہلکے رنگ کے (بال)، گورا (چہرہ) جس سے نسل کی شناخت ہو۔ اسم: بھورے بالوں گورے رنگ کا آدمی۔

**blonde** *adj.& n.* ہلکے بھورے بالوں والی، گوری چمڑی کی عورت۔

**blood** *n. & v.* اسم: ① خون، لہو، جو ریڑھ کی ہڈی والے جانوروں کی رگوں میں گردش کرتا ہے۔② جذبہ، جوش۔③ نسل، وراثت، ولدیت۔④ رشتہ، تعلق۔ ف: ① شکاری کتے کو پہلی بار لہو کا چسکا دلانا۔② کسی شخص کو تجربے سے عملی تربیت دینا۔□ **in cold blood** جان بوجھ کر اور سفاکانہ طور پر۔

**blood count** *n.* خون کی کسی مقدار میں سرخ ذروں کی تعداد۔

**blood-curdling** *adj.* دہشتناک۔

**bloodhound** *n.* ایک بڑا شکاری کتّا جو سونگھنے کی تیز حس رکھتا ہے، اس کی نسل۔

**bloodless** *adj.* ① بلا خون (بہائے)۔② پیلا، کمزور، بے جان۔● **bloodlessly** م ف۔

**bloodshed** *n.* ① خون افشانی۔② قتل۔

**bloodshot** *adj.* (آنکھ کے لیے) سوجی سرخ۔

**blood sports** *n.pl.* جانوروں کا شکار۔

**bloodstock** *n.* خالص نسل کے گھوڑے۔

**bloodstream** *n.* دورانِ خون۔

**bloodsucker** *n.* ①خون چوسنے والا جانور یا حشرہ جیسے جونک۔②بول چال: رقم اینٹھنے والا۔

**bloodthirsty** *adj.* خون کرنے پر آمادہ۔

**blood vessel** *n.* شریان، ورید۔

**bloody** *adj., adv. & v.* (**bloodier**، **bloodiest**) صف: ① خون جیسا، خون آلود۔ ② سفاک، بے رحم۔ ③ بازاری: شدّت اظہار کا کلمہ۔ م ف: بازاری: بات پر زور دینے کے لیے بولا جانے والا لفظ۔ ف: خون آلود کرنا۔

**bloody-minded** *adj.* بول چال: تعاون سے دانستہ گریز کرنے والا۔

**bloom** *n. & v.* اسم: ①پھول۔②شادابی، رعنائی۔ ③ چمکتا، صحتمند چہرہ۔ ف: ①پھول لانا (پودے کا) ②تروتازہ تازہ رہنا، پُر رونق، صحتمند توانا ہونا۔

**bloomer** *n.* ①بول چال: فاش غلطی۔ ②لمبی روٹی جس کا ایک گول سرا ترچھا کٹا ہوا ہوتا ہے۔ ③(**bloomers**) عورتوں کے ڈھیلے گھٹنے تک جانگھیے۔

**blossom** *n. & v.* اسم: شگوفے خصوصاً پھل دار درختوں کے۔ ف: کھلنا، شگفتہ ہونا؛ جوبن پر آنا؛ پختہ، رسیدہ ہونا۔

**blot** *n. & v.* اسم: ① دھبّا سیاہی وغیرہ کا۔② اخلاقی فی جو نیک نامی میں بٹّا لگائے۔③ کوئی عیب یا نقص۔ ف: (**blotting**، **blotted**) ①دھبّا لگانا، داغ دار کرنا۔ ②سیاہی چوسنا (جاذب کاغذ وغیرہ سے) □ **blot out** ①مٹانا، دُھندلا کرنا۔② ذہن سے مٹانا۔

**blotch** *n.* ①جلد پر بے رنگ یا سوجا ہوا داغ وغیرہ۔ ② بے ڈول دھبّا۔ ● **blotchy** صف۔

**blotto** *adj.* بول چال: نشے میں دُھت۔

**blouse** *n.* زنانہ ڈھیلی چولی عموماً کالر دار۔

**blouson** *n.* ایک چھوٹی چولی نما صدری یا کوٹ۔

**blow** *v.& n.* (**blowing**، **blown**، **blew**): ف: ①ہوا، جھکڑ وغیرہ کا چلنا، موج کی طرح رواں ہونا، ہوا سے اڑنا، ہوا کے زور سے حرکت کرنا۔ ② سانس کے ذریعے اڑانا، پھونکنا۔ ③پھونک سے بجانا، آواز نکالنا۔ ④ شیشے کو پھونک سے پھلا کر کسی شکل میں ڈھالنا۔ ⑤ بول چال: اندھا دُھند خرچ کر ڈالنا، کھونا، غفلت یا غلطی سے ضائع کرنا۔ ⑥ ساز، باجے وغیرہ کی دھونکنی چلانا، دھونکنا۔ اسم: ①ہاتھ یا ہتھیار کا وار۔② ناگہانی آفت۔ □ **blow up** ① دھماکے سے اڑنا، پھٹ پڑنا۔ ② بول چال: سختی سے ڈانٹنا۔ ③ بڑھا چڑھا کر بتانا۔ ④ بول چال: غصے سے بھڑک اٹھنا۔

**blowfly** *n.* (*pl.*-**flies**) گومکھی، ماس مکھی۔

**blowlamp** *n.* (also **blowtorch**) ایک ہلکا آلہ جو بہت تیز لو دیتا ہے جس سے روغن چھڑانے یا ٹانکا لگانے کا کام لیتے ہیں، دھونک۔

**blowout** *n.* ①پھٹا ہوا ٹائر۔②اڑا ہوا فیوز۔③ کنویں سے نکلنے والا تیل کا فوارہ۔④بول چال: بڑی ضیافت۔⑤ امریکا: آسان فتح۔

**blowpipe** *n.* ①ایک نلکی جس سے قدیم قبائل تیر چھوڑنے کا کام لیتے تھے، دھونک نلی۔②دھونکنی۔③ شیشہ سازوں کی پھکنی۔

**blowy** *adj.* (**blowier, blowiest**) آندھی میں گھرا۔

**blowzy** *adj.* (**blowzier, blowziest**) ① خراب حال۔②بال بکھرائے، بُرے حلیے میں۔

**blub** *v.* (**blubbed,blubbing**) بول چال: سُبکیاں لینا، سسکیاں لینا۔

**blubber** *n. & v.* اسم: وھیل کی چربی۔ ف: زور زور سے رونا، سِبکیاں لے لے کر بولنا۔

**bludgeon** *n. & v.* اسم: بول چال: بھاری موٹھ کا ڈنڈا۔ ف: ① ڈنڈے سے مارنا۔② جبر کرنا۔

**blue** *adj., n. & v.* صف: ① نیلے رنگ کا، جیسے کھلا آسمان۔ ② بول چال: افسردہ، مایوس کن۔③ بول چال: فحش، عریاں۔ اسم: ① نیلا رنگ یا نیلی شے۔②نیلا لباس یا کپڑا۔③ (**blues**) غم بھرے جاز نغمے۔ ف: روپیہ برباد کرنا۔ □ **out of the blue** غیر متوقع طور پر، اچانک۔ ● **bluish** صف۔

**bluebell** *n.* سوسن کی قسم کا ایک پودا جس میں

گھنٹی کی شکل کے پھولوں کے خوشے لگتے ہیں۔

**blue-blooded** *adj.* عالی نسب۔

**bluebottle** *n.* ایک بڑی نیلے رنگ کی مکھی۔

**blueprint** *n. & v.* ①نیلا خاکہ،انجینئری یا کسی اور منصوبے کا خاکہ۔② کوئی تفصیلی خاکہ۔

**bluestocking** *n.* علم و دانش یا شاعری کا دم بھرنے والی عورت۔

**bluff** *v., n. & adj* ف:①اپنا الّو سیدھا کرنے کے لیے جھوٹی دھونس جمانا۔②اس طرح گمراہ کرنا۔اسم: ①دھوکا دینے کے لیے ڈینگ۔②سیدھے ڈھال کی چٹان۔ صف:①(پہاڑی یا جہاز کے لیے) سامنے سے چوڑا اور پھسلواں ۔② صاف گو، بے تکلّف۔

**blunder** *n. & v.* اسم: فاش غلطی، بھاری بھول۔ ف:①بڑی لغزش کرنا۔②الل ٹپ گھومنا،لڑکھڑانا۔

**blunderbuss** *n.* پرانے قسم کی بڑے دہانے کی چھوٹی توپ۔

**blunt** *adj. & v.* صف:① کھونڈا، کُند، گھسا ہوا۔ ② کھڑتل، دوٹوک۔ ف: گھسنا، کُند کرنا ● **bluntly** م ف۔ **bluntness** اسم۔

**blur** *n. & v.* اسم: دھندلی، غیر واضح شے۔ف: **(blurring،blurred)** دھندلانا،مبہم بنانا۔

**blurb** *n.* کسی کتاب کے سرورق کے اندرونی صفحات یا پشت پر ناشر کی جانب سے اس کا ستائشی تعارف۔

**blurt** *v.* ایک دم بے دھڑک، بے موقع بول پڑنا۔

**blush** *v.* ف:شرم یا گھبراہٹ کے سبب سرخ ہوجانا، شرما جانا۔اسم:①شرم، جھینپ۔② چہرے کی سرخی۔

**blusher** *n.* چہرے پر سنگھار کے لیے لگائی جانے والی سرخی۔

**bluster** *v. & n.* ف:①اکڑفوں دکھانا۔②(ہوا کا) طوفانی صورت میں چلنا۔اسم:①ہنکار، فوں فاں۔② کوری دھمکیاں۔● **blustery** صف۔

**BO** تخفیف:body odour۔

**boa** *n.* جنوبی امریکا کا بڑا، بے زہر سانپ جو اپنے شکار کو کنڈل میں بھینچ کر مارتا ہے۔

**boar** *n.* جنگلی بڑدنتا نر سوّر۔

**board** *n. & v.* اسم:① لکڑی کا تختہ،اس سے ملتی جلتی شے جو مختلف طرح کے ریشوں کو دبا کر بنائی گئی ہو۔ ② ادائگی پر مہیّا کیا جانے والا روز کا کھانا،عموماً قیام کے ساتھ۔③ کسی کمپنی کے ڈائریکٹران؛کوئی اور انتظامی مجلس یا گروہ۔ف:①(جہاز، ریل وغیرہ پر) سوار ہونا۔ ②رہنے کھانے کا انتظام کرنا۔③ تختوں سے ڈھکنا، تختہ بند کرنا۔□**go by the board** نظر انداز یا ردہونا۔ **on board** جہاز، طیارے وغیرہ پر سوار ہونا۔

**boarder** *n.* ① کوئی شخص جس نے دام دے کر کہیں اپنے کھانے کا (عموماً رہنے کے ساتھ) انتظام کیا ہو۔② اقامتی طالب علم۔

**boarding-house** *n.* جگہ جہاں مسافروں خصوصاً سیلانیوں کے رہنے اور کھانے کا انتظام ہو۔

**boarding-school** *n.* طالب علموں کی دوران تعلیم اقامت گاہ۔

**boardroom** *n.* ارکان بورڈ (ڈائریکٹران) کے اجلاس کے لیے مخصوص کمرہ۔

**boast** *v.& n.* ف:①ڈینگیں مارنا، شیخیاں بگھارنا۔ ② کسی قابل تعریف خصوصیت یا شے کا حامل ہونا۔اسم: ① بڑ، ڈینگ،خودستائی۔② کوئی شے جس پر کوئی فخر کرسکے۔● **boastful** صف: شیخی خورہ، بڑبولا۔ **boastfully** م ف۔**boastfulness** اسم۔

**boat** *n.& v.* چھوٹی کشتی، بادبانی، چپّوؤں سے کھینے یا انجن سے چلنے والی۔□**burn one's boats** ایسا قدم اٹھانا جسے بدلا نہ جاسکے۔ **push the boat out** دھوم دھڑکا مچانا۔

**boater** *n.* چپٹے سر کا سخت، دبیز، حاشیہ دار ٹوپ۔

**boathouse** *n.* دریا، کھاڑی وغیرہ کے کنارے پر کشتیاں چڑھا کر کھڑی کرنے کا سائبان۔

**boating** *n.* برائے تفریح کشتی رانی یا کشتی کھینا۔

**boatman** *n.(pl.*-**men)** مانجھی، ملاح جو کرائے پر کشتی چلائے۔

**boat people** *n.pl.* سمندری راستے سے جانے والے مہاجر۔

**boatswain** *n.* (also **bo'sun, bosun)** جہاز کا افسر جو عملے اور ساز و سامان کا مختار ہوتا ہے۔

**bob** *v. & n.* ①(**bobbing،bobbed**):ف

پھرتی سے اوپر نیچے، اِدھر سے اُدھر گھومنا۔ ② عورت یا بچے کے بال اس طرح تراشنا کہ کاندھوں سے اوپر رہیں۔ اسم: ① اُچھال، ابھار، جست۔ ② بچوں اور عورتوں کے کندھے سے اوپر کٹے ہوئے بال۔

**bobbin** *n.* دھاگا، ریشہ، تار وغیرہ لپیٹنے کی چرخی۔

**bobble** *n.* اون یا دھاگے کے لچھوں سے بنایا ہوا آرائشی پھندنا۔

**bobsleigh** *n.* ایک مشینی برف گاڑی جس سے برفانی نشیبوں پر پھسلتے ہیں۔

**bode** *v.* اچھے، برے شگون دینا، پیشین گوئی کرنا۔

**bodice** *n.* ① زنانہ بے آستینوں کی چولی جو کمر سے اوپر رہے۔ ② انگیا۔

**bodily** *adj. & adv.* صف: جسمانی۔ م ف: ① پورے جسم کے ساتھ، مکمل طور پر۔ ② مجسّم وجود میں۔

**body** *n.(pl.* **-ies)** ① جسم، ڈھانچا مع گوشت پوست آدمی یا جانور کا، زندہ یا مردہ۔ ② کسی چیز کا اصل یا مرکزی حصّہ یا ہیئت۔ ③ جمیعت خصوصاً کسی کام سے تعلق رکھنے والی۔ ④ مجموعہ، گروہ۔ ⑤ فرد، آدمی، نفر۔ ⑥ محسوس ذائقہ، لہجہ وغیرہ۔

**body blow** *n.* سخت دھکّا، پسپائی۔

**bodyguard** *n.* حفاظت یا پیروی کے لیے ساتھ رہنے والا خصوصاً اہم آدمی کا محافظ۔

**bodysuit** *n.* خواتین کا ایک تنگ لباس۔

**bodywork** *n.* کسی گاڑی کا خول۔

**Boer** *n.* ولندیزی نسل کا جنوبی افریقہ کا باشندہ۔

**boffin** *n.* بول چال: سائنسی خصوصاً فوجی ریسرچ میں لگا ہوا آدمی۔

**bog** *n. & v.* اسم: ① دلدلی زمین کا قطعہ۔ ② بول چال: سنڈاس۔ ف: **(bogging، bogged)** رکاوٹ بننا۔ ● **bogginess** اسم۔ **boggy** صف۔

**bogey** *n. (pl.* **bogeys)** ① گولف: کسی سوراخ پر برابری (par) سے ایک اسٹروک زیادہ کا اسکور۔ ② (نیز **bogy**) کوئی ڈرانے والی شے۔

**boggle** *v.* گھبرا جانا، چونک اٹھنا، جھجکنا، ٹھٹکنا۔

**bogus** *adj.* بناوٹی، بے اصل، نقلی۔

**bohemian** *adj.* غیر روایتی، خلاف وضع۔

**boil** *v. & n.* ف: ① (سیّال کا) ابلنا، جوش کھانا، حرارت کے نقطۂ جوش پر پہنچنا۔ ② ابالنا، ابال کر پکانا، ابلے پانی میں ڈالا یا دھویا جانا۔ اسم: پیپ سے بھرا دانہ، پھوڑا۔

**boiler** *n.* ① جوش دان جس میں پانی کو کھولانے یا بھاپ بنانے کے لیے ابالتے ہیں۔ ② ابال کر پکانے کے لائق ترکاری، چوزہ وغیرہ۔

**boiler suit** *n.* بالا پوش یا لبادہ جو کاریگر پہنتے ہیں۔

**boisterous** *adj.* بپھرنے، بنکارنے، اودھم مچانے والا۔ ● **boisterously** م ف۔

**bold** *adj.* ① بے باک، جرأت مند، بہادر۔ ② گستاخ، بے دھڑک۔ ③ نمایاں، واضح، جلی (رنگ، ڈیزائن) ● **boldly** م ف۔ **boldness** اسم۔

**bole** *n.* درخت کا تنا۔

**bolero** *n.(pl.* **-os)** ① تین سادہ قدموں کا ایک اسپینی رقص۔ ② زنانہ کھلے گلے کی صدری۔

**boll** *n.* بیضوی بیج دان، خصوصاً روئی کی پھٹّی۔

**bollard** *n.* دھات، کنکریٹ یا پلاسٹک کا چھوٹا کھونٹا۔

**bollocks** *n.* ① بازاری: فوطے، خوٹے۔ ② (حقارت کا کلمہ) بکواس، بڑ۔

**boloney** *n.*(also **baloney**) بول چال: بکواس، ہرزہ گوئی۔

**bolshie** *adj.*(also **bolshy**) باغی، بینڈا، سرپھرا۔

**bolster** *n. & v.* اسم: لمبا موٹا تکیہ۔ ف: ① تقویت یا بڑھاوا دینا۔ ② ٹیک دے کر سہارنا۔

**bolt** *n. & v.* اسم: ① چٹخنی، لوہے کی کھسکنے والی سلاخ، دروازے کو بند کرنے کے لیے۔ ② لوہے کی لاٹ جس کا نچلا سرا ڈھبری وغیرہ سے کس دیا جاتا ہے تاکہ چیزوں کو سنبھال سکے۔ ③ بجلی کا کوندا۔ ④ آڑی کمان سے پھینکا جانے والا تیر۔ ⑤ لپٹا ہوا فیتا۔ ف: ① کنڈی لگانا، چٹخنی چڑھانا۔ ② فرار ہونا، چمپت ہو جانا۔ ③ کھانا جلدی جلدی بغیر چبائے نگلنا۔

**bomb** *n. & v.* اسم: بارود، دھوئیں، گیس وغیرہ کا بھرا بم جو ٹکرا کر پھٹنے یا دور سے وقت پر اڑانے کے لیے بنایا جائے۔ ف: ① بمباری کرنا۔ ② بول چال: بری طرح ناکام رہنا۔ ③ بول چال: پھرتی سے بھاگ جانا۔ □ **cost a bomb** بول چال: بے حد مہنگا ہونا۔

**bombard** *v.* ① بڑی توپوں یا بموں سے حملہ کرنا۔② لگاتار سوالوں یا گالیوں کی بوچھاڑ کرنا۔● **bombardment** اسم: گولہ باری۔

**bombardier** *n.* توپخانے کا غیر کمیشن شدہ افسر۔

**bombast** *n.* رعب جمانے والے بڑے بول۔ ●**bombastic** صف۔

**bomber** *n.* ① بمبار جہاز۔② بم رکھنے والا آدمی۔

**bombshell** *n.* دھماکہ خیز خبر۔

**bona fide** *adj.* حقیقی، مخلصانہ۔

**bonanza** *n.* خوش نصیبی، فراخ حالی، برکت کا دور۔

**bond** *n. & v.* اسم: ① بند، ڈوری وغیرہ جو کسی چیز کو باندھے یا جکڑے۔② رشتہ تعلق، ملانے والی قوت۔③ معاہدہ، قول قرار۔④ کسی کمپنی یا حکومت کا جاری کردہ تمسک یا صداقت نامہ کہ قرض لی ہوئی رقم معینہ وقت پر طے شدہ شرح سود کے ساتھ واپس ادا کردی جائے گی، سند قرضہ۔ ف: باہم چپکانا، چپکنا، جوڑنا۔□ **in bond** سامان کا سرکاری گودام میں محفوظ رکھا جانا تاوقتیکہ اس پر عائد واجبات ادا کیے جائیں۔

**bondage** *n.* ① غلامی، محکومی۔② روک، دباؤ۔

**bone** *n. & v.* اسم: ① ہڈی، ہاڑ۔② ڈھانچا، خصوصاً مُردوں کا۔ ف: گوشت میں سے ہڈی دور کرنا۔□ **bone up on** بول چال: کسی موضوع کا بغور مطالعہ۔

**bonfire** *n.* آسمان کے نیچے پڑا الاؤ۔

**bongo** *n.* (*pl.* **-os** or **oes**) ایک طرح کے طبلوں کی جوڑی میں سے کوئی جسے انگلیوں سے بجایا جاتا ہے۔

**bonhomie** *n.* خوش طبعی، ملنساری، گرمجوشی۔

**bonk** *v. & n.* ف: ① دھماکے کے ساتھ چوٹ لگانا۔② دھماکا، دھڑاکا کرنا۔③ بول چال: کسی کے ساتھ جنسی فعل انجام دینا۔ اسم: زد، چوٹ وغیرہ۔

**bonnet** *n.* ① ٹوپی جس کا تسمہ ٹھوڑی کے نیچے اٹکایا جاتا ہے۔② موٹر کے انجن کا کھٹکے دار ڈھکنا۔

**bonny** *adj.* (**bonnier, bonniest**) ① تندرست و توانا۔② اسکاچ و شمالی انگلستان: خوبصورت، عمدہ، نفیس، خوشگوار۔

**bonsai** *n.* (*pl.* same) ٹھگنے پیڑ اگانے کا فن، کوتولہ کاری [جاپانی]

**bonus** *n.* غیر متوقع فائدہ، زائد ادائیگی، ایزادیہ۔

**bon voyage** *int.* رخصت کا سلام، سفر پر جانے والوں کو سلامتی کی دعا۔

**bony** *adj.* (**bonier, boniest**) ① دبلا (شخص) جس کی ہڈیاں ابھری ہوئی نظر آئیں۔② جس کی بہت سی ہڈیاں ہوں۔③ ہڈی دار، ہڈیوں جیسا، استخوانی۔

**boo** *int. & v.* فجائیہ: ① حقارت یا ناپسندیدگی کا اظہار۔② بچوں کو مزاحاً ڈرانے کے لیے نکالی جانے والی آواز۔ ف: بُو بُو کی آوازیں نکالنا۔

**boob** *n.* بول چال: ① غلطی جس پر شرمندگی اٹھانی پڑے۔② عورت کی چھاتی، پستان۔

**booby** *n.* (*pl.* **-ies**) احمق، گاؤدی شخص۔

**booby prize** *n.* مقابلے میں سب سے پھسڈّی کو دیا جانے والا انعام۔

**booby trap** *n.* ① بظاہر بےضرر شے جو چھونے پر پھٹ پڑے اور ہلاک یا زخمی کردے۔② کسی کو بیوقوف بنانے کے لیے کوئی چال۔

**book** *n. & v.* اسم: ① کتاب، صحیفہ، ادبی تخلیق جو اشاعت کے لیے ہو۔② بندھا ہوا کاغذوں کا مجموعہ جو لکھنے، یادداشتیں درج کرنے کے لیے ہو۔③ ایک ساتھ بندھے یا مجلد کیے ہوئے ٹکٹ، لیبل، چیک، نمونے وغیرہ۔④ گھڑ دوڑ میں داؤ لگانے والوں کی رقموں کا حساب۔ ف: ① نشست مخصوص کرانا۔② کسی ملزم کے بارے میں تفصیلات درج کرنا، چالان کرنا۔

**bookcase** *n.* کتابوں کی الماری۔

**bookie** *n.* بول چال =BOOKMAKER۔

**bookkeeping** *n.* تجارتی سودوں وغیرہ کی باقاعدہ حساب نویسی، آمد و خرچ کا اندراج وغیرہ۔

**booklet** *n.* کتابچہ۔

**bookmaker** *n.* وہ آدمی جو گھڑ دوڑ میں شرط بدنے والوں سے رقم وصول کرتا اور جیتنے والوں کو شرط کے مطابق حساب لگا کر ادائیگی کرتا ہے، نال گر۔

**bookmark** *n.* کتاب میں رکھنے کی نشانی۔

**bookworm** *n.* ① بول چال: بہت پڑھاکو۔② کتابی کیڑا، جو کتاب کے کاغذ اور اس میں لگے ہوئے گوند کو چٹ کرتا ہے۔

**boom** *n.& v.* اسم:① گہری، گونجتی آواز۔② خوش حالی کا دور۔ ③ایک لمبی چھڑ۔④ تیرتا ہوا پشتہ۔ ف:① اچانک ترقی کرنا، کامیاب ہوجانا۔② گونجتی آواز نکالنا۔

**boomerang** *n.* ایک ہلالی شکل کا لکڑی کا ہتھیار جسے آسٹریلیائی قدیم قبائل پھینک کر شکار مارنے کے لیے استعمال کرتے ہیں اور اکثر اس قسم کا ہوتا ہے کہ اُڑتا ہوا پھینکنے والے کے پاس پلٹ آتا ہے۔

**boon** *n.* نفع، فائدہ، برکت۔

**boor** *n.* ① گنوار، کندۂ ناتراش، جنگلی۔② گاؤدی شخص۔●**boorish** صفت۔**boorishness** اسم۔

**boost** *v.& n.* ف:کسی شخص، چیز یا منصوبے وغیرہ کو ہوا دینا، چمکانا، بڑھاوا دینا۔ اسم:مدد، بڑھاوا، بڑھانے چڑھانے کا عمل۔

**booster** *n.* ①امدادی انجن یا راکٹ جو اضافی حرکت دینے کے لیے استعمال کیا جائے۔②دوا کے تریاقی اثر کو تقویت دینے کے لیے دی جانے والی مزید خوراک۔

**boot** *n. & v.* اسم:①جوتا خصوصاً چمڑے کا جو ٹخنے تک پہنچتا ہے اور کبھی پنڈلی تک۔② کار کی ڈگی جس میں سامان رکھتے ہیں۔ ③ **(the boot)** بول چال: برخاستگی خصوصاً نوکری سے۔ ف :①لات مارنا۔② کمپیوٹر کو استعمال کے لیے تیار رکھنا۔

**bootee** *n.* نرم جوتا، خصوصاً بچوں کا۔

**booth** *n.* ① چھوٹا خیمہ یا لکڑی کا کھوکھا۔②اوٹ یا خانہ ٹیلیفون کرنے یا ووٹ ڈالنے والوں کے لیے۔

**bootleg** *adj.* جو خفیہ طور سے درآمد یا فروخت ہو۔ ●**bootlegger** اسم۔**bootlegging** اسم۔

**booty** *n.* کوئی جیتی یا ہتھیائی ہوئی چیز۔

**booze** *n. & v.* بول چال، اسم:①الکحلی مشروب۔② شراب نوشی۔ف:شراب نوشی کرنا۔●**boozer** اسم: شرابی، پیوٹ۔**boozy** صفت۔

**borax** *n.* ① کھان کا نمک۔② سہاگہ، بورق۔

**border** *n.& v.* اسم:①سرحد کسی جگہ کی یا اس کے آس پاس کا علاقہ۔②حاشیہ، گوٹ جو خوشنمائی کے لیے لگائی جائے۔③ باغ میں پھولوں، پودوں کی لمبی کیاری۔ ف:① کسی مقام یا شے کی حد ہونا۔②حاشیہ لگانا یا بنانا۔ □**border on**۔①ملحق ہونا۔②مماثل ہونا۔

**borderline** *n.* سرحد کی حد بندی، مینڈھ، ڈانڈا۔

**bore**[1] **bear** کا ماضی۔

**bore**[2] *v. & n.* ف:①سوراخ کرنا، کھوکھلا کرنا۔② کھدائی کرنا، کنواں کھودنا۔ اسم: ①بندوق وغیرہ کی نالی، اس کے دہانے کا قطر۔②اونچی سمندری لہر جو کسی تنگ دریائی دہانے سے گزرے۔③ کھودا ہوا سوراخ، گڑھا۔④غیر دلچسپ، شخص یا شے۔●**boredom** اسم۔

**boric** *adj.* بورون سے متعلق یا بورون دار۔

**born** *adj.* ①پیدا۔② قدرتی صلاحیت رکھنے والا۔

**born-again** *adj.* نیا نیا مذہب (خصوصاً عیسائیت) میں داخل۔

**borne** BEAR کا ماضیہ۔

**boron** *n.* ایک غیر دھاتی کیمیائی عنصر (علامت:B)

**borough** *n.* وہ شہر یا ضلع جہاں میونسپل کارپوریشن موجود ہو۔

**borrow** *v.* واپسی کے وعدے پر کوئی چیز عاریۃً لینا، روپیہ قرض لینا۔●**borrower** اسم: قرضدار۔

**Borstal** *n.* نوجوان مجرموں کی اصلاح کے تربیت خانے کا پرانا نام۔

---

وضاحت:*borstal* کی جگہ اب *detention centre* اور *youth custody centre* کہتے ہیں۔

---

**bortsch** *n.* (also **borsch**) چقندر کا سوپ۔

**boss** *n. & v.* اسم: ① نگران کار، آجر، منیجر یا مختار۔ ② گول گھنڈی، کیل یا اُبھار۔ ف:بول چال: افسری، حاکمی جتانا، حکم چلانا۔

**boss-eyed** *adj.* جس کی صرف ایک آنکھ درست ہو، بھینگا، احول۔

**bosun** (also **bo'sun**) BOATSWAIN کا متبادل۔

**bossy** *adj.* **(bossier, bossiest)** افسری جتانے والا۔●**bossily** م ف۔**bossiness** اسم۔

**botany** *n.* پودوں کی ساخت وغیرہ کا مطالعہ، نباتیات۔●**botanical** صفت۔**botanist** اسم۔

**botch** *v.* کام بگاڑنا، کباڑا کرنا۔

**both** *adj., pron. & adv.* دونوں۔

**bother** *v. & n.* ف: ① پریشان کرنا۔ ② تشویش یا فکر میں ہونا، زحمت کرنا، متعلق ہونا، متفکّر ہونا۔ اسم: ① پریشان کُن شخص یا شے، خلش۔ ② تکلیف، فکرمندی۔ ●**bothersome** صف: تکلیف دہ، پریشان کن۔

**bottle** *n. & v.* اسم: بوتل، پتلے گلے کی، مائعات رکھنے کے لیے۔ ف: ① بوتل یا مرتبان میں بھرنا۔ ② پھل وغیرہ آئندہ کے لیے مرتبانوں میں محفوظ کرنا۔

**bottleneck** *n.* ① وہ مرحلہ جہاں ٹریفک وغیرہ آگے نہ بڑھ سکے۔ ② تنگ جگہ جہاں حرکت مشکل ہو۔

**bottom** *n. & adj.* اسم: ① کسی چیز کا سب سے نچلا حصّہ، جس چیز پر کوئی چیز ٹھہری ہو، ڈھانچے کی تہ۔ ② بول چال: چوتڑ، سُرین۔ ③ دریا، تالاب وغیرہ کی تہ۔ صف: سب سے نچلا، آخری۔ ●**bottomless** صف۔

**botulism** *n.* عفونت، مسمومیت جو باسی کھانے میں ہوجاتی ہے۔

**bougainvillea** *n.* ایک مداریی پودا جس کے بڑے بڑے پتّے (عموماً قرمزی، سُرخ یا سفید) چھوٹے چھوٹے پھولوں کو ڈھک لیتے ہیں۔

**bough** *n.* درخت کی شاخ، ٹہنی، خصوصاً بڑی۔

**bought** BUY کا ماضی و ماضیہ۔

**bouillon** *n.* پتلی یخنی یا سوپ۔

**boulder** *n.* گھسا گھسایا بڑا پتھر، بٹیا، بٹا۔

**boulevard** *n.* خیابان، چوڑی سڑک۔

**bounce** *v.& n.* ف: ① (گیند کا) ٹکرا کر یا اچھل کر لوٹنا۔ ② (چیک کا) بینک سے بھنے بغیر واپس آجانا۔ ③ اُچھلنا، جست کرنا۔ اسم: ① بازگشت۔ ② لچک۔ ③ خوداعتمادی، پھرتیلا پن۔

**bouncer** *n.* کلب، ناچ گھر وغیرہ میں گڑبڑ کرنے والوں کو نکال باہر کرنے پر مامور آدمی۔

**bound**[1] *v., n. & adj.* ف: ① اچھلنا، کودنا، جست لگانا، لمبے لمبے ڈگ بھرنا۔ ② حدلگانا، محدود کرنا۔ اسم: ① جست، ٹپّا، اچھال۔ ② حد، روک، انتہا۔ صف: کسی منزل پر روانہ ہونے کو تیار یا پہنچنے والا۔ □ **bound to** یقینی۔ **out of bounds** کسی ادارے، اسکول وغیرہ کی حد سے باہر؛ ممنوعہ (علاقہ)

**bound**[2] **bind** کا ماضی و ماضیہ۔

**boundary** *n. (pl.* **-ies**) ① حد بندی، سرحد کا نشان، حد فاصل، مینڈ، باڑ۔ ② کرکٹ: گیند کا میدان کی حدود سے باہر ہٹ ہونے پر چوکا یا چھکّا۔

**boundless** *adj.* غیر محدود، فراواں، بے پایاں۔

**bountiful** *adj.* ① فیاض، کشادہ دل۔ ② کھلے دل سے دیا ہوا۔ ③ وافر، وسیع۔ ●**bountifully** م ف۔

**bounty** *n. (pl.* **-ies**) ① فیاضی، کشادہ دلی۔ ② عطیہ، انعام۔ ●**bounteous** صف: سخی، فیّاض۔

**bouquet** *n.* ① گلدستہ۔ ② شراب وغیرہ کی مہک۔

**bouquet garni** *n.* اسٹو وغیرہ میں ذائقے کے لیے ڈالنے والی جڑی بُوٹیاں۔

**bourbon** *n.* مکئی اور رئی کی امریکی وھسکی۔

**bourgeois** *adj.* متوسط طبقے کا روایت پسند۔

**bourgeoisie** *n.* بورژوا طبقہ۔

**bout** *n.* ① مختصر وقفہ شدید محنت کا، شراب کا ایک دور، بیماری کا زمانہ یا دورہ۔ ② کشتی یا مکّے بازی کا مقابلہ۔

**boutique** *n.* چھوٹی دکان یا بڑے اسٹور کا شعبہ جہاں کپڑے (خصوصاً فیشن کے) اور متعلقہ سامان بکتا ہو۔

**bovine** *adj.* ① بیل یا مویشی جیسا یا ان سے متعلق۔ ② بیوقوف، ٹھس۔

**bow**[1] *n.* ① دہرے حلقے کی بُوٹا گرہ، بو، فیتہ، بوٹ بند وغیرہ جو بو کی طرح باندھا جائے۔ ② کمان، دھنک جس سے تیر چلاتے ہیں۔ ③ وائلن بجانے کا کمانچہ۔

**bow**[2] *v. & n.* ف: ① جھکنا، سرخم کرنا خصوصاً تعظیم کے لیے۔ ② راضی برضا ہونا۔ ③ جھکانا، مجبور کرنا۔ ④ اقرار کرنا۔ اسم: سر کی جنبش، اقرار یا اظہار تشکر کے طور پر۔

**bow**[3] *n.* کشتی یا جہاز کا اگلا حصّہ، مستک پیشانی۔

**bowdlerize** *v.*(also **-ise**) (کسی کتاب وغیرہ کے) کچھ حصّے غیر مناسب سمجھ کر خارج کر دینا۔ ●**bowdlerization** اسم۔

**bowel** *n.* ① آنت۔ ② **(bowels)** کسی شے

کو سنبھالے رکھتی ہے۔

**brace** *n. & v.* اسم: ① تسمہ یا کوئی جکڑنے والی شے۔ ② **(braces)**: پتلون کو سنبھالے رکھنے کے فیتے جو کاندھوں سے لٹکے ہوتے ہیں۔ ③ دانتوں کو صحیح حالت میں رکھنے کا تار۔ ④ جوڑا۔ ف: ① مضبوطی سے باندھنا، کسنا، جکڑنا۔ ② سنبھالنا، ٹھیک حالت میں رکھنا یا لانا۔

**bracelet** *n.* کلائی کا زیور، دست بند۔

**bracing** *adj.* تقویت، فرحت پہنچانے والا۔

**bracken** *n.* بڑا نا ملائم فرن (سَرَس)

**bracket** *n. & v.* اسم: ① باہر نکلی ہوئی سطح یا سہارے جن پر کوئی شے ٹکائی یا رکھی جا سکے۔ ② اس قسم کی شیلف۔ ③ قوسین ( ) یا { } جو عبارت وغیرہ کے درمیان بعض حصّوں کو علاحدہ کرنے کے لیے لگاتے ہیں۔ ④ حلقہ، گروہ، طبقہ۔ ف: ① ناموں کو ایک ساتھ لانا، ایک زمرے میں رکھنا۔ ② قوسین کے درمیان درج کرنا۔

**brackish** *adj.* کھاری (پانی)

**bract** *n.* دوسرے پتوں سے مختلف چمکدار رنگ کا پتّہ جس کی ڈنڈی کی جڑ میں کوئی پھول یا گچھا ہو۔

**brag** *v.* **(bragged, bragging)** ڈینگ مارنا۔

**braggart** *n.* شیخی خورا آدمی۔

**Brahman** *n.* (also **Brahmin**) ہندوؤں کی اعلیٰ ذات کا آدمی جس میں سے پجاری بنتے ہیں۔

**braid** *n.& v.* اسم: ① اونی یا سوتی دھاگوں کی بنی ہوئی جھالر۔ ② گندھی ہوئی چوٹی یا لٹ۔ ف: گوندھنا، بننا، جھالر یا گوٹ لگانا۔

**Braille** *n.* نابیناؤں کے لیے رسم تحریر و طباعت جس میں حروف و الفاظ ابھرے ہوئے نقطوں سے ظاہر کیے جاتے ہیں جن کو چھوکر نابینا پڑھ سکتے ہیں۔

**brain** *n.* ① دماغ، بھیجا جو کھوپڑی کے اندر ہوتا ہے اور اعصابی نظام کا مرکز ہے۔ ② **(brains)** ذہنی صلاحیت؛ اعلیٰ دماغی صلاحیت۔

**brainchild** *n.* کسی کی ذہنی کاوش کا نتیجہ، کوئی خیال، منصوبہ یا ایجاد۔

**brainstorm** *n.* ① ذہنی صدمے کی بنا پر سخت ہیجانی دورہ۔ ② ذہنی الجھن۔ ③ امریکا: اچانک کوئی نیا

کا اندرونی حصّہ۔

**bower** *n.* سایہ دار پتّوں سے گھرا گوشہ۔

**bowl** *n & v.* ① پیالہ، کٹورا۔ ② پیالے سے ملتا جلتا گہرا برتن۔ ③ چمچے وغیرہ کا گڑھے دار حصّہ۔ ④ **(bowls)** لکڑی یا ربڑ کی گیند ذرا ترچھی لڑھکنے والی جو بولز کے کھیل میں لڑھکائی جاتی ہے، لکڑی کی گیند یا تھالی جو اسکٹل کے کھیل میں استعمال ہوتی ہے۔ ف: ① گیند، چھلّا وغیرہ لڑھکانا؛ بولز یا اسکٹل کھیلنا۔ ② کرکٹ وغیرہ میں بال پھینکنا، وکٹ حاصل کرنا۔

**bowl over**□ بول چال: رعب ڈالنا، سکّہ جمانا۔

**bowler** *n.* ① کرکٹ میں گیند پھینکنے والا کھلاڑی۔ ② بولز کھیلنے والا۔ ③ (**bowler hat** کا اختصار) سخت نمدے کی ہیٹ جس کی چندیا گنبد نما ہوتی ہے۔

**bowling** *n.* بولز، اسکٹل وغیرہ کا کھیل بطور تفریح۔

**box** *n. & v.* اسم: ① بکس، صندوق۔ ② تماشا گاہ وغیرہ میں مخصوص علاحدہ نشست۔ ③ اخبار کے دفتر میں اشتہار کے جوابات وصول کرنے کی جگہ۔ ④ بول چال: ٹی وی سیٹ۔ ⑤ کوئی بند جگہ۔ ⑥ اخبار میں حاشیہ لگی ہوئی جگہ۔ ⑦ شمشاد کا کوئی سدا بہار پودا، اس کی لکڑی۔ ف: ① ڈبّے میں رکھنا۔ ② باکسنگ میں حریف کا مقابلہ کرنا۔ ●**boxing** اسم: مکّے بازی۔

**boxer** *n.* ① مکّے بازی کرنے والا شخص۔ ② کتے کی قسم جس کے چکنے بھورے بال اور چپٹا منہ ہوتا ہے۔

**boxer shorts** *n. pl.* مردانہ جانگیا (شارٹس)

**box office** *n.* سنیما وغیرہ کا ٹکٹ گھر۔

**boxroom** *n.* کوٹھڑی یا گودام وغیرہ۔

**boy** *n. & int.* اسم: ① لڑکا، کودک، ناپختہ کار۔ ② مرد نوکر، خادم۔ فجائیہ: حیرت، مسرت کے اظہار کا کلمہ۔ ●**boyhood** اسم: بچپن۔ **boyish** صف۔

**boycott** *v. & n.* ف: مقاطعہ، بائیکاٹ کرنا، سماجی یا تجارتی روابط قطع کرنا۔ اسم: مقاطعہ، ترک موالات۔

**boyfriend** *n.* مرد دوست، ہمجولی یا چاہنے والا۔

**Bq** تخفیف: BECQUAEREL۔

**Br** BROMINE کی علامت۔

**bra** *n.* تخفیف: BRASSIÈRE زنانہ انگیا جو چھاتیوں

خیال۔④ کسی مسئلے پر متفقہ غور وخوض۔

**brainwash** *v.* طویل عمل سے کسی کے خیالات یا ذہنی اثرات کو بدلنے کی کوشش کرنا، تطہیر ذہن کرنا۔

**brainwave** *n.* اچانک نیا خیال، القا، آمد۔

**brainy** *adj.* **(brainier, brainiest)** ذہنی طور پر تیز، دماغ سے زیادہ کام لینے والا۔

**braise** *v.* ہلکا تل کر اور تھوڑا پانی ملا کر دم پخت کرنا۔

**brake** *n. & v.* اسم: رفتار کو روکنے کا پرزہ یا میکانکی نظام۔ف: بریک کے ذریعے دھیما یا ساکت کرنا۔

**bramble** *n.* مختلف کانٹے دار جھاڑیوں میں سے کوئی جن میں سیاہ بیر لگتے ہیں، خصوصاً سیاہ توت۔

**bran** *n.* بھوسی، چُونی۔

**branch** *n. & v.* اسم: ① پیڑ کی شاخ یا ٹہنی۔② دریا، ریلوے لائن وغیرہ کی شاخ۔③ کسی بڑے ادارے کا مقامی یا تحتی دفتر۔ف: ①اصل سے الگ ہونا۔② شاخوں، شعبوں وغیرہ میں تقسیم ہونا۔

**brand** *n.& v.* اسم: ① صنعتی سامان کا مارکہ، خصوصی نشان یا پہچان، کاروباری شناخت کا لیبل، ٹھپّہ وغیرہ۔ ② گھوڑوں، مویشیوں کو پہچان کے لیے گرم لوہے سے دیا جانے والا داغ۔ف: گرم سلاخ سے داغنا، داغ کرنا۔

**brandish** *v.* لہرانا، ہلانا، دھمکی یا نمائش کے طور پر۔

**brand new** *adj.* بالکل نیا۔

**brandy** *n.(pl.*-**ies)** ایک تندالکحلی مشروب جو پھلوں کے عرق کی تخمیر سے بنتا ہے۔

**brash** *adj.* ① اترانے، رعب جمانے والا۔② جلد باز، بے دھڑک۔ ③ گستاخ، بے تمیز۔ ●**brashly** م ف۔**brashness** اسم۔

**brass** *n.& adj.* اسم: ① تانبے اور جست کا پیلا مرکب۔② پیتل کے بنے ہوئے ساز۔③ بول چال: رقم، نقدی۔④ پیتل کی لوح یا کتبہ۔صف: پیتل کا بنا۔

**brasserie** *n.* عام طعام خانہ۔

**brassica** *n.* گوبھی کے خاندان کا پودا۔

**brassière** *n.* زنانہ انگیا۔

**brassy** *adj.***(brassier, brassiest)**، ①گستاخ، سرپھرا۔② پیتل کا۔●**brassiness** اسم۔

**brat** *n.* تحقیراً: بچہ خصوصاً بے تمیز۔

**bravado** *n.* دلیری کا مظاہرہ، اکڑفوں۔

**brave** *adj., n. & v.* صف: بہادر، جری، خطرات یا تکالیف کا مقابلہ کرنے کے لیے مستعد۔اسم، قدیم: امریکی انڈین سورما۔ف: للکارنا، بھڑ جانا، بہادری سے مقابلہ کرنا۔●**bravely** م ف۔**bravery** اسم۔

**bravo** *int.* کلمہ تائید، توصیف وتعریف۔

**bravura** *n.* شاندار، حوصلہ مندی کا کام یا مظاہرہ۔

**brawl** *n.& v.* اسم: چیخ پکار کے ساتھ لڑائی جھگڑا۔ ف: شوروغُل مچانا، لڑائی جھگڑے میں حصّہ لینا۔

**brawn** *n* ① جسمانی قوت۔②سؤر کی سری کو ابال کر تیار کی ہوئی لعاب دار ڈش۔

**brawny** *adj.* **(brawnier, brawniest)** گٹھے ہوئے جسم کا، مضبوط۔

**bray** *n. & v.* اسم: ① گدھے کی آواز، رَینک۔② کوئی کریہہ آواز۔ف: رینکنا؛ مکروہ آواز نکالنا۔

**braze** *v.* پیتل اور جست سے ٹانکا لگانا، جوڑ ملانا۔

**brazen** *adj.* ① ڈھیٹ، بدلحاظ، بےشرم، گستاخ۔ ②ادبی: پیتل کا۔□ **brazen it out** باوجود الزام ڈھٹائی سے پشیمان نہ ہونا۔●**brazenly** م ف۔

**brazier** *n.* انگیٹھی۔

**breach** *n. & v.* اسم: ① قانون شکنی، معاہدہ شکنی۔ ② قطع تعلق، عداوت، لڑائی۔ ③ شکستگی، دراڑ، رخنہ، خصوصاً جو فصیل یا مورچے میں پڑجائے۔ف: ①پار کر جانا، توڑ ڈالنا۔② قانون توڑنا یا عہد شکنی کرنا۔

**bread** *n.* ① روٹی، اکثر خمیری۔②غذا، خوراک۔

**breadline** *n.* □**on the breadline** انتہائی غربت میں۔

**breadth** *n.* عرض، پنا، چوڑائی۔

**breadwinner** *n.* کنبے کے لیے روزی کمانے والا، کماؤ۔

**break** *v. & n.* ف: **(broke، broken، breaking)** ① وار یا ضرب سے توڑنا، ٹکڑے ٹکڑے کرنا،

ٹوٹ جانا، ناکارہ ہوجانا، کسی عضو یا ہڈی کا ٹوٹنا۔② وقفہ کرنا، رخنہ ڈالنا۔ ③وعدہ ،عہد، قانون وغیرہ کی خلاف ورزی کرنا۔ ④ہمت پست ہونا یا کر دینا۔⑤ آگے نکل جانا، سبقت لے جانا (کسی سابقہ کارنامے سے) ⑥ موجوں کا بل کھا کر جھاگ دار ہونا۔⑦بالغ ہونے پر لڑکے کی آواز کا بھاری ہونا۔ ⑧ کرکٹ: ٹپا کھا کر گیند کا رُخ بدلنا۔اسم: ① شکست یا توڑنے کا عمل، رخنہ۔② وقفہ، خلل، ٹھہراؤ۔ ③ (خصوصاً فرار کے لیے) جست۔ ④ اتفاقاً ہاتھ آنے والا موقع۔ □ **break down** ① مشین میں خرابی، (تعلقات میں) بگاڑ، صحت میں خرابی۔② توڑنا، گرانا، تباہ کرنا، مدافعت کو توڑنا، (کسی شخص کو) قوت سے زیر کرنا۔③ ٹکڑوں میں تقسیم کرنا۔ **break even** بلا نفع نقصان برابر رہنا۔ **break in** ① گھس آنا (بری نیت سے) ② کسی عادت یا کسی بات سے مانوس ہونا۔

**breakable** *adj.* قابل شکست، جو آسانی سے ٹوٹ سکے۔

**breakage** *n.* ①ٹوٹی، شکستہ چیز، ٹوٹ جانے کا نقصان۔② توڑ پھوڑ۔

**breakdown** *n.* ① مشین میں ٹوٹ پھوٹ۔ ② صحت (خصوصاً دماغی صحت) کا فتور۔③ کسی معاملے میں خرابی، بگاڑ۔④ شماریات کا تفصیلی تجزیہ۔

**breaker** *n.* سمندر کی بڑی لہر جو ٹوٹ جاتی ہے۔

**breakfast** *n.* ناشتہ۔

**breakneck** *adj.* خطرناک طور پر تیز (رفتار)

**breakthrough** *n.* ①اہم دریافت یا کسی مرحلے کا عبور۔②رکاوٹ پر قابو۔

**breakwater** *n.* موجوں کا زور کم کرنے کے لیے سمندر میں بنایا ہوا پشتہ۔

**breast** *n.* ① عورت کا پستان، دونوں چھاتیوں میں سے کوئی۔②اوپری دھڑ، سینہ۔

**breastbone** *n.* سینے کی عمودی درمیانی ہڈی، سینہ جس کے ساتھ پسلیاں جڑی ہوتی ہیں۔

**breast-stroke** تیرنے میں بازوؤں سے پانی کاٹنا، مینڈک کی تیراکی۔

**breath** *n.* ① سانس، ایک بار اندر پھیپھڑوں میں کھنچے اور نکالے جانے والی ہوا۔②ہوا میں ہلکی سرسراہٹ، ہلکا جھونکا۔ □ **hold one's breath** سانس روکنا۔ **out of breath** ہانپنا، سانس پھولنا۔ **under one's breath** سرگوشی میں۔ ● **breathy** صف۔

**breathalyser** *n.* (*US* **breathalyzer**) تجارتی نام: سانس کے ذریعے خون میں الکحل کی مقدار جانچنے کا آلہ۔● **breathalyse** ف۔

**breathe** *v.* ①سانس لینا۔②زندہ ہونا۔③ کہنا، آواز نکالنا، (خصوصاً چپکے سے) بات کرنا۔

**breather** *n.* آرام کا مختصر وقفہ۔

**breathless** *adj.* ہانپتا ہوا، سانس پھولا۔

**breathtaking** *adj.* حیرت انگیز۔

**bred** BREED کا ماضی و ماضیہ۔

**breech** *n.* رائفل یا بندوق کا پچھلا حصّہ۔

**breeches** *n. pl.* گھٹنے سے نیچا جانگھیا، گھٹنا۔

**breed** *v. & n.* ف: (breeding، bred): ① جننا، پیدا کرنا۔② پھیلانا، نشر کرنا، نسل کشی کرنا۔③ تربیت کرنا، پرورش کرنا۔اسم: ① حیوانوں یا نباتات کی قسم جو ایک نوع سے تعلق رکھتے ہوں۔② نسل، وراثت۔ ③ نوع، قسم۔● **breeder** اسم۔

**breeding** *n.* ① تربیت کا اثر، رویہ، برتاؤ۔② چلن، طور طریقے جو اچھے گھرانے کی دین ہوں۔

**breeze** *n.* ہوا کا جھونکا۔ ● **breezy** صف۔

**breeze-block** *n.* ہلکی اینٹ خصوصاً جو ریت اور سیمنٹ کے ساتھ کوئلوں کا چورا ملا کر بنائی گئی ہو۔

**brethren** رک: BROTHER۔

**Breton** *n. & adj.* اسم: ① برٹنی کا باشندہ۔② برٹنی کی کیلٹک زبان۔صف: برٹنی سے متعلق۔

**breve** *n.* ① موسیقی: دو لمبے سُروں سے مل کر بنا ہوا سُر۔ ② ایک تحریری یا مطبوعہ نشان (˘) جو ایک چھوٹے یا بے نبرہ واول (حرف علّت) کو ظاہر کرتا ہے جس پر زور نہ دینا ہو۔

**breviary** *n.* (*pl.* **-ies**) مناجاتوں کا مجموعہ میں جو ماموں کردہ پادری پڑھتے ہیں۔

**brevity** *n.* اختصار، الفاظ کے استعمال میں کفایت۔

**brew** *v. & n.* ف: ① بھگونے، ابالنے اور خمیر

اٹھانے کے عمل سے بیئر وغیرہ بنانا، چائے وغیرہ اُبالنا۔ ② عمل میں لانا، جاری کرنا، جوڑنا، وضع کرنا۔ اسم: ایک وقت میں تیار کی ہوئی بیئر، شراب وغیرہ۔

**brewer** *n.* شراب تیار کرنے والا۔

**brewery** *n.* (*pl.* **-ies**) شراب کی بھٹّی۔

**briar** BRIER کا متبادل۔

**bribe** *v.* & *n.* ف: رشوت دینا، رقم یا خدمت کی صورت میں کسی کو خوش کر کے غلط اقدام کی ترغیب دینا۔ اسم: رشوت۔ ● **bribery** اسم: رشوت ستانی۔

**bric-à-brac** *n.* خوردہ عموماً پرانی اشیا، زیور، فرنیچر وغیرہ جن کی قیمت زیادہ نہ ہو۔

**brick** *n.* & *v.* اسم: ① اینٹ، بھٹی میں پکائی یا دھوپ میں سکھائی ہوئی۔ ② اینٹ کی شکل کی ٹھوس شے۔ ③ بول چال: فیاض، مہربان آدمی۔ ف: اینٹوں سے چننا۔

**brickbat** *n.* ① اینٹ کا ٹکڑا خصوصاً جو پھینکا جائے۔ ② فقرہ جس میں مذمت ہو، چوٹ ہو۔

**bricklayer** *n.* اینٹوں کی چنائی کرنے والا، راج۔

**bridal** *adj.* عروسی، دُلہن یا شادی سے متعلق۔

**bride** *n.* دُلہن، نو بیاہتا یا بیاہی جانے والی۔

**bridegroom** *n.* دولھا، شادی کے دن اور چند روز بعد تک نو بیاہتا شخص کا لقب۔

**bridesmaid** *n.* کوئی لڑکی یا بن بیاہی عورت جو شادی کے دن دُلہن کی رفاقت میں رہتی ہے۔

**bridge** *n.* & *v.* اسم: ① پل جو کسی ندی، کھڈ وغیرہ کے اُوپر سڑک، راستہ یا ریل وغیرہ کے گزرنے کے لیے تعمیر ہو؛ کوئی شے جو رابطے کا کام کرے۔ ② جہاز کا عرشہ جہاں سے کپتان ہدایات دیتے ہیں۔ ③ ناک کا بانسا۔ ④ تاش کے پتّوں کا ایک کھیل۔ ف: ① پُل کا کام دینا۔ ② پُل کی طرح فرق، فاصلہ مٹانا۔

**bridgehead** *n.* دریا یا کسی اور حائل شے کے پار دشمن کی طرف کے علاقے میں اگلا مورچہ بنانا۔

**bridgework** *n.* دندان سازی: دانتوں کے درمیانی خلا میں مصنوعی دانت۔

**bridle** *n.* & *v.* اسم: گھوڑے کے سر کا ساز۔ ف: ① گھوڑے کے منہ پر ساز چڑھانا۔ ② قابو میں لانا، روکنا۔ ③ چہرے سے ناراضگی کا اظہار کرنا۔

**bridle path** *n.* (also **bridle way**) وہ راستہ جو گھڑسواری یا پیدل چلنے والوں کے لیے ہو۔

**brief** *adj.*, *n.* & *v.* صف: تھوڑے عرصے کا، مختصر الفاظ کا، قلیل، تھوڑا۔ اسم: مقدمے کے واقعات اور قانونی نکات کا خلاصہ برائے وکیل۔ ف: کسی کارروائی کی بابت پیشگی مفصل اطلاع دینا۔ ● **briefly** م ف: مختصراً۔ **briefness** اسم: اختصار، اجمال۔

**briefcase** *n.* ایک چپٹا مستطیل صندوقچہ کاغذات وغیرہ رکھنے اور ساتھ لے جانے کے لیے۔

**briefs** *n. pl.* نیکر یا جانگھیا۔

**brier** *n.* (also **briar**) کوئی کانٹے دار جھاڑی خصوصاً جنگلی گلاب کی۔

**brig** *n.* دو مستولوں کا جہاز، چوکور بادبانوں کے ساتھ۔

**brigade** *n.* ① آرمی کا ایک یونٹ، ڈویژن کا ایک حصّہ۔ ② بول چال: کوئی ہم رنگ گروہ۔

**brigadier** *n.* بریگیڈ کی کمان کرنے والا افسر۔

**brigand** *n.* ڈاکوؤں کے گروہ کا فرد۔

**bright** *adj.* ① روشن، منور، چمک دار۔ ② ہوشیار، ذہین۔ ③ خوش باش، چونچال۔ ● **brightly** م ف۔ **brightness** اسم: چمک دمک۔

**brighten** *v.* زیادہ روشن کرنا یا ہو جانا۔

**brilliant** *adj.* & *n.* صف: ① بہت روشن، چمکیلا۔ ② غیر معمولی ذہین۔ اسم: نفیس ترین پہلو دار تراش کا ہیرا۔ ● **brilliance** اسم۔ **brilliantly** م ف۔

**brim** *n.* & *v.* اسم: ① پیالے یا کسی برتن کا کنارہ، لب۔ ② ہیٹ کا حاشیہ، چھجّا۔ ف: (**brimmed**، **brimming**) بھرنا یا کنارے تک بھرا ہونا۔

**brimstone** *n.* قدیم: گندھک۔

**brindled** *adj.* بھورا یا سیاہی مائل جس پر دوسرے رنگ کی دھاریاں ہوں (خصوصاً پالتو جانور)

**brine** *n.* ① شور، نمکین۔ ② سمندر کا پانی۔

**bring** *v.* (**brought**, **bringing**) ① لانا، لے آنا، ساتھ لانا۔ ② لانے کا سبب ہونا۔ ③ آنے کا باعث ہونا، کوئی کیفیت پیدا کرنا۔ ④ پیش کرنا، برآمد کرنا (دلیل وغیرہ) □ **bring about** پیدا، واقع، رونما کرنا۔ **bring off** کامیابی سے حاصل کرنا۔ **bring on**۔

برپا، رونما کرنا۔ **bring out** ①زور دے کر کہنا، ثابت کرنا۔ ②شائع کرنا۔ **bring up** (بچے کی) پرورش کرنا، تعلیم دینا۔

**brinjal** *n.* بیگن، بادنجان۔

**brink** *n.* ① کگر، کنارہ، دہانہ، لب کسی غار، گھاٹی، دریا وغیرہ کا۔ ②حدّ آخر۔

**brinkmanship** *n.* خطرناک راستے پر نقصان سے پہلے تک چلنے کی پالسی جبکہ بروقت پلٹ آیا جائے۔

**briny** *adj.* شور، کھاری۔

**briquette** *n.* کوئلے کا جمایا ہوا چورا بطور ایندھن۔

**brisk** *adj.* تیز، پھرتیلا، چاق وچوبند، رواں دواں۔ ●**briskly** م ف۔

**brisket** *n.* جانور کا تھن یا چھاتی (پکانے کے لیے)

**bristle** *n.* & *v.* اسم: ① چھوٹے سخت بال۔ ② مصنوعی ریشے جن سے برش وغیرہ بنتے ہیں۔ ف: ① رونگھٹے کھڑے ہونا یا کھڑے کرانا (خوف وغیرہ کے سبب) ② بھرا، گنجان ہونا۔ ③ جھلاّ ہٹ، غصّہ دکھانا۔

**Britannic** *adj.* برطانیہ کا، برطانیہ سے منسوب۔

**British** *adj.* برطانوی یا برطانیہ سے متعلق۔

**Briton** *n.* برطانیہ کا باشندہ۔

**brittle** *adj.* کرارا، پھوٹک، کھڑنک، آسانی سے ٹوٹنے والا۔ ●**brittleness** اسم: بھربھراپن۔

**broach** *v.*& *n.* ① زیر بحث لانا، چھیڑنا (موضوع کو) ② کھولنا اور استعمال شروع کر دینا۔

**broad** *adj.* صف: ① چوڑا، بڑا، کشادہ، وسیع۔ ② واضح، روشن، عیاں۔ ③ عمومی نہ کہ تفصیلی۔ ④ کسی قدر گھٹیا (مذاق وغیرہ)۔ ⑤ ٹھیٹھ یا بھونڈا (لہجہ)

**broadcast** *v.* & *n.* ف: (**broadcast**، **broadcasting**) ① ریڈیو یا ٹیلی وژن کے ذریعے معلومات یا پروگرام نشر کرنا۔ ② (بیج) بکھیر کر بونا۔ اسم: ریڈیو، ٹی وی کا نشریہ۔ ●**broadcaster** اسم۔

**broaden** *v.* وسیع ہونا یا توسیع کرنا۔

**broadly** *adv.* پھیل کر، کھل کر؛ اجمالی نظر سے۔

**broad-minded** *adj.* روادار، وسیع القلب۔

**broadsheet** *n.* بڑے سائز کا اخبار۔

**broadside** *n.* ① جہاز کے ایک ہی پہلو سے تمام توپوں کو داغنا۔ ② زبردست زبانی یورش۔

**brocade** *n.* کمخواب جس پر اُبھرواں سنہری یا روپہلی بنائی ہوتی ہے۔

**broccoli** *n.* پھول گوبھی کی طرح کی ایک سبزی، نیز اس کے پھول جو پکائے جاتے ہیں۔

**brochure** *n.* پمفلٹ یا کتابچہ جس میں معلومات درج ہوں۔

**broderie anglaise** *n.* سفید سوتی کپڑے پر پھلکاری۔

**brogue** *n.* ① مضبوط جوتا جس میں آرائشی سوراخ دار پٹیاں ہوتی ہیں۔ ② ٹھیٹھ مقامی لہجہ خصوصاً آئرستانی۔

**broil** *v.* ① سلاخوں دار چولھے یا جالی کی ٹٹی پر گوشت بھوننا۔ ② تپنا یا تپانا، خاص طور پر دھوپ میں۔

**broiler** *n.* پکانے کے لیے پالے ہوئے چوزے۔

**broke** *adj.* بول چال: خالی ہاتھ، مفلس، دیوالیہ۔

**broken** *adj.* (زبان) ٹوٹی پھوٹی (گفتگو) اٹکتی کھٹکتی

**broken-hearted** *adj.* دل شکستہ۔

**broker** *n.* & *v.* اسم: دلال، گماشتہ، بچولیا۔ ف: سودا لگانا، طے کرنا۔

**brokerage** *n.* دلالی، دلال کی دستوری۔

**brolly** *n.*(*pl.*-ies) بول چال: دستی چھتری۔

**bromide** *n.* پوٹاشیم برومائڈ سے تیار کیا ہوا نسخہ جو سکون کے لیے دیا جاتا ہے۔

**bromine** *n.* ایک گہرا، سرخ، زہریلا جھاگدار تیز بو کا مادّہ (علامت: Br)

**bronchial** *adj.* حلق کی نالی یا نرخرے سے متعلق۔

**bronchitis** *n.* حلق کی نالیوں کی جھلّی کا ورم۔

**bronco** *n* مغربی امریکا کا وحشی یا نیم سدھا گھوڑا۔

**brontosaurus** *n.* سبزی خور ڈائنوزار، لمبی کوڑا سی دم اور بھاری ٹانگوں والا۔

**bronze** *n., adj.* & *v.* اسم: تانبے اور ٹین کا مرکب، کانسی؛ اس مرکب کا رنگ یا اس سے بنی ہوئی شے۔ ف: سنولا جانا یا سنولا دینا۔

**brooch** *n.* پن سے اٹکا کر لگانے والا زنانہ زیور۔

**brood** *n.* & *v.* اسم: ① جانور (خصوصاً پرندے) کے

بچے، جو ایک جھول میں پیدا ہوں۔ ② بول چال: کسی گھر کے بچے ۔ف :①سوچ میں غرق ہونا، افسردہ، بیٹھنا۔② انڈوں پر سینے کے لیے بیٹھنا۔

**broody** *adj.*(**broodier, broodiest**) ① مرغی، انڈے سینے کے لیے تیار۔ ② افسردہ خاموش بیٹھا۔ ③ بول چال: اولاد کی خواہش مند (عورت)

**brook** *n. & v.* اسم: چھوٹی ندی، چشمہ۔ف: برداشت کرنا گوارا کرنا۔

**broom** *n.* ① لمبے دستے کی جھاڑو۔② جھاڑیوں کی ایک قسم جس میں زرد پھول آتے ہیں۔

**broomstick** *n.* جھاڑو کا دستہ۔

**broth** *n.* گوشت یا مچھلی کی یخنی۔

**brothel** *n.* قحبہ خانہ، چکلہ۔

**brother** *n.* ① بھائی، ایک ماں باپ کی اولاد، برادر۔ ② ساتھی، رفیق، کسی گروہ وغیرہ کا ساتھی رکن۔③ راہب جو پادری نہیں۔ ● **brotherly** صف۔

**brotherhood** *n.* ① بھائیوں کا باہمی رشتہ، برادرانہ دوستی، رفاقت۔ ② ہم مذاق یا یکساں دلچسپی رکھنے والے لوگوں کی انجمن وغیرہ۔

**brother-in-law** *n.* (*pl.* **brothers-in-law**) برادر نسبتی، بیوی کا دیور، جیٹھ یا نندوئی، شوہر کا سالا بہنوئی یا ہم زلف۔

**brought** BRING کا ماضی اور ماضیہ۔

**brow** *n.* ① ماتھا، پیشانی۔② بھویں، ابرو۔③ کسی پہاڑی یا درّے کی چوٹی۔

**browbeat** *v.* (**browbeat, browbeaten, browbeating**) دھمکانا، جھاڑنا۔

**brown** *adj. & v.* صف: سُرخ، زرد اور سیاہ سے مل کر بنا ہوا رنگ، بھورا جیسے لکڑی یا زمین ۔ ف: بھون کر سُرخ کرنا، دھوپ میں سیاہ ہونا یا کرنا وغیرہ۔

**browned off** *adj.* بول چال: اکھڑا، بددل۔

**browse** *v.* ① سرسری طور پر یا بے ربطی سے مطالعہ کرنا۔② گھاس چرنا، کُتر کُتر کر پتیاں وغیرہ کھانا۔

**bruise** *n. & v.* اسم: نیل؛ رگڑ یا چوٹ کا نشان۔ ف: نیل ڈالنا، چوٹ لگانا۔

**bruiser** *n.* لمبا چوڑا، دبنگ آدمی۔

**brunch** *n.* دیر سے کیا جانے والا ناشتہ۔ [بریکفسٹ+لنچ]

**brunette** *n.* گہرے بھورے بالوں والی عورت۔

**brunt** *n.* حملے کا زور، دھکّا، کسی کام کا اصل دباؤ۔

**brush** *n. & v.* اسم: ① برش، ریشوں یا تاروں وغیرہ کا، مختلف کاموں کے لیے مستعمل جیسے صفائی، رگڑائی، نقاشی، بال سنوارنا وغیرہ۔② برش سے کام لینے کا عمل۔ ③ مختصر ناخوشگوار سابقہ، مچیٹا، معرکہ، دو دو ہاتھ۔ ④ لومڑی کی گپھے دار دُم۔ ف : ① برش سے صاف کرنا، جھاڑنا، رنگ وغیرہ پھیرنا۔② سرسری طور پر بھڑنا، رگڑ لگانا۔ □ **brush aside** سرسری طور پر رد یا رخصت کر دینا۔ **brush off** نامنظور کرنا، بے عزت کرنا، ٹرخانا، ٹالنا، چلتا کرنا۔ **brush up** ① صاف کرنا، سنوارنا۔② کسی مضمون میں اپنی معلومات کو تازہ کرنا۔

**brushwood** *n.* ① جھاڑ جھنکاڑ۔② درخت کے نیچے اُگنے والے پودے۔

**brusque** *adj.* روکھا پن، اکھڑ پن، بے دلانہ انداز برتاؤ یا بات چیت میں۔● **brusquely** م ف۔

**Brussels sprout** *n.* گوبھی کی ایک قسم۔

**brutal** *adj.* ① ظالم، وحشی۔② سخت گیر، درشت، بے رحم۔● **brutality** اسم۔ **brutally** م ف۔

**brutalize** *v.* (also **-ise**) ① ظلم کرنا۔② اکھڑپن یا درشتی سے پیش آنا۔● **brutalization** اسم۔

**brute** *n. & adj.* اسم: ① خونخوار، وحشی آدمی یا جانور۔ ② بول چال: اجڈ، ناشائستہ آدمی۔ ③ ناگوار شخص یا شے۔ صف: ① استدلال سے عاری۔② سوچ بچار سے عاری، محض مادّی۔● **brutish** صف۔

**BS** تخفیف: British Standard(s)۔

**BST** تخفیف: British Summer Time۔

**bubble** *n.& v.* اسم: بلبلہ، شیشے وغیرہ کی تیاری میں بند رہ جانے والی ہوا۔ ف :① جھاگ یا بلبلے اٹھانا۔② جوش کھانے، کھد بد کی آواز کرنا۔● **bubbly** صف۔

**bubonic plague** *n.* ایک وبائی جراثیمی بیماری پلیگ جس کی علامات بخار، سرسام اور گلٹیاں ہیں۔

**buccaneer** *n.* ① قزاق۔② غیر محتاط مہم جو۔

**buck** *n. & v.* اسم: ① مختلف جانوروں کا نر جیسے

ہرن، خرگوش۔ ② بول چال:پوکر کے کھیل میں جس کھلاڑی کی چال ہواس کے سامنے یاد دہانی کے لیے رکھی ہوئی شے۔③ امریکا وغیرہ: ڈالر۔ ف:① کمر ابھار کر اور پاؤں کو جوڑ کر اوپر اچھلنا (گھوڑے کا) ② بول چال: مخالفت کرنا،مدافعت کرنا۔ □ **buck up** حوصلہ بڑھانا، ہمت افزائی کرنا۔ **pass the buck** ذمّہ داری کسی اور کی طرف منتقل کردینا۔

**bucket** *n. & v.* اسم:①بالٹی مع دستہ، پانی کے لیے مستعمل۔② **(buckets)** بول چال: بڑی مقدار خصوصاً مینہ کے پانی یا آنسوؤں کی۔ ف: بول چال: دھواں دھار برسنا(خصوصاً مینہ کا)

**buckle** *n. & v.* ①:پیٹی، پٹی وغیرہ کسنے کا بکسوا۔ف: بکسوا چڑھانا، باندھنا۔②دباؤ کے تحت پچکنا،ٹوٹ پھوٹ جانا۔ □ **buckle down to** کام وغیرہ کے لیے مستعد ہونا۔

**buckram** *n.* کھردرا سوتی کپڑا یا کوئی اور موٹا کلف دار پارچہ جس کا استر دیتے ہیں یا کتاب کی جلد میں لگاتے ہیں۔

**bucolic** *adj.* چرواہوں سے متعلق؛دیہی، دیہاتی انداز کا، بھدّا۔

**bud** *n. & v.* اسم: کلی،شگوفہ،ادھ کھلا پھول۔ف: **(budding،budded)** ① کلی کی صورت میں تشکیل پانا۔② ترقی کے راستے پر پڑنا، بڑھنا۔

**budding** *adj.* نیا،ابھرتا ہوا یا کامیاب ہوتا۔

**Buddhism** *n.* بدھ مت، ایشیا کے وسیع علاقوں میں پھیلا ہوا مذہب یا فلسفہ جس کے بانی گوتم بدھ تھے۔● **Buddhist** اسم وصف۔

**buddleia** *n.* ایک درخت یا جھاڑی جس میں خوشبودار قرمزی، زرد یا سفید پھول کھلتے ہیں۔

**buddy** *n.(pl. -ies)* امریکا،بول چال: (عموماً تخاطب کے طور پر)یار،عزیز،ساتھی۔

**budge** *v.* ذرا سی جنبش کرنا۔

**budgerigar** *n.* طوطے کی نسل کی چھوٹی چڑیا،اصلاً آسٹریلیائی جو کئی رنگ کی ہوتی ہے۔

**budget** *n. & v.* اسم:① کسی خاص مد کے لیے درکار یا مہیا رقم۔② آمدنی کی نسبت سے اخراجات کا اندازہ یا منصوبہ۔ف: بجٹ میں رقم مختص کرنا۔

**buff** *n. & v.* اسم:① ہلکا بھورا بادامی رنگ۔② بول چال: سرگرم،کسی کام کا شوقین۔ف: چمکانا، پالش کرنا۔ **in the buff** بول چال: چم ننگا۔

**buffalo** *n.(pl.* same or **buffaloes)** ① بھینس، بھینسا۔②شمالی امریکا کا ارنا بھینسا بائزن۔

**buffer** *n. & v.* اسم:① ٹکرروک،جو تصادم کو روکنے کے لیے ہوتا ہے۔②بول چال: سٹھیایا ہوا بوڑھا آدمی۔ف:ٹکرروک کا کام کرنا۔

**buffet**[1] *n.* ① کمرہ یا دکان کا پیش تختہ جہاں کھانے پینے کی چیزیں خریدی جا سکیں۔ ② دعوت جس میں سب خود اپنی پلیٹوں میں کھانا نکالیں۔

**buffet**[2] *v. & n.* ف: دھڑ دھڑانا، بار بار جھنجھوڑنا، ٹکرانا، دھکیلنا۔اسم: ① تھپڑ،ضرب ،وار۔②دھچکا۔

**buffoon** *n.* ① مسخرا،نقال۔②بیوقوف آدمی۔ ●**buffoonery** اسم: مسخرہ پن۔

**bug** *n. & v.* اسم:① کوئی چھوٹا حشرہ یا کیڑا، پتنگا۔② بول چال:خورد حشرہ خصوصاً جرثومہ یا اس کی پیدا کردہ بیماری۔③بول چال:خفیہ آواز ریکارڈ کرنے والا آلہ۔④ بول چال: کمپیوٹر کے پروگرام یا نظام میں کوئی گڑبڑ۔ف:**(bugging،bugged)** ① بول چال: آواز خفیہ طور پر ریکارڈ کرنے کے لیے آلہ کہیں چپکے سے نصب کردینا۔② تنگ کرنا، پریشان کرنا۔

**bugbear** *n.* شے جس سے چڑ یا وحشت ہو۔

**bugger** *n. & int.* بازاری،اسم:① مکروہ، ناپسندیدہ شخص؛کسی خاص وضع کا آدمی۔②اغلام باز۔ فجائیہ: ناراضگی کا اظہار (damn)

**buggery** *n.* مقعد میں دخول،اغلام۔

**buggy** *n. (pl. -ies)* ①ایک ہلکی دو پہیّوں کی گھوڑا گاڑی۔② ہلکی تہ ہوجانے والی بچہ گاڑی۔

**bugle** *n.* پیتل کا ساز، بگل۔ ●**bugler** اسم۔

**build** *n.* **(built, building)** ف:تعمیر کرنا، بنانا، ساخت کرنا۔ اسم:① جسم خصوصاً انسانی۔②خصوصی وضع، ساخت۔□ **build up** ① اضافہ کرنا۔② تدریجاً قائم کرنا، بڑھانا۔●**builder** اسم۔

**building** *n.* عمارت، چھت اور دیواروں کے ساتھ۔

**building society** *n.* عوامی مالیاتی ادارہ جو سرمایہ کاروں سے سود پر رقم وصول کرتا اور مکان کی ضمانت پر قرضہ دیتا ہے۔

**built-in** *adj.* جو کسی تعمیر کا لازمی حصّہ ہو۔

**built-up** *adj.* مکانات سے پُر (علاقہ)

**bulb** *n.* ① گٹھی پیاز وغیرہ کی؛ بعض ترکاریوں کا زیر زمین اُگنے والا نرم گودے دار کھانے والا حصّہ۔ ② بجلی کی روشنی کا قمقمہ، کپی۔ ● **bulbous** صف۔

**bulge** *n. & v.* اسم: سطح کا ابھار، گومڑا، پھوڑا۔ ف: باہر کی طرف اُبھرنا، پھیلنا، پھولنا، پھیلانا، پُر ہونا۔

**bulimia** *n.* (in full **bulimia nervosa**) ① ہوکا، جوع البقر۔ ② ایک مرض جس میں شدید بھوک کے دورے پڑتے ہیں اور اس کے بعد دانستہ قے، الٹی، یا فاقہ۔ ● **bulimic** صف۔

**bulk** *n. & v.* اسم: حجم، ضخامت، کوئی بڑی ہیئت، جسم یا ڈیل ڈول، بہت بڑی مقدار۔ ف: ① حجم یا اہمیت میں (زیادہ) محسوس ہونا۔ ② ضخامت بڑھانا۔

**bulkhead** *n.* جہاز، طیّارے، گاڑی وغیرہ میں درجوں کی درمیانی پردے کی دیوار۔

**bulky** *adj.* (**bulkier, bulkiest**) ① بہت جگہ گھیرنے والا۔ ② بے ہنگم، جس کا سنبھالنا مشکل ہو۔

**bull** *n.* ① بیل یا وھیل، ہاتھی اور بعض دوسری بھاری بھرکم مخلوق کا نر۔ ② نشانے کا مرکز۔ ③ اُسقف اعظم (پوپ) کا فرمان۔ ④ بول چال: فضول بات۔

**bulldog** *n.* ایک مضبوط بھاری بھرکم کتا جس کا سر بڑا اور بال سیدھے ہوتے ہیں۔

**bulldozer** *n.* ایک طاقتور ٹریکٹر جس سے زمین کو صاف اور ہموار کرنے کا کام لیا جاتا ہے۔

**bullet** *n.* رائفل، ریوالور وغیرہ کی گولی۔

**bulletin** *n.* مختصر سرکاری خبرنامہ۔

**bullfight** *n.* بیل کو شہ دے دے کر بلانے اور عموماً آخر میں مار دینے کا کھیل تماشا خصوصاً اسپین میں۔

**bullion** *n.* چاندی یا سونا بڑی مقدار میں۔

**bullock** *n.* خصّی بیل۔

**bullseye** *n.* نقطۂ ہدف، نشانے کا مرکز۔

**bullshit** *n.* بازاری: فضول، لغو۔

**bully** *n. & v.* اسم: (ج: **-ies**) دھونس دینے، ڈرا دھمکا کر کام نکالنے والا شخص۔ ف: (**-ied، -ies**) پیچھے پڑ جانا، دھمکیاں دینا۔ □ **bully off** ہاکی کے کھیل کا آغاز جس میں دو مخالف کھلاڑی آپس میں تین مرتبہ ہاکی ٹکرا کر گیند کو لینے کی کوشش کرتے ہیں۔

**bulrush** *n.* نرسل کی طرح کا ایک پودا جس سے (ٹوکریاں وغیرہ) بنی جاتی ہیں۔

**bulwark** *n.* ① پشتہ، دمدمہ؛ موج شکن بند۔ ② آڑ، روک پشت پناہ۔ ③ جہاز کا وہ حصّہ جو عرشے کے اوپر ہوتا ہے۔

**bum** *n.* بول چال: ① چوتڑ۔ ② آوارہ گرد، ناکارہ۔

**bumble** *v.* ① اکھڑی اکھڑی باتیں کرنا۔ ② چُوکنا، سخت غلطی کرنا۔ ③ بھنبھنانا، گنگنانا۔

**bumble-bee** *n.* بھونرا۔

**bumf** *n.* (also **bumph**) بول چال: کاغذ کے پُشتارے، دستاویزات۔

**bump** *n. & v.* اسم: ① بے ہنگم آواز کی ضرب یا ٹکراؤ۔ ② اس سے پیدا ہونے والا گومڑا، پچکن یا گڑھا وغیرہ۔ ③ کسی سطح پر اونچ نیچ، ناہمواری۔ ف: ① دھکّا کھانا یا لگانا، آپس میں ٹکرانا۔ ② جھٹکے کھاتے ہوئے جانا۔ ● **bumpy** صف: اونچی نیچی، جھٹکے دار۔

**bumper** *n.* اسم: گاڑی کے آگے اور پیچھے لگا ہوا ٹکر روک۔ صف: غیر معمولی طور پر بڑا یا قابل لحاظ۔

**bumpkin** *n.* گنوار یا انگھڑ، ناقابل صحبت آدمی۔

**bumptious** *adj.* مغرور، خردماغ۔

**bun** *n.* ① گول، چپٹا، میٹھا، عموماً کشمش وغیرہ ملا ہوا بن، بند۔ ② بن کی طرح باندھا ہوا جُوڑا۔

**bunch** *n. & v.* اسم: ① گچھا، ملا کر باندھی ہوئی چیزیں یا اجزا۔ ② ٹکڑی، جمگھٹ، زمرہ، قبیل، گروہ۔ ف: ٹکڑی میں، گچھے میں یکجا کرنا یا ہونا۔

**bundle** *n. & v.* اسم: ① پلندہ، بنڈل، پشتارہ۔ ② بول چال: بھاری رقم۔ ف: ① بنڈل بنانا، پلندہ باندھنا۔ ② جلدی میں کسی جگہ گھسانا، ٹھونس دینا۔

**bung** *n. & v.* اسم: ڈاٹ، ڈھکنا خصوصاً پیپے کا۔ ف: ① ڈاٹ لگانا، سربند کرنا۔ ② بول چال: پھینکنا، اچھالنا۔

**bungalow** *n.* ایک منزلہ گھر۔

**bungee jumping** *n.* لچکدار ڈوری باندھ کر بہت اونچائی سے کودنے کا عمل۔

**bungle** *v. & n.* ف: کام بگاڑنا، گڑبڑ کرنا۔ اسم: ناکام کوشش؛ بگڑا ہوا کام۔ ● **bungler** اسم۔

**bunion** *n.* پاؤں کے گٹّے، خصوصاً انگوٹھے کے جوڑ پر گوکھرو۔

**bunk** *n.* دیوار سے ملی سونے کے لیے بنی ہوئی جگہ۔ □ **do a bunk** بول چال: جلدی سے چمپت ہونا۔

**bunker** *n.* ① تیل ذخیرہ کرنے کی بڑی ٹنکی یا خانہ۔ ② زمین دوز پناہ گاہ۔ ③ گولف کے میدان میں ریت سے بھرا گڑھا بطور رکاوٹ۔

**bunkum** *n.* بول چال، قدیم: فضول بات۔

**Bunsen burner** *n.* سائنسی تجربوں میں مستعمل بڑی حرارت دینے والا گیس کا چولھا۔

**bunting** *n.* ① مختلف بیج چگنے والی چڑیوں میں سے کوئی جیسے گھریلو چڑیا۔ ② آرائشی جھنڈیاں وغیرہ۔

**buoy** *n.* سطح پر تیرنے والا نشان خبردار کرنے یا راستہ بتانے کے لیے۔ □ **bouy up** ①ترائے رکھنا۔ ② ہمّت بندھائے رکھنا، حوصلہ دلانا۔

**buoyant** *adj.* ① تیرنے یا اُبھر کر آنے کی قدرت رکھنے والا۔ ② زندہ دل۔ ● **buoyancy** اسم۔

**bur** *n.* (also **burr**) مہین روئیں یا کانٹے دار بیج دان یا پھول نما خول، ڈوڈا۔

**burble** *v.* بے ربط گفتگو کرنا، دھیمی، غیر واضح آواز نکالنا، بڑبڑانا، منمنانا، بُدبُدانا۔

**burden** *n. & v.* اسم: ① بوجھ، وزن خصوصاً بھاری۔ ② زحمت طلب، بھاری خدمت، صرفہ یا جذباتی آزمائش وغیرہ۔ ف: لادنا، بوجھ یا دباؤ ڈالنا، ستانا۔

**bureau** *n.*(*pl.* **bureaux** or **bureaus**) ① کسی مخصوص کام کے لیے قائم کردہ شعبہ، سرکاری محکمہ۔ ② لکھنے کی میز جس میں درازیں ہوں۔

**bureaucracy** *n.* (*pl.* **-ies**) افسر شاہی، ایک مرکزی تنظیم کے ذریعے حکومت خصوصاً بے لچک۔

**bureaucrat** *n.* افسر شاہی نظام کا کوئی عہدے دار۔ ● **bureaucratic** صف۔

**burgeon** *v.* تیزی سے پنپنا، پھبکنا، کونپلیں بنانا۔

**burger** *n.* بول چال: ہیمبرگر۔

**burglar** *n.* نقب زن۔ ● **burglary** اسم: نقب زنی۔ ● **burgle** ف: نقب لگانا۔

**burgundy** *n.* (*pl.* **-ies**) ① سُرخ شراب (وائن) ② شراب جیسا لال رنگ۔

**burial** *n.* مردے کی تجہیز و تدفین۔

**burlesque** *n. & v.* اسم: مزاحیہ خاکہ یا نقّالی۔ ف: خاکہ اڑانا، مزاحیہ نقالی کرنا۔

**burly** *adj.* (**burlier, burliest**) اچھے ڈیل ڈول والا، ہٹّا کٹّا۔ ● **burliness** اسم۔

**burn**[1] *v. & n.* ف: (**burnt** یا **burned**، **burning**) ① آگ میں جلنا یا جلانا، بھسم کرنا یا ہونا۔ ② آگ سے جلنا، بھڑکنا، روشن ہونا، آگ کی صورت میں یا آگ جیسا ہونا۔ ③ ایندھن کے طور پر استعمال ہونا یا کرنا، جل کر مر جانا یا جلا کر مار دینا، سنسنی یا درد محسوس کرنا یا دینا۔ ④ جذبات سے مضطرب، مشتعل ہونا یا کرنا۔ اسم: جلنے کا نشان، داغ، چرکا، جھلسا۔

**burn**[2] *n.* اسکاچ: چھوٹی ندی۔

**burner** *n.* گیس کے چولھے یا لیمپ وغیرہ کی لو دینے والی بتی۔

**burning** *adj.* ① شدید، نہایت۔ ② معرکہ آرا، جس پر بہت بحث چھڑی ہو ③ کھلا، ظاہر۔

**burnish** *v.* رگڑ کر چمکانا۔

**burnt** BURN کا ماضی و ماضیہ۔

**burp** *v. & n.* بول چال، ف: ڈکار لینا۔ اسم: ڈکار۔

**burr** *n. & v.* اسم: ① سرسر یا گھر گھر کی مسلسل آواز۔ ② حرف R یا ر کی زور دے کر ادائیگی۔ ③ bur کا متبادل۔ ف: گھر گھر سرسر کرنا۔

**burrow** *n. & v.* اسم: خرگوش وغیرہ کا بھٹ۔ ف: ① زمین کھود کر بھٹ میں رہنا۔ ② روپوش ہونا۔ ③ تحقیق جستجو کرنا۔

**bursar** *n.* خزانچی خصوصاً تعلیمی درسگاہ کا۔

**bursary** *n.*(*pl.*-**ies**) ① مالی عطیہ خصوصاً وظیفہ۔ ② برسر کا عہدہ یا دفتر۔

**burst** *v. & n.* ف: ① (**bursting**، **burst**) پھٹ پڑنا، پھاڑنا، زبردستی کھولنا، دھماکے سے کھلنا یا

ترخنا۔ ②اچانک ڈرامائی انداز میں یا زور لگا کر نکل بھاگنا، اُبل پڑنا۔ ③ اچانک نمودار ہونا ،یکایک کچھ بولنے یا کرنے لگنا۔ اسم: ① زور سے ٹوٹنے کا عمل۔ ② جست، سرپٹ دوڑ، یکبارگی زور، دھکّا، کوشش۔

**bury** *v.* **(buried, burying)** ① لاش کو دفن کرنا، زمین کھود کر گاڑنا۔② سطح زمین کے نیچے چھپانا۔ ③ منہمک، مشغول ہونا۔

**bus** *n. & v.* اسم: (ج: **buses** یا امریکا: **busses**)ایک بڑی سواری گاڑی خصوصاً پبلک کے لیے، مقررہ راستے پر چلنے والی۔ ف: بس سے سفر کرنا۔

**busby** *n.(pl.*-**ies)** لمبی سمور کی ٹوپی۔

**bush** *n.* ① جھاڑی یا جھاڑیوں کا گھنا سلسلہ۔② اس سے ملتی جلتی شے جیسے بال یا سمور۔ ③ اجاڑ اراضی یا جنگل۔④ گول سوراخ کے لیے جس میں کوئی دھرا گھومتا ہو، دھات کا استر، غیر موصل بنانے کے لیے حاجز خول یا غلاف۔ □ **beat about the bush** اصل نکتے سے ہٹ کر بے نتیجہ بحث کرنا۔

**bushy** *adj.* **(bushier, bushiest)** جھاڑی دار، جھاڑیوں کی طرح گھنی۔

**business** *n.* ① کسی کا پیشہ، عام مشغلہ یا کاروبار۔ ② کسی کی خاص دلچسپی کا شغل یا ذمّہ داری کا کام۔ ③فرض منصبی، آمد کی وجہ، سبب، کام۔ ④ معاملہ، جھگڑا، قصہ، امر۔ ⑤مصروفیات، مشغولیات کا سلسلہ۔ ⑥خرید و فروخت، کاروبار، کاروباری ادارہ یا کمپنی۔

**businesslike** *adj.* کارگزار، باقاعدہ، عملی۔

**businessman** *n.* (*pl.* **-men)** کاروباری، خصوصاً اعلیٰ سطح کا۔

**busker** *n.* عطیہ کی امید میں مفت گانے بجانے والا خصوصاً راستوں پر۔ ● **busk** ف۔

**busman's holiday** *n.* ایسی تفریح جو عام کام سے تعلق رکھتی ہو۔

**bust** *n. & v.* اسم: ①انسانی اوپری دھڑ خصوصاً زنانہ چھاتیاں۔ ② سینے کی ناپ۔③ سر و سینہ کا مجسّمہ ، صف: بول چال: تڑخنا، ٹوٹا، پھوٹا۔ □ **go bust** دوالیا ہونا، ناکام ہونا۔

**bustle** *v. & n.* ف: جتا جتا کر، رعب جماتے ہوئے کام کرنا، جلد بازی کرنا۔ اسم: ① مارا مار، کھلبلی، ہنگامہ۔ ② تاریخ: سائے کے اندر لگا ہوا تار یا بھراؤ جو اسے پیچھے سے پھلائے رکھتا تھا۔

**busy** *adj.* **(busier, busiest)** ① منہمک، مشغول۔② نہایت مصروف، مسلسل کام میں گھرا ہوا۔ ● **busily** م ف۔

**busybody** *n.* (*pl.* **-ies)** ① دخل در معقولات کرنے والا۔② فسادی۔

**but** *conj., prep. & adv.* حرف عطف: ① تاہم، مگر، البتہ۔ ② سوائے، بجز۔ حرف جار: علاوہ، بغیر، اگرچہ، لیکن۔ م ف: صرف، بس، اتنا ہی۔

**butane** *n.* گیس کی حالت میں ہائڈروکاربن جو مائع حالت میں ایندھن کے طور پر استعمال ہوتا ہے۔

**butch** *adj.* بول چال: مردانہ، مضبوط۔

**butcher** *n. & v.* اسم: ① گوشت فروش، قصائی، قصّاب، جانور حلال کرنے والا۔ ② خونخوار، ظالم۔ ف: جانور ذبح کرنا، گوشت کاٹنا۔ ● **butchery** اسم۔

**butler** *n.* کسی گھرانے کا اوّل ملازم۔

**butt** *v. & n.* ف: ① سینگ مارنا، ٹکّر دینا، دھونسنا۔② کسی شے کے چوڑے سرے کا کسی سطح یا ایسے ہی سرے سے جا ملنا۔ اسم: ① سر کی ٹکّر۔② دوسروں کا باہم جوڑ۔ ③ نقلِ محفل، جو طنز یا مذاق کا نشانہ بنے۔ ④ **(butts)** نشانے کی حد، مار، نشانہ، ہدف۔ ⑤ ہتھیار وغیرہ کا دستہ۔ ⑥ سگریٹ سگار کا بچا ہوا ٹکڑا۔ ⑦ بول چال: سُرین، چوتڑ۔ □ **butt in** مخل ہونا، آٹپکنا۔

**butter** *n. & v.* اسم: مکھن جو چھاچھ کو بلو کر نکالا جاتا ہے۔ ف: مکھن پھیرنا، لگانا یا مکھن کے ساتھ پیش کرنا۔ □ **butter up** بول چال: خوشامد، چاپلوسی کرنا۔

**buttercup** *n.* جنگلی پودا جس کے پھول زرد اور پیالے کی شکل کے ہوتے ہیں، گل اشرفی۔

**butterfly** *n.* (*pl.* **-flies)** ① تتلی، تیتری جسکے عموماً شوخ رنگ کے پر ہوتے ہیں ۔ ② اوچھا، نمائش کرنے والا آدمی۔ □ **butterfly stroke** دونوں ہاتھ ایک ساتھ آگے بڑھا کر تیرنے کا ایک طریقہ۔

**buttermilk** *n.* چھاچھ، لسّی، مٹھا۔

**butterscotch** *n.* ایک کراری ٹافی کی طرح کی

مٹھائی جو مکھن اور بھوری شکر سے تیار کی جاتی ہے۔

**buttock** *n.* سرین، دونوں چوتڑوں میں سے کوئی۔

**button** *n.& v.* اسم: ① بٹن، تکمہ، کاج میں اٹکانے کے لیے یا صرف نمائشی۔ ② برقی آلات کو چلانے، بند کرنے کا بٹن یا کھٹکا۔ ③ کوئی چھوٹی گول شے، بٹن جیسی شے۔ف: بٹن لگانا، ٹانکنا۔

**buttonhole** *n. & v.* اسم: ① بٹن لگانے کا کاج۔ ② کالر کے کاج پر لگا ہوا پھول یا گُچھا وغیرہ۔ ف: کسی کو زبردستی ٹھہرا کر بات کرنا۔

**buttress** *n. & v.* اسم: ① دیوار کے سہارے کے لیے جڑ کے قریب بنا ہوا پشتہ۔ ② سہارا، مددگار، پشت پناہ۔ف: پشتہ بنانا۔

**butty** *n.(pl.*-**ies)** بول چال: سینڈوچ۔

**buxom** *adj.* (عورت کے لیے) گداز، بھرے بھرے جسم، صحت مند، اُبھرے ہوئے سینے والی۔

**buy** *v. & n.* ف: **(buying،bought)**① دام وغیرہ دے کر لینا، خریدنا۔ ② بول چال: قبول کرنا، منظور کرنا۔ اسم: سودا، خریداری۔ ● **buyer** اسم۔

**buyout** *n.* کسی کو دام دے کر ملکیت یا حصّہ داری سے دستبردار کرانا۔

**buzz** *n. & v.* اسم: ① بھنبھناہٹ، شہد کی مکھی وغیرہ کی۔ ② بول چال: ٹیلیفون کی گھنٹی۔ ③ بول چال: جوش وخروش، خوش آئند سنسنی۔ ④ بول چال: افواہ۔ ف: ① بھن بھن کرنا۔ ② کسی جگہ کام کاج وغیرہ کی گرما گرمی، گہما گہمی نظر آنا۔ ③ کسی دوسرے جہاز کے قریب سے بہت تیز رفتاری سے اڑنا۔

**buzzard** *n.* شکرے کے خاندان کا ایک بڑا شکاری پرندہ۔

**buzzer** *n.* گھنٹی سے مشابہ برقی آلہ جو بھنبھناہٹ یا لٹّو کی سی آواز نکالتا ہے۔

**buzzword** *n.* بول چال: ٹیکنیکل یا کمپیوٹر سے تعلق رکھنے والا کوئی خصوصی فنی محاورہ، لفظ۔

**by** *prep. & adv.* حرف جار: ① نزدیک، برابر میں۔ ② ذریعے، واسطے یا سبب سے۔ ③ فلاں وقت تک، جونہی۔ ④ سے آگے، سے پرے، میں سے، براہ۔ م ف: ① نزدیک۔ ② ایک طرف۔ ③ سے گزر کر۔ □ **by and by** عنقریب، آخرکار۔ **by and large** مجموعی طور پر، سب کچھ دیکھتے ہوئے۔ **by oneself** ① بغیر کسی کی مدد کے۔ ② تنہا، اکیلا۔

**bye** *n.* ① کرکٹ: زائدرن اس گیند پر جو بلّے باز کے پاس سے ٹکرائے بغیر گزر جائے۔ ② اس کھلاڑی کی حیثیت جو مقابل کے نہ آنے پر جیتا ہوا شمار ہو اور اگلے دور میں شامل ہوجائے۔

**by-election** *n.* ضمنی انتخاب، کسی ایک حلقے میں رکن پارلیمنٹ کا انتخاب خالی جگہ کو پُر کرنے کے لیے جو حکومت کی مقررہ میعاد کے اندر خالی ہو۔

**bygone** *adj.* صف: قدیم، پرانا، عتیق۔ □ **let bygones be bygones** گزشتہ پر خاک ڈالو۔

**by-law** *n.* ① مقامی انتظامیہ یا بلدیہ کا بنایا ہوا قانون۔ ② کمپنی یا سوسائٹی کے اپنے ممبران کے لیے بنایا ہوا اصول یا ضابطہ۔

**byline** *n.* اخبار وغیرہ میں وہ سطر جس میں کسی مضمون کے لکھنے والے کا نام ہو۔

**byname** *n.* متبادل یا ثانوی نام، عرف۔

**bypass** *n. & v.* اسم: ① کسی شہر کے گرد یا اس کے مرکز سے گزرنے والی سڑک جو سیدھی گزر جانے والی گاڑیوں کے لیے متبادل راستہ فراہم کرے۔ ② دل پر عمل جراحی کے وقت دوران خون کے لیے متبادل راستہ۔ ف: ① بچ کر نکلنا۔ ② متبادل راستہ مہیّا کرنا۔

**byplay** *n.* کسی فلم یا ڈرامے کا ثانوی قصّہ۔

**by-product** *n.* کسی (صنعتی) پیداوار کے سلسلے میں اتفاقی یا ضمنی طور پر تیار ہونے والی دوسری شے۔

**byre** *n.* گایوں کا باڑا۔

**byroad** *n.* چھوٹی سڑک۔

**bystander** *n.* تماشائی جو صرف پاس کھڑا ہو مگر شریک نہ ہو۔

**byte** *n.* کمپیوٹر: آٹھ ثنائی اعداد کا مجموعہ جو اکثر ایک حرف یا علامت کا ترجمان ہوتا ہے۔

**byway** *n.* چھوٹی سڑک یا پگ ڈنڈی۔

**byword** *n.* ضرب المثل، زبان زد مقولہ، کہاوت۔

# Cc

**C** ①(رومن رقم اعداد) ۱۰۰۔②عنصر کاربن کی علامت۔ ③ تخفیف: centigrade؛ celsius۔

**c.** تخفیف:① ©copyright کاپی رائٹ۔ ②century۔ ③cent(s)۔

**Ca** عنصر calcium کیلیسم کی علامت۔

***ca.*** تخفیف: *circa* (about) تقریباً۔

**cab** *n.* ① ٹیکسی، کرایے پر چلنے والی کار۔ ② لاری، ریل گاڑی، کرین وغیرہ میں ڈرائیور کی نشست۔

**cabal** *n.* ① خفیہ سازش۔ ② سیاسی دھڑا یا فریق۔

**cabaret** *n.* نائٹ کلب یا ریستوراں میں تفریحی پروگرام جو مہمان میزوں پر کھانا کھاتے میں دیکھتے ہیں۔

**cabbage** *n.* گوبھی کی ترکاری۔

**cabby** *n.* (*pl.* **-ies**) بول چال: ٹیکسی ڈرائیور۔

**caber** *n.* طاقت کے امتحان کے کھیل میں استعمال ہونے والا درخت کا کھردرا تنا یا گدّا۔

**cabin** *n.* ① چھوٹی کٹیا خصوصاً لکڑی کی بنی ہوئی۔ ② طیارے یا جہاز میں مسافروں یا عملے کا کمرہ۔

**cabinet** *n.* ① خانے دار الماری۔ ② **(the Cabinet)** کابینہ، بزرگ وزیروں کی مجلس جو حکومت کی پالیسی وضع کرنے کی ذمّہ دار ہو۔

**cabinet maker** *n.* کاریگر، بڑھئی خصوصاً اعلیٰ فرنیچر تیار کرنے والا۔

**cable** *n.* ① سن یا تاروں کی بٹی ہوئی رسّی۔ ② برقی رو یا اشارات کی ترسیل کے لیے منڈھے ہوئے (حاجز) تار۔ ③ تار برقی پیغام۔

**cable car** *n.* رسّوں سے لٹکتا ہوا خانہ جو ایک انجن کھینچ کر پہاڑیوں کے درمیان لاتا لے جاتا ہے۔

**cable television** *n.* تاروں کے ذریعے ٹی وی کی نشریات خریداروں تک پہنچانے کا سلسلہ۔

**cabriolet** *n.* ① ہلکی دو پہیا چھتری دار گاڑی۔ ② تہ ہونے والی چھت کی موٹر کار۔

**cabriolet** *n.* ① ہلکی دو پہیا چھتری دار گاڑی۔ ② تہ ہونے والی چھت کی موٹر کار۔

**cacao** *n.* ① ایک پھلی جس کے بیجوں سے کوکو اور چاکلیٹ بنتی ہے۔

**cache** *n.* & *v.* اسم: چور خانہ، دولت، رسد یا گولہ بارود چھپانے کی جگہ۔ ف: چور خانے میں رکھنا۔

**cachet** *n.* ① امتیازی نشان یا مہر۔ ② وقار۔

**cackle** *n.* & *v.* اسم: ① مرغی کی کڑکڑاہٹ۔ ② بے ہنگام چیخ یا قہقہہ۔ ③ فضول کی بک بک۔ ف: ① کڑکڑاہٹ کرنا، کڑکڑانا۔ ② بے کار زور زور سے بولنا۔

**cacophony** *n.*(*pl.* **-ies**) غُل غپاڑا، بدآہنگ شور وغوغا۔ ● **cacophonous** صف: بدآواز۔

**cactus** *n.*(*pl.* **cacti** or **cactuses**) ناگ پھنی، رسنے والا پودا جس کے ڈنٹھل عموماً کانٹے دار ہوتے ہیں۔

**cad** *n.* قدیم: سفلہ، کمینہ شخص (خصوصاً مرد)

**cadaver** *n.* لاش۔

**cadaverous** *adj.* لاش کی طرح، زرد، پیلا۔

**caddie** *n.* & *v.*(also **caddy**) اسم: گولف کے کھیل میں کھلاڑی کی چھڑیں وغیرہ اٹھا کر ساتھ چلنے والا آدمی۔ ف: گولف میں مذکورہ خدمت انجام دینا۔

**caddy** *n.* (*pl.*-**ies**) ① چھوٹا ڈبّا خصوصاً چائے رکھنے کے لیے ② **caddie** کا متبادل۔

**cadence** *n.* ① گفتگو کرتے وقت آواز کا اتار چڑھاؤ۔ ② آواز کا لحن، لہجہ یا مخصوص ادائگی، زیرو بم۔ ③ کسی چھوٹی گت کا اختتام۔

**cadenza** *n.* ایک ساز یا آواز میں ساز ینے کے ختم کے قریب ماہرانہ ادائگی یا استادی کا مظاہرہ۔

**cadet** *n.* ① فوج یا پولیس کا زیر تربیت نوجوان۔ ② چھوٹا بیٹا۔

**cadge** *v.* ① مانگ کر حاصل کرنا۔ ② بھیک مانگنا۔

**cadmium** *n.* ایک دھاتی عنصر (علامت: Cd)

**cadre** *n.* ① بنیادی دستہ خصوصاً فوج کا، بطور ابتدائی مرکز۔ ② کسی انقلابی گروہ کا سرگرم جتھا۔

**caecum** *n.*(*US* **cecum**) (*pl.* **caeca**) چھوٹی اور بڑی آنتوں کے اتصال پر ایک غشائی تھیلی۔

**Caesarean section** *n.*(*US* **Cesarian**)

ولادت جو حاملہ کا پیٹ چاک کرنے سے ہوئی ہو۔

**caesium** *n.* (*US* **cesium**) ایک نرم، روپہلی سفید رنگ کا دھاتی عنصر (علامت: Cs)

**café** *n.* چھوٹا چائے خانہ یا قہوہ خانہ۔

**cafeteria** *n.* ایسا چائے خانہ جہاں خریدار بیرے کی جگہ کھانے پینے کی اشیا خود میز پر لاتے ہیں۔

**caffeine** *n.* ایک نشہ آور مادّہ جو چائے کی پتّیوں اور کافی کے بنوں میں پایا جاتا ہے۔

**caftan** *n.* (also **kaftan**) لمبا عموماً پٹّی دار لبادہ جو مشرقِ وسطیٰ کا ایک مردانہ لباس ہے۔

**cage** *n.* & *v.* اسم: جانوروں یا پرندوں کا پنجرہ تیلیوں یا تاروں کا بنا ہوا۔ ف: پنجرے میں بند کرنا یا رکھنا۔

**cagey** *adj.* (**cagier, cagiest**) بول چال: الگ تھلگ رہنے والا؛ چوکس، محتاط۔ ● **cagily** م ف۔ **caginess** اسم: چالاکی، احتیاط۔

**cagoule** *n.* کوہ پیمائی کا پتلا نم روک لباس۔

**cahoots** *n.pl.* □ **in cahoots with** بول چال: ملی بھگت، سازش، گٹھ جوڑ کرنے والے۔

**cairn** *n.* پتھروں کا ٹیلہ بطور یادگاری نشان۔

**caisson** *n.* زیرِ آب کام کرنے کے لیے بند، پانی سے محفوظ خانہ۔

**cajole** *v.* پرچانا، خوشامد سے راضی کرنا یا بیوقوف بنانا۔ ● **cajolery** اسم: خوشامد، فریب۔

**cake** *n.* & *v.* اسم: ① آٹا، مکھن، انڈا، شکر وغیرہ ملا کر سینک کر تیار کیا جانے والا کیک۔ ② کیک سے ملتی جلتی چپٹی گول شے۔ ف: جما کر یا دبا کر ٹھوس شکل دینا۔

**calamine** *n.* ایک گلابی سا سفوف جس میں جست اور لوہے کا کاربونیٹ شامل ہوتا ہے، زخم دھونے کا محلول یا مرہم کے طور پر مستعمل۔

**calamity** *n.*(*pl.*-**ies**) آفت، تباہی، بڑی بپتا۔ ● **calamitous** صف۔ **calamitously** م ف۔

**calcify** *v.* (-**ies**,-**ied**) کیلسیم (چونے) کی نمکیات سے سخت ہونا، پتھرانا۔ ● **calcification** اسم۔

**calcium** *n.* ایک بھورا دھاتی عنصر (علامت: Ca)

**calculate** *v.* ① پیشگی تخمینہ لگانا۔ ② منصوبہ بنانا۔ ③ انحصار کرنا، شمار میں لینا۔ ● **calculation** اسم۔

**calculating** *adj.* چالاک، کائیاں۔

**calculator** *n.* حساب کرنے کا الیکٹرانک آلہ۔

**calculus** *n.* ( *pl.* **calculuses** or **calculi**) ① حساب، شمار یا دلیل سے جانچنے کا ایک خاص عمل۔ ② پتھری، جسم میں دھاتی مادّے کا جماؤ۔

**caldron** CAULDRON کا متبادل۔

**Caledonian** *adj.* اسکاٹ لینڈ کا یا اس سے متعلق۔

**calendar** *n.* چارٹ جس پر سال بھر کے دن، تاریخ، مہینے دیے جاتے ہیں۔

**calendar year** *n.* پہلی جنوری تا ۳۱ دسمبر۔

**calf** *n.*(*pl.* **calves**) ① گائے اور دوسرے جانوروں جیسے ہاتھی، ہرن اور وھیل کا بچہ۔ ② پنڈلی، گھٹنے کے نیچے ٹخنے تک کا انسانی عضو۔

**calibrate** *v.* ① پیمانے پر پیمائش کے معیاری نشان ڈالنا۔ ② پیمانے سے حاصل کردہ مشاہدات پر معیار کی پیمانہ بندی کرنا۔ ● **calibration** اسم۔

**calibre** *n.*(*US* **caliber**) ① آتشیں اسلحہ کی نالی کا اندرونی دور یا قطر۔ ② قوت یا وصف کردار، لیاقت، وجاہت، مرتبہ۔

**calico** *n.* لٹھا خصوصاً کورا۔

**californium** *n.* ایک تاب کار دھاتی عنصر (علامت: Cf)

**caliper** CALLIPER کا متبادل۔

**caliph** *n.* (ماضی میں) مسلمانوں کا مذہبی اور سیاسی امیر [ع: خلیفه]

**calisthenics** CALLISTHENICS کا متبادل۔

**calk** CAULK کا متبادل۔

**call** *v.* & *n.* ف: ① پکارنا، آواز لگانا، چیخنا، (جانور کا) اپنی بولی بولنا، بانگ دینا وغیرہ۔ ② ریڈیو اور ٹیلی فون پر رابطہ قائم کرنا۔ ③ آواز دے کر سامنے بلانا، حاضر کرانا، طلب کرنا۔ ④ مختصر پھیرا کرنا۔ ⑤ نام دینا، رکھنا۔ اسم: ① چیخ، پکار، آواز، بانگ، ہانک۔ ② جانور یا پرندے کی مخصوص بولی یا پکار۔ ③ مختصر پھیرا۔ ④ ٹیلیفون پر بات۔ ⑤ طلب، بلاوا، درخواست، استدعا، اپیل، ترغیب۔ ⑥ موقع، ضرورت یا مجبوری۔ ⑦ مانگ، مطالبہ۔

□ **call off** ①منسوخ کرنا۔②روکنا، باز رکھنا۔ **call on** ملاقات کرنا۔**call the shots**(or **tune**) مختار ہونا، پہل کرنا۔ ● **caller** اسم: بلانے والا۔

**call box** ٹیلیفون بوتھ۔

**calligraphy** *n.* فنِ تحریر، خوش خطی، خطاطی۔

**calliper** *n.&v.*(also **caliper, callipers**) اسم: ① (**callipers**) قوسی ٹانگوں والی پرکار جو قطر ناپتی ہے۔② ٹانگ کے سہارے کے لیے باندھی جانے والی دھات کی پٹی۔

**callisthenics** *n.pl.*(also **calisthenics**) جسمانی چستی و تندرستی کے لیے ورزشیں۔

**callous** *adj.* بے حس، لطیف جذبات سے عاری۔ ● **callously** م ف۔**callousness** اسم: بے حسی۔

**callow** *adj.* ناتجربہ کار، خام۔

**callus** *n.* کھال یا نسیجوں کی سختی؛ ورم، گٹا۔

**calm** *adj., n. & v.* صف: ①پُرسکون، خاموش، ساکت۔ ② آسودہ، مطمئن۔ ③ پُراعتماد، لیے دیے۔ اسم: ①سکون کی حالت، بے اضطرابی۔② سکوت کا دور۔ف : ٹھہرانا، خاموش کرنا یا ہونا۔ ● **calmly** م ف: سکون سے، خاموشی سے۔ **calmness** اسم۔

**Calor gas** *n.* تجارتی نام: بیوٹین گیس مائع کی صورت میں دباؤ کے ساتھ سلنڈر میں بھری ہوئی۔

**calorie** *n.* (*pl.*-**ies**) حرارت کی مقدار کی اکائی، حرارہ، اکثر غذا کی قوت کو ناپنے کے لیے مستعمل۔

**calorific** *adj.* حرارت زا، حرارت پیدا کرنے والا۔

**calumniate** *v.* بہتان طرازی، بدگوئی کرنا۔

**calumny** *n.* (*pl.*-**ies**) بہتان، تہمت طرازی۔

**calve** *v.* بچھڑے کو جنم دینا۔

**Calvinism** *n.* فرانسیسی عیسائی عالم دین کالون اور ان کے پیروؤں کے عقائد۔ ● **Calvinist** اسم۔

**calypso** *n.*(*pl.*-**os**) جزائر غرب الہند کا نغمہ، افریقی دھن میں جو عموماً کسی ہنگامی موضوع پر گھڑا جاتا ہے۔

**calyx** *n.*(*pl.* **calyces** or **calyxes**) پھول کا بیرونی پیالہ جو کلی کو غلاف کی طرح ڈھانپے رکھتا ہے۔

**cam** *n.* گراری کا دندانہ یا کوئی آگے نکلا حصّہ جو کسی گھومتے ہوئے پُرزے کی حرکت سے دوسرے پرزے کو متاثر کرتا ہے۔

**camaraderie** *n.* بھائی چارہ، دوستانہ سلوک۔

**camber** *n.* سڑک کا کُب یا خفیف درمیانی اُبھار۔

**cambric** *n.* ایک سفید، مہین سوتی کپڑا۔

**camcorder** *n.* تصویر اور آواز ایک ساتھ ریکارڈ کرنے والا کیمرہ۔

**came** COME کا ماضی۔

**camel** *n.* اونٹ، شتر۔

**camellia** *n.* مشرقی ایشیا کی ایک سدابہار جھاڑی جس کے پھول شوخ رنگ کے ہوتے ہیں۔

**cameo** *n.*(*pl.*-**os**) ① کسی پتھر کا ٹکڑا جس پر کسی اور رنگ سے ابھرواں نقاشی کی جائے۔② کسی نامی اداکار کا کسی ڈرامے یا فلم میں چھوٹے پارٹ میں کام کرنا۔

**camera** *n.* عکسی تصویر کھینچنے کا آلہ جس سے ساکت یا متحرک تصویریں کھینچی جائیں، کیمرہ۔ □ **in camera** نجی طور پر، علاحدہ نہ کہ لوگوں کے سامنے۔ ● **cameraman** اسم۔

**camiknickers** *n.pl.* ایک یک پارچہ تنگ زیرجامہ جو پہلے عورتیں پہنا کرتی تھیں۔

**camisole** *n.* ایک وضع کی انگیا، عموماً کڑھی ہوئی۔

**camomile** *n.*(also **chamomile**) ایک تیز خوشبودار پودا، جنس بابونہ کی ایک قسم۔

**camouflage** *n.& v.* اسم: مصنوعی طور پر نظر سے چھپانے کا عمل، ڈھکنے یا رنگ پھیرنے کے ذریعے۔ ف: کیموفلاژ کے ذریعے چھپانا۔

**camp** *n.,v.& adj.* اسم: ① فوجیوں کے ٹھہرانے یا تربیت دینے کی جگہ۔ ② کھلی جگہ خیموں وغیرہ میں رات بھر کا پڑاؤ۔ ③ کسی اصول یا پارٹی کے پیروؤں کا گروہ۔ ④ بناوٹی انداز۔ف: ① کیمپ میں بسر کرنا۔②عارضی پڑاؤ کرنا۔صف: مصنوعی، بناوٹی؛ زنانہ۔

**campaign** *n. & v.* اسم: ① کسی مقصد کے لیے باقاعدہ جدّ و جہد، منظّم کارروائی۔ ② فوجی کارروائیوں کا سلسلہ۔ ف: کسی مہم میں شریک ہونا یا اسے چلانا۔ ● **campaigner** اسم: کسی مہم کا رکن۔

**campanology** *n.* ① گھنٹیوں کی بابت علم۔② گھنٹے بجانے کا فن۔ ● **campanologist** اسم۔

**campbed** *n.* ایک تہ ہونے والا پلنگ۔

**camper** *n.* ① گھر سے باہر خیمے وغیرہ میں قیام کرنے والا شخص۔ ② بڑی موٹر گاڑی جس میں دوران سفر پڑاؤ کیا جا سکتا ہے۔

**camphor** *n.* کافور، شفاف سفیدی مائل خوشبودار مادّہ، دواؤں میں کام آتا ہے۔

**campsite** *n.* پڑاؤ کا مقام۔

**campus** *n.* کسی یونیورسٹی یا کالج کا علاقہ۔

**camshaft** *n.* گراریاں لگا ہوا کوئی دُھرا۔

**can**[1] *v. aux.* **(can, could)** ① (کرنے کے لائق ہونا، اہلیت رکھنا۔ ② لائق ہو سکنا، اہلیت حاصل کرسکنا۔

**can**[2] *n. & v.* اسم: ① مائعات کے لیے دھاتی برتن۔ ② ٹین کا ڈبا، کنستر وغیرہ جس میں ہوابند مہر کے ساتھ کھانے پینے کی اشیا رکھی جا سکتی ہیں۔ف:( **canned**، **canning**) ڈبے میں محفوظ کرنا۔

**canal** *n.* ① مصنوعی آبی گزرگاہ، نہر۔ ② جسم میں خوراک، مائع یا ہوا پہنچانے والی نالی۔

**canalize** *v.*(also **-ise**) ① نہر نکالنا۔ ② (دریا کو) نہر میں تبدیل کرنا۔● **canalization** اسم۔

**canapé** *n.* چھوٹی سی روٹی یا پیسٹری جس پر چاشنی دار شے لگی ہو۔

**canard** *n.* بے اصل افواہ یا کہانی۔

**canary** *n.* (*pl.*-**ies**) ایک چھوٹی زرد، چہچہاتی چڑیا جو اکثر پالی جاتی ہے۔

**cancan** *n.* ایک پھرتیلا، فرحت انگیز رقص جو عورتیں اسٹیج پر لمبے سائے اور زیر جامے پہن کر پیش کرتی ہیں۔

**cancel** *v.* **(cancelled, cancelling,** *US* **canceled)** منسوخ کرنا، بند کرنا، ختم کرنا (کسی چلتے ہوئے کام کو) ② لکھے ہوئے کو رد کرنا۔ ③ ٹکٹ وغیرہ کو نشان زدہ کرنا۔

**cancer** *n.* ① خبیث خلوی افزائش یا رسولی۔ ② سرطان کا مرض۔● **cancerous** صف: سرطانی۔

**candela** *n.* نوری حدّت یا تنویر کی اکائی۔

**candelabrum** *n.* روشنیوں کا جھاڑ، فانوس۔

**candid** *adj.* بے تکلّف، کھلے دل کا، صاف گو۔

● **candidly** م ف۔ **candidness** اسم۔

**candidate** *n.* کسی نوکری، عہدے کا امیدوار، الیکشن میں کھڑا ہونے والا یا امتحان میں بیٹھنے والا۔● **candidacy**اسم۔ **candidature** اسم۔

**candied** *adj* شکر کے قوام میں ڈبویا ہوا۔

**candle** *n.* موم بتی، شمع۔ □ **cannot hold a candle to** (اس کے) مقابل نہیں لایا جا سکتا (اس سے) بہت کمتر ہے۔

**candlestick** *n.* موم بتی کا اڈّا یا شمعدان۔

**candour** *n* (*US* **candor**) صاف گوئی، بے تکلف، بے بناوٹ بات یا انداز۔

**candy** *n.*(*pl.*-**ies**) مٹھائی، مٹھائی کی گولی۔

**candyfloss** *n.* ایک پتلی ڈنڈی پر مٹھائی کے ریشوں کا گچھا، جسے اردو میں بڑھیا کا کاتا کہتے ہیں۔

**candy-stripe** *n.* گنڈے دار سفید اور رنگین دھاریوں کا نقش یا نمونہ۔● **candystriped** صف۔

**cane** *n. & v.* اسم: ① بید، ایک قسم کی سرکنڈا گھاس۔ ② ٹہلنے اور سہارے کے لیے ہاتھ کی چھڑی۔ ③ سزا کے لیے مارنے کی چھڑی۔ ف: چھڑی سے مارنا، سزا دینا۔

**canine** *adj. & n.* صف: کتّے یا کتّوں سے متعلق۔ اسم: ① کوئی کتا۔ ② (پورا نام **canine tooth**) آگے کے دانتوں اور ڈاڑھوں کے درمیان کا نکیلا دانت۔

**canister** *n.* کنستر، عموماً دھات کا۔

**canker** *n.* اسم: ① ایک مرض جو جانوروں، درختوں اور پودوں کو لگ جاتا ہے۔ ② کوئی بگاڑ پیدا کرنے والا اثر یا عامل۔

**cannabis** *n.* ① بھنگ کا پودا۔ ② بھنگ کے پتّوں وغیرہ سے تیار کردہ نشہ آور محلول۔

**cannelloni** *n.pl.* تازہ گندھے آٹے کی ٹکیاں یا لپٹے ورق جن میں قیمہ یا ترکاری بھری ہوتی ہے۔

**cannibal** *n.* آدم خور، انسان کا گوشت کھانے والا آدمی۔● **cannibalism** اسم: مردم خوری۔

**cannibalize** *v.* (also-**ise**) (کسی مشین وغیرہ کو) دوسروں کے لیے فاضل پرزے مہیّا کرنے کے لیے مخصوص کر دینا۔

**cannon** *n.&v.* توپ جو گاڑی یا چبوترے پر چڑھی

ہو۔ ف: ① بلیئرڈز: کیوبال کا متواتر دو گولیوں سے ٹکرانا۔ ② زور سے یا پہلو سے آ کر ٹکرانا، بھڑنا۔

---

وضاحت: cannon اور canon میں مغالطہ نہ کریں۔

---

**cannonade** *n. & v.* اسم: مسلسل گولہ باری۔ ف: مسلسل گولے برسانا۔

**cannot** *v.aux.* can کی منفی شکل۔

**canny** *adj.* **(cannier, canniest)** ① تیز طرّار، کھیلا کھایا، لیا دیا، چوکس۔ ② اسکاچ و شمالی انگلستان: خوشگوار، موافق۔ ● **cannily** م ف۔

**canoe** *n. & v.* اسم: ایک چھوٹی پتلی کشتی جو چپوؤں سے چلائی جاتی ہے۔ ف: **(canoeing، canoed)** کینو میں سفر کرنا۔ ● **canoeist** اسم۔

**canon** *n.* ① عام قانون، ضابطہ، اصول یا معیار۔ ② بڑے اسقفی گرجا کے کسی حلقے کا رکن، بعض رومن کیتھلک تنظیموں کا رکن۔ ③ مصدقہ صحائف، کسی مصنف کی مصدقہ تصنیفات۔ ● **canonical** صف۔

**canonize** *v.* (also **-ise**) کسی کو ولی یا سینٹ کے درجے پر فائز کرنا، عمومی مقررہ رسومات کے ساتھ۔

**canoodle** *v.* بول چال: پیار کرنا، لپٹانا۔

**canopy** *n.* (*pl.*-**ies**) سایہ کرنے والا خوشنما چھتر۔

**cant** *n.* ① بناوٹی تقدس کا اظہار، ریاکارانہ باتیں۔ ② کسی طبقے، پیشے وغیرہ کی مخصوص بولی۔

**cantabile** *adv.* (گانا) ہموار انداز میں۔

**cantankerous** *adj.* بدمزاج، لڑاکو، جھگڑالو۔ ● **cantankerously** م ف۔

**cantata** *n.* ایک مختصر بیانیہ بندش جس میں سازینے کے ساتھ تنہا یا سنگت میں آواز شامل ہوتی ہے۔

**canteen** *n.* ① ملازمین کے لیے قائم کیا ہوا چائے خانہ۔ ② کانٹے چھری کا خانہ یا ڈبّا۔

**canter** *n. & v.* اسم: گھوڑے کی اطمینان سے دوڑ، میٹھا پویا۔ ف: گھوڑے یا سوار کا پویا چال سے جانا۔

**cantilever** *n.* چھجے کو سہارنے والا شہتیر کا دیوار سے آگے نکلا ہوا حصّہ یا نصب کیا ہوا توڑا یا کھنی۔

**canto** *n.* (*pl.*-**os**) لمبی نظم کے بند۔

**canton** *n.* کسی ملک کی انتظامی تقسیم یا ضلع، خصوصاً سوستانی وفاق کی کوئی ریاست۔

**canvas** *n.* ① کرمچ، ایک موٹا سخت کپڑا۔ ② اس کپڑے پر خصوصاً روغنی رنگوں سے بنائی ہوئی تصویر۔

**canvass** *v.* ① کسی انتخابی حلقے میں ووٹروں سے ووٹ مانگنا۔ ② کوئی خیال یا منصوبہ تجویز کرنا۔

**canyon** *n.* گہرا کھڈ یا وادی۔

**cap** *n. & v.* اسم: ① نرم بے حاشیے کی ٹوپی، کسی خاص پیشے کے لوگوں کی مخصوص ٹوپی، کوئی شے جو وضع میں یا کسی اور طرح ٹوپی سے مماثلت رکھتی ہو۔ ② بوتل کو سربمہر کرنے کا ایک طریقہ یا قلم کی نوک یا کیمرے کے لینس کو محفوظ رکھنے کا ڈھکنا۔ ③ دانت کا حفاظتی خول۔ ④ اوپری حد۔ ف: **(capping، capped)** ① کھیلوں کی ٹوپی عطا کرنا۔ ② سبقت لے جانا، اضافہ کرنا، بہتر، زیادہ چست بنانا۔ ③ اوپری حد مقرر کرنا۔

**capable** *adj.* اہل، لائق، باصلاحیت، موزوں، سازگار۔ ● **capability** اسم۔ **capably** م ف۔

**capacious** *adj.* کشادہ، گنجائش والا۔

**capacitance** *n.* کسی نظام میں برقی طاقت کو محفوظ رکھنے کی صلاحیت۔

**capacitor** *n.* بجلی کو محفوظ رکھنے کا آلہ۔

**capacity** *n.* (*pl.* **-ies**) ① حامل ہونے، وصول کرنے، برتنے یا پیدا کرنے کی قدرت۔ ② ذہنی قوت، قدرتی صلاحیت یا جوہر۔ ③ حیثیت، دائرۂ کار۔

**caparison** *n. & v.* اسم: سازوسامان، سجاوٹ، زیب و زینت۔ ف: آراستہ کرنا۔

**cape** *n.* ① بے آستین کا لبادہ۔ ② لمبے لبادے کا علاحدہ ہو جانے والا حصّہ۔ ③ راس، خاکنائے۔

**caper** *v. & n.* ف: اچھلنا کودنا، الانگیں مارنا۔ اسم: ① اچھل کود۔ ② بول چال: کوئی ناجائز یا حماقت کی حرکت۔ ③ سیاہ توت کی طرح کا ایک پودا۔

**capillarity** *n.* (also **capillary action**) مائعات کے پتلی نالیوں میں چڑھنے اترنے کا عمل۔

**capillary** *n.* (*pl.*-**ies**) شریانوں اور رگوں کے درمیان نہایت مہین نالی یا ورید۔

**capital** *n. & adj.* اسم: ① کسی ملک یا علاقے کا

سب سے اہم شہر، دارالحکومت۔ ② کسی کمپنی کا ابتدائی سرمایہ۔ ③ بڑا حرف (جیسے رومن حروف کا) صف: ① ممتاز، سب سے اہم۔ ② بول چال: نہایت عمدہ، اوّل درجے کا۔ ③ موت سے متعلق یا سزائے موت کا مستوجب۔ ④ (حروف) بڑے جو جملے کے شروع یا ناموں کے شروع میں استعمال ہوتے ہیں۔

**capitalism** *n.* سرمایہ داری یا وہ معاشی نظام جس میں اشیا کی پیداوار اور تقسیم نجی سرمایہ کاری اور نفع اندوزی پر مبنی ہوتی ہے۔

**capitalist** *n.* ① سرمایہ دار، متمول آدمی۔ ② سرمایہ داری نظام کا حامی۔

**capitalize** *v.* (also -ise) ① سرمائے میں بدلنا یا سرمایہ مہیّا کرنا۔ ② کسی حرف کو اس کی کلاں صورت میں لکھنا، کسی لفظ کو بڑے حرف سے شروع کرنا۔ □ **capitalize on** اپنے حق میں مفید بنانا، اپنے تصرّف میں لانا۔ ● **capitalization** اسم۔

**capitation** *n.* فی کس ٹیکس یا فیس۔

**capitulate** *v.* ہتھیار ڈالنا خصوصاً صراحت کردہ شرائط پر؛ اطاعت قبول کرنا۔ ● **capitulation** اسم۔

**capo** *n.* (*pl.* **capos**) تاروں والے ساز کے گلے پر لگی ہوئی کھونٹیاں جن سے سُر کی سطح حسب ضرورت بڑھائی جاسکتی ہے۔

**capon** *n.* خصّی مرغا جسے موٹا تازہ کیا جائے۔

**cappuccino** *n.*(*pl.*-os) ایسی کافی جس میں دبائی ہوئی گیس کے ذریعے جھاگ پیدا کیے جائیں۔

**caprice** *n.* ① ارادے یا رویے میں اچانک بے ربط تبدیلی، متلوّن مزاجی۔ ② موسیقی کا کوئی پُرتخیل فن پارہ۔

**capricious** *adj.* ① متلوّن مزاج، من موجی، الٹی مت کا۔ ② غیر مربوط، بے قاعدہ جس کا کچھ ٹھیک نہ ہو۔ ● **capriciously** م ف۔ **capriciousness** اسم۔

**capsicum** *n.* شملہ مرچ۔

**capsize** *v.* (کشتی کو) اُلٹ دینا، (کشتی کا) اُلٹ جانا۔

**capstan** *n.* کھڑے دُھرے پر گھومنے والی ایک دبیز چرخی جس سے لنگر یا بادبان کے رسّے لپیٹتے ہیں۔

**capsule** *n.* ① جلوٹین کی چھوٹی تھیلی یا خول جس میں دوا ہوتی ہے اور نگل لی جاتی ہے۔ ② خلائی جہاز کا علاحدہ ہو جانے والا حصّہ یا راکٹ کی نوک۔ ③ پھلی، جس میں دانے ہوتے ہیں۔

**captain** *n. & v.* اسم: ① سربراہ، کسی ٹیم کا سردار، کپتان، ذی اثر آدمی۔ ② پانی کے جہاز یا ہوائی جہاز کا کپتان، ناخدا۔ ③ فوج کا افسر جو لیفٹیننٹ کے اوپر ہوتا ہے، بحریہ میں رئیر ایڈمرل سے نیچے۔ ف: کپتان، سربراہ، سردار ہونا، قیادت کرنا۔ ● **captaincy** اسم۔

**caption** *n.* تصویر وغیرہ کے ساتھ تعارفی الفاظ۔

**captious** *adj.* عیب جو، خوردہ گیر۔

**captivate** *v.* ① مسحور کرنا۔ ② لبھانا۔ ● **captivation** اسم: دلربائی، دلفریبی۔

**captive** *n. & adj.* اسم: جسے پکڑ کر بند کر دیا جائے، قیدی۔ صف: گرفتار شدہ۔ ● **captivity** اسم: اسیری۔

**captor** *n.* قید کرنے، اسیر بنانے والا شخص۔

**capture** *v. & n.* ف: ① گرفتار کرنا، تسخیر کرنا، قبضے، تصرّف میں لینا، طاقت یا دھوکے سے حاصل کرنا۔ ② شبیہ اتارنا۔ ③ کمپیوٹر میں معلومات محفوظ کرنا۔ اسم: ① تسخیر، گرفت۔ ② پکڑا، گرفتار کیا ہوا شخص یا شے۔

**car** *n.* ① گاڑی جس میں مسافر بیٹھ سکیں، انجن سے چلتی ہو، موٹر کار۔ ② لفٹ، رسّی کے سہارے لٹک کر چلنے والے جھولے یا غبارے کا مسافروں کے لیے بنا ہوا خانہ۔

**carafe** *n.* پانی یا شراب کے لیے شیشے کا گلاس۔

**caramel** *n.* تپا کر بھوری کی گئی شکر جو کھانوں یا شرابوں میں ڈالی جاتی ہے، اس مزے کی بھوری ٹافی۔ ● **caramelization** اسم۔ **caramelize** ف۔

**carapace** *n.* کچھوے کا اوپری خول۔

**carat** *n.* جواہرات کو وزن کرنے کی اکائی، قیراط۔

**caravan** *n.* ① گاڑی جس میں سونے اور رہنے کا انتظام بھی ہوتا ہے اور گھوڑا جوت کر یا موٹر گاڑی سے کھینچی جاتی ہے۔ ② ساتھ مل کر سفر کرنے والوں کا گروہ، قافلہ، کارواں۔ ● **caravanning** اسم۔

**caraway** *n.* زیرۂ سیاہ کا چھتری دار درخت۔

**carbine** *n.* ایک چھوٹا آتشی ہتھیار، خود کار رائفل۔

**carbohydrate** *n.* قوت بخش نامیاتی مرکبات کے وسیع گروہ میں سے کوئی غذائی شے جیسے نشاستہ۔

**carbolic** *n.* ایک جراثیم کش مادّہ۔

**carbon** *n.* ① ایک غیر دھاتی عنصر جو ہیرے، سرمے اور کوئلے کی صورت میں ملتا ہے، نیز تمام نامیاتی مرکبات میں (علامت:C) ② کاربن کاغذ سے بنائی نقل۔

**carbonate** *n. & v.* اسم: کاربونی ترشے کا نمک۔ ف: ① کاربن ڈائی آکسائڈ ملا کر تیز کرنا، جھاگ دار بنانا۔ ② کاربونیٹ میں تبدیل کرنا۔

**carbon copy** *n.* ① کاربن کاغذ سے بنائی ہوئی نقل۔ ② ہو بہو ملتا جلتا شخص یا شے، مثنیٰ۔

**carbon dating** *n.* ہم جا ذرّات کے تناسب سے کسی شے کی عمر کا حساب لگانا جو کاربن ۱۴ کے تحلیل ہونے سے بدلتا رہتا ہے۔

**carboniferous** *adj.* کوئلہ پیدا کرنے والا۔

**carbon paper** *n.* پتلا کاربن چڑھا کاغذ جو نقل تیار کرنے یا چربہ اتارنے کے لیے استعمال ہوتا ہے۔

**carborundum** *n.* کاربن اور سیلیکان کا مرکب جو خصوصاً گھسائی، رگڑائی کے لیے استعمال ہوتا ہے۔

**carboy** *n.* شیشے کا بڑا بوتل نما برتن بعض اوقات چو کھٹے کے اندر۔ [ف : قرابہ]

**carbuncle** *n.* ① جلدی پھوڑا۔ ② ایک چمکدار سرخ نگینہ۔

**carburettor** *n.* (*US* **carburetor**) انجن میں پٹرول اور ہوا کو آمیز کرنے والا پرزہ۔

**carcass** *n.* (also **carcase**) ① جانور کا مُردہ جسم خصوصاً دھڑ۔ ② عمارت، جہاز وغیرہ کا ڈھانچا۔

**carcinogen** *n.* سرطان پیدا کرنے والی شے۔ ● **carcinogenic** صف۔

**carcinoma** *n.* (*pl.* **carcinomata** or **carcinomas**) سرطان زدہ رسولی۔

**card** *n. & v.* اسم: ① موٹا کرارا کاغذ یا پتلا گتہ، اس کا کوئی چپٹا ٹکڑا۔ ② پوسٹ کارڈ، مبارکباد یا دعوت نامے وغیرہ کا کارڈ، کاروباری کارڈ، ممبری، رکنیت کا شناختی کارڈ۔ ③ تاش کا پتہ۔ ④ (**cards**) تاش یا پتّوں کا کھیل۔ ⑤ کریڈٹ کارڈ۔ ف: دندانے دار آلے، راچھ سے بُنائی سے پہلے ریشوں کو تومنا یا صاف کرنا۔ □ **on the cards** بول چال: ممکن یا احتمالی۔

**cardamom** *n.* چھوٹی الائچی۔

**cardboard** *n. & adj.* اسم: گتہ، ملٹ۔ صف: ① گتے کا بنا ہوا۔ ② بے وقعت، غیر اہم۔

**cardboard city** *n.* شہری علاقہ جہاں بے گھر لوگوں کو گتے کے ڈبّوں سے گھر بنا کر پناہ دی جاتی ہے۔

**cardiac** *adj.* دل سے متعلق، قلبی۔

**cardigan** *n.* بُنا ہوا اونی صدری نما سوئٹر۔

**cardinal** *n.& adj.* اسم: رومن کیتھلک کلیسا کا سربر آوردہ رہنما، اس انتخابی حلقے کا رکن جو پوپ کو منتخب کرتا ہے۔ صف: خاص، سب سے اہم۔

**cardinal number** *n.* اصلی ہندسوں میں سے کوئی (ایک، دو، تین وغیرہ) اعداد توصیفی یا ترتیبی (پہلا، دوسرا، تیسرا) کے برخلاف۔

**cardiogram** *n.* قلب کے عضلات کی حرکت کا جائزہ بذریعہ قلب نگار۔

**cardiograph** *n.* عضلات قلبی کی حرکات کو ریکارڈ کرنے والا آلہ۔

**cardiology** *n.* طب کا وہ شعبہ جو امراض قلب سے تعلق رکھتا ہے۔ ● **cardiological** صف۔ **cardiologist** اسم: ماہر امراضِ دل۔

**cardphone** *n.* کارڈ ڈالنے سے چلنے والا ٹیلیفون۔

**card sharp** *n.*(also **cardsharper**) تاش کے کھیل میں پتے لگانے، بے ایمانی کرنے والا شخص۔

**care** *n.& v.* اسم: ① فکر، پریشانی۔ ② پریشانی کی بات۔ ③ احتیاط، توجہ، خبر داری۔ ④ پرورش، تحفظ، عاطفت۔ ⑤ سپرد کردہ کام یا ذمّہ داری۔ ف: فکر کرنا، دلچسپی محسوس کرنا۔ □ **care for** کفالت کرنا، نگرانی کرنا۔

**careen** *v.* جھکانا، خم کرنا، جُھکنا، آڑا ہونا۔

**career** *n. & v.* اسم: ① کسی کا سفر حیات خصوصاً کسی پیشے میں۔ ② پیشہ، کاروبارِ زندگی، مشغلہ۔ ف: ① زور سے چکر کھانا، گھومنا۔ ② تیز جانا۔

**careerist** *n.* وہ شخص جو ذاتی ترقی کو مقدم رکھتا ہو۔

**carefree** *adj.* نچنت، بے فکرا، خوش باش۔

**careful** *adj.* ① محتاط کارگزار۔ ② چوکس۔ ③ خیال کرنے، خبر گیری کرنے والا۔ ● **carefully** م ف۔

**careless** *adj.* ① غیر محتاط، لا پروا۔ ② بے خیال، بے حس۔ ● **carelessly** م ف۔ **carelessness** اسم۔

**carer** *n.* تیمار دار، دیکھ بھال کرنے والا۔

**caress** *v. & n.* ف: ① ہلکے سے چھونا، تھپتھپانا۔ ② لاڈ، پیار، ناز برداری کرنا۔ اسم: چمکار، خفیف لمس۔

**caret** *n.* عبارت میں اضافے کا نشان۔

**caretaker** *n.* رکھوالی کرنے والا، نگراں، جو کسی مکان کی حفاظت اور دیکھ بھال پر مامور ہو۔

**careworn** *adj.* فکروں کا مارا، نڈھال۔

**cargo** *n.* (*pl.*-**oes** or -**os**) جہاز یا طیارے یا لاری وغیرہ پر لے جایا جانے والا سامان۔

**Caribbean** *adj.* جزائرغرب الہند کے باشندوں (**Caribs**) یا ان کی زبان وثقافت سے متعلق۔

**caribou** *n.* (*pl.* same) شمالی امریکا کا رینڈیر۔

**caricature** *n. & v.* اسم: مضحکہ خیز طور پر بنائی ہوئی شبیہہ جس میں کسی شخص کی نمایاں خصوصیات کو مبالغے کے ساتھ ابھارا گیا ہو یا اسی قسم کی تحریر، خاکہ۔ ف: اس طرح خاکہ اڑانا۔ ● **caricaturist** اسم۔

**caries** *n.* دانت یا ہڈی کے گلنے کا عمل۔

**carillon** *n.* ① گھنٹیوں کے سُر جو کسی ساز میں سے تکنیکی طور پر یا پردوں کو دبا کر نکالے جائیں۔ ② گھنٹیوں پر بجائی جانے والی دُھن۔

**carjacking** *n.* مسافر سمیت کار کو زبردستی چھین لینا۔ ● **carjack** ف۔ **carjacker** اسم۔

**carmine** *adj. & n.* صف: شوخ قرمزی رنگ کا۔ اسم: قرمزی رنگ۔

**carnage** *n.* خونریزی، کشت وخون۔

**carnal** *adj.* ① جسم یا گوشت سے تعلق رکھنے والا؛ مادّی؛ دنیوی۔ ② جنسی، شہوانی۔ ● **carnally** م ف۔

**carnation** *n.* لونگ کی خوشبو والے پھولوں میں سے کوئی، گل لحمی۔

**carnelian** *n.* CORNELIAN کا متبادل۔

**carnet** *n.* اجازت نامہ۔

**carnival** *n.* عوامی تفریحات، جلوس وغیرہ کے ساتھ۔

**carnivore** *n.* گوشت خور جانوروں میں سے کوئی جیسے بلّی، کتّا، بھیڑیا۔ ● **carnivorous** صف۔

**carob** *n.* بحیرۂ روم کے علاقے کا سدا بہار پودا جس کی دانے دار پھلی چاکلیٹ کے طور پر کھاتے ہیں۔

**carol** *n.& v.* اسم: کرسمس پر گائی جانے والی مناجات۔ ف: (**carolling**، **carolled**: امریکا **caroled**) ① حمدیہ گیت گانا، خصوصاً گھر کے باہر۔ ② خوشی کا گیت گانا۔

**carotene** *n.* نارنجی رنگ یا رنگنے کا مادّہ جو گاجر، ٹماٹر وغیرہ سے حاصل کیا جاتا ہے۔

**carotid** *n.* سر اور گردن کی طرف خون لے جانے والی دونوں شریانوں میں سے کوئی ایک۔

**carouse** *v.* ہاؤ ہو کے ساتھ شراب نوشی کی محفل جمانا۔ ● **carousal** اسم۔ **carouser** اسم۔

**carousel** *n.* ① امریکا: گول گھومنے والا جھولا۔ ② رواں پٹّی جس کے ذریعے خصوصاً ہوائی اڈّے پر مسافروں کا سامان اتار کر روانہ کیا جاتا ہے۔

**carp** *n. & v.* اسم: کوئی میٹھے پانی کی مچھلی۔ ف: نکتہ چینی، خوردہ گیری کرنا۔

**carpel** *n.* پھولوں کی مادین کے اعضائے تولید۔

**carpenter** *n.* لکڑی کے کام کا ہنرمند، بڑھئی، ترکھان۔ ● **carpentry** اسم: نجاری۔

**carpet** *n. & v.* اسم: موٹی بافت کا کپڑا، قالین۔ ف: (**carpeting**، **carpeted**) ① فرش بچھانا یا فرش کی طرح ڈھانپنا۔ ② بول چال: دھمکانا، ڈانٹنا۔ □ **on the carpet** بول چال: قابلِ تنبیہہ۔

**carport** *n.* کار کھڑی کرنے کے لیے کھلا سائبان۔

**carpus** *n.* (*pl.* **carpi**) ہاتھ اور بازو کے درمیان کی چھوٹی ہڈّیاں جو کلائی بناتی ہیں۔

**carriage** *n.* ① ریل گاڑی میں سواری کا ڈبا۔ ② چار پہیّوں والی گھوڑا گاڑی، بگھی۔ ③ بار برداری۔ ④ مشین کا وہ حصّہ جو دوسرے پرزوں کو حسب ضرورت کھسکاتا ہے۔ ⑤ کسی کی چال ڈھال، انداز۔

**carriage clock** *n.* دستے دار خانے میں اٹھا کر لے جائی جانے والی گھڑی۔

**carriageway** *n.* سڑک کا وہ حصّہ جو گاڑیوں کے چلنے کے لیے ہو۔

**carrier** *n.* ① ڈھونے، لے جانے والا شخص یا گاڑی وغیرہ۔ ② مسافروں اور سامان کو لانے لے جانے والی کمپنی یا فرد۔ ③ خریداری کا دستے دار تھیلا یا بیگ۔

**carrion** *n.* گلا، سڑا، مردہ گوشت۔

**carrot** *n.* ① سرخ گاجر۔② بول چال: شہ دینے، لالچ دلانے کے لیے استعمال ہونے والی چیز۔

**carry** *v.* (**-ies, -ied**) ① لے کر چلنا۔② ایک جگہ سے دوسری جگہ لے جانا۔③ اپنے ساتھ رکھنا۔④ ترسیل کرنا، پہنچانا۔⑤ کسی عمل کو کسی خاص حد تک طول دینا۔ ⑥ جاری رکھنا۔⑦ مضمن، مضمر، شامل ہونا۔⑧ خاص انداز اختیار کرنا۔ ⑨ کامیاب رہنا، تجویز وغیرہ منظور کرالینا، منوا لینا، ہم خیال بنانا۔ ⑩ بوجھ سہارنا، تھامنا، کرتا دھرتا ہونا۔ □ **carry on** ① جاری رکھنا۔② بول چال: عجیب یا ہیجانی طریقے سے برتاؤ کرنا۔③ بول چال: معاشقہ کرنا۔ **carry out** عمل میں لانا۔ **get carried away** جذبات میں بہہ جانا۔

**cart** *n. & v.* اسم: سامان لے جانے کے لیے دو یا چار پہیوں کا چھکڑا یا ٹھیلا۔ف: چھکڑے یا ٹھیلے پر رکھ کر لے جانا۔

**carte blanche** *n.* اختیار کلّی جو کسی کو سونپا جائے۔

**cartel** *n.* صنعت کاروں یا رسد مہیّا کرنے والوں کی غیر رسمی تنظیم جو قیمتوں کو اونچا رکھنے، پیدا وار پر قابو رکھنے اور مارکیٹ پر اثر انداز ہونے کے لیے عمل کرے۔

**carthorse** *n.* مضبوط جسم کا گھوڑا۔

**cartilage** *n.* کچّی، کرکری ہڈی، غُضروف جیسی کہ بچوں کے ڈھانچے میں ہوتی ہے اور بڑے ہونے پر پختہ ہڈی بن جاتی ہے۔

**cartography** *n.* نقشہ کشی کا فن، نقشہ نویسی۔ ● **cartographer** اسم۔ **cartographic** صف۔

**carton** *n.* ہلکا ڈبّا خصوصاً گتّے کا۔

**cartoon** *n. & v.* اسم: ① مضحکہ خیز ڈرائنگ۔ ② ترتیب سے بنی ہوئی تصویروں کا سلسلہ جس میں کوئی کہانی ہوتی ہے، اس قسم کا سلسلہ فلم میں۔③ مضبوط کاغذ پر کسی آرٹسٹ کا بنایا ہوا، اصلی سائز میں ابتدائی خاکہ۔ ● **cartoonist** اسم۔

**cartridge** *n.* ① کارتوس۔② فلم یا مقناطیسی (پٹّی یا ٹیپ) وغیرہ کو چلانے کے لیے تیار رکھنے کا خانہ۔

**cartridge paper** *n.* موٹا کھردرا کاغذ۔

**cartwheel** *n.* ، ہاتھ کے بل آڑی قلا بازیوں کا چکّر، بازو اور ٹانگیں پھیلائے ہوئے۔

**carve** *v.* ① کندہ کرنا، کسی سخت ماڈّے میں سے (مجسمہ وغیرہ) تراشنا۔ ② کسی سخت چیز میں نقوش وغیرہ کھودنا۔③ (گوشت وغیرہ) کو تراش کر پارچے بنانا۔

**carvery** *n.*(*pl.*-**ies**) طعام خانہ جہاں گوشت خریداروں کو حسبِ خواہش تراش کر پیش کیا جائے۔

**Casanova** *n.* ایک آدمی جو اپنے معاشقوں کے لیے مشہور تھا۔

**cascade** *n. & v.* اسم: ① چھوٹا جھرنا یا آبشار۔② کسی تنظیم میں معلومات کے اوپر سے نیچے کے عملے کی طرف منتقل ہونے کا ضابطہ۔ف: آبشار کی طرح گرنا۔

**case** *n. & v.* اسم: ① واقعہ، حادثہ۔② واردات، معاملہ، صورت حال۔③ کسی کے پیشہ ورانہ ہدایت پانے کی کوئی مثال جیسے ڈاکٹر سے۔ ④ زیرِ تفتیش یا زیرِ غور معاملہ۔⑤ قانون: مقدمہ، مقدمے میں کسی فریق کے مجموعی دلائل۔⑥ قواعد: جملے میں کسی لفظ کا دوسرے الفاظ کے ساتھ ربط۔⑦ بکس یا اس کے مثل شے۔ف: ① خانے وغیرہ میں رکھنا، بند کرنا۔ ② بول چال: (مکان وغیرہ) کا جائزہ لینا خصوصاً ڈاکے کی غرض سے۔□ **in case** اگر، اس صورت میں کہ؛ مبادا۔

**casement** *n.* عمودی چھکے دار پٹوں کی کھڑکی۔

**case-sensitive** *adj.* (کمپیوٹر عمل سے متعلق) چھوٹے اور بڑے حرفوں میں امتیاز رکھنے والا۔

**cash** *n. & v.* اسم: نقد رقم سکّوں یا نوٹوں کی صورت میں، نقدی۔ ف: نقدی دینا یا حاصل کرنا (نوٹ، چیک وغیرہ کے بدلے)□ **cash in(on)** نفع حاصل کرنا؛ فائدہ اٹھانا۔

**cash card** *n.* ایک پلاسٹک کا کارڈ جس کے ذریعے نقد کار مشین سے رقم نکلوائی جا سکتی ہے۔

**cashew** *n.* کاجو۔

**cashier** *n. & v.* اسم: دکانوں یا بینک وغیرہ میں نقد رقم دینے لینے والا۔ف: بے عزتی کے ساتھ برطرف کرنا، خصوصاً فوجی ملازمت سے۔

**cashmere** *n.* ① نرم نفیس اون، خصوصاً کشمیری بکریوں کا۔② اس سے بنا ہوا کپڑا۔

**cashpoint** *n.* ( also **cash machine,**

**cash dispenser)** ایک خودکار مشین جس میں سے بینک کے حساب دار نقد رقم نکال سکتے ہیں۔
**casino** *n.* (*pl.* **-os**) جوئے خانہ۔
**cask** *n.* پیپا، خصوصاً سیّال اشیا کے لیے۔
**casket** *n.* ① زیورات، خطوط وغیرہ رکھنے کی صندوقچی یا چھوٹا بکس، عموماً آرائشی۔ ② امریکا: تابوت۔
**cassava** *n.* ایک پودا، میٹھا کساوا جس میں نشاستہ دار بصلہ یا جڑ ہوتی ہے جس کا آٹا بنایا جاتا ہے۔
**casserole** *n.* & *v.* ① ایک ڈھکنے دار تھالی عموماً مٹی یا شیشے کی جس میں کھانا دھیمی آنچ پر پکایا جاتا ہے۔ ② اس طرح پکا ہوا کھانا۔ ف: کیسرول میں پکانا۔
**cassette** *n.* ایک بند خانہ جس میں مقناطیسی فیتہ وغیرہ لپٹا ہوتا ہے۔
**cassis** *n.* سیاہ کشمش سے تیار کردہ ایک الکحل آمیز شربت جو شرابوں میں ذائقے کے لیے ملاتے ہیں۔
**cassock** *n.* تنگ اور عموماً سیاہ یا سرخ لباس جو عیسائی پادری یا مناجات گانے والوں کا طائفہ پہنتا ہے۔
**cassowary** *n.* (*pl.*-**ies**) پرواز سے محروم موٹے پاؤں والا ایک آسٹریلوی بھاری بھرکم پرندہ۔
**cast** *v.* & *n.* ف: (**casting، cast**) ① پھینکنا۔ ② (شک، تہمت، الزام کا) اظہار کرنا۔ ③ رائے شماری میں ووٹ ڈالنا۔ ④ سانچے میں ڈھالنا، شکل دینا۔ ⑤ (فلم، ڈرامے وغیرہ کے لیے) ادا کار منتخب کرنا؛ کسی اداکار کو کوئی پارٹ دینا۔ ⑥ (واقعات وغیرہ) کو مرتّب کرنا۔ اسم: ① ڈالا ہوا پانسہ یا عدد جو ڈالنے میں نکلے۔ ② پھینکا جانے والا جال، کانٹا، ڈوری یا کوئی اور شے۔ ③ قالب یا سانچے میں ڈھال کر نکالی ہوئی شے۔ ④ کسی ڈرامے، فلم وغیرہ میں کام کرنے والے اداکار۔ ⑤ وضع، انداز، قسم۔ ⑥ بھینگا پن، جھکاؤ، ترچھا پن۔
**castanets** *n.pl.* سخت لکڑی یا ہاتھی دانت کے ٹکڑوں کی جوڑی جسے انگلیوں سے بجاتے ہیں، ایک طرح کی کھڑتال خصوصاً ہسپانوی رقص میں مستعمل۔
**castaway** *n.* وہ شخص جس کا جہاز تباہ ہو گیا ہو۔
**caster** CASTOR کی متبادل شکل۔
**castigate** *v.* ڈانٹنا، پھٹکارنا، سخت سرزنش کرنا۔ ● **castigation** اسم: سزا، تعزیر۔

**casting vote** *n.* فیصلہ کن ووٹ خصوصاً صدر کا جب دونوں طرف گنتی برابر ہو۔
**cast iron** *n.* لوہے، کاربن اور سیلیکان کو ملا کر سانچے میں ڈھالی ہوئی سخت دھات۔ صف: **(cast-iron)** ① ایسی سخت دھات کا بنا ہوا۔ ② بے لچک، ناقابل تبدیل۔
**castle** *n.* قلعہ، کوٹ، حصار، مضبوط مستحکم تعمیر۔
**cast-off** *n.* متروکہ، رد کردہ شے۔
**castor** *n.* (also **caster**) ① فرنیچر کے نیچے لگے ہوئے پہیّوں یا پھرکیوں میں سے کوئی۔ ② گلاب پاش کی قسم کا سوراخ دار برتن، چھڑکنے، پھوہار ڈالنے کے لیے۔
**castor oil** *n.* ارنڈی کا تیل جو جلاب کے لیے دیا جاتا ہے۔
**castor sugar** *n.* مہین دندانے دار سفید شکر۔
**castrate** *v.* خصّی کرنا، فوطے نکال دینا۔ ● **castration** اسم۔
**castrato** *n.* (*pl.* **castrati**) تاریخ: آختہ کیا ہوا موسیقار لڑکا جسکی آواز کو پتلا رکھنے کے لیے یہ عمل کیا جاتا تھا۔
**casual** *adj.* ① اتفاقی، اچانک۔ ② بے قاعدہ، عارضی۔ ③ چلتا ہوا، بے سوچا سمجھا، بے ضابطہ، غیر رسمی۔ ● **casually** م ف۔ **casualness** اسم۔
**casualty** *n.* (*pl.* **-ies**) ① جنگ یا حادثے میں کام آنے یا زخمی ہونے والا آدمی۔ ② ضائع یا گم ہو جانے والی شے۔ ③ **(casualty department)** حادثاتی شعبہ، اسپتال کا وہ شعبہ جہاں حادثات میں مبتلا ہونے والوں کا علاج ہوتا ہے۔
**casuist** *n.* ① وہ شخص خصوصاً مذہبی عالم یا فقیہہ جو ضمیر یا فرائض وغیرہ کے معاملات میں عیّارانہ یا دو رخی رائے دے۔ ② سوفسطائی، بناوٹی دلائل سے قائل کرنے کی کوشش کرنے والا۔ ● **casuistry** اسم۔
**cat** *n.* ① بلّی، گھریلو بالوں دار چوپایہ۔ ② اسی خاندان کا کوئی جانور جیسے شیر، چیتا یا تیندوا۔
**cataclysm** *n.* دہشتناک شورش یا تباہی خصوصاً سیاسی یا سماجی نوعیت کی۔ ● **cataclysmic** صف۔
**catacomb** *n.* زمین دوز قبرستان خصوصاً روم کا تہ خانہ جس میں دیواروں میں قبریں بنی ہوئی ہیں۔

**catafalque** *n.* اہم لوگوں کی میّت کے تابوت کو سہارنے کے لیے لکڑی کا آرائشی تخت۔

**catalepsy** *n.* (*pl.* **-ies**) سکتہ، جمود، تشنج کا دورہ جس میں غشی طاری ہوتی ہے، جسم اکڑ جاتا ہے۔ ● **cataleptic** صف۔

**catalogue** *n. & v.* (*US* **catalog**) اسم: مدات کی باضابطہ فہرست۔ ف: (**catalouged، cataloguing**) درج فہرست کرنا۔

**catalyse** *v.* (*US* **catalyze**) کیمیا: کسی چیز پر عمل انداز یا اثر انداز ہونا۔ ● **catalysis** اسم۔

**catalyst** *n.* وہ عنصر جو اپنے اندر کسی مستقل تبدیلی کے بغیر کسی شے پر اثر انداز ہو اور ردّ عمل کو تیز کرے۔

**catalytic converter** *n.* موٹر گاڑیوں کے نکاسی گیس کے نظام میں لگا ہوا پرزہ جس میں شامل ایک کیٹلسٹ آلودگی کے زہر کو زائل کرتا رہتا ہے۔

**catamaran** *n.* دہرے متوازی ڈھانچوں کی کشتی یا بیڑا۔

**catapult** *n. & v.* اسم: غلیل، گوپھن۔ ف: غلیل وغیرہ کے ذریعے اچھالنا، پھینکنا۔

**cataract** *n.* ① بڑی آبشار یا پانی کی چادر کا ریلا۔ ② آنکھ کے عدسے کا بتدریج دُھندلانا، موتیا بند۔

**catarrh** *n.* ① نزلہ، زکام، سانس اور ناک کی جھلّی کا ورم۔ ② اس کے سبب بہنے والی ریزش۔

**catastrophe** *n.* ① آفتِ ناگہانی۔ ② تباہی، بدانجامی۔ ③ انقلاب انگیز حادثہ۔ ● **catastrophic** صف: پُرآشوب۔ **catastrophically** م ف۔

**catcall** *n.* سیٹیاں بجا کر ناپسندیدگی کا اظہار۔

**catch** *v. & n.* ف: ① پکڑنا، گرفت میں لینا۔ ② تاک لینا، دیکھ پانا، جا لینا۔ ③ متعدی مرض میں مبتلا ہونا۔ ④ وقت پر پہنچ کر ریل یا بس میں سوار ہونا۔ ⑤ جلدی سے ہونے والی بات کو حواس یا ذہن سے سمجھ لینا۔ ⑥ توجہ کھینچنا۔ ⑦ پاس پہنچ جانا۔ ⑧ اچانک روک لینا۔ ⑨ تھامنا یا تھامنے کی کوشش کرنا۔ اسم: ① گرفت، پکڑ۔ ② پکڑی ہوئی مقدار۔ ③ چھپی ہوئی چال، دھوکا یا دھوکے کا سوال۔ ④ دروازے کا کھٹکا، چٹخنی۔ □ **catch on** بول چال: ① (فیشن وغیرہ کا) رائج ہوجانا۔ ② مطلب، مدّعا سمجھ لینا۔ **catch out** غلطی پکڑنا، گرفت کرنا۔ **catch up** آگے چلنے والے سے جا ملنا، پچھلی کسر نکالنا، (کام وغیرہ کا) بقایا پورا کرنا۔

**catching** *adj.* متعدی، اڑ کر لگنے والا (مرض)

**catchment area** *n.* ① وہ رقبہ جہاں سے بارش کا پانی دریا وغیرہ کی طرف بہہ کر آتا ہے۔ ② وہ علاقہ جہاں کے لوگوں کو کسی مدرسے یا ہسپتال کی خدمات حاصل ہوتی ہوں۔

**catch-22** *n.* ایسا مسئلہ جس میں متضاد صورتوں سے سابقہ ہو اور کوئی بھی اطمینان بخش نہ ہو۔

**catchword** *n.* عام طور پر استعمال ہونے والا (اکثر وقتی) چلتا ہوا لفظ یا فقرہ، وقتی نعرہ۔

**catchy** *adj.*(**catchier, catchiest**) (دُھن، نغمہ) جو آسانی سے یاد ہو جائے؛ جاذبِ توجہ۔

**catechism** *n.* مذہبی عقائد و رسوم کا خلاصہ سوال و جواب کے پیرائے میں۔

**catechize** *v.*(also **-ise**) ① سوال و جواب کے ذریعے سمجھانا، سکھانا۔ ② سوال پوچھنا، امتحان لینا۔

**categorical** *adj.* غیر مشروط، قطعی، حتمی، دوٹوک۔ ● **categorically** م ف: قطعاً، حتمی طور پر۔

**categorize** *v.*(also **-ise**) درجہ بندی کرنا، کسی زمرے میں رکھنا۔ ● **categorization** اسم۔

**category** *n.*(*pl.* **-ies**) درجہ، قسم، زمرہ۔

**cater** *v.* ① کھانا مہیّا کرنا۔ ② جو چاہیے یا ضرورت ہو مہیّا کرنا۔ ● **caterer** اسم۔

**caterpillar** *n.* ① تتلی، پتنگے وغیرہ کا لاروا۔ ② (پورا نام **caterpillar track** or **tread**) تجارتی نام: ٹریکٹر یا مشینی ہل وغیرہ کے پہیّوں پر چڑھی ہوئی فولادی پٹّی تاکہ وہ ناہموار زمین پر چل سکیں۔

**caterwaul** *v.* بلّی کی تیز چلّاتی آواز نکالنا۔

**catgut** *n.* سازوں میں استعمال ہونے والی تانت جو بھیڑوں یا گھوڑوں کی آنت کو بٹ کر بنائی جاتی ہے۔

**catharsis** *n.* (*pl.* **catharses**) جذباتی بحران کے بعد آسودگی۔ ● **cathartic** صف۔

**cathedral** *n.* بشپ کے حلقے کا مرکزی گرجا۔

**Catherine wheel** *n.* آتش بازی کا چکّر۔

**catheter** *n.* طب: جسم کے کسی سوراخ سے رطوبت نکالنے یا داخل کرنے کی نلکی، قثاطیر۔

**cathode** *n.* برقیات: کسی برقی نلکی، مورچے یا خانے میں منفیرہ یا منفی برقیرہ۔

**cathode ray tube** *n.* ایک خلادار نلکی جس میں منفی برقیروں کی رو ایک فلوری پردے پر روشن نقش بناتی ہے، منفیرہ نلکی۔

**catholic** *adj.* ① سب کی دلچسپی یا کام کا، ہمہ گیر۔② جامع، وسیع النظر۔ ③ **(Catholic)** رومن کیتھلک مذہب سے تعلق رکھنے والا؛ تمام عیسائیوں پر حاوی؛ تمام مغربی کلیسا پر مشتمل۔● **Catholicism** اسم۔

**cation** *n.* مثبت برقی بار والا آئن۔

**catkin** *n.* بید یا فندق وغیرہ کے درختوں سے لٹکتا ہوا نرم روئیں دار پھولوں کا گچھا۔

**catnap** *n.* جھپکی۔

**cat's cradle** *n.* بچوں کا ایک کھیل جس میں انگلیوں میں ڈوری کا پھندا بناتے ہیں۔

**Catseye** *n.* تجارتی نام: سڑک پر لگا روشنی منعکس کرنے کا شیشہ، جگہ کی صحیح نشاندہی کے لیے۔

**cat's paw** *n.* آلۂ کار۔

**catsup** امریکا: KETCHUP کا متبادل۔

**cattery** *n.*(*pl.*-**ies**) بلیوں کو رکھنے یا پالنے کی جگہ۔

**cattle** *n.pl.* مویشی از قسم گائے، بیل، بھینس وغیرہ۔

**catty** *adj.*(**cattier, cattiest**) چالاک، کینہ ور، بدزبان ● **cattily** م ف۔ **cattiness** اسم۔

**catwalk** *n.* پتلا راستہ یا چبوترا جو فیشن کی نمائش جیسے مواقع پر بنایا جائے۔

**caucus** *n.* ① امریکا: سیاسی جماعت کے ارکان کا جلسہ۔ ② کسی سیاسی پارٹی میں جماعت کے ارکان کا کوئی فریق یا دھڑا۔

**caught** CATCH کا ماضی و ماضیہ۔

**caul** *n.* رحم کی اندرونی جھلی جس میں جنین لپٹا ہوتا ہے۔

**cauldron** *n.* (also **caldron**) کھلی جگہ چولھے پر چڑھائی جانے والی دیگ یا کڑھاؤ۔

**cauliflower** *n.* پھول گوبھی۔

**caulk** *v.* (*US* **calk**) درزبندی (ناؤ وغیرہ کی ریخوں کو سیل روک مادّے سے بند کرنا۔

**causal** *adj.* سبب، علّت یا اسباب و علل سے متعلق۔

**causality** *n.* سبب و نتائج کا باہمی ربط۔

**cause** *n. & v.* اسم: ① علّت، سبب، موجب۔ ② کوئی شے یا شخص جو کسی بات یا وقوع کو ظہور میں لائے۔ ③ غرض، مقصد، جواز کسی بات کا۔ ④ کوئی اصول، عقیدہ یا مقصد جس کی حمایت کی جائے۔ ف: بانی یا سبب ہونا، ترغیب دینا، مائل کرنا۔● **causation** اسم۔

**cause célèbre** *n.* (*pl.* **causes célèbres**) ایسا معاملہ جس کا بہت چرچا ہو۔

**causeway** *n.* ① کسی نشیبی، گیلی زمین پر بنایا ہوا اونچا راستہ۔ ② سڑک کے برابر اونچی پٹڑی۔

**caustic** *adj. & n.* صف: ① جلانے، گلانے یا کھا جانے والا۔ ② طنز آمیز، کٹیلا۔ اسم: تیز جلانے والا مادّہ۔● **caustically** م ف۔

**caustic soda** *n.* کاسٹک سوڈا، کاری سوڈا۔

**cauterize** *v.* (also **-ise**) (نسیجوں کو) داغنا، جھلسانا یا جمانا، خصوصاً خون روکنے کے لیے۔ ● **cauterization** اسم۔

**caution** *n. & v.* اسم: ① احتیاط، حفاظتی تدبیر، دھیان۔ ② تنبیہہ، باقاعدہ فہمائش۔ ف: تنبیہہ کرنا۔

**cautionary** *adj.* جو بطور تنبیہہ ہو، سبق آموز۔

**cautious** *adj.* محتاط، چوکس، خبردار، ہوشمند۔● **cautiously** م ف: احتیاط سے۔

**cavalcade** *n.* موٹرگاڑیوں وغیرہ کا جلوس۔

**cavalier** *n. & adj.* اسم: **(Cavalier)** تاریخ: برطانوی خانہ جنگی میں شاہ چارلس اوّل کا طرفدار۔ صف: بے توجہ، کشیدہ خاطر، اکتایا، بیزار۔

**cavalry** *n.* (*pl.* **-ies**) گھڑسواروں کا رسالہ، بکتربند گاڑیوں کا دستہ۔

**cave** *n.* غار، کھوہ جو پہاڑ کے پہلو یا زمین میں ہو۔ □ **cave in** ① دھنسنا، بیٹھ جانا دیوار یا زمین کا، ڈھے جانا۔ ② دباؤ کے آگے پست ہو جانا، دب جانا۔

**caveat** *n.* تنبیہہ، وارننگ۔

**caveat emptor** *n.* یہ اصول کہ اگر خریدار دیکھ بھال کر نہیں خریدے گا تو وہ خود ذمہ دار ہوگا۔

**caveman** *n.* (*pl.* **-men**) قبل تاریخ کا انسان جوغاروں میں رہتا تھا۔

**cavern** *n.* غار،خصوصاً بڑا اور اندھیرا۔

**cavernous** *adj.* غار کی طرح بڑا اور گہرا۔

**caviar** *n.* سنگ ماہی یا کسی اور بڑی مچھلی کے انڈے جو بغیر پکائے مسالے میں گلا کر کھائے جاتے ہیں۔

**cavil** *v. & n.* ف: (**cavilling ،cavilled**) امریکا:**caviled**) مین میکھ نکالنا، خوردہ گیری کرنا۔ اسم: عیب جوئی، خوردہ گیری۔

**caving** *n.* غاروں میں شوقیہ گھومنا۔

**cavity** *n.* (*pl.*-**ies**) کسی ٹھوس چیز میں گڑھا، چھید۔

**cavort** *v.* اچھلنا کودنا، کلیلیں کرنا۔

**caw** *n. & v.* اسم: کوّے وغیرہ کی کائیں کائیں۔ ف: کائیں کائیں کرنا۔

**cayenne** *n.* پسی ہوئی ایک طرح کی لال مرچ۔

**cayman** *n.* (also **caiman**) جنوبی امریکا کا ایک مگرمچھ کی طرح کا رینگنے والا جانور۔

**cc** (also **c.c.**) تخفیف:① carbon copy۔ ② cubic cntimetre(s)۔

**CD** تخفیف: compact disc۔

**Cd** علامت: cadmium۔

**CD-ROM** *n.* تخفیف: compact disc read only memory۔

**Ce** علامت: cerium۔

**cease** *v.* رکنا، روکنا، تھمنا، بند ہونا یا کرنا۔

**ceasefire** *n.* ① جنگ بندی۔ ② گولہ باری بند کرنے کا حکم۔

**ceaseless** *adj.* بلا اختتام، مسلسل، وقفے کے بغیر۔

**cecum** امریکا: CAECUM۔

**cedar** *n.* ایک بڑھتا، پھیلتا، سدابہار صنوبری درخت۔

**cede** *v.* قبضہ چھوڑنا، کسی کے حوالے کرنا، دستبردار ہونا۔

**cedilla** *n.* حرف c کے نیچے (ç) ایک نشان جو ظاہر کرتا ہے کہ یہ صفیری حرف ہے اور اس کا تلفظ 'S' کی آواز کا ہوگا۔

**ceiling** *n.* ① کمرے وغیرہ کی اندرونی چھت یا چھت کی اندرونی سطح۔ ② قیمتوں کی اوپری حد یا انتہائی معاوضہ یا مہارت، کارگزاری کی مقرر کردہ انتہائی حد۔

**celandine** *n.* ایک چھوٹا جنگلی پودا زرد پھولوں والا۔

**celebrant** *n.* مذہبی تقریبات میں رسمیں انجام دینے والا شخص خصوصاً عیسائیوں میں عشائے ربّانی کے موقع پر۔

**celebrate** *v.* ① تہوار، رسوم وغیرہ کو منانا، دھوم دھام کرنا۔ ② جشن منانا۔ ● **celebration** اسم۔

**celebrated** *adj.* مشہور و معروف۔

**celebrity** *n.* (*pl.* **-ies**) ① مشہور و معروف آدمی۔ ② شہرت، دھوم۔

**celerity** *n.* ادبی: پُھرتی، تیزی۔

**celery** *n.* ایک چھتری دار وضع کا پودا، اجمود کرفس، عرف عام میں سلاد، ترکاری کے طور پر پکایا جاتا ہے۔

**celestial** *adj.* ① سماوی، ربّانی، برگزیدہ جمال رکھنے والا، ارفع، اعلیٰ۔ ② آسمان سے متعلق، آسمان کے اس حصّے سے متعلق جو فلکیات کے مشاہدے میں آتا ہے۔

**celiac** امریکا: COELIAC۔

**celibate** *adj.& n.* شادی اور جنسی تعلق سے علاحدگی پر کاربند، برہمچاری۔ ● **celibacy** اسم: تجرّد۔

**cell** *n.* ① چھوٹا سا کمرہ، کوٹھڑی خصوصاً جیل یا خانقاہ کی۔ ② چھوٹا سا خانہ جیسے شہد کے چھتے میں۔ ③ چھوٹا سا گروہ جو کسی سیاسی مرکز کا کام کرے۔ ④ کسی نامیاتی جسم کا سب سے چھوٹا جزو۔ ⑤ برقیات: کسی برقپاش کے اندر برقپاشی کے لیے برقیروں کو سمانے کا ظرف۔

**cellar** *n.* ① کسی مکان کے اندر زیر زمین کمرہ، تہ خانہ۔ ② تہ خانے میں شراب کا ذخیرہ۔

**cello** *n.* (*pl.* **-os**) وائلن (یورپی بیلا) کی قسم کا ایک کھرج ساز۔ ● **cellist** اسم۔

**Cellophane** *n.* تجارتی نام: ایک مہین شفیف لپیٹنے کا کاغذ۔

**cellphone** *n.* چھوٹا دستی ریڈیو ٹیلیفون۔

**cellular** *adj.* ① خلیوں کا یا خلیوں سے بنا ہوا۔ ② کشادہ بنائی یا بافت کا، چھدرا۔

**cellular phone** (or **radio**) *n.* متحرک ریڈیو ٹیلیفون کا نظام جس میں رقبے کو متفرق خانوں میں تقسیم کر دیا جاتا ہے اور ہر خانے کا اپنا ٹرانسمیٹر ہوتا ہے۔

**cellulite** *n.* چربی کا جماؤ خصوصاً عورتوں کے سرین

اوررانوں پر جوکھال کے سکڑنے کا سبب ہوتا ہے۔

**celluloid** *n.* ①ایک شفیف مادّہ جوسیلیولوزنائٹریٹ سے تیار کیا جاتا ہے۔②(عرف عام میں) سینما کی فلم۔

**cellulose** *n.* ایک مادّہ جو پودوں کے خلیوں کا خاص جزو ہے اور پلاسٹک بنانے میں استعمال ہوتا ہے۔

**Celsius** *adj.* سیلسیس پیمانے یا نظام کے مطابق۔ □**Celsius scale** حرارت پیمائش کا پیمانہ جس میں پانی صفر درجے پر جمتا اور ۱۰۰ درجے پر کھولتا ہے۔

**Celt** *n.* مغربی یورپ کی قدیم اقوام کا کوئی رکن۔● **Celtic** صف۔

**cement** *n. & v.* اسم: ①مٹی اور چونے کو کیلسیا کر بنایا ہوا مسالہ جو پانی ملا کر چنائی یا کنکریٹ بنانے کے لیے استعمال ہوتا ہے۔② کوئی جوڑنے، ملانے والا مادّہ۔ ③ دانتوں کی ریخوں کو بھرنے والا مادّہ۔ ف: ① سیمنٹ سے یا سیمنٹ کی طرح جوڑنا۔② قائم یا مضبوط کرنا۔

**cemetery** *n. (pl. -ies)* قبرستان، خصوصاً گرجا کے احاطے کے علاوہ۔

**cenotaph** *n.* قبر کا کتبہ، یادگار کے طور پر نصب کیا ہوا کسی ایسے شخص کے نام پر جو کہیں اور دفن ہو۔

**censer** *n.* اگر دان۔

**censor** *n. & v.* اسم: کوئی شخص جو مطبوعات، فلموں، خبروں وغیرہ کو اشاعت سے پہلے جانچنے اور قابلِ اعتراض حصّوں کو حذف کرنے پر مامور ہو۔ف: ①جانچ پڑتال کرنا۔ ② ترمیم تنسیخ کرنا۔ ● **censorial** صف۔ **censorship** اسم: احتساب، کڑی نظر۔

---

وضاحت: فعل *censor* کو *censure* کے ساتھ خلط ملط کیا جاتا ہے جس کے معنی سخت تنقید کرنا ہے۔

---

**censorious** *adj.* مین میکھ نکالنے والا، عیب جو۔

**censure** *v. & n.* ف: سخت تنقید کرنا، ملامت کرنا، سرزنش کرنا۔ اسم: کڑی تنقید، سخت گرفت، ملامت۔

**census** *n.* مردم شماری یا اعداد و شمار کی فراہمی۔

**cent** *n.* ایک ڈالر کا ۱۰۰ واں حصّہ یا کسی اور میٹری نظام کی اکائی، اس مالیت کا سکّہ۔

**centaur** *n.* یونانی دیو مالا کا ایک کردار جس کا سر اور دھڑ انسان کا اور بقیہ جسم اور پاؤں گھوڑے کے، قنطور۔

**centenarian** *n.* پیرِ صد سالہ۔

**centenary** *n. (pl.-ies)* صد سالہ تقریب۔

**centennial** *adj.& n.* صف: سو سال تک رہنے والا، ہر سو سال بعد واقع ہونے والا۔اسم: صد سالہ۔

**center** CENTRE کے امریکی ہجّے۔

**centigrade** *adj.* ①= CELSIUS۔② ۱۰۰ درجے کی پیمائش والا۔

**centigram** *n.(US* **centigramme)** ایک مقداری اکائی جو گرام کے سویں حصّے کے برابر ہے۔

**centilitre** *n.* **(***US* **centiliter)** ایک مقداری اکائی جو ایک لیٹر کے ۱۰۰ ویں حصّے کے برابر ہے۔

**centime** *n.* ایک فرانک کا سواں حصّہ۔

**centimetre** *n.* **(***US* **centimeter)** طول ناپنے کی اکائی، میٹر کا سواں حصّہ۔

**centipede** *n.* کنکھجورا، حشرہ جس کے جسم کے مختلف جوڑوں میں الگ الگ پیر ہوتے ہیں۔

**central** *adj.* ① مرکزی، مرکز کا، بطور مرکز۔② مرکز کی طرف سے۔③ لازم، نہایت اہم۔● **centrality** اسم: مرکزیت۔ **centrally** م ف۔

**central heating** *n.* عمارت کو گرم رکھنے کا نظام جس میں حرارت ایک مرکزی مقام سے نلکیوں کے ذریعے مختلف گوشوں میں پہنچائی جاتی ہے۔

**centralism** *n.* مرکزیت پر مبنی نظام۔

**centralize** *v.* (also -ise) انتظام کو مرکز میں محدود یا مرتکز کر دینا۔● **centralization** اسم: ارتکاز۔

**central nervous system** *n.* دماغ اور ریڑھ کی ہڈی۔

**centre** *n. & v.(US* **center)** اسم: ①مرکزی نقطہ خصوصاً کسی سطح، دائرے یا کُرے کا۔② محور۔③ شہر وغیرہ کا مرکزی یا اہم علاقہ۔④ کسی آلہ یا مشین وغیرہ کا حصّہ جو مختلف کام انجام دیتا ہو۔⑤ معتدل نقطۂ نظر۔ ف: **(centring، centred)** ① کسی شے پر مرکوز، منحصر یا موقوف ہونا۔② وسط یا مرکز میں رکھنا۔③ ایک نقطے یا مرکز پر لانا۔

**centreboard** *n.(US* **centerboard)** ایک

تختہ جسے حسبِ ضرورت پیندے سے نیچے گرا کر جہاز کا رخ سیدھا رکھا جاتا ہے۔

**centrefold** *n.* (*US* **centerfold**) مطبوعہ ورق عموماً باتصویر جسے رسالے وغیرہ کے بالکل درمیان میں لگایا جاتا ہے۔

**centrifugal** *adj.* مرکز گریز، مرکز سے دوری کی طرف مائل۔

**centrifuge** *n.* بلونی، دودھ وغیرہ بلونے یا مائع سے ٹھوس اجزا علاحدہ کرنے کا مشینی آلہ۔

**centripetal** *adj.* مرکز مائل، مرکز کی طرف رجوع کرنے والا۔

**centurion** *n.* قدیم رومی فوج کا کمان دار۔

**century** *n.* (*pl* **-ies**) ① صدی، سوسال کا عرصہ، حضرت عیسیٰؑ کی پیدائش سے گنی جانے والی صدیاں۔ ② کرکٹ میں ۱۰۰ کا اسکور۔

**cephalic** *adj.* سر سے متعلق، راسی۔

**cephalopod** *n.* سر پایہ، جن کے سروں پر محاس (حسّاس بال) نمایاں ہوتے ہیں جیسے ہشت پایہ۔

**ceramic** *adj.* & *n.* صف: فنِ ظروف سازی سے متعلق۔ اسم: (**ceramics**) ① سرامک کی مصنوعات۔ ② سرامک مصنوعات بنانے کا فن۔

**cereal** *n.* ① کوئی اناج یا غلّہ، کوئی پودا جس سے یہ پیدا ہو۔ ② ناشتے کا ایک کھاجا غلّے سے بنایا ہوا۔

**cerebellum** *n.*(*pl.* **cerebellums** or **cerebella**) دماغ کا پچھلا حصّہ جو عضلیاتی افعال و حرکات سے تعلق رکھتا ہے، دمیغ، چھوٹا دماغ۔

**cerebral** *adj.* ① دماغ سے متعلق۔ ② فکری، ذہنی نہ کہ جذباتی۔● **cerebrally** م ف۔

**cerebral palsy** *n.* پیدائش سے پہلے یا پیدائش کے وقت دماغ کو نقصان پہنچنے سے ہونے والا فالج۔

**cerebrum** *n.*(*pl.***cerebra**) دماغ کا اصل حصّہ جو کھوپڑی میں آگے کی طرف ہوتا ہے۔

**ceremonial** *adj.* & *n.* صف: ① ریت، رسم یا ادائے رسوم سے متعلق۔ ② رسمی، پُر تکلف۔ اسم: درباری، مجلسی یا مذہبی تقریبات میں برتے جانے والے آداب و قواعد۔● **ceremonially** م ف۔

**ceremonious** *adj.* ① نہایت شائستہ، بہت پُر تکلف، جزوی رسوم پر نظر رکھنے والا۔ ② رواجی اصولوں کا پابند۔● **ceremoniously** م ف۔

**ceremony** *n.* (*pl.* **-ies**) ① تقریب، مذہب یا مجلسی رسوم کی ادائگی، کسی خاص تقریب پر جیسے سالانہ جلسہ، سالگرہ وغیرہ۔ ② پُر تکلّف ادب، قاعدے، ظاہر داری کی رسمیں۔ ③ نہایت پُر تکلّف انداز۔

**cerise** *adj.* & *n.* ہلکا سرخ رنگ، اس رنگ کا۔

**cerium** *n.* (علامت: **Ce**) ایک روپہلی دھاتی مادّہ

**certain** *adj.* ① یقین واثق رکھنے والا، بالکل پُر اعتماد، غیر مذبذب، یقینی، طے شدہ۔ ② جس کے واقع ہونے کا یقین ہو۔ ③ قابلِ بھروسہ۔

**certainly** *adv.* ① یقیناً، بالکل، قطعاً۔ ② وثوق، اعتماد کے ساتھ۔ ③ (جواباً) جی ضرور۔

**certainty** *n.* (*pl.***-ies**) ① یقینی بات، امر واقعی۔ ② یقین کلّی، وہ بات یا شخص جس پر اعتماد کیا جا سکے۔

**certifiable** *adj.* ① تصدیق کے قابل یا تصدیق کا محتاج۔ ② بول چال: پاگل۔

**certificate** *n.* صداقت نامہ کسی امر خصوصاً پیدائش، شادی، موت، صحت، استعداد وغیرہ کا، سند۔

**certify** *v.* (**-ies, -ied**) ① رسمی بیان یا توثیق کرنا کسی بات کی۔ ② دستاویزی تصدیق جاری کرنا کہ کوئی شخص مطلوبہ استعداد رکھتا ہے۔ ③ سرکاری طور پر مجنوں، مخبوط الحواس ہونے کا اعلان۔

**certitude** *n.* پورا یقین ہونے کا احساس۔

**cerulean** *adj.* ادبی: صاف آسمان کے رنگ کا، لاجوردی، نیلا؛ گہرا نیلا۔

**cervix** *n.* (*pl.* **cervices**) ① گردن۔ ② کوئی گردن جیسی ساخت، خصوصاً رحم کا زیریں حصّہ، عنقِ رحم۔● **cervical** صف۔

**Cesarean** (also **Cesarian**) امریکا: CAESAREAN کا متبادل۔

**cessation** *n.* ① ترک، روکنے، ختم کرنے کا عمل۔ ② وقفہ۔

**cession** *n.* ① دستبرداری (حقوق، املاک خصوصاً عملداری سے) ② سپردگی، حوالگی۔

**cesspit** *n.* (also **cesspool**) گندے پانی کی نکاسی کے لیے کھودا ہوا گڑھا یا ہودی، زمین دوز ٹنکی۔
**cetacean** *n.* وھیل خاندان کا ایک سمندری جانور۔
**Cf.** علامت: californium۔
**cf.** تخفیف: compare۔
**CFC** تخفیف: chlorofluorocarbon ایک گیسی مرکب جس کے متعلق خیال کیا جاتا ہے کہ یہ اوزون تہ کو نقصان پہنچاتا ہے۔
**chafe** *v.* ① رگڑ سے چھل جانا یا چھیلنا۔ ② سوزش پیدا کرنا، خفا ہونا یا خفا کرنا، تلملانا۔ ③ سہلانا، مالش کرنا۔
**chafer** *n.* دھیمی چال سے چلنے والا بھونرا خصوصاً بڑا۔
**chaff** *n.* & *v.* اسم: ① بھوسی، چوکر جو غلّے کو پھٹک کر یا گاہ کر الگ کی جاتی ہے۔ ② جانوروں کی کُٹی یا چری۔ ③ مسخرا پن، ٹھٹھول۔ ف: چڑانا، مذاق کرنا۔
**chaffinch** *n.* ایک چھوٹی خوش آواز چڑیا، برقص۔
**chafing-dish** *n.* کھانا گرم رکھنے کا برتن جس کے گرداگرد گرم پانی کا خانہ ہوتا ہے۔
**chagrin** *n.* سخت بیزاری، کلفت، رنجیدگی۔
**chain** *n.* & *v.* اسم: ① زنجیر، خصوصاً دھات کی کڑیوں کا سلسلہ، اس سے ملتی جلتی کوئی شے۔ ② بیڑیاں، کوئی بندش، روک۔ ③ سلسلہ، قطار، ترتیب۔ ④ باہم مربوط یا ہمرشتہ اشیا، ہوٹلوں، دکانوں، اخباروں وغیرہ کا گروہ۔ ⑤ فاصلہ ناپنے کی زنجیر (لمبائی ٦٦ فٹ) ف: زنجیر میں باندھنا، جکڑنا۔
**chain reaction** *n.* حوادث یا واقعات کا سلسلہ جن میں ہر ایک گزشتہ کا ردّعمل ہو۔
**chain saw** *n.* ایک مشینی آری یا آرا جس کے دندانے ایک مال پر رواں رہتے ہیں۔
**chair** *n.* & *v.* اسم: ① کرسی، ایک آدمی کے بیٹھنے کی نشست، عموماً چار پایوں پر قائم مع پشت۔ ② پروفیسری کا منصب، با اختیار عہدہ۔ ف: ① صدارت کرنا یا صدر کے عہدے پر ہونا۔ ② کسی اعلیٰ منصب پر فائز کرنا۔
**chairlift** *n.* ایک چرخی کے سہارے لٹکتی ہوئی ڈولیاں جو مسافروں کو پہاڑ پر لاتی لے جاتی ہیں۔
**chairman** *n.* (*pl.* **-men**, *fem.* **chairwoman** *pl.* **-women**) ① صدارت کے لیے منتخب کیا ہوا فرد۔ ② کسی کمیٹی، بورڈ یا کمپنی کا مستقل صدر۔
**chairperson** *n.* صدارت کا عہدہ دار مرد یا عورت۔
**chaise longue** *n.* صرف ایک دستے والا سوفا۔
**chalcedony** *n.* سنگ مردار کی ایک قسم۔
**chalet** *n.* ① چھوٹا سا مضافاتی مکان یا بنگلہ۔ ② مختصر عموماً لکڑی کا مکان خصوصاً سمندر یا تفریحی مقام پر۔ ③ کوہستانی گڈریوں کی جھونپڑی۔
**chalice** *n.* پیمانہ، ساغر۔
**chalk** *n.* ① چاک، کھریا، ایک قسم کا چونا۔ ② اس سے ملتا جلتا مادّہ بعض اوقات رنگین جو لکھنے یا نقشہ کشی میں استعمال ہوتا ہے۔ □ **by a long chalk** کہیں زیادہ۔ ● **chalky** صف۔
**challenge** *n.* & *v.* اسم: ① کھیل یا زور آزمائی وغیرہ میں مقابلے کی دعوت، چیلنج۔ ② للکار، ٹوک۔ ③ مشکل مہم یا کام۔ ④ کوئی سوال یا اعتراض۔ ف: ① مقابلے پر بلانا، دعویٰ ثابت کرنے کے لیے پکارنا؛ انکار کرنا، تردید کرنا۔ ② اکسانا۔ ● **challenger** اسم۔
**chamber** *n.* ① وہ ہال جہاں قانون ساز ادارہ یا عدالت اجلاس کرے۔ ② (**chambers**) بیرسٹروں کا کمرہ، جج کا کمرہ۔ ③ قدیم: خواب گاہ، حجلۂ عروسی۔ ④ کوئی خلا، گھری ہوئی جگہ، خانہ۔
**chamberlain** *n.* بادشاہ کے محل کا منتظم۔
**chambermaid** *n.* ہوٹل کی خادمہ۔
**chamber music** *n.* سازندوں کے چھوٹے طائفے کے لیے لکھا ہوا گانا۔
**chamber pot** *n.* خواب گاہ میں استعمال کے لیے پیشاب پاخانے کا برتن۔
**chameleon** *n.* گرگٹ کے خاندان کا چھوٹا جانور جو ماحول کے مطابق رنگ بدل لیتا ہے۔
**chamfer** *v.* گنیا کی مدد سے کونے صفائی سے تراش کر ترچھانا، اریبی بنانا۔
**chamois** *n.* (*pl.* same) ① ایک قسم کا چھوٹا پہاڑی ہرن۔ ② نرم مخملی چمڑا جو چمکانے، پالش کرنے کے کام آتا ہے۔
**chamomile** CAMOMILE کا متبادل۔

**champ** *v. & n.* زورزور سے چبانا، چپڑ چپڑ کرنا۔ □**champ at the bit** بے صبری کا اظہار کرنا۔

**champagne** *n.* بلبلے چھوڑتی سفید فرانسیسی شراب۔

**champion** *n., v. & adj.* اسم: ① مقابلے وغیرہ میں سب سے غالب رہنے والا شخص۔ ② وہ شخص جو کسی کی طرف سے یا کسی مقصد کے حق میں پیروی کرے۔ ف: پُر زور حمایت کرنا۔ صف، مقامی: شاندار، بہترین۔ ● **championship** اسم۔

**chance** *n., adj. & v.* اسم: ① امکان، ممکن یا ہو سکنے والی بات، غالب امکان، توقع۔ ② ایسی صورت جس میں خطرہ، خدشہ، آزمائش مضمر ہو۔ ③ بے سوچی سمجھی اتفاقی بات۔ ④ باری، مہلت، موقع۔ ⑤ آئندہ حالات پر مبنی صورت، قسمت۔ صف: ناگہانی، اتفاقی، حادثاتی۔ ف: ① خطرہ مول لینا۔ ② غیر ارادی طور پر واقع ہونا۔

**chancel** *n.* گرجا کا وہ حصہ جو قربان گاہ کے قریب ہوتا ہے۔

**chancellor** *n.* ① سرکاری یا عدالتی عہدہ دار جو کسی امر سے متعلق ہو۔ ② بعض یورپی ممالک مثلاً جرمنی میں سربراہ مملکت۔ ③ یونیورسٹی کا غیر مقیم اعزازی سربراہ۔

**Chancery** *n.* (*pl.*-**ies**) لارڈ چانسلر کی عدالت، ہائی کورٹ کا ایک ڈویژن۔

**chancy** *adj.* (**chancier, chanciest**) بول چال: اتفاق پر مبنی، غیر یقینی، پُرخطر۔

**chandelier** *n.* فانوس، جھاڑ۔

**chandler** *n.* پنساری، بساطی جو موم بتیاں، تیل، صابن، رنگ روغن اور گھریلو ضرورت کا سامان بیچے۔

**change** *n. & v.* اسم: ① بدلنے، مختلف ہونے کا عمل۔ ② ریزگاری وغیرہ جو بڑا سکہ بھنانے پر ملے، باقی بچنے والی رقم جو کسی سودے کے دام دینے کے بعد واپس ملے۔ ③ نیا تجربہ یا آزمائش۔ ④ ایک چیز کے بدلے دوسری، مبادلہ۔ ف: ① بدل جانا، بدلنا۔ ② ایک کی جگہ دوسرا لانا یا لینا؛ چھوڑ دینا، ترک کرنا۔ ③ بھنانا، ایک سکے کے بدلے دوسرے سکے میں تبدیل کرنا یا کرانا۔ □ **change one's mind** خیال یا منصوبہ تبدیل کرنا۔ ● **changeable** صف: قابل تبدیل۔

**changeling** *n.* کسی دوسرے بچے سے بدلا ہوا بچہ، خصوصاً وہ جسے پریاں کسی بچے کے بدلے ڈال گئی ہوں۔

**channel** *n. & v.* اسم: ① رودبار، پانی کا لمبا قطعہ جو دو بڑے قطعوں خصوصاً سمندروں کو ملائے۔ ② رابطے کا ذریعہ، وہ وسیلہ جس کے ذریعے معلومات پہنچائی جائے۔ ③ ریڈیائی لہروں کی تعدد ارتعاش کے لحاظ سے ترتیب دی ہوئی پٹی۔ ف: (**channelling، channelled** امریکا: **channeled**) رُخ یا سمت پر ڈالنا، راہ دکھانا۔

**chant** *n. & v.* اسم: ① لہک کر گائے جانے والے بول۔ ② مختصر دُھن جس میں دو یا زائد غیر موزوں بندشیں ہوں، جیسے حمدیہ بول۔ ف: ① ایک بات کو بار بار دہرانا۔ ② گانا یا غنائی لہجے میں پڑھنا۔

**chanter** *n.* دھونکنی والے ساز میں لگا ہوا الغوزہ جس میں انگلیوں سے بجانے کے لیے سوراخ ہوتے ہیں۔

**chanterelle** *n.* ایک کھمبی جس کی کھائی جانے والی قیف نما چھتری زرد ہوتی ہے۔

**chaos** *n.* انتشار، افراتفری، بدنظمی۔ ● **chaotic** صف: غیر منظم، منتشر۔ **chaotically** م ف۔

**chap** *n. & v.* بول چال: آدمی، نفر، لڑکا۔ ف: (**chapping ، chapped**) (خصوصاً جلد یا خشک زمین کے لیے) پھٹنا، تڑقنا۔

**chapel** *n.* ① بڑے گرجا میں نجی عبادت کا گوشہ یا کسی مکان یا ادارے کی اپنی عبادت گاہ۔ ② غیر مقلد یا برطانوی کلیسا سے مختلف عقائد رکھنے والوں کی عبادت گاہ۔ ③ انگلیسی گرجا جو کسی علاقائی گرجا کے ساتھ ملحق ہو۔ ④ چھاپے خانے والوں کی انجمن کی کوئی شاخ۔

**chaperon** *n. & v.* (also **chaperone**) اسم: کنواری لڑکیوں کی نگہداشت کے لیے تقریبات میں ساتھ جانے والی، خصوصاً معمر خاتون۔ ف: نگہبانی کرنا۔

**chaplain** *n.* کسی نجی گرجا، ادارے، جہاز، رجمنٹ وغیرہ میں متعین پادری۔ ● **chaplaincy** اسم۔

**chapter** *n.* ① کتاب کا باب۔ ② کسی گرجا گھر یا مذہبی تنظیم، فرقے، گروہ کے قوانین، آداب و قواعد۔

**char** *v. & n.* (**charring ، charred**): ف: جلنا، جل کر سیاہ ہو جانا، کوئلہ ہو جانا۔ اسم: ① بول چال: =CHARWOMAN۔ ② برط، بول چال: چائے۔

**charabanc** *n.* موٹر بگھی کی ایک ابتدائی شکل۔

**character** *n.* ① کردار، انفرادیت، جملہ اوصاف و خصوصیات، خصوصاً ذہنی واخلاقی جوکسی فرد یا شے کی پہچان ہوں۔ ② اخلاقی قوت، شہرت، نام۔ ③ کسی ناول، ناٹک وغیرہ کا کردار۔ ④ فرد، شخص، خصوصاً انوکھا یا نمایاں۔ ⑤ لکھا یا چھپا ہوا حرف، علامت، نشان۔ ⑥ کسی شخص کے کردار کا تصدیق نامہ۔

**characteristic** *adj. & n.* صف: مخصوص، منفرد، امتیازی، نمایاں۔ اسم: مخصوص پہچان یا وصف۔ ● **characteristically** م ف۔

**characterize** *v.*(also **-ise**) ① کردار کی وضاحت کرنا، بتانا، بیان کرنا۔ ② کسی کے ساتھ مخصوص ہونا۔ ③ کسی میں خاص شناخت یا پہچان پیدا کرنا۔ ● **characterization** اسم: کردار نگاری۔

**charade** *n.* ①(**charades**) زبانی حرکات کے ذریعے دیے ہوئے اشارات سے لفظ کو شناخت کرنے کا ذہنی آزمائش کا کھیل۔ ② لغو دعویٰ، بڑ۔

**charcoal** *n.* کوئلہ، کاربن کی ایک شکل، جلی ہوئی لکڑی، ہڈیوں وغیرہ کا کوئلہ۔

**charge** *v. & n.* ف: ① کوئی رقم بطور قیمت طلب کرنا۔ ② کسی کے نام یا کسی کے حساب میں لکھنا۔ ③ الزام لگانا۔ ④ ہدایت دینا، تاکید کرنا۔ ⑤ سپرد کرنا، ذمّہ لینا، اختیار کرنا۔ ⑥ ہلّہ بولنا، حملہ کرنا۔ ⑦ کسی شے میں برقی بار ڈالنا۔ ⑧ کسی بندوق وغیرہ کو بھرنا۔ اسم: ① دام، قیمت، معاوضہ، مالی زیرباری یا ذمّہ داری۔ ② الزام دہی۔ ③ کام، فرض، تفویض کردہ منصب۔ ④ ہلّہ، دھاوا۔ ⑤ مادّے کی مقدار جو کسی مشین، آتشیں اسلحے وغیرہ میں بھرا جائے۔ ⑥ بیٹری میں توانائی بھرنے کا عمل۔ □ **in charge** بااختیار، حاکم۔ **take charge** نگرانی ہاتھ میں لینا، ذمّہ داری سنبھالنا۔

**charge card** *n.* قرض خریداری کارڈ۔

**chargé d'affaires** *n.* (*pl.***chargés d'affaires**) ① سفیر کا نائب۔ ② کسی چھوٹے ملک کی طرف بھیجا جانے والا سفیر۔

**charger** *n.* ① فوجی رسالے کا گھوڑا۔ ② بیٹری میں برقی بار بھرنے کا آلہ۔

**chariot** *n.* رتھ، دوپہیّا گاڑی جسے گھوڑے کھینچتے تھے اور قدیم جنگوں یا دوڑ میں استعمال ہوتی تھی۔

**charioteer** *n.* رتھ بان، رتھ سوار۔

**charisma** *n.* معتقدوں میں جوش جذبہ اور اطاعت گزاری پیدا کرنے کی صلاحیت؛ ذاتی کشش، وجاہت، جاذبیت۔

**charismatic** *adj.* ① ذاتی وجاہت رکھنے والا؛ ولولہ انگیز۔ ② (عیسائی طریق عبادت) والہانہ نعرہ زنی، ہوحق پر مبنی۔ ● **charismatically** م ف۔

**charitable** *adj.* ① سخی، خیرات دینے، غریبوں کی حاجت روائی کرنے والا۔ ② کارخیر سے متعلق، خیراتی۔ ③ نیک دل، ہمدرد۔ ● **charitably** م ف۔

**charity** *n.* (*pl.*-**ies**) ① خوشی سے ضرورت مندوں کو بے غرضانہ دادودہش، خیرات، دان پن۔ ② کارخیر کا ادارہ، رفاہی تنظیم۔ ③ رحم، کرم، عطا، بخشش، رواداری۔

**charlady** *n.*(*pl.* **-ies**) =CHARWOMAN۔

**charlatan** *n.* خام لیاقت پر دھاک بٹھانے والا، ڈھکوسلے باز۔

**charm** *n. & v.* اسم: ① کشش، جاذبیت، مسرت بخشنے یا لُبھانے کی صلاحیت۔ ② کڑا، دست بند، چھلّا۔ ③ طلسم، منتر، جادو کے بول، تعویذ جو ردّبلا کے لیے باندھا جائے۔ ف: ① مسرت بخشنا، موہ لینا۔ ② طلسماتی طور پر حفظ و امان یا اثر میں رکھنا۔ ● **charmer** اسم۔

**charming** *adj.* مسرت بخش، عمدہ، پسندیدہ۔

**charnel-house** *n.* مردہ خانہ، جہاں لاشیں یا ہڈیاں ڈھیر کی جاتی ہیں۔

**chart** *n. & v.* اسم: ① جغرافیائی نقشہ یا خاکہ، خصوصاً جہازرانی کے لیے۔ ② معلومات کی جدول، تصویر، نقش یا خاکہ۔ ③ (**the charts**) مقبول گراموفون ریکارڈوں کی فہرست۔ ف: نقشہ بنانا، خاکہ کھینچنا۔

**charter** *n. & v.* اسم: ① تحریری سند یا فرمان جو حقوق تفویض کرنے کے لیے جاری ہو۔ ② کسی خاص مقصد کے لیے جہاز کرائے پر لینے کا معاہدہ۔ ف: ① سند جاری کرنا۔ ② (جہاز، گاڑی وغیرہ) کرائے پر لینا۔

**chartered** *adj.* (رکن) کسی پیشے کی تنظیم کا جسے شاہی سند ملی ہو۔

**charter flight** *n.* کرائے کے جہاز پر سفر۔

**chartreuse** *n.* ہلکے سبز یا زرد رنگ کی شراب۔

**charwoman** *n.* (*pl.*-**women**) گھر یا دفتر میں جھاڑو بہارو کے کام پر رکھی گئی عورت۔

**chary** *adj.* (**charier, chariest**) محتاط، چوکس، چوکنّا۔ ● **charily** م ف۔ **chariness** اسم۔

**chase** *v.* & *n.* ف: ① پیچھا کرنا، پکڑنے کے لیے بڑھنا۔ ② ہنکانا، بھگانا۔ ③ کسی کے پیچھے بھاگنا۔ اسم: ① تعاقب، پیچھا۔ ②=STEEPLECHASE۔

**chaser** *n.* ایک قسم کی شراب کے بعد پی جانے والی دوسری شراب۔

**chasm** *n.* غار، گڑھا، جو زمین یا چٹان وغیرہ میں ہو۔

**chassis** *n.* (*pl.* same) موٹر کار یا گاڑی کا نچلا ڈھانچہ یا تہ بندی۔

**chaste** *adj.* ① پارسا، پاکباز، ناجائز جنسی تعلق سے پرہیز رکھنے والا۔ ② (برتاؤ یا گفتگو) خلوص و دیانت پر مبنی، شائستہ۔ ③ سادہ، بے تصنع، بلا آرائش۔ ● **chastely** م ف۔ **chastity** اسم: عصمت و عفت۔

**chasten** *v.* ① قابو میں رکھنا، حد سے بڑھنے نہ دینا۔ ② تادیب کرنا، تعزیر دینا۔ ③ اعتدال پر لانا۔

**chastise** *v.* ① فہمائش کرنا، سرزنش کرنا، ڈانٹنا، پھٹکارنا۔ ② سزا دینا، مارنا۔ ● **chastisement** اسم۔

**chat** *v.* & *n.* (**chatting, chatted**) ف: ہلکی پھلکی، بے تکلفی کی بات چیت، گپ شپ کرنا۔ اسم: بے تکلف آزاد گفتگو، غیر رسمی کلام۔

**chateau** *n.*(*pl.* **chateaux**) فرانس میں مضافات میں بنا ہوا بڑا بنگلہ یا محل۔

**chatelaine** *n.* کسی بڑے گھر کی مالکن۔

**chattel** *n.* منقولہ املاک یا اثاثہ۔

**chatter** *v.* & *n.* ف: ① بک بک، جھک جھک کرنا، لگاتار بولے جانا۔ ② دانتوں کا کٹکٹانا۔ اسم: مسلسل باتیں یا آواز۔ ● **chatterer** اسم۔

**chatterbox** *n.* بکواس، بڑبڑ کرنے والا آدمی۔

**chatty** *adj.* (**chattier, chattiest**) ① گپ شپ کا شوقین، بکواسی۔ ② (خط وغیرہ) غیر رسمی، شگفتہ۔ ● **chattily** م ف۔ **chattiness** اسم۔

**chauffeur** *n.* & *v.* اسم: شوفر، گاڑی چلانے پر رکھا ہوا ملازم۔ ف: ملازم کے طور پر کار چلانا۔

**chauvinism** *n.* ① شدید قوم پرستی۔ ② اپنے فرقے یا جنس کے حق میں شدید یا جارحانہ عصبیت۔ ● **chauvinist** اسم۔ **chauvinistic** صف۔

**cheap** *adj.* ① قیمت میں سستا، ارزاں۔ ② گھٹیا، کمتر، ادنیٰ، لائق نفریں، سخت ناپسندیدہ۔ ● **cheaply** م ف۔ **cheapness** اسم: ارزانی، گھٹیا پن۔

**cheapen** *v.* قدر یا قیمت گھٹانا یا گھٹنا، گرانا، پست کرنا، حقیر کرنا۔

**cheapskate** *n.* بول چال: کمینہ، خسیس آدمی۔

**cheat** *v.* & *n.* ف: ① دھوکا دینا، چکمہ دینا، محروم کر دینا، موقع چھین لینا۔ ② نامناسب ذرائع سے کامیابی یا فائدہ حاصل کرنا۔ اسم: ① فریبی شخص۔ ② دھوکا، فریب۔

**check** *v.* & *n.* ف: ① درستی، قدر و قیمت یا کیفیت کا معائنہ کرنا، توثیق کرنا، تصدیق کر لینا۔ ② روکنا، تھامنا، رفتار دھیمی کرنا۔ ③ امریکا: ٹک مارک لگانا، نشان زد کرنا۔ ④ امریکا: مقابلہ کرنے پر موافق یا صحیح نکلنا۔ اسم: ① تنقیح، پڑتال۔ ② روک تھام، بندش، رکاوٹ، مزاحم شے یا شخص۔ ③ شطرنج: شاہ کسی مہرے کی زد میں، شہ، کشت۔ ④ امریکا: کسی طعام خانے کا بل۔ □ **check in** آمد درج کرانا۔ **check out** ہوٹل وغیرہ سے رخصت ہونا۔ ● **checked** صف: چار خانے دار۔

**checker** *n.* ① معائنہ، پڑتال کرنے والا۔ ② CHEQUER کا متبادل۔ ③ امریکا: ڈرافٹس کا کھیل۔

**checkmate** *n.* & *v.* اسم: ① شہ مات، ایسی شہ جس سے بادشاہ بچ نہ سکے۔ ② آخری، حتمی شکست۔ ف: ① شطرنج: مات دینا۔ ② ہرانا، پسپا کرنا۔

**checkout** *n.* سپر مارکیٹ وغیرہ میں وہ مقام جہاں دام ادا کیے جاتے ہیں۔

**checkpoint** *n.* وہ مقام خصوصاً حد بندی یا دروازہ جہاں دستاویزات وغیرہ کی پڑتال یا معائنہ ہو۔

**cheek** *n.* & *v.* اسم: ① گال، کلّہ۔ ② گستاخی، ڈھیٹ پن۔ ف: شوخ چشمی، گستاخی سے بات کرنا۔ □ **cheek by jowl** بے تکلف، باہم مانوس۔

**cheeky** *adj.* (**cheekier, cheekiest**) گستاخ، شوخ چشم، دیدہ دلیر۔ ● **cheekily** م ف۔

**cheep** *n. & v.* اسم: چڑیا کے چیخنے کی نحیف چیں چیں۔ ف: چیں چیں کرنا۔

**cheer** *n. & v.* اسم: ①داد، نعرۂ تحسین۔ ②بشاشت۔ ف: ①پکار کر تعریف کرنا، ہمت افزائی کرنا۔ ②نعرۂ مسرت سر کرنا، خوشی سے چیخ پڑنا۔ ③خوش کرنا، تسلی دینا۔ □ **cheer up** افسردگی میں طبیعت کو سنبھالنا، بحال کرنا۔

**cheerful** *adj.* ①خوش وخرم، زندہ دل، ہشاش بشاش۔ ② روشن، خوشگوار۔ ③ آمادہ، بے جھجک، بے تأمل۔ ● **cheerfully** م ف۔ **cheerfulness** اسم۔

**cheerio** *int.* بول چال: رخصت کے وقت یا شراب نوشی شروع کرتے وقت نیک تمناؤں کا اظہار۔

**cheerless** *adj.* افسردہ، بے کیف، زدہ حال۔

**cheery** *adj.*(**cheerier, cheeriest**) زندہ دل، شادمان، فرحاں و خنداں۔ ● **cheerily** م ف۔ **cheeriness** اسم: شادمانی۔

**cheese** *n.* ①پنیر۔ ②پنیر کی طرح ٹھوس جام وغیرہ۔ □ **hard cheese** بول چال: بدقسمتی، ناکامیابی۔ ● **cheesy** صف۔

**cheeseburger** *n.* پنیر رکھ کر بنایا ہوا ہیمبرگر۔

**cheesecake** *n.* ① سموسہ جس میں میٹھا دہی وغیرہ بھرا گیا ہو۔ ② عورتوں کی جنسی طور پر جاذب نظر تصویر کشی۔

**cheesecloth** *n.* ایک پتلا، جھر جھرا کپڑا۔

**cheesed off** *adj.* بول چال: اکتایا ہوا، بیزار۔

**cheese-paring** *adj. & n.* صف: کنجوس، بخیل۔ اسم: کنجوسی، بخل، خسّت۔

**cheetah** *n.* چیتا، بڑے جسم کا تیز دوڑنے والا درندہ۔

**chef** *n.* باورچی، خانساماں، کسی ہوٹل کا بڑا باورچی۔

**chef-d'oeuvre** *n.* (*pl.* **chefs-d'oeurre**) شاہکار، بڑا کارنامہ۔

**chemical** *adj.& n.* صف: کیمیائی یا کیمیائی عمل یا اجزا سے تیار ہونے والا۔ اسم: کیمیا میں کام آنے یا اس سے حاصل ہونے والا مادّہ، جز۔ ● **chemically** م ف۔

**chemise** *n.* شمیز، زنانہ ڈھیلا ڈھالا زیر جامہ یا لباس جو کاندھوں سے لٹکا ہوتا ہے۔

**chemist** *n.* ①دوافروش جو عموماً دوسری اشیا بھی رکھتا ہے۔ ②اجازت یافتہ دوا فروش۔ ③علم کیمیا کا ماہر۔

**chemistry** *n.*(*pl.*-**ies**) ①علم کیمیا، قدرتی عناصر اور ان کی مرکب اشکال اور باہمی ردِّعمل کا مطالعہ۔ ② کوئی پیچیدہ (خصوصاً نفسیاتی یا جذباتی) عمل۔

**chemotherapy** *n.* امراض خصوصاً سرطان کا کیمیائی مادّوں کے ذریعے علاج۔

**chenille** *n.* شنیل، ایک مخمل جیسی پھولی پھولی سی ڈوری یا دھاگہ، اس سے بنا ہوا کپڑا۔

**cheque** *n.* (*US* **check**) ①بینک کے نام تحریری ہدایت صراحت کردہ رقم کی ادائگی کے لیے، چیک۔ ② اس ہدایت کا چھپا ہوا فارم۔

**chequer** *n.*(also **checker**) چارخانہ، جس میں دورنگے خانے ادل بدل کر بنے ہوئے ہوں۔

**chequered** *adj.* ①چارخانہ دار۔ ②ادلتی بدلتی قسمت کے ساتھ ساتھ۔

**cherish** *v.* ① نگہداشت کرنا۔ ② عزیز رکھنا، پیار کرنا، لگاؤ رکھنا، دل سے لگائے رکھنا۔

**cheroot** *n.* سگار جس کے دونوں سرے کھلے ہوں۔

**cherry** *n.*(*pl.*-**ies**) ①ایک چھوٹا، گٹھلی دار گول پھل، چیری۔ ② اس کا درخت جس میں چیری اور اسکے خوش نما پھول لگتے ہیں۔ ③ گہرا سرخ رنگ۔

**cherub** *n.* (*pl.***cherubim**) ①سماوی مخلوق میں دوسرے درجے کا فرشتہ، کروبی۔ ② (مصوّری میں) گول مٹول پردار بچے کی تصویر۔ ③پیاری صورت کا معصوم بھولا بچہ۔ ● **cherubic** صف: ملکوتی، کروبی۔

**chess** *n.* شطرنج جو دو آدمیوں کے درمیان دونوں طرف ۱۶،۱۶ مہروں کے ساتھ دورنگے چارخانے کی بساط یا تختے پر کھیلی جاتی ہے۔

**chest** *n.* ①بڑا مضبوط بکس یا صندوق۔ ②سینہ، انسان یا حیوانی جسم کا سامنے کا حصہ۔ ③ دوائیں وغیرہ رکھنے کی چھوٹی الماری۔

**chestnut** *n.* ①شاہ بلوط کا میوہ، چکنے چھلکے والا درخت جس کے پھول روئیں دار ہوتے ہیں۔ ② سرخی مائل بھورا رنگ، اس رنگ کا گھوڑا۔ ③ گھسا پٹا لطیفہ۔

**chest of drawers** *n.* فرنیچر جس کی درازوں میں کپڑے وغیرہ رکھتے ہیں۔

**cheval-glass** *n.* ایک سیدھے چوکھٹے میں جڑا ہوا لمبا آئینہ جو آگے پیچھے ہلایا جا سکتا ہے۔
**chevron** *n.* V کا نشان بطورِ علامت۔
**chew** *v.* چبانا، دانتوں سے توڑنا یا ٹکڑے ٹکڑے کرنا۔
**chewing gum** *n.* ذائقہ دار گم جسے دیر تک چبایا جاتا ہے۔
**chewy** *adj.* **(chewier, chewiest)** ① جسے بہت چبانے کی ضرورت ہو۔② چبانے کے قابل۔ ● **chewiness** اسم۔
**chez** *prep.* بر مکان (فلاں)، (کسی کے) گھر پر۔
**chiaroscuro** *n.* نقاشی اور خاکہ کشی میں روشنی اور سائے کا استعمال۔
**chic** *adj. & n.* صف: وضعدار، نفاست پسند۔ اسم: وضعداری، طرح داری، نفاست۔
**chicane** *n.* ① موٹروں کی دوڑ کے راستے پر مصنوعی رکاوٹ۔② CHICANERY۔
**chicanery** *n.* (*pl.* **-ies**) چالبازی، عیّاری۔
**chick** *n.* چوزہ، چینچلا۔
**chicken** *n., adj. & v.* اسم: ① کھانے کے لیے تیار کیا ہوا مرغ وغیرہ، اس کا گوشت۔② بول چال: بزدل آدمی۔ صف: بول چال: بزدل، کمزور۔ ف: **chicken out** بول چال: بزدلی سے کسی کام سے بچ نکلنا۔
**chicken feed** *n.* بول چال: معمولی رقم یا کوئی اور کم مقدار شے۔
**chickenpox** *n.* کھسرا یا خسرہ، بچوں کا متعدی مرض جس میں جسم پر دانے یا سرخی نمودار ہو جاتی ہے۔
**chickpea** *n.* چنے کی ایک قسم۔
**chicory** *n.* کاسنی، ایک نیلے چھوٹے پھولوں کا پودا جس کے پتّے ترکاری کے طور پر استعمال ہوتے ہیں اور جڑ بھون کر کافی کے ساتھ ملائی یا بطور کافی پی جاتی ہے۔
**chide** *v.* **(chided** or **chid, chidden, chiding)** قدیم: دھمکانا، ڈانٹنا، ملامت کرنا۔
**chief** *n. & adj.* اسم: ① سربراہ، حاکم۔② کسی محکمے یا شعبے کا بڑا افسر۔ صف: ① اوّل درجے پر، فائق، برتر۔ ② نامور، ممتاز۔
**chiefly** *adv.* خصوصاً، خاص کر، بطورِ خاص۔
**chieftain** *n.* کسی قبیلے، قوم یا ذات کا سردار۔
**chiffon** *n.* ایک ہلکا شفاف کپڑا، شفون۔
**chignon** *n.* زنانہ بالوں کا جُوڑا۔
**chihuahua** *n.* ایک بہت چھوٹی نسل کا کتا جس کے بال سیدھے، آنکھیں بڑی ہوتی ہیں۔
**chilblain** *n.* تکلیف دہ سوجن عموماً ہاتھ پاؤں پر جو شدید سردی سے پیدا ہو جاتی ہے۔
**child** *n.* (*pl.* **children)** ① آدمی کا بچہ، طفل، نابالغ۔② کسی کا اپنا بیٹا یا بیٹی۔ ● **childhood** اسم: بچپن۔ **childless** صف: بے اولاد۔
**childbirth** *n.* بچے کی ولادت، زچگی۔
**childish** *adj.* ① طفلانہ، بچوں جیسا۔② ناپختہ، نادانی پر مبنی، احمقانہ۔
**childlike** *adj.* بچوں کی طرح معصومانہ، سادگی پر مبنی۔
**chili** امریکا: CHILLI کا متبادل۔
**chill** *n., v. & adj.* اسم: ① شدید ناگوار سردی کا احساس؛ کپکپی، نزلہ، بخار۔② ہوا پانی وغیرہ کی ناگوار ٹھنڈک۔ ③ روکھا، بے رخی، بے مہری کا برتاؤ۔ ف: ① افسردہ کرنا یا ہونا۔② ٹھنڈا کرنا یا ہونا، ③ ٹھنڈا کر کے محفوظ رکھنا۔ صف: سرد، ٹھنڈا۔
**chiller** *n.* ٹھنڈی الماری، ریفریجریٹر۔
**chilli** *n.* (*US* **chili)** (*pl.* **-ies)** تیز ذائقے کی سرخ یا ہری مرچ۔
**chilly** *adj.* **(chillier, chilliest)** ① قدرے ٹھنڈا (موسم وغیرہ) ② بے مہر، بے مروّت۔
**chime** *n. & v.* اسم: ہم آہنگ کی ہوئی گھنٹیاں یا ان کی آواز۔ ف: ① گھنٹیوں کا بجنا۔② گھنٹی یا گھنٹہ بجا کر وقت بتانا۔ □ **chime in** بیچ میں بول پڑنا، فقرہ جڑنا۔
**chimera** *n.* ① (یونانی دیومالا میں) ایک مؤنث کردار سر شیر ببر کا سا، جسم بکری کا اور دم افعی کی طرح۔ ② عجیب و غریب واہمہ یا ذہنی تخلیق، ہوّا۔
**chimney** *n.* (*pl.***-eys)** چمنی جو چولھے، بھٹی، انجن وغیرہ کا دھواں اوپر لے جا کر فضا میں چھوڑتی ہے۔
**chimney breast** *n.* چمنی کے گرد بنی ہوئی اندرونی دیوار۔
**chimney pot** *n.* چمنی کے اوپری سرے پر مٹی

یادھات کا پائپ یا نلکی۔

**chimp** *n.* بول چال: CHIMPANZEE۔

**chimpanzee** *n.* ایک چھوٹا انسان سے مشابہ افریقی بندر، بن مانس۔

**chin** *n.* ٹھوڑی۔

**china** *n. & adj.* اسم: چینی، چینی کے برتن یا دیگر اشیا۔ صف: چینی سے بنا ہوا۔

**chinchilla** *n.* جنوبی امریکا کا چھوٹا چوہا جس کے جسم پر روپہلی سفید بال ہوتے ہیں، اور دم گچھے دار۔

**chine** *n.* ① ریڑھ کی ہڈی خصوصاً جانور کی۔ ② پہاڑ کی پشت یا چٹان۔

**Chinese** *adj. & n.* صف: چین کا، چین سے متعلق، چینی، چینی نژاد۔ اسم: چینی زبان۔

**chink** *n.& v.* اسم: ① جھری، درز، موکھا۔ ② برتنوں، سکّوں وغیرہ کے کھنکنے کی آواز۔ ف: کھنکنا، چھنکنا، بجنا جیسے چینی یا شیشے کا برتن یا کھرا سکّہ آواز کرتا ہے۔

**chinless** *adj.* بول چال: کمزور، کردار کا بودا۔

**chinoiserie** *n.* تصویر کشی یا فرنیچر وغیرہ کی آرائش میں چینی نقوش یا ہنر کی نقل۔

**chintz** *n.* مختلف رنگوں میں چھاپا سوتی چمکدار کپڑا۔

**chip** *n. & v.* اسم: ① کوٹنے کاٹنے یا ٹوٹنے میں جھڑنے، الگ ہونے والی کرچی، ٹکڑا، ریزہ وغیرہ، خصوصاً سخت چیز سے جیسے لکڑی یا پتھر۔ ② آلو کی تلی ہوئی قاشیں یا ورق۔ ف: (chipped، chipping) ① کسی سخت چیز میں سے ٹکڑا، چپٹی، چھلن وغیرہ کاٹنا یا چھانٹنا۔ ② تڑقنے، چٹخنے والا ہونا۔ □ **chip in** بول چال: ① بات کاٹنا، قطع کلامی کرنا۔ ② چندہ یا امداد دینا۔ **chip on one's shoulder** پرانی رنجش۔

**chipboard** *n.* ایک سخت تختہ یا چادر جو لکڑی کے کٹے ہوئے برادے اور گوند سے تیار کی جاتی ہے۔

**chipmunk** *n.* سیاہ اور ہلکے رنگ کی دھاریوں والی زمینی گلہری کی طرح کا ایک شمالی امریکی جانور۔

**chipolata** *n.* ایک چھوٹا، پتلا سا سیج۔

**chipping** *n.* ① پتھر کی کرچی، لکڑی کی چپٹی وغیرہ۔ ② (chippings) سڑک پر بچھائی جانے والی روڑی۔

**chiropody** *n.* پاؤں اور ان کی بیماریوں کا علاج۔ ● **chiropodist** اسم۔

**chiropractic** *n.* جوڑوں خصوصاً ریڑھ کی ہڈی کے امراض کی تشخیص و تدبیر۔

**chirp** *v.* تیز پتلی چھوٹی چھوٹی آوازیں نکالنا، چہچہانا، چرکنا، چوں چوں، چیں چیں کرنا، چہکنا۔

**chirpy** *adj.* **(chirpier, chirpiest)** بول چال: چونچال، چہچہاتا۔

**chisel** *n.& v.* اسم: ایک دھاردار آلہ جس سے لکڑی، پتھر یا دھات کو چھیل کر تراشتے بناتے ہیں، چھینی، بسولا۔ ف: **(chiselled، chiselling** امریکا: **chiseled)** چھینی سے چھیلنا، تراشنا۔

**chit** *n.* ① نوجوان، شوخ چشم، بے باک لڑکی یا عورت۔ ② پرچہ کسی چیز کو طلب کرنے کے لیے۔

**chitterlings** *n.pl.* خنزیر وغیرہ کی چھوٹی آنت جو پکا کر کھائی جاتی ہے۔

**chivalry** *n.* جرأت، آن، منصف مزاجی اور کمزور کی پشت پناہی کے لیے آمادگی جیسی خصوصیات۔ ● **chivalrous** صف۔

**chive** *n.* ایک لہسنی پودا جس کے لمبے مسام دار پتے بُوٹی کے طور پر استعمال ہوتے ہیں۔

**chivvy** *v.* **(chivvied, chivvying)** ستانا، تنگ کرنا، پیچھا لینا۔

**chloride** *n.* کلورین کا کوئی آمیزہ۔

**chlorinate** *v.* کلورین ملانا یا کلورین کے ذریعے جراثیم وغیرہ سے پاک کرنا۔ ● **chlorination** اسم۔

**chlorine** *n.* ایک زہریلا، سبزی مائل زرد عنصر (علامت: Cl)

**chlorofluorocarbon** رک: CFC۔

**chloroform** *n.* ایک بے رنگ، بھڑکنے والا، خوشبودار مائع جو محلل کے طور پر استعمال ہوتا ہے اور پہلے اس سے بے ہوش کرنے کا کام بھی لیا جاتا تھا۔

**chlorophyll** *n.* سبز رنگ جو اکثر نباتات میں پایا جاتا ہے۔

**choc ice** *n.* آئسکریم کی قاش پر چاکلیٹ کی تہ۔

**chock** *n. & v.* اسم: پچر، لکڑی کا کندہ جو حرکت کو روکنے کے لیے اڑنگے کے طور پر استعمال ہو۔ ف: پچر یا

کندہ اڑا کے تھامنا۔

**chock-a-block** *adj. & adv.* بول چال: پوری طرح اٹا یا پٹا ہوا، اٹاٹ بھرا ہوا، جمگھٹے کے ساتھ۔

**chocolate** *n.* ① کوکو کے بیج بھون کر بنائی ہوئی مٹھائی، چاکلیٹ کا مشروب۔② گہرا کتھئی رنگ۔

**choice** *n. & adj.* اسم:①انتخاب، انتخاب کیا ہوا شخص یا شے۔②حلقہ جس میں سے انتخاب کیا جائے۔③ انتخاب کا حق، صلاحیت یا قدرت۔ صف: اعلیٰ قدر و قیمت والا، منتخب۔

**choir** *n.* ①موسیقاروں کا طائفہ خصوصاً جو گرجا میں عبادات کے وقت نغمہ سرائی کرتا ہے۔② گرجا کا علاقہ جو طائفے اور پادریوں کے لیے مخصوص ہوتا ہے۔

**choirboy** *n.* بچوں کے طائفہ کا لڑکا، جو گرجا میں موسیقاروں کی منڈلی میں شامل ہوتا ہے۔

**choke** *v. & n.* ف:①دم گھونٹنا، گلا دبا کر یا سانس کی نالی بند کر کے۔② سانس لینے میں رکاوٹ محسوس کرنا۔ اسم: انجن کا وہ پرزہ جو ایندھن میں ہوا کی آمیزش پر قابو رکھتا ہے۔

**choker** *n.* تنگ گلوبند یا گلے کی مالا۔

**cholera** *n.* ایک مرض جو جرثومے سے پیدا ہوتا ہے اور قے اور دستوں کی صورت میں ظاہر ہوتا ہے، ہیضہ۔

**choleric** *adj.* پُرغضب، غصیل۔

**cholesterol** *n.* ایک الکحلی مادّہ جو اکثر جسمانی خلیوں میں موجود ہوتا ہے اور خون میں اس کی زیادتی سے شریانوں کی نالیاں سخت اور بے لچک ہو جاتی ہیں۔

**chomp** *v.* زور زور سے چبانا، چپڑ چپڑ کرنا۔

**choose** *v.*(chose,chosen, choosing) ① کئی میں سے کسی کو چننا، انتخاب کرنا۔② طے کرنا، فیصلہ کرنا، قصد کرنا۔③ منتخب کرنا۔

**choosy** *adj.*(choosier, choosiest) بول چال: نک چڑھا، مشکل سے مطمئن ہونے والا۔ ● **choosiness** اسم۔

**chop** *v. & n.* (chopped, chopping): ف: ① کاٹنا، گرانا خصوصاً کلہاڑی سے۔② ٹکڑے ٹکڑے کرنا، قتلے بنانا۔③ ضرب لگا کر پھینکنا یا اچھالنا۔ اسم: ①وار، ضرب۔② گوشت کا موٹا پارچہ عموماً مع پسلی۔

**chopper** *n.* ① چھوٹے دستے اور چوڑے پھل کی کلہاڑی، قصائی کا بغدا، چھرا۔②بول چال: ہیلی کوپٹر۔

**choppy** *adj.*(choppier, choppiest) متلاطم، ناہموار موسم، سمندر وغیرہ۔

**chopstick** *n.* چینی جاپانی کھانا کھانے کی لکڑی کی جوڑی جو دونوں ایک ہاتھ میں پکڑ کر استعمال کی جاتی ہیں۔

**chop suey** *n.* ایک چینی طرز کا کھانا جس میں چاولوں کے ساتھ گوشت، اور ترکاریاں شامل ہوتی ہیں۔

**choral** *adj.* کوئر یا طائفے سے متعلق یا ان کا ہم آواز ہو کر گایا بجایا ہوا۔

**chorale** *n.* ①حمد گانے کی ایک گمبھیر سادہ دُھن۔② حمد گانے والوں کا طائفہ۔

**chord** *n.* ① مختصر سُروں کا توڑا جو بنیادی آہنگ کے طور پر بجایا جاتا ہے۔② وتر، وہ خط مستقیم جو قوس کے دونوں سروں کو ملائے۔□ **strike a chord** ① کوئی بات یاد دلانا۔② ہمدردی کا جذبہ ابھارنا، متاثر کرنا۔

**chore** *n.* معمول کے یا بے لطف، بیزار کن کام کاج۔

**choreography** *n.* رقص بندی، ناچوں کی ترتیب کاری، رقص گری۔ ● **choreographer** اسم: رقص ساز۔ **choreographic** صف۔

**chorister** *n.* گرجا کے طائفے کا رکن خصوصاً لڑکا۔

**chortle** *v. & n.* ف: ہنسی میں گلے سے بے ساختہ آواز نکالنا، کھی کھی ٹھی ٹھی کرنا۔ اسم: ٹھٹھا، ہنسی کی آواز۔

**chorus** *n. & v.* اسم: ① گانے والوں کا طائفہ۔② طائفے کے لیے بنائی ہوئی دُھن یا گانا۔③ عام پسند گانوں کے ٹیپ کے بول یا آستائی جو مل کر گائی جائے۔ ف: بہت سے لوگوں کا ایک ساتھ ایک ہی بات کہنا۔

**chose, chosen** CHOOSE کا ماضی و ماضیہ۔

**choux pastry** *n.* انڈوں سے بنی ہلکی پیسٹری۔

**chow** *n.* ①بول چال: کھانا۔②ایک چینی نسل کا کتا جس کے بال لمبے اور زبان گہری نیلی ہوتی ہے۔

**chowder** *n.* یخنی یا اسٹو جو عموماً تازہ مچھلی، گھونگے، پیاز وغیرہ ملا کر تیار کیا جاتا ہے۔

**chow mein** *n.* ایک چینی کھانا جس میں نوڈل، گوشت کے پارچے اور جھینگے وغیرہ شامل ہوتے ہیں۔

**christen** *v.* بپتسمہ دیتے وقت عیسائی فرقے

میں شامل کیے جانے والے کا نام رکھنا۔

**Christendom** *n.* عالم عیسائیت، تمام عیسائی بطور ایک جمعیت۔

**Christian** *adj & n.* صف: ① حضرت عیسیٰؑ کی تعلیمات یا مذہب سے متعلق۔ ② ان کا پیرو یا ماننے والا۔ ③ بول چال: رحمدل، منصف مزاج، شریف طبع۔ اسم: مذہب عیسوی کا پیرو۔

**Christianity** *n.* ① عیسائی مذہب، اسکے عقائد اور رسوم۔ ② عیسائی خصوصیات کا حامل، عیسائی کردار۔

**Christian name** *n.* پہلا نام جو بپتسمے کے وقت رکھا جائے۔

**Christian Science** *n.* ایک عیسائی فرقہ جو یہ مانتا ہے کہ صرف دعا ہی شفا بخش ہو سکتی ہے۔

**Christmas** *n.* کرسمس، حضرت عیسیٰؑ کے یوم پیدائش کی تقریب جو ہر سال ۲۵ دسمبر کو منائی جاتی ہے۔

**Chrismas tree** *n.* کوئی سدا بہار درخت یا مصنوعی جھاڑ جسے کرسمس کے موقع پر سجایا جاتا ہے۔

**chromatic** *adj.* رنگوں کا بنا، رنگین (خصوصاً شوخ رنگوں کا) ● **chromatically** م ف۔

**chromatic scale** *n.* نغماتی سرگم جس میں سرتیاں ہوں۔

**chromatography** *n.* کسی محلول کے اجزا کو علاحدہ علاحدہ کرنا اس طرح کہ اسے کسی ایسے مادّے پر سے یا اس میں سے گزارا جائے جو ہر جز کو الگ الگ نتھارے، لون نگاری۔

**chrome** *n.* ① کرومیم خصوصاً بطور ملمع۔ ② زرد رنگ جو سیسے کے کرومیٹ سے حاصل ہوتا ہے۔

**chromium** *n.* ایک سخت سفید دھات جس میں زنگ نہیں لگتا (علامت: Cr)

**chromosome** *n.* عموماً خلیوں کے مرکز میں پائی جانے والی ریشہ نما ساخت جس میں سے موروثی معلومات جینز (**genes**) کی شکل میں منتقل ہوتی ہے۔

**chronic** *adj.* ① پرانا، مدّت سے عارض یا لاحق (عموماً مرض یا شخصی یا سماجی مسئلہ) ② بول چال: بہت برا، شدید قبیح۔ ● **chronically** م ف۔

**chronicle** *n. & v.* اسم: ① واقعات کا ترتیب وار بیان تاریخی تسلسل کے ساتھ۔ ② تفصیلی روئداد، ف: ترتیب وار درج کرنا۔ ● **chronicler** اسم: وقائع نگار۔

**chronological** *adj.* تاریخی ترتیب سے درج (واقعات) ● **chronologically** م ف۔

**chronology** *n.*(*pl.*-**ies**) ① تاریخی یادداشتوں، آثار وغیرہ کا مطالعہ، واقعات کی صحیح ترتیب و تاریخ معلوم کرنے کے لیے۔ ② واقعات کی تاریخی ترتیب۔

**chronometer** *n.* وقت ناپنے کی گھڑی۔

**chrysalis** *n.* (*pl.* **chrysalises** or **chrysalides**) تتلی یا پتنگے کا ساکت منجھ روپ؛ اس کا بیرونی سخت خول۔

**chrysanthemum** *n.* باغ کا ایک پودا جس میں چمکدار رنگ کے پھول کھلتے ہیں، گل داؤدی۔

**chubby** *adj.*(**chubbier, chubbiest**) گول مٹول (شخص یا کوئی عضو) ● **chubbiness** اسم۔

**chuck** *v. & n.* ف: ① بول چال: پھینکنا، ڈال دینا، لاپروائی سے۔ ② (ٹھوڑی) کے نیچے ہاتھ دینا، سہلانا۔ اسم: ① گردن سے پسلیوں تک بڑے گوشت کا ٹکڑا، سینے کا گوشت۔ ② جس چیز پر خراد یا برمے سے کام کرنا ہو اسے گرفت میں رکھنے کا شکنجہ یا پکڑ۔

**chuckle** *v. & n.* ف: دبی دبی ہنسی کی آواز نکالنا، چپکے چپکے ہنسنا۔ اسم: زیر لب مسکراہٹ۔

**chuff** *v.* (دُخانی انجن کا) دھونکنا، ہونکنا۔

**chuffed** *adj.* بول چال: مگن، مسرور۔

**chug** *v.*(**chugged, chugging**) چھک چھک کی آواز نکالنا (جیسے آہستہ چلتے ہوئے ریلوے انجن کی)

**chum** *n.* بول چال: یار، گہرا دوست۔ ● **chummy** صف۔

**chump** *n.* بول چال: گھامڑ۔

**chunk** *n.* ① موٹا اور سخت پارہ، پارچہ، ٹکڑا۔ ② بول چال: خاصی مقدار یا حجم وجسامت۔

**chunky** *adj.*(**chunkier, chunkiest**) ① ٹکڑوں پارچوں پر مشتمل۔ ② سخت شے یا کسی چیز کا ٹکڑا۔ ③ موٹے جھوٹے (کپڑے) ● **chunkiness** اسم۔

**chunter** *v.* بول چال: منہ ہی منہ میں بولنا، بڑبڑانا۔

**church** *n.* ① عبادت گاہ عام، گرجا، کلیسا۔ ② عبادت

گاہ میں دعا یا نماز کے لیے جانا۔ ③ **(the Church)** عیسائی بحیثیت قوم؛ پادریوں کا فرقہ یا ان کا کام۔

**churchwarden** *n.* علاقائی گرجا کے دو منتخب منتظمین میں سے کوئی۔

**churchyard** *n.* گرجا کے اردگرد چاردیواری کے اندر کا علاقہ خصوصاً بطور قبرستان۔

**churlish** *adj.* شورہ پشت، کمینہ، جھگڑالو۔ ● **churlishly** م ف۔ **churlishness** اسم۔

**churn** *n. & v.* اسم: ① دودھ کا بڑا برتن۔ ② بلونی جس میں دودھ دہی بلو کر مکھن نکالتے ہیں۔ ف: ① دودھ بلونا، بلو کر مکھن نکالنا۔ ② جوش کھانا، جھاگ لانا۔ □ **churn out** بنانا، پیدا کرنا، معمولاً یا مشینی طریقے سے خصوصاً بڑی مقدار میں۔

**chute** *n.* ڈھلواں نالی یا راستہ، جھرنا، آبشار، سامان اوپر سے نیچے پہنچانے کے لیے پھسلواں ڈھلان۔

**chutney** *n.* چٹنی، ایک مسالے دار چاشنی لیموں، سرکے وغیرہ سے بنائی ہوئی۔

**Ci** تخفیف: CURIE۔

**CIA** تخفیف: (امریکا میں) Central Intelligence Agency۔

**ciabatta** *n.* ایک اطالوی روٹی جو زیتون کے تیل کے ساتھ بنائی جاتی ہے۔

**ciao** *int.* بول چال: ① رخصت کا کلمہ، جاؤ سدھارو۔ ② ہیلو کا مترادف۔

**cicada** *n.* جھینگر، ٹڈے سے ملتا کوئی بڑا حشرہ جس کا نر مسلسل اونچی متوازن آواز کرتا ہے۔

**cicatrice** *n.* مندمل زخم کا نشان، بدھی، داغ۔

**CID** تخفیف: Criminal Investigation Department۔

**cider** *n.* سیب کے عرق سے تیار کیا ہوا الکحلی مشروب۔

**cigar** *n.* تمباکو نوشی کے لیے مخروطی شکل میں لپیٹے ہوئے تمباکو کے پتے، سگار، چرٹ۔

**cigarette** *n.* تمباکو کی باریک کٹی ہوئی پتیوں سے بنی ہوئی کاغذ میں لپٹی بتی، سگریٹ۔

**cinch** *n. & v.* ① بول چال: یقینی بات؛ اٹل ناگزیر امر۔ ② آسان کام۔

**cinder** *n.* بھوبل، گرم راکھ جس میں دبی چنگاریاں موجود ہوں۔

**cinema** *n.* ① وہ تماشا گاہ جہاں متحرک فلمیں دکھائی جائیں۔ ② فلمی صنعت، فلمسازی۔

**cinematography** *n.* فلمیں بنانے کا ہنر، حرکت نگاری۔ ● **cinematographic** صف۔

**cinnamon** *n.* دار چینی، ایک مسالہ۔

**cipher** *n.* (also **cypher**) ① خفیہ یا تصریف شدہ تحریر، اس تحریر میں کوئی عبارت، اس کا حل یا کلید۔ ② ریاضی کی علامت صفر۔ ③ غیر اہم، مجہول شخص۔

**circa** *prep.* تقریباً۔

**circle** *n. & v.* اسم: ① دائرہ، گول سطح۔ ② تھیٹر کی نشستوں کی قوسی قطاریں۔ ③ گھوم کر جانے والا راستہ۔ ④ ہم خیال یا ایک طرح کے لوگوں کا حلقہ۔ ف: دائرے میں گھومنا، گول گھمانا، گرد گھیرا ڈالنا، گھیرے میں لینا۔

**circlet** *n.* ① چھوٹا دائرہ۔ ② گول زیور سر کے لیے۔

**circuit** *n.* ① خط یا دائرہ جو کسی علاقے کو گھیرے ہو، جہاں سے شروع وہیں ختم۔ ② حد بندی کے اندر کا علاقہ۔ ③ برقی رو کا راستہ۔ ④ دورہ، گشت۔

**circuitous** *adj.* ① بالواسطہ۔ ② ہیر پھیر سے، پھیر کا، چکر دار۔ ● **circuitously** م ف۔

**circuitry** *n.* برقی دوروں کا جال۔

**circular** *adj. & n.* صف: ① دائرہ نما، گول۔ ② (مراسلہ وغیرہ) جو تقسیم کرنے کے لیے چھاپا جائے۔ اسم: گشتی مراسلہ، کتابچہ وغیرہ۔ ● **circularity** اسم۔

**circulate** *v.* ① مسلسل ایک سے دوسرے کے پاس جانا، گشت کرنا۔ ② گھومنا، (کسی اطلاع وغیرہ کو) پھیلانا، سب میں تقسیم کرنا۔ ③ محفل میں سب سے ملنا جلنا۔

**circulation** *n.* ① گردش، گھوم کر وہیں واپس آجانا، خون کی گردش دل سے دل تک۔ ② نشریات، اطلاعات یا کتابوں وغیرہ کی نشر و اشاعت، کتابوں کی تعداد جو فروخت ہو، خاص طور پر رسالوں اور اخباروں کی تعداد اشاعت۔ ● **circulatory** صف: گردشی، دوری۔

**circumcise** *v.* ختنہ کرنا۔ ● **circumcision** اسم: ختنہ۔

**circumference** *n.* ① احاطہ، دور، محیط، خصوصاً

دائرے کا۔②دوری، فاصلہ یا طول۔

**circumflex accent** *n.* اسم: ایک نشان (^یا^) جو حرفِ علّت کے اوپر ڈالا جاتا ہے۔

**circumlocution** *n.* ①پیچ دار گفتگو، گول مول بات، ٹالنے، گریز کرنے کا انداز۔②طول کلامی، لفّاظی۔ ● **circumlocutory** صف۔

**circumnavigate** *v.* پھیر یا چکّر کھا کے جہاز رانی کرنا۔ ● **circumnavigator** اسم۔ **circumnavigation** اسم۔

**circumscirbe** *v.* ①سطر یا خط کا احاطہ کرنا، گھیرنا، خاکہ بنانا۔②محدود کرنا، بندش لگانا۔

**circumspect** *adj.* چوکنّا، محتاط، جزویات پر نظر رکھنے والا، احتیاط کرنے والا۔ ● **circumspection** اسم: احتیاط، چوکنّا پن۔ **circumspectly** م ف۔

**circumstance** *n.* واقعہ، موقع یا صورت حال، جو کسی عمل یا واقعے سے نسبت رکھتا ہو۔

**circumstantial** *adj.* ① (شہادت یا مقدمہ) جو از روئے واقعات عقلاً ایسے نتیجے کی طرف مائل ہو جو جھٹلایا نہ جا سکے۔②حالات پر مبنی، حادثاتی، اتفاقی۔

**circumvent** *v.* ① گریز کرنا، بچنے کی راہ نکالنا۔ ② محصور کر لینا۔ ● **circumvention** اسم: حصار بندی۔

**circus** *n.* جانوروں، کرتب دکھانے والے آدمیوں، مسخروں وغیرہ کا شہر شہر تماشا دکھانے والا ٹولا یا منڈلی۔

**cirque** *n.* ① پہاڑ کے دامن یا وادی کے سرے پر گول پیالہ نما چوڑی جگہ۔② اکھاڑا، تماشا گاہ۔

**cirrhosis** *n.* ورمِ جگر، جگر کی ایک بیماری۔

**cirrus** *n.* (*pl.* **cirri**) سفید چھدرا اونچا بادل۔

**cistern** *n.* پانی کی ٹنکی، خصوصاً چھت کے اوپر۔

**citadel** *n.* قلعہ، کوٹ عموماً شہر سے اونچا بنا ہوا۔

**cite** *v.* ① قول نقل کرنا، حوالہ دینا۔② کسی دلیل کی حمایت میں نظیر لانا۔ ● **citation** اسم۔

**citizen** *n.* ① کسی ریاست کا شہری مع تمام حقوق کے۔② کسی شہر کا باشندہ۔ ● **citizenship** اسم۔

**citrus** *n.* جنس *Citrus* (ترنج) کا کوئی درخت، جس میں لیموں، نارنگی، چکوترا شامل ہیں۔ ● **citric** صف۔

**city** *n.* (*pl.*-**ies**) بڑی بستی، وہ بستی جسے باقاعدہ شہر کا درجہ دیا گیا ہو۔

**civet** *n.* (in full **civet cat**) ①نیولے کی نسل کا بلّی سے ملتا جانور، اُود بلاؤ، خصوصاً وسطی افریقہ کا۔② اس کے غدود کی ریزش سے حاصل کی جانے والی خوشبو۔

**civic** *adj.* ①شہری، شہر کا، مدنی۔② شہریوں جیسا یا شہریوں کا۔

**civil** *adj.* ①شہریوں کا یا شہریوں سے تعلق رکھنے والا۔ ②عام آبادی سے تعلق رکھنے والے بمقابلہ فوجی یا دینی معاملات۔③ خوش اخلاق، شائستہ۔ ● **civilly** م ف۔

**civil engineering** *n.* سڑکوں، پُلوں، بندوں وغیرہ کی تعمیر اور مرمّت وغیرہ کا کام۔

**civilian** *n. & adj.* سلح افواج یا پولیس سے تعلق نہ رکھنے والا (شخص)

**civility** *n.* (*pl.* **-ies**) ①خوش اخلاقی۔②پُر تپاک برتاؤ یا عمل۔

**civilization** *n.*(also-**isation**) ①تہذیب، سماجی ترقی کی اعلیٰ منزل یا نظام۔②مہذب اقوام۔③ کسی خاص علاقے یا زمانے کا تمدن یا کلچر، رہن سہن۔

**civilize** *v.* (also **-ise**) ① مہذب، متمدن بنانا۔ ② شائستگی، روشن خیالی، تعلیم سے روشناس کرنا۔

**civil servant** *n.* عام سرکاری ملازم، افسر شاہی کا فرد۔

**civil war** *n.* خانہ جنگی۔

**civvies** *n. pl.* بول چال: عام شہری لباس۔

**CJD** Creutzfeldt-Jakob Disease: تخفیف: ایک مہلک دماغی بیماری۔

**Cl** کلورین کی علامت۔

**cl** تخفیف: centilitre(s)۔

**clack** *v. & n.* ف: ① کھٹ کھٹ کی آواز نکالنا جیسی تختوں کو آپس میں ٹکرانے سے نکلتی ہے۔② کرخت آواز میں بولنا۔ اسم: ① کھٹاکا۔② بک بک، جھک جھک۔

**clad** *adj.* ملبوس، کپڑے پہنے ہوئے۔

**cladding** *n.* کسی شے یا سطح پر کسی چیز کی تہ یا پوچا۔

**claim** *v. & n.* ف: ①اپنے حق یا ملکیت کے طور پر طلب کرنا۔②جتانا، زور دے کر کہنا۔ اسم: مطالبہ، اپنے حق وغیرہ کا؛ کسی شے کا دعویٰ یا کسی بات کا استحقاق۔

**claimant** *n.* مطالبہ کرنے والا، دعوے دار۔

**clairvoyance** *n.* ① آئندہ واقعات یا غیر مرئی اشیا کو دیکھنے کی (مفروضہ) صلاحیت، غیب بینی۔ ② روشن ضمیری۔ ● **clairvoyant** اسم وصف۔

**clam** *n.* دو مونہا صدفہ، سخت خول والا۔

**clam up** □ (**clamming**، **clammed** : ف: بول چال: چُپ سادھ لینا۔

**clamber** *v.* مشکل سے چڑھنا۔

**clammy** *adj.* (**clammier, clammiest**) ناگوار طور پر مرطوب اور چپچپا، لیس دار، دلدلی۔

**clamour** *n. & v.* (*US* **clamor**)، اسم: ① شور، غوغا، ہنگامہ۔ ② احتجاج یا سخت شکایت؛ اپیل یا مطالبہ۔ ف: ① دُند مچانا، ہنگامہ کرنا۔ ② زور سے یا چیخ کر کہنا۔ ● **clamorous** صف: پُرشور۔

**clamp** *n. & v.* اسم: ① تسمے یا لوہے کی پتی سے چیزوں کو کسنے کا طریقہ۔ ② بے قاعدہ راستے پر کھڑی ہوئی گاڑی کو ساکت کر دینے کا طریقہ یا پرزہ۔ ف: ① لوہے کی پٹیوں وغیرہ سے جکڑنا یا مضبوط کرنا۔ ② مضبوطی سے پکڑنا۔ ③ بے قاعدہ کھڑی ہوئی گاڑی کے پہیّے میں روک لگا کر ہلنے کے ناقابل بنا دینا۔ □ **clamp down** ① قانون یا اصول پر سختی سے عمل کرنا۔ ② بزور دبانے، کچلنے کی کوشش کرنا۔

**clan** *n.* قبیلہ، گوت، مشترک اجداد رکھنے والے لوگوں کا گروہ۔ ● **clannish** صف: گروہی۔

**clandestine** *adj.* مخفی، پوشیدہ، خُفیہ۔

**clang** *n. & v.* اسم: زور کی گونجتی ہوئی آواز، جیسے گھنٹے کا ٹھنا کا۔ ف: زور سے بجنا، ٹھنٹھنانا۔

**clanger** *n.* بول چال: بڑی بھول، بھاری چوک۔

**clangour** *n.* (*US* **clangor**) ① مسلسل جھنجھنانے یا ٹھنٹھنانے کی آواز۔ ② ہلڑ، ہنگامہ۔

**clank** *n. & v.* اسم: دھاتی اشیا کے ٹکرانے یا زنجیروں کے بجنے کی آواز، ٹھناکا۔ ف: اس طرح کی آواز نکالنا۔

**clap** *v. & n.* ①(**clapping**، **clapped**): ف: تالی بجانا، بطور اشارہ یا اظہار تحسین کے لیے ہاتھ پہ ہاتھ مارنا۔ ② اچانک یا جبراً رکھنا، پہنچانا۔ اسم: ① تالی بجانے کا عمل۔ ② تیز کڑک خصوصاً آسمانی بجلی کی۔ □

**clapped out** بول چال: بوسیدہ، گھسا گھسایا۔

**clapper** *n.* گھنٹے کی زبان، لٹکن یا ضرب لگانے کی موگری۔

**clapperboard** *n.* لکڑی کا جڑواں تختہ جس سے کھٹا کا کر کے فلم بندی کا آغاز کرتے ہیں۔

**claptrap** *n.* کھوکھلی شیخی بازی، بڑ، بکواس۔

**claret** *n.* سُرخ شراب۔

**clarify** *v.* (**-ies,-ied**) ① واضح کرنا، صاف کرنا۔ ② (مائعات، مکھن وغیرہ) میں سے آلائش دور کرنا، پاک کرنا، خالص بنانا۔ ● **clarification** اسم: توضیح۔

**clarinet** *n.* نفیری جس میں صرف ایک نے ہوتی ہے۔ ● **clarinettist** اسم۔

**clarion** *n.* صاف، تیز، ولولہ خیز آواز۔

**clarity** *n.* صاف، واضح ہونے کی کیفیت۔

**clash** *n. & v.* اسم: ① ٹھناکا، دھات کے برتنوں وغیرہ کے بجنے کی آواز، ٹکراؤ خصوصاً شدّت کے ساتھ۔ ② تنازع، اختلاف۔ ③ بے آہنگ، غیر متوازن رنگ وغیرہ۔ ف: ① ٹکرانا، بجانا، متصادم ہونا۔ ② لڑنا، بھڑنا، ناموافق ہونا۔ ③ رنگوں کا انمل، بے جوڑ ہونا۔

**clasp** *n. & v.* اسم: ① قبضہ، پکڑ، باندھنے، یکجا رکھنے کا آلہ، بکسوا یا بروچ، کتاب کی جلد پر دھات کا بند۔ ② معانقہ، دسترس، رسائی، مصافحہ۔ ف: ① قبضے وغیرہ کے ساتھ باندھنا، جوڑنا۔ ② پکڑنا، قریبی گرفت میں رکھنا، معانقہ کرنا، بغلگیر کرنا۔ ③ بکسوا باندھنا۔

**class** *n. & v.* اسم: ① افراد کا گروہ جو مشترک خواص رکھتے ہوں۔ ② معاشرے کا کوئی طبقہ یا گروہ، سماجی درجہ بندی، ذات پات کا نظام۔ ③ بول چال: چال ڈھال، انداز، برتاؤ میں برتری۔ ④ طالب علموں کا درجہ یا جماعت۔ ف: کسی قسم یا درجے میں رکھنا، درجہ بندی میں کوئی مقام دینا۔

**classic** *adj. & n.* صف: ① اوّل درجے سے تعلق رکھنے والا؛ نمایاں طور پر قابل شناخت؛ خاص اہمیت رکھنے والا۔ ② سادہ، متوازن، متناسب (انداز، اسلوب)، تسلیم شدہ، روایتی اصول و قواعد کے مطابق۔ اسم: ① کلاسیکی انداز یا مزاج کا مصنف، آرٹسٹ، فنی نمونہ یا مثال۔ ② قدیم عہد کا یونانی یا لاطینی مصنف۔ ③ (**classics**) قدیم یونانی، لاطینی ادب و تاریخ کا مطالعہ۔ ● **classicism**

اسم: کلاسیکیت۔ **classicist** اسم۔

**classical** *adj.* ①قدیم یونانی اور لاطینی تہذیب سے متعلق۔② کلاسیکی قدامت سے منسوب، انداز کا یا اس سے متاثر۔ ● **classically** م ف۔

**classify** *v.* **(ies,-ied)** ①درجہ بندی کرنا، کسی شے کو کسی گروہ، درجے، زمرے میں شامل کرنا۔ ② سرکاری طور پر صیغۂ راز میں رکھنا۔ ● **classifiable** صف۔ **classification** اسم: درجہ بندی۔ **classified** صف۔

**classless** *adj.* طبقہ واریت یا سماجی امتیاز سے مبرّا۔

**classroom** *n.* کمرہ جہاں طلبا کو درس دیا جائے۔

**classy** *adj.* **(classier, classiest)**: بول چال: برتر، افضل، وضعدار، عمدہ۔

**clatter** *n. & v.* کھٹاکوں کی آواز (پیدا کرنا)

**clause** *n.* ①قواعد: کسی جملے کا ایک نمایاں حصّہ جس میں فاعل اور فعل موجود ہو۔② فقرہ، کسی معاہدے، قانون وغیرہ کا کوئی مطلق جملہ، جزو یا شق۔

**claustrophobia** *n.* بند جگہوں کا غیر معمولی خوف، خوفِ محصوری۔ ● **claustrophobic** صف۔

**clavichord** *n.* ایک چھوٹا کلیدی تختے والا ساز، پیانو سے ملتا ہوا، جس کے سُر بہت نرم ہوتے ہیں۔

**clavicle** *n.* ہنسلی، کاندھے کی ہڈی۔

**claw** *n. & v.* اسم: ①پرندے یا کسی جانور کا پنجہ۔ ② گرفت میں لینے یا پکڑ کر رکھنے کا اوزار جیسے زنبور۔ ف: ① پنجوں سے نوچنا یا پکڑنا، دبوچنا، کھسوٹنا۔ ② کھُجانا۔

**clay** *n.* گیلی، چکنی مٹی، جس سے برتن، اینٹیں وغیرہ بنائی جائیں۔ ● **clayey** صف۔

**clay pigeon** *n.* ایک تڑق جانے والی تھالی جسے نشانہ بازی کے لیے اچھالتے ہیں۔

**clean** *adj. & v.* صف: ①مٹی یا آلودگی سے پاک، بے میل کچیل، بے داغ۔ ② اپنی اصلی پہلی یا قدرتی شکل یا حالت میں۔ ③فحاشی، ناشائستگی سے پاک۔ ف: پاک صاف ہونا یا کرنا، بنانا۔ ● **cleaner** اسم۔

**cleanly** *adj.* **(cleanlier, cleanliest)** عادتاً صاف ستھرا، اچھی عادات والا۔ ● **cleanliness** اسم۔

**cleanse** *v.* ①صاف کرنا، گندگی دور کرنا۔② گناہ یا قصور سے پاک کرنا۔ ● **cleanser** اسم۔

**clear** *adj. & v.* صف: ①آلائش سے پاک۔ ② گرد و غبار سے خالی۔ ③ شفیف جس کے آر پار دیکھا جاسکے۔ ④ واضح، غیر مبہم، آسانی سے قابل فہم، صریح، بے شک و شبہ۔⑤ بے رُکاوٹ، کھلی (سڑک، راستہ) ف: ① واضح، صاف کرنا یا ہونا۔ ② خالی، بے رکاوٹ کرنا یا ہونا۔ ③ الزام وغیرہ سے بری ثابت کرنا۔ ④ کسی منظر، کیفیت، وغیرہ کا تدریجاً ختم ہو جانا۔□ **clear off**۔ ① کسی سے نجات پانا، ترک کرنا۔ ② بول چال: چل دو۔ **clear out** ①خالی کرو، ہٹاؤ۔ ② بول چال: رخصت ہو۔ **clearly** م ف۔

**clearance** *n.* ①رکاوٹوں وغیرہ کی صفائی خصوصاً قطعہ زمین پر سے۔ ② خصوصی منظوری یا اجازت (خصوصاً جہاز کو روانہ ہونے یا اترنے کے لیے) یا کسی کے خفیہ دستاویزات وغیرہ تک رسائی پانے کے لیے۔

**clearing** *n.* جنگل میں درخت، جھاڑ جھنکار سے صاف کیا ہوا علاقہ۔

**clearing-house** *n.* ① مشترک ادارہ جہاں رکن بینکوں کے چیک، ہنڈیوں وغیرہ کا تبادلہ کیا جاتا ہے۔ ② اطلاعات جمع کرنے اور تقسیم کرنے کا ادارہ۔

**clearway** *n.* بڑی شاہراہ (موٹر وے سے مختلف) جہاں گاڑیوں کو عام طور پر رکنے کی اجازت نہیں ہوتی۔

**cleat** *n.* لکڑی یا دھات وغیرہ کا ٹکڑا جو رسّوں کو باندھنے کے لیے ٹھونکا جاتا ہے۔

**cleavage** *n.* ① زنانہ پستانوں کے درمیان جگہ جو گریبان کے کٹاؤ میں نظر آئے۔ ② تقسیم، شگاف۔

**cleave**[1] *v.* **(cleaved** or **cleft** or **clove, cleft** or **cloven, cleaving)** ادبی: توڑ کر یا پھاڑ کر الگ الگ کرنا، تقسیم کرنا یا ہونا۔

**cleave**[2] *v.* ادبی: لگا رہنا، چپکا، چمٹا رہنا۔

**cleaver** *n.* قصائی کا چھرا، بغدا، کاٹنے کا اوزار۔

**clef** *n.* ان علامات میں سے کوئی جو تحریری موسیقی میں آواز کی بلندی کی سطح کو ظاہر کرتی ہے۔

**cleft** *adj. & n.* صف: دولخت، ٹوٹا، نیم شکستہ۔ اسم: شگاف، درز، دراڑ۔

**cleft palate** *n.* تالو میں گڑھا یا شگاف جو ایک پیدائشی نقص ہے۔

**clematis** *n.* ایک قسم کی چڑھنے والی بیل جس میں سفید، گلابی یا اودے پھول آتے ہیں۔

**clemency** *n.* رحم، رحمت۔ ● **clement** صف۔

**clementine** *n.* لیموں کی نسل کا ایک پھل۔

**clench** *v.* سختی سے بند کرنا (دانت، مٹھی وغیرہ)

**clerestory** *n.*(*pl.* **-ies**) بڑے گرجا میں کھڑکیوں کی بالائی قطار۔

**clergy** *n.* مسیحی کلیسا کا کل عملہ یا اس کا کوئی فرد۔ ● **clergyman** اسم۔

**cleric** *n.* مسیحی کلیسا کے عبادت گزار عملے کا فرد۔

**clerical** *adj.* ① کلیسا کے عابدوں سے متعلق۔ ② منشیوں کا یا ان کا کیا ہوا۔

**clerk** *n.* منشی، کلرک۔

**clever** *adj.* ① ہنرمند، طبّاع؛ زودفہم، ذہین۔ ② پھرتیلا، مُستعد۔ ③ با کمال، تیز، ہوشیار، ہوشیاری کا۔ ● **cleverly** م ف۔ **cleverness** اسم: ہوشیاری۔

**cliché** *n.* پٹا ہوا فقرہ، لفظ یا فرسودہ خیال۔ ● **clichéd** صف: فرسودہ پٹے ہوئے لفظوں سے بھرا ہوا۔

**click** *n.* & *v.* اسم: ہلکی کھٹکے کی آواز، کھٹکا۔ ف: ① کھٹکا کرنا۔ ② بول چال: واضح یا قابل فہم ہوجانا۔ ③ کامیاب ہونا، مطلب حاصل کرلینا معاملہ طے پایا جانا۔

**client** *n.* ① کوئی فرد جو کسی اور پیشہ ورشخص یا ادارے کی خدمات حاصل کرے۔ ② گاہک۔

**clientele** *n.* مؤکّل، گاہک وغیرہ بحیثیت مجموعی۔

**cliff** *n.* چٹان کا ڈھالو رخ خصوصاً ساحل کی طرف۔

**cliffhanger** *n.* کہانی، پلاٹ وغیرہ جس میں تشویش، امید وبیم کی کیفیت جاری رہے اور دیر تک نہ ٹوٹے اور انتظار کی کیفیت میں رکھے۔

**climate** *n.* کسی علاقے کے عام موسمی حالات، آب وہوا۔ ● **climatic** صف۔

**climax** *n.* توڑ کا وقت، لمحہ یا منزل، انتہائی دلچسپی کا مقام؛ عروج، نقطۂ کمال۔ ● **climactic** صف۔

**climb** *v.* & *n.* ف: ① اوپر چڑھنا، اوپر جانا یا پہنچنا۔ ② بلند ہونا، ترقی کرنا۔ اسم: ① چڑھائی۔ ② چڑھنے کا راستہ۔ ③ اضافہ، بڑھوتری۔ ● **climber** اسم۔

**clime** *n.* ادبی: ① علاقہ۔ ② موسم، آب وہوا۔

**clinch** *v.* & *n.* ف: ① فیصلہ کن طریقے سے طے کر دینا۔ ② آپس میں گتھ جانا۔ ③ گلے لگانا۔ اسم: ① معانقہ، ہم آغوشی۔ ② گرفت، پکڑ۔ ● **clincher** اسم۔

**cling** *v.*(**clung, clinging**) منسلک رہنا، قبضے، گرفت، پکڑ میں رکھنا، جڑا رہنا، الگ نہ ہونا۔

**cling film** *n.* نہایت باریک شفیف پلاسٹک کی تہ یا جھلّی جو کسی سطح پر چڑھائی جاتی ہے۔

**clinic** *n.* ① نجی یا خصوصی ہسپتال۔ ② مقام جہاں خصوصی طبی علاج کیا یا مشورہ دیا جائے۔

**clinical** *adj.* ① علاج معالجے کا یا اس سے متعلق۔ ② غیر جذباتی، بے تعلق۔ ● **clinically** م ف۔

**clink** *n.* & *v.* اسم: ① تیز بجتی ہوئی گھنٹی کی سی آواز۔ ② بول چال: جیل خانہ۔ ف: بجتی ہوئی آواز نکالنا۔

**clinker** *n.* ① کھنگر یا آتش فشانی مادّے کا تودہ یا ڈھیر۔ ② جلے ہوئے کوئلے کا پتھریلا بقایا۔

**clip** *n.* & *v.* اسم: ① چیزوں خصوصاً کاغذوں کو مضبوطی سے گرفت میں رکھنے کا آلہ، چٹکی۔ ② تراشنے کا عمل، تراشا، اقتباس۔ ③ بول چال: زور کا ہاتھ یا چپت۔ ف: **(clipping، clipped)** ① کلپ سے جوڑنا۔ ② قینچی سے کترنا، کاٹنا۔ ③ بول چال: تیزی سے ضرب لگانا۔

**clipper** *n.* ① **(clippers)** مختلف چیزیں تراشنے کے لیے قینچی وغیرہ۔ ② تیز رفتار پانی کا جہاز۔

**clipping** *n.* تراشا، خصوصاً اخبار کا۔

**clique** *n.* کوئی مخصوص ٹولا، دھڑا، گروہ۔ ● **cliquey** صف۔ **cliquish** صف: جتھے کا۔

**clitoris** *n.* زنانہ اعضائے جنسی کا حسّاس تن جانے والا چھوٹا حصّہ یا دانہ، بظر، ٹنا، چھولا۔

**cloak** *n.* & *v.* اسم: بغیر آستینوں کا کاندھوں پر لٹکا لبادہ یا جبّہ۔ ف: ① ڈھانپنا، لبادہ اوڑھنا۔ ② چھپانا۔

**cloakroom** *n.* ① وہ کمرہ جہاں مہمان وغیرہ اپنا بیرون خانہ پہننے کا لباس رکھ دیں۔ ② طہارت خانہ۔

**clobber** *n.*& *v.* اسم، بول چال: کپڑے وغیرہ، ذاتی سامان۔ ف: ① زور سے مارنا۔ ② شکست دینا۔

**cloche** *n.* پودوں کو بچانے کے لیے شفیف پردہ۔

**clock** *n.* آلہ جو وقت بتاتا ہے، گھنٹہ۔ □ **clock up** دوڑ وغیرہ کے لیے دیے ہوئے وقت میں یا کسی رفتار تک

پہنچنا۔ **clock in (or on)** کام پر آنے کا وقت درج کرنا۔

**clockwise** *adj. & adv.* گھڑی کی سوئیوں کی دوری حرکت کے مطابق داہنی طرف سے شروع کرکے۔

**clockwork** *n.* مشینی کلاک یا گھنٹے کی طرح کا پرزہ، مشین جس میں کمانی اور گراریاں ہوتی ہیں۔ □ **like clockwork** رواں، بے رکاوٹ، خودکار۔

**clod** *n.* مٹی کا ڈھیما یا ڈلا۔

**clog** *n. & v.* اسم: لکڑی کے تلے کا کھڑاؤں جیسا جوتا۔ ف: **(clogging، clogged)** اڑنگا لگانا، ٹھونس کر بند کرنا، رُک جانا، بند ہوجانا، اٹ جانا۔

**cloister** *n.* ① مسیحی خانقاہ وغیرہ میں راہداری۔ ② راہبانہ زندگی۔ ③ راہبوں یا راہباؤں کی قیام گاہ۔

**cloistered** *adj.* علاحدہ، الگ تھلگ، محفوظ۔

**clone** *n. & v.* اسم: ① نامیاتی گروہ جو غیر جنسی طور پر ایک ہی اصل سے پیدا ہوا ہو۔ ② بالکل مماثل ایک جیسی نقل۔ ف: کلون یا قلمے کے طور پر وجود میں آنا یا پھیلنا۔

**close** *adj., adv., n. & v.* صف: ① تھوڑے فاصلے پر یا وقفے سے، نزدیک۔ ② قریبی رشتہ یا تعلق رکھنے والا، بے تکلف قریبی دوست۔ ③ بھڑے ہوئے، لگے لگے۔ ④ پوشیدہ، ڈھکا چھپا۔ ⑤ گھٹی، بھاری، مرطوب (ہوا) ⑥ خسیس، کنجوس۔ م ف: تھوڑے فاصلے پر۔ اسم: ① بند، محصور، حصار بند جگہ۔ ② اندھی سڑک جو ایک طرف سے بند ہو۔ ③ اختتام، نتیجہ، انجام۔ ف: ① بند کرنا، بند ہونا، راستہ روکنا۔ ② ختم کرنا۔ ③ دن کا کام نمٹانا، بڑھانا۔ ④ قریب قریب آجانا۔ ⑤ (ہاتھ، بکس وغیرہ کا) پکڑنا، بند کر لینا۔ اسم: ● **closely** م ف۔ **closeness** نزدیکی۔

**closet** *n. & v.* اسم: ① چھوٹا نجی کمرہ۔ ② الماری یا طاق۔ ف: **(closeting، closeted)** بند ہو کے بیٹھنا خصوصاً نجی کانفرنس یا مطالعہ گاہ میں۔

**close-up** *n.* قریب سے کھینچی ہوئی تصویر۔

**closure** *n.* ① اختتام، خاتمہ، بندش۔ ② بند ہونے کی کیفیت۔

**clot** *n. & v.* اسم: پھٹکی، چپکا ہوا مواد۔ ② بول چال: کم عقل، احمق آدمی۔ ف: **(clotting، clotted)** پھٹکیوں کی شکل اختیار کرنا۔

**cloth** *n.* ① نمدا یا بُنا کپڑا۔ ② اس کا کوئی ٹکڑا۔ ③ کسی خاص مقصد سے استعمال کیا جانے والا پارچہ یا پوشش، میز پوش، صافی وغیرہ۔ ④ لباس سے ظاہر ہونے والا پیشہ یا مرتبہ خصوصاً پادریوں کا۔

**clothe** *v.* کپڑے پہنانا، پوشاک مہیّا کرنا۔

**clothes** *n.pl.* لباس، پہناوا۔

**clothier** *n.* کپڑا یا لباس بنانے یا بیچنے والا۔

**clothing** *n.* پوشاک، ملبوسات، کپڑے۔

**clotted cream** *n.* دودھ اونٹا کر نکالی ہوئی گاڑھی بلائی۔

**cloud** *n. & v.* اسم: ① بادل، ابر، ہوا میں نظر آنے والے بخارات کے تودے۔ ② دھوئیں یا غبار کا دَل۔ ③ فکر، غم، پریشانی وغیرہ کا بادل۔ ف: ① ابر یا اندھیرا طاری کرنا۔ ② ابر آلود ہونا۔ ③ دُھندلانا، مبہم بنانا۔

**cloudburst** *n.* بارش کا طوفان۔

**cloudy** *adj.* **(cloudier, cloudiest)** ① بادلوں سے گھرا ہوا، مرطوب (موسم) ② دُھندلا، غیر واضح۔ ③ افسردہ، مکدّر ● **cloudiness** اسم۔

**clout** *n. & v.* اسم: ① زور کی چوٹ، مکاّ: ② بول چال زور، اثر، دباؤ۔ ف: زور کی چوٹ لگانا۔

**clove[1]** *n.* ① لونگ، خوشبودار مسالے کے طور پر مستعمل۔ ② لونگ کا پودا۔ ③ لہسن وغیرہ کا جوا، جو گٹھی کا ایک جز ہوتا ہے۔

**clove[2]** CLEAVE کا ماضی۔

**clove hitch** *n.* رسّے میں دی جانے والی ایک گانٹھ جو اسے کسی ڈنڈے یا دوسرے رسّے کے گرد دو مرتبہ لپیٹ کر دی جاتی ہے۔

**cloven hoof** *n.* دولخت، پھٹا، بٹا، ادھ کٹا، جگالی کرنے والے چوپایوں کا سم یا کھر۔

**clover** *n.* تپتیا پودا، سہ برگہ۔ □ **in clover** خوش حال، مزے میں۔

**clown** *n. & v.* اسم: مسخرا خصوصاً سرکس وغیرہ میں کام کرنے والا۔ ف: مسخرا پن کرنا، مسخرے کی طرح اداکاری کرنا۔

**cloy** *v.* اکتانا، اوبھنا، دل بھر جانا، منہ پھر جانا (مٹھاس

**co-** *comb. form.* بمعنی مع، ساتھ، ہم سنگ وغیرہ۔

**coach** *n.& v.* اسم:① ایک عرشے والی بس عموماً لمبے سفر کے لیے، آرام دہ۔② ریل کا ڈبّا۔③ گھوڑا گاڑی۔④ کھیلوں کا اتالیق، پرائیویٹ ٹیوٹر۔ف: بچوں کو پڑھانا، سدھانا، گُر بتانا۔

**coagulate** *v.* ①جمنا، گاڑھا ہونا۔②خون کی پھٹکی بننا۔● **coagulant** اسم۔ **coagulation** اسم۔

**coal** *n. & v.* زمین سے نکالا اور عموماً ایندھن کے طور پر استعمال ہونے والا کوئلہ، پتھر کا کوئلہ۔

**coalesce** *v.* ①اشتراکِ عمل یا اتحاد کرنا، ملنا، متحد ہونا۔② کسی اتحاد میں یکجا ہونا۔● **coalescence** اسم۔

**coalfield** *n.* وسیع رقبہ جس میں کوئلے کی تہیں یا معدن موجود ہوں۔

**coalition** *n.* اتحاد، عموماً وقتی، حکومت میں مختلف جماعتوں یا مختلف ممالک کا بین الاقوامی وقتی اتحاد۔

**coal tar** *n.* ایک سیاہ رقیق چکنا مادّہ جو کوئلے سے کشید کیا جاتا ہے اور اس سے بینزین بنتی ہے، کولتار، ڈابر۔

**coarse** *adj.* ①موٹا جھوٹا، چھدرا، کُھردرا۔② نفاست سے عاری۔③ عریاں، فحش؛ گستاخانہ، بدتمیزی کا۔● **coarsely** م ف۔ **coarseness** اسم۔

**coarse fish** *n.* سامن اور ٹراؤٹ کے علاوہ کوئی دریائی مچھلی۔

**coarsen** *v.* سختانا، کھردرا کرنا، چھدرا کرنا یا ہونا۔

**coast** *n. & v.* اسم: ساحل، سمندر کا کنارہ۔ف:① بغیر کسی کوشش کے ترقی کرنا۔② ساحل کے ساتھ ساتھ کشتی وغیرہ پر تیرنا۔● **coastal** صف: ساحلی۔

**coaster** *n.* ①ایک ہی ساحل پر بندرگاہوں کے درمیان چلنے والا جہاز۔② چھوٹی کشتی یا کشتی پوش گلاس، بوتل وغیرہ رکھنے کے لیے۔

**coastguard** *n.* ساحلی محافظ، جان بچانے یا چُنگی چوری کو روکنے کے لیے مقرر کردہ تنظیم یا اس کا کوئی فرد۔

**coat** *n. & v.* اسم:① کوٹ، آستین دار لباس جو عموماً کمر سے نیچے تک آتا ہے۔② جانور کی بال دار کھال وغیرہ۔③غلاف۔ف: روغن وغیرہ کی تہ چڑھانا۔

**coating** *n.* پتلی تہ یا پوچا روغن، رنگ وغیرہ کا۔

**coat of arms** *n.* کسی شخص، خاندان یا ادارے کا

یا مسالے وغیرہ سے)

**club** *n. & v.* اسم:①ڈنڈا، سونٹا۔② کسی کھیل کا بلّا خصوصاً گولف میں۔③ تاش میں چڑیا کا پتہ۔④ ہم خیال لوگوں کی انجمن، گروہ، یا ملنے کا مقام۔⑤باہمی تنظیم جو اپنے اراکین کو مختلف طرح کی سہولتیں مہیّا کرتی ہے۔ ف:**(clubbing، clubbed)** ①ڈنڈے مارنا، ٹھکائی کرنا۔②شبینہ کلب جانا۔ □ **club together** کسی کام کے لیے آپس میں اتحاد کرنا، چندہ جمع کرنا۔

**club class** *n.* ہوائی جہاز میں کاروباری لوگوں کے لیے مخصوص درجہ۔

**cluck** *n. & v.* اسم: مرغی یا مرغی کی طرح کڑکڑانے کی آواز۔ف: اس کی طرح کی آواز نکالنا۔

**clue** *n.* سراغ، کوئی واقعہ یا خیال جس سے تفتیش یا مسئلے کے حل میں مدد ملے۔

**clump** *n. & v.* اسم: پودوں خصوصاً جھاڑیوں کا کا جھنڈ۔ف: انبار کرنا، ڈھیر لگانا۔

**clumsy** *adj.* **(clumsier, clumsiest)** ① بھدّا، بھونڈا، بے ڈھنگا، پھوہڑ۔② دقّت طلب (کام) ● **clumsily** م ف۔ **clumsiness** اسم: بھونڈاپن۔

**clung** CLING کا ماضی و ماضیہ۔

**cluster** *n. & v.* اسم:① جھنڈ، خوشہ، گچھّا۔② غول، جمگھٹا، گروہ۔ف: جمع ہونا، یکجا، اکٹھا، مجتمع ہونا۔

**clutch** *v. & n.* ف: مضبوطی سے پکڑنا۔اسم:① گرفت، پکڑ، شکنجہ۔② کسی مشین کے متحرک پرزوں کو جوڑنے اور الگ کرنے کا نظام۔③ انڈے جو ایک ساتھ سینے کے لیے ہوں۔④چوزوں کا ایک جھول۔

**clutter** *n. & v.* اسم:①اٹ انبار، انگڑ کھنگڑ۔② بے ترتیبی، افراتفری، گڑبڑ۔ف: بھیڑ بھاڑ، جمگھٹا کرنا، کوڑا پھیلانا، کاٹ کباڑ سے اٹانا۔

**Cm** علامت: curium۔

**cm** تخفیف: CENTIMETRE۔

**CND** تخفیف: Campaign for Nuclear Disarmament۔

**Co** cobalt کی علامت۔

**Co.** اختصار:① Company۔② County۔

**c/o** تخفیف: care of۔

روایتی یا موروثی نشان یا ڈھال کی علامتی شکل۔

**coax** *v.* ① کسی کو رفتہ رفتہ پھسلا کر، پرچا کر راہ پر لانا۔ ② کسی کو دم دلاسا دے کر کوئی چیز ہتھیا لینا۔

**coaxial** *adj.* ① ایک ہی دھرے یا محور پر واقع، ہم محور۔ ② دو جڑواں موصل تاروں یا کیبل کے ذریعے ترسیل جو ایک غیر موصل یا حاجز کے ذریعے ایک دوسرے سے الگ رہتے ہیں۔

**cob** *n.* ① کوئلے وغیرہ کا گول ڈلا۔ ② پھولی ہوئی گنبد نما روٹی۔ ③ ہیزل کا پھل، فندق۔ ④ مضبوط گھوڑا، چھوٹی ٹانگوں والا۔ ⑤ مرغابی کا نر۔ ⑥ لپائی کے لیے گیلی مٹی، گارا یا بھوسا ملی ہوئی مٹی۔

**cobalt** *n.* ① ایک سفید روپہلی مقناطیسی دھات (علامت :Co) ② اس سے بنا ہوا گہرا نیلا رنگ۔

**cobber** *n.* آسٹر، بول چال: ساتھی، رفیق۔

**cobble** *n. & v.* اسم: پن پتھر، چکلی بٹیا جو سڑک کو پکا کرنے میں لگائی جاتی ہے۔ف: مرمت یا پیوندکاری کرنا (خصوصاً جوتے کی)

**cobbler** *n.* موچی، جوتے گانٹھنے والا کاریگر، چمار۔

**COBOL** *n.* کمپیوٹر: کاروباری استعمال کے لیے کمپیوٹر کی اختراع کردہ مخصوص زبان۔

**cobra** *n.* ایک زہریلا پھن والا سانپ جو افریقہ اور ایشیا میں پایا جاتا ہے، ناگ۔

**cobweb** *n.* مکڑی کا جالا۔

**cocaine** *n.* کوکا سے حاصل کی جانے والی نشہ آور دوا جو غیر قانونی طور پر استعمال ہوتی ہے۔

**coccyx** *n.* انسانی ریڑھ کی ہڈی کا نچلا مثلث نما سرا۔

**cochineal** *n.* کھانے کی چیزوں میں ملانے کا سرخ رنگ جو کیڑوں کے سوکھے جسم سے حاصل ہوتا ہے۔

**cock** *n. & v.* اسم: ① گھریلو مرغا۔ ② مبتذل: مردانہ آلۂ تناسل۔ ③ آتشیں ہتھیار کا گھوڑا گولی چھوڑنے کا۔ ف: ① کھڑا کرنا۔ ② کنکھیوں سے دیکھنا۔ ③ ہیٹ کا کونا جھکانا۔ ④ بندوق کا گھوڑا اٹھانا۔

**cockade** *n.* مصنوعی پھول یا پھول جیسا نشان جو ٹوپی پر لگایا جاتا ہے۔

**cock-a-hoop** *adj.* موج میں، خوش و خرم۔

**cockatoo** *n.* طوطا جس کی چونچ بڑی اور مضبوط ہوتی ہے اور سر پر کھڑی کلغی، کاکاتوا۔

**cockatrice** *n.* ① =BASILISK۔ ② ایک افسانوی پرندہ، سانپ کی سی دُم والا مرغا۔

**cockerel** *n.* مرغ کا جوان پٹھا۔

**cock-eyed** *adj.* بول چال: ① ٹیڑھا میڑھا، ترچھا، ناہموار۔ ② ناقابل عمل۔ ③ نشے میں دُھت۔

**cockle** *n.* ایک خوردنی صدفہ۔

**cockney** *n.* (*pl.* **cockneys**) مشرقی لندن کا باشندہ، اس علاقے کی مخصوص بولی اور لہجہ۔

**cockpit** *n.* ① ہوائی جہاز یا خلائی جہاز کا وہ خانہ جس میں پائلٹ اور عملہ بیٹھتا ہے، کاروں کی دوڑ میں شریک ہونے والی کار کا ایسا ہی درجہ۔ ② مرغوں کی لڑائی کی پالی۔

**cockroach** *n.* لال بیگ۔

**cockscomb** *n.* مرغ کی کلغی۔

**cocksure** *adj.* خودسر، خود پسند، بالکل پُریقین۔

**cocktail** *n.* ① مختلف شرابوں، پھلوں کے رس وغیرہ کو ملا کر بنایا ہوا نشہ آور مشروب۔ ② مختلف اجزا کو ملا کر بنائی ہوئی کھانے کی شے۔ ③ کوئی آمیزہ، ملغوبہ۔

**cocky** *adj.* (**cockier, cockiest**) ① مغرور، خودسر۔ ② بے باک، منہ پھٹ۔ ● **cockily** م ف۔

**cocoa** *n.* ① کاکاؤ کے بیجوں کو پیس کر بنایا ہوا سفوف۔ ② اس سے تیار کیا ہوا مشروب، کوکو۔

**coconut** *n.* ناریل، کھوپرا۔

**cocoon** *n. & v.* اسم: ① ایک نرم ریشمی خول جو بعض حشرے اپنے ابتدائی روپ میں اپنے گرد حفاظت کے لیے بنا لیتے ہیں، کویا، پیلا۔ ② خول یا پترا جو بچاؤ کے لیے چڑھایا جائے۔ ف: ① خول چڑھانا۔ ② بچاؤ کے لیے پھوہار سے کسی کیمیائی مادّے کی تہ چڑھانا۔

**COD** تخفیف: cash (or *US* collect) on delivery۔

**cod** *n.* ایک بڑی سمندری مچھلی جو کھائی جاتی ہے۔

**coda** *n.* کسی قطعۂ موسیقی کا اختتامی ٹکڑا۔

**coddle** *v.* ① دیکھ بھال، نازبرداری کرنا۔ ② کھولتے سے ذرا کم گرم پانی میں انڈا پکانا۔

**code** *n.* ① خفیہ تحریر جس میں الفاظ یا حروف یا نشان اصل کے متبادل کے طور پر اختصار یا اخفا کے لیے استعمال

ہوں۔ ②مقررہ اشارات وعلامات کے ذریعے پیغام رسانی۔③ مرتب قانونی ضابطہ، کسی موضوع پر اختیار کردہ قواعد وضوابط کا مجموعہ۔

**codeine** *n.* درد میں آرام کے لیے ایک دوا۔

**codex** *n.* (*pl.* **codices** or **codexes**) ① کتاب کی شکل میں قدیم مخطوطہ۔② کتاب الادویہ جس میں دواؤں کی تفصیل وتعریف درج ہوں۔

**codicil** *n.* کسی وصیت کا ضمیمہ۔

**codify** *v.*(-ies, -ied) (قوانین وضوابط وغیرہ کو) با قاعدہ شکل میں مرتّب کرنا، تدوین، ترتیب کرنا۔● **codification** اسم: ترتیب وتدوین۔

**co-education** *n.* مردانہ وزنانہ دونوں جنسوں کے طلبہ کی یکجا تعلیم۔● **co-educational** صف۔

**coefficient** *n.* ریاضی: عددی سر، وہ عدد جو کسی الجبرائی رقم سے پہلے درج ہو اور اسے ضرب دے۔

**coelacanth** *n.* ایک بڑی ہڈیوں والی سمندری مچھلی جسے پہلے معدوم خیال کیا جاتا رہا۔

**coeliac disease** *adj.* (*US* **celiac**) ہاضمے کی خرابی سے پیدا ہونے والا ایک مرض جو غذا میں نشاستے کی زیادتی سے پیدا ہوتا ہے۔

**coerce** *v.* کسی سے جبراً کوئی کام کرانا یا اس سے روکنا۔● **coercion** اسم۔ **coercive** صف: جابرانہ۔

**coeval** *adj.* ہم عمر یا ایک ہی زمانے میں موجود۔

**coexist** *v.* ایک ہی جگہ ساتھ ساتھ رواداری کے ساتھ رہنا۔● **coexistence** اسم: پُر امن بقائے باہمی۔ **coexistent** صف: معاصر۔

**coffee** *n.* ①ایک مدارینی جھاڑی کی پھلی کے بیجوں کو بھون اور پیس کر بنایا ہوا مشروب، کافی، قہوہ جو بُنوں سے تیار ہوتی ہے، اس کی ایک پیالی۔② کافی کا کتھئی رنگ۔

**coffee table** *n.* ایک چھوٹی نیچی میز۔

**coffer** *n.* ① قیمتی اشیا رکھنے کا بھاری بکس، تجوری۔② (**coffers**) خزانہ، رقوم، سرمایہ۔

**cofferdam** *n.* پانی کی سطح کے نیچے پانی کو روک کر بنائی ہوئی چاردیواری جس میں سے پانی خارج کردیا جائے تا کہ کوئی تعمیر یا مرمت وغیرہ کی جاسکے۔

**coffin** *n.* تابوت، لکڑی کا لمبا صندوق جس میں میت رکھ کر دفنائی یا جلائی جائے۔

**cog** *n.* گراری کا دندانہ۔

**cogent** *adj.* معقول، برمحل، قابل قبول (دلیل، بحث وغیرہ)● **cogency** اسم۔ **cogently** م ف۔

**cogitate** *v.* سوچنا، غور کرنا۔● **cogitation** اسم۔

**cognac** *n.* اعلیٰ قسم کی فرانسیسی برانڈی۔

**cognate** *adj.* ہم جد، ہم نژاد۔

**cognition** *n.* جاننا، سمجھنا، خیال کرنا ایک ذہنی عمل کے طور پر۔● **cognitive** صف۔

**cognizant** *adj.* (also **cognisant**) واقف، آگاہ، باخبر۔● **cognizance** اسم: آگاہی، ادراک۔

**cognoscente** *n.* (*pl.* **cognoscenti**) کسی فن کا خصوصی ذوق یا ماہرانہ ناقدانہ علم رکھنے والا شخص۔

**cohabit** *v.* ساتھ رہنا، خصوصاً بطور زن وشوہر۔● **cohabitation** اسم: ہم بستری۔

**cohere** *v.* باہم ملا ہونا، مربوط، موافق ہونا، متحد ہونا۔

**coherent** *adj.* ①(انسان) صاحب نطق جو واضح، معقول بات کر سکے۔② باہم متفق، منظّم۔③(تقریر، دلیل وغیرہ) جو واضح اور مربوط ہو، سمجھ میں آسکے۔● **coherence** اسم: ربط۔ **coherently** م ف۔

**cohesion** *n.* باہمی جماؤ، یکجا ہونے، قریب آنے کا رجحان۔● **cohesive** صف۔ **cohesively** م ف۔

**cohort** *n.* ①قدیم روما کی فوجی جمعیت legion کا دسواں حصّہ۔②وہ افراد جو کسی متحدہ مقصد کے لیے بھرتی یا مامور کیے گئے ہوں۔

**coiffure** *n.* بالوں کا مخصوص طرز یا وضع۔

**coil** *n.* & *v.* اسم: ① کنڈل، کنڈلی، لچھا، مرغولہ، مسلسل دائروں سے بننے والی شکل۔②اس طرح لپیٹی ہوئی رسّی، تار، کمانی وغیرہ۔③ مانع حمل چکّر جو رحم کے منہ پر لپیٹ جاتا ہے۔ ف: ایک مرکز سے چلنے والے دائروں کو کنڈلوں کی شکل میں ڈھالنا یا ترتیب دینا۔

**coin** *n.* & *v.* اسم: ڈھلا ہوا دھات کا سکہ۔ ف: ① دھات پر مہر لگانا سکے ڈھالنا۔② نیا لفظ گھڑنا یا وضع کرنا۔③ دولت بنانا، روپیہ پیدا کرنا۔

**coinage** *n.* ①سکّے ڈھالنے کا عمل یا طریقہ۔② سکّے بحیثیت مجموعی، سکّوں کا رائج نظام یا وضع۔③ایجاد،

اختراع خصوصاً کسی نئے لفظ یا فقرے کی۔

**coincide** *v.* ① ایک ساتھ یا ایک ہی وقت میں واقع ہونا۔ ② ایک ہی جگہ گھیرنا، منطبق ہونا۔ ③ متفق، موافق، ہم خیال، یکساں ہونا۔

**coincidence** *n.* ① ایک ساتھ وقوع یا موجودگی، اتفاق، توارد۔ ② امر اتفاقی، عجیب مطابقت۔ ● **coincidental** صف۔ **coincidentally** م ف۔

**coir** *n.* ناریل کے خول کا ریشہ، نارا۔

**coitus** *n.* (also **coition**) مجامعت، جنسی ملاپ۔

**coke** *n. & v.* اسم: ① کوئلے سے گیسوں کے اخراج کے بعد باقی بچنے والا مادّہ، بجھا ہوا کوئلہ۔ ② بول چال: cocaine کوکین کا اختصار۔

**col** *n.* پہاڑی سلسلے کے درمیان نشیب یا درّہ۔

**cola** *n.* (also **kola**) مغربی افریقہ کا ایک چھوٹا درخت جس سے کیفین کے بیج حاصل کیے جاتے ہیں۔

**colander** *n.* چھلنی، سوراخ دار برتن جس میں سے پانی یا سیّال شے خارج ہوجاتی ہے۔

**cold** *adj. & n.* صف: ① کم درجۂ حرارت والا۔ ② (انسان) سردمہر، جذبہ، جوش، محبت سے عاری۔ ③ مایوس کن، غیر دلچسپ، بے لطف۔ ④ تیاری یا مشق کے بغیر۔ اسم: ① سرد موسم، ٹھنڈک، ٹھنڈی فضا۔ ② نزلہ، زکام۔ ● **coldly** م ف۔ **coldness** اسم: سردی۔

**cold-blooded** *adj.* ① ایسا خون جسم میں رکھنے والا جس کا درجۂ حرارت آس پاس کے درجۂ حرارت کے ساتھ بدلتا رہے۔ ② سردمہر، بے دل، سفّاک۔

**cold calling** *n.* گاہکوں کو ٹیلیفون پر یا خود آ کر خریداری کی ترغیب دینے کا عمل۔

**cold feet** *n. pl.* بول چال: پست ہمّتی، ڈر، خوف۔

**cold-shoulder** *v.* پہلو تہی کرنا، بے التفاتی برتنا، رکھائی سے پیش آنا۔

**cold turkey** *n.* بول چال: کسی نشے سے نشے کے عادی کی فوری توبہ۔

**cold war** *n.* دشمنی کی فضا، جنگی حالت کے بغیر سرد جنگ، اعصابی جنگ۔

**coleslaw** *n.* بند گوبھی، گاجر، پیاز وغیرہ سے بنائی ہوئی مسالے دار سلاد۔

**coley** *n.* کھائی جانے والی مچھلیوں میں کوئی۔

**colic** *n.* پیٹ کا درد، دردِ شکم۔

**colitis** *n.* دردِ قولنج، قولنج (کولن colon) کی اندرونی جھلّی کا ورم۔

**collaborate** *v.* ① مل کر کام کرنا، ہمکاری۔ ② دشمن یا مخالف ساتھ خفیہ تعاون کرنا، غدّاری، دوغلا پن کرنا۔ ● **collaboration** اسم: تعاون، ہمکاری۔ **collaborator** اسم: معاون۔ **collaborative** صف۔

**collage** *n.* ① آرٹ کی ایک شکل جس میں کسی سطح پر مختلف قسم کے اجزا چپکا دیے جاتے ہیں۔ ② اس طرح کا کوئی فن پارہ۔

**collagen** *n.* پروٹین جو جانوروں کے پٹھوں یا نسیجوں میں پائی جاتی ہے، جسے ابال کر جلاٹین بنائی جاتی ہے۔

**collapse** *n. & v.* اسم: ① کسی تعمیر کے ڈھینے، گر پڑنے، ٹوٹنے کا عمل، سقوط، انہدام۔ ② کسی منصوبے، کارروائی وغیرہ کا یکایک اختتام، موقوفی، ناکامی۔ ف: ① ڈھانا، گرانا، توڑنا۔ ② ہمّت ہارنا، تھک کر بیٹھ رہنا۔ ③ تہ ہوجانا، سکڑنا، فرنیچر کو تہ کرنا۔

**collapsible** *adj.* ٹوٹنے، تہ ہوجانے والا۔

**collar** *n. & v.* اسم: ① قمیص وغیرہ کے گلے کا اوپری حصّہ۔ ② جانور کے گلے کا پٹّہ۔ ③ مشین کی روکنے یا ملانے والی پٹّی۔ ④ گوشت کا پارچہ لپٹا اور باندھا ہوا۔ ف: ① کسی کو کالر یا گردن سے پکڑنا۔ ② بول چال: ہتھیانا، خصوصاً غیر قانونی طور پر۔

**collate** *v.* ① جانچنا اور مقابلہ کرنا (متن، بیانات وغیرہ کا) ② معلومات اکٹھی کرنا اور ملانا۔ ● **collator** اسم۔

**collateral** *n. & adj.* اسم: قرض کی ضمانت کے طور پر گروی رکھی ہوئی شے۔ صف: ① ہم نسب، ہم نژاد جن کا سلسلہ کہیں اوپر سے الگ ہوجاتا ہو۔ ② پہلو بہ پہلو، متوازی۔ ③ کسی منصب میں شریک مگر ماتحت کے طور پر۔ ● **collaterally** م ف: شریک، ضمنی۔

**collation** *n.* ① مقابلہ، موازنہ کرنے، جانچنے کا عمل، تنقیح۔ ② غیر رسمی ہلکا کھانا۔

**colleague** *n.* ہمکار، ساتھی، رفیق کار خصوصاً کاروبار یا کسی پیشے میں شریک۔

**collect** *v., adj., adv. & n.* ف: ① فراہم کرنا،

اکٹھا کرنا جمع کرنا یا ہونا۔② نمونے وغیرہ جمع کرنا خصوصاً شوقیہ طور پر۔③ لے کر آنا، لینے کے لیے جانا۔ صف وم ف: وصول کنندہ کے ذمّہ (ڈاک محصول، ٹیلیفون پر بات کرنے کا بل وغیرہ) اسم: ایک مناجات یا دُعا۔ ● **collectable** صف۔ **collector** اسم۔

**collceted** *adj* پُرسکون، قابو میں، حواس میں۔

**collection** *n.* ① جمع کرنے یا کیے جانے کا عمل۔ ② جمع کردہ اشیا کا مجموعہ۔

**collective** *adj.* ① مجموعی، اجتماعی، کُلّی، متفقہ۔ ② مشترک، عمومی۔ ● **collectively** م ف۔

**collective noun** *adj.* قواعد: اسم جمع، واحد جو مجموعے کو ظاہر کرے (جیسے assembly، family)

**colleen** *n.* آئرستان: لڑکی۔

**college** *n.* ① اعلیٰ اور پیشہ ورانہ تعلیمی درسگاہ، جو اکثر کسی یونیورسٹی کا حصّہ ہوتی ہے۔ ② مشترک پیشہ اور امتیاز رکھنے والے افراد کی تنظیم۔ ● **collegiate** صف۔

**collide** *v.* ٹکرانا، متصادم ہونا، لڑنا بھڑنا۔

**collie** *n.* ایک مویشیوں کا رکھوالا اسکاچ نسل کا کتا جس کی تھوتھنی لمبی اور نکیلی ہوتی ہے، بال لمبے اور گھنے۔

**colliery** *n.* (*pl.* **-ies**) کوئلے کی کان۔

**collision** *n.* ① ایک شے کا دوسری سے ٹکرانا جس میں کم از کم ایک متحرک ہو۔ ② تنازعہ، کشمکش۔

**collocate** *v.* کسی لفظ کے ساتھ ترتیب دینا، ساتھ ساتھ رکھنا۔ ● **collocation** اسم: ترتیب، تالیف۔

**colloquial** *adj.* روزمرہ کی بول چال سے تعلق رکھنے والا نہ کہ ادبی زبان سے متعلق۔ ● **colloquialism** اسم۔ **colloquially** م ف۔

**collusion** *n.* ساز باز، ملی بھگت، خفیہ مفاہمت۔

**cologne** *n.* ایک ہلکی خوشبو۔

**colon** *n.* ① عبارت میں وقفے کا ایک نشان (:) ② بڑی آنت کا نچلا بڑا حصّہ۔ ● **colonic** صف۔

**colonel** *n.* رجمنٹ کا سربراہ، فوجی جس کا رتبہ بریگیڈیئر سے نیچے ہے۔

**colonial** *adj. & n.* صف: نوآبادیاتی عملداریوں سے تعلق رکھنے والا۔ اسم: کسی نوآبادی کا باشندہ۔

**colonialism** *n.* نوآبادیات پر قبضہ کرنے اور حکومت کرنے کی پالسی، استعمار۔

**colonize** *v.* (also **-ise**) ① کسی ملک یا علاقے میں نوآبادی قائم کرنا۔ ② نئے ملک میں جا کر نوآبادکاروں کے طور پر بسنا۔ ● **colonist** اسم۔ **colonization** اسم؛ نوآبادکاری۔

**colonnade** *n.* ستونوں کی قطار یا سلسلہ۔

**colony** *n.* (*pl.* **-ies**) ① کوئی گروہ جو کسی نئی آباد یا غیر آباد سرزمین پر جا کر بسے، اور کُلّی یا جزوی طور پر آبائی ملک کی رعیت رہے۔ ② کسی ایک قومیت یا پیشے کے لوگ جو کسی شہر میں الگ تھلگ بودوباش رکھیں، الگ تھلگ گروہ یا ٹولہ۔ ③ حیوانات یا نباتات کا گروہ یا جھنڈ جو ایک ساتھ رہتے اور باہم منسلک یا وابستہ ہوں۔

**color** امریکا: COLOUR کا متبادل۔

**coloration** *n.* (also **colouration**) رنگ کرنے، بھرنے، اختیار کرنے یا ڈالنے کا طریقہ۔

**coloratura** *n.* ① آرائشی گلوکاری۔ ② گلوکار (خصوصاً مہین آواز والا) جو آرائشی گلے بازی کا ماہر ہو۔

**colossal** *adj.* عظیم الجثہ، بھاری بھرکم، دیوپیکر۔

**colossus** *n.* (*pl.* **colossi** or **colossuses**) اصل یا معمولی جسامت سے بہت بڑا مجسمہ۔

**colostomy** *n.* (*pl.* **-ies**) جراحی: بڑی آنت میں شگاف دے کر مصنوعی راستہ پیدا کرنا (فضلے کے اخراج کے لیے)

**colour** *n. & v.* (*US* **color**) ① آنکھ پر مختلف طول موج کی شعاعوں سے پیدا ہونے والا تاثر، رنگ، رنگ کی شناخت، احساس۔ ② رنگ کا یا رنگین مادّہ خصوصاً اشیا یا عمارات پر پھیرنے کا روغن۔ ③ (**colours**) رجمنٹ، جہاز وغیرہ کا جھنڈا۔ ف: ① رنگنا، رنگ بھرنا۔ ② غلط رنگ میں پیش کرنا، مبالغہ یا تاویل کرنا۔ ③ رنگ اختیار کرنا، (شرم سے) سُرخ ہو جانا۔

**colour-blind** *adj.* رنگ کور، رنگوندھا جو بعض رنگوں کی شناخت نہیں کر سکتا۔

**colourant** *n.* (*US* **colorant**) استعمال کیا جانے والا رنگ یا رنگین مادّہ۔

**coloured** *adj.* (*US* **colored**) ① رنگدار، رنگین۔ ② کُلّی یا جزوی طور پر غیر سفید فام نسل کا۔

**colourful** *adj.* (*US* **colorful**) ① رنگین، خوش رنگ، روشن۔ ② دلچسپ، ولولہ انگیز، خوش آئند۔ ● **colourfully** م ف۔

**colourless** *adj.*(*US* **colorless**) ① بے رنگ، پھیکا۔ ② غیر دلچسپ، خصوصی شناخت سے عاری۔

**colt** *n.* بچھیرا، گھوڑے کا نر بچہ۔

**column** *n.* ① ستون، تھم، اکثر اوپر سے قدرے پتلا۔ ② ستون کی طرح کی تعمیر یا شکل۔ ③ جدول یا صفحے کی عمودی تقسیم۔ ④ اخبار کا وہ حصّہ جو کسی خاص موضوع کے لیے مختص ہو۔ ⑤ گاڑیوں کی، سپاہیوں کی لمبی پتلی قطار۔

**columnist** *n.* کالم نگار، صحافی جو کسی اخبار میں باقاعدہ کسی موضوع پر مضمون لکھتا ہو۔

**coma** *n.* (*pl.* **comas**) طویل بے ہوشی، سکتہ۔

**comatose** *adj.* ① غشی کی حالت میں۔ ② بول چال: غنودگی میں؛ سست، کاہل۔

**comb** *n.* & *v.* اسم: ① کنگھا، کنگھی، بالوں میں پھیرنے کا۔ ② کوئی کنگھا نما، دندانے دار مشینی پُرزہ۔ ③ مرغ وغیرہ کی کلغی یا تاج۔ ④ شہد کا چھتّہ۔ ف: ① بالوں میں کنگھا کرنا۔ ② کسی مقام کو چھان مارنا۔

**combat** *n.* & *v.* اسم: لڑائی، مقابلہ، سعی، جدّ و جہد۔ ف: (**combating، combated**) ① سامنا کرنا، مقابل ہونا۔ ② کسی کے ساتھ لڑنا، بھڑنا، ٹکرانا۔ ③ مقابلہ، مدافعت کرنا۔

**combatant** *n.* & *adj.* اسم: لڑنے والا، مقابل۔ صف: ① مصروف جنگ فریق۔ ② لڑائی کا حامی۔

**combination** *n.* ① ترکیب، میل، یکجائی، ملانے، جوڑنے کا عمل یا حالت۔ ② اتحاد، مرکب، ملی ہوئی اشیا یا اشخاص، متحد فریق۔ ③ (**combinations**) بڑا زیر جامہ جو جسم سے ٹانگوں تک جائے۔

**combination lock** *n.* قفل ابجد، جو بندھی ہوئی ترکیب یا عمل سے کھلے۔

**combine** *v.* & *n.* ف: باہم ملنا یا ملانا، جڑنا، جوڑنا، منسلک کرانا؛ متفق ہونا، کسی خاص مقصد کے لیے۔ اسم: ① باہمی اتحاد خصوصاً تجارتی مفادات کا۔ ② (پورا نام **combine harvester**) ایک متحرک مشین جو بیک وقت فصل کاٹتی اور گاہتی ہے۔

**combining form** *n.* قواعد: مرکب الفاظ کا کوئی جزو (*Anglo-, bio-, graphy*)

**combustible** *adj.* ① جلائے جانے کے قابل۔ ② تیز مزاج، تنک مزاج، جلد مشتعل ہو جانے والا۔

**combustion** *n.* ① جلنا، آگ میں پھکنا۔ ② روشنی اور حرارت جو کسی کیمیائی مرکب کے آکسیجن کے ساتھ ملنے سے پیدا ہو۔

**come** *v.* (**came, come, coming**) ① آنا نزدیک، قریب تر پہنچنا۔ ② کسی کیفیت یا حالت سے دوچار ہونا۔ ③ کسی خاص جگہ یا نقطے تک پہنچنا۔ ④ قطع کرنا، طے کرنا (فاصلہ، مہم وغیرہ) ⑤ واقع ہونا، دوچار ہونا۔ ⑥ کسی مقام پر موجود، وارد یا واقع ہونا۔ ⑦ نمودار یا معلوم و محسوس ہونا۔ ⑧ مہیّا ہونا۔ ⑨ کسی اصل یا نژاد سے ہونا، کسی بات کا نتیجہ ہونا۔ □ **come about** رونما ہونا، واقع ہونا۔ **come across** اتفاقاً پانا، ملنا یا ہاتھ آنا۔ **come by** لینا، حاصل کرنا۔ **come into** پانا خصوصاً وراثت میں۔ **come off** کسی عمل کا کامیاب ہونا، پورا ہونا۔ **come out** اپنا عندیہ ظاہر کرنا۔ **come round** ① بے ہوشی سے نکلنا۔ ② کسی دوسرے کا ہم خیال ہونا، کسی سے اتفاق کرنا۔ **come to** ہوش میں آنا۔ **come up** ① (کسی مسئلے کا) اٹھنا، پیدا ہونا، اس پر بحث ہونا۔ ② کسی سے بات کرنے کے لیے ملنا۔ ③ کسی معیار پر پورا اترنا۔ ● **coming** صف۔

**comeback** *n.* ① واپسی (پہلی خصوصاً بہتر حالت میں) ② بول چال: الٹ کر جواب دینا، جواب الجواب۔

**comedian** *n.* مزاحیہ اداکار۔

**comedienne** *n.* مزاحیہ اداکارہ۔

**comedown** *n.* زوال، انحطاط، تنزل۔

**comedy** *n.* (*pl.* **-ies**) ① طربیہ ڈراما۔ ② روزمرّہ زندگی میں کوئی دلچسپ یا مضحکہ خیز واردات۔ ③ مزاح خصوصاً ادب یا آرٹ میں۔

**comely** *adj* (**comelier,comeliest**)، حسین، خوبصورت۔ ● **comeliness** اسم: خوش اندامی۔

**comestibles** *n.pl.* رسمی: غذا، خوراک۔

**comet** *n.* دمدار تارہ۔

**come-uppance** *n.* بول چال: کیفر کردار،

کرنی کی بھرنی، کیے کا پھل۔

**comfort** *n.* ① تکلیف یا مصیبت میں تسکین، تشفی۔ ② آرام، آسائش، اسباب آسائش۔ ③ راحت رساں شخص، ہمدم۔ ف: ① تسلی، دلاسا دینا۔ ② آرام پہنچانا۔ ● **comforter** اسم: سُکھ پہنچانے والا۔

**comfortable** *adj.* ① آرام دہ۔ ② آرام سے، کسی تکلیف کے بغیر۔ ③ آسودہ حال، مالی پریشانی سے آزاد۔ ④ دلی طور پر مطمئن۔ ● **comfortably** م ف۔

**comfy** *adj.* **(comfier, comfiest)** بول چال: آرام دہ۔

**comic** *adj. & n.* صف: ① مزاحیہ انداز کا۔ ② مضحکہ خیز۔ اسم: ① مزاحیہ تماشا گر۔ ② بچوں کے لیے کارٹون کہانی پر مشتمل رسالہ۔ ● **comical** صف۔ **comically** م ف: مسخرانہ پن سے۔

**comic strip** *n.* تصویری خانوں کی پٹّی جس میں اکثر کوئی کہانی ہوتی ہے۔

**comma** *n.* ایک علامت وقفہ ('،')

**command** *v. & n.* ف: ① حکم صادر کرنا، ہدایت دینا۔ ② حاکم، سربراہ ہونا۔ ③ روک رکھنا، مالک ہونا، قبضہ یا اختیار میں رکھنا۔ اسم: ① حکم، فرمان۔ ② قدرت، قبضہ، اختیار۔ ③ حاکم با اختیار یا سربراہ۔

**commandant** *n.* کمان کرنے والا افسر، کماندار، خصوصاً کسی خاص دستے یا فوجی اکادمی وغیرہ کا سربراہ۔

**commandeer** *v.* ① (فوجی ضرورت کے لیے) قبضے میں لے لینا۔ ② بلا اختیار ہتھیانا، قبضہ جمانا۔

**commander** *n.* ① کماندار خصوصاً بحریہ کا افسر جو کپتان سے دوسرے درجے پر ہوتا ہے۔ ② ایک ضلع کا پولیس افسر انچارج۔

**commandment** *n.* احکام ربّانی۔

**commando** *n.* *(pl.*-**os)** فوج: بری بحری فوج کا وہ پھرتیلا دستہ جو شدید صورت حال میں اچانک حملے کے لیے استعمال ہوتا ہے۔

**commemorate** *v.* رسماً یاد منانا، کسی تقریب کے ذریعے یادتازہ کرنا رکھنا۔ ● **commemoration** اسم۔ **commemorative** صف: یادگاری۔

**commence** *v.* شروع کرنا، آغاز کرنا۔ ● **commencement** اسم: ابتدا، آغاز۔

**commend** *v.* ① سپرد کرنا، حوالے کرنا۔ ② تعریف، توصیف کرنا، سراہنا۔ ● **commendation** اسم۔

**commendable** *adj.* قابل داد، تعریف کے قابل۔ ● **commendably** م ف۔

**commensurable** *adj.* ایک ہی پیمانے سے جانچنے کے لائق۔ ● **commensurability** اسم: باہمی تناسب۔ **commensurably** م ف۔

**commensurate** *adj.* ایک ہی جسامت کے، ہم عصر، ہم نسبت، ایک ساتھ، ایک ہی جگہ واقع۔

**comment** *n. & v.* اسم: ① رائے، اظہار خیال، تنقید۔ ② توضیحی حاشیہ۔ ف: رائے زنی کرنا۔

**commentary** *n.* *(pl.* -**ies)** ① توضیحی حواشی، کسی متن وغیرہ پر۔ ② کسی منظر یا واقعے پر رواں تبصرہ۔

**commentator** *n.* کسی واقعے پر تبصرہ کرنے والا، تبصرہ نگار۔ ● **commentate** ف۔

**commerce** *n.* ہر قسم کا کاروبار، خرید و فروخت۔

**commercial** *adj.* تجارتی، کاروبار سے متعلق۔ ● **commercially** م ف: تاجرانہ۔

**commercialize** *v.*(also **-ise**) ① کاروباری اصول پر چلنا، منافع کی خاطر (تجارت وغیرہ) کرنا۔ ② تجارتی بنانا۔ ● **commercialization** اسم۔

**commiserate** *v.* رحم کھانا، ترس کھانا، ہمدردی دکھانا۔ ● **commiseration** اسم۔

**commissariat** *n.* فوج کا رسد، خوراک وغیرہ سے تعلق رکھنے والا محکمہ۔

**commission** *n. & v.* اسم: ① کوئی خاص خدمت انجام دینے کے لیے بااختیار ادارہ، شخص یا اشخاص۔ ② فرمائش خصوصاً کسی فنی شہ پارے کی تکمیل کے لیے۔ ③ حکم نامہ جس کی رو سے کسی کو فوج میں افسری کا عہدہ دیا جائے۔ ④ ایجنٹ یا گماشتوں کو ادا کی جانے والی فیصد رقم، محنتانہ۔ ⑤ ارتکاب کسی جرم، گناہ وغیرہ کا۔ ف: ① کمیشن کے طور پر مامور کرنا۔ ② (کسی سے) کوئی کام کرنے کی فرمائش کرنا یا اس پر مامور کرنا۔ ③ کسی افسر کو جہاز کی کمان دینا۔ ④ (کسی مشین وغیرہ) کو زیر عمل لانا۔ □ **in commission** مسلّح، جنگ کے

لیے لیس جہاز۔ **out of commission** خارج ازخدمت (خصوصاً جہاز)

**commissionaire** *n.* تھیٹر، سینما وغیرہ کے دروازے پر باوردی دربان۔

**commissioner** *n.* ① کمشنر، کسی خاص کام کی انجام دہی کے لیے سرکاری طور پر مامور کردہ شخص۔ ② سرکاری کمیشن کا رکن۔ ③ کسی ضلعے کا افسر۔

**commit** *v.* **(committed، committing)** ① تحویل میں دینا، سپرد کرنا، ٹھکانے لگانا۔ ② ارتکاب کرنا (جرم، گناہ یا غلطی کا) ③ ذمّہ دار بننا، ذمّہ داری قبول کرنا، خودکوکسی عمل، پالسی وغیرہ کا پابند کرنا۔

**commitment** *n.* ① قرارداد جو کسی عملی اختیار کو سلب یا منسوخ کردے۔ ② عہد، اقرار، ذمّہ داری۔

**committal** *n.* کسی کا کسی ادارے خصوصاً جیل یا ہسپتال وغیرہ میں داخلہ۔

**committee** *n.* مجلس، گروہ، پنچایت جو کسی خاص کام کے لیے تشکیل دی جائے۔

**commode** *n.* ① الماری۔ ② پیشاب پاخانے کے لیے کرسی نما، ڈھکنے دار نشست، چوکی۔

**commodious** *adj.* فراخ، کشادہ، آرام دہ۔

**commodity** *n.* (*pl.* **-ies**) ① شے، جنس جو خریدی اور بیچی جاسکے۔ ② کارآمد شے۔

**commodore** *n.* ① بحریہ کا افسر جو ریئر ایڈمرل سے نیچے ہوتا ہے۔ ② کشتی رانی کے کلب کا صدر۔

**common** *adj.* & *n.* صف: ① اکثر ہونے والا، معمول کا، روزمرہ کا، معمولی، ادنیٰ۔ ② مشترکہ، ساجھے کا، متفقہ۔ ③ نیچ، کمین، گھٹیا، مبتذل۔ اسم: گاؤں یا بستی میں سب کے استعمال کا میدان۔

**commoner** *n.* عام آدمی بمقابل اشراف، امرا۔

**common law** *n.* عمومی قانون، وہ قانون جو روایت یا سابقہ نظیروں سے ماخوذ ہو۔

**commonly** *adv.* عام طور سے۔

**Common Market** *n.* یورپ کا اقتصادی اتحاد، مشترکہ منڈی۔

**commonplace** *adj.* & *n.* - صف: پامال، فرسودہ، پیش افتادہ، گھسا پٹا، سامنے کا، جس میں ندرت نہ ہو۔ اسم: عام، سُنی سنائی بات، پوچ کلام۔

**common room** *n.* کالج، اسکول وغیرہ میں وہ کمرہ جو کام کے درمیان ستانے کے لیے استعمال ہو۔

**common sense** *n.* عام سمجھ بوجھ، عقلِ سلیم، جو روزمرہ کاموں میں برتی جاتی ہے۔

**commonwealth** *n.* ① آزاد ریاست یا سماج۔ ② مشترکہ مفادات رکھنے والوں کی (غیر سیاسی) تنظیم۔ ③ **(the Commonwealth)** ایک بین الاقوامی اتحاد جس میں برطانیہ اور کچھ دوسری مملکتیں شامل ہیں جو پہلے برطانوی سلطنت کا حصّہ تھیں، برطانوی دولت مشترکہ۔

**commotion** *n.* ① ہلچل، شورش، افراتفری جو اچانک پھوٹ پڑے، شور، غوغا۔ ② شہری بغاوت، بلوہ۔

**communal** *adj.* کسی انسانی گروہ سے متعلق یا اس کے فائدے کے لیے۔ ● **communally** م ف۔

**commune** *n.* & *v.* ① ساتھ رہن سہن رکھنے والے۔ ② فرانس کا سب سے چھوٹا انتظامی علاقہ۔ ف: راز و نیاز کرنا، احساسات، وجذبات کا اظہار ہونا۔

**communicable** *adj.* ① متعدی، اڑکر لگنے والا۔ ② بات چیت پر مائل، اطلاع کے لائق۔

**communicant** *n.* وہ شخص جو عشائے ربّانی کی تقریب میں باقاعدگی سے شرکت کرے۔

**communicate** *v.* ① زبانی یا تحریراً پہنچانا، اظہار کرنا، منتقل کرنا، ملوّث کرنا، لگانا، احساس دلانا۔ ② دوسروں کے ساتھ مانوس ہونا۔ ③ (دوکمروں کے لیے) مشترک دروازہ رکھنا۔ ④ عشائے ربّانی کا حصّہ عطا کرنا یا پانا۔ ● **communicator** اسم: مبلّغ، مخبر۔

**communication** *n.* ① ابلاغ، پہنچانے کا عمل خصوصاً خبر، اطلاع وغیرہ۔ ② مختلف جگہوں کو ملانے کا ذریعہ، وسیلہ جیسے مشترک دروازہ، راستہ، سڑک یا ریل، ذریعہ رسل ورسائل۔ ③ باہمی رابطہ۔ ④ **(communications)** خبر رسانی کا علم اور عملی نظام۔

**communicative** *adj.* ① کھلے دل کا، باتونی جو اظہار سے نہ کترائے۔ ② ابلاغ، اظہار پر آمادہ۔

**communion** *n.* ① ارتباط، میل جول، ذہنی اتحاد۔ ② اشتراک، ساجھا۔ ③ **(Holy Communion)** عشائے ربّانی کی تقریب، اس کی دُعا میں شرکت۔

**communiqué** *n.* سرکاری اعلان،خبر، رپورٹ وغیرہ، ابلاغیہ، اعلامیہ۔

**communism** *n.* ①اشتراکیت، سیاسی نظریہ جو ایسے معاشرے کا تصوّر رکھتا ہے جس میں تمام املاک عوامی ملکیت ہوتی ہے اور ہر شخص اپنی اہلیت کے مطابق کام کرتا اور صلہ پاتا ہے۔ ② اشتراکیت کی تحریک اور پرچار۔● **communist** اسم وصف: اشتراکیت پسند۔

**community** *n.* (*pl.* **-ies**) ①ایک علاقے کے رہنے والے لوگ، کوئی خاص بستی اور اسکے باسی۔ ② ہم مذہب، ہم پیشہ یا مشترکہ مفادوغیرہ رکھنے والے لوگوں کا حلقہ، گروہ، فرقہ، جماعت۔③پبلک، عوام النّاس۔

**commutable** *adj.* ①رقم میں تبدیل پذیر، قابل تبادل۔ ②(سزا) جس میں تخفیف ہو سکے۔ ③ جہاں سواری سے پہنچا جا سکے۔

**commute** *v.* ① گھر سے کام پر آنے جانے کے لیے باقاعدگی سے سفر کرنا۔ ② سزا میں تخفیف کرنا۔ ③ تبادل، ادل بدل کرنا۔● **commuter** اسم۔

**compact** *adj.,v. & n.* صف: باہم ملا کر یا صفائی سے بندھے ہوئے (اجزا) ف: ① کس کر، ملا کر باندھنا۔ ②جمانا، گاڑھا یا ٹھوس بنانا۔ اسم: چھوٹا دستی حُسن دان جس میں پوڈر، آئینہ وغیرہ ہوتا ہے۔

**compact disc** *n.* ایک قرص یا چپٹی گول پلیٹ جس پر آواز یا معلومات اعداد کی صورت میں ریکارڈ کر لی جاتی ہے جسے وہ لیزر شعاع کے عمل سے دہرا دیتی ہے۔

**companion** *n.* ① ساتھی، ساجھی، شریک حال۔ ②جوڑی کا ایک جز، جوڑی دار، دوسرا حصّہ۔ ● **companionship** اسم: رفاقت، ہم نشینی، دوستی۔

**companionable** *adj.* ملنسار، ملنے کے لائق۔

**companionway** *n.* کیبن میں جانے کا زینہ۔

**company** *n.* (*pl.* **-ies**) ① مجمع، گروہ، جمگھٹا؛ حاضرین۔② صحبت، یارباشی، ملت جلت۔ ③ تجارتی، کاروباری ادارہ۔ ④ پیدل بٹالین کا تحتی دستہ۔

**comparable** *adj.* مقابلے موازنے کے لائق، ہم پلّہ، ہم رتبہ۔ ● **comparability** اسم۔ **comparably** م ف: مقابلتہً۔

**comparative** *adj. & n.* صف: ①مقابلے سے ظاہر؛ متناسب، نسبتی۔ ② اندازاً مقابلہ کرنے سے معلوم۔ ③ مقابلے، موازنے سے تعلق رکھنے والا۔ اسم: قواعد: ①صفت یا متعلق فعل کی تقابلی صورت۔ ② صفت ترجیحی۔ ● **comparatively** م ف۔

**compare** *v.* ①مماثلتوں کو ظاہر کرنا، مشابہت بتانا۔ ②فرق اور اشتراک کا اندازہ کرنا۔ ③ مقابلے میں پورا اترنا۔④ برابر یا لگ بھگ ایک جیسا ہونا۔ □ **beyond compare** غیر معمولی، بے مثال۔

**comparison** *n.* ①مقابلے کا عمل یا مثال۔② تشبیہہ یا معنویاتی استعمال۔③مشابہت، مماثلت۔

**compartment** *n.* خانے بنا کر یا دیواریں اٹھا کر علاحدہ کی ہوئی جگہ۔● **compartmental** صف۔

**compass** *n. & v.* اسم: ①قطب نما، کمپاس، وہ آلہ جو قطبین کا رُخ بتاتا ہے۔ ② **(compasses)** پرکار، قوس یا دائرہ بنانے کا دوٹنگا آلہ۔③دائرہ، محیط، احاطہ۔ ④میدان، دائرہ کار۔ ف: ① محدود کرنا، شامل کرنا۔ ② گھومنا، چکّر لگانا۔ ③تدبیر نکالنا، تکمیل کرنا۔

**compassion** *n.* دردمندی، جو کسی کو مدد یا ترس کھانے پر مائل کرے۔● **compassionate** صف۔ **compassionately** م ف: از راہِ دردمندی۔

**compatible** *adj.* ساتھ ساتھ رہنے کے قابل، باہم مانوس، موافق، موزوں، روادار، ہم آہنگ۔ ● **compatibility** اسم۔ **compatibly** م ف۔

**compatriot** *n.* ہم وطن۔

**compel** *v.* **(compelled, compelling)** مجبور کرنا، زور ڈالنا، اصرار کرنا۔

**compelling** *adj.* توجہ کو کھینچنے، دلچسپی پیدا کرنے والا، پُرکشش، بہت اطمینان بخش۔

**compendious** *adj.* جامع مگر مختصر (کتاب)

**compendium** *n.* (*pl.* **compendiums** or **compendia**) ① عموماً یک جلدی دستی کتاب یا انسائیکلوپیڈیا۔② کسی بڑی کتاب کا خلاصہ، اختصار۔

**compensate** *v.* ① تلافی کرنا، نقصان بھرنا۔②

متوازن بنانا، پاسنگ دینا یا زور ڈال کر برابر کرنا۔● compensation اسم۔ compensatory صف۔

**compère** *n. & v.* اسم: پروگرام، تماشے وغیرہ میں مختلف کرداروں کو متعارف کرنے والا شخص، رابطہ کار، میز بان۔ ف: کمپیئری کرنا یا کمپیئر بننا۔

**compete** *v.* ① مقابلہ کرنا، آگے نکلنے کی کوشش کرنا۔ ② کسی مقابلے وغیرہ میں شرکت کرنا۔

**competence** *n.* ① لیاقت، اہلیت، صلاحیت، استعداد۔ ② کسی عدالت یا منصف کا دائرہ اختیار۔

**competent** *adj.* ① اہل، لائق، مجاز، مؤثر، نتیجہ خیز، زوردار۔ ② (جج، عدالت یا گواہ) قانوناً اہل، مجاز، مختار۔● competently م ف۔

**competition** *n.* ① مقابلہ، آزمائش، ایک دوسرے سے آگے نکلنے، بازی لے جانے کی کوشش۔ ② کوئی اجتماعی عمل جس میں ایک دوسرے کے ساتھ زور آزمائی یا مقابلہ ہو۔ ③ کسی کے مدّ مقابل لوگ، مخالف فریق۔

**competitive** *adj.* ① مقابلے پر مبنی، جس میں مقابلہ کیا جائے، مسابقتی۔ ② (قیمتیں) نسبتہً کم یا سستی۔ ③ مقابلے کا جذبہ رکھنے والا۔ ● competitively م ف: مقابلتہً۔ competitiveness اسم۔

**competitor** *n.* مدّ مقابل، مقابلہ کرنے والا۔

**compile** *v.* یکجا کرنا، جدول، فہرست بنانا، مدوّن، مرتب کرنا، جمع کردہ اجزا یا مواد سے کتاب ترتیب دینا۔ ● compilation اسم۔ compiler اسم: مدوّن۔

**complacent** *adj.* ① اپنی ذات میں مگن، مطمئن۔ ② آسودہ، آرام سے۔ ● complacency اسم: طمانیت، آسودہ خاطری۔ complacently م ف۔

---

وضاحت: complacent کو *complaisant* سے خلط ملط نہیں کرنا چاہیے۔

---

**complain** *v.* ① بے اطمینانی، ناخوشی کا اظہار کرنا، گلہ، شکوہ، شکایت، اظہار ناراضگی کرنا۔ ② اپنے کسی روگ کا اظہار کرنا۔● complainant اسم: شکایت کنندہ۔

**complaint** *n.* ① شکوہ، شکایت، نالش، فریاد۔ ② تکلیف، مرض۔

**complaisant** *adj.* ① انکسار برتنے والا۔ ② خوشنودی کا خواہاں۔● complaisance اسم۔

**complement** *n. & v.* اسم: ① تکمیل کنندہ، لازمہ، جوڑے کا ایک فرد، فریق یا جزو۔ ② کل تعداد جو درکار ہو۔ ف: ① تکمیل کرنا۔ ② کسی کل کا جزو ہونا۔ ● complementary صف: امدادی، تکمیلی۔

**complete** *adj. & v.* صف: ① مکمل، جملہ اجزا کے ساتھ۔ ② ختم، تمام، پورا۔ ③ انتہائی، نہایت۔ ف: ① ختم کرنا، پورا کرنا۔ ② تعداد یا مقدار پوری کرنا۔ ③ تفصیلات، جوابات درج کرنا۔ ● completely م ف۔ completeness اسم۔ completion اسم۔

**complex** *n. & adj.* اسم: ① عمارت، کمروں وغیرہ کا سلسلہ۔ ② کوئی غیر معمولی ذہنی میلان یا خبط۔ صف: ① مربوط، مماثل اجزا پر مشتمل۔ ② پیچیدہ، الجھن والا۔ ● complexity اسم: پیچیدگی، الجھن۔

**complexion** *n.* ① جلد کا قدرتی رنگ، خصوصاً چہرے کی جلد کا۔ ② رُخ، پہلو، نوعیت کسی معاملے کی۔

**compliant** *adj.* تعمیل کرنے والا، مطیع، تابعدار۔ ● compliance اسم: تعمیل، بجا آوری۔

**complicate** *v.* دشوار ہونا یا بنانا، پیچیدگی پیدا کرنا۔

**complicated** *adj.* پیچیدہ، دشوار۔

**complication** *n.* ① الجھاؤ، پیچیدگی۔ ② طب: ذیلی مرض یا شکایت جو اصل مرض کو بڑھا دے۔

**complicity** *n.* سازش، سازباز، گٹھ جوڑ۔

**compliment** *n. & v.* اسم: تعریف، توصیف، ستائش، تحریری یا زبانی۔ ف: مبارکباد دینا؛ سراہنا۔

---

وضاحت: *compliment* اور *complimentary* کو *complement* اور *complementary* سے خلط ملط کر دیا جاتا ہے۔ درست استعمال یوں ہے:

*He complimented her on the way her coat complemented her suit.*

آپ complimentary ٹکٹ تو حاصل کر سکتے ہیں لیکن complimentary دوا نہیں۔

---

**complimentary** *adj.* ① تعریفی، توصیفی، ستائش کے طور پر۔ ② مفت نذر کیا جانے والا۔

**compline** *n.* کلیسا: فرض عبادات یا نمازوں میں میں آخری، نیز اس کے ساتھ کی دُعا۔

**comply** *v.*(-ies, -ied) تعمیل کرنا، بجالانا۔

**component** *n. & adj.* کُل کا جز۔

**comport** *v.* برتاؤ، □**comport oneself** طرزِ عمل اختیار کرنا۔

**compose** *v.* ① تصنیف، تخلیق کرنا (فن پارہ خصوصاً ادب یا موسیقی کا) ② ترکیب، تشکیل دینا۔ ③ مرتب کرنا۔ ④ تحمل، توقف کرنا۔ ⑤ طے کرنا، چکانا (جھگڑا وغیرہ) ⑥ طباعت: حروف کو ملا کر لفظ اور سطریں جمانا، مسوّدے وغیرہ کو ٹائپ کرنا۔ ● **composer** اسم۔

**composite** *adj.* مختلف اجزا سے بنا ہوا، مرکب۔

**composition** *n.* ① ترکیبی عمل، ساخت، بناوٹ، ترکیب دی ہوئی شے۔ ② ادبی تخلیق یا موسیقی کے سُروں کی ترتیب۔ ③ مصنوعی مرکب یا مسالہ۔

**compositor** *n.* طباعت: ٹائپ کار۔

**compos mentis** *adj.* سمجھ دار، ذی فہم۔

**compost** *n.* ملی جلی کھاد خصوصاً نامیاتی اجزا۔

**composure** *n.* پُرسکون، لیا دیا انداز، خاطر جمعی۔

**compote** *n.* شیرے میں محفوظ یا پکائے ہوئے پھل۔

**compound** *n., v. & adj.* اسم: ① دو یا زائد اشیا یا خواص وغیرہ کا مجموعہ، مرکب۔ ② احاطہ، گھیر۔ ف: ① ملانا، جوڑنا، ترکیب دینا، آمیز کرنا۔ ② دشوار، پیچیدہ بنانا۔ صف: مختلف اجزا سے بنا ہوا، ترکیبی، مخلوط۔

**comprehend** *v.* ① ذہن نشین کرنا، سمجھنا۔ ② شامل کرنا، سمانا، سمیٹنا۔

**comprehensible** *adj.* ① قابلِ فہم۔ ② شریک، شامل کرنے کے قابل۔ ● **comprehensibility** اسم۔ **comprehensibly** م ف۔

**comprehension** *n.* افہام، ادراک، سمجھنے کی صلاحیت خصوصاً تحریر یا تقریر کو۔

**comprehensive** *adj. & n.* صف: بکمل؛ تمام پہلوؤں یا اجزا پر حاوی۔ اسم: (**comprehensive school** کا اختصار) سیکنڈری اسکول جو کسی علاقے کے تمام بچوں کے لیے کھلا ہو، اور ہر طرح کی لیاقت کو ملحوظ رکھتے ہوئے تربیت دے۔ ● **comprehensively** م ف۔ **comprehensiveness** اسم۔

**compress** *v. & n.* ف ① بھینچنا، دبانا، باہم ملانا۔ ② تھوڑی جگہ میں بھرنا، ٹھونسنا۔ اسم: روئی کا پھل وغیرہ کسی عضو پر کس کر باندھنے کے لیے جیسے ورم گھٹانے یا خون روکنے کے لیے۔ ● **compression** اسم۔

**compressor** *n.* ہوا یا گیس کے دباؤ کو بڑھانے کے لیے استعمال ہونے والا آلہ یا مشین۔

**comprise** *v.* مشتمل ہونا، شامل کرنا۔

**compromise** *n. & v.* اسم: سمجھوتا، تصفیہ، کچھ لو کچھ دو کے اصول پر۔ ف: ① باہمی رضامندی سے جھگڑا طے کرنا۔ ② شہرت کو زد یا خطرے میں لانا۔

**comptroller** *n.* مالیاتی کنٹرولر۔

**compulsion** *n.* جبر، دباؤ، مجبوری، پابندی۔

**compulsive** *adj.* ① زبردست، زوردار۔ ② مخصوص ذہنی رجحان کے نتیجے میں یا اُس کے تحت مجبوری یا اضطراری طور پر۔ ● **compulsively** م ف۔

**compulsory** *adj.* لازمی، قانون یا قاعدے کی رو سے ضروری؛ ناگزیر۔ ● **compulsorily** م ف۔

**compunction** *n.* (عموماً نفی میں) ① ضمیر کی خلش۔ ② کسی قدر افسوس، احساسِ رنج، تردّد۔

**compute** *v.* ① گننا، شمار کرنا، حساب لگانا (تعداد یا مقدار کا) ② حساب کے لیے حسابی مشین سے کام لینا۔ ● **computation** اسم: شمار، گنتی، حساب۔

**computer** *n.* آلۂ شمار (عموماً برقی ثنائی اصول پر مبنی) جو معلومات کو محفوظ رکھتا اور زیرِ عمل لاتا ہے اور مختلف ہدایات کے تحت کام کرتا ہے، کمپیوٹر۔

**computerize** *v.* (also -ise)، ① کمپیوٹر نصب کرنا، کمپیوٹر سے لیس کرنا۔ ② کمپیوٹر کے ذریعے (معلومات) ذخیرہ کرنا، برآمد کرنا یا اس سے کام لینا۔ ● **computerization** اسم۔

**comrade** *n.* ہمکار، دوست، رفیق۔

● **comradeship** اسم: رفاقت، ہمدمی۔
**con** *n. & v.* اسم: بول چال: بہلاوا، بھلاوا۔ ف: (**conning، conned**) بول چال: ① دھوکا دینا، چکمہ دینا۔ ② (جہاز کا) رخ ٹھیک رکھنا۔ □ **pros and cons** موافق ومخالف دلائل، دونوں پہلو۔
**concatenate** *v.* باہم ملانا، مرتب کرنا۔
● **concatenation** اسم: تالیف۔
**concave** *adj.* مقعر، گڑھے دار جیسے گیند کی اندرونی سطح۔
**conceal** *v.* ① خفیہ رکھنا۔ ② دیکھنے نہ دینا، ڈھک کر رکھنا، چھپانا۔ ● **concealment** اسم: اخفا، پردہ داری۔
**concede** *v.* ① ماننا، تسلیم کرنا (ہار ماننا) کسی کام میں ناکامی کا اقرار کرنا۔ ② ہاتھ سے دینا، چھوڑنا، تیاگنا۔ ③ کھیل: دوسرے کو جیتنے کا موقع دینا۔
**conceit** *n.* ① تکبّر، خام خیالی، غرور۔ ② انوکھا خیال یا دور از کار، بیکار تشبیہہ۔
**conceited** *adj.* مغرور، متکبّر، خود پسند۔
**conceivable** *adj.* قرین قیاس، خیال میں آنے کے قابل، قابل فہم۔ ● **conceivably** م ف: قیاساً۔
**conceive** *v.* ① حاملہ ہونا۔ ② پیٹ میں (بچہ) لیے ہونا۔ ③ خیال کرنا، سوچنا، باور کرنا، ذہن میں تخلیق کرنا۔
**concentrate** *v.&n.* ف: ① تمام ذہنی توجہ مرکوز کرنا۔ ② مجتمع کرنا، ایک نقطے یا مقام پر جمع کرنا۔ ③ (مائع وغیرہ) کو خشک کر کے ست نکالنا۔ اسم: ① ست، خلاصہ۔ ② خشک کی ہوئی شے۔ ● **concentrated** صف۔ **concentration** اسم: استغراق، توجہ۔
**concentration camp** *n.* جنگی یا سیاسی قیدیوں کو یکجا رکھنے کا مرکز خصوصاً نازی جرمنی میں۔
**concentric** *adj.* (دائرے) ایک مرکز رکھنے والے (دائرے)۔ ہم مرکز دائرے۔ ● **concentrically** م ف۔
**concept** *n.* عمومی تصوّر، مجرّد خیال ● **conceptual** صف: ذہنی تصوّرات سے متعلق۔
**conception** *n.* ① حمل؛ حمل ہونے کا عمل۔ ② تصور یا منصوبہ خاص طور پر اچھوتا۔
**conceptualize** *v.* (also -ise) تصوّر میں لانا، نظریہ قائم کرنا۔ ● **conceptualization** اسم۔

**concern** *v. & n.* ف: ① (کسی کے لیے) اہم یا دلچسپی یا تعلق کا سبب ہونا، کسی سے متعلق ہونا۔ ② دخل دینا، دلچسپی لینا۔ ③ فکرمند ہونا، متاثر ہونا۔ اسم: ① فکر، اندیشہ، تشویش۔ ② کسی کے لیے دلچسپی یا اہمیت کا حامل معاملہ۔ ③ کاروبار، تجارتی ادارہ۔
**concerned** *adj.* متعلق، فکرمند، متفکّر۔
**concerning** *prep.* کی نسبت، کے تعلق سے۔
**concert** *n.* موسیقی کی تقریب۔
**concerted** *adj.* متفقہ، باہمی۔
**concertina** *n. & v.* اسم: سُروں کے بٹن کے ساتھ باجا جو ہاتھوں میں اٹھا کر دھونکنی کی طرح بجایا جاتا ہے۔ ف: (**concertinaing، concertinaed**): پچکانا یا پچکا کر کر دھونکنی کی طرح کئی تہیں بنانا۔
**concerto** *n.* (*pl.*-**os** or **concerti**) انفرادی ساز اور آرکسٹرا کے لیے ترتیب دی ہوئی مختصر موسیقی۔
**concession** *n.* ① مان لینے، اقرار کر لینے کی صورت، بات جو تسلیم کر لی جائے۔ ② قیمت میں رعایت۔ ③ مراعات، عطائے اراضی، عطائے حق۔
**conch** *n.* بلدار مخروطی صدفہ، شنکھ، ناقوس۔
**conciliate** *v.* تسلی تشفی دینا، ٹھنڈا کرنا، منانا۔
● **conciliation** اسم۔ **conciliatory** صف۔
**concise** *adj.* جامع، مختصر، بلیغ (تقریر، تحریر وغیرہ)
● **concisely** م ف۔ **conciseness** اسم: اختصار۔
**conclave** *n.* نجی اجلاس۔
**conclude** *v.* ① ختم کرنا یا اختتام کو پہنچنا۔ ② نتیجہ اخذ کرنا۔ ③ طے کرنا (معاہدہ وغیرہ)
**conclusion** *n.* ① آخری نتیجہ، اختتام۔ ② فیصلہ جو دلیل پر مبنی ہو۔ ③ تصفیہ، طے پانے کا عمل۔
**conclusive** *adj.* نتیجہ خیز، حتمی، تصفیہ کن۔
● **conclusively** م ف: حتمی طور پر۔
**concoct** *v.* ① اجزا کو ملا کر تیار کرنا۔ ② گھڑنا، اختراع کرنا، دل سے جوڑنا۔ ● **concoction** اسم۔
**concomitant** *adj.* ساتھ ساتھ چلنے والے یا رونما ہونے والے، لازم وملزوم۔
**concord** *n.* اتحاد، ہم آہنگی، موافقت۔
**concordance** *n.* ① مطابقت، ہم آہنگی۔ ② کسی

کتاب کے اہم الفاظ کا ابجدی اشاریہ مع اقتباسات۔

**concordant** *adj.* ہم آہنگ، ہم رنگ، مربوط۔

**concourse** *n.* ① مجمع، بھیڑ۔ ② کسی بڑی عمارت یا ریلوے اسٹیشن وغیرہ کے درمیان کھلا صحن۔

**concrete** *adj., n. & v.* صف: مادّی یا ٹھوس شکل میں موجود؛ حقیقی، اصلی، محسوس و معلوم، قطعی، واضح۔ اسم: روڑی، ریت، سیمنٹ اور پانی کو ملا کر تیار کیا ہوا تعمیری مسالہ۔ ف: کنکریٹ کا پلستر کرنا، کنکریٹ میں جمانا، بٹھانا۔

**concubine** *n.* ① داشتہ، جو مرد کے ساتھ بغیر شادی کے بیوی کی طرح رہے۔ ② دوسری یا ثانوی زوجہ۔

**concur** *v.* (**concurred, concurring**) ① ایک ساتھ ہونا یا واقع ہونا۔ ② اتفاق رائے کرنا۔ ③ کسی مقصد کے لیے مل کر کام کرنا۔ ● **concurrence** اسم۔ **concurrent** صف۔ **concurrently** م ف۔

**concuss** *v.* صدمہ پہنچانا، جھنجھوڑنا، زور سے ہلانا۔

**concussion** *n.* ① سر میں چوٹ کے باعث عارضی غفلت یا معذوری۔ ② صدمہ، دھاکا۔

**condemn** *v.* ① رد کرنا، ناپسندیدہ قرار دینا۔ ② مجرم قرار دینا، سزا دینا۔ ③ ناکارہ، ناموزوں قرار دینا۔ ④ کسی مشکل میں مبتلا کرنا۔ ● **condemnation** اسم۔

**condensation** *n.* ① خشک کرنا، سکھانا۔ ② سکھائی ہوئی یا منجمد شے۔ ③ خلاصہ، ست۔

**condense** *v.* ① گاڑھا، ٹھوس بنانا۔ ② تھوڑے لفظوں میں ادا کرنا، خلاصہ کرنا۔ ③ گیس یا بخارات سے مائع میں تبدیل ہونا۔

**condenser** *n.* ① بخارات کو منجمد کرنے کا آلہ۔ ② برقیات =CAPACITOR۔

**condescend** *v.* ① احساس برتری رکھتے ہوئے ممنون کرنا۔ ② اپنے سے نیچے درجے کے آدمی کے ساتھ انکسار برتنے کا دکھاوا یا احسان کرنا۔ ● **condescending** صف: مربّیانہ، منکسرانہ۔ **condescension** اسم۔

**condiment** *n.* اچار، مربّہ، چٹنی وغیرہ۔

**condition** *n. & v.* اسم: ① شرط، جز و معاہدہ یا کسی امر کا جزو لازمی۔ ② کسی شخص یا شے کی حالت، کیفیت، صورت حال۔ ③ (**conditions**) حالات، ماحول وغیرہ۔ ف: ① درست حالت میں لانا، ٹھیک کرنا، سدھانا۔ ② کسی عادت پر ڈالنا۔ ③ موجب، سبب ہونا۔ ④ شرائط عائد کرنا، لازم، ناگزیر ہونا۔

**conditional** *adj.* مشروط، شرط کے ساتھ وابستہ۔ ● **conditionally** م ف: مشروط طور پر۔

**conditioner** *n.* سنوارنے، درست، ہموار کرنے والا مادّہ (خصوصاً بالوں کو)

**condole** *v.* کسی کے صدمے یا نقصان پر اظہار افسوس کرنا، تعزیت کرنا۔ ● **condolence** اسم۔

**condom** *n.* ربڑ کا جھلّی نما مانع حمل غلاف۔

**condominium** *n.* ① کسی ریاست کے معاملات کی دوسری ریاستوں کے ساتھ مل کر مشترکہ نگرانی، باہمی انصرام۔ ② امریکا: ایسی عمارت جس میں فلیٹ افراد کی نجی ملکیت ہوں۔

**condone** *v.* درگزر کرنا، معاف کرنا (جرم یا غلطی کو)

**condor** *n.* ایک بڑا گدھ۔

**conduce** *v.* (کسی واقعے یا امر کا) کسی نتیجے کے پیدا کرنے میں مددگار ہونا۔ ● **conducive** صف۔

**conduct** *n. & v.* اسم: ① طرز عمل، چال چلن، اطوار۔ ② طور طریقہ، حکمت عملی۔ ف: ① ہدایت دینا۔ ② چلانا، انتظام کرنا۔ ③ سنگیت وغیرہ کی ہدایت کاری کرنا۔

**conduction** *n.* ایصال حرارت، حرارت کی کسی موصل کے ذریعے منتقلی، برقی رو کو کسی جسم میں سے گزارنا، برقی میدان پیدا کرکے۔ ● **conductive** صف۔ **conductivity** اسم۔

**conductor** *n.* ① موسیقار طائفے کا ہدایت کار۔ ② کنڈکٹر، بس وغیرہ میں کرایہ وصول کرنے والا۔ ③ طبیعیات: کوئی شے جو حرارت اور بجلی کو منتقل کرسکے۔

**conduit** *n.* ① مائع کو منتقل کرنے والی نلی، نالی، نلکی وغیرہ۔ ② برقی تاروں کو محفوظ رکھنے والی نلکی وغیرہ۔

**cone** *n.* ① مخروط، شکل جس کا پیندا گولائی لیے ہوئے ہوتا ہے، سرنوکیلا۔ ② صنوبر کا خشک پھل۔

**coney** *n.* (also **cony**) خرگوش، اس کی پوستین۔

**confection** *n.* ① مختلف اجزا سے تیار کی ہوئی مٹھائی۔ ② زنانہ لباس کا فیشن کے مطابق کوئی جزو۔

**confectioner** *n.* مٹھائیاں، کیک بسکٹ بنانے یا بیچنے والا۔

**confectionery** *n.* مٹھائیاں، کیک، بسکٹ، پیسٹری وغیرہ۔

**confederacy** *n.* (*pl.* **-ies**) ریاستوں کا اتحاد۔

**confederate** *adj. & n.* صف: متحدہ، اتحادی، کسی معاہدے کے تحت آپس میں ملے ہوئے۔ اسم: شریک کار خصوصاً سازش میں۔

**confederation** *n.* ① ریاستوں وغیرہ کا باہمی اتحاد یا وفاق۔ ② حلیف بننے کا عمل یا صورت حال۔

**confer** *v.* (**conferred, conferring**) ① عطا کرنا، (اعزاز وغیرہ سے) نوازنا۔ ② بات چیت، صلاح مشورہ کرنا۔ ● **conferment** اسم: عطا، مرحمت۔

**conference** *n.* ① مشاورت، صلاح و مشورہ۔ ② مشورے کے لیے اجلاس۔

**confess** *v.* ① ماننا، اقرار کرنا (غلطی، خطا وغیرہ کو) ② اپنے گناہوں کا پادری کے سامنے اعتراف کرنا۔

**confession** *n.* ① اعتراف یا اقرار کسی غلطی یا خامی یا گناہوں کا۔ ② مذہبی عقائد اور اصولوں کا اعلان۔

**confessional** *n.* گرجا کا وہ گوشہ جہاں پادری اعترافات سنتا ہے۔

**confessor** *n.* اعترافات سننے اور روحانی تلقین کرنے والا پادری۔

**confetti** *n.* رنگین کاغذ کے پرزے جو شادی کے موقع پر مہمان دولھا دلھن پر نچھاور کرتے ہیں۔

**confidant** *n.* (*fem.* **confidante**) معتمد علیہ، رازدار جس پر نجی معاملات میں بھروسا کیا جائے۔

**confide** *v.* ① اعتماد میں لینا، ہمراز بنانا۔ ② کوئی خفیہ یا اہم چیز یا کام وغیرہ کسی کے سپرد کرنا۔

**confidence** *n.* ① پورا اعتماد۔ ② بھروسا، یقین، خود اعتمادی، جرأتمندی۔ ③ راز میں کہی ہوئی بات۔

**confidence trick** *n.* ایسی دھوکا دہی جس میں پہلے لٹنے والے کا اعتماد حاصل کیا جاتا ہے۔

**confident** *adj.* پُراعتماد، خود پر بھروسا کرنے والا، نڈر۔ ● **confidently** م ف: وثوق سے۔

**confidential** *adj.* ① جو رازداری سے کیا یا لکھا جائے۔ ② معتمد، جس کو راز سونپے گئے ہوں۔ ● **confidentiality** اسم۔ **confidentially** م ف۔

**configuration** *n.* اجزا یا عناصر کو کسی خاص صورت سے ترتیب دینا، اس طرح مرتّب کی ہوئی شکل۔

**confine** *v.* ① محصور یا محدود کرنا (بعض حدود وغیرہ میں) ② قید رکھنا، حراست میں لینا۔

**confinement** *n.* ① بندش، تحدید، محصور ہونے کی حالت۔ ② عورت کے وضع حمل کا وقت۔

**confines** *n.pl.* حد، گھیر، احاطہ۔

**confirm** *v.* ① توثیق، تصدیق کرنا۔ ② تقویت دینا، پختہ، پکّا کرنا۔ ③ کسی کو عیسائی مذہب میں داخل ہونے کی رسومات سے گزارنا۔ ● **confirmatory** صف۔

**confirmation** *n.* ① توثیق، تصدیق کا عمل، مصدقہ ہونے کی کیفیت۔ ② بپتسمہ دیے ہوئے شخص کو عیسائی مذہب کا مصدّقہ رکن بنانے کی رسم۔

**confiscate** *v.* قرق کر لینا، قانوناً ضبط کر لینا، قبضے میں لے لینا۔ ● **confiscation** اسم: ضبطی۔

**conflagration** *n.* بڑے پیمانے پر آتشزدگی۔

**conflate** *v.* مخلوط کرنا (خصوصاً دو مختلف متنوں کو ملا کر ایک کرنا) ● **conflation** اسم: اختلاط، انضمام۔

**conflict** *n. & v.* اسم: ① تنازع، باہمی مخالفت یا لڑائی جھگڑا، جنگ۔ ② متضاد اصولوں یا نظریات کا ٹکراؤ۔ ف: ① متصادم ہونا، باہم ٹکرانا، ناموافق ہونا۔

**confluence** *n.* دو دریاؤں کے ملنے کا مقام، سنگم۔

**confluent** *adj.* ساتھ مل کر بہنے والے، ہم رو۔

**conform** *v.* ① اصول یا عام رواج کی پیروی کرنا۔ ② موافق یا مطابق ہونا یا بنانا۔ ③ کسی خاص طرز یا نمونے کے مطابق ڈھالنا، مماثل بنانا۔ ● **conformity** اسم۔

**conformable** *adj.* ① مماثل، ملتا جلتا۔ ② موافق، مطابق۔ ③ مطلوبہ شکل میں ڈھالا ہوا۔ ④ قابو کا، مطیع۔ ● **conformably** م ف۔

**conformist** *n.* مقلّد، روایت پرست آدمی۔ ● **conformism** اسم: تقلید۔

**confound** *v.* ① سراسیمہ کرنا، سٹ پٹا دینا۔ ② گڈمڈ کرنا، (ذہن میں) خلط ملط کرنا۔ ③ ہرانا۔

**confront** *v.* ① مقابلہ کرنا، سینہ زوری کرنا، سامنا کرنا، نمٹنا (مشکل وغیرہ سے) ② (مشکل وغیرہ کا) آپڑنا، نمودار ہونا۔ ● **confrontation** اسم: مقابلہ، دوبدو۔

**confuse** *v.* ①پریشان، حیران، بدحواس کرنا، الجھن میں ڈالنا، گھبرانا۔ ② ذہن میں خلط ملط کرنا، بھٹکانا، ایک کی جگہ دوسرے کو سمجھنا۔ ③ دُھندلانا، الجھانا، گڈمڈ کرنا، غلط بحث کرنا۔● **confusion** اسم: انتشار، الجھن۔

**confute** *v.* ①(کسی کی) بات کو رد کرنا۔② کسی دلیل کو کاٹنا۔● **confutation** اسم: تردید۔

**conga** *n.* ایک اصلاً افریقی رقص جس میں کئی آدمی آگے پیچھے ایک قطار میں کھڑے ہو کر ناچتے ہیں۔

**congeal** *v.* ٹھنڈک پہنچا کر جمانا یا گاڑھا کرنا یا جمنا، گاڑھا ہونا، یخ بستہ ہونا۔

**congenial** *adj.* ①افتادِ مزاج یا مذاق، دلچسپیوں کی موافقت کے باعث مانوس، خوشگوار۔②حسبِ منشا، ڈھب کا، جس سے طبیعت ملے۔● **congenially** م ف۔

**congenital** *adj.* (خصوصاً مرض، نقص وغیرہ) پیدائشی۔● **congenitally** م ف: خلقی طور پر۔

**conger** *n.* بڑی سمندری بام مچھلی۔

**congested** *adj.* ① کھچا کھچ بھرا ہوا، اٹا ہوا۔② (ناک کے لیے) رطوبت سے بھری ہوئی، بند۔● **congestion** اسم: بھیڑ بھاڑ، انجماد، حبس۔

**conglomerate** *adj., n. & v.* صف: ڈلے یا گولے کی شکل میں جمع شدہ (مادّہ) اسم: ①بہت سے اجزا کا ملغوبہ، مجموعہ، تودہ۔② کئی کمپنیوں کو ملا کر بنایا ہوا کاروباری ادارہ۔ف: مجتمع کرنا، مختلف اجزا کو ملا کر ایک ڈھیما، تودہ یا گولا بنانا۔● **conglomeration** اسم۔

**congratulate** *v.* کسی کی خوشی، کامیابی وغیرہ پر اظہار مسرت کرنا، تعریف کرنا، مبارک باد دینا۔● **congratulation** اسم۔ **congratulatory** صف۔

**congregate** *v.* اکٹھا کرنا، جمع کرنا، مجمع لگانا۔

**congregation** *n.* ①اکٹھا کرنے، جمع کرنے کا عمل۔ ② مجموعہ یا بھیڑ، مجمع۔ ③عبادت کے لیے جمع ہونے والے لوگ۔

**congress** *n.* ①تبادلۂ خیالات کے لیے مندوبین کا رسمی اجتماع۔② (**Congress**) قومی مجلس قانون ساز خصوصاً امریکا کی۔● **congressional** صف۔

**congruent** *adj.* ①مناسب، موافق۔② اقلیدس: (اشکال) جو باہم منطبق ہوں، ایک دوسرے پر رکھی جائیں تو ٹھیک بیٹھیں۔● **congruence** اسم۔

**conic** *adj.* مخروط کا، مخروطی۔

**conical** *adj.* مخروطی شکل کا۔

**conifer** *n.* صنوبر کی قسم کا کوئی سدابہار درخت جو عموماً مخروط چوبی پھل پیدا کرتا ہے۔● **coniferous** صف۔

**conjecture** *n.* قیاس، تخمینہ، اندازہ، اٹکل۔

**conjugal** *adj.* میاں بیوی کے تعلقات کی بابت۔

**conjugate** *v.* ①قواعد: فعل کی گردان کرنا۔ ② آمیز ہو جانا، گھل مل جانا۔● **conjugation** اسم۔

**conjunction** *n.* ①ملانے کا عمل یا کیفیت یا اس کی مثال۔ ②قواعد: حرف عطف (م: *and*، *but*، *if*) جو دو فقروں، جملوں یا جملے کے اندر الفاظ کو ملائے ③ (واقعات یا حالات کا) اجماع، اشیا یا افراد کا گروہ، مجمع۔

**conjunctivitis** *n.* پپوٹے کی اندرونی جھلّی کا ورم، آشوبِ چشم، آنکھ آنا۔

**conjure** *v.* ①شعبدہ دکھانا، ہاتھ کی صفائی سے کام لینا۔②حاضر یا غائب کر دینا بظاہر جادو کے زور سے۔

**conjuror** *n.* (also **conjurer**) شعبدہ باز، جادوگر، ہاتھ کی صفائی دکھانے والا۔

**conk** *n. & v.* بول چال: اسم: ناک؛ سر۔ف: ناک یا منہ پر ضرب لگانا۔□ **conk out** خراب ہو جانا، بیٹھ جانا، ٹھپ ہونا۔

**connect** *v.* ① ملانا، جوڑنا، دو چیزوں کے درمیان واسطہ بننا، ملنا، جڑنا یا جڑنے کے لیے ہونا۔②ذہنی یا عملی طور پر ہم آہنگ کرنا۔③ (گاڑی وغیرہ کا) کسی دوسری گاڑی سے میل ہونا تاکہ مسافر ایک سے دوسری میں سوار ہو کر جا سکیں۔④ ٹیلیفون کے ذریعے ربط پیدا کرانا۔● **connective** صف۔ **connector** اسم۔

**connection** *n.* ①جڑنے، ملنے، اتّصال، الحاق کا عمل۔ ②نقطہ، جہاں دو چیزیں ملتی ہوں۔③شے یا شخص جو ملائے، واسطہ، کڑی، ٹیلیفونی رابطہ۔④ ٹرین جس کے ساتھ میل ہو۔⑤ (**connections**) رشتہ دار یا ملاقاتی، ساتھی، خصوصاً بااثر۔

**connive** *v.* □ **connive at** چشم پوشی کرنا، خاموشی سے شہ دینا۔● **connivance** اسم۔

**connoisseur** *n.* خوش ذوقی کے معاملات میں

ماہرانہ رائے رکھنے والا، صاحب نظر۔

**connote** *v.* (لفظ وغیرہ کا) لغوی مفہوم کے علاوہ اس کی تعبیر یا اطلاق کرنا۔ ● **connotation** اسم۔

**conquer** *v.* ① فوجی طاقت سے غالب آنا، فتح پانا، فتحیاب، فیروزمند ہونا۔ ② کسی عادت، جذبے یا معذوری پر کوشش سے قابو پانا۔ ● **conqueror** اسم: فاتح۔

**conquest** *n.* ① فتح، جیت۔ ② جیتی ہوئی شے۔

**conscience** *n.* حسِّ اخلاق جو انسان میں ہو اور اس کے کردار پر اثر انداز ہو، ضمیر۔

**conscientious** *adj.* محنتی، محتاط، بااصول (شخص یا کردار) ● **conscientiously** م ف۔ **conscientiousness** اسم: دیانت فکر و عمل۔

**conscientious objector** *n.* وہ شخص جو ضمیر کے تقاضے سے فوجی خدمت پر معترض ہو۔

**conscious** *adj.* ① اپنے گردوپیش اور شناخت سے باخبر، ہوشیار، ہوشمند۔ ② آگاہ، علم یا احساس رکھنے والا۔ ● **consciously** م ف۔ **consciousness** اسم۔

**conscript** *v. & n.* ف: جبراً فوج میں بھرتی کرنا۔ اسم: جبراً بھرتی کیا ہوا آدمی۔ ● **conscription** اسم۔

**consecrate** *v.:* ① مقدّس قرار دینا۔ ② بول چال: اپنی زندگی کو کسی مقصد کے لیے وقف کر دینا۔ ● **consecration** اسم: تقدیس۔

**consecutive** *adj.* لگاتار، سلسلہ وار، متواتر، منطقی ترتیب کے ساتھ۔ ● **consecutively** م ف۔

**consensus** *n.* عمومی اتفاق، مجموعی رائے۔

**consent** *v. & n.* ف: رضامندی ظاہر کرنا، اجازت دینا۔ اسم: رضاکارانہ اتفاق، رضامندی، منظوری۔

**consequence** *n.* ① کسی عمل یا صورت حال کا نتیجہ۔ ② اہمیت، قدر۔

**consequent** *adj. & n.* نتیجے کے طور پر رونما ہونے والا، جزا، انجام۔

**consequential** *adj.* ① نتیجے کے طور پر واقع ہونے والا۔ ② بالواسطہ برآمد، ظاہر۔ ③ اہم، قابل ذکر۔ ● **consequentially** م ف: ذیلی، ضمنی طور پر۔

**consequently** *adv.* اس لیے، نتیجے میں۔

**conservancy** *n.* (*pl.* -ies) ① بندرگاہ، دریا وغیرہ کی نگرانی کے لیے مامور کردہ ادارہ۔ ② قدرتی وسائل، جنگلات وغیرہ کا سرکاری طور پر تحفظ۔

**conservation** *n.* تحفظ، بچاؤ، نگہداشت خصوصاً قدرتی وسائل و ماحول کی۔

**conservationist** *n.* ماحول کے تحفظ کا حامی۔

**conservative** *adj. & n.* صف: ① تیز تبدیلیوں کا مخالف، میانہ رو، ② (تخمینہ وغیرہ) جو دانستہ کم رکھا جائے، باکفایت، محتاط۔ ③ (**Conservative**) قدامت پسند (کنزرویٹو) پارٹی سے تعلق رکھنے والا۔ اسم: ① روایت پسند آدمی۔ ② (**Conservative**) کنزرویٹو پارٹی کا رکن۔ ● **conservatively** م ف۔

**Conservative party** *n.* ایک برطانوی سیاسی جماعت جو آزاد تجارت اور نجی ملکیت کی حامی ہے۔

**conservatoire** *n.* موسیقی یا دوسرے فنون لطیفہ کا مکتب فکر یا ہم مذاق حلقہ۔

**conservatory** *n.* (*pl.*-ies) نازک پودوں کو محفوظ رکھنے کا پودگھر خصوصاً مکان سے ملحق۔

**conserve** *v. & n.* ف: سینت کر رکھنا؛ محفوظ رکھنا۔ اسم: مربّہ، جام۔ ● **conservator** اسم۔

**consider** *v.* ① زیرغور لانا خصوصاً کسی نتیجے پر پہنچنے کے لیے۔ ② جانچنا، پرکھنا۔ ③ (کسی معاملے پر) غور کرنا۔ ④ رائے قائم کرنا، سمجھنا، خیال کرنا، باور کرنا۔

**considerable** *adj.* ① قابل لحاظ (مقدار یا وسعت کے لحاظ سے)، بڑا، بہت وسیع۔ ② کافی، معقول، خاصا، خوب سا، معتد بہ۔ ● **considerably** م ف۔

**considerate** *adj.* دوسروں کا لحاظ، خیال، احساس رکھنے والا، تکلیف نہ دینے والا؛ محتاط، روادار۔ ● **considerately** م ف: رواداری سے۔

**consideration** *n.* ① سوچنے، غور کرنے کا عمل۔ ② رواداری، دوسروں کا لحاظ۔ ③ زیرغور لائی جانے والی بات یا واقعہ جو جانچنے، فیصلہ کرنے، کسی نتیجے پر پہنچنے کے لیے سامنے رکھی جائے۔ ④ معاوضہ، صلہ، انعام۔

**considering** *prep.* ① بلحاظ، بصورت، اس کے پیش نظر کہ۔ ② بول چال: فی الجملہ، مجموعی طور پر۔

**consign** *v.* ① حوالے کرنا، کسی دوسرے شخص کے سپرد کرنا۔ ② مستقل طور پر حوالے کر دینا، تفویض کرنا۔

**consignee** *n.* مرسل الیہ، پانے والا۔
**consignment** *n.* ① تفویض، حوالگی، سپردگی، روانگی کا عمل۔ ②مال کی کھیپ، ارسال کردہ مال۔
**consist** *v.* ترکیب پانا؛ خاص اجزا یا **consist of**□ عناصر پر مشتمل ہونا۔
**consistency** *n.* (*pl.*-**ies**) ① کثافت کا درجہ، ٹھوس پن یا گاڑھا پن۔ ② ہمواری، مطابقت، استقامت، متوازی یا پچھلے رویے سے مربوط یا اس عمل وغیرہ کے مطابق، جیسا پہلے ویسا اب۔
**consistent** *adj.* ①مطابق، موافق، متوازن، ہم آہنگ۔ ② ایک اصول، عمل یا خیال پر قائم رہنے والا، مستقل مزاج۔ ● **consistently** م ف۔
**consolation** *n.* ①دلجوئی، دلدہی، دلاسا۔ ② دلجوئی کرنے، تشفی، تسلّی دینے والا شخص یا صورت حال۔
**consolatory** *adj.* تسلّی آمیز۔
**console**[1] *v.* دلاسا دینا خصوصاً رنج یا ناکامی کے موقع پر۔ ● **consolable** صف: قابل تسلّی۔
**console**[2] *n.* ① تختہ وغیرہ جس پر بجلی کے کئی سوئچ، بٹن وغیرہ لگے ہوں۔ ② دیوار پر آویزاں آرائشی تختہ جو کسی خانے وغیرہ کو سہارے۔
**consolidate** *v.* ٹھوس بنانا یا تقویت دینا، سہارنا، یکجا کرنا۔ ● **consolidation** اسم: استحکام۔
**consommé** *n.* گوشت کی پتلی یخنی۔
**consonant** *n.* & *adj.* اسم: ①صوتیہ، جس کی ادائگی میں سانس تھوڑا بہت رکتا ہے اور بغیر علّت کے آواز نہیں دیتا۔ ②حرف صحیح جو اس صوتیے کو ادا کرتا ہے۔ صف: مربوط، موافق، ہم آہنگ۔ ● **consonance** اسم: مماثلت، ہم آہنگی۔ **consonantal** صف۔
**consort** *n.* & *v.* اسم: بیوی یا میاں، شریک حیات، خصوصاً شاہی خاندان کے۔ ف: ① رفاقت کرنا، ساتھ دینا، ربط رکھنا، ہم آہنگ ہونا، میل رکھنا۔
**consortium** *n.* (*pl.* **consortiums** or **consortia**) الحاق خصوصاً کئی کمپنیوں کا۔
**conspicuous** *adj.* ① نمایاں، واضح، جاذب نظر۔ ②ممتاز، منفرد۔ ● **conspicuously** م ف۔
**conspiracy** *n.* (*pl.*-**ies**) ①سازباز، سازش، کسی جُرم کے ارتکاب یا نقصان پہنچانے، اکثر سیاسی مقاصد کے لیے۔ ②سازشی کارروائی۔
**conspire** *v.* ① سازباز کرنا، قانونی یا نقصان دہ حرکت کے لیے خفیہ سمجھوتا کرنا۔ ②(حالات یا واقعات کا) متفق نظر آنا خصوصاً ضرر پہنچانے کے لیے۔ ● **conspirator** اسم: سازشی۔ **conspiratorial** صف۔ **conspiratorially** م ف۔
**constable** *n.* پولیس کا سپاہی مرد یا عورت۔
**constabulary** *n.* (*pl.*-**ies**) پولیس کی جمعیت۔
**constancy** *n.* ①وفاداری؛ ثابت قدمی، اعتماد کے قابل روش۔ ②صلابت، استقامت۔
**constant** *adj.* & *n.* صف: ① مسلسل، جاری، مستقل۔ ② متواتر۔ ③ مستقل مزاج، قابل اعتبار۔ اسم: مستقل، اٹل شے۔ ● **constantly** م ف۔
**constellation** *n.* ثابت ستاروں کا جھرمٹ۔
**consternation** *n.* پریشانی، اضطراب، سراسیمگی۔
**constipation** *n.* قبض، جس میں اجابت مشکل سے ہوتی ہے۔ ● **constipated** صف۔
**constituency** *n.* (*pl.* -**ies**) ① کسی علاقے کے رائے دہندگان جو مل کر اپنے نمائندے کا انتخاب کریں۔ ② حلقہ یا علاقہ جس کی نمائندگی اس انتخاب کے ذریعے کی جائے۔
**constituent** *adj.* & *n.* صف: ① کسی کُل کا جز یا شریک۔ اسم: ① کسی حلقہ انتخاب کا رکن۔ ②رکن، جزو، حصّہ کسی کُل یا جمعیت کا۔
**constitute** *v.* (کسی کُل کا) جزو، حصّہ، رکن ہونا۔
**constitution** *n.* ①(کسی شے کو) قائم کرنے یا ترکیب دینے کا عمل۔ ② قوانین یا اصول وضوابط، نظائر وغیرہ جو کسی ریاست کے نظم ونسق میں کارفرما مانے جاتے ہیں۔ ③ کسی کی جسمانی کیفیت یا ساخت بلحاظ صحت، توانائی وغیرہ۔
**constitutional** *adj.* & *n.* صف: ①آئینی، قانونی؛ سیاسی دستور کے مطابق۔ اسم، قدیم: روزانہ پیدل سیر، صحت کی درستی یا بحالی کے لیے۔
**constrain** *v.* مجبور کرنا، تقاضا کرنا، مصر ہونا۔
**constraint** *n.* ①جبر واکراہ یا مجبوری ومعذوری۔

② رکاوٹ، بندش، عمل یا حرکت پر پابندی۔ ③ فطری جذبات یا ان کے اظہار میں رکاوٹ۔

**constrict** *v.* محدود یا تنگ کرنا، بھینچنا۔ ● **constriction** اسم: بھنچاؤ۔ **constrictive** اسم۔

**construct** *v. & n.* ف: ① اجزا یا پرزوں کو جوڑ جوڑ کر بنانا۔ ② تشکیل دینا، وضع کرنا، تعمیر کرنا۔ اسم: خاکہ، ساخت خصوصاً ذہنی۔ ● **constructor** اسم: صانع۔

**construction** *n.* ① تعمیر، تشکیل، ساخت کا عمل۔ ② ساختہ شے۔ ③ تشریح یا تعبیر۔ ④ قواعد نحوی کے مطابق جملے کی ساخت۔

**constructive** *adj.* (تنقید وغیرہ) تعمیری، خیال انگیز، مفید، مثبت۔ ● **constructively** م ف۔

**construe** *v.* ① تعبیر کرنا، شرح کرنا (الفاظ یا افعال کی) ② جملہ ترتیب دینا۔ ③ لفظی ترجمہ کرنا۔

**consul** *n.* ریاست کی طرف سے کسی بیرونی شہر میں مامور کردہ افسر، قنصل۔ ● **consular** صف۔

**consulate** *n.* ① قنصل خانہ۔ ② قنصل کا عہدہ۔

**consult** *v.* ① معلومات یا مشورہ چاہنا، رجوع کرنا۔ ② زیر غور لانا، ملحوظ رکھنا۔ ● **consultation** اسم۔

**consultant** *n.* ① خصوصی ماہر مشیر، ماہرانہ مشورہ دینے والا شخص۔ ● **consultancy** اسم: مشاورت۔

**consultative** *adj.* مشاورتی، مشورہ یا مشورے کے متعلق۔

**consume** *v.* ① کھا یا پی لینا۔ ② مکمل طور پر تباہ کر دینا، ختم کر دینا یا چور چور کر دینا۔ ③ صرف میں لانا۔

**consumer** *n.* ① (مال کا) خرچ کرنے، استعمال کرنے والا شخص۔ ② مال یا خدمات کا خریدار، طالب۔

**consummate** *v. & adj.* ف: ① مکمل کرنا، تکمیل کرنا۔ ② جنسی ملاپ کے ساتھ رشتۂ ازدواج کی تکمیل کرنا۔ صف: مکمل، پورا، کامل، اپنے کام میں طاق۔ ● **consummation** اسم۔

**consumption** *n.* ① صرف، خرچ، کام میں لانے کا عمل۔ ② قدیم: دق یا سل۔

**consumptive** *adj. & n.* قدیم، صف: دق سے متاثر یا اس مرض میں مبتلا۔ اسم: دق کا مریض۔

**contact** *n. & v.* اسم: ① ملنے، چھونے یا رابطہ رکھنے کی صورت یا کیفیت۔ ② کوئی شخص جس سے معلومات یا مدد حاصل کرنے کے لیے تعلق رکھا جا سکے۔ ③ برقی رو کے گزرنے کے لیے واسطہ یا جوڑ۔ ف: ① رابطہ قائم کرنا۔ ② خط و کتابت یا معاملے کی ابتدا کرنا۔

**contact lens** *n.* بصارت درست کرنے کا چھوٹا چپکواں عدسہ جو آنکھ کی پتلی پر چپکا دیا جاتا ہے۔

**contagion** *n.* چھوت لگنا؛ متعدی مرض یا چھوت کی بیماری جو جسم سے جسم کو لگے۔ ● **contagious** صف۔

**contain** *v.* ① اپنے اندر سمانا یا سما سکنا، مشتمل ہونا۔ ② کسی مقدار کے مساوی ہونا۔ ③ روک دینا، روکے رکھنا، بڑھنے نہ دینا۔ ④ سنبھالنا، ضبط کرنا، قابو میں رکھنا۔

**container** *n.* ① ظرف، ڈبّا وغیرہ جس میں کسی خاص شے کو رکھا جائے۔ ② مقررہ شکل کا بڑا ڈبّا خصوصاً آسانی سے مال برداری کے لیے۔

**containment** *n.* خطرناک یا مخالف اثرات کا سدّباب کرنے کی کارروائی یا پالسی۔

**contaminate** *v.* ① آلودہ کرنا۔ ② بیماری لگانا۔ ● **contaminant** اسم۔ **contamination** اسم۔

**contemplate** *v.* ① جائزہ لینا، جانچنا، غور و فکر کرنا۔ ② کسی واقعے کو ممکن خیال کرنا۔ ③ ارادہ کرنا۔ ④ گیان دھیان، مراقبہ کرنا۔ ● **contemplation** اسم۔

**contemplative** *adj.* گیان دھیان کرنے والا؛ مستغرق۔

**contemporaneous** *adj.* ① بیک وقت موجود یا واقع ہونے والا، ہم زمانی۔ ② معاصر۔

**contemporary** *adj. & n.* صف: ① ایک وقت میں رہنے یا ہونے والے۔ ② تقریباً ہم عمر۔ ③ جدید خیالات اور مذاق کے مطابق۔ اسم: (ج: -ies) ① کوئی شخص یا شے جو اسی وقت موجود ہو جب دوسرا ہو۔ ② کسی کا معاصر یا کم و بیش ہم سن آدمی۔

**contempt** *n.* ① یہ احساس کہ کوئی ناقابل لحاظ یا قابل ملامت ہے، حقارت، تنفر۔ ② ذلّت، رسوائی۔

**contemptible** *adj.* قابل نفرت، قابل ملامت۔

**contemptuous** *adj.* ذلّت آمیز، حقارت پر مبنی، گستاخانہ۔ ● **contemptuously** م ف۔

**contend** *v.* ① جہد، سعی، کوشش کرنا۔ ② مقابلہ کرنا،

**contender** ● اسم: مقابل۔ قطعیت کے ساتھ کہنا۔

**content[1]** *adj., v. & n.* ① جو ہے اس پر راضی، مطمئن متفق۔ ② راضی، آمادہ۔ ف: مطمئن کرنا، تشفی کرنا۔ اسم: اطمینان، آسودگی کی کیفیت۔ ● **contented** صف۔ **contentment** اسم۔

**content[2]** *n.* ① (عموماً جمع میں) اشیا، مال، سامان، مواد کی فہرست، تفصیل جو کسی برتن یا مکان وغیرہ میں سمایا ہو۔ ② کسی کتاب کا مضمون، موضوع۔

**contention** *n.* ① تنازعہ، حجّت، مقابلہ۔ ② مسئلہ یا نکتہ زیر بحث یا متنازعہ فیہ دعویٰ۔

**contentious** *adj.* ① حجّتی، جھگڑالو۔ ② جس سے حجّت کا اندیشہ ہو، متنازعہ فیہ، تصفیہ طلب۔

**contest** *n. & v.* اسم: ① نزاع، حجّت، مقابلہ۔ ② جھگڑا، قضیہ۔ ف: ① غلط قرار دینا، حجّت کرنا، بحث کرنا۔ ② مقابلہ کرنا، الیکشن لڑنا۔ ● **contestant** اسم۔

**context** *n.* ① کسی تحریر یا تقریر میں لفظ یا عبارت کا سیاق وسباق یا اگلا پچھلا حصّہ جس سے مفہوم واضح ہو۔ ② متعلقہ کوائف، حالات۔ ● **contextual** صف۔

**contiguous** *adj.* ملواں، ملحق، ہم پہلو خصوصاً ایک خط پر جڑے ہوئے۔ ● **contiguity** اسم۔

**continent[1]** *n.* براعظم، زمین کا وسیع جغرافیائی خطّہ۔ ● **cantinental** صف۔

**continent[2]** *adj.* ① پیشاب یا پاخانے پر کنٹرول رکھنے والا۔ ② پرہیز گار۔ ● **continence** اسم۔

**contingency** *n. (pl.-ies)* ① آئندہ اتفاقات۔ ② کوئی بات جو کسی اور غیر یقینی بات پر مبنی ہو۔ ③ حالات کی بے یقینی۔ ④ اتفاقی خرچ۔

**contingent** *adj. & n.* صف: ① مشروط، اتفاقی۔ ② مربوط، منسلک۔ ③ غیر یقینی جو واقع ہو یا نہ ہو، حادثاتی، ناگہانی، اچانک۔ اسم: سپاہیوں کا دستہ جو کسی بڑی جمعیت کا جز ہو۔

**continual** *adj.* مسلسل، متواتر یا اکثر واقع ہونے والا؛ جو ہمیشہ واقع ہو۔ ● **continually** م ف۔

**continue** *v.* ① جاری رکھنا، برقرار رکھنا۔ ② پھر سے شروع کرنا، آگے بڑھانا، وقفے کے بعد پھر جاری ہونا۔ ● **continuance** اسم۔ **continuation** اسم۔

**continuo** *n. (pl. -os)* ذیلی ساز جو کھرج کا بنیادی سُر اور سنگت کے سُر نکالتا ہے۔

**continuous** *adj.* مسلسل، بلا توقف، متواتر۔ ● **continuity** اسم۔ **continuously** م ف۔

**continuum** *n. (pl.* **continua***)* کوئی شے جو مسلسل، بلا وقفہ ورخنہ تصوّر کی جائے۔

**contort** *v.* مروڑنا، مسخ کرنا، اکڑانا۔ ● **contortion** اسم۔

**contortionist** *n.* تماشا گر جو اپنے جسم کو توڑ مروڑ کر یا اکڑا کر دکھائے۔

**contour** *n.* ① کسی جسم یا شے کا خاکہ یا خط جو اس کی حدود کو ظاہر کرے، کینڈا، گھیر۔ ② مظاہر قدرت مثلاً ساحل یا پہاڑ کی شکل کو ظاہر کرنے والا خط۔

**contra-** *pref.* سابقہ بمعنی مخالف، برخلاف۔

**contraband** *n. & adj.* ① چوری سے غیر قانونی طور پر درآمد یا برآمد کیا ہوا مال۔ ② ممنوعہ تجارت۔

**contraception** *n.* دانستہ حمل روکنے کا عمل، مانع حمل کا استعمال۔

**contraceptive** *adj. & n.* صف: مانع حمل۔ اسم: مانع حمل دوا یا تدبیر۔

**contract** *n. & v.* اسم: دو یا زیادہ فریقوں کے درمیان قانونی معاہدہ۔ ف: ① سکڑنا یا سکیڑنا، چھوٹا کرنا۔ ② معاہدہ کرنا، کسی کاروبار یا قانونی انتظام میں شامل ہونا۔ ③ (کوئی مرض) لگا لینا۔ ● **contractor** اسم: ٹھیکے دار۔ **contractual** صف۔

**contractable** *adj.* (مرض، بیماری) جو لگ سکے۔

**contractible** *adj.* جسے سکیڑا، سمٹایا جا سکے۔

**contractile** *adj.* سکیڑنے کے قابل، سکڑنے والا۔

**contraction** *n.* ① سکیڑنے کا عمل؛ تخفیف، ترمیم، تشنج۔ ② وضع حمل کے وقت رحم کے پٹھوں کے سکڑنے کا عمل۔ ③ کسی لفظ کا مخفف، اختصار۔

**contradict** *v.* ① انکار یا تردید کرنا۔ ② قول کو کاٹنا، رد کرنا یا اس سے متضاد بات کرنا۔ ③ کسی سے اختلاف کرنا، جھٹلانا۔ ● **contradiction** اسم۔

**contradictory** *adj.* ① انکاری، تردیدی۔ ② متناقض یا متضاد (بیانات وغیرہ)

**contraflow** *n.* (خصوصاً ٹریفک کا رُخ) بندھے ہوئے قاعدے کے خلاف، خصوصاً ہنگامی صورت میں۔

**contralto** *n.(pl.*-**os**) سب سے نچلی زنانہ آواز۔

**contraption** *n.* مشین یا آلہ خصوصاً جو عجیب یا باعث زحمت ہو، جھمیلا۔

**contrapuntal** *adj.* پیوندی (نغمہ) جس میں مختلف نغموں کی ملاوٹ ہو۔

**contrariwise** *adv.* ①اس کے برخلاف۔ ② برعکس طریقے سے۔③خلاف قاعدہ۔

**contrary** *adj. & n.* صف:①طبعاً یا عملاً برعکس، ناموافق، متضاد۔② بول چال: بگڑا، بے قاعدہ، خودرائے۔ اسم: نقیض، الٹ۔ □ **to the contrary** اس کے برخلاف۔ **on the contrary** بلکہ، اس کے برعکس (کسی قول یا مفہوم کورد کرنے کے لیے) ● **contrarily** م ف۔ **contrariness** اسم۔

**contrast** *n. & v.* اسم:①مقابلہ، موازنہ، نمایاں فرق، امتیاز۔② شخص یا شے جو کسی اور سے واضح طور پر مختلف ہو۔ف: ① مقابل لانا، آمنے سامنے رکھنا تاکہ فرق نمایاں ہو۔② تضاد کا حامل ہونا یا ظاہر کرنا۔

**contravene** *v.* (کسی ضابطے کی) خلاف ورزی کرنا۔● **contravention** اسم: حکم عدولی۔

**contretemps** *n.* معمولی اختلاف، جھگڑا۔

**contribute** *v.* ①دینا، مہیّا کرنا (رقم، مدد وغیرہ) کسی مقصد کے لیے۔② کسی نتیجے وغیرہ کے حاصل کرنے میں شریک ہونا۔ ● **contribution** اسم۔ **contributor** اسم۔ **contributory** صف۔

**contrite** *adj.* ①نہایت شرمسار۔②جرم یا خطا پر پشیمان۔● **contritely** م ف۔ **contrition** اسم۔

**contrivance** *n.* ①اختراع کی ہوئی شے، خصوصاً مشین، آلہ، تدبیر یا منصوبہ۔② بنانے، جوڑنے، اختراع کرنے کا عمل۔③ حیلہ، جھانسا، جوڑتوڑ۔

**contrive** *v.* ①بنانا، اختراع کرنا؛ اُپج، ذہانت، تدبیر یا وسائل سے کام لے کر گھڑنا، پلان کرنا۔②انتظام کرنا۔

**contrived** *adj.* اتنی احتیاط و تفصیل سے سوچا ہوا کہ غیر فطری، مصنوعی یا زبردستی کا نظر آئے۔

**control** *n. & v.* اسم:①اختیار، قدرت۔② قابو، روکنے کی قوت، روکنے کا ذریعہ یا آلہ، روک۔③ قیمتوں وغیرہ میں باقاعدگی پیدا کرنے کا ذریعہ یا طریقہ۔④ بٹن، کلیدیں، آلے وغیرہ جن کے ذریعے مشین وغیرہ کو قابو میں رکھا اور حسبِ منشا چلایا جاتا ہے۔ ف: **(controlling، controlled)** ① قدرت، اختیار، حکم رکھنا۔② قابو میں رکھنا، روکنا، حد سے بڑھنے نہ دینا۔

**controversial** *adj.* متنازعہ فیہ، جس کی بابت اختلاف رائے ہو۔● **controversially** م ف۔

**controversy** *n.* (*pl.* -**ies**) تنازعہ، اختلاف رائے، طویل مباحثہ خصوصاً برملا۔

**controvert** *v.* ①تردید کرنا، انکار کرنا۔②حجت کرنا۔● **controvertible** صف: قابل تردید۔

**contumacy** *n.* خودسری، سرکشی، حکم یا ضابطے سے روگردانی۔● **contumacious** صف۔

**contusion** *n.* چوٹ، اوپری ضرب۔

**conundrum** *n.* ① پہیلی۔② مشکل، پیچیدہ مسئلہ۔

**conurbation** *n.* مضافاتِ شہر، شہر کا توسیعی علاقہ جس میں کئی نواحی بستیاں شامل ہو گئی ہوں۔

**convalesce** *v.* بیماری سے علاج کے بعد صحت بحال کرنا، قوت پکڑنا۔● **convalescence** اسم: صحت کے بعد بحالی قوت۔ **convalescent** صف و اسم۔

**convection** *n.* گرم واسطے یا مادّے کو اوپر کی طرف حرکت دے کر بڑھانا، مائع یا گیس میں انتقال حرارت کا عمل۔

**convene** *v.* ①(جلسہ وغیرہ) بلانا، منعقد کرنا۔②اکٹھا ہونا، اجتماع کرنا۔● **convener**یا**convenor** اسم۔

**convenience** *n.* ① سہولت، موزونیت، مناسبت۔ ②مادّی فائدہ، آرام، بہبود۔③خوبی، بہتری، افادیت، کارآمد شے۔④بیت الخلا خصوصاً عام استعمال کے لیے۔

**convenient** *adj.* ①حسب دلخواہ، موزوں۔② مناسب مقام یا وقت پر ہونے والا۔③ کسی مقصد کے لیے کارآمد۔● **conveniently** م ف: سہولت سے۔

**convent** *n.* ① عیسائی مذہبی جماعت خصوصاً راہباؤں کی۔② ان کی اقامت گاہ، صومعہ، کنیسہ۔

**convention** *n.* ①تسلیم شدہ رواج؛ سماجی طرز وغیرہ جو اکثریت کی حتمی رائے پر مبنی ہو، ریت، رسم۔

②رسمی اجلاس۔ ③ رسمی معاہدہ، ریاستوں کے درمیان طے پانے والی قرارداد۔● **conventional** صف۔ **conventionally** م ف: حسب روایت۔

**converge** *v.* ① آملنا،قریب آنا۔② (خطوط کا) ایک نقطے پر مرتکز ہونا۔ ● **convergence** اسم: ارتکاز۔**convergent** صف۔

**conversant** *adj.* □ **conversant with** کسی مضمون میں اچھی دستگاہ یا کسی سے اچھی جان پہچان یا واقفیت رکھنے والا۔

**conversation** *n.* زبانی بات چیت،گفتگو،مکالمہ۔ ● **conversational** صف۔ **conversationally** م ف: بطور گفتگو۔

**converse** *v.* بات چیت کرنا۔

**converse²** *adj. & n.* صف: الٹ، برعکس، مخالف۔ اسم: کوئی شے جو متضاد، مخالف ہو۔● **conversely** م ف: بطور متبادل۔

**convert** *v. & n.* ف: ①ہیئت، کردار یا عمل کے لحاظ سے تبدیل ہونا۔② کسی شخص کے عقائد یا رائے، جماعتی لگاؤ وغیرہ کو بدلوانا۔ ③ سکّے، حصص یا کسی مقدار کی اکائی کو کسی دوسری اکائی میں تبدیل کرنا۔اسم: وہ شخص جس نے عقیدہ یا مذہب تبدیل کیا ہو۔ ● **converter** یا **convertor** اسم۔**conversion** اسم۔

**convertible** *adj. & n.* صف: بدلنے کے قابل، تبدّل پذیر۔اسم: گرائی اور اُٹھائی جانے والی چھت کی گاڑی۔

**convex** *adj.* جس کی سطح ابھرے ہوئے دائرے کے خط کی طرح ہو، محدّب، گُروی۔● **convexity** اسم۔

**convey** *v.* ①مال برداری، مسافر برداری کرنا۔② پہنچانا، ابلاغ کرنا (خیال، مطلب وغیرہ کا)

**conveyance** *n.* ① لے جانے کا عمل یا مثال، (خیالات وغیرہ) کا ابلاغ، ترسیل۔② سواری، گاڑی۔③ جائداد، املاک کی ایک مالک سے دوسرے کی طرف منتقلی۔

**conveyancing** *n.* قانون کی وہ شاخ جو جائداد کی ملکیت کی تبدیلی سے متعلق ہے۔

**conveyor** *n.* شے یا شخص جو پہنچائے، لے جائے۔ □ **conveyor belt** چلتی رہنے والی پٹی یا مال جس کے ذریعے اشیا یا سامان کو ایک مقام سے دوسرے مقام پر پہنچایا جائے، خصوصاً کارخانے میں۔

**convict** *v. & n.* ف: ① مجرم ثابت کرنا، ماخوذ کرنا۔ ②سزا سنانا۔اسم: مجرم، سزایاب۔

**conviction** *n.* ① سزایابی، مجرم قرار دینے کا عمل یا فیصلہ۔②یقین، عقیدہ، ایمان، ایقان؛ حتمی رائے۔

**convince** *v.* یقین دلانا، قائل کرنا، منوالینا۔

**convivial** *adj.* خوش باش، ملنسار، زندہ دل۔

**convocation** *n.* ①اجتماع۔② بڑا مجمع یا تقریب۔③ قانون سازی یا غور و خوض کے لیے جلسہ۔

**convoke** *v.* جلسہ بلانا (لوگوں کو) جمع کرنا۔

**convoluted** *adj.* ①بل دار، پیچاں، لہراتا۔② پیچیدہ، الجھا ہوا۔● **convolution** اسم۔

**convolvulus** *n.* جنس لبلاب کا کوئی پودا جس میں نفیری کی شکل کے پھول آتے ہیں، مثلاً جنگلی لُبلاب۔

**convoy** *n. & v.* اسم: ① جہازوں کا بیڑا جو حفاظت میں یا ایک ساتھ چلے، بحری کارواں۔② قافلہ بندی کے ساتھ سفر۔ف: (جنگی جہاز کا) تجارتی یا مسافر بردار جہاز کی رہبری کرنا، حفاظت کی خاطر۔

**convulse** *v.* ① تشنج، اینٹھن یا لرزہ پیدا کرنا۔② ہنسی کا دورہ لانا۔③رعشہ، لرزہ، ہیجان، اضطراب پیدا کرنا۔

**convulsion** *n.* ①رعشہ، لرزہ جو اعضائے جسمانی کی اینٹھن سے پیدا ہو۔ ② ہنسی کا دورہ۔ ③ قدرتی طور پر پیدا ہونے والی ہلچل، زلزلہ۔● **convulsive** صف: ہیجانی، لرزہ خیز۔

**cony** *n.* (also **coney**) خرگوش یا اس کی کھال۔

**coo** *n., v. & int.* اسم: فاختہ وغیرہ کی کوکو۔ ف: (**cooed**، **coos**) ① کوکنا، سُریلی آواز میں بولنا۔ فجائیہ: تعجب یا بے یقینی کا اظہار کرنے کی آواز۔

**cooee** *int.* دور سے پکارنے یا توجہ حاصل کرنے کے لیے نکالی جانے والی آواز۔

**cook** *v. & n.* ①( کھانا) پکانا، پکنا، پک کر تیار ہونا۔ ② بول چال: (حساب کتاب) جعلی طور پر بنانا۔ اسم: باورچی، کھانا پکانے والا۔ □ **cook up** بول چال: گھڑنا، تراشنا (کہانی، عذر وغیرہ)

**cooker** *n.* کھانا پکانے کا اسٹو یا آلہ۔

**cookery** *n.* کھانا پکانے کا طریقہ اور فن۔
**cookie** *n.* امریکا: چھوٹا، میٹھا بسکٹ۔
**cool** *adj., n. & v.* صف: ① کم درجۂ حرارت والا، خاصا ٹھنڈا۔ ② ٹھنڈک کا احساس دلانے والا۔ ③ پُرسکون، تسکین بخش۔ ④ بے حرارت، جذبے سے خالی۔ اسم: ① ٹھنڈک، خنکی۔ ② ٹھنڈی ہوا؛ ٹھنڈا مقام۔ ③ بول چال: تحمل، بردباری۔ ف: ٹھنڈا ہونا، ٹھنڈا کرنا۔ ● **coolly** م ف۔ **coolness** اسم: ٹھنڈک۔
**coolant** *n.* ٹھنڈا کرنے، حرارت کو زائل کرنے والا مادّہ خصوصاً مائع جو انجنوں وغیرہ میں استعمال ہوتا ہے۔
**cool bag** *n.* (also **cool box**). سرد خانہ، یخدان جس میں کھانا ٹھنڈا رہے۔
**coolie** *n.* قلی، بے ہنر مزدور۔
**coomb** *n.* (also **combe**) پہاڑ کے پہلو میں گھاٹی یا وادی۔
**coop** *n. & v.* اسم: مرغیوں وغیرہ کا ٹاپا یا ڈربہ۔ ف: ① مرغ وغیرہ کو ٹاپے میں رکھنا۔ ② قید خانے میں بند کرنا۔
**co-op** *n.* بول چال: ① انجمن امداد باہمی یا امداد باہمی سے چلنے والی دکان۔ ② مشترک کاروبار۔
**cooper** *n. & v.* پیپے وغیرہ بنانے والا کاریگر، پیپا ساز۔
**cooperate** *v.* تعاون کرنا، مل جُل کر کام کرنا۔
● **cooperation** اسم: اشتراک عمل۔
**cooperative** *adj.& n.* صف: ① تعاون پر مبنی۔ ② تعاون کے لیے آمادہ۔ ③ اقتصادی تعاون کی بنیاد پر (کوئی کاروبار یا ادارہ) اسم: مشترک زراعت، کاروبار، انجمن وغیرہ۔
**co-opt** *v.* موجودہ ارکان کا کسی اور کو رکنیت میں شامل کر لینا یا شمولیت کی دعوت دینا۔
**coordinate** *v., adj. & n.* ف: ① (مختلف اجزا یا حرکت وعمل کو) ہم آہنگ کرنا، باہم ملانا۔ ② باہم مل کر مؤثر عمل یا کام کرنا۔ صف: ① رتبے اور اہمیت میں برابر۔ ② منضبط، مربوط جس کے اجزا میں ہم آہنگی ہو۔ اسم: ① کسی نقطے، خط یا سطح کے مقام کا تعین کرنے والا خط۔ ② **(coordinates)** باہم ملتے ہوئے، موزوں، متناسب پوشاک کے اجزا۔ ● **coordination** اسم: مطابقت، ہم آہنگی۔ **coordinator** اسم: رابطہ کار۔
**coot** *n.* ایک سیاہ آبی پرندہ، کوٹ۔
**cop** *n. & v.* اسم: پولیس۔ ف: (ملزم کو) پکڑنا، گرفتار کرنا۔ □ **cop it** ① مشکل میں پھنسنا۔ ② مارا جانا۔ **cop out** پیچھے ہٹنا، بھاگ نکلنا۔
**cope** *v.* کامیابی سے نبٹنا۔ □ **cope with** ① مسئلے سے خوش اسلوبی سے عہدہ برآ ہونا۔ ②
**copeck** *n.* (**kopeck, kopek**) ایک روسی سکّہ، روبل کا ۱/۱۰۰ (سواں حصّہ)
**copier** *n.* نقل کاپی نکالنے کی مشین۔
**coping** *n.* ڈاٹ، محراب یا کنگرے کی ڈھلوان چنائی۔
**copious** *adj.* وافر، کثیر، بہتات سے موجود۔
● **copiously** م ف: بہتات سے۔
**copper** *n. & adj.* اسم: ① ایک نرم، سرخی مائل دھات، تانبا (علامت: Cu) ② کانسی کا سکّہ۔ ③ بول چال: پولیس کا جوان۔ صف: تانبے کا بنا ہوا یا تانبے کے رنگ کا۔
**copper-bottomed** *adj.* محفوظ، اصلی، قابل اعتبار (خصوصاً مالی اعتبار سے)
**copperplate** *n.* آرائشی طرز تحریر۔
**coppice** *n.* (also **copse**) وقفہ وقفہ سے کاٹی جانے والی چھوٹی جھاڑیوں، درختوں کا قطعہ۔
**copulate** *v.* مجامعت کرنا، جنسی فعل کرنا۔
● **copulation** اسم۔
**copy** *n. & v.* اسم: (ج: **-ies**) ① کوئی چیز جسے کسی دوسری چیز سے مشابہ یا اس کی نقل کے طور پر بنایا جائے، نقل، مثل۔ ② کسی مطبوعے یا جریدے کی ایک اشاعت کا کوئی نمونہ، نسخہ۔ ③ اخبار میں چھپنے کے لیے مواد یا جریدے کے لیے مضمون۔ ف: **(copying، copied)**: ① نقل کرنا، چربہ تیار کرنا۔ ② نقالی کرنا۔
**copyright** *n. & v.* اسم: حق اشاعت، جملہ حقوق، کسی مصنف، موجد، وغیرہ کو خاص مدّت کے لیے دیا جانے والا حق۔ ف: حق اشاعت وغیرہ کو محفوظ کرا لینا۔
**copywriter** *n.* وہ شخص جو اشاعت کے لیے متن تیار کرتا ہے (خصوصاً اشتہارات کا)

**coquette** *n.* انداز و ادا دکھانے والی عورت۔
● **coquetry** اسم: نازنخرہ۔ **coquettish** صف۔
**coracle** *n.* بید کی بنی ہوئی چھوٹی کشتی۔
**coral** *n.* ①ایک سخت، سُرخ یا گلابی مادّہ جو مختلف سمندری حشرے اپنے جسم سے خارج کرتے ہیں، مونگا، مرجان۔②سرخ گلابی رنگ۔
**cor anglais** *n.*(*pl.* **cors anglais**) نفیری کی قسم کا ایک مہین آواز کا ساز یا اس کا بجانے والا۔
**corbel** *n.* دیوار سے باہر نکلا ہوا پتھر یا شہتیر وغیرہ کا حصّہ جس پر بوجھ ڈالا جا سکے۔
**cord** *n.* ①بٹی ہوئی ڈوری یا اس کا کوئی ٹکڑا۔②ڈوری یا اس سے ملتا جلتا جسم کا کوئی حصّہ۔③اُبھرواں دھاریوں والا کپڑا خصوصاً کورڈرائے **(corduroy)**
**cordial** *adj. & n.* صف:① قلبی، دلی، پُرخلوص۔ ②دوستانہ، گرمجوشی پر مبنی۔اسم: پھلوں کے عرق کے ذائقے کا مشروب۔ ● **cordially** م ف۔
**cordite** *n.* دھماکا خیز مادّہ جو دھواں نہیں دیتا۔
**cordless** *adj.* بے ڈوری کا (برقی آلہ،ٹیلیفون وغیرہ) جو کسی مرکز سے منسلک ہوئے بغیر کام کرتا ہے۔
**cordon** *n.* ①پولیس یا فوجی جوانوں کا گھیرا، حلقہ جو کسی مقام کی حفاظت کے لیے متعیّن ہو۔② پھلدار درخت جو اس طرح اُگایا جائے کہ ایک ہی تنے پر قائم ہو۔□ **corodon off** پولیس وغیرہ کا گھیرا ڈال کر علاحدہ کرنا، گھیراؤ کرنا۔
**cordon bleu** *adj.* کھانا پکانے میں ماہر۔
**corduroy** *n.* ایک دبیز سوتی کپڑا جس پر ابھرواں دھاریاں ہوتی ہیں۔
**core** *n. & v.* اسم:① پھلوں کی گٹھلی۔② کسی شے کا مرکزی یا اہم حصّہ۔③زمین کا مرکزی منطقہ۔ ف: کسی شے میں سے اس کا درمیانی حصّہ علاحدہ کر لینا۔
**co-respondent** *n.* طلاق کے مقدمے میں وہ شخص جو مدعا علیہ سے زنا کا مرتکب قرار دیا گیا ہو۔
**corgi** *n.* کتّے کی ایک نسل جس کے پاؤں چھوٹے اور سر لومڑی جیسا ہوتا ہے۔
**coriander** *n.* دھنیا جس کے بیج اور پتّے کھانے میں خوشبو اور ذائقے کے لیے استعمال ہوتے ہیں۔

**cork** *n. & v.* اسم:①بحیرہ روم کے شاہ بلوط کی ہلکی بھوری چھال، کاگ۔②بوتل میں لگایا جانے والا کاگ۔ ف: روکنا، بند کرنا کاگ کے ذریعے۔
**corkage** *n.* گاہکوں کے اپنے ساتھ لائی ہوئی شراب پینے پر طعام خانوں میں وصول کی جانے والی زائد رقم۔
**corked** *adj.* گھسے ہوئے کاگ کے سبب خراب ہو جانے والی شراب۔
**corkscrew** *n.* ① پیچکش، کاگ کش، کاگ کھولنے کا پیچ دار آہنی آلہ۔② کوئی بل دار شے۔
**corm** *n.* کچھ درختوں کی پھولی ہوئی جڑ یا زمین دوز تنا۔
**cormorant** *n.* ایک غوطہ خور پرندہ جس کے پر سیاہ چمکیلے ہوتے ہیں، جل کوّا یا پن کوّا۔
**corn** *n.* ① کوئی اُگایا ہوا غلّہ، جیسے گیہوں، جَو یا مکئی۔ ② بول چال: کوئی چیز جو عام اور گھٹیا ہو۔③پاؤں کی انگلیوں پر نمودار ہو جانے والا گوکھرو، گٹّا۔
**cornea** *n.* آنکھ کے ڈھیلے کا سامنے کے رُخ کا شفیف حصّہ، قرنیہ۔● **corneal** صف۔
**cornelian** *n.*(also **carnelian**) سنگ یمانی کی ایک مدھم سُرخ یا گلابی قسم۔
**corner** *n.& v.* اسم:① کونا، وہ جگہ جہاں دو کنارے ملتے ہوں۔②دو ضلعوں کے ملنے سے بننے والی اندرونی جگہ۔③مشکل صورت حال جس سے نکلنا آسان نہ ہو۔ ④الگ تھلگ یا دور دراز جگہ۔⑤ فٹ بال و ہاکی: میدان کے کونے سے لگائی جانے والی رعایتی کک یا ہٹ۔ ف:① مشکل میں مبتلا کرنا، عاجز کرنا۔② کسی مال کی ساری رسد پر قبضہ کر لینا۔③ موڑ کاٹنا۔
**cornerstone** *n.* ①بنیاد کا پتھر، سنگِ بنیاد۔ ② کسی چیز کا لازمی یا بنیادی حصّہ۔
**cornet** *n.* ①پیتل کا نفیر نما ساز۔②آئسکریم بھر کر کھانے کے لیے ایک قسم کا بھونپو نما کرارا بسکٹ۔
**cornflour** *n.* مکئی کا مہین پسا آٹا۔
**cornflower** *n.* بوٹی جو غلّے کے کھیتوں میں خودرو ہوتی ہے جس میں گہرے نیلے پھول آتے ہیں۔
**cornice** *n.* کمرے کی دیوار کے گرداگرد، چھت کے نیچے آرائشی گوٹ یا اُبھرواں پٹی۔
**Cornish** *adj. & n.* صف: جنوب مغربی انگلستان

کے علاقے کارنوال Cornwall سے منسوب۔ اسم: کارنوال کی قدیم کیلٹی زبان۔

**cornucopia** *n.* فراوانی کا نشان، سینگوں کی شکل کا برتن پھلوں، میووں اور پھولوں سے لدا پھندا ہوتا ہے؛ فراوانی بہتات۔

**corny** *adj.* **(cornier, corniest)** بول چال: ادنیٰ، عام، معمولی، پھسپھسا، جذباتی، دقیانوسی۔

**corolla** *n.* پھول کی پتّیوں کی قطار یا قطاریں۔

**corollary** *n.* ( *pl.* **-ies**) ① کسی ثابت شدہ قضیے کا ضمنی نتیجہ، منطقی نتیجہ یا حاصل۔ ② قدرتی نتیجہ، انجام۔

**corona** *n.* (*pl.* **coronae**) سورج یا چاند کا ہالہ۔

**coronary** *adj. & n.* صف: دل کو خون پہنچانے والی شریانوں سے متعلق۔ اسم: (ج: **-ies**) شریان قلب میں خون کی روانی میں رکاوٹ جو خون میں پھٹکی پڑ جانے سے پیدا ہوتی ہے۔

**coronation** *n.* جشن تاج پوشی۔

**coroner** *n.* موت کے سبب کی تفتیش کرنے والا افسر۔

**coronet** *n.* چھوٹا تاج یا آرائشی پٹی، مُکٹ۔

**corpora** CORPUS کی جمع۔

**corporal** *n. & adj.* اسم: غیر کمیشن یاب افسر جس کا درجہ سارجنٹ سے نیچے ہوتا ہے۔ صف: انسانی جسم سے متعلق، جسمانی۔

**corporal punishment** *n.* جسمانی سزا، خصوصاً مار۔

**corporate** *adj.* ① منتظم یا شراکتی ادارے کی شکل میں۔ ② جمعیت یا مشترک ادارے سے متعلق۔

**corporation** *n.* ① کوئی جماعت جسے ایک واحد فریق کے طور پر عمل یا کاروبار کرنے کا اختیار دیا گیا ہو۔ ② کسی انتظامی حلقے یا شہر کی بلدیہ۔

**corporeal** *adj.* جسمانی، بدنی؛ مادّی، خصوصاً روحانی کے بالمقابل۔ ● **corporeally** م ف۔

**corps** *n.* (*pl.* **corps**) ① فوجی دستہ یا جمعیت جسے کوئی خاص خدمت سپرد کی گئی ہو۔ ② کوئی خصوصی جمعیت۔

**corpse** *n.* لاش (خصوصاً انسانی)

**corpulent** *adj.* فربہ، موٹا۔ ● **corpulence** اسم: مٹاپا، فربہی۔

**corpus** *n.* (*pl.* **corpora**) کسی موضوع پر دستاویزات، متون، یادداشتوں، تقریروں وغیرہ کا ذخیرہ۔

**corpuscle** *n.* کسی نامی جسم میں حیوی خلیہ، خصوصاً سُرخ یا سفید جسیمے۔

**corral** *n. & v.* اسم، امریکا: مویشیوں کا باڑا۔ ف: **(corralling، corralled)** باڑے میں بند کرنا۔

**correct** *adj. & v.* صف: ① صحیح، درست۔ ② کھرا، ٹھیک، مناسب، بجا۔ ③ مذاق یا معیار پر پورا اترنے والا۔ ف: ① ٹھیک کرنا، اصلاح کرنا۔ ② غلطیوں کی نشاندہی کرنا۔ ③ تنبیہہ کرنا۔ ● **correctly** م ف۔ **correctness** اسم: راستی، درستی۔

**correction** *n.* ① تصحیح، اصلاح، درستی کا عمل۔ ② غلط کی جگہ صحیح کو داخل کرنا۔ ③ قدیم: سزا، تعزیر۔

**corrective** *adj. & n.* صف: برائی یا مضرت کا ازالہ کرنے والا۔ اسم: اصلاح کرنے والا عمل یا شے۔

**correlate** *v.* ① رابطہ، تعلق، نسبت رکھنا۔ ② ملانا، جوڑنا، مربوط کرنا۔ ● **correlation** اسم۔

**correspond** *v.* ① مثل یا جواب ہونا، مطابق ہونا، ہم آہنگ، مربوط ہونا۔ ② مراسلت، خط و کتابت کرنا۔

**correspondence** *n.* ① مطابقت، ہم آہنگی، ربط۔ ② مراسلت، خط و کتابت۔

**correspondent** *n.* ① اخبار یا کسی اور کو خطوط بھیجنے والا شخص۔ ② وہ شخص جو اخبار، ٹیلی ویژن وغیرہ کو اشاعت کے لیے مواد بھیجنے پر ملازم ہو۔

**corridor** *n.* ① عمارت کے اندر وہ راہداری جس سے کمروں میں دروازے کھلتے ہیں، غلام گردش۔ ② ریل کے ڈبے میں ایسا ہی راستہ۔ ③ کسی ریاست کا کسی دوسری ریاست میں سے گزرنے والا تنگ علاقہ۔

**corrie** *n.* پہاڑ کے پہلو میں گول گھاٹی۔

**corroborate** *v.* تصدیق، توثیق کرنا۔ ● **corroboration** اسم۔ **corroborative** صف۔

**corrode** *v.* (دھات وغیرہ کو) رفتہ رفتہ زائل، تحلیل کرنا، گھلانا گھٹانا، گلانا خصوصاً کیمیائی عمل سے۔ ● **corrosion** اسم۔ **corrosive** صف۔

**corrugated** *adj.* سیدھی سیدھی نالیوں اور اُبھاروں کی شکل میں لہریے دار سطح کا۔ ● **corrugation** اسم۔

**corrupt** *adj. & v.* صف: ① اخلاقی طور پر گرا یا بگڑا ہوا، بد۔ ② رشوت خور، دھوکے باز۔ ③ مسخ کردہ، تحریف شدہ۔ ف: بگاڑنا یا بگڑنا، خراب ہونا، بدچلن ہونا۔

**corruption** *n.* ① اخلاقی بگاڑ۔ ② غلط کام، رشوت ستانی، دھوکا دہی۔ ③ سڑا، گلا مادّہ۔

**corsair** *n.* ① قزاقوں کا جہاز۔ ② قزاق، بحری ڈاکو۔

**corset** *n.* ایک تنگ زیر جامہ جو عورتیں پیٹ کے سہارے کے لیے پہنتی ہیں۔

**cortège** *n.* جلوس خصوصاً جنازے کا۔

**cortex** *n.(pl.* **cortices)** کسی عضو کا بیرونی حصّہ، خصوصاً دماغ کا یا گردے کا۔ ● **cortical** صف۔

**cortisone** *n.* ایک ہارمون جو دوا کے طور پر مستعمل خصوصاً سوجن یا الرجی کو دور کرنے کے لیے۔

**corvette** *n.* چھوٹی جنگی تیز کشتی۔

**cos** تخفیف: COSINE۔

**cosh** *n. & v.* اسم: ایک بھاری، کُند ہتھیار۔ ف: اس ہتھیار کا وار کرنا۔

**cosine** *n.* ریاضی: (مثلث قائم الزاویہ میں) اس ضلع اور وتر کا باہمی تناسب جو زاویہ حادّہ کے متصل ہو۔

**cosmetic** *adj. & n.* صف: ① آرائشِ حسن کرنے والی (شے) ② اوپری، ظاہری طور پر خوش آئند۔ اسم: سامانِ آرائش خصوصاً چہرے، جلد وغیرہ کے لیے۔

**cosmic** *adj.* کائنات یا آسمان سے متعلق۔

**cosmic rays** *n. pl.* (also **cosmic radiation**) زمین پر کرہ ہوائی کے باہر سے پہنچنے والی شعاعیں، کائناتی اشعاع۔

**cosmogony** *n.(pl.*-**ies)** آفرینش، ابتدا یا تخلیق عالم، اس کی بابت نظریہ۔

**cosmology** *n.* آفاق، عالم یا کائنات کی بابت علم یا نظریہ، آفاقیات، سماویات۔ ● **cosmological** صف۔

**cosmonaut** *n.* روسی خلاباز۔

**cosmopolitan** *adj. & n.* صف: ① جہاں دنیا کے مختلف علاقوں کے لوگ بستے ہوں۔ ② مقامی حدود یا تعصّبات سے پاک، عالمی، بین الاقوامی، وسیع النظر۔ اسم: عالمی، جگت آشنا، وسیع النظر باشندہ۔

**cosmos** *n.* کائنات، عالم ساوی بطور منظم وجود۔

**Cossack** *n.* جنوبی روس کی ایک قوم جو پہلے اپنی جنگی مہارت کے لیے مشہور تھی، قزاق۔

**cosset** *v.* **(cosseted, cosseting)** خوب کھلانا پلانا، بھرنا، نوازنا، ناز اٹھانا۔

**cost** *v. & n.* ف: **(costing، cost)** ① کسی داموں دستیاب ہونا، قیمتاً قابل حصول ہونا۔ ② کسی نقصان کا باعث ہونا۔ ③ **(costing، costed)** قیمت یا لاگت کا اندازہ لگانا۔ اسم: دام، قیمت، کسی شے کی۔

**costal** *adj.* پسلی کا یا پسلی کا سا، اُبھرواں یا بغلی۔

**co-star** *n.* کسی فلم یا تماشے میں کسی ستارے یا اہم ایکٹر کے ساتھ کام کرنے والا، ساجھی، ساتھی۔

**costermonger** *n.* پھیری والا میوہ فروش، جو ٹھیلے پر پھل ترکاری بیچتا ہے۔

**costly** *adj.* **(costlier, costliest)** ① مہنگا، گراں۔ ② قیمتی۔

**costume** *n.* ① پوشاک، کسی مقام عہد یا طبقے کا مخصوص لباس۔ ② کسی خاص موقع کا لباس۔

**cosy** *adj. & n.* (*US* **cozy**) صف: **(cosier، cosiest)** ① آرام دہ، گرم، با آسائش۔ ② باہم فائدہ مند۔ اسم: (ج: **-ies**) گرم رکھنے کی پوشش خصوصاً چائے دانی وغیرہ کی۔ □ **cosy up to** بول چال: ① کسی سے رسوخ بڑھانا کلیجے میں گھسنا۔ ② بغل گیر ہونا۔ ● **cosily** م ف: آرام سے۔ **cosiness** اسم۔

**cot** *n.* چھوٹا پلنگ، خصوصاً بچوں کی پلنگڑی۔

**cot death** *n.* بچے کی اچانک بغیر وجہ بستر کے اندر موت۔

**coterie** *n.* مشترکہ مفاد رکھنے والوں کا مختصر ٹولہ۔

**cottage** *n.* چھوٹا مکان خصوصاً دیہات میں۔

**cottage cheese** *n.* نرم، سفید پنیر جو چھاچھ سے بغیر دبائے تیار کیا جاتا ہے۔

**cottage pie** *n.* قیمے کی پلیٹ جس پر کچلے ہوئے بھنے آلو اوپر سے رکھے ہوتے ہیں۔

**cotton** *n.* اسم: ① روئی، بیجوں پر لپٹا سفید پھولا پھولا ریشہ دار نباتی مادّہ۔ ② اس طرح کا پودا۔ ③ روئی کا دھاگا یا کپڑا۔ □ **cotton on** بول چال: مفہوم پانا، سمجھنے لگنا۔

**cotton wool** *n.* ایک طرح کے گالے، جو پہلے کچی روئی سے بنائے جاتے تھے۔
**cotyledon** *n.* تخم دار پودوں میں کسی کی کونپل۔
**couch** *n. & v.* اسم: صوفہ، گدّے دار نشست۔ ف: خاص قسم کے الفاظ میں ادا کرنا۔
**couchette** *n.* ریل کا ڈبّا جس کی نشستیں سونے کے لیے گدّے دار تختوں میں تبدیل ہو سکیں۔
**couch potato** *n.* بول چال: کوئی شخص جو گھر پر کاہلی میں وقت گزارنا پسند کرے۔
**cougar** *n.* امریکی تیندوا۔
**cough** *v. & n.* ف: کھانسنا، کھنکارنا۔ اسم: ① کھانسی۔ ② اعضائے تنفس کی مریضانہ کیفیت جو کھانسی پیدا کرے۔ □ **cough up** پس و پیش کے ساتھ کچھ بتانا یا دینا۔
**could** CAN[1] کا ماضی۔
**coulomb** *n.* کولم، برقی بار کی بین الاقوامی پیمائش کی اکائی۔
**council** *n.* ① کونسل، کوئی باضابطہ انتظامی مجلس جو مشاورت یا ہدایت حاصل کرنے کے لیے بنائی گئی ہو۔ ② کسی انتظامی حلقے شہر یا ملک کی منتخب مجلس۔
**councillor** *n.* (*US* **councilor**) کسی کونسل یا مجلس مشاورت کا منتخب شدہ رکن۔
**counsel** *n. & v.* اسم: ① مشاورت خصوصاً رسمی، باضابطہ۔ ② صلاح مشورہ۔ ③ بیرسٹر یا مشیر قانونی۔ ف: **(counselling، counselled)** امریکا: **(counseled)** ① (کسی کو) مشورہ دینا۔ ② ذاتی یا سماجی مسئلے میں رائے پیش کرنا خصوصاً پیشہ ورانہ، ذاتی مسائل کے حل میں مدد دینا۔ ● **counsellor** اسم: صلاح کار، مشیر۔
**count** *v. & n.* ف: ① گننا، شمار کرنا۔ ② شمار میں لینا۔ ③ کسی معاملے میں کسی طرح کا خیال کرنا، سمجھنا۔ ④ قابل لحاظ، بیش قدر ہونا۔ اسم: ① شمار، گنتی؛ گننے کا عمل، شمار کا حاصل، حاصل جمع، کل تعداد۔ ② کسی فرد جرم میں سے ہر الزام۔ ③ عام یا مقامی انتخابات میں ووٹوں کا شمار۔ □ **count on** بھروسا کرنا، انحصار کرنا۔
**countdown** *n.* الٹی گنتی گننا، راکٹ وغیرہ چھوڑتے وقت؛ کسی اہم واقعے سے پہلے کے لمحات۔
**countenance** *n. & v.* اسم: ① چہرہ، رُخ، منہ، چہرے کی کیفیت، چہرے سے ظاہر ہونے والے آثار۔ ② طرفداری۔ ③ اخلاقی مدد۔ ف: ① سراہنا، تائید کرنا۔ ② ہمت افزائی کرنا۔
**counter** *n.* ① لمبا چپٹا تختہ جو دکان وغیرہ میں گاہکوں کے سامنے لگا ہوتا ہے جہاں اشیا خریداروں کو دی جاتی ہیں۔ ② چھوٹی چپٹی ٹکلی جو میز پر کھیلے جانے والے کھیلوں میں استعمال ہوتی ہے۔ □ **under the counter** خفیہ طور پر (خصوصاً کمیاب اشیا کی) غیر قانونی فروخت۔
**counter**[2] *v., adv. & adj.* ف: اُلٹنا، رد کرنا، جوابی کارروائی کرنا، توڑ کرنا۔ م ف: ① مخالف سمت میں۔ ② خلاف، برعکس۔ صف: مخالف، اُلٹا، متضاد؛ حائل؛ رکاوٹ ڈالنے والا۔
**counter-** *pref.* ① منہ توڑ جواب یا مخالفت کے معنی دیتا ہے۔ ② مخالف سمت کے معنی یا مطابق ہونے، دہرانے، بدل، جواب ہونے کے معنی میں۔
**counteract** *v.* ① جوابی کارروائی کرنا، توڑ کرنا۔ ② بے اثر کرنا، کاٹ کرنا۔ ● **counteraction** اسم۔
**counter-attack** *n. & v.* اسم: جوابی حملہ یا کارروائی۔ ف: جوابی حملہ کرنا، انسدادی کارروائی کرنا۔
**counterbalance** *n. & v.* اسم: ① وزن برابر کرنے کے لیے رکھا جانے والا بٹّہ، پاسنگ۔ ② دلیل یا قوت کا توڑ، جواب۔ ف: برابر کرنا، توازن قائم کرنا۔
**counterblast** *n.* زوردار، منہ توڑ جواب۔
**counterfeit** *adj., n. & v.* صف: جعلی، نقلی، کھوٹا۔ اسم: جعل سازی۔ ف: نقل اتارنا، جعل کرنا۔
**counterfoil** *n.,* چیک، رسید وغیرہ کا وہ حصّہ جو ادا کرنے والا رکھ لیتا ہے۔
**countermand** *v.* منسوخ کرنا۔
**counterpane** *n.* پلنگ پوش، پلنگ کی چادر۔
**counterpart** *n.* کوئی شخص یا شے جو ہو بہو دوسرے سے مشابہ ہو، جواب، جوڑی دار، جزو لازم۔
**counterpoint** *n.* ① مقررہ اصولوں کے مطابق کوئی دُھن یا دُھنیں دوسری دُھنوں کے ساتھ مل کر بجانے کا فن۔ ② متضاد یا جوابی بحث، کہانی، خیال یا ادبی موضوع جو اصل موضوع کو اُجاگر کرے؛ جوابی نکتہ۔
**counter-productive** *adj.* خلاف منشا یا

② گفتگو یا خیال میں یکجا کرنا۔③ مجامعت کرنا۔

**couplet** *n.* دو مصرعے ایک ساتھ، عموماً مقفّیٰ، بیت۔

**coupling** *n.* ایک دوسرے سے ملانے یا جوڑنے کا آلہ، کل یا پرزہ۔

**coupon** *n.* ① چھپا ہوا فارم، ٹکٹ وغیرہ جو کسی شے، رعایت، انعام وغیرہ کا حقدار بنا دیتا ہے۔② فٹ بال کے میچوں میں شامل ہونے یا کسی اور مقابلے میں شرکت کا درخواست فارم۔

**courage** *n.* جرأت، بے خوفی، ہمّت۔

● **courageous** صف۔**courageously** م ف۔

**courgette** *n.* چھوٹی لنبوتری کدو کی قسم کی ترکاری۔

**courier** *n.* ① سیّاحوں کی ٹولی کو سیر کرانے والا، عموماً کسی سفری ایجنسی کا ملازم۔② ہرکارہ، پیغام رساں۔

**course** *n.* & *v.* اسم: ① روانی، مسلسل آگے بڑھنے کا عمل۔② حرکت، سیر، سفر کا راستہ۔ ③ گھڑ دوڑ یا کسی اور کھیل کا میدان۔ ④ کسی خاص مضمون کی تعلیم کے لیے لیکچروں، اسباق وغیرہ کا سلسلہ۔ ⑤ کھانے پر یکے بعد دیگرے پیش کیے جانے والے طعام۔⑥ علاج کی دواؤں یا تدابیر کا سلسلہ۔ ⑦ روش، رویّہ، طرزِ عمل۔ ⑧ کسی عمارت میں اینٹوں یا پتھروں کی مسلسل افقی چنائی یا قطار۔ ف: ① دوڑنا، روانی کرنا (خصوصاً کسی سیّال کی) ② شکار کے لیے کتوں کو استعمال کرنا۔ □ **a matter of course** قدرتی بات۔ **in course of** کسی عمل کے دوران میں۔ **of course** بیشک، قدرتاً۔

**court** *n.* & *v.* اسم: ① عدالت، منصفین کی جماعت جو مقدمات کی سماعت کے لیے عدالت کے طور پر کام کرے۔ ② کسی کھیل کے لیے مخصوص احاطہ یا صحن، لان ٹینس وغیرہ کے لیے احاطہ، گھاس کا قطعہ۔ ③ حکمران کا محل، خدمت گار، درباری وغیرہ۔ ف: ① کسی کا التفات یا محبت حاصل کرنے کے لیے پر چانا، رجھانا، کسی پر محبت کی نظر رکھنا۔② اپنے عمل سے مصیبت کو دعوت دینا۔

**courteous** *adj.* پُرتپاک، خوش خلق۔

● **courteously** م ف۔**courteousness** اسم۔

**courtesan** *n.* ادبی: ① طوائف، خصوصاً امیروں کی داشتہ، خانگی۔ ② کسی امیر کی منظورِ نظر۔

**courtesy** *n.* (*pl.*-**ies**) تپاک، خوش اخلاقی۔

مقصد فوت کرانے والا عمل۔

**countersign** *v.* ① کسی دستخط شدہ دستاویز پر اپنے دستخط کا اضافہ کرنا۔② توثیق، تصدیق مزید کرنا۔

**countersink** *v.*(-**sunk**,-**sinking**) ① (سوراخ کو) چوڑا یا گہرا کرنا تاکہ اس میں پیچ یا کیل سطح کے برابر بٹھائی جا سکے۔② سوراخ میں (پیچ وغیرہ) بٹھانا۔

**counter-tenor** *n.* موسیقی: مردانہ اونچی آواز، اس کا گانے والا شخص۔

**countess** *n.* ① کاؤنٹ یا ارل کی بیوی یا بیوہ۔② کاؤنٹ یا ارل کا مرتبہ رکھنے والی خاتون۔

**countless** *adj.* بے شمار، بے گنتی، لاتعداد۔

**countrified** *adj.*(also **countryfied**) گنوار، دہقانی خصوصاً اطوار، حلیے وغیرہ میں۔

**country** *n.*(*pl.*-**ies**) ① ریاست، ملک، دیس، کسی قوم کی عملداری، کوئی علاقہ جس کے لوگوں کی اپنی زبان، ثقافت وغیرہ ہو۔② شہری کے مقابلے میں دیہی علاقہ۔ ③ وہ ملک جہاں کوئی شخص پیدا ہوا یا جہاں کا وہ باشندہ یا شہری ہو۔□ **go to the country** پارلیمنٹ کو توڑ کر رائے عامہ معلوم کرنے کے لیے انتخابات کرانا۔

**countryman** *n.* (*pl.* **-men;** *fem.* **countrywoman,** *pl.* **-women**) ① دیہات کا باشندہ۔② خاص ملک یا ضلع کا رہنے والا۔

**countryside** *n.* دیہی علاقہ، دیہات۔

**county** *n.*(*pl.*-**ies**) ① بعض ملکوں کے علاقائی حصّے جو مقامی انتظام کے لیے خاص یونٹوں پر مشتمل ہوتے ہیں۔② کسی کاؤنٹی کے سربر آوردہ گھرانے۔

**coup** *n.* ① نمایاں یا کارگر ضرب، وار یا چال۔② =COUP D'ÉTAT۔

**coup de grâce** *n.* تکمیلی یا آخری وار خصوصاً کسی زخمی جانور یا آدمی کو ختم کرنے کے لیے۔

**coup d'état** *n.* (*pl.* **coups d' é tat**) زبردستی یا غیر قانونی طور پر حکومت ہتھیانا۔

**coupé** *n.* (*US* **coupe**) سخت چھت والی دو نشستوں کی کار جس کا پچھلا حصّہ ڈھلوان ہوتا ہے۔

**couple** *n.* & *v.* اسم: ① دو عدد، جوڑا، تقریباً دو۔② شادی شدہ جوڑا۔ ف: ① ساتھ ملا کر منسوب کرنا یا جوڑنا۔

**courtier** *n.* شاہی درباری، مصاحب۔
**courtly** *adj.* شائستہ، پُرتکلف، مہذّب۔
**court martial** *n. & v.* اسم:(ج: **courts martial**) فوجیوں پر عائدالزام کی سماعت کرنے والی عدالت، عسکری یا فوجی عدالت۔ف:(**-martialled**، **-martialling**-امریکا:**-martialed**) فوجی عدالت میں مقدمہ چلانا۔
**courtship** *n.* منگیتروں کا باہمی اظہارعشق، نرجانوروں، پرندوں وغیرہ کے مادائوں سے چونچلے۔
**courtyard** *n.* عمارتوں کے درمیان کھلاصحن، احاطہ۔
**cousin** *n.*(also **first cousin**) ماں یاباپ کی بہن یابھائی کی اولاد۔□**second cousin** ماں یا باپ کے کزن کی اولاد۔
**couture** *n.* نئی وضع کے کپڑوں کی تراش اور تیاری۔
**couturier** *n.* نئے فیشن کے کپڑے تیارکرنے والا۔
**cove** *n.* چھوٹی عموماً ڈھکی ہوئی کھاڑی یاساحلی کٹاؤ۔
**coven** *n.* چڑیلوں یاجادوگرنیوں کی سنگت۔
**covenant** *n. & v.* اسم:معاہدہ،اقرارنامہ۔ف: قانونی اقرارکرنا خصوصاً قانونی معاہدے کے ذریعے۔
**cover** *v. & n.* ف:①ڈھانپنایاچھپانا،کسی کپڑے وغیرہ سے۔②پوری طرح چھا جانا، پوری سطح کوڈھک لینا۔ ③ محفوظ کرنا، پہنانا۔ ④ سمیٹنا، شامل کرنا، احاطہ کرنا۔ ⑤چل کرطے کرنا، کسی فاصلے تک جانا۔⑥ خبردینا، نامہ نگارکی حیثیت سے پتہ چلانا۔⑦ ضرورت یاخرچ کے لیے کافی ہونا۔⑧ قائم مقامی کرنا۔⑨ بندوق وغیرہ کے نشانے پرلینا،کسی کی آڑبننا، پناہ میں لینا،کسی کا بچاؤکرنا۔ اسم: ① ڈھانپنے، حفاظت کرنے والی چیز خصوصاً ڈھکنا، کتاب کی جلد، لفافے یاپارسل کاغلاف۔ ② چھپنے کی جگہ، پناہ گاہ۔ ③ بہانہ، آڑ۔ ④ بیمے کے ذریعے تحفظ، بچاؤ جو حاصل ہو۔ □ **cover up** ① پورے طورپرڈھانپ لینا یاچھپا لینا۔ ②حقائق پرپردہ ڈالنا۔● **cover-up** اسم: اخفائے حالات۔
**coverage** *n.* ①رقبہ یامقدارجوشامل ہو،مقررکردہ مقداریاوسعت۔② کسی خبریاشخصیت کواخبارات وغیرہ میں جتنی اشاعت ملی۔ ③ بیمہ پالسی کے ذریعے جس قدرنقصان کی تلافی کا ذمہ لیاگیا۔
**covering letter** *n.* وضاحتی خط جواشیاکے ہمراہ بھیجا جاتا ہے۔
**coverlet** *n.* پلنگ پوش یاپلنگ کی چادر۔
**covert** *adj. & n.* صف:خفیہ،پوشیدہ۔اسم:پناہ گاہ، خصوصاً جھاڑیاں وغیرہ جہاں شکار چھپا ہو۔ ● **covertly** م ف: خفیہ طورسے۔
**covet** *v.*(**coveted, coveting**) خواہش کرنا (خصوصاً کسی دوسرے کی چیزکی)● **covetous** صف۔
**covey** *n.* (*pl.* **-eys**) تیتروں کا جھنڈ۔
**cow** *n. & v.* ① گائے اور چند دوسرے بڑے عظیم الجثہ جانوروں کی مادہ خصوصاً ہاتھی، وھیل یادریائی گھوڑے کی۔ ② بول چال: عورت، خصوصاً اجڈ، انکھڑ۔ف: دھمکانا، خوف دلانا، حوصلہ توڑنا۔
**coward** *n.* بزدل، ڈرپوک آدمی جوخطرے یادرد سے خوف زدہ ہوجائے۔● **cowardly** صف: بزدلانہ۔
**cowardice** *n.* بزدلی، پست ہمتی۔
**cowboy** *n.* ①مویشیوں کارکھوالا۔②بول چال: بے اصولا، بے دھڑک، کاروباری آدمی۔
**cower** *v.* ①خوف سے دبکنا، جھکائی لینا، عاجزی، لجاجت کااظہارکرنا۔②سرنہوڑانایا کمرجھکانا۔
**cowl** *n.* ①راہبوں کےلبادے کے ساتھ کاٹوپ یا ٹوپ والا لبادہ،عبا۔②عمارت کی چمنی کاٹوپ نماڈھکنا۔
**cowling** *n.* انجن کااٹھ جانے والاڈھکن۔
**cowrie** *n.* سیپی یاکوڑی۔
**cowslip** *n.* گاؤزبان کی ایک بُوٹی جس میں زرد خوشبودارپھول لگتے ہیں اورچراگاہوں میں اُگتی ہے۔
**cox** *n.& v.* اسم: پتواردار، ناخدا۔ف:(دوڑنے والی کشتی کی) ناخدائی کرنا۔
**coxcomb** *n.* اکڑنے،اترانے والا،مغرورآدمی۔
**coxswain** *n.* اسم:①پتواردار۔②چھوٹے جہازکے (غیرکمیشن دار)افسروں میں سینئرافسر۔
**coy** *adj.* ①شرمیلا پن برتنے، بناوٹ سے لجانے والا۔ ② کم آمیز۔● **coyly** م ف:شرما کر،لجاجت سے۔
**coyote** *n.* شمالی امریکا کا بھیڑیے سے مماثل جنگلی کتا۔
**coypu** *n.* آبی اودبلاؤجیسا کترنے والا جانور۔
**cozy** امریکا:COSY کامتبادل۔

**CPU-** central processing unit=:کمپیوٹر
**Cr** عنصر chromium کی علامت۔
**crab** *n.* کیکڑا، دس پاؤں کا سمندری صدفہ۔
**crab apple** *n.* ایک چھوٹا سیب سے ملتا کھٹا پھل۔
**crabbed** *adj.* (also **crabby**) ①چڑچڑا، نک چڑھا، بدمزاج۔②ٹیڑھا میڑھا، گھسیٹ (خط یا لکھائی)
**crack** *n., v. & adj.* اسم:①تڑاقا، چٹاخا، اچانک تیزی سے اٹھنے والی آواز۔ ②زور کی ضرب۔ ③درز، جھری، دراڑ، شگاف۔ ④ بول چال: چوٹ، کٹیلا جملہ، فقرہ، پھبتی۔ ⑤ کوکین کے بلوری، تند، نشہ آور ریزے۔ ف: ① شگاف ڈالنا، تڑقنا یا تڑاتے، پٹاخے، چٹاخے کی آواز کرنا۔ ② چٹاخ سے توڑنا یا ٹوٹنا۔ ③ جی چھوڑنا، ہمّت ہارنا، ٹوٹ جانا، زیر ہو جانا۔ ④ آواز کا بھاری ہونا، بھرّانا۔ ⑤ کسی مسئلے کا حل پالینا۔ ⑥ لطیفہ چھوڑنا، برجستہ مذاق کرنا۔ صف: بہت عمدہ، بہت خوب۔□ **crack down on** بول چال: سخت کارروائی کرنا۔ **crack up** بول چال: ①دباؤ کے نیچے چور چور ہوجانا، دماغی توازن خراب ہوجانا۔ ② تعریف کرنا۔ **have a crack at** بول چال: کوشش کرنا۔
**crack-brained** *adj.* بول چال: پاگل، سڑی۔
**crackdown** *n.* بول چال: دھاوا، ہلّہ، سخت کارروائی خصوصاً قانون شکنی کرنے والوں کے خلاف۔
**cracker** *n.* ① کاغذ کا بیلن جس کے سرے دونوں ہاتھوں سے پکڑ کر کھینچتے ہیں تو چٹاخ کی آواز کے ساتھ اس میں سے کوئی چھوٹا سا کھلونا نکلتا ہے۔ ② آتش بازی کا پٹاخا۔ ③ایک پتلا کرارا بسکٹ۔
**crackers** *adj.* بول چال: سڑی، پاگل۔
**crackle** *v. & n.* ف: چرچرانا، چٹر پٹر کرنا۔ اسم: اس طرح کی آواز۔
**crackling** *n.* بھنے سور کے گوشت کی کراری کھال۔
**crackpot** *n. & adj.* بول چال، اسم: انوکھا، مجہول، نکمّا آدمی۔ صف: حماقت آمیز، بے عمل۔
**cradle** *n. & v.* اسم:① بچے کا گہوارہ، پنگورا۔ ②وہ مقام جہاں کوئی چیز جنم لے خصوصاً تہذیب و تمدن وغیرہ۔ ③ گہوارے سے ملتی جلتی شے۔ ف:① حفاظت یا آرام سے رکھنا۔ ② گہوارے میں لٹانا۔

**craft** *n. & v.* اسم:①مہارت، خصوصاً دستکاری وغیرہ میں۔ ② کوئی ہنر یا پیشہ۔③ کشتی، جہاز وغیرہ۔ ④ چالاکی، عیّاری۔ ف: گھڑنا، ڈھالنا، بنانا، وضع کرنا۔
**craftsman** *n.*(*pl.*-**men**) ہنرمند، تجربہ کار، سدھا ہوا کاریگر۔● **craftsmanship** اسم۔
**crafty** *adj.* (**craftier, craftiest**) کائیاں، عیّار، دھوکے باز۔● **craftily** م ف: دھوکے بازی سے، عیّارانہ۔**craftiness** اسم: عیّاری، چالاکی۔
**crag** *n.* سیدھی، ان گھڑ چٹان۔
**craggy** *adj.*(**craggier, craggiest**) ① کھردرا (خصوصاً چہرہ)②ناہموار، ٹیلوں سے پٹا ہوا۔
**cram** *v.* (**crammed, cramming**) ① اٹا اٹ بھرا ہوا ہونا، ٹھونسنا۔ ②رٹنا، امتحان کے لیے سبق کو گھوٹ گھوٹ کر یاد کرنا۔
**cramp** *n. & v.* اسم:① عضلے یا عضلات کی اکڑن، اینٹھن۔ ②لوہے کی سلاخ جس کے سرے موڑ دیے گئے ہوں تاکہ چنائی کو سہارا دے سکے۔ ف:① تشنج میں مبتلا ہونا۔ ② تنگ جگہ میں گھیرنا، جکڑنا۔
**crampon** *n.* جوتے کا آہنی میخدار تلا جو برف پر چلنے میں کام آتا ہے۔
**crane** *n. & v.* اسم:① کرین، بوجھ اٹھانے والی مشین۔ ②سارس کی نسل کا کوئی پرندہ، کونج، لم ٹنگو۔ ف: کسی چیز کو دیکھنے کے لیے گردن آگے نکالنا۔
**cranium** *n.* (*pl.* **craniums** or **crania**) کھوپڑی، کاسۂ سر۔
**crank** *n. & v.* اسم:①دُھرے یا مشین کے آہنی بازو کا حصّہ جو L کی شکل میں مڑا ہوتا ہے، اور محوری حرکت اور اسکی حرکت کو باہم منتقل کرتا اور رواں رکھتا ہے۔ ②سڑی، خبطی آدمی۔ ف: ①دھری کے ذریعے گھمانا، دھری کو گھما کر انجن کو چلانا۔● **cranky** صف۔
**carnny** *n.*(*pl.*-**ies**) درز، سوراخ، چھید۔
**crap** *n. & v.* مبتذل، اسم:① بکواس، لغویت۔② فضلہ۔ ف:(**crapping، crapped**) پاخانہ کرنا۔
**craps** *n.pl.* امریکا: ایک جُوا جو نمبروں والے دو پانسوں سے کھیلا جاتا ہے۔
**crash** *v., n. & adj.* ف:① زور کا چھناکا کرنا۔②

دھماکے سے گرنا۔ ③ گاڑی کا یا گاڑی کو کسی اور گاڑی وغیرہ سے ٹکرانا۔ ④بول چال: بلااجازت گھس آنا۔ اسم: ① زور کا چھنا کا یا دھماکا۔ ② زور کی ٹکّر۔③ تباہی خصوصاً مالی۔صف: جلدی، کم مدّت کا۔

**crash helmet** *n.* ٹکر کی صورت میں بچاؤ کے لیے پہنا جانے والا آہنی ٹوپ خصوصاً موٹر سائیکل سوار کا۔

**crashing** *adj.* بول چال: زبردست، مکمّل۔

**crash-land** *n.* (ہوائی جہاز کا) تیزی سے دھماکے کے ساتھ اترنا، عموماً پہیوں کو نیچا کیے بغیر۔

**crass** *adj.* ①احمقانہ۔② ازحد، انتہائی۔③ ثقیل، بھونڈا، نفاست، معقولیت سے عاری۔

**crate** *n. & v.* اسم: بڑا ٹوکرا، چھابا یا لکڑی کے تختوں کا بنا ہوا بکس جس میں سامان، خصوصاً نازک اشیا لے جائی جائیں۔ف: بکس میں چیزیں رکھنا۔

**crater** *n.* ① آتش فشاں کا دہانہ۔② پیالہ نما گڑھا خصوصاً جو بم وغیرہ کے پھٹنے سے بنے۔

**cravat** *n.* ① کھلے گلے کی قمیص کے ساتھ باندھا جانے والا رومال یا گلوبند۔② نکٹائی۔

**crave** *v.* تمنا کرنا، آرزو کرنا، التجا، التماس کرنا۔

**craven** *adj.* ڈرپوک، پست ہمت، بزدلانہ۔

**craving** *n.* شدید خواہش، ہُڑک، طلب۔

**craw** *n.* پرندے یا حشرے کا پوٹا۔

**crawfish** *n.* ایک بڑا سمندری، خاردار جھینگا، کیکٹ۔

**crawl** *v. & n.* ف:①رینگنا،گھسٹنا، آہستہ آہستہ حرکت کرنا، خصوصاً ہاتھوں، گھٹنوں پر۔ ②(کیڑے یا سانپ کا) پیٹ کے بل حرکت کرنا۔③ آہستہ آہستہ چلنا۔ ④بول چال: عاجزانہ یا خوشامدانہ انداز اختیار کرنا۔اسم: ① رینگنے، گھسٹنے کا عمل۔ ② آہستہ خرامی۔ ③چھاتی کے بل تیراکی۔□ **crawling with** اشیا وغیرہ سے بھرا ہوا، پٹا ہوا۔● **crawler** اسم۔

**crayfish** *n.* ① میٹھے پانی کا ایک قشری یا خولدار جھینگا نما جانور۔②رک: crawfish۔

**crayon** *n. & v.* اسم: ①رنگین چاک یا چاک بھری یا مومی پنسل۔ ②اس سے بنائی ہوئی نقاشی۔ف: رنگین کھریا سے نقش گری کرنا۔

**craze** *n.* کسی چیز کا شوق یا طلب عموماً وقتی۔

**crazy** *adj.* **(crazier, craziest)** بول چال: غیر معقول، سر پھرا (شخص یا کام) ● **crazily** م ف۔ **craziness** اسم: جنون، خبط، دیوانگی۔

**creak** *n. & v.* اسم: تیز چرچراہٹ یا چوں چوں کی آواز۔ف: ایسی آواز نکالنا۔● **creaky** صف۔

**cream** *n., adj. & v.* اسم:①دودھ کی بالائی، اس کا زردی مائل سفید رنگ۔ ② کسی چیز کا بہترین جزو، ست، مغز۔ ③ کریم سے ملتی جلتی شے۔صف: سفیدی مائل مدّھم زرد۔ف: ① کسی شے کا جزو اصلی یا جوہر نکال لینا۔ ② مکھن کو پھینٹ کر کریم نکالنا۔□ **cream off** جوہر نکال لینا۔● **creamy** صف۔

**cream cheese** *n.* بن بلوئے دودھ اور بالائی سے بنایا ہوا عمدہ پنیر۔

**cream cracker** *n.* کرارا پھیکا بسکٹ۔

**creamery** *n.* (*pl.* **-ies**) دودھ مکھن وغیرہ کی دکان، شیر خانہ۔

**cream of tartar** *n.* پوٹاشیم کا مرکب جو دواؤں یا خمیر کے سفوف میں پڑتا ہے۔

**crease** *n. & v.* اسم: ① کاغذ وغیرہ کو موڑنے سے پڑنے والی شکن، تہ کرنے کا نشان، سلوٹ۔ ② کرکٹ: بولر یا بلّے باز کی حد بتانے والی لکیر۔ف: ① کسی چیز، کپڑے وغیرہ میں شکن ڈالنا۔② شکن دار ہو جانا۔

**create** *v.* ① وجود میں لانا، ذریعہ یا سبب ہونا کسی امر کا۔ ② ایجاد، اختراع، تخلیق کرنا۔ ③ (کسی شخص کو) کسی منصب پر فائز کرنا۔ ④ بول چال: فساد مچانا، جھگڑنا۔● **creation** اسم۔**creator** اسم: خالق۔

**creative** *adj.* ① تخلیقی، ایجادی۔② تخلیق کار، ایجاد و اختراع کرنے، نئی بات نکالنے والا۔ ③ تخلیقی صلاحیت رکھنے والا، صاحب ایجاد۔● **creatively** م ف۔ **creativity** اسم: تخلیقی صلاحیت۔

**creature** *n.* جانور، کوئی زندہ مخلوق۔

**crèche** *n.* چھوٹے بچوں کی دن کے دن دیکھ بھال کا ٹھکانا، دارالاطفال۔

**credence** *n.* یقین، اعتبار۔

**credentials** *n. pl.* اسناد، کسی کے کارنامے، کارگزاری یا معتبر ہونے کی تصدیق جو عموماً صداقت

ناموں، حوالوں وغیرہ کی صورت میں ہوتی ہے۔

**credible** *adj.* قابل یقین، معتبر، باوثوق (بیان یا شخص)● **credibility** صف۔ **credibly** م ف۔

وضاحت: *credible* قابلِ یقین اور *credulous* جلد یقین کر لینے والا کے درمیان فرق ہے۔

**credit** *n. & v.* اسم: ① باعث فخر، اعزاز وغیرہ۔ ② خصوصیت یا خوبی کا اعتراف۔ ③ اچھی شہرت، ساکھ۔ ④ اعتقاد، اعتماد، بھروسا۔ ⑤ کسی شخص کی مالی حیثیت، بینک وغیرہ میں اسکی جمع پونجی۔ ⑥ **(credits)** فلم وغیرہ کی پیشکش میں کسی کی شرکت کا اعتراف۔ ⑦ کاروبار میں دیانت اور مالی مضبوطی کی شہرت، ساکھ۔ ⑧ (حساب کتاب میں) ادائگی کا اندراج۔ ف: **(credited، crediting)** ① ماننا، تسلیم کرنا۔ ② کھاتے میں وصولی یا جمع کے تحت درج کرنا۔

**creditable** *adj.* قابل تعریف، جس سے کسی کا مان بڑھے۔● **creditably** م ف۔

وضاحت: *creditable* کو *credible* سے خلط ملط نہ کریں۔

**credit card** *n.* بینک وغیرہ کا اجرا کردہ کارڈ جس کی بنا پر سودا وغیرہ قرض لیا جا سکتا ہے۔

**creditor** *n.* قرض خواہ، جس نے قرض دیا ہو۔

**credulous** *adj.* ① کسی بات کو جلدی مان لینے والا۔ ② سادہ لوحی پر مبنی رویہ۔● **credulity** اسم۔

**creed** *n.* مجموعی عقائد یا آراء خصوصاً زندگی کے فلسفے کے طور پر، مسلک، دین۔

**creek** *n.* ساحل سمندر پر چھوٹی کھاڑی یا بندر، گھاٹ۔

**creep** *v. & n.* ف: **(creeping، crept)** ① سینے کے بل کھسکنا، رینگنا۔ ② دھیرے دھیرے، ڈرتے ڈرتے آنا، جانا یا حرکت کرنا۔ ③ (جلد کا) سنسنی، سرسراہٹ محسوس کرنا، خوف یا دہشت سے رونگٹے کھڑے ہونا۔ ④ (بیل کا) زمین پر پھیلنا یا اوپر چڑھنا۔ اسم: ① رینگنے، کھسکنے کی حرکت۔ ② بول چال: گھناؤنا آدمی۔ ③ **(the creeps)** بول چال: پھریری، جھرجھری۔

**creepy** *adj.* **(creepier, creepiest)** بول چال: سنسنی خیز، جھرجھری پیدا کرنے والا۔

**cremate** *v.* آگ میں پھونکنا (لاش وغیرہ کو)● **cremation** اسم: لاش کا کریا کرم۔

**crematorium** *n.* (*pl.* **crematoria** or **crematoriums**) وہ جگہ جہاں مردے بھٹی میں جلائے جاتے ہیں۔

**crême de la crême** *n.* بہترین جزو، حصّہ؛ اعلیٰ طبقہ۔

**creme de menthe** *n.* پیپرمنٹ یا پودینے کے ذائقے کی شراب۔

**crenellate** *v.* فصیل، منارے وغیرہ کی منڈیر پر کنگرے بنانا یا شگاف رکھنا۔● **crenellation** اسم۔

**Creole** *n.* ① جزائر غرب الہند یا وسطی وجنوبی امریکا میں آ کر بسنے والے یورپی لوگوں کی اولاد۔ ② کسی یورپی زبان اور دوسری (خصوصاً افریقی) زبان کے ملاپ سے بننے والی زبان۔

**creosote** *n.* ایک گہرا بھورا تیل جو تارکول سے نکالا جاتا ہے اور لکڑیوں کو محفوظ بنانے کے کام آتا ہے۔

**crêpe** *n.* ① ایک نفیس کپڑا جس کی سطح پر چنٹیں ہوتی ہیں، کریب۔ ② پتلی پوری عموماً چاشنی دار۔

**crept** CREEP کا ماضی و ماضیہ۔

**crepuscular** *adj.* ① جھٹ پٹے کا، مدّھم، دُھندلا۔ ② جھٹ پٹے کے وقت نکلنے والا (جانور)

**crescendo** *n. & adv.* اسم: (ج: **crescendos** یا **crescendi**) بتدریج بلند ہونے والی دُھن۔ م ف: تدریجاً تیز ہوتا، بڑھتا، چڑھتا ہوا۔

**crescent** *n.* ① ہلال یا ڈھلتے چاند کی قوسی شکل۔ ② اس شکل سے ملتی جلتی شے، خصوصاً نیم دائرہ نما سڑک۔

**cress** *n.* صلیب نما پودوں میں سے کوئی جن کے چرپرے پتے کھائے جاتے ہیں، مثلاً آبی سلاد۔

**crest** *n.* ① کلغی، کسی پرندے یا جانور کے سر پر پروں یا بالوں کا گچھا، ٹوپی کا طرّہ یا لوہے کے خود پر آرائشی کلغی وغیرہ۔ ② کسی شے مثلاً پہاڑ، پانی کی لہر یا چھت کا بالائی حصّہ، چوٹی، ابھار۔ ③ سپر یا خود پر بنا ہوا خاندانی نشان۔

**crestfallen** *adj.* افسردہ، رنجیدہ، بے کیف۔

**cretaceous** *adj.* کھریا کی قسم کا۔
**cretin** *n.* ① بے ڈول اور فاتر العقل شخص۔ ② بول چال: بے وقوف آدمی۔ ● **cretinous** صف۔
**crevasse** *n.* گہری دراڑ، خصوصاً گلیشیر میں۔
**crevice** *n.* درز، دراڑ، شگاف۔
**crew**[1] *n. & v.* اسم: ① جہاز، طیارے وغیرہ کا عملہ۔ ② کوئی گروہ یا ٹولی، جتھا۔ ف: ① عملہ مہیّا کرنا یا کسی کے عملے کے طور پر کام کرنا۔ ② عملے کا رکن بننا۔
**crew**[2] CROW کا ماضی۔
**crew cut** *n.* سر پر چھوٹے کٹے ہوئے خشخاشی بال۔
**crib** *n. & v.* اسم: ① بچے کا پنگورا۔ ② حضرت عیسیٰؑ کی ولادت کا منظر جس میں ایک ناند بطور پنگورا دکھائی جاتی ہے۔ ③ مویشیوں کے چارے کے لیے باڑ دار ناند۔ ④ بول چال: کسی متن کا ترجمہ طالب علموں کی مدد کے لیے۔ ف: (cribbing، cribbed) بول چال: کسی کے مضمون وغیرہ کا چربہ کرنا۔
**cribbage** *n.* تاش کا ایک کھیل۔
**crick** *n.* گردن، کمر وغیرہ کی چک یا اچانک شدید درد۔
**cricket** *n.* ① گھاس کے میدان پر بال بیٹ اور وکٹوں سے کھیلا جانے والا ایک کھیل جو گیارہ گیارہ کھلاڑیوں کی دو ٹولیوں کے درمیان کھیلا جاتا ہے۔ ② جھینگر جس کا نر مخصوص جھنجھناتی آواز نکالتا ہے۔ ● **cricketer** اسم۔
**crier** *n.* (also **cryer**) سرکاری اہل کار جو عدالت یا سڑک پر اعلان کرتا ہے، آواز لگاتا ہے۔
**crikey** *int.* بول چال: اظہار حیرت کا کلمہ، یا مولا!
**crime** *n.* ① کوئی قانوناً قابلِ تعزیر جرم۔ ② قابل مذمّت کام۔ ③ بول چال: غلط کاری، شرمناک بات۔
**criminal** *n. & adj.* اسم: مجرم، جرم کا مرتکب شخص۔ صف: ① جرائم سے متعلق۔ ② سزا یافتہ۔ ● **criminality** اسم: خطا کاری۔ **criminally** م ف۔
**criminology** *n.* جرائم کا علمی مطالعہ، جُرمیات۔ ● **criminologist** اسم: ماہر جرمیات۔
**crimp** *v.* اُتّو کرنا، شکنیں سلوٹیں ڈالنا، چُرمُر کرنا۔
**crimson** *adj. & n.* صف: قرمزی رنگ کا۔ اسم: گہرا سرخ، قرمزی رنگ۔
**cringe** *v.* ① خوف یا لجاجت سے دبکنا، جسم کو سمیٹنا۔ ② لجاجت کرنا، خوشامدانہ انداز اختیار کرنا۔
**crinkle** *n. & v.* اسم: کپڑے یا کاغذ وغیرہ کی شکن، سلوٹ۔ ف: ① شکن دار ہونا۔ ② شکنیں ڈالنا۔
**crinoline** *n.* تنے ہوئے گھیر کا زیر جامہ جو عورتیں پہلے پہنا کرتی تھیں تاکہ لمبا سایہ نیچے سے پھولا رہے۔
**cripple** *n. & v.* اسم: لنگڑا، اپاہج شخص۔ ف: ① اپاہج بنانا۔ ② ناکارہ کر دینا، کمزور، غیر فعّال بنا دینا۔
**crisis** *n.* (*pl.* **crises**) ① نازک، اہم، توڑ کا لمحہ، مشکل یا خطرے کا وقت۔ ② مرض کا بحران۔
**crisp** *adj. & n.* صف: ① خوشگوار فرحت بخش۔ ② جاندار، رواں دواں، بچا تلا۔ ③ خستہ، کرارا، کھڑکھڑاتا۔ اسم: آلو کے تلے ہوئے خستہ ورق۔ ● **crisply** م ف۔ **crispness** اسم۔ **crispy** صف۔
**crispbread** *n.* پتلا، خستہ، سادہ بسکٹ۔
**criss-cross** *n., adj., adv. & v.* اسم: ① آڑی ترچھی لکیروں کا جال۔ ② ایک دوسرے کو کاٹتی ہوئی لکیریں، لہریں وغیرہ۔ صف: صلیبی۔ م ف: باہم ایک دوسرے کو کاٹنے والا یا متصادم۔ ف: آڑی ترچھی یا ایک دوسرے کو کاٹتی ہوئی لکیروں کا نقش بنانا۔
**criterion** *n.* (*pl.* **criteria**) معیار جس پر کسی چیز کو جانچا پرکھا جائے۔
**critic** *n.* ① اعتراض کرنے، کاٹنے چھانٹنے والا۔ ② ادب یا فنون لطیفہ کا ناقد، مبصّر، تنقید نگار۔
**critical** *adj.* ① معترضانہ اظہار یا فیصلے کرنے والا۔ ② تنقید کا ماہر، نقاد، متن کو پرکھنے، درست کرنے والا۔ ③ نازک موڑ یا موقع پر یا موقع کا؛ تعطل کا شکار یا مخدوش، اہم، فیصلہ کن۔ ● **critically** م ف۔
**criticism** *n.* ① نکتہ چینی، عیب جوئی، اعتراض۔ ② مضمون، مقالہ وغیرہ جو کسی چیز کا تنقیدی جائزہ لے۔
**criticize** *v.* (also **-ise**) ① اعتراض، نکتہ چینی کرنا۔ ② تنقیدی نظر سے بحث کرنا۔
**critique** *n.* تنقیدی مضمون یا تجزیہ، نقد و نظر۔
**croak** *n. & v.* اسم: بیٹھی ہوئی سی بھاری آواز جیسے مینڈک یا کوّے کی۔ ف: ① ٹرّانا، بھاری، بھرّائی آواز میں بولنا۔ ② بول چال: مرجانا، مارنا، کام تمام کرنا۔

**crochet** *n. & v.* اسم:① بنائی جس میں دھاگے سے ایک ہک دار سلائی کے ذریعے نقش بنائے جاتے ہیں۔ ② کروشیا کا کام۔ ف: **(crocheted، crocheting)** ① کروشیا کی بنائی کرنا۔ ② کروشیا سے بنانا یا تیار کرنا۔

**crock** *n. & v.* ①بول چال: نااہل، ناکارہ آدمی؛ پرانی پھٹیچر گاڑی وغیرہ۔② مٹی کا برتن، اس کی ٹھیکری۔

**crockery** *n.* برتن بھانڈے خصوصاً چینی کے۔

**crocodile** *n.* ① موٹی کھال کا رینگنے والا جانور، مگرمچھ، گھڑیال۔ ② برط: جوڑوں میں چلتے ہوئے لوگوں کی قطار۔

**crocodile tears** *n.pl.* بناوٹی آنسو۔

**crocus** *n.* کرکم یا جنس زعفران کا نیچا پودا۔

**croft** *n.* اسکاچستان میں ٹھیکے پر اٹھائی ہوئی اراضی۔

**crofter** *n.* اسکاچستان کے بعض حصّوں میں ٹھیکے یا ساجھے میں کاشت کرنے والا۔

**croissant** *n.* ہلالی شکل کی نرم پھولی پھولی پیسٹری۔

**crone** *n.* بوڑھی پھونس عورت۔

**crony** *n.* (*pl.*-**ies**) قریبی دوست، یار غار، لنگوٹیا۔

**crook** *n. & v.* اسم:① آنکڑے دار چھڑی یا لاٹھی۔ ②زاویہ، گوشہ، کونا۔③ بول چال: عیّار، چالاک، چلتا پرزہ، دھوکے باز، عادی مجرم۔ ف: موڑنا، بل، خم دینا۔

**crooked** *adj.*: ① کج، ٹیڑھا، ناہموار۔②بول چال: بددیانت، بے ایمان۔ ● **crookedly** م ف۔

**croon** *v.* دھیمی لے میں گنگنانا، خصوصاً جذباتی انداز میں۔● **crooner** اسم۔

**crop** *n.& v.* اسم: ① کھیتی، فصل، کاشت، سال کی کل فصل یا پیداوار۔② کسی ایک وقت کی کل مقدار یا تعداد۔③ کوڑے کا ہتھّا یا دستہ۔ ④ بالوں کی خشخاشی تراش۔ ⑤ پرندے کا پوٹا جہاں غذا ہضم کے لیے تیار ہوتی ہے۔ ف: **(cropping ، cropped)** ① کاٹنا، تراشنا۔② کاٹنا، اکٹھا کرنا (فصل) □ **crop up** کسی صورت حال کا اچانک نمودار ہونا۔

**cropper** *n.* بول چال: □ **come a cropper** ① دھم سے گرنا۔②بری طرح ہارنا، مات کھانا۔

**croquet** *n.* گھاس کے قطعے پر لکڑی کی گیندوں سے کھیلا جانے والا کھیل جنھیں ایک بلّے یا موگری سے مار کر کئی حلقوں میں سے گزارنا ہوتا ہے۔

**croquette** *n.* ڈبل روٹی کا چورا لگا کر تلے ہوئے آلو کے کباب یا کوفتے، بھونڈے۔

**crosier** *n.*(also **crozier**) آنکڑے کی شکل کا بشپ کا عصا جو اس کے منصب کی علامت ہے۔

**cross** *n., v. & adj.* اسم: ① کھڑی بلّی پر جڑی ہوئی آڑی بلّی، صلیب جس پر پہلے زمانے میں سولی دی جاتی تھی ۔ ②حیوانوں یا پودوں کی مختلف نسلوں کا میل، دوغلا جانور یا پودا۔ ③ کڑی آزمائش، مصیبت۔ ④ میدان کے چوڑے رُخ پر دوسرے کھلاڑی کی طرف بھیجی گئی گیند۔ ف: ① پار کرنا، عبور کرنا۔ ② ایک دوسرے کو قطع کرنا، کاٹنا۔ ③ لکیر ڈالنا، چیک پر دو متوازی لکیریں کھینچنا تا کہ کسی خاص حساب میں جمع ہو۔ ④ خط یا لکیر کھینچ کر فہرست وغیرہ میں سے خارج کرنا۔ ⑤ صلیبی نشان بنانا۔⑥ دو مراسلہ نگاروں کے خطوط کا دوسرے کا خط پہنچنے سے پہلے روانہ ہو جانا۔ صف: جھگڑالو، برہم۔ □ **at cross purposes** ایک دوسرے سے متصادم یا ناموافق۔ ● **crossly** م ف۔ **crossness** اسم۔

**crossbar** *n.* افقی ڈنڈا جو کسی محور پر یا دو ڈنڈوں کے سہارے ٹھہرا ہو، جیسے فٹ بال کا گول۔

**cross-bench** *n.* برط: پارلیمنٹ کی ایک نشست (اب صرف دارالامرا میں) جس پر وہ رکن بیٹھتا ہے جو کسی سیاسی پارٹی کی ہدایت کا پابند نہ ہو۔

**crossbow** *n.* لکڑی کے تختے پر جمائی ہوئی کمان جس میں تیر کے لیے سوراخ ہوتا تھا۔

**cross-breed** *n.* دوغلے جانوروں کی نسل یا اس نسل کا جانور۔● **cross-bred** صف: دوغلا، دونسلا۔

**cross-check** *v.* دوبارہ یا دوسرے طریقے سے جانچ پڑتال کرنا۔

**cross-dressing** *n.* صنف مخالف کے کپڑے پہننے کا عمل۔

**cross-examine** *v.* جرح کرنا گواہ پر، اس کے بیان کو جانچنے یا مزید شہادت حاصل کرنے کے لیے۔ ● **cross-examination** اسم: جرح جواب۔

**cross-eyed** *adj.* بھینگا، جس کی ایک یا دونوں

آنکھیں مستقلاً اندریاناک کی سمت پھری ہوں۔

**crossfire** *n.* بیک وقت مخالف سمتوں سے گولہ باری۔

**crossing** *n.* ①وہ جگہ جہاں دو چیزیں (خصوصاً، سڑکیں ایک دوسرے کو کاٹیں) چوراہا۔②وہ جگہ جہاں سے سڑک، دریا، سرحد وغیرہ پار کی جا سکے۔

**crosspatch** *n.* بول چال: جھلّا، بدمزاج آدمی۔

**cross-ply** *adj.* (ٹائر) جس میں پارچے کی تہیں ہوں اور ڈوریاں آڑی ہوں۔

**cross-reference** *n.* ایک حصّۂ متن سے دوسرے کی طرف رجوع یا حوالہ۔

**crossroads** *n.* دو یا زیادہ سڑکوں کے آکر ملنے کی جگہ، دوراہا، سہ راہا، چوراہا وغیرہ۔

**cross-section** *n.* ① کسی ٹھوس شے کو کسی محور سے زاویہ قائمہ پر کاٹنا،عمودی تراش، اس طرح سامنے آنے والی سطح۔② کسی گروہ کا نمائندہ نمونہ یا مثالی ٹکڑی۔

**crosswise** *adv.* (also **crossways**) ① صلیبی شکل میں۔② آڑا، ترچھا، آڑی صورت میں۔

**crossword** *n.* چوکور خانوں کے چوکھٹے کی شکل کا معماجس میں اشارات کی مدد سے الفاظ افقی یا عمودی ترتیب حروف سے بھرے جاتے ہیں۔

**crotch** *n.* زاویہ دار شکل یا دوشاخہ خصوصاً انسانی ٹانگوں کے درمیان جانگھ؛ درخت کا دوشاخہ۔

**crotchet** *n.* موسیقی: نصف ماترے کے ایک چوتھائی وقفے کے برابر سُر جو عموماً ایک ماترا گنا جاتا ہے۔

**crotchety** *adj.* تنک مزاج، زودرنج۔

● **crotchetiness** اسم: تنک مزاجی۔

**crouch** *v. & n.* ف: اکڑوں یا پنجوں کے بل بیٹھنا۔ اسم: اس طرح کی نشست۔

**croup** *n.* ① گلے اور سانس کی نالی کا ورم جو بچوں کو ہو جاتا ہے۔② پٹھا، پچھاڑی، دھڑ کا پچھلا حصّہ۔

**croupier** *n.* جوئے کی میز پر رقم وصول کرنے اور بانٹنے والا، جوا کھلانے والا۔

**croûton** *n.* شوربے، یخنی وغیرہ کے ساتھ دیا جانے والا سنکا ہوا توس یا تلا ہوا روٹی کا ٹکڑا۔

**crow** *n. & v.* اسم: ① کوّا۔② مرغ کی بانگ۔ ف: (**crowing**، **crew** یا **crwoed**) ① بے اختیار کھل اٹھنا، پھولے نہ سمانا۔② مرغ کا بانگ دینا۔

**crowbar** *n.* لوہے کی سلاخ جس کا سرا چوڑا ہوتا ہے اور بوجھ اُٹھانے کے لیے بیرم کا کام کرتی ہے، سبل، کسنی۔

**crowd** *n. & v.* اسم: انبوہ، ہجوم، جمگھٹا۔ ف: ① اکٹھا ہونا، جمع ہونا، ہجوم میں سے رستہ بنانا۔② تھوڑی جگہ میں بھڑ کر بیٹھنا، اٹا اٹ بھر جانا۔

**crown** *n. & v.* اسم: ① تاج۔② **(the Crown)** تاجور، فرماں روا، شاہی اختیار، بادشاہت۔③ کسی چیز کا سب سے اونچا سرا، سر یا ٹوپی کی چندیا۔ ف: ① تاجپوشی کرنا، کسی کے سر پر تاج رکھنا۔② کسی شے کی چوٹی، اوپری، ممتاز حصّہ ہونا، کسی چیز کے گرد حلقہ ڈالنا۔③ بول چال: سر پر مارنا یا ضرب لگانا۔

**Crown prince, Crown princess** *n.* شاہی تخت کا وارث، ولی عہد۔

**crozier** CROSIER کا متبادل۔

**cruces** CRUX کی جمع۔

**crucial** *adj.* ① فیصلہ کن، قطعی، بحرانی۔② نہایت اہم۔ ● **crucially** م ف۔

**crucible** *n.* دھاتوں وغیرہ کو پگھلانے کی کٹھالی۔

**crucifix** *n.* صلیبی نشان جس میں حضرت عیسیٰؑ کی شبیہہ بنی ہوئی ہو۔

**crucifixion** *n.* ① صلیب پر چڑھانے، سولی دینے یا سولی پانے کا عمل۔② **(Crucifixion)** حضرت عیسیٰؑ کی تصلیب یا سولی پر چڑھایا جانا، اسکی نقل یا شبیہہ۔

**cruciform** *adj.* صلیبی شکل کا، صلیب نما۔

**crucify** *v.* (**-ies,-ied**) ① سولی پر باندھ کر مار ڈالنا۔② شدید اذیت دینا، پیچھے پڑنا، ایذا پہنچانا۔

**crude** *adj.* ① خام، ان گھڑ، کچا، اجڈ، بونگا، ناشائستہ، بے ڈھنگا۔② (عمل بیان یا انداز کا) اکھڑ، ناگوار، ناپسندیدہ۔ ● **crudely** م ف۔ **crudity** اسم۔

**crudités** *n. pl.* ملی جلی کچی ترکاریوں کے کٹے ہوئے ٹکڑے چٹنی میں ڈبونے کے لیے۔

**cruel** *adj.* (**crueller, cruellest** or **crueler, cruelest**) ① ظالم، دوسروں کی تکلیف سے بے پروا۔② دانستہ تکلیف دینے والا۔ ● **cruelly** م ف: بے رحمانہ۔ **cruelty** اسم: ظلم، سفّاکی۔

**cruet** *n.* کھانے کی میز پر رکھا جانے والا نمک، کالی مرچ، تیل یا سرکے کا چھوٹا ظرف، نمکدانی وغیرہ۔

**cruise** *v. & n.* ف:① سمندری سفر یا سیر و سیاحت کرنا۔ ② سمندر میں بغیر کسی خاص مقصد کے گھومنا پھرنا۔ ③ دھیمی رفتار سے رواں ہونا، سفر کرنا۔ ④ سڑکوں گلیوں وغیرہ میں نظر بازی کرتے پھرنا۔ اسم: سمندری سفر یا سیر و سیاحت خصوصاً چھٹیوں میں۔

**cruiser** *n.* ① ہلکے اسلحہ سے لیس تیز رفتار جنگی جہاز۔ ② موٹر بوٹ مع کیبن۔

**crumb** *n.* ① چھوٹا ٹکڑا یا پارچہ خصوصاً روٹی کا۔ ② چھوٹا ذرّہ، قدرے قلیل مقدار۔

**crumble** *v. & n.* ف: ٹکڑے ٹکڑے، ریزہ ریزہ ہونا، بکھرنا۔ اسم: آٹے کو روٹی کے پارچوں پر مل کر پکائی ہوئی شے جو پھلوں وغیرہ پر چڑھائی جاتی ہے۔

**crumbly** *adj.***(crumblier, crumbliest)** ریزوں، پارچوں پر مشتمل یا ٹوٹ پھوٹ جانے والا۔

**crummy** *adj.***(crummier, crummiest)** بول چال: گندہ، میلا، غلیظ، گھٹیا، ناکارہ۔

**crumpet** *n.* ① ایک قسم کا نرم، چپٹا کیک جو توے پر سینک کر کھایا جاتا ہے۔ ② بول چال: جنسی طور پر پُرکشش خصوصاً عورت۔

**crumple** *v. & n.* ① کچلا، مسلا جانا یا کچلنا مسلنا، شکنیں ڈالنا یا پڑنا، جھریانا، بگڑنا۔ ② ڈھینا، منہدم ہونا۔

**crunch** *v. & n.* ف:① دانتوں سے کرم کرم چبانا، آواز کے ساتھ کچلنا، پیسنا۔ ② چلنے میں چرچراہٹ یا کچر کچر کی آواز کرنا۔ اسم:① چرچراہٹ، کچلنے کی آواز۔ ② بول چال: فیصلہ کن یا توڑ کا لمحہ۔

**crunchy** *adj.* **(crunchier, crunchiest)** مَلا دَلا، کچلا، توڑا پھوڑا ہوا یا اس لائق، کرارا، خستہ، کرکرا۔

**crupper** *n.* گھوڑے کے ساز کو سنبھالے رکھنے کے لیے دم کے نیچے باندھا جانے والا تسمہ، دمچی۔

**crusade** *n. & v.* اسم:① مسلمانوں سے ارضِ مقدّس کو چھڑانے کے لیے یورپی یلغاروں میں سے کوئی، صلیبی جنگ۔ ② کسی مقصد کے لیے بڑی مہم۔ ف: صلیبی جنگ یا کسی مہم میں شامل ہونا۔ ● **crusader** اسم۔

**crush** *v. & n.* ف:① کچلنا، دباؤ ڈال کر توڑنا پھوڑنا۔ ② ریزہ ریزہ کر دینا، پیسنا۔ ③ چرمر، شکن آلود کرنا۔ ④ بزور دبا لینا، ہرانا، عاجز، پسپا کرنا۔ اسم:① لوگوں کا ہجوم۔ ② بول چال: سرسری لگاؤ، وقتی پیار۔

**crust** *n.* ① روٹی کا اوپری پرت، چھلکا، پاپڑی۔ ② کسی نرم چیز کے اوپر سخت تہ جیسے برف پر۔

**crustacean** *n.* کوئی سخت خول والا جانور عموماً پانی میں رہنے والا مثلاً کیکڑا، جھینگا وغیرہ۔

**crusty** *adj.***(crustier, crustiest)** ① جس کی اوپری تہ یا پپڑی خستہ، کراری ہو۔ ② تنک مزاج۔

**crutch** *n.* ① بیساکھی جو لنگڑے لوگوں کے سہارے کے لیے ہوتی ہے۔ ② کوئی سہارا یا آسرا۔ ③ انسانی جسم میں جانگھ یا پتلون وغیرہ کی میانی۔

**crux** *n.* (*pl.* **cruxes** or **cruces**) ① کانٹے کی بات، کسی قضیے کا فیصلہ کن نکتہ۔ ② مشکل مسئلہ، معما۔

**cry** *v. & n.* ف: ①:**(crying، cried، cries)**: چیخنا خصوصاً درد یا غم کے باعث یا مدد کے لیے پکارنا۔ ② رونا، آنسو بہانا۔ ③ زور زور سے یا جوشیلے پن سے چلّانا۔ اسم: (ج:**cries**) ① چیخ جو رنج، درد، خوف یا خوشی کے باعث نکلے۔ ② پکار، فریاد۔ ③ پُرزور مانگ۔

□ **cry off** بول چال: کسی معاہدے یا قول سے پھر جانا۔

**cryer** CRIER کا متبادل۔

**cryogenics** *n.* طبیعیات کی وہ شاخ جو بہت کم درجۂ حرارت پیدا کرنے اور اس کے اثرات کا مطالعہ کرتی ہے۔ ● **cryogenic** صفت۔

**crypt** *n.* گرجا کے اندر زمین دوز کمرہ، کوٹھڑی۔

**cryptic** *adj.* ① مبہم، غیر واضح۔ ② خفیہ، رمزی، پُراسرار، معمائی، چھپانے، بہکانے کے لیے۔

**cryptogram** *n.* رمزی تحریر، خفیہ تحریر۔

**cryptography** *n.* رمزی عبارتوں کو ضبطِ تحریر میں لانے یا حل کرنے کا فن۔ ● **cryptographer** اسم۔

**crystal** *n.* اسم:① بلور، شفیف، معدنی پتھر، اس کی کوئی قلم یا ٹکڑا۔ ② نہایت شفاف شیشہ یا اس سے بنی ہوئی شے۔ ③ ایسا ٹھوس مادّہ جس کے اجزائے ترکیبی یکسانیت کے ساتھ مرتب ہوتے ہیں۔

**crystalline** *adj.* بلوری، بلوریں، بلور کی طرح صاف شفاف یا شفیف۔

**crystallize** *v.* (also **-ise**) ① قلموں کی صورت میں جمانا یا جمنا۔ ② حتمی شکل اختیار کرنا، ٹھوس شکل دینا۔ ③ چینی کی تہ چڑھانا۔ ● **crystallization** اسم۔

**Cs** caesium سیزیم دھات کی علامت۔

**CS gas** *n.* ایک گیس جس کے اثر سے آنسو نکل آتے ہیں اور دم گھٹنے لگتا ہے، اشک آور گیس۔

**cu** تخفیف: cubic۔

**Cu** copper تانبے کی دھات کی علامت۔

**cub** *n. & v.* ① لومڑی، ریچھ، شیر وغیرہ کا بچہ۔ ② بے تمیز لڑکا۔ ③ (Cub) (**Cub Scout** کا اختصار) کمسن اسکاؤٹ، بچوں کی اسکاؤٹ تنظیم کا ممبر۔

**cubby hole** *n.* (*pl.*-**ies**) کوٹھڑی، حجرہ۔

**cube** *n. & v.* اسم: ① مکعب جس میں چھ برابر کی چوکور سطحیں ہوتی ہیں۔ ② کسی رقم کو اس کے مربع سے ضرب دینے کا حاصل، مکعب۔ ف: ① کسی رقم کا مکعب نکالنا۔ ② ترکاری وغیرہ چھوٹی چھوٹی چوکور ڈلیوں میں کاٹنا۔

**cube root** *n.* جذر الکعب۔

**cubic** *adj.* ① مکعبی، مکعب شکل کا۔ ② سہ پہلو یا تین ابعاد، مساوی طول، عرض، حجم رکھنے والا (ٹھوس جسم)

**cubicle** *n.* اوٹ یا عارضی دیواریں کھڑی کر کے بڑی جگہ سے علاحدہ کی ہوئی جگہ۔

**cubism** *n.* آرٹ خصوصاً نقاشی کا ایک انداز اور اس کی تحریک، جس میں چیزیں اقلیدسی اشکال کا مجموعہ نظر آتی ہیں، مکعبی یا اقلیدسی نقاشی۔ ● **cubist** اسم۔

**cuckold** *n. & v.* اسم: بدکار عورت کا شوہر، دیوث۔ ف: دیوث بنانا (شوہر کو)

**cuckoo** *n.* کوئل جس کی کوکو مشہور ہے اور جو چھوٹی چڑیوں کے گھونسلے میں انڈے دیتی ہے۔

**cucumber** *n.* کھیرا، ککڑی۔

**cud** *n.* نیم ہضم چارہ جسے جانور پوٹے یا اوّل معدے سے واپس منہ میں لا کر اس کی جگالی کرتے ہیں۔

**cuddle** *v. & n.* ف: ① لپٹانا، چمٹانا، گلے ملنا۔ ② بھڑ کر بیٹھنا۔ اسم: دیر تک بغل گیری۔ ● **cuddly** صف۔

**cudgel** *n. & v.* اسم: سونٹا، ڈنڈا بطور ہتھیار۔ ف: **(cudgelling، cudgelled)** امریکا: **(cudgeled)** ڈنڈے سے مارنا۔

**cue** *n. & v.* اسم: ① کسی ایکٹر کی تقریر کا آخری لفظ جو اگلے ایکٹر کے پارٹ کے لیے اشارے کا کام کرتا ہے۔ ② بلیرڈز کے کھیل میں گیند کو دھکیلنے کی لمبی مخروطی چھڑ، کیو۔ ف: **(cueing، cued)** ① اشارہ کرنا یا دینا۔ ② کیو سے گیند یا گولی کو ٹھوکا دینا۔

**cuff** *n. & v.* اسم: ① آستین کا سرا، کف۔ ② تھپڑ، چپت۔ ف: کھلے ہاتھ مارنا۔ □ **off the cuff** بول چال: بلا تیاری، فوراً کے فوراً، فی البدیہہ۔

**cuff link** *n.* آستین کے کف کے بٹن۔

**cuisine** *n.* کھانا تیار کرنے کا روایتی طریقہ یا انداز خصوصاً جو کسی جگہ کے ساتھ مخصوص ہو۔

**cul-de-sac** *n.* اندھی گلی جو ایک طرف سے بند ہو۔

**culinary** *adj.* مطبخی، کھانے پکانے سے متعلق۔

**cull** *v.* ① چُننا، چھانٹنا، علاحدہ کرنا۔ ② چھانٹا، ختم کرنا (خصوصاً فالتو مویشیوں کو)

**culminate** *v.* انتہا یا انجام کو پہنچنا، تاحدّ آخر لے جانا، حدّ کمال پر پہنچانا۔ ● **culmination** اسم۔

**culottes** *n.pl.* زنانہ (عموماً اونچی موری کے) پاجامے، جن کی تراش اسکرٹ کی شکل میں ہوتی ہے۔

**culpable** *adj.* لائق الزام، مجرمانہ۔ ● **culpability** اسم۔ **culpably** م ف۔

**culprit** *n.* مجرم، خطا کار، قصوروار۔

**cult** *n.* ① طریق عبادت، رسوم عبادت کا ضابطہ، مسلک، مذہب۔ ② کسی شخص یا شے سے غیر معمولی عقیدت۔

**cultivate** *v.* ① کاشت کے لیے زمین تیار کرنا، ہل چلانا، فصل اُگانا۔ ② سنوارنا، نکھارنا (آداب و اطوار وغیرہ کو) ③ فروغ دینا، دوستی بڑھانا، میل جول رکھنا (کسی سے) ● **cultivation** اسم۔ **cultivator** اسم۔

**culture** *n. & v.* اسم: ① تہذیب، ثقافت۔ ② خوش ذوقی، نفاست پسندی کا فروغ۔ ③ ایک مخصوص دور، ملک کے رسم و رواج، تہذیب۔ ④ خورد حیویوں اور ان کی پرورش کے لیے ضروری اہتمام۔ ف: (جراثیم وغیرہ کو) افزائش کے لیے سازگار ماحول میں برقرار رکھنا۔ ● **cultural** صف: تہذیبی۔ **culturally** م ف۔

**culvert** *n.* سڑک کے نیچے پانی کی نکاسی کا نالہ۔

**cum** *prep.* (عموماً جزو کلمہ) مع، بشمول، نیز۔

**cumbersome** *adj.* ناموافق جسامت، وزن یا ہیئت کا، بے ہنگم، بے ڈول، باعث زحمت، بار خاطر۔
**cumin** *n.*(also **cummin**) زیرہ سفید۔
**cumquat** KUMQUAT کا متبادل۔
**cumulative** *adj.* بتدریج بڑھتا ہوا، رفتہ رفتہ جمع ہونے والا۔ ● **cumulatively** م ف۔
**cumulus** *n.*(*pl.***cumuli**) بادلوں کے بیضوی دل یا تودے ایک دوسرے کے اوپر چھائے ہوئے۔
**cuneiform** *n.* بابل کے قدیم آثار میں مخروطی نشانات پر مبنی تحریر، میخی رسم الخط، پیکانی تحریر۔
**cunning** *adj. & n.* صف:① عیّار، چالباز، فریب کار۔ ② ماہرانہ، اچھوتا۔ اسم:① فریب کاری۔ ② اپج، طبّاعی، حکمت۔ ● **cunningly** م ف۔
**cup** *n. & v.* اسم:① پیالہ، پیالی، عموماً کنڈلی دار۔ ② شراب، اور پھل وغیرہ کا عرق مع مزید مہک، خوشبو۔ ③ انعام میں دیا جانے والا پیالہ نما نشان۔ ف: (**cupping**،**cupped**) پیالی کی شکل بنانا خصوصاً ہاتھوں کو ملا کر۔ ● **cupful** اسم: پیالہ بھر مقدار۔
**cupboard** *n.* الماری خصوصاً خانہ دار مع دروازہ۔
**cupidity** *n.* حرص، طمع، لالچ، ہوس۔
**cupola** *n.* گول گنبد یا گنبد نما چھت، قبّہ۔
**cupreous** *adj.* تانبے جیسا۔
**cur** *n.* ① عام آوارہ، ناکارہ کتّا۔ ② ذلیل آدمی۔
**curaçao** *n.* ایک قسم کی شراب جس میں نارنگی کے چھلکوں کی مہک دی جاتی ہے۔
**curacy** *n.*(*pl.*-**ies**) کیوریٹ کا عہدہ، اس کی میعاد۔
**curare** *n.* ایک نباتی زہر جو ماؤف یا سن کر دیتا ہے۔
**curate** *n.* علاقے کے پادری کا مددگار۔
**curate's egg** *n.* بول چال: کوئی شے جو کچھ کچھ بری ہو۔
**curator** *n.* عجائب گھر یا دیگر نوادرات کا محافظ۔
**curb** *n. & v.* اسم: رکاوٹ، بندش۔ ف: روکنا، کھینچنا۔
**curcuma** *n.* ہلدی، ہلدی کی گرہ۔
**curds** *n.* دہی، مٹھا، چھاچھ۔
**curdle** *v.* نیم جامد، پھٹکیوں دار بننا یا بنانا؛ جمانا۔
**cure** *v. & n.* ف:① صحت بحال کرنا۔ ② ردّ بلا کرنا، (مرض، خرابی) دور کرنا۔ ③ گوشت، پھل، تمباکو یا کھال وغیرہ کو سکھا کر یا نمک ملا کر محفوظ کرنا۔ اسم:① شفا یابی، اصلاح، آرام۔ ② دوا، شفا دینے والی شے۔
**curette** *n.* چمچے کی شکل کا ایک آلۂ جراحی، کریدنی۔ ● **curettage** اسم۔
**curfew** *n.* لوگوں کو ایک خاص وقت کے بعد گھر میں بند رہنے کا حکم یا ضابطہ؛ کرفیو کا وقت۔
**curie** *n.* تابکاری کی مقدار کی اکائی۔
**curio** *n.* (*pl.* -**os**) عجیب یا نادر شے یا شخص، عجوبہ۔
**curiosity** *n.* (*pl.*-**ies**) ① جاننے کی شدید خواہش، تجسس۔ ② انوکھا پن۔ ③ عجیب، حیرت انگیز یا نادر شے۔
**curious** *adj.* ① جاننے کا خواہشمند، متجسّس، جستجو کرنے والا۔ ② عجیب، غیر معمولی، حیرت انگیز، انوکھا، نادر۔ ● **curiously** م ف۔ **curiousness** اسم۔
**curium** *n.* (Cm: علامت) تابکار معدنی عنصر کیوریم
**curl** *v. & n.* ف: مڑنا، موڑنا، بل کھانا یا دینا، مروڑنا، پیچ کھا کر مرغولہ یا لہریا بننا، بنانا۔ اسم:① بالوں کا گھونگر۔ ② چھلّے دار شے۔ ● **curly** صف۔
**curler** *n.* بالوں میں گھونگر ڈالنے کا آلہ۔
**curlew** *n.* پانی میں چلنے والا پرندہ جس کی چونچ عموماً لمبی، پتلی اور نیچے کی طرف مڑی ہوتی ہے۔
**curlicue** *n.* آرائشی مرغولہ یا لہریا۔
**curling** *n.* بولز کی طرح کا برف پر کھیلا جانے والا ایک کھیل۔
**curmudgeon** *n.* بدمزاج شخص۔
**currant** *n.* ① کشمش۔ ② کوئی جھاڑی جس میں سُرخ، سفید یا سیاہ پھل لگتے ہیں؛ یا اس کا پھل جیسے منقیٰ۔
**currency** *n.* (*pl.*-**ies**) ① کسی ملک کا سکّہ۔ ② رواج، چلن (جیسے الفاظ، خیالات وغیرہ کا)
**current** *adj. & n.* صف:① موجودہ زمانے کا۔ ② عام طور پر رائج یا مستعمل۔ اسم: ① ہوا یا پانی کی لہر، موج، جو کسی خاص سمت میں رواں ہو۔ ② برقی باردار ذرّوں کا منظّم بہاؤ، برقی رو۔ ● **currently** م ف۔
**curriculum** *n.* (*pl.* **curricula**) کسی درس گاہ کا مقررہ نصاب تعلیم۔
**curricular** *adj.* نصابی، درسی۔

**curriculum vitae** *n.* کسی شخص کی تعلیم، استعداد، سندات اور سابقہ تجربے کا مختصر احوال۔

**curry** *n. & v.* اسم: (ج: ‎-ies) گوشت کا مسالے دار سالن۔ ف: (currying، curried) ① مسالوں کے ساتھ پکانا۔ ② گھوڑے کے جسم پر کھریرا کرنا۔ □ **curry favour** خوشامد درآمد میں لگے رہنا۔

**curry-comb** *n.* گھوڑے کے جسم کی گرد صاف کرنے کا آلہ، کھریرا۔

**curse** *n. & v.* اسم: ① بددعا، کوسنا۔ ② لعن، نفرین۔ ③ ٹوٹکا، ٹونا یا کوئی شے جو عذاب لائے۔ ف: ① بد دعا دینا۔ ② عذاب میں ہونا۔ ● **cursed** صف: لعنتی۔

**cursive** *adj. & n.* (تحریر) باہم جڑے ہوئے حروف سے عمل میں لائی ہوئی۔

**cursor** *n.* کمپیوٹر: بصری منظر نما (VDU) پردے پر ایک کھسکایا جانے والا علامتی نشان۔

**cursory** *adj.* سرسری، جلدی کا، رواں، عجلت میں کیا ہوا۔ ● **cursorily** م ف۔

**curt** *adj.* نمایاں یا بدتہذیبی کے طور پر مختصر، سرسری۔ ● **curtly** م ف۔ **curtness** اسم: نک چڑھاپن۔

**curtail** *v.* مختصر کرنا، گھٹانا، کاٹنا، ختم کرنا خصوصاً تکمیل سے پہلے۔ ● **curtailment** اسم: تخفیف، موقوفی۔

**curtain** *n. & v.* پردہ، کپڑے وغیرہ کا جو اوٹ کے لیے کھڑکی وغیرہ پر لٹکایا جائے۔

**curtsy** *n.& v.* (also **curtsey**) اسم: (ج: ‎-ies) خواتین کا گھٹنوں کو جھکا کر تعظیم دینے کا عمل۔ ف: (curtsying، curtsied) اس طرح جھکنا۔

**curvaceous** *adj.* بول چال: (عورت کے لیے) جس کے جسم میں دلکش یا متناسب اُبھار ہوں۔

**curvature** *n.* ① گولائی، خمیدگی۔ ② مدوّر شکل۔

**curve** *n. & v.* اسم: ① کوئی خط یا سطح جو خطِ مستقیم سے مسلسل منحرف رہے جیسے کہ گولے یا عدسے کی سطح۔ ② مدوّر شکل یا شے۔ ف: دائرے کی شکل میں گھومنا یا مڑنا۔ ● **curvy** صف: خوش اندام (عورت)

**curvilinear** *adj.* خمیدہ، مدوّر خطوط والا یا خطوط منحنی پر مشتمل۔

**cushion** *n. & v.* اسم: ① گدا، گدیلا، نرم کپڑے وغیرہ ٹھونس کر تیار کیا ہوا تھیلا جو نشست یا پیٹھ کے سہارے کے لیے ہو۔ ② ٹکّر کو روکنے والی شے، ٹکّر روک۔ ③ ہوا میں تیرنے والے جہاز وغیرہ کے نیچے ہوا جو اسے اوپر اٹھائے رکھتی ہے۔ ف: ① آڑ کے ذریعے بچاؤ کرنا۔ ② زور کو زائل کرنا، توڑنا۔

**cushy** *adj.* (**cushier, cushiest**) بول چال: آسان خوشگوار، پسندیدہ۔

**cusp** *n.* ① چوٹی، قلّہ کلس۔ ② ہلال کی نوک۔ ③ نجوم: کسی برج کا سرا۔

**cuss** *n. & v.* بول چال، اسم: ① کوسنا، بددعا، عتاب۔ ② نفر، آدمی۔ ف: کوسنا۔

**cussed** *adj.* بول چال: بونگا، کڈھب، ضدّی۔

**custard** *n.* دودھ اور انڈوں یا مکئی کے آٹے سے تیار کی ہوئی کھانے کی شے عموماً میٹھی۔

**custodian** *n.* متولّی، نگراں۔

**custody** *n.* ① نگراں کاری، تولیت۔ ② حراست، قید، نظر بندی۔

**custom** *n.* ① عام قاعدہ، رواج، چلن، طور طریقے، رسوم، آداب۔ ② گاہک، معمول کے خریدار یا معاملات رکھنے والے۔ ③ (**customs**) درآمد برآمد کا محصول۔

**customary** *adj.* معمول کے مطابق، روایتی، رواجی۔ ● **customarily** م ف۔

**customer** *n.* ① خریدار، گاہک۔ ② کوئی شخص جس سے معاملہ یا سابقہ پڑے۔

**cut** *v. & n.* ف: (**cutting، cut**) ① تیز دھار آلے سے کاٹنا، چرکا لگانا یا نوک دار شے گھونپنا۔ ② چاقو وغیرہ سے کاٹ کر تقسیم کرنا، ٹکڑے کرنا۔ ③ چھانٹنا، تراش کر چھوٹا کرنا۔ ④ سخت ذہنی یا جسمانی آزار پہنچانا۔ ⑤ گھٹانا، کم کرنا، چھانٹی کرنا۔ ⑥ کاٹ کے بنانا، قطع کرنا، تراشنا۔ ⑦ نظر انداز کرنا، قطع تعلق کرنا۔ ⑧ تاش: گڈّی کو دو حصّوں میں تقسیم کرنا۔ اسم: ① کاٹنے، قطع کرنے کا عمل۔ ② کاٹنے سے پیدا ہونے والا نشان یا دھاری۔ ③ چاقو، تلوار وغیرہ کا وار۔ ④ (قیمتوں، اجرتوں وغیرہ میں) کٹوتی، تخفیف۔ ⑤ بول چال: کٹوتی، کمیشن، نفع میں حصّہ داری۔ □ **a cut above** نمایاں طور پر افضل، برتر۔ **cut off** یکہ و تنہا، دور افتادہ۔ **cut out**

**for** موزوں، مناسب، مطابق ہونا۔
**cute** *adj.* بول چال:① پیارا، حسین، خوبصورت۔ ② ہوشیار، ذہین۔ ● **cutely** م ف۔ **cuteness** اسم۔
**cuticle** *n.* ناخنوں کے نچلے حصّے پر کھال۔
**cutlass** *n.* چھوٹی خمدار تلوار۔
**cutler** *n.* چاقو، چھری وغیرہ بنانے والا۔
**cutlery** *n.* کھانے کی میز پر استعمال ہونے والے چھری، کانٹے، چمچے وغیرہ۔
**cutlet** *n.* ① بکری یا بھیڑ کی گردن کا گوشت۔ ② بچھڑے کے گوشت کا پارچہ جو تلا جائے۔ ③ قیمہ بھرے یا قیمے کے کباب جن پر روٹی کا چورا چھڑک دیا جاتا ہے۔
**cut-throat** *n. & adj.* اسم: ① قاتل، خونی۔ صف: ① شدید، بے رورعایت (مقابلہ) ② بے رحم۔
**cutting** *n. & adj.* اسم: ① اخبار وغیرہ کا تراشہ۔ ② کسی پودے وغیرہ کی قلم جو اُگانے کے لیے ہو۔ ③ ٹیلوں وغیرہ کے بیچ میں سے کاٹا ہوا راستہ۔ صف: (تبصرہ، رائے زنی) تکلیف دہ، خصوصاً ذہنی طور پر۔
**cuttlefish** *n.* ایک سمندری مچھلی جو پیچھا کرنے پر بچاؤ کے لیے سیاہ سیّال مادّے کی پچکاری چھوڑتی ہے۔
**CV** تخفیف: curriculum vitae۔
**cwt.** تخفیف: hundredweight۔
**cyan** *n.* سبزی مائل نیلا رنگ۔
**cyanide** *n.* نہایت زہریلا، تیز زہر۔
**cyber-** *comb. form* برقیاتی ابلاغ اور فی الواقع حقیقت سے متعلق۔
**cybernetics** *n. pl.* مشینوں نیز حیوانی جسموں میں ابلاغ اور خودکار ارتباط اور انضباطی عمل کا مطالعہ۔
**cycle** *n. & v.* اسم: ① (واقعات، مظاہر کا) خود کو دہرانے والا عمل، ایک چکّر، دور۔ ② بائیسکل یا تین پہیّوں والی سائیکل یا ایسی ہی کوئی کل۔ ف: بائیسکل وغیرہ پر سواری کرنا۔ ● **cyclist** اسم: بائیسکل سوار۔
**cyclic** *adj.* (also **cyclical**) بار بار رونما ہونے والا، دوری، دورانی۔ ● **cyclically** م ف۔
**cyclone** *n.* طوفانی آندھی جو چھوٹے قطر کے دائرے میں گھومتی ہوئی آئے۔ ● **cyclonic** صف۔

**cyclotron** *n.* طبیعیات: ایک آلہ جس میں باردار ایٹمی یا تحت ایٹمی ذرّے برقی میدان کے ذریعے اسراع پذیر ہوتے ہیں۔
**cygnet** *n.* ہنس، بطخ وغیرہ کا چوزہ۔
**cylinder** *n.* اسطوانہ، ٹھوس یا کھوکھلا بیلن، اس سے مشابہ کوئی شے یا شکل جیسے مائع گیس کا پیپا۔ ● **cylindrical** صف۔ **cylindrically** م ف
**cymbal** *n.* جھانجھ، تانبے یا کانسی کی دو رکابیوں کی جوڑی جنہیں آپس میں ٹکرا کر یا لکڑی سے بجاتے ہیں۔
**cynic** *n.* انسانی خلوص اور نیکی میں شک کرنے والا فرد، شکّی، خشک مزاج۔ ● **cynical** صف۔ **cynically** م ف۔ **cynicism** اسم: مردم بیزاری۔
**cynosure** *n.* مرکز نظر، نظر نواز منظر وغیرہ۔
**cypher** CIPHER کا متبادل۔
**cypress** *n.* (شمشاد، سرو، صنوبر) ایک سدابہار پودا۔
**cyst** *n.* آبلہ نما سوجن جس میں رطوبت اور مضر صحت مواد ہو۔
**cystic** *adj.* ① مثانے سے متعلق۔ ② پتّے کا یا پتّے سے متعلق۔
**cystic fibrosis** *n.* ایک موروثی مرض جو سانس کے امراض کا موجب ہوتا ہے۔
**cystitis** *n.* مثانے کی سوجن۔
**cytology** *n.* علم خلویات، خلیوں کا مطالعہ۔ ● **cytological** صف۔
**czar** TSAR کا متبادل۔

# Dd

**D** *n.* ① (رومن رقم اعداد) مساوی ۵۰۰۔ ② عنصر deuterium ڈیوٹیریم کی علامت۔
**d.** تخفیف: (pre-decimal) penny۔
**dab** *v. & n.* ف: **(dabbing، dabbed)**:

① پونچھنا، کسی کپڑے، اسفنج وغیرہ سے یا اسی طرح کوئی شے کسی سطح پر پھیرنا۔② کسی چیز پر ہلکے ہلکے دبا کر بار بار پھیرنا، پوچا کرنا۔ اسم: ① رگڑے بغیر پوچا، صفائی کپڑے وغیرہ سے۔② ہلکی ضرب یا چوٹ، ٹکور۔

**dabble** *v.* ① سرسری یا سطحی دلچسپی لینا (کسی کام میں) ② (پانی وغیرہ میں) پاؤں یا ہاتھ ڈال کر ہلانا، جلانا۔

**dab hand** *n.* بول چال: سدھا ہوا، منجھا ہوا، ماہر۔

**da capo** *adv.* دُھن کو نئے سرے سے دہرانا۔

**dacha** *n.* روس میں دیہی مکان۔

**dachshund** *n.* کتوں کی ایک نسل جس کے پاؤں چھوٹے اور دھڑ لمبا ہوتا ہے۔

**dacoit** *n.* ڈاکو [ہندی: ڈکیت]

**dad** *n.* بول چال: باپ، ابّا۔

**daddy** *n.* (*pl.* **-ies**) بول چال: باپ، ابا، ابّو۔

**daddy-long-legs** *n.* کلنگ، مکھی، لمبی ٹانگوں والا حشرہ۔

**dado** *n.* (*pl.* **-os**) دیوار کا نچلا حصّہ یا حاشیہ جو بقیہ دیوار سے نمایاں طور پر مختلف ہو۔

**daffodil** *n.* نقلی نرگس، ایک پودا جس میں زرد بھونپو کی شکل کے پھول لگتے ہیں۔

**daft** *adj.* بول چال: بدعقل، احمق، باؤلا۔

**dagger** *n.* خنجر۔

**dago** *n.* (*pl.* **-os** or **-es**) بول چال، مبتذل: بدیسی آدمی خصوصاً اسپینی، پرتگالی یا اطالوی۔

**daguerreotype** *n.* ابتدائی فوٹوگرافی کے عمل سے کھینچی ہوئی تصویر۔

**Dáil** *n.* (in full **Dáil Éireann**) جمہوریہ آئرستان کا ایوانِ زیریں۔

**daily** *adj., adv.* & *n.* صف: روزانہ یا کام کے دنوں میں مسلسل ہونے یا کیا جانے والا۔م ف: ہر روز، روز بروز۔ اسم: (ج: **-ies**) ① روزنامہ۔② بول چال: روزانہ گھریلو صفائی کرنے پر معمور شخص۔

**dainty** *adj.* (**daintier, daintiest**) ① نفیس، نازک، کومل۔② شوقین مزاج، حسّاس، نفاست پسند۔ ● **daintily** م ف۔ **daintiness** اسم۔

**dairy** *n.* (*pl.* **-ies**) وہ جگہ جہاں دودھ اور اس کی مصنوعات رکھی، تیار یا فروخت کی جاتی ہوں۔

**dais** *n.* نیچا چبوترہ، عموماً کسی ہال کے سرے پر۔

**daisy** *n.* (*pl.* **-ies**) ایک چھوٹا پودا، جس کے پھول میں زرد ٹکیہ سے سفید کرنیں پھوٹتی ہیں۔

**daisy wheel** *n.* کمپیوٹر: ایک چپٹے مرکز سے نکلتے ہوئے ارّے جن میں سے ہر ایک کے سرے پر کوئی حرف ہوتا ہے، عکسی لفظ کار یا ٹائپ رائٹر میں مستعمل۔

**dale** *n.* وادی۔

**dally** *v.* (**-ies, -ied**) ① دیر لگانا، وقت گنوانا۔ ② لبھانا، پرچانا۔ ● **dalliance** اسم: خوش فعلیاں۔

**Dalmatian** *n.* ایک بڑا، چھوٹے کانوں کا سفید کتا جس کے جسم پر سیاہ چتّیاں ہوتی ہیں۔

**dam** *n.* & *v.* اسم: ① پانی کے بہاؤ کو روکنے ذخیرہ کرنے کے لیے باندھا جانے والا بند، پشتہ۔② جانور خصوصاً چوپایوں کی ماں۔ ف: (**dammed**، **damming**) ① بند یا پشتہ باندھنا یا بنا کر روکنا۔ ② تھامنا، روکنا، رکاوٹ ڈالنا۔

**damage** *n.* & *v.* اسم: ① ضرر، نقصان، چوٹ جس سے کوئی چیز ناقص، ناکارہ ہوجائے۔② (**damages**) ہرجانہ، نقصان کی تلافی کے طور پر طلب کی جانے یا دی جانے والی رقم۔ ف: نقصان پہنچانا۔

**damask** *n.* نقشیں بنائی کا کپڑا جس کا نقش دونوں طرف نظر آتا ہے، دمشقی۔

**dame** *n.* ① (**Dame**) نائٹ کمانڈر کا اعزاز پانے والی خاتون۔② امریکا، بول چال: کوئی عورت۔

**damn** *v., adj.* & *adv.* ف: ① (اظہار ناراضگی کے لیے *may God damn*= خدا کی سنوار) کوسنا (کسی شخص یا شے کو) ② جہنم رسید کرنا؛ عذاب یا تباہی چاہنا۔ ③ مذمّت کرنا، رد کرنا۔ صف وم ف: (نیز **damned**) بول چال۔① قابل نفرت و مذمّت، ناپسندیدہ۔② نہایت، ازحد۔

**damnable** *adj.* مکروہ، مردود، ستانے والا۔ ● **damnably** م ف: بطور نفرین۔

**damnation** *n.* & *int.* اسم: عتاب، عذاب ابدی، خصوصاً جہنم میں۔ فجائیہ: اظہار غضب یا غیظ، غصّے کے اظہار کا کلمہ۔

**damp** *adj., n. & v.* صف: نم، سیلا ہوا، بھیگا۔ اسم: نمی، رطوبت۔ ف: ① گیلا کرنا، تر کرنا۔ ② جوش ٹھنڈا کرنا، حوصلہ شکنی کرنا۔ ③ تھرتھراہٹ یا ارتعاش کو روکنا (خصوصاً ساز کے تاروں کی) ●**dampness** اسم۔

**dampen** *v.* ① گیلا کرنا یا ہوجانا۔ ② ٹھنڈا کرنا، دبا دینا، گھونٹ دینا۔ ●**dampener** اسم۔

**damper** *n.* ① کوئی شخص یا شے جو جوش، زور، ولولہ گھٹائے، ہمت پست کرے۔ ② نفیری یا بانسری میں دھات کا پترہ جو ہوا کے بہاؤ پر قابو رکھتا ہے۔ ③ پیانو کے پردوں کو خاموش رکھنے کی گدّی۔

**damsel** *n.* قدیم: دوشیزہ، نوجوان، بن بیاہی لڑکی۔

**damson** *n.* آلو بخارا۔

**dance** *v. & n.* ف: رقص کرنا، ناچنا، عموماً قدموں کی بندھی بندھائی جنبشوں اور موسیقی کے ٹھیکوں کے ساتھ، بطور تفریح۔ اسم: ① رقص کی ادائیگی، رقص کے لیے موسیقی۔ ② رقص کی محفل، جوڑوں کا رقص۔ □ **dance attendance on** کسی کی چاپلوسی کرنا، کسی کے اشاروں پر ناچنا۔ ●**dancer** اسم: رقّاص۔

**d. and c.** *n.* (رحم کو) پھیلانے اور (رحم کو) کھرچنے کا عمل جو اسقاط کے بعد صفائی یا آبلوں، رسولی وغیرہ کو دور کرنے کے لیے کیا جاتا ہے۔

**dandelion** *n.* ایک پودا جس میں سے بڑا شوخ زرد رنگ کا پھول نکلتا ہے۔

**dandify** *v.* **(-ies, -ied)** چھیلا بنانا۔

**dandle** *v.* ① (بچے کو) گھٹنوں پر یا بازوؤں میں جھلانا۔ ② لاڈ، پیار کرنا۔

**dandruff** *n.* بالوں کی خشکی یا سر کی خشک کھال جو ذرّات کی شکل میں جھڑتی ہے، بابونہ، بفا۔

**dandy** *n. & adj.* اسم: (ج: **-ies**) خوش پوشاکی، وضعداری کا شوقین آدمی، چھیلا۔ صف: بول چال: بہترین نمونہ، اعلیٰ، منتخب۔ ●**dandyism** اسم۔

**Dane** *n.* ڈنمارک کا شہری یا اصل باشندہ۔

**danger** *n.* ① نقصان، ضرر کا اندیشہ، خوف، خطر۔ ② خطرناک شے۔

**dangerous** *adj.* خطرناک، مخدوش۔ ●**dangerously** م ف۔

**dangle** *v.* ① اس طرح لٹکا ہوا ہونا کہ اِدھر اُدھر ہل سکے۔ ② معلّق لٹکا کر پکڑنا یا لے جانا۔ ③ لبھانا، للچانا ●**dangler** اسم: معلّق۔ **dangly** صف۔

**Danish** *adj. & n.* صف: ڈنمارک یا وہاں کے باشندوں کا یا ان سے متعلق۔ اسم: ڈینش زبان۔

**dank** *adj.* ناگوار طور پر سیلا ہوا، مرطوب اور سرد۔ ● **dankly** م ف۔ **dankness** اسم: سیلن۔

**dapper** *adj.* خوش پوشاک، خوش وضع، نشست و برخاست میں شائستہ۔

**dapple** *v.* رنگین یا سیاہ گول گول نشان ڈالنا۔

**dapple grey** *adj.* سفید یا خاکستری، سفید یا سیاہ چتیوں والا (جانور کا جسم یا کھال)

**dare** *v. & n.* ف: ① ہمت یا جسارت سے کام لینا۔ ② کسی کو للکارنا، اکسانا۔ اسم: ① حوصلے کا کام، جرأت کا مظاہرہ۔ ② للکار، چنوتی۔ □ **I dare say** میں کہنے کو تیار ہوں کہ یہ ممکن ہے۔

**daredevil** *n. & adj.* اسم: جان پر کھیلنے والا آدمی۔ صف: نڈر، جان سے ہاتھ دھوئے ہوئے۔

**daring** *n. & adj.* اسم: حوصلہ مندی۔ صف: مہم جو؛ خطرہ مول لینے کو تیار۔ ●**daringly** م ف۔

**dark** *adj. & n.* صف: ① تاریکی، سیاہی، جبکہ روشنی کم ہو یا نہ ہو۔ ② گہرا رنگ۔ ③ گہرے سانولے رنگ یا سیاہ بالوں والا۔ ④ افسردہ، رنجیدہ۔ ⑤ بد، فاسد، منحوس۔ ⑥ خفیہ پُر اسرار۔ اسم: بے نوری، تاریکی۔ ●**darkly** م ف۔ **darkness** اسم: ظلمت، تاریکی۔

**darken** *v.* دُھندلانا، تاریک کرنا یا ہوجانا۔

**dark horse** *n.* گمنام آدمی جو اچانک کامیاب یا نمایاں ہوجائے، چھپا رستم۔

**darkroom** *n.* تاریک کمرہ، قدرتی روشنی کے بغیر، فوٹوگرافی کے کام کا کمرہ۔

**darling** *n. & adj.* اسم: ① محبوب، پیارا، نہایت عزیز شخص یا شے۔ ② منظورِ نظر شخصیت۔ صف: ① چہیتا، پیار کے قابل۔ ② پسندیدہ، مرغوب۔

**darn** *v., n. & adj.* ف: رفو کرنا، سوئی دھاگے سے پھٹی ہوئی شے کا سوراخ بھر دینا۔ اسم: رفو کیا ہوا حصّہ۔ صف: **(darned)**=بول چال: DAMNED۔

**dart** *n. & v.* اسم:①نوکدار چھوٹا ہتھیار، برچھی یا نکیلی ڈنڈی۔② (**darts**) نشانے بازی کا ایک گھریلو کھیل۔ ③اچانک، پھرتیلی حرکت۔④ کسی کپڑے میں لگایا ہوا نوکیلا یا مخروطی جوڑ۔ ف:① لپک کر، جھپاکے سے حرکت کرنا۔②معاً، تیزی سے (نگاہ وغیرہ) ڈالنا۔

**dartboard** *n.* نشانہ بازی کے گھریلو کھیل میں نشانے بازی کا گول ہدف۔

**dash** *v. & n.* ف:①پھرتی یا تیزی سے دوڑ پڑنا۔ ②زور سے پھینکنا خصوصاً توڑنے کے لیے دے مارنا۔③ ناکام بنانا، توڑنا (آسرے، اُمید وغیرہ کو) اسم: ① جھپاکا، تیز دوڑ، ہلّہ۔ ② تحریر یا چھپائی میں وقفے وغیرہ کی لکیر (–) ③تیزی، طرّاری، زور، بل۔ ④ ہلکی سی آمیزش خصوصاً کسی مائع میں۔

**dashboard** *n.* موٹر گاڑی کے سامنے کا حصّہ جس میں چلانے کے پُرزے یا آلات ہوتے ہیں۔

**dashing** *adj.* تیز طرّار، حوصلہ مند، جوشیلا۔

**dastardly** *adj.* بزدلانہ، کمینہ، ذلیل۔

**DAT** تخفیف:digital audio tape۔

**data** *n. pl.* ①معلومات جو نتائج اخذ کرنے یا قیاس کے لیے بنیاد کا کام کرے، بنیادی معلومات۔② رقوم یا علامات جو کمپیوٹر وغیرہ میں استعمال ہوں۔

**data bank** *n.* ① معلومات کا مخزن یا منبع۔ ②=DATABASE۔

**database** *n.* کمپیوٹر میں ترتیب دی ہوئی معلومات جو حسب ضرورت اخذ کی جا سکے۔

**date**[1] *n. & v.* اسم:①مہینے کا کوئی دن جسے عدد سے ظاہر کیا جائے، تاریخ۔② کوئی خاص دن یا سال جبکہ کوئی واقعہ ہوا ہو۔③ بول چال:(الف) (ملاقات وغیرہ کے) وقت کا پیشگی تعیّن (خصوصاً جنس مخالف کے ساتھ) (ب) امریکا: کوئی شخص جس کے ساتھ ملاقات طے کی جائے۔ ف:① تاریخ ڈالنا۔② کسی خاص وقت پر رونما یا واقع ہوا ہونا یا شناخت کیا جانا۔③ ماضی سے یا کسی خاص زمانے کا پہچانا جانا؛ واضح طور پر قدیم ہونا۔ ④ بول چال: کسی سے ملاقات کا وقت طے کرنا۔□ **to date** اب تک، آج تک۔

**date**[2] *n.* ① کھجور۔② کھجور کا درخت۔

**dated** *adj.* قدیم، فرسودہ۔

**dative** *n.* قواعد: اسما اور ضمائر اور ان سے مطابقت رکھنے والے الفاظ کی صرفی صورت جو بالواسطہ طور پر کسی مفعول یا موصولہ کو ظاہر کرے۔

**datum** *n.* (*pl.* **data**) کوئی اطلاع، معلومات۔

**daub** *v. & n.* ف: (روغن وغیرہ) کسی سطح پر پھیرنا، تھوپنا، پوتنا۔ اسم: ① رنگ یا کوئی مادّہ جو کسی سطح پر پھیرا، لیپا جائے۔② بھدّی نقاشی۔

**daughter** *n.* بیٹی، دختر والدین کی نسبت سے۔

**daughter-in-law** *n.* (*pl.* **daughters -in-law**) بہو، بیٹے کی بیوی۔

**daunt** *v.* رعب ڈالنا، ڈرانا، حوصلہ شکنی کرنا۔

**dauntless** *adj.* نڈر، بے خوف، ثابت قدم۔

**dauphin** *n.* تاریخ: شاہ فرانس کا بڑا لڑکا۔

**davit** *n.* جہاز پر رکھی ہوئی چھوٹی کرین۔

**dawdle** *v.* ① آہستہ آہستہ چلنا، مٹرگشت کرنا۔ ②ضائع کرنا۔● **dawdler** اسم: سست رو، کاہل۔

**dawn** *n. & v.* اسم:①پو پھٹنے کا وقت، طلوع صبح۔ ② کسی چیز کی ابتدا، آغاز۔ ف:①طلوع ہونا (صبح کا) ② منکشف ہونا، سمجھ میں آنا۔● **dawning** اسم۔

**day** *n.* ①دن، یوم، روز، صبح ہونے سے سورج غروب ہونے تک کا وقت۔② ۲۴ گھنٹے کی مدّت، آدھی رات سے اگلی آدھی رات تک۔ ③ کوئی وقت، کوئی موقع، کسی خاص تقریب کا دن۔□ **in one's day** کسی پچھلے اچھے وقت میں۔

**daybreak** *n.* پو پھٹنا، نور کا تڑکا، صبح صادق۔

**day-dream** *n. & v.* اسم: جاگتی آنکھوں کا خواب، خیالی پلاؤ۔ ف: خیالی پلاؤ پکانا۔

**daze** *v. & n.* ف: سٹّی گم ہونا حواس باختہ کرنا، گھبرا دینا۔ اسم: حیران، ہکّا بکّا، حواس باختہ ہونے کا عالم۔

**dazzle** *v. & n.* ①(آنکھوں کو) چندھیا دینا، چکاچوند پیدا کرنا۔②(کسی کو) علم، لیاقت یا کمال سے حیرت میں ڈال دینا۔● **dazzlement** اسم: چکاچوند۔

**dB** تخفیف:decibel(s)۔

**DC** (also **d.c.**) تخفیف:direct current۔

**DD** تخفیف:Doctor of Divinity۔

**DDT** تخفیف: ایک بے رنگ، کلورین آمیز ہائڈرو کاربن مرکب جو جراثیم کش کے طور پر استعمال ہوتا ہے۔

**de-** *pref.* ایک سابقہ جو بہت سے الفاظ میں شامل ہوتا ہے۔

**deacon** *n.* ①(اسقفی کلیساؤں میں) منسٹر، بشپ اور پادری سے نیچے۔ ②(غیر مقلد کلیساؤں میں) کوئی عام شہری جو کلیسا کے غیر مذہبی امور سے تعلق رکھتا ہے۔

**dead** *adj. & adv.* صف: ①مردہ، بے جان۔ ② تھکن سے چور، نڈھال۔ ③سُن، ماؤف، بے حس۔ ④ (کسی بات کے) احساس سے عاری۔ ⑤متروک، پُرانا، ناپید۔ ⑥بے حرکت، ساکت، جامد۔ ⑦ مکمل، حتمی، پوری طرح۔ م ف: بالکل، قطعی، نہایت۔

**dead beat** *n.* بول چال: تھکا ماندہ۔

**deaden** *v.* ①غیر فعّال بنانا، کمزور کرنا یا ہونا، خاموش کرنا۔ ②بے حس، بے اثر کر دینا۔ ③مدّھم، ٹھنڈا کرنا۔

**dead end** *n.* ①اندھی بند سڑک، گلی وغیرہ جہاں سے آگے راستہ نہ ہو۔ ②ایسی صورت جہاں اُمید اور ترقی کے امکانات ختم ہو جائیں۔

**dead heat** *n.* ①ایسی دوڑ جس میں دو یا زیادہ شرکا بالکل برابر رہیں۔ ②ایسی دوڑ کا نتیجہ۔

**dead letter** *n.* قانون یا رواج جو نافذ یا مؤثر نہ ہو۔

**deadline** *n.* کام کی تکمیل کے لیے مقررہ وقت۔

**deadlock** *n. & v.* اسم: تعطّل خصوصاً دو فریقوں کے درمیان بات چیت یا تصفیے میں۔ ف: تعطّل پیدا کرنا یا تعطّل کا شکار ہونا۔

**deadly** *adj. & adv.* (**deadlier**، **deadliest**) صف: جو مار ڈالے یا مار سکے، قاتل، مہلک۔ ② انتہائی، ازحد۔ ③بول چال: بے کیف، افسردہ۔ م ف: ①موت کی طرح، موت سے مشابہ۔ ② نہایت، بالکل۔ ● **deadliness** اسم۔

**deadpan** *adj.* سپاٹ، جذبات سے عاری۔

**deaf** *adj.* ①اونچا سننے والا یا بالکل بہرا۔ ②سنی ان سنی کرنے والا۔ ● **deafen** ف۔ **deafness** اسم۔

**deal** *v. & n.* ف: (**dealing**، **dealt**) ① کوئی قدم اٹھانا، نبٹنا، چکانا، معاملہ کرنا۔ ② کاروباری طور پر وابستہ ہونا۔ ③تقسیم کرنا، بانٹنا۔ ④ تاش کے پتّے پھینٹنا اور بانٹنا۔ ⑤ لگانا، جڑنا، رسید کرنا۔ اسم، بول چال: ①معاملہ، کاروباری تصفیہ، سودا۔ ②برتاؤ، سلوک۔ ③تاش کے پتوں کی تقسیم۔ ④چیڑ یا صنوبر کی لکڑی کا تختہ۔ □ **a great deal** ① بڑی تعداد، کثرت، بہتات۔ ②بڑی حد تک۔ **a raw deal** بول چال: غیر منصفانہ یا ظالمانہ سلوک۔ **big deal** بول چال: حقارت کا طنز آمیز اظہار۔

**dealer** *n.* ① تاجر، بیوپاری (خصوصاً خوردہ فروش) ② تاش کے کھیل میں پتّے بانٹنے والا۔

**dean** *n.* ①بڑے گرجا یا کالج سے ملحق گرجا کی مجلس کا صدر۔ ② کالج یا یونیورسٹی کا عہدہ دار۔

**deanery** *n.* (*pl*-**ies**) ڈین کا مکان یا دفتر۔

**dear** *adj., n. & int.* صف: ① محبوب، پیارا، بہت عزیز۔ ②خطوط کے القاب کا جزو، خصوصاً ابتدا میں۔ ③ قیمتی، بیش قدر۔ اسم: پیارا، عزیز شخص۔ فجائیہ: حیرت، خوف، ترس وغیرہ کے اظہار کا کلمہ۔ ● **dearly** م ف: پیار سے، محبت سے۔ **dearness** اسم: گرانی۔

**dearth** *n.* قلّت، کمی، توڑا، خصوصاً قلّت خوراک۔

**death** *n.* ①موت، مرگ۔ ②مرنے کا واقعہ۔ ③ مردہ حالت یا کیفیت۔ ④ کسی بات کا خاتمہ، انجام۔

**death duty** *n.* (*pl.*-**ies**) مرنے والے کی متروکہ املاک پر عائد ہونے والا محصول۔

**deathly** *adj.* (**deathlier**, **deathliest**) موت کا سا، موت کی یاد دلانے والا۔

**death trap** *n.* خطرناک عمارت، جگہ، سواری وغیرہ، موت کا پھندا۔

**death-watch beetle** *n.* ایک چھوٹا بھونرا جو گھڑی کی طرح ٹک ٹک آواز نکالتا ہے۔

**deb** *n.* بول چال، تخفیف: DEBUTANTE۔

**debacle** *n.* ① کامل ہزیمت، سخت ناکامی۔ ②اچانک انحطاط، تباہی۔ ③ بھگدڑ، پسپائی۔

**debar** *v.* (**debarred**, **debarring**) کسی حق، داخلے وغیرہ سے محروم کرنا، بے دخل کرنا۔

**debase** *v.* ①قدر، قسم، خوبی گھٹانا، گھٹیا بنانا۔ ② کھوٹ ملانا (سکّے میں) ● **debasement** اسم: ملاوٹ، کھوٹ۔

**debatable** *adj.* ① محل نظر، مشتبہ، غیر طے شدہ۔

۲ جس پر مباحثہ ہو سکے۔

**debate** *v. & n* ف: کسی امر کی بابت، رسمی طور پر بحث و مباحثہ کرنا۔ اسم: مباحثہ، بحث، ردّوکد۔

**debauchery** *n.* عیاشی، جنسی تلذذ میں بے اعتدالی۔ ● **debauched** صف: بدچلن، بدکردار۔

**debenture** *n.* قرضداری کا اقرارنامہ، جس میں قرضے پر رقم کی وصولی اور معیّنہ وقفوں کے بعد سود کی ادائگی کا اقرار کیا گیا ہو۔

**debilitate** *v.* کمزور کرنا، گھلانا، نقاہت پیدا کرنا۔ ● **debilitation** اسم: ضعف۔

**debility** *n.* کمزوری خصوصاً صحت کی۔

**debit** *n. & v.* اسم: کسی کھاتے میں واجب الادا رقم کا اندراج، ادھار کھاتہ۔ ف: **(debiting،debited)** ادھار کھاتے میں اندراج کرنا۔

**debonair** *adj.* ۱ بے فکر، خوش باش، ہنس مکھ، پُراعتماد۔ ۲ خوش اخلاق، شائستہ۔

**debouch** *v.* تنگ گھاٹی یا گھنے جنگل میں سے کھلی جگہ برآمد، نمودار ہونا۔

**debrief** *v.* حقائق معلوم کرنے کے لیے تکمیل شدہ مہم کی بابت پوچھ گچھ کرنا۔

**debris** *n.* ملبہ خصوصاً کسی تباہ شدہ چیز کا۔

**debt** *n.* ۱ قرض، خصوصاً واجب الادا رقم، دین، اُدھار۔ ۲ قرض داری، دین داری۔ □ **in debt** مقروض ہونا۔

**debtor** *n.* قرضدار، مقروض خصوصاً جس کے ذمّے کسی کی رقم ہو۔

**debunk** *v.* بول چال: کسی کی جھوٹی شہرت، ارادوں، دعووں وغیرہ کی پول کھولنا، قلعی کھولنا۔

**debut** *n.* کسی تماشا گر، اداکار وغیرہ کا پہلی بار سامنے آنا۔

**debutante** *n.* کوئی نوجوان خاتون (خصوصاً مال دار) جو پہلی بار سوسائٹی میں متعارف ہو۔

**Dec.** تخفیف: December۔

**deca-** *comb. form* =TEN دس۔

**decade** *n.* دس سال کی مدّت، دہائی۔

**decadent** *adj.* اخلاقی یا تہذیبی لحاظ سے پستی کی طرف مائل۔ ● **decadence** اسم۔

**decaffeinated** *adj.* کیفین کی کمی یا بغیر کیفین کے۔

**decagon** *n.* دس پہلوؤں والی مسطح شکل۔

**Decalogue** *n.* احکام عشرہ (حضرت موسیٰ سے منسوب (the Ten Commandments)

**decamp** *v.* ۱ کسی کیمپ یا پڑاؤ سے فرار یا علاحدہ ہونا۔ ۲ ایک دم غائب، چنپت ہو جانا، فرار ہونا۔

**decant** *v.* (مائع) ایک برتن سے دوسرے میں آہستہ آہستہ انڈیلنا، اس طرح کے گاد نہ ملے، نتھارنا۔

**decanter** *n.* شیشے کی بوتل یا مینا جس میں شراب نتھار کر بھری جاتی ہے۔

**decapitate** *v.* سر اڑانا، کسی چیز کا سر کاٹنا یا چھانٹنا۔ ● **decapitation** اسم۔

**decarbonize** *v.* (also **-ise**) کاربن دور کرنا (انجن سے) ● **decarbonization** اسم۔

**decathlon** *n.* کھیلوں کا ایک مقابلہ جس میں ہر ایک کھلاڑی دس کھیلوں میں شریک ہوتا ہے۔

**decay** *v. & n.* ف: ۱ گلنا، سڑنا، خراب ہونا۔ ۲ انحطاط پیدا ہونا، زوال پذیر ہونا۔ اسم: ۱ خراب، خستہ حالت۔ ۲ خوبی یا صحت وغیرہ میں بگاڑ، انحطاط۔

**decease** *n.* موت، وفات۔

**deceased** *adj.* متوفّی، وفات یافتہ۔

**deceit** *n.* ۱ دھوکا، فریب کاری۔ ۲ پُرفریب چال یا گھات۔ ● **deceitful** صف۔ **deceitfully** م ف۔

**deceive** *v.* ۱ جھوٹ کو سچ بتانا، غلط بیانی کرنا، دانستہ گمراہ کرنا۔ ۲ کسی سے بے وفائی کرنا (خصوصاً جنسی تعلقات میں) ● **deceiver** اسم: فریب کار۔

**decelerate** *v.* رفتار دھیمی کرنا، سرعت میں کمی کرنا، آہستہ کرنا۔ ● **deceleration** اسم۔

**December** *n.* دسمبر، سال کا بارھواں مہینہ۔

**decennial** *adj.* دہ سالہ، دس سال رہنے والا، ہر دس سال بعد آنے والا۔ ● **decennially** م ف۔

**decent** *adj.* ۱ مقبول و پسندیدہ طریق عمل یا برتاؤ۔ ۲ معتبر، لائق احترام۔ ۳ مہربان، کھلے دل کا۔ ● **decency** اسم۔ **decently** م ف۔

**decentralize** *v.* (also-ise) (اقتدار وغیرہ)

مرکزی حکومت سے صوبائی حکومت کی طرف منتقل کرنا۔
● **decentralization** اسم: لا مرکزیت۔
**deception** *n.* ①فریب کاری، دھوکا دہی۔②دھوکا دینے، بہکانے، بھٹکانے والی شے؛ چال، چکمہ۔
**deceptive** *adj.* گمراہ کن، بھٹکانے، بہکانے والا۔
● **deceptively** م ف: فریب کارانہ۔
**deci-** *comb. form* دسواں حصّہ۔
**decibel** *n.* آواز کی شدّت کو جانچنے کی ایک اکائی۔
**decide** *v.* ① فیصلہ کرنا، طے کرنا، ارادہ کرنا۔② کسی کو فیصلے میں مدد دینا۔③مقابلے یا بحث میں فیصلہ سنانا۔
**decided** *adj.* ① قطعی، طے شدہ، بلاشک وشبہ۔② واضح رائے رکھنے والا۔● **decidedly** م ف۔
**deciduous** *adj.* سال بہ سال پتّے جھاڑنے والا، برگ ریز (درخت)
**decimal** *adj. & n.* صف: ①(تعداد، وزن، پیمائش وغیرہ کے نظام کی بابت) عدد ۱۰ پر مبنی، اعشاری۔② دہائی یا دہلوں سے تعلق رکھنے والا۔اسم: اعشاری کسر۔
**decimal currency** *n.* سکّوں کا وہ نظام جو دس دس کے حاصل ضرب/تقسیم پر مبنی ہو۔
**decimal fraction** *n.* وہ کسر جس کا نسب نما دس سے تقسیم ہونے والا عدد ہو، خصوصاً جبکہ اعشاریہ کے داہنی طرف کی اکائیوں سے ظاہر کیا جائے۔
**decimalize** *v.* (also **-ise**) اعشاری نظام میں ڈھالنا اعشاری بنانا۔● **decimalization** اسم۔
**decimal point** *n.* اعشاری کسور میں شمار کنندہ سے پہلے لگایا جانے والا صفر یا اعشاریہ کا نشان۔
**decimate** *v.* ①بول چال: معقول تخفیف، بھاری کمی کرنا۔ ②دس میں سے ایک کو ہلاک کرنا۔● **decimation** اسم: بھاری تخفیف، چھٹائی۔
**decipher** *v.* رمزی یا خفیہ تحریر کو قابل فہم عبارت میں بدلنا، کھولنا، شرح کرنا۔
**decision** *n.* ①فیصلہ کرنے کا عمل۔②سوچ بچار کے بعد اخذ کردہ نتیجہ یا آئندہ کے لیے عزم، ارادہ۔③ کسی مسئلے کا تصفیہ۔
**decisive** *adj.* ①فیصلہ کن، حتمی، چُکانے، فیصل کرنے، طے کرنے والا۔②فوری، پختہ فیصلہ کرنے والا۔

● **decisively** م ف۔ **decisiveness** اسم۔
**deck** *n. & v.* اسم: ①جہاز کا عرشہ۔② عرشۂ جہاز سے ملتی جلتی جگہ جیسے بس کا فرش یا درجہ۔③صدا بندی کرنے والے آلات میں تھالی یا فیتے کی ریل کے سہارے کی جگہ۔ف: سجانا، آراستہ کرنا۔
**deckchair** *n.* لکڑی اور ترپال کی بنی ہوئی تہ ہونے والی کرسی۔
**declaim** *v.* زور خطابت دکھانا، مؤثر انداز میں بولنا۔
● **declamation** اسم۔ **declamatory** صف۔
**declare** *v.* ①اعلان کرنا، بیان دینا، رسمی یا با ضابطہ طور پر شائع کرنا۔ ② زور دے کر کہنا، دعویٰ کرنا۔ ● **declaration** اسم۔ **declaratory** صف۔
**declassify** *v.* (**-ies,-ied**) صیغۂ راز کی معلومات وغیرہ پرسے ظاہر نہ کرنے کی پابندی اٹھانا۔● **declassification** اسم: ختم تحدید۔
**declension** *n.* قواعد: عمل تصریف، اسم، ضمیر یا صفت میں قواعدی تبدّل جس سے اس کی حالت، تذکیر تانیث، واحد جمع ہونا ظاہر ہو۔
**decline** *v. & n.* ف: ① گرنا، بگڑنا، کمزور، انحطاط پذیر ہونا۔ ②رسمی اخلاق کے ساتھ انکار کرنا، معذرت کرنا۔ ③ نیچے کی طرف جھکنا، پھسلنا، سرکنا۔ اسم: تدریجی انحطاط، کمزوری، بے رونقی۔
**declivity** *n.* (*pl.* **-ies**) ڈھلان، ڈھال خصوصاً زمین کا نشیب، اُترائی۔
**declutch** *v.* موٹر گاڑی کا کلچ چھوڑنا۔
**decoction** *n.* عطر، روح، جوہر نکالنے کے لیے جوش دینے کا عمل، کشید۔● **decoct** ف: کشید کرنا۔
**decode** *v.* رمزی، خفیہ (پیغام کو) کھولنا، قابل فہم عبارت میں تبدیل کرنا۔● **decoder** اسم: رمز کشا۔
**décolleté** *adj.* نیچے گریبان کا (لباس)
**decompose** *v.* گلنا، گھلنا، تحلیل ہونا، بکھرنا، ٹکڑے ٹکڑے ہونا۔● **decomposition** اسم۔
**decompress** *v.* دباؤ کم یا دور کرنا، ردّ فشار کرنا۔
● **decompression** اسم: ردّ فشار۔
**decongestant** *n.* دوا جو ناک کو کھولے۔
**decontaminate** *v.* کسی علاقے، انسان، کپڑوں

وغیرہ کو آلودگی، تاب کاری وغیرہ سے پاک کرنا۔ ● **decontamination** اسم: رفع آلودگی۔
**décor** *n.* تزئین، آراستگی (کمرے وغیرہ کی)
**decorate** *v.* ① آراستہ کرنا۔ ② کمرے یا عمارت کو نئے رنگ روغن، دیواری کاغذ وغیرہ سے درست کرنا، سجانا، نیا کرنا۔ ③ کسی کو خطاب، اعزاز وغیرہ سے سرفراز کرنا۔ ● **decoration** اسم: آرائش، تزئین۔
**decorative** *adj.* آرائشی، زیبائشی، باعث زینت۔ ● **decoratively** م ف: بطور آرائش۔
**decorator** *n.* گھروں میں رنگ روغن کرنے، کاغذ چسپاں کرنے والا پیشہ ور آدمی۔
**decorous** *adj.* ① خوش ذوق، بامذاق۔ ② معتبر، شائستہ۔ ● **decorously** م ف: خوش ذوقی سے۔
**decorum** *n.* نفاست، ادب آداب کا پاس، معقول، مہذب برتاؤ۔
**decoy** *n. & v.* اسم: کوئی شخص یا شے جس کے ذریعے جانوروں کو جال وغیرہ میں پھانسا یا آدمی کو ورغلا کر پکڑا جائے، لالچ، ترغیب۔ ف: پھُسلانا، دھوکے سے پکڑنا خصوصاً کسی لاسے یا جال سے۔
**decrease** *v. & n.* ف: گھٹانا، کم کرنا۔ اسم: ① گھٹانے کا عمل، تقلیل، تخفیف۔ ② گھٹنے کی مقدار۔
**decree** *n. & v.* اسم: عدالت یا حکومت کا حکم، فرمان۔ ف: حکماً نافذ یا طے کرنا۔
**decrepit** *adj.* ① بیماری یا ضعیفی کے باعث، کمزور، ناتواں۔ ② کثرت استعمال یا طویل استعمال کے باعث فرسودہ، ناکارہ۔ ● **decrepitude** اسم: خستہ حالی۔
**decriminalize** *v.* (also **-ise**) (کسی عمل کو) ناقابل تعزیر قرار دینا۔
**decry** *v.* (-ies,-ied) مذمّت کرنا، قدر گھٹانا، عیب نکالنا، خاک ڈالنا، تحقیر کرنا۔
**dedicate** *v.* ① کسی خاص کام کے لیے وقف کردینا۔ ② کتاب وغیرہ کا انتساب کرنا، کسی کے نام معنون کرنا، بطور نذر یا ہدیہ۔ ● **dedication** اسم۔
**dedicated** *adj.* کسی مقصد یا پیشے وغیرہ میں ہمہ تن منہمک، یکسوئی کے ساتھ لگا ہوا۔
**deduce** *v.* نتیجہ نکالنا، استنباط، استخراج کرنا۔
● **deducible** صف: قابل استخراج۔
**deduct** *v.* منفی، منہا کرنا، روک لینا، کم کرنا۔
**deduction** *n.* ① تخفیف، منہائی، منہا کردہ شے۔ ② نتیجہ نکالنے کا عمل، اخذ کردہ نتیجہ۔
**deductive** *adj.* منطقی عمل استخراج سے متعلق، استخراجی۔
**deed** *n.* ① شعوری عمل، کوئی کام جو دانستہ کیا گیا ہو۔ ② نمایاں کارکردگی۔ ③ قانونی دستاویز۔
**deem** *v.* سمجھنا، خیال کرنا، ماننا، قرار دینا۔
**deep** *adj.* ① اوپر سے بہت نیچے تک جانے والا، گہرا، عمیق، سطح سے خاصا اندر کی طرف۔ ② اندر یا پیچھے یا نیچے تک۔ ③ شدید، صریح، انتہائی۔ ④ دلی، قلبی، انہماک کے ساتھ۔ □ **deep in** منہمک، مستغرق، ڈوبا ہوا۔ ● **deepen** ف: گہرا کرنا یا ہونا۔ **deeply** م ف۔ **deepness** اسم: گہرائی، عمق۔
**deer** *n.* (*pl.*same) کھُردار چوپایہ جس کے نر شاخدار سینگ رکھتے ہیں، ہرن، آہو، چکارا، بارہ سنگا۔
**deerstalker** *n.* کپڑے کی نرم ٹوپی جس میں آگے اور پیچھے ابھار ہوتے ہیں۔
**deface** *v.* ① صورت بگاڑنا، مسخ کرنا۔ ② تحریر کو پڑھنے کے ناقابل بنانا۔ ● **defacement** اسم۔
**de facto** *adv. & adj.* م ف: درحقیقت، فی الواقع، عملاً، خواہ جائز یا غلط۔ صف: حقیقی، موجود۔
**defame** *v.* بدنام کرنا، برا کہنا، شہرت خراب کرنا، عزت اتارنا۔ ● **defamation** اسم: ہتک عزت۔ **defamatory** صف: ہتک آمیز۔
**default** *n. & v.* اسم: ① ذمّہ داری کی تکمیل سے پہلوتہی۔ ② کمپیوٹر کا کسی سابقہ انتخاب کردہ پروگرام کو اختیار کرنا جبکہ استعمال کرنے والے نے کوئی متبادل پروگرام نہ بتایا ہو۔ ف: اقرار، عہد یا ذمّہ داری سے گریز کرنا خصوصاً رقم کی ادائگی یا عدالت میں حاضر ہونے سے۔ □ **go by default** ① غیر حاضری کی بنا پر نظر انداز کیا جانا۔ ② غیر حاضر ہونا۔ **in default of** عدم موجودگی کی بنا پر۔ ● **defaulter** اسم: عہد شکن۔
**defeat** *v. & n.* ف: ① فتح پانا، ہرانا، پسپا کرنا۔ ② منسوخ کرنا، کالعدم قرار دینا۔ اِسم: شکست، ناکامی۔

**defeatist** *n.* شکست خوردہ، شکست پسند، قنوطی۔
● **defeatism** اسم: شکست خوردگی۔
**defecate** *v.* جسم سے فضلہ خارج کرنا۔
● **defecation** اسم: رفع حاجت۔
**defect** *n. & v.* اسم: عیب، نقص، کوتاہی، خرابی۔ ف: اپنے ملک یا مقصد کو ترک کرکے کسی دوسری طرف جاملنا، منحرف ہونا۔ ● **defection** اسم۔ **defector** اسم۔
**defective** *adj.* ناقص، عیبی، نامکمل، خراب۔
● **defectively** م ف۔ **defectiveness** اسم۔
**defence** *n.*(*US* **defense**) ① مدافعت، حملے کا جواب یا مقابلہ۔ ② حملے سے نبٹنے کا وسیلہ، ذریعۂ مدافعت، دفاعی وسائل۔ ③ جواز، حمایت، تائید۔ ④ مقدمے میں مدعاعلیہ کا موقف، جواب دعویٰ۔ ● **defenceless** صف: عاجز، لاچار، نہتا۔ **defencelessness** اسم۔
**defend** *v.* ① حملے کا مقابلہ کرنا، مدافعت کرنا۔ ② دلیل سے حمایت کرنا۔ ③ مقدمے میں (ملزم یا مدعاعلیہ کی طرف سے) پیروی کرنا۔ ● **defender** اسم۔
**defendant** *n.* وہ شخص جس کے خلاف دعویٰ یا استغاثہ دائر کیا جائے۔
**defensible** *adj.* قابل مدافعت، جس کا آسانی سے دفاع ہو سکے۔ ● **defensibility** اسم۔ **defensibly** م ف: مدافعانہ۔
**defensive** *adj.* ① بچاؤ، تحفظ، مدافعت کی خاطر۔ ② تنقید کی جوابدہی پر مستعد۔ ● **defensiveness** اسم۔ **defensively** م ف: بطور دفاع۔
**defer** *v.*(**deferred, deferring**) ① آئندہ کیلیے ملتوی کرنا۔ ② عمل یارائے میں کسی کی خاطر لچک پیدا کرنا۔ ● **deferment** اسم۔ **deferral** اسم۔
**deference** *n.* پاس خاطر، لحاظ، مان، ادب۔
● **deferential** صف۔ **deferentially** م ف۔
**defiance** *n.* سرکشی، سرتابی، جرأت آمیز مدافعت۔
● **defiant** صف۔ **defiantly** م ف۔
**deficiency** *n.*(*pl.*-**ies**) کمی، قلت، نقص۔
**deficient** *adj.* ① خام، ادھورا، ناقص خصوصاً کسی چیز میں کم۔ ② مقدار، زور، تاثیر وغیرہ میں غیر تسلّی بخش۔
**deficit** *n.* خسارہ، رقم کی مقدار جو کم پڑ رہی ہو۔

**defile** *v.& n.* ف: ① گندہ، گدلا کرنا، آلودہ کرنا۔ ② خراب کرنا۔ ③ بے حرمتی کرنا۔ اسم: پتلا، تنگ راستہ۔
**define** *v.* ① تعریف کرنا، ٹھیک ٹھیک مطلب بتانا (لفظ وغیرہ کا) ② توضیح کرنا، بیان کرنا، کھول کر کہنا۔ ③ خاکہ بندی کرنا، حدود واضح کرنا، نقشہ کھینچنا۔
**definite** *adj.* ① جس کی حدود یا خطوط واضح ہوں۔ ② صاف، واضح، یقینی نہ کہ مبہم۔ ● **definitely** م ف۔
**definite article** رک: ARTICLE۔
**definition** *n.* ① تعریف، توضیح، کسی لفظ کے معنی یا شے کی ماہیت، ساخت وغیرہ کا بیان۔ ② کسی شے یا شکل کے روشن، واضح ہونے کی کیفیت یا درجہ۔
**definitive** *adj.* ① فیصلہ کن، غیر مشروط، حتمی۔ ② نہایت محقق، معتبر۔ ● **definitively** م ف۔
**deflate** *v.* ① پھونک نکالنا، پچکانا۔ ② بے اعتمادی پیدا کرنا۔ ③ معاشیات: قلّت زر پیدا کرنا۔ ④ کسی شے کی اہمیت کم کرنا۔ ● **deflation** اسم۔
**deflect** *v.* ① سیدھے راستے یا مقصد سے منحرف ہونا۔ ② رُخ موڑنا، بھٹکانا، منحرف کرنا۔ ● **deflection** (also **deflexion**) اسم۔ **deflector** اسم۔
**deflower** *v.* ادبی: لڑکی کا کنوارپن ختم کرنا۔
**defoliate** *v.* پتے اکھاڑ پھینکنا۔ ● **defoliant** اسم: پت جھاڑ، برگ ریز۔ **defoliation** اسم۔
**deforest** v. جنگل یا درختوں سے خالی یا محروم کرنا، چٹیل بنانا۔ ● **deforestation** اسم: جنگل کا صفایا۔
**deform** *v.* ① شکل صورت بگاڑنا، بدزیب، بدہیت کرنا۔ ② مسخ، ہونا یا کیا جانا۔ ● **deformation** اسم۔
**deformity** *n.*(*pl.*-**ies**) خرابی، خصوصاً جسمانی عیب بدصورتی، بدوضعی۔
**defraud** *v.* دھوکا دے کر نقصان پہنچانا۔
**defray** *v.* (قیمت، دام) ادا کرنا۔ ● **defrayal** اسم: خرچ کی ادائیگی۔
**defrost** *v.* ① ریفریجریٹر کے اندر جمی ہوئی برف صاف کرنا۔ ② پگھلنا، غیر منجمد ہونا۔

**deft** *adj.* مشّاق، ماہر، منجھاہوا۔ ● **deftly** م ف: تیزی، مشّاقی، ہنرمندی سے۔

**defunct** *adj.* ① گزراہوا، ناپید۔ ② متروک۔ ③ متوفّی وفات یافتہ، معدوم۔

**defuse** *v.* ① (کسی بھڑک اٹھنے والی شے، گولے، بم وغیرہ کا) فیوز یا فلیتہ الگ کرنا۔ ② فشار، دباؤ کھنچاؤ دور کرنا (بحران یا مشکل صورت حال میں)

---

وضاحت: *defuse* کو *diffuse* سے خلط ملط نہ کریں۔

---

**defy** *v.*(-ies,-ied) ① کھلے بندوں مخالفت یا مقابلہ کرنا، حکم عدولی کرنا۔ ② نا قابل حل، کٹھن، دشوار ہونا۔

**degenerate** *adj., n. & v.* صف: زوال پذیر، متوقع ذہنی، جسمانی یا اخلاقی خوبیوں سے محروم، خراب۔ اسم: نسلی تنزّل کا شکار انسان یا حیوان۔ ف: اپنے درجے سے گرنا، انحطاط پذیر ہونا۔ ● **degeneracy** اسم: تنزّل، انحطاط۔ **degeneration** اسم۔

**degrade** *v.* ① درجے، مرتبے سے گرانا، خصوصاً بطور سزا۔ ② ذلیل کرنا، بے عزت کرنا۔ ③ گھلنا، تحلیل ہونا۔ ● **degradation** اسم: تذلیل، تنزّل۔

**degree** *n.* ① کسی پیمانے پر یا سلسلے میں اوپر یا نیچے کی طرف کوئی درجہ۔ ② شدت یا مقدار کی کوئی کیفیت۔ ③ اضافی کیفیت، نسبت۔ ④ ریاضی: دائرے کے ۳۶۰ زاویوں میں سے کوئی۔ ⑤ کالج یا یونیورسٹی کا علمی اعزاز، مرتبہ یا سند جو نصاب کی تکمیل کے بعد دی جائے۔

**dehumanize** *v.* (also -ise) ① انسانیت یا انسانی خواص سے محروم کرنا۔ ② انفرادیت زائل کرکے مشین بنا دینا۔ ● **dehumanization** اسم۔

**dehydrate** *v.* ① پانی خارج کرنا (خصوصاً خوراک کو محفوظ رکھنے کے لیے) ② جسم سے بڑی مقدار میں رطوبت زائل کرنا۔ ③ سوکھنا، رطوبت گنوانا۔ ● **dehydration** اسم۔ **dehydrator** اسم۔

**deify** *v.*(-ies, -ied) خدائی رتبہ دینا، دیوتا قرار دینا، پرستش کرنا، پوجنا۔ ● **deification** اسم۔

**deign** *v.* مناسب خیال کرنا، بجا سمجھنا، اخلاق وعنایت سے کام لینا۔

**deity** *n.* (*pl.*-ies) ① دیوتا یا دیوی۔ ② اُلوہیت، مرتبۂ خداوندی۔ ③ (the Deity) خالق کائنات، خدا۔

***déjà vu*** *n.* نفسیات: ایک واہمہ کہ جو دیکھ رہے ہیں پہلے بھی دیکھ چکے ہیں۔

**dejected** *adj.* افسردہ، اداس۔

**dejection** *n.* افسردگی، بے کیفی، بے دلی، اُداسی۔

***de jure*** *adj. & adv.* صف: حقیقی، اصلی، بااختیار، قانونی۔ م ف: بطور استحقاق۔

**delay** *v. & n.* ف: ① ملتوی کرنا، آئندہ پر اٹھا رکھنا۔ ② دیر، تاخیر کرنا۔ اسم: ① دیر، تاخیر، التوا۔ ② تاخیر کے سبب گھلنے والا وقت۔ ③ رکاوٹ۔

**delectable** *adj.* پُرلطف، خوشگوار، فرحت ناک۔ ● **delectably** م ف: شادمانی سے۔

**delectation** *n.* فرحت، انبساط۔

**delegate** *n. & v.* اسم: نامزد یا منتخب نمائندہ۔ ف: کسی نمائندے یا نائب کو حق، اختیار وغیرہ دینا۔

**delegation** *n.* ① جماعت، نمائندگان، مندوبین، وفد۔ ② اختیارات سونپنے کا عمل یا حقیقت۔

**delete** *v.* (تحریر یا طبع شدہ عبارت کو) حذف کرنا، خارج کرنا، مٹانا، کالعدم کرنا۔ ● **deletion** اسم۔

**deleterious** *adj.* نقصان دہ، مضر۔

**delft** *n.* ڈلفی (ہالینڈ) میں بننے والے چینی کے برتن۔

**deliberate** *adj. & v.* صف: ① دانستہ، بالمقصد، پوری طرح سوچا سمجھا۔ ② فیصلہ کرنے میں سُست، محتاط۔ ف: ① غوروفکر، صلاح مشورہ کرنا۔ ② زیر غور لانا۔ ● **deliberately** م ف: قصداً۔ **deliberation** اسم۔

**delicacy** *n.* (*pl.* -ies) ① نفاست، نازک کاری، حسن آفرینی، لطافت۔ ② عمدہ، پُرتکلف، مہنگا کھانا۔

**delicate** *adj.* ① عمدہ، نرم ونازک، لطیف، نفیس، نازک کام کا۔ ② دھان پان، نازک (شخص) ③ احتیاط، غوروتأمل کا متقاضی۔ ● **delicately** م ف۔

**delicatessen** *n.* دکان جہاں تیار کھانے گوشت، پنیر اور مختلف قسم کی اشیا ملتی ہیں۔

**delicious** *adj.* ① لذیذ، خوش ذائقہ اور مہک دار۔ ② مزیدار (لطیفہ وغیرہ) ● **deliciously** م ف۔

**delight** *v. & n.* ف: فرحت پہنچانا، خوشی حاصل

کرنا، بہت خوش ہونا۔اسم:①بڑی مسرت، شادمانی۔② پُرلطف، فرحت بخش شے۔● **delightful** صف: فرحت ناک، مسرت بخش۔ **delightfully** م ف۔

**delimit** *v.* حد بندی کرنا، سرحد یا عملداری کی حدود کا تعیّن کرنا۔● **delimitation** اسم: حد بندی۔

**delineate** *v.* نقشہ کھینچنا، خاکہ کشی کرنا۔● **delineation** اسم: خاکہ کشی۔ **delineator** اسم۔

**delinquent** *n. & adj.* اسم: مجرم، قصوروار۔ صف:①معمولی جرم یا خطا کا مرتکب۔ ② فرض کی ادائیگی میں غفلت برتنے والا۔● **delinquency** اسم: خطا، قصور، لغزش۔

**deliquesce** *v.* گھلنا، پگھل کر پانی ہونا۔

**delirium** *n.* ①ذہن کی ہیجانی، پُرآشوب کیفیت، خفقان، جو بخار کی شدّت میں پیدا ہو جائے۔ ② جوش و غضب۔● **delirious** صف۔ **deliriously** م ف۔

**deliver** *v.* ① تقسیم کرنا، بانٹنا، پہنچانا (خطوط، سودا وغیرہ) ② بچانا، چھڑانا۔③جننا، پیدا کرنا۔ ④ کہنا، سنانا، فیصلہ سنانا۔⑤حوالے کرنا۔⑥پیش کرنا، (حساب) دینا۔⑦رسید کرنا (ضرب وغیرہ)● **deliverer** اسم: تقسیم کار۔ **delivery** اسم۔

**deliverance** *n.* بچانے، چھڑانے، چھٹکارا دلانے کا عمل یا اسکی مثال، نجات دہندگی۔

**dell** *n.* کوئی چھوٹی عموماً گھنی وادی۔

**delta** *n.* ①دریا کے دہانے پر اسکی مختلف شاخوں کے درمیان تکونا قطعۂ زمین جو دریا کی لائی ہوئی مٹّی سے بنتا ہے، سنگھاڑا۔②یونانی رسم الخط کا چوتھا حرف (Δ, δ)

**delude** *v.* دھوکا دینا، گمراہ کرنا، بھٹکانا۔

**deluge** *n. & v.* اسم:①طوفان، طغیانی، سیلاب۔ ②(الفاظ وغیرہ کی) بھرمار۔③طوفانی بارش۔ ف: ① طغیانی لانا، سیلاب زدہ کرنا۔②بہتات، بھرمار کرنا۔

**delusion** *n.* دھوکا، فریب، شدید مغالطہ، واہمہ۔ ● **delusory** صف: پُرفریب، مغالطہ آمیز، وہمی۔

**delusive** *adj.* ①مغالطہ خیز، غیر حقیقی۔②مایوس کُن۔

**de luxe** *adj.* ①عمدہ، نفیس، اعلیٰ۔②بہتر، برتر درجے یا خوبی کا۔

**delve** *v.* تندہی سے ڈھونڈنا، تلاش کرنا۔

**demagogue** *n.* ہیجان خیز شورش برپا کرنے والا، سیاست بازمقرر، مجمع کے جذبات ابھارنے والا شخص۔● **demagogic** صف۔ **demagogy** اسم۔

**demand** *n. & v.* اسم:①مطالبہ، پُرزور مانگ۔ ②صارفین کی طلب، مانگ۔ ف:①فوری یا شدید طور پر بطور حق چاہنا، مانگنا۔② متقاضی ہونا، لازم ہونا۔

**demanding** *adj.* ①لازمی شرائط کا حامل، ہنر، محنت، وغیرہ کا متقاضی۔② دوسروں سے بہت کچھ توقع رکھنے والا۔

**demarcation** *n.* حد بندی، حدود کا تعیّن، خاص طور پر مختلف پیشوں کے کام کا۔

**demean** *v.* تذلیل، تحقیر کرنا۔

**demeanour** *n. (US* **demeanor)** ظاہری انداز، طور طریق، نشست و برخاست۔

**demented** *adj.* پاگل، وارفتہ۔

**dementia** *n.* مخبوط الحواسی، ذہنی فتور۔

**demerara** *n.* ہلکے بھورے رنگ کی گنّے کی شکر۔

**demesne** *n.* کسی محل وغیرہ کے ساتھ ملحق زمین۔

**demi-** سابقہ بمعنی half۔

**demilitarize** *v.*(also **-ise**) (کسی علاقے سے) فوج ہٹالینا۔● **demilitarization** اسم۔

**demise** *n.* موت، وفات، خاتمہ۔

**demisemiquaver** *n.* موسیقی: سُر کے نصف معیاری طول سے آدھا وقت لینے والا سُر۔

**demo** *n.*(*pl.*-**demos)** بول چال، تخفیف: DEMONSTRATION۔

**demob** *v.& n.* ‹**demobbed**): بول چال، ف: **demobbing**)فوجی دستوں کو توڑنا، برخاست کرنا۔ اسم: فوجی دستوں کی برخاستگی کا عمل۔

**demobilize** *v.* (also **-ise**) (فوج وغیرہ کو) موقوف، برخاست کرنا۔● **demobilization** اسم۔

**democracy** *n.*(*pl.*-**ies**) عوام کی حکومت عموماً نمائندوں کے ذریعے، جمہوریت، وہ ریاست یا ملک جہاں یہ نظام رائج ہو۔● **democratic** صف: جمہوری۔ **democratically** م ف۔

**democrat** *n.* جمہوریت کا حامی۔

**demography** *n.* پیدائش، اموات، امراض وغیرہ کے اعدادوشمار کا مطالعہ۔ ● **demographic** صف۔

**demolish** *v.* ① منہدم کرنا، تباہ کرنا، برباد کردینا۔ ② بیخ کنی کرنا، اکھاڑ پھینکنا۔ ● **demolition** اسم۔

**demon** *n.* ① بدروح، آسیب، مافوق الفطرت وجود، عفریت، مجسم شر، شیطان۔ ② زبردست کام دکھانے والا شخص۔ ③ ظالم، تباہ کار شخص۔ ● **demoniac** صف۔ **demoniacal** صف۔ **demonic** صف۔

**demonstrable** *adj.* جو منطقی طور پر ثابت ہوسکے، قابل فہم، جو دکھایا جاسکے۔ ● **demonstrability** اسم۔ **demonstrably** م ف۔

**demonstrate** *v.* ① (جذبات وغیرہ کی) نمائش، اظہار کرنا۔ ② کرکے دکھانا، سمجھانا، عملاً واضح کرنا۔ ③ منطقی طور پر ثابت کرنا۔ ④ عوامی مظاہرے میں شریک ہونا۔ ● **demonstrator** اسم۔

**demonstration** *n.* ① (جذبات وغیرہ کا) کھلا اظہار یا اسکی مثال۔ ② کسی سیاسی یا اخلاقی مقصد کے لیے جلوس یا جلسۂ عام، مظاہرہ۔

**demonstrative** *adj.* ① جذبات خصوصاً لگاوٹ، محبت کے برملا مظاہرے پر مبنی یا مائل۔ ② منطقی طور پر واضح، دلیل، ثبوت۔ ③ سراغ دینے، اشارہ، کنایہ بوجھنے والا۔ ● **demonstratively** م ف۔

**demoralize** *v.* (also **-ise**) حوصلہ شکنی کرنا؛ بددل، مایوس کرنا۔ ● **demoralization** اسم۔

**demote** *v.* عہدہ، مرتبہ گھٹانا۔ ● **demotion** اسم۔

**demur** *v. & n.* ف: (**demurred**، **demurring**) عذر کرنا؛ حجّت نکالنا۔ اسم: ① پس و پیش، عذر۔ ② عذرداری۔

**demure** *adj.* خاموش، لیے دیے، الگ تھلگ، شرمیلا یا بناوٹی طور پر سیدھا، خاموش۔ ● **demurely** م ف۔ **demureness** اسم: حیا داری وغیرہ۔

**den** *n.* ① جنگلی جانور کا بھٹ، کھوہ۔ ② چوروں یا مجرموں کا اڈّا۔ ③ گوشہ، چھوٹا ذاتی کمرہ۔

**denary** *adj.* دسواں، دس سے متعلق؛ اعشاریہ۔

**denationalize** *v.* (also **-ise**) نجی ملکیت میں دینا۔ ● **denationalization** اسم۔

**denature** *v.* ① (کسی شے کے) خواص تبدیل کرنا۔ ② (الکحل کو) پینے کے ناقابل بنانا۔

**dendrochronology** *n.* درخت کے تنے کے حلقوں کو گن کر اس کی عمر معلوم کرنے کا طریقہ۔

**deniable** *adj.* قابل تردید۔

**denial** *n.* ① تردید۔ ② انکاری بیان، تردیدی بیان۔

**denier** *n.* ریشم وغیرہ کی موٹائی جانچنے کا ایک پیمانہ۔

**denigrate** *v.* (کسی شخص کو) بدنام، رسوا کرنا، شہرت بگاڑنا، داغ لگانا۔ ● **denigration** اسم: بدنامی۔

**denim** *n.* ① عموماً نیلے رنگ کا موٹا پائیدار سوتی کپڑا یا سوتی ٹوئل جس کی جینز یا تنگ پاجامہ نما پتلونیں بنتی ہیں۔

**denizen** *n.* رسمی: غیر ملکی باشندہ جسے نئے ملک میں کچھ حقوق دے دیے جائیں۔

**denominate** *v.* رسمی: ① نام رکھنا، موسوم کرنا۔ ② پکارنا، لقب دینا، عرف قرار دینا۔

**denomination** *n.* ① مذہبی جمعیت یا فرقہ۔ ② شمار، وزن، سکّوں وغیرہ کے سلسلے کا کوئی درجہ یا اکائی۔ ③ رسمی: عرفیت۔ ● **denominational** صف۔

**denominator** *n.* غیر اعشاری کسور میں خط تقسیم کے نیچے کا عدد یا رقم، نسب نما؛ قدر نما۔

**denote** *v.* ① ظاہر کرنا کسی شے کو یا اس سے تعبیر ہونا؛ اشارہ ہونا کسی بات کا۔ ② مفہوم ہونا، سمجھا جانا۔ ● **denotation** اسم: تسمیہ، تعبیر۔

**denouement** *n.* کسی پیچیدہ پلاٹ، کہانی کا انجام، انتہا جس میں عقدہ کشائی ہو۔

**denounce** *v.* ① بالاعلان مذمّت کرنا، کھلے طور پر الزام لگانا۔ ② برخلاف مخبری کرنا۔

**dense** *adj.* ① کثیف، گاڑھا۔ ② گٹھا ہوا، پاس پاس، گھنا، گنجان۔ ③ بول چال: گھامڑ۔ ● **densely** م ف۔ **denseness** اسم: گاڑھا پن۔

**density** *n.* ① ٹھوس پن، دبیز پن، کثافت۔ ② طبیعیات: کثافت یا ٹھوس پن کی مقدار یا درجہ جو فی اکائی حجم میں کمّیت کی مقدار سے دریافت کی جاتی ہے۔

**dent** *n. & v.* ہتھوڑے یا چوٹ وغیرہ سے پڑنے والا گڑھا، پچکن، دندانہ۔ ف: ① چوٹ لگانا، نشان ڈالنا۔ ② متأثر کرنا، اثرانداز ہونا۔

**dental** *adj.* دانتوں کا، دندانی۔

**dental floss** *n.* ریشمی دھاگا جو دانتوں کی ریخیں صاف کرنے کے لیے استعمال ہوتا ہے۔

**dentate** *adj.* دندانے دار، جس میں نکیلے کٹاؤ ہوں۔

**dentifrice** *n.* دانت صاف کرنے کا منجن وغیرہ۔

**dentine** *n.* دانتوں کی چینی۔

**dentist** *n.* معالجِ دنداں جو دہانے، جبڑوں، دانتوں، مسوڑھوں وغیرہ کا علاج یا دیکھ بھال کرنے کا ماہر ہوتا ہے۔

**dentistry** *n.* معالجۂ دنداں، دندان سازی۔

**dentition** *n.* دانتوں کی شکل، گنتی، ترتیب وغیرہ۔

**denture** *n.* مصنوعی دانتوں کا چوکا۔

**denude** *v.* ① برہنہ کرنا۔ ② کپڑے، غلاف وغیرہ اتارنا، بے پوشش کرنا۔ ● **denudation** اسم۔

**denunciation** *n.* ① کھلی مذمّت، برسرِعام یا علانیہ ملامت۔ ② اس قسم کا کوئی مظاہرہ۔

**deny** *v.* **(-ies, -ied)** ① غلط ٹھہرانا۔ ② رد کرنا، مکرنا، ماننے سے انکار کرنا۔ ③ محروم کرنا۔ ④ ملنے نہ دینا۔ □ **deny oneself** پرہیز کرنا، خود کو محروم رکھنا۔

**deodorant** *n.* جسم پر ملنے یا ہوا میں چھڑکنے والی بدبو دور کرنے والی شے۔

**deodorize** *v.* (also **-ise**) بو یا بدبو دور کرنا۔ ● **deodorization** اسم۔

**deoxyribonucleic acid** *n.* رک: DNA۔

**depart** *v.* چلا جانا، رخصت ہونا۔

**departed** *adj.* سابقہ، گزرا ہوا، وفات یافتہ۔

**department** *n.* ① کسی بڑی تنظیم کا علاحدہ حصّہ، شعبہ، یونیورسٹی یا اسکول وغیرہ کا تعلیمی شعبہ۔ ② خصوصی مہارت کا موضوع۔ ● **departmental** صف۔

**department store** *n.* فروخت کاری کا بڑا مرکز جس میں سامان کے الگ الگ گوشے ہوں۔

**departure** *n.* روانگی، رخصت کا عمل یا واقعہ۔

**depend** *v.* □ **depend on** ① منحصر، موقوف ہونا۔ ② بھروسا کرنا۔ ③ لازم و ملزوم ہونا۔

---

وضاحت: لفظ *depend* کو بغیر on کے نہ استعمال کریں۔
*It depends on what you want, not*
*It depends what you want.*

---

**dependable** *adj.* قابلِ اعتماد۔

**dependant** *n.* وہ شخص جو کسی دوسرے کا محتاج ہو۔

---

وضاحت: *dependant* حرف a کے ساتھ اسم ہے *dependent* حرف e کے ساتھ صفت ہے۔

---

**dependence** *n.* ① دست نگر ہونا خصوصاً مالی طور سے، آسرا، محتاجی۔ ② اعتماد، بھروسا، تکیہ۔

**dependency** *n.* (*pl.* **-ies**) ① کوئی ملک جو دوسرے ملک کا محکوم، تابع، زیرنگیں ہو۔ ② کوئی شے جو تابع یا ذیلی ہو۔

**dependent** *adj. & n.* ① منحصر، محمول، مشروط بہ یا تابع۔ ② دوسرے کے سر یا دوسرے کا دست نگر۔

**depict** *v.* ① تصویر، نقشہ، خاکہ کھینچنا۔ ② الفاظ میں تصویر کشی کرنا، بتانا، باور کرانا۔ ● **depiction** اسم۔

**depilatory** *adj. & n.* صف: بال صفا، بال صاف کرنے والا۔ اسم: (ج: -ies) بال اتارنے والا مادّہ۔

**deplete** *v.* کم کرنا، چھانٹنا، تخفیف کرنا، تعداد یا مقدار میں گھٹانا۔ ● **depletion** اسم: تخفیف۔

**deplorable** *adj.* ① نہایت بُرا، بہت خراب۔ ② قابلِ مذمّت۔ ● **deplorably** م ف۔

**deplore** *v.* ① کسی بات یا شخص پر افسوس کرنا، کڑھنا۔ ② سخت مذموم، قابلِ ملامت سمجھنا۔

**deploy** *v.* ① فوجیوں کو آگے پیچھے صف باندھ کر کھڑا کرنا، پرا جمانا۔ ② بروئے کار لانا۔ ● **deployment** اسم: صف آرائی۔

**depopulate** *v.* ① کسی جگہ کی آبادی کم کرنا۔ ② آبادی گھٹانا۔ ● **depopulation** اسم: تخفیفِ آبادی۔

**deport** *v.* ملک بدر کرنا، دیس نکالا دینا۔ ● **deportation** اسم: ملک بدری۔

**deportment** *n.* ذاتی رویّہ، انداز خصوصاً مہذب۔

**depose** *v.* اقتدار سے ہٹانا، معزول کرنا۔

**deposit** *n. & v.* اسم: ① (بینک وغیرہ میں)

جمع کرائی ہوئی رقم یا امانت۔ ② ادھار پٹے پر خریدی ہوئی شے کی پہلی قسط یا ابتدائی رقم۔ ③ ریت، چٹان، کوئلے وغیرہ کی قدرتی تہ۔ ④ تہ نشین مادّہ۔ ف: (depositing ، deposited) ① کسی جگہ پر رکھ یا ڈال دینا؛ (کسی مادّے وغیرہ کو) جگہ سے بے جگہ کر دینا ② بینک کے کھاتے میں رقم جمع کرانا۔ ③ ضمانت کے طور پر رقم جمع کرانا۔ ● **depositor** اسم۔

**depositary** *n.*(*pl.* -ies) امین، جسے امانت دی جائے، امانت کا تحویل دار۔

**deposition** *n.* ① برخاستگی، تخت سے معزولی۔ ② حلفی بیان۔ ③ امانت دار کو امانت کی سپردگی۔

**depository** *n.* (*pl.* -ies) ① فرنیچر وغیرہ کا گودام۔ ② =DEPOSITARY۔

**depot** *n.* ① گودام، مال خانہ۔ ② وہ عمارت جہاں بسیں، ریل گاڑیاں وغیرہ کھڑی کی جائیں۔ ③ امریکا: ریل یا بس کا اسٹیشن، اڈّا۔

**deprave** *v.* خراب کرنا، بدراہ کرنا، بگاڑنا (خصوصاً اخلاقی طور پر) ● **depraved** صف: بدچلن۔

**depravity** *n.* اخلاقی بے راہ روی، بدچلنی۔

**deprecate** *v.* ① ناپسندگی کا اظہار کرنا، مذمّت کرنا۔ ② مخالفت پر اصرار کرنا۔ ● **deprecation** اسم: ملامت، مذمّت۔ **deprecatory** صف۔

---

وضاحت: *deprecate* کو *depreciate* سے خلط ملط نہ کریں۔

---

**depreciate** *v.* ① قیمت میں گھٹنا یا گھٹانا۔ ② برائی کرنا، تحقیر کرنا۔ ● **depreciation** اسم: گھٹاؤ، تخفیف۔ **depreciatory** صف: تحقیر آمیز۔

**depredation** *n.* لوٹ مار، غارت گری، بربادی۔

**depress** *v.* ① نیچے دھکیلنا یا کھینچنا۔ ② افسردہ کرنا۔ ③ مندا کرنا (کاروبار) ● **depressant** صف واسم۔

**depression** *n.* ① انتہائی افسردگی، مریضانہ بیکیفی، احساس بے چارگی۔ ② مالی انحطاط، صنعتی زوال کا طویل دور، کساد بازاری۔ ③ موسمیات: فضا کے دباؤ میں کمی کا علاقہ۔ ④ کسی سطح پر گڑھا، نشیب، پچکن۔ ⑤ جھکاؤ، پستی، اتار۔ ● **depressive** صف۔

**deprive** *v.* روکنا، محروم کرنا، لطف اندوز نہ ہونے دینا۔ ● **deprivation** اسم: محرومی۔

**depth** *n.* ① گہرائی، عمق، اوپر سے نیچے یا سطح سے اندر تک کا طول، فاصلہ، پیمائش۔ ② مشکل، دقّت۔ ③ فراست، دانش، جذبات کی شدّت۔ ④ اندرون، اندر کا علاقہ، وسط، بیچ۔ □ **in depth** تفصیلی، عمیق، غائر۔ **out of one's depth** ① پانی میں سر تک ڈوبا ہوا۔ ② بساط سے باہر کام سے دوچار۔

**depth charge** *n.* بم جو پانی کے اندر پھٹ جانے کی صلاحیت رکھتا ہے۔

**deputation** *n.* کوئی جماعت جسے کسی خاص معاملے میں نمائندگی کے لیے مقرر کیا جائے، وفد۔

**depute** *v.* نائب مقرر کرنا، قائم مقام کرنا۔

**deputize** *v.*(also -ise) نائب یا ماتحت کے طور پر کام کرنا۔

**deputy** *n.* (*pl.* -ies) نمائندہ، نیابت کرنے والا۔

**derail** *v.* (ریل گاڑی کو) پٹڑی سے اتارنا۔ ● **derailment** اسم۔

**derange** *v.* ① بگاڑنا، بے ترتیب، منتشر، تتر بتر کرنا، گڑبڑانا۔ ② دیوانہ بنانا، ذہن ماؤف کرنا۔ ③ خلل ڈالنا، رکاوٹ پیدا کرنا۔ ● **derangement** اسم۔

**derelict** *adj.* ① لاوارث۔ ② کھنڈر، بوسیدہ۔

**dereliction** *n.* ① غفلت، فرائض کی بجا آوری سے گریز۔ ② ترک، تیاگ، دستبرداری۔

**derestrict** *v.* ① بندش ہٹانا۔ ② رکاوٹیں دور کرنا۔

**deride** *v.* مذاق اڑانا، تضحیک کرنا۔

**de rigueur** *adj.* رواج، قاعدے، تہذیب کی رو سے ضروری۔

**derision** *n.* تمسخر، استہزا، تضحیک، ہنسی اڑانا۔ ● **derisive** صف۔ **derisively** م ف: تمسخر سے۔

**derisory** *adj.* ① طنزیہ، تمسخر آمیز، تحقیری۔ ② مضحکہ خیز حد تک کم اور بے اہمیت۔

**derivative** *adj.* & *n.* صف: ماخوذ، مشتق، کسی

اصل سے حاصل کردہ۔ اسم: اخذ کردہ شے۔

**derive** *v.* حاصل کرنا، اخذ کرنا، کسی شے میں سے نکالنا یا اسکی بنیاد پر بنانا۔ ● **derivation** اسم۔

**dermatitis** *n.* جلد کی سوزش، التہاب اَدمہ۔

**dermatology** *n.* جلدی امراض کا مطالعہ، ادمیات۔ ● **dermatologist** اسم: ماہر ادمیات۔

**derogatory** *adj.* توہین آمیز، مذمّتی۔

**derrick** *n.* ① بھاری بوجھ اٹھانے والی مشین، جس میں سے ایک گھومنے والا بازو نکلا ہوتا ہے۔ ② تیل کے کنوئیں یا اسی طرح کی کھدائی کے لیے لگی ہوئی کل۔

**derris** *n.* مدارینی علاقے کے ایک پودے کی جڑ سے حاصل ہونے والا جراثیم کش مادّہ۔

**derv** *n.* سواری گاڑیوں میں چلنے والا ڈیزل تیل۔

**dervish** *n.* مسلم صوفیا کے مختلف حلقوں میں سے کسی کا کوئی فرد جو فقیرانہ وضع رکھتے ہیں، درویش۔

**desalinate** *v.* نمک الگ کرنا (خصوصاً سمندری پانی) بے نمک بنانا۔ ● **desalination** اسم۔

**descant** *n.* موسیقی: ایک جداگانہ تیز تال کی دُھن جو اصل موسیقی کے اوپر گائی جاتی ہے۔

**descend** *v.* ① اترنا، نیچے کسی پہاڑی، زینے وغیرہ پر سے۔ ② (کسی شے کا) گرنا، برسنا۔ ③ اچانک حملہ کرنا، اچانک نا خواندہ مہمان کے طور پر نازل ہونا۔ ④ کوئی مذموم کام کر کے اپنی تذلیل کرنا۔ □ **be descended from** کسی سے سلسلۂ نسب ملنا۔

**descendant** *n.* کوئی شخص یا شے جس کا کسی سے سلسلۂ نسب ملتا ہو۔

**descent** *n.* ① اترنے کا عمل، نیچے کی طرف حرکت۔ ② اترائی، اترنے کا راستہ، نشیب۔ ③ سلسلۂ نسب۔

**describe** *v.* ① الفاظ میں خصوصیات، وضع قطع وغیرہ بیان کرنا۔ ② کھینچنا، شکل بنانا (خصوصاً اِقلیدسی)

**description** *n.* ① بیان، نقل، کہنے، بنانے، کھینچ کر دکھانے کا عمل، (کسی شخص، شے یا واقعہ کا) زبانی یا تحریری نقشہ۔ ② قسم، نوع۔

**descriptive** *adj.* ① بیانیہ، توضیحی۔ ② محض بیانیہ، نقل کا اصل، کسی رائے زنی کے بغیر۔

**descry** *v.* (-ies, -ied) ادبی: تاڑنا، دیکھ پانا۔

**desecrate** *v.* بے حرمتی کرنا، تشدّد یا تحقیر آمیز باتوں کے ذریعے تقدس کو پامال کرنا۔ ● **desecration** اسم۔ **desecrator** اسم: بے ادب، گستاخ۔

**desegregate** *v.* نسلی تفریق مٹانا (اسکول وغیرہ میں یا لوگوں کے درمیان) ● **desegregation** اسم۔

**deselect** *v.* کسی انتخابی حلقے کے لیے نامزد کرنے یا برقرار رکھنے سے انکار کرنا۔ ● **deselection** اسم۔

**desert**[1] *v.* ① چھوڑنا، ترک کرنا۔ ② فراری ہونا (خصوصاً فوجی خدمت سے) ● **deserter** اسم۔ **desertion** اسم۔

**desert**[2] *n. & adj.* خشک، بے آب وگیاہ ریتیلا علاقہ، صحرا، ریگستان۔

**deserts** *n. pl.* قابل سزا، جزا عمل یا خصوصیت۔

**deserve** *v.* اصل، لائق، مستحق ہونا (سزا یا جزا کا) ● **deservedly** م ف: بجا طور سے۔

**deserving** *adj.* مستحق، اعتراف کے قابلخوبی۔

**déshabillé** *n.* (also **dishabille**) نیم عریانی۔

**desiccate** *v.* خشک کرنا، سکھانا، رطوبت دور کرنا۔ ● **desiccation** اسم: خشک سازی۔

**desideratum** *n.* (*pl.* **desiderata**) کوئی کمی جسکی خواہش یا طلب کی جائے، مطلوب، مقصود۔

**design** *n. & v.* اسم: ① ابتدائی خاکہ یا نقشہ جو کسی عمارت یا مشین، لباس وغیرہ کے لیے بنایا جائے۔ ② خطوط اور نقش ونگار جن سے کوئی آرائشی نقشہ مرتّب ہو۔ ③ منصوبہ، مقصد، مطمح نظر۔ ④ مجموعی ترتیب، ترکیب، وضع اس شے کی جو بنائی جائے۔ ف: ① (کسی تعمیر، مشین، تصویر، لباس وغیرہ کا) خاکہ تیار کرنا۔ ② مطلوب، مقصود، منظور ہونا۔ □ **have designs on** کسی کو نقصان پہنچانے یا کچھ ہتھیانے کا منصوبہ رکھنا۔ ● **designedly** م ف: حسب منشا، سوچ سمجھ کر۔ **designer** اسم۔

**designate** *v. & adj.* ف:① کسی عہدے یا کام کے لیے مامور کرنا۔ ② معیّن، مقرر کرنا۔ صف: کسی عہدے کے لیے نامزد لیکن ابھی مقرر نہیں۔ ● **designation** اسم: نام القاب، خطاب۔

**designing** *adj.* چال باز، عیّار، فریب کار۔

**desirable** *adj.* ① پسندیدہ، مرغوب، مطلوب۔ ② جنسی طور پر بے حد پُرکشش۔ ● **desirability** اسم۔

**desire** *n. & v.* اسم: ① تمنّا، خواہش، طلب، طلب کا اظہار، درخواست۔ ② ہوس۔ ③ مطلوبہ مقصد۔ ف: ① چاہنا، تمنّا، آرزو کرنا۔ ② درخواست، استدعا کرنا۔

**desirous** *adj.* متمنّی، خواہشمند۔

**desist** *v.* بچنا، پرہیز، احتراز کرنا۔

**desk** *n.* ① فرنیچر جو بطور میز لکھنے کے کام کے لیے ہوتا ہے۔ ② ہوٹل، بینک وغیرہ میں گاہکوں اور مددگار کے درمیان تختہ۔ ③ اخبار وغیرہ کے دفتر میں کسی خاص موضوع سے تعلق رکھنے والا شعبہ۔

**desktop** *n.* ① ڈیسک کا ڈھکنا جس پر لکھنے کا کام کرتے ہیں۔ ② (**desk top computer** کا اختصار) کمپیوٹر جسے ڈیسک پر رکھ کر کام کیا جاسکے۔

**desktop publishing** *n.* ڈیسک پر رکھے ہوئے کمپیوٹر اور پرنٹر سے طبع شدہ مواد کی تیاری۔

**desolate** *adj.* ① غیر آباد، ویران، خالی، کھنڈر۔ ② اکیلا بچھڑا، پریشان حال۔ ● **desolation** اسم۔

**desolated** *adj.* مصیبت کا مارا، بے یارومددگار۔

**despair** *n. & v.* اسم: انتہائی مایوسی، نومیدی۔ ف: ناامید ہونا، امید ترک کرنا، چھوڑنا، نومید ہونا۔

**despatch** DISPATCH کا متبادل۔

**desperado** *n.* (*pl.* **-oes** or *US* **-os**) نڈر، بے دھڑک، جاں باز، بے خوف شخص، خصوصاً مجرم۔

**desperate** *adj.* ① نڈر، جابر، قانون شکن، مایوسی کے سبب جان سے ہاتھ دھوئے۔ ② خطرناک یا گمبھیر۔ ③ کسی بات کا شدّت سے طالب یا محتاج۔ ● **desperately** م ف۔ **desperation** اسم۔

**despicable** *adj.* بہت بُرا، قبیح، قابل نفرت خصوصاً اخلاقی اعتبار سے۔ ● **despicably** م ف۔

**despise** *v.* حقیر، گھٹیا، ناکارہ یا نفرت کے قابل سمجھنا۔

**despite** *prep.* باجودیکہ۔

**despoil** *v.* ادبی: لوٹنا، تاراج کرنا، چھین لینا۔ ● **despoilment** اسم۔ **despoilation** اسم۔

**despondent** *adj.* بددل، مایوس، حوصلہ ہارے۔ ● **despondency** اسم۔ **despondently** م ف۔

**despot** *n.* ① آمر، مطلق العنان حاکم۔ ② جابر، ظالم۔ ● **despotic** صف: جابرانہ۔ **despotically** م ف۔ **despotism** اسم: مطلق العنانی۔

**dessert** *n.* کھانے کے ساتھ کا میٹھا۔

**dessertspoon** *n.* میٹھا کھانے کا چھوٹا چمچہ۔ ● **dessertspoonful** اسم۔

**destabilize** *v.* (also **-ise**) ① غیر مستحکم کرنا۔ ② تخریبی کارروائی کرنا۔

**destination** *n.* منزل مقصود، وہ جگہ جہاں کسی کو پہنچنا ہو۔

**destine** *v.* الگ رکھنا؛ مقرر کرنا، پہلے سے طے یا مقدّر کرنا؛ قصد کرنا۔

**destiny** *n.* (*pl.* **-ies**) ① تقدیر، مقدّر، امور یا رونما ہونے والے واقعات۔ ② کسی کا نصیب، تقدیر۔

**destitute** *adj.* مفلس، کنگال، بے زر، بے گھر، بالکل نادار۔ ● **destitution** اسم: غربت، عسرت۔

**destroy** *v.* ① ڈھانا، مسمار کرنا۔ ② مٹانا، جان سے مارنا۔ ● **destruction** اسم: تباہی، بربادی۔

**destroyer** *n.* ① تباہ کار آدمی یا شے۔ ② ایک تیز رفتار، توپوں اور بموں سے مسلّح جہاز۔

**destruct** *v.* خود تباہ کرنا (خصوصاً راکٹ وغیرہ کو)

**destructible** *adj.* تباہ کرنے کے قابل۔

**destructive** *adj.* تباہ کن، تباہ کار۔

**desuetude** *n.* رسمی: متروک، خارج از استعمال۔

**desultory** *adj.* ایک موضوع سے دوسرے پر جانے والا، سرسری طور پر، بے دلی کے ساتھ؛ اِدھر اُدھر کی ہانکنے والا۔ ● **desultorily** م ف: نامربوط۔

**detach** *v.* ① کھولنا، الگ کرنا۔ ② (رجمنٹ وغیرہ کو) کسی دوسری مہم پر بھیجنا۔ ● **detachable** صف۔

**detached** *adj.* ① بے لاگ؛ معروضی۔ ② (خصوصاً مکان) الگ تھلگ۔

**detachment** *n.* ①دوری، علاحدگی، بے تعلقی، بیگانگی۔② فیصلے میں غیر جانبدارانہ آزادی۔③علاحدہ ہونے یا الگ کرنے کا عمل۔④ کوئی علاحدہ فوجی دستہ جو کسی خاص مقصد کے لیے استعمال کیا جائے۔

**detail** *n. & v.* اسم:① کوئی چھوٹی یا تحتی شق۔② مجموعی طور پر دیکھی جانے والی چھوٹی چھوٹی باتیں یا جزویات۔ ③ جزویات، تفصیلات، متعدد شقیں بطور مجموعی۔ ④ چھوٹا فوجی دستہ کسی خاص خدمت پر مامور۔ ف:① تفصیلات بتانا۔② کوائف بیان کرنا۔③ کسی خاص خدمت کے لیے مخصوص کرنا۔

**detain** *v.* ① نظر بند یا قید رکھنا۔②منتظر رکھنا، روک رکھنا، دیر کرنا۔● **detainment** اسم: حراست۔

**detainee** *n.* نظر بند، خصوصاً سیاسی بنا پر۔

**detect** *v.* ①تاڑنا، بھانپنا۔② کسی بات یا شے کو محسوس کرنا۔● **detection** اسم۔ **detector** اسم۔

**detective** *n.* سراغ رساں، خصوصاً پولیس کا۔

**détente** *n.* کشیدہ تعلقات میں امن پر اتفاق (خصوصاً حکومتوں کے درمیان)

**detention** *n.* ①روکنے، ٹھہرانے کا عمل۔②تحویل، نگہداری، نظر بندی، حراست۔

**deter** *v.*(**deterred, deterring**) ①روکنا، باز رکھنا۔②(کسی عمل وغیرہ میں) مزاحم ہونا، رکاوٹ ڈالنا۔ ● **determent** اسم: مزاحمت، بندش۔

**detergent** *n.* میل، چکنائی وغیرہ دور کرنے والا دھونے کا مسالہ خصوصاً مرکب (عموماً صابن کے علاوہ)

**deteriorate** *v.* خراب ہونا، بگڑنا یا بگاڑنا، بُرا یا بدتر ہونا یا کرنا۔● **deterioration** اسم: ابتری، بگاڑ۔

**determinant** *n.* عنصر، عامل وغیرہ جو تعیّن کرے، کسی بات کو واضح یا طے کرے۔

**determination** *n.* ①پکا ارادہ یا قصد۔② فیصلے کے لیے سوچ بچار۔③ کسی قضیے میں فیصلہ۔

**determine** *v.* ①دریافت کرنا، تعیّن کرنا۔② طے کرنا، فیصلہ کرنا۔③فیصلے کا محرّک یا بنیاد ہونا۔

**determined** *adj.* اٹل، پکا ارادہ کیے ہوئے۔

**determinism** *n.* فلسفہ: جبریت، یہ نظریہ کہ تمام واقعات وحادثات مع اعمال انسانی حقیقتہً غیر ارادی اور ایسے اسباب کا نتیجہ ہیں جن پر انسان کو قدرت نہیں۔

**deterrent** *adj. & n.* صف: روکنے، مزاحمت کرنے والا۔ اسم: حائل، مانع۔● **deterrence** اسم۔

**detest** *v.* نفرت کرنا، کراہت محسوس کرنا۔
● **detestable** صف۔ **detestation** اسم۔

**dethrone** *v.* ① تخت شاہی سے اتارنا، معزول کرنا۔ ②اقتدار سے الگ کرنا۔● **dethronement** اسم۔

**detonate** *v.* زور سے پھٹنا، دھماکا کرنا۔
● **detonation** اسم۔ **detonator** اسم۔

**detour** *n.* پھیر کا راستہ، چکّر۔

**detoxify** *v.*(**-ied, -ing**) غیر سمّی بنانا، نقصان دہ مادّہ ختم کرنا۔

**detract** *v.* کسی شے میں تخفیف کرنا، گھٹانا، کم کرنا۔
● **detraction** اسم: تخفیف۔

**detractor** *n.* کسی کی تحقیر کرنے والا، گھٹا کر دکھانے، والا، بدنام کرنے والا۔

**detriment** *n.* نقصان، زیاں، ضرر۔ ● **detrimental** صف۔ **detrimentally** م ف۔

**detritus** *n.* گھسنے، رگڑنے، رگڑنے سے پیدا ہونے والے ریزے، ذرّے، ریت وغیرہ؛ ملبہ۔

**de trop** *adj.* فضول، ناپسندیدہ، مزاحم، خواہ مخواہ کا۔

**deuce** *n.* ① تاش یا پانسے میں دو کا نشان۔② ٹینس: دونوں کھلاڑیوں کے چالیس چالیس، برابر کا کھیل۔③بول چال: بطور فجائیہ، ناراضگی کے اظہار میں (بدقسمتی، شیطان)

**deuterium** *n.* بھاری ہائڈروجن یا اس کا مستحکم آئسوٹوپ (ہم جا)

**Deutschmark** *n.* جرمنی کا سرکاری سکّہ۔

**devalue** *v.* کسی شے کی قدر و قیمت گھٹانا۔
● **devaluation** اسم: تخفیف زر۔

**devastate** *v.* ①اجاڑنا، تباہ و برباد کرنا۔②لوٹنا، غارت کرنا۔● **devastation** اسم: تباہ کاری۔

**devastating** *adj.* شدید المناک، حوصلہ شکن، تباہ کن، زبردست۔

**develop** *v.*(**developed, developing**) ① بڑا، بہتر، زیادہ مکمل یا مفصّل اور منظّم بنانا یا ہونا، نمایاں،

عبادت، دینی جذبہ۔
**devotional** *adj.* عبادت وریاضت سے متعلق۔
**devour** *v.* ① نگلنا، بھوکوں اور ندیدوں کی طرح ہڑپ کرنا۔ ② (آگ وغیرہ کا) گھیر کر بھسم، تباہ کرنا۔ ③ کسی طرف بڑے حریصانہ انداز سے آنکھیں یا کان لگانا۔ ● **devourer** اسم: ہڑپنے والا، نگل جانے والا شخص۔
**devout** *adj.* ① کٹّر مذہبی، زاہد، متقی۔ ② نہایت مخلصانہ۔ ● **devoutly** م ف: خلوص مندی سے۔
**dew** *n.* شبنم، اوس۔ ● **dewy** صف: شبنم آلود۔
**dewclaw** *n.* ① ایک نامکمل انگلی جو کسی کسی کتّے میں ہوتی ہے۔ ② ہرن وغیرہ میں فالتو اوپری کُھر۔
**dewlap** *n.* مویشیوں، کتّوں وغیرہ کے گلے کے نیچے لٹکتی ہوئی کھال۔
**dexterity** *n.* چابکدستی، ذہنی یا جسمانی پُھرتی۔
● **dexterous** صف۔ **dexterously** م ف۔
**dextrose** *n.* گلوکوز کی ایک شکل۔
**di-** *pref.* دو، دُگنا۔
**diabetes** *n.* ذیابیطس، بیماری جس میں شکر اور نشاستہ جزو بدن نہیں بنتا۔ ● **diabetic** صف و اسم۔
**diabolic** *adj.* ① شیطانی، ابلیسی۔ ② انسانیت سوز، بے رحمانہ بدخصلتی پر مبنی۔
**diabolical** *adj* بول چال: بہت بد، انتہائی خراب۔ ● **diabolically** م ف: شیطنیت سے۔
**diabolism** *n.* شیطان کی پرستش پر اعتقاد۔
**diachronic** *adj.* کسی موضوع کے تاریخی ارتقا سے متعلق (خصوصاً زبان کے)
**diaconate** *n.* ① کلیسائی عہدہ دار ڈیکن کا منصب۔ ② ان کی جماعت۔ ● **diaconal** صف۔
**diacritic** *n.* حرف کی آواز یا حرکت، بل وغیرہ کو ظاہر کرنے والی علامت، اعراب، ماترا۔
**diadem** *n.* تاج، مکٹ، کلاہ شاہی۔
**diaeresis** *n.* (*US* **dieresis**) کسی حرف علّت پر وہ علامت جو ظاہر کرتی ہے کہ اس کا تلفظ علاحدہ ہوگا۔
**diagnose** *v.* تشخیص کرنا، پتہ لگانا کسی مرض، مشینی خرابی وغیرہ کا۔
**diagnosis** *n.*(*pl.* **diagnoses**) ① تشخیص

فعّال یا پختہ صورت دینا۔ ④ (زمین پر) نئی عمارت کھڑی کرنا، کسی زمین کو زیادہ فائدہ مند بنانے کے لیے نئے طور سے استعمال کرنا۔ ⑤ فوٹو کے فلم وغیرہ کو دھو کر اجاگر کرنا۔ ● **developer** اسم۔ **development** اسم۔
**deviant** *adj. & n.* صف: اعتدال یا معمول سے ہٹا ہوا۔ اسم: بے راہ رو شخص یا غیر معتدل شے۔
**deviate** *v.* راستے، راہ عمل یا اصول، حق وغیرہ سے منحرف ہونا، گریز کرنا، بھٹکنا۔ ● **deviation** اسم۔
**device** *n.* ① کسی خاص مقصد سے وضع کیا ہوا آلہ، مشین وغیرہ۔ ② کوئی خاکہ، تدبیر یا ترکیب۔
**devil** *n.* ① (**the Devil**) مذہبی عقیدے میں شیطان، ابلیس۔ ② بدروح، بھوت پریت، شیطان صفت انسان، برا، خبیث آدمی۔ ③ بدفطرت؛ طرّار، چالاک، خود سر آدمی۔ ④ بول چال: کوئی مشکل، کٹھن کام۔ ● **devilish** صف: شیطانی۔
**devilled** *adj.*(*US* **deviled**) تیز مسالے کا پکا ہوا۔
**devilment** *n.* شر، فساد، بھوت پریت۔
**devilry** *n.* بدی، شرارت، فتنہ۔
**devil's advocate** *n.* کسی مسئلے کو مخالف دلائل سے پرکھنے والا۔
**devious** *adj.* ① ٹیڑھا، کج رو، سازشی۔ ② پیچیدہ، پھیرکا۔ ● **deviously** م ف۔ **deviousness** اسم۔
**devise** *v.* سوچ بچار سے اختراع، ایجاد، پیدا کرنا، بنانا۔ ● **devisor** اسم: موجد، مخترع۔
**devoid** *adj.* □ **devoid of** بغیر، بلا، (کسی شے) سے محروم، خالی، تہی۔
**devolution** *n.* انتقال اختیارات، خصوصاً مرکزی حکومت کی طرف سے مقامی یا علاقائی انتظامیہ کو۔
**devolve** *v.* ① (اختیارات یا فرائض) کسی نائب وغیرہ کی طرف منتقل کرنا یا ہونا۔ ② وراثۃً منتقل ہونا۔
**devote** *v.* (خود کو یا وسائل وغیرہ کو) کسی کے یا کسی مقصد کے لیے دے ڈالنا، وقف کر دینا۔
**devoted** *adj.* نہایت وفادار، گرویدہ، والہ وشیدا۔
**devotee** *n.* پُرجوش حامی یا پیرو۔
**devotion** *n.* ① (کسی فرد یا مقصد کے ساتھ) والہانہ وابستگی، دلی تعلق۔ ② دینداری، پرہیزگاری، ریاضت،

مرض بذریعہ علامات ۔② مشینی خرابی کی نشاندہی۔● **diagnostic** صف۔ **diagnostician** اسم۔

**diagonal** *adj. & n.* صف:① ہندسی یا مسطح شکل میں ایک کونے سے دوسرے کونے تک کھنچا ہوا (خط) ② آڑا، اُریبی۔اسم: دو غیر ملحق کونوں کو ملانے والا خط، وتر۔● **diagonally** م ف۔

**diagram** *n.* کسی شے کی عمومی ہیئت یا خاکہ اور اس کے اجزا یا اس کے عمل یا کارروائی کو واضح کرنے والی شکل، نقشہ۔● **diagrammatic** صف۔ **diagrammatically** م ف۔

**dial** *n. & v.* اسم: ① گھنٹے یا گھڑی کا چہرہ جس پر گھنٹوں وغیرہ کے نشان بنے ہوتے ہیں۔ ② اسی طرح کا کوئی اور تختہ یا لوح جس پر سوئی کے ذریعے وزن، دباؤ وغیرہ ظاہر کرنے کے نشان بنے ہوں۔③ ٹیلیفون کا نشان دار رخ۔ ف: (**dailling، dialled**، امریکا: **dialed**) ① ٹیلیفون کا نمبر ملانا۔ ② ڈائل یا ٹیلیفون وغیرہ کی مدد سے جانچنا، تولنا یا مطلوبہ عمل کرنا۔

**dialect** *n.* ① کسی علاقے کی مقامی بولی۔② کسی زبان کی تحتی بولی جو مخصوص لہجے، تلفظ، قواعد کے لحاظ سے غیر معیاری سمجھی جاتی ہو۔● **dialectal** صف۔

**dialectic** *n. & adj.* آرا کی صداقت کو پرکھنے کا فن؛ مباحثے کے ذریعے حقیقت تک پہنچنے کا عمل، منطق مناظرہ۔● **dialectical** صف۔

**dialogue** *n.* (*US* **dialog**) گفتگو، کلام، مباحثہ۔

**dialysis** *n.* ① کسی مائع کے ذرّات کو جھلی میں سے گزار کر دوسرے مائع سے ملانا، رق پاشی۔② طب: اس عمل سے خون کی صفائی۔

**diamanté** *adj.* الماس ریزوں (ہیرے کی کنی) یا کسی اور جگمگانے والے مادّے سے مزیّن۔

**diameter** *n.* قطر، کسی شکل یا جسم کے مرکز سے گزر کر ایک سرے سے دوسرے تک جانے والا خط مستقیم، خصوصاً دائرے کا قطر، اس خط کی لمبائی۔

**diametrical** *adj.* ① قطری، قطر پر واقع۔ ② کامل، یکسر (اختلاف، تفاوت، بُعد المشرقین) ● **diametrically** م ف۔

**diamond** *n.* ① ہیرا، الماس، ایک قیمتی پتھر، خالص کاربن سے بنا، سخت ترین قدرتی مادّہ۔② ہیرا تراش وضع یا شکل، لوز جس کے چاروں ضلع برابر لیکن زاویے ۹۰ درجے کے نہ ہوں۔③ تاش کا پتّہ جس پر سرخ لوزنی ہوتی ہے، اینٹ۔

**diamond wedding** *n.* شادی کی ساٹھویں یا پچھترویں سالگرہ۔

**diaper** *n.* امریکا: بچے کا پوتڑا۔

**diaphanous** *adj.* ہلکا، نرم، نیم شفاف (کپڑا وغیرہ)● **diaphanously** م ف۔

**diaphragm** *n.* ① پردہ شکم، سینے اور شکم میں ایک عضلاتی حدّ فاصل۔② فم رحم پر چڑھانے کی مانع حمل جھلی نما ٹوپی۔

**diarrhoea** *n.* (*US* **diarrhea**) باربار پتلے دست آنے کی بیماری، اسہال۔

**diary** *n.*(*pl.* **-ies**) ① روزانہ کے واقعات کی یادداشت، روزنامچہ۔② کتاب یا کاپی جس میں روزنامچہ یا آئندہ کی مصروفیات کی یادداشت لکھی جائے۔● **diarist** اسم: روزنامچہ نویس۔

**diatribe** *n.* بھرپور لفظی حملہ، لمبی لتاڑ، مذمّت۔

**dibber** *n.* ( also **dibble**) ایک دستی آلہ جس سے زمین میں بیج ڈالنے یا چھوٹے پودے لگانے کے لیے سوراخ کرتے یا اسے گودتے ہیں، گودا۔

**dice** *n. & v.* اسم: پانسہ، شش پہلو مکعب جس پر ۱ سے ٦ تک نشان بنے ہوتے ہیں، جوئے میں مستعمل۔ ف: ① پانسوں سے کھیلنا، خطرہ مول لینا، جوا کھیلنا۔② چھوٹے مکعب ٹکڑے کاٹنا۔□ **dice with death** موت سے کھیلنا، بڑا خطرہ مول لینا۔

**dicey** *adj.*(**dicier, diciest**) بول چال: خطرناک، بے بھروسا۔

**dichotomy** *n.* (*pl.* **-ies**) دوحصّوں میں تقسیم خصوصاً دوجدا اجزا میں۔● **dichotomous** صف۔

**dicky** *adj. & n.* (**dickiest، dickier**): صف: نامستحکم، بودا جس کے ڈھے جانے، ناکام ہوجانے کا احتمال ہو۔اسم: قمیص کے سامنے کا مصنوعی حصّہ۔

**dicta** **dictum** کی جمع۔

**dictate** *v. & n.* ف: ① املا کرنا، منہ سے بول کر

لکھوانا یا ریکارڈ کرانا۔ ④ آمرانہ انداز میں نافذ، مسلّط کرنا (شرائط، ہدایات، مرضی وغیرہ) اسم: **(dictates)** تحکمانہ ہدایت، آمرانہ حکم ● **dictation** اسم۔

**dictator** *n.* وہ فرمانروا جسے لامحدود اختیارات حاصل ہوں (عموماً غصب کردہ)، آمر، مطلق العنان۔ ● **dictatorship** اسم: آمریت۔

**dictatorial** *adj.* آمرانہ، مطلق العنان حاکم یا اس کی طرح کا۔ ● **dictatorially** م ف۔

**diction** *n.* ① بولنے یا گانے میں الفاظ کی ادائیگی کا انداز۔ ② تقریر یا تحریر میں الفاظ اور فقروں، جملوں کے انتخاب میں کوئی خصوصی انداز یا رجحان۔

**dictionary** *n.* (*pl.* **-ies**) لغت، کتاب الغات جس میں الفاظ (عموماً ترتیب تہجّی کے ساتھ) اوران کے معنی یا کسی دوسری زبان میں ان کے مترادفات درج ہوتے ہیں، فرہنگ، قاموس۔

**dictum** *n.* (*pl.* **dicta**) ① قول، ارشاد، مستند، پُرتکلف یا رسمی اظہار۔ ② مقولہ، ملفوظہ، کلّیہ۔

**did** DO کا ماضی۔

**didactic** *adj.* ناصحانہ، معلّمانہ، سکھانے پڑھانے نصیحت پر مائل۔ ● **didactically** م ف۔

**diddle** *v.* بول چال: دھوکا دینا، چکمہ دینا۔

**die**[1] *v.* **(died, dying)** ① (کسی انسان حیوان، یا پودے کا) مرنا، دم دینا، بے جان ہونا۔ ② ختم، تمام، نابود ہونا، مٹنا، ناکارہ ہونا، بگڑنا۔ □ **be dying for** بول چال: کسی بات کے لیے بہت بے قرار ہونا۔

**die**[2] *n.* ① ٹھپّہ جو سکّوں، تمغوں وغیرہ پر لگایا جاتا ہے۔ ② سانچا، قالب۔

**diehard** *n.* قدامت پسند، متشدّد، اپنے مذاق یا مسلک میں پکّا شخص۔

**dieresis** امریکا: DIAERESIS کا متبادل۔

**diesel** *n.* (also **diesel engine**) ① انجن جس میں ہوا کے پچکاؤ سے پیدا ہونے والی حرارت ایندھن کو بھڑکاتی ہے۔ ② ڈیزل انجن سے چلنے والی گاڑی۔ ③ ڈیزل انجن کا ایندھن۔

**diet** *n. & v.* اسم: ① انسان یا حیوان کی عام غذا۔ ② خاص یا محدود غذا جو مریض کو طبّی نقطۂ نظر سے دی جائے یا وزن گھٹانے کے لیے استعمال کی جائے۔ ③ بعض ممالک میں قانون ساز مجلس کا نام۔ ف: **(dieting, dieted)** ① تھوڑی یا خصوصی غذا پر گزارہ کرنا خصوصاً وزن گھٹانے کے لیے۔ ② کسی انسان یا حیوان کو محدود غذا پر رکھنا۔ ● **dietary** صف۔ **dieter** اسم: غذا میں محتاط شخص۔

**dietetic** *adj. & n.pl.* صف: محدود غذا سے متعلق۔ اسم: **(dietetics)** غذا اور غذائیت کا سائنسی مطالعہ۔

**dietitian** *n.* (also **dietician**) ماہر غذائیات۔

**differ** *v.* ① الگ، جدا، مختلف، قابل امتیاز ہونا۔ ② کسی سے اختلاف کرنا، ہم خیال موافق، ملتا جلتا نہ ہونا۔

**difference** *n.* ① اختلاف، فرق، فصل، مختلف یا ناموافق ہونے کی کیفیت۔ ② اشیا کے درمیان کوئی نقطۂ اختلاف وامتیاز۔ ③ فرق واختلاف کی مقدار یا درجہ۔ ④ رقموں کے درمیان فرق کی مقدار، گھاٹا، کسر، خسارہ؛ عمل تفریق کا باقی۔ ⑤ تنازع، جھگڑا، تکرار۔

**different** *adj.* ① مختلف، کسی دوسرے سے الگ، قابل امتیاز بلحاظ اصلیت، صورت یا خصوصیت۔ ② علاحدہ، جداگانہ، نیا، انوکھا۔ ● **differently** م ف۔

**differential** *adj. & n.* صف: فرق، تمیز پر مبنی، مختلف حالات میں مختلف۔ اسم: ① ایک ہی قسم کے افراد یا مثالوں کے درمیان فرق۔ ② مختلف صنعتوں کے معاوضوں یا تنخواہوں میں یا ایک ہی صنعت کے اندر مختلف شعبوں کے ملازمین کے معاوضوں میں فرق۔ ③ ایک گیئر جو موڑتے وقت پہیّوں کو مختلف رفتاروں سے حرکت کرنے کے قابل بناتا ہے۔

**differentiate** *v.* ① اشیا یا اشیا کے درمیان باعث امتیاز ہونا، تفریق پیدا کرنا۔ ② فرق تلاش کرنا، تفریق، امتیاز کرنا۔ ● **differentiation** اسم۔

**difficult** *adj.* ① محنت یا مہارت طلب، دشوار، دقّت طلب۔ ② نک چڑھا جو آسانی سے خوش یا مطمئن نہ کیا جاسکے، تعاون سے گریز کرنے والا۔ ③ مصائب یا مسائل سے پُر۔ ● **difficulty** اسم: دشواری۔

**diffident** *adj.* شرمیلا، خود اعتمادی سے محروم۔ ● **diffidence** اسم: شرمیلا پن۔ **diffidently** م ف۔

**diffuse** *adj. & v.* صف: منتشر، پھیلا ہوا۔ ف: ① کسی مرکز سے پھیلانا یا پھیلنا۔ ② وسیع کرنا، گھیر بڑھانا۔

● **diffusible** صف۔نفوذ پذیر۔**diffusion**اسم۔ **diffusive**صف: تحلیلی۔

وضاحت:فعل *diffuse* اور *defuse* کو خلط ملط نہ کریں۔

**dig** *v. & n.* ف:**(digging،dug)**① کھودنا، کھود کر گڑھے دار بنانا۔② کھودکر غار، سُرنگ، قبر وغیرہ بنانا۔③ کھود کر نکالنا یا لے جانا، تحقیق، تفتیش سے پتہ لگانا، دریافت کرنا۔ ④ بول چال: پسند کرنا، سراہنا۔ اسم:① کھدائی کا ٹکڑا۔② ٹھوکے، چُھونے، گڑونے کا عمل۔③ چُبھتا ہوا فقرہ۔④ آثار قدیمہ کی کھدائی۔⑤ **(digs)** بول چال: رہنے کا ٹھکانا۔

**digest** *v. & n.* ف:① غذا کو ہضم کرنا۔② کسی بات کو اچھی طرح ذہن نشین کرنا۔③ مختصر، عام فہم یا مرتّب صورت میں لانا۔اسم: قوانین، اخبارات یا ادب وغیرہ کا خلاصہ، انتخاب، مختصر مجموعہ۔● **digester**اسم۔ **digestible**صف۔ **digestibility**اسم۔

**digestion** *n.* ہضم کا عمل، ہاضمہ، قوتِ ہاضمہ۔

**digestive** *adj.* ① ہضم سے متعلق۔② ہاضم، ہاضمے میں آسانی پیدا کرنے والا۔

**digger** *n.* کھدائی کرنے والا آدمی یا آلہ، خصوصاً کھدائی کی مشین۔

**digit** *n.* ①عدد، صفر سے ۹ تک کوئی عدد یا ہندسہ خصوصاً جبکہ کسی رقم کا جُز ہو۔②ہاتھ یا پاؤں کی انگلی۔

**digital** *adj.* ①اعداد یا ہندسوں پر مبنی۔②( گھنٹہ یا گھڑی وغیرہ) جو بجائے سوئیوں کے ہندسوں میں وقت بتائے۔③(صوتی ریکارڈ کا آلہ یا وسیلہ) جو اعدادی طریقے پر مبنی ہو۔● **digitally**م ف: بصورت اعداد۔

**digitalis** *n.* کف ثعلب یا لومڑ پنجے کے خشک پتّوں سے تیار کردہ دوا جو قلب کے عضلات کو مہمیز کرتی ہے۔

**dignified** *adj.* باوقار، شاندار، معزز و محترم۔

**dignify** *v.*(**-ies, -ied**)①مان بڑھانا، عزت دینا۔②توقیر بخشنا، اعزاز دینا۔③رُتبہ بڑھانا۔

**dignitary** *n.* (*pl.*-**ies**) اعلیٰ مرتبے یا منصب پر فائز شخص۔

**dignity** *n.*(*pl.* **-ies**) ①پُروقار، سنجیدہ انداز۔② قابلِ احترام، معزز حیثیت۔③اعلیٰ مرتبہ یا منصب۔

**digress** *v.* وقتی طور پر اصل موضوع سے ہٹنا، گریز کرنا۔● **digression**اسم۔ **digressive** صف۔

**dike** DYKE کا متبادل۔

**diktat** *n.* حکم، فرمان، امر واجب التعمیل۔

**dilapidated** *adj.* تباہ، خستہ، خراب۔

**dilapidation** *n.* ٹوٹنے پھوٹنے کا عمل، ٹوٹی پھوٹی خستہ، خراب حالت۔

**dilate** *v.* پھیلانا یا پھیلنا۔● **dilation**اسم۔ **dilatation**اسم: پھیلاؤ۔ **dilator** اسم۔

**dilatory** *adj.* دیر کرنے، جُھلانے، طول دینے والا۔

**dilemma** *n.* ایسی صورت حال جس میں مسئلے کے دو متضاد حل ممکن ہوں اور فیصلہ محال یا مشکل ہو۔

**dilettante** *n.* (*pl.* **dilettanti** or **dilettantes**) کسی موضوع کا تفریح کے طور پر سطحی مطالعہ کرنے والا شخص۔

**diligent** *adj.* ①فرائض یا ذمہ داری کو پوری طرح نبھانے والا، مستعد، محنتی، کارگزار۔② محتاط، کوشاں۔● **diligence**اسم۔ **diligently**م ف: مستعدی سے۔

**dill** *n.* اجوائن، ایک چھتر دار پودا جس میں زرد پھول لگتے ہیں اور بیج خوشبودار ہوتے ہیں، اجوائن خراسانی۔

**dilly-dally** *v.*(**-ies, -ied**) بول چال: ①اینڈنا، بیکاری میں وقت گنوانا۔②لیت و لعل کرنا، ٹال مٹول کرنا۔

**dilute** *v. & adj.* ف:①پانی ملا کر یا کسی آمیزش سے پتلا کرنا، رقیق بنانا۔ ② شدّت، زور، تاثیر گھٹانا۔ صف: ①پتلا، ہلکا کرنے والا۔ ② پانی پھرا، ہلکا پھیکا ہوا۔● **dilution**اسم: تحلیل۔

**dim** *adj. & v.* **(dimmest،dimmer)**:صف: ① مدّھم، دُھندلا، ماند؛ مبہم، غیر واضح؛ جو صاف نظر نہ آئے۔ ② بول چال: غبی، کند ذہن۔ف: **(dimming،dimmed)** دُھندلانا، دھندلا جانا۔

● **dimly** م ف۔ **dimness** اسم: دھندلاہٹ۔

**dime** *n.* امریکا: دس سینٹ کا سکّہ۔

**dimension** *n.* ① کسی شے کا طول وعرض، گہرائی، رقبہ، ضخامت، بُعد۔ ② **(dimentions)** ضخامت، وسعت، پہنائی۔ ③ کسی صورت حال یا معاملے کا کوئی پہلو۔ ● **dimensional** صف۔

**diminish** *v.* گھٹنا یا گھٹانا، کم ہونا یا کرنا۔

**diminuendo** *adv. & n.* موسیقی: م ف: آواز کو بتدریج دھیما کرتے ہوئے۔ اسم: (ج **-os**) اس طرح گایا جانے والا ٹکڑا۔

**diminution** *n.* تقلیل، تخفیف۔

**diminutive** *adj. & n.* صف: غیر معمولی طور پر چھوٹا، ذرا سا۔ اسم: قواعد: کسی چیز کا چھوٹا سا نمونہ یا قسم۔

**dimple** *n. & v.* اسم: چہرے پر خصوصاً گال یا ٹھوڑی میں ننھا سا گڑھا۔ ف: ① گڑھے کو نمایاں کرنا۔ ② گال وغیرہ میں گڑھا ڈالنا (بولتے یا ہنستے وقت)

**din** *n. & v.* اسم: اونچی، مسلسل، پریشان کن آواز، غوغا، شور وغل۔ ف: **(dinning, dinned)** ① بار بار دہرا کر ذہن میں بٹھانا، یاد کرانا۔ ② شور کرنا، اودھم مچانا۔

**dinar** *n.* ① یوگوسلاویہ کا سرکاری سکّہ وزر مبادلہ۔ ② نیز مشرق وسطی وشمالی افریقہ کی بعض ریاستوں کا سکّہ۔

**dine** *v.* ① کھانا نوش کرنا۔ ② کھانا کھلانا، ضیافت کرنا۔ □ **dine out on** ضیافت پر (اپنی دلچسپ حکایات وغیرہ کی بنا پر) بلایا جانا۔ ● **diner** اسم۔

**ding-dong** *n., adj. & adv.* اسم: ① گھنٹہ بجنے کی آواز۔ ② بول چال: جھگڑا، ٹنٹا، زبانی تکرار یا لڑائی۔ صف: (مقابلہ وغیرہ) ٹکّر کا، برابر کی چوٹ۔ م ف: زور شور سے۔

**dinghy** *n.(pl.* **-ies)** جہاز پر چڑھی ہوئی کشتی، سیر کرنے کی کھلی کشتی یا چھوٹی ربڑ کی پھلانے والی کشتی۔

**dingle** *n.* ادبی: گہری، گھنی وادی یا گھاٹی۔

**dingo** *n. (pl* **-oes)** آسٹریلیا کا ایک وحشی کتا۔

**dingy** *adj.***(dingier, dingiest)** میلا کچیلا، پھیکا، بدرنگ۔ ● **dingily** م ف۔ **dinginess** اسم۔

**dining room** *n.* کھانے کا کمرہ۔

**dinky** *adj.* **(dinkier, dinkiest)**: بول چال: عمدہ، سہانا، ننھا منّا، ذرا سا، بھلا سا۔

**dinner** *n.* ① دن کا اصلی کھانا جو دوپہر یا شام کو کھایا جائے۔ ② شام کی دعوت، ضیافت۔

**dinner jacket** *n.* مردانہ چھوٹا کوٹ عموماً (کالا) شام کے وقت پہننے کا۔

**dinosaur** *n.* قبل تاریخ کا ایک رینگنے والا بھاری بھرکم جانور جو اب ناپید ہے۔

**dint** *n.* چوٹ لگنے سے پڑنے والا گڑھا۔ □ **by dint of** کے بل پر، کے زور پر، کے ذریعے۔

**diocese** *n.* بشپ یا اسقف کی عملداری کا ضلع۔

**diode** *n.* ایک نیم موصل جس میں سے برقی رو صرف ایک طرف دوڑتی ہے اور اسکے دو سرے ہوتے ہیں۔

**dioptre** *n.*(*US* **diopter)** عدسے کی انعطافی قوت کی اکائی۔

**dioxide** *n.* ایک آکسائڈ جس میں دو آکسیجن ایٹم ہوتے ہیں جو باہم پیوست نہیں ہوتے۔

**dip** *v. & n.* ف: **(dipping, dipped)** ① کسی مائع میں ہلکی سی ڈبکی دینا، بھگونا۔ ② سطح سے نیچے اترنا، قدرے کم ہونا۔ ③ نیچے کی طرف جھکنا۔ ④ کسی گاڑی کی روشنی کو جھپکی دینا، نیچا کرنا۔ ⑤ کپڑے کو رنگنے کے لیے غوطہ دینا۔ اسم: ① ڈوبنے ڈبونے وغیرہ کا عمل۔ ② کوئی سیّال جس میں کوئی چیز ڈبوئی، بھگوئی گئی ہو۔ ③ پانی میں ڈبکی، غوطہ۔ ④ افق کے منظر میں کوئی نشیب۔ □ **dip into** کسی کتاب میں سے کچھ مختصراً پڑھنا۔

**diphtheria** *n.* ایک شدید متعدی جراثیمی مرض جو گلے میں سوزش پیدا کرتا ہے، خنّاق۔

**diphthong** *n.* دہرا صوتیہ جس میں ایک ہی ماترا یا جز کلمہ میں دو علّتیں جمع ہوتی ہیں۔

**diploma** *n.* کالج وغیرہ کا جاری کردہ سرٹیفکیٹ۔

**diplomacy** *n.* بین الاقوامی تعلقات کی حکمت عملی، اس کی مہارت یا رسوم وقواعد کی شناسائی۔

**diplomat** *n.* ① غیر ملک میں کسی ملک کا نمائندہ، سیاست کار۔ ② ہوشیار، مصلحت آمیز، موقعہ شناس آدمی۔ ● **diplomatic** صف۔ **diplomatically** م ف۔

**dipper** *n.* ① ایک غوطہ لگانے والی چڑیا، شاما۔ ② کفچہ، ڈوئی۔

**dipsomania** *n.* شراب خوری کی لت۔
● **dipsomaniac** اسم: شراب کا دھتّی۔

**diptych** *n.* دو جڑواں تصویری چوکھٹے جو کتاب کی طرح بند ہو جاتے ہیں۔

**dire** *adj.* ① المناک، اندوہناک، خوفناک، منحوس، شگون بد رکھنے والا۔ ② فوری، اشد ضروری۔

**direct** *adj., adv. & v.* صف: ① براہ راست، سیدھی سمت میں رواں، نزدیک ترین فاصلے سے پہنچنے والا۔ ② سیدھا، بلا تکلف، کھلا کھلا، واضح۔ ③ بلا واسطہ بغیر من وعن، ہو بہو۔ م ف: ① براہ راست۔ ② کھل کر، بلا تکلف۔ ③ سیدھے راستے سے۔ ف: ① انتظام، ہدایت کاری کرنا؛ کارروائی یا عمل پر قابو رکھنا۔ ② حکم صادر کرنا، ہدایت جاری کرنا۔ ③ پتہ لکھنا یا خط وغیرہ پہنچانے کی بابت بتانا کہ کہاں پہنچایا جائے، کسی کو کسی جگہ کا پتہ سمجھانا۔ ④ وار، ضرب یا نشانے کی سیدھ باندھنا۔ ⑤ رہبری کرنا۔ ● **directness** اسم: بلاواسطگی، سیدھ۔

**direct action** *n.* کوئی عمل جیسے ہڑتال، توڑ پھوڑ جس سے لوگ براہ راست متاثر ہوں، راست اقدام۔

**direct debit** *n.* حساب دار کی طرف سے اس کے حساب میں سے باقاعدگی کے ساتھ ادائیگی کرنے کی بینک کو ہدایت۔

**direction** *n.* ① ہدایت دہی، نگرانی کار۔ ② حکم، ہدایت، ترکیب استعمال۔ ③ سمت، رخ جس طرف چلا یا دیکھا جائے یا راستہ جس پر چلنا منزل پر پہنچنے کے لیے ضروری ہو۔ ④ **(directions)** منزل مقصود پر پہنچنے کی ہدایت۔ ● **directional** صف: ہدایت سے متعلق۔

**directive** *n. & adj.* عمومی حکم یا ہدایت کسی شخص مجاز کی طرف سے۔

**directly** *adv. & conj.* م ف: ① فوراً، فی الفور۔ ② بعینہٖ، بلاواسطہ یا رکاوٹ۔ عطف: جونہی، جیسے ہی۔

**direct object** *n.* قواعد: کسی فعل متعدی کا بنیادی مفعول یا مفعول اوّل۔

**director** *n.* ① کسی امر یا ادارے کے امور کا مختار، ناظم، نگراں۔ ② تجارتی کمپنی کی انتظامیہ کا رکن۔ ③ فلم یا ڈرامے کا ہدایت کار۔ ● **directorship** اسم۔

**directorate** *n.* ① مجلس نظما۔ ② ناظم کا عہدہ یا دفتر، نظامت۔

**directory** *n. (pl. -ies)* ① کتاب جس میں متعلقہ نام، ترتیب تہجی یا عنوانات کے تحت درج ہوں یا مختلف اداروں کی بابت تفصیلات ہوں۔ ② کمپیوٹر کی فائل جو دوسری فائلوں کا ریکارڈ رکھتی ہے۔

**direct speech** *n.* بولے جانے والے اصلی الفاظ نہ کہ ان کی بالواسطہ اطلاع۔

**dirge** *n.* دفن کے وقت کا نوحہ، مرثیہ۔

**dirham** *n.* مراکش اور متحدہ امارات کا سرکاری سکّہ

**dirigible** *adj. & n.* صف: جسکی حرکت اور سمت پر دور سے قابو رکھا جا سکے۔ اسم: زیر قابو غبارہ یا ہوائی جہاز۔

**dirt** *n.* ① گندگی، آلودگی، میل کچیل۔ ② مٹی، خاک، دھول۔ ③ بول چال: گندہ ذہنی، غلیظ الفاظ یا باتیں۔

**dirty** *adj., adv. & v.* صف: **(dirtier, dirtiest)** ① میلا، ناپاک۔ ② ہاتھ پاؤں میلے کرنے والا۔ ③ رکیک، فحش، مبتذل، کمینہ۔ ④ ناخوشگوار، مکروہ۔ ⑤ نامنصفانہ۔ م ف، بول چال: ایسی صفات کے ساتھ جو ضخامت کو ظاہر کریں ف: **(-ied,-ies)** گندا، میلا ہونا یا کرنا۔ ● **dirtily** م ف۔ **dirtiness** اسم: گندگی۔

**disability** *n.(pl.-ies)* ① جسمانی معذوری۔ ② وسائل وغیرہ کی کمی جو کسی کام میں حائل ہو۔ ③ قانونی رکاوٹ۔

**disable** *v.* ① ناکارہ کر دینا۔ ② اپاہج، معذور کر دینا۔ ● **disablement** اسم: معذوری۔

**disabled** *adj.* اپاہج، معذور۔

**disabuse** *v.* کسی غلط خیال سے باز رکھنا، دل سے وہم یا خام خیالی دور کرنا۔

**disadvantage** *n.* ① ناموافق صورت یا احوال۔ ② نقصان، دقّت، دشواری، گھاٹا۔ ● **disadvantaged** صف: محروم، مجبور۔ **disadvantageous** صف۔

**disaffected** *adj.* ① غیر مطیع، بددل، منحرف۔ ② نامطمئن، بے تعلق۔ ● **disaffection** اسم۔

**disagree** *v.* ① اختلاف رائے رکھنا، نامتفق ہونا۔ ② جھگڑا کرنا۔ ③ ناموافق، خلاف منشا ہونا۔ □ **disagree**

with (غذا وغیرہ) صحت کے لیے ناساز گار ہونا۔ ● **disagreement** اسم: عدم موافقت۔

**disagreeable** *adj.* ① ناپسندیدہ، نامرغوب۔ ② جھگڑالو، خودسر، بدمزاج۔ ● **disagreeably** م ف۔

**disallow** *v.* نامنظور کرنا، ممنوع قرار دینا۔

**disappear** *v.* ① نظروں سے اوجھل ہو جانا۔ ② ختم ہو جانا۔ ● **disappearance** اسم: گمشدگی۔

**disappoint** *v.* ① مایوس کرنا (کسی کی) خواہش، امید و مدّعا پورا نہ کرنا۔ ② امید توڑنا، (منصوبے وغیرہ) کو ناکام کر دینا۔ ● **disappointment** اسم: مایوسی۔

**disapprobation** *n.* سخت ناپسندیدگی۔

**disapprove** *v.* ① مخالف رائے رکھنا۔ ② کسی بات پر ناخوش ہونا، برا سمجھنا۔ ● **disapproval** اسم: ناپسندیدگی، ناگواری۔

**disarm** *v.* ① غیر مسلح کرنا، فوجوں کو کم کر دینا۔ ② بے ضرر بنا دینا۔ ③ ٹھنڈا کرنا، خوف، شک دور کرنا۔

**disarmament** *n.* کسی ریاست کا اپنی فوج اور اپنے اسلحے کو کم کرنا، تخفیفِ اسلحہ۔

**disarrange** *v.* بے ترتیب، تتر بتر کرنا، منتشر کرنا۔ ● **disarrangement** اسم: انتشار، پراگندگی۔

**disarray** *n.* بدنظمی، افراتفری۔

**disassociate** *v.* =DISSOCIATE۔

**disaster** *n.* یکایک یا شدید تباہی، آفت، مصیبت۔ ● **disastrous** صف۔ **disastrously** م ف۔

**disavow** *v.* لاعلمی ظاہر کرنا؛ ذمہ داری سے انکار کرنا۔ ● **disavowal** اسم: برأت، انکار۔

**disband** *v.* ٹوٹنا، بکھرنا؛ توڑنا، درہم برہم کرنا۔

**disbar** *v.* **(disbarred, disbarring)** (بیرسٹر کو) عدالت میں پیروی کے حق سے محروم کرنا۔

**disbelieve** *v.* ① ماننے، تسلیم کرنے سے معذوری یا انکار کرنا۔ ② بے عقیدہ ہونا۔ ● **disbelief** اسم۔

**disburse** *v.* ① خرچ کرنا، صَرف میں لانا (رقم) ② روپیہ ادا کرنا۔ ● **disbursement** اسم: ادائگی۔

**disc** *n.* ① پتلی چپٹی گول شے ٹکلی، ٹکیا۔ ② ریڑھ کی ہڈی کے منکے کے نیچے کرکری ہڈی۔ ③ گراموفون کا ریکارڈ۔ ④ کمپیوٹر: magnetic disk۔

**discard** *v. & n.* ف: رد، ترک، دفع کرنا، برخواست کرنا، چھوڑنا۔ اسم: خارج کی ہوئی چیز۔

**discern** *v.* ① حواس یا دماغ سے ادراک کرنا۔ ② دیکھنے سننے وغیرہ سے معلوم کرنا۔ ● **discernible** صف: قابلِ ادراک۔ **discernment** اسم۔

**discerning** *adj.* نکتہ رس، زیرک، تیز فہم۔

**discharge** *v. & n.* ف: ① چھوڑنا، آزاد کرنا، کسی فرض یا ذمّہ داری یا قید سے یا قرض سے سبکدوش کرنا۔ ② عہدے، ملازمت وغیرہ سے برطرف کرنا۔ ③ بندوق وغیرہ چھوڑنا، سر کرنا۔ ④ ادا کرنا، فرض، ذمّہ داری۔ ⑤ مائع وغیرہ کا رسنا۔ اسم: ① چھوڑنے، رہا کرنے، فارغ کرنے کا عمل یا اسکی مثال۔ ② برطرفی۔

**disciple** *n.* ① مُرید، چیلا، ارادت مند، پیرو۔ ② حضرت عیسیٰؑ کے پہلے ماننے والوں میں کوئی۔

**disciplinarian** *n.* نظم وضبط پر بہت اصرار کرنے والا شخص۔

**disciplinary** *adj.* نظم وضبط سے متعلق اصول و ضوابط کو نافذ کرنے اور ان پر سختی سے عمل درآمد کی بابت۔

**discipline** *n. & v.* اسم: ① قابو، نظم، ضابطے کا اطلاق، نظم قائم رکھنے کا ضابطہ۔ ② ذہنی، اخلاقی یا جسمانی تربیت۔ ③ تعلیم یا علم کا کوئی شعبہ۔ ف: ① سزا دینا، ملامت کرنا۔ ② قابو میں لانا، معمول کی پابندی کرانا۔

**disclaim** *v.* قبول کرنے سے انکار کرنا، تسلیم نہ کرنا۔

**disclaimer** *n.* انکار خصوصاً ذمّہ داری سے۔

**disclose** *v.* ① بتانا، ظاہر کرنا۔ ② پردہ اٹھانا، سامنے لانا، انکشاف کرنا۔ ● **disclosure** اسم۔

**disco** *n. & v.* (ج: **discos**) اسم، بول چال: =DISCOTHEQUE۔ ف: ① موسیقی کی عوامی تقریبوں میں شریک ہونا۔ ② اس طرح کی دُھنوں پر رقص کرنا۔

**discolour** *v.* (*US.* **discolor**) بدرنگ کرنا یا ہونا، دھبے ڈالنا، بدنما ہونا۔ ● **discoloration** اسم۔

---

وضاحت: *diburse* کو *diperse* سے خلط ملط نہ کیا جائے۔

**discomfit** *v.* **(discomfited, discomfiting)** پریشان کرنا، عاجز کرنا، ناک میں دم کرنا، خلل ڈالنا، بگاڑنا۔ ● **discomfiture** اسم۔

**discomfort** *n.* بے آرامی، تکلیف، بے چینی، ذہنی خلش؛ ناگواری۔

**discommode** *v.* (کسی کو) بے آرام کرنا، سہولت سے محروم کرنا۔

**disconcert** *v.* ① کسی کو کل سے بے کل کرنا، انتشار، خلفشار میں مبتلا کرنا۔ ② درہم برہم کرنا، بگاڑنا۔

**disconnect** *v.* ① رشتہ، رابطہ منقطع کرنا۔ ② برقی آلے کو بند کرنا۔ ● **disconnection** اسم۔

**disconsolate** *adj.* ① بے یارومددگار۔ ② غمگین، مایوس۔ ● **disconsolately** م ف۔

**discontent** *n.* بے اطمینانی، بے چینی، اضطراب، بددلی۔ ● **discontented** صف: غیر مطمئن۔

**discontinue** *v.* ① موقوف ہونا یا کرنا، منقطع ہوجانا۔ ② ترک کرنا۔ ● **discontinuance** اسم۔

**discontinuous** *adj.* غیر مسلسل، وقفہ دار۔ ● **discontinuity** اسم: عدم تسلسل۔

**discord** *n.* ① ناموافقت، جھگڑا۔ ② کرخت، ناگوار بے آہنگ آواز۔ ● **discordance** اسم۔ **discordant** صف: بے میل، بے آہنگ۔

**discothèque** *n.* کوئی کلب یا ٹھکانا جہاں مقبولِ عام موسیقی کے ریکارڈوں پر رقص ہوتا ہو۔

**discount** *n. & v.* اسم: کٹوتی جو جلد یا پیشگی ادائیگی وغیرہ کی بنا پر گاہکوں کے لیے کی جائے۔ ف: ① بے اعتبار یا غیر اہم سمجھ کر نظر انداز کرنا۔ ② کٹوتی کرنا۔

**discourage** *v.* ① ہمت پست کرنا، حوصلے، خود اعتمادی یا توانائی سے محروم کرنا۔ ② باز رکھنا، روکنا۔ ● **discouragement** اسم: حوصلہ شکنی۔

**discourse** *n. & v.* اسم: گفتگو، بات چیت، کسی علمی مسئلے پر بحث یا مقالہ، تقریر، وعظ۔ ف: ① بولنا، گفتگو کرنا۔ ② (کسی موضوع پر عالمانہ) تقریر یا تحریر میں اظہار کرنا۔

**discourteous** *adj.* گستاخانہ، غیر مہذب۔ ● **discourteously** م ف۔ **discourtesy** اسم۔

**discover** *v.* ① معلوم کرنا، جاننا، آگاہ ہونا۔ ② پہلی بار دریافت کرنا۔ ● **discovery** اسم۔

**discredit** *n. & v.* اسم: ① بدنامی، رسوائی۔ ② کوئی بات یا فرد جو رسوائی کا باعث ہو۔ ف: **(-credited, -crediting)** ① شہرت، نیک نامی، اعتبار کو نقصان پہنچانا۔ ② ناقابلِ یقین، مشتبہ بنانا۔

**discreditable** *adj.* رُسوا کُن، شرمناک۔

**discreet** *adj.* ① بات چیت یا رویے میں محتاط، چوکس، سنبھلا سنبھلا یا ہوشیار، سمجھ دار۔ ② جو بہت نمایاں نہ ہو یا کھٹکنے نہ پائے۔ ● **discreetly** م ف۔

**discrepancy** *n.* *(pl* **-ies)** فرق، اختلاف، عدمِ توافق، بے ربطی۔

**discrete** *adj.* اپنی جگہ نمایاں، سب سے الگ، مجرّد، جدا۔ ● **discretely** م ف۔

---

وضاحت: *discrete* کو *discreet* سے خلط ملط نہ کریں۔

---

**discretion** *n.* ① ہوشمند، چوکس؛ محتاط رویّہ، تدبّر۔ ② صوابدید، خیال یا عمل کی آزادی۔

**discretionary** *adj.* صوابدید پر مبنی۔

**discriminate** *v.* ① فرق ملحوظ رکھنا، امتیاز کرنا۔ ② نسل، رنگ یا جنس کے لحاظ سے بے جا ترجیح دینا۔ ● **discrimination** اسم۔ **discriminatory** صف۔

**discriminating** *adj.* ① فرق، امتیاز کرنے کے قابل خصوصاً مراتب میں۔ ② خوش ذوق۔

**discursive** *adj.* اصل موضوع سے ادھر اُدھر بھاگنے والا، غیر مسلسل۔

**discus** *n.* بھاری موٹی تھالی جو کھیل کے مقابلوں میں اچھالی جاتی ہے۔

**discuss** *v.* ① گفتگو، بات چیت، تبادلۂ خیال کرنا۔ ② بحث کرنا، تحریراً یا زبانی۔ ● **discussion** اسم۔

**disdain** *n. & v.* اسم: اظہارِ تنفر، تحقیر۔ ف: ① حقیر جاننا۔ ② تکبّر سے کام لینا۔ ● **disdainful** صف: تحقیر آمیز، نخوت بھرا۔ **disdainfully** م ف۔

**disease** *n.* غیر صحت مند کیفیت، مرض، روگ، عارضہ۔ ● **diseased** صف: بیمار، مریض، روگی۔

**disembark** *v.* ٹرین، جہاز یا ہوائی جہاز سے اترنا یا اتارنا۔ ● **disembarkation** اسم۔

**disembodied** *adj.* (آواز کے لیے) مادّی شکل سے مبرّا ہونا۔

**disembowel** *v.* **(-embowelled, -emboweling** *US.***-emboweled)** پیٹ میں سے آنتیں نکالنا۔ ● **disembowelment** اسم۔

**disenchant** *v.* ناامید کرنا، آنکھیں کھولنا، فریب نظر دور کرنا۔ ● **disenchantment** اسم۔

**disenfranchise** *v.* (also **disfranchise**) حق رائے دہی سے محروم کرنا؛ دیگر کسی شہری حق سے محروم کرنا۔ ● **disenfranchisement** اسم۔

**disengage** *v.* الگ کرنا، بندھن کھولنا، علاحدہ کرنا۔ ● **disengagement** اسم۔

**disentangle** *v.* ① سلجھانا، بل نکالنا۔ ② الجھنوں سے نکالنا۔ ● **disentanglement** اسم۔

**disestablish** *v.* ① (کلیسا کو) سرکاری امداد و حمایت سے محروم کرنا۔ ② کسی سرکاری حیثیت سے خارج کرنا۔ ③ کسی ادارے کو بند کرنا۔

**disfavour** *n.* (*US* **disfavor**) ناپسندیدگی، نامنظوری۔

**disfigure** *v.* خراب کرنا، بگاڑنا، مسخ کرنا، بدنما، بدشکل بنانا۔ ● **disfigurement** اسم۔

**disfranchise** =DISENFRANCHISE۔

**disgorge** *v.* ① اُگلنا، حلق سے نکالنا۔ ② برآمد کرنا، نکال کے سامنے رکھنا۔ ● **disgorgement** اسم۔

**disgrace** *n. & v.* اسم: ① خواری، رُسوائی۔ ② شرمناک، باعثِ ذلّت (شخص، شے، صورت حال وغیرہ) ف: رُسوائی کا باعث ہونا، بے آبروئی کا سامان کرنا۔ ● **disgraceful** صف۔ **disgracefully** م ف۔

**disgruntled** *adj.* نامطمئن، شاکی، ناراض، ناخوش، کبیدہ۔ ● **disgruntlement** اسم۔

**disguise** *v.& n.* ف: اصلیت چھپانا، ناقابلِ شناخت بنانا، اصلیت پر پردہ ڈالنا۔ اسم: ① بہروپ، مصنوعی وضع قطع۔ ② حقیقت چھپانے کی کوئی کوشش۔

**disgust** *n. & v.* اسم: ① تنفر، اکراہ، بیزاری۔ ② برہمی۔ ف: بیزار، برہم کرنا۔ ● **disgusting** صف۔

**dish** *n.* ① شیشے، چینی یا دھات کا چپٹے پیندے کا چپٹا برتن، رکابی، تھالی، پلیٹ۔ ② کسی خاص قسم کا کھانا۔ ③ بول چال: جنسی طور پر پُرکشش۔ □ **dish out** ① (کھانا) پیش کرنا۔ ② تقسیم کرنا، بانٹنا، خصوصاً الل ٹپ۔ **dish up** (کھانا) کھلانے کے لیے پیش کرنا۔

**disharmony** *n.* ناموافقت، بے آہنگی۔

**dishearten** *v.* حوصلہ پست کرنا، مایوس کرنا۔

**dished** *adj.* مقعر، مجوف، کھوکھلا۔

**dishevelled** *adj.*(*US* **disheveled**) بکھرے، برہم (بال)، بگڑا، برہم، اُول جلول آدمی۔ ● **dishevelment** اسم: برہمی، بے ترتیبی۔

**dishonest** *adj.* بے ایمان، پُرفریب، گمراہ کُن۔ ● **dishonestly** م ف۔ **dishonesty** اسم۔

**dishonour** *n. & v.* (*US* **dishonor**) اسم: ① عزت، شہرت سے محرومی۔ ② کوئی بات جو باعثِ ننگ ہو۔ ف: حقارت کا برتاؤ کرنا، ذلیل کرنا۔

**dishonourable** *adj.* (*US* **dishonorable**) ① رُسوا کُن، باعثِ ننگ۔ ② بے ایمان، بے اُصولا۔ ● **dishonourably** م ف۔

**dishwasher** *n.* پلیٹیں دھونے کی خودکار مشین۔

**dishy** *adj.***(dishier, dishiest)** بول چال: جنسی طور پر پُرکشش۔

**disillusion** *n.* واہمے یا فریب نظر سے نکلنا۔ ● **disillusionment** اسم: حقیقت بینی۔

**disincentive** *n.* کسی عمل وغیرہ سے باز رہنے کی ترغیب۔

**disinclination** *n.* بے رغبتی، تذبذب۔

**disinclined** *adj.* مذبذب، متامّل۔

**disinfect** *v.* جراثیم سے پاک کرنا، خصوصاً جراثیم کش مادّے کے استعمال سے۔ ● **disinfection** اسم۔

**disinfectant** *n.* کیمیائی جراثیم کش مادّہ۔

**disinformation** *n.* جان بوجھ کر غلط دی گئیں اطلاعات، گمراہ کُن خبریں۔

**disingenuous** *adj.* غیر مخلص، مطلبی۔
**disinherit** *v.* وراثت سے محروم کرنا، ترکہ پانے کا حق سوخت کرنا۔ ● **disinheritance** اسم۔
**disintegrate** *v.* ٹکڑے ٹکڑے یا اجزا میں تقسیم کرنا یا ہونا، ابتر کرنا۔ ● **disintegration** اسم۔
**disinter** *v.*(**disinterred, disinterring**) ① کھود کے برآمد کرنا، زمین کے نیچے سے نکالنا۔ ② بڑی تلاش کے بعد پانا۔ ● **disinterment** اسم۔
**disinterested** *adj.* ① بے غرض، غیر جانبدار۔ ② لاپروا۔ ● **disinterestedness** اسم۔

---

وضاحت: *disinterested* بجائے *uninterested* عام طور سے بول چال میں رائج مگر غیر فصیح خیال کیا جاتا ہے۔

---

**disjointed** *adj.* (خصوصاً گفتگو کے لیے) بے ربط، اکھڑی اکھڑی نا مربوط۔
**disjunctive** *adj.* ① جدا کرنے والا، تفریقی۔ ② منطق: (وہ قضیہ) جو دو متبادل صورتوں کو ظاہر کرے۔
**disk** کمپیوٹر: DISC کا متبادل۔
**diskette** *n.* کمپیوٹر: FLOPPY DISK۔
**dislike** *v.* & *n.* ف: ناپسند کرنا، معترض ہونا۔ اسم: ① ناپسندیدگی کا احساس۔ ② بُری لگنے والی شے۔
**dislocate** *v.* ① سرکانا، ہٹانا، جگہ سے بے جگہ کرنا۔ ② درہم برہم کرنا، بگاڑنا۔ ③ اکھاڑنا، دور کرنا۔ ● **dislocation** اسم۔
**dislodge** *v.* اپنی جگہ سے ہٹانا، اکھاڑنا۔
**disloyal** *adj.* ① ناوفادار، غیر مخلص۔ ② سرکش، غدّار۔ ● **disloyally** م ف۔ **disloyalty** اسم۔
**dismal** *adj.* ① اندھیرا، تاریک، اندوہ ناک۔ ② افسردہ، وحشت ناک۔ ③ بول چال: کمزور، خراب۔ ● **dismally** م ف۔
**dismantle** *v.* توڑنا، ڈھانا، منہدم کرنا۔
**dismay** *v.* & *n.* ف: حیران، پریشان کرنا، حوصلہ شکنی کرنا۔ اسم: ہراس، اضطراب، مایوسی، افسردگی۔
**dismember** *v.* ① اجزا، اعضا، جوڑ الگ کرنا۔ ② ٹکڑے ٹکڑے کرنا۔ ● **dismemberment** اسم: ٹوٹ پھوٹ۔
**dismiss** *v.* ① دور کرنا، چلتا کرنا، برخاست کرنا۔ ② برطرف کرنا، نکال دینا۔ ③ ذہن سے نکالنا، بھلانا۔ ● **dismissal** اسم: برخاستگی، موقوفی۔
**dismissive** *adj.* نا قابلِ توجہ، نامعقول۔ ● **dismissively** م ف۔
**dismount** *v.* سواری پر سے اترنا۔
**disobedient** *adj.* نافرمان، سرکش۔ ● **disobedience** اسم۔ **disobediently** م ف۔
**disobey** *v.* حکم ماننے سے قاصر رہنا یا انکار کرنا۔
**disobliging** *adj.* تعاون سے گریز کرنے والا، رُوکھا، بے مروّت۔ **disoblige** ف۔
**disorder** *n.* & *v.* اسم: ① بے نظمی، بے ترتیبی۔ ② بلوہ، ہنگامہ۔ ③ معمولی جسمانی خرابی، ناسازی۔ ف: ابتر کرنا، بے ترتیب، برہم کرنا۔ ● **disorderly** صف: بگڑا، بے ترتیب۔ **disorderliness** اسم۔
**disorganized** *adj.* (also **-ised**) غیر منظّم، پراگندہ، بے ترتیب۔ ● **disorganization** اسم۔
**disorientate** *v.*(also **disorient**) (کسی شخص کو) چکرانا، بدحواس کرنا، اپنے مقام، ماحول کے احساس سے بیگانہ کرلینا۔ **disorientation** اسم۔
**disown** *v.* ① ماننے پہچاننے سے انکاری ہونا، رد کرنا، جھٹلانا؛ بری الذمّہ ہونا۔ ② واسطہ توڑنا۔
**disparage** *v.* ① مذمّت کرنا، تحقیر کرنا۔ ② کسی کی شہرت کو بٹّہ لگانا۔ ● **disparagement** اسم۔
**disparate** *adj.* & *n.* بالکل مختلف نوعیت کا، بے میل، بے واسطہ۔ ● **disparately** اسم۔

---

وضاحت: *disparate* کو *desperate* سے خلط ملط نہ کریں۔

---

**disparity** *n.*(*pl.*-**ies**) عدم مساوات، اختلاف۔
**dispassionate** *adj.* جذبات سے عاری، متوازن، غیر جانبدار۔ ● **dispassionately** م ف۔
**dispatch** *v.* & *n.*(also **despatch**) ف: ①

کسی مقصد کے لیے یا منزل کی طرف روانہ کرنا۔② کام پھرتی سے نمٹانا۔ ③مارڈالنا۔اسم:①روانگی (پیغام،خط وغیرہ کی) ② قتل، جان لینے کا عمل۔ ③ مراسلہ، ڈاک (خصوصاً فوجی یا سرکاری)،اخبار کے نامہ نگار کی بھیجی ہوئی خبر،روئداد۔

**dispatch box** *n.* سرکاری دستاویزات وغیرہ کا صندوقچہ۔

**dispatch rider** *n.* مراصلات وغیرہ لے جانے والا موٹرسائیکل سوار۔

**dispel** *v.* **(dispelled, dispelling)** منتشر کرنا، اِدھراُدھر کرنا، دور کرنا؛ رفع کرنا، زائل کرنا۔

**dispensable** *adj.* جس کے بغیر کام چل سکے۔

**dispensary** *n.* (*pl.* **-ies**) دواخانہ جہاں سے دوائیں دی جاتی ہیں۔

**dispensation** *n.* ① تقسیم کاری، بانٹنے، تقسیم کرنے کا عمل۔② جرمانے یا محصول سے استثنا۔③ کسی قوم یا طبقے میں رائج دینی یا سیاسی نظام۔

**dispense** *v.* ① تقسیم کرنا۔② (دوائیں) باندھنا، تیار کرنا۔□ **dispense with** چھوڑنا، ترک کرنا، کسی شے یا شخص کے بغیر کام چلانا۔□**dispenser** اسم۔

**disperse** *v.* مختلف سمتوں یا وسیع رقبے میں پھیلانا، منتشر، منقسم کرنا، تتر بتر کرنا، بکھیرنا۔● **dispersal** اسم: انتشار، پھیلاؤ۔**dispersion** اسم۔

**dispirited** *adj.* مایوس، نومید کیا ہوا۔ ● **dispiriting** صف: دل شکستہ۔

**displace** *v.* ① اپنی مقررہ جگہ سے ہلانا۔② عہدے سے معزول کرنا۔③ کسی کی جگہ لینا، بے دخل کرنا۔● **displacement** اسم۔

**display** *v. & n.* ف:①سامنے کرنا، نظر کے آگے لانا؛ دکھانا، کسی شے کو ظاہر کرنا۔② نمائش کرنا۔اسم:① نمائش، مظاہرہ۔② تماشا۔③ دکھاوا۔

**displease** *v.* ناراض کرنا، غصہ دلانا، برہم کرنا۔

**displeasure** *n.* ناپسندیدگی، خفگی، بے اطمینانی۔

**disport** *v.* (also **disport oneself**) کھیل کود، اٹکھیلیاں، کلیلیں کرنا۔

**disposable** *adj.* ①جوایک بار استعمال کے بعد رد کر دیا جائے۔ ② جس سے چھٹکارا حاصل کیا جا سکے یا استعمال میں لایا جا سکے۔● **disposability** اسم۔

**disposal** *n.* ① کسی شے کی نکاسی، ٹھکانے لگانے، الگ کرنے کا عمل۔ ② ترتیب، تنظیم، ڈھنگ۔□ **at one's disposal**۔① کسی کے زیرِ تصرّف، دستیاب، موجود۔② کسی کے حکم کے تابع، مرضی پر موقوف۔

**dispose** *v.* ① مائل کرنا، ترغیب دینا۔② ترتیب یا مناسب طریقے سے رکھنا۔□ **dispose of** چھٹکارا پانا، دفع کرنا، ختم کرنا۔ **be well desposed** دوست یا پسندیدہ ہو۔

**disposition** *n.* ①فطری رجحان، میلان، رغبت؛ مزاج، طبیعت۔② تنظیم، اجزا کا باہمی ربط اور ترتیب۔

**dispossess** *v.* ① بے دخل کرنا، بدر کرنا، محروم کرنا۔ ② چھین لینا۔● **dispossession** اسم: بے دخلی۔

**disproportionate** *adj.* ① تناسب، اعتدال، موزونیت سے عاری۔② مقابلتہً بہت بڑا یا بہت چھوٹا، ناموزوں۔● **disproportionately** م ف۔

**disprove** *v.* جھٹلانا، غلط ثابت کرنا، تردید کرنا۔

**disputable** *adj.* متنازعہ فیہ؛ غیر یقینی، مشتبہ۔ ● **disputably** م ف۔

**disputant** *n.* اختلاف کرنے والا۔

**disputation** *n.* بحث، ردّوکد، نزاع؛ اختلاف۔

**disputatious** *adj.* حجّت باز، بحث کا شوقین۔

**dispute** *v. & n.* ف:① بحثنا، حجّت کرنا، جھگڑنا۔ ② بحث مباحثہ کرنا۔③ کسی چیز پر اپنا حق جتانا، اسے جیتنے کا جتن کرنا۔اسم:① قضیہ، مناقشہ، مباحثہ۔② تنازعہ۔

**disqualify** *v.* **(disqualified, disqualifying)** ① کسی مقابلے سے باہر کرنا یا جیتنے کا نااہل قرار دینا۔② ناموزوں یا ناقابل بنانا یا ٹھیرانا۔● **disqualification** اسم۔

**disquiet** *v. & n.* ف: امن میں خلل ڈالنا؛ پریشان کرنا۔اسم: بے چینی، ہلچل۔

**disquisition** *n.* کسی موضوع پر لمبا چوڑا مقالہ یا تقریر، گفتگو۔

**disregard** *v. & n.* ف:① توجہ نہ دینا، نظر انداز کرنا۔② غیر اہم سمجھنا۔اسم: بے غوری، بے التفاتی۔

**disrepair** *n.* خستہ، خراب، مرمّت طلب ہونے کی حالت، بے توجہی کے سبب۔

**disreputable** *adj.* بُری شہرت رکھنے والا، بدنام، بے آبرو، نامعتبر۔ ● **disreputably** م ف۔

**disrepute** *n.* بدنامی، رسوائی، بے اعتباری۔

**disrespect** *n.* بے ادبی، بدلحاظی، ترکِ تپاک۔ ● **disrespectful** صف۔ **disrespectfully** م ف۔

**disrobe** *v.* پوشاک اتارنا، بے لباس کرنا یا ہونا۔

**disrupt** *v.* ① خلل انداز ہونا، رکاوٹ ڈالنا (جلسے وغیرہ میں) ابتری پھیلانا۔ ② توڑنا، ٹوٹ پھوٹ مچانا۔ ● **disruption** اسم۔ **disruptive** صف۔

**dissatisfaction** *n.* بے اطمینانی، ناآسودگی۔

**dissatisfied** *adj.* غیر مطمئن، ناخوش۔

**dissect** *v.* (کسی پودے یا جانور) کے اجزا یا اعضا کی قطع و بُرید کرنا ان کی ساخت وغیرہ کا مطالعہ کرنے کے لیے۔ ● **dissection** اسم۔ **dissector** اسم۔

**dissemble** *v.* (اپنے جذبے، مقصد پر) پردہ ڈالنا، اصلیت چھپانا۔ ● **dissemblance** اسم: منافقت۔

**disseminate** *v.* بکھیرنا، دُور تک پھیلانا، نشر کرنا۔ ● **dissemination** اسم۔

**dissension** *n.* اختلاف جو جھگڑے تک پہنچے۔

**dissent** *v. & n.* ف: مختلف رائے رکھنا، بندھے بندھائے عقائد سے گریز کرنا۔ اسم: اختلاف رائے یا عقائد۔ ● **dissenter** اسم۔

**dissertation** *n.* کسی موضوع پر تفصیلی مقالہ۔

**disservice** *n.* بدسلوکی، نقصان رسانی۔

**dissident** *adj. & n.* صف: ناموافق، منحرف، روگردانی کرنے والا خصوصاً مسلّمہ اقدار، اقتدار، نظام وغیرہ سے۔ اسم: منحرف شخص۔ ● **dissidence** اسم۔

**dissimilar** *adj.* غیر مشابہ، غیر مماثل۔ ● **dissimilarity** اسم۔ **dissimilitude** اسم۔

**dissimulate** *v.* تصنّع، بناوٹ، فریب سے کام لینا۔ ● **dissimulation** اسم: مکر، فریب۔

**dissipate** *v.* چھانٹنا، چھٹنا، بکھر کر مٹ جانا۔

**dissipated** *adj.* اُڑاؤ کھاؤ، عیاش، فضول خرچ۔

**dissipation** *n.* ①بدچلنی، عیّاشی۔ ② فضول خرچی۔ ③ بکھیرنے، لٹانے، اڑا دینے کا عمل۔

**dissociate** *v.* بے تعلق ہونا یا کرنا، الگ کرنا۔ ● **dissociation** اسم: علاحدگی، بے تعلقی۔

**dissolute** *adj.* آوارہ مَنش، بدچلن۔

**dissolution** *n.* شراکت یا اتحاد کا خاتمہ یا اسمبلی وغیرہ کی برخواستگی۔

**dissolve** *v.* ① تحلیل ہوجانا، خصوصاً کسی مائع میں مل کر۔ ② رفتہ رفتہ غائب ہونا۔ ③ اسمبلی وغیرہ کو برخاست کرنا۔ ④ اتحاد، شراکت وغیرہ کو ختم کرنا۔

**dissonant** *adj.* کرخت، بے سُرا، بدآہنگ۔ ● **dissonance** اسم۔ **dissonantly** م ف۔

**dissuade** *v.* دل پھیرنا، بددل کرنا، باز رکھنا، روکنا، مانع آنا۔ ● **dissuasion** اسم: مخالفانہ ترغیب۔

**distaff** *n.* سوت کاتنے کی پُونی جو ایک طرف سے چری ہوئی لکڑی کی طرح ہوتی ہے۔ □ **the distaff side** کنبے کی نسوانی شاخ۔

**distance** *n. & v.* اسم: ① دُوری، بُعد۔ ② دو اشیا کے درمیان کا فاصلہ۔ ③ دُور دراز جگہ۔ ④ گریز، گھلنے ملنے سے پرہیز، تکلّف۔ ⑤ دوڑ کے عرصے کا پورا طول۔ ف: ① دُور رکھنا۔ ② مقابلے کی دوڑ میں بہت پیچھے چھوڑ دینا۔

**distant** *adj.* ① زمانی یا مکانی لحاظ سے دُور۔ ② حیثیت وغیرہ کے لحاظ سے بہت مختلف۔ ③ غیریت آمیز۔ ④ دُور، کھویا کھویا۔ ● **distantly** م ف۔

**distaste** *n.* ناپسندیدگی، کسی قدر بیزاری۔

**distasteful** *adj.* ناپسندیدہ، ناگوار، مکروہ۔ ● **distastefully** م ف۔

**distemper** *n. & v.* اسم: ① دیواروں پر پھیرنے والا ایک طرح کا روغن۔ ② کتّوں کی ایک بیماری۔ ف: دیواروں وغیرہ پر ڈسٹمپر پھیرنا۔

**distend** *v.* اندرونی دباؤ سے پھولنا، پھیلانا۔ ● **distension** اسم: تناؤ، پھیلاؤ۔

**distil** *v.* (*US* **distill**)(**distilled, distilling**) ① مقطر کرنا (مائع کو) گرم کر کے اسکی بھاپ کو دوبارہ ٹھنڈا کرنا اور کشید کرنا۔ ② عموماً جوش دے کر عرق، ست یا جوہر نکالنا، (خیال وغیرہ کا) خلاصہ کرنا۔

**distillation** *n.* تقطیر کا عمل یا حاصل۔
**distiller** *n.* کشید کرنے والا خصوصاً شراب ساز۔
**distillery** *n.* (*pl.* **-ies**) شراب کا کارخانہ، بھٹّی۔
**distinct** *adj.* ① مختلف، قابل شناخت نوع یا قسم میں۔ ② نمایاں طور پر الگ، جداگانہ، بیّن، واضح۔ ● **distinctly** م ف: صریحاً۔
**distinction** *n.* ① فرق، امتیاز کرنے کا عمل یا اسکی مثال۔ ② باعث امتیاز خصوصیت۔ ③ خطاب، امتیاز۔ ④ ممتاز مقام۔ ⑤ امتحان میں نمایاں کامیابی۔
**distinctive** *adj.* نمایاں، امتیازی۔
● **distinctively** م ف: نمایاں طور پر۔
**distinguish** *v.* ① فرق، امتیاز کرنا۔ ② نمایاں خصوصیت یا ملکیت کا نشان ہونا۔ ③ دیکھ یا سُن کر شناخت کرنا۔ ④ نمایاں کرنا، برتری دلانا۔ ⑤ تقسیم کرنا، الگ الگ کرنا۔ ● **distinguishable** صف۔
**distinguished** *adj.* بڑے مرتبے کا، برتر؛ ممتاز، معزز، مشہور۔
**distort** *v.* ① مسخ کرنا، شکل بگاڑنا۔ ② تحریف کرنا، پلٹ دینا، کچھ کا کچھ کردینا۔ ● **distortion** اسم۔
**distract** *v.* توجہ پھیرنا، حیران کرنا، سٹپٹا دینا۔
**distracted** *adj.* سرپھرا، باؤلا، غائب دماغ۔
**distraction** *n.* ① توجہ پھیرنے والی شے؛ خلل، بھٹکاوا۔ ② تفریح، آرام۔ ③ خلفشار، انتشار۔ ④ الجھن، مخمصہ۔ ⑤ خلل دماغ، باؤلا پن۔
**distraint** *n.* اشیا کی ضبطی، قرض وغیرہ کی نادہندگی کی صورت میں تاکہ ان کی فروخت سے تلافی کی جائے۔ ● **distrain** ف۔
**distraught** *adj.* فکر، خوف وغیرہ سے بولایا ہوا؛ حد سے زیادہ پریشان۔
**distress** *n. & v.* اسم: ① سخت اذیت، غم، درد وغیرہ۔ ② ناداری، بدحالی۔ ③ قانون: DISTRAINT۔ ف: ① غمزدہ، تھکاہارا، اذیت میں مبتلا ہونا۔ ② پریشان، رنجیدہ کرنا، ستانا۔ □ **in distress** خطرے میں گھرا، جسے مدد کی ضرورت ہو۔
**distribute** *v.* ① بانٹنا، حصہ رسد تقسیم کرنا۔ ② مختلف سمتوں میں پھیلانا، بکھیرنا۔ ● **distribution** اسم۔
**distributive** صف۔
**distributor** *n.* ① بانٹنے والا۔ ② فروخت کار، تقسیم کار۔ ③ انجنوں میں ایک پرزہ جو برقی رو باری باری ہر ایک پلگ کو پہنچاتا ہے۔
**district** *n.* ① انتظامی حلقہ، ضلع۔ ② کوئی علاقہ جو کسی خصوصیت کا حامل ہو۔
**distrust** *n. & v.* اسم: بے اعتمادی، شک، شبہہ۔ ف: اعتبار، اعتماد نہ کرنا۔ ● **distrustful** صف: شکی، بے اعتماد۔ **distrustfully** م ف۔
**disturb** *v.* ① آرام وسکون یا خاموشی میں خلل ڈالنا، مزاحم ہونا۔ ② پریشان، بے چین، مضطرب کرنا۔ ③ منتشر، جگہ سے بے جگہ کرنا۔ ● **disturbance** اسم۔
**disturbed** *adj.* ذہنی یا جذباتی طور پر نااستوار، پراگندہ خاطر، کھسکا ہوا۔
**disuse** *n.* متروک یا غیر مستعمل ہونے کی حالت۔
**disused** *adj.* متروک، غیر مستعمل۔
**ditch** *n. & v.* اسم: لمبا گڑھا یا نالی جو پانی کی نکاسی کے لیے بنائی جائے۔ ف: ① نالی وغیرہ بنانا یا مرمّت کرنا۔ ② بول چال: آڑے وقت میں ساتھ چھوڑ دینا۔
**dither** *v.* تأمّل، تذبذب، پس وپیش کرنا۔
**ditto** *n. & v.* (حساب کتاب، فردِ اشیا، فہرست وغیرہ میں) ایضاً کا مترادف، مراد مثل سابق یا مندرجہ بالا۔
**ditty** *n.* (*pl.* **-ies**) مختصر گیت۔
**diuretic** *n.* زیادہ پیشاب لانے والی شے یا دوا۔
**diurnal** *adj.* یومی، دن سے تعلق رکھنے والا، دن کا۔
**diva** *n.* مشہور، بڑی موسیقارہ، ملکۂ موسیقی۔
**divan** *n.* دیوار کے سہارے بچھی ہوئی لمبی گدّے دار نشست، بے پشت کا صوفہ، دیوان۔
**dive** *v.& n.* ف: ① سر کے بل غوطہ لگانا خصوصاً تیرا کی میں۔ ② جھک کر تیزی سے نیچے آنا، نیچے اترنا، نیچے چھلانگ لگانا۔ اسم: ① غوطہ، چھلانگ، ڈبکی۔ ② بول چال: بدنام شبینہ کلب وغیرہ۔
**diver** *n.* ① غوطہ خور، چھلانگ لگانے والا شخص۔ ② کوئی غوطہ خور پرندہ۔
**diverge** *v.* ① کسی مقام یا نقطے سے مختلف سمتوں میں جانا۔ ② کسی معیّنہ راستے سے ہٹنا، الگ ہونا۔ ●

**divergence** اسم۔ **divergent** صف۔

**diverse** *adj.* اصلیت یا خواص میں مختلف، متنوّع۔

**diversify** *v.* **(-ies, -ied)** ① متنوّع بنانا، تبدیلی یا ترمیم کرنا۔ ② (سرمایے کو) مختلف اشیا یا منصوبوں میں لگانا، پھیلانا۔ ③ (کسی کمپنی کا) اشیائے تجارت کے دائرے کو وسعت دینا۔ ● **diversification** اسم۔

**diversion** *n.* ① رُخ پھیرنے کا عمل۔ ② توجہ کو پھیرنا۔ ③ تفریح، دل بہلاوے کا مشغلہ۔ ④ سڑک بند ہونے کی صورت میں نکالا ہوا عارضی راستہ۔

**diversity** *n.* (*pl.* **-ies**) ① تنوّع، رنگا رنگی۔ ② مختلف، متبادل شے۔

**divert** *v.* ① کسی اور طرف موڑنا، پھیرنا، توجہ حاصل کرنا، بھٹکانا۔ ② دل بہلانا، تفریح کرانا۔

**divest** *v.* □ **divest of** ننگا کرنا، کپڑے اتارنا۔

**divide** *v.* & *n.* ف: ① تقسیم کرنا یا ہونا۔ ② الگ الگ کرنا، چھانٹنا، علاحدہ کرنا۔ ③ ریاضی: معلوم کرنا کہ (کوئی عدد) دوسرے عدد میں کتنی بار سما سکتا ہے، عمل تقسیم سے کام لینا۔ اسم: ① حدّ فاصل، علاحدہ کرنے والا خط۔ ② اہم موڑ، مرحلہ۔

**dividend** *n.* ① کوئی رقم جو مختلف لوگوں میں تقسیم کی جائے، خصوصاً کمپنی کی طرف سے حصّہ داروں کو۔ ② کسی کارروائی کا منافع، حاصل، فائدہ۔

**divider** *n.* ① تقسیم کنندہ، تقسیم کرنے والی شے۔ ② **(dividers)** ناپنے یا تقسیم کرنے والی پرکار۔

**divine** *adj.* & *v.* صف: ① خدا یا دیوتا کا، یا اس کی طرف سے یا اس کی مثل۔ ② بول چال: بہت خوب، فرحت انگیز۔ ف: قیاس، وجدان، باطنی قوت یا جادو کے زور سے دریافت کرنا، جان لینا۔ ● **divination** اسم۔ **divinely** م ف۔ **diviner** اسم: پیش بیں۔

**divining rod** *n.* زیر زمین پانی یا معدنیات کا پتہ چلانے کے لیے Y کی طرح کی چھڑی یا ڈنڈا۔

**divinity** *n.* (*pl.*-**ies**) ① خداوندانہ حیثیت، شان خداوندی۔ ② دیوتا، ذاتِ خداوندی۔

**divisible** *adj.* ① قابلِ تقسیم۔ ② ریاضی: کسی عدد سے پورا تقسیم ہو جانے والا۔ ● **divisibility** اسم۔

**division** *n.* ① تقسیم کا عمل۔ ② کسی عدد کو کسی دوسرے عدد سے تقسیم کرنے کا عمل۔ ③ کسی کُل کے کئی حصّوں میں سے کوئی۔ ④ اختلاف، بٹوارہ۔ ⑤ انتظامی حلقہ۔ ● **divisional** صف۔

**divisive** *adj.* اختلاف کی بنیاد بننے والا، خصوصاً اختلاف آرا پیدا کرنے والا۔

**divisor** *n.* کوئی عدد جس سے کسی دوسرے عدد کو تقسیم کیا جائے۔

**divorce** *n.* & *v.* اسم: ① طلاق، رشتۂ ازدواج یا نکاح کی باضابطہ منسوخی۔ ② علاحدگی، ناموافقت۔ ف: ① نکاح کو قانوناً منسوخ کر دینا۔ ② بے تعلق ہونا۔

**divorcee** *n.* طلاق یافتہ فرد۔

**divulge** *v.* اِفشا کرنا، ظاہر کرنا (راز وغیرہ کو)

**Diwali** *n.* ہندوانہ چراغاں کا تہوار جو ستمبر اور نومبر کے درمیان پڑتا ہے۔

**DIY** مخفف: do-it-yourself اپنا کام آپ۔

**dizzy** *adj.* **(dizzier, dizziest)** ① چکرایا ہوا، ڈگمگ، ڈانواڈول، سراسیمہ، بدحواس۔ ② چکرانے والا۔ ● **dizzily** م ف۔ **dizziness** اسم: چکّر، دوران سر۔

**DJ** مخفف: ① dinner-jacket ۔ ② disc jockey۔

**djellaba** *n.* عربوں کا ڈھیلا ڈھالا اونی لبادہ۔

**D.Litt.** مخفف: Doctor of Letters۔

**DM** (also **D-mark**) مخفف: Deutschmark۔

**D.Mus.** مخفف: Doctor of Music۔

**DNA** مخفف: deoxyribonucleic acid اپنی مثل پیدا کرنے والا مادّہ جو جینی یا خلقی خصوصیات کے خاکے کا حامل ہوتا ہے۔

**D notice** *n.* سرکاری ہدایت کہ بعض موضوعات پر قومی دفاع کی مصلحت کے پیش نظر کوئی بات نہ چھاپیں۔

**do** *v.* & *n.* **(doing‹done‹did‹does)**: ف: ① کرنا، انجام دینا، تکمیل کرنا (کام وغیرہ کی) ② پیدا، تخلیق کرنا، بنانا، مہیّا کرنا۔ ③ عطا کرنا، بخشنا، اثر انداز ہونا۔ ④ عمل کرنا، برتاؤ کرنا؛ حرکت کرنا۔ ⑤ مشغول، مصروف ہونا۔ ⑥ موزوں، مناسب، کافی ہونا، مطمئن کرنا؛ حسبِ منشا ہونا۔ ⑦ سنوارنا، ٹھیک کرنا۔ اسم: (ج: **do's** یا **dos**) ① بول چال: کوئی تقریب، واقعہ،

**do away with** □ ① منسوخ کرنا۔ ② مارڈالنا۔ **do for** بول چال: تباہ، برباد کرنا، مار ڈالنا۔ **do in** بول چال: مار ڈالنا، تباہ کرنا، تھکا مارنا۔ **do out** بول چال: (کمرہ) صاف کرنا، آراستہ کرنا۔ **do out of** بول چال: کسی سے کوئی چیز چھین لینا، ہتھیالینا۔ **do up** ① باندھنا، گرہ دینا، مضبوط کرنا، کسنا۔ ② بول چال: نئے سرے سے آراستہ کرنا۔ **do without** کسی شے کے بغیر کام چلانا؛ دستبردار ہونا۔

کارروائی۔ ② دھوکا، فریب۔

**docile** *adj.* اطاعت شعار، سیدھا، آسانی سے قابو میں آنے والا۔ ● **docilely** م ف۔ **docility** اسم۔

**dock** *n. & v.* اسم: ① بندرگاہ کی گودی، بندلگا کر گھیرا ہوا پانی کا قطعہ جہاں جہاز بار اٹھانے یا اتارنے کے لیے کھڑے ہوتے ہیں۔ ② عدالت میں ملزم کا کٹہرہ۔ ③ ایک چوڑے پتوں کا فالتو پودا جو کھیتوں میں اُگ آتا ہے۔ ف: ① بندرگاہ پر آنا یا لایا جانا۔ ② خلائی جہازوں کو خلا میں باہم ملانا، جوڑنا۔ ③ کٹوتی کرنا، کٹوتی کر کے گھٹانا، کم کرنا، قطع کرنا۔

**docker** *n.* جہاز پر مال چڑھانے والا مزدور۔

**docket** *n. & v.* اسم: مال یا اشیا کی فہرست یا چٹ، لیبل بطور یاد داشت؛ مال کی فرمائش، آرڈر۔ ف: (**docketing**، **docketed**) چٹ لگانا۔

**dockyard** *n.* جہازوں کی مرمّت کی گودی۔

**doctor** *n. & v.* اسم: ① سند یافتہ طبیب، معالج۔ ② ڈاکٹر کی ڈگری رکھنے والا عالم۔ ف: بول چال: ① علاج کرنا، طبابت کرنا۔ ② نر کو آختہ یا مادہ کو رحم نکال کر بانجھ کرنا۔ ③ مرمّت کرنا، درستی کرنا (مشین وغیرہ کی) ④ ملاوٹ کرنا۔ ⑤ تصرّف، تبدّل، تحریف کرنا۔

**doctorate** *n.* کسی علمی شعبے میں اعلیٰ ترین سند۔ ● **doctoral** صف۔

**doctrinaire** *adj.* کسی نظریے یا اصول کو عملی مصلحت کا لحاظ کیے بغیر ہر حال میں عمومی طور پر نافذ کرنے کا حامی، اندھا اصول پرست، محض نظری، غیر عملی۔

**doctrine** *n.* ① سکھائی پڑھائی ہوئی بات، ہدایت نامہ۔ ② عملی، دینی یا سیاسی عقائد؛ اس طرح کے عقائد کا مجموعہ۔ ● **doctrinal** صف: نظریاتی، عقائدی۔

**docudrama** *n.* حقیقی واقعات پر مبنی ٹی وی ڈرامہ۔

**document** *n. & v.* اسم: تحریری یا مطبوعہ دستاویز جس میں شہادت یا حقائق مندرج ہوں۔ ف: ① سند لانا، دستاویزی شہادت پیش کرنا۔ ② دستاویز میں درج کرنا، تحریر میں لانا۔ ● **documentation** اسم۔

**documentary** *adj. & n.* صف: ① تحریری دستاویزات یا عینی شہادتوں پر مبنی۔ ② حقیقی، واقعاتی ریکارڈ یا رپورٹ۔ اسم: (ج: **-ies**) دستاویزی فلم وغیرہ۔

**dodder** *v.* لڑکھڑانا، ڈگمگانا خصوصاً کمزوری یا ضعیفی کے باعث۔ ● **doddery** صف۔ **dodderer** اسم۔

**dodecagon** *n.* بارہ پہلوؤں اور ضلعوں والی شکل۔

**dodge** *v. & n.* ف: ① وار یا پیچھا کرنے والے سے بچنے کے لیے پھرتی سے رخ بدلتے ہوئے کنّی کاٹنا، دُبکنا۔ ② غچّہ دینا، بچ نکلنا۔ اسم: ① بدلتا پینترا، جھکائی، جھکی۔ ② ہوشیاری کی چال، تدبیر۔ ● **dodger** اسم۔

**dodgem** *n.* میلے وغیرہ میں بجلی سے چلتی منی موٹر کار۔

**dodo** *n.* (*pl.* **-os**) ماریشس کی قدیم، ناپید، بھاری، اڑنے کے ناقابل نوع کا پرندہ۔

**doe** *n.* ہرنی، خرگوشنی یا رینڈیئر کی مادہ۔

**does** DO کا صیغۂ واحد غائب۔

**doff** *v.* قدیم: اُتارنا (اپنی ٹوپی یا کپڑے، لباس)

**dog** *n. & v.* اسم: ① کتا شکاری یا جنگلی۔ ② نر کتا یا نر لومڑ نیز نر بھیڑیا۔ ③ (**the dogs**) بول چال: گرے ہاؤنڈ نسل کے کتوں کی دوڑ۔ ف: (**dogged**، **dogging**) پیچھا کرنا، تعاقب میں لگے رہنا، سراغ لینا۔ □ **go to the dogs** بول چال: بگڑنا، خراب، ہونا۔

**dog cart** *n.* ٹم ٹم، دوپہیّا گھوڑا گاڑی جس میں نشستیں پشت بہ پشت ہوتی ہیں۔

**dog collar** *n.* کتے کے گلے کا پٹّا۔

**dog-eared** *adj.* کتاب جس کے صفحات کے کنارے مڑے، گھسے ہوئے ہوں۔

**dogfish** *n.* چھوٹی شارک خصوصاً سنگ ماہی۔

**dogged** *adj.* ضدی، تندخو، ہٹیلا، ڈٹ جانے والا۔ ● **doggedly** م ف: ڈٹ کر، جم کر۔

**doggerel** *n.* بے تکی قافیہ بندی۔

**doggo** *adv.* بول چال: دم سادھے **lie doggo** □ پڑ جانا، چھپ کر یا خاموش لیٹ جانا تا کہ پتا نہ چلے۔

**doggy** *adj. & n.* صف: کتے جیسا یا کتے کا۔ اسم: (ج: **-ies**) چھوٹا کتا، کتوں کو پیار سے پکارنے کا نام۔

**doggy bag** *n.* بول چال: ہوٹلوں وغیرہ میں کھانا کھانے والوں کو بچا ہوا کھانا ساتھ لے جانے کے لیے دی جانے والی تھیلی۔

**dog house** *n.* امریکا: کتّا گھر، تازی خانہ۔
□ **in the doghouse** بول چال: مردود، معتوب ناپسندیدہ۔

**dogma** *n.* ① اصول، عقیدہ یا شعائر، ضابطہ عقائد۔ ② کٹّر پن پر مبنی اصول، رائے، خیال یا نظریہ۔

**dogmatic** *adj.* اپنے اصول یا رائے پر اڑنے والا، کٹّر اصول پرست۔ ● **dogmatically** م ف۔

**do-gooder** *n.* بول چال: نیک نیت مگر خام خیالی میں مبتلا، خدمتِ خلق کا جذبہ رکھنے والا شخص۔

**dog rose** *n.* سیوتی کی ایک قسم کا جنگلی گلاب۔

**dogsbody** *n.* (*pl.* **-ies**) بول چال: کام پر لگا مزدور۔

**doh** *n.* (also **do**) موسیقی: سرگم کبیر کا پہلا اور آٹھواں سُر معیّن ڈو سسٹم میں C سُر۔

**doily** *n. (pl.* **-ies)** (also **doyley**) پلیٹ میں رکھی جانے والی کاغذ یا لیس کی خوشنماتہ۔

**Dolby** *n.* تجارتی نام: آواز کم کرنے کا پرزہ جو خصوصاً ٹیپ ریکارڈنگ میں گھسنے کی آواز کو کاٹتا ہے۔

**doldrums** *n. pl.* ① الکساہٹ، ماندگی، بے مزگی، بے عملی، تعطل۔ ② استوائی سمندر میں کامل سکوت اور اچانک طوفان یا ہلکی ہواؤں کے ادلتے بدلتے دور۔

**dole** *n. & v.* بول چال: بے کاری کا سرکار سے ملنے والا گزارہ، وظیفہ۔ □ **dole out** باٹنا، تقسیم کرنا۔

**doleful** *adj.* ① المناک، حسرتناک۔ ② بے کیف۔
● **dolefully** م ف۔ ● **dolefulness** اسم۔

**doll** *n. & v.* انسانی شکل کا گڈا یا گڑیا خصوصاً بچّے کے کھلونے کے طور پر۔ □ **dolled up** بول چال: بہترین لباس میں۔

**dollar** *n.* امریکا، کینیڈا اور آسٹریلیا کا اصل سکّہ۔

**dollop** *n.* بول چال: کسی شے کی لگدی، لوندا۔

**dolly** *n.(pl.* **-ies)** ① بچوں کی زبان میں گڑیا۔ ② سنیما کے کیمرے کا پہیے دار چبوترا۔

**dolmen** *n.* بڑے بڑے پتھروں کے دور کی قبر جس میں دو عمودی پتھروں پر ایک لیٹواں پتھر ٹکا ہوتا ہے۔

**dolomite** *n.* ایک قسم کے چونے کے پتھر کی چٹان۔
● **dolomitic** صف۔

**dolour** *n.* (*US* **dolor**) ادبی: غم، الم، دُکھ۔
● **dolorous** صف: اذیت زدہ، غمگین۔

**dolphin** *n.* ڈالفن، ایک سمندری دودھ پلانے والا جانور جسکی تھوتھنی چونچ کی طرح ہوتی ہے۔

**dolt** *n.* قدیم: احمق آدمی۔ ● **doltish** صف۔

**domain** *n.* ① عملداری، کسی حکومت کے زیرِ انتظام علاقہ، قلمرو۔ ② دائرۂ اثر۔

**dome** *n.* ① گنبد۔ ② گنبد نما شے جیسے آسمان، پہاڑ کی گول چوٹی وغیرہ۔ ● **domed** صف: گنبددار۔

**domestic** *adj. & n.* صف: ① گھر کا، گھریلو، کنبے سے متعلق۔ ② کسی کے اپنے ملک کا، دیسی اپنے ملک کا بنا ہوا۔ ③ پالتو، گھر کا پلا ہوا۔ اسم: خانگی ملازم۔ ● **domestically** م ف: خانگی طور پر۔

**domesticate** *v.* ① (جانور کو) گھر سے مانوس کرنا، سدھانا۔ ② گھریلو زندگی یا گھریلو کاموں سے لگاؤ پیدا کرانا۔ ● **domestication** اسم۔

**domesticity** *n.* گھریلو پن، گھریلو زندگی۔

**domicile** *n.* جائے رہائش، رہنے کا مقام، اپنا گھر۔
● **domiciliary** صف۔

**dominant** *adj.* حاوی، مسلّط، چھایا ہوا، نہایت ذی اثر۔ ● **dominance** اسم: غلبہ، اقتدار، قبضہ۔

**dominate** *v.* ① حاوی ہونا، مسلّط ہونا۔ ② سب سے زیادہ نمایاں یا مؤثر ہونا۔ ③ اونچائی کے سبب دور تک نظر رکھنا۔ ● **domination** اسم: غلبہ، تسلّط۔

**domineer** *v.* بڑائی جتانا، تحکم آمیز برتاؤ کرنا۔

**dominion** *n.* ① حکومت، قبضہ۔ ② بااختیار حکومت کی عملداری، علاقہ۔

**domino** *n.* (*pl.* **-oes**) ① ڈومینو کھیل کے ۲۸ پانسہ نما لنبوترے مہروں میں کوئی جن پر صفر تا ٦ کے نشان

ہوتے ہیں۔②ان مہروں سے کھیلا جانے والا کھیل۔

**don**[1] *n.* ①یونیورسٹی کا استاد، سربراہ، فیلو یا اتالیق۔ ② (Don)ایک ہسپانوی کلمۂ خطاب جو اصل نام کے ساتھ لگا دیا جاتا ہے۔

**don**[2] *v.* **(donned, donning)** پہننا، اوڑھنا۔

**donate** *v.* عطیہ دینا، خصوصاً کسی ادارے کو۔

**donation** *n.* ①عطیہ، دان۔②رقم وغیرہ جو بطور عطیہ کسی ادارے وغیرہ کو دی جائے۔

**done** (*past part.* of **do**) *adj.* بول چال: جائز، واجب، مناسب۔

**donkey** *n.* (*pl.* **-eys**) ① گدھا۔②بول چال: بیوقوف شخص۔

**donkey jacket** *n.* موٹا سیل روک کوٹ جو کام کرنے والے پہنتے ہیں اور بطور فیشن بھی۔

**donkey's years** *n.pl.* بول چال: بہت طویل عرصہ۔

**donkey work** *n.* بول چال: محنت طلب کام۔

**Donna** *n.* اٹلی، اسپین یا پرتگال کی خاتون کے لیے معزز لقب۔

**donor** *n.* عطیہ دینے والا۔

**donut** امریکا: DOUGHNUT کا متبادل۔

**doodle** *v. & n.* ف: لکیریں بنانا یا لکھنا خصوصاً بے خیالی میں۔اسم: کیل کانٹے، بے ساختہ شکلیں۔

**doom** *n. & v.* اسم: بُرا، دہشت ناک انجام یا قسمت کا لکھا، موت، تباہی۔ف: شامت زدہ، برے انجام کو پہنچنے والا ہونا۔

**doomsday** *n.* یوم حساب، یوم قیامت۔

**door** *n.* مکان، کمرے یا الماری وغیرہ کا دروازہ قبضہ دار، پہلوؤں میں کھلنے والا یا گھومنے والا۔

**doorway** *n.* دروازہ لگا ہوا آنے جانے کا راستہ۔

**dope** *n. & v.* بول چال: اسم:①نشہ آور شے، منشّی مادّہ۔ ② بیوقوف، خبطی آدمی۔③ معلومات، اطلاعات، خبریں۔ف: نشہ کھلانا یا پلانا۔

**dopey** *adj.* (also **dopy**) **(dopier, dopiest)** بول چال: ① مت مارا، چکرایا ہوا، جیسے کہ نشے میں۔ ② بیوقوف، احمق۔

**dormant** *adj.* ① ساکت، غیر فعّال، خوابیدہ۔② عارضی طور پر خاموش۔● **dormancy**اسم: سکوت۔

**dormer** *n.* ڈھالو چھت میں باہر کو نکلی ہوئی عمودی کھڑکی۔

**dormitory** *n.* (*pl.* **-ies**) سونے کا مشترکہ کمرہ خصوصاً اسکول، ہاسٹل وغیرہ میں۔

**dormitory town** *n.* مضافاتی بستی۔

**Dormobile** *n.* تجارتی نام: بند موٹر گاڑی جس میں سونے، کھانا کھانے کی گنجائش ہو۔

**dormouse** *n.* (*pl.* **dormice**) کوئی چھوٹا سر ما خوابی کا کترنے والا چوہے کی طرح کا جانور۔

**dorsal** *adj.* ①پشت پر، پشت کے قریب۔② کوہانی شکل کا، ابھرواں۔

**DOS** *n.* کمپیوٹر: کمپیوٹر کو چلانے والا بنیادی نظام [disk operating system کی تخفیف]

**dosage** *n.* دوا کی خوراک بندی؛ خوراک کی مقدار۔

**dose** *n. & v.* اسم:①دوا کی ایک وقت میں دی جانے والی خوراک۔②اشعاع کی مقدار جو کوئی فرد یا شے جذب کرے۔ف: دوا کی خوراک دینا۔

**doss** *v.* بول چال: گھٹیا جگہ خصوصاً بے آرامی سے رات بسر کرنا۔● **dosser**اسم۔

**dosshouse** *n.* بول چال: سستا اقامت خانہ۔

**dossier** *n.* دستاویزات وغیرہ جو کسی شخص، واقعے یا موضوع کی بابت معلوماتی مواد پر مشتمل ہو۔

**dot** *n. & v.* اسم: نقطہ، چھوٹا سا گول نشان۔ف: **(dotting, dotted)**①نقطے لگانا۔② نقطوں کی طرح بکھیرنا۔□ **dot the i's and cross the t's** بول چال: باریک بینی سے درستی کرنا، جزویات پر نظر رکھنا۔**on the dot** بول چال: عین صحیح وقت پر۔

**dotage** *n.* سٹھیایا پن، ضعف دماغ، خبطی پن کا شکار۔

**dote** *v.* □ **dote on** کسی پر لٹّو ہونا یا احمقانہ طور گرویدہ ہونا۔● **doting** صف۔

**dot matrix printer** *n.* کمپیوٹر: آلۂ طباعت جو مہین نقطوں سے حروف تشکیل دیتا ہے۔

**dotty** *adj.* **(dottier, dottiest)**①: بول چال: مخبوط الحواس، بیوقوف۔ ② فریفتہ، ریجھا ہوا، خبط میں

مبتلا۔ ● dottily م ف۔ dottiness اسم: فریفتگی۔

**double** *adj., adv., n. & v.* صف: ① عموماً دو کا مجموعہ، جوڑا، دو یکساں حصّوں پر مشتمل۔ ② مقدار یا تعداد میں دگنا۔ ③ عام مقدار، قوت یا حجم سے دگنا۔ ④ دو کے لیے ساختہ۔ م ف: دگنی مقدار میں۔ اسم: ① دگنی مقدار یا تعداد۔ ② ہمزاد، مثنیٰ، بدل، ہم شکل، قائم مقام، نائب۔ ③ (doubles) دو جوڑوں کے درمیان کھیلا جانے والا کھیل۔ ف: ① دگنا ہو جانا یا کر دینا۔ ② کسی کے مقابلے میں دو چند ہو جانا۔ ③ دو تہ کرنا، موڑنا، کاغذ، کپڑے وغیرہ کو۔ ④ (ایکٹر کا) بیک وقت دو کرداروں کے روپ میں کام کرنا۔ □ **at the double** رواں دواں۔ **see double** کسی ایک شے کو دو دیکھنا جبکہ اصل میں ایک ہی ہو۔ ● **doubly** م ف۔

**double bass** *n.* وائلن کی طرح کے سازوں میں سب سے نچلی آواز اور سب سے بڑی آواز کا ساز۔

**double-breasted** *adj.* ایک دوسرے کو ڈھانپنے والے دو سامنے کے پٹّوں والا (کوٹ وغیرہ)

**double chin** *n.* تھوڑی کے نیچے لٹکتا ہوا گوشت۔

**double cream** *n.* گاڑھی بالائی۔

**double-cross** *v.* اعتماد شکنی، غداری کرنا۔

**double-dealing** *n.* دھوکے بازی خصوصاً کاروبار میں۔

**double-decker** *n.* دو منزلہ بس۔

**double Dutch** *n.* بول چال: مبہم گفتگو۔

**double entendre** *n.* لفظ یا فقرہ جس کے دو معنی لیے جا سکیں، دوسرے معنی عموماً شوخ یا مبتذل۔

**double figures** *n.pl.* ۱۰ سے ۹۹ تک کے اعداد۔

**double glazing** *n.* آواز یا موسمی اثر کو کم کرنے کے لیے خلا چھوڑ کر لگائے ہوئے دہرے شیشوں والے پٹوں کی کھڑکی۔

**double negative** *n.* قواعد: دہری منفیت یا نفی زائد (م: *didn't say nothing*)

**doublet** *n.* ① دو مماثل اشیا میں سے کوئی۔ ② تاریخ: مردانہ تنگ کوٹ یا صدری۔

**double take** *n.* ابتدائی پہلے ردّعمل کے فوراً بعد دوسرا ردّعمل۔

**doubletalk** *n.* جان بوجھ کر مبہم انداز میں گفتگو۔

**double time** *n.* تنخواہ کی عام شرح سے دگنی ادائیگی، مثال کے طور پر چھٹی کے دن کام کرنے پر۔

**double whammy** *n.* بول چال: بہت قوی یا ناگوار اثر یا کوئی مشکل صورت حال۔

**doubloon** *n.* قدیم اسپینی طلائی سکّہ۔

**doubt** *n. & v.* اسم: ① ذہنی تذبذب کی کیفیت۔ ② غیر یقینی صورت حال۔ ف: ① نا مطمئن ہونا۔ ② ماننے میں یا اعتبار کرنے میں تأمل کرنا۔ ● **doubter** اسم۔

**doubtful** *adj.* ① شک، خدشہ رکھنے والا یا اپنے قول میں محتاط۔ ② مشتبہ، مبہم، غیر واضح۔ ③ ناقابلِ اعتبار۔ ● **doubtfully** م ف: غیر یقینی طور پر۔

**doubtless** *adv.* بلاشبہ، اغلب ہے کہ۔

**douche** *n. & v.* اسم: ① پچکاری جو کسی حصّۂ جسم میں صفائی یا علاج کے لیے چھوڑی جائے، حقنہ۔ ② حقنہ دینے کا آلہ۔ ف: حقنہ دینا۔

**dough** *n.* ① گندھا آٹا، آٹے وغیرہ کا پیڑا۔ ② بول چال: نقدی۔ ● **doughy** صف۔

**doughty** *adj.* **(doughtier, doughtiest)** بہادر، جی دار، جری، دلیر۔

**dour** *adj.* سخت، تند مزاج، ہٹیلا، چڑچڑا، اکھڑ۔ ● **dourly** م ف۔ **dourness** اسم: اکھڑپن۔

**douse** *v.* ① پانی میں بھگونا، شرابور کرنا، ڈبکی دینا۔ ② (روشنی) بجھانا۔

**dove** *n.* ① قمری، فاختہ۔ ② معصوم، بھولا، بے آزار آدمی۔ ③ پُر امن سیاست کا حامی۔

**dovecote** *n.* (also **dovecot**) گھریلو کبوتروں کا ٹھکانا جس میں کابک بنے ہوتے ہیں، کبوتر خانہ۔

**dovetail** *n. & v.* اسم: سال اور چول کے وصل سے بننے والا جوڑ، نر مادہ جوڑ۔ ف: ایک دوسرے میں پیوست ان جوڑوں کے ذریعے ملانا، قفلی جوڑ لگانا۔

**dowager** *n.* بیوہ جس کو شوہر کے ترکے میں جائیداد یا خطاب ملا ہو۔

**dowdy** *adj.* **(dowdier, dowdiest)** ① بد وضع یا خلاف رواج، بدنما (لباس) ② بُرے حلیے میں۔

●**dowdily** م ف۔ **dowdiness** اسم: بُرا حلیہ۔

**dowel** *n. & v.* لکڑی یا دھات کی بے سری کیل، پچر جسے ٹھونک کر تختوں وغیرہ کو جوڑا جائے۔

**dowelling** *n.* (*US* **doweling**) گول بیلن جن کو کاٹ کر گجے کیلیے بنائے جاتے ہیں۔

**down**[1] *adv., prep.,adj., v. & n.* م ف: ① نچلی طرف خصوصاً زمین کی طرف۔ ② پست، نچلی سطح پر۔ ③ ایسی جگہ میں جو نیچی خیال کی جائے۔ ④ پستی، کمزوری کی حالت میں، پیچھے، پسماندہ، خسارے میں۔ ⑤ پچھلے زمانے سے، بعد کے زمانے یا وقت تک۔ ⑥ پتلی، باریک، مہین شکل میں۔ ⑦ باقاعدہ ضبطِ تحریر میں۔ حرف جار: ① زیر، ہمراہ، میں سے یا اندر۔ ② اوپر سے نیچے تک۔ ③ ساتھ ساتھ۔ ④ نچلی طرف یا نچلے رخ پر۔ صف: ① کی طرف راجع۔ ② شہر یا مرکزی مقام سے پرے سفر۔ ف: بول چال: ① مارنا یا نیچے گرانا۔ ② نگلنا (پانی وغیرہ) اسم: ① تقدیر کا پھیر۔ ② مندی کا زمانہ۔ □ **have a down on** نامنظور کرنا، خلاف ہونا۔ **be down to** ① سے منسوب، کا نتیجہ ہونا۔ ② کی ذمّہ داری ہونا۔ ③ کا باقی بچنا جبکہ اور سب کچھ ختم ہو چکا ہو۔

**down**[2] *n.* ① نرم رواں؛ روئیں دار شے۔ ② کھلی، اونچی نیچی زمین۔ ③ (**downs**) چٹیل کھریا ملی زمین۔

**down-and-out** *adj. & n.* صف: مفلس، کنگال، تباہ حال۔ اسم: تباہ حال شخص۔

**down beat** *n. & adj.* اسم: موسیقی: چڑھا سُر۔ صف: ① رنجیدہ، مایوس۔ ② آرام کرتا ہوا۔

**downcast** *adj.* ① نیچے کی طرف جھکی (آنکھیں) ② افسردہ، پژمردہ (شخص)

**downfall** *n.* تنزل، زوال، خوشحالی سے بدحالی کی طرف، اس کا سبب۔

**downgrade** *v.* مرتبہ یا عہدہ گھٹانا، تنزل کرنا۔

**downhearted** *adj.* بددل، حوصلہ ہارے۔

**downhill** *adj. & adv.* ① ڈھلان کی طرف، نشیب کے رُخ۔ ② تنزل پذیر، خرابی کی طرف مائل۔

**download** *v.* کمپیوٹر: معلومات ایک ذخیرے سے دوسرے ذخیرے یا ایک سسٹم سے دوسرے خصوصاً چھوٹے اور بعید سسٹم میں منتقل کرنا۔

**downmarket** *adj & adv.* سستے یا گھٹیا مال کے بازار سے متعلق یا کی طرف۔

**downpour** *n.* مینھہ کا جھالا، موسلا دھار بارش۔

**downright** *adj. & adv.* صف: ① سیدھا، صریح، صاف، بلا تکلف۔ ② پورا، مکمل قطعی۔ م ف: کاملاً، قطعی طور پر، بالکل۔

**downshift** *v.* کم منافع بخش لیکن زیادہ آرام دہ طرزِ زندگی کی طرف رجوع کرنا۔

**downside** *n.* منفی پہلو۔

**downsize** *v.* کسی کمپنی یا ادارے کا اپنے اسٹاف کے عملے میں کمی کرنا۔

**Down's syndrome** *n.* ایک پیدائشی خرابی جو کروموسوم کے نقص سے پیدا ہوتی اور ذہنی پسماندگی یا جسمانی نقائص کی شکل میں ظاہر ہوتی ہے۔

**downstairs** *adv.& adj.* م ف: ① زینے اتر کر۔ ② نچلی منزل میں۔ صف: نچلی منزل پر واقع۔

**downstream** *adv. & adj.* م ف: دھارے یا بہاؤ کے رخ پر۔ صف: دھارے کے ساتھ۔

**down-to-earth** *adj.* معقول اور عملی۔

**downtown** *adj.& n.* امریکا، صف: شہر کے اندرونی یا زیادہ مرکزی علاقے یا کاروباری ضلع میں واقع یا اس سے متعلق۔ اسم: مرکزی، کاروباری علاقہ۔

**downtrodden** *adj.* دبا ہوا، مظلوم، مجبور۔

**downward** *adv. & adj.* م ف: (نیز **downwards**) نیچے کی طرف، ادنیٰ، کم اہمیت۔ صف: نیچے کی طرف رخ یا اشارہ کرنے والا۔

**downy** *adj.*(**downier, downiest**) روئیں دار، رواں پوش، ملائم پروں والا یا ان جیسا نرم، مخملیں۔

**dowry** *n.*(*pl.*-**ies**) جہیز جو دلہن ساتھ لائے۔

**dowse** *v.* زیرِ زمین پانی یا معدنیات کا پتہ چلانا جو ایک Y یا غلیل کی شکل کی چھڑی یا ڈنڈے سے کیا جاتا ہے جو صحیح مقام پر خود بخود جھک جاتا ہے۔ ● **dowser** اسم۔

**doxology** *n.* (*pl.*-**ies**) کلیسائی حمد کے الفاظ۔

**doyen** *n.* کسی تنظیم، جماعت یا شعبے کا اہم ترین یا اعلیٰ ترین رکن خصوصاً زمرۂ سفرا میں۔

**doyley** DOILY کا متبادل۔

**doze** *v. & n.* ف: اُونگھنا،غنودگی میں ہونا۔ اسم: اونگھ،جھپکی۔

**dozen** *n.* ① ۱۲ کا مجموعہ۔② درجن۔③ **(dozens)** بول چال: بہت زیادہ، بہت سے۔

**dozy** *adj.* **(dozier, doziest)** اُونگھتا ہوا، سست۔

**D.Phil.** تخفیف: Doctor of Philosophy۔

**Dr.** تخفیف: Doctor۔

**drab** *adj.* **(drabber, drabbest)** ① بے کیف، غیر دلچسپ۔② بدرنگ، مدّھم بھورے رنگ کا۔

**drachma** *n.* (*pl.* **drachmas** or **drachmae**) یونان کا سرکاری سکّہ۔

**draconian** *adj.* تند، سخت، کڑا، سخت گیر۔

**draft** *n. & v.* اسم: ① کسی تقریر، دستاویز وغیرہ کا مسوّدہ، کسی منصوبے کا ابتدائی خاکہ۔ ② بینک کے نام رقم کی ادائگی کا تحریری حکم۔③ امریکا: لازمی فوجی خدمت۔ ④ امریکا = DRAUGHT۔ ف: ① مسودہ، خاکہ تیار کرنا۔ ② امریکا: فوجی خدمت کے لیے لازمی بھرتی کرنا۔

**draftsman** *n.* (*pl.* **-men**) ① دستاویزات تیار کرنے والا۔② امریکا=DRAUGHTSMAN۔

**drafty** امریکا: DRAUGHTY کا متبادل۔

**drag** *v. & n.* **(dragging, dragged)**: ف: ① گھسیٹنا، کھینچ کر لے جانا۔ ② (دریا وغیرہ کو آنکڑے، جال، سہاگے وغیرہ کی مدد سے) کھوجنا، چھاننا، ٹٹولنا۔ ③ (وقت وغیرہ کے لیے) آہستہ، بے مزہ یا مشکل سے گزرنا۔ اسم: ① رکاوٹ، مزاحمت جو بڑھنے میں مانع ہو۔ ② بول چال: بے لطف، اکتانے والا کام، تماشا یا شخص وغیرہ۔ ③ بول چال: سگریٹ وغیرہ کا کش۔④ بول چال: زنانہ کپڑے جو مرد پہنے۔

**dragnet** *n.* مچھلی پکڑنے کا دریا کے پاٹ پر پھیلایا جانے والا جال۔

**dragon** *n.* ① ایک فرضی روایتی اژدھے نما بلا جس کے منہ سے آگ نکلتی ہو۔② غصیل، سخت گیر شخص۔

**dragonfly** *n.* (*pl.* **-ies**) ایک کیڑا جس کا جسم لمبا، پتلا اور دو شفیف پر ہوتے ہیں، بھنبھیری جیسا۔

**dragoon** *n.* اسم: فوجی سوار (اصلاً انفنٹری کا گھڑسوار) ف: جبراً خصوصاً تشدّد سے کسی کام پر مجبور کرنا۔

**drag race** *n.* مختصر فاصلے کے لیے کاروں کی تیز رفتاری دوڑ۔

**drain** *v.& n.* ف: ① پانی کی نکاسی کرنا خصوصاً: (زمین کو) پانی کی نکاس کا راستہ نکال کر خشک کرنا، (دریا کا) کسی علاقے کا فالتو پانی ساتھ بہا لے جانا۔② (سیّال کو) نلکی کے ذریعے کھینچنا۔③ رِس رِس کر بہہ جانا۔④ خشک ہو جانا، نمی نکلنے پر سوکھ جانا، تلچھٹ تک پی جانا۔ اسم: ① پانی یا کسی سیّال کے بہہ کر نکل جانے کا راستہ، نالی، نلکی۔② مسلسل خرچ، اخراج، تقلیل۔

**drainage** *n.* ① نکاسی کا عمل یا راستہ۔② نکاسی آب کا نظام۔③ خارج کیا ہوا مادّہ خصوصاً گندا پانی۔

**drake** *n.* بطخ یا نر مرغابی۔

**dram** *n.* شراب کی چسکی۔

**drama** *n.* ① ڈراما، تمثیل، ناٹک، کھیل۔② ڈراما پیش کرنے کا فن۔③ کوئی جذباتی، ہیجان خیز واقعہ یا صورت حال۔④ ڈرامائی کیفیت یا خصوصیت۔

**dramatic** *adj.* ① ڈرامے سے تعلق رکھنے والا، ڈرامائی۔ ② اچانک، سنسنی خیز، غیر متوقع طور پر رونما ہونے والا۔● **dramatically** م ف۔

**dramatist** *n.* ڈراما نویس، تمثیل نگار۔

**dramatize** *v.* (also **-ise**) ① (ناول وغیرہ کو) اسٹیج ڈرامے کے پیرائے میں ڈھالنا۔② کسی بات کو ڈرامے کا رنگ دینا۔● **dramatization** اسم۔

**drank** DRINK کا ماضی۔

**drape** *v. & n.* ف: لٹکانا، کپڑے وغیرہ سے پردے یا آرائش کے طور پر ڈھانپنا۔ اسم: ① پردہ یا پردوں سے آرائش و تزئین۔② کوئی آرائشی پردہ۔

**drastic** *adj.* سخت، شدید، اثر انگیز۔

● **drastically** م ف: سختی سے، شدید طور پر۔

**drat** *int.* بول چال: دور دفعان، لعنت۔

**dratted** *adj.* بول چال: کمبخت، لعنت زدہ۔

**draught** *n.* (*US* **draft**) ① ہوا کی تیز رو جو اندر آئے (مثلاً کمرے یا چمنی میں)② کھینچنے، گھسیٹنے کا عمل۔ ③ پانی کی گہرائی جو جہاز کو تیرانے کے لیے ضروری ہو۔④ ایک گھونٹ بھر مقدار۔⑤ **(draughts)** چارخانہ دار تختے پر ۱۲، ۱۲ مہروں سے کھیلا جانے والا کھیل۔

**draught beer** *n.* پیپے سے نکالی ہوئی شراب۔
**draughtsman** *n.(pl.*-**men)** ①نقشہ نویس، تعمیراتی اور دیگر منصوبوں کے خاکے تیار کرنے والا۔② ڈرافٹس کے کھیل کا مہرہ۔
**draughty** *adj.* (*US* **drafty) (draftier, draftiest)** ہوادار (کمرہ وغیرہ) ● **draughtily** م ف۔ **draughtiness** اسم۔
**draw** *v. & n.* **(drawn،drew):** ف: ①اپنی طرف کھینچنا؛ اوپر کھینچنا یا دور سے کھینچ کر لانا، (پردہ وغیرہ) کھینچنا، کھولنا یا بند کرنا۔②ایک طرف لے جانا خصوصاً بات کرنے کے لیے۔③اندر کھینچنا، جذب کرنا؛ سگریٹ یا پائپ وغیرہ سے کش لینا۔④ نکالنا، کھینچ نکالنا۔⑤ کسی جگہ یا ذریعے سے حاصل کرنا۔⑥ سطر کھینچنا، نشان ڈالنا، نالی بنانا یا نکالنا۔⑦ تصویر بنانا، خاکہ ڈالنا، کسی شے کی نقل کرنا یا شبیہہ اتارنا۔⑧ کسی مقابلے وغیرہ میں برابر رہنا۔⑨ کنویں سے پانی کھینچنا؛ چمنی وغیرہ کا ہوا کھینچنا۔ ⑩ لکھنا، کاٹنا (چیک وغیرہ)۔ اسم: ① کھینچنے کا عمل۔ ② کوئی شخص یا شے جو نظر، توجہ کو کھینچے یا رواج پکڑے، کشش، جاذبیت، قوت جاذبہ۔ ③ قرعہ اندازی۔ ④ کھیل جو برابر رہے۔ ⑤ تمباکو کا کش۔ □ **draw in** (دنوں کا تدریجاً) چھوٹا ہونا۔ **draw on** قریب آنا، نزدیک پہنچنا۔ **draw out** ① طول دینا۔ ② برآمد کرانا، باہر لانا۔ ③ بلوانا، اگلوانا۔ ④ (دنوں کا) طویل تر ہوتا جانا۔ **draw up** ①دستاویز، مسودہ وغیرہ تیار کرنا۔②رکنا، ٹھہرنا۔
**drawback** *n.* نقص، خامی، ناموافق صورت۔
**drawbridge** *n.* اُٹھواں پل جو جہازوں کو گزارنے یا روکنے کے لیے اٹھایا اور گرایا جاسکتا ہے۔
**drawer** *n.* ①وصول کنندہ، چیک وغیرہ کی رقم کا۔② دراز، خانہ جو کسی خانے یا کھانچے میں سے کھینچ کر نکالا جائے۔③ **(drawers)** کمر کے نیچے لباس کے اندر پہنا جانے والا لباس جو جسم کے ساتھ چسپاں رہے۔
**drawing** *n.* پنسل، قلم یا برش وغیرہ سے تصویر کشی۔
**drawing pin** *n.* کسی سطح پر کاغذ کو دبائے رکھنے والا نکیلا پن۔
**drawing-room** *n.* آرام سے بیٹھنے یا مہمانوں کو بٹھانے کا آراستہ کمرہ، دیوان خانہ، بیٹھک، گول کمرہ۔
**drawl** *v. & n.* ف: الفاظ کو کھینچ کھینچ کر طول دے دے کر ڈھیلے ڈھالے انداز میں بولنا۔ اسم: اس انداز میں کی ہوئی بات۔ ● **drawler** اسم۔
**drawn** (*past part.* of **draw**) *adj.* اکڑا، تنا ہوا، خوف، پریشانی یا درد کے باعث۔
**drawstring** *n.* ڈوری جس کو کھینچ کر کھلے حصّے کو بند کیا جاسکتا ہے۔
**dray** *n.* نیچی، تختہ بند گاڑی بھاری وزن کے لیے۔
**dread** *v., n. & adj.* ف: ①سہمنا، دہشت زدہ ہونا۔② کسی بات سے خائف، ہراساں ہونا۔ اسم: دہشت، خوف، ہیبت۔ صف: ہیبت ناک، مہیب۔
**dreadful** *adj.* ①دہشت انگیز؛ پُر ہیبت۔②باعثِ زحمت، ناگوار، بہت بُرا۔ ● **dreadfully** م ف۔
**dream** *n. & v.* اسم: ①خواب، سپنا، عالم خواب۔ ②واہمہ، تخیّل کا عمل، خیالی پلاؤ۔③ آدرش، نصب العین۔ ف: **(dreaming، dreamt** یا **dreamed)** ① خواب دیکھنا۔②خواب میں یا نیم خوابی کے عالم میں سوچنا۔③ کسی بات کا خیال یا ارادہ کرنا، امکان کے طور پر سوچنا۔ □ **dream up** تصوّر میں لانا، ایجاد کرنا۔ (کوئی احمقانہ یا ناممکن چیز) ● **dreamer** صف۔ **dreamless** اسم: بے خواب۔
**dreamy** *adj.* **(dreamier, dreamiest)** ①ہوائی قلعے بنانے، خیالی پلاؤ پکانے والا۔②خواب کی مانند مبہم، دُھندلا۔ ③بول چال: خوش آئند، نہایت عمدہ۔ ● **dreamily** م ف۔ **dreaminess** اسم۔
**dreary** *adj.* **(drearier, dreariest)**، افسردہ، بے کیف، بے لطف۔ ● **drearily** م ف: بے لطفی سے۔ **dreariness** اسم: بے کیفی، افسردگی۔
**dredge** *v.* ① کھود کے برآمد کرنا، کھوجنا۔②دریا، گودی وغیرہ کی تہ سے دلدل صاف کرنا۔③ کسی چیز پر آٹے کا برادہ یا شکر وغیرہ چھڑکنا۔
**dredger** *n.* ①دلدل صاف کرنے والی مشین۔② ایک طرح کی چھلنی جس سے شکر یا آٹے کی خشکی چھڑکتے ہیں (مٹھائی وغیرہ پر)
**dregs** *n.pl.* ① تلچھٹ، گاد وغیرہ، فضلہ، بے کار شے،

جز وفضول، مدّ فاضل۔ ② بچا کھچا جزو۔

**drench** *v.* پوری طرح بھگو دینا، شرابور کرنا۔

**dress** *v. & n.* ف: ① کپڑے پہنانا، ملبوس کرنا۔ ② خاص طرح کے یا خاص وضع سے کپڑے پہننا۔ ③ آرائش یا زیبائش کرنا۔ ④ زخم پر مرہم وغیرہ لگانا، مرہم پٹی کرنا۔ اسم: ① چولی دامن ملا کر ایک ساتھ تراشا ہوا زنانہ لباس۔ ② پوشاک خصوصاً تمام پہننے کے کپڑوں کا ذخیرہ۔ □ **dress up** ① کسی تقریب کے لیے سنورنا یا لباس پہنا کر سنوارنا۔ ② تفریحی بہروپ بھرنا۔

**dressage** *n.* گھوڑے کو سدھانا اور تربیت، خصوصاً مقابلے میں شرکت کے لیے۔

**dress circle** *n.* تھیئٹر کی اگلی قطاریں۔

**dresser** *n.* ① برتن سجانے کی الماری۔ ② سنگھار میز۔ ③ پوشاک پہننے میں (اداکاروں وغیرہ کی) مدد کرنے والا شخص۔ ④ لباس کا شوقین یا نمایاں وضع رکھنے والا شخص۔

**dressing** *n.* ① سلاد کا مسالہ جس میں روغن، چاشنی وغیرہ شامل ہوتی ہے۔ ② زخم پر باندھنے کی پٹّی۔ ③ کیاری وغیرہ میں ڈالنے کی کھاد وغیرہ۔

**dressing down** *n.* ڈانٹ پھٹکار۔

**dressing gown** گھر میں شب خوابی کے لباس کے اُوپر پہننے کا لبادہ۔

**dressing table** *n.* آئینہ دار سنگھار میز۔

**dressmaker** *n.* کوئی شخص جو عورتوں کے کپڑے تیار کرتا ہے۔ ● **dressmaking** اسم: لباس طرازی۔

**dress rehearsal** *n.* کسی ڈرامے وغیرہ کی آخری مشق پورے لباس کے ساتھ۔

**dress shirt** *n.* شام کے لباس کے ساتھ پہننے کی کلف لگی مردانہ قمیص۔

**dressy** *adj.* **(dressier, dressiest)** ① وضعدار، لباس کا شوقین، ضرورت سے زیادہ لباس لادے ہوئے۔ ② باوضع، زیادہ پُر تکلف (پوشاک)

**drew** DRAW کا صیغۂ ماضی۔

**drey** *n.* گلہری کا بسیرا۔

**dribble** *v. & n.* ف: ① منہ سے رال ٹپکانا۔ ② قطرہ قطرہ ٹپکنا یا ٹپکانا، رسنا۔ ③ فٹ بال یا ہاکی کی گیند کو ہلکے ہلکے ٹھوکتے ہوئے لے جانا۔ اسم: ① ٹپکنے ٹپکانے یا لڑھکانے کا عمل۔ ② چھوٹی پتلی دھار۔

**dried** *adj.* (غذا) نمی ختم کر کے محفوظ کی ہوئی۔

**drier** *n.* (also **dryer**) سکھانے کا آلہ۔

**drift** *n. & v.* اسم: ① دھیمی حرکت یا تبدیلی، ہلکا بہاؤ۔ ② بات کا مدّعا، مقصد، وغیرہ۔ ③ برف یا ریت کا ہوا سے جمع کردہ ڈھیر۔ ف: ① پانی یا ہوا کے دباؤ سے رُخ پھیرنا۔ ② آہستہ، بے سمت، بے دلی سے حرکت کرنا۔

**drifter** *n.* آوارہ گرد آدمی جس کا کوئی ٹھکانا نہ ہو۔

**driftwood** *n.* سمندر میں بہتی یا کنارے پر بہہ کر آئی ہوئی لکڑی۔

**drill** *n. & v.* اسم: ① نکیلا برما، گھومنے والا فولادی آلہ یا کل جس سے سوراخ کرتے یا کنواں کھودتے ہیں۔ ② فوجی قواعد کی مشق یا تربیت۔ ③ ایک موٹا سوتی کپڑا، ٹوئل کی بناوٹ والا۔ ف: ① برمے سے چھیدنا۔ ② قواعد کرنا یا کرانا۔ ③ سختی کے ساتھ تربیت دینا۔

**drily** *adv.* (also **dryly**) ① رُوکھے پن سے؛ تمسخرانہ انداز میں۔ ② خشک کیفیت یا انداز میں۔

**drink** *v.& n* ف: **(drunk، drank)** ① سیّال شے کا گھونٹ لینا، حلق سے اتارنا۔ ② شراب نوشی کرنا خصوصاً زیادہ۔ ③ گھونٹ لے کر کسی کے حق میں نیک خواہشات کا اظہار کرنا۔ اسم: ① پینے کی شے۔ ② الکحلی مشروب۔ □ **drink in** توجہ اور اشتیاق سے سننا۔ ● **drinker** اسم: پینے والا، پیوٹ۔

**drink-driver** *n.* بہت زیادہ شراب پی کر گاڑی چلانے والا۔

**drip** *v. & n.* ف: ① **(dripping، dripped)** قطرہ قطرہ ٹپکنا یا ٹپکانا۔ ② تربتر ہو کر ٹپکنا۔ اسم: ① قطرہ قطرہ ٹپکنے کا عمل، ٹپکنے کی آواز، ٹپکا۔ ② بول چال: غبی، مجہول، نکمّا آدمی۔ ③ طب: **(drip-feed)** کوئی محلول قطرہ قطرہ نس کے ذریعے جسم میں پہنچانے کا آلہ۔

**drip-dry** *v. & adj.* ① (کپڑے کا) لٹکتے لٹکتے خشک ہونا۔ ② کپڑے کو سوکھنے کے لیے لٹکانا۔ صف: لٹک کر سوکھنے کے قابل۔

**dripping** *n.* بھنتے ہوئے گوشت سے نکلنے والی پگھلی چربی۔

**drive** *v. & n.* ف: ① **(driven، drove)**

کسی جانب دھکیلنا، لے جانا، خصوصاً زبردستی۔ ② مجبور کرنا، دباؤ ڈالنا، جبراً کسی حال کو پہنچا دینا، حد سے زیادہ محنت پر آمادہ کرنا۔ ③ گاڑی چلانا، گاڑی میں جانا، (پانی یا ہوا کا) بہالے جانا، کسی طرف دھکیلنا؛ (بھاپ یا کسی توانائی کا) (مشین) کو چالو رکھنا۔ ④ محنت کرنا، زور لگانا، تیزی، پھرتی سے کام لینا۔ اسم: ① گاڑی چلانے کا عمل۔ ② حصول کار کی صلاحیت، قدرت، عزم۔ ③ سڑک، راستہ، کسی مکان کے لیے نجی سڑک۔ ④ مہم یا منظّم کوشش۔ ⑤ مشینری، موٹر گاڑی کے پہیوں وغیرہ میں زور پہنچا کر چلانے دھکیلنے کا عمل۔ □ **drive at** بات کو مدّعا، مفہوم کی ادائگی کی طرف لے جانا۔

**drive-in** *adj.* (بینک، سینما وغیرہ) جہاں گاڑی میں سے اترنا نہ پڑے۔

**drivel** *n.* بکواس، ہرزہ سرائی، یاوہ گوئی۔

**driver** *n.* ① گاڑی چلانے والا، موٹرراں۔ ② چپٹے سر کا ڈنڈا جس سے گولف میں گیند پر ضرب لگاتے ہیں۔

**drizzle** *n. & v.* اسم: پھوہار، ترشح۔ ف: پھوہار کی صورت میں برسنا۔

**droll** *adj.* ① انوکھا، دلچسپ۔ ② عجیب، حیرت انگیز۔ ● **drollery** اسم: بھانڈپن۔ **drolly** م ف۔

**dromedary** *n.* ایک کوہان والا اونٹ جو سواری یا دوڑ کے لیے تیار کیا جاتا ہے۔

**drone** *n. & v.* اسم: ① شہد کی مکھی کا نر۔ ② نکھٹو، نکما۔ ③ بھنبھناہٹ۔ ف: ① بھنبھناہٹ کرنا۔ ② یکساں لہجے میں بولنا۔

**drool** *v.* ① ٹپکنا، رال بہنا۔ ② ریجھنا، مزے میں آنا۔

**droop** *v. & n.* ف: جھکنا، جھکانا؛ نڈھال ہونا، گرنا، ڈھینا۔ اسم: جھکاؤ، سرنگونی۔ ● **droopy** صف۔

**drop** *n. & v.* اسم: ① قطرہ، بوند، قلیل مقدار مائع۔ ② اچانک ڈھال یا اتار، اسکی مقدار۔ ③ قطرہ نما شے۔ ④ (**drops**) قطروں میں ناپی یادی جانے والی دوا۔ ⑤ کوئی چیز جو گرتی ہے جیسے اسٹیج کا پردہ۔ ف: (**dropped**، **dropping**) ① قطرے ٹپکنا یا ٹپکانا، گرانا۔ ② ہاتھ سے چھوٹنا، چھوڑنا۔ ③ تھکن چوٹ وغیرہ کی وجہ سے گرنا، ڈھینا یا ڈھانا، مرجانا۔ ④ ترک ہونا یا کرنا، ختم ہونا یا ہونے دینا۔ ⑤ بول چال: ملنا جلنا بند کر دینا۔ ⑥ پہنچانے کے لیے کسی مسافر کو ساتھ لینا۔ □ **drop in** پھیرا لگانا، گاہے گاہے آکر مل جانا۔ **drop off** ① رفتہ رفتہ کم ہونا۔ ② بول چال: سوجانا۔ **drop out** علاحدگی اختیار کرنا، چھوڑ دینا، ترک کردینا۔

**droplet** *n.* ننھی بوند۔

**drop-out** *n.* کوئی شخص جو پڑھائی کا کوئی کورس چھوڑ دیتا ہے یا روایتی سماجی بندھن توڑ لیتا ہے۔

**dropper** *n.* قطرہ قطرہ دوا وغیرہ ٹپکانے کی نلکی۔

**droppings** *n. pl.* جانوروں کی لید یا پرندوں کی بیٹ۔

**dropsy** *n.* (*pl.* **-ies**) =OEDEMA نسیجوں میں پانی بھر جانے کا مرض۔ ● **dropsical** صف۔

**dross** *n.* ① کچرا، میل، فضلہ۔ ② دھات کا میل یا آلائش جو پگھلاتے میں چھانٹ دی جاتی ہے۔

**drought** *n.* خشک سالی، سوکھا؛ پانی کی قلت۔

**drove**[1] DRIVE کا ماضی۔

**drove**[2] *n.* (لوگوں یا جانوروں کی) چلتی ہوئی ٹولی، گروہ، انبوہ، جھنڈ، ریوڑ وغیرہ۔

**drover** *n.* گلّہ بان جو گلّے کو ہنکا کر لے جاتا ہے۔

**drown** *v.* ① ڈبو کر مارنا یا ڈوب کر مرنا۔ ② زیرِ آب، غرقاب، سیلاب زدہ کرنا۔ ③ شراب سے غم غلط کرنا۔ ④ کسی آواز کو اس سے اونچی آواز سے دبا دینا۔

**drowse** *v.* اونگھنا، غنودگی میں ہونا، نیند میں ہونا۔

**drowsy** *adj.* (**drowsier, drowsiest**) ① اونگھتا ہوا۔ ② خواب آور۔ ③ سست، الکسایا۔ ● **drowsily** م ف۔ **drowsiness** اسم: اونگھ۔

**drub** *v.* (**drubbed, drubbing**) ① پیٹنا، چوٹیں لگانا۔ ② لڑائی میں مار بھگانا۔

**drudge** *n.* اطاعت گزاری کرنے، کان دبا کر کام کرنے والا خصوصاً گھٹیا کام۔ ● **drudgery** اسم۔

**drug** *n. & v.* اسم: ① دوا، دارو۔ ② نشہ آور، ہیجان پیدا کرنے والی شے، خصوصاً لت لگانے والی۔ ف: (**drugged**، **drugging**) ① کھانے پینے میں دوا ملا دینا۔ ② دوا دینا۔

**drugstore** *n.* امریکا: دواؤں کی دکان جہاں کچھ اور چھوٹا موٹا سامان بھی مل جاتا ہے۔

**Druid** *n.* قدیم زمانے کا کیلٹی پادری۔
● **Druidic** صف۔ **Druidical** صف۔
**drum** *n. & v.* اسم: ① کھال وغیرہ منڈھ کر تیار کیا ہوا مخروطی ساز، ڈھول وغیرہ ؛ ڈھول یا ڈھول کی طرح کی آواز۔ ② ڈھول کی شکل کی کوئی چیز۔ ف: **(drumming،drummed)** ① ڈھول بجانا۔ ② پاؤں، انگلی وغیرہ سے ٹھیکا دینا، ٹپ ٹپ کرنا یا ایسی ہی کوئی مسلسل آواز نکالنا۔ □ **drum up** طلب کرنا، فراہم کرنا، بلانا۔
**drum majorette** *n.* چھڑی گھماتے ہوئے قواعد کرنے والے زنانہ دستے کی رکن۔
**drummer** *n.* ڈھولچی، ڈھول تاشے بجانے والا۔
**drumstick** *n.* ① ڈھول بجانے کی چوب۔ ② پکی ہوئی مرغی وغیرہ کے پاؤں کا نچلا حصّہ۔
**drunk** *past part.* of **drink** *adj. & n.* صف: نشے میں چور۔ اسم: عادی شراب خور۔
**drunkard** *n.* پیے ہوئے شخص خصوصاً عادی نشہ باز۔
**drunken** *adj.* شراب کا شوقین، اکثر پیے ہوئے۔
● **drunkenly** م ف۔ **drunkenness** اسم۔
**dry** *adj. & v.* صف: **(driest،drier)** ① سُوکھا، خشک، خصوصاً نمی اڑ جانے کے سبب سے۔ ② (شراب وغیرہ) جس میں مٹھاس نہ ہو۔ ③ محض، سادہ، فقط، غیر دلچسپ۔ ④ (حس مزاح، مذاق) چھپا ڈھکا۔ ⑤ جہاں شراب نوشی کی ممانعت ہو۔ ⑥ رُوکھا، بے روغن (توس، روٹی وغیرہ) ⑦ سرد مزاج، جذبے سے عاری، بے مہر۔ ⑧ پیاسا یا پیاس لگانے والا۔ ف: **(dries، dried)** ① اڑنے، پونچھنے یا نچوڑنے وغیرہ سے سوکھنا یا سکھانا۔ ② نمی خشک کر کے (خوراک وغیرہ کو) محفوظ کرنا۔ □ **dry up** ① بالکل سکھا دینا۔ ② گیلے برتن پونچھنا۔ ● **dryness** اسم: خشکی، سوکھا پن وغیرہ۔
**dryad** *n.* درختوں پر رہنے والی اپسرا، صحرائی پری۔
**dry-clean** *v.* کپڑے وغیرہ کیمیائی مادّوں سے بغیر پانی کے صاف کرنا۔
**dryer** DRIER کا متبادل۔
**dryly** DRILY کا متبادل۔
**dry rot** *n.* لکڑی جو بند رہنے کے سبب پھپوند لگنے سے گل جائے۔
**dry run** *n.* بول چال: ڈراما وغیرہ پیش کرنے سے پہلے آزمائشی کھیل۔
**drystone wall** *n.* بغیر تعمیری مسالہ کے بنی ہوئی دیوار۔
**DTP** مخفف: desktop publishing۔
**dual** *adj.* ① دو کا، دہرا، دگنا۔ ② دو میں تقسیم۔
● **duality** اسم: ثنویت۔
**dual carriageway** *n.* دورویہ سڑک جس میں آنے اور جانے کے راستے کے درمیان حد بندی ہو۔
**dub** *v.* **(dubbed, dubbing)** ① کسی شخص کو نائٹ کا مرتبہ دینا۔ ② کسی کا کوئی لقب یا عرف یا نام رکھنا۔ ③ (فلم وغیرہ کے ساتھ) اصل کی جگہ کسی دوسری زبان کی آواز کی پٹّی لگانا۔
**dubbin** *n.* (also **dubbing**) چمڑے کو نم روک بنانے کے لیے تیار کی ہوئی چکنائی۔
**dubbing** *n.* فلم وغیرہ کی متبادل صوتی پٹّی۔
**dubiety** *n.* ادبی: ① دُبدھا، شک۔ ② مشتبہ بات۔
**dubious** *adj.* ① مذبذب، شکّی۔ ② مشکوک، مشتبہ۔ ③ نا قابل اعتماد۔ ④ جس کے نتیجے کی بابت یقین نہ ہو۔
● **dubiously** م ف۔
**ducal** *adj.* ڈیوک سے متعلق، ڈیوک کا۔
**ducat** *n.* ایک پرانا طلائی سکّہ جو ماضی میں اکثر یورپی ممالک میں رائج رہا۔
**duchess** *n.* ① ڈیوک کی بیوی یا بیوہ۔ ② ڈیوک کا اپنے حق کے طور پر خطاب رکھنے والی عورت۔
**duchy** *n.* (*pl.*-**ies**) ڈیوک یا ڈچس کی عملداری۔
**duck** *n.* ① تیراک پرندوں سے کوئی خصوصاً پالتو بطخ یا جنگلی مرغابی، اس نوع کی مادہ۔ ② کرکٹ کا اسکور جو صفر پر آؤٹ ہو۔ ③ پھرتیلی ڈُبکی۔ ف: ① غوطہ کھا کر اُبھرنا یا غوطہ کھلانا۔ ② وار بچانے کے لیے جھکائی لینا، ڈُبکنا۔ ③ بول چال: بچنا، منہ چھپانا، طرح دے جانا۔
**duckboards** *n.pl.* دلدل یا خندق پر تختوں کو پاٹ کر بنایا ہوا راستہ، چوبی پٹاؤ۔
**duckling** *n.* بطخ کا چوزہ۔
**duct** *n.* ① نلکی، نالی۔ ② جسم کی اندرونی قنات یا نلکیاں

جن کے ذریعے رطوبت مثلاً آنسووغیرہ رستے ہیں۔● **ductless** صف: نالیوں، نلکیوں کے بغیر۔

**ductile** *adj.* ①(دھات) جس کا تار کھینچا جاسکے۔②(کوئی مادّہ) جسے بآسانی ڈھالا جاسکے۔● **ductility** اسم: ملائمت، لچک۔

**dud** *n. & adj.* بول چال، اسم: نکمّا، بے کار، بےفیض، غیر مؤثر آدمی یا شے۔ صف: ① ناکارہ، بے فائدہ، بے مصرف، بے نتیجہ۔② نقلی، کھوٹا۔

**dude** *n.* امریکا، بول چال: شوقین مزاج، حسن پرست شخص عموماً خوش پوش مرد۔

**dudgeon** *n.* رنجش، ناراضگی۔

**due** *adj., n. & adv.* صف: ①واجب، لازم، قابلِ ادائگی۔ ② حق بجانب، عین مناسب، بجا۔ ③ ٹھیک ٹھیک، کافی وشافی۔④سے منسوب، کے طفیل۔⑤متوقع، منتظر، آنے، پہنچنے، وارد ہونے کو۔⑥ کسی کام کے کرنے کا پابند یا راضی۔ اسم: ① حق، استحقاق، کسی کے حق میں واجب۔② **(dues)** کسی کے ذمے نکلتی ہوئی رقم یا ادائگی۔ م ف: عین، ٹھیک، بالکل۔□ **due to** بہ سبب، بوجہ۔

**duel** *n. & v.* اسم: ①دو آدمیوں، دو افراد یا فریقوں یا مقاصد وغیرہ کے درمیان لڑائی۔ ف: **(duelled،** **duelling** امریکا: **dueled)** دوبدو، دو دو ہاتھ کرنا، یک یکی لڑنا۔● **duellist** اسم۔

**duenna** *n.* معمّر عورت جو بچوں خصوصاً لڑکیوں کی نگرانی کے لیے مامور ہو۔

**duet** *n.* دو آوازوں یا سازوں کی ہم آہنگ موسیقی۔

**duff** *adj.* بول چال: ①بے کار، نقلی، کھوٹا۔②ناکارہ۔

**duffer** *n.* بول چال: گاؤدی، نکمّا آدمی۔

**duffle coat** *n.* ڈفل کپڑے کا کنٹوپ سمیت لبادہ جو عموماً تکموں سے بند ہوتا ہے۔

**dug**[1] DIG کا ماضی اور ماضیہ۔

**dug**[2] *n.* مادہ جانور کا تھن۔

**dugong** *n.* ایشیائی سمندروں کا ایک دودھ پلانے والا جانور، مترادف سمندری گائے۔

**dugout** *n.* ①زیرزمین پناہ گاہ۔②درخت کے کھوکھلے تنے سے بنائی ہوئی کشتی۔

**duke** *n.* ①امرا کے طبقے کا سب سے اونچا خطاب۔ ②شاہی بااختیار حکمراں جو کسی چھوٹی ریاست پر حکومت کرتا ہو۔● **dukedom** اسم: ڈیوک کی عملداری۔

**dulcet** *adj.* (خصوصاً آواز) میٹھی اور سکون بخش۔

**dulcimer** *n.* ایک تاروں والا ساز جو موگری سے بجایا جاتا ہے۔

**dull** *adj. & v.* صف: ① کندذہن، غبی۔②بے مزا، بے لطف، اکتاہٹ پیدا کرنے والا۔③ کند، کھونڈا (چاقو کی دھار وغیرہ) پھیکا، مدّھم (رنگ، روشنی، آواز وغیرہ کے لیے) ف: بےحس یا ماؤف کرنا۔● **dully** م ف۔ **dullness** اسم۔

**dullard** *n.* غبی، بدّھو آدمی۔

**duly** *adv.* ① ٹھیک وقت یا مناسب طور پر۔②بجا، درست، کماحقہ۔

**dumb** *adj.* ① گونگا، گپت، گنگ، گُم سم۔②احمق، ناسمجھ، جاہل۔● **dumbly** م ف۔ **dumbness** اسم: گونگاپن۔

**dumb-bell** *n.* بازو کی مچھلیاں پھلانے کی مشق کا آلہ، ایک چھوٹا لوہے کا ڈنڈا جس کے سرے وزن دار ہوتے ہیں۔

**dumbfound** *v.* حیرت زدہ، مبہوت کردینا۔

**dumdum bullet** *n.* بندوق کی نرم نوک والی گولی جو نشانے پر لگ کر پھیلتی اور پھاڑتی ہے۔

**dummy** *n.* اسم: ①انسانی مورت یا شبیہ، وہ جسے دکان پر کپڑوں کے نمونے پہنائے جاتے ہیں۔②فرضی یا نقلی شے۔③بول چال: احمق آدمی۔④ بچوں کے چُوسنے یا انہیں بہلانے کے لیے ربڑ کی چُسنی۔

**dummy run** *n.* ① مشق کے لیے مصنوعی حملہ یا دوڑ۔② کھیل سے پہلے آزمائشی کھیل۔

**dump** *n. & v.* اسم: ①کوڑا پھینکنے کا ڈھیر، گھورا۔ ②بول چال: وحشت ناک، غیر دلچسپ مقام۔ ③ کمپیوٹر: جمع شدہ معلومات کا چھپا ہوا ورق؛ معلومات چھاپنے کا عمل۔ ف: ①پٹکنا، لاپروائی سے ڈال دینا۔ ② کوڑا پھینکنا۔ ③: (ملک کے اندر ناقابل فروخت مال) سستے داموں بیرونی مارکیٹ میں لے آنا۔ ④ کمپیوٹر: (جمع شدہ معلومات کو) کسی دوسرے مقام پر منتقل کرنا، (بھری ہوئی معلومات کی نقل کو) باہر لانا، نکالنا۔

**dumpling** *n.* آٹے اور چربی کو پانی میں اُبال کر گولیوں کی شکل میں بنایا ہوا پکوان۔

**dun** *adj., n. & v.* صف:مدّھم،بھورے رنگ کا۔ اسم:مدّھم بھورا سا رنگ۔ف:**(dunning،dunned)** بول چال: قرض چکانے کا تقاضا کرنا؛ پیچھے پڑنا۔

**dunce** *n.* غبی،کند ذہن آدمی۔

**dune** *n.* خاک تودہ،ریت کا انبار جو خصوصاً سمندری ساحل پر یا ریگستان میں ہوا کے زور سے بن جاتا ہے۔

**dung** *n.* جانوروں کی لید،گوبر،فضلہ؛کھاد۔

**dungarees** *n.* چھینٹ یا کسی اور سستے کپڑے کا بنا ہوا لبادہ جو کام کے وقت پہنا جاتا ہے۔

**dungeon** *n. & v.* زمیں دوز سنگین قید خانہ۔

**dunk** *v.* (روٹی،بسکٹ وغیرہ کو) پانی یا شوربے،کافی وغیرہ میں ڈبونا،کھاتے ہوئے۔

**duo** *n.* (*pl.*-**os**) تماشا گروں یا موسیقاروں کا جوڑا جو مل کر گائیں،دوگانہ۔

**duodecimal** *adj.* بارہ(۱۲) کے عدد پر مبنی۔

**duodenum** *n.* معدے کے نیچے چھوٹی آنت کا پہلا حصّہ،اثناعشری آنت۔● **duodenal** صف۔

**dupe** *n. & v.* اسم: جسے دھوکا دیا،بیوقوف بنایا گیا ہو، فریب خوردہ۔ف: دھوکا دینا،اُلّو بنانا۔

**duple** *adj.* سُر جس کی ہر تال میں دو ماترے ہوں۔

**duplex** *adj.* دو اجزا یا عناصر پر مشتمل؛ دہرا،دوچند۔

**duplicate** *adj., n. & v.* صف:① کسی شے کی مثل، مشابہ، چربہ۔② دہرا، دو مماثل حصّوں پر مشتمل، دوگانہ، جوڑے دار؛ دو طرح کا، دگنا، دو چند۔ اسم: نقل، دو مماثل چیزوں میں سے ایک خصوصاً اصل کی نقل۔ ف: ① کسی چیز کی ہو بہو نقل ہونا یا بنانا۔② کسی عمل وغیرہ کو دہرانا خصوصاً فضول۔ ● **duplication** اسم۔ **duplicator** اسم۔

**duplicity** *n.* دھوکے بازی،فریب دہی۔

**durable** *adj. & n.* صف: دیرپا، پائیدار، بہت چلنے والا۔ اسم: **(durables)** قائم رہنے والا مال، پائیدار اشیا۔ ● **durably** م ف۔ **durability** اسم۔

**duration** *n.* کسی چیز کے قائم یا جاری رہنے کی مدّت،اثنا،دوران،دور،دورانیہ۔

**duress** *n.* زور،زبردستی،دھمکیاں یا تشدّد جو ناواجب طور پر کسی شخص سے کام لینے کے لیے روا رکھا جائے۔

**during** *prep.* ①بدوران،عرصے،اثنا،دوران میں ② کسی اثنا یا عرصے میں،کسی وقت۔

**dusk** *n.* ①شام کا دُھندلکا۔②سایہ،اندھیرا۔

**dusky** *adj.* **(duskier, duskiest)** ① مدّھم، دُھندلا۔② کالا،سیاہ۔● **duskiness** اسم: تاریکی۔

**dust** *n. & v.* اسم: ریت،غبار،خاک،مٹی،دھول۔ ف:① جھاڑنا پونچھنا، گرد و غبار صاف کرنا۔ ② چھڑکنا، (خصوصاً کیک پر) شکر وغیرہ کا سفوف ڈالنا۔③ دُھندلانا، غبار آلود کرنا۔

**dustbin** *n.* کوڑے دان۔

**dust bowl** *n.* خاکستان،چٹیل میدان جہاں کوئی روئیدگی نہ ہو۔

**dust jacket** *n.* (also **dustcover**) کتاب کا گرد پوش،عموماً خوشنما۔

**duster** *n.* جھاڑن،صافی۔

**dustman** *n.*(*pl.*-**men**) گھر میں صفائی کرنے والا ملازم۔

**dustpan** *n.* چھوٹا کوڑے دان جس میں دھول جھاڑ کر ڈالی جاتی ہے۔

**dusty** *adj.* **(dustier, dustiest)**،①خاک آلود، خاک میں اٹا۔②ریت کی طرح۔ ③دُھندلا، ہلکا، (رنگ) ● **dustiness** اسم: غبار آلودگی۔

**Dutch** *adj. & n.* صف: ہالینڈ یا نیدرلینڈ سے متعلق، ولندیزی۔ اسم: ہالینڈ کی زبان۔ □ **go Dutch** ساجھا، اخراجات میں برابر کی شرکت کرنا۔● **Dutchman** **Dutchwoman**۔اسم۔

**Dutch courage** *n.* نمائشی بہادری جو شراب کے نشے کے بل پر دکھائی جائے۔

**dutiable** *adj.* جس پر محصول لاگو ہو،قابلِ محصول۔

**dutiful** *adj.* فرض شناس،فرائض بجالانے والا۔ ● **dutifully** م ف۔

**duty** *n.* (*pl.* -**ies**) ①اخلاقی یا قانونی فریضہ۔ ②وہ بات جو کسی سے مطلوب،متوقع یا اس پر لازم ہو۔③ محصول، خصوصاً وہ جو درآمد، برآمد، مصنوعات یا اشیا کی

فروخت پر عائد ہو۔□ **on duty** کام پر حاضر۔

**duvet** *n.* ایک موٹا، نرم لحاف۔

**dwarf** *n.& v.* (dwarves یا dwarfs :ج) اسم: ① بونا، معمول سے پست قامت کا آدمی، پودا یا جانور۔ ② کہانیوں میں مذکور بونے یا بالشتیے جو مافوق الفطرت قوتوں کا مظاہرہ کرتے تھے۔ف: ①باڑھ کو روکنا، ٹھٹھرانا۔ ② چھوٹا کرکے رکھ دینا، نیچا دکھانا۔

**dwell** *v.* **(dwelt** or **dwelled)** رہنا، بسنا، قیام کرنا، سکونت رکھنا۔□ **dwell on** کسی مسئلے پر طول کلامی کرنا، اسکی بابت لکھنا، سوچنا یا بولنا۔● **dweller** اسم: مقیم، ساکن۔

**dwelling** *n.* مکان، جائے قیام، اقامت گاہ۔

**dwindle** *v.* بتدریج سکڑنا، چھوٹا ہونا، گھلنا، مٹنا۔

**Dy** عنصر dysprosium کی علامت۔

**dye** *n. & v.* اسم: ①بالوں، کپڑوں، لکڑی وغیرہ رنگنے کا مادّہ۔ ②ایک مادّہ جس سے رنگ تیار کیے جاتے ہیں۔ ف: **(dyeing، dyed)** رنگنا، رنگ چڑھانا۔● **dyer** اسم: رنگریز، کپڑا رنگنے والا۔

**dying** *adj.* بحالت نزع، مرتے وقت کا۔

**dyke** *n.* (also **dike**) ①سیلاب کو روکنے کے لیے باندھا ہوا پشتہ، بند۔ ②خندق، کھائی۔

**dynamic** *adj.* ①توانا، باعمل، فعّال، زوردار۔ ② طبیعیات: حرکی قوت سے متعلق۔ ③ حرکیات کا یا حرکیات سے متعلق۔● **dynamically** م ف۔

**dynamics** *n.* ①میکانیات: حرکیات، مشینوں کے علم کی وہ شاخ جو اجسام کی حرکات سے تعلق رکھتی ہے، جو قوت کے عمل سے واقع ہوں۔ ② کسی بھی شعبے میں اعمال پر اثر انداز ہونے والی مادّی یا اخلاقی قوتیں یا محرکات۔ ③ نغمے کی ادائیگی میں آواز کا اتار چڑھاؤ۔

**dynamism** *n.* توانائی یا حرکت دینے والی قوت۔

**dynamite** *n. & v.* اسم: ایک زوردار بھک سے اڑنے والا مادّہ جو نائٹروگلیسرین میں کوئی جاذب ملا کر تیار کیا جاتا ہے۔ف: ڈائنامائٹ بھرنا یا ڈائنامائٹ سے اڑانا۔

**dynamo** *n.* (*pl.* **-os**) ایک کل جو میکانکی توانائی کو برقی توانائی میں تبدیل کرتی ہے۔

**dynasty** *n.* (*pl.***-ies**) حکمرانوں کا پشت در پشت سلسلہ۔● **dynastic** صف: خاندانی۔

**dysentery** *n.* پیچش جس میں آنتوں کی سوزش کے سبب دست اور اس کے ساتھ خون اور آنو آتی ہے۔

**dysfunction** *n.* معمول کے عمل میں اعتدال سے تجاوز، غیر طبعی، کیفیت۔● **dysfuctional** صف۔

**dyslexia** *n.* ایک ذہنی کیفیت جس کے سبب الفاظ کو صحیح طور سے پڑھنے اور ادا کرنے میں دقت ہوتی ہے۔● **dyslexic** صف و اسم۔

**dyspepsia** *n.* بدہضمی، سوءِ ہضم۔● **dyspeptic** صف و اسم۔

**dysprosium** *n.* ایک نرم قدرتی دھات (علامت: Dy)

**dystrophy** *n.* ناقص خوراک یا نامناسب خوراک کی کمی۔□ **muscular dystrophy** ایک موروثی مرض جس میں عضلات بتدریج سوکھنے لگتے ہیں۔

# Ee

**E** تخفیف: ①east، eastern (مشرق، مشرقی) ② بول چال: Ecstasy (نشے آور دوا)

**e-** *comb. form* برقیاتی ابلاغیات سے متعلق۔

**each** *adj. & pron.* صف: دو یا زیادہ افراد یا اشیا میں سے ہر ایک متفرق طور پر۔ ضمیر: ہر فرد یا شے۔□ **each way** شرط جو کسی گھوڑے کے اوّل آنے یا اوّل تین میں شامل ہونے پر لگائی جائے۔

**eager** *adj.* ①مشتاق، نہایت آرزومند۔ ②پُرشوق، بے صبر۔● **eagerness** اسم۔ **eagerly** م ف۔

**eagle** *n.* کوئی شکاری پرندہ، نظر اور اڑان کی تیزی میں بڑھ کر، عقاب، شکرہ، شاہین۔

**ear** *n.* ① کان، انسانوں اور دوسرے حیوانوں کا آلۂ سماعت خصوصاً بیرونی کان۔ ② حِسِ سماعت، آوازوں کی تمیز۔ ③ غلّے کے پودے کی بالی۔

**eardrum** *n.* کان کا پردہ۔

**earl** *n.* برطانوی امیر جس کا درجہ مارکوئس اور وائی کاؤنٹ کے درمیان ہے۔ ● **earldom** اسم۔

**early** *adj.* **(earlier, earliest)** ① مقررہ، متوقع یا معمول کے وقت سے پہلے۔ ② کسی دور کے یا عمل ارتقا کے آغاز میں، زمانۂ قدیم کا؛ ترتیب میں پہلے۔

**earmark** *n. & v.* اسم: شناختی نشان۔ ف: کسی مقصد کے لیے (رقم وغیرہ) مخصوص کرنا۔

**earn** *v.* کمانا، محنت کا صلہ، معاوضہ پانا، (سرمایے کا) نفع یا سود حاصل کرنا۔ ● **earner** اسم: کماؤ۔

**earnest** *adj. & n.* صف: سنجیدہ، سرگرم، پُرجوش، لگن رکھنے والا۔ اسم: ① سنجیدگی۔ ② زربیعانہ۔ □ **in earnest** دلجمعی سے، پُرعزم۔ ● **earnestly** م ف۔ **earnestness** اسم: سنجیدہ پن، مستعدی۔

**earphone** *n.* حسِ سماعت کی مدد یا ریڈیو، فون وغیرہ سننے کے لیے کان پر لگایا جانے والا آلہ۔

**earring** *n.* کان کا آویزہ، بندہ۔

**earshot** *n.* آواز کی پہنچ تک کا فاصلہ۔

**earth** *n. & v.* اسم: ① (نیز **Earth**) کرۂ ارض، ہماری زمین جو زہرہ اور مریخ کے درمیان سورج کے گرد گھومتی ہے؛ سطح زمین۔ ② خشکی، زمین، مٹی۔ ③ برقیات: ارضی تار۔ ④ بھٹ، بل۔ ف: ① پودوں کی جڑ اور نچلے تنے کو مٹی میں دبانا۔ ② (برقی دور کا تار) زمین سے جوڑنا۔ □ **cost the earth** بول چال: بہت قیمتی ہونا۔ **run to earth** بہت تلاش کے بعد پانا۔

**earthen** *adj.* ① خاکی، مٹی کا۔ ② مٹی کو پکا کر بنایا ہوا۔

**earthenware** *n.* مٹی یا چینی کے برتن، ایسی مٹی سے بنے جسے آگ میں پکا کر بنایا گیا ہو۔

**earthly** *adj.* ① دنیوی، زمینی۔ ② (عموماً نفی میں) بول چال: محال، عسیر الفہم۔

**earthquake** *n.* زلزلہ، زمین کے بالائی پرت کی ہلچل جو اندرونی فشار یا تہ میں شگافوں یا آتش فشاں مادّے کے سبب رونما ہوتی ہے۔

**earthwork** *n.* کچا، مٹی کا پشتہ۔

**earthworm** *n.* مختلف حلقوی کیڑوں میں سے کوئی خصوصاً کیچوے جو زمین میں گھس کر رہتے ہیں۔

**earthy** *adj.* **(earthier, earthiest)** ① مٹی جیسا، مٹیالا۔ ② (مذاق وغیرہ) قدرے بھدّا، بھونڈا۔

**earwig** *n.* لنبوترا حشرہ جس کا سرا چمٹے کی طرح دوشاخہ ہوتا ہے، چھوٹا کھنکھجورا۔

**ease** *n. & v.* اسم: ① سہولت، آسانی۔ ② درد، پریشانی یا مشکل سے نجات۔ ف: ① تکلیف یا درد سے نجات دلانا۔ ② تکلیف یا بوجھ میں کمی ہونا۔ ③ اپنے برتاؤ، عادات میں اعتدال پیدا کرنا وغیرہ۔

**easel** *n.* کھڑا ڈھانچا، عموماً لکڑی کا جو مصوّر کی تصویر یا تختہ سیاہ کو سہارتا ہے۔

**easement** *n.* راستے یا اس قسم کا کوئی اور حق جو دوسرے کی زمین پر ہو، حق آسائش۔

**east** *n., adj. & adv.* اسم: ① مشرق، پورب، افق کا وہ نقطہ جہاں سے سورج ابھرے، کمپس کی نوک جو اس طرف اشارہ کرے، اس نقطے کی سمت۔ ② کسی ملک یا شہر کا مشرقی علاقہ۔ صف: ① مشرق کی جانب یا مشرق پر۔ ② مشرق سے آنے والا۔ م ف: مشرق کی طرف، مشرق میں یا قریب مشرق۔

**Easter** *n.* عیسیٰ مسیحؑ کے دوبارہ زندہ ہونے کا تہوار جو مارچ یا اپریل میں منایا جاتا ہے۔

**easterly** *adj.* ① مشرق میں یا مشرق کی طرف۔ ② (ہوا) جو مشرق کی طرف سے چلے۔

**eastern** *adj.* مشرق کا یا مشرق میں؛ مشرق کا باسی۔

**easternmost** *adj.* انتہائی مشرقی۔

**eastward** *adj.* مشرق کی طرف۔ ● **eastwards** م ف۔

**easy** *adj.& adv.* ①**(easiest،easier)**: صف: آسان، بلازحمت حاصل ہونے والا۔ ② تکلیف، بے آرامی، پریشانی سے خالی، خوشحال، آسودہ۔ ③ دباؤ، ندامت، کسمساہٹ سے بری۔ م ف: بآسانی؛ بے تکان، باطمینان۔ □ **take it easy** ① احتیاط، خوداعتمادی، نرمی سے کام لو۔ ② زیادہ مشقت نہ کرو۔ ● **easily** م ف: بآسانی، بلازحمت۔ **easiness** اسم۔

**easy chair** *n.* آرام دہ کرسی عموماً لمبے ہتھّے والی۔

**easygoing** *adj.* بردبار، متحمل، آرام طلب، تن آسان، اشیا کو جس طرح وہ ہیں قبول کرنے والا۔

**eat** *v.* **(ate, eaten, eating)** ① منہ میں ڈالنا، چبانا، نگلنا، کھانا، کھانا کھانا، پھاڑ کھانا۔ ② رفتہ رفتہ چاٹ جانا، تباہ کرنا۔ ③ بول چال: تنگ کرنا، ستانا۔ ● **eater** اسم۔

**eatable** *adj. & n.* صف: خوردنی، کھانے کے قابل۔ اسم: **(eatables)** غذا، خوراک۔

**eau-de-Cologne** *n.* الکحل کی تہ دے کر بنایا ہوا عطر جیسا کہ ابتداءً کولون میں بنتا تھا۔

**eaves** *n. pl.* آگے نکلی ہوئی چھت کا نچلا حصّہ، اولتی۔

**eavesdrop** *v.* **(-dropped, -dropping)** کن سوئیاں لینا، چھپ کر کسی کی باتیں سننا۔ ● **eavesdropper** اسم: خفیہ سن گن لینے والا۔

**ebb** *n. & v.* اسم: ① سمندر کی موجوں کا پیچھے لوٹنا، بھاٹا۔ ② سیلاب کے پانی کا نکاس۔ ف: ① سمندری پانی کے چڑھاؤ کا سمندر میں واپس جانا۔ ② انحطاط، زوال ہونا۔ □ **at a low ebb** زدہ حالت میں، مائل بہ انحطاط۔

**ebonite** *n.* =VULCANITE۔

**ebony** *n. & adj.* اسم: آبنوس، ایک سیاہ سخت لکڑی۔ صف: آبنوسی رنگ یا ساخت کا۔

**ebullient** *adj.* اُبلتا ہوا، جوشیلا، پُر ولولہ۔ ● **ebullience** اسم۔ **ebulliently** م ف۔

**EC** تخفیف: ① یورپین کمیونٹی۔ ② یورپین کمیشن۔

**eccentric** *adj. & n.* صف: ① انوکھا، غیر معمولی وہمی، سنکی۔ ② مرکز سے منحرف (دائرہ) جو دوسرے دائرے کا ہم مرکز نہ ہو۔ اسم: انوکھا، عجیب، سنکی آدمی۔ ● **eccentrically** م ف۔ **eccentricity** اسم۔

**ecclesiastical** *adj.* کلیسا سے منسوب یا متعلق۔

**ECG** مخفف: electrocardiogram۔

**echelon** *n.* ① کسی تنظیم میں کوئی درجہ یا مرتبہ۔ ② فوجی دستوں وغیرہ کی متوازی قطاروں پر مبنی تکون شکل کی ترتیب۔

**echo** *n. & v.* اسم: (ج: **-oes**) ① آواز کی بازگشت، گونج جو صوتی لہروں کے ٹکرا کر واپس آنے سے پیدا ہوتی ہے۔ ② نقل، چربہ یا قریبی تمثیل۔ ف: **(echoing، echoed)** ① (کسی مقام کا) گونجنا، گونج سے پُر ہونا، (آواز کا) دہرانا، دوبارہ سنائی دینا۔ ② آواز کی گونج لوٹانا۔ ③ کسی کے الفاظ یا عمل کی نقل کرنا۔

**éclair** *n.* کریم بھری پیسٹری کا لنبوترا چھوٹا کیک۔

**eclampsia** *n.* تشنج کا دورہ جو حاملہ عورت کو پڑ جاتا ہے اور بعض اوقات سکتے کا باعث ہوتا ہے۔

**eclectic** *adj.* جس میں سب طرف سے بہترین باتوں کا کھلے ذہن سے انتخاب کیا جائے۔

**eclipse** *n. & v.* اسم: ① گرہن، دو سماوی اجرام کے درمیان کسی تیسرے کے گزرنے سے پیدا ہونے والا اندھیرا۔ ② کسی کا وقتی طور پر پریشانی میں آ جانا، خصوصاً کسی دوسرے یا نئے آنے والے شخص کے حائل ہونے کے باعث۔ ف: ① (اجسام فلکی کا) حائل ہونا، کسی دوسرے شخص یا شے کو ماند کرنا۔ ② زیادہ روشن ہو جانا۔

**ecliptic** *n.* دوران سال میں سورج کا ستاروں کے درمیان ظاہری راستہ، طریق الشّمس، دائرۃ البروج۔

**eclogue** *n.* مختصر نظم خصوصاً دیہی گیت۔

**eco-** *comb. form* ماحولیات سے متعلق۔

**eco-friendly** *adj.* ماحول دوست۔

**ecology** *n.* ① حیاتیات کی وہ شاخ جو زندہ اجسام کے باہمی تعلق، نیز قدرتی ماحول سے تعلق کا مطالعہ کرتی ہے، ماحولیات۔ ● **ecological** صف: ماحولیاتی۔ **ecologically** م ف۔ **ecologist** اسم: ماہر ماحولیات۔

**economic** *adj.* ① معاشیات سے متعلق۔ ② کاروباری، برائے منافع۔ ③ کافی منافع دلانے والا۔

**economical** *adj.* باکفایت، بلا تضیع۔ ● **economically** م ف: کفایت شعاری سے۔

**economics** *n.* ① دولت کی پیداوار اور تقسیم سے تعلق رکھنے والا علم، معاشیات، اقتصادیات۔ ② کسی ملک کی معاشی کیفیت، مادّی خوش حالی کے لحاظ سے۔ ● **economist** اسم: ماہر اقتصادیات۔

**economize** *v.* (also -ise) ① کفایت سے کام لینا؛ خرچ گھٹانا۔ ② کسی چیز پر کم خرچ کرنا، کم کم برتنا۔

**economy** *n. & adj.* اسم: (ج: **-ies**) ① کسی انسانی گروہ کے وسائل اور اثاثے خصوصاً اشیا کی پیداوار اور خدمات کی دستیابی کے لحاظ سے۔ ② کسی چیز کے استعمال میں احتیاط یا بے جا صرف سے گریز۔ صف: (اشیا کی) زیادہ مقدار نسبتاً سستی قیمت پر مہیّا۔

**ecosystem** *n.* ماحولی نظام، کوئی حیاتیاتی گروہ جس

میں نامیے ایک دوسرے پر اثر انداز ہوتے ہوں نیز اپنے ماحول سے یا ماحول پر۔

**ecru** *n.* کورے لٹھے کا رنگ، ہلکا بھورا بادامی۔

**ecstasize** *v.* (also **-ise**) وجد میں آنا۔

**ecstasy** *n.* (*pl.* **-ise**) ①وجد، سرمستی، والہانہ کیفیت۔ ②(Ecstasy) ایک تیز نشی مادّہ۔● **ecstatic** صف: ولولہ انگیز۔ **ecstatically** م ف۔

**ECT** تخفیف: electroconvulsive therapy۔

**ectopic pregnancy** *n.* حمل جو رحم کے باہر قرار پائے۔

**Ecu** (also **ecu**) یورپی کرنسی یونٹ (تخفیف)

**ecumenical** *adj.* ①تمام عیسائی عالم سے متعلق۔ ②عالمگیر عیسائی اتحاد کا طالب۔

**eczema** *n.* چنبل، داد، ایک مرض جس میں جلد پر آبلوں میں سوزش اور کھجلی ہوتی ہے اور رطوبت رستی ہے۔

**eddy** *n.* & *v.* اسم: (ج: **-ies**) ① بھنور، گرداب۔ ②اس سے مماثل بادچکّر، بگولا۔ ف: (**-ies**، **-ied**) بھنور میں ڈولنا، چکّر کھانا۔

**edelweiss** *n.* کوہ الپس کے علاقے کا ایک پودا۔

**edema** امریکا: OEDEMA کا متبادل۔

**edge** *n.* & *v.* اسم: ① کسی سطح کا کنارہ یا حد۔ ② کسی پتلی چیز کی تنگ سطح۔ ③دھاردار آلے یا ہتھیار کی باڑھ یا دھار۔ ④ کسی ڈھال کا بالائی سرا۔ ⑤ کوئی چیز جو دھار سے مشابہ ہو۔⑥ذہن کی تیزی، برّاقی۔ ف: ① کسی مقصد کی طرف آہستہ آہستہ یا بتدریج بڑھنا۔ ② کسی شے کا حاشیہ یا کنارہ بنانا۔③دھار تیز کرنا۔□ **on edge** ① بے چین، برافروختہ۔ ② پُرشوق، پُرجوش۔

**edgeways** *adv.* (also **edgewise**) ① کنارے کو نمایاں یا دیکھنے والے کی طرف کیے ہوئے۔ ② پہلو بہ پہلو یا کنارے سے کنارا ملائے ہوئے۔□ **get a word in edgeways** گفتگو میں شامل ہونا جبکہ اصل بولنے والا کچھ توقف کرے یا سانس لے۔

**edging** *n.* کوئی شے جو حاشیے یا کنارے کے طور پر ہو۔

**edgy** *adj.* (**edgier, edgiest**) غصّہ ور، بھڑکا ہوا، اعصابی دباؤ یا پریشانی میں مبتلا۔● **edgily** م ف۔ **edginess** اسم: اضطراب، چڑچڑاپن۔

**edible** *adj.* صف: خوردنی، خوراک کے طور پر کھانے کے قابل۔● **edibility** اسم۔

**edict** *n.* حاکم یا صاحب اقتدار کا اجرا کردہ فرمان۔

**edifice** *n.* عمارت، خصوصاً بڑی اور شاندار، ایوان۔

**edify** *v.* (**-ied, -ing**) بصیرت بخشنا، اچھا اخلاقی یا ذہنی اثر ڈالنا۔● **edification** اسم: اخلاقی اصلاح۔

**edit** *v.* (**edited, editing**) ①اشاعت کے لیے جمع، تیار یا درست کرنا، مصنف کی تصنیف کو مرتب شکل دینا۔② فلم، ٹیپ وغیرہ کے ٹکڑے جوڑ کر مرتّب کرنا۔

**edition** *n.* ① کسی ادبی تصنیف وغیرہ کی اشاعت کی کوئی خاص صورت۔②ایک وقت میں شائع ہونے والی کسی کتاب، اخبار وغیرہ کی کل تعداد۔③ کسی باقاعدہ مسلسل پیش کیے جانے والے نشری پروگرام یا فیچر کا کوئی خاص متن۔④ کسی دوسرے سے مماثل شے یا شخص۔

**editor** *n.* ①اشاعت یا نشر کے لیے مواد تیار یا مرتّب کرنے والا شخص۔ ② اشاعت یا نشریہ کا ذمہ دار نگراں، ہدایت کار یا مدیر۔ ③ فلموں یا ریکارڈ کردہ آوازوں کو ترتیب دینے والا۔

**editorial** *adj.* & *n.* صف: ① مدیروں یا ادارت سے متعلق۔ ② مدیر کا تحریر یا منظور کردہ۔ اسم: اداریہ، اخباری مقالہ جو مدیر نے لکھا ہو۔

**educate** *v.* ①اخلاق و آداب سکھانا۔② تعلیم مہیّا کرنا۔③ صلاح مشورہ، ہدایت، معلومات بہم پہنچانا۔● **education** اسم: تعلیم۔ **educational** صف۔

**edutainment** *n.* ایسا عمل یا مواد جو معلوماتی بھی ہو اور تفریح بھی مہیّا کرے۔

**Edwardian** *adj.* & *n.* صف: شاہ ایڈورڈ ہفتم کے دور (۱۹۰۱ تا ۱۹۱۰ء) سے متعلق/ کا (کوئی شخص)

**EEC** تخفیف: European Economic Community۔

**EEG** تخفیف: electroencephalogram۔

**eel** *n.* لمبی، سانپ نما مچھلی بام، گوچھی، مار ماہی۔

**eerie** *adj.* (**eerier, eeriest**)؛ اندھیرا اور نامانوس: بھیانک، خوفناک۔● **eerily** م ف۔ **eeriness** اسم۔

**efface** *v.* ① مٹانا، نشان وغیرہ کو۔②ملیامیٹ کرنا۔③ کسرنفسی سے کام لینا۔● **effacement** اسم۔

**effect** *n. & v.* اسم:① کسی عمل وغیرہ کا نتیجہ، اثر۔ ② اثر اندازی۔ ③ تأثر، نقش جو کسی تماشائی، سامع وغیرہ پر قائم ہو۔ ④ **(effects)** سامان، اسباب۔ ⑤ **(effects)** کسی ڈرامے، فلم، نشریے وغیرہ میں خاص فضا پیدا کرنے کے لیے استعمال ہونے والی روشنیاں، صوتی اثرات وغیرہ۔ ف: ① ظہور میں لانا، انجام دینا۔ ② وجود میں لانا۔

**effective** *adj.* ① مطلوبہ یا کوئی خاص اثر رکھنے والا۔ ② پُر اثر، حقیقی، واقعی، سچ مچ قابل استعمال، قابل حصول۔ ③ نافذ، لاگو ہونے والا۔ ● **effectively** م ف۔ **effectiveness** اسم۔

**effectual** *adj.* ① مؤثر، مطلوبہ اثر یا نتیجہ پیدا کرنے کا اہل۔ ② واقعی موجود، نافذ۔ ● **effectually** م ف۔

**effeminate** *adj.* زنانہ انداز رکھنے والا، مردانہ خصوصیات سے عاری (مرد) ● **effeminacy** اسم: نسائیت، زنان پن۔ **effeminately** م ف۔

**effervescent** *adj.* ① جھاگ دار۔ ② چونچال، خوش باش۔ ③ جوش میں، جوش بھرا۔ ● **effervesce** ف: بلبلے اٹھانا، جھاگ لانا۔ **effervescence** اسم۔

**effete** *adj.* ① کمزور، نحیف، نزار۔ ② تھکا ماندہ؛ بے دم، بے حال۔ ● **effeteness** اسم: ناتوانی۔

**efficacious** *adj.* حسب دلخواہ اثر رکھنے یا نتیجہ پیدا کرنے والا، مؤثر، کارگر۔ ● **efficaciously** م ف۔ **efficacy** اسم: اثر، تاثیر، قوت۔

**efficient** *adj.* ① با کفایت، کم سے کم خرچ پر زیادہ کارگزاری دکھانے والا۔ ② لائق، کارگزار (شخص) ● **efficiency** اسم۔ **efficiently** م ف۔

**effigy** *n.* (*pl.* **-ies**) ڈھالا، تراشا ہوا بت، ماڈل یا انسانی مجسمہ، پُتلا۔

**effloresce** *v.* ① ادبدا کے پھول کھلانا، پھبکنا۔ ② (کسی مادّے کا) ہوا میں کھلا رکھنے پر سفوف بن جانا۔ ③ عروج پر ہونا۔ ● **efflorescence** اسم۔

**effluent** *n.* ① کچرا، صنعتی فضلہ جو سمندر وغیرہ میں چھوڑا جائے۔ ② پانی کے کسی بڑے ذخیرے سے نکلنے والی ندی یا جھیل۔

**effluvium** *n.* (*pl.* **effluvia**) ہوا میں تحلیل ہونے والے مادّے کا ناخوشگوار یا زہریلا بھپکا۔

**effort** *n.* ① کوشش، جسمانی یا ذہنی مشقت۔ ② پُر زور عمل یا جہد۔ ● **effortless** صف۔

**effrontery** *n.* شرمناک گستاخی، دیدہ دلیری۔

**effusion** *n.* جذبات کا بھرپور اظہار، تحریر یا تقریر میں۔

**effusive** *adj.* جذبات کا بے روک ٹوک اظہار۔ ● **effusively** م ف۔ **effusiveness** اسم۔

**EFL** تخفیف: English as a foreign language انگریزی بطور بیرونی زبان۔

**e.g.** تخفیف: مثلاً، مثال کے طور پر۔

**egalitarian** *adj. & n.* صف: سب انسانوں کے لیے یکساں حقوق اور مواقع کا اصول۔ اسم: وہ شخص جو اس اصول کی حمایت اور وکالت کرتا ہے۔ ● **egalitarianism** اسم: مساوات پسندی۔

**egg** *n.* ① انڈا، خصوصاً مرغی کا۔ ② حیوانات اور نباتات میں مادہ کا تولیدی خلیہ۔ □ **egg on** شہ دینا، اکسانا۔

**egghead** *n.* بول چال: دانا، ماہر، وِدوان، گیانی۔

**eggshell** *n.* اسم: ① انڈے کا چھلکا یا خول۔ صف: ① نازک پتلا (چینی کا برتن) ② مدّھم چمک والا (روغن)

**eggplant** *n.* =aubergine بینگن۔

**ego** *n.* (*pl.* **-os**) ① انا، خودی، ایغو۔ ② خود پسندی۔

**egocentric** *adj.* خود بیں، خود پسند، انانیت زدہ۔

**egoism** *n.* ① نفس پرستی۔ ② غرور، تکبر، اپنی رائے پر اصرار۔ ● **egoist** اسم۔ **egoistic** صف۔

**egotism** *n.* ① میں اور میرا پر شدید اصرار۔ ② اپنے بارے میں بہت بولنا۔ ③ اپنے کو بہت کچھ سمجھنا۔ ● **egotist** اسم۔ **egotistic** صف۔ **egotistical** صف۔

**egregious** *adj.* نہایت قبیح، بڑا بد، گیا گزرا۔

**egress** *n.* جانے کی آزادی، رخصت؛ جائے گریز۔

**Egyptian** *adj. & n.* صف: مصری، مصر کا۔ اسم: مصر کا باشندہ۔

**Egyptology** *n.* مصر کی زبان، تاریخ اور قدیم مصری ثقافت کا مطالعہ۔ ● **Egyptologist** اسم۔

**eider** *n.* شمالی علاقوں کی بڑی بطخوں میں سے کوئی۔

**eiderdown** *n.* نرم پروں سے بھرا لحاف یا گدّا۔

**eight** *n.* ① عدد آٹھ، ۸۔ ② اس کا نشان یا علامت

(VIII ،8، ٨)● eighth صف و اسم: آٹھواں۔

**eighteen** *n. & adj.* ① اٹھارہ کا عدد، ۱۸۔ ② اس کی علامت یا رقم (XVIII ، 18)● **eighteenth** صف و اسم: اٹھارواں۔

**eighty** *n. & adj.* ① اسّی کا عدد، ۸۰۔ ② اسکی علامت یا رقم (LXXX ، 80)● **eightieth** صف و اسم۔

**einsteinium** *n.* ایک تابکار دھاتی عنصر (علامت: Es)

**either** *adj., pron., adv. & conj.* صف و ضمیر: ① دو میں سے کوئی ایک۔ ② دونوں، ہر دو۔ م ف و عطف: ① دو میں سے ایک امکان کے طور پر۔ ② ایک متبادل کے طور پر، یہ یا وہ۔ ③ (انکار یا استفہام کے طور پر) نہ یہ نہ وہ؛ علاوہ ازیں، نیز یہ کہ۔

**ejaculate** *v.* ① یکا یک منہ سے ادا کرنا، کہنا۔ ② جسم سے کوئی رقیق شے ایک دم خارج کرنا (خصوصاً انزال کرنا)● **ejaculation** اسم۔

**eject** *v.* خارج کرنا، اچھال دینا، نکال پھینکنا، باہر کرنا۔ ● **ejection** اسم۔ **ejector** اسم۔

**eke** *v.* □ **eke out** ① کمی پوری کرنا، (ذرائع کا) خاطر خواہ استعمال کرنا۔ ② گزارے کی صورت نکالنا۔

**elaborate** *adj. & v.* صف: ① احتیاط یا تفصیل سے شمار یا تیار کردہ۔ ② نہایت پختہ، پیچیدہ۔ ف: ① تفصیلاً مرتّب یا تیار کرنا۔ ② دقّت، محنت سے تیار کرنا۔● **elaborately** م ف: توضیحاً۔ **elaboration** اسم۔

**élan** *n.* جوش، جذبہ، ولولہ۔

**elapse** *v.* (وقت کا) گزرنا، گھلنا، چلا جانا۔

**elastic** *adj. & n.* صف: ① کھینچ کر یا مروڑنے، دبانے پر اصلی حالت میں لوٹنے والا، لچکدار، لچکیلا۔ ② آسانی سے ڈھل جانے کی صلاحیت رکھنے والا۔ اسم: لچکدار فیتہ یا کپڑا جس میں ربڑ کی ملاوٹ ہو۔● **elasticity** اسم: لچک، نرمی۔

**elated** *adj.* شاداں، فرحاں، پُرغرور، مگن۔ ● **elate** ف: دل بڑھانا، پُرغرور بنانا۔ **elation** اسم۔

**elbow** *n. & v.* اسم: ① کہنی، آستین کا وہ حصہ جو کہنی کو ڈھانپے۔ ② کہنی کی شکل کا کونا، آلہ، اوزار وغیرہ۔ ف: ① کہنی مار کر ہٹانا۔ ② کہنی سے ہٹا کر خود گھسنا۔

**elbow-grease** *n.* تیز پالش یا گھسائی چمکائی؛ سخت محنت۔

**elbow-room** *n.* کافی جگہ، گنجائش یا سمائی۔

**elder** *adj. & n.* صف: دو افراد میں عمر میں بڑا۔ اسم: ① دو مذکورہ افراد میں سے بڑا فرد۔ ② بلحاظ عمر بزرگ تر، قابل عزت۔ ③ عمر رسیدہ آدمی۔ ④ کوئی جھاڑی جس میں سفید پھول اور گہرے نیلے یا سرخ بیر لگتے ہیں۔

**elderly** *adj.* بزرگ صورت، سن رسیدہ۔

**eldest** *adj.* پہلوٹی کا بچہ، خاندان کا سب سے بڑا موجود بیٹا یا بیٹی یا کوئی فرد۔

**eldorado** *n. (pl. -os)* فرضی ملک جو سونے سے مالا مال ہو، دولت کی ریل پیل ہو۔

**elect** *v.& adj.* ف: ① چننا، انتخاب کرنا، اختیار کرنا۔ ② رائے دہی کے ذریعے کسی کو منتخب کرنا۔ صف: ① منتخب لیکن ابھی عہدہ نہیں سنبھالا۔ ② چنا ہوا، ممتاز۔

**election** *n.* ① انتخابی یا منتخب کرنے یا ہونے کا عمل۔ ② انتخاب کا عمل، انتخابی کارروائی۔

**electioneer** *v.* انتخابی مہم میں شرکت کرنا۔

**elective** *adj.* ① (عہدہ یا عہدہ دار) جس کے لیے انتخاب کی شرط ہو، (اقتدار) جو انتخاب کے ذریعے سنبھالا جائے۔ ② اختیار کردہ (مضمون یا نصاب) اختیاری۔

**elector** *n.* الیکشن میں منتخب کرنے کا حق رکھنے والا۔ ● **electoral** صف: انتخاب سے متعلق۔

**electorate** *n.* انتخاب کرنے والوں کا حلقہ۔

**electric** *adj.* برقی، برقی قوت سے بھرا ہوا، برقی قوت پیدا کرنے کا اہل۔

**electrical** *adj.* ① برقی توانائی کا، سے متعلق۔ ② برقی قوت سے چلنے والا۔ ● **electrically** م ف۔

**electrician** *n.* بجلی کا کاریگر، عموماً پیشہ ور مستری جو برقی آلات کی دیکھ بھال کرتا ہے، بجلی والا۔

**electricity** *n.* ① بجلی، توانائی کی ایک شکل جو باردار ذرّات پر مبنی ہوتی ہے۔ ② روشنی یا گرمی کے لیے بجلی کی توانائی کی فراہمی۔

**electrify** *v. (-ies, -ied)* ① کسی جسم میں برقی قوت بھرنا، برقانا۔ ② کسی مشینی نظام کو بجلی سے چلانے کے قابل بنانا۔ ③ یکا یک شادمانی یا جوش وخروش کی لہر

کے عمل اور حرکات سے تعلق رکھتی ہے۔②اس میں استعمال ہونے والے برقی دور۔

**electronic tagging** *n.* اشیا یا لوگوں کا پتہ لگانے کے لیے الیکٹرانک نشان زدگی۔

**electroplate** *v.* برقپاشی کے ذریعے کرومیم، چاندی وغیرہ کی تہ چڑھانا، برقی ملمع سازی۔

**elegant** *adj.* ①ہیئت اور انداز میں باوقار۔②خوش وضع، شائستہ۔● **elegantly** م ف۔ **elegance** اسم۔

**elegy** *n.*(*pl.* **-ies**) حزنیہ، گیت عموماً مرنے والوں کے لیے۔● **elegiac** صف: غمناک، ماتمی۔

**element** *n.* ① کسی شے کا جز، حصّہ، عنصر، ٹکڑا۔② وہ طبعی عناصر جنہیں کیمیائی عمل سے اجزا میں تقسیم نہیں کیاجاسکتا، قدیم نظریے کے مطابق چار بنیادی عناصر (مٹی، پانی، ہوا اور آگ)۔③ **(elements)** کسی علم کے ابتدائی اصول۔ ④ دافع تار جو برقی ہیٹر، چولھے وغیرہ میں فتیلہ کی طرح بھڑک اٹھتا ہے، برقیرہ۔ ⑤ **(elements)** فضائی عناصر، ہوا اور بادل ۔ □ **in one's element** اپنے اصلی یا مرغوب مسکن یا ماحول میں۔● **elemental** صف۔

**elementary** *adj.* ابتدائی، بنیادی، سادہ ترین، غیر پیچیدہ، صاف، سادہ۔

**elephant** *n.* ہاتھی، خشکی پر سب سے بڑا حیوان جس کے سونڈ اور ہاتھی دانت ہوتے ہیں۔

**elephantine** *adj.* بھاری بھرکم، بھدّا، بے ڈول۔

**elevate** *v.* اونچا کرنا، بلند مقام پر لے جانا۔

**elevation** *n.* ①ارتقا، بلندی، رفعت، اونچائی، بلند بالا ہونے یا کرنے کا عمل۔② کسی مکان وغیرہ کے سامنے یا پچھلے رخ کا نقشہ۔

**elevator** *n.* امریکا: لفٹ۔

**eleven** *n. & adj.* اسم: ① گیارہ، ۱۱۔②اس عدد کی علامت (11، XI) صف: گیارہ کے بقدر۔● **eleventh** صف و اسم: گیارھواں۔

**elevenses** *n.* بول چال: ہلکا ناشتہ جو چائے یا کافی کے ساتھ ۱۱ بجے صبح کے لگ بھگ کیا جائے۔

**elf** *n.* (*pl.* **elves**) ①ایک دیومالائی وجود خصوصاً وہ جو چھوٹا اور بہت شریر خیال کیا جاتا ہے۔②پری، چھلاوا۔

دوڑانا۔● **electrification** اسم۔

**electrocardiogram** *n.* برقی قلب نگاری، قلبی ارتعاش کے ارتسامات کا نقشہ۔

**electroconvulsive therapy** *n.* برقی جھٹکوں کے ردّعمل سے پیدا ہونے والے تشنّج یا ہیجان کے ذریعے طریق علاج۔

**electrocute** *v.* برقی جھٹکے سے ہلاک کرنا، موت واقع ہونا۔● **electrocution** اسم۔

**electrode** *n.* ایک موصل جس کے ذریعے برقی رو برقپاش، گیس یا خلا وغیرہ میں سے گزرتی ہے۔

**electroencephalogram** *n.* دماغی حرکت نگار کے ارتسامات کا نقشہ۔

**electrolysis** *n.* ① کسی مادّے کو برقی رو کے ذریعے گلانا، تحلیل کرنا۔②برقپاشی کے ذریعے رسولی وغیرہ یا بالوں کی جڑوں کا استیصال کرنا۔

**electrolyte** *n.* ایک مادّہ جو پگھلانے یا حل کرنے پر برقی توانائی کی ترسیل کرتا ہے۔

**electromagnet** *n.* برقناطیس یا برقی مقناطیس، ایک نرم دھاتی مرکز جس کے آس پاس لپٹے ہوئے برقی تاروں میں سے برقی رو گزار کر اسے مقناطیس میں تبدیل کر دیا جاتا ہے۔

**electromagnetic** *adj.* برقی مقناطیس سے متعلق، جس میں برقی اور مقناطیسی خصوصیات دونوں موجود ہوں۔● **electromagnetically** م ف۔ **electromagnetism** اسم: برقی مقناطیسیت۔

**electromotive** *adj.* برقی رو پیدا کرنے کی صلاحیت رکھنے والا۔

**electron** *n.* منفی بار کا حامل ایک مستقل ابتدائی ذرّہ جو ہر ایٹم میں پایا جاتا ہے، برقیہ۔

**electronic** *adj.* ① برقیریائی، برقیوں کے بہاؤ کا پیدا کردہ یا برقی رو سے متعلق۔ ②(کوئی طریق کار) برقیاتی پرزوں کے استعمال پر مشتمل۔③ (موسیقی) جو برقیاتی عمل سے پیدا اور عموماً فیتوں پر مرتسم کی جائے۔● **electronically** م ف۔

**electronics** *n.* ① برقیریات، نظری اور اطلاقی طبیعیات کی شاخ جو خلا، گیس اور نیم موصلوں میں برقیوں

**elfin** *adj.* چھلاووں یاپریوں سے متعلق، یاان جیسا۔

**elicit** *v.* اخذ کرنا، برآمد کرنا کہلوانا، اگلوانا۔

**eligible** *adj.* ①انتخاب وغیرہ کا موزوں، اہل۔② موزوں، خصوصاً شادی کے لیے۔● **eligibility** اسم۔

**eliminate** *v.* ①خارج کرنا۔② نظرانداز کرنا؛ زیرغورنہ لانا، غیرمتعلق سمجھنا۔③نکال دینا، علاحدہ کر دینا۔● **elimination** اسم۔ **eliminator** اسم۔

**elision** *n.* تلفظ میں کسی واول (مصوتے) یاجزوکلمہ کوحذف کردینے کا عمل۔

**elite** *n.* ① کسی کل کا منتخب جزو، خلاصہ، کسی گروہ کے بہترین افراد۔②منتخب، ممتاز طبقہ۔

**elitism** *n.* ممتاز طبقہ کی پسندیدگی اوران کی برتری کی حمایت۔● **elitist** صف واسم۔

**elixir** *n.* اکسیر، ایک خوشبودار سیّال جو دواؤں میں مستعمل ہے، جس کی بابت گمان تھا کہ دھاتوں کوسونے میں تبدیل کرسکتی ہے۔

**Elizabethan** *adj. & n.* صف: ملکہ ایلزبتھ اوّل (۱۵۵۸ تا ۱۶۰۳) کے عہد کا یا اس زمانے سے متعلق۔ اسم: اس دور کا کوئی شخص خصوصاً لکھنے والا۔

**elk** *n.* شمالی یورپ اورایشیا کا ایک بڑا ہرن۔

**ellipse** *n.* ترخیم، بیضوی شکل۔

**ellipsis** *n.(pl.* **ellipses)** ① الفاظ حذف کرنے کا عمل۔② نقطے جوحذف کی علامت ہوتے ہیں۔

**elliptic** *adj.* (also **elliptical**) ①بیضوی شکل کا یا اس سے متعلق۔② لفظ یا الفاظ جو حذف ہوں۔ ● **elliptically** م ف۔

**elm** *n.* ①(دیودار) کاایک درخت جس کے پتّے کھردرے اوردندانے دار ہوتے ہیں، شجربق، دردار۔② اس درخت کی لکڑی۔

**elocution** *n.* ①فن خطابت، خوش بیانی، شستہ تلفظ کے ساتھ واضح تقریر کا ہنر۔② کوئی خاص طرز کلام۔● **elocutionary** صف۔

**elongate** *v.* طول دینا، کھینچنا، لمبا کرنا۔

**elope** *v.* خفیہ شادی کی نیت سے فرار ہونا، محبوب کے ساتھ بھاگ جانا۔● **elopement** اسم: فرار، اغوا۔

**eloquence** *n.* فصاحت، زبان کا شستہ، مؤثر استعمال۔● **eloquent** صف۔ **eloquently** م ف۔

**else** *adv.* ①مزید، علاوہ، اور۔②بجائے، مختلف، دیگر، سوا۔□ **or else** ورنہ، بصورت دیگر۔

**elsewhere** *adv.* کہیں اور، کسی اور جگہ۔

**elucidate** *v.* روشن، واضح کرنا، تشریح کرنا۔ ● **elucidation** اسم۔

**elude** *v.* ①بچ نکلنا۔② تعمیل سے بچنا، فرار، وعدے، ذمہ داری سے گریز کرنا۔ ③ (کسی مسئلے کا) قابو میں نہ آنا؛ (کسی بات کا) ذہن سے نکل جانا۔● **elusion** اسم۔ **elusive** صف: مشکل الحصول۔

**elver** *n.* بام مچھلی کا بچہ۔

**emaciated** *adj.* بیماری یا فاقے سے بہت لاغر، دبلا، کمزور، نحیف۔● **emaciation** اسم۔

**e-mail** *n.* (also **email**) =electronic mail۔

**emanate** *v.* (خیال وغیرہ کا) آنا، ظاہر ہونا، صادر، وارد ہونا (کسی اصل سے)● **emanation** اسم۔

**emancipate** *v.* ①قید، بندش سے آزاد کرنا،② غلامی سے آزاد کرنا۔● **emancipation** اسم۔

**emasculate** *v.* کمزور کرنا، بے جان، غیرمؤثر، ڈھیلاڈھالا کرنا۔● **emasculation** اسم۔

**embalm** *v.* لاش کوکیمیائی مسالے وغیرہ لگاکرخراب ہونے سے محفوظ کرنا۔● **embalmment** اسم۔

**embankment** *n.* پانی کی رکاوٹ کے لیے باندھا جانے والا کچا یاپختہ بند، ریل کی پٹڑی یاسڑک کے لیے بنایاجانے والاایسا ہی پشتہ۔

**embargo** *n. & v.* اسم: (ج: **-oes**) ①سرکاری حکم جو بیرونی جہازوں کواپنی بندرگاہ میں آنے یاجانے سے روکے۔②سرکاری طور پرتجارت یا کسی اور کارروائی پر پابندی، حکم امتناعی۔ ف: (**-oes**، **-oed**) جہازوں، تجارت وغیرہ پر سرکاری طور پر بندش عائد کرنا۔

**embark** *v.* جہاز یاطیارے پر چڑھنا (کہیں روانگی کے لیے)□ **embark on** کسی کام یامصروفیت کو اختیار، شروع کرنا۔● **embarkation** اسم۔

**embarrass** *v.* ①سراسیمہ، منفعل، شرمندہ کرنا۔ ②قرضوں سے زیربار ہونا۔● **embarrassment** اسم۔

**embassy** *n.* (*pl.* **-ies**) سفیر کا مکان یادفتر،

سفارت خانہ۔

**embattled** *adj.* ①جنگ کے لیے تیار، حملے کے خلاف مورچہ بند۔② کسی تنازع، مہم میں ملوث ۔

**embed** *v.* (also **imbed) (embedded, embedding)** جما دینا، جکڑلینا، اپنے اندر سمالینا، مضبوطی سے گھیرلینا۔

**embellish** *v.* ① آرائش، تزئین کرنا، سجانا۔② حاشیہ آرائی کرنا۔● **embellishment**اسم۔

**embers** *n.pl.* انگارا، سلگتی ہوئی لکڑی یا کوئلے کاٹکڑا۔

**embezzle** *v.* غبن، امانت وغیرہ کی رقم میں خیانت کرنا، خورد برد کرنا۔● **embezzlement**اسم: خورد برد، غبن۔ **embezzler** اسم: خائن۔

**embitter** *v.* ①اشتعال دلانا۔② تلخی یااذیت میں اضافہ کرنا۔● **embitterment** اسم۔

**emblem** *n.* ① کوئی نشان یاعلامت جوکسی ادارے یا امتیاز کے ساتھ مخصوص ہو۔② نسبی نشان، علامتی نشان۔

**emblematic** *n.* علامتی، نمائندہ۔

● **emblematically**م ف۔

**embody** *v.*(**-ies, -ied**) ① کسی تصور یا خیال وغیرہ کو مادّی صورت دینا۔②شامل کرنا، احاطہ کرنا۔

**embolden** *v.* حوصلہ دلانا، بڑھاوادینا۔

**embolism** *n.* خون کی شریان کاکسی رکاوٹ، خون کی پھٹکی یابلبلے کے سبب مسدود ہوجانا۔

**emboss** *v.* ①ابھرداں نقاشی کرنا۔② ٹھپّے یاسنگتراشی کے ذریعے نقش ابھارنا۔③ابھرواں بنانا۔

**embrace** *v. & n.* ف:① گلے لگانا، شفقت کے طور پر باہم معانقہ کرنا، لپٹنا، ہم آغوش ہونا۔② پکڑنا، گرفت میں لینا۔③ شوق سے قبول کرنا۔④ اپنانا، شامل کرنا، حلقے میں لینا۔اسم: معانقہ، ہم آغوشی۔

**embrocation** *n.* مالش کا تیل، بام، لیپ وغیرہ۔

**embroider** *v.* ① کپڑے پر آرائشی کڑھائی، کڑھت، سوزن کاری کرنا۔② بیان یاقصّے میں زیب داستان کے لیے اضافہ کرنا۔● **embroidery**اسم۔

**embroil** *v.* ① کشمکش یاجھگڑے میں ملوث کرنا۔② (معاملات میں) پیچ ڈالنا، الجھانا۔

**embryo** *n.*(*pl.* **-os**) ① جنین، بچہ جوابھی پیدانہ ہوا ہو۔② کوئی شے جو بالکل ابتدائی مرحلے میں ہو۔● **embryology**اسم۔**embryonic**صف۔

**emend** *v.* ترمیم تصحیح کرنا، مرتب کرنا، اصلاح کرنا۔

● **emendation**اسم۔**emendatory**صف۔

---

وضاحت: *emend* کو *amends* سے خلط ملط نہ کریں جس کے معنی معمولی ردوبدّل، اصلاح ہے۔

---

**emerald** *n.* ①زمرد، ایک سبز چمکدار قیمتی پتھر یاقوت سبز۔②زمردی رنگ۔

**emerge** *v.* ① نمودار ہونا، ظہور کرنا۔②منکشف ہونا، روزروشن میں آنا، خصوصاً بعد تحقیق وجستجو۔③ کسی مسئلے یا آزمائش سے ہوکرگزرنا۔● **emergence** اسم: ظہور، برآمدگی۔**emergent** صف: ظاہر ہونے والا۔

**emergency** *n.* (*pl.* **-ies**) اچانک خطرے کی حالت، تصادم وغیرہ جوفوری کارروائی کا طالب ہو۔

**emeritus** *adj.* سبکدوشی کے بعد اعزازی عہدے کا حامل۔

**emery** *n.* لعل یاسنگ مقناطیس کا کھردراٹکڑا جو دھات وغیرہ کی گھسائی کے کام آتا ہے۔

**emery-board** *n.* گتّے کا یاچوبی ریگ مال جو ناخن گھسنے کے کام آتا ہے۔

**emetic** *adj. & n.* (دوا) قے لانے والی۔

**emigrate** *v.* کسی اورملک میں بسنے کے لیے اپنا ملک چھوڑنا، ترک وطن کرنا۔● **emigrant**اسم۔ **emigration**اسم: ترک وطن۔

**émigré** *n.* تارک وطن، خصوصاً سیاسی ملک بدرآدمی۔

**eminence** *n.* ①امتیاز، تسلیم شدہ برتری۔②زمینی ابھار، ٹیلا۔③ **(Eminence)** کارڈنل کالقب۔④ کوئی ذی عزت شخص۔

**eminent** *adj.* ①نمایاں، ممتاز، ذی عزت۔②اعلیٰ، غیر معمولی۔● **eminently**م ف۔

**emir** *n.* امیر جومختلف اسلامی فرمانرواؤں کالقب ہے۔

**emirate** *n.* امیر کی عملداری، امارت۔

**emissary** *n.* (*pl.*-**ies**) خصوصی مہم یامقصد کے

لیے روانہ کیا جانے والا عہدہ دار، قاصد، ایلچی۔

**emit** *v.*(**emitted, emitting**) ①(حرارت، روشنی، بخارات وغیرہ) خارج کرنا۔ ②منہ سے ادا کرنا، کہنا۔● **emission** اسم: اخراج۔ **emitter** اسم۔

**emollient** *adj. & n.* صف: جلد کو نرمانے اور تسکین بخشنے والا۔ اسم: یہ تاثیر رکھنے والی شے۔

**emolument** *n.* تنخواہ، معاوضہ، فیس وغیرہ۔

**emotion** *n.* جذبہ جیسے محبت، خوف وغیرہ کا۔

**emotional** *adj.* ①جذباتی، جذبات سے متعلق۔ ② مغلوب الجذبات۔ ③ جذبات کو اکسانے، برانگیختہ کرنے والا۔● **emotionally** م ف۔

**emotive** *adj.* ①جذبے کا، جذبات آمیز۔② جذبات انگیز۔③ہیجان خیز۔

---

وضاحت: اگرچہ *emotive* اور *emotional* کے معنی میں اشتراک ہے لیکن *emotive* بجائے *emotional* شخص کے لیے نہیں آئے گا۔ مثال کے طور پر: *He is an emotive person* درست نہیں۔ اسی طرح یہ کہنا بھی غلط ہے کہ *They reacted emotively*۔

---

**empathize** *v.*(also **-ise**) ①ذہنی موافقت پیدا کرنا۔②ذہنی ہمدردی سے کام لینا۔

**empathy** *n.* کسی شخص یا شے یا موضوع کے ساتھ کامل ذہنی ہم آہنگی پیدا کرنے کی صلاحیت۔

**emperor** *n.* شہنشاہ، وسیع سلطنت کا فرمانروا۔

**emphasis** *n.*(*pl.* **emphases**) ①خصوصی اہمیت، نمایاں حیثیت یا توجہ جو کسی شے، واقعے یا خیال وغیرہ کو حاصل ہو یا دی جائے۔②زور، اصرار کسی خاص لفظ یا الفاظ پر۔③ بیان، احساس عمل میں شدّت، سختی۔

**emphasize** *v.*(also **-ise**) ① کسی بات یا واقعہ کو خصوصی طور پر نمایاں کرنا۔② کسی لفظ پر بولتے وقت زور دینا، اصرار کرنا، جتانا۔

**emphatic** *adj.* پُر زور (الفاظ، لہجہ یا اشارہ) جس سے تاکید، اصرار، شدّتِ اظہار مقصود ہو۔ ● **emphatically** م ف۔

**emphysema** *n.* پھیپھڑوں کے ہوائی کیسوں کے پھیل جانے کا مرض جس سے تنفس دشوار ہو جاتا ہے۔

**empire** *n.* ①اقتدار اعلیٰ خصوصاً شہنشاہ کے تحت ریاستوں کا وسیع سلسلہ۔② کوئی بڑا تجارتی ادارہ جو کسی ایک شخص یا جماعت کی ملکیت ہو۔

**empirical** *adj.* نظریات کی بجائے مشاہدے اور عملی تجربے پر مبنی۔ ● **empirically** م ف۔ **empiricism** اسم: تجربیت۔ **empiricist** اسم۔

**emplacement** *n.* توپ کا چبوترہ یا دفاعی مورچہ جہاں سے وہ سر کی جائے۔

**employ** *v.* ① ملازم رکھنا۔② کسی چیز سے کام لینا، استعمال کرنا، کام پر لگانا خصوصاً مفید و مؤثر طور پر۔● **employer** اسم: آجر۔ **employment** اسم۔

**employee** *n.* تنخواہ دار، اجرتی ملازم۔

**emporium** *n.* (*pl.* **emporia** or **-ums**) بڑی دکان جہاں بہت طرح کا مال بکتا ہو۔

**empower** *v.* مجاز بنانا، اجازت دینا، اختیار دینا۔

**empress** *n.* ① شہنشاہ کی ملکہ یا بیوہ۔②شہنشاہ کا مرتبہ رکھنے والی ملکہ۔

**empty** *adj., v. & n.* صف: (**emptier**، **emptiest**) ① جس میں کچھ نہ ہو، خالی۔ ② سُونا، ویران، غیر آباد (مکان وغیرہ) ③ بغیر سواریوں یا مسافروں کے (گاڑی) ④ بول چال: خالی پیٹ، بھوکا۔ ف: (**-ies**،**-ied**) خالی کرنا، خالی ہو جانا۔ اسم: بول چال: خالی کیے ہوئے برتن (خصوصاً بوتلیں) ● **emptiness** اسم: خالی پن۔

**EMU** تخفیف: European Monetary Union۔

**emu** *n.* شترمرغ سے ملتا آسٹریلیا کا ایک بے پرواز پرندہ جو بہت تیز دوڑ سکتا ہے، ایمو۔

**emulate** *v.* ① برابر یا برتر ہونے کی کوشش کرنا۔② تقلید کرنا نقل کرنا۔③مقابلہ کرنا۔● **emulation** اسم۔ **emulator** اسم: نقال۔

**emulsify** *v.*(**-ies, -ied**) مائعات کا مرکب تیار کرنا۔● **emulsification** اسم۔ **emulsifier** اسم۔

**emulsion** *n.* ①دو مائعات کے میل سے تیار ہونے والا گاڑھا مرکب۔ ② فوٹو فلم یا پلیٹ پر پھیرا جانے والا نقرئی محلول۔

**enable** *v.* ①قدرت، قوت، استعداد بخشنا، کسی کو کام کا مجاز بنانا، اختیار دینا۔ ② ممکن بنانا۔

**enact** *v.* ①نافذ کرنا، صادر کرنا، (مسودہ قانون وغیرہ کو) قانون میں ڈھالنا۔ ② ادا کاری کرنا، کردار ادا کرنا۔ ● **enactment** اسم: وضع قانون۔

**enamel** *n. & v.* اسم: ① شیشے کی طرح کا ایک روغن جو دھات کی سطحوں پر خوشنمائی یا تحفظ کے لیے پھیرا جاتا ہے۔ ② ہموار گاڑھا پچارا، روغن۔ ③ دانت کی چینی یا مینا۔ ف: (**enamelling**، **enamelled** امریکا: **enameled**) دھات کی اشیا پر مینا کاری کرنا۔

**enamour** *v.* (*US* **enamor**) ① لبھانا، پرچانا۔ ② مسحور، مسرور کرنا۔ ● **enamoured** صف۔

**en bloc** *adv.* اجتماعی یا مجموعی طور پر، سب کے سب بیک وقت۔

**encamp** *v.* خیمے گاڑ کر رہنا، پڑاؤ ڈالنا۔

**encampment** *n.* پڑاؤ، پڑاؤ ڈالنے کی کارروائی۔

**encapsulate** *v.* ① خول میں یا خول کی طرح بند کرنا۔ ② خلاصہ کرنا۔ ● **encapsulation** اسم۔

**encase** *v.* خانے میں رکھنا، خانے کی طرح گھیرنا۔

**encephalitis** *n.* دماغ کی سوزش یا ورم۔

**enchant** *v.* ① موہ لینا، مسرور کرنا۔ ② مسحور کرنا۔ ● **enchanter** اسم۔ **enchantment** اسم۔

**encircle** *v.* ① گھیرنا، حلقے میں لینا۔ ② گرد گھیرا بنانا۔ ● **encirclement** اسم: حصار۔

**enclave** *n.* کسی ریاست کا کوئی علاقہ جو دوسری ریاست یا ریاستوں سے گھرا ہوا ہو۔

**enclose** *v.* چار دیواری، جنگلے وغیرہ سے گھیرنا، چاروں طرف سے محصور، مسدود کر دینا۔

**enclosure** *n.* ① کھیل کے موقع پر کسی خاص طبقے کے لیے محفوظ گوشہ۔ ② خط کے ساتھ ملفوفہ شے۔ ③ گھیرا، جنگلہ، تاروں وغیرہ سے حد بندی۔

**encode** *v.* (پیغام وغیرہ کو) خفیہ تحریر میں ڈھالنا۔ ● **encoder** اسم۔

**encomium** *n.* (*pl.* **encomiums** or **encomia**) پُرتکلف، مبالغہ آمیز مدح سرائی۔

**encompass** *v.* ① گھیرا ڈالنا۔ ② شامل کرنا۔

**encore** *n., v. & int.* اسم: سامعین یا ناظرین کی طرف سے مکرّر کا شور یا فرمائش۔ ف: پروگرام کو دہرانے یا جاری رکھنے کی آواز بلند کرنا۔ فجائیہ: مکرر ارشاد۔

**encounter** *v. & n.* ف: ① اچانک ملنا، مڈبھیڑ ہونا، آمنا سامنا کرنا، ٹکرانا۔ ② حریفانہ مقابلہ ہونا۔ اسم: ① اچانک مڈبھیڑ۔ ② حریفانہ ٹکراؤ۔

**encourage** *v.* ① ہمت دلانا، حوصلہ بڑھانا۔ ② ترغیب سے کام لینا۔ ③ سرپرستی یا تعاون کرنا۔ ● **encouragement** اسم: حوصلہ افزائی۔

**encroach** *v.* غصب کرنا، تجاوز کرنا؛ قبضہ جمانا خصوصاً دوسرے کی سرزمین یا حقوق پر۔ ● **encroachment** اسم: دخل اندازی، تجاوز۔

**encrust** *v.* تہ، خول چڑھانا، پپڑی جمانا، دھات کا پترا چڑھانا۔ ● **encrustation** اسم۔

**encumber** *v.* ① بوجھ ڈالنا، کسی پر بوجھ بننا۔ ② رکاوٹ ڈالنا، مانع آنا۔ ● **encumbrance** اسم۔

**encyclical** *n.* اسقف اعظم کا پیغام یا فرمان جو رومن کیتھلک کلیسا کے تمام اُسقفوں کو بھیجا جائے۔

**encyclopaedia** *n.* (also **encyclopedia**) دائرۃ المعارف، کتاب جو عموماً بہت سے موضوعات پر معلومات مہیّا کرتی ہے۔ ● **encyclopaedic** صف۔

**end** *n. & v.* اسم: ① حدّ آخر، سطر کا سرا یا شکل کا کنارہ، دور ترین مقام، بعید ترین نقطہ۔ ② خاتمہ، انجام، زوال، نتیجہ، حاصل، آخری صورت۔ ③ مدّعا، مقصد۔ ف: ① ختم پر آنا یا ختم کرنا۔ ② تمام کرنا، تباہ کرنا۔ □ **end up** آخر کار (کسی خاص مقام عمل یا حالت کو) پہنچنا۔ **make ends meet** اپنی چادر میں پاؤں پھیلانا، اپنی محدود آمدنی میں گزر کرنا۔ **on end** مسلسل، متواتر۔

**endanger** *v.* خطرے میں ڈالنا۔

**endear** *v.* چاہت دلانا، مرغوب خاطر کرانا۔

**endearment** *n.* ① اظہار انسیت۔ ② پسندیدگی۔

**endeavour** *v. & n.* (*US* **endeavor**) ف: مستعدی سے کوشش کرنا۔ اسم: مخلصانہ کوشش۔

**endemic** *adj.* باقاعدگی سے یا صرف کسی خاص طبقے یا علاقے میں پایا جانے والا۔

**ending** *n.* انجام، خاتمہ خصوصاً کسی کہانی کا۔

**endive** *n.* ① کاسنی کا پودا، سلاد میں مستعمل۔ ② امریکا: chicory۔
**endless** *adj.* ① غیر محدود۔ ② مسلسل، لامتناہی۔ ③ بول چال: لاتعداد۔ ● **endlessly** م ف۔
**endmost** *adj.* سرے پر، حد پر واقع۔
**endnote** *n.* کتاب کا تتمہ، آخر میں درج عبارت۔
**endocrine gland** *adj.* (غدّہ) جو اپنی ریزش براہ راست خون میں شامل کرے۔
**endorse** *v.* ① توثیق، تصدیق کرنا، تائید، منظوری دینا۔ ② چیک کی پشت پر دستخط کرنا۔ ③ (ڈرائیونگ لائسنس پر) کسی جرم کی تفصیل لکھنا۔ ● **endorsement** اسم۔
**endow** *v.* (کسی شخص یا ادارے کو) ہبہ کرنا، بخشنا۔ □ **endowed with** اہلیت یا کمال وغیرہ رکھنے والا۔ ● **endowment** اسم۔
**endurance** *n.* ① قوت برداشت۔ ② دم، طویل دباؤ برداشت کرنے کی سکت۔
**endure** *v.* ① جھیلنا (افتاد، سختی وغیرہ) ② گوارا کرنا، برداشت کرنا۔ ③ باقی رہنا۔ ● **endurable** صف۔
**enema** *n.* حقنہ، پچکاری کے ذریعے پانی، دوا وغیرہ چڑھانا، خصوصاً قبض کشائی کے لیے۔
**enemy** *n.* (*pl.*-**ies**) ① مخالف شخص یا گروہ۔ ② حریف، غنیم، دشمن۔
**energetic** *adj.* ① مستعد، سرگرم۔ ② طاقتور، پُرزور۔ ③ زوردار طور پر عمل پیرا۔ ● **energetically** م ف۔
**energize** *v.* (also **-ise**) ① قوت دینا، زور بھرنا۔ ② کسی عمل یا کل کو چالو کرنے کے لیے توانائی مہیا کرنا۔
**energy** *n.* ① قوت، زور۔ ② دم خم، توانائی۔ ③ مادّے یا شعاع ریزی کی کام پر لگائی جانے والی قوت۔
**enervate** *v. & adj.* زور توڑنا، سلب کرنا، کمزور کرنا۔ ● **enervation** اسم۔
**enfant terrible** *n.* (*pl.* **enfants terribles**) کوئی شخص جو اپنی نادانی کی حرکتوں یا بے مہارپن سے خجالت یا زحمت کا باعث بنے۔
**enfeeble** *v.* کمزور کرنا، مضمحل کرنا، ضعف پیدا کرنا۔ ● **enfeeblement** اسم: اضمحلال۔
**enfold** *v.* ① لپیٹ لینا، لپٹانا۔ ② آغوش میں لینا۔

**enforce** *v.* ① نافذ، عائد کرنا۔ ② مسلّط کرنا۔ ③ اصرار کرنا (مطالبے یا بحث میں) ● **enforceable** صف۔ **enforcement** اسم: نفاذ۔
**enfranchise** *v.* ① رائے دہی کا حق دلانا۔ ② نمائندگی کا حق دینا۔ ● **enfranchisement** اسم۔
**engage** *v.* ① ملازم رکھنا، نوکری دینا۔ ② مشغول، مصروف رکھنا۔ ③ اقرار لینا (خصوصاً شادی کا) منگنی کرنا۔ ④ معاہدے کا پابند کرنا۔ ⑤ (فوج وغیرہ کو) لڑائی میں لانا۔
**engaged** *adj.* ① منسوب، شادی کا وعدہ کیے ہوئے۔ ② مصروف، مشغول، کام وغیرہ میں گھرا ہوا۔ ③ (ٹیلی فون) مصروف، جو استعمال کے لیے خالی نہ ہو۔
**engagement** *n.* ① مصروف کرنے یا ہونے کا عمل یا حالت۔ ② کسی کے ساتھ طے شدہ مصروفیت، ملاقات۔ ③ منگنی۔ ④ متقابل فوجوں کی جھڑپ۔
**engaging** *adj.* پُرکشش، جاذب نظر۔
**engender** *v.* پیدا کرنا، ابھارنا (جذبات وغیرہ)
**engine** *n.* انجن، مشین، بہت سے پرزوں پر مشتمل مشینی نظام خصوصاً زور، حرکت، توانائی کا وسیلہ۔
**engineer** *n. & v.* اسم: ① انجینئر، کوئی شخص جو انجینئری کے کسی شعبے میں مہارت یا سند رکھتا ہو۔ ② ماہر تعمیرات۔ ③ انجنوں کی دیکھ بھال رکھنے والا۔ ف: ① ہنرمندی سے کام لے کر اختراع کرنا، گھڑنا، پلان کرنا۔ ② انجینئر کی حیثیت سے بنانا یا انتظام کرنا۔
**engineering** *n.* انجینئری، مشینوں کی ساخت، تیاری اور استعمال یا تعمیرات میں سائنس کا استعمال یا سائنس کا اطلاق۔
**English** *adj. & n.* صف: انگلستان کا یا انگلستان کے لوگوں یا زبان سے متعلق، انگریزی، انگلستانی۔ اسم: ① انگریزی زبان جو انگلستان کے علاوہ امریکا اور کئی دوسرے ممالک میں رائج ہے۔ ② **(the English)** انگریز قوم۔ ● **Englishman** اسم: انگریز مرد۔ **Englishwoman** اسم: انگریز عورت۔
**engrave** *v.* ① کسی سخت سطح پر نقش کرنا، کندہ کرنا۔ ② آرائشی کندہ کاری کرنا۔ ● **engraver** اسم۔
**engraving** *n.* کندہ کی ہوئی پلیٹ سے چھاپا ہوا

نقش۔

**engross** *v.* پوری توجّہ حاصل کرنا، پوری طرح مشغول رکھنا۔ ● **engrossment** اسم: انہماک، توجّہ۔

**engulf** *v.* ڈبو دینا، غرقاب کر دینا، چھا جانا۔

**enhance** *v.* (خواص، زور، اثر، قدر وغیرہ کو) بڑھانا، تقویت دینا۔ ● **enhancement** اسم: افزائش۔

**enigma** *n.* معمّا، چیستان، حیران کُن شخص یا شے۔ ● **enigmatic** صف۔ **enigmatically** م ف۔

**enjoy** *v.* ① (کسی بات سے) لطف اندوز ہونا۔ ② کسی شے کو کام میں لانا یا اس سے استفادہ کرنا۔ □ **enjoy oneself** مزے کرنا، مگن ہونا۔ ● **enjoyable** صف: پُر لطف، خوشگوار۔ **enjoyment** اسم۔

**enlarge** *v.* ① وسیع ہونا، پھیلانا، تفصیل کے ساتھ پیش کرنا۔ □ **enlarge upon** کھول کر بیان کرنا۔ ● **enlargement** اسم۔ **enlarger** اسم۔

**enlighten** *v.* ① کسی موضوع پر معلومات یا ہدایات دینا۔ ② (کسی موضوع پر) روشنی ڈالنا، وضاحت کرنا۔ ● **enlightenment** اسم: روشن خیالی۔

**enlist** *v.* ① فوج وغیرہ میں نام لکھنا یا لکھانا۔ ② مدد، سہارا حاصل کرنا۔ ● **enlistment** اسم۔

**enliven** *v.* زندگی خوشگوار، روشن بنانا، زندہ دلی، ولولہ پیدا کرنا۔ ● **enlivenment** اسم۔

**en masse** *adv.* سب یکجا، سب ایک ساتھ۔

**enmesh** *v.* جال میں یا جال کی طرح پھانس لینا۔

**enmity** *n.*(*pl.* **-ies**) دشمنی، عداوت، نفرت، بیر۔

**ennoble** *v.* ① نوابی عطا کرنا۔ ② شرف، بڑائی دینا، مرتبہ بلند کرنا۔ ● **ennoblement** اسم: عزّوشرف۔

**ennui** *n.* اکتاہٹ، بیزاری، کوفت۔

**enormity** *n.*(*pl.*-**ies**) ① حد درجے کی شرارت، خباثت، بدی۔ ② عظیم جسامت، بے ہنگم پن۔

**enormous** *adj.* بہت بڑا، عظیم الجثہ، بہت جسیم۔

**enough** *adj., n., adv. & int.* صف: مطلوبہ مقدار میں۔ اسم: مطلوبہ مقدار وغیرہ۔ م ف: حسب خواہش، جتنا چاہیے اتنا موجود۔ فجائیہ: بس، بہت ہوا۔

**enquire** *v.* پوچھنا، معلومات چاہنا، کسی کی بابت استفسار کرنا۔ ● **enquiry** اسم۔

**enrage** *v.* غصّہ دلانا۔

**enrapture** *v.* نہایت مسرور، باغ باغ کرنا۔

**enrich** *v.* ① زیادہ امیر بنانا، مالا مال کرنا۔ ② قسم، خوبی، خصوصیت کے لحاظ سے بہتر بنانا؛ قدر، ذائقے وغیرہ میں بڑھانا۔ ● **enrichment** اسم۔

**enrol** *v.* (*US* **enroll**) (**enrolled, enrolling**) ① نام لکھوانا خصوصاً کسی رکنیت کو قبول کرنے کے لیے۔ ② کسی کا نام فہرست میں لکھنا۔ ● **enrolment** اسم۔

**en route** *adv.* بر سر راہ، راستے میں۔

**ensconce** *v.* اطمینان، آرام، حفاظت کے ساتھ قائم کرنا یا مقیم ہونا۔

**ensemble** *n.* ① کسی شے کا تصوّر متفرق اجزا کے مجموعے کے طور پر۔ ② کپڑوں کا جوڑا۔ ③ اداکاروں کی ٹولی، موسیقاروں کا طائفہ۔

**enshrine** *v.* کسی مقدس جگہ پر یا تقدیس و احترام کے ساتھ رکھنا۔ ● **enshrinement** اسم۔

**ensign** *n.* جھنڈا، پرچم، فوج یا بحریہ کا۔

**enslave** *v.* (کسی کو) غلام بنانا، اسیر کرنا۔ ● **enslavement** اسم: غلامی۔

**ensnare** *v.* جال میں پھنسانا یا دام میں لانا۔

**ensue** *v.* بعد میں واقع ہونا یا نتیجے کے طور پر ظاہر ہونا۔

**en suite** *adv.* ایک ساتھ موجود یا شمار ہونا۔

**ensure** *v.* ① یقینی بنانا۔ ② (کوئی شے کسی کے لیے) محفوظ کر لینا۔ ③ تحفظ دینا۔

**entail** *v.* لازم، شامل، ناگزیر ہونا۔

**entangle** *v.* پھندے میں پھنسانا یا مشکلات میں الجھانا۔ ● **entanglement** اسم: پھندا، الجھاؤ۔

**entente** *n.* (also **entente cordiale**) باہمی موافقت رکھنے والی ریاستیں۔

**enter** *v.* ① اندر جانا یا آنا۔ ② در آنا، گھسنا۔ ③ فہرست، کتاب، رجسٹر وغیرہ میں درج کرنا (نام، تفصیلات وغیرہ) ④ مقابلے میں شرکت کے لیے نام لکھوانا۔

**enteritis** *n.* آنتوں کی سوجن۔

**enterprise** *n.* ① مہم، کارروائی خصوصاً دشوار اور حوصلہ مندانہ۔ ② مہم جوئی۔

**enterprising** *adj.* باصلاحیت، پُر تخیل، سرگرم۔

**entertain** *v.* ①لطف، تفریح مہیا کرنا، دل بہلانا۔② خاطر تواضع کرنا۔③ زیرِ غور لانا (کسی خیال یا تجویز کو) ● **entertainer** اسم۔ **entertainment** اسم۔

**enthral** *v.* (*US* **enthrall**) (**enthralled, enthralling**) ① پرچانا، منہمک، مبہوت رکھنا، لبھانا لبھانا۔② اسیر کر لینا۔ ● **enthralment** اسم۔

**enthrone** *v.* ① تاجپوشی کرنا خصوصاً بطور جشن۔② سرفراز کرنا۔ ● **enthronement** اسم۔

**enthuse** *v.* جوش، ولولہ پیدا کرنا یا ہونا۔

**enthusiasm** *n.* ① گہری دلچسپی یا پسندیدگی، اشتیاق، خواہشمندی۔② مرغوب خاطر شے۔

**enthusiast** *n.* کسی بات کا نہایت مشتاق۔ ● **enthusiastic** صف۔ **enthusiastically** م ف۔

**entice** *v.* پرچانا، لالچ دلانا، ترغیب، تحریص سے کام لینا۔ ● **enticement** اسم: لبھاؤ۔

**entire** *adj.* کُل سب، مکمل، کامل، سالم، کلّی۔ ● **entirely** م ف: کاملاً۔

**entirety** *n.* کامل صورت □ **in its entirety** اپنی کامل صورت میں، مکمل طور پر۔

**entitle** *v.* ① کسی کو اس کا حق دلانا، کسی کے واجبی دعوے کو تسلیم کرنا۔② کتاب کا نام رکھنا، عنوان دینا۔ ● **entitlement** اسم: استحقاق۔

**entity** *n.* (*pl.* **-ies**) ① ہستی، وجود، بالذّات قائم شے۔② کسی شے کی انفرادیت۔

**entomology** *n.* کیڑے مکوڑوں کا مطالعہ۔ ● **entomological** صف۔ **entomologist** اسم۔

**entourage** *n.* کسی اہم شخصیت کے ہمراہی۔

**entr'acte** *n.* ڈرامے کے دو ایکٹوں کا درمیانی وقفہ۔

**entrails** *n.pl.* انتڑیاں۔

**entrance**[1] *n.* ①داخلہ، آمد۔②دروازہ، راہداری وغیرہ جس میں سے گزر کر داخل ہوا جائے۔③ داخل ہونے کا حق۔④ فیس داخلہ۔

**entrance**[2] *v.* محظوظ، مسحور، مبہوت کرنا۔

**entreat** *v.* استدعا، التجا کرنا، منت ساجت کرنا۔ ● **entreaty** اسم: التماس، التجا، استدعا۔

**entrée** *n.* ① مچھلی اور گوشت کے درمیان پیش کی جانے والی ڈش یا طعام۔② داخلے کا حق یا اعزاز۔

**entrench** *v.* (دفاعی مورچے میں یا کسی عہدے وغیرہ پر) قدم اچھی طرح جما لینا۔ ● **entrenchment** اسم: حصار بندی، مورچہ بندی۔

**entrepreneur** *n.* کوئی شخص جو کوئی عملی منصوبہ یا کاروبار اختیار کرے جس میں نقصان کا احتمال موجود ہو، مہم جو۔ ● **entrepreneurial** صف۔

**entropy** *n.* کسی نظام کی تھرمل توانائی کی میکانکی ضروریات کے لیے ناقابل حصول ہونے کی مقدار کو جانچنے کا ایک پیمانہ یا اندازہ۔

**entrust** *v.* ① کسی شخص یا شے کی بابت کسی معتبر شخص کو ذمّہ دار کرنا۔② کسی بات کی ذمہ داری کسی کو سونپنا۔

**entry** *n.* (*pl.* **-ies**) ① آمد۔② آنے کی اور جانے کی آزادی۔③ مدخل، دروازہ، راہداری۔④ فہرست وغیرہ میں اندراج کا عمل۔⑤ کوئی شخص یا شے جو کسی مقابلے میں شریک ہو۔

**entwine** *v.* لپٹنا، باہم بل دینا، لپیٹنا یا بُننا۔

**E-number** *n.* حرف E اور اس کے بعد علامتی عدد، یورپین اکنامک کونسل کی ہدایت کے بموجب خوردنی شے میں ملائے جانے والے اجزا کو ظاہر کرتا ہے۔

**enumerate** *v.* (شقوں یا مندرجات کو) ایک ایک کر کے گنانا۔ ● **enumeration** اسم: گنتی، شمار۔

**enunciate** *v.* (الفاظ کو) وضاحت سے ادا کرنا؛ صفائی سے تلفظ کرنا۔ ● **enunciation** اسم۔

**envelop** *v.* (**enveloped, enveloping**) پوری طرح لپیٹ دینا، ملفوف کرنا، مخفی، مبہم بنانا، چھپا دینا۔ ● **envelopment** اسم: احاطہ۔

**envelope** *n.* لفافہ، خط بند کر کے بھیجنے کے لیے۔

**enviable** *adj.* رشک، حسد پیدا کرنے والا یا قابل رشک (شخص یا شے) ● **enviably** م ف۔

**envious** *adj.* رشک میں مبتلا، حسد کرنے والا۔ ● **enviously** م ف۔

**environment** *n.* ① ماحول، اردگرد کی فضا یا حالات۔② بود و باش، صورت احوال۔③ بیرونی احوال جو نباتات یا حیوانات کی نشوونما کو متاثر کرے۔ ● **environmental** صف: ماحولیاتی۔ **environmentally** م ف۔

**environmentalist** *n.* ماحول کے تحفظ کا خواہاں یا اسکی ترغیب دینے والا۔
**environs** *n.pl.* آس پاس کا علاقہ خصوصاً شہری آبادی کے گرد۔
**envisage** *v.* ① خیال میں لانا، تصوّر کرنا۔ ② سوچنا، خصوصاً ممکن الوقوع یا پسندیدہ سمجھ کر۔
**envoy** *n.* پیغام رساں، نمائندہ، خصوصاً سفارتی مہم پر۔
**envy** *n. & v.* اسم: ① حسد، جلن جو کسی دوسرے کی برتری وغیرہ سے پیدا ہو۔ ② جذبہ حسد کا محرّک یا سبب۔ ف: (-ied، -ies) کسی شخص یا حالات وغیرہ کی طرف سے رشک یا رقابت رکھنا۔
**enzyme** *n.* ایک لحمیہ جو مخصوص حیاتی کیمیائی ردِّعمل میں عمل انگیز کا کام کرتا ہے؛ خامرہ۔
**eon** AEON کا متبادل۔
**epaulette** *n.* کاندھوں پر لگانے کی آرائشی جھالر، پٹیاں، شانہ زیب، خصوصاً فوجی وردی کے ساتھ۔
**ephemera** *n.* ① ایک یا چند دن کی زندگی پانے والا حشرہ، مثلاً مئی مکھی۔ ② عارضی شے۔
**ephemeral** *adj.* عارضی، چندروزہ (خصوصاً حشرہ، پھول وغیرہ) ● **ephemerally** م ف۔
**epic** *n. & adj.* اسم: عموماً تاریخی یا افسانوی کرداروں کے شجاعت بھرے کارناموں پر مبنی طویل نظم، رزمیہ۔ صف: ① رزمیہ، رزمیہ سے متعلق۔ ② عظیم، زبردست، بہادرانہ۔
**epicene** *adj. & n.* کوئی صیغہ جو مؤنث اور مذکر دونوں پر حاوی ہو۔
**epicentre** *n.* (*US* **epicenter**) وہ نقطہ جہاں زلزلے کا جھٹکا زمین کی بالائی سطح تک پہنچتا ہے۔
**epicure** *n.* کھانے پینے کا اچھا ذوق رکھنے والا شوقین مزاج آدمی۔ ● **epicurean** صف و اسم۔ **epicureanism** اسم۔
**epidemic** *n.* ① وبائی مرض کا کسی آبادی میں کسی وقت پھوٹ پڑنا اور بہت سے لوگوں کو لپیٹ میں لے لینا۔ ② وبائی مرض۔ ● **epidemiology** اسم۔
**epidermis** *n.* جلد کی بیرونی تہ۔
**epidural** *n.* صف: محدّر مادّے کو ریڑھ کی ہڈی کی جھلّی کے جوار میں داخل کرنے کا عمل خصوصاً زچگی کے وقت تاکہ کمر کے نچلے حصّے کو سن کیا جاسکے۔
**epiglottis** *n.* زبان کی جڑ پر واقع اُبھار جو نگلتے میں دب کر سانس کی نالی کو ڈھک لیتا ہے۔
**epigram** *n.* پھڑکتی ہوئی بات، چٹکلہ۔
**epilepsy** *n.* مرگی، ایک اعصابی مرض جس میں اکثر غشی کا دورہ پڑتا ہے۔ ● **epileptic** صف و اسم۔
**epilogue** *n.* کسی ادبی کتاب کا تتمہ، خاتمۂ کتاب۔
**episcopal** *adj.* ① اسقف یا اسقفوں سے متعلق۔ ② (کلیسا) جو اسقفوں کے زیرِ انتظام ہو۔
**episcopalian** *adj. & n.* صف: کلیسا پر اسقفوں کی عملداری سے متعلق یا اس کا قائل۔ اسم: اسقفی کلیسا کا رکن۔
**episiotomy** *n.* (*pl.*-**ies**) زچگی میں آسانی کے لیے دہانِ فرج میں دیا جانے والا چیرہ، فرج شگافی۔
**episode** *n.* ① کوئی واقعہ یا سلسلۂ واقعات۔ ② کسی قسط وار کہانی یا نشریے کا ہر حصّہ۔ ● **episodic** صف: واقعاتی، سانحاتی۔ **episodically** م ف۔
**epistle** *n.* خط، مراسلہ۔ ● **epistolary** صف۔
**epitaph** *n.* کسی فوت شدہ آدمی کی یاد میں لکھی جانے والی تحریر، خصوصاً قبر کا کتبہ یا لوح کی عبارت۔
**epithet** *n.* کلمہ صفت جو کسی خصوصیت، خوبی وغیرہ کو ظاہر کرے، خصوصاً نام کے ساتھ لگایا جانے والا لقب۔
**epitome** *n.* ① کوئی شے یا شخص جو کسی خصوصیت، قسم، طبقے، زمرے کا ترجمان یا مجسم نمونہ ہو یا مختصر نقل ہو۔ ② خلاصہ، تلخیص، نچوڑ، اختصار۔
**epitomize** *v.* (also -**ise**) کسی چیز کا مثالی نمونہ ہونا، نظیر بننا۔ ● **epitomization** اسم۔
**epoch** *n.* تاریخ یا کسی فرد کی زندگی کا کوئی خاص دور جو قابلِ ذکر واقعات کی بنا پر نمایاں ہو۔
**eponym** *n.* کوئی شخص جس کے نام سے کوئی دریافت، ایجاد، مقام، ادارہ موسوم ہو یا سمجھا جائے۔ ● **eponymous** صف۔
**equable** *adj.* ① یکساں اور معتدل۔ ② مستقل مزاج متین (شخص) جو آسانی سے برہم یا پریشان نہ ہو۔ ● **equably** م ف۔

**equal** *adj., n. & v.* صف:① مقدار،خوبی، خصوصیت، جسامت، درجے،منصب،سطح کے لحاظ سے برابر،ایک جیسے۔② ہم رتبہ،یکساں حقوق کے حامل۔③ اطلاق یا اثر میں یکساں، بلا تفریق۔ اسم: شخص یا شے جودوسرے کے برابرہوخصوصاً منصب،مرتبے،خصوصیات یاقسم کے لحاظ سے۔ ف:(**equalling،equalled** امریکا: **equaled**) ①تعداد خصوصیت وغیرہ میں برابر، یکساں، ہمسر ہونا۔② کسی کارنامے یا کسی دوسرے کارنامے کی ٹکّر کا کام کرنا۔□ **be equal to** (کسی کام کا)پوری طرح اہل یاباوسیلہ ہونا۔● **equality** اسم: مساوات، برابری۔ **equally** م ف۔

**equalize** *v.*(also **-ise**) ①برابرہونایابرابرکرنا۔ ② کسی کھیل میں مخالف سے پیچھے ہونے کے بعد برابرپہنچ جانا۔● **equalization** اسم۔

**equalizer** *n.* (also **-iser**) کوئی اسکورجیتنے والا پوائنٹ جودونوں فریقوں کوبرابرکردے۔

**equal opportunity** *n.* بلاتفریق یکساں مواقع،جنس اورنسل کی بناپرتفریق کے بغیر۔

**equanimity** *n.* ذہنی توازن،طمانیت،مشکلات میں خاطرجمعی۔

**equate** *v.* ①مساوی یاایک جیساسمجھنا۔②مساوی یا ایک جیساہونا،ربط یانسبت رکھنا،متوافق،متناسب ہونا۔

**equation** *n.* ①مقابلہ،موازنہ کرنے ،ملانے یابرابر کرنے کاعمل۔②ریاضی: مساوی،ہم مقداربتانے کی صورت جونشان(=)سے ظاہرکی جاتی ہے،مساوات۔

**equator** *n.* خط استواجوکرہ زمین کے گردایک خیالی خط ہے۔● **equatorial** صف: استوائی۔

**equerry** *n.* (*pl.* **-ies**) برطانوی شاہی خاندان کی پیشی کاایک افسر،شاہی پیش کار۔

**equestrian** *adj.* ① گھوڑوں اورشہ سواری سے متعلق۔② گھوڑے پرسوار۔

**equidistant** *adj.* مساوی فاصلے پر۔

**equilateral** *adj.* متساوی الاضلاع۔

**equilibrium** *n.*(*pl.* **equilibria**) جسمانی و ذہنی توازن،خاطرجمعی۔

**equine** *adj.* گھوڑے کایاگھوڑے جیسا۔

**equinox** *n.* وہ وقت یاتاریخ جب دن رات برابر طول کے ہوجاتے ہیں۔● **equinoctial** صف۔

**equip** *v.* (**equipped, equipping**) ضروری سازوسامان سے لیس کرنا۔

**equipage** *n.* تاریخ: گھوڑاگاڑی مع ملازمین۔

**equipment** *n.* ① کسی خاص مقصدکے لیے ضروری اشیا، لباس وغیرہ۔②آلات واشیائے ضروری سے لیس ہونے یاکرنے کاعمل۔

**equipoise** *n.* توازن،متوازن ہونے،وزن یا تول میں برابر،ہموارہونے کی حالت۔

**equitable** *adj.* منصفانہ،عدل پرمبنی۔

● **equitably** م ف:عادلانہ۔

---

وضاحت:*equitable* کو*equable* سے خلط ملط نہ کریں۔

---

**equitation** *n.* گھڑسواری،شہسواری کی مہارت۔

**equity** *n.* (*pl.*-**ies**) ① منصفی، انصاف، غیرجانب داری معدلت۔② (**equities**) حصص یا سرمایہ جس پرمقررہ شرح سے منافع نہ ملے۔

**equivalent** *adj. & n.* صف:قدروقیمت، مقداریااہمیت وغیرہ میں یکساں۔اسم: یکساں، مساوی، متبادل شے۔● **equivalence** اسم۔

**equivocal** *adj.* مبہم،غیرواضح۔

● **equivocally** م ف۔

**equivocate** *v.* گول مول،مبہم،غیرواضح،الجھی ہوئی بات کرنا۔● **equivocation** اسم۔

**Er** عنصر erbium اربیم کی علامت۔

**era** *n.* کوئی مخصوص تاریخی دوریاعہد۔

**eradicate** *v.* استیصال،بیخ کنی کرنا، خاتمہ کرنا۔

● **eradicable** صف۔ **eradication** اسم۔

**erase** *v.* ①رگڑکریاکھرچ کرمٹادینا۔② بالکل محوکر دینا۔● **eraser** اسم۔ **erasure** اسم۔

**erbium** *n.* ایک نرم دھاتی عنصر(علامت:Er)

**ere** *prep. & conj.* شاعرانہ: قبل، پہلے۔

**erect** *adj. & v.* صف:①سیدھاکھڑاہوا،عمودی۔ ②(قضیب، بظر یاسرپستان کی بابت) استادہ، تنا ہوا، خصوصاً شہوت کے زیراثر۔ ف: ①اٹھانا، سیدھاکرنا۔

② تعمیر کرنا۔ ③ قائم کرنا۔ ● **erection** اسم۔

**erectile** *adj.* جو قائم، نصب، کھڑا کیا جا سکے یا ہو سکے۔

**erg** *n.* عمل یا قوت کی اکائی۔

**ergo** *adv.* اس لیے، لہٰذا، پس۔

**ergonomics** *n.* انسانوں کی کارکردگی پر ماحول کے اثر انداز ہونے کا مطالعہ۔ ● **ergonomic** صف۔ **ergonomically** م ف۔

**ermine** *n.* قاقم، اس کا سفید سمور۔

**erode** *v.* رِنجھنا، گھِسنا، گلنا، رفتہ رفتہ مٹنا یا گلانا، مٹانا۔ ● **erosion** اسم۔ **erosive** صف۔

**erogenous** *adj.* ① شہوانی تحریک سے متاثر ہونے والا۔ ② شہوت انگیز۔

**erotic** *adj.* جنسی اختلاط سے تعلق رکھنے یا اس پر مائل کرنے والا، شہوت انگیز۔ ● **erotically** م ف۔

**eroticism** *n.* ① جنسی رجحان یا مذاق۔ ② شہوت انگیز تخیلات یا مہیجات میں دلچسپی۔

**err** *v.* (**erred, erring**) ① غلطی، لغزش، بھول چوک کا مرتکب ہونا۔ ② گناہ، غیر اخلاقی حرکت کرنا۔

**errand** *n.* تھوڑی دور کا پھیرا خصوصاً کسی اور کا پیغام لے جانے یا چھوٹا موٹا کام کرنے کے لیے۔

**errant** *adj.* خطا کرنے والا، گمراہ۔

**erratic** *adj.* ① متلوّن مزاج، ڈھلمل یقین۔ ② ڈانوا ڈول۔ ● **erratically** م ف۔

**erratum** *n.*(*pl.* **errata** ) طباعت یا تحریر کی غلطی، ( اغلاط نامہ، جو کسی کتاب میں ضمیمے کے طور پر شامل ہو۔

**erroneous** *adj.* غلط، نادرست، سہو پر مبنی۔ ● **erroneously** م ف: سہواً

**error** *n.* ① غلطی۔ ② گمراہی۔ ③ لغزش، سہو۔

**ersatz** *adj.* بدل، نقل (خصوصاً ناقص)

**erstwhile** *adj.* سابقہ، پچھلا۔

**eructation** *n.* رسمی: ڈکار۔

**erudite** *adj.* عالم، عالمانہ، وسیع مطالعے پر مبنی (تحریر، تصنیف وغیرہ) ● **erudition** اسم۔

**erupt** *v.* ① پھوٹ پڑنا، ابل پڑنا۔ ② (آتش فشاں کا) پھٹ پڑنا، لاوا اُگلنا۔ ● **eruption** اسم۔

**erythrocyte** *n.* خون کا سرخ خلیہ۔

**Es** einsteinium عنصر کی علامت۔

**escalate** *v.* ① بتدریج شدّت پکڑنا یا شدید بنانا۔ ② کسی عمل یا کارروائی کو تیز کرنا۔ ● **escalation** اسم۔

**escalator** *n.* متحرک، رواں زینہ۔

**escalope** *n.* بغیر ہڈی کے گوشت کا پتلا پارچہ خصوصاً بچھڑے کی ران کا۔

**escapade** *n.* بے دھڑک، جرأتمندانہ عمل، شرارت آمیز جرأت۔

**escape** *v. & n.* ف: ① بندش سے فرار کرنا۔ ② (گیس، سیّال وغیرہ کا) برتن وغیرہ میں سے نکل پڑنا، خارج ہونا۔ ③ (خطرے، سزا وغیرہ سے) بچ نکلنا۔ ④ کسی شخص یا گرفت سے پوری طرح آزاد ہو جانا۔ ⑤ حافظے سے نکل جانا، یاد نہ آنا۔ اسم: ① بچاؤ، بچ نکلنے کی صورت۔ ② بچنے کا ذریعہ یا تدبیر۔

**escapee** *n.* فراری، فرار ہونے والا۔

**escapement** *n.* گھڑی یا گھنٹے کا پرزہ، جو متحرک قوت کو قابو میں رکھتا ہے۔

**escapism** *n.* فراریت، حقیقت سے گریز یا نجات پانے کا رجحان۔ ● **escapist** اسم وصف۔

**escapology** *n.* تماشا گری کے طور پر بندھنوں سے چھوٹ کر دکھا دینے کا فن۔ ● **escapologist** اسم۔

**escarpment** *n.* کسی پہاڑی وغیرہ کے پہلو کا سیدھا کٹاؤ یا ڈھلان، کگارا، ڈھال۔

**eschew** *v.* ادبی: احتراز کرنا، بچنا، باز رہنا۔

**escort** *n. & v.* اسم: ① ساتھ چلنے والے لوگ، گاڑیاں، جہاز وغیرہ خصوصاً حفاظت یا شان و شوکت بڑھانے کے لیے۔ ② جنس مخالف کے کسی فرد کے ساتھ چلنے والا محافظ، معاون، ہمدم۔ ف: رفاقت، ہمراہی کرنا۔

**escritoire** *n.* خانہ دار لکھنے کی میز۔

**escudo** *n.* (*pl.*-**os**) پرتگال اور چلی کا سکّہ۔

**escutcheon** *n.* ① نسبی نشان والی سپر یا علامتی نشان۔ ② دروازے کے قفل یا دستے کا ڈھکنا۔

**Eskimo** *n.* (*pl.* same or-**os**) ① اُس قوم کا فرد جو شمالی کینیڈا، الاسکا، گرین لینڈ اور مشرقی سائبیریا میں آباد ہے۔ ② اسکیموز بان۔

---

وضاحت: کینیڈا میں اور دوسرے مقامات پر بھی اب

اسکیمو کے لیے Inuit کا نام رواج پا رہا ہے۔

**esophagus** امریکا: OESOPHAGUS کا متبادل۔

**esoteric** *adj.* صرف خصوصی واقفیت رکھنے والوں کے لیے قابل فہم، باطنی، خفیہ۔

**ESP** تخفیف: extrasensory perception: ماورائے حواس ادراک۔

**esp.** اختصار: especially۔

**espadrille** *n.* ہلکا کرمچ کا جوتا جس کا تلا لیفی (ٹھوس ریشوں سے بنا) پرت دار ہوتا ہے۔

**espalier** *n.* ① ایک ٹھاٹر جس پر جھاڑیوں کو چھایا جاتا ہے۔ ② اس طرح کی جھاڑی جو چھائی جائے۔

**esparto** *n.*(*pl.*-**os**) ایک کھردری موٹی ڈنڈیوں کی گھاس جو کاغذ بنانے کے کام آتی ہے۔

**especial** *adj.* ① نمایاں، برتر، غیر معمولی۔ ② کسی ایک فرد یا شے کی ساتھ مخصوص۔

**especially** *adv.* بطور خاص، خاص کر، خصوصاً، نمایاں طور پر۔

**Esperanto** *n.* ایک مصنوعی بین الاقوامی زبان۔

**espionage** *n.* جاسوسی، مخبری۔

**esplanade** *n.* چہل قدمی یا سیر کے لیے کشادہ لمبا میدان خصوصاً ساحل سمندر پر ساحلی سیرگاہ۔

**espouse** *v.* ① (کسی مقصد، اصول، مسلک وغیرہ کو) اختیار کرنا، اپنانا، قبول کرنا۔ ② قدیم: شادی کرنا (خصوصاً مرد کا) بیاہ کرلانا۔ ● **espousal** اسم: بیاہ یا منگنی۔

**espresso** *n.*(also **expresso**) (*pl.*-**os**) تیز گاڑھی کافی جو بھاپ کے زور سے ابال کر بنائی جائے۔

**esprit de corps** *n.* اپنے گروہ سے دلی لگاؤ، اور اسکی پاسداری۔

**espy** *v.* (-**ies**, -**ied**, -**ing**) ایک نظر دیکھنا، مشاہدہ کرنا؛ تاڑنا، دیکھ پانا۔

**Esq.** اختصار: Esquire۔

**essay** *n.* & *v.* اسم: کوئی مضمون یا مقالہ عموماً مختصر نثری تحریر۔ ف: کوشش کرنا، آزمانا۔

**essence** *n.* ① ست، خلاصہ، جوہر جو اصل کی خصوصیت خاصّہ کا حامل ہو۔ ② نچوڑ، کشیدہ۔ ③ اصل حقیقت، جوہر اصلی۔ □ **of the essence** ناگزیر، لازمی۔

**essential** *adj.* & *n.* صف: ① نہایت ضروری، اشد، لازم، ناگزیر۔ ② بنیادی، اساسی۔ اسم: ① ضروری شے، لازمی عنصر۔ ② (**the essentials**) بنیادی، لازمی عنصر۔ ● **essentially** م ف: لازماً۔

**establish** *v.* ① تشکیل دینا، بنا ڈالنا؛ مستحکم یا مضبوط کرنا، مستقل بنیاد پر قائم کرنا۔ ② ثابت کرنا؛ تصدیق، توثیق کرنا۔ □ **Established Church** کلیسا جسے حکومت کی طرف سے قومی کلیسا تسلیم کیا جائے۔

**establishment** *n.* ① تاسیس، تشکیل، نفاذ کا عمل۔ ② کاروباری یا عوامی ادارہ۔ ③ کسی تنظیم کا عملہ اور سامان، گھربار۔ ④ کسی مقصد کے لیے قائم کوئی مستقل ادارہ۔ ⑤ (**the Establishment**) منتظمہ، انتظامیہ؛ کوئی بااقتدار یا بااثر گروہ یا تنظیم۔

**estate** *n.* ① جائیداد جو بڑے قطعۂ اراضی اور عموماً ایک بڑے مکان پر مشتمل ہو۔ ② مربوط ڈیزائن یا خاص مقصد سے تعمیر کردہ علاقہ۔ ③ کسی وفات یافتہ کا کل ترکہ۔

**estate car** *n.* کار جس میں سامان کے لیے عموماً ایک پچھلا دروازہ بھی ہوتا ہے۔

**esteem** *v.* & *n.* ف: (کسی کے لیے) اخلاص و احترام رکھنا۔ اسم: گرمجوشی، عزت و تکریم، خیال داری۔

**esthete** امریکا: AESTHETE کا متبادل۔

**esthetic** امریکا: AESTHETIC کا متبادل۔

**estimable** *adj.* قابل قدر۔

**estimate** *n.* & *v.* اسم: اندازہ، تخمینہ، خصوصاً خرچ، قدر و قیمت وغیرہ کا۔ ف: ① اندازہ لگانا، قیاس کرنا۔ ② تخمینہ کرنا۔ ● **estimation** اسم۔

**estrange** *v.* کسی فرد یا جماعت کو اپنے سے برگشتہ، منحرف، بے تعلق، خفا کرنا۔ ● **estrangement** اسم۔

**estrogen** امریکا: OESTROGEN کا متبادل۔

**estuary** *n.* (*pl.*-**ies**) دریا کا چوڑا دہانہ جہاں سمندر کی موجیں پہنچتی ہوں۔ ● **estuarine** صف۔

**et al.** اختصار: وغیرہ، اور دوسرے۔

**etc.** اختصار: ET CETERA اور دیگر، وغیرہ، وغیرہم، مماثل اشیاء یا اشخاص۔

**etch** *v.* & *n.* ① دھات کی تھالی پر تیزاب سے (تصویر وغیرہ) کندہ کرنا۔ ② گہرا نقش ڈالنا (خصوصاً ذہن پر) ●

etcher اسم: کندہ کار۔ etching اسم۔

**eternal** *adj.* ①دائم وقائم؛ ہمیشہ رہنے والا۔ ②نہ بدلنے والا۔ ● **eternally** م ف۔

**eternity** *n.*(*pl.*-**ies**) ①نہ ختم ہونے والا (آئندہ) وقت۔ ②آخرت کی حیاتِ جاودانی۔ ③بقائے دوام۔ ④بول چال: طویل عرصہ۔

**ethanol** *n.* الکحل۔

**ether** *n.* ① ایتھر، ایک سیّال جو بے ہوشی یا بے حسی پیدا کرنے یا محلّل کے طور پر استعمال ہوتا ہے۔ ②فضائے آسمانی۔

**ethereal** *adj.* ①ہلکا، لطیف، غیر مرئی۔ ② آسمانی، ماورائی۔ ● **ethereally** م ف۔

**ethic** *n.* ①اخلاقی ضابطہ۔ ②(**ethics**) انسانی زندگی میں اصول، معیار اخلاق سے تعلق رکھنے والا علم، اخلاقیات۔ ③اخلاقی اصول، ضابطۂ عمل۔

**ethical** *adj.* ①اخلاقیات سے متعلق۔ ②اخلاقی طور پر درست، پسندیدہ، اعلیٰ۔ ● **ethically** م ف۔

**ethnic** *adj.* مشترک قومیت یا ثقافتی روایات رکھنے والا گروہ۔ ● **ethnically** م ف۔ **ethnicity** اسم۔

**ethnic cleansing** *n.* بڑے پیمانے پر کسی نسلی اقلیت کو علاقے سے نکالنے مارنے، ختم کرنے کی پالسی۔

**ethnology** *n.* اقوام عالم کا تقابلی مطالعہ، نسلیات۔ ● **ethnological** صف۔ **ethnologist** اسم۔

**ethos** *n.* کسی قوم یا معاشرتی نظام کے مخصوص جذباتی رویّوں، طرزِ عمل کا مطالعہ، سماجی اخلاقیات۔

**ethylene** *n.* ایک گیسی ہائڈرو کاربن جو قدرتی گیس میں موجود ہوتا ہے اور پولی تھین بنانے میں کام آتا ہے۔

**etiolate** *v.* ① (پودے) کو روشنی سے محروم کر کے زرد یا بے رنگ بنانا۔ ② کسی انسان کی رنگت کو پیلا کرنا، مردنی چھانا۔ ● **etiolated** صف۔

**etiology** امریکا: AETIOLOGY کا متبادل۔

**etiquette** *n.* سماجی آداب و اخلاق۔

**étude** *n.* موسیقی کی مشق کے لیے مختصر دُھن۔

**etymologize** *v.*(also -**ise**) ①(کسی لفظ کا) اشتقاق بنانا یا تلاش کرنا۔ ② اشتقاقیات کا مطالعہ کرنا۔

**etymology** *n.*(*pl.* -**ies**) الفاظ کی اصل، اشتقاق، نیز معنوی تبدیلیوں کا کھوج جو لفظ میں واقع ہوئی ہوں۔ ● **etymological** صف۔ **etymologically** م ف۔ **etymologist** اسم۔

**EU** تخفیف: European Union۔

**Eu** عنصر europium کی علامت۔

**eucalyptus** *n.* (also **eucalypt**) طویل قامت سدا بہار درخت جو عمارتی لکڑی اور مخصوص تیل حاصل کرنے کے لیے کاشت کیا جاتا ہے۔

**Eucharist** *n.* ①عشائے ربّانی، روٹی اور شراب کے ساتھ حضرت عیسیٰؑ کے آخری طعام کی یاد منانے کی تقریب۔ ②اس تقریب پر نیاز کی اشیا خصوصاً روٹی۔ ● **Eucharistic** صف۔

**eugenics** *n.pl.* نسل بہتر کرنے سے متعلق علم (خصوصاً نسل انسانی میں) مطلوبہ خصوصیات پیدا کرنے سے تعلق رکھنے والا علم۔

**eulogy** *n.*(*pl.*-**ies**) کسی کی تعریف، توصیف تحریری یا زبانی۔ ● **eulogistic** صف۔ **eulogize** ف۔

**eunuch** *n.* آختہ کیا ہوا مرد، مخنث۔

**euphemism** *n.* ملائم پیرایے میں کی جانے والی ناخوشگوار بات، حسن تعبیر، شکرریزی۔ ● **euphemistic** صف۔ **euphemistically** م ف۔

**euphony** *n.* خوش آہنگی، خوشگوار لفظ، جملہ یا سُر۔

**euphoria** *n.* خوشی کی لہر خصوصاً جو خام خیالی پر مبنی ہو۔ ● **euphoric** صف۔ **euphorically** م ف۔

**Eurasian** *adj.* & *n.* صف: ①یوریشیائی، مخلوط یورپی وایشیائی والدین کی اولاد۔ ②یورپ و ایشیا سے تعلق رکھنے والا۔ اسم: یوریشیائی نژاد آدمی۔

**eureka** *int.* لفظاً: میں نے پالیا (کسی نئی دریافت وغیرہ کا اعلان) ''یوریکا'' کا نعرہ۔

**eurhythmics** *n. pl.* (*US* **eurythmics**) جسمانی ورزش موسیقی اور رقص کی آمیزش کے ساتھ۔

**Euro-** *comb.form* =European۔

**Euro** *n.* یورپی کرنسی کا یونٹ۔

**European** *adj.* & *n.* صف: ①یورپ کا یا یورپ میں واقع۔ ②یورپی نژاد، یورپی اصل کا یا یورپی خصوصیات کا حامل۔ اسم: یورپ کا اصل باشندہ یا رہنے والا۔

**europium** *n.* (Eu:علامت) ایک نرم دھاتی مادّہ
**eurythmics** امریکا:EURHYTHMICS کا متبادل۔
**Eustachian tube** *n.* ایک نلکی جو حلق سے کان کے وسطی جوف تک جاتی ہے۔
**euthanasia** *n.* نا قابل علاج، اذیت ناک امراض کی صورت میں مریض کو دانستہ آسانی سے مرنے دینا۔
**evacuate** *v.* ① خطرے میں گھرے ہوئے لوگوں کو محفوظ جگہ پہنچانا۔② خالی کرنا۔● **evacuation** اسم۔
**evacuee** *n.* خطرے سے نکال کرلایا ہوا شخص۔
**evade** *v.* بچ نکلنا، گریز کرنا خصوصاً چالاکی سے۔
**evaluate** *v.* ① جانچنا، آنکنا، قدر و قیمت متعیّن کرنا۔ ② تعداد یا مقدار معلوم کرنا یا بتانا۔● **evaluation** اسم۔
**evanesce** *v.* ① نظر سے اوجھل ہونا، گم، غائب ہو جانا۔ ② مٹ جانا، محو ہونا۔ ● **evanescence** اسم۔ **evanescent** صف: جلد زائل، نابود ہو جانے والا۔
**evangelical** *adj.* ① انجیل یا عیسائی عقائد کے مطابق یا اس سے متعلق۔② اس فرقے سے متعلق جو نجات کے عقیدے کو انجیل کا خلاصہ یا روح مانتا ہے۔● **evangelicalism** اسم۔
**evangelist** *n.* ① چار انجیلوں (متی، مرقس، لوقا اور یوحنا) کے کاتبین میں سے کوئی۔② انجیل کا مبلّغ۔ ③ عام آدمی جو عیسائی تبلیغ کا کام کرے۔● **evangelism** اسم۔ **evangelistic** صف۔
**evaporate** *v.* ① مائع یا ٹھوس سے بخارات میں تبدیل یا تحلیل ہونا۔② بھاپ بن کر اُڑنا یا بنا کر اڑانا۔③ غائب، مفقود ہو جانا یا کرنا۔● **evaporation** اسم۔
**evasion** *n.* ① احتراز، پہلوتہی، گریز کا ذریعہ۔② بچنے، گریز کرنے کا حیلہ بہانہ، گول مول جواب۔
**evasive** *adj.* ① گریزاں، کسی بات سے بچنے یا پہلوتہی کرنے والا۔② صاف صاف جواب نہ دینے والا۔● **evasively** م ف۔ **evasiveness** اسم۔
**eve** *n.* ① کسی کلیسائی تہوار یا اہم تقریب سے پچھلا دن یا رات۔② کسی واقعے سے ذرا قبل کا زمانہ۔
**even** *adj., adv. & v.* صف: ① ہموار، صاف۔ ② قدر یا خوبی و خصوصیت میں غیر متغیر، یکساں؛ تعداد، مقدار وغیرہ میں ایک۔ ③ ایک سیدھ میں یا ایک سطح پر۔ ④ سنجیدہ، متحمل۔ م ف: اقرار یا انکار پر زور دینے اور کسی ایک بات کے مقابلے میں دوسری کو جتانے کے لیے مستعمل؛ نہ صرف یہ کہ، بلکہ۔ ف: برابر، مساوی کرنا یا ہونا۔ ● **evenly** م ف۔ **evenness** اسم۔
**evening** *n.* دن کا آخری حصّہ، شام۔
**evensong** *n.* چرچ میں شام کی عبادت۔
**event** *n.* ① واقعہ، خصوصاً اہم۔② وقوع، نتیجہ، انجام، خلاصہ۔③ کھیلوں وغیرہ کے پروگرام کی کوئی شق۔
**eventful** *adj.* اہم واقعات سے پُر۔
**eventual** *adj.* جو نتیجے میں واقع ہو، بالآخر ہونے والا۔
**eventually** *adv.* انجام کار، آخرکار، بالآخر۔
**eventuality** *n.* (*pl.* **-ies**) امکان، احتمال، نتیجہ۔
**ever** *adv.* ① سدا، ہمیشہ، ہر صورت میں۔② کسی بھی وقت، کبھی۔③ کسی طرح، کسی صورت سے۔
**evergreen** *adj. & n.* صف: (پودا) جو اپنی پتیاں سال بھر ہری رکھے۔ اسم: سدا بہار پودا۔
**everlasting** *adj. & n.* صف: دائمی، لازوال۔ اسم: ابدیت، دوام، ہمیشگی۔
**evermore** *adv.* ہمیشہ ہمیشہ، سدا کے لیے۔
**every** *adj.* ① ہر ایک، ہر کوئی۔② مرحلہ وار، کسی سلسلے میں معیّنہ وقفوں کے بعد۔③ جملہ تمام کے تمام۔ □ **every other** ہر دوسرا۔
**everybody** *pron.* ہر کوئی، ہر فرد۔
**everyday** *adj.* ① روزانہ کا، روز روز کا۔② عام دنوں کے لیے موزوں۔③ معمولی، معمول کا۔
**everyone** *pron.* ہر شخص، ہر فرد۔
**everything** *pron.* ① سب کچھ، کسی زمرے کی ایک ایک شے۔② بہت کچھ، گویا سبھی کچھ۔
**everywhere** *adv.* ① ہر کہیں، سب جگہ۔② بہت جگہ، اکثر مقامات پر۔
**evict** *v.* بے دخل کرنا (کسی کرایہ دار کو قانونی طور پر) **eviction** اسم: بے دخلی۔● **evictor** اسم۔
**evidence** *n. & v.* اسم: ① معلوم واقعات وغیرہ جو کسی گمان، دعوے وغیرہ کی تصدیق یا تردید کریں۔

②شہادت، گواہی بیانات یا ثبوت جو عدالت میں قابلِ قبول ہوں۔③واضح صورت، ظاہر حقیقت۔ف: ثابت کرنا، گواہی دینا۔□ **be in evidence** ظاہر، نمایاں ہونا۔● **evidential** صف: شہادتی۔

**evident** *adj.* ①ظاہر و باہر، واضح، عینی مشاہدے یا ذہنی چھان بین سے عیاں۔ ②مبیّنہ، ظاہری، بظاہر۔● **evidently** م ف۔

**evil** *adj. & n.* صف: ① اخلاقاً مذموم، بد۔② ضرر رساں، باعثِ نقصان۔ ③ ناپسندیدہ، ناخوشگوار۔ اسم: ① بدی، برائی۔ ② ضرر۔● **evilly** م ف۔

**evince** *v.* ①عیاں، نمایاں کرنا، پتہ دینا۔②دکھانا، ظاہر، ثابت کرنا، اپنی خاصیت جتانا۔

**eviscerate** *v.* ①پیٹ چاک کرکے آنتیں نکالنا۔② خالی، محروم کردینا۔● **evisceration** اسم: انخلا۔

**evoke** *v.* ①ابھارنا، اُکسانا، تازہ کرنا (یادوں، تأثرات، جذبات وغیرہ کو)②طلب کرنا، بلانا۔● **evocation** اسم: طلبی، پکار۔ **evocative** صف۔

**evolution** *n.* ①تدریجی ترقی خصوصاً کسی سادہ شکل سے زیادہ پیچیدہ یا پختہ تر شکل کی طرف، عمل ارتقا۔② انواعِ حیات کے ابتدائی شکلوں سے ترقی کرنے کا عمل بطورِ نظریۂ ارتقا۔● **evolutionary** صف۔

**evolve** *v.* ①قدرتی عمل سے تدریجاً بڑھنا، ترقی کرنا۔ ② منظّم طریقے سے معلوم یا مرتب کرنا (کوئی نظریہ وغیرہ)● **evolvement** اسم: نشوونما، نمو۔

**ewe** *n.* بھیڑ۔

**ewer** *n.* چوڑے منہ کا مٹکا یا پانی کا جگ۔

**ex** *prep. & n.* ①(مال) جہاں سے نکال کر بیچا گیا۔ ②بلا، بغیر۔اسم: بول چال: سابق شوہر، بیوی یا ساتھی۔

**ex-** *pref.* ① باہر، سامنے۔② تمامتر، پوری طرح۔ ③ سابق۔

**exacerbate** *v.* (درد، غصّے وغیرہ کو) بھڑکانا، شدید تر کرنا۔● **exacerbation** اسم: اشتعال انگیزی۔

---

وضاحت: *exacerbate* کو کبھی کبھی *exasperate* سے خلط ملط کردیا جاتا ہے۔

---

**exact** *adj. & v.* صف: ①سب طرح درست، صحیح۔ ② ٹھیک ٹھیک۔ ف: ① مطالبہ کرنا یا جبراً وصول کرنا۔② اصرار کرنا کسی امر پر۔● **exactness** اسم۔

**exactitude** *n.* کامل مطابقت، قطعی صحت۔

**exacting** *adj.* ①بہت زیادہ یا سخت مطالبہ کرنے والا۔②وقت طلب، سخت کوشش کا متقاضی۔

**exactly** *adv.* ①درستی کے ساتھ۔②صاف، سیدھے لفظوں میں۔③ (جواباً بطور اقرار) بالکل ٹھیک، مجھے اتفاق ہے۔

**exaggerate** *v.* مبالغہ کرنا، کھینچ تان کرنا، معمول سے بڑا کرکے بتانا۔● **exaggeration** اسم: مبالغہ آرائی۔ **exaggerator** اسم: بڑھانے چڑھانے والا۔

**exalt** *v.* ① مرتبے یا اقتدار میں بڑھانا، بلند کرنا۔② بہت زیادہ تعریف و توصیف کرنا۔

---

وضاحت: *exalt* کو *exult* سے خلط ملط نہ کریں۔

---

**exaltation** *n.* ①اونچا مقام، اعلیٰ حیثیت یا مرتبہ۔ ②فرحت، بہجت، ترنگ۔

**exam** *n.* بول چال: =EXAMINATION۔

**examination** *n.* ① جانچ، امتحان، آزمائش۔ ② تفصیلی معائنہ۔ ③ طلبہ یا دوسرے امیدواروں کی قابلیت کا زبانی یا تحریری سوالات کے ذریعے اندازہ۔

**examine** *v.* ① اہمیت یا کیفیت معلوم کرنا۔② گہری نظر سے دیکھنا، جانچنا۔③ امتحان کے ذریعے لیاقت کا اندازہ کرنا۔● **examiner** اسم: ممتحن۔

**example** *n.* ① کسی شے کا مثالی نمونہ یا کسی عمومی اصول کی مثال، نظیر۔② قابلِ تقلید، مثالی شے یا عمل، رویّہ یا کردار۔□ **make an example of** ایسی سزا دینا جو دوسروں کے لیے لائقِ عبرت ہو۔

**exasperate** *v.* سخت برہم ہونا، غصّہ دلانا۔● **exasperation** اسم: غصّہ، اشتعال۔

**excavate** *v.* ① کھود کر خندق، گڑھا وغیرہ بنانا، (زمین میں سے) اشیا کھود کر نکالنا۔② کھدائی سے برآمد کرنا۔③ آثار کی تلاش کے لیے باقاعدہ کھدائی کرنا۔● **excavation** اسم: کھدائی۔ **excavator** اسم۔

**exceed** *v.* ①بڑھ جانا، نکلتا ہوا ہونا۔② (کسی مقررہ حد یا اختیار سے) بڑھ جانا، زیادتی کا مرتکب ہونا۔③ پیچھے چھوڑ جانا، سبقت لے جانا۔

**exceedingly** *adv.* نہایت، از حد، بہت زیادہ۔

**excel** *v.*(**excelled, excelling**) ① بہتر، بڑھ کر ہونا۔② نمایاں، ممتاز، فائق ہونا۔□ **excel oneself** اپنے سابقہ کارنامے سے بڑھ کر کام کرنا۔
**Excellency** سفیر، گورنر وغیرہ سے خطاب کا کلمہ۔
**excellent** *adj.* نہایت عمدہ، بہت ہی خوب۔
● **excellence** اسم۔ **excellently** م ف۔
**except** *v. & prep.* ف: مستثنٰی کرنا، الگ یا علاحدہ رکھنا۔ حرف جار: کے علاوہ، سوا، بہ استثنا۔
**excepting** *prep.* =EXCEPT۔
**exception** *n.* ① استثنا، مستثنٰی ہونے کی صورت۔ ② وہ چیز جو مستثنٰی کی گئی ہے یا کی جائے گی۔□ **take exception to** برا ماننا، اعتراض کرنا۔
**exceptionable** *adj.* بول چال: قابل اعتراض۔
**exceptional** *adj.* ① غیر معمولی نہ کہ عام۔② معمول سے بہتر، نمایاں۔● **exceptionally** م ف۔
**excerpt** *n. & v.* اسم: کسی کتاب، فلم کا اقتباس، موسیقی وغیرہ کا ٹکڑا۔ ف: اقتباس کرنا، کوئی جز اخذ کرنا نقل کرنا۔
**excess** *n. & adj.* اسم: ① زیادتی، تجاوز۔② کسی شے کے کسی دوسری شے سے بڑھ کر ہونے کی مقدار۔③ کسی مقررہ یا مناسب حد سے آگے بڑھنے کا عمل۔ ④ اعتدال سے تجاوز۔ صف: معیّنہ حد پر اضافہ۔
**excessive** *adj.* ① بہت زیادہ یا بہت بڑا۔② ضرورت یا معمول سے زائد۔● **excessively** م ف: بافراط۔
**exchange** *n. & v.* اسم: ① ایک شے کے بدلے دوسری شے لینے کا عمل، ادلا بدلی۔② کسی ایک ملک کے سکّے کی رقم کے بدلے دوسرے سکّے کی مساوی رقم کی تبدیلی، مبادلۂ زر۔③ کسی علاقے کے ٹیلیفون کا مرکزی دفتر جہاں سے سلسلے ملائے جاتے ہوں۔④ دارالمبادلہ، جہاں کاروباری لوگ، صراف، بینکار وغیرہ کاروبار کرتے ہیں۔ ف: ① کسی چیز کے بدلے میں کوئی چیز لینا یا دینا۔ ② باہمی تبادلہ کرنا۔● **exchangeable** صف۔
**exchequer** *n.* شاہی یا قومی خزانہ۔
**excise** *n. & v.* اسم: مختلف اشیا یا لائسنسوں وغیرہ پر لگنے والی فیس یا محصول۔ ف: حذف کرنا، نکال دینا، قطع کرنا۔● **excision** اسم: انقطاع، حذف۔
**excitable** *adj.* جلد مشتعل، برانگیختہ ہوجانے والا۔

● **excitability** اسم۔ **excitably** م ف: زودحسی۔
**excitation** *n.* بھڑکانے، اکسانے، غصّہ دلانے کا فعل، اشتعال، جوش میں ہونے کی حالت، ہیجان۔
**excite** *v.* ① کسی کو اُکسانا، بھڑکانا، اشتعال دلانا۔② ترغیب، شہ دینا، شہوت انگیزی کرنا۔③ چھیڑنا، حرکت میں لانا۔● **excitement** اسم: جوش، اشتعال۔
**exclaim** *v.* پکار اٹھنا، چیخنا (غصّے، حیرت، درد وغیرہ سے)۔
**exclamation** *n.* ① پکارنے، زور سے کہنے کا عمل، پکار، صدا۔② پکار کر لیے جانے والے الفاظ، نعرہ، للکار۔● **exclamatory** صف: استعجابی، فجائی۔
**exclamation mark** *n.* علامت فجائیہ (!)
**exclude** *v.* ① (کسی شخص یا شے کو) کسی جگہ، حلقے، گروہ سے خارج یا مفاد سے محروم رکھنا۔② نکال باہر کرنا۔ ③ خارج از غور رکھنا۔● **exclusion** اسم: اخراج۔
**exclusive** *adj. & n.* صف: ① بلا شرکت غیرے، مخصوص۔② امتیازی، دوسروں کو چھوڑ کر۔③ چند ممتاز لوگوں سے سروکار رکھنے والا۔④ کے علاوہ، کے بغیر، کو چھوڑ کر۔ اسم: مضمون یا خبر جو صرف ایک ہی اخبار یا رسالے میں شائع ہوئی ہو۔□ **exclusive of** کے علاوہ، کے بغیر، کو چھوڑ کر۔ **exclusive to** محدود، مخصوص؛ صرف خاص جگہ سے دستیاب۔● **exclusively** م ف۔ **exclusiveness** اسم۔
**excommunicate** *v.* باضابطہ طور پر (کسی کو) کلیسائی عبادات یا تقریبات میں شرکت سے محروم کرنا۔ ● **excommunication** اسم: کلیسا سے اخراج۔
**excoriate** *v.* ① کھال ادھیڑنا، چمڑی کھینچنا۔② سخت تنقید کا نشانہ بنانا۔● **excoriation** اسم۔
**excrement** *n.* فضلہ، گو، براز۔
**excrescence** *n.* ① جسم یا پودے پر غیر طبعی ابھار، گومڑا، پھنسی وغیرہ۔② بدنما، بدزیب اضافہ۔
**excreta** *n.pl.* جسم سے خارج ہونے والا غلیظ مادّہ (خصوصاً فضلہ، بول، براز)
**excrete** *v.* جانور یا پودے کا فاضل مادّہ خارج کرنا۔ ● **excretion** اسم۔ **excretory** صف۔
**excruciating** *adj.* انتہائی تکلیف دہ یا شدید ذہنی اذیت کا باعث۔

**excursion** *n.* مختصر تفریحی دورہ، سیر سپاٹا۔

**excuse** *v. & n.* ف: ①درگزر کرنا، معافی دینا۔ ② کسی شخص یا عمل کے حق میں رعایت کا متقاضی ہونا۔ ③ کسی کو کسی فرض وغیرہ سے سبکدوش کرنا۔ اسم: ① معذرت، عذرخواہی، کسی غلطی یا جرم کی معافی یا رعایت کے لیے دلیل۔ ②طلب معافی، اظہار معذرت۔● **excusable** صف: قابل معافی۔ **excusably** م ف۔

**ex-directory** *adj.* خاص فرمائش پر ٹیلیفون ڈائریکٹری سے خارج (نام)

**execrable** *adj.* قابل نفرت، گھناؤنا، کریہہ۔ ● **execrably** م ف۔

**execrate** *v.* ① سخت نفرت محسوس کرنا یا تنفر کا اظہار کرنا۔ ②لعنت بھیجنا۔ ● **execration** اسم۔

**execute** *v.* ① سزائے موت پر عملدرآمد کرنا۔ ②انجام دینا، سرانجام کرنا۔ ③(منصوبے، فرض، حکم، کارروائی کا) عملی جامہ پہنانا۔ ● **execution** اسم۔

**executioner** *n.* سزائے موت پر عملدرآمد کرنے والا، جلاّد۔

**executive** *n. & adj.* اسم: ① کاروباری ادارے میں انتظامی اختیار رکھنے والا فرد یا افراد کی جماعت۔ ② حکومت یا کسی ادارے کی وہ شاخ یا صیغہ جو قوانین پر عمل درآمد کرانے، معاہدات کی تکمیل وغیرہ یا دوسرے انتظامی امور سے تعلق رکھتا ہو۔ صف: انتظام وانصرام اور قواعد کے نفاذ سے متعلق۔

**executor** *n.* وصیت کرنے والے کا نامزد کردہ شخص جس کے سپرد وصیت کی تعمیل کی گئی ہو۔

**exemplar** *n.* نمونہ، مثالی شکل یا وضع۔

**exemplary** *adj.* ① قابل تقلید، مثالی۔ ② برائے عبرت، برائے تنبیہہ۔

**exemplify** *v.(-ies,-ied)* ①مثال پیش کرنا۔ ② نمونہ بن کر دکھانا۔ ● **exemplification** اسم۔

**exempt** *adj. & v.* صف: کسی ذمہ داری، فرض کی ادائیگی وغیرہ سے مستثنیٰ جو اوروں پر عائد ہو۔ ف: کسی عام ذمہ داری سے مبرّا ہونا۔ ● **exemption** اسم: استثنا۔

**exercise** *n. & v.* اسم: ① جسمانی محنت برائے تربیت یا ورزش۔ ② ذہنی یا جسمانی مشق۔ ③ کسی خاص فن وغیرہ کی مشق کے لیے تیار کردہ ضابطہ۔ ④ کسی ذہنی قابلیت یا اپنے حق کا استعمال، کسی صلاحیت، قابلیت وغیرہ کی مشق۔ ف: ① بروئے کار لانا، اطلاق کرنا، برتنا۔ ② انجام دینا، بجالانا۔ ③ورزش کرنا۔

**exercise book** *n.* مشق کی کاپی۔

**exert** *v.* روبہ عمل لانا (کسی خصوصیت، زور، اثر وغیرہ کو) □ **exert oneself** کوشش، جدوجہد کرنا۔

**exertion** *n.* سعی، جہد، محنت، مشقت، زور۔

**exeunt** *v.* (ڈرامے میں اسٹیج کی ہدایت) اداکار رخصت ہوتے ہیں۔

**exfoliate** *v.* ①(ہڈی، کھال، دھات وغیرہ) کا پرت یا کھپرے کی صورت میں الگ ہونا، اُترنا۔ ②درخت کا چھال اُتارنا۔ ● **exfoliation** اسم: برگ ریزی۔

**exgratia** *adv. & adj.* م ف: بطور انعام یا رعایۃً، نہ کہ کسی (قانونی) تقاضے کے تحت۔ صف: مہربانی سے عطا کیا ہوا؛ رعایتی۔

**exhale** *v.* ① پھیپھڑوں سے باہر نکالنا (سانس یا دھواں) ②ابخرے چھوڑنا یا بخارات کی صورت میں نکلنا۔ ● **exhalation** اسم۔

**exhaust** *v. & n.* ف: ①صرف کرڈالنا، اٹھاڈالنا، تمام کردینا۔ ② تھکانا، تھکا ڈالنا۔ اسم: انجن میں سے نکلنے والی فاضل گیس وغیرہ، ان کی نکاسی کا ذریعہ، چمنی، نلکی وغیرہ۔ ● **exhaustible** صف۔

**exhaustion** *n.* ① ختم ہوچکنے کی حالت؛ ناتوانائی، خستگی۔ ② تھکن، تکان، تھکاہارا ہونے کی کیفیت۔

**exhaustive** *adj.* مکمل، کسی موضوع کا ہر پہلو سے احاطہ کرنے والا۔ ● **exhaustively** م ف۔

**exhibit** *v. & n.* ف: ①مظاہرہ کرنا، منظر عام پر لانا۔ ② دکھانا، نمائش کرنا، ظاہر، نمایاں کرنا۔ اسم: نمائش میں رکھی ہوئی شے یا جملہ اشیا۔ ● **exhibitor** اسم۔

**exhibition** *n.* ① فن پاروں یا مصنوعات وغیرہ کی (عام) نمائش۔ ②نمائش کا انعقاد۔ ③ وظیفہ، خصوصاً کسی اسکول کالج وغیرہ کے فنڈ سے دیا جانے والا۔

**exhibitionism** *n.* خودنمائی، خود کو اپنی حرکات سے نمایاں کرنا۔ ● **exhibitionist** اسم: خودنما۔

**exhilarate** *v.* فرحت بخشنا، ترنگ میں لانا۔

● **exhilaration** اسم: خرمی، شادمانی۔

**exhort** *v.* تنبیہہ، نصیحت، فہمائش کرنا۔ ● **exhortation** اسم۔ **exhortative** صف۔

**exhume** *v.* زمین کھود کر نکالنا (خصوصاً دفن کی ہوئی لاش) ● **exhumation** اسم۔

**exigency** *n.*(*pl.*-**ies**) (also **exigence**) ① فوری تقاضا یا ضرورت۔ ② ہنگامی صورت حال۔

**exigent** *adj.* ① وقت طلب۔ ② فوری، اشد ضروری۔

**exiguous** *adj.* قلیل، عسیر، حقیر، تھوڑا، چھوٹا، کوتاہ۔

**exile** *n. & v.* اسم: ① جلاوطنی، دیس نکالا، ملک بدری۔ ② طویل عرصے تک وطن سے دوری، خصوصاً جبری طور پر۔ ③ جلاوطن یا عرصے تک وطن سے دور (شخص)۔ ف: دیس نکالا دینا، ملک بدر کرنا۔

**exist** *v.* ① کسی جگہ پر ہونا۔ ② وجود رکھنا، کسی شکل میں موجود ہونا۔ ③ واقع ہونا، پایا جانا۔ ④ ذی حیات ہونا، زندہ رہنا۔ ● **existence** اسم۔ **existent** صف۔

**existentialism** *n.* فلسفہ وجودیت، ایک فکری نظریہ جو انسانی فرد کے وجود پر زور دیتا ہے جو ایک آزاد فرد کی حیثیت سے جینے کا حق رکھتا ہے اور اپنی شخصیت کی آزادانہ تعمیر کا اہل اور مستحق ہے۔ ● **existentialist** اسم وصف: نظریۂ وجودیت کا حامل۔

**exit** *n. & v.* اسم: ① باہر نکلنے، اخراج، نکاس کا راستہ۔ ② باہر نکلنے کا عمل، باہر جانے کا حق، کسی اداکار کا اسٹیج سے رخصت ہونے کا عمل۔ ف: (**exiting**، **exited**) ① کمرے یا عمارت سے باہر نکلنا۔ ② (اسٹیج کی ہدایت کے طور پر) اداکار اسٹیج سے جاتا ہے۔

**exodus** *n.* وسیع پیمانے پر گروہی ہجرت۔

**ex officio** *adv. & adj.* ازروئے عہدہ۔

**exonerate** *v.* الزام وغیرہ سے بری قرار دینا۔ ● **exoneration** اسم۔

**exorbitant** *adj.* گراں، مہنگا، تیز، بہت زیادہ (قیمت) ● **exorbitance** اسم۔ **exorbitantly** م ف۔

**exorcize** *v.* (also **-ise**) ① رد بلا کرنا، بھوت اتارنا وظیفے یا جھاڑ پھونک وغیرہ کے ذریعے۔ ② کسی شخص یا کسی اثر زدہ مکان کو بھوت پریت سے نجات دلانا۔ ● **exorcism** اسم۔ **exorcist** اسم۔

**exotic** *adj. & n.* ① بیرون ملک سے آیا ہوا۔ ② انوکھا، نرالا، عجیب وغریب۔ ● **exotically** م ف۔

**exotica** *n.pl.* نرالی، عجائب اشیا، نوادر۔

**expand** *v.* ① جسامت، پیمائش یا اہمیت میں بڑھنا، بڑا ہونا۔ ② وضاحت و تفصیل کے ساتھ کسی موضوع پر بولنا۔ ③ بے تکلف ہونا، بلا جھجک، کھل کر بولنا۔ ● **expandable** صف: قابل توسیع۔ **expander** اسم۔

**expanse** *n.* زمین، فضا وغیرہ کا وسیع قطعہ، وسعت، پھیلاؤ۔

**expansion** *n.* توسیع کا عمل، افزائش، پھیلاؤ۔

**expansive** *adj.* ① قابل توسیع، پھیلتا ہوا یا پھیلنے کے قابل۔ ② پُرگو، بے تکلف گفتگو، کھلے، فراخ دلانہ جذبات۔ ● **expansiveness** اسم۔

**expatiate** *v.* تفصیل یا وضاحت کے ساتھ بولنا یا لکھنا۔ ● **expatiation** اسم: طول کلامی، طول کلام۔

**expatriate** *adj. & n.* صف: ① بیرون ملک مقیم۔ ② جلاوطن، ملک بدر۔ اسم: ملک بدر کیا ہوا شخص۔

**expect** *v.* ① ممکن سمجھنا، آئندہ قابل وقوع خیال کرنا، کسی سے توقع رکھنا۔ ② بول چال: خیال کرنا، سمجھنا، فرض کرنا۔ ③ امید سے ہونا، زچگی کے قریب ہونا۔

**expectant** *adj.* ① پُرامید، متوقع، منتظر۔ ② املاک، اعزاز وغیرہ کی آس لگائے۔ ③ امید سے، حاملہ۔ ● **expectancy** اسم۔ **expectantly** م ف۔

**expectation** *n.* ① توقع، اُمید، آس۔ ② متوقع بات یا شے۔ ③ کسی بات کے واقع ہونے کا امکان۔

**expectorant** *n.* کھانسی کے ساتھ بلغم خارج کرنے والی دوا۔

**expectorate** *v.* کھانس کر سینے یا پھیپھڑوں سے بلغم نکالنا۔ ● **expectoration** اسم: بلغم کا اخراج۔

**expedient** *adj. & n.* صف: ① فائدہ مند، عملی نقطۂ نظر سے نہ کہ اخلاقاً یا انصاف سے۔ ② مناسب، درست، حسب موقع۔ اسم: کسی مقصد کے حصول کا ذریعہ، وسیلہ۔ ● **expediency** اسم: حکمت عملی۔

**expedite** *v.* ① کسی کام کی تکمیل میں مدد کرنا، کارروائی یا عمل کو تیز کرانا۔ ② (کسی کام کو) جلد انجام دینا۔

**expedition** *n.* ① مقصدی مہم، سفر یا کوچ خصوصاً

سائنسی تحقیق، جستجو، تلاش کے لیے۔② ایسے سفر کے لیے لوگ اور اشیا وغیرہ۔ ● **expeditionary** صف۔

**expeditious** *adj.* ① پھرتی کا، تیز رفتار، مؤثر۔ ② جلد کارروائی کے لیے موزوں، مفید مطلب۔ ● **expeditiously** م ف: عجلت سے۔

**expel** *v.* **(expelled, expelling)** ① کسی کو تنظیم، وغیرہ سے خارج کر دینا۔② کسی شے کو اس کی جگہ سے باہر نکالنا۔③ عمارت وغیرہ سے بے دخل کرنا۔

**expend** *v.* خرچ کرنا، صرف کرنا۔

**expendable** *adj.* جسے صرف کرنے میں مضائقہ نہ ہو، جسے قربان کیا جا سکے، خصوصاً کسی مقصد کے لیے۔

**expenditure** *n.* ① صرف، اخراجات، مصارف، لاگت، صرفہ۔② صرف شدہ چیز (خصوصاً رقم)

**expense** *n.* ① لاگت جو لگی ہو، ادائیگی رقم۔ ② **(expenses)** کسی کام کے مصارف، اس طرح ادا کی جانے والی رقم، اخراجات۔

**expensive** *adj.* ① مہنگا، گراں، قیمتی۔② زیادہ صرفہ طلب۔③ جس کے لیے بڑی رقم درکار ہو۔ ● **expensively** م ف۔ **expensiveness** اسم۔

**experience** *n. & v.* اسم: ① ذاتی مشاہدہ، عملی تجربہ۔② تجربے سے حاصل ہونے والی قابلیت۔③ واسطہ، سابقہ، تعلق جو کوئی اثر چھوڑ گیا ہو۔ ف: ① عملی سابقہ پڑنا، براہ راست مشاہدہ یا تجربہ کرنا۔② محسوس کرنا، متاثر ہونا۔

**experienced** *adj.* تجربہ کار، سیکھا سکھایا۔

**experiment** *n. & v.* اسم: ① کسی گماں، امکاں، مفروضے وغیرہ کی عملی جانچ، آزمائش۔② امتحان، جانچ، پرکھ، آزمائشی طریقہ کار۔ ف: تجربہ کرنا، آزمانا، پرکھنا، جانچنا۔ ● **experimentation** اسم: آزمائش۔

**experimental** *adj.* ① عملی تجربے پر مبنی یا انحصار کرنے والا۔② تجرباتی عمل میں کام آنے والا، زیرِ آزمائش۔ ● **experimentally** م ف۔

**expert** *adj. & n.* صف: ① کسی مضمون کا ماہر، خصوصی علم یا مہارت رکھنے والا۔② مہارت پر مبنی۔ اسم: ماہر، آزمودہ کار آدمی۔ ● **expertly** م ف۔

**expertise** *n.* مہارت، خصوصی علم؛ ماہرانہ رائے۔

**expiate** *v.* اپنی غلطی کی تلافی کرنا، سزا بھگتنا، کفّارہ دینا۔ ● **expiation** اسم۔ **expiatory** صف۔

**expire** *v.* ① وقت، مدّت، میعاد کا گزر جانا۔② (آدمی کا) مر جانا، فوت ہونا۔③ سانس پھیپھڑوں سے باہر نکالنا۔ ● **expiration** اسم: خاتمہ، موت۔

**expiry** *n.* مقررہ مدّت، میعاد کا اختتام۔

**explain** *v.* ① واضح کرنا، سمجھانا، تشریح کرنا۔② توضیح کے طور پر کہنا۔③ جواب دہی کرنا، صفائی پیش کرنا۔ ● **explanation** اسم۔ **explanatory** صف۔

**expletive** *n.* ① قسم جو کسی قول، دعوے، وغیرہ میں استعمال کی جائے۔② فضول بھرتی کا لفظ۔

**explicable** *adj.* لائق توضیح، تشریح۔

**explicate** *v.* ① (کسی خیال، اصول، کلیے وغیرہ کی) تفصیل توضیح کرنا۔② صراحت کرنا، شرح کرنا۔

**explicit** *adj.* کھول کر بیان کیا ہوا، بیّن، واضح، مفصّل۔ ● **explicitly** م ف۔ **explicitness** اسم۔

**explode** *v.* ① دھماکے سے پھٹنا۔② (آبادی کا) اچانک یا تیزی سے بڑھنا۔③ کسی نظریے، خیال وغیرہ کو باطل ثابت کرنا۔ ● **explosion** اسم: دھماکا۔

**exploit** *n.& v.* اسم: ہمت حوصلے کا کام، کارنامہ۔ ف: ① وسائل وغیرہ سے فائدہ اٹھانا۔② استحصال کرنا (کسی کو) زبردستی یا ناواجب طور پر نقصان پہنچا کر اپنا بھلا کرنا۔ ● **exploitable** صف۔ **exploitation** اسم: استحصال۔ **exploiter** اسم: استحصال کرنے والا۔

**explore** *v.* ① فراہمی معلومات، جستجو، تفتیش، تحقیق کے لیے (کسی علاقے کا) وسیع دورہ کرنا۔② تفصیلی جائزہ لینا۔ ● **exploration** اسم: تحقیق و تفتیش، کھوج۔ **exploratory** صف۔ **explorer** اسم۔

**explosive** *adj. & n.* صف: دھماکا خیز، بھڑک اٹھنے والا، آتشگیر۔ اسم: بھڑک اٹھنے والا، شعلہ گیر مادّہ۔

**exponent** *n. & adj.* اسم: ① کسی خیال، نظریے وغیرہ کو فروغ دینے والا۔② نمائندہ، ترجمان۔③ کسی عدد کے اوپر لگی ہوئی علامت جو یہ ظاہر کرے کہ اس کی کتنی درجے کی قوت سے مراد ہے، قوت نما۔ صف: وضاحت کنندہ، شرح کنندہ۔

**exponential** *adj.* ① قوت نما سے ظاہر ہونے والا

یاقوت نما سے متعلق ۔② تیز سے تیز تر اضافہ۔

**export** *v. & n.* ف:①(اشیاوغیرہ)فروخت کے لیے ملک سے باہر بھیجنا،برآمد کرنا۔②معلومات کا ذخیرہ ایک کمپیوٹر سسٹم سے دوسرے میں منتقل کرنا۔اسم: ①مال کی برآمد کی کارروائی۔②برآمد ہونے والی شے۔ ● **exportation** اسم۔ **exporter** اسم۔

**expose** *v.* ① کھلا،بن ڈھکا،موسم سے بچاؤ کے بغیر چھوڑ دینا۔② خطرے کی زد میں ہونا یا رکھنا۔③ (فلم کو) روشنی دکھانا۔④ کسی شخص یا شے کی اصلیت یا کچا چٹھا کھولنا۔⑤ عام کرنا،سامنے لانا۔● **exposure** اسم۔

**exposé** *n.* ①مرتب حقائق،مدون معلومات۔② انکشاف،خصوصاً کسی عیب،کمزوری یا بدنامی کی بات کا۔

**exposition** *n.* ①توضیحی بیان یا روداد۔②شرح، تبصرہ۔③ بڑی نمائش۔

**expostulate** *v.* کسی سے احتجاج کرنا، بحث کرنا،شکوہ شکایت کرنا۔● **expostulation** اسم: شکوہ۔ **expostulatory** صف: شکایت آمیز۔

**expound** *v.* ①وضاحت،تفصیل کے ساتھ پیش کرنا (کسی اصول،عقیدے یا مسئلے کو)② تفسیر،توضیح کرنا۔

**express** *v., adj., adv. & n.* ف:①بیان کرنا، متعارف کرانا(جذبات وغیرہ کو)الفاظ یا اشارات، برتاؤ وغیرہ کے ذریعے۔② نچوڑ کر یا دبا کر باہر نکالنا (عرق یا ہوا کو) صف:① تیز رو، زود رواں۔② واضح، کھلا کھلا۔ ③ کسی خاص مقصد سے کیا، بھیجا یا بنایا جانے والا۔ م ف:① تیز رفتاری سے۔② خصوصی پیغام رساں ریل وغیرہ کے ذریعے۔اسم: تیز رفتار پیامبر یا ڈاک گاڑی۔ ● **expressible** صف: قابلِ اظہار۔

**expression** *n.* ①اظہار،بیان۔②لفظ یا جملہ، جو ادا کیا جائے۔③ کسی شخص کے چہرے کے آثار یا آواز، لہجہ وغیرہ جن سے جذبے یا احساس کا اظہار ہو،قیافہ۔

**expressionism** *n.* تصویرکشی وغیرہ کا انداز جس میں فنکار بیرونی یا حقیقی صورت گری کی جگہ جذباتی تجربے کا اظہار کرتا ہے۔● **expressionist** اسم۔

**expressive** *adj.* ①بالکل واضح، بیّن ،صاف صاف، پُر معنی۔② کسی کیفیت کا اظہار کرنے والا۔● **expressively** م ف۔

**expressly** *adv.* بالکل ٹھیک طور سے،قطعاً، بلاشبہہ۔

**expressway** *n.* امریکا: شہر میں موٹروں کے چلنے کی سڑک۔

**expropriate** *v.* ضبطی میں لینا(خصوصاً ریاست کا) کسی کی املاک کو۔● **expropriation** اسم۔

**expulsion** *n.* بے دخلی، اخراج ، باہر کرنے کا فعل۔ ● **expulsive** صف: دافع۔

**expunge** *v.* مٹانا، نکال دینا، خارج کرنا۔

**expurgate** *v.* (کسی کتاب وغیرہ سے) قابل اعتراض حصّہ کاٹ دینا۔● **expurgation** اسم: حذف۔ **expurgator** اسم۔ **expurgatory** صف۔

**exquisite** *adj.* ①نہایت خوب، حسین، نفیس، لطیف۔② نہایت پُراثر، دل پذیر۔③ ذکی الحس۔● **exquisitely** م ف۔

**extant** *adj.* دستیاب، موجود، مؤثر۔

**extempore** *adj. & adv.* ①فی البدیہہ، تیاری کے بغیر۔②برجستہ، فوراً کے فوراً۔

**extemporize** *v.* (also **-ise**) بغیر کسی تیاری کے پیش یا ادا کرنا(تقریر وغیرہ)● **extemporization** اسم۔

**extend** *v.* ①وسعت دینا، بڑھانا۔②پوری طرح، آخر تک، گنجائش بھر کھینچنا۔③ پورے رقبے پر یا وسعت میں پھیلانا۔④ پیشکش کرنا، (بلاوا وغیرہ) دینا، پیش کرنا۔● **extendable** صف: قابل توسیع۔ **extendible** صف۔ **extensible** صف: وسعت پذیر۔

**extension** *n.* ①توسیع، پھیلاؤ بڑھانے، بڑا کرنے کا عمل۔② اضافہ، طوالت۔③ کسی چیز میں اضافہ کیا ہوا حصّہ۔④ اُسی ٹیلیفون لائن پر ایک اور فون، اس کا نمبر۔⑤ جملہ اشیا جن پر کسی اصطلاح کا اطلاق ہو۔

**extensive** *adj.* بڑے رقبے یا بڑے عرصے پر پھیلا ہوا، وسیع، عریض۔● **extensively** م ف۔

**extensor** *n.* جسم کو پھیلانے یا سیدھا کرنے والا عضلہ۔

**extent** *n.* ①رقبہ جس پر کوئی چیز پھیلی ہو، وسعت، حدود۔②اطلاق، نفاذ، اثر، عمل کی حد، دائرۂ عمل۔

**extenuate** *v.* (کسی جرم کی) سنگینی کو گھٹانا، نرم کرنا۔ ● **extenuation** اسم: تخفیف جرم۔

**exterior** *adj. & n.* صف: باہر کی طرف کا، بیرونی،

بیرونی رخ پر، باہر سے آنے والا، باہر کا۔ اسم: بیرونی سطح یا بیرونی منظر۔

**exterminate** *v.* کسی شے کو بالکل مٹا دینا، تباہ کر دینا، مارنا، فنا کرنا۔ ● **extermination** اسم: استیصال، قلع قمع ۔ **exterminator** اسم۔

**external** *adj. & n.* صف: باہر کی طرف کا، باہر کی طرف واقع، بیرونی۔ اسم: ① بیرونی اعضا یا رخ۔ ② غیر ضروری اجزا یا امور۔ ● **externally** م ف۔

**externalize** *v.* (also -ise) (کسی سے) خارجی وجود منسوب کرنا، ظاہری صورت دینا، جسمانی قرار دینا۔

**extinct** *adj.* ① معدوم، فنا، ختم جو مٹ چکا ہو، ناپید۔ ② جو بجھ چکا ہو، خاموش، جو ٹھنڈا ہو چکا ہو۔

**extinction** *n.* ① مٹنے یا مٹانے، فنا ہونے یا کرنے کا عمل۔ ② مکمل تباہی یا خاتمہ۔

**extinguish** *v.* ① (آگ، شعلے، روشنی وغیرہ کو) بجھانا، خاموش کرنا۔ ② خاتمہ کرنا، مٹا ڈالنا۔

**extinguisher** *n.* بجھانے، ٹھنڈا کرنے والا شخص یا شے خصوصاً fire extinguisher ۔

**extirpate** *v.* جڑ سے اکھاڑنا، تہس نہس کرنا۔ ● **extirpation** اسم: بیخ کنی، قلع قمع، استیصال۔

**extol** *v.* (extolled, extolling) مدح خوانی کرنا، گن گانا، تعریف کے پل باندھنا۔

**extort** *v.* زبردستی، دھمکیوں اور مطالبوں سے وصول کرنا۔ ● **extortion** اسم۔ **extortioner** اسم۔

**extortionate** *adj.* ① اعتدال سے یا ناواجب طور پر بڑھی چڑھی (قیمت، دام) ② غاصبانہ، زبردستی پر مبنی۔ ● **extortionately** م ف۔

**extra** *adj., adv. & n.* صف: زائد، معمول سے بڑھ کر، توقع یا ضرورت سے زیادہ۔ م ف: ① معمول سے زیادہ۔ ② اضافی طور پر مزید۔ اسم: ① ذیلی، اضافی، مزید شے۔ ② وہ شے جس کے زائد دام لیے جائیں۔ ③ (فلم ڈرامے وغیرہ میں) عارضی طور پر کسی خاص مقصد سے رکھا جانے والا آدمی خصوصاً مجمع کا کوئی فرد۔

**extra-** *pref.* سابقہ بمعنی خارج از، بیرون، باہر، غیر۔

**extract** *v. & n.* ف: ① اپنی جگہ سے کھینچنا، اکھاڑنا، الگ کرنا۔ ② (رقم وغیرہ) بدقّت خصوصاً کسی کی مرضی کے خلاف حاصل کرنا۔ ③ نقل، اقتباس کرنا (کتاب کے کسی حصّے یا موسیقی کا) ④ (عرق) کھینچنا یا نکالنا۔ اسم: ① کسی کتاب، موسیقی وغیرہ سے لیا ہوا ٹکڑا، اقتباس۔ ② کشید کردہ عطر، ست، جوہر۔ ● **extractor** اسم۔

**extraction** *n.* ① کشید، اخذ، اقتباس، تلخیص کا عمل۔ ② دانت نکالنے کا عمل۔ ③ منبع، مخرج، ماخذ، نسل۔

**extra- curricular** *adj.* زائد از نصاب (مضمون یا مشغلہ)

**extradite** *v.* (مفرور ملزم یا مجرم کو) اس ملک کی حکومت کے حوالے کرنا جہاں جرم کیا گیا تھا۔ ● **extraditable** صف۔ **extradition** اسم۔

**extramarital** *adj.* ناجائز غیر زوجی (جنسی تعلق جو شوہر یا بیوی کے علاوہ کسی سے ہو)

**extramural** *adj.* یونیورسٹی، کالج یا اسکول کی حدود کے علاوہ کہیں اور دی جانے والی تعلیم۔

**extraneous** *adj.* ① باہر کا، جس کی اصل بیرونی ہو۔ ② غیر متعلق۔ ● **extraneously** م ف۔

**extraordinary** *adj.* ① غیر معمولی یا نمایاں، توجہ طلب، عام روش یا مشاہدے کے خلاف۔ ② ممتاز، غیر معمولی، افضل۔ ● **extraordinarily** م ف۔

**extrapolate** *v.* معلوم کی مدد سے نامعلوم کا قیاس کرنا، معلوم کی بنیاد پر نامعلوم کو دریافت کرنا۔ ● **extrapolation** اسم۔

**extrasensory** *adj.* معلوم حواس کے علاوہ کسی ذریعے سے دریافت کردہ، جیسے حکمت، القا، علم الغیب۔

**extraterrestrial** *adj.* زمین اور اس کے اردگرد کی فضا سے باہر کا۔

**extravagant** *adj.* ① ضرورت سے زیادہ خرچ (خصوصاً رقم کا) ② مہنگا، گراں، بیش قیمت۔ ③ غیر معتدل، غیر معقول، مہمل۔ ● **extravagance** اسم: اسراف، فضول خرچی۔ **extravagantly** م ف۔

**extravaganza** *n.* ① خیالی، غیر حقیقی تخیلات پر مبنی ادب پارہ، موسیقی یا ڈراما، خیالیہ۔ ② مسحور کن، نظر فریب اسٹیج یا ٹیلیویژن کا تماشا۔

**extreme** *adj. & n.* صف: ① انتہائی، حد آخر تک پہنچنے والا، ازحد، غیر معمولی، بہت عظیم یا شدید۔ ② کڑا،

سخت، غیر معتدل، انتہاپسندانہ۔ ③ پرلے سرے پر، مرکز سے دور، سرے یا متضاد کونوں پر واقع۔ اسم: ① بعید ترین دو اشیا میں سے کوئی۔ ② کسی شے کے ایک یا دوسرے سرے پر واقع کوئی شے۔ ③ نقطۂ عروج، سب سے اونچا سرا۔ ● extremely م ف۔

**extremist** *n.* سیاسی یا مذہبی امور میں شدّت پسند، کٹّر۔ ● extremism اسم: انتہاپسندی، غلو۔

**extremity** *n.* (*pl.*-**ies**) ① انتہائی کنارا، کونا یا سرا۔ ② (**the extremities**) ہاتھ پاؤں۔ ③ نہایت مشکل یا ناموافق صورت حال۔

**extricate** *v.* کسی پھندے یا مشکل سے چھڑانا۔ ● **extricable** صف۔ **extrication** اسم۔

**extrinsic** *adj.* ① خارجی، بیرونی ضمنی (INTRINSIC کی ضد) ② غیر، غیر متعلق۔ ③ باہر کا، باہر سے آنے والا۔ ● **extrinsically** م ف۔

**extrovert** *n.* ملنسار، گھلنے ملنے والا، مجلسی آدمی۔ ● **extroversion** اسم: بروں بینی۔

**extrude** *v.* زور سے باہر نکالنا، دھکیلنا۔ ● **extrusion** اسم۔ **extrusive** صف۔

**exuberant** *adj.* ① شاداں وفرحاں، پُرجوش۔ ② سرسبز پھیلتا (پودا وغیرہ) ● **exuberance** اسم: کثرت، بہتات، سرخوشی۔ **exuberantly** م ف۔

**exude** *v.* ① (نمی، سیّال، مائع کا) رسنا، ٹپکنا، پھوٹ نکلنا۔ ② مہک دینا۔ ● **exudation** اسم: رساؤ۔

**exult** *v.* نہایت مسرور، نہال نہال ہونا۔ ● **exultation** اسم: شادمانی۔ **exultant** اسم۔

---

وضاحت: *exult* کو *exalt* سے خلط ملط نہ کریں۔

---

**eye** *n.* & *v.* اسم: ① انسان اور دوسرے حیوانوں کا آلۂ بصارت؛ آنکھ کی پتلی؛ دیکھنے کی قوت۔ ② آنکھ سے ملتی جلتی کوئی شے۔ ف: (**eyeing**، **eyed**) غور سے دیکھنا، خصوصاً تعجب یا شک کی نظر سے، نگاہ رکھنا۔

**eyeball** *n.* آنکھ کا ڈھیلا، بیاض چشم۔

**eyebrow** *n.* ابرو، بھوں۔

**eyelash** *n.* پلک، مژگاں۔

**eyelet** *n.* چھید، ناکہ، سوراخ جس میں ڈوری یا دھاگا وغیرہ گزارا جائے۔

**eyelid** *n.* آنکھ کا اوپری یا نچلا پپوٹا۔

**eyeliner** *n.* سنگھار کے لیے آنکھوں کے گرد آرائشی لکیر۔

**eye-opener** *n.* آنکھیں کھولنے والا سابقہ یا تجربہ؛ غیر متوقع انکشاف۔

**eyepiece** *n.* خوردبین، دوربین وغیرہ کا آنکھ کے قریب والے سوراخ کا شیشہ جس میں سے دیکھتے ہیں۔

**eyeshadow** *n.* آنکھوں کے گرد سنگھار کے لیے چھڑکا جانے والا رنگ۔

**eyesight** *n.* بصارت، بینائی، نگاہ۔

**eyesore** *n.* آنکھ کو بری لگنے والی کوئی شے۔

**eye-tooth** *n.* آنکھ کے قریب نکیلا دانت یا کیلا خصوصاً اوپری جبڑے میں۔

**eyewash** *n.* بول چال: بکواس، فضول یا ڈینگ مارنے والی بات چیت۔

**eyewitness** *n.* چشم دید گواہ، عینی شاہد۔

**eyrie** *n.* ① عقاب کا گھونسلہ جو بہت اونچائی پر ہوتا ہے۔ ② اونچائی پر بنی ہوئی دشوار گزار جگہ۔

# Ff

**F** ① تخفیف: Fahrenheit۔ ② کیمیا: عنصر fluorine کی علامت۔

**f** تخفیف: ① female؛ feminine۔ ② موسیقی: forte۔

**fable** *n.* کہانی خصوصاً خیالی یا توہمات پر مبنی، اکثر سبق آموز حکایت۔

**fabled** *adj* حکایات میں مذکور، مشہور، روایتی۔

**fabric** *n.* ① بُنا ہوا پارچہ، کپڑا۔ ② عمارتی ڈھانچا۔

**fabricate** *v.* ①بنانا، گھڑنا، ڈھالنا۔②ایجاد کرنا، تخلیق کرنا، مصنوعی طور پر گھڑنا (کہانی، گواہی وغیرہ) ● **fabrication** اسم۔ **fabricator** اسم۔

**fabulous** *adj.* ①نا قابلِ یقین، بہت خوب۔② بول چال: شاندار، واہ واہ کے قابل۔③داستانوں میں مشہور و مذکور، روایتی، افسانوی۔● **fabulously** م ف۔

**façade** *n.* ①عمارت کا سامنے کا حصّہ۔② شکل وصورت خصوصاً بناوٹی۔

**face** *n. & v.* اسم:①چہرہ، رُخ، سر سے ٹھوڑی تک منہ۔②بشرہ، چہرے کا عمومی تأثر۔③ پُرسکون انداز۔④نظر آنے والی سطح یا رُخ، پہاڑ وغیرہ کا پہلو، حصّہ، کوئلے کی کان کی (عموماً عمودی) دھاری، گھنٹے گھڑی کا چہرہ۔⑤ظاہری صورت، شکل، شناخت۔ ف:① کسی رُخ پر یا سمت میں ہونا۔②مقابلہ کرنا، نمٹنا۔③مقابل آنا، درپیش ہونا، توجہ چاہنا۔④ کسی سطح یا شے پر رنگ، خول وغیرہ چڑھانا۔□**lose face** بے عزت ہونا۔

**facecloth** *n.* ①تولیا، رومال چہرہ، جسم پونچھنے کے لیے۔②چکنی سطح کا اونی کپڑا۔

**faceless** *adj.* ①مجہول، جس کی کوئی شناخت نہ ہو۔ ②بے کردار، نامعتبر۔③بے چہرہ۔

**faceclift** *n.* ①چہرے کی جھرّیاں دور کرنے کے لیے عمل جراحی۔② کسی چیز کو دیدہ زیب بنانے کا طریقہ۔

**facet** *n.* ① کسی شے کا کوئی ایک پہلو۔② کسی کثیرالجہت شے کا ایک پہلو خصوصاً نگینے کی تراش، پہل۔

**facetious** *adj.* ① ٹھٹول باز۔② بے وقت مذاق سے تعلق رکھنے والا، گھٹیا بے ہودہ مذاق، مسخرگی پر مبنی۔ ● **facetiously** م ف۔ **facetiousness** اسم۔

**facia** FASCIA کا متبادل۔

**facial** *adj. & n.* صف: چہرے کا، چہرے کے لیے۔ اسم: چہرے کو نکھارنے والا سنگھار۔

**facile** *adj.* ① آسانی سے دستیاب مگر ادنیٰ۔ ②رواں، برجستہ، لچّھے دار (تقریر، تحریر وغیرہ)

**facilitate** *v.* سہولت پیدا کرنا، سہل، آسان بنانا۔ ● **facilitation** اسم: آسانی، معاونت۔

**facility** *n.* (*pl.*-**ies**) ①آسانی، سہولت، دشواری، دقت سے بچاؤ۔②روانی، پھرتی، طرّاری۔③ کچھ کرنے میں سہولت، وسائل یا ذرائع کی دستیابی میں آسانی۔

**facing** *n.* ①لباس وغیرہ پر آرائش یا مضبوطی کے لیے اوپر سے لگایا جانے والا کپڑا، پٹی وغیرہ۔②دیوار گیری، دیوار وغیرہ کو ڈھانپنے والی کسی قسم کی اوپری تہ۔

**facsimile** *n.* ہو بہو نقل، چربہ، خصوصاً تحریر، مطبوعہ شے، تصویر وغیرہ کا۔

**fact** *n.* واقعہ، کوئی بات جس کا واقع، موجود یا سچ ہونا معلوم ہو، اصلیت۔□**facts of life** جنسی معلومات۔ **in fact** حقیقتاً، درحقیقت، دراصل۔

**faction** *n.* ① کسی بڑے گروہ کی برگشتہ، ناموافق، شاخ، دھڑا، فرقہ، جتھا۔② جماعتی تفریق۔③ حقیقی واقعات و افسانہ طرازی پر مبنی کتاب، فلم، ڈرامہ۔● **factious** صف: فرقہ واری تفریق پر مبنی۔

**factor** *n.* ①نتیجہ خیز، اثر انگیز عنصر یا عامل۔② کوئی عدد صحیح جسے کسی دوسرے عدد سے ضرب دیا جائے کہ مطلوبہ عدد یا رقم حاصل ہو، عدد ضربی۔

**factory** *n.* (*pl.* -**ies**) کارخانہ، کارگاہ، مشینیں یا مال بنانے والی کمپنی کی عمارات جہاں مال تیار ہوتا ہو۔

**factotum** *n.* جس کے سپرد سب کام ہوں، سب کام کرنے والا ملازم۔

**factual** *adj.* ①حقائق پر مبنی یا حقائق سے متعلق۔② صحیح، واقعی، درست۔● **factually** م ف: واقعتہً۔

**faculty** *n.* (*pl.*-**ies**) ① کسی خاص کام کی فطری صلاحیت یا لیاقت۔②موروثی ذہنی یا جسمانی قدرت۔③ یونیورسٹی کے متعدد شعبوں کا مجموعہ جو علم کی کسی ایک ہی بڑی شاخ سے تعلق رکھتے ہوں۔

**fad** *n.* ①خبط، کسی نئی بات کا وقتی شوق یا سودا۔② کوئی انوکھی سوچ، لٹک، دُھن۔

**faddy** *adj.* (**faddier, faddiest**) انوکھی پسند ناپسند رکھنے والا خصوصاً خوراک کے معاملے میں۔

**fade** *v.* ①رنگ اڑنا یا اڑا دینا، دھندلا، بدرنگ ہونا۔② (پھولوں وغیرہ کا) مرجھانا، کملانا۔③(روشنی یا رنگ کا) رفتہ رفتہ دھندلانا، پھیکا پڑنا؛ (آواز کا) مدّھم ہونا۔

**faeces** *n. pl.* (*US.* **feces**) گوبر، فضلہ۔ ● **faecal** صف۔

**faff** *v. & n.* بول چال: ہچر مچر، بے وجہ ہنگامہ خیزی،

faff about□ اضطرار۔ ہچر مچر، ہچکچاہٹ۔

**fag** *n. & v.* اسم، بول چال: ① تھکانے والا کام، بیگار، مشقّت۔ ② سگریٹ۔ ف: **(fagging، fagged)** تھکانا، نڈھال کر دینا، زحمت اٹھانا۔

**faggot** *n.* (*US* **fagot**) ① کلیجی کا قیمہ تلا یا بھونا ہوا کبابوں کی شکل میں۔ ② لکڑیوں وغیرہ کا گٹھا۔

**fah** *n.* (also **fa**) موسیقی: سرگم کا چوتھا سُر یا حرف F سے ظاہر کیا جانے والا سُر۔

**Fahrenheit** *adj.* حرارت کے پیمانے سے متعلق جس میں پانی کا نقطۂ انجماد ۳۲ ڈگری ہے، اور نقطۂ جوش ۲۱۲ ڈگری۔

**faience** *n.* منقش چینی اور چینی کے ظروف۔

**fail** *v. & n.* ف: ① ناکام رہنا۔ ② (امتحان، آزمائش وغیرہ میں) رہ جانا، کامیاب نہ ہونا، (کسی مال کا) غیر معیاری قرار دیا جانا۔ ③ قاصر رہنا، کسی بات کو نہ کر سکنا یا نظر انداز کرنا۔ اسم: آزمائش یا امتحان میں ناکامیابی۔

**failing** *n. & prep.* اسم: خرابی، علّت، کمزوری وغیرہ خصوصاً کردار میں۔ حرف جار: وگرنہ، بصورت دیگر۔

**failure** *n.* ① ناکامی، مقصد کو نہ پانے، پورا نہ اترنے، قاصر رہنے کی صورت۔ ② ناکامیاب آدمی، شے یا کوشش۔ ③ سقوط، بگاڑ، خرابی، چلتی چیز میں رکاوٹ۔

**fain** *adj. & adv.* قدیم: بخوشی، بسر و چشم۔

**faint** *adj., v. & n.* صف: ① پھیکا، مدھم، مبہم۔ ② نحیف چکرانے یا بے ہوش ہونے کے قریب (آدمی) ③ موہوم، بعید، ناکافی۔ ④ بے دلی کا، گرمجوشی کے بغیر۔ ⑤ بودا، دبّو۔ ف: غش کھانا، بے ہوش ہو جانا۔ اسم: غشی، بے ہوشی۔ ● **faintly** م ف۔ **faintness** اسم۔

**faint -hearted** *adj.* بزدل، ڈرپوک۔

**fair** *adj., adv., n. & v.* صف: ① منصفانہ، بے رو رعایت، برابری کا، حسبِ قواعد۔ ② گورا، اجلے رنگ کا۔ ③ خاصا، معقول، عمدہ، اچھا۔ ④ خشک اور روشن (موسم)، موافق (ہوا) م ف: ① سیدھی طرح، ڈھنگ سے۔ ② بالکل عین، ٹھیک۔ اسم: ① خوشنما شے۔ ② میلہ، اشیا کی فروخت کے لیے وقتاً فوقتاً لگنے والی نمائش، بازار۔

**fairground** *n.* کھلی جگہ جہاں میلہ، نمائش لگے۔

**fairing** *n.* جہاز یا گاڑی کی ساخت میں ایسا اضافہ جو اُسے ہوا کی مزاحمت کے مقابل سبک سیر بنائے۔

**fairly** *adv.* ① منصفانہ طور پر۔ ② مناسب، معقول صورت میں۔ ③ نمایاں طور پر۔ ④ بالکل، قطعاً، سچ مچ۔

**fairway** *n.* ① جہاز رانی کے قابل آبنائے۔ ② گولف کے میدان کا وہ حصّہ جوٹی اور طرف کے درمیان ہوتا ہے۔

**fairy** *n.* (*pl.*-**ies**) پری، ایک خیالی، پُر اسرار وجود۔

**fairy godmother** *n.* مربّی خاتون۔

**fairyland** *n.* پرستان، دلکش، خوش منظر مقام۔

**fairy lights** *n.* چھوٹے آرائشی قمقمے۔

**fait accompli** *n.* امر واقعہ، بات جو ہو گزری جس کا کوئی چارہ نہ ہو اور بحث فضول۔

**faith** *n.* ① مکمل اعتماد، پورا بھروسا۔ ② پختہ اعتقاد، یقین۔ ③ دین، دھرم، مذہب۔ ④ وعدہ، عہد، قول، اقرار۔ □ **break (or keep) faith** وفادار رہنا (یا نہ رہنا)

**faithful** *adj.* ① اعتماد کا اظہار کرنے والا۔ ② وفادار، قابل اعتبار، مخلص۔ ③ صحیح، درست۔ ● **faithfully** م ف۔ **faithfulness** اسم: وفاکشی، خلوص۔

**faith healing** *adj.* شفائے روحانی، دوا سے زیادہ دعا پر بھروسہ کرنا۔ ● **faith healer** اسم۔

**faithless** *adj.* جھوٹا، بھروسے کے ناقابل۔

**fake** *n., adj. & v.* اسم: ① جعلی، نقلی، دوغلا۔ ② دھوکا، نقالی۔ صف: کھوٹا، جعلی، نقلی، غیر اصلی۔ ف: ① جعل، فریب کرنا۔ ② بہانہ بازی کرنا، بناوٹی جذبات، وغیرہ ظاہر کرنا۔ ● **faker** اسم: مکّار، جعل ساز۔

**fakir** *n.* (also **faquir**) فقیر، سادھو، مسلمان درویش یا ہندو جوگی۔

**falcon** *n.* شکاری پرندوں باز، شکرا، شاہین وغیرہ میں میں سے کوئی۔

**falconry** *n.* بازوں، شکروں وغیرہ کی شکار کے لیے تربیت و پرورش۔

**fall** *v. & n.* ف: ① **(falling، fallen، fell)**: اوپر سے نیچے آنا، برسنا، گرنا، گرانا۔ ② کھڑے سے پڑا ہونا، لڑکھڑا کر گرنا۔ ③ الگ، جدا ہونا، بچھڑنا۔ ④ ڈھالو ہونا، نشیبی ہونا (ندی، دریا کا) سمندر وغیرہ سے جاملنا۔ ⑤ نیچے کی طرف اترنا۔ ⑥ گھٹنا، کم ہونا۔ ⑦ غمگینی، مایوسی

جھجکنا، دبکنا۔③ہکلانا، رک رک کر بولنا۔

**fame** *n.* ①ناموری، جانا پہچانا، معروف، مشہور ہونا۔② شہرت، مشہوری۔● **famed** صف: شہرۂ آفاق۔

**familial** *adj.* کسی خاندان یا اس کے افراد کے ساتھ مخصوص یا پایا جانے والا، خاندانی، نسبی۔

**familiar** *adj. & n.* ①معروف، مانوس، دیکھا بھالا۔②واقف، آگاہ، کسی بات کا خاطر خواہ علم رکھنے والا۔③ کسی کا واقف کار، قریبی، بے تکلف دوست۔● **familiarity** اسم: مانوسیت۔ **familiarly** م ف۔

**familiarize** *v.*(also **-ise**) مانوس، واقف، کارداں بنانا۔● **familiarization** اسم: واقفیت۔

**family** *n.* (*pl.* **-ies**) ①ماں باپ بھائی بہن پر مشتمل کنبہ، یا عزیز، رشتہ دار جو ساتھ رہتے یا نہ رہتے ہوں۔ ②حیاتیات: نامیاتی اجسام کی صنف بندی میں ہم رشتہ مخلوقات کا کوئی گروہ۔

**famine** *n.* غذا کی شدید قلّت، کال، قحط۔

**famished** *adj.* انتہائی بھوکا، سخت فاقہ زدہ۔

**famous** *adj.* ① مشہور، نامور، سر برآوردہ۔② بول چال: بہت اعلیٰ۔● **famously** م ف۔

**fan** *n.& v.* اسم: ①ہوا دینے یا تازہ ہوا لانے والا پنکھا عموماً گھومنے والے پروں کا بنا ہوا، دستی پنکھا یا مشینی۔② کسی خاص مشغلے یا باکمال اداکار وغیرہ کا دلدادہ۔ ف: **(fanning, fanned)** ① ہوا دینا، پنکھا جھلنا۔ ②اناج پھٹکنا، بھوسی اڑانا۔③پنکھے سے یا پنکھے کی طرح ہوا کے زور سے اُڑا دینا۔④ پنکھے کی طرح کھلنا، پھیلنا۔

**fanatic** *n.* کسی بات کا شدّت پسند حامی، جوشیلا، عصبت زدہ شخص۔● **fanatical** صف: تشدّد پسند، کٹّر، متعصّب۔ **fanatically** م ف۔ **fanaticism** اسم۔

**fan belt** *n.* وہ مال جو گاڑی کے انجن کو ٹھنڈا رکھنے والے پنکھے کو گھماتی ہے۔

**fancier** *n.* کسی مشغلے سے خصوصی دلچسپی یا اس کی دُھن رکھنے والا، رسیا۔

**fanciful** *adj.* ①وہم وخیال پر مبنی، غیر حقیقی۔②وہمی، خیالی دنیا میں رہنے والا۔● **fancifully** م ف۔

**fancy** *n., adj. & v.* اسم: (ج: **-ies**)①انفرادی

ظاہر کرنا۔⑧اقتدار یا مرتبے سے معزول ہونا۔⑨ ذمّہ ہونا، عائد ہونا۔ ⑩ مفتوح ہونا، چھین لیا جانا؛ لڑائی میں مرنا۔ اسم: ① گرنے، آ پڑنے، نازل ہونے کا عمل۔ ② گرنے، نازل ہونے والی شے۔ ③ تقلیل، تخفیف، زوال، سقوط۔ ④امریکا: موسمِ خزاں، پت جھڑ۔⑤ **(falls)** آبشار، جھرنا۔□ **fall back on** مشکل وقت میں آسرا لینا، سہارا پکڑنا۔ **fall for** بول چال: ① فریب کھانا۔② کسی پر ریجھنا، دلدادہ ہونا۔ **fall out** ①لڑنا، جھگڑنا۔②نتیجے میں ظاہر ہونا، واقع ہونا۔ **fall short** کم پڑنا، ناکافی، ناقابل ثابت ہونا۔ **fall through** ناکامیاب ہونا، بے کار، بے نتیجہ رہنا۔

**fallacy** *n.* (*pl.* **-ies**) ①خام خیالی، سوءِ فکر۔② کوئی خیال یا بیان جو ناکافی یا ناقص دلیل پر مبنی ہو، کج فہمی۔● **fallacious** صف: مغالطہ آمیز۔

**fallible** *adj.* لغزش کرنے کا اہل، پُر خطا، جس سے غلطی کا امکان ہو۔● **fallibility** اسم: سہو، خطا۔

**Fallopian tube** *n.* ان دونالیوں میں سے کوئی جن سے گذر کر بیضہ دان سے بیضہ مادہ کے رحم میں داخل ہوتا ہے۔

**fallout** *n.* نیوکلیائی دھماکے یا حادثے کی بنا پر پیدا ہونے والے تابکار منتشر ذرّات وغیرہ کا بکھراؤ۔

**fallow** *adj.& n.* صف: جوت کر سال بھر کے لیے خالی رکھی ہوئی (زمین)۔ اسم: غیر مزروعہ زمین۔

**false** *adj. & adv.* ① بے اصل، غلط، نادرست۔ ② جعلی، نقلی، مصنوعی، نمائشی۔③ باطل، فریب پر مبنی۔④ غلط نام سے موسوم۔ ⑤ دھوکا، فریب، فریب نظر۔● **falsely** م ف۔ **falseness** اسم: جھوٹ، فریب وغیرہ۔

**falsehood** *n.* ①غلط، خلاف اصل، جھوٹ۔② جھوٹی بناوٹی شے۔③دروغ گوئی، بناوٹی یا جھوٹی باتیں۔

**falsetto** *n.*( *pl.*-**os**) مردانہ آواز میں معمول سے اونچا سُر نکالنے کا ڈھب۔

**falsify** *v.* (**-ies, -ied**) ① تحریف کرنا، کسی (دستاویز، وغیرہ میں) تصرّف کرنا۔②غلط بیانی کرنا۔ ③غلط کرنا، خراب کرنا، بگاڑنا۔④ جھٹلانا، تردید کرنا۔● **falsification** اسم: تکذیب، تحریف۔

**falter** *v.* ① ٹھوکر کھانا، لڑکھڑانا، ڈگمگانا۔②ہچکچانا،

ذوق، خصوصی رغبت، پسند یا رجحان، شوق، لگاؤ۔② دُھن، سنک، چسکا۔ ③ من مانا مفروضہ۔④ خیال آفرینی۔ ⑤ واہمہ، خام خیالی۔ صف: (fanciest، fancier) سجاوٹ والا۔ ف: (ies-، ied-) ① سمجھنا، خیال کرنا، قیاس کرنا۔② بول چال: رغبت ہونا، خواہش ہونا۔ ③ پُرکشش محسوس کرنا۔

**fancy dress** *n.* انوکھا بھیس بطور تفریح، سوانگ خاص تقریب پر۔

**fanfare** *n.* رسمی مواقع پر پھونکا جانے والا نفیریوں، نرسنگوں وغیرہ کا مختصر نمائشی شور یا لہرا۔

**fang** *n.* ① کیلا، نکیلا دانت خصوصاً کتے یا بھیڑیے کا۔ ② زہریلے سانپ کا ڈنک۔

**fanlight** *n.* کھڑکی یا دروازے کے اوپر بنا ہوا چھوٹا روشن دان یا ہوادان۔

**fantasia** *n.* موسیقی عموماً بروقت پیش کی جانے والی یا مختلف مانوس دُھنوں پر مشتمل۔

**fantasize** *v.*(also **-ise**) خیالی، غیر اصلی صورت میں ڈھالنا، تصوّر کرنا، خیالی صورت میں دیکھنا، خیالی صورت گری کرنا۔

**fantastic** *adj.* ①بول چال: کیا خوب! بہت عمدہ، غیر معمولی۔② نہایت پُرتخیل؛ رنگ برنگا، عجیب وغریب۔ ③ انوکھی وضع کا، نرالا۔● **fantastically** م ف۔

**fantasy** *n.*(*pl.*-**ies**) ① خیالی صورت گری۔ ② انوکھا ذہنی نقش، جاگتی آنکھوں کا خواب، واہمہ۔ ③ خیالی پلاؤ، خیالی محل۔④ انوکھی طرز کی اختراع یا موسیقی۔

**far** *adv.* & *adj.* م ف: ① بڑے فاصلے پر یا فاصلے سے۔② بڑی حد تک، بہت زیادہ، بدرجہا۔ صف: بہت دور واقع یا دور تک پھیلا ہوا، بعید، دورتر۔

**farad** *n.* برقی گنجائش کی معیاری اکائی فرادیہ۔

**farce** *n.* ① مضحکہ خیز فرضی واقعات پر مبنی اور پھکڑ پن سے بھری ہوئی ایک طرح کی تمثیل۔② دکھاوا، مذاق، ڈھونگ۔● **farcical** صف۔ **farcically** م ف۔

**fare** *n.* & *v.* اسم: ① بس ریل وغیرہ کا کرایہ جو مسافر ادا کرے، کرایہ ادا کر کے سفر کرنے والا آدمی۔ ② مہیّا ہونے والا مختلف اقسام کا کھانا۔ ف: ① ترقی کرنا، آگے بڑھنا۔② واقع ہونا۔③ سفر کرنا، راہگیر ہونا۔

**Far East** مشرق بعید جس میں چین، جاپان اور مشرقی ایشیا کے دیگر ممالک شامل ہیں۔

**farewell** *int.* & *n.* فجائیہ: خدا حافظ، رخصت، الوداع۔ اسم: ① روانگی رضائے رخصت۔② رخصتی سلام۔

**far-fetched** *adj* دور از کار، بعید از فہم، کھینچ تان پر مبنی (دلیل، تشریح وغیرہ)

**farm** *n.* & *v.* اسم: کوئی قطعہ، اراضی مع تعمیرات، کھیتی باڑی یا جانوروں کی پرورش کے لیے مخصوص۔ ف: زمین کو فصل اگانے یا جانوروں کی پرورش کے لیے استعمال کرنا، کاشتکار ہونا۔□ **farm-hand** کھیت پر کام کرنے والا مزدور۔● **farmer** اسم: کاشتکار۔

**farmhouse** *n.* زرعی زمین کے ساتھ رہنے کا مکان۔

**farmstead** *n.* زرعی زمین اور ساتھ کی تعمیرات۔

**farmyard** *n.* دیہی حویلی کا احاطہ۔

**farrago** *n.*(*pl.*-**os** or *US* -**oes**) آمیزہ، ملغوبہ، گڈمڈ اشیا۔

**farrier** *n.* نعل بند، گھوڑوں کے نعل لگانے والا۔

**farrow** *n.* & *v.* اسم: ① سؤر کے بچوں کا جھول۔② سؤر کے بچوں کی پیدائش۔ ف: (سؤرنی کا) بچہ پیدا کرنا۔

**fart** *v.* بول چال: پاد مارنا، پادنا۔

**farther** FURTHER کا متبادل۔

**farthest** FURTHEST کا متبادل۔

**farthingale** *n.* تاریخ: پرانی وضع کا گھیر دار زنانہ سایہ یا پیٹی کوٹ۔

**fascia** *n.* (also **facia**) ① موٹر گاڑی کے آلات کا تختہ یا چوکھٹا، کسی مشین کا اسی طرح کا تختہ۔② دکان کی روکار کا اوپری حصّہ جہاں نام وغیرہ لکھا ہو۔

**fascinate** *v.* ① لبھانا، جذب وکشش کرنا، بے اختیار اپنی طرف کھینچنا، توجہ چاہنا۔② خوف سے ساکت، مفلوج کر دینا۔● **fascination** اسم: دلفریبی، سحر۔

**Fascism** *n.* (also **fascism**) فسطائیت، فاشزم، آمرانہ اصول پر مبنی انتہائی دائیں بازو سے تعلق رکھنے والا آمرانہ نظریہ یا افکار۔● **Fascist** اسم وصف۔ **Fascistic** صف: فسطائی، فاشستی۔

**fashion** *n.* & *v.* اسم: ① رائج الوقت وضع یا طور

طریقہ خصوصاً لباس یا سماجی رویوں میں۔② طریق یا اندازکار، وتیرہ، طرزِ عمل۔③ فیشن پسند، وضع دار لوگ۔ ف: خاص وضع یا صورت میں تشکیل دینا۔

**fashionable** *adj.* ① مروّجہ، مرغوب زمانہ روش یا وضع کے مطابق یا اس سے متاثر۔② خوش ذوق طبقے سے مخصوص یا اس کا پسندیدہ۔● **fashionably** م ف۔

**fast**[1] *adj. & adv.* صف: ① تیز رو، تیز رفتار۔② جو تیز دوڑ سکے۔③ تیز رفتاری کے لیے مخصوص۔④ وقت سے آگے چلنے والا گھنٹہ، تیز گھڑی۔⑤ مضبوطی سے جُڑا یا بندھا ہوا۔ م ف: ① جلدی جلدی، پھرتی سے۔② مضبوطی سے، سختی سے۔③ گہرے طور سے، پوری طرح۔

**fast**[2] *v. & n.* ف: روزہ رکھنا، کھانا پینا یا بعض چیزوں کا کھانا ترک کر دینا، مذہبی فریضے کے طور پر۔ اسم: روزہ۔

**fastback** *n.* پھڈی شکل کی موٹر گاڑی جس کا پچھلا حصّہ ٹکرروک (بمپر) تک ڈھلوان یا جُھکا ہوا ہو۔

**fasten** *v.* ① باندھنا، مضبوط کرنا یا ہونا۔② بند کرنا۔

**fastening** *n.* (also **fastener**) کسنے، چپکانے، جکڑنے، پکڑنے کی تدبیر یا ذریعہ، بند، بندھن۔

**fast-food** پھرتی سے تیار کر کے پیش کیا اور کھایا جانے والا کھانا، خصوصاً طعام خانے وغیرہ میں۔

**fastidious** *adj.* ① نازک طبع، نازک دماغ، باریک بیں۔ ② جلد چڑ جانے والا، تنک مزاج۔● **fastidiously** م ف۔ **fastidiousness** اسم۔

**fastness** *n.* ① قلعہ، مورچہ۔② امن و حفاظت، تحفظ۔

**fat** *n. & adj.* اسم: ① چربی، جو خصوصاً حیوانی اجسام میں ہوتی ہے۔② کسی انسان یا حیوان میں چربی کی زیادتی، مٹاپا۔ صف: (**fatter**، **fattest**) ① فربہ، موٹا، لحیم شحیم (آدمی، جانور) ② چربی بھرا۔③ چکنا، روغنی۔ ④ زرخیز، مالامال، بہت فائدہ مند۔ □ **fat chance** بول چال: کوئی امید نہیں۔● **fatness** اسم: مٹاپا۔ **fatty** صف: چربیلا، چکنا، چربی چڑھا۔

**fatal** *adj.* ① مہلک، پُرہلاکت۔② تباہ کن، بربادی لانے والا۔● **fatally** م ف: مہلک طور پر۔

**fatalist** *n.* وہ شخص جس کا یہ عقیدہ کہ ہر بات پہلے سے مقدر ہو چکی ہے، اور اس سے بچا نہیں جا سکتا۔● **fatalism** اسم۔ **fatalistic** صف: تقدیری۔

**fatality** *n.(pl.* **-ies)** مرگِ ناگہاں، حادثے یا جنگ وغیرہ میں موت۔

**fate** *n.* ① تقدیرِ الٰہی، قسمت ایک جبری قوت کے طور پر۔② تقدیر، آدمی کی قسمت کا لکھا۔

**fated** *adj.* ① تباہ ہونے والا، جس کی تباہی مقدّر ہو۔ ② تقدیر کے زیرِ اثر، پہلے سے طے شدہ۔

**fateful** *adj.* ① اہم، نتیجہ خیز۔② طے مقدّر، تقدیر کا لکھا۔③ مصیبت لانے والا۔● **fatefully** م ف۔

**father** *n. & v.* اسم: ① باپ، والد، جس کے نطفے سے اولاد پیدا ہوئی ہو۔ ② موجد، مخترع، بانی، محرک۔ ③ مقتدر، ذی عزت۔④ (کلمۂ خطاب) پادری خصوصاً کسی خاص مذہبی فرقے کا۔ ف: ① پیدا کرنا، جنم دینا، باپ ہونا۔② موجد، محرک ہونا۔● **fatherhood** اسم۔ **fatherless** صف: یتیم۔ **fatherly** صف۔

**father-in-law** *n.(pl.* **fathers-in- law)** خسر، سسرے۔

**fatherland** *n.* آبائی وطن۔

**fathom** *n. & v.* اسم: ۶ فٹ (۱٫۸۲ میٹر) کا طول خصوصاً پانی کی گہرائی ناپنے میں۔ ف: گہری نظر سے جانچنا، بہ نظرِ غائر دیکھنا۔● **fathomable** صف: قابلِ پیمائش۔

**fathomless** *adj.* ① اتھاہ۔② ناقابلِ فہم۔

**fatigue** *n. & v.* اسم: ① تھکن، تکان، گہری تھکاوٹ جو مشقت کے بعد محسوس ہو۔② کمزوری جو کسی دھات وغیرہ میں مسلسل دباؤ پڑنے سے پیدا ہو۔③ فوج میں غیر فوجی مشقت؛ (**fatigues**) اس کے لیے کپڑے۔ ف: تھکانا، مشقت کرانا۔

**fatstock** *n.* ذبح کرنے کے لیے فربہ کیے ہوئے مویشی۔

**fatten** *v.* موٹا کرنا یا موٹا ہونا۔

**fatuous** *adj.* بے مغز، بے وقوف، احمق، کند ذہن۔● **fatuously** م ف۔ **fatuousness** اسم۔

**fatwa** *n.* (اسلامی شریعت میں) کسی مسئلے میں شریعت کی رو سے لگایا جانے والا حکم [ع: فتویٰ]

**faucet** *n.* خصوصاً امریکا: ٹونٹی۔

**fault** *n. & v.* اسم: ① خامی، نقص، عیب جو کردار یا

**FBI** تخفیف: (امریکا میں) Federal Bureau of Investigation۔

**Fe** لوہے کا کیمیائی نام۔

**fealty** *n.* (*pl.*-**ies**) ①مزارع یا رعیت کی اپنے زمیندار سے روایتی وفاداری۔②اطاعت شعاری۔

**fear** *n.* & *v.* اسم:①ڈر، خوف، دھڑکا، خطرہ۔ ② فطری خدشہ، عدم تحفظ کا احساس۔ ف:① (کسی سے) خوف کھانا، ڈرنا سہمنا، پریشان ہونا۔②اندیشہ رکھنا، بے اطمینانی میں مبتلا ہونا۔

**fearful** *adj.* ①ہراساں، خوفزدہ۔②دہشت ناک، خوفناک۔③بول چال: نہایت ناگوار، بہت برا۔● **fearfully** م ف: خوف یا دہشت سے۔

**fearless** *adj.* ①نڈر، بہادر۔②بلا خوف، بے خطر۔ ● **fearlessly** م ف۔**fearlessness** اسم۔

**fearsome** *adj.* خوفناک، ڈراؤنا، کریہہ المنظر۔

**feasible** *adj* قابلِ عمل، ممکن، کارآمد، سہل الحصول۔ ● **feasibility** اسم۔**feasibly** م ف۔

---

وضاحت: *feasible* کو 'ممکن ہے' کے معنوں میں نہیں استعمال کرنا چاہیے، ان معنوں میں *probable* یا *possible* استعمال کرنا چاہیے۔

---

**feast** *n.* & *v.* اسم:①بڑی ضیافت۔②سالانہ مذہبی تہوار۔ف:① دعوت اڑانا، سیر ہو کر کھانا پینا۔② ضیافت، خاطر مدارت کرنا۔

**feat** *n.* کارنامہ، کارِنمایاں۔

**feather** *n.* & *v.* اسم: پرندے کا پر یعنی اس کے جسم سے اگنے والی کھوکھلی نلی پر جڑے ہوئے مہین بال یا ریشے ۔ ف: ① پروں سے ڈھانپنا۔ ② (چپو کو) اس طرح گھمانا کہ وہ دھار کی طرف سے ہوا کو کاٹے۔ □ **a feather in one's cap** کارنامہ جو کسی کے لیے قابل فخر ہو۔ **feather one's nest** اپنا گھر بھرنا، دولت بٹورنا۔● **feathery** صف: پردار۔

**feather-bed** *v.* (**-bedded,-bedding**) آسانی، آسائش، مراعات دینا خصوصاً مالی۔

**feathered** *adj.* پردار، پروں سے بھرا ہوا یا سجا ہوا۔

ظاہری ہیئت وغیرہ میں ہو۔②حد سے تجاوز، بے اعتدالی، خطا، لغزش۔ ③غلطی کی ذمہ داری۔ ④ نقص جو کسی خرابی کا سبب خیال کیا جائے۔⑤زمین کے طبق یا کان کی رگ میں کوئی طویل دراڑ یا رخنہ۔ف:①الزام رکھنا۔②ناقص قرار دینا۔③غلطی کرنا۔□ **at fault** غلطی پر، موردِ الزام۔● **faultless** صف۔**faulty** صف۔

**faun** *n.* ایک لاطینی، دیہی دیومالائی کردار جس کا چہرہ اور دھڑ انسان کا اور ٹانگیں اور دُم بکری کی۔

**fauna** *n.* (*pl.***faunae or faunas**) کسی خطّے یا ارضیاتی عہد کے حیوانات، ان کا احوال۔

**faux pas** *n.* ①بے تکی لغزش، بھاری غلطی۔② نامناسب حرکت، ناواجب کوتاہی۔

**favour** *n.* & *v.* (*US* **favor**) اسم: عنایت، مہربانی، خاص رعایت، نوازش، پسندیدگی، طرفداری، نرمی، مشفقانہ برتاؤ، مدد، پشت پناہی۔ف: ① سراہنا، بڑھاوا دینا؛ اظہار پسندیدگی کرنا، ترجیح دینا۔② کسی کے حق میں مفید ہونا، آسانی پیدا کرنا، سہولت مہیّا کرنا۔ ③بول چال: ملتا جلتا ہونا، مشترک شباہت رکھنا۔

**favourable** *adj.*(*US* **favorable**)، ①موافق، امید افزا۔②متفق، اقراری۔③مبارک، حوصلہ افزا۔④ مددگار، موزوں، حسبِ منشا۔● **favourably** م ف۔

**favourite** *adj.* & *n.*(*US* **favorite**) : صف: پسندیدہ، سب سے بہتر۔ اسم: ①منظورِ نظر آدمی۔②وہ شریک مقابلہ جس کے جیتنے کی زیادہ توقع ہو۔

**favouritism** *n.* (*US* **favoritism**) پاسداری، دوسروں کے مقابلے میں بے جا ترجیح۔

**fawn** *n.*, *adj.* & *v.* اسم:①ایک سال تک کی عمر کا ہرن کا بچہ۔②ہلکا بھورا بادامی سا رنگ۔صف: ہلکے بھورے بادامی رنگ کا۔ف:①نہایت عاجزی کا اظہار کرنا، بچھ جانا، گڑگڑانا۔ ② (جانور خصوصاً کتے کا) قدموں میں لوٹنا، انسیت کا اظہار کرنا۔

**fax** *n.* & *v.* اسم:① نقل، چربے کی ترسیل۔②ہو بہو ارسال کردہ نقل۔ف: کوئی دستاویز اس طرح روانہ کرنا۔

**fay** *n.* ادبی: پری، اپسرا۔

**faze** *v.* بول چال: پریشان کرنا، گڑبڑ ڈالنا، ہمّت شکنی کرنا، درہم برہم کرنا۔

**featherweight** *n.* ① بعض کھیلوں میں بینٹم ویٹ اور لائٹ ویٹ کے درمیان وزن، مثلاً شوقیہ مکّے بازی میں۔ ② ہلکا پھلکا آدمی۔ ③ معمولی، غیر اہم شے۔

**feature** *n. & v.* اسم: ① کسی چیز کا نمایاں وصف یا خصوصیت۔ ② چہرہ مہرہ، چہرے کا نمایاں عضو۔ ③ اخبار یا رسالے میں باقاعدہ شائع ہونے والا یا نمایاں مضمون۔ ④ پورے طول کی فلم۔ ف: ① نمایاں کرنا، خصوصی نمائش کرنا، پُرکشش بنانا۔ ② کسی فلم یا نشریے میں خاص کردار یا خاص موضوع کے طور پر پیش ہونا۔ ③ بطور فیچر پیش ہونا۔

**Feb.** اختصار: FEBRUARY فروری۔

**febrile** *adj.* بخار زدہ، تپ یا حرارت میں مبتلا۔

**February** *n.* عیسوی سال کا دوسرا مہینہ۔

**feces** امریکا: FAECES کا متبادل۔

**feckless** *adj.* ① نحیف، کمزور، غیر مؤثر۔ ② غور و فکر سے عاری، غیر ذمہ دار۔ ● **fecklessness** اسم۔

**fecund** *adj* بارور، زرخیز۔ ● **fecundity** اسم۔

**fed** FEED کا ماضی اور ماضیہ۔

**federal** *adj.* ① وفاقی، مختلف ریاستوں کا اپنی اندرونی خودمختاری کو قائم رکھتے ہوئے متحدہ حکومت کا قیام۔ ② وفاق سے متعلق، وفاق کا۔ ● **federalism** اسم۔ **federalist** اسم: وفاق کا حامی۔ **federally** م ف۔

**federate** *v. & adj.* ف: وفاق کے طور پر تشکیل دینا یا پانا، وفاقی سطح پر منظّم ہونا۔ صف: وفاقی ہیئت کا حامل۔ ● **federative** صف: وفاق ساز۔

**federation** *n.* ① وفاق میں شامل ریاستوں کا گروہ۔ ② وفاقی صورت میں تشکیل دیا ہوا معاشرہ یا گروہ۔

**fee** *n.* ① ماہرانہ مشورے، خدمات کے بدلے ادا کی جانے والی رقم، فیس۔ ② کسی خصوصی معاملے یا سودے میں یا ادارے میں داخلے وغیرہ کے لیے ادائیگی۔

**feeble** *adj.* ① کمزور، ناتواں۔ ② بے اثر، غیر مؤثر۔ ● **feebly** م ف۔ **feebleness** اسم: ناتوانی۔

**feed** *v. & n.* ف: (**feeding**، **fed**) ① کھانا دینا، غذا پہنچانا۔ ② جانوروں کا چارہ وغیرہ کھانا۔ ③ پرورش کرنا۔ ④ خام مال، ایندھن وغیرہ مہیا کر کے (مشین وغیرہ کو) چالو رکھنا۔ اسم: ① (جانوروں یا بچوں کے لیے) خوراک کی مقررہ مقدار۔ ② بول چال: کھانا، طعام۔

**feedback** *n.* ① کسی تجربے وغیرہ کے نتائج کی بابت معلومات، ردّعمل۔ ② کسی عمل یا نظام میں اس کے نتائج یا اثرات، خصوصاً مطلوبہ اور حقیقی نتائج کے درمیان فرق کی بنا پر ترمیم یا قابو پانے کا عمل۔

**feeder** *n.* ① کھلانے پلانے خوراک بہم پہنچانے والا آدمی یا شے۔ ② کسی مشین میں مال پہنچانے والا قیف نما ظرف یا دہانہ۔ ③ بچے کی دودھ کی بوتل۔ ④ معاون ندی یا دریا۔ ⑤ ریلوے لائن یا سڑک کی شاخ جو دور کے اضلاع کو آمد و رفت کے بڑے سلسلے سے ملائے۔

**feel** *v. & n.* ف: (**feeling**، **felt**) ① چُھو کر دیکھنا، لمس سے جانچنا، قوت لامسہ سے کام لینا۔ ② واقف ہونا، تجربہ کرنا، کسی جذبے، احساس، وغیرہ کا شعور رکھنا۔ ③ کسی خاص بات کا ردّعمل محسوس کرنا، جذباتی طور پر متاثر ہونا۔ ④ سوچنا، احساس رکھنا، اپنی بابت خیال کرنا۔ ⑤ کسی سے ہمدردی رکھنا۔ اسم: ① احساس، علم جو چھونے سے پیدا ہوا۔ ② چھونے کا عمل۔ ③ حس لامسہ۔
□ **feel like** راغب ہونا، میلان رکھنا۔

**feeler** *n.* ① بعض جانوروں میں پائے جانے والے محاس جن کے ذریعے چیزوں کو چھو کر محسوس کرتے ہیں۔ ② عارضی تجویز یا رائے خصوصاً اس کا نتیجہ دیکھنے کے لیے۔

**feeling** *n.* اسم: ① قوتِ لامسہ، چھو کر محسوس کرنے کی حس۔ ② کوئی خاص کیفیت جو کسی وقت محسوس ہو۔ ③ (**feelings**) جذباتی لگاؤ یا جھکاؤ۔ ④ کوئی خاص رجحان یا ذوق۔ ⑤ کوئی رائے یا خیال خصوصاً بلا واضح دلیل کے۔ ⑥ زود حسی، رحم یا ہمدردی کا جذبہ۔

**feet** FOOT کی جمع۔

**feign** *v.* بننا، بہروپ بھرنا، مکر کرنا، ڈھونگ رچانا۔

**feint** *n. & v.* اسم: ① دشمن کا دھیان بٹانے کے لیے مصنوعی حملہ یا وار۔ ② مکر کی چال۔ ف: بہانہ کرنا۔

**feisty** *adj.* (**feistier**, **feistiest**) بول چال: ① تیز مزاج، جھگڑالو؛ آپے سے باہر۔ ② پُرجوش۔

**feldspar** *n.* (also **felspar**) ایک سفید یا سرخ دھات۔

**felicitate** *v.* مبارکباد دینا، تہنیت پیش کرنا۔
● **felicitation** اسم: تہنیت، تبریک۔

**felicitous** *adj.* نہایت موزوں، برمحل، برجستہ۔

● **felicitously** م ف۔**felicitousness**اسم۔

**felicity** *n.* (*pl.*-**ies**) ① گہری مسرت۔② شادمانی کا سبب۔③ کوئی مبارک، باعث برکت خوبی۔

**feline** *adj.* & *n.* صف:①بلّی کے خاندان سے تعلق رکھنے والا۔② گربہ صفت خصوصاً خوبصورتی یا چالاکی میں۔اسم:بلّی کے خاندان کا کوئی جانور۔

**fell**[1] FALL کا ماضی۔

**fell**[2] *v.* & *n.* ف: کاٹ ڈالنا، اکھاڑ پھینکنا۔اسم: شمالی انگلستان: پہاڑیوں یا بنجر ٹیلوں کا سلسلہ۔

**fellow** *n.* ①بول چال: آدمی یا لڑکا۔② شخص، کوئی نفر۔③ساتھی، رفیق۔④ مثل، جواب؛ جوڑے میں سے ایک۔⑤معاصر، ہم عہد۔⑥ کسی علمی ادارے کا رُکن۔

**fellowship** *n.* ①رفاقت، ہمدمی، دوستی۔② شرکت، باہمی ساجھا۔③برادری، بھائی چارہ۔④ کالج یا انجمن کے رکن کا منصب یااس کا معاوضہ، وظیفہ۔

**felon** *n.* سنگین جرم کا مرتکب شخص، مہاپاپی۔

● **felony** اسم: سنگین، شدید جرم۔

**felspar** FELDSPAR کا متبادل۔

**felt**[1] *n.* & *v.* اسم: اون وغیرہ کو دبا کر پیٹ کر یا بنائی کے بعد سکیڑ کر بنایا ہوا کپڑا، نمدا۔ف:①نمدا سازی کرنا؛ چٹائی کی طرح بننا، گونتھنا۔② نمدا منڈھنا۔

**felt**[2] FEEL کا ماضی و ماضیہ۔

**felt-tip pen** *n.* نمدی قلم جس کی نوک نمدے یا نمدے جیسی شے کی بنی ہوتی ہے۔

**female** *adj.* & *n.* صف:①مادہ یا مؤنث جنس سے تعلق رکھنے والی جو بچے جنتی یا انڈے دیتی ہے۔② (پودا یا پودے کا حصّہ) جس میں پھل لگتا ہے۔③زنانہ، عورتوں یا مادینوں سے متعلق، نسائی۔④سوراخ دار ساخت کا (خانہ، پرزہ، وغیرہ)اسم:عورت، مادین جانور یا پودا۔

**feminine** *adj.* ① عورتوں کا، عورتوں جیسا، عورتوں سے متعلق یا منسوب۔②زنانہ خصوصیات کا حامل۔③ قواعد: مؤنث کے لیے۔● **femininity** اسم: زنانہ پن، نسائیت۔

**feminism** *n.* مردعورت کی برابری کی بنیاد پر عورتوں کے حقوق کے لیے پیروی، تحریکِ آزادئ نسواں۔● **feminist** اسم: حقوقِ نسواں کا حامی۔

**femme fatale** *n.*(*pl.* **femmes fatales**) دل لبھانے والی پُرکشش عورت۔

**femur** *n.* (*pl.* **femurs** or **femora**) ران کی ہڈی۔● **femoral** صف۔

**fen** *n.* نیچا دلدلی یا سیلابی قطعۂ زمین۔

**fence** *n.* & *v.* اسم:①جنگلہ، باڑ، کھڑی آڑ یا رکاوٹ جو کسی رقبے کی حد بندی کرے۔② بول چال: چوری کا مال خریدنے والا۔③ مشین میں لگی ہوئی آڑ یا باڑ۔ ف:① گھیرنا، احاطہ کرنا۔② شمشیر زنی کرنا، تلوار چلانا۔

**fencing** *n.* ①طویل باڑ، احاطہ۔② جنگلہ بنانے کا سامان۔③ تلوار چلانا، فنِ شمشیر زنی۔

**fend** *v.* □**fend for oneself** اپنا تحفظ کرنا۔ **fend off** دور، الگ تھلگ رکھنا، دفع کرنا، روکنا، ٹالنا۔

**fender** *n.* ① آتش دان کے آگے کی جالی یا تختہ۔ ②جہازرانی: پرانے رسّے، گدّے وغیرہ جو جہاز کے پہلو میں ٹکر روکنے کے لیے لٹکائے جائیں۔

**fennel** *n.* ①ایک چھتر دار پودا جس میں زرد خوشبودار پھول لگتے ہیں۔②امریکا: مڈگارڈ، بمپر۔

**fenugreek** *n.* میتھی کا پودا جس میں پھلیاں لگتی ہیں اوران کے بیج خوشبودار ہوتے ہیں۔

**feral** *adj.* جنگلی، خودرو۔

**ferment** *n.* & *v.* اسم: اُتھل پتھل، ہلچل، جوش و خروش، ہیجان۔ف:① خمیر اٹھنا، اٹھانا۔② جھاگ لانا یا جھاگ اٹھانا۔③برانگیختہ کرنا، برہم کرنا، اکسانا۔

**fermentation** *n.* ① کسی شے میں خمیر اٹھانے کا عمل۔② ہلچل، جوش۔

**fermium** *n.* ایک ماورائے یورینیم دھات جو مصنوعی طور پر تیار کی جاتی ہے (علامت:Fm)

**fern** *n.* سرخس، کرف، ایک بے پھول کا پودا جس کے ڈنٹھل روئیں دار ہوتے ہیں۔● **ferny** صف۔

**ferocious** *adj.* وحشی، جنگلی، خونخوار۔

● **ferociously** م ف۔ **ferocity** اسم: وحشی پن۔

**ferrel** FERRULE کا متبادل۔

**ferret** *n.* & *v.* اسم: ایک چھوٹا قطبی بلّا جو خرگوش، چوہے وغیرہ پکڑنے کے لیے پالا جاتا ہے۔ ف: (**ferreting**،**ferreted**) ڈھونڈنا، کھوج لگانا، سراغ

لینا۔● **ferrety** صف: جاسوسانہ۔

**ferric** *adj.* (also **ferrous**) ① آہنی۔ ② سہ گرفتہ شکل میں لوہے کی مقدار کا حامل۔

**Ferris wheel** *n.* ہنڈولا جس کے عمودی شکل میں گھومنے والے چکّر میں نشستوں کے لیے خانے لٹکے ہوتے ہیں، جو اوپر نیچے گردش کرتے ہیں۔

**ferroconcrete** *n.* فولاد سے مضبوط کی ہوئی کنکریٹ۔

**ferrule** *n.*(also **ferrel**) دستی لکڑی، لاٹھی وغیرہ کی موٹھ، نلکی کا موٹا سرا۔

**ferry** *n. & v.* (*pl* **-ies**) ① مسافروں اور سامان کو پانی کے پار لے جانے والی کشتی وغیرہ۔ ② کرائے پر کشتی رانی یا جہازرانی کی خدمت، پیشہ یا اس کے چلنے کی جگہ۔ ف: (**-ied**، **-ies**): ① کشتی وغیرہ پر پانی کو عبور کرنا۔ ② مسافر برداری یا بار برداری کرنا۔

**fertile** *adj.* ① زرخیز، بارآور۔ ② اُگنے، پنپنے اور نئی شکل میں تبدیل ہونے کی اہلیت رکھنے والا (انڈا، بیج وغیرہ)، جانوروں اور پودوں میں نئی نسل کو جنم دینے کا اہل۔ ③ صاحب ایجاد، تخلیق کار۔● **fertility** اسم۔

**fertilize** *v.* (also **-ise**) ① مٹی کو زرخیز بنانا۔ ② (نسوانی بیضے یا حیوان یا پودے کو) نر کے مادّۂ تولید سے بارور کرنا، حمل ٹھہرانا۔● **fertilization** اسم۔

**fervent** *adj.* ① جوشیلا، سرگرم، شدید۔ ② تپتا، تمتماتا۔ ● **fervency** اسم: جوش، جذبہ۔ **fervently** م ف۔

**fervid** *adj.* ① شدید، سخت، نہایت مشتاق۔ ② گرما گرم، تمتماتا۔● **fervidly** م ف: بشدّت۔

**fervour** *n.* (*US* **fervor**) گرم جوشی، شوقِ، حرارت، سرگرمی، جوش، شدید جذبہ۔

**fester** *v.* ① گھاؤ کا پکنا یا پکانا؛ زخم میں ناسور پڑنا یا ڈالنا۔ ② مستقل آزار بن جانا۔ ③ جلنا، کڑھنا۔

**festival** *n. & adj.* اسم: ① جشن منانے کا دن یا زمانہ؛ میلہ یا مذہبی تہوار۔ ② کسی بستی وغیرہ کا موسمی یا سالانہ میلے یا موسیقی، ناٹک وغیرہ کا سلسلہ، میلے ٹھیلے۔

**festive** *adj.* ① تہوار کا، تہوار سے متعلق۔ ② پُرمسرت۔ ● **festively** م ف۔ **festiveness** اسم: دھوم دھڑکّا۔

**festivity** *n.* (*pl.* **-ies**) ① عیش ونشاط، خوشی خرمی۔ ② جشن، تہوار، رنگ رلیاں، دھوم دھام۔

**festoon** *n. & v.* اسم: پھولوں، پتّوں یا ریشمی فیتوں وغیرہ کی آرائشی جھالر۔ ف: مالاؤں، جھنڈیوں، ہیکلوں وغیرہ سے سجانا، آراستہ کرنا۔

**feta** *n.* (also **fetta**) سفید، نمکین یونانی پنیر۔

**fetch** *v.* ① جا کر لانا، بلا کر لانا۔ ② قیمت پانا؛ کسی (داموں) بکنا۔ ③ بہانا، گرانا (خون، آنسو وغیرہ)

**fetching** *adj.* پُرکشش، جاذبِ نظر۔

**fête** *n.& v.* اسم: ① تفریحات کے ساتھ لگا ہوا بازار، خصوصاً کسی کارِ خیر کے لیے۔ ② بڑا میلہ، تفریحی تقریب یا تہوار۔ ف: عزت دینا، شاندار تفریح مہیّا کرنا۔

**fetid** *adj.*(also **foetid**) متعفّن۔

**fetish** *n.* ① کوئی بے جان شے جس کی قدیم قبائلی لوگ طلسماتی یا کسی روح کی حامل سمجھ کر پوجا کرتے تھے۔ ② غیر معمولی عقیدت یا لگاؤ جو کسی شے سے ہو جائے۔

**fetlock** *n.* گھوڑے کے ٹخنے کے پچھلی طرف کا حصّہ جہاں بالوں کا گچھا ہوتا ہے۔

**fetter** *n. & v.* اسم: ① بیڑی یا پاؤں کی زنجیر، کوئی بند یا بندش۔ ② قید، گرفتاری۔ ف: ① بیڑی ڈالنا، پہنانا۔ ② روکنا، ٹھہرانا، رکاوٹ ڈالنا۔

**fettle** *n.* حالت، کیفیت، شکل، طراز۔

**fetus** امریکا: FOETUS کا متبادل۔

**feud** *n. & v.* اسم: طویل، پشتینی خاندانی عداوت۔ ف: حریف خاندان کے خلاف جنگی کارروائی کرنا۔

**feudal** *adj.* ① جاگیرداری نظام کا یا اس سے متعلق یا مماثل۔ ② جاگیر یا زمینداری کا۔● **feudalistic** صف۔ **feudalism** اسم: جاگیرداری نظام۔

**fever** *n.* ① بخار، وہ مرض جس میں بخار چڑھتا ہو۔ ② اعصابی ہیجان، ہلچل، ہنگامہ۔● **fevered** صف: بخار میں مبتلا۔ **feverish** صف۔ **feverishly** م ف۔

**few** *adj.* کم، تھوڑے سے۔□ **a few** کچھ، چند۔ **a good few** بول چال: خاصی تعداد میں۔

**fey** *adj.* اجنبی، انوکھا، کسی اور دنیا کا؛ پرستانی، عالم خیال کا؛ وہمی، متلون مزاج۔● **feyness** اسم۔

**fez** *n.* (*pl.* **fezzes**) بعض مسلم ممالک میں رائج پھندنے دار رومی یا سرخ ترکی ٹوپی۔

**ff** تخفیف، موسیقی: fortissimo۔

**ff** تخفیف: following pages etc.۔

**fiancé** *n.* (*fem.* **fiancée**) منگیتر، منسوب جس کی کسی کے ساتھ نسبت یا منگنی ہو چکی ہو۔

**fiasco** *n.* (*pl.*-**os**) گڑبڑ گھٹالا، بڑی خرابی، ناکامی۔

**fiat** *n.* ① اجارہ، اختیار، سونپی جانے والی مختاری۔ ② فرمان، حکم۔

**fib** *n.* & *v.* اسم: کوئی معمولی، رفت گزشت کے قابل جھوٹی بات؛ بے پر کی، چھوٹی موٹی افواہ، گپ۔ ف: (**fibbing**، **fibbed**) گپ اڑانا۔ ● **fibber** اسم۔

**fibre** *n.* (*US* **fiber**) ① نباتی ریشہ یا حیوانی جسم کا رُواں جس سے کپڑا بنا جائے۔ ② ساخت، ترکیب، افتاد، اصلیت۔ ③ غذائی اجزا جو معدے کے ہاضم خامروں سے نہ گلیں اور فضلہ بن کر نکل جائیں، جیسے بھوسی۔ ● **fibrous** صف: ریشہ دار، لیفی۔

**fibreglass** *n.* (*US* **fiberglass**) بلوری ریشوں سے بنا ہوا پارچہ، بلوری پارچہ۔

**fibre optics** *n.* مہین بلوری ریشوں سے بنے ہوئے بصری آلات خصوصاً پیغام رسانی کے لیے۔

**fibril** *n.* مہین ریشہ۔

**fibroid** *adj.* & *n.* صف: ① ریشوں کا، ریشائی، لیفی۔ ② ریشہ دار۔ اسم: ایک غیر مہلک رسولی۔

**fibrositis** *n.* سوجن، گلٹی، خصوصاً گٹھیا کی۔

**fibula** *n.*(*pl.* **fibulae** or **fibulas**) گھٹنے اور پنڈلی کے درمیان پیچھے کی طرف نکلی ہوئی چھوٹی ہڈی۔

**fiche** *n.* (*pl.* same or **fiches**) کسی کتاب کے صفحے یا تصویر کی خورد عکسی نقل، چربہ۔

**fickle** *adj.* مذبذب، ڈھلمل، متلوّن مزاج، نااستوار خصوصاً وفاداری میں۔ ● **fickleness** اسم: نااستواری۔

**fiction** *n.* ① افسانہ، طبع زاد خیال، بیان، خیالی بات۔ ② ادب خصوصاً ناول، خیالی قصّوں اور کرداروں پر مبنی حکایت۔ ● **fictional** صف: افسانوی۔

**fictitious** *adj.* ① خیالی، بے حقیقت۔ ② جعلی، نقلی، بے اصل۔ ③ فرضی۔ ④ ناول نگاری سے متعلق۔

**fiddle** *n.* & *v.* اسم: ① بول چال: وائلن یا طنبورہ۔ ② دھوکا دہی کی واردات۔ ف: ① مرمّت وغیرہ کرنا۔ ② جُل دینا، دھوکا دہی کرنا جھٹلانا تردید کرنا۔ ③ طنبورہ بجانا۔ ● **fiddler** اسم: طنبورہ نواز۔

**fiddlesticks** *int.* بکواس، لغویت۔

**fiddly** *adj.* (**fiddlier**، **fiddliest**): بول چال: پیچیدہ، بے ڈھب، ٹیڑھا، پریشان کُن۔

**fidelity** *n.* ① وفاداری، اطاعت شعاری۔ ② اصل سے ہو بہو مماثلت، نقل کا اصل۔

**fidget** *v.* & *n.* (**fidgeting**، **fidgeted**): ف: ① کسمسانا، ہلے جلے بغیر بشرے سے بے چینی کا اظہار کرنا۔ ② پریشان، فکر مند ہونا۔ اسم: ① کسمسانے، تلملانے والا شخص۔ ② جسمانی بے چینی، کسمساہٹ۔ ● **fidgety** صف: متردّد، بے چین، بے قرار۔

**fiduciary** *adj.* & *n.* صف: امانت یا وقف کے طور پر دیا یا قبضہ میں لیا گیا۔ اسم: (ج: **ies**-) متولّی، امین۔

**fie** *int.* بیزاری ظاہر کرنے، شرم دلانے یا نامناسب، نامعقول بات پر تنفر کا کلمہ۔

**fief** *n.* تاریخ: جاگیرداری نظام کے تحت مقبوضہ اراضی یا ٹھیکے پر لی ہوئی زمین۔

**field** *n.* & *v.* اسم: ① کھلا میدان خصوصاً چراگاہ یا کھیت جس کے گرد اکثر جنگلہ ہوتا ہے۔ ② کوئی قطعۂ زمین جو قدرتی دولت سے مالا مال ہو۔ ③ کھیلوں وغیرہ کے لیے میدان۔ ④ کسی مقابلے یا کھیل کے شرکا۔ ⑤ میدانِ عمل، مطالعے کا موضوع، شعبہ۔ ف: ① (کرکٹ وغیرہ میں) میدان میں کھڑے ہوئے کھلاڑی کا، گیند کو روک کر واپس پھینکنا۔ ② کھیل میں شریک کیے کھلاڑی یا ٹولی کو منتخب کرنا۔

**field day** *n.* عمل یا کامیابی کے لیے وسیع موقع۔

**fielder** *n.* (کرکٹ وغیرہ میں) جو ٹیم بلّے بازی نہیں نہیں کر رہی اس کا ممبر۔

**field events** *n.* ورزشی کھیل علاوہ دوڑ۔

**field glasses** *n.pl.* بیرون خانہ استعمال ہونے والی دستی دوربین۔

**field marshal** *n.* فوج کا سب سے اعلیٰ عہدیدار۔

**fieldwork** *n.* مساحت یا سائنسی یا سماجی معلومات جمع کرنے کا عملی کام جو قدرتی ماحول میں انجام دیا جائے۔ ● **fieldworker** اسم: بیرونی کارکن۔

**fiend** *n.* ①چڑیل، بدروح۔②بہت ظالم، شرانگیز، شخص۔③بول چال: شائق، کسی خبط میں مبتلا۔
**fiendish** *adj* ظالم، شقی، شرانگیز؛ بہت سخت، مشکل۔
● **fiendishly** م ف: خباثت سے۔
**fierce** *adj.* ① تشدّد پسند، دہشت گرد۔②نہایت مشتاق، پُرجوش، سرگرم۔③شدید، سخت، ناگوار، برداشت سے باہر۔ ● **fiercely** م ف۔ **fierceness** اسم۔
**fiery** *adj.*(**fierier, fieriest**) ①بھڑکتا سلگتا۔ ②آگ بگولا۔③نہایت گرم۔ ④ گرم جوش، مشتاق، متمنی۔ ● **fierily** م ف۔ **fieriness** اسم: اشتعال۔
**fiesta** *n.* ① چھٹی، تفریحی اجتماع۔②ہسپانوی زبان بولنے والے ممالک کا ایک روایتی جشن یا تہوار۔
**fife** *n.* ایک چھوٹا پپیہے کی سی آواز کا ساز۔
**fifteen** *n. & adj.* اسم: ①پندرہ۔②اس کی علامت یا تحریری شکل (XV،xv،15،۱۵)۔ صف: پندرہ کی تعداد۔ ● **fifteenth** صف و اسم: پندرھواں۔
**fifth** *n. & adj.* کسی سلسلے میں پانچواں مقام یا پانچ کا عدد۔ ● **fifthly** م ف۔
**fifty** *n. & adj.* اسم: ①پچاس کا عدد۔②اس کی علامت یا تحریری شکل (L،l،50، ۵۰) صف: پچاس کی تعداد۔ ● **fiftieth** صف و اسم: پچاسواں۔
**fig** *n.* انجیر، ناشپاتی کی سی شکل کا نرم، میٹھا پھل۔
**fig.** figure کا اختصار۔
**fight** *v. & n.* ف:(**fighting،fought**)① لڑنا، جنگ کرنا۔ ② برسر پیکار ہونا، نبرد آزما ہونا، بھڑنا، مقابلہ کرنا۔③ زور آزمائی یا حجّت کرنا۔④ کوشش، تگ و دو کرنا۔اسم:①لڑائی خصوصاً اچانک دو یا زیادہ افراد، جانوروں وغیرہ کے درمیان؛ مکّے بازی کا مقابلہ، جنگ، قتال۔ ② جان توڑ کوشش۔ ③ لڑائی کا حوصلہ یا سکت۔□ **fight down** جذبات کو دبانا، جی مارنا۔
**fighter** *n.* ①لڑاکا، لڑنے والا۔②لڑاکا ہوائی جہاز جو دوسرے جہازوں پر حملہ کرنے کے لیے بنایا گیا ہے۔
**figment** *n.* خیالی شے، واہمہ۔
**figurative** *adj.* ①مجازی نہ کہ لفظی، بطور استعارہ۔②صنائع و بدائع پر مبنی (انداز) ③ علامتی، مثالی۔ ● **figuratively** م ف تمثیلی۔
**figure** *n. & v.* اسم:①اشیا کی ہیئت ظاہری، جسمانی ہیئت۔②ہیولا، جسم جس کے نقوش واضح نہ ہوں۔③ شخصیت کی بابت رائے یا اندازہ، ذہنی نقش۔④انسانی شبیہہ، نقاشی وغیرہ میں۔⑤علامتِ عددی، اس طرح لکھا جانے والا عدد؛ رقم، قدر، قیمت۔ ⑥نقشہ، خاکہ۔⑦ آرائشی وضع یا نمونہ۔ ⑧ **(figures)** ریاضی کے حسابات۔ ف: ① مذکور ہونا، ظاہر ہونا۔ ② نقشہ یا تصویر اتارنا۔ ③ تصوّر کرنا۔ ④ نمبر ڈالنا۔ ⑤ حساب لگانا۔□ **figure out** اندازہ کرنا، سمجھنا، تخمینہ کرنا۔
**figured** *adj.* کسی نمونے یا ڈیزائن سے آراستہ۔
**figurehead** *n.* ①برائے نام، بے اختیار سربراہ، کٹھ پتلی۔②جہاز کے مستک پر کندہ کی ہوئی شکل۔
**figure of speech** *n.* تسلیم شدہ صنائع، بدائع خصوصاً استعارہ، صنعت مبالغہ وغیرہ۔
**figurine** *n.* مجسّمہ۔
**filament** *n.* ①باریک ریشہ۔②برقی رو گزار ریشہ جو آسانی سے نہیں پگھلتا اور برقی بلب میں لگا ہوتا ہے۔
**filbert** *n.* ہیزل، بندق، کشمیری بادام، گری دار۔
**filch** *v.* بول چال: اُچکنا، اڑا لینا، چُرانا۔
**file** *n. & v.* اسم: ① کاغذوں کو ترتیب سے رکھنے کا بستہ۔②اس میں رکھے ہوئے کاغذات کا مجموعہ، مسل۔ ③ کمپیوٹر: کسی ایک عنوان کے تحت مرتب و محفوظ کردہ معلومات یا مواد۔④ کسی اخبار یا جریدے کی مرتب جلد۔ ⑤تار یا ڈنڈی جس میں کاغذات پروئے جائیں۔⑥اشیا یا افراد کی قطار، ایک کے پیچھے ایک۔ ⑦ریتی۔ ف: ① کاغذات ترتیب وار رکھنا، محفوظ رکھنا۔ ② لمبی قطار میں مارچ کرنا۔③ریتی سے کسی سطح کو برابر کرنا۔
**filial** *adj.* جو بیٹے بیٹی کی طرف سے واجب مناسب یا متوقع ہو، فرزندانہ، دخترانہ۔ ● **filially** م ف۔
**filibuster** *n. & v.* اسم: اسمبلی کارروائی میں رکاوٹ خصوصاً لمبی تقریروں کے ذریعے۔ ف: تاخیری حربوں سے قانون سازی میں مزاحم ہونا۔
**filigree** *n.* سونے، چاندی یا تانبے کے تاروں سے آرائشی لیس یا جھالر بنانے کا کام، بنت۔
**filings** *n.* ریتی سے جھڑنے والے ذرّے، بُرادہ۔
**Filipino** *n. & adj* اسم: (ج: **-os**) فلی پینز کا

باشندہ۔ صف: فلی پینی، فلی پینز سے متعلق۔

**fill** *v.& n.* ف: ①پُر کرنا یا ہونا، بھرنا۔ ②پوری طرح گھیر لینا، چھا جانا، پاٹ دینا۔ ③ خالی اسامی پر کسی کو مقرر کرنا، کسی عہدے پر تعینات ہونا۔ اسم: ①اتنی مقدار جتنی کہ درکار ہو۔ ② کافی، حسبِ گنجائش مقدار۔ □ **fill in** ① فارم وغیرہ پُر کرنا، بھرنا، ضروری معلومات درج کرنا۔ ② کسی کا بدل یا عوضی ہونا۔ ③ بول چال: کسی کو پوری معلومات مہیّا کرنا۔ **fill out** ①ضرورت کے مطابق سائز بڑا کرنا۔ ② بڑا یا موٹا ہو جانا۔ **fill up** ①پوری طرح بھرنا یا بھر جانا۔ ② کسی دستاویز (وغیرہ کو) پُر کرنا۔ **one's fill** ضرورت بھر کا، سمائی بھر کا۔

**filler** *n.* خلا، گڑھے کو بھرنے، پھیلانے، ضخامت، جسامت کو بڑھانے والی شے یا مال مسالہ۔

**fillet** *n. & v.* اسم: بغیر ہڈی کے گوشت کا پارچہ یا مچھلی کا لمبائی میں تراشا ہوا قتلہ۔ ف: (**filleted**، **filleting**) گوشت یا مچھلی کی ہڈیاں، کانٹے دور کرنا۔

**filling** *n.* ①خلا پُر کرنے، بھرنے والی شے، مال مسالہ۔ ②سینڈوچ وغیرہ کے درمیان رکھی جانے والی شے۔

**filling station** *n.* وہ مقام جہاں سے کاروں وغیرہ میں پٹرول بھروایا جاتا ہے۔

**fillip** *n.* اکساوا، محرک، مہیج۔

**filly** *n.* (*pl.*-**ies**) جوان گھوڑی۔

**film** *n. & v.* اسم: ① مہین ورق، پتلی تہ جو کسی چیز پر چڑھی ہو، جھلّی، شفاف پرت۔ ②مسالہ چڑھی ہوئی نرم پلاسٹک یا کوئی اور لچکدار شے کی پٹی جو کیمرے میں تصویر کھینچنے کے لیے لگائی جاتی ہے، فلم۔ ③ متحرک مناظر کا تأثر پیدا کرنے والی فلم بند کی ہوئی کہانی وغیرہ، فلمی کہانی۔ ④ مہین پردہ، دُھند وغیرہ۔ ف: ① کسی منظر، آدمی وغیرہ کا فوٹو کھینچنا۔ ② سینما یا ٹیلیوژن کے پردے پر دکھانے کے لیے فلم بنانا۔ □ **film over** کسی شے پر کوئی پتلی تہ، جھلّی وغیرہ چڑھا ہونا۔

**filmstrip** *n.* فلمی تصاویر کی پٹی یا فیتہ۔

**filmy** *adj.* (**filmier, filmiest**) ①پتلا، مہین، نیم شفاف۔ ②جس پر جھلّی یا جھلّی کی طرح کا مادّہ چڑھا ہو۔

**filo** *n.* مہین کاغذ چڑھی ہوئی پیسٹری۔

**Filofax** *n.* تجارتی نام: ذاتی یا دفتری استعمال کے لیے متفرق کاغذوں کو ترتیب سے رکھنے کا ہلکا دستی خانہ۔

**filter** *n. & v.* اسم: ①مائع یا گیس میں سے ٹھوس ذرّے، بھورے وغیرہ چھانٹنے کے لیے مسام دار مادّہ یا شے۔ ②روشنی، ایکسرے وغیرہ کو جذب یا دھیما کرنے کے لیے لگایا جانے والا حاجز مادّہ یا پردہ۔ ③روشنی یا آواز کی فالتو لہروں کو چھانٹنے کی تدبیر یا پرزہ۔ ④ٹریفک کو چھانٹنے یا بانٹنے کی تدبیر۔ ف: ① فلٹر یا پلاسٹک سے گزرنا یا گزارنا۔ ②رسنا، ٹپکنا یا ٹپکانا، نکلنے کے لیے راہ دینا۔ ③دائیں بائیں مڑنے والی گاڑیوں کو گزارنے کے لیے سیدھی جانے والی گاڑیوں کو روک دینا۔

**filth** *n.* ① غلاظت، گندگی۔ ② کمینہ پن، بے ایمانی، فحاشی۔ ③ گندی یا فحش زبان۔ ● **filthily** م ف۔ **filthiness** اسم۔ **filthy** صف: غلیظ، گندہ۔

**filtrate** *n.* نتھرا ہوا، چھانا، صاف کیا ہوا، مقطّر سیّال۔ ● **filtration** اسم: تقطیر۔

**fin** *n.* ① مچھلیوں کا ایک ابھرا عضو جو جسم کے مختلف حصّوں پر ہوتا ہے اور انھیں تیرنے، آگے بڑھنے، مڑنے یا توازن قائم رکھنے میں مدد دیتا ہے۔ ②جہاز وغیرہ کی اسی طرح کی ابھرواں سطح جو توازن قائم رکھتی ہے۔

**final** *adj. & n.* صف: ①آخری سرے پر واقع، اخیر۔ ② نتیجہ خیز، حتمی، فیصلہ کن۔ اسم: ① کسی کھیل یا مقابلے کا آخری فیصلہ کن مرحلہ۔ ②اخبار کی کسی دن کی سب سے بعد کی اشاعت۔ ③ (**finals**) ڈگری کورس کے آخر میں امتحانات کا سلسلہ۔ ● **finally** م ف: بالآخر، آخرکار۔

**finale** *n.* سازوں کی موسیقی کا آخری حصّہ، آپیرا کے کسی ایکٹ یا ڈرامے وغیرہ کا آخری منظر۔

**finalist** *n.* کسی مقابلے کے آخری معرکے کا شریک۔

**finality** *n.* (*pl.*-**ies**) ① آخری حتمی صورت، قطعیت، اختتام۔ ② آخری حصّہ، جزو۔

**finalize** *v.*(also **-ise**) ① آخری شکل دینا۔ ② مکمل کرنا، ختم پر لانا۔ ③ آخری تفصیلات طے کرنا۔ ● **finalization** اسم: تکمیل۔

**finance** *n. & v.* اسم: ①مالی امور کا انتظام۔ ② کسی منصوبے یا مہم کے لیے رقم کا بندوبست۔ ③ (**finances**) مالی وسائل۔ ف: سرمایہ فراہم کرنا۔ ●

**financial** صف: مالی۔ **financially** م ف۔
**financier** *n.* بڑے بڑے مالی امور سے تعلق رکھنے والا شخص، ماہر مالیات، سرمایہ کار۔
**finch** *n.* ایک چھوٹی چڑیا۔
**find** *v. & n.* ف: **(finding, found)**: ① دریافت کرنا، واقف ہونا۔ ② اتفاقاً پانا، وصول، حاصل کرنا۔ ③ مہیّا کرنا، لانا۔ ④ جوڑ کر، حساب لگا کر جاننا، مشاہدہ کرنا، محسوس کرنا، شناخت کرنا، کھوج نکالنا۔ ⑤ قدرتی طور سے کوئی صورت اختیار کرنا۔ اسم: ① دریافت، خزانے، کان، معدنیات وغیرہ کی۔ ② دریافت کردہ شخص یا شے خصوصاً جبکہ اہم ہو۔ □ **find out** ① دریافت، معلوم کرنا، تاڑنا۔ ② معلومات حاصل کرنا۔ ③ پتہ لگانا، حقیقت حال کو پہچاننا۔ ● **finder** اسم۔
**fine** *adj. & adv.* صف: ① اعلیٰ درجے کا۔ ② نہایت عمدہ، قابلِ لحاظ، خوبیوں والا، ٹھیک، تسلّی بخش، خوب۔ ③ خوش وضع۔ ④ تندرست۔ ⑤ روشن، کھلا (موسم) ⑥ مہین، باریک تیز دھارکا، باریک پسا ہوا، مہین دھاگوں میں کتا ہوا۔ م ف: اچھی طرح، خوش اسلوبی سے۔ ● **finely** م ف۔ **fineness** اسم: باریکی۔
**fine**[2] *n. & v.* اسم: جرمانہ۔ ف: جرمانہ، عائد کرنا۔
**finery** *n.* بھڑکیلا لباس۔
**finesse** *n.* ہوشیاری خصوصاً کسی مشکل کو سلیقے سے حل کرنے میں۔
**finger** *n. & v.* اسم: ① انگلی، ہاتھ کی انگلیوں میں سے کوئی (علاوہ انگوٹھے یا انگوٹھے کو ملا کر) ② انگلی سے ملتی جلتی شے، کوئی پتلا، لمبا ڈھانچا۔ ③ گلاس میں انگل بھر شراب۔ ف: انگلیوں سے چھونا، محسوس کرنا یا الٹنا پلٹنا۔
**fingerboard** *n.* تاروں والے ساز کی پیشانی پر ایک چپٹی تختی، پیلک، جواری۔
**fingerprint** *n.* نشانِ انگشت خصوصاً برائے شناخت۔
**finger-stall** *n.* دکھتی انگلی پر لگائی جانے والی پٹی۔
**finial** *n.* ① کسی گنبد، برجی، مینار وغیرہ کا کلس، کلغی۔ ② کلس کا سب سے اوپری سرا۔
**finicky** *adj.* (also **finicking**) ① ضرورت سے زیادہ محتاط، نک چڑھا۔ ② جزئیات پر زور دینے والا؛ جھکی۔

**finish** *v. & n.* ف: ① ختم پر لانا، پورا کرنا۔ ② ختم کرنا، کھا یا پی ڈالنا۔ ③ ختم ہونا، ہو چکنا، بند ہونا، خاتمے پر آنا خصوصاً دوڑ میں۔ اسم: ① اختتام، آخری مرحلہ، دوڑ کے ختم ہونے کی حد۔ ② لکڑی، پارچے وغیرہ کی سطح کو ہموار، چمکیلا کرنے، روپ دینے کا طریقہ، مسالہ یا وضع۔ ③ مکمل صورت یا حالت۔ □ **finish off** ① ختم پر لانا، اختتام کرنا۔ ② مارنا، ہلاک کرنا۔ ● **finisher** اسم۔
**finite** *adj.* محدود نہ کہ لامتناہی۔
**Finn** *n.* فن لینڈ کا باشندہ، فنی نژاد۔
**Finnish** *adj. & n.* صف: فنی لوگوں یا فنی زبان سے متعلق۔ اسم: فنی لوگوں کی زبان۔
**fiord** *n.* (also **fjord**) چٹانوں سے گھری، تنگ لمبی آبنائے جیسی ناروے میں پائی جاتی ہے۔
**fir** *n.* سرو کی ایک قسم کا سدا بہار مخروطی شکل کا درخت۔
**fire** *n. & v.* اسم: ① جلنے کا عمل، شعلہ، لپک، چمک۔ ② آتشزدگی، تباہ کُن آگ۔ ③ بھٹی، چولھے وغیرہ میں جلنے والا ایندھن۔ ④ بندوق وغیرہ کا سر ہونا، دھماکا۔ ⑤ جذبہ، جوش، شدّتِ جذبات۔ ⑥ سوزش، حرارت، بخار۔ ف: ① بندوق وغیرہ سر کرنا، داغنا۔ ② بول چال: ملازم کو برطرف کرنا۔ ③ آگ لگانا، آتشزدگی کرنا۔ ④ مٹی کے برتنوں، اینٹوں وغیرہ کو پکانا۔ ⑤ جوش دلانا، بھڑکانا۔
**firearm** *n.* بندوق خصوصاً پستول یا رائفل۔
**firebrand** *n.* شورش، بے چینی پھیلانے والا شخص۔
**firebreak** *n.* آگ پھیلنے سے روکنے والی رکاوٹ۔
**fire brigade** *n.* آگ بجھانے والے تربیت یافتہ عملے پر مشتمل ٹیم۔
**firecracker** *n.* امریکا: آتش بازی، پٹاخہ۔
**firedamp** *n.* میتھین گیس کا کان کنوں کا دیا ہوا نام، جو ہوا کی ایک مقدار کی آمیزش سے بھڑک اٹھتی ہے۔
**firedog** *n.* جلتی لکڑی کے نیچے یا انگیٹھی میں لگنے والی جالی۔
**fire engine** *n.* آگ بجھانے کا سامان لے جانے والی گاڑی۔
**fire escape** *n.* آگ لگنے پر بھاگ نکلنے کے لیے ہنگامی زینہ وغیرہ۔
**firefly** *n.* (*pl.*-**ies**) جگنو، پٹ بیجنا۔

**fireman** *n.* (*pl.*-**men**)(also **fire fighter**) آگ بجھانے والے عملے کا کوئی فرد۔

**fireplace** *n.* گھریلو آتش دان۔

**fireside** *n.* آتش دان کے سامنے کی جگہ۔

**firework** *n.* آتش بازی۔

**firing squad** *n.* مجرم کو گولی مارنے پر مامور دستہ۔

**firkin** *n.* لکڑی کا چھوٹا پیپا سیّال شے کے لیے۔

**firm** *adj., adv., v. & n.* صف:① ٹھوس، محکم، پختہ، بندھا، مستحکم، ٹھہرا ہوا۔② پختہ عزم رکھنے والا، پوری طرح آمادہ، اٹل، باوفا، مستقل مزاج۔③ ناقابل تبدّل (پیشکش وغیرہ) حتمی، محکم ۔م ف: پوری طرح، پختہ طور پر۔ف: پکّا کرنا یا ہونا، محفوظ، مضبوط، ٹھوس، گٹھا ہوا ہونا۔اسم: کاروباری ادارہ۔

**firmament** *n.* آسمان بطور گنبد، سائبان یا چھت۔

**first** *adj., n. & adv.* صف:① پہلا، مقدم، اوّلیں۔② مرتبے، مقام یا اہمیت میں بڑھ کر۔ اسم:① شخص یا شے جس کا پہلے نام لیا گیا یا جو پہلے واقع ہو۔ ② کسی قابلِ ذکر بات کا پہلے واقع ہونا، سبقت۔③ امتحان یا مقابلے میں اوّل درجہ یا اوّل درجے میں آنے والا۔④ مہینے کا پہلا دن۔ م ف: ① دوسروں سے پہلے۔ ② کسی دوسری بات سے پہلے۔③ پہلی بار۔ □ **at first** ابتداءً۔

**first aid** *n.* فوری طبّی امداد باقاعدہ علاج سے قبل۔

**first-class** *n.* ① بہترین، اعلیٰ۔② فوری ڈاک۔ ③ اوّل درجے کا مسافر یا اوّل درجے سے متعلق۔

**first cousin** *n.* رک:COUSIN۔

**first-hand** *adj. & adv.* اصل ماخذ سے، براہ راست۔

**firstly** *adv.* پہلے، اولاً، بطور آغاز۔

**first name** *n.* نام کا پہلا جزو، خصوصاً عیسائی۔

**first-rate** *n.* بہترین، بہت عمدہ۔

**firth** *n.* (also **frith** ) ① آبنائے۔② دریا کا دہانہ۔

**fiscal** *adj.* ملکی محاصل سے متعلق۔

**fish** *n. & v.* اسم:(ج:**fish**یا**fishes**) مچھلی، ایک گلپھڑے دار، سرد خون والی، آبی مخلوق، مچھلی بطور غذا۔ ف: ① مچھلی کا شکار کرنا۔② کسی خاص جگہ یا کسی خاص مچھلی کو پکڑنے کی کوشش کرنا۔③ پانی کے نیچے یا پوشیدہ جگہ میں تلاش کرنا؛ بالواسطہ طلب کرنا۔④ بدقّت یا کوشش سے حاصل کرنا۔

**fishery** *n.* (*pl.* -**ies**) ① ماہی پروری کی جگہ۔② مچھلیاں پکڑنے اور پالنے کا کاروبار۔

**fishmeal** *n.* سوکھا پیس کر سکھایا ہوا مچھلی کا گوشت بطور کھاد یا جانوروں کے چارے کے لیے۔

**fishmonger** *n.* مچھلی بیچنے والا۔

**fishnet** *n.* چھدرا جالی دار پارچہ۔

**fishy** *adj.* (**fishier, fishiest**) ① بساندا جس میں مچھلی کی بو یا بساند ہو، مچھلی نما مچھلیوں سے پُر۔② بول چال: مشتبہ، ناقابلِ اطمینان، پُراسرار۔

**fissile** *adj.* ① انفجاری، جس میں نیوکلیائی انشقاق یا انفجار ہو سکے۔② انشقاق پذیر، ٹوٹنے، تڑخنے، پھٹ پڑنے والا۔

**fission** *n.* بھاری ایٹمی مرکزے کا خود بخود یا بیرونی ٹکراؤ کے سبب ٹوٹ جانا جس سے طاقت کا اخراج ہوتا ہے۔

**fissure** *n.* شگاف، پتلی، تنگ دراز، دراڑ۔

**fist** *n.* مٹھی، مکّا۔

**fisticuffs** *n.pl.* مکّے بازی۔

**fistula** *n.* (*pl.* **fistulas** or **fistulae**) گھاؤ یا نالی جو بطور عارضہ یا عملِ جراحی سے جسم پر یا دو کھوکھلے اجزا کے درمیان بن جائے، ناسور۔

**fit** *adj., v. & n.* صف:(**fitter**،**fittest**)① اہل، موزوں، مناسب، لائق، تیار، حسب موقع۔② صحت مند، چاق و چوبند۔③ مناسب، معقول، درست۔ ف: (**fitted**،**fitting**) ① موزوں، مطابق، صحیح ناپ یا جوڑ کا ہونا، کسی شے کو حسبِ منشا یا ضرورت ڈھالنا، شکل دینا، بٹھانا۔② مطابق یا مفید مطلب بنانا، تربیت دینا، اہل بنانا۔③ لیس یا آراستہ کرنا۔④ جڑنا، نصب کرنا۔ اسم: ① لباس یا کسی شے کا بچاؤ، موزونیت۔② شدید دورہ، مرگی وغیرہ کا۔③ تشنّج، ہیجان یا کسی بیماری کا اچانک حملہ۔④ کوئی اضطراری حرکت۔⑤ بول چال: شدید جذباتی ہلچل۔● **fitness** اسم: موزونیت۔

**fitful** *adj.* ناہموار، گاہ بگاہ عود کرنے یا زور دکھانے والا۔● **fitfully** م ف۔

**fitment** *n.* مستقل نصب شدہ فرنیچر کا کوئی سامان۔

**fitter** *n.* ①لباس کی تراش اورساخت کانگراں۔ ②مشین کے پُرزے جوڑنے والا کاریگر۔

**fitting** *n. & adj.* اسم:①لباس کی تراش خراش کو جانچنے کا عمل۔② **(fittings)** کسی عمارت کے اوپری لوازم تنصیبات، کسی اوزار مشین وغیرہ کا پرزہ یا جزو، فرنیچر کا کوئی حصّہ۔صف: مناسب،موزوں،درست۔

**five** *n. & adj.* اسم: پانچ کا عدد یااس کی علامت (۵، 5، v، V)۔صف: پانچ کے برابر۔

**fiver** *n.* بول چال: پانچ پونڈ یا ڈالر کا نوٹ۔

**fix** *v. & n.* ف:①باندھنا،ٹھونکنا،جمانا،ٹانگنا،مضبوط کرنا۔② طے کرنا،ٹھہرانا،مخصوص یاواضح کرنا۔③درست کرنا۔④دماغ میں بٹھانا۔ ⑤ (نظر،توجہ وغیرہ) جمانا، گاڑنا۔⑥ کسی کوراہ راست پر لانا، آمادہ کرنا۔ ⑦ قائم کرنا، مستقل طور پر متعیّن یانصب کرنا۔⑧بول چال: سزادینا،مزا چکھانا،سیدھا کردینا۔اسم: ① شکنجہ، جکڑ بند، ایسی صورت حال جس سے جائے فرار نہ ہو۔②بول چال: نشے کی خوراک جس کا کوئی عادی ہو۔□ **fix up** ① طے کرنا، بندوبست کرنا۔ ②سما لینا، گنجائش نکال لینا۔③ مہیا کرنا۔

**fixate** *v.* ① نظر جمانا۔②نفسیات: کسی شخص یا شے کے ساتھ غیر معمولی لگاؤ رکھنا۔

**fixation** *n.* ① کسی ایک خیال کو ذہن پر مسلّط کرنے کا عمل۔② ٹھہرنے،جمنے،قرار پانے کا عمل۔

**fixative** *n.* ایک کیمیائی مادّہ جو تصویر کے رنگوں کو مستقل کرنے یا بالوں کو جمانے یا خوردحیوی نمونوں کو محفوظ کرنے کے لیے استعمال ہوتا ہے۔

**fixedly** *n.* بلاتبدیلی یا شش و پنج کے۔

**fixity** *n.* ① ٹھہری ہوئی حالت۔②استحکام،ٹھہراؤ۔

**fixture** *n.* ① ٹھہرائی، جمائی، جگہ پر بٹھائی ہوئی شے۔ ②وہ جو مستقل طور پر ایک جگہ جمایا لگا دیا گیا ہو۔

**fizz** *v. & n.* ف:① سسکاری بھرنا، بڑبڑانا۔② (مشروب کا) جھاگ اٹھانا، بلبلے نکالنا۔اسم: پھد پھداہٹ، کھدبدی۔ ②بول چال: جھاگ اڑاتا مشروب۔● **fizziness** اسم کھدبداہٹ۔ **fizzy** صف: جھاگ دار۔

**fizzle** *v.* سسکاری بھرنا، بڑبڑانا،مبہم بول نکالنا۔ □ **fizzle out** چھیچنا، رفتہ رفتہ معدوم ہوجانا،ہو چکنا۔

**fjord** FIORD کا متبادل۔

**fl.** تخفیف: ① floor۔ ② floruit۔ ③ fluid۔

**flab** *n.* بول چال: چربی،مٹاپا،فربہی۔

**flabbergast** *v.* بول چال: بھونچکّا کردینا۔

**flabby** *adj.* **(flabbier, flabbiest)** ① (گوشت وغیرہ) جسم پر لٹکتا، تھلتھلا تا ہوا۔ ② ڈھیلا ڈھالا، کمزور۔● **flabbiness** اسم: پلپلا پن۔

**flaccid** *adj.* ڈھیلا، خلخل، تھلتھل، جھریوں دار، پلپلا، لجلجا۔● **flaccidly** م ف۔ **flaccidity** اسم۔

**flag** *n. & v.* اسم: جھنڈا، پرچم؛ جھنڈے سے ملتی جلتی کوئی چیز۔ ف: **(flagging،flagged)** ① تھکنا، نڈھال ہونا۔② جھنڈیوں کے اشارے سے اطلاع دینا، پیام رسانی کرنا۔

**flagellate** *v.* کوڑے مارنا؛ اپنے تئیں سزا دینا۔● **flagellant** اسم۔ **flagellation** اسم: شلق زنی۔

**flageolet** *n.* ایک قسم کی چھوٹی بانسری۔

**flagged** *adj.* مستطیل پتھروں سے پٹی سڑک۔

**flagon** *n.* ①شراب وغیرہ رکھ کر بیچنے کی بڑی بوتل۔ ②شراب کی صراحی۔

**flagrant** *adj.* شرمناک،صریح،سخت (جرم یا مجرم)● **flagrantly** م ف: کھلے بندوں۔

**flagship** *n.* ① وہ جہاز جس میں ایڈمرل موجود ہو۔ ② اپنی قسم کی اعلیٰ یا اہم ترین شے۔

**flagstone** *n.* سڑک پر بچھانے کا بڑا مستطیل پتھر۔

**flail** *n. & v.* اسم: اناج چھڑنے کا آلہ یا چھڑ جس سے اناج کو کوٹ کر الگ کرتے ہیں۔ف: بے تحاشا یا بے ربط طور پر ہلانا جلانا۔

**flair** *n.* فطری تمیز،صلاحیت یا لیاقت، طبعی ذوق یا ملکہ۔

**flak** *n.* ①طیارہ شکن گولہ باری۔② سخت تنقید۔

**flake** *n. & v.* اسم:① آسمانی برف کا ذرّہ۔② چھپٹی، چھیلن۔ف: چھوٹے چھوٹے ٹکڑوں، چھپٹیوں، کھپروں وغیرہ کی شکل میں بکھرنا، اڑنا یا اڑانا، بکھیرنا یا بکھرنا۔ □ **flake out** بول چال: نڈھال ہوکر گرنا یا سوجانا، غش کھانا۔● **flakiness** اسم۔ **flaky** صف: پرّہ نما۔

**flambé** *adj.* الکحل کا داغ دیا ہوا (کھانا)

**flamboyant** *adj.* شوخ، چمکیلا، بھڑکیلا۔●

**flamboyance** اسم۔ **flamboyantly** م ف۔

**flame** *n. & v.* اسم: ① جلتی ہوئی گیس، آگ کی لو، شعلہ۔ ② چمکیلی روشنی یا اجلا، روشن رنگ: تیز نارنجی رنگ۔ ③ کوئی شدید جذبہ خصوصاً محبت کا۔ ف: ① لو دینا۔ ② چمکنا، روشن ہونا شعلے کی طرح۔ □ **go up in flames** بھسم ہونا۔ **old flame** بول چال: پرانی محبوبہ۔

**flamenco** *n.* (*pl.*-**os**) ① ایک ہسپانوی طرز کی موسیقی۔ ② اس موسیقی پر رقص۔

**flamingo** *n.* (*pl.* -**os** or -**oes**) پانی میں چلنے والا لمبی ٹانگوں، لمبی گردن والا پرندہ، لال لم ٹنگو۔

**flammable** *adj.* آتشگیر، جلد بھڑک اٹھنے والا۔ ● **flammability** اسم: آتش پذیری۔

وضاحت: *flammable* احتیاطاً استعمال کیا جاتا ہے کہ مبادا *inflammable* کو منفی صورت سمجھا جائے، حالانکہ منفی صورت *non-flammable* ہے۔

**flan** *n.* ذائقہ دار ماوا چڑھی ہوئی پیسٹری یا ایک قسم کا اسپنج کیک جس پر مٹھاس لپٹی ہو۔

**flange** *n.* جوڑ ملانے یا مضبوطی کے لیے لگایا جانے والا گھیرا، چھلا، کڑا یا پترا۔ ● **flanged** صف۔

**flank** *n. & v.* اسم: ① پہلو، پسلیوں سے کولھوں کے اوپر تک کا دھڑ۔ ② کسی گروہ یا فوج کا بازو۔ ف: کسی جگہ کے دونوں طرف واقع ہونا۔

**flannel** *n. & v.* اسم: ① فلالین، ایک عموماً بے روئیں کا اونی کپڑا۔ ② فلالین کا بنا ہوا لباس خصوصاً پتلون۔ ③ جسم پونچھنے یا صاف کرنے کے لیے عموماً تولیے کا ٹکڑا۔ ④ بول چال: بکواس؛ خوشامد درآمد۔ ف: (**flannelled**، **flannelling** امریکا: **flanneled**) بول چال: خوشامد کرنا، بڑھانا چڑھانا، تعریف میں مبالغہ آرائی سے کام لینا۔

**flannelette** *n.* ایک طرح کی نقلی فلالین۔

**flap** *v. & n.* ف: (**flapped**، **flapping**) ① اُڑنے یا اُڑنے کی نقل کرنے میں (بازوؤں یا بانہوں وغیرہ کو) اوپر نیچے حرکت دینا، جھلانا۔ ② بول چال: مضطرب یا ہراساں ہونا۔ اسم: ① کپڑے، لکڑی، کاغذ وغیرہ کا ٹکڑا جو کسی چیز کو ڈھکنے کے لیے اس کے ساتھ جڑا ہوا ہو۔ ② بازو یا بانہہ کو ایک بار جھلانے کی حرکت یا جھپاکا۔ ③ بول چال: ہلچل، اضطراب؛ خوف و ہراس۔

**flapjack** *n.* جئی کے آٹے سے بنایا ہوا بسکٹ۔

**flare** *v. & n.* ف: ① اوپر یا نچلے سرے کی طرف پھیلنا، چوڑا ہونا۔ ② بھڑکنا، مشتعل ہونا یا بھڑکانا۔ ③ برہم ہونا، بپھرنا۔ اسم: ① بھڑکتا ہوا شعلہ یا روشنی خصوصاً کھلی جگہ میں۔ ② تیز روشنی جو اشارے کے لیے استعمال کی جائے۔ ③ (**flares**) چوڑی موری کی پتلون۔

**flash** *v., n. & adj.* ف: ① اچانک چمک اٹھنا یا چمکانا۔ ② ایک دم بھڑک اٹھنا، چنگاریاں نکالنا۔ ③ لپکتے شعلے کی طرح روشن ہونا یا چمکنا۔ ④ اچانک نمودار ہونا، تیزی سے گزر جانا۔ اسم: ① اچانک اٹھنے والی روشنی یا شعلہ۔ ② جھپکی، مختصر وقفہ یا لمحہ۔ ③ اچانک پیدا ہونے والا احساس، ذہانت، ذکاوت وغیرہ کی لہر۔ ④ = NEWSFLASH۔ ⑤ فوٹو گرافی = FLASHLIGHT۔ صف: بول چال: شوخ، بھڑکیلا، گنوارو، بدمذاقی کا۔ □ **flash in the pan** عارضی کامیابی۔

**flashback** *n.* سنیما: کسی سابقہ منظر کی طرف لوٹنے کا عمل، بازگشت۔

**flasher** *n.* بول چال: ننگ دھڑنگ، بے شرم۔

**flash flood** *n.* تباہی پھیلانے والا اچانک سیلاب۔

**flashing** *n.* عموماً دھات کی پٹی جو پانی کا رساؤ روکنے کے لیے لگائی جائے جیسے چھت اور دیوار کے جوڑ پر۔

**flashlight** *n.* ① تصویرکشی کیلیے کی جانے والی بہت تیز روشنی۔ ② برقی ٹارچ یا دستی روشنی۔

**flashpoint** *n.* ① وہ درجۂ حرارت جس پر تیل وغیرہ سے اٹھنے والی لپٹ ہوا میں بھڑک اٹھے گی۔ ② ایسا مرحلہ کہ غصّہ وغیرہ روکنا محال ہو جائے؛ توڑ کا نازک مرحلہ۔

**flashy** *adj.* (**flashier, flashiest**) نمائشی، شوخ، بھڑک دار، بدمذاقی کا۔ ● **flashily** م ف۔ **flashiness** اسم۔

**flask** *n.* ① کیمیائی عمل میں استعمال ہونے والی نلکی یا شراب کی بوتل۔ ② = vacuum flask۔

**flat** *adj., adv. & n.* (**flatter**، **flattest**) صف: ① چپٹا، مسطح، لیٹواں، یکساں، ہموار، مسلسل جس میں نشیب و فراز نہ ہو، اُتھلا، جس میں گہرائی نہ ہو۔ ② نااہل؛ سادہ؛ سیدھا۔ ③ بے لطف، بے جان، یکسانیت زدہ،

ڈھال، اداس۔ ④ (جھاگ دار مشروب) جو بیٹھ چکا ہو، مزے سے اترا ہوا۔ ⑤ (بیٹری، مخزن وغیرہ) جو خالی ہو چکا ہو، توانائی کھو چکا ہو، ٹھنڈا، بجھا ہوا۔ ⑥ موسیقی: ایک سُر تی اترا ہوا (سُر)؛ جس میں کوئی یا کئی مدّھم سُر لگتے ہوں؛ اترا، مدّھم، کومل سُر یا سُرتی۔ ⑦ مندا (بازار) اتری قیمتیں۔ م ف: ① لمبا لیٹا ہوا، کسی سطح پر پڑا یا پھیلا ہوا۔ ② بول چال: قطعاً، بالکل، پورا ٹھیک، عین۔ اسم: ① کسی چیز کی سطح، کوئی سپاٹ شے۔ ② ہموار زمین۔ ③ موسیقی: سطح سے اُترا مدّھم سُر، نشان جو اس سُر کو ظاہر کرتا ہے۔ ④ عموماً ایک ہی منزل پر بنے رہائشی کمرے۔ □ **flat out** ① پوری رفتار سے روانہ۔ ② اپنی تمام توانائی یا وسائل کو کام میں لا کر۔

**flatfish** *n.* چپٹی مچھلیوں میں سے کوئی جن کی دونوں آنکھیں ایک ہی طرف ایک ہی سطح پر ہوتی ہیں۔

**flatmate** *n.* کسی کے ساتھ ایک ہی فلیٹ کا رہنے والا۔

**flatten** *v.* چپٹا کرنا یا ہونا۔

**flatter** *v.* ① بے جا تعریف کرنا، خوشامد کرنا۔ ② خوش کرنا، خوش فہمی میں مبتلا کرنا۔ ③ امید دلانا، حوصلہ بندھانا۔ ● **flatterer** اسم: خوشامدی۔ **flattery** اسم۔

**flatulent** *adj.* پیٹ میں نفخ کرنے والا، ریاح کے سبب سے پیدا ہونے والا۔ ● **flatulence** اسم: نفخ۔

**flaunt** *v.* اپنی ذات یا لباس، آرائش وغیرہ پر اترانا، خودنمائی کرنا، نمود و نمائش سے کام لینا۔

---

وضاحت: *flaunt* پر *flout* کا گمان نہ ہونا چاہیے جس کے معنی رعونت کے ساتھ نافرمانی کرنا ہیں۔

---

**flautist** *n.* بانسری یا نفیری بجانے والا۔

**flavour** *n. & v.* (*US* **flavor**) اسم: ① نمایاں ذائقے اور مہک کا ملا جلا احساس۔ ② کوئی غیر واضح قسم، زمرہ یا خصوصیت۔ ف: کوئی خاص مزہ یا مہک پیدا کرنا، مسالے دار بنانا۔ ● **flavourless** صف: بے مزہ۔

**flavouring** *n.* (*US* **flavoring**) کھانے میں ذائقے کے لیے ملایا جانے والا جز، مسالہ وغیرہ۔

**flaw** *n. & v.* اسم: ① خامی، عیب۔ ② بال، تڑقن یا ایسی ہی کوئی خرابی۔ ف: درز، دراڑ ڈالنا، بگاڑنا، تباہ کرنا۔ ● **flawed** صف۔ **flawless** صف: بے عیب۔

**flax** *n.* ① سن کی قسم کا پودا جس میں نیلے پھول لگتے ہیں۔ ② کتے یا بغیر کتے السی کتان کے ریشے۔

**flaxen** *adj.* ① کتانی ریشے کا بنا ہوا یا اس سے متعلق۔ ② کتے ہوئے کتان یا السی کے رنگ کا، پیلا، پھیکا زرد۔

**flay** *v.* ① بکل ادھیڑنا، کھال اتارنا خصوصاً چوٹ مار مار کر۔ ② سخت تنقید کرنا۔ ③ چھیلنا، چھلکا اتارنا۔

**flea** *n.* پسّو، ایک چھوٹا، پھدکنے، خون چوسنے والا حشرہ۔

**flea market** *n.* پرانی استعمال شدہ اشیا کا بازار۔

**fleck** *n.& v.* اسم: ① روشنی یا رنگ کا چھوٹا سا نشان۔ ② خاک وغیرہ کا ذرّہ۔ ③ جسم پر کوئی نشان، چتّا، چھائی۔ ف: نشان یا رنگ کے چھینٹے ڈالنا، رنگا رنگ بنانا۔

**fled** FLEE کا ماضی و ماضیہ۔

**fledge** *v.* ① (پرندے کا) پر نکالنا۔ ② پرندے کے چینچلے کی پرورش کرنا جب تک کہ وہ اڑنے کے قابل ہو۔

**fledgling** *n.* (also **fledgeling**) ① چڑیا کا بچہ، چینچلا۔ ② ناتجربہ کار آدمی۔

**flee** *v.* (**fled, fleeing**) بھاگ جانا، کسی جگہ سے فرار ہونا، اچانک چھوڑ دینا۔

**fleece** *n. & v.* اسم: بھیڑ وغیرہ کے جسم پر اُگنے والا اُون۔ ف: بول چال: کسی کو مالی زک پہنچانا، لوٹ لینا۔

**fleet** *n. & adj.* اسم: جہازوں کا بیڑا جو ایک کمانڈر انچیف کی کمان میں ہو، کسی قوم کے تمام تجارتی جہاز یا فوجی بیڑا۔ صف، شاعرانہ: تیز طرّار، پھرتیلا۔ ● **fleetly** صف۔ **fleetness** اسم: سبک روی، پھرتی۔

**fleeting** *adj.* عارضی، مختصر دورانیے کا۔

**flesh** *n. & v.* اسم: ① گوشت۔ ② جسم بمقابلہ ذہن یا روح۔ ③ پھل کا گودا یا نباتی مادّہ۔ □ **flesh and blood** ① جسم اور جسمانی مادّے۔ ② نوع انسانی۔ ③ انسانی فطرت خصوصاً خطاکار کی حیثیت سے۔ ④ اصلی، حقیقی نہ کہ خیالی۔ **one's own flesh and blood** قریبی عزیز۔ **sins of the flesh** بدکاری۔

**fleshy** *adj.* (**fleshier, fleshiest**) ① فربہ، موٹا۔ ② لحمی، گوشت کا، ہڈی کے سوا۔ ③ گودے دار (پھل، ڈنٹھل وغیرہ) ④ گوشت کی طرح۔

**fleur-de-lis** *n.*(also **fleur-de-lys**) (*pl.***fleurs-de-lis**): ① سوسن کا پھول۔ ②نسبیات: تیپتیا سوسن کا پھول، فرانس کا قدیم شاہی نشان۔

**flew** FLY کا ماضی۔

**flex** *v. & n.* ف:①(کسی عضو یا جوڑ کو) موڑنا یا اس کا مڑنا۔② کسی عضو یا جوڑ کو موڑتے وقت کسی عضلے یا مچھلی کو حرکت دینا یا اس کا حرکت کرنا۔اسم: لچکدار، ڈھکا ہوا تار جو برقی آلات کو بجلی پہنچاتا ہے۔● **flexion** اسم۔

**flexible** *adj.* ① لچکدار، آسانی سے مڑنے والا۔ ② سیدھا، آسانی سے مان جانے والا، اطاعت پذیر۔● **flexibly** م ف۔ **flexibility** اسم: لچکداری۔

**flexitime** *n.* طے شدہ اوقات کار کے ساتھ ملازم کی مرضی کے مطابق کام کے دورانِ کار کا تعیّن۔

**flibbertigibbet** *n.* بکواسی، غیر سنجیدہ، آدمی۔

**flick** *n. & v.* اسم: ① کوڑے وغیرہ کی پھٹکار یا ضرب، انگلی یا چٹکی کی چوٹ۔② اچانک حرکت یا جھٹکا۔③ سنیما کی فلم۔ف: ① جھاڑنا، جھٹکنا۔② پھٹکنا، پھٹکارنا۔

**flicker** *v. & n.* ف:①(چراغ کی لو یا روشنی کا) جھلملانا، رہ رہ کر نمودار ہونا۔② شعلے کا رک رک کر جلنا، جھلملانا اور بجھ جانا۔اسم: لہراتی حرکت یا جھلملاتی روشنی۔

**flier** FLYER کا متبادل۔

**flight** *n.* ① اڑان، پرواز، تیر، گولی وغیرہ کا ہوا میں سے گزرنا۔② ہوائی یا خلائی سفر، ہوائی جہاز کی کسی مقررہ پرواز سے سفر۔③ اڑتے ہوئے پرندوں کا جھنڈ۔ ④ عمارت کی منزلوں کے درمیان سیڑھیوں کا سلسلہ۔ ⑤ تیزی کے ساتھ پسپائی۔

**flight deck** *n.* ① ہوائی جہاز بردار کشتی کا عرشہ۔ ② ہوائی جہاز میں جہاز راں عملے کی نشست۔

**flightless** *adj.* (پرندہ وغیرہ) پرواز کے ناقابل۔

**flight recorder** *n.* ایک آلہ جو دورانِ پرواز تکنیکی تفصیلات ریکارڈ کرتا رہتا ہے۔

**flighty** *adj.* (**flightier, flightiest**) (عموماً کسی لڑکی کے بارے میں) بے اعتبار، غیر سنجیدہ، متلوّن مزاج۔● **flightily** م ف۔ **flightiness** اسم۔

**flimsy** *adj.*(**flimsier, flimsiest**) ① ڈھیلا ڈھالا، کچّا پکّا، ناپختہ، بودا۔ ② ناقابلِ قبول۔ ③ پوچ، ہلکا، اتھلا، سطحی۔ ④ پتلا، جھرجھرا (کپڑا، پارچہ)● **flimsily** م ف۔ **flimsiness** م ف: بوداپن۔

**flinch** *v.* ① ٹھٹکنا، پیچھے ہٹنا، دبکنا (درد سے یا خطرے کے سبب)② پسپا ہونا، جی چھوڑنا، پہلوتہی کرنا۔

**fling** *v. & n.* (**flinging ،flung**): ف: ① زور سے پھینکنا۔② زور دے کر کہنا۔ اسم: ① پھینکنے، مارنے کا عمل۔② عیّاشی، بے راہ روی کا دور۔

**flint** *n.* سنگِ خارا، سنگ چقماق، ایک خاکستری پتھر تقریباً تمام تر سلیکا کا بنا ہوا۔

**flintlock** *n.* قدیم توڑے دار بندوق۔

**flip** *v., n. & adj.* (**flipping،flipped**): ف: ① کسی چیز کو چٹکی مار کر پرے ہٹانا۔② پلٹنا، الٹا کرنا۔ ③ جھٹکوں کے ساتھ اِدھر اُدھر حرکت کرنا۔④ بول چال: جوش یا طیش میں آنا۔اسم: ① ہلکی سی چوٹ، تڑاقا، چٹاخا۔ ② بول چال: مختصر تفریحی پرواز۔ صف: بول چال: بے ملاحظہ، بے مہار، تڑاق پڑاق (آدمی)

**flippant** *adj.* غیر سنجیدہ، چبلا، گستاخ، منہ چڑھا۔● **flippancy** اسم۔ **flippantly** م ف۔

**flipper** *n.* ① کچھوے، پنگوئن وغیرہ کے پھیلنے والے بازو جو تیرنے میں کام آتے ہیں۔② سطحِ آب کے نیچے تیرنے کے لیے خاص قسم کے ربڑ کے جوتے۔

**flirt** *v. & n.* ف: ① لبھانا، پرچانا، جنسی لگاوٹ کرنا۔ ② کسی معاملے سے سرسری لگاؤ رکھنا۔اسم: پرچانے، لگاوٹ کرنے والا شخص۔● **flirtation** اسم: جنسی لگاوٹ۔ **flirtatious** صف۔ **flirtatiously** م ف۔

**flit** *v. & n.* (**flitting،flitted**): ف: ① تیزی، پھرتی سے یا ہلکے قدموں سے اِدھر سے اُدھر جانا۔② گھر سے غائب ہوجانا خصوصاً چپکے سے۔اسم: بول چال: گھر سے غائب ہوجانے کا عمل۔

**flitch** *n.* ① سؤر کے سینے کا گوشت۔② لکڑی کا کندہ خصوصاً تنے کی۔

**flitter** *v.* پھڑپھرانا، بازو وغیرہ پھٹ پھٹانا، پر مارنا۔

**float** *v. & n.* ف: ① مائع کی سطح پر تیرنا، تیرانا یا ٹھہرنا ٹھہرانا۔② پانی یا ہوا کی موج کے ٹھوکے سے ادھر اُدھر ڈولنا، حرکت کرنا۔③ ٹہلنا، خوش خرامی کرنا۔ ④ کمپنی، منصوبہ وغیرہ کا آغاز کرنا، (سرمائے یا حصص کو) بازارِ

حصص میں لانا۔⑤(سکّے کی) شرح مبادلہ کا کھلا، غیر معیّن رہنا، سکّے کو لچکدار، مانگ کے اتار چڑھاؤ پر موقوف رہنے دینا۔ اسم:① تیراک شے۔② چھوٹی گاڑی یا ٹھیلا۔ ③ کھلی رقم یا ریزگاری جوئی دکان یا میلے وغیرہ میں فروخت کے آغاز پر رکھی جائے۔

**floatation** FLOTATION کا متبادل۔

**flocculent** *adj.* اون کے لچھے جیسا۔

**flock** *n. & v.* اسم:① ایک قسم کے جانوروں کا گلّہ، ریوڑ، جھنڈ، ساتھ کھانے پینے اور سفر کرنے والے۔② آدمیوں کا انبوہ۔③ اون، روئی وغیرہ کا گالا، گودڑ یا اُون کے ریشے جو بھرائی کے کام آئیں۔ ف:① جمع ہونا، اکٹھا ہونا۔② جلوس، جماعت، گروہ کی صورت میں چلنا۔

**floe** *n.* سمندر کی سطح پر تیرتی برف کی سل۔

**flog** *v.*(**flogged, flogging**) ① کوڑے مارنا، پیٹنا۔② بول چال: بیچنا۔● **flogging** اسم۔

**flood** *n. & v.* اسم:① سیلاب، طغیانی، طوفان، اُبال، اُچھال۔② پانی کی بوچھاڑ، ریلا۔③ جوار، مد، چڑھاؤ۔ ④ بڑی مقدار۔ ف:① شرابور کردینا، سیلاب کی طرح لپیٹ میں لے لینا۔② بھر جانا، ہجوم کرنا۔③ پانی میں ڈبو دینا، آب زدہ کر دینا۔④ پانی سے بھر جانا، زیر آب آنا۔

**floodlight** *n. & v.* اسم: بڑی تیز روشنی جو کسی عمارت، کھیل کے میدان، اسٹیج وغیرہ کو روشن کرے۔ ف: تیز روشنی سے منوّر کرنا۔

**floor** *n. & v.* اسم:① کسی تعمیر کا فرش۔② سمندر، غار، گڑھے وغیرہ کی تہ، کوئی ہموار سطح۔③ کسی عمارت کی کوئی منزل۔④ پارلیمانی اجلاس میں اظہار رائے کا حق۔ ف:① فرش تعمیر کرنا یا پاٹنا۔② بول چال: ہرا دینا، عاجز کر دینا، غالب آنا، نیچا دکھانا۔

**flooring** *n.* فرش کی تعمیر میں لگے ہوئے تختے وغیرہ۔

**floor show** *n.* تماشا، ناچ، کیبرے۔

**floozie** *n.* (also **floozy**) بول چال: لڑکی یا عورت، خصوصاً بدنام ہرجائی عورت۔

**flop** *v. & n.* (**flopping،flopped**): ف: ① پھڑ پھڑانا، لڑھکنا پُڑھکنا، بدوضعی سے اِدھر اُدھر ہلنا جلنا۔ ② بول چال: ناکام رہنا۔ اسم:① پھڑ پھڑاہٹ، گرنے، ڈھینے کی آواز۔② بول چال: ناکامی، شکست۔

**floppy** *adj.*(**floppier, floppiest**) ہلتا ڈولتا، ڈھلمل، ناہموار۔

**floppy disk** *n.* کمپیوٹر: معلومات کو بھرنے کی مقناطیسی ڈسک۔

**flora** *n.*(*pl.* **floras** or **florae**) کسی خاص علاقے یا زمانے کے نباتات۔

**floral** *adj.* پھولوں کی بابت، پھولوں سے متعلق۔

**floret** *n.* چھوٹا پھول خصوصاً جو کسی بڑے مخلوط پھول کا حصّہ ہو۔

**florid** *adj.* ① سرخ، تمتمایا۔② پھولدار، گلکاری سے مزیّن، سجیلا۔● **floridity** اسم: آراستگی، رنگینی۔

**florin** *n.* ① برطانیہ میں رائج دو شلنگ کا پرانا سکّہ۔ ② بدیسی سونے کا سکّہ خصوصاً ولندیزی گلڈر۔

**florist** *n.* پھول اگانے والا مالی یا بیچنے والا، گل فروش۔

**floruit** *v. & n.* ف: زندہ تھا، کام کرتا تھا (کسی مصنف یا مصوّر وغیرہ کی بابت) اسم: قریبی عہد یا تخمینی تاریخ جب کوئی شخص موجود تھا۔

**floss** *n.* ① کچا ریشم جو ریشم کے کوئے پر لپٹا ہوتا ہے۔ ② dental floss=۔● **flossy** صف۔

**flotation** *n.* (also **floatation**) کسی تجارتی منصوبے کا آغاز، قیام یا اس میں سرمایہ کاری۔

**flotilla** *n.* جہازوں یا کشتیوں کا چھوٹا بیڑا۔

**flotsam** *n.* پانی میں تیرتا ملبہ یا سامان۔ □ **flotsam and jetsam** ملبہ، کباڑ، انگڑ کھنگڑ۔

**flounce** *v. & n.* ف: بپھرنا، تربھر ہونا یا غصّے میں بھر کر نکل کھڑا ہونا۔ اسم: لباس، سایے وغیرہ پر ٹکی ہوئی چوڑی جھالر۔● **flounced** صف۔

**flounder** *v. & n.* ف:① لشتم پشتم آگے بڑھنا جیسے دلدل یا پانی میں۔② کسی کام کو بُری طرح یا بے جانے بوجھے کرنا، اپنی حد سے باہر ہونا۔ اسم:① بھدّی، رکتی ہوئی چال۔② ایک چپٹی خوردنی مچھلی۔

**flour** *n. & v.* اسم: آٹا، پسا ہوا غلّہ، خصوصاً گیہوں کا۔ ف: سفوف یا آٹا چھڑکنا۔● **floury** صف۔

**flourish** *v. & n.* ف:① پھبکنا، پھلنا پھولنا، کامیاب، بامراد ہونا۔② دکھانا، نمائش کرنا۔ اسم: ① ہتھیاروں کی نمائش۔② تحریری خوشنما دائرے بنانے کا

عمل۔ ③ موسیقی کا لہرا، جھالا، جھمکڑا۔

**flout** *v.* ① (قانون، قاعدے کے خلاف) الفاظ یا عمل سے تحقیر کا اظہار کرنا۔ ② تضحیک کرنا، مذاق اُڑانا۔

---

وضاحت: *flout* کو *flaunt* سے خلط ملط نہیں کرنا چاہیے جس کے معنی اترانا یا فخر سے دکھانا ہے۔

---

**flow** *v. & n.* ف: ① بہنا، ندی وغیرہ کی طرح رواں ہونا۔ ② (بالوں، لباس وغیرہ کا) خوشنمائی سے لٹکنا، لوٹنا، لہرانا۔ ③ (شراب کا) فراوانی سے انڈیلا جانا۔ اسم: ① بہاؤ، روانی، چال، بہتی شے۔ ② جوار، مد، چڑھاؤ۔ □ **go with the flow** زمانے کے ساتھ جانا۔

**flow chart** *n.* کسی مخلوط عمل میں اشیا یا اشخاص کی نقل و حرکت کا نقشہ۔

**flower** *n. & v.* اسم: ① کسی پودے کا شگوفہ جس میں پھل یا بیج نکلتا ہے۔ ② پھولوں کا گچھا۔ ③ کوئی پودا جو اپنے پھولوں کے لیے اُگایا جائے۔ ف: (پودے کا) پھولنا، پھول کھلانا، شگوفے لانا۔

**flowered** *adj.* پھولوں سے سجا ہوا۔

**flowerpot** *n.* گملا۔

**flowery** *adj.* ① پھول دار، گل کار۔ ② مرصّع عبارت یا بیان۔ ③ پھولوں سے بھرا یا لدا ہوا۔

**flown** FLY کا ماضیہ۔

**flu** *n.* influenza انفلونزا (نزلہ بخار) کا اختصار۔

**fluctuate** *v.* ادلنا بدلنا، بے قاعدگی سے تبدیل ہوتے رہنا۔ ● **fluctuation** اسم: تغیر تبدّل، اتار چڑھاؤ۔

**flue** *n.* ① دھوئیں کی نکاسی کے لیے چمنی کے اندر کی نالی۔ ② گرم ہوا یا گرم پانی کی گردش کے لیے دیواروں کے اندر بنی ہوئی نالی۔

**fluent** *adj.* رواں، برجستہ (اندازِ تحریر یا تقریر) ● **fluency** اسم: روانی، برجستگی۔ **fluently** م ف۔

**fluff** *n. & v.* اسم: ① رُواں، ریشہ جو کمبل وغیرہ سے نکلے۔ ② نرم پوستین یا پر۔ ف: ① نرم گالوں کی شکل میں آنا یا ڈُھنکا جانا۔ ② بول چال: لغزش کرنا، چوکنا۔

**fluid** *n. & adj.* اسم: کوئی سیّال شے خصوصاً مائع یا گیس۔ صف: ① رواں سیّال جو مختلف شکلوں میں ڈھل سکے۔ ② متغیر، مسلسل تغیر پذیر یا ادلتا بدلتا، غیر محکم۔ ● **fluidity** اسم: سیّالیت۔ **fluidly** م ف۔

**fluid ounce** *n.* ایک پنٹ کا بیسواں حصّہ تقریباً ۲۸ ملی لیٹر (امریکا میں سولھواں حصّہ، تقریباً ۳۰ملی لیٹر)

**fluke** *n. & v.* اسم: ① حسن اتفاق، تکّا۔ ② طفیلی چپٹے کیچوؤں میں سے کوئی بشمول کرم جگر۔ ③ وھیل مچھلی کی دم کے دو اُبھرواں حصّوں میں سے کوئی۔

**flummery** *n.* ① کوری داد، باتیں ہی باتیں، نری بکواس۔ ② انڈوں کو پھینٹ کر بنائی ہوئی ایک میٹھی غذا۔

**flummox** *v.* بول چال: گھبرا دینا، ہڑبڑانا۔

**flung** FLING کا ماضی اور ماضیہ۔

**flunk** *v.* امریکا، بول چال: (امتحان وغیرہ میں) ناکام ہونا، رہ جانا۔

**flunkey** *n.* (also **flunky**)(*pl.*-**eys** or-**ies**) وردی پوش ملازم؛ گھریلو نوکر۔

**fluorescence** *n.* ① مرئی یا غیر مرئی اشعاع جو بعض مادّوں سے چھوٹی لہروں یا لاشعاعی یا بالا بنفشی لہروں کے عمل سے ہوتا ہے، فلوریزی عمل۔ ② چھوٹی نادیدہ لہروں کو جذب کر کے طویل مرئی لہریں خارج کرنے کا عمل، فلوریت، نوریزی۔ ● **fluorescent** صف۔

**fluoridate** *v.* فلورین کی ہلکی آمیزش کرنا (پینے کے پانی وغیرہ میں) ● **fluoridation** اسم۔

**fluoride** *n.* فلورین اور کسی اور عنصر یا اصلیے کا مرکب۔

**fluorine** *n.* ہیلوجن گروپ کا ایک زہریلا، پیلے رنگ کا گیسی عنصر (علامت: F)

**fluorspar** *n.* ایک بے رنگ معدنی شے۔

**flurry** *n.*(*pl.* -**ies**) ① (بارش، برف وغیرہ) کا جھالا، جھڑی۔ ② ہلچل، کھلبلی؛ گہما گہمی۔

**flush** *v., n. & adj.* ف: ① شرمانا، چہرہ تمتما اٹھنا۔ ② (سنڈاس وغیرہ کو) پانی کا ریلا چھوڑ کر صاف کرنا، بہا دینا۔ ③ اُبل پڑنا، اچھال کرنا۔ اسم: ① شرم، حیا، تابنا کی یا رنگینی۔ ② کسی چیز کی پانی کے ریلے سے صفائی۔ ③ جذبے کا وفور، جوش۔ صف: ① ہموار، ہم سطح۔ ② بول چال: مالدار۔

**fluster** *v. & n.* ف: ① ہراساں ہونا۔ ② مخمور کرنا،

چکرادینا۔اسم: گھبراہٹ، پراگندگی، پریشانی۔

**flute** *n.* ①بانسری، الغوزہ یااس طرح کا کوئی کھوکھلا، منہ سے بجانے والا ساز۔② آرائشی گھڑے دار دھاری یا کٹاؤ۔③شراب کا ایک لمبوترامخروطی شکل کا جام۔

**flutter** *v. & n.* ف:①اُڑنے یا اُڑنے کی کوشش میں پرپھڑپھڑانا، پروں کو ہلانا، جنبش دینا۔②لہرانا، جھکولے لینا یا دینا۔③(نبض یادل کی حرکت کا) سست یا بے قاعدہ ہونا۔اسم:①پھڑپھڑاہٹ۔② ہلچل، جوش و خروش، سنسنی، ہیجان۔③بول چال: معمولی رقم کا جوا۔

**fluvial** *adj.* دریامیں پایا جانے والا، دریائی، آبی۔

**flux** *n.* ①سیلان، بہاؤ۔②اخراج، نکاس۔③دھات وغیرہ میں پگھلاؤ کی آسانی کے لیے شامل کیا جانے والا مادّہ۔

**fly**[1] *v. & n.* ①(**flying، flown، flew**):ف: فضا میں اڑنا، پرواز کرنا۔②(جہازیااس کی سواریوں کا) فضا میں سفر کرنا، کسی علاقے یا فاصلے کو عبور کرنا۔③ (خصوصاً طیارے کو) چلانا، اُڑانا، ہوائی جہاز میں جانا، اڑنا، سفر کرنا۔④ہوامیں یا کسی رکاوٹ پر سے گزرنا۔⑤ تیزی سے گزرنا، ہوا ہونا۔⑥بھاگنا،فرار ہونا۔ اسم: (ج:**ies**-)① پرواز۔②لباس پرٹکی ہوئی پٹی، خصوصاً پتلون کے بٹنوں وغیرہ پر۔□ **fly high** ①بلند عزائم رکھنا۔② خوش حال ہونا۔**no flies on someone** بول چال: چوکس، بے خطر، بے ضرر۔

**fly**[2] *n.* (*pl.* **flies**) ① گھریلو مکھی۔② کوئی اور پردار حشرہ۔□ **a fly in the ointment** رنگ میں بھنگ ڈالنے والی شے۔

**flyblown** *adj.* آلودہ خصوصاً مکھیوں سے۔

**flyer** *n.* (also **flier**) بول چال:①ہوا باز مرد یا عورت۔②وہ شے جو ایک خاص انداز سے اُڑتی ہے۔③ تیز رو حیوان یا سواری۔④دستی اشتہار۔

**flying** *adj.* ①اُڑتا ہوا، معلّق، اَدھر۔② تیز رو۔ □**with flying colours** امتیازی حیثیت سے۔

**flying buttress** *n.* کسی دیوار یا ستون پر ٹکا ہوا، اسے سہارا دینے والا محرابی پشتہ۔

**flying fish** *n.* اڑن مچھلی جو تھوڑی دیر تک ہوا میں جست لگا سکتی ہے۔

**flying fox** *n.* پھل کھانے والی ایک بڑی چمگادڑ۔

**flying saucer** *n.* اڑن طشتری، جس کی بابت گمان کیا جاتا ہے کہ فضائے بسیط سے آئی ہے۔

**flying squad** *n.* تیزی سے نقل و حرکت کرنے والا فوجی یا پولیس کا دستہ۔

**flyleaf** *n.* (*pl.*-**leaves**) کتاب کے شروع یا آخر میں خالی ورقہ۔

**flyover** *n.* سڑک یا ریل پر سے گزارنے والا پل۔

**fly-post** *v.* جگہ بے جگہ اشتہار چپکانا۔

**flysheet** *n.* ①تہ ہونے والے اشتہاری اوراق۔ ②خیمے پر یا اس کے آگے لگا یا ہوا موسم سے بچاؤ کا پردہ۔

**fly-tip** *v.*(-**tipped**,-**tipping**) بے ٹھکانے کوڑا پھینکنا۔

**flyweight** *n.* بعض کھیلوں میں کھلاڑیوں کو وزن کے لحاظ سے تقسیم کرنے کے لیے مقررہ اوزان میں سے ایک وزن، جو ہلکے فلائی وزن اور بینٹم وزن کے درمیان آتا ہے،شوقیہ مکّے بازوں کے لیے ۴۸ اور ۵۱ ک گ کے درمیان۔

**flywheel** *n.* گھومتے ہوئے دھرے پر لگا ہوا بھاری پہیہ جو رفتار پر قابو رکھنے کے لیے لگایا جاتا ہے۔

**FM** تخفیف:**frequency modulation**۔

**Fm** کیمیائی عنصر **fermium** کی علامت۔

**foal** *n. & v.* اسم: گھوڑے یا مماثل جنس کا بچھڑا۔ف: (گھوڑی کا) بچہ جننا۔

**foam** *n. & v.* اسم:①جھاگ، پھین، کف۔②اس سے ملتی جلتی شے جیسے مسام دار پلاسٹک یا ربڑ۔ف: جھاگ لانا، بلبلے چھوڑنا۔● **foamy** صف: جھاگ دار۔

**fob** *n. & v.* اسم:①جیبی گھڑی کی چین یا زنجیر۔ ② گھڑی کا خانہ۔③ کنجی کے چھلّے سے جڑا ہوا پترا وغیرہ۔□**fob off** ①کسی کو گھٹیا چیز پکڑا کر دھوکا دینا۔② دھوکا دہی سے مطمئن کرنا۔

**focal** *adj.* ماسکہ سے متعلق، ماسکی۔

**focus** *n. & v.* اسم:(ج: **foci**یا**focuses**) ①شعاعوں یا لہروں کا نقطۂ ارتکاز، ماسکہ، وہ نقطہ جہاں سے شعاعیں یا امواج پھوٹیں، نقطۂ ماسکہ۔②وہ نقطہ جہاں سے کسی شے کی شبیہہ عدسے یا آئینے پر صاف دکھائی دے سکے۔③دلچسپی، تقریب، کارروائی کا محور یا

مرکز۔ ف: (focused، focusing، یا focussed، focussing) ① فوکس میں لانا۔ ② ماسکہ درست کرنا۔ ③ مرتکز ہونا یا کرنا، ایک مرکز پر لانا۔

**fodder** *n.* سوکھی گھاس بطور چارہ۔

**foe** *n.* حریف، عدو، دشمن۔

**foetid** FETID کی متبادل صورت۔

**foetus** *n.* (*US* **fetus**) (*pl.* **foetuses**) جنین، کچا بچہ، کسی حیوان خصوصاً انسان کا جو استقرار حمل سے ۸ ہفتے زیادہ کا نہ ہو۔ ● **foetal** صف: جنینی۔

**fog** *n.* & *v.* اسم: کہر، کہرا، دُھند، کہر کے سبب چھایا ہوا اندھیرا۔ ف: (fogged، fogging) ① مخمصے میں ڈالنا، تاریکی میں رکھنا۔ ② کہر آلود کرنا، دُھندلا دینا، غبار آلود ہونا۔ ● **fogginess** اسم۔ **foggy** صف: دھندلا۔

**foghorn** *n.* کہر میں جہازوں کو خبردار کرنے کے لیے ایک گمبھیر آواز نکالنے والا آلہ۔

**fogy** *n.* (also **fogey**) (*pl.* **-ies** or **-eys**) سٹھیایا ہوا، دقیانوسی آدمی۔

**foible** *n.* معمولی سا نقص، خامی، سنک۔

**foil** *v.* & *n.* ف: ناکام بنانا، لاچار کرنا۔ اسم: ① کُٹا ہوا دھات کا ورقہ۔ ② کوئی شخص یا شے جو دوسرے شخص یا دوسری شے کو تضاد سے نمایاں کرے۔ ③ شمشیرزنی کے لیے ہلکی کند تلوار جس کی نوک پر گھنڈی لگی ہوتی ہے۔

**foist** *v.* نقلی چیز کو اصلی بتانا، گندم نما جو فروشی۔

**fold** *v.* & *n.* ف: ① تہ کرنا، موڑنا، دہرا، تہرا کرنا۔ ② مڑنے، تہ ہوجانے کے قابل ہونا، ٹوٹواں ہونا۔ ③ تہ کر دینا۔ ④ بول چال: (منصوبے کا) ناکام ہونا، بیٹھ جانا۔ ⑤ بھیڑوں کو گلّے میں شامل کرنا۔ ⑥ (ہاتھ) باندھنا؛ لپیٹنا، تہ کرنا۔ اسم: ① تہ کرنے کا کام یا مثال۔ ② تہ کرنے کے لیے ڈالی جانے والی شکن۔ ③ تہ کیا ہوا حصّہ۔ ④ بھیڑوں وغیرہ کا باڑہ۔ ⑤ مذہبی فرقہ یا جماعت۔

**folder** *n.* ① کاغذ رکھنے کا بستہ وغیرہ۔ ② تہ کیا ہوا ورق۔

**foliage** *n.* پتّے، بیل بوٹے۔

**foliate** *adj.* پتّوں پتّیوں سے سجا ہوا۔

**folio** *n.* (*pl.* **-os** ) ① کاغذ کا ایک شیٹ جسے ایک بار موڑ کر دو ورق بنائے گئے ہوں۔ ② اس طرح کے اوراق سے بنی ہوئی کتاب۔

**folk** *n.* & *adj.* (*pl.* **folk** or **folks**) ① لوگ، خلقت، عوام النّاس؛ عزیز و اقارب۔ ② لوک موسیقی۔ صف: (گیت، موسیقی) روایتی علاقے یا ملک سے متعلق۔

**folklore** *n.* عوامی حکایات، کہاوتیں، عقائد و رسوم۔

**folksy** *adj.* (**folksier, folksiest**) ① دوستانہ، بے تکلفانہ۔ ② لوک کلا یا عوامی ثقافت کی خصوصیات والا؛ نمایاں یا ظاہری طور پر عوامی۔

**follicle** *n.* بہت چھوٹی تھیلی یا گڑھا جس میں بالوں کی جڑ ہوتی ہے۔ ● **follicular** صف: کیسہ دار۔

**follow** *v.* ① پیچھے چلنا، اتّباع کرنا، پیروی کرنا۔ ② کسی راستے وغیرہ پر چلنا۔ ③ بعد میں آنا یا واقع ہونا۔ ④ راہنما یا قائد کے طور پر ماننا۔ ⑤ کاربند ہونا، عمل کرنا۔ ⑥ (کسی کاروبار یا پیشے کو) بطور روزگار اپنانا۔ ⑦ کسی مطالعے، نصاب وغیرہ کو اختیار کرنا۔ □ **follow suit** کسی کی پیروی کرنا۔ **follow up** مزید تفتیش کرنا۔ ● **follower** اسم: مطیع، پیرو۔

**following** *prep., n. & adj.* حرف جار: بعدہ، بعدازاں، کے نیچے، میں۔ اسم: پیروی کرنے والوں کا حلقہ، گروہ۔ صف: بعد یا ذیل میں آنے والا۔

**folly** *n.* (*pl.*-**ies**) ① بے وقوفی، حماقت، بدعقلی۔ ② احمقانہ حرکت، خیال وغیرہ۔ ③ آرائشی تعمیر عموماً محض دیکھنے کی یا کوئی منارہ یا گاتھک آثار قدیمہ کی نقالی۔

**foment** *v.* ① اکسانا، بھڑکانا، ہوا دینا (فساد، بغاوت وغیرہ کو)۔ ② سینکنا۔ ● **fomentation** اسم۔

**fond** *adj.* ① (کسی سے) مانوس یا (کسی شے کا) شائق۔ ② مشتاق، چاہنے والا۔ ③ (عقائد کی بابت) سادگی، نادانی، خوش فہمی پر مبنی۔ ● **fondly** م ف۔ **fondness** اسم: چاؤ، شیفتگی۔

**fondant** *n.* ایک قسم کی نرم مٹھائی۔

**fondle** *v.* پیار سے تھپتھپانا۔

**fondue** *n.* پنیر سے بنائی ہوئی ایک غذا۔

**font** *n.* ① گرجا میں بپتسمے کے پانی کا برتن۔ ② (نیز FOUNT) ایک ہی شکل اور جسامت کے ڈھلے ہوئے ٹائپ۔

**fontanelle** *n.* (*US* **fontanel**) شیرخوار بچے کا

نرم تالو، جوکھوپری کی ہڈیوں کے درمیان ہوتا ہے۔

**food** *n.* ①غذا، خوراک۔②خیال انگیز بات۔

**foodie** *n.* بول چال: خوش خور، کھانوں کا شوقین۔

**food processor** *n.* غزائی اجزا کوٹنے اور باہم ملانے کی مشین۔

**foodstuff** *n.* غذائی اشیا۔

**fool** *n. & v.* اسم: ①احمق، بدّھو، کم عقل۔② پھلوں اور بالائی سے بنائی ہوئی ایک شیرینی۔ف: ①بیوقوف بنانا، مذاق اڑانا۔②دھوکا دینا، جُل دینا۔③چھیڑنا، مذاق کرنا۔

**foolery** *n.* احمقانہ حرکت یا طرزِ عمل۔

**foolhardy** *adj.* بے دھڑک اقدام، جان پر کھیلنے والا، احمقانہ بہادری دکھانے والا۔

**foolish** *adj.* احمقانہ، بے وقوفی کا (عمل) یا بیوقوف شخص۔● **foolishly** م ف۔**foolishness** اسم۔

**foolproof** *adj.* نہایت آسان، بے خطا، جس میں لغزش کا امکان نہ ہو (عمل، جنتر وغیرہ)

**foolscap** *n.* کاغذ کے شیٹ کا ایک بڑا سائز۔

**foot** *n. & v.* اسم: (ج: **feet**) ①پاؤں۔② کسی شے کا سب سے نچلا حصّہ۔③ کسی لمبی، عمودی چیز کا نچلا سرا۔④ ایک قدم کا نشان، طول یا فاصلہ۔⑤ناپنے کا پیمانہ ۱۲ انچ کے برابر طول (۴۸ء ۳۰ سینٹی میٹر) ⑥ عروض: ایک رکن بحر جس کا ایک جز عموماً نبرہ دار ہوتا ہے۔ف: بل ادا کرنا۔□ **foot it** پیدل چلنا، سفر کرنا۔ **put one's foot down** بول چال: سختی سے روک دینا، دبا دینا۔

**footage** *n.* ①طول یا فاصلہ فٹوں میں۔②دکھائی یا نشر کی جانے والی فلم کی مقدار۔

**foot-and-mouth disease** *n.* جانوروں خصوصاً مویشیوں کا ایک متعدی مرض، موکھر کی بیماری۔

**football** *n.* ① مختلف طرح کے پھلائی ہوئی گیند سے کھیلے جانے والے کھیلوں میں سے کوئی۔②ان کھیلوں میں استعمال ہونے والی گیند۔● **footballer** اسم۔

**football pools** *n.* فٹ بال کے میچوں پر لگائے جانے والے داؤ جو ایک طرح کا جوا ہے۔

**footfall** *n.* قدموں کی چاپ۔

**foothills** *n.pl.* پہاڑ کے دامن کے قریب نیچی پہاڑیاں۔

**foothold** *n.* ①قدم جمانے کی جگہ۔②سہارا، محفوظ ابتدائی مقام یا فائدہ۔

**footing** *n.* ①قدم جمانے کی جگہ۔② کاروبار یا مہم کی کی بنیاد۔③ کسی فرد کا مقام یا مرتبہ جو دوسروں کے مقابلے میں حاصل ہو۔④دیوار کی بنیاد۔⑤ محفوظ بنیاد۔

**footlights** *n.pl.* اسٹیج کے نیچے، اداکاروں کے قدموں کے پاس لگی ہوئی روشنیوں کی قطار۔

**footling** *adj.* بول چال: ادنیٰ، بے قدر، احمقانہ۔

**footloose** *adj.* آزاد، خودمختار، اپنی مرضی کا مالک۔

**footman** *n.*(*pl.*-**men**) وردی پوش دربان یا ملازم جو میز پر کھانا لگائے یا گاڑی میں ساتھ جائے۔

**footnote** *n.* صفحے کے آخر میں چھپا ہوا حاشیہ۔

**footpath** *n.* پیدل چلنے کے لیے بنائی ہوئی پٹڑی۔

**footplate** *n.* ریل کے انجن میں عملے کے لیے بنا ہوا چبوترہ۔

**footprint** *n.* پاؤں یا جوتے کا نشان۔

**footsie** *n.* بول چال: پیر سے عشق بازی کے کھیل۔

**footsore** *adj.* آبلہ پا، جس کے پاؤں میں چلنے سے زخم یا چھالے پڑ گئے ہوں۔

**footstep** *n.* قدم؛ قدم کی آواز۔

**footstool** *n.* بیٹھی حالت میں پاؤں ٹکانے کا تختہ۔

**footwear** *n.* جوتا یا موزہ وغیرہ۔

**footwork** *n.* کھیل یا رقص میں پاؤں سے کام لینے کا ہنر۔

**fop** *n.* اتراہٹ بھرا، طرحدار آدمی، خودنما، بانکا، چھیل چھبیلا۔● **foppery** اسم۔**foppish** صف۔

**for** *prep. & conj.* حرف جار: ①کے لیے، برائے، واسطے۔②کے حق میں۔③موزوں، مناسب۔④بحوالہ، بہ نسبت، کی بجائے، کی طرف سے۔⑤بہ قیمت، داموں میں۔⑥ بطور جرمانہ۔⑦کے بدلے، کے انعام میں۔ ⑧ کی غرض سے، کی توقع میں، کے پیچھے، کی بنا پر۔ ⑨بمناسبت، کے تناسب سے۔⑩ کی سمت میں، کی طرف۔حرف عطف: چنانچہ، چونکہ، لہٰذا۔

**forage** *n. & v.* اسم: ①مویشیوں کا چارہ۔②تلاش، جستجو۔ف: ①تلاش میں نکلنا (خصوصاً خوراک کی)

**foray** *n. & v.* اسم: اچانک حملہ، دھاوا، یورش۔ف: دھاوا مارنا یا غارت گری کے لیے جانا۔
**forbade** FORBID کا صیغۂ ماضی۔
**forbear** *v.* **(forbore, forborne, forbearing)** باز رہنا، احتراز کرنا۔
**forbearance** *n.* تحمل، ضبط، برداشت۔
● **forbearing** صف۔
**forbid** *v.* **(forbade, forbidden, forbidding)** ① روکنا، بندش لگانا۔ ② داخلہ روکنا۔
**forbidding** *adj.* نامرغوب، مکروہ، درشت۔
**force** *n. & v.* اسم: ① قوت، زور، شدید کوشش۔ ② زبردستی، دباؤ، زور آوری۔ ③ فوجی طاقت، افواج، منظّم جمعیت۔ ④ نفاذ کا اختیار، حق، قدرت۔ ⑤ اثر، تاثیر، اہمیت۔ ⑥ ذہنی یا اخلاقی قوت؛ اثراندازی، اثرانگیزی۔ ⑦ طبیعیات: کوئی بیرونی اثر جو کسی جسم کی حرکت کا باعث ہو، قوت محرکہ۔ف: ① زبردستی روکنا، باز رکھنا۔ ② بزور داخل ہونا۔ ③ رکاوٹ کے باوجود حرکت دینا، دھکیلنا۔ ④ مسلّط کرنا، ذہن مین بٹھانا۔ ⑤ زبردستی پیدا کرنا۔
**forceful** *adj.* ① زوردار، پُرزور۔ ② مؤثر (تقریر)
● **forcefully** م ف۔ **forcefulness** اسم۔
**forcemeat** *n.* گوشت کے مسالے دار پارچے۔
**forceps** *n.* (*pl.* same) ٹھنگن، کلاّب، جراحی اور جنائی میں استعمال ہونے والا چمٹے جیسا آلہ۔
**forcible** *adj.* ① جبری؛ جابرانہ۔ ② پُرزور۔
● **forcibly** م ف: جبراً۔
**ford** *n. & v.* اسم: دریا یا کسی دھارے کا وہ پایاب حصّہ جہاں سے پاپیادہ یا سواری کے ذریعے سے گزرا جا سکے، عبور کیا جا سکے، گھاٹ۔ف: گھاٹ اُترنا۔
**fore** *adj. & n.* صف: جو آگے یا سامنے ہو، اگلا، مقابل۔ اسم: اگلا حصّہ۔ □ **to the fore** ① سامنے کے رخ پر۔ ② نمایاں، واضح۔
**forearm** *n. & v.* اسم: کہنی سے کلائی تک بازو کا حصّہ۔ف: پیشگی جنگی تیاری کرنا۔
**forebears** *n. pl.* اسلاف، آباواجداد۔
**foreboding** *n.* شگون بد؛ خطرے کی پیش گوئی یا پیشگی احساس۔
**forecast** *v. & n.* **(-casting ، -cast)** ف: پیشین گوئی کرنا، پیشگی اندازہ کر لینا یا حساب لگا لینا۔ اسم: پیش گوئی، خصوصاً موسم کی بابت۔ ● **forecaster** اسم۔
**forecastle** *n.* (also **fo'c's'le**) جہازرانی: عرشہ، جہاز کا اگلا حصّہ جہاں عملہ اقامت کرتا ہے۔
**foreclose** *v.* ① رہن رکھی ہوئی شے کی واپسی کا حق لے لینا خصوصاً عدم ادائیگی کی بنا پر۔ ② روکنا، مستثنیٰ قرار دینا۔ ● **foreclosure** اسم: بندش۔
**forecourt** *n.* عمارت کے سامنے کا صحن یا احاطہ۔
**forefathers** *n.* ① آباؤاجداد۔ ② مورث اعلیٰ۔
**forefinger** *n.* انگوٹھے کے برابر والی انگلی۔
**forefoot** *n.*(*pl.* **-feet**) چوپایہ جانور کے اگلے پیروں میں سے کوئی۔
**forefront** *n.* بالکل سامنے کا حصّہ۔
**foregather** FORGATHER کا متبادل املا۔
**forego** FORGO کا متبادل املا۔
**foregoing** *adj.* پچھلا، مذکورہ بالا۔
**foregone conclusion** *n.* ظاہر نتیجہ، جس کی بابت یقین ہو۔
**foreground** *n.* ① منظر کا وہ حصّہ جو دیکھنے والے سے نزدیک تر ہو۔ ② سب سے نمایاں مقام۔
**forehand** *n.* ٹینس وغیرہ: گیند پر ایسی ضرب کہ بلّے کا رخ حریف مقابل کی طرف ہو۔
**forehead** *n.* ماتھا، پیشانی۔
**foreign** *adj.* ① بدیشی، بیرونی، غیرملکی۔ ② بیرونجات سے متعلق۔ ③ کسی اور ضلعے، معاشرے وغیرہ کا، غیر، پرایا۔ ④ نامانوس، اجنبی، غیر۔ ⑤ باہر کا، اوپری۔
**foreigner** *n.* ① کسی دوسرے ملک کا باشندہ یا شہری۔ ② غیرملکی؛ باہر والا۔
**foreknowledge** *v.* واقعے سے پہلے ہی باخبر ہو جانا۔
**foreleg** *n.* چوپائے کی کوئی سی اگلی ٹانگ۔
**forelock** *n.* پیشانی کے اوپر کے بال یا طرّہ۔
**foreman** *n.* (*pl.*-**men**) ① دوسرے کارکنوں کا نگران کارکن۔ ② جیوری کا نمائندہ رکن جو مشاورت کا

صدر اور اس کی جانب سے گفتگو کرنے والا ہوتا ہے۔

**foremost** *adj. & adv.* صف:① سر برآوردہ، ممتاز ترین۔② اہمیت یا مرتبے میں سب سے فائق۔ م ف: اوّلاً، سب سے پیشتر۔

**forename** *n.* پہلا نام یا عیسائی نام۔

**forenoon** *n.* صبح کا وقت۔

**forensic** *adj.* عدالتی، قانونی، عدالتی امور سے متعلق۔

**forensic medicine** *adj.* قانون وتعزیرات سے متعلق طب، خاص طور پر موت یا زخموں کی وجوہات طے کرنے کے لیے۔

**foreplay** *n.* مجامعت سے پہلے جنسی اعضا سے چھیڑ چھاڑ۔

**forerunner** *n.* پیش رو، کسی آمد کی خبر دینے والا۔

**foresee** *v.* **(-saw, -seen, -seeing)** پیش بینی کرنا، پہلے سے جان لینا۔● **foreseeable** صف۔

**foreshadow** *v.* (آنے والے واقعے کی) پیشگی علامت ہونا یا اس سے خبردار کرنا۔

**foreshore** *n.* اوسط خطِ ساحل؛ پانی کے اتار چڑھاؤ کے درمیان یا پختہ زمین کے بعد کی ساحلی پٹّی۔

**foreshorten** *v.* فاصلے کا تاثر دینے کے لیے خاکے یا نقش یا اس کے کسی حصّے کو چھوٹا کر کے دکھانا۔

**foresight** *n.* دور بینی، عاقبت اندیشی، پیش بینی۔

**foreskin** *n.* عضوِ تناسل کے آگے کی کھال۔

**forest** *n.* جنگل، گھنے درخت۔

**forestall** *v.* ① پیشگی روک تھام کرنا۔② پیش بینی سے کام لینا۔③ پہلے سے جان جانا، بھانپ لینا۔

**forester** *n.* ماہر جنگلات، داروغۂ جنگلات۔

**forestry** *n.* جنگل بانی کا علم؛ جنگلات کی پرداخت۔

**foretaste** *n.* خوشی یا پیشگی رنج، پیشگی توقع۔

**foretell** *v.* **(-told,- telling)** پیش گوئی کرنا، آئندہ کا حال بتانا۔

**forethought** *n.* دور اندیشی، پیشگی بندوبست۔

**forever** *adv.* مسلسل، برابر، ہمیشہ۔

**forewarn** *v.* پیشگی تنبیہ، پہلے سے خبردار کر دینا۔

**foreword** *n.* کتاب کے تمہیدی کلمات، پیش لفظ۔

**forfeit** *n., adj. & v.* اسم: جرمانہ، حرجانہ جو بدعہدی پر عائد کیا جائے۔ صف: حرجانے، جرمانے کے طور پر (ضبط شدہ) ف: **(forfeiting ، forfeited)** جرمانہ، حرجانہ بھرنا۔● **forfeiture** اسم: ضبطی۔

**forgather** *v.* (also **foregather**) یکجا ہونا، آپس میں ملنا، موانست، مجالست کرنا۔

**forgave** FORGIVE کا ماضی۔

**forge** *v. & n.* ف: ① جعلی سکّہ ڈھالنا، جعلی تحریر بنانا۔ ② جھوٹ گھڑنا۔③ (دھات کو) تپا کر اور کوٹ پیٹ کر ڈھالنا۔ ④ بتدریج آگے بڑھنا۔ اسم: ① لوہار خانہ، لوہار۔ ② لوہا ڈھالنے کی بھٹّی۔● **forger** اسم۔

**forgery** *n.*(*pl.*-ies) ① جعل سازی، جعلی سکّے، دستاویز وغیرہ بنانے کا عمل۔② جعلی شے۔

**forget** *v.* **(forgot, forgotten, forgetting)** ① بھولنا، حافظے سے محو کر دینا، یاد نہ کر سکنا۔ ② غفلت برتنا۔③ رفت گزشت کرنا۔□ **forget oneself** اپنے فائدے کو نظر انداز کرنا۔② نازیبا حرکت کرنا۔

**forgetful** *adj.* بھول جانے والا، غیر حاضر دماغ۔ ● **forgetfully** م ف۔ **forgetfulness** اسم۔

**forget-me-not** *n.* کوئی پودا جس میں زرد چتّی دار چمکیلے نیلگوں پھول ہوتے ہیں۔

**forgive** *v.* **(forgave, forgiven, forgiving)** ① معاف کرنا، درگزر کرنا، غصّے کو تھوکنا۔ ② بخش دینا، دستبردار ہونا۔● **forgivable** صف: قابلِ معافی۔ **forgiveness** اسم: معافی، درگزر۔

**forgiving** *adj.* جلد معاف کر دینے والا، خطا بخش۔

**forgo** *v.* **(-went, -gone, -going)** ① ترک کرنا، دست بردار ہونا۔② چھوڑنا، تیاگنا۔

**fork** *n. & v.* اسم: ① کھانے کی چھری کے ساتھ کا کانٹا۔ ② دوشاخہ، کانٹے کی شکل کا بڑا اوزار جو کھودنے، سمیٹنے وغیرہ کے کام آتا ہے۔③ دو حصّوں میں بٹنے والا راستہ یا دھارا۔ ف: ① دو حصّوں میں بانٹنا، پھاڑنا۔ ② دوراہے میں سے کوئی ایک راستہ اختیار کرنا۔□ **fork out** بول چال: بادل ناخواستہ ہاتھ سے دینا۔● **forked** صف: دوشاخہ، دولخت بٹا ہوا۔

**forklift truck** *n.* دوشاخہ دار بوجھ اٹھانے والا

چھکڑا۔

**forlorn** *adj.* یکہ وتنہا، لاچار، بے چارہ، غریب۔ ● **forlornly** م ف: لاچارگی سے۔

**forlorn hope** *n.* ① ذراسی آس، امید کی رمق۔ ② سردھڑ کی بازی۔

**form** *n. & v.* اسم: ① شکل، وضع، ترتیب۔ ② خاکہ، نقشہ۔ ③ انسان یا جانور کی قابلِ شناخت صورت۔ ④ جون، پیرایہ، قسم، جنس، ذات۔ ⑤ چھپا ہوا کاغذ برائے اندراجات، فارم۔ ⑥ جماعت، کلاس۔ ⑦ طور طریقہ۔ ⑧ ضابطے کی پابندی۔ ⑨ دستور، ضابطہ، قاعدہ۔ ف: ① گھڑنا۔ ② کسی شکل میں لانا۔ ③ تربیت دینا، تیار کرنا۔ ④ قائم کرنا، ترتیب دینا، تنظیم کرنا۔ ⑤ کوئی صورت یا وضع اختیار کرنا۔

**formal** *adj.* ① رسمی، رواج، طور طریقے کے مطابق، پُر تکلّف۔ ② حسب دستور، اصولی۔ ③ تکلفات پر مبنی۔ ④ واضح، حتمی، باضابطہ۔ ⑤ تسلیم شدہ طریقے کے مطابق۔ ● **formally** م ف۔

**formaldehyde** *n.* ایک بے رنگ گیس جو محفوظ رکھنے اور جراثیم کشی کے لیے استعمال ہوتی ہے۔

**formalin** *n.* حیاتیاتی پیکروں وغیرہ کو محفوظ رکھنے کے لیے استعمال ہونے والا بے رنگ محلول جو فورمل ڈی ہائڈ سے تیار ہوتا ہے۔

**formalism** *n.* ضابطے، قاعدے یا رسم و رواج کی پابندی پر بہت زیادہ زور، ضابطہ پسندی۔

**formality** *n.* (*pl.*-**ies**) ① تکلّف، تصنّع، قواعد و اصول کا رسمی پاس۔ ② روایات کی سخت پابندی۔

**formalize** *v.* (also **-ise**) قاعدے ضابطے میں لانا، رسمی بنانا۔ ● **formalization** اسم: ضابطہ سازی۔

**format** *n. & v.* اسم: ① کتاب، رسالے وغیرہ کی شکل اور سائز، وضع قطع۔ ② کسی کام، پیشکش وغیرہ کا خاکہ، اندازِ ہیئت و صورت۔ ③ کمپیوٹر: کسی عمل یا مواد کو محفوظ رکھنے کے لیے اختیار کردہ ڈھانچا۔ ف: (**formatting** ، **formatted**) ① ترتیب دینا، معین شکل دینا۔ ② کمپیوٹر: مواد کو قبول کرنے کے لیے (ڈسک) تیار کرنا۔

**formation** *n.* ① تشکیل دینے یا تشکیل پانے کا عمل۔ ② اجزا پر مبنی ڈھانچا یا ترتیب۔

**formative** *adj.* ① تشکیلی۔ ② قواعد: مرکبات میں مستعمل (سابقہ، لاحقہ وغیرہ) ③ تشکیل سے متعلق۔

**former** *adj.* ① پچھلا، سابقہ، گزشتہ ② سابق، پہلے کا۔ ③ اوّل الذکر، جس کا نام پہلے لیا گیا۔

**formerly** *adv.* اب سے پہلے، ماضی میں۔

**formic acid** *n.* ایک بے رنگ، آتشگیر، تیزابی مادّہ جو بعض چیونٹیوں کے جسم سے خارج ہوتا ہے۔

**formidable** *adj.* ① خوفناک، دہشت انگیز۔ ② رعب داب والا۔ ③ دشوار، جس سے نبٹنا آسان نہ ہو۔ ● **formidably** م ف: رعب داب کے ساتھ۔

**formless** *adj.* بے ڈول، بے ہیئت۔

**formula** *n.*(*pl.***formulas** or **formulae**) ① کیمیا: کسی مادّے کی نوعیت ظاہر کرنے والی علامات۔ ② ریاضی: علامات میں ظاہر کیا ہوا کلّیہ، قاعدہ۔ ③ بندھے ہوئے الفاظ خصوصاً رسمی موقعوں کے لیے۔ ④ کسی نسخے کے اجزا کی تفصیل۔ ⑤ دوڑ میں شریک موٹر کاروں کی درجہ بندی۔ ● **formulaic** صف۔

**formulate** *v.* ① فارمولے یا کلّیے کی شکل میں ظاہر کرنا۔ ② وضاحت کے ساتھ ضابطۂ تحریر میں لانا۔ ● **formulation** اسم: تشکیل، تدوین۔

**fornicate** *v.* رسمی: غیر شادی شدہ مرد عورت کا رضامندی کے ساتھ مباشرت کرنا۔ ● **fornication** اسم: زنا۔ **fornicator** اسم: زانی، زانیہ۔

**forsake** *v.*(**forsook,forsaken**) ① چھوڑ دینا، ترک کرنا۔ ② دست کش ہو جانا، پھر جانا۔

**forsooth** *adv.* قدیم: یقیناً، سچ مچ، بلاشبہ۔

**forswear** *v.* (**forswore,forsworn**) کسی بات کی قسم کھالینا، بے تعلق ہو جانا، واسطہ نہ رکھنا۔

**forsworn** *adj.* جھوٹا حلف اٹھانے والا۔

**fort** *n.* قلعہ، کوٹ، حصار۔

**forte** *n.* اسم: کسی کی خصوصی لیاقت، خوبی، مہارت وغیرہ۔ م ف، موسیقی: بلند آواز سے۔

**forth** *adv.* ① آئندہ، مستقبل قریب میں۔ ② آگے۔ ③ کسی مقام سے چل کر۔ □ **back and forth** آگے پیچھے، اِدھر اُدھر۔

**forthcoming** *adj.* ① آنے والا، جلد ظاہر یا دستیاب ہونے والا۔② ضرورت کے وقت پیش کردہ۔ ③ بولنے، تعاون کرنے پر آمادہ (شخص)

**forthright** *adj.* ① سیدھا، صاف۔② فیصلہ کن، غیر مذبذب؛ بے باک۔

**forthwith** *adv.* معاً، فوراً، ابھی۔

**fortification** *n.* قلعہ بندی۔

**fortify** *v.*(-ies, -ied) ① دفاعی مورچہ بندی کرنا، حملے کا مقابلہ کرنے کی تیاری کرنا۔② مستحکم بنانا، مضبوط کرنا؛ تقویت دینا۔③ الکحل کی آمیزش سے شراب کی تیزی میں اضافہ کرنا۔④ غذا کو زیادہ مقوی بنانا۔

**fortissimo** *adv.* موسیقی: بہت اونچی آواز میں۔

**fortitude** *n.* تکلیف یا مصیبت میں برداشت، جرأت مندی۔

**fortnight** *n.* پندرھواڑا، ۱۵ دن کا عرصہ۔

**fortnightly** *adj.& adv.* پندرہ روزہ، ہر پندرہ دن بعد ہونے یا آنے والا۔

**Fortran** *n.* کمپیوٹر: سائنسی پروگراموں میں حساب کے لیے مخصوص زبان۔

**fortress** *n.* فوجی قلعہ یا قلعہ بند شہر یا چھاؤنی۔

**fortuitous** *adj.* اتفاقی، حادثاتی، اچانک۔ ● **fortuitously** م ف: اتفاقاً۔

---

وضاحت: *fortuitous* کو *fortunate* کے معنوں میں نہیں استعمال کرنا چاہیے۔

---

**fortunate** *adj.* ① خوش قسمت، خوش حال۔ ② مبارک، پسندیدہ۔ ● **fortunately** م ف۔

**fortune** *n.* ① قسمت، تقدیر، کسی کی قسمت کا لکھا۔ ② مقدّر، قدرت۔ ③ قسمت (خصوصاً اچھی) ④ خوش نصیبی۔ ⑤ خوش حالی۔ ⑥ دولت ثروت، بڑی رقم۔

**fortune-teller** *n.* جیوتشی، قسمت بتانے والا۔

**forty** *n. & adj.* اسم: ① چالیس کا عدد یا مقدار۔ ② عدد چالیس کی علامت (XL، x1، 40، ۴۰) صف: چالیس۔ ● **fortieth** صف و اسم: چالیسواں۔

**forty winks** *n. pl.* بول چال: نیند کی جھپکی۔

**forum** *n.* جلسہ گاہ، مشاورت گاہ۔

**forward** *adj., n., adv. & v.* صف: ① کسی کے راستے پر آگے کی طرف۔② حد سے بڑھا ہوا، گستاخ، تیز۔③ زیر تکمیل، زیر عمل، ترقی پذیر۔④ پیشگی۔ اسم: اگلی صف کا کھلاڑی فٹ بال، ہاکی وغیرہ میں۔م ف: ① آگے کو؛ نمایاں، پیش پیش۔② آئندہ، مستقبل میں۔③ سامنے کی طرف، اپنے مقررہ راستے پر، مسلسل رواں۔ف: ① (خط) وغیرہ کسی اور پتے پر روانہ کرنا۔② بڑھاوا دینا، ترقی دینا۔● **forwardness** اسم: حد سے تجاوز۔

**forwards** *adv.* FORWARD= م ف۔

**fosse** *n.* سُرنگ، خندق۔

**fossil** *n.* پتھرایا ہوا ڈھانچا، پنجر (خصوصاً قدیم) فوصل۔ ● **fossilization** اسم۔ **fossilize** ف۔

**fossil fuel** *n.* قدرتی ایندھن جیسے پتھر کا کوئلہ یا گیس جو قدیم عہد میں جانداروں کے ڈھانچوں سے بنی۔

**foster** *v.* ① پروان چڑھانا؛ بڑھاوا دینا۔② (کسی اور کے) بچے کو پالنا پوسنا۔

**foster child** *n.* رضاعی بچہ۔

**foster parent** *n.* رضاعی والدین۔

**fought** FIGHT کا ماضی اور ماضیہ۔

**foul** *adj., n., adv. & v.* صف: ① ناخوشگوار، مکروہ، بدبودار۔② غلیظ، میلا کچیلا۔③ گھناؤنا، قابلِ نفرت۔ ④ ناپسندیدہ، قابلِ مذمّت۔اسم: کھیل: قاعدے کے خلاف حرکت۔م ف: ناواجب طور پر، قائدے کے خلاف۔ف: ① گندہ ہونا یا کرنا۔② (جانور کا) لید وغیرہ کر دینا۔ ③ کھیل: کوئی خلافِ قاعدہ حرکت کرنا۔ ④ الجھانا، بل ڈالنا۔⑤ رکاوٹ ڈالنا۔ ● **foully** م ف: **foulness** اسم: خرابی، فتور وغیرہ۔

**found**[1] FIND کا ماضی و ماضیہ۔

**found**[2] *v.* ① قائم کرنا، بنا ڈالنا، ابتدا کرنا۔② ابتدائی معمار ہونا یا تعمیر شروع کرنا۔③ بنیاد ڈالنا۔④ پگھلانا، ڈھالنا (شیشہ یا دھات) ⑤ اس طرح کوئی شے بنانا۔

**foundation** *n.* ① سخت زمین یا بنیاد؛ نیو جس پر عمارت کھڑی ہو۔② سطح، جس پر دوسری چیزیں انحصار رکھتی ہوں، زمین۔③ بنیادی کام یا اصول۔④ مستقل ادارے کا قیام یا قائم کردہ ادارہ۔

**founder** *n.& v.* اسم: بانی، بنانے، آغاز کرنے، قائم کرنے والا شخص۔ ف: ① گر جانا، بیٹھ جانا۔ ② (جہاز کا) پانی بھر کر ڈوب جانا۔ ③ ناکام ہونا۔
**foundling** *n.* لاوارث بچہ جو پڑا ہوا ملے۔
**foundry** *n.* (*pl.* -ies) ڈھلائی کا کارخانہ۔
**fount** *n.* ①شاعرانہ: چشمہ، منبع۔ ②نیز **font** (معنی ۲)
**fountain** *n.* ①فوارہ۔ ② منبع، مخرج۔
**fountainhead** *n.* اصلی ماخذ، منبع۔
**fountain pen** *n.* قلم جس میں سیاہی بھری ہو یا سیاہی کی نلکی ڈالی جائے۔
**four** *n. & adj.* اسم: ①چار کا عدد یا مقدار۔ ② اس قدر کی علامت (IV، iv، 4، ۴) صف: چار کے برابر یا بقدر۔ ● **fourth** اسم: چوتھا۔
**fourfold** *adj. & adv.* چوگنا، چہار گانہ، چہار چند۔
**four-poster** *n.* مسہری جس کے چاروں کونوں پر چار ڈنڈے کھڑے کیے گئے ہوں۔
**foursome** *n.* چوکڑی، چوگڈم، چار کی ٹولی۔
**fourteen** *n. & adj.* اسم: ①چودہ کا عدد یا رقم۔ ② اس عدد کی علامت (XIV، xiv، 14، ۱۴) صف: چودہ کے برابر یا بقدر۔ ● **fourteenth** صف و اسم: چودھوں۔
**fourth** *n. & adj.* اسم: ① کسی سلسلے میں چوتھا، چہارم مقام۔ ②چوتھے مقام پر موجود شخص یا شے۔ ③ مقابلے میں چوتھے نمبر پر آنے والا۔ ④ کُل کا ایک چوتھائی حصّہ۔ صف: چوتھا، چہارم۔ ● **fourthly** م ف۔
**four-wheel drive** *n.* چوپہیّا چال جس میں گاڑی کے چاروں پہیّے ایک ساتھ زور پاتے ہیں۔
**fowl** *n.* ①انڈے دینے والے پالتو پرندوں میں سے کوئی۔ ②اس کا گوشت۔
**fox** *n. & v.* اسم: ①لومڑی، لُومڑ، اس کی پوستین۔ ② عیّار، مکّار شخص۔ ف: چالاکی برتنا، دھوکا دینا، چکمہ دینا۔
**foxglove** *n.* ایک اونچا پودا جس کی انگشت نما چھڑوں پر قرمزی رنگ کے پھول آتے ہیں۔
**foxhole** *n.* ①زمین دوز مورچہ۔ ②پناہ گاہ۔
**foxhound** *n.* ہاؤنڈ نسل کا، لومڑی کے شکار کے لیے سدھایا ہوا کتا۔

**foxtrot** *n. & v.* بال روم کا رقص بالترتیب دھیمے اور تیز قدموں کے ساتھ، اس کے ساتھ کی موسیقی۔
**foyer** *n.* ہوٹل، تھیٹر وغیرہ میں داخل ہونے کا ہال۔
**Fr** francium کی علامت۔
**fracas** *n.* (*pl.* same) بلوہ، فساد۔
**fraction** *n.* ① کُل کا کوئی جز، کسر۔ ② جزِ قلیل۔ ③مرکب محلول میں سے علاحدہ کیا ہوا جز۔ ● **fractional** صف۔ **fractionally** م ف۔
**fractious** *adj.* ①جھلّا، تنک مزاج۔ ②زود رنج۔ ● **fractiously** م ف۔ **fractiousness** اسم۔
**fracture** *n. & v.* اسم: ٹوٹنا، شکستگی خصوصاً ہڈی کی، ٹوٹنے کا نشان، درز، بال، دراڑ۔ ف: ①ٹوٹنا، مضروب ہونا، شکستہ ہونا یا کرنا۔ ②ٹوٹنا یا توڑنا۔
**fragile** *adj.* ① بآسانی ٹوٹنے والا۔ ②نازک اندام، کمزور۔ ● **fragility** اسم: نازکی، کمزوری۔
**fragment** *n. & v.* اسم: ① ٹوٹا ہوا حصّہ، چھوڑا یا علاحدہ کیا ہوا جز۔ ② کسی شے کا بقیہ۔ ف: ٹکڑوں میں تقسیم کرنا۔ ● **fragmentation** اسم: شکستگی۔
**fragmentary** *adj.* ① ٹکڑوں یا متفرق اجزا پر مشتمل، پارہ پارہ، ریزہ ریزہ۔ ② نامربوط۔
**fragrance** *n.* ①مہک، خوشبو۔ ②خوشبودار شے، عطر وغیرہ۔ ● **fragrancy** اسم۔ **fragrant** صف۔
**frail** *adj.* ①نازک، بودا۔ ② کمزور، ڈھیلا، ماندہ۔ ● **frailty** اسم: بودہ پن۔
**frame** *n. & v.* اسم: ①تصویر، کھڑکی وغیرہ کا چوکھٹا۔ ②ڈھانچا، پنجر، قالب؛ عمارت، گاڑی، جہاز وغیرہ کا ڈول، ڈھچر۔ ③ جسم، بدن، ڈیل۔ ④ تعمیر، ساخت۔ ⑤ ترکیب، وضع، تشکیل، جسمانی حدود، وضع قطع۔ ⑥ کیفیت، وقتی حالت۔ ⑦سنیما کی کوئی ایک تصویر یا ٹیلیوژن پر منظر کی ایک جھپکی۔ ف: ①چوکھٹے میں جڑنا۔ ② تعمیر کرنا۔ ③ ڈھالنا، ہموار کرنا، فٹ کرنا۔ ④ بول چال: جھوٹا الزام دھرنا، کسی کو پھانسنا۔ □ **frame of mmid** وقتی ذہنی سوچ۔
**framework** *n.* ڈھانچا، جس پر کوئی چیز قائم ہو۔
**franc** *n.* فرانس، بلجیم وغیرہ کا معیاری سکّہ۔
**franchise** *n. & v.* اسم: ①حق رائے دہی۔ ②

کسی کمپنی کی طرف سے کسی کو اجرا کیا جانے والا فروخت کاری کا حق۔ ف: کسی کے حق میں پروانہ اجرا کرنا۔

**francium** *n.* (Fr: علامت) ایک تابکار دھاتی عنصر

**Franco** - *comb.form* فرانسیسی؛ فرانسیسی اور۔

**frank** *adj. & v.* صف: بے تکلف، صاف صاف، کھلا کھلا، واضح۔ ف: ڈاک پر مہر لگانا (ادائگی محصول کے نشان کے طور پر) ● **frankly** م ف۔ **frankness** اسم۔

**frankfurter** *n.* ایک قسم کا ساسیج۔

**frankincense** *n.* درخت سے حاصل کردہ خوشبودار گوند یا ریزش۔

**frantic** *adj.* ① جوش میں دیوانہ۔ ② ہیجان میں مبتلا، اُتاولا۔ ● **frantically** م ف: دیوانہ وار۔

**fraternal** *adj.* ① بھائی یا بھائیوں سے متعلق۔ ② برادرانہ۔ ● **fraternally** م ف۔

**fraternity** *n.* (*pl.* **-ies**) ① ہم خیال یا یکساں مفادات رکھنے والوں کا ٹولہ۔ ② اخوت، برادرانہ جذبہ۔

**fraternize** *v.*(also **-ise**) میل جول پیدا کرنا، دوستانہ ربط ضبط رکھنا۔ ● **fraternization** اسم۔

**fratricide** *n.* ① برادر کشی، بھائی یا بہن کو قتل کرنا۔ ② اس کا مرتکب۔ ● **fratricidal** صف۔

**Frau** *n.* جرمن میں شادی شدہ یا بیوہ خاتون سے خطاب کا لفظ۔

**fraud** *n.* ① دھوکے بازی، فریب دہی۔ ② مکّاری، دغا، چال بازی۔ ③ جھوٹا، کھوٹا شخص یا جھوٹی، نقلی، دھوکے کی شے۔ ● **fraudulence** اسم: فریب کاری۔ **fraudulent** صف۔ **fraudulently** م ف۔

**fraught** *adj.* سخت تشویش یا پریشانی کا باعث یا پریشانی میں مبتلا۔ □ **fraught with** سے پُر، بھرا ہوا۔

**Fräulein** *n.* غیر شادی شدہ جرمن عورت کا خطاب۔

**fray** *v. & n.* ف: (سلے یا بنے ہوئے کپڑے کا) گِھس جانا، خصوصاً کناروں سے۔ ② (اعصاب وغیرہ کا) سخت دباؤ میں ہونا۔ اسم: پُرشور جھگڑا یا مار پیٹ۔

**frazzle** *n.* بول چال: تکان، تھکن اور کمزوری کی حالت۔ ● **frazzled** صف: خستہ حال، نڈھال۔

**freak** *n.* ① خلافِ معمول شے، عجیب الخلقت وجود۔ ② عجیب، بے ڈھب۔ ③ بول چال: قاعدے سے ہٹ کر چلنے والا آدمی، کسی خبط میں مبتلا شخص۔ □ **freak-out** بول چال: برہمی، پریشان خیالی۔ ● **freakish** صف: عجیب وغریب۔ **freaky** صف۔

**freckle** *n. & v.* اسم: چتّا، عموماً دھوپ کی تیزی سے جسم پر پڑ جانے والا بھورا داغ۔ ف: ① دھبّے ڈالنا۔ ② دھبّے دار ہونا۔ ● **freckled** صف: دھبّے دار۔

**free** *adj., adv. & v.* (**freest**، **freer**): صف: ① آزاد نہ کہ پابند۔ ② خودمختار، قومی وشہری حقوق سے بہرہ یاب، بے روک ٹوک۔ ③ غیر محدود، بے قید، عمل میں آزاد۔ ④ معافی یافتہ، بے میل، ملاوٹ، پاک صاف۔ ⑤ اجازت یافتہ۔ ⑥ بے جھجک، بے تکلف۔ ⑦ بے قیمت مہیّا، محصول، فیس وغیرہ سے معافی یافتہ۔ ⑧ خالی، بلا مصروفیت۔ ⑨ ازخود، بلا دباؤ۔ ⑩ سب کے لیے کھلا؛ ادب روایتی بندشوں سے آزاد۔ م ف: بغیر معاوضہ لیے۔ ف: ① آزادی دینا، رہا کرنا۔ ② کسی بندش سے چھڑانا۔ ③ پھندے سے نکالنا۔ □ **a free hand** آزادیٔ عمل۔ **freely** م ف۔

**freebie** *n.* بول چال: مفت دی جانے والی چیز۔

**freebooter** *n.* بحری قزاق۔

**freedom** *n.* ① آزادی، حریت۔ ② شخصی یا شہری آزادی، غلامی کی ضد۔ ③ آزادیٔ عمل۔ ④ بے تکلفی، منہ چڑھاپن۔ ⑤ رکنیت، حقوق وغیرہ میں بے روک ٹوک یا اعزازی طور پر شرکت کا حق۔

**free fall** *n.* وہ حرکت جو صرف کششِ ثقل پر مبنی ہو، مثلاً چھتری کے سہارے اترنے میں چھتری کھلنے سے پہلے گرنے کا عمل۔

**freehand** *adj. & adv.* (تصویر وغیرہ) سطر یا کمپاس وغیرہ کے بغیر صرف ہاتھ سے بنائی جانے والی۔

**freehold** *n. & adj.* اسم: جائیداد کی غیر معینّہ مدّت کے لیے مطلق ملکیت۔ صف: اس طرح کی جائیداد۔ ● **freeholder** اسم: مالک مطلق۔

**free house** *n.* وہ شراب خانہ جہاں سب طرح کی شرابیں فروخت ہوتی ہوں نہ کہ خاص مارکے والی۔

**freelance** *n., v. & adv.* اسم: بلا کسی خاص شخص کی ملازمت کے آزادانہ کام کرنے والا شخص۔ ف: آزادانہ بلا ملازمت کام کرنا۔ م ف: آزادانہ کام کرنے

والے کی طرح۔

**freeloader** *n.* بول چال: دوسرے کے بل پر کھانے پینے والا، مفت خورہ۔

**Freemason** *n.* ایک بین الاقوامی تنظیم معمارانِ احرار کا رُکن، فرامشن۔ ● **Freemasonry** اسم۔

**freepost** *n.* پہلے سے اداشدہ محصول کے اصول پر بھیجی جانے والی ڈاک۔

**free-range** *adj* (مرغیاں وغیرہ) جو دانہ دنکا چگنے کے لیے قدرتی حالت میں آزادانہ چلتی پھرتی رکھی جائیں؛ اس طرح کی مرغیوں کے (انڈے وغیرہ)

**freestyle** *adj.* (دوڑ یا مقابلہ) جس میں ہر طرح کے انداز کی اجازت ہو خصوصاً: ① تیراکی: جس میں ہر طرح ہاتھ چلائے جا سکتے ہیں۔ ② کُشتی: جس میں ہر داؤ چلایا جا سکتا ہے۔

**freeway** *n.* امریکا: موٹروے، تیز رفتار گاڑیوں کے لیے شہروں کو ملانے والی شاہراہ۔

**freewheel** *v.* بغیر پیڈل چلائے سائیکل چلانا۔

**freeze** *v.* & *n.* **(frozen، froze)** ف: ① منجمد ہونا یا کرنا، سردی سے ٹھٹھر جانا یا ٹھٹھرا دینا۔ ② سخت سردی محسوس کرنا۔ ③ برف پوش ہو جانا یا کر دینا۔ ④ غذا کو انجماد کے ذریعے محفوظ کرنا۔ ⑤ خوف سے ساکت رہ جانا۔ ⑥ (سرمایہ وغیرہ) منجمد کرکے عارضی یا مستقل طور پر ناقابل ادائیگی قرار دینا۔ ⑦ قیمتوں، اجرتوں وغیرہ کو کسی سطح پر منجمد یا محدود کر دینا۔ اسم: ① کہرے کی کیفیت، سخت سردی کا موسم۔ ② قیمتوں وغیرہ پر بندش۔ ● **freezing** صف۔

**freeze-dry** *v.* **(-dried,-drying)** (محفوظ کرنے کے لیے) خلا دار ظرف میں برف کے ذریعے ٹھٹھرا کر سکھانا۔

**freezer** *n.* ٹھنڈا صندوق یا کمرہ جہاں غذا کو محفوظ کرنے کے لیے رکھا جائے، سرد خانہ۔

**freight** *n.* & *v.* اسم: ① سمندری، ہوائی یا زمینی راستے سے بکسوں میں بھیجا ہوا سامان، کارگو۔ ② سامان بھیجنے کا محصول۔ ف: ① مال بکسوں میں بھیجنا۔ ② مال کی ترسیل کرنا۔

**freighter** *n.* جہاز یا طیارہ جو مال برداری کے لیے بنا ہو۔

**freightliner** *n.* مال بردار گاڑی۔

**French** *adj.* & *v.* صف: ① ملک فرانس، اس کی زبان یا باشندوں سے متعلق۔ ② فرانسیسیوں کی عادات، خصلت رکھنے والا۔ اسم: ① فرانسیسی زبان۔ ② (**the French**) فرانس کے باشندے۔

**French bread** *n.* لنبوتری، خستہ سفید آٹے کی روٹی۔

**French dressing** *n.* سرکے میں بنائی ہوئی سلاد عموماً مسالے دار۔

**French fries** *n.* تلے ہوئے آلو کے قتلے۔

**French horn** *n.* ایک برنجی کنڈلی دار ساز۔

**French leave** *n.* بول چال: بلا اجازت غیر حاضری۔

**French polish** *n.* لکڑی پر پھیرنے کے لیے لاکھ کا پالش، چپڑا لاکھ یا لک۔

**French window** *n.* بیرونی دیوار میں شیشہ دار دروازہ جو دروازے اور کھڑکی دونوں کا کام کرتا ہے۔

**frenetic** *adj.* ① دیوانہ، سودائی، برافروختہ۔ ② کٹر، متعصّب۔ ● **frenetically** م ف۔

**frenzy** *n.* (*pl.* **-ies**) ① جنونِ وحشت۔ ② غیظ و غضب۔ ● **frenzied** صف: مغلوب الغضب۔

**frequency** *n.* (*pl.* **-ies**) ① تعدّد، تکرار، باریاں۔ ② اکثر واقع ہونے کی کیفیت، بار بار ہونے یا دہرائے جانے کی کیفیت۔ ③ طبیعیات: ارتعاش، اہتزاز، حرکت وسکون کی باریاں خصوصاً فی سیکنڈ یا کسی خاص عرصے میں۔

**frequent** *adj.* & *v.* صف: ① اکثر یا متواتر واقع ہونے والا۔ ② عادۃً واقع ہونے والا۔ ③ کثیر، متعدّد۔ ف: عادۃً آنا جانا۔ ● **frequently** م ف: اکثر، عموماً۔

**fresco** *n.* (*pl.* **-os** or **-oes**) گیلے پلستر پر آبی رنگوں کی نقاشی۔

**fresh** *adj.* ① تازہ بنایا یا حاصل کیا ہوا۔ ② نیا، جدید۔ ③ (پانی) غیر نمکین۔ ④ غذا جو ڈبے وغیرہ میں محفوظ یا سرد خانے میں نہ رکھی گئی ہو۔ ⑤ صاف، بے کثافت، روشن، خالص، ستھرا۔ ⑥ مستعد، تازہ دم، چاق و چوبند۔ ⑦ ناآزمودہ، نوعمر۔ ⑧ تیز طرّار، شوخ۔ ● **freshen** ف: تازہ کرنا۔ **freshener** اسم۔ **freshly** م ف۔

**freshness** اسم: تازگی، نیاپن۔

**fresher** *n.* (also **freshman**) بول چال: یونیورسٹی کے پہلے سال کا طالب علم۔

**freshwater** *adj.* میٹھے پانی میں پایا جانے والا۔

**fret** *v. & n.* (**fretting**، **fretted**): ف: ① بے حد پریشان یا مصیبت زدہ ہونا۔ ② تنگ کرنا، غصہ دلانا، ناراض کرنا۔ ③ گھسنا، رگڑ وغیرہ یا استعمال سے پرانا، خراب کرنا۔ اسم: ① پریشانی، چڑچڑاہٹ، بدمزاجی۔ ② (گٹار وغیرہ) پر انگلیوں سے دبا کر بجانے کی ابھرواں کھڑی کلیدوں میں سے کوئی۔

**fretful** *adj.* نمایاں طور پر پریشان یا مصیبت زدہ یا چڑچڑا۔ ● **fretfully** م ف: پریشانی کے ساتھ۔

**fretsaw** *n.* تنگ پھل کی آری جس سے پتلی لکڑی کے نئے نئے نمونے کاٹ کر بنائے جاتے ہیں۔

**fretwork** *n.* لکڑی پر آرائشی کٹاؤ کا کام۔

**Fri.** اختصار: FRIDAY۔

**friable** *adj.* بھربھرا یا پھوٹک، جلد ٹوٹ جانے، ریزہ ریزہ ہوجانے والا۔ ● **friability** اسم۔

**friar** *n.* عیسائی راہب، جو چار مخصوص طبقوں میں سے کسی سے تعلق رکھتا ہو، آگسٹی، کارمیلی، ڈومینک، فرانسسکی۔

**friary** *n.* (*pl.*-**ies**) راہبوں کی خانقاہ۔

**fricassee** *n. & v.* گوشت کے پارچوں سے تیار کھانا جو گاڑھی چٹنی کے ساتھ پیش کیا جاتا ہے۔ ف: (**fricasseeing**، **fricasseed**) یہ ڈش تیار کرنا۔

**friction** *n.* ① گھسائی، رگڑائی، مالش۔ ② مزاحمت، جو ایک دوسرے کے ساتھ ٹکرانے، رگڑ کھانے سے پیدا ہو۔ ③ تصادم، ٹکراؤ، اختلاف۔ ● **frictional** صف۔

**Friday** *n.* ہفتے کا چھٹا دن، جمعہ۔

**fridge** *n.* بول چال: =REFRIGERATOR۔

**fried** **fry** کا ماضی و ماضیہ۔

**friend** *n. & v.* اسم: ① دوست، رفیق، یار۔ ② حامی، مددگار، مُربّی، پاس دار۔ ③ اپنا، جانا پہچانا آدمی، چشم آشنا۔ ● **friendship** اسم: دوستی، یارانہ۔

**friendly** *adj.* (**friendlier**، **friendliest**) ① دوست یا دوست جیسا، مہربان، خیر خواہ۔ ② اظہارِ خیر سگالی کا لفظ۔ ③ دوستانہ، مربّیانہ۔ ④ ہمدرد، موافق۔ ⑤ مفید، کام کی (شے)۔ ● **friendliness** اسم: دوستانہ روش۔

**frieze** *n.* سرستون کا وہ آرائشی حصّہ جو بالائی سل اور کارنس کے درمیان ہوتا ہے۔

**frigate** *n.* چھوٹا، تیز رفتار جنگی بحری جہاز۔

**fright** *n.* دہشت، دہشت زدہ ہونے کی کیفیت۔

□ **take fright** خوف زدہ ہونا۔

**frighten** *v.* ① ڈرانا، خوفزدہ کرنا۔ ② ڈرا کے بھگا دینا۔

**frightened** *adj.* ڈرا سہما ہوا۔

**frightful** *adj.* ① دہشتناک، دہلانے والا، وحشت خیز، بدنما، گھناؤنا۔ ② بول چال: نہایت ناپسندیدہ۔ ● **frightfully** م ف۔ **frightfulness** اسم۔

**frigid** *adj.* ① ٹھنڈے مزاج کا، سرد مہر۔ ② جنسی طور پر ٹھنڈی، حرارت سے عاری (عورت) ● **frigidity** اسم: سردمہری۔ **frigidly** م ف: سردمہری سے۔

**frill** *n.* ① آرائش کے لیے ایک رخ سے شکن دار پلیٹی، نلکیوں جیسی جھالر، حاشیہ ② بول چال: غیر ضروری حاشیہ آرائی، اتراہٹ۔ ● **frilled** صف۔ **frilly** صف۔

**fringe** *n. & v.* اسم: ① جھالردار حاشیہ، اس طرح کی علاحدہ پٹی۔ ② ماتھے پر بالوں کا طرّہ۔ ③ بیرونی حد بندی، کسی علاقے یا آبادی وغیرہ کا بیرونی حصّہ۔ ف: ① حاشیہ دار بنانا۔ ② حاشیہ یا حاشیہ نما ہونا۔

**fringe benefit** *n.* تنخواہ یا اجرت کے علاوہ ذیلی مراعات میں سے کوئی۔

**frippery** *n.* بھڑکیلا، دکھاوے کا، کھوکھلی شان و شوکت والا، خصوصاً لباس، زیور۔

**frisbee** *n.* تجارتی نام: پلاسٹک کی ایک گڑھے دار تھالی جسے کھیل کے طور پر ہوا میں اُچھالتے ہیں۔

**frisk** *v. & n.* ف: ① اُچھل کود کرنا۔ ② کسی کو ٹٹولنا، تلاشی لینا چھپے ہتھیار وغیرہ کے لیے۔ اسم: اُچھل کود۔

**frisky** *adj.* (**friskier**، **friskiest**) چنچل، شوخ۔ ● **friskily** م ف۔ **friskiness** اسم: شوخی، تیزی۔

**frisson** *n.* جذباتی کپکپی، تھرتھری، لرزش۔

**frith** FIRTH کا متبادل۔

**fritter** *v. & n.* ف: ضائع کرنا (نقدی یا وقت) خصوصاً لاپروائی یا بے تدبیری سے۔ اسم: انڈے آٹے،

دودھ وغیرہ میں لتھیڑ کر تلا ہوا پھل یا گوشت کا پارچہ۔
**frivolous** *adj.* ①ادنیٰ، معمولی، دکھاوے یا دھوکے کا۔ ②غیر سنجیدہ، اوچھا، احمقانہ۔● **frivolity** اسم: اوچھا پن، سبکی۔ **frivolously** م ف۔
**frizz** *v. & n.* ف: بالوں میں گھونگر ڈالنا۔ اسم: گھونگر والے بال۔● **frizziness** اسم۔ **frizzy** صف۔
**frizzle** *v.* ①سنسناتی آواز کے ساتھ تلنا، بھوننا یا سینکنا۔ ②جلانا، سوختہ کرنا۔
**frock** *n.* زنانہ پہناوا، فراک۔
**frockcoat** *n.* لمبے دامن کا مردانہ کوٹ، آگے سے بند۔
**frog** *n.* مینڈک۔□ **frog in one's throat** بول چال: بیٹھی بھاری یا بھرّائی آواز، بھرّاہٹ۔
**frogman** *n.*(*pl.*-**men**) زیر آب تیرنے والا تیراک جو آکسیجن کے تھیلے، ربر کے لباس اور ربر کے پیروں سے لیس ہوتا ہے۔
**frogmarch** *v.* کسی کے ہاتھ پیچھے باندھ کے آگے دھکیلنا۔
**frogspawn** *n.* مینڈک کے انڈے۔
**frolic** *v. & n.* (**frolicking، frolicked**): ف: اٹکھیلیاں کرنا۔ اسم: کھیل کود، لہو ولعب۔
**from** *prep.* ①فرد، جگہ، وقت وغیرہ جہاں سے یا جس سے آغاز ہو۔ ②جگہ، شے وغیرہ جس کا فاصلہ بتانا مقصود ہو۔ ③مخرج، منبع، بھیجنے والا۔ ④کوئی شخص یا شے جس سے بچایا دور ہوا جائے، یا جو کھو جائے۔ ⑤سبب، وجہ، مقصد۔ ⑥کوئی شے جو مختلف، غیر مماثل یا قابل امتیاز ہو۔
**frond** *n.* ایک بڑا عموماً منقسم پتّہ خصوصاً تاڑ یا کرف کی قسم کے درختوں کا پتّہ۔
**front** *n., adj. & v.* اسم: ①اگلا حصّہ یا رخ جو دیکھنے والے سے قریب تر ہو، یا حرکت کی سمت میں؛ سامنا، صدر۔ ②کسی عمارت کا کوئی رخ خصوصاً جدھر دروازہ واقع ہو۔ ③اگلی صف، محاذ جنگ؛ اگلا، نمایاں مقام۔ ④انداز، برتاؤ۔ ⑤خفیہ کارروائیوں کی آڑ۔ ⑥کسی ساحلی مقام پر بنی سیرگاہ۔ صف: ①اگلا، سامنے کا۔ ②آگے کی طرف واقع۔ ف: ①رخ کرنا یا پھیرنا۔ ②کسی کی آڑ بننا، پناہ بننا۔ ③سامنے کا ضلع تعمیر کرنا۔ ④آگے چلنا، رہبری کرنا۔ ⑤روبرو ہونا، مقابل آنا۔□ **in front** ①آگے بڑھا ہوا۔ ②تماشائیوں کے سامنے۔
**frontage** *n.* ①عمارت کا سامنے کا رخ، صدر۔ ②سڑک اور عمارت کے درمیان کا علاقہ۔
**frontal** *adj.* سامنے کے رُخ پر، آگے کی طرف کا۔
**frontbencher** *n.* پارلیمنٹ کی اگلی نشستیں جن پر سربرآوردہ سرکاری یا حزب مخالف کے ارکان بیٹھتے ہیں۔
**frontier** *n.* دو ملکوں کے درمیان سرحد۔
**frontispiece** *n.* کسی کتاب کے سرورق کے مقابل کی تصویر۔
**frontrunner** *n.* مقابلہ کرنے والا جس کے جیتنے کا زیادہ امکان ہو۔
**frost** *n. & v.* اسم: پالا جو سردیوں میں جم جاتا ہے، نقطۂ انجماد سے نیچے وہ درجۂ حرارت جہاں پالا جمتا ہے۔ ف: ①پالے سے ڈھک جانا۔ ②پالے سے یا پالے کی طرح ڈھانپ دینا۔
**frostbite** *n.* پالے کی مار، جسمانی اعضا کا سردی کے اثر سے گل جانا۔● **frostbitten** صف۔
**frosted** *adj.* (شیشے وغیرہ کی) کھردرا کر کے دھندلائی ہوئی (سطح)
**frosting** *n.* امریکا: کیک وغیرہ پر پالا نما ماوا۔
**frosty** *adj.* (**frostier, frostiest**) ①غیر دوستانہ (رویّہ) ②پالے سے ٹھٹھرایا ہوا، ڈھکا ہوا۔● **frostily** م ف: روکھے پن کے ساتھ۔ **frostiness** اسم۔
**froth** *n. & v.* اسم: جھاگ، پھین، کف۔ ف: جھاگ اٹھانا، کف لانا۔● **frothy** صف: جھاگ دار۔
**frown** *v. & n.* ف: ①ماتھے پر بل ڈالنا، تیوری چڑھانا۔ ②ناراضی، ناموافقت کا اظہار کرنا۔ اسم: ①چڑھی تیوری۔ ② دھمکانے یا سوچنے کا سا انداز، ناخوشی کا اظہار۔□ **frown on** ناراضی، ناموافقت کا اظہار کرنا۔
**frowsty** *adj.*(**frowstier, frowstiest**) ①بند، گھٹا ہوا، بودار۔ ②غیر دوستانہ۔
**frowzy** *adj.* (also **frowsy**) (**frowzier, frowziest**) گھٹا گھٹا، پھپھوند لگا، بودار۔
**froze,frozen** FREEZE کا صیغۂ ماضی وماضیہ۔

**fructose** *n.* سادہ شکر جو شہد اور پھلوں میں ہوتی ہے۔

**frugal** *adj.* کفایت پسند، محتاط، کم خرچ۔

● **frugality** اسم: جزرسی۔ **frugally** م ف۔

**fruit** *n.& v.* اسم: ① پھل۔ ② **(fruits)** عمل کا نتیجہ خصوصاً مالی منفعت۔ ف: پھلنا یا بارآور بنانا۔ □ **bear fruit** پھل لانا، نتیجہ نکالنا۔

**fruiterer** *n.* پھلوں کا تاجر۔

**fruitful** *adj.* ① زیادہ پھل اُگانے والا، زرخیز؛ زرخیز کرنے والا۔ ② کارگزار، نتیجہ خیز عمل کرنے والا۔ ● **fruitfully** م ف۔ **fruitfulness** اسم: نتیجہ خیزی۔

**fruition** *n.* ① نتائج بر لانے کا عمل۔ ② مقاصد پورا کرنے کی صلاحیت یا عمل۔

**fruitless** *adj.* بے نتیجہ، بے حاصل؛ ناکامیاب۔

● **fruitlessly** م ف۔ **fruitlessness** اسم۔

**fruit machine** *n.* جوئے کی مشین جس میں سکّہ ڈالا جاتا ہے۔

**fruity** *adj.* **(fruitier, fruitiest)** ① پھلوں کا یا پھلوں جیسا۔ ② کھلی، بھرپور، جاندار (آواز) ③ بول چال: نازیبا، ترغیبی۔ ● **fruitiness** اسم۔

**frump** *n.* بدوضع، دقیانوسی عورت۔ ● **frumpy**، **frumpish** صف: بدزیب، فرسودہ۔

**frustrate** *v.* ① (کوشش کو) اکارت کرنا، محنت پر پانی پھیرنا۔ ② (کسی کو) مقصد حاصل کرنے میں کامیاب نہ ہونے دینا۔ ● **frustration** اسم: مایوسی، ناکامی۔

**fry**[1] *v. & n.* ف: **(fried،fries)** چکنائی میں تلنا یا تلا ہونا۔ اسم: تلی ہوئی غذا۔ ● **fryer** اسم: تلنے والا۔

**fry**[2] *n.pl.* مچھلیوں کے نوزائیدہ یا چھوٹے بچے۔ □ **small fry** بے اہمیت لوگ، بچے کچے۔

**ft** تخفیف: FEET،FOOT۔

**fuchsia** *n.* ایک جھاڑی جس میں الٹے لٹکتے ہوئے پیالی شکل کے پھول لگتے ہیں۔

**fuck** *v.* فحش: مجامعت کرنا۔ □ **fuck off** دفعان ہو۔

**fucking** *adj. & adv.* فحش: شدید نفرت کے اظہار کے لیے مستعمل۔

**fuddle** *v.* حواس باختہ کرنا خصوصاً نشے کے سبب۔

**fuddy-duddy** *adj. & n.* **(fuddy-duddies)** بول چال: دقیانوسی، پرانے مذاق کا آدمی۔

**fudge** *n. & v.* اسم: ① ٹافی کی طرح کی دودھ میں مکھن، شکر ملا کر پکائی ہوئی ایک مٹھائی۔ ② دھوکا دہی یا بے ایمانی، جعل کی واردات۔ ف: ① جھپ سٹ میں کیا ہوا غلط یا دھوکے کا کام کرنا۔ ② کام بگاڑنا، ستیاناس کرنا۔ ③ جعل فریب سے کام لینا۔

**fuel** *n. & v.* اسم: ① ایندھن جیسے کوئلہ، لکڑی، تیل وغیرہ جسے گرمی یا توانائی حاصل کرنے کے لیے جلایا جائے۔ ② کوئی چیز جو جذبات کو بھڑکائے۔ ف: **(fuelling،fuelled** امریکا: **fueled)** ① ایندھن پہنچانا۔ ② (جذبات وغیرہ کو) تقویت دینا یا بھڑکانا۔

**fug** *n.* کسی کمرے میں گھٹن، بو، کثافت۔

● **fugginess** اسم۔ **fuggy** صف: بدبودار۔

**fugitive** *adj. & n.* صف: ① رواں، گریزاں۔ ② عارضی، آنی وفانی۔ اسم: مفرور، بھاگنے، گریز کرنے والا شخص۔

**fugue** *n.* موسیقی: گانے کی طرح کی موسیقی جس میں کئی فریق شامل ہوتے ہیں۔

**fulcrum** *n.* (*pl.* **fulcra** or **fulcrums**) بیرم کی ٹیک، نصاب جس پر وہ ٹکتا، جھولتا یا گھومتا ہے۔

**fulfil** *v.* (*US* **fulfill**) **(fulfilled, fulfilling)** ① پورا کرنا، نبھانا، کر دکھانا، تکمیل کرنا۔ ② کوئی خواہش یا آرزو برلانا۔ ③ حکم وغیرہ بجا لانا۔ ④ (شرائط) پوری کرنا۔ ⑤ (کسی مقصد کی) تکمیل کرنا۔ □ **fulfil oneself** اپنی صلاحیتوں کو بروئے کار لانا۔ ● **fulfilment** اسم: تشفّی۔

**full** *adj. & adv.* صف: ① بھرا ہوا، لبریز۔ ② سیر، شکم سیر۔ ③ کثیر، وافر، کافی۔ ④ مالا مال، کسی صفت کا پوری طرح حامل۔ ⑤ سوچ میں غرق، سنانے یا بولنے پر تُلا ہوا۔ ⑥ مکمّل، انتہائی۔ ⑦ گہرا، روشن، واضح (رنگ یا سُر)، تیز (روشنی) ⑧ ڈھیلا ڈھالا (لباس) م ف: خوب، بہت، پوری طرح، بالکل ٹھیک، کافی سے زیادہ۔ ● **fullness** اسم۔ **fully** م ف: پوری طرح۔

**full-back** *n.* فٹ بال، ہاکی وغیرہ کا دفاعی کھلاڑی یا اس کا مقام۔

**full-blooded** *adj.* ① زورآور، قوی، خوش دل،

پُرجوش۔②نسلاً خالص نہ کہ دوغلا۔

**full-blown** *n.* پوری طرح کھلا ہوا، شگفتہ۔

**full moon** *n.* پورا چاند۔

**full-scale** *adj.* بلا اختصار۔

**full stop** *n.* ①وقفے کا نشان، کسی جملے یا اختصار کے بعد استعمال ہونے والا۔② حتمی ترک، تیاگ۔

**fulminate** *v.* ①پُرزور اور بلند آواز سے رد یا لعنت ملامت کرنا۔② پھٹ پڑنا۔● **fulmination** اسم۔

**fulsome** *adj.* ناگوار طور پر خوشامدانہ یا عقیدت یا محبت جتانے والا، سخت ناپسندیدہ، چاپلوسی۔

وضاحت: *fulsome* کے اصل معنی بھرپور، فراواں ہیں۔ لیکن اب بطور صفت بے تحاشا کے مفہوم میں تعریف توصیف وغیرہ کی بابت استعمال کیا جاتا ہے۔

**fumble** *v.* اُلٹے سیدھے ہاتھ مارنا، اندھے پن سے ٹٹولنا۔

**fume** *n. & v.* اسم: ①ابخرے، بھاپ، بخارات یا دھواں خصوصاً جبکہ نقصان دہ اور ناگوار ہو۔ ②غصّے کا دورہ۔ ف: ①ابخرے وغیرہ چھوڑنا۔ ②بپھرنا، تلملانا۔

**fumigate** *v.* دھونی دینا، کسی شے پر بخارات چھوڑنا (خصوصاً کیڑے مکوڑے، جراثیم مارنے کے لیے) ● **fumigation** اسم: دھونی۔ **fumigator** اسم۔

**fun** *n. & adj.* تفریح، خصوصاً کھیل کود۔ □ **make fun of** (کسی کا) مذاق اڑانا، بنانا، تضحیک کرنا۔

**function** *n. & v.* اسم: ① کسی فرد یا ادارے کا منصبی کام، طریق کار، سرکاری یا پیشہ ورانہ فریضہ؛ پیشہ، حرفہ۔② کوئی عام تقریب، اجتماع۔③ریاضی: قابل تبدّل قدر کسی دوسری قدر یا اقدار کی نسبت سے جن کے ذریعے اسے ظاہر کیا جائے یا جن پر اس کی قیمت مبنی ہو۔ ف: کسی کام کو انجام دینا، کارگزار حالت میں ہونا۔

**functional** *adj.* ① کسی کام سے متعلق یا کسی کام کو انجام دینے والا۔② آرائشی نہیں بلکہ عملی۔● **functionally** م ف۔

**functionary** *n.* (*pl.*-**ies**) کارکن، کارپرداز، عہدہ دار، عامل۔

**fund** *n. & v.* اسم: ①ذخیرہ، خزینہ۔②رقم جو مہیّا ہو، خصوصاً کسی مقصد کے لیے مخصوص۔③ (**funds**) مالی وسائل۔ ف: رقم مہیّا کرنا، فنڈ میں ڈالنا۔

**fundamental** *adj. & n.* صف: بنیادی، اساسی، لازمی، اصلی، تحتی، ابتدائی۔ اسم: بنیادی اصول، قانون یا دفعہ۔ ● **fundamentally** م ف۔

**fundamentalism** *n.* روایتی عقائد پر سختی سے اصرار، مذہب کے بنیادی اسوہ وعمل کی لفظاً لفظاً پیروی، بنیاد پرستی۔● **fundamentalist** اسم: بنیاد پرست۔

**funeral** *n.* مُردے کی تجہیز و تکفین۔

**funerary** *adj.* جنازے یا جنازوں کا یا ان پر استعمال ہونے والا۔

**funereal** *adj.* ①جنازے یا تجہیز وتدفین سے متعلق۔ ②افسردہ، تاریک، ماتمی۔

**funfair** *n.* میلہ، نمائش جس میں تفریحات کا بھی انتظام ہو۔

**fungicide** *n.* فطرکُش، پھپھوندمار مادّہ۔ ● **fungicidal** صف۔

**fungus** *n.*(*pl.* **fungi**) ہرے رنگ سے محروم پودا، جس میں پھپھوندی، خمیر، کھنبیاں اور سانپ کی چھتریاں شامل ہیں۔● **fungal** صف۔

**funicular** *adj. & n.* (ریل خصوصاً پہاڑی) تار پر چلنے والی۔

**funk** *n.* ①خوف، ہراس، دہشت۔②بول چال: دھماکے دار سُروں کا گانا۔ ③ امریکا: تیز بو۔ ● **funky** صف: (جاز موسیقی وغیرہ) دھماکے دار۔

**funnel** *n. & v.* اسم: ①قیف۔②دھات کی بنی ہوئی چمنی۔③قیف یا چمنی سے ملتی جلتی شکل کی چیز۔ ف: (**funnelled**، **funnelling** امریکا: **funneled**) نلکی یا نلکی نما راستے میں سے گزرنا یا گزارنا۔

**funny** *adj.*(**funnier, funniest**) ①دلچسپ، پُرلطف، مزاحیہ۔②عجیب، حیرت انگیز، ناقابلِ فہم۔● **funnily** م ف: مسخرے پن سے۔

**funny bone** *n.* کہنی کا وہ حصّہ جہاں سے بہت حسّاس زندی عصبہ گزرتا ہے۔

**fur** *n. & v.* اسم: ①اون، پشم، پشم دار جانوروں کی کھال یا چمڑا۔ ②پوستین، سمور، پوستین سے بنا ہوا لباس۔

۳ کیتلی وغیرہ کی اندرونی سطح پر جمنے والی تہ۔ف: (furring، furred) کسی لباس میں سمور کا استر لگانا، کسی کو سموری لباس پہنانا۔

**furbish** *v.* ① کسی چیز سے زنگ دور کرنا، چمکانا۔ ② نیا روپ دینا، بحال کرنا، تازگی بخشنا۔

**furious** *adj.* ① نہایت غصّے میں بھرا۔② غضبناک۔ ③ چلّاتا، بنکارتا، پُرتشدّد۔● **furiously** م ف۔

**furl** *v.* (بادبان، چھتری، جھنڈے وغیرہ کو) لپیٹنا، تہ کرنا۔

**furlong** *n.* میل کا آٹھواں حصّہ، ۲۲۰ گز کا فاصلہ۔

**furlough** *n.* رخصت جو باضابطہ طور پر دی جائے۔

**furnace** *n.* ① بھٹّی خصوصاً جس میں دھاتوں کو پگھلاتے ہیں۔② بہت تپتی ہوئی جگہ۔

**furnish** *v.* ① گھر، مکان وغیرہ کو ضروری سامان وغیرہ سے آراستہ کرنا۔② مہیّا کرنا، فراہم کرنا۔

**furnishings** *n. pl.* مکان، کمرے کا سازوسامان۔

**furniture** *n.* مکان، کمرے وغیرہ میں بسر کرنے کے لیے ضروری سامان مثلاً میز، کرسی، پلنگ وغیرہ۔

**furore** *n.* (*US* **furor**) ہنگامہ، ہلچل، شورغوغا۔

**furrier** *n.* سمور فروش۔

**furrow** *n. & v.* اسم: ① نالی جو کھیت میں ہل چلانے سے بنے۔② گہری لکیر، نالی، شگاف، جھری۔ ف: ① ہل چلانا۔② خطوط کندہ کرنا، لکیریں ڈالنا۔

**furry** *adj.* **(furrier, furriest)** ① سمور، پوستین جیسا۔② پوستین سے ڈھکا ہوا۔● **furriness** اسم۔

**further** *adv., adj. & v.* (نیز **farther**) م ف: ① وقت یا مقام کے لحاظ سے آگے۔② زیادہ دور۔ ③ مزید۔ ④ اس کے علاوہ۔ صف: ① دور تر، آگے۔ ② مزید، اضافی اور زیادہ۔ ف: آگے بڑھانا، ترقی دینا، مددگار ہونا۔

**furtherance** *n.* اضافہ، ترقی، بڑھاوا، کسی منصوبے وغیرہ کی تکمیل کے سلسلے میں مزید کارروائی۔

**furthermore** *adv.* مزید برآں، علاوہ ازیں۔

**furthest** *adj. & adv.* (also **farthest**) صف: دور ترین۔ م ف: سب سے زیادہ فاصلے پر۔

**furtive** *adj.* خفیہ، پوشیدہ، چپکے چپکے ہونے والا۔

● **furtively** م ف: چوری چھپے۔ **furtiveness**

اسم: اِخفا۔

**fury** *n.* (*pl.*-ies) ① غضب ناکی، برافروختگی، وحشت کا دورہ۔② جھکڑ، طوفان، ہیجان، ہلچل۔

**furze** *n.* ایک خاردار جھاڑی۔

**fuse** *v. & n.* ف: ① تپا کر پگھلانا، سیّال بنانا۔② ملانا، آمیختہ کرنا۔③ برقی دور میں فیوز لگانا۔④ فیوز کے جل جانے پر (کسی پرزے وغیرہ کا) کام چھوڑ دینا۔ اسم: ① برقی دور کے تحفظ کے لیے لگایا جانے والا تار جو آسانی سے پگھل جاتا ہے۔ ② بم چھوڑنے یا دھماکہ خیز شے کو بھڑکانے کی ترکیب، نلکی یا ڈوری پر مشتمل پرزہ۔

**fuselage** *n.* ہوائی جہاز کا پیٹا۔

**fusilier** *n.* ہلکی بندوق سے لیس سابقہ برطانوی رجمنٹ کا سپاہی۔

**fusillade** *n.* ① بندوق کی مسلسل باڑ۔② اعتراضات کی بوچھاڑ۔

**fusion** *n.* ① پگھلانے، پگھلا کر مخلوط کرنے کا عمل۔② پگھلا کر تیار کیا ہوا آمیزہ۔③ مختلف اجزا کو ملا کر مدغم، یکجان کرنے کا عمل۔ ④ اتحاد، اتّصال۔ ⑤ = **nuclear fusion** نیوکلیائی انفجار۔

**fuss** *n. & v.* اسم: ① ہلچل، ہنگامہ، سراسیمگی۔② مسلسل شکایت یا تنازعہ۔ ف: ① جھگڑا، ٹنٹا نکالنا، معمولی باتوں میں الجھنا۔② ناحق حیران پریشان ہونا۔

**fussy** *adj.* **(fussier, fussiest)** ① ضرورت سے زیادہ اہتمام یا آرائش پر مائل۔② مشکل سے مطمئن ہونے والا۔● **fussily** م ف۔ **fussiness** اسم۔

**fustian** *n.* ① دوسوتی بناوٹ کا خفیف روئیں دار موٹا سوتی کپڑا۔② دقیق، مشکل تحریر یا گفتگو، لفّاظی۔

**fusty** *adj.* **(fustier, fustiest)** ① بوسیدہ، عفونت زدہ، پھپھوند لگا ہوا۔ ② گھٹا ہوا، بند بند۔ ③ پرانا، قدیم زمانے کا، دقیانوسی۔● **fustiness** اسم۔

**futile** *adj.* ① بے کار، بے اثر، ہیچ۔② معمولی، ادنیٰ، حقیر۔● **futilely** م ف۔ **futility** اسم: بے اثری۔

**futon** *n.* ① جاپانی روئی دار گدّا جسے فرش کے طور پر بچھا لیتے ہیں۔② لکڑی کے چوکھٹے کے ساتھ ایسا ہی صوفہ۔

**future** *adj. & n.* صف: ① واقع ہونے یا آنے والا، متوقع۔ ② زمانۂ آئندہ سے متعلق۔ ③ قواعد: صیغۂ

مستقبل۔اسم:① مستقبل، آنے والا زمانہ۔ ② آئندہ ہونے والی بات۔③ کسی کا آئندہ احوال۔④ کامیابی کا امکان۔⑤(futures) ایسے معاہدات جن کے ذریعے مال اور اثاثوں کی قیمت اور لین دین کی تاریخ کا تعین مستقبل کے لیے کیا جائے۔ □ **in future** اب سے، اب کے بعد۔

**futuristic** *adj.* مستقبل کے لیے موزوں، جدید ترین۔● **futuristically** م ف۔

**fuze** FUSE اسم معنی② کی ایک شکل۔

**fuzz** *n.* ①رُواں، نرم ریشہ۔②ملائم یا گھنگریالے بال۔ ③بول چال: پولیس۔

**fuzzy** *adj.* (**fuzzier, fuzziest**) ①ملائم، روئیں دار۔ ②مرغولے دار، گھنگریالہ۔③ دُھندلا، مبہم، غیر واضح۔● **fuzzily** م ف۔ **fuzziness** اسم۔

# Gg

**G** مخفف:①giga۔②gauss۔

**g** مخفف:①gravity۔②gram(s)۔

**Ga** عنصر gallium گیلیم کی علامت۔

**gab** *n.* بول چال: طول کلامی، بکواس، ٹرٹر۔ □ **gift of the gab** چرب زبانی، لسانی۔

**gabble** *v.* بولے چلے جانا یا مبہم آوازیں نکالنا، تیزی سے، فرفر پڑھنا۔

**gable** *n.* ڈھالو چھت کا اُوپری تکونا سرا۔● **gabled** صف۔

**gad** *v.* (**gadded, gadding**) □ **gad about** تفریح کی تلاش میں مٹرگشت کرنا۔

**gadabout** *n.* سیلانی؛ مارا مارا پھرنے والا شخص۔

**gadfly** *n.* (*pl.*-**flies**) مویشیوں کو کاٹنے والی مکھی، خصوصاً بڑمکھی، گھڑ مکھی۔

**gadget** *n.* کوئی چھوٹا کل پرزہ، جنتر، ڈھب، چٹکلا، ترکیب، تدبیر، طریق کار۔● **gadgetry** اسم۔

**gadolinium** *n.* ایک فلزی عنصر (علامت:Gd)

**Gaelic** *n.* آئرستان، اسکاچستان اور جزیرۂ آدم (Isle of Man) میں بولی جانے والی کوئی کیلٹی بولی۔

**gaff**[1] *n.* بڑی مچھلیاں پکڑنے کی آہنی کانٹے کی چھڑ۔

**gaff**[2] *n.* بول چال: □ **blow the gaff** راز یا سازش کا بھانڈا پھوڑ دینا۔

**gaffe** *n.* فاش غلطی، نازیبا حرکت یا بات۔

**gaffer** *n.* بول چال: ①بوڑھا شخص۔②نگراں کار۔

**gag** *n.* & *v.* اسم: ① کپڑا جو عمل جراحی کے لیے منہ کو بند یا کھلا رکھنے کے لیے منہ میں ٹھونسا جائے۔ ② کوئی چٹکلا، مذاق۔ف (**gagging**، **gagged**) ① منہ بند کرنا۔②چپکا کرنا، زباں بندی کرنا۔③ ابکائی آنا۔

**gaga** *adj.* بول چال: ①سٹھیایا ہوا۔②احمق؛ کسی قدر بہکا ہوا۔

**gage** امریکا: GAUGE کا متبادل۔

**gaggle** *n.* ①بطخوں کا غول۔②بھیڑ، ازدحام۔

**gaiety** *n.*(*pl.*-**ies**) ①بشاشت، سرخوشی۔②جشن، تفریح۔③ خندہ پیشانی، چمک جھمک۔

**gaily** *adv.* موج میں، ترنگ میں، خوشی خوشی۔

**gain** *v.* & *n.* ف:①پانا، حاصل کرنا۔② کمانا، نفع میں پانا۔ ③اضافے، ترقی، بڑھوتری کے طور پر حاصل کرنا۔ ④فتح پانا، جیتنا۔ ⑤ کوئی مخصوص درجہ یا بہتری حاصل کرنا۔ ⑥ ( گھنٹے وغیرہ کا) تیز ہونا۔ اسم: ① حاصل، کمائی، نفع، یافت۔ ②اضافہ، بڑھوتری۔ ③پائی ہوئی دولت، ثروت۔ □ **gain on** (کسی شخص یا شے جس کا پیچھا کیا جا رہا ہو) اس کے قریب پہنچنا۔

**gainful** *adj.* بامنفعت، فائدہ بخش، جس میں کمائی ہو۔● **gainfully** م ف۔

**gainsay** *v.* (**gainsaid, gainsaying**) انکار کرنا، تردید کرنا۔

**gait** *n.* چال، چلنے کا، دوڑنے کا انداز۔

**gaiter** *n.* گھٹنوں سے نیچے پنڈلی پر لپیٹی جانے والی پٹی چمڑا وغیرہ۔

**gala** *n.* ① جشن، تہوار۔② کھیلوں وغیرہ کا میلہ۔

**galaxy** *n.* (*pl.*-**ies**) ① کہکشاں، ستاروں، گیسوں،

**the Galaxy**) وہ کہکشاں جس میں نظام شمسی واقع ہے۔ ● **galactic** صف: کہکشانی۔

**gale** *n.* ① تیز ہوا کا جھکّڑ۔ ② دونگڑا خصوصاً ہنسی کا۔

**gall** *n. & v.* اسم: ① گستاخی۔ ② کسیل پن، کھر دراپن۔ ③ تلخی؛ کوئی کڑوی شے یا بات۔ ④ پت، صفرا۔ ⑤ پودوں، درختوں پر لگنے والی غیر معمولی افزائش۔ ف: ① رگڑ کر خراش ڈالنا۔ ② ستانا، تنگ کرنا۔

**gallant** *adj.* بہادر، جری، سورما۔ ● **gallantly** م ف۔ **gallantry** اسم: شجاعت۔

**gall bladder** *n.* پتّا، مرارہ، زہرہ۔

**galleon** *n.* تاریخ: ① جنگی جہاز (عموماً ہسپانوی) ② بڑا ہسپانوی تجارتی جہاز۔

**galleria** *n.* ایک چھت کے نیچے مختلف چھوٹی چھوٹی دکانوں کا مجموعہ۔

**gallery** *n.* (*pl.* -ies) ① کمرہ یا ایوان جہاں فنی اشیا کی نمائش کی جائے۔ ② تھیٹر کی سب سے اونچی بالکنی یا تہ چھتی۔ ③ لمبا، پتلا کمرہ، راستہ یا غلام گردش۔

**galley** *n.* (*pl.* -eys) ① قدیم: نیچی، چپٹی کشتی جو بادبانوں اور چپوؤں کی مدد سے چلائی جاتی تھی اور غلام یا مجرم اسے کھینے پر لگائے جاتے تھے۔ ② جہاز کا باورچی خانہ۔ ③ طباعت: (**galley proof** کا اختصار) لمبی پتلی نالیوں یا کالموں کی صورت میں نکالے جانے والا کچا پروف۔

**Gallic** *adj.* ① فرانسیسی۔ ② قدیم خطہ گال کا۔

**galling** *adj.* بدمزہ، ناگوار۔

**gallium** *n.* ایک دھاتی عنصر (علامت: Ga)

**gallivant** *v.* بول چال: آوارہ گردی کرنا، عشق بازی کرنا۔

**gallon** *n.* مائعات کی مقدار کا پیمانہ = ۸ پائنٹ یا (۴٫۵۴۶ لٹر یا امریکا میں ۳٫۷۸۵ لٹر)

**gallop** *n. & v.* اسم: ① گھوڑے کی سرپٹ دوڑ۔ ② اس رفتار سے سواری۔ ف: (**galloping, galloped**) ① سرپٹ دوڑنا۔ ② روانی سے بڑھنا، تیزی سے چڑھنا۔

**gallows** *n. pl.* سولی، صلیب۔

**gallstone** *n.* پتّے کی پتھری۔

**Gallup poll** *n.* نمائندہ یا نمونے کے افراد سے سوال پوچھ کر عوامی رائے کا اندازہ کرنا۔

**galore** *adv.* وافر، افراط سے۔

**galosh** *n.* جوتے پر چڑھایا جانے والا ربر کا خول۔

**galvanize** *v.* (also -ise) ① برانگیختہ کرنا، اُکسانا۔ ② (لوہے پر) قلعی یا جست کا پچارا پھیرنا۔

**galvanometer** *n.* برقی رو کو ناپنے کا آلہ۔

**gambit** *n.* شطرنج کی ایک ابتدائی چال جس میں کھیلنے والا ایک پیادہ قربان کر کے اپنی بازی کو مضبوط کرتا ہے۔

**gamble** *v. & n.* ف: ① جوا کھیلنا خصوصاً شرط بدکر۔ ② (رقم) داؤ پر لگانا؛ جوئے میں اثاثہ ہار جانا۔ ③ کسی امید یا امکان پر تکیہ کرنا۔ اسم: ① پُرخطر اقدام۔ ② جوئے بازی۔ ● **gambler** اسم: جواری۔

**gambol** *v.* (**gambolled, gambolling** *US* **gamboled**) اُچھلنا کودنا، کلیلیں بھرنا۔

**game** *n. & adj.* اسم: ① کھیل، بازی، جس میں مہارت یا قوت کا مقابلہ ہو۔ ② کسی کھیل کا کوئی تکمیل شدہ مرحلہ۔ ③ مذاق، تفریح، چھیڑ خانی۔ ④ کوئی منصوبہ یا کارروائی، تدبیر، حکمت عملی۔ ⑤ شکار، پرندے، جنگلی جانور وغیرہ کا شکار کا گوشت۔ صف: ① پُرجوش، آمادہ، مشتاق۔ ② حوصلہ مند، توانا، چاق وچوبند۔ ③ قدیم: لنگ، اپاہج۔ ● **gamely** م ف: دلیرانہ۔

**gamekeeper** *n.* شکارگاہ کا محافظ۔

**gamelan** *n.* جنوب مشرقی ایشیا کا سازندوں کا ایک طائفہ جس میں کئی طرح کے ساز ہوتے ہیں۔

**gamesmanship** *n.* کھیل یا کسی مقابلے میں نفسیاتی حیلوں سے کام لینے کی کوشش۔

**gamesome** *adj.* خوش باش، مگن۔

**gamete** *n.* نباتیات: ایک پختہ جرثومی خلیہ جو دوسرے سے مل کر عمل تولید کا باعث بنتا ہے۔

**gamine** *n.* گستاخ، شوخ چشم لڑکی، ہڑدنگی۔

**gamma** *n.* ① یونانی رسم الخط کا تیسرا حرف تہجی ($\Gamma, \gamma$ = جہ) ② امتحان میں تیسرے درجے کی علامت۔

**gammon** *n.* سکھا کر محفوظ کیا ہوا سؤر کا گوشت۔

**gammy** *adj.* بول چال: لنگڑا، مستقل طور پر معذور۔

**gamut** *n.* کسی چیز کی ذیل کا پورا سلسلہ، دائرہ، زمرہ۔

**gamy** *adj.*(**gamier, gamiest**) پُرانے شکار کے گوشت کی بُو یا ذائقہ رکھنے والا جسے آخر تک محفوظ رکھا گیا ہو۔
**gander** *n.* ①نر بطخ۔②بول چال: سرسری نظر، اُچٹتی نگاہ۔
**gang** *n.* جتھا، ٹولہ خصوصاً مجرموں کا یا مزدوروں کا۔ □ **gang up** ①مل جل کر کارروائی کرنا۔② کسی کے خلاف ایکا کرنا۔
**gangling** *adj.* ڈھیلے ڈھالے بدن کا آدمی، سوکھا۔
**ganglion** *n.* (*pl.* **ganglia** or **ganglions**) ① کسی عصبے وغیرہ پر عصبی نسیجوں کے گٹھاؤ سے پڑنے والی سوجن، گرہ یا گلٹی۔② آبلہ جو خصوصاً کسی عضلے کی جھلّی میں پڑ جائے۔
**gangplank** *n.* جہاز پر اترنے چڑھنے کے لیے لکڑی کا سلامی دار تختہ جس پر عموماً کھونٹیاں لگی ہوتی ہیں۔
**gang rape** *n.* کئی آدمیوں کا مل کر کسی شخص کی عصمت دری کرنا۔
**gangrene** *n.* دوران خون کی رکاوٹ کے سبب کسی عضو کا گل جانا یا سڑ جانا۔● **gangrenous** صف۔
**gangster** *n.* مار دھاڑ کرنے والے مجرموں کے جتھے کا آدمی۔
**gangway** *n.* ①راہداری خصوصاً نشستوں کی قطاروں کے درمیان کا راستہ۔②جہاز کے پہلو میں بنا ہوا آنے جانے کا راستہ، جہاز سے ساحل تک بنایا ہوا پل۔
**gannet** *n.* ① کوئی پرندہ جو غوطہ مار کر مچھلیوں کو پکڑتا ہے۔②بول چال: حریص، لالچی آدمی۔
**gantry** *n.* (*pl.* **-ies**) پہیے دار کرین کا چبوترہ جو اسے سہارتا ہے یا ریلوے یا سڑک کے سگنل کے لیے بنا ہوا ایسا ہی پایہ۔
**gaol** JAIL کا متبادل۔
**gap** *n.* ①خلا، خالی جگہ۔② چھوٹی ہوئی جگہ، رخنہ، ریخ، فصل، شگاف۔ ③ طرز فکر، مذاق، رجحانات میں وسیع (عموماً ناخوشگوار) فرق، اختلاف۔● **gappy** صف۔
**gape** *v.* ①بڑا سا منہ کھولنا خصوصاً حیرت سے منہ کھلا کا کھلا رہ جانا۔② دولخت کرنا، جدا کرنا۔
**garage** *n.* ①موٹر گاڑی خانہ۔②وہ جگہ جہاں پیٹرول موٹریں وغیرہ فروخت ہوں یا موٹروں کی مرمت گاہ۔
**garb** *n. & v.* اسم: لباس، پوشاک۔ف: ①لباس سجنا، پہنانا۔②ملبوس کرنا۔
**garbage** *n.* کوڑا کرکٹ، گھر سے بہارا ہوا کچرا۔
**garbled** *adj.* توڑ مروڑ کر پیش کیے گئے (واقعات، بیانات وغیرہ)
**garden** *n. & v.* اسم: ①. گھریلو پائیں باغ۔② (**gardens**) عوام کی تفریح کے لیے سجا یا ہوا باغ، چمن۔③ سرسبز، زرخیز مقام۔ف: باغ، کیاری وغیرہ کی دیکھ بھال کرنا۔● **gardener** اسم: باغبان، مالی۔
**gargantuan** *adj.* عظیم الجثہ، بھاری بھرکم۔
**gargle** *v. & n.* ف: ① غرارہ کرنا۔②غرغر کی آواز نکالنا۔اسم: غرارے کا عمل؛ غرارے کا پانی یا دوا۔
**gargoyle** *n.* عجیب انسانی یا حیوانی شکل کا پرنالہ۔
**garish** *adj.* ① بھڑک دار، چکا چوند پیدا کرنے والا۔ ②زرق برق، نمائشی۔● **garishly** م ف۔
**garland** *n & v.* اسم: پھولوں کا ہار، پھول مالا۔ ف: ① ہار پہنانا۔② پھولوں کا تاج سجانا۔
**garlic** *n.* (پیاز لہسن کی) اقسام کا پودا خصوصاً اس کی خوردنی جڑ یا پوتھی۔● **garlicky** صف: لہسنی۔
**garment** *n.* پہننے کا کپڑا، لباس، کپڑے، پہناوا۔
**garner** *v.* ①اکٹھا کرنا۔② محفوظ، جمع کرنا۔
**garnet** *n.* ایک نیم قیمتی پتھر، سرخ نگینہ، لعل، تامڑا۔
**garnish** *v. & n.* ف: سجانا، خوشنما بنانا (خصوصاً کھانے کو) اسم: آراستگی، سجاوٹ، خصوصاً کھانے کی۔
**garret** *n.* بالائی منزل کا کمرہ، اٹاری، خصوصاً تاریک۔
**garrison** *n. & v.* اسم: ① قلعہ، بستی وغیرہ کی حفاظت کے لیے متعیّن فوجی۔②فوجیوں کا پڑاؤ۔ف: کسی جگہ محافظ فوج تعینات کرنا یا فوجی ٹھکانا بنانا۔
**garrotte** *v. & n.* (also **garotte;** *US* **garrote**) ف: گھونٹ کر مارنا خصوصاً آہنی حلقے یا تار کے ذریعے۔اسم: سزائے موت دینے کا طریقہ جو اسپین میں رائج تھا، اس کے لیے استعمال ہونے والا آہنی حلقہ۔
**garrulous** *adj.* باتونی، بکواسی۔ ● **garrulously** م ف۔ **garrulousness** اسم۔
**garter** *n.* ①جرابوں کو سنبھالے رکھنے کے لیے لگایا

انگلستان (the Garter) ② جانے والا فیتہ،گیٹس۔ کے نوابوں (نائٹوں) کا سب سے اونچا درجہ۔

**gas** *n. & v.* اسم:(ج: gases) ① گیس،ایک ہوا جیسا مادّہ۔ ② اس طرح کا مادّہ (قدرتاً پایا جائے یا کوئلے وغیرہ سے بنایا جائے) جو گھریلو یا صنعتی ضروریات کے لیے استعمال ہوتا ہے۔ ③ امریکا: پٹرول، گیسولین۔ ف: (gassing، gassed) ① گیس سُنگھانا خصوصاً جان سے مارنے یا بے ہوش کرنے کے لیے۔ ② بول چال: بڑھانکنا، ڈینگ مارنا۔

**gas chamber** *n.* جانوروں کو مارنے یا انسانوں کو سزائے موت دینے کا محبوس، ہوا بند کمرہ۔

**gaseous** *adj* گیس کا یا گیس جیسا، گیس نما۔

**gas mask** *n.* زہریلی گیس سے بچاؤ کے لیے اوڑھا جانے والا نقاب۔

**gash** *n. & v.* اسم: گہرا گھاؤ۔ف: شگاف ڈالنا، کاٹ لگانا، گہری کھرونچ ڈالنا۔

**gasify** *v.* **(-ies,-ied)** گیس میں تبدیل کرنا یا ہونا۔

**gasket** *n.* دھاتی سطحوں کے جوڑ بند کرنے کے لیے ربڑ وغیرہ کی پٹی یا چھلا، گیسکٹ۔ □ **blow a gasket** بول چال: بپھر جانا۔

**gasoline** *n.* امریکا: پٹرول۔

**gasp** *v. & n.* ف: ① ہانپنا، منہ کھول کے سانس کھینچنا۔ ② ہانپ ہانپ کر بولنا۔اسم: سانس پھولنے کی کیفیت۔

**gastric** *adj.* شکمی، نظامِ ہضم سے متعلق۔

**gastroenteritis** *n.* معدے اور آنتوں کی سوزش، ورم امعا، شکم۔

**gastropod** *n.* (also **gasteropod**) کوئی صدفہ جو ایک بڑے مضبوط پاؤں کے سہارے چلتا ہے جیسے گھونگا، نائمہ، شکم پایا۔

**gate** *n. & v.* اسم: ① دیوار یا جنگلے وغیرہ میں لگا ہوا، عموماً چول پر گھومنے والا دروازہ۔ ② آنے جانے کا ذریعہ۔ ③ کھیلوں کے میدان وغیرہ میں تماشائیوں کی تعداد، تماشائیوں سے وصول ہونے والی رقم۔

**gateau** *n.* (*pl.* **gateaus** or **gateaux**) بڑا پُرتکلف کریم کیک۔

**gatecrasher** *n.* بن بلایا، ناخواندہ مہمان۔

**gateway** *n.* ① آنے جانے کا راستہ، کھلا دروازہ یا بند ہونے والا در، باب۔ ② دروازے کے اوپر بنی ہوئی پوری تعمیر یا ڈھانچا، ڈیوڑھی۔

**gather** *v. & n.* ف: ① اکٹھا کرنا یا ہونا، سمیٹنا۔ ② فراہم کرنا، زمین یا سطح پر سے چننا۔ ③ چن چن کر جمع کرنا، بٹورنا۔ ④ نتیجہ اخذ کرنا۔ ⑤ شکنیں ڈالنا، پلیٹیں ڈالنا (لباس میں) اسم: پلیٹیں ڈالا ہوا لباس۔

**gathering** *n.* اجتماع۔

**GATT** (also **Gatt**) مخفف: (General Agreement on Tariffs and Trade) عمومی معاہدہ محصولات وتجارت۔

**gauche** *adj.* بونگا، بے ڈھنگا، موقع شناسی سے عاری۔ ● **gaucherie** اسم: ان گھڑ انداز، بے ڈھنگا پن۔

**gaucho** *n.* (*pl.*-**os**) جنوبی امریکا کا کاؤبوائے۔

**gaudy** *adj.* (**gaudier, gaudiest**) بے ذوقی کے ساتھ نمائشی چمک جھمک والا۔ ● **gaudily** م ف۔ **gaudiness** اسم: بھڑکیلا پن۔

**gauge** *n. & v.* (*US* **gage**) اسم: ① ناپنے، جانچنے، معیار کو پرکھنے کا پیمانہ، خصوصاً موٹائی طول، دبازت، حجم۔ ② متوازی ریل پٹریوں میں لگے ہوئے پہیوں کا درمیانی فاصلہ۔ف: صحیح صحیح جانچنا، اندازہ کرنا۔

**gaunt** *adj.* ① دبلا، سوکھا، مریل۔ ② وحشت زدہ، خستہ حال، بدہیئت۔

**gauntlet** *n.* مضبوط دستانہ، لمبی ڈھیلی کلائی والا۔ □ **run the gauntlet** ① سخت تنقید کا نشانہ بننا۔ ② سخت سزا یا مرحلے سے گزرنا۔

**gauss** *n.* (*pl.* same or **gausses**) مقناطیسی کشش یا امالے کی مقدار کی اکائی۔

**gauze** *n.* ① اونی یا سوتی باریک شفاف کپڑا۔ ② مہین تاروں یا ریشوں کا جال۔ ● **gauzy** صف۔

**gave** GIVE کا صیغۂ ماضی۔

**gavel** *n.* چھوٹا چوبی ہتھوڑا جس سے نیلامی بولی کے خاتمے پر یا اجلاس میں نظم قائم کرنے کی ہدایت کے طور پر چوٹ لگائی جاتی ہے۔

**gawky** *adj.* (**gawkier, gawkiest**) کڈھب، بدوضع، بے ڈھنگا، ہونّق۔

**gay** *adj.* صف:① خوش باش، زندہ دل۔ ② شوخ رنگ کا، بھڑکیلا۔ ③ ہم جنس پرست۔ اسم: ہم جنس پرست شخص۔ ● **gayness** اسم۔

**gaze** *v. & n.* ف: ٹکٹکی باندھ کر دیکھنا۔ اسم: نظر جما کر دیکھنے کا انداز۔

**gazebo** *n.* (*pl.* **-os** or **-oes**) مکان، منارہ یا اٹاری جو دور تک نظر رکھنے کے لیے تعمیر کی جائے۔

**gazelle** *n.* غزال کی نسل کا ایک چھوٹا ہرن۔

**gazette** *n.* اخبار، جریدہ خصوصاً کسی ادارے کی طرف سے جاری ہونے والا۔

**gazetteer** *n.* جغرافیائی معلومات کی فرہنگ۔

**gazump** *v.* (بیچنے والے کا) جائیداد کے (متوقع خریدار) کے ساتھ طے شدہ قیمت میں اضافہ کر دینا۔

**GB** تخفیف: Great Britain۔

**Gb** تخفیف: gigabyte۔

**GBH** تخفیف: grievous bodily harm ضرب شدید۔

**GCE** تخفیف: (برط) General Certificate of Education۔

**GCSE** تخفیف: (برط) General Certificate of Secondary Education۔

**Gd** عنصر gadolinium کی علامت۔

**GDP** تخفیف: gross domestic product مجموعی ملکی پیداوار۔

**Ge** عنصر germanium کی علامت۔

**gear** *n. & v.* اسم: ① گراریاں جن کے ذریعے انجن سے پیدا ہونے والی حرکت کو (خصوصاً) گاڑی کے پہیوں کی طرف منتقل کیا اور اس پر قابو رکھا جاتا ہے، گیئر۔ ② گیئر کے کئی کاموں یا حالتوں میں سے کوئی۔ ③ کوئی مخصوص کل یا مشینی نظام، کسی خاص مقصد کے لیے کل پرزے۔ ④ بول چال: لباس پوشاک۔ ف: ① کسی خاص مقصد کے لیے ڈھالنا، موزوں، موافق بنانا۔ ② گیئر فٹ کرنا۔ ③ چالو مشین کو چالو پر لگانا، گیئر میں ڈالنا۔ □ **in gear** گیئر لگی ہوئی، چلنے کے لیے تُلی ہوئی حالت۔

**gearbox** *n.* وہ ڈھلا ہوا خانہ جس میں گیئر بند ہوتا ہے۔

**gecko** *n.* (*pl.*-**os** or **-oes**) گھریلو چھپکلی۔

**geese** **goose** کی جمع۔

**Geiger counter** *n.* تابکاری ناپنے کا ایک آلہ۔

**geisha** *n.* شائقین کی مدارات کے لیے رقص و موسیقی کی تربیت یافتہ جاپانی حسینہ۔

**gel** *n. & v.* اسم: جیلی کی طرح کا ایک گاڑھا سریش نما لجلجا مادّہ۔ ف: جیلی کی صورت میں لانا۔

**gelatin** *n.*(also **gelatine**) جانوروں کی ہڈیوں سے حاصل ہونے والا شفاف مادّہ جس سے جیلی وغیرہ بنائی جاتی ہے، جلاٹین۔ ● **gelatinous** صف۔

**geld** *v.* خصّی کرنا، آختہ کرنا۔

**gelding** *n.* خصّی جانور، خصوصاً گھوڑا۔

**gelignite** *n.* ایک آتش گیر مرکب جس میں نائٹروجنی گلیسرین شامل ہوتی ہے، بارود۔

**gem** *n.* ① قیمتی نگینہ، جوہر خصوصاً تراشیدہ۔ ② بڑی خوبیوں والا شخص یا شے۔

**gender** *n.* ① قواعد، زبان: جنس مذکر مؤنث یا بے جنس اسما کی تخصیص۔ ② جنس کے لحاظ سے منقسم اسما۔

**gene** *n.* لونیات chromosome میں شامل اور فرد کی کسی موروثی خصوصیت کی حامل، جین، نسبہ۔

**genealogy** *n.* (*pl.* **-ies**) ① سلسلۂ نسب جو کسی مورث اعلیٰ تک پہنچتا ہو، اسکی تفصیل۔ ② علم الانساب۔ ● **genealogical** صف۔ **genealogist** اسم۔

**genera** GENUS کی جمع۔

**general** *adj. & n.* صف: ① عالمی یا کم و بیش کل دنیا سے متعلق، عمومی سب پر یا تقریباً کل گروہ یا صورتوں پر حاوی۔ ② عام، رائج، حسب معمول۔ اسم: ① فیلڈ مارشل سے فوراً نیچے کا اعلیٰ فوجی افسر۔ □ **in general** عام طور پر، عموماً، معمولاً۔ ● **generally** م ف: عموماً۔

**general election** *n.* عام انتخابات۔

**generality** *n.* (*pl.* **-ies**) ① بیان یا اصول وغیرہ جس کا اطلاق وسیع ہو۔ ② عمومیت، عام صورت یا حیثیت۔ ③ غالب اکثریت۔

**generalize** *v.*(also **-ise**) ① غیر معیّن پیرائے میں بات کرنا، مجموعی اصول یا رائے قائم کرنا۔ ② عام استعمال میں لانا، رائج کرنا۔ ● **generalization** اسم۔

**generally** *adv.* عام طور پر، عموماً، اکثر۔

**general practitioner** عام ڈاکٹر جو ہر مرض کا علاج کرتا ہے۔

**generate** *v.* تخلیق کرنا، وجود میں لانا، بنانا۔

**generation** *n.* ① نسل، کسی خاص وقت یا دور میں موجود یا پیدا ہونے والے سب لوگ۔ ② پیڑھی، پشت۔ ③ ترقی (خصوصاً تکنیکی ترقی) کا کوئی خاص مرحلہ۔ ④ قدرتی یا مصنوعی ذرائع سے برقی حرارت یا توانائی کی پیداوار کا عمل۔ ● **generational** صف۔

**generator** *n.* جنریٹر، میکانکی توانائی کو برقی توانائی میں ڈھالنے والا آلہ، ڈائنمو۔

**generic** *adj.* کسی طبقے، زمرے سے متعلق؛ عمومی نہ کہ معیّن یا مخصوص۔ ● **generically** م ف۔

**generous** *adj.* ① فیاضانہ؛ فراخ دلی سے دینے یا دیا جانے والا۔ ② وسیع القلب، مخیّر۔ ● **generosity** اسم: فیاضی، سخاوت۔ **generously** م ف۔

**genesis** *n.* کسی شے کی تخلیق، پیدائش، بننے، وجود میں آنے کی صورت۔

**genetic** *adj.* ① نسلیات یا جینیات سے تعلق رکھنے والا۔ ② ابتدا، آغاز سے تعلق رکھنے والا۔ □ **genetic engineering** جینیات کی تبدیلی، دانستہ تبدیلی یا ڈی این اے (DNA) میں ردّوبدل کے ذریعے کسی نامیے کے خواص میں ترمیم کرنا۔ **genetic fingerprinting** ڈی این اے (DNA) کے خصوصی نقشے کے تجزیے سے افراد کو شناخت کرنے کا عمل، جینیائی شناخت۔ ● **genetically** م ف۔ **geneticist** اسم: ماہرِ جینیات۔

**genetics** *n. pl.* جینیات، نسلی توارث اور موروثی خصوصیات میں تبدّل کا مطالعہ۔

**genial** *adj.* ① خوش طبع، ملنسار، ہنس مکھ۔ ② معتدل، سازگار (آب وہوا) ③ فرحت بخش، صحت افزا۔ ● **geniality** اسم: زندہ دلی، خوش مزاجی۔ **genially** م ف: زندہ دلی سے۔

**genie** *n.* (*pl.* usu. **genii**) جن، بھوت یا الف لیلہ کی کہانیوں کا مانوس جن۔

**genital** *adj. & n.* صف: حیوانی تولید وتناسل سے متعلق۔ اسم: **(genitals)** (نیز **(genitalia**) بیرونی اعضائے تناسل، شرم گاہیں۔

**genitive** *n.* قواعد: مضاف، اسم یا ضمیر کی وہ قواعدی حالت جو نسبت یا ملکیت کو ظاہر کرے۔

**genius** *n.* (*pl.* **geniuses**) غیر معمولی ذہنی یا تخلیقی صلاحیت، غیر معمولی فطری قابلیت رکھنے والا شخص۔

**genocide** *n.* کسی گروہ یا قوم کو مٹانے کی مہم، نسل کشی۔

**genre** *n.* صنف خصوصاً ادب یا آرٹ کی۔

**genteel** *adj.* نمائشی نفاست یا وضعداری برتنے والا۔ ● **genteelly** م ف۔ **gentility** اسم۔

**gentian** *n.* کوئی پودا خصوصاً پہاڑی علاقوں کا جس میں گہرے نیلے پھول لگتے ہیں۔

**Gentile** *n.* غیر یہودی شخص۔

**gentle** *adj.* ① شائستہ، نرم مزاج۔ ② باعزت، عمدہ (نسب، پیشہ، مشاغل وغیرہ) ③ خاموش پُرسکون (موسم) ● **gentleness** اسم: شائستگی۔ **gently** م ف۔

**gentleman** *n.* (*pl.*-**men**) ① شریف، مہذب، بھلا مانس، معتبر شخص۔ ② اچھی حیثیت کا آدمی۔ ● **gentlemanly** صف: شریفانہ، مہذّب۔

**gentrification** *n.* متوسط طبقے کے خوشحال لوگوں کی آمد سے کسی مقام کی سماجی حیثیت یا ماحول میں بہتری۔ ● **gentrify** ف۔

**gentry** *n. pl.* اُمرا یا طبقۂ اعلیٰ سے کمتر متوسط درجے کے لوگ۔

**genuflect** *v.* جھکنا، عبادت یا تعظیم دینے کے لیے گھٹنوں کو خم کرنا۔

**genuine** *adj.* ① اصلی نہ کہ نقلی۔ ② خالص نسل کا۔ ● **genuinely** م ف۔ **genuineness** اسم۔

**genus** *n.* (*pl.* **genera**) ① مشترک خصوصیات کے لحاظ سے نامیات کی نوعی تقسیم جس میں کئی انواع شامل ہوں۔ ② مشترک خصوصیات رکھنے والا طبقہ یا زمرہ۔

**geocentric** *adj.* ① مرکزِ زمین سے مشاہدہ کردہ، ارض مرکزی۔ ② زمین کو عالم کا مرکز خیال کرنے والا۔

**geode** *n.* ① ایسی ارضی ریخ یا قعر جس کی اندرونی سطح پر بلور کی تہ ہو۔ ② چٹان جس میں ایسی ریخ یا قعر ہو۔

**geodesy** *n.* زمین کی شکل، تقسیم اور اس کی پیمائش وغیرہ کا مطالعہ، علم پیمائش ارض۔

**geography** *n.* ① علم جغرافیہ، زمین کی ہیئت، وسائل، آب وہوا اور آبادی کی بابت مادّی حقائق کا مطالعہ۔ ② کسی علاقے کے طبعی حالات۔● **geographer** اسم۔ **geographical** صف: جغرافیائی۔ **geographically** م ف۔

**geology** *n.* ① علم ارضیات، طبقات الارض جس میں اس کی ساخت، چٹانوں کی ابتدا کا مطالعہ شامل ہے۔② کسی ضلع کی ہیئت زمینی یا جغرافیائی خصوصیات کا مطالعہ۔ ● **geological** صف۔ **geologically** م ف۔ **geologist** اسم: ماہر ارضیات۔

**geometry** *n.* ریاضی کی وہ شاخ جو نقاط، خطوط، سطحوں اور ٹھوس اجسام سے تعلق رکھتی ہے، علمِ ہندسہ، جیومیٹری۔● **geometric** صف۔ **geometrical** صف۔ **geometrically** م ف۔

**Georgian** *adj.* شاہ جارج اوّل سے چہارم تک کے زمانہ کا (۱۷۱۴ء تا ۱۸۳۰ء)

**geranium** *n.* خاص طور سے اُگایا ہوا گل شمعدانی۔

**gerbil** *n.*(also **jerbil**) چوہے سے ملتا جانور جس کے پچھلے پیر لمبے ہوتے ہیں۔

**geriatric** *adj. & n.* صف: بڑھاپے سے تعلق رکھنے والا۔ اسم: ① بوڑھا شخص خصوصاً وہ جس کی خاص دیکھ بھال کی جائے۔ ② **(geriatrics)** طب کی وہ شاخ جو ضعیفوں کی صحت اور نگہداشت سے تعلق رکھتی ہے۔

**germ** *n.* ① خوردحیویہ خصوصاً جو مرض پیدا کرے، جرثومہ۔ ② کسی نامیے کا جز جو نئے نامیے میں ڈھلنے کی صلاحیت رکھتا ہو، پھوٹا ہوا بیج۔ ③ ابتدائی خیال یا بیج جس سے کوئی نتائج پیدا ہوں۔

**German** *n. & adj.* اسم: ① جرمنی کا باشندہ؛ جرمن نژاد شخص۔ ② جرمنی کی زبان۔ صف: ملک جرمنی، اس کے باشندوں یا زبان سے متعلق۔

**germane** *adj.* مربوط، متعلق۔

**Germanic** *adj.* ① جرمن خصوصیات کا حامل۔ ② جرمنوں کا۔ ③ اسکینڈی نیویا، اینگلوسیکسن یا جرمنوں کا۔ ④ جرمینک زبان؛ اس کی مختلف شاخوں سے متعلق۔

**germanium** *n.* ایک نیم فلزی عنصر (علامت: Ge)

**german measles** *n.*(also **rubella**) ایک قسم کا خسرہ، خسرہ کاذب۔

**germicide** *n.* جراثیم کش۔

**germinate** *v.* ① پھوٹنا، کھلنا، کونپل نکالنا۔ ② جنم دینا۔ ● **germination** اسم: نمو، اپج۔

**gerontology** *n.* بڑھاپے، عمر رسیدگی اور اس کے خصوصی مسائل کا سائنسی علم، کہولیات۔

**gerrymander** *v.* انتخابی حلقے کی حد بندی میں کسی جماعت یا طبقے کو ناواجب فائدہ پہنچانا۔

**gerund** *n.* قواعد: اسم مصدر (انگریزی میں *ing* پر ختم ہونے والا)

**Gestapo** *n.* نازیوں کے دور میں جرمن خفیہ پولیس۔

**gestation** *n.* حمل یا زمانۂ حمل۔

**gesticulate** *v.* بولنے کے ساتھ اشاروں سے مطلب ظاہر کرنا۔● **gesticulation** اسم۔

**gesture** *n. & v.* اسم: ① جسم یا اعضا کا معنی خیز اشارہ، حرکات وسکنات۔ ② اشاروں کا استعمال، جذبات وغیرہ کے اظہار یا تقریر کو مؤثر بنانے کے لیے۔ ف: اشاروں سے کام لینا۔

**get** *v.*(**got, getting**) ① حاصل کرنا، پانا، کمانا۔ ② لانا؛ لے آنا؛ خریدنا۔ ③ جاکے پکڑنا (بس ریل وغیرہ) ④ (کھانا وغیرہ) تیار کرنا، بنانا۔ ⑤ کسی حالت، حیثیت یا درجے کو پہنچنا یا پہنچانا۔ ⑥ حساب کتاب کے نتیجے میں حاصل کرنا۔ ⑦ (مرض وغیرہ) میں مبتلا ہونا، تکلیف، درد محسوس کرنا۔ ⑧ بول چال: سمجھنا، ذہن نشین کرنا۔ ⑨ بول چال: ناراض کرنا۔ □ **get by** جوں توں سنبھالنا۔ **get off** بول چال: بری ہوجانا، سستا چھوٹنا۔ **get on** ① اپنے کام میں آگے بڑھنا، قابو پانا۔ ② بول چال: بوڑھا ہونا۔ **get over** (کسی بیماری یا علّت سے) جان چھڑانا۔ **get round** کسی کو پرچا لینا (خصوصاً کام بنانے کے لیے) **get up** ① اٹھانا یا اٹھ کھڑا ہونا بیٹھے سے یا سونے یا بیماری کے بعد۔ ② تیار ہونا، منظّم ہونا۔

**getaway** *n.* بچ نکلنا خصوصاً جرم کر کے۔

**get-together** *n.* باہم ملاقات کے لیے اجتماع۔

**get-up** *n.* بول چال: ظاہری ہیئت، وضع، لباس۔

**geyser** *n.* ①قدرتی گرم چشمہ جس سے پانی کی ایک اونچی دھار نکلتی ہے۔ ② گھریلو پانی گرم کرنے کا چولھا۔

**ghastly** *adj.* (**ghastlier, ghastilest**) ① بھیانک، ڈراؤنا۔ ②بول چال: ناپسندیدہ، قابل اعتراض۔ ③ پیلا پڑا ہو۔ ● **ghastliness** اسم: بھیانک پن۔

**gherkin** *n.* ایک قسم کا چھوٹا، ہرا کھیرا۔

**ghetto** *n.* (*pl.* **ghettos**) شہر کا پس ماندہ علاقہ، پاڑا، غریبوں یا کسی اقلیتی گروہ کی الگ تھلگ بستی۔

**ghetto blaster** *n.* بڑا ریڈیو خصوصاً جس پر اونچی آواز میں عوامی گیت سنے جاتے ہیں۔

**ghost** *n. & v.* اسم: ① بھوت، روح۔ ② سایہ، شبیہہ یا شائبہ۔ ف: معاوضے پر کسی اور کے نام سے لکھنا۔

**ghostly** *adj.* بھوت جیسا، سایہ نما، عفریتی۔

● **ghostliness** اسم: بھوت پن۔

**ghost writer** *n.* کسی اور مصنف کے لیے لکھنے والا، قلمی مزدور، کرائے کا مصنف۔

**ghoul** *n.* ① بیمار ذہنیت کا آدمی جس کے تخیل پر موت سوار ہو۔ ② بدروح، غول بیابانی، چڑیل، عفریت ● **ghoulish** صف۔

**giant** *n. & adj.* اسم: ① دیو، جن۔ ② کوئی غیر معمولی طور پر بڑا، لمبا تڑنگا، دیو پیکر آدمی، جانور یا پودا۔ ③ غیر معمولی لیاقت، دیانت یا حوصلے والا آدمی۔ صف: غیر معمولی طور پر جسیم یا قوی، عظیم الجثہ، دیو قامت۔

**gibber** *v.* صدمے یا خوف میں چڑ چڑانا، بڑبڑانا، غیر واضح انداز میں تیز بولنا۔

**gibberish** *n.* مبہم، بے معنی گفتگو، خرافات۔

**gibbet** *n.* سُولی، پھانسی، دار، صلیب۔

**gibbon** *n.* لمبے بازو کا جنوب مشرقی ایشیا کا بندر۔

**gibe** *v. & n.* (also **jibe**) ف: مذاق اُڑانا (کسی پر) ہنسنا۔ اسم: ہنسی، طنز، طعن۔

**giblets** *n. pl.* پرندے کی کلیجی، پوٹا، گردن وغیرہ۔

**giddy** *adj.* (**giddier, giddiest**) ① چکرایا ہوا، دوران سر میں مبتلا۔ ② سرمست، سرشار، غیر سنجیدہ۔ ● **giddily** م ف۔ **giddiness** اسم: چکر، گھمیری۔

**gift** *n.* ① عطیہ، دی ہوئی شے، تحفہ۔ ② فطری لیاقت، خداداد جوہر۔ ③ آسان کام۔

**gifted** *adj.* غیر معمولی طور پر ذہین، طبّاع۔

**gig** *n.* ① ایک قسم کی سُبک گھوڑا گاڑی۔ ② بول چال: تماشا گر یا موسیقاروں کے طائفے لیے بلائی گئی مجلس۔

**giga-** *comb. form* رقم $10^9$ کو ظاہر کرنے والا (ایک ارب ۱۰۰۰۰۰۰۰۰۰)

**gigantic** *adj.* بہت بڑا، زبردست، دیو پیکر۔

**giggle** *v. & n.* ف: دبی دبی ہنسی کی آواز نکالنا۔ اسم: گیگلا پن۔ ● **giggly** صف: خندہ خیز۔

**gigolo** *n.* (*pl.* **-os**) معمّر عورت کے ساتھ چلنے والا جوان تنخواہ دار محافظ، مصاحب یا اس کا یار۔

**gild**[1] *v.* سونے کا پانی چڑھانا، ملمّع کرنا۔

**gild**[2] GUILD کا متبادل۔

**gill** *n.* چوتھائی پائنٹ مائع کی مقدار۔

**gills** *n.* ① مچھلی وغیرہ کے گلپھڑے۔ ② کھنبیوں کی چھتری کے نیچے کی کھڑی نیم قوسی تہیں۔

**gilt** *adj. & n.* صف: ① سنہری ملمّع دار۔ ② سنہری رنگ کا۔ اسم: ① سونے کا پانی۔ ② کھرا تمسک، طلائی کنارے والی ہنڈی یا سند حصص یا کفالت نامہ۔

**gilt-edged** *adj.* بہت معتبر، محفوظ، کھرا تمسک، (کفالت نامہ سرمایہ کاری کی سند وغیرہ)

**gimbals** *n. pl.* لاٹھ اور چھلّوں پر مشتمل ایک آلہ جو جہاز میں قطب نما وغیرہ کو اُفقی حالت میں سیدھا رکھنے کے لیے استعمال ہوتا ہے۔

**gimcrack** *adj.* محض آرائشی اور بیکار۔

**gimlet** *n.* دستی برما۔

**gimmick** *n.* ترکیب، حکمت، شعبدہ کاری، خصوصاً تشہیر کے لیے ● **gimmicky** صف۔

**gin** *n.* جو یا شعیرے سے کشید کیا ہوا ایک الکحلی مشروب جس میں اردج کے بیروں سے ذائقہ پیدا کیا جاتا ہے۔

**ginger** *n. & adj.* اسم: ① ادرک، اس کا پودا۔ ② ہلکا سُرخی مائل زرد رنگ۔ ③ جوش، جذبہ۔ صف: ادرک کے رنگ کا۔

**gingerbread** *n.* ادرک ڈال کر بنایا ہوا کیک۔

**ginger group** *n.* کسی جماعت کا زیادہ جوشیلا، انتہا پسند گروہ۔

**gingerly** *adv. & adj.* م ف: سنبھل کر، احتیاط

سے۔صف: محتاط، چوکنّا۔

**gingham** *n.* ایک سادہ سوتی کپڑا، خصوصاً دھاری دار یا چارخانے دار۔

**gingivitis** *n.* مسوڑھے پھولنا، مسوڑھوں کی سوزش۔

**ginseng** *n.* طبّی خواص رکھنے والا ایک خوشبودار پودا۔

**gipsy** GYPSY کا متبادل۔

**giraffe** *n.* زرّافہ، افریقہ کا جگالی کرنے والا جانور جس کی گردن اور اگلی ٹانگیں بہت لمبی ہوتی ہیں۔

**gird** *v.* ادبی: گھیرنا، احاطہ کرنا، پیٹی لگانا یا پٹی لپیٹنا۔

**girder** *n.* تعمیر کو سہارنے کے لیے لوہے کا شہتیر۔

**girdle** *n. & v.* اسم: ① کمر پیٹی یا کمر پٹکا۔② زنانہ زیرجامہ جو کمر سے رانوں تک آتا ہے۔③ کوئی چیز جو گھیرے، احاطہ کرے۔④ کسی عضو کو سہارنے والی ہڈی۔ ف: گھیرے میں لینا۔

**girl** *n.* ① لڑکی، بچّی۔② نوجوان عورت خصوصاً کنواری۔ ● **girlhood** اسم: لڑکپن، کنوارپنا۔

**girlfriend** *n.* ① ساتھ گھومنے پھرنے والی عورت یا لڑکی یا محبوبہ۔② مرد کی بے تکلّف دوست۔

**giro** *n.(pl -os)* ① بینکوں، ڈاکخانوں وغیرہ کے درمیان رقوم منتقل کرنے یا باہمی حساب کتاب کا ایک طریقہ، جائرو نظام۔② جائرو کے تحت ادائیگی۔

**girth** *n.* ① کسی شے یا جسم کا گھیر۔② گھوڑے کا تنگ یا وہ تسمہ جو کسنے کے لیے پیٹ کے گرد باندھا جاتا ہے۔

**gist** *n.* خلاصہ، اصل بات، نچوڑ۔

**gîte** *n.* فرانس میں تفریحاً قیام کے لیے عارضی مکان۔

**give** *v. & n.* ف: ①**(giving، given، gave)**: ہبہ کرنا، تحفۃً دینا، عطیہ دینا۔② ورثے میں چھوڑنا، بخش کر جانا، منتقل کرنا۔③ ادا کرنا، بدل میں دینا۔④ قول دینا، عہد کرنا۔⑤ کرنا، انجام دینا۔⑥ تفویض کرنا۔⑦ عادی یا مائل ہونا۔⑧ پیدا کرنا۔ اسم: ① لچک، لوچ۔② موافقت یا ماننے کی صلاحیت۔□ **give and take** آپس کا سمجھوتا۔ **give away** ① بھانڈا پھوڑنا۔② نادانستہ افشائے راز۔ **give in** ہار ماننا۔ **give out** ① اعلان کرنا، اجرا یا تقسیم کرنا۔② بیٹھ جانا، تھکن یا بار سے۔ **give over** بول چال: چھوڑ دینا، ترک کرنا۔ **give up** ① دست بردار ہونا، ہار ماننا۔② چھوڑ دینا، جدا کرنا۔③ (مطلوبہ شخص وغیرہ کو) حوالے کرنا۔ **give way** ① رعایت دینا، جھک جانا۔② راستہ چھوڑنا، آگے سے ہٹ جانا۔ ● **giver** اسم: دینے والا۔

**giveaway** *n.* ① مفت کا تحفہ۔② بول چال: نادانستہ افشائے راز۔

**given** *adj. & n.* صف: جیسے پہلے کہا گیا یا خیال کیا گیا، قبول کیا گیا۔اسم: معلوم حقیقت یا صورت حال۔

**given name** *n.* بپتسمہ کے وقت دیا گیا نام؛ عیسائی نام۔

**gizmo** *n. ( pl. -os)* کل پرزے وغیرہ۔

**gizzard** *n.* پرندے کے معدے کا دوسرا خانہ، سنگدانہ جہاں خوراک پستی ہے۔

**glacé** *adj.* شیرے میں ڈالی ہوئی، محفوظ کی ہوئی۔

**glacial** *adj.* ① برف کا؛ برفیلا۔② برفانی، برف سے بنا یا برف کا پیدا کردہ۔ ● **glacially** م ف۔

**glaciated** *adj.* برف زدہ، برف سے متاثر یا ڈھکا ہوا۔ ● **glaciation** اسم: یخ بستگی۔

**glacier** *n.* برف زار، سطح مرتفع پر برف کی تہیں جمنے سے بننے والا یخ بستہ قطعۂ زمین۔

**glad** *adj.* ① مسرور، آمادہ، راضی۔② مسرت آمیز، مسرت بخش۔ ● **gladly** م ف۔ **gladness** اسم۔

**gladden** *v.* شاد، خورسند کرنا یا ہونا۔

**glade** *n.* جنگل میں کھلی جگہ، چاندر۔

**gladiator** *n.* قدیم روم میں تیغ زنی کا مظاہرہ کرنے والا سدھا ہوا، تلوریا۔ ● **gladiatorial** صف۔

**glamour** *n. (US* **glamor)** اسم: ① خوشنمائی، آرائش، شوبھا۔② پُرکشش، نظر فریب حسن، چمک دمک، رونق۔ ● **glamorize** ف: پُرکشش، نظر فریب بنانا۔ **glamorous** صف۔ **glamorously** م ف۔

**glance** *v. & n.* ف: ① سرسری نظر ڈالنا۔② اُچٹنا، کسی چیز سے ٹکرا کر پلٹنا۔③ کسی چیز پر اچٹتی نظر ڈالنا۔ اسم: ① اُچٹتی نظر۔② کوندا، لپکا، جھلکی۔

**gland** *n.* غدّہ، جو جسم کی ضرورت یا اخراج کے لیے مخصوص ریزشیں پیدا کرتا ہے۔ ● **glandular** صف۔

**glare** *v. & n.* ف: ① نظریں جما کر یا گاڑ کر دیکھنا، تکنا۔② چکاچوند کرنا، نظر میں چبھنا۔③ نفرت یا حقارت

سے دیکھنا۔ اسم:① تیز، چندھیانے والی روشنی خصوصاً دھوپ۔② تند و تیز نظر۔

**glaring** *adj.* بیّن، نمایاں۔

**glasnost** *n.* (روس میں) کھلی پالسی، مشورے کے ساتھ حکومت چلانے اور اطلاعات کے وسیع ابلاغ پر مبنی رویّہ [روسی لفظ پھیلاؤ]

**glass** *n.* اسم:① شیشہ، کانچ۔② شیشے کے بنے ہوئے آلات، اشیا خصوصاً پینے کے آلات، آئینے، کھڑکی۔③ **(glasses)** چشمہ، عینک، دور بین۔ ● **glassful** اسم۔ **glassy** صف: شیشے کا شیشے جیسا۔

**glass ceiling** *n.* ذاتی ترقی میں نظر نہ آنے والی رکاوٹ۔

**glasshouse** *n.* ① پودگھر۔② بول چال: فوجی جیل خانہ۔

**glaucoma** *n.* آنکھ کی ایک بیماری جس میں رفتہ رفتہ بینائی جاتی رہتی ہے، کالا پانی، سبز موتیا۔

**glaze** *v. & n.* ف:① شیشہ جڑنا۔② (برتن پر) چینی وغیرہ چڑھا کر چمکانا، روغن پھیرنا۔③ آنکھوں کی تپلی کا پتھرا جانا۔ اسم: ایک چمکیلا مادّہ جس سے مٹی یا چینی کے برتنوں کو چمکایا جاتا ہے۔● **glazed** صف۔

**glazier** *n.* وہ شخص جس کا پیشہ کھڑکیوں میں شیشہ لگانا، جڑنا، چپکانا ہو۔

**gleam** *n.* اسم:① دھیمی، ہلکی، چلتی پھرتی روشنی۔② خفیف جھلکار یا لہراتا، مٹتا، بنتا منظر۔ ف:① روشنی کا خارج ہونا۔② ظاہر، نمایاں ہونا۔

**glean** *v.* ① فراہم کرنا، جمع کرنا، بٹورنا۔② فصل کٹنے کے بعد (خوشے وغیرہ) اکٹھے کرنا۔● **gleanings** اسم ج: چنی، اکٹھا کی ہوئی اشیا۔ **gleaner** اسم۔

**glebe** *n.* گزارے کے لیے پادری کے نام کردہ زمین۔

**glee** *n.* خوشی، شادمانی۔● **gleeful** صف: شادمان، موج میں۔ **gleefully** م ف: مسرّت سے۔

**glen** *n.* تنگ وادی۔

**glib** *adj.* **(glibber, glibbest)** لفاظ، چرب زبان، غیر مخلص (مقرر یا اس کی تقریر)

**glide** *v. & n.* ف:① سُبک رفتاری سے چلنا، بہنا یا حرکت کرنا۔② (جہاز وغیرہ خصوصاً گلائڈر کا) انجن کے بغیر اُڑنا۔ اسم:① سبک روی کا عمل یا سبک روی۔② گلائڈر پر اُڑان۔

**glider** *n.* بغیر انجن کے اُڑنے والی ہوائی سواری۔

**glimmer** *v. & n.* ف: ٹمٹمانا، جھلملانا۔ اسم:① ہلکی لہراتی روشنی۔② مدّھم شعاع یا روشنی کی لہر، جھلک۔

**glimpse** *n. & v.* اسم: جھلک۔ ف:① ادھورے طور پر دیکھنا، شبیہہ یا سایہ سا دیکھنا۔② اچٹتی سی نظر ڈالنا۔

**glint** *v. & n.* ف: چمکنا یا چمکانا، دمکنا، عکس ڈالنا۔ اسم: روشنی کی ہلکی سی جھلک، جوت۔

**glisten** *v.* چمکنا، عکس ڈالنا خصوصاً جیسے گیلی سطح، برف وغیرہ پر سے۔

**glitch** *n.* بول چال: اچانک خرابی، گڑبڑ، نقص۔

**glitter** *v. & n.* ف: چمکنا، نور افگن ہونا، روشنی ڈالنا۔ اسم: دمک، روشنی کی چمک، جوت۔

**glitterati** *n. pl.* بول چال: تماشا گری یا ادب سے شوقیہ دلچسپی رکھنے والوں کا حلقہ۔

**glitz** *n.* بول چال: سطحی، نمائشی انداز۔● **glitzy** صف: سطحی اور دکھانے والا۔

**gloaming** *n.* شاعرانہ: جُھٹ پٹا، شام کا دُھندلکا۔

**gloat** *v.* حرص، لالچ، کپٹ یا اتراہٹ بھرے انداز میں سوچنا۔

**global** *adj.* ① عالمگیر، کُل زمینی۔② ہمہ گیر، کسی شے کے کُل اجزا پر حاوی۔● **globally** م ف۔

**global warming** *n.* زمینی فضا میں افزائش حرارت۔

**globe** *n.* زمین یا ستاروں سیّاروں وغیرہ کا نقشہ گول گیند کی شکل میں۔

**globetrotter** *n.* بہت سفر کرنے والا آدمی، جہاں گرد۔● **globetrotting** اسم وصف: جہاں گردی۔

**globular** *adj.* کروی شکل کا، گول۔

**globule** *n.* چھوٹی گول شکل کی شے، بندکی، قطرہ۔

**globulin** *n.* لحمیات کی ایک قسم جو پودوں اور حیوانی نسیجوں میں پائی جاتی ہے۔

**glockenspiel** *n.* گھنٹیوں یا دھات کے پتروں سے بنا ہوا ایک ساز جو چوکھٹے میں کسا ہوتا ہے اور ڈنڈی یا موگری سے بجتا ہے۔

**gloom** *n.* ①اندھیرا؛ دُھندلاہٹ۔②افسردگی، مایوسی۔ ● **gloomily** م ف۔ **gloomy** صف: تاریک، افسردہ۔

**glorify** *v.* **(-ies, -ied)** ①عظمت، رفعت دینا؛ تابناک بنانا۔②شان بڑھانا۔③ستائش کرنا۔④اصل سے زیادہ شاندار نظر آنا یا بننا۔ ● **glorification** اسم۔

**glorious** *adj.* ①عظمت، شان والا؛ عالی مرتبت۔ ②عزت احترام بخشنے والا۔③نہایت عمدہ، بہت خوب؛ شان دار؛ فرحت انگیز۔ ● **gloriously** م ف۔

**glory** *n. & v.* اسم: (ج: **-ies**)①اعلیٰ شُہرت، ناموری، وقار۔② شکوہ، احتشام، جمال۔ ف: اپنے آپ کو بہت سمجھنا، اپنی ذات پر فخر کرنا۔

**gloss** *n. & v.* اسم: ①اوپری سطح پر نظر آنے والی چمک، تابانی۔②متن کی تشریح، تفسیر وغیرہ یا اس پر تبصرہ۔□ **gloss over** ڈھکنا، چھپانا۔ ● **glossily** م ف۔ **glossiness** اسم۔ **glossy** صف: چمکیلا، چکنا۔

**glossary** *n.* (*pl.* **-ies**) ① فرہنگ الفاظ ومعنی؛ مختصر لغت۔②حواشی وغیرہ کا مجموعہ۔

**glottis** *n.* ①ہوا کی نالی کے اوپر حلق کا وہ حصّہ جو صوتی وتروں کے درمیان ہوتا ہے۔ ● **glottal** صف۔

**glove** *n.* دستانہ۔

**glow** *v. & n.* ف: ①شعلے کے بغیر دہکنا، حرارت یا روشنی دینا۔②(گالوں کا) سرخ ہو جانا، تمتمانا۔③شدید جذبے کا اظہار کرنا۔ اسم: پُر تپش ہونے، گرمانے، تمتمانے کی کیفیت۔

**glower** *v.* گھورنا، تیوری چڑھانا خصوصاً غصّے میں۔

**glow-worm** *n.* جگنو، پٹ بیجنا۔

**glucose** *n.* ایک قسم کی شکر جو پھلوں سے حاصل کی جاتی ہے۔

**glue** *n. & v.* اسم: گوند؛ سریش۔ ف: **(glueing,glued)** ① گوند سے جوڑنا، چپکانا۔ ②بہت قریب لے آنا۔ ● **gluey** صف: چپکنے والا۔

**glue-sniffing** *n.* نشے کے لیے گوند کی بھاپ سونگھنے کا عمل۔

**glum** *adj.* **(glummer,glummest)** افسردہ خاطر، بے مزہ، بے کیف، ناراض۔ ● **glumly** م ف۔ **glumness** اسم: اداسی، خفگی۔

**glut** *v. & n.* ف: ①**(glutting,glutted)**: بے تحاشا کھانا یا کسی خواہش کی تکمیل میں شدّت یا غلو سے کام لینا۔②اٹاٹ بھرنا۔ اسم: مانگ سے بڑھ کر رسد کی صورت حال۔

**gluten** *n.* لحمیات کا مرکب جو غلّے میں پایا جاتا ہے۔

**glutinous** *adj.* چپچپا، لیس دار، سریشی۔ ● **glutinously** م ف: لیس دار چیز کی طرح۔

**glutton** *n.* ① پیٹو آدمی۔② ہوکا زدہ آدمی، جو بس نہ کرے۔ ● **gluttonous** صف۔ **gluttony** اسم: پیٹو پن، بسیار خوری۔

**glyceride** *n.* گلیسرول کا کوئی روغن دار ترشے والا اسٹر۔

**glycerine** *n.* (*US* **glycerin**) ایک چکنا میٹھا مائع جو دواؤں وغیرہ کے طور پر استعمال ہوتا ہے۔

**glycerol** *n.* =glycerine۔

**gm** تخفیف: gram(s)۔

**GMT** تخفیف: Greenwich Mean Time۔

**gnarled** *adj.* (also **gnarly**) (ہاتھ، درخت وغیرہ) جس میں گٹّا، گومڑا ہو یا جو کھردرا، اینٹھا مڑا تڑا ہو۔

**gnash** *v.* دانت پیسنا، (دانتوں کا) کٹکٹانا۔

**gnat** *n.* کوئی اڑنے ڈنک مارنے والا کیڑا، خصوصاً عام مچھر، پشہ، بعوضہ۔

**gnaw** *v.* کترنا، برابر کاٹے جانا، دانتوں سے کاٹنا۔

**gnome** *n.* ایک روایتی بونا جو زمین کی تہ کے خزانوں کی حفاظت کرتا ہے، بھتنا۔

**gnomic** *adj.* اقوال وامثال پر مبنی۔

**gnomon** *n.* دھوپ گھڑی کی لاٹھ یا کھڑی پتری۔

**gnostic** *adj.* علم خصوصاً باطنی یا سرّی سے متعلق۔

**GNP** تخفیف: gross national product۔

**gnu** *n.* افریقی ہرن جس کا سر بڑا اور اٹھا ہوا ہوتا ہے۔

**go** *v., & n.* ف: **(going,gone,went,goes)**: ①جانا، ایک جگہ سے دوسری جگہ منتقل ہونا، کسی مقصد سے روانہ ہونا۔② کسی سمت میں یا کسی رُخ پر ہونا یا جانا۔③ رخصت ہونا، چل دینا۔④حرکت کرنا، چالو ہونا وغیرہ۔⑤ کوئی خاص حرکت کرنا، کوئی خاص آواز نکالنا۔⑥ کسی خاص کیفیت میں ہونا، کسی خاص حالت میں پہنچنا۔⑦

(وقت یا فاصلے کا) گزرنا، طے ہونا۔ اسم: (ج: goes) ① جانے کا فعل یا عمل۔ ② جذبہ، جوش، حوصلہ، توانائی۔ ③ سرگرمی۔ □ **go back on** وعدے کا پابند نہ رہنا۔ **go into** ① داخل ہونا (کسی پیشے، پارلیمنٹ وغیرہ میں) ② شریک ہونا، حصّہ لینا۔ ③ تفتیش کرنا۔ **go off** ① چھوٹنا، سر ہونا، پھٹ پڑنا۔ ② اسٹیج پر سے جانا۔ ③ رفتہ رفتہ غائب، غیر محسوس ہوجانا۔ ④ خراب ہونا، بُسنا (خصوصاً خوراک کا) **go on** ① جاری ہونا، چلتا رہنا۔ ② واقع ہونا، رونما ہونا۔ **go out** ① (کمرے وغیرہ سے) باہر نکلنا۔ ② بجھنا۔ **go round** ① گھومنا، چکّر کھانا۔ ② گھیر میں پورا ہونا، پوری طرح احاطہ کرنا۔ ③ (کھانا وغیرہ) سب کے لیے کافی ہونا۔ **go under** غرق ہونا ڈوبنا، ناکام رہنا۔ **go with** میل کھانا؛ موزوں متناسب ہونا۔ **make a go of** بول چال: کسی کام میں کامیاب ہونا۔ **on the go** بول چال: فعّال، باعمل۔

**goad** *n. & v.* اسم: ① مویشیوں کو ہنکانے کی نوکدار لاٹھی، آر۔ ② کوئی شے جو تنگ کرے، اکسائے یا ہنکائے۔ ف: ① ہنکانا۔ ② تنگ کرنا، اکسانا۔

**go-ahead** *n. & adj.* بول چال، اسم: اجازت، رضا۔ صف: حوصلہ مند، آگے بڑھنے والا۔

**goal** *n.* ① مقصد، مطمحِ نظر، منزل، ہدف، نشانہ۔ ② فٹ بال، ہاکی: دو کھڑی بلّیوں پر پٹی ہوئی ایک پڑی بلّی جس میں گیند گزارنی ہوتی ہے، جیتا ہوا اسکور۔

**goalie** *n.* بول چال: GOALKEEPER۔

**goalkeeper** *n.* کئی کھیلوں میں گول کی حفاظت کے لیے مقررہ کھلاڑی۔

**goalpost** *n.* گول کے دونوں عمودی ڈنڈوں میں سے کوئی۔ □ **move the goalposts** کھیل کے اصولوں میں کھیل کے درمیان تبدیلی لانا۔

**goat** *n.* بکرا، بکری۔ □ **get a person's goat** بول چال: کسی کو زک دینا، چوٹ دینا، تنگ کرنا۔

**go-between** *n.* ثالث، بچولیا۔

**gobble** *v.* جلدی جلدی لقمے مارنا، چپڑ چپڑ کرکے کھانا۔

**gobbledegook** *n.* بول چال: اکڑ کر یا حلق میں سے آواز نکال کر غیر واضح انداز میں بولی۔

**goblet** *n.* شیشے کا ڈنڈی اور پیندے دار پیمانہ، جام۔

**goblin** *n.* بھتنا، عفریت۔

**go-cart** *v.* ① ٹھیلا؛ ہاتھ سے دھکیلنے والی کرسی۔ ② =go-kart-

**god** *n.* ① (مختلف مذاہب کے عقیدے میں) ایک ماورا وجود، معبود، قادرِ مطلق، خدا، کوئی نقش، بت شبیہہ وغیرہ جسے خدا سمجھ کر پوجا جاتا ہو۔ ② **(God)** موحِدین کے نزدیک خالق ومالک کائنات؛ وجود باری۔ ③ مقبول، ممدوح، ذی اثر انسان، کوئی شے جسے خدا کی طرح پوجا یا مانا جائے، خداوند۔

**godchild** *n.* (*pl.*-**children**) godparent (رک) کی نسبت سے اولاد معنوی۔

**god-daughter** *n.* منہ بولی بیٹی۔

**godfather** *n.* ① رک: godparent۔ ② خصوصاً امریکا: کسی غیر قانونی تنظیم کا گرو، خصوصاً مافیا کا۔

**God-fearing** *n.* خدا ترس۔

**God-forsaken** *n.* کم آباد ویران، اجاڑ۔

**goddess** *n.* دیوی۔

**godhead** *n.* (also **Godhead**) ① خدائی، معبود یا دیوتا کا مرتبہ، خدا کی ذات۔ ② دیوتا۔

**godmother** *n.* رک: godparent جسکی یہ تانیث ہے۔

**godparent** *n.* وہ مرد یا عورت جو عیسائی بچے کو بپتسمہ دے اور اس کی طرف سے ایمان کا اقرار کرے، معنوی باپ یا ماں۔

**godsend** *n.* نعمت غیر مترقبہ، اچانک ہاتھ لگ جانے والی چیز یا موافق مطلب بات۔

**godson** *n.* معنوی بیٹا، رک: godparent وغیرہ۔

**Godspeed** *int.* فجائیہ: خدا حافظ، سفر پر جانے والے کو رخصت کرتے وقت دعائیہ کلمہ۔

**go-getter** *n.* بول چال: وہ جو کسی مقصد کے پیچھے پڑ جائے اور حاصل کرکے چھوڑے خصوصاً بیوپاری۔

**goggle** *v.* آنکھیں پھاڑ کے دیکھنا۔

**goggles** *n. pl.* آنکھوں کے بچاؤ کا چشمہ۔

**goitre** *n.*(*US* **goiter**) غدۂ درقیہ (تھائرائڈ) کے پھولنے سے گردن کی سوجن کا مرض گل پھیڑ، گھینگا۔

**gold** *n. & adj.* (Au: علامت) اسم: ① سونا، زر، طلا

②سنہری رنگ۔ ③سونے کا سکّہ یا سونے کی بنی ہوئی چیز؛ دولت، بڑی رقم۔④ قیمتی ، حسین یا چمکدار شے۔ ⑤ =gold medal طلائی تمغا۔ صف: ① طلائی، طلا کار، زرّیں۔ ②سونے جیسا، سنہری رنگ کا۔

**gold-field** *n.* علاقہ جس میں سونے کی کان ہو۔

**golden** *adj.* ①سونے کا بنا ہوا، جہاں سے سونا مہیّا ہو۔ ② سنہری رنگ کا۔ ③بیش قیمت ، اعلیٰ ، اہم۔ □ **golden boy** بول چال: مقبول یا کامیاب آدمی۔

**golden handshake** *n.* بول چال: ملازمت سے سبکدوش یا قبل از وقت الگ کیے جانے پر ادا کی جانے والی وافر رقم ،سونے کا مصافحہ۔

**golden jubilee** *n.* پچاسویں سالگرہ، جشن طلائی۔

**golden wedding** *n.* شادی کی پچاسویں سالگرہ۔

**goldfish** *n.* چینی کارپ یا سیم ماہی جو سجاوٹ کے لیے پالی جاتی ہے۔

**gold-leaf** *n.* کوٹ کر بنا ہوا سونے کا ورق۔

**gold rush** *n.* نئی نو دریافت سونے کی کان پر ہجوم۔

**goldsmith** *n.* سنار،سونے کی اشیا بنانے والا۔

**gold standard** *n.* سونے کے سکّے کو معیاری سکّہ قرار دینے کا معاشی نظام۔

**golf** *n.* ایک کھیل جس میں ایک سخت چھوٹی گیند کو ضربیں لگا کر پالیوں میں ڈالا جاتا ہے۔ ● **golfer** اسم۔

**golf course** *n.* گولف کھیلنے کا میداان۔

**golliwog** *n.* ایک سیاہ پھولے بالوں والی گڑیا۔

**gonad** *n.* تناسلی غدّہ، مثلاً فوطہ یا بیضہ دان۔

**gondola** *n.* چپٹے پیندے کی ہلکی کشتی جو وینس کی نہروں میں چلتی ہے۔

**gondolier** *n.* گونڈولا کشتی کا کھویا۔

**gone** *adj.* **go** کا ماضیہ۔

**gong** *n.* ① گول چپٹا دھات کا بنا ہوا گھنٹہ جو گونج دار آواز پیدا کرتا ہے۔②بول چال: تمغا، بلاّ۔

**gonorrhoea** *n.* (*US* **gonorrhea**) سوزاک کا مرض۔

**goo** *n.* بول چال: لعاب دار شے۔

**good** *adj. & n.* ①(**best**،**better**): صف: مطلوبہ خصوصیات کا حامل، تشفی بخش، کافی؛ لائق، کارگزار، ذی استعداد، قابل اعتبار، کارآمد، صحت مند۔② مہربان، نیک، صالح، مخیّر، باادب۔ ③ پُرلطف، دلچسپ، خاطر خواہ۔④ کم از کم اچھی تعداد یا مقدار میں۔ ⑤مفید، موافق، بجا، درست، مالی اعتبار سے مستحکم۔⑥ اظہار حیرت کے لیے۔ ⑦مناسب، برمحل۔⑧ تازہ، کھانے کے قابل۔⑨ قابل تعریف، اچھا، خوش وضع، پُرکشش۔⑩ سلام کا ایک طریقہ۔اسم: ① بھلائی، خوبی۔ ② مطلب، مقصود نظر۔ ③ (**goods**) مال، اثاثہ، قابل انتقال املاک۔□ **as good as** تقریباً، کم وبیش۔

**goodbye** *int. & n.* (*US* **goodby**) فجائیہ: رخصت کے وقت الوداعی دعائیہ کلمہ۔اسم: الوداع، رخصت، خدا حافظ کے کلمات۔

**good-for-nothing** *adj. & n.* صف: ناکارہ۔اسم: نالائق، ناکارہ آدمی۔

**Good Friday** *n.* ایسٹر کے اتوار سے پہلے والا جمعہ جبکہ حضرت عیسیٰؑ کے صلیب پر چڑھائے جانے کی یاد منائی جاتی ہے۔

**goodie** GOODY کا متبادل۔

**goodness** *n.* ①نیکی ، بھلائی ،خوبی ۔②مہربانی، فیاضی، رواداری۔ ③ کسی شے کے اچھے خواص۔

**goodwill** *n.* ①خلوص ۔②ساکھ، کسی کاروبار وغیرہ کی شہرت، اعتبار۔③خندہ روئی، آمادگی، سرگرمی۔

**goody** *n.* (also **goodie**)(*pl.*-**ies**) ①بول چال: پسندیدہ آدمی، خصوصاً کہانی یا فلم کا ہیرو۔ ② (**goodies**) رغبت کے قابل شے یا کھانا۔

**goody-goody** *n.* (*pl.* **goody-goodies**) بول چال: اپنی ذات میں مگن، روکھا، اپنے کو پارسا ظاہر کرنے والا شخص۔

**gooey** *adj.* (**gooier, gooiest**) ①بول چال: لعاب دار، چپچپا۔②چیکو، اڑیل ،جذباتی۔

**goof** *n.* بول چال: ①احمق، بدّھو۔②غلطی، چوک۔

**googly** *n.* (*pl.*-**ies**) کریکٹ: آف بریک گیند جو لیگ بریک کی طرح پھینکی جائے۔

**goon** *n.* بول چال: امریکا: سیاسی یا کاروباری حریفوں کو دھونس دینے کے لیے بھرتی کیا ہوا غنڈا۔

**goose** *n.* (*pl.* **geese**) چوڑے پنجوں والے آبی پرندوں میں سے کوئی، بطخ سے بڑی، اس نسل کی مادہ۔
**gooseberry** *n.* (*pl.*-**ies**) ① ایک رسیلا گول رس بھری کی طرح کا بیجوں دار پھل، انگور فرنگی، ٹپاری۔ ② بول چال: فالتو آدمی (عموماً تیسرا) شخص۔
**goose-flesh** *n.* (also **goose pimples**) سردی یا خوف سے رونگٹے کھڑے ہونے کی کیفیت۔
**goose-step** *n.* ایک فوجی چال جس میں گھٹنے تنے رہتے ہیں، ہنس چال، بطخا چال۔
**gopher** *n.* ① امریکا کا پھولے ہوئے کلّوں کا چوہا۔ ② کمپیوٹر: انٹرنیٹ پر معلومات ڈھونڈنے کا ایک سسٹم۔
**gore** *n.* & *v.* اسم: ① مخروطی ٹکڑا جو لباس یا چھتری وغیرہ میں ٹانکا جائے۔ ② خون جو بہے اور جم جائے۔ ف: سینگ یا نوکیلا دانت وغیرہ چبھونا۔
**gorge** *n.* & *v.* اسم: گھاٹی، درّہ۔ ف: ندیدے پن سے کھانا، ہبوڑنا۔
**gorgeous** *adj.* ① رنگارنگ، شاندار، بارونق۔ ② بول چال: خوشگوار، حسین۔ ● **gorgeously** م ف۔
**gorgon** *n.* ① (یونانی صنمیات) تین بہنوں میں سے کوئی جن کے سروں میں بالوں کی جگہ سانپ لہراتے ہیں، اور جو ان کی طرف دیکھے وہ پتھر کا ہو جاتا ہے (خصوصاً میڈوسا) ② مکروہ، خوفناک آدمی، خصوصاً چڑیل عورت۔
**gorilla** *n.* گوریلا، سب سے عظیم الجثہ بندر جو انسان سے مشابہ ہوتا ہے۔
**gorse** *n.* پیلے پھولوں والی ایک خاردار جھاڑی۔
**gory** *adj.* (**gorier, goriest**) ① خونخوار، خونیں۔ ② خون آلود۔
**gosling** *n.* کم عمر ہنس۔
**go-slow** *n.* بطور احتجاج کام میں سست روی۔
**gospel** *n.* ① حضرت عیسیٰؑ کی تعلیمات، انجیل۔ ② (**Gospel**) حضرت عیسیٰؑ کی سیرت اور تعلیمات پر مبنی نئے عہدنامے کے ابتدائی چار صحیفے۔ ③ کھری سچائی۔
**gossamer** *n.* ① مکڑی کا باریک جالا۔ ② نازک جھلّی نما شے۔ ③ مکڑی کے جالے کا تار۔
**gossip** *n.* & *v.* ① گپ شپ، آزادانہ بات چیت، بے پرکی افواہیں، بے کار باتیں۔ ② گپ باز۔ ف: (**gossiping, gossiped**) اِدھر اُدھر کی باتیں کرنا۔
**got** GET کا ماضی و ماضیہ۔
**Gothic** *adj.* ① نوک دار محرابوں سے شناخت ہونے والا طرزِ تعمیر جو یورپ میں ۱۲ویں تا ۱۶ویں صدی تک رائج رہا۔ ② (ناول وغیرہ) خوفناک یا مافوق الفطرت واقعات پر مبنی جیسے کہ ۱۸ویں صدی میں مقبول تھے۔
**gotten** امریکا: GET کا ماضیہ۔
**gouache** *n.* غیر شفاف سریشی رنگوں سے نقاشی کا ایک طریقہ۔
**gouge** *n.* & *v.* اسم: قوسی پھل یا دھار کی چھینی۔ ف: ① چھینی سے چھیدنا، چھیلنا۔ ② دھوکے سے رقم اینٹھنا۔
**goulash** *n.* ہنگری کا ایک مسالے دار کھانا۔
**gourd** *n.* ① پیٹھا، میٹھا گھیا، لوکی، گھیے کی بیل۔ ② گھیے کا خشک پوست، تونبا، تونبی۔
**gourmand** *n.* بلانوش، پیٹو۔
**gourmet** *n.* اچھے کھانوں کا رسیا یا ذائقہ شناس۔
**gout** *n.* گٹھیا، جوڑوں کا درد، وجع المفاصل۔
**govern** *v.* ① حکومت کرنا (ریاست، رعایا پر) تسلّط رکھنا، حاکم ہونا۔ ② عمل یا اقدام کو متعیّن کرنا۔ ③ حاوی، غالب ہونا۔ ④ قابو میں رکھنا۔ ● **governable** صف۔ **governor** اسم: حاکم، عامل۔
**governance** *n.* حکومت یا طرزِ حکمرانی۔
**governess** *n.* اتالیق خاتون جسے خانگی طور پر بچوں کی تعلیم کے لیے ملازم رکھا گیا ہو۔
**government** *n.* ① حکومت، حاکمی، حکمرانی۔ ② طریقِ حکومت۔ ③ کسی ملک کی ہیئت حاکمہ، حکومت چلانے والے افراد۔ ● **governmental** صف۔
**gown** *n.* ① ڈھیلا ڈھالا، نیچا لبادہ۔ ② جج، پادری، بلدیہ یا یونیورسٹی کے ارکان کا رسمی لباس، چغہ، عبا۔
**GP** تخفیف: general practitioner۔
**grab** *v.* & *n.* (**grabbing, grabbed**) ف: ① اچانک جھپٹ کر پکڑ لینا، گرفت میں لینا۔ ② ہتھیانا، چھین لینا۔ اسم: ① جھپٹا، گرفت۔ ② مشینی پکڑ یا شکنجہ۔
**grace** *n.* & *v.* اسم: ① انداز، حرکات و سکنات کی دلآویزی۔ ② خوش اخلاقی، تپاک۔ ③ کوئی دلکش خوبی، استعداد۔ ④ رحمت خداوندی۔ ⑤ عنایت، حسن سلوک۔

۶ رعایت، چھوٹ۔۷ کھانے سے پہلے یا بعد شکرانے کی دعا۔ف:عزت افزائی کرنا۔

**graceful** *adj.* خوش وضع؛ دلآ ویز، طرحدار۔
● **gracefully** م ف: خوش اسلوبی سے۔

**graceless** *adj.* بھدّا، بھونڈا، اُجڈ، ناشائستہ۔

**gracious** *adj.* مہربان، لطف وعنایت روا رکھنے والا۔ ● **graciously** م ف۔ **graciousness** اسم: نوازش، عزت افزائی وغیرہ۔

**gradation** *n.* ۱ کسی سلسلے کا کوئی درجہ یا مرحلہ۔۲ مرتبہ، مہارت، خوبی، کے لحاظ سے کوئی مقام یا درجہ۔

**grade** *n. & v.* ۱ مرتبے، خوبی، مہارت، قسم وغیرہ کے لحاظ سے کوئی درجہ۔۲ طالب علم کے کام کے معیار کا نشان، آزمائش۔ ۳ امریکا: اسکول کی پہلی سے اوپر تک کوئی جماعت۔ف: ۱ درجہ بندی کرنا، ترتیب دینا۔ ۲ بتدریج ایک درجے سے دوسرے درجے میں جانا۔ ۳ طالب علم کو حسب لیاقت درجہ دینا۔□ **make the grade** بول چال: کامیاب ہونا، مطلوبہ معیار یا درجے تک پہنچنا۔

**gradient** *n.* افقاً اترتی ہوئی ڈھالو سڑک، ریل وغیرہ، ڈھال کی مقدار۔

**gradual** *adj.* بتدریج یا درجہ بدرجہ ہوتا یا بڑھتا ہوا۔
● **gradually** م ف: بتدریج، رفتہ رفتہ۔

**graduate** *n. & v.* اسم: ڈگری یافتہ۔ف: ۱ تعلیمی ڈگری حاصل کرنا۔۲ کسی کام کے اعلیٰ تر درجے پر پہنچنا، مطلوبہ مقررہ استعداد حاصل کرنا۔۳ درجہ وار ترتیب دینا۔ ۴ درجہ بدرجہ طے کرنا۔● **graduation** اسم۔

**graffiti** *n. pl.* تحریر، تصویر، کیل کانٹے وغیرہ جو کسی سطح پر بنائے، کھینچے یا کھرچے جائیں۔

**graft** *n. & v.* اسم: ۱ قلم، پیوند جو کسی شاخ میں لگائی جائے۔۲ جراحی: عمل جراحی کے ذریعے کسی جسم پر لگایا جانے والا عضو، زندہ نسیج وغیرہ۔۳ بول چال: سخت محنت۔۴ بول چال: ناجائز فائدے کے لیے بدعنوانی، خصوصاً رشوت۔ ف: ۱ قلم لگانا، پیوند کاری کرنا۔ ۲ زندہ نسیجوں کی پیوندکاری کرنا۔۳ کوئی چیز کسی دوسری چیز کے ساتھ مستقلاً جوڑنا، پیوستہ کرنا۔۴ بول چال: سخت محنت کرنا۔

**grain** *n.* ۱ غلے کا دانہ یا پودا۔۲ گندم یا کوئی اور اناج کا پودا، مکئی۔۳ نمک یا ریت وغیرہ کا ذرّہ، دانہ۔ ۴ وزن کی ایک اکائی (تقریباً ۶۵ ملی گرام) ۵ اقل ترین مقدار۔۶ لکڑی یا کاغذ پر رگوں، ریشوں کے نشان، پتھر کوئلے وغیرہ کے پرت۔□ **against the grain** کسی کی فطرت یا مزاج کے خلاف۔● **grainy** صف۔

**gram** *n.* (also **gramme**) کلوگرام کا ہزارواں حصہ، میٹرک سسٹم کی اکائی۔

**grammar** *n.* ۱ قواعد زبان، بشمول صرف ونحو صوتیات، کسی زبان کے قواعد کا ضابطہ۔۲ قواعد زبان کی کتاب۔۳ کسی علم یا فن کے بنیادی اصول، مبادیات۔

---

وضاحت: grammar کے ہجّے میں e نہیں ہے۔

---

**grammatical** *adj.* ۱ قواعدی، ازروئے قواعد۔ ۲ قواعد یا کسی علم یا فن کے بنیادی اُصولوں کے مطابق۔
● **grammatically** م ف۔

**grampus** *n.* گاوَ ماہی، جس کی تھوتھنی چپٹی اور لمبے سیاہ پر یا پیراک بازو ہوتے ہیں۔

**gran** *n.* بول چال: دادی یا نانی۔

**granary** *n.* (*pl.* **-ies**) اناج کی کوٹھی۔

**grand** *adj. & n.* صف: ۱ عالی شان، اعلیٰ، ارفع، زبردست۔ ۲ بڑا، اصل۔ ۳ سب سے اعلیٰ۔ ۴ بول چال: بہت خوب، نہایت پُرلطف۔ اسم: ۱ =grand piano۔۲ بول چال: ایک ہزار ڈالر یا پونڈ۔

**grandchild** *n.* (*pl.*-**children**) پوتا یا پوتی، نواسا یا نواسی۔

**grandad** *n.* (also **grand-dad**) بول چال: ۱ دادا یا نانا۔۲ بزرگ آدمی۔

**granddaughter** *n.* پوتی یا نواسی۔

**grandeur** *n.* ۱ شان، جاہ وجلال، دبدبہ۔۲ اعلیٰ مرتبہ، شرف ووقار۔۳ ذاتی وقار و کردار۔

**grandfather** *n.* دادا یا نانا، جد۔

**grandfather clock** *n.* ایک اُونچا لکڑی کے عمودی خانے میں لگا ہوا گھنٹہ، لٹکن یا لنگر سے چلنے والا۔
**grandiloquent** *adj.* ① پُرتصنّع الفاظ پر مبنی۔ ② ڈینگیں ہانکنے والا۔ ● **grandiloquence** اسم۔
**grandiose** *adj.* ①رعب ڈالنے والا۔②بڑے پیمانے پر تشکیل دیا ہوا، حوصلہ مندانہ۔
**grandma** *n.* بول چال: دادی یا نانی۔
**grand mother** *n.* دادی یا نانی۔
**grandpa** *n.* بول چال: دادا یا نانا۔
**grandparent** *n.* باپ یا ماں سے اگلی پیڑھی کا فرد، دادا، دادی یا نانا، نانی۔
**grand piano** *n.* گونجدار آواز کا بڑا تین پایوں پر کھڑا ہوا پیانو۔
**grand slam** *n.* ① ایک سیزن میں کسی کھیل میں تمام مراحل میں برتری۔ ② برج: ۱۳ ہاتھ کی بولی۔
**grandson** *n.* پوتا، نواسا۔
**grandstand** *n.* گھڑ دوڑ کے میدان وغیرہ میں عموماً سائبان کے نیچے کی نشستیں۔
**grange** *n.* زمیندار کی حویلی۔
**granite** *n.* عمارتی پتھر، سنگ خارا یا صوان۔
**granny** *n.* (also**grannie**)(*pl.*-**ies**) بول چال: دادی یا نانی۔
**granny flat** *n.* بول چال: تمام ضروری سہولتوں کے ساتھ گھر کا وہ حصّہ جو عزیزوں یا بڑے بوڑھوں کے لیے مخصوص کردیا گیا ہو۔
**grant** *v. & n.* ف: ①منظور، قبول کرنا، عطا کرنا۔② ہبہ کرنا، کسی کی ملکیت میں منتقل کرنا۔③مان لینا، تسلیم کرنا۔ اسم: ①عطیہ۔ ② سرکاری مالی امداد خصوصاً تعلیمی اغراض کے لیے۔□ **take for granted** ①سچ مان لینا۔② عمومیت یا مانوسیت کے سبب خاطر میں نہ لانا۔
**granular** *adj.* دانے دار، دانوں، ذرّوں پر مشتمل۔
**granulated** *adj.* دانے دار۔
**granule** *n.* خورد ذرّہ۔
**grape** *n.* انگور۔
**grapefruit** *n.* چکوترا۔
**grapevine** *n.* انگوری بیل۔□ **on the grapevine** بول چال: غیر سرکاری ذرائع سے پھیلنے والی (افواہ)
**graph** *n. & v.* مقداروں کے تقابل کا متوازی لکیروں یا کالموں کے ذریعے کھینچا ہوا نقشہ یا جدول۔
**graphic** *adj. & n.* صف: ① تحریری، نقش گری پر مبنی، ترسیمی، اشکالی فنون سے متعلق۔② صریح، واضح، روشن۔ اسم: ترسیمی فنون کی تخلیق یا نمونہ۔□ **graphic arts** ترسیمی فنون اور کاریگری، نقشہ طرازی، تحریر، خاکہ سازی، طباعت وغیرہ۔
**graphical** *adj.* ① نقشوں، خاکوں وغیرہ کی صورت میں۔② ترسیمی۔ ● **graphically** م ف۔
**graphic equalizer** بجلی کا ایک آلہ یا کمپیوٹر پروگرام جو منتخب تعدّد امواج کی قوت وغنائیت پر الگ الگ کنٹرول کا ذریعہ ہوتا ہے۔
**graphite** *n.* کاربن کی ایک متبادل شکل۔
**graphology** *n.* تحریر شناسی، رسوم تحریر کا مطالعہ۔
● **graphologist** اسم: تحریر شناس
**grapnel** *n.* ① کانٹا، جس سے (مثلاً ڈوبی ہوئی چیز کو) پکڑ کر نکالتے ہیں۔ ② چھوٹا لنگر۔
**grapple** *v.* ① گتھنا، گتھم گتھا ہونا۔② مشکل مسئلے سے نبٹنا، دست و گریباں ہونا۔
**grappling iron** *n.* =GRAPNEL۔
**grasp** *v. & n.* ف: ① پکڑنا، گرفت میں لینا، مضبوطی سے تھامنا، سنبھالنا۔ ② مفہوم کو سمجھنا، ذہن نشین کرنا۔ اسم: ① پکّی گرفت، پکڑ۔ ② ذہنی گرفت، فہمید، سمجھ، ادراک۔□ **within one's graps** سہل الحصول۔
**grasping** *adj.* حریص، لالچی۔
**grass** *n. & v.* اسم: ① گھاس، گھاس جیسی کوئی نبات۔ ② چراگاہ۔ ③ گھاس کا میدان۔ ④بول چال: چرس۔ ⑤بول چال: مخبر۔ ف: ①چراگاہ بنانا۔ ② بول چال: پولیس سے جا لگانا۔ ● **grassy** صف۔
**grasshopper** *n.* ٹڈا، ایک اچھلنے والا کیڑا۔
**grassland** *n.* چراگاہ۔
**grass roots** *n.* ①بنیادی سطح یا وسیلہ۔②عام لوگ، کسی تنظیم کی عام نفری۔
**grass widow** *n.* بیوی جس کا شوہر طویل عرصے

سے جدا ہو۔

**grate** *v. & n.* ف:① کھردری سطح پر رگڑ کر پیسنا۔ ② کسی سطح پر گھسنا اس طرح کہ آواز ہو۔③ کرخت آواز میں کہنا۔④ جھنجلاہٹ پیدا کرنا۔اسم: چولھے یا بھٹی کی آہنی ٹٹی جو ایندھن کو اندر روکے رکھتی ہے۔

**grateful** *adj.* ممنون، متشکر، شکر گزار۔● **gratefully** م ف: احسان مندی، شکر گزاری سے۔

**grater** *n.* پنیر وغیرہ کے ٹکڑے کرنے کا آلہ۔

**gratify** *v.* ① خوش کرنا، مسرور کرنا۔② کسی جذبے یا خواہش کی تسکین حاصل کرنا۔ **gratification** اسم۔

**grating** *n.* سلاخوں کی بنی ہوئی جالی، ٹٹی۔

**gratis** *adv. & adj.* مفت، بلا قیمت۔

**gratitude** *n.* تشکر، ممنونیت۔

**gratuitous** *adj.* ① بلا معاوضہ۔② بلا وجہ، خواہ مخواہ۔● **gratuitously** م ف: مفت میں، ناحق۔

**gratuity** *n.* (*pl.* -ies) خدمات کے اعتراف میں دی جانے والی رقم، صلہ خدمت، انعامیہ۔

**grave**[1] *n.* قبر، گور۔

**grave**[2] *adj.* ① سنجیدہ، وزنی، اہم، پُر وقار، متین، گمبھیر۔② بہت شدید یا خطرناک۔● **gravely** م ف۔

**grave accent** *n.* حرف علّت پر ایک بالائی نشان تلفظ کی وضاحت کے لیے (`)

**gravel** *n.* ریت، بجری، کنکروں کا آمیزہ جو سڑکوں وغیرہ کی تعمیر میں بھرائی کے لیے استعمال ہوتا ہے، روڑی۔

**gravelly** *adj.* ① روڑی سے متعلق۔② روڑی ملا ہوا۔③ (آواز کے لیے) گہری، کھرکھراتی۔

**graven** *adj.* ① ذہن پر منقش۔② کھدا، کندہ ہوا۔

**gravestone** *n.* قبر کا کتبہ۔

**graveyard** *n.* قبرستان۔

**gravitate** *v.* ① کسی مؤثر قوت کی طرف کھنچنا، مائل ہونا۔② کشش ثقل کے اثر سے حرکت کرنا یا جھکنا۔

**gravitation** *n.* طبیعیات: ① کشش ثقل، تجاذب۔② اس کا اثر خصوصاً اشیا کا زمین پر گرنا۔● **gravitational** صف: کشش ثقل سے متعلق۔

**gravity** *n.* ① کشش ثقل، وہ قوت جو اجسام کو زمین یا دوسرے اجرام سماوی کے مرکز کی طرف کھینچتی ہے۔②

اہمیت، سنجیدگی، متانت، تمکنت، بردباری۔

**gravy** *n.* (*pl.*-ies) گوشت سے پکنے پر نکلنے والا لعاب، مسالے دار شوربا، سالن، لاون۔

**gravy train** *n.* بول چال: کمائی کا آسان وسیلہ۔

**gray** امریکا = GREY۔

**graze** *v.& n.* ① اُگی ہوئی گھاس چرنا۔② گلّہ بانی، مویشی کو چرائی کرانا۔③ جسم کے کسی حصّے خصوصاً کھال کا رگڑا کھانا، رگڑا جانا۔اسم: رگڑ، خراش۔

**grease** *n. & v.* اسم: چکنائی، تیل، روغن۔ف: چکنا کرنا، تیل دینا۔● **greasy** صف: چکنا، چکنائی جیسا۔

**greasepaint** *n.* مومی روغن، میک اپ جو ایکٹروں کے چہروں پر ملا جاتا ہے۔

**great** *adj.* ① اوسط یا معمول سے بہت بڑھ کر (جسامت مقدار، وسعت، شدّت میں) ② اہم، فائق، برتر۔③ شاندار، پُرشکوہ۔④ (لیاقت، کردار وغیرہ میں) نمایاں۔⑤ بول چال: نہایت مرغوب۔● **greatness** اسم: عظمت بُزرگی، بڑائی وغیرہ۔

**great-** *comb. form* (رشتوں میں) اوپر نیچے دوسری پیڑھی کو ظاہر کرنے کے لیے۔

**greatly** *adv.* بہت، زیادہ، بڑی حد تک۔

**grebe** *n.* ایک غوطہ خور چڑیا، لانبی گردن، دُم ندارد۔

**Grecian** *adj.* یونانی، یونانیوں کا۔

**Grecian nose** *n.* سیدھی ناک۔

**greed** *n.* حرص، بدنیتی خصوصاً کھانے یا دولت میں۔

● **greedily** م ف۔ **greedy** صف: حریص، لالچی۔

**Greek** *n.* ① یونان کا باشندہ؛ یونانی نژاد۔② یونان کی ہندیورپی زبان۔

**green** *adj. & n.* صف: ① ہرا، سبز، زرد اور نیلے کا (آمیزہ)۔② گھاس یا پتّوں سے ڈھکا، سبزہ پوش۔③ کچّا، ادھ کچرا، خام (پھل، لکڑی وغیرہ) ④ ناتجربہ کار؛ نوآموز؛ نادان۔⑤ نوجوان، چونچال۔⑥ توانا، تازہ، شگفتہ۔ اسم: ① سبز رنگ یا رنگنے کا مادّہ۔② سبز پوشاک یا کپڑا وغیرہ۔③ ہرا میدان، گھاس کا قطعہ۔④ (**greens**) ہری ترکاری۔

**green belt** *n.* شہر یا بستی کے گرد خاص طور سے چھوڑی ہوئی کھلی سرسبز جگہ، ہری پٹّی۔

**green card** *n.* ① برط: موٹررانوں کے لیے بین الاقوامی بیمے کا کاغذ۔② امریکا: رہنے اور کام کرنے کا اجازت نامہ۔

**greenery** *n.* سبزہ، سبزنبات۔

**green fingers** *n. pl.* شجرکاری کی مہارت۔

**greenfly** *n.* (*pl.* same or **-flies**) ہری، نیلی یا رُوکھ جوں جو پودوں کا رس چوستی ہے۔

**greengage** *n.* ایک قسم کا گول سبز آلوچہ۔

**greengrocer** *n.* سبزی فروش، کنجڑا۔

**greenhorn** *n.* بول چال: ناتجربہ کار شخص۔

**greenhouse** *n.* شیشے کا پودگھر جس میں پودوں کو پرورش کیا جاتا ہے۔

**greenhouse effect** *n.* سورج کی حرارت کا زمین کی نچلی فضا میں محبوس ہوجانا، جو کاربن ڈائی آکسائڈ کی زیادتی کے سبب ہوتا ہے، جس کی وجہ سے زمینی حرارت بڑھ جاتی ہے۔

**greenhouse gas** *n.* ان گیسوں میں سے کوئی جو گرین ہاؤس اثر پیدا کرتے ہیں۔

**green light** *n.* بول چال: ① ریل، سڑک وغیرہ پرروانگی کا اشارہ۔ ② کسی کارروائی کے آغاز کا ایما، اجازت۔

**Green Paper** *n.* (برطانیہ میں) حکومت کی تجاویز کا ابتدائی خاکہ برائے بحث۔

**green room** *n.* تھیٹر میں اداکاروں کا کمرہ۔

**greenstick fracture** *n.* تڑقی یا ٹوٹی ہڈی، خصوصاً بچوں کی، جو ایک طرف سے جڑی رہے۔

**greet** *v.* ① ملاقات پر سلام یا اظہار خیرسگالی کرنا۔② مخصوص انداز سے ملنا، استقبال کرنا۔③ محسوس ہونا، ظاہر ہونا (آواز، نظر وغیرہ کا) کسی پر۔ ● **greeting** اسم۔

**gregarious** *adj.* ① سماجی مزاج رکھنے، مل جل کر رہنے والا۔② گروہ، گلّے، جُھنڈ یا قبیلے کی صورت میں رہنے والا۔ ● **gregariousness** اسم۔

**gremlin** *n.* بول چال: ① ایک فرضی روح جس کے بارے میں روایت ہے کہ ہوائی جہازوں میں شرارت سے خرابی پیدا کردیتی ہے۔② بول چال: اسی قسم کی کوئی اوروجہ خرابی۔

**grenade** *n.* چھوٹا دستی بم جو رائفل سے بھی چھوڑا جاسکتا ہے۔

**grenadine** *n.* انار وغیرہ کا ایک فرانسیسی مشروب۔

**grew** رک: GROW: جس کا یہ صیغۂ ماضی ہے۔

**grey** *adj.* & *n.* (*US* **gray**) صف: ① سیاہ وسفید کے بین بین، خاکستری رنگ، فاختئی، کبرا، گڑبڑا۔② بے کیف، بے لطف، دُھندلا، ابرآلود (موسم، فضا) اسم: ① خاکستری روغن یا رنگنے کا مسالہ۔ ② سفید یا کڑ بڑا گھوڑا۔ □ **grey area** مبہم، غیرواضح بات یا صورت حال۔ ● **greyness** اسم۔ **greyish** صف۔

**greyhound** *n.* ایک لمبا، دُبلا کتا جس کی نظر تیز ہوتی ہے اور تیز دوڑتا ہے۔

**grey matter** *n.* بول چال: ذہانت۔

**grid** *n.* ① جنگلہ، جالی۔② نقشے پر مقامات کے حوالے کے لیے بنے ہوئے عمودی ومتوازی نمبر پڑے ہوئے خطوط۔③ بجلی، گیس وغیرہ کی تقسیم کے لیے تاروں یا نالیوں کا جال۔

**gridiron** *n.* ① کھانا پکانے یا گوشت بھوننے کا جالی دار برتن۔② امریکا: فٹ بال کا میدان حدبندی کے نشانوں کے ساتھ۔

**gridlock** *n.* ① ٹریفک جام جس میں آنے جانے والی تمام سڑکوں پر گاڑیاں پھنس جاتی ہیں۔ ② ایسی صورت حال جس میں بات آگے نہیں بڑھ پاتی ہے۔

**grief** *n.* گہرا رنج، حددرجے غم، سوگ۔ □ **come to grief** مشکل میں آنا، اٹھانا، ناکام ہونا۔

**grievance** *n.* شکوہ، شکایت، باعث ملال۔

**grieve** *v.* ① حددرجے رنج پہنچانا، رنجیدہ کرنا۔② غمگین ہونا، ماتم کرنا، سوگ منانا۔

**grievous** *adj.* ① (درد وغیرہ کے لیے) شدید۔② اندوہناک۔ ③ تکلیف دہ، پُرآزار۔ □ **grievous bodily harm** قانون: ضرب شدید، کسی شخص کو دانستہ لگائی جانے والی چوٹ۔ ● **grievously** م ف۔

**griffin** *n.* (also **griffon, gryphon**) ایک افسانوی مخلوق جس کا سر اور بازو عقاب اور جسم شیر کا خیال کیا جاتا ہے۔

**griffon** *n.* ① چھوٹی ٹیریئرنسل کا ایک کتا جس کے

بال سخت اور سیدھے ہوتے ہیں۔ ② گدھ کی ایک قسم۔③ GRIFFIN= ۔

**grill** *n. & v.* ①چولھے پر لگانے کی جالی،ٹٹی،جالی پر بھون کر پکایا ہوا کھانا۔②(grill room کا اختصار) طعام خانہ جہاں بھنے ہوئے گوشت کی چیزیں ملتی ہوں۔ ف:①جالی یا ٹٹی پر بھونا ہوا۔ ② تپنا یا تپایا جانا، خصوصاً دھوپ میں۔③ بول چال: سخت پوچھ گچھ کا سامنا کرنا۔

**grille** *n.* (also **grill**) ①پردے یا تحفظ کے لیے لگائی جانے والی آہنی جالی یا جنگلہ۔②موٹر کے سامنے کے رُخ پر پیش ربا ٹنکی کی جالی۔

**grim** *adj.*(**grimmer, grimmest**) ① خشمگیں،خشونت آمیز۔ ② درشت، شدید۔ ③ وحشت انگیز، ڈراؤنا، اُداس۔ ④بے لطف، ناپسندیدہ۔ ● **grimly** م ف۔**grimness** اسم: سنگدلی، ڈراؤنا پن۔

**grimace** *n. & v.* اسم: مزاحاً یا بدمزگی ظاہر کرنے کے لیے منہ بنانے یا بگاڑنے کا انداز، بگڑا منہ۔ف: منہ بنانا، منہ چڑانا۔

**grime** *n. & v.* اسم: کالک، میل کچیل، کلونس۔ ف: کالا کرنا، بدنما کرنا، بگاڑنا۔● **grimily** م ف۔ **griminess** اسم۔ **grimy** صف: میلا کچیلا، آلودہ۔

**grin** *v. & n.* (**grinning،grinned**):ف: ہنسنا، دانت نکوسنا، مصنوعی، بے موقع یا احمقانہ ہنسی ہنسنا۔ اسم: دانت نکال کر ہنسی۔

**grind** *v. & n.* (**grinding، ground**):ف: ① پیسنا، آٹا ریزہ ریزہ کرنا، خصوصاً مشین یا چکّی میں پیس کر۔ ② گھسائی کرنا، گھس کر یا رگڑ کر سُدھارنا، ہموار یا چکنا کرنا۔ ③ ستانا، تقاضوں سے تنگ کرنا۔ اسم: ① بول چال: سخت غیر دلچسپ مشقّت۔

**grinder** *n.* پیسنے، گھسنے والا خصوصاً چکّی یا مشین۔

**grindstone** *n.* ① چکّی کا پاٹ یا ساہ گھسنے، چمکانے والا پرزہ۔②چکّی کے پاٹ کے لیے مخصوص پتھر۔

**grip** *v. & n.* ①(**gripping،gripped**):ف: مضبوطی سے پکڑنا، گرفت میں لینا۔② قابو پانا۔③ توجہ کو کھینچنا، محو کر لینا۔اسم:① پکّی گرفت، قبضہ۔② توجہ کو تھامے رکھنے کی قوت۔③ صورت حال یا طرز عمل پر مؤثر قابو۔④ مشین کا وہ پرزہ جو کسی چیز کو پکڑ کر یا روک کر رکھتا

ہے۔⑤سفری تھیلا۔

**gripe** *v. & n.* ف، بول چال: شکایت کرنا، اپنا رونا رونا۔اسم:①مروڑ، پیٹ کا درد۔②بول چال: شکوہ، گلہ۔③قبضہ، پکڑ، قابو۔

**gripping** *adj.* بہت دلچسپ یا ہیجان خیز۔

**grisly** *adj.* (**grislier, grisliest**) رونگٹے کھڑے کرنے والا، خوفناک، دحشت ناک۔

**grist** *n.* پیسا جانے والا غلّہ۔□ **grist to the mill** منفعت کا وسیلہ، فائدے کی چیز۔

**gristle** *n.* نرم، کرکری ہڈی۔● **gristly** صف۔

**grit** *n. & v.* اسم: ① پتھر، نمک، ریت وغیرہ کے ذرّے، ریزے۔ ② بول چال: حوصلہ، برداشت، کردار۔ ف:(**gritting،gritted**) ①ذرّے بکھیرنا (سڑک وغیرہ پر) ②دانت پیسنا۔③ کریہہ آواز نکالنا۔ ● **grittiness** اسم: کرکراہٹ۔ **gritty** صف۔

**grizzle** *v.* بول چال:①چلّانا، فیل مچانا۔②رونی صورت بنا کر گلہ شکوہ کرنا، بسورنا۔

**grizzled** *adj.* سفید ہوتے ہوئے بالوں والا۔

**groan** *v. & n.* ف:① کراہنا، رو رو کر بیان کرنا، آہیں بھر بھر کر کہنا۔② ٹھنکنا، ریں ریں کرنا۔ اسم: کراہنے کی آواز۔□ **groan inwardly** رنجیدہ ہونا۔

**grocer** *n.* اجناس اور گھریلو ضرورت کی اشیا بیچنے والا، پنساری۔

**grocery** *n.* (*pl.*-**ies**) ① اجناس فروشی، پنسارا۔ ② (**groceries**) پنساری کے ہاں کا سودا سلف۔

**grog** *n.* ایک نشہ آور مشروب (ابتداءً رم)

**groggy** *adj.* (**groggier, groggiest**) ① نشے میں دُھت یا حواس باختہ۔ ② بیماری کے باعث نڈھال۔ ● **groggily** م ف: مدھوشی سے۔

**groin** *n.* ① چڈا، جانگھ۔②ایک دوسرے کو کاٹتی ہوئی کمانوں سے بننے والا گوشہ، گنبد یا چھت کو سہارنے والی محراب۔③ امریکا:GROYNE کا متبادل۔

**grommet** *n.* ①دھات کا حلقہ جو کسی سوراخ میں مضبوطی کے لیے ڈالا جائے جس میں سے کوئی رسّی، ڈوری یا تار گزرتا ہو۔② عمل جراحی میں کان کے اندر رسائی کے لیے ڈالی جانے والی نلکی۔

**groom** *n. & v.* اسم:①سائیس۔② = BRIDEGROOM۔ف:①(گھوڑے کے) کام کرنا، کھرنجا پھیرنا۔②سنوارنا، قرینے کا بنانا۔③ کسی مقصد کے لیے تربیت دینا، تیار کرنا۔

**groove** *n. & v.* اسم:①نالی، کھانچا، گڑھا یا درز جس میں اس کے جوڑ کی کوئی چیز سمائے یا پہیّا چلے، گراموفون کی تھالی پر بنی ہوئی چکردار نالیاں۔②بندھا ہوا معمول، گھس گھس۔ف: نالیاں کھودنا یا چوڑیاں ڈالنا۔

**grope** *v.* ٹٹولنا، اندھیرے میں اِدھر اُدھر ہاتھ چلانا۔

**gross** *adj., v. & n.* صف:① لحیم شحیم، موٹا، پھپّس۔ ②بھدّا ناشائستہ (قرینہ، انداز یا شخص)③ بیّن طور پر غلط، بے جا۔④ کٹوتی کے بغیر کل، مجموعی، سب ملاکر۔⑤ بھرپور، بے تحاشا، موٹا، گاڑھا۔ف: مجموعی کمائی کے طور پر حاصل کرنا۔ اسم: (gross) بارہ درجن کے برابر تعداد، گرز، گرس۔● **grossly** م ف۔ **grossness** اسم۔

**grotesque** *adj. & n.* صف:①بدہیئت، بھونڈا، بد وضع، مکروہ، بے ہنگم۔②بے جوڑ، مضحکہ خیز، بے معنی، بے تکا۔ اسم: ① انسان اور حیوان کی ملی جلی شبیہہ۔② بگاڑا ہوا خاکہ، بھونڈی شکل۔● **grotesquely** م ف۔ **grotesqueness** اسم: بے ڈھنگا پن۔

**grotto** *n.* (*pl.* **-oes** or **-os**) ①خوش منظر کھوہ۔ ②مصنوعی گھاٹی مثلاً کسی باغ میں بنائی ہوئی۔

**grouch** *v. & n.* بول چال: ف: گلہ شکوہ کرنا۔ اسم: نامطمئن، گلہ مند آدمی۔● **grouchy** صف۔

**ground**[1] *n. & v.* اسم:① سطح زمین، فرش۔② مٹی، زمینی مادّہ۔③ سطح زمین پر کوئی مقام، رقبہ یا فاصلہ، کسی عمل، کارروائی، کارنامے، موضوع کی حدود، میدان، بساط۔④ (grounds) بنیاد، غرض، سبب۔⑤ کسی خاص مقصد کے لیے مخصوص کیا ہوا قطعۂ زمین۔⑥ سمجھوتے وغیرہ کی بنا، مقصد وغیرہ۔ف:①(طیارے یا ہوا باز کو) اڑنے کی ممانعت کرنا۔② جہاز کو زمین پر چڑھا دینا۔③ کسی مضمون میں اچھی طرح تیاری کرا دینا۔

**ground**[2] GRIND کا ماضی و ماضیہ۔

**ground glass** *n.* گھسائی، رگڑائی سے دھندلا بنایا ہوا شیشہ۔

**grounding** *n.* کسی مضمون کی مبادیات کا علم، ابتدائی تربیت۔

**groundless** *adj.* بے بنیاد، بے سبب۔

**groundnut** *n.* موم پھلی۔

**ground rent** *n.* تعمیر کے لیے دی ہوئی زمین کا کرایہ۔

**groundsheet** *n.* سیل روک دری یا فرش، خیمے وغیرہ میں بچھانے کے لیے۔

**groundsman** *n.* (*pl.* **-men**) کھیل کے میدان کا نگراں۔

**groundswell** *n.* ①سمندر کا جوش، غیر معمولی تموّج۔②بڑھتا ہوا دباؤ (خصوصاً رائے عامّہ کا)

**groundwork** *n.* ابتدائی یا بنیادی کام۔

**group** *n. & v.* اسم:① گروہ، جماعت، ایک قسم کے اشخاص یا اشیا وغیرہ کا مجموعہ۔②جمیعت، سیاسی دھڑا۔ف: ① مجتمع ہونا، اکٹھا ہونا، ایک زمرے میں آنا۔②رنگوں یا نقوش وغیرہ کو خاص ترتیب سے ملانا، مربوط کرنا۔

**grouse** *n. & v.* اسم:①ایک پرندہ جس کا شکار کرتے ہیں، بھٹ تیتر۔②بول چال: گلہ شکوہ۔ف: بول چال: گلہ شکوہ کرنا۔

**grout** *n. & v.* اسم: چنائی کی درز بندی کا پتلا مسالہ، گج۔ف: مسالے سے ریخیں بند کرنا، درز بندی کرنا۔

**grove** *n.* درختوں کا جھنڈ، شاخسار۔

**grovel** *v.* (**grovelled, grovelling,** *US* **groveled**) ① گڑگڑانا، عاجزی کرنا۔②اظہار اطاعت کے طور پر اوندھا لیٹنا، ماتھا ٹیکنا۔

**grow** *v.*(**grew, grown, growing**) ① بڑھنا، ترقی کرنا، حجم، قد، قسم یا درجہ، مرتبے، شہرت وغیرہ میں۔②پنپنا، افزائش پانا، بڑھنا، پھوٹنا، اُگنا، اپجنا۔③ پیدا، ہویدا، نمودار ہونا۔④ رفتہ رفتہ (پیدا، واقع) ہونا یا بننا، صورت پکڑنا۔ □ **grow on** رفتہ رفتہ کسی کو مرغوب ہونا، کسی کی نظر چڑھنا۔ **grow up** بلوغ کو پہنچنا، پختہ ہونا۔● **grower** اسم: اگانے والا۔

**growl** *v. & n.* ف: کتّے کی طرح غرّانا؛ غصّے میں بڑبڑانا۔ اسم: غرّاہٹ، جھلّاہٹ۔

**grown** *adj.* ①GROW کا ماضیہ۔② بالغ، پوری طرح پروان چڑھا۔

**growth** *n.* ① نمو، افزائش کا عمل، بڑھوتری۔② جسامت یا قیمت میں اضافہ۔③ کوئی شے جو نمو پذیر ہو۔ ④ غیر طبعی یا زائد افزائش، گلٹی، رسولی وغیرہ۔

**groyne** *n.* ( *US* **groin**) شہتیروں یا چٹانی کا پشتہ جو ساحل کو کٹنے سے بچانے کے لیے بنایا جائے۔

**grub** *n. & v.* اسم: ① کسی حشرے خصوصاً بھونرے کا لاروا یا پہلی روپ۔② بول چال: غذا، خوراک۔ف: **(grubbing, grubbed)** ① اتھلی کھدائی کرنا۔ گودنا، گوڑنا۔② کھیت کی نرائی، صفائی کرنا، فاضل جڑیں اکھاڑ پھینکنا۔③ کھود کے نکالنا، معلومات بھید وغیرہ۔

**grubby** *adj.* **(grubbier, grubbiest)** میلا کچیلا، لدھڑ، کاہل۔● **grubbiness** اسم۔

**grudge** *n. & v.* اسم: بغض، کینہ۔ ف: ① (کسی چیز کے) دینے میں ہچکچاہٹ کرنا۔② کسی کام سے ہچکچانا، گریز کرنا۔

**gruel** *n.* بیماروں کی غذا، دودھ یا پانی میں پکایا ہوا دلیہ۔

**gruelling** *adj.* (*US* **grueling**) سخت محنت طلب، تھکانے والا۔

**gruesome** *adj.* لرزہ خیز، دلخراش، نفرت انگیز۔

**gruff** *adj.* ① غرّاتی (آواز)، (شخص) جس کی آواز میں تندی و درشتی ہو۔② بدمزاج، چڑچڑا، اجڈ۔● **gruffly** م ف۔ **gruffness** اسم: سختی، بدمزاجی۔

**grumble** *v. & n.* ف: ① شکوہ شکایت کرنا، جھینکنا، بددل ہونا۔② غرانا، غصّے میں بڑبڑانا، گرجنا، کڑکنا۔③ شکایتاً کہنا۔ اسم: ① شکوہ، گلہ۔② غراہٹ، بڑبڑاہٹ، گڑگڑاہٹ۔● **grumbler** اسم۔

**grumpy** *adj.* **(grumpier, grumpiest)** چڑچڑا، جھلاّ، ترش رو، بدمزاج۔● **grumpily** م ف۔ **grumpiness** اسم: چڑچڑاپن، ترش مزاجی۔

**grunge** *n.* راک موسیقی کی ایک قسم؛ اس کے ساتھ پھٹے، گھسے کپڑے بطور فیشن۔

**grunt** *n. & v.* اسم: سوئر کی یا سوئر کی سی آواز۔ف: ① سوئر کا بولنا۔② آدمی کا گہری، بیزاری کی آواز نکالنا۔

**gryphon** رک: GRIFFIN۔

**G-string** *n.* کپڑے کی پتلی پٹی جو برہنہ رقص کرنے والیاں کمر میں ایک ڈوری کے سہارے لٹکا لیتی ہیں۔

**G-suit** *n.* پھولنے والا افشار روک لباس جو ہوا باز یا خلاباز پہنتے ہیں۔

**guano** *n.* بحری پرندوں کی بیٹ جو کھاد کے طور پر استعمال ہوتی ہے۔

**guarantee** *n. & v.* اسم: ① ضمانت، رسمی طور پر کسی بات کی لی گئی ذمّہ داری؛ جو چیز ضمانت کے طور پر دی جائے، ضمانت نامہ۔② ضمانت دینے والا، ضامن۔ف: ① کسی کا ضامن بننا، یا کسی شے کی خصوصیات یا معاہدہ وغیرہ کی تکمیل کی بابت ذمّہ دار بننا، کسی چیز یا بات کے استقلال کی بابت یقین دہانی کرنا، ضمانت مہیّا کرنا۔② وعدہ یا اقرار کرنا۔

**guarantor** *n* ضامن، ضمانت دینے والا۔

**guard** *v. & n.* ف: ① بچانا، محفوظ رکھنا، چوکسی کرنا، رکھوالی کرنا۔② نگہبانی، نگرانی، دربانی کرنا۔ اسم: ① ہوشیاری، چوکسی، خبرداری۔② محافظ، نگراں حفاظت پر مامور جوان۔③ بچاؤ کرنے والی شے۔④ ریل گاڑی کا محافظ افسر، گارڈ۔

**guarded** *adj.* محتاط، مصلحت اندیش۔

**guardian** *n.* ① محافظ، تحفظ یا نگرانی کرنے والا۔ ② قانونی ولی، سرپرست۔● **guardianship** اسم۔

**guardsman** *n.* (*pl.* **-men**) ① محافظ دستے کا رکن۔② (برطانیہ میں) **Guards** کی رجمنٹ کا جوان۔

**guava** *n.* امرود کا درخت یا پھل۔

**gudgeon** *n.* ① ایک چھوٹی دریائی مچھلی۔② پہیے، چرخی وغیرہ کا دھرا۔③ چول، کیل وغیرہ کا کھانچا، خانہ۔

**guerrilla** *n.* (also **guerilla**) گوریلا (عموماً سیاسی) جنگجو جتھے کا فرد جو بڑی بڑی باقاعدہ افواج سے جنگ آزمائی کرتا ہے، چھاپہ مار۔

**guess** *v. & n.* ف: ① اندازہ لگانا، خیال آرائی کرنا۔② مفروضہ قائم کرنا، قیاس کرنا۔③ تخمیناً جانچنا۔ اسم: اندازہ، قیاس، خیال آرائی۔

**guesswork** *n.* قیاسات، گمان یا قیاس پر مبنی باتیں۔

**guest** *n.* ① مہمان، کھانے وغیرہ پر بلایا ہوا آدمی۔② ہوٹل وغیرہ میں مقیم شخص۔③ مہمان اداکار جسے شرکت کے لیے مدعو کیا گیا ہو۔

**guest house** *n.* نجی مکان جہاں کرائے پر رہنے

کے لیے جگہ دی جاتی ہے۔

**guestimate** *n.* بول چال: قیاسی تخمینہ۔

**guffaw** *n. & v.*: اسم: بے ہنگم، بے تحاشا قہقہہ۔ف: ① بے تحاشا قہقہہ لگانا۔② قہقہے کے ساتھ کہنا۔

**guidance** *n.* ہدایت، مشورہ، رہبری، صلاح کاری۔

**guide** *n. & v.* اسم: ①راہ دکھانے، راستہ بتانے، ہدایت دینے والا۔ ②سیاحوں کو دکھانے، گھمانے والا رہنما۔ ③ رہنما اصول یا معیار۔ ④ =GUIDEBOOK ضروری معلومات کا مجموعہ۔ ⑤ہدایت نامہ۔ ف: رہبری کرنا، راستہ دکھانا، ہدایت دینا۔

**guidebook** *n.* ہدایت نامہ۔

**guild** *n.* (also **gild**) ① کسی گروہ کی باہمی اغراض کے لیے بنائی ہوئی انجمن یا تنظیم۔②ازمنۂ وسطی میں دست کاروں یا تاجروں کی جماعت۔

**guilder** *n.* ولندیزی سرکاری سکّہ۔

**guile** *n.* دغا، فریب، عیّاری۔● **guileless** صف۔

**guillotine** *n. & v.* اسم: ① گلاکاٹ مشین۔ ② کاغذ کی گڈیوں کی برشائی کا اس طرح کا آلہ۔ ③ پارلیمنٹ: قطع بحث کے لیے وقت کی تحدید۔ف: گلا کاٹنے کی مشین سے سراڑانا یا کاغذوں کی برشائی کرنا۔

**guilt** *n.* ①جرم، تقصیر کا ارتکاب۔②قصوروار یا سزا کا مستحق ،احساس جرم۔● **guiltless**۔صف: بے قصور۔

**guilty** *adj.* **(guiltier, guiltiest)** ① مجرم، قصوروار، خطاکار۔②احساس جرم کا حامل یا احساسِ جرم پر مبنی۔ ③ (کسی جرم) کا مرتکب، مجرم گردانا ہوا۔● **guiltily** م ف: مجرمانہ انداز میں۔

**guinea** *n.* پرانے ۲۱ شلنگ کے برابر نقدی (۱۰۵ پونڈ) ایک متروک برطانوی سکّہ۔

**guinea pig** *n.* ① امریکا کا پالتو چوہا جسے حیاتیاتی تجربات کے لیے بھی پالا جاتا ہے۔② کوئی شخص یا شے جسے تجربہ میں استعمال کیا جائے۔

**guise** *n.* بھیس، بہروپ؛ ظاہری روپ، وضع قطع۔

**guitar** *n.* ایک دستی ساز جس کے سوراخ دار تختے پر عموماً چھ تار جڑے ہوتے ہیں؛ چھتارا، گٹار۔● **guitarist** اسم: گٹارنواز۔

**gulf** *n.* ① خلیج، کھاڑی۔② گہرا غار، گھاٹی، خلا۔③ جذبات یا خیالات کا نمایاں فرق۔

**gull** *n. & v.* لمبے پروں والا ایک سمندری پرندہ۔ ف: جل دینا، الّو بنانا۔

**gullet** *n.* حلق سے معدے تک غذائی نالی۔

**gullible** *adj.* آسانی سے بہکاوے میں آجانے والا، بھولا۔● **gullibility** اسم۔**gullibly** م ف۔

**gully** *n.* (*pl.* **-ies**) ① پہاڑی درّہ، گلی جو پانی کے بہاؤ سے بن گئی ہو۔② گہری نالی یا نہر، بدرو۔

**gulp** *v. & n.* ف: ①نگلنا، ہڑپ کرنا۔②جلدی جلدی یا بمشکل گلے سے اتارنا۔ اسم: ① یکبارگی حلق سے اتارنے کا عمل۔② کسی پینے کی چیز کا منہ بھر کے گھونٹ۔

**gum** *n. & v.* اسم: ① گوند، بعض درختوں کی چپچپی ریزش، اس سے بنایا ہوا چپکانے کا مادّہ۔② چوئنگم۔③ مسوڑھا۔ف: **(gumming،gummed)**: ① گوند لگانا یا ملنا۔② گوند سے جوڑنا۔● **gummy** صف۔

**gum tree** *n.* درخت جس سے گوند حاصل ہو خصوصاً یوکلپٹس۔

**gumboots** *n. pl.* ربڑ کے بوٹ۔

**gumdrop** *n.* ایک نرم رنگین، چبانے کی مٹھائی۔

**gumption** *n.* بول چال: ①باتدبیری؛ پہل کرنے، حوصلہ مندی، مہم جوئی کا مادّہ۔② سمجھ بوجھ۔

**gun** *n. & v.* اسم: ① کسی قسم کی بندوق، پستول یا نال دار دستی، دھماکے سے گولی وغیرہ چھوڑنے کا ہتھیار۔② اسی طرح کا جراثیم کش دوا چھڑکنے، تیل دینے والا آلہ۔ ف: **(gunning،gunned)** ① کسی شخص کو بندوق کا نشانہ بنانا، بندوق کی زد پر لینا۔② بول چال: انجن یا گاڑی کی رفتار کو تیز کرنا۔③شکار کے لیے جانا۔ □ **gun for** حملے یا ملامت کا نشانہ بنانے کے لیے مستقل مزاجی سے پیچھے لگنا۔ **jump the gun** بول چال: وقت یا اشارہ پانے سے پہلے شروع کر دینا، قبل از وقت کوئی کام کرنا۔ **stick to one's guns** بول چال: ڈٹ کر مقابلہ کرنا۔

**gunboat diplomacy** *n.* دھونس دباؤ کی سیاست۔

**gunfire** *n.* توپ یا بندوق وغیرہ کا سر ہونا، چھوٹنا۔

**gunge** *n. & v.* بول چال اسم: لیس دار مادّہ، چکنے

والی شے خصوصاً نا گوار۔ف:ایسے مادّے سے روکنا یا رکاوٹ ڈالنا۔

**gunman** *n.* (*pl.* **-men**) بندوق سے مسلح آدمی۔

**gunnel** GUNWALE کا متبادل۔

**gunner** *n.* ①توپچی۔②فوجی ہوائی جہاز کا بندوق چلانے پر مامور عملہ۔

**gunnery** *n.* توپ سازی، نیز بڑی توپوں کی نگہداشت۔

**gunny** *n.* ٹاٹ یا ٹاٹ کی بوری۔

**gunpowder** *n.* بارود جو شورے، گندھک اور کوئلے کو ملا کر بنایا جاتا ہے۔

**gunrunner** *n.* ناجائز طور پر اسلحہ درآمد یا فروخت کرنے والا۔● **gunrunning** اسم۔

**gunshot** *n.* ①توپ یا بندوق سے سر ہونے والا گولا یا گولی۔②توپ یا بندوق کی مار۔

**gunsmith** *n.* بندوق ساز، آتشیں اسلحہ بنانے یا ان کی مرمّت کرنے والا۔

**gunwale** *n.* (also **gunnel**) کشتی یا جہاز کے عرشے کی باڑھ۔

**gurdwara** *n.* سکھوں کی عبادت گاہ۔

**gurgle** *v.* & *n.* ف:قلقل کی آواز نکالنا،قُل قُل کرنا۔ اسم:بوتل وغیرہ سے پانی انڈیلنے یا ڈبکی کھانے کی آواز۔

**Gurkha** *n.* ①نیپالی باشندہ۔②برطانوی فوج کا نیپالی جوان۔

**guru** *n.* (*pl.* **gurus**) ①ہندو مذہبی پیشوا۔②استاد، حکیم دانا۔

**gush** *v.* & *n.* ف:①زور شور سے اُچھالنا، اُبلنا یا بہنا۔②پُر جوش، جذباتی تقریر یا اظہار جذبات کرنا۔اسم:① پانی کا زبردست ریلا۔② شدید جذباتیت کا اظہار۔

**gusset** *n.* کپڑے میں مضبوطی یا گنجائش کے لیے لگائی جانے والی گوٹ۔● **gusseted** صف: گوٹ دار۔

**gust** *n.* & *v.* اسم:ہوا کا اچانک جھونکا، جھکّڑ، بارش کا جھالا، آگ کی لپٹ، دھوئیں کا بادل، یکایک اٹھنے والا شور وغیرہ۔ف: جھکّڑ، دھماکے وغیرہ کی صورت میں اٹھنا، برپا ہونا۔● **gusty** صف۔

**gusto** *n.* ولولہ، جذبہ، شوق، ذوقِ عمل۔

**gut** *n.* & *v.* اسم:①بڑی آنت یا اس کا کوئی حصّہ۔ ② **(guts)** اوجھڑی یا پوٹا (جانوروں کا) ③ **(guts)** بول چال: حوصلہ، جرأت مندی، بل بوتا۔ ف: **(gutting, gutted)** ①(عمارت وغیرہ کی) اندرونی تنصیبات کو جلا ڈالنا، تباہ کرنا (خصوصاً آگ سے) ② (مچھلی کے) پیٹ کی آلائش صاف کرنا □ **gut reaction** جذباتی نہ کہ ذہنی ردّعمل۔

**gutsy** *adj.* (**gutsier, gutsiest**) بول چال: ①باہمت، جری۔②حریص۔

**gutta-percha** *n.* ملایا کے بعض درختوں کی دودھیا ریزش سے تیار کیا جانے والا سخت پلاسٹک۔

**gutter** *n.* & *v.* اسم:①پانی کی نکاسی کی نالی۔② کھلا نابدان۔③نالی دار کھانچا۔ ف:①دھاروں کی شکل میں بہنا۔② نالیاں، نکاسی کا راستہ بنانا۔□ **the gutter** گھٹیا ماحول یا خاندانی پس منظر۔

**guttersnipe** *n.* گلی کا شریر لڑکا۔

**guttural** *adj.* حلقی، حلق سے نکلنے والی ثقیل (آواز)● **gutturally** م ف۔

**guy** *n.* & *v.* اسم:①بول چال: آدمی، شخص، نفر۔② **Guy Fawkes** کا پھٹے پرانے کپڑوں میں فرضی پتلا جو ۵ نومبر کو پھونکا جاتا ہے۔③خیمے کو کسا رکھنے کی طناب، یا کرین وغیرہ کی رسّی۔ف: مذاق اُڑانا۔

**guzzle** *v.* بے تحاشا نگلنا، ٹھونسنا۔

**gybe** *v.* & *n.* (*US* **jibe**) ف:① کشتی کا اگلے پچھلے بادبانوں کا رخ بدلتے وقت ہوا کے دباؤ سے پہلوؤں کی طرف جھولنا۔ ② (جہاز کا) راستہ تبدیل کرنا تاکہ ایسا ہو سکے۔اسم: جہاز کا راستہ بدلنا جس سے بادبان اس صورت میں لہرائیں۔

**gym** *n.* بول چال:① جیمنازیم۔② **gymnastics** کا اختصار۔

**gymkhana** *n.* ① کھیل خصوصاً گھڑ سواری کے مقابلے کا میدان۔② وہ جگہ جہاں ورزشی کھیلوں کی سہولتیں مہیا ہوں۔

**gymnasium** *n.* ( *pl.* **gymnasiums** or **gymnasia**) ورزش کے آلات اور سہولتوں سے لیس کمرہ یا عمارت۔

**gymnast** *n.* جسمانی ورزش کا ماہر۔

**gymnastics** *n. pl.* ①جسمانی پھرتی اور چُستی پیدا کرنے والی ورزشیں۔②ذہنی یا جسمانی ورزش کی دوسری صورتیں۔● **gymnastic** صف: ورزش کا۔

**gynaecology** *n.*(*US* **gynecology**) امراض نسواں، خصوصاً جنائی یا وضع حمل سے متعلق۔● **gynaecological** صف۔ **gynaecologist** اسم۔

**gypsum** *n.* کیلشیم سلفیٹ کی ایک شکل جو پیرس پلستر تیار کرنے نیز عمارات میں کام آتی ہے، گج پتھر۔

**gypsy** *n.* (also **gipsy**) (*pl.*-**ies**) خانہ بدوش قوم کا فرد۔

**gyrate** *v.* گھومنا، گردش کرنا، چکّر کھانا؛ دائرے یا مرغولے کی شکل میں حرکت کرنا۔● **gyration** اسم۔

**gyratory** *adj.* گھومنے والا، دائرے یا مرغولے کی شکل میں حرکت کرنے والا۔

**gyrocompass** *n.* گردشی قطب نما، جو عام طور پر جہاز رانی اور زمین کی پیمائش کے لیے استعمال ہوتا ہے۔

**gyroscope** *n.* ایک گھومنے والا پہیّا جو اپنے محور پر ہرسمت میں گھوم سکتا ہے، اسے کشتیوں یا ہوائی جہازوں میں توازن قائم رکھنے کے لیے یا قطب نما کے ساتھ استعمال کیا جاتا ہے۔● **gyroscopic** صف۔

# H h

**H** ①مخفف: hard(پنسل کے سرمے کے لیے)② عنصر ہائڈروجن کی علامت۔

**ha** ①فجائیہ: حیرت، شک، فتح وغیرہ کے اظہار کا کلمہ۔② hectare(s)(رک) کا مخفف۔

**habeas corpus** *n.* عدالتی حکم جس کی رو سے اس شخص کو جس کو پکڑا گیا ہے، بذات خود عدالت میں پیش کرنا لازم ہو۔

**haberdasher** *n.* بزاز یا دکاندار جو سلائی کا سامان فروخت کرتا ہو۔● **haberdashery** اسم۔

**habit** *n. & v.* ①عادت، کوئی پختہ معمول جو مشکل سے چھوٹے۔②ذہنی ساخت، طرز فکر۔③بول چال: لت، خصوصاً منشیات کی۔④ کسی طبقے، خصوصاً مذہبی جماعت کا خاص لباس؛ زنانہ شہسواری کا لباس۔

**habitable** *adj.* رہنے، بسنے، آباد ہونے کے قابل۔

**habitat** *n.* کسی مخلوق یا نباتیے کا قدرتی ٹھکانا۔

**habitation** *n.* (رہنے کے لائق) جگہ، مکان، گھر۔

**habitual** *adj.* ①جو بطور عادت ہمیشہ کیا جائے۔ ②باقاعدہ، حسب دستور۔● **habitually** م ف۔

**habituate** *v.* عادی، خوگر بنانا، مانوس کرنا۔

**hacienda** *n.* ہسپانوی زبان بولنے والے ممالک میں: ① زرعی اراضی مع مکان۔② کارخانہ۔

**hack** *v. & n.* ف: ①چیرنا، پھاڑنا، جارحانہ واروں سے زخمی کرنا، ٹکڑے اڑانا۔② گھوڑے پر دھیمی پویا چال سے راستہ طے کرنا۔③بول چال: (کمپیوٹر میں محفوظ معلومات تک) ناواجب طور سے رسائی حاصل کرنا۔ اسم: ①سواری کا گھوڑا۔② خشک، بے مزا، لکھنے والا مصنّف۔

**hacker** *n.* بول چال: کوئی شخص جو کمپیوٹر کو شوقیہ استعمال کرتا ہو، خصوصاً معلومات تک ناواجب طور سے رسائی حاصل کرنے کے لیے۔

**hacking** *adj.* (کھانسی کا) ٹھسکا، خشک کھانسی۔

**hackles** *n.* ①مرغے وغیرہ کی گردن کے نچلے یا پیٹھ کے پچھلے حصّے پر لمبے پر۔②غصّے یا خطرے کے وقت جانوروں کے جسم پر کھڑے ہو جانے والے رونگٹے۔

**hackneyed** *adj.* فرسودہ، پامال، گھسا پٹا (جملہ)

**hacksaw** *n.* دھاتوں کو کاٹنے کی آری۔

**had** HAVE کا ماضی و ماضیہ۔

**haddock** *n.* (*pl.* same) کوڈ سے ملتی مگر اس سے چھوٹی بحر اوقیانوس کی مچھلی۔

**haem** *pref.*(also **hem-**) ایک غیر لحمی مرکب جو خون میں ہیموگلوبن کی سرخی کا سبب ہے۔

**haematology** *n.* خون کے اجزا اور افعال کا مطالعہ، دمویات۔● **haematologist** اسم۔

**haemoglobin** *n.* حیوانات کے خون کے سرخ ذرّات میں پایا جانے والا آکسیجن کا حامل مادّہ۔

**haemophilia** *n.* انجماد خون یا کھرنڈ بننے کے

قدرتی عمل میں خرابی جس کی وجہ سے افراط سے خون بہنے کی شکایت۔ ● **haemophiliac** اسم۔

**haemorrhage** *n. & v.* اسم: کسی شریان کے پھٹنے سے بہنے والا خون، خصوصاً جبکہ افراط سے بہے۔ ف: افراط سے خون بہنا۔

**haemorrhoids** *n.* بواسیری مسّے۔

**hafnium** *n.* ایک فلزی عنصر (علامت: Hf)

**haft** *n.* خنجر یا چاقو وغیرہ کا دستہ، قبضہ۔

**hag** *n.* چڑیل، بدصورت بڑھیا۔

**haggard** *adj.* تھکا ماندہ، پریشان حال، زرد۔

**haggle** *v.* بھاؤ تاؤ کرنا، مول تول کرنا؛ حجّت کرنا۔

**ha-ha** *n.* باغ یا پارک کی حد بندی کے طور پر بنی ہوئی پکّی چنائی کی کھائی۔

**haiku** *n.* (*pl.* same) ہائیکو، تین حصّوں کی ۱۷ ماتروں پر مشتمل جاپانی صنف شاعری یا اس کی مثل۔

**hail** *n., int. & v.* اسم: ① اولے، ژالہ۔ ② یورش، حملہ، بوچھاڑ، (پتھروں، گالیوں یا سوالات وغیرہ کی) بھر مار۔ فجائیہ: خوش آمدید کا کلمہ۔ ف: ① اولے پڑنا۔ ② (ضربوں یا لفظوں وغیرہ کا) نازل ہونا، برسنا۔ ③ گرمجوشی سے پذیرائی کرنا۔ ④ ہاتھ سے اشارہ کرنا۔

**hailstone** *n.* اولا، ژالہ۔

**hailstorm** *n.* شدید ژالہ باری۔

**hair** *n.* بال، جیسے کہ انسانی سر کے یا پستانی جانوروں کے جسم پر اُگنے والے روئیں، بال بحیثیت مجموعی۔ □ **let one's hair down** بول چال: ضبط کو ہاتھ سے دینا، بے قابو ہو جانا۔ **not turn a hair** بے پروا ہونا، کوئی اثر قبول نہ کرنا۔

**haircut** *n.* بال کاٹنا یا کٹوانا، حجامت۔

**hairdo** *n.* (*pl.*-**dos**) بول چال: بال بنانے کی وضع، مشاطگی، کنگھی چوٹی۔

**hairdresser** *n.* حجام، نائی، مشاط، بال بنانے کا پیشہ یا دکان۔ ● **hairdressing** اسم۔

**hairgrip** *n.* بالوں کو باندھنے کا چپٹا پِن۔

**hairline** *n.* ① ماتھے پر بالوں کی باڑھ، سرآغاز۔ ② بال جیسا باریک خط یا درز وغیرہ۔

**hairpin** *n.* بالوں میں U کی شکل کا پن۔

**hairpin bend** *n.* سڑک میں U شکل کا پلٹتا موڑ۔

**hair-raising** *adj.* رونگٹے کھڑے کرنے والا، دہشت انگیز، سنسنی خیز، خوفناک۔

**hair-trigger** *n.* پستول، بندوق وغیرہ کی ذرا سے اشارے سے دب جانے والی لبلبی۔

**hairy** *adj.* (**hairier, hairiest**) ① بالوں کا بنا ہوا یا بال دار۔ ② ہاتھ پھیرنے میں بالوں جیسا۔ ③ بول چال: ناگوار، ڈراؤنا، دشوار۔ ● **hairiness** اسم۔

**haka** *n.* ماوری قبائلی جنگی رقص اور اس کی دُھن۔

**hake** *n.* (*pl.*same) ایک کھائی جانے والی سمندری مچھلی۔

**halcyon** *adj.* پُرسکون، پُرامن خوشحال (دور)

**hale** *adj.* تندرست، چاق و چوبند۔

**half** *n., adj. & adv.* اسم: (ج: **halves**) ① نصف یا آدھا حصّہ یا جزو۔ ② بول چال: آدھا پائنٹ یا اَدّھا (خصوصاً بیئر وغیرہ کا) ③ کھیل میں وقفے سے پہلے اور بعد کے مساوی دور۔ ④ بول چال: نصف ٹکٹ، خصوصاً بچے کا۔ صف: ① نصف کے لگ بھگ (تعداد یا مقدار) ② نصفا نصف۔ م ف: ① نصف کی حد تک، آدھوں آدھ، جزواً۔ ② کسی حد تک، قدرے۔ ③ (وقت بتانے میں) آدھا یا آدھ (گھنٹہ وغیرہ) □ **half a dozen** بول چال: چھ یا تقریباً چھ۔ **half and half** نصفا نصف، آدھا یہ آدھا وہ۔

**half-back** *n.* (بعض کھیلوں میں) فارورڈ (اگلے) اور فل بیک کے درمیان کا کھلاڑی۔

**half- board** *n.* ہوٹل یا قیام گاہ میں بستر، ناشتے اور ایک وقت کے کھانے کا انتظام۔

**half-brother** *n.* سوتیلا بھائی۔

**half-caste** *n.* بطور مذمت: مخلوط النسل آدمی۔

**half-hearted** *adj.* بے جوش و خروش، بے دلانہ۔

**half-life** *n.* تابکار مادّے کی کل تاب کاری کے نصف تک گھٹنے میں لگنے والا وقت۔

**half mast** *n.* مستول کے نصف تک اترا ہوا جھنڈا جو سوگ کی علامت ہے۔

**half nelson** *n.* پہلوانی کا ایک داؤ۔

**halfpenny** *n.* کانسی کا ایک سابق برطانوی سکّہ۔

**half-sister** *n.* سوتیلی بہن۔

**half-term** *n.* اسکول کے تعلیمی سال کا نصف جبکہ رخصت منائی جاتی ہے۔

**half-timbered** *adj.* (مکان وغیرہ) جس میں لکڑی کے چوکھٹوں میں چنی ہوئی دیواریں ہوں۔

**half-time** *n.* کھیل کا درمیانی وقفہ۔

**half-tone** *n.* فوٹو بلاک کی چھپائی جس میں کالے اور سفید کے درمیانی رنگوں کے مختلف مدارج موٹی یا مہین بندکیوں کے تدریجی فرق سے ظاہر ہوتے ہیں۔

**half-volley** *n.* (گیند کے کھیلوں میں) گیند پر ٹپّا کھاتے ہی کیا جانے والا وار۔

**halfway** *adv. & adj.* ① آدھے فاصلے یا راستے پر۔② کسی حد تک، تقریباً۔③ آدھے فاصلے پر واقع۔

**halfwit** *n.* ① نہایت بے وقوف، کم عقل آدمی۔② فاتر العقل۔● **halfwitted** صف: ضعیف العقل۔

**halibut** *n.* ایک بڑی جسامت کی چپٹی سمندری کھائی جانے والی مچھلی۔

**halitosis** *n.* سانس کی ناخوش گوار بو۔

**hall** *n.* ① وہ جگہ یا راہداری جس میں مکان کا صدر دروازہ کھلتا ہے۔ ② بڑا کمرہ، جلسے، تقریبات کے لیے مخصوص۔③ زمینداری کے ساتھ ملحق بڑا دیہی مکان۔

**hallelujah** رک: ALLELUIA جس کا یہ متبادل ہے، سبحان اللہ!

**halliard** رک: HALYARD۔

**hallmark** *n.* ① سونے چاندی، پلاٹینیم پر لگایا جانے والا سرکاری تصدیقی ٹھپّا۔② کوئی نمایاں خصوصیت جو کسی کے لیے باعث امتیاز ہو۔

**hallo** *int. & n.* HELLO کا متبادل۔

**Hallowe'en** *n.* All Saint's Day سے پہلا دن، ۳۱ اکتوبر۔

**hallucinate** *v.* ① (کسی کے) ذہن میں واہمے پیدا کرنا۔② وسوسوں، واہموں میں مبتلا ہونا۔

**hallucination** *n.* غیر موجود شے کے وجود کا احساس یا وہم، فریب خیال۔● **hallucinatory** صف۔

**hallucinogen** *n.* دوا جو فریب خیال پیدا کرے۔
● **hallucinogenic** صف: واہمہ ساز۔

**halm** HAULM کا متبادل۔

**halo** *n.* (*pl.* **haloes**) ① ہالۂ نور جو کسی متبرک ہستی کے سر کے گرد نظر آئے۔② سورج یا چاند کے گرد نظر آنے والا روشنی کا ہالہ۔

**halogen** *n.* غیر فلزی عناصر میں سے کوئی جیسے فلورین، کلورین، برومین، آیوڈین اور ایسٹاٹین۔

**halon** *n.* ہیلوجین کی آمیزش سے بنے ہوئے گیسی مرکبات جو آگ بجھانے کے لیے استعمال ہوتے ہیں۔

**halt** *n. & v.* اسم: ① وقفہ، عارضی رکاوٹ یا رخنہ۔② ریل کا چھوٹا اسٹیشن۔ ف: رُکنا، تھمنا یا روکنا، ٹھہرا دینا۔

**halter** *n. & v.* لگام یا رسّی جس سے گھوڑے یا مویشی کو قابو میں رکھا جائے۔

**halting** *adj.* جھجکتا، ہچکچاتا ہوا۔

**halve** *v.* ① دو حصّوں میں بانٹنا، آدھا آدھا کرنا۔ ② نصف کرنا، آدھے تک گھٹانا۔

**halyard** *n.* (also **halliard**) بادبانوں، مستولوں وغیرہ کو چڑھانے، اُتارنے کے لیے استعمال ہونے والا رسّہ یا چرخی۔

**ham** *n. & v.* اسم: ① سؤر کے گوشت کی نصف ران نمک لگا کر سکھائی یا بھونی ہوئی۔② (**hams**) چوتڑ، پٹھا یا ران مع سُرین۔③ اناڑی اداکار۔ ④ بول چال: شوقیہ طور پر چلایا جانے والا ریڈیو اسٹیشن۔ ف: (**hamming**، **hammed**) بول چال: مبالغہ آمیز جذباتی اداکاری کرنا یا دکھانا۔

**hamburger** *n.* قیمے کا بھنا یا تلا ہوا چپٹا کباب جسے نرم نان کی تہ میں لپیٹ کر کھاتے ہیں۔

**ham-fisted** *adj.* پھوہڑ، بھدّا کام کرنے والا۔

**hamlet** *n.* چھوٹا سا گاؤں۔

**hammer** *n. & v.* اسم: ① ہتھوڑا، مارتول، بندوق کا گھوڑا۔② ایک تار میں بندھا ہوا لوہے کا گولا جو ورزشی کھیلوں میں گھما کر پھینکا جاتا ہے۔ ف: ① ہتھوڑا چلانا، ہتھوڑے سے کوٹنا، چوٹ لگانا، زور زور سے پیٹنا، بجانا، دھڑ دھڑ کرنا۔ ② (کیل) ٹھونکنا۔ ③ کسی خیال یا معلومات کو بار بار جتا کر یا دہرا کر ذہن نشین کرنا۔

**hammock** *n.* کرمچ کا یا ڈوریوں سے بنا ہوا پلنگ جسے رسّیوں کے سہارے لٹکا دیا جاتا ہے۔

**hamper** *n. & v.* اسم: ① عموماً قبضے دار ڈھکنے کی ٹوکری یا ناشتہ دان۔ ② کسی موقع کے لیے کھانے پینے کی اشیا۔ ف: رکاوٹ ڈالنا، مزاحمت کرنا۔

**hamster** *n.* ایک گھریلو چوہا۔

**hamstring** *n. & v.* اسم: گھٹنے کے پیچھے واقع پٹھوں میں سے کوئی پٹھا۔ ف: (**hamstrung**، **hamstringing**) ① پٹھے یا کونچیں کاٹ کر اپاہج کر دینا ② کسی فرد یا ادارے کے کام میں روڑا اٹکانا۔

**hand** *n. & v.* ① ہاتھ، مع ہتھیلی اور پنجہ؛ ہاتھ سے شکل یا کام میں ملتی ہوئی چیز مثلاً گھڑی یا گھنٹے کی سوئی۔ ② قابو، قبضہ، اختیار، ذریعہ، وسیلہ، اثر۔ ③ سیدھی یا الٹی، دائیں یا بائیں سمت۔ ④ مہارت، چابکدستی؛ کسی چیز کو بنانے، گھڑنے والا قابل شناخت آدمی۔ ⑤ کسی شخص کا خط یا طرز تحریر، روش قلم۔ ⑥ شادی کا وعدہ، اقرار۔ ⑦ مزدور، ملازم۔ ⑧ تاش کھیلنے والے کو بانٹا جانے والا ہاتھ یا پتّے۔ ⑨ داد و تحسین۔ ⑩ گھوڑے کا قد ناپنے کی اکائی۔ ف: دینا، پکڑانا۔ □ **at hand** ① نزدیک۔ ② عنقریب ہونے والا۔ **hand out** تقسیم کرنا، اجرا کرنا۔ ③ **hands down** بآسانی بغیر جدّ و جہد۔ **on hand** مہیّا، دستیاب۔ **out of hand** ① قابو سے باہر۔ ② فی الفور، ہاتھ کے ہاتھ۔ **to hand** ہمدست، بآسانی موجود یا مہیّا۔

**handbag** *n.* دستی بیگ، بٹوا، تھیلا۔

**handball** *n.* ① گیند کا کھیل۔ ② فٹ بال: گول کیپر کے علاوہ کوئی کھلاڑی گیند چھوئے جو ناجائز ہے۔

**handbill** *n.* دستی تقسیم کیا جانے والا پرچہ یا اشتہار۔

**handbook** *n.* مختصر ضوابط کا مجموعہ یا رہنما کتاب۔

**handcuff** *n. & v.* اسم: ہتھکڑی۔ ف: ہتھکڑی ڈالنا، پہنانا۔

**handful** *n.* ① مٹھی بھر یا قلیل تعداد۔ ② بول چال: پریشان کن، بلائے جان شخص یا کام۔

**handicap** *n. & v.* اسم: ① منصفانہ مقابلے کے لیے بڑے کھلاڑی کو چھوٹے کھلاڑی کے برابر لانے کے لیے چھوٹے کو دی جانے والی رعایت، دوڑ یا مقابلہ جس میں یہ رعایت دی جائے۔ ② بوجھ یا دشواری جو ترقی یا کامیابی میں حارج ہو۔ ③ ذہنی یا جسمانی معذوری۔ ف: (**handicapping**، **handicapped**) ① بندش، رکاوٹ، دشواری پیدا کرنا۔ ② (کسی کو) نقصان میں رکھنا۔

**handkerchief** *n.* (*pl.*-**chiefs** or **chieves**) جیبی رومال، دستی۔

**handle** *n. & v.* اسم: دستہ، قبضہ، موٹھ جس سے کسی چیز کو پکڑا، اٹھایا یا چلایا جائے۔ ف: ① ہاتھ سے چھونا، محسوس کرنا، ہلانا، چلانا۔ ② کسی کام، انتظام وغیرہ کو ہاتھ میں لینا، سنبھالنا۔

**handlebar** *n.* بائیسکل وغیرہ کا دبّر یا ڈنڈا جو پتوار کا کام کرتا ہے۔

**handler** *n.* جانوروں کو سدھانے اور دیکھ بھال کرنے والا (خصوصاً پولیس کے لیے پالتو کتوں کو)

**handout** *n.* ① کسی ضرورت مند کو دی ہوئی اشیا۔ ② اخبار وغیرہ کو بھجوایا ہوا کوئی بیان۔

**handrail** *n.* جنگلہ خصوصاً زینے کا جس کے سہارے چڑھا جائے۔

**handshake** *n.* مصافحہ، ہاتھ سے ہاتھ ملانے کا عمل۔

**handsome** *adj.* (**handsomer, handsomest**) ① خوبرو، خوش منظر۔ ② فراخ دلانہ، معقول (قیمت، نفع وغیرہ) ● **handsomely** م ف۔

**handstand** *n.* ہاتھوں کے بل الٹا کھڑا ہونے کا آسن جس میں پاؤں ہوا میں یا دیوار سے لگے رہیں۔

**handwriting** *n.* ① روش قلم، خط؛ تحریر قلم یا پنسل وغیرہ کی۔ ② کسی شخص کا خصوصی اندازِ تحریر۔

**handy** *adj.* (**handier, handiest**) ① برتنے میں آسان، کارآمد، مفید۔ ② حاضر، موجود، دست رس کے اندر۔ □ **come in handy** خوب ہاتھ لگا، کام نکلا۔ ● **handily** م ف۔ **handiness** اسم۔

**handyman** *n.*(*pl.*-**men**) گھریلو مرمّتوں، ہنگامی کاموں کو انجام دینے کے لیے لگا ہوا آدمی۔

**hang** *v. & n.* ف: (**hung** معنی نمبر ۳ کے علاوہ) ① لٹکانا جبکہ نچلا سرا معلق ہو، کسی شے کے سہارے پر ٹکانا۔ ② آویزاں کرنا، جھنڈیاں، تصاویر وغیرہ لٹکا کر سجانا۔ ③ (**hanged**) پھانسی چڑھنا یا پھانسی دینا۔ اسم: ① کسی چیز کے لٹکنے کا انداز۔ ② نیچے کی طرف جھکاؤ۔ □ **get the hang of** بول چال: کسی چیز کا مفہوم یا طریق

کار سمجھنا۔ **hang about** ① اِردگرد منڈلانا، لگے رہنا۔ **hang back** ① جھجکنا، مذبذب ہونا۔ ② پیچھے رہنا، بچھڑنا۔ **hang on** پکڑے رہنا، گرفت میں رکھنا۔ **hang out** بول چال: قیام کرنا، رہنا یا اکثر پایا جانا۔

**hangar** *n.* ہوائی جہازوں وغیرہ کے ٹھہرنے کے لیے بڑا سا سائبان یا تعمیر، طیران خانہ۔

**hangdog** *adj.* کھسیایا، گھبرایا، چوٹٹا سا بنا ہوا۔

**hanger** *n.* کپڑے لٹکانے کے لیے خاص طور پر بنی ہوئی لکڑی یا دھات وغیرہ کی پٹّی۔

**hang-glider** *n.* چھتر دار ڈھانچا جس میں لٹک کر ہوا باز کھسکتا ہوا نیچے کی طرف آتا ہے، کھسل چھتری۔

**hangings** *n. pl.* دیواروں وغیرہ سے لٹکتے ہوئے آرائشی پردے۔

**hangman** *n.* (*pl.*-**men**) پھانسی دینے والا، جلاّد۔

**hangnail** *n.* ناخنوں کے قریب پھٹی ہوئی کھال۔

**hangover** *n.* شراب کے نشے کا خمار، دردِ سر وغیرہ۔

**hank** *n.* سوت، اون وغیرہ کی لچھّی۔

**hanker** *v.* آرزو کرنا، ارمان رکھنا۔

**hanky** *n.* (*pl.*-**ies**) بول چال: رومال handkerchief کا اختصار۔

**hanky-panky** *n.* بول چال: ① ہیر پھیر، چکّر، چکمہ، خصوصاً جنسی بے راہ روی۔ ② بے ایمانی، فریب۔

**Hanukkah** *n.* یہودیوں کا جشنِ چراغاں۔

**haphazard** *adj.* اتفاقی، ہنگامی، الل ٹپ۔
● **haphazardly** م ف: اتفاقی طور پر۔

**hapless** *adj.* بدقسمت۔

**happen** *v.* ① واقع ہونا، پیش آنا۔ ② اتفاقاً پیش آنا (خواہ حسنِ اتفاق یا سوءِ اتفاق سے) □ **happen on** اتفاقاً پانا یا دریافت کرنا۔ **happen to** کسی کو سابقہ پڑنا (خصوصاً برا)

**happy** *adj.* (**happier, happiest**) ① خوش، مگن، مسرور۔ ② خوشی یا خوش نصیبی پر مبنی، موزوں، مسرّت بخش۔ □ **happy medium** اعتدال، افراط و تفریط سے گریز۔ ● **happily** م ف۔ **happiness** اسم۔

**happy-go-lucky** *adj.* بے فکر، لاابالی، مست۔

**harangue** *v.* (کسی کو) لیکچر پلانا، وعظ و تلقین کرنا۔

**harass** *v.* ① ستانا، تنگ کیے جانا۔ ② (دشمن یا مخالف پر) پے درپے وار کرنا۔ ● **harassment** اسم۔

**harbour** *n.* & *v.*(*US* **harbor**) اسم: ① بندرگاہ۔ ② پناہ گاہ۔ ف: ① پناہ دینا۔ ② ذہن میں رکھنا، دل میں لیے رہنا (کوئی خیال وغیرہ)

**hard** *adj.* & *adv.* صف: ① سخت، ٹھوس (مادّہ) دبائے سے نہ دبنے والا، آسانی سے نہ کٹنے والا۔ ② دشوار، دقّت طلب، کٹھن، کڑا۔ ③ جو بمشکل سہا جاسکے، پُر آزار؛ ظالم، بے حس، نکتہ چیں۔ ④ صبر آزما، ناقابل برداشت (موسم) ⑤ ناقابل پسند، حواس پرگراں۔ ⑥ شدید، سنگین، کڑا، بھرپور۔ ⑦ تند، تیز (شراب) ⑧ نمک گھلا پانی جس میں جھاگ نہ اٹھیں۔ ⑨ ثابت، محکم۔ ⑩ مضبوط، استوار (سکّہ، زرمبادلہ) م ف: ① لگاتار، شدّت سے، کاملاً، پوری دلجمعی سے۔ ② بمشکل، بدشواری۔ ③ ٹھوس بنانے، منجمد کرنے کے لیے۔ □ **hard of hearing** اُونچا سننے والا۔ **hard up** ① خالی ہاتھ، تنگدست۔ ② کسی چیز کی قلّت کا شکار۔ **the hardsell** جارحانہ، پُرزور فروخت کاری۔ ● **hardness** اسم: سختی، شدّت وغیرہ۔

**hardbitten** *adj.* اکھڑ، بے ڈھب، نک چڑھا۔

**hardboard** *n.* لکڑی کو کوٹ پیس کر تیار کیا ہوا تختہ۔

**hard-boild** *n.* ① پوری طرح اُبلا (انڈا) ② عیّار، پختہ کار آدمی۔

**hard copy** *n.* کمپیوٹر سے چھاپا ہوا معلومات کا کاغذ۔

**harden** *v.* سختانا، سخت یا زیادہ سخت بننا یا بنانا۔

**hard-headed** *adj.* باعمل، فعّال، حقیقت پسند۔

**hard-hearted** *adj.* بے حس، بے دل، کٹھور۔

**hardly** *adv.* ① بمشکل، برائے نام۔ ② دقّت کے ساتھ نہ کہ بآسانی۔ ③ سختی سے، درشتی سے۔

**hardship** *n.* سخت پریشانی، خستہ حالی، مصیبت۔

**hard shoulder** *n.* شاہراہ پر بنا ہوا بغلی گوشہ جہاں ہنگامی صورت میں گاڑی روکی جاسکے۔

**hardware** *n.* ① دھات کے اوزار، مشینری یا گھریلو سامان۔ ② کمپیوٹر کے مشینی اور برقی اجزا۔

**hardwood** *n.* پکّی لکڑی جو چوڑے پتّوں والے پیڑوں سے حاصل ہوتی ہے۔

**hardy** *adj.* **(hardier, hardiest)** ①قوی، مضبوط، سخت کوش۔②ہر موسم کو جھیل جانے والا۔ ● **hardiness** اسم: صلابت، مضبوطی وغیرہ۔

**hare** *n. & v.* اسم: خرگوش۔ف: بہت تیز دوڑنا۔

**hare-brained** *adj.* بے دھڑک، جلد باز، لاپروا۔

**harelip** *n.* کھنڈوا، پیدائشی ہونٹ کٹا شخص۔

---

وضاحت: *harelip* کو اب طعن آمیز سمجھا جاتا ہے۔ *cleft lip* کہنا بہتر ہے۔

---

**harem** *n.* ①پردہ نشین مسلمان عورت۔②زنان خانہ، محل سرا۔③ کئی شادیاں کرنے والے شخص کی بیویاں۔

**hark** *v.* غور سے سننا۔□**hark back** سابقہ بحث یا موضوع کی طرف لوٹنا۔

**harlequin** *n. & adj.* اسم: ①چپ سوانگ کا ایک ایک روایتی خاموش کردار عموماً نقاب پوش۔صف: پچ رنگا یا کئی رنگ کا، رنگارنگ۔

**harm** *n. & v.* اسم: چوٹ، نقصان، گزند۔ف: چوٹ لگانا، نقصان پہنچانا۔● **harmful** صف: مضر، نقصان دہ۔ **harmless** صف: بے ضرر۔

**harmonica** *n.* منہ سے بجانے والا باجا mouthorgan۔

**harmonious** *adj.* ①خوش آواز، مترنّم۔ ②خوش آئند، خوش ترتیب، ہموار، ہم آواز، متوازن۔● **harmoniously** م ف: ہم آہنگی سے۔

**harmonium** *n.* ہارمونیم، صندوق نما دھونکنے والا ساز جس کے پردوں کو انگلیوں سے دبا کر بجاتے ہیں۔

**harmonize** *v.* (also **-ise**) ①موسیقیت پیدا کرنا۔ ②متوازن ہونا یا کرنا۔ ③خوش ترتیب، خوش آہنگ، پسندیدہ ہونا۔● **harmonization** اسم۔

**harmony** *n.*(*pl.*-**ies**) ① سُروں کا مترنّم مجموعہ، آہنگ، موسیقیت۔②اجزا میں حسن ترتیب، جمالیاتی نظم و تناسب۔③مطابقت، اتفاق۔● **harmonic** صف۔

**harness** *n. & v.* اسم: ①جوتے جانے والے گھوڑے کا ساز۔② کسی کے جسم سے باندھنے کے لیے درکار سامان۔ف: ① گھوڑے کا ساز کسنا، ڈوریوں وغیرہ کے سہارے لٹکانا، باندھنا۔② قدرتی ذرائع کو بروئے کار لانا مثلاً توانائی پیدا کرنے کے لیے۔

**harp** *n.* اسم: ایک بڑا مثلث نما ساز جس کے چوکھٹے میں تار کسے ہوتے ہیں، بربط۔ □ **harp on** بول چال: ایک ہی بات کو پیٹے جانا۔● **harpist** اسم: بربط نواز۔

**harpoon** *n. & v.* اسم: رسّی سے بندھا برچھی نما ہتھیار یا لنگر جسے پھینک کر وھیل وغیرہ کو پکڑتے ہیں۔ ف: ہارپون پھینکنا یا چھوڑنا۔

**harpsichord** *n.* کلیدی تختہ والا ساز جس میں تار افقی طور پر کھنچے ہوتے ہیں۔

**harpy** *n.* (*pl.*-**ies**) ①(یونانی و رومی دیومالا میں) زنانہ چہرے اور پرندے کے جسم اور پنجوں والا عفریت یا بلا۔② لالچی، بے ایمان عورت۔

**harridan** *n.* چڑچڑی، بدمزاج بڑھیا۔

**harrier** *n.* ①تباہ کار، غارت گر آدمی۔②خرگوشوں کے شکار کے لیے پالا جانے والا ہاؤنڈ نسل کا کتا۔③شکاری پرندہ، چرغ یا شکرا۔④ لمبی دوڑ دوڑنے والا کھلاڑی۔

**harrow** *n. & v.* اسم: بھاری، دندانے دار، آہنی پٹڑا، ہینگا، سہاگا جو کھیت پر ڈھیلے پھوڑنے کے لیے چلایا جاتا ہے۔ ف: کھیت پر سہاگا پھیرنا، ہینگا چلانا۔ ● **harrowing** صف: اندوہناک۔

**harry** *v.* (**-ies, -ied**) حیران، پریشان کرنا۔

**harsh** *adj.* ①سخت، ناملائم، ناخوشگوار۔②پُرتشدّد، ظالمانہ۔● **harshly** م ف۔ **harshness** اسم۔

**hart** *n.* جوان نر ہرن۔

**harvest** *n. & v.* اسم: ① کھیتی کاٹنے سمیٹنے کا عمل؛ کٹائی کا زمانہ۔② فصل کا حاصل۔③ کسی کام کا صِلہ، اجر۔ف: فصل کاٹنا، کھیتی کمانا۔● **harvester** اسم۔

**has** رک: HAVE جس کا یہ صیغۂ فعل حال کا واحد غائب ہے۔

**has-been** *n.* بول چال: سابق، پہلے کا، کبھی کا اہم یا کارآمد شخص یا شے اب نہیں۔

**hash** *n.* ① پکے ہوئے گوشت کے پارچے جنھیں مہین کرکے دوبارہ پکایا جاتا ہے۔② بول چال: حشیش۔□ **make a hash of** بول چال: الٹ پلٹ کر کے رکھ دینا، گڑبڑ ڈالنا۔

**hashish** *n.* حشیش، بھنگ۔

**hasp** *n.* چھپکا، چٹخنی، کنڈی جس میں قفل لگایا جا سکتا ہے۔

**hassle** *n. & v.* بول چال، اسم: ①پرانی علّت، کوفت، وبال۔ ② جھگڑا، فساد، نزاع۔ف: ① تنگ کرنا، پریشان کرنا، آزار دینا۔②لڑنا، جھگڑنا، تکرار کرنا۔

**hassock** *n.* گھٹنے ٹکانے کا گدا۔

**haste** *n.* ① جلدی، پھرتی۔②مارامار، تیزی، سُرعت۔

**hasten** *v.* ① جلدی کرنا، تیزی سے کام لینا۔② تیز کرنا، رفتار بڑھانا، جلد تر پورا یا تمام کرنا۔

**hasty** *adj.* **(hastier, hastiest)** ① جلدی کا، پھرتیلا، تیز کام۔②بہت تیزی یا بہت جلدی کیا، کہا، بنایا ہوا۔ **hastily** م ف۔● **hastiness** اسم: جلد بازی۔

**hat** *n.* یورپی وضع کی حاشیے یا چھجے دار ٹوپی یا ٹوپ۔

**hatch[1]** *n.* ① درمیانی دروازہ یا کھڑکی جیسے دو کمروں کے درمیان۔② ہوائی جہاز یا خلائی جہاز کا دروازہ۔

**hatch[2]** *v.* ① (چوزے یا مچھلی کا) انڈے میں سے نکلنا بچہ برآمد کرنا۔②انڈا سینا۔③سازش کرنا، تدبیر سوچنا۔

**hatch[3]** *v.* کسی سطح مثلاً نقشے یا خاکے پر متوازی خطوط کھینچنا۔● **hatching** اسم۔

**hatchback** *n.* پچھلی طرف سے کھلنے والے زائد دروازے کی کار۔

**hatchery** *n.* (*pl.*-**ies**) مرغیوں، مچھلیوں کے انڈے سینے کے لیے مخصوص کی ہوئی جگہ، سینالہ۔

**hatchet** *n.* ایک ہلکی، چھوٹے دستے کی کلہاڑی۔ □ **bury the hatchet** لڑائی جھگڑا ختم کرو۔

**hatchway** *n.* جہاز کے عرشے پر فرشی دروازہ جس میں سے مال جہاز کے پیٹے میں پہنچاتے ہیں۔

**hate** *v. & n.* ف: ① نفرت کرنا، سخت ناپسند کرنا۔② ناگوار سمجھنا، تامّل کرنا۔اسم: نفرت، بیزاری۔

**hateful** *adj.* نفرت انگیز۔

**hatred** *n.* نفرت، بیزاری، بغض۔

**hat-trick** *n.* یکے بعد دیگرے تین کامیابیاں حاصل کرنا خصوصاً کھیلوں میں۔

**haughty** *adj.* **(haughtier, haughtiest)** مغرور، متکبّر، اکڑباز، خود پسند۔● **haughtily** م ف۔ **haughtiness** اسم: نخوت، غرّہ، گھمنڈ۔

**haul** *v.* ف: ① زور سے کھینچنا، گھسیٹنا۔② چھکڑے وغیرہ پر لاد کر لے جانا۔اسم: ① باربرداری۔② کمائی یا حاصل کی ہوئی رقم۔□ **a long haul** لمبا سفر جو طے کرنا ہو۔

**haulage** *n.* تجارتی پیمانے پر باربرداری۔

**haulier** *n.* باربرداری کا کام کرنے والا فرد یا ادارہ۔

**haulm** *n.* (also **halm**) تنہ، ڈنٹھل، ڈالی۔

**haunch** *n.* ① پٹھا، سُرین خصوصاً جانوروں کا۔② ہرن، چکارے وغیرہ کی ران جو پکائی جائے۔

**haunt** *v. & n.* ف: ① (بھوت پریت) کا (کسی جگہ) لگاؤ رکھنا، اثر زدہ کرنا۔② کسی جگہ بہت آنا جانا یا جم کر رہنا۔③ (کسی یاد کا) بار بار ذہن میں لوٹنا۔اسم: وہ مقام جہاں کوئی اکثر آتا جاتا رہے۔

**haute couture** *n.* اعلیٰ درجے کا، رائج الوقت مذاق، وضع۔

**haute cuisine** *n.* اعلیٰ درجے کے کھانے۔

**have** *v. & v.aux.* **(having‹had‹has)**: ف: ① اپنی ملکیت کے طور پر یا اپنے پاس اپنی تحویل میں رکھنا۔② کسی قسم کا رشتہ یا تعلق رکھنا۔③ کسی خصوصیت کے طور پر رکھنا، حامل ہونا۔④ کسی تجربے سے گزرنا، مشاہدہ کرنا، سہنا۔⑤ (کسی کام میں) مصروف مشغول ہونا، جلسہ وغیرہ منعقد کرنا۔⑥ کھانا یا پینا، نوش کرنا۔⑦ کسی جذبے وغیرہ کو راہ دینا، اپنے تأثر کو ظاہر کرنا۔⑧ جننا، بچہ دینا، ذہن میں (کوئی خیال وغیرہ) سوچنا۔⑨ وصول کرنا، پانا۔ ف امدادی: ماضی کے مختلف صیغے بنانے کے لیے ماضی معطوفہ کے ساتھ لگایا جاتا ہے (م: *he has gone*) □ **have had it** بول چال: ①چوک ہوگئی۔② عمر ڈھل گئی۔③ خاتمہ ہوا، مرگیا یا ہار گیا۔ **have it out** بحث کے ذریعے قصّہ طے کرنے کی کوشش کرنا۔ **have on** ① پہنے ہوئے ہونا۔② (کسی ملاقات یا مصروفیت) کو طے یا قبول کیے ہوئے ہونا۔③ بول چال: (کسی کو) ستانا، بنانا، جُل دینا۔ **haves and have-nots** لوگ جو خوش حال اور اہل ثروت

ہیں اور لوگ جو نہیں ہیں۔ **have up** بول چال: (کسی کو) عدالت کے سامنے یا زبانی بات چیت کے لیے پیش کرنا۔

**haven** *n.* جائے پناہ، محفوظ مامون جگہ۔

**haversack** *n.* بورا، بوری، تھیلا جو کاندھوں یا پیٹھ پر اٹھا کر لے جایا جائے۔

**havoc** *n.* تخریب، زبردست تباہی، بربادی، افراتفری۔

**haw** *n.* hawthorn (رک) کا پودا یا پھل۔

**hawk¹** *n.* ① شکاری پرندوں کے خاندان سے تعلق رکھنے والا پرندہ۔ ② شخص جو جارحانہ پالسی کا حامی ہو۔

**hawk²** *v.* پھیری لگا کر سودا بیچنا۔ ● **hawker** اسم۔

**hawk-eyed** *adj.* تیز نظر، عقابی آنکھ والا۔

**hawser** *n.* جہاز کو کھینچنے یا باندھنے کے لیے استعمال ہونے والا بھاری رسّا۔

**hawthorn** *n.* جھاڑی یا درخت جس میں سرخ یا گلابی پھول لگتے ہیں اور چھوٹے گہرے سرخ پھل۔

**hay** *n.* مویشیوں کے چارے کے لیے کاٹی اور سکھائی ہوئی گھاس۔

**hay fever** *n.* تپ کاہی، زردانوں یا خاک کے ذرّوں سے پیدا ہونے والی حسّاسیت (الرجی)

**haystack** *n.* گھاس کے مخروطی شکل کے گٹھے۔

**haywire** *adj.* بول چال: ① نہایت بے ترتیب، الٹ پلٹ۔ ② پریشان، بہکا، بولایا ہوا (آدمی)

**hazard** *n. & v.* اسم: ① خطرہ، خدشہ۔ ② رکاوٹ۔ ف: ① گمان، قیاس کرنا۔ ② خطرہ مول لینا۔ ③ خطرے کی زد میں ہونا۔ ● **hazardous** صف: خطرناک۔

**haze** *n.* دُھند، کہر، غبار۔

**hazel** *n.* ① جھاڑی یا پودا جس میں گول بھورا گری دار پھل لگتا ہے، شجر بُندق۔ ② سرخی مائل بھورا یا سبزی مائل بھورا رنگ۔ ● **hazelnut** اسم: بُندق، کشمیری بادام۔

**hazy** *adj.* **(hazier, haziest)** ① دُھندلا، کُہر آلود۔ ② مبہم غیر واضح۔ ③ پیچیدہ، الجھا ہوا، غیر یقینی۔ ● **hazily** م ف۔ **haziness** اسم: دھندلا پن۔

**HB** مخفف: hard black (پنسل کا سرمہ)

**H-bomb** *n.* =hydrogen bomb ہائڈروجن بم۔

**He** عنصر helium ہیلیم کی علامت۔

**he** *pron. & n.* ضمیر: ① وہ آدمی، لڑکا، مرد یا نر جانور۔ ② کوئی فرد جس کی جنس واضح نہ ہو مگر اس کا ذکر یا حوالہ آیا ہو۔ اسم: مرد، مذکّر، آدمی۔

**head** *n., adj. & v.* اسم: ① انسانی جسم کا اوپری یا جانور کا اگلا حصّہ جس میں دماغ، منہ اور اعضاء حسی شامل ہیں، سر، منڈیا۔ ② سر بمعنی دماغ، ذہن، وہ عضو جو ذہانت، مشاہدات اور معلومات کا حامل ہے۔ ③ کوئی شے جو عمل یا صورت میں سر سے مشابہ کی جاسکے۔ ④ اگوا، سربراہ، سرداری، لیڈری۔ ⑤ کسی شے، مثلاً قطار کا سرا، اگلا حصّہ؛ کسی شے کا اوپری رخ یا حصّہ مثلاً میز یا بستر کا۔ ⑥ کسی شے کا سب سے اوپری حصّہ مثلاً صفحے، زینے وغیرہ کا۔ ⑦ فرد، کس، نفر جبکہ گنتی میں آئے۔ ⑧ جہاز، ندی وغیرہ کا منبع، جھیل کا وہ کنارا جہاں کوئی دریا آ کر ملتا ہو۔ ⑨ سر کی لمبائی یا اونچائی بطور ناپ۔ ⑩ کسی مشین کا فعّال یا اگلا پرزہ۔ ف: ① سربراہ ہونا۔ ② مختار، قابض ہونا۔ ③ سرخی جمانا، عنوان دینا۔ ④ کسی خاص سمت میں پیش قدمی کرنا، کسی خاص سمت رہنمائی کرنا۔ □ **come to a head** بحرانی صورت اختیار کرنا۔ **head off** ① آگے بڑھ کر پکڑ لینا۔ ② روک تھام، پیش بندی کرنا۔

**headache** *n.* ① دردِ سر۔ ② بول چال: پریشانی، پریشان کن شخص۔

**headdress** *n.* صافہ، پگڑی وغیرہ۔

**header** *n.* ① فٹ بال: سر کی ٹکر سے اُچھالی گیند۔ ② بول چال: سر کے بل ڈبکی یا جست۔

**headgear** *n.* سر پر اوڑھنے کی ٹوپی، صافہ وغیرہ۔

**headhunt** *v.* (اعلیٰ اسامیوں کے لیے) دوسرے اداروں سے موزوں لوگ تلاش کرنا۔

**heading** *n.* ① عنوان، سُرخی، کسی بحث، مقالے وغیرہ کا باب۔ ② سُرنگ بنانے کے لیے کھودا ہوا راستہ۔

**headlamp** *n.* =HEADLIGHT۔

**headland** *n.* ① چھجے نما چٹان۔ ② کھیت کے سرے پر مشین کے گزرنے کے لیے چھوڑا ہوا بن جوتا قطعہ۔

**headlight** *n.* ① گاڑی کی سامنے والی بڑی روشنی یا بتّی۔ ② اس سے نکلنے والی روشنی کی دھاری۔

**headline** *n.* ① مضمون یا صفحے کی پیشانی پر عنوان، سرخی، خصوصاً اخبار کی۔ ② (headlines) اخبار یا نشریے

کی خاص خاص خبریں۔

**headlong** *adv. & adj.* ①سر کے بل، سر آگے نکالے۔②بھاگ دوڑ میں، مارا مار۔

**headmaster** *n.* (*fem.* **headmistress**) اسکول کا صدر مدرّس۔

**head-on** *n.* ①منہ یا سر آگے۔②براہِ راست تصادم۔

**headphone** *n.* سر پر ٹکنے والی پٹی کے دونوں سروں پر لگے ہوئے ریڈیو وغیرہ کی آواز تنہا سننے کے آلے۔

**headquarters** *n.* کسی ادارے کا انتظامی مرکز۔

**headstone** *n.* قبر کا پتھر، کتبہ۔

**headstrong** *adj.* خودسر، اکھڑ۔

**headway** *n.* ①ترقی۔②جہاز کے بڑھنے کی رفتار۔

**headwind** *n.* عین سامنے سے آنے والی ہوا۔

**heady** *adj.* **(headier, headiest)** ①تیز، تند، جلد چڑھنے والی (شراب)②سر چڑھنے، مغرور کرنے والی (کامیابی وغیرہ)③ تیز مزاج، تندخو (آدمی یا عمل)

**heal** *v.* ①(چوٹ یا زخم کا) اچھا ہونا، اچھا کرنا، شفا دینا۔②(اختلافات وغیرہ کو) مٹانا، بھلانا۔● **healer** اسم۔

**health** *n.* صحت، تندرستی؛ ذہنی یا جسمانی کیفیت۔

**health centre** *n.* طبّی خدمات کا مرکز، شفاخانہ۔

**health farm** *n.* بحالی صحت کے لیے اقامتی ادارہ جہاں غذا، ورزش وغیرہ کے ذریعے صحت بنائی جاتی ہے۔

**health visitor** *n.* تربیت یافتہ نرس جو ضرورت مند مریضوں کی گھر جا کر مدد کرتی ہے۔

**healthy** *adj.* **(healthier, healthiest)** ① اچھی صحت کا حامل، صحت مند یا مفید صحت۔②فائدہ مند۔● **healthily** م ف۔ **healthiness** اسم: صحتمندی۔

**heap** *n. & v.* اسم: ①انبار، ڈھیر۔② **(heaps)** بول چال: بڑی تعداد یا مقدار۔ف: ①سمیٹنا، جمع کرنا، ڈھیر کرنا۔②بہت زیادہ بھرنا یا لادنا۔

**hear** *v.* **(heard,hearing)** ① کانوں سے سننا۔② کسی کی طرف کان لگانا، کسی کو سُننا۔③ استغاثے یا مقدمے کی سماعت کرنا۔□ **hear from** (کسی کی طرف سے) فون پر یا خط کے ذریعے مخاطب کیا جانا۔ **hear! hear!** فجائیہ: پُر جوش تائید کے اظہار کا کلمہ۔● **hearer** اسم: سامع۔

**hearing** *n.* ①حسِّ سماعت۔②حدودِ سماعت۔③ کسی کو اپنی بات کے سنانے کا موقع۔④عدالت میں شہادت، اظہارات، بیانات وغیرہ کی سماعت۔

**hearing aid** *n.* کم سماعت والوں کے لیے آواز کو بڑھا کر سُنانے والا کان کا آلہ، اُذنک۔

**hearsay** *n.* افواہ، گپ۔

**hearse** *n.* تابوت گاڑی، جنازہ گاڑی۔

**heart** *n.* ①دل، قلب، وہ عضو رئیس جو خون کو رگوں میں دوڑاتا ہے۔②دل بطور مرکز جذبات واحساسات، محسوس کرنے، متاثر ہونے کی صلاحیت۔③حوصلہ، ہمت، ولولہ، مزاج، کیفیت۔④ کسی شے کا مرکز، اندرون، معاملے کی تہ، اصل بات، خلاصہ۔⑤ دل یا سرخ پان کی شکل۔⑥ تاش میں پان کا پتہ□ **at heart** ①دل کی گہرائی میں۔②بنیادی طور پر، لازمی طور پر۔ **break a person's heart** دل توڑنا۔ **by heart** زبانی، حافظے سے۔

**heartache** *n.* ①ذہنی خلش۔② گہرا غم۔

**heart attack** *n.* دل کا دورہ، جس میں عموماً دل کے عضلے کا ایک حصّہ ماؤف ہو جاتا ہے۔

**heartbeat** *n.* دل کی حرکت، نبض۔

**heartbreak** *n.* مصیبت، دل شکستگی۔

**heartbroken** *adj.* دل شکستہ۔

**heartburn** *n.* سینے کی جلن، سوزشِ معدہ۔

**hearten** *v.* خوش دل ہونا یا کرنا؛ دل بڑھانا۔

**heartfelt** *adj.* دل کی گہرائی میں محسوس ہونے والا، پُر خلوص، سچا، صادق (جذبہ)

**hearth** *n.* آتش دان کا فرش؛ آتش دان کے سامنے کا علاقہ۔

**heartless** *adj.* بے دل، بے حس، بے رحم۔● **heartlessly** م ف: ظالمانہ انداز سے۔

**heart-rending** *adj.* دل گداز، اندوہناک۔

**heart-searching** *n.* اپنا ضمیر ٹٹولنے کا عمل۔

**heart-throb** *n.* بول چال: خوبصورت شخص جو رومانی (خصوصاً ناپختہ) تصورات کا مرکز ہو۔

**heart-to-heart** *adj. & n.* صف: کھلے دل سے، آپس میں گھل مل کر۔ اسم: اس قسم کی بات چیت۔

**heart-warming** *adj.* ولولہ انگیز، مسرّت بخش۔

**heartwood** *n.* درخت کے تنے کا اندرونی حصہ جس سے زیادہ سخت عمارتی لکڑی حاصل ہوتی ہے۔

**hearty** *adj.* **(heartier, heartiest)** ① توانا، مضبوط۔ ② پُرجوش۔ ③ بھرپور، وافر (کھانا، اشتہا) ④ مخلص، دوستانہ۔

**heat** *n. & v.* اسم: ① گرمی، حدّت، تمازت، بخار، تپ، بڑھا ہوا جسمانی درجۂ حرارت۔ ② طبیعیات: حرارت جو سالموں کی حرکت سے پیدا ہوتی ہے۔ ③ موسم کی گرمی یا گرم موسم۔ ④ گرمجوشی، دلی جذبہ، ہیجان، غصّہ، غضب۔ ⑤ کسی عمل کا اہم مرحلہ، توڑ کا وقت۔ ⑥ کسی دوڑ یا مقابلے کا ابتدائی دور یا چکّر ف: ① گرم کرنا، گرمانا۔ ② روشن کرنا، تپانا۔ □ **on heat** بہار پر (دودھ پلانے والے حیوان کی مادہ کا) جفتی کے لیے آمادہ۔

**heated** *adj.* برافروختہ، غضب ناک، پُرجوش (آدمی، بحث تکرار وغیرہ) ● **heatedly** م ف۔

**heater** *n.* گرم کرنے یا رکھنے کا آلہ، گرمالہ۔

**heath** *n.* ① غیر کاشت شدہ زمین جس میں چھوٹی جھاڑیاں اُگی ہوں۔ ② ایسی زمین پر اُگنے والا پودا۔

**heathen** *n. & adj.* اسم: کافر، بے دین۔ صف: ① کفّار، غیر موحد لوگوں سے متعلق۔ ② لامذہب۔

**heather** *n.* ایک سدابہار جھاڑی جس میں ارغوانی، گلابی اور سفید گھنٹی نما پھول آتے ہیں، اریکا۔

**heatstroke** *n.* لُو، گرمی سے چڑھنے والا بخار۔

**heatwave** *n.* گرمی کی لہر؛ غیر معمولی گرمی کا عرصہ۔

**heave** *n. & v.* ف: ① (بھاری چیز کو) ڈھونا، کھینچنا۔ ② سانس کھینچنے کے ساتھ منہ سے ادا کرنا۔ ③ بول چال: پھینکنا، اُچھالنا۔ ④ باری باری اُٹھنا گرنا، لہرانا، ہچکولے لینا۔ ⑤ ابکائی لینا، قے کرنا۔ اسم: ڈھونے، کھینچنے کا عمل۔ □ **heave in sight** نظر کے سامنے نمودار ہونا، اُبھرنا۔ **heave to** بس کرنا، رُکنا، تھمنا یا روک دینا۔

**heaven** *n.* ① جنت، بہشت، آسمان، عالم بالا جو اللہ تعالیٰ اور فرشتوں سے منسوب ہے۔ ② بول چال: مسرّت بخش بات یا شے۔ ③ **(the heavens)** خصوصاً شاعرانہ: آسمان جس میں سورج، چاند ستارے پائے جاتے ہیں۔

**heavenly** *adj.* ① آسمانی، خداوندی، ربّانی۔ ② عالمِ بالا سے منسوب۔ ③ بول چال: نہایت فرحت بخش۔ □ **heavenly bodies** اجرامِ فلکی۔

**heavy** *adj.* **(heavier, heaviest)** ① بہت بھاری، وزنی، بوجھل۔ ② بہت ٹھوس۔ ③ وافر، کثیر۔ ④ سخت، شدید، وسیع۔ ⑤ محنت طلب۔ ⑥ سنجیدہ، بے لطف۔ ⑦ ثقیل، دیر ہضم (غذا) □ **going heavy** دھیمی، دشوار ترقی۔ ● **heavily** م ف۔ **heaviness** اسم۔

**heavy-hearted** *adj.* غمزدہ، رنجیدہ، شکستہ دل۔

**heavy industry** *n.* دھاتوں کی بھاری اشیا ڈھالنے یا مشین وغیرہ بنانے والے کارخانے۔

**heavy metal** *n.* بھاری تال اور اونچے سُروں کی عوامی موسیقی کا ایک انداز۔

**heavyweight** *n.* ① کھلاڑیوں کی درجہ بندی کے لحاظ سے وزن، جیسے شوقیہ مکّے بازی میں (۸۱ کلو گرام سے اوپر) ② معمول سے زیادہ وزنی آدمی، جانور یا شے۔ ③ بول چال: بااثر، بارسُوخ آدمی۔

**Hebrew** *n. & adj.* اسم: ① سامی نسل کی قوم کا فرد جو فلسطین میں آباد تھی۔ ② اس قوم کی زبان، عبرانی، اس کا جدید روپ جو اسرائیل میں رائج ہے۔ صف: ① عبرانی کا یا عبرانی میں۔ ② عبرانیوں یا یہود سے متعلق۔

**heckle** *v.* مقرر کو مجمع میں روکنا، ٹوکنا، گڑبڑانا۔ ● **heckler** اسم: مداخلت کرنے والا۔

**hectare** *n.* رقبے کی پیمائش کا ایک پیمانہ، (۲٫۴۷۱ ایکڑ یا ۱۰۰۰۰ مربع میٹر)

**hectic** *adj.* مصروف، سراسیمہ، خلفشار میں مبتلا۔ ● **hectically** م ف: افراتفری سے۔

**hectogram** *n.* وزن کا ایک پیمانہ = ۱۰۰ گرام۔

**hector** *v.* ہیکڑی جتانا، ڈرانا دھمکانا۔

**hedge** *n. & v.* ① جھاڑیوں کی باڑ، جھاڑبندی۔ ف: ① جھاڑیوں سے گھیرنا۔ ② جھاڑیوں کی چھٹائی کرنا۔ ③ براہِ راست جواب دینے یا وعدہ کرنے سے گریز کرنا۔

**hedgehog** *n.* خارموش، خارپشت، سیہی۔

**hedgerow** *n.* جھاڑیوں کی قطار یا باڑ۔

**hedonism** *n.* یہ نظریہ کہ لذّت اندوزی ہی خیرِ اعلیٰ اور انسانی اعمال کا مقصود ہے یا ہونا چاہیے، لذتیت۔ ●

**hedonist** اسم۔ **hedonistic** صف: لذتیاتی۔
**heed** *v. & n.* ف: سُننا، توجہ کرنا، دھیان دینا۔ اسم: توجہ، انہماک، التفات۔ ● **heedful** صف: ملتفت، متوجہ۔ **heedless** صف: غافل بے پرواہ۔ **heedlessly** م ف: بے توجہی سے۔
**heel** *n. & v.* اسم: ①پاؤں کی ایڑی، جوتے کی ایڑی، (**heels**) اونچی ایڑی کے جوتے۔ ②بول چال، قدیم: غنڈہ، بدمعاش۔ ف: ①جوتے کی ایڑی لگانا یا تبدیل کرنا۔ ② (جہاز وغیرہ کا) ایک طرف جھکنا، اُلار ہونا۔ □ **down at heel** پھٹے حالوں۔ **take to one's heels** فرار ہونا۔
**hefty** *adj.* **(heftier, heftiest)** ①قوی الجثہ، طاقتور (آدمی) ② بڑی، بھاری، مضبوط (شے) ● **heftily** م ف۔ **heftiness** اسم۔
**hegemony** *n.* حکمرانی، سرداری خصوصاً وفاق میں کسی ایک ریاست کی۔
**Hegira** *n.* (also **Hejira, Hijra**) ہجرہ، سنہ ہجری جو پیغمبر اسلامؐ کے مکّے سے مدینے ہجرت (۶۲۲ عیسوی) سے شمار ہوتا ہے۔
**heifer** *n.* جوان گائے۔
**height** *n.* ① کھڑے ہوئے آدمی کا قد سر سے پاؤں تک۔ ②فرش، زمین یا کسی مقررہ سطح عموماً (سطح سمندر) سے اونچائی، بلندی۔ ③نمایاں اونچائی۔ ④اونچی جگہ یا رقبہ، زمینی ابھار، ٹیلا۔ ⑤ کسی چیز کی اوپری سطح، نمایاں مثال یا انتہائی صورت۔
**heighten** *v.* مزید اونچا یا زیادہ تیز ہونا یا کرنا۔
**heinous** *adj.* نہایت قبیح، بہیمانہ، وحشیانہ۔
**heir** *n.* وارث، جانشین۔
**heiress** *n.* وارثہ، خصوصاً دولت یا اعلیٰ منصب کی وارث عورت۔
**heirloom** *n.* ذاتی ملکیت کی شے جو خاندان میں کئی نسلوں تک رہی ہو، خاندانی ورثہ۔
**Hejira** HEGIRA (ہجرہ) کا متبادل۔
**held** HOLD کا ماضی اور ماضیہ۔
**helical** گھونگے کی شکل کا، مرغولہ نما۔
**helicopter** *n.* ایک پنکھ دار ہوائی سواری جو بالائی پنکھوں کی افقی گردش سے اوپر اٹھی رہتی ہے۔
**heliport** *n.* ہیلی کاپٹر کی فرودگاہ یا اڈا۔
**helium** *n.* ایک بے رنگ، ہلکی گیس جو جلتی نہیں ہے (علامت: He)
**helix** *n.* (*pl.* **helices**) مرغولہ، بل دار شکل۔
**hell** *n. & int.* اسم: ①دوزخ، جہنم۔ ②صعوبت، مصیبت یا شر کی جگہ۔ فجائیہ، بول چال: حیرت یا ناراضگی کے اظہار کا کلمہ۔ □ **hell for leather** پوری رفتار سے۔ ● **hellish** صف: دوزخ کی مثل۔
**hell-bent** *adj.* اڑا ہوا، تلا ہوا، ٹھانے ہوئے۔
**hello** *int. & n.* (also **hallo, hullo**) ① بے تکلفانہ تخاطب، خوش آمدید کہنے یا حیرت کے اظہار کا لفظ۔ ②فون پر گفتگو کے لیے حرف آغاز۔ ③توجہ حاصل کرنے کے لیے لگائی جانے والی صدا۔
**helm** *n.* جہاز کی پتوار کا دستہ یا پہیّا۔ □ **at the helm** کسی سرگرمی کی ہدایت دینا۔
**helmet** *n.* سر کی حفاظت کی آہنی ٹوپی یا خود۔
**helmsman** *n.* (*pl.* **-men**) پتوار چلانے والا، سکّان گیر، ملاح، ناخدا۔
**help** *v. & n.* ف: ① کسی کی ضرورت پوری کرنا۔ ② کسی کو کسی قسم کی حرکت کرنے میں سہارا دینا۔ ③ کارآمد، مفید مطلب ہونا۔ ④ درد یا مشکل کو کم کرنے میں مدد کرنا۔ ⑤ کسی کے لیے کھانا لگانا، پیش کرنا۔ اسم: ①مدد، اعانت جو کی جائے یا ملے۔ ② مدد کرنے والا یا مددگار شے۔ □ **help oneself** ①اپنے لیے (کھانا) خود نکالنا۔ ②اجازت کی ضرورت یا مدد چاہے بغیر حاصل کرنا۔ ● **helper** اسم: معاون، مددگار۔
**helpful** *n.* مفید، مددگار (شخص یا شے) ● **helpfully** م ف۔ **helpfulness** اسم۔
**helping** *n.* دعوت میں کسی کھانے کی کچھ مقدار۔
**helpless** *adj.* بے یار و مددگار، بے چارہ، معذور۔ ● **helplessly** م ف۔ **helplessness** اسم۔
**helpline** *n.* ٹیلی فونی خدمت جس سے مسائل کے حل میں مدد کی جاتی ہے۔
**helter-skelter** *adv., adj. & n.* م ف و صف: منتشر، تتر بتر، پراگندہ۔ اسم: میلے وغیرہ میں ایک

مینار کے گرد چکّر دار پھسلن یا پھسلنا ڈھالو راستہ۔

**hem** *n. & v.* اسم: کپڑے کا کنارا، حاشیہ، گوٹ۔ف: (**hemming**، **hemmed**) کنارے کو لوٹ کر سینا، حاشیہ بنانا۔□ **hem in** محصور کرنا، بند کر دینا۔

**hemato-** امریکا: HAEMATO- وغیرہ کا متبادل۔

**hemisphere** *n.* ①نصف کروی شکل۔②نصف کرۂ ارض۔● **hemispherical** صف۔

**hemp** *n.* ①پٹ سن۔②اس کا ریشہ جس سے رسّیاں وغیرہ بنتی ہیں۔③ گانجا، چرس۔

**hen** *n.* مرغ کی مادہ خصوصاً گھریلو مرغی۔

**hence** *adv.* ①اب سے آگے۔②اس لیے، اس بنا پر۔③قدیم: اس جگہ سے، اس مقام کے بعد۔

**henceforth** *adv.* (also **henceforward**) اس وقت کے بعد، اب سے (آگے) مستقبل میں۔

**henchman** *n.* (*pl.* **-men**) معتبر ساتھی یا مصاحب، قابل اعتبار ملازم یا پیروکار۔

**henna** *n.* حنا، مہندی کی جھاڑی جس کی پتیوں اور ڈنٹھلوں سے حاصل ہونے والا سُرخ رنگ جس سے بال رنگتے ہیں [ع: حنا] ● **hennaed** صف: حنائی۔

**hen party** *n.*(*pl.*-**ies**) بول چال: زنانہ محفل۔

**henpecked** *adj.* بول چال: عورت کا (مرد خصوصاً اپنے شوہر کو) ستانا، جلانا۔

**henry** *n.* (*pl.* **-ies** or **henrys**) برقیات: امالیت کی بین الاقوامی اکائی جو ایک بند برقی دور میں ایک وولٹ کی برقی قوت مہیّا کرتی ہے۔

**hepatic** *adj.* جگر، کلیجے سے متعلق۔

**hepatitis** *n.* ورم جگر۔

**heptagon** *n.* سات اضلاع اور سات زاویوں والی سپاٹ شکل، ذو سبعۃ الزّوایا۔● **heptagonal** صف۔

**her** *pron. & adj* ضمیر: ①SHE کی مفعولی حالت۔②بول چال: بمعنی وہ۔صف: اس (مث) کا یا اس کا اپنا۔

**herald** *n. & v.* اسم: ①سرکاری قاصد، پیام بر، ہرکارہ۔②پیش رو۔ف: آمد کا اعلان کرنا، استقبال کرنا، ساتھ لے کر آنا۔

**heraldry** *n.* نسبی علامات و نشانات کا علم یا فن نقابت۔● **heraldic** صف۔

**herb** *n.* جڑی بُوٹی جن سے مسالے یا ادویات حاصل ہوتی ہیں۔

**herbaceous** *adj.* نباتی، جڑی بُوٹیوں سے متعلق۔

**herbaceous order** *n.* باغ میں پھول دار پودوں کی باڑ۔

**herbal** *adj. & n.* صف: جڑی بُوٹیوں یا نباتی مسالوں کے متعلق۔اسم: جڑی بوٹیوں پر کتاب۔

**herbalist** *n.* ①جڑی بوٹیاں فروخت کرنے والا شخص۔②جڑی بوٹیوں کا ماہر۔

**herbicide** *n.* زہریلا مادّہ جو پودوں کو جلا دے۔

**herbivorous** *adj.* سبزی خور، سبزی کھانے والا۔● **herbivore** اسم: سبزی خور جانور۔

**herculean** *adj.* جس کے لیے سخت محنت اور زبردست قوت درکار ہو۔

**herd** *n. & v.* اسم: ①جانوروں یا مویشیوں کا گلّہ، گروہ، غول، ٹکڑی۔②آدمیوں کی بھیڑ، انبوہ۔ف: ①ہجوم کی صورت میں چلنا یا چلانا۔② نگہبانی، گلّہ بانی کرنا۔

**herdsman** *n.* (*pl.*-**men**) چرواہا، گلّہ بان۔

**here** *adv.* ①یہاں، اس جگہ، اس موقع پر۔②کسی کی موجودگی کے اظہار کے لیے۔③اس مرحلے پر۔

**hereabouts** *adv.* یہیں کہیں، آس پاس۔

**hereafter** *adv.* اب سے؛ آئندہ۔ □ **the hereafter** آخرت میں (بعد موت)

**hereby** *adv.* اس ذریعے سے، اس سے، اس کی وجہ سے، اس کی رو سے۔

**hereditary** *adj.* ①موروثی (مرض، جبلّت وغیرہ) ②وراثت میں ملا ہوا، کسی منصب پر وراثتاً فائز۔

**heredity** *n.* ذہنی یا جسمانی خصوصیات کا نسلی طور پر ایک پشت سے دوسری پشت میں منتقل ہونے کا عمل، وراثت، توریث، موروثی خصوصیات۔

**herein** *adv.* اس معاملے میں، کتاب میں وغیرہ۔

**heresy** *n.* (*pl.*-**ies**) ①عام عقائد خصوصاً مسلّمہ مذہبی عقائد کے خلاف عقیدہ یا عمل۔②مانی ہوئی بات کی مخالفت۔

**heretic** *n.* ①بدعتی، بدعقیدہ شخص، ملحد۔②عام

عقیدے کا مخالف شخص۔ ● **heretical** صف: ملحدانہ۔ **heretically** م ف: بدعتاً۔

**hereto** *adv.* رسمی: اس معاملے کی نسبت۔

**herewith** *adv.* رسمی: اس کے ساتھ، مع ہذا۔

**heritage** *n.* ① ترکہ، میراث۔ ② کسی قوم کا تاریخی سرمایہ، تہذیبی میراث، عمارات وغیرہ۔

**hermaphrodite** *n.* دوجنسی مخلوق جس میں نر مادہ دونوں کے جنسی اعضا موجود ہوں۔

**hermetic** *adj.* ① ہوابستہ، سربند۔ ② بیرونی اثرات سے محفوظ۔ ● **hermetically** م ف۔

**hermit** *n.* تارک الدّنیا، خلوت پسند آدمی۔

**hermitage** *n.* فقیر کا تکیہ، راہب کا ٹھکانا، خانقاہ۔

**hernia** *n.* مرض فتق، کسی عضو کا اپنی جھلّی وغیرہ کو شق کرکے باہر نکل پڑنا، خصوصاً آنت کا۔

**hero** *n.* (*pl.*-**oes**) ① ہیرو، محبوب، مقبول شخص یا کردار۔ ② کسی کہانی کا خاص مرکزی مردانہ کردار۔

**heroic** *adj.* & *n.* صف: بہادرانہ، دلیرانہ، عظیم برگزیدہ اشخاص کو زیب دینے والا (کارنامہ، خصوصیت) اسم: (**heroics**) فصیح و بلیغ زبان یا جوشیلے جذبات۔ ● **heroically** م ف: بہادری یا دلیری سے۔

**heroin** *n.* ایک منہ کو لگ جانے اور مشکل سے چھوٹنے والا سفید قلمی (بلوریں) سن کرنے والا منشّی مادّہ جو افیون کے ست سے حاصل کیا جاتا ہے۔

**heroine** *n.* ① ہیرو کی تانیث، باکمال زنانہ کردار۔ ② کسی نظم تمثیل یا کہانی کا مرکزی نسائی کردار۔

**heroism** *n.* غیر معمولی، اعلیٰ، ارفع کردار یا خصوصیات۔

**heron** *n.* بگلوں کی نسل کا لمبی ٹانگوں والا پرندہ۔

**herpes** *n.* ایک متعدی جلدی بیماری جس میں جسم پر آبلے پڑ جاتے ہیں، نَمل کا عارضہ، تبخال۔

**Herr** *n.* (*pl.* **Herren**) جرمن مرد کا خطاب مترادف، مسٹر، صاحب۔

**herring** *n.* شمالی بحر اوقیانوس کی کھائی جانے والی مچھلی، خار ماہی جو اکثر ساحل پر آجاتی ہے۔

**herringbone** *n.* ایک قسم کا لہریے دار ٹانکا جو خار ماہی کے کانٹے (پسلیوں) سے مشابہ خیال کیا جاتا ہے۔

**hers** *poss. pron.* اس (مؤنث) کا یا اس سے متعلق۔

**herself** *pron.* SHE یا HER کی تاکیدی شکل (*she herself will do it*)

**hertz** *n.* (*pl.* same) تعدّدِ ارتعاش کی بین الاقوامی اکائی، ایک دور فی سیکنڈ کے مساوی۔

**hesitant** *adj.* متامّل، متذبذب، ڈھلمل، دودلا۔ ● **hesitancy** اسم: تذبذب۔ **hesitantly** م ف۔

**hesitate** *v.* تامّل کرنا، جھجکنا، شک یا بے یقینی کا اظہار کرنا۔ ② پس و پیش کرنا، ہچکچانا۔ ● **hesitation** اسم۔

**hessian** *n.* سن کی بوری، کپڑا۔

**heterodox** *adj.* (شخص، رائے وغیرہ) جو قدامت پرست نہ ہو، غیر مقلدانہ، آزاد خیال۔

**heterogeneous** *adj.* ① متنوّع۔ ② مختلف الاجزا، بے جوڑ۔ ● **heterogeneity** اسم: تنوّع۔

---

وضاحت: *Heterogeneous* کے ہجّے میں ous- سے پہلے e آتا ہے۔

---

**heterosexual** *adj.* & *n.* جنس مخالف سے رغبت رکھنے والا (شخص) ● **heterosexuality** اسم۔

**hew** *v.* (*past part.* **hewn** or **hewed**) ① تلوار، کلہاڑی وغیرہ سے کاٹنا، بگّل اُڑانا۔ ② لکڑی کے کندے، سل، پتھر وغیرہ کو چھیلنا۔

**hex** *n.* ① جادو، سحر، طلسم۔ ② چڑیل۔

**hexadecimal** *adj.* کمپیوٹر: عددی ترقیم کا ایک عمل جس میں ۱۰ کی جگہ ۱۶ کو بنیاد بنایا جاتا ہے۔

**hexagon** *n.* سپاٹ شش پہلو شکل، مسدّس۔ ● **hexagonal** صف: شش پہلو۔

**hexagram** *n.* دو متساوی القواعد مثلثوں کے ایک دوسرے کو قطع کرنے سے بننے والی ستارہ نما شکل۔

**hey** *int.* توجہ حاصل کرنے یا خوشی کے اظہار کے لیے۔

**heyday** *n.* عہد شباب، قوت، خوشحالی وغیرہ کی معراج۔

**Hf** کیمیائی علامت برائے hafnium۔

**Hg** mercury پارے کی علامت۔

**hg** تخفیف: hectogram(s)= سوگرام۔

**HGV** تخفیف: heavy goods vehicle۔

**HH** تخفیف:double-hard(پنسل کا سرمہ)

**hi** *int.* توجہ حاصل کرنے یا ملاقات پر بے تکلفی سے بولا جانے والا کلمہ۔

**hiatus** *n.* (*pl.* **hiatuses**) سکتہ، وقفہ، رخنہ خصوصاً کسی تسلسل، حسابات یا شہادتوں کے سلسلے میں۔

**hibernate** *v.* (بعض جانوروں کا) جاڑا بے حس و حرکت لیٹ کر گزار دینا۔ ● **hibernation** اسم۔

**Hibernian** *adj. & n.* صف: آئرستان کا یا آئرستان سے منسوب۔ اسم: آئرستان کا باشندہ۔

**hiccup** *n.* (also **hiccough**) اسم:① ہچکی، ہچکیوں کا دورہ، لگاتار ہچکیاں۔ ② معمولی رخنہ، رکاوٹ۔ ف: (**hiccuping، hiccuped**) ہچکیاں لینا۔

**hide** *v. & n.*① (**hiding، hidden، hid**): ف: آنکھوں سے اوجھل رکھنا، چھپانا۔ ② خود کو چھپانا، چھپنا۔ ③ پردہ داری کرنا، راز داری برتنا۔ اسم: ① حیوانات کے مشاہدے یا شکار کے لیے استعمال ہونے والی چھپی ہوئی جگہ۔ ② جانور کی کھال خصوصاً کمائی ہوئی۔

**hideout** *n.* پوشیدہ رہنے، چھپنے کی جگہ۔

**hidebound** *adj.* تنگ نظر، متعصب، دقیانوسی۔

**hideous** *adj.* خوفناک، ناگوار، گھناؤنا۔

● **hideously** م ف۔ **hideousness** اسم۔

**hiding** *n.* بول چال: سخت مار کٹائی۔

**hierarchy** *n.* (*pl.* **-ies**) مَراتب، درجہ بدرجہ اختیار و اقتدار کا نظام۔ ● **hierarchical** صف۔

**hieroglyphics** *n. pl.* تصویری علامات کے ذریعے تحریر، ہیروغلیفی رسم تحریر۔ ● **hieroglyph** اسم۔ **hieroglyphic** صف۔

**hi-fi** *adj. & n.* صف: HIGH-FIDELITY۔ اسم: آواز کو عین مطابق اصل دہرانے کے لیے درکار آلات۔

**higgledy-piggledy** *adv. & adj.* بے ترتیب، اُلٹ پلٹ، منتشر۔

**high** *adj., n. & adv.* صف: ① بہت اونچا؛ اُوپر کی سیدھ میں آگے، دور تک پہنچا ہوا، دراز۔ ② سطح زمین یا سطح سمندر سے بہت اوپر؛ عام سطح سے اوپر۔ ③ اعلیٰ، ارفع۔ ④ بلند مرتبہ، مقام۔ ⑤ عظیم، شدید، انتہائی، معمول سے بڑھ کر۔ ⑥ اونچائی سے کیا جانے والا عمل، کھیل، کرتب۔ ⑦ بول چال: نشے میں دُھت۔ ⑧ اونچا، تیز (سُر، آواز) ⑨ عروج پر۔ ⑩ خراب، بگڑنے کے قریب (گوشت) اسم: ① بلند یا بلندترین سطح یا عدد۔ ② زیادہ ہوائی دباؤ کا علاقہ۔ ③ بول چال: سُرور یا نشے کی کیفیت۔ م ف: ① اونچائی پر۔ ② بدرجۂ اعلیٰ۔ ③ مہنگے یا اونچے داموں۔ ④ (آواز کے لیے) اونچے سُروں میں یا بہت تیز۔ □ **high time** مناسب، صحیح وقت جو نہ پہنچا ہو یا دیر سے آیا ہوا ہو۔

**highbrow** *adj. & n.* بول چال، صف: علمی، تہذیبی، ثقافتی۔ اسم: اعلیٰ تہذیب و ثقافت کا دعوے دار یا علمی آدمی۔

**higher education** *n.* اعلیٰ یونیورسٹی کی تعلیم۔

**highfalutin** *adj.* (also **highfaluting**) بول چال: بمباسٹک، بڑبولا۔

**high-handed** *adj.* خودسر، ہیکڑی باز، جابرانہ۔

**highlands** *n. pl.* ① سطح مرتفع۔ ② پہاڑی علاقہ۔

● **highland** صف۔ **highlander** اسم۔

**highlight** *n. & v.* اسم: ① (تصویر وغیرہ میں) روشن حصّہ۔ ② کوئی قابلِ غور لمحہ، نکتہ یا نمایاں خصوصیت۔ ③ بالوں کو سنہرا کرنے سے پیدا ہونے والی چمک۔ ف: روشن یا نمایاں کرنا، زیرِ غور لانا۔

**highlighter** *n.* چھپے ہوئے الفاظ وغیرہ پر ہلکا رنگ پھیر کر روشن، نمایاں کرنے والا، روشن گر قلم۔

**highly** *adv.* ① بہت، نہایت، بے حد۔ ② عزت، قدر، ملاحظہ، موافقت کے ساتھ۔

**highly strung** *adj.* بہت حسّاس، اعصابی دباؤ میں۔

**high-rise** *adj.* کئی منزلوں والی (عمارت)

**high road** *n.* ① شاہراہ، بڑی سڑک۔ ② سیدھا نہ کہ پھیر کا راستہ۔

**high school** *n.* ثانوی مدرسہ۔

**high seas** *n. pl.* کھلے سمندر، ملکی عملداریوں سے باہر۔

**high season** *n.* سیّاحوں کے ہجوم کا زمانہ۔

**high spirited** *adj.* چونچال، بشاش۔

**high street** *n.* بڑی سڑک خصوصاً بازار۔

**high tea** *n.* شام کا کھانا جس میں عموماً کوئی پکی ہوئی ہنڈیا، روٹی، مکھن، چائے وغیرہ ہوتی ہے۔

**high-tech** *adj.* (also **hi-tech**) اعلیٰ تکنیک اور برقیریات سے تعلق رکھنے والا۔

**high tide** *n.* سمندر کے مد یا جوار کا وقت۔

**high water** *n.* =high-tide۔

**highway** *n.* شارع عام، شاہراہ۔

**highwayman** *n.* (*pl.*-**men**) ڈاکو، قزاق، رہزن، جو پہلے زمانے میں مسافروں کو لوٹا کرتے تھے۔

**hijack** *v.* & *n.* ف: بھری سواری، ہوائی جہاز وغیرہ پر دوران سفر میں قبضہ کر لینا، اغوا۔ اسم: سواری یا مال وغیرہ کے اغوا کی واردات۔● **hijacker** اسم: اغوا کنندہ۔

**hike** *n.* & *v.* اسم: ① پیدل لمبی سیر۔② قیمتوں میں تیز اضافہ۔ ف: ① پیدل چلنا۔ ② اوپر اٹھانا، لادنا ③ (دام وغیرہ) بڑھانا، چڑھانا۔● **hiker** اسم۔

**hilarious** *adj.* بہت مذاقیہ، نہایت ظریفانہ، ہنسی ٹھٹے والا۔● **hilariously** م ف۔ **hilarity** اسم۔

**hill** *n.* ① پہاڑی، چٹان۔② سڑک کا ڈھال۔

**hillock** *n.* چھوٹی پہاڑی یا ٹیلا۔

**hilt** *n.* تلوار، خنجر وغیرہ کا قبضہ، دستہ۔ □**to the hilt** مکمل طور پر۔

**him** *pron.* HE کی مجہول صورت۔

**himself** *pron.* HE یا HIM کی تاکیدی شکل (*he himself will do it*) اور رجعی شکل: (*he has hurt himself*)

**hind**[1] *adj.* پچھلا، پشت کی جانب۔

**hind**[2] *n.* ہرنی، عام طور پر لال ہرن یا sika کی مادہ۔

**hinder** *v.* رکاوٹ ڈالنا، ملتوی کرانا، روکنا۔

**Hindi** *n.* شمالی ہند کی بولیوں کا مجموعی نام۔

**hindmost** *adj.* سب سے پچھلا؛ بعید ترین۔

**hindrance** *n.* ① رکاوٹ ڈالنے یا رکاوٹ میں پڑنے کی کیفیت۔② روک، مزاحمت۔

**hindsight** *n.* واقعے کے بعد سمجھ آنا، عقب بینی۔

**Hinduism** *n.* ہندوستان کا بڑا مذہب اور سماجی نظام، ہندو مت، ہندو دھرم۔● **Hindu** صف و اسم۔

**Hindustani** *n.* & *adj.* شمال مغربی ہندوستان کی زبان جو ہندوستان کے وسیع علاقوں میں مشترک بولی کے طور پر رائج ہے۔

**hinge** *n.* & *v.* اسم: قبضہ، چھپکا۔ ف: قبضہ، چھپکے وغیرہ سے جوڑنا یا جڑنا۔

**hint** *n.* & *v.* اسم: ① خفیف اشارہ، ایما۔② گر کی بات۔③ ہلکا سا اشارہ، شائبہ، احتمال۔ ف: سرسری طور پر توجہ دلانا۔

**hinterland** *n.* ① ساحل کے پیچھے یا دریا کے قریب افتادہ زمین۔② کسی اہم مرکز یا بندرگاہ سے مستفید ہونے والا علاقہ۔③ دور دراز یا مضافاتی علاقہ۔

**hip** *n.* ① کولھا، پٹھا، سُرین۔② ثمر گل، خصوصاً جنگلی۔

**hip hop** *n.* جدید روش کا پیرو خصوصاً جیز موسیقی اور لباس وغیرہ کے معاملے میں وضعدار۔

**hippie** *n.* (also **hippy**)(*pl.* **-ies**) لاابالی وضع کا فرد، اکثر واہمہ خیز منشیات میں مبتلا اور روایتی اقدار سے بے پروا۔

**hippopotamus** *n.* (*pl.* **hippopotamuses** or **hippopotami**) دریاؤں، جھیلوں کے پاس منڈلانے والا موٹی کھال کا افریقی چوپایہ، دریائی گھوڑا۔

**hire** *v.* & *n.* ف: ① کرائے پر لینا۔② کسی کو اجرت پر کام سے لگانا۔ اسم: کرائے پر لینے یا اٹھانے کا عمل۔ □ **hire out** عارضی استعمال کے لیے کرائے پر دینا۔

**hireling** *n.* اجرت پر کام کرنے والا آدمی۔

**hire purchase** *n.* خریدے ہوئے زیر استعمال سامان کی قسطوں میں ادائیگی، قسط واری خریداری۔

**hirsute** *adj.* جھبرا، گھنے بکھرے بالوں والا۔

**his** *adj.* & *poss. pron.* ① اس (مرد) کا، اس کا اپنا۔② اس کا یا اس سے منسوب۔

**Hispanic** *adj.* & *n.* صف: ① اسپین کا یا اسپین و پرتگال کا یا اس سے منسوب۔② ہسپانوی، ہسپانوی بولنے والے ممالک کا۔ اسم: ہسپانوی زبان بولنے والا شخص۔

**hiss** *v.* & *n.* ف: پھنکارنا، سسکاری بھرنا، تیز صفیری آواز نکالنا، خصوصاً اظہار ناپسندیدگی کے طور پر۔ اسم: ایک تیز صفیری آواز جیسے حرف S کی۔

**histamine** *n.* ایک نامیاتی مرکب جو زخم یا چوٹ کھائی ہوئی نسیجوں میں پایا جاتا ہے اور الرجی کی صورت

میں بھی۔

**histology** *n.* نسیجوں کی بافت کا مطالعہ۔

**historian** *n.* تاریخ داں، خصوصاً تاریخ کا تنقیدی مطالعہ کرنے والا۔

**historic** *adj.* تاریخ میں شہرت یا اہمیت کا حامل، تاریخی۔

---

وضاحت: *historical* کے مقابل *historic* کے محدود استعمال پر غور کریں۔ قواعدی اصطلاح کے طور پر خصوصی استعمال کے علاوہ اسے تاریخی لحاظ سے صرف اہم اور مشہور کے معنی میں لیا جاتا ہے۔

---

**historical** *adj.* ① تاریخ سے متعلق۔ ② عہد بعید کی کیفیت یا ترقی کا مطالعہ۔ ③ زمانۂ قدیم کا نہ کہ موجودہ زمانے کا۔ ● **historically** م ف: از روئے تاریخ۔

**history** *n.*(*pl.*-**ies**) ① اہم یا عام دلچسپی کے واقعات کی تاریخ وار دستاویزیا مسلسل بیان۔ ② گذشتہ احوال و واقعات کا مطالعہ۔ ③ تذکرہ، داستان۔ ④ کسی شخص یا شے کا ماضی۔ □ **make history** ① تاریخ سازی، تاریخ کی رفتار پر اثر انداز ہونا۔ ② کوئی یادگار کارنامہ انجام دینا۔

**histrionic** *adj. & n.* صف: ① اداکاروں یا اداکاری سے متعلق۔ ② تمثیلی، ڈرامائی (انداز) اسم: (**histrionics**) مصنوعی، خلوص سے عاری دکھاوے کا برتاؤ، ڈراما رچانے یا اداکاری کا فن۔

**hit** *v. & n.* ف: (**hitting**، **hit**) ① مارنا، ضرب لگانا، کسی متحرک جسم کا ٹکرانا، کوئی چیز پھینک کے مارنا، کسی چیز کو نشانہ بنانا۔ ② نقصان پہنچانا، چوٹ لگانا۔ ③ وار کرنا، زد پر رکھنا۔ ④ (مطلوبہ شے کو) پالینا۔ اسم: ① ضرب، چوٹ، مار، ٹکراؤ۔ ② نشانہ گولی وغیرہ کا جو ہدف پر لگے۔ ③ بول چال: تفریحی یا تخلیقی کارنامے کی غیر معمولی کامیابی۔ □ **hit it off** بول چال: متفق، باہم یکدل ہونا۔ ● **hitter** اسم۔

**hitch** *v. & n.* ف: ① گرہ لگانا، گانٹھ دینا یا کانٹے وغیرہ میں اٹکانا۔ ② کسی چیز کو جھٹکے سے سرکانا، جگہ سے ہٹانا۔ ③ بول چال: HITCH-HIKE چلتی سواریوں میں چڑی مانگ کر چلنا۔ اسم: ① روک، رکاوٹ، عارضی بندش۔ ② گرہ گانٹھ، پھندا۔ □ **get hitched** بول چال: شادی کے بندھن میں بندھنا۔

**hitch-hike** *v. & n.* چڑی مانگ مانگ کر راستہ طے کرنا۔ ● **hitchhiker** اسم: لفٹ لینے والا۔

**hi-tech** *n.* =HIGH TECH (اختصار)

**hither** *adv. & adj.* یہاں، ادھر، اس طرف۔

**hitherto** *adv.* اب تک، اس وقت تک۔

**hit list** *n.* بول چال: نشانہ بنائے جانے والے لوگوں کے نام، جنھیں تاک رکھا ہو۔

**HIV** تخفیف: human immunodeficiency virus ان دوسمّی نامیوں میں سے کوئی جو ایڈز کا مرض پیدا کرتے ہیں۔

**hive** *n.* ① شہد کی مکھی کا چھتّہ۔ ② (**hives**) جلدی سوزش کا مرض۔ □ **hive off** کسی بڑے گروہ سے کٹنا، الگ ہونا۔

**HMG** تخفیف: Her (or His) Majesty's Government ملک معظّم یا ملکۂ معظّمہ کی حکومت۔

**HMS** تخفیف: Her (or His) Majesty's Ship۔

**HMV** تخفیف: His Master's Voice۔

**Ho** عنصر holmium کی علامت۔

**hoard** *n. & v.* اسم: ① جمع شدہ مال۔ ② معلومات کا ذخیرہ۔ ف: ① رقم وغیرہ جوڑنا، جمع کرنا، اٹھا رکھنا۔ ② بچت کرنا، قلّت کے زمانے میں بچا لینا، ڈال رکھنا۔ ③ ذہن میں محفوظ رکھنا۔

**hoarding** *n.* عموماً لکڑی کے ڈھانچے پر جڑا ہوا اشتہاری تختہ۔

**hoarfrost** *n.* کھلے صاف موسم میں جاڑے میں نباتات وغیرہ پر جمنے والا پالا۔

**hoarse** *adj.* ① بیٹھی ہوئی (آواز) ② جس کا گلا بیٹھا ہوا ہو۔ ● **hoarsely** م ف **hoarseness** اسم۔

**hoary** *adj.* (**hoarier, hoariest**) ① پکے ہوئے سفید (بال) ② کہنہ، فرسودہ، گھسا پٹا (مذاق وغیرہ)

**hoax** *n. & v.* اسم: لطف کی خاطر دھوکا دینے کی حرکت،

hoaxer ● اسم۔ عملی مذاق۔ف: عملی مذاق، دل لگی کرنا۔

**hob** *n.* برقی طباخ چولہے پر برتن ٹکانے کی چپٹی سطح۔

**hobble** *v. & n.* ف:① لنگڑا کر چلنا، بولنے یا کسی کام کے کرنے میں ٹھٹکنا، اٹکنا۔② (گھوڑے کی) پچھاڑی باندھنا تا کہ کہیں چلا نہ جائے۔ اسم: ① غیر متوازن چال۔② گھوڑے کی ٹانگیں باندھنے کی رسّی وغیرہ۔

**hobby** *n.* (*pl.* -ies) تفریحی مشغلہ یا شوق۔

**hobby-horse** *n.* ① بچوں کی سواری کے لیے گھوڑے کے سر کی موٹھ والی چھڑی۔② بول چال: مرغوبِ مصروفیت یا دلچسپی کا موضوع کلام۔

**hobgoblin** *n.* چھلاوا، بھتنا، ہوّا۔

**hobnail** *n.* موٹے سر کی کیل جیسی بوٹ کے تلے میں ٹھونکی جاتی ہے، گل میخا۔

**hobnob** *v.* (**hobnobbed, hobnobbing**) گھلنا ملنا، بے تکلفانہ روابط رکھنا۔

**Hobson's choice** *n.* ایک ہی پیش کردہ چیز کو قبول کرنے یا نہ کرنے کا اختیار، جبری انتخاب۔

**hock** *n. & v.* ① چوپائے کی پچھلی پنڈلی۔② جرمنی کی سفید شراب۔ف، بول چال: گروی رکھنا۔

**hockey** *n.* ہاکی کا کھیل۔

**hocus-pocus** *n.* ① دھوکا، جل، فریب، جھانسا۔ ② شعبدہ بازوں، جادوگروں کا منتر۔

**hod** *n.* ① ایک V کی شکل کا کھلا ظرف جس میں اینٹیں، مسالہ وغیرہ بھر کر اس میں لگے ہوئے ڈنڈے کے سہارے اٹھاتے ہیں۔② کوئلوں کا دستی ٹھیلا۔

**hodgepodge** *n.* =HOTCHPOTCH۔

**Hodgkin's disease** *n.* لمفی نسیجوں کا مرض جس میں لمفی غدود پھول جاتے ہیں۔

**hoe** *n. & v.* اسم: لمبے دستے والا بیلچہ نما کھرپا جس سے جنگلی گھاس پھوس اکھاڑتے، نلائی کرتے ہیں۔ف: (**hoeing, hoed, hoes**)① نلائی کرنا، زمین گوڑنا۔ ② پھاوڑے، بیلچے یا کھرپے سے کھودنا یا اکھاڑنا۔

**hog** *n. & v.* اسم: ① گوشت کے لیے پالتو سؤر، خصوصاً نر، خصّی کیا ہوا۔② لالچی، ندیدہ آدمی۔ف: (**hogged, hogging**) بول چال: بدنیتی سے حاصل کرنا۔ □ **go the whole hog** بول چال: مکمل کام کرنا۔

**Hogmanay** *n.* اسکاچ: سالِ نو سے پچھلا دن۔

**hoick** *v.* بول چال: اٹھانا یا کھینچنا خصوصاً جھٹکے سے۔

**hoi polloi** *n.* عوام النّاس، عام لوگ، اکثریت۔

**hoist** *v. & n.* ف: اٹھانا، اوپر کھینچنا۔اسم: ① اٹھانے کا عمل۔② اوپر کھینچنے کی کل۔

**hoity-toity** *adj.* اکھڑ، بد دماغ، اتراہٹ بھرا۔

**hokum** *n.* بول چال: ① کہانی میں جذباتی، عامیانہ، سنسنی خیز یا خیالی منظر، مکالمے وغیرہ۔ ② گھٹیا، فضول بات۔

**hold** *v. & n.* ف: (**holding, held**) ① پکڑنا، گرفت میں لینا (خصوصاً ہاتھوں یا بازوؤں کی)، تھامنا، سنبھالنا، روکے، پکڑے رہنا، قبضے میں رکھنا۔② سمانا، کسی ظرف کا اپنے اندر بھرنا۔③ ملکیت میں رکھنا، پانا، حاصل کرنا، حامل ہونا۔④ جما رہنا، قائم رہنا۔⑤ منعقد کرنا (جلسہ، جشن بات چیت وغیرہ)⑥ کسی خاص حالت یا کیفیت میں رکھنا، حراست میں لینا، روکے رکھنا۔⑦ کسی کی توجہ بٹائے رکھنا۔اسم: ① قبضہ، گرفت۔② قبضہ، دستہ وغیرہ۔③ اثر، دباؤ۔④ کشتی وغیرہ کی پکڑ، حریف پر قابو۔ □ **hold on** ① ثابت قدم رہنا، مضبوطی سے تھامے رہنا۔② لمحہ بھر ٹھہرنا۔③ (ٹیلیفون) بند نہ کرنا۔ **hold out** ① آگے کرنا، بڑھانا۔② پیشکش کرنا۔ ③ مدافعت کیے جانا۔④ قائم، برقرار رہنا۔ **hold up** ① سنبھالنا، سہارنا۔② نمائش کرنا، دکھانا۔③ رفتار روکنا، بڑھنے نہ دینا۔④ بٹ ماری کرنا، لوٹنا۔ **hold with** بول چال: موافق، متفق ہونا۔ ● **holder** اسم۔

**holdall** *n.* بستر بند جس میں اور چیزیں بھی سما سکتی ہیں۔

**holding** *n.* اسم: ① پٹّے پر لی ہوئی زمین۔ ② (**holdings**) حصص، املاک وغیرہ جو قبضے میں ہو۔

**hold-up** ① دیر، تاخیر۔② ڈکیتی۔

**hole** *n. & v.* اسم: ① چھید، سوراخ، خلا، گڑھا، آرپار موکھا، نالی، رستہ۔② جانور کا بل یا بھٹ۔③ بول چال: معمولی سر چھپانے کی جگہ، کٹیا۔④ مخمصہ، ناگوار صورتِ حال۔ف: چھید، سوراخ کرنا۔ ● **holey** صف۔

**holiday** *n. & v.* اسم: ① تعطیلات۔② جشن، تہوار کا دن، جب کوئی کام نہ کرنا ہو۔ف: چھٹی منانا۔

**holism** *n.* (also **wholism**) علاج میں مرض کی

علامات کے علاوہ مریض کی کل شخصیت مع ماحول کونظر میں رکھنا۔● **holistic** صف۔

**hollow** *adj., n. & v.* صف: ① کھوکھلا، گڑھے دار، پچکا ہوا۔② بجھی ہوئی (آواز) جیسے کہ کھوکھلے برتن میں سے نکالی جائے۔③ بے اہمیت، بے معنی۔ اسم: ① خالی جگہ؛ گڑھا۔② وادی، طاسِ دریا۔ ف: کھوکھلا کرنا، کھودنا۔● **hollowly** م ف۔ **hollowness** اسم:

**holly** *n. (pl.* **-ies)** ایک سدا بہار جھاڑی، پتّے کانٹے دار، پھل سرخ بیر کی طرح، راج درخت۔

**holmium** *n.* ایک دھاتی عنصر (علامت:Ho)

**holocaust** *n.* قتل عام، زبردست یا کل تباہی۔

**hologram** *n.* سہ ابعادی عکسی تصویر۔

**holograph** *adj. & n.* صف: تمام تر مصنف کے ہاتھ کا لکھا ہوا مسوّدہ۔ اسم: خودنوشت دستاویز۔

**holography** *n.* سہ ابعادی تصاویر کا مطالعہ۔

**holster** *n.* چمڑے کا غلاف یا سان جس میں پستول یا ریوالور رکھ کر پیٹی یا زین کے ساتھ لٹکا لیتے ہیں۔

**holy** *adj.* **(holier, holiest)** ① مقدس، متبرک، برگزیدہ۔ ② خدارسیدہ، پہنچا ہوا۔ ③ باحرمت، اخلاقی یا روحانی طور پر بلند مرتبت۔● **holiness** اسم۔

**homage** *n.* اطاعت گزاری، تعظیم، احترام؛ خراج عقیدت، عقیدت کے اظہار کا عمل۔

**home** *n., adj., adv. & v.* اسم: ① گھر، ٹھکانا، جائے قیام، کسی گھرانے یا کنبے کا مستقل مسکن، مکان۔② مدد کے مستحقین، معذوروں وغیرہ کی نگہداشت کا ادارہ۔③ دوڑ کا نقطۂ اختتام۔ صف: ① کسی کے گھر سے متعلق، خانہ ساز، گھر کا بنا ہوا۔ ② کھیل: اپنے میدان میں کھیلا جانے والا۔ م ف: ① اپنے ملک یا وطن کو، یا کی طرف، گھر کو واپسی، گھر پر۔② نشانے پر، مطلوبہ جگہ پر۔ ف: ① (سدھائے ہوئے کبوتر کا) گھر واپس آنا۔② جہاز، گولے وغیرہ کا اپنی منزل یا نشانے کی طرف رخ کرنا۔● **homeless** صف: بے گھر۔ **homelessness** اسم۔

**homeland** *n.* وطن، جنم بھوم۔

**homely** *adj.* **(homelier, homeliest)** ① سادہ، معمولی، نمود و نمائش سے عاری۔② امریکا: سیدھا سادا، بے کشش (چہرہ مہرہ) ③ باآرام، گھر کا سا۔● **homeliness** اسم: سادگی، گھریلو پن۔

**homeopathy** امریکا: HOMOEOPATHY۔

**home page** *n.* کمپیوٹر: کسی فرد یا ادارے کی World Wide Web پر تعارفی دستاویز۔

**homesick** *adj.* گھر کے فراق میں مبتلا۔

**home truth** *n.* اپنی بابت سچی لیکن ناخوشگوار بات۔

**homeward** *adv. & adj.* م ف: گھر کی جانب۔ صف: گھر کی طرف جانے والا یا گھر کی سمت میں واقع۔● **homewards** م ف: گھر کی طرف۔

**homework** *n.* ① گھر پر کرنے کا کام جو طالب علم کو اسکول کی طرف سے دیا جائے۔② کسی موضوع پر ابتدائی کام یا ضروری تیاری۔

**homicide** *n.* انسان کے ہاتھوں انسان کا قتل۔
● **homicidal** صف: قاتلانہ۔

**homily** *n. (pl.***-ies)** وعظ، لمبی چوڑی ناصحانہ تقریر۔

**hominid** *n. & adj.* اسم: اعلیٰ حیوانوں کی بشرنما انواع (بشمول انسان) کا کوئی فرد یا ان کے مورث جن کے ڈھانچے ملتے ہیں۔ صف: اس نوع سے متعلق۔

**homoeopathy** *n.* **(***US.* **homeopathy)** علاج بالمثل، بیماری کا اسی بیماری سے علاج۔● **homoeopath** اسم۔ **homoeopathic** صف۔

**homogeneous** *adj.* ① ایک ہی جنس یا نوع کا، ہم جنس۔② صرف ایک ہی قسم کے اجزا کا حامل۔● **homogeneity** اسم: ہم رنگی، یکسانیت، یک جنسیت۔ **homogeneously** م ف: ہم نوعی طور پر۔

---

وضاحت: متبادل *homogenous* اکثر افراد کے نزدیک نادرست ہے، اسے استعمال نہ کرنا زیادہ بہتر ہے۔ تکنیکی اصطلاح *homogenous* معنی کے لحاظ سے قطعی مختلف ہے اور اب اس کی جگہ زیادہ تر *homogenetic* استعمال ہوتا ہے۔

---

**homogenetic** *adj.* ہم اصل، ہم زاد، ہم نژاد۔

**homogenize** *v.* (also **-ise**) (دودھ پر) ایسا عمل کرنا کہ چکنائی علاحدہ نہ ہونے پائے۔

**homograph** *n.* (also **homonym**) متجانس لفظ، ہم شکل مگر مختلف معنی رکھنے والے الفاظ میں سے کوئی (م: POLE[1] , POLE[2])

**homophobia** *n.* ہم جنس پرستی سے نفرت یا خوف۔● **homophobe** اسم: ہم جنسیت سے بیزار۔ **homophobic** صف۔

**homophone** *n.* وہ لفظ جو کسی دوسرے لفظ کا ہم صوت ہو، مگر ہم معنی یا ہم اصل نہ ہو (م: *pair, pear*)

**Homo sapiens** *n.* موجودہ نسلِ انسانی۔

**homosexual** *adj. & n.* صف: اپنی ہی جنس کے افراد سے جنسی یا شہوانی رغبت رکھنے والا۔ اسم: ہم جنس پرست۔● **homosexuality** اسم: ہم جنسی میلان۔

**hone** *v.* تیز کرنا، دھار رکھنا، سان رکھنا۔

**honest** *adj.* ① ایماندار، سیدھا، راست باز۔ ② دھوکے، چھل فریب سے دور، مخلص۔ ③ محنت سے یا جائز طور پر کمایا ہوا۔

**honestly** *adv.* ① ایمانداری، بھلے مانسی، شرافت سے۔ ② حقیقۃً، سچ مچ۔

**honesty** *n.* ① ایمانداری، نیکی۔ ② سچائی، کھراپن۔

**honey** *n.* (*pl.* **-eys**) ① شہد، عسل۔ ② بول چال: (طرزِ خطاب) جانِ من، دلبر۔

**honey bee** *n.* شہد کی مکھی۔

**honeycomb** *n.* ① اسم: شہد کا چھتا جو مہال کے بنائے ہوئے بہت سے شش پہلو خانوں پر مشتمل ہوتا ہے۔ ② شش پہلو خانوں کا نمونہ یا خاکہ۔

**honeydew** *n.* ① پتوں پر ایک مہین حشرے کے جسم سے خارج ہونے والا مادّہ، پت رس۔ ② خربوزے کی ایک قسم جس کا چھلکا زرد اور گودا سبز ہوتا ہے۔

**honeyed** *adj.* ① شہد کا بنا، شہد بھرا۔ ② میٹھا شیریں۔

**honeymoon** *n. & v.* ① نئے شادی شدہ جوڑے کے آرام و تفریح میں بسر ہونے والے ابتدائی دن، ماہ عسلی۔ ② ابتدائی شوق، ولولہ۔ ف: ماہ عسلی منانا۔

**honeysuckle** *n.* ایک چڑھنے والی بیل جس میں زرد اور گلابی خوشبودار پھول لگتے ہیں، زہرۃ العسل۔

**honk** *n. & v.* اسم: ① جنگلی بطخ کی آواز۔ ② سنکھ یا موٹر کے بھونپو میں سے نکلنے والی تیز آواز۔ ف: ہارن، قرنا، بھونپو بجانا یا بھونپو کی سی آواز نکالنا۔

**honor** امریکا: HONOUR کا متبادل۔

**honorarium** *n.* (*pl.* **honorariums** or **honoraria**) کسی خدمت کے عوض اظہارِ خوشنودی کے طور پر پیش کی جانے والی رقم، اعزازیہ۔

**honorary** *adj.* ① بطور قدر دانی یا عزت افزائی، اعزازی۔ ② بلا معاوضہ، بلا تنخواہ (منصب یا عہدہ دار)

**honour** *n. & v.* (*US* **honor**) اسم: ① عزت، شرف، وقار، اعتبار، ناموری، نیک نامی۔ ② اعلیٰ اقدار یا روایات کا پاس۔ ③ عالی ظرفی، وسیع القلبی۔ ف: ① احترام کرنا۔ ② اعزاز بخشنا۔ ③ واجب ہونے والا بل، ہنڈی یا چیک سکارنا، بھنانا۔ ④ ماننا، تسلیم کرنا۔

**honourable** *adj.* (*US* **honorable**) ① لائقِ احترام، باشرف، باوقار۔ ② بول چال: مستحسن، بخیر۔● **honourably** م ف: عزت و احترام سے۔

**honours degree** پاس سے اونچے معیار کی ڈگری۔

**hood** *n.* ① سر اور گلے کو ڈھکنے کا لباس، لبادے کے جزو کے طور پر یا علاحدہ۔ ② موٹر کار، بچہ گاڑی وغیرہ کی تہ ہو جانے والی چھتری۔ ③ امریکا: موٹر کار کے انجن کا ڈھکنا۔ ④ شامیانہ، چھولداری۔ ⑤ امریکا، بول چال: چوروں کے گروہ کا فرد، دھاڑی چور، بندوق باز۔

**hoodlum** *n.* بازاری شہدہ، چور لڑکا، اٹھائی گیرا۔

**hoodoo** *n.* ① نحوست، بدقسمتی، منحوس شخص یا شے۔ ② کالا جادو۔

**hoodwink** *v.* فریب دینا، بہکانا، دھوکے میں ڈالنا۔

**hoof** *n.* (*pl.* **hoofs** or **hooves**) گھوڑے، ہرن اور دوسرے سم دار جانوروں کا کھر۔

**hook** *n. & v.* اسم: ① قلّابہ، کانٹا جس میں کوئی چیز اٹکائی یا لٹکائی جائے آنکڑا، کنڈا، مچھلی پکڑنے کا کانٹا۔ ② درانتی۔ ③ مڑی ہوئی کہنی اور تنے ہوئے بازو کا جھولتا ہوا مکا۔ ف: ① ہک یا کانٹے یا کانٹوں سے پکڑنا، ان سے اٹکانا۔ ② کانٹے کی شکل میں موڑنا یا مڑ جانا۔ ③ پھانس لینا، گرفت میں لینا۔ **off the hook** □ ① بول چال: فارغ، آزاد، بری۔ ② اپنے ٹکیے سے ہٹا ہوا (فون)

**hookah** *n.* حقہ، گلی یا پیچوان۔

**hooked** *adj.* ① قلابہ نما، حلقہ دار، نکیلا۔ ② ٹک، کُنڈا یا کنڈے لگا ہوا۔ ③ بول چال: کسی نشے میں مبتلا۔

**hook-up** *n.* سلسلہ، رابطہ، خصوصاً کسی خاص موقع پر نشر گاہوں یا نشری آلات کا باہمی رابطہ۔

**hookworm** *n.* کوئی خیطی حشرہ جو اپنے قلابہ نما منہ سے انسانوں اور حیوانوں کا خون پی جاتا ہے۔

**hooligan** *n.* شر انگیز نوجوان، خصوصاً بدمعاشوں کی ٹولی کا کوئی لڑکا، شہدہ۔ ● **hooliganism** اسم۔

**hoop** *n.* دھات کی گول پتری یا لکڑی وغیرہ کی پٹّی، حلقہ یا گھیرا، کرد کے کے کھیل کی فولادی محراب۔

**hoopla** *n.* چھلّے نشانے پر پھینک کر انعام جیتنے کا کھیل۔

**hoopoe** *n.* ہدہد کی قبیل کا ایک گلابی رنگ کا پرندہ۔

**hooray** *int. & n.* =HURRAH۔

**hoot** *n. & v.* اسم: ① الّو کی چیخ۔ ② بھونپو، سیٹی کے ہارن کی آواز۔ ③ حقارت یا ناپسندیدگی کے اظہار کا آوازہ۔ ④ بول چال: قہقہہ، تمسخر انگیز بات۔ ف: اس قسم کی آوازیں نکالنا۔

**hooter** *n.* سائرن یا انجن کی سیٹی، موٹر کا ہارن۔

**Hoover** *n. & v.* اسم: تجارتی نام: ویکیوم کلینر، کوڑا پھنکی۔ ف: (hoover) قالین وغیرہ کو ویکیوم کلینر سے جھاڑنا، صاف کرنا۔

**hooves** HOOF کی جمع۔

**hop**[1] *v.& n.* ف: ① (**hopping، hopped**) (چڑیا، مینڈک وغیرہ کا) پنجوں پر اچھلنا، پُھدکنا۔ ② ایک ٹانگ پر کودنا۔ ③ بول چال: روا روی کا پھیرا لگانا، تیزی سے جگہ بدلنا۔ اسم: ① اچھل کود، زقند۔ ② مختصر سفر۔ □ **on the hop** بول چال: ① اچانک بے خبری میں۔ ② کام کاج، سٹر پٹر میں لگا ہوا۔

**hop**[2] *n.* پودا جس کے پھل یا آ کلے بیئر بنانے میں خاص تلخی پیدا کرنے کے لیے ڈالے جاتے ہیں۔

**hope** *n. & v.* اسم: ① توقع، امید جس میں آرزو یا خواہش شامل ہو۔ ② امید بندھانے والا شخص یا شے، امید کا سبب یا بنیاد۔ ③ متوقع شے۔ ف: ① پُرامید ہونا۔ ② توقع رکھنا، چاہنا، خواہش کرنا۔ ● **hopeful** صف۔

**hopefully** *adv.* ① اچھی توقع کے ساتھ۔ ② امید کی جاسکتی ہے کہ۔

---

وضاحت: *hopefully* معنی ۲ میں کثرت سے رائج مگر بعض کے نزدیک نادرست ہے۔

---

**hopeless** *adj.* ① ناامید۔ ② مایوس کن، گیا گزرا معاملہ۔ ③ خام، نااہل۔ ● **hopelessly** م ف۔ **hopelessness** اسم: ناامیدی، مایوسی۔

**hopper** *n.* ① کودنے، اچھلنے، پھلانگنے والا شخص۔ ② بے پیندے کا قیف نما خانہ، برتن۔

**hopscotch** *n.* فرش پر نشان ڈال کر ٹھیکری کو پیروں سے ٹھیلنے کا کھیل جو بچے کھیلتے ہیں، پہل دوج۔

**horde** *n.* گروہ، جتّھا، غول، دل، گلّہ، بھیڑ، ہجوم۔

**horizon** *n.* ① خطِ افق جہاں آسمان اور زمین ملتے دکھائی دیتے ہیں۔ ② ذہنی ادراک، تجربے، ذوق کی حد۔

**horizontal** *adj.* متوازی، افقی، افق کی سطح کے متوازی، افق پر واقع۔ ● **horizontally** م ف۔

**hormone** *n.* مادّہ جو کسی عضو میں پیدا ہوتا اور خون یا رطوبت کے ذریعے سرایت کر کے خلیوں کو فعّال بناتا ہے، ہارمون۔ ● **hormonal** صف۔

**horn** *n. & v.* اسم: ① سینگ، جو کُھر والے چوپایوں کے سر پر اگتے ہیں، سینگ کی ساخت جس میں بنیادی ہڈی پر سینگی غلاف چڑھا ہوتا ہے۔ ② بعض دوسرے جانوروں کے سینگ نما عضو۔ ③ موسیقی: ایک منہ سے پھونک کر بجانے والا ساز۔ ④ خبردار کرنے یا اشارہ دینے کے لیے زوردار آواز پیدا کرنے والا آلہ، سائرن، بھونپو۔ ● **horned** صف: سینگ لگا۔

**hornblende** *n.* ایک گہرے بھورے سیاہ یا سبز رنگ کی معدنی شے۔

**hornet** *n.* بڑی بھڑ، زنبور۔

**hornpipe** *n.* ① ایک تیز جوشیلا اکیلے کرنے کا رقص (جہازیوں سے منسوب) ② اس کے ساتھ کی موسیقی۔

**horn-rimmed** *n.* سینگ یا سینگ نما شے سے بنی شے (خصوصاً عینک)

**horny** *adj.* **(hornier, horniest)** ①سینگ کا یا سینگ جیسا۔②سینگ کی طرح سخت۔③بول چال: بھڑکی ہوئی شہوت کے عالم میں۔

**horology** *n.* وقت کی پیمائش یا گھڑیاں تیار کرنے کا فن یا اس کا مطالعہ۔● **horologist** اسم۔

**horoscope** *n.* ①زائچہ۔②جنم پتری۔

**horrendous** *adj.* ہولناک، دہشت ناک، خوف ناک۔● **horrendously** م ف۔

**horrible** *adj.* ①دہشت انگیز، مہیب، ہولناک۔② ناخوشگوار۔● **horribly** م ف: بھیانک انداز میں۔

**horrid** *adj.* خوفناک، سخت ناپسندیدہ، ناخوشگوار۔

**horrific** *adj.* خوفناک، ڈراؤنا، لرزہ انگیز۔
● **horrifically** م ف: خوفناک طور پر۔

**horrify** *v.* **(-ies, -ied)** ڈرانا، دہشت زدہ کرنا؛ ہراس، ہلچل پھیلانا۔

**horror** *n.* ①خوف اور بیزاری کی تکلیف دہ ملی جلی کیفیت۔②سخت ناگواری۔③دہشت خیز آدمی یا شے وغیرہ۔④بول چال: بدیا شریر آدمی۔

**hors d'oeuvre** (or **dervr**) *n.* کھانے سے پہلے پیش کی جانے والی اشتہاانگیز شے۔

**horse** *n.* & *v.* ① گھوڑا، سواری یا بوجھ ڈھونے کے لیے۔②پھلانگنے، جست لگانے کے لیے کھڑی کی گئی رکاوٹ۔③ کپڑے لٹکانے کا پایوں پر کھڑا ہوا لکڑی کا چوکھٹا۔□ **horse around** بول چال: بے کار پھرنا۔

**horseback** *n.* گھوڑے کی پیٹھ، نشست گاہ۔
□ **on horseback** گھوڑے پر سوار۔

**horsebox** *n.* گھوڑوں کی نقل وحرکت کے لیے بند گاڑی۔

**horse chestnut** *n.* درخت جس میں گلابی یا سرخ پھولوں کے کھڑے مخروطی گچھے یا چھڑیاں جڑی ہوتی ہیں، بن خور، پھل مزے میں کڑوا۔

**horsefly** *n.* (*pl.* **-flies**) ایک کاٹنے والا حشرہ، گھڑ مکھی، خرمگس۔

**horseman** *n.* (*pl.* **-men**) ① گھڑ سوار۔
② گھڑ سواری کا ماہر۔● **horsemanship** اسم۔

**horseplay** *n.* ہنگامہ خیز، ہلّڑ بازی کا ڈراما۔

**horsepower** *n.* (*pl.* same) قوت کی ایک اکائی، کسی انجن کی طاقت اس اکائی کی نسبت سے۔

**horseradish** *n.* رائی کی قسم کا پودا، اس کی تیز چرپری جڑ جو چاشنی کے طور پر استعمال ہوتی ہے۔

**horse sense** *n.* بول چال: عام سمجھ بوجھ۔

**horseshoe** *n.* ① گھوڑے کا نعل۔② گھڑ نعلی شکل کی شے۔

**horsewoman** *n.* (*pl.* **-women**) ① گھڑ سوار عورت۔②شہسواری کی ماہر۔

**horsy** *adj.* (also **horsey**) **(horsier, horsiest)** ① گھوڑے جیسا یا گھوڑے کا۔② گھوڑوں سے متعلق، گھوڑوں یا گھڑ دوڑ کا شائق۔

**horticulture** *n.* باغبانی کا فن، نخل بندی۔
● **horticultural** صف۔**horticulturist** اسم: پودے اگانے کا ماہر۔

**hose** *n.* & *v.* اسم:①(نیز **hosepipe**) پانی پہنچانے کی نرم لچکدار نلکی۔②جرابیں، موزے۔ ف: نلکی سے پانی دینا، چھڑکنا۔

**hosiery** *n.* موزے، بنیان وغیرہ۔

**hospice** *n.* بیماروں، محتاجوں کی اقامت گاہ۔

**hospitable** *adj.* مہمان نواز، مہمانوں کو خوش آمدید اور تواضع کرنے والا۔● **hospitably** م ف۔

**hospital** *n.* شفاخانہ، ہسپتال۔

**hospitality** *n.* مہمان نوازی، اجنبیوں اور مہمانوں کا دوستانہ، اور فیاضانہ استقبال اور تواضع۔

**hospitalize** *v.* (also **-ise**) مریض کو ہسپتال میں داخل کرانا یا کرنا۔● **hospitalization** اسم۔

**host** *n.* & *v.* اسم:①میزبان۔②سرائے کا مالک۔
③ کوئی پودا یا جانور جس پر کوئی طفیلی پل رہا ہو۔④ اشیا یا اشخاص کی بڑی تعداد، جم غفیر۔ ف: کسی شخص یا تقریب کا میزبان ہونا۔

**hostage** *n.* ①یرغمال، وہ شخص جو ضمانت کے طور پر رکھا جائے۔②ضمانت، کفالت۔

**hostel** *n.* طلبہ یا نرسوں وغیرہ کی اقامت گاہ۔

**hostess** *n.* خاتون میزبان۔

**hostile** *adj.* ①دشمن کا۔②مخالف، ناموافق۔

**hostility** *n.* (*pl.* -ies) ①عداوت، دشمنی، بیر۔ ②نزاع، جنگ۔③مخالفت، تضاد (خیالات وغیرہ میں) ④(hostilities) جنگی کارروائیاں۔

**hot** *adj.* ① گرم، مقابلتہ یا نمایاں طور پر زیادہ درجۂ حرارت والا۔ ② تپش کا احساس دلانے والا۔③ چرپرا، منہ میں جلن پیدا کرنے والا۔ ④ پُر جوش، سرگرم، مشتعل؛ مشتاق، تلا ہوا، آمادہ؛ برہم، آپے سے باہر، سراسیمہ؛ ہوس ناک، ہیجان خیز۔ ⑤ (خبر وغیرہ کے لیے) تازہ بتازہ۔□ **hot air** بول چال: کھوکھلی ڈینگیں، جوشیلی گفتگو۔ **hot button** امریکا: کوئی مسئلہ جو شدید جذبات ابھارے۔ **in hot water** مصیبت میں، پریشانی میں۔

**hotbed** *n.* شر فساد کی جگہ یا مفسدانہ ماحول۔

**hotchpotch** *n.* ملغوبہ، چوں چوں کا مربّہ۔

**hot dog** *n.* ایک طرح کے گول گول لپیٹے ہوئے قیمہ بھرے کلچے۔

**hotel** *n.* ہوٹل، فندق۔

**hotelier** *n.* ہوٹل چلانے والا۔

**hotfoot** *adv.* مارامار، جلدی جلدی۔

**hothead** *n.* گرم خو، تیز طرّار شخص۔ ● **hot headed** صف: جلد باز، اشتعال پذیر۔

**hothouse** *n.* ①پودوں کی پرورش گاہ، شیشے کا گھر جہاں پودوں کو موسم کی شدّت سے محفوظ رکھا جاتا ہے، تاب خانہ۔② تیز ترقی یا تربیت کے لیے سازگار جگہ۔

**hot line** *n.* ہنگامی ضرورت کے لیے براہِ راست رابطے کی لائین۔

**hotplate** *n.* گرم توا یا سپاٹ توے وغیرہ، کھانا پکانے یا کھانا گرم رکھنے کے لیے۔

**hotting** *n.* بول چال: چوری کی کار میں تفریحی سواری۔

**hoummos** HUMMUS کا متبادل۔

**hound** *n.* & *v.* اسم: ایک شکاری کتا، شکاری بو پانے میں تیز۔ف: کسی کے پیچھے پڑ جانا، دق کرنا۔

**hour** *n.* ① گھنٹہ، ایک ساعت یا ۶۰ منٹ کا عرصہ۔ ②دن کا کوئی خاص وقت۔③(hours) کسی کام کے لیے مختص کیا ہوا وقت۔

**hourglass** *n.* شیشۂ ساعت، ریت گھڑی۔

**houri** *n.* جنت کی حور؛ خوبصورت عورت۔

**hourly** *adj.* & *adv.* صف: ①ہر گھنٹے ہونے والا۔ ②باربار ہونے والا، مسلسل۔③ایک ایک گھنٹے کے حساب سے۔م ف: ① ہر گھنٹے۔② اکثر، برابر۔

**house** *n.* & *v.* اسم: ①مکان، گھر، رہنے کی جگہ۔② کسی خاص مقصد کے لیے مخصوص جگہ۔③جانوروں کا باڑا یا مال گودام۔④اقامتی درسگاہ میں اکٹھے رہنے والے طلبہ، ان کی اقامت گاہ۔⑤ کاروباری یا عام ادارہ، اس کا کاروباری ٹھکانا۔⑥ مجلس قانون ساز، اس کی عمارت یا جلسہ گاہ۔⑦ تھیٹر وغیرہ کے تماش بین۔ف: ①مکان مہیّا کرنا، بسانا، ٹھہرانا۔②(مال وغیرہ) بھروانا۔ ③(کسی شے، وغیرہ کو) خانے میں رکھنا، بند کرنا۔ □ **on the house** منتظمین کے خرچ پر یا ان کی طرف سے مفت۔

**house arrest** *n.* نظر بندی، گھر کے اندر قید۔

**houseboat** *n.* رہنے کے لیے ضروری سامان سے لیس کشتی۔

**housebound** *adj.* گھر میں محصور، بیماری وغیرہ کی صورت میں۔

**housebreaker** *n.* نقب زن، سیندھ لگا کے گھر میں آگھسنے والا چور۔● **housebreaking** اسم۔

**housecoat** *n.* گھر میں پہننے کا زنانہ لمبا کوٹ۔

**household** *n.* ① گھر کے رہنے والے۔② گھر اور گھریلو معاملات۔

**householder** *n.* ①مکان میں سکونت رکھنے والا مالک یا کرایہ دار۔② گھر کا مالک۔

**household word** *n.* (also **house hold name**) ①چلتا ہوا نام، زبان زد لفظ یا مقولہ۔②جانا بوجھا آدمی یا شے۔

**housekeeper** *n.* منتظم خانہ، مرد یا عورت جسے گھرداری کے لیے رکھا جائے۔

**housekeeping** *n.* ① گھریلو معاملات کا انتظام۔ ② گھرداری وغیرہ کا خرچ۔

**housemaster** *n.* (*fem.* **housemistress**) اقامتی مدرسوں میں اقامت گاہ کا منتظم شخص۔

**house-proud** *adj.* ہمہ وقت مکان کی دیکھ بھال اور سجاوٹ میں لگا ہوا۔

**house-trained** *adj.* گھر میں صفائی کے ساتھ رہنے کی تربیت پائے ہوئے (پالتو جانور)

**house-warming** *n.* گھر بھرائی، نئے گھر میں آمد کی خوشی میں دعوت۔

**housewife** *n.* (*pl.* **-wives**) گھر کی منتظمہ (عموماً بیوی) خاتون خانہ۔

**housework** *n.* گھر کی صفائی، کھانا پکانا وغیرہ۔

**housing** *n.* ① رہنے کی جگہ، قیام گاہ۔ ② مشین میں پرزوں کی مضبوط پوشش یا خانہ۔

**hove** HEAVE کا صیغۂ ماضی۔

**hovel** *n.* جھونپڑی، کٹھڑیا۔

**hover** *v.* & *n.* ① (پرندے، ہیلی کوپٹر وغیرہ کا) ہوا میں ایک ہی جگہ پر منڈلانا۔ ② نزدیک رہنا، پاس ہی انتظار کرنا۔

**hovercraft** *n.* گاڑی یا کشتی جو معلق ہو کر ہوائی گدّے پر چلتی ہے، معلق گاڑی۔

**how** *adv.* ① کیسے، کس طرح، کس طریقے سے۔ ② کس حالت میں۔ ③ کس قدر، کس حد تک، کتنا۔

**howdah** *n.* ہاتھی پر بیٹھنے کی نشست، ہودہ، عمّاری۔

**however** *adv.* ① جس طرح بھی ہو سکے، چاہے جس قدر بھی مضائقہ نہیں۔ ② تاہم، البتہ۔ ③ آخر کیونکر، کس طرح؟

**howitzer** *n.* نسبتۂ دھیمی رفتار سے اونچے نشانے پر گولہ پھینکنے والی چھوٹی توپ۔

**howl** *n.* & *v.* اسم: ① کتے کے زور سے بھونکنے یا بھیڑیے وغیرہ کی آواز، عف عف، عوعو، ہُوہُو۔ ② نالہ زاری، لمبی، کراہتی آواز۔ ف: ① بھونکنا، چیخنا، چلاّنا، رونی آواز نکالنا۔ ② زور سے نالہ وبکا کرنا۔

**howler** *n.* بول چال: فاش غلطی۔

**hoyden** *n.* قدیم: تیز طرار، کلّہ دراز لڑکی۔

**h.p.** تخفیف: horsepower؛ hire purchase۔

**HQ** تخفیف: headquarters صدر مقام، صدر دفتر۔

**hr.** اختصار: hour، وقت، گھنٹہ، ساعت۔

**HRH** تخفیف: Her or His Royal Highness شاہی خاندان کے افراد کا لقب۔

**hub** *n.* ① پہیے، چرخی وغیرہ کی ناہ، محور، مرکز، کیل جو دُھرے پر یا دھرے کے ساتھ گھومتی ہے۔ ② دلچسپی، عمل یا کارروائی کا مرکز۔

**hubbub** *n.* ① شور، غوغا۔ ② ہلچل، بلوا، فساد۔

**hubby** *n.* (*pl.* **-ies**) بول چال: شوہر، خاوند۔

**hubris** *n.* گھمنڈ، زعم۔

**huddle** *v.* & *n.* ف: آپس میں بھڑ نا، گھتنا، پاس پاس سمٹ آنا۔ اسم: بھیڑ، ہجوم، جمگھٹا لوگوں یا اشیا کا۔

**hue** *n.* رنگ، بنیادی، مخلوط، گہرا یا ہلکا۔ □ **hue and cry** چیخ پکار، شور فریاد، واویلا۔

**huff** *v.* & *n.* ف: ① دھونکنی دھونکنا، بھاپ چھوڑنا، فوں فاں کرنا۔ ② اکڑفوں دکھانا۔ ③ برا ماننا، بگڑنا۔ اسم: غصّہ، بدمزاجی۔ ● **huffily** م ف۔ **huffy** صف۔

**hug** *v.* & *n.* ف: ① (**hugging**، **hugged**) کولی میں بھرنا، محبت یا گرمجوشی کے ساتھ چھاتی سے لگانا۔ ② تقریباً بھڑ کر چلنا۔ ③ سختی سے جمے، چمٹے رہنا۔ اسم: ① بازوؤں کی گرفت۔ ② کشتی کی پکڑ۔

**huge** *adj.* ① بہت بڑا، لمبا چوڑا، بھاری بھرکم۔ ② عظیم، گراں۔ ● **hugely** م ف: غیر معمولی۔

**hula** *n.* پولی نیشیا کے جزائر کا ایک زنانہ رقص۔ □ **hula hoop** ایک چوڑی پٹی جسے ہولا رقص کی حرکات کے ساتھ ساتھ جسم کے گرد گھماتے جاتے ہیں۔

**hulk** *n.* ① پرانے جہاز کا ڈھانچا۔ ② لمبا تڑنگا، بدزیب آدمی یا شے۔

**hulking** *adj.* بول چال: لمبا چوڑا، بے ڈول۔

**hull** *n.* & *v.* اسم: ① کشتی، جہاز، ہوائی جہاز وغیرہ کا ڈھانچا۔ ② میوے پھلی وغیرہ کا چھلکا، غلّے کی بھوسی، چوکر یا اسٹابری کا ہرا کٹورا یا غلاف۔ ③ غلاف، ڈھکنا۔ ف: چھلکا اتارنا، چھیلنا (پھلی، پھل وغیرہ کا)

**hullabaloo** *n.* بول چال: غل غپاڑا، فریاد وفغاں۔

**hullo** HELLO کا متبادل۔

**hum** *v.* & *n.* ف: (**humming**، **hummed**) ① بھن بھن کی آواز کرنا۔ ② بند ہونٹوں سے گنگنانا۔ ③ بول چال: تیار، مستعد ہونا۔ اسم: گنگنانے کی آواز۔

**human** *adj.* & *n.* صف: ① انسانی جنس

سے تعلق رکھنے والا۔ ②انسانوں پر مشتمل۔ ③بشری، انسانی اوصاف رکھنے والا۔ اسم: آدمی، انسان۔ ● **humanly** م ف: انسانی قدرت یا کوشش سے۔

**humane** *adj.* ①مہربان، ہمدرد، نرم دل۔② کم آزار۔ ● **humanely** م ف: ہمدردانہ۔

**humanism** *n.* ①انسان دوستی، انسانوں کے مسائل، امور سے سروکار رکھنے والا نقطۂ نظر یا مکتبِ فکر۔ ② مشترک انسانی ضروریات پر زور دینے کا عقیدہ، حقوق انسانی کی حمایت، دوستی۔ ● **humanist** اسم: انسان دوست۔ **humanistic** صف۔

**humanitarian** *adj.* انسان دوست، انسانی فلاح بہبود چاہنے والا، رفاہِ عام کے کام کرنے اور اس کی ترغیب دینے والا۔ ● **humanitarianism** اسم: نظریۂ خیرخلق۔

**humanity** *n.* (*pl.* **-ies**) ①نسل یا نوعِ انسانی، جملہ انسان، انسانیت بحیثیت مجموعی۔② انسانی ہمدردی، مہرو مروّت، خیراندیشی۔ ③ **(humanities)** انسانی تہذیب، خصوصاً کلاسیکی ادب اور فلسفے کا مطالعہ۔

**humanize** *v.* (also **-ise**) ①انسان بنانا، انسانی خصوصیات پیدا کرنا۔②انسانی ہمدردی پیدا کرانا۔

**humankind** *n.* آدم زاد، انسان بحیثیت مجموعی۔

**human resources** *n. pl.* کسی ادارے کا وہ شعبہ جو انتظامیہ کی بہتری اور ملازمین کی تربیت و فلاح سے تعلق رکھتا ہے۔

**humble** *adj.* & *v.* صف: ①منکسر المزاج، عاجزی، خاکساری برتنے والا۔② کم حیثیت، کم رتبہ۔③ معمولی، حقیر، کم مقدار (شے) ف: ① تحقیر، تذلیل کرنا۔②رتبہ، حیثیت گھٹانا۔ ● **humbly** م ف: ادب سے۔

**humbug** *n.* ① جھوٹی، بے اصل بات، ناقابلِ اعتبار، رویّہ۔②بناوٹی، فریب کار شخص۔ ③ ایک سخت مٹھائی جس میں عموماً پودینے کا ست شامل ہوتا ہے۔

**humdrum** *adj.* عامیانہ، بے لطف، بے مزہ۔

**humerus** *n.* (*pl.* **humeri**) بانہہ کی ہڈی۔ ● **humeral** صف۔

**humid** *adj.* گرم اور مرطوب (ہوا یا موسم) ● **humidity** اسم: رطوبت، نمی۔

**humidify** *v.* **(-ies,-ied)** (ہوا، فضا وغیرہ کو) نم اور گرم رکھنا۔ ● **humidifier** اسم۔

**humiliate** *v.* ذلیل خفیف کرنا، عزت اتارنا۔ ● **humiliation** اسم: تذلیل، تحقیر، اہانت۔

**humility** *n.* عاجزی، انکسار، خاکساری، کسرنفسی۔

**hummock** *n.* پہاڑی یا ٹیلا۔

**hummus** *n.* (also **hoummos**) پسے ہوئے مصری چنے اور تلوں کے تیل سے نیبو اور لہسن ڈال کر تیار کردہ ایک طرح کا چپڑ کر کھانے کا گاڑھا مسالہ۔

**humour** *n.* & *v.* (*US* **humor**) اسم: ①مزاح، شگفتگی، ادب، تقریر وغیرہ میں ظرافت کا رنگ۔②حسِ مزاح، مذاق یا لطیفے سے لطف لینے کی صلاحیت، شگفتہ طبعی، خوش مزاجی۔③ کیفیتِ مزاج، طبیعت کا عالم۔ ف: کسی کے مزاج یا مذاق کے موافق بات یا عمل کرنا، خوش کرنا۔ ● **humorous** صف: مذاحیہ، ہنسی کا، مزاقیہ۔

**hump** *n.* & *v.* اسم: ①اونٹ وغیرہ کا کوہان؛ انسان کی پیٹھ میں نکل آنے والا کُب۔②زمینی ٹیلا۔ ف: ① بول چال: دہرا ہو کر مشکل سے چلنا، اپنا بوجھ اٹھانا یا کاندھے پر لادنا۔② کسی چیز کو کوہان کی شکل دینا، بیچ سے ابھارنا۔

**humpback** *n.* ① کبڑا آدمی۔②وہیل جس کی ایک ہڈی پشت پر کُب کی صورت میں ابھری ہوتی ہے۔

**humpback bridge** *n.* بیچ سے ابھرا ہوا چھوٹا پل۔

**humus** *n.* مٹی کا زرخیز عنصر، کھاد جو عموماً گلے سڑے پودوں پتّوں پر زمینی جراثیم کے عمل سے تیار ہوتی ہے۔

**hunch** *v.* & *n.* ف: ① کوہان کی صورت میں موڑنا۔②دھکیل کر کوہان کی صورت میں ابھارنا۔ اسم: ① اچانک سوجھنے والی بات، اندازہ، احساس۔ ② کُب۔

**hunchback** *n.* کبڑا شخص=HUMPBACK۔

وضاحت: *hunchback* کی اصطلاح اکثر تحقیر آمیز سمجھی جاتی ہے۔

**hundred** *n.* ①عدد سو، صد۔②اس کی علامت (C،c،100)۔ ● **hundredth** صف و اسم: سوواں۔

**hundredfold** *adj.* & *adv.* سوگنا۔

**hundredweight** *n.* ① ۱۱۲ پونڈ کے برابر وزن کا پیمانہ (تقریباً ۸ء ۵۰ ک گ) ② (**metric hundredweight**) ۵۰ ک گ کے برابر وزن یا امریکا: ۱۰۰ پونڈ کے برابر وزن کا پیمانہ (تقریباً ۴ء ۴۵ ک گ)

**hung** *adj.* HANG کا ماضی وماضیہ۔ صف: (پارلیمنٹ، کونسل وغیرہ) جہاں کسی پارٹی کو اکثریت حاصل نہ ہو۔

**Hungarian** *n. & adj.* اسم: ① ہنگری کا باشندہ یا رہنے والا، ہنگری نژاد۔ ② ہنگری کی فنی اُگری زبان۔ صف: ہنگری یا ہنگری والوں سے متعلق۔

**hunger** *n. & v.* اسم: ① بھوک، اشتہا۔ ② شدید خواہش، چاہ۔ ف: بھوک محسوس کرنا۔

**hunger strike** *n.* بھوک ہڑتال۔

**hung-over** *adj.* بول چال: شراب کے نشے کے خمار کی کیفیت میں مبتلا۔

**hungry** *adj.* (**hungrier**, **hungriest**) ① بھوکا۔ ② بھوک لگانے والا، اشتہا انگیز۔ ③ آرزو مند، مشتاق۔ ● **hungrily** م ف: حریصانہ۔

**hunk** *n.* ① بڑا ٹکڑا، پارچہ۔ ② بول چال: لمبا تڑنگا جنسی طور پر پُرکشش مرد۔

**hunt** *v. & n.* ف: ① شکار کرنا یا کھیلنا تفریحاً یا شوقیہ، (جانور کا) شکار کے پیچھے دوڑنا۔ ② تلاش کرنا، ڈھونڈنا۔ ③ (انجن وغیرہ کا) غیر یکساں رفتار سے چلنا۔ اسم: ① شکار کا مشغلہ۔ ② شکار کے لیے جانے والا گروہ۔

**hunter** *n.* ① شکاری آدمی یا جانور، شکار میں سواری کا گھوڑا۔ ② کسی شے کا جویا، متلاشی آدمی۔

**hurdle** *n.* ① دوڑ کے مقابلوں میں کھڑی کی جانے والی ہلکی رکاوٹوں میں سے کوئی۔ ② رکاوٹ، سدّ راہ یا دشواری۔ ● **hurdler** اسم۔

**hurl** *v.* زور سے پھینکنا، اچھالنا، پھینک کے مارنا۔

**hurly-burly** *n.* ہلچل، غل غپاڑا، گہما گہمی۔

**hurrah** *int. & n.* (also **hurray**) خوشی اور پسندیدگی کا نعرہ، مرحبا، آفریں۔

**hurricane** *n.* بارش کا طوفان اور جھکڑ۔

**hurricane lamp** *n.* تیز ہوا میں نہ بجھنے والی لالٹین۔

**hurried** *adj.* جلدی کا، جلد بازی میں کیا ہوا۔ ● **hurriedly** م ف: جلدی جلدی، عجلت سے۔

**hurry** *n. & v.* اسم: بڑی عجلت، بہت جلدی، تیزی۔ ف: (**-ies**، **-ied**) ① بہت یا ضرورت سے زیادہ سرعت یا تیزی سے حرکت یا عمل کرنا۔ ② تیزی سے عمل کرانا۔

**hurt** *v. & n.* (**hurting**، **hurt**، **hurt**) ف: ① آزار دینا، تکلیف پہنچانا، چوٹ لگانا۔ ② ذہنی صدمہ پہنچانا، چھیڑنا۔ ③ دُکھنا، درد محسوس کرنا، تکلیف میں ہونا۔ اسم: ① جسمانی یا ذہنی آزار۔ ② نقصان، زیادتی، زبردستی۔

**hurtful** *adj.* تکلیف دہ، خصوصاً ذہنی طور پر۔

**hurtle** *v.* ① سرپٹ، تیزی یا زور شور سے جانا، بڑھنا یا پھینکنا، لڑھکانا۔ ② دھاکے سے گرنا، آپڑنا۔

**husband** *n. & v.* اسم: خاوند، میاں، شوہر۔ ف: کفایت کے ساتھ چلانا، سوجھ بوجھ سے خرچ کرنا۔

**husbandry** *n.* ① کاشتکاری۔ ② وسائل سے سوجھ بوجھ کے ساتھ کام لینا، خوش انتظامی۔

**hush** *v. & n.* ف: چپ ہو جانا یا کرانا۔ اسم: خاموشی، سکوت۔ □ **hush up** (کسی معاملے کو) دبا دینا، آشکار نہ ہونے دینا۔

**husk** *n. & v.* اسم: غلّے یا میوے کا چھلکا، پوست، بھوسی، چوکر۔ ف: چھلکا اتارنا، چھیلنا، چھڑنا۔

**husky** *adj & n.* صف: (**huskier**، **huskiest**) ① خشک گلا یا خشک گلے سے نکلنے والی بیٹھی ہوئی (آواز) ② مضبوط، ٹانٹا، ہٹا کٹا۔ اسم: قطب شمالی کے علاقے کے مضبوط، برف گاڑی کھینچنے والے کتوں کی نسل۔ ● **huskily** م ف۔ **huskiness** اسم۔

**hustle** *v. & n.* ف: ① دھکیلنا، دھکا دینا، ٹھیلنا، زبردستی گھس پڑنا، ریلنا، پیلنا۔ ② دباؤ ڈالنا، دھینگا دھینگی کرنا۔ اسم: ① دھکا پیل۔ ② بول چال: چھل، فریب۔

**hut** *n.* جھونپڑی، جھگی، کٹیا۔

**hutch** *n.* خرگوشوں کے لیے پنجرا۔

**hyacinth** *n.* سنبل کی قسم کا ایک پودا جس میں گھنٹی نما خوشبودار پھول آتے ہیں۔

**hyaena** HYENA کا متبادل۔

**hybrid** *n. & adj.* اسم: ① دوغلا پودا یا حیوان۔ ②

مختلف تہذیبی یا نسلی نژادوں سے تعلق رکھنے والا آدمی۔ ②انمل، بے جوڑا جزا کا مجموعہ۔ صف: دوغلا، دونسلا۔

**hybridize** *v.* (also **-ise**) ①دوغلانا، پیوندکاری کرنا۔② دوغلے بچے پیدا کرنا۔● **hybridism** اسم: دوغلیت۔ **hybridization** اسم: دونسلوں کا ملاپ۔

**hydrant** *n.* پانی کا بمبا خصوصاً وہ جو گلیوں میں لگا ہوتا ہے اور اس کی ٹونٹی میں نلکی لگا کر پانی لے سکتے ہیں۔

**hydrate** *n.* آبیدہ یا آب آمیز کیمیائی مرکب۔

**hydraulic** *adj. & n.* ①دباؤ ڈال کر نلکیوں کے ذریعے پہنچایا جانے والا (پانی، تیل وغیرہ)②پانی کے نیچے رہ کر سخت ہو جانے والا۔ اسم:(**hydraulics**) مائعات کو نلکیوں کے ذریعے لے جانے کا نظام۔● **hydraulically** م ف۔

**hydride** *n.* ہائڈروجن اور کسی عنصر کا مرکب۔

**hydrocarbon** *n.* ہائڈروجن اور کاربن کا مرکب۔

**hydrochloric acid** *n.* ہائڈروکلورک ترشہ، ہائڈروجن کلورائڈ، ایک بے رنگ گیس اور پانی کا محلول۔

**hydrodynamics** *adj.* مائعات کی حرکی قوت سے متعلق۔

**hydroelectric** *adj.* پانی کے زور سے بجلی پیدا کرنے والا، برقابی۔

**hydrofoil** *n.* ایک کشتی جسے رفتار بڑھانے کے لیے پانی کی سطح سے اونچا کیا جا سکتا ہے۔

**hydrogen** *n.* ایک بے رنگ بے مزا، بے بو گیسی عنصر، عناصر میں سب سے ہلکا (علامت H)

**hydrogen bomb** *n.* نہایت طاقتور بم جو کہ ہائڈروجن ایٹم کے مرکزے کے دھماکا خیز انشقاق سے طاقت خارج کرتا ہے۔

**hydrolyse** *v.* آب پاشیدگی کے عمل سے گزرنا یا گزارنا۔● **hydrolysis** اسم۔ **hydrolytic** صف۔

**hydrometer** *n.* مائعات کی کثافت دریافت کرنے کا پیمانہ، مقیاس الما۔

**hydrophobia** *n.* پانی کا غیر معمولی خوف، آب ترسی، خصوصاً سگ گزیدگی کی علامت۔

**hydroponics** *n.* بغیر مٹی اور کھاد کے ریت، کنکر اور پانی میں پودے اُگانے کا طریقہ۔

**hydrostatic** *adj.* مائعات کے توازن نیز اس دباؤ سے متعلق جو کوئی مائع سکونی حالت میں ڈالتا ہے۔

**hydrotherapy** *n.* امراض کے علاج کے لیے پانی کا استعمال، عموماً تالاب میں تیرنے کی ورزشیں۔

**hydrous** *adj.* پانی بھرا، سیراب یا آب آمیز۔

**hyena** *n.* (also **hyaena**) لگڑبگا یا چرخ جو ایک گوشت خور چوپایہ ہے، جس کے پچھلے پیر اگلے پیروں سے چھوٹے ہوتے ہیں۔

**hygiene** *n.* حفظانِ صحت کا علم، اچھی صحت کے لیے ضروری ضابطے اور قرینے۔● **hygienic** صف: حفظانِ صحت کے مطابق۔ **hygienically** م ف۔

**hymen** *n.* پردۂ بکارت، ایک جھلی جو فم فرج کو پیدائشی طور پر ڈھکے رہتی ہے۔

**hymn** *n.* حمد، مناجات وغیرہ۔

**hype** *v.* بول چال: کسی (تجارتی) شے کو ضرورت سے زیادہ بڑھاوا دینا، مبالغے کے ساتھ تشہیر کرنا۔

**hyper-** *pref.* بطور سابقہ بمعنی: ①ماورا، مابعد، مافوق۔ ②شدید، بیش۔

**hyperactive** *adj.* نہایت چلبلا، بہت فعّال۔● **hyperactivity** اسم: بیش فعالیت۔

**hyperbola** *n.* (*pl.* **hyperbolas** or **hyperbolae**) دو مساوی شاخوں کے خط مستوی کا خم جو اس صورت میں بنتا ہے کہ کوئی مخروطہ کسی ایسے خط مستوی سے قطع ہو جو مخروطے کے ضلعوں کی نسبت قعدے کے ساتھ زیادہ بڑا زاویہ بنائے، قطعۂ زائد۔

**hyperbole** *n.* مبالغہ برائے لطف بیان۔

**hyperglycaemia** *n.* (*US* **hyperglycemia**) خون میں گلوکوز یا شکر کی زیادتی۔

**hypermarket** *n.* بہت بڑا خرید و فروخت کا مرکز۔

**hypersonic** *adj.* آواز کی رفتار سے پانچ گنی زیادہ رفتاروں کے متعلق۔

**hypertension** *n.* ①خون کا غیر معمولی دباؤ، بڑھا ہوا فشارِ خون۔②بیش جذباتی تناؤ کی کیفیت۔

**hyperventilation** *n.* سانس کی غیر معمولی

تیزی۔

**hyphen** *n.* اسم: علامت املا (-) جو الفاظ میں معنوی یا قواعدی ربط ظاہر کرنے کے لیے استعمال ہوتی ہے (*fruit-tree*، *pick-me-up*، *rock-forming*) یا سطر کے آخر میں لفظ کے ٹوٹنے کی علامت کے طور پر۔

**hyphenate** *v.* ہائفن سے ملانا یا الگ کرنا۔ ● **hyphenation** اسم: اتصال۔

**hypnosis** *n.* نیند کی سی غفلت جس میں معمول بیرونی ایما یا ترغیب پر عمل کرتا ہے۔ ● **hypnotic** صف: تنویمی؛ ہپناٹزم کے بارے میں۔ **hypnotically** م ف۔

**hypnotism** *n.* تنویمیات، خواب آوری کے عمل کا مطالعہ۔ ● **hypnotist** اسم: ماہرِ تنویم یا تنویمیات۔

**hypnotize** *v.*(also **-ise**) ① کسی پر عملِ تنویم کرنا۔ ② لبھانا، پرچانا، ذہن پر اثر انداز ہونا۔

**hypo-** *pref.* سابقہ: ① تحتی، تحت، زیر۔ ② معمول سے کم۔ ③ خفیف طور پر۔

**hypo-allergenic** *adj.* بغیر الرجی ردِّعمل والی۔

**hypochondria** *n.* اپنی صحت کی بابت حد سے بڑھی ہوئی تشویش، مراق۔ ● **hypochondriac** اسم۔

**hypocrisy** *n.* (*pl.*-**ies**) ریا کاری، مکاری، بناوٹی تقوٰی۔

**hypocrite** *n.* ریا کار، منافق، مکار، فریبی۔ ● **hypocritical** صف۔ **hypocritically** م ف۔

**hypodermic** *adj. & n.* صف: ① جلد سے نیچے کی تہ سے متعلق۔ ② دوا وغیرہ جو جلد کے نیچے پچکاری سے پہنچائی جائے، اس کے لیے استعمال ہونے والی (سوئی پچکاری وغیرہ) اسم: تحت جلدی پچکاری یا سوئی۔

**hypotension** *n.* فشارِ خون میں غیر معمولی کمی۔

**hypotenuse** *n.* مثلث قائم الزاویہ کا زاویۂ قائمہ کے سامنے کا ضلع، وتر، پیش قائمہ۔

**hypothermia** *n.* حرارت جسمانی کے غیر معمولی طور پر کم ہو جانے کا عمل۔

**hypothesis** *n.* (*pl.* **hypotheses**) مفروضہ جو استدلال یا تحقیق کی خاطر اختیار کیا جائے۔

**hypothetical** *adj.* ① مفروضہ، قیاسی، قیاس پر مبنی۔ ② مشتبہ، غیر محکم، فرضی نہ کہ اصلی یا حقیقی بات۔ ● **hypothetically** م ف: فرضاً، قیاساً۔

**hysterectomy** *n.* (*pl.* **-ies**) عمل جراحی کے ذریعے رحم کا نکال دینا، رحم برآری۔

**hysteria** *n.* شدید جذباتی ہیجان۔

**hysterical** *adj.* ① ہسٹیریا کا مریض۔ ② مریضانہ طور پر جذباتی۔ ● **hysterically** م ف۔

**hysterics** *n. pl.* ① جذباتی ہیجان کا دورہ۔ ② بول چال: بے تحاشا ہنسی، قہقہہ۔

**Hz** hertz (رک) کا مخفف۔

# I i

**I** *pron.* (*obj.***me**; *poss.* **my**, **mine**; *pl.* **we**) ضمیر متکلم: میں۔

**I** آیوڈین کی علامت۔

**iambic** *adj. & n.* عروض، صف: آئمبس کا صیغہ، صفت۔ اسم: آئمبک بحر۔

**iambus** *n.* عروض: رکن بحر جس میں ایک چھوٹے (یا بلا نبرہ) جز کے بعد ایک طویل (یا نبرہ دار) جز آتا ہے۔

**IATA** International Air Transport Association کی تخفیف۔

**Iberian** *adj.* قدیم جزیرہ نمائے آئبیریا سے منسوب، جس میں اب اسپین اور پرتگال شامل ہیں۔

**ibex** *n.* (*pl.* **ibexes**) جنگلی بکرا خصوصاً پہاڑی۔

**ibid** (also **ib**) تخفیف: اسی کتاب یا متن وغیرہ میں۔

**ICBM** intercontinental ballistic missile کی تخفیف۔

**ice** *n. & v.* اسم: ① برف، منجمد پانی۔ ② آئسکریم۔ ③ بول چال: ہیرے۔ ف: برف میں لگانا، ٹھنڈا کرنا۔

□ **break the ice** جھجک ختم کرنا، گفتگو شروع کرنا۔ **ice age** برفانی دور۔ **ice over** برف سے ڈھانپنا یا ڈھک جانا۔ □ **ice up** برف سے ڈھانپا ہوا۔

**iceberg** *n.* برفانی تودہ جو سمندر میں بہہ آئے۔

**icebox** *n.* ① ریفریجریٹر کا برف والا خانہ۔ ② امریکا: ریفریجریٹر۔

**ice cream** *n.* ملائی برف کی طرح ذائقہ دار غذا۔

**Icelandic** *adj. & n.* صف: آئس لینڈ کا یا وہاں سے تعلق رکھنے والا۔ اسم: آئس لینڈ کی زبان۔ ● **Icelander** اسم: آئس لینڈ کا باشندہ۔

**ichthyology** *n.* مچھلیوں کا مطالعہ۔

**icicle** *n.* پانی کے ٹپکتے ہوئے منجمد قطرے یا دھار جو لٹکی ہوئی قلم کی صورت نظر آئے۔

**icing** *n.* کیک یا بسکٹ پر شکر کی تہ۔

**icon** *n.* (also **ikon**) ① لکڑی وغیرہ پر عقیدت کے طور پر بنائی ہوئی کسی مقدس شخصیت کی شبیہہ۔ ② بت، مجسمہ۔ ③ کمپیوٹر: پردے پر کسی پروگرام کی تحریری شناختی علامت یا نشان۔

**iconoclast** *n.* ① بت شکن۔ ② روایت شکن، مانے ہوئے عقائد کا باغی۔ ● **iconoclasm** اسم: بت شکنی، روایت شکنی۔ **iconoclastic** صف: بت شکنانہ۔

**icy** *adj.* **(icier, iciest)** ① بہت ٹھنڈا۔ ② برف سے ڈھکا ہوا، برف آلود، برفانی، برفیلا۔ ③ رُوکھا، غیر دوستانہ (رویّہ، لہجہ) ● **icily** م ف۔ **iciness** اسم۔

**ID** identification, identity کی تخفیف۔

**idea** *n.* ① ذہن میں قائم منصوبہ یا تصوّر۔ ② ذہنی تأثر، گمان۔ ③ نقشہ، خاکہ جو حقیقت بننے سے پہلے موجود ہو۔

**ideal** *adj. & n.* صف: ① بہترین تصوّرات کے مطابق مثالی، معیاری، کامل، اعلیٰ ترین۔ ② فکرانگیز۔ اسم: ① مثالی نمونہ یا اس کا ذہنی نقشہ۔ ② لائق تقلید یا نقل کے قابل مثال۔ ● **ideally** م ف: مثالی طور پر۔

**idealist** *n.* اعلیٰ تصّورات کا حامل۔ ● **idealism** اسم: مثالیت، تصوّریت۔ **idealistic** صف۔

**idealize** *v.* (also **-ise**) ① کسی شخص یا شے کو مثالی دکھانا۔ ② اعلیٰ ترین یا مثالی خیال کرنا یا قرار دینا۔

**identical** *adj.* بالکل مماثل یا ایک جیسی، بالکل جیسی کہ تھی۔ ● **identically** م ف: بعینہٖ، بمطابق۔

**identification** *n.* ① شناخت، پہچان۔ ② کسی فرد کو شناخت کرنے کا طریقہ یا عمل۔

**identify** *v.* **(-ies, -ied)** ① پہچاننا، شناخت کرنا۔ ② طے کرنا، قرار دینا، تجزیے یا سوچ بچار کے ذریعے معلوم کرنا، تاڑنا۔ ③ (کسی شخص کو یا خود کو) (کسی پارٹی، پالسی وغیرہ کے ساتھ) وابستہ باور کرنا۔

**identikit** *n.* خدوخال کی مختلف تصویریں جن کو ساتھ رکھ کر شخص کی شباہت معلوم کی جائے۔

**identity** *n.* (*pl.* **-ies**) ① شناخت، پہچان، کسی شخص یا شے کی انفرادیت، مخصوص یا منفرد شخصیت، وہی ہونا۔ ② خصوصیات وغیرہ کے لحاظ سے ایک ہونا۔

**ideogram** *n.* علامت یا تصویر جو کسی خیال کی ترجمان ہو جیسے اعداد یا اکثر چینی زبان کی تحریری علامات، تصویری رسم الخط۔

**ideology** *n.* (*pl.* **-ies**) ① کسی معاشی یا سیاسی نظریے کا بنیادی تصوّر یا مطمح نظر؛ نظام۔ ② کسی جماعت یا فرد کا اندازِ فکر۔ ● **ideological** صف: فکریاتی۔

**idiocy** *n.* (*pl.* **-ies**) انتہائی حماقت۔

**idiom** *n.* محاورہ، کسی زبان کے ایسے مخصوص الفاظ جن کا مفہوم لغوی مفہوم سے مختلف یا متجاوز ہو۔

**idiomatic** *adj.* بامحاورہ۔ ● **idiomatically** صف۔

**idiosyncrasy** *n.* (*pl.* **-ies**) انفرادی مزاج، مخصوص مزاج، کسی فرد کا خصوصی طرزِ عمل، طرزِ فکر یا حسّیت۔ ● **idiosyncratic** صف: بت شکنانہ۔

**idiot** *n.* نرا احمق، بالکل بے عقل، مخبوط الحواس۔ ● **idiotic** صف: احمقانہ۔ **idiotically** م ف۔

**idle** *adj. & v.* صف: ① کاہل الوجود، نکمّا۔ ② ناکارہ، متروک، بے کار، غیر مستعمل، معطل۔ ③ خالی، بلامصروفیت فارغ (وقت) ف: ① محض چالو، غیر فعّال ہونا (انجن کا) ② بے کار، بے عمل، سُستی میں مبتلا ہونا۔ ③ وقت گزاری کرنا۔ ● **idleness** اسم۔ **idler** اسم۔ **idly** م ف۔

**idol** *n.* ① عبادت کے لیے بنایا ہوا بُت، دیوتا، باطل معبود۔ ② نہایت مقبول شخص یا شے۔

**idolatry** *n.* بُت پرستی۔ ● **idolater** اسم: بت پرست۔ **idolatrous** صف: بُت پرستانہ۔

**idolize** *v.*(also **-ise**) شدّت سے چاہنا یا ماننا، عقیدت مند ہونا۔

**idyll** *n.* ① نظم یا نثر میں منظر کشی۔ ② کوئی واقعہ جو اس طرح کے رُومانی ادب پارے کے لیے موزوں ہو، خصوصاً عشقیہ کہانی۔ ● **idyllic** صف۔ **idyllically** م ف۔

**i.e.** یعنی (that is to say) کی تخفیف۔

**if** *conj. & n.* عطف: ① اگر، بالفرض، اس صورت میں کہ؛ اس شرط پر، اس صورت میں، اگر ایسا ہوا ہوتا۔ ② اگر چہ، چاہے، خواہ۔ ③ جب کبھی۔ ④ شاید کہ۔ ⑤ کنایۃً: شاید کہ نہیں۔ ⑥ گو کہ، اگر چہ۔ اسم: شرط، لوازم۔

**iffy** *adj.* **(iffier, iffiest)** بول چال: غیر یقینی، مشتبہ۔

**igloo** *n.* اسکیمو قوم کی گنبد نُما برف سے بنی جھونپڑی۔

**igneous** *adj.* ① آگ کا، آتشیں۔ ② آتش فشانی یا مقناطیسی عمل سے وجود میں آنے والا (پہاڑی، چٹان)

**ignite** *v.* ① پھونکنا، جلانا۔ ② آگ پکڑنا، جل اُٹھنا۔

**ignition** *n.* اندرونی احتراق والے انجن میں سلنڈر کے اندر محلول کو بھڑکانے کا عمل۔

**ignoble** *adj.* ① شرم ناک، قابلِ مذمّت، کمینہ۔ ② کم ذات، نیچ، حقیر؛ بدنام۔ ● **ignobly** م ف۔

**ignominious** *adj.* ① ذلّت آمیز۔ ② باعث رسوائی۔ ● **ignominiously** م ف: شرمناک طور پر۔

**ignominy** *n.* بے آبروئی، ذلّت۔

**ignoramus** *n.* (*pl.* **ignoramuses**) جاہل آدمی، اَن پڑھ۔

**ignorance** *n.* کسی شے کی بابت عدم واقفیت۔

**ignorant** *adj.* ① جاہل، بے علم، کسی شے کی بابت بے خبر، ناواقف۔ ② بول چال: کندۂ ناتراش، اُجڈ۔ ● **ignorantly** م ف: جہالت سے۔

**ignore** *v.* ① نظر انداز کرنا۔ ② بے توجہی برتنا۔

**iguana** *n.* امریکا، غرب الہند اور بحرالکاہل کے جزائر میں پائی جانے والی گوہ۔

**ikon** ICON کا متبادل۔

**ileum** *n.* چھوٹی آنت کا تیسرا اور آخری حصّہ، لفائفہ۔

**ilk** *n.* □ **of that ilk** اسی مقام وغیرہ کا یا اسی قسم کا۔

**ill** *adj., adv. & n.* صف: ① بیمار، علیل۔ ② مضر، ناموافق، مخالف، نقصان دہ۔ ③ ناقص، اناڑی پن کا، ناپختہ۔ م ف: ① بُری طرح، غلط طریقے سے۔ ② ناکافی طور پر، بمشکل۔ اسم: ① چوٹ، تکلیف، نقصان۔ ② خرابی، قباحت۔ □ **ill at ease** غیر آرام دہ، سراسیمہ۔

**ill-advised** *adj.* احمقانہ، خلافِ مصلحت۔

**I'll** I shall، I will کی مختصر شکل۔

**illegal** *adj.* ① غیر قانونی۔ ② خلاف ضابطہ۔ ● **illegality** اسم: بے ضابطگی۔ **illegally** م ف۔

**illegible** *adj.* بدخط، غیر واضح (تحریر) ● **illegibility** اسم: بدخطی۔ **illegibly** م ف۔

**illegitimate** *adj.* ① غیر شادی شدہ مرد وعورت کی اولاد، حرامی۔ ② نامناسب، ناجائز، غیر قانونی۔ ● **illegitimacy** اسم۔ **illigitimately** م ف۔

**ill-gotten** *adj.* ناجائز طور پر حاصل کردہ۔

**illicit** *adj.* ناجائز، ممنوع، غیر قانونی، چوری چھپے۔ ● **illicitly** م ف: ناجائز طور پر۔

**illiterate** *adj.* بے پڑھا لکھا، ناخواندہ، غیر تعلیم یافتہ۔ ● **illiteracy** اسم: جہالت، ناخواندگی۔

**ill-mannered** *adj.* بے ادب۔

**illness** *n.* بیماری، علالت، مرض، روگ۔

**illogical** *adj.* غیر منطقی، غیر معقول، بے حجّت۔ ● **illogicality** اسم۔ **illogically** م ف۔

**ill-treat** *v.* برا برتاؤ کرنا۔

**illuminate** *v.* ① منوّر کرنا؛ جگمگانا۔ ② چراغاں کرنا۔ ③ توضیح، تفسیر کرنا۔ ● **illumination** اسم۔

**illumine** *v.* ادبی: ① روشن، منوّر کرنا، چمکانا۔ ② روحانی بصیرت بخشنا۔

**illusion** *n.* ① فریب نظر؛ سحر بندی۔ ② التباس، دھوکا، غلط فہمی۔ ③ اشتباہ، مشاہدے کی خامی۔

**illusionist** *n.* شعبدہ باز؛ جادوگر۔

**illusory** *adj.* (also **illusive**) پُر فریب، خیالی؛ واہمے پر مبنی۔

**illustrate** *v.* ① باتصویر بنانا (کتاب، جریدے وغیرہ کو)، تصویروں کے ذریعے واضح کرنا (کسی بیان کو) ② مثال، نمونہ بننا۔ ③ مثالیں دینا، مثالوں کے ذریعے سمجھانا۔ ● **illustration** اسم۔ **illustrator** اسم۔

**illustrious** *adj.* ممتاز، سربرآوردہ۔
**ill will** *n.* دشمنی، عداوت، بغض۔
**image** *n.* ① کسی جسم کا خاکہ یا مثل جیسے کہ مجسمہ۔ ② کسی کے بارے میں عام تأثر۔ ③ کیمرے سے کھینچی ہوئی تصویر۔ ④ شبیہہ۔ ⑤ کسی سے ملتی جلتی شکل رکھنے والا۔ ⑥ نمائندہ، مثال۔ ⑦ تشبیہہ یا استعارہ۔ ⑧ ذہنی تصویر، پیکر، تصوّر، خیال۔
**imagery** *n.* ① خیالی تصویر، بالخصوص استعارات، ذہنی نقوش۔ ② مجسمہ طرازی؛ نقش گری۔
**imaginary** *adj.* خیالی، بے اصل۔
**imagination** *n.* ① خیالی پیکر تراشنے، لاموجود کو خیال میں لانے کی ذہنی صلاحیت۔ ② ذہن کی تخلیقی قدرت۔ ③ سوچنے، خیال میں لانے، تخلیق کرنے کا عمل۔
● **imaginative** صف۔ **imaginatively** م ف۔
**imagine** *v.* ① کسی شے کی ذہنی تصویر بنانا، خیال میں لانا، حواس کی پہنچ سے دور اشیا کو ذہنی طور پر محسوس کر لینا۔ ② سمجھ لینا، فرض کر لینا۔ ● **imaginable** صف۔
**imago** *n.* (*pl.* **-os** or **imagines**) کسی حشرے مثلاً تتلی یا بھونرے کی نشوونما کا آخری درجہ۔
**imam** *n.* مسجد میں نماز پڑھانے والا، پیش امام۔
**imbalance** *n.* ① عدم توازن۔ ② عدم تناسب۔
**imbecile** *n.* ① غیر معمولی طور پر کمزور دماغ کا آدمی، غبی۔ ② احمق، گاؤدی آدمی۔
**imbed** EMBED کا متبادل۔
**imbibe** *v.* ① پینا (خصوصاً الکحلی مشروب) ② جذب کرنا، دل میں اتارنا (افکار، خیالات وغیرہ کو)
**imbroglio** *n.* (*pl.*-**os**) مبہم، پیچیدہ، مشکل معاملہ، مخمصہ، گتھی۔
**imbue** *v.* سرایت کرنا، متأثر کرنا (جذبات، افکار یا خواص سے)
**IMF** International Monetary Fund (بین الاقوامی مالیاتی فنڈ) کی تخفیف۔
**imitate** *v.* ① تقلید کرنا، پیروی کرنا، مثال پر چلنا۔ ② نقالی کرنا۔ ③ مماثل ہونا۔ ● **imitable** صف: قابل تقلید۔ **imitation** اسم۔ **imitator** اسم۔
**imitative** *adj.* ① تقلیدی، مصنوعی، کسی کے نمونے پر۔ ② جعلی۔
**immaculate** *adj.* ① خالص، بے داغ، صاف ستھرا۔ ② صاف ستھرا کام یا کارگزاری۔ ③ بے عیب، معصوم۔ ● **immaculately** م ف: بے عیبی سے۔
**immanent** *adj.* ① طبعی، پیدائشی، فطری۔ ② (خدا کے لیے) ہمہ وقت، ہر جا موجود۔ ● **immanence** اسم۔
**immaterial** *adj.* ① غیر اہم، بے نتیجہ، بے اثر۔ ② غیر مادّی، بے جسمہ۔
**immature** *adj.* ① ناپختہ، خام۔ ② جس کی جذباتی یا ذہنی نشو و نما ناقص رہی۔ ③ بغیر پکا، کچّا پھل۔ ● **immaturity** اسم: ناپختگی۔
**immeasurable** *adj.* ناقابلِ پیمائش، عظیم، وسیع۔ ● **immeasurably** م ف۔
**immediate** *adj.* ① بلا فصل، فوری، بلا تاخیر۔ ② قریب ترین۔ ③ شدید طور پر مصر، متقاضی۔ ④ براہِ راست، بلا واسطہ۔ ● **immediacy** اسم: بے وسیلگی۔
**immediately** *adv.* & *conj.* م ف: ① فوراً، معاً، بلا تاخیر۔ ② بلا وسیلہ۔ عطف: جونہی، جیسے ہی۔
**immemorial** *adj.* بہت قدیم، عہد عتیق کا۔
**immense** *adj.* ① زبردست، عظیم، لامحدود۔ ② نہایت اہم، قابل لحاظ۔ ● **immensely** م ف۔ **immensity** اسم: وسعت، شدّت، عظمت۔
**immerse** *v.* ① ڈبونا، بھگونا، کسی کو ڈبکی دینا۔ ② پوری طرح مصروف، مشغول، غرق ہونا۔
**immersion** *n.* ڈبونے، تربتر کرنے یا ہونے کا عمل، ڈبکی، غرقابی۔
**immersion heater** *n.* غرقی گرم آلہ جسے پانی گرم کرنے کے لیے پانی میں ڈالا جاتا ہے۔
**immigrate** *v.* ترک وطن کرنا، کسی دوسرے ملک میں مستقلاً آباد ہو جانا۔ ● **immigrant** صف و اسم: تارک وطن۔ **immigration** اسم: ترک وطن۔
**imminent** *adj.* جلد رونما ہونے والا، نزدیک۔
● **imminence** اسم۔ **imminently** م ف۔
**immiscible** *adj.* کسی شے کے ساتھ حل ہونے یا اکٹھا ہونے کے ناقابل، نااختلاط پذیر، آمیزش ناپذیر۔

**immobile** *adj.* ①ساکن، ساکت، قائم۔② ناقابلِ حرکت۔● **immobility** اسم: حرکت ناپذیری۔ **immobilize** ف۔ **immobilization** اسم۔

**immoderate** *adj.* شدید، بڑھا ہوا، غیر معتدل۔ ● **immoderately** م ف: بے تحاشا۔

**immolate** *v.* ہلاک کرنا، قربان کرنا۔

**immoral** *adj.* ①مسلّمہ اخلاقی اصولوں کے منافی۔ ②اخلاقی طور پر نادرست۔③ گراہوا، بگڑا ہوا، بدکار۔● **immorality** اسم: بد اخلاقی۔ **immorally** م ف

**immortal** *adj. & n.* ①امر، غیر فانی۔② لازوال، نا قابل تخریب۔ ● **immortality** اسم: بقائے دائمی۔

**immortalize** *v.* (also -ise) ف: دوام بخشنا۔

**immovable** *adj.* ①ناقابلِ انتقال، حرکت ناپذیر۔ ② قائم، محکم، اٹل۔● **immovably** م ف۔

**immune** *adj.* ① چھوت یا متعدی مرض سے مامون، محفوظ۔ ② کسی ناپسندیدہ بات سے مبرّا، مستثنیٰ، زد سے باہر۔● **immunity** اسم ۔ **immunize** ف: مامون، محفوظ بنانا۔ **immunization** اسم۔

**immunodeficiency** *n.* مامونی قلّت، عام آدمی کے جسم میں مامونی نظام کا خلل۔

**immunology** *n.* مامونیات، امراض سے مامونیت کا علمی مطالعہ۔● **immunological** صف۔ **immunologist** اسم۔

**immure** *v.* محصور کرنا، قید کرنا۔

**immutable** *adj.* ①ناقابلِ تبدل۔②ناقابلِ تغیّر۔● **immutability** اسم۔ **immutably** م ف۔

**imp** *n.* ①شریر بچہ۔② بُھتنا۔

**impact** *n. & v.* اسم:①تصادم، ٹکراؤ۔②اثر، ردّعمل خصوصاً جبکہ گہرا یا نمایاں ہو۔ف:① کسی چیز کے ساتھ زور سے ٹکرانا۔② مضبوطی سے باندھنا، جکڑنا، دابنا۔

**impair** *v.* بگاڑنا، کمزور کرنا، نقصان پہنچانا۔ ● **impairment** اسم: تخریب، نقصان، ضرر۔

**impale** *v.* کسی تیز نکیلے ہتھیار یا میخوں سے چھیدنا۔ ● **impalement** اسم۔

**impalpable** *adj.* غیر محسوس، ناقابلِ گرفت جو حسیات کی پکڑ میں نہ آئے۔● **impalpably** م ف۔

**impart** *v.* ①پہنچانا، ابلاغ کرنا (خبر وغیرہ کا) ②(کسی شے کا کوئی حصّہ) دینا، تفویض کرنا۔

**impartial** *adj.* غیر جانبدار، بے تعصّب۔ ● **impartiality** اسم۔ **impartially** م ف۔

**impassable** *adj.* ناقابلِ عبور، جسے پار کرنا محال ہو، ناگزار۔

**impasse** *n.* تعطل، پھنسا ہوا یا اڑا ہوا معاملہ۔

**impassioned** *adj.* جذباتی، پُر جوش، پُر زور۔

**impassive** *adj.* ①جذبات سے عاری، مردہ دل، ٹھنڈا، بے حس۔② سنجیدہ، متین۔● **impassively** م ف۔ **impassivity** اسم: متانت؛ بے حسی۔

**impatient** *adj.* ① بے صبرا، بے تحمل، بے تابانہ (عمل) ②اُتاولا، بے چین، مشتاق۔● **impatience** اسم: بے صبری۔ **impatiently** م ف: بے چینی سے۔

**impeach** *v.* ①ریاست کے خلاف جرم کا مرتکب قرار دینا، خصوصاً غداری کا۔②(سرکاری عہدہ دار پر) بداطواری کا الزام لگانا۔③ مواخذہ کرنا (کسی کی دیانت، ایمانداری کا)● **impeachment** اسم۔

**impeccable** *adj.* صاف ستھرا، الزام سے بری، بے عیب، مثالی کارگزار۔● **impeccability** اسم: مثالی کارگذاری، معصومیت۔ **impeccably** م ف۔

**impecunious** *adj.* نادار، مفلس، خالی ہاتھ۔

**impedance** *n.* مقاومت، کسی برقی دور کی مکمل مؤثر مدافعت، متبادل رو کے برخلاف۔

**impede** *v.* رکاوٹ ڈالنا، اڑنگا لگانا، روکنا، مزاحم ہونا۔

**impediment** *n.* ①مزاحمت، روک۔② لکنت، توتلا پن یا سوسلا پن۔

**impel** *v.* (impelled, impelling) ①آگے دھکیلنا، ریلنا۔② کسی کام کے لیے اُکسانا، زور دینا۔

**impend** *v.* آنے کو ہونا، قریب الوقوع ہونا۔ ● **impending** صف: آنے والا، آنے کو۔

**impenetrable** *adj.* ①جس میں داخل ہونا، سرایت کرنا یا جس میں سے گزرنا محال ہو، ناقابلِ گزر۔ ② ناقابلِ فہم، سمجھ سے باہر جس کی تھاہ نہ ملے۔● **impenetrability** اسم۔ **impenetrably** م ف۔

**imperative** *adj. & n.* صف:① فوری توجہ کا طالب، سر پر مسلّط۔ ② ناگزیر، لازمی۔ ③ تعمیل طلب۔ اسم:① حکم، فرمان۔ ② قواعد: صیغۂ امر۔

**imperceptible** *adj.* خفیف، بہت معمولی، غیر مرئی، نامحسوس۔ ● **imperceptibility** اسم۔

**imperfect** *adj. & n.* ① ناقص، ادھورا، نامکمل۔ ② قواعد: استمراری (خصوصاً ماضی استمراری) عمل جاری کو ظاہر کرنے والا۔ ● **imperfection** اسم: نقص، خطا، کمی۔ **imperfectly** م ف: ناقص طور پر۔

**imperial** *adj. & n.* ① شہنشاہیت یا بالادست ریاست سے متعلق، سامراجی۔ ② شہنشاہ سے منسوب، بالادست، حاوی، پُرشکوہ، باوقار۔ ③ اعشاری نظام سے پہلے رائج اوزان اور پیمانے۔ ● **imperially** م ف۔

**imperialism** *n.* شہنشاہیت، سامراجی نظام حکومت۔ ● **imperialist** اسم۔ **imperialistic** صف: سامراجی۔

**imperil** *v.* **(imperilled, imperilling** *US* **imperiled)** خطرے میں ڈالنا، مخدوش بنانا۔

**imperious** *adj.* ① جابرانہ، تحکم آمیز۔ ② لازمی واجب التعمیل۔ ● **imperiously** م ف: تحکّم سے۔ **imperiousness** اسم: تحکّم۔

**impermeable** *adj.* ① ناقابلِ نفوذ، جس میں داخل ہونا محال ہو۔ ② جو مائعات کو سرایت نہ کرنے دے۔

**impersonal** *adj.* ① غیر شخصی، غیر ذاتی۔ ② ذاتی احساس یا لحاظ سے بالاتر۔ ● **impersonality** اسم: لاشخصیت۔ **impersonally** م ف۔

**impersonate** *v.* خود کو کسی اور شخصیت کے طور پر ظاہر کرنا، فریب، نقالی۔ ● **impersonation** اسم: کسی کی نقالی۔ **impersonator** اسم: بہروپیا۔

**impertinent** *adj.* ① گستاخ، شوخ چشم، بدتمیز۔ ② رسمی: بے موقع، بے محل، بے معنی۔ ● **impertinence** اسم۔ **impertinently** م ف۔

**imperturbable** *adj.* ٹھنڈے مزاج کا، پُرسکون، بےجنت۔

**impervious** *adj.* ① جس پر دلیل وغیرہ اثر انداز نہ ہو۔ ② جو مائع کو جذب نہ کرے، ٹھوس، بے مسام، غیر جاذب۔ ● **imperviousness** اسم: مانع نفوذ۔

**impetigo** *n.* ایک متعدی جلدی مرض جس میں جسم پر زرد آبلے پڑ جاتے ہیں، حَصَف، زرد زخم۔

**impetuous** *adj.* پُرجوش، تند و تیز، شدید، بے تحاشا تیز رو، رواں دواں۔ ● **impetuosity** اسم: شدّت، تندی۔ **impetuously** م ف۔

**impetus** *n.* قوت دافعہ، قوت محرّکہ جو کسی جسم کو حرکت دے؛ ٹھوکا، دھکا۔

**impiety** *n.* **(*pl.* -ies)** گناہ گاری، بدچلنی۔

**impinge** *v.* ① اثر انداز ہونا، ٹکرانا، متصادم ہونا۔ ② تجاوز کرنا، حدود کو توڑنا۔

**impious** *adj.* ① غیر صالح، بداطوار، بداعمال۔ ② فاسق، فاجر۔ ● **impiously** م ف۔

**implacable** *adj.* جسے مطمئن کرنا مشکل ہو، سخت دل، کٹّر۔ ● **implacability** اسم: کٹھور پن۔ **implacably** م ف: کٹّر پن سے۔

**implant** *v. & n.* ف:① داخل کرنا۔ ② نقش کرنا، دل میں بٹھانا (کسی اصول، خیال وغیرہ کو) ذہن نشین کرانا۔ ③ بونا، کاشت کرنا۔ اسم: جوڑی، لگائی، داخل کی ہوئی شے۔ ● **implantation** اسم: پیوند کاری وغیرہ۔

**implausible** *adj.* غیر معقول، ناپسندیدہ۔ ● **implausibly** م ف: غیر معقول طور پر۔

**implement** *n. & v.* اسم: اوزار، آلہ۔ ف: کسی منصوبے فیصلے وغیرہ پر عملدرآمد کرنا، روبہ عمل لانا۔ ● **implementation** اسم: تکمیل، تعمیل۔

**implicate** *v.* ① ملوث کرنا، آلودہ کرنا (کسی الزام، جرم وغیرہ میں) ② ملوث ہونا، متاثر ہونا۔

**implication** *n.* ① ضمنی مفہوم، ذیلی اشارہ، معنی مقدر۔ ② ضمناً لپیٹنے، شامل، ماخوذ کرنے کا عمل۔

**implicit** *adj.* ① مقدر، ضمناً ظاہر۔ ② بالفعل موجود۔ ③ یقینی، بلاشبہ قطعی۔ ● **implicitly** م ف: ضمنی طور پر۔

**implode** *v.* اندرونی طور پر بھڑکنا، محرّق ہونا، دھماکا کرنا۔ ● **implosion** اسم: بند دھماکا، اندرونی احتراق۔

**implore** *v.* استدعا کرنا؛ عاجزانہ طلب کرنا، مانگنا۔

**imply** *v.* **(-ies, -ied)** مؤثر طور پر اشارہ کرنا، دلالت کرنا کسی امر پر جس کو بالصراحت بیان نہ کیا جائے۔

**impolite** *adj.* نا ملائم، ناشائستہ، کھڑتل۔
**impolitic** *adj.* خلاف مصلحت، غیر عاقلانہ۔
**imponderable** *adj. & n.* (کوئی شے) جس کا اندازہ کرنا یا پیمائش محال ہو۔
**import** *v. & n.* ف: درآمد کرنا خصوصاً بیرونی مال۔ اسم: ① درآمد کا عمل۔ ② درآمد شدہ مال یا شے یا خدمات۔ ③ مدّعا، بات کا مطلب۔ ● **importation** اسم: درآمدگی۔ **importer** اسم: درآمد کنندہ۔
**important** *adj.* ① اہم، نتیجہ خیز، قابلِ لحاظ۔ ② باوقعت، بااختیار (آدمی) ● **importance** اسم۔
**importunate** *adj.* مصر، متقاضی، منت سماجت کرنے والا۔ ● **importunity** اسم: اصرار، اِبرام۔
**importune** *v.* ① استدعا کرنا، پے بہ پے تقاضا کرنا۔ ② غیر اخلاقی کام کی ترغیب دینا۔
**impose** *v.* ① عائد کرنا، لگانا (محصول، فرض، ذمّہ داری وغیرہ) ② تعمیل چاہنا، عملدرآمد پر مصر ہونا۔ ③ توجہ طلب کرنا، خود کو (کسی پر) مسلّط کرنا۔ ④ (کسی کے) سرتھوپنا، سرمنڈھنا۔
**imposing** *adj.* رعب دار، زبردست۔
**imposition** *n.* ① عائد کرنے، سرمنڈھنے وغیرہ کا عمل۔ ② بے جا مطالبہ۔
**impossible** *adj.* ① ناممکن، محال۔ ② ناقابل برداشت، سدھرنے کے ناقابل (شخص یا صورت حال) ● **impossibility** اسم۔ **impossibly** م ف۔
**impostor** *n.* ① بناوٹی شخص جو خود کو کچھ اور بتائے، اپنی اصلیت کو چھپانے والا۔ ② جعلی، مکار، فریبی آدمی۔
**imposture** *n.* دھوکا، فریب دہی۔
**impotent** *adj.* ① کمزور، ضعیف، بے فائدہ، معذور۔ ② نامرد۔ ● **impotence** اسم: نامردی۔
**impound** *v.* ① (جائداد) ضبط کرلینا، قبضے میں لے لینا۔ ② قید کرنا، حراست میں لینا۔
**impoverish** *v.* ① قلاش بنا دینا، مفلس، کنگال کر دینا۔ ② کمزور کرنا؛ پیداواری صلاحیت گھٹا دینا۔ ● **impoverishment** اسم: افلاس۔
**impracticable** *adj.* ناقابلِ عمل۔

---

وضاحت: *impracticable* کو کبھی کبھی *impractical* سے خلط ملط کردیا جاتا ہے۔

---

**impractical** *adj.* ① غیر عملی، عام سمجھ اور حقیقت سے دور۔ ② غیر معقول یا بے فائدہ۔
**imprecation** *n.* بددعا، کوسنا، لعنت ملامت۔
**imprecise** *adj.* مبہم، غیر معیّن۔
**impregnable** *adj.* ① ناقابل تسخیر۔ ② جس پر حملہ بے اثر ہو۔ ● **impregnability** اسم۔
**impregnate** *v. & adj.* ف: ① بھرنا، پُر کرنا۔ ② حاملہ کرنا، نسوانی بیضے کو ہرا کرنا، بارور کرنا۔ ● **impregnation** اسم: حمل۔
**impresario** *n.* منتظم تفریحات، تھیٹر وغیرہ کا۔
**impress** *v.* ① کسی کو بہت متاثر کرنا؛ بہت داد حاصل کرنا۔ ② زور دے کر کہنا، جتانا، نقش کرنا۔ ③ ٹکٹ پر مہر لگانا۔ ④ نشان ڈالنا، ٹھپّہ لگانا۔
**impression** *n.* ① تأثر خصوصاً ذہنی یا جذباتی۔ ② رائے، خیال۔ ③ کسی شخص کی شکل یا آواز کی نقل بطور تفریح۔ ④ چھاپہ، نقش۔
**impressionable** *adj.* جلد اثر قبول کرنے والا۔
**impressionism** *n.* نقاشی کی ایک تحریک یا انداز جس میں جزئیات کی تکمیل پر زور نہیں دیا جاتا بلکہ تصویر کے مجموعی تأثر پر، تأثریت۔ ● **impressionist** اسم: تأثریت کا نمائندہ۔ **impressionistic** صفت۔
**impressive** *adj.* ① مرعوب کن، متاثر کرنے والا۔ ② جذبات کو اُکسانے والا، اثرانگیز، پُرگداز۔ ● **impressively** م ف۔ **impressiveness** اسم: اثرانگیزی۔
**imprint** *v. & n.* ف: ① نقش کرنا خصوصاً ذہن پر۔ ② ٹھپّہ لگانا۔ اسم: ① نقش، چھاپا۔ ② کتاب میں ناشر کا نام اور دیگر تفصیلات۔
**imprison** *v.* ① قید خانے میں ڈالنا۔ ② بند کرنا، محصور کرنا۔ ● **imprisonment** اسم: قید، اسیری۔
**improbable** *adj.* ① غیر یقینی، جس کا واقع یا سچ

ہونا مشتبہ ہو۔ ② نا قابلِ یقین، بعید از امکان۔ ● **improbability** اسم۔ **improbably** م ف۔

**improbity** *n.* بدی، بے ایمانی، بددیانتی۔

**impromptu** *adj. & adv.* فی البدیہہ، برجستہ، بے تأمل۔

**improper** *adj.* نازیبا، ناشائستہ، خلافِ آداب۔ ● **improperly** م ف۔ **impropriety** اسم۔

**improve** *v.* اصلاح کرنا، بہتر بنانا، سنوارنا، سدھارنا، کسی خوبی پر اضافہ کرنا۔ ● **improvement** اسم۔

**improvident** *adj.* دوراندیشی سے عاری، غیر محتاط، ناعاقبت اندیش۔ ● **improvidence** اسم: کوتاہ اندیشی۔ **improvidently** م ف۔

**improvise** *v.* ① بغیر تیاری کے گانا یا بجانا۔ ② وقت کے وقت مہیّا کر دینا (کوئی چیز) ● **improvisation** اسم: برجستہ ادائیگی۔

**imprudent** *adj.* بے دھڑک، خلافِ عقل۔ ● **imprudence** اسم۔ **imprudently** م ف۔

**impudent** *adj.* گستاخ، بے باک، منہ چڑھا۔ ● **impudence** اسم۔ **impudently** م ف۔

**impugn** *v.* (کسی بیان، عمل وغیرہ کے خلاف) احتجاج کرنا، تکذیب، تردید کرنا۔

**impulse** *n.* ① تحریک، ٹھوکا، دھکّا، صدمہ۔ ② اُکساہٹ۔ ③ عصبی ہیجان کی لہر۔ ④ بے سوچی سمجھی اضطراری حرکت، ترنگ، موج۔

**impulsion** *n.* ① جوش، اٹھان، تکان، دھکیل۔ ② ذہنی ترنگ، لہر۔ ③ تحرک، ٹھوکا۔

**impulsive** *adj.* ① وقتی تحریک یا ترنگ پر مبنی عمل، غور و فکر سے عاری شخص۔ ② ٹھوکنے، دھکیلنے والا۔ ● **impulsively** م ف۔ **impulsiveness** اسم۔

**impunity** *n.* سزا سے بریت، عافیت، معافی سزا۔

**impure** *adj.* ① ملاوٹ والا، نخالص، آلودہ، ملاوٹی۔ ② کثیف؛ ناپاک۔

**impurity** *n. (pl. -ies)* ① آلودگی، ناصافی، کثافت۔ ② ناپاک، ناصاف، غلیظ، گندی شے۔

**impute** *v.* کسی سے (کوئی بری بات) منسوب کرنا، الزام دینا۔ ● **imputation** اسم: الزام، بہتان۔

**In** عنصر indium انڈیم کی علامت۔

**in** *prep., adv. & adj.* حرف جار: ① زمان، مکان، ماحول وغیرہ میں شمولیت ظاہر کرنے کے لیے؛ میں، در، اندر۔ ② کسی عہد یا دوران میں۔ ③ کے لحاظ یا تعلق سے، زمرے، ذیل، اقسام میں۔ ④ ترتیب، تنظیم کی صورت ظاہر کرنے کے لیے۔ ⑤ کسی رکن کے طور پر۔ ⑥ سے متعلق۔ م ف: بعض حدود میں محل وقوع ظاہر کرنے کے لیے۔ ① گھر پر، دفتر وغیرہ میں۔ ② کسی مطبوعے میں اندر کی طرف۔ ③ رائج، چالو، برقرار، منتخب شدہ۔ صف: ① اندرونی، مقیم، داخل۔ ② مخصوص حلقے میں رائج۔ □ **in for** ① (مبتلا، متاثر) ہونے والا۔ ② ملوّث، ماخوذ **in on** حصّہ دار (راز وغیرہ میں) شریک۔ **ins and outs** بول چال: تمام تفصیلات۔ **in so far as** اس حد تک۔ **in with** بول چال: کسی کے ساتھ دوستانہ خوشگوار تعلقات۔

**inability** *n.* معذوری، بے اختیاری۔

**in absentia** *adv.* پس پشت، غیبت میں، غیر حاضری میں۔

**inaccessible** *adj.* ① پہنچ سے دور۔ ② جس سے ملاقات، رسوخ، تعلق پیدا کرنا مشکل ہو، کھنچا، کھنچا۔

**inaccurate** *adj.* نادرست، خلافِ حقیقت۔ ● **inaccuracy** اسم۔ **inaccurately** م ف۔

**inaction** *n.* ① بے عملی۔ ② کاہلی، آلکسی۔

**inactive** *adj.* ساکت، ساکن، معطل، عمل سے دست کش۔ ● **inactivity** اسم: بے عملی، تعطل۔

**inadequate** *adj.* ① ناکافی، ضرورت سے کمتر۔ ② نااہل، کمزور (آدمی) ● **inadequacy** اسم: کوتاہی، عدم کفایت۔ **inadequately** م ف: ناقص طور پر۔

**inadmissible** *adj.* ناقابل قبول؛ ناقابل تسلیم؛ جسے داخل، شامل نہ کیا جا سکے۔

**inadvertent** *adj.* نادانستہ، غیر ارادی۔ ● **inadvertency** اسم: **inadvertently** م ف۔

**inalienable** *adj.* جو جدا یا منتقل نہ کیا جا سکے، لاینفک؛ ناقابل منتقلی۔

**inane** *adj.* ① احمقانہ، خلافِ عقل۔ ② خالی، کھوکھلا۔ ● **inanely** م ف۔ **inanity** اسم: حماقت۔

**inanimate** *adj.* ① بے جان، غیر ذی روح۔ ② بے حس، بے خروش۔

**inappropriate** *adj.* ناموزوں، بے محل۔ ● **inappropriately** م ف۔ **inappropriateness** اسم: ناموزونیت۔

**inapt** *adj.* غیر موزوں، بے میل، نامناسب۔

**inarticulate** *adj.* ① جس کی زبان صاف نہ ہو، کج مج بیان، واضح طور پر بولنے سے معذور۔ ② ناصاف، مبہم، ناقابل فہم (تقریر، گفتگو) ● **inarticulacy** اسم۔ **inarticulately** م ف: غیر مربوط طور پر۔

**inasmuch** *adv.* □ **inasmuch as** ① چونکہ، اس لیے کہ۔ ② جہاں تک، جس حد تک کہ۔

**inattentive** *adj.* بے توجہ، غافل، جس کا دھیان بٹا ہوا ہو۔ ● **inattentively** م ف۔

**inaudible** *adj.* جو سنا نہ جا سکے، ناقابلِ سماعت۔ ● **inaudibly** م ف: چپکے سے۔

**inaugurate** *v.* ① کسی عمارت کو عام استعمال کے لیے کھولنا۔ ② آغاز کرنا، متعارف کرانا۔ ③ رسمی افتتاح یا آغاز کار کرنا۔ ● **inaugural** صف۔ **inauguration** اسم: افتتاح یا افتتاحی رسم۔ **inaugurator** اسم۔

**inboard** *adv. & adj.* م ف: جہاز، ہوائی جہاز یا گاڑی کے پہلو یا وسط میں۔ صف: جہاز وغیرہ کے اندر یا بیچ کی طرف واقع۔

**inborn** *adj.* پیدائشی، خلقی، قدرتی۔

**inbred** *adj.* ① فطری، خلقی، پیدائشی۔ ② خالص یا ہم نژاد نسل کشی کی پیداوار۔

**inbreeding** *n.* قریبی رشتہ رکھنے والے انسانوں یا ہم نژاد حیوانوں کی نسل کشی۔

**inbuilt** *adj.* کسی تعمیر کے نقشے میں شامل۔

**Inc.** Incorporated کا اختصار۔

**incalculable** *adj.* ① شمار یا حساب سے باہر، بے حد، ان گنت۔ ② جس کا پہلے سے اندازہ کرنا محال ہو۔ ● **incalculably** م ف۔

**incandescent** *adj.* حدّت سے روشن، منوّر۔ ● **incandescence** اسم: حرتابانی۔

**incantation** *n.* ① منتر، منتر پھونکنے کا عمل۔ ② جادو، سحر، افسوں۔

**incapable** *adj.* نالائق، نااہل، مطلوبہ اہلیت یا خصوصیات سے عاری۔ ● **incapability** اسم: نااہلی۔

**incapacitate** *v.* ① ناکارہ کر دینا، معذور، لاچار کر دینا۔ ② نااہل قرار دینا۔

**incapacity** *n.* ① نااہلی، وسائل یا استعداد کی کمی۔ ② قانونی بندش۔

**incarcerate** *v.* قید میں ڈالنا، بند کرنا۔ ● **incarceration** اسم: اسیری۔

**incarnate** *adj.* ① گوشت پوست کا بنا ہوا، انسانی جون میں۔ ② تمثیل، نمونہ۔

**incarnation** *n.* ① مجسّم ہونا، تجسیم، تشکیل (خصوصاً انسانی شکل میں) ② (**the Incarnation**) مجسّم خدا، اوتار، خدا کا بیٹا انسانی شکل میں، یسوع مسیح۔

**incautious** *adj.* بے توجہ، بے دھڑک، غیر محتاط۔

**incendiary** *adj. & n.* صف: ① (مادّہ، آلہ) آگ لگانے والا۔ ② فتنہ انگیزی کرنے، بھڑکانے والا۔ اسم: آتش افروز بم وغیرہ۔ ② آگ لگانے والا شخص۔

**incense**[1] *n.* لوبان یا کوئی خوشبودار شے جس کی دھونی خصوصاً مذہبی تقریبات میں دی جاتی ہے۔

**incense**[2] *v.* تاؤ دلانا، برافروختہ کرنا۔

**incentive** *n.* ① مقصد، مدّعا، ترغیب، خصوصاً عمل کی۔ ② رعایت یا نقد ادائیگی جو کام کرنے والوں کو بہتر کارکردگی پر مائل کرنے کے لیے دی جائے۔

**inception** *n.* کسی چیز کی ابتدا، آغاز۔

**incessant** *adj.* مسلسل، لگاتار، متواتر۔ ● **incessantly** م ف: مسلسل طور پر۔

**incest** *n.* محرمات کے ساتھ جنسی تعلق، جن کے ساتھ ازدواج جائز نہیں۔ ● **incestuous** صف۔

**inch** *n. & v.* اسم: ایک فٹ کا بارھواں حصّہ (۲٫۵۴ سینٹی میٹر) ف: بتدریج آگے بڑھنا۔

**inchoate** *adj.* ① سرآغاز پر، ابھی شروع۔ ② ناپختہ، ابتدائی، انگھڑ، ادھورا، نامکمّل۔

**incidence** *n.* ① کسی بات کے واقع ہونے کی کیفیت، یا بار بار ہونے کی صورت میں اعادے یا تکرار کی شرح یا گنتی۔ ② کسی بات کا دائرۂ اثر۔ ③ طبیعیات: کسی

شے کے عموداً سطح پر گرنے کی کیفیت۔
**incident** *n. & adj.* واقعہ، وقوعہ، ہونے والی بات، کوئی واقعہ جس کی جانب توجہ منعطف ہوجائے۔
**incidental** *adj.* ① ذیلی، ضمنی، اتفاقی۔ ② ہونے کو، ہونے والا۔ ③ کسی وقوع کے تابع کے طور پر یا ذیل میں واقع۔
**incidental music** *n.* فلم، نشریے وغیرہ کی عقب یا پس منظر میں بجنے والی موسیقی۔
**incidentally** *adv.* ① سرراہے، اتفاقاً، ضمناً، آمد سخن کے طور پر۔ ② اتفاقیہ طور پر۔
**incinerate** *v.* جلا کر راکھ کرنا۔
● **incineration** اسم۔ **incinerator** اسم۔
**incipient** *adj.* ① شروع ہونے والا۔ ② ابتدائی مرحلے میں۔
**incise** *v.* ① کاٹنا، قط ڈالنا۔ ② کندہ کاری کرنا، نقش کھودنا۔ ● **incision** اسم: شگاف۔
**incisive** *adj.* ① واضح، مؤثر۔ ② کاٹ دار، گہرا، پُرمعنی۔ ● **incisively** م ف۔ **incisiveness** اسم۔
**incisor** *n.* نکیلا دانت، کیلا۔
**incite** *v.* ترغیب دینا، اکسانا، بھڑکانا، شہ دینا۔ ● **incitement** اسم: اکساہٹ، ترغیب۔
**incivility** *n.* (*pl.* -ies) بدتمیزی، گستاخی۔
**inclement** *adj.* (موسم یا آب و ہوا کی بابت) سخت، خصوصاً سرد یا طوفانی۔
**inclination** *n.* ① رجحان، جھکاؤ، طبعی میلان۔ ② رغبت، لگاؤ۔ ③ ڈھلان، نشیب۔
**incline** *v. & n.* ف: ① راغب، مائل کرنا۔ ② مائل ہونا، رجحان، میلان رکھنا۔ ③ کسی طرف جھکانا یا جھکنا۔ اسم: ① ڈھلان۔ ② سلامی دار سطح۔
**include** *v.* ① کسی کُل میں شامل ہونا۔ ② محیط ہونا۔ ● **inclusion** اسم: شمولیت۔
**inclusive** *adj.* ① مع، بشمول۔ ② اوّل و آخر حد کو شامل کرتے ہوئے۔ ③ تمام معمول کی خدمات کے ساتھ۔ ● **inclusively** م ف۔ **incusiveness** اسم۔
**incognito** *adj. & adv.* نام اور تشخص کو ظاہر کیے بغیر، نا قابلِ شناخت۔

**incoherent** *adj.* ① مربوط گفتگو کے نا قابل (شخص) ② اکھڑی اکھڑی بے ربط گفتگو وغیرہ۔ ● **incoherence** اسم۔ **incoherently** م ف۔
**incombustible** *adj.* غیر آتش گیر، ناقابلِ احتراق، جو نہ بھڑکے۔
**income** *n.* آمد، آمدنی، یافت، کمائی۔
**incoming** *adj.* ① وارد ہونے، در آنے، وصول ہونے والا۔ ② نو آمدہ، جانشین۔
**incommunicado** *adj.* ① دوسروں سے ربط ضبط سے عاری یا محروم۔ ② قیدِ تنہائی میں مبتلا۔
**incomparable** *adj.* ① بے مثل، بے نظیر، یگانہ۔ ② موازنے سے مبرّا۔ ● **incomparably** م ف۔
**incompatible** *adj.* ① بے میل، بے جوڑ، مختلف النّوع، متضاد۔ ② (لوگ) جو آپس میں مل کر نہ رہ سکیں۔
**incompetent** *adj.* ① کسی کام کے لیے ناموزوں، نا اہل۔ ② بے ہنر۔ ● **incompetence** اسم۔
**incomplete** *adj.* نامکمل، ادھورا۔
**incomprehensible** نا قابلِ فہم، سمجھ سے باہر۔ ● **incomprehensibly** م ف۔ **incomprehension** اسم: سمجھنے سے معذوری۔
**inconceivable** *adj.* ① نا قابلِ تصوّر، تخیل سے بالاتر۔ ② بول چال: بہت عجیب، انوکھا۔
**inconclusive** *adj.* غیر فیصلہ کن، غیر تسلّی بخش، غیر نتیجہ خیز۔ ● **inconclusively** م ف۔
**incongruous** *adj.* ① بے محل؛ بے معنی۔ ② بے جوڑ، بے میل، غیر متوافق۔ ● **incongruity** اسم: اَنمل، بے جوڑ شے۔ **incongruously** م ف۔
**inconsequential** *adj.* ① بے اہمیت۔ ② غیر منطقی، بے ربط، بے محل۔ ● **inconsequentially** م ف۔
**inconsiderable** *adj.* قلیل، حقیر، چھوٹا، بے قدر، نا قابل لحاظ۔
**inconsiderate** *adj.* ① لاپروا، بے لحاظ۔ ② کٹھور، تندمزاج۔ ● **inconsiderately** م ف۔
**inconsistent** *adj.* ① غیر مستقل مزاج۔ ② بے ربط، بے جوڑ۔ ● **inconsistency** اسم: بے ربطی۔

**inconsolable** *adj.* جس پر صبر کرنا، یا جس کو صبر آنا مشکل ہو، بہت بے قرار۔ ● **inconsolably** م ف۔

**inconstant** *adj.* ① ڈھلمل یقین، غیر مستقل مزاج۔ ② ادلتا بدلتا، بے قاعدہ، متغیر۔ ● **inconstancy** اسم: نااستواری۔

**incontestable** *adj.* جس سے انکار ممکن نہ ہو، ناقابلِ تردید، مانا ہوا، مسلّمہ۔

**incontinent** *adj.* ① جو پیشاب، پاخانے پر قابو نہ رکھ سکے۔ ② تحمل سے عاری۔ ● **incontinence** اسم۔

**incontrovertible** *adj.* ناقابلِ انکار، شک و شبہہ سے بالاتر۔ ● **incontrovertibly** م ف۔

**inconvenience** *n. & v.* اسم: ① بے آرامی۔ ② تکلیف دہ، مخل راحت بات یا شے۔ ف: تکلیف پہنچانا، زحمت دینا، آرام میں خلل ڈالنا۔

**inconvenient** *adj.* ① بے آرام، مخل راحت، تکلیف دہ۔ ② نازیبا، باعثِ آزار۔

**incorporate** *v.* ف: ① متحد ہونا، ایک ہیئت یا ادارے کی صورت میں تشکیل پانا۔ ② کارپوریشن کے طور پر قائم ہونا۔ ③ اجزا کو ملا کر یک جان کرنا۔ ● **incorporation** اسم: تشکیل، الحاق۔

**incorrect** *adj.* ① غلط، خلاف واقعہ۔ ② (وضع، انداز، طرز) غیر مناسب۔ ● **incorrectly** م ف۔

**incorrigible** *adj.* ① ناقابلِ اصلاح۔ ② جو آسانی سے ٹھیک نہ ہو سکے۔ ● **incorrigibly** م ف۔

**incorruptible** *adj.* ① جسے بگاڑنا، راہِ راست سے ہٹانا، ورغلانا ممکن نہ ہو۔ ② لازوال، جاودانی۔

**increase** *v. & n.* ف: جسامت، مقدار، خوبی وغیرہ میں بڑھنا، بڑھانا، بیش کرنا، ترقی دینا۔ اسم: ترقی، اضافہ، بڑھوتری، بہتری۔

**increasingly** *adv.* مزید اور۔

**incredible** *adj.* ① ناقابلِ یقین۔ ② حیرت ناک، مشکل سے ماننے کے قابل۔ ● **incredibly** م ف۔

**incredulous** *adj.* جو آسانی سے ماننے پر تیار نہ ہو، متامل، متشکک۔ ● **incredulity** اسم: شکی پن۔ **incredulously** م ف: بے اعتقادی سے۔

**increment** *n.* بڑھوتری، اضافہ (یافت وغیرہ میں) خصوصاً معمول کی شرح پر، ترقی کی مقدار یا رقم۔ ● **incremental** صف: اضافی۔

**incriminate** *v.* ① خطاوار ٹھہرانا، ماخوذ کرنا۔ ② جرم میں ملوّث کرنا، مجرم ٹھہرانا۔ ● **incrimination** اسم: الزام دہی۔ **incriminatory** صف: اتّہام آمیز۔

**incrustation** *n.* بالائی سطح پر سخت تہ، پپڑی۔

**incubate** *v.* ① انڈوں پر بٹھانا یا انھیں حرارت پہنچانا۔ ② موافق حالات پیدا کر کے جراثیم کی پرورش کرنا۔ ③ انڈے سینا۔ ● **incubation** اسم۔

**incubator** *n.* ① کچے بچے کی حفاظت یا پرورش کے لیے ضروری درجۂ حرارت اور مناسب ماحول مہیّا کرنے والا گہوارہ۔ ② انڈے سینے کی مشین یا جراثیم پالنے کا آلہ۔

**inculcate** *v.* پیہم جتا جتا کر نقش کرنا، جاگزیں کرنا، دل میں بٹھانا، پکّا کرنا (خیال، عادت وغیرہ کو)

**incumbent** *adj. & n.* صف: ① فرض کے طور پر عائد، لازمی۔ ② مُصر، متقاضی۔ اسم: کسی عہدے یا منصب خصوصاً کلیسا سے تعلق رکھنے والا شخص۔

**incur** *v.* **(incurred, incurring)** (الزام، نقصان وغیرہ) اُٹھانا، سہنا، اپنے سر لینا، زیر بار ہونا۔

**incurable** *adj.* لاعلاج، ناقابل اصلاح۔

**incursion** *n.* حملہ، ہلّہ، خصوصاً اچانک ہونے والا۔

**indebted** *adj.* مرہونِ مِنت یا مقروض۔

**indecent** *adj.* ① ناشائستہ، قابلِ اعتراض، مبتذل، ناپسندیدہ۔ ② نازیبا، نہایت نامناسب۔ ● **indecency** اسم: نازیبا باتیں۔ **indecently** م ف: بے شرمی سے۔

**indecent assault** *adj.* جنس مخالف کی بے حرمتی، بغیر زنا۔

**indecent exposure** *n.* عریانی، جسم خصوصاً جنسی اعضا کو دانستہ یا تشہیر کی خاطر عریاں کرنے کا عمل۔

**indecipherable** *adj.* ناقابلِ حل (تحریر وغیرہ)

**indecision** *n.* تذبذب، ہچر مچر، فیصلے سے گریز۔

**indecorous** *adj.* ① ناواجب، نامناسب۔ ② ناشائستہ، رکیک، مذموم۔

**indeed** *adv. & int.* یقیناً، بیشک، واقعی۔

**indefatigable** *adj.* اَن تھک، بے تکان۔

**indefensible** *adj.* ناقابلِ دفاع؛ جس کی تائید

نہ کی جا سکے، ناقص (دلیل وغیرہ)
**indefinable** *adj.* جس کی تعریف اور توضیح مشکل ہو، نا قابلِ تعریف، غیر متعیّن۔
**indefinite** *adj.* ① غیر معیّن، غیر واضح۔ ② لامحدود۔
**indefinite article** رک: ARTICLE۔
**indefinitely** *adv.* ① غیر معیّن مدّت تک۔ ② غیر واضح صورت میں۔
**indelible** *adj.* ① (نشان وغیرہ) جو مٹایا نہ جا سکے، اَن مِٹ۔ ② پکّا نشان ڈالنے والی (شے، روشنائی وغیرہ) ● **indelibly** م ف: انمٹ طور سے۔
**indelicate** *adj.* ① بھدّا، بھونڈا، ناشائستہ۔ ② مصلحت نااندیش۔ ③ بے ہودہ۔ ● **indelicacy** اسم: بے لطافتی۔ **indelicately** م ف: بھدّے پن سے۔
**indemnify** *v.* (-ies, -ied) ① کسی کو نقصان، چوٹ وغیرہ کے خلاف تحفظ دلانا۔ ② تاوان دینا، تلافی کرنا، ہرجانہ بھرنا۔ ● **indemnification** اسم: تلافی، تحفظ۔
**indemnity** *n.* (*pl.* -ies) ڈنڈ، تلافی، عوضانہ؛ تلافی، جرمانے کے طور پر ادا کی جانے والی رقم۔
**indent** *v.* ① (لکھنے یا چھاپنے میں) حاشیہ کشادہ کر دینا، پوٹ چھوڑنا جیسے کہ نئے پیرے میں۔ ② دندانے بنانا۔ ③ کسی کو تحریری مطالبہ، فرمائش یا آرڈر بھیجنا۔ ● **indentation** اسم: دندانہ۔
**indenture** *n. & v.* اسم: ① تحریر کردہ معاہدہ خصوصاً کام سیکھنے کا۔ ② با ضابطہ فہرست، تصدیق نامہ وغیرہ۔ ف: (کسی کو) معاہدے کے ذریعے پابند کر لینا۔
**independent** *adj.* ① آزاد، خودمختار۔ ② خودکفیل نہ کہ کسی کا محتاج، کمانے سے بے نیاز۔ ③ جو کسی سے جڑا نہ ہو، علاحدہ، غیر پابند۔ ● **independence** اسم۔ **independently** م ف: آزادانہ، اپنے بل پر۔
**indescribable** *adj.* ① بہت غیر معمولی، عجیب جس کو بیان کرنا مشکل ہو، ناقابلِ بیان۔ ② مبہم، غیر واضح۔ ● **indescribably** م ف۔
**indestructible** *adj.* جو مٹایا نہ جا سکے، غیر فانی۔
**indeterminable** *adj.* ناقابل تصدیق، جس کی توثیق محال ہو، (جھگڑا وغیرہ) جو کبھی نہ چکے۔
**indeterminate** *adj.* ① غیر معیّن، ناطے شدہ۔ ② مشکوک، مجہول، مبہم۔ ● **indeterminacy** اسم۔
**index** *n. & v.* (**indexes** یا **indices**:جمع) اسم: ① ترتیب تہجّی سے مرتب کی ہوئی ناموں وغیرہ کی فہرست، الف بائی فہرست۔ ② قیمتوں میں اتار چڑھاؤ کو ظاہر کرنے والا عدد کسی منتخب بنیادی سال یا مدّت کے حوالے سے۔ ③ ریاضی: قوت نما، اس کے اضعاف کی مقدار کسی چیز کا نشان، علامت یا اشاریہ۔ ف: فہرست میں شامل کرنا۔
**indexation** *n.* اشاریہ سازی۔
**index finger** *n.* شہادت کی انگلی۔
**index-linked** *adj.* (تنخواہیں وغیرہ) خوردہ قیمتوں کے اشاریے کے مطابق۔
**Indian** *n. & adj.* اسم: ① ہندوستان کا باشندہ، ہندوستانی نژاد۔ ② (**American Indian** کا اختصار) امریکا کے اصلی باشندوں یا ان کی نسل سے متعلق۔ صف: ہندوستان کے باشندوں، ہندوستان یا ہندوستانی سے متعلق۔
**Indian ink** *n.* سیاہ رنگ سے تیار کردہ روشنائی۔
**Indian summer** *n.* خزاں کے آخری دنوں میں ایک غیر معمولی خشک اور قدرے گرم موسم۔
**India rubber** *n.* ربڑ جو قلم اور پنسل کی لکھائی مٹانے کے کام آتی ہے۔
**indicate** *v.* ① نشان دہی کرنا، ظاہر کرنا، بتانا۔ ② کسی شے کے وجود کی نشانی ہونا۔ ③ ماننا یا مختصر طور پر بیان کرنا۔ ● **indication** اسم۔ **indicative** صف۔
**indicator** *n.* ① نشاندہی کرنے والا۔ ② گاڑی کی وہ روشنی جو مڑنے کا اشارہ کرتی ہے۔
**indices** INDEX کی جمع۔
**indict** *v.* الزام دینا، ماخوذ کرنا، کسی کے خلاف قانونی چارہ جوئی کرنا۔ ● **indictable** صف۔ **indictment** اسم۔
**indifferent** *adj.* ① اچھا نہ برا؛ معمولی، ادنیٰ۔ ② کسی خصوصیت سے عاری، خاصا برا۔ ③ صریحاً حقیر۔ ④ اِدھر کا نہ اُدھر کا، بے واسطہ۔ ● **indifference** اسم: بے دلی، بے توجہی۔ **indifferently** م ف۔
**indigenous** *adj.* مقامی، دیسی۔

**indigent** *adj.* غریب، نادار، ضرورتمند، مفلس۔
● **indigence** اسم: ناداری۔
**indigestible** *adj.* دیرہضم ثقیل۔
**indigestion** *n.* بدہضمی، پیٹ کا درد، سوءِ ہضم۔
**indignant** *adj.* برہم، مشتعل، غصّے میں بھرا ہوا، سخت آزردہ۔ ● **indignantly** م ف: غصّے سے۔
**indignation** *n.* برہمی، غصّہ، اشتعال خصوصاً کسی زیادتی یا بے انصافی کا شاکی۔
**indignity** *n.* (*pl.* **-ies**) ① نازیبا برتاؤ۔ ② ہتک، بے عزتی۔ ③ کسی شے سے وابستہ ذلّت وغیرہ۔
**indigo** *n.* قدرتی نیلا رنگ جو نیل کے پودے سے حاصل کیا جاتا ہے۔
**indirect** *adj.* ① بالواسطہ نہ کہ براہ راست۔ ② پھیر کا نہ کہ سیدھا (راستہ) ● **indirectly** م ف۔
**indirect object** *n.* قواعد: کسی پوچھنے، کہنے، بتانے یا اشارہ کرنے والے فعل کے بعد آنے والا، قبول کرنے والے کو ظاہر کرتا ہے، بالواسطہ مفعول۔
**indirect speech** *n.* =reported speech۔
**indirect taxes** *n. pl.* وہ ٹیکس جو اشیاء صرف اور خدمات پر عائد ہو نہ کہ آمدنی پر۔
**indiscernible** *adj.* ناقابلِ شناخت، غیر متمیّز۔
**indiscreet** *adj.* غیر محتاط، پیٹ کا ہلکا جو راز نہ رکھ سکے۔ ● **indiscreetly** م ف۔ **indiscretion** اسم۔
**indiscriminate** *adj.* ① بلا امتیاز، الل ٹپ۔ ② مخلوط، الم غلم۔ ● **indiscriminately** م ف۔
**indispensable** *adj.* ناگزیر، لازمی۔
**indisposed** *adj.* ① ماندہ، بیمار۔ ② ناموافق، ناآمادہ۔ ● **indisposition** اسم: علالت۔
**indisputable** *adj.* ① ناقابل تردید۔ ② واقعی، یقینی۔ ● **indisputably** م ف: یقینی طور پر۔
**indissoluble** *adj.* ① ناقابلِ تنسیخ، مستقل، دوامی۔ ② جو آمیز یا تحلیل نہ ہو سکے، حل ناپذیر۔
**indistinct** *adj.* ① غیر واضح۔ ② پیچیدہ، مبہم۔
● **indistinctly** م ف: غیر واضح طور پر۔
**indistinguishable** *adj.* بلا امتیاز، بلا تخصیص، ناقابلِ امتیاز۔

**indium** *n.* ایک روپہلی دھاتی عنصر (علامت: In)
**individual** *adj.* & *n.* صف: ① فرد واحد۔ ② خصوصی، امتیازی۔ ③ کسی خاص آدمی سے مخصوص۔ ④ صرف ایک فرد کے استعمال کے لیے۔ اسم: ① کسی جماعت کا ایک فرد۔ ② گروہ یا خاندان کے مقابل ایک فرد۔ ③ بول چال: شخص، نفر، آدمی۔ ● **individuality** اسم: شخصی خصوصیات۔ **individually** م ف: فرداً فرداً۔
**individualist** *n.* انفرادیت پسند۔
● **individualism** اسم: انفرادیت۔
**indivisible** *adj.* ناقابلِ تقسیم۔
**Indo-** *comb. form* ہندی، ہندوستانی۔
**indoctrinate** *v.* ① طویل تلقین کے بعد کوئی عقیدہ دل میں بٹھانا۔ ② سکھانا پڑھانا، راہ پر لانا۔ ● **indoctrination** اسم: آموزش۔
**indolent** *adj.* سست، کاہل، بے عمل۔
● **indolence** اسم: سستی۔ **indolently** م ف۔
**indomitable** *adj.* جسے زیر نہ کیا جا سکے، جو قابو میں نہ آئے۔ ● **indomitably** م ف۔
**indoor** *adj.* & *adv.* صف: گھر کا، اندرونِ خانہ یا چھت کے نیچے واقع ہونے والا، داخلی، خانگی۔ م ف: **(indoors)** درون خانہ۔
**indubitable** *adj.* شک وشبہ سے بالاتر، غیر مشکوک۔ ● **indubitably** م ف۔
**induce** *v.* ① راغب، مائل کرنا۔ ② راہ دینا، بلانا، پیدا کرنا۔ ③ مصنوعی طور پر وضع حمل کرانا۔
**inducement** *n.* ① ترغیب، تحریص، تشویش۔ ② ترغیب دلانے، شہ دینے والی شے۔
**induct** *v.* باضابطہ (کلیسائی عہدے پر) فائز کرنا۔
**inductance** *n.* برقی دور کی خاصیت جس کی بدولت برقی قوت پیدا ہوتی ہے، امالت۔
**induction** *n.* ① فائز کرنے کا عمل یا مثال۔ ② مصنوعی طریقے سے وضع حمل وغیرہ۔ ③ مثالوں سے عمومی کلیہ قائم کرنا، استقرائی عمل۔ ④ برقائے ہوئے یا مقناطیسی جسم کے قریب رکھنے سے برقی یا مقناطیسی قوت پیدا کرنا، اِمالت۔ ⑤ اندرونی احتراق سے چلنے والے انجن کے سلنڈر میں ایندھن کھینچ کر پہنچانے کا عمل۔

**inductive** *adj.* ①استقرائی (استدلال)②برقی یا مقناطیسی امالیت سے متعلق۔

**indulge** *v.* ①پُرلطف مشغلے میں مصروف ہونا، مزے لینا، لطف اندوز ہونا۔ ② کسی کی خواہش کو پورا کرنا، مہربان ہونا۔ □ **indulge in** اپنی کسی (خواہش کو) پورا کرنا۔ ● **indulgence** اسم۔

**indulgent** *adj.* ①خطابخش، شفیق۔②عیش یا لطف اندوزی پر مائل۔ ● **indulgently** م ف۔

**industrial** *adj.* ① صنعتی۔② صنعتی استعمال کے لیے موزوں۔ ③ صنعتی طور پر ترقی یافتہ۔● **industrially** م ف: صنعتی طور پر، صنعتی لحاظ سے۔

**industrial action** *n.* صنعتی احتجاج، مزدوروں کی ہڑتال وغیرہ۔

**industrial estate** *n.* صنعتی علاقہ، جو کارخانوں کے لیے مخصوص کر دیا جائے۔

**industrialism** *n.* سماجی ومعاشی نظام جس میں صنعتوں کو فروغ ہو۔

**industrialist** *n.* صنعت کار، مالک یا منتظم کارخانہ۔

**industrialize** *v.* (also -ise) ① کسی ملک یا علاقے میں صنعتیں پھیلانا۔② صنعتی طور پر ترقی کرنا۔

**industrial relations** *n. pl.* صنعتی روابط، مزدوروں اور منتظمین کے تعلقات۔

**industrious** *adj.* محنتی، جفاکش۔ ● **industriously** م ف: تن دہی سے۔

**industry** *n.* (*pl.* -ies) ①صنعت وحرفت کے کاروبار اور اشیا کی تیاری کا ایک شعبہ، تجارت اور حرفت کے لیے مشترک نام۔②جدوجہد، تن دہی۔

**inebriated** *adj.* نشے میں مخمور۔

**inedible** *adj.* کھانے کے ناقابل، ناموزوں۔

**ineducable** *adj.* تعلیم کے ناقابل خصوصاً ذہنی معذوری کے سبب۔

**ineffable** *adj.* بیان سے باہر، جس کا بیان مشکل ہو۔

**ineffective** *adj.* ① بے اثر۔②نااہل، نتائج حاصل نہ کرنے والا۔ ● **ineffectively** م ف۔

**ineffectual** *adj.* غیر مؤثر، مطلوبہ کام کے لیے ناموزوں۔ ● **ineffectually** م ف۔

**inefficient** *adj.* ①نااہل۔②مطلوبہ لیاقت یا سند وتجربے سے محروم۔ ● **inefficiency** اسم: نااہلی۔ **inefficiently** م ف: نااہلی سے۔

**inelegant** *adj.* ①بے وقار۔②اَن گھڑ، بھونڈا، بھدّا۔ ● **inelegantly** م ف: بھدّے پن سے۔

**ineligible** *adj.* مطلوبہ شرائط یا معیار کے لحاظ سے غیر موزوں، ناقابل۔

**ineluctable** *adj.* ناگزیر، جس سے بچنا محال ہو۔

**inept** *adj.* ①ناتربیت یافتہ، بے سدھا، غیر ہنرمند۔ ② مہمل، بدّھو۔ ● **ineptitude** اسم: ناقابلیت۔ **ineptly** م ف۔ **ineptness** اسم: بے تکا پن۔

**inequality** *n.* (*pl.* -ies) عدم مساوات، نابرابری۔

**inequitable** *adj.* لامساوی، غیر منصفانہ۔ ● **inequitably** م ف: غیر منصفانہ۔

**inert** *adj.* ①جامد، بے حس وحرکت، ساکن۔ ② مؤثر کیمیائی یا دوسرے خواص سے خالی۔ ③ سست، بے عمل۔ ● **inertly** م ف۔ **inertness** اسم۔

**inertia** *n.* ①طبیعیات: جمود، مادّے کی یہ خاصیت کہ وہ ہموار طور پر ساکن یا ایک سیدھ میں متحرک رہے، جب تک کہ کوئی بیرونی قوت مداخلت نہ کرے۔②جمود، سکون، کاہلی، بے عملی۔

**inertia reel** *n.* ایک پھرکی دار کل جس کی بنا پر گاڑی میں لگی ہوئی حفاظتی پیٹی جھٹکا لگنے پر کس جاتی ہے، ورنہ ڈھیلی ڈھالی رہتی ہے۔

**inescapable** *adj.* جس سے مفر نہ ہو، ناقابلِ گریز، ناگزیر۔ ● **inescapably** م ف۔

**inessential** *adj. & n.* صف: ①غیر ضروری۔ ②فالتو، قابلِ ترک۔ اسم: غیر اہم شے۔

**inestimable** *adj.* بے حساب، زبردست، عظیم، بے بہا۔ ● **inestimably** م ف: بے اندازہ۔

**inevitable** *adj.* ناگزیر، اٹل، جس سے مفر نہ ہو، جس کا واقع ہونا یقینی ہو۔ ● **inevitability** اسم۔ **inevitably** م ف: ناگزیر طور پر۔

**inexact** *adj.* غیر معیّن۔ ● **inexactitude** اسم: عدم تعیّن۔ **inexactly** م ف: ناقص طور پر۔

**inexcusable** *adj.* ناقابل معافی، بے جواز،

نامنصفانہ۔

**inexhaustible** *adj.* کبھی ختم نہ ہونے والا۔

**inexorable** *adj.* ① کڑا، کٹھور، سخت گیر۔ ② ناقابل ترغیب۔● **inexorably** م ف: کٹّر پن سے۔

**inexpensive** *adj.* سستا، ارزاں؛ باکفایت۔

**inexperienced** *adj.* ناتجربہ کار، ناپختہ کار، خام، ناآزمودہ۔● **inexperience** اسم: ناتجربہ کاری۔

**inexpert** *adj.* اناڑی، بے ہنر، ناواقفِ فن۔ ● **inexpertly** م ف: اناڑی پن سے۔

**inexplicable** *adj.* ناقابل تشریح، توضیح، سمجھ سے باہر، بلاوجہ، بے سبب۔● **inexplicability** اسم۔ **inexplicably** م ف: ناقابل توجیح طور پر۔

**inexpressible** *adj.* ناقابل اظہار، ناقابل بیان۔ ● **inexpressibly** م ف: ناقابل بیان طور پر۔

**in extremis** *adj.* ① قریب المرگ۔ ② مشکلات میں مبتلا۔

**inextricable** *adj.* ① (الجھن) جس سے نکلنا مشکل ہو۔ ② (گتھی) جو سلجھائی نہ جاسکے، لاینحل (مسئلہ) ③ الجھا ہوا، پیچیدہ۔● **inextricably** م ف۔

**infallible** *adj.* ① معصوم، خطا سے مبرّا۔ ② طریق کار وغیرہ جس میں غلطی کا امکان نہ ہو۔● **infallibility** اسم: لغزش سے برأت۔ **infallibly** م ف: قطعی طور پر۔

**infamous** *adj.* بدنام، قابلِ نفرت۔● **infamy** اسم: رسوائی، بدنامی۔ **infamously** م ف۔

**infancy** *n.* (*pl.* -ies) ① بچپن، طفولیت، شیرخوارگی۔ ② کسی خیال، مہم وغیرہ کا ابتدائی مرحلہ۔

**infant** *n.* دودھ پیتا بچہ، طفل شیرخوار۔

**infanticide** *n.* ① طفل کشی، پیدائش کے بعد بچے کا قتل۔ ② نومولود بچوں کو قتل کر دینے کی روایت۔

**infantile** *adj.* بچکانہ، طفلانہ، ناپختہ، ہلکا۔

**infantry** *n.* پیادہ فوج۔

**infatuated** *adj.* گرویدہ، والہ وشیدا، عشق کے دورے میں مبتلا۔● **infatuation** اسم: عشق خام۔

**infect** *v.* ① (پانی، ہوا وغیرہ کو) جراثیم زدہ، آلودہ، خراب کرنا، زہرآلود کرنا۔ ② متعدی مرض میں مبتلا کرنا۔ ③ کسی کو مذموم خیالات، جذبے یا عادت سے متاثر کرنا۔

**infection** *n.* جراثیم زدگی، جراثیم سے متاثر یا آلودہ ہونے کی کیفیت؛ چھوت سے لگنے والی، متعدی بیماری۔

**infectious** *adj.* ① چھوت سے لگنے والا۔ ② ہوا اور پانی سے پھیلنے والا (مرض)● **infectiously** م ف۔ **infectiousness** اسم: تعدیہ، چھوت۔

**infer** *v.* **(inferred, inferring)** ① نتیجہ اخذ کرنا۔ ② ایما، اشارہ کنایہ کرنا۔● **inference** اسم۔

**inferior** *adj.* & *n.* صفت: ① ادنیٰ، کمتر، گھٹیا، کمتر یا نچلے درجے کا۔ ② خوبی یا خواص میں کمتر۔ اسم: عہدے یا مرتبے میں کمتر آدمی۔● **inferiority** اسم: کمتری۔

**infernal** *adj.* ① دوزخ یا تحت الثریٰ سے متعلق، عفریتی، پُرعذاب۔ ② بول چال: قابلِ نفرت، باعثِ زحمت۔● **infernally** م ف: شیطنت سے۔

**inferno** *n.* (*pl.* -os) ① بھڑکتی ہوئی، شعلہ زن آگ۔ ② ہیبت ناک منظر۔ ③ جہنم۔

**infertile** *adj.* غیر زرخیز، بنجر، اُوسر، بے ثمر۔ ● **infertility** اسم: ناپیداواری، بنجر پن۔

**infest** *v.* (کسی جگہ) گھس پڑنا، پھیل جانا، (مضر ناپسندیدہ اشخاص یا اشیا خصوصاً کیڑے مکوڑوں یا بیماری کا) چھا جانا، گھیر لینا۔● **infestation** اسم۔

**infidel** *n.* بے دین، جو کسی مذہب کا قائل نہ ہو۔

**infidelity** *n.* (*pl.* -ies) بے وفائی خصوصاً شوہر یا بیوی سے، خصوصاً ناجائز تعلقات۔

**infighting** *n.* کسی ادارے میں اندرونی کشمکش یا باہمی مقابلہ۔

**infill** *n.* (also **infilling**) ① کسی گڑھے، درز وغیرہ کو بھرنے کا مسالہ۔ ② کھڑی ہوئی عمارتوں کے درمیان جگہ پُر کرنے کے لیے نئی عمارت کی تعمیر۔

**infiltrate** *v.* (کسی جگہ یا کسی گروہ میں) چپ چپاتے یا رفتہ رفتہ داخل ہونا (مثلاً مخبری کی نیت سے)● **infiltration** اسم۔ **infiltrator** اسم۔

**infinite** *adj.* ① لاانتہا، لامحدود، ② عظیم، زبردست۔ ③ کثیر، لاتعداد۔● **infinitely** م ف۔

**infinitesimal** *adj.* بے حد یا بہت چھوٹا، حقیر۔ ● **infinitesimally** م ف۔

**infinitive** *n.* مصدر، فعل کی بنیادی شکل جس سے

فاعل، زمانہ وغیرہ ظاہر نہیں ہوتا (جیسے to go )

**infinity** *n.* (*pl.* **-ies**) ①لامحدودیت، لامتناہی ہونے کی حالت یا صفت۔②اَن گنت اعداد یا بے پایاں وسعت۔③ختم نہ ہونے والا فاصلہ۔

**infirm** *adj.* جسمانی طور سے کمزور، ناتواں، نحیف خصوصاً ضعیف العمر۔● **infirmity** اسم: کمزوری، ضعف۔

**infirmary** *n.* (*pl.* **-ies**) شفاخانہ۔

**inflame** *v.* ① مشتعل ہونا، برہم ہونا۔②سرخ ہو جانا، تپنا، تمتمانا، ورم پیدا کرنا، حرارت پیدا کرنا۔

**inflammable** *adj.* ①آتشگیر ۔② جلد بھڑک اٹھنے، بپھر جانے والا۔● **inflammability** اسم۔

---

وضاحت: چونکہ *inflammable* کو منفی صورت میں سمجھا جاسکتا ہے اس لیے اکثر *flammable* استعمال کیا جاتا ہے، جبکہ اس کی منفی صورت *non-inflammable* ہے۔

---

**inflammation** *n.* (جسم کے کسی حصّے میں) سوجن، تپک، سرخی۔

**inflammatory** *adj.* (خصوصاً تقریر، پمفلٹ وغیرہ کی بابت) اشتعال انگیز۔

**inflatable** *adj. & n.* صف: جو پھلایا جاسکے۔ اسم: ربڑ یا پلاسٹک کی بنی ہوئی شے جو پھلائی جاسکے۔

**inflate** *v.* ①ہوا یا گیس بھر کے پھلانا۔② افراط زر پیدا کرنا، قیمتوں میں مصنوعی طریقے سے اضافہ کرنا۔ ③مبالغہ کرنا۔④(کسی کو) بھرّے پر چڑھانا، مغرور بنانا۔

**inflation** *n.* ① پھولنے کی کیفیت، نفخ۔② قیمتوں میں عام اضافہ اور سکّے کی قدر میں کمی، افراط زر۔● **inflationary** صف: افراط زر سے متعلق۔

**inflect** *v.* ①(آواز، سُر وغیرہ کو) اونچا یا نیچا کرنا، لحن پیدا کرنا۔ ② قواعد: لفظ میں تصریف کرنا، مصدر سے مشتقات بنانا۔● **inflection** اسم: تصریف۔

**inflexible** *adj.* ① جو مڑ نہ سکے، بے لوچ لچک۔ ② کٹّر، ضدّی۔ ③ تغیر ناپذیر، ناملائم، سخت گیر۔ ● **inflexibility** اسم۔ **inflexibly** م ف۔

**inflict** *v.* ①لگانا (چوٹ، زخم وغیرہ)، دینا (شکست وغیرہ) ② مسلّط یا عائد کرنا۔● **infliction** اسم۔

**inflorescence** *n.* ① کسی پودے کا پھول لانے والا سرا، ٹہنی، ڈنڈی اور پتّیاں۔② پھول کھلنے کا پورا عمل۔

**influence** *n. & v.* اسم: اثر جو ایک شخص یا شے دوسرے پر ڈالے، اخلاقی برتری یا زور، اثر انداز شے یا شخص۔ف: (کسی پر) اثر انداز ہونا، اثر ڈالنا، اثر رکھنا۔

**influential** *adj.* صاحب رسوخ، ذی اثر، ذی اقتدار۔● **influentially** م ف۔

**influenza** *n.* وائرس سے پھیلنے والا مرض، علامات میں حرارت، شدید درد و کرب اور نزلہ شامل ہیں۔

**influx** *n.* لوگوں یا اشیا کی بڑے پیمانے پر مسلسل آمد۔

**inform** *v.* ① آگاہ کرنا۔②الزام دہی کرنا۔③ کوئی جذبہ، خوبی، اصول جاگزیں کرنا۔

**informal** *adj.* ①غیر رسمی، آپس کا، بے تکلفانہ۔ ② معمولی، روز مرّہ کا (لباس، طرز کلام وغیرہ) ● **informality** اسم۔ **informally** م ف۔

**informant** *n.* مخبر، اطلاع دینے والا۔

**information** *n.* معلومات، علم، اطلاعات، خبریں۔

**information technology** *n.* (also **information science**) کمپیوٹر وغیرہ کے ذریعے معلومات کی چھان بین، بازیابی اور ترتیب کا علم۔

**informative** *adj.* معلوماتی، معلومات افزا۔● **informatively** م ف: معلوماتی طور پر۔

**informed** *adj.* واقعات سے باخبر، اطلاع یافتہ۔

**informer** *n.* مخبر، چغل خور۔

**infra** *adv.* تحتی؛ ذیل میں، آگے۔

**infra dig** *adj.* بول چال: کسرشان، وقار کے منافی، نازیبا۔

**infrared** *adj.* روشنی کے مرئی طیف میں سرخ رنگ والے سرے سے ذرا زیادہ بڑا (طولِ موج) ریڈیائی لہروں کے مقابلے میں کمتر، زیریں سرخ (طولِ موج)

**infrastructure** *n.* ①معاشرے یا کسی تجارتی مہم کے لیے ضروری بنیادی ڈھانچہ، تعمیر یا بنیاد۔② سڑکیں، پل، نکاسیٔ آب کا نظام وغیرہ جو کسی ملک کی معیشت کی بنیاد سمجھے جاتے ہیں۔

**infrequent** *adj.* شاذ، کبھی کبھار کا، گاہ گاہی۔● **infrequently** م ف: گاہے گاہے۔

**infringe** *v.* ① (قانون،عہد وغیرہ) کی خلاف ورزی کرنا،کسی کے حقوق تلف کرنا۔② تجاوز کرنا، مداخلت بے جا کا مرتکب ہونا۔● **infringement** اسم۔
**infuriate** *v.* غصہ دلانا،طیش میں لانا۔
**infuse** *v.* ① سرایت کرنا،حلول کرنا۔② خساندہ بنانا، بھگو کر رنگ،عرق وغیرہ نکالنا۔③ بھگونا،ابالنا۔
**infusion** *n.* ① بھگو کر نکالا ہوا عرق،افشردہ۔② کسی چیز میں کوئی نئی چیز داخل کرنے کا عمل۔
**ingenious** *adj.* موجد،ذہین؛ایجاد،اختراع،تعمیر، تنظیم وغیرہ کی اہلیت رکھنے والا؛باہنر،باصلاحیت۔● **ingenuity** اسم:اپج۔**ingeniously** م ف۔
**ingenuous** *adj.* پاک باز،شریف،سادہ،کھلے دل کا۔● **ingenuously** م ف۔ **ingenuousness** اسم:پاکبازی،سادہ دلی۔

---

وضاحت: *ingenuous* کے معنی کشادہ طبیعت،بے تکلف یا بھولا پن۔اسے کبھی کبھی *ingenious* کے ساتھ خلط ملط کردیا جاتا ہے جس کا مطلب ہے باتدبیر،مخترع۔

---

**ingest** *v.* ① (غذا وغیرہ) نوش کرنا۔② (علم معلومات وغیرہ) ہضم کرنا،ذہن نشین کرنا۔
**inglenook** *n.* کسی بڑے آتشدان کے دونوں طرف کے گوشے۔
**inglorious** *adj.* ① شرمناک،باعثِ رسوائی۔② مجہول،گمنام،نامشہور۔
**ingot** *n.* ڈھلی ہوئی دھات کا عموماً مستطیل ٹکڑا۔
**ingrained** *adj.* موروثی؛داخل فطرت۔
**ingratiate** *v.* خوشنودی حاصل کرنا؛کسی کے دل میں اپنا نقش بٹھانا۔
**ingratitude** *n.* ناشکرا پن،احسان فراموشی۔
**ingredient** *n.* کسی مرکب یا نسخے وغیرہ کا جزو۔
**ingress** *n.* ① داخلے کی اجازت یا حق۔② دروازہ۔
**ingrowing** *adj.* اندر کی طرف بڑھتا ہوا،خصوصاً پاؤں کے انگوٹھے کا ناخن جو گوشت میں پیوست ہو جائے۔
**inhabit** *v.* بسنا،آباد ہونا،رہنا۔● **inhabitable** صف:قابلِ سکونت۔**inhabitant** اسم:رہنے والا۔

**inhalant** *n.* سونگھنے،ناک میں چڑھانے کی دوا۔
**inhale** *v.* سانس لینا،سانس کے ساتھ اندر کھینچنا (گیس،سگریٹ کا دھواں وغیرہ)● **inhalation** اسم۔
**inhaler** *n.* دمے کے مریضوں کی تسکین کے لیے سانس کے ساتھ دوا اندر کھینچنے کا ایک دستی آلہ۔
**inherent** *adj.* ① فطری یا مستقل طور پر کسی کی ذات میں موجود۔② کسی کو بطور استحقاق یا امتیازی طور پر حاصل۔● **inherently** م ف:جبلّی طور پر۔
**inherit** *v.* ① بطور جانشین حاصل کرنا (جائیداد وغیرہ) ② اسلاف سے وراثۃً پانا۔③ بطور وارث جانشین ہونا۔● **inheritance** اسم:ترکہ۔**inheritor** اسم۔
**inhibit** *v.* **(inhibited, inhibiting)** روکنا، بڑھنے،پنپنے نہ دینا،(کسی عمل یا ترقی میں) مزاحم ہونا۔● **inhibited** صف:رکا ہوا۔**inhibitor** اسم:مانع۔
**inhibition** *n.* ① کسی جبلی عمل پر لگی ہوئی بندش، امتناع۔② فکر یا عمل کے خلاف جذباتی مدافعت یا رکاوٹ۔
**inhospitable** *adj.* ① غیر مہمان نواز۔② (علاقے وغیرہ کی بابت) ناسازگار،جو موافق نہ آئے۔
**inhospitality** *n.* رُوکھا پن،بے تواضعی۔
**in-house** *adj.* & *adv.* صف:اندرونی،کسی کمپنی یا ادارے کا اپنا۔م ف:اندرونی طور پر۔
**inhuman** *adj.* (also **inhumane**) ① ظالمانہ،وحشیانہ،انسانیت سے عاری (شخص،برتاؤ وغیرہ) ② غیر انسانی۔● **inhumanity** اسم: وحشیانہ پن، بے دردی۔**inhumanly** م ف:بے دردی سے۔
**inimical** *adj.* ① مخالفانہ۔② ضرر رساں، نقصان دہ۔● **inimically** م ف:دشمنوں کی طرح۔
**inimitable** *adj.* جس کی نقل ممکن نہ ہو،ناقابل تقلید۔● **inimitably** م ف:ناقابل تقلید طور پر۔
**iniquity** *n.* ① بدی،شرارت،بدکرداری۔② سخت بے انصافی۔● **iniquitous** صف:نامنصفانہ،عیّارانہ۔
**initial** *adj., n.* & *v.* صف:ابتدائی؛اوّل،پہلا۔ اسم:کسی لفظ یا کسی کے نام کے پہلے حروف۔ف: **(initialled ، initialling** امریکا: **initialed)** بطور دستخط اپنے نام کے ابتدائی حروف لکھنا۔● **initially**

م ف: ابتداءً، شروع میں۔

**initiate** *v., n., & adj.* ف: ① آغاز کرنا، شروعات کرنا۔ ② قبول کرنا، اپنانا، خصوصاً کسی رسمی کارروائی کے ذریعے کسی منصب پر فائز کرنا یا شریک راز کرنا۔ اسم: نیا نیا اپنایا ہوا یا فائز کردہ (شخص) ● **initiation** اسم۔ آغاز، شروعات۔ **initiator** اسم۔ **initiatory** صف۔

**initiative** *n.* ① پہل کرنے کی صلاحیت۔ ② پہلا قدم، ابتدا۔ ③ کسی چیز کے آغاز کی قدرت یا اختیار۔

**inject** *v.* ① پچکاری کے ذریعے (دوا وغیرہ) جسم میں چھوڑنا۔ ② داخل کرنا۔ ● **injection** اسم: ٹیکا۔

**injudicious** *adj.* غیر مدبّرانہ، غیر عاقلانہ۔ ● **injudiciously** م ف: ناعاقبت اندیشی سے۔

**injunction** *n.* بااختیار حاکم کا فرمان، ہدایت یا تنبیہہ، خصوصاً عدالتی حکم۔

**injure** *v.* جسمانی تکلیف پہنچانا، چوٹ لگانا۔

**injurious** *adj.* نقصان دہ۔

**injury** *n.* (*pl.* **-ies**) ① چوٹ، جسمانی ضرر۔ ② مجرمانہ کارروائی یا سلوک، اس کی کوئی واردات۔

**injustice** *n.* بے انصافی، نامنصفی، نامنصفانہ بات۔

**ink** *n. & v.* اسم: لکھنے یا چھاپے وغیرہ کی روشنائی۔ ف: روشنائی سے نشان ڈالنا، چھاپنے سے پہلے حروف پر پھیرنا۔ ● **inky** صف: سیاہی آمیز۔

**inkling** *n.* خفیف معلومات یا شائبہ؛ اشارہ۔

**inlaid** INLAY کا ماضی و ماضیہ۔

**inland** *adj., & n.,* صف: اندرونِ ملک واقع، داخلی۔ اسم: ملک کے وہ علاقے جو ساحلِ سمندر سے دور ہوں۔

**in-laws** *n. pl.* سسرالی عزیز۔

**inlay** *v. & n.* ف: (**inlaying**، **inlaid**) (کسی شے میں کوئی اور شے) بٹھانا، جمانا، جڑنا اس طرح کہ سطح ہموار رہے؛ کندہ کاری کرنا۔ اسم: ① کندہ کاری کا نمونہ۔ ② کندہ کیا ہوا (نقش وغیرہ)

**inlet** *n.* ① آبنائے جو سمندر، جھیل یا دریا سے نکلے۔ ② داخلے کا ذیلی راستہ۔

**in loco parentis** *adv.* بجائے والدین، (استاد وغیرہ)

**inmate** *n.* ① ہسپتال، جیل خانے یا کسی ادارے کا بسنے والا۔ ② مکان میں رہنے والا۔

**in memoriam** *prep. & n.* (کسی فوت شدہ شخص کی) یاد میں، بیاد (فلاں)

**inmost** *adj.* نہایت اندرونی، نزدیکی، عمیق ترین۔

**inn** *n.* شراب خانہ جہاں پینے کے لیے شراب فراہم کی جائے اور بعض اوقات قیام کی جگہ بھی۔

**innards** *n. pl.* بول چال: ① انتڑیاں۔ ② (انجن وغیرہ کے) کل پرزے۔

**innate** *adj.* پیدائشی، قدرتی۔ ● **innately** م ف۔

**inner** *adj.* اور اندر، زیادہ گہرائی میں، بہت عمیق۔

**inner city** *n.* اندرون شہر، شہر کا منجھ۔

**innermost** *adj.* =INMOST۔

**innings** *n.* کرکٹ: کھیل کا وہ حصّہ جبکہ کوئی فریق بلّے بازی کرے۔

**innocent** *adj.* ① معصوم، گناہ سے پاک۔ ② بے جرم، بے خطا۔ ③ سادہ لوح، سیدھا۔ ④ بے ضرر۔ ● **innocence** اسم: معصومیت۔ **innocently** م ف۔

**innocuous** *adj.* بے ضرر، بغیر نقصان۔ ● **innocuously** م ف۔

**innovate** *v.* ① نئے طریقے برتنا۔ ② تبدیلیاں لانا۔ ③ ایجاد، اختراع کرنا۔ ● **innovation** اسم: جدّت، اختراع۔ **innovative** صف۔ **innovator** اسم۔

**innuendo** *n.*(*pl.*-**oes**) ① چھپا ڈھکا فقرہ، چوٹ، طنز۔ ② ذو معنی فقرہ۔

**innumerable** *adj.* شمار سے باہر، بے گنتی۔

**innumerate** *adj.* ریاضی سے بیگانہ۔ ● **innumeracy** اسم۔

**inoculate** *v.* بیماری سے بچاؤ کا حفاظتی ٹیکہ لگانا۔ ● **inoculation** اسم: ٹیکا۔

**inoperable** *adj.* عملِ جراحی کے ناقابل۔

**inoperative** *adj.* غیر مؤثر، غیر نافذ، معطّل۔

**inopportune** *adj.* بے محل، جس کے لیے وقت یا موقع سازگار نہ ہو۔

**inordinate** *adj.* ① ضرورت سے زیادہ، از حد، شدید۔ ② غیر معتدل۔ ● **inordinately** م ف۔

**inorganic** *adj.* کیمیا: غیر نامی (مرکب) بے جان. عموماً دھاتی (نامی کی ضد)● **inorganically** م ف۔
**in-patient** ہسپتال میں داخل مریض۔
**input** *n. & v.* اسم: کسی عمل یا ترکیب کے لیے ضروری جزو یا اجزا کا داخل کرنا۔ ف: ( **inputted**، **inputting**) ① اندر ڈالنا، داخل کرنا، اضافہ کرنا۔ ② کمپیوٹر: مہیّا کرنا (معلومات، پروگرام وغیرہ)
**inquest** *n.* اچانک وفات کی بابت عدالتی طور پر تحقیق، کسی واقعہ کی بابت باقاعدہ سرکاری تحقیقات۔
**inquire** *v.* معلومات چاہنا، باضابطہ تفتیش کرنا۔
**inquiry** *n.* (*pl.*-**ies**) تحقیقات خصوصاً رسمی، سرکاری۔
**inquisition** *n.* ① گہری تفتیش۔ ② سرکاری یا عدالتی تحقیقات۔ **inquistor** اسم۔ **inquistorial** صف۔
**inquisitive** *adj.* متجسّس، ٹوہ لینے والا۔
● **inquisitively** م ف۔ **inquisitiveness** اسم۔
**inroad** *n.* ① تجاوز، مداخلتِ بے جا۔ ② حملہ، ہلّہ۔
**inrush** *n.* یورش، ہلّہ، کثرت سے آمد۔
**insalubrious** *adj.* غیر صحت بخش، مضرِ صحت۔
**insane** *adj.* ① فاترالعقل، دیوانہ۔ ② نہایت بے وقوف۔● **insanely** م ف۔ **insanity** اسم: جنون، دیوانگی۔
**insanitary** *adj.* ناصاف، گندہ، متعفّن۔
**insatiable** *adj.* ① ناقابلِ تشفّی۔ ② نہایت حریص۔
● **insatiability** اسم۔ **insatiably** م ف۔
**inscribe** *v.* ① الفاظ نقش کرنا، لکھنا، کسی تختے وغیرہ پر نشان ڈالنا۔ ② کتاب وغیرہ کو کسی کے نام معنون کرنے کے لیے کتاب پر یا کتاب کے اندر عبارت تحریر کرنا۔ ③ ہندسہ: ایک شکل کو دوسری شکل کے اندر سمانا۔
**inscription** *n.* نقش یا کندہ کیے ہوئے الفاظ۔
**inscrutable** *adj.* نہایت مبہم، ناقابلِ فہم، لاینحل۔
● **inscrutability** اسم۔ **inscrutably** م ف۔
**insect** *n.* حشرہ، کرم، کیڑا، جس کے دھڑ کے ساتھ تین پیروں کے جوڑے، دو محاسوں کے جوڑے اور ایک یا دو بازوؤں کے جوڑے لگے ہوتے ہیں۔
**insecticide** *n.* جراثیم کُش، کیڑے مار دوا۔
**insectivorous** *adj.* کرم خور، کیڑے مکوڑے کھانے والا۔
**insecure** *adj.* ① ڈھلمل، جھجکتا، ٹھٹکتا، جسے خود پر اعتماد نہ ہو۔ ② جسے اچھی طرح کسا نہ گیا ہو۔
**inseminate** *v.* قدرتی یا مصنوعی طریقے سے مادّۂ منویہ داخل کرنا۔● **insemination** اسم۔
**insensible** *adj.* ① بے ہوش، بے خبر۔ ② سن، بے حس۔ ③ لاعلم، بے پروا۔ ④ بے حس، سنگ دل۔ ● **insensibility** اسم۔ **insensibly** م ف۔
**insensitive** *adj.* لطیف احساسات سے عاری۔
● **insensitively** م ف۔ **insensitivity** اسم۔
**inseparable** *adj.* جو الگ نہ ہو سکیں یا نہ ہونا چاہیں (خصوصاً دوست) ● **inseparability** اسم: ربط وضبط۔ **inseparably** م ف: بلا تفریق۔
**insert** *v. & n.* ف: ① کوئی شے دوسری شے میں داخل کرنا، جمانا، بٹھانا۔ ② کوئی خط، اشتہار (وغیرہ) اخبار وغیرہ میں شائع کرانا۔ اسم: داخل کی ہوئی شے مثلاً کسی رسالے وغیرہ میں علاحدہ ورق۔● **insertion** اسم۔
**in-service** *adj.* (تربیت) جو کسی پیشے یا ملازمت سے وابستہ لوگوں کے لیے ہو۔
**inset** *n. & v.* اسم: علاحدہ صفحہ یا صفحات جو کسی کتاب وغیرہ کی تہ میں رکھ دیے جائیں، نقشہ یا تصویر جو کسی بڑے نقشے یا تصویر کے اندر جڑ دی گئی ہو۔ ف: (**inset**، **insetting**) ① اضافہ کرنا، ٹانکنا، سمانا۔ ② اضافہ شدہ شے سے سجانا، آراستہ کرنا۔
**inshore** *adv. & adj.* سمندر میں لیکن ساحل سے قریب۔
**inside** *n., adj., adv. & prep.* اسم: ① کسی چیز کا اندرون، تہ، دھڑ، اندر کا حصّہ یا علاقہ۔ ② (**insides**) پیٹ، شکم۔ ③ بول چال: اندرونی اطلاعات کا وسیلہ۔ صف: اندر کی طرف واقع، اندر کا، اندرونی۔ م ف: ① اندر کی طرف یا اندرونی حصّے پر۔ ② بول چال: قید خانے میں۔ حرف جار: ① در، میں، درمیان۔ ② کمتر، گھٹ کر۔□ **turn inside out** ① اندر کے حصّے کو الٹ کر باہر کرنا۔ ② بول چال: گڑبڑ پھیلانا، افراتفری مچانا۔ ③ مکمل، بھرپور طریقے سے۔
**insider dealing** *n.* بازار حصص: خفیہ

معلومات سے فائدہ اٹھا کر نفع کا سودا۔

**insidious** *adj.* ① چپکے چپکے کام کرنے والا۔ ② عیّار، مکّار۔ ● **insidiously** م ف۔ **insidiousness** اسم: مکر، گھنا پن۔

**insight** *n.* بصیرت، درک، حالات، حقائق، اشخاص کو بھانپنے، جانچنے کی فطری صلاحیت۔

**insignia** *n.* ① امتیازی نشان، بلّا، تمغا وغیرہ۔ ② امتیازی علامات، شناختی نشان۔

**insignificant** *adj.* غیر اہم، معمولی، ادنیٰ۔ ● **insignificance** اسم۔ **insignificantly** م ف۔

**insinuate** *v.* ① اشارۃً یا کنایۃً کہنا۔ ② چپکے چپکے رسوخ یا رسائی حاصل کرنا۔ ● **insinuation** اسم: اشارہ، کنایہ۔ **insinuator** اسم۔

**insipid** *adj.* بے لطف، پھیکا، بے مزا۔

● **insipidity** اسم: پھیکا پن۔

**insist** *v.* اصرار کرنا، طلب کرنا، تقاضا کرنا، مصر ہونا۔

**insistent** *adj.* ① مصر، بضد۔ ② مخل، جو ناحق دھیان بٹائے۔ ● **imsistence** اسم۔ **insistently** م ف۔

**in situ** *adv.* اپنی اصلی جگہ پر۔

**insolent** *adj.* گستاخ؛ ہٹ دھرم؛ بے ادب۔

● **insolence** اسم: بے ادبی۔ **insolently** م ف۔

**insoluble** *adj.* ① حل نہ ہونے والا۔ ② نہ گھلنے والا، نا قابل حل۔

**insolvent** *adj.* دیوالیہ جو اپنے قرضے نہ چکا سکے۔

● **insolvency** اسم: دیوالیہ پن۔

**insomnia** *n.* مستقل بے خوابی کا مرض؛ نیند نہ آنے کی کیفیت۔ ● **insomniac** اسم۔

**insouciant** *adj.* بے فکرا، لاابالی، بے پروا۔

● **insouciance** اسم: آزادہ روی۔

**inspect** *v.* معائنہ کرنا، دیکھ بھال کرنا، سرکاری طور پر جانچنا، پرکھنا۔ ● **inspection** اسم: معائنہ، جائزہ۔

**inspector** *n.* ① معائنہ کرنے والا۔ ② سپرنٹنڈنٹ سے نیچے اور سارجنٹ سے اوپر پولیس کا عہدہ دار۔

**inspiration** *n.* ① آمد، تحریک جو شاعر، فن کار وغیرہ کو ہوتی یا تخلیقی عمل میں کارفرما ہوتی ہے۔ ② کوئی اچانک سوجھنے والا نادر، اعلیٰ خیال۔ ③ سانس اندر کھینچنا۔

● **inspirational** صف: تخلیقی، الہامی، القائی۔

**inspire** *v.* ① اکسانا، ابھارنا (کسی شخص کو) خصوصاً تخلیقی عمل پر۔ ② کسی کی روح کو جگانا۔ ③ سمجھانا، راہ دینا، بنانا یا سبب بننا۔ ④ سانس اندر کھینچنا۔

**inst.** اختصار: INSTANT ماہ رواں۔

**instability** *n.* عدم استحکام، ناستواری۔

**install** *v.* ① لگانا، نصب کرنا (مشین وغیرہ) ② کسی کو کسی عہدے پر فائز، مامور کرنا، خصوصاً رسمی طور پر۔

**installation** *n.* ① تنصیب، تفویض کا عمل۔ ② نصب کردہ مشین وغیرہ۔

**instalment** *n.* (*US* installment) ① قسط جو مقررہ وقفوں سے واجب الادا ہو۔ ② ریڈیو، ٹی وی وغیرہ کے سلسلہ وار پروگراموں میں سے کوئی کڑی یا رسالوں میں شائع شدہ سلسلہ وار افسانے۔

**instance** *n. & v.* اسم: ① مثال، نظیر۔ ② کوئی ایک معاملہ یا صورت حال۔ ف: (کوئی بات یا واقعہ) مثال کے طور پر بیان کرنا، کسی بات کی مثال دینا۔

**instant** *adj. & n.* صف: ① فوری، بلا تاخیر۔ ② اسی وقت استعمال کے لیے تیار (کھانا وغیرہ) جلدی کا تیار کردہ، فوراً بلا تیاری حاضر۔ اسم: ① کوئی خاص لمحہ، خصوصاً موجودہ۔ ② مختصر مدّت۔ ● **instantly** م ف: فوراً۔

**instantaneous** *adj.* فوری، اسی لمحے یا فوراً ہونے والا۔ ● **instantaneously** م ف: معاً، اسی لمحے۔

**instead** *adv.* بجائے، کی جگہ، بطور متبادل۔

**instep** *n.* پاؤں، انگوٹھے سے ٹخنے تک۔

**instigate** *v.* ① اکسانا، ترغیب دینا۔ ② زور ڈالنا، بھڑکانا۔ ● **instigation** اسم۔ **instigator** اسم۔

**instil** *v.* (*US* instill) (instilled, instilling) کسی کے ذہن میں رفتہ رفتہ کوئی احساس، خیال وغیرہ بٹھانا۔ ● **instillation** اسم: ترغیب۔

**instinct** *n.* ① جبلّت انسانی یا حیوانی۔ ② فطری مہارت یا رجحان۔ ● **instinctive** صف: جبلّی۔ **instinctively** م ف: جبلّی طور پر۔

**institute** *n. & v.* اسم: ادارہ، تنظیم جو سائنس یا تعلیم وغیرہ کے فروغ کے لیے قائم ہو۔ ف: ① قائم کرنا، بنا ڈالنا۔ ② آغاز کرنا۔

**institution** *n.* ① آغاز، ابتدا۔ ② کوئی ادارہ، سوسائٹی یا تنظیم خصوصاً فلاحی۔ ③ مسلمہ روایت یا قانون۔ ④ بول چال: (کسی شخص یا دستور وغیرہ کی بابت) مانوس، معروف وجود۔ ● **institutional** صف۔

**institutionalize** *v.* (also -ise) ① (کسی کو) کسی ادارے میں رکھوا دینا۔ ② ادارے کی شکل دینا، ادارے میں تبدیل کر دینا۔ ● **institutionalized** صف۔

**instruct** *v.* ① سکھانا، تعلیم دینا۔ ② ہدایت دینا، حکم دینا۔ ③ بتانا، اطلاع دینا۔ **instructor** اسم۔

**instruction** *n.* ① ہدایت، حکم۔ ② تعلیم، پڑھائی۔ ③ **(instructions)** کسی کام کو کرنے کے لیے دی جانے والی ہدایات۔ ● **instructional** صف۔

**instructive** *adj.* معلوماتی، مفید، سبق آموز۔ ● **instructively** م ف۔

**instrument** *n.* ① اوزار، آلات خصوصاً نازک سائنسی کام کے لیے۔ ② ساز، باجا وغیرہ، آلاتِ موسیقی میں سے کوئی۔ ③ کام نکالنے کا ذریعہ، آلۂ کار، وسیلہ۔

**instrumental** *adj.* ① ذریعۂ کار، وسیلہ بننے والا۔ ② سازوں پر مبنی (موسیقی)

**instrumentalist** *n.* سازندہ۔

**insubordinate** *adj.* نافرمان، سرکش۔ ● **insubordination** اسم: حکم عدولی۔

**insubstantial** *adj.* ① بے وزن، بے حقیقت۔ ② غیر واقعی، بے اصل۔

**insufferable** *adj.* ناقابل برداشت، جس کے ساتھ گزارہ مشکل ہو۔ ● **insufferably** م ف۔

**insufficient** *adj.* ناکافی، تھوڑا، کمتر۔ ● **insufficiency** اسم۔ **insufficiently** م ف۔

**insular** *adj.* ① جزیرے جیسا، جزیرے کی طرح۔ ② لاعلم، بے خبر، تنگ نظر۔ ● **insularity** اسم: محصوریت۔

**insulate** *v.* ① برقی رو، حرارت یا آواز کے گزر یا نفوذ کو غیر موصل اجزا کے ذریعے روک کر، کسی جگہ کو محفوظ، مامون کرنا۔ ② کسی فرد یا شے کو اس کے ماحول سے کاٹ دینا، الگ تھلگ کرنا۔ ● **insulation** اسم۔ **insulator** اسم: حاجز، غیر موصل۔

**insulin** *n.* ایک ہارمونی مادّہ جو خون میں شکر کی مقدار کو معتدل رکھتا ہے۔

**insult** *v. & n.* ف: ① بے عزتی، ہتک، بے آبروئی کرنا۔ ② کسی کی عزت نفس کو زک پہنچانا۔ اسم: ہتک آمیز فقرہ یا حرکت۔ ● **insulting** صف: ہتک آمیز۔

**insuperable** *adj.* ① ناقابلِ عبور (رکاوٹ) ② لاینحل (مسئلہ) ● **insuperably** م ف۔

**insupportable** *adj.* برداشت سے باہر۔

**insurance** *n.* ① بیمہ۔ ② اس کے لیے ادا کی جانے والی رقم، بیمے کے معاوضے یا تلافی کی رقم۔ ③ بیمہ پالسی۔ ④ کوئی حفاظتی تدبیر یا تحفظ دینے والی شے۔

**insure** *v.* ① بیمہ کرانا۔ ② امریکا: ENSURE۔ ● **insurer** اسم: بیمہ کرنے والا۔

**insurgent** *adj. & n.* صف: ① بغاوت، سرکشی کرنے والا۔ ② ہلّہ بولنے، درآنے والا۔ اسم: باغی، انقلابی۔ ● **insurgency** اسم: بغاوت، سرکشی۔

**insurmountable** *adj.* ناقابلِ عبور۔

**insurrection** *n.* سرکشی، بغاوت، شورش۔ ● **insurrectionist** اسم: باغی۔

**intact** *adj.* سالم، پورا، صحیح سلامت، ان چھوا۔

**intake** *n.* ① اخذ کرنے، اندر لینے کا عمل۔ ② ایک وقت میں حاصل کردہ مقدار۔

**intangible** *adj.* ① اَن چھوا، ناقابلِ لمس، ناقابل گرفت۔ ② ذہنی طور پر ناقابلِ فہم۔

**integer** *n.* ① عدد سالم، عدد صحیح۔ ② کوئی مکمل شے۔

**integral** *adj. & n.* ① کسی کل کا جز و یا جز و لازمی۔ ② بجائے خود مکمل، سالم، پورا۔

**integrate** *v. & adj.* ① اجزا کو ملا کر کُل میں ضم کرنا، نامکمل کو مکمل کرنا۔ ② کسی سوسائٹی، اسکول وغیرہ کی باضابطہ رکنیت پانا یا دلانا۔ ● **integration** اسم۔

**integrity** *n.* ① اخلاقی بلندی، ایمانداری۔ ② مکملیت، تکمیل۔

**intellect** *n.* قوتِ استدلال، جاننے، سوچنے کی قوت، جو قوت احساس سے مختلف ہے، عقل، خردمندی۔

**intellectual** *adj. & n.* صف: ① ذہنی، عقل و فہم سے متعلق۔ ② اعلیٰ درجے کی فہم یا ذہانت رکھنے والا۔ ③ سوچنے سمجھنے کی صلاحیت سے کام لینے والا، ذی شعور۔ اسم:

دانشور، عاقل، دانا آدمی۔● **intellectually** م ف۔

**intelligence** *n.* ①ذہن، فہم، عقلمندی، ذکاوت، زود فہمی۔②فراہمی معلومات، خصوصاً فوجی یا سیاسی اہمیت کی حامل اطلاعات، اس خدمت پر مامور اشخاص۔

**intelligent** *adj.* ①ذہین، عمدہ ذہنی صلاحیت رکھنے والا۔②زود فہم، ہوش مند۔● **intelligently** م ف۔

**intelligentsia** *n.* دانشوروں کا وہ طبقہ جو تہذیب و ثقافت کا حامل اور سیاسی سوچ بچار کا اہل سمجھا جاتا ہے۔

**intelligible** *adj.* قابلِ فہم، معقول۔

● **intelligibility** اسم۔ **intelligibly** م ف۔

**intend** *v.* ①ارادہ کرنا، قصد، نیت رکھنا۔②کسی کی بابت مدّعا، منصوبہ رکھنا۔③مطلب، معنی رکھنا۔

**intense** *adj.* ① شدید، بڑھ چڑھ کر۔②حسّاس، ذکی الحس (شخص)، جذباتی لگاؤ رکھنے والا۔③ گہرا، قوی، پُرزور۔● **intensely** م ف۔ **intensity** اسم۔

---

وضاحت: *intense* کو بعض اوقات *intensive* کا ہم معنی سمجھ لیا جاتا ہے اور غلط طور پر نصاب تعلیم وغیرہ کے لیے استعمال کیا جاتا ہے۔

---

**intensifier** *n.* قواعد: حرف تاکید جیسے *I'm really hot* میں really۔

**intensify** *v.* **(-ies, -ied)** شدید یا شدید تر ہونا یا کرنا۔● **intensification** اسم: مزید شدّت۔

**intensive** *adj. & n.* صف: ①زوردار، کامل، ایک نقطے یا موضوع پر مرتکز۔②شدّت کا مظہر۔③ لاگت کے لحاظ سے زیادہ مقدار میں پیداوار کا خواہاں۔④ کسی ایک عنصر پر زیادہ زور دینے والا: *(labour-intensive)*

● **intensively** م ف۔ **intensiveness** م ف۔

**intensive care** *n.* انتہائی نگہداشت، خطرناک طور پر بیمار مریضوں کی مسلسل طبّی نگہداشت۔

**intent** *n. & adj.* اسم: مقصد، مدّعا۔ صف: تُلا ہوا، منہمک۔● **intently** م ف۔ **intentness** اسم۔

**intention** *n.* ①مقصد، مدّعا، غرض، غایت۔② نیت، ارادہ۔

**intentional** *adj.* بالارادہ، دانستہ، جان بوجھ کر، عمداً۔● **intentionally** م ف: قصداً۔

**inter** *v.* **(interred, interring)** دفن کرنا، گاڑنا (لاش وغیرہ کو)

**inter-** *pref.* سابقہ بطور مابین، درمیان۔

**interact** *v.* جواباً عمل کرنا، ایک دوسرے پر اثر ڈالنا۔

● **interaction** اسم۔ **interactive** صف۔

**inter alia** *adv.* منجملہ دیگر اشیا؛ بشمول دیگر اشیا۔

**interbreed** *v.* **(interbred, interbreeding)** ①دونسلی ملاپ کرانا۔② مخلوط یا دوغلی نسل کشی کرنا۔③ ایک خاندان کے اندر باہمی نسل کشی کرنا۔

**intercede** *v.* کسی کی جانب سے پیروی کرنا، کسی کے حق میں بولنا۔

**intercept** *v.* ①بیچ میں روک لینا، لپک لینا، اُڑا لینا۔② کاٹ دینا، سلسلہ قطع کر دینا (روشنی وغیرہ کا) ● **interception** اسم۔ **interceptor** اسم۔

**intercession** *n.* سفارش، شفاعت۔

**interchange** *v. & n.* ف: ①(دو فریقوں کا) باہم اشیا کا تبادلہ کرنا۔②ایک کی جگہ دوسری چیز لانا، ادل بدل کرنا۔ اسم: ①تبادل، مبادلہ، ادلی بدلی۔②چوراہا وغیرہ جو اس طرح بنایا گیا ہو کہ ٹریفک کا بہاؤ نہ رکے۔ ● **interchangeable** صف: تبادل پذیر۔

**intercom** *n.* ریڈیو یا ٹیلیفون کے ذریعے دفتر، جہاز وغیرہ کے مابین مواصلاتی سلسلہ۔

**interconnect** *v.* باہم پیوست کرنا، ملانا، مربوط کرنا۔● **interconnection** اسم۔

**intercontinental** *adj.* بین براعظمی (ربط وضبط یا سفر)

**intercourse** *n.* ①ارتباط باہمی، افراد یا اقوام کے درمیان رابطہ، میل جول۔② جنسی تعلق، مباشرت۔

**interdenominational** *adj.* مختلف مذہبی فرقوں کے درمیان، بین فرقہ جاتی۔

**interdependent** *adj.* ایک دوسرے پر انحصار رکھنے والے، باہم وابستہ۔

**interdict** *n.* امتناعی حکم، ممانعت کا فرمان۔

**interdisciplinary** *adj.* بین الکلّیات علمی، مختلف علمی شعبوں کے مابین۔

**interest** *n. & v.* اسم:① تعلقِ خاطر، دلچسپی، ذوق۔ ② قابل پسند یا دلچسپی پیدا کرانے والی خصوصیت۔ ③ شوق کا مشغلہ۔ ④ فائدہ، منافع۔ ⑤ سُود، بیاج۔ ⑥ کسی کاروبار میں مالی شرکت۔ ف: ① دلچسپی پیدا کرنا؛ لبھانا، پسند آنا۔ ② کسی کو رغبت دلانا۔

**interested** *adj.* ذاتی، نجی دلچسپی رکھنے والا نہ کہ غیر جانب دار۔

**interesting** *adj.* دلچسپ، توجہ کو کھینچنے والا، دلپسند۔

**interface** *n.* ① دو طبقات کے درمیان مشترک حد رکھنے والی سطح۔ ② دو نظاموں کا نقطۂ اتصال۔ ③ کمپیوٹر: دو مشینوں کو ایک ساتھ چلانے کے لیے استعمال ہونے والا پرزہ۔

**interfere** *v.* ① مخل ہونا، رکاوٹ ڈالنا، حائل ہونا، مزاحم ہونا، اڑنا۔ ② بن بلائے درآنا، شریک ہوجانا۔□ **interfere with** عصمت دری کرنا۔

**interference** *n.* ① دخل اندازی۔ ② مختلف طرح کی لہروں کی ریڈیو کی نشریات میں خلل اندازی۔

**interferon** *n.* مختلف لحمیات میں سے کوئی جو خلیات میں سمّی نامیاتی مادّے کی نشوونما کو روک دیتی ہیں۔

**intergalactic** *adj.* مختلف سماوی جھرمٹوں کے درمیان۔

**interim** *n. & adj.* اسم: درمیانی وقت۔ صف: وقتی، عارضی، درمیانی دور کا۔

**interior** *adj. & n.* صف: ① اندرونی۔ ② داخلی، خانگی۔ اسم: اندرونی علاقہ، حصّہ، ضلع۔

**interject** *v.* جملۂ معترضہ کے طور پر بیچ میں لانا۔

**interjection** *n.* فجائیہ کلمہ (م: *ah!, dear me!* واہ! اف، ہائے! وغیرہ)

**interlace** *v.* ملا کر بُننا، باہم پیچاں کرنا۔

**interlink** *v.* سلسلہ ملانا، باہم مربوط کرنا۔

**interlock** *v. & adj.* ف: ایک دوسرے میں پیوست ہو جانا، کھانچہ بند ہونا۔ صف: (کپڑے کی) چیرہ دار ٹانکوں کی بنائی۔

**interloper** *n.* بے جا مداخلت کرنے، درآنے، گھس آنے والا شخص۔

**interlude** *n.* ① وقفہ خصوصاً کسی کھیل تماشے کے درمیان۔ ② اس عرصے میں کی جانے والی ضمنی کارروائی۔

**intermarry** *v.* (-ies, -ied) (مختلف نسلوں، ذاتوں، خاندانوں کا) رشتۂ ازدواج میں منسلک ہونا۔● **intermarriage** اسم: مخلوط ازدواج۔

**intermediary** *n. & adj.* اسم: (ج: -ies) ثالث، پنچ، حکم۔ صف: مصالحت کرانے والا۔

**intermediate** *adj.* درمیانہ (وقت، زمانہ، ترتیب یا خواص کے لحاظ سے) بیچ کا، وسطی۔

**interment** *n.* لاش کی تدفین۔

**intermezzo** *n.* (*pl.* **intermezzi** or **-os**) کسی آپرا وغیرہ میں بجنے والی مختصر دُھن۔

**interminable** *adj.* ① لامتناہی۔ ② اپنی طوالت سے اکتا دینے والا۔● **interminably** م ف۔

**intermission** *n.* ① وقفہ۔ ② تماشے وغیرہ کے درمیان وقفہ۔ ③ خالی یا سکون، آرام کا عرصہ۔

**intermittent** *adj.* جو رک رک کر یا وقفے وقفے سے واقع ہو، غیر مسلسل۔● **intermittently** م ف۔

**intern** *n. & v.* اسم: (نیز **interne**) امریکا: تازہ ڈگری یافتہ یا ڈاکٹر جو ہسپتال میں بحیثیت مددگار ڈاکٹر کام کرے۔ ف: نظر بند کرنا (غیر ملکی)

**internal** *adj.* ① اندرونی، کسی جگہ کے اندر واقع۔ ② جسم کے اندر سے تعلق رکھنے، واقع یا استعمال ہونے والا۔ ③ کسی ملک کے داخلی معاملات سے تعلق رکھنے والا۔ ④ کسی ادارے کے اندر استعمال یا عمل درآمد ہونے والا۔● **internally** م ف: داخلی طور پر۔

**internal-combustion engine** *adj.* اندرونی احتراق سے چلنے والا انجن۔

**internalize** *v.* (also **-ise**) ذہن میں ڈالنا، سیکھ لینا، بٹھا لینا۔

**international** *adj. & n.* صف: دو یا زائد اقوام کے درمیان واقع ہونے والا یا ان سے متعلق۔ اسم: بین الاقوامی کھیلوں وغیرہ کا مقابلہ، ایسے مقابلوں میں شریک ٹیم کا رکن۔● **internationally** م ف۔

**interne** امریکا: INTERN اسم کی ایک شکل۔

**internecine** *adj.* دوطرفہ ہلاکت آفریں (جنگ)۔

**internee** *n.* نظر بند آدمی۔

**internet** *n.* بین الاقوامی کمپیوٹری مربوط نظام جس کے ذریعے معلومات کی رسائی عام لوگوں تک ہوتی ہے۔

**internment** *n.* نظر بند،قیدی (مجرم یا غیر ملکی) جو مقررہ حدود میں رہنے کا پابند ہو۔

**interplay** *n.* ① باہمی جوابی عمل۔② دو اشیا کا ایک دوسرے پر عمل در آمد۔

**interpolate** *v.* ① کتاب وغیرہ میں الفاظ کا اضافہ، الحاق، تحریف کرنا۔ ② دورانِ گفتگو لقمہ دینا۔● **interpolation** اسم: الحاق، تحریف۔

**interpose** *v.* ① کوئی چیز دوسری چیزوں کے بیچ میں لے آنا، حائل، داخل کرنا۔② ثالثی کرنا، مصالحت کرانا۔

**interpret** *v.* ① ترجمانی کرنا، تفسیر، توضیح کرنا۔ ② کسی کام کی تشریح کرنا۔③ ترجمان کے طور پر کام کرنا۔ ● **interpretation** اسم: تشریح۔ **interpretive** صف۔ **interpretative** صف: توضیحی۔

**interpreter** *n.* ترجمان، خصوصاً گفتگو یا تقریر کا۔

**interracial** *adj.* بین نسلی۔

**interregnum** *n.* ایک حکومت یا حکمراں کے جانے اور دوسری کے فائز ہونے کے درمیان کا وقفہ۔

**interrelate** *v.* دو یا زائد اشیا کو باہم مربوط کرنا۔

**interrogate** *v.* جرح کرنا، باز پرس، سوال جواب کرنا۔● **interrogation** اسم: جرح، سوال و جواب۔ **interrogator** اسم: جرح کرنے والا۔

**interrogative** *adj.* ① سوالیہ، استفہامی۔② قواعد: کلمۂ استفہام (مثلاً *who* ، *which*)③ استفہام کا شائبہ یا نوعیت رکھنے والا۔● **interrogatively** م ف: سوال کے طور پر۔

**interrupt** *v.* رکاوٹ ڈالنا، مزاحم ہونا، سلسلہ توڑنا، بات کاٹنا۔● **interruption** اسم: رکاوٹ، مداخلت۔

**intersect** *v.* ① قطع کرنا، درمیان میں خط کھینچ کر کاٹنا، دولخت کرنا۔② خطوط، سڑکوں وغیرہ کا ایک دوسرے کو کاٹنا۔● **intersection** اسم: چوراہا۔

**intersperse** *v.* ① بکھیرنا، اِدھر اُدھر پھیلانا۔② دوسری چیزوں کے ساتھ رلانا ملانا۔

**interstate** *adj.* مختلف ریاستوں کے مابین یا متعلق خصوصاً امریکی۔

**interval** *n.* ① بیچ، درمیان، وقفہ۔② کھیل تماشے کے درمیان مختصر وقفہ۔ ③ دو آوازوں کے امتداد (اونچائی) کا فرق۔□ **at intervals** وقفے وقفے سے۔

**intervene** *v.* ① دو واقعات کے درمیان آنا یا ہونا۔ ② مداخلت کرنا؛ بیچ میں آ کر نتائج پر اثر انداز ہونا۔③ چیزوں کے درمیان در آنا۔● **intervention** اسم۔

**interview** *n. & v.* اسم: ① ملاقات، جواب سوال، کسی امیدواری کے سلسلے میں زبانی امتحان۔ ② اخباری رپورٹر اور کسی شخصیت کے درمیان مکالمہ برائے نشر یا اشاعت۔ ③ آمنے سامنے مشورے کے لیے ملاقات، تبادلۂ خیالات۔ ف: ① ملاقات کرنا۔ ② کسی کے خیالات معلوم کرنے کے لیے سوالات کرنا۔● **interviewee** اسم: جس شخص کا انٹرویو لیا جائے۔ **interviewer** اسم: انٹرویو کرنے یا لینے والا۔

**interweave** *v.* (-wove,-woven,weaving) ① باہم ملا کر بُننا، بٹنا۔② باہم مخلوط کرنا۔

**intestate** *adj.* (وہ شخص) جو بغیر وصیت کیے وفات پا جائے۔● **intestacy** اسم: وفات بلا وصیت۔

**intestine** *n.* آنتیں، غذائی نالی کا نچلا حصّہ جو فم معدہ سے مقعد تک پھیلا ہوتا ہے۔● **intestinal** صف۔

**intimate**[1] *adj. & n.* صف: ① گہرا تعلق، قریبی واسطہ، بے تکلفانہ ملاقات۔② ذاتی، نجی۔③ آشنائی، جنسی تعلق۔ ④ پوری واقفیت۔ اسم: بہت قریبی دوست۔● **intimacy** اسم: گہرا تعلق۔ **intimately** م ف۔

**intimate**[2] *v.* ① بتانا، آگاہ کرنا۔② ضمناً کہنا، اشارہ کرنا۔● **intimation** اسم: اطلاع، خبر۔

**intimidate** *v.* دھمکی دینا، ڈرانا خصوصاً دباؤ ڈالنے کے لیے۔● **intimidation** اسم: ڈراوا۔

**into** *prep.* ① میں، در، اندر وغیرہ کا مترادف۔② توجہ یا دلچسپی کے اظہار کے لیے۔③ قلب ماہیت یا کسی تبدیلی کو ظاہر کرنے کے لیے۔④ بول چال: (کسی بات میں) دلچسپی یا مہارت رکھنے والا۔

**intolerable** *adj.* ناقابلِ برداشت۔ ● **intolerably** م ف: ناقابل برداشت طور سے۔

**intolerant** *adj.* ناروادار خصوصاً دوسروں کے خیالات، عقائد، طرزِ عمل کے بارے میں متعصّب۔

**intonation** *n.* ترنم،لحن۔
**intone** *v.* ①لحن سے(دعاوغیرہ)(پڑھنا)،قرأت کرنا۔② کسی خاص لہجے میں بولنایاادا کرنا۔
**intoxicant** *adj. & n.* منشّی،نشہ آور(شے)
**intoxicate** *v.* ① مخمور کرنا۔②جوش دلاکرازخود رفتہ کردینا۔● **intoxication** اسم:نشہ آوری۔
**intra-** *pref.* سابقہ:بمعنی اندرونی،داخلی۔
**intractable** *adj.* ①بے قابو،مشکل سے قابو میں آنے والا۔②ضدّی،ہٹیلا۔● **intractability** اسم۔
**intramural** *adj.* ①چاردیواری کے اندرواقع یا کیا جانے والا۔②جو یونیورسٹی،کالج کے مطالعے کا حصّہ ہو۔
**intransigent** *adj.* ہٹیلا،ہٹ دھرم،کٹّر۔
● **intransigence** اسم۔ **intransigently** م ف۔
**intransitive** *adj.* قواعد:(فعل)لازم جس کے لیے مفعول کا ہونالازم نہیں۔
**intrauterine** *adj.* رحم کے اندر۔
**intravenous** *adj.* رگ یاورید کے اندر۔
● **intravenously** م ف۔
**in-tray** *n.* دفتر کی میز پررکھی ہوئی آنے والے کاغذات رکھنے کی کشتی۔
**intrepid** *adj.* نڈر،بے باک،بہادر۔
● **intrepidly** م ف: دلیری سے۔
**intricate** *adj.* بہت پیچیدہ،الجھا ہوا،پریشان کن۔
● **intricacy** اسم: پیچیدگی۔ **intricately** م ف۔
**intrigue** *v. & n.* ف:①خفیہ سازش کرنا،خفیہ اثرو رسوخ سے کام لینا۔②لبھانا،دلچسپی پیدا کرنا؛نظرفریب ہونا۔ اسم:خفیہ ساز باز، شرارت آمیز کارروائی۔● **intriguing** صف: دلفریب۔
**intrinsic** *adj.* فطری،خلقی،لازم،قدرتی طور پر موجود۔● **intrinsically** م ف: فطری طور پر۔
**intro** *n.* (*pl.* **-os**) INTRODUCTION:بول چال کا اختصار،تمہید،تعارف۔
**introduce** *v.* ①خودکویاکسی کومتعارف کرانا،ملانا۔② کسی کوحاضرین یاسامعین کے سامنے پیش کرنا۔③کسی نئی چیزکورواج دینا۔④داخل کرنا،بیچ میں رکھنا۔
**introduction** *n.* ①تعارف کرانے کا کام؛ متعارف ہونے کا عمل۔② کسی آدمی کا کسی دوسرے آدمی سے رسمی تعارف۔③ کتاب کی تمہید یاتعارف۔
**introductory** *adj.* تمہیدی،ابتدائی۔
**introspection** *n.* اپنی ذہنی وجذباتی کیفیات کا مشاہدہ،مشاہدۂ ذات۔● **introspective** صف۔
**introvert** *n.* ①اپنی ذات سے بہت زیادہ شغف رکھنے والاشخص۔②شرمیلاانسان جوالگ تھلگ رہے۔● **introverted** صف:اپنی ذات میں مگن۔
**intrude** *v.* بن بلائے،زبردستی،بلاضرورت درآنا۔
● **intrusion** اسم: دخل اندازی۔ **intrusive** صف۔
**intruder** *n.* چڑھ آنے،زبردستی درآنے والاشخص، دخل اندازخصوصاً جومجرمانہ نیت سے گھس آئے۔
**intuition** *n.* ①القا،کشف۔②فوری بصیرت یا انکشاف۔● **intuitive** صف۔ **intuitively** م ف۔
**Inuit** *n.*(*pl.* same or **Inuits**) شمالی امریکا کے اسکیموباشندے۔
**inundate** *v.* سیلاب سے بھردینا،غرق کردینا۔
**inure** *v.* ① کسی کوکسی ناپسندیدہ چیزکاعادی بنادینا۔ ② قانون:نافذ ہونا،لاگوہونا۔
**invade** *v.* ①چڑھائی کرنا،حملہ آورہونا۔② ہجوم کر آنا، پل پڑنا۔③مداخلت بے جا کرنا۔● **invader** اسم: حملہ آور۔
**invalid**[1] *n.* چوٹ یابیماری کے سبب نحیف، نزار ہوجانے والایامعذورشخص۔
**invalid**[2] *adj.* ناقص،نامعتبر،غیرقانونی۔
● **invalidly** م ف: غیرقانونی طور پر۔
**invalidate** *v.* ①ردکردینا،خصوصاً دلیل کو۔② کسی (معاہدے،قراردادوغیرہ کو) بے اثر،منسوخ قراردینا۔
**invaluable** *adj.* بیش قیمت،انمول۔
**invariable** *adj.* ①ناقابلِ تبدیلی،ہموار۔② غیرمبدّل۔● **invariably** م ف:ہمیشہ،مدام۔
**invasion** *n.* ①حملہ،چڑھائی،لشکرکشی۔②دشمن فوج کا ملک میں گھس آنا۔● **invasive** صف:جارحانہ۔
**invective** *n.* ①دشنام؛سخت کلامی۔②لعن طعن۔
**invent** *v.* ①نئی چیزبنانا؛اختراع کرنا۔② گھڑنا،دل سے جوڑنا۔● **inventor** اسم: موجد،مخترع۔

**invention** *n.* ①اختراعی عمل۔②ایجاد یا اختراع کردہ شے یا عمل۔③ گھڑی ہوئی کہانی۔

**inventive** *adj.* ایجاد، اختراع کی صلاحیت رکھنے والا۔● **inventiveness** اسم ؛ قوت اختراع۔

**inventory** *n.* (*pl* **-ies**) گھر یا دکان، گودام وغیرہ میں موجود سامان یا مال کی مکمل فہرست۔

**inverse** *adj.* ترتیب، تشکیل، انداز وغیرہ کے لحاظ سے الٹا، معکوس۔ □ **inverse proportion** دو مقداروں کے درمیان نسبت معکوس، یعنی ایک جس قدر بڑھے دوسرا اتنا ہی گھٹے۔● **inversely** م ف۔

**invert** *v.* ①سیدھے سے الٹا کرنا، اوندھانا۔②مقام، ترتیب یا تناسب کو الٹ دینا۔● **inversion** اسم۔

**invertebrate** *n.* & *adj.* بغیر ریڑھ کی ہڈی والا (جانور)

**inverted commas** *n. pl.* واوین
*(quotation marks)=*

**invest** *v.* ①سرمایہ منافع کے لیے لگانا، سرمایہ کاری کرنا۔②(کسی سے) کوئی خصوصیت، جذبہ، مرتبہ وغیرہ منسوب کرنا۔● **investment** اسم۔ **investor** اسم۔

**investigate** *v.* ① تفتیش، تحقیق کرنا۔② تلاش، چھان بین کرنا۔● **investigation** اسم: تحقیقات۔ **investigative** صفت۔ **investigator** اسم۔

**investiture** *n.* عہدہ، اعزاز وغیرہ بخشنے کی باضابطہ کارروائی۔

**inveterate** *adj.* ①پکا، پرانا، عادی خصوصاً کسی علّت میں مبتلا۔②(عادت وغیرہ) جو پختہ ہو چکی ہو۔

**invidious** *adj.* مذموم، سخت ناپسندیدہ، نفرت انگیز، قبیح، غیر منصفانہ۔● **invidiously** م ف۔

**invigilate** *v.* امتحان میں طلبہ کی نگرانی کرنا۔● **invigilator** اسم: نگراں کار۔

**invigorate** *v.* تقویت دینا۔

**invincible** *adj.* ناقابلِ تسخیر۔

**inviolable** *adj.* جس کی بے حرمتی نہ کی جا سکتی ہو، مقدّس، قابلِ احترام۔

**inviolate** *adj.* پاک، مقدّس، اچھوتا، مستحکم۔

**invisible** *adj.* آنکھوں سے نظر نہ آنے یا نہ آ سکنے والا۔● **invisibility** اسم۔ **invisibly** م ف۔

**invite** *v.* ①دعوت دینا، درخواست کرنا۔②نادانستہ (کوئی مشکل یا مصیبت) مول لے لینا۔③ لبھانا، پُرکشش ہونا۔● **invitation** اسم: بلاوہ، دعوت نامہ۔

**inviting** *adj.* ① پُرکشش۔② نظر فریب، للچانے والا، حوصلہ افزا۔● **invitingly** م ف: دلکشی سے۔

**in vitro** *adj.* & *adv.* امتحانی نلکی یا مصنوعی ماحول میں ہونے والے (عمل، تجربات)

**invocation** *n.* ①دعا، مناجات۔② کسی ماورائی طاقت سے مدد کے لیے التجا۔

**invoice** *n.* & *v.* اسم: مال کی فہرست، بیجک۔ف: بیجک تیار کرنا، بھیجنا۔

**invoke** *v.* دعا مانگنا، پکارنا (کسی معبود کو) مدد یا شہادت دینے کے لیے، منتر وغیرہ پڑھ کر طلب کرنا۔

**involuntary** *adj.* غیر اختیاری، بے ارادہ۔● **involuntarily** م ف: بے اختیارانہ۔

**involve** *v.* ①شریک کر لینا، لگا دینا (کسی کام میں)، کسی ادارے، عمل، کارروائی سے وابستہ کر دینا۔② ضروری یا لازمی طور پر موجود یا مضمر ہونا۔③ماخوذ کرنا، الزام رکھنا۔● **involvement** اسم: لپیٹ، الجھاؤ۔

**involved** *adj.* ① متعلق ہونے والا، دلچسپی رکھنے والا۔② خیال یا صورت کے لحاظ سے پُرپیچ۔

**invulnerable** *adj.* ضرر سے پاک، مضبوط جس پر حملہ نہ ہو سکے، جسے نقصان نہ پہنچ سکے۔

**inward** *adj.* & *adv.* صف: ①داخلی، اندرونی۔② اندر کی طرف واقع۔③ ذہنی، روحانی۔م ف: ① اندر کی طرف رواں یا واقع (حرکت وغیرہ) ② ذہن یا باطن میں۔● **inwardly** م ف۔ **inwards** م ف۔

**iodine** *n.* ①غیر دھاتی عنصر (علامت: I)②اس کا ایک الکحلی مرکب جو ہلکا دافع عفونت ہے۔

**iodize** *v.* (also **-ise**) آیوڈین کی آمیزش کرنا، آیوڈینی مرکب بنانا۔

**ion** *n.* کوئی ایٹم یا ایٹموں کا مجموعہ جس میں سے ایک یا زیادہ الیکٹرون خارج ہو گئے ہوں یا داخل ہو گئے ہوں۔● **ionic** صف۔

**ionize** *v.* (also **-ise**) (روان) (ایٹموں کا) آیون

میں تبدیل ہونا یا تبدیل کرنا۔
**ionosphere** *n.* فضائے آسمانی کا ایک علاقہ جو کرۂ قائمہ سے بالاتر ہے۔● **ionospheric** صف۔
**iota** *n.* ① یونانی ابجد کا نواں حرف (I,ι) ② (عموماً منفی طور پر) اقل ترین مقدار۔
**IOU** *n.* تخفیف: I owe you دستخط شدہ دستاویز جس میں قرض لینے کا اقرار ہوتا ہے۔
**IPA** تخفیف: International Phonetic Alphabet بین الاقوامی صوتی ابجد۔
**ipso facto** *adv.* خود بخود، لامحالہ، عین اسی سبب سے، بالکل اسی بنا پر۔
**IQ** کسر ذہانت، پیمانۂ ذہانت intelligence quotient کی تخفیف۔
**Ir** عنصر iridium اِریڈیم کی علامت۔
**irascible** *adj.* غصیل، تیز مزاج، جھلاّ۔
● **irascibly** م ف۔
**irate** *adj.* ناراض؛ خفا، برہم۔● **irately** م ف۔
**ire** *n.* غصّہ، تپہا۔
**iridescent** *adj.* دھنک کی طرح ست رنگا۔
● **iridescence** اسم: قزحیت۔
**iridium** *n.* ایک سفید سخت دھات (علامت: Ir)
**iris** *n.* ① آنکھ میں قرنیے کے پیچھے گول رنگدار جھلّی جس کے بیچ میں گول سوراخ ہوتا ہے، عینیہ۔ ② سوسن کی قسم کا کوئی پودا جس کے پھول چمکدار ہوتے ہیں، سوسنی۔
**Irish** *adj. & n.* صف: آئرستان سے تعلق رکھنے والا۔ اسم: آئرستان کی کیلٹی زبان۔
**irk** *v.* غصہ دلانا، تنگ کرنا، بیزار کرنا۔
**irksome** *adj.* بیزار کن؛ ناگوار؛ تھکانے والا۔
**iron** *n., adj. & v.* اسم: ① لوہا، آہن (علامت: Fe) ② بطور استعارہ لوہے کی طرح سخت۔ ③ لوہے کا بنا ہوا اوزار۔ ④ کپڑوں پر پھیرنے کی استری۔ ⑤ (irons) بیڑی۔ صف: ① لوہے کا بنا، آہنی۔ ② نہایت مضبوط، قوی۔ ف: استری پھیرنا۔□ **iron out** شکنیں مٹانا؛ مشکلوں کو دور کرنا۔
**ironmonger** *n.* لوہے کے سامان کا بیوپاری۔
**iron rations** *n. pl.* ہنگامی حالات میں تھوڑا سا راشن۔

**irony** *n. (pl.-ies)* ① طنز، چھپا ہوا طعنہ، کنایہ جس میں اعتراض یا ہجو کا پہلو ہو۔ ② ناگہانی صورت حال جب کہ خوشگوار بات ناگوار ہو کر رہ جائے۔ ③ زبان کا ذومعنی استعمال۔● **ironic** صف: طنزیہ، طنز آمیز۔ **ironical** صف۔ **ironically** م ف: طنزاً۔
**irradiate** *v.* ① (کسی طرح کی) شعاع افشانی کے زیر اثر لانا۔ ② نور افشاں ہونا، روشن کرنا۔ ③ روشنی ڈالنا (کسی شے یا موضوع پر)● **irradiation** اسم۔
**irrational** *adj.* غیر منطقی، خلاف عقل، بے دلیل۔
**irrecoverable** *adj.* ناقابلِ وصولی، ڈوبا ہوا؛ ناقابلِ درستی یا بحالی۔● **irrecoverably** م ف۔
**irredeemable** *adj.* ① مطلق، گیا گزرا، ہاتھ سے نکلا۔ ② کھویا ہوا جسے پھر پانا ممکن نہ ہو۔
**irrefutable** *adj.* ناقابلِ تردید، ناقابلِ انکار۔
● **irrefutably** م ف: قطعاً۔
**irregular** *adj. & n.* ① بے قاعدہ، ناہموار، بے ڈول۔ ② اصول، ضابطے کے خلاف۔● **irregularity** اسم: بے ضابطگی، بے قاعدگی۔ **irregularly** م ف۔
**irrelevant** *adj.* بے ربط، بے محل، بے واسطہ۔
● **irrelevance** اسم۔ **irrelevantly** م ف۔
**irreparable** *adj.* ناقابلِ تلافی، جس کا ازالہ یا بدلہ محال ہو۔● **irreparably** م ف۔
**irreplaceable** *adj.* ① بے بدل، ناقابلِ تبدّل۔ ② جس کے نقصان کی تلافی نہ ہو سکے۔
**irrepressible** *adj.* جسے دبانا، روکنا ممکن نہ ہو۔
● **irrepressibly** م ف: مغلوب نہ ہوتے ہوئے۔
**irreproachable** *adj.* ناقابلِ گرفت، الزام سے مبرّا۔● **irreproachably** م ف۔
**irresistible** *adj.* ① جس کا مقابلہ، مدافعت، مزاحمت محال ہو۔ ② نہایت خوشگوار، مرغوب، پُرکشش۔
● **irresistibility** اسم۔ **irresistibly** م ف۔
**irresolute** *adj.* ① ڈھلمل، مذبذب۔ ② قوتِ ارادی یا قوتِ فیصلہ سے عاری۔● **irresolutely** م ف۔
**irrespective** *adj.* (اس سے) قطع نظر؛ (اس کا) لحاظ کیے بغیر۔● **irrespectively** م ف: بلا لحاظ۔
**irresponsible** *adj.* ① غیر ذمہ دار۔ ② جو اپنے

عمل کے لیے جوابدہ نہ ہو سکے۔ ● **irresponsibility** اسم: ذمّہ داری سے برأت۔ **irresponsibly** م ف۔

**irretrievable** *adj.* ناقابلِ بازیابی، جس کو دوبارہ پانا محال ہو۔

**irreverent** *adj.* بے ادب، شوخ چشم، گستاخ۔ ● **irreverence** اسم۔ **irreverently** م ف۔

**irreversible** *adj.* جسے بدلا پلٹا یا منسوخ نہ کیا جا سکے۔ ● **irreversibly** م ف: اٹل طور پر۔

**irrevocable** *adj.* ① ناقابلِ تنسیخ۔ ② ناقابلِ تبدّل۔ ● **irrevocably** م ف۔

**irrigate** *v.* نالیوں کے ذریعے آبپاشی کرنا، کھیتوں کو پانی پہنچانا، سیراب کرنا۔ ● **irrigation** اسم۔

**irritable** *adj.* زودرنج، چڑچڑا، تنک مزاج۔ ● **irritability** اسم: حسّاسیت۔ **irritably** م ف۔

**irritant** *adj., & n.* صف: غصّہ دلانے، چڑانے والا۔ اسم: کھجلی، خارش یا خراش پیدا کرنے والا مادّہ۔

**irritate** *v.* ① غصّہ دلانا، ناراض کرنا۔ ② سوزش یا خراش پیدا کرنا۔ ● **irritation** اسم: اشتعال۔

**irrupt** *v.* زبردستی گھس آنا، ہلّہ بولنا۔

**Is.** تخفیف: Island(s); Isle(s).

**ISBN** international standard book number کی تخفیف، بین الاقوامی معیاری کتاب نمبر، جس میں ناشر کا نام، کتاب کہاں چھپی وغیرہ درج ہوتا ہے۔

**isinglass** *n.* ایک سریشی مادّہ جو مچھلیوں سے حاصل ہوتا ہے اور جیلی، گوند وغیرہ بنانے کے کام آتا ہے۔

**Islam** *n.* ① مذہب اسلام۔ ② اسلامی دنیا، عالمِ اسلام۔ ● **Islamic** صف: اسلامی۔

**island** *n.* جزیرہ، ٹاپو۔

**islander** *n.* کسی جزیرے کا باسی۔

**isle** *n.* جزیرہ یا جزیرہ نما۔

**islet** *n.* جزیرۂ کوچک، چھوٹا جزیرہ یا ٹاپو۔

**ism** *n.* بول چال: کوئی خاص مسلک یا نظریہ، کوئی تحریک، کوئی عقیدہ۔

**isn't** is not کا اختصار۔

**isobar** *n.* نقشے پر ان مقامات کو ملانے والی لکیر جہاں ایک وقت یا مدّت میں ہوا کا دباؤ مساوی رہتا ہے۔ ● **isobaric** صف۔

**isolate** *v.* ① علاحدہ کرنا، معاشرے سے الگ تھلگ رکھنا۔ ② خصوصی توجہ کے لیے مخصوص کرنا۔ ● **isolation** اسم: علاحدگی، تنہائی۔

**isolationism** *n.* سیاست میں دوسرے ممالک یا گروہوں سے بے تعلق رکھنے کا رویّہ، ناوابستگی۔ ● **isolationist** اسم۔

**isomer** *n.* دو یا زائد مرکبات میں سے کوئی جن کی سالماتی ترکیب یکساں ہو لیکن ایٹمی ترتیب اور خواص مختلف، ہم ترکیب مادّے۔

**isosceles** *adj.* متساوی الساقین (تکون)

**isotherm** *n.* نقشے پر ایسا خط جو ان مقامات پر سے گزرے جہاں کسی خاص مدّت کے درمیان اوسط درجۂ حرارت یکساں رہے۔

**isotope** *n.* ہم جا، کسی عنصر کی ایک یا کئی صورتیں جو ایٹمی حجم اور نیوکلیائی (نہ کہ کیمیائی) خواص کے لحاظ سے مختلف ہوں۔ ● **isotopic** صف: ہم جائی۔

**issue** *n. & v.* اسم: ① اجرا، تقسیم، فروخت۔ ② روانگی، سیل، بہاؤ، نکاسی کا ذریعہ۔ ③ مسئلہ، قضیہ؛ موضوعِ بحث، تنازعہ۔ ④ نتیجہ، حاصل۔ ⑤ رسمی: بچّے، اولاد۔ ⑥ کسی رسالے وغیرہ کا کوئی شمارہ۔ ف: ① جانا یا نکلنا۔ ② شائع کرنا، گردش میں لانا۔ ③ نتیجہ کے طور پر ظاہر ہونا، برآمد ہونا، تمام ہونا، ختم ہونا، منتج ہونا (کسی بات پر) ④ کسی صورتِ حال سے نکلنا، چھٹکارا پانا۔ □ **at issue** ① زیر بحث۔ ② متخالف، نامتفق۔

**isthmus** *n.* (*pl.* **isthmuses**) خاکنائے، خشکی کا تنگ قطعہ جو دو بڑے بڑے خشکی کے قطعوں کو ملائے۔

**IT** information technology کی تخفیف۔

**it** *pron.* (*poss.* **its**: *pl.* **they**) ① شے معلوم یا جس کا نام لیا جا چکا ہو یا زیر بحث ہو۔ ② شخص مذکور یا معلوم۔ ③ اسم ضمیر بجائے غیر شخصی فاعل۔ ④ کسی شے کی بجائے جو واضح نہ ہو۔ ⑤ کسی لفظ کے پیشگی حوالے کے طور پر۔ ⑥ عین مطلوبہ شے۔

**Italian** *n. & adj.* اسم: ① اٹلی کا باشندہ؛ اطالوی نژاد۔ ② اٹلی میں بولی جانے والی زبان۔ صف: اٹلی کا، اٹلی کے باشندوں کی زبان وغیرہ سے منسوب۔

**italic** *adj. & n.* صف:طباعت:ترچھے حروف جو اجنبی الفاظ یا الفاظ پرزور دینے کے لیے برتے جاتے ہیں۔اسم:(**italics**)اٹیلک ٹائپ کے حروف۔

**italicize** *v.* (also **-ise**)اٹیلک ٹائپ میں چھاپنا۔

**itch** *n. & v.* اسم:① کھجلی،خارش۔② تشنگی،کسی چیز کی شدید خواہش۔ ف:① کھجلی محسوس کرنا۔② کچھ کر گزرنے کے لیے بے چین ہونا۔

**itchy** *adj.* کھجلی پیدا کرنے والا۔□ **have itchy feet** بول چال:بے چین،چلبلا؛سفر کا شوقین۔

**it'd** it would ، it had کا اختصار۔

**item** *n.* ① کسی سلسلے یا فہرست کی مد،شق۔② کوئی جنس،شے،خصوصاً برائے فروخت۔③ کوئی علاحدہ خبر،اطلاع وغیرہ۔

**itemize** *v.* (also **-ise**) سلسلہ وار ترتیب دینا، اندراج کرنا۔● **itemization** اسم:شق وار ترتیب۔

**iterate** *v.* دہرانا،بار بار کہنا۔● **iterative** صف۔

**itinerant** *adj.* جگہ جگہ گھومنے پھرنے والا۔

**itinerary** *n.* (*pl.* **-ies**) ① سفر کے راستے کی تفصیل۔② سفر کی روئداد۔③ ہدایت نامہ مسافران۔

**it'll** it shall ، it will کا اختصار۔

**its** *poss. pron.* اس کا؛اسی کا۔

**it's** it has، it is کا اختصار۔

---

وضاحت: *it's* اور *its* کو خلط ملط نہیں کرنا چاہیے۔

---

**itself** *pron.* it کی تاکیدی اور رجعی شکل۔

**IUD** تخفیف: intra-uterine device (contraceptive) دُرون رحم مانع حمل آلہ یا عمل۔

**ivory** *n.* (*pl* **-ies**) ① ہاتھی دانت،جو ہاتھی،دریائی گھوڑے،بحری فیل اور برفانی علاقے کی وھیل سے حاصل ہوتا ہے۔② (**ivories**) بول چال: پیانو کی کلیدیں۔

**ivory tower** *n.* دنیا سے الگ تھلگ جائے عافیت۔

**ivy** *n.* (*pl.* **-ies**) عشق پیچاں،لبلاب،ایک طفیلی سدا بہار بیل جس میں پچ کونیے پتے لگتے ہیں۔

# Jj

**J** تخفیف: joule(s)۔

**jab** *v. & n.* ف: (**jabbing، jabbed**) زبردستی گھسانا،گھسیڑنا،چاقو یا خنجر بھونکنا۔اسم:① مکّے،گھونسے یا کسی نوکدار ہتھیار کا وار۔② بول چال: انجکشن یا ٹیکا۔

**jabber** *v.* ٹرانا،ہرزہ گوئی کرنا،پٹر پٹر بولنا۔

**jack** *n. & v.* اسم:① بوجھ اٹھانے کی دستی کل۔② تاش کے پتّوں میں غلام کا پتہ۔③ پانی کے جہاز پر لگا ہوا جھنڈا،خصوصاً قومیت ظاہر کرنے والا۔④ بجلی کے سرکٹ سے جوڑنے کے لیے صرف ایک پلگ استعمال کرنے کا جنتر۔⑤ بولز (گیند لڑھکانے کے کھیل) میں سفید گیند جس پر تاک لگائی جاتی ہے۔ف:□ **jack up** جیک کے ذریعے اٹھانا،اونچا کرنا۔

**jackal** *n.* گیدڑ،کتے کی طرح کا ایک جنگلی جانور۔

**jackass** *n.* ① نر گدھا۔② بے وقوف آدمی۔

**jackboot** *n.* ٹخنوں تک لمبے فوجی بوٹ۔

**jackdaw** *n.* چھوٹا سفید سر کا کوّا۔

**jacket** *n.* ① ایک چھوٹا آستینوں والا کوٹ،حفاظتی صدری۔② حفاظتی خول جیسے جوش دان کے اردگرد۔③ آلو کا چھلکا خصوصاً جو ابلنے پر اُتر آئے۔

**jackknife** *n. & v.* اسم:(ج: **-knives**) بڑا چاقو،پیش قبض۔ ف:دو جڑی ہوئی آگے پیچھے چلنے والی گاڑیوں کا حادثاتی طور پر مڑ کر ادھ کھلے چاقو کی طرح ہو جانا۔

**jackpot** *n.* بہت بیش قیمت انعام یا کھیل،قرعے وغیرہ میں جیت کی اکٹھی رقم۔□ **hit the jackpot** بول چال:① بڑی رقم جیتنا۔② تقدیر کھل جانا۔

**Jacobean** *adj.* ① انگلستان کے شاہ جیمز اوّل یا اس کے عہد کا۔② اس زمانے کے فرنیچر سے متعلق۔

**Jacobite** *n.* جیمز دوم شاہ انگلستان کا یا اسٹوارٹ خاندان کا حامی۔

**Jacuzzi** *n.* تجارتی نام:ایک بڑا نہانے کا ٹب۔

جس میں اندر سے فوارے چھوٹتے ہیں۔
**jade** *n.* ①ایک سبز نگینے کا پتھر یشب۔②یشمی سبز رنگ۔
**jaded** *adj.* تھکا ماندہ، گھسا پٹا، اکتایا ہوا۔
**jagged** *adj.* ناہموار یا دندانے دار کناروں والا۔
**jaguar** *n.* تیندوا، بلّی کے خاندان کا ایک بڑا جانور۔
**jail** *n. & v.* اسم: (نیز **gaol**) جیل، قید خانہ۔ ف: قید میں ڈالنا۔
**jailbird** *n.* (also **gaolbird**) بول چال: عادی مجرم، جو اکثر قید میں رہے۔
**jailer** *n.* (also **gaoler**) داروغہ جیل۔
**Jain** *n. & adj.* ہندوستان کے غیر برہمنی جین مذہب کا پیرو، یا اس سے منسوب۔● **Jainism** اسم: جین مت۔
**jalopy** *n.* (*pl.*-**ies**) بول چال: پرانی کھٹارا موٹر کار۔
**jam** *v. & n.* ①(**jamming، jammed**) ف: کسی جگہ میں دھنسانا، گھسانا، سمانا، پھنس جانا، بھنچ جانا۔② مشینری یا کسی مشینی پرزے کا اٹک جانا، اڑ جانا۔③راستہ گھیر لینا، سڑک وغیرہ کو ہجوم کر کے نکلنے کا راستہ روک دینا۔④ ریڈیو پروگرام میں گڑبڑ ڈال کر ناقابل فہم بنا دینا۔ اسم: ① فشار، بھینچ، دباؤ۔ ②اژدہام کے باعث رکاوٹ۔ ③ بول چال: بے بسی، معذوری کا عالم۔④ شیرے میں تیار کیا ہوا پھلوں کا گودا، جام۔
**jamb** *n.* دروازے، کھڑکی یا آتشدان کا پاکھا۔
**jamboree** *n.* جشن، میلہ: اسکاؤٹوں کا اجتماع۔
**Jan.** **January** کا اختصار۔
**jangle** *v. & n.* ف: ① گھنٹے کا ناگوار طور پر زور سے بجنا یا بجایا جانا۔② بے سُری آوازوں سے اعصاب کو جھنجوڑنا۔ اسم: گھنٹے کی تیز ناگوار آواز۔
**janitor** *n.* عمارت کی دیکھ بھال پر مامور شخص۔
**January** *n.* سال کا پہلا مہینہ، جنوری۔
**japan** *n.* ایک قسم کی گاڑھی خصوصاً سیاہ وارنش (اصلاً جاپان)● **japanned** صف۔
**Japanese** *n. & adj.* اسم: ① جاپانی نژاد باشندہ۔ ②جاپانی زبان۔ صف: جاپان یا جاپانیوں سے منسوب۔
**jar**[1] *n.* ① شیشے کا مرتبان یا اسی طرح کا مٹی یا پلاسٹک کا برتن عموماً مخروطی شکل کا۔②بول چال: بیئر کا گلاس۔
**jar**[2] *v.* (**jarred, jarring**) ①ناگوار، کرخت، بے سُری آواز نکالنا؛ الفاظ، انداز وغیرہ کا درشت، گراں ہونا۔② بھونڈی، بھیانک آواز یا ارتعاش پیدا کرنا۔
**jardinière** *n.* بڑھتے ہوئے پودوں کی نمائش کے لیے آرائشی گملا۔
**jargon** *n.* کسی خاص طبقے کے مخصوص اصطلاحی یا بول چال کے الفاظ، گروہی بولی۔
**jasmin** *n.* چنبیلی، یاسمین جو سفید یا زرد ہوتی ہے۔
**jaundice** *n.* یرقان کا مرض جس میں جلد اور آنکھوں کی پتلیاں زرد ہو جاتی ہیں۔
**jaundiced** *adj.* ①یرقان میں مبتلا۔②حسد میں مبتلا، کبیدہ خاطر۔
**jaunt** *n.* تفریحی سفر، سیر۔
**jaunty** *adj.* (**jauntier, jauntiest**) ①خوش باش، بے فکر، مگن۔②چونچال۔● **jauntiness** اسم: چونچالی، خوش باشی۔ **jauntily** م ف: زندہ دلی سے۔
**javelin** *n.* چھوٹا نیزہ یا برچھا جسے دور تک پھینکنے کا مقابلہ (ایک تفریحی کھیل) پہلے بطور ہتھیار مستعمل۔
**jaw** *n. & v.* اسم: ①جبڑا، اوپر یا نیچے کا، کلّہ، منہ، دہانہ مع دانت وغیرہ۔② (**jaws**) کسی تنگ وادی، چشمے وغیرہ کا سرا۔③ (**jaws**) کسی کل یا مشین کا پکڑنے، گرفت میں لینے والا پرزہ، پکڑ، گرفت۔④بول چال: بکواس، لمبی تقریر۔ ف: بول چال: گفتگو کرنا خصوصاً طولانی۔
**jay** *n.* کوّے کی طرح کا ایک یورپی پرندہ۔
**jaywalking** *n.* بے احتیاطی اور لاپروائی کے ساتھ سڑک پر چلنا، پار کرنا۔● **jaywalker** اسم۔
**jazz** *n.* امریکا کے حبشی نژاد باشندوں کا مخصوص گانا، فی البدیہہ، بن لکھا۔
**JCB** *n.* تجارتی نام: زمین کھودنے کی موٹر گاڑی پر لگی ہوئی کل۔
**jealous** *adj.* ①اپنے حقوق وغیرہ کے بارے میں بہت حسّاس۔②محبت یا دوسرے جذباتی معاملات میں حریفوں سے خائف، بدگمان۔ ③حاسد، دوسروں کے فائدے سے جلنے والا۔● **jealously** م ف: حاسدانہ۔ **jealousy** اسم: حسد، رقابت، جلن۔
**jeans** *n. pl.* جین کی بنی ہوئی پتلون یا (**denim**)
**Jeep** *n.* تجارتی نام: چاروں پہیّوں کے زور سے

چلنے والی چھوٹی مضبوط گاڑی۔

**jeer** *v. & n.* ف:①مذاق اڑانا،(کسی کا یا کسی بات پر)ہنسنا۔②طعن وطنز کرنا۔اسم:تمسخر،استہزا۔

**Jehovah** *n.* یہووا،عبرانی زبان میں خدائے تعالیٰ کا نام،یاھُو۔

**jejune** *adj.* ①غیر معقول،ہلکا،اُتھلا ذہنی طور پر غیر تسلّی بخش۔②بچکانہ،ناپختہ۔③ادنیٰ،معمولی۔

**jell** *v.* بول چال:①جیلی کی طرح بیٹھنا،جمنا۔②(خیالات وغیرہ کا)صورت پذیر ہونا،معیّن ہونا۔

**jelly** *n.* (*pl* **-ies**) ①ایک نرم،گاڑھی،شفاف شکر اور پھلوں کے عرق سے بنی ہوئی غذا جو سانچے میں ڈال کر جمائی جاتی ہے،اسی طرح کی ایک اور غذا،جام سے ملتی جلتی۔②اسی طرح کی کثافت رکھنے والی کوئی اور شے۔

**jellyfish** *n.* سمندر کا ایک مرجانی جانور،چھتری نما شکل،جیلی کی طرح نرم جسم،ستارہ مچھلی،فالودہ مچھلی۔

**jemmy** *n.* نقب زنوں کا قفل،دروازے وغیرہ کھولنے کا آلہ،گُدالہ۔

**jenny** *n.* (*pl.* **-ies**) گدھی۔

**jeopardize** *v.* (also **-ise**) خطرے میں ڈالنا۔

**jeopardy** *n.* خطرہ۔

**jerk** *n. & v.* اسم:①جھٹکا،دھکا،اچانک صدمہ۔②پھڑکن۔ف:جھٹکے کے ساتھ حرکت کرنا،اُچھل پڑنا۔● **jerkily** م ف۔**jerkiness** اسم۔**jerky** صف۔

**jerkin** *n.* بغیر آستین کی جیکٹ،صدری،مرزئی۔

**jerry-built** *adj.* جلدی میں کی ہوئی گھٹیا(تعمیر)

**jerrycan** *n.* پیٹرول یا پانی کا کنستر۔

**jersey** *n.* (*pl.* **-eys**) (عموماً اونی)سویٹر یا کوٹ؛ ایک سادہ بنائی کا(اصلاً اونی)کپڑا۔

**jest** *n. & v.* اسم:مذاق،دل لگی،تفریح۔ف:چھیڑ چھاڑ،مذاق اُڑانا،ٹھٹھول کرنا۔

**jester** *n.* عہد وسطیٰ کے کسی دربار کا پیشہ ور مسخرہ۔

**Jesuit** *n.* انجمن عیسوی کا رکن،ایک رومن کیتھلک فرقہ،یسوعی۔

**jet**[1] *n. & v.* اسم:①دھار،پانی،بھاپ وغیرہ کی جو کسی تپلی نالی میں سے چھوڑی جائے۔②جٹ انجن،جٹ انجن سے چلنے والا طیارہ۔ف:(**jetting**، **jetted**) جٹ انجنوں والے جہاز سے سفر کرنا یا بھیجنا۔

**jet**[2] *n.* ①سنگ موسیٰ جس پر کندہ کاری بھی کی جاسکتی ہے۔②(**jet-black** کا اختصار)گہرا چمکیلا سیاہ۔

**jet lag** *n.* جٹ سے طویل سفر کے بعد مقامی اوقات کے نمایاں فرق سے محسوس ہونے والی تکان۔

**jet-propelled** *adj.* جٹ انجن سے آگے دھکیلا،ہنکایا جانے والا۔

**jet propulsion** *n.* پیچھے کی طرف گیس خارج کرنے سے تیز رفتاری کے ساتھ آگے بڑھنے کا عمل۔

**jetsam** *n.* جہاز کو ہلکا کرنے کے لیے رد کیا ہوا سامان جو ساحل کی طرف بہتا ہوا آجائے۔

**jettison** *v.* جہاز کو خطرے کے وقت ہلکا کرنے کے لیے رد کردہ بھاری سامان،جہاز سے گرانا۔

**jetty** *n.* (*pl.*-**ies**) ①بندرگاہ کے بچاؤ کے لیے بنایا جانے والا پشتہ۔②جہاز پر سے اترنے کا چبوترہ۔

**Jew** *n.* عبرانی نژاد شخص یا یہودی مذہب کا پیرو،اسرائیلی۔● **Jewish** صف:یہودی نسل کا۔

**jewel** *n.* اسم:①قیمتی پتھر،نگینہ،جوہر،رتن۔②مجازاً قابل قدر انسان یا شے۔● **jewelled** صف۔

**jeweller** *n.* (*US* **jeweler**) جوہری،نگینہ ساز۔

**jewellery** *n.* (also **jewelry**) زیورات و جواہرات۔

**jib** *n. & v.* اسم:①جہاز کے اگلے مستول سے بندھا تکونا بادبان۔②کرین کا آگے نکلا ہوا بازو۔ف:(**jibbing**، **jibbed**)اڑنا،آگے نہ بڑھنا،کسی شخص کا کام چھوڑ دینا۔□ **jib at** کسی شخص یا کام سے نفرت،بیزاری دکھانا۔

**jibe** ①GIBE کا متبادل۔②امریکا:GYBE۔③بول چال:مان لینا،اتفاق کرنا۔

**jiff** *n.* (also **jiffy**) بول چال:تھوڑا وقفہ،لمحہ۔

**Jiffy bag** *n.* تجارتی نام:ڈاک بھیجنے کے لیے استعمال کیا جانے والا لفافہ(کپڑا لگا ہوا)

**jig** *n. & v.* اسم:①ایک جوشیلا رقص۔②ایک شکنجہ جو زیر عمل شے کو پکڑے رکھتا ہے اور اس پر عمل کرنے والے اوزار کو صحیح رُخ پر چلاتا ہے،چمٹا،چٹکی،گرفتہ۔ف:

(jigging، jigged) اچھلنا، کودنا یا اچھالنا۔

**jiggery-pokery** *n.* بول چال: دھاندلی، دھوکے بازی، بے ایمانی۔

**jiggle** *v.* ہلکے ہلکے ہلانا، جھٹکے دینا۔

**jigsaw** *n.* ①(نیز jigsaw puzzle) تصویری معما، آڑی ترچھی کٹی ہوئی تصویر جس کے ٹکڑوں کو صحیح ترتیب سے ملانے کی کوشش کی جاتی ہے۔② مشینی آری جو نازک بیضوی کٹاؤ بنانے کے کام آتی ہے۔

**jilt** *v.* (دوست یا عاشق سے) یکایک ناتا توڑ لینا۔

**jingle** *n. & v.* اسم: ① جھنکار جیسے گھنٹیوں کی۔② مختصر نغمہ یا گیت کے بول جیسے کہ اشتہارات میں۔ف: جھنکار، چھنا کا وغیرہ کرنا۔

**jingo** *n. (pl. -oes)* جنگ کا حامی، جارحانہ خارجہ پالسی کا قائل؛ جوشیلا محبّ وطن۔ ● jingoism اسم: جارحیت، جارحانہ رویہ۔ jingoistic صف۔

**jinx** *n.* بول چال: کوئی آدمی یا شے جسے منحوس خیال کیا جائے، نامبارک۔

**jitters** *n. pl.* بول چال: شدید اعصابی دباؤ، ہیجانی کیفیت۔ ● jittery صف: سراسیمہ، وحشت زدہ۔

**jiu-jitsu** JU-JITSU کا متبادل۔

**jive** *n. & v.* اسم: ایک جھٹکے دار، جوشیلا رقص، جو خصوصاً ۱۹۵۰ء کی دہائی میں مقبول رہا۔ف: جائیو رقص کرنا۔

**Jnr.** اختصار: JUNIOR۔

**job** *n.* ① کام خصوصاً جو اُجرت پر کیا جائے۔② کوئی عہدہ یا تنخواہ دار منصب۔③ بول چال: کوئی مشغلہ یا کام جو درپیش ہو۔④ بول چال: مشکل کام۔

**jobber** *n.* بڑے پیمانے یا تھوک میں حصص کا کاروبار کرنے والا دلال۔

**jobbing** *adj.* اجرت پر مختلف کاموں میں یا گاہے گاہے مصروف۔

**jobless** *adj.* بے روزگار، نٹھلّا۔

**job lot** *n.* ملا جلا، متفرق مال یا اشیائے تجارت۔

**jockey** *n. & v.* اسم: (ج: eys-) جاکی، گھڑ دوڑ میں گھوڑا ہنکانے والا خصوصاً پیشہ ور گھڑ سوار۔ف: دھوکا دینا، کسی کے ساتھ فریب کرنا۔

**jockstrap** *n.* مخصوص اعضا کی حفاظت کے لیے مرد کھلاڑیوں کا حفاظتی بند۔

**jocose** *adj.* ① کھلنڈرے پن کا۔② ہنسی مذاق کرنے والا، دل لگی باز۔

**jocular** *adj.* ① خوش طبع، ہنسی مذاق کا شوقین۔② مزاحیہ، مذاقیہ، ظریفانہ۔ ● jocularity اسم: خوش فعلیاں۔ jocularly م ف: دل لگی سے۔

**jocund** *adj.* ادبی: خوش باش، مگن، زندہ دل۔

**jodhpurs** *n. pl.* عموماً گھڑسواری کے لیے پہنی جانے والی برجیس، گھٹنوں سے ٹخنوں تک مہریوں والی۔

**jog** *v. & n.* ف: (jogging، jogged) ① ہلکی رفتار سے دوڑنا خصوصاً بطور ورزش۔② (گھوڑے کا) دُلکی چال چلنا۔③ بھاری قدموں سے بمشکل آگے بڑھنا، گھسٹنا۔④ چلتے رہنا، جوں توں آگے بڑھتے جانا۔⑤ اُکسانا، کُریدنا، (اپنی یا کسی کی) یادداشت کو ابھارنا۔اسم: ① دھکّا، دھچکا، ٹھوکا۔② دھیمی چال۔ ● jogger اسم۔

**joggle** *v. & n.* ف: ہلانا جلانا، جھٹکے دینا۔اسم: ہلکا سا ٹھوکا، ٹھپکی۔

**jogtrot** *n.* ہلکی ہموار رفتار، دلکی چال۔

**Joie de vivre** *n.* خوش باشی کا خوشگوار احساس۔

**join** *v. & n.* ف: ① باہم جوڑنا، ملانا، باندھنا، متحد کرنا، (کسی شے یا شخص) کو دوسرے یا دوسروں کے ساتھ یکجا کرنا۔② دو یا زائد نقطوں کو خط وغیرہ کے ذریعے ملانا۔③ کسی انجمن، ادارے وغیرہ کا رکن بننا۔④ کسی جلسے جلوس وغیرہ میں شریک ہونا۔⑤ کسی کے ساتھ شرکت، ساجھا، میل معاونت کرنا۔اسم: کوئی نقطہ، خط یا سطح جہاں دو یا زیادہ اشیا آملیں۔ □ join up فوج میں بھرتی ہونا۔

**joiner** *n.* بڑھئی، ترکھان، نجّار، لکڑی کا چھوٹا موٹا کام کرنے والا شخص۔ ● joinery اسم: نجّاری کی کارگاہ۔

**joint** *n., adj. & v.* اسم: ① جوڑ، گرہ، گانٹھ۔② ہڈی کا جوڑ۔③ جانور کے گوشت کا پارچہ۔④ بول چال: کھانے پینے کے لیے مل بیٹھنے کی جگہ، اڈا۔⑤ بول چال: چرس بھرا سگریٹ۔صف: دو یا زیادہ آدمیوں کے ساجھے کی ملکیت۔ ف: ① جوڑ ملانا۔② جوڑوں، ٹکڑوں میں بانٹنا۔ □ joint account مشترک کھاتہ۔ out of joint ① جوڑ سے کھسکی ہوئی ہڈی۔② بے جوڑ۔ ● jointly م ف: مل جل کر، شرکت میں۔

**jointure** *n.* شوہر کی طرف سے تاحیات بیوی کے نام کی ہوئی املاک۔
**joist** *n.* چھت وغیرہ کی متوازی طور پر ڈالی ہوئی کڑیاں یا شہتیر۔
**jojoba** *n.* ایک پودا جس کے بیجوں کا تیل سنگھار وغیرہ کی اشیا بنانے کے کام آتا ہے۔
**joke** *n. & v.* اسم: ① ہنسی کی بات، لطیفہ، مذاق، چہل۔ ② مضحکہ خیز شے، شخص یا صورت حال۔ ف: ① ٹھٹھول کرنا، لطیفہ طرازی کرنا۔ ② کسی کا مذاق اڑانا۔
**joker** *n.* ① مسخرا آدمی۔ ② تاش کا غلام۔
**jollify** *v.* **(-ies, -ied)** عیش کرنا، خصوصاً پینا پلانا۔
● **jollification** اسم: تعیش۔
**jollity** *n.* (*pl.* **-ies**) رنگ رلیاں، عیش ونشاط۔
**jolly** *adj. & adv.* (**jolliest، jollier**) صف: ① خوش وخرم، مگن۔ ② رنگیلا، خوش باش۔ ③ سرور کے عالم میں۔ م ف، بول چال: very= بہت۔
**jolt** *v. & n.* ف: ① دھچکا لگانا، ہلا دینا۔ ② ذہنی صدمہ پہنچانا۔ ③ (گاڑی کا) ہچکولے کھانا۔ اسم: ① دھچکا، ہچکولا۔ ② دہاکا، صدمہ۔
**josh** *v.* بول چال: ① بنانا، چھیڑنا۔ ② مضحکہ اڑانا۔
**joss-stick** *n.* اگربتی۔
**jostle** *v.* دھکیلنا، دھکّا دینا، دھکا پیل کرنا۔
**jot** *v. & n.* ف: (**jotting، jotted**) جلدی جلدی لکھنا، گھسیٹنا۔ اسم: بہت قلیل مقدار۔
**jotter** *n.* یادداشت کی چھوٹی کاپی یا پیڈ۔
**joule** *n.* قوت کی معیاری اکائی (علامت: J)
**journal** *n.* اخبار، رسالہ، جریدہ، ڈائری، روزنامچہ۔
**journalese** *n.* بول چال: بندھے ٹکے جملوں پر مبنی فرسودہ صحافتی زبان۔
**journalism** *n.* صحافت، اخبارنویسی، جریدہ نگاری۔
● **journalist** اسم: صحافی۔
**journey** *n. & v.* اسم: (ج: **-eys**) ایک مقام سے دوسرے مقام کا سفر خصوصاً طویل۔ ف: سفر کرنا۔
**journeyman** *n.* (*pl.*-**men**) سندیافتہ مستری جو دوسرے کے لیے کام کرے۔
**joust** *v.* تاریخ: (قدیم) جنگجو سورماؤں کا گھوڑے پر نیزوں سے مقابلہ کرنا۔
**jovial** *adj.* خوش وخرم، زندہ دل، خوش مزاج۔
● **joviality** اسم: شادمانی۔ **jovially** م ف۔
**jowl** *n.* ① جبڑا یا جبڑے کی ہڈی۔ ② کلّہ۔ ③ گلے کی لٹکتی ہوئی کھال، غبغب۔
**joy** *n.* ① نمایاں جذبۂ مسرت، شادمانی، فرحت وانبساط۔ ② مسرت بخش بات یا شے۔ ● **joyful** صف۔
**joyfulness** اسم: شادمانی۔ **joyfully** م ف۔
**joyous** *adj.* پُرمسرت، مبارک، مسعود۔ ●
**joyously** م ف۔ **joyousness** اسم: فرحت، انبساط۔
**joyride** *n.* بول چال: کسی کی گاڑی میں مفت کی چڑی یا سیر سپاٹا خصوصاً مالک کی بلا اجازت۔
**joystick** *n.* ① ہوائی جہاز چلانے، کنٹرول کرنے کا ڈنڈا۔ ② ایک دستی بیرم جسے اِدھر اُدھر گھمانے سے کمپیوٹر وغیرہ کے پردے پر نقش وغیرہ کو کھسکایا جاسکتا ہے۔
**JP** Justice of the Peace کی تخفیف۔
**Jr.** Junior کا اختصار۔
**jubilant** *adj.* شادماں، شاداں فرحاں، باغ باغ۔
● **jubilantly** م ف۔ **jubilation** اسم۔
**jubilee** *n.* سالگرہ، خصوصاً ۲۵ویں، ۵۰ویں وغیرہ۔
**Judaic** *adj.* یہود یا یہودیت سے مخصوص یا منسوب۔
**Judaism** *n.* مذہب یہود۔
**judder** *v. & n.* ف: (خصوصاً مشین کے لیے) دھڑ دھڑانا، کھڑ کھڑانا، شور کرنا۔ اسم: اس طرح کی حرکت۔
**judge** *n. & v.* اسم: ① قاضی، منصف، حاکم عدالت۔ ② کسی مقابلے میں فیصلہ دینے کے لیے مقرر شخص۔ ③ کسی امر میں حکم بننے والا، فیصلہ دینے کا اہل۔ ف: ① عدالت قانونی میں مقدمے کی سماعت کرنا۔ ② کسی مقابلے یا قضیے میں جج بننا۔
**judgement** *n.* (also **judgment**) ① قوت فیصلہ۔ ② معقولیت، قابل فہم بات۔ ③ اندازہ، رائے۔ ④ عدالت کا فیصلہ یا دی ہوئی سزا۔
**judgemental** *adj.* (also **judgmental**) ① بطور فیصلہ یا فیصلے کے متعلق۔ ② ماخوذ کرنے، نکتہ چینی کرنے والا۔
**judicial** *adj.* ① عدالتی، عدالت کا یا اس سے متعلق۔

۲عدالتی اختیار یا حیثیت رکھنے والا۔۳جج سے منسوب، جج کے شایانِ شان۔ ● judicially م ف۔

**judiciary** *n.* (*pl.*-**ies**) کسی ریاست کے جج یا قضاۃ بحیثیت مجموعی۔

**judicious** *adj.* ۱معقول، دانشمندانہ۔۲درست، منصفانہ۔● judiciously م ف: سوچ سمجھ کر۔

**judo** *n.* جوجٹ سُو سے ماخوذ ایک طرح کی کشتی۔

**jug** *n.* & *v.* اسم: ۱جگ، ایک گہرا دستے دار ظرف۔۲ بول چال: قید خانہ۔● jugful اسم: جگ بھر مقدار۔

**juggernaut** *n.* ۱بڑی بھاری موٹر گاڑی خصوصاً دہری لاری۔۲عظیم الجثہ شے یا مہیب قوت۔

**juggle** *v.* ۱بازی گری، پھرتیلے کرتب دکھانا، چیزیں اچھال اچھال کر لپکنا۔۲بیک وقت کئی کام خوش اسلوبی سے انجام دینا۔● juggler اسم: بازی گر۔

**jugular vein** *n.* گلے کی کئی بڑی وریدوں میں سے کوئی جو دماغ تک خون پہنچاتی ہیں۔

**juice** *n.* ۱رس، عرق، پھلوں، ترکاریوں کا۔۲جسمانی رطوبات میں سے کوئی۔ ۳کسی چیز کا ست، خلاصہ، جوہر۔۴ بول چال: پٹرول یا کوئی ایندھن۔

**juicy** *adj.* (**juicier, juiciest**) ۱رسیلا، رس بھرا۔۲بول چال: دلچسپ، مزیدار؛ ہیجان خیز۔

**ju-jitsu** *n.* (also **jiu-jitsu, ju-jutsu**) ایک قسم کی جاپانی کشتی اور جسمانی زور آزمائی۔

**jukebox** *n.* مشین جو سکّہ ڈالنے پر گانا سناتی ہے۔

**Jul.** JULY کا اختصار۔

**julep** *n.* ایک طرح کا شربت، خصوصاً دوائی ملا۔

**julienne** *n.* ترکاریوں کے مہین قتلے یا کوئی اور کھانے کی چیز جو قتلوں کی شکل میں ہو۔

**July** *n.* سال کا ساتواں مہینہ، جولائی۔

**jumble** *v.* & *n.* ف: گڈمڈ کرنا، الٹ پلٹ، بے ترتیب کرنا۔ اسم: ۱ابتری، بے نظمی؛ مخلوطہ، ملغوبہ۔ ۲فروخت کے لیے رکھی گئی مختلف طرح کی اشیا عموماً پرانی۔

**jumble sale** *n.* استعمال شدہ اشیا کی فروخت عموماً کسی فلاحی کام میں مدد کے لیے۔

**jumbo** *n.*(*pl* -**os** ) بول چال: ۱بھاری بھرکم، عظیم الجثہ جانور، شخص یا شے۔ ۲(**jumbo jet** کا اختصار) بڑا ہوائی جہاز جس میں کئی سو آدمی سفر کر سکتے ہیں، عموماً مراد بوئنگ ۷۴۷۔

**jump** *v.* & *n.* ف: ۱اچھلنا، کودنا؛ چھلانگ لگانا۔ ۲پھرتی یا جلدی سے کوئی حرکت یا کام کرنا۔۳ایک دم بڑھنا، چڑھنا، مہنگا ہونا۔ ۴ کود کر عبور کرنا (کسی رکاوٹ وغیرہ کو) ۵ نظر انداز کر کے گزر جانا۔ اسم: ۱جست، چھلانگ۔۲ یکبارگی اضافہ، قیمتوں، مرتبے وغیرہ میں۔□ **jump at** دوڑ کر قبول کرنا۔**jump the queue** اپنی باری سے پہلے ناواجب طور پر سبقت لے جانا۔

**jumper** *n.* ۱سر پر سے پہننے کا بُنا ہوا سوئٹر۔۲ جسم کے اوپری حصّے کا لباس۔۳ امریکا: بغیر آستین کا ڈھیلا ڈھالا کوٹ۔ ۴ کودنے پھاندنے والا شخص یا جانور۔ ۵ کوئی تار جس سے برقی دور مکمل کرنے یا توڑنے کا کام لیا جائے۔

**jump lead** *n.* ایک گاڑی کی بیٹری سے دوسری گاڑی کو کرنٹ پہنچانے کے لیے اتصالی تار۔

**jumpsuit** *n.* پورے جسم کے لیے ایک پارچہ لباس۔

**jumpy** *adj.* (**jumpier, jumpiest**) جلد گھبرا اٹھنے والا، اعصاب زدہ، ہولُو۔

**Jun.** June نیز junior کا اختصار۔

**junction** *n.* ۱ دو یا دو سے زیادہ چیزوں کا مقام اتصال، سنگم۔۲ریل کا اسٹیشن جہاں کئی سمتوں کی لائنیں ملیں، سڑک کا چوراہا۔۳جوڑنے، ملانے کا عمل۔

**junction box** *n.* اتصالی بکس، برقی تاروں وغیرہ کے جوڑوں کا بند خانہ۔

**juncture** *n.* ۱اہم صورت حال، خصوصی موقع، مرحلہ، ساعت۔۲ مختلف اشیا کا مقام اتصال۔۳ ملنے کا عمل۔

**June** *n.* سال کا چھٹا مہینہ، جون۔

**jungle** *n.* ۱ جنگل۔۲ جھاڑیوں کا جھنڈ۔۳ مقام جہاں بقا کے لیے کشمکش جاری ہو۔

**junior** *adj.* & *n.* صف: ۱ عمر میں چھوٹا۔۲ حیثیت، مرتبے و تجربہ میں کمتر۔ اسم: ۱ چھوٹا آدمی۔ ۲ مدّت ملازمت میں مقابلتہً کم تر۔

**juniper** *n.* ایک سدابہار جھاڑی۔

**junk** *n.* ۱ کباڑ، انگڑ کھنگڑ۔۲ معمولی قیمت کی چیز۔

③بول چال: کوئی نشہ آور شے خصوصاً ہیروئن۔ ④ ایک چپٹے پیندے کی بادبانی کشتی جو بحیرۂ چین میں چلتی ہے۔

**junket** *n.* جمے ہوئے دودھ، بالائی، پنیر وغیرہ سے تیار کی ہوئی ایک میٹھی ڈش۔

**junk food** *n.* خوراک جس میں غذائیت کم ہو۔

**junkie** *n.* بول چال: نشہ باز۔

**junk mail** *n.* بے مانگے ڈاک سے آنے والے اشتہاری پرچے۔

**junk shop** *n.* کباڑی کی دکان، کباڑ خانہ۔

**junta** *n.* سیاسی یا فوجی ٹولہ جو انقلاب یا سازشی حملے کے بعد حکومت پر قبضہ کر لے۔

**jurisdiction** *n.* ①نظام انصاف، نظم و نسق، دادگستری۔ ② قانونی یا دیگر اختیارات جو کسی کو حاصل ہوں، ان کی حدود، دائرۂ اختیار، عملداری۔

**jurisprudence** *n.* علم یا فلسفۂ قانون، انصاف کے بنیادی اصول، قانونیات، فقہ۔

**jurist** *n.* ماہرِ قانون، قانون داں۔

**juror** *n.* جیوری کا رکن، پنچ۔

**jury** *n.* (*pl.* -ies) پنچوں کی جماعت جو عدالت میں پیش کردہ شہادت کی روشنی میں کسی مقدمے کی بابت اپنا فیصلہ دے۔

**jury-rigged** *n.* عارضی یا ہنگامی طور پر طنابوں، بادبانوں وغیرہ سے لیس کیا ہوا (جہاز یا کشتی)

**just** *adj. & adv.* صف: ①منصفانہ، انصاف پر مبنی۔ ② عین معقول، مناسب، حسب استحقاق۔ ③ بقدر ضرورت، صحیح، درست۔ م ف: ① بعینہٖ، بالکل عین۔ ② ابھی ابھی، ذرا دیر ہوئی۔ ③ محض، صرف، بس۔ ④ فقط اتنا ہی، اس سے زیادہ نہیں۔ ⑤ بلا شبہ، قطعاً، سچ مچ۔ □ **just now** ①اسی لمحے۔ ②ذرا پہلے۔ **just so** بالکل ایسے ہی، جوں کا توں۔ ● **justly** م ف۔

**justice** *n.* ①منصفانہ رویہ۔ ②انصاف، عدل۔ ③ عدالتی کارروائی۔ ④ مجسٹریٹ، جج۔

**justifiable** *adj.* جس کا جواز موجود ہو یا ثابت کیا جا سکے، حق بجانب۔ ● **justifiably** م ف۔

**justify** *v.* (-ies, -ied) ①جواز لانا، توجیہہ کرنا، درست برحق ثابت کرنا کسی فعل یا شخص کو، کسی قول، مطالبے وغیرہ کو۔ ③ ثبوت کے لیے مناسب جواز فراہم کرنا۔ ④ طباعت: (ٹائپ کی سطر سے) جگہ کو ہموار طور سے پُر کرنا۔

**jut** *v.* (**jutted, jutting**) □ **jut out** ابھار یا نوک کی صورت آگے کی طرف نکلا یا بڑھا ہوا ہونا۔

**jute** *n.* سن، پٹ سن، سنہری ریشہ جس سے رسّی، بوری وغیرہ بنائی جاتی ہے۔

**juvenile** *adj. & n.* صف: ① کمسن، جوان، جوانی یا صغرسنی سے متعلق۔ ② نوجوان طبقے کا یا اس کے لیے۔ ③ بچکانہ، ناپختہ۔ اسم: نوعمر یا نوجوان فرد۔

**juvenile delinquent** *n.* نابالغ، نوعمر، کمسن مجرم۔

**juxtapose** *v.* (چیزوں کو) برابر برابر، پہلو بہ پہلو یا ملحق رکھنا۔ ● **juxtaposition** اسم: ہمدوشی۔

# Kk

**K**[1] تخفیف: ① kelvin(s)۔ ② کمپیوٹر: kilobyte(s)۔ ③ شطرنج: بادشاہ کی علامت۔ ④ (رومن رقوم میں) ۱۰۰۰ کا عدد۔

**K**[2] عنصر potassium پوٹاشیم کی علامت۔

**kaftan** *n.* CAFTAN کا متبادل، لمبا عموماً پٹی دار لبادہ جو مشرق وسطیٰ کا ایک مردانہ لباس ہے۔

**kaiser** *n.* تاریخ: قیصر، جرمن یا آسٹریائی شہنشاہ یا مقدس رومی شہنشاہی کے سربراہ کا لقب۔

**Kalashnikov** *n.* روسی رائفل یا سب مشین گن۔

**kale** *n.* ایک قسم کی بند گوبھی۔

**kaleidoscope** *n.* ① سیر بین۔ ② دم بہ دم بدلتا ہوا منظر، اجزا یا گروہ۔ ● **kaleidoscopic** صف۔

**kamikaze** *n. & adj.* اسم: تاریخ: آتشگیر مادّے سے بھرا ہوا جاپانی جہاز جسے اڑانے والا نشانے پر گرا کر قصداً تباہ کر دے۔ صف: سرفروشانہ۔

**kangaroo** *n.* کنگرو (پیٹ کی تھیلی) رکھنے والا آسٹریلیا کا جانور جس کی پچھلی پنڈلیاں مضبوط ہوتی ہیں

جن کے سہارے یہ اچھلتا ہوا چلتا ہے۔
**kangaroo court** *n.* بے ضابطہ عدالت جو لوگ اپنی مرضی سے زبردستی قائم کرلیں۔
**kaolin** *n.* گل چینی یا چینی مٹی جو برتن بنانے نیز دوا سازی کے کام آتی ہے، یہ تپ کر بھی سفید رہتی ہے۔
**kapok** *n.* ایک ملائم بنولے کی طرح کا ریشہ جو گدّوں میں بھرنے یا کھلونوں میں لگانے کے کام آتا ہے۔
**kaput** *adj.* بول چال: ٹوٹا پھوٹا، ملیا میٹ۔
**karate** *n.* جاپانی نہتی زورآوری کا مقابلہ جس میں ہاتھ اور ٹانگوں سے وار کیا جاتا ہے۔
**karma** *n.* بدھ اور ہندومت کے مطابق انسان کے اعمال کی بنا پر اس کے دوسرے جنم کا تعیّن ہوتا ہے۔
**kayak** *n.* ایک نشست والی چھوٹی کشتی جو لکڑی کے ڈھانچے پر سیل کی کھال منڈھ کر تیار کی جاتی ہے۔
**kc/s** تخفیف: kilocycle(s) per second۔
**kebab** *n.* کباب۔
**kedge** *n.* ایک چھوٹا لنگر۔
**kedgeree** *n.* کھچڑی کی انگریزی شکل، مچھلی چاول اور اُبلے انڈوں سے تیار کی ہوئی۔
**keel** *n.* جہاز کے پیندے پر طولاً بنی ہوئی لکڑی یا لوہے کی نیو یا تہ، جس پر پورا ڈھانچا تعمیر ہوتا ہے، کیل۔□ **keel over** پلٹا کھانا یا ڈھے پڑنا، الٹنا۔
**keen** *adj.* ① سرگرم، جوشیلا۔ ② گرویدہ، رسیا، بچھا ہوا۔ ③ تیز، غیر معمولی (حس) ④ ذہین، فطین۔ ⑤ دھار دار۔ ⑥ نہایت سرد موسم، ہوا وغیرہ۔□ **keen on** شائق ہونا، دلچسپی رکھنا۔ **keenly** م ف۔ **keenness** اسم۔
**keep** *v. & n.* ف: **(keeping, kept)** ① قبضے میں رکھنا۔ ② آئندہ کے لیے رکھنا۔ ③ کسی خاص حالت میں رکھنا یا رہنا۔ ④ کسی خاص جگہ پر رکھنا۔ ⑤ باز رکھنا، روک رکھنا، دیر کرا دینا۔ ⑥ لحاظ رکھنا، تعمیل، پابندی کرنا، راز رکھنا، خیال رکھنا۔ ⑦ (جانور) پالنا۔ ⑧ کفالت کرنا، مہیّا کرنا۔ ⑨ جاری رکھنا۔ ⑩ حساب کتاب یا روزنامچہ وغیرہ رکھنا۔ اسم: ① روزی گزارنے کا سامان۔ ② کوٹ، قلعہ، حصار۔□ **keep off** ① الگ تھلگ رہنا یا رکھنا۔ ② خطرے کو ٹالنا، بچ کر رہنا۔ **keep on** کیے جانا۔ **keep up** (ترقی وغیرہ کو) جاری رکھنا، بڑھتے رہنا۔
**keeper** *n.* رکھوالا، محافظ، نگراں۔
**keeping** *n.* ① تحویل، سپردگی۔ ② موافقت، ہم آہنگی۔ □ **in keeping with** ہم آہنگ، مناسبت رکھنے والا۔
**keepsake** *n.* یادگار نشانی، کسی کی یاد دلانے والی شے۔
**keg** *n.* چھوٹا، عموماً ۱۰ گیلن سے کم کا پیپا۔
**kelp** *n.* سمندری جھاڑیوں میں سے کوئی۔
**kelvin** *n.* حرکی پیمانے کی ایک اکائی جس کا حجم سیلسیس درجۂ حرارت کے مساوی ہوتا ہے۔□ **Kelvin scale** کیلوینی پیمانہ تپش جس میں صفر مطلق صفر ہے۔
**kennel** *n.* **(kennels)** ① کتا گھر، تازی خانہ۔ ② کتوں کی نسل کشی کا مرکز مع اقامت گاہ۔
**kept** KEEP کا ماضی و ماضیہ۔
**keratin** *n.* ایک ریشہ دار لحمیہ جو بالوں، پروں، کُھروں، پنجوں، سینگوں وغیرہ میں ہوتا ہے۔
**kerb** *n.* سڑک کی پیدل پٹڑی کا سنگین کنارا یا حاشیہ۔
**kerchief** *n.* سر پر باندھنے کا رومال۔
**kerfuffle** *n.* بول چال: ہلچل، گڑبڑ۔
**kernel** *n.* ① میوے کی گری، مغز۔ ② کسی غلّے کا سالم دانہ۔ ③ کسی شے کا مرکز یا اصل حصّہ۔
**kerosine** *n.* (also **kerosene**) مٹی کا تیل، پیرافین۔
**kestrel** *n.* ایک چھوٹا شکرا۔
**ketch** *n.* دو مستولوں والی بادبانی کشتی۔
**ketchup** *n.* (also **catchup**) ٹماٹر، کھمبی، سرکہ وغیرہ ملا کر بنائی ہوئی پتلی ولایتی چٹنی [اصلاً چینی]
**kettle** *n.* کیتلی عموماً دھات کی۔
**kettledrum** *n.* ایک پیالہ نما ڈھول، دمدمہ، جس پر جھلّی منڈھی ہوتی ہے اور کسی جاسکتی ہے، نقارہ۔
**key** *n.* ① کنجی، کوئی اوزار جو کنجی کا کام کرے۔ ② پیچ، کیل وغیرہ گرفت میں رکھنے والا زنبور۔ ③ ساز کے پردے کی کلید۔ ④ ٹائپ رائٹر وغیرہ کے حروف کی کلید۔ ⑤ اہم، بنیادی، لازمی۔ ⑥ حل، توضیح، خفیہ تحریر یا پیغام کو کھولنے والا کلیدی لفظ یا طریقہ۔ ⑦ نقشے، جدول وغیرہ میں استعمال ہونے والی علامات وغیرہ کی فہرست۔ ⑧

سوالات کے حل بتانے والی کتاب۔⑨باہم مربوط سُروں کا مجموعہ۔□ keyed up جوش میں، اکسایا ہوا۔

**keyboard** *n.* اسم: ٹائپ رائٹر یا کمپیوٹر، پیانو وغیرہ کا کلیدی تختہ۔ ف: کلید تختے کے ذریعے مواد یا معلومات بھرنا۔● keyboarder اسم۔

**keyhole** *n.* قفل کا منہ یا سوراخ جس میں کنجی ڈالی جاتی ہے۔

**keyhole surgery** *n.* بہت چھوٹا چیرا دے کر کی جانے والی سرجری۔

**keynote** *n.* ① بنیادی سُر۔② جلسے یا کانفرنس میں لہجہ یا فضا متعیّن کرنے والی تقریر یا خطبہ۔

**keypad** *n.* کسی دستی آلے، مشین، ٹیلیفون وغیرہ پر کلیدی تختی۔

**keyring** *n.* کنجیوں کے گچھے کا حلقہ، چھلّا۔

**keystone** *n.* ① کسی نظام کار کا بنیادی اصول، پالسی کا محور۔② محراب کی ڈاٹ۔

**keystroke** *n.* کلیدی تختے پر کلید کو دبانے کا عمل۔

**keyword** *n.* ① خفیہ تحریر کو کھولنے کا گُر۔② معنی خیز، پُرمغز کلمہ، اشاریہ سازی میں کانٹے کا لفظ۔

**kg** kilogram(s) کلوگرام کی تخفیف۔

**KGB** *abbr.* سابق سوویت یونین کی خفیہ پولیس۔

**khaki** *adj. & n.* مدّھم کتھئی مائل زرد، کئی جگہ کی فوجی یونیفارم کا رنگ۔

**khan** *n.* وسطی ایشیا میں سرداروں، حاکموں افسروں کا خطاب۔

**kHz** kilohertz کی تخفیف۔

**kibbutz** *n.* اسرائیل میں آبادکاروں کی بستی۔

**kick** *v. & n.* ف: ① پاؤں سے ٹھوکر وغیرہ مارنا۔② (بندوق وغیرہ کا) چلاتے ہوئے دھکّا لگنا۔③ بول چال: ترک کرنا (کسی عادت وغیرہ کو) اسم: ① ٹھوکر، لات پاؤں کی، اس کا وار یا چوٹ۔② بول چال: ترنگ، کوئی وقتی دلچسپی یا شوق۔□ kick out بول چال: خارج کر دینا، نکال دینا۔ kick up a fuss فساد مچانا، سخت احتجاج کرنا۔

**kickback** *n.* بول چال: منافع میں حصّہ داری خصوصاً تعاون کے بدلے۔

**kick-off** *n.* فٹ بال: کھیل کا آغاز۔

**kick-start** *n. & v.* موٹر سائیکل وغیرہ کے انجن کا اسٹارٹر جسے پیر سے دبا کر چالو کرتے ہیں۔ ف: اس طرح انجن چالو کرنا۔

**kid** *n., v.& adj.* اسم: ① بکری کا بچہ۔② بول چال: بچہ، بالا۔ ف: (kidding، kidded) جھانسا دینا، بیوقوف بنانا۔ صف: بکری کے بچے کے چمڑے کا بنا ہوا۔

**kidnap** *v.* **(kidnapped, kidnapping** *US* **kidnaped)** ① اغوا کرنا، خصوصاً تاوان وصول کرنے کی غرض سے۔② (بچے کو) اڑا لے جانا۔● kidnapper اسم: اغوا کنندہ، مُغوی۔

**kidney** *n. (pl.*-**eys)** گردہ۔

**kill** *v. & n.* ف: ① مارنا، کسی کو ہلاک کرنا۔② (وقت) گذاری کرنا۔ اسم: ① مارنے خصوصاً شکار یا ذبح کرنے کا عمل۔② شکار کردہ جانور۔● killer اسم۔

**killjoy** *n.* بول چال: رونی صورت، رنگ میں بھنگ ڈالنے والا آدمی جو دوسروں کی خوشی میں زہر گھولے۔

**kiln** *n.* بھٹّی، بھٹّا یا تنور خصوصاً کمھار کا پژاوہ یا چونے کو پکانے کی بھٹّی۔

**kilo** *n. (pl.*-**os)** ① کلوگرام۔② کلومیٹر۔

**kilo-** *comb. form* ۱۰۰۰ کی تعداد یا مقدار کو ظاہر کرنے کے لیے مستعمل (خصوصاً میٹری نظام پیمائش میں)

**kilobyte** *n.* (Bytes) کمپیوٹنگ: ۱۰۲۴ بائٹ

**kilocalorie** *n.* حرارت کی وہ مقدار جو ایک کلوگرام پانی کا درجہ حرارت ایک سینٹی گریڈ کے بقدر بڑھا دے۔

**kilogram** *n.* اعشاری نظام میں کمیت کی بین الاقوامی اکائی (تخمیناً ۲٫۲۰۵ پونڈ)

**kilohertz** *n.* آواز کے ارتعاش یا تموّج کے ناپنے کا پیمانہ ۱۰۰۰ سائیکل فی سیکنڈ کے برابر۔

**kilojoule** *n.* ۱۰۰۰ Joules جول کی مقدار۔

**kilolitre** *n.* (*US* **-liter)** ایک ہزار لیٹر۔

**kilometre** *n.* ۱۰۰۰ میٹر کے برابر پیمائش کی اکائی۔

**kilovolt** *n.* ایک ہزار وولٹ۔

**kilowatt** *n.* ایک ہزار واٹ۔

**kilt** *n.* گھگریا سے ملتا جلتا، پلیٹوں دار چارخانے کا بنا ہوا اسکاچستانی پہاڑی علاقے کا روایتی لباس۔

**kimono** *n.*(*pl.*-**os**) جاپان کا روایتی لبادہ جس کے ساتھ کمرپٹکا بھی ہوتا ہے۔
**kin** *n.* عزیز، رشتہ دار، قرابت دار۔
**kind** *n. & adj.* ① نسل یا نوع حیوانات، نباتات وغیرہ کا کوئی قدرتی گروہ۔ ② جماعت، وضع، گروہ، قسم۔ صف: مہربان، شفیق۔ □ **in kind** ① اسی صورت سے یا اسی طرح، ویسے ہی۔ ② بصورت جنس نہ کہ نقد۔
**kindergarten** *n.* اسکول سے پہلے کی بچوں کی تربیت گاہ۔
**kind-hearted** *adj.* رحم دل۔
**kindle** *v.* ① سلگانا، جلانا، بھڑکانا (آگ، شعلہ، مادّہ وغیرہ) ② اُکسانا، شوق دلانا۔
**kindling** *n.* آگ جلانے کی چھپٹیاں۔
**kindly**[1] *adv.* نرمی یا ملائمت سے۔
**kindly**[2] *adj.* (**kindlier, kindliest**) ① رحم دل۔ ② خوشگوار، موافق (آب وہوا وغیرہ)
**kindred** *n. & adj.* اسم: عزیز، رشتہ دار۔ صف: ① خونی یا سسرالی عزیز۔ ② متحد، موافق، مماثل۔
**kinetic** *adj.* حرکت سے متعلق، حرکی۔
**king** *n.* ① بادشاہ، خصوصاً کسی ریاست کا موروثی حکمران۔ ② کسی حیثیت سے نمایاں فرد۔ ③ شطرنج: دونوں فریقوں کا بڑا مہرہ، شاہ شطرنج۔ ④ تاش کا پتہ جس پر بادشاہ کی شبیہہ ہوتی ہے۔
**kingdom** *n.* ① سلطنت، ملک جو کسی بادشاہ کے زیرنگیں ہو۔ ② کسی شخص یا حیوان وغیرہ کا مخصوص علاقہ۔
**kingfisher** *n.* رام چڑیا، لمبی چونچ اور رنگیں پروں والا پرندہ، جو دریاؤں میں غوطہ لگا کر مچھلی پکڑتا ہے۔
**kingpin** *n.* ① مرکزی پُرزہ، کھڑا اپیچ جو چول یا محور کا کام کرے۔ ② مرکزی شخصیت یا شے۔
**kink** *n. & v.* اسم: ① تار یا نلکی کا بل، پیچ، مروڑا، گھونگھر۔ ② ذہنی خبط یا پیچیدگی۔ ف: بل ڈالنا، پیچ ڈالنا۔
**kinky** *adj.* ① بول چال: شہوت زدہ، عریاں، حیاسوز (پوشاک وغیرہ) ② انوکھا، نرالا۔ ③ بل دار، گرہ خوردہ۔
**kinsfolk** *n. pl.* سگے یا خونی رشتے کے اقربا۔ ● **kinsman** اسم۔ **kinswoman** اسم۔
**kiosk** *n.* ① کھوکھا، کھڑکی وغیرہ جہاں سے کھانے کی چیزیں، اخبار، ٹکٹ وغیرہ فروخت کیے جائیں۔ ② ٹیلیفون کرنے کا گوشہ۔
**kip** *n.* بول چال: نیند کی جھپکی۔
**kipper** *n.* سکھائی، بنائی ہوئی مچھلی خصوصاً ہیرنگ۔
**kirk** *n.* اسکاچ: گرجا۔
**kirsch** *n.* ایک شراب جو چیری سے تیار کی جاتی ہے۔
**kiss** *v. & n.* ف: بوسہ دینا، پیار کرنا، لب چومنا۔ اسم: بوسہ۔ □ **kiss of life** منہ پر منہ رکھ کر سانس کے ذریعے تنفس بحال کرنا۔
**kit** *n. & v.* اسم: ① کسی خاص کام کے لیے درکار آلات، سامان، کپڑوں وغیرہ کا بستہ، تھیلا۔ ② کسی خاص کام کا لباس خصوصاً کھیل کا۔ ف: (**kitting، kitted**) ضروری ساز وسامان سے لیس کرنا۔
**kitbag** *n.* فوجی جوان، کھلاڑی یا مسافر کا لنبوترا تھیلا۔
**kitchen** *n.* باورچی خانہ۔
**kitchen garden** *n.* گھریلو ترکاریوں کی کیاری یا باغ جس میں کبھی جڑی بوٹیاں بھی بوئی جاتی ہیں۔
**kitchenette** *n.* چھوٹا باورچی خانہ۔
**kite** *n.* ① پتنگ، گڈی، کن کوّا۔ ② چیل، زغن۔
**Kitemark** *n.* برطانوی معیارات کے محکمہ کا تصدیقی نشان۔
**kith** *n.* □ **kith and kin** دوست، رشتہ دار۔
**kitsch** *n.* شوخ، بھڑکیلا، گھٹیا آرٹ۔
**kitten** *n.* بلی کا بچہ، خرگوش، نیولے وغیرہ کا بچہ۔
**kitty** *n.*(*pl.* -**ies**) مشترک سماجی فنڈ یا سرمایہ۔
**kiwi** *n.* نیوزی لینڈ کا پردار جانور جو اُڑ نہیں سکتا۔
**kJ** مخفف: kilojoule(s)۔
**kl** مخفف: kilolitre(s) کلولیٹر۔
**kleenex** *n.* تجارتی نام: کاغذی رومال۔
**kleptomania** *n.* بے وجہ چوری کی زبردست خواہش، ایک ذہنی عارضہ۔ ● **kleptomaniac** اسم: سرقہ خبطی۔
**km** مخفف: kilometre(s) کلومیٹر۔
**knack** *n.* فطری یا اکتسابی ملکہ یا مہارت۔
**knacker** *n. & v.* اسم: ذبح کرنے کے لیے ناکارہ مویشیوں اور گھوڑوں کا خریدار۔ ف: بول چال: ①

تھکا مارنا، تمام کر دینا۔ ② ہلاک کرنا، نقصان پہنچانا۔

**knapsack** *n.* فوجی جوان یا کوہ پیما وغیرہ کا تھیلا۔

**knave** *n.* ① شریر، بدمعاش۔ ② تاش کا غلام۔

**knead** *v.* ① گوندھنا (آٹے، مٹی وغیرہ کو) ② ہاتھ پاؤں دبانا، مٹّھی چپّی کرنا۔

**knee** *v. & n.* اسم: ① گھٹنا؛ گھٹنے کا جوڑ، چپنی۔ ② گود۔ ③ گھٹنے کو ڈھکنے والا لباس کا حصّہ یا دامن۔ ف: **(kneeing، kneed)** گھٹنا مارنا۔

**kneecap** *n.&v.* اسم: گھٹنے کی چپنی جو گھٹنے کے جوڑ کو ڈھانپتی ہے۔ ف: **(-capping، -capped)** بول چال: بطور سزا گھٹنوں پر چوٹ لگانا۔

**knee-jerk** *n.* گھٹنے کے نیچے کی رگ پر ضرب لگنے سے گھٹنے کا غیر ارادی جھٹکا۔

**kneel** *v.* **(knelt,** or **kneeled, kneeling)** گھٹنوں پر جھکنا یا ایک گھٹنا ٹیک کر کھڑا ہونا۔

**knees-up** *n.* بول چال: چونچال، خوش باش مجمع۔

**knell** *n.* گھنٹے کی آواز خصوصاً موت یا جنازے پر۔

**knelt** KNEEL کا صیغۂ ماضی و ماضیہ۔

**knew** KNOW کا صیغۂ ماضی۔

**knickerbockers** *n. pl.* ڈھیلی ڈھالی برجیس جس میں پنڈلی کے قریب جھول ہوتا ہے۔

**knickers** *n. pl.* ① برط: زنانہ جانگھیا۔ ② امریکا: knickerbockers۔

**knick-knack** *n.* گھٹیا، نمائشی، بے کار شے۔

**knife** *n. & v.* اسم: (ج: **knives**) ① چاقو، چھری، چاقو کی طرح کا ہتھیار۔ ② مشین کا کاٹنے والا پرزہ، پھل، دھار۔ ف: چاقو سے کاٹنا یا زخم پہنچانا۔

**knight** *n. & v.* اسم: ① وہ شخص جسے سر کا خطاب دیا گیا ہو۔ ② شطرنج: گھوڑے کے سر کی طرح کا مہرہ، گھوڑا۔ ③ گھڑسوار دستے کا رکن۔ ف: نائٹ کے درجے پر فائز کرنا۔

**knighthood** *n.* نائٹ کا منصب۔

**knit** *v.* **(knit** or **knitted, knitting)** ① سلائیوں سے، بُنائی کی مشین سے پوشاک بُننا۔ ② تیوری پر کھڑے بل ڈالنا۔ ③ متحد، متفق ہونا۔ ④ (شکستہ ہڈیوں کا) جڑ جانا، بحال ہونا۔ ● **knitter** اسم: بافندہ۔ **knitting** اسم: بُنائی۔

**knob** *n. & v.* گول، اُبھرواں لٹو؛ مُٹھیا، گولا، کواڑ، دراز وغیرہ کا دستہ، ہتّھا۔ ● **knobbly** صف: گرہ دار۔

**knock** *v. & n.* ف: ① کسی سطح پر ہاتھ مار کر آواز کرنا، کھٹکھٹانا، دروازے پر دستک دینا۔ ② دھکّے یا وار سے نشان ڈالنا یا زخمی کرنا۔ ③ دھکیل کر بھگانا، لڑھکانا۔ ④ بول چال: تنقید کرنا۔ اسم: ① دستک، کھٹ کھٹاہٹ کھٹکا۔ ② زور کا دھپ یا ضرب۔ ③ سنائی دینے والی تیز ضرب۔ □ **knock about** متواتر ضرب لگانا؛ زور، زبردستی کرنا۔ **knock down** ① ضرب سے کسی شخص کو زمین پر گرا دینا۔ ② تباہ کرنا، ڈھانا۔ **knock off** ① بول چال: کام پورا کرنا۔ ② پھرتی سے تخلیق یا موزوں کر ڈالنا۔ ③ چُرانا۔ **knock out** ① ضرب لگا کر بیہوش کر دینا۔ ② کسی کو زیر کر کے مقابلہ جیت لینا۔ ③ ہرانا۔ **knock up** ① جلدی جلدی جوڑنا، تیار کرنا۔ ② برط: دروازے پر دستک دے کر جگانا۔

**knock-down** *adj.* نہایت قلیل (قیمت)

**knocker** *n.* دروازے پر دستک کے لیے لٹکائی جانے والی لکڑی یا دھات کی بجنے والی زنجیر وغیرہ، دستکی۔

**knock-kneed** *adj.* کج زانو، اندر کی طرف جھکے ہوئے گھٹنے۔

**knock-on effect** *n.* ثانوی، بالواسطہ تأثر۔

**knockout** *n.* ① ضرب لگا کر بے ہوش کرنا۔ ② ایسا مقابلہ جس میں سے ہارنے والے فریق خارج ہوتے جاتے ہیں۔ ③ بول چال: غضب کا آدمی یا شے۔

**knock-up** *n.* ٹینس وغیرہ کی مشق۔

**knoll** *n.* چھوٹی پہاڑی یا ٹیلہ۔

**knot** *n. & v.* اسم: ① رسّی ڈوری، بالوں وغیرہ کو بل، گرہ یا کسی اور شے کے ساتھ گوندھنا، لپیٹنا، کسی خاص طریقے سے گرہ لگانا۔ ② جہاز یا ہوائی جہاز کی رفتار کی پیمائش کی اکائی ایک بحری میل فی گھنٹہ کے مساوی۔ ③ گروہ، مجمع۔ ④ گلٹی، گومڑا۔ ⑤ شاخ یا جڑ میں گانٹھ، ابھار۔ ف: **(knotting، knotted)**: ① (تار وغیرہ میں) گرہ یا بل ڈالنا۔ ② باہم بل دینا۔ ③ گٹھ جوڑ کرنا۔

**knotty** *adj.* **(knottier, knottiest)** ① گٹھیلا، گرہ دار۔ ② حیران کن، مشکل، دشوار۔

**know** *v.* **(knew, known, knowing)**① ذہن میں لیے ہونا، جاننا، سیکھا، بوجھا ہونا۔ ②(کسی حقیقت سے) واقف، آگاہ ہونا، کسی سے واقف، آشنا ہونا، (کسی جذبے کے) زیراثر ہونا۔③ذاتی تجربہ رکھنا۔ ④علم یافہم رکھنا۔□ **in the know** بول چال: باخبر، خصوصی علم رکھنے والا۔ **known as** (کسی خاص نام سے) معروف۔

**know-how** *n.* طریق کار، عملی تجربہ یا مہارت۔

**knowing** *n. & adj.* اسم: آگاہی، واقفیت۔صف: ①چالاک، عیّار، مکار۔②جاننے کا دعوے دار، تیز، سیانا۔ ● **knowingly** م ف: دانستہ۔

**knowledge** *n.* ①علم جوشناسائی یا تجربے سے حاصل ہو، جان کاری، کسی کا مبلغ علم یا احاطۂ معلومات۔ ② کسی مضمون یا زبان وغیرہ کی عملی واقفیت، ذخیرۂ علم۔

**knowledgeable** *adj.* باخبر، ذی علم، دانش مند۔

**knuckle** *n.* ①انگلیوں کا جوڑ۔② جانور کے بنے ہوئے گوشت کی یہی ہڈیاں یا جوڑ۔□ **knuckle under** دبنا، ہار ماننا۔

**knuckleduster** *n.* انگلیوں کی پشت پر چڑھانے کا آہنی خول خصوصاً مکّے کی چوٹ بڑھانے کے لیے۔

**koala** *n.* آسٹریلیا کا ایک ریچھ سے ملتا درختوں پر چڑھنے والا جانور۔

**kohl** *n.* کحل، کاجل عموماً سنگ سرمہ کا سلفائڈ۔

**kookaburra** *n.* تیز آواز کا آسٹریلیا کا ایک ماہی خور پرندہ۔

**kopek** (also **kopeck**) COPECK کا متبادل، ایک روسی سکّہ، سوکوپک کا ایک روبل۔

**kosher** *adj.* ①معتبر (کھانا یا طعام گاہ) جو یہودی شریعت کے مطابق ہو۔②بول چال: اچھا، معتبر۔

**kowtow** *v.* تعظیماً جھکنا، اظہار عاجزی کرنا۔

**k.p.h.** kilometres per hour کلومیٹر فی گھنٹہ کی تخفیف۔

**Kr** krypton بنیادی عنصر کرپٹون کی علامت۔

**kremlin** *n.* ①روسی شہر کے درمیان واقع حصار یا قلعہ۔②(**the Kremlin**) مراد روسی حکومت۔

**krugerrand** *n.* جنوبی افریقہ کا سونے کا ایک سکّہ۔

**krill** *n.* ایک چھوٹا سا خول دار پیرا جانور جو قطب جنوبی کے نزدیک سمندر میں وھیل مچھلی کی خوراک ہے۔

**krona** *n.* ①(ج: **kronor**) سویڈن کا بنیادی سکّہ۔ ②(ج: **kronur**) آئس لینڈ کا سکّہ۔

**krone** *n.* (*pl.* **kroner**) ڈنمارک اور ناروے کا بنیادی سکّہ۔

**krypton** *n.* بے ضرر گیسوں میں سے ایک کمیاب غیرفعال یا نا آمیز گیس جو فلوری لیمپوں میں استعمال ہوتی ہے۔(علامت: Kr)

**kudos** *n.* بول چال: شان وشوکت، شہرت، ناموری۔

**kumquat** *n.* (also **cumquat**) نارنگی کی طرح کا ایک پھل جس کا چھلکا میٹھا اور گودا ترش ہوتا ہے۔

**kung fu** *n.* کراٹے کی چینی قسم۔

**Kurd** *n.* جنوب مغربی ایشیا کے کرد باشندوں میں سے کوئی۔ ● **Kurdish** صف۔

**kV** kilovolt(s) کی تخفیف۔

**kW** kilowatt (s) کی تخفیف

# Ll

**L** ①(رومن، رقوم میں) ۵۰ کا عدد۔② تخفیف: lake، large، learner driver۔

**l** تخفیف: litre(s)۔

**La** عنصر lanthanum کی علامت۔

**lab** *n.* بول چال: LABORATORY= تجربہ گاہ۔

**label** *n. & v.* اسم: چٹھی، نشان کی پرچی، کارڈ، کاغذ یا کپڑے وغیرہ کی بنی ہوئی جس پر معلومات درج ہو۔ ف: (**labelling**، **labelled**)① لیبل یا چپپی لگانا۔ ② کسی زمرے میں شامل کرنا۔

**labial** *adj.* لبوں سے متعلق، ہونٹ کا یا ہونٹ جیسا۔

**labium** *n.* (*pl.* **labia**) اندام نہانی کو ڈھکنے والی کھال کے دوطرفہ غلاف، لبان فرج۔

**labor** امریکا: LABOUR کا متبادل املا۔
**laboratory** *n.* (*pl.* -ies) معمل، تجربہ گاہ۔
**laborious** *adj.* دقت طلب، محنت کا متقاضی۔
● **laboriously** م ف: بہ کوشش، بدقت۔
**labour** *n. & v.* اسم: ① محنت، مشقت، ریاضت۔ ② محنت کشوں، مزدوروں کا طبقہ۔ ③ وضع حمل کا عرصہ خصوصاً رحم کے کھنچاؤ سے ولادت تک۔ ف: ① محنت کرنا۔ ② کسی مقصد کے لیے کوشش کرنا۔ ③ بے جا کاوش کرنا۔ ④ دقت سے آگے بڑھنا۔
**laboured** *adj.* آورد اور کاوش پر مبنی نہ کہ رواں۔
**labourer** *n.* (*US* **laborer**) ① مزدور، عموماً غیر ہنرمند، ہاتھ سے کام کرنے والا۔ ② محنت کش آدمی۔
**Labour party** *n.* برطانوی لیبر پارٹی جو محنت کش طبقے کے مفادات کی ترجمانی کے لیے قائم کی گئی۔
**Labrador** *n.* شکار کھینچ کر لانے والا ایک بڑا کتا۔
**laburnum** *n.* ایک چھوٹا درخت جسکے زرد پھولوں کے گچھوں میں زہریلے بیج ہوتے ہیں۔
**labyrinth** *n.* بھول بھلیاں، پیچ دار راستوں کا سلسلہ۔ ● **labyrinthine** صف: پُر پیچ۔
**lace** *n. & v.* اسم: ① لیس، فیتہ، خصوصاً روئی یا ریشم کے دھاگوں سے بنا ہوا جو مختلف پوشاکوں میں ٹانکا جاتا ہے۔ ② جوتے وغیرہ کا بند۔ ف: ① بند باندھنا۔ ② (کافی، بیئر وغیرہ میں) تھوڑی سی الکحل ملانا۔ ③ کشیدہ کاری کرنا۔ ④ لیس یا فیتے کا حاشیہ لگانا۔
**lacerate** *v.* ① (گوشت یا جسم کو) نوچ ڈالنا۔ ② ذہنی کچوکے دینا۔ ● **laceration** اسم: چیر پھاڑ۔
**lachrymose** *adj.* رونے کے قریب، آبدیدہ۔
**lack** *n. & v.* اسم: قلت، کمی، فقدان۔ ف: کسی بات میں ہیٹا ہونا، کم ہونا۔
**lackadaisical** *adj.* سست، مٹھا ٹھس، بے حس، جوش ولولے سے خالی۔
**lackey** *n.* (*pl.*-eys) ① اندھا مقلد، سیاسی چیلا، حاشیہ بردار، خوشامدی، چمچا۔ ② ملازم، خدمت گار۔
**lacking** *adj.* ① ناپید یا قلیل، ناموجود۔ ② بول چال: کم عقل، ذہنی طور پر پسماندہ۔
**lacklustre** *adj.* (*US* **lackluster**) بے جوش وخروش، توانائی یا ولولے سے خالی، ڈھیلا، ڈھلمل یقین۔
**laconic** *adj.* ① مختصر، جچی تلی عبارت، تقریر یا انداز۔ ② کم سخن۔ ● **laconically** م ف: مجملاً۔
**lacquer** *n. & v.* اسم: لاکھی روغن۔ ف: لیکر پھیرنا۔
**lacrosse** *n.* ہاکی کی طرح کا ایک کھیل جس میں گیند کو ایک جالی دار چھڑی سے کھیلا جاتا ہے۔
**lactation** *n.* دودھ کے غدود سے دودھ کا رسنا، دودھ اترنا۔
**lactic acid** *n.* کاربوکسالک ترشہ جو کھٹے دودھ میں پیدا ہو جاتا ہے اور سخت ورزش کے وقت پٹھوں کی بافت میں بھی پیدا ہوتا ہے۔
**lactose** *n.* دودھ میں موجود ایک قسم کی شکر۔
**lacuna** *n.* (*pl.* **lacunae** or **lacunas**) ① رخنہ، خلا، وقفہ، شگاف۔ ② غائب ورق یا جزو۔
**lacy** *adj.* (**lacier**) لیس نما، فیتہ نما۔
**lad** *n.* ① لڑکا، نوجوان۔ ② بول چال: نفر، شخص، ساتھی، دوست وغیرہ۔ ③ بول چال: تیز طرار آدمی۔
**ladder** *n. & v.* اسم: ① زینہ، سیڑھی۔ ② لمبی جرابوں میں سیڑھیوں کی طرح عموداً ادھڑنے کے نشان۔ ③ نسلی تسلسل۔ ④ یہ سلسلہ بحیثیت ترقی کا زینہ۔ ف: (لمبی جرابوں وغیرہ کا) اوپر تلے سیڑھیوں کی شکل میں ادھڑنا، سوراخ ڈالنا۔
**laden** *adj.* بہت زیادہ لدا ہوا، زیر بار۔
**ladle** *n. & v.* اسم: کفگیر یا ڈوئی جیسا لمبا چمچہ۔ ف: سیّال مادّے کو اس سے ایک سے دوسرے ظرف میں منتقل کرنا۔
**lady** *n.* (*pl.*-ies) خاتون، معزز یا شائستہ خاتون؛ (**Lady**) امرا سے قرابت رکھنے والی خواتین کا لقب۔
**ladybird** *n.* بھونرا جس کے پروں کا رنگ سرخی مائل بھورا اور اس پر سیاہ بندکیاں ہوتی ہیں، چتی دار بھونرا۔
**lady-in-waiting** *n.* ملکہ یا شہزادی کی خدمت گاری میں رہنے والی مصاحب خاتون۔
**ladylike** *adj.* معزز، شائستہ خواتین کے عادات و اطوار والی؛ مہذب، خلیق، خوش سلیقہ۔
**ladyship** *n.* بیگم یا بیگمات کو مخاطب کرنے یا ان کا ذکر کرنے کا تعظیمی انداز۔
**lag**[1] *v. & n.* ف: (**lagging**، **lagged**) پچھڑنا،

پیچھے رہ جانا،قدم ملا کر نہ چل سکنا۔اسم: تاخیر۔

**lag²** *v.* (**lagged, lagging**) (جوش دان وغیرہ کو) غیر موصل غلاف میں لپیٹنا۔

**lager** *n.* ایک ہلکے رنگ کی بیئر۔

**lager lout** *n.* بول چال: آپے سے باہر نوجوان جو زیادہ پی گیا ہو۔

**laggard** *n.* پھسڈّی،لدّھڑ، پسماندہ آدمی۔

**lagging** *n.* جوشدان،نلکیوں وغیرہ پر منڈھنے کا غیر موصل مادّہ جو حرارت کو روکے رکھے۔

**lagoon** *n.* کھاری پانی کی جھیل جسے کوئی ریتیلا قطعہ، مونگے کی چٹان وغیرہ سمندر سے الگ کرے۔

**lah** *n.*(also **la**) موسیقی: ① چڑھتے سُروں کی سپتک کا چھٹا سُر۔② fixed-doh سسٹم کا A سُر۔

**laid** LAY¹ کا ماضی و ماضیہ۔

**laid-back** *adj.* بول چال: مطمئن، بے فکر۔

**lain** LIE¹ کا ماضیہ۔

**lair** *n.* جنگلی جانور کا بھٹ،خفیہ جائے پناہ۔

**laird** *n.* اسکاچ: زمیندار۔

**laissez-faire** *n.* کاروبار وغیرہ میں حکومت کی عدم مداخلت کا نظریہ و عمل۔

**laity** *n.* عام لوگ،کلیسا سے وابستہ لوگوں کے علاوہ۔

**lake** *n.* جھیل۔

**lam** *v.* (**lammed, lamming**) بول چال: ① جھاڑنا، پٹائی کرنا۔② زور کی چوٹ لگانا۔

**lama** *n.* تبتی یا منگول بدھ راہب،لاما۔

**lamb** *n. & v.* اسم: ① بھیڑ کا بچہ، برّہ۔② اس کا گوشت بطور غذا۔③ مسکین،سیدھا نیک آدمی، خصوصاً معصوم بچہ۔ف: بھیڑ کا بچہ جننا۔

**lambaste** *v.* (also **lambast**) سخت اعتراض یا تنقید کا نشانہ بنانا۔

**lame** *adj. & v.* صف: ① لنگڑا، اپاہج ،چلنے سے معذور۔② بودی، کمزور، غیر تسلّی بخش (دلیل، توجیہہ وغیرہ) ف: ① لنگڑا، اپاہج کرنا۔② مستقل معذور کر دینا۔● **lamely** م ف۔ **lameness** اسم: لنگ۔

**lamé** *n.* سونے یا چاندی کے تاروں کو ملا کر بنا ہوا کپڑا۔

**lament** *n. & v.* اسم: ① شدید اظہار غم،نوحہ گری۔ ② منظوم نوحہ یا مرثیہ۔ف: رنج کرنا،افسوس کرنا۔● **lamentation** اسم: سوگواری،عزاداری۔

**lamentable** *adj.* افسوس ناک،قابل مذمّت۔ ● **lamentably** م ف: افسوس ناک طور پر۔

**laminate** *v., n. & adj.* ف: ① دھات کو پیٹ کر ورق بنانا۔② دھات کا ورق یا پلاسٹک وغیرہ کی تہ چڑھانا۔③ تہ پرتہ جما کر تیار کرنا۔اسم: تہ دار ساخت یا مادّہ۔صف: تہوں یا پتروں کی شکل میں۔

**lamp** *n.* روشنی دینے والا آلہ۔

**lampoon** *n. & v.* اسم: ہجو، بدگوئی۔ف: ہدف مذمّت بنانا، مضحکہ اڑانا،خاکہ اڑانا۔

**lamp-post** *n.* بجلی کا کھمبا۔

**lamprey** *n.*(*pl.*-**eys**) بام مچھلی جیسا آبی جانور۔

**lampshade** *n.* لیمپ کا ہنڈا۔

**lance** *n. & v.* اسم: نیزہ، بھالا، بلّم۔ف: ① نشتر سے چھیڑنا یا کھولنا۔② نیزہ چبھونا۔

**lance-corporal** *n.* فوج کے غیر کمیشن یافتہ افسروں میں سب سے نچلا افسر۔

**lancet** *n.* ① ایک نکیلا، چھوٹا نشتر، آلۂ جراحی۔② تنگ نکیلی محراب یا کھڑکی۔

**land** *n. & v.* اسم: ① زمین، کرہ ارض کا بالائی ٹھوس حصّہ۔② حصّۂ ملک، قطعۂ زمین، اراضی۔③ دیس، قوم، ریاست۔ف: ① ساحل پر آنا یا رکھنا، جہاز وغیرہ سے اترنا۔② بول چال: خود کو کسی خاص صورت حال میں پانا یا پہنچانا۔③ بول چال: (کسی کے ضرب وغیرہ) مارنا، کسی کے سامنے کوئی مسئلہ وغیرہ رکھنا۔④ بول چال: جیتنا، پانا، حاصل کرنا خصوصاً سخت مقابلے کے بعد۔

**landed** *adj.* ① زمین کی ملکیت رکھنے والا یا والے۔ ② زمین پر مشتمل یا زمین سے متعلق۔

**landfall** *n.* سمندری یا ہوائی سفر کے بعد، خصوصاً پہلی بار زمین پر آنا۔

**landfill** *n.* ① زمین کی بھرائی کرنے کا ملبہ۔② ملبے وغیرہ کو بھرائی کے لیے استعمال کرنے کا کام۔

**landing** *n.* ① زمین پر آمد۔② جہازوں کی آمد کی جگہ۔③ دو زینوں کے درمیان چوڑی جگہ، بالائی منزل کے کمروں تک پہنچنے کا راستہ۔

**landing stage** *n.* مال اور مسافروں کو جہاز پر سے لے جانے کے لیے تیرتا ہوا عرشہ یا ترنا کھڑا۔
**landlady** *n.* (*pl.*-**ies**) ①زمیندار یا مالک مکان خاتون جو زمین یا جائیداد کرائے پر چڑھائے۔ ② مہمان دارنی جو لوگوں کو اجرت پر ٹھہرائے۔
**landlocked** *adj.* زمین سے گھرا ہوا۔
**landlord** *n.* ①زمیندار یا جائیداد کا مالک جو اسے کرائے پر اٹھائے۔②مہمان خانہ چلانے والا۔
**landlubber** *n.* بول چال: سمندر اور سمندری سفر سے ناواقف آدمی۔
**landmark** *n.* ① کسی علاقے کا نمایاں امتیازی مقام یا نشان۔② تاریخی موڑ، کوئی اہم واقعہ یا تبدیلی۔
**landscape** *n.* & *v.* اسم:①وسیع زمینی منظر یا قدرتی نظارہ۔ ②وسیع المنظر تصویر یا نقاشی۔ف: زمین کو آراستہ کرنا، خوش منظر بنانا، باغ وغیرہ لگا کر سنوارنا۔
**landslide** *n.* ①زمین کے تودے یا چٹان کا پہاڑ یا چوٹی پر سے لڑھکنا۔②انتخاب میں کسی ایک پارٹی کی زبردست اکثریت۔
**landslip** *n.* =LANDSLIDE معنی①۔
**landward** *adj.* & *adv.* زمین رو، زمین کی طرف۔● **landwards** م ف۔
**lane** *n.* ① گلی، پتلا، تنگ راستہ۔②چوڑی سڑک کا منقسم راستہ جو گاڑیوں کی ایک قطار کے لیے ہو۔③ تیراکی یا کشتیوں کی دوڑ میں ایک فریق کے لیے نشان کردہ راستہ۔④جہاز یا طیارے کی مقرر آبی یا فضائی گزرگاہ۔
**language** *n.* ①زبان، بولی، انسان کا ذریعہ اظہار۔ ② کسی خاص فرقے یا ملک وغیرہ کی بولی۔ ③قوت گویائی، طرز اظہار، الفاظ کے برتنے کا انداز۔
**languid** *adj.* بودا، بے جوش وخروش، کاہل، سست۔
**languish** *v.* ① کمزور ہوتا جانا، گھلنا۔②نقاہت، نزاکت کا اظہار کرنا۔③خراب، خستہ حال ہونا۔
**languor** *n.* ناطاقتی، بے حالی، سستی بے کیفی، تھکن۔
● **languorous** صف: مریل، بے جان۔
**lank** *adj.* ①لمبی، سیدھی، نرم (گھاس، بال وغیرہ)② پتلا، لمبا۔③ ٹھٹھرا، سوکھا۔
**lanky** *adj.* بے ہنگم طور پر لمبا اور پتلا (عضو، جسم، آدمی وغیرہ)● **lankiness** اسم: لاغری۔
**lanolin** *n.* بھیڑ کے اون میں ملی ہوئی چکنائی جو مرہم، خوشبویات اور سنگھار کی اشیا میں استعمال ہوتی ہے۔
**lantern** *n.* ①لالٹین، لالٹین سے ملتا بجلی کا لیمپ۔② کمرے یا گنبد وغیرہ کا شیشہ لگا ہوا روشن دان۔
**lanthanum** *n.* ایک دھاتی عنصر (علامت:La)
**lanyard** *n.* ① ڈوری جس میں اسکاؤٹ، ملاح وغیرہ چاقو، سیٹی وغیرہ باندھ کر لٹکاتے ہیں۔ ② جہاز رانی: کسنے، باندھنے کی ڈوری۔
**lap** *n.*& *v.* اسم:① آغوش خصوصاً بیٹھے ہوئے آدمی کی گود۔②دوڑ کے راستے کا ایک چکر، کسی سفر کا ایک مرحلہ۔ ف:(**lapping،lapped**) ①مقابلے کی دوڑ میں حریف سے ایک مرحلے یا اس سے زیادہ پر آگے نکل جانا۔② کپڑا، پٹی وغیرہ لپیٹنا۔③ کسی کو پٹیوں میں لپیٹنا۔ ④ گھیرنا، حلقۂ اثر میں لانا۔⑤پانی کا ساحل سے ٹکرا کر ہلکورے لینا۔ ⑥چپڑ چپڑ کرکے پینا، سڑپنا۔ □ **lap up** گپ، تعریف وغیرہ کو بڑے اشتیاق سے سننا۔
**laparoscope** *n.* جراحی: بلوری ریشوں سے بنا ہوا شکم بینی کا آلہ، بطون نما۔
**lapdog** *n.* چھوٹا، گود میں بیٹھنے والا کتا۔
**lapel** *n.* کوٹ کا لوٹ کالر، سامنے کے رخ گردن سے سینے تک لوٹائی ہوئی پٹی۔
**lapidary** *adj.* ① پتھروں، نگینوں سے متعلق۔② پتھر پر کندہ کیا ہوا۔③پُروقار، مختصر (عبارت)
**lapis lazuli** *n.* لاجورد، ایک شوخ نیلا نگینہ۔
**Lapp** *n.* ①ایک خانہ بدوش منگول قوم جو شمالی اسکینڈی نیویا میں آباد ہے۔②اس قوم کی بولی۔
**lapse** *n.* & *v.* اسم:① بھول چوک، غلطی، کسر۔② پست حالت کی طرف رجعت۔③ وقفہ یا گزرا وقت۔④ قانون: (کسی حق یا مفاد کی) ضبطی، سوختگی۔ف:① کسی حیثیت یا معیار کو نبھانے میں ناکام رہنا۔②رجعت، کسی ادنیٰ کمتر حیثیت کی طرف لوٹنا۔③(حق، مفاد کا) سوخت ہو جانا۔
**laptop** *n.* دستی، ہلکا، سفری (خورد کمپیوٹر)
**larceny** *n.* (*pl.* -**ies**) نجی مال کی چوری۔
**larch** *n.* ایک برگ ریز، صنوبری درخت۔

**lard** *n. & v.* اسم:صاف کی ہوئی سؤر کے پیٹ کی چربی۔ف: ①(گوشت وغیرہ میں)پکانے سے پہلے سؤر کے گوشت یا چربی کے پارچوں کی تہ دینا۔② (گفتگو یا تحریر میں) بیرونی الفاظ یا تکنیکی اصطلاحیں داخل کرنا۔

**larder** *n.* نعمت خانہ، کھانے پینے کی چیزیں رکھنے کا کمرہ۔

**large** *adj.* ①بڑا، ضخیم، جسیم یا وسیع۔②بڑی قسم کا،نسبتہً بڑا، جامع۔□ **at large** ① آزاد۔ ②ہیئت عمومی یا مجموعی۔③مفصل، مبسوط۔● **largeness** اسم۔

**largely** *adv.* بڑی حد تک، بالخصوص۔

**largesse** *n.* (also **largess**) ①انعام واکرام، نقدیا تحائف کی صورت میں۔②فیاضی، دریا دلی۔

**lariat** *n.* ① کمند۔②جانور کو باندھنے کی رسّی۔

**lark** *n.* ① چھوٹی،خوش آواز بھورے رنگ کی چڑیا، چنڈول، چکاوک۔②بول چال: چہل، موج، مزا؛ مزے کا واقعہ۔□ **lark about** بول چال: ہنسی مذاق، شرارت کرتے پھرنا۔

**larva** *n.* (*pl.* **larvae**) کسی حشرے کی نشوونما کا دور، پہلی روپ سے منجھ روپ تک، جیسے سنڈی یا جھانجھا۔● **larval** صف۔

**laryngitis** *n.* ورم حنجرہ۔

**larynx** *n.* (*pl.* **larynges**) حنجرہ، نرخرہ۔

**lasagne** *n.* قدرے چوڑی سویوں کے لچھے جو عموماً قیمے، پنیر، ساس وغیرہ کے ساتھ ملا کر کھائے جاتے ہیں۔

**lascivious** *adj.* ①ہوس ناک، ہوس پرست۔② خواہش نفسانی کو اکسانے والا۔● **lasciviously** م ف۔ **lasciviousness** اسم: ہوسنا کی، شہوت پرستی۔

**laser** *n.* ایک آلہ جو کسی مہیج سے فوٹون کے اخراج کو تیز کر کے شعاع ریزی کی شدید لہر پیدا کرتا ہے۔

**lash** *v. & n.* ف: ① کوڑے سے مارنا۔②زور سے بہنا یا اُبلنا۔ ③زبانی طور پر جھاڑنا، ملامت کرنا۔④ کوڑے کی طرح سے ہنکانا۔ ⑤ رسّی، ڈوری وغیرہ سے باندھنا، کسنا۔اسم: ① کوڑے، رسّی وغیرہ کی مار یا ضرب۔ ②پلک۔□ **lash out** ①لے دے کرنا، غصّے میں بھر کر بولنا یا مارنا۔②بول چال: فضول خرچی کرنا۔

**lashings** *n. pl.* بول چال: بہت سے، افراط سے۔

**lass** *n.* (also **lassie**) اسکاچ وشمالی انگلستان دوشیزہ، جوان عورت یا لڑکی۔

**lassitude** *n.* ① سستی، تھکاوٹ۔②بے دلی۔

**lasso** *n. & v.* اسم: (ج: **-os** یا **-oes**) کمند، سیندھ، خصوصاً مویشیوں کو پکڑنے کا پھندا۔ف: (**-oes**، **-oed**) رسّی یا کمند پھینک کر پھانسنا۔

**last**[1] *adj., adv. & n.* صف:①سب سے پچھلا؛ آخر کا۔②حالیہ؛ گزشتہ، ذرا پہلے کا، کسی سلسلے میں پچھلا، سابقہ۔③واحد، باقی ماندہ۔④سب سے کمتر۔م ف:① سب کے بعد۔②اب سے پہلے، پچھلی بار۔③ آخر میں، بطور اختتام۔ اسم:①اخیر، سب سے بعد کا، ابھی کا، ابھی حال کا۔②آخری بار ذکر یا آخری نظر۔③ کوئی آخری کام۔ ④اختتام، آخری لمحہ، موت۔□ **at last** (or **long last**) آخر کار، بالآخر۔ **in the last resort** آخری صورت میں۔ **the last straw** (اونٹ کی کمر پر) آخری تنکا یا تنکے کا بوجھ۔● **lasting** صف: پائدار۔

**last**[2] *v.* ① کسی خاص عرصے کے لیے کفایت کرنا۔② مقررہ وقت تک جاری رہنا۔

**last**[3] *n.* موچی کا فرما یا قالب۔

**lastly** *adv.* آخر میں، بالآخر۔

**last post** *n.* غروب آفتاب یا فوجی جنازہ پر بجایا جانے والا بگل۔

**last word** *n.* ① حتمی بات۔②تازہ ترین فیشن۔

**latch** *n. & v.* اسم:① کھٹکا، چٹخنی۔② کمانی دار قفل جو خود بخود بند ہو جائے۔ف: کنڈی لگانا، چٹخنی چڑھانا۔□ **on the latch** جو بند ہو لیکن تالا نہ لگا ہو۔

**latchkey** *n.* بیرونی دروازے کی کنجی۔

**latchkey child** *n.* بچہ جو گھر میں کسی بڑے کی نگرانی کے بغیر چھوڑ دیا جائے۔

**late** *adj. & adv.* صف:①مقررہ وقت کے بعد۔② دن یا رات کو دیر تک، کسی خاص وقت کے بعد تک؛ (کارروائی) جو بہت آگے تک بڑھ چکی ہو۔③جاتے ہوئے موسم کا۔④وفات یافتہ یا سابقہ۔⑤ حالیہ۔م ف: ①مناسب، متعیّنہ یا معلومہ وقت کے بعد۔② بڑی دیر تک۔③بہت وقت گزرنے کے بعد۔□ **of late** حال ہی میں۔● **lateness** اسم: تاخیر۔

**latecomer** *n.* دیر سے آنے والا۔
**lately** *adv.* حال ہی میں۔
**latent** *adj.* ①پوشیدہ، پنہاں مگر غیر فعال۔②ناپختہ، خام۔● **latency** اسم: اخفا، پوشیدگی۔
**lateral** *adj.* پہلو کا، پہلو پر، پہلو کی طرف، بغلی، جانبی۔● **laterally** م ف: ترچھا، آڑا۔
**latex** *n.* ①درخت کا دودھ، جو بعض درختوں خصوصاً بڑ کے درخت سے رستا ہے۔②اسی قسم کی مصنوعی شے۔
**lath** *n.* (*pl* **-laths**) لکڑی کی پٹی، چقتی، بڑنگا، خصوصاً چوکھٹے کی پٹی۔
**lathe** *n.* خراد جس پر لکڑی یا دھات کو چھیل یا کس کے درست کرتے ہیں۔
**lather** *n.* & *v.* اسم: ①صابن وغیرہ کا جھاگ۔② کف نما پسینہ۔ ف: (صابن وغیرہ سے) جھاگ دار بنانا، جھاگوں سے ڈھک دینا۔
**Latin** *n.* & *adj.* اسم: قدیم روما کی اطالوی زبان۔ صف: ①لاطینی کا یا لاطینی سے متعلق۔②لاطینی سے ماخوذ زبانیں بولنے والی اقوام (م: فرانسیسی اور ہسپانوی)
**Latin America** *n.* لاطینی امریکا، وسطی وجنوبی امریکا کے ہسپانوی یا پرتگالی بولنے والے علاقے۔
**latitude** *n.* ①عرض البلد۔②خطّہ، علاقہ۔③عمل اور رائے کی مناسب آزادی۔● **latitudinal** صف۔
**latrine** *n.* عام بیت الخلا۔
**latter** *adj.* ①مؤخرالذکر، جس کا نام بعد میں لیا گیا۔②اختتام کے قریب کا۔③حالیہ، ذرا پہلے کا، آخر زمانے کا۔□ **the latter** دوسری یا آخری نام زدہ شے یا شخص۔
**latter-day** *adj.* جدید، عہد حاضر کا، نوساختہ۔
**latterly** *adv.* ①آخری زمانے یا آخر عمر میں۔② حال میں، تھوڑے عرصے پہلے۔
**lattice** *n.* لکڑی یا لوہے کی جالی، جھلملی۔
**laudable** *adj.* قابل تعریف، مستحق ستائش۔
**laudanum** *n.* افیون سے تیار کردہ مرکب جو پہلے درد میں تسکین پہنچانے کے لیے استعمال ہوتا تھا۔
**laudatory** *adj.* توصیفی، تعریفی۔
**laugh** *v.* & *n.* ف: ①ہنسنا، کھلکھلانا۔② ہنس کر اظہار کرنا۔③ مذاق اڑانا۔ اسم: ①ہنسی کی آواز، ہنسنے کی صورت یا انداز۔②بول چال: مضحکہ خیز یا احمقانہ شے۔
**laughable** *adj.* مضحکہ خیز، بہت پُرلطف۔
**laughing-stock** *n.* مذاق کا نشانہ۔
**laughter** *n.* قہقہہ، ہنسنے کی آواز۔
**launch** *v.* ف: ①(کشتی یا جہاز کو) پانی میں اتارنا۔②(کوئی ہتھیار، راکٹ وغیرہ) پھینکنا، کھینچ مارنا۔③آغاز کار کرنا، کسی مہم یا تحریک کا افتتاح کرنا۔④(کسی نئی چیز کا) تعارف کرانا۔ اسم: ① کشتی اتارنے، راکٹ وغیرہ پھینکنے کا عمل۔②بڑی کشتی خصوصاً تفریح کے لیے۔
**launder** *v.* ① کپڑوں کی دھلائی صفائی اور ان پر استری کرنا۔②ناجائز یا مشتبہ کمائی کو چھپانے کی غرض سے اسے منتقل کر دینا۔
**launderette** *n.* خودکار مشینوں سے کپڑے دھونے کے لیے لوگوں کے لیے دکان۔
**laundry** *n.* (*pl.* **-ies**) ① کپڑے دھونے کا کارخانہ۔②دھلنے والے کپڑے، کپڑوں کی لادی۔
**laurel** *n.* اسم: ①(**laurels**) فتح یا اعزازات جو حاصل کیے گئے ہوں۔② کوئی سدا بہار جھاڑی۔
**lava** *n.* آتش فشاں چٹانوں سے ابلنے والا مادّہ۔
**lavatory** *n.* (*pl.* **-ies**) ①پیشاب پاخانے کی نشست کا برتن یا پاٹ۔②بڑا بیت الخلا۔
**lavender** *n.* ① کوئی چھوٹی جھاڑی، جس کے پھول نیلے، بنفشی، خوشبودار ہوتے ہیں۔②ہلکا ارغوانی رنگ۔
**lavish** *adj.* & *v.* صف: ① بھرپور، وافر، بہتات سے دینے یا پیدا کرنے والا۔② فیاض، فراخ دل۔③ زائد، بے تحاشا۔ ف: داد و دہش میں زیادتی سے کام لینا۔● **lavishly** م ف: بے تحاشا۔ **lavishness** اسم۔
**law** *n.* ① قانون، رائج یا نافذ اصول، قاعدہ، ضابطہ۔② قانون کا پاس، لحاظ، زور واثر۔③ قانون کا کوئی شعبہ یا شاخ۔④بنیادی اصول، مبادیات کسی شعبے کے۔⑤ بندھا ہوا طریقہ، معمول، قدرتی عمل۔
**law-abiding** *adj.* قانون کا پابند۔
**law court** *n.* عدالت قانونی۔
**lawful** *adj.* قانوناً جائز، درست۔● **lawfully** م ف: حسب قواعد۔ **lawfulness** اسم: پابندیٔ قانون۔
**lawless** *adj.* ① بے آئین، بے ضوابط۔② قانون

شکن۔ ● lawlessness اسم: لاقانونیت۔

**lawn** *n.* ① گھاس کا سرسبز، ہموار قطعہ، سبزہ زار۔

**lawnmower** *n.* گھاس کاٹنے کی مشین۔

**lawn tennis** *n.* ٹینس کا کھیل جو کرچ کی گیند سے گھاس یا پکّے فرش پر کھیلا جاتا ہے۔

**lawrencium** *n.* ایک تابکار دھاتی عنصر (علامت:Lw)

**lawsuit** *n.* عدالتی مقدمہ۔

**lawyer** *n.* وکیل، قانون داں، قانونی پیروکار۔

**lax** *adj.* ① بے احتیاط، بے پروا، غیر مستقل مزاج۔ ② ڈھیلا ڈھالا، بن کسا، بکھرا، پھیلا۔ ● laxity اسم۔

**laxative** *adj.* & *n.* صف: قبض کشا، مُلیّن۔ اسم: جلاّب، مُسہل۔

**lay**[1] *v.* & *n.* ف: (laying، laid) ① رکھنا، کسی سطح پر ٹکانا، جمانا، لٹانا۔ ② جگہ پر لانا، جہاں چاہیے وہاں پہنچانا۔ ③ بنیاد ڈالنا۔ ④ (پرندے کا) انڈہ دینا۔ ⑤ پیش کرنا، آگے رکھنا، (تجویز وغیرہ) ⑥ عائد کرنا (الزام وغیرہ) ⑦ چھری کانٹے (میز پر) لگانا کھانے کے لیے۔ اسم: کسی چیز کے لیٹے یا پڑے ہونے کا انداز۔ □ lay bare کھولنا، آشکارا کرنا۔ lay into بول چال: لتاڑنا، خبر لینا۔ lay-off ① ملازم کی عارضی معطّلی۔ ② lay on مہیّا کرنا (سہولت، وغیرہ) lay out ① پھیلانا۔ ② نمایاں کرنا، سامنے لانا۔ ③ (جنازہ) تیار کرنا۔ ④ بول چال: مار مار کے بے ہوش کر دینا۔ ⑤ (رقم) صرف کرنا۔ lay up ① ذخیرہ کرنا۔ ② (کسی کو) کام سے فارغ کرنا۔ lay waste تباہ و برباد کرنا، اجاڑ ڈالنا۔

---

وضاحت: *lay* کا استعمال *lie* کی بجائے درست نہیں، مثلاً *The dog is laying on the floor* میں *laying* کی جگہ *lying* ہونا چاہیے۔

---

**lay**[2] LIE کا ماضی۔

**lay**[3] *adj.* ① جسے پادری کا درجہ نہ دیا گیا ہو۔ ② ناتربیت یافتہ۔

**layabout** *n.* ناکارہ شخص، کاہل الوجود۔

**lay-by** *n.* (*pl.* **lay-bys**) سڑک کے کنارے گاڑیاں کھڑی کرنے کی جگہ۔

**layer** *n.* & *v.* ① کسی چیز پر چڑھائی ہوئی ایک تہ، پرت یا پچارا۔ ② انڈے دیتی ہوئی مرغی۔ ③ درخت میں لگایا جانے والا پیوند۔ ف: ① تہیں چڑھانا، پرت ڈالنا۔ ② درخت میں پیوندکاری کرنا۔

**layette** *n.* نومولود بچے کے کپڑے، سامان۔

**lay figure** *n.* ① آدمی کا مصنوعی ڈھانچا یا پتلا جس پر لباس سجایا جائے۔ ② ناول میں غیر حقیقی کردار۔

**layman** *n.* (*pl.*-**men**) ① کلیسا کا غیر اجازت یافتہ رکن، عامی۔ ② اتائی، ناتربیت یافتہ پیشہ ور۔

**layout** *n.* ① زمین، سطح وغیرہ پر تعمیر، ترتیب وغیرہ کا خاکہ، ہیئت ترکیبی۔ ② اشاعت کے لیے تیار کردہ خاکہ۔

**laze** *v.* کاہلی میں مبتلا ہونا، اینڈنا، وقت گنوانا۔

**lazy** *adj.* (**lazier, laziest**) ① کاہل الوجود۔ ② سستی پیدا کرنے والا۔ ③ سست رو۔ ● lazily ف: سستی سے، کاہلی سے۔ laziness اسم: کاہلی، آلکسی۔

**lb** pound or pounds پاؤنڈ (وزن) کا مخفف۔

**LCD** تخفیف: ① liquid crystal display۔ ② lowest common denominator (اقل مشترک نسبت نما)

**lea** *n.* شاعرانہ: چراگاہ یا قابل کاشت اراضی۔

**leach** *v.* ① نتھارنا، تقطیر کرنا، مائع کو کسی مادّے سے گزار کر ٹپکانا۔ ② چھال، لوہ چون، خاکستر یا مٹی کو عمل تقطیر کے لیے استعمال میں لانا۔

**lead**[1] *v.* & *n.* ف: (leading، lead) ① رہبری کرنا، راہ دکھانا۔ ② کسی کے عمل یا رائے کو متاثر کرنا، تلقین یا مثال یا دلیل کی بنا پر مائل کرنا۔ ③ کسی طرف لے جانا۔ ④ کسی خاص طرح کی زندگی گزارنا۔ ⑤ اوّل، آگے، پہل کرنا، دوڑ یا کسی کھیل میں آگے نکل جانا۔ ⑥ مثال، نظیر قائم کرنا، (فیشن یا رواج کی) بنا ڈالنا۔ اسم: ① مثال، نظیر کے ذریعے ہدایت۔ ② فائق حیثیت، اوّلیت۔ ③ سراغ یا اشارہ جو کسی مسئلے کے حل میں پہلے پہل ملے۔ ④ کتے وغیرہ کی زنجیر یا تسمہ۔ ⑤ بجلی کا تار جس کے ذریعے بجلی کسی آلے تک پہنچے۔ ⑥ ڈرامے وغیرہ میں سب سے نمایاں کردار، وہ شخص جو یہ کردار ادا کرے۔ □ lead on ① شہ دے کر آگے بڑھانا۔ ② دھوکا دینا،

گمراہ کرنا۔ **lead up to** راستہ ہموار کرنا؛ کسی چیز کی طرف بتدریج بڑھنا۔

**lead²** *n.* ① سیسہ، ایک نرم، دب کر پھیلنے والا عنصر (علامت: Pb) ② پنسل کا سرمہ، اس سے بنی ہوئی پنسل کی سلائی۔ ③ پانی کی گہرائی ناپنے کے لیے سیسے کا گولا۔

**leaden** *adj.* ① سیسے جیسا۔ ② وزنی، سست رو۔ ③ بے جان، افسردہ۔ ④ سیسے کے رنگ کا۔

**leader** *n.* ① آگے چلنے والا شخص یا شے، قائد، رہنما، سردار۔ ② =LEADING ARTICLE اخبار کا اداریہ۔ ● **leadership** اسم: قیادت، پہل۔

**leading question** *n.* ایسا سوال جس سے مطلوبہ جواب حاصل کرنا مقصود ہو۔

**leaf** *n.* (*pl.* **leaves**) ① پتّہ، پتّے سے ملتی جلتی نباتات جیسے پھول کی پتّی۔ ② کتاب کا ورقہ۔ ③ دھات کا گٹھا ہوا ورق یا پنّی۔ ④ دروازے کا پٹ، میز کی دراز وغیرہ۔ □ **leaf through** صفحہ پلٹنا، ورق الٹنا۔

**leaflet** *n.* ① نئی چھوٹی ہوئی پتّی۔ ② ورقچہ (مطبوعہ) ورق، بن سلا، تہ دار، عموماً تقسیم کرنے کے لیے۔

**leaf-mould** *n.* گلے ہوئے پتّوں کی کھاد۔

**leafy** *adj.* (**leafier, leafiest**) بہت سے پتّوں والا، گھنا۔

**league** *n.* ① مشترکہ مقصد کے لیے اقوام، ممالک، گروہوں وغیرہ کا اتحاد، باہمی تعاون۔ ② کھیلوں کے کلبوں کا مقابلے کے لیے اجتماع۔ ③ مقابلہ کرنے والوں کا طبقہ۔ ④ سفر کی مسافت کی اکائی عموماً تین میل کے برابر۔ □ **in league with** متفق، شریک سازش۔

**leak** *n.* & *v.* اسم: ① شگاف، رخنہ جس میں سے پانی یا کوئی مائع یا گیس رسنے لگے۔ ② اسی طرح رسنے سے خارج ہونے والا برقی بار۔ ③ خفیہ معلومات کا دانستہ اظہار یا پھوٹ نکلنا۔ ف: ① (مائع گیس وغیرہ کا) ناگہاں رخنے میں سے خارج ہونا یا درآنا۔ ② افشا کرنا (خفیہ معلومات) راز وغیرہ کا افشا ہو جانا۔ ● **leakage** اسم: رساؤ، ٹپکاؤ۔ **leaky** صفت: رخنے دار، سوراخ دار۔

**lean¹** *v.* & *n.* ف: (**leaned** یا **lent**، **leaning**) ترچھی حالت میں ہونا یا کرنا، جھکنا یا جھکانا۔ ② کسی سہارے سے کھڑا ہونا یا کرنا۔ ③ تکیہ کرنا، بھروسہ کرنا۔ ④ اسم: میلان، جھکاؤ۔ □ **lean on** بول چال: دباؤ ڈالنا، کسی پر کسی بات کے لیے۔

**lean²** *adj.* & *n.* صف: ① دبلا پتلا (آدمی یا جانور) ② کم چربی والا (گوشت) ③ (زمانہ) جس میں سخت وقت گزرے۔ ④ لاحاصل، غیر فائدہ مند۔ اسم: گوشت کا کم چربی والا حصّہ۔ ● **leanness** اسم: دبلا پن۔

**leaning** *n.* جھکاؤ، رجحان، جانب داری۔

**lean-to** *n.* وہ عمارت جس کی چھت کسی بڑی عمارت یا دیوار کے سہارے پر ہو۔

**leap** *v.* & *n.* ف: (**leaped** یا **lept**، **leaping**) ① اچھلنا، کودنا۔ ② جست لگانا، زقند مارنا۔ اسم: زقند، چھلانگ۔ □ **leap at** (عمدہ موقع) لپک لینا۔

**leapfrog** *n.* & *v.* اسم: ایک کھیل جس میں کھلاڑی باری باری ٹانگیں پھیلا کر دوسرے کھلاڑی کو پھلانگتے ہیں جو ٹانگ پھیلا کر جھکا ہوتا ہے۔ ف: (**-frogged**، **-fogging**) ① اس طرح جست لگانا۔ ② اس طرح کسی کو یا کسی شے کو پھلانگنا۔

**leap year** *n.* لوند کا سال، جو ہر چوتھے سال آتا ہے اور ۳۶۶ دن کا ہوتا ہے (بشمول ۲۹ فروری)

**learn** *v.* (**learned, or learnt, learning**) ① کوئی بات سیکھنا، کسی چیز کا علم حاصل کرنا۔ ② کوئی خاص لیاقت یا مہارت پیدا کرنا۔ ③ ذہن نشین کرنا، یاد کرنا۔ ④ مطلع، واقف، باخبر ہونا۔ ● **learner** اسم: سیکھنے والا۔

**learned** *adj.* عالم، صاحب علم، علمی، علم پر مبنی۔

**learning** *n.* مطالعے سے حاصل کیا ہوا علم۔

**lease** *n.* & *v.* اسم: اجارہ، کرایہ داری کا معاہدہ۔ ف: پٹے، ٹھیکے یا کرائے پر لینا یا چڑھانا۔ ● **leasehold** اسم: پٹے پر لی جائیداد۔ **leaseholder** اسم: اجارہ دار۔

**leash** *n.* & *v.* کتے کی زنجیر وغیرہ یا رسّی، تسمہ وغیرہ۔

**least** *adj.*, *n.* & *adv.* صف: ① سب سے چھوٹا، بے قدر، بے مقدار۔ ② بالکل، مطلق نہیں۔ اسم: بہت قلیل مقدار۔ م ف: نہایت کم درجے پر۔ □ **at least** ① کم از کم، بہر حال، اتنا تو ہے۔ ② کم سے کم اتنا تو، اس سے کم نہیں۔

**leather** *n.* & *v.* اسم: ① چمڑا، جانور کی کمائی یا بنائی ہوئی کھال، چرم۔ ② چمکانے کے لیے استعمال ہونے والا

تسمہ یا چرمی پٹی۔ف:①مارنا، پٹائی کرنا۔②چمڑے کے ٹکڑے سے رگڑنا، چمکانا یا صاف کرنا، پونچھنا۔

**leatherette** *n.* مصنوعی چمڑا۔

**leathery** *adj.* ①چمڑے جیسا۔②سخت۔

**leave** *v. & n.* ف:(leaving،left)①چھوڑ کر جانا، رخصت ہونا۔②کسی شے کے بغیر چل دینا، پیچھے چھوڑ جانا۔③تعلق ترک کرنا۔④کسی اور کے سپرد کرنا۔⑤مرنے پر اپنے پیچھے چھوڑنا۔⑥کسی خاص حیثیت یا حالت میں چھوڑ کر جانا۔اسم:①اجازت، رخصت۔②چھٹی کی اجازت، رخصت کی مدّت۔□**leave out** شامل یا داخل نہ کرنا۔

**leaven** *n. & v.* اسم:①خمیر، آٹے میں خمیر پیدا کرنے کے لیے ملایا جانے والا جزو۔②کوئی سرایت کرنے والا مادّہ یا عنصر جو تبدیل ماہیت کرے۔ف:①آٹے میں خمیر ملانا۔②کسی چیز کی آمیزش سے ترمیم، تبدیل کرنا۔

**lecher** *n.* بدکار، عیاش، اوباش، ہوس پرست شخص۔

**lechery** *n.* عیاشی، شہوت پرستی۔● **lecherous** صف: بدکار، عیاش۔

**lecithin** *n.* ①فاسفوری لحمیات میں سے کوئی جو حیوانات اور نباتات میں پائی جاتی ہیں۔②اس سے تیارکردہ ایک مادّہ جو خوراک وغیرہ میں چکنائی کے طور پر استعمال ہوتا ہے۔

**lectern** *n.* ①گرجا میں کتاب خصوصاً انجیل جس سے سبق پڑھنا ہو، اس کے لیے سہارا، ٹیک۔②لیکچر وغیرہ کے لیے ایسی ہی ٹیک۔

**lecture** *n. & v.* اسم:①سبق یا علمی معلومات جو سامعین کو دی جائے۔②لمبی تقریر خصوصاً لتاڑ یا تنبیہہ کے طور پر۔ف:①تقریر یا سلسلہ وار تقریریں کرنا۔②کسی کو لتاڑنا یا فہمائش کرنا۔● **lecturer** اسم۔

**LED** مخفف: light-emitting diode روشنی چھوڑنے والا دوبرقیہ۔

**led** **lead** کا ماضی اور ماضیہ۔

**ledge** *n.* ①دیوار سے آگے نکلی ہوئی گر، کنگنی، چھجا۔②پہاڑ یا چٹان کا آگے نکلا ہوا حصّہ۔

**ledger** *n.* بہی کھاتہ جس میں لین دین، حساب کتاب کی تفصیلات درج ہوتی ہیں۔

**lee** *n.* ①سایہ، پناہ۔②محفوظ رخ، اوٹ والا پہلو، وہ رخ جو ہوا کی زد سے بچا ہو۔

**leech** *n.* خون چوسنے والا ایک چھوٹا کیڑا، جونک۔

**leek** *n.* ایک پیاز کی طرح کی سبزی، گندنا۔

**leer** *v. & n.* ف: ٹیڑھی یا ہوس بھری نظر سے دیکھنا۔ اسم: بری نظر جس سے کینہ یا ہوس ظاہر ہو۔

**lees** *n. pl.* ①شراب وغیرہ کی تلچھٹ، دُرد۔②کچرا، فضلہ۔

**leeward** *adj. & adv.* جہاز رانی: ہوا سے بچاؤ والے رخ پر۔

**leeway** *n.* مناسب حد تک چھوٹ یا آزادیٔ عمل۔

**left**[1] *adj., adv. & n.* صف: بائیں طرف، الٹے ہاتھ پر، گویا شمال کی جانب رخ ہو تو مغرب کی سمت۔م ف: الٹے ہاتھ پر یا الٹے ہاتھ کی طرف۔اسم:①بائیں یا الٹے ہاتھ کا علاقہ یا سمت۔②اشتراکیت کا شدید حامی، کسی جماعت کا ترقی پسند اور جدّت کا قائل ٹولا۔

**left**[2] LEAVE کا ماضی و ماضیہ۔

**left-handed** *adj.* ①کھبّا۔②دائیں کے مقابلے میں بائیں ہاتھ سے آسانی سے کام کرنے والا۔

**leftovers** *n. pl.* بچی کھچی چیزیں، پس خوردہ۔

**leg** *n.* ①ٹانگ، کولھے سے ٹخنے تک کا حصّہ۔②لباس کا ٹانگ کو پورا یا جزواً ڈھکنے والا حصّہ، پائینچہ۔③میز کرسی وغیرہ کا پایہ۔④کسی سفر یا مقابلے کا کوئی مرحلہ یا منزل۔□**leg it** بول چال: چلو یا تیز دوڑو۔

**legacy** *n.* (*pl.*-**ies**) ①وصیت کردہ عطیہ۔②باپ دادا وغیرہ کا چھوڑا ہوا ترکہ۔

**legal** *adj.* ①قانونی، قانون پر مبنی؛ قانون کے دائرۂ عمل میں۔②قانون کا تقاضا۔③قانوناً جائز۔● **legalistic** صف۔ **legality** اسم۔ **legally** م ف۔

**legal aid** *n.* ناداری کی صورت میں قانونی امداد۔

**legalize** *v.* (also **-ise**)①قانوناً جائز قرار دینا۔②قانون کے مطابق ڈھالنا۔● **legalization** اسم۔

**legate** *n.* سفیر یا مندوب۔

**legatee** *n.* میراث پانے والا۔

**legation** *n.* منسٹر کے درجے کا سفارت کار اور اس کا

عملہ، سفارتی منسٹر کا سرکاری دفتر۔

**legato** *adv.* موسیقی: روانی کے ساتھ، ہموار۔

**legend** *n.* ①روایتی قصّہ جو زمانہ قدیم سے چلا آرہا ہے، ایسی ہی روایات کا مجموعہ۔② کوئی نقش یا تحریر خصوصاً سکّے یا تمغے پر، نقشے وغیرہ پر عبارت جو علامات کی وضاحت کرے۔③ کسی ولی، درویش کی سوانح۔

**legendary** *adj.* ① مشہور قصص سے متعلق۔ ② قصّوں وغیرہ میں مذکور۔③معروف، مشہور۔

**legerdemain** *n.* ①ہاتھ کی صفائی، شعبدہ۔② چالاکی، چلتّر۔

**leggings** *n. pl.* پنڈلیوں پر چڑھانے والی اوپری پوشش، ساق پوش۔

**legible** *adj.* صاف، واضح، قابل مطالعہ (تحریر یا چھپائی)۔ ● **legibility** اسم۔ **legibly** م ف: صاف خط میں۔

**legion** *n. & adj.* اسم: ①قدیم رومی فوج کی ایک ڈویژن۔②انبوہ، بڑا مجمع۔ صف: کثیر، بڑی تعداد میں۔

**legionnaire** *n.* ①غیر ملکی فوجی تنظیم کا رکن۔ ②سابق فوجیوں کی انجمن کا رکن۔

**legionnaires' disease** *n.* بیکٹیریائی نمونیے کی ایک قسم۔

**legislate** *v.* قانون بنانا، قانون سازی کرنا۔ ● **legislation** اسم: قانون سازی۔

**legislative** *adj.* قانونی، قانون سازی کا مجاز۔

**legislature** *n.* کسی ریاست کا قانون ساز ادارہ، مقنّنہ۔

**legitimate** *adj.* ①شادی شدہ ماں باپ کی اولاد۔ ② قانونی، درست، باقاعدہ۔ ③ منطقی طور پر قابل قبول۔ ● **legitimacy** اسم۔ **legitimately** م ف۔ **legitimization** اسم۔ **legitimize** ف۔

**legless** *adj.*: ①بے پیرا، بغیر پاؤں کا۔②بول چال: نشے میں دُھت۔

**legume** *n.* ① پھلی۔② کسی پھلی دار پودے کی پھلی یا پتّے جو کھائے جائیں۔● **leguminous** صف۔

**leisure** *n.* خالی اوقات جو میسر ہوں۔□ **at leisure** ①خالی، فارغ۔②آرام، اطمینان، سہولت۔ **at one's leisure** فرصت سے، فارغ وقت میں۔

**leisured** *adj.* بافراغت۔

**leisurely** *adj. & adv.* صف: بہت بافرصت، اطمینان سے کیا جانے والا (کام) م ف: بلاعجلت۔

**leitmotif** *n.* (also **leitmotiv**) موسیقی یا ادبی تصنیف میں شروع سے آخر تک جاری و ساری نفس موضوع جو کسی خاص فرد یا خیال سے نسبت رکھتا ہو۔

**lemming** *n.* قطب شمالی کے علاقے کا چوہے جیسا کترنے والا جانور جس کے بارے میں مشہور ہے کہ نقل مکانی میں سیدھا سمندر میں اتر کر ڈوب جاتا ہے۔

**lemon** *n.* ①نیبو، لیموں کا پودا۔②ہلکا پیلا رنگ۔ ③بول چال: ڈھیلا، بودا، غیر تسلّی بخش، شخص یا شے۔

**lemonade** *n.* ایک عموماً جھاگ دار مشروب جو لیموں کے عرق سے تیار ہوتا ہے۔

**lemur** *n.* مدغاسکر کے جنگلی علاقے کا لنگور نما جانور۔

**lend** *v.* (**lent, lending**) ①(کوئی چیز) کسی کو وقتی طور پر استعمال کے لیے دینا۔ ②روپیہ سود پر قرض دینا۔③ کوئی چیز عاریۃً کسی کو سونپنا یا وقتی طور پر پیش کرنا۔□ **lend a hand** بول چال: مدد کرنا۔ **lend itself to** موزوں، کارآمد ہونا۔● **lender** اسم۔

**length** *n.* ①لمبائی، طول۔②مدّت، عرصہ۔③فاصلہ جہاں تک کوئی چیز پہنچ یا بڑھ سکے۔④ کسی کام میں کوشش کا درجہ۔⑤ کسی شے کا ٹکڑا، قطعہ وغیرہ۔⑥لباس کی لمبان۔⑦قد، قامتِ بدن۔□ **at length** ① تفصیلات بلا کم و کاست۔②عرصے بعد، آخرکار۔

**lengthen** *v.* طول دینا یا طول پکڑنا۔

**lengthways** *adv. & adj.* (also **lengthwise**) طولاً متوازی۔

**lengthy** *adj.* (**lengthier, lengthiest**) ① بہت لمبا، غیر معمولی لمبا۔② (تقریر، تحریر، طرز کلام) طولانی، اکتاہٹ پیدا کرنے والا۔● **lengthily** م ف۔

**lenient** *adj.* مہربان، نرم، درشتی سے گریزاں۔ ● **lenience** اسم۔ **leniently** م ف: نرمی سے۔

**lens** *n.* ①عدسہ، تال، شفاف بلوری شے (عموماً) دونوں پہلوؤں سے محدّب، روشنی کو مرتکز یا منتشر کرنے کے لیے بصری آلات میں مستعمل۔ ② فوٹوگرافی میں استعمال ہونے والے عدسے۔③عدسۂ چشم۔

**Lent** *n.* کلیسا: صوم الکبیر سے لے کر پاک سنیچر تک کا عرصہ جس میں نفس کشی اور توبہ کے لیے ۴۰ دن روزے رکھنے کے لیے مخصوص ہوتے ہیں۔

**lent** LEND کا ماضی و ماضیہ۔

**lentil** *n.* ① مسور کی دال کا پودا۔② مسور کی دال۔

**leonine** *adj.* ① شیر جیسا۔② شیروں کی بابت۔

**leopard** *n.* چیتا، بلی کی نسل کا ایک بڑا درندہ۔

**leotard** *n.* ایک تنگ، اک رنگا جامہ جو بیلے رقص کرنے والے یا قلا باز پہنتے ہیں۔

**leper** *n.* کوڑھ کا مریض، جذامی۔

**leprechaun** *n.* (آئرستانی کہانیوں میں) ایک شریر روح۔

**leprosy** *n.* برص، کوڑھ، جذام، جو ایک متعدی مرض ہے جو جلد، جھلّیوں اور اعصاب پر حملہ کرتا ہے اور صورت بگاڑ دیتا ہے۔● **leprous** صف: جذامی، کوڑھی۔

**lesbian** *n.& adj.* اسم: ہم جنس پرست عورت۔ صف: زنانہ ہم جنسیت کی بابت۔● **lesbianism** اسم: زنانہ ہم جنس پرستی۔

**lese-majesty** *n.* ① جرم کبیر، بغاوت کا جرم۔② حکمراں یا ذی اقتدار حاکم کی ہتک کا ارتکاب۔

**lesion** *n.* کسی عضو کی ساخت یا عمل میں خرابی، پھوڑا، زخم وغیرہ۔

**less** *adj., adv. & prep.* صف: ① کم، تھوڑا، گھٹا ہوا، کمتر، ہیٹا۔② مقدار میں کم ۔م ف: تھوڑی حد تک؛ کمتر درجے میں ۔حرف جار: نفی۔

**lessee** *n.* کرایہ دار، پٹّے دار۔

**lessen** *v.* کم کرنا، گھٹانا، گھٹنا۔

**lesser** *adj.* اہمیت رتبے وغیرہ میں دوسروں سے کم تر۔

**lesson** *n.* ① ایک وقت میں دیا جانے والا سبق، اس کے لیے مقررہ وقت۔② تعلیم، باقاعدہ پڑھائی۔③ پڑھا جانے والا سبق، آموختہ۔④ کوئی واقعہ، مثال جس سے سبق ملے۔⑤ گرجا کی عبادت میں انجیل کی قرأت۔

**lessor** *n.* کرائے پر اٹھانے، دینے والا مالک۔

**lest** *conj.* مبادا، کہیں ایسا نہ ہو کہ۔

**let** *v. & n.* ف: (letting، let) ① کرنے دینا، مزاحم نہ ہونا، آگاہ کرنا۔② آنے دینا، آگاہ کرانا (راز وغیرہ سے)، جڑنا، بٹھانا، اتارنا، جمانا۔③ کرائے پر اٹھانا۔④ کوئی سیّال یا گیس بہانا۔⑤ ٹھیکہ دینا۔ فعل امدادی: تجویز، حکم، ایما، تنبیہ یا مفروضے کے لیے استعمال ہوتا ہے (let's try) اسم: کرائے پر اٹھانے کا عمل۔ □ **let alone** ① اس کا تو ذکر ہی کیا۔② ہونے دو، روکو نہیں۔ **let down** ① نیچا کرنا۔② مایوس کرنا، مطمئن نہ کر سکنا۔③ (ٹائر کی ہوا نکال کر) پچکانا۔ **let go** ① جانے دینا، آزاد کرنا۔② گرفت ڈھیلی کرنا۔ **let off** ① (بندوق) چھوڑنا، سر کرنا، (بم، آتش بازی وغیرہ کا دھماکا) کرنا۔② معمولی سرزنش کرنا۔③ (مکان وغیرہ کا) کوئی حصّہ کرائے پر اٹھانا۔ **let on** بول چال: راز افشا کرنا۔ **let out** ① (راز وغیرہ) ظاہر کر دینا۔② لباس کو ادھیڑ کر ڈھیلا کرنا۔ **let-up** بول چال: کمزور، ڈھیلا پڑنا، شدّت میں کمی آنا۔

**-let** *comb. form* عموماً تخفیف کے لیے: flatlet، anklet، leaflet۔

**lethal** *adj.* مہلک۔

**lethargy** *n.* طاقت یا ہمّت کی کمی؛ سستی، بے دلی۔ ● **lethargic** صف۔ **lethargically** م ف۔

**letter** *n. & v.* اسم: ① حرف تہجّی۔② کسی بیان یا متن کے اصل الفاظ یا ان کی لفظی تشریح۔③ **(letters)** ادب۔④ خط، کوئی لکھا ہوا پیغام بذریعہ ڈاک بھیجا جانے والا۔ ف: ① حرف لکھنا، چھاپنا ثبت کرنا۔

**letter-box** *n.* ڈاک کا ڈبّا۔

**lettered** *adj.* عالم، پڑھا لکھا، ادب داں۔

**letterhead** *n.* خطوط کے کاغذ پر چھپا ہوا نام پتہ۔

**lettuce** *n.* کاہو کے پتّے جو سلاد میں استعمال ہوتے ہیں اور سلاد ہی کہلاتے ہیں۔

**leucocyte** *n.* خون میں شامل سفید ذرّہ یا جسیمہ۔

**leukaemia** *n.* خون میں سفید ذرّات کی زیادتی کا مرض، خون کا سرطان۔

**levee** *n.* ① دریا کے سیلاب کو روکنے کا پشتہ، بند۔② ایسی کوئی قدرتی رکاوٹ۔③ دریا کا گھاٹ۔

**level** *n., adj. & v.* اسم: ① افقی خط یا سطح۔② کسی پیمانے کا کوئی عمودی درجہ، یا اونچائی کی سطح۔③ کوئی سماجی، اخلاقی یا ذہنی پیمانہ یا معیار۔④ مرتبے یا بااختیاری

کا درجہ۔ صف: ① مسطح، ہموار۔ ② افقی۔ ③ کسی شے کی سطح کے برابر، ہم سطح کسی شے کے مساوی۔ ④ متوازن، مساویانہ، نپا تلا۔ ⑤ (دوڑ میں) شانہ بشانہ، برابر برابر۔ ف: (levelling، levelled امریکا: leveled) ① ہموار کرنا، مسطح کرنا؛ یکساں، ایک جیسا بنانا۔ ② مسمار کرنا، زمین کے برابر کر دینا۔ ③ شست لینا، سیدھ باندھنا۔ □ on the level ایماناً، سچ مچ، ایماندار، سچا، کھرا۔

**level crossing** *n.* سیدھا چوراہا جہاں ریل اور سڑک یا دو ریل کی پٹڑیاں ایک دوسرے کو قطع کریں۔

**level-headed** *adj.* بُردبار، فہیم، سمجھ دار۔

**level-pegging** *adj.* برابر کی کامیابی یا کارکردگی۔

**lever** *n. & v.* اسم: ① بوجھل چیز کو اٹھانے یا حرکت دینے کی سلاخ، بیرم۔ ② کل کو چلانے کا دستہ۔ ③ اخلاقی زور ڈالنے کا ذریعہ۔ ف: ① بیرم سے کام لینا۔ ② بیرم کے ذریعہ اوپر اٹھانا۔

**leverage** *n.* ① بیرم کا عمل یا استعمال کا طریقہ۔ ② بیرمی قوت۔ ③ حصول مقصد یا حصول قوت یا اقتدار کا ذریعہ۔

**leveret** *n.* خرگوش کا بچہ خصوصاً پہلے سال میں۔

**leviathan** *n.* ① سمندری بلا (بحوالۂ تورات) ② کوئی بھاری بھرکم بہت طاقتور شے۔

**levitate** *v.* ① ہوا میں اڑنا یا معلّق ہو جانا (خصوصاً روحانی طاقت سے) ② کسی کو اس طرح ہوا میں تیرانا۔ ● levitation اسم: روحانی پرواز۔

**levity** *n.* متانت کی کمی، اوچھاپن، کھلّی بازی۔

**levy** *v. & n.* ف: (-ied، -ies) عائد کرنا، لگانا (محصول وغیرہ)، چندے یا ٹیکس کی شرح بڑھانا۔ اسم: (ج: -ies) عائد کیا جانے والا ٹیکس یا چندہ۔

**lewd** *adj.* ① ہوس ناک۔ ② ناشائستہ، فحش۔ ● lewdly م ف۔ lewdness اسم: ہوس ناکی۔

**lexical** *adj.* ① کسی زبان کی لُغات سے متعلق، لُغوی۔ ② لغت کا یا لغت سے متعلق۔

**lexicography** *n.* تدوینِ لُغات، لُغت نویسی۔ ● lexicographer اسم: لُغت نگار، لغت نویس۔

**lexicon** *n.* ① لغت، فرہنگ، قاموس الفاظ۔ ② کسی شخص، کسی زبان وغیرہ سے مخصوص الفاظ۔

**Li** عنصر lithium لیتھیم کی علامت۔

**liability** *n.* (*pl.* -ies) ① ذمہ داری، جواب دہی۔ ② کوئی شے یا شخص جو بوجھ بن گیا ہو۔ ③ کسی پر عائد یا لاگو ہونے والی شے خصوصاً قرضے، مالی واجبات۔

**liable** *adj.* ① قانونی طور پر پابند۔ ② ٹیکس یا جرمانے کی ادائگی کا ذمہ دار۔ ③ مجبور، زد میں۔

**liaise** *v.* رابطہ رکھنا، واسطہ بننا۔

**liaison** *n.* ① مواصلت، تعاون، رابطہ۔ ② ناجائز یا خفیہ تعلق۔

**liana** *n.* مداری جنگلوں کی ایک طفیلی لپٹواں بیل۔

**liar** *n.* جھوٹا، دروغ گو خصوصاً عادی۔

**libation** *n.* دیوتا کو نذر کے لیے شراب کی پیشکش۔

**libel** *n. & v.* اسم: ① شائع کردہ بیان جو کسی بدنامی کا باعث ہو، ہتک عزت۔ ② جھوٹا تحریری الزام۔ ف: (libelling، libelled امریکا: libeled) شہرت کو خراب کرنے والے الزام کی اشاعت کرنا۔ ● libellous صف: ہتک آمیز۔

**liberal** *adj.* ① فیاضانہ، بھرپور، وافر۔ ② سخی، بڑے دل والا۔ ③ کشادہ دل، کشادہ ذہن، بے تعصب۔ ④ (ترجمہ و تشریح) جو لفظی یا باضابطہ نہ ہو۔ ⑤ فرد کی آزادی، آزاد تجارت اور معتدل سیاسی و سماجی اصلاحات کا قائل۔

**liberalize** *v.* (also -ise) رواداری، آزاد خیال، معتدل مزاج ہونا یا بنانا۔ ● liberalization اسم۔

**liberate** *v.* آزاد کرنا، آزاد کرانا، بندش دور کرنا۔ ● liberated صف۔ liberator اسم۔

**libertarian** *n.* عمل اور خیال کی مکمل آزادی کی حمایت کرنے والا شخص۔

**libertine** *n.* ① عیاش، اوباش (آدمی) ② مذہب کے معاملے میں آزاد خیال۔ ③ من مانی کرنے والا۔

**liberty** *n.* (*pl.* -ies) ① قید، غلامی یا جبر و استبداد سے نجات، آزادی، حریت۔ ② خودمختاری، اپنے قول و فعل پر اختیار۔ □ at liberty ① آزاد، بے قید۔ ② مجاز، حقدار۔ □ take liberties ① بے تکلفی برتنے کی کوشش، سرچڑھنا۔ ② اصولوں یا حقائق کی پروا نہ کرنا۔

**librarian** کتب خانے کا مہتمم، کتاب دار۔
**library** *n.(pl.* **-ies)** ① کتب خانۂ عام، ذاتی ذخیرۂ کتب۔② کتب خانے کی عمارت یا کمرہ جہاں کتابیں مطالعے یا حوالے کے لیے رکھی ہوں۔③ اسی طرح کا فلم، دستاویزات وغیرہ کا ذخیرہ۔
**libretto** *n.* (*pl.* **libretti** or**-os**) آپرا یا طویل با آواز موسیقی کے متن۔
**lice** LOUSE کی جمع، جوئیں۔
**licence** *n.* (*US* **license**) ① سند، اجازہ، پروانہ، اجازت نامہ؛ کسی خاص کام یا کسی کاروبار کی سند۔ ② کھلی چھٹی، من مانی، عیاشی۔
**license** *v.* سند اجرا کرنا، لائی سنس جاری کرنا۔
**licensee** *n.* جس نے لائی سنس حاصل کیا ہو۔
**licentiate** *n.* کسی شے کو چلانے کا مجاز، سند یافتہ، اجازت یافتہ یا مستند شخص۔
**licentious** *adj.* عیاش، شہوت پرست۔
● **licentiousness** اسم: آزادی، بے باکی، عیاشی۔
**lichee** LYCHEE لیچی کا متبادل۔
**lichen** *n.* چھڑیلا، اُشنہ، کائی کی ایک قسم جو پہاڑوں وغیرہ پر ہوتی ہے۔
**lich-gate** *n.* (also **lych-gate**) عیسائیوں کے قبرستان کا چھتہ دار دروازہ۔
**lick** *v. & n.* ف: ① چاٹنا، زبان پھیرنا۔② چاٹ جانا۔ ③ (شعلے یا موج کا) چھو جانا۔ ④ بول چال: ہرانا۔ اسم: ① چومنے یا چاٹنے کا عمل۔② بول چال: تھوڑی سی مقدار یا سرسری عمل (رنگ وغیرہ کا) ③ بول چال: تیز قدم۔
**licorice** LIQUORICE کی متبادل صورت۔
**lid** *n.* ① ڈھکنا، ڈبے وغیرہ کا۔② = EYELID پپوٹا۔
**lie**[1] *v. & n.* ف: (**lying**،**lain**،**lay**) ① لمبا لیٹنا، دراز ہونا۔② (کسی چیز کا) سطح پر پڑا ہونا۔③ کسی خاص جگہ پر یا کیفیت میں ہونا یا رکھا جانا، کسی سطح پر یا سمت میں جانا۔ اسم: کسی شے کے پڑے رہنے کا رخ، سمت یا انداز۔ □ **lie in** صبح دیر تک بستر میں پڑے رہنا۔ **lie low** چپ یا پوشیدہ رہنا۔

---

وضاحت: *lie* کو بطور فعل متعدی استعمال کرنا غلط ہے جیسے *Lie him on the bed*۔

---

**lie**[2] *n. & v.* اسم: دانستہ غلط بیانی، دروغ گوئی، جھوٹ۔ ف: (**lying**،**lied**) جھوٹی بات کہنا۔
**liege** *adj.* تاریخ: جاگیرداری نظام میں خدمت کا مستحق (آقا) یا خدمت گزار (رعیّت) مطیع، فرماں بردار۔
**lien** *n.* قانون: رہن رکھی ہوئی املاک پر قرض خواہ کا حق تصرّف۔
**lieu** *n.* □ **in lieu** بجائے، بدلے، کی جگہ۔
**lieutenant** *n.* ① قائم مقام جو اپنے سے بڑے کی جگہ مامور ہو۔② (الف) کیپٹن سے نچلے درجے کا فوجی افسر (ب) بحریہ کا افسر جس کا درجہ لفٹینٹ کمانڈر سے نیچے ہے۔③ امریکا: کپتان پولیس کے بعد کا افسر۔
**life** *n.* (*pl.* **lives**) ① حیات، زندگی، جان۔ ② قوتِ نمو، اعضا کا عمل اور موت سے پہلے تک مسلسل تبدیلی۔③ ذی حیات مخلوق اور اس کے کام۔④ عرصۂ زندگی، پیدائش سے موت تک کی مدّت۔⑤ کسی شخص کی انفرادی زندگی، جیتا آدمی۔⑥ کسی فرد کا پیشہ یا طرز زندگی۔⑦ زندگی کا باعمل پہلو؛ دنیا کے کاروبار اور تفریحات۔⑧ توانائی، چونچالی، چلت پھرت۔⑨ سوانح عمری۔⑩ بول چال: عمر قید کا عدالتی فیصلہ۔
**lifebelt** *n.* پانی میں تیرتا رکھنے کے لیے پھلائی جانے والی پٹی۔
**lifeboat** *n* ① سمندر میں لوگوں کی جان بچانے والی کشتی۔② جہاز پر لدی ہوئی اسی کام کی چھوٹی کشتی۔
**lifebuoy** *n.* ① سہارے یا رہبری کے لیے پانی پر تیرتا ہوا (عموماً گول) نشان، ترنا، پیراکیہ۔
**life cycle** *n.* جاندار جسم کے مدارج زندگی بشمول تولید نسل۔
**lifeguard** *n.* لوگوں کو ڈوبنے سے بچانے کے لیے مقرر محافظ تیراک۔
**life jacket** *n.* تیرانے والی صدری جو پھلائی جا سکتی ہے اور پہننے والے کو پانی میں سہارے رکھتی ہے۔

**lifeless** *adj.* ① بے جان، مردہ۔② بے ہوش۔③ بے حس وحرکت، بودا، کم ہمّت۔

**lifelike** *adj.* مطابق اصل تصویر یا شبیہہ۔

**lifeline** *n.* ① جان بچانے کے لیے استعمال ہونے والا رسّا وغیرہ۔ ② رابطے کا واحد ذریعہ۔③ ہنگامی حالات میں ٹیلی فون پر مشورے کی خدمت۔

**lifelong** *adj.* تاحیات قائم، جاری رہنے والا۔

**life sciences** *n. pl.* حیاتیات ومتعلقہ علوم۔

**life-size** *adj.* (also **life-sized**) قد آدم یا اصل جسامت کے مطابق۔

**lifestyle** *n.* کسی فرد یا گروہ کا مخصوص رہن سہن، زندگی کا طور، قرینہ، رنگ ڈھنگ۔

**life support** *n.* جسمانی عمل کو مصنوعی طریقے سے جاری رکھنا جبکہ جسم خود اپنا عمل چھوڑ چکا ہو یا بیرونی ماحول میں جہاں زندگی پنپ نہ سکے۔

**lifetime** *n.* کسی شخص کی زندگی کا عرصہ۔

**lift** *v. & n.* ف: ① اٹھانا، اونچا کرنا۔② بیرونی زور یا دباؤ سے اوپر اٹھنا، اونچا ہونا، ابھرنا۔③ (آنکھیں یا چہرہ) اوپر کی طرف کرنا۔④ خیالات واحساسات پر خوشگوار اثر ڈالنا، ترقی دینا، بہتری پیدا کرنا۔⑤ (بادل، کہر وغیرہ) کا چھٹنا۔⑥ رکاوٹ دور کرنا، بندش ہٹانا۔⑦ چرانا، کسی متن یا تحریر کی نقالی کرنا۔ اسم: ① اٹھنے، ابھرنے، اوپر ہونے کا عمل۔② کسی کی گاڑی میں مفت سواری۔③ لوگوں کو کسی عمارت کی مختلف منزلوں پر لے جانے والی سواری۔④ موافق، خوشگوار تأثر۔

**lift- off** *n.* خلائی جہاز یا راکٹ کی عمودی پرواز۔

**ligament** *n.* کوئی جھلّی جو کسی عضو کو سنبھالے رکھے۔

**ligature** *n.* ① گرہ یا ٹانکا، کوئی روکنے والی چیز۔ ② استعمال ہونے والا تاگا۔ ③ طباعت: دو یا زیادہ حروف کا جوڑ۔

**light**[1] *n., v. & adj.* اسم: ① روشنی، نور، ضیا جس کے باعث اشیا نظر آتی ہیں۔② روشنی کا مخرج مثلاً سورج، چراغ، آگ وغیرہ، چراغاں۔③ کسی شے پر نظر ڈالنے کا انداز یا رُخ، ذہنی بصیرت، امید۔④ زندہ دلی، ولولہ، بشاشت، امنگ جس کی چمک چہرے پر خصوصاً آنکھوں میں نظر آئے۔ ف: (**lighting**، **lighted** یا **lit**) ① جلانا، سلگانا، جلنا شروع ہونا۔② روشنی یا روشنی کے آلات مہیّا کرنا۔③ کسی کو روشنی دکھانا، راستہ بتانا۔ صف: ① روشن، منور، اجالا۔② ہلکا، مدّھم (رنگ) □ **bring to light** (or **come**) **in the** آشکارا کرنا یا ہونا۔ **in the light of** کی روشنی میں، کے حوالے سے **light on** اتفاقاً دریافت کرنا۔ **light up** ① اجالا کرنا، بتّی یا بتّیاں جلانا۔② سگریٹ وغیرہ سلگانا۔

**light**[2] *adj., adv. & n.* صف: ① ہلکا۔② مقدار، کثافت، شدّت وغیرہ کے لحاظ سے مقابلۃً کمتر، کم وزن۔ ③ تھوڑا وزن ڈھونے کے قابل۔④ کم مقدار، زود ہضم (غذا وغیرہ)⑤ اچٹتی (نیند)⑥ خوش طبع، بے فکر، چکرایا ہوا۔ □ **make light of** بے اہمیت سمجھنا۔ **travel light** کم سامان کے ساتھ سفر کرنا۔● **lightly** م ف: ہلکے انداز میں۔ **lightness** اسم: ہلکاپن۔

**lighten**[1] *v.* ہلکا بے وزن ہونا یا کرنا، بوجھ گھٹانا۔

**lighten**[2] *v.* ① کسی چیز پر روشنی ڈالنا، اجالنا، روشن کرنا۔② چمکنا، جگمگانا، کوندنا، لپکنا۔

**lighter** *n.* ① سگریٹ وغیرہ جلانے کا آلہ۔ ② جہاز پر سے سامان اتارنے کی کشتی، باربردار کشتی۔

**light-fingered** *n.* چوری کا عادی۔

**light-headed** *adj.* چکرایا ہوا۔

**light-hearted** *adj.* ① خوش بشاش۔② بے قاعدہ، بے فکر، غیر سنجیدہ۔

**lighthouse** *n.* روشنی کا مینار وغیرہ جو جہازوں کی رہبری کے لیے روشنی کا دھارا پھینکتا ہے۔

**light industry** *n.* چھوٹی صنعت کاری۔

**lighting** *n.* ① روشنی کے آلات، قمقمے وغیرہ۔ ② روشنی کا انتظام یا کیفیت۔

**lightning** *n. & adj.* اسم: آسمانی بجلی کا کوندا۔ صف: پھرتی سے، آناًفاناً۔

**light pen** *n.* ① نوری قلم ایک حسّاس قلم جسے کمپیوٹر کے پرزے کے قریب لے جا کر اس میں معلومات منتقل کرتے ہیں۔② ایک روشنی ڈالنے والا آلہ جس کے ذریعے رمزی نشانات کو پڑھا جاتا ہے۔

**lights** *n. pl.* مخصوص مویشیوں کے پھیپھڑے جو عموماً پالتو جانوروں کو کھلائے جاتے ہیں۔

**lightship** *n.* کھڑا ہوا جہاز جو مینارۂ نور کا کام دے۔

**lightweight** *adj. & n.* صف: ① معمول سے کم وزن کا۔ ② بے اہمیت، غیر مؤثر۔ اسم: بعض کھیلوں میں ہلکے یا فیدر ویٹ اور ویلٹر ویٹ کے درمیان کا وزن۔

**light year** *n.* نوری سال، وہ فاصلہ جو روشنی ایک سال میں طے کرتی ہے، تقریباً ۶ ملین ملین میل۔

**lignite** *n.* نرم بھورے رنگ کا کوئلہ جس میں نباتی ساخت کے آثار پائے جاتے ہیں۔

**like**[1] *adj., prep., adv., conj. & n.* صف: ① کسی دوسری شے یا اصل یا آپس میں ایک دوسرے کی بیشتر یا تمام تر خصوصیات کا حامل، مماثل، بعض باتوں میں ملتا جلتا۔ ② طور، خصوصیت۔ ③ آمادہ، مائل۔ حرف جار: کی طرح، کے بقدر۔ م ف: ① غالباً۔ ② اسی طرح، اسی طور سے۔ ③ گویا کہ، یعنی۔ ④ ممکن ہے، عجب نہیں کہ۔ عطف: ① طرح۔ ② جیسے کہ۔ اسم: ① مثل، جواب، بدل، ہم سر، جوڑ۔ ② اس طرح کا، اسی قسم کا۔

**like**[2] *v. & n.* ف: ① پسند کرنا، موافق مزاج، پُر لطف، خیال کرنا، شائق ہونا، کسی سے مانوس ہونا۔ ② ترجیح دینا، بہتر سمجھنا، چاہنا؛ طالب، مائل ہونا۔ ③ محسوس کرنا۔ اسم: **(likes)** وہ چیزیں جو کوئی چاہتا ہے یا پسند کرتا ہے۔

**likeable** *adj.* (also **likable**) پسندیدہ، قابل پسند، مرغوب، قابل رغبت۔

**likelihood** *n.* امکان، متوقع، قرین قیاس، احتمال۔

**likely** *adj. & adv.* صف: **(likelier، likeliest)** ① عین ممکن، قرین قیاس۔ ② مناسب حد تک متوقع۔ ③ حسب مراد، موزوں، مناسب۔ م ف: غالباً، عین ممکن۔ ● **likeliness** اسم: امکان۔

**liken** *v.* کسی سے مشابہ بتانا۔

**likeness** *n.* ① مشابہت۔ ② حلیہ، بھیس۔ ③ شبیہہ۔

**likewise** *adv.* ① اسی طرح، نیز، علاوہ ازیں۔ ② ایسے ہی۔

**liking** *n.* ① پسند، انتخاب، ذوق۔ ② مانوسیت، رغبت۔

**lilac** *n. & adj.* اسم: ① کوئی پودا جس میں خوشبودار ہلکے گلابی بنفشی یا سفید پھول لگتے ہیں، گل یاس۔ ② ہلکا بنفشی رنگ۔ صف: ہلکا بنفشی۔

**lilt** *n.* ① چنچل، اٹھلاتی چال۔ ② اسی طرح کے ٹھیکے کا گانا یا کھٹکے دار لے۔ ③ خاص طرز کی کھنک یا سُریلا پن، خوشگوار لہجہ۔ ● **lilting** صف۔

**lily** *n. (pl. -ies)* پودا جس میں نفیری نما پھول لگتے ہیں، اکثر بندکیوں دار، جیسے سفید سوسن یا چتی دار سوسن۔

**limb** *n.* ① انسان یا حیوان کا کوئی خارجی عضو، جیسے ہاتھ، پاؤں۔ ② درخت کی بڑی شاخ، ٹہنا۔

**limber** *adj.* ① نرم ملائم؛ سبک، پھرتیلا۔ ② لوچ دار، لچیلا۔ □ **limber up** کسی کھیل سے پہلے جسم کو گرمانے کے لیے خود کو تیار کرنے کی مشق۔

**limbo**[1] *n. (pl. -os)* فیصلے وغیرہ کے انتظار میں ہونے کی کیفیت، تعطل۔

**limbo**[2] *n. (pl.-os)* غرب الہند کا ایک رقص جس میں رقاص پشت کی جانب جھک کر ایک افقی سلاخ کے نیچے سے گزرتا ہے جو بتدریج نیچی کی جاتی رہتی ہے۔

**lime** *n. & v.* اسم: ① چونا، قلعی، ایک سفید تیزابی مادّہ جو چونے کے پتھر کو تپا کر حاصل کیا جاتا ہے۔ ② نیبو، لیموں، اس کا درخت۔ ③ ہلکا پیلا نیبو کا سا رنگ، ترنجی۔ ④ درخت جس کے پتّے دل کی شکل کے ہوتے ہیں۔

**limelight** *n.* ① شہرت، ناموری، مرکز نظر ہونا۔ ② تیز سفید روشنی۔

**limerick** *n.* پانچ مصرعوں پر مشتمل مزاحیہ نظم۔

**limestone** *n.* چونے کا پتھر۔

**limit** *n. & v.* اسم: ① حد جس سے آگے روک یا بندش ہو۔ ② کسی علاقے کی حدود، احاطہ، سرحد۔ ③ بڑی سے بڑی یا اقل ترین جائز مقدار۔ ف: ① محدود کرنا، حد عائد کرنا۔ ② روکنا، بندش لگانا۔ □ **off limits** ممنوعہ علاقہ۔ ● **limitation** اسم: بندش، روک، تحدید۔

**limousine** *n.* شاندار، پُرتکلّف بڑی موٹر گاڑی۔

**limp** *v., adj. & n.* ف: لنگڑانا۔ اسم: لنگڑاتی چال، لنگ۔ صف: ① غیر محکم، ڈھلمل، نرم۔ ② بے زور، ارادے کا کچا۔ ● **limply** م ف۔ **limpness** اسم: ڈھیلا پن۔

**limpet** *n.* صدفہ، عام گھونگا جو چٹانوں کے ساتھ سختی سے چپک جاتا ہے۔

**limpid** *adj.* (پانی، آنکھیں وغیرہ) صاف شفاف۔

**linchpin** *n.* ① دھرے کی کیل جو سرے پر لگی ہوتی ہے اور پہیّے کو روکے رکھتی ہے۔ ② کسی ادارے یا مہم میں

کانٹے کا آدمی۔

**linctus** *n.* طبی شربت خصوصاً کھانسی کے لیے۔

**line¹** *n. & v.* اسم:① کسی سطح پر سیدھا یا منحنی (قوسی) خط، لکیر، نقاشی یا نقشہ نویسی میں خطوط، جسم کی جھریاں؛ سیدھا یا منحنی خط جس میں صرف طول ہو۔② خاکہ یا محیط خصوصاً کسی نقشے یا ڈیزائن کا، چہرے کے خدوخال یا خطوط۔③ احاطہ، حدود، کھیلوں میں دوڑ کے اختتام یا آغاز کا خط۔④ چیزوں یا آدمیوں کی قطار۔⑤ مطبوعہ یا تحریری سطر، ایک سطر میں لکھا جانے والا ٹکڑا۔⑥ **(lines)** کسی اداکار کے پارٹ کے الفاظ۔⑦ مختصر خط، مراسلہ، رقعہ۔ ⑧ کسی رسّی، تار وغیرہ کا ٹکڑا جیسے مچھلی پکڑنے کی ڈوری یا الگنی؛ ٹیلیفون یا تار برقی کا سلسلہ۔ ⑨ ریل کی اکہری پٹڑی، ریل کے نظام کی کوئی شاخ یا پورا نظام جو ایک ہی انتظامیہ کے تحت ہو؛ بسوں، جہازوں، طیاروں وغیرہ کا سلسلہ جو بعض مقامات کے درمیان چلتے ہوں۔⑩ طریق عمل یا انداز، پالسی، حکمت عملی۔ ف: ① خطوط کھینچ کر واضح کرنا۔② لکیروں دار کرنا۔ ③ (راستے وغیرہ کے محاذی) تھوڑے تھوڑے فاصلے سے کھڑا ہونا۔□ **line-up**۔① قطار بندی کرنا۔② مرتب کرنا، تیار رکھنا۔

**line²** *v.* ① لباس یا بکس وغیرہ میں استر لگانا، استر کے طور پر کام کرنا۔② کسی چیز کی اندرونی سطح کو ڈھک دینا۔③ بول چال: بھرنا، پُر کرنا، پاٹ دینا۔□ **line one's pocket** پیسہ بنانا عموماً ناجائز ذرائع سے۔

**lineage** *n.* سلسلۂ نسب، میراث۔

**lineal** *adj.* ① براہ راست کسی سلسلے کے ورثا میں۔② خطوط، لکیروں، سطروں سے متعلق۔

**linear** *adj.* ① لکیروں، خطوط، سطور سے متعلق یا ان پر مبنی، طول سے منسوب یا متعلق۔② لمبا، پتلا، ہموار۔

**linen** *n.* ① سن کے ریشے سے بنا ہوا کپڑا۔② کورے لٹھے، چھینٹ وغیرہ کے بنے ہوئے کپڑے جیسے چادریں، قمیص، زیر جامے۔

**liner** *n.* ① مسافر بردار جہاز یا طیارہ۔② استر جو الگ کیا جاسکے۔

**linesman** *n.* (*pl.*-**men**) ① بعض کھیلوں میں امپائر یا ریفری کا معاون جو اس پر نظر رکھتا ہے کہ گیند حد کے اندر گری یا نہیں۔② ٹیلی فون، بجلی، ریل کی پٹڑیوں وغیرہ کی دیکھ بھال کرنے والا۔

**ling** *n.* ① ایک لمبی، پتلی، سمندری مچھلی۔② ایک سدا بہار جھاڑی جس میں گھنٹی نما پھول آتے ہیں۔

**linger** *v.* اڑنا، اٹکنا، جانے سے ہچکچانا، ٹھہر جانا، طول دینا، دیر لگانا، سستی کرنا، تاخیر کرنا۔

**lingerie** *n.* زنانہ زیر جامہ اور شب خوابی کا لباس۔

**lingua franca** *n.* (*pl.* **lingua francas**) مختلف زبانیں بولنے والوں کے درمیان رابطے کی زبان، مشترک بولی۔

**lingual** *adj.* عضو زبان سے یا زبان بمعنی بولی، سے متعلق، جیبھی، لسانی۔

**linguist** *n.* ماہر لسانیات، کئی زبانوں کا ماہر شخص۔

**linguistic** *adj.* زبان یعنی بولی کا، لسانی، لسانیاتی۔ ● **linguistically** م ف: لسانی؛ از روئے لسانیات۔

**linguistics** *n.* علم اللسان، لسانیات، زبانوں اور ان کی ساخت کا علمی مطالعہ۔

**liniment** *n.* لیپ، مالش کا تیل، بام وغیرہ۔

**lining** *n.* ① استر، تہ۔② اندرونی سطح۔

**link** *n. & v.* اسم: ① زنجیر کی کڑی۔② کوئی جزو یا حصّہ خصوصاً شے یا فرد جو کسی سلسلے کے ساتھ مربوط ہو، رابطہ، واسطہ۔ ف: ① جوڑنا، سلسلہ ملانا۔② جُڑنا، بندھنا، کسی نظام، گروہ وغیرہ کے ساتھ ملنا۔ ● **linkage** اسم۔

**lino** *n.* linoleum لائنولیم کا اختصار۔

**linocut** *n.* ① لائنولیم کی سطح پر گہرا یا ابھرواں نقش۔② لائنولیم کے بلاک سے چھاپا ہوا نقش۔

**linoleum** *n.* کرمچ یا ترپال کی بنائی ہوئی پٹی جو عموماً کسی سطح یا فرش پر جمائی جاتی ہے۔

**linseed** *n.* السی، تخمِ کتان؛ پٹ سن کا بیج۔

**lint** *n.* ① ایک طرف سے روئیں دار سوتی کپڑا جس کا پھاہا زخم پر لگاتے ہیں، کتانہ۔② رواں۔

**lintel** *n.* دروازے یا کھڑکی پر پٹا ہوا سل یا تختہ۔

**lion** *n.* شیر ببر، بلی کے خاندان کا ایک بڑا گوشت خور عظیم جانور۔

**lionize** *v.* (also **-ise**) وقعت دینا، توقیر سے پیش آنا۔ ● **lionization** اسم: تعظیم وہی۔

**lip** *n.* ① ہونٹ، لب، کوئی لب نما شے۔② کسی برتن،

پیالے وغیرہ کا کنارہ، خصوصاً جس میں انڈیلنے کا نشان بنا ہو۔②بول چال: گستاخانہ گفتگو، دوبدو۔□ **pay lip service** اوپری، غیرمخلصانہ مدد کرنا۔

**liposuction** *n.* کھال کے نیچے جمع چربی کو کاسمیٹک سرجری کے ذریعے نکال لینے کا عمل۔

**lip-read** *n.* ہونٹوں کی جنبش سے بات کو سمجھ لینا۔

**lipsalve** *n.* پھٹے ہوئے ہونٹوں کے لیے ایک دوا۔

**lipstick** *n.* ہونٹوں کو رنگنے کا چھوٹا مومی قلم۔

**liquefy** *v.* **(-ies, -ied)** مائع میں تبدیل کرنا، ہونا۔● **liquefaction** اسم: گھلائی، پگھلائی۔

**liqueur** *n.* مختلف میٹھی شرابوں میں سے کوئی۔

**liquid** *adj. & n.* صف:①پانی یا تیل جیسا پتلا، رقیق، سیّال۔②شفاف۔③ (اثاثے وغیرہ) جو آسانی سے نقدی میں تبدیل کیے جا سکیں۔اسم: سیّال مادّہ۔

**liquidate** *v.* ①(کسی کمپنی کے) کاروبار کا ختم کیا جانا بعداز تصفیہ واجبات واثاثہ جات۔②قرضہ چکانا۔③ قصّہ پاک کرنا، مار ڈالنا۔④(اثاثوں کو) نقدی میں تبدیل کرنا۔● **liquidation** اسم۔ **liquidator** اسم۔

**liquidity** *n.* ①سیّال ہونے کی کیفیت۔② کسی کمپنی کے رواں یا نقد میں تبدیل کیے جانے والے اثاثے۔

**liquidize** *v.* (also **-ise**) پتلا رقیق کرنا۔

**liquidizer** *n.* سبزیوں وغیرہ کو رقیق بنانے کی مشین۔

**liquor** *n.* ①ایک الکحلی (خصوصاً کشید کردہ) مشروب۔ ②وہ پانی جو پکائی جانے والی شے چھوڑے۔

**liquorice** *n.* (also **licorice**) ملہٹی کا ست جو مٹھاس کے لیے یا دواءً استعمال ہوتا ہے، رُب السّوس۔

**lira** *n.* (*pl.* **lire**) اٹلی اور ترکی کا معیاری سکّہ۔

**lisp** *n. & v.* اسم: تتلاہٹ جس میں S اور Z کی آواز th کی طرح نکلتی ہے۔ف: تُتلا کر بولنا، تتلانا۔

**lissom** *adj.* لچکیلا، لوچ دار، پھرتیلا۔

**list**[1] *n. & v.* اسم: فہرست، ناموں، مدات وغیرہ کا سلسلہ وار اندراج۔ف:①فہرست بنانا۔②فہرست میں، درج کرنا۔

**list**[2] *v. & n.* ف:(جہاز وغیرہ کا) پہلو پر جھکنا، اُلار ہونا۔اسم: جہاز کے اُلار ہونے کا عمل۔

**listen** *v.* ①کان دھرنا، سننا، کسی کی تقریر پر کان لگانا، غور سے سننا۔②نصیحت، درخواست وغیرہ پر توجہ کرنا، مشورہ قبول کرنا۔□ **listen in** ①ٹیلی فون پر کن سوئیاں لینا۔②ریڈیو سیٹ سے کام لینا۔● **listener** اسم۔

**listeria** *n.* جرثومہ، جو آلودہ خوراک کھانے والے انسانوں اور حیوانوں کو بیمار ڈالتا ہے۔

**listless** *adj.* مضمحل، ڈھیلا، جوش، جذبے سے عاری۔● **listlessly** م ف۔ **listlessness**۔ اسم۔

**lit** LIGHT[1] کا ماضی و ماضیہ۔

**litany** *n.* (*pl.* **-ies**) ①دعاؤں کا مقررہ سلسلہ جو پادری پڑھتے ہیں۔②اکتا دینے والی قرأت۔

**liter** LITRE کا امریکی متبادل۔

**literal** *adj.* لغوی، الفاظ کو عام یا ابتدائی معنی میں لینے والا نہ کہ بطور استعارہ یا دوسرے معنوں میں۔● **literalness** اسم: لفظی نوعیت۔ **literally** م ف۔

**literary** *adj.* ادبی، ادب و انشا سے متعلق۔

**literate** *adj.* پڑھنے لکھنے کے قابل، خواندہ۔● **literacy** اسم:۔لکھنے پڑھنے کی قابلیت، تعلیم۔

**literati** *n. pl.* اہلِ ادب، اربابِ علم، پڑھے لکھے، فاضل لوگ۔

**literature** *n.* ①تصنیفات، ادبی سرمایہ۔ ②دنیائے ادب۔③ کسی ملک یا کسی عہد کی تصانیف۔④ کسی خاص موضوع پر مطبوعہ مواد۔

**lithe** *adj.* لوچ دار، نرم، لچکیلا۔

**lithium** *n.* ایک نرم، روپہلی دھات (علامت: Li)

**litho** *n.* بول چال: LITHOGRAPHY؛ LITHOGRAPH۔

**lithography** *n.* پتھر یا دھات کی سطح پر سے چھاپا نکالنے کا عمل، پتھر کی چھپائی، سنگی طباعت۔● **lithograph** اسم۔ **lithographic** صف۔

**litigant** *n. & adj.* اسم: قانونی مقدمے کا فریق۔ صف: مقدمے میں ملوث۔

**litigate** *v.* عدالتی چارہ جوئی کرنا، نالش کرنا، مقدمہ لڑنا۔● **litigation** اسم: مقدمہ بازی۔

**litigious** *adj.* مقدمہ بازی کا شوقین یا عادی۔

**litmus** *n.* ایک رنگ جو کائیوں سے حاصل کیا جاتا ہے

اور تیزاب میں سرخ اور القلی میں نیلا ہو جاتا ہے۔

**litotes** *n.* مثبت بات کی جگہ منفی پیرایۂ بیان (جیسے میں خوش ہوں گا، کی جگہ، مجھے رنج نہیں ہوگا)

**litre** *n.* (*US* **liter**) پیمائش حجم کی اکائی ایک عشر میٹر مکعب تقریباً (۱٫۷۶ پائنٹ) کے مساوی۔

**litter** *n.* & *v.* ① کچرا خصوصاً رڈی، بکھرے ہوئے کاغذوں کے پرزے، کوڑا کرکٹ۔ ② نئے جنے ہوئے جانوروں کا ایک جھول۔ ③ تاریخ: ایک قسم کی پالکی یا پینس۔ ④ گھاس پھوس کا فرش خصوصاً جانوروں کے لیے۔ ف: ① کسی جگہ کو کچرے سے گندا کرنا۔ ② کوڑا بکھیرنا۔ ③ (بعض چوپایوں، کتیا وغیرہ کا) بچہ جننا۔

**little** *adj., n.* & *adv.* صف: ① چھوٹا، مقدار، قد قامت، درجے وغیرہ میں کمتر۔ ② تھوڑا فاصلہ یا عرصہ۔ ③ کچھ۔ ④ معمولی، نسبتہً بے اہمیت۔ ⑤ برائے نام۔ ⑥ عمر میں کم۔ اسم: ① قدرے قلیل نہ کہ بڑی مقدار۔ ② کچھ نہ کچھ۔ م ف: ① صرف کسی حد تک۔ ② بالکل نہیں، بمشکل۔ ③ ذرا، تھوڑا سا۔

**littoral** *adj.* ساحلی، سمندر یا جھیل کے کنارے واقع۔

**liturgy** *n.* (*pl.* **-ies**) باجماعت عبادت کی ایک شکل۔ ● **liturgical** صف۔

**live**[1] *v.* ① جینا، زندہ رہنا۔ ② اپنی حیثیت یا شہرت کو بحال رکھنا۔ ③ زندگی کسی خاص انداز میں گزارنا۔ ④ رہنے کی جگہ بنانا یا حاصل کرنا۔ ⑤ زندگی سے پورا لطف اٹھانا۔ □ **live down** (عموماً نفی میں) پچھلی کسی خامی یا غلطی کی تلافی کرنا۔ **live on** ① گزر کرنا، کسی سہارے پر رہنا۔ ② کسی خاص غذا وغیرہ پر زندگی بسر کرنا۔

**live**[2]*adj.* ① زندہ، جیتا جاگتا۔ ② ساتھ کے ساتھ نشر ہونے والا نہ کہ ریکارڈ کیا ہوا (نشریہ) ③ توانائی سے پُر، پُراثر۔ ④ جلتا، سلگتا (کوئلہ وغیرہ) ⑤ نہ پھٹا ہوا (بم وغیرہ)، زندہ (بجلی کا تار)

**livelihood** *n.* ذریعۂ معاش؛ نان نفقہ، روزی۔

**lively** *adj.* (**livelier, liveliest**) ① زندہ و توانا؛ پُرجوش۔ ② پھرتیلا، چاق و چوبند۔ ③ بھرپور، زوردار، اثرانگیز۔ ● **liveliness** اسم: زندہ دلی، سرگرمی۔

**liven** *v.* رونق بخشنا، خوشی کی لہر دوڑا دینا۔

**liver** *n.* جگر، انسانی یا حیوانی جسم کے اعضائے رئیسہ میں سے ایک جو صفرا پیدا کرتا ہے۔

**livery** *n.* (*pl.*-**ies**) ① وردی۔ ② نمایاں حلیہ۔ ③ کسی کمپنی کی گاڑی کے مخصوص شناختی رنگ۔

**livestock** *n.* ڈھور ڈنگر، مویشی۔

**livid** *adj.* ① بول چال: بہت برہم، طیش میں آیا ہوا۔ ② نیلگوں سیسے کے رنگ کا۔

**living** *n.* & *adj.* اسم: ① ذریعہ معاش، آمدنی، ذرائع آمدنی۔ ② مخصوص رہن سہن۔ صف: ① معاصر، موجودہ۔ ② ہو بہو۔ ③ رواں، مستعمل (زبان، بولی)

**living-room** *n.* رہنے سہنے کا کمرہ۔

**lizard** *n.* چھپکلی یا گرگٹ۔

**llama** *n.* جنوبی امریکا کا ایک اونٹ کے خاندان کا جگالی کرنے والا جانور۔

**load** *n.* & *v.* اسم: ① بوجھ، بار، ڈھو کر لے جانے والی شے، سامان، لادی۔ ② کام، ذمہ داری، افکار کا بوجھ۔ ③ (**loads**) بول چال: ڈھیر کے ڈھیر، بڑی مقدار۔ ④ مقدار توانائی جو کوئی بجلی گھر ایک وقت میں پیدا کرے۔ ف: ① بوجھ لادنا۔ ② (جہاز، سواری وغیرہ کا) مسافر یا سامان اٹھانا۔ ③ کسی (چیز) کو بوجھل بنانا، کسی کو زیر بار کرنا۔ ④ بے تحاشا بھرنا، پاٹ دینا۔ ⑤ کسی کل، آلے وغیرہ میں مطلوبہ سامان بھرنا، مثلاً کیمرے میں فلم، ٹیپ ریکارڈ میں فیتہ، کمپیوٹر میں پروگرام۔ ● **loaded** صف۔

**loaf** *n.* & *v.* اسم (ج: **loaves**) ① روٹی، خصوصاً کسی خاص شکل یا جسامت کی۔ ② روٹی یا ٹکیا کی شکل میں تیار کردہ غذا۔ ③ بول چال: دماغ (سمجھ بوجھ کے معنی میں) ف: ① آوارگی، بے کاری میں وقت گنوانا، دندناتے پھرنا۔ ② وقت ضائع کرنا۔ ● **loafer** اسم: آوارہ گرد۔

**loam** *n.* پتّوں کی کھاد ملی مٹی۔

**loan** *n.* & *v.* اسم: ① قرض، دین، ادھار دی ہوئی شے خصوصاً رقم۔ ② قرضداری۔ ف: قرض دینا (خصوصاً رقم) □ **on loan** قرض دیا ہوا یا لیا ہوا۔

**loan shark** *n.* بول چال: بھاری سود وصول کرنے والا قرض خواہ۔

**loath** *adj.* ناآمادہ، نارضامند، متذبذب، متأمّل۔

**loathe** *v.* سخت ناپسند کرنا، کسی بات سے کراہت محسوس کرنا۔ ● **loathing** اسم۔ **loathsome** صف۔

**lob** *v. & n.* **(lobbing،lobbed)**: ف:(گیند وغیرہ) آہستگی سے اونچی قوسی صورت میں اچھال کر پھینکنا یا مارنا۔ اسم: اس طرح پھینکی جانے والی گیند۔

**lobar** *adj.* ① پھیپھڑوں سے متعلق۔ ② کسی طرح کے نرم جسمانی ابھار کو متاثر کرنے والا یا اس سے متعلق۔

**lobby** *n. & v.* اسم: (ج: **-ies**) ① ڈیوڑھی، راہداری، پورچ۔ ② کسی خاص مقصد کے لیے قانون سازوں کی رائے کو متاثر کرنے کی ترغیب دینے والے لوگ۔ ف: **(-ies،-ied)** (قانون ساز ادارے کے ممبروں وغیرہ کو) متاثر کرنے کی کوشش کرنا۔

**lobbyist** *n.* ترغیب کار۔

**lobe** *n.* گول چپٹا، ابھرواں یا لٹکتا ہوا عضو، کان کی لو۔

**lobotomy** *n.* (*pl.* **-ies**) فصوص دماغ کی تراش۔

**lobster** *n.* ① کیکٹ، ایک قسم کا جھینگا۔ ② اس کا گوشت بطور غذا۔

**local** *adj. & n.* صف: ① مقامی، کسی خاص جگہ سے متعلق یا مخصوص، علاقائی، دیسی۔ ② آس پاس کا۔ اسم: ① مقامی شے یا شخص۔ ② قریبی، محدود رقبے میں چلنے والی بس، ریل وغیرہ۔ ③ بول چال: بستی کا شراب خانہ۔ ● **locally** م ف: مقامی طور پر۔

**locale** *n.* کوئی مقام یا منظر خصوصاً جہاں کوئی خاص واقعہ رونما ہوا ہو۔

**local government** *n.* مقامی لوگوں کی منتخب شدہ انتظامیہ۔

**locality** *n.* (*pl.* **-ies**) ① ضلع، علاقہ، ہمسایہ۔ ② محل وقوع۔ ③ کسی شے کا مقام، جگہ جہاں وہ ہے۔

**localize** *v.* (also **-ise**) ① کسی مقام سے مخصوص یا کسی جگہ تک محدود قرار دینا۔ ② مرکز کی بجائے اضلاع وغیرہ سے متعلق کرنا۔ ● **localization** اسم۔

**locate** *v.* ① صحیح محل وقوع دریافت کرنا۔ ② کسی جگہ یا صحیح جگہ پر قائم یا نصب کرنا۔ ③ محل وقوع بتانا۔

**location** *n.* ① کوئی مخصوص جگہ؛ وہ جگہ جہاں کوئی شے یا شخص پایا جائے۔ ② بسنے یا بسانے کا عمل۔ □ **on location** اسٹوڈیو کے علاوہ اصل موقع یا صحیح مقام جہاں کسی فلم کی فلم بندی کی جائے۔

**loch** *n.* اسکاچ: جھیل، آبنائے۔

**loci** LOCUS کی جمع۔

**lock** *n. & v.* اسم: ① قفل، تالا۔ ② نہر یا دریا کا گھیرا ہوا رقبہ جہاں پھاٹکوں کے ذریعے پانی کی سطح کو اونچا یا نیچا کیا جا سکتا ہے، قفلی بند۔ ③ گاڑی کا رخ تبدیل کرنے کے لیے اگلے پہیوں کا گھماؤ۔ ④ کُشتی: قفلی داؤ جس میں حریف کے بازو جکڑے جاتے ہیں۔ ⑤ **(locks)** سر کے بال، زلفیں وغیرہ۔ ف: ① قفل بند کرنا، کسی چیز پر قفل جڑنا۔ ② کسی شخص یا شے کو محصور، بند کرنا قفل یا قفل کے بغیر۔ ③ پہنچ سے باہر، دسترس سے دور کر دینا۔ ● **lockable** صف: قفل دار۔

**locker** *n.* قفل بند خانے جن میں مختلف اشیا حفاظت کے لیے رکھی جاتی ہیں۔

**locket** *n.* ڈبیا کی شکل کا گلے میں لٹکانے کا زیور۔

**lockjaw** *n.* ٹیٹنس کی ایک قسم جس میں جبڑوں کے پٹھے اکڑنے سے منہ بالکل بند ہو جاتا ہے۔

**lockout** *n.* مزدوروں کو کام کی جگہ سے بعض شرطیں طے ہونے تک بے دخل کر دینا، تالہ بندی۔

**locksmith** *n.* قفل ساز مستری۔

**lock-up** *n.* اسم: ① قیدیوں کو حراست میں رکھنے کا کمرہ یا عمارت، حوالات۔ ② عمارت وغیرہ جو مقفل کی جا سکے خصوصاً کوئی دکان یا گودام۔ ③ کسی جگہ کا رات کے وقت مقفل کر دیے جانے کا عمل۔

**locomotion** *n.* ایک مقام سے دوسرے مقام تک حرکت کرنے کا عمل یا قوت۔

**locomotive** *n. & adj.* اسم: گاڑیاں کھینچنے والا خود کار انجن۔ صف: خود کاری سے متعلق (خود کار قوت)

**locum** *n.* قائم مقام، خصوصاً مذہبی عالم یا ڈاکٹر کا۔

**locus** *n.* (*pl.* **loci**) ① کوئی نکتہ، محل، مقام خصوصاً کسی متن، مقالے وغیرہ میں۔ ② ریاضی: وہ قوس یا سطر وغیرہ جو کسی خاص مساوات کے حامل تمام نقاط سے مل کر بنے یا اس نقطے، خط یا سطح سے جو حرکت پذیر ہو۔

**locust** *n.* ٹڈی، جو دل بادلوں کی صورت نقل مکانی کر کے فصلوں اور نباتات کو تباہ کرنے والی مخلوق ہے۔

**lode** *n.* کھان یا معدن میں کچی دھات کی رگ۔

**lodestar** *n.* (also **loadstar**) جہازوں کی

**logic** *n.* منطق، استدلال کا علم، منطقی عمل بحیثیت مجموعی۔

**logical** *adj.* ① منطقی، استدلالی، دلائل پر مبنی۔ ② منطقی مغالطے سے بری۔ ③ مربوط، معقول، قابل فہم۔ ● **logicality** اسم۔ **logically** م ف: از روئے منطق۔

**logician** *n.* منطقی، منطق داں۔

**logistics** *n. pl.* فوج اور سامان کی نقل و حرکت، قیام، پڑاؤ اور ضروریات کی فراہمی سے تعلق رکھنے والی تنظیم یا عمل، انصرامی تنظیم۔ ● **logistical** صف۔

**logo** *n.* (*pl.* **-os**) کسی ادارے کا شناختی نشان۔

**-logy** *comb. form* لاحقۂ اسمیت جو خصوصی مطالعے یا دلچسپی کے مضمون کو ظاہر کرتا ہے۔

**loin** *n.* ریڑھ کی ہڈی کے دونوں طرف نچلی پسلیوں اور کولھے کی ہڈیوں کے درمیان کا حصّۂ جسم۔

**loincloth** *n.* کولھے کو ڈھکنے والا کپڑا، دھوتی۔

**loiter** *v.* کسی جگہ پر یا کسی جگہ کے اردگرد منڈلانا، بظاہر بے مقصد ٹہلنا۔ ● **loiterer** اسم: آوارہ گرد۔

**loll** *v.* اینڈنا، مستانا، لہرانا؛ لیٹی، بیٹھی یا کھڑی ہوئی حالت میں سستی، کسلمندی کا اظہار کرنا۔

**lollipop** *n.* تیلی پر لگی ہوئی چپٹی گول مٹھائی۔

**lollipop man** (or **lady** or **woman**) *n.* بول چال: گول سرخ دستہ دار نشان اٹھائے گاڑیوں کو روکنے والا سرکاری آدمی تاکہ بچے سڑک پار کرسکیں۔

**lollop** *v.* (**lolloped, lolloping**) بول چال: لنگڑا کے چلنا، گھسٹنا، لڑکھڑاتے ہوئے قدم اٹھانا۔

**lolly** *n.* بول چال: ① رک: LOLLIPOP۔ ② نقدی۔

**lone** *adj.* تن تنہا، اکیلا۔

**lonely** *adj.* (**lonelier, loneliest**) ① اکیلا، بے یار و مددگار، یکہ و تنہا۔ ② سونی، غیر آباد (جگہ) ③ اداس، غمگین۔ ● **loneliness** اسم: تنہائی۔

**loner** *n.* الگ تھلگ رہنے والا آدمی یا جانور جو دوسروں سے میل رکھنا پسند نہ کرتا ہو۔

**lonesome** *adj.* ① تنہا، فرقت زدہ۔ ② افسردہ، واماندہ۔ ③ جو تنہائی، افسردگی کا احساس دلائے۔

**long[1]** *adj. & adv.* صف: ① لمبا، طویل، جو جلد ختم یا عبور نہ ہوسکے۔ ② وسعت یا مدّت میں بڑھ کر۔ ③ بہت سی شقوں پر مشتمل۔ ④ لنبوترا۔ م ف: ① طویل

رہنمائی کرنے والا ستارہ، خصوصاً قطب تارا۔

**lodestone** *n.* (also **loadstone**) لوہے کا مقناطیسی آکسائڈ، سنگ مقناطیس۔

**lodge** *n. & v.* اسم: ① احاطے میں چھوٹا سا گھر جہاں باغبان یا چوکیدار وغیرہ رہتا ہو۔ ② کوئی بڑا مکان یا ہوٹل خصوصاً کسی تفریحی مقام پر۔ ③ شکار کے موسم میں جا کر رہنے کا مکان۔ ④ چوکیدار کا کمرہ۔ ⑤ بعض انجمنوں کے ارکان بحیثیت مجموعی یا ان کے ملنے کی جگہ۔ ⑥ اود بلاؤ یا سگ آبی کا بھٹ۔ ف: ① نالش وغیرہ دائر کرنا۔ ② شکایت وغیرہ پیش کرنا۔ ③ سونے کے لیے جگہ دینا، بسانا، مہمان کے طور پر ٹھہرانا یا گھر کا شریک بنانا۔

**lodger** *n.* کسی کے گھر میں کرایہ پر رہنے والا۔

**lodging** *n.* ① اقامت گاہ۔ ② (**lodgings**) ہوٹل کے علاوہ کہیں اور کرائے پر رہنے کی جگہ۔

**loft** *n. & v.* اسم: ① دوچھتی، پرچھتی، چھت اور بالائی منزل کے درمیان کا خلا۔ ② گرجا یا ہال کے اندر برآمدہ۔ ف: گیند وغیرہ کو اچھالنا۔

**lofty** *adj.* (**loftier, loftiest**) ① بلند و بالا، دراز۔ ② مغرور، الگ تھلگ، باوقار۔ ③ اعلیٰ، برتر، برگزیدہ۔ ● **loftily** م تمکنت سے، شان سے۔

**log** *n. & v.* اسم: ① درخت کا کٹا ہوا تنا یا ٹہنا، لٹھا، کندہ۔ ② جہاز کا رفتار پیما۔ ③ جہاز وغیرہ کے سفر کی تفصیلی یادداشت مع رفتار وغیرہ، جہاز کا روزنامچہ۔ ④ کوئی اور منظّم روداد۔ ف: (**logging، logged**) یادداشت درج کرنے کی کتاب میں ضروری اندراج کرنا۔ □ **log on** (or **off**) کمپیوٹر کو چالو (یا بند) کرنا۔

**loganberry** *n.* (*pl.*-**ies**) رس بھری کی طرح کا ایک سرخ کھٹا پھل۔

**logarithm** *n.* ریاضی قوت نماؤں کے سلسلے میں سے ایک جو حساب کی سہولت کے لیے ترتیب دیے گئے ہیں اور ان کی بدولت یہ ممکن ہوگیا ہے کہ ضرب و تقسیم کی جگہ جمع و تفریق سے کام لیا جائے، لوگارتم۔

**logbook** *n.* سفری یادداشت کے لیے مفصّل معلومات درج کرنے کی کتاب۔

**loggerheads** *n. pl.* □ **at loggerheads** - نامتفق، دست و گریباں۔

عرصے سے یا تک۔② کسی مبینہ وقت کے دوران میں، کسی خاص وقت کے بعد۔□ **as** or **so long as** ① تاوقتیکہ، جب تک کہ۔② بشرطیکہ۔

**long²** *v.* چاہنا، کسی چیز کی شدید خواہش رکھنا۔

**long-distance** *adj.* دور دراز مقامات کے درمیان (سفر، ٹیلیفونی پیغام یا مواصلت)

**longevity** *n.* طویل عمر یا طول عمر۔

**long face** *n.* لٹکا ہوا منہ۔

**longhand** *n.* عام خط یا روش قلم (مختصر نویسی یا ٹائپ کے برخلاف)

**longing** *n.* تمنّا، آرزو، شدید خواہش۔

**longitude** *n.* طول البلد، گرینچ کے نصف النّہار سے مشرق یا مغرب کی جانب زاویائی فاصلہ۔

**longitudinal** *adj.* ① لمبائی سے متعلق۔② طولی۔③ طول البلد سے متعلق۔● **longitudinally** م ف۔

**long johns** *n. pl.* بول چال: پورے پائینچے کا زیر جامہ۔

**long-life** *adj.* پائیدار، زیادہ عرصے تک رہنے والا (مال فروخت)

**long-lived** *adj.* پائیدار، دیر تک چلنے والا۔

**long-range** *adj.* ① دور مار (گولا وغیرہ) ② مستقبل بعید سے تعلق رکھنے والا۔

**longshoreman** *n.* (*pl.* **-men**) امریکا: بندرگاہ کی گودی پر کام کرنے والا مزدور۔

**long shot** *n.* ① خیالی تکّا۔② بے دھڑک داؤ۔

**long-sighted** *adj.* جس کی دور کی نظر درست یا تیز ہو۔

**long-standing** *adj.* دیرینہ، دیر سے موجود۔

**long-suffering** *adj.* صابر، متحمل مزاج۔

**long-term** *adj.* طویل المیعاد۔

**long-ton** *adj.* رک: TON۔

**long wave** *n.* ریڈیو کی ۳۰۰ کلو ہرٹز سے کم تعدّد کی موج۔

**longways** *adv.* (also **longwise**) = LENGTHWAYS طولاً متوازی۔

**long-winded** *adj.* طول طویل، بیزار کن (تقریر یا تحریر)

**loo** *n.* بول چال: طہارت خانہ۔

**loofah** *n.* ① کدو کی طرح کی ایک ایشیائی بیل، رام توری۔② اس کی ریشہ دار اور مسام دار تونبی کا بقیہ جسے سکھا کر اسفنج کے طور پر استعمال کرتے ہیں۔

**look** *v. & n.* ف: ① دیکھنا، آنکھ سے کام لینا، کسی سمت نظر کرنا۔② تلاش کرنا، غور کرنا، جانچنا۔③ ڈھونڈنا، متوقع، منتظر ہونا۔④ تفتیش، تحقیق کرنا۔ اسم: ① نظر، نگاہ کا رخ یا طرز نظر۔② **(looks)** چہرہ، بشرہ۔③ کوئی مخصوص روپ، رنگ، وضع۔□ **look after** ① دیکھ بھال، نگرانی کرنا۔② نظر میں رکھنا۔③ ڈھونڈنا۔ **look down on** حقارت سے دیکھنا، حقیر سمجھنا۔ **look forward to** منتظر، متوقع ہونا۔ **look into** تفتیش، چھان بین کرنا۔ **look on** دور سے دیکھنا، الگ تھلگ رہنا۔ **look out** چوکس، تیار، آمادہ ہونا۔ **look round** ① دوسری طرف یا سب طرف دیکھنا۔② دلچسپی کی چیز جا کر دیکھنا۔ **look up** ① تلاش کرنا۔② بول چال: ملاقات کے لیے جانا۔ **look up to** کسی کی تعظیم، تکریم کرنا۔

**looker-on** *n.* (*pl* **-lookers-on**) محض تماشائی۔

**lookout** *n.* ① نگرانی، نگرانی کا مقام یا چوکی، نگرانی کے لیے تعینات شخص۔② بول چال: امید افزا صورت حال۔③ بول چال: کسی کا نجی معاملہ۔

**loom** *n. & v.* اسم: کپڑا بننے کی مشین، کھڈی، کرگہ۔ ف: نمودار ہونا، نظر آتا یا نازل ہوتا محسوس ہونا خصوصاً قریب، بڑھتا، پھیلتا ہراساں کرتا ہوا۔

**loop** *n. & v.* اسم: ① قوسی شکل، حلقہ، حلقہ نما شے۔② چھلّا، کنڈا، کنڈل۔ ف: ① ڈوری وغیرہ کو حلقے یا پھندے کی شکل میں موڑنا۔② ڈوری سے باندھنا، ڈوری لپیٹنا۔③ حلقے کی صورت میں آنا۔□ **loop the loop** ہوائی جہاز میں فضا میں حلقے کی شکل میں قلابازی لگانا۔

**loophole** *n.* قانون یا ضابطے سے بچنے کی صورت۔

**loose** *adj. & v.* صف: ① بندش یا بندھنوں سے آزاد، کھلا۔② الگ یا اپنی جگہ سے الگ ہو سکنے والا، بن جُڑا، ناوابستہ۔③ متفرق، منتشر۔④ ڈھیلا ڈھالا (لباس) ⑤ بافراغت، پُرسکون (چہل قدمی) ⑥ (بیان یا تخیل) مبہم، غیر واضح۔ ف: ① آزاد کرنا، چھوڑنا۔② کھول دینا۔

۴ڈھیلا چھوڑنا۔ □ **at a loose end** سردست خالی، بے کار۔ **on the loose** حراست سے بھاگا ہوا۔ ● **loosely** م ف۔ **looseness** اسم ڈھیلا پن۔

**loosen** *v.* ۱ڈھیلا ہونا یا کرنا۔ ۲ڈھیل دینا، نظم وضبط میں نرمی برتنا۔

**loose box** *n.* اصطبل یا گاڑی میں گھوڑے کا تھان۔

**loose-leaf** *adj.* (نوٹ بک وغیرہ) غیر مجلد جس کے ورق الگ الگ ہوں اور علاحدہ کیے جا سکیں۔

**loot** *n. & v.* اسم: ۱لوٹ کا مال، مالِ غنیمت۔ ۲رشوت یا ناجائز یافت۔ ف: ۱لوٹ مچانا، خصوصاً بلوے، فساد کے بعد۔ ۲مالِ غنیمت ہتھیانا۔

**lop** *v.* (**lopped, lopping**) کاٹنا، ٹکڑے کرنا، خصوصاً (درخت کی شاخیں) کاٹنا۔

**lope** *v. & n.* ف: چھلانگیں لگانا، قلانچیں بھرنا۔ اسم: لمبی چھلانگ، زقند۔

**lop-eared** *adj.* (جانور) کان لٹکائے ہوئے

**lopsided** *adj.* ایک طرف جھکا ہوا، اُلار، غیر متوازن، ناہموار۔

**loquacious** *adj.* باتونی۔ ● **loquacity** اسم۔

**lord** *n.* اسم: ۱آقا، حاکم۔ ۲نواب، رئیس، بڑا زمیندار۔ ۳خطاب یافتہ پشتینی رئیس۔ ۴(**Lord**) خدا یا عیسیٰ مسیحؑ کا نام۔ □ **lord it over** متکبرانہ، تحکّم آمیز برتاؤ کرنا، حکم چلانا۔

**lordship** *n.* لارڈ کا خطاب رکھنے والے رئیس یا کسی جج یا بشپ کو مخاطب کرنے کا کلمہ۔

**lore** *n.* کسی موضوع پر روایات اور معلومات کا مجموعہ۔

**lorgnette** *n.* دوربین عدسوں کی ڈنڈی دار دستی عینک اسٹیج کو قریب سے دیکھنے کے لیے، آپرا عینک۔

**lorry** *n.* (*pl*-**ies**) مال بردار موٹر لاری۔

**lose** *v.* (**lost, losing**) ۱(کسی شے کو) کھو دینا، گنوا دینا، سراغ نہ پانا۔ ۲کسی شے کا قابو میں نہ رہنا۔ ۳ہارنا، شکست کھانا، (کھیل، وغیرہ میں) ۴بچ نکلنا۔ ۵حاصل نہ کر سکنا یا پکڑ نہ سکنا، نظر میں نہ آنا۔ □ **lose heart** ہمت ہارنا۔ **lose oneself** کسی چیز میں کھو جانا۔ **lose out** بول چال: ناکام ہونا، کسی چیز سے فائدہ نہ اٹھا سکنا۔ **lose one's way** راہ گم کرنا۔ ● **lose weight** وزن کم کرنا، دبلا ہو جانا۔

**loss** *n.* ۱نقصان، گھاٹا، گمشدگی۔ ۲گمشدہ شے یا شخص یا گھاٹے کی مقدار۔ ۳ضرر، صدمہ جو نقصان سے پہنچے۔ □ **at a loss** ۱خسارے پر، گھاٹے سے (فروخت) ۲حیران، الجھن میں۔

**loss-leader** *n.* نقصان پر بیچی جانے والی شے جو خریداروں کو پرچائے۔

**lost** *adj.* ۱ LOSE کا صیغۂ ماضی و ماضیہ۔ ۲اپنا راستہ نہ ڈھونڈ پانے والا، جانتا نہیں کہاں ہے؛ بھٹکا، بچھڑا ہوا، گیا ہوا جس کی واپسی ممکن نہیں۔ □ **be lost on** ناقدری کا شکار ہو جانا، کوئی توجہ نہ پانا۔

**lot** *n. & v.* اسم: ۱بڑی تعداد یا بڑی مقدار۔ ۲نمایاں طور پر۔ ۳قرعہ، پانسہ، پرچی، قرعے پانسے وغیرہ سے کیا ہوا فیصلہ۔ ۴قسمت، تقدیر۔ ۵زمین کا ٹکڑا۔ ۶نیلام کی جانے والی شے۔ ف: ٹکڑوں میں تقسیم کرنا، حصّے بخرے کرنا۔ □ **the lot** کل تعداد یا پوری مقدار۔

**lotion** *n.* اوپر سے ملنے کی دوا، مالش کا تیل۔

**lottery** *n.* (*pl.*-**ies**) ۱قمار بازی، نمبر والے ٹکٹوں کی فروخت اور قرعہ اندازی کے ذریعے رقم اکٹھی کرنے کا طریقہ جس میں جیتنے والے نمبروں پر انعام ملتا ہے۔ ۲کوئی عمل، کاروبار وغیرہ جس میں کامیابی غیر یقینی ہو۔

**lotus** *n.* ۱(یونانی دیومالا) ایک خیالی پودا جس کا پھل کھانے سے مستی کی کیفیت پیدا ہوتی ہے۔ ۲کنول کا پودا جس میں بڑے بڑے گلابی پھول لگتے ہیں۔

**loud** *adj. & adv.* صف: ۱گرجدار، تیز، بلند، زور کی آواز کرنے والا۔ ۲بھڑکیلا، شوخ۔ م ف: زور سے چیختے ہوئے۔ ● **loudly** م ف۔ **loudness** اسم۔

**loud hailer** *n.* آواز کو تیز کرنے والا برقی آلہ تاکہ آواز دور تک سنی جا سکے، میگافون۔

**loudspeaker** *n.* برقی لہروں کو آوازوں میں تبدیل کرنے والا آلہ، صوت ساز، صداکار، لاؤڈ اسپیکر۔

**lough** *n.* آئرستان = LOCH۔

**lounge** *v. & n.* ف: تکیے وغیرہ کے سہارے آرام سے بیٹھنا، نیم دراز ہونا، ستانا۔ اسم: ۱ستانے یا آرام سے بیٹھنے کا کمرہ۔ ۲ہوائی اڈے پر مسافروں کے لیے بنی ہوئی انتظار گاہ وغیرہ۔

**lounge suit** *n.* دن کو پہننے کا عام مردانہ لباس۔
**lour** *v.*(also **lower**) ①تیوری چڑھانا، غصّہ کرنا۔ ②(بادلوں کا) تاریک اور اندیشہ ناک ہونا۔
**louse** *n.* (*pl.*-**lice**) ①سر کے بالوں میں پڑنے والی جوں۔ ②(ج: **louses**) نفرت زدہ، ناپسندیدہ شخص۔
**lousy** *adj.*(**lousier, lousiest**) ①جوؤں بھرا۔ ② بول چال: بہت بُرا، مکروہ، قبیح۔
**lout** *n.* بے ڈھنگا، ناشائستہ، بدتمیز آدمی ● **loutish** صف۔
**louvre** *n.* (also **louver**) ①پٹ دار روشن دان۔ ②چھت پر بنی ہوئی چمنی۔ ● **louvred** صف۔
**lovable** *adj.* محبوب، مرغوب، پسندیدہ۔
**love** *n. & v.* اسم: ①محبت، عشق، پیار۔ ②شہوت۔ ③جنسی تعلقات۔ ④محبوب، چہیتا فرد۔ ⑤دوستانہ پیغام، لگاؤ کا اظہار۔ ⑥(کھیلوں میں) صفر کی علامت۔ ف: ①کسی کے لیے محبت یا گہرا لگاؤ محسوس کرنا۔ ②سراہنا۔ ③رسیا ہونا، شوقین ہونا۔ □ **in love** عاشق، فدا، لٹّو، فریفتہ۔ **make love** ہم بستری کرنا۔
**love affair** *n.* معاشقہ، عشق بازی۔
**lovelorn** *adj.* عاشق ناکام۔
**lovely** *adj.*(**lovelier,loveliest**) حسین، فرحت انگیز۔ ● **loveliness** اسم: حسن، دلکشی۔
**lover** *n.* ①عاشق معشوق، باہم محبت یا جنسی تعلق رکھنے والے لوگ۔ ② کسی خاص چیز سے غیر معمولی رغبت رکھنے والا شخص۔
**loving** *adj.* بامحبت، چاہنے والا، گرویدہ۔ ● **lovingly** م ف: الفت سے، پیار سے۔
**low**[1] *adj., n. & adv.* صف: ①نیچا، پستہ قد۔ ②زمین یا سمندر کے ساتھ ہموار نہ کہ بلند۔ ③پست، حقیر منصب یا حالت۔ ④معمول سے کم مقدار، وسعت، شدّت وغیرہ۔ ⑤ افسردہ، رنجیدہ، کمزور۔ ⑥ قلّت خوراک کا شکار، کمزور۔ ⑦ گھٹیا، کمینہ۔ اسم: ①نچلی حد یا سطح۔ ② کم فضائی دباؤ والا علاقہ۔ م ف: کم مرتبہ یا کمتر حالت میں۔
**low**[2] *n.* اسم: مویشی کے ڈکرانے کی آواز۔
**lowbrow** *adj.* ذہنی یا تہذیبی لحاظ سے ادنیٰ۔
**low-down** *adj.* بول چال: صف: ذلیل، ارذل، آبرو باختہ۔ اسم: متعلقہ معلومات۔
**lower**[1] *v.* ①نیچا کرنا، اُتارنا، گرانا۔ ②پست کرنا۔ ③دھیما کرنا۔ ④ مرتبے، مقدار، تعداد وغیرہ میں کم کرنا۔
**lower**[2] LOUR کا متبادل۔
**lower case** *n.* ٹائپ کے چھوٹے حروف۔
**low-key** *n.* بے جوش وخروش، بے دلانہ، معمولی۔
**lowlands** *n. pl.* نشیبی ملک یا علاقہ۔ ● **lowland** صف۔ **lowlander** اسم۔
**lowly** *adj.*(**lowlier, lowliest**) ① مسکین، عاجز، نیازمند۔ ②سیدھا سادہ، منکسر المزاج۔
**low-rise** *adj.* کم منزلوں والی (عمارت)
**low season** *n.* سیّاحوں کی آمد میں کمی کا زمانہ۔
**low-tech** *adj.* نسبتاً سادہ ٹیکنالوجی کے ساتھ۔
**loyal** *adj.* مخلص، وفادار، جاں نثار، نمک حلال، مطیع۔ ● **loyally** م ف۔ **loyalty** اسم: وفاداری۔
**loyalist** *n.* شاہ پرست، وفادار تخت وتاج خصوصاً بغاوت کی صورت میں۔
**lozenge** *n.* ①منہ میں گھل جانے والی دوا کی گولی۔ ② نگینے کی لوزی شکل، ہیرا تراش پہلو۔
**LP** تخفیف: long-playing record دیر تک چلنے والا گراموفون ریکارڈ۔
**LSD** *n.* ترنگ میں لانے والا ایک تیز واہمہ خیز مادّہ۔
**Ltd.** LIMITED کا اختصار۔
**Lu** طبیعی عنصر lutetium کی علامت۔
**lubricant** *n.* چکنائی، روغن۔
**lubricate** *v.* (مشین وغیرہ) تیل یا چکنائی وغیرہ سے رگڑ سے بچاؤ کرنا، چکنا، رواں، پھسلنا، ہموار بنانا۔ ● **lubrication** اسم: چکناؤ، چکناہٹ۔
**lubricious** *adj.* (also **lubricous**) ① پھسلواں، چکنا، رواں۔ ②بدمعاش یا اوباش، عیاش۔
**lucent** *adj.* ادبی: ①روشن، چمکیلا۔ ② شفّاف۔
**lucerne** *n.* ایک پھلی دار پودا جو مویشیوں کے چارے کے کام آتا ہے، لوسرن۔
**lucid** *adj.* واضح، صاف، قابل فہم، صحیح الدماغی کے وقفوں سے متعلق۔ ● **lucidity** اسم۔ **lucidly** م ف۔
**luck** *n.* ①مبارک یا نامبارک، اتفاق، مقدّر۔ ②اس سے ظہور میں آنے والے حالات زندگی، موافق یا

نا موافق۔ ③خوش نصیبی، بختاوری۔

**luckily** *adv.* خوش قسمتی یا حُسنِ اتفاق سے۔

**luckless** *adj.* بدنصیب، نامراد۔

**lucky** *adj.* **(luckier, luckiest)** ①حُسنِ اتفاق پر مبنی، سازگار، موافق۔ ②خوش قسمت۔

**lucky dip** *n.* ٹب کے اندر کاغذ یا بھوسے میں چھپی ہوئی اشیا کوٹٹول کرتلاش کرنے کا تفریحی مشغلہ جس میں ہر شریک اپنی قسمت کی چیز پاتا ہے۔

**lucrative** *adj.* نفع بخش، مالی فائدہ پہنچانے والا۔

**lucre** *n.* تحقیراً: نفع اندوزی۔

**Luddite** *n.* کوئی شخص جو مشینی صنعت کاری کی توسیع کے خلاف ہو۔

**ludicrous** *adj.* لغو، مضحکہ خیز، مہمل۔

● **ludicrously** م ف: مضحکہ خیز طور پر۔

**lug** *v. & n.* ف: **(lugging، lugged)** گھسیٹنا، کھینچنا، ڈھونا، لادکرلے چلنا۔ اسم: ① بول چال: کان۔ ② کسی گوشے کی لگر، پترا، دستہ وغیرہ۔

**luge** *n.* چھوٹی، ہلکی پھسلواں تختہ گاڑی۔

**luggage** *n.* مسافرت کا سامان صندوق، بکسے وغیرہ۔

**lugubrious** *adj.* افسردہ، ماتمی، مغموم۔

● **lugubriously** م ف: اداسی سے۔

**lukewarm** *adj.* ① کنکنا، نیم گرم۔ ② جوش و خروش سے عاری، بے حرارت، بے دل۔

**lull** *v. & n.* ف: ①لوری دے کر یا تھپک کر سلانا۔ ② کسی کو بہلاوے میں رکھنا۔ ③دب جانا، دھیما پڑنا (طوفان وغیرہ کا) اسم: عارضی سکون وقفہ یا تعطل۔

**lullaby** *n.* *(pl.*-**ies)** لوری جو بچوں کو سلانے کے لیے سناتے ہیں۔

**lumbago** *n.* کمر کے نچلے حصّے کا درد۔

**lumbar** *adj.* کمر کے نچلے حصّے، صُلب، پٹھے سے متعلق۔

**lumber** *n. & v.* اسم: ① کاٹھ کباڑ، بیکار فرنیچر وغیرہ۔ ②امریکا: کٹے ہوئے لکڑی کے لٹھے۔ ف: ① کوئی ناپسند شے یا کام کسی کے سر ڈالنا۔ ② گھسٹنا، بھدّے پن سے حرکت کرنا۔

**lumberjack** *n.* امریکا: لکڑہارا یا لٹھوں کا بیوپاری۔

**luminary** *n.* *(pl.* **-ies)** ①قدرتی طور پر منوّر، درخشاں جسم، خصوصاً سورج یا چاند۔ ②ذہنی یا اخلاقی طور پر ممتاز، بافیض شخصیت۔

**luminescence** *n.* نورانیت، نور پاشی، چمکیلا پن۔

● **luminescent** صف: منور، درخشاں۔

**luminous** *adj.* پُرنور، اندھیرے میں چمکنے والا۔

● **luminosity** اسم۔ **luminously** م ف۔

**lump** *n. & v.* اسم: ①ڈھیما، ڈلا۔ ②ڈھیر، ڈھیری۔ ③ گومڑا، گلٹی، سوجن۔ ف: ①اکٹھا کرنا، ڈھیر لگانا، الّم غلّم طور پر یکجا کرنا۔ ② پھولنا، سوجنا۔ ③(کسی صورت حال کو) بے دلی سے گوارا کرنا۔

**lumpectomy** *n.* *(pl.*-**ies)** پستان سے (عموماً سرطانی) گلٹی نکالنے کا عمل جراحی۔

**lumpy** *adj.* **(lumpier, lumpiest)** گومڑے دار، گٹھلیوں یا گلٹیوں بھرا۔ ● **lumpiness** اسم۔

**lunacy** *n.* *(pl.* **-ies)** جنون، دیوانگی، حماقت۔

**lunar** *adj.* چاند کا، چاند سے متعلق، قمری۔

**lunar month** *n.* ① قمری مہینہ جو تقریباً ساڑھے ۲۹ دن کا ہوتا ہے۔ ②(عام طور پر) چار ہفتے کی مدّت۔

**lunate** *adj.* ہلالی شکل کا۔

**lunatic** *n.* ① مجنوں، مخبوط الحواس، سودائی، سنکی آدمی۔ ②انتہائی غیر معقول یا ناعاقبت اندیش شخص۔

**lunation** *n.* دو چاند راتوں کے درمیان ساڑھے ۲۹ دن کا فاصلہ، قمری مہینہ۔

**lunch** *n. & v.* اسم: ①دوپہر کا کھانا۔ ②ہلکی خوراک جو کسی وقت بھی ہو۔ ف: ① لنچ کھانا۔ ②لنچ کھلانا۔

**luncheon** *n.* لنچ۔

**luncheon meat** *n.* پسے ہوئے قیمے کا ڈبوں میں بند تیار کھانا۔

**luncheon voucher** *n.* ملازمین کو جاری کی جانے والی کھانے کی پرچی جس کے بدلے میں دکان یا طعام گاہ سے کھانا لے جاسکتے ہیں۔

**lung** *n.* پھیپھڑا۔

**lunge** *n. & v.* اسم: ① آگے کی طرف اچانک حرکت، جھپٹ، لپک، جھپاکا۔ ② گھوڑے کی لمبی رسّی جسے گھما

کر سدھانے والا اسے اپنے گرد دوڑاتا ہے۔ ف:① ہلّہ بولنا۔ ② مکّے بازی میں کندھے کا زور لگا کر وار کرنا۔
**lupine** *adj.* بھیڑیے جیسا، گرگ نُما۔
**lupus** *n.* جلدی بیماری خصوصاً جلد کی دق۔
**lurch** *n. & v.* اسم: لڑکھڑاہٹ، ایک طرف کو اچانک جھکاؤ، جھوک۔ ف: لڑکھڑانا، ڈگمگانا۔ □ **leave in the lurch** (مشکل میں) ساتھ چھوڑ جانا۔
**lure** *v. & n.* ف: پرچانا، بہلانا پھسلانا، ورغلانا۔ اسم: لُبھانے، پرچانے کے لیے پیش کی جانے والی شے۔
**lurid** *adj.* ① گہرے یا چمک دار رنگ کا۔ ② خوف زدہ، فق۔ ③ سنسنی خیز، حیران کن یا خوفناک۔ ④ نمائشی، شوخ۔ ● **luridly** م ف: وحشت ناک طور پر۔
**lurk** *v.* ① گھات میں بیٹھنا، چپکے چپکے تاک لگانا۔ ② خُفیہ طور پر، بُری نیت سے بیٹھنا۔
**luscious** *adj.* ① شیریں، خوش ذائقہ، مہک دار۔ ② بھڑکیلا، ہیجان انگیز۔ ③ شوخ، بے باک، لبھانے والا۔ ● **lusciously** م ف۔ **lusciousness** اسم۔
**lush** *adj.* ① لہلہاتا، ہرا بھرا، شاداب (سبزہ، گھاس) ② بھرپور، فراواں۔ ● **lushly** م ف۔ **lushness** اسم: لہلہاہٹ، شادابی۔
**lust** *n. & v.* اسم: ① شہوت، خواہش نفسانی۔ ② ہوس، شدید خواہش یا تمنّا۔ ف: شدید طلب محسوس کرنا خصوصاً شہوانی۔ ● **lustful** صف۔ **lustfully** م ف۔
**lustre** *n.* (*US* **luster**) ① چمک، تابناکی۔ ② شفاف، عکس انگیز سطح۔ ③ برتنوں پر پھری ہوئی چمکیلی دھات کی تہ۔ ④ شان و شکوہ۔ **lustrous** صف۔
**lusty** *adj.* (**lustier, lustiest**) ① تنومند، توانا۔ ② قوی، چونچال۔ ● **lustily** م ف: پوری قوت سے۔
**lute** *n.* بربط، ایک گٹار کی طرح کا تاروں والا ساز، لمبی گردن اور ناشپاتی کی شکل والا۔ ● **lutenist** اسم۔
**lutetium** *n.* ایک دھاتی عنصر (علامت: Lu)
**lux** *n.* تنویر یاضیا کی پیائش کا ایک یونٹ۔
**luxuriant** *adj.* ① گھنا، پھبکتا، شاداب (سبزہ وغیرہ)۔ ② کثیر، فراواں، مالا مال۔ ● **luxuriance** اسم: بہتات، شادابی۔ **luxuriantly** م ف: کثرت سے۔
**luxuriate** *v.* ① عیش کرنا، مزے اُڑانا۔ ② ستانا، آرام کرنا۔
**luxurious** *adj.* ① عیش و آرام کے اسباب سے آراستہ۔ ② نہایت باآرام، پُرآسائش۔ ③ عیش پسند۔ ● **luxuriously** م ف۔ **luxuriousness** اسم۔
**luxury** *n.*(*pl.* **-ies**) ① عیش و عشرت، خوش باشی۔ ② مرغوب، دل پسند شے، غیر ضروری آسائش۔
**Lw** lawrencium کی علامت۔
**lx** lux کی تخفیف۔
**lychee** *n.* (also **litchi, lichee**) لیچی کا پھل جس کا گودا نرم میٹھا اور چھلکا کھردرا ہوتا ہے۔
**lych-gate** LICH-GATE کا متبادل۔
**Lycra** *n.* تجارتی نام: ایک لچکیلا کپڑا۔
**lye** *n.* القلی کا محلول، دھلائی اور صفائی کے لیے استعمال ہوتا ہے۔
**lying** LIE[1] اور LIE[2] کا حالیہ۔
**lymph** *n.* خون کے سفید ذرّوں پر مشتمل ایک بے رنگ جسمانی رطوبت۔ ● **lymphatic** صف۔
**lymphatic system** *n.* لمفی نظام، خون کے سفید ذرّوں کے گزرنے کی رگوں کا جال۔
**lymphoma** *n.* (*pl.* **lymphomas** or **lymphomata**) لمفی غدّہ کی رسولی۔
**lynch** *v.* کسی فرد یا گروہ کا، (کسی کو) عدالتی کارروائی کے بغیر کوئی الزام دے کر قتل کر دینا۔
**lynx** *n.* سیاہ گوش، ایک جنگلی بلاّ دُم چھوٹی، چتی دار، کان نکیلے۔
**lyre** *n.* پرانے زمانے کا ایک تاروں سے کسا ہوا ساز جو مضراب سے چھیڑا جاتا تھا۔
**lyric** *adj. & n.* صف: غنائی (شاعری) جس میں شاعر کے ذاتی جذبات کا اظہار ہو۔ اسم: ① غنائی نظم یا کلام۔ ② **(lyrics)** گیت کے بول۔
**lyrical** *adj.* ① غنائی شاعری کے انداز کا، غنائیت آمیز، سُریلے بولوں پر مشتمل۔ ② بول چال: جوشیلا، جذباتی۔ ● **lyrically** م ف۔
**lyricist** *n.* نغمہ نگار، گیتوں کے بول لکھنے والا۔
**lyricism** *adj.* ① غنائیت، رسیلا پن۔ ② جذبات کا جوشیلا اظہار۔

# Mm

**M[1]** *n* رومی ہندسے میں 1,000 کی علامت۔

**M[2]** مخفف:mega، motorway، Monsieur۔

**m** مخفف:mile(s)، married، masculine، metre(s)، million(s)، male۔

**MA** مخفف:Master of Arts ماسٹر آف آرٹس۔

**ma'am** *n.* = madam۔

**mac** *n.* (also **mack**) بول چال: mackintosh بارش میں پہننے کی برساتی۔

**macabre** *adj.* ہولناک،سنگین، ہیبتناک۔

**macadam** *n.* سڑک بنانے کا مسالہ جس میں روڑی ملی ہو۔

**macadamize** *v.* (also **-ise**) روڑی ملے مسالے سے سڑک بنانا۔

**macaroni** *n.* ایک طرح کی موٹی سویّاں۔

**macaroon** *n.* ایک چھوٹا ہلکا بادام کا بسکٹ۔

**macaw** *n.* شوخ رنگ کا امریکی طوطا۔

**mace** *n.* ① عصائے حکومت۔② جائفل جاوتری۔

**macerate** *v.* بھگو کر نرم کرنا یا نرم ہو جانا۔

**Mach** *n.* (in full **Mach number**) کسی حرکت کرتے ہوئے جسم کی رفتار کا تناسب آس پاس فضا میں آواز کی رفتار کے ساتھ۔

**machete** *n.* بڑا چاقو، پیش قبض۔

**machiavellian** *adj.* کائیاں، سازشی، چال باز۔

**machination** *n.* ریشہ دوانی۔

**machine** *n.* & *v.* اسم: ① مشین، کل، جنتر۔② کوئی خاص آلہ یا کل خصوصاً گاڑی، برقی آلہ وغیرہ۔③ خودکار اوزار۔④ کسی ادارے کی تنظیم۔ف: مشین میں سے نکالنا، مشین پر چڑھنا، مشین میں زیرِ عمل لانا۔

**machine code** *n.* کمپیوٹر کے مخصوص اشارات، کمپیوٹر کی اصطلاحات۔

**machine-gun** *n.* مسلسل گولیاں چلانے والی خودکار بندوق، مشینی تفنگ۔

**machine-readable** *adj.* ایسی صورت میں مرتب کہ کمپیوٹر براہ راست عمل کر سکے۔

**machinery** *n.* ① مشین بحیثیت مجموعی۔② مشینوں کے پُرزے یا نظام۔③ منظّم جمعیت یا ادارہ۔

**machine tool** *n.* پلاسٹک، دھات یا لکڑی وغیرہ پرعمل کرنے کے لیے خودکار مشینی آلہ۔

**machinist** *n.* مشین یا مشینی اوزار چلانے والا۔

**machismo** *n.* مردانگی کا مظاہرہ، مردانہ پن پر اتراہٹ۔

**macho** *adj.* مردانگی کی نمائش کرنے، مردانہ پن پر اترانے والا۔

**mack** *n.* mac کا متبادل۔

**mackerel** *n.* (*pl.* same or **mackerels**) ایک سمندری کھائی جانے والی مچھلی۔

**mackintosh** *n.*(also **macintosh**) ① برساتی۔② ربڑ اور کپڑے سے نم روک بنایا ہوا پارچہ۔

**macramé** *n.* جھالر بنانے اور دھاگوں سے مختلف طرح کی آرائش کا فن۔

**macro** *n.* (also **macro-instruction**) کمپیوٹر: مخفف ہدایات کا سلسلہ جو حسب ضرورت مفصّل صورت اختیار کر لیتی ہیں۔

**macro-** *comb. form* ① لمبا، طویل۔② بڑا، کلاں، بسیط، وسیع۔

**macrobiotic** *adj.* عمر بڑھانے کی غرض سے کھائی جانے والی غذا، خالص ترکاریوں، بھورے چاول وغیرہ کا استعمال یا اس سے متعلق۔

**macrocosm** *n.* ① کائنات عالم، سنسار۔② کوئی مکمل نظام۔

**mad** *adj.*(**madder, maddest**) ① جنونی پاگل۔② احمقانہ، بیوقوفی پر مبنی (رویّہ، خیال، انداز وغیرہ) ③ بول چال: گرویدہ، فدا۔④ بول چال: غصّے میں بھرا۔● **madly** م ف۔ **madness** اسم۔

**madam** *n.* خواتین کو عزت سے مخاطب کرنے کا کلمہ۔

**Madame** *n.*(*pl.* **Mesdames**) فرانسیسی عورت کو پکارنے کا کلمہ، مترادف مسز یا میڈم۔

**madcap** *adj.* جلد مشتعل ہو جانے والا۔

**mad cow disease** *n.* بول چال: جانوروں کی ایک مہلک دماغی بیماری (=BSE)

**madden** *v.* ① پاگل بنانا یا بنا دینا۔ ② اشتعال دلانا۔

**madder** *n.* سرخ رنگ یا اس کا مصنوعی بدل۔

**made** MAKE کا صیغۂ ماضی و ماضیہ۔

**Madeira** *n.* ① جزیرۂ مدیرا کی الکحل آمیز انگوری شراب۔ ② ایک طرح کا اسفنج کیک۔

**Mademoiselle** *n.* (*pl.* **Mesdemoiselles**) فرانسیسی بن بیاہی دوشیزہ کو خطاب کرنے کا کلمہ، مترادف مس یا میڈم، بی بی یا آنسہ۔

**Madonna** *n.* ① حضرت مریمؑ عذرا کا لقب۔ ② (عموماً **madonna**) حضرت مریمؑ کا مجسمہ یا تصویر۔

**madrigal** *n.* سازوں کے بغیر یکے بعد دیگرے کئی ٹکڑوں اور کئی آوازوں میں گایا جانے والا ایک نغمہ۔

**maelstrom** *n.* ① بہت بڑا بھنور۔ ② افراتفری کی حالت۔

**maestro** *n.* (*pl.*-**os** or **maestri**) ① عموماً تپاک کے طور پر بڑا موسیقار، خصوصاً ہدایت کار یا اُستاد۔ ② کسی بھی شعبے خصوصاً فن کا نمایاں استاد یا ماہر۔

**Mafia** *n.* ① مجرموں کا بین الاقوامی گروہ اصلاً سسلی سے تعلق رکھنے والا۔ ② (**mafia**) خفیہ طور پر اثر ورسوخ اور دباؤ سے کام لینے والا گروہ۔

**magazine** *n.* ① مقررہ وقفوں سے شائع ہونے والا رسالہ۔ ② بندوق وغیرہ میں لگا ہوا مخزن یا کارتوسوں کی چرخی۔ ③ کیمرے، سلائڈ پروجیکٹر وغیرہ میں اسی طرح کا خودکار پُرزہ۔ ④ بارود خانہ، جنگی ساز و سامان کا گودام۔

**magenta** *n.* & *adj.* (رنگ) شوخ، نیلگوں قرمزی

**maggot** *n.* لاروا خصوصاً نیلی مکھی کا پہل روپ۔

**magic** *n.* &. *adj.* اسم: ① جادو، سحر، پُراسرار طریقے سے فطرت یا ارواح پر مفروضہ قابو، کالا جادو۔ ② غیر معمولی صلاحیت، حیرت انگیز باتیں کر دکھانے کا ملکہ۔ صف: ① طلسمی، پُراسرار۔ ② کرشمے دکھانے، والا۔ ③ عجیب، حیرت ناک۔ □ **like magic** نہایت پھرتی سے۔ ● **magical** صف۔ **magically** م ف۔

**magician** *n.* ① جادوگر، ساحر۔ ② شعبدہ باز۔

**magisterial** *adj.* ① جابرانہ، تحکم آمیز۔ ② بااختیار، قابو یافتہ۔ ③ مجسٹریٹ سے متعلق یا منسوب۔

**magistrate** *n.* ① حاکم عدالت۔ ② ابتدائی سماعت کرنے والی کچہری۔ ● **magistracy** اسم۔

**magma** *n.* وہ سیّال یا نیم سیّال مادّہ جو ٹھنڈا ہو کر آتش فشانی چٹان کی شکل اختیار کرتا ہے۔

**magnanimous** *adj.* فراخ دلانہ، عالی ظرفی پر مبنی۔ ● **magnanimity** اسم: فیاضی، عالی ظرفی۔ **magnanimously** م ف: فیاضانہ۔

**magnate** *n.* بااثر، بارسوخ، مالدار آدمی۔

**magnesia** *n.* میگنیشیم کا ایک مرکب جو دواؤں میں استعمال ہوتا ہے۔

**magnesium** *n.* ایک روپہلی دھات جو جلنے پر بہت تیز روشنی دیتی ہے (علامت: Mg)

**magnet** *n.* ① مقناطیس، جو فولاد اور لوہے کو کھینچنے یا دفع کرنے کی قدرت رکھتا ہے۔ ② قدرتی مقناطیسی پتھر، سنگ مقناطیس۔ ③ کوئی پُرکشش چیز یا شخصیت۔

**magnetic** *adj.* ① مقناطیسی صلاحیت رکھنے والا۔ ② مقناطیس سے کھینچنے والا۔ ③ بہت پُرکشش۔ ● **magnetically** م ف: مقناطیسانہ۔

**magnetic tape** *n.* مقنایا ہوا مسالہ چڑھا کر تیار کیا ہوا فیتہ جو آواز یا تصویر ریکارڈ کرنے یا معلومات بھرنے کے لیے استعمال ہوتا ہے۔

**magnetism** *n.* ① مقناطیس کی نوعیت، عمل وغیرہ، ان کا مطالعہ، مقناطیسی خواص۔ ② کشش، جاذبیت۔

**magnetize** *v.* (also **-ise**) ① مقنانا، مقناطیسی صلاحیت پیدا کرنا۔ ② کشش کرنا، اپنی طرف کھینچنا۔

**magneto** *n.* (*pl.*-**os**) چھوٹا برقی جنریٹر، جو مقناطیس سے کام کرتا ہے۔

**magnificent** *adj.* ① پُرشکوہ، عالی شان۔ ② آراستہ پیراستہ، پُرتکلف۔ ③ اعلیٰ، عمدہ، بیش بہا۔ ● **magnificence** اسم۔ **magnificently** م ف۔

**magnify** *v.* (**-ies, -ied**) ① عدسے کے ذریعے کسی شے کو جسامت سے بڑھا کر دکھانا، بڑا کرنا۔ ② مبالغہ آرائی کرنا۔ ③ شدید تر بنانا۔ ④ قدیم: تعریف و توصیف، مدح سرائی کرنا۔ ● **magnification** اسم۔

**magnitude** *n.* ① حجم، بڑائی۔ ② جسامت۔

**magnolia** *n.* جھاڑی یا پودا جسے گہرے سبز پتوں اور سفید، گلابی چکنے پھولوں کی خاطر اُ گایا جاتا ہے۔

**magnum** *n.* عام سائز سے دگنی بڑی شراب کی بوتل۔

**magpie** *n.* یورپی اور امریکی کوّا جسکی دُم لمبی نیلی اور پر سیاہ و سفید ہوتے ہیں۔

**Magyar** *n.* یورال التائی قوم کے فرد جو اب زیادہ تر ہنگری میں آباد ہیں، مجار یا مگیار۔

**maharaja** *n.*(also **maharajah**) تاریخ: مہاراجہ، ہندی رجواڑوں کے حکمرانوں کا لقب [ہند]

**maharanee** *n.*(also **maharani**) تاریخ: مہاراجہ کی بیوی یا بیوہ [ہند]

**maharishi** *n.* مہارشی، ہندو عالمِ دین [ہند]

**mahatma** *n.* مہاتما، روحانی پیشوا، مردِ دانا و بینا۔

**mah-jong** *n* (also **mah-jongg**) ایک چینی کھیل جو ۱۳۶ یا ۱۴۴ مہروں سے کھیلا جاتا ہے۔

**mahogany** *n.* مہاگنی، ایک سرخی مائل بھوری سخت لکڑی جو فرنیچر میں لگتی ہے۔

**mahout** *n.* مہاوت، فیل بان۔

**maid** *n.* گھریلو ماما، نوکرانی۔

**maiden** *n. & adj.* اسم، قدیم: لڑکی، نوجوان، غیر شادی شدہ و کنواری۔ صف: ① غیر شادی شدہ۔ ② پہلا ● **maidenhood** اسم: کنوار پن۔ **maidenly** م ف۔

**maiden name** *n.* بیوی کا شادی سے پہلے نام۔

**maiden over** *n.* کرکٹ: وہ اوور جس میں بلّے کے استعمال سے کوئی رن نہ بنا ہو۔

**maidservant** *n.* گھریلو ماما، خادمہ۔

**mail** *n.& v.* اسم: ① ڈاک سے بھیجے جانے والے خط اور پارسل، ایک وقت میں بانٹی جانے والی کل ڈاک۔ ② زرہ، زنجیروں کی کڑیوں یا آہنی پتروں سے بنی ہوئی بکتر۔ ف: ڈاک سے خط روانہ کرنا۔

**mailbox** *n.* امریکا: letter-box۔

**mail order** *n.* ڈاک کے ذریعے خریداری۔

**mailshot** *n.* ڈاک کے ذریعے بھیجے ہوئے خطوط خاص طور پر بڑے پیمانے پر اشتہاری مواد۔

**maim** *v.* ① اپاہج بنانا، مُثلہ یا قطع اعضا کرنا۔ ② ضرر پہنچانا، معذور بنانا، ناکارہ کرنا۔

**main** *adj. & n.* صف: ① جسامت، اہمیت، وسعت وغیرہ میں نمایاں، ممتاز، خاص۔ اسم: ① پانی وغیرہ کے آنے یا بہاؤ کی نکاسی کا بڑا نالہ، راستہ وغیرہ۔ ② پانی، بجلی، گیس وغیرہ کی تقسیم کاری کا مرکزی نظام۔ □ **in the main** مجموعی طور پر، بیشتر۔ ● **mainly** م ف۔

**main clause** *n.* قواعد: فقرہ جو بذاتِ خود پوری طرح مکمل ہو۔

**mainframe** *n.* ① کمپیوٹر کا مرکزی کارکن حصّہ اور بنیادی حافظہ۔ ② بڑا کمپیوٹر۔

**mainland** *n.* آس پاس کے جزیروں وغیرہ سے الگ زمین کا بڑا قطعہ، برّ عظیم۔

**mainline** *v.* بول چال: رگ کے اندر دوا داخل کرنے کے لیے انجکشن لینا یا لگانا۔

**mainmast** *n.* جہاز کا بڑا مستول۔

**mainsail** *n.* جہازوں میں صدر مستول پر سب سے نچلا بادبان یا اس کے پچھلے حصّے پر چڑھایا ہوا بادبان۔

**mainspring** *n.* ① مشینی آلے گھڑی وغیرہ کا فنر۔ ② قوت کا سرچشمہ، اصل محرّک۔

**mainstay** *n.* ① خاص سہارا جس پر انحصار ہو۔ ② جہازرانی: بڑے مستول کے اوپری سرے سے نچلے پائے تک آنے والی طناب۔

**mainstream** *n.* ① رائج الوقت روش، رجحان، خیال، فیشن وغیرہ۔ ② دریا کا اصلی اور بڑا دھارا۔

**maintain** *v.* ① جاری رکھنا، قائم رکھنا، چلنے دینا۔ ② پرورش کرنا، پالنا پوسنا، سہارنا۔ ③ کسی رائے یا بیان کو سچ ماننا۔ ④ سنبھالنا، دیکھ بھال کرنا (عمارت، مشین، سڑک وغیرہ کی)

**maintenance** *n.* ① قائم رہنے یا رکھنے کا عمل، دیکھ بھال۔ ② کفالت، پرورش۔ ③ علاحدگی یا طلاق کے بعد شوہر یا بیوی کی طرف سے دوسرے کی کفالت۔

**maiolica** *n.* (also **majolica**) سفید چمکیلے رنگوں کے نقوش سے سجائے ہوئے سفید مٹی کے برتن۔

**maisonette** *n.* مکان یا فلیٹوں وغیرہ کے ساتھ ملا ہوا چھوٹا گھر، عموماً دو منزلہ، علاحدہ دروازے کے ساتھ۔

**maître d'hôtel** *n.* ہوٹل کا منیجر، خانساماں

وغیرہ۔

**maize** *n.* ① مکئی کا پودا جس میں بڑے بڑے دانے ہوتے ہیں۔② مکئی کا بھٹا، یا گلّی۔

**majestic** *adj.* شاہانہ، باوقار، رعب داب والا، عظیم الشّان۔● **majestically** م ف۔

**majesty** *n. (pl.*-**ies)** ① جلالت، دبدبہ، جاہ و عظمت یا اقتدار۔② (**Majesty**) شاہانہ خطاب کا جزو جو حکمراں کی بیوی کے ساتھ بھی لگایا جاتا ہے۔

**major** *adj., n. & v.* صف: بڑا، وقیع، اہم۔اسم: کپتان سے فوراً بڑا فوجی افسر۔ ف : امریکا: کسی مضمون کا خصوصی مطالعہ کرنا یا اس میں سند لینا۔

**majorette** *n.* مارچ کرتے ہوئے بینڈ کا قائد۔

**major general** *n.* لیفٹیننٹ جنرل سے نیچے کا عہدہ۔

**majority** *n.(pl.*-**ies)** ① اکثریت، بیشتر تعداد۔ ② ایک طرف ووٹ ڈالنے والے بیشتر افراد اور مخالف گروہ کی تعداد کا فرق۔③ بلوغ کی عمر۔

**make** *v. & n.* ف: (**making،made**)① بنانا، تخلیق کرنا، مختلف اجزا کو ملا کر جوڑنا۔② کروانا، کرنے کے لیے مجبور کرنا۔③ وجود میں لانا، پیدا کرنا، ظاہر یا نمودار کروانا، سبب بننا؛ تحریر میں لانا، مرتب کرنا۔④ پر مشتمل، کے بقدر، کے برابر ہونا۔⑤ آمادہ ہونا، زبان یا جسم کو جنبش دینا۔⑥ کمانا، حاصل کرنا۔⑦ پکانا، کھانے یا پینے کے واسطے تیار کرنا؛ بستر ٹھیک کرنا، لگانا، آگ سلگانا۔⑧ بڑھنا، پیش قدمی کرنا، کسی کام کا آغاز کرنا؛ کسی جگہ وقت پر پہنچ سکنا، شرکت کرسکنا۔⑨ نافذ، عائد، جاری کرنا۔⑩ قیاس کرنا، تخمینہ لگانا۔ اسم: (پیداوار یا مصنوعہ کے لیے) ساخت، وضع، اصلیت، مارکہ، شناخت۔□ **make do** کام چلانا، جوں توں پورا کرڈالنا۔ **make for** ① سبب ہونا، موجب ہونا (خوشی وغیرہ کا) ② (کسی چیز کی طرف) پیش قدمی کرنا۔ **make it** بول چال: ① پہنچ جانا، خصوصاً وقت پر۔ ② کامیاب رہنا۔ **make off** جلدی سے رخصت ہونا۔ **make off with** لے بھاگنا، چرالینا۔ **make out** ① تاڑ لینا، پہچان جانا، (سن کر یا دیکھ کر) شناخت کرلینا، خط تحریر وغیرہ پڑھ سکنا۔② جاننا، سمجھنا، بوجھنا۔③ باور کرانا، بننا۔ **make over** ۔① حوالے کرنا، کسی کو منتقل کرنا۔② (لباس وغیرہ کو) بدل کر لینا۔ **make up** ① تلافی کرنا۔ ② پورا کرنا۔ ③ بدلہ کرنا۔ ④ صلح کرنا۔ ⑤ جوڑنا، ملانا، تیار کرنا۔ ⑥ (کہانی) گھڑنا۔ ⑦ کسی کے غازہ، سرخی وغیرہ لگانا۔ ⑧ (قضیے کا) تصفیہ کرنا، چکانا۔ **make up to** کسی کو پرچانا، پینگیں بڑھانا، ربط ضبط پیدا کرنا۔ **on the make** بول چال: فائدہ اٹھانے پر تُلا ہوا۔● **maker** اسم: بنانے والا، خالق، ساخت کار۔

**make-believe** *n.* مغالطہ، واہمہ۔

**make-up** *n.* ① چہرے وغیرہ کی آرائش، سنگھار۔ ② کسی شخص کا کردار، اطوار وغیرہ۔③ (کسی شے کی) وضع، ساخت۔④ طباعت: ٹائپ بندی۔

**makeshift** *adj. & n.* صف: عارضی، وقتی۔اسم: عارضی، متبادل، کام چلاؤ شے۔

**makeweight** *n.* پاسنگ، بوجھ پورا کرنے، پلڑے برابر کرنے کے لیے ڈالا جانے والا ٹکڑا۔

**mal-** *comb. form* برا، بری طرح، عیبی، ناقص۔

**malachite** *n.* ایک چمکیلا سبز تانبے کا کاربونیٹ۔

**maladjusted** *adj.* ① بے میل، نامطابق، بے آہنگ۔② (کوئی شخص) جو اپنے سماجی ماحول کے ساتھ موافقت پیدا نہ کرسکے۔

**maladminister** *v.* بدانتظامی، بری طرح، نالائقی یا بددیانتی سے انتظام کرنا۔

**maladroit** *adj.* پھوہڑ، بدسلیقہ، بے ڈھنگا۔

**malady** *n.(pl.*-**ies)** روگ، علّت، بیماری۔

**mala fide** *adj. & adv.* ناجائز، بدنیتی پر مبنی، بدنیتی سے۔

**malaise** *n.* بے چینی، بے کلی، تلملاہٹ، ہیجان۔

**malapropism** *n.* کسی لفظ کی جگہ اس سے ملتا جُلتا غلط لفظ نادانستہ بول دینا۔

**malaria** *n.* باری کا بخار جو مچھر کے کاٹے سے ہوتا ہے، ملیریا۔● **malarial** صف: ملیریائی۔

**Malay** *n. & adj.* اسم: ① ملیشیا اور انڈونیشیا میں پھیلی ہوئی قوم کا فرد، ملائی۔② ملائی زبان جو ملیشیا کی سرکاری زبان ہے۔صف: ملیشیا کا، ملائی۔

**malcontent** *n.* نامطمئن، آمادۂ بغاوت شخص۔
**male** *adj. & n.* صف: ① جنس مذکر سے متعلق۔ ② مردوں یا نر جانوروں، پودوں وغیرہ سے متعلق۔ ③ (پودے یا ان کے اجزا) جو صرف زیرہ پیدا کرنے والے نطفہ زا اعضا کے حامل ہوں، رنگ، وضع کی بنا پر نر خیال کیے جانے والے پودے۔ ④ (مشینی پُرزے) نر پُرزے جو مادین پُرزے کے کسی سوراخ وغیرہ میں سمانے کے لیے ڈھالے گئے ہوں۔ اسم: نر جانور، پودا یا مرد۔
**malediction** *n.* بددعا، کوسنا، کوسنے کی حرکت۔
● **maledictory** صف: بددعا بھری۔
**malefactor** *n.* مُجرم، خطا کار۔
**malevolent** *adj.* بدخواہ، بداندیش، دوسروں کا بُرا چاہنے والا۔ ● **malevolence** اسم: بدخواہی۔ **malevolently** م ف: بدخواہانہ۔
**malfeasance** *n.* رسمی: بدعنوانی، مجرمانہ حرکت۔
**malformation** *n.* ساخت یا بناوٹ میں بگاڑ، خِلقی خرابی۔ ● **malformed** صف: عیب دار۔
**malfunction** *n. & v.* اسم: عمل یا چال میں خرابی، بگاڑ۔ ف: ٹھیک ٹھیک کام نہ کرنا، گڑبڑ کرنا۔
**malice** *n.* کینہ، کپٹ، آزار پہنچانے کی نیت: پُرعناد
● **malicious** صف: پُرعناد۔ **maliciously** م ف۔
**malign** *adj. & v.* ① ضرر رساں۔ ② موذی، مہلک۔ ③ منحوس، تباہ کار۔ ف: بدگوئی کرنا، بدنام کرنا۔
● **malignity** اسم: خباثت۔ **malignly** م ف۔
**malignant** *adj.* ① موذی، مہلک، متعدی، (پھوڑے، رسولی وغیرہ کے لیے) عود کرنے والا، خبیث، سرطانی۔ ② پُرآزار، بُغض بھرا۔ ● **malignancy** اسم: ہلاکت خیزی۔ **malignantly** م ف: خباثت سے۔
**malinger** *v.* بہانہ بازی کرنا، بیماری کا بہانہ کرکے کام سے فرار ہونا۔ ● **malingerer** اسم۔
**mall** *n.* ① چھتی ہوئی راہ داری، روش یا سیر گاہ۔ ② پٹا ہوا بازار یا مارکیٹ۔
**mallard** *n.* جنگلی بطخ یا مرغابی۔
**malleable** *adj.* ① (دھات وغیرہ کی بابت) ملائم، لوچ دار، لچکیلی۔ ② ڈھل جانے، میل کھانے والا، لچک دار۔ ● **malleability** اسم: لوچ۔

**mallet** *n.* ① ہتھوڑا، خصوصاً لکڑی کا۔ ② پولو کھیلنے کا بلّم، چوگان۔
**malmsey** *n.* ایک تیز میٹھی شراب۔
**malnutrition** *n.* ناقص یا ناکافی غذا سے پیدا ہونے والی خرابی۔
**malodorous** *adj.* بدبودار، متعفّن۔
● **malodour** اسم: بدبو، تعفّن۔
**malpractice** *n.* ① پیشہ ورانہ اصولوں کے خلاف عمل یا بداحتیاطی۔ ② مجرمانہ غفلت یا فعل، بدعنوانی۔
**malt** *n. & v.* اسم: ① جَو یا کوئی اور غلّہ جو شراب یا سرکہ بنانے کے لیے استعمال کیا جائے، شعیرہ۔ ② شعیرے سے تیار کردہ وھسکی۔
**maltreat** *v.* برا برتاؤ کرنا۔ ● **maltreatment** اسم: برا برتاؤ، بدسلوکی۔
**mamba** *n.* زہریلا افریقی سانپ، مامبا۔
**mammal** *n.* وہ حیوان جس کی مادہ اپنے بچوں کو چھاتی سے دودھ پلاتی ہے۔ ● **mammalian** صف۔
**mammary** *adj.* پستانوں یا تھنوں سے متعلق۔
**mammography** *n.* ایکسرے کے ذریعے پستان میں خرابی (خصوصاً رسولی) کا پتہ لگانا۔
**mammoth** *n. & adj.* اسم: ایک ناپید جسیم ہاتھی۔ صف: جسیم، زبردست، بہت بھاری بھرکم۔
**man** *n. & v.* اسم: ① بالغ مرد، انسان۔ ② آدمی، نوعِ انسانی کا فرد، نسلِ آدم۔ ③ مردانہ خواص کا حامل۔ ④ مزدور عملے کا فرد، مرد ملازم، خدمت گار۔ ⑤ فوجی جوان، سپاہی، افسران کے علاوہ۔ ⑥ شطرنج، ڈرافٹ وغیرہ کا کوئی مہرہ۔ ف: (manning، manned) ① جہاز، قلعے یا دفاع کے لیے نفری مہیّا کرنا۔ ② کسی خدمت، کام یا حفاظت پر مامور ہونا۔ □ **man-of-war** جنگی جہاز خصوصاً کسی خاص ملک کا۔ **man to man** کھلے دل سے، آپس میں بلا تکلّف۔
**manacle** *n.* ① ہتھکڑی، بیڑی۔ ② قید، بندش۔
● **manacled** صف۔
**manage** *v.* ① (کسی کاروبار، گھر وغیرہ کا) انتظام، بندوبست کرنا۔ ② کسی مقصد میں کامیاب ہونا، پورا اترنا۔ ③ کسی شخص پر قابو یا گرفت رکھنا۔ ④ سنبھالنا، استعمال

میں لانا۔ ● **manageable** صف: اطاعت پذیر۔
**management** *n.* ① انتظام، انصرام، دیکھ بھال۔ ② تجارتی اداروں، سرکاری کاموں وغیرہ کا بندوبست، نظم و نسق، نظم ونسق کے ذمہ دار افراد بحیثیت مجموعی۔
**manager** *n.* منتظم کار، کسی کاروبار یا اس کے کسی شعبے کا نگراں۔ ● **menagerial** صف: انتظامی۔
**manageress** *n.* منتظمہ، نگراں کار خاتون۔
**mañana** *adv.* غیر معیّن مستقبل میں، کبھی آئندہ۔
**manatee** *n.* پانی میں رہنے والا ممالیہ، جس کے اگلے پاؤں چپوّنما ہوتے ہیں، دریائی گائے۔
**mandarin** *n.* ①(Mandarin) چین کی سب سے زیادہ بولی جانے والی اور سرکاری زبان۔ ② جماعتی سربراہ، افسر شاہی کا رکن، کسی ادارے کا ذی اثر شخص۔ ③ چھوٹی چپٹی سی گہرے نارنجی رنگ کی نارنگی۔
**mandate** *n. & v.* اسم: کسی مجاز حاکم یا ادارے کی طرف سے باضابطہ حکم، ہدایت یا سپرد کردہ اختیار۔ ف: کسی نمائندے کو سپرد کردہ اختیارات کو استعمال کرنے کی ہدایت دینا۔
**mandatory** *adj.* ① فرمان یا ہدایت کا حامل۔ ② واجب التعمیل۔
**mandible** *n.* ممالیوں اور مچھلیوں کا نچلا جبڑا۔
**mandolin** *n.* بربط کی طرح کا ایک ساز۔
**mandrake** *n.* ایک زہریلا پودا، اس کی جڑ کو ایک زمانے میں انسانی چہرے سے ملتا جلتا سمجھا جاتا تھا۔
**mandrel** *n.* خراد کی کھونٹی یا محور جس میں کس کر کسی شے کو خرادا جاتا ہے۔
**mane** *n.* گھوڑے، شیر وغیرہ کی گردن پر اُگنے والی ایال۔
**maneuver** امریکا: MANOEUVRE کا متبادل۔
**manful** *adj.* بہادر، ہمت ور، ارادے کا پکّا۔
● **manfully** م ف: مردانہ وار۔
**manganese** *n.* ① ایک خاکستری پھوٹک، عبوری عنصر (علامت: Mn) ② اس دھات کا سیاہ آکسائڈ۔
**mange** *n.* ایک جلدی مرض جو صرف جھبرے بالوں اور اون والے جانوروں میں ہوتا ہے، کتا کھاج، خارشت۔
**manger** *n.* کھرلی، چرنی، ناند جس میں سے مویشی یا گھوڑے چارہ یا دانہ کھاتے ہیں۔
**mangetout** *n.* میٹھا مٹر۔
**mangle** *n. & v.* اسم: کپڑوں کو نچوڑنے اور ٹھنڈی استری کرنے کی کل۔ ف: ادھیڑ ڈالنا، حلیہ بگاڑ دینا۔
**mango** *n.* (*pl.* **-oes** or **-os**) ① آم، انبہ۔ ② آم کا سدابہار درخت۔
**mangrove** *n.* مدارینی علاقے کی جھاڑی جو دلدلوں پر اگتی ہے۔
**mangy** *adj.* (**mangier, mangiest**) ① خارش زدہ، خارشتی۔ ② گندا، غلیظ، بدحال۔
**manhandle** *v.* ① بھاری بوجھ اٹھانا یا دھکیلنا، کھسکانا۔ ② بول چال: کسی کے ساتھ دھینگا دھینگی کرنا۔
**manhole** *n.* ڈھکنے دار عموماً گول سوراخ جس میں سے زمین دوز نالیوں کی صفائی کے لیے اترا جا سکتا ہے۔
**manhood** *n.* ① بلوغت، مردانہ پن۔ ② مردانگی، بہادری، قوت مردمی۔ ③ کسی ملک کی مردانہ آبادی۔
**man-hour** *n.* ایک آدمی کا ایک گھنٹے کا کام متوقع مقدار کار کے لحاظ سے۔
**manhunt** *n.* تعاقب، منظّم طور پر کسی کا پیچھا خصوصاً مجرم کا کھوج۔
**mania** *n.* ① جنون، سودا، دماغی بیماری جس میں ہیجان اور تشدّد کے دورے پڑتے ہیں۔ ② دُھن، شدید جذبہ، غیر معمولی شوق۔
**maniac** *adj.* ① جنونی، مخبوط الحواس۔ ② از حد جوشیلا۔ ● **maniacal** صف: مجنونانہ۔
**manic** *adj* دیوانگی سے متعلق یا دیوانگی سے متاثر۔
**manicure** *n. & v.* اسم: ہاتھوں اور انگلیوں کی نگہداشت و تزئین۔ ف: دست و ناخن کو سنوارنا۔ ● **manicurist** اسم: دست و ناخن سنوارنے کا ماہر۔
**manifest** *adj., v. & n.* صف: ظاہر، آشکار، آنکھوں یا ذہن پر روشن۔ ف: اپنے طرز عمل وغیرہ سے (کسی خصوصیت، جذبے وغیرہ کو) نمایاں کرنا۔ اسم: ہوائی جہاز یا پانی کے جہاز کے مسافروں کی فہرست، لے جانے والے چھکڑوں اور مال وغیرہ کی تفصیل۔ ● **manifestation** اسم۔ **manifestly** م ف۔
**manifesto** *n.* (*pl.* **-os**) منشور، جو کسی پالیسی،

مقاصد وغیرہ کی وضاحت کے لیے جاری کیا جائے۔

**manifold** *adj. & n.* صف: ① گونا گوں، رنگا رنگ۔ ② متنوع، متفرق اجزا پر مشتمل۔ اسم: کوئی نلکی یا خانہ جس کے کئی منہ ہوں۔

**manikin** *n.* ① بونا، بالشتیا۔ ② انسانی شبیہہ، مورتی، مجسمہ۔ ③ تشریح الاعضا کے لیے بنایا ہوا ڈھانچا یا سراپا۔

**manila** *n.* منیلا سن یا کسی اور شے سے بنایا ہوا کاغذ جو لپیٹنے یا لفافے وغیرہ بنانے کے کام آتا ہے۔

**manipulate** *v.* ① برتنا، استعمال کرنا خصوصاً ہنرمندی سے۔ ② (کسی شخص، صورت حال وغیرہ کو) اپنے موافق منشا بنانا خصوصاً ناواجب طور پر کارستانی کرنا۔ ● **manipulation** اسم: کارستانی، عمل یا حکمت۔ **manipulative** صف: سازشی، جوڑ توڑ کرنے والا۔ **manipulator** اسم: چالاک، چابکدست۔

**mankind** *n.* بنی نوع انسان۔

**manly** *adj.* **(manlier, manliest)** مردانہ پسندیدہ خواص، ہمت، صاف گوئی وغیرہ کا حامل۔ ● **manliness** اسم: مردانگی۔

**man-made** *adj.* انسان کا بنا، مصنوعی، فطری یا قدرتی کے خلاف۔

**mannequin** *n.* ① انسانی شبیہہ جس پر لباس تیار کرنے والے نمونے کا لباس چڑھاتے ہیں۔ ② دکانوں کی کھڑکی میں استادہ یا کھڑا انسانی مجسّمہ۔

**manner** *n.* ① بندھا ہوا طریقہ، انداز، وضع۔ ② **(manners)** سماجی برتاؤ، آداب، خوش اخلاقی۔ ③ چال ڈھال، وضع قطع، رفتار گفتار۔ □ **in a manner of speaking** گویا کہ، ایک معنی میں، کسی حد تک۔

**mannered** *adj.* ① کوئی خاص طور، اطوار رکھنے والا۔ ② (فن کار، مصوّر وغیرہ کے انداز کی بابت) انوکھے پن یا انفرادیت کا اظہار کرنے والا۔ ③ تکلّف زدہ، غیر فطری۔

**mannerism** *n.* گفتگو کا عادتاً کوئی خاص انداز، انفرادی روش وغیرہ۔

**manoeuvre** *n. & v.* (*US* **maneuver**) اسم: ① سوچے سمجھے اقدامات۔ ② **(manoeuvres)** فوجی دستوں یا جہازوں وغیرہ کی بڑے پیمانے پر نقل و حرکت۔ ف: ① ترکیب لڑانا، کسی مقصد کے لیے عملی اقدامات کرنا۔ ② (فوج وغیرہ کو) جنگی کارروائیوں پر لگانا۔ ● **manoeuvrability** اسم۔ **manoeuvrable** صف: نقل و حرکت کے قابل۔

**manor** *n.* وسیع دیہی حویلی مع اراضی، جاگیر۔ ● **manorial** صف: جاگیردارانہ۔

**manpower** *n.* ① ایک آدمی کی قدرت کار۔ ② افرادی قوت، لوگ جو کام کرنے کے لیے مہیّا ہوں۔

**manqué** *adj.* ناکام، ناتمام، جو ہو سکتا تھا مگر ہوتے ہوتے رہ گیا۔

**manse** *n.* پادری کا مکان خصوصاً اسکاچستانی۔

**manservant** *n.* (*pl.* **menservants**) مرد ملازم، گھریلو خادم۔

**mansion** *n.* محل سرائے، حویلی، بڑا مکان۔

**manslaughter** *n.* کسی شخص کو غیر قانونی طور پر ہلاک کرنا مگر بلا ارادہ اور بلا بغض و عداوت۔

**mantelshelf** *n.* آتش دان کے اوپر بنی ہوئی دیوارگیری یا چھجّا۔

**mantilla** *n.* جالی دار رومال جو ہسپانوی عورتیں سر اور کاندھوں پر ڈالتی ہیں۔

**mantis** *n.* (*pl.* same or **mantises**) جھینگر کی طرح کا کوئی کیڑا جو دوسرے کیڑوں وغیرہ کو کھائے۔

**mantle** *n.* ① زنانہ ڈھیلا لبادہ۔ ② غلاف، چادر۔

**mantra** *n.* ① منتر، بول جو گیان دھیان کے لیے پڑھے جائیں۔ ② ویدوں میں سے کوئی مناجات یا بھجن۔

**manual** *adj. & n.* صف: ① دستی، جسمانی، ہاتھوں سے کیا یا جسمانی طور سے انجام دیا جانے والا۔ ② (مشین) جو دستی طور پر چلائی جائے۔ اسم: ہدایت نامہ خصوصاً مشینوں کے استعمال یا کسی مضمون کو سیکھنے کی بابت دستی کتاب۔ ● **manually** م ف: دستی طور پر۔

**manufacture** *n. & v.* اسم: مصنوعات کی تیاری خصوصاً کسی کارخانے میں۔ ف: ① صنعتی پیمانے پر اشیا تیار کرنا۔ ② کوئی کہانی یا شہادت وغیرہ گھڑنا۔

**manure** *n. & v.* اسم: جانوروں کا فضلہ، گوبر یا لید بطور کھاد۔ ف: کھیت وغیرہ میں کھاد ڈالنا۔

**manuscript** *n.* اسم: ہاتھ کی لکھی ہوئی کتاب، دستاویز وغیرہ۔ ② مصنف کے ہاتھ کا لکھا ہوا مسودہ۔

**Manx** *adj. & n.* صف:جزیرہ (Isle of man) مان سے متعلق۔ اسم:اس کی سابق کیلٹی Celtic زبان۔

**many** *adj. & n.* صف: کئی، بہت سے، متعدّد۔ اسم:①بڑی تعداد۔②انبوہ، بہت سے لوگ۔

**map** *n. & v.* اسم:①زمین یا اس کے کسی حصّے کی سطح کا عموماً سپاٹ نقشہ۔② کسی چیز کے اجزا کی خطوط کی شکل میں عکاسی۔ ف: (**mapping**، **mapped**) (کسی ملک وغیرہ کو) نقشے پر ظاہر کرنا۔□**map out** وضاحت سے ضبط تحریر میں لانا، لائحۂ عمل کا منصوبہ تیار کرنا۔

**maple** *n.* درخت یا جھاڑی جسے چھاؤں، رونق، لکڑی یا اس کی شکر کے لیے اُگایا جاتا ہے۔

**Mar.** MARCH کا اختصار۔

**mar** *v.* **(marred, marring)** ①بگاڑنا، خراب کرنا، مسخ کرنا۔②تباہ کرنا، ابتر کرنا۔

**maracas** *n.* کھوکھلی تونبی یا تونبی نما شے جس میں بیج وغیرہ بھرے ہوتے ہیں، ایک ہلا کر بجایا جانے والا ساز۔

**marathon** *n.* ①لمبی دوڑ عموماً ۲۶ میل فاصلے تک۔②طویل یا دشوار مہم، کارروائی وغیرہ۔

**maraud** *v.* لوٹ کے لیے یلغار کرنا، منظّم طریقے سے لوٹنا، غارت گری کرنا۔●**marauder** اسم۔

**marble** *n. & v.* اسم:①سنگ مرمر جو چمکایا جاسکتا ہے، عموماً سنگتراشی یا تعمیرات میں مستعمل۔②زمین پر کھیلنے کی گولیاں، کنچے۔ ف: مرمری رگوں کا تأثر پیدا کرنے کے لیے لہریے، نشان یا رنگ ڈالنا۔

**March** *n.* مارچ، شمسی سال کا تیسرا مہینہ۔

**march** *v. & n.* ف:①نپی تلی فوجی چال سے چلنا۔②استوار قدموں سے چلنا، (حالات، کام وغیرہ) جاری رہنا، بے روک ٹوک چلتے رہنا۔ اسم:①نپے تلے فوجی قدموں کی چال۔②لمبی، مشکل پیدل مسافت۔③ترقی، آگے پیش قدمی۔●**marcher** اسم۔

**marches** *n.* سرحد، سرحدی علاقے۔

**marchioness** *n.* ①مارکوئیس کی بیوی یا بیوہ۔②کوئی عورت جسے بذات خود مارکوئیس کا مرتبہ حاصل ہو۔

**mare** *n.* گھوڑی یا گھوڑے کی نسل کے کسی چوپائے کی مادہ۔

**margarine** *n.* نباتی تیلوں یا چربی اور دودھ وغیرہ ملا کر بنایا ہوا، مکھن کا مصنوعی متبادل۔

**marge** *n.* بول چال: MARGARINE کا اختصار۔

**margin** *n.* ① کسی سطح کا حاشیہ یا کنارہ۔ ②چھپے ہوئے صفحے کا خالی چھوڑا ہوا دو طرفہ حاشیہ۔ ③ (وقت یا رقم میں) کمی بیشی کی مقدار۔

**marginal** *adj.* ①حاشیے کا، حاشیے میں تحریر۔② ذیلی، ضمنی غیر اہم۔ ●**marginally** م ف: بطور حاشیہ؛ اضافی طور پر۔

**marginalize** *v.* **(also -ise)** غیر اہم بنانا یا گردانا۔

**marguerite** *n.* گل داؤدی یا مروارید۔

**marigold** *n.* گیندے یا صد برگ کا پھول۔

**marijuana** *n.* (also **marihuana**) بھنگ کے خشک کیے ہوئے پتّوں اور ڈنٹھلوں پر مشتمل گانجا، چرس جو نشے کے لیے پیا جاتا ہے۔

**marina** *n.* گودی جہاں تفریحی کشتیوں ڈونگوں وغیرہ کے لنگر باندھنے کے لیے کھونٹے بنے ہوتے ہیں۔

**marinade** *n. & v.* اسم: مسالوں وغیرہ کا آمیزہ جس میں مچھلی، گوشت وغیرہ کو پکانے سے پہلے ڈبوتے ہیں۔ ف: گوشت، مچھلی وغیرہ کو اس آمیزے میں ڈبونا۔

**marinate** *v.* = MARINADE۔

**marine** *adj. & n.* صف: اسم①سمندری، سمندر میں پیدا ہونے یا پایا جانے والا۔②جہاز رانی یا بحریہ سے متعلق۔ اسم: زمینی و بحری جنگ کے لیے تربیت یافتہ فوجی۔

**mariner** *n.* بحری جوان، ملاح۔

**marionette** *n.* ڈوریوں سے چلائی جانے والی کٹھ پتلی۔

**marital** *adj.* شادی یا ازدواجی تعلقات کی بابت۔

**maritime** *adj.* ①بحری، سمندر سے یا بحری سفر سے متعلق۔②سمندر میں یا سمندر کے قریب پایا جانے والا۔

**marjoram** *n.* ایک خوشبودار بوٹی، پودینہ یا اجوائن جنگلی۔

**mark** *n. & v.* اسم:①نشان، داغ، دھبّا، جو کسی سطح، صفحے یا چہرے پر نظر آئے۔② لکھا یا چھپا ہوا نشان یا علامت، عدد یا حرف جو کارکردگی کی خوبی یا درجہ ظاہر کرے۔③قسم، کردار، جذبہ، احساس ظاہر کرنے کا انداز

یا اشارہ۔ ④ مُہر، ٹھپّا وغیرہ جو توثیق وغیرہ کے لیے لگایا جائے۔ ⑤ ہدف، مقصد، منزل وغیرہ۔ ⑥ سطر یا خط وغیرہ جو مقام یا مرتبے کو ظاہر کرے؛ شناخت کے لیے بنائی یا کھڑی کی گئی نشانی۔ ⑦ (عموماً Mark) (اس کے بعد عدد) کوئی مخصوص ڈیزائن، ماڈل، ساخت وغیرہ، کار وغیرہ کی تخصیص کے لیے۔ ⑧ دوڑ کے مقابلے میں آغاز کی حد یا لکیر۔ ف: ① کسی شے یا شخص کو نشان زد کرنا، داغنا، کپڑے وغیرہ پر شناختی علامت ڈالنا یا نام لکھنا۔ ② طالب علم کو نمبر دینا یا اس کے کام کی تصحیح کرنا۔ ③ کسی شخص یا شے کا کردار ظاہر کرنا۔ ④ ساتھ لگا رہنا، بھڑنا تا کہ مخالف کھلاڑی آسانی سے نقل و حرکت نہ کر سکے۔ □ **mark time** بغیر آگے بڑھے، کھڑے کھڑے قدم مارنا۔ **quick off the mark** فوراً ردّعمل ظاہر کرتے ہوئے۔

**marked** *adj.* ① نشان زدہ۔ ② قابل شناخت، نمایاں۔ ● **markedly** م ف۔

**marker** *n.* ① کوئی شے یا شخص جو کسی بات کا نشان ہو۔ ② فلالین کے سرے والا جلی لکھائی کا قلم۔

**market** *n. & v.* اسم: ① منڈی جہاں بہت سی دکانیں ہوں، بازار۔ ② مال طلب کرنے والوں کا حلقہ، صارفین۔ ③ نرخ، بھاؤ۔ ف: (**marketed**، **marketing**) ① فروخت کرنا۔ ② فروخت کے لیے پیش کرنا، بازار میں لانا۔ □ **on the market** فروخت کے لیے لایا جانا، پیش ہونا۔ ● **marketable** صف: قابل فروخت۔

**marketeer** *n.* فروخت کار، اشیا کی تشہیر و فروغ کا ماہر۔

**market garden** *n.* بیچنے کے لیے ترکاریاں بونے کا کھیت۔

**marking** *n.* شناختی نشان، کسی جانور کے پر، کھال وغیرہ پر رنگ، نشانی کے لیے۔

**marksman** *n.* (*pl.* **-men**) پستول یا رائفل کا ماہر نشانے باز۔ ● **marksmanship** اسم۔

**marl** *n.* چونا ملی مٹی جو کھاد کا کام دیتی ہے، کلسی مٹی۔

**marmalade** *n.* نارنگی وغیرہ کے چھلکوں کو کتر کے شیرے، نیبو کے عرق وغیرہ میں ملا کر بنایا ہوا گاڑھا قوام۔

**marmoset** *n.* چھوٹی لمبی گپھے دار دم والا بندر۔

**maroon** *adj., n. & v.* صف: گہرا قرمزی، کشمشی۔ اسم: ① اس رنگ کا۔ ② زور کا دھماکا کرنے والی ایک قسم کی آتش بازی۔ ف: کسی کو ویران جگہ خصوصاً کسی جزیرے میں تنہا چھوڑ دینا، کالے پانی بھیجنا۔

**marquee** *n.* بڑا خیمہ، جو کسی تقریب یا نمائش کے لیے کھڑا کیا جائے۔

**marquess** *n.* ڈیوک اور ارل کے درمیانی درجے کا برطانوی امیر۔

**marquetry** *n.* لکڑی، ہاتھی دانت وغیرہ پر پچی کاری، کوفت کاری۔

**marquis** *n.* کچھ یورپی ممالک میں ڈیوک اور کاؤنٹ کے درمیانی رتبے کا امیر۔

**marram** *n.* ایک قسم کی ساحلی گھاس جس کی پھیلواں جڑیں ریت کو باندھ کر رکھتی ہیں۔

**marriage** *n.* ① شادی، رشتۂ ازدواج۔ ② شادی کی تقریب۔ ③ کوئی گہرا تعلق۔

**marriageable** *adj.* بیاہ کے لائق، خصوصاً عمر یا مالی حیثیت کے لحاظ سے۔

**marrow** *n.* ① بڑا سفید گودے کا گھیا۔ ② ہڈی کا گودا، مغز۔ ③ کسی چیز کا مغز یا اہم جزو، جوہر۔

**marry** *v.* (**-ies, -ied**) ① بیاہ کرنا، نکاح پڑھانا، اولاد یا کسی اور کو رشتۂ ازدواج میں دینا۔ ② آپس میں ملوانا، متحد کرنا، جوڑے بنانا۔

**marsh** *n.* نشیبی مرطوب یا دلدلی زمین، گلابہ۔ ● **marshy** صف: دلدلی۔

**marshal** *n. & v.* اسم: ① دفاعی افواج کا اعلیٰ افسر، ریاست کا اعلیٰ عہدے دار۔ ② گھڑ دوڑ کا منتظم۔ ③ پولیس یا آگ بجھانے کے محکمے کا اعلیٰ افسر۔ ف: (**marshalled** امریکا: **narshaled**) ① سپاہیوں کو ترتیب سے کھڑا کرنا۔ ② مواد وغیرہ کو مرتب کرنا۔ ③ کسی بڑے آدمی کے جلو میں چلنا۔

**marshmallow** *n.* ہلکی مٹھاس کی مٹھائی جو انڈوں کی سفیدی، جلاٹین وغیرہ سے تیار کی جاتی ہے۔

**marsupial** *n.* جانور جن کے بچے ماں کے پیٹ سے لگے ہوئے کیسے یا جھولی میں پرورش پاتے ہیں۔

**mart** *n.* ① کاروباری مرکز۔②بازار، مارکیٹ۔

**martial** *adj.* ①جنگی، جنگ سے منسوب۔②جنگجو۔

**martial law** *n.* فوجی قانون یا فوجی عملداری جب کہ شہری یا دستوری نظام معطل ہو۔

**martinet** *n.* نظم و ضبط میں سخت گیر حاکم۔

**martyr** *n. & v.* اسم:① کسی عقیدے یا اپنے ایمان کے لیے جان دینے والا شہید۔② کسی مرض میں بار بار مبتلا ہونے والا۔ف:①شہید کر دینا۔②اذیت دینا۔ ● **martyrdom** اسم: شہادت۔

**marvel** *n. & v.* اسم: حیرت انگیز شے، کرشمہ، عجوبہ۔ف:(**marvelled**، **marvelling** امریکا: **marveled**) حیران، تعجب زدہ ہونا۔② حیرت کرنا۔

**marvellous** *adj.* (*US* **marvelous**) ① حیرت انگیز، تعجب خیز۔②نہایت خوب، قابل تحسین۔③ نا قابلِ یقین۔ ● **marvellously** م ف۔

**Marxism** *n.* کارل مارکس کے معاشی وسیاسی نظریات۔ ● **Marxist** صف و اسم: مارکسی۔

**marzipan** *n.* پسے ہوئے باداموں اور شکر کا آمیزہ۔

**mascara** *n.* پلکوں کو رنگنے کا آرائشی سفوف۔

**mascot** *n.* مُبارک، بھاگوان شے، شخص، جانور وغیرہ۔

**masculine** *adj. & n.* ①مردوں کی جنس سے متعلق یا مخصوص۔ ② مردانہ، قوی۔ ③ قواعد: صیغۂ مذکّر یا تذکیر سے متعلق۔ ● **masculinity** اسم۔

**mash** *n. & v.* اسم:①نرم آمیزہ، پلپلا مادّہ۔② ابال کر پسے ہوئے آلو، آلوؤں کا بھرتا۔ف:①آلوؤں کو ابال کر پیسنا۔② کوٹ پیس کر لوندا یا لگدی بنانا۔

**mask** *n. & v.* اسم:①چہرے کا نقاب، جو حفاظت، سوانگ بھرنے یا تفریحاً ڈرانے کے لیے اوڑھا جائے۔ ف: ① چہرے کو نقاب سے ڈھانپنا۔②چھپانا، پردہ پوشی کرنا۔③ کسی عمل سے بچانا، محفوظ رکھنا۔

**masochism** *n.* ایک طرح کی کج روی جس میں آدمی آزار میں لذت محسوس کرتا ہے، مسا کیت۔ ● **masochist** اسم: مسا کی۔ **masochistic** صف۔

**mason** *n.* اینٹوں، پتھروں سے تعمیر عمارت کرنے والا راج، معمار۔

**masonry** *n.* راج کا کام یا کاریگری، پتھر کا کام۔

**masque** *n.* ملا جُلا ناٹک اور موسیقی کا تماشا، ابتدا میں چُپ سوانگ، بعد میں منظوم مکالمے کا اضافہ۔

**masquerade** *n. & v.* اسم: بہروپ، بناوٹ۔ ف: بھیس بدلنا، بہروپ یا سوانگ بھرنا۔

**mass**[1] *n. & v.* اسم:①ڈھیر، ڈھیما، تودہ، ہیولا، مادّے کی انگھڑ مقدار۔② مجموعہ، گچھا، گٹھا، پشتارا، جمگھٹ۔③ بڑی مقدار یا تعداد۔④(**the masses**) عوام النّاس۔ ف: اکٹھا کرنا، مجتمع کرنا یا ہونا۔

**mass**[2] *n.* (often **Mass**) ①عشائے ربّانی خصوصاً رومن کلیسا میں۔②اس رسم کی ادائیگی۔③اس میں پڑھی جانے والی دعائیں نیز اس کے رسوم و آداب۔

**massacre** *n. & v.* اسم: قتل عام، مقاتلہ، عمومی تباہی یا بربادی۔ف: قتل عام کرنا۔

**massage** *n. & v.* اسم: جسم کی مالش، اعصاب، عضلات اور جوڑوں کی چستی یا علاج کے طور پر۔ ف:①مالش کرنا۔②شماریات میں حسبِ منشا تصرف تبدّل کرنا۔

**masseur** *n.* (*fem.* **masseuse**) جسم کی مالش کرنے والا، مالشیا، مشت مال کرنے والا۔

**massif** *n.* پہاڑی چوٹیوں کا سلسلہ، کوہسار۔

**massive** *adj.* ① جسیم، بھاری بھرکم، ٹھوس، گٹھا ہوا۔ ② معمول سے زیادہ بڑا۔ ● **massively** م ف۔

**mass-produce** *v.* بڑی مقدار میں پیدا یا تیار کرنا۔

**mast** *n. & v.* اسم:①جہاز یا کشتی کا مستول جس پر بادبان چڑھے ہوتے ہیں۔②جنگلات کے درختوں، بنتولا، بلوط وغیرہ کے پھل، گری یا جوز خصوصاً خنزیر کے کھاجے کے طور پر۔

**mastectomy** *n.* (*pl* **-ies**) عمل جراحی سے پستان کاٹ دینے کا عمل۔

**master** *n., adj. & v.* اسم:①آقا، مالک، حاکم، منتظم، گھر کا سربراہ۔ ② اُستاد، معلّم، مدرّس۔③ کوئی ریکارڈنگ وغیرہ جس سے مزید نقلیں تیار کی جائیں۔④ کسی فن کا ماہر، استاد۔⑤(**Master**) بچوں کے نام کے ساتھ لگایا جانے والا لقب جو ابھی مسٹر کے مصداق نہ ہوں۔ صف: ① اعلیٰ، حاوی، برتر۔ ② اصل، بڑا۔ ③ بنیادی، جس پر دوسروں کا دارومدار ہو۔ ف:①غالب آنا،

زیر کرنا۔ ②(کسی موضوع پر) حاوی ہونا (کسی پرزے، آلے وغیرہ) کے استعمال کی مہارت حاصل کرنا۔

**masterclass** *n.* درجہ جو کسی ماہر فن، خصوصاً موسیقی کے استاد کی طرف سے دیا جائے۔

**masterful** *adj.* ①طاقتور، بارعب۔ ②ماہرانہ، اُستادانہ۔ ● **masterfully** م ف: تحکّم پسندی سے۔

**master key** *n.* خصوصی کنجی جو کئی قفلوں کو کھولے جن کی اپنی اپنی کنجیاں ہوتی ہیں۔

**masterly** *adj.* استادانہ، ماہرانہ، غیر معمولی۔

**mastermind** *n. & v.* اسم: ①نمایاں ذہنی صلاحیت والا شخص۔ ②کسی پیچیدہ کام کا ہدایت کار۔ ف: منصوبہ بندی اور ہدایت کاری انجام دینا۔

**masterpiece** *n.* ①فنی شہ پارہ۔ ② شاہکار۔

**master stroke** *n.* غیر معمولی مہارت یا کانٹے کی حکمت عملی۔

**mastery** *n.* ①راج، ریاست، حاکمی۔ ②استادانہ مہارت، کاریگری۔ ③ کسی موضوع پر کامل دسترس۔

**mastic** *n.* ①مصطگی کے درخت کا گوند۔ ②نمی روکنے والا تعمیری مسالا، سیمنٹ کی ایک قسم۔

**masticate** *v.* چبانا، دانتوں سے پیسنا۔

**mastitis** *n.* غدۂ پستان کی سوجن۔

**mastoid** *n.* کان کے پیچھے کی مخروطی ہڈی کا اُبھار۔

**masturbate** *v.* اعضائے تناسل کے مساس سے شہوت خیزی کرنا، جلق لگانا۔ ● **masturbation** اسم۔

**mat** *n. & v.* اسم: ①چٹائی، فرش، پائنداز جس پر جوتے صاف کرنے کے لیے رگڑتے ہیں۔ ② MATT کا متبادل۔ ف: (matting، matted) الجھانا، گانٹھنا، گُتھا ہونا۔ ● **matted** صف: الجھا ہوا۔

**matador** *n.* بیل سے بھڑ کر اسے مارنے والا۔

**match** *n. & v.* اسم: ① کھیلوں کا مقابلہ۔ ②مدّ مقابل، حریف، کسی شے سے مماثل، ملتی جلتی شے۔ ③شادی، بیاہ، ازدواج۔ ④ شادی کے لیے موزوں، برابر کا رشتہ۔ ⑤ دیا سلائی۔ ف: ① میل کھانا، موزوں، مناسب یا نامناسب ہونا۔ ② کسی کو کھیل یا مقابلے میں کسی دوسرے سے بھڑانا، لڑانا، مقابل لانا۔ ③ کسی شے کا جوڑ یا میل تلاش کرنا۔ ④ ٹکر لینا، مقابلہ کرنا۔

**matchmaking** *n.* رشتہ لگانا، بیاہ طے کرنا۔ ● **matchmaker** اسم: رشتہ لگانے والا۔

**matchstick** *n.* دیا سلائی، ماچس کی تیلی۔

**matchwood** *n.* باریک تیلیاں۔

**mate** *n. & v.* اسم: ①ساتھ کام کرنے والا، ہمکار، رفیق کار، دوست۔ ②بول چال: شریک زندگی، ساتھی یا کسی حلقے، جماعت یا گروہ کا شریک۔ ③ماسٹر سے نچلے درجے کا جہازی افسر۔ ف: جانوروں کی جفتی لگوانا، (جانوروں کے لیے) نسل کشی کے لیے ملنا، جفتی کرنا۔

**material** *n. & adj.* اسم: ①مادّہ، مسالا، اجزا جن سے کوئی چیز بنائی جائے۔ ② کسی کام کے لوازم یا اس کے لیے درکار اشیا۔ ③ کتاب وغیرہ کے لیے درکار مواد، معلومات وغیرہ۔ صف: ①مادّی، جسمانی۔ ② جسمانی آرام، سکھ، آسائش سے متعلق۔ ③ اہم، ضروری، لازمی۔ ● **materially** م ف: مادّی طور پر۔

**materialism** *n.* ①مادّیت، مادّی متاع اور جسمانی آسائش کو روحانی اقدار پر ترجیح دینے کا رجحان۔ ② یہ نظریہ کہ مادّے اور اس کے مظاہر کے علاوہ کوئی وجود نہیں۔ ● **materialist** اسم مادّہ پرست۔ **materialistic** صف: مادّہ پرستانہ۔

**materialize** *v.* (also **-ise**) ①حقیقت بن جانا، اصلیت میں ڈھل جانا۔ ②بروقت ظہور میں آنا، حسب توقع ظاہر ہونا۔ ● **materialization** اسم: تشکیل، تجسیم۔

**maternal** *adj.* ①ماں جیسا۔ ②مادرانہ۔ ③ ماں کے رشتے یا تعلق سے۔ ● **maternally** م ف۔

**maternity** *n.* ①ماں کا درجہ، رشتہ، مقام۔ ②مامتا، مادرانہ طور وغیرہ۔ ③حاملہ ماں یا زچگی سے متعلق۔

**math** *n.* امریکا، بول چال = mathematics۔

**mathematician** *n.* ریاضی داں، ماہر ریاضی۔

**mathematics** *n.* ①(بطور واحد) ریاضی، اعداد، اقدار، کونیات کا تجریدی علم۔ ②(بطور جمع) علم ریاضی سے کام لینے کا عمل۔ ● **mathematical** صف: ریاضی سے متعلق۔ **mathematically** م ف۔

**maths** *n.* بول چال: علم ریاضی، حساب۔

**matinée** *n.* تھیئٹر، سینما میں تیسرے پہر کا تماشا۔

**matinée coat** *n.* بچّے کا چھوٹا کوٹ۔
**matins** *n.* (also **mattins**) صبح سویرے کی عبادت۔
**matriarch** *n.* عورت جو خاندان یا قبیلے کی سربراہ ہو۔● **matriarchal** صف: مادری، مادرسری۔
**matriarchy** *n.* (*pl.* **-ies**) نظام یا معاشرہ جس میں عورت سردار ہو اور نسلی سلسلہ عورتوں سے چلے۔
**matrices** MATRIX کی جمع۔
**matricide** *n.* ①مادرکشی ۔②ماں کو قتل کرنے والا شخص۔● **matricidal** صف: مادرکشی کے متعلق۔
**matriculate** *v.* کالج یا یونیورسٹی میں داخلہ پانا یا دینا۔● **matriculation** اسم: داخلہ یونیورسٹی۔
**matrimony** *n.* (*pl.* **-ies**) شادی، ازدواج۔
● **matrimonial** صف: ازدواجی۔
**matrix** *n.* (*pl.* **matrices** or **matrixes**)① سانچا، قالب جس پر سے کوئی نقش اتارا یا ڈھالا جائے۔ ②ماحول، خانہ یا قالب جس میں کوئی شے پرورش پائے۔ ③رحم مادری، کوکھ۔④ ریاضی: قالبوں کی مستطیل سطربندی جسے ایک وحدت یا قالب شمار کیا جاتا ہے، عددی قالب۔
**matron** *n.* ①شادی شدہ خاتون۔②اسکول وغیرہ کی معلّمہ۔③ ہسپتال میں تیمارداری کے کام کی دیکھ بھال کرنے والی عورت۔
**matronly** *adj.* میٹرن یا بزرگ خاتون سے ملتی ہوئی (عورت) خصوصاً جسمانی وضع، وقار وغیرہ میں۔
**matt** *adj.*(also **mat**) بے چمک، ماند، مدّھم۔
**matter** *n.* & *v.* اسم: ①مادّہ، مواد، محسوس، ٹھوس جسم یا شے، وزن رکھنے اور جگہ گھیرنے والا مادّہ۔ ② خرابی، گڑ بڑ، خاص بات یا فکر کی بات۔③ معاملہ، قصّہ۔ ④ پیپ، ریم۔ف: اہمیت رکھنا، قابل لحاظ یا قابل غور ہونا۔ □ **matter-of-fact** ①سپاٹ، غیر شاعرانہ، سطحی۔② بے حرارت، جذبے سے عاری۔
**mattress** *n.* نرم بھراؤ کا یا لچکیلی جالی والا گدّا۔
**maturation** *n.* بلوغ، پختگی۔
**mature** *adj.* & *v.* صف: ①بالغ، سن بلوغ کو پہنچا ہوا۔②پختہ، رسیدہ۔③ سنجیدہ، سوچا سمجھا (خیال، ارادہ وغیرہ) ④ میعاد ادائگی پر پہنچا ہوا (بل، مطالبہ) ف: ①پوری طرح پکنا، پختہ، رسیدہ، تیار ہونا یا کرنا۔② قابل ادائگی ہوجانا۔● **maturely** م ف۔ **maturity** اسم: پختگی، بلوغ، رسیدگی۔
**matzo** *n.* (*pl.* **matzos**) غیر خمیری روٹی کی ٹکیا جو یہودیوں کے یوم نجات پر کھائی جاتی ہے۔
**maudlin** *adj.* رقیق القلب، جذباتی، رونی صورت۔
**maul** *v.* ①مارنا، پیٹنا، چوٹیں لگانا۔②بُری گت بنانا۔
**maunder** *v.* بے ربط اکھڑی اکھڑی باتیں کرنا۔
**mausoleum** *n.* بڑا مقبرہ، عالیشان مدفن۔
**mauve** *adj.* فالسئی، ہلکے ارغوانی رنگ کا۔
**maverick** *n.* آزاد منش، آزاد خیال شخص۔
**mawkish** *adj.* کمزور طبیعت کا، رونکھا، جذباتی۔
● **mawkishly** م ف۔ **mawkishness** اسم۔
**maxim** *n.* کلّیہ، اصول، گُر کی بات، پُرمغز جملہ۔
**maximize** *v.* (also **-ise**) انتہا تک پہنچانا، بہت بڑھانا چڑھانا۔● **maximization** اسم۔
**maximum** *n.* & *adj.*(**maxima**:ج) اسم: انتہائی ممکنہ مقدار، تعداد۔ صف: بدرجہ اتم، بغایت۔● **maximal** صف: انتہائی۔ **maximally** م ف۔
**May** *n.* شمسی سال کا پانچواں مہینہ، مئی۔
**may**[1] *v. aux.* ①امکان ظاہر کرنے کا لفظ۔② اجازت چاہنے یا دینے کے لیے۔③خواہش ظاہر کرنے کے لیے④ بے یقینی ظاہر کرنے کے لیے یا بطور طنز، سوالیہ انداز میں۔⑤ مقصدی جملوں میں۔

---

وضاحت: *can* اور *may* دونوں اجازت کے لیے استعمال کیے جاسکتے ہیں جیسے *Can I move* اور *May I move?* میں، لیکن رسمی انگریزی میں *may* اس لیے بہتر ہے کہ *Can I move?* کے یہ بھی معنی ہیں کہ کیا میں جسمانی طور پر ہلانے کی سکت رکھتا ہوں۔

---

**may**[2] سنگلی کی کلی یا اس کا پھول۔
**maya** *n.* ہندومت: طلسم، فریب۔

**maybe** *adv.* شاید ممکن ہے، ہوسکتا ہے کہ۔
**May Day** *n.* یوم مئی جو یکم مئی کو جشن بہاریا مزدوروں کے دن کے طور پر منایا جاتا ہے۔
**mayday** *n.* مصیبت یا بے چارگی کے وقت دیے جانے والے بین الاقوامی ریڈیائی پیغام کے اشارتی الفاظ خصوصاً جہازوں یا طیاروں کی جانب سے۔
**mayhem** *n.* پُرتشدّد کارروائی یا حرکت۔
**mayonnaise** *n.* انڈے کی زردی، تیل اور سرکے وغیرہ سے تیار کیا جانے والا چکنا، گاڑھا لعاب۔
**mayor** *n.* بلدیہ یا برطانوی برا borough ضلع کا سربراہ، رئیس بلدیہ۔ ● **mayoral** صف۔ **mayoralty** اسم: میئر کا منصب۔
**mayoress** *n.* ① میئر کے عہدے پر فائز عورت، رئیسہ بلدیہ۔ ② رئیس بلدیہ کی بیوی۔
**maypole** *n.* یوم مئی پر کھڑا کیا جانے والا پھولوں سے لدا، رنگین بانس جس کے گرد رقص کیا جاتا ہے۔
**maze** *n.* ① بھول بھلّیاں۔ ② آڑے ترچھے پیچیدہ راستے، سڑکوں کا جال۔
**MB** تخفیف: ① بیچلر آف میڈیسن۔ ② کمپیوٹر: میگابائٹ (رک: megabyte)
**MBA** تخفیف: ماسٹر آف بزنس ایڈمنسٹریشن۔
**MBE** تخفیف: Member of the Order of the British Empire۔
**MD** تخفیف: ① ڈاکٹر آف میڈیسن۔ ② مینجنگ ڈائریکٹر۔
**Md** mendelevium نامی عنصر کی علامت۔
**me**[1] *pron.* =I (میں) کی مجہول حالت۔
**me**[2] *n.* موسیقی: سول فا سرگم کے مطابق چڑھے سرگم کا تیسرا سُر یا سُر E۔
**mea culpa** *int.* اعترافِ خطا کا کلمہ۔
**mead** *n.* شہد اور پانی سے تیار کردہ الکحلی مشروب۔
**meadow** *n.* سبزہ زار، چراگاہ، گھاس کا میدان۔
**meagre** *adj.* (*US* **meager**) ادنیٰ، کم مایہ، کم مقدار، تھوڑا، قلیل۔
**meal** *n.* ① کھانا، طعام۔ ② پسا ہوا غلّہ، دال وغیرہ۔
**mealy** *adj.* کھانے کا یا کھانے کی طرح۔
**mealy-mouthed** *adj.* چبا کر بات کرنے والا، صاف گوئی سے کترانے والا۔
**mean**[1] *v.* **(meant, meaning)** ① نیت، ارادہ، مقصد، مفہوم رکھنا۔ ② باور کرانا، واضح کرانا۔ ③ لازم آنا، مقدّر ہونا۔ ④ (لفظ کے لیے) معنی، مفہوم رکھنا، مترادف ہونا۔ □ **mean well** بھلی نیت ہونا، بھلا چاہنا۔
**mean**[2] *adj.* ① کنجوس، خسیس۔ ② گھٹیا، اوچھا، کمتر۔ ③ کینہ پرور، بدمزاج۔ ④ امریکا: جابر، زبردستی کرنے والا۔ ● **meanly** م ف۔ **meanness** اسم: کمینہ پن۔
**mean**[3] *n. & adj.* اسم: ① معتدل، مناسب، درمیانہ۔ ② اوسط، بیچ کا، دو انتہاؤں کے درمیان۔ صف: ① درمیانی، افراط وتفریط کے درمیان کی (مقدار) ② وسطی، حسابی شمار میں اوسط۔
**meander** *v. & n.* ف: ① الل ٹپ گھومنا۔ ② مڑتے، بل کھاتے ہوئے جانا، پیچ کھانا۔ اسم: ① دریا کا پیچ وخم، پیچ دار راستے۔ ② پھیر کا راستہ۔
**meaning** *n. & adj.* اسم: ① معنی، مفہوم، مطلب، کسی لفظ، عمل، خیال وغیرہ کا مدّعا۔ ② معنویت، دلالت۔ ③ اہمیت۔ صف: پُرمعنی، معنی خیز۔ ● **meaningful** صف: **meaningless** صف: بے معنی، مہمل۔
**means** *n.* (as *sing.* or *pl.*) ① وسیلہ، ذریعہ، واسطہ جس سے کوئی مقصد حاصل کیا جائے۔ ② سرمایہ، رقم، دولت، ثروت۔ □ **by all means** ① یقیناً۔ ② ہر صورت سے۔ ③ ہر قیمت پر۔ **by no means** ہرگز نہیں، بالکل نہیں۔
**means test** *n.* جانچ، جائزہ، عوامی خزانے سے مالی امداد کی ادائگی سے پہلے ضروریات کی باضابطہ تحقیق۔
**meant** MEAN[1] کا ماضی و ماضیہ۔
**meantime** *adv.* =MEANWHILE۔
**meanwhile** *adv.* ① اس عرصے میں، اس اثنا میں، اس دوران میں۔ ② اسی عرصے میں بیک وقت۔
**measles** *n. pl.* خسرہ، ایک متعدی بیماری۔
**measly** *adj.* **(measlier, measliest)** بول چال: ادنیٰ، گھٹیا، حقیر، بے قدر۔
**measure** *n. & v.* اسم: ① مقدار، جسامت وغیرہ جو پیمائش سے معلوم کی جائے۔ ② پیمائش کا طریقہ، پیمانہ۔

③ کسی شے کی مقدار، حجم، درجہ وغیرہ۔ ④ مقدار کی اکائی مثلاً بُشل، گانٹھ وغیرہ۔ ف: ① ناپنا، پیمائش کرنا، جانچنا۔ ② کسی خاص مقدار یا پیمائش کا ہونا۔ ③ اندازہ کرنا، تخمینہ لینا، جانچنا (کسی شے کی مقدار یا کسی کے کردار وغیرہ کو) □ **measure up to** مطلوبہ استعداد کا حامل ہونا۔ ● **measurable** صف۔ **measurably** م ف۔

**measured** *adj.* ① متوازن، یکساں رفتار سے رواں۔ ② سوچی سمجھی (بات، زبان، الفاظ)

**measurement** *n.* ① پیمائش کا عمل، جانچ۔ ② ناپی یا جانچی ہوئی مقدار۔

**meat** *n.* جانور کا گوشت کھانے کے لیے۔

**meaty** *adj.* **(meatier, meatiest)** ① پُر گوشت، گوشت جیسا۔ ② مقدار میں اچھا۔ ③ بول چال: دلچسپ مواد سے بھرا۔ ● **meatiness** اسم۔

**mechanic** *n.* کاریگر، خصوصاً مشینوں پر کام کرنے یا کل پرزوں کی مرمت کرنے والا۔

**mechanical** *adj.* ① مشینی، مشین کا بنا ہوا۔ ② باقاعدہ لگا بندھا عمل۔ ● **mechanically** م ف۔

**mechanics** *n.* ① اطلاقی علم ہندسہ و ریاضی کی وہ شاخ جو سکون و حرکت سے تعلق رکھتی ہے۔ ② مشینوں کا علم۔ ③ **(mechanics)** کسی عمل کا طریق کار۔

**mechanism** *n.* ① مشین کا ڈھانچا یا اس کے پرزوں کی ترتیب۔ ② کسی سلسلے کا طریق عمل۔

**mechanize** *v.*(also **-ise**) ① ساخت یا عمل میں مشینی یا مشین کی طرح کا بنانا۔ ② مشین یا مشینوں سے کام لینا۔ ● **mechanization** اسم: مشین صفتی۔

**medal** *n.* تمغا، بلّا جو بطور انعام یا یادگار دیا جاتا ہے۔

**medallion** *n.* ① بڑا تمغا۔ ② تمغے سے ملتی ہوئی شے جیسے آرائشی چوکھٹا، تختی وغیرہ۔

**medallist** *n.* (*US* **medalist**) تمغا پایا شخص۔

**meddle** *v.* دوسروں کے کام میں دخل اندازی کرنا۔ ● **meddlesome** صف۔ **meddler** اسم۔

**media** *n. pl.* ① MEDIUM کی جمع۔ ② **(the media)** ذرائع ابلاغ خصوصاً اخبارات و جرائد نیز نشریات کے لیے مجموعی اصطلاح۔

**mediaeval** MEDIEVAL کا متبادل۔

**medial** *adj.* بیچ میں واقع، بچلا، درمیانی۔ ● **medially** م ف: وسط میں۔

**median** *adj. & n.* صف: وسطی، درمیانی۔ اسم: ① وہ خط مستقیم یا عمود جو تکون کی کسی راس سے سامنے کے پہلو یا ضلع پر ڈالا جائے۔ ② معلومہ سلسلے میں وسطی عدد یا قیمت۔

**mediate** *v.* ف: ① ثالثی کرنا، دو فریقوں کے درمیان صلح صفائی، سمجھوتا کرانا۔ ② درمیان میں رابطے کا ذریعہ بننا۔ ● **mediation** اسم: ثالثی۔ **mediator** اسم۔

**medic** *n.* بول چال: طبّی معالج یا طب کا طالب علم۔

**medical** *adj. & n.* صف: علم طب سے متعلق۔ اسم: طبّی معائنہ۔ ● **medically** م ف: طبّی لحاظ سے۔

**medicament** *n.* دوا، دارو جو کسی مرض یا جسمانی خرابی کے علاج کے لیے کسی شکل میں دی جائے۔

**medicate** *v.* دوا سے علاج کرنا۔

**medication** *n.* دوا علاج کے لیے مستعمل کوئی شے، دوا۔

**medicinal** *adj.* دوا یا علاج سے متعلق، شفا بخش (شے، مادّہ) ● **medicinally** م ف: طبّی طور پر۔

**medicine** *n.* ① علم طب، امراض کی تشخیص، علاج، وغیرہ سے تعلق رکھنے والا علم۔ ② علاج یا تدارک کے لیے دی جانے والی دوا۔

**medicine man** *n.* علاج کرنے والا دیہی یا قبائلی سیانا۔

**medieval** *adj.*(also **mediaeval**) قرون وسطٰی کا یا اس عہد کے رواج، طور طریق وغیرہ سے متعلق۔

**mediocre** *adj.* دوسرے درجے کا، گھٹیا، بیٹا۔ ● **mediocrity** اسم: درمیانی درجے کی لیاقت وغیرہ۔

**meditate** *v.* سوچ میں ڈوبا ہونا، گیان دھیان میں مشغول ہونا، کسی نکتے یا موضوع پر گہرا سوچ بچار کرنا۔ ● **meditation** اسم: مراقبہ۔ **meditative** صف: سوچنے، غور کرنے والا۔ **meditatively** م ف۔

**medium** *n.& adj.* اسم: (ج: **media** یا **mediums**) ① اوسط، درمیانی، اوسط درجے کی لیاقت، قسم، حیثیت وغیرہ۔ ② واسطہ، وسیلہ، ترسیل۔ ③ درمیانی واسطہ یا مادّہ جس کے ذریعے تاثرات یا محسوسات حواس

نقص؛عظمت کے وہم میں مبتلا ہونے کی کیفیت۔● **megalomaniac** صف واسم: احساس برتری کا شکار۔

**megaphone** *n.* قیف کی شکل کا آواز اونچی کرنے والا آلہ، بھونپو۔

**megaton** *n.* (also **megatonne**) ایک ملین ٹن بارود (ٹی این ٹی) کے برابر دھماکا خیز قوت۔

**melamine** *n.* ملمین سے تیار کیا جانے والا ایک لچکدار پلاسٹک جو سطح کو چمکانے کے لیے پھیرا جاتا ہے۔

**melancholy** *n. & adj.* اسم: ① غمگینی، پژمردگی۔ ② ذہنی گھٹن، اداسی، غم پسندی۔ صف: افسردہ، غمگین۔

**melanin** *n.* بال، جلد وغیرہ کا گہرا بھورا یا سیاہ رنگ۔

**melanoma** *n.* (جلدی سیاہی پیدا کرنے والے) خلیوں کی زیادتی سے نکل آنے والا خطرناک پھوڑا۔

**meld** *v.* ضم کرنا، مخلوط بنانا، ملانا۔

**mêlée** *n.* ① اندھادُھند لڑائی، جھڑپ، گتھم گتھا۔ ② انتشار، افراتفری کا شکار مجمع۔

**mellifluous** *adj.* خوش آئند، خوش آہنگ۔

**mellow** *adj. & v.* صف: ① سہانا، لطیف، واضح (رنگ، آواز)، مدھم، ہموار (روشنی) ② حلیم، پختہ، متین (کردار) ③ خوش طبع، ہنس مکھ۔ ④ پکا ہوا، رسیلا (میوہ) ف: پختہ، پُرکیف، خوب مرغوب بنانا یا ہونا۔

**melodeon** *n.* (also **melodion**) ہارمونیم کی طرح کا ایک چھوٹا باجا جو ۱۹ویں صدی میں مقبول رہا۔

**melodious** *adj.* ① خوش نوا، سُریلا یا غنائیت سے متعلق۔ ② سہانا، رسیلا۔ ● **melodiously** م ف۔

**melodrama** *n.* ادنیٰ درجے کا سنسنی خیز، جذباتی، ہنگامہ خیز، پُرشور طربیہ ڈراما۔ ● **melodramatic** صف: سنسنی خیز۔ **melodramatically** م ف۔

**melody** *n.* (*pl.*-**ies**) ① سُروں کی خوش آہنگ ترتیب، نغمگی۔ ② ہم آہنگ موسیقی کا اصل اہم حصہ۔ ● **melodic** صف: سُریلا، سہانا۔ **melodically** م ف۔

**melon** *n.* گودے دار میٹھے پھلوں، خربوزہ، تربوز، سردا یا پھونٹ وغیرہ میں سے کوئی۔

**melt** *v.* ① حرارت سے پگھلنا، گلنا، پگھلانا، تحلیل کرنا۔ ② محبت، رحم وغیرہ کے ذریعے (کسی شخص، جذبات، دل

تک پہنچتے ہیں۔ ④ آرٹسٹ یا فنکار کے استعمال کا ذریعۂ اظہار۔ ⑤ روح سے بات کرنے یا کرانے کا دعویدار، عامل۔ صف: ① وسطی، درمیانی، بیچ کا۔ ② اوسط درجے کا۔

**medium wave** *n.* درمیانے تعدّد کی ریڈیائی لہر۔

**medlar** *n.* گلاب کی نسل کا پودا جس میں چھوٹے چھوٹے سیب کی شکل کے پھل لگتے ہیں۔

**medley** *n.* (*pl.* **-eys**) ① مخلوط، ملی جُلی اشیا، مختلف اجزا کا مجموعہ۔ ② مختلف دُھنوں سے ترتیب دی ہوئی موسیقی۔

**medulla** *n.* ① بعض اعضا یا نسیجوں کا اندرونی حصّہ۔ ② حرام مغز کا وہ حصّہ جو دماغ کے پچھلے حصّے سے جاملتا ہے۔ ● **medullary** صف۔

**meek** *adj.* عاجزی، انکسار برتنے والا، مسکین۔ ● **meekness** اسم۔ **meekly** م ف: عاجزانہ۔

**meerschaum** *n.* نرم سفید مٹی جیسا مادّہ، تمباکو کے پائپ وغیرہ بنانے میں کام آتا ہے۔

**meet** *v., n. & adj.* ف: (**meeting**، **met**) ① قصداً یا اتفاقاً کسی سے مُڈبھیڑ ہونا۔ ② کسی آنے والے کو اسٹیشن وغیرہ سے لینا۔ ③ کسی سے یا آپس میں ملاقات کرنا۔ ④ اجلاس کرنا، بات چیت یا مشاورت کے لیے جمع ہونا۔ اسم: شکار یا کھیل وغیرہ کے لیے اجتماع۔ صف: قدیم: مناسب، موزوں۔ □ **meet with** ① جھیلنا، سامنا کرنا۔ ② حاصل کرنا (فیصلہ وغیرہ)

**meeting** *n.* جلسۂ مشاورت، اجلاس۔

**mega** *adj. & adv.* بول چال: صف: ① بہت عمدہ۔ ② بہت بڑا۔ م ف: بے حد، نہایت وغیرہ۔

**mega-** *comb. form* ① بڑا، کلاں، عظیم۔ ② ہزار کے برابر (میٹرک نظام پیمائش میں)

**megabyte** *n.* کمپیوٹر: 1,048,576 پیمائش کی مقدار (یا $2^{20}$) بائٹ (اختصار: MB)

**megahertz** *n.* ایک ملین ہرٹز، خصوصاً ریڈیائی ترسیل کی پیمائش میں (اختصار: MHz)

**megalith** *n.* آثاریات: سیدھا نصب کیا ہوا پتھر خصوصاً بطور یادگار۔ ● **megalithic** صف۔

**megalomania** *n.* اپنے کو بڑا سمجھنے کا خبط یا نفسیاتی

وغیرہ) کا نرم پڑ جانا۔③ نرم کرنا، گداز کرنا۔④ چپکے سے چل دینا، اڑ جانا، کہیں جا پہنچنا۔

**meltdown** *n.* نیوکلیائی ری ایکٹر کے بالائی حصّے کے شدید حدّت سے پگھل جانے کی صورت، پگھلاؤ۔

**member** *n.* ① کسی انجمن، جماعت وغیرہ کا رکن، عضو۔ ② کسی سیاسی تنظیم کا حصّہ یا شاخ۔ ③ کسی ڈھانچے کا کوئی حصّہ ٹکڑا، عضو۔

**membership** *n.* ① ممبری، رکنیت۔② ارکان کی تعداد۔③ ارکان کا مجموعہ۔

**membrane** *n.* ① جھلّی۔② کوئی پتلا، مہین پارچہ یا کھال کا ٹکڑا۔ ● **membranous** صف: جھلّی دار۔

**memento** *n.*(*pl.* **-oes** or **-os**) کسی فرد یا واقعے کی یادگار، یاددلانے والی شے۔

**memo** *n.* (*pl.*-**os**) بول چال: میمورینڈم کا اختصار۔

**memoir** *n.* تذکرہ، سوانح شخصی روئداد جو ذاتی معلومات یا خصوصی ماخذ پر مبنی ہو۔

**memorable** *adj.* یادگار، یادرکھنے کے قابل، ناقابل فراموش، معروف یادوں میں محفوظ۔ ● **memorability** اسم ۔ **memorably** م ف۔

**memorandum** *n.*(*pl.* **memoranda** or **memorandums**) ① آئندہ کے استعمال کے لیے محفوظ کردہ حوالے یا معلومات۔② نجی، غیررسمی پیغام خصوصاً کاروباری یا سفارتی امور کی بابت۔

**memorial** *n.* & *adj.* اسم: کسی شخصیت یا واقعے کی یادگار کے طور پر قائم کردہ تعمیر، ادارہ، رسم، تقریب وغیرہ، یادگار۔ صف: یادگاری، کسی کی یاد سے متعلق۔

**memorize** *v.*(also **-ise**) حافظے میں محفوظ کرنا، یادکرنا، رٹ لینا۔

**memory** *n.* (*pl.*-**ies**) ① حافظہ، یادداشت، یاد رکھنے کی قوت یا قدرت۔② انفرادی قوتِ حافظہ، حافظے میں محفوظ باتیں۔③ کمپیوٹر یا کسی برقی آلے میں معلومات کو محفوظ رکھنے کی گنجائش۔□ **in memory of** (کسی کی) یاد میں، یاد کو محفوظ رکھنے کے لیے۔

**men** MAN کی جمع۔

**menace** *n.* & *v.* اسم: ① دھمکی، ڈراوا۔② خطرناک شے یا شخص۔③: بول چال: آفت، بلائے جان۔ ف: ڈراوا دینا، ہراساں کرنا۔ ● **menacingly** م ف۔

**ménage** *n.* گھر کے لوگ، اہل خانہ۔

**menagerie** *n.* چڑیا گھر، نمائش کے لیے پالے ہوئے جنگلی جانور۔

**mend** *v.* & *n.* ف: ① مرمت، درستی، اصلاح کرنا۔ ② صحت بحال کرنا۔③ حالات کو درست کرنا۔ اسم: رفوگری، مرمت۔□ **on the mend** بہتری کی طرف مائل، روبہ اصلاح۔

**mendacious** *adj.* جھوٹا، دروغ گو، دھوکے باز۔ ● **mendaciously** م ف۔ **mendacity** اسم۔

**mendelevium** *n.* ایک مصنوعی، ماورائے یورینیم، تابکار دھاتی عنصر (علامت: Md)

**mendicant** *adj.* & *n.* صف: ① مانگنے والا۔② خیرات پر گزر کرنے والا۔ اسم: فقیر، بھکاری۔

**menfolk** *n. pl.* ① عوام النّاس۔② افرادِ خاندان۔

**menhir** *n.* لمبا، استادہ عموماً ماقبل تاریخ کے دور کا پتھر۔

**menial** *adj.* & *n.* صف: نیچ، ادنیٰ درجے کا، حقیر۔ اسم: ① معمولی نوکر۔② ادنیٰ آدمی۔ ● **menially** م ف۔

**meningitis** *n.* گردن توڑ بخار، دماغ کی جھلّی کا ورم جو جراثیم یا وائرس کے اثر سے پیدا ہوتا ہے۔

**meniscus** *n.* ① نلکی میں بھرے ہوئے پانی کی اوپری محدّب (ابھرواں) سطح۔② عدسہ یا لینس جو ایک طرف سے محدّب دوسری طرف سے مقعر، گڑھے دار ہو۔

**menopause** *n.* حیض یا ایّام ماہواری کا بند ہونا۔ ● **menopausal** صف: بندشِ حیض سے متعلق۔

**menorah** *n.* ہفت شاخہ شمع دان جو یہودیوں کی عبادت کے وقت روشن کیا جاتا ہے۔

**menstrual** *adj.* حیض یا ایّام ماہواری سے متعلق۔

**menstruate** *v.* حیض میں مبتلا ہونا۔ ● **menstruation** اسم: حیض۔

**mensuration** *n.* ① پیمائش، جانچ، ناپنے کا عمل۔ ② ریاضی: کسی ہندسی جسم کی شکل کے حجم اور ابعاد کی پیمائش، مساحت۔

**mental** *adj.* ① ذہنی، ذہن میں، ذہن سے متعلق۔ ② بول چال: دیوانہ خبطی۔□ **mental age** ذہنی عمر، کسی فرد کی ذہنی نشوونما کا درجہ جسے اوسط درجے کے آدمی

کی ذہنی ترقی کے لحاظ سے سالوں میں ظاہر کیا جاتا ہے۔
● **mentally** م ف: ذہنی طور پر۔

**mentality** *n.* (*pl.*-**ies**) ①ذہنی خصوصیت یا رجحان۔②ذہانت، ذہنی پختگی کی سطح یا درجہ۔

**menthol** *n.* پودینے کا ست، مادّہ جو ذائقے کے لیے یا درد میں تسکین کے لیے استعمال ہوتا ہے۔

**mentholated** *adj.* جس میں مینتھول یا پودینے کے ست کی ملاوٹ ہو،منتھلی، منتھل آمیز۔

**mention** *v.* & *n.* ف:①اشارۃً ذکر کرنا۔②نام سے ذکر کرنا۔③ظاہر کرنا، آشکار کرنا۔اسم: ذکر، چرچا، حوالہ (کسی شخص یا شے کا)

**mentor** *n.* معتبر صلاح کار، پختہ کار مشیر۔

**menu** *n.* (*pl.* **menus**) ① کھانوں کی فہرست، دسترخوان پر پیش کی جانے والی اشیا کے ترتیب وار نام۔② کمپیوٹر: کارگزاری کی صلاحیتوں یا دستیاب سہولتوں کی فہرست۔

**meow** (also **miaow**) =MEW-

**MEP** Member of the European Parliament کی تخفیف۔

**mercantile** *adj.* ①تجارت سے متعلق، تجارتی۔② کاروباری۔

**mercenary** *adj.* & *n.* صف:زر، منافع،انعام کا طالب، زر طلب۔ اسم: (ج:-**ies**) غیر ملکی ملازمت میں کرائے کا فوجی۔

**mercerize** *v.* (also -**ise**) سوتی کپڑے یا دھاگے کو تان کر مسالہ لگا کر مضبوط اور چمکدار بنانا۔

**merchandise** *n.* & *v.* اسم:تجارتی مال، اسباب تجارت۔ف:①تجارت، بیوپار کرنا۔②مال منڈی میں لانا فروخت کے لیے پیش کرنا۔

**merchant** *n.* ① تھوک فروش، تاجر، سوداگر خصوصاً درآمد برآمد کرنے والا۔② امریکا، اسکاچ: خوردہ فروش۔

**merchantable** *adj.* قابل فروخت، بکنے والا۔

**merchant bank** *n.* تجارتی قرضے دینے والا بینک۔

**merchantman** *n.*(*pl.* -**men**) تجارتی مال بردار جہاز۔

**merchant navy** *n.* قومی تجارتی بیڑا۔

**merchant ship** *n.* =MERCHANTMAN-

**merciful** *adj.* رحم دل، نرم دل، مہربان۔

**mercifully** *adv.* ①مہربانی سے، ازراہ کرم۔② بول چال: حسن اتفاق سے، غنیمت جانیے کہ۔

**mercurial** *adj.* ①چنچل، برّاق، طرار، سیماب صفت (شخص)②سیمابی، پارے سے بھرا ہوا۔

**mercury** *n.* پارہ، سیماب، سفید روپہلی بھاری مائع عنصر (علامت: Hg) ● **mercuric** صف: سیمابی۔

**mercy** *n.*(*pl.* -**ies**) ①رحم، ترس، مہربانی جو دشمن یا خطا کار کے ساتھ برتی جائے۔②جذبۂ ہمدردی، نرم دلی۔ ③ حُسنِ سلوک، عفو، درگزر۔ **at the** □ **mercy of** ① پوری طرح (کسی کے) اختیار میں یا رحم وکرم پر۔ **have mercy on** رحم کرنا، ترس کھانا۔
● **merciless** صف: بے رحم، کٹّر، شقی القلب ۔
**mercilessly** م ف: بے دردی سے۔

**mere**[1] *adj.* محض، صرف، فقط۔ ● **merely** فقط، لے دے کر۔

**mere**[2] *n.* شاعرانہ: جھیل یا جوہڑ۔

**merest** *adj.* بہت چھوٹا یا غیر اہم۔

**meretricious** *adj.* شوخ، بھڑکیلا، نمائشی (سستے انداز کا)

**merge** *v.* ①مدغم ہونا یا کرنا، ملانا، جوڑنا۔②اپنی شناخت کھو بیٹھنا یا کسی کی شناخت گم کرنا۔③ضم کرنا۔

**merger** *n.* دو کمپنیوں کو ملا کر ایک کرنے کا عمل۔

**meridian** *n.* ① قطبین سماوی اور زمین پر کسی مقام کی سمت الرّاس پر سے گزرنے والا مفروضہ دائرہ۔② نصف النّہار، سورج یا کسی ستارے کا نقطہ عروج۔

**meringue** *n.* انڈے کی سفیدی اور شکر سے بنا ہوا چھوٹا کیک۔

**merino** *n.* (*pl.*-**os**) بھیڑ کی ایک قسم جس کے اون کا ریشہ لمبا اور مہین ہوتا ہے۔

**merit** *n.* & *v.* اسم: خوبی، اچھائی، بھلی قابل تعریف صفت۔ف:(**meriting**، **merited**) (انعام، جزا یا سزا وغیرہ کا) مستحق ہونا۔

**meritocracy** *n.* (*pl.*-**ies**) لیاقت یا استحقاق

کی بنا پر منتخب کردہ افراد کی حکومت، استحقاقی نظام حکومت۔

**meritorious** *adj.* اعلیٰ، مستحسن، قابل تعریف۔

**merlin** *n.* ایک چھوٹا شکرا۔

**mermaid** *n.* جل پری، ایک خیالی، روایتی سمندری مخلوق جس کا آدھا جسم انسان کا اور دُم مچھلی کی۔

**merry** *adj.* **(merrier, merriest)** ① پُر مسرت، ہنسی مذاق، خوش طبعی پر مبنی۔② بول چال: کسی قدر سرور یا نشے کے عالم میں۔● **merrily** م ف۔ **merriness** اسم: خوش باشی۔

**merry-go-round** *n.* گھومنے والی مشین، گول چکّر جو میلوں وغیرہ میں بچوں کے لیے لگا ہوتا ہے۔

**merrymaking** *n.* رنگ رلیاں، کھیل کود۔

**mescaline** *n.* (also **mescalin**) ایک واہمہ خیز نشہ آور شے۔

**Mesdames** MADAME کی جمع۔

**Mesdemoiselles** MADEMOISELLE کی جمع۔

**mesh** *n. & v.* اسم: ① جال یا جالی، جالی دار تعمیر وغیرہ۔ ② جالی کی آنکھ، حلقہ، خانہ یا سوراخ۔ ف: ①(گراری کے دندانوں کا) باہم پیوست ہونا۔② ہم آہنگ ہونا۔

**mesmerize** *v.* (also **-ise**) مسمریزم کے عمل سے مسحور کرنا، کسی میں شخصی اثر سے تنویمی کیفیت پیدا کرنا۔ ● **mesmerizing** صف۔

**mesolithic** *adj.* قدیم اور جدید حجری دوروں کے درمیان کے دور سے متعلق۔

**meson** *n.* ایک غیر مستحکم ابتدائی ذرّہ۔

**mess** *n. & v.* اسم: ① ابتر حالت، بے ترتیبی۔② افراتفری، گڑبڑ، فساد۔ ③ کوئی شے جو نظم، ترتیب، صفائی ستھرائی میں خلل انداز ہو۔④ فوجی طعام گاہ۔ ف: ① (**mess up**) بگاڑنا، گندہ کرنا، گڑبڑ ڈالنا، افراتفری پھیلانا۔ ② خلل انداز ہونا، اڑنگا لگانا۔③ فوجیوں کا ساتھ کھانا کھانا۔□ **mess about** ① غیر ذمّہ داری کا مظاہرہ کرنا۔② دخل اندازی کرنا۔

**message** *n.* ① پیغام، تحریری یا زبانی ایک شخص سے دوسرے کو۔② کسی پیغمبر، مصنف یا مبلغ کا وجدانی یا معنی خیز قول، ارشاد، تلقین۔

**messenger** *n.* قاصد، پیامی، ہرکارہ۔

**Messiah** *n.* ① کسی ملک یا قوم کا نجات دہندہ یا متوقع نجات دہندہ۔② یہود اور اہل کتاب کا مسیح موعود، حضرت عیسیٰ۔● **Messianic** صف۔

**Messrs** مسٹر (Mr) کی جمع۔

**messy** *adj.* **(messier, messiest)** ① ابتر، خراب، گندہ۔② خرابی پیدا کرنے، فساد، گڑبڑ پھیلانے والا۔③ جس سے نبٹنا مشکل ہو، پیچیدہ، پریشان کُن۔● **messiness** اسم: گندگی، ابتری۔ **messily** م ف۔

**met** MEET کا ماضی و ماضیہ۔

**metabolism** *n.* زندہ نامیوں کے اندر ہونے والے تمام کیمیائی عمل جس سے غذا جزو بدن بنتی ہے اور توانائی پیدا ہوتی ہے، تحوّل۔● **metabolic** صف۔ **metabolically** م ف۔

**metabolize** *v.* (also **-ise**) (غذا کا) تحوّل کے عمل سے گزرنا۔

**metacarpus** *n.* (*pl.* **metacarpi**) ہاتھ کی ہڈیوں کا ڈھانچا جو ہتھیلی کو کلائی کے ساتھ جوڑتی ہیں۔

**metal** *n. & v.* اسم: ① دھات، قدرتی مادّہ جیسے سونا، چاندی، لوہا یا دھاتوں کا مرکب، بھرت۔② سڑک بنانے کی روڑی، کنکر، ڈامر وغیرہ۔ ف: (**metalled**، **metalling** امریکا: **metaled**) ① سڑک کو پختہ کرنا، مرمّت کرنا۔② دھات سے بنانا، آمیزش کرنا۔

**metallic** *adj.* دھاتی۔● **metallically** م ف۔

**metallography** *n.* دھاتوں کی تعریف وتشریح اور ساخت، خصوصیات وغیرہ کا بیان۔

**metallurgy** *n.* دھاتوں کا علم، دھات کاری۔

**metamorphic** *adj.* ① قلب ہیئت، کایا پلٹ سے متعلق۔ ② (چٹان) جو قدرتی عوامل کے ذریعے تبدیل ہوتی ہو جیسے حرارت یا دباؤ۔

**metamorphosis** *n.* (*pl.* **metamorphoses**) ① کایا پلٹ، قلب ماہیت، تحوّل۔ ② خاصیت یا حالت وغیرہ کی تبدیلی۔● **metamorphose** ف۔

**metaphor** *n.* استعارہ، کسی اسم کے ساتھ ایسی صفت وابستہ کرنا جو لغوی طور پر نہیں بلکہ معنوی طور پر منطبق ہو۔ ● **metaphorical** صف: استعاری؛ مجازی۔

**metaphorically** م ف: بطور استعارہ۔
**metaphysics** *n. pl.* حکمت، وجود اور علم کی بابت نظریاتی فلسفہ، ما بعد الطبیعیات، الٰہیات۔ ● **metaphysical** صف: مابعدالطبیعیاتی۔
**metatarsus** *n.* (*pl.* **metatarsi**) انسانی پاؤں کا پنجر، ٹخنے سے انگلیوں تک۔
**mete** *v.* □ **mete out** (سزا یا جزا) دینا، عائد کرنا۔
**meteor** *n.* شہاب ثاقب، بیرونی فضا سے آنے والا مادّے کا ٹکڑا جو کرۂ ہوائی میں داخل ہو کر بھڑک اٹھتا ہے۔
**meteoric** *adj.* ① شہابیوں سے متعلق۔ ② شہاب ثاقب کی طرح تیز رفتار، روشن یا آنی وفانی۔ ● **meteorically** م ف: شہاب ثاقب کی طرح۔
**meteorite** *n.* شہاب ثاقب کا ٹکڑا، فضائے بسیط سے آنے والا کوئی چٹانی مادّہ، شہابی پتھر۔
**meteorology** *n.* موسمیات، موسمی پیش گوئی کے لیے موسمی حالات کا مشاہدہ و مطالعہ۔ ● **meteorological** صف: موسمیاتی۔ **meteorologist** اسم: ماہر موسمیات۔
**meter** *n. & v.* اسم: ① آلۂ پیمائش جو گیس، بجلی وغیرہ کی فراہم کی جانے والی موجود یا درکار مقدار کا اندراج کرتا ہے، رفتار، فاصلہ رسد یا مقدار کو ناپنے کا پیمانہ۔ ② امریکا: METRE کا متبادل۔ ف: میٹر سے ناپنا۔
**methadone** *n.* سُن یا بے حس کرنے اور درد کو تسکین پہنچانے والی ایک تیز اثر دوا۔
**methanal** *n.* =FORMALDEHYDE۔
**methane** *n.* ایک بے رنگ آتش گیر گیس۔
**methanol** *n.* ایک بے رنگ، بھڑک اٹھنے والا، آتش گیر مائع جسے محلل کے طور پر استعمال کرتے ہیں۔
**method** *n.* ① طریق کار، ضابطۂ عمل، اسلوب خصوصاً ذہنی تنظیم۔ ② باقاعدگی، بندھے ہوئے طور طریقے۔
**methodical** *adj.* باضابطہ، منظّم، منضبط۔ ● **methodically** م ف: ضابطے یا ترتیب کے ساتھ۔
**Methodist** *n.* پروٹسٹنٹ مذہب کے متعدد گروہوں میں سے کوئی جن کا آغاز چارلس اور جان ویزلی کی تبلیغی تحریک سے ہوا۔ ● **Methodism** اسم۔
**methodology** *n.* (*pl.*-**ies**) ① علمی طریق کار کے تعیّن یا اصول سازی کا علم۔ ② مرتب ضابطۂ کار۔
**methyl** *n.* یک گرفتہ، ہائڈروکاربن اصلیہ $CH_3$ جو methane اور بہت سے نامیاتی مرکبات کا جزو ہے۔
**methylated spirit** *n.* میتھنول ملائی ہوئی الکحل جو گرم کرنے میں اور بطور محلل استعمال ہوتی ہے۔
**meticulous** *adj.* ① جزویات پر بہت زور دینے والا، نہایت محتاط۔ ② باریک بیں، دقیقہ رس۔ ● **meticulously** م ف۔ **meticulousness** اسم۔
**métier** *n.* ① کسی کے کام، پیشے یا دلچسپی کا خاص شعبہ۔ ② خاص مہارت یا ہنر۔
**metre** *n.* (*US* **meter**) ① میٹری نظام میں پیمائش کی ایک اکائی تقریباً ۳۹٫۴ انچ کے مساوی۔ ② شعر کا وزن، بحر۔
**metric** *adj.* میٹر پر مبنی، میٹری (پیمائش کا اعشاری نظام)
**metrical** *adj.* ① موزوں، مطابق بحر یا وزن۔ ② پیمائشی، مساحتی۔
**metricate** *v.* میٹری نظام پیمائش کو اپنانا یا اس میں تحویل کرانا۔ ● **metrication** اسم۔
**metric system** *n.* اعشاری نظام جس کی بنیادی اکائیاں میٹر، لیٹر اور گرام (یا کلوگرام) ہیں۔
**metric ton** رک: TON۔
**metro** *n.* (*pl.* **-os**) زیرِ زمین ریلوے۔
**metrology** *n.* پیمائش کا علم اور مطالعہ۔
**metronome** *n.* موسیقی: تال دینے والا آلہ۔
**metropolis** *n.* کسی ملک کا سب سے بڑا شہر یا صدر مقام، دارالحکومت۔ ● **metropolitan** صف۔
**mettle** *n.* فطری لگن، جذبہ، حوصلہ، ہمت، دم خم۔
**mettlesome** *adj.* جی دار، جوشیلا۔
**mew** *v. & n.* ف: بلّی یا بعض مرغابیوں کی مخصوص آواز، میاؤں نکالنا۔ اسم: یہ آواز خصوصاً بلّی کی۔
**mews** *n.* گلی میں یا کھلی جگہ کے گرد بنے ہوئے اصطبل جو اکثر اب گھروں میں تبدیل کر دیے گئے ہیں۔
**mezzanine** *n.* دو منزلوں کے درمیان ایک نیچی منزل، دوچھتی، خصوصاً نچلی اور پہلی منزل کے درمیان۔
**mezzo** *adv. & n.* م ف: (موسیقی میں) نیم، معتدل، درمیانہ: *mezzo forte*۔ اسم: *mezzo soprano* (سب سے نیچی زنانہ آواز) اور *contralto*

(مدّھم زنانہ آواز) کے درمیان کی زنانہ آواز یا موسیقی۔

**mezzotint** *n.* ایک طریق طباعت یا کندہ کاری۔

**Mg** عنصر میگنیز کی علامت۔

**mg** تخفیف: ملی گرام کا اختصار۔

**MHz** تخفیف: میگا ہرٹز۔

**miaow** (also **meow**) =MEW۔

**miasma** *n.* زہریلے بخارات۔

**mica** *n.* ابرق، ایک سلیکیٹ معدنی پرت دار شے۔

**mice** MOUSE کی جمع۔

**micro-** *comb. form* ① چھوٹا، خرد، کوچک۔ ② دس لاکھ واں حصّہ (جیسا کہ *microgram*)

**microbe** *n.* خردحیویہ، نہایت چھوٹا جاندار (خصوصاً جرثومہ) ● **microbial** صف: جرثومی۔

**microbiology** *n.* خردحیاتیات، جراثیم، وائرس اور پھپھوندی وغیرہ کا مطالعہ۔ ● **microbiologist** اسم۔

**microchip** *n.* نیم موصل ٹکلی یا پتری (قرص) (عموماً سلیکون کی بنی ہوئی) برقی دور کی حامل، ورقچہ۔

**microclimate** *n.* کسی محدود جگہ کی موسمی کیفیت جیسے پودگھر، باغ کا گوشہ۔

**microcomputer** *n.* خردکمپیوٹر یا خردحاسب جس میں خرد عامل نصب ہوتا ہے۔

**microcosm** *n.* ① خردنقل، چھوٹا کیا ہوا نقش۔ ② انسان بطور عالم اصغر۔

**microfiche** *n.* (*pl.* same or **microfiches**) ایک چپٹا مستطیل فلم کا ٹکڑا جو کسی کتاب کے صفحے یا دستاویز کی مختصر کردہ تصویر کا حامل ہو۔

**microfilm** *n.* & *v.* اسم: خردعکسی فوٹو کی حامل فلم پٹی، خردفلم۔ ف: خردفلم پر (کسی دستاویز وغیرہ کی) عکسی نقل تیار کرنا۔

**microlight** *n.* ایک طرح کا معلّق مشینی گلائڈر۔

**micromesh** *n.* باریک بُنائی کی نائلون وغیرہ کی جالی۔

**micrometer** *n.* نہایت چھوٹے فاصلے، حجم وغیرہ کو ناپنے کا آلہ، خردپیما۔

**micron** *n.* ایک میٹر کا دس لاکھواں حصّہ۔

**micro-organism** *n.* خردبین نامیوں میں سے کوئی جیسے جل دوب، جرثومے، پھپھوند یا وائرس (سمّیہ)

**microphone** *n.* صوتی لہروں کو برقی توانائی کے ارتعاشات میں تبدیل کرنے والا آلہ جو نشر یا ریکارڈ کرنے کے بعد دوبارہ صوتی لہروں میں تبدیل کی جاسکتی ہیں۔

**microprocessor** *n.* مربوط برقی دور جو کمپیوٹر کے مرکزی فعّال حصّے کی تمام کارروائیوں کا حامل ہوتا ہے۔

**microscope** *n.* خردبین جو چھوٹی چیزوں کو تفصیلی مشاہدے کے لیے بڑا کر کے دکھاتی ہے۔

**microscopic** *adj.* ① خردبینی (وجود) اتنا چھوٹا کہ صرف خردبین سے دیکھا جاسکے۔ ② بیحد چھوٹا۔ ③ خردبین کے متعلق۔ ● **microscopically** م ف۔

**microsurgery** *n.* عمل جراحی جس میں خردبین اور نہایت نازک، چھوٹے آلات سے کام لیا جاتا ہے۔

**microwave** *n.* ① برقناطیسی لہر جس کا طول موج ایک ملی میٹر اور تیس سینٹی میٹر کے درمیان ہوتا ہے۔ ② (**microwave oven**) خردموجی بھٹّی یا چولھا جو خرد موجوں کے عمل سے بہت جلد کھانا تیار یا گرم کر دیتا ہے۔

**mid** *adj.* درمیانی، وسط میں واقع۔

**midday** *n.* نصف النّہار، دوپہر، ظہر یا زوال کا وقت۔

**midden** *n.* کوڑا، کوڑے کا ڈھیر۔

**middle** *adj.* & *n.* صف: ① وسطی، دو انتہاؤں سے یکساں فاصلے پر، بین بین۔ ② درجے، قسم وغیرہ کے لحاظ سے درمیانہ۔ ③ اوسط، میانہ۔ اسم: ① وسط، بیچ، مرکز۔ ② بول چال: انسانی کمر، پیٹ۔

**middle age** *n.* ادھیڑ عمر، ۴۵ سے ۶۰ تک۔ ● **middle-aged** صف: ادھیڑ، درمیانی عمر کا۔

**Middle Ages** *n. pl.* قرون وسطیٰ، یورپی تاریخ کا وہ دور جو مغرب میں رومی سلطنت کے زوال (۵ ویں صدی) سے لے کر قسطنطنیہ کی فتح (۱۴۵۳ء) تک پہنچتا ہے، یا مزید محدود کیا جائے تو تقریباً ۱۰۰۰ء سے ۱۴۵۳ء تک۔

**middle class** *n.* متوسط طبقہ، اعلیٰ طبقے اور نچلے طبقے کے درمیان کا طبقہ جس میں پیشہ ور اور کاروباری لوگ شامل ہیں۔ ● **middle-class** صف: متوسط طبقہ۔

**Middle East** *n.* مصر سے ایران تک کے ممالک پر مشتمل علاقہ، مشرقِ وسطیٰ۔

**middleman** *n.* (*pl.*-**men**) ①دلال، مال تیار کرنے والے اور خریدار کا درمیانی واسطہ۔②بچولیا، ثالث۔

**middleweight** *n.* تفریحی مکّے بازی میں ۷۱ تا ۷۵ کلوگرام وزن کا شخص، لیکن پیشہ ورانہ مقابلوں، کشتی وغیرہ میں مختلف۔

**middling** *adj.* ①اچھا خاصا۔②بول چال: (صحت کی بابت) اچھی بھلی۔③دوسرے درجے کا۔

**midfield** *n.* فٹ بال: بیچ میدان، دونوں گولوں سے یکساں فاصلے پر، مرکزی حصّہ۔

**midge** *n.* مچھر سے ملتا جلتا دوپرہ حشرہ، پسّو۔

**midget** *n.* بونا، بالشتیا، منی، منخنی شے۔

**midi** *n.* عموماً پنڈلی تک پہنچنے والی پوشاک۔

**midland** *n.* وسطی (**the Midlands**)①: اسم: انگلستان کے اندرونی علاقے کی کاؤنٹیوں کا مجموعی نام۔ ② کسی ملک کا وسطی علاقہ۔

**midnight** *n.* ① آدھی رات، ۱۲ بجے رات کا وقت۔ ② گہری تاریکی۔

**midriff** *n.* سینے اور پیٹ کے درمیان کا حصّہ۔

**midshipman** *n.* (*pl.* -**men**) بحریہ کا افسر جس کا درجہ بحری کیڈٹ اور سب لیفٹیننٹ کے درمیان ہے۔

**midst** *n.* وسط، بیچ، درمیان۔

**midway** *adv.* آدھے راستے پر۔

**midwife** *n.* (*pl.* -**wives**) بچہ جنوانے والی (عموماً عورت) قابلہ، دائی۔

**mien** *n.* کسی شخص کی وضع قطع، چال ڈھال۔

**might**[1] MAY کا صیغۂ ماضی خصوصاً:①بالواسطہ بیان میں یا اجازت چاہنے کے لیے۔②جس سے مشروط امکان ظاہر ہو۔③اظہارِ شکایت کے لیے کہ کوئی شرط یا توقع پوری نہ ہوئی۔④استدعا کے لیے۔

**might**[2] *n.* غیر معمولی جسمانی یا ذہنی قوت۔

**mighty** *adj. & adv.* صف: (**mightier**، **mightiest**) ①طاقتور، زبردست، قوی، غیر معمولی ذہنی یا جسمانی قوت یا اثرورسوخ والا۔② عظیم، قابل لحاظ۔ م ف: بول چال: بہت، نہایت۔● **mightily** م ف۔

**migraine** *n.* شقیقہ، آدھا سی سی یا آدھے سر کا درد۔

**migrant** *adj. & n.* صف: ہجرت، نقل مکانی، کوچ کرنے والا۔ اسم: مہاجر آدمی، حیوان، پرندہ وغیرہ۔

**migrate** *v.* ① نقل مکانی کرنا، سکونت تبدیل کرنا۔ ②(مچھلی یا پرندے کا) موسمی کوچ کرنا۔● **migration** اسم: نقل مکانی۔ **migratory** صف۔

**mike** *n.* بول چال: MICROPHONE کا اختصار۔

**mil** *n.* انچ کا ہزارواں حصّہ۔

**milage** MILEAGE کا متبادل۔

**milch** *adj.* دودھ دینے والی (گائے)

**mild** *adj.* ①نرم مزاج، بردبار۔②(سزا، بیماری، جذبے وغیرہ کے لیے) نرم، ہلکا، متوسط۔③(موسم کے لیے) معتدل نہ کہ سخت۔④ (غذا، تمباکو وغیرہ کے لیے) گوارا نہ کہ تیز یا چرپرا۔ ⑤ دبو، کمزور۔● **mildly** م ف۔ **mildness** اسم: نرمی، لطافت، اعتدال۔

**mildew** *n.* کاغذ، چمڑے وغیرہ پر نمی کے باعث لگ جانے والی پھپھوند۔● **mildewed** صف۔

**mile** *n.* فاصلے کو ماپنے کی اکائی، ایک میل ۱۷۶۰ گز یا تقریباً ۱٫۶۰۹ کلومیٹر کے برابر فاصلہ یا طول۔

**mileage** *n.* (also **milage**) میلوں میں ناپا ہوا فاصلہ۔

**milestone** *n.* ① میل کا پتھر، سنگِ میل۔②سوانح، تاریخ یا منصوبے کا کوئی اہم مرحلہ۔

**milieu** *n.* (*pl.* **milieux** or **milieus**)، ماحول، سماجی فضا، اردگرد کا معاشرہ۔

**militant** *adj. & n.* جنگجو، لڑاکا، تشدّد پسند، برسرپیکار (شخص)● **militancy** اسم: جنگ جوئی، جارحیت۔

**militarism** *n.* ① جزبۂ پیکار، لڑائی کا جوش۔ ② جنگ پسندی، عسکریت۔● **militaristic** صف۔

**military** *adj. & n.* صف: فوجی، عسکری، مسلّح افواج سے منسوب۔ اسم: ①(**the military**) مسلّح افواج۔②فوجی، لشکری۔

**militate** *v.* (واقعات یا شہادت کا) برخلاف ہونا، نفی کرنا۔

---

وضاحت: *mitigate* اور *militate* کو گڈ مڈ نہیں کرنا چاہیے۔ م: *The heavy rains militated against their attempts to mitigate the*

۔problem of flooding

**militia** *n.* باقاعدہ فوج کی مدد کے لیے بھرتی کی ہوئی نفری، رضا کار جوانوں کی ہنگامی فوج۔

**milk** *n. & v.* اسم:①دودھ، جو پستان یا تھنوں سے بچوں کی غذا کے طور پر رستا ہے۔② پینے کا دودھ جو گائے بکری وغیرہ سے حاصل کیا جائے۔③ نباتی دودھ یا سفید ریزش۔ف:①دودھ دوہنا۔② کسی کی ذات سے فائدہ حاصل کرنا، (کسی موقع سے) پورا فائدہ اٹھانا۔

**milkman** *n.* (*pl.* **-men**) گھروں پر دودھ پہنچانے والا۔

**milksop** *n.* ڈھیلا ڈھالا، ٹھس آدمی یا بیٹا نوجوان۔

**milk teeth** *n.* بچوں کے پہلے عارضی دانت، دودھ کے دانت۔

**milky** *adj.* (**milkier, milkiest**) ①دودھ کا یا دودھ جیسا۔②دودھیا، دُھندلا سفید (نگینہ یا سیّال)

**mill** *n. & v.* اسم:① پینے کا کارخانہ۔②پسائی کی کوئی مشین، کل یا آلہ۔③ کوئی کارخانہ، کارخانے کی کلیں۔ ف:غلّہ، دانے، بیج وغیرہ پیسنا۔② سکّے کے کناروں پر دھاریاں ڈالنا۔③ بھیڑ میں ایک دوسرے سے ٹکرانا، حیران، پریشان پھرنا۔□ **go through the mill** سخت مشقّت یا کڑی تربیت وغیرہ سے گزارنا، گزرنا۔

**millennium** *n.* (*pl.* **millenniums** or **millennia**) ①ہزار سالہ مدّت۔②اچھی حکومت اور خوشی، خوش حالی کا دور۔

**miller** *n.* غلہ پینے کے کارخانے کا مالک یا ٹھیکے دار۔

**millet** *n.* ①باجرے کا پودا۔②باجرے کا دانہ یا غلّہ۔

**milli-** *comb. form* ایک ہزار، خصوصاً ایک ہزارویں مقدار ظاہر کرنے کے لیے۔

**millibar** *n.* باریا ساوی دباؤ کی اکائی کا ایک ہزارواں حصّہ جو ۱۰۰ پاسکل کے برابر ہے۔

**milliner** *n.* زنانہ ٹوپیاں بنانے یا بیچنے والا۔
● **millinery** اسم: زنانہ ٹوپیوں کا کارخانہ یا دکان۔

**million** *n.* ①ہزار دفعہ ہزار (یا دس لاکھ)② (**millions**) بول چال: بڑی تعداد۔● **millionth** صفت و اسم۔

**millionaire** *n.* ①دس لاکھ یا اس سے زیادہ کی رقم کا مالک۔②بڑا دولتمند۔

**millipede** *n.* (also **millepede**) کن کھجورا، جس کے جسم کے ہر جوڑ میں دو دو پنجے ہوتے ہیں۔

**millstone** *n.* ①چکّی کے دونوں پاٹوں میں سے کوئی۔②بھاری ذمہ داری۔

**milometer** *n.* گاڑی چلنے کے میل ناپنے کا آلہ۔

**milt** *n.* نر مچھلی کا مادّۂ تولید سے بھرا ہوا تناسلی غدہ۔

**mime** *n. & v.* اسم:چُپ سوانگ، تماشا جس میں صرف حرکات وسکنات سے کام لیا جاتا ہے۔ ف:اس طرح جذبات یا خیالات کا اظہار کرنا۔

**mimic** *v. & n.* ف:(**mimicked**، **mimicking**) (کسی شخص یا حرکات وغیرہ کی) نقل کرنا خصوصاً بطور تفریح یا تمسخر۔ اسم: نقالی میں ماہر شخص۔
● **mimicry** اسم: نقالی کا ہنر، کی حرکت۔

**minaret** *n.* مینارہ، خصوصاً مسجد کا۔

**mince** *v. & n.* ف:① قیمہ کرنا یا بھرتا بنانا۔② چبا کر بات کرنا، خصوصاً مروّت، ملاحظے یا بناوٹ سے کام لیتے ہوئے۔اسم: قیمہ۔□ **not mince one's words** تنقید، اعتراض کھلے دل سے کرنا۔

**mincemeat** *n.* کشمش، شکر، سیب، شکر آمیز چھلکوں، مسالوں وغیرہ سے تیار کی ہوئی ڈش۔

**mince pie** *n.* قیمہ بھری پائی۔

**mincer** *n.* قیمہ پینے کی مشین۔

**mind** *n. & v.* اسم:①دماغ جو شعور، خیال، ارادے احساس کا مقام یا مرکز ہے، دھیان، توجّہ۔②ذہن، قوائے ذہنی۔③ یادداشت، حافظہ۔④ کسی کی رائے، عندیہ۔ ف: ① اعتراض کرنا، برا ماننا۔② یاد رکھنا؛ خیال کرنا، دھیان رکھنا؛ احتیاط سے کام لینا۔③ نگہداشت، رکھوالی کرنا۔④ تعلق رکھنا۔⑤متوجّہ ہونا، دھیان دینا۔□ **be in two minds** ڈانواں ڈول ہونا، تذبذب میں ہونا۔ **come to mind** (کسی بات یا خیال کا) ذہن میں آنا سوجھنا۔ **have it in mind to** ٹھانے ہوئے ہونا۔ **mind out** بچنا، گریز کرنا۔

**minded** *adj.* کسی خاص طرف ذہنی طور سے راغب، کوئی ذہنی خصوصیت رکھنے والا۔

**minder** *n.* ① کسی کام یا شخص کا نگراں، رکھوالا۔ ② بول چال: چوکسی کرنے والا۔

**mindful** *adj.* خبردار، مستعد، چوکنا۔

**mindless** *adj.* ① کند ذہن، احمق۔ ② جس کے لیے ذہانت یا مہارت درکار نہ ہو۔ ● **mindlessly** م ف۔ **mindlessness** اسم: کند ذہنی، حماقت۔

**mine**[1] *adj. & poss. pron.* میرا، خود بدولت کا۔

**mine**[2] *n. & v.* اسم: ① کان، معدن۔ ② مخزن، منبع (اطلاعات وغیرہ کا) ③ بارودی سرنگ جو دھما کا خیز مادّے سے بھرے خول کی صورت میں زیر زمین یا زیر آب بچھادی جاتی ہے۔ ف: ① کان سے (دھات، کوئلہ وغیرہ) نکالنا، کان کنی کرنا۔ ② بارودی سرنگ بچھانا۔

**minefield** *n.* ① بارودی سرنگوں سے پٹا ہوا یا سرنگیں بچھایا ہوا علاقہ۔ ② مشتبہ، خطرناک صورت حال۔

**miner** *n.* کان کن، کانوں میں کام کرنے والا۔

**mineral** *n. & adj.* اسم: ① کوئی دھات، معدنی شے۔ ② کھود کر نکالا ہوا غیر نامی مادّہ۔ ③ جھاگ دار مشروب۔ صف: معدن سے متعلق، معدنی، کان سے برآمد کردہ۔ ● **mineralogist** اسم: ماہر معدنیات۔ **mineralogy** اسم: علم معدنیات۔

**mineral water** *n.* قدرتی چشمے کا صاف پانی جس میں کچھ نمکیات ملے ہوتے ہیں۔

**minestrone** *n.* ترکاریوں، روٹی اور پھلیوں سے تیار کردہ شوربہ یا یخنی۔

**minesweeper** *n.* تیرتی یا زیر آب بارودی سرنگیں صاف کرنے والا جہاز، سرنگ رُبا۔

**mingle** *v.* ملانا، آمیز کرنا؛ ملنا جلنا۔

**mini-** *comb. form* (بطور سابقہ) مختصر، خرد، اپنی قسم کا بہت چھوٹا۔

**miniature** *adj.& n.* صف: ① معمول سے چھوٹا۔ ② تھوڑے پیمانے پر۔ اسم: ① کوئی چھوٹا کیا ہوا جسم یا شے۔ ② باریک خطوط میں کھینچا ہوا مختصر نقش۔

**miniaturize** *v.* (also **-ise**) مختصر پیمانے پر پیش کرنا، اختصار کرنا۔

**minibus** *n.* چھوٹی بس عموماً درجن بھر سواریوں کے لیے۔

**minicab** *n.* چھوٹی ٹیکسی یا کرائے کی گاڑی جو عموماً ٹیلیفون سے بک کی جاتی ہے۔

**minicomputer** *n.* چھوٹا یا درمیانی طاقت کا کمپیوٹر، مائیکرو کمپیوٹر سے بڑا لیکن عام کمپیوٹر سے چھوٹا۔

**minim** *n.* موسیقی میں ایک سُر جس کا وقفہ عام رائج طویل ترین سُر سے نصف ہوتا ہے۔

**minima** MINIMUM کی جمع۔

**minimal** *adj.* ① بہت مہین، باریک، ننھی۔ ② مختصر ترین مقدار وغیرہ سے متعلق۔ ● **minimally** م ف۔

**minimalism** *n.* سادہ، ابتدائی اشکال۔

**minimize** *v.* (also **-ise**) ① انتہائی حد تک گھٹانا۔ ② قدر یا اہمیت کو کم کر کے دکھانا یا سمجھنا۔

**minimum** *n. & adj.* (*pl.* **minima**) اسم: کم سے کم (اقل) ممکنہ مقدار۔ صف: اقل، ادنیٰ ترین۔

**minion** *n.* حکم کا بندہ، غلام، فدوی۔

**miniskirt** *n.* بہت چھوٹا اسکرٹ، سایا۔

**minister** *n. & v.* اسم: ① وزیر جو حکومت کے کسی شعبے (وزارت) کا مختار ہو۔ ② کلیسائی پادری، قسیس۔ ③ سفارتی عہدہ دار۔ □ **minister to** کسی شخص یا مقصد وغیرہ کا مددگار، پیروکار ہونا۔ ● **ministrerial** صف۔

**ministration** *n.* خدمت، اعانت، مددگاری۔

**ministry** *n.* (*pl.* **-ies**) ① وزیر کا محکمہ، شعبۂ وزارت، وزارت کا دفتر یا عمارت۔ ② کلیسائی پادری وغیرہ کا کام۔ ③ کسی وزیر اعظم کے تحت حکومت کی مدّت یا میعاد۔

**mink** *n.* ① قاقم کی طرح کے جانوروں میں سے کوئی۔ ② ان کا گھنا، بھورا پوستین۔ ③ اس سے بنا ہوا کوٹ۔

**minnow** *n.* میٹھے پانی کی ایک چھوٹی مچھلی۔

**minor** *adj. & n.* صف: جسامت یا اہمیت میں کم، چھوٹا یا ادنیٰ۔ اسم: خرد سال، نابالغ فرد۔

**minority** *n.* (*pl.* **-ies**) ① چھوٹی جماعت خصوصاً کسی بڑی جماعت کا دھڑا، اقلیت۔ ② کسی معاشرے کا چھوٹا گروہ یا جمعیت جو نسل، مذہب زبان اور سیاسی وابستگی کی بنا پر اختلاف رکھتا ہو۔ ③ نابالغی کی عمر، اس کی مدّت۔

**minster** *n.* بڑا گرجا گھر۔
**minstrel** *n.* یورپ کے قرون وسطیٰ میں پھیری لگا کر گیت گانے یا شعر سنانے والا۔
**mint¹** *n.* ①پودینہ کا خوشبودار پودا۔②پودینے کا عرق ملا کر تیار کی ہوئی میٹھی گولیاں۔● **minty** اسم: چرپرا۔
**mint²** *n. & v.* اسم:① ٹکسال جہاں سرکاری سکّے ڈھالے جاتے ہیں۔ ② بڑی رقم، دولت۔ف: سکّے ڈھالنا۔□ **in mint condition** بالکل نیا۔
**minuet** *n.* ایک آہستہ دوگانہ رقص۔
**minus** *prep., adj. & n.* حرف جار: ① منفی بمعنی گھٹا کے عمل تفریق سے، علامت: (-) ②نقطۂ انجماد (صفر) سے کم درجۂ حرارت۔③بول چال: بمعنی بلا، بغیر، کھونے کے بعد۔صف: ①ریاضی: منفی، تفریقی۔ ② (گریڈ کے لیے) مطلوبہ گریڈ سے کم: B minus۔ اسم: ①= علامت نفی (-) ②خسارہ، گھاٹا، نقصان۔
**minuscule** *adj.* بہت چھوٹا۔
**minute¹** *n. & v.* ①ایک گھنٹے کا ساٹھواں حصّہ، منٹ۔ ②لمحہ، بہت تھوڑا وقفہ۔③ **(minutes)** جلسے کی کارروائی کا خلاصہ، مختصر روداد۔ف: روداد تحریر کرنا۔
**minute²** *adj.* ①بہت چھوٹا، مہین، باریک، ننھا۔② ادنیٰ، حقیر، بے اہمیت۔③ صحیح، مفصّل، ٹھیک ٹھیک۔● **minutely** م ف۔**minuteness** اسم: باریکی۔
**minutiae** *n. pl.* چھوٹی، غیر اہم جزویات یا تفصیل۔
**minx** *n.* شوخ، چنچل لڑکی۔
**miracle** *n.* ① معجزہ، کرامات۔② کوئی غیر معمولی، تعجب خیز واقعہ، اعجوبہ۔③ کسی چیز کا کوئی نادر نمونہ۔● **miraculous** صف۔**miraculously** م ف۔
**mirage** *n.* سراب، نظر کا دھوکا، ریگ رواں۔
**MIRAS** (also **Miras**) mortgage: تخفیف interest relief at source رہن کے سود میں رعایت بوقت ادائیگی۔
**mire** *n.* ①نرم، دلدلی زمین۔②دلدل۔
**mirror** *n. & v.* اسم: آئینہ، شفاف سطح پر مسالے لگایا ہوا شیشہ جس میں شکل نظر آئے۔ف: آئینے کی طرح شبیہہ منعکس کرنا۔
**mirth** *n.* تفریح، ہنسی، قہقہہ۔● **mirthful** صف: مسرور، پُرمسرت۔**mirthless** صف: بے کیف، فسردہ۔
**mis-** *pref.* سابقہ جو بعض افعال کے ساتھ لگ کر نقص، عیب، برائی کے معنی پیدا کرتا ہے۔
**misadventure** *n.* ①حادثہ۔② بدنصیبی۔
**misanthrope** *n.* (also **misanthropist**) مردم بیزار، انسانوں سے نفرت کرنے والا آدمی۔ ● **misanthropic** صف۔ **misanthropy** اسم۔
**misapprehend** *v.* (لفظ کا) مفہوم غلط سمجھنا؛ (کسی شخص کے بارے میں) غلط رائے قائم کرنا۔● **misapprehension** اسم: غلط فہمی۔
**misappropriate** *v.* غبن کرنا، خرد برد کرنا۔ ● **misappropriation** اسم: غبن۔
**misbehave** *v.* ① بدتمیزی کرنا۔② (کسی شخص یا مشین کا) بری طرح کام کرنا، صحیح چال سے نہ چلنا۔
**miscalculate** *v.* غلط حساب لگانا، جانچنے میں غلطی کرنا۔● **miscalculation** اسم: غلط اندازہ۔
**miscarriage** *n.* قدرتی اسقاطِ حمل۔
**miscarry** *v.* (-ies, -ied) ①(کسی عورت کا) اسقاط سے دوچار ہونا، پیٹ گرانا۔②( کاروبار، منصوبے وغیرہ کا) ناکام رہ جانا، بگڑ جانا۔
**miscegenation** *n.* مخلوط شادی، خصوصاً سفید فام اور غیر سفید فام جوڑوں کی۔
**miscellaneous** *adj.* متنوع، متفرق۔
**miscellany** *n.* (*pl.* -ies) مخلوطہ، ملغوبہ، مختلف چیزوں کا مجموعہ۔
**mischance** *n.* ①بدقسمتی۔② حادثہ، آفت۔
**mischief** *n.* ① شرارت، چھیل جس میں عداوت کو دخل نہ ہو۔② ہنسی ہنسی میں یادانستہ ستانے، پریشان کرنے، مذاق اڑانے کا عمل۔
**mischievous** *adj.* فسادی، فتنہ انگیز، ضرر رساں۔● **mischievously** م ف: شرارت سے۔ **mischievousness** صف: شرارت، فتنہ پردازی۔
**misconception** *n.* ناقص تصوّر، غلط تشریح۔
**misconduct** *n.* ① نازیبا رویہ، ناشائستہ، نامعقول حرکات۔② بدانتظامی۔
**misconstrue** *v.* لفظ کو غلط معنی پہنانا، کسی بات یا

عمل کا غلط مفہوم لینا۔ ● **misconstruction** اسم۔

**miscreant** *n.* بدمعاش، چھٹا ہوا، شریر، فتنہ۔

**misdeed** *n.* بُرا کام، مذموم حرکت؛ جرم۔

**misdemeanour** *n.* (*US* **misdemeanor**) ① جرم، خطا کاری۔ ② قانون: قابل تعزیر حرکت۔

**miser** *n.* کنجوس آدمی، بخیل، پیسہ بچانے اور برے حال میں رہنے والا۔

**miserable** *adj.* ① بے چارہ، بدحال؛ خراب، خستہ، بے آرام۔ ② قابل نفرت، کمینہ۔ ③ منحوس، پُر آزار، تکلیف دہ۔ ● **miserably** م ف۔

**miserly** *adj.* تھڑ دلانہ، خسّت آمیز۔ ● **miserliness** اسم: خسّت، بخیلی۔

**misery** *n.* (*pl.* **-ies**) ① خستہ حالی، ذہنی پریشانی۔ ② پریشانی کا باعث، موجب آزار شے۔ ③ بول چال: مستقل طور پر رنجیدہ، افسردہ رہنے والا شخص۔

**misfire** *v.* ① (بندوق، موٹر انجن وغیرہ کا) سر ہونے یا چالو ہونے سے رہ جانا، چوک جانا۔ ② مقصد حاصل کرنے سے قاصر رہنا، ٹھپ ہو جانا۔

**misfit** *n.* کوئی ناموزوں شخص جو کسی ماحول، پیشے وغیرہ میں کھپ نہ سکے۔

**misfortune** *n.* بدقسمتی، بدنصیبی کی بات۔

**misgiving** *n.* وہم، وسوسہ، بدگمانی۔

**misguided** *adj.* بھٹکا ہوا، گمراہ، بے راہ رو۔

**mishap** *n.* سانحہ، حادثہ، سوء اتفاق۔

**misinform** *v.* غلط اطلاع بہم پہنچانا، گمراہ کرنا۔ ● **misinformation** اسم: غلط اطلاع، بہکاوا۔

**misinterpret** *v.* ① غلط تعبیر یا تشریح کرنا۔ ② غلط نتیجہ نکالنا۔ ● **misinterpretation** اسم: غلط تعبیر۔

**misjudge** *v.* ① غلط اندازہ لگانا، غلط فیصلے پر پہنچنا۔ ② غلط رائے رکھنا، سمجھنے میں غلطی کرنا۔

**mislay** *v.* ( **-laid, -laying**) کوئی چیز بے جگہ رکھ دینا؛ رکھ کے بھول جانا۔

**mislead** *v.* (**-led, -leading**) ① گمراہ کرنا، بھٹکانا، بہکانا۔ ② غلط راستے پر ڈالنا۔ ● **misleading** صف: گمراہ کن۔

**mismanage** *v.* بدانتظامی سے، غلط طریقے سے چلانا یا انجام دینا۔ ● **mismanagement** اسم۔

**misnomer** *n.* کسی نام یا اصطلاح کا غلط اطلاق یا بے جا استعمال۔

**misogyny** *n.* زن بیزاری، عورتوں کی طرف بے رغبتی۔ ● **misogynist** اسم: زن بیزار شخص۔

**misplace** *v.* ① غلط جگہ رکھ دینا، بے جگہ رکھ کر بھول جانا۔ ② غلط جگہ محبت یا غلط چیز پر بھروسا کرنا۔

**misprint** *n.* طباعت کی غلطی۔

**misquote** *v.* نقل و اقتباس، دہرانے یا حوالہ دینے میں غلطی کرنا، تحریف کرنا۔ ● **misquotation** اسم۔

**misread** *v.* (**-read, -reading**) سمجھنے یا بیان کرنے میں غلطی کرنا، کچھ کا کچھ سمجھ لینا۔

**misrepresent** *v.* غلط تعبیر کرنا، غلط طور پر پیش کرنا، غلط بیانی کرنا۔ ● **misrepresentation** اسم: بدتعبیری، تحریف۔

**misrule** *n.* بدانتظامی، بری حکومت، بدنظمی، انتشار۔

**miss**[1] *v.* & *n.* ف: ① نشانہ خطا کرنا، نشانے سے چوکنا؛ پہنچنے، پانے، پکڑنے سے معذور رہنا، مقصد حاصل نہ کرسکنا۔ ② (کسی موقع کو) ہاتھ سے کھو دینا۔ ③ بات کو سن یا سمجھ نہ سکنا۔ ④ کسی شخص یا شے کی جدائی کو محسوس کرنا۔ اسم: خطا، چوک، کوتاہی وغیرہ۔ □ **miss out** چھوڑ دینا، ترک کر دینا۔ **miss out on** بول چال: محروم، مایوس رہ جانا۔

**miss**[2] *n.* ① دوشیزہ؛ غیر شادی شدہ خاتون۔ ② (**Miss**) غیر شادی شدہ عورت کا لقب۔

**misshapen** *adj.* بدصورت، بدشکل، بدہیئت۔

**missile** *n.* دور سے نشانے پر پھینکا جانے والا ہتھیار۔

**missing** *adj.* ① گم، غائب۔ ② لاپتہ۔ ③ غیر موجود۔

**mission** *n.* ① تفویض شدہ فریضہ یا کام جو کسی فرد یا گروہ کو سونپا جائے۔ ② مقصد، دائرہ عمل۔ ③ بیرونِ ملک بھیجا جانے والا (سفارتی) وفد۔ ④ تبلیغی جماعت۔ ⑤ کلیسائی تبلیغی مہم یا عبادت وغیرہ کا نصاب یا میعاد۔

**missionary** *n.* (*pl.***-ies**) مذہبی تبلیغ سے متعلق یا منسوب شخص۔

**misspell** *v.* (**-spelt, -spelling**) غلط املا کرنا۔

**mist** *n.* & *v.* اسم: ① کہر، دُھند، شیشے وغیرہ پر

جمنے والے بخارات، بھاپ۔ ② آنکھوں کے آگے آنسوؤں وغیرہ کے سبب چھانے والا اندھیرا۔ف: کہر کی طرح چھانا یا دُھندلانا۔

**mistake** *n. & v.* اسم: غلطی، غلط خیال یا عمل، چوک، سہو۔ ف: **(mistaking، mistaken، mistook)** ① سمجھنے میں، کسی کو شناخت کرنے میں غلطی کرنا۔ ② غلط انتخاب کرنا۔

**mistletoe** *n.* ایک طفیلی بیل جو درختوں پر پھیلتی ہے اور اس میں سفید لسلسے بیر لگتے ہیں۔

**mistral** *n.* ایک سرد شمالی ہوا جو جنوبی فرانس سے ہوتی ہوئی بحیرۂ روم کی طرف جاتی ہے۔

**mistress** *n.* ① گھر کی مالکہ۔ ② وہ عورت جو مختار کار ہو۔ ③ اُستانی، معلّمہ۔ ④ داشتہ، محبوبہ۔

**mistrial** *n.* مقدمے کی ناقص کارروائی، جو کسی غلطی کی بنا پر مسترد قرار دی جائے۔

**mistrust** *v. & n.* ف: ① کسی پر شبہ کرنا، کسی کے بارے میں شک رکھنا۔ ② بے اعتمادی رکھنا۔ اسم: شک، شبہ، عدم اعتماد۔ ● **mistrustful** صف: شکّی۔

**misty** *adj.* **(mistier, mistiest)** ① کہر آلود، کہر سے متعلق۔ ② غیر واضح، مٹا مٹا سا۔ ③ مبہم، صراحت طلب۔ ● **mistiness** اسم: دھندلا پن، ابہام۔

**misunderstand** *v.* **(-understood, -understanding)** غلط مفہوم لینا، کچھ کا کچھ سمجھنا۔ ● **misunderstanding** اسم: غلط فہمی۔

**misuse** *v. & n.* ف: ① بے جا، بے موقع استعمال کرنا۔ ② بدسلوکی کرنا۔ اسم: غلط استعمال یا بے جا اطلاق۔

**mite** *n.* ① کوئی چھوٹا مکڑی نما حشرہ۔ ② کوئی چھوٹا سکّہ۔ ③ حقیر شے یا شخص خصوصاً بچہ۔

**mitigate** *v.* تخفیف کرنا، ہلکا، کم، معتدل کرنا۔ ● **mitigation** اسم: تخفیف، کمی۔

**mitre** *n. & v.* (*US* **miter**) اسم: ① اسقف کی لمبی ٹوپی جو پادری یا لاٹھ پادری اوڑھتے ہیں۔ ② لکڑی وغیرہ کی پٹیوں کا زاویۂ قائمہ بنانے والا جوڑ۔ ف: اس طرح جوڑ ملانا۔

**mitten** *n.* دستانہ جس میں انگلیوں اور انگوٹھے کے خانے الگ الگ ہوتے ہیں۔

**mix** *v. & n.* ف: ① (دو یا زیادہ مادّوں کو) ایک دوسرے میں ملانا، حل کرنا، مخلوط کرنا۔ ② مرکب یا آمیزہ تیار کرنا۔ ③ مانوس، متحد، موافق ہونا، میل جول رکھنا۔ اسم: آمیزہ، مرکب، مخلوط۔ □ **mix up** ① پوری طرح گھل مل جانا۔ ② شناخت، تمیز میں غلطی کرنا۔ ● **mixer** اسم۔

**mixed** *adj.* ① مختلف اقسام یا اشیا کا مجموعہ، مخلوط۔ ② مرد عورت دونوں جنس کے افراد کے لیے یا ان پر مشتمل۔

**mixed-up** *adj.* بول چال: ذہنی انتشار کا شکار، ماحول سے نامانوس، بے میل۔

**mixture** *n.* ① ملانے، آمیز کرنے کا عمل۔ ② آمیزہ، مرکب۔ ③ مختلف اجزا کو ملا کر تیار کی ہوئی شے۔

**mizenmast** *n.* بڑے مستول سے پچھلا مستول۔

**ml** تخفیف: millilitre(s) ملی لیٹر۔

**M. Litt.** تخفیف: Master of Letters۔

**mm** تخفیف: millimetre(s)۔

**Mn** عنصر manganese مینگنیز کی کیمیائی علامت۔

**mnemonic** *adj. & n.* صف: حافظے کے بارے میں یا حافظے کی مدد کے لیے۔ اسم: حافظے کی مدد کا طریقہ، تدبیر یا فن۔

**Mo** عنصر molybdenum مولبڈنم کی علامت۔

**moan** *n. & v.* اسم: ① آہ، کراہ۔ ② فریاد، دہائی۔ ف: ① کراہنا، آہیں بھرنا۔ ② بول چال: شکوہ، شکایت کرنا، بڑبڑانا۔ ● **moaner** اسم: فریادی، فغانی۔

**moat** *n.* قلعے وغیرہ کے گرد خندق، کھائی۔

**mob** *n. & v.* اسم: ① بھیڑ، ہجوم۔ ② بول چال: خلقت، دھڑا، جتھا، ٹولا۔ ف: **(mobbing، mobbed)** مجمع لگانا، حملے یا داد و تحسین کے لیے گرد اگرد جمع ہونا، (بلوائیوں کا) حملہ کرنا، ہجوم کرنا، ہلّہ بولنا، ازدحام کرنا۔

**mobile** *adj. & n.* صف: بآسانی منتقل ہونے یا چلنے، حرکت کرنے کے قابل۔ اسم: معلق آرائشی شے جو آسانی سے ہل جل سکے۔ ● **mobility** اسم۔

**mobile phone** *n.* ٹیلی فون جو ساتھ دور تک لے جایا جا سکے بغیر کسی ٹیلی فون سلسلے میں جوڑے ہوئے۔

**mobilize** *v.* (also **-ise**) کسی خدمت یا مہم کے لیے تیار، چوکس کرنا۔ ● **mobilization** اسم۔

**moccasin** *n.* نرم چمڑے کا بے ایڑی کا جوتا۔

**mocha** *n.* ایک عمدہ قسم کی کافی۔

**mock** *v. & adj.* ف:①مذاق اُڑانا۔② نقل اُتارنا، منہ چڑانا۔③ مسخرہ پن کرنا۔ صف: نقلی، جھوٹ موٹ کا، مصنوعی۔

**mockery** *n.* (*pl.* **-ies**) ① تضحیک، طعن وطنز۔② ناقص نقل، مضحکہ خیز نمونہ۔③ فضول، لایعنی حرکت وغیرہ۔

**mock-up** *n.* کسی تعمیر وغیرہ کا آزمائشی نمونہ۔

**mod cons** *n. pl.* بول چال: (جدید سہولتوں **modern conveniences** کا اختصار) مختلف گھریلو استعمال کی مشین وغیرہ جن سے گھر کا کام کاج آسان ہو جاتا ہے۔

**mode** *n.* ① طریق عمل، طور، انداز۔② رائج دستور یا طرز۔③ کسی نظام کار کو برتنے کا مخصوص طریقہ۔

**model** *n. & v.* اسم: ① اصل سے چھوٹا سہ ابعادی نمونہ یا نقل۔ ② کسی اصول یا قاعدے کو سمجھانے کے لیے بنائی ہوئی شکل، نقشہ، خاکہ۔ ③ مٹی، موم وغیرہ سے بنایا ہوا قالب یا ڈھانچہ جس پر مجسمہ ڈھالا جائے۔④ مثالی شے یا شخصیت؛ مصوّر کی تصویرکشی کے عمل کا نمونہ شخص یا نمائش کے لیے تیار کردہ لباس یا اس کی نقل۔ ف: (**modelling**، **modelled** امریکا: **modeled**) ① شبیہہ ڈھالنا، اصل کی نقل اتارنا۔② مصوّر وغیرہ کے عمل کا (ماڈل) بننا، نمونے کے لباس پہن کر دکھانا۔

**modem** *n.* صوتی اشارات کو ضبط کرنے اور کھولنے والا آلہ، مثلاً کمپیوٹر اور ٹیلیفون کے سلسلے کے درمیان۔

**moderate** *adj., n. & v.* صف: ① معتدل، میانہ رو۔② معقول، مناسب۔ اسم: معتدل خیالات کا حامل شخص۔ ف: ① شدّت میں کمی کرنا یا آنا، اعتدال برتنا۔② ثالث یا حکم بننا۔● **moderately** م ف۔

**moderation** *n.* معقول، معتدل، درمیانہ ہونے کی خصوصیت یا کیفیت۔□ **in moderation** درمیانہ درجے پر، معتدل طور پر یا مقدار میں۔

**moderator** *n.* ① ثالث۔② مشنی پادری (Presbyterian) جو کسی کلیسائی جماعت کا سربراہ ہو۔

**modern** *adj.* ① جدید یا حالیہ دور کا۔② رائج، رواں، چالو نہ کہ قدیم یا فرسودہ۔● **modernity** اسم۔

**modernism** *n.* جدید خیالات یا طور طریقے، خصوصاً مذہبی رسوم وعقائد اور زمانۂ جدید کے رجحانات میں ہم آہنگی پیدا کرنے کا رجحان۔● **modernist** اسم: جدیدیت پسند۔

**modernize** *v.* (also **-ise**) ① جدید بنانا، جدید مذاق وغیرہ کے مطابق ڈھالنا۔● **modernization** اسم: جدید سازی۔ **modernizer** اسم: جدید ساز۔

**modest** *adj.* ① منکسر المزاج، سیدھا سادا۔ ② شائستہ، مہذب۔③ معتدل، بے مبالغہ؛ کم نہ زیادہ۔

**modesty** *n.* عفت، شرم وحیا، انکسار۔

**modicum** *n.* تھوڑی مقدار، قلیل مقدار۔

**modify** *v.* (**-ies, -ied**) ① تخفیف کرنا، شدّت، تیزی وغیرہ میں کمی کرنا۔② قدرے ترمیم، اصلاح کرنا، بدلنا۔● **modification** اسم: ترمیم، جذوی اصلاح۔

**modish** *adj.* فیشن ایبل، مرغوب زمانہ۔

**modulate** *v.* ① قاعدے میں لانا، ٹھیک کرنا، معتدل بنانا۔② (آواز یا لہجے میں) حسب دلخواہ اُتار چڑھاؤ یا تبدیلی پیدا کرنا۔● **modulation** اسم۔

**module** *n.* ① تعمیر یا ترکیب یا ساخت کا بنیادی جز۔ ② تعلیم یا تربیتی کورس کا جزو۔● **modular** صف۔

**modus operandi** *n.* طریق کار، ضابطۂ کار۔

**mogul** *n.* بول چال: اہم، ذی اثر آدمی۔

**mohair** *n.* ① انقرہ کی بکری کے اُون سے بنا ہوا ریشہ یا کپڑا۔

**Mohammedan** *n.* MUHAMMADAN کا متبادل۔

**moiety** *n.* (*pl.* **-ies**) ① نصف حصّہ۔② تقسیم شدہ شے کے دو حصّوں میں سے کوئی۔

**moist** *adj.* گیلا، سیلا، نم، رطوبت آلود۔

**moisten** *v.* گیلا کرنا، تر کرنا یا ہونا۔

**moisture** *n.* نمی، رطوبت، پانی یا کوئی اور سیّال جو بخارات کی شکل میں ہو یا کسی شے میں سرایت کیے ہوئے یا سطح پر نمایاں ہو۔

**moisturize** *v.* (also **-ise**) (جلد) خشکی رفع کرنا۔● **moisturizer** اسم: خشکی رفع کرنے والا۔

**molar** *adj. & n.* صف: (دانت کی بابت) چبانے، پیسنے والا۔ اسم: ڈاڑھ۔

**molasses** *n. pl.* راب، کثیف، بے قلمیا شیرہ۔

**mold** امریکا: MOULD کی متبادل شکل۔

**mole** *n.* ① چھچھوندر جس کی کھال نرم روئیں دار ہوتی ہے اور زمین میں بل بنا کر رہتی ہے۔② بول چال: جاسوس جو عرصے تک خفیہ یا درپردہ رہ کر اعتماد حاصل کرلے۔③ مسّا یا تل۔④ مزاحمتی پشتہ۔

**molecule** *n.* ① سالمہ، کسی کیمیائی مرکب کی اقل بنیادی اکائی جو کیمیائی تعامل میں بروئے کار آئے۔ ② (عرف عام میں) کوئی چھوٹا ذرّہ۔● **molecular** صف۔

**molehill** *n.* بل کھودنے سے بنا ہوا مٹی کا ڈھیر یا تودہ۔

**molest** *v.* ① کسی کو پریشان کرنا، اذیت پہنچانا۔② دست درازی کرنا خصوصاً عصمت دری کی نیت سے۔● **molestation** اسم: چھیڑ، آزار دہی۔

**mollify** *v.* **(-ies, -ied)** ① تسکین دینا، دلاسا دینا، تشفّی دینا۔② دھیما کرنا۔

**mollusc** *n.* گھونگا، صدفہ، نرم جسم والے حشروں میں سے کوئی جو عموماً سخت خول میں رہتے ہیں۔

**mollycoddle** *v.* ناز برداری، خدمت گزاری کرنا۔

**Molotov cocktail** *n.* آتش زنی کا ایک بھدا آلہ عموماً ایک بوتل پر مشتمل جس میں آگ لگانے والا اسیّال بھرا ہوتا ہے۔

**molt** امریکا: MOULT کا متبادل۔

**molten** *adj.* پگھلا ہوا، گداختہ۔

**molto** *adv.* موسیقی: اور زیادہ، اور اونچا۔

**molybdenum** *n.* سفید نقرئی پھوٹک عبوری عنصر (علامت: Mo)

**moment** *n.* ① لمحہ، لحظہ، پل۔② اہمیت، قدر۔

**momentary** *adj.* ① آنی وفانی، لمحہ بھر کا۔② عبوری، عارضی۔● **momentarily** م ف۔

**momentous** *adj.* بڑی اہمیت کا حامل۔

**momentum** *n.* حرکت سے حاصل ہونے یا بڑھنے والی قوتِ محرکہ۔

**Mon.** MONDAY (سوموار) کا اختصار۔

**monarch** *n.* فرماں روا، بادشاہ یا ملکہ؛ سلطان، سلطانہ وغیرہ۔● **monarchic** صف۔ **monarchical** صف: سلطانی، شاہی۔

**monarchism** *n.* بادشاہی نظام یا اصولوں کی حمایت، شاہ پسندی۔● **monarchist** اسم: بادشاہی نظام کا طرف دار۔

**monarchy** *n.* **(pl. -ies)** بادشاہت، ایسا حکومتی نظام جس میں بادشاہ سربراہ ہو۔

**monastery** *n.* **(pl. -ies)** صوفیوں، سنیاسیوں کا ٹھکانہ، آشرم، خصوصاً راہبوں کی خانقاہ، صومعہ۔

**monastic** *adj. & n.* راہبانہ، خانقاہی یا ان سے متعلق۔● **monasticism** اسم: رہبانیت، سنیاس۔

**Monday** *n.* ہفتے کا دوسرا دن پیر، یک شنبہ۔

**monetarist** *n. & adj.* روپے، کرنسی گرفت یا کنٹرول کا قائل۔● **monetarism** اسم۔

**monetary** *adj.* ① رواں سکّوں سے متعلق۔② متعلق بہ زر یا حامل زر۔

**money** *n.* ① سکّہ رواں یا سکّہ رواں کی کوئی خاص قسم۔② (ج: **moneys**) رقمیں، نقدیاں۔ ③ دولت، املاک۔④ پیسہ یا زر بطور وسیلہ، منافع، معاوضہ۔

**moneyed** *adj.* مال دار، امیر، دولت مند۔

**money-spinner** *n.* منافع بخش شے۔

**Mongol** *n. & adj.* اسم: وسط ایشیا کے مغل باشندے جو اب منگولیا میں بستے ہیں۔صف: **(mongol)** بطور مذمت: مرض داء ڈاؤن (رک: Down's syndrome) میں مبتلا۔

**mongoose** *n.* **(pl. mongooses)** نیولا، مُشک بلاؤ سے مشابہ چھوٹا گوشت خور دودھ پلانے والا جانور جو سانپ پر حملہ کرسکتا ہے، مار سکتا ہے۔

**mongrel** *n.* ① دوغلا یا نامعلوم نسل کا جانور خصوصاً کتا۔② مختلف نسلوں کے میل سے پیدا ہونے والا مخلوط النّسل، بیچ میل حیوان یا پودا۔

**monitor** *n. & v.* اسم: ① کسی کارروائی یا عمل پر نظر رکھنے اور بروقت آگاہ کرنے والا کارکن یا پرزہ۔② جماعت میں نظم وضبط رکھنے پر مامور طالب علم۔ ف: کسی کارروائی یا عمل پر نظر رکھنا۔

**monk** *n.* راہب، تارک الدّنیا درویش، جس نے فقر، پاکبازی اور عبادت گزاری کا عہد کیا ہو۔

**monkey** *n. & v.* اسم: (ج: **-eys**) ① ایک چھوٹے

جسم کا اعلیٰ حیوان میموں، بندر۔ ② بول چال: شریر آدمی۔ ف: (monkeying، monkeyed) ① نقل اُتارنا، منہ چڑانا۔ ② دست اندازی، دخل در معقولات کرنا۔

**monkey nut** *n.* مونگ پھلی۔

**monkey puzzle** *n.* ایک سدابہار خاردار درخت جس کی ٹہنیاں نیچے کی طرف جھکی ہوتی ہیں۔

**monkey wrench** *n.* ایک سنسی جس کا دہانہ گھٹایا یا بڑھایا جا سکتا ہے۔

**mono** *adj.* MONOPHONIC کا اختصار۔

**mono-** *comb. form* واحد، اکیلا، مجرد۔

**monochrome** *adj.* ایک رنگا، سیاہ سفید۔

**monocle** *n.* ایک تال کی عینک، ایک آنکھ کا چشمہ۔

**monocular** *adj.* یک چشم یا ایک آنکھ کے لیے۔

**monoculture** *n.* یک فصلی کاشت، ایک ہی جنس کی بوائی۔

**monogamy** *n.* ایک وقت میں ایک میاں ایک بیوی رکھنے کا رواج۔ ● **monogamous** صف۔

**monogram** *n.* دو یا چند حروف پر مبنی آرائشی تحریر، طغرا خصوصاً کسی کے نام کا۔

**monograph** *n.* یک موضوعی رسالہ، کسی ایک عنوان پر علاحدہ مقالہ۔

**monolith** *n.* ① چٹان کا ایک ٹکڑا خصوصاً تراشا یا لاٹھ وغیرہ کی صورت میں گھڑا ہوا، تراشیدہ بھاری پتھر۔ ② بھاری بھرکم شخص یا شے۔ ● **monolithic** صف۔

**monologue** *n.* ① ڈرامائی خودکلامی۔ ② کسی ایک شخص کی گفتگو میں لمبی بات، طول کلامی۔

**monomania** *n.* ایک ہی بات کا جنون، خبط یا رٹ؛ واحد دلچسپی۔ ● **monomaniac** اسم۔

**monophonic** *adj.* صرف ایک واسطے یا مرکز سے اٹھنے والی (صدا)

**monoplane** *n.* اکہرے بازوؤں والا طیارہ۔

**monopolize** *v.* (also **-ise**) ① بلاشرکت غیرے قابض ہونا۔ ② اپنانا، تسلّط جمانا (گفتگو یا توجہ پر) چھائے رہنا۔ ● **monopolization** اسم۔

**monopoly** *n.* (*pl.*-**ies**) کسی کاروبار پر بلا شرکت غیرے قبضہ، اجارہ داری۔

**monorail** *n.* اکہری پٹڑی کی ریل گاڑی۔

**monosodium glutamate** *n.* گلوٹیمی سوڈیم نمک جو کھانوں میں ذائقہ بڑھاتا ہے۔

**monosyllable** *n.* یک جزوی، یک حرکتی، یک ہجائی لفظ یا کلمہ۔ ● **monosyllabic** صف۔

**monotheism** *n.* توحید، وحدانیت، ایک خدا کے وجود پر ایمان۔ ● **monotheistic** صف: توحید پرستانہ۔ **monotheist** اسم: موحّد۔

**monotone** *n.* یک سُری، ایک سطح پر قائم آواز۔

**monotonous** *adj.* غیر مبدّل، یکساں؛ یک رنگ؛ بے کیف؛ اکتاہٹ پیدا کرنے والا۔ ● **monotonously** م ف۔ **monotony** اسم۔

**monoxide** *n.* یک ایٹمی آکسائڈ جس میں آکسیجن کا ایک ایٹم ہو۔

**Monsieur** *n.* (*pl.* **Messieurs**) فرانسیسی کلمۂ خطاب، مسٹر، سر، جناب کا مترادف۔

**monsoon** *n.* جنوبی ایشیا، بحرِ ہند سے اٹھنے والی موسمی ہوا جس کے ساتھ بارشوں کا موسم آتا ہے۔

**monster** *n. & adj.* اسم: ① مہیب فرضی وجود، عفریت، راکشس۔ ② نہایت ظالم یا بے رحم آدمی۔ ③ عجیب الخلقت جانور یا پودا۔ ④ بے ہنگم، بدہیئت وجود یا شے (مثلاً بدوضع عمارت) صف: بول چال: بہت بڑا۔

**monstrosity** *n.* (*pl.* **-ies**) ① بے تحاشا، بڑی عجیب یا مہیب جناتی شے۔ ② خباثت، بدخصلتی۔

**monstrous** *adj.* ① بدہیئت، جناتی، عجیب الخلقت، غیر معمولی یا غیر فطری وضع کا۔ ② بھاری بھرکم، عظیم الجثہ۔ ● **monstrously** م ف: وحشیانہ انداز سے۔

**montage** *n.* متفرق ٹکڑوں کو جوڑ کر تیار کی ہوئی تصویر یا کسی بڑی تصویر میں شامل اس طرح کا سلسلہ۔

**month** *n.* ① سال کے عموماً بارہ مہینوں میں سے کوئی۔ ② چار ہفتے یا ۲۸ دن کی مدّت۔

**monthly** *adj., adv. & n.* صف: ماہوار، جو مہینے میں ایک بار واقع ہو۔ م ف: ماہ بہ ماہ، ہر مہینے۔ اسم: ماہوار جریدہ۔

**monument** *n.* ① یادگار تعمیر وغیرہ۔ ② قبر پر لگی ہوئی لوح۔ ③ قدیم عمارت؛ آثارِ قدیمہ میں سے کوئی۔

**monumental** *adj.* ①عظیم، بھاری، شاندار۔ ②یادگار، یادرہنے کے قابل، ناقابل فراموش۔

**moo** *v. & n.* ف: مویشیوں کا آواز نکالنا، ڈکرانا، ممیانا۔ اسم: ڈکرانے، ممیانے کی آواز۔

**mooch** *v.* بول چال: منڈلاتے اینڈتے پھرنا۔

**mood** *n.* ① کیف خاطر، کیفیت مزاج، ذہنی یا دلی کیفیت۔ ②بے کیفی، بے لطفی، بیزاری، بدمزاجی۔ □ **in the mood for** مائل، راغب۔

**moody** *adj.* **(moodier, moodiest)** متلون مزاج، افسردہ خاطر، اُداس، دل گرفتہ۔ ● **moodiness** اسم: دل گرفتگی، اداسی۔ **moodily** م ف: اداسی سے۔

**moon** *n. & v.* اسم: ①چاند جو زمین کا طفیلی سیّارہ ہے۔ ② کسی بھی سیّارے کا طفیلی سیّارہ۔ ف: کھوئی کھوئی نظروں سے دیکھنا، غافل نظر آنا۔ □ **over the moon** خوش وخرم، مسرور، نہایت خورسند۔

**moonlight** *n. & v.* اسم: ①چاندنی۔ ②چاندکی روشنی سے منوّر۔ ف: **(-lighting, -lighted)** بول چال: بیک وقت دو روزگار رکھنا خصوصاً رات کو ایک جگہ دن کو دوسری جگہ کام کرنا۔

**moonlit** *adj.* چاندنی۔

**moonscape** *n.* چاند کی سطح سے ملتا جلتا منظر یا سطح۔

**moonshine** *n.* بول چال: ①خام خیالی، غیر حقیقت پسندانہ خیالات یا توقعات۔ ②ناجائز طور سے کشید کی ہوئی یا خفیہ طور سے درآمد برآمد کی ہوئی شراب۔

**moonstone** *n.* حجرالقمر، اندورتن جو موتی کی سی آب والا ایک فلسپاری نگینہ ہے۔

**Moor** *n.* مخلوط، عرب و بربر نسل کا شمال مغربی افریقہ کا مسلمان باشندہ۔ ● **Moorish** صف۔

**moor**[1] *n.* غیر کاشت شدہ، ناہموار زمین خصوصاً جنگلی جھاڑیوں سے پٹی ہوئی۔

**moor**[2] *v.* کشتی، ترنا وغیرہ کو رسّے وغیرہ کے ذریعے کسی مضبوط چیز سے باندھنا، ٹھہرانا۔

**moorhen** *n.* ایک چھوٹی آبی چڑیا۔

**moorings** *n. pl.* کوئی مضبوط شے جس کے ساتھ کشتی وغیرہ کو باندھا جائے، کشتی وغیرہ کو باندھنے کی جگہ۔

**moose** *n.* (*pl.* same) شمالی امریکا کا ایک ہرن، جسے ایلک (*elk*) بھی کہتے ہیں۔

**moot point** *n.* تصفیہ طلب یا متنازعہ فیہ نکتہ۔

---

وضاحت: *moot* بعض اوقات *mute* سے خلط ملط کر دیا جاتا ہے خاص طور پر جملے *moot point* میں۔

---

**mop** *n. & v.* اسم: فرش کی صفائی کا پوچا، سوت بندھا جھاڑو پوچے کا ڈنڈا۔ ف: **(mopping, mopped)** ①پوچا لگانا، پچارا پھیرنا، صفائی کا ہاتھ پھیرنا۔ ②(آنسو یا ماتھے کا پسینہ) پونچھنا۔

**mope** *v.* بے کیف، افسردہ، اداس، نڈھال ہونا۔

**moped** *n.* موٹر سائیکل جس کا انجن کم طاقت کا ہو۔

**moraine** *n.* برفانی تودوں کے لڑھکائے ہوئے پتھروں اور ملبے سے پٹا ہوا علاقہ۔

**moral** *adj. & n.* صف: اخلاقی، عادات واطوار سے متعلق، اچھے اور بُرے کی تمیز پر مبنی، اخلاقی اصولوں اور مروّجہ سماجی قوانین کے مطابق۔ اسم: ①اخلاقی سبق (جو کسی کہانی، کہاوت، واقعہ وغیرہ سے برآمد ہو) ② **(morals)** کردار، طرزِعمل (خصوصاً جنس کے معاملے میں) ● **morally** م ف: اخلاقی طور پر، ازروئے اخلاق۔

**morale** *n.* ذہنی رویہ خصوصاً خوداعتمادی، تنظیم، حوصلے، ہمت وغیرہ کے تعلق سے اخلاقی ونفسیاتی کیفیت۔

**moralist** *n.* معلّم اخلاق، اچھے اخلاق کا حامی۔

**morality** *n.* (*pl.* **-ies**) ①اخلاق، خوش کرداری، اصول اخلاق کی پیروی۔ ②حُسنِ عمل۔ ③ اخلاقی سبق۔

**moralize** *v.* (also **-ise**) ①اخلاقی بحث، اخلاقیات پر غوروفکر کرنا۔ ②اخلاقی سبق نکالنا۔ ③ اخلاقی مفہوم پیدا کرنا۔ ④ ناصحانہ گفتگو کرنا۔

**moral support** *n.* حوصلہ افزائی، بڑھاوا۔

**moral victory** *n.* (*pl.*-**ies**) اخلاقی فتح۔

**morass** *n.* ①پھندا، الجھاوا، مخمصہ، خصوصاً جو مزاحمت پیدا کرے۔ ②دلدل۔

**moratorium** *n.* (*pl.* **moratoriums** or **moratoria**) کسی عمل یا کارروائی کی عارضی معطلی۔

**morbid** *adj.* ①مریضانہ، غیرصحتمند (ذہنیت، خیالات وغیرہ) ②غمگین، دلگرفتہ۔ ③مریضانہ۔ ● **morbidity**

**Morse code** *n.* ایک اشاراتی زبان جس میں حروف کو روشنی کی جھپکیوں یا صوتی اشارات کے ذریعے ادا کیا جاتا ہے۔

**morsel** *n.* ایک نوالہ، لقمہ، (غذا کا) چھوٹا سا ٹکڑا۔

**mortal** *adj. & n.* صف: ①فانی (جاندار) جس کا مرنا مقدّر ہو۔ ②مہلک، جان لیوا۔ ③تادم مرگ لڑی جانے والی (لڑائی) ④ہلاکت آفریں۔ اسم: فانی وجود، خصوصاً انسان۔ ● **mortally** م ف: مہلک طور پر۔

**mortality** *n.* (*pl.*-**ies**) ①فناپذیری۔ ②وسیع پیمانے پر ہلاکت۔ ③ کسی خاص وقت یا دور میں مرنے والوں کی تعداد۔

**mortar** *n.* ① تعمیر کا مسالہ، چونے سیمنٹ، ریت پانی کا آمیزہ۔ ② چوڑے دہانے کی چھوٹی توپ۔ ③ کھرل، ہاون دستہ۔

**mortarboard** *n.* تعلیمی اداروں کے لبادے کے ساتھ کی ٹوپی جس کی چندیا سخت، سپاٹ، چوکور ہو۔

**mortgage** *n. & v.* اسم: ①رہن، گرو خصوصاً قرضے کی ضمانت کے طور پر سونپی ہوئی املاک، رہن نامہ۔ ②رہن رکھ کر لیا ہوا قرضہ، مرہونہ شے یا املاک پر چڑھا ہوا قرضہ۔ ف: رہن رکھنا، گروی رکھنا۔

**mortgagee** *n.* مرتہن جس کے پاس رہن رکھا جائے۔

**mortgager** *n.* (also **mortgagor**) راہن، گروی رکھنے والا۔

**mortician** *n.* امریکا: تجہیز و تکفین کا پیشہ ور منتظم۔

**mortify** *v.* (-**ies**, -**ied**) ① سخت شرمندہ کرنا، ذلیل کرنا، دلی اذیت پہنچانا۔ ② مجاہدۂ نفس کرنا۔ ③ (گوشت کا) گھینگے، خورے وغیرہ کے سبب گلنا، مردہ ہو جانا۔ ● **mortification** اسم۔

**mortise** *n.* چوکھٹا جمانے کے لیے کیا ہوا سوراخ یا سال جس میں چُول بٹھائی جائے، چول کا گھر، اُول۔

**mortise lock** *n.* دروازے کی لکڑی میں خانہ بنا کر بٹھایا ہوا قفل۔

**mortuary** *n.* (*pl.*-**ies**) مردہ خانہ جہاں میتیں دفن سے پہلے لا کر رکھی جائیں۔

**mosaic** *n.* کاشی کاری، پتھر یا شیشے کے رنگین ٹکڑوں

**morbidly** م ف۔ **morbidness** اسم۔

**mordant** *adj. & n.* صف: (طنز وغیرہ کے لیے) کٹیلا، نشتر زن، چبھتا ہوا۔ اسم: رنگ یا سونے کے ورق یا پترے کو کسی اور شے پر جمانے، بٹھانے والا مسالہ۔ ● **mordantly** م ف: چبھنے کے انداز میں۔

**more** *adj., n. & adv.* صف: ①مزید، موجود یا پہلے سے زیادہ۔ ②شدّت یا درجے میں بڑھ کر۔ اسم: زیادہ مقدار یا تعداد۔ م ف: ①زائد طور پر۔ ② بیشتر، مکرر، دوبارہ۔ □ **more or less** کم و بیش؛ تقریباً؛ اندازاً۔ **more so** اسی طرح کا مگر کچھ بڑھ کر۔

**moreish** *adj.* (also **morish**) بول چال: خوش ذائقہ، چاشنی دار، اشتہا انگیز۔

**moreover** *adj.* مزید برآں، علاوہ ازیں۔

**mores** *n. pl.* سماجی اقدار، طور طریقے، اصول۔

**morgue** *n.* مردہ خانہ، لاشوں کو محفوظ رکھنے کی جگہ۔

**moribund** *adj.* قریب المرگ۔

**morish** MOREISH کا متبادل۔

**Mormon** *n.* مورمونی، ۱۸۳۰ء میں امریکا میں قائم ہونے والا ایک عیسائی فرقہ۔

**morning** *n.* ①دن کا پہلا پہر، صبح۔ ②سورج نکلنے کا وقت، طلوع سحر۔

**morning sickness** *n.* حمل ٹھہرنے کے بعد متلی کی کیفیت۔

**morocco** *n.* بکری کا نرم چمڑا۔

**moron** *n.* بول چال: بہت بے وقوف، نرا گھامڑ، غبی۔ ● **moronic** صف: احمقانہ۔

**morose** *adj.* روکھا، اکل کھرا، جلد غصّے میں آنے والا، چڑ چڑا۔ ● **morosely** م ف۔ **moroseness** اسم۔

**morphia** *n.* رک: MORPHINE۔

**morphine** *n.* افیون کا ست، درد کم کرنے کے لیے دوا کے طور پر مستعمل۔

**morphology** *n.* ① جانوروں اور پودوں کی شکل اور ساخت کا مطالعہ۔ ②الفاظ کی شکلوں کا مطالعہ۔ ● **morphological** صف: شکلیاتی۔

**morris dance** *n.* انگلستان کا ایک روایتی رقص جو سوانگ بھر کر گروہ کی صورت میں کیا جاتا ہے۔

کی حسن ترتیب سے جوڑ بندی۔

**Moslem** *adj. & n.* MUSLIM کا متبادل املا۔

**mosque** *n.* مسجد۔

**mosquito** *n.(pl. -oes)* مچھر۔

**moss** *n.* کائی، ایک چھوٹی بے پھول روئیدگی جونم جگہوں پر گھنے گچھوں کی صورت میں اگتی ہے۔● صف: **mossy** کائی زدہ۔

**most** *adj., n. & adv.* صف: ① افراط سے۔ ② اکثر، تقریباً سب۔ اسم: ① زیادہ سے زیادہ، بیش از بیش۔ ② **(the most)** سب سے بڑھ کر، بہترین۔ ③ اکثریت۔ م ف: ① نہایت۔ ② بول چال: کم وبیش، تقریباً۔ □ **at most** لے دے کر، زیادہ سے زیادہ۔ **for the most part** ① بیشتر۔ ② عموماً۔ **make the most of** پورا فائدہ اٹھانا، پورا کام لینا۔

**mostly** *adv.* ① بیشتر، زیادہ تر۔ ② عموماً، اکثر۔

**motel** *n.* شاہراہ پر بنا ہوا ہوٹل جہاں مہمانوں کو ٹھہرانے اور ان کی گاڑی کھڑی کرنے کا انتظام ہو۔

**motet** *n.* سنگت میں گائی جانے والی حمد وغیرہ۔

**moth** *n.* ① پتنگا، پروانہ عموماً رات کو نظر آنے والا حشرہ۔ ② اسی طرح کا چھوٹا پروں والا کیڑا جو کپڑوں کو لگ جاتا ہے جو اس کے پہل روپوں کی غذا ہیں۔

**mothball** *n.* فنائل یا کافور کی گولی جو کپڑوں میں رکھی جاتی ہے تاکہ ان میں کیڑا نہ لگے۔

**mother** *n. & v.* ① ماں، والدہ۔ ② دینی ادارے، خانقاہ وغیرہ کی سربراہ خاتون۔ ف: ① جنم دینا۔ ② پالنا، خبر گیری کرنا۔ ● **motherhood** اسم۔

**motherboard** *n.* کمپیوٹر: طبع شدہ بنیادی تختہ جس پر کمپیوٹر کے آلات نصب ہوتے ہیں۔

**mother-in-law** *n.* (*pl.* **mothers-in-law**) ساس، خوشدامن۔

**motherland** *n.* مادروطن، جنم بھومی۔

**motherless** *adj.* بن ماں کا۔

**motherly** *adj.* مادرانہ، ماں کی سی شفقت یا ممتا سے مشابہ۔ ● **motherliness** اسم: شفقتِ مادری۔

**mother-of-pearl** *n.* سیپ۔

**mother tongue** *n.* مادری زبان۔

**motif** *n.* ① فنی یا ادبی تخلیق کا امتیازی یا حاوی پہلو، خیال، خصوصیت۔ ② لباس میں اوپر ٹانکی ہوئی گوٹ، حاشیہ۔

**motion** *n. & v.* اسم: ① حرکت، نقل وحرکت کی صلاحیت۔ ② مخصوص چال۔ ③ تجویز برائے غور جو کسی کمیٹی وغیرہ کو پیش کی جائے۔ ④ اجابت، اخراج پیشاب، پاخانہ۔ ف: ① کسی کو اشارے سے ہدایت دینا۔ ② اشارہ کرنا۔

**motionless** *adj.* بے حرکت۔

**motion picture** *n.* سینما فلم۔

**motivate** *v.* ① ترغیب دینا، کسی مقصد کی طرف راغب کرنا۔ ② کسی شخص کو کسی خاص انداز سے عمل کرنے کی ترغیب دینا۔ ● **motivation** اسم: ترغیب۔

**motive** *n. & adj.* اسم: مقصد، غرض، غایت۔ صف: ① کسی عمل کی تحریک کرنے، ترغیب دینے والا۔ ② حرکت سے متعلق، حرکی۔

**mot-juste** *n.* (*pl.* **mots-justes**) سب سے مناسب لفظ یا جملہ۔

**motley** *adj. & n.* صف: ① رنگارنگ، رنگ برنگا۔ ② مختلف طرح کا، بھانت بھانت کا۔ اسم، تاریخ: ڈراموں کے مسخرے کا رنگارنگ لباس۔

**motocross** *n.* موٹر سائیکل سواروں کی ملک گیر دوڑ۔

**motor** *n. & v.* اسم: ① محرک، حرکت دینے والا۔ ② گاڑی کو چلانے والی مشین۔ ③ موٹر کار۔ صف: حرکی؛ موٹر انجن سے کام کرنے والا۔ ف: موٹر گاڑی پر جانا یا پہنچانا۔

**motorbike** *n.* بول چال: موٹر سائیکل۔

**motorcade** *n.* موٹر گاڑیوں کا کارواں، جلوس۔

**motorist** *n.* موٹر کار چلانے والا۔

**motor cycle** *n.* دو پہیا خود کار سواری، پھٹپھٹی۔ ● **motorcyclist** اسم: موٹر سائیکل سوار۔

**motorize** *v.* (also **-ise**) ① موٹر گاڑیاں مہیا کرنا۔ ② موٹر انجن نصب کر کے خود کار بنانا۔

**motor vehicle** *n.* عام سڑکوں پر چلنے کی کوئی گاڑی، سواری جس میں موٹر انجن لگا ہو۔

**motorway** *n.* تیز رو گاڑیوں کے لیے بنائی ہوئی شاہراہ۔

**mottled** *n.* رنگوں کے چھینٹے ڈال کر بنایا ہوا نمونہ۔

**motto** *n.* (*pl.* **-oes**) مقولہ، خوبصورت یا پُرمعنی جملہ،

فقرہ وغیرہ جو رہنما اصول کے طور پر اختیار کرلیا جائے۔

**mould** *n. & v.* (*US* **mold**) اسم: ① سانچا، جس میں سیّال بھر کر کوئی شے بنائی جائے؛ اس طرح بنائی ہوئی چیز۔ ② مہین فُطر یا پھپھوند جو کسی چیز پر نمی سے جم جائے۔ ③ مزروعہ زمین کی بالائی خصوصاً کھاد ملی تہ۔ ف: ① کسی شے کو کسی خاص شکل میں ڈھالنا یا اجزا سے ترکیب دینا۔ ② شکل یا شباہت دینا۔ ③ اثر انداز ہونا۔

**moulder** *v.* (*US* **molder**) ① گل کر مٹی ہو جانا۔ ② خراب خستہ ہونا، بوسیدہ ہو کر بکھر جانا۔

**moulding** *n.* (*US* **molding**) تعمیر خصوصاً کارنس وغیرہ کے نیچے آرائشی حاشیہ یا پٹی۔

**mouldy** *adj.* (*US* **moldy**) (**-ier, -iest**) ① پھپھوند لگا۔ ② بوسیدہ، پرانا، متروک۔ ③ بول چال: ناقص، ناکارہ، فضول۔

**moult** *v. & n.* (*US* **molt**) ف: جانوروں کا بال جھاڑنا، خول بدلنا، پرانے پَر جھاڑنا۔ اسم: حیوانوں کی چولا بدلی۔

**mound** *n.* ① تودہ، ڈھیر، ٹیلا۔ ② انبار، لاٹ۔ ③ چھوٹی پہاڑی۔

**mount** *v. & n.* ف: ① چڑھائی، زینہ وغیرہ چڑھنا۔ ② (گھوڑے وغیرہ پر) سوار ہونا، (کسی کو) گھوڑا دلانا سواری کے لیے۔ ③ بلند سطح پر چڑھنا۔ ④ اوپر اٹھنا، بڑھنا، جمع ہونا کسی چیز کو کسی اونچی سطح پر رکھنا۔ ⑤ کسی سہارے پر یا کسی چیز کے ساتھ جمانا، ٹکانا، بٹھانا۔ اسم: ① کوئی پشت، سہارا وغیرہ، سواری کے لیے موجود گھوڑا۔ ② پہاڑیاں، پہاڑی (نام کے لیے مستعمل)

**mountain** *n.* ① پربت، پہاڑ، کوہ۔ ② بڑا ڈھیر، تودہ، انبار۔ □ **move mountains** ① غیر معمولی کامیابی حاصل کرنا۔ ② کوشش میں کسر نہ چھوڑنا۔

**mountaineer** *n.* کوہ پیما، مہم جو، شوقیہ کوہ پیمائی کرنے والا شخص۔ ● **mountaineering** اسم: کوہ پیمائی۔

**mountainous** *adj.* ① پہاڑی، پہاڑوں سے پٹا ہوا (علاقہ) ② لمبا چوڑا، عظیم الجثہ، کوہ پیکر۔

**mourn** *v.* (کسی کی موت یا کھوئی شے کا) سوگ منانا، افسردہ ہونا۔ ● **mourner** اسم: ماتم گسار، سوگوار۔

**mournful** *adj.* ① حزنیہ، حسرتناک، غمگین؛ ماتم گسار۔ ② ماتمی۔ ● **mournfully** م ف۔

**mourning** *n.* ① کسی کی موت پر گہرے غم کا اظہار، ماتم گساری۔ ② سوگ میں پہننے کا لباس۔

**mouse** *n.* (*pl.* **mice**) ① چوہا، موش۔ ② دبّو، کمزور آدمی۔ ③ کمپیوٹر: ایک چھوٹا ہاتھ سے ہلایا اور دبایا جانے والا پرزہ جو کرسر (cursor) کو حسب ضرورت حرکت دیتا ہے۔

**moussaka** *n.* (also **mousaka**) قیمہ، بینگن وغیرہ کو پنیر کی ساتھ ملا کر پکائی ہوئی ایک یونانی ہنڈیا۔

**mousse** *n.* ① پھینٹے ہوئے انڈے بالائی وغیرہ کو چاکلیٹ اور پھلوں کے ساتھ ملا کر بنایا ہوا میٹھا۔ ② بال سنوارنے کا ایک روغن۔

**moustache** *n.* (*US* **mustache**) مونچھ۔

**mousy** *adj.* (**mousier, mousiest**) ① چوہے جیسا۔ ② بودا، پلپلا آدمی۔

**mouth** *n. & v.* اسم: ① منہ، دہانہ، جس سے آواز نکلتی ہے اور جہاں غذا چبائی جاتی ہے۔ ② بوری، تھیلے وغیرہ کا کھلا سرا یا منہ، غار، آتش فشاں چوٹی وغیرہ کا دہانہ، منہ سے پھونکے جانے والے سازوں کا منہ، توپ وغیرہ کا دہانہ۔ ③ دریا کا دہانہ جہاں وہ سمندر میں گرتا ہے۔ ف: ① منہ سے کہنا، ادا کرنا۔ ② چپکے چپکے ہونٹ ہلانا، منہ بنانا، منہ چڑانا۔ ● **mouthful** اسم: منہ بھر مقدار۔

**mouth-organ** *n.* پھونک کر سانس کھینچ کر بجانے والا ایک چھوٹا باجا۔

**mouthpiece** *n.* ① ساز کو منہ سے پھونکنے والا سرا، دہانہ، منہ، ٹیلیفون کا چونگا، تمباکو پینے کے پائپ کا دہانہ۔ ② کسی کا نمائندہ، کسی کی طرف سے بولنے والا۔

**mouthwash** *n.* کلّی، منہ کی مہک کے لیے کلّی کرنے کا سیّال مرکب جسے کلّی ہی کہتے ہیں، مہکدار کلّی۔

**movable** *adj.* جسے حرکت دی جا سکے۔

**move** *v. & n.* ف: ① جگہ یا انداز بدلنا یا اس کا سبب بننا۔ ② ہلنا یا ہلانا، جنبش کرنا یا دینا۔ ③ اِدھر اُدھر چلنا پھرنا، آنا جانا۔ ④ اقدام کرنا، عمل کرنا خصوصاً بروقت یا فوری طور پر۔ ⑤ ترقی کرنا۔ ⑥ مکان تبدیل کرنا۔ ⑦ میل جول، ربط ضبط رکھنا (مخصوص طبقے وغیرہ میں) اسم: ① حرکت، جنبش۔ ② نقل مکانی۔ ③ عملی

اقدام۔④ شطرنج کے کھیل میں مہرے کی چال۔ □ get a move on بول چال: جلدی کرنا، پھرتی سے کام لینا۔ move in نئے مکان میں اُترنا۔

**movement** *n.* ① حرکت، جنبش۔ ② کسی کل کے چلنے والے متحرک پرزے۔ ③ کسی مقصد کے لیے متحد گروہ، تحریک۔ ④ (movements) کسی فرد کی نقل و حرکت خصوصاً کسی خاص وقت یا دوران میں۔ ⑤ کسی طویل موسیقی کا کوئی مکمل حصّہ۔

**movie** *n.* امریکا، بول چال: سینما فلم۔

**moving** *adj.* رقّت انگیز، مؤثر، پُراثر، دلگداز۔ ● **movingly** م ف۔

**mow** *v.* **(mowed, mown, mowing)** درانتی یا مشین سے (گھاس وغیرہ کاٹنا) □ **mow down** ستھراؤ کرنا، صفایا کرنا۔ ● **mower** اسم۔

**mozzarella** *n.* ایک قسم کا نرم اطالوی پنیر۔

**MP** مخفف: Member of Parliament۔

**m.p.g.** مخفف: miles per gallon میل فی گیلن۔

**m.p.h.** مخفف: miles per hour میل فی گھنٹہ۔

**M.Phil.** مخفف: Master of Philosophy۔

**Mr** *n.* (*pl.* **Messrs**) عام آدمی کا لقب۔ (*Mr Jones*)

**Mrs** *n.* (*pl.* **same**) بیاہی عورت کا لقب۔ (*Mrs Jones*)

**MS** مخفف: ① MULTIPLE SCLEROSIS (اعصابی نظام کا اکڑ جانا) ② manuscript مسوّدہ۔

**Ms** *n.* عورتوں کا عام لقب بیاہی ہوں یا بن بیاہی۔

**M.Sc.** مخفف: Master of Science۔

**MS-DOS** مخفف: کمپیوٹر: MICROSOFT DISC OPERATING SYSTEM۔

**MSS** مخفف: manuscripts مخطوطات۔

**Mt.** مخفف: Mount پہاڑ۔

**much** *adj., n. & adv.* صف: جو بہت مقدار یا تعداد میں ہو۔ اسم: ① بڑی مقدار۔ ② نمایاں، ممتاز۔ م ف: بڑی حد تک۔ □ **a bit much** بول چال: کسی قدر زیادہ، زائد از ضرورت۔ **too much** ناگوار حد تک صورت حال وغیرہ۔

**mucilage** *n.* ① ایک لیسدار، چپکواں مادّہ جو بعض بیجوں کو پگھلا کر تیار کیا جاتا ہے۔ ② تیار گوند۔

**muck** *n.* ① کھاد۔ ② بول چال: فضلہ یا کچرا۔ ③ بول چال: گند، گڑبڑ، ابتری۔ □ **muck about** بول چال: ① آوارہ گردی کرنا، بے کار گھومنا۔ ② دخل اندازی کرنا۔ **muck in** ہاتھ بٹانا، مدد کرنا۔ **muck up** بول چال: کام بگاڑنا، خراب کرنا۔

**muckrake** *v.* ٹوہ لینا، راز فاش کرنا، خصوصاً مشہور لوگوں کے قصے اچھالنا۔ ● **muckraking** اسم۔

**mucous** *adj.* چپچپاتے لیس دار مادّہ سے متعلق یا اسی کی طرح۔

**mucus** *n.* مخاط، ایک چپچپا مادّہ جو غشائے مخاطی کی جھلّیوں وغیرہ سے رستا ہے۔

**mud** *n.* گیلی مٹی، کیچڑ۔ ● **muddy** صف: گدلا۔

**muddle** *v. & n.* ف: ① اُلٹ پُلٹ کرنا، ابتر کرنا۔ ② حیران کرنا، چکرانا۔ ③ (کسی کام کو) بگاڑنا، بری طرح چلانا۔ اسم: ① ابتری۔ ② گڑبڑ، خرابی۔

**mudguard** *n.* بائیسکل یا موٹر سائیکل کے پہیّے کی گرد روک پوشش۔

**muesli** *n.* دلے ہوئے غلّے، خشک میوے، سوکھے پھلوں کو دودھ میں ملا کر بنائی ہوئی ناشتے کی غذا۔

**muezzin** *n.* مسجد میں اذان دینے والا، موذّن۔

**muff** *n. & v.* اسم: نلکی نما بازو پوش جسے سردی سے بچاؤ کے لیے پہنتے ہیں۔ ف، بول چال: کام بگاڑنا۔

**muffin** *n.* ایک ہلکا، بھورا گول مسام دار کیک۔

**muffle** *v.* ① سردی سے بچاؤ کے لیے ڈھکنا۔ ② آواز کو دھیما رکھنے کے لیے آواز نکلنے کی جگہ کو ڈھکنا یا لپیٹنا۔

**muffler** *n.* سردی سے بچاؤ کے لیے لپیٹا جانے والا گلوبند۔

**mufti** *n.* وردی پوش (خصوصاً فوجی) کا وردی کے علاوہ عام سادہ لباس۔

**mug** *n. & v.* اسم: ① پینے کا عموماً مخروطی شکل کا دستے دار پیالہ، مگ یا مگا۔ ② بول چال: منہ، دہانہ۔ ③ بول چال: سادہ لوح آدمی جو آسانی سے دھوکا کھا جائے۔ ف: (**mugging**، **mugged**) کسی کو سرراہے دھونس دے کر لوٹ لینا۔ ● **mugger** اسم۔

**muggy** *adj.* (**muggier, muggiest**) مرطوب اور گرم (موسم، دن وغیرہ) ● **mugginess** اسم: اُمس، گھٹن۔

**Muhammadan** *n.* & *adj.* (also **Mohammedan**) = مسلم۔

**mulberry** *n.* (*pl.* **-ies**) شہتوت، توت، جلیبا، ایک پوداجوابتداء ریشم کے کیڑے کی غذا کے لیے بویا جاتا تھا، اسکا گہرا سرخ پھل یا بیر۔

**mulch** *n.* & *v.* اسم: پتّوں وغیرہ کی نباتی کھاد جو پودوں پر یا ان کے اردگرد زمین کی حفاظت یا تقویت کے لیے بچھادی جاتی ہے۔ف: ملچ کی کھاد بچھانا۔

**mule** *n.* ① خچر، گدھے اور گھوڑی یا گدھی اور گھوڑے کی اولاد۔② ضدّی، اڑیل آدمی۔ ③ ہلکی چپل، اوگی (پشت) کے بغیر۔● **mulish** صف۔

**mull** *v.* (شراب یا بوزہ) کوشکر، مسالے وغیرہ ملا کر تیز کرنا۔□ **mull over** غوروفکر کرنا۔

**mullah** *n.* ملاّ، اسلامی دینیات کا عالم۔

**mullet** *n.* ایک چھوٹی کھانے والی سمندری مچھلی۔

**mullion** *n.* کھڑکی میں لگی ہوئی سلاخ یا پٹّی، میان پٹی جو اسے دوحصّوں میں تقسیم کرتی ہے۔

**multi-** *comb. form* متنوع، کثیر، ایک سے زائد۔

**multicultural** *adj.* متنوع ثقافتوں کا مجموعہ، کئی نسلی وثقافتی گروہوں پر مشتمل یا ان سے منسوب۔

**multifarious** *adj.* ① متنوع۔② کثیرالانواع، کئی طرح کا، گونا گوں۔● **multifariously** م ف۔

**multilateral** *adj.* (معاہدہ، کانفرنس، کوئی عمل وغیرہ) جس میں کئی فریق شریک ہوں۔

**multinational** *adj.* کئی ملکوں میں پھیلا ہوا (کاروبار، کاروباری ادارہ)

**multiple** *adj.* & *n.* ① کئی حصّوں، اجزا یا عناصر پر مشتمل، مخلوط، ملا جلا۔② مختلف، متنوع۔ اسم: اضعاف، مضاعف، وہ عدد جو کسی اور عدد سے پورا تقسیم ہوجائے۔

**multiplex** *adj.* & *v.* صف: ① کثیرالاجزا، کئی حصّوں پر مشتمل۔② (سینما) ایک ہی عمارت میں کئی اسکرینوں والا۔

**multiplicand** *n.* ضرب دی ہوئی رقم، مضروب۔

**multiplicity** *n.* (*pl.* **-ies**) ① تنوع، تعدّد۔ ② کثرت، بڑی تعداد۔

**multiplier** *n.* ضارب، وہ رقم جس سے کسی اور رقم کو ضرب دی جائے۔

**multiply** *v.* (**-ies,-ied**) ① ضرب دینا۔② تعداد میں اضافہ کرنا۔● **multiplication** اسم۔

**multiracial** *adj.* کثیرنسلی، کئی انسانی نسلوں سے متعلق یا ان پر محیط۔

**multitude** *n.* ① بڑی تعداد۔② انبوہ، بڑا گروہ۔

**multitudinous** *adj.* ① کثیر، بڑی تعداد میں موجود۔② کئی مختلف عناصر پر مشتمل۔

**mum** *n.* & *adj.* اسم: بول چال: ماں سے خطاب کا لفظ۔صف: چپ، گم سم (*keep mum*)

**mumble** *v.* & *n.* ف: بڑبڑانا، منہ ہی منہ میں بولنا۔اسم: بڑبڑاہٹ، غیرواضح کلام۔

**mumbo-jumbo** *n.* بول چال: ① بے معنی، جاہلانہ رسم۔② پُرفریب منتر جنتر، ڈھونگ۔

**mummify** *v.* (**-ies,-ied**) حنوط کرنا، مومیانا، ممی بنانا۔● **mummification** اسم۔

**mummy** *n.* (*pl.* **-ies**) ① بول چال: ماں، امی۔② حنوط کی ہوئی انسان یا جانور کی لاش خصوصاً قدیم مصر سے تعلق رکھنے والی۔

**mumps** *n. pl.* گلسوئے، کن پھیڑ، ایک متعدی مرض۔

**munch** *v.* چبانا، جبڑے نمایاں طور پر ہلا ہلا کر کھانا۔

**mundane** *adj.* ① عام، لگا بندھا، مانوس، معلوم۔ ② دنیاوی، اس زندگی کا۔

**municipal** *adj.* بلدیاتی، شہری نظم ونسق سے متعلق۔

**municipality** *n.* (*pl.* **-ies**) بلدیہ، مقامی حکومت، شہری انتظام سے متعلق ادارہ۔

**munificent** *adj.* نہایت فیاض، دریادل۔ ● **munificence** اسم۔ **munificently** م ف۔

**munitions** *n. pl.* فوجی رسد، جنگی اسلحہ، گولہ بارود۔

**muon** *n.* میون، ایک غیرمستحکم ابتدائی ذرّہ۔

**mural** *n.* & *adj.* اسم: دیوار پر بنائی ہوئی تصویر، دیواری نقش۔صف: دیوار کا یا دیوار سے متعلق۔

**murder** *n. & v.* ①انسان کا ناجائز دانستہ قتل، خون۔ ②بول چال: پریشان کُن، نہایت بری، ناگفتہ بہ صورت حال۔ف: کسی انسان کی جان لینا، قتل عمد کا مرتکب ہونا۔● **murderer** اسم: قاتل، خونی۔

**murderous** *adj.* قاتلانہ، مہلک، جان لیوا۔

**murk** *n.* ①تاریکی، دُھندلاہٹ۔②دُھند، کہر۔

**murky** *adj.* ①تاریک، اندھیرا، بےنور، بے کیف۔ ② کثیف، گہری (تاریکی) ③مشتبہ، مبہم، دُھندلا۔

**murmur** *n. & v.* اسم: ①دھیمی متواتر آواز، گنگناہٹ، سرسراہٹ۔②سرگوشی، غیرواضح بات۔ ف: ①دبی دبی مسلسل آواز نکالنا۔ ②الفاظ کو دھیمی آواز میں ادا کرنا۔

**murrain** *n.* مویشیوں کا ایک وبائی مرض۔

**muscle** *n.* ①پٹھّا، عضلہ، مچھلی۔②انسان یا حیوان کا عضلاتی عضو۔③جسمانی زور، قوت۔□ **muscle in** بول چال: خود کو دوسروں پر مسلّط کرنا۔

**Muscovite** *n.* ماسکو کا باشندہ۔

**muscular** *adj.* ①عضلات سے متعلق یا عضلات کو متاثر کرنے والا۔②خوب ابھری ہوئی مچھلیوں والا (جسم)● **muscularity** اسم: گٹھیلا پن۔

**muscular dystroppy** *n.* ایک مرض جس میں عضلات بتدریج سوکھنے لگتے ہیں۔

**muse** *n.* ادبی، ف: سوچنا، غور وفکر کرنا، گہری نظر ڈالنا۔اسم: شاعری کی طبّاعی کا سرچشمہ۔

**museum** *n.* عجائب خانہ جہاں تاریخی، ثقافتی آثار نمائش کے لیے سجائے گئے ہوں۔

**mush** *n. & v.* اسم: نرم گودا یا لوندا وغیرہ۔ف: برف گاڑی کھینچنے والے کتوں کو ہنکانے کا اشارہ کرنا۔

**mushroom** *n. & v.* اسم: کھمبی، جس کے ڈنٹھل پر ٹوپ نما چھتری ہوتی ہے ۔ف: تیزی سے بڑھنا، دیکھتے ہی دیکھتے پھیل جانا۔

**mushy** *adj.* **(mushier, mushiest)**، ①نرم، گودے دار۔ ②بول چال: جذباتی۔

**music** *n.* ①موسیقی، سُریلی آوازوں کا فن ۔②اس فن کا نمونہ۔③ گانا، گیت، کوئی سہانی بندش۔④ منضبط تحریری موسیقی۔⑤ کوئی سُریلی آواز۔

**musical** *adj. & n.* صف: ①غنائی، موسیقی سے متعلق۔② سُریلا، خوش آہنگ۔③ موسیقی کی دُھنوں پر مرتب۔اسم: نغماتی فلم ۔● **musically** م ف۔

**musician** *n.* موسیقار، سازندہ، سازنواز۔

**musicology** *n.* علم موسیقی، راگ ودّیا، غنائیات۔ ● **musicologist** اسم: ماہر علم موسیقی۔

**musk** *n.* مُشک، جو مشکی ہرن کے ایک غدّے سے پیدا ہوتا ہے اور خوشبویات میں استعمال ہوتا ہے۔

**musket** *n.* پیدل سپاہی کی پرانے زمانے کی ہلکی بندوق، تفنگ اکثر کندھے پر رکھی ہوئی۔

**Muslim** *n. & adj.* (also **Moslem**) اسم: اسلام کا پیرو، مسلم۔صف: مسلمانوں یا ان کے مذہب سے متعلق۔

**muslin** *n.* سوتی ململ۔

**mussel** *n.* دوصمامی یا دوہرا سمندری گھونگا۔

**must** *v. & n.* فعل امدادی: ①لازماً۔②یقینی طور پر۔ ③ پڑے گا یا چاہیے کے مفہوم میں۔④ اصرار کے لیے۔⑤ ممانعت ہے، اجازت نہیں، نہیں کرنا چاہیے؛ کوئی ضرورت نہیں، اس پر زور دینے کے لیے کہ کوئی بات نہیں ہونی چاہیے۔اسم: بول چال: کوئی بات یا شے جو ہرگز قابل ترک نہ ہو۔

**mustang** *n.* میکسیکو اور کیلی فورنیا میں پایا جانے والا چھوٹے قد کا جنگلی گھوڑا۔

**mustard** *n.* ① رائی، سرسوں کا پودا جس میں نرم ڈوڈے اور زرد پھول لگتے ہیں۔②ان کے بیج جو مسالے کے طور پر کھائے جاتے ہیں۔

**muster** *v. & n.* ف: ①اکٹھا کرنا، معائنے وغیرہ کے لیے جمع کرنا۔② جمع کرنا، اکٹھا کرنا، مویشیوں کو گھیر کر لانا۔ اسم: ①معائنے وغیرہ کے لیے افراد کی یکجائی۔② مجمع، گروہ، بھیڑ۔□ **pass muster** پاس ہونا، معائنے وغیرہ کے مرحلے سے نکل لینا۔

**musty** *adj.* **(mustier, mustiest)** گلا سڑا، بوسیدہ، باسی، بدبودار۔● **mustiness** اسم: بوسیدگی۔

**mutable** *adj.* ① قابل تبدّل، تغیر پذیر۔ ②ناپائیدار۔● **mutability** اسم: تغیر پذیری۔

**mutagen** *n.* تغیر پیدا کرنے والا، تبدیلی پیدا کرنے والا مادّہ، تغیر، تبدیلی۔

**mutant** *adj. & n.* صف: تقلیب سے حاصل شدہ۔ اسم: تغیر پذیر یا تغیر یافتہ صورت۔

**mutate** *v.* منقلب کرنا یا ہونا؛ تبدیلی لانا یا متغیر ہونا۔

**mutation** *n.* ① تبدیلی، تبدیلِ ہیئت کی مثال یا عمل۔ ② جینیاتی تبدیلی جو اولاد میں منتقل ہو کر توارثی تبدیلیاں پیدا کر سکتی ہے۔

**mute** *adj., n. & v.* صف: خاموش، بے آواز، وقتی طور پر چپ۔ اسم: ① بہرا آدمی۔ ② گونگا شخص۔ ③ ساز وغیرہ کی آواز دھیما کرنے کے لیے ترکیب، آلہ۔ ف: ① آواز دھیمی کرنا۔ ② آواز کی شدّت کو کم کرنا۔ ● **mutely** م ف۔ **muteness** اسم: گونگا پن۔

**mutilate** *v.* کوئی عضو کاٹ دینا، کسی عضو کو ناکارہ کر دینا۔ ● **mutilation** اسم: قطعِ اعضا۔

**mutineer** *n.* باغی، غدّار، مفسد۔

**mutinous** *adj.* باغیانہ، سرکشانہ، خودسرانہ۔ ● **mutinously** م ف: باغیانہ طور پر۔

**mutiny** *n. & v.* اسم: (ج: -ies) کھلی بغاوت، غدر، سپاہیوں کی حکومت یا اپنے افسروں کے خلاف شورش، سرکشی۔ ف: (-ies، -ied) بغاوت، سرکشی کرنا۔

**mutter** *v. & n.* ف: ① منہ ہی منہ میں بولنا، بڑبڑانا۔ ② دھیمے لہجے میں (الفاظ کو) ادا کرنا۔ اسم: بڑبڑاہٹ بدبداہٹ۔

**mutton** *n.* بھیڑ، بکری کا گوشت بطور غذا۔

**mutual** *adj.* ① دوطرفہ، باہمی، مشترک۔ ② آپس میں کوئی خاص نسبت یا تعلق رکھنے والے۔ ● **mutuality** اسم۔ **mutually** م ف: باہمی طور پر۔

**Muzak** *n.* تجارتی نام: عام جگہوں پر موسیقی سنوانے کا ایک برقی ترسیلی نظام۔

**muzzle** *n. & v.* اسم: ① تھوتھنی۔ ② جانور کے منہ پر چڑھایا جانے والا چھینکا۔ ③ بندوق کی نال کا منہ۔ ف: ① (جانور کی) تھوتھنی پر چھینکا چڑھانا۔ ② زباں بندی کرنا۔

**muzzy** *adj.* **(muzzier, muzziest)** ① پراگندہ دماغ، چکرایا ہوا، فاترالعقل، بہکا ہوا۔ ② دُھندلایا ہوا۔ ● **muzzily** م ف۔ **muzziness** اسم۔

**MW** مخفف: ① megawatt(s)۔ ② medium wave۔

**my** *poss. pron.* میرا، میری ملکیت۔

**myalgia** *n.* پٹھوں کا درد۔

**mycelium** *n.* فُطر یا پھپھوند کا بڑھنے پھیلنے والا حصّہ جس میں کئی مہین ریشے ہوتے ہیں۔

**mycology** *n.* فطروں کا مطالعہ، فطریات۔

**myelin** *n.* اعصاب کے گرد پائی جانے والی چربی۔

**myna** *n.* (also **mynah**) مینائوں میں سے کوئی خصوصاً جو انسانی آواز کی نقل اُتارتی ہے۔

**myopia** *n.* کوتاہ بینی، دور کی نگاہ کا کمزور ہونا۔ ● **myopic** صف: کوتاہ بین۔

**myriad** *n.* بہت بڑی تعداد، بے حد، کثیر تعداد۔

**myrrh** *n.* ایک گوند جو پودوں سے حاصل ہوتا ہے اور دواؤں نیز عطریات میں استعمال ہوتا ہے۔

**myself** *pron.* ① خود میں یا میں نے۔ ② ME[1] کی رجعی شکل۔ ③ اپنی معمولی، عام یا معلومہ کیفیت میں۔

**mysterious** *adj.* ① پُراسرار، مخفی، سرّی۔ ② پُراسرار (شخص) اسرار و رموز سے دلچسپی رکھنے والا۔ ● **mysteriously** م ف: پُراسرار طریقے سے

**mystery** *n.* (*pl.* **-ies**) ① خفیہ، پوشیدہ، پُراسرار بات، راز، بھید۔ ② چُھپا ڈھکا، نامعلوم۔ ③ پُراسرار، حل طلب معاملہ یا واقعہ، خصوصاً کوئی جرم۔

**mystic** *n. & adj.* اسم: صوفی، مراقبہ، گیان دھیان پر عامل، خدا سے لو لگانے والا، روحانیت کے ذریعے حق کا متلاشی۔ صف: ① صوفیانہ، عارفانہ، روحانی۔ ② سرّی، رمزیہ، علامتی۔ ③ باطنی، مخفی۔ ● **mystical** صف۔ **mystically** م ف۔ **mysticism** اسم: تصوّف، روحانیت، الٰہیات۔

**mystify** *v.* **(-ies, -ied)** ① پُراسرار بنانا، اُلجھانا۔ ② چکرانا، اچنبھے میں ڈالنا، عقیدت یا اعتبار کا فائدہ اٹھانا۔ ● **mystification** اسم: پُراسرار بنانے کا عمل۔

**mystique** *n.* ① پُراسراریت جو کسی عمل یا شخص کے ساتھ وابستہ ہو، کرشمہ، شعبدہ کاری۔

**myth** *n.* ① روایتی قصّہ، فرضی حکایت، خصوصاً عجیب یا پُراسرار۔ ② اس طرح کی روایات بحیثیت مجموعی۔ ③ مقبول لیکن غلط تصوّر۔ ④ غیر حقیقی فرضی شے، شخصیت یا واقعہ یا تصوّر۔ ● **mythical** صف۔

**mythology** *n.* ① مخصوص روایات واساطیر؛دیومالا، اصنامیات۔ ②اصنامیات کا مطالعہ، اساطیریات۔ ● **mythological** صف:اساطیری۔

**myxomatosis** *n.* خرگوشوں کی ایک مہلک بیماری۔

# Nn

**N** مخفف:①north؛northern۔ ②شطرنج:Knight(گھوڑا)۔③ newton(s)۔ ④علامت:nitrogen نائٹروجن۔

**Na** علامت:sodium سوڈیم۔

**naan** NAN کا متبادل:نان،خمیری یا تندوری روٹی۔

**nab** *v.* **(nabbed, nabbing)** بول چال:① گرفتار کرنا یا کسی جرم میں دھرلینا۔②قبضے میں لینا۔

**nadir** *n.* ①آخری حصّہ یا نقطہ۔② زوال،انحطاط۔

**naevus** *n.* (*US* **nevus**) (*pl.* **naevi**) جلد پر پیدائشی سُرخ نشان،لہسن۔

**naff** *adj.* بول چال:فرسودہ،خلاف فیشن؛ناپسندیدہ۔

**nag** *v. & n.* ف:(**nagging**،**nagged**)①طنز اورملامت سے (کسی کے)عیب نکالنا، پیچھے پڑ جانا۔② درد کامسلسل آزار دینا۔اسم:① مسلسل تکلیف رساں شخص۔ ②بول چال:گھوڑا۔

**nail** *n. & v.* اسم:① کیل،میخ۔②ہاتھ یا پاؤں کا ناخن۔ف:① کیل ٹھونکنا،کیل سے جوڑنا۔② کسی شخص کوروک کررکھنا۔③ گرفت میں لینا۔

**naive** *adj.* ①سیدھا سادہ،معصوم۔② نادان،بدّھو۔ ● **naively** م ف۔ **naivety** اسم: سادگی، بھولپن۔

**naked** *adj.* ①ننگا، برہنہ،عریاں۔② کھلا،سادہ، واشگاف،آشکار۔● **nakedness** اسم:عریانی۔

**naked eye** *n.* عینک،دُوربین یاخوردبین کے بغیر، ننگی آنکھ۔

**namby-pamby** *adj.* ①بودا،کمزور،کم ہمت۔ ② خوشرو مگر پھیکا؛نراجذباتی۔

**name** *n. & v.* اسم:①نام،وہ لفظ جس سے کوئی شخص،جگہ یا شے پہچانی یا پکاری جائے۔②بڑا آدمی۔ ③شہرت۔④ مشہور،معروف۔ف:① نام رکھنا۔② صحیح نام سے پکارنا۔③ذکر کرنا، بتانا، واضح کرنا۔④ نامزد کرنا۔□ **name after** کسی کے نام پر نام رکھنا۔

**namely** *adv.* یعنی کہ،باالفاظ دیگر۔

**namesake** *n.* ہم نام۔

**nan** *n.* (also **naan**)۔① بول چال:نانی یا دادی۔ ② خمیری روٹی،نان،تندوری روٹی۔

**nanny** *n.* (*pl.* **-ies**) بچوں کی آیا،دایہ،کھلائی۔

**nano-** *comb. form* $10^{-9}$ کی علامت؛کسی مقدار کاایک ارب واں حصّہ،نانو(جیسے nanosecond)

**nap** *v. & n.* ف:(**napping**،**napped**)ذرا سی دیر کی نیند لینا،جھپکی لینا۔اسم:①نیند کی جھپکی خصوصاًدن کو قیلولہ۔② بعض سوتی کپڑوں یا چمڑے پر اُبھرا ہوا رواں۔

**napalm** *n.* جیلی نما پیٹرول جو آتش خیز بموں (نیپام بم) میں استعمال ہوتا ہے۔

**nape** *n.* گدّی،گردن کی پشت۔

**naphtha** *n.* ایک آتش گیر تیل۔

**naphthalene** *n.* سفید قلمی نامیاتی مادّہ جو کیڑے مارگولیوں وغیرہ میں استعمال ہوتا ہے۔

**napkin** *n.* ① کپڑے یا کاغذ کا ایک چوکور پارچہ جو کھانے کی میز پر ہاتھ منہ پوچھنے کے کام آتا ہے، ٹشو کاغذ۔② بچے کا کلوٹ۔③ چھوٹا تولیہ۔

**nappy** *n.* (*pl.* **-ies**) پوتڑا،جانگھوں میں لپیٹنے کا جاذب پارچہ؛کلوٹ جو بچے کا گوموت جذب کرلیتا ہے۔

**narcissism** *n.* نرگسیت،خود پرستی،اپنی ذات کے ساتھ غیر معمولی لگاؤ۔● **narcissistic** صف۔

**narcissus** *n.* (*pl.* **narcissi**) جنس نرگس کا کوئی پودا جس میں ایک ہی بہت مہک دار پھول لگتا ہے۔

**narcosis** *n.* نشہ آور شے کا غلبہ،غفلت،بے ہوشی۔

**narcotic** *adj. & n.* صف:①نشہ آور،غافل کر دینے والا،بے حس کر دینے والا،نیندلانے والا۔② ذہن کو ماؤف کر دینے والی (دوا)③خواب آور۔اسم: نشہ آور مادّہ،دارو یا اس کا اثر،غفلت۔

**narrate** *v.* مفصّل بیان کرنا، روایت کرنا، کتھا سنانا۔ ● **narration** اسم: بیان، روایت۔ ● **narrator** اسم۔

**narrative** *n. & adj.* اسم: ① حکایت، تحریری یا زبانی طور پر، واقعات کا مسلسل ترتیب وار دُہرانا۔ ② داستان گوئی یا اس کا فن۔ صف: بیانیہ اسلوب پر مشتمل یا بیان سے متعلق۔

**narrow** *adj. & v.* صف: ① چوڑائی میں کم، پتلا، تنگ۔ ② پہنچ یا اطلاق میں محدود۔ ③ (خیالات کی) تنگ نظری، عدم برداشت۔ ف: ① گھٹنا، تنگ، محدود ہونا۔ ② گھٹانا، پتلا کرنا۔ ● **narrowness** اسم۔ **narrowly** م ف: بال بال، باریکی سے۔

**narrow-minded** *adj.* تنگ نظر، متعصب۔

**narwhal** *n.* بحر آرکٹک کی چھوٹی وھیل مچھلی جس کے نر کا ایک لمبا بلدار دانت یا عاج ہوتا ہے۔

**nasal** *adj.* ① ناک سے متعلق۔ ② ناک سے نکلنے والی (آواز) ● **nasally** م ف: ناک سے، ناک میں سے۔

**nascent** *adj.* ① نوخیز، پیدا ہوتا ہوا۔ ② مرحلہ آغاز میں، ناپختہ۔ ● **nascence** اسم: نوخیزی۔

**nasty** *adj.* **(nastier, nastiest)** ① ناگوار، ناپسند، پریشان کن، ستانے والا۔ ② بدخُو، بدمزاج۔ ● **nastily** م ف۔ **nastiness** اسم: بدطینتی۔

**natal** *adj.* پیدائشی، جنم کا، خِلقی۔

**nation** *n.* قوم، ملّت جو عموماً ایک نسل، مشترک تاریخ، زبان وغیرہ کی حامل ہوتی ہے اور ایک ملک یا ریاست میں بستی ہے۔

**national** *adj. & n.* صف: ① قومی، قوم سے مخصوص۔ ② کسی خاص قوم یا اس کی خصوصیات سے متعلق۔ اسم: کسی قوم کا باشندہ۔ ● **nationally** م ف۔

**nationalism** *n.* ① حُب الوطنی کا جذبہ۔ ② قومی آزادی کی پالیسی۔ ● **nationalistic** صف۔ **nationalist** اسم: قوم پرست۔

**nationality** *n.* (*pl.* **-ies**) ① قومیت، کسی قوم کا باشندہ ہونے کی حالت۔ ② کوئی نسلی گروہ جو مختلف ملکوں میں پھیلا یا قومیتوں میں بٹا ہوا ہو۔

**nationalize** *v.* (also **-ise**) ① نجی ملکیت سے نکال کر سرکاری تحویل میں لے لینا، قومیانا۔ ② قومی بنانا۔ ● **nationalization** اسم: قومیانے کا عمل۔

**native** *n. & adj.* اسم: کسی خاص مقام کا باشندہ یا شہری از روئے پیدائش، مقامی باشندہ۔ صف: ① فطری، خلقی، نژادی طور پر کسی کی ملکیت میں۔ ② اپنی جائے پیدائش سے متعلق۔ ③ از روئے پیدائش کسی کا اپنا۔

**nativity** *n.* (*pl.* **-ies**) ① پیدائش، جنم۔ ② **(the Nativity)** میلادِ مسیح، جشن میلادِ مسیح، کرسمس۔ ③ آرٹ میں اس کا اظہار۔

**NATO** تخفیف: North Atlantic Treaty Organization معاہدہ شمالی اوقیانوس۔

**natter** *v. & n.* بول چال، ف: ① بے کار باتیں کرنا۔ ② بڑبڑانا۔ اسم: بکواس، ٹرٹر، بڑبڑ۔

**natural** *adj. & n.* صف: ① طبعی، مطابق فطرت؛ قدرتی۔ ② کسی کی عادت کے مطابق، عین متوقع۔ ③ سادہ، بے تکلف، بے تصنّع۔ ④ ودیعت کردہ، خلقی جوہر سے متصف۔ اسم: ① بول چال: کوئی شخص یا شے جسے کسی کام سے فطری مناسبت ہو۔ ② موسیقی: ایک علامت (:) جو استھائی پر واپس آنے کو ظاہر کرتی ہے، عام اونچا نہ نیچا، درمیانہ سُر۔ ● **naturalness** اسم۔

**natural history** *n.* حیوانات و نباتات کا مطالعہ۔

**naturalism** *n.* فطری مناظر، کردار وغیرہ کو ادب اور آرٹ میں حقیقت پسندی سے پیش کرنے کا نظریہ، فطرت نگاری، حقیقت پسندی۔ ● **naturalistic** صف۔

**naturalist** *n.* مطالعۂ قدرت کا ماہر۔

**naturalize** *v.* (also **-ise**) ① غیر ملکی کو شہریت دینا۔ ② کسی جگہ کے پودے یا جانور کو نئی جگہ بسانا۔ ● **naturalization** اسم: فطری بنانے کا عمل۔

**naturally** *adv.* ① قدرتی طور پر، فطرةً۔ ② دکھاوے یا بناوٹ کے بغیر۔ ③ بیشک، بلاشبہ۔

**natural science** *n.* مادّی دنیا کے مطالعے سے تعلق رکھنے والے علوم بحیثیت مجموعی، جیسے طبعیات، کیمیا وغیرہ، مادّی علوم بحیثیت مجموعی۔

**nature** *n.* ① فطری خصوصیات یا کردار۔ ② مظاہرِ فطرت جیسے پودے، حیوانات، مناظرِ قدرت؛ ان کی خالق اور چلانے والی طبعی طاقت۔ ③ قسم، نوع۔

**naturism** *n.* ① عریانیت پسندی۔ ② عقائد کے

مقابلے میں فطرت پرستی، دہریت۔ ● naturist اسم۔

**naught** *adj.* اسم، ادبی: کچھ نہیں، ہیچ، لاشے۔ صف، ادبی: ناکارہ، فضول، دوکوڑی کا۔

**naughty** *adj.* (**naughtier, naughtiest**) ① شریر، نافرمان، بدتمیز۔ ② بول چال: ناشائستہ۔ ● **naughtily** م ف۔ **naughtiness** اسم: شرارت۔

**nausea** *n.* ① طبیعت کی خرابی۔ ② گھن، تنفر۔

**nauseate** *v.* جی بُرا کرنا، متلی پیدا کرنا۔

**nauseous** *adj.* ① جی متلانے کی کیفیت میں مبتلا۔ ② کراہت پیدا کرنے والا، بدبودار، قابل نفرت، گھناؤنا۔

**nautical** *adj.* جہازرانی کے متعلق؛ بحری۔

**nautical mile** *n.* بحری میل، ۲۰۲۵ گز یا ۱۸۵۲ میٹر۔

**nautilus** *n.* (*pl.* **nautiluses** or **nautili**) سر پایہ صدفہ جس کا خول پیچ دار ہوتا ہے۔

**naval** *adj.* بحریہ سے متعلق، جہازوں کی بابت۔

**nave** *n.* گرجا کا مرکزی حصّہ۔

**navel** *n.* ① ناف۔ ② مرکزی نقطہ۔

**navigable** *adj.* ① قابل جہازرانی (دریا، سمندر وغیرہ) ② (جہاز) سمندر میں چلنے کے قابل۔

**navigate** *v.* ① بحری جہاز یا طیارے وغیرہ کو اپنے راستے پر چلانا، اُڑانا، جہاز رانی کرنا۔ ② (سمندر، خشکی وغیرہ سے) سفر کرنا، راستہ طے کرنا، (ہوا میں) پرواز کرنا۔ ● **navigation** اسم۔ **navigator** اسم۔

**navvy** *n.* (*pl*-**ies**) سڑک، نہر وغیرہ کی تعمیر یا کھدائی کا کام کرنے والا مزدور۔

**navy** *n.* (*pl.*-**ies**) ① کسی ملک کے تمام بحری جنگی جہاز اور ان کا کل عملہ۔ ② (**navy blue** کا اختصار) گہرا نیلا رنگ۔

**NB** تخفیف: *nota bene* آگے بھی دیکھیں، ملحوظ رکھیں۔

**Nb** عنصر niobium کی علامت۔

**Nd** عنصر neodymium کی علامت۔

**n.d.** تخفیف: no date: تاریخ ندارد۔

**NE** تخفیف: ① north-east شمال مشرق۔ ② north eastern شمال مشرقی۔

**Ne** عنصر neon نیون کی علامت۔

**Neanderthal** *adj.* انسانی ڈھانچے کے متعلق جو حجری دور کے یورپ میں اکثر جگہ پایا گیا یا اس دور کا انسان جس کا ماتھا کسی قدر کوتاہ اور دبا ہوا اور بھوؤں کی ہڈی زیادہ نمایاں ہوتی تھی۔

**Neapolitan** *adj.* & *n.* اسم: اٹلی کے شہر نیپلز کا باشندہ۔ صف: شہر نیپلز سے منسوب یا متعلق۔

**neap tide** *n.* سمندری جوار بھاٹا جبکہ جوار اور بھاٹے میں فرق نسبتہً کم ہوتا ہے۔

**near** *adv., prep., adj.* & *v.* م ف: ① کم فاصلے پر، پاس۔ ② لگ بھگ۔ حرف جار: ① تھوڑے فاصلے یا دوری پر۔ ② بمعنی تقریباً۔ صف: ① اپنی دسترس میں، پہنچ کے اندر۔ ② رشتہ میں قریب۔ ③ نزدیکی، تنگ گنجائش کا۔ ④ مماثل۔ ف: ① پاس پہنچانا، قریب جانا۔ ② قریب آنا۔ ● **nearness** اسم: نزدیکی۔

**nearby** *adj.* & *adv.* نزدیک ہی موجود۔

**nearly** *adv.* ① تقریباً۔ ② قریب کا، نزدیکی۔

**neat** *adj.* ① نفیس، قرینے کا، باقاعدہ۔ ② خالص، بے ملاوٹ۔ ● **neatly** م ف۔ **neatness** اسم۔

**neaten** *v.* صاف، پاکیزہ بنانا۔

**nebula** *n.* (*pl.* **nebulae**) فلکیات: خلا میں گیس اور غبار کا بادل۔ ● **nebular** صف۔

**nebulous** *adj.* بے ڈول؛ دُھندلا، مبہم۔

**necessarily** *adv.* لازمی نتیجے کے طور پر، لازماً، ناگزیر طور پر۔

**necessary** *adj.* & *n.* صف: ① ضروری کرنے یا ہونے کے لائق، لازمی۔ ② ناگزیر جو ہو کر رہے، طے شدہ جس کے بغیر چارہ نہ ہو، جس سے بچنا مشکل ہو۔ اسم: ① (**necessaries**) بنیادی ضروریات زندگی۔ ② (**the necessary**) بول چال: ضروری اقدام یا شے جو کسی مقصد کے لیے درکار ہو۔

**necessitate** *v.* ① ضروری بنا دینا (نتیجے کے طور پر) ناگزیر قرار دینا۔ ② کسی کو کسی کام کے لیے مجبور کرنا۔

**necessitous** *adj.* غریب، نادار، ضرورت مند۔

**necessity** *n.* (*pl.*-**ies**) ① ناگزیر شے، جس کے بغیر چارہ نہ ہو۔ ② کسی مقصد کے لیے موقع کا تقاضا۔ ③

لازمی حاجت۔ ④ مقدّر، بطور قانون قدرت۔

**neck** *n.* ① گردن؛ سر اور دھڑ کو جوڑنے والا حصّہ۔ ② لباس کا گردن کے قریب کا حصّہ۔ ③ بوتل، گڑھے وغیرہ کا تنگ حصّہ۔ □ **neck and neck** مقابلے میں یا دوڑ میں شانہ بشانہ، برابر برابر۔

**necklace** *n.* مالا، گلے کا ہار، گلے کی زنجیر یا زیور۔

**neckline** *n.* قمیص کا گریبان، گلا۔

**necromancy** *n.* ① حاضرات کا عمل؛ مُردوں کی ارواح کو بلا کر مستقبل کی پیش گوئی کا دعویٰ۔ ② جادو منتر، ٹونا ٹوٹکا۔ ● **necromancer** اسم: عامل۔

**necrosis** *n.* خلیے یا نسیج کی موت، چوٹ یا مرض کے سبب۔ ● **necrotic** صف۔

**nectar** *n.* ① پھولوں کا رس جس سے شہد بنتا ہے۔ ② کوئی خوش ذائقہ مشروب۔ ③ امرت، آب حیات۔

**nectarine** *n.* آڑو کی ایک قسم، شفتالو جس کا چھلکا نرم، شوخ رنگ کا ہوتا ہے اور گودا سخت۔

**née** *adj.* (*US* also **nee**) پیدائشی (نام) (شادی شدہ خواتین کے نام کے ساتھ پیدائشی نام جوڑنے کے لیے)

**need** *v. & n.* ف: ① (کوئی چیز) چاہنا، مانگنا۔ ② ضرورتمند، محتاج یا پابند ہونا۔ ③ ضروری ہونا۔ اسم: ① لازمہ، ضرورت، احتیاج، شے جس کی ضرورت یا طلب ہو۔ ② حالات جو کسی عمل کے متقاضی ہوں۔

**needful** *adj.* ضروری، ناگزیر۔

**needle** *n. & v.* اسم: ① سوئی، سینے کی ناکہ دار سوئی۔ ② گھڑی یا کسی پیمانے کی سوئی۔ ③ زخم کی سلائی کرنے والی سوئی، سرنج کی سوئی۔ ف: بول چال: بھڑکانا، اُکسانا، مشتعل کرنا۔

**needless** *adj.* ① غیر ضروری۔ ② نامطلوب، فضول، بے طلب۔ ● **needlessly** م ف: بلاضرورت۔

**needlework** *n.* سلائی، زردوزی۔

**needy** *adj.* (**needier, neediest**) غریب، مفلوک الحال، ضرورتمند۔

**nefarious** *adj.* قبیح، مذموم، مفسدانہ۔ ● **nefariously** م ف: بد معاشی سے۔

**negate** *v.* ① مسترد کرنا، منسوخ کرنا، بے اثر کرنا، مٹانا۔ ② انکار کرنا، وجود کو جھٹلانا۔ ● **negation** اسم: نفی۔

**negative** *adj. & n.* صف: ① انکار، منفی۔ ② (کسی شخص یا رویے کی بابت) مثبت خصوصیات سے عاری؛ بے حس، بے ذوق، یاسیت زدہ، مخالف۔ ③ متوقع خصوصیت سے عاری۔ ④ صفر سے کم (مقدار) ⑤ برقیات: الیکٹرون کے ذریعے رواں ہونے والا برقی بار، منفی بار، منفی بار کا حامل یا خالق۔ اسم: ① منفی بیان۔ ② فوٹوگرافی: معکوس تصویر سیاہ وسفید یا رنگین جس سے تصویر چھاپی جاتی ہے۔ ③ منفی قدر۔ ● **negatively** م ف۔ **negativity** اسم: منفیت۔

**negative equity** *n.* قرضے کی وہ صورت کہ اثاثے کی مالیت زر رہن سے کم رہ جائے، منفی کفالت۔

**negative pole** *n.* منفی قطب، قطب جنوبی، کسی مقناطیس کا قطب جنوبی کی طرف رخ کرنے والا سرا۔

**neglect** *v. & n.* ف: ① غفلت یا بے احتیاطی کرنا۔ ② چوکنا۔ ③ توجہ نہ دینا۔ اسم: ① لاپروائی، عدم التفات۔ ② گریز، غفلت۔ ● **neglectful** صف: غافل۔

**negligée** *n.* مہین کپڑے کا زنانہ گاؤن یا لبادہ۔

**negligence** *n.* بے پروائی، بے توجہی، بے اعتنائی۔ ● **negligent** صف۔ **negligently** م ف۔

**negligible** *adj.* ناقابل لحاظ، معمولی۔

**negotiate** *v.* ف: ① گفت وشنید کرنا، تصفیے کی خاطر تبادلہ خیال کرنا۔ ② کسی امر کو بات چیت سے طے کرنا۔ ③ کسی رکاوٹ، مرحلے، کو پار کرنا۔ ● **negotiation** اسم: گفت وشنید۔ **negotiator** اسم: درمیانی شخص۔

**Negress** *n.* سیاہ فام عورت، نیگرو کی تانیث، حبشن۔

**Negro** *n.* (*pl.*-**oes**) سیاہ جلد کی نسل کا آدمی، اصلاً افریقی، حبشی۔ ● **Negroid** صف: حبشی نما۔

---

وضاحت: لفظ *Negro* اب اکثر اہانت آمیز خیال کیا جاتا ہے، *black* (سیاہ فام) قابل ترجیح ہے۔

---

**neigh** *n. & v.* اسم: گھوڑے کی ہنہناہٹ۔ ف: ہنہنانا۔

**neighbour** *n.* (*US* **neighbor**) ① ہمسایہ، پاس بیٹھا آدمی یا پاس رکھی چیز۔ ② قریبی۔

**neighbourhood** *n.* (*US* **neighborhood**)

علاقہ، بستی، پاس پڑوس۔

**neighbourhood watch** *n.* اہل محلّہ کا باہمی رکھوالی کا نظام، چوری چکاری روکنے کے لیے۔

**neighbouring** *adj.* (*US* **neighboring**) پڑوس میں واقع۔

**neighbourly** *adj.*(*US* **neighborly**) اچھے ہمسایوں کا سا، ہمدردانہ۔ ● **neighbourliness** اسم۔

**neither** *adj., pron., adv. & conj.* حرف نفی: صف وضمیر: دو میں سے نہ تو ایک نہ دوسرا۔م ف و عطف: ① ایک بات نہ دوسری، یہ نہ وہ۔② ایک صورت نہیں تو دوسری بھی نہیں۔

**nem. con.** اختصار: بلا اختلاف، متفقہ طور پر۔

**nemesis** *n.* ① پاداش، مکافات، ظلم کا بدلہ۔② تنزل۔

**neo-** *comb. form* ① نیا، نو، جدید۔② ترمیم شدہ۔

**neoclassical** *adj.* ادب، آرٹ، موسیقی وغیرہ کی کلاسیکی روایت کی تجدید، احیا سے متعلق، نوکلاسیکی۔

**neodymium** *n.* خاکستری روپہلے رنگ کا قدرتی دھاتی عنصر (علامت:Nd)

**neolithic** *adj.* پتھر کے زمانے (عہد حجری) کے اواخر سے متعلق جبکہ پتھر کے چمکیلے اوزار رائج تھے۔

**neologism** *n.* نیا لفظ یا طرز اظہار۔

**neon** *n.* ایک جامد گیس، روشنی اور اشتہاروں کے لیے عام طور پر مستعمل (علامت:Ne)

**neonate** *n.* نومولود بچہ۔● **neonatal** صف۔

**neophyte** *n.* ① کسی اسوے یا عقیدے پر نیا نیا ایمان لانے والا شخص۔② مبتدی، نومولود۔

**nephew** *n.* بھتیجا یا بھانجا۔

**nephritis** *n.* ورم گردہ، گردے کی جلن۔

**nepotism** *n.* اقرباپروری، خویش نوازی۔

**neptunium** *n.* ایک تابکار عنصر (علامت:Np)

**nerd** *n.* (also **nurd**) (اصلاً امریکی) بول چال: احمق، کمزور، غیر دلچسپ آدمی، بوبک، گاؤدی۔

**nerve** *n.* ① عصبہ، وہ ریشہ یا ریشوں کا گچھا جس کے ذریعے دماغ یا ریڑھ کی ہڈی سے دیگر اعضا تک حرکات، جذبات واحساسات کا تیج پہنچتا ہے۔② حوصلہ مندی، خوداعتمادی۔ ③ بول چال: گستاخی، بے باکی۔ ④ (nerves) ذہنی دباؤ، اعصابی ہیجان۔ □ **get on a person's nerves** بول چال: کسی کے اعصاب پر سوار ہونا، غصہ دلانا، ناراض کرنا۔

**nervous** *adj.* ① حسّاس، کمزور اعصاب والا۔② ہراساں، پریشان۔③ جذباتی، جلد چراغ پا ہو جانے والا۔ ● **nervously** م ف۔ **nervousness** اسم۔

**nervy** *adj.* (**nervier, nerviest**) اعصاب زدہ، بآسانی بوکھلا جانے والا، جلد بھڑک اٹھنے والا۔● **nerviness** اسم: تشویش، پریشانی۔

**nest** *n. & v.* اسم: ① گھونسلا، آشیانہ۔② کسی جانور کے بسیرے یا افزائش نسل کی مخصوص جگہ۔③ آرام کا ٹھکانا، پناہ گاہ۔ف: ① گھونسلا بنانا یا اس میں رہنا۔ ② آپس میں مربوط یا ضم ہو جانا۔

**nest egg** *n.* مستقبل کے لیے پس انداز کی ہوئی رقم، بچت، پونجی۔

**nestle** *v.* ① بسیرا کر لینا، آرام سے بس جانا، ٹھکانا پکڑ لینا۔② بغل گیر ہونا۔③ نیم نمایاں یا دھنسا ہوا ہونا۔

**nestling** *n.* چڑیا کا بچہ جو ابھی اڑنے کے قابل نہ ہو۔

**net[1]** *n. & v.* اسم: ① جالی، رسّیوں، دھاگوں سے بُنا ہوا خانہ دار پارچہ۔② مچھلیوں وغیرہ کو پکڑنے کا جال۔ ③ کمپیوٹر: (Net) انٹرنیٹ۔ف: (netting، netted) جال سے مچھلیاں وغیرہ پکڑنا۔

**net[2]** (also **nett**) *adj. & v.* صف: ① (خصوصاً رقم کے لیے) خالص جو تمام منہائیاں کرنے کے بعد بچے۔ ② (وزن) اصلی، پیکنگ وغیرہ کے وزن کو خارج کر کے۔ف: (netting، netted) خالص منافع کے طور پر کمانا یا دینا۔

**netball** *n.* دو ٹیموں کے درمیان ایک کھیل جس میں گیند اچھال کر ایک اونچے افقی حلقے میں ڈالنا ہوتا ہے۔

**nether** *adj.* =LOWER۔

**netting** *n.* جالی، شبکہ، جالی دار پارچہ۔

**nettle** *n. & v.* اسم: ایک جنگلی پودا، بچھوا بوٹی۔ف: ① جلانا، تنگ کرنا، بیزار کرنا۔② کچوکنا، چبھونا۔

**network** *n.* ① ایک دوسرے کو کاٹتے ہوئے خطوط کا سلسلہ۔② کمپیوٹروں یا نشرگاہوں کا باہم رابطہ۔

**networking** *n.* خیالات اور معلومات کا لین دین

اور تبادلہ، کاروباری یا پیشہ ورانہ ترقی کے لیے۔
**neural** *adj.* مرکزی نظام اعصاب سے متعلق۔
**neuralgia** *n.* اعصابی درد، خصوصاً سر یا چہرے کا۔ ● **neuralgic** صف: اعصابی درد سے متعلق۔
**neural network** *n.* انسانی جسم کے اعصابی نظام اور دماغ کے نمونے پر بنایا ہوا کمپیوٹری نظام۔
**neuritis** *n.* ورمِ عصبہ، اعصاب کی جلن۔
**neuro-** *comb. form* عصبہ یا اعصاب بطور سابقہ۔
**neurology** *n.* اعصابیات، نظام اعصاب کا مطالعہ۔ ● **neurological** صف۔ **neurologist** اسم۔
**neurosis** *n.* (*pl.* **neuroses**) اعصابیت، اعصابی دباؤ، ایک نسبتۃً ہلکی اعصابی یا دماغی تکلیف۔
**neurotic** *adj.* & *n.* صف: ① اعصابی دباؤ سے متعلق۔ ② اعصابی مریض (شخص) ③ بہت حسّاس یا وہمی یا ضدّی۔ اسم: اعصابیت میں مبتلا شخص۔ ● **neurotically** م ف۔
**neuter** *adj., n.* & *v.* صف: ① قواعد: جنسیت سے عاری اسم یا کوئی کلمہ جو نہ مذکر ہو نہ مونث۔ ② جنسی طور پر ناپختہ، یا خصّی کیا ہوا۔ اسم: ① قواعد: بے جنس کلمہ۔ ② عمل تولید سے بے واسطہ جانور۔ ف: آختہ کرنا، جنسی طور پر بے اثر کرنا۔
**neutral** *adj.* & *n.* صف: ① غیر جانبدار، الگ الگ جو مخالف فریقوں میں سے کسی کے ساتھ نہ ہو۔ ② غیر واضح، غیر متعیّن۔ اسم: غیر جانبدار آدمی یا ریاست۔ **neutral gear** بن لگا، ساکن گیئر، گراری (موٹر میں) ● **neutrality** اسم۔ **neutrally** م ف۔
**neutralize** *v.* (also **-ise**) برابر کرنا، ناوابستہ کرنا، بے اثر کرنا۔ ● **neutralization** اسم۔
**neutrino** *n.* (*pl.* **-os**) نیوٹرینو، تحت جوہری متحکم ذرّہ جس کی کمیت تقریباً صفر ہوتی ہے اور بے بار ہوتا ہے۔
**neutron** *n.* تحت جوہری ذرّہ جس کی کمیت پروٹون کے تقریباً برابر ہوتی ہے لیکن برقی بار نہیں ہوتا ہے۔
**neutron bomb** *n.* ایک بم جو جانداروں کو تو نقصان پہنچاتا ہے لیکن املاک پر کم اثرانداز ہوتا ہے۔
**never** *adv.* ① کبھی نہیں؛ کسی موقع پر نہیں۔ ② ہرگز نہیں، بالکل نہیں۔ ③ بول چال: (اظہار حیرت کے لیے) یقیناً نہیں۔ ◻ **never mind** فکر کی بات نہیں۔
**nevermore** *adv.* مستقبل میں کبھی نہیں۔
**nevertheless** *adv.* تاہم، پھر بھی، اس کے باوجود، البتہ، باوجودیکہ۔
**nevus** امریکا: NAEVUS کا متبادل۔
**new** *adj.* & *adv.* صف: ① تازہ آمد، ابھی کا، نیا نیا۔ ② نو ایجاد، نو دریافت، جدید۔ ③ اصل حالت میں، اچھوتا، غیر استعمال شدہ۔ ④ تجدید شدہ، اصلاح شدہ۔ ⑤ پہلے یا پچھلے سے مختلف۔ م ف: ① تازہ، ابھی کا، حالیہ۔ ● **newness** اسم: نیاپن، تازگی۔
**New Age** *n.* ایک وسیع، جامع تحریک جس میں روایتی مغربی ثقافت کی بجائے دوسرے متبادل رویے پیش کیے گئے جن میں روحانیت، تصوف، تقدس آمیز نظریات اور ماحولیت پسندی پر مبنی خیالات سے دلچسپی شامل ہے۔
**newcomer** *n.* ① نووارد آدمی۔ ② مبتدی، نوسکھیا۔
**newel** *n.* ① چکّر دار زینے کا مرکزی کھمبا جو اسے سہارتا ہے۔ ② زینے کی لوہے کی جالی کو سہارا دینے والے ستونوں کا بالائی یا زیریں حصّہ۔
**newfangled** *adj.* انوکھا، ناپسندیدہ، عجیب۔
**newly** *adv.* ① ابھی کچھ پہلے۔ ② نئے سرے سے۔
**newly-wed** *n.* نوبیاہتا، نوبیاہا یا نوبیاہی۔
**new man** *n.* نئے دور کا آدمی جو جنس اور روایتی مردانہ کردار کے بارے میں نئی سوچ رکھتا ہے۔
**new moon** *n.* نیا چاند، ہلال۔
**news** *n. pl.* خبر یا خبریں، اطلاع، تازہ یا حالیہ واقعات کی روئداد خصوصاً جو شائع یا نشر ہو۔
**newsagent** *n.* اخبار فروش، دکان جہاں اخبار بکے۔
**newscaster** *n.* =NEWSREADER ریڈیو یا ٹی وی پر خبریں پڑھنے والا۔
**newsflash** *n.* کوئی اہم خبر جو عام خبرنامہ سے الگ، اکثر دوسرے نشریہ کو روک کر سنائی جائے۔
**newsgroup** *n.* انٹرنیٹ استعمال کرنے والوں کا گروپ جو باہم دلچسپی کے معاملات کے بارے میں پیغامات کا تبادلہ کرتے ہیں۔
**newsletter** *n.* کسی تنظیم کے اراکین کے درمیان تقسیم کرنے کے لیے غیر رسمی مطبوعہ۔

**newsman** *n.* (*pl.* **-men)** اخباری خبر رساں، رپورٹر، نامہ نگار، صحافی۔

**newspaper** *n.* اخبار (عموماً روزنامہ یا ہفتہ وار) جس میں خبریں، اشتہارات، تبصرے وخطوط وغیرہ چھپے ہوتے ہیں۔

**newsprint** *n.* سستا، ہلکا کاغذ جس پر اخبار چھپتے ہیں، اخباری کاغذ۔

**newsreader** *n.* نشری خبریں پڑھ کر سنانے والا۔

**newsworthy** *adj.* خبر بننے کے قابل (اہم اطلاع یا خبر) ● **newsworthiness** اسم۔

**newt** *n.* ایک چھوٹا چھپکلی جیسا بر بحری جانور آبی چھپکلی۔

**New Testament** *n.* عہد نامہ جدید، انجیل جو حضرت عیسیٰؑ اور ان کے حواریوں کے حالات پر مبنی ہے۔

**newton** *n.* طبیعیات: قوت کی پیمائش کی اکائی۔

**new year** *n.* نئے سال کے پہلے چند دن۔

**New Year's Day** *n.* یکم جنوری۔

**next** *adj., adv. & n.* صف: ① قریب ترین واقع۔ ② قریب ترین زمانے کا؛ پہلا یا جلد تر پانے یا شمار کیا جانے والا۔ م ف: ① قریب ترین درجے کا، ترتیب میں ملحق یا برابر والا۔ ② پہلے یا قریب ترین موقع پر۔ اسم: اگلا آدمی یا شے۔ □ **next to** ① تقریباً۔ ② اس کے مقابلے میں۔ ③ اس کے علاوہ۔

**next door** *adv. & adj.* م ف: اگلے کمرے یا اگلے مکان پر یا اس کے اندر۔ صف: اگلے کمرے یا مکان میں مقیم۔

**next of kin** *n.* سب سے قریبی رشتہ دار۔

**next world** *n.* اگلا جہاں، آخرت۔

**nexus** *n.* (*pl.* **nexus** or **nexuses**) ① مربوط گروہ، سلسلہ یا جال۔ ② بندھن، رابطہ، تعلق۔ ③ مرکزی یا اہم ترین نقطہ۔

**n.g.** تخفیف: no good نا کارہ، نابکار آمد، بیکار۔

**NGO** تخفیف: non-governmental organization غیر سرکاری (خدمت خلق کی) تنظیم۔

**Ni** قدرتی عنصر nickel کی علامت۔

**niacin** *n.* NICOTINIC ACID= نکوٹین کا تیزاب۔

**nib** *n.* نوک قلم، نب۔

**nibble** *v. & n.* ف: کترنا، دانتوں سے کاٹ کاٹ کے کھانا۔ اسم: ① کترنے کا عمل۔ ② **(nibbles)** کھانے کے بچے ہوئے ریزے۔ ● **nibbler** اسم۔

**nice** *adj.* ① خوش آئند، اطمینان بخش۔ ② بھلی طبیعت کا (آدمی) ③ لطیف، باریک۔ ④ باضابطہ، بااصول۔ ● **nicely** م ف۔ **niceness** اسم: عمدگی، نفاست۔

**nicety** *n.* (*pl.* **-ies)** نازک فرق، باریک نکتہ، نپی تلی بات۔ □ **to a nicety** من وعن، ٹھیک ٹھیک۔

**niche** *n.* اسم: ① دیوار میں بنا ہوا کمانچہ، طاق۔ ② زندگی یا ملازمت میں آسائش کا مقام۔

**nick** *n. & v.* اسم: ① دندانہ، کٹاؤ۔ ② بول چال: کال کوٹھڑی، قید خانہ۔ ف: ① گڑھے یا دندانے ڈالنا۔ ② چرانا، اڑانا۔ ③ پکڑنا، گرفتار کرنا۔ □ **in good nick** بول چال: اچھی حالت میں۔ **in the nick of time** عین وقت پر، ٹھیک اسی لمحے۔

**nickel** *n.* ① ایک نرم، روپہلی دھات جو بعض دوسری دھاتوں کے ساتھ ملی جلی حالت میں پائی جاتی ہے (علامت: Ni) ② امریکا، بول چال: ۵ سینٹ کا سکّہ۔

**nickelodeon** *n.* امریکا، بول چال: ایک مشین جو سکّہ ڈالنے پر منتخب گانا سناتی ہے۔

**nickname** *n. & v.* اسم: عرف، پکارنے کا نام جو اصل نام کی بجائے یا اس کے ساتھ لگا کر بولا جائے، چڑانے کا نام۔ ف: ① عرف رکھنا۔ ② ایسے بلانا۔

**nicotine** *n.* ایک بے رنگ، زہریلا، نشہ آور القلی مادّہ جو تمباکو میں پایا جاتا ہے۔

**nicotinic acid** *n.* حیاتین بی مرکبات میں سے ایک جو دودھ، کلیجی اور خمیر میں پائی جاتی ہے۔

**niece** *n.* بھتیجی یا بھانجی (اپنی یا زوج کی)

**niggardly** *adj.* ① تنگ دل، بخیل۔ ② تہی مایہ، قلیل۔ ● **niggard** اسم: خسیس۔

**nigger** *n.* تحقیراً: ① کالی نسل کا آدمی۔ ② کالیا۔

**niggle** *v.* ① مین میخ نکالنا۔ ② تنگ کرنا، عاجز کرنا۔

**nigh** *adv. & prep.* قدیم: نزدیک۔

**night** *n.* ① رات، وقت شب۔ ② اندھیرا چھانے، دن چھپنے کا وقت، آغاز شب۔ ③ رات کا اندھیرا۔

**nightcap** *n.* سونے سے پہلے پیا جانے والا گرم

مشروب یا شراب کا جام۔

**nightclub** *n.* رات کو تفریحات مہیّا کرنے والا کلب، تفریح گاہ، شبینہ کلب۔

**nightdress** *n.* عورتوں یا بچوں کی سوتے وقت کی ڈھیلی ڈھالی پوشاک۔

**nightfall** *n.* آمد شب، دن کا خاتمہ، رات پڑنا۔

**nightgown** *n.* =NIGHTDRESS رات کا لباس۔

**nightie** *n.* بول چال: رات کا ڈھیلا ڈھالا پہناوا۔

**nightingale** *n.* طوطی کی نسل کا ایک بھورا پرندہ، جس کا نر بہت خوش آواز ہوتا ہے، بلبل۔

**nightjar** *n.* شب بیدار پرندہ، ٹرّاتی ہوئی سی آواز نکالتا ہے۔

**nightlife** *n.* رات کو مہیّا ہونے والی تفریحات۔

**nightly** *adj. & adv.* صف: ① رات کو ہونے والا، شبینہ۔ ② ہر رات کو عود کرنے والا۔ م ف: ہر رات کو۔

**nightmare** *n.* ① ڈراؤنا خواب۔ ② بول چال: نہایت ناخوشگوار یا ہیبت ناک تجربہ یا واقعہ۔ ③ ہول، ہراس، دہشت۔ ● **nightmarish** صف۔

**night school** *n.* رات کو کھلنے والا تعلیمی ادارہ۔

**nightshade** *n.* زہریلے پودوں میں سے کوئی جیسے جنگلی مکو، جس میں سُرخ بیر لگتے ہیں۔

**nightshirt** *n.* سوتے وقت پہننے کی لمبی قمیص۔

**nightspot** *n.* بول چال =NIGHTCLUB۔

**nihilism** *n.* مذہب اور اخلاقی اصول سے روگردانی۔ ● **nihilist** اسم: منکر مذہب و اخلاق۔ **nihilistic** صف۔

**nil** *n.* ہیچ، کچھ نہیں، صفر۔

**nimble** *adj.* پھرتیلا۔ ● **nimbly** م ف۔

**nimbus** *n.* (*pl.* **nimbi** or **nimbuses**) ① کسی تصویر کے گرد کھینچا جانے والا نوری ہالہ۔ ② برسنے والی گھٹا۔

**Nimby** *adj. & n.* صف: ہٹ دھرم، نک چڑھا (آدمی) جو اپنے علاقے کی بابت کسی بری خبر یا بات کو سننا برداشت نہ کرے، خواہ سچ ہو۔ اسم: اس مزاج کا آدمی [not in my back yard سے ماخوذ]

**nincompoop** *n.* احمق، سادہ لوح، مٹی کا مادھو۔

**nine** *n. & adj.* اسم: عدد نو (۹) صف: نو کے برابر یا ہم قیمت۔ ● **ninth** صف و اسم: نواں، نویں۔

**ninepins** *n.* نو کھونٹیوں سے کھیلا جانے والا اسکٹل کا کھیل۔

**nineteen** *n. & adj.* اسم: عدد انیس (۱۹) صف: ۱۹ کے برابر۔ ● **nineteenth** صف و اسم: انیسواں، انیسویں۔

**ninety** *n. & adj.* اسم: عدد نوے (۹۰) صف: ۹۰ کے برابر یا ہم قیمت۔ ● **ninetieth** صف و اسم: نوے واں۔

**ninny** *n.* (*pl.*-**ies**) بول چال: احمق، سیدھا آدمی۔

**niobium** *n.* ایک نیلا دھاتی عنصر (علامت: Nb)

**nip** *v. & n.* ف: (**nipping**، **nipped**) ① چٹکی بھرنا، مروڑنا یا دانت سے کاٹنا۔ ② چٹکی سے الگ کر دینا۔ ③ بول چال: تیزی سے روانہ ہونا۔ اسم: ① چٹکی، مروڑا، دانتوں کاٹا۔ ② چبھنے والی سردی۔

**nipple** *n.* ① سرپستان، چوچی، بھٹنی۔ ② بچے کے دودھ کی بوتل وغیرہ کی چسنی۔

**nippy** *adj.* (**nippier, nippiest**) بول چال: ① تیز، پھرتیلا، کامی۔ ② کڑکڑاتا، سرد (موسم کے لیے)

**nirvana** *n.* (بدھ مت کی روسے) کامل روحانی سکون، نروان، سکوت سرمدی۔

**Nissen hut** *n.* نالی دار جستی چھت کی سُرنگ نما جھونپڑی جس کا فرش سیمنٹ کا ہوتا ہے۔

**nit** *n.* جوں کا انڈا یا پہلا روپ، دھک، لیکھ۔

**nit- picking** *n. & adj.* بول چال: ناحق عیب جوئی، مین میخ۔

**nitrate** *n.* شورا، شورے کا نمک۔

**nitric acid** *n.* شورے کا تیزاب، ایک بے رنگ یا ہلکا پیلا گلانے والا زہریلا تیزابی سیّال۔

**nitrogen** *n.* نائٹروجن، ایک بے رنگ، بے بو گیسی عنصر جو کرۂ زمین کی فضا میں اسی فیصد کے تناسب سے پایا جاتا ہے (علامت: N)

**nitroglycerine** *n.* (also **nitroglycerin**) ایک طاقتور آتشگیر زرد سیّال۔

**nitrous oxide** *n.* ایک بے رنگ گیس جو

بے ہوش، بے حس کرنے میں استعمال ہوتی ہے۔

**nitty-gritty** *n.* بول چال: ماحصل، خلاصہ، اصل بات، کسی مسئلہ کی حقیقی اور عملی تفصیلات۔

**nitwit** *n.* بول چال: بیوقوف شخص۔

**No** عنصر nobelium کی کیمیائی علامت۔

**No., no.** تخفیف: number: شمار، عدد۔

**no** *adj., adv. & n.* صف: ① بالکل نہیں؛ کوئی نہیں۔ ② بہت ہی کم، ذرا سا۔ م ف: ذرا بھی نہیں، بالکل نہیں۔ اسم: (ج: **noes**) ① نفی میں جواب۔ ② منفی ووٹ۔

**nobble** *v.* بول چال: ① کوئی ناواجب کارروائی کرنا۔ ② اثر ڈالنا خصوصاً غیر واجب طور پر۔

**nobelium** *n.* (No: علامت) ایک تابکار دھاتی عنصر (علامت: No)۔

**nobility** *n.* (*pl.* **-ies**) ① شرافت، نجابت، اصالت۔ ② طبقہ اُمرا، اعیان، اکابر، اشراف۔

**noble** *adj. & n.* صف: ① اشرافیہ یا طبقۂ امرا کا، عالی نسب (آدمی) ② اعلیٰ کردار کا مالک، عالی دماغ۔ ③ عظیم، باوقار۔ ④ لائق تحسین، خوب۔ اسم: طبقۂ امرا کا فرد۔ ● **nobleness** اسم: شرافت۔ **nobly** م ف۔

**nobleman** *n.* (*pl.* **-men**) خاندانی رئیس۔

**noblesse oblige** *n.* نسبی امتیاز کے ساتھ ذمہ داری کا احساس لازم ہے۔

**noblewoman** *n.* (*pl.* **-women**) امیر زادی، طبقۂ امرا کی خاتون۔۔

**nobody** *pron. & n.* ضمیر: کوئی نہیں، ہیچ کس۔ اسم: (ج: **-ies**) ادنیٰ، بے اہمیت آدمی۔

**nocturnal** *adj.* رات کا، شبینہ؛ شب گرد، شب بیدار۔ ● **nocturnally** م ف: شبانہ طور پر۔

**nocturne** *n.* مختصر رومانی دُھن۔

**nod** *v. & n.* ف: ①(**nodding**،**nodded**) ① سر کو جنبش دینا صاحب سلامت یا اقرار ظاہر کرنے یا حکم یا رضا دینے کے لیے۔ ② گردن ڈالنا، سر جھکانا، نیند کا جھونکا لینا۔ ③ (پھولوں پتّوں وغیرہ کا) جھولنا، جھومنا۔ ④ لمحہ بھر کو غافل ہو کر غلطی کر بیٹھنا۔ اسم: سر کی جنبش یا اشارہ۔ □ **nod off** بول چال: سو جانا۔

**node** *n.* ① پودے کی شاخ میں پتّہ پھوٹنے کی جگہ۔ ② تشریح الاعضا: غدّہ، گلٹی۔ ③ کمپیوٹر کے جال یا سلسلے کا کوئی جز و یا رکن۔ ● **nodal** صف۔

**nodule** *n.* گانٹھ، گرہ، گٹھل جو کسی شے میں پڑ جائے۔ ● **nodular** صف: گلٹھی دار۔

**no-fly zone** *n.* وہ علاقہ جہاں سے ہوائی جہازوں کا گزرنا ممنوع ہو۔

**noggin** *n.* ① چھوٹا مگّا، لنبوترا پیالہ۔ ② چھوٹا پیمانہ جس میں عموماً چوتھائی پائنٹ شراب آتی ہے۔

**no-go area** *n.* علاقۂ ممنوعہ، جہاں بغیر اجازت داخلہ منع ہو۔

**noise** *n.* ① آواز، خصوصاً تیز، اونچی، ناگوار۔ ② شور۔ ③ ریڈیو وغیرہ کی آوازوں کے ساتھ ملی جلی اُوپری ناگوار آوازیں۔ ● **noiseless** صف: پُرسکوت، پُرسکون۔

**noisome** *adj.* ① بدبودار۔ ② ناگوار، پُرآزار۔

**noisy** *adj.* (**noisier, noisiest**) ① پُرشور۔ ② ہنگامہ۔ ● **noisiness** اسم: دھوم دھڑکا۔ **noisily** م ف۔

**nomad** *n.* ① خانہ بدوش۔ ② آوارہ گرد۔ ● **nomadic** صف: خانہ بدوش قوم کا۔

**no man's land** *n.* ① دو مخالف فوجوں کے درمیان خالی علاقہ۔ ② کوئی علاقہ جس پر کسی کا قبضہ نہ ہو۔

**nom de plume** *n.* (*pl.* **noms de-plume**) مصنف کا قلمی نام یا تخلص۔

**nomenclature** *n.* ① نام رکھنے کا خاص اسلوب یا روایت۔ ② سائنس کی اصطلاحیں، تکنیکی الفاظ۔

**nominal** *adj.* ① برائے نام۔ ② (قیمت، کرایہ وغیرہ کے لیے) تقریباً نہ ہونے کے برابر۔ ③ ناموں پر مشتمل۔ ● **nominally** م ف: برائے نام۔

**nominal value** *n.* (سکّے، حصص وغیرہ کی) عرفی قیمت۔

**nominate** *v.* ① نامزد کرنا (امیدوار کو انتخاب کے لیے) ② کسی عہدہ پر مامور یا تعینات کرنا۔ ③ مقرر کرنا، متعیّن کرنا (مقام تاریخ وقت وغیرہ) ● **nomination** اسم: نامزدگی۔ **nominator** اسم: نامزد کرنے والا۔

**nominative** *n.* قواعد: اسم، ضمیر یا صفت کی وہ حالت جس سے کسی فعل کے فاعل کا اظہار ہو، حالت فاعلی۔

**nominee** *n.* نامزد شخص۔

**non-** *pref.* سابقہ: نفی، کسی عمل کے نہ کرنے یا اس سے لاتعلقی، غیر حاضری، ظاہر کرنے کے لیے۔

**non-acceptance** *n.* عدم قبولیت۔

**non-access** *n.* نارسائی۔

**nonagenarian** *n.* نوّے کے پیٹے میں۔

**non-aligned** *adj.* ناوابستہ (خصوصاً کسی بڑی طاقت سے) غیر جانبدار (ریاست، ملک وغیرہ)

**nonchalant** *adj.* ٹھنڈے مزاج کا، بے واسطہ۔ ● **nonchalance** اسم۔ **nonchalantly** م ف۔

**non-committal** *adj.* غیر واسطہ، غیر پابند، جو کسی مخصوص رائے یا راہِ عمل اختیار کرنے سے بچے۔ ● **non-committally** م ف: غیر واسطہ طور پر۔

**nonconformist** *n.* غیر واسطہ، غیر مقلّد، جو کسی کلیسائی عقیدے (Nonconformist) کا پیرو نہ ہو، خصوصاً کسی پروٹسٹنٹ فرقے کا فرد جو کلیسائے انگلستان سے روگرداں ہو۔

**non-contributory** *adj.* بلاشرکتی، (پنشن اسکیم) جس میں ملازم کی مالی شرکت نہ ہو۔

**nondescript** *adj.* جس کی تعریف دشوار ہو۔

**none** *pron.* ضمیر: کوئی بھی نہیں، کوئی شخص نہیں۔ □ **none too** بالکل نہیں۔

**nonentity** *n.* (*pl.* -ies) غیر اہم شے یا شخص۔

**non-event** *n.* کوئی غیر اہم یا غیر دلچسپ واقعہ۔

**non-existent** *adj.* لاموجود، جس کا کوئی وجود نہ ہو۔ ● **non-existence** اسم: عدم وجود، لاموجودیت۔

**nonplussed** *adj.* سٹ پٹایا، شدید گھبرایا۔

**nonsense** *n.* احمقانہ، فضول، بے معنی الفاظ یا سوچ؛ بے وقوفانہ رویّہ۔ ● **nonsensical** صف۔

**non-sequitur** *n.* غیر منطقی نتیجہ، غلط استنباط۔

**non-starter** *n.* ① جو دوڑ میں کھڑا کا کھڑا رہ جائے۔ ② بول چال: جیتنے کے ناقابل شخص یا شے۔

**non-stop** *adj. & adv.* صف: ① (ریل گاڑی وغیرہ کے لیے) سیدھی، جو بیچ کے اسٹیشنوں پر نہ ٹھہرے۔ ② بلاتوقف (سفر، کرتب، کارروائی) م ف: بے رکے۔

**noodles** *n. pl.* ایک طرح کی سویّوں کی لڑی، چھلّا۔

**nook** *n.* کوئی کونا، گوشہ، زاویہ، الگ تھلگ جگہ۔

**noon** *n.* دوپہر، ۱۲ بجے کا وقت۔

**no one** *n.* کوئی بھی نہیں، کوئی شخص نہیں۔

**noose** *n.* ① پھندا جس کا حلقہ ڈوری کھینچنے سے تنگ ہو جائے؛ جال، پھانسی کا پھندا۔ ② دام، شکنجہ، بندھن۔

**nor** *conj.* ① کلمۂ نفی بمعنی: (اور) نہ وہ۔ ② ایک بات کی مثل یا ساتھ ہی ساتھ دوسری بات کی بھی نفی کے لیے۔

**norm** *n.* ① معیار یا نمونہ۔ ② روایتی طرزِ عمل۔

**normal** *adj.* ① عام معیار کے مطابق، مخصوص روایتی، حسبِ معمول۔ ② ذہنی یا جذباتی بگاڑ سے پاک۔ ● **normality** اسم۔ **normally** م ف: حسبِ معمول۔

**north** *n., adj. & adv.* اسم: ① شمال، وہ رخ یا سمت جو مشرق کی طرف منہ کیے ہوئے شخص کے بائیں طرف واقع ہو۔ ② شمال میں واقع علاقہ۔ صف: ① شمالی سمت میں واقع۔ ② شمال سے آمدہ۔ م ف: بجانب شمال۔

**north-east** *n.* ① افق کا وہ نقطہ جو شمال اور مشرق کے درمیان ہو۔ ② اس نقطہ سے ظاہر ہونے والی سمت۔ ● **north-easterly** صف و اسم: شمال مشرق کی طرف سے/کی جانب۔ **north-eastern** صف: شمال مشرقی۔

**northerly** *adj.* (ہوائیں) جو شمال کی طرف یا شمال سے آئیں۔

**northern** *adj.* ① شمالی؛ شمال کا باشندہ۔ ② شمال کی طرف یا شمال میں واقع۔

**northerner** *n.* شمالی علاقے کا باشندہ۔

**northernmost** *adj.* انتہائی شمال میں واقع۔

**northward** *adj.* شمالی طرف، شمالی جانب۔ ● **northwards** م ف: شمال کی سمت۔

**north-west** *n.* ① افق کا شمال اور مغرب کے درمیان کا نقطہ۔ ② اس نقطے کی سمت میں۔ ● **north westerly** اسم و صف: شمال مغرب کی طرف سے / کی جانب۔ **north-western** صف: شمال مغربی۔

**Norwegian** *n. & adj.* اسم: ① ناروے کا مقامی باشندہ یا شہری، نارویجی نسل کا آدمی۔ ② ناروے کی زبان۔ صف: ناروے یا اس کے باشندوں یا زبانوں سے متعلق۔

**Nos.** numbers کا اختصار: اعداد۔

**nose** *n. & v.* اسم: ① ناک۔ ② سونگھنے کی حس۔ ③ ہوائی جہاز، موٹر کار وغیرہ کے آگے نکلا ہوا کسی قدر نکیلا

حصّہ۔ ف: ①بوسے تاڑنا، پتہ چلالینا۔②ناک کسی چیز سے سونگھنے کے لیے ملانا یا گھسانا۔③ کھوج لینا۔ ④ سنبھل سنبھل کرآگے بڑھنا۔

**nosebag** *n.* گھوڑے (کے منہ کے آگے لٹکانے) کا توبڑا جس میں اس کا گھاس دانہ ہوتا ہے۔

**nosedive** *n. & v.* اسم: ہوائی جہاز کا ہوا میں سیدھا زمین کی طرف غوطہ۔ف: سر کے بل غوطہ لگانا۔

**nosey** NOSY کا متبادل۔

**nosh** *v. & n.* بول چال، ف: کھانا یا پینا،نوش کرنا۔ اسم: ①غذا یا مشروب۔② ہلکی پھلکی کھانے کی چیز۔

**nostalgia** *n.* ①ماضی کی حسرتناک یادیں۔② ماضی کی یاد دلانے والی شے یا اشیا۔● **nostalgic** صف: ماضی قریب کی یادوں کے متعلق۔ **nostalgically** م ف۔

**nostril** *n.* نتھنا، ناک کا سوراخ۔

**nostrum** *n.* ①اتائی نسخہ، دوا یا چٹکلا۔②سیاسی مسائل یا سماجی اصلاح کے لیے منصوبہ۔

**nosy** *adj.* ( nosier, nosiest) بول چال: ٹوہی، ٹوہ لینے والا، بھیدی، کھوجی، تجسس کرنے والا۔ ● **nosiness** اسم: کھوجی پن۔ **nosily** م ف۔

**not** *adv.* منفی مفہوم کا حامل کلمہ، انکار، رد، نامنظوری۔ □ **not at all** ①بالکل نہیں۔② (شکریے کے شائستہ جواب میں) جی نہیں۔

**notable** *adj. & n.* صف: قابل لحاظ، منفرد، نمایاں، اہم، ممتاز۔اسم: ممتاز شخص۔● **notably** م ف۔

**notary** *n.* (*pl.*- ies) (in full **notary public**) نوٹری، دستاویزات کی تصدیق کے لیے مامور کردہ شخص۔

**notation** *n.* ①موسیقی کے سُر تال، شطرنج کی چالوں یا رقص وغیرہ کی حرکات کو مقررہ علامات کے ذریعے تحریر میں لانے کا طریقہ۔②وضاحتی نوٹ، تحریری یادداشت۔

**notch** *n. & v.* اسم: ① کسی سطح یا کنارے پر V کی شکل کا کٹاؤ، دندانہ۔② کسی لکڑی، پٹی وغیرہ پر گنتی کے لیے نشان۔ف: دندانے بنانا، نشان ڈالنا (کسی چیز پر) □ **notch up** نشان کردہ لکیروں یا دندانوں کے ذریعے حساب رکھنا۔

**note** *n. & v.* اسم: ①خیالات وغیرہ کی یادداشت تا کہ تقریر یا تحریر میں کام آسکے۔② مشاہدہ، تأثر کسی شے کا جو تجربے میں آئی ہو۔③ مختصر پرچہ، پیغام۔④ موسیقی میں سُر کی سطح یا وقفے یا طول کی علامت، ساز یا انسانی آواز کا سُر، پیانو وغیرہ کی کلید یا پردہ۔⑤ گفتگو میں آواز کی خصوصیت، نوعیت۔⑥ خصوصی یا امتیازی شناخت۔ ف: ①مشاہدہ کرنا، توجہ کرنا یا توجہ دلانا۔②یادداشت کے طور پر درج کرنا۔

**notebook** *n.* یادداشت کی کاپی۔

**notecase** *n.* نوٹ رکھنے کا جیبی بٹوہ۔

**noted** *adj.* مشہور، جانا پہچانا (کسی خوبی کی وجہ سے)

**notelet** *n.* غیر رسمی خط نویسی کے لیے آرائشی حاشیے والا کاغذ۔

**notepaper** *n.* خط لکھنے کا کاغذ۔

**noteworthy** *adj.* قابل توجہ، غور طلب، اہم۔

**nothing** *n. & adv.* اسم: ① کچھ نہیں۔②ایک بھی چیز نہیں۔③غیر اہم۔م ف: بالکل نہیں، کسی صورت نہیں۔□ **for nothing** ① مفت، بلا قیمت۔② بے مقصد، خواہ مخواہ۔ **nothing for it** اور کوئی صورت نہیں۔

**notice** *n. & v.* اسم: ①توجہ، مشاہدہ۔② کھلا اشتہار جو کہیں آویزاں کر دیا جائے۔ ③ خبردار کرنے کا عمل، پیشگی اطلاع جس پر عملدرآمد ہو سکے۔④رسمی اعلان یا اطلاع کسی معاہدے یا ملازمت کے ختم کرنے کی بابت۔ ف: ①مشاہدہ، معائنہ کرنا، دیکھنا بھالنا۔②رائے زنی کرنا۔ □ **take notice** دلچسپی ظاہر کرنا۔ **take no notice (of)** کوئی توجہ نہ دینا۔

**noticeable** *adj.* آسانی سے نظر آجانے والا۔ ● **noticeably** م ف: ظاہر طور پر۔

**notifiable** *adj.* (امراض، فصل کے کیڑوں وغیرہ کی بابت) جس کی اطلاع متعلقہ حکام کو دینا لازمی ہو۔

**notify** *v.* (-ies, -ied) ①(کسی شخص کو) اطلاع بھیجنا، نوٹس دینا۔② (کسی بات کا) اعلان کرنا، رپورٹ بھیجنا۔● **notification** اسم: اطلاع نامہ۔

**notion** *n.* ① رائے، خیال۔② ایما، رجحان، ارادہ۔

**notional** *adj.* خیالی۔● **notionally** م ف۔

**notorious** *adj.* بدنام۔● **notoriety** اسم: تشہیر، بدنامی۔ **notoriously** م ف۔

**notwithstanding** *prep. & adv.* حرف جار: اس کے باوجود، تاہم۔ م ف: پھر بھی، بہر حال کہ۔
**nougat** *n.* ایک مٹھائی جو شکر، شہد میوے اور انڈے کی سفیدی سے بنائی جاتی ہے۔
**nought** *n.* عدد صفر، ہیچ، کچھ نہیں۔
**noun** *n.* اسم، ایسا لفظ جو شخص، مقام یا شئے کا نام ہو۔
**nourish** *v.* ① کھلانا پلانا، تقویت دینا۔ ② (احساس، خیال وغیرہ کو) عرصے تک دل میں یا ذہن میں پکانا۔
**nourishment** *n.* غذا؛ تقویت، تغذیہ۔
**nous** *n.* بول چال: سمجھ بوجھ، ہشیاری۔
**nouveau riche** *n.* (*pl.* **nouveaux riches**) نو دولتیا خصوصاً چھچھورا آدمی۔
**nouvelle cuisine** *n.* کھانا پکانے کا ہنر جس میں ہلکی غذا اور سلیقے سے پیش کرنے پر زیادہ زور ہے۔
**Nov.** اختصار: November نومبر۔
**nova** *n.*(*pl.* **novae** or **novas**) ایسا ستارہ جس کی روشنی ایک دم تیز ہو کر دھیمی ہوتی نظر آئے۔
**novel** *n. & adj.* اسم: ناول، کتابی ضخامت کی نثری کہانی۔ صف: نیا، انوکھا، انجانا، جدید۔
**novelette** *n.* نسبتہً مختصر ہلکا سستا رومانی ناول۔
**novelist** *n.* ناول نگار، ناول نویس۔
**novelty** *n.*(*pl.* **-ies**) ① نیا پن، جدّت۔ ② انوکھا واقعہ یا شے۔ ③ نئی صورت کا کھلونا یا سجاوٹ کی چیز۔
**November** *n.* عیسوی سال کا گیارھواں مہینہ۔
**novice** *n.* ① نو مذہب، جس نے حال ہی میں کوئی مذہب قبول کیا ہو۔ ② نو آموز، سیکھتڑ۔
**now** *adv. & conj.* م ف: ① موجودہ وقت پر۔ ② فوراً، جلد، ابھی۔ ③ اُس وقت یا فلاں وقت۔ ④ موجودہ حالات میں۔ ⑤ اب اس مرحلے پر۔ حرف عطف: نتیجے کے طور پر۔ □ **for now** فی الحال۔ **now and again** (or **then**) وقتاً فوقتاً۔
**nowadays** *adv.* آج کل، موجودہ دور میں۔
**nowhere** *adv.* کہیں نہیں۔
**noxious** *adj.* مضر، ضرر رساں، مضر صحت۔
**nozzle** *n.* ٹونٹی، پائپ کا چھوٹا دہانہ۔
**Np** عنصر neptunium نیپٹونیم کی علامت۔

**nuance** *n.* معنی، احساس وغیرہ کا نازک فرق۔
**nub** *n.* ① (کسی معاملے یا کہانی کا) خلاصہ، لُب لباب۔ ② چھوٹا سا ٹکڑا۔ ③ ٹوٹا، کسی چیز کا باقی ماندہ حصّہ، ٹھنٹھ۔
**nubile** *adj.* شادی کے قابل (لڑکی) یا جنسی طور پر پُرکشش، پٹاخا (عورت)● **nubility** اسم: بلوغت۔
**nuclear** *adj.* ① مرکزہ (نیوکلیس) خصوصاً جوہری مرکزے سے متعلق نووی، نواتی۔ ② نیوکلیائی یا جوہری توانائی سے کام لینے والا۔
**nuclear family** *n.* (*pl.* **-ies**) میاں بیوی اور ان کے بچے بحیثیت ایک بنیادی سماجی اکائی کے۔
**nucleic acid** *n.* مرکب نامیاتی مادّوں ڈی این اے اور آر این اے میں سے کوئی نیوکلیائی ترشہ جن کے سالمے ہر ذی حیات خلیہ میں موجود ہوتے ہیں۔
**nucleon** *n.* پروٹون یا نیوٹرون۔
**nucleus** *n.* (*pl.* **nuclei**) ① کسی نظام کا مرکز یا مرکزی نقطہ، کسی جسم یا مادّی وجود کا جوہر، مغز، گری، تخم۔ ② ابتدائی نقطہ جس کے گرد مزید مادّہ اکٹھا ہو۔
**nude** *adj. & n.* صف: ننگا، برہنہ۔ اسم: عریاں تصویر، نقاشی یا مجسمہ۔● **nudity** اسم؛ عریانیت۔
**nudge** *v. & n.* ف: ① کہنی مارنا، توجہ چاہنے کے لیے۔ ② ٹھوکا لگانا یا ٹھیلنا۔ ③ ملائمت کے ساتھ یاد دہانی کرانا، شہ دینا۔ اسم: ٹھوکا، ٹھیلنا۔
**nudist** *n.* عریانی پسند، خود ننگا رہنے، اور عریانیت کی ترغیب دینے والا۔● **nudism** اسم: عریانیت پسندی۔
**nugget** *n.* سونے، پلاٹینم وغیرہ کا ڈلا جیسا کہ کان سے برآمد ہو۔
**nuisance** *n.* کوئی شے، شخص یا حالت جو ناگواری یا زحمت کا باعث ہو۔
**nuke** *v.* بول چال: ایٹمی ہتھیاروں سے بمباری کرنا یا اڑانا، تباہ کرنا۔
**null** *adj.* ① کالعدم، منسوخ۔ ② صفر کے برابر۔● **nullity** اسم: منسوخی۔
**nullify** *v.* (**-ies, -ied**) مسترد کرنا، منسوخ کرنا، معطل کرنا، رد کرنا۔● **nullification** اسم: منسوخی۔
**numb** *adj. & v.* صف: بے حس و حرکت، سُن، شل۔ ف: ① سن کرنا، بے حس کرنا۔ ② چکرانا، مفلوج

کرنا۔● **numbness** اسم: بے حسی۔

**number** *n. & v.* اسم: ①عدد جو کسی قدر کو ظاہر کرتا ہے اور جس پر حساب وشمار مبنی ہوتا ہے۔②لفظ، علامت یا ہندسہ جو عدد کو ظاہر کرے۔③ عدد شمار جو کسی فہرست یا ترتیب وغیرہ میں کسی شے یا شخص کے مقام کو ظاہر کرے۔ ف: ① شمار کرنا، شامل سمجھنا۔② کسی سے کوئی شناختی عدد منسوب کرنا۔ ③ شمار میں کسی خاص تعداد تک پہنچنا۔□ **a number of** کئی۔

**numberless** *adj.* لاتعداد، کثیر، بے گنتی۔

**number one** *n.* ① نہایت اہم شخص یا شے۔ ②بول چال: واحد متکلم۔

**number plate** *n.* گاڑی کے رجسٹریشن نمبر کی تختی۔

**numeral** *n.* ہندسہ، علامت عدد۔

**numerate** *adj.* ریاضی اور سائنس کے بنیادی اصولوں کا جاننے والا۔● **numeracy** اسم۔

**numerator** *n.* شمارکنندہ، وہ عدد جو حسابی ترقیم (عام کسر) میں خط کے اوپر لکھا جائے۔

**numerical** *adj.* عدد یا اعداد سے متعلق یا ان پر مبنی۔● **numerically** م ف: تعداد کے لحاظ سے۔

**numerous** *adj.* کثیر، وافر، بڑی تعداد میں۔

**numismatics** *n.* سکّوں تمغوں کا خصوصی مطالعہ۔

**nun** *n.* عیسائی راہبہ۔

**nuncio** *n.* (*pl.* **-os**) اسقف اعظم کا سفیر۔

**nunnery** *n.* (*pl.* **-ies**) راہباؤں کی قیام گاہ۔

**nuptial** *adj. & n.* صف: شادی سے متعلق، ازدواجی، عروسی۔ اسم: **(nuptials)** تقریب شادی۔

**nurd** NERD کا متبادل۔

**nurse** *n. & v.* اسم: ①تربیت یافتہ تیماردار۔② (سابق میں) بچوں کی دایہ یا رکھوالا۔ ف: ①نرس کا کام کرنا، مریض کی دیکھ بھال کرنا۔② چھاتی سے دودھ پلانا یا پینا۔ ③ سرپرستی کرنا، بڑھاوا دینا، فروغ دینے کی کوشش کرنا۔

**nursery** *n.* (*pl.* **-ies**) ① کمسن بچوں کی پرورش گاہ۔②پودگھر، جہاں پودے اگائے یا بیچے جائیں۔

**nurseryman** *n.* (*pl.* **-men**) پودگھر کا کارکن۔

**nursery rhyme** *n.* بچوں کے لیے گیت کہانی، تک بندی۔

**nursery school** *n.* چھوٹے (عموماً ۳ سے ۵ سال تک کے بچوں کا) مدرسہ، مکتب یا ابتدائی تربیت گاہ۔

**nursing** *n.* ①مریضوں کی دیکھ بھال کا کام یا پیشہ۔ ②بیماروں یا ضعیفوں کی دیکھ بھال سے متعلق کام۔

**nursing home** *n.* وہ جگہ جہاں بیماروں کا علاج اور دیکھ بھال ہوتی ہو، تیمار خانہ۔

**nurture** *n. & v.* اسم: ①پرورش (خصوصاً بچوں کی) دیکھ بھال، نگہداشت۔②غذا، خوراک۔③سماجی اثرات جو شخصیت کی تعمیر میں بروئے کار آتے ہیں۔ ف: ①پروان چڑھانا، پالنا پوسنا۔② غذا بہم پہنچانا۔

**nut** *n. & v.* اسم: ① گری دار میوہ جس کا چھلکا سخت ہوتا ہے، اس کا گودا یا گری۔② پھلی جس میں بیج ہوں۔③ ڈھبری جسے پیچ کے گرد کستے ہیں۔④بول چال: سر، منڈیا۔⑤ بول چال: سرپھرا آدمی۔ صف **(nuts)** بول چال: غیر معقول، سرپھرا۔

**nutcase** *n.* بول چال: سرپھرا، پاگل آدمی۔

**nuthatch** *n.* خوش آواز میوہ خور چڑیا۔

**nutmeg** *n.* ایک مسالا۔

**nutrient** *n.* قوت بخش غذا۔

**nutriment** *n.* غذائیت سے بھرپور غذا۔

**nutrition** *n.* ① تغذیہ، صحت کے لیے ضروری خوراک کی بہم رسانی یا حصول۔② غذائیات کا مطالعہ۔

● **nutritional** صف۔ **nutritionally** م ف۔

**nutritious** *adj.* قوت بخش، غذائیت سے بھرپور۔

**nutshell** *n.* گری دار میوے کا خول یا چھلکا۔

□ **in a nutshell** مجملاً، مختصر لفظوں میں۔

**nutty** *adj.* **(nuttier, nuttiest)** ①بہت میوہ دار، میوے کے سے ذائقے والا۔②بول چال: پاگل۔

**nuzzle** *v.* ناک گھسنا، تھوتھنی سے ہلکے ہلکے رگڑنا۔

**NW** تخفیف: ① north-west شمال مغرب۔ ② north-western شمال مغربی۔

**NYC** تخفیف: New York City۔

**nylon** *n.* نائلون، ایک بہت ہلکا، مضبوط مصنوعی ریشہ۔

**nymph** *n.* ①دوشیزاؤں کی صورت میں دیومالائی

ارواح میں سے کوئی۔② حشرے کی ناپختہ شکل۔

**nymphomania** *n.* عورت کی بڑھی ہوئی خواہش جماع، چُل، جھل۔ ● **nymphomaniac** اسم: جنس پرست عورت۔

**NZ** New Zealand کا اختصار۔

# O o

**O** عنصر آکسیجن کی علامت۔

**oaf** *n.* ① اُجڈ، گنوار۔② احمق، گاؤدی۔

**oak** *n.* ① شاہ بلوط کا پیڑ۔② اس درخت کی پائیدار لکڑی۔ ● **oaken** صف: بلوطی۔

**oak apple** *n.* (also **oak gall**) بلوط کے درخت پر ایک اُبھاریا گانٹھ جو ماز و بھڑ یا زنبور بناتی ہے۔

**oar** *n.* چپّو، پتوار۔

**oasis** *n.* (*pl.* **oases**) ① نخلستان، صحرا کے درمیان سرسبز قطعہ جہاں پانی پایا جائے۔② ہنگامہ آرائی کے درمیان سکون کا وقفہ۔

**oast house** *n.* عمارت جس میں شراب کی بھٹی واقع ہو۔

**oat** *n.* جئی کا پودا؛ (**oats**) جئی کے دانے۔

**oatcake** *n.* جئی کے آٹے کے پتلے بسکٹ۔

**oath** *n.* ① قسم، قسمیہ بیان یا عہد۔② گالی، بدکلامی۔

**oatmeal** *n.* ① جئی کے آٹے سے تیار کردہ غذا۔ ② بھورا خاکی رنگ نسواری کی آمیزش کے ساتھ۔

**OAU** Organization of African Unity :تخفیف (افریقی اتحاد کی تنظیم)

**obdurate** *adj.* ضدّی، ہٹیلا، اڑیل۔ ● **obduracy** اسم: ضد، سرکشی۔ **obdurately** م ف۔

**OBE** Order of the British Empire کی تخفیف، برطانوی اعلیٰ خطاب۔

**obedient** *adj.* اطاعت گزار، فرماں بردار۔ ● **obedience** اسم۔ **obediently** م ف۔

**obeisance** *n.* ① سرخم کرنے، جھکنے، تعظیم دینے کا عمل۔② اطاعت، بندگی، تکریم۔

**obelisk** *n.* چو پہلو مخروطی ستون بطور یادگار یا نشان۔

**obese** *adj.* بہت موٹا۔ ● **obesity** اسم: مٹاپا۔

**obey** *v.* ① تعمیل کرنا۔

**obfuscate** *v.* ① اُلجھانا، بھٹکانا۔② چکرانا۔ ● **obfuscation** اسم: بدحواسی۔

**obituary** *n.* (*pl.* **-ies**) کسی کی وفات کی اطلاع اکثر مختصر سوانح کے ساتھ۔

**object** *n.* & *v.* اسم: ① مادّی شے جسے چھوا یا دیکھا جاسکے۔② کوئی شے یا شخص جس کی طرف روئے سخن ہو یا جو موضوع کلام ہو۔③ مقصد۔④ قواعد: اسم جو فعل متعدی یا حرف جار کے تابع ہو۔ ف: احتجاج کرنا، نامتفق ہونا یا اظہار اختلاف کرنا۔ □ **no object** حارج یا مزاحم نہیں۔ ● **objector** اسم: معترض، مخالف۔

**objection** *n.* ① اعتراض، اختلاف۔② اظہارِ اختلاف۔③ مخالفانہ بیان یا دلیل۔

**objectionable** *adj.* ① قابل اعتراض۔② ناگوار، ناپسندیدہ۔ ● **objectionably** م ف۔

**objective** *adj.* & *n.* صف: ① حقیقی نہ کہ خیالی۔ ② جو خارجی اشیا پر نظر رکھے نہ کہ ذاتی جذبہ واحساس کو حقائق پر غالب آنے دے۔③ قواعد: فعل متعدی کا مفعول (لفظ) یا حالت مفعولی۔ اسم: ہدف، منتہا، مقصود۔ ● **objectively** م ف۔ **objectiveness** اسم۔ **objectivity** اسم: معروضیت۔

**object lesson** *n.* کسی اصول کی زبردست عملی مثال یا تعبیر، عملی سبق۔

**objet d'art** *n.* (*pl.* **objets d'art**) سجاوٹ کی چیز، آرائشی شے۔

**oblation** *n.* نذر یا چڑھاوا۔

**obligate** *v.* کسی کو قانونی یا اخلاقی طور پر پابند کرنا۔

**obligation** *n.* ① قانون، اصول، فرض، معاہدے وغیرہ کی عائد کردہ رکاوٹ۔② ذمّہ داری کا بار۔③ حسن سلوک جو کسی نے یا کسی کے ساتھ برتا ہو؛ احسان مندی۔

**obligatory** *adj.* ①لازمی، ناگزیر نہ کہ اختیاری۔
**oblige** *v.* ①پابند کرنا۔②احسان رکھنا،ممنون ہونا۔
**obliged** *adj.* احسان مند۔
**obliging** *adj.* خوش اخلاق، بالحاظ، تعاون کرنے والا، مہربان۔● **obligingly** م ف: مہربانی سے۔
**oblique** *adj.* ①ترچھا، آڑا، عمودی یا افقی صورت سے ہٹا ہوا۔②لمبے چکّر سے منزل تک جانے والا۔● **obliquely** م ف۔ **obliqueness** اسم۔
**obliterate** *v.* مٹانا، محو کرنا، نابود کرنا، نشان مٹا دینا، آثار باقی نہ چھوڑنا۔● **obliteration** اسم۔
**oblivion** *n.* ①بھول، بھلا دیے جانے کی کیفیت۔ ②بے ہوشی یا بے خبری کا عالم۔
**oblivious** *adj.* ①بھلکڑ۔②بھلائے ہوئے۔
● **obliviously** م ف۔ **obliviousness** اسم۔
**oblong** *adj. & n.* صف:①لنبوترا، مستطیل۔② چوڑائی کی نسبت لمبائی میں زیادہ۔اسم: لنبوتری شکل۔
**obloquy** *n.* ①رسوائی، بدنامی۔②ملامت، مذمّت۔
**obnoxious** *adj.* ناپسندیدہ، مکروہ، قابل نفرت۔
● **obnoxiously** م ف: مکروہ طور پر۔
**oboe** *n.* ایک طرح کا دو نرسلوں والا الغوزہ جسکی آواز پتلی، تیز بھنبھیری اور دردانگیز ہوتی ہے۔● **oboist** اسم۔
**obscene** *adj.* فحش، عریاں، بے ہودہ۔
● **obscenely** م ف۔ **obscenity** اسم: فحاشی۔
**obscure** *adj. & v.* صف:①مبہم۔②غیریقینی۔ ③دُھندلا۔ ف: ①دُھندلانا، ناقابل فہم بنانا۔②نظر سے اوجھل کرنا۔● **obscurely** م ف۔ **obscurity** اسم۔
**obsequies** *n. pl.* تجہیز و تکفین کی رسومات۔
**obsequious** *adj.* ①خوشامدی، چاپلوس۔ ②حکم کا غلام، جی حضوری کرنے والا، کاسہ لیس۔● **obsequiously** م ف۔ **obsequiousness** اسم۔
**observance** *n.* تعمیل، بجا آوری، قانون، رسم و رواج وغیرہ کی پابندی۔
**observant** *adj.* صف: چوکس، دھیان رکھنے والا، باریک بیں۔● **observantly** م ف۔
**observation** *n.* ①مشاہدہ، معائنہ۔②قوت مشاہدہ ③تبصرہ۔□ **under observation** زیر نگرانی۔●

**observantional** صف: مشاہدہ پر مبنی۔
**observatory** *n. (pl.-ies)* رصدگاہ جہاں سے موسمی حالات یا اجرام فلکی کا مشاہدہ کیا جاتا ہے۔
**observe** *v.* ①دیکھنا، مشاہدہ کرنا، غور سے دیکھنا۔ ②(تہوار وغیرہ) منانا۔③طریق کار پر کاربند ہونا۔● **observable** صف: قابل مشاہدہ۔ **observer** اسم۔
**obsess** *v.* کسی خیال میں مبتلا رہنا، خود پر مسلّط کر لینا۔
**obsession** *n.* ① کسی خیال کو ذہن پر طاری کر لینے کا عمل۔② کوئی خیال جو کسی وقت بھی دماغ سے نہ اترے۔● **obsessional** صف۔ **obsessive** صف۔ ● **obsessively** م ف۔
**obsolescent** *adj.* متروک ہوتی ہوئی (شے) فرسودہ۔● **obsolescence** اسم: فرسودگی۔
**obsolete** *adj.* متروک، منسوخ، قدیم۔
**obstacle** *n.* ترقی میں مزاحم شے یا شخص، رکاوٹ۔
**obstetrics** *n.* طب اور جراحت کی وہ شاخ جو زچگی اور دائیوں سے تعلق رکھتی ہے، قبالت۔● **obstetric** صف: وضع حمل کے متعلق۔ **obstetrician** اسم۔
**obstinate** *adj.* ①ضدی۔②بے قابو، سرکش۔● **obstinacy** اسم: ہٹ دھرمی۔ **obstinately** م ف۔
**obstreperous** *adj.* ①ہنگامہ کرنے والا، قابو سے سے باہر، شورش پسند، فسادی۔② پُرشور، ہنگامہ خیز۔ ● **obstreperously** م ف: جھگڑا لو پن سے۔ **obstreperousness** اسم: ہنگامہ خیزی۔
**obstruct** *v.* ①رکاوٹ ڈالنا۔②ترقی میں مانع ہونا۔ ● **obstruction** اسم۔ **obstructive** صف۔
**obtain** *v.* ①پانا، حاصل کرنا۔②بول چال: رائج، جاری، نافذ ہونا۔● **obtainable** صف: قابلِ حصول۔
**obtrude** *v.* ①خود کو نمایاں کرنا۔②زبردستی گھسنا، خوامخواہ دخل دینا۔● **obtrusion** اسم: زبردستی کا دخل۔
**obtrusive** *adj.* ①ناگوار طور پر نمایاں یا پیش پیش۔ ②سر پر سوار ہونے والا، خود کو مسلّط کرنے والا۔● **obtrusively** م ف۔ **obtrusiveness** اسم۔
**obtuse** *adj.* ①غبی، کند ذہن۔②ماند، کند۔③ زاویہ منفرجہ، ۹۰ درجے سے زائد اور ۱۸۰° سے کم۔● **obtusely** م ف۔ **obtuseness** اسم: کند ذہن۔

**obverse** *n.* اسم: ① سکّے کا سیدھا یا چت رُخ جس پر سر یا کوئی خاص نقش ہو۔ ② کسی چیز یا واقعے کا دوسرا مقابل یا مخالف رخ۔ ● **obversely** م ف۔

**obviate** *v.* کسی احتیاج، پریشانی یا قباحت وغیرہ سے بچ نکلنا یا اس کا تدارک کرنا۔

**obvious** *adj.* ظاہر و باہر، بیّن، عیاں، آشکار، واضح، جلی۔ ● **obviously** م ف۔ **obviousness** اسم۔

**ocarina** *n.* بیضوی شکل کا ایک دھونکنی والا ساز۔

**occasion** *n. & v.* اسم: ① خاص تقریب، واقعہ، اس کا وقت یا وقوع۔ ② سبب، بنیاد جواز۔ ③ موقع، مرحلہ جو کسی کام کے لیے سازگار ہو۔ ف: سبب بننا۔

**occasional** *adj.* ① کبھی کبھار ہونے والا۔ ② کسی خاص موقع پر۔ ● **occasionally** م ف۔

**Occident** *n.* ① مغرب۔ ② مغربی دنیا۔ ● **Occidental** اسم وصف: مغربی تہذیب کا۔

**occlude** *v.* بند کرنا، مسدود کرنا، راستہ روکنا۔ ● **occlusion** اسم: بند کرنے، روکنے کا عمل۔

**occluded front** *n.* موسمیات: وہ محاذ ہوا جو اس وقت بنتا ہے جب ٹھنڈی ہوا کا بھاری جھکڑ گرم ہوا کو جالیتا ہے اور گرم ہوا کو اوپر دھکیلتا ہے۔

**occult** *adj.* ① روحانی، ماورائے فطرت؛ ساحرانہ۔ ② سرّی، رمزی۔ ③ عام علم سے ماورا۔

**occupant** *n.* کسی جگہ پر مکین، قابض، موجود شخص۔ ● **occupancy** اسم: قبضہ کرنے، تصرّف۔

**occupation** *n.* ① معمول کی مصروفیت، مشغلہ۔ ② روزگار، کاروبار، ذریعہ معاش، پیشہ۔ ③ قبضہ، تصرّف۔

**occupational** *adj.* ① پیشے سے متعلق، پیشہ ورانہ، پیشے کی وجہ سے۔

**occupational therapy** *n.* ذہنی یا جسمانی ورزش جو مرض یا چوٹ وغیرہ کے علاج میں معاون ہو۔

**occupy** *v.* **(-ies, -ied)** ① مکین، اقامت پذیر ہونا۔ ② (جگہ، وقت) پُر کرنا۔ ③ فائز، تعینات ہونا۔ ④ (کسی علاقے وغیرہ کو) قبضے میں لینا۔ ● **occupier** اسم۔

**occur** *v.* **(occurred, occurring)** ① واقع ہونا، ظہور پذیر ہونا۔ ② کسی جگہ پر پایا جانا۔ □ **occur to** خیال میں آنا۔

**occurrence** *n.* ① واقعہ جو ہو گزرے۔ ② صورت حال۔ ③ سانحہ، حادثہ، ماجرا۔

**ocean** *n.* ① بڑا سمندر، بحر، ساگر۔ ② سمندر، سمندری علاقہ۔ ● **oceanic** صف: سمندر جیسا، بحری۔

**oceanography** *n.* بحریات، سمندروں کا مطالعہ۔

**ochre** *n. & adj.* (*US* **ocher**) اسم: مدّھم، زردی مائل بھورا رنگ۔ صف: اس رنگ کا۔

**o'clock** *adj.* وقت بتانے کے لیے (اتنے) بجے

**OCR** تخفیف: optical character reader (or recognition)۔

**octagon** *n.* ہشت پہلو شکل، مثمن۔ ● **octagonal** صف: ہشت پہل۔

**octahedron** *n.* (*pl.* **octahedra**) آٹھ رخوں والا ٹھوس جسم۔ ● **octahedral** صف: ہشت سطحی۔

**octane** *n.* ایک بے رنگ، آتشگیر ہائڈرو کاربن۔

**octave** *n.* موسیقی: آٹھ سُروں کا سرگم، جن میں دونوں کنارے اور بیچ کے سُر شامل ہیں اور جن میں سے ہر ایک کا تعدّد دوسرے قریبی سُر سے دگنا آدھا ہوتا ہے۔

**octavo** *n.* (*pl.* **-os**) کاغذ کے ایک معیاری شیٹ کو تین بار طے کرنے سے حاصل ہونے والا سائز، شیٹ کا آٹھواں حصّہ یا آٹھ اوراق کا جزو۔

**octet** *n.* (also **octette**) آٹھ آوازوں یا سازوں کے لیے مرتب کی ہوئی موسیقی کی بندش یا دُھن۔

**October** *n.* شمسی سال کا دسواں مہینہ، اکتوبر۔

**octogenarian** *n.* ۸۰ سے ۸۹ سال تک کی عمر کا فرد۔

**octopus** *n.* (*pl.* **octopuses**) ہشت پایہ، صدفہ جس کے آٹھ چوسنے والے بازو ہوتے ہیں

**ocular** *adj.* آنکھ یا نظر سے متعلق، بصری۔

**oculist** *n.* آنکھوں کا معالج، معالج چشم۔

**OD** *n. & v.* اسم، بول چال: overdose کی تخفیف، منشی دوا یا شے کی بیش خوراک۔ ف: بیش خوراک لینا۔

**odd** *adj.* ① انوکھا، عجیب۔ ② خلاف معمول، خلاف توقع۔ ③ طاق (عدد) جو دو سے تقسیم نہ ہو۔ ④ باقی ماندہ، بچا کھچا جوڑیوں میں تقسیم ہونے کے بعد۔ ● **oddly** م ف۔ **oddness** اسم: انوکھا پن، ندرت۔

**oddity** *n.* (*pl.* -ies) عجیب وغریب شخص یا شے۔
**oddment** *n.* انوکھی چیز، فالتو شے، بچا کھچا۔
**odds** *n.pl.* ①دوفریقوں کی طرف سے جوئے میں لگائی ہوئی رقوم کا تناسب۔② کسی بات کے ہونے یا نہ ہونے یا نہ کرنے کے امکانات۔ □ **at odds with** باہم متصادم یا مخالف۔ **odds and ends** متفرق یا بچی کھچی چیزیں۔
**odds-on** *adj.* ہار جیت جس میں جیتنے کا زیادہ امکان ہو۔
**ode** *n.* ایک غنائیہ نظم جو کسی کو مخاطب کرکے کہی جائے۔
**odious** *adj.* قابل نفرت، گھناؤنا۔
● **odiously** م ف۔ **odiousness** اسم۔
**odium** *n.* رسوائی، عام ناپسندیدگی۔
**odometer** *n.* گاڑی میں لگا ہوا مسافت پیما، فاصلہ ناپنے کا آلہ۔
**odoriferous** *adj.* تیز بو خصوصاً خوشگوار، مہکدار۔
**odour** *n.* (*US* **odor**) بُو، باس، مہک۔ □ **in bad odour** ناپسندیدہ۔● **odorous** صف۔
**odyssey** *n.* (*pl.* -eys) طویل جوکھوں بھرا سفر۔
**OECD** Organization for Economic Development and Cooperation :تخفیف معاشی تعاون اور ترقی کی تنظیم۔
**OED** =Oxford English Dictionary۔
**oedema** *n.* (*US* **edema**) مرض جس میں نسیجوں میں پانی بھر جاتا ہے۔
**oesophagus** *n.* (*US* **esophagus**) معدے کی نالی کا دہانے سے معدے تک کا طول۔
**oestrogen** *n.* (*US* **estrogen**) ہارمونوں میں سے کوئی جو جسم کی زنانہ جنسی خصوصیات کو قائم رکھتے ہیں۔
**of** *prep.* حرف اضافت جو اسم کو اسم صفت یا فعل ماسبق سے ملاتا ہے اور متنوع معنی پیدا کرتا ہے:①اصل، مبدا، مخرج، سبب یا نسبت، ملکیت۔② کسی چیز کا مخصوص مادّہ جس سے وہ بنے۔③تعلق، قبضہ۔④ شناخت یا قرابت۔ ⑤فاصلہ، دوری، جدائی، محرومی۔ ⑥حوالہ، ہدایت۔ ⑦معروضی تعلق۔⑧ تقسیم، ترتیب یا شمولیت۔ ⑨بیان، تفصیل، حالت۔

**off** *adv., prep. & adj.* م ف:①دور، علاحدہ، فاصلے پر۔ ② بے ٹھکانے؛ الگ تھلگ، ناوابستہ۔③ چھٹکارا یا نجات پانے کے لیے۔④روکنے، بند کرنے کے مفہوم میں۔⑤نامہیّا، موجود نہیں۔⑥آخر تک، بالکل۔ ⑦حالت، کیفیت میں خصوصاً مالی یا وسائل کے لحاظ سے۔ حرف جار:① سے، از، من، پرے یا نیچے یا اوپر، نفی کے لیے: موجود نہیں۔②عارضی طور پر فارغ کیا ہوا، سردست بے نیاز، اپنی بہترین کارکردگی یا کمال سے کم درجے پر، اترا ہوا۔③ذریعۂ معاش کے طور پر اختیار کیے ہوئے۔④(کہیں) سے شروع ہونے والا یا اس کے آس پاس۔⑤سمندر سے تھوڑے فاصلے پر۔صف: ①پرے، آگے۔ ② سیدھی، داہنی سمت یا پہلو۔□ **on the off chance** تھوڑے سے امکان پر۔
**offal** *n.* مذبوحہ گوشت کے نسبتہً کم مرغوب حصّے، مثلاً دل، کلیجی، آنتیں (اوجھڑی) وغیرہ۔
**offbeat** *adj.* بول چال: انوکھا، قاعدے کے خلاف، غیر روایتی۔
**off colour** *adj.* ① بیمار، ماندا۔②قدرے نازیبا۔
**offcut** *n.* لکڑی کی چھپٹی، چھیلن، کاغذ کی کترن۔
**offence** *n.* (*US* **offense**) ①غیر قانونی حرکت، جرم، مذموم حرکت۔ ②دل آزاری۔
**offend** *v.* ①ناراض کرنا؛ جذبات کو مجروح کرنا۔② بدمزہ کرنا، غصّہ دلانا۔③جرم کرنا۔● **offender** اسم۔
**offensive** *adj. & n.* صف:①موجب شکایت یا دل آزاری، توھین آمیز۔②موجب آزار، بدبودار، نفرت انگیز۔ ③جارحانہ، زیادتی پر مبنی۔ اسم:①جارحانہ اقدام۔ ② حملہ یا جارحانہ مہم۔ **offensively** م ف۔ **offensiveness** اسم: جارحیت۔
**offer** *v. & n.* ف:① غور، قبولیت یا منظوری کے لیے پیش کرنا۔②ارادہ، آمادگی ظاہر کرنا۔③ موقع مہیّا کرنا۔ ④فروخت کے لیے پیش کرنا۔⑤توجہ یا غور کے لیے پیش کرنا۔اسم:①پیشکش، اظہار رضامندی۔② پیش کی جانے والی رقم۔③پیغام، درخواست۔④بولی، پیشکش۔
**offering** *n.* چندہ، نذر، چڑھاوا، پیشکش۔
**offertory** *n.* (*pl.* -ies) ①کلیسا: عشائے ربانی کی تقریب پر روٹی اور شراب کا نذرانہ۔② کسی مذہبی

عبادت کے موقع پر چندے کی مہم، جمع شدہ چندہ۔

**offhand** *adj. & adv.* صف: سرسری، بے ساختہ، چلتے چلتے، بلازحمت یا بغیر تیاری کیا جانے والا۔ م ف: ① سرسری انداز میں۔ ② بلاتیاری یا بغیر سوچ بچار کے۔

**office** *n.* ① دفتر، انتظامی کارروائی کی جگہ۔ ② عہدہ، منصب، منصب کی میعاد۔

**officer** *n.* ① کسی بااختیار جگہ پر فائز شخص، افسر، خصوصاً فوجی افسر، پولیس کا افسر۔ ② سرکاری عہدیدار۔

**official** *adj. & n.* صف: آفس یا عہدے سے متعلق، آفس یا عہدے کی میعاد یا فرائض سے متعلق۔ اسم: سرکاری طور پر مامور عہدہ دار۔ ● **officially** م ف: باضابطہ سرکاری یا رسمی طور پر۔

**officialese** *n.* بول چال: سرکاری دستاویزات کی رسمی، محتاط قانونی زبان۔

**officiate** *v.* ① کسی خاص موقع پر سرکاری عہدہ دار کے طور پر کام کرنا، کسی افسر کی نیابت کرنا۔ ② مذہبی عبادات کی امامت کرنا، مذہبی رسوم کی قیادت کرنا۔

**officious** *adj.* ① ہماہمی کرنے والا، اکڑباز (افسر وغیرہ) ② خود کو مسلّط کرنے، دخل انداز ہونے والا۔ ● **officiously** م ف۔ **officiousness** اسم۔

**off-licence** *n.* لائسنس یافتہ شراب کی دکان جہاں سے لے کر کہیں اور پی جا سکے۔

**off-limits** *adj.* جہاں جانا ممنوع ہو۔

**off-line** *adj. & adv.* (کمپیوٹر کا سرایا عمل) جو براہ راست کسی مرکزی پروسیسر کے ساتھ منسلک نہ ہو۔

**offload** *v.* مال اتارنا (لدے ہوئے مال کو) اتارنا۔

**off-putting** *adj.* پریشان کن، باعث فکر، ناگوار۔

**offset** *n. & v.* اسم: ① تلافی، جرمانہ، تاوان۔ ② پائپ یا نلکی میں دیا ہوا خم۔ ③ طباعت کا ایک طریقہ جس میں نقش پہلے ربڑ کی پلیٹ پر اترتا ہے پھر اس سے کاغذ پر۔ ف: (-setting, -set) ① متوازن کرنا، تلافی کرنا۔ ② سیدھ سے باہر نکالنا۔

**offshoot** *n.* ① ایک رخ کی شاخ یا شاخچہ۔ ② ذیلی وجود، توسیع۔

**offshore** *adj.* صف: ① سمندر میں ساحل سے کچھ فاصلے پر واقع۔ ② (ہوا) سمندر کی سمت چلتی ہوئی۔

**offside** *adj. & adv.* کھیل: کھلاڑی جو میدانی کھیل میں گیند سے خلاف قاعدہ آگے نکل جائے۔

**offspring** *n. (pl.* same) ① اولاد۔ ② جانور کے بچے۔ ③ کسی بات کا نتیجہ، حاصل۔

**off-white** *adj.* سفید جس میں خاکستری یا بادامی کی جھلک ہو۔

**often** *adv.* ① اکثر اوقات، تھوڑے وقفوں سے۔ ② اکثر صورتوں میں۔

**ogee** *n.* S کی شکل کا لہریے دار خط یا ابھرواں حاشیہ۔

**ogle** *v.* ہوس بھری یا حریصانہ نظر سے دیکھنا۔

**ogre** *n.* ① قصّوں کہانیوں کا آدم خور دیو۔ ② مہیب، خوفناک آدمی۔

**oh** *int.* حیرت، درد، التجا وغیرہ کے اظہار کا کلمہ۔

**ohm** *n.* برقی مزاحمت کی بین الاقوامی اکائی۔

**OHP** تخفیف: overhead projector۔

**oil** *n. & v.* اسم: ① تیل، چکنائی، ایسے گاڑھے، لعاب دار مائع جو عام طور سے پانی میں حل نہیں ہوتے۔ ② پیٹرولیم۔ ③ روغنی رنگوں کی تصویر۔ ④ (oils) روغنی رنگ۔ ف: ① تیل دینا۔ ② تیل سے چکنا کرنا۔ ● **oily** صف: تیل جیسا، بہت چکنا۔

**oilfield** *n.* علاقہ جہاں معدنی تیل پایا جائے۔

**oil paint** *n.* رنگ کے ذرات اور تیل کو ملا کر بنایا جانے والا روغنی رنگ۔ ● **oil painting** اسم۔

**oil rig** *n.* معدنی تیل نکالنے اور تیل کا کنواں کھودنے کی تنصیب۔

**oilskin** *n.* ① موم جامہ۔ ② (oilskins) موم جامے کی پوشاک، برساتی وغیرہ، اس کپڑے کا بنا ہوا لباس۔

**ointment** *n.* مرہم۔

**OK** *adj. & adv.* (also **okay**): بول چال، صف: بہت اچھا، مناسب، درست۔ م ف: بہتر طریقے یا بجا طور سے۔

**old** *adj.* (**older, oldest**) ① عمر رسیدہ، بوڑھا ② پرانا، کبھی کا بنا ہوا۔ ③ عرصے سے زیر استعمال۔ ④ زمانہ گزشتہ کا، اگلے وقتوں سے تعلق رکھنے والا۔

**old age** *n.* بڑھاپا، پیری، کہولت۔

**old-fashioned** *adj.* پرانے مذاق کا، فرسودہ جس کا چلن نہ رہا ہو۔

**Old Testament** *n.* تورات، عہد نامۂ عتیق۔

**old wives' tale** *n.* توہم، غیر معقول روایت یا عقیدہ۔

**oleaginous** *adj.* ① تیل یا چکنائی کی خصوصیت رکھنے والا، روغنی یا جس سے تیل نکالا جاسکے۔② چکنا، چپچپا۔③ چاپلوس، جی حضوری کرنے والا۔

**O level** *n.* تخفیف: ORDINARY LEVEL۔

**olfactory** *adj.* سونگھنے کی قوت سے متعلق۔

**oligarchy** *n.* (*pl.* **-ies**) ① ایک محدود طبقے کی حکومت، چندسری حکومت۔② اس طرح کا نظام حکومت۔ ● **oligarch** اسم۔ **oligarchic** صف۔

**olive** *n. & adj.* اسم: ① (زیتون) کا سدابہار درخت۔② اس کا پھل جس سے زیتون کا تیل حاصل ہوتا ہے۔③ سبزی مائل بھورا رنگ۔ صف: ① زیتونی یا انگوری رنگ کا۔② (جلد کا رنگ) زردی مائل سانولا۔

**olive branch** *n.* زیتون کی شاخ امن، دوستی یا صلح کے جذبے کے اظہار کے طور پر۔

**ombudsman** *n.* (*pl.* **-men**) سرکاری عہدہ داروں کے خلاف شکایات کی تحقیق پر مامور افسر، محتسب۔

**omega** *n.* (Ω,ω) یونانی حروف تہجی کا آخری حرف۔

**omelette** *n.* (also **omelet**) پھینٹے ہوئے انڈوں کو تل کر تیار کی جانے والی ڈش، آملیٹ۔

**omen** *n.* کوئی واقعہ یا شے جس سے شگون لیا جائے۔

**ominous** *adj.* ① ڈرانے، خوفزدہ کرنے والا۔② بُرا شگون، نامبارک۔ ● **ominously** م ف۔

**omit** *v.* (**omitted, omitting**) ① چھوڑ دینا، نظر انداز کرنا۔② کسی کام سے قاصر رہنا، غفلت برتنا، انجام نہ دینا۔ ● **omission** اسم: بھول چوک۔

**omnibus** *n.* ① رسمی =BUS۔② متفرق ناولوں وغیرہ کا یکجا ایک مجموعہ، جامع اشاعت۔

**omnipotent** *adj.* ① قوی، قادر مطلق۔② بڑا بااثر۔ ● **omnipotence** اسم: قدرت کاملہ۔

**omnipresent** *adj.* ہمہ وقت، ہر جا موجود، حاضر و ناظر۔ ● **omnipresence** اسم: ہر جا ظہور۔

**omniscient** *adj.* سب کچھ جاننے والا، ہمہ داں، عالم کل۔ ● **omniscience** اسم: علم کل۔

**omnivorous** *adj.* ہر طرح کی غذا کھانے والا، بیک وقت گوشت خور، سبزی خور۔

**on** *prep. & adv.* حرف جار: ① پر، اوپر سہارتے، ڈھانپتے، بند کرتے ہوئے۔② پاس، موجود۔③ دوران، اسی عرصے میں؛ فوراً، ابھی ابھی یا اب سے ذرا پہلے۔④ نتیجہ کے طور پر۔⑤ کسی جگہ کی سکونت، رکنیت وغیرہ ظاہر کرنے کے لیے۔⑥ مالی سہارے پر۔⑦ قریب، پہلو میں، کنارے پر؛ کی سمت، کے مقابل؛ کے متعلق، کی بابت۔⑧ دھمکی دینے، چھوڑنے یا مارنے کے لیے۔⑨ بطور بنیاد یا مقصد۔⑩ کسی کام میں مشغول۔ م ف: حسب ذیل مثالوں سے استعمال واضح ہوگا: ① (*put your boots on* اپنے بوٹ پہنو) ② (*look on* آگے دیکھو) ③ (*time is getting on* وقت گزرتا جارہا ہے؛ *it happened later on* یہ بعد میں واقع ہوا) ④ (*went plodding on* بدقت آگے بڑھتے رہے؛ *keeps on complaining* برابر شکایت کیے جاتا ہے) ⑤ برسر عمل (*the light is on* بتی جل رہی ہے؛ *the chase was on* تعاقب جاری تھا) ⑥ منصوبے کے مطابق واقع (*is the party still on?* کیا دعوت ابھی جاری ہے؟) □ **not on** بول چال: قابل قبول نہیں۔ **on and off** کبھی کبھی، وقتاً فوقتاً۔

**once** *adv. & conj.* م ف: ① ایک مرتبہ یا ایک مرتبہ کے لیے۔② پہلے کبھی، کسی زمانے میں۔③ کبھی یا بالکل۔ عطف: جونہی، جیسے ہی۔ □ **at once** ① فوراً۔② ایک ساتھ، بیک وقت۔ **once upon a time** ① کبھی کا ذکر ہے۔② کسی زمانے میں۔

**once-over** *n.* بول چال: پھرتیلی کارروائی، سرسری معائنہ۔

**oncogene** *n.* ایک جین جو کسی خلیے کو بڑھا کر رسولی بنا سکتی ہے۔

**oncology** *n.* طب: رسولیوں کا مطالعہ اور معالجہ۔

**oncoming** *adj.* سامنے سے آتا ہوا، قریب الوقوع، جلد واقع ہونے والا۔

**one** *adj. & pron.* صف: ① عدد واحد، ایک۔② کوئی ایک فرد یا شے جس کا ذکر ہو چکا ہو۔③ کوئی خاص

مگر غیر واضح خصوصاً بطور موازنہ، قابل توجہ۔ ④ ایک ہی، صرف یہی۔ ⑤ اکائی، وحدت۔ ⑥ ایک جیسی، بالکل وہی۔ ضمیر: ① کوئی مخصوص فرد۔ ② کوئی بھی عام فرد۔ ③ کوئی شخص، مراد متکلم یا تحریر کنندہ، میں یا ہم۔ □ **at one** ہم خیال، متفق۔ **one another** ہر دو، باہم۔ **one by one** ایک ایک کرکے، ایک کے بعد ایک۔

**onerous** *adj.* بھاری، زحمت طلب، پریشان کن۔

**oneself** *pron.* اپنے آپ، اپنے تئیں، خود۔

**one-sided** *adj.* یک طرفہ، پاسدارانہ، غیر منصفانہ۔

**one-upmanship** *n.* بول چال: جیت یا برتری کو قائم رکھنا، جیت کا نفسیاتی فائدہ اٹھانا۔

**one-way** *adj.* ایک ہی طرف جانے یا رواں ہونے والا، یک رخا (بہاؤ، حرکت، سفر)

**ongoing** *adj.* جاری، رواں، بدستور موجود، زیر عمل۔

**onion** *n.* ① پیاز۔ ② پیاز کی گٹھی۔

**on line** *adj. & adv.* کمپیوٹر، صف: براہ راست کسی مرکزی پروسیسر سے مربوط۔ م ف: اس طرح مربوط یا زیر عمل۔

**onlooker** *n.* تماشائی، دور کا دیکھنے والا، شائق۔

**only** *adv., adj. & conj.* م ف: ① تنہا، صرف، محض۔ ② ابھی، ذرا پہلے، زیادہ عرصہ نہیں ہوا۔ ③ تب تک۔ ④ فقط، سوائے اس کے اور کچھ نہیں۔ صف: ① واحد، اکیلا۔ ② بہترین، قابل لحاظ۔ عطف، بول چال: ① الّا یہ کہ، مگر اصل بات یہ ہے کہ۔ ② مگر پھر۔ □ **only too** بلا شبہ، بالکل۔

**onomatopoeia** *n.* نقل صوت یا آواز کے مشابہ لفظ بنانا؛ صوتی الفاظ وضع کرنے کا عمل (م: *cuckoo, sizzle* چھنا کا، ٹھنا کا) ● **onomatopoeic** صف۔

**onset** *n.* ① حملہ، یورش۔ ② پُر جوش ابتدا، آغاز۔

**onshore** *adj.* ① ساحل پر، سمندر کے کنارے۔ ② (ہوا کے لیے) سمندر سے خشکی کی طرف چلنے والی۔

**onslaught** *n.* غضب ناک حملہ، بھرپور یورش۔

**onto** *prep.* کسی جگہ یا کیفیت میں یا کسی کے ساتھ متصل، منسلک۔

**onus** *n.* (*pl.* **onuses**) بار، فریضہ، ذمّہ داری۔

**onward** *adv. & adj.* م ف: ① اور آگے بڑھ کر۔ ② آگے بڑھتی ہوئی حالت میں۔ صف: آگے کی طرف واقع یا بڑھتا ہوا۔ ● **onwards** م ف۔

**onyx** *n.* سنگ مرمر کی طرح کا ایک کم قیمتی پتھر جس کی تہیں رنگ برنگی نظر آتی ہیں، سنگ سلیمان۔

**oodles** *n. pl.* بول چال: بہت بڑی مقدار۔

**oomph** *n.* بول چال: توانائی، جوش و خروش۔

**ooze** *v. & n.* ف: ① (سیّال کا) جسم کے مساموں میں سے آہستہ آہستہ گزرنا۔ ② رسنا، آہستہ آہستہ ٹپکنا۔ اسم: دریا، سمندر وغیرہ کی تہ نشیں گاد یا گیلی مٹی۔

**op.** تخفیف: OPUS۔

**opacity** *n.* دُھندلاہٹ، غیر شفافیت۔

**opal** *n.* ایک طرح کا بلّور جس کے رنگ بدلتے رہتے ہیں، دودھیا پتھر، عین الہر (چشم گربہ)

**opalescent** *adj.* بلّور کی طرح لہراتے جھلملاتے رنگوں کا۔ ● **opalescence** اسم۔

**opaque** *adj.* ① دُھندلا، نیم شفاف۔ ② جس کے آر پار نہ دیکھا جاسکے۔ ③ مبہم، غیر واضح۔

**op. cit.** اختصار: ایضاً؛ وہی کتاب جس کا حوالہ پہلے درج ہوا (لاط: *opere citato*)

**OPEC** تخفیف: Organization of Petroleum Exporting Countries (پٹرولیم برآمد کرنے والے ملکوں کی تنظیم)

**open** *adj. & v.* صف: ① کُھلا، بے روک ٹوک، جہاں آنے جانے پر کوئی پابندی نہ ہو۔ ② بکس، ڈبہ، پیٹی، پیپا وغیرہ جو سر بند نہ ہو اور ڈھکنا کھولا جاسکتا ہو۔ ③ کشادہ جو بند نہ ہو، بے رکاوٹ۔ ④ بے ڈھکا، بن بندھا۔ ⑤ برملا، عام، جانا بوجھا نہ کہ خفیہ۔ ⑥ (دکان، نمائش وغیرہ) جہاں گاہک وغیرہ جاسکیں۔ ف: ① کھلنا، کھولنا، کشادہ کرنا یا کشادگی میں اضافہ کرنا۔ ② کسی کام، کاروبار یا کارروائی وغیرہ کا آغاز کرنا یا جاری رکھنا، ابتدا ہونا، شروع ہونا۔ ③ کھول کر بچھانا، پھیلانا (نقشہ، اخبار وغیرہ) ④ (کسی کا) تحریر یا تقریر وغیرہ کا آغاز کرنا۔ □ **in the open** ① کھلی ہوا میں۔ ② غیر پوشیدہ۔ **open to** قبول کرنے کو تیار۔ ● **openness** اسم: کشادگی۔

**opencast** *adj.* (کان یا کان کنی) جو اوپر کی تہوں سے شروع ہو نہ کہ سرنگوں کے ذریعہ۔

**open-ended** *adj.* جس کی کوئی حد یا انتہا مقرر نہ ہو۔
**opener** *n.* ٹین کے ڈبے بوتلیں وغیرہ کھولنے کا کھٹکا یا آلہ۔
**open-handed** *adj.* فیاض۔
**open house** *n.* جہاں ہر مہمان یا ملاقاتی کا خیر مقدم کیا جاتا ہو۔
**opening** *n.* ① سوراخ یا درز، رسائی کا راستہ۔ ② امید افزا موقع محل۔ ③ ابتدا، آغاز۔
**open letter** *n.* کسی کے نام کھلی چٹھی یا کھلا خط، خصوصاً احتجاجی جو اخبار یا رسالے میں شائع کرایا جائے۔
**openly** *adv.* ① بے تکلفانہ، خلوص کے ساتھ۔ ② کھلے طور پر بغیر کچھ چھپائے۔
**open-plan** *adj.* بڑے بڑے غیر منقسم کمروں والا (مکان یا دفتر)
**open prison** *n.* ایسا قید خانہ جس میں قیدیوں پر کم سے کم جسمانی پابندیاں ہوں۔
**open system** *n.* کمپیوٹر: ایسا نظام جس میں مختلف کمپنیوں کے بنائے ہوئے سافٹ ویئر اور ہارڈ ویئر ایک ساتھ استعمال ہو سکتے ہیں۔
**open verdict** *n.* غیر معیّن عدالتی فیصلہ جو جرم واقع ہونے کی تصدیق کرے لیکن مجرم کا تعیّن نہ کرے یا (پُر تشدد موت کی صورت میں) موت کا سبب نہ بتائے۔
**opera** *n.* آپرا، غنائی ڈراما۔ ● **operatic** صف۔
**operable** *adj.* ① جس پر عمل جراحی کیا جا سکے یا جس (مشین) کو چلایا جا سکے۔ ② عمل جراحی سے علاج کے لیے موزوں۔
**opera glasses** *n. pl.* آپرا یا تھیٹر کو دیکھنے کے لیے استعمال کی جانے والی چھوٹی دوربین۔
**operate** *v.* ① کام لینا، چلانا، زیر عمل لانا، نگرانی میں رکھنا، چالو حالت میں رکھنا۔ ② عمل جراحی کرنا۔
**operating system** *n.* بنیادی پروگرام جو کمپیوٹر سے کام لینے کے لیے اس میں ڈالا جاتا ہے۔
**operation** *n.* ① کارروائی، عمل، طریق کار، باعمل، فعال، چالو ہونے کی حالت۔ ② جاری عمل، کسی کام کی ادائیگی۔ ③ عمل جراحی جو کسی مریض پر کیا جائے۔
**operational** *adj.* ① کسی عمل یا کارروائی سے متعلق، کارروائی میں شریک یا ملوث۔ ② کام کے لیے تیار، چلائے جانے کے قابل۔
**operative** *adj. & n.* صف: ① نافذ، فعّال، چالو، لاگو۔ ② عمل جراحی سے متعلق۔ اسم: ① کوئی کارکن خصوصاً تربیت یافتہ۔ ② اصل جزو یا عنصر یا حوالہ۔
**operator** *n.* ① عامل، کل کار، مشین کار، خصوصاً ٹیلی فون ایکسچینج میں فون کی لائنیں ملانے والا۔ ② کسی کاروبار کو چلانے والا، منتظم۔
**operetta** *n.* چھوٹا یا ایک ایکٹ والا آپرا۔
**ophidian** *n. & adj.* سانپ کے خاندان کا (کوئی سانپ)
**ophthalmic** *adj.* آنکھ اور امراض چشم سے متعلق۔
**ophthalmic optician** *n.* آنکھ کا معائنہ کرنے، عینک کا نمبر تجویز کرنے، عینک اور چیک عدسے بنانے اور آنکھ کی بیماریوں کی تشخیص کرنے والا ماہر۔
**ophthalmology** *n.* آنکھ اور اس کی بیماریوں کا مطالعہ، بصریات۔ ● **ophthalmologist** اسم۔
**ophthalmoscope** *n.* آنکھ کے پردے (ریٹینا) کا معائنہ کرنے کا آلہ، شبکیہ بین۔
**opiate** *n.* افیون آمیز یا افیون سے ماخوذ دوا۔
**opine** *v.* کسی رائے کا حامل ہونا یا اظہار کرنا۔
**opinion** *n.* ① رائے، خیال، ظن، عمومی و سرسری۔ ② امکان پر مبنی نظریہ۔ ③ کسی خاص مسئلے یا موضوع پر کسی کا قوی گمان۔ ④ اندازہ، تخمینہ، جانچ۔
**opinionated** *adj.* ہٹ دھرمی کے ساتھ اپنی بات پر اڑا رہنے والا، خود رائے۔
**opium** *n.* ایک تیز بو، نشہ آور سرخی مائل بھورا مادّہ، افیون جو پوست (خشخاش) کے ڈوڈے سے بنتی ہے۔
**opossum** *n.* زیادہ تر درختوں پر رہنے والا ایک امریکی تھیلی دار خاندان کا جانور۔
**opponent** *n.* مخالف یا مخالف جماعت کا رکن، فریق مخالف۔
**opportune** *adj.* ① مناسب، مبارک، موافق یا صحیح (وقت) ② بروقت مفید مطلب (عمل، واقعہ) ● **opportunely** م ف۔ **opportuneness** اسم۔
**opportunism** *n.* ① موقع پرستی، ابن الوقتی۔ ②

مصلحت کو اصول پر ترجیح دینے کی حکمت عملی۔ ● **opportunist**اسم۔ **opportunistic**صف۔

**opportunity** *n.* (*pl.* **-ies**) ① عمدہ موقع۔ ② موافق یا مفید مطلب اتفاق یا حالات۔ ③ خوش نصیبی۔

**oppose** *v.* ① مخالفت کرنا، مزاحمت کرنا، مخالفانہ استدلال کرنا۔ ② دشمن ہونا۔ ③ بازی یا کھیل میں مقابل ہونا۔ ④ مقابلے پر یا جواب کے طور پر لانا۔

**opposite** *adj., n., adv. & prep.* صف: ① مخالف رُخ پر، پشت بہ پشت یا آمنے سامنے۔ ② متضاد، مختلف النّوع، عین برعکس۔ اسم: متضاد شے یا شخص۔ م ف: مقابل یا سامنے۔ حرف جار: دوسری جانب۔

**opposition** *n.* ① مدافعت، مخاصمت، مزاحمت۔ ② مخالفت، عداوت، ناموافقت کی حالت۔ ③ مخالف گروہ یا فریق۔ ④(**the Opposition**) برسراقتدار پارٹی کی مخالف سب سے بڑی پارلیمانی جماعت، حزب اختلاف۔ ⑤ مخالفت کرنے یا مقابل رکھنے کا عمل۔

**oppress** *v.* ① تابع، محکوم رکھنا۔ ② ظالمانہ یا نامنصفانہ سلوک کرنا۔ ③ آلام وافکار سے زیربار کرنا۔ ● **oppression**اسم: جبر، ظلم۔ **oppressor**اسم۔

**oppressive** *adj.* ① ظالمانہ، جابرانہ، سخت گیر۔ ② ناقابل برداشت۔ ③ گھٹا ہوا، اُمس والا (موسم) ● **oppressively** م ف۔ **oppressiveness**اسم۔

**opprobrious** *adj.* مغلظات سے بھرپور، سخت ہتک آمیز، گالیوں سے بھری (زبان)

**opprobrium** *n.* ① ذلّت، رسوائی، بدنامی جو کسی طرز عمل کی بنا پر ہو۔ ② قابل ملامت عمل۔

**opt** *v.* انتخاب کرنا، چننا۔ □ **opt out** ① اپنی مرضی سے شریک نہ ہونا۔ ② (کسی اسکول یا ہسپتال کا) مقامی اداروں کے اختیار سے علاحدہ کرنا۔

**optic** *adj.* آنکھ یا بینائی سے متعلق۔

**optical** *adj.* ① نظر سے متعلق، بصری۔ ② بصریات سے تعلق رکھنے والا۔ ③ بصارت کی مدد یا بصریات کے اصولوں کے مطابق بنایا ہوا۔ ● **optically** م ف۔

**optical character recognition** *n.* ضیا برقی (photoelectric) آلے سے مطبوعہ حروف کی شناخت۔

**optical fibre** *n.* پتلا شیشے کا پارچہ جس میں سے روشنی گزر سکتی ہے۔

**optician** *n.* بصری آلات بنانے یا فروخت کرنے والا شخص۔

**optics** *n. pl.* بصریات، آنکھ اور روشنی کے عمل کا سائنسی مطالعہ۔

**optimal** *adj.* بہترین یا نہایت موافق۔

**optimism** *n.* رجائیت، پُراعتماد اور پُرامید رہنے کا رویہ۔ ● **optimist**اسم: پُرامید، رجائی۔ **optimistic** صف۔ **optimistically** م ف: خوش امیدی سے۔

**optimize** *v.* (also **-ise**) (حالات یا موقع وغیرہ کا) پورا فائدہ اٹھانا۔ ● **optimization**اسم۔

**optimum** *n. & adj.* اسم: (ج: **optima** یا **optimums**) بہترین معاون حالات، موافق ترین صورت حال۔ صف= OPTIMAL۔

**option** *n.* ① چُننے یا پسند کرنے کا عمل، ترجیح دینے کا اختیار، قابل پسند شے۔ ② چُننے یا پسند کرنے کی آزادی۔

**optional** *adj.* اختیاری جو لازمی نہ ہو۔ ● **optionally** م ف: مرضی کے مطابق۔

**optometrist** *n.* آنکھ کے معائنے وغیرہ کی خدمات مہیّا کرنے والا، ماہر امراض چشم، ایسا شخص جو آنکھ کا نمبر جانچ کر عینک بناتا ہو۔

**opulent** *adj.* ① دولتمند، دھن دولت والا۔ ② پُرآسائش۔ ● **opulence**اسم۔ **opulently** م ف۔

**opus** *n.* (*pl.* **opera**) کسی موسیقار کی غنائی بندشوں سے قبل دیا جانے والا شناختی عدد۔

**or** *conj.* ① دو یا زیادہ متبادل اشیا وغیرہ کو ظاہر کرنے کے لیے، مترادف: یا۔ ② صرف ایک ہی ممکن یا موجود متبادل کو ظاہر کرنے کے لیے۔ ③ (اس سے پہلے *whether*) کسی بالواسطہ سوال یا جملۂ شرطیہ کے دوسرے جزو کو ظاہر کرنے کے لیے۔ ④ مترادف لفظ یا ماسبق کی توضیح کے لیے، مترادف یعنی۔ ⑤ کسی اہم مترادف کو کہنے کے لیے جو بعد میں سوجھے، بجائے مگر، لیکن۔

**oracle** *n.* ① ایک مقام جہاں قدیم زمانے میں دیوتاؤں سے مشورہ یا پیش گوئی طلب کی جاتی تھی، فال گھر۔ ② کوئی شخص جس کی بابت آئندہ کے لیے معتبر

ہدایت کا عقیدہ ہو۔③ غیبی ہدایت، الہام۔

**oracular** *adj.* (oracle) فال گھر سے متعلق۔ ① ② پُراسرار یا مبہم۔③ غیبی کشف یا فال پر مبنی۔

**oral** *adj. & n.* صف:① زبانی؛ گفتگو، بول، زبان کے ذریعے ادا ہونے یا پہنچنے والا۔② منہ سے کیا یا لیا جانے والا۔ اسم: زبانی امتحان۔● **orally** م ف۔

**orange** *n. & adj.* اسم:① نارنگی، سنترہ۔② نارنجی رنگ۔ صف: نارنجی رنگ کا، سرخی مائل زرد۔

**orang-utan** *n.* (also **orang-outang**) ایک جسیم، سرخ، لمبے بالوں والا بندر۔

**oration** *n.* خطابت، تقریر، بیان خصوصاً کسی خاص موقع پر۔

**orator** *n.* خوش بیان خطیب، زبردست مقرر۔

**oratorio** *n.* (*pl.* **-os**) نیم تمثیلی تخلیق سازندوں کے طائفے اور صداکاروں کے لیے جو خصوصاً مقدّس موضوعات پر بلا خاص مناظر یا اداکاری پیش کی جائے۔

**oratory** *n.* (*pl.* **-ies**) رسمی خطابت کا فن یا مشق خطابت۔● **oratorical** صف: خطیبانہ۔

**orb** *n.* کرہ، گولا۔

**orbit** *n. & v.* اسم:① کسی سیّارے یا جرم فلکی کا گول یا بیضوی مدار۔② دائرہ عمل، حدود کار۔ ف: (**orbited**، **orbiting**) مدار کے گرد چکّر لگانا، دائرے میں اڑنا۔

**orbital** *adj.* صف:① کرے کا یا کروں کے متعلق۔ ② شہر کے گرد گھومنے والی (سڑک)

**orchard** *n.* پھلوں کا باغ، عموماً چاردیواری کے اندر۔

**orchestra** *n.* سازندوں کا عموماً بڑا طائفہ۔ ● **orchestral** صف: سازندوں کے طائفہ کا۔

**orchestrate** *v.* ① آرکسٹرا کے لیے مرتب، تحریر یا تخلیق کرنا۔② (کسی معاملے میں) مختلف اجزا اور عناصر کو مرتب، یکجا مربوط یا منظّم کرنا تا کہ بہترین نتیجہ یا تأثر پیدا ہو۔● **orchestration** اسم: ترتیب نغمہ۔

**orchid** *n.* ایک پودا جس میں عجیب وغریب شکلوں کے رنگ برنگے پھول لگتے ہیں۔

**ordain** *v.* ① مقدّس کلیسائی منصب عطا کرنا۔② حکم جاری کرنا، مقرر، متعیّن یا مقدّر کر دینا۔

**ordeal** *n.* سخت آزمائش، ابتلا، خوفناک تجربہ۔

**order** *n. & v.* اسم:① نظم وترتیب، ہر چیز کا اپنی جگہ پر ہونا، معلومہ یا مقررہ سلسلہ، ترتیب، حق وراثت وغیرہ کے لحاظ سے۔② کسی بااختیار کی طرف سے واجب التعمیل حکم، فرمان، ہدایت وغیرہ۔③ باضابطہ اقتدار کے تحت قائم امن وامان اور ہم آہنگی۔④ ایک سماجی طبقہ یا قابل شناخت سماجی درجہ۔⑤ قسم، نوع۔⑥ مطلوبہ شے مہیّا کرنے کی تحریری فرمائش۔⑦ دنیا یا معاشرے کا نظام یا دستور۔ ف:① ہدایت دینا، حکم دینا، نافذ کرنا۔② آرڈر دینا یا سامان کی فرمائش کرنا۔③ ترتیب وتنظیم کرنا۔□ **in order** ① ترتیب وار۔② موزوں یا استعمال کے لیے تیار۔③ حسب ضابطہ۔ **in order that** تا کہ۔ **in order to** اس لیے کہ۔ **on order** (اشیا) فرمائش کردہ مگر ہنوز غیر موصول۔ **out of order** ① نا درست حالت میں۔② بے ترتیب۔③ بے ضابطہ۔

**orderly** *adj. & n.* صف:① قرینے سے، باقاعدہ۔② فرمانبردار، خوش اطوار۔ اسم: (ج: **-ies**) ① ہسپتال کا صفائی کرنے والا، عموماً مرد ملازم۔② افسر کا خدمت گار، جوان، اردلی۔● **orderliness** اسم۔

**order paper** *n.* پارلیمنٹ: مطبوعہ یا تحریری فرمان امروز یا ایجنڈہ۔

**ordinal** *n.* (in full **ordinal number**) عدد ترتیبی (پہلا، دوسرا، تیسرا وغیرہ)

**ordinance** *n.* حکم جو بااختیار حاکم کی جانب سے جاری ہو، فرمان، ضابطہ۔

**ordinand** *n.* کلیسائی منصب کا امیدوار۔

**ordinary** *adj.* معمول کے مطابق، رواجی، عمومی، غیر اہم۔● **ordinarily** م ف: عموماً۔

**ordinary level** *n.* (also **O level**) عمومی سند تعلیم GCE کے دو امتحانوں میں سے پہلا، او لیول۔

**ordination** *n.* پادری کو کلیسائی منصب پر فائز کرنے کا عمل۔

**ordnance** *n.* چڑھی ہوئی توپیں؛ توپ خانہ۔

**ordure** *n.* فضلہ، گوبر، لید، بول وبراز۔

**ore** *n.* قدرتی حالت میں پائی جانے والی معدنیات، کچ دھات، جس سے معدنیات حاصل کی جاتی ہیں۔

**oregano** *n.* اجوائن جنگلی کی خشک پتّیاں جو کھانے

میں مسالے کے طور پر استعمال ہوتی ہیں۔

**organ** *n.* ① ارغنوں، ایک عموماً بڑے سائز کا دھونکنی والا باجا۔② کوئی جسمانی عضو جس کا اپنا مخصوص اہم کام ہوتا ہے۔③ ذریعۂ ابلاغ خصوصاً جریدہ یا اخبار۔

**organic** *adj.* ① جسمانی، عضوی، کسی عضو یا اعضا سے تعلق رکھنے والا۔② مربوط جسمانی نظام یا اعضار کھنے والا۔③ کیمیائی کھاد یا جراثیم کش ادویہ کے بغیر کاشت کیا جانے والا۔ ④ منظّم، مربوط، ہم آہنگ۔● **organically** م ف: خلقی طور پر۔

**organism** *n.* ① نامیہ، نامی وجود۔② کوئی انفرادی ذی حیات وجود (نباتات یا حیوانات)

**organist** *n.* ارغنوں نواز۔

**organization** *n.* ① تنظیم کا عمل، تنظیم کاری یا تنظیم کی مثال۔ ② کوئی منظّم ادارہ، خصوصاً کاروباری، سرکاری، فلاحی وغیرہ۔③ با قاعدہ ترتیب، سلیقہ، صفائی۔● **organizational** صف: تنظیمی۔

**organize** *v.* (also **-ise**) ① تنظیم کرنا، تشکیل دینا، مربوط ڈھانچہ تیار کرنا، معاملات کو سدھارنا، سلجھانا۔ ②(کسی تجویز، تحریک یا منصوبے کی) ابتدا کرنا، طرح ڈالنا۔● **organizer** اسم: منتظم۔

**orgasm** *n.* جنسی فعل میں توڑ کا وقت جب مرد اور عورت سب سے زیادہ لذت محسوس کرتے ہیں۔

**orgy** *n.* (*pl.* **-ies**) ① بدمستوں کی محفل، عیش ونشاط، رنگ رلیاں۔② کسی بھی کارروائی میں بے جا جوش و خروش۔● **orgiastic** صف۔

**Orient** *n.* مشرق، مشرق کی جانب ممالک خصوصاً مشرقی ایشیا۔● **Oriental** اسم وصف: مشرقی۔

**orient** *v.* (also **orientate**) ① قطب نما کے ذریعے کسی جگہ کا محل وقوع معلوم کرنا۔② اپنا موقف متعین کرنا یا دوسرے عناصر وغیرہ کو ایک واضح رخ دینا، نشاندہی کرنا۔□ **orient oneself** اپنے اردگرد کے حوالے سے اپنا مقام یا موقف متعین کرنا۔

**orientation** *n.* کسی چیز سے واقفیت حاصل کرنے کا عمل؛ کسی چیز کی نسبت اپنے رویہ کا تعین۔

**orienteering** *n.* کھیلوں کا ایک مقابلہ جس میں شرکا نقشوں اور قطب نما کی مدد سے کھلے میدانوں اور کھیتوں میں راستہ ڈھونڈتے ہوئے دوڑ لگاتے ہیں۔

**orifice** *n.* منہ، سر، غار کا دہانہ، سوراخ، شگاف، وغیرہ۔

**origami** *n.* کاغذ کو موڑ کر طرح طرح کے خوشنما ڈیزائن یا شکلیں بنانے کا جاپانی فن۔

**origin** *n.* ① نقطۂ آغاز؛ منبع، مخرج، اصل مادّہ۔② نژاد، سلسلۂ نسب۔

**original** *adj. & n.* صف: ① ابتدا یا آغاز سے موجود؛ خلقی، فطری۔② انوکھا، نیا، تخلیقی، نو ایجاد۔③ ابتدائی نمونہ نہ کہ نقل۔ اسم: اصل تصویر یا ڈیزائن جس کی نقلیں یا تراجم کیے جائیں۔● **originality** اسم: جدّت طرازی، نیا پن۔ **originally** م ف: اصل میں۔

**originate** *v.* ① ابتدا کرنا، آغاز کرنا، بنیاد کا سبب بننا۔② شروع ہونا، چلنا، نکلنا۔● **origination** اسم: آغاز، ایجاد۔ **originator** اسم: خالق، بانی۔

**ornament** *n. & v.* اسم: ① آرائش یا سجاوٹ کی چیز۔② کوئی آرائش، نقوش وغیرہ جو کسی شے کی زینت کے لیے اضافہ کیے جائیں۔ف: آرائش کرنا، آراستہ کرنا، سجانا۔● **ornamentation** اسم: آرائش۔

**ornamental** *adj.* آرائشی، زینت بخش۔

● **ornamentally** م ف: آرائش کے طور پر۔

**ornate** *adj.* پُرتکلف آرائش والا، بہت زیادہ سجا ہوا۔● **ornately** م ف۔ **ornateness** اسم۔

**ornithology** *n.* پرندوں کا سائنسی مطالعہ۔● **ornithological** صف۔ **ornithologist** اسم۔

**orphan** *n. & v.* اسم: یتیم، ماں یا باپ یا ماں باپ دونوں سے محروم شخص۔ف: ماں باپ یا دونوں میں کسی ایک سے چھڑانا، محروم کرنا۔

**orphanage** *n.* ① یتیم خانہ۔② یتیمی۔

**orthodontics** *n. pl.* علاج دنداں، دانتوں اور جبڑوں کی ناہمواری اور بے قاعدگی کا علاج۔● **orthodontic** صف۔ **orthodontist** اسم۔

**orthodox** *adj.* راسخ العقیدہ، تسلیم شدہ عقائد کا ماننے والا، روایت پسند۔● **orthodoxy** اسم۔

**Orthodox Church** *n.* شرقی یا یونانی کلیسا۔

**orthography** *n.* (*pl.* **-ies**) معیاری یا مانا ہوا املا۔● **orthographic** صف: املائی، ہجائی۔

**orthopaedics** *n. pl.* (*US* **-pedics**) طب کی وہ شاخ جو ہڈیوں اور پٹھوں کی ساخت کے نقائص کی درستی اور بیماریوں کے علاج سے تعلق رکھتی ہے۔ ● **orthopaedic** صف۔ **orthopaedist** اسم۔

**Os** عنصر osmium آسمیم کی علامت۔

**oscillate** *v.* گھڑی کے گھنٹے کی طرح ادھر سے ادھر ڈولنا، حرکت کرنا۔ ● **oscillation** اسم۔

**osier** *n.* بید کے درخت کی مختلف اقسام میں سے کوئی۔

**osmium** *n.* ایک سخت دھاتی عنصر (علامت: Os)

**osmosis** *n.* کسی محلل کے کسی نیم پذیر، نفوذ پذیر جھلّی میں سے گزر کر زیادہ مرتکز محلول بن جانے کا عمل۔ ● **osmotic** صف: انجذابی، سرایتی۔

**osprey** *n.* (*pl.* **-eys**) باز یا شاہین کی نوع کا ایک شکاری پرندہ جو مچھلیوں کا شکار کرتا ہے۔

**osseous** *adj.* ہڈی دار، ہڈیوں کا ڈھانچہ رکھنے والا۔

**ossify** *v.* (**-ies, -ied**) ① ہڈی میں تبدیل کرنا، سخت کرنا۔ ② سخت دل بن جانا۔ ③ غیر ترقی پذیر بنا دینا۔

**ostensible** *adj.* دکھاوے کا، ظاہری، نہ کہ لازماً حقیقی؛ مبیّنہ دعوے پر مبنی۔ ● **ostensibly** م ف: بظاہر۔

**ostentation** *n.* ① دکھاوا، نمود و نمائش، اتراہٹ، بھڑک۔ ② توجہ حاصل کرنے کی کوشش، خودنمائی۔ ● **ostentatious** صف۔ **ostentatiously** م ف۔

**osteopathy** *n.* مالش وغیرہ سے علاج۔ ● **osteopath** اسم۔ **osteopathic** صف۔

**ostracize** *v.* (also **-ise**) کسی کو اپنی برادری یا حلقے سے خارج کرنا، میل جول، مراعات وغیرہ ترک کرنا۔ ● **ostracism** اسم: مقاطعہ۔

**ostrich** *n.* شتر مرغ، افریقہ کا جسیم، تیز دوڑنے والا پردار مگر اُڑ نہ پانے والا پرندہ۔

**other** *adj., n. & pron.* صف: ① دوسرا، کوئی اور، الگ؛ علاحدہ یا کسی اور طرح کا۔ ② مزید، اس کے علاوہ، متبادل، دو میں سے کوئی۔ ③ مذکورہ یا معلومہ کے علاوہ۔ ④ سے ہٹ کر، کو چھوڑ کر۔ اسم و ضمیر: ① مزید یا مختلف فرد، شے یا مثال وغیرہ۔ ② (**others**) باقی ماندہ۔ □ **other than** ورنہ؛ مختلف طور سے۔ **the other day, week etc.** کچھ عرصے پہلے۔

**otherwise** *adv.* ① ورنہ، دوسری صورت میں، نہیں تو۔ ② دوسرے طور طریقے وغیرہ سے۔ ③ بطور متبادل۔

**otiose** *adj.* عملی لحاظ سے بے مقصد؛ نامطلوب۔

**OTT** بول چال: over-the-top کی تخفیف۔

**otter** *n.* اُود بلاؤ، پانی کا ایک مچھلی خور جانور۔

**ottoman** *n.* پشت اور ہتھوں کے بغیر ایک گدّے دار نشست؛ گدّے دار چوکی، چوکور دیوان۔

**OU** تخفیف: ① Open University۔ ② Oxford University۔

**ought** *v. aux.* ① فرض یا درست بات کو سمجھانے کے لیے۔ ② کوتاہی کی نشاندہی کے لیے۔ ③ مناسب بات کے اظہار کے لیے۔ ④ قوی امکان ظاہر کرنے کے لیے۔

**Ouija board** *n.* تجارتی نام: ایک لکڑی کا تختہ جس کے حاشیے پر کچھ حروف اور نشانات ہوتے ہیں جن کی طرف اس پر گھومنے والی تختی وغیرہ اشارہ کر کے روحوں کی طرف سے حاضرین کے سوالوں کا جواب دیتی ہے۔

**ounce** *n.* ① ایک پونڈ کے سولھویں حصّے کے برابر وزن (تقریباً ۲۸ گرام) ② بہت تھوڑی مقدار۔

**OUP** تخفیف: Oxford University Press۔

**our** *adj.* ہمارا، ہماری ملکیت، ہم سے متعلق یا منسوب۔

**ours** *poss. pron.* ہمارے یا ہمارا، ہم سے منسوب، ہماری ملکیت۔

**ourselves** *pron.* we یا us کی تاکیدی اور رجعی صورت۔

**oust** *v.* نکال باہر کرنا، بے دخل کرنا، محروم کرنا۔

**out** *adv., n., adj. & v.* م ف: ① کسی جگہ سے غائب، غیر حاضر۔ ② منقسم، منتشر ہونے یا دوری، علاحدگی ظاہر کرنے کے لیے۔ ③ باہر آنے، سب کے سامنے ظاہر کرنے کے لیے، توجہ دلانے کے لیے۔ ④ اپنے دفتر، گھر وغیرہ میں غیر موجود۔ ⑤ اچھی طرح، پورے طور پر، تمام تر۔ ⑥ (آگ، روشنی وغیرہ کے لیے) ٹھنڈی، بجھی ہوئی۔ ⑦ غلطی پر۔ ⑧ بول چال: بے ہوش۔ اسم: بول چال: پہلو بچانے کا پینترا، معذرت۔ صف: ① (میچ) جو ترک کر دیا جائے۔ ② (جزیرہ) جو وسیع تر زمینی علاقے سے دور ہو۔ ف: ① بجھانا، فرو کرنا۔ ② باہر نکلنا، باہر آنا، ظاہر ہونا۔ □ **out and out** مکمل طور

سے، پوری طرح سے۔ **out and away** بدرجہا۔ **out of date** پرانا، متروک، رواج کے خلاف۔ **out of the way** ① جواب راستے میں نہ ہو، جسے ہٹادیا گیا ہو۔ ② (کوئی مقام) دور دراز۔

**out-** *pref.* سابقہ جو فعل یا اسم کے ساتھ لگایا جاتا ہے: ① بڑھ جانے، فوقیت حاصل کرنے کے معنی میں۔ ② بیرونی، علاحدہ۔ ③ دور، باہر کی طرف۔

**outback** *n.* خصوصاً آسٹر: دور دراز اضلاع اور عموماً غیر آباد علاقے۔

**outboard** *adj.* کشتی کے باہر لگی ہوئی (موٹر)

**outbreak** *n.* جذبات، جنگ، وبا، بغاوت وغیرہ کا اچانک حملہ۔

**outbuilding** *n.* بڑی عمارت سے ملحق، ذیلی تعمیر۔

**outburst** *n.* شدید غصّہ، جذبات وغیرہ کا اظہار۔

**outcast** *n.* گھر، برادری سے نکالا ہوا آدمی۔

**outclass** *v.* بہتر درجے میں ہونا، آسانی سے ہرادینا۔

**outcome** *n.* نتیجہ، حاصل، ظاہری انجام۔

**outcrop** *n.* کوئی چپٹی چٹان، رگ یا ٹیلا جو زمین سے ابھر آئے، ابھرتی ہوئی سطحِ زمین۔

**outcry** *n.* (*pl.* **-ies**) ① پکارنے، چلّانے کا عمل۔ ② ہنگامہ آرائی۔ ③ طویل یا پُر شور عوامی احتجاج۔

**outdistance** *v.* بہت پیچھے چھوڑنا، آگے نکل جانا۔

**outdo** *v.* (**-did, -done, -doing**) کسی کام یا کارگزاری میں آگے نکل جانا، سبقت لے جانا۔

**outdoor** *.adj.* ① گھر سے باہر (واقع یا انجام دیا جانے والا) ② کھلی ہوا کا شوقین۔ ● **outdoors** م ف۔

**outer** *adj.* بیرونی، باہر کا، اوپری؛ مرکز سے دور۔

**outermost** *adj.* مرکز سے بعید ترین، بالکل باہر کا۔

**outface** *v.* گھور کر یا پُر اعتمادی کا اظہار کر کے (مقابل کو) بوکھلا دینا یا شکست دینا۔

**outfit** *n.* ① کپڑوں کا جوڑا۔ ② کسی خاص مقصد کے لیے اوزاروں وغیرہ کا مکمل سیٹ یا مجموعہ۔

**outfitter** *n.* سازوسامان، خصوصاً وردی یا روایتی لباس وغیرہ مہیّا کرنے والا تاجر یا رسدرساں۔

**outflank** *v.* اپنی فوج کے بازو دشمن فوج سے زیادہ دور تک پھیلا دینا، اس طرح دشمن سے بازی لے جانا۔

**outgoing** *adj.* ① ملنسار، دوستانہ رویّہ رکھنے والا۔ ② ملازمت یا عہدے سے سبکدوش ہونے والا۔

**outgoings** *n.pl.* ① اخراجات۔ ② روانگی، رخصت۔

**outgrow** *v.* (**-grew, -grown, -growing**) ① قد کا بڑھ جانا، کپڑوں کا چھوٹا ہو جانا۔ ② بڑا ہونے پر بچکانہ عادت، بیماری یا علّت وغیرہ سے چھٹکارا پانا۔ ③ زیادہ تیزی سے پنپنا، نشوونما پانا۔

**outhouse** *n.* کسی مکان کے احاطے یا اطراف میں ذیلی تعمیر (جیسے پاڑا، کھتّہ، سائبان، کوٹھڑی وغیرہ)

**outing** *n.* گھر سے باہر مختصر رخصت یا تفریح۔

**outlandish** *adj.* ① غیر ملکی نظر آنے والا۔ ② عجیب، انوکھا، نامانوس۔

**outlast** *v.* زیادہ دیر چلنا، باقی رہنا (مقابلۃً)

**outlaw** *n. & v.* اسم: ① مفرور مجرم۔ ② تاریخ: ایسا شخص جسے قانونی تحفظ میسر نہ ہو۔ ف: ① کسی کے مفرور ہونے کا اعلان کرنا۔ ② غیر قانونی قرار دینا۔

**outlay** *n.* کسی مد میں خرچ شدہ رقم، صرفہ۔

**outlet** *n.* ① نکاسی کا ذریعہ، فرار کا راستہ، مخرج۔ ② فطری صلاحیت یا جذبات کے اظہار کا ذریعہ۔ ③ مال تجارت کی نکاسی یا فروخت کا ذریعہ۔

**outline** *n. & v.* اسم: ① کسی منصوبے، تجویز وغیرہ کا ابتدائی خاکہ۔ ② تلخیص، خلاصہ۔ ③ کسی شے کی حدود کو ظاہر کرنے والے خطوط۔ ف: ① خاکہ کھینچنا، خاکے کے ذریعہ تفصیل بتانا۔ ② حدود کی نشاندہی کرنا۔

**outlook** *n.* ① آئندہ امکانات۔ ② کسی کا ذہنی رویہ، نظریہ، نقطۂ نظر۔ ③ باہر کا منظر۔

**outlying** *adj.* مرکز سے دور واقع، بعید۔

**outmoded** *adj.* جس کا چلن نہ رہا ہو، متروک۔

**outnumber** *v.* تعداد میں بہت بڑھ جانا۔

**outpace** *v.* مقابلۃً زیادہ تیز دوڑنا۔

**outpatient** *n.* اسپتال کا بیرونی مریض جو اسپتال میں داخل نہ ہو۔

**outplacement** *n.* زائد از ضرورت قرار دیئے گئے عملے کے لیے نئے روزگار کی تلاش میں مدد۔

**outpost** *n.* ① اصل فوج سے الگ کسی دور دراز مقام

پر قائم کی گئی فوجی چوکی۔②دور دراز شاخ یا آبادی۔

**output** *n. & v.* اسم: کسی صنعتی یا ذہنی عمل کا حاصل، پیداوار، اس کی مقدار۔ ف: (**-put** یا **-putted**، **-putting**)(کمپیوٹر کا) نتیجہ وغیرہ مہیّا کرنا۔

**outrage** *n. & v.* اسم:①جبری دوسروں کے حقوق و جذبات کو پامال کرنے کا فعل۔② شدید زیادتی یا ہتک۔ ③سخت غصّہ، برہمی۔ف:① غیظ وغضب کا ہدف بنانا۔② کھلم کھلا جذبات کو ٹھیس پہنچانا، علانیہ توہین، تذلیل کرنا۔

**outrageous** *adj.* ①انتہائی شرمناک، ناشائستہ۔ ②غضب ناک، دھا کا خیز۔③انتہائی ظالمانہ۔④ مجرمانہ، تذلیل آمیز۔● **outrageously** م ف۔

**outré** *adj.* ①نامناسب، غیر معقول۔②انوکھا، بھونڈا۔

**outrider** *n.* سواری وغیرہ کے ساتھ یا آگے چلنے والا اسوار محافظ یا موٹر سائیکل سوار۔

**outrigger** *n.* ① شہتیر، بڑ تنگا یا ڈھانچہ جو کشتی یا جہاز کے پہلو سے آگے نکلا ہوا ہو خصوصاً مختلف مقاصد کے لیے۔②اسی طرح کا ڈونگی کے متوازی لگا ہوا شہتیر۔

**outright** *adv. & adj.* م ف:① مکمل طور پر، پوری طرح۔②ایک دم، یکبارگی۔③ کھلے طور پر، بغیر تحفظات کے، بلا تأمل۔صف: سیدھا سادہ، راست، مکمل، سالم۔

**outrun** *v.* **(outran,outrun,outrunning)** مقابلتاً زیادہ فاصلے تک یا زیادہ تیز دوڑنا۔

**outset** *n.* آغاز، ابتدا۔□ **at** or **from the outset** شروع ہی سے۔

**outside** *n., adj., adv. & prep.* اسم:① بیرونی سطح یا رخ، بیرونی حصّے۔② بیرونی شکل۔صف:① بیرونی، باہر کی طرف کا۔②باہر کا۔م ف:① باہر کے رخ پر یا باہر کے رُخ۔② کھلی فضا میں۔③ احاطے کے باہر۔حرف جار:①باہر نہ کہ اندر۔② حدود سے باہر۔□ **an outside chance** بعید ترین امکان۔

**outsider** *n.* ①باہر کا آدمی، جماعت پیشے یا حلقے سے باہر کا فرد۔② کوئی شریکِ مقابلہ یا درخواست کنندہ وغیرہ جس کی کامیابی کا بہت کم امکان ہو۔

**outsize** *adj.* ①غیر معمولی طور پر بڑا۔② بہت بڑا۔

**outskirts** *n. pl.* شہر کے قرب وجوار کا علاقہ۔

**outsource** *v.* ① بیرونی ذرائع سے (مال وغیرہ) حاصل کرنا۔②باہر والوں سے (کام کا) معاہدہ کرنا۔

**outspoken** *adj.* صاف گو، جو لگی لپٹی نہ رکھے۔

**outstanding** *adj.* ① نمایاں، ممتاز خصوصاً خوبی کی بنا پر، افضل، برتر، فائق۔ ② جو واجب الادا ہو، جو نبٹانا، چکانا ہو۔● **outstandingly** م ف۔

**outstrip** *v.* **(-stripped, -stripping)** ① بڑھ جانا، آگے نکل جانا۔②ترقی یا صلاحیت میں (دوسروں کو) پیچھے چھوڑ جانا۔

**out-tray** *n.* باہر جانے والے کاغذات اور خطوط کی ٹرے یا کشتی۔

**outvote** *v.* ووٹوں کی اکثریت سے ہرا دینا۔

**outward** *adj. & adv.* صف:① آگے کی طرف واقع یا رواں۔ ② باہر جانے والا۔م ف: (نیز **outwards**) باہر کی سمت، باہری حصّوں کی طرف۔● **outwardly** م ف: بادی النظر میں۔

**outweigh** *v.* وزن میں بڑھ جانا؛ قدر و قیمت، اہمیت یا اثر و رسوخ میں فائق ہونا۔

**outwit** *v.* **(-witted, -witting)** (کسی سے) بڑھ کر ہوشیار، عاقل یا چالاک ثابت ہونا، چالاکی سے کام لے کر نیچا دکھانا۔

**outwork** *n.* دکان یا کارخانے کے باہر مہیّا کی جانے والی خدمت۔

**ova** OVUM کی جمع۔

**oval** *adj. & n.* صف:①بیضوی۔②بیضوی قوس رکھنے والا۔اسم:① بیضوی خط۔② اس شکل کی کوئی شے۔

**ovary** *n.* (*pl.* **-ies**) ①زنانہ اعضاءِ تولید میں وہ اعضا جو بیضے پیدا کرتے ہیں۔②پھول کے لُبّچے کے نیچے کا خلا جس میں ایک یا زیادہ تخم یا تخمک موجود ہوتے ہیں۔● **ovarian** صف: بیضہ دان کے متعلق۔

**ovate** *adj.* بیضوی شکل کی، بیضوی۔

**ovation** *n.* تالیوں کے ساتھ پُرجوش داد، ستائش۔

**oven** *n.* ①تنور، چولھا۔②تپانے یا سکھانے کا خانہ۔

**ovenware** *n.* برتن جن کو تنور میں یا آگ سے نقصان نہ پہنچے۔

**over** *adv., prep. & n.* م ف: کسی مقام یا حد یا سطح سے آگے، اوپر، بڑھ کر، بیش: ① کسی اونچی جگہ یا کنارے پر سے نیچے۔ ② ساری سطح پر۔ ③ لپٹنے، لوٹنے یا پلٹنے کے مفہوم میں۔ ④ سڑک وغیرہ کے پار ملنے، ملاقات کے لیے۔ ⑤ اِدھر سے اُدھر۔ ⑥ کسی جگہ کے اوپر سے یا آگے گزرنے کے لیے۔ ⑦ اول تا آخر تواتر یا توجہ کے ساتھ۔ ⑧ ضرورت سے زیادہ۔ حرف جار: ① کسی اونچی پوزیشن میں یا اس تک۔ ② پر سے یا اوپر سے۔ ③ چھپانے کی غرض سے۔ ④ بعبور، بالا۔ ⑤ کے متعلق، میں مصروف، کے نتیجے میں۔ ⑥ برتری، قبضہ ظاہر کرنے کے لیے، کے مقابلے میں بہتر۔ ⑦ دوران یا عرصے میں۔ ⑧ بالاتر، بڑھ کر، زائد، فائق۔ اسم: کرکٹ: ایک سمت سے عموماً ۶ بار گیند پھینکنے کا عرصہ یا باری۔ □ **get it over with** کر گزرو تا کہ جان چھوٹے (کوئی ناخوشگوار کام) **over and above** نیز، مزید برآں۔ **over and over** بار بار، رہ رہ کے۔

**over-** *pref.* ① حد سے زیادہ۔ ② بالائی، بیرونی، زائد۔ ③ مکمل طور پر، یکسر، بالکل۔

**overall** *adj., adv. & n.* صف: ① کُل میزان، جُملہ سب کچھ ملا کر۔ ② عمومی، سب کچھ نظر میں رکھتے ہوئے۔ م ف: مجموعی طور پر۔ اسم: ① کپڑوں کو بچانے کے لیے پہنے جانے والا اوپری لباس۔ ② **(overalls)** کاریگروں کا حفاظتی لباس، ڈانگری۔

**overarm** *adj. & adv.* ① کرکٹ و ٹینس وغیرہ: ہاتھ کاندھے سے اوپر اٹھا کر۔ ② تیراکی: ایک یا دونوں بازو پانی سے اوپر اٹھا کر۔

**overawe** *v.* ① ازحد مرعوب کرنا، ڈر بٹھانا۔ ② رعب میں مبتلا رکھنا (خوف یا احترام کی بنا پر)

**overbalance** *v.* ① توازن بگاڑ دینا، ڈگمگا کے گروا دینا۔ ② گرنا، اُلٹ جانا۔

**overbearing** *adj.* گھمنڈی، حاوی، غالب۔

**overblown** *adj.* ① بہت بڑھا چڑھا کر پیش کیا ہوا۔ ② (پھول یا حسن) مرجھایا، جوبن سے اترا۔

**overboard** *adv.* عرشۂ جہاز یا کشتی پر سے نیچے پانی میں۔ □ **go overboard** بول چال: ① بہت جوشیلا ہونا۔ ② برتاؤ میں بے باک ہو جانا؛ حد سے تجاوز کرنا۔

**overcast** *adj.* ابر آلود یا بادلوں سے گھرا ہوا۔

**overcharge** *v.* اصل قیمت سے زیادہ مانگنا۔

**overcoat** *n.* کپڑوں کے اوپر پہننے کا بھاری لمبا کوٹ جو جاڑوں میں پہنا جاتا ہے۔

**overcome** *v.* ① قابو پانا، مغلوب کرنا، فتح کرنا۔ ② تھکا ماندہ، نڈھال، مجبور محض ہونا۔ ③ فتح یاب ہونا۔

**overdo** *v.* **(-does, -did, -done)** ① کسی کام میں حد سے بڑھ جانا؛ غیر ضروری کارروائی یا مبالغے سے کام لینا۔ ② زیادہ پکا دینا۔ □ **overdo it** خود کو تھکانا۔

**overdose** *n. & v.* اسم: (دوا وغیرہ کی) ضرورت سے زیادہ خوراک یا مقدار۔ ف: کسی کو زیادہ مقدار میں دوا وغیرہ دے دینا۔

**overdraft** *n.* جمع شدہ رقم سے زیادہ نکلوانے سے بینک کے کھاتے میں کمی، منفی جمع۔

**overdraw** *v.* **(-drew, -drawn, -drawing)** (بینک میں) اپنی بچت سے زیادہ رقم نکلوانا۔

**overdrive** *n.* موٹر گاڑی کا ایک پُرزہ جو عام گیئر سے زیادہ شرح کی گیئری طاقت مہیّا کرتا ہے۔

**overdue** *adj.* ① زائد المیعاد۔ ② آمد کے مقرّرہ وقت کے بعد ہر آن متوقع وصول طلب رقم۔

**overestimate** *v.* اندازہ کرنے، تخمینہ لگانے یا پرکھنے میں مبالغے یا خوش فہمی سے کام لینا۔

**overflow** *v. & n.* ف: ① کناروں پر سے اُبل پڑنا، چھلک جانا۔ ② کسی برتن، ظرف میں چیزوں کا سما نہ سکنا، نکل پڑنا۔ اسم: ① وہ شے جس کی ارزانی یا فراوانی ہو یا جو فالتو ہو۔ ② نہانے کے ٹب یا تسلے میں پانی کے نکاس کا راستہ۔

**overgrown** *adj.* ① غیر معمولی یا غیر فطری طور پر زیادہ جسامت والا۔ ② خود رو جھاڑیوں سے پٹی ہوئی (زمین)

**overhaul** *v. & n.* ف: ① معائنے کے لیے حالت کا اندازہ کرنا (نیز ضروری مرمّت کرنا) ② جا پکڑنا، جا لینا۔ اسم: تفصیلی معائنہ اور مرمّت اگر ضروری ہو۔

**overhead** *adv., adj. & n.* م ف: ① سر کے اوپر۔ ② آسمان یا بالائی منزل میں۔ صف: ① سر کے اوپر قائم یا نصب۔ ② (اخراجات کے بارے میں) عام مصارف جن کا تجارتی لین دین سے تعلق نہ ہو۔ اسم: **(overheads)**

بالائی اخراجات، دیگر معمول کے اخراجات۔

**overhead projector** *n.* ایک پروجیکٹر جس میں اوپر آئینہ نصب ہوتا ہے جس کے ذریعے ٹرانسپیرنسی کو بڑا کرکے پردے پر دکھایا جاتا ہے۔

**overhear** *v.* **(-heard -hearing)** چپکے سے سن لینا، دانستہ ٹوہ لگا کر سننا یا اتفاقاً کان میں پڑ جانا۔

**overjoyed** *adj.* بہت زیادہ خوش۔

**overkill** *n.* کسی مقصد کی انجام دہی کے لیے ایسی کوشش جس کی ضرورت نہ ہو، غیر ضروری کارروائی۔

**overland** *adj. & adv.* زمینی راستے سے۔

**overlap** *v. & n.* **(-lapping،-lapped)**: ف: ① کسی چیز کا دوسری پر جزوی یا کلّی طور پر چڑھنا، چھانا۔ ②پوری طرح ڈھانپ لینا بلکہ بڑھ جانا۔ اسم: چھانے، چڑھنے کی کیفیت؛ مقدار یا حصّہ جو اوپر چڑھے۔

**overleaf** *adv.* (کتاب کے) ورق کے پچھلے رخ، ورق پلٹ کر۔

**overload** *v. & n.* ف: بہت زیادہ (بوجھ، وغیرہ) بھر دینا؛ کسی شے یا شخص کو اسکی استطاعت یا گنجائش سے زیادہ زیر بار کرنا۔ اسم: حد سے زیادہ بوجھ؛ ایسی مانگ یا طلب وغیرہ جو کسی کی بساط یا گنجائش سے زیادہ ہو۔

**overlook** *v. & n.* ① نظر سے چوکنا، دیکھ نہ سکنا، نظر انداز کرنا۔ ②اوپر سے دیکھنا، اونچائی پر واقع ہونا۔

**overly** *adv.* بہت بڑھ کر یا حد سے زیادہ۔

**overman** *v.* **(-manned, -manning)** جہاز پر یا دفتر وغیرہ میں بہت زیادہ عملہ بھرتی کر لینا۔

**overnight** *adv. & adj.* م ف: رات کی رات، رات بھر کو۔ صف: رات کے استعمال کے لیے۔

**overpass** *n.* اسم: ایک سڑک یا ریل کی پٹڑی جو دوسری کو پل پر سے عبور کرے، اوپر سے گزرے۔

**overpower** *v.* ①زیر کرنا، مطیع کرنا، تابع بنانا۔ ② کسی چیز پر چھا کر اسے بے اثر یا بالکل غیر محسوس بنا دینا۔

**overpowering** *adj.* بے پناہ، شدید، ناقابل مزاحمت۔

**overrate** *v.* اصل سے زیادہ قیمت رکھنا یا قیمتی سمجھنا۔

**overreach** *v.* ① **overreach oneself**□ اپنی سکت سے بہت دور تک جا کر خود کو ہلکان کرنا۔ ② زیادہ چالاکی سے اپنا ہی نقصان کرنا۔

**overreact** *v.* بے جا یا شدید ردّعمل کا اظہار کرنا۔

**override** *v.* **(-rode،-ridden)** ① فائق، اہم تر، مقدّم ہونا۔ ②مداخلت کر کے بے اثر بنا دینا۔ ③خود کار کل وغیرہ کو معطل کر دینا۔ ④زبردستی کسی کو ہٹا کر اس کی جگہ لینا۔

**overrule** *v.* اعلیٰ تر اختیار سے کام لیتے ہوئے کوئی فیصلہ دلیل، تجویز وغیرہ رد کر دینا۔

**overrun** *v.* **(-run,-ran,-runing)** ادبدا کے نکلنا، ابلنا، پھیل جانا۔ ② کسی ملک کو تاراج کرنا۔ ③حدود سے آگے نکل جانا۔

**overseas** *adv. & adj.* م ف: بیرون ملک۔ صف: ① بیرونی، غیر ملکی، بدیسی، ولایتی۔ ②بحری رسل و رسائل یا بار برداری سے متعلق۔

**oversee** *v.* **(-saw, -seen, -seeing)** نگرانی پر مامور ہونا، کارکردگی وغیرہ پر نظر رکھنا۔ ● **overseer** اسم۔

**overshadow** *v.* ① کسی کی حیثیت کو اپنے آگے ماند کر دینا، زیادہ نمایاں، زیادہ اہم نظر آنا۔ ②سائے میں رکھنا، دھوپ سے بچانا۔

**overshoot** *v.* **(-shot,-shooting)** ہدف یا حد کے پار نشانہ لگانا۔

**oversight** *n.* ① نظر کا چُوکنا، فروگزاشت۔ ② نادانستہ غلطی، سہو، بھول۔ ③ نگرانی، نگہداری۔

**overspill** *n.* ① اُبال، اُچھال، جو کچھ ابل یا چھلک پڑے، جو باہر بہہ نکلے۔ ②فاضل یا فالتو آبادی جو کسی ملک یا شہر کو چھوڑ کر دوسری جگہ جا بسے۔

**oversteer** *v. & n.* ف: (موٹر گاڑی کا) موڑتے وقت اندازے سے زیادہ گھومنے کا رجحان رکھنا۔ اسم: یہ رجحان۔

**overstep** *v.* **(-stepped, -stepping)** (کسی حد یا نشان سے) آگے نکل جانا۔

**overt** *adj.* کھلا، آشکارا، برملا، واشگاف۔
● **overtly** م ف: صریحاً۔

**overtake** *v.* **(-took,-taken)** ①ایک سمت میں سفر کے دوران پاس سے گزر جانا یا جا پکڑنا، جا لینا۔ ② (تباہی، بدنصیبی وغیرہ) کا اچانک لپیٹ میں لے لینا۔

**overthrow** *v.&n.*(**-thrown**،**-threw**): ف: اقتدار سے بزور ہٹانا۔اسم: شکست، زوال۔

**overtime** *n. & adv.* اسم: معمول سے زائد اوقات میں کام کرنے یا کام کا اضافی معاوضہ۔ م ف: معمول کے اوقات کار کے علاوہ۔

**overtone** *n.* کوئی زائد خصوصیات یا ڈھکا چھپا مفہوم۔

**overture** *n.* ① آپرا کا افتتاحی نغمہ۔② (**overtures**) رسمی گفت و شنید کا آغاز، بات چیت یا مفاہمت وغیرہ کے آغاز کے لیے کوئی باضابطہ تجویز۔

**overturn** *v.* ① ڈھانا، گرانا، اُلٹ دینا، اُلٹ پلٹ کر دینا۔② منسوخ کرنا، بدل دینا (فیصلہ وغیرہ)

**overview** *n.* عمومی جائزہ یا معائنہ۔

**overwhelm** *v.* ① جذبات کا حاوی ہوجانا۔ ② کام کی زیادتی یا کاروبار کا گھیر لینا۔③ بھاری بوجھ کے نیچے دبانا۔● **overwhelming** صف۔

**overwrought** *adj.* بہت جوش میں آیا ہوا، اعصاب زدہ، پریشان۔

**oviduct** *n.* بیض نالی جس میں بیضہ، بیض دان سے برآمد ہوتا ہے۔

**oviparous** *adj.* انڈا پیدا کرنے والا۔

**ovoid** *adj.* ① انڈے کی شکل کا۔② بیضوی۔

**ovulate** *v.* ① انڈے دینا، بیضہ ریزی کرنا۔ ● **ovulation** اسم: اخراج، بیضہ۔

**ovule** *n.* بیجوں والے پودوں کا وہ حصّہ جس میں جرم خلیہ ہوتا ہے۔

**ovum** *n.* (*pl.* **ova** ) ① مادہ جانوروں کا پختہ تولیدی خلیہ بیضہ۔② پودوں کا بریضہ۔

**owe** *v.* ① کسی کا زیربار، قرض دار ہونا۔② (کسی کو) دینے، ادا کرنے کا پابند ہونا، مرہون ہونا (شکریہ، تعظیم وغیرہ)③ کسی شخص یا شے کا احسان مند ہونا۔

**owing** *adj.* ادائیگی طلب، واجب الادا۔ □ **owing to** بر بنائے، بہ سبب، وجہ سے، بنا پر۔

**owl** *n.* الّو، جو رات کو نکلنے والا پرندہ ہے، اس کی آنکھیں بڑی اور چونچ مڑی ہوئی ہوتی ہے۔● **owlish** صف۔

**own** *adj. & v.* صف: (کسی کا) اپنا ذاتی نہ کہ اور کا، انفرادی، امتیازی، مخصوص۔ف: ① ملکیت کے طور پر رکھنا، مالک ہونا۔ ② اقرار کرنا، ماننا، درست، صحیح بتانا، اعتراف کرنا۔□ **of one's own** صرف اپنے لیے ہونا۔**on one's own** ① اکیلا۔② آزادانہ طور پر بغیر کسی مدد کے۔**own up** کھلے دل سے اعتراف کرنا۔ ● **owner** اسم: مالک۔**ownership** اسم: ملکیت۔

**ox** *n.* (*pl.* **oxen**) ① بیل۔② بدھیا، آختہ نرگاؤ۔

**oxidation** *n.* عمل تکسید یا اس کا نتیجہ۔

**oxide** *n.* آکسیجن کا مرکب، آکسائڈ۔

**oxidize** *v.* (also **-ise**) ① آکسیجن کی آمیزش کرنا۔ ② کسی دھات پر آکسائڈ وغیرہ کی تہ چڑھانا؛ دھات کا زنگ آلود ہوجانا۔● **oxidization** اسم۔

**oxygen** *n.* ایک بے رنگ، گیسی عنصر جو ہوا، پانی اور اکثر معدنیات اور نامی مادّوں میں موجود ہے اور حیوانات، نباتات کی زندگی کے لیے ضروری (علامت: O)

**oxygenate** *v.* آکسیجن دینا، خون، پانی وغیرہ میں آکسیجن کی مقدار بڑھانا۔

**oyster** *n.* دوصمامی صدفہ، خصوصاً خوردنی، کستورا مچھلی۔

**oz.** تخفیف: ounce (s) اونس۔

**ozone** *n.* ایک بے رنگ، زہریلی گیس جس کی بو تند و تیز ہوتی ہے۔

**ozone hole** *n.* وہ منطقہ جہاں اوزون کی تہ، خصوصاً قطبین (قطب شمالی وجنوبی) پر بہت پتلی ہوگئی ہے۔

**ozone layer** *n.* اوزنی کرہ یا منطقہ جہاں اوزون کی دبیز تہ ہے جو سورج سے آنے والی بالا بنفشی شعاعوں کی تابکاری کو جذب کرلیتا ہے۔

# Pp

**P** ① تخفیف: parking (سڑک کے نشانات) گاڑیاں کھڑی کرنے کی جگہ۔② علامت: عنصر فاسفورس۔

**p** تخفیف: ① pence, penny پنی، پنس۔②

موسیقی: piano پیانو۔

**PA** تخفیف: ① personal assistant نجی معاون۔ ② public address system۔

**Pa** عنصر protactinium کی علامت۔

**pa** *n.* بول چال: والد، باپ؛ پاپا کی تخفیف۔

**p.a.** تخفیف: per annum سالانہ۔

**pace** *n.* & *v.* اسم: ① چلنے یا بھاگنے کا ایک قدم۔ ② کسی چیز کے آگے بڑھنے یا ترقی کرنے کی رفتار۔ ف: ① معمولی، دھیمی، ہموار چال سے مسلسل چلنا، ٹہلنا۔ ② سوار یا دوڑنے والے کی چال یا رفتار مقرر کرنا۔ ③ کوئی فاصلہ قدموں سے ناپنا۔ □ **pace oneself** کوئی کام آہستہ آہستہ اور مستقل مزاجی سے کرنا تاکہ آدمی اپنے آپ کو بہت جلد نہ تھکا لے۔

**pacemaker** *n.* ① مقابلے کی دوڑ میں رفتار متعیّن کرنے والا شریک مقابلہ۔ ② دل کی دھڑکن کو ہموار رکھنے کا قدرتی نظام یا مصنوعی آلہ۔

**pachyderm** *n.* موٹی کھال کا پستانی جانور جیسے ہاتھی یا گینڈا۔

**pacific** *adj.* بردبار، پُرامن، ساکت، شانت۔

**pacifism** *n.* یہ عقیدہ کہ تشدّد اور جنگ کا کوئی اخلاقی جواز نہیں۔ ● **pacifist** اسم: امن پسند۔

**pacify** *v.* **(-ies, -ied)** ① کسی شخص یا غصّے، شورش وغیرہ کو ٹھنڈا کرنا۔ ② کسی ملک وغیرہ کا امن وسکون بحال کرنا۔ ● **pacification** اسم۔

**pack** *n.* & *v.* اسم: ① گٹھڑی، پیکٹ، بنڈل، جس میں اشیا رکھی یا باندھی جائیں تاکہ انھیں لانا لے جانا آسان ہو۔ ② تاشوں کی گڈّی۔ ③ شکاری کتوں، جنگلی جانوروں خصوصاً بھیڑیوں کا غول۔ ف: ① سوٹ کیس یا تھیلے وغیرہ میں سامان باندھنا۔ ② کھچاکھچ بھرنا یا جمانا، پوری طرح بھرا ہونا۔ ③ (تھیٹر، ہال وغیرہ) تماشائیوں وغیرہ سے بھرنا۔ □ **pack it in** بول چال: ختم کردو، بند کردو۔ **pack off** بول چال: چلتا کرنا، نکال باہر کرنا۔ **send packing** بول چال: (کسی آدمی کو) فوری طور پر برطرف کردینا۔ ● **packer** اسم۔

**package** *n.* & *v.*، اسم: ① باندھی ہوئی اشیا، پارسل، بکس جس میں سامان باندھا گیا ہو۔ ② =package deal۔ ف: ① بنڈل وغیرہ میں باندھنا یا یکجا کرنا۔ ② مصنوعات، شخص یا پیغام کو پسندیدہ صورت میں پیش کرنا تاکہ مقبول ہو۔ ● **packager** اسم۔

**package deal** *n.* مختلف تجاویز، مراعات، اشیا جو ایک ساتھ قبول یا پیش کی جائیں۔

**package holiday** *n.* تعطیلات یا سیر سپاٹے کے کل اخراجات کی یک مشت ادائگی پر تعطیل یا سیرو سیاحت۔

**packet** *n.* ① چھوٹا بنڈل۔ ② بول چال: بھاری رقم۔ ③ تاریخ: ڈاک کشتی۔

**pact** *n.* صلح نامہ، معاہدہ۔

**pad** *n.* & *v.* اسم: ① نرم جاذب رگڑ روک شے جو گھسائی سے بچانے، چال درست کرنے یا درزبندی اور سیّال یا تیل کو جذب کرنے کے لیے استعمال کی جاتی ہے۔ ② کاغذ کے سادہ بستہ اوراق جو لکھنے یا تصویرکشی کے لیے استعمال کیے جائیں۔ ③ بعض جانوروں کے ابھرواں گدّی دار تلوے۔ ④ ہیلی کوپٹر کے چڑھنے اترنے یا راکٹ چھوڑنے کا مقام۔ ف: **(padding، padded)**: ① گدّی مہیا کرنا یا لگانا، بھرنا، ٹھونسنا۔ ② کتاب وغیرہ میں بھرتی کا مواد بھرکر ضخامت بڑھانا۔

**padding** *n.* نرم اشیا جو بطور گدّی یا بھرائی استعمال ہوتی ہیں۔

**paddle** *n.* & *v.* اسم: چوڑے بغیر کنڈے میں اٹکائے چلائے جانے والے چپّو۔ ف: ① پانی پر چپّو چلانا۔ ② آہستہ آہستہ کھینا۔ ③ اتھلے پانی میں چلنا خصوصاً ننگے پاؤں۔

**paddock** *n.* ① گھوڑوں کو پالنے، سدھانے کا میدان یا احاطہ۔ ② گھاس کا قطعہ جہاں گھوڑے یا کاریں دوڑ شروع ہونے سے پہلے جمع ہوتی ہیں۔

**padlock** *n.* & *v.* اسم: کنڈی میں لٹکایا جانے والا قفل۔ ف: قفل لگانا، تالا لگا کر محفوظ کرنا۔

**padre** *n.* بول چال: افواج کا مخصوص پادری۔

**paean** *n.* (*US* **pean**) قصیدہ یا فتح کا شادیانہ، جیت کا گیت۔

**paediatrics** *n. pl.* (*US* **pediatrics**) طب کی شاخ جو بچوں کے امراض اور علاج معالجے سے تعلق رکھتی ہے، معالجۂ اطفال۔ ● **paediatric** صف۔

**paediatrician** اسم: بچّوں کا معالج۔

**paella** *n.* ایک ہسپانوی کھانا جو چاول، زعفران، مرغی کے گوشت اور مچھلی سے تیار کیا جاتا ہے۔

**pagan** *n. & adj.* (کوئی شخص) جو دنیا کے بڑے مذاہب میں سے کسی کا پیرو نہ ہو، بے دین۔

**page** *n. & v.* اسم: ① کتاب وغیرہ کا ورقہ، صفحہ، ورق کے دونوں رُخ۔ ② لڑکا یا جوان جو متفرق کاموں کے لیے ہو یا دربان ہو۔ ③ کسی بڑے آدمی کا ذاتی خدمتگار لڑکا یا دلہن کی ہمراہی کرنے والا۔ ④ تاریخ: کوئی لڑکا جسے نائٹ بننے کے لیے تیار کیا جائے۔ ف: ① صفحات پر نمبر ڈالنا۔ ② پیجر کے ذریعے طلب کرنا۔□ **page through** کسی کتاب وغیرہ کی ورق گردانی کرنا۔

**pageant** *n.* بارونق منظر یا شاندار پریڈ؛ نمائش کے لیے سجائی اشیا، شاندار جلوس۔ ● **pageantry** اسم۔

**pager** *n.* ایک ریڈیائی صوتی اشارہ دینے والا جیبی آلہ جس سے مطلوبہ شخص تک پیغام پہنچائے جا سکتے ہیں۔

**pagoda** *n.* ہندوؤں یا بدھوں کا مخروطی شکل کا مندر یا مقدّس مقام، خصوصاً ہندوستان اور مشرق بعید میں۔

**paid** PAY کا ماضی و ماضیہ۔□ **put paid to** (امیدیں، توقعات) ختم کرنا۔

**pail** *n.* ① بالٹی۔ ② بالٹی بھر شے۔

**pain** *n. & v.* اسم: ① درد جو کسی چوٹ یا بیماری وغیرہ کے سبب اٹھے۔ ② ذہنی اذیت۔ ③ **(pains)** محنت، کوشش۔ ف: دکھ دینا، تکلیف پہنچانا۔

**painful** *adj.* ① جسمانی یا ذہنی اذیت کا سبب۔ ② درد میں مبتلا۔ ③ تکلیف دہ، دشوار؛ دِقت طلب۔ ● **painfully** م ف: اذیت کے ساتھ۔

**painkiller** *n.* درد میں کمی کرنے والی دوا وغیرہ۔

**painless** *adj.* بے آزار، تکلیف نہ دینے والا۔ ● **painlessly** م ف: بغیر تکلیف کے۔

**painstaking** *adj.* محتاط، محنتی، جو کسر نہ چھوڑے۔

**paint** *n. & v.* اسم: سطح پر رنگ پھیرنے کا مادّہ خصوصاً سیّال روغن۔ ف: ① روغن یا رنگ پھیرنا یا کرنا، کسی خاص رنگ کا روغن پھیرنا۔ ② نقاشی کرنا، رنگوں سے مصوّری کرنا۔ ③ لفظوں میں اس طرح بیان کرنا کہ آنکھوں میں تصویر کھنچ جائے۔

**painter** *n.* ① نقاش، تصویرکشی کرنے والا؛ آرائش کرنے والا۔ ② کشتی کو پشتے سے باندھنے کا رسّا۔

**painting** *n.* رنگوں سے بنائی ہوئی تصویر۔

**pair** *n. & v.* اسم: ① دو افراد یا اشیا کا جوڑا۔ ② دو اجزا پر مشتمل آلہ وغیرہ جیسے قینچی، پتلون یا پاجامہ۔ ③ منسوب یا بیاہتا جوڑا، میاں بیوی۔ ف: جوڑے یا جوڑوں میں بننا یا تقسیم کیا جانا۔

**paisley** *n.* پروں کی شکل کے نقوش پر مشتمل ایک مخصوص پیچیدہ ڈیزائن۔

**pajamas** امریکا: PYJAMAS کا متبادل۔

**pal** *n.* بول چال: دوست، یار، ساتھی۔

**palace** *n.* ① شاہی محل یا اسقف یا اسقف اعظم کا مکان، آستانہ۔ ② عالی شان عمارت، فراخ عمارت۔

**palaeography** *n.* (*US* **paleography**) قدیم کتبوں، دستاویزوں کا مطالعہ، کتبہ خوانی۔ ● **palaeographer** اسم۔

**palaeolithic** *adj.* (*US* **paleolithic**) آثاریات: حجری دور کے آغاز سے متعلق۔

**palaeontology** *n.* (*US* **paleontology**) معدوم حیوانات و نباتات اور متحجر ڈھانچوں کا مطالعہ۔ ● **palaeontologist** اسم۔

**palatable** *adj.* ① خوش ذائقہ۔ ② اطمینان بخش، قابل قبول (خیال، تجویز وغیرہ)

**palate** *n.* ① تالو۔ ② حسِ ذائقہ۔

**palatial** *adj.* محل نما (عمارت) شاندار، پُرشکوہ۔

**palaver** *n.* بول چال: طویل ختم بحث، تکرار۔

**pale** *adj. & v.* صف: ① گوری یا سفیدی مائل بھوری جلد یا چہرہ۔ ② ہلکا، مدّھم رنگ۔ ف: ① مدّھم کرنا، ہلکا کرنا۔ ② مقابلتہً کمزور ہو جانا۔□ **beyond the pale** خلاف ضابطہ رویہ۔ ● **palely** م ف۔ **paleness** اسم۔

**paleo-** امریکا: -PALAEO کا متبادل۔

**Palestinian** *adj. & n.* صف: فلسطینی، فلسطین سے تعلق رکھنے والا اسم: فلسطینی باشندہ۔

**palette** *n.* ① ایک لکڑی کا تختہ جس کو نقاش رنگ ملانے کے لیے استعمال کرتے ہیں، تختۂ نقاشی۔ ② کسی نقاش کے استعمال کردہ رنگوں کا سلسلہ۔

**palette knife** *n.* نقاشی کا چاقو جو نقاش رنگ ملانے، جمانے یا اکھاڑنے کے لیے استعمال کرتے ہیں۔

**palindrome** *n.* ایسا لفظ یا فقرہ جسے الٹی طرف سے پڑھا جائے تب بھی وہی رہے (جیسے اردو میں: ساس)

**paling** *n.* ① لکڑی کے ڈنڈوں کی باڑ۔② لکڑی کا نوکیلا ڈنڈا۔

**pall** *n. & v.* ① تابوت یا جنازے یا قبر پر ڈالی جانے والی چادر۔② سیاہ غلاف۔ف:① کسی کے لیے غیر دلچسپ ہو جانا۔② اکتا دینا، اچاٹ کر دینا، منہ پھیر دینا۔

**palladium** *n.* ایک کمیاب سفید نرم دھاتی عنصر (علامت:Pd)

**pall-bearer** *n.* جنازہ لے جانے والا یا میّت کا ہمرکاب۔

**pallet** *n.* ① چٹائی۔② عارضی بستر، معمولی فرش۔ ③ سامان رکھنے یا لانے لے جانے کا نقل پذیر تختہ۔

**palliate** *v.* ① مرض کی شدّت کو گھٹانا۔② جرم کو معمولی بنانا، رعایت سے کام لینا۔● **palliative** صف۔

**pallid** *adj.* زردرو، بے رونق خصوصاً بیماری کے سبب۔ ● **pallidness** اسم۔ **pallor** اسم: زردروئی۔

**pally** *adj.* (**pallier, palliest**) بول چال: دوستانہ، رفیقانہ۔

**palm** *n. & v.* اسم:① مداریی علاقے کا درخت جس میں شاخیں نہیں ہوتیں، بلکہ پھننگ پر پنکھے کی طرح کے پتّوں کا چھتر ہوتا ہے، تاڑ کا درخت۔ ② ہتھیلی، کف دست۔ف: مٹھی میں چھپانا۔□ **palm off** دھوکے سے یا زبردستی کسی کے سر تھوپنا۔

**palmistry** *n.* دست شناسی ہتھیلی کی لکیروں سے قسمت کا حال بتانے کا دعویٰ۔● **palmist** اسم: دست شناس، ہاتھ دیکھنے والا۔

**palomino** *n.* (*pl.* **-os**) ایک سنہری یا بادامی رنگ کا گھوڑا۔

**palpable** *adj.* ①( کوئی چیز) جو چھوئی یا محسوس کی جا سکے۔②( کوئی بات) جو ذہن یا حواس کو فوراً کھٹکے یا محسوس ہو جائے۔● **palpably** م ف: صریحاً۔

**palpate** *v.* چھو کر، ہاتھ سے دبا کر یا نبض وغیرہ کے ذریعہ مریض کی کیفیت معلوم کرنا۔● **palpation** اسم۔

**palpitate** *v.* ① زور زور سے دھڑکنا، دھڑکن کا تیز ہونا۔② کانپنا، لرزنا۔● **palpitation** اسم: دھڑکن۔

**palsy** *n.* (*pl.* **-ies**) ① ایک طرح کا فالج مع رعشہ۔ ② اپاہجی، انتہائی معذوری۔● **palsied** صف۔

**paltry** *adj.* (**paltrier, paltriest**) بے کار، بے مصرف، حقیر، ادنیٰ۔● **paltriness** اسم۔

**pampas** *n. pl.* جنوبی امریکا کے وسیع چٹیل میدان۔

**pamper** *v.* بہت گرویدہ، شائق، دلدادہ ہونا، (کسی شخص یا کسی شوق کی) ناز برداری کرنا۔

**pamphlet** *n. & v.* چند ورق کا غیر مجلد مطبوعہ کتابچہ یا مقالہ یا اطلاع نامہ۔

**pamphleteer** *n.* پمفلٹ نویس، خصوصاً سیاسی نوعیت کے ایک یا دو ورقی اشتہار یا اعلان لکھنے والا۔

**pan** *n. & v.* اسم:① تسلہ، پرات یا ان سے ملتا جلتا چوڑا، کم گہرا برتن جو دھات یا چینی یا پلاسٹک کا ہوسکتا ہے۔ ② تلنے کی کڑاہی، ساس پان وغیرہ۔ ③ ایسا ہی کوئی برتن۔ ف:(**panning،panned**) ① بول چال: سخت تنقید کرنا۔ ② سونا ملی ریت کو برتن میں دھونا۔ ③ (کیمرے کو) افقی طور پر گھمانا تاکہ موقع منا ظر یا متحرک شے کی تصویر اتاری جائے۔● **panful** اسم۔

**pan-** *comb. form* کُل، سب، تمام۔

**panacea** *n.* ہر مرض کی دوا، امرت، اکسیر۔

**panache** *n.* طمطراق، اتراہٹ، نمود و نمائش۔

**panama** *n.* پتّوں سے تیار کردہ تنکوں والی ٹوپی۔

**pancake** *n.* مختلف چیزوں کے آمیزے سے بنایا ہوا پتلا چورس کیک۔

**pancreas** *n.* معدے کے قریب ایک غدّہ، لبلبہ جو خون میں انسولین داخل کرتا ہے۔● **pancreatic** صف۔

**panda** *n.* ایک بڑا ریچھ جیسا حیوان جس پر مخصوص سیاہ و سفید نشان ہوتے ہیں۔

**pandemic** *adj.* دور دور تک پھیلا ہوا (مرض) جس کی لپیٹ میں پورا ملک یا ساری دنیا ہو۔

**pandemonium** *n.* شور و غوغا، افراتفری۔

**pander** *v.* □ **pander to** کسی شخص، کسی خواہش یا کسی کمزوری کا بڑا مان یا چاؤ کرنا۔

**p. & p.** -POSTAGE AND PACKING: تخفیف

**pane** *n.* کھڑکی یا دروازے کے چوکھٹے کا شیشہ۔

**panegyric** *n.* مدح خوانی؛قصیدہ۔

**panel** *n. & v.* اسم:① کسی سطح کا نمایاں عموماً مستطیل حصّہ (مثلاً دیوار، دروازہ یا گاڑی کا) ② کسی نشری کھیل یا مباحثے کے لیے نامزد افراد،شرکا کا گروہ۔③ جیوری کے لیے دستیاب اراکین کی فہرست۔ف: (panelled، panelling امریکا: paneled)① چوکھٹے جڑنا۔② کھڑکی دروازوں وغیرہ میں تختے جڑنا، سجانا۔

**panelling** *n.* (*US* **paneling**) چوکھٹوں پر مشتمل کام یا تعمیر۔

**panellist** *n.* (*US* **panelist**) کسی ٹیم کا رکن، خصوصاً نشری پروگرام میں۔

**pang** *n.* اچانک تیز اٹھنے والا درد۔

**panic** *n. & v.* اسم:① دہشت، بے اختیار پھیلنے والا خوف و ہراس۔ ② خوف کے زیر اثر واقع۔ ف: (panicking، panicked) خوف زدہ، ہراساں کرنا یا ہونا، گھبرا دینا یا گھبرا جانا۔● **panicky** صف: سراسیمہ، دہشت زدہ۔

**panic-stricken** *adj.* (also **-struck**) دہشت زدہ، ڈرا، سہا ہوا۔

**panjandrum** *n.* کسی اہم شخصیت پر پھبتی یا مزاحیہ خطاب۔

**pannier** *n.* ① بار برداری کے جانور پر لدی ہوئی ٹوکری۔② موٹر سائیکل یا بائیسکل پر لگی ہوئی ٹوکری۔

**panoply** *n.* (*pl.*-**ies**) شاندار صف آرائی یا تنظیم۔

**panorama** *n.* ① چاروں طرف کا مسلسل نظارہ۔ ② کسی موضوع یا واقعات کے تسلسل کا پورا جائزہ یا تفصیلی بیان۔● **panoramic** صف: سیر بین کا سا۔

**pan pipes** *n. pl.* ایک منہ سے بجانے کا ساز جس میں چھوٹی بڑی اور آپس میں منسلک نلکیوں کا ایک تدریجی سلسلہ ہوتا ہے۔

**pansy** *n.* (*pl.* **-ies**) ① پودا جس میں رنگ برنگے پھول لگتے ہیں۔② بطور مذمت: زنان پن رکھنے والا آدمی، ہیجڑا، ہم جنس پرست مرد۔

**pant** *v.* ① ہانپنا، چھوٹے چھوٹے سانس لینا۔② اکھڑے اکھڑے سانسوں سے بولنا۔

**pantaloons** *n.pl.* ڈھیلی ڈھالی پتلون (خصوصاً زنانہ) جس کی موری ٹخنوں پر سمیٹ کر بندھی ہوتی ہے۔

**pantechnicon** *n.* فرنیچر وغیرہ کی باربرداری کا بڑا بند ٹھیلا یا بڑی وین۔

**pantheism** *n.* یہ عقیدہ کہ الوہیت مظاہر فطرت کے اندر موجود ہے ہمہ اوست یا وحدت الوجود کا نظریہ۔● **pantheist** اسم: وجودی۔**pantheistic** صف۔

**panther** *n.* تیندوا، خصوصاً سیاہ سمور والا۔

**panties** *n. pl.* بول چال: جانگھیے، خواتین یا بچیوں کے۔

**pantile** *n.* چھت کے خمدار کھپریل یا کویلو جو ایک دوسرے کے ساتھ جڑ کر 'S' کی شکل بناتے ہیں۔

**pantograph** *n.* ایک آلہ جس کی مدد سے کسی نقشے یا خاکے کو مطلوبہ پیمانے پر اتارا جا سکتا ہے۔

**pantomime** *n.* پریوں کی کہانی پر مبنی کھیل تماشا جو عموماً کرسمس کے موقع پر کھیلا جاتا ہے۔

**pantry** *n.* (*pl.* **-ies**) باورچی خانے کے ساتھ ایک چھوٹا کمرہ یا الماری، نعمت خانہ جہاں چینی کے برتن، چمچے کانٹے، میز پوش، وغیرہ رکھے جاتے ہیں۔

**pants** *n. pl.* ① زیر جامہ یا نیکر۔② امریکا: پاجامہ یا پتلون۔

**pap** *n.* ① بیماروں یا بچوں کی نرم غذا، چُوری یا لگدی یا گھونٹی ہوئی غذا۔② ہلکے مطالعے کی چیز۔

**papacy** *n.* (*pl* **-ies**) پاپائے کلیسا کا عہدہ یا اس کی میعاد، پاپائی نظام۔

**papal** *adj.* پاپائے روم یا پاپائی نظام سے متعلق۔

**paparazzi** *n. pl.* آزاد پیشہ فوٹو گرافر جو مشاہیر کی تصویریں کھینچنے کے لیے ان کا پیچھا کرتے ہیں۔

**papaw, papaya** =PAWPAW۔

**paper** *n. & v.* اسم:① کاغذ، جو لکڑی یا دوسرے ریشہ دار مادّوں سے بنتا اور لکھنے چھاپنے اور لپیٹنے وغیرہ مختلف کاموں کے لیے استعمال ہوتا ہے۔② =NEWSPAPER۔ ③ کاغذ پر چھپی دستاویز۔④ امتحان کا پرچہ سوالات، ان کے جوابات۔⑤ مؤقر مقالہ، مضمون خصوصاً جو اہل علم میں پڑھ کر سنایا جائے یا جریدے میں شائع ہو۔ف: دیواری کاغذ چسپاں کرنا، کاغذ سے سجانا۔

**paperback** *adj. & n.* صف: دبیز کاغذ کی نہ کہ گتے کی جلد والی (کتاب) اسم: غیر مجلد کتاب۔

**paperweight** *n.* کاغذ دبا کر رکھنے کا وزن۔
**paperwork** *n.* منشیانہ کام یا معمول کا انتظامی کام۔
**papier mâché** *n.* کاغذ کی لگدی کو مختلف صورتوں مثلاً بکس یا کشتی وغیرہ میں ڈھالنے کا فن جن پر نقاشی بھی کی جاتی ہے۔
**papoose** *n.* بطور مذمت: شمالی امریکا کے قدیم باشندوں کا بچہ۔
**paprika** *n.* سرخ مرچ۔
**papyrus** *n.* (*pl.* **papyri**) ① ایک آبی پودا جس کا تنا گہرا سبز اور اس کے سرے پر پھولے پھولے روئیں دار پھولوں کا گچھا ہوتا ہے۔ ② ایک طرح کا کاغذ جو قدیم مصر میں اس پودے کے ڈنٹھل سے بنایا جاتا تھا؛ اس پر لکھی ہوئی کوئی قدیم تحریر یا دستاویز۔
**par** *n.* ① اوسط یا معمول کی مقدار، حالت وغیرہ۔ ② مساوات، مساوی درجہ، مرتبہ یا حیثیت وغیرہ۔ ③ گولف: ضربوں کی تعداد جو ایک اعلیٰ درجے کے کھلاڑی کو ہول بنانے یا کورس طے کرنے کے لیے درکار ہوتی ہیں۔ ④ بازار حصص: حصص کی قدر عرفی۔ □ **below par** مساوات سے نیچے۔ **on a par with** اہمیت اور قدر میں برابر۔ **par for the course** جو کچھ مخصوص حالات میں متوقع ہو یا معمول کے مطابق ہو۔
**parable** *n.* سبق آموز حکایت، تمثیلی کہانی۔
**parabola** *n.* شلجمی شکل؛ توپ گولے کے کشش ثقل کے زیر اثر بننے والے راستے سے مشابہ۔ ● **parabolic** صف: شلجمی۔
**paracetamol** *n.* ایک بخار گھٹانے اور درد رفع کرنے والی دوا۔
**parachute** *n.* & *v.* اسم: کسی چیز یا آدمی کے فضا سے زمین پر اترنے کا وسیلہ، پیراشوٹ، چھتری۔ ف: چھتری کے سہارے اتارنا یا اترنا۔ ● **parachutist** اسم۔
**parade** *n.* & *v.* اسم: ① فوجی پریڈ کا شاندار مظاہرہ برائے معائنہ۔ ② عوامی جلوس۔ ③ پُر تکلّف نمائش۔ ف: ① جمع ہو کر پریڈ کرنا۔ ② جلوس کی صورت میں گزرنا، شان و شوکت کے ساتھ مارچ کرنا۔
**paradigm** *n.* نمونہ، مثال، نقشہ۔
**paradise** *n.* ① نیک لوگوں کا آخرت میں ملجا و ماوا، جنت، فردوس، بہشت۔ ② کامل مسرت کا مقام یا کیفیت۔
**paradox** *n.* بظاہر لغو بباطن گہری بات۔ ● **paradoxical** صف۔ **paradoxically** م ف۔
**paraffin** *n.* چکنا مومی مادّہ جو پٹرولیم کی کشید سے حاصل کیا جاتا ہے اور بطور ایندھن بھی استعمال ہوتا ہے۔
**paragliding** *n.* ایک تفریحی مشغلہ یا کھیل جس میں ایک چوڑی چھتری یا چھتر کے سہارے اونچائی سے کرہ ہوا میں تیرتے ہیں، ہوا پیمائی۔
**paragon** *n.* خوبی کی مثال، نمونہ کمال، برتر، انتہائی افضل شے یا شخص۔
**paragraph** *n.* & *v.* اسم: عبارت یا متن کا کوئی مربوط ٹکڑا جو نئی سطر سے شروع ہو پیرا، پارا۔ ف: عبارت کو پیروں میں تقسیم کرنا۔ ● **paragraphic** صف۔
**parakeet** *n.* چھوٹے، عموماً لمبی دُم والے طوطے۔
**parallax** *n.* اختلاف منظر، مناظری غلطی، کسی جسم کے محل وقوع یا رخ میں فرق جب مختلف زاویوں سے دیکھا جائے۔ ● **parallactic** صف۔
**parallel** *adj.*, *n.* & *v.* صف: ① متوازی (خطوط یا مستوی) جو مسلسل ایک دوسرے سے ایک ہی فاصلے پر رہیں۔ ② (حالات وغیرہ) جو بالکل ایک جیسے ہوں۔ ③ (عمل) جو ایک ساتھ واقع یا جاری ہو۔ اسم: ① کوئی شے یا شخص جو دوسرے سے بالکل مطابقت رکھتا ہو۔ ② موازنہ، تقابل۔ ف: (**paralleled**، **paralleling**) ① (کسی شے وغیرہ) کے متوازی ہونا یا اس سے مطابقت رکھنا۔ ② مماثل یا متقابل یا جواب ہونا۔ ● **parallelism** اسم: متوازیت۔
**parallelogram** *n.* متوازی الاضلاع، ایسی چوکور مستوی سطح جس کے آمنے سامنے کے اضلاع متوازی ہوں۔
**paralyse** *v.* (*US* **paralyze**) ① مفلوج ہونا، یا کرنا۔ ② معذور، کمزور کر دینا۔ ③ بے حرکت کر دینا۔
**paralysis** *n.* فالج، ایک اعصابی خرابی جو اعصاب کی گرفت پر اثر انداز ہوتی ہے۔
**paralytic** *adj.* ① فالج زدہ۔ ② بول چال: نشے میں دُھت۔
**paramedic** *n.* امداد طبی خدمت کا تربیت یافتہ فرد۔ ● **paramedical** صف۔

**parameter** *n.* ①ایک مقدار جو زیرِ غور صورت میں مستقل ہو لیکن دوسری صورتوں میں تبدیل ہوسکتی ہو۔ ② کوئی (خصوصاً قابلِ پیمائش) خصوصیت یا شناخت۔ ③ کسی کارروائی کی حدود یا دائرہ کار۔

**paramilitary** *adj.* فوجی طرز پر تربیت یافتہ تنظیم۔

**paramount** *adj.* سب سے اعلیٰ، افضل، فائق۔

**paranoia** *n.* ①دماغی خلل، جس میں خود کو بہت اہم اور دوسروں کو اپنے مصائب کا ذمہ دار سمجھا جائے۔ ② دوسروں کی طرف سے بے اعتباری اور شبہ کا رجحان۔ ● **paranoiac** صف: مخبوط۔ ● **paranoid** صف۔

**paranormal** *adj.* ناقابلِ فہم، پُراسرار۔

**parapet** *n.* منڈیر، چھت، برآمدے، پل وغیرہ کے کنارے پر حفاظتی روک، جنگلہ یا نیچی دیوار۔

**paraphernalia** *n. pl.* متفرق سازوسامان، لوازم، کسی کام کے لیے ضروری اسباب۔

**paraphrase** *n. & v.* ف: کسی متن یا مضمون کو دوسرے الفاظ میں لکھنا۔ اسم: اعادہ مضمون۔

**paraplegia** *n.* ٹانگوں اور پورے یا آدھے دھڑ کا فالج، ادھڑنگ۔ ● **paraplegic** صف و اسم۔

**parapsychology** *n.* ماورائے نفسیات یا نفسِ انسانی کا مطالعہ جو عام نفسیات (اشراق اور تنویم وغیرہ) کے دائرے اور طریق کار سے باہر ہو۔

**paraquat** *n.* ایک تیز زود اثر نبات کش زہریلا مادّہ۔

**parasailing** *n.* (also **parascending**) ایک تفریحی کھیل جس میں چھتری بردار کھلاڑی موٹر بوٹ کی پشت سے بندھے ہوئے ہوا میں تیرتے ہیں۔

**parasite** *n.* ① طفیلی وجود، جو کسی دوسرے نامی وجود کے اندر یا اس سے وابستہ رہ کر گزران کرے۔ ② دوسروں پر بوجھ بننے والا آدمی۔ ● **parasitic** صف۔

**parasol** *n.* ہلکی، دستی چھتری۔

**paratroops** *n. pl.* چھاتہ بردار فوجی جو پیراشوٹ کے سہارے اترتے ہیں۔ ● **paratrooper** اسم۔

**parboil** *v.* تھوڑا سا ابالنا؛ نیم برشت کرنا۔

**parcel** *n. & v.* اسم: ① یکجا بندھی ہوئی اشیا، پیکیج، پارسل، کاغذ کا بڑا بنڈل۔ ② کسی ایک سودے میں مال کی مقدار۔ ف: (**parcelled**، **parcelling**: امریکا: **parceled**) ① بنڈل بنانا، ایک عدد یا ایک نگ کے طور پر یکجا باندھنا۔ ② بخرے کرنا، تقسیم کرنا، بانٹنا۔

**parched** *adj.* ① گرم اور خشک، تپا سوکھا۔ ② بول چال: سخت پیاسا۔

**parchment** *n.* ① جانور خصوصاً بھیڑ بکری کی کھال جسے لکھنے یا نقاشی کے لیے تیار کیا جائے، چرمی پارچہ۔ ② اعلیٰ درجے کا چرمی پارچے سے ملتا ہوا کاغذ۔

**pardon** *n. & v.* اسم: معافی، درگزر، عفو۔ ف: ① کسی غلطی، جرم یا خطا کے عواقب سے معافی دینا۔ ② کسی کو معاف کرنا۔ ● **pardonable** صف: قابلِ معافی۔

**pare** *v.* ① تراشنا، چھیلنا، بنانا، چھلکا اتارنا، صاف کرنا۔ ② تدریجاً گھٹانا، چھوٹا کرنا، آہستہ آہستہ کترنا۔

**parent** *n.* ① ماں یا باپ۔ ② بانی، موجد، آغاز کنندہ فرد یا ادارہ۔ ● **parental** صف: ماں باپ کا۔ **parenthood** اسم: ولدیت۔

**parentage** *n.* شجرہ، سلسلۂ نسب۔

**parenthesis** *n.* (*pl.* **parentheses**) جملۂ معترضہ، توضیحی لفظ یا جملہ جو اصل عبارت کے درمیان عموماً قوسین میں درج ہو یا کوما یا وقفے کی علامتوں کے ذریعے اصل عبارت سے ممیّز کیا جائے۔ ● **parenthetic** صف: جملۂ معترضہ کا۔ **parenthetical** صف۔

**parenting** *n.* والدین کے مشاغل اور مسائل۔

**par excellence** *adv.* بدرجۂ اعلیٰ، اپنی قسم کی اعلیٰ ترین مثال۔

**pariah** *n.* سماج کا ذات باہر، نکالا ہوا فرد۔

**parietal bone** *n.* کھوپڑی کی وسطی دو ہڈیوں میں سے کوئی جو اوپری حصّہ اور پہلو بناتی ہیں۔

**paring** *n.* قاش، قتلہ، تراشا ہوا ٹکڑا۔

**parish** *n.* ① کوئی بستی جس میں اپنا گرجا اور پادری ہوں۔ ② بلدیاتی حکومت کے لیے بنایا گیا ضلع۔

**parishioner** *n.* گرجا کے گرد بسنے والی بستی کا باشندہ۔

**Parisian** *adj. & n.* صف: فرانس کے صدر مقام پیرس کا یا اس کی بابت۔ اسم: ① پیرس کا باشندہ۔ ② پیرس میں بولی جانے والی فرانسیسی زبان۔

**parity** *n.* مساوات، برابری۔

**park** *n. & v.* اسم:① شہر کا بڑا، کھلا باغ، تفریح گاہ۔ ② دیہی بنگلے یا کوٹھی کے ساتھ وسیع احاطہ بندی جس کے اندر درختوں کا جھنڈ اور چراگاہ واقع ہو۔③ قدرتی منظر جسے تفریح گاہ کے طور پر اصلی حالت میں رکھا گیا ہو۔④ گاڑیاں کھڑی کرنے کے لیے مخصوص احاطہ۔ف:① گاڑی کو عارضی طور پر سڑک کے کنارے یا کسی مقررہ جگہ پر کھڑا کرنا۔② بول چال: وقتی طور پر چھوڑ کر چلا جانا۔

**parka** *n.* کھال کا کوٹ مع ٹوپ۔

**parking ticket** *n.* گاڑی غلط پارک کرنے پر جرمانہ عائد ہونے کی اطلاع۔

**Parkinson's disease** *n.* ایک اعصابی مرض جس کی خاص علامت رعشہ اور پٹھوں کی سختی ہے۔

**Parkinson's law** *n.* یہ نظریہ کہ کام دستیاب وقت کے مطابق پھیل جاتا ہے۔

**parlance** *n.* خاص طرز گفتار جو انتخابِ الفاظ وغیرہ میں ظاہر ہو، کسی طبقے یا گروہ کا مخصوص طرز کلام۔

**parley** *n. & v.* اسم: (ج: **-eys**) تصفیہ طلب امور پر تبادلۂ خیال۔ف: (**-leying،-leyed**) گفت وشنید کرنا۔

**parliament** *n.* سب سے بالا مقنّنہ جو ملک کے قوانین بناتی ہے۔● **parliamentarian** اسم: رکن پارلیمنٹ۔ **parliamentary** صف۔

**parlour** *n.* (*US* **parlor**) ① قدیم: بیٹھنے کا کمرہ۔② خصوصی اشیا یا خدمت مہیّا کرنے والی دکان۔

**parlous** *adj. & adv.* خطرناک یا دشوار۔

**Parmesan** *n.* اٹلی کا سخت، خشک پنیر۔

**parochial** *adj.* ① کلیسائی حلقے PARISH سے منسوب۔② (مسائل، خیالات وغیرہ) محض مقامی، تنگ نظری پر مبنی۔● **parochialism** اسم۔ **parochially** م ف۔

**parody** *n. & v.* اسم: (ج: **-ies**) کسی مصنف، ادبی تخلیق یا اسلوب کی مزاحیہ مبالغہ آمیز نقالی تفریح کی خاطر۔ف: (**-ies،-ied**) خاکہ اڑانا، مزاحیہ نقالی کرنا۔

**parole** *n. & v.* اسم: قیدی کی میعاد پوری ہونے سے پہلے کسی خاص وجہ سے رہائی، اچھے چال چلن کی یقین دہانی پر رہائی۔ف: قیدی کو مشروط طور پر رہا کرنا۔

**paroxysm** *n.* ① اچانک دورہ (غصے یا قہقہے وغیرہ کا) ② مرض کا دورہ یا شدید حملہ۔

**parquet** *n.* لکڑی کے ٹکڑوں سے بنایا ہوا فرش۔

**parricide** *n.* قریبی عزیزوں خصوصاً ماں یا باپ کا قتل۔● **parricidal** صف۔

**parrot** *n. & v.* اسم: طوطا، جس کی چونچ چھوٹی مڑی ہوئی اور پر خوش رنگ ہوتے ہیں، جو انسانی آواز کی نقل بھی کرتا ہے۔ف: (**parroting،parroted**) بے سوچے سمجھے دہرانا، نقل اتارنا۔

**parry** *v.* (**-ies, -ied**) ① (وار) خالی دینا، روک لینا، ٹال دینا۔② کسی سوال سے مہارت سے پہلوتہی کرنا، ٹال جانا۔

**parse** *v.* کسی جملے کے اجزا کی علاحدہ علاحدہ قواعدی تعریف وتشریح کرنا۔

**parsec** *n.* آفاقی فاصلوں کی ایک اکائی تقریباً ۳ء۲۵ نوری سال۔

**parsimony** *n.* جزرسی، کفایت شعاری، خرچ میں احتیاط، کنجوسی، تنگ دلی۔● **parsimonious** صف۔ **parsimoniously** م ف: جزرس، کفایت شعار۔

**parsley** *n.* پودینہ، اجمود، اجوائن خراسانی، ایک دو فصلہ پودا یا بوٹی جس میں سفید پھول لگتے ہیں۔

**parsnip** *n.* ایک پودا جس کی جڑ لمبی گاؤدُم ہوتی ہے جو ترکاری کے طور پر کھائی جاتی ہے، ایک قسم کی گاجر۔

**parson** *n.* بول چال: کوئی بھی پادری۔

**parsonage** *n.* پادری کے لیے گرجا کی طرف سے مہیّا کیا جانے والا گھر۔

**part** *n., v. & adv.* اسم:① حصّہ، جزو، کُل میں سے کچھ مقدار یا تعداد۔② عضو، انسان یا جانور کے جسم کا کوئی حصّہ۔③ حصّہ رسد۔④ کسی اداکار کو دیا جانے والا کردار۔⑤ کسی جھگڑے یا سمجھوتے کا کوئی فریق۔ف: ① تقسیم کرنا یا ہونا، بٹ جانا۔② جدا ہونا جدا کرنا، الگ الگ کرنا۔م ف: جزواً، کسی حدتک۔□ **in part** تھوڑا تھوڑا، کسی حدتک، تھوڑا سا۔ **part with** حوالے کرنا، دے دینا، جدا کرنا۔ **take part** شرکت کرنا۔ **take the part of** حمایت کرنا، پاسداری کرنا۔

**partake** *v.* (**partook, partaken, partaking**) ① حصّہ لینا، شرکت کرنا۔② کچھ حصّہ نوش کرنا۔③ کسی خصوصیت کا حامل ہونا۔● **partaker** اسم۔

**partial** *adj.* ①نامکمل، جزوی۔② جانبدار، متعصّب، جس کا ایک طرف جھکاؤ ہو □**be partial to** شائق، دلدادہ ہونا۔● **partially** م ف: جزوی طور پر۔

**partiality** *n.* ①جھکاؤ، جانبداری ۔②اشتیاق، پسندیدگی۔

**participate** *v.* شریک ہونا، حصّہ لینا۔

● **participant** اسم۔ **participation** اسم۔

**participle** *n.* قواعد: فعل سے مشتق لفظ: past participle (ماضیہ) کے طور پر (جیسے burnt، frightencd) present participle (حالیہ) کے طور پر (جیسے burning، frightening) یا بصورت صفت جیسے (*working women*، *burnt toast*) ● **participial** صف: حالیہ۔

**particle** *n.* ①ذرّہ، مادّے کا نہایت قلیل جزو، ریزہ۔ ②اقل ترین مقدار، ممکنہ حد تک کم۔

**particoloured** *adj.* (*US* **particolored**) جس کا کچھ حصّہ ایک رنگ کا کچھ دوسرے رنگ یا رنگوں کا، رنگا رنگ، رنگ برنگا۔

**particular** *adj. & n.* صف: ①خاص، کوئی ایک دوسروں سے الگ، قابل شناخت، منفرد۔ ② معمول سے بڑھ کر، قابل لحاظ۔③ صحت ودرستی پر زور دینے والا۔ اسم: ① تفصیل؛ کوئی ایک شق۔② **(particulars)** معلومات کی کُل شقیں، تفصیلات۔□ **in particular** بالخصوص، خاص طور پر۔ ● **particularly** م ف۔

**parting** *n.* ①رخصت، روانگی، اجازت۔② سر کے بالوں کی مانگ۔

**partisan** *n. & adj.* اسم: ① کسی مقصد یا جماعت وغیرہ کا اندھا دھند پاسدار یا حمایت کرنے والا، طرفدار۔ ②دوران جنگ گوریلا سپاہی۔ صف: ① حمایتیوں سے متعلق یا مماثل، جانبدارانہ، یکطرفہ۔② عصبیت زدہ۔● **partisanship** اسم: بیجا طرفداری۔

**partition** *n. & v.* اسم: ① حصّوں میں تقسیم، بٹوارا۔ ②اوٹ یا پردے کی دیوار۔ف: ① حصّوں میں تقسیم کرنا۔② اوٹ کے ذریعے کسی کمرے وغیرہ کے ایک حصّے کو الگ کرنا۔

**partitive** *adj. & n.* قواعد: (لفظ یا صیغہ) انقسامی، انفصالی جو کسی مجموعے کے جزو کو ظاہر کرے۔

**partly** *adv.* جزواً؛ کسی حد تک۔

**partner** *n. & v.* اسم: ①ساجھی، حصّہ دار، شریک۔ ② (کھیل میں) دو افراد کی ٹیم کا کوئی کھلاڑی۔ ③ بیاہتا جوڑے کا کوئی فرد، میاں یا بیوی۔ ف: ①ساتھی، رفیق ہونا۔② ساجھا، شراکت کرنا۔● **partnership** اسم۔

**part of speech** *n.* لفظ کی قواعدی شکل یا قسم (جیسے اسم، ضمیر، صفت، متعلق فعل، فعل، حرف جار، حرف عطف، فجائیہ)

**partridge** *n.* تیتر، چکور وغیرہ، کوئی پرندہ جس کا شکار کیا جاتا ہے۔

**part-time** *adj. & adv.* جز وقتی۔

**parturition** *n.* وضع حمل؛ ولادت، بچے کی پیدائش۔

**party** *n.* ( *pl.* **-ies**) ①دعوت، مہمانوں کا اجتماع۔ ② کسی کارروائی، کام یا سفر وغیرہ میں شریک لوگ۔ ③ متفق الرّائے لوگوں کا حلقہ خصوصاً سیاسی جماعت۔ ④ کسی معاہدے یا قضیے کا کوئی سا فریق۔

**party line** *n.* کسی سیاسی جماعت کی اختیار کردہ پالیسی۔

**party wall** *n.* دو کمروں یا عمارتوں کے درمیان مشترک دیوار۔

**pascal** *n.* دباؤ کی بین الاقوامی معیاری اکائی۔

**paschal** *adj.* ① یہودیوں کے ہفت روزہ جشن عید الفصح سے متعلق۔②عیسائی تہوار ایسٹر سے متعلق۔

**pass** *v. & n.* ف: ① آگے بڑھنا خصوصاً کسی مقام سے گزرنا، کسی چیز کو پیچھے چھوڑ جانا؛ منتقل کرنا یا ہونا، ایک سے دوسرے کی طرف۔② بالاتر یا بعید ہونا۔ ③ کافی یا مناسب سمجھ کر قبول کر لیا جانا؛ اعتراض کیے بغیر آگے جانے دینا۔④ پھیرنا، کسی سطح پر چلانا۔ ⑤امتحان وغیرہ میں کامیاب ہونا، امیدوار کو کامیاب قرار دینا؛ (مسودۂ قانون کا) منظور ہونا۔⑥ گردش کرنا، عام ہونا۔ ⑦ صرف کرنا (وقت یا کوئی دورانیہ) ۔ ⑧ (میدانی کھیلوں میں) گیند اپنے کسی ساتھی کی طرف لڑھکانا؛ کسی کھیل میں اپنی باری چھوڑ دینا۔ ⑨ ایک صورت سے دوسری صورت میں تبدیل ہونا۔ ⑩ فقرہ کسنا، کسی پر یا کسی شے پر۔ اسم: ① گزرنے یا گزارنے کا عمل یا مثال۔ ②امتحان میں

کامیابی۔ ③ تحریری اجازت نامہ کہیں آنے جانے یا کہیں سے گزرنے کا۔ ④مفت داخلے کا پاس یا پرمٹ۔ ⑤پہاڑوں کے درمیان درّہ۔□ **make a pass at** بول چال: کسی پر محبت یا شہوانی نظر سے ڈورے ڈالنا۔ **pass away** ① گزر جانا، وفات پانا۔ **pass out** بے ہوش ہوجانا۔ **pass off as** کسی شخص یا شے کا روپ دھارنا۔ **pass over** نظر انداز کرنا، چھوڑ دینا، خیال نہ کرنا۔ **pass up** (کسی موقع وغیرہ کو) ہاتھ سے جانے دینا۔

**passable** *adj.* ①بس غنیمت، گزارے کے لائق۔ ②(سڑک، درّہ وغیرہ) جس پر سفر یا جسے عبور کیا جاسکے۔ ● **passably** م ف: خاصی طرح۔

**passage** *n.* ① گزرنے کا عمل یا وسیلہ؛ گزار، عبور۔ ②راہداری، پتلا راستہ عموماً دو دیواروں کے درمیان؛ جسم میں اندرونی نالی۔③ کسی مقام سے گزرنے کا حق یا آزادی۔④ کسی کتاب کے متن کا مختصر اقتباس، موسیقی کا کوئی ٹکڑا۔⑤ کسی مسودۂ قانون کی منظوری۔● **passageway** اسم: راہداری۔

**passbook** *n.* بینک یا ڈاکخانے وغیرہ کی طرف سے جاری ہونے والی کتاب جس میں کھاتہ دار کی جمع کی ہوئی اور نکالی جانے والی رقوم کی تفصیل درج ہوتی رہتی ہے۔

**passé** *adj.* متروک، پرانا، دقیانوسی، خلاف فیشن۔

**passenger** *n.* ①مسافر جو کسی عام سواری سے سفر کرے۔② کسی ٹیم یا عملہ کا وہ فرد جو کوئی کام انجام نہ دے، فقط ساتھ چلنے والا۔

**passer-by** *n.* (*pl.* **passers-by**) راہگیر، جو اتفاقاً پاس سے گزرے۔

**passim** *adv.* (حوالوں وغیرہ کی بابت) متن میں مختلف مقامات پر موجود، منتشر، متفرق۔

**passing** *adj.* عارضی، سرسری، چلتے چلتے۔

**passion** *n.* ①وفور جذبات۔②غصّے سے پھٹ پڑنے کی کیفیت۔③ شدید جنسی میلان۔④ شدید رغبت، لگاؤ، شوق۔ ⑤(**the Passion**) حضرت عیسیٰؑ کے آخری ایام کے مصائب۔

**passionate** *adj.* مغلوب الجذبات، جلد جوش میں بھر جانے، بھڑک اٹھنے والا۔● **passionately** م ف۔

**passive** *adj.* ①زیر عمل، مفعولی حالت میں۔② غیر مزاحم، دبّو، اطاعت گزار۔③ بے عمل، مجہول، سست، جامد۔④ قواعد: حالت مفعولی یا مجہولی کو ظاہر کرنے والا فعل مجہول۔● **passively** م ف: تحمّل سے، چپ چاپ۔ **passiveness**۔ **passivity** اسم۔

**Passover** *n.* یہودیوں کا تہوار جو بنی اسرائیل کے مصر کی غلامی سے بچ نکلنے کی یاد میں منایا جاتا ہے، عید فصح۔

**passport** *n.* ①پروانۂ راہداری، جو حکومت کی طرف سے کسی فرد کی شہریت اور شناخت کی تصدیق، اس کے تحفظ اور بیرونی سفر کے اجازت نامے کے طور پر جاری کیا جاتا ہے۔② کامیابی یا مقصد تک پہنچنے کا وسیلہ۔

**password** *n.* خفیہ لفظ، جملہ یا اشارات جو شناخت کے لیے مقرر کرلیے جائیں اور کسی شخص مجاز کی پہچان، کسی جگہ داخلے کے لیے ضروری ہوں۔

**past** *adj., n., prep. & adv.* صف:① گزشتہ، گزرا ہوا۔②حالیہ، ابھی کا۔③زمانۂ سابق کا۔ اسم:① زمانۂ ماضی۔② کسی کی سابقہ زندگی۔③ صیغۂ ماضی۔ حرف جار:① کسی خاص وقت یا مقام سے سوا۔② حد، دوران یا دائرے سے پرے۔ م ف: پاس سے گزر جانے کے لیے۔□ **past it** بول چال: کہنہ، ناکارہ۔

**pasta** *n.* گندھا ہوا آٹا مختلف شکلوں میں پکانے کے لیے تیار کیا ہو مثلاً سویاں، لڑیاں نلکیاں، اسپیگٹی۔

**paste** *n. & v.* اسم:① لگدی، گندھی ہوئی شے۔② لئی، چپچپا مادّہ۔③ایک سخت شیشے جیسا شفاف مادّہ جس سے نقلی نگینے بنائے جاتے ہیں۔ف:①لئی وغیرہ سے جوڑنا یا گندھے ہوئے مسالے کی تہ چڑھانا۔② بول چال: کوٹنا یا پھینٹنا، ریزہ ریزہ کرنا۔

**pasteboard** *n.* تہ بہ تہ چپکائے ہوئے کاغذوں کا دبیز تختہ، دفتی۔

**pastel** *n.* ① رنگ اور گوند کا مرکب، ان رنگوں سے کی ہوئی نقاشی۔② کسی رنگ کا مدّھم اور ہلکا رنگ۔

**pasteurize** *v.* (also **-ise**) (دودھ وغیرہ کو) جوش دے کر بڑی حد تک جراثیم سے پاک کرنا، تطہیر، پاسچری عمل کرنا۔● **pasteurization** اسم۔

**pastiche** *n.* ①فنّی مخلوطہ، مختلف ماخوذ اجزا سے ترتیب دیا ہوا۔② کسی بڑے ادیب یا فن کار کے اسلوب یا

انداز پر مبنی تخلیق۔

**pastille** *n.* ① میٹھی گولی۔② لوبان یا کسی اور خوشبودار مادّے کی دھونی۔

**pastime** *n.* تفریحی مشغلہ، شوقیہ کام۔

**past master** *n.* کسی کام کا ماہر، کسی ہنر کا استاد۔

**pastor** *n.* کسی گرجا کا (نگراں پادری) یا عبادت گزاروں کا امام۔

**pastoral** *adj.* صف: ① ریوڑوں یا گلّہ بانی سے متعلق۔② چراگاہ کے طور پر استعمال ہونے والی (زمین) ③ سربراہ کلیسا کے حسب حیثیت یا اس کے متعلق۔

**pastrami** *n.* کوئلوں پر بھنا ہوا مسالے دار بڑا گوشت۔

**pastry** *n.* (*pl.* **-ies**) ① روغن ملا کر گوندھا ہوا آٹا جو پائی (pie) وغیرہ میں روٹی پر قوام کے طور پر پھیلایا جاتا ہے۔② اس طرح سے بنا ہوا کیک وغیرہ۔

**pasturage** *n.* ① چراگاہ۔② مویشی چرانے کا کام۔

**pasture** *n.* & *v.* اسم: گھاس کا میدان جہاں مویشی چرائی کر سکیں، چراگاہ۔ف: (مویشیوں) کو چرنے کے لیے چراگاہ میں چھوڑنا۔

**pasty**[1] *n.* (*pl.*-**ies**) قیمہ بھرا ولایتی سموسہ۔

**pasty**[2] *adj.* (**pastier, pastiest**) ① لگدی نما، سریشی، لئی کی طرح کا۔② پیلا (خصوصاً زرد چہرے والا) بیمار، یرقان زدہ۔

**pat** *v., n., adj.* & *adv.* ف: (**patted**, **patting**) ① ہلکے ہلکے تھپتھپانا ہتھیلی سے۔اسم: ① ہاتھ کی تھپ تھپی۔② تھپکنے کی آواز۔③ ہاتھ سے ڈھالی ہوئی کوئی چیز۔ صف: بخوبی معلوم اور ہر موقع کے لیے تیار۔ م ف: برجستہ، حسب موقع، برمحل۔□ **off pat** اچھی طرح حفظ کر لینا۔

**patch** *n.* & *v.* اسم: ① پیوند یا جوڑ یا چیپی جو کسی چھید کو ڈھکنے یا مضبوط کرنے کے لیے لگائی جائے۔② آنکھ کے ڈھیلے یا آنکھ پر باندھی جانے والی گدّی یا پٹی۔③ زخم پر رکھا جانے والا پھاہا۔④ کوئی بڑا یا غیر ہموار قطعۂ زمین۔ ف: پیوند لگانا، چیپی یا جوڑ لگانا۔□ **not a patch on** بول چال: مقابلے میں بہت گھٹیا۔ **patch up** (جھگڑا) چکا یا دبا دینا۔

**patchwork** *n.* & *adj.* ① مختلف ٹکڑوں کی پیوندکاری سے تیار کردہ رنگا رنگ رضائی وغیرہ۔② کوئی شے جو مختلف اجزا کو جوڑ کر بنائی گئی ہو۔

**patchy** *adj.* (**patchier, patchiest**) ① بے ربط، ناہموار۔② ریزہ ریزہ، ٹکڑے ٹکڑے، پارہ پارہ، متفرق۔ ● **patchily** م ف۔ **patchiness** اسم۔

**pâté** *n.* گوشت یا مچھلی سے بنا مسالہ۔

**patella** *n.* (*pl.* **patellae**) گھٹنے کے اوپر کی کٹوری۔

**patent** *n., adj.* & *v.* اسم: ① کسی ایجاد یا اختراع کی ساخت اور فروخت کا سرکاری طور پر منظور یا عطا کردہ اختیار۔② کوئی ایجاد، ترکیب یا طریقہ جس کو اس اجازت کے تحت تحفظ حاصل ہو۔صف: ① ظاہر، بیّن، واضح۔ ② سرکاری اجازت کے تحت تحفظ یافتہ۔ف: کسی ایجاد کے لیے اجازۂ تحفظ حاصل کرنا۔ ● **patently** م ف۔

**patentee** *n.* اجازۂ تحفظ کا حامل۔

**patent leather** *n.* چمکیلا وارنش کیا ہوا چمڑا۔

**paternal** *adj.* ① باپ سے منسوب۔② پدرانہ۔ ③ باپ کے رشتے سے۔ ● **paternally** م ف۔

**paternalism** *n.* اپنے ساتھیوں یا ماتحتوں کے ساتھ مشفقانہ، مربیانہ برتاؤ یا حکومت کے نظم و نسق میں پدرانہ شفقت کا رویّہ۔ ● **paternalistic** صف۔

**paternity** *n.* پدریت، ابویت، باپتا۔

**path** *n.* ① پیدل کا راستہ یا پگڈنڈی جو مسلسل آمدورفت سے بن جائے۔② کسی شخص یا شے کی حرکت یا سفر کا راستہ۔③ راہ عمل، طریق کار۔

**pathetic** *adj.* ① ترس، رنج، غم یا نفرت یا حقارت وغیرہ کو ابھارنے والا، اثر انگیز، رقّت آمیز۔② بول چال: نہایت ناکافی۔ ● **pathetically** م ف۔

**pathogen** *n.* مرض پیدا کرنے والا واسطہ، وسیلہ۔ ● **pathogenic** صف۔

**pathology** *n.* امراضیات، جسمانی امراض کا علم۔ ● **pathological** صف۔ **pathologist** اسم۔

**pathos** *n.* تقریر یا تحریر کا سوز، درد، رقّت آفرینی۔

**pathway** *n.* راستہ، طریق۔

**patience** *n.* ① صبر، ضبط، استقلال، تحمّل، تکلیف وغیرہ کی صورت میں برداشت کی قوت۔② تاش کا اکیلے

کا کھیل۔

**patient** *adj. & n.* صف: صابر، بُردبار، سہارنے والا۔ اسم: زیرِ علاج مریض۔ ● **patiently** م ف۔

**patina** *n.* (*pl.* **patinas**) ①پرانی کانسی کی اشیا پر زنگاری تہ، عموماً سبز۔ ②دوسری سطحوں پر اس طرح کا زنگ۔

**patio** *n.* (*pl.* **-os**) گھر سے ملحق پختہ صحن یا فرش۔

**patisserie** *n.* ①پیسٹری بنانے اور بیچنے کا ٹھکانا۔ ②پیسٹریاں۔

**patois** *n.* کسی علاقے کی مقامی بولی۔

**patriarch** *n.* ①خاندان یا قبیلے کا سربراہ، سردار۔ ②کلیسا: اسقف اعظم کا لقب۔ ● **patriarchal** صف: سرگروہی، سرقبیلی۔ **patriarchate** اسم۔

**patriarchy** *n.* (*pl.* **-ies**) حکومت یا سماجی نظام جس میں مرد حکمراں ہوتے ہیں۔

**patricide** *n.* ①پدرکشی۔ ②باپ کا قاتل۔ ● **patricidal** صف: پدرکشی کا۔

**patrimony** *n.* (*pl.* **-ies**) ①والد یا والد کی طرف سے پرکھوں سے پہنچنے والی املاک۔ ②میراث۔

**patriot** *n.* محبِّ وطن، ملک دوست، اپنے وطن کی حمایت اور مدافعت کے لیے مستعد۔ ● **patriotic** صف۔ **patriotism** اسم: حب الوطنی۔

**patrol** *n. & v.* اسم: علاقے کا گشت، پہرہ داری، نگرانی وغیرہ کے لیے۔ ف: (**patrolling ، patrolled**) کسی مقام کا گشت یا نگرانی کرنا۔

**patron** *n.* (*fem.* **patroness**) ①سرپرست، حامی، مددگار۔ ②کسی دکان وغیرہ کا بندھا ہوا گاہک۔

**patronage** *n.* ①سرپرستی، امداد، ہمت افزائی جو کسی کی طرف سے کی جائے۔ ②عہدوں پر تقرر یا وظائف وغیرہ کے اجرا کا اختیار۔ ③مربیانہ انداز۔ ④گاہک کی طرف سے کسی ایک دکان کی مستقل سرپرستی۔

**patronize** *v.* (also **-ise**) ①مربیانہ سلوک کرنا یا انداز اختیار کرنا۔ ②کسی دکان سے اکثر خریداری کرنا۔ ● **patronizing** صف: مربیانہ، سرپرستانہ۔

**patron saint** *n.* کسی فرد یا مقام وغیرہ کا محافظ خیال کیا جانے والا ولی۔

**patronymic** *n.* بیٹا ہونے کی حیثیت ظاہر کرنے والا نام یا کنیت آبائی، نام، جدّی نام۔

**patter** *v. & n.* ف: ①مسلسل دستک یا ٹپ ٹپ کی آواز کرنا۔ ②چھوٹے چھوٹے تیز قدموں سے دوڑنا۔ اسم: تیز تیز قدموں کی چاپ یا مسلسل دستک کی آواز۔

**pattern** *n.* ①دیواری کاغذ، کپڑے، قالین وغیرہ پر بنے ہوئے مسلسل نقوش۔ ②مرتّب، معقول شکل، ترتیب، تنظیم، قرینہ۔ ③نمونہ، مثالی نقش یا وضع لباس وغیرہ کی جس کی نقل مقصود ہو۔ ④اعلیٰ مثال، معیار، آدرش، نمونۂ کمال۔ ⑤قالب، سانچا۔ ● **patterned** صف۔

**patty** *n.*(*pl.* **-ies**) پائی، پیسٹری وغیرہ۔

**paucity** *n.* قلّت، کمی۔

**paunch** *n.* پیٹ، توند۔

**pauper** *n.* نادار، مفلس، فقیر۔

**pause** *n. & v.* اسم: تعطّل، وقفہ، کسی کام میں رکاوٹ، عارضی ٹھہراؤ۔ ف: وقفہ کرنا، ٹھہرنا، رکنا۔

**pave** *v.* سڑک، فرش وغیرہ کو پختہ کرنا، سطح کو کوئی چیز بکھیر کر پاٹ دینا۔

**pavement** *n.* ①سڑک کے کنارے پیدل چلنے والوں کی پٹڑی۔ ②سڑک یا فرش پر ٹائلوں، لکڑی کے ٹکڑوں، خصوصاً مستطیل ترشے ہوئے پتھروں کا پٹاؤ۔

**pavilion** *n.* ①کھیل کے میدان کے پاس کپڑے بدلنے یا دم لینے کے لیے بنی عمارت۔ ②باغ میں تفریح کے لیے بنی ہوئی عمارت۔

**paw** *n. & v.* اسم: جانور کا پنجہ یا پاؤں۔ ف: ①پنجہ مارنا، پاؤں یا پنجے سے زمین کھرچنا۔ ②بول چال: الٹے سیدھے ہاتھ پیر چلانا۔

**pawn** *n.& v.* ①شطرنج: سب سے چھوٹا مہرہ، پیدل، پیادہ۔ ②کوئی شخص جسے آلہ کار بنایا جائے۔ ف: گروی رکھنا۔

**pawnbroker** *n.* گروی رکھ کر قرضہ دینے والا۔

**pawnshop** *n.* گروی کی دکان، گروخانہ۔

**pawpaw** *n.* (also **papaw, papaya**) پپیتا، پپیتے کا درخت۔

**pay** *v. & n.* ف (**paying ، paid**) ①معاوضے، واجب الادا قرضے وغیرہ کی ادائیگی کرنا، چکانا۔ ②کوئی بندھی ہوئی رقم بطور معاوضہ ادا کرنا۔ ③(توجہ وغیرہ)

مبذول کرنا، حاضر ہونا، پھیرا کرنا، چکّر لگانا۔ ④ نفع دلانا، مفید ہونا۔ اسم: تنخواہ، یافت، ادائیگی۔ □ **pay off** ① حساب کرکے چلتا کرنا، برطرف کرنا۔ ② کامیاب رہنا، اچھا نتیجہ ظاہر کرنا۔ ③ قرضہ بے باق کرنا۔ ● **payer** اسم: ادا کنندہ۔

**payable** *adj.* ①واجب الادا۔ ② قابل ادائیگی۔

**PAYE** تخفیف: pay-as-you-earn ادائیگی کے وقت انکم ٹیکس کی کٹوتی۔

**payee** *n.* وصول کنندہ، جس کو ادائیگی کی جائے۔

**payload** *n.* ہوائی جہاز کا وہ بار جس پر محصول کی صورت میں آمدنی ہو۔

**payment** *n.* ادائیگی کا عمل، ادا کی جانے والی رقم۔

**pay-off** *n.* بول چال: ①رقم کی ادائیگی خصوصاً بطور رشوت۔ ② سرمایہ کاری یا شرط یا داؤ لگانے پر وصول ہونے والی رقم۔ ③ واجبات دے کر نوکری سے چھٹی۔

**payola** *n.* ذرائع ابلاغ پر کسی صنعتی پیداوار کی بے قاعدہ پیروی پر دی جانے والی رشوت۔

**payroll** *n.* باضابطہ تنخواہ پانے والے ملازمین کی فہرست۔

**Pb** عنصر lead سیسہ کی علامت۔

**PC** تخفیف: ① police constable (پولیس کا جوان) ② personal computer۔ ③ politically correct، political correctness سیاسی طور پر درست یا درستی۔

**Pd** عنصر palladium کی علامت۔

**p.d.q.** تخفیف، بول چال: pretty damn quick۔

**PE** تخفیف: physical education۔

**pea** *n.* ① مٹر کی بیل نیز مٹر۔ ② اس قسم کا کوئی اور پودا۔

**peace** *n.* ① سکون، سکوت، ذہنی سکون، طمانیت قلب۔ ② امن بعد از جنگ، متحارب طاقتوں کے درمیان معاہدۂ امن۔ ③ اندرونی خلفشار کا خاتمہ۔

**peaceable** *adj.* ① امن پسندانہ، غیر متحارب۔ ② پُرسکون، امن چین سے۔ **peaceably** م ف۔

**peace dividend** *n.* دفاعی اخراجات گھٹانے سے فلاحی کاموں کے لیے حاصل ہونے والی رقم۔

**peaceful** *adj.* ① پُرامن، پُرسکون۔ ② بلا مناقشت۔ ③ امن وامان کے حالات سے متعلق۔ ● **peacefully** م ف: صلح وآشتی سے۔ **peacefulness** اسم۔

**peacemaker** *n.* صلح کرانے یا قائم رکھنے والا شخص۔

**peach** *n. & adj.* اسم: ① آڑو، آڑو کا درخت۔ ② زردی مائل گلابی رنگ، آڑو کا رنگ۔ ③ بول چال: اعلیٰ درجے کی شے یا عمدہ آدمی، پُرکشش عورت۔

**peacock** *n.* مور، طاؤس۔

**peahen** *n.* مورنی یا مور، چکور وغیرہ کی مادین۔

**peak** *n., v. & adj.* ① نکیلا ابھار خصوصاً پہاڑ کی چوٹی، پھننگ، ٹوپی کا چھجا، عروج کا زمانہ۔ ف: انتہا پر پہنچنا، عروج پر ہونا، قدر، قیمت وغیرہ کا سب سے اونچی حد پر ہونا۔ صف: اعلیٰ ترین درجہ، قیمت، قسم، خوبی، سطح کے لحاظ سے بلند ترین۔ ● **peaked** صف: چوٹی دار۔

**peaky** *adj.* **(peakier, peakiest)** ① بیمار سا، روگی۔ ② پھیکے یا سفید چہرے والا۔

**peal** *n. & v.* اسم: ① گھنٹے یا گھنٹیوں کے بجنے کی گونجتی لہرانی آواز، گھنٹیوں کی مرتب قطار۔ ② بادل کی گرج؛ قہقہوں کی آواز۔ ف: ① گونجنا، گرجنا۔ ② گھنٹے یا گھنٹیوں سے آواز کی گونجتی لہریں اٹھانا۔

**peanut** *n.* ① مونگ پھلی کا پودا، نیز مونگ پھلی یا اس کی گری۔ ② **(peanuts)** بول چال: حقیر، ادنیٰ شے، خصوصاً معمولی رقم۔

**pear** *n.* ① ناشپاتی۔ ② ناشپاتی کا درخت۔

**pearl** *n.* موتی، جو سیپ یا بعض قسم کے صدفوں کے اندر بنتا ہے۔ ● **pearly** صف: موتیوں جیسا۔

**peasant** *n.* کسان، کاشتکار، کھیت مزدور، کھیتی باڑی کرنے والے طبقے کا آدمی۔ ● **peasantry** اسم۔

**peat** *n.* گلی ہوئی نبات یا نباتی مٹی یا کوئلہ جو ایندھن یا کھاد کے طور پر استعمال ہوتا ہے۔ ● **peaty** صف۔

**pebble** *n.* چکنی، گھسی ہوئی بٹیا۔ ● **pebbly** صف۔

**pecan** *n.* ایک بھورا گلابی گری دار میوہ۔

**peccary** *n.* (*pl.* **-ies**) چھوٹا جنگلی سؤر۔

**peck** *v. & n.* ف: ① ٹھونگ مارنا، چونچ مارنا، کترنا۔ ② چومنا، سرسری طور پر لب لگانا۔ اسم: چونچ یا منقار کی ضرب، ٹھونگ۔ □ **peck at** بے دلی سے یا بے غوری سے کھانا، کترنا، کٹکنا۔

**pecker** *n.* □ امریکا، مبتذل: مردانہ عضو تناسل۔

keep your pecker up بول چال: خوش باش رہو۔
**peckish** *adj.* بول چال: بھوکا۔
**pectin** *n.* پکّے پھلوں میں پایا جانے والا مادّہ جو جام اور جیلی کو جمانے میں کام آتا ہے، نباتی جیلاٹین۔
**pectoral** *adj. & n.* صف: سینے یا چھاتی سے تعلق رکھنے والا، صدریہ۔اسم: کوئی صدری عضلہ، مہپیر۔
**peculiar** *adj.* ① عجیب، انوکھا۔② مخصوص، انفرادی۔③ خاص یا خصوصی۔● **peculiarity** اسم: انوکھاپن، خصوصیت۔ **peculiarly** م ف: خصوصاً۔
**pecuniary** *adj.* رسمی: مالی، روپے پیسے سے متعلق۔
**pedagogue** *n.* استاد، معلّم، مدرّس۔
**pedal** *n. & v.* اسم: پاؤں سے دبانے والا آلہ یا پرزہ۔ ف: (**pedalled**، **pedalling** امریکا: **pedaled**) ①سائیکل وغیرہ چلانا؛ پاؤں چلانا۔ ② پاؤں سے چلانا (سائیکل وغیرہ کو)
**pedalo** *n.* (*pl.* **-os** or **-oes**) پاؤں سے چلائی جانے والی تفریحی کشتی۔
**pedant** *n.* اصول پرست، تکلّفات پر زور دینے، لفظ پر اصرار کرنے والا تنگ نظر شخص۔● **pedantic** صف۔ **pedantically** م ف۔ **pedantry** اسم۔
**peddle** *v.* فروخت کرنا خصوصاً پھیری والے کی طرح۔
**peddler** *n.* امریکا: PEDLAR کا متبادل۔
**pedestal** *n.* ستون یا مجسمے وغیرہ کا پایہ یا کرسی۔
**pedestrian** *n. & adj.* اسم: پیادہ، راہگیر، خصوصاً شہر میں۔صف: عامیانہ، غیر دلچسپ، سادہ، سپاٹ۔
**pediatrics** امریکا: PAEDIATRICS کا متبادل۔
**pedicure** *n.* علاج یا خصوصاً پاؤں کی انگلیوں اور ناخنوں کی دیکھ بھال۔
**pedigree** *n.* کسی شخص کا حسب ونسب یا کسی جانور خصوصاً اچھی نسل کے پالتو جانور کی اصلیت۔
**pediment** *n.* کلاسکی طرز کی تعمیر کا اگلا مثلث نما حصّہ یا پیشانی خصوصاً ستونوں کی قطار کے اوپر قائم۔
**pedlar** *n.* (*US* **peddler**)۔ ① پھیری والا، بساطی۔ ②خلاف قانون نشہ آور اشیا فروخت کرنے والا۔
**pedometer** *n.* قدم پیما، ایک آلہ جو پیدل طے کرنے والے فاصلے کو قدم گن کر ناپتا ہے۔
**peduncle** *n.* پھول یا کسی پھل یا شگوفوں کی ڈنڈی جو کئی چھوٹی ڈنڈیوں کو سہارے ہو۔
**pee** *v. & n.* بول چال: ف: پیشاب کرنا۔اسم: پیشاب۔
**peek** *v. & n.* ف: جھانکنا، تاکنا۔اسم: تاک جھانک۔
**peel** *v. & n.* ف: ①چھلکا اتارنا، بکّل اتارنا، غلاف اتارنا، چھیلنا، گودا وغیرہ برآمد کرنا۔ ② ننگا ہونا (درخت وغیرہ کا) چھال یا بکّل جھاڑنا، (چھال، جلد، روغن وغیرہ) وغیرہ) کا سطح پر سے اکھڑنا۔③ لباس وغیرہ اتارنا۔اسم: پھل، ترکاری، وغیرہ کا چھلکا۔● **peeler** اسم: چھیلنے والا۔ **peeling** اسم: چھیلن۔
**peep** *v. & n.* ف: ① کسی سوراخ وغیرہ میں سے جھانکنا۔② آہستہ آہستہ نمودار ہونا، چٹکنا یا کھلنا۔ ③ جھلکی دکھائی دینا، تھوڑا تھوڑا نظر آنا۔اسم: ①پوشیدہ، چور نظر۔ ② پہلی جھلک۔
**peephole** *n.* چھید جس میں سے جھانکا جا سکے۔
**peeping Tom** *n.* دوسروں کو عریاں دیکھنے کا شوقین، نظر باز، تاک جھانک کرنے والا۔
**peer**[1] *v.* ① بدقت دیکھنا، گھورنا۔② آہستہ آہستہ جھلکنا، کھلنا یا کھلنا۔
**peer**[2] *n.* اسم: ① برطانیہ، ڈیوک، مارکوئس، ارل، وائی کاؤنٹ یا بیرن۔ ② ہمسر، ہم رتبہ فرد، برابر والا۔
**peerage** *n.* ①طبقۂ امرا، اشرافیہ۔②نواب یا نواب بانو کا مرتبہ۔
**peerless** *adj.* بہترین، عمدہ، جس کا کوئی ہمسر، برابر نہ ہو۔
**peeved** *adj.* بول چال: ناراض جھلّایا ہوا۔
**peevish** *adj.* تنک مزاج، زودرنج، چڑ چڑا۔
● **peevishly** م ف: تنک مزاجی، چڑ چڑے پن سے۔
**peg** *n. & v.* اسم: کیل، میخ، کھونٹی، کھونٹا۔ف: (**pegged**، **pegging**) ① کیل یا کھونٹی ٹھونک کر گاڑنا، بند کرنا۔②(قیمتوں، اجرتوں میں) ٹھہراؤ پیدا کرنا، استوار رکھنا۔□ **off the peg** بنے بنائے (کپڑے)
**pejorative** *adj.* ذلّت آمیز (لفظ یا فقرہ)
**peke** *n.* بول چال: پیکنگ کا چینی کتا۔
**Pekingese** *n.* (also **Pekinese**) چھوٹے

پیروں، چپٹے منہ، لمبے بالوں والا چینی کتا۔

**pelican** *n.* حواصل، آبی پرندہ، جس کی لمبی چونچ کے نیچے مچھلیاں پکڑ کر بھرنے کے لیے تھیلی لٹکی ہوتی ہے۔

**pelican crossing** *n.* پیدل چلنے والوں کے سڑک پار کرنے کی جگہ جہاں وہ ٹریفک کی بتّیاں خود اپنے لیے کھول سکتے ہیں۔

**pellagra** *n.* ایک مرض جو غذا میں نکوٹین ترشے کی کمی سے پیدا ہوتا ہے، اس میں جلد تڑق جاتی ہے۔

**pellet** *n.* گولی، قرص، کوئی چھوٹی سی گول مول شے، لونڈی، چھرّہ۔ ● **pelleted** صف۔

**pell-mell** *adv. & adj.* م ف: بُشتم پشتم، بدنظمی، بے ترتیبی سے۔ صف: ابتر، غیر منظّم، گڑبڑ، خلط ملط۔

**pellucid** *adj.* صاف شفاف۔

**pelmet** *n.* کپڑے، لکڑی وغیرہ کا حاشیہ یا گھونگھٹ خصوصاً کھڑکی کے اوپر۔

**pelt** *v. & n.* ف: ① پتھراؤ کرنا، کنکر پتھر وغیرہ پھینک کے مارنا۔ ② بول چال: سرپٹ بھاگنا۔ اسم: جانور کی کھال۔ □ **at full pelt** انتہائی تیزی کے ساتھ۔

**pelvis** *n.* پیڑو کا حلقہ۔ ● **pelvic** صف۔

**pen** *n. & v.* اسم: ① قلم۔ ② گایوں، بھیڑوں وغیرہ کا باڑا، مرغیوں وغیرہ کا ڈربا۔ ③ بطخ وغیرہ کی مادہ۔ ف: **(penning، penned)** ① لکھنا، تحریر کرنا۔ ② بند کرنا خصوصاً خانے، باڑے وغیرہ میں۔

**penal** *adj.* سزاؤں سے متعلق، تعزیری، تعزیراتی۔

**penalize** *v.* (also **-ise**) ① (کسی پر) جرمانہ عائد کرنا، کسی طرح کے خسارے میں رکھنا۔ ② کسی فعل کو قابل سزا قرار دینا۔ ● **penalization** اسم: تعزیر۔

**penalty** *n.* (*pl.*-**ies**) سزا، تعزیر، ڈنڈ خصوصاً قانون شکنی یا معاہدے کی خلاف ورزی پر، جرمانہ۔

**penance** *n.* کسی گناہ کے کفارے کے طور پر برداشت کی جانے والی زحمت، کفّارہ۔

**pence** *n.* PENNY کی جمع۔

**penchant** *n.* ذاتی شوق، میلانِ طبع۔

**pencil** *n. & v.* اسم: پنسل، سرمے والی قلم، عموماً لکڑی کی۔ ف: **(pencilling، pencilled** امریکا: **penciled)** نشان ڈالنا، پنسل سے یا پنسل کی طرح۔

**pendant** *n.* آویزہ خصوصاً جو کسی مالا یا کڑے وغیرہ کے ساتھ لٹک رہا ہو۔

**pendent** *adj.* (also **pendant**) آویزاں، لٹکواں۔

**pending** *adj. & prep.* صف: ① زیرِ غور، زیرِ تجویز، غیر فیصل شدہ۔ ② متوقع، آنے والا۔ حرف جار: ① بہ دوران، دراثنا۔ ② تاوقتیکہ۔

**pendulous** *adj.* ① لٹکواں، ڈھلکا ہوا، جھکا ہوا۔ ② جھولتا ہوا، اِدھر سے اُدھر حرکت کرتا ہوا۔

**pendulum** *n.* کسی ڈوری وغیرہ سے لٹکتا ہوا وزن، شاقول خصوصاً گھنٹے کا لنگر۔

**penetrate** *v.* ① گھسنا، درآنا خصوصاً زبردستی۔ ② جذب ہونا، سرایت کرنا۔ ③ گہری نظر سے دیکھنا، تلاش کرنا، تاڑنا، پہنچنا، رسائی حاصل کرنا۔ ● **penetrable** صف: قابل نفوذ یا دخول۔ **penetration** اسم۔

**penetrating** *adj.* ① ذکی، حسّاس، تیز نظر۔ ② (آواز کے لیے) چبھنے والی، باریک تیز۔

**penfriend** *n.* قلمی دوست جس کے ساتھ صرف خط و کتابت رہے۔

**penguin** *n.* پنگوین، انٹارکٹک کا ایک پردار بے پرواز سمندری پرندہ، بطریق۔

**penicillin** *n.* پھپھوند سے پیدا ہونے والا قدرتی جراثیم کش مادّہ جو مصنوعی طور پر بھی تیار کیا جاتا ہے۔

**peninsula** *n.* تین طرف سے سمندر سے گھرا زمین کا قطعہ، جزیرہ نما۔ ● **peninsular** صف۔

**penis** *n.* مردانہ عضو تناسل جو پیشاب کے اخراج کی نالی بھی ہے۔

**penitent** *adj. & n.* صف: گناہوں پر نادم، پشیمان۔ اسم: تائب، نادم، شرمسار منفعل بندہ۔ ● **penitence** اسم: توبہ، استغفار۔ **penitently** م ف۔

**penitential** *adj.* توبہ اور کفارے سے متعلق۔

**pen-name** *n.* قلمی نام، تخلّص۔

**pennant** *n.* ایک تکونا، مخروطی شکل کا جھنڈا۔

**penniless** *adj.* مفلس، نادار، قلاش۔

**pennon** *n.* = pennant۔

**penny** *n.* (ج: علاحدہ سکّوں کے لیے **-ies** رقم کے

لیے pence) ① برطانیہ کا کانسی کا سکّہ ، پونڈ کا 1/100 حصّہ (مخفف:p) ② تاریخ: ایک پرانا برطانوی سکّہ جس کی مالیت ایک پونڈ کا دوسو چالیسواں حصّہ تھی (مخفف d)

**penny-pinching** *adj.* کمینہ، اوچھا۔

**pen-pushing** *n.* بول چال، تحقیراً: کلرکی، منشی گیری، قلم کشی۔

**pension¹** *n.* ① وظیفہ حسن خدمت جو سرکاری ملازمت سے سبکدوشی پر باقاعدگی سے ادا کیا جاتا ہے یا بیواؤں اور اپاہجوں کو دیا جائے۔ □ **pension off** پنشن مقرر کرکے ملازمت سے برطرف کرنا۔

**pension²** *n.* یورپ کے بعض مقامات پر مقررہ شرح سے قیام وطعام کی سہولت مہیّا کرنے والا مہمان خانہ۔

**pensionable** *adj.* ① وظیفے کا حق دار۔ ② باوظیفہ (ملازمت، منصب وغیرہ)

**pensioner** *n.* وظیفہ خصوصاً وظیفہ حسن خدمت پانے والا، پنشن یاب شخص۔

**pensive** *adj.* ① سوچ میں غرق۔ ② فکرمند، متفکّر۔ ● **pensively** م ف۔ **pensiveness** اسم۔

**pent** *adj.* محصور، محبوس، بند، گھٹا ہوا۔

**pentagon** *n.* پانچ گوشوں کی شکل، مخمّس۔ ● **pentagonal** صف: مخمّسی، پنج کونی۔

**pentagram** *n.* پنج گوشیہ ستارہ۔

**pentathlon** *n.* کھیلوں کا مقابلہ جس میں ہر فریق پانچ مختلف کھیلوں میں حصّہ لیتا ہے۔

**Pentecost** *n.* (**Whit Sunday**) ① یوم خمیس ② یہودیوں کا فصل کی کٹائی پر منایا جانے والا تہوار۔

**penthouse** *n.* کسی بلند عمارت کی بالائی منزل کی چھت پر واقع گھر۔

**penultimate** *adj.* آخری سے پہلا۔

**penumbra** *n.* (*pl.* **penumbrae**) ① کسی ٹھوس جسم کے عکس یا سائے کے دھندلے کنارے خصوصاً زمین یا چاند کے کُروں کا سایہ اس سطح پر جو ادھورے گرہن میں ہو۔ ② ہلکا سا اکہرا سایہ۔

**penury** *n.* (*pl.* **-ies**) ① مفلسی، غربت۔ ② کمی، قلّت۔ ● **penurious** صف: مفلس، نادار۔

**people** *n. & v.* اسم: ① کوئی گروہ، انسانی قوم، قبیلہ، نسل، فرقہ وغیرہ۔ ② عوام، چھوٹے بڑے سب طرح کے آدمی، عوام النّاس۔ ③ اقربا، کنبے، رشتے والے۔ ف: ① لوگوں یا جانوروں سے آباد کرنا، بسانا۔ ② آباد ہونا، جگہ گھیرنا، پُر کرنا۔

**PEP** تخفیف: Personal Equity Plan۔

**pep** *n. & v.* بول چال، اسم: طاقت، زور، ولولہ۔ ف: (**pepping, pepped**) مضبوط کرنا، تقویت دینا۔

**pepper** *n. & v.* اسم: ① کالی مرچ۔ ② کوئی تیز، چرپری شے۔ ③ =CAPSICUM۔ ف: ① کالی مرچ چھڑکنا یا ملانا۔ ② پتھر وغیرہ پھینک کر مارنا؛ گالیوں کی بوچھاڑ کرنا۔ ③ سخت سزا دینا۔ ● **peppery** صف۔

**peppercorn** *n.* کالی مرچ کا دانہ، سوکھی کالی مرچ بطور مسالا۔

**peppercorn rent** *n.* برائے نام کرایہ۔

**peppermint** *n.* ① پودینے کا ست، عرق۔ ② پودینے کے ذائقے کی میٹھی گولیاں۔

**pepsin** *n.* ایک ہاضم خامرہ جو معدے کی رطوبات میں شامل ہوتا ہے۔

**pep talk** *n.* بول چال: جوشیلی، ولولہ انگیز باتیں، حوصلہ افزا جملے بازی۔

**peptic** *adj.* ہاضم یا ہاضمے سے متعلق۔

**per** *prep.* ① فی، فی کس وغیرہ، شرح یا حصّہ رسد ظاہر کرنے کے لیے۔ ② کے ذریعے، بوساطت۔ ③ (**as per** کا اختصار) بمطابق، بحسب۔

**perambulate** *v.* گھومنا پھرنا، گشت کرنا (کسی علاقے میں) ● **perambulation** اسم۔

**per annum** *adv.* فی سال۔

**per capita** *adv. & adj.* فی کس۔

**perceive** *v.* ① مشاہدہ کرنا، خصوصاً آنکھ سے دیکھنا۔ ② ذہنی طور پر سمجھنا، ادراک کرنا۔ ③ کسی خاص صورت میں دیکھنا، تصوّر کرنا، تخیلی طور پر دیکھنا۔

**per cent** *adv. & n.* (*US* **percent**) م ف: فی صد۔ اسم: ① شرح فی صد۔ ② سو میں ایک حصّہ۔

**percentage** *n.* ① شرح فی صد یا تناسب فی صد۔ ② تناسب۔

**perceptible** *adj.* قابلِ مشاہدہ، قابلِ ادراک۔

● **perceptibly** م ف: محسوس طور پر۔

**perception** *n.* قوت مشاہدہ؛ قوت ادراک، اس کا عمل یا مثال۔

**perceptive** *adj.* ①مشاہدے یا ادراک کا اہل۔ ②حسّاس، ذی فہم؛ گہری نظر رکھنے والا یا دقتِ نظر پر مبنی۔ ● **perceptively** م ف۔ **perceptiveness** اسم۔

**perch**[1] *n. & v.* اسم: ①عموماً افقی ڈنڈا یا ٹہنی جس پر پرندہ بیٹھے۔ ②کسی کی اعلیٰ یا بلند آرام گاہ۔ ف: کسی اونچائی پر بیٹھنا، ٹکنا، واقع ہونا، اٹکانا۔

**perch**[2] *n.* (*pl.* **perch**) میٹھے پانی کی، نکیلے پروں والی خوردنی مچھلی۔

**percipient** *adj.* ①مشاہدے کا اہل، چوکنا، ذی ہوش۔ ②فہیم۔ ● **percipience** اسم: بصیرت۔

**percolate** *v.* ①(کسی سیّال شے کو) چھلنی وغیرہ میں سے چھاننا۔ ②پسے ہوئے بیجوں کو کھولتے پانی میں سے گزار کر (کافی) تیار کرنا۔ ● **percolation** اسم۔

**percolator** *n.* کافی تیار کرنے کی مشین جس میں کھولتا پانی پسی ہوئی کافی یا بُنوں کے برادے میں سے چھن چھن کر نکلتا ہے۔

**percussion** *n.* چوب کی ضربوں سے بجنے والی موسیقی، کسی بڑے سنگیت میں ان سازوں کی ٹکڑی۔ ● **percussive** صف: ضربی، تصادم پذیر۔

**per diem** *n.* یومیہ ادائیگی یا اعزازیہ۔

**perdition** *n.* دائمی عذاب، ہمیشہ کی پھٹکار۔

**peregrination** *n.* قدیم: سفر، سیاحت۔

**peregrine** *n.* ایک شہ زور عقاب یا شاہین۔

**peremptory** *adj.* ①اٹل، قطعی، دوٹوک۔ ②آمرانہ، منہ زور۔ ● **peremptorily** م ف۔

**perennial** *adj. & n.* صف: ①سال بھر یا چند سال رہنے والا۔ ②کئی سال ہرا رہنے والا (پودا) ③بہت عرصے یا ہمیشہ رہنے والا۔ اسم: پائدار پودا۔ ● **perennially** م ف: دائماً۔

**perestroika** *n.* (سابق سوویت یونین میں) معاشی اور سیاسی نظام کی اصلاح یا تشکیل نو۔

**perfect** *adj. & v.* صف: ①سالم، کامل، بے عیب۔ ②نہایت اطمینان بخش۔ ③بالکل ٹھیک، ہو بہو۔ ف: ① بے عیب بنانا، اصلاح کرنا یا ترقی دینا۔ ②تکمیل کرنا۔ ● **perfection** اسم: درجۂ کمال۔ **perfectly** م ف۔

**perfectionism** *n.* کمال پسندی، افضلیت، ذوق، بلند نظری۔ ● **perfectionist** اسم: کمال پرست۔

**perfidy** *n.* دروغ حلفی، عہد شکنی، دھوکے بازی۔ ● **perfidious** صف: عیّار، دھوکے باز۔

**perforate** *v.* چھیدنا، گودنا، سوراخ دار بنانا۔ ● **perforation** اسم: چھیدائی، سوراخ۔

**perforce** *adv.* قدیم: لازماً، ناگزیر طور پر، ضرور۔

**perform** *v.* ①زیرعمل لانا، انجام دینا، تعمیل کرنا۔ ②منعقد کرنا، برپا کرنا۔ ③ڈرامے میں کام کرنا، گانا سنانا، ساز بجانا۔ ● **performer** اسم۔

**performance** *n.* عمل، انجام دہی، کارگزاری۔

**perfume** *n. & v.* اسم: ①خوشبو۔ ②عطریات، خوشبویات میں سے کوئی۔ ف: خوشبو میں بسانا، مہکانا۔

**perfumery** *n.* (*pl.* **-ies**) کارخانۂ عطرسازی۔

**perfunctory** *adj.* لشتم پشتم، کام چلاؤ، برائے نام، سرسری، رسمی۔ ● **perfunctorily** م ف۔

**pergola** *n.* منڈھا، ٹھاٹھر پر چڑھی بیلوں سے ڈھکا راستہ۔

**perhaps** *adv.* شاید، ممکن ہے۔

**pericardium** *n.* (*pl.* **pericardia**) غلافِ قلب، دل کے گرد لپٹی ہوئی جھلّی نما تھیلی۔

**perigee** *n.* چاند وغیرہ کے مدار کا وہ نقطہ جب وہ زمین سے قریب ترین فاصلے پر ہو۔

**peril** *n.* شدید اور فوری خطرہ۔ ● **perilous** صف: خطرناک، پُرخطر۔ **perilously** م ف۔

**perimeter** *n.* ① کسی محدود شکل کی حدود، گھیر، محیط۔ ② کسی بند رقبے کا احاطہ۔

**perinatal** *adj.* ولادت سے فوراً قبل یا بعد کے وقت سے متعلق۔

**period** *n. & adj.* اسم: ①وقت کا کوئی حصّہ۔ ②اسکول وغیرہ میں ایک سبق یا جماعت کی مدّت، گھنٹہ۔ ③ایک مکمل جملہ جس میں کئی تحتی جملے ہو سکتے ہیں۔ ④ایام حیض۔ صف: کسی سابقہ تاریخی دور سے متعلق۔

**periodic** *adj.* دوری، بار بار آنے والا بالخصوص معیّنہ وقفوں سے۔ ● **periodicity** اسم: دورانیت۔

**periodical** *n. & adj.* اسم: مقررہ وقفوں سے نکلنے والا اخبار، رسالہ وغیرہ۔ صف: کبھی کبھار کا، جو وقفے وقفے سے اتفاقاً رونما ہو۔● **periodically** م ف۔

**peripatetic** *adj.* گھومنے پھرنے والا، سیلانی۔

**peripheral** *adj.* ① کم اہمیت، اضافی، ذیلی۔ ② دائرے یا محیط سے متعلق، بیرونی، حاشیے پر واقع۔

**periphery** *n.* (*pl.* **-ies**) ① کسی رقبے یا سطح کی حدود، محیط، دور۔ ② ملحق یا آس پاس کا علاقہ۔

**periphrasis** *n.* (*pl.* **periphrases**) گھما پھرا کر بات کرنے کا انداز، طول کلامی، پیچدار بات۔

**periscope** *n.* ایک نلکی اور آئینوں پر مبنی آلہ جس کے ذریعے لوگ اپنے اوپر کی چیزیں اور نظروں سے اوجھل مناظر دیکھ سکتے ہیں۔

**perish** *v.* ① برباد ہونا، ہلاکت یا تباہی میں پڑنا۔ ② (ربڑ یا لچکدار چیز کا) لچک کھو بیٹھنا، بگڑنا، گلنا۔□ **perish the thought** کسی ناخوشگوار خیال پر اظہار خوف کا کلمہ، خدانخواستہ، اس خیال کو دفع کرو۔

**perishable** *adj.* جلد بگڑنے، گلنے، خراب ہونے والا، زوال پذیر۔

**peritoneum** *n.* (*pl.* **peritoneums** or **peritonea**) غشائے شکم، پیٹ کے اندر کی جھلّی۔

**peritonitis** *n.* پیٹ کی جھلّی کی سوجن۔

**perjure** *v.* دروغ حلفی کرنا، حلف اٹھا کر جھوٹ بولنا۔

**perjury** *n.* (*pl.* **-ies**) ① حلف اٹھا کر غلط بیانی، دروغ حلفی۔ ② اس قسم کی واردات۔

**perk** *v.* بول چال: PERQUISITE (اختصار) □ **perk up** ① حوصلہ پانا، خوداعتمادی پیدا کرنا۔ ② ہمت بندھانا، جوش دلانا۔ ③ چست، مستعد ہو جانا۔

**perky** *adj.* (**perkier, perkiest**) ① گستاخ، شوخ چشم۔ ② چست و چالاک، مگن۔● **perkily** م ف۔ **perkiness** اسم: شوخ چشمی، ڈھٹائی۔

**perm**[1] *n. & v.* اسم: مستقل لہریا گھونگر۔ ف: بالوں کو مستقل طور پر لہریے دار یا گھونگرالا بنانا۔

**perm**[2] *n. & v.* بول چال، اسم: ترتیب، تالیف، درجہ بندی۔ ف: ترتیب بدلنا ردّو بدل کرنا۔

**permafrost** *n.* زمین کی زیریں سطح جو مستقل طور پر منجمد رہے جیسے کہ قطبین کے علاقے میں۔

**permanent** *adj.* مستقل، پائیدار، دیر پا، مستحکم۔

● **permanence** اسم۔ **permanently** م ف۔

**permeable** *adj.* قابلِ نفوذ، جس میں نفوذ یا سرایت کرنا ممکن ہو۔● **permeability** اسم۔

**permeate** *v.* یکسر سرایت کر جانا، بھر جانا، پھیل جانا۔

**permissible** *adj.* قابلِ اجازت، جائز، روا۔

**permission** *n.* اجازت، پروانگی، رضامندی۔

**permissive** *adj.* بہت روادار، متحمل، فراخ دل، آزاد خیال خصوصاً سماجی اور جنسی معاملات میں۔● **permissiveness** اسم: کھلی چھٹی۔

**permit** *v. & n.* ف: (**permitted**، **permitting**) ① اجازت دینا، رضامندی ظاہر کرنا۔ ② موقع دینا، راہ کھولنا۔ اسم: اجازت نامہ، منظوری کی دستاویز یا سند، کسی جگہ داخلے کی اجازت کا پرچہ یا پاس۔

**permutation** *n.* ① اعداد یا شقوں کو منظم اور قاعدے کے مطابق مختلف جوڑوں یا گروہوں میں بانٹنا، مختلف صورتوں میں تقسیم کرنا۔ ② گروہ بندی کرنا خصوصاً فٹ بال کے میچوں کے لیے ٹیموں کے جوڑے لگانا۔

**pernicious** *adj.* تباہ کن، ضرر رساں، مہلک۔

**pernickety** *adj.* بول چال: ① دقّت پسند۔ ② بمشکل مطمئن ہونے والا، حد سے سوا محتاط۔

**peroration** *n.* تقریر کا آخری حصّہ، اختتام۔

**peroxide** *n.* ہائڈروجن کا ایک مرکب جو بالوں کو سفید کرنے یا جراثیم کشی کے لیے استعمال ہوتا ہے۔

**perpendicular** *adj. & n.* صف: ① عمودی، کھڑا، افق سے ۹۰ درجے کے زاویے پر واقع۔ ② سُتواں، بہت سیدھا۔ اسم: ① عمودی خط۔ ② عمودی رخ یا سیدھ، عمود۔● **perpendicularly** م ف۔

**perpetrate** *v.* (کسی فاش غلطی، جرم، زبردستی) کا ارتکاب کرنا۔ ● **perpetration** اسم: ارتکاب۔ **perpetrator** اسم: مرتکب۔

**perpetual** *adj.* ① ابدی، دائمی، مسلسل۔ ② اکثر یا برابر واقع ہونے والا۔● **perpetually** م ف: ابداً۔

**perpetuate** *v.* ① دوام بخشنا۔ ② مستقل طور پر قائم یا نافذ کرنا۔● **perpetuation** اسم: ہمیشگی۔

**perpetuity** *n.* **in perpetuity**□ ہمیشہ کے لیے۔

**perplex** *v.* ① کشمکش میں ڈالنا، الجھانا، حیران، سراسیمہ کرنا۔ ② پیچیدہ بنانا، الجھن یا ابہام پیدا کرنا۔

**perplexity** *n.* حیرانی، الجھن، پریشان کن چیز۔

***per pro.*** اختصار: بوساطت، بوکالت (دستخطوں کے ساتھ مستعمل)

---

وضاحت: اس کی صحیح صورت یہ ہے: *A per pro. B.* یہاں *B* بطور نمائندہ *A* کی طرف سے دستخط کر رہا ہے، تخفیف *p.p.* زیادہ رائج ہے۔

---

**perquisite** *n.* ① اصل منافع، تنخواہ وغیرہ پر مستزاد منافع یا وظیفہ، بھتّہ وغیرہ۔ ② مقررہ، زائد فائدہ یا استحقاق۔ ③ اتفاقی یا غیر معمولی بھتّہ۔

**perry** *n.* ناشپاتیوں سے کشید کی ہوئی شراب۔

**per se** *adv.* بذاتہ، فی نفسہ۔

**persecute** *v.* (کسی کے) پیچھے پڑنا، تنگ کرنا، آزار پہنچانا، خصوصاً سیاسی یا مذہبی اختلاف کی بنا پر۔● **persecution** اسم: آزار دہی۔ **persecutor** اسم۔

**persevere** *v.* لگا رہنا، جما رہنا، ثابت قدمی سے کسی بات یا عمل پر قائم رہنا۔● **perseverance** اسم۔

**persimmon** *n.* ایک سدا بہار درخت جس میں نارنجی رنگ کے گودے دار پھل لگتے ہیں، املوک، خرمالو۔

**persist** *v.* ① کسی رائے یا عمل پر قائم رہنا، اڑنا خصوصاً مخالفت یا رکاوٹوں کے باوجود ڈٹے رہنا۔ ② باقی رہنا، زندہ رہنا۔● **persistence** اسم: ثابت قدمی۔ **persistent** صفت۔ **persistently** م ف۔

**person** *n.* ① شخص، فرد، آدمی۔ ② انسانی جسم، بدن۔ ③ قواعد: متکلم، مخاطب اور غائب کو ظاہر کرنے والا صیغہ۔ □ **in person** جسمانی طور پر موجود، حاضر۔

**persona** *n.* (*pl.* **personae**) ① شخصیت کا عام یا کھلا رخ جو سب کو نظر آئے۔ ② کسی کا اپنا اختیار کردہ کردار۔

**personable** *adj.* خوش اندام اور خوش اطوار۔

**personage** *n.* شخصیت خصوصاً اہم۔

**personal** *adj. & n.* ① نجی، ذاتی، کسی کا اپنا، انفرادی۔ ② بذات خود کیا جانے والا۔ ③ کسی فرد کے نام یا اس سے متعلق۔ ④ کسی کی نجی زندگی یا معاملات کی بابت۔ ⑤ جسم اور لباس سے متعلق۔ ⑥ جسمانی وجود رکھنے والا۔● **personally** م ف: ذاتی طور پر۔

**personal computer** *n.* فرد واحد کے استعمال کا کمپیوٹر۔

**personality** *n.* (*pl.* **-ies**) ① شخصیت خصوصاً نمایاں، سماجی یا مجلسی طور پر قابل قبول خصوصیات۔ ② مشہور آدمی۔ ③ نمایاں کردار کا انسان۔

**personalize** *v.* (also **-ise**) ① کسی کی ذات سے مخصوص کرنا۔ ② زندہ وجود کے طور پر ماننا یا قرار دینا، مشخص کرنا۔● **personalization** اسم۔

**personally** *adv.* ذاتی طور پر، بذات خود۔

**personal organizer** *n.* غیر مجلّد اوراق یا جیبی کمپیوٹر پر مبنی یادداشت کی کتاب۔

**personal pronoun** *n.* ضمائر میں سے کوئی ضمیر (I، you، he، she، it، we، they، me، him، her، us، them)

---

وضاحت: رجعی ضمائر (*myself, ourselves* وغیرہ) اور قبضہ یا ملکیت ظاہر کرنے والے ضمائر (*my, your* وغیرہ) بھی بعض اوقات شخصی ضمائر میں شمار ہوتے ہیں۔

---

**personify** *v.* (**-ies, -ied**) ① (کسی غیر مادّی شے یا خصوصیت کو) مادّی کرنا۔ ② (کسی خیال یا خصوصیت کو) انسانی روپ میں دیکھنا۔ ③ کسی خصوصیت کو اپنی ذات میں مجسم کرنا۔● **personification** اسم۔

**personnel** *n.* افراد عملہ، ملازمین۔

**perspective** *n.* ① نقشہ کشی کا فن جس میں اشیا دو ابعادی سطح پر صحیح تناسب سے دکھائی جائیں۔ ② کسی منظر میں اشیا کے درمیان نظر آنے والا فاصلہ اور باہمی تناسب، تناظر۔ ③ اشیا یا معاملات کے باہمی تعلق اور اہمیت کا ذہنی نقشہ۔ ④ جغرافیائی یا ذہنی منظر۔ □ **in perspective** ① صحیح تناظر میں؛ متناسب۔ ② صحیح ذہنی نقشہ۔

**perspex** *n.* تجارتی نام: شیشے کی جگہ استعمال

ہونے والا سخت، ہلکا، شفاف پلاسٹک یا اکریلک مادّہ۔
**perspicacious** *adj.* ذکی، بالغ نظر، زیرک۔ ● **perspicaciously** م ف۔ **perspicacity** اسم۔
**perspicuous** *adj.* آسانی سے سمجھ میں آنے والا یا وضاحت سے بیان کردہ۔ ● **perspicuity** اسم۔
**perspire** *v.* پسینہ خارج کرنا، پسیجنا، پسینہ پسینہ ہونا۔ ● **perspiration** اسم: پسینہ، عرق۔
**persuade** *v.* ① یقین دلانا، قائل کرنا، باور کرانا۔ ② (کسی کو یا خود کو) اطمینان دلانا، مائل یا راغب کرنا، پرچانا، ترغیب دینا، پھسلانا۔ ● **persuader** اسم۔
**persuasion** *n.* ① ترغیب۔ ② راضی کرنے، منوانے کی صلاحیت۔ ③ ایمان، عقیدہ۔
**persuasive** *adj.* مؤثر، جو منوا سکے۔ ● **persuasively** م ف۔ **persuasiveness** اسم۔
**pert** *adj.* شوخ، گستاخ، منہ پھٹ، زبان دراز، بدلحاظ۔ ● **pertly** م ف۔ **pertness** اسم: شوخ چشم۔
**pertain** *v.* ① سے متعلق، کے بارے میں ہونا۔ ② کے لائق، کے لیے موزوں ہونا۔
**pertinacious** *adj.* ضدّی، ثابت قدم؛ (کسی عمل پر) سختی سے کاربند۔ ● **pertinaciously** م ف۔ **pertinacity** اسم: اصرار، استقلال۔
**pertinent** *adj.* ① برمحل، موزوں، کسی امر معلوم سے متعلق۔ ② مناسب موقع، موضوع بحث سے مربوط۔ ● **pertinence** اسم۔ **pertinently** م ف۔
**perturb** *v.* ① منتشر، الٹ پلٹ کرنا۔ ② پریشان، ہراساں، مضطرب کرنا۔ ● **perturbation** اسم۔
**peruse** *v.* ① پڑھنا، مطالعہ کرنا خصوصاً بغور۔ ② کسی شخص کے (چہرے مہرے کو) بغور جانچنا۔ ● **perusal** اسم: مطالعہ۔
**pervade** *adj.* سب طرف پھیل جانا، سرایت کرنا، نفوذ کرنا۔ ● **pervasive** صف: قابل نفوذ۔
**perverse** *adj.* ① کج رو، بھٹکا ہوا، گمراہ، بگڑا ہوا۔ ② غلطی پر اڑنے والا۔ ③ آوارہ، بے مہار، بدمزاج۔ ④ بدچلن، بدمعاش۔ ● **perversely** م ف۔
**pervert** *v. & n.* ف: ① کسی شخص یا کسی کام کو بُرا اثر ڈال کر بگاڑنا۔ ② راہ راست سے بھٹکانا، گمراہ کرنا۔ اسم: ① بدچلن، بگڑا ہوا، گمراہ شخص۔ ② جنسی بے راہ روی میں مبتلا۔ ● **perversion** اسم۔
**pervious** *adj.* ① جس میں سرایت کرنا ممکن ہو، قابل نفوذ۔ ② جس میں سے گزر ممکن ہو۔
**peseta** *n.* ہسپانیہ کا معیاری سکّہ۔
**peso** *n.* (*pl.*-**os**) کئی لاطینی امریکی ممالک نیز فلپائین کے معیاری سکّے کا نام۔
**pessary** *n.* (*pl.*-**ies**) رحم کو سہارنے یا مانع حمل کے طور پر اندام نہانی میں داخل کرنے کی چھلّے دار شے۔
**pessimism** *n.* ① یاس پسندی، قنوطیت۔ ② یہ نظریہ کہ دنیا بری چیز ہے اور یہاں کی ہر چیز بری ہے۔ ● **pessimist** اسم: قنوطی۔ **pessimistic** صف: مایوسانہ۔ **pessimistically** م ف۔
**pest** *n.* ① بول چال: باعث آزار شخص یا شے۔ ② وبا پھیلانے والے حشرات۔
**pester** *v.* تنگ کرنا، پیچھے پڑ جانا۔
**pesticide** *n.* کیڑے مار، حشرات کش دوا۔
**pestilence** *n.* خطرناک مہلک وبا، چھوت کی بیماری، خصوصاً طاعون۔ ● **pestilential** صف۔
**pestle** *n.* ① موسل، موگری۔ ② کوئی کوٹنے، پیسنے کا آلہ۔
**pesto** *n.* پسے ہوئے تلسی کے پتّوں، صنوبر کی گری، لہسن، پارمیسیائی پنیر اور زیتون کے تیل سے تیار کردہ اطالوی چٹنی، عموماً ولایتی سویوں کی ساتھ کھائی جاتی ہے۔
**pet** *n., adj. & v.* اسم: ① گھریلو یا پالتو جانور۔ ② منظور نظر، چہیتا شخص۔ صف: ① پالا ہوا، پالتو۔ ② پالتو جانوروں کا یا کے لیے۔ ف: (**petting**،**petted**) ① دلار کرنا۔ ② مساس کرنا، ہتھ پھیری کرنا۔
**petal** *n.* پھول کے تاج کی پنکھڑی یا پتّی، برگ گل۔
**peter** *v.* □ **peter out** خالی، کم یا ختم ہو جانا۔
**pethidine** *n.* ایک درد روکنے والی دوا۔
**petite** *adj.* (عورت کے لیے) نازک اندام۔
**petition** *n. & v.* اسم: ① درخواست، عرضی۔ ② ایک تحریری درخواست جس پر بہت سے دستخط ہوں۔ ف: درخواست پیش کرنا۔
**petre** *n.* بحری پرندوں کی مختلف اقسام میں سے کوئی۔
**petrify** *v.* (-**ies**,-**ied**) ① خوف کے مارے مفلوج

کر دینا یا حیرت کے مارے مبہوت ہو جانا۔② نامی مادّے کو پتھرا دینا (متحجر کردینا) ● petrifaction اسم۔

**petrochemical** *n. & adj.* اسم: پیٹرولیم یا قدرتی، معدنی گیس سے حاصل کردہ صنعتی مادّہ یا پیداوار۔ صف: پیٹرولی کیمیا یا پیٹرولی کیمیائی مصنوعات سے متعلق۔

**petrol** *n.* صاف کردہ پیٹرولیم جو موٹر گاڑیوں، ہوائی جہازوں وغیرہ میں ایندھن کے طور پر استعمال ہوتا ہے۔

**petroleum** *n.* زیرِ زمین پایا جانے والا ہائڈرو کاربن تیل جسے صاف کرکے ایندھن کے طور پر استعمال کیا جاتا ہے، نیز کپڑوں کی صفائی وغیرہ کے لیے۔

**petticoat** *n.* زنانہ سایہ یا زیر جامہ۔

**pettifog** *v.* چھوٹی چھوٹی باتوں پر جھگڑنا، کٹ حجتی کرنا۔ ● **pettifogging** صف: فریب کار، حیلہ باز۔

**pettish** *adj.* جھلاّ، چڑ چڑا، بدمزاج، زود رنج۔

**petty** *adj.* **(pettier, pettiest)** ① بے اہمیت، ادنیٰ، معمولی۔② گھٹیا، کمینہ، تنگ نظر، اوچھا، نفرت زدہ۔ ③ چھوٹا، کمتر، محدود، چھوٹے پیمانے پر۔ ● **pettily** م ف۔ **pettiness** اسم: خفت، گھٹیا پن۔

**petty cash** *n.* چھوٹے چھوٹے اخراجات کے لیے تھوڑی نقدی یا تھوڑی وصولی۔

**petulant** *adj.* چڑ چڑا، تنگ مزاج، بے صبرا۔ ● **petulance** اسم۔ **petulantly** م ف۔

**pew** *n.* ① (گرجا میں) لمبی پشت دار بینچ۔② بول چال: کوئی نشست۔

**pewter** *n.* کانسی، جست جو ٹین اور تانبے اور سرمے کا مرکب ہے۔

**pfennig** *n.* ایک جرمن سکّہ، مارک کا سواں حصّہ۔

**PG** تخفیف: (فلموں کی بابت) بچوں کے لیے موزوں مگر والدین کی ہدایت (parental guidance) کے ساتھ مشروط۔

**pH** *n.* کسی مرکب سیّال کی تیزابیت یا القلیت کا اندازہ کرنے کا پیمانہ۔

**phalanx** *n.* (*pl.* **phalanxes**) ① فوجیوں کا آپس میں بھڑ کر چلنے والا پرا۔② کوئی منظم گروہ۔

**phallus** *n.* (*pl.* **phalli** or **phalluses**) مردانہ عضو تناسل۔ ● **phallic** صف۔

**phantom** *n.* بھوت، ارواح، سایہ۔

**Pharaoh** *n.* قدیم مصر کے حکمرانوں میں سے کوئی فرعون، ان کا لقب۔

**pharmaceutical** *adj.* ① دواسازی سے متعلق یا دوا سازی کرنے والا۔② دواؤں کے استعمال اور فروخت سے متعلق۔

**pharmacist** *n.* دوائیں فروخت کرنے، نسخہ باندھنے کا اجازت یافتہ شخص۔

**pharmacology** *n.* طب کی دواؤں کے استعمال، اثرات اور خواص سے تعلق رکھنے والی شاخ، علم الادویہ۔ ● **pharmacological** صف۔ **pharmacologist** اسم: ماہر ادویات۔

**pharmacopoeia** *n.* کتاب الادویہ، دواؤں کے نام اور ان کے خواص کی کتاب خصوصاً سرکاری طور پر شائع کردہ۔

**pharmacy** *n.* (*pl.* **-ies**) ① دواسازی خصوصاً طبّی نسخوں کے مطابق۔② دواخانہ، دواؤں کی دکان۔

**pharynx** *n.* ناک اور منہ کی پشت پر واقع جھلّی دار جوف، حلقوم۔ ● **pharyngeal** صف۔

**phase** *n. & v.* اسم: کسی تدریجی عمل کا کوئی مرحلہ۔ ف: کسی پروگرام وغیرہ کو مرحلہ وار آگے بڑھانا۔ □ **phase in (or out)** تدریجاً اختیار یا ترک کرنا۔

**Ph.D.** DOCTOR OF PHILOSOPHY کی تخفیف۔

**pheasant** *n.* شکار کیے جانے والے پرندوں میں سے کوئی، تیتر وغیرہ۔

**phenomenal** *adj.* ① عجیب۔② غیر معمولی، نظر فریب۔ ● **phenomenally** م ف۔

**phenomenon** *n.* (*pl.* **phenomena**) ① کوئی امر، تبدیلی یا واقعہ جو مشاہدے یا ادراک میں آئے۔ ② غیر معمولی شخص یا شے۔

**pheromone** *n.* ایک کیمیائی مادّہ جو بعض جانوروں کے جسم سے رستا ہے تاکہ اسی نوع کے دوسرے جانور اسے شناخت اور اس پر اپنے ردّ عمل کا اظہار کریں۔

**phial** *n.* شیشی، خصوصاً دوا کی۔

**philander** *v.* عورتوں کے پیچھے پھرنا، عورت بازی کرنا۔ ● **philanderer** اسم: رنگین مزاج۔

**philanthropy** *n.* ①انسان دوستی۔② سخاوت۔
● **philanthropic** صف۔**philanthropist** اسم۔

**philately** *n.* ڈاک ٹکٹ جمع کرنے کا تفریحی مشغلہ۔
● **philatelic** صف۔ **philatelist** اسم۔

**philistine** *n.* کندۂ ناتراش، تہذیبی وثقافتی لحاظ سے پسماندہ، بے شعور آدمی۔

**philology** *n.* لسانیات، زبانوں کا مطالعہ۔
● **philologist** اسم۔**philological** صف۔

**philosopher** *n.* فلسفی، فلسفہ داں، حکیم۔

**philosophical** *adj.* (also **philosophic**) ①فلسفیانہ، فلسفے سے متعلق۔② علم ودانش پر مبنی، عالمانہ۔③ مشکل حالات میں پُرسکون رہنے والا، متحمل۔
● **philosophically** م ف۔

**philosophize** *v.* (also -**ise**) ①فلسفیانہ استدلال سے کام لینا۔ ② اخلاقی نکتہ پیدا کرنا، اخلاقی نقطہ نظر سے سوچنا۔

**philosophy** *n.* (*pl.* -**ies**) ①فلسفہ، حکمت، منطقی استدلال کے ذریعے حقائق کی جستجو اور انسانی زندگی میں کارفرما اصول ومقاصد کی دریافت۔② کوئی مدرسۂ فکر، ذاتی اصول وعقائد۔③ اعلیٰ علمی مطالعہ یا تحقیق۔

**philtre** *n.* (*US* **philter**) جادوئی مشروب۔

**phlegm** *n.* ① بلغم۔② بلغمی مزاج۔

**phlegmatic** *adj.* سست، مٹھا، بے جوش وخروش، غیر جذباتی۔● **phlegmatically** م ف۔

**phobia** *n.* ذہن کی مریضانہ کیفیت جو کسی کی طرف سے خوف یا نفرت کی صورت میں ظاہر ہوتی ہے۔● **phobic** صف واسم۔

**phoenix** *n.* ایک روایتی پرندہ ققنس جس کے بارے میں روایت ہے کہ عرب کے ریگستان سے ابھرا، خود کو بھسم کرلیا اور پھر اسی آگ میں سے جوان ہو کر نکلا۔

**phone** *n.* & *v.* اسم=TELEPHONE۔ف: ٹیلی فون کرنا۔

**phonecard** *n.* کارڈ فون استعمال کرنے کے پیشگی اداشدہ داموں کا کارڈ۔

**phone-in** *n.* کوئی نشری پروگرام جس میں سننے والے بھی فون کے ذریعے شرکت کر سکتے ہیں۔

**phonetic** *adj.* & *n.* صف:①صوتی، انسانی آوازوں سے متعلق۔② اصوات اوران کی علامات سے متعلق۔ اسم: (**phonetics**) ①اصوات اوران کی تمیز وتقسیم۔ ② ان کا مطالعہ۔ ● **phonetically** م ف۔ **phonetician** اسم: ماہرِ صوتیات۔

**phoney** *adj.* & *n.* (also **phony**) بول چال، صف:①بناوٹی، نقلی۔②نامعتبر، بے اصل، بے سروپا، پُرفریب۔ اسم: نامعتبر آدمی یا شے۔

**phonograph** *n.* گراموفون کی ایک ابتدائی شکل، ریکارڈ پلییئر۔

**phosphate** *n.* فوسفوری ترشے کا نمک یا ایسٹر خصوصاً بطور کیمیائی کھاد۔

**phosphorescence** *n.* ضوافگنی، نور پاشی۔
● **phosphorescent** صف: ضوفگن، تابندہ۔

**phosphorus** *n.* ایک کیمیائی عنصر جو چٹانوں میں پایا جاتا ہے اور کئی صورتوں میں موجود خصوصاً مومی مادّے کے طور پر جو معمولی درجۂ حرارت پر آہستہ آہستہ جلتا اور اندھیرے میں دکھائی دیتا ہے (علامت:P)

**photo** *n.* (*pl.* -**os**) =PHOTOGRAPH۔

**photocopier** *n.* فوٹو کاپی چھاپ کر نکالنے کی مشین۔

**photocopy** *n.* & *v.* اسم: (جمع:-**ies**) تیار کردہ سطح پر روشنی کے عمل سے تحریر یا مطبوعہ صفحہ کی نقل چھاپنے کا طریقہ۔ف: (-**ies**،-**ied**) فوٹو کاپی اتارنا، عکسی نقل تیار کرنا۔

**photoelectric cell** *n.* ضیابرقی سیل یا برقی مورچہ جو روشنی سے برقی توانائی اخذ کرتا ہے۔

**photo finish** *n.* تقریباً برابر کی دوڑ جس میں جیتنے والے کا پتہ فوٹو کے معائنے سے چلے۔

**photofit** *n.* مختلف طرح کے خدوخال کی تصویروں کو جوڑ کر تیار کی جانے والی کسی چہرے کی مخلوط تصویر۔

**photogenic** *adj.* تصویر کے قابل خوش آئند یا موزوں چہرے والا (شخص)

**photograph** *n.* & *v.* اسم: حساس فلم پر روشنی کے اثر سے بننے والی تصویر۔ف: ① کسی شخص کی تصویر کھینچنا، فوٹو بنانا۔ ② فوٹو گراف میں (کسی خاص انداز

وغیرہ میں) نظر آنا۔ ● **photographer** اسم۔ **photographic** صف۔ **photographically** م ف۔ **photography** اسم: تصویر کھینچنے کا فن۔

**photojournalism** *n.* صحافتی فوٹوگرافی، خبروں کو تصاویر کے ذریعے پیش کرنا خصوصاً اخبار و رسائل میں۔

**photon** *n.* برقناطیسی رخشندگی سے پیدا ہونے والی توانائی کی ایک مقدار۔

**photosensitive** *adj.* روشنی سے کیمیائی، برقی یا کسی اور صورت سے متاثر یا متغیر ہونے والا۔

**photostat** *n. & v.* اسم، تجارتی نام: ① عکسی نقلیں تیار کرنے کی مشین۔ ② اس سے چھاپ کرنکالی ہوئی کاپی۔ ف: (-statting، -statted) فوٹو کاپی بنانا۔

**photosynthesis** *n.* نوری تالیف، وہ عمل جس کے ذریعے ہرے پودے، سورج کی روشنی سے کام لے کر کاربن ڈائی آکسائڈ اور پانی سے کاربوہائڈریٹ ترکیب دیتے ہیں۔ ● **photosynthesize** ف۔

**phrase** *n. & v.* اسم: ① الفاظ کا مجموعہ جو پورا جملہ نہ ہو، فقرہ، جزو جملہ۔ ② فصیح محاورہ یا پُرمعنی قول۔ ③ موسیقی کا کوئی ٹکڑا کئی سُروں پر مشتمل قطعہ۔ ف: ① الفاظ میں بیان کرنا۔ ② نغمے یا بندش کو چھوٹے چھوٹے ٹکڑوں میں تقسیم کرکے ادا کرنا۔ ● **phrasal** صف۔

**phraseology** *n.* (*pl.*-**ies**) ① تقریر یا تحریر میں انتخاب یا بندش الفاظ۔ ② طرز اظہار، اسلوب بیان۔

**phrenology** *n.* کھوپڑی کی ناپ اور وضع کا مطالعہ اور اس سے کردار اور ذہنی خصوصیات کی بابت اشارات کا مفروضہ نظریہ، قدیم علم کا سئہ سر۔

**phylum** *n.* (*pl.* **phyla**) پودوں اور جانوروں کی انواعی صنف بندی کا ایک درجہ جس کے تحت دوسرے گروہ اور تحتی انواع آتی ہیں۔

**physical** *adj.* ① جسم کے متعلق، جسمانی۔ ② مادّے سے متعلق، مادّی۔ ③ قوانین فطرت کے مطابق، فطری۔ ● **physically** م ف: مادّی یا جسمانی طور پر۔

**physical education** *n.* جسمانی ورزش کی تربیت خصوصاً مدارس میں۔

**physical geography** *n.* زمین کے مادّی مظاہر اور خدوخال کا مطالعہ۔

**physical sciences** *n. pl.* وہ علوم جو غیر نامی (بے جان) اشیا اور مظاہر سے تعلق رکھتے ہیں، مثلاً طبیعیات، کیمیا، فلکیات وغیرہ۔

**physician** *n.* طبّی معالج، تشخیص اور علاج کی خصوصی مہارت رکھنے والا طبیب۔

**physicist** *n.* ماہر طبیعیات۔

**physics** *n.* طبیعیات، مادّے اور توانائی سے تعلق رکھنے والا علم۔

**physiognomy** *n.* (*pl.*-**ies**) چہرے کے خدوخال، جسمانی وضع وغیرہ۔

**physiology** *n.* ① فعلیات، عضویات، نامی جسموں کے اعضا کا مطالعہ۔ ② زندہ جسموں اور اعضا کے افعال۔ ● **physiological** صف۔ **physiologist** اسم۔

**physiotherapy** *n.* طبیعی علاج، امراض، ضربات یا جسمانی خرابی کا بدن کی مالش، جسمانی ورزش وغیرہ سے علاج۔ ● **physiotherapist** اسم۔

**physique** *n.* ہیئت جسمانی، بدن کی ساخت، نشوونما، وضع و توازن اعضا۔

**pi** *n.* ① یونانی ترتیب تہجی (Π, π) کا سولھواں حرف۔ ② (بصورت Π, π) دائرے کے محیط اور اس کے قطر کا باہمی تناسب بتانے والی علامت (تقریباً ۳٫۱۴)

**pianissimo** *adv.* موسیقی: سبک انداز سے۔

**pianist** *n.* پیانو نواز۔

**piano** *n. & adv.* اسم: ایک ساز جو کلیدی تختے پر کلیدوں کو دبانے سے تاروں پر موگریوں کی چوٹ پڑنے پر بجتا ہے۔ م ف: موسیقی: دھیمے سُروں میں۔

**pianoforte** *n.* رسمی: پیانو کا دوسرا نام۔

**piazza** *n.* چوراہا، چوڑا بازار یا مارکیٹ۔

**picador** *n.* (بیل سے مقابلے میں) وہ شخص جو گھوڑے پر سوار ایک نیزے سے بیل کو اکساتا ہے۔

**piccalilli** *n.* ترکاریوں کا اچار۔

**piccaninny** *n.* (*pl.*-**ies**) بطور مذمت: چھوٹا سیاہ فام یا آسٹریلیا کا قبائلی بچہ۔

**picaresque** *adj.* شورہ پشت، قزاقوں وغیرہ کی دلیرانہ کارروائیوں پر مبنی (افسانے)

**piccolo** *n.* (*pl.*-**os**) چھوٹی بانسری یا الغوزہ۔

**pick** *v. & n.* ف:①چُننا،انتخاب کرنا۔②(شاخ پر سے)توڑنا،علاحدہ کرنا(پھول،پھل وغیرہ) ③ کھجانا، سہلانا۔ اسم: ① چننے، انتخاب کرنے کا عمل، چناؤ۔② انتخاب،امتیاز، پسندیدگی۔③بول چال:بہترین،منتخب۔ □ **pick a lock** قفل توڑنا(بری نیت سے) **pick off** (لوگوں کو)چن چن کر گولی کا نشانہ بنانا۔ **pick on** (کسی کی) عیب چینی،مذمّت کرنا، پیچھے پڑجانا۔ **pick out** ① چننا، چھانٹنا۔ ② شناخت کرنا۔ ③ مفہوم سمجھنا، بھانپنا۔ **pick a person's pockets** جیب کاٹنا۔ **pick a quarrel** لڑائی ٹھاننا۔ **pick to pieces** سخت تنقید کا نشانہ بنانا۔ **pick up** ① (فرش وغیرہ پر سے) اٹھالینا۔ ② کسی کو سواری میں ساتھ بٹھانا۔③ (کسی سے)وقتی تعلق پیدا کرنا۔ ● **picker** اسم۔

**pickaback** PIGGYBACK کا متبادل۔

**pickaninny** امریکا:PICCANINNY۔

**pickaxe** *n.* (*US* **pickax**) گھینتی جس کو زمین کھودنے اور تعمیری کاموں کے لیے استعمال کیا جاتا ہے۔

**picket** *n. & v.* اسم:①ہڑتالی پہرہ دار جو مزدوروں کو کام پر آنے سے روکنے کے لیے کھڑے کیے جائیں۔ ②زمین میں گھوڑا وغیرہ باندھنے کے لیے ٹھونکی جانے والی میخ،کھونٹا۔ف:**(picketing، picketed)**:① کارخانے وغیرہ پر ممانعتی پہرہ لگانا۔② کھونٹے گاڑ کر محفوظ کرنا۔

**pickings** *n. pl.* اضافی یا بالائی آمدنی؛چوریاں۔

**pickle** *n. & v.* اسم:①اچار،سرکہ وغیرہ جس میں سبزیاں وغیرہ ڈالی جائیں۔② بول چال:مشکل اور پریشان کن صورتِ حال۔ف:اچار میں محفوظ کرنا۔

**pickpocket** *n.* جیب کترا۔

**pickup** *n.* ① گاڑی،موٹر،چھکڑا۔②ریکارڈ بجانے والی مشین کا دستہ جس میں سوئی اٹکائی جاتی ہے،کسی آلۂ موسیقی کا وہ پرزہ جو آواز کی لہروں کو برقی اشارات میں بدل کر بڑھاتا یا اونچا کرتا ہے۔③بول چال:جنسی فعل کے لیے اٹھائی ہوئی طوائف وغیرہ۔

**picnic** *n. & v.* اسم: کھانے پینے کا سامان ساتھ لے جا کر کسی خوش منظر مقام پر تفریح۔ف:**(picnicked، picnicking)** پکنک یا گھر کے باہر ہوا خوری میں شریک ہونا۔● **picnicker** اسم۔

**pictograph** *n.* لفظ یا جملے کی تصویری علامت،اس طرح کی کوئی قدیم تحریر۔

**pictorial** *adj. & n.* صف:①تصویری۔② باتصویر،مصوّر۔اسم:کوئی جریدہ،وغیرہ جس میں بہت سی تصاویر ہوں۔● **pictorially** م ف۔

**picture** *n. & v.* اسم:① کوئی تصویر،نقش،خاکہ،فوٹو وغیرہ ،کسی شخص کی شبیہہ۔② کسی صورتِ حال کا ذہنی نقشہ،تحریری تصویر یا منظرکشی۔③ **(the pictures)** سنیما کی فلم۔ف:① تصویر اُتارنا۔② ذہن یا تصوّر میں لانا۔ ③ تفصیلی طور پر بیان کرنا،زبانی یا تحریری نقشہ کھینچ دینا۔□ **get the picture** بول چال:حالات کا ٹھیک ٹھیک اندازہ کرنا۔ **in the picture** پوری طرح باخبر۔ **out of the picture** بےتعلق۔

**picturesque** *adj.* ①خوبصورت،قابلِ دید (منظر)②الفاظ میں منظرکشی کرنے والا(بیان)

**pidgin** *n.* ایک مشترک،کام چلاؤ بولی،بیشتر انگریزی پر مبنی،ابتداءً چینیوں اور یورپی لوگوں کے درمیان وسیلۂ اظہار بنی۔

**pie** *n.* پیسٹری کی دو تہوں کے درمیان قیمہ،مچھلی یا پھل وغیرہ بھر کر تیار کی ہوئی نمکین ڈش۔

**piebald** *adj.* (جانور خصوصاً گھوڑے کے لیے) ابلق،دورنگا یا چتکبرا،خصوصاً سیاہ وسفید دھبّے دار۔

**piece** *n. & v.* اسم:① ٹکڑا جو کسی چیز میں سے ٹوٹا جھڑا ہو؛پارہ،حصّہ،ٹوٹا۔② کوئی ادبی یا فنی پارہ،تھیٹر کا تماشا۔③ شق،مد،مثال۔④ بساط پر کھیلے جانے والے کسی کھیل کا مہرہ،شطرنج کا بڑا مہرہ۔□ **of a piece** یکساں ہم آہنگ،متوافق۔ **piece together** ٹکڑوں یا حصّوں کو جوڑ جوڑ کر بنانا۔

**piéce de résistance** *n.* (*pl.* **piéces de résistance**) ①سب سے اہم شق یا مد۔② دعوت وغیرہ میں سب سے اچھی کھانے کی چیز۔

**piecemeal** *adv. & adj.* م ف: جزواً جزواً، ایک ایک کرکے،تدریجاً۔صف: نیم،نصف،تدریجی۔

**piecework** *n.* کام کے ساتھ ساتھ رواں ادائیگی۔

**pie chart** *n.* دائرہ جس کو مختلف قطعوں میں تقسیم کرکے تناسب یا مختلف مقداریں ظاہر کی جائیں۔

**pied** *adj.* کئی رنگوں والا، پچ رنگا، بُوقلموں، رنگارنگ۔

**pied-à-terre** *n.* (*pl.* **pieds-à-terre**) کبھی کبھی استعمال کے لیے چھوٹا فلیٹ یا گھر وغیرہ۔

**pie-eyed** *adj.* بول چال: مخمور، دُھت۔

**pier** *n.* ① بلّیوں کے سہارے سمندر یا جھیل وغیرہ میں دور تک کھڑا کیا ہوا لوہے اور لکڑی کا بنا ہوا عرشہ۔ ② محراب یا پل کا پایہ۔

**pierce** *v.* ①(کسی تیز دھار آلے کا) سطح کو چیرنا، شگاف ڈالنا، گھپنا، اُترنا، کسی نوکدار آلے سے چھونا، چھیدنا۔ ② کسی چیز میں سے کھود کر راستہ نکالنا، سرنگ بنانا۔

**piercing** *adj.* (نظر، تیز آواز، چکا چوند، ٹھنڈ وغیرہ) چھبنے والی، تکلیف دہ۔ ● **piercingly** م ف۔

**piety** *n.* (*pl.* **-ies**) پاکبازی، سعادت مندی، زہد۔

**piffle** *n.* بول چال: کھلی، بے معنی تقریر۔

**pig** *n.* اسم: ① سؤر، خنزیر، خصوصاً پالتو۔ ② بول چال: لالچی، بدنیت، گندہ، ضدّی، اڑیل آدمی۔

**pigeon** *n.* ① کبوتر۔ ② بول چال: آسانی سے دھوکا کھانے والا، سادہ لوح۔ ③ بول چال: خصوصی ذمہ داری یا کام۔

**pigeon-hole** *n.* & *v.* اسم: ① خانہ دار الماری کا بکوں کی طرح، کاغذات ترتیب سے رکھنے کے لیے۔ ② کبوتروں کی کابک۔ ف: ① (کسی شخص یا شے کو) کسی خانے میں رکھنا، اس کا کام یا قسم وغیرہ متعین کرنا۔ ② کوئی دستاویز وغیرہ مقررہ خانے میں رکھنا۔

**piggery** *n.*(*pl.*-**ies**) ① سؤروں کی پرورش گاہ۔ ② =PIGSTY۔ ③ سؤروں کا سا انداز، سؤرپن۔

**piggy** *adj.* سؤر جیسا۔

**piggyback** *n.* (also **pickaback**) کسی کے کندھے اور پیٹھ پر سواری، چڈی۔

**piggy bank** *n.* سؤر کی شکل کی گلّک۔

**pig-headed** *adj.* ضدّی، ہٹیلا، اڑیل۔

**pig-iron** *n.* بھٹّی سے نکلا ہوا کچا انگھڑ لوہا۔

**piglet** *n.* سؤر کا بچہ۔

**pigment** *n.* رنگ، رنگنے کا مادّہ۔

**pigmy** PYGMY کا متبادل۔

**pigsty** *n.* (*pl.* **-ies**) سؤروں کا باڑا۔

**pigtail** *n.* ایک وضع کی اکہری یا دہری چوٹی یا گندھے ہوئے بال۔

**pike** *n.* (*pl.* same) ① میٹھے پانی کی ایک بڑی، پُرخور (کھاؤ) مچھلی۔ ② ایک ہتھیار، بلّم یا نیزہ۔

**pilaf** *n.* (also **pilaff, pilau**) پُلاؤ کا بگاڑ۔

**pilaster** *n.* مستطیل ستون خصوصاً جو دیوار سے باہر نکلا ہوا ہو۔

**pilchard** *n.* ایک چھوٹی سمندری مچھلی۔

**pile** *n.* & *v.* اسم: ① اوپر تلے رکھی ہوئی چیزوں کا ڈھیر، تودہ۔ ② بڑی، پُرشکوہ عمارت۔ ③ بول چال: بڑی مقدار، ڈھیر کا ڈھیر، بڑی رقم؛ دولت۔ ④ کسی تعمیر کو سہارا دینے کے لیے زمین میں گاڑی ہوئی بلّی کا پشتہ۔ ⑤ (**piles**) بول چال: بواسیر کے مسّے۔ ⑥ مخمل، قالین وغیرہ کا رواں۔ ف: ① ڈھیر کرنا، اوپر تلے چننا، لاد دینا۔ ② ہجوم کرنا، بھیڑ لگانا۔ □ **pile up** جمع کرنا، اکٹھا کرنا۔

**pile-up** *n.* کئی گاڑیوں کی ایک ساتھ ٹکّر۔

**pilfer** *v.* چھوٹی موٹی چوریاں کرنا۔ ● **pilferer** اسم: ہاتھ چالاک۔

**pilgrim** *n.* زائر، یاتری، حاجی، کسی مقدّس مقام کا قصد کرنے والا۔ ● **pilgrimage** اسم۔

**pill** *n.* ① قرص، گولی، دوا کے طور پر نگلنے کے لیے۔ ② (**the pill**) مانع حمل گولی۔

**pillage** *v.* & *n.* ف: لوٹنا (کسی جگہ یا شخص کو) اسم: لوٹ مار خصوصاً جنگ میں۔

**pillar** *n.* ستون، تھم جو چھت محراب وغیرہ کو سہارے ہو، ایسی ہی کوئی آرائشی چیز یا تعمیر۔

**pillar box** *n.* مینار کی شکل کا ڈاک کا ڈبّہ۔

**pillbox** *n.* ① ایک چھوٹا چپٹا ڈبّا۔ ② اسی شکل کی ایک ٹوپی۔ ③ کسی قدر زمین دوز بند میدانی مورچہ۔

**pillion** *n.* موٹر سائیکل پر سوار کے پیچھے ساتھی کے بیٹھنے کی جگہ۔

**pillory** *n.* & *v.* اسم: (جمع: **-ies**) شکنجہ یا کٹگڑ، جس میں سر اور ہاتھوں کے لیے حلقے بنے ہوتے تھے اور اس میں لوگوں کو سزا دینے یا ذلیل کرنے کے لیے کسا جاتا تھا۔ ف: (**-ies**، **ied**) کسی کو خوار کرنا، رسوا کرنا۔

**pillow** *n.* & *v.* اسم: تکیہ، بستر پر سر کے نیچے رکھنے

کا تکیے کی شکل کی کوئی تہ یا سہارا۔ف: تکیے پر سر رکھنا یا کسی چیز کا تکیہ بنانا۔

**pilot** *n. & v.* اسم:① جہاز چلانے والا ہوا باز۔② بندرگاہ سے جانے یا آنے والے جہاز کو راستہ دکھانے والا۔ ③ تجربی یا آزمائشی کارروائی خصوصاً کسی بڑے منصوبے کی پیش بندی کے طور پر۔ ف:(**piloted**، **piloting**) ① جہاز کو سمندر میں راستہ دکھانا؛ ہوائی جہاز اُڑانا۔② کسی منصوبے یا کارروائی کی رہبری یا پہل کاری کرنا۔

**pilot light** *n.* ① ایک چھوٹا گیس کا چولھا جو دوسرے چولھے کو بھڑکانے کے لیے استعمال ہوتا ہے، سلگاؤ۔② اشارہ دینے یا مشین وغیرہ پر قابو رکھنے کے لیے لگائی جانے والی برقی روشنی، علامتی بتّی۔

**pimiento** *n.* لال مرچ، ایک قسم کی کم تیز مرچ۔

**pimp** *n.* طوائف کی کمائی کھانے والا، دلاّ۔

**pimple** *n.* جسم پر اُبھر آنے والا دانہ، مہاسا۔

● **pimply** صف۔

**PIN** *n.* personal identification number ذاتی شناخت کا عدد یا نمبر۔

**pin** *n. & v.* اسم:① تار کی بنی ہوئی نکیلی ایک طرف سے ذرا چپٹی یا گھنڈی دار پتلی سوئی نُما، کاغذ وغیرہ کو ایک ساتھ جوڑنے نتھی کرنے والی شے۔② لنبوتری، چوبی یا آہنی مختلف طرح کی اشیا، کھونٹیاں وغیرہ۔③ (**pins**) بول چال: ٹانگیں۔ ف:(**pinned**، **pinning**) ① پن سے جوڑنا، پرونا۔② مضبوطی سے پکڑ کر رکھنا۔ □ **pin down** کسی کو عہد یا تصفیے کا پابند کر دینا۔ **pin on** الزام، ذمہ داری کسی پر عائد کرنا، سرڈالنا۔

**pinafore** *n.* ① گلو بند لگا زنانہ پیش بند یا بے آستین کا بالا پوش جو کام کے وقت پہنا جاتا ہے۔ ② (**pinafore dress** کا اختصار) ایک بے آستین لبادہ جو بلاؤز (چولی) یا جمپر کے اوپر پہنا جاتا ہے۔

**pinball** *n.* دھات کی چھوٹی گولیوں سے کھیلا جانے والا ایک گھریلو کھیل۔

**pince-nez** *n.* بغیر کمانیوں کی عینک جسے ناک پر اٹکا لیتے ہیں۔

**pincers** *n. pl.* ① زنبور، سنسی قینچی نُما بے دھار کا اوزار، مثلاً کیل اُکھاڑنے کے لیے۔② کیکڑے وغیرہ کے اگلے پنجے۔

**pinch** *v. & n.* ف:① چٹکی لینا۔② بول چال: چوری کرنا، اُڑا لینا۔ اسم:① چٹکی، مروڑ۔ ② قلیل، چٹکی بھر مقدار۔ □ **at a pinch** ہنگامی حالت میں، ضرورت پڑنے پر۔ **feel the pinch** تکلیف جھیلنا۔

**pine**[1] *n.* دیار، چیڑ یا صنوبر کا درخت جس میں پتلے خار نما کانٹوں کے گچھے لگتے ہیں، نیز دیودار۔

**pine**[2] *v.* ① بیماری یا غم سے گھلنا، تحلیل ہونا۔② کسی چیز کی حسرت میں مبتلا ہونا۔

**pineapple** *n.* اننا س، رسیلا گودے دار پھل۔

**ping** *n. & v.* اسم: ٹن ٹھن، تنے ہوئے تار وغیرہ پر کسی ایک ہی ضرب کی اکہری گونجدار آواز۔ ف: اس طرح کی آواز نکالنا۔

**pinger** *n.* ① ایک آلہ جو تھوڑے تھوڑے وقفے سے پنگ جیسی آواز کرتا ہے، پیمائش یا تشخیص وغیرہ کے سلسلے میں مستعمل۔ ② گھڑی یا ساعت پیما آلہ جو مطلوبہ وقت پر پنگ کی آواز کرتا ہے۔

**ping-pong** *n.* =TABLE TENNIS۔

**pinion** *n. & v.* اسم:① پرندے کے بازو کا بیرونی حصّہ۔② کسی پہیّے کے ساتھ لگی ہوئی چھوٹی گراری۔ ف: ① پرندے کو قینچ کرنا۔② آدمی کی مشکیں کسنا۔

**pink** *n., adj. & v.* اسم:① گلابی رنگ۔② باغوں میں اگایا جانے والا پودا جس میں سفید، گلابی، ارغوانی مختلف رنگوں کے پھول لگتے ہیں۔ صف: گلابی رنگ کے مختلف مدارج میں سے کوئی۔ ف:① تلوار کی نوک سے ذرا چھیڑ دینا۔ ② کنگرے دار یا لہریے دار حاشیہ بنانا۔③ (گاڑی کے انجن کا) پٹاخے چھوڑنا۔ □ **in the pink** بول چال: شاداب، صحتمند۔

**pinnacle** *n.* ① منتہا، نقطۂ کمال (کسی مہم، کامیابی وغیرہ کا) ② قدرتی پہاڑی چوٹی۔③ کسی عمارت کی بر جی یا اور کوئی بالائی آرائشی تعمیر۔

**pinpoint** *v.* ٹھیک ٹھیک نشان دہی کرنا۔

**pinstripe** *n.* پتلی دھاری جیسے کہ سرج یا ورسٹڈ قسم کے اونی کپڑوں میں۔ ● **pinstriped** صف۔

**pint** *n.* سیّال ناپنے کا آلہ گیلن کا آٹھواں حصّہ (۰٫۵۶۸ لیٹر)

**pin-up** *n.* ①بول چال: کسی معروف یا جنسی کشش والے فرد کی تصویر جو دیوار پر لٹکانے کے لیے ہو۔②وہ فرد۔

**pioneer** *n. & v.* اسم: کسی مہم کا آغاز کرنے والا یا کسی شے کا موجد، مخترع، پہل کار، پیشرو، پیش قدم۔ ف: (مہم، تحریک وغیرہ کا) آغاز کرنا، داغ بیل ڈالنا، پیشرو کی حیثیت سے راہ ہموار کرنا۔

**pious** *adj.* ①متقی، پرہیز گار، دین دار۔②بناوٹی پارسا، ریا کار۔ ● **piously** م ف۔ **piousness** اسم: تقویٰ، پارسائی۔

**pip** *n. & v.* اسم: ①کسی پھل، سیب، ناشپاتی، نارنگی وغیرہ کا بیج۔②مختصر آواز، صوتی اشارہ عموماً مشینی جیسے ریڈیو پر۔③فوجی افسر کی وردی کے کاندھے پر بنا ہوا ستارہ۔ ف: **(pipping, pipped)** شکست دینا۔

**pipe** *n. & v.* اسم: ①دھات، لکڑی یا پلاسٹک کی نلکی جس کے ذریعے پانی، گیس وغیرہ پہنچائی جائے۔②تمبا کو پینے کا پائپ۔③ایک نلکی والا ساز، آرگن کی سُر نکالنے والی نلکیوں یا نرکلوں میں سے کوئی۔ ف: ①سُر نکالنا خصوصاً نلکیوں میں سے۔②(پانی، تیل وغیرہ) نلکی یا نلکیوں میں سے لے جانا۔③تیز چیرتی ہوئی آواز نکالنا، سیٹی بجانا۔ □ **pipe down** بول چال: چُپ سادھ لینا یا اصرار ترک کرنا، دھیما پڑ جانا۔

**pipe dream** *n.* خام خیالی، موہوم اُمید۔

**pipeline** *n.* ①نلکیوں کا لمبا سلسلہ خصوصاً تیل کی ترسیل کے لیے عموماً زیر زمین۔②سامان، اطلاعات وغیرہ کی ترسیل کا ذریعہ۔□ **in the pipeline** زیر تکمیل، زیر عمل۔

**piper** *n.* دھونکنی والا ساز بجانے والا سازندہ۔

**pipette** *n.* کیمیائی تجربات میں مستعمل ایک پتلی نلکی۔

**piping hot** *adj. & adv.* بہت یا مناسب طور پر گرم، گرما گرم۔

**piquant** *adj.* ①چٹپٹا، چٹکیلا، اشتہا انگیز، بھوک کھولنے والا۔②نشاط آور، ترنگ میں لانے والا، ولولہ خیز۔ ● **piquancy** اسم: چٹپٹا پن۔

**pique** *v. & n.* ف: ①غیرت کو للکارنا، غصّہ دلانا۔②(حیرت، شوق وغیرہ کو) ابھارنا۔ اسم: عداوت، رنجش، خفگی، ناراضگی۔

**piquet** *n.* دو کھلاڑیوں کے درمیان کھیلا جانے والا تاش کا کھیل۔

**piranha** *n.* (also **piraya**) جنوبی امریکا کے میٹھے پانیوں کی ایک شکار خور مچھلی۔

**pirate** *n. & v.* اسم: ①بحری قزاق یا اسی نوعیت کا مجرم۔②دوسروں کے کاپی رائٹ کو یا دوسرے حقوق غصب کرنے والا۔③بلا اجازت نشریات کا مرتکب فرد یا ادارہ۔ ف: ①کسی کے خیالات، تصنیف، اختراع وغیرہ کو غاصبانہ طور پر اپنانا۔②لوٹ مار کرنا۔ ● **piracy** اسم۔ **piratical** صف: غصب پر مبنی۔

**pirouette** *n. & v.* رقاص کا ایک پاؤں یا پنجے کی نوک پر (گھومنا)

**piss** *v. & n.* مبتذل، ف: پیشاب کرنا۔ اسم: پیشاب۔

**pissed** *adj.* مبتذل، نشے میں دُھت۔

**pistachio** *n.* (*pl.* **os**) ①پستے کا سدا بہار درخت۔②اس کا پھل، پستہ۔

**piste** *n.* اسکی رانی (برف پر پھسلنے) کا برف زار میں بنا ہوا ڈھلانی راستہ۔

**pistil** *n.* پھول کا جنسی طور پر مادہ حصّہ یا عضو، بقچہ گل۔

**pistol** *n.* پستول۔

**piston** *n.* ایک آہنی خول کے اندر سمایا ہوا گیس یا پٹرول کے دھماکے سے حرکت کرنے والا پرزہ جو انجنوں میں نصب ہوتا ہے۔

**pit** *n. & v.* اسم: ①زمین میں پڑا ہوا گڑھا عموماً گہرا، کھائی، خندق، کوئلے کی کان۔②کاروں کی دوڑ کے میدان میں راستے میں وہ علاقہ جہاں گاڑیوں کی صفائی ہوتی ہے اور پٹرول بھرا جاتا ہے۔③پھل کا بیج۔ ف: **(pitting, pitted)** ①مقابلے کے لیے مستعد ہونا۔②گڑھے بنانا، درزیں، رخنے ڈالنا۔③بیج نکالنا یا صاف کرنا۔□ **be the pits** بول چال: بہت برا یا ناگوار ہونا۔

**pitch** *v. & n.* ف: ①(خیمہ وغیرہ) کھڑا کرنا۔②پھینکنا، اچھالنا، کھینچ کے مارنا۔③کسی چیز کو ٹھکانے سے رکھنا۔④کسی خاص انداز یا سطح کی بات کرنا۔⑤(چلتے ہوئے جہاز کا) پانی میں جھوک کھانا، اگلے حصّے کا ابھرنا، گرنا۔⑥آواز کی سطح متعین کرنا۔⑦بول چال: کہنا، بیان کرنا (کہانی یا گپ)⑧سڑک پر پتھر بچھانا۔ اسم: ①

میدانی کھیل میں عرصۂ عمل۔ ② بلندی، درجہ، شدّت وغیرہ۔ ③ جھکاؤ، نشیب اس جھکاؤ کا درجہ یا زاویہ۔ ④ سُر کی سطح، چڑھاؤ یا اتار جو ارتعاشات کی شرح پر مبنی ہوتا ہے۔ ⑤ جہاز وغیرہ کا چلتے میں آگے پیچھے جھکاؤ۔ ⑥ بول چال: اشتہار یا فروخت کاری کے لیے ایجنٹ کا اختیار کردہ زاویۂ نظر۔ ⑦ کول تار یا تارپین سے حاصل کردہ ایک گاڑھا کالے یا بھورے رنگ کا چیپ یا رال۔ □ **pitch in** بول چال: کام میں جُٹ جانا۔ **pitch into** بول چال: ① ہلّہ بولنا۔ ② (کھانے، کام وغیرہ پر) ٹوٹ پڑنا۔

**pitch-black** *adj.* (also **pitch-dark**) اندھیرا گھپ۔

**pitchblende** *n.* معدنی یورینیم آکسائڈ جس میں ریڈیم بھی شامل ہوتا ہے۔

**pitched battle** *n.* ① سخت بحث، مضبوط دلیل وغیرہ۔ ② سوچے سمجھے منصوبے کے مطابق مقرر میدان میں مقابلہ۔

**pitcher** *n.* ① مٹّی کا برتن، ٹھلیا یا صراحی مع دستہ۔ ② بیس بال: بلّے باز کی طرف پھینکنے والا کھلاڑی۔

**pitchfork** *n.* سوکھی گھاس وغیرہ سمیٹنے کے لیے لمبے دستے کا دوشاخہ کھانچا، جندرا۔

**piteous** *adj.* قابل رحم، بے چارہ، افسوس ناک۔ ● **piteously** م ف۔

**pitfall** *n.* چور گڑھا، پوشیدہ خطرہ، چھپا جال۔

**pith** *n.* ① نارنگی، سنترے وغیرہ کے چھلکے کے اندر کا گودا۔ ② اصل حصّہ، مغز، جوہر، توانائی، قوت۔

**pithy** *adj.* **(pithier, pithiest)** ① اختصار پر مبنی، موثّر (کلام، طرزِ اظہار) ② پُرمغز۔ ● **pithily** م ف۔ **pithiness** اسم: پُرمغزی۔

**pitiable** *adj.* ① قابلِ رحم، افسوسناک۔ ② حقیر۔

**pitiful** *adj.* ① جس پر ترس آئے۔ ② حقیر۔ ● **pitifully** م ف۔

**piton** *n.* چٹانی دیوار میں کوہ پیما کے سہارے کے لیے گاڑی جانے والی میخ یا رستے کو اٹکانے کے لیے کڑا۔

**pitta** *n.* (also **pita**) ایک قسم کی چپٹی روٹی جس میں سلاد وغیرہ بھر کر کھاتے ہیں۔

**pittance** *n.* بہت معمولی، ادنیٰ، حقیر تنخواہ یا معاوضہ۔

**pituitary gland** *n.* ایک چھوٹا غدّہ جو دماغ کی جڑ میں واقع ہے اور کئی طرح کے ہارمون پیدا کرتا ہے جو جسمانی افزائش اور افعال کے لیے ضروری ہیں۔

**pity** *n. & v.* اسم: (جمع **-ies**) ① ترس، رحم۔ ② کوئی بات جو باعث رنج یا افسوسناک ہو۔ ف: **(-ies، -ied)** افسوس کرنا۔ □ **take pity on** کسی پر ترس کھانا یا اظہار ہمدردی کرنا۔

**pivot** *n. & v.* اسم: ① محور، مدار، چول جس پر کوئی چیز گھومے۔ ② کانٹے کا نکتہ یا شخصیت وغیرہ جو کسی منصوبہ وغیرہ میں بنیادی حیثیت رکھتا ہو۔ ف: **(pivoted، pivoting)** محور پر یا محور کی طرح پر گھومنا۔

**pivotal** *adj.* بنیادی، لازمی۔

**pixel** *n.* ہموار طور پر روشن حصّوں میں سے کوئی جن سے کوئی عکس یا شبیہہ پردے پر نمودار ہوتی ہے۔

**pixelate** *v.* برقیریات: (نقش کو) نوری اجزا میں تقسیم یا ظاہر کرنا۔

**pixie** *n.* (also **pixy**) پری تمثال، ایک خیالی یا دیومالائی بونی مخلوق۔

**pizza** *n.* چپٹے دبیز کلچے پر ٹماٹر، پنیر اور پیاز وغیرہ رکھ کر بنائی ہوئی اصلاً اطالوی غذا۔

**pizzeria** *n.* طعام خانہ جہاں پِزا ملتا ہو۔

**pizzicato** *adv.* موسیقی: وائلن وغیرہ کے تاروں کو انگلی سے چھیڑنا۔

**pl.** مخفف: ① place۔ ② plate۔ ③ plural۔

**placard** *n. & v.* اسم: لکھا یا چھپا ہوا دستی کارڈ یا تختہ خصوصاً اشتہار، پوسٹر۔ ف: اشتہار چسپاں کرنا۔

**placate** *v.* مطمئن، راضی، ٹھنڈا کرنا۔ ● **placatory** صف: مفاہمتی۔

**place** *n. & v.* اسم: ① جگہ، کوئی مقام۔ ② شہر، قریہ، بستی۔ ③ جائے سکونت، گھر۔ ④ کسی کا مرتبہ، منصب، مقام۔ ⑤ نشست، بیٹھنے کی جگہ۔ ⑥ کوئی مخصوص عمارت یا رقبہ، احاطہ۔ ف: ① (کسی چیز کو کسی سلسلے یا ترتیب میں) اپنی جگہ پر رکھنا۔ ② شناخت کرنا، درجہ بندی کرنا۔ ③ کسی خاص جگہ پر رکھنا یا تلاش کرنا، پہچاننا، یاد کرنا۔ ④ تعینات کرنا کسی منصب پر، کسی کے لیے روزگار تلاش کرنا۔ ⑤

کسی کو کوئی درجہ، مرتبہ، اہمیت دینا۔ ۲ (مال وغیرہ کے لیے) فرمائش درج کرنا۔ □ **in place** صحیح جگہ پر۔ **in places** کہیں کہیں۔ **out of place** ① بے جگہ۔ ۲ ناموزوں۔ **take place** واقع ہونا۔

**placebo** *n.* (*pl.* **-os**) جھوٹ موٹ کی دوا جو نفسیاتی اثر ڈالنے کے لیے دی جائے۔

**placement** *n.* ① تقرر، تعیناتی وغیرہ۔ ۲ رکھنے کا عمل یا رکھے جانے کی حالت۔

**placenta** *n.* (*pl.* **placentae** or **placentas**) آنول نال جو رحم میں جنین کو خوراک پہنچاتی ہے۔ ● **placental** صف۔

**place setting** *n.* میز پر کھانے کی پلیٹ، چھری کانٹے وغیرہ، ایک آدمی کی ضرورت کا سامان۔

**placid** *adj.* ٹھنڈے مزاج کا، جو جلد برافروختہ نہ ہو۔ ● **placidity** اسم۔ **placidly** م ف۔

**placket** *n.* لباس میں کوئی چاک یا شگاف جیسے کسی بند کا یا جیب کا منہ۔

**plagiarize** *v.* (also **-ise**) کسی دوسرے کے خیالات، تحریر، وغیرہ پر ہاتھ صاف کرنا، چُرانا، چربہ کرنا۔ ● **plagiarism** اسم۔ **plagiarist** اسم۔

**plague** *n.* & *v.* ① طاعون، ایک مہلک متعدی وبائی مرض۔ ۲ موذی یا تکلیف دہ حشرات وغیرہ کی بہتات۔ ف: ① تنگ کرنا، عذاب دینا۔ ۲ بول چال: برابر آزار دیے جانا۔

**plaice** *n.* (*pl.* same) ایک یورپی چپٹی مچھلی جو کھائی جاتی ہے۔

**plaid** *n.* ① پچرنگا یا چارخانے دار خصوصاً اونی ٹول۔ ۲ اس کپڑے کی کاندھے پر پڑی پٹی جو اسکاٹ لینڈ کے پہاڑی لوگوں کے پہناوے کا جزو ہے۔

**plain** *adj., adv.* & *n.* صف: ① صاف، واضح۔ ۲ آسانی سے سمجھ میں آ جانے والا۔ ۳ سیدھا سادھا، معمولی، بے تکلفانہ، بے آرائش۔ ۴ معمولی شکل و صورت کی یا بدصورت۔ ۵ صاف گو، کھرا۔ ۶ گھریلو، بے تکلفانہ، سادہ۔ م ف: ① واضح طور پر، بلا ابہام۔ ۲ محض۔ اسم: چٹیل میدان۔ ● **plainly** م ف۔ **plainness** اسم: ہمواری، سادگی۔

**plain clothes** *n.* & *adj.* سادہ لباس خصوصاً جو پولیس والا اپنی شناخت کو چھپانے کے لیے پہنے۔

**plain sailing** *n.* سلجھی ہوئی صورتِ حال جس میں کوئی اینچ پینچ نہ ہو۔

**plainsong** *n.* (also **plainchant**) گرجا گھر میں دورِ وسطیٰ کے طرز پر بغیر سازوں کے ہم آواز ہو کر گائے جانے والے مترنم بول۔

**plaintiff** *n.* قانون: مدّعی، جو عدالت میں مقدمہ دائر کرے۔

**plaintive** *adj.* ① غمناک، حزنیہ۔ ۲ ماتمی لہجے یا نوحے کے انداز کا۔ ● **plaintively** م ف۔

**plait** *n.* & *v.* اسم: دو تین لٹوں میں گندھی ہوئی چوٹی یا اس طرح لپٹی ہوئی ڈوری وغیرہ۔ ف: ① بالوں میں مینڈھی ڈالنا، چٹیا گوندھنا۔ ۲ چٹائی، پٹی، پٹی وغیرہ بننا۔

**plan** *n.* & *v.* اسم: ① کسی کام کا طریق کار، ڈھب، ڈول، منصوبہ، تجویز، قرارداد۔ ۲ افقی سطح پر بنی ہوئی شکل، خاکہ، نقشہ خصوصاً کسی تعمیر کا۔ ف: (**planned**، **planning**) ① منصوبہ بندی کرنا، راہ عمل سوچنا۔ ۲ منصوبہ بنانا، نقشہ تیار کرنا۔ ● **planner** اسم۔

**plane** *n.* & *v.* اسم: ① چپٹی ہموار سطح۔ ۲ ہوائی جہاز۔ ۳ خیال، علم، کامیابی وغیرہ کی سطح یا درجہ۔ ۴ لکڑی یا دھات کی سطح کو ہموار کرنے کا آلہ۔ ۵ ایک بہت اونچا درخت جس میں میپل کی طرح کے پتّے لگتے ہیں۔ ف: ① رندہ کرنا۔ ۲ رندے سے ہموار کرنا۔

**planet** *n.* سیّارہ جو کسی بڑے سیّارے یا ستارے کے گرد گھومے۔ ● **planetary** صف۔

**planetarium** *n.* (*pl.* **planetariums** or **planetaria**) سیّارہ گاہ، ایک گنبد دار عمارت جس کے اندر آسمان اور اجرام فلکی کی تصاویر تعلیمی یا تفریحی غرض سے عکس افگنی کے ذریعے پیش کی جاتی ہیں۔

**plangent** *adj.* ① اونچی اور گونجتی ہوئی (آواز) ۲ غمگین، افسردہ، درد ناک (آواز) ● **plangency** اسم۔ **plangently** م ف۔

**plank** *n.* لکڑی کا تختہ خصوصاً تعمیرات میں لگنے والا۔

**plankton** *n.* نہایت مہین خوردبینی حیویے جو سمندری یا دوسرے پانیوں میں تیرتے ہیں، پیراک حیویے۔

**planning permission** *n.* مقامی حکومت کی طرف سے جاری ہونے والا تعمیر کا اجازت نامہ۔

**plant** *n. & v.* اسم: ① پودا، خورد نباتات میں سے کوئی، ارادی حرکت اور اعضائے حسی سے محروم۔ ② مشینری اور آلات جو صنعتی پیداوار کے کام آئیں، کارخانہ۔ ③ سازش کے طور پر چھپا کر کسی کو ماخوذ کرنے کے لیے رکھی ہوئی شے، معلومات حاصل کرنے کے لیے خفیہ طور پر کھڑا کیا ہوا یا مامور شخص۔ ف: ① بونا، بیج، جڑ وغیرہ کاشت کرنا۔ ② جگہ پر جمانا، بٹھانا، نصب کرنا۔ ● **planter** اسم۔

**plantain** *n.* ① اسپغول کا پستہ قد پودا۔ ② کیلے کا ہم اصل پودا۔

**plantation** *n.* ① اراضی جس پر روئی، تمباکو وغیرہ بوئی گئی ہو۔ ② کوئی قطعہ اراضی جس پر درخت اُگائے گئے ہوں۔

**planter** *n.* ① کاشت کار۔ ② کافی، کپاس، تمباکو کے کھیتوں کا منتظم یا مالک۔ ③ آرائشی پودوں کے لیے بڑا سا بکس۔ ④ بوائی یا بجائی کی مشین۔

**plaque** *n.* ① دھات، چینی وغیرہ کی تختی، لوح جسے یادگار کے طور پر عمارت پر نصب کیا جاتا ہے۔ ② دانتوں پر جما ہوا میل جس میں جراثیم پرورش پاتے ہیں۔

**plasma** *n.* ① خون کا ایک بے رنگ سیّال جزو۔ ② ایک قسم کی گیس۔ ● **plasmic** صف۔

**plaster** *n. & v.* اسم: ① دیواروں، چھتوں وغیرہ پر پھیرا جانے والا سیمنٹ، چونے، ریت وغیرہ کا بنا ہوا پلستر یا مسالہ۔ ② STICKING PLASTER۔ ف: ① (دیوار وغیرہ پر) استر کاری کرنا۔ ② کسی گاڑھے مادّے کی موٹی تہ جمانا۔ ● **plasterer** اسم: پلستر کار۔

**plasterboard** *n.* مسالے سے جمائے ہوئے دہرے تختے جو مکانوں کی اندرونی دیواروں میں لگائے جاتے ہیں۔

**plastered** *adj.* بول چال: نشے میں دُھت۔

**plaster of Paris** *n.* جپسم کا بنا ہوا نرم پلستر جس سے مجسّمے وغیرہ بنائے جاتے ہیں۔

**plastic** *n. & adj.* اسم: ① مختلف کثیر الاجزا مادّوں میں سے کوئی جو آسانی سے مختلف شکلوں میں ڈھالے جاسکتے ہیں۔ ② بول چال: پلاسٹک کے بنے ہوئے یا اسی طرح کے دوسرے کریڈٹ کارڈ جن پر خریداری کی جاسکتی ہے۔ صف: ① ڈھلنے کے قابل، ملائم، لچکیلا۔ ② پلاسٹک کا بنا ہوا۔ ● **plasticity** اسم: ملائمت۔

**plastic bullet** *n.* پی وی سی (PVC) یا کسی اور ملائم مادّے سے بنائی ہوئی بندوق وغیرہ کی گولی۔

**plasticine** *n.* تجارتی نام: ایک نرم لوچ دار مادّہ جسے مختلف شکلوں میں ڈھال سکتے ہیں۔

**plastic surgery** *n.* جسمانی اعضا کی تبدیلی، پیوند کاری بغرض علاج یا افزائش حسن۔

**plate** *n. & v.* اسم: ① پلیٹ، طشتری، رکابی، عموماً گول چینی وغیرہ کی۔ ② سونے، چاندی یا دوسری دھاتوں کے برتن، ملمّع شدہ اشیا۔ ③ کتاب میں خاص کاغذ پر چھاپی ہوئی تصویر۔ ④ دھات کی پتلی عموماً سخت چادر یا اس کا ڈھالا ہوا ٹکڑا جو بعض مشینوں میں لگا ہوتا ہے۔ ⑤ پلاسٹک کا چوکا جس میں مصنوعی دانت جڑے ہوتے ہیں۔ ف: کسی دھات کی چیز پر سونے، چاندی وغیرہ کا پانی پھیرنا۔ ● **plateful** اسم: پلیٹ بھر۔

**plateau** *n.* **(plateaux** or **plateaus)** ① سطح مرتفع۔ ② عروج یا ترقی کے بعد ٹھہری ہوئی صورتِ حال۔

**plate glass** *n.* موٹا، عمدہ شیشہ جو کھڑکیوں وغیرہ میں لگایا جاتا ہے۔

**platelet** *n.* چھوٹا، ٹکلی کی شکل کا ٹکڑا جو خون میں کثرت سے ہوتا ہے اور خون میں پھٹکی پڑنے کا باعث ہے۔

**platen** *n.* ① چھاپے کی مشین میں لگی ہوئی ایک پلیٹ جو کاغذ کو دبا کے رکھتی ہے۔ ② ٹائپ رائٹر کا بیلن جس پر چھپتے وقت کاغذ ٹکا رہتا ہے۔

**platform** *n.* ① چبوترہ۔ ② اونچی جگہ جہاں کھڑا ہو کر مقرر حاضرین سے خطاب کرے۔ ③ ریلوے اسٹیشن پر پٹڑی کے ساتھ ساتھ بنا ہوا لمبا چبوترہ۔ ④ کسی سیاسی جماعت کی اعلان کردہ پالیسی۔

**platinum** *n.* ایک ملائم روپہلی دھاتی مادّہ، جس پر معمولی تیزاب اثر نہیں کرتے (علامت: Pt)

**platinum blonde** *n.* روپہلی بالوں والی عورت۔

**platitude** *n.* گھسے پٹے اقوال کی تکرار؛ پھیکی

بے مزہ گفتگو۔● platitudinous صف۔

**platonic** *adj.* روحانی، خالص (دوستی یا محبت) جسے جنسی کشش سے تعلق نہ ہو۔

**platoon** *n.* عسکری: کمپنی کا ایک ذیلی حصّہ۔

**platter** *n.* تھال، طبق، بڑا برتن خصوصاً کھانے کا۔

**platypus** *n.* (*pl.* **platypuses**) آسٹریلیا کا ایک انڈے دینے والا جانور، چونچ نرم، لچکیلی، بطخ کی طرح، جو اپنے بچوں کو دودھ پلا تا ہے۔

**plaudits** *n. pl.* واہ واہ کا غلغلہ، پُر زور تائید۔

**plausible** *adj.* ① بظاہر معقول یا ممکن (دلیل، بیان وغیرہ) ② ظاہردار، باتوں سے ورغلانے والا، دھوکے باز۔● **plausibility** اسم۔ **plausibly** م ف۔

**play** *v. & n.* ف: ① کھیلنا، تفریح کرنا، دل بہلانا۔ ② چھیڑخانی کرنا، اوچھا پن برتنا۔ ③ ساز بجانا، (گانا وغیرہ) سنانا، (ریکارڈ وغیرہ) بجانا یا چلانا۔ ④ (ڈرامے وغیرہ میں) اداکاری کرنا، ڈراما کرنا۔ ⑤ زندگی میں کسی خاص طرح کا انداز یا کردار ادا کرنا۔ ⑥ (کسی کے ساتھ) کوئی مذاق کرنا، بیوقوف بنانا۔ ⑦ خراماں خراماں پھرنا۔ اسم: ① کھیل، تفریح بازی، دل لگی۔ ② کوئی کھیل، اس کی چالیں، قواعد وغیرہ۔ ③ کوئی ڈرامائی تشکیل برائے اسٹیج۔ ④ عمل، سرگرمی۔ ⑤ آزادیٔ عمل، اس کا دائرہ یا عرصہ۔ □ **make a play for** بول چال: کسی چیز کو حاصل کرنے کے لیے نمایاں اقدام کرنا۔ **play along** دکھاوے کا تعاون کرنا۔ **play down** اہمیت گھٹانا۔ **play the game** منصفانہ طور پر چلنا، عمل کرنا۔ **play off** کسی شخص کے خلاف کسی کو بھڑکانا (اپنے فائدے کے لیے) **play up** ① شرارت پر اتر آنا، مشکلات پیدا کرنا؛ تنگ کرنا۔ ② کسی بات پر اصرار کرنا۔

**playboy** *n.* آوارہ منش، مسرت انگیز سرگرمیوں میں مصروف، غیر ذمّہ دار شخص، خصوصاً رئیس زادہ۔

**playful** *adj.* ① تفریح کا شوقین، خوش فعلی پر مائل۔ ② خوش طبعی پر مبنی، مزاحیہ، تفریحی۔● **playfully** م ف۔ **playfulness** اسم: کھلاڑ پن، چنچل پن۔

**playgroup** *n.* اسکول جانے کی عمر سے پہلے بچوں کے لیے کھیل تفریح کی جگہ۔

**playhouse** *n.* تھیٹر۔

**playing card** *n.* تاش کا پتّہ، تاش کی گڈی کے ۵۲ پتّوں میں سے کوئی۔

**playing field** *n.* کھیل کا کھلا میدان۔

**playmate** *n.* بچوں کے کھیل میں ساتھی۔

**playpen** *n.* بچوں کے کھیلنے کی احاطہ بند جگہ۔

**playwright** *n.* ڈراما نویس، تمثیل نگار۔

**plaza** *n.* بازار یا چوراہا۔

**plc** (also **PLC**) تخفیف: Public Limited Comany۔

**plea** *n.* ① عرضداشت، استدعا، التماس۔ ② مدّعا علیہ کی طرف سے عذرداری۔ ③ دلیل حجت یا عذرخواہی۔

**plead** *v.* (**pleaded** (*US & Sc.* **pled**, **pleading**) ① عاجزانہ درخواست کرنا۔ ② عدالت میں کسی کی طرف سے وکالت کرنا۔ ③ کسی جرم کی بابت اپنی پوزیشن بیان کرنا۔ ④ جرم کی توجیہہ یا تاویل کرنا۔

**pleasant** *adj.* خوشگوار، پُرلطف، دماغ، جذبات یا حواس کے لیے تسکین بخش۔● **pleasantly** اسم۔ **pleasantness** م ف: پُرلطفی، پسندیدگی۔

**pleasantry** *n.* (*pl.* **-ies**) پُرتپاک خوش مذاقی کا دلچسپ یا پُرلطف جملہ خصوصاً غیر رسمی گفتگو میں۔

**please** *v.* ① (کسی کو) خوش کرنا، راضی رکھنا۔ ② خوش دلی سے آمادہ، بخوشی تیار ہونا۔ ③ مناسب خیال کرنا، چاہنا۔ ④ (**may it please you** کا اختصار) پُرتپاک درخواست کے طور پر۔ □ **please oneself** جیسا چاہے کرنا۔

**pleased** *adj.* شاد، خوش، مسرور۔

**pleasurable** *adj.* مسرت بخش، خوشگوار۔ ● **plearsurably** م ف۔

**pleasure** *n.* ① اطمینان، خوش دلی۔ ② تفریح، مزیداری۔ ③ ذریعۂ مسرت یا طمانیت۔ ④ عیش، عشرت، لطف اندوزی۔ □ **with pleasure** خوشی سے۔

**pleat** *n. & v.* اسم: پلیٹ، شکن جو کپڑے میں حاشیے یا آرائش کے طور پر ڈالی جاتی ہے۔ ف: پلیٹیں ڈالنا۔

**pleb** *n.* بول چال: غیر مہذب، اجڈ شخص۔

**plebeian** *adj.* ① نچلے طبقے کا، عوام النّاس میں سے کوئی۔ ② کندۂ ناتراش۔ ③ گھٹیا، رذیل۔

**plebiscite** *n.* استصواب رائے۔

**plectrum** *n.* (*pl.* **plectrums** or **plectra**) تاروں کے ساز گٹار وغیرہ بجانے کی مضراب۔

**pledge** *n. & v.* اسم: ① سنجیدگی سے کیا ہوا عہد۔ ② ضمانت کے طور پر رکھوائی ہوئی شے۔ ③ اظہارِ خلوص و محبت کے طور پر دیا گیا تحفہ۔ ف: ① ضمانت کے طور پر جمع کرانا، گروی رکھنا۔ ② قسم کھا کر اقرار کرنا۔

**plenary** *adj.* ① تمام کُلّی، مطلق۔ ② جس میں جملہ اراکین شریک ہوں۔

**plenipotentiary** *n. & adj.* (**-ies**:ج) اسم: کوئی فرد خصوصاً سفیر جسے پورے اختیارات حاصل ہوں۔ صف: کُلّی اختیارات کا حامل۔

**plenitude** *n.* ① کاملیت۔ ② کثرت۔

**plentiful** *adj.* بھرپور، بکثرت موجود۔ ● **plentifully** م ف۔

**plenty** *n., adj. & adv.* اسم: بڑی تعداد، کثرت۔ صف: کثیر، وافر۔ م ف، بول چال: بکمل طور پر۔ ● **plenteous** صف۔ **plenteousness** اسم۔

**plethora** *n.* غلبہ، وفور، زیادتی، کثرت۔

**pleurisy** *n.* پھیپھڑے کے گرد جھلّی کی سوزش۔

**pliable** *adj.* ① لچکدار، نرم، ملائم۔ ② بآسانی مان جانے یا متأثر ہونے والا۔ ● **pliability** اسم: لچک۔

**pliant** *adj.* لچکدار، نرم، ملائم۔ ● **pliancy** اسم: لچکداری، لچکیلا پن۔

**pliers** *n. pl.* پلاس، سنسی، دستی آلہ جس سے چھوٹی موٹی چیزیں پکڑ کر اٹھانے، موڑنے کا کام لیا جاتا ہے۔

**plight** *n.* حالت، خصوصاً درگت، ہیئت کذائی۔

**plimsoll** *n.* ربڑ کے تلے والا کینوس یا کرمچ کا جوتا۔

**Plimsoll line** *n.* جہاز کے پہلو میں ایک نشان جو اس مقررہ قانونی حد کو ظاہر کرتا ہے جہاں تک لدا ہوا جہاز پانی میں اتر سکتا ہے۔

**plinth** *n.* ① ستون کی کرسی کا چوکور پایہ۔ ② چبوترہ یا پایہ جس پر کوئی مجسمہ قائم ہو۔

**plod** *v.* (**plodded, plodding**) ① پیچھے پیچھے یا بھاری قدموں سے بمشکل چلنا۔ ② کام میں جتے رہنا۔ ③ دھیرے دھیرے مستقل مزاجی کے ساتھ چلتے یا بڑھتے رہنا۔ ● **plodder** اسم: جوکھوں بھرنے والا۔

**plonk** *v. & n.* ف: جلدی یا روانی میں رکھنا، ڈالنا، بھدّی طرح رکھنا۔ اسم: بول چال: سستی شراب، ٹھرّا۔

**plop** *n.* کسی سڈول چیز کے چھینٹے اڑائے بغیر پانی میں گرنے کی آواز۔

**plot** *n. & v.* اسم: ① قطعۂ زمین۔ ② ناول ڈرامے فلم وغیرہ کی کہانی، واقعات کا سلسلہ۔ ③ سازش، کسی غیر قانونی بات کے لیے گٹھ جوڑ۔ ف: (**plotted، plotting**) ① کسی شے، مقام یا مجوزہ تعمیر وغیرہ کا نقشہ بنانا۔ ② (کسی جرم یا سازش کا) ڈول ڈالنا۔ ③ کسی نقشے یا خاکے پر (کسی مقام یا راستے) کا نشان ڈالنا۔ ● **plotter** اسم: سازشی۔

**plough** *n. & v.* (*US* **plow**) اسم: ہل، جس سے زمین جوتتے ہیں۔ ف: ① کھیت میں نالیاں بنانا، ہل کی مدد سے نلائی کرنا۔ ② دشوار راستے وغیرہ کو بدقت طے کرنا۔ ● **ploughman** اسم: ہل جوتنے والا۔

**ploy** *n.* داؤ، چال، گھات۔

**pluck** *v. & n.* ف: ① اُکھاڑنا توڑنا، چننا (پھول وغیرہ) ② نوچنا، (چڑیا کے پر وغیرہ) اسم: ① حوصلہ، ولولہ۔ ② اکھاڑنے کا عمل، کھینچ تان۔

**plucky** *adj.* (**pluckier, pluckiest**) جری، جرأت مند، بہادر۔ ● **pluckily** م ف۔

**plug** *n. & v.* اسم: ① ڈاٹ، روک۔ ② بجلی کے تار کے سرے پر دو کیلا پلگ جسے جوابی سوراخوں میں پھنسا کر دور قائم کرتے ہیں۔ ف: (**plugged، plugging**) ① (سوراخ وغیرہ کو) بند کرنا، ڈاٹ وغیرہ لگانا۔ ② بول چال: کسی شے یا خیال کو مسلسل حمایت کے ذریعے مشتہر کرنا۔ ③ بول چال: کسی چیز پر مسلسل زور ڈالنا، عمل کرنا۔ □ **plug in** سلسلہ جوڑنا، ملانا۔

**plum** *n.* ① آلوچہ۔ ② سرخی مائل ارغوانی رنگ۔ ③ بول چال: کسی جنس کی چیدہ، پسندیدہ بہترین مثال۔

**plumage** *n.* پرندے کے پر۔

**plumb** *n., adv. & v.* اسم: شاقول، سیدھ ناپنے کا آلہ، سیسہ بندھی ہوئی ڈوری یا ساونی، پنسال۔ م ف: ① عین، بالکل ٹھیک۔ ② بالکل، قطعاً۔ ف: ① پنسال کے ذریعے پانی کی گہرائی ناپنا۔ ② کسی امر کی بابت

تفصیلی معلومات حاصل کرنا، تہ تک پہنچنا۔④ نل ساز (پلمبر) کے طور پر کام کرنا۔

**plumber** *n.* نل ساز، پلمبر۔

**plumbing** *n.* پانی کی فراہمی یا نکاسی وغیرہ کے لیے عمارت میں نلکیوں کا سلسلہ۔

**plume** *n.* اسم:①پر، خصوصاً ذرا بڑا سجانے کے قابل۔ ② پروں سے بنایا ہوا تاج یا سر کی آرائش کا ہار، سرپیچ۔ ③ اس سے ملتی جلتی چیز۔● **plumed** صف۔

**plummet** *v.* **(plummeted, plummeting)** تیزی سے گر نا زمین پر آ رہنا۔

**plump** *adj. & v.* صف: گول مٹول، فربہ، تیار۔ ف:① موٹا ہونا یا کر دینا۔ ② اچانک گرنا، آ پڑنا، ڈھینا۔ ● **plumpness** اسم: فربہی۔

**plunder** *v. & n.* ف: لوٹنا، غارت گری کرنا یا مال ہتھیانا۔ اسم:①لوٹ مار، غارت گری، تاراجی۔ ② لوٹا ہوا مال۔

**plunge** *v. & n.* ف:① دھکیلنا، چھلانگ مارنا، غوطہ لگانا، کسی کام یا مہم وغیرہ میں کود پڑنا۔②پوری طرح غرق یا شرابور ہو جانا۔ اسم: غوطہ، چھلانگ۔

**plunger** *n.* کسی مشین کا وہ پرزہ جو کودنے یا دھکیلنے کا کام کرتا ہے۔

**pluperfect** *adj.* قواعد: ماضی بعید (کا زمانہ) جو انگریزی میں امدادی فعل *had* لگانے سے بنتا ہے جیسے: *he had gone by then* وہ اس وقت تک جا چکا تھا۔

**plural** *adj. & n.* صف:①ایک سے زائد تعداد میں، متعدد۔②قواعد: صیغۂ جمع میں۔ اسم: قواعد: جمع کا صیغہ یا کوئی قواعدی شکل جو ایک سے زیادہ پر اطلاق رکھتی ہو۔● **plurality** اسم۔

**plus** *prep., adj. & n.* حرف جار:①ریاضی: جمع کرنے، ملانے کے بعد(۳ جمع ۴ مساوی ۷) (علامت +)② صفر سے اوپر (درجۂ حرارت)③ بول چال: مع، باضافہ۔ صف:① (عدد کے بعد) کم از کم۔ ② کسی درجے کا نام لینے کے بعد: اس سے کچھ بہتر۔③ ریاضی: مثبت۔④مزید برآں، اس پر مستزاد۔ اسم: ① PLUS SIGN= (+)②فائدے کی بات۔

وضاحت: *plus* کا استعمال بطور حرف عطف جیسے *They arrived late, plus they wanted a meal* بعض کے نزدیک درست نہیں۔

**plush** *n. & adj.* اسم: لمبے نرم روئیں یا ریشے کا کپڑا۔ صف:①اس کا بنا ہوا۔②بول چال: آرام دہ۔

**plushy** *adj.* **(plushier, plushiest)** بول چال: وضعدار، بھاری، قیمتی۔

**plutocracy** *n.* (*pl.* **-ies**) امرا کی حکومت، وہ ملک جہاں یہ نظام رائج ہو۔● **plutocrat** اسم: طبقۂ بالا کا کوئی رکن۔ **plutocratic** صف۔

**plutonium** *n.* ایک تابکار معدنی ورائے یورنیم مادّہ جو بعض نیوکلائی تعامل گروں اور ہتھیاروں میں استعمال ہوتا ہے (علامت: Pu)

**pluvial** *adj.* ①بارش، بارش کا۔②بارش کے سبب سے۔

**ply**[1] *n.* (*pl.* **-ies**) ① بعض مادّوں خصوصاً لکڑی کے تختوں کی موٹائی کا ایک پیمانہ۔②پارچے یا رسّے وغیرہ کا ایک ریشہ۔

**ply**[2] *v.* **(-ies، -ied)** ①(ہتھیار اوزار وغیرہ) سے بھرپور کام لینا۔②اپنے پیشہ ورانہ کام میں منہمک مشغول ہونا۔③(کسی کو) مسلسل کھانا پانی وغیرہ پہنچانا۔ ④ سواری کا پھیرے کرنا، کسی راستے پر اسی طرح چلنا۔

**plywood** *n.* لکڑی کے دو یا تین پرتوں کو باہم چپکا کر تیار کیا ہوا مضبوط تختہ۔

**PM** تخفیف:①Prime Minister۔ ②post-mortem۔

**Pm** قدرتی عنصر promethium کی علامت۔

**p.m.** تخفیف: سہ پہر کا وقت [لاط: *post meridiem* بعد زوال]

**PMS** premenstrual syndrome کی تخفیف۔

**PMT** premenstrual tension کی تخفیف۔

**pneumatic** *adj.* فشار زدہ ہوا کا حامل یا ہوا کے فشار سے چلنے والا۔● **pneumatically** م ف۔

**pneumonia** *n.* نمونیا، پھیپھڑے کا ورم۔

**PO** تخفیف: Post Office، postal order۔

**Po** قدرتی عنصر polonium پولونیم کی علامت۔

**poach** *v.* ① چھلا انڈا ابلتے ہوئے پانی سے پکانا۔② (مچھلی وغیرہ کو) تھوڑی چکنائی میں سنسنالینا۔③ خلاف قانون شکار کرنا یا مچھلیاں پکڑنا۔④ مداخلت بیجا کرنا کسی کی جائداد، حقوق وغیرہ پر۔● **poacher** اسم۔

**pocket** *n. & v.* اسم: ① کپڑوں کے ساتھ سلی ہوئی جیب۔ ② سوٹ کیس یا دروازے کے پٹ میں بنا ہوا جیب نما خانہ۔ ③ کسی کی مالی استطاعت۔④ واماندہ، بکھرے ہوئے حلقے یا علاقے۔ ف: ① جیب میں ڈالنا۔ ② بے ایمانی سے ہتھیا لینا۔□ **in pocket** ① فائدے یا بچت میں۔ ② (رقم) موجود ، نقد ، مہیّا۔ **out of pocket** گھاٹے میں۔● **pocketful** اسم۔

**pocketbook** *n.* ① ذاتی یادداشت کی کتاب یا کاپی۔② کتابی شکل کا بٹوہ۔

**pocket money** *n.* ① جیب خرچ۔② بچے کے حق میں جاری کیا جانے والا الاؤنس یا وظیفہ۔

**pockmark** *n.* جلد پر سیتلا، چیچک کا داغ یا ویسا ہی کوئی گڑھا۔● **pockmarked** صف۔

**poco** *adv.* موسیقی: کم کم، کسی قدر۔

**pod** *n.* کسی پودے کی پتلی لنبوتری پھلی۔

**podgy** *adj.* **(podgier, podgiest)**: بول چال ① چھوٹا اور موٹا۔② گول، بھرا بھرا (چہرہ)

**podium** *n.* (*pl.* **podiums** or **podia**) کسی کمرے یا مکان کے گرداگرد مسلسل چبوترہ یا پٹڑی۔

**poem** *n.* ① نظم، کلام موزوں تخیّل اور جذبات پر مبنی۔ ② پُرجوش، اعلیٰ درجے کا نثری یا منظوم کلام۔③ شاعرانہ خصوصیات رکھنے والی شے۔

**poet** *n.* ① شاعر۔② پُرتخیل، فصیح البیان شخص۔

**poetic** *adj.* (also **poetical**) شاعرانہ، شعری یا شاعروں سے متعلق، منظوم۔● **poetically** م ف۔

**poetry** *n.* ① شاعر کا فن یا کارنامہ۔② فن شاعری، شعریات۔ ③ لطافت، حسن، خوبی۔ ④ کوئی چیز جو اپنی لطافت یا حُسن کی بنا پر شاعری سے مماثل کہی جا سکے۔

**po-faced** *adj.* بول چال: سنجیدہ چہرے والا۔

**pogrom** *n.* منظّم قتل عام۔

**poignant** *adj.* ① پُراثر، تیکھا، کھرا۔ ② دردناک، جذبۂ ہمدردی کو ابھارنے، ترس دلانے والا۔ ③ چٹپٹا، مزیدار۔● **poignancy** اسم: چرپراہٹ۔ **poignantly** م ف۔

**poinsettia** *n.* ایک جھاڑی جس کے زرد پھولوں کے گرد بڑی بڑی قرمزی یا گلابی پتیاں ہوتی ہیں۔

**point** *n. & v.* اسم: ① نوک، کسی اوزار، ہتھیار یا پنسل وغیرہ کی۔ ② سرا، کنارا۔ ③ نقطہ جو ہندسی اصطلاح میں مقام رکھتا ہے۔④ کوئی خاص لمحہ، کوئی اہم، فیصلہ کن موقع محل۔⑤ کسی سطح پر کوئی چھوٹا سا نشان۔⑥ عبارت میں وقفے کی علامت =FULL STOP۔⑦ کوئی مرحلہ، درجہ، حد۔⑧ کوئی شق، تفصیل، نکتہ۔ ⑨ کسی کھیل میں جیتے ہوئے نشان یا نمبر یا قدر و قیمت وغیرہ کی پیمائش کی اکائی۔ ⑩ اصل نکتہ، کانٹے کی بات۔ ف: ① انگلی یا ہتھیار وغیرہ سے اشارہ کرنا، کسی سمت توجہ دلانا۔② نشانہ یا سیدھ لینا، کسی طرف مائل ہونا۔③ اینٹوں کی چنائی کے درمیان ریخوں کو مسالے یا سیمنٹ سے بھرنا۔□ **beside the point** غیر متعلق، بے ربط۔ **make a point of** اہمیت دینا، ضروری سمجھنا، اصرار کرنا۔ **on the point of** (کوئی کام) کرنے کے قریب ہونا۔ **point out** دکھانا، بتانا، توجہ دلانا۔ **point up** زور دینا، جتانا کہ اہم ہے۔ **to the point** برمحل، مناسب۔

**point-blank** *adj. & adv.* صف: ① بالکل قریب سے چلائی جانے والی (گولی) ② سیدھا ، بے دھڑک۔ م ف: ① بہت قریب سے۔② براہ راست، دوٹوک، بلا پس و پیش۔

**point duty** *n.* چوراہے یا کسی اور مقام پر کھڑے ہوئے پولیس کے جوان کی ڈیوٹی۔

**pointed** *adj.* ① مخروطی، نکیلا، نوک دار۔② (فقرہ یا بات) تیکھی، کٹیلی، کھری۔● **pointedly** م ف۔

**pointer** *n.* ① کوئی اشارہ کرنے والی شے جیسے آلہ، پیمائش وغیرہ کی سوئی۔② کتوں کی ایک قسم جو سونگھ کر شکار کی سمت، رخ کے لیے اشارہ کر دیتی ہے۔

**pointing** *n.* اینٹوں کی چنائی میں مسالے یا سیمنٹ سے درز بندی۔

**pointless** *adj.* ①بے معنی، لاحاصل ۔②غیر مؤثر، بے قاعدہ، غیر معقول۔● **pointlessly** م ف۔

**point of view** *n.* ①نقطۂ نظر، موقف۔② کسی معاملے کو جانچنے یا اس پر نظر ڈالنے کا انداز، نقطۂ خیال۔

**poise** *n. & v.* اسم:① متوازن یا خود اعتمادی کا انداز۔ ②ضبط و توازن، اعتدال، ٹھہراؤ۔ ف: تولنا متوازن رکھنا، پاسنگ بنانا۔

**poison** *n. & v.* اسم: زہر، سم۔ ف:①زہر دینا۔② زہر کے اثر سے ہلاک کرنا یا نقصان پہنچانا۔③ ہوا، پانی وغیرہ کو مسموم کرنا۔④ کسی کی شخصیت یا ذہن پر برا اثر ڈالنا، بہکانا، بھٹکانا۔ ● **poisoner** اسم۔ **poisonous**۔ صف: زہریلا، مسموم۔

**poison pen letter** *n.* گمنام، زہرناک تحریر جس کا مقصد کسی کو بدنام کرنا ہو۔

**poke** *v. & n.* ①ہاتھ یا چھڑی، ڈنڈے وغیرہ سے ٹھوکنا، دھکیلنا، ٹھیلنا۔② انگلی چبھونا یا انگلی سے ٹھوکا دینا۔ ③ جارحانہ یا ناجائز طور پر گھسنا، درآنا۔□ **poke fun at** کسی کا مذاق اڑانا۔

**poker** *n.* ① لکڑی، لوہے کا دستہ دار ڈنڈا یا سلاخ جس سے آگ کو اُکساتے ہیں۔② تاش کا ایک کھیل۔

**poker-face** *n.* سپاٹ چہرہ جس سے کوئی تأثر ظاہر نہ ہو، جیسا کہ پوکر کے کھلاڑیوں کو چاہیے۔

**poky** *adj.* **(pokier, pokiest)** چھوٹا اور گھٹا ہوا (کمرہ وغیرہ)● **pokiness** اسم: تنگی، فرسودہ پن۔

**polar** *adj.* ① قطبی، قطبین میں سے کسی کا یا اس کے قریب واقع۔② مقناطیسی قطبیت کا حامل۔③ (سالمہ) جس کے ایک سرے پر مثبت بار اور دوسرے سرے پر منفی بار ہو۔④ متضاد کردار یا رجحان کا حامل۔

**polar bear** *n.* قطب شمالی کا سفید ریچھ۔

**polarize** *v.* (also **-ise**) ①(کسی عرضی لہر خصوصاً روشنی کے) ارتعاش کو ایک سمت میں محدود کر دینا۔② کسی جسم میں مقناطیسی یا برقی تقطیب پیدا کرنا۔③دو متضاد (خیالات وغیرہ رکھنے والے) گروہوں میں بانٹنا۔● **polarization** اسم: عمل تقطیب۔

**Polaroid** *n.* تجارتی نام:① مہین پلاسٹک کے ورقوں میں ایک مادّہ جو اس میں سے گزرنے والی روشنی میں اعلیٰ درجے کی تقطیب پیدا کرتا ہے۔②ایک کیمرہ جو اندرونی عمل کے ذریعے دھلی دھلائی تیار مثبت تصویر فوراً کے فوراً بنا کر نکالتا ہے۔

**Pole** *n.* پولینڈ کا رہنے والا پولش نژاد باشندہ۔

**pole** *n. & v.* اسم:① لکڑی یا دھات کا لمبا ڈنڈا، بانس، بلّی۔②(**north pole, south pole** کا اختصار) ③ زمین کے محور کے دونوں سروں میں سے کوئی۔④ برقی سیل یا بیٹری کے دو سروں (مثبت و منفی) میں سے کوئی، دو متضاد اصولوں یا عقائد میں سے کوئی۔ ف: ناؤ یا کشتی کو ڈنڈوں یا چپّوؤں سے کھینا۔□ **be poles apart** باہم شدید اختلاف رکھنا۔

**polecat** *n.* ① قطبی بلاؤ، ایک گہرے بھورے رنگ کا چوپایہ جو نیولے کی نسل سے تعلق رکھتا ہے۔② =skunk سفید سیاہ دھاریوں والا امریکی نیولا۔

**polemic** *n.* ①متنازعہ فیہ مسئلے پر مباحثہ۔② مناظرہ خصوصاً دینی مسائل پر۔● **polemical** صف۔

**polenta** *n.* مکئی وغیرہ کا دلیہ۔

**pole position** *n.* کاروں کی دوڑ کے آغاز میں کھڑے ہونے کی سب سے فائدہ مند جگہ۔

**pole star** *n.* قطب تارا، دب اصغر کا ایک ستارہ جو اب قطب سماوی سے ایک ڈگری کے فاصلے پر ہے۔

**police** *n. & v.* اسم: نظم و نسق قائم رکھنے کا سرکاری محکمہ۔ ف: کسی علاقے پر پولیس کے ذریعے قابو رکھنا۔

**policeman** *n.* (*pl.*-**men**) پولیس کا جوان، مرد سپاہی۔

**police state** *n.* جابر یا مطلق العنان ریاست جو سیاسی پولیس کے ذریعے شہریوں کی نگرانی کرے۔

**policewoman** *n.* (*pl* -**women**) زنانہ پولیس کی رکن، پولیس والی۔

**policy** *n.* ( *pl.*-**ies**) ① حکمت عملی جو کوئی شخص، ادارہ، جماعت یا حکومت اختیار کرے۔②بیمہ کا معاہدہ۔

**polio** *n.* =POLIOMYELITIS (اختصار)

**poliomyelitis** *n.* ایک متعدی مرض جو عارضی یا مستقل فالج کا باعث ہو سکتا ہے۔

**Polish** *adj. & n.* صف:①ملک پولینڈ سے متعلق۔ ②پولینڈ کا آدمی یا زبان۔ اسم: پولینڈ کی زبان۔

**polish** *v. & n.* ف:①رگڑ رگڑ کے چمکانا، چمک اٹھنا۔② صفائی، درستی کرنا، نوک پلک سنوارنا۔اسم:① چمکانے کا مادّہ۔ ②چمک دمک۔ ③ شائستہ انداز، خوش اسلوبی۔ □ **polish off** ختم کر دینا، چٹ کر جانا ● **polisher** اسم۔

**polished** *adj.* (طرزِ عمل، برتاؤ) شائستہ، بہترین۔

**polite** *adj.* ① خوش خُلق، باادب، شائستہ، پُرتپاک۔ ②مہذب۔③نفاست پسند، خوش مذاق ۔● **politely** م ف: خوش خلقی سے۔**politeness** اسم: شائستگی۔

**politic** *adj.* متوازن، مناسب موقع۔

**political** *adj.* ①ریاست یا حکومت سے متعلق۔② سیاسی، سیاست سے متعلق یا منسلک۔③سیاست یا متنازعہ فیہ امور میں کسی خاص فریق کے ساتھ شامل۔● **politically** م ف: سیاسی طور پر۔

**political correctness** *n.* بیان یا عمل میں نسلی یا ثقافتی اقلیتوں کے جذبات کا لحاظ۔

**politician** *n.* سیاست کار، سیاست داں جو عملی طور پر سیاست سے وابستہ ہو۔

**politics** *n. pl.* ① حکومت کو چلانے کا فن، حکمرانی کے اصول۔②سیاسی عقیدہ یا اصول۔

**polity** *n.* (*pl.* **-ies**) ①شہری یا ملکی حکومت، ہیئت یا طریق کار۔② منظّم معاشرہ؛ ریاست۔

**polka** *n.* ایک جوشیلا، جاندار ڈبل چال رقص۔

**poll** *n. & v.* ①انتخابات میں ووٹ ڈالنے کا عمل، ووٹوں کا شمار، انتخابات کا نتیجہ، انتخابات میں ڈالے گئے ووٹوں کی تعداد۔②لوگوں سے سوال پوچھ کر رائے عامّہ کا اندازہ ۔ف:① کسی انتخاب میں ووٹ حاصل کرنا۔ ② رائے شماری میں رائے دینے والوں کی رائے رقم کرنا۔

**pollard** *n. & v.* اسم: درخت جس کی شاخیں چھانٹ دی گئی ہوں تا کہ نئی تازہ شاخیں پھوٹیں۔ ف: درخت کی چھٹائی کرنا۔

**pollen** *n.* پھولوں کا نرعنصر، زیرہ یا زرگل جو پھولوں سے جھڑتا ہے۔

**pollen count** *n.* ہوا میں نباتی زیروں یا زرگل کی مقدار کا اشاریہ جو ان لوگوں کی اطلاع کے لیے شائع کیا جاتا رہتا ہے جو اس سے طبعاً متاثر ہوتے ہیں۔

**pollinate** *v.* پھولوں کا زیرہ یا زرگل زرگیرے یا سر لچھے پر چھڑکنا تا کہ بارور ہو۔● **pollination** اسم۔

**pollster** *n.* لوگوں کی رائے معلوم کرنے یا اس کا تجزیہ کرنے والا۔

**poll tax** *n.* تاریخ: ہر بالغ آدمی پر عائد ہونے والا ٹیکس جو پہلے رائج تھا۔

**pollute** *v.* ① آلودہ یا متعفّن کرنا۔② گندہ نجس، ناپاک کرنا۔ ● **pollutant** اسم: آلودگی کرنے والا۔ **pollution** اسم: آلودگی۔

**polo** *n.* چوگان، اصلاً مشرقی کھیل، ہاکی سے مماثل، گھوڑے پر بیٹھ کر لمبے ڈنڈوں سے کھیلا جانے والا کھیل۔

**polo neck** *n.* ایک اونچا، گول لوٹ کالر، اس کے ساتھ کا پُل اوور یا بُنا ہوا سویٹر۔

**polonium** *n.* ایک تاب کار فلزی مادّہ (علامت:Po)

**poltergeist** *n.* شور مچانے والا بھوت خصوصاً جو چیزیں اِدھر سے اُدھر ہٹا کر اپنے آپ کو ظاہر کرتا ہے۔

**polyandry** *n.* کثیرازواجی جس میں عورت کئی شوہر رکھ سکتی ہے، چند شوہری۔

**polychrome** *adj.* رنگین، کئی رنگوں میں چھاپا یا رنگا ہوا۔● **polychromatic** صف۔

**polyester** *n.* مصنوعی عمل سے تیار کردہ ریشے جیسے ٹیری لین یا لاکھ، رال وغیرہ۔

**polyethylene** *n.* =POLYTHENE۔

**polygamous** *adj.* بیک وقت کئی شوہر رکھنے والی یا کئی بیویاں رکھنے والا۔● **polygamist** اسم: کثیرالازواج مرد۔ **polygamy** اسم: کثیرازدواجی۔

**polyglot** *adj. & n.* ① کئی زبانوں پر مشتمل (کتاب) ② کئی زبانوں کا جاننے والا (شخص)

**polygon** *n.* کثیرالاضلاع شکل جو کاغذ یا کسی سطح پر بنی ہو، کم از کم سہ ضلعی۔● **polygonal** صف۔

**polygraph** *n.* ایک مشین جو جسمانی افعال (مثلاً نبض کی رفتار یا تنفس) میں خفیف تبدیلی کو محسوس کر لیتی ہے، خصوصاً جھوٹ پکڑنے کے لیے مستعمل۔

**polyhedron** *n.* (*pl.* **polyhedra** or **polyhedrons**) کثیر پہلوؤں والی ٹھوس شکل، عموماً کم

سے کم چھ پہلوؤں پر مشتمل۔● **polyhedral** صف۔

**polymath** *n.* جامع العلوم شخص، بڑا عالم، علامۂ دہر۔ ● **polymathy** اسم: وسیع علمیت۔

**polymer** *n.* ایک یا زیادہ بڑے سالموں کا مرکب جو چھوٹے سالموں کی تکرار سے بنتا ہے، کثیر ترکیبیہ۔● **polymerization** اسم۔ **polymerize** ف۔

**polynomial** *adj.* کثیر رقمی یا اس سے متعلق۔

**polyp** *n.* ① کوئی واحد مرجانی جانور۔② بلغمی جھلّی میں خفیف بے ضرر ابھار۔

**polyphony** *n.* (*pl.* **-ies**) موسیقی کی بندش میں مخلوط یا ترکیبی انداز، اس انداز سے مرتب کی ہوئی موسیقی۔ ● **polyphonal** صف۔

**polystyrene** *n.* سٹائرین کا کثیر سالمی مرکب خصوصاً حر پلاسٹک پولیمر۔

**polytechnic** *n.* اعلیٰ حرفتی تعلیم کا ادارہ جس میں مختلف تکنیکی علوم کی تعلیم دی جاتی ہے۔

**polytheism** *n.* ایک سے زیادہ خداؤں پر ایمان، کثرت پرستی، وحدانیت کی ضد۔ ● **polytheist** اسم۔ **polytheistic** صف۔

**polythene** *n.* (also **polyethylene**) ایک مضبوط ہلکا پلاسٹک۔

**polyunsaturated** *adj.* (خصوصاً چربی یا چکنائی کے سالموں کے متعلق) کئی دہری تہری گرفتوں کے حامل لہٰذا مزید ردّعمل کے اہل۔

**polyurethane** *n.* یورتھین کا حامل پولیمر جو گوند، سریش، رنگ و روغن، پلاسٹک وغیرہ میں کام آتا ہے۔

**pomander** *n.* مختلف خوشبودار اشیا کا گولا جو پہلے زمانے میں ڈبیا، تھیلی وغیرہ میں ساتھ لے جایا جاتا تھا۔

**pomegranate** *n.* انار، انار کا درخت۔

**pommel** *n.* ① تلوار کے قبضے کے سرے پر لگی ہوئی گھنڈی۔② زین کا ابھرواں اگلا سرا۔

**pomp** *n.* ① شان و شوکت۔② اتراہٹ، نمود و نمائش۔

**pompon** *n.* (also **pompom**) ایک آرائشی گولا یا گپھا، اُدن، ریشم یا فیتوں کا بنا ہوا جو زنانہ یا بچوں کے لباس یا ٹوپیوں پر ٹانکا جاتا ہے۔

**pompous** *adj.* ① رعب دار، ٹھسّے کا، اتراہٹ بھرا۔ ② پُرتصنّع، بے جا طور پر بلند آہنگ۔ ● **pomposity** اسم: خودنمائی، نخوت۔ **pompously** م ف۔

**ponce** *n.* ① رنڈی کی کمائی کھانے والا، دلہ۔② بطور مذمت: مُغلم؛ زنخا۔

**poncho** *n.* (*pl.* **-os**) ایک لبادہ، کمبل نما جس میں سر کے لیے ایک چاک بنا ہوتا ہے۔

**pond** *n.* تالاب، جوہڑ، ٹھہرے ہوئے پانی کا گڑھا۔

**ponder** *v.* غور و خوض کرنا، ذہنی طور پر جانچنا۔

**ponderous** *adj.* ① بھاری بھرکم، بے ڈول۔② لدّھڑ، بوجھل۔ ● **ponderously** م ف۔

**pong** *n.* بول چال: ناگوار بو۔

**pontiff** *n.* پوپ، پاپائے روم۔

**pontificate** *v.* زعم، دعوے پر مبنی انداز اختیار کرنا۔

**pontoon** *n.* ① تاش کا ایک کھیل۔② ایک چپٹے پیندے کی کشتی جو عارضی پل کو سہارتی ہے۔③ ایسا کشتیوں پر قائم پل (نیز **pontoon bridge**)

**pony** *n.* (*pl.*-**ies**) ٹٹو، چھوٹی نسل کا گھوڑا۔

**ponytail** *n.* بالوں کو سنوارنے کا ایک انداز جس میں ٹٹو کی دم کی طرح کی چوٹی باندھ دی جاتی ہے۔

**poodle** *n.* گھنے، گھنگرالے بالوں کا ایک کتّا۔

**poof** *n.* (also **poofter**) مبتذل: ① زنانہ انداز رکھنے والا آدمی۔② مُغلم، اغلام باز، ہم جنسیت کا شائق۔

**pooh** *int.* اظہار بیزاری یا حقارت کا کلمہ۔

**pooh-pooh** *v.* اظہار نفرت و بیزاری یا تمسخر کرنا، کسی خیال کو ملامت کے ساتھ رد کرنا۔

**pool** *n.* & *v.* ① پانی کا چھوٹا سا جوہڑ یا پانی بھرا نشیب۔ ② =SWIMMING POOL۔ ③ افراد، سواریوں، اشیا وغیرہ کی مشترک رسد۔ ④ (**the pools**) فٹ بال کے نتائج پر داؤ لگانے والا ایک قسم کا جوا۔ ف: ① (وسائل کو) ایک مشترک فنڈ میں رکھنا۔② باہمی حصّے دار ہونا۔

**poop** *n.* جہاز کا دنبالہ؛ جہاز کا سب سے اونچا عرشہ۔

**poor** *adj.* ① مفلس، نادار، غریب۔② کمتر، کوتاہ، خام، ناقص۔③ ناکافی، قلیل۔④ قابل رحم، لاچار۔● **poorness** اسم۔

**poorly** *adv.* & *adj.* م ف: ① ناقص طور پر، کم کم۔ ② کم و بیش، لاحاصل۔③ گھٹیا طور پر۔ صف: بیمار۔

**pop** *n., v. & adj.* اسم:①بوتل سے کاگ کے اچھلنے کی یا اس سے ملتی ہوئی آواز، پٹاخہ۔②ایک جھاگ دار میٹھا مشروب۔③پاپ موسیقی۔ ف:(**popping،popped**) ①اس طرح کی آواز نکالنا جیسے بوتل کے کاگ کے کھلنے کی۔ ② ایک دم آدھمکنا،ٹپک پڑنا یا چل دینا، حرکت کرنا۔ ③ خفیف دھماکے کی آواز کے ساتھ پھٹنا،تڑاقہ کرنا۔ صف:①نئے فیشن یا مذاق کا۔②مقبول عام نئی موسیقی سے متعلق۔

**popadom** POPPADOM کا متبادل۔

**popcorn** *n.* ① مکئی جو گرم ہو کر چٹختی ہے۔② بھنی ہوئی مکئی کی کھیلیں۔

**pope** *n.* (طور لقب عموماً **Pope**) روما کے بشپ یا اسقف اعظم جو رومن کیتھلک کلیسا کے سربراہ ہیں۔

**poplar** *n.* کوئی درخت، عام طور پر اونچا اور جلد بڑھنے والا، جیسے سفیدا۔

**poplin** *n.* سادی بنائی کا کپڑا عموماً سوتی پاپلین۔

**pop music** نوجوانوں کی مقبول عام نئی موسیقی۔

**poppadom** *n.* (also **poppadam, popadom**)، (ہندوستانی کھانوں میں) ایک کراری پتلی، مسالے دار روٹی جسے سالن کے ساتھ کھاتے ہیں۔

**popper** *n.* بول چال: جڑواں بٹن جسے دبا کر بند کرتے ہیں۔

**poppy** *n.* (*pl.*-**ies**) لالہ، گوکنار، پوست یا پاورکا پودا جس میں شوخ پھول لگتے ہیں۔

**poppycock** *n.* بول چال: بکواس۔

**populace** *n.* جمہور، عوام النّاس، خلقت۔

**popular** *adj.* ①مروّج، مقبول، پسندیدہ سب کا یا کسی مخصوص حلقے کا۔② عوام کا، عوام سے منسوب۔● **popularity** اسم: مقبولیت۔ **popularly** م ف۔

**popularize** *v.* (also **-ise**) ① پھیلانا، مقبول بنانا۔② کسی شخص، اصولوں وغیرہ کو شہرت دینا۔③ کسی علمی مضمون کو آسان، عام فہم زبان میں پیش کرنا۔

**populate** *v.* آباد ہونا، بسنا، سکونت اختیار کرنا۔

**population** *n.* آبادی، کسی ملک وغیرہ میں بسنے والے لوگ بحیثیت مجموعی۔

**populous** *adj.* گنجان آباد۔

**porcelain** *n.* چینی مٹی، ایک شفاف مادّہ۔

**porch** *n.* کسی عمارت کا چھت دار دروازہ، ڈیوڑھی۔

**porcine** *adj.* سؤروں کا یا خنزیر جیسا۔

**porcupine** *n.* سیہہ، خارپشت۔

**pore** *n.* مسام، مہین سوراخ جس میں سے گیس، مائع یا باریک ذرّات خارج ہو سکیں یا داخل ہو سکیں۔□ **pore over** (مطالعے وغیرہ میں) غرق ہونا، منہمک ہونا۔

**pork** *n.* سؤر کا گوشت (خصوصاً تازہ)

**porn** *n.* بول چال: PORNOGRAPHY۔

**pornography** *n.* ادب، فلم وغیرہ میں جنسی فعل کی تفصیل و تصویر کشی جس کا مقصد ہیجان خیزی ہو۔● **pornographer** اسم۔ **pornographic** صف۔

**porous** *adj.* ①مسام دار، سوراخ دار۔②جس میں سے ہوا، پانی وغیرہ گزر سکے۔● **porosity** اسم۔

**porpoise** *n.* چھوٹے دانتوں والی چھوٹی وھیل۔

**porridge** *n.* دلیہ جسے پانی یا دودھ میں اُبال کر کھاتے ہیں۔

**port** *n.* ①بندرگاہ، شہر جس میں بندرگاہ واقع ہو۔ ②ایک تیز میٹھی شراب۔③ جہاز، کشتی یا طیارے کا بایاں پہلو۔ ④ برقی دور میں کوئی خانہ یا درز خصوصاً کمپیوٹر کے سلسلوں میں جہاں دوسرے بیرونی آلات قرص وغیرہ کے سلسلے ملائے جا سکیں۔ ⑤ دیوار وغیرہ میں بندوق چلانے کا موکھا۔

**portable** *adj.* جو آسانی سے اٹھایا جا سکے، لے جایا جا سکے۔● **portability** اسم۔

**Portakabin** *n.* تجارتی نام: قابل انتقال، آسانی سے جوڑا جانے والا، ٹوٹواں کمرہ یا عمارت۔

**portal** *n.* دروازہ خصوصاً بڑا اور شاندار۔

**portcullis** *n.* عمودی کھانچوں پر اوپر نیچے سرکنے والا قلعے وغیرہ کے دروازے کا بھاری آہنی ٹھاٹھر۔

**portend** *v.* ①خطرے وغیرہ کی پیش گوئی کرنا۔② آگاہ، خبردار کرنا کسی ہونے والی بات سے۔

**portent** *n.* شگون یا بدشگونی، کسی اہم واقعہ کی بابت پیش آگاہی۔● **portentous** صف۔

**porter** *n.* ① قلی، سامان اٹھانے والا مزدور یا ملازم۔ ②ایک گہرے بھورے رنگ کی بیئر۔③ دربان۔

**portfolio** *n.* (*pl.* **-os**) ① کاغذات کا بستہ۔ ② سرمایہ کاری کرنے والے کے خریدے ہوئے حصص وغیرہ کی حدود یا وسعت۔ ③ کسی وزیرِ مملکت کا منصب۔

**porthole** *n.* جہاز یا ہوائی جہاز کے پہلو میں روشنی کے لیے بنے ہوئے روشن دانوں میں سے کوئی۔

**portico** *n.* (*pl.* **-oes** or **-os**) ستونوں پر قائم دالان خصوصاً کسی عمارت کا پیش دالان۔

**portion** *n.* & *v.* ① کسی کل کا جزو۔ ② ایک آدمی کو دیا جانے والا کھانا۔ ③ محدود یا معیّنہ مقدار۔ ف: ① حصّوں میں تقسیم کرنا، بانٹنا۔ ② حصّے بخرے کرنا۔

**portly** *adj.* (**portlier, portliest**) فربہ، لحیم شحیم۔ ● **portliness** اسم: مٹاپا، فربہی۔

**portmanteau** *n.* (*pl.* **portmanteaus** or **portmanteaux**) کپڑوں وغیرہ سے بھرا ہوا تھیلا، خصوصاً چرمی جو بیچ سے دو حصّوں میں کھل جاتا ہے۔

**portmanteau word** *n.* مخلوط لفظ جو دو الفاظ کی آوازوں اور مطلب سے مل کر بنا ہو۔

**portrait** *n.* ① کسی انسان یا جانور کی تصویر وغیرہ۔ ② الفاظ میں تصویر کشی، تفصیلی بیان۔

**portray** *v.* ① چہرہ کشی کرنا۔ ② تفصیل سے بیان کرنا، الفاظ میں نقشہ کھینچنا۔ ● **portrayal** اسم۔

**Portuguese** *n.* & *adj.* اسم: ① پرتگال کا باشندہ یا شہری، پرتگالی نسل کا آدمی۔ ② پرتگالی زبان۔ صف: پرتگال یا پرتگالی زبان وغیرہ سے متعلق۔

**Portuguese man-of-war** *n.* فالودہ مچھلی کی ایک بہت زہریلی قسم۔

**pose** *v.* & *n.* ف: ① (کسی کو) اپنے سوال یا مسئلے سے الجھن میں ڈال دینا۔ ② تصویر کھچواتے یا بنواتے وقت کوئی جسمانی انداز اختیار کرنا۔ ③ اپنی اصلیت چھپا کر خود کو کچھ اور بتانا، بناوٹ سے کام لینا۔ ④ سامنے رکھنا، پیش کرنا (سوال وغیرہ) اسم: ① ذہنی رویّہ یا جسمانی انداز۔ ② دانستہ اختیار کردہ طرز، بناوٹی انداز۔

**poser** *n.* ① بناوٹ کرنے والا۔ ② کوئی چکرانے والا سوال یا مسئلہ۔

**poseur** *n.* پُرتصنّع شخص، بناوٹی انداز رکھنے والا آدمی۔

**posh** *adj.* بول چال: ① طرحدار، خوش وضع۔ ② اونچے طبقے کا یا اس سے منسوب یا مخصوص۔

**posit** *v.* فرض کرنا، مان لینا، وقتی طور پر تسلیم کر لینا۔

**position** *n.* & *v.* اسم: ① کوئی مقام جہاں کوئی شخص یا شے موجود ہو۔ ② رکھی ہوئی شے یا اشیا یا اجزا کا انداز، ترتیب، کیفیت۔ ③ صحیح جگہ۔ ④ بہتر یا فائدے کی جگہ یا حیثیت۔ ⑤ ذاتی ذہنی رویہ، طرزِ نظر، موقف۔ ⑥ مرتبہ، حیثیت؛ اونچا سماجی مقام۔ ف: جگہ پر پہنچانا، ترتیب دینا۔ ● **positional** صف: مقام کے متعلق۔

**positive** *adj.* & *n.* صف: ① حتمی، قطعی، محکم، ظاہر، پکّا، شبہ سے بالاتر (بات، معاملہ وغیرہ) ② پُر اعتماد، غیر مذبذب (شخص) ③ حقیقی، سچ مچ کا۔ ④ تعمیری، بامقصد۔ ⑤ مثبت، نتیجہ خیز۔ ⑥ صفر سے اوپر، زائد۔ ⑦ (فوٹو کی تصویر) روشنی اور سائے کو اصل کے مطابق دکھانے والی۔ اسم: مثبت تعریف، فوٹوگراف، مقدار وغیرہ۔ ● **positively** م ف: مثبت یا اقراری طور پر۔

**positive discrimination** *n.* پسماندہ یا نادار طبقے کی پاسداری۔

**positive pole** *n.* مثبت قطب، شمال رویہ قطب۔

**positive vetting** *n.* سرکاری ملازمت کے امیدوار کے حالات کی مفصل چھان بین جس میں صیغۂ راز کی باتوں تک کی رسائی شامل ہوتی ہے۔

**positron** *n.* طبیعیات: ایک جز جوہری (شامل ایٹم) ذرہ، مثبت بار کا حامل۔

**posse** *n.* ① جمگھٹ، جتھا۔ ② تاریخ: پولیس کے سپاہیوں کا دستہ جو نظم و نسق کے لیے مطلوب ہوں۔

**possess** *v.* ① املاک کا مالک یا قابض ہونا۔ ② کوئی قابلیت، خصوصیت وغیرہ رکھنا۔ ③ کسی جذبے، خبط وغیرہ کا غالب آنا، لاگو ہونا۔ ④ (کسی بھوت یا ارواح کا) کسی کو چمٹ جانا۔ ● **possessor** اسم۔

**possession** *n.* ① قبضہ، تصرّف، ملکیت۔ ② مقبوضہ شے۔ □ **take possession of** (کسی شے کو) قبضے میں لینا، مالک بن جانا۔

**possessive** *adj.* ① قبضے یا ملکیت کا یا اس سے متعلق۔ ② دوسرے کو مغلوب رکھنے کا رجحان یا حسد رکھنے والا۔ ③ قواعد: وہ کلمہ جو ملکیت ظاہر کرے۔ ● **possessively** م ف۔ **possessiveness** اسم۔

**possessive pronoun** *n.* رک: pronoun-
**possible** *adj.* ① ممکن، قابلِ حصول، حدّ امکان یا استطاعت میں۔ ② ممکن الوقوع، قرین قیاس۔ ● **possibility** اسم: امکان۔ **possibly** م ف۔
**possum** *n.* بول چال: OPOSSUM۔
□ **play possum** ① سونے یا غافل ہونے کا بہانہ کرنا۔ ② ناواقف ظاہر کرنا۔
**post**[1] *n. & v.* اسم: بلّی، کھمبا جو زمین میں عموداً گاڑا یا کھڑا کیا گیا ہو۔ ف: کوئی چیز (اشتہار وغیرہ) کسی نمایاں جگہ پر لگانا، چسپاں کرنا۔
**post**[2] *n. & v.* اسم: ڈاک کی ترسیل کا سرکاری نظام، ڈاک کی تقسیم۔ ف: خط وغیرہ ڈاک میں ڈالنا۔
**post**[3] *n. & v.* ① سپاہی کی تعیناتی کا مقام۔ ② کام کرنے کی جگہ۔ ③ فوجی مورچہ۔ ف: مقرر کرنا۔
**post** *-pref.* بعد کا، وقت یا ترتیب کے لحاظ سے مؤخّر۔
**postage** *n.* محصول ڈاک، عموماً ٹکٹوں کی شکل میں۔
**postal** *adj.* ڈاک سے متعلق؛ بذریعہ ڈاک۔
**postbox** *n.* ڈاک کا بکس جس میں ڈاک بعد میں وصول کیے جانے کے لیے رکھ دی جاتی ہے۔
**postcard** *n.* کارڈ جو ٹکٹ لگا کر بغیر لفافے کے ڈاک سے بھیجا جا سکتا ہے۔
**postcode** *n.* ڈاک کا کوڈ، علامتی حروف و اعداد پر مشتمل، ڈاک کو چھانٹنے کی سہولت کی خاطر۔
**post-date** *v.* ① اصل تاریخ سے بعد کی تاریخ ڈالنا۔ ② کسی دستاویز یا واقعے کو اصل سے بعد کی تاریخ کے ساتھ منسوب کرنا۔
**poster** *n.* ① نمایاں طور سے چسپاں کیا جانے والا بڑا اشتہار۔ ② بڑے سائز کی تصویر یا اشتہاری پوسٹر۔
**poste restante** *n.* خط پر ہدایت کا اندراج کہ اسے وصول کیے جانے تک ڈاک خانے میں رکھا جائے۔
**posterior** *adj. & n.* صف: ① بعد کا، مؤخر، کسی سلسلے یا ترتیب میں یا زمانے کے لحاظ سے۔ ② پشت کی طرف واقع۔ اسم: سرین۔
**posterity** *n.* بعد کی، آئندہ آنے والی نسلیں۔
**postern** *n.* قلعے وغیرہ کا عقبی دروازہ یا بغلی راستہ۔
**postgraduate** *adj. & n.* پہلی ڈگری لینے کے بعد کا تعلیمی سلسلۂ نصاب وغیرہ۔
**post-haste** *adv.* مارا مار، سرپٹ، نہایت تیزی کے ساتھ۔
**posthumous** *adj.* ① بعد مرگ واقع ہونے والا۔ ② (بچہ) جو اپنے باپ کے مرنے کے بعد پیدا ہو۔ ③ (کتاب) جو مصنف کی وفات کے بعد چھپے۔ ● **posthumously** م ف: بعد وفات۔
**postman** *n. (pl.* **men**) ڈاکیہ، چٹھی رساں۔
**postmark** *n. & v.* اسم: خطوط پر لگائی جانے والی مہر جو ٹکٹ کو رد کرنے کے علاوہ ڈاک خانے کا نام تاریخ وغیرہ بھی ڈالتی ہے۔ ف: خط پر مہر یا ٹھپّہ لگانا۔
**postmaster** *n.* ڈاکخانے کا نگران کار افسر۔
**postmistress** *n.* ڈاکخانے کی نگران کار خاتون۔
**post-mortem** *n.* ① موت کا سبب دریافت کرنے کے لیے لاش کا معائنہ۔ ② کسی واقعے، کھیل انتخابات وغیرہ کے بعد اس کی تفصیلات اور نتائج پر گفتگو اور ان کا تجزیہ۔
**post-natal** *adj.* بچے کی ولادت کے بعد کے زمانے یا اس کی خصوصیات سے متعلق، پس ولادتی۔
**post office** *n.* سرکاری محکمہ یا کارپوریشن جو ڈاک کے انتظام کا ذمہ دار ہو۔
**postpone** *v.* ملتوی کرنا (کسی کام وغیرہ کو) آئندہ پر موقوف رکھنا۔ ● **postponement** اسم: التوا۔
**postprandial** *adj.* رسمی: کھانے کے بعد۔
**postscript** *n.* خط میں اضافی پیرا یا جملہ عموماً خاتمے پر دستخط کے بعد 'PS' کے حروف سے واضح۔
**post-traumatic stress disorder** *n.* صدمے کے بعد ذہنی و جذباتی دباؤ، چوٹ لگنے یا سخت نفسیاتی دھچکا لگنے سے پیدا ہونے والی حالت۔
**postulant** *n.* امیدوار، خصوصاً کسی مذہب میں داخل ہونے کا۔
**postulate** *v.* مفروضہ یا تسلیم کردہ بات کرنا۔ ● **postulation** اسم: امر مسلمہ۔
**posture** *n. & v.* اسم: اعضاء جسمانی کی کوئی خاص کیفیت، وضع، انداز۔ ف: کوئی ذہنی یا جسمانی انداز اختیار کرنا خصوصاً متاثر کرنے کے لیے۔ ● **postural** صف۔

**posy** *n.* (*pl.* **-ies**) پھولوں کا چھوٹا گچھا۔

**pot** *n. & v.* اسم:① برتن، دھات یا چینی کا، کسی خاص کام کا برتن۔ ② بول چال: چرس۔ ف: (**potted**، **potting**) ① برتن میں رکھنا۔ ② گیند کو (بلیرڈ وغیرہ کی) تھیلی میں ڈالنا۔ ③ گملے میں پودا لگانا۔ □ **go to pot** بول چال: بگڑنا، تباہ ہونا۔

**potable** *adj.* رسمی: پینے کے قابل۔

**potash** *n.* پوٹاشیم کاربونیٹ۔

**potassium** *n.* ایک نرم سفید روپہلی دھاتی عنصر (علامت:K)۔

**potation** *n.* قدیم: کوئی مشروب؛ پینے کا عمل۔

**potato** *n.* (*pl.* **-oes**) ① آلو۔② اس کا پودا۔

**pot belly** *n.*(*pl.* **-ies**) توند، آگے کو نکلا ہوا پیٹ۔

**potboiler** *n.* بول چال: پیسہ کمانے کے لیے کیا جانے والا چلتا ہوا ادبی یا فنی کام۔

**poteen** *adj.* (also **potheen**) غیر قانونی تیار کی ہوئی وھسکی ۔

**potent** *adj.* ① طاقتور، مضبوط۔② مؤثر، قوی ۔③ جنسی فعل پر قادر (مرد) **potency** اسم۔ **potently** م ف۔

**potentate** *n.* حکمراں، بادشاہ۔

**potential** *adj. & n.* صف: دی ہوئی، موجود، امکانی (اہلیت یا توانائی) اسم: ① امکان، صلاحیت۔② قابل استعمال وسائل۔● **potentiality** اسم: صلاحیت، امکان، مقدور۔ **potentially** م ف۔

**pothole** *n.* اسم: ① پانی کے زور سے بننے والے زیر زمین گڑھے۔② سڑک کے بیچ میں پڑنے والا گڑھا۔

**potholing** *n.* غاروں میں شوقیہ گھومنا۔ ● **potholer** اسم۔

**potluck** *n.* جو کچھ مہیّا یا میسر ہو۔ □ **take pot luck** جو ملے لے لینا۔

**potion** *n.* پینے کی دوا، سیّال منشی مادّہ یا زہر وغیرہ۔

**pot-pourri** *n.* ① خشک پنکھڑیوں اور خوشبویات کا مرکب جو کمرے کو معطر کرنے کے لیے رکھتے ہیں۔② ملے جلے نغمے یا ادبی شہ پارے۔

**pot roast** *n.* بند برتن میں دھیمی آنچ پر دیر تک پکایا ہوا گوشت کا ٹکڑا۔

**potsherd** *n.* مٹی کی بنی شے کا ٹوٹا ہوا ٹکڑا۔

**potshot** *n.* الل ٹپ نشانے یا تکّے ۔

**potted** *adj.* ① برتن میں محفوظ کیا ہوا ② مختصر۔

**potter**[1] *n.* کمہار، برتن بنانے والا۔

**potter**[2] *v.* (*US* **putter**) کھیل کھیل کے، بے قاعدہ مگر خوش طبعی کے ساتھ کسی کام میں مصروف رہنا۔

**pottery** *n.* ( *pl.* **-ies**) ① مٹی کو تپا کر تیار کیے ہوئے برتن۔② ظروف سازی۔③ کمہار کا آوا۔

**potty** *adj. & n.* (**pottier, pottiest**) بول چال: صف ① احمق یا باؤلا۔② ادنیٰ، معمولی، بے اہمیت۔ اسم: حاجتی، خصوصاً بچوں کے پاخانے کا برتن۔

**pouch** *n.* تھیلی یا اس جیسی کوئی شے۔

**pouffe** *n.* گدّے دار چوکی یا پیروں کی ٹیک۔

**poult** *n.* گھریلو مرغی یا شکار کیے جانے والے پرندے ۔

**poulterer** *n.* مرغی فروش۔

**poultice** *n.* دواؤں کی چھوٹی پوٹلی جو کسی ورم، آبلے وغیرہ پر باندھی جائے، پُلٹس۔

**poultry** *n.* پالتو مرغیاں، بطخیں وغیرہ ۔

**pounce** *v. & n.* ف: ① جھپٹ کر دبوچنا۔② اچانک حملہ کرنا، یکا یک آپڑنا، کسی چیز کو جھپٹ کر ہتھیانا۔ اسم: زقند، گرفت، جھپٹنے کا عمل۔

**pound**[1] *n.* ① وزن کی اکائی، ۱۶ اونس (avoirdupois) (۴۵۴ء کلو گرام) یا ۱۲ اونس (troy) (۳۷۳ء کلو گرام) کے مساوی۔ ② **pound sterling** کا اختصار) برطانیہ اور بعض دیگر ممالک کا معیاری سکّہ ۔

**pound**[2] *v.* ① کوٹنا، لگاتار ضربیں لگا کر توڑنا، پیسنا۔② لڈ ھڑ چال سے چلنا۔③ (دل کا) زور سے دھڑکنا۔

**pound**[3] *n.* آوارہ مویشیوں کو بند کرنے کی جگہ یا پکڑی ہوئی گاڑیاں رکھنے کا احاطہ۔

**poundage** *n.* پونڈوں کی شکل میں ادا کیا جانے والا کمیشن یا فیس بحساب فی پونڈ۔

**pour** *v.* ① انڈیلنا، اوپر سے نیچے کی طرف بہانا، برسانا۔② (بارش کا) کھل کر برسنا۔③ بڑی تعداد میں یا بہت تیزی سے آنا یا جانا، نکلنا، اُبلنا۔

**pout** *v. & n.* ف: ہونٹ نکال کر ناراضگی یا بیزاری کا اظہار کرنا۔ اسم: اس طرح کا طرز اظہار۔

**poverty** *n.* ① مفلسی، غریبی، ناداری۔ ② قلّت، کمی۔
**POW** prisoner of war کی تخفیف۔
**powder** *n. & v.* اسم: ① پاؤڈر، سفوف، سفیدہ۔ ② سفوف کی شکل میں دوا۔ ③ GUNPOWDER۔ ف: پوڈر لگانا، چھڑکنا یا آراستہ کرنا۔ ● **powdery** صف۔
**powder room** *n.* زنانہ طہارت خانہ۔
**power** *n. & v.* اسم: ① قوت کار، قدرت۔ ② سرکاری اختیار، سیاسی اقتدار۔ ③ ذی اثر آدمی، گروہ یا تنظیم۔ ④ فوجی قوت، بین الاقوامی طور پر مؤثر ریاست یا ملک۔ ⑤ جسمانی توانائی، بل، زور۔ ⑥ صلاحیت، خصوصیت۔ ⑦ برقی یا میکانکی توانائی۔ ⑧ کسی عدد کو اسی عدد سے کچھ مرتبہ ضرب دینے کا حاصل۔ ف: میکانکی یا برقی توانائی مہیّا کرنا۔
**powerful** *adj.* ① طاقتور، بڑی قوت والا۔ ② سیاسی طور پر بااثر۔ ● **powerfully** م ف: طاقت سے۔
**powerless** *adj.* ① بےقوت۔ ② ناقابل، عاجز۔
**power of attorney** *n.* مختارنامہ جو کسی کے حق میں کسی کی طرف سے مالی یا قانونی امور میں پیروکاری کے لیے جاری کیا جائے۔
**power station** *n.* بجلی گھر۔
**pp** موسیقی، تخفیف: pianissimo۔
**pp.** تخفیف: pages۔
**p.p.** (also **pp**) تخفیف: *per pro*۔
**PR** تخفیف: ① public relations۔ ② proportionate representation۔
**Pr** عنصر praseodymium کی علامت۔
**practicable** *adj.* ① قابل عمل یا قابل استعمال۔ ② ممکن، احتمالی۔ ● **practicability** اسم۔
**practical** *adj.* ① عملی نہ کہ نظری۔ ② قابل استعمال یا قابل عمل؛ کسی خاص کام کے لیے موزوں یا ساخت کردہ۔ ③ عملی (آدمی) جو صرف سوچ کر نہ رہ جائے؛ نیز وسائل سے بخوبی کام لینے والا۔ ④ عملی، واقعی، حقیقی۔ ⑤ باسہولت، حقائق پر مبنی؛ عملی امکانات سے تعلق رکھنے والا۔ ● **practicality** اسم: امکانیت۔
**practical joke** *n.* کسی کے ساتھ عملی مذاق۔
**practically** *adv.* ① کم وبیش۔ ② عملی طور پر۔

**practice** *n.* ① عام عادت، بندھا ہوا طریقہ یا مشغلہ۔ ② عملی کارروائی۔ ③ پیشہ ورانہ مشغلہ ڈاکٹر، وکیل وغیرہ کا۔ ④ رواج، عام قاعدہ خصوصاً کسی طرح کا۔ □ **in practice** ① عملاً، عملی طور پر۔ ② رواں، مشّاق۔ **out of practice** کسی کام کو کچھ عرصے سے چھوڑے ہوئے، مشق ومہارت میں کمی سے دوچار۔
**practise** *v.* (*US* **practice**) ① عادتاً مشق کرنا، عملی طور پر برتنا۔ ② مہارت بڑھانے کے لیے مشق کرنا۔ ③ کسی پیشے یا مذہب وغیرہ سے عملاً وابستہ ہونا۔
**practised** *adj.* (*US* **practiced**) تجربہ کار، ماہر۔
**practitioner** *n.* کسی پیشے میں عملی طور پر مشغول آدمی خصوصاً طب میں۔
**praesidium** PRESIDIUM کا متبادل۔
**pragmatic** *adj.* عمل کے نتائج سے تعلق رکھنے والا۔ ● **pragmatically** م ف۔ **pragmatism** اسم: عملی نقطۂ نظر۔ **pragmatist** اسم۔
**prairie** *n.* درختوں سے تقریباً خالی گھاس کے وسیع میدانوں کا سلسلہ، خصوصاً شمالی امریکا میں۔
**prairie dog** *n.* شمالی امریکا کا ایک کترنے والا جانور جو بلوں میں رہتا ہے۔
**praise** *v. & n.* ف: ① سراہنا، پسندیدگی کی نظر سے دیکھنا۔ ② (خدا کی) حمد کرنا۔ اسم: تعریف، توصیف، ثناخوانی۔
**praiseworthy** *adj.* قابل تعریف، پسندیدہ۔
**praline** *n.* میووں کو پکا کر بنائی ہوئی مٹھائی جو اکثر چاکلیٹ کے اندر بھری جاتی ہے۔
**pram** *n.* بچے کی چوپہیّا ٹھیلنے والی گاڑی۔
**prance** *v.* مستی یا شرارت میں اچھل کود کرنا۔
**prang** *v.* بول چال: ٹکرانا، نقصان پہنچانا (گاڑی کو)۔
**prank** *n.* عملی مذاق؛ شرارت، چھل۔
**prankster** *n.* عملی مذاق یا شرارتیں کرنے والا۔
**praseodymium** *n.* ایک نرم روپہلی دھات (علامت: Pr)
**prat** *n.* بول چال: بیوقوف، غبی شخص۔
**prattle** *v. & n.* ف: بچوں کے سے لہجے میں بولنا، بےکار باتیں کرنا۔ اسم: بچوں کی بچکانہ بولی۔
**prawn** *n.* جھینگا، شرمپ سے بڑا مگر ملتا جلتا۔

**pray** *v.* ①دعا کرنا، عبادت کرنا۔②التجا کرنا، فریاد کرنا۔

**prayer** *n.* ①دعا، عبادت، پوجا، نماز، عبادت کا عمل۔ ②کسی سے گزارش، التجا، التماس۔③ مقصد، مانگ، طلب جس کے لیے درخواست کی جائے۔

**pre-** *pref.* مقدّم، سابق، ماقبل (وقت، فاصلے، ترتیب یا درجے کے لحاظ سے) پہلے۔

**preach** *v.* ① وعظ کہنا، خطبہ پڑھنا؛ صحائف کی زبانی شرح کرنا۔ ② نصیحت فضیحت کرنا، روکنا ٹوکنا۔ ● **preacher** اسم: واعظ، مبلّغ۔

**preamble** *n.* تمہید، آغاز، ابتدائی بیان۔

**pre-arrange** *v.* پہلے سے طے کر لینا۔ ● **pre-arrangement** اسم: پیشگی انتظام۔

**precarious** *adj.* ①غیر یقینی، اتفاق پر مبنی، ہنگامی۔ ② غیر محفوظ؛ خطرناک۔ ● **precariously** م ف: غیر محفوظ انداز سے۔ **precariousness** اسم۔

**pre-cast** *adj.* چننے، نصب کرنے، استعمال میں لانے کے لیے تیار (کنکریٹ)

**precaution** *n.* حفظ ماتقدم، احتیاط کی نظر سے اٹھایا جانے والا قدم۔ ● **precautionary** صف۔

**precede** *v.* ①ترتیب یا اہمیت کے لحاظ سے پہلے آنا، آگے آگے چلنا۔② پہلے یا مقدّم رکھنا۔

---

وضاحت: *precede* کو *proceed* سے خلط ملط نہ کریں۔

---

**precedence** *n.* اوّلیت، وقت و ترتیب یا اہمیت میں ترجیح۔

**precedent** *n.* قانونی نظیر، کسی سابقہ عدالتی فیصلے کی مثال۔

**precept** *n.* ① حکم، فرمان؛ ضابطہ، قاعدہ۔② نصیحت، تلقین۔

**precinct** *n.* ① کسی عمارت کا نواحی علاقہ عموماً حد بندی کے ساتھ، جیسے کسی گرجا یا کالج کے ساتھ کا میدان۔② شہر میں کوئی مخصوص کردہ علاقہ خصوصاً جہاں سے گاڑیوں کا گزرنا بند ہو۔

**precious** *adj.* ①بیش قیمت۔②نہایت عزیز، بیش قدر۔③پُر تکلّف، پُر تصنّع، نفاست زدہ (انداز یا طرز کلام)

**precipice** *n.* پھسلنی چٹان، ڈھالو یا عمودی کنارا۔

**precipitate** *v., adj. & n.* ف:①وقت سے پہلے بلانا یا راہ دینا۔②اچانک کسی صورت حال سے دو چار کر دینا۔③سر کے بل لڑھکانا۔ ④ کسی مادّے کو محلول میں سے ٹھوس شکل میں نتھار کر یا عمل ترسیب سے الگ کرنا۔⑤ (خاک دھول وغیرہ کو) ہوا میں سے گر کر کسی سطح پر جمنے دینا، بخارات کو اسی عمل سے قطروں میں تبدیل کر کے زمین پر گرانا۔ صف: ①مارامارکا، اچانک، بے دھڑک۔②جلد باز، بے صبرا۔ اسم: کوئی مادّہ جو کسی محلول میں سے الگ کیا گیا ہو۔ ● **precipitately** م ف۔

**precipitation** *n.* ①رسوب سازی۔② جلد بازی۔③زمین پر گرتی ہوئی بارش یا برف وغیرہ۔

**precipitous** *adj.* خطرناک طور پر ڈھالو۔

**précis** *n. & v.* اسم: خلاصہ، اختصار، خصوصاً کسی متن یا تقریر کا۔ ف: خلاصہ کرنا، تلخیص کرنا۔

**precise** *adj.* ٹھیک ٹھیک، صحیح، من وعن، بے کم وکاست۔ ● **precisely** م ف۔ **precision** اسم۔

**preclude** *v.* ①روکنا، خارج رکھنا۔②خارج از امکان بنانا۔

**precocious** *adj.* وقت سے پہلے بعض باتوں میں پختہ، بالغ، پکّا، تیز۔ ● **precociously** م ف۔

**precognition** *n.* مستقبل کی بابت (مفروضہ) پیش آگہی، خصوصاً مافوق الفطری پیش بینی کی صلاحیت۔

**preconceived** *adj.* پہلے سے قائم کردہ (خیال، رائے وغیرہ) ● **preconception** اسم۔

**precursor** *n.* پیش رو، سابق عہدہ دار۔

**pre-date** *v.* پیشتر واقع یا موجود ہونا۔

**predator** *n.* شکاری جانور۔

**predatory** *adj.* ①قدرتی طور پر شکار خور (جانور) ② غارت گر، ظالم، سفاک۔

**predecease** *v.* (کسی شخص سے) پیشتر مرنا۔

**predecessor** *n.* ① کسی عہدہ دار کا پیشرو جو اس سے پہلے فائز تھا۔②پُرکھا، مورث اعلیٰ۔

**predestination** *n.* (یہ عقیدہ یا نظریہ کہ) ہر بات قضائے الٰہی سے مقدّر ہو چکی ہے۔

**predicament** *n.* مشکل، بری صورت حال۔
**predicate** *n.* قواعد: جملہ خبریہ میں خبر یا مسند (م: John went home میں *went home*)● **predicative** صف: اسنادی۔
**predict** *v.* مستقبل کی بابت پیشین گوئی کرنا۔ ● **predictor** اسم: پیش گو۔ **prediction** اسم۔ **predictable** صف۔ **predictably** م ف۔
**predictive** *adj.* پیش گوئی کا۔
**predilection** *n.* ترجیح، خصوصی رغبت یا پسندیدگی۔
**predispose** *v.* ① پہلے سے قائل، راغب، ذہنی طور پر تیار ہونا۔ ② پہلے ہموار کرلینا، موافق بنالینا۔● **predisposition** اسم: پیش موافقت۔
**predominate** *v.* ① قابو رکھنا، حاوی ہونا۔② برتر ہونا۔③ غالب عنصر ہونا۔ ● **predominant** صف۔ **predominance** اسم۔ **predominantly** م ف۔
**pre-eminent** *adj.* ① اعلیٰ تر، افضل، برتر۔② دوسروں سے نمایاں، ممتاز۔ ● **pre-eminence** اسم: افضلیت۔ **pre-eminently** م ف۔
**pre-empt** *v.* ① پہلے سے روک دینا، پہلے سے قبضہ حاصل کرلینا۔② دشمن کو کوئی زک دے کر حملے کے ناقابل بنادینا۔③ حق شفعہ کے طور حاصل کرنا۔ ● **pre-emption** اسم۔ **pre-emptive** صف۔
**preen** *v.* (پرندے کا) چونچ سے پروں کو کریدنا، صاف کرنا۔□ **preen oneself** اپنے آپ، اپنے بالوں یا کپڑوں وغیرہ پر اترانا۔
**prefabricate** *v.* (عمارت وغیرہ کی) پیش ساخت تعمیر کے اجزا تیار کرنا جنھیں جوڑ کر تعمیر کھڑی کی جا سکے۔ ● **prefabrication** اسم: پیش ساخت۔
**preface** *n. & v.* اسم: ① کتاب کا دیباچہ۔② تقریر کا تمہیدی حصہ۔ ف: ① تقریر یا تقریب کا آغاز کرنا یا تمہید اٹھانا۔② کتاب میں دیباچہ شامل کرنا۔
**prefect** *n.* ① سربراہ، بڑا افسر، مجسٹریٹ یا گورنر۔ ② اسکول کا سینئر طالب علم جسے نظم وضبط نافذ کرنے کا اختیار دیا جائے۔● **prefecture** اسم: پریفیکٹ کے زیر انتظام ضلع، اس کا عہدہ، معیاد، مدت۔
**prefer** *v.* **(preferred, preferring)** ① ترجیح دینا، مقابلتہً بہتر سمجھنا۔② ملاحظے کے لیے پیش کرنا، زیر غور لانا (معلومات، الزام وغیرہ کو)
**preferable** *adj.* ① لائق ترجیح۔② بہتر، زیادہ پسندیدہ۔● **preferably** م ف: ترجیحاً۔
**preference** *n.* ① ترجیح، برتری، مقابلتہً بہتر قرار دینے کی کوئی مثال۔② جسے ترجیح دی جائے۔③ اوروں کے مقابلے میں کسی ایک فرد پر نظر عنایت۔④ خصوصاً قرضوں کی ادائگی میں پہلا حق۔
**preferential** *adj.* ① ترجیحی، مقابلتہً بہتر۔② حسن سلوک روا رکھنے والا یا اس کا مستحق یا مستوجب۔● **preferentially** م ف: از روئے ترجیح۔
**preferment** *n.* عہدے پر ترقی۔
**prefix** *n. & v.* اسم: کسی لفظ کے ساتھ معنی میں ترمیم کے لیے لگایا جانے والا (م: *re-, non-, ex-*) ف: ① بطور تمہید اضافہ کرنا۔② کوئی لفظ یا جملہ، جزو کلمہ بطور سابقہ اضافہ کرنا۔
**pregnable** *adj.* قابل تسخیر، جسے فتح کرنا ممکن ہو۔
**pregnant** *adj.* ① (عورت یا مادہ حیوان کی بابت) حاملہ۔② پُرمعنی، پرمغز، معنی خیز۔● **pregnancy** اسم۔
**prehensile** *adj.* (دُم یا ہاتھ پاؤں) پکڑنے، گرفت میں لینے کے قابل۔
**prehistoric** *adj.* ① ماقبل تاریخ (دور) جس کے بارے میں دستاویزات ناپید ہیں۔② بول چال: بالکل کہنہ، فرسودہ۔● **prehistorically** م ف۔
**prejudge** *v.* (کسی شخص یا مسئلے وغیرہ کی بابت) رائے دینے میں جلد بازی کرنا۔
**prejudice** *n. & v.* اسم: ① پہلے سے قائم شدہ رائے، تعصّب، جانبداری۔② نقصان یا تکلیف جو کسی فیصلے سے پہنچ سکتی ہو۔ ف: (کسی حق، مطالبے، بیان وغیرہ کو) مشتبہ، نامعتبر، مشکوک بنادینا۔● **prejudiced** صف: یک طرفہ، متعصّبانہ۔
**prejudicial** *adj.* ① متعصّبانہ طور پر۔② نقصان دہ، مضر۔● **prejudicially** م ف: رئیس کلیسا کا عہدہ۔
**prelate** *n.* دینی پیشوا جیسے کہ بشپ یا اسقف، لاٹھ پادری۔● **prelacy** اسم: رئیس کلیسا کا عہدہ۔

**preliminary** *adj. & n.* صف: تمہیدی، ابتدائی۔ اسم: (ج: -ies) ابتدائی کارروائی یا انتظامات۔

**prelude** *n.* ① تمہیدی عمل یا کارروائی۔ ② کسی نظم کا ابتدائی حصّہ۔ ③ موسیقی کا تمہیدی ٹکڑا، قطعہ۔

**premarital** *adj.* شادی سے پہلے کا۔

**premature** *adj.* قبل از وقت، بہت پہلے، ناوقت، جلد بازی کا۔ ● **prematurely** م ف۔

**pre-medication** *n.* کسی عمل جراحی یا خاص علاج کے آغاز سے پہلے دی جانے والی دوائیں۔

**premeditated** *adj.* پیش بینی سے کام لے کر کیا ہوا (عملی اقدام یا تدبیر) سوچی سمجھی (کارروائی) ● **premeditation** اسم: پیش بینی۔

**premenstrual** *adj.* ایام حیض سے پہلے واقع ہونے والا۔

**premier** *n. & adj.* اسم: وزیراعظم یا سربراہ حکومت۔ صف: ① پہلا، اوّلین۔ ② زمانے، اہمیت یا ترتیب کے لحاظ سے فائق۔ ● **premiership** اسم: وزارت عظمیٰ۔

**premiere** *n.* کسی ڈرامے یا فلم کی پہلی نمائش۔

**premise** *n.* =PREMISS۔

**premises** *n. pl.* مکان یا کوئی اور عمارت متعلقہ صحن اور لوازم کے ساتھ۔

**premiss** *n.* کوئی قضیہ یا بیان جس سے کوئی دوسرا قضیہ یا بیان اخذ کیا جائے۔

**premium** *n.* ① بیمہ معاہدہ کی قسط۔ ② عام داموں پر اضافہ کی جانے والی رقم۔ □ **at a premium** ① معمولی یا عرفی قیمت سے بڑھ کر۔ ② کمیاب جس کی مانگ زیادہ ہو۔

**premonition** *n.* ہونے والی (بری) بات کا پیشگی احساس، پیش آگاہی۔ ● **premonitory** صف۔

**preoccupation** *n.* ① پہلے بہت مصروف، کام میں گھرا ہونے کی کیفیت۔ ② کوئی بات جو توجہ کو پوری طرح کھینچ لے، گہری مشغولیت۔

**preoccupied** *adj.* دوسرے کام میں منہمک، ذہنی طور پر پریشان، غائب دماغ۔

**prep.** preposition کا اختصار۔

**preparation** *n.* ① تیاری، آمادگی، مستعدی۔ ② تیاری کے سلسلے میں ضروری عمل۔ ③ خاص طور پر تیار کردہ شے خصوصاً کھانا یا دوا۔

**preparatory** *adj.* تمہیدی، تیاری کے طور پر، ابتدائی۔ □ **preparatory to** تیاری کے طور پر۔

**preparatory school** *n.* عموماً نجی اسکول جو چھوٹے بچوں کو اسکول خصوصاً پبلک اسکول میں داخلے کے لیے تیار کرتا ہے، امریکا میں کالج یا یونیورسٹی کے لیے۔

**prepare** *v.* ① استعمال کے لیے تیار کرنا، غور یا فیصلے کے لیے تیار کرنا۔ ② خود کو یا کسی کو کسی بات کے لیے آمادہ کرنا۔ □ **prepared to** آمادہ، راضی ہونا۔

**prepay** *v.* **(prepaid, prepaying)** پہلے سے دینا، پیشگی ادائیگی کرنا۔

**preponderate** *v.* زور واثر، مقدار یا تعداد میں زیادہ ہونا، بڑھا ہوا ہونا۔ ● **preponderance** اسم: غلبہ۔ **preponderant** صف: زیادہ بھاری۔

**preposition** *n.* قواعد: حرف جار، الفاظ میں سے کوئی جو اسما اور ضمائر کے درمیان معنوی ربط پیدا کرتے ہیں (انگریزی میں عموماً حرف جار اسم سے پہلے آتا ہے) جیسے *for، after، on*۔ ● **prepositional** صف۔

**prepossessing** *adj.* پُرکشش، خوش آئند۔

**preposterous** *adj.* لغو، ناقابل یقین، فضول، واہیات۔ ● **preposterously** م ف۔

**prepuce** *n.* ① =FORESKIN۔ ② اندام نہانی کا غلاف، پتنے۔

**prerequisite** *adj. & n.* صف: شرطِ اول، لازمی شرط کے طور پر مطلوب۔ اسم: مطلوبہ شرط۔

**prerogative** *n.* خصوصی اختیار یا اعزاز یا رعایت۔

**presage** *n. & v.* اسم: ① شگون، فال۔ ② پیش آگاہی یا پیشگی علامت۔ ف: آئندہ کی بابت بشارت یا تنبیہ یا علامت ہونا۔

**Presbyterian** *adj.* فرقے کے بزرگ افراد کے زیر انتظام (کلیسا) خصوصاً اسکاچستان کے قومی کلیسا کے حوالے سے۔ ● **Presbyterianism** اسم۔

**pre-school** *adj.* بچے کے اسکول جانے کی عمر سے پہلے کا۔

**prescribe** *v.* ① نسخہ تجویز کرنا، صلاح دینا، فائدہ مند تدبیر بتانا۔ ② حکماً، نافذ، جاری، لاگو، مسلّط کرنا۔

وضاحت: *prescribe* بمعنی صلاح دینا *proscribe* سے بالکل الگ ہے جس کے معنی ہیں ممنوع قرار دینا۔

**prescription** *n.* ① تجویز کرنے کا عمل۔ ② ڈاکٹر کا لکھا ہوا نسخہ، دوا کی تیاری اور استعمال سے متعلق۔

**prescriptive** *adj.* عائد، لاگو کرنے والا۔

**presence** *n.* ① موجودگی، حاضری۔ ② کسی کی موجودگی کا موقع محل۔ ③ کسی کا شخصی وقار، رعب داب۔ ④ کوئی وجود جو موجود ہو۔ □ **presence of mind** مشکل یا نازک وقت پر ہوش بجا رکھنا، چوکسی، حاضر دماغی۔

**present**[1] *adj. & n.* صف: ① کسی جگہ موجود، حاضر۔ ② اب اس وقت موجود یا جاری، زیر غور۔ اسم: ① جاری زمانہ۔ ② قواعد: زمانۂ حال۔ □ **at present** اب، اس وقت۔ **for the present** ① ابھی۔ ② جہاں تک اس وقت کا تعلق ہے۔

**present**[2] *v. & n.* ف: ① پیش کرنا، سامنے لانا۔ ② (کسی کو) انعام یا نذر رسمی یا با ضابطہ طور پر پیش کرنا۔ ③ (کسی کمپنی، طائفے وغیرہ کا) پبلک کے سامنے پیش کرنا (تماشا وغیرہ) اسم: تحفہ، انعام، عطیہ، پیشکش۔ □ **present oneself** ① حاضر ہونا۔ ② معائنے وغیرہ کے لیے آگے آنا۔ ● **presentation** اسم: اظہار، نمائش، پیشکش۔ **presenter** اسم۔

**presentable** *adj.* ① معقول حلیے میں، سامنے آنے یا ملاقات کرنے کے قابل۔ ② نذر کے لائق۔ ● **presentably** م ف۔

**presentiment** *n.* کسی ہونے والی بات کا موہوم سا احساس، دھڑکا یا کھٹکا۔

**presently** *adj.* ① ابھی، بہت جلد۔ ② امریکا و اسکاچ: اس گھڑی، اسی وقت۔

**preservative** *n. & adj.* اسم: گلنے، بگڑ جانے والی اشیا، خوراک یا لکڑی وغیرہ کو محفوظ رکھنے والا مادّہ، محافظ، تحفظ کار۔ صف: حفاظتی، تحفظ میں معاون۔

**preserve** *v. & n.* ف: ① محفوظ، درست، سلامت، صحیح حالت میں رکھنا، گلنے، خراب ہونے سے بچانا۔ ② کسی چیز کو موجودہ حالت میں برقرار رکھنا۔ اسم: ① **(preserves)** محفوظ کیے ہوئے پھل، جام۔ ② نجی استعمال کے لیے مخصوص کردہ علاقہ یا میدان عمل، شعبہ وغیرہ۔ ● **preservation** اسم۔ **preserver** اسم۔

**preside** *v.* ① با اختیار ہونا خصوصاً کسی جلسے کے صدر کی حیثیت سے۔ ② ذی اثر یا مقتدر ہونا۔

**president** *n.* ① کسی جمہوری ریاست کا منتخب سربراہ۔ ② کسی انجمن، کونسل وغیرہ کا صدر یا سرکردہ عہدہ دار۔ ● **presidency** اسم: صدارت۔ **presidential** اسم۔

**presidium** *n.* (also **praesidium**) اشتراکی ملک میں مستقل انتظامی کمیٹی خصوصاً سابقہ روس میں۔

**press** *v. & n.* ف: ① زور سے دبانا، دبا کر سیدھا یا ہموار کرنا، چرسیں مٹانا یا مطلوبہ شکل میں لانا، (پھل وغیرہ کو) نچوڑ کر عرق یا رس نکالنا۔ ② دباؤ ڈالنا۔ ③ جلدی مچانا، زور دینا، فوری عمل کا تقاضا کرنا۔ اسم: ① دبانے، زور ڈالنے کا عمل۔ ② دبانے، ڈھالنے، نچوڑنے، چپٹا کرنے یا عرق نکالنے کی مشین وغیرہ۔ ③ PRINTING PRESS۔ ④ صحافت، اخبار، صحافی وغیرہ بحیثیت مجموعی۔ ⑤ طباعتی ادارہ، اشاعت گھر۔ □ **be pressed for** (وقت وغیرہ کی) قلّت کا شکار ہونا۔

**press conference** *n.* صحافیوں کو بیان دینے کے لیے منعقد کیا جانے والا جلسہ۔

**press cutting** *n.* اخبارات کے تراشے۔

**press-gang** *v.* جبراً بھرتی کرنا۔

**pressing** *adj.* فوری توجہ یا کارروائی کا متقاضی۔

**press stud** *n.* دولخت بٹن جس کے دونوں حصّوں کو دبا کر بند کیا جاتا ہے۔

**press-up** *n.* اوندھا لیٹ کر ڈنڈ پیلنے کا عمل۔

**pressure** *n. & v.* اسم: ① دباؤ، ایک جسم کا دوسرے جسم پر، دباؤ کا زور یا طاقت۔ ② حالات کا دباؤ یا تقاضا مثلاً محدود وقت میں کام پورا کرنے کی ضرورت۔ ③ آفت، مشکل۔ ④ بیرونی دباؤ، زور، اثر۔ ف: ① دباؤ، اثر ڈالنا۔ ② ترغیب دینا، مائل کرنا، زور دینا۔

**pressure cooker** *n.* دم پخت کر کے بھاپ سے پکانے کا برتن۔

**pressure group** *n.* کوئی گروہ یا تنظیم جو کسی خاص مقصد یا مفاد کے حق میں اثر انداز ہو۔

**pressurize** *v.*(also -ise) ①بلند پرواز (ہوائی جہاز وغیرہ میں) زیادہ بلندی پر ہوا کا معمول کا دباؤ قائم رکھنا۔ ②دباؤ کی شدت بڑھانا۔ ③ کسی شخص کو دباؤ ڈال کر مجبور کرنا۔● **pressurization** اسم۔

**prestige** *n.* عزت، وقار، شہرت یا اثر جو کارناموں، اقتدار، رسوخ، تعلقات وغیرہ کی بنا پر حاصل ہو۔

**prestigious** *adj.* عزت و وقار کا حامل یا مظہر۔

**presto** *adv.* تیز، پھرتیلی لے یا دُھن میں۔

**prestressed** *adj.* پہلے سے مضبوط کیا ہوا، (خصوصاً کنکر، روڑی ملی تعمیری مسالے کی اینٹ یا سِل) جس میں سیدھے لوہے کے تار یا سلاخیں ملی ہوں۔

**presumably** *adj.* قیاسی طور پر، غالباً۔

**presume** *v.* ①سچ سمجھنا، فرض کرنا یا مان لینا۔② گستاخ، بے ملاحظہ، بے باک ہونا۔ □ **presume upon** ناجائز فائدہ اٹھانا۔● **presumption** اسم۔

**presumptuous** *adj.* برخود غلط، نخوت زدہ، متکبّر۔● **presumptuously** م ف۔

**presuppose** *v.* ①پہلے سے فرض کر لینا۔②لازمی شرط قرار دینا۔● **presupposition** اسم۔

**pre-tax** *adj.* قبل ادا ئیگی ٹیکس (آمدنی یا منافع)

**pretence** *n.* (*US* **pretense**) ①بناوٹ، تصنّع، خود فریبی۔②بہانہ، عذر، جھوٹا دعویٰ۔

**pretend** *v.* ①بناوٹ سے کام لینا، جھوٹا دعویٰ کرنا، دھوکا دینا۔② غلط یا مبالغہ آمیز دعویٰ کرنا، کسی خصوصیت یا خوبی کا دعویٰ کرنا۔● **pretender** اسم: جھوٹا مدّعی۔

**pretension** *n.* ① کسی حق کا مطالبہ، جائز استحقاق۔ ②باطل دعویٰ۔

**pretentious** *adj.* برخود غلط، اپنے بارے میں حد درجہ زعم رکھنے والا، نمود و نمائش کا شوقین۔ ● **pretentiously** م ف۔**pretentiousness** اسم۔

**preterm** *adj. & adv.* جو وقت سے پہلے پیدا یا واقع ہو۔

**preternatural** *adj.* خلاف معمول، خلاف فطرت، غیر طبعی۔● **preternaturally** م ف۔

**pretext** *n.* ①حیلہ، بہانہ۔②عذر لنگ، فرضی بہانہ۔

**prettify** *v.*(-ies, -ied) خوبصورت بنانا، سجانا، سنوارنا، خصوصاً مصنوعی طور پر۔

**pretty** *adj. & adv.* صف: (**prettier**، **prettiest**) ①سہانا، دلکش، لبھانے والا۔ ② خوش آیند، عمدہ ستھرا، اپنی قسم کا اچھا نمونہ۔ م ف: بول چال: خاصا یا خاصی طرح، غنیمت طور پر۔● **prettily** م ف۔ **prettiness** اسم: حسن، خوبصورتی، نزاکت۔

**pretzel** *n.* ایک نمکین گرہ یا چھڑی کی شکل کا بسکٹ۔

**prevail** *v.* ①حاوی رہنا، غالب آنا۔② رواں، رائج، عام استعمال میں ہونا۔ □ **prevail on** آمادہ کرنا، راغب کرنا۔

**prevalent** *adj.* عام، رائج، موجود، واقع۔ ● **prevalence** اسم: چلن، رواج۔

**prevaricate** *v.* بات بنانا، ٹالنا، بھٹکانا، آلے بالے بتانا۔● **prevarication** اسم: حیلہ طرازی۔

---

وضاحت: *prevaricate* کو اکثر *procrastinate* کا ہم معنی سمجھ لیا جاتا ہے جس کا مطلب ہے کسی کام کو التوا میں ڈالنا۔

---

**prevent** *v.* روکنا، ہونے نہ دینا، کسی کام سے باز رکھنا، رکاوٹ ڈالنا، محال بنا دینا۔ ● **preventable** صف۔ **prevention** اسم: تدارک، حفظ ما تقدم۔

---

وضاحت: *prevent* کا استعمال *from* کے بغیر جیسے *prevented me going* غیر فصیح ہے۔

---

**preventive** *adj. & n.* (also **preventative**) صف: مانع، روکنے، مدافعت کرنے والا خصوصاً مرض، خلل یا خرابی وغیرہ کی۔ اسم: مانع، حائل۔

**previous** *adj.* سابق، سبقت رکھنے، پہلے آنے والا، والا، اگلا۔● **previously** م ف: پہلے سے۔

**prey** *n. & v.* ①شکار کیا جانے والا جانور۔② کسی ناپسندیدہ شے، عادت وغیرہ سے مغلوب ہو جانے والا شخص۔ □ **bird of prey** پرندہ جو کھانے کے لیے جانوروں کا شکار کرتا ہے۔ **prey on** مارنا اور کھا لینا۔

**price** *n. & v.* اسم:① قیمت، دام، قدر۔② کسی بات کے حصول کے لیے کی جانے والی کوشش یا قربانی۔ ف: ① قیمت فروخت مقرر کرنا۔② قیمت کا اندازہ، تخمینہ لگانا۔

**priceless** *adj.* ① انمول، بے بہا۔② بول چال: نہایت دلچسپ یا بالکل لغو۔

**prick** *v. & n.* ف:① چبھو کر چھوٹا سا سوراخ کرنا۔② اندرونی یا ذہنی طور پر چبھنا۔③ چبھن، خلش محسوس کرنا۔ اسم:① چبھونے کا عمل۔② چبھن، ذہنی خلش۔③ مبتذل: عضو تناسل۔□ **prick up one's ears** ① کان کھڑے کرنا۔② اچانک چوکس، ہوشیار ہونا۔

**prickle** *n. & v.* اسم:① چھوٹا کانٹا۔② سیہہ کا کانٹا یا اس سے ملتی ہوئی شے۔③ خلش، چبھن۔ف: خلش محسوس کرنا یا ہونا۔

**prickly** *adj.* **(pricklier, prickliest)** ① خاردار۔② مرکھنا (آدمی)

**pride** *n.* ① فخر، اپنی کارگزاری، خوبیوں وغیرہ پر ناز، احساس برتری؛ فخر کا سبب، قابلِ فخر شے۔② غرور، گھمنڈ۔③ خودداری، غیرتمندی۔④ ببر شیروں کا گروہ یا ٹولہ۔□ **pride oneself on** ناز کرنا، فخر کرنا۔

**pride of place** *n.* سب سے نمایاں مقام۔

**priest** *n.* ① مسیحی کلیسا کا کوئی پادری۔② غیر عیسائی مذہب کا پجاری، گرو، پروہت، پیش امام وغیرہ۔● **priesthood** اسم۔ **priestly** صف۔

**prig** *n.* کٹّر مذہبی، نصیحت گر آدمی۔● **priggish** صف۔ **priggishly** م ف۔ **priggishness** اسم۔

**prim** *adj.* **(primmer, primmest)** ① پُر تکلّف طور پر بچا تُلا، ٹھیک ٹھیک، معیاری انداز، طور یا شخصیت۔② پاکبازی جتانے والا۔③ با حیا، شرمیلی (عورت یا لڑکی)۔● **primly** م ف۔ **primness** اسم۔

**prima ballerina** *n.* بیلے رقص طائفے کی سب سے نمایاں رقاصہ۔

**primacy** *n.* (*pl.* **-ies**) فضیلت، بزرگی، بڑائی۔

**prima donna** *n.* ① آپرا کے طائفے میں سب سے نمایاں مغنّیہ۔② بول چال: برخود غلط آدمی۔

**prima facie** *adv. & adj.* م ف: بظاہر؛ پہلی نظر میں۔صف: پہلے، فوری تاثر پر مبنی شہادت۔

**primal** *adj.* ① ابتدائی، عہد عتیق یا آغاز تمدّن سے تعلق رکھنے والا۔② اصلی بنیادی۔

**primary** *adj. & n.* صف:① پہلی اہمیت کا حامل، اوّل، بنیادی، اصلی، اساسی۔② (اسکول یا تعلیم) ۱۱ سال سے کم عمر کے بچوں کے لیے۔ اسم: (جمع: **-ies**) ① وہ شے جو بنیادی ہو۔② (امریکا میں) ابتدائی انتخاب جو پارٹی کے لیے مندوب مقرر کرنے یا امیدوار نامزد کرنے کے لیے منعقد ہوتا ہے۔● **primarily** م ف۔

**primary colour** *n.* بنیادی رنگ (روشنی کے لیے) سُرخ، سبز اور نیلا، (رنگوں کے لیے) سُرخ، زرد اور نیلا جن سے سب رنگ بنتے ہیں۔

**primate** *n.* ① دودھ پلانے والے حیوانوں میں سب سے اونچی مخلوقات میں سے کوئی جن میں لیمور، میمون، بندر وغیرہ اور انسان شامل ہیں، حیوانِ رئیسہ۔ ② آرچ بشپ، بڑا لاٹھ پادری۔

**prime** *adj., n. & v.* صف:① سب سے بڑا، سب سے اہم، پہلا، سر برآوردہ۔② اعلیٰ، بہت عمدہ۔③ بنیادی، اساسی۔ اسم:① عروج، اقبال، شباب۔② بہترین حصّہ یا دور۔ ف:① (کسی چیز کو) کام یا کارروائی کے لیے تیار کرنا۔② (کسی کو) معلومات وغیرہ سے لیس کر دینا۔

**prime minister** *n.* وزیرِاعظم، پارلیمانی نظام میں منتخب کردہ حکومت کا سربراہ۔

**prime number** *n.* مفرد عدد، جو صرف اپنے آپ سے یا اکائی سے تقسیم ہو سکتا ہے۔

**primer** *n.* ① لکڑی کو مصوّری کے لیے تیار کرنے کے لیے پھیرا جانے والا مادّہ۔② ابتدائی درسی کتاب۔③ کسی موضوع کی مبادیات پر مبنی کتاب۔

**primeval** *adj.* ① کرۂ ارض کے ابتدائی دور کا یا اس سے متعلق۔② بہت قدیم، ابتدائی۔

**primitive** *adj.* ① قدیم تہذیب کے ابتدائی دور کا۔ ② سیدھا سادا، خام، ناپختہ۔③ اصلی، بنیادی۔

**primogeniture** *n.* وراثت، پہلی اولاد یا بڑے بیٹے کی طرف منتقل ہونے کا قانون یا رواج۔

**primordial** *adj.* ① ابتدا سے موجود، قدیمی۔ ② اصلی، اساسی۔

**primrose** *n.* ① زہرالربیع، جس میں زرد، پیلے پھول آتے ہیں، باہچال۔② اس کا مدّھم پیلا رنگ۔
**prince** *n.* ① شہزادہ، شاہی خاندان کا مرد رکن۔② کسی چھوٹی ریاست کا حکمراں۔
**princely** *adj.* ① شہزادوں کے لائق یا شایانِ شان، کسی شہزادے کی ملکیت میں۔② پُرتکلّف، شاہانہ۔
**princess** *n.* ① شہزادی، شہزادے کی بیوی۔② شاہی خاندان کی خاتون، ملکہ کے علاوہ۔
**principal** *adj. & n.* صف: مرتبے یا اہمیت میں پہلا، فائق، بڑا۔ اسم: ① سربراہ، حاکم، اعلیٰ عہدہ دار۔② کسی اسکول، کالج یا یونیورسٹی کا صدر۔③ کسی کھیل، سنگیت، ڈرامے وغیرہ کا نمایاں شریک یا کردار۔④ سرمایہ، آمدنی یا سود کے علاوہ۔
**principality** *n.* (*pl.* **-ies**) کسی امیر کی عملداری یا ریاست۔
**principally** *adv.* زیادہ تر؛ اصلاً، خصوصاً۔
**principle** *n.* ① بنیادی اصول یا کلّیہ، اصل، سرچشمہ، جڑ۔② ذاتی اصول کار یا اقدار۔③ **(principles)** اصول و اقدار۔④ طبیعیات وغیرہ کا عمومی کلّیہ۔ □ **in principle** اصولاً، علی العموم نہ کہ تفصیلاً۔ **on principle** اخلاقی طور پر۔
**print** *n. & v.* اسم: ① کسی سطح پر کسی چیز کے دباؤ کا نشان۔② چھپی ہوئی تحریر یا حروف۔③ کسی ڈیزائن یا نقش کا چربہ۔ ف: ① کتاب، تصویر وغیرہ کو طباعت کے عمل سے گزارنا۔② مطبوعہ صورت میں لانا۔③ کسی سطح پر کوئی نقش بٹھانا۔④ حروف کو باہم ملائے بغیر علاحدہ علاحدہ لکھنا۔⑤ فوٹوگرافی: برعکس فلم وغیرہ میں سے روشنی گزار کر تصویر کو مثبت شکل میں چھاپنا۔
**printed circuit** *n.* چپٹی سطح پر پتلی موصل دھاریوں کی صورت میں قائم کیا جانے والا برقی دور جو عموماً طباعت سے ملتے جُلتے عمل کے ذریعے کیا جاتا ہے۔
**printer** *n.* ① طابع، ناشر، کتب و رسائل، اشتہارات وغیرہ چھاپنے والا۔② طباعت کے کارخانے کا مالک۔③ چھاپے کی مشین خصوصاً جو کمپیوٹر کے ساتھ لگی ہوتی ہے۔
**printout** *n.* چھاپ کر نکلا ہوا ورق۔
**prior** *adj. & n.* صف: ① پہلے کا، سابق۔② مرتبے، اہمیت یا زمانی ترتیب کے لحاظ سے پہلے آنے یا واقع ہونے والا۔ اسم: ① کسی مذہبی ادارے یا فرقے کا اعلیٰ عہدیدار۔② (مسیحی خانقاہ میں) ایبٹ abbot کے بعد کا افسر۔
**prioritize** *v.* (also **-ise**) فوقیت یا اوّلیت دینا، مقدّم رکھنا۔ ● **prioritization** اسم۔
**priority** *n.* (*pl.* **-ies**) ① سبقت، فوقیت، اوّلیت۔② مرتبے وغیرہ میں برتری۔③ پہلی توجہ کا مستحق معاملہ۔
**priory** *n.* (*pl.* **-ies**) مسیحی خانقاہ۔
**prise** *v.* (*US* **prize**) زور لگا کر یا بیرم کی مدد سے کھولنا ہٹانا۔
**prism** *n.* ① منشور، ایک ٹھوس ہندسی شکل جس کے دو سرے متوازی مستطیل ہوتے ہیں اور پہلو متوازی الاضلاع۔② اس شکل کی ایک بلوری قلم، جس میں سے روشنی کی شعاع مختلف رنگوں میں بٹ کر نکلتی ہے۔
**prismatic** *adj.* ① منشور جیسا یا منشور سے کام لینے والا۔② (رنگ) دھنک کی طرح کے۔
**prison** *n.* ① قید خانہ، جیل۔② حراست، اسیری۔
**prisoner** *n.* ① قیدی۔② زیرِحراست ملزم۔③ کوئی شخص جو نقل و حرکت سے معذور ہو۔
**prissy** *adj.* **(prissier, prissiest)** نہایت باوضع، اصول پرست، پُرتکلف، چاق چوبند انداز رکھنے والا۔ ● **prissily** م ف۔ **prissiness** اسم: ٹیپ ٹاپ۔
**pristine** *adj.* اصلی حالت میں، صحیح و سالم۔
**privacy** *n.* تخلیہ، تنہائی، بیرونی مداخلت سے تحفظ۔
**private** *adj. & n.* صف: ① کسی فرد کا ذاتی، نجی، اپنا۔② صیغۂ راز میں، خفیہ۔③ جسے عام نظروں سے بچا کر رکھا جائے۔④ نجی، غیر سرکاری۔⑤ الگ تھلگ جگہ جہاں تخلیہ ہو۔⑥ کوئی شخص جو سرکاری حیثیت نہ رکھے۔ اسم: غیر سرکاری فوجی نوجوان۔□ **in private** علاحدگی میں۔ **private eye** بول چال: آزادانہ کام کرنے والا جاسوس۔ **private parts** پوشیدہ آعضا، شرمگاہ وغیرہ۔ ● **privately** م ف: نجی یا خفیہ طور پر۔
**privation** *n.* زندگی کی ضروریات اور آسائشوں سے محرومی۔
**privatize** *v.* (also **-ise**) نجی بنانا، حکومت کی براہِ

راست نگرانی یا ملکیت سے نکال کر نجی ملکیت یا نجی شعبے میں منتقل کرنا۔ ● **privatization** اسم: نج کاری۔

**privet** *n.* نیم سدا بہار جھاڑی جس میں سفید پھول اور سیاہ بیر لگتے ہیں اور باڑھ لگانے کے لیے اُگائی جاتی ہے۔

**privilege** *n.* ① حق، مفاد، استثنا، رعایت جو کسی فرد یا طبقے یا عہدے کو حاصل ہو۔② خصوصی اعزاز۔ ● **privileged** صف: مراعات یافتہ۔

**privy** *adj. & n.* صف: کسی شخص کے ارادوں، منصوبوں وغیرہ سے واقفیت، رازداری۔اسم: (ج:-ies) امریکا یا قدیم: طہارت خانہ خصوصاً گھر وغیرہ کے باہر۔

**prize** *n., adj. & v.* اسم: ① انعام جو کسی مقابلے یا قرعہ اندازی وغیرہ میں جیتا جائے۔② کوئی انعام جو فتح یا برتری کے طور پر دیا جائے۔صف: ① انعام پانے والا۔② اپنی قسم کی عمدہ، امتیازی شے۔ف: ① وقعت دینا، قدر کرنا۔② امریکا: PRISE کا متبادل۔

**pro** *n.* (*pl.* **pros**) بول چال: پیشہ ور آدمی۔

**proactive** *adj.* پہل یا پیش قدمی کے ذریعے صورت حال پر قابو پانے والا۔

**probable** *adj.* جس کا احتمال ہو، جو حقیقت میں واقع ہو سکے؛ جس کی توقع کی جاسکے۔ ● **probability** اسم: امکان، احتمال۔ **probably** م ف: غالباً۔

**probate** *n.* ① وصیت نامے کی قانونی توثیق۔② وصیت نامے کی مصدقہ نقل جو تعمیل کنندہ کو دی جائے۔

**probation** *n.* ① قانون: قید کی سزا کی بجائے چال چلن کی جانچ اور نگرانی کا دستور۔② نئے ملازم کی آزمائش کا دور یا عمل۔ ● **probationary** صف۔

**probationer** *n.* نئی ملازمت میں آزمائشی مدت سے گزرنے والا امیدوار۔

**probe** *n. & v.* اسم: ① گہری جانچ، کڑی تفتیش یا چھان بین۔② زخم کو ٹٹولنے والی بے نوک کی سلائی۔③ بے انسان خلائی پرواز کی مشین یا جہاز جو خلائی ماحول کے مشاہدات کی ترسیل کرتا ہے۔ف: ① کڑی تفتیش کرنا۔② سلائی کے ذریعے زخم یا کسی عضو جسمانی کی جانچ کرنا۔

**probity** *n.* دیانت، ایمان داری۔

**problem** *n.* ① مسئلہ، حل طلب معاملہ۔② مشکل سے سمجھ میں آنے یا انجام دینے والی بات۔ ● **problematic** صف۔ **problematical** صف۔

**proboscis** *n.* ① سونڈ۔② بعض حشرات کی لمبی تھوتھنی۔③ بعض کیڑوں کا چوسنے والا عضو۔

**procedure** *n.* ① کارروائی خصوصاً کاروبار چلانے یا عدالتی چارہ جوئی کے سلسلے میں۔② طریق عمل۔③ اقدامات کا سلسلہ۔

**proceed** *v.* ① آگے بڑھنا۔② کسی عمل کو جاری رکھنا۔③ (مقدمے وغیرہ کا) چلنا یا جاری رہنا۔④ کوئی راہ عمل اختیار کرنا۔⑤ بیان جاری رکھنا۔

**proceedings** *n. pl.* ① عمل، کارروائی، حرکت۔② قانونی کارروائی۔③ مذاکرے یا جلسے وغیرہ کی روئداد۔

**proceeds** *n. pl.* کسی کاروبار یا کارگزاری سے حاصل ہونے والی رقم۔

**process** *n. & v.* اسم: ① طریق عمل، صنعتی پیداوار یا کسی اور کارروائی کی صورت اور مدارج۔② دوران عمل واقع ہونے، ظہور میں آنے کی کیفیت۔③ تبدیلیوں کا سلسلہ، قدرتی عمل۔ف: ① کسی خاص صورت میں مطلوبہ کارروائی کرنا۔② گلنے سڑنے سے بچاؤ کے لیے ضروری عمل کرنا (خصوصاً خوراک پر)

**procession** *n.* جلوس، آدمیوں یا گاڑیوں کا منظم طور پر آہستہ آہستہ بڑھتا ہوا ریلا۔

**processor** *n.* کسی خاص عمل کی کارگزار مشین۔

**proclaim** *v.* ① اعلان کرنا، منادی کرانا۔② کسی کی بابت کوئی بات ظاہر کرنا۔③ کسی کو (بادشاہ یا مجرم وغیرہ) قرار دینا۔ ● **proclamation** اسم: اعلان۔

**proclivity** *n.* (*pl.*-ies) رجحان، میلان۔

**procrastinate** *v.* تاخیر، ٹال مٹول، التوا میں ڈالنا۔ ● **procrastination** اسم: لیت ولعل۔

**procreate** *v.* جننا، جنم دینا، پیدا کرنا، اپنی نسل بڑھانا، وجود میں لانا۔ ● **procreation** اسم۔

**proctor** *n.* بعض یونیورسٹیوں میں نظم وضبط کا نگراں افسر جو عموماً سال بھر کے لیے متعین ہوتا ہے۔

**procure** *v.* ① حاصل کرنا خصوصاً کوشش سے؛ قبضے میں لینا۔② بروئے عمل لانا، وقوع پذیر کرنا۔ ● **procurement** اسم: حصول، فراہمی۔

**procurer** *n.* عورتوں کو عصمت فروشی کے لیے

حاصل کرنے والا بھڑوا یا دلالہ عورت۔

**prod** *v. & n.* (prodding،prodded): ف: ① انگلی یا کسی نکیلی چیز سے کچوکنا۔ ② اکسانا، شہ دینا۔ اسم: ① ٹہوکا، کچوکا۔ ② شہ، ترغیب۔ ③ نکیلا اوزار، آلہ۔

**prodigal** *adj. & n.* خرّاچ، فضول خرچ۔ ● **prodigality** اسم۔ **prodigally** م ف۔

**prodigious** *adj.* ① زبردست، حیرت انگیز۔ ② بہت بڑا۔ ● **prodigiously** م ف: انوکھے پن سے۔

**prodigy** *n.* (*pl.* -ies) ① غیر معمولی صلاحیتوں والا فرد، خصوصاً عمر سے بڑھ کر ذہین بچہ۔ ② اعجوبہ، شاندار شے خصوصاً فطرت کے مظاہر یا معمول سے بڑھ کر۔

**produce** *v. & n.* ف: ① سامنے یا زیرِ غور لانا، جانچنے یا معائنے یا استعمال کے لیے پیش کرنا۔ ② خام مال سے (مصنوعات) تیار کرنا۔ ③ پھل، فصل یا اولاد پیدا کرنا۔ ④ وجود میں لانا۔ ⑤ ڈراما، فلم وغیرہ کی نگرانی اہتمام یا پیشکش کرنا۔ اسم: پیداوار تیار کی ہوئی یا اگائی ہوئی۔ ● **production** اسم: پیداوار۔

**producer** *n.* ① ساخت کنندہ، کارخانے دار، صنعت کار، کسی چیز کا بنانے والا۔ ② فلم، ناٹک وغیرہ کی پیشکش کا عمومی نگراں۔

**product** *n.* ① پیداوار، کوئی شے جو قدرتی یا صنعتی عمل سے تیار ہو۔ ② ریاضی: حاصل ضرب۔

**productive** *adj.* ① مال پیدا کرنے سے متعلق یا اس میں مصروف۔ ② بھرپور پیداوار کرنے والا۔

**productivity** *n.* ① پیداواری صلاحیت۔ ② بار آوری، مؤثر پیداکاری خصوصاً صنعت میں۔

**profane** *adj. & v.* صف: ① غیر مذہبی، صحائف سماوی سے بیگانہ یا بے واسطہ۔ ② مذہب سے برگشتہ۔ ف: مقدس امور کے بارے میں گستاخی سے کام لینا۔ ● **profanely** م ف۔ **profanity** اسم: بے حرمتی۔

**profess** *v.* ① علانیہ دعویٰ کرنا (کسی خوبی یا کسی جذبے کا) ② بناوٹ سے کام لینا۔ ③ کسی مذہبی حلقے میں شامل ہونے کا حلف دلوانا۔

**professed** *adj.* ① دعویدار، مدّعی۔ ② مبینہ، ظاہری۔ ● **professedly** م ف: مبینہ طور پر۔

**profession** *n.* ① پیشہ، روزگار خصوصاً مہارت طلب۔ ② کسی پیشے کے لوگ۔ ③ اعلان یا دعویٰ۔

**professional** *adj. & n.* صف: ① کسی پیشے سے متعلق یا اس میں شامل۔ ② پیشہ وروں کی سی مہارت رکھنے والا۔ ③ کسی خصوصی پیشے سے منسلک۔ اسم: کسی پیشے کا آدمی۔ ● **professionalism** اسم: پیشہ وارانہ اوصاف۔ **professionally** م ف۔

**professor** *n.* یونیورسٹی میں اعلیٰ علمی مقام پر فائز استاد؛ علمی شعبے کا صدر؛ امریکا: یونیورسٹی کا کوئی استاد۔ ● **professorial** صف: پروفیسرانہ۔

**proffer** *v.* پیش کرنا۔

**proficient** *adj.* اہل، مستعد، واقف، ماہر، پختہ کار۔ ● **proficiency** اسم۔ **proficiently** م ف۔

**profile** *n.* ① خاکہ خصوصاً انسانی چہرے کا، نیم رخ۔ ② مختصر سوانحی یا تعارفی خاکہ۔ ③ مخصوص انداز یا شخصی رویہ۔

**profit** *n. & v.* اسم: ① نفع، فائدہ، بھلائی۔ ② مالی منافع، یافت۔ ف: (profiting،profited): ① کسی کے حق میں مفید ہونا۔ ② فائدہ حاصل کرنا، فیض پانا۔

**profitable** *adj.* منافع بخش، فائدہ مند۔ ● **profitability** اسم۔ **profitably** م ف۔

**profiteer** *v. & n.* نفع خوری، غیر قانونی طور پر یا چور بازاری سے بے روک ٹوک منافع کمانے والا آدمی۔ ● **profiteering** اسم: بیجا نفع خوری۔

**profligate** *adj. & n.* صف: ① عیّاش، بدکار۔ ② فضول خرچ، اڑاؤ کھاؤ۔ اسم: عیاش، آوارہ منش آدمی۔ ● **profligacy** اسم: بدچلنی۔

**profound** *adj.* ① دقیق، عمیق، گہرے علم و بصیرت پر مبنی، گہرے سوچ بچار کا متقاضی۔ ② شدید (کیفیت یا حالت) ③ گہری یا گہرائی تک پہنچنے والی۔ ● **profoundly** م ف۔ **profundity** اسم۔

**profuse** *adj.* ① حد سے بڑھا ہوا، غیر معتدل۔ ② وافر، فراواں، بہ افراط (شے) ● **profusely** م ف۔ **profusion** اسم: کثرت، ریل پیل، زیادتی۔

**progenitor** *n.* کسی کا مورث یا جنم داتا۔

**progeny** *n.* کسی کی اولاد، بچے، نسل۔

**progesterone** *n.* ہارمون جو بیضہ دان کو نطفہ قبول کرنے کے لیے تیار کرتا ہے۔

**prognosis** *n.* (*pl.* **prognoses**) پیشگوئی، علامات پر آگے کے لیے حکم لگانا خصوصاً کسی مرض کی بابت۔● **prognostic** صف: پیشگوئی کرنے والا۔

**prognosticate** *v.* آئندہ کی بابت حکم لگانا، پیشگوئی کرنا۔● **prognostication** اسم: پیشگوئی۔

**programme** *n.* & *v.* (*US* **program**)① کسی ہونے والی تقریب وغیرہ کی پیشگی تفصیلات، لائحۂ عمل۔② ریڈیو یا ٹیلیوژن کا کوئی نشریہ۔③ ہونے والی کارروائی کا منصوبہ۔④ (عموماً **program**) کمپیوٹر یا کسی مشین کے عمل کی بابت اشارتی ہدایات۔ ف: (**programming**، **programmed**) لائحہ عمل تیار کرنا، منصوبہ بندی کرنا۔● **programmer** اسم: منصوبہ ساز۔

**progress** *n.* & *v.* اسم: ① ترقی، کسی مقصد یا منزل کی طرف پیش قدمی۔② بہتری کی طرف اقدام۔ ف: ① آگے بڑھنا یا بڑھایا جانا؛ جاری رہنا۔② تکمیل کی یا اصلاح وغیرہ کی طرف بڑھنا۔□ **in progress** جاری، رواں۔● **progression** اسم: ترقی کا عمل، نمو۔

**progressive** *adj.* & *n.* ① آگے بڑھتا، ترقی کرتا ہوا۔② تدریجی یا مرحلہ وار؛ افزائشی۔③ (مرض وغیرہ) پھیلتا، بدتر ہوتا ہوا۔● **progressively** م ف۔

**prohibit** *v.* (**prohibited, prohibiting**) ① ممانعت کرنا۔② مانع آنا، رکاوٹ بننا، خارج از امکان کر دینا۔● **prohibition** اسم: ممانعت، بندش۔

**prohibitive** *adj.* ① روکنے، مانع آنے والا۔② (قیمتوں کی بابت) پہنچ سے باہر، استطاعت سے زیادہ۔

**project** *n.* & *v.* اسم: ① منصوبہ، تجویز۔② سوچی سمجھی کارروائی۔③ کوئی طویل علمی کام، علمی منصوبہ۔ ف: ① منصوبہ بندی کرنا۔② بروئے کار لانا؛ آگے کی طرف نکالنا، ابھارنا۔③ پھینکنا، ڈالنا، دھکیلنا۔④ نتائج کی روشنی میں آئندہ کی بابت حکم لگانا۔⑤ فلم، سلائڈ وغیرہ کو پردے وغیرہ پر دکھانا۔⑥ صوتی ابلاغ کرنا، آواز کو آلات کے ذریعے دور تک پہنچانا۔⑦ اپنی ذات یا کسی خیال یا تصوّر کو روشناس کرنا، شہرت دینا۔

**projectile** *n.* بم، میزائل۔

**projection** *n.* ① آگے بڑھانے، آگے کی طرف نکالنے کا عمل۔② آگے کو بڑھی ہوئی شے۔③ کسی تصویر یا نقش کی کسی سطح یا پردے پر عکس اندازی۔④ جدید رجحانات یا علامات کی روشنی میں آئندہ کی بابت پیشگوئی۔

**projector** *n.* فلم سلائڈ کو عکس اندازی کے ذریعے پردے پر دکھانے والا آلہ۔

**projectionist** *n.* پروجیکٹر چلانے والا۔

**prolapse** *n.* کسی عضو کا آگے یا نیچے کی طرف ڈھلک آنا، جھکاؤ۔

**proletariat** *n.* مزدور طبقہ، بے سرمایہ لوگ، محنت فروش، محنت کش۔● **proletarian** صف و اسم۔

**pro-life** *adj.* تحفظ حیات کا حامی خصوصاً جو حمل گرانے کا مخالف ہو۔

**proliferate** *v.* ① افزائش نسل کرنا، تعداد بڑھانا۔② تیزی سے پیدا کرنا۔● **proliferation** اسم۔

**prolific** *adj.* ① بہت سی اولاد یا بہت سا مال تیار کر لینے والا۔② فراوانی سے پیدا کرنے والا۔

**prologue** *n.* تمہیدی تقریر یا اشعار خصوصاً کسی ڈرامے کے آغاز سے پہلے، ابتدائیہ۔

**prolong** *v.* طول دینا، دراز کرنا (کسی عمل یا صورت حال کو)● **prolongation** اسم: طوالت، درازی۔

**prolonged** *adj.* طویل، بے جا طوالت پر مبنی۔

**prom** *n.* بول چال: ① =PROMENADE۔② =PROMENADE CONCERT۔

**promenade** *n.* تفریحی مقامات پر چہل قدمی کی پٹڑی خصوصاً سمندر کے کنارے۔

**promenade concert** *n.* جلسۂ موسیقی، جہاں لوگ کھڑے ہو سکیں، فرش پر بیٹھ سکیں، چل پھر سکیں۔

**promethium** *n.* نایاب زمینی دھاتوں کے سلسلے کا ایک تابکار عنصر (علامت: Pm)

**prominent** *adj.* ① نمایاں، اُبھرواں، نکلتا ہوا۔② امتیازی۔③ اہم، ذی قدر۔● **prominence** اسم: امتیاز، نمود، شہرت۔● **prominently** م ف۔

**promiscuous** *adj.* ① آزادانہ جنسی تعلق رکھنے والا، ہرجائی۔② بلا امتیاز، بلا تخصیص۔③ بول چال: بے قاعدہ، بے اصولا۔● **promiscuity** اسم: ہرجائی پن۔● **promiscuously** م ف۔

**promise** *n. & v.* اسم:①وعدہ،قول،عہد،اقرار۔ ②آئندہ کی بابت اچھی توقع۔ف:① وعدہ کرنا، قول دینا۔ ②اُمید بندھانا، توقع دلانا، ممکن نظر آنا، امکان ظاہر کرنا۔③یقین دلانا،توثیق کرنا۔

**promising** *adj.* اچھے آثار رکھنے والا،امید افزا۔

**promissory** *adj.* وعدے پر مبنی۔

**promontory** *n. (pl.* **-ies)** سمندر وغیرہ پر آگے کو نکلی ہوئی چٹان۔

**promote** *v.* ①ترقی دینا،رتبہ،درجہ بڑھانا۔② ہمّت افزائی کرنا، فروغ دینا۔ مال یا پیداوار کی تشہیر کرنا، فروخت کے لیے کوشش کرنا۔● **promoter** اسم۔ **promotion** اسم: ترقی۔ **promotional** صف۔

**prompt** *adj., adv. & v.* صف:چست،پھرتیلا، چوکس، جو بروقت، برمحل،فوراً انجام پائے۔م ف: پابندی وقت کے ساتھ۔ف: (اداکار وغیرہ کو) بھولا ہوا لفظ یاد دلانا۔● **promptness** اسم:تعجیل۔ **promptly** م ف۔

**prompter** *n.* اداکار یا مقرر کو لقمہ دینے والا۔

**promulgate** *v.* لوگوں کے علم میں لانا، پھیلانا، عام کرنا، مشہور کرنا، جاری کرنا۔● **promulgation** اسم: نشرو اشاعت۔ **promulgator** اسم۔

**prone** *adj.* ①اوندھے منہ لیٹا ہوا۔② کسی بری حرکت یا عادت کی طرف مائل۔③جس کو کسی بات سے غیر معمولی سابقہ پڑتا ہو۔

**prong** *n.* کھانے کے کانٹے وغیرہ کی نوکوں یا دندانوں میں سے کوئی شاخچہ۔● **pronged** صف۔

**pronoun** *n.* اسم ضمیر جو اسم کا قائم مقام ہوتا ہے (م: *we، their، this، ourselves* وغیرہ)

**pronounce** *v.* ①الفاظ کا تلفظ کرنا۔②فیصلہ،حکم صادر کرنا یا لعنت، بددعا وغیرہ منہ سے نکالنا۔③رائے کے طور پر ظاہر کرنا۔● **pronunciation** اسم۔

---

وضاحت: گوکہ *pronounce* میں دو 'O' ہیں لیکن *pronunciation* نہ تو دوسرے 'O' کے ساتھ لکھا جاتا ہے نہ ہی تلفظ میں آتا ہے۔

---

**pronounced** *adj.* نمایاں،واضح،آشکار۔

**pronouncement** *n.* اعلان،اظہار،فیصلہ۔

**pronto** *adv.* بول چال:ترنت،معاً،فوراً۔

**proof** *n., adj. & v.* اسم:①ثبوت،واقعات، شہادت، دلیل وغیرہ جو کسی بات کو ثابت، محکم قرار دے۔ ②طباعت:درستی کے لیے نکالا جانے والا کچّا آزمائشی چھاپا۔صف: قوتِ مدافعت کا حامل، مضر اثرات سے محفوظ۔ ف: کسی چیز کو کسی طرح کے اثر سے محفوظ بنانا مثلاً کپڑے کو پانی جذب کرنے سے۔

**proof-read** *v.* مطبع کے اوراق کی تصحیح کرنا۔ ● **proof-reader** اسم: پروف خواں۔

**prop** *n. & v.* اسم:①سہارا،آڑ،ٹیک جو کسی چیز کا جز نہ ہو بلکہ اوپر سے لگائی جائے۔② بول چال: تھیئٹر کا سامان۔③ بول چال: ہوائی جہاز کا پنکھا۔ ف: **(propping، propped)** سہارا لگانا یا دینا، کسی چیز کے سہارے کھڑا کرنا۔

**propaganda** *n.* منظّم تشہیر،تبلیغ، پرچار، کسی شے کے فروغ کی باقاعدہ کوشش۔

**propagate** *v.* ① کسی نباتی یا حیوانی نوع کی نسل بڑھانا، اصل جوڑے یا نمونے سے مزید نمونے پیدا کرنا۔ ②پھیلانا،شہرت دینا۔③میراث نسل در نسل منتقل کرنا۔● **propagation** اسم:توسیع۔ **propagator** اسم۔

**propane** *n.* گیسی ہائڈرو کاربن۔

**propel** *v.* **(propelled, propelling)** ① آگے دھکیلنا، ٹھیلنا۔ ② بڑھاوا دینا۔● **propellant** اسم وصف۔

**propeller** *n.* ①دھکیلنے،آگے بڑھانے والا (پرزہ یا آدمی)②چرخی، جہاز وغیرہ کا پنکھا۔

**propensity** *n. (pl.* **-ies)** رجحان،میلان۔

**proper** *adj.* ①درست، صحیح، موزوں، مناسب، ٹھیک۔ ② عمدہ، شائستہ، مہذّب۔□ **proper to** مناسب موقع، شایاں شان۔● **properly** م ف۔

**proper name** *n.* (also **proper noun**) قواعد:اسم معرفہ، اسم علم، خاص نام جو انگریزی میں بڑے حرف سے شروع ہوتا ہے(م: Jane, London)

**property** *n. (pl.* **-ies)** ①اثاثہ،مکان، زمین وغیرہ، املاک بحیثیت مجموعی۔ ② خصوصیت، وصف،

خاصیت۔③ منقولہ شے جوفلم وغیرہ پردکھائی جائے۔

**prophecy** *n.* (*pl.* -ies) پیش گوئی۔

**prophesy** *v.* (-ies, -ied) ① پیش گوئی کرنا۔ ② آئندہ واقعات کی خبر دینا۔

**prophet** *n.* (*fem.* **prophetess**) ① پیغمبر؛ اللہ تعالیٰ کے احکام کی تعلیم دینے والا معلّم یا ترجمان۔② آئندہ کی بابت خبر دینے والا۔

**prophetic** *adj.* پیش گوئی پر مبنی، الہامی، پیغمبرانہ۔

**prophylactic** *adj.* & *n.* صف: مرض یا بدقسمتی کو روکنے والی۔اسم: ① مرض کوروکنے والی دوا یا تدبیر۔② امریکا: کنڈوم۔● **prophylaxis** اسم۔

**propinquity** *n.* قربت، نزدیکی۔

**propitiate** *v.* راضی کرنا، منانا، دلدہی کرنا۔ ● **propitiation** اسم۔ **propitiatory** صف۔

**propitious** *adj.* اچھا، خوش آئند، مبارک، موزوں، خوشگوار۔ ● **propitiously** م ف۔ **propitiousness** اسم: برکت، سازگاری۔

**proponent** *n.* کسی تحریک، نظریے یا تجویز کا بانی۔

**proportion** *n.* & *v.* اسم: ① کل کا جزو یا متناسب حصّہ، تقابلی نسبت۔② صحیح تناسب، خوش آئند ترکیب یا امتزاج۔③ (**proportions**) جسامت، وسعت۔ ● **proportional** صف۔ **proportionally** م ف۔

**proportional representation** *n.* انتخابی نظام جس کے تحت سیاسی جماعتیں اپنے حاصل کردہ ووٹوں کے مطابق ایوان میں نشستیں حاصل کرتی ہیں، متناسب نمائندگی۔

**proportionate** *adj.* صحیح تناسب سے، تقابلی، متناسب۔ ● **proportionately** م ف۔

**proposal** *n.* ① تجویز پیش کرنے کا عمل، پیش کردہ تجویز۔② شادی کا پیغام۔

**propose** *v.* ① تجویز کے طور پر یا برائے غور پیش کرنا۔② ارادہ کرنا، قصد کرنا۔③ خودکو شادی کرنے کے لیے پیش کرنا۔ ● **proposer** اسم: مجوز۔

**proposition** *n.* & *v.* اسم: ① بیان، قول۔② تجویز منصوبہ۔③ مسئلہ، مخالف، صورت حال جس سے نبٹنا ہو۔④ کوئی زیرِغور منصوبہ وغیرہ کامیابی کے امکان کے لحاظ سے۔⑤ بول چال: ہمبستری کی دعوت۔ف: بول چال: پیش کش کرنا (خصوصاً جنسی فعل کی)

**propound** *v.* غور کے لیے پیش کرنا، تجویز کرنا۔

**proprietary** *adj.* ① املاک یا ملکیت سے، مالک، قابض یا ملکیت دار کی بابت۔② (کوئی مصنوعہ شے) جو رجسٹری شدہ تجارتی نشان کے تحت تیار ہوتی ہو۔

**proprietor** *n.* کسی کاروبار وغیرہ کا مالک۔ ● **proprietorial** صف: مالکانہ۔

**propriety** *n.* (*pl.* -ies) ① معقولیت، درستی، مناسبت۔② اخلاقی صحت، طرزِعمل کی درستی۔

**propulsion** *n.* دھکیل، آگے کی طرف دھکّا۔

**propylene** *n.* ایک گیسی ہائڈروکاربن مادّہ۔

**pro rata** *adj.* & *adv.* صف: متناسب۔م ف: صحیح تناسب سے۔

**prorogue** *v.* (**prorogued, proroguing**) (پارلیمنٹ وغیرہ کے اجلاسوں کو) عارضی طور پر موقوف کر دینا یا ہوجانا۔

**prosaic** *adj.* ٹھس، غیر دلچسپ، عام، معمولی۔ ● **prosaically** م ف: غیر دلچسپ طور سے۔

**pros and cons** *n. pl.* موافق ومخالف دلائل، دونوں پہلو۔

**proscenium** *n.* (*pl.* **prosceniums** or **proscenia**) اسٹیج کا پردے کے باہر کا حصّہ۔

**proscribe** *v.* روکنا، ممانعت کرنا، بند کرادینا۔

**prose** *n.* ① نثر، عام بول چال کی زبان یا تحریر (نظم کے بالمقابل) ② نثر پارہ۔③ غیر دلچسپ معمولی تحریر۔

**prosecute** *v.* ① کسی کے خلاف کسی جرم میں قانونی کارروائی کرنا۔② کسی تحقیقات، مطالعے وغیرہ کو پایۂ تکمیل تک پہنچانا۔ ● **prosecution** اسم: قانونی چارہ جوئی، استغاثہ۔ **proseuctor** اسم۔

**proselyte** *n.* کسی نئے نظریے یا عقیدے کا (خصوصاً تازہ) قبول کرنے والا شخص۔

**proselytize** *v.* (also -ise) کسی فرد یا گروہ کا مذہب تبدیل کرانا۔

**prospect** *n.* & *v.* اسم: ① (**prospects**) توقعات خصوصاً کامیابی کی۔② کوئی بات جس کی توقع

ہو۔ف: سونے وغیرہ کی تلاش میں علاقے کی چھان بین کرنا، کسی چیز کو ڈھونڈنا۔● **prospector** اسم۔

**prospective** *adj.* ① مستقبل سے متعلق۔② متوقع، آنے والا، مستقبل کا۔

**prospectus** *n.* (*pl.* **prospectuses**) کسی مدرسے، تجارتی ادارے یا آنے والی کتاب کی بابت تعارفی یا وضاحتی مطبوعہ دستاویز۔

**prosper** *v.* پھلنا پھولنا، کامیاب ہونا۔

**prosperous** *adj.* ① کامیاب؛ مالدار۔② پھلتا پھولتا۔● **prosperity** اسم: خوش حالی، فراخی۔

**prostate gland** *n.* غدۂ قدامیہ جو مردوں یا دودھ پلانے والے نروں میں مثانے کے دہانے پر واقع ہوتا ہے اور ایک ریزش پیدا کرتا ہے۔

---

وضاحت: *prostate* کو *prostrate* سے خلط ملط نہیں کرنا چاہیے۔

---

**prosthesis** *n.* (*pl.* **prostheses**) مصنوعی جسمانی عضو۔● **prosthetic** صف: انضامی۔

**prostitute** *n.* & *v.* اسم: طوائف، کوئی شخص جو پیسے کے لیے جنسی تعلق رکھے۔ف: ① عصمت فروشی کرنا یا کروانا۔② اپنی لیاقت، صلاحیت، ہنر وغیرہ کا غلط استعمال کرنا۔● **prostitution** اسم: عصمت فروشی۔

**prostrate** *adj.* & *v.* صف: ① اوندھا لیٹا ہوا۔ ② مغلوب ہارا ہوا، صدمے یا تھکاوٹ سے بے حال۔ ف: کسی کو نیچے لٹا دینا۔② (تھکن یا بیماری کا) غلبہ پانا، نڈھال کر دینا۔● **prostration** اسم۔

**protactinium** *n.* ایک تابکار، دھاتی عنصر (علامت: Pa)

**protagonist** *n.* ① کسی کہانی، ڈرامے وغیرہ کا اصل کردار، ہیرو۔② کسی مقصد یا مہم کا سرگرم حامی۔

**protean** *adj.* ① متنوع، کئی شکلوں میں پایا جانے والا۔② ہر فن مولا۔

**protect** *v.* (کسی شخص یا شے کا) تحفظ کرنا، بچانا، محفوظ رکھنا۔● **protection** اسم۔ **protector**۔ اسم۔

**protectionism** *v.* ملکی صنعتوں کو بیرونی مال پر (کسی شخص یا شے کا) تحفظ دینے کا نظریہ یا عمل۔● **protectionist** اسم۔

**protective** *adj.* حفاظتی یا بہ ارادۂ حفاظت۔● **protectively** م ف: محفوظ طور پر۔

**protectorate** *n.* کسی دوسرے ملک کے زیر تحفظ یا زیر حمایت ملک۔

**protégé** *n.* کسی پشت پناہ کے زیرِ تحفظ، بالادست کے زیر اثر یا زیر حمایت شخص۔

**protein** *n.* ① لحمیات میں سے کوئی، تمام ذی حیات اجسام کا لازمی جزو۔② لحمیات بحیثیتِ مجموعی غذائی جزو کے طور پر۔

**pro tem** *adj.* & *adv.* سر دست، فی الحال۔

**protest** *n.* & *v.* اسم: احتجاجی بیان؛ اظہار اختلاف۔ف: ① کسی عمل، تجویز وغیرہ کے خلاف آواز اُٹھانا، احتجاج کرنا۔② (اپنی بے گناہی کا) یقین دلانا۔

**Protestant** *n.* & *adj.* مغربی مسیحی کلیساؤں کے پیرو جو اصلاحی تحریک کے زیر اثر رومن کیتھلک کلیسا سے الگ ہیں۔● **Protestantism** اسم۔

**protestation** *n.* سنجیدہ اقرار یا بیان۔

**protocol** *n.* ① سرکاری، خصوصاً سفارتی آداب و رسوم، تشریفات؛ کسی بھی حلقے کے مخصوص، روایتی طور طریقے۔② سفارتی دستاویز کا پہلا مسودہ، خصوصاً کسی معاہدے کا۔

**proton** *n.* ایک ثابت تحت جوہری ذرّہ جو سب ایٹمی مرکزوں میں ہوتا ہے، مثبت بار کا حامل۔

**protoplasm** *n.* خلیے کا ذی حیات حصّہ۔

**prototype** *n.* اصل شے یا شخص جس کی نقلیں، نمونے ظہور میں آئیں، نقش اول۔

**protozoan** *n.* (also **protozoon**) (*pl.* **protozoans, protozoa**) یک خلوی، خوردبینی نامیہ۔

**protract** *v.* دراز کرنا، طول دینا، تاخیر کرنا۔● **protraction** اسم: کھنچاؤ، درازی، طول۔

**protractor** *n.* زاویے ناپنے کا آلہ، چاندا۔

**protrude** *v.* ① کسی سطح سے اوپر یا آگے نکلا ہونا۔② آگے نکالنا، آگے کی طرف بڑھانا۔● **protrusive** صف۔ **protrusion** اسم: کھنچاؤ۔

**protuberance** *n.* ابھار، سوجن، آماس۔
**protuberant** *adj.* اُبھرواں، نمایاں۔
**proud** *adj.* ① فخر و مسرت کا احساس رکھنے والا، مسرور۔ ② مغرور، نخوت زدہ۔ ③ کسی سطح سے اُبھرتا، نکلتا ہوا۔ ● **proudly** م ف: بجا فخر کرتے ہوئے۔
**prove** *v.* **(proved** or **proven, proving)** ① دلیل یا گواہی سے ثابت کرنا۔ ② پایا جانا، کھلنا، دریافت ہونا۔ ③ (خمیر کا) اٹھنا۔
**provenance** *n.* کسی شے کی اصل، ابتدا۔
**provender** *n.* مویشیوں کا چارہ۔
**proverb** *n.* پُر مغز مقولہ، قول، دانش، ضرب المثل۔
**proverbial** *adj.* ① مشہور، جانا بوجھا، مثالی۔ ② (کوئی بات) جس پر کوئی کہاوت موجود ہو، یا مانی ہوئی محکم۔
**provide** *v.* ① مہیّا کرنا، دلا دینا۔ ② تیاری، پیش بندی کرنا۔ ③ ضروریات زندگی مہیّا کرنا۔ ④ کسی قانونی دستاویز میں شامل کرنا۔
**provided** *conj.* بشرطیکہ؛ اس مفروضے پر۔
**providence** *n.* ① خدایا قدرت کی جانب سے حفاظتی نگہداشت۔ ② بروقت تیاری یا پیش بندی وغیرہ۔
**provident** *adj.* پیش بینی کا اہل؛ دور اندیش، کفایت شعار۔
**providential** *adj.* خوش قسمتی یا حسن اتفاق سے رونما ہونے والا۔ ● **providentially** م ف۔
**provider** *n.* ① مہیّا کرنے، دینے، دلوانے والا۔ ② کنبے وغیرہ کا کمانے والا فرد، کفیل۔
**providing** *conj.* =PROVIDED۔
**province** *n.* ① صوبہ، کسی ملک کا ایک بڑا انتظامی علاقہ۔ ② (the provinces) صدر مقام یا دارالحکومت کے علاوہ پورا ملک۔ ③ میدان عمل؛ کاروبار۔ ④ کوئی علمی شعبہ۔
**provincial** *adj. & n.* صف: ① کسی صوبے سے متعلق، صوبائی، سب صوبوں سے متعلق، صوبہ جاتی۔ ② نسبتاً کم تہذیب یافتہ، سیدھا سادا۔ اسم: صوبائی باشندہ۔
**provision** *n.* ① بہم پہنچانے، مہیّا کرنے کا عمل۔ ② (provisions) خوراک، آب وغذا۔ ③ کوئی قانونی بیان کسی مقصد کے حصول کے لیے، اسکی بابت شق۔
**provisional** *adj.* صرف فوری ضرورت کے لیے، عارضی۔ ● **provisionally** م ف: عارضی طور پر۔
**proviso** *n.* (*pl.* **-os**) ① شرط، غایت، مقصد۔ ② دستاویز یا معاہدے میں اس کی بابت کوئی شق۔
**provisory** *adj.* ① مشروط، جس کے ساتھ کوئی شرط لگی ہو۔ ② =PROVISIONAL۔
**provoke** *v.* ① غصّہ دلانا، ابھارنا، چھیڑنا، اکسانا۔ ② لبھانا، شہ دینا۔ ● **provocation** اسم: اشتعال۔ **provocative** صف۔ **provocatively** م ف۔
**provost** *n.* ① بعض کالجوں کا سربراہ، خصوصاً اوکسفرڈ اور کیمبرج میں۔ ② کلیسا کے کسی شعبے کا نگراں۔
**prow** *n.* جہاز یا کشتی کا اگلا سرا یا مستک۔
**prowess** *n.* ① مہارت؛ چابکدستی۔ ② بہادری۔
**prowl** *v.* ① تاک میں پھرنا شکار یا لوٹ کی۔ ② شکاری کی طرح کھوج لینا۔ □ **on the prowl** دبے پاؤں سُراغ لینا۔ ● **prowler** اسم۔
**proximate** *adj.* کسی چیز سے قریب ترین۔
**proximity** *n.* قربت، نزدیکی۔
**proxy** *n.*(*pl.* **-ies**) ① کسی قائم مقام کو نمائندگی کی سونپی ہوئی اجازت۔ ② نیابت، قائم مقامی۔
**prude** *n.* غیر معمولی پاکبازی یا نیکی کا حامل دعویدار یا نمائش کرنے والا، خصوصاً جنسی معاملات میں، زاہد خشک۔ ● **prudish** اسم۔ **prudery** اسم: بیجا شرم وحیا۔
**prudent** *adj.* دانشمندانہ، محتاط (رویہ) یا ہوشیار، دور اندیش، صاحب فراست (آدمی) ● **prudence** اسم: ہوشیاری، زیرکی۔ **prudently** م ف: ہوشیاری سے۔
**prune** *n. & v.* اسم: سُکھایا ہوا آلوچہ۔ ف: ① درخت کی چھٹائی کرنا، خشک یا گلی ہوئی ٹہنیاں چھانٹنا۔ ② (لاگت وغیرہ) گھٹانا۔
**prurient** *adj.* ① جنسی معاملات سے غیر معتدل لگاؤ رکھنے والا، جنس زدہ۔ ② جنسی میلان کو اُکسانے والا۔ ● **prurience** اسم۔ **pruriently** م ف۔
**pry** *v.* **(pries, pried, prying)** کسی کے ذاتی معاملات کی ٹوہ لینا۔
**PS** تخفیف: POSTSCRIPT۔
**psalm** *n.* بائبل میں واقع دعائیں، مناجات۔

**psalter** *n.* زبور میں مناجاتوں کا باب۔
**psaltery** *n.* (*pl.* **-ies**) موسیقی کا ایک قدیم ساز۔
**psephology** *n.* انتخابات، رائے شماری وغیرہ کی شماریات کا مطالعہ۔ ● **psephologist** اسم۔
**pseudo-** *comb. form* جعلی، جھوٹا، بناوٹی۔
**pseudonym** *n.* فرضی یا قلمی نام، تخلص۔ ● **pseudonymous** صف: فرضی نام کا۔
**psoriasis** *n.* ایک جلدی مرض جس میں جسم پر سُرخ تپڑ بن جاتے ہیں، قوبا، چنبل۔
**PST** Pacific Standard Time کی تخفیف۔
**psyche** *n.* ① روح، جان۔ ② ذہن، نفس۔
**psychedelia** *n. pl.* ① رنگا رنگ، تجریدی نقوش۔ ② واہمہ خیز مادّے، ادویات یا منشیات۔
**psychedelic** *adj.* ① بھیانک یا عجیب وغریب ذہنی تجربہ، واہمے کو تیز کرنے والی (دوا یا مادّہ) ② شوخ، نمایاں عموماً تجریدی (نقوش یا رنگ)
**psychiatry** *n.* نفسیاتی علاج اور نفسیاتی امراض کی تحقیق، طبِ نفسی؛ دماغ کا طبّی معالجہ۔ ● **psychiatric** صف۔ **psychiatrist** اسم: طبِ نفسی کا ماہر۔
**psychic** *adj. & n.* صف: پُراسرار قوت یا باطنی صلاحیتیں رکھنے والا۔ اسم: پُراسرار ذہنی یا نفسیاتی قدرت رکھنے والا شخص، عامل یا معمول۔
**psycho** *n.* (*pl.* **psychos**) بول چال: PSYCHOPATH۔
**psychoanalyse** *v.* (*US* **-yze**) تحلیل نفسی سے علاج کرنا۔
**psychoanalysis** *n.* تحلیل نفسی، دماغی عوارض کا ایک طریق علاج جس میں دماغ کے شعوری ولاشعوری عناصر کے عمل اور ردِّعمل کی دریافت سے دبے ہوئے خوف، تصادمات وغیرہ کو ابھار کر شعوری سطح پر لانے کی کوشش کی جاتی ہے۔
**psychology** *n.* (*pl.* **-ies**) ① نفسیات: نفس انسانی اور اس کے عمل کا علمی مطالعہ، خصوصاً خاص ماحول یا حالات میں۔ ② کسی فرد یا گروہ کے ذہنی رویے اور خصوصیات۔ ● **psychological** صف: نفسیاتی۔ **psychologically** م ف۔ **psychologist** اسم۔
**psychopath** *n.* ① مستقل ذہنی مرض کا شکار فرد، خصوصاً تشدّد پر مائل۔ ② ذہنی اور جذباتی طور پر ناآسودہ فرد، نفسیاتی مریض۔ ● **psychopathic** صف۔
**psychosis** *n.* (*pl.* **psychoses**) شدید دماغی خلل خصوصاً جو بڑھ کے شدید مغالطے، واہمے تک پہنچ جائے۔ ● **psychotic** صف و اسم۔
**psychosomatic** *adj.* (بیماری یا جسمانی عارضہ) جو نفسی دباؤ، الجھن یا تصادم سے پیدا ہو۔
**psychotherapy** *n.* نفسیاتی علاج۔ ● **psychotherapist** اسم: ماہر نفسیاتی علاج۔
**PT** physical training کی تخفیف۔
**Pt** عنصر platinum پلاٹینیم کی علامت۔
**pt.** تخفیف: ① part۔ ② pint۔ ③ point۔
**ptarmigan** *n.* بھٹ تیتر کے خاندان کا ایک پرندہ۔
**pterodactyl** *n.* ایک ناپید پردار سوسمار۔
**PTO** please turn over کی تخفیف: صفحہ پلٹیے۔
**Pu** عنصر plutonium پلوٹونیم کی علامت۔
**pub** *n.* بول چال: عام شراب خانہ۔
**puberty** *n.* بلوغ، بالغ ہونے، جنسی پختگی حاصل کرنے کی عمر، بلوغت۔ ● **pubertal** صف۔
**pubic** *adj.* پیڑو کا، پیڑو سے متعلق۔
**public** *adj. & n.* صف: ① عام طور پر لوگوں سے متعلق۔ ② سب کے استعمال کے لیے، سب کے لیے کھلا یا موجود۔ اسم: ① معاشرہ علی العموم، سب لوگ۔ ② کوئی خاص عوامی گروہ یا حلقہ۔ ● **publicly** م ف۔
**public address system** *n.* بڑے جلسوں میں استعمال ہونے والا لاؤڈ اسپیکر، مائکروفون۔
**publican** *n.* عام شراب خانے کا چلانے والا۔
**publication** *n.* مطبوعات کی اشاعت، کتابوں، اخباروں وغیرہ کی تیاری اور فروخت، مطبوعہ کتاب وغیرہ۔
**public convenience** *n.* عوامی بیت الخلا۔
**public house** *n.* شراب خانہ (ہوٹل کے علاوہ) جہاں بیٹھ کر شراب پی جا سکے۔
**publicity** *n.* شہرت دہی، نشر و اشاعت، کسی تجارتی مال یا کمپنی، شخصیت وغیرہ کے نام یا فروخت کو فروغ دینے کی پیشہ ورانہ کوشش، اس کے لیے تیار کی جانے والی اشیا،

معلومات وغیرہ۔

**publicize** *v.* (also **-ise**) مشتہر کرنا، عام کرنا، لوگوں سے متعارف کرانا۔ ● **publicist** اسم۔

**public relations** *n. pl.* تعلقات عامہ، کسی فرد یا کاروباری ادارے کے مقاصد کو فروغ دینے، اسکی بابت عام لوگوں کی رائے کو موافق بنانے کی کوشش۔

**public school** *n.* ①(انگلستان اور ویلز میں) فیسوں پر چلنے والا ثانوی درجے تک کا اسکول عموماً اقامتی۔ ②(امریکا وغیرہ میں) بلافیس، مفت پڑھائی کا اسکول۔

**public sector** *n.* معیشت کا وہ حصّہ جو براہِ راست حکومت کے قبضے یا نگرانی میں ہو۔

**public servant** *n.* سرکاری ملازم، اہلکار۔

**public spirited** *adj.* عوام کے ساتھ مل کر عوامی بھلائی کے کاموں میں دلچسپی لینے والا۔

**publish** *v.* ①(مصنف یا ناشر کا) کتابیں وغیرہ شائع کرنا۔②عام کرنا، شہرت دینا۔● **publisher** اسم۔

**puce** *n. & adj.* اسم: گہرا سُرخ یا بھورا ارغوانی رنگ۔ صف: اس رنگ کا۔

**puck** *n.* برفانی ہاکی میں استعمال ہونے والی ربڑ کی ٹکلی بجائے گیند۔

**pucker** *v. & n.* ف: جُھریانا، سلوٹ ڈالنا۔ اسم: جھرّی، سلوٹ، جھول وغیرہ۔

**pudding** *n.* مختلف صورتوں سے تیار کی جانے والی ایک میٹھی ڈش، ایک ذائقہ دار کھانا جو آٹے، گوشت وغیرہ سے تیار کیا جاتا ہے، کھانے کے ساتھ کا میٹھا۔

**puddle** *n.* بارش کے پانی وغیرہ کا گڑھا۔

**pudendum** *n.* (*pl.* **pudenda**) شرم گاہ خصوصاً زنانہ۔

**puerile** *adj.* بچکانہ، غیر سنجیدہ، ناپختہ۔ ● **puerility** اسم: بچپن، چھچھورپن۔

**puerperal** *adj.* بچے کی ولادت سے متعلق، زچگی سے پیدا ہونے والی (کیفیت وغیرہ)

**puff** *n. & v.* اسم: ①پھونک، ہوا کا خفیف جھونکا یا لہر، ایک دم اٹھنے والے بخارات یا دھواں۔②پھولی پھولی کریم چڑھا کیک۔ ③ کسی کتاب وغیرہ پر جوشیلا تبصرہ خصوصاً اخبار میں۔ ④= POWDER PUFF ۔ ف: ① پھونک مارنا، چھوٹی چھوٹی پھونکوں یا دھونکنی کی طرح نکالنا، چھوڑنا۔ ② ہانپنا، زور زور سے سانس لینا، ہانپتے ہوئے بولنا۔ ③ پھولنا یا پھلانا، ہوا سے بھرنا۔ ④ (کتاب، تجارتی جنس وغیرہ کی) مبالغہ آمیز تشہیر کرنا۔

**puffball** *n.* گولے کی شکل کی کھمبی یا فُطر۔

**puffin** *n.* بحری پرندہ جس کی تکونی چونچ ہوتی ہے۔

**puff pastry** *n.* جھاگ دار پھولی پھولی پیسٹری۔

**puffy** *adj.* (**puffier, puffiest**) پھولا یا سوجا ہوا (خصوصاً چہرہ)● **puffiness** اسم: پھلاؤ، فربہی۔

**pug** *n.* ایک پستہ قد، بل ڈاگ سے ملتا ہوا کتا جس کی ناک چپٹی ہوتی ہے اور تھوتھنی بہت جھریائی ہوئی۔

**pugilist** *n.* رسمی: کھلاڑی، باکسر خصوصاً پیشہ ور۔● **pugilism** اسم: مکّا بازی۔

**pugnacious** *adj.* لڑاکا، شورہ پشت، جھگڑالو۔ ● **pugnaciously** م ف۔ **pugnacity** اسم۔

**puke** *v. & n.* بول چال: قے، قے کرنا۔

**pukka** *adj.* بول چال: اصلی، خالص، عمدہ۔

**pull** *v. & n.* ف: ① کسی چیز کو کھینچنا، اس طرح اپنی جگہ سے ہلانا۔② زور لگانا، کشش کرنا۔③ زیادہ زور لگانے سے پٹھے وغیرہ کا کھنچ جانا۔④ گہرا سانس لینا، لمبا کش لینا (پائپ وغیرہ کا) اسم: ① کھینچنے کا عمل، کشش۔ ② کھینچنے کی قوت۔ ③ اثر و رسوخ، پہنچ۔④ پُرکشش یا لائق توجہ شے۔ ⑤ لمبا گھونٹ۔⑥ روکنے، تھامنے کے لیے آلہ، دستہ وغیرہ۔ ⑦ سگریٹ وغیرہ کا کش۔ □ **pull down** ① ڈھانا، گرانا (عمارت وغیرہ کو) ②بول چال: کمانا، بطور اُجرت۔ **pull in** ①(بس یا ریل وغیرہ کا) آ کر لگنا۔② گاڑی کا ایک کنارے ہونا۔ **pull off** بول چال: جیتنا، پالا مارنا۔ **pull out** ① کھینچ نکالنا۔ ② رُخصت ہونا۔ ③ پہلوتہی کرنا، علاحدہ ہونا۔ ④ مسافروں کو لے کر روانہ ہونا۔ **pull through** ① بیماری سے شفایاب ہونا یا مشکل سے نکلنا۔ ② کسی کو مشکل سے نکلنے میں مدد دینا۔ **pull to pieces** سخت تنقید کا نشانہ بنانا۔ **pull up** تھم جانا۔

**pullet** *n.* جوان مرغی، خصوصاً سال بھر سے کم کی۔

**pulley** *n.* (*pl.* **-eys**) چرخی، گراری یا گراریوں کا سلسلہ جن کے ذریعے چیزیں اٹھائی جاتی ہیں۔

**pullover** *n.* بُنا ہوا بند گلے کا اونی سویٹر۔
**pulmonary** *adj.* پھیپھڑوں سے متعلق۔
**pulp** *n. & v.* اسم: ① پھل کا گودا۔ ② گودے سے ملتی نرم، گدگدی شے۔ ③ ہیجان خیز، سستی تحریریں۔ ف: پیٹ کوٹ کر لگدی بنانا۔ ● **pulpy** صف: گودے دار۔
**pulpit** *n.* منبر، عبادت گاہوں میں جہاں سے وعظ کیا جاتا ہے۔
**pulsar** *n.* ایک قسم کا جرمِ فلکی، جس میں سے ریڈیائی لہریں لحہ بہ لحہ خارج ہوتی رہتی ہیں۔
**pulsate** *v.* ① متوازن طور پر پھیلنا، سکڑنا۔ ② ارتعاش پیدا کرنا، مرتعش ہونا۔ ● **pulsation** اسم: موج زنی۔
**pulse** *n. & v.* اسم: ① نبض جو دل سے نکلنے والے خون کے بہاؤ سے پیدا ہوتی ہے، نبض کی متواتر دھڑکن یا ضرب یا ٹھوکر۔ ② دال، مختلف پھلیوں کے بیج یا دانے جیسے مٹر، مسور وغیرہ۔ ف: دھڑکنا۔
**pulverize** *v.* (also **-ise**) ① کوٹنا، پیسنا، دلنا۔ ② سفوف بنانا۔ ③ بول چال: منہدم کرنا، بری طرح ہرانا۔ ● **pulverization** اسم: سفوف پذیری۔
**puma** *n.* بھوری کھال کی بڑی جنگلی امریکی بلّی۔
**pumice** *n.* (also **pumice stone**) ہلکی مسام دار آتش فشانی چٹان یا پتھر، جسے صاف کرنے اور چمکانے کے لیے استعمال کیا جاتا ہے۔
**pummel** *v.* (**pummelled, pummelling,** *US* **pummeled**) متواتر ضربیں لگانا، خصوصاً ہاتھ سے مُکیانا، گھونسے مارنا۔
**pump** *n. & v.* اسم: ہوا پھونکنے، بھرنے کی مشین یا آلہ؛ کسی سیّال کو کھینچنے والا آلہ۔ ف: ① پمپ سے پانی، گیس وغیرہ کھینچنا۔ ② (ٹائر وغیرہ میں) ہوا بھرنا، پھونکنا۔ ③ پمپ کے ذریعے پانی نکالنا۔ ④ کسی سے پیہم پُرسش کے ذریعے معلومات اُگلوانے کی کوشش کرنا۔ ⑤ زور سے اوپر نیچے ہونا۔
**pumpkin** *n.* میٹھے گھیے یا پیٹھے کی بیل۔
**pun** *n.* اسم: ایہام؛ ذومعنی لفظ جو ظرافت کے طور پر استعمال کیا جائے۔ ● **punning** صف و اسم۔
**punch** *v. & n.* ف: ① گھونسا مارنا، بند مٹھی سے ضرب لگانا۔ ② ڈنڈے یا ڈنڈی سے کچوکنا، ٹھوکنا۔ ③ کسی دھات کی چیز یا کاغذ، ٹکٹ وغیرہ میں چھید کرنا، مشین سے گودنا یا سوراخ ڈالنا۔ اسم: ① مکّے کی ضرب۔ ② سوراخ کرنے کی مشین۔ ③ پھلوں کا رس ملی شراب جو عموماً گرم پیش کی جاتی ہے۔
**punch-drunk** *adj.* متواتر چوٹ کھا کر چکرایا ہوا۔
**punchline** *n.* کانٹے کی بات، لطیفے یا کہانی کا خلاصہ یا اصل نکتہ۔
**punctilious** *adj.* ① رسمی تکلّفات پر کاربند۔ ② برتاؤ یا رویّے میں بہت محتاط۔ ● **punctiliously** م ف۔ **punctiliousness** اسم: تکلّف مزاجی۔
**punctual** *adj.* وقت کا پابند، ٹھیک وقت پر پہنچنے والا۔ ● **punctuality** اسم: پابندیٔ اوقات۔ **punctually** م ف: وقت کی پابندی سے۔
**punctuate** *v.* ① عبارت میں اوقاف ڈالنا۔ ② وقفے دینا، سلسلہ توڑنا۔ ● **punctuation** اسم۔
**puncture** *n. & v.* اسم: پنکچر، چبھنے سے پڑنے والا چھید خصوصاً ٹائر میں۔ ف: ① چھیدنا۔ ② پنکچر ہو جانا۔
**pundit** *n.* ہندو عالم، خصوصاً سنسکرت اور فلسفے، دھرم اور قانون کا عالم۔
**pungent** *adj.* تیز بُو یا ذائقے کا، چرپرا، مرچیلا۔ ● **pungency** اسم۔ **pungently** م ف۔
**punish** *v.* ① سزا دینا۔ ② جرمانہ کرنا، مواخذہ کرنا۔ ③ سخت برتاؤ کرنا، آزمائش میں ڈالنا، بدسلوکی کرنا، بری طرح پیش آنا۔ ● **punishment** اسم: سزا، تعزیر۔
**punitive** *adj.* ① تعزیری، سزا دہی سے متعلق۔ ② سخت، کڑا (محصول وغیرہ)
**punk** *n.* ① کمبخت، ناہنجار، بکواس، فضول بات یا شے۔ ② (**punk rock** کا اختصار) ایک قسم کی تیز اونچے سُروں کی موسیقی، دھماکے دار، اس موسیقی کا شائق یا دلدادہ۔ ③ بول چال: غنڈا، شورہ پشت۔
**punnet** *n.* چھوٹی ٹوکری، پھل یا ترکاری رکھنے کی ڈلیا۔
**punt[1]** *n. & v.* اسم: پتلی لمبی چپٹے پیندے کی کشتی۔ ف: ① ڈانڈ کو دریا کی تہ میں ٹکا ٹکا کر کشتی رانی کرنا۔ ② اس کشتی سے سفر یا بار برداری کرنا۔
**punt[2]** *v. & n.* ف: (رگبی اور امریکی فٹ بال میں) گیند کو زمین پر گرنے سے پہلے ٹھوکر لگا کر اچھالنا۔ اسم:

اس طرح کی ٹھوکر یا کِک۔

**punter** *n.* ①بول چال: جوا کھیلنے، داؤ لگانے والا شخص۔ ② بول چال: گاہک، اسامی۔

**puny** *adj.* (**punier, puniest**) ①معمول سے چھوٹا، اوچھا، ٹھگنا۔② کمزور، نحیف۔③ادنیٰ، معمولی۔

**pup** *n.* & *v.* اسم: ①کتے کا پلاّ۔② بھیڑیے کا بچہ، نیز چوہے، سگ ماہی وغیرہ کا۔ ف: (**pupping، pupped**) کتیا وغیرہ کا بچے جننا۔

**pupa** *n.* (*pl.* **pupae**) کسی حشرے کے پہلی روپ کے بعد کاہلی یا مٹھے پن کی حالت، منجھ روپ۔

**pupate** *v.* حشرے کا منجھ روپ میں آنا۔

**pupil** *n.* ① شاگرد، خصوصاً اسکول کا بچہ یا طالب علم اُستاد کے تعلق سے۔② آنکھ کا تل جو دور یا نزدیک دیکھنے میں گھٹتا بڑھتا رہتا ہے۔

**puppet** *n.* ① کٹھ پُتلی، آدمی یا جانور کی شبیہہ جو پتلیوں کے تماشے میں نظر آتی ہے۔② کوئی شخص یا ریاست وغیرہ جس کی لگام کسی اور کے ہاتھ میں ہو، جو کسی کے کہنے پر چلے۔● **puppetry** اسم: پتلیوں کا تماشا۔

**puppy** *n.* (*pl.* **-ies**) کتے کا پلاّ۔

**purchase** *v.* & *n.* ف: ①خریدنا، دام دے کر لینا۔② کوئی شے حاصل کرنا جس کی قیمت کسی صورت سے چکانی پڑے۔ اسم: ①خریداری۔②خریدی ہوئی چیز۔ ③ کسی شے پر پورا قابو تاکہ پھسل نہ جائے، بیری طاقت، بھاری سامان کی باربرداری کا ڈھب۔● **purchaser** اسم: گاہک، خریدار۔

**purdah** *n.* حجاب، عورتوں کو پردے میں رکھنے، غیر مردوں سے چھپانے کا رواج۔

**pure** *adj.* ①خالص، بے ملاوٹ۔② صحیح النسل۔③ پاک، صاف، پاکیزہ۔④سچا، کھرا، خوش آہنگ۔⑤ نظری نہ کہ اطلاقی (علم)● **purity** اسم۔

**purée** *n.* & *v.* اسم: کچلی، پِسی ہوئی ترکاریوں یا پھلوں کی لُبدی۔ ف: پیورے بنانا۔

**purely** *adv.* ①خالصتہً۔② محض، صرف۔

**purgative** *adj.* & *n.* صف: ①صفائی کرنے والا۔② دست آور۔ اسم: ①پاک کرنے والی شے۔② دست آور دوا۔

**purgatory** *n.* (رومن کیتھلک عقیدے کے مطابق) بعد مرگ صحیح عقیدے کے ساتھ مرنے والی ارواح کی روحانی تطہیر، گناہوں کا کفارہ دینے کے بعد۔● **purgatorial** صف۔

**purge** *v.* & *n.* ف: ①جسمانی یا روحانی طور پر پاک ہونا۔② ناپسندیدہ عناصر کو خارج کرنا۔③ جلاّب دینا۔ اسم: ①تزکیے، تطہیر کا عمل۔②جلاّب۔

**purify** *v.* (**-ies, -ied**) صاف کرنا، پاک کرنا۔● **purification** اسم: تزکیہ، تطہیر۔ **purifier** اسم۔

**purist** *n.* خالص پسند، زبان یا آرٹ کے معاملے میں کھری فصاحت یا روایت کا قائل۔● **purism** اسم۔

**puritan** *n.* مذہب یا اخلاقیات کے معاملے میں کٹر، متشدّد۔● **puritanical** صف: کٹرّ پن پر مبنی۔

**purl** *n.* & *v.* اسم: حاشیے پر لگانے کی گوٹ، جھالر یا کلابتون۔ ف: الٹے ٹانکے کی بنائی کرنا۔② (ندی وغیرہ کا) ابلتے اور بُدبُداتے ہوئے بہنا۔

**purlieu** *n.* (*pl.* **purlieus** or **purlieux**) ① کسی شخص کا حلقہ، پہنچ، حدود، دائرہ عمل۔② کسی کے اکثر بیٹھنے اٹھنے، پائے جانے کا ٹھکانا۔

**purloin** *v.* چرانا، سرقہ کرنا، مضمون اڑانا۔

**purple** *n.* نیلے اور لال کے ملنے سے بننے والا رنگ، ارغوانی، بینجنی اور سوسنی سے قدرے زیادہ سُرخی مائل۔

**purport** *v.* & *n.* ف: ①باور کرانا، نظر آنا یا محسوس کرانا۔② مقصود و منشا کو ظاہر کرنا۔ اسم: کسی چیز کا ظاہر مطلب۔● **purportedly** م ف۔

**purpose** *n.* & *v.* اسم: ①مقصد، منشا۔②ارادہ۔③ تہیّہ، عزم۔ ف: مقصد کے طور پر اختیار کرنا، بنانا، سوچنا، منصوبہ بنانا۔□ **on purpose** دانستہ۔ **to no purpose** کسی نتیجے یا اثر کے بغیر۔ **to the purpose** ①موضوع سے متعلق یا مربوط۔②مفید، کارآمد۔

**purpose-built** *adj.* کسی خاص مقصد سے تعمیر کیا ہوا۔

**purposeful** *adj.* ①بامقصد۔②دانستہ، سوچا سمجھا۔● **purposefully** م ف: عمداً، قصداً۔

**purposely** *adv.* جان کر، کسی مقصد یا نیت سے۔

**purr** *v.* & *n.* ف: ①(بلّی کا) خُرخُرانا، خرخراتی ہوئی سی

**pusillanimous** *adj.* بے حوصلہ، دبّو۔

**puss** *n.* (also **pussy**) بول چال: بلی، مانو۔

**pussyfoot** *v.* بول چال: ① دبے پاؤں یا چوکنّی چال سے چلنا۔ ② ہوشیاری سے کام کرنا۔

**pussy willow** *n.* بیدِ مجنوں کی ایک قسم جن میں بلی کی دم سے مشابہ پھولوں کے گچھے لگتے ہیں۔

**pustule** *n.* مہاسا، پھنسی خصوصاً پیپ بھری۔ ● **pustular** صف: آبلہ دار۔

**put** *v. & n.* ف: (**putting, put**) ① کسی جگہ پر رکھنا یا رکھوانا۔ ② کسی خاص صورت میں لانا۔ ③ عائد، لاگو کرنا، بروئے کار لانا، روبہ عمل لانا۔ ④ کسی بات کو کسی خاص انداز سے کہنا، ادا کرنا۔ ⑤ پھینکنا، اچھالنا کھیلوں میں کسی چیز کو۔ اسم: وزن وغیرہ پھینکنے کا عمل۔ □ **put by** (**or aside**) پس انداز کرنا (رقم وغیرہ) **put down** ① طاقت یا اختیار سے کام لے کر دبا دینا۔ ② رعب ڈالنا، ہتک کرنا۔ ③ تحریر میں لانا۔ ④ بوڑھے یا بیمار جانور کو مار ڈالنا۔ **put off** ① ملتوی کرنا۔ ② کسی شخص سے بہانہ بنا کر گریز کرنا۔ ③ روکنا، باز رکھنا۔ **put on** ① کپڑے پہننا۔ ② روشنی یا برقی آلہ روشن یا چالو کرنا۔ ③ تماشا، ڈراما وغیرہ کرنا۔ **put out** ① پریشان کرنا، ناراض کرنا۔ ② روشنی یا آگ بجھانا۔ ③ جوڑ یا ہڈی کا اترنا۔ **put up** ① تعمیر تیار کرنا، بنانا۔ ② قیمت وغیرہ بڑھانا۔ ③ رہنے کا انتظام کرنا۔ **put upon** مبالغہ آمیز مطالبہ کرنا، کسی پر بے جا دباؤ ڈالنا۔ **put up with** برداشت کرنا، گوارا کرنا۔

**putative** *adj.* مبیّنہ، مفروضہ، مانا ہوا۔ ● **putatively** م ف: ازروئے قیاس۔

**putrefy** *v.* (**-ies, -ied**) خراب ہونا، گلنا، سڑنا، عفونت زدہ ہونا۔ ● **putrefaction** اسم: عفونت۔

**putrescent** *adj.* گلنے، خراب ہونے کی حالت میں۔ ● **putrescence** اسم: عفونت، بوسیدگی۔

**putrid** *adj.* ① گلا ہوا، خراب۔ ② سڑاندا، فاسد، مضر۔ ③ بول چال: گھٹیا، بے مزہ، حقیر۔

**putt** *v. & n.* (also **put**) ف: گیند کو (گولف کے کھیل میں) سوراخ میں ڈالنے کے لیے ہلکا سا ٹھوکا دینا۔ اسم: گیند پر ہلکی ضرب۔

**putter** *n. & v.* اسم: گیند کو لڑھکانے کا ڈنڈا۔ ف:

آواز نکالنا جس سے اطمینان اور آسودگی ظاہر ہوتی ہے۔ ② (مشین وغیرہ کا) اسی طرح کی آواز یا ارتعاش پیدا کرنا، گھر گھر کرنا۔ اسم: خرخراہٹ۔

**purse** *n. & v.* اسم: ① جیبی بٹوہ، چمڑے وغیرہ کا۔ ② امریکا: دستی بٹوہ۔ ③ تھیلی۔ ④ رقم، سرمایہ۔ ف: (ہونٹ) بھینچنا، منہ پچّی کرنا۔

**purser** *n.* جہاز کا حساب دار افسر۔

**pursuance** *n.* (کسی منصوبے، خیال وغیرہ کو) عمل میں لانے کی کوشش؛ پیچھا، تعاقب۔

**pursue** *v.* (**pursued, pursuing**) ① تعاقب کرنا، پیچھا لینا۔ ② بڑھتے رہنا، چلتے رہنا (کسی راستے پر یا کسی مقصد کے پیچھے) ③ کوئی مطالعہ یا مشغلہ اختیار کرنا۔ ● **pursuer** اسم: تعاقب کرنے والا۔

**pursuit** *n.* ① تعاقب، پیچھے جانے کا عمل۔ ② مشغلہ، مصروفیت، روزگار۔

**purulent** *adj.* ① پیپ بھرا (پھوڑا وغیرہ) ② رستا ہوا (زخم) ● **purulence** اسم: پیپ، آلودگی۔

**purvey** *v.* جنس، رسد، کھانے کا سامان مہیّا کرنا بطور کاروبار۔ ● **purveyor** اسم: پنساری۔

**pus** *n.* پیپ، جو زخم میں پڑ جاتی ہے۔

**push** *v. & n.* ف: ① دھکیلنا، زور دے کر جگہ سے ہلانا (اپنے سے مخالف سمت میں) ② اس سمت میں حرکت دینا۔ ③ بٹن یا کلید دبانا۔ ④ اُوپر یا آگے کی طرف حرکت کرنا، بڑھنا یا زور کرنا، پھیلنا یا پھیلانا۔ ⑤ زور لگا کر آگے بڑھنا، گھسنا، در آنا۔ ⑥ بول چال: نشہ آور شے خفیہ طور پر فروخت کرنا۔ اسم: ① دھکّا۔ ② زوردار کوشش۔ ③ بھاری فوجی حملہ، یلغار۔ □ **be pushed for** سخت دباؤ خصوصاً وقت کی تنگی سے دوچار ہونا۔ **push around** بول چال: ① کسی کو ایک جگہ سے دوسری جگہ گھسیٹے پھرنا۔ ② رعب ڈالنا، دھونس جمانا۔ **push off** بول چال: چل دو، رخصت ہو۔ ● **pusher** اسم: دھکیلنے والا۔

**pushchair** *n.* تہ ہو جانے والی پہیّے دار کرسی، بچوں کو بٹھا کر سیر کرانے کے لیے۔

**pushy** *adj.* (**pushier, pushiest**) بول چال: ① سر چڑھنے، خود کو دوسروں پر مسلّط کرنے والا۔ ② دھن کا پکّا۔ ● **pushiness** اسم۔

امریکا: POTTER کا متبادل۔
**putty** *n.* پوٹین، مسالہ جو چوکھٹوں میں شیشہ جڑنے یا لکڑی کی درزیں بھرنے میں استعمال ہوتا ہے۔
**put-up job** *adj.* بول چال: دھوکے سے بنایا یا پیش کیا جانے والا۔
**puzzle** *n. & v.* اسم: ① معمّا، مشکل، حل طلب مسئلہ۔ ② ذہانت کے امتحان کے لیے بنایا ہوا کھلونا، گورکھ دھندا۔ ف: ① الجھن میں ڈالنا۔ ② کسی چیز کی بابت خلفشار میں ہونا۔ ● **puzzlement** اسم: الجھن، مخمصہ۔
**PVC** polyvinyl chloride کی تخفیف۔
**PW** policewoman کی تخفیف۔
**PWR** pressurized-water reactor کی تخفیف۔
**pygmy** *n.* (*pl.* **-ies**) (also **pigmy**) ① افریقہ کے بعض علاقوں کے پستہ قد لوگوں میں سے کوئی فرد، بونا۔ ② بہت چھوٹا آدمی، جانور یا شے۔
**pyjamas** *n. pl.* (*US* **pajamas**) شب خوابی کا لباس پجامہ اور ہلکا کوٹ۔
**pylon** *n.* اونچا کھمبا یا تھم جو بیرونی تاروں وغیرہ کے لیے تعمیر کیا جائے۔
**pyorrhoea** *n.* (*US* **pyorrhea**) مسوڑوں کا ایک مرض جس سے دانت ہلنے لگتے ہیں اور ان سے پیپ رسنے لگتی ہے۔
**pyramid** *n.* اہرام، خصوصاً اہرام مصر میں سے کوئی مخروطی تعمیر۔ ● **pyramidal** صف: اہرامی، مخروطی۔
**pyre** *n.* چِتا، چنی ہوئی لکڑیاں وغیرہ جن پر میّت کو رکھ کر پھونکا جاتا ہے۔
**pyretic** *adj.* بخار لانے والا، تپ یا بخار سے متعلق۔
**Pyrex** *n.* تجارتی نام: ایک سخت، دافع حرارت بلوری مادّہ جو آگ پر چڑھائے یا تپائے جانے والے برتنوں میں استعمال ہوتا ہے۔
**pyrites** *n.* لوہے کے ڈائی سلفائڈ کی ایک قسم۔
**pyromania** *n.* آگ لگانے یا چیزوں کو جلانے کا خبط۔ ● **pyromaniac** اسم: آتش زن خبطی۔
**pyrotechnics** *n. pl.* ① آتشبازی کی اشیا بنانے کا فن۔ ② آتشبازی کا مظاہرہ۔ ③ کوئی روشن، تابناک، پُرلطف تماشا۔ ● **pyrotechnic** صف۔
**Pyrrhic victory** *n.* زبردست قربانی دے کر حاصل کی ہوئی بہت مہنگی فتح جو فاتح کے لیے مفید نہیں ہوتی۔
**python** *n.* اژدہوں کی مختلف اقسام میں سے کوئی جو اپنے شکار کو بھینچ کر اور دم گھوٹ کر مارتے ہیں۔
**pyx** *n.* عشائے ربانی کی روٹی رکھنے کا ظرف۔
**pyxis** *n.* (*pl.* **pyxides**) ڈبیا یا زیور رکھنے کا خانہ۔

# Qq

**Q** (also **Q.**) تخفیف: question۔
**QC** قانون: Queen's Counsel کی تخفیف۔
**QED** *quod erat demonstrandum*: تخفیف: یہی مراد ہے، یہی ثابت کرنا تھا۔
**qua** *conj.* بحیثیت، کے طور پر۔
**quack** *n. & v.* اسم: ① بطخوں کے چیخنے کی کرخت آواز، قائیں قائیں۔ ② نقلی ڈاکٹر یا طبیب، اتائی۔ ف: (بطخ کا) آواز نکالنا۔
**quad** *n.* بول چال: ① = quadrangle۔ ② = quadruplet۔
**quad bike** *n.* چوپہیّا موٹر سائیکل، دوڑ کے مقابلے کے لیے۔
**quadrangle** *n.* چوکور صحن، خصوصاً عمارات کے درمیان، عمارتوں کے وسط میں کھلی جگہ۔
**quadrant** *n.* ① رُبع، دائرے کے محیط کا ایک چوتھائی حصّہ۔ ② کرے یا کروی جسم کا ایک چوتھائی حصّہ۔ ③ کسی سطح کا ایک چوتھائی جسے دو خطوط مستقیم زاویۂ قائمہ پر قطع کریں۔ ④ زاویائی پیمائش کا آلہ، زاویہ پیما۔
**quadraphonic** *adj.* (also **quadrophonic**) چار ترسیلی راستوں یا چینلوں سے پیدا یا نشر کی جانے والی (آواز)، چہارگانہ یا چہارصوتیہ۔
**quadratic** *adj.* ① دو درجہ تک کی، دو درجی،

**qualm** *n.* ① ضمیر کی خلش، چبھن جو اپنے رویے کے بارے میں محسوس ہو۔ ② ضمیر کی آواز۔

**quandary** *n.* (*pl.*-**ies**) ① الجھن، پریشانی کی کیفیت۔ ② مشکل صورت حال، گومگو کی حالت۔

**quango** *n.* (*pl.*-**os**) حکومت کا قائم کردہ نیم سرکاری انتظامی ادارہ۔

**quantify** *v.* (**-ies, -ied**) مقدار کا تعیّن، مقدار کے طور پر ظاہر کرنا یا ناپنا۔ ● **quantifiable** صف۔

**quantitative** *adj.* کمیت یا مقدار کی بابت، مقدار کے لحاظ سے قابل پیمائش یا پیمائش کردہ۔

**quantity** *n.* (*pl.* **-ies**) ① قابلِ پیمائش صفت یا خصوصیت، مقدار۔ ② کمیت، ضخامت، وسعت، وزن یا تعداد۔ ③ (**quantities**) بہتات، بڑی تعداد یا مقدار۔

**quantity surveyor** *n.* عمارات کی پیمائش کرنے اور قیمت کا تعیّن کرنے والا۔

**quantum jump** *n.* (also **quantum leap**) اچانک بڑا اضافہ یا پیش رفت۔

**quantum theory** *n.* یہ نظریہ کہ توانائی علاحدہ علاحدہ قدریوں پر مشتمل ہوتی ہے، نظریۂ قدریہ۔

**quarantine** *n. & v.* اسم: ① متعدی مرض والے لوگوں کو الگ رکھنا، قرنطینہ۔ ② قرنطینہ کی مدّت۔ ف: قرنطینہ کی پابندی لگانا، قرنطینہ میں رکھنا۔

**quark** *n.* ① طبیعیات: نادیدہ، تحت جوہری ذرّات بہت خفیف برقی بار کے حامل ذرّات میں سے کوئی جو پروٹون، نیوٹرون و دیگر ہیڈرون ذرّوں کا بنیادی جزو خیال کیے جاتے ہیں۔ ② ایک طرح کا کم چکنائی والا پنیر۔

**quarrel** *n. & v.* اسم: ① افراد یا گروہوں کے درمیان جھگڑا، تکرار، نزاع۔ ② دوستانہ تعلقات میں رخنہ، شکوہ شکایت۔ ف: (**quarrelling, quarrelled** امریکا: **quarreled**) لڑنا، الجھ پڑنا، قطع تعلق کر لینا۔

**quarrelsome** *adj.* ہر وقت جھگڑے پر آمادہ، لڑاکا، جھگڑالو۔

**quarry** *n. & v.* اسم: (ج: **-ies**) ① پتھر کی کان۔ ② زمین میں سے پتھر نکالنے سے پڑنے والا گڑھا جہاں سے پتھر نکالے جائیں۔ ③ شکاری جانور یا انسانوں کا تاکا ہوا شکار۔ ف: (**-ies, -ied**) ① پتھر کی کان سے

کسی نامعلوم مقدار یا متغیرہ کی صرف دوسری طاقت تک محدود (*quadratic equation*) ② چوکور، مربع۔ اسم: دو مدارجی مساوات۔

**quadrilateral** *adj. & n.* صف: چار ضلعوں والی (شکل) اسم: ذواربعۃ الاضلاع، چوکور۔

**quadrille** *n.* چار جوڑوں کا مشترک رقص۔

**quadriplegia** *n.* چاروں ہاتھ پاؤں کا فالج۔

**quadruped** *n.* چوپایہ جانور۔

**quadruple** *adj., & v.* صف: ① چار گنا۔ ② چار جزوی، چار فریقوں کے مابین یا چار پر مشتمل۔ ف: چار سے ضرب دینا، چوگنا کرنا۔

**quadruplet** *n.* چار جڑواں بچوں میں سے کوئی۔

**quaff** *v.* غٹا غٹ پینا، لمبا گھونٹ لینا۔

**quagmire** *n.* ① دلدل، ایسی گیلی زمین جس میں پاؤں دھنسنے لگیں۔ ② خطرناک صورت حال، پریشانی۔

**quail** *n. & v.* اسم: بٹیر، چھوٹی دُم کی، تیتر کی ہم اصل جنس۔ ف: دبکنا، جھجکنا، خوف زدہ ہونا۔

**quaint** *adj.* انوکھا، نادر، نرالا، جاذب نظر، قدیم وضع کا۔ ● **quaintly** م ف۔ **quaintness** اسم۔

**quake** *v.* لرزنا، کانپنا خصوصاً خوف سے۔

**Quaker** *n.* عیسائی جمعیت، "Society of Friends" (دوستوں کی انجمن) کا فرد جو امن پسند، صلح جوئی کے قائل، روایتی عقائد و رسوم کے خلاف ہیں۔

**qualification** *n.* ① مطلوبہ استعداد حاصل کرنے کا عمل، حصولِ سند، تعلیم و تربیت کا حصول۔ ② کسی منصب یا مقصد کے لیے مطلوبہ لیاقت۔ ③ کوئی شرط جو کسی حق کو پانے کے لیے لازم ہو۔ ④ تعریف، تعارف یا تعبیر۔

**qualify** *v.* (**-ies, -ied**) ① کسی مقصد، مقام یا منصب کے لیے موزوں بنانا۔ ② قانونی طور پر حقدار بنانا۔ ③ (کسی مقابلے، منصب یا انعام کا) حقدار ہونا یا مطلوبہ شرائط پر پورا اترنا۔ ④ کسی بیان یا قول کے ساتھ استثنائی صورتیں یا شرائط عائد کرنا۔ ● **qualifier** اسم۔

**qualitative** *adj.* صفاتی، صفت یا اقدار پر مبنی۔

**quality** *n.* (*pl.* **-ies**) ① کسی شے کی خوبی کا درجہ۔ ② عمومی خوبی یا صفت جو کسی شے میں مطلوب ہو۔ ③ نمایاں، امتیازی خصوصیت، خاصیت، وصف۔

پتھر نکالنا۔ ② تلاش وتحقیق سے معلومات فراہم کرنا۔

**quart** *n.* چوتھائی گیلن یا دو پائنٹ (۱۳۷ء ۱ لیٹر)

**quarter** *n. & v.* اسم: ① کسی چیز کا چوتھائی حصّہ، ربع، چہارم، ایک بٹا چار۔ ② سہ ماہی۔ ③ گھنٹے کا چوتھائی حصّہ، پورے گھنٹے کے ۱۵ منٹ بعد کا یا ۱۵ منٹ پہلے کا وقت، سوا یا پونے کا مترادف۔ ④ امریکا، کینیڈا: سینٹ یا اس مالیت کا سکّہ۔ ⑤ شہر کا کوئی حصّہ خصوصاً کسی خاص طبقے کی بستی۔ ⑥ قطب نما یا کمپاس پر کسی سمت کا نشان۔ ⑦ (quarters) اقامت گاہ، رہائش۔ ⑧ پناہ جو دشمن کو ہتھیار ڈالنے پر دی جائے۔ ف: ① چار حصّوں میں تقسیم کرنا۔ ② کسی جگہ مقیم یا متعیّن کرنا۔

**quarterdeck** *n.* جہاز کے بالائی عرشے کا دنبالے کی طرف کا حصّہ۔

**quarter-final** *n.* آخری مقابلے سے دو مرحلے پہلے کھیلا جانے والا میچ۔

**quarterly** *adj., adv. & n.* صف: ہر تین ماہ بعد پیدا یا واقع ہونے والا۔ م ف: سال میں چار بار۔ اسم: (ج: ies-) سہ ماہی تبصرہ یا رسالہ، جریدہ وغیرہ۔

**quartermaster** *n.* ① رجمنٹ کا اعلیٰ منتظم افسر جو قیام و طعام کا بندوبست کرتا ہے۔ ② بحریہ کا چھوٹا افسر جو جہاز کی چال اور اشاراتی پیغام رسانی کا ذمّہ دار ہوتا ہے۔

**quartet** *n.* موسیقی: ① چار سازوں یا آوازوں سے بنا ہوا چوگانہ۔ ② چار افراد پر مشتمل کوئی طائفہ یا گروہ۔

**quartz** *n.* سلیکا کی ایک معدنی شکل۔

**quartz clock** *n.* کوارٹز کی قلم میں بجلی سے ارتعاش پیدا کر کے چلائی جانے والی گھڑی۔

**quasar** *n.* بعض ستارہ نما اجرام جن سے اکثر شدید ریڈیائی لہریں نکلتی ہیں۔

**quash** *v.* ① منسوخ کرنا، رد کرنا۔ ② دبانا، فرو کرنا، کچلنا (بغاوت وغیرہ کو)

**quasi-** *comb. form* ① بظاہر، ظاہراً۔ ② تقریباً۔

**quatrain** *n.* رُباعی، چار مصرعوں کا بند یا قطعہ۔

**quaver** *v. & n.* ف: ① لرزنا، تھرتھرانا۔ ② رقّت آمیز آواز میں بولنا۔ اسم: ① کامل، طویل سُر کا آٹھواں یا کروشے سے نصف طول کا سُر۔ ② بولنے میں لرزش، کپکپاہٹ۔

**quay** *n.* جہاز کی گودی، مال اُتارنے چڑھانے کا چبوترا یا پانی کے اندر گیا ہوا پشتہ۔ ● **quayside** اسم۔

**queasy** *adj.* (-ier, -iest) پیٹ کے درد یا متلی میں مبتلا، کمزور معدہ والا۔ ● **queasiness** اسم۔

**queen** *n.* اسم: ① ملکہ، رانی یا مہارانی خصوصاً کسی خود مختار ملک کی موروثی فرماں روا۔ ② بادشاہ کی بیوی۔ ③ کوئی عورت یا شے جسے کسی میدان میں امتیازی حیثیت حاصل ہو۔ ④ چیونٹیوں اور شہد کی مکھی میں بچے پیدا کرنے والی ملکہ۔ ⑤ شطرنج کا ایک مہرہ۔ ⑥ تاش کا تصویر والا پتّہ، بیگم۔ ⑦ بول چال: ہیجڑا، ہم جنس پرست۔ ● **queenly** صف: شاندار، شاہانہ۔

**queen mother** *n.* تخت نشین بادشاہ یا ملکہ کی والدہ۔

**queer** *adj. & v.* صف: ① عجیب، انوکھا، نرالا۔ ② پُر اسرار، مشتبہ۔ ③ بول چال: بیمار، نحیف، چکرایا ہوا۔ ④ مبتذل: ہم جنس پرست۔ ف: بگاڑنا، خراب کر دینا۔ □ **queer a person's pitch** کسی کے معاملے کو بگاڑ دینا۔

**quell** *v.* فرو کرنا، دبانا، کچلنا (بغاوت وغیرہ کو)

**quench** *v.* ① پانی پی کر (پیاس) بجھانا۔ ② (آگ یا روشنی) بجھانا، ٹھنڈی کرنا۔ ③ تپے ہوئے لوہے یا حرارت کو پانی، ہوا یا تیل وغیرہ میں بجھانا۔

**quern** *n.* غلہ پیسنے یا دلنے کی دو پاٹ کی چکّی۔

**querulous** *adj.* چڑچڑا، بددماغ، شاکی، بدمزاج، شکوہ شکایت کرنے والا ● **querulously** م ف۔ **querulousness** اسم: بدمزاجی، چڑچڑاپن۔

**query** *n. & v.* اسم: (ج: ies-) ① سوال خصوصاً معترضانہ یا شبہ پر مبنی۔ ② سوالیہ نشان۔ ف: (ies-، ied-) ① سوال پوچھنا، سوال کرنا۔ ② کسی چیز کی صحت یا درستی کے بارے میں شک کا اظہار کرنا۔

**quest** *n.* تلاش، جستجو، حاصل کرنے کی کوشش۔

**question** *n. & v.* اسم: ① سوالیہ جملہ، سوال۔ ② کسی بارے میں شک، درستی یا معقولیت یا مناسب ہونے کی بابت بے اطمینانی۔ ③ فیصلہ طلب مسئلہ۔ ف: ① کسی

سے باز پُرس کرنا، جرح کرنا۔② کسی کا امتحان لینا، پرکھنا۔③ شک کرنا، اعتراض اٹھانا۔□ **in question** زیرِ بحث یا معرض گفتگو میں۔ **no question of** کوئی امکان نہیں۔ **out of the question** ناممکن، خارج از بحث۔

**questionable** *adj.* مشتبہ جس کی صداقت یا خوبی میں شک ہو۔

**question mark** *n.* ① سوالیہ نشان، سوالیہ جملے کے ختم پر (؟)② شک یا بے یقینی کا سبب۔

**questionnaire** *n.* حصول معلومات یا شماریاتی تجزیے کی غرض سے مرتب سوالوں پر مشتمل سوالنامہ۔

**queue** *n. & v.* اسم: اپنی باری کا انتظار کرنے والے لوگوں یا گاڑیوں وغیرہ کی قطار۔ف:(**queued**، **queueing** یا **queuing**) (لوگوں) کا قطار بندی کرنا، قطار میں اپنی جگہ لینا۔

**quibble** *n. & v.* اسم: نکتہ چینی، معمولی باتوں پر بے جا اعتراض۔ف: معمولی باتوں پر نکتہ چینی کرنا۔

**quiche** *n.* ایک طرح کا نمکین یا میٹھا سموسہ یا شکم پور۔

**quick** *adj. & n.* صف: ① تیز، پھرتیلا۔② جلد آنے والا یا انجام پانے والا۔③ ذہین، چوکنّا، مستعد۔④ جلد برہم ہوجانے والا۔ اسم: ناخن یا جلد کے نیچے نرم گوشت۔● **quickness** اسم۔ **quickly** م ف۔

**quicken** *v.* ① تیز کرنا یا ہونا، رفتار بڑھانا۔② حوصلہ یا طاقت بخشنا، اُکسانا، جوش دلانا، بڑھاوا دینا۔

**quicklime** *n.* چونا، ایک سفید تیزابی مادّہ جو چونے کے پتھر کو تپا کر حاصل کیا جاتا ہے۔

**quicksand** *n.* دلدل جس میں پھنس کر نکلنا محال ہے، دلدلی زمین کا ٹکڑا یا قطعہ۔

**quicksilver** *n.* سیّال پارہ، سیماب رواں۔

**quickstep** *n.* تیز قدموں کا ایک رقص۔

**quid** *n.* (*pl.* same) بول چال: ایک پونڈ کا سکّہ۔ □ **quids in** بول چال: نفع میں، فائدے میں۔

**quid pro quo** *n.* (*pl.* **quid pro quos**) ① معاوضے، تاوان یا تلافی کے طور پر دی ہوئی چیز۔② کسی تحفے یا احسان کا بدل۔

**quiescent** *adj.* ① بے حس و حرکت، کاہل، بے جان۔② خاموش۔● **quiescence** اسم: کاہلی۔

**quiet** *adj., n. & v.* صف: ① ساکن، خاموش، بے آواز و بے حرکت۔② خاموش طبیعت، حلیم الطبع، متین۔اسم: ① سکون، خاموشی، ٹھہراؤ، امن و امان، بے فکری۔ف: ① تسکین دینا، خاموش کرنا، تسلی دینا۔② ساکت، ساکن ہوجانا، خاموش ہوجانا۔□ **on the quiet** بول چال: چپ چپاتے، خاموشی سے۔● **quietly** م ف۔ **quietness** اسم: خاموشی، سکون۔

**quieten** *v.* خاموش کرنا یا ہوجانا۔

**quiff** *n.* ماتھے سے اوپر کی طرف پھیرے ہوئے بال۔

**quill** *n.* ① پرندے کے باز و یا دم کا بڑا پر، شہپر۔② پر کا قلم۔③ سیہہ کا کانٹا۔

**quilt** *n. & v.* اسم: پلنگ پوش، توشک، رضائی وغیرہ۔ ف: ① لمبے لمبے ٹانکے ڈال کر سینا۔② مختلف پارچوں کو جوڑ کر لحاف یا رضائی کی طرح سینا یا جوڑنا۔

**quin** *n.* بول چال:=QUINTUPLET۔

**quince** *n.* بہی، ایک سخت پیلا پھل۔

**quinine** *n.* ایک تلخ دوا جو پہلے مقوی اور دافع ملیریا کے طور پر استعمال ہوتی تھی۔

**quinsy** *n.* (*pl*-**ies**) حلق کی سوجن، خصوصاً گلے کے غدّوں یا لوزوں کا پھولنا، گلسوئے۔

**quintessence** *n.* ① کسی خوبی یا کسی زمرے کی اعلیٰ ترین یا مثالی صورت۔② ست، جوہر، خلاصہ، روح، لُب لباب۔● **quintessential** صف: منتخب، نمونے کا۔ **quintessentially** م ف۔

**quintet** *n.* (also **quintette**) پانچ آوازوں یا پانچ سازوں پر مشتمل موسیقی یا دُھن، اس دُھن کی ادا ئیگی کرنے والا شخص۔

**quintuple** *adj. & v.* صف: ① پانچ گنا؛ پانچ حصّوں یا اجزا پر مشتمل۔② پانچ فریقوں یا جماعتوں کا مجموعہ۔ف: پانچ سے ضرب دینا، پانچ گنا اضافہ کرنا۔

**quintuplet** *n.* پانچ جڑواں بچوں میں سے کوئی۔

**quip** *n. & v.* اسم: کاٹ دار جملہ بطور چٹکلہ، طنزیہ فقرہ۔ف:(**quipping**،**quipped**) فقرہ طرازی کرنا، جملہ بازی کرنا۔

**quire** *n.* کاغذ کا دستہ، ۲۵ (اب سے پہلے ۲۴) تاؤ

یا تختے، ایک ریم کا بیسواں حصّہ۔

**quirk** *n.* ① انوکھا انداز یا برتاؤ۔ ② قدرت کی ستم ظریفی، عجوبہ۔

**quisling** *n.* دشمن سے ساز باز کرنے والا غدّار، سازشی، پانچویں کالم والا۔

**quit** *v.* **(quitted** or **quit, quitting)** ① ترک کرنا، صرفِ نظر کرنا، چھوڑ دینا (کسی کام وغیرہ کو) ② امریکا: ختم کرنا، روک دینا، موقوف کرنا۔

**quite** *adv.* ① پوری طرح، بالکل، کاملاً، انتہائی حد تک، اپنے مکمل مفہوم میں۔ ② کسی قدر، کسی حد تک۔ □ **quite a few** بول چال: خاصی بڑی تعداد۔

**quits** *adj.* زیر باری یا ندامت سے بَری، چکتا کرنے یا بدلہ چکانے کے بعد برابر کی حیثیت میں۔

**quiver** *v. & n.* ف: لرزنا، تھرّانا، کانپنا وفور جذبات سے، ہوا کے جھونکوں کے سبب۔ اسم: ① لرزش، ارتعاش؛ کپکپاتی آواز۔ ② تیراندازوں کا ترکش۔

**quixotic** *adj.* مہم جوئی کے خبط میں مبتلا رومان پسند، من چلا، بےعمل۔ ● **quixotically** م ف۔

**quiz** *n. & v.* اسم: (ج: **quizzes**) معلومات عامہ کا مقابلہ، دو فریقوں کے یا دو افراد کے درمیان سوال جواب کا سلسلہ، تعلیم کے ساتھ تفریح۔ ف: (**quizzed**، **quizzing**) زبانی سوالات کے ذریعے جانچنا، پرکھنا۔

**quizzical** *adj.* ① تفریح کے ساتھ الجھن میں ڈالنے والا۔ ② انوکھا، مزاحیہ۔ ● **quizzically** م ف۔

**quoit** *n.* لوہے کا تیز کناروں کا چپٹا حلقہ یا گھیرا جو (quoits) کے کھیل میں ایک کیل میں پھینکا جاتا ہے۔

**quorate** *adj.* (جلسہ) جس میں کم سے کم مطلوبہ تعداد میں ارا کین نے شرکت کی ہو (جس کا کورم پورا ہو)

**quorum** *n.* ارکان کی مقررہ کم سے کم تعداد جو کسی جلسے یا اسمبلی کی کارروائی کے لیے ضروری قرار دی گئی ہو۔

**quota** *n.* مقررہ حصّہ، زیادہ سے زیادہ یا کم سے کم مقدار یا تعداد جو شامل کی جاسکتی ہو، داخل کی جاسکتی ہو، تیار کی جاسکتی ہو وغیرہ۔

**quotable** *adj.* دہرانے، سننے سنانے کے قابل۔

**quotation** *n.* ① کوئی عبارت، فقرہ یا مقولہ جسے بطور حوالہ دہرایا جائے۔ ② ٹھیکیدار وغیرہ کا تیار کردہ تخمینہ۔

**quotation marks** *n.* واوین، اقتباس کے نشانات کے جوڑوں میں سے کوئی جوڑا، دہرا یا اکہرا ('' یا ') جسے کسی نقل کردہ فقرے، عبارت، کتاب کے نام، غیرفصیح لفظ کے شروع اور آخر میں لگا دیتے ہیں۔

**quote** *v.* ① کسی بات کی تائید میں کسی مصنّف یا کتاب وغیرہ کا اقتباس پیش کرنا۔ ② کسی کا قول دہرانا یا کوئی متن کسی کتاب سے نقل کرنا۔ ③ قیمت، اجرت بتانا، کسی شے، مال حصص وغیرہ کی قیمت بتانا۔

**quotidian** *adj. & n.* روزانہ کا، یومیہ۔

**quotient** *n.* حاصل قسمت، تقسیم کے عمل کا نتیجہ۔

**q.v.** *quod vide* کی تخفیف، رجوع کیجیے (رک کا متبادل)

**qwerty** *adj.* انگریزی زبان کے معیاری کلید بورڈ کو ظاہر کرنے والے مصنوعی لفظ سے متعلق جس میں حروف (*q, w, e, r, t, y*) بالائی قطار کے حروف کی ترتیب بتاتے ہیں۔

# Rr

**R** تخفیف: ① *Regina*۔ ② *Rex*۔ ③ river۔ ④ (نیز ®) registered یعنی تجارتی نام کے طور پر رجسٹری شدہ۔ ⑤ شطرنج: rook رُخ۔ □ **the three Rs** reading, writing, and arithmetic: پڑھنا، لکھنا اور حساب کتاب۔

**Ra** عنصر radium ریڈیم کی علامت۔

**rabbi** *n.* یہودی مذہبی عالم، فقیہہ، معلّم۔

**rabbinical** *adj.* یہودی علما ربّیوں، یہودی شریعت یا تعلیمات سے متعلق۔

**rabbit** *n. & v.* اسم: خرگوش۔ ف: (**rabbited**، **rabbiting**) بول چال: بہت بکواسی ہونا، بک بک کرنا۔

**rabble** *n.* بھیڑ، ہجوم، مجمع۔
**rabid** *adj.* ① برافروختہ، پُرتشدّد، غضبناک۔ ② ہڑک یا آب ترسی کا مریض، باؤلا۔ ● **rabidity** اسم۔
**rabies** *n.* کتوں وغیرہ کا متعدی مہلک مرض جو اس کے منہ کی رال کے ذریعے انسانوں کو بھی لگ سکتا ہے اور دیوانگی، اعصابی تشنج اور آب ترسی پیدا کرتا ہے۔
**raccoon** *n.* (also **racoon**) شمالی امریکا کا
**raccoon** *n.* (also **racoon**) شمالی امریکا کا
گوشت خور دودھ پلانے والا جانور ریکون، خرسک۔
**race** *n.* & *v.* اسم: ① مقابلے کی دوڑ۔ ② **(the races)** گھوڑوں، کتوں وغیرہ کی خاص راستوں اور مقررہ دنوں میں دوڑوں کا سلسلہ۔ ③ مختلف انسانی نسلوں میں سے کوئی، جن کے مابین مشترک جسمانی خصوصیات پائی جاتی ہیں۔ ④ لوگوں، جانوروں یا پودوں کا گروہ جو آپس میں مشترک وراثت سے جڑے ہوں۔ ف: ① دوڑ میں شرکت کرنا۔ ② کسی سے مقابلہ کرنا۔ ③ تیز رفتاری سے آگے نکلنے کی کوشش کرنا۔
**racecourse** *n.* دوڑ کا میدان خصوصاً گھڑ دوڑ کا۔
**racetrack** *n.* ① گھڑ دوڑ کا میدان۔ ② موٹروں کی دوڑ کا راستہ۔
**raceme** *n.* پھولدار ڈنٹھلوں کا گچھا۔
**racial** *adj.* ① نسلی، نسل سے متعلق۔ ② نسلی اختلافات یا تضاد پر مبنی ● **racially** م ف: نسلاً۔
**racialism** *n.* = RACISM۔ ● **racialist** صف و اسم: نسل پرست۔
**racism** *n.* کسی نسل کی دوسری نسلوں پر برتری کا عقیدہ یا اس پر مبنی تعصّب، نسل پرستی، نسلی عصبیت۔ ● **racist** صف و اسم: نسل پرست۔
**rack** *n.* & *v.* اسم: ① سامان رکھنے یا سجانے کا خانے دار ڈھانچا۔ ② دندانے دار سلاخ یا گراری جو کسی پہیے یا چرخی کے ساتھ جڑی ہوئی ہو اور کسی چیز کو صحیح مقام پر تھامے رکھے۔ ③ تاریخ: اذیت دینے کا شکنجہ جس میں کلائیوں اور ٹخنوں کو جکڑ کر اڑنگا کھینچا جاتا تھا۔ ف: (نیز **wrack**) اذیت، تکلیف میں مبتلا کرنا۔ □ **rack and ruin** تباہی و بربادی۔ **rack one's brains**۔ ذہن پر شدید زور ڈالنا۔

**racket** *n.* (also **racquet**) ① ٹینس یا اسکواش وغیرہ میں استعمال ہونے والا تانت یا نائلون سے بنا ہوا گول بیضوی بلاّ، ریکٹ۔ ② ہنگامہ، غوغا، شورش، ہلچل۔ ③ بول چال: دھوکا، فریب کاری۔
**racketeer** *n.* بے ایمانی یا دھوکے کا کاروبار چلانے والا۔ ● **racketeering** اسم: فتنہ پردازی۔
**raconteur** *n.* قصہ خواں، داستان گو۔
**racoon** RACCOON کا متبادل۔
**racquet** RACKET کا متبادل۔
**racy** *adj.* **(racier, raciest)** ① شگفتہ، جاندار (انداز) ② چٹپٹا، تیکھا۔ ● **racily** م ف: چٹپٹے انداز سے۔
**rad** *n.* رواں ساز اشعاع کی جذب شدہ مقدار کی ایک اکائی۔
**radar** *n.* برقناطیسی لہریں چھوڑ کر متحرک اشیا کی موجودگی کا محل وقوع وغیرہ دریافت کرنے کا نظام۔
**radial** *adj.* & *n.* صف: ① شعاعوں سے متعلق یا شعاعوں کی صورت میں۔ ② شعاعوں کی طرح یا دائرے کے نصف قطروں سے مماثل، کرنوں کی طرح پھیلتی ہوئی لکیروں کی تیلیوں کی طرح، مرکز گریز خطوط پر مبنی۔ ③ (نیز **radial-ply**) (گاڑی کا ٹائر) جس کی اندرونی تہیں محیط سے زاویہ قائمہ بناتی ہوئی مرتب کی گئی ہوں اور بیرونی سطح خاص طور سے مضبوط کی گئی ہو۔ اسم: نیم قطری پرت کا ٹائر۔ ● **radially** م ف۔
**radian** *n.* زاویے کی اکائی، کسی زاویے کے مرکز میں واقع زاویے کے مساوی جس کا قوس طول میں نصف قطر کے برابر ہو۔
**radiant** *adj.* ① تاباں، کرنیں بکھیرنے والا، شعاع ریز۔ ② مسرت یا محبت یا آس سے روشن (آنکھیں یا چہرہ) ③ کرنوں کی شکل میں پھوٹنے والی (روشنی) ● **radiance** اسم: تابناکی۔ **radiantly** م ف۔
**radiate** *v.* ① روشنی، حرارت یا برقناطیسی لہریں بکھیرنا، (روشنی یا حرارت کا) لہروں کی صورت میں خارج ہونا یا پھیلنا۔ ② کسی مرکزی نقطے سے پھیلانا۔
**radiation** *n.* ① اشعاع، بکھراؤ۔ ② توانائی کا اخراج برقناطیسی شعاعوں کی صورت میں یا متحرک ذرّات کے طور پر؛ ترسیل حرارت یا توانائی خصوصاً غیر مرئی۔

**radiator** *n.* ① شعاع ریز، کمرے وغیرہ کو گرم رکھنے کا نظام جس میں نلکیوں کے ذریعے گرم پانی یا گیس کو گردش دی جاتی ہے۔ ② ٹھنڈے پانی کی گردش سے موٹر میں انجن کو ٹھنڈا رکھنے کا انتظام۔

**radical** *adj. & n.* صف: ① جڑ، بنیاد سے متعلق، اساسی۔ ② دور رس، نتیجہ خیز۔ ③ سماجی اصلاح کا طالب، انتہاپسندانہ سیاسی خیالات رکھنے والا، انقلابی، انتہاپسندانہ اصولوں پر مبنی (عملی اقدام) اسم: انتہا پسند، انقلابی خیالات رکھنے والا شخص۔ ● **radically** م ف۔

**radicchio** *n.* (*pl.* **-os**) کاسنی کی ایک قسم جس کے پتے گہرے سرخ ہوتے ہیں۔

**radicle** *n.* کچی کونپل، جڑ کی ابتدائی شکل۔

**radii** RADIUS کی جمع۔

**radio** *n. & v.* اسم: (ج: **-os**) ① برقناطیسی لہروں کے ذریعے آواز کی ترسیل یا وصولی، اس طرح ریڈیائی اشارات کی ترسیل کا آلہ۔ ② عمومی صوتی نشریات، صوتی نشریات کا ادارہ یا چینل۔ ف: (**-oes**، **-oed**) ریڈیو سے پیغام نشر کرنا، پیغام رسانی کرنا۔

**radioactivity** *n.* تابکاری، ایٹمی مرکزوں کی ازخود ٹوٹ پھوٹ، انشقاق جس کے نتیجے میں تابکار شعاعیں یا ذرّات خارج ہوتے ہیں۔ ● **radioactive** صف۔

**radiocarbon** *n.* کاربن کا تابکار ہم جا۔

**radiocarbon dating** *n.* CARBON=DATING کسی نامیاتی شے کی عمر کا اندازہ اس میں موجود کاربن ۱۴- کی مقدار کے ذریعے لگانے کا عمل۔

**radiography** *n.* لاشعاعی یا گاما شعاعی تصویر کھینچنے کا عمل۔ ● **radiographer** اسم۔

**radiology** *n.* لاشعاعوں اور دوسری اعلیٰ توانائی کی حامل شعاعوں کا سائنسی مطالعہ خصوصاً طبی مقاصد کے لیے۔ ● **radiological** صف۔ **radiologist** اسم۔

**radiophonic** *adj.* برقی آلات کے ذریعے پیدا کی جانے والی مرکب صداؤں اور موسیقی سے متعلق۔

**radiotherapy** *n.* لاشعاعوں یا دوسری شعاعوں کے ذریعے بیماری کا علاج۔ ● **radiotherapist** اسم۔

**radish** *n.* مولی، ایک شلغمی پود جس کی جڑ سلاد کے طور پر شوق سے کھائی جاتی ہے۔

**radium** *n.* ایک تابکار دھاتی عنصر جو یورینیم اور اس کے مرکبات کی کچ دھات میں ملا جلا ہوتا ہے (علامت: Ra)

**radius** *n.* (*pl.* **radii** or **radiuses**) ① نصف قطر، دائرے کے مرکز سے محیط کو ملانے والا خط مستقیم، نصف قطر کا طول۔ ② کسی مرکز سے ہر سمت میں کوئی مخصوص فاصلہ۔ ③ انسانی بازو کی انگوٹھے کی جانب والی ہڈی۔

**radon** *n.* ایک گیسی جامد تابکار عنصر (علامت: Rn)

**RAF** بول چال: تخفیف: Royal Air Force۔

**raffia** *n.* ایک پام کا درخت جس کے پتوں کا ریشہ ٹوپیاں، ٹوکریاں وغیرہ بننے کے کام آتا ہے۔

**raffish** *adj.* ① چھیل چھبیلا، عیاش، اوباش۔ ② بھڑکیلا، چھچھورا۔ ● **raffishness** اسم: اوباشی۔

**raffle** *n. & v.* اسم: رقم اکٹھی کرنے کے لیے لاٹری جس میں چیزیں انعام کے طور پر نکلتی ہیں۔ ف: ریفل کے ذریعے انعام نکالنا۔

**raft** *n.* ① لکڑی کے لٹھوں کو جوڑ کر بنائی ہوئی چپٹی تیراک چبوترہ نما کشتی یا بیڑا۔ ② بڑا ذخیرہ۔

**rafter** *n.* ① دوطرفہ سلامی دار چھت کی اُریبی کڑیوں میں سے کوئی۔ ② ریفٹ کے ذریعے سفر کرنے والا۔

**rag** *n. & v.* ① گودڑ، پھٹا، پرانا کپڑا۔ ② (**rags**) گھسا پٹا لباس، بوسیدہ کپڑے۔ ③ بول چال: اخبار خصوصاً گھٹیا۔ ④ کسی مقصد کے لیے رقم جمع کرنے کی خاطر طلبہ کی طرف سے تفریحات کا پروگرام۔ ف: (**ragging**، **ragged**) ستانا، بیوقوف بنانا۔

**ragamuffin** *n.* پھٹے پرانے، میلے کچیلے لباس میں کوئی شخص خصوصاً بچہ۔

**rage** *n. & v.* اسم: ① طیش، غیظ وغضب۔ ② کسی چیز کا وقتی طور پر عام چلن، ہمہ گیر شوق یا فیشن۔ ف: ① غصے میں بھرا ہونا۔ ② ہوا، جنگ، بخار وغیرہ کا زور باندھنا۔

**ragged** *adj.* ① پھٹے پرانے (کپڑے) ② گھٹیا، بدوضع، برے حلیے میں نظر آنے والا (آدمی) ③ کٹا پھٹا، ناہموار، اینڈا بینڈا، کھردرا۔

**raglan** *n.* ایک بغیر مونڈھوں کا لبادہ جس کی آستینیں گردن تک ہوتی ہیں۔

**ragout** *n.* گوشت اور ترکاری کا مسالے دار اسٹو۔

**raid** *n.* & *v.* اسم:① اچانک دھاوا، پھرتیلا ہلّہ۔② پولیس کی دوڑ گرفتاری یا ضبطی کی غرض سے۔ ف: دھاوا بولنا، چھاپہ مارنا۔● **raider** اسم: دھاوا کرنے والا۔

**rail** *n.* & *v.* اسم:① سلاخوں کی قطار یا سلسلہ۔② ریل کی آہنی پٹڑی یا اسی طرح کی دوسری پٹڑیاں، مراد ریل کا نظام۔ف: ① جنگلہ یا آہنی پٹیاں یا سلاخیں لگانا۔ ② سامان ریل سے بھیجنا۔③ شکوہ شکایات کرنا، گالم گلوچ کرنا، لعن طعن کرنا۔

**railing** *n.* لوہے کی سلاخوں کا جنگلہ۔

**railroad** *n.* & *v.* اسم، امریکا=RAILWAY۔ ف:بول چال: کسی شخص یا شے کو زبردستی کسی کام پر مجبور کرنا، ہنکانا اپنی مرضی سے چلانا۔

**railway** *n.* ① ریل کی پٹڑی کا متوازی سلسلہ جس پر گاڑیاں چلتی ہیں۔② ریل کا انتظام جو کوئی ادارہ چلائے۔

**raiment** *n.* قدیم: پوشاک، لباس۔

**rain** *n.* & *v.* اسم:① بارش، مینہ کا برسنا۔② برسات کا موسم، بارشیں ۔ ③ مینہ کی طرح برسنے والی شے۔ ف: بارش ہونا یا بارش کی طرح برسنا۔

**rainbow** *n.* دھنک، قوس قزح جو آسمان یا آبشار پر نظر آتی ہے۔

**raincoat** *n.* برساتی، بارشوں سے بچنے کا لباس۔

**raindrop** *n.* بارش کا قطرہ۔

**rainfall** *n.* کسی علاقے میں کسی مدّت کے درمیان بارش کی مقدار۔

**rainforest** *n.* گھنے جنگلات خصوصاً گرم ممالک میں جہاں کثرت سے بارشیں ہوتی ہیں۔

**rainy** *adj.* **(rainier, rainiest)** (علاقہ، دن، آب و ہوا، موسم وغیرہ) بہت زیادہ بارش سے منسوب۔

**raise** *v.* & *n.* ف:① اونچا کرنا، اٹھانا۔② سیدھا کھڑا کرنا۔③ مقدار، رقم وغیرہ میں اضافہ کرنا۔④ تعمیر کرنا۔ ⑤ عائد کرنا، وصول کرنا، اکٹھا کرنا۔ ⑥ اٹھانا، سنانا۔⑦ زیرِعمل یا وجود میں لانا۔⑧ پرورش کرنا؛ تربیت دینا۔ ⑨ پیدا کرنا، اگانا۔ اسم: امریکا: تنخواہ میں اضافہ۔

**raisin** *n.* کشمش۔

**raising agent** *n.* مادّہ جس سے روٹی وغیرہ میں خمیر اٹھ آتا ہے۔

**raison d'être** *n.* (*pl.* **raisons d' être**) کسی شے کے وجود کی غایت، اصل سبب، مقصد۔

**Raj** *n.* ہندوستان میں انگریزی حکومت کا دور۔

**raja** *n.* (also **rajah**) تاریخ: دیسی ریاست کا حکمران، راجہ۔

**rake** *n.* & *v.* اسم:① پانچا، کنگھی نما لمبے دستے کا اوزار جس سے گھاس وغیرہ سمیٹتے، زمین کو ہموار کرتے یا اسی طرح کے کام لیتے ہیں۔ ② غیر ذمّہ دار، عیش پرست آدمی۔③ ڈھلوان، اریبی، سلامی دار شے۔ ف: ① پانچے سے سمیٹنا یا الگ کرنا، صفائی کرنا۔ ② کسی امر کی چھان بین کرنا، کسی جگہ کو چھان مارنا۔ ③ کھجانا، رگڑنا، صاف کرنا۔ ④ ترچھا، جھکا ہوا ہونا یا بنایا جانا۔□ **rake up** پرانی رنجشیں یاد دلانا، گڑے مردے اکھاڑنا۔

**rake-off** *n.* بول چال: کسی کاروبار میں ملنے والا کمیشن یا پتّی۔

**rakish** *adj.* عیاش، طرح دار، بانکا۔

**rallentando** *adv.* & *adj.* موسیقی: آواز کی رفتار کو تدریجاً دھیما کرتے ہوئے۔

**rally** *v.* & *n.* ف:(-ied،-ies)① جمع ہونا، اجتماعی کارروائی یا کسی مقصد کی تائید کے لیے۔② منتشر ہونے یا کیے جانے کے بعد دوبارہ جمع ہوجانا۔ ③ حوصلے یا قویٰ کو مجتمع کرنا۔ اسم: (ج:-ies)① قویٰ کی بحالی۔② ہم خیال لوگوں کا بڑا اجتماع۔ ③ شارع عام یا ناہموار میدان میں کاروں کی مقابلے کی دوڑ۔④ ٹینس وغیرہ: مخالف کھلاڑیوں کے درمیان ایک سروس سے دوسری تک تادیر مقابلہ۔

**RAM** تخفیف، کمپیوٹر: random-access memory۔

**ram** *n.* & *v.* اسم: ① مینڈھا، نربھیڑ جو خصّی نہ کیا گیا ہو۔ ② ٹھونکنے، گاڑنے کی مشین کا دباؤ۔ ف: (**ramming, rammed**) ① دباؤ ڈال کر کسی جگہ میں ٹھونسنا پھنسانا۔② زور سے ٹکّر مارنا۔

**Ramadan** *n.* رمضان، اسلامی سال کا نواں مہینہ جس میں روزے رکھے جاتے ہیں۔

**ramble** *v.* & *n.* ف:① مٹرگشت کرنا۔② بے ربط باتیں کرنا یا لکھنا، اناپ شناپ ہانکنا۔ اسم: سیر سپاٹا،

مٹر گشت۔ ● **rambler** اسم: سیلانی۔

**ramekin** *n.* ہر ایک حصّے کی الگ ڈش جس میں کھانا پکایا بھی جائے اور پیش بھی کیا جائے۔

**ramification** *n.* ① شاخیں نکلنے کا عمل، شاخ درشاخ پھیلاؤ۔ ② کسی پیچیدہ مخلوط ادارے یا عمارت کا کوئی شعبہ یا درخت کی شاخوں کی طرح پھیلا ہوا کوئی نظام یا طریق عمل۔ ③ کسی عمل کا نتیجہ۔

**ramify** *v.* **(-ies, -ied)** ① شاخوں میں بٹنا۔ ② تقسیم کرنا، شاخیں بنانا۔

**ramp** *n.* ڈھلان، جو دو اونچی نیچی سطحوں کو ملائے۔

**rampage** *v.* & *n.* ف: دیوانہ وار اِدھر سے اُدھر دوڑنا۔ اسم: جارحانہ انداز یا برتاؤ۔ □ **on the rampage** دندناتا پھرتا ہوا۔

**rampant** *adj.* ① نقابت: پچھلے الٹے پیروں پر دونوں اگلے پیر اٹھائے کھڑا ہوا (جانور) ② روز افزوں، بڑھتا ہوا، زوروں پر۔

**rampart** *n.* فصیل، چوڑی سپاٹ دفاعی چاردیواری۔

**ram-raid** *n.* & *v.* اسم: ڈاکا جس میں دوکان کا شیشہ گاڑی کی ٹکر سے توڑ کر مال لوٹا جاتا ہے۔ ف: اس طرح لوٹنا۔

**ramrod** *n.* توڑے دار بندوق کا گز جس سے دبا دبا کر بارود بھرتے تھے۔

**ramshackle** *adj.* خستہ، خراب، کھٹارا، کھنڈر۔

**ran** RUN کا صیغۂ ماضی۔

**ranch** *n.* & *v.* اسم: مویشیوں کی پرورش گاہ خصوصاً شمالی امریکا میں، اسی طرح کی دوسرے جانوروں کی پرورش گاہ۔ ف: چراہ گاہ میں مویشی پالنا۔ ● **rancher** اسم۔

**rancid** *adj.* باسی چربی کی سی بو والا، سڑا ہوا۔ ● **rancidity** اسم: عفونت، سڑاند۔

**rancour** *n.* (*US* **rancor**) پرانی دشمنی، سخت بغض و بیر۔ ● **rancorous** صف: کینہ پرور۔

**rand** *n.* ① جنوبی افریقہ اور نمیبیا کا معیاری سکّہ۔

**R & B** تخفیف: rhythm and blues سازوآواز۔

**R & D** تخفیف: research and development تحقیق وترقی۔

**random** *adj.* بے ترتیب، اٹکل پچّو، الل ٹپ۔ □ **at random** الل ٹپ، کسی منصوبے، اصول یا سوچے سمجھے عمل کے بغیر۔ ● **randomness** اسم۔

**random-access** *adj.* کمپیوٹر: (محفوظ کرنے یا یادداشت کی بابت) جس تک براہ راست کامل رسائی ہو اور جزواً جزواً پڑھنا ضروری نہ ہو۔

**randy** *adj.* **(randier, randiest)**: بول چال: شہوت زدہ، ہوسناک۔

**rang** RING کا صیغۂ ماضی۔

**range** *n.* & *v.* اسم: ① درجہ یا درجات کا سلسلہ، حدود، دائرۂ کار۔ ② کسی موضوع سے متعلق علاقہ، میدان۔ ③ قطار، خط، سلسلہ، خصوصاً سلسلہ کوہ۔ ④ چاند ماری کے لیے مخصوص احاطہ۔ ⑤ وہ فاصلہ جو کوئی گاڑی یا طیارہ ایک دفعہ ایندھن بھروانے کے بعد طے کر سکے۔ ⑥ میدان یا چراگاہ۔ ف: ① بعض حدود کے درمیان ادلتے بدلتے رہنا۔ ② کسی خاص ترتیب سے قطاروں یا درجوں میں بانٹنا یا مقرر کرنا۔ ③ بے مقصد گھومنا پھرنا۔

**rangefinder** *n.* کسی بڑے علاقے میں سفر یا نشانہ لگانے یا تصویر کھینچنے کے لیے کسی مقام کے فاصلے کا اندازہ لگانے والا آلہ۔

**ranger** *n.* ① شاہی یا قومی باغ یا جنگل کا رکھوالا۔ ② مسلح دستے کا فرد خصوصاً گھڑسوار۔

**rangy** *adj.* **(rangier, rangiest)** لمبا اور دبلا۔

**rank** *n.*, *v.* & *adj.* اسم: ① کسی سلسلۂ مدارج میں کوئی درجہ، رتبہ یا مقام، معاشرے کا کوئی نمایاں طبقہ؛ کسی میدان میں کمال یا کارگزاری کا درجہ۔ ② قطار یا سطر۔ ③ ترتیب، قطار بندی۔ ④ **(the ranks)** عام سپاہی۔ ف: ① کسی مرتبے پر فائز ہونا۔ ② درجہ بندی کرنا، کسی کو کوئی درجہ یا مقام دینا۔ ③ ترتیب دینا (خصوصاً سپاہیوں کے دستے کو) صف: ① گھنا، پھکتا ہر طرح کی نباتات اور جھاڑ جھنکار سے اٹا ہوا۔ ② بدبودار، کریہہ، قابل نفرت، ناشائستہ، بگڑا ہوا۔ ● **rankness** اسم۔

**rank and file** *n.* عوام النّاس، ہر طرح کے لوگ۔

**rankle** *v.* مسلسل کھٹکنا، چبھنا (حسد، ناکامی وغیرہ کا)

**ransack** *v.* ① لُوٹنا، تلپٹ کرنا، غارت کرنا (گھر، ملک وغیرہ کو) ② پوری طرح تلاشی لینا، چھان مارنا۔

**ransom** *n.* اسم: کسی کو چھڑانے کے لیے ادا کی جانے والی رقم، تاوان، فدیہ، سر بہا، عوض۔ ف: ① بازیابی یا مخلصی کے لیے ادائگی کرنا۔ ② تاوان کے لیے پکڑ کے رکھنا۔

**rant** *v.* گرجنا برسنا، بنکارنا، کرختگی سے بولنا۔

**rap** *n. & v.* اسم: ① اچٹتی چوٹ۔ ② کھٹکا، دستک، کھٹ کھٹ کی آواز۔ ③ بول چال: الزام، پکڑ، گرفت یا سزا۔ ④ موسیقی کے ساتھ مقفیٰ خود کلامی۔ ف: (rapping، rapped) ① تیزی سے ضرب لگانا۔ ② بول چال: سخت نکتہ چینی کرنا۔ □ **take the rap** بول چال: نتیجہ بھگتنا۔

**rapacious** *adj.* لٹیرا، غاصب، جارح، غارت گر۔ ● **rapacity** اسم: لٹیرا پن، غارت گری۔

**rape**[1] *n. & v.* اسم: ① زنا بالجبر۔ ② اچانک حملہ، دھاوا، بزور تباہی، بربادی۔ ③ عصمت دری۔ ف: زبردستی جنسی فعل کرنا۔

**rape**[2] *n.* سرسوں، توڑیا وغیرہ جن کے بیجوں کا تیل نکالا جاتا ہے۔

**rapid** *adj. & n.* صف: تیز، سبک رو، تیز رفتار۔ اسم: (rapids) دریا میں اچانک نشیب جہاں بہاؤ تیز ہو جاتا ہے۔ ● **rapidity** اسم۔ **rapidly** م ف۔

**rapier** *n.* پتلی، دو دھاری تلوار، نیمچہ۔

**rapist** *n.* زانی؛ تباہ کار۔

**rapport** *n.* رابطہ، تعلق، موافقت، میل جول۔

**rapprochement** *n.* مصالحت، سمجھوتا۔

**rapt** *adj.* ① محو، مستغرق، پوری طرح متوجہ۔ ② مسرت یا کسی اعلیٰ تصور سے سرشار۔ ● **raptly** م ف۔

**rapture** *n.* سرمستی، انتہائی مسرت یا جوش و خروش۔ ● **rapturous** صف۔ **rapturously** م ف۔

**rare** *adj.* ① نایاب، نادر، غیر معمولی۔ ② نہایت عمدہ۔ ③ ہلکا بھونا ہوا (گوشت) ● **rareness** اسم: کمیابی۔

**rarebit** *n.* = WELSH RABBIT۔

**rarefy** *v.* (also **rarify**) (-ies, -ied) ① کثافت چھانٹ کر ہلکا، لطیف بنانا یا ہونا۔ ② پاک، صاف کرنا، سدھارنا۔ ③ (خیال یا نکتے کو) بہت باریک یا ادق بنا دینا۔ ● **rarefaction** اسم۔

**raring** *adj.* بول چال: پُر جوش، بے تاب۔

**rarity** *n.* (*pl.*-ies) ① کمیابی۔ ② نادر شے خصوصاً کمیابی کی بنا پر قیمتی۔

**rascal** *n.* شریر، بے ایمان آدمی، بدمعاش۔ ● **rascally** م ف: بدمعاشی سے۔

**rase** RAZE کا متبادل۔

**rash** *adj.& n.* صف: بے احتیاط، بے دھڑک، جلد باز، بے سوچے سمجھے عمل کرنے والا یا کیا ہوا کام۔ اسم: جلد پر سرخی نمودار ہونے یا چکتے، ددوڑے پڑنے کی شکایت۔ ● **rashly** م ف۔ **rashness** اسم: جلد بازی۔

**rasher** *n.* سؤر کے گوشت کا پتلا پارچہ پکا یا کچا۔

**rasp** *n. & v.* اسم: ① موٹے چھدرے دندانوں کی ریتی۔ ② گھسنے، رگڑنے کی ناگوار آواز۔ ف: ① ریتی سے گھسنا، بھدے طریقے سے گھسنا، رگڑنا۔ ② سمع خراش کریہہ آواز نکالنا، بھونڈی آواز میں کہنا۔

**raspberry** *n.* (*pl.* -ise) ① ولایتی رس بھری۔ ② بول چال: ناپسندیدگی یا بیزاری کی آواز نکالنا۔

**rasterize** *v.* (also -ise) کمپیوٹر: کمپیوٹر کے ذریعہ اعداد میں بدلی ہوئی تصویر کو منفیری نلکی پر منتقل کرنے کے لیے خطوط میں تبدیلی کرنا۔

**rat** *n. & v.* اسم: ① بھورے چوہے کی مختلف اقسام میں سے کوئی۔ ② بھگوڑا، فراری۔ ③ بول چال: ناپسندیدہ آدمی۔ ف: (ratting، ratted) چوہوں کو پکڑنا، مارنا۔ □ **rat on** بول چال: جان بچا کر بھاگ جانا، دغا دینا، کسی کو ترک کر دینا۔

**ratable** RATEABLE کا متبادل۔

**ratchet** *n.* گراری دار پہیا جس میں پچر یا کتا آ کے پھنستا اور اس کا رخ ایک ہی طرف رکھتا ہے۔

**rate** *n. & v.* اسم: ① نرخ، شرح یا بنیادی پیمانہ حساب کرنے کے لیے۔ ② عائد ہونے والی ادائگی، رقم مطلوبہ کے حساب کی بنیاد۔ ③ (rates) املاک پر قیمت کے لحاظ سے لگایا ہوا محصول، مقررہ شرح سے دی جانے والی رقم۔ ف: ① قیمت یا مالیت کا تخمینہ کرنا؛ قدر و قیمت پہچاننا۔ ② سمجھنا، گردانا۔ ③ کسی مرتبے یا درجے پر ہونا یا سمجھا جانا۔ □ **at any rate** بہرحال، بہر صورت، خواہ کچھ بھی ہو۔

**rateable** *adj.* (also **ratable**) ① ٹیکس کے قابل۔ ② قدر و قیمت جانچنے کے لائق۔

**rateable value** *n.* مکان، کاروبار وغیرہ کی مالیت کا تخمینہ، محصول عائد کرنے کی غرض سے۔

**rather** *adv.* ① ترجیح یا مرضی یا اختیار کے بموجب۔ ② بہ گمان غالب، زیادہ قرین قیاس۔ ③ زیادہ صحیح طور۔ ④ کسی قدر، کسی حد تک۔ ⑤ بیشک، ضرور۔

**ratify** *v.* **(-ies, -ied)** کسی معاہدے کو رسمی منظوری دینا، توثیق کرنا، کسی کی جانب سے کیے ہوئے سمجھوتے پر دستخط ثبت کرنا۔ ● **ratification** اسم: توثیق۔

**rating** *n.* ① قسم، قدر یا قیمت کے لحاظ سے درجہ بندی۔ ② غیر کمیشن یافتہ ملاح۔

**ratio** *n.* (*pl.*-**os**) تناسب، دو چیزوں کے درمیان مقدار یا جسامت وغیرہ کے لحاظ سے باہمی ربط۔

**ratiocinate** *v.* منطقی استدلال کرنا، استنباط کرنا۔ ● **ratiocination** اسم: استدلال، استنباط۔

**ration** *n. & v.* اسم: مقررہ راشن، حصّہ، رسد خصوصاً قلّت کے زمانے میں۔ ف: راشن بندی کرنا۔

**rational** *adj.* ① عقلی، دلیل یا سبب پر مبنی۔ ② معقول، ہوش مندانہ؛ متناسب۔ ③ سمجھ دار، عاقل۔ ● **rationality** اسم: عقلیت۔ **rationally** م ف۔

**rationale** *n.* عقلی جواز، منطقی بنیاد۔

**rationalism** *n.* عقلیت، یہ نظریہ کہ حقیقی علم اور عقیدے کی بنیاد استدلال ہے۔ ● **rationalistic** صف: عاقلانہ۔ **rationalist** اسم: عقلیت پسند۔

**rationalize** *v.* (also **-ise**) ① (اپنے کسی عمل یا رویے کی) عقلی توجیہہ یا تاویل کرنا۔ ② منطقی، معقول یا مربوط بنانا۔ ③ (کاروبار وغیرہ کو) تنظیم کے ذریعے سدھارنا۔ ● **rationalization** اسم: توجیہہ۔

**rat race** *n.* بول چا[illegible] تدار کی جنگ، عہدے، حیثیت[illegible]ں کا مقابلہ۔

**rattan** *n.* (also **ratan**) اونچا پام جس کے گرہ دار نرم ساتے چھڑی کے طور پر استعمال ہوتے ہیں۔

**rattle** *v. & n.* ف: ① کھٹ کھٹ یا کھڑ کھڑ کی تیز آواز نکالنا، فرنیچر، برتنوں وغیرہ کو کھڑ کھڑانا۔ ② بول چال: گھبرانا، بڑ بڑانا، ڈرانا، سراسیمہ کرنا۔ اسم: کھڑ کھڑ کی آواز یا اسی طرح کی آواز کا کوئی کھلونا۔

**rattlesnake** *n.* امریکی زہریلے سانپوں میں سے کوئی خصوصاً وہ جس کی دم کھڑ کھڑ بجتی ہے۔

**raucous** *adj.* کرخت، اونچی آواز یا آواز والا۔ ● **raucously** م ف۔ **raucousness** اسم۔

**raunchy** *adj.* **(raunchier, raunchiest)** بول چال: ناشائستہ، بھونڈا، نیچ، گھٹیا؛ شہوانی۔ ● **raunchily** م ف۔ **raunchiness** اسم۔

**ravage** *v. & n.* ف: لوٹنا، لوٹ مار کرنا۔ اسم: ① لوٹ، غارت گری۔ ② **(ravages)** تباہ کاری کے اثرات۔

**rave** *v. & n.* ف: ① وحشت ناک یا غضبناک طریقے سے بولنا۔ ② کسی کی تعریف کے پل باندھنا؛ بک بک کیے جانا۔ اسم: ① بول چال: والہانہ اظہار خیال، پُرجوش تبصرہ۔ ② گرما گرم محفل، بڑا جشن، اجتماع، رقص اور پُرشور موسیقی کے ساتھ۔

**ravel** *v.* **(ravelling, ravelled,** *US* **raveled)** الجھانا، مخمصے میں ڈالنا، مشکل پیدا کرنا۔
□ **ravel out** سلجھانا، گرہیں کھولنا۔

**raven** *n. & adj.* اسم: ایک بھدّی آواز کا چمکیلا سیاہی مائل نیلا کوّا۔ صف: چمکیلا سیاہ رنگ کا۔

**ravenous** *adj.* بہت بھوکا، فاقہ زدہ۔ ● **ravenously** م ف: ندیدوں کی طرح۔

**ravine** *n.* گہری تنگ گھاٹی یا درّہ۔

**raving** *adj.* ① ہذیانی کیفیت میں مبتلا، شوریدہ سر۔ ② بول چال: بطور حرف تاکید، اظہار شدّت کے لیے (*a raving beauty* ہوش ربا حسن)

**ravioli** *n.* تازہ گندھے ہوئے آٹے کے بنے ہوئے ایک طرح کے قیمے بھرے سموسے۔

**ravish** *v.* ① آبروریزی کرنا۔ ② نہال نہال کر دینا۔

**ravishing** *adj.* کیف آور، وجد انگیز، پُرمسرت۔

**raw** *adj.* ① بن پکا، کچّا۔ ② اصلی، قدرتی حالت میں کسی اوپری عمل کے بغیر۔ ③ ناتجربہ کار، اناڑی کسی کام سے نابلد، ناواقف۔ ④ چھلا یا کھال اترا ہوا۔ ⑤ سرد، مرطوب (موسم وغیرہ) ● **rawness** اسم: کچا پن، ناپختگی۔

**raw deal** *n.* سخت نامنصفانہ برتاؤ، درشت رویہ۔

**rawhide** *n.* کچی، بن کمائی کھال۔

**ray** *n. & v.* اسم: ① کرن، شعاع، روشنی کی پتلی لکیر جو کسی قریبی یا دور کے مخرج سے نکلے۔ ② خط مستقیم جس

میں شعاع چل کر کسی خاص نقطے تک پہنچتی ہے۔③ ایک بڑی چوڑے پیٹ کی مچھلی۔ ④ موسیقی: (نیز re) (sol-fa سرگم میں) کسی پورے یا کبیر سرگم کا دوسرا سُر۔

**rayon** *n.* چپچپے مائع سے بننے والے مصنوعی ریشوں یا پارچوں میں سے کوئی۔

**raze** *v.* (also **rase**) مکمل طور پر تباہ کر دینا۔

**razor** *n.* استرا۔

**razzmatazz** *n.* بول چال: ①ضرورت سے زیادہ تشہیر۔② گہما گہمی، رونق، جشن، خوش وقتی۔

**Rb** علامت: کیمیائی عنصر rubidium روبیڈیم۔

**RC** تخفیف: Roman Catholic۔

**RD** تخفیف: refer to drawer (جس نے چیک جاری کیا اس سے رجوع کریں)

**Rd.** اختصار: Road (ناموں میں مستعمل) شارع۔

**Re** علامت: کیمیائی عنصر rhenium رینیم۔

**re**[1] *prep.* بسلسلہ، بحوالہ، کے معاملے میں، متعلق۔

**re**[2] RAY (معنی ۴) کا متبادل۔

**re-** *pref.* مکرّر، باز، نئے سرے سے، تجدیداً۔

**reach** *v. & n.* ف: ① پھیلنا، پہنچنا، بڑھنا۔② ہاتھ یا پاؤں بڑھانا، پھیلانا۔ ③ کسی چیز کو پکڑنے یا چھونے کی کوشش کرنا۔ ④ کہیں تک پہنچنا۔ ⑤ پانا، حاصل کرنا، طے کرنا۔ ⑥ رابطہ کرنا۔ اسم: ① پہنچ، دسترس، رسائی، اثر ڈالنے، عمل کرنے کا میدان یا انتہا۔ ② تسلسل، سلسلہ خصوصاً دریا کا جو بیک وقت نظر کے سامنے ہو۔□ **out of reach** جہاں تک پہنچا نہ جا سکے، ناقابل حصول۔

**react** *v.* ① تبدیل یا متاثر ہونا۔② دوطرفہ عمل یا باہمی ردّعمل کا مظاہرہ کرنا۔● **reactive** صف: اثر پذیر۔

**reaction** *n.* ① ردّعمل، جوابی عمل، باہمی عمل۔ ② کسی بات کا ذہنی یا جذباتی تأثر۔③ مخالف اثر، الٹا اثر۔ ④ قدامت پسندی، ماضی کی طرف رجعت کا رجحان۔ ⑤ کیمیائی تبدیلی سے گزرنے والے مادّوں کا باہمی ردّعمل۔⑥ دوا کا ناخوشگوار اثر۔

**reactionary** *adj. & n.* صف: رجعت پسند، تبدیلیوں کے خلاف، طرز کہن پر اڑنے والا۔ اسم: (ج: -ies) قدامت پرست یا رجعت پسند آدمی۔

**reactor** *n.* آلات یا تعمیر جہاں نیوکلیائی توانائی پیدا کی جائے۔

**read** *v. & n.* ف: (reading، read) ①پڑھنا، مطالعہ کرنا، لکھی ہوئی چیز کو ذہن میں یا زبان سے دہرانا، نیز آنکھوں سے دیکھ کر یا ابھرے الفاظ کو انگلیوں سے چھو کر علامات کو الفاظ کے طور پر سمجھنا، شناخت کرنا۔② ذہنی طور پر تفہیم کرنا۔③ جانچنا، بھانپنا، چہرہ خوانی کرنا۔④ کسی چیز کو مطبوعہ یا مکتوبہ شکل میں دیکھنا، پانا۔ ⑤ (پیمانے کا) کوئی درجہ یا علامت دکھانا۔ اسم: ①پڑھنے کا عرصہ، مطالعے کی مدّت۔ ② بول چال: کتاب بحیثیت قابل مطالعہ شے۔□ **read into** معنی پہنانا۔

**readable** *adj.* ① قابل مطالعہ، جو پڑھا جا سکے۔② پڑھنے میں دلچسپ یا خوش گوار۔● **readably** م ف۔

**reader** *n.* ① پڑھنے والا، پڑھنے میں مصروف۔② (مائکرو) فلم کے مضمون کو بڑا کر کے دکھانے والا آلہ تاکہ اسے پڑھا جا سکے۔③ مبتدیوں کے لیے زبان سکھانے والی کتاب، اقتباسات پر مشتمل۔ ④ (نیز **Reader**) یونیورسٹی کے پروفیسر سے نچلے درجے کا استاد۔⑤ ناشر کا ناظر کتب جو مسودات پر رائے دیتا ہے۔

**readership** *n.* ① پڑھنے والوں کی تعداد، اخبار وغیرہ کے ناظرین۔ ② یونیورسٹی کے ریڈر کا عہدہ۔

**readily** *adv.* ① فوراً، بلا تأمل، بخوشی۔②بلا دقت۔

**readjust** *v.* دوبارہ ٹھیک بٹھانا، نئی صورت یا پہلے کی صورت میں لانا۔● **readjustment** اسم۔

**ready** *adj., n. & v.* صف: ①تیار۔②مناسب حالت یا ہیئت میں۔③ آمادہ، مائل، تلا ہوا۔④ آسانی سے قابل حصول۔⑤فوراً استعمال کے قابل۔⑥ کسی بات کے لیے تیار یا کچھ کرنے کے قریب۔ اسم: (**the ready**) زر نقد، روپیہ۔ ف: (-ied، -ies) تیار کرنا یا تیار رکھنا۔

● **readiness** اسم: تیاری، آمادگی۔

**reagent** *n.* کوئی مادّہ جو کیمیائی ردّعمل پیدا کرنے کے لیے استعمال ہو۔

**real** *adj.* ① واقعی موجود۔②اصلی، حقیقی نہ کہ مصنوعی یا محض ظاہری۔

**real estate** *n.* غیر منقولہ جائیداد جیسے زمین، مکان وغیرہ۔

**realign** *v.* ①دوبارہ سیدھ میں لانا۔②سیاست وغیرہ

کی طرف۔ صف: عقبی، پچھلا۔ م ف: (نیز **rearwards**) عقب رویہ، پیچھے کی جانب۔

**reason** *n. & v.* اسم: ① مقصد، منشا، سبب، جواز۔ ② دلیل، ثبوت۔ ③ منطق، عقل، فہم۔ ④ ہوش، صحیح الدّ ماغی۔ ف: ① متعلقہ حقائق سے نتیجہ اخذ کرنا یا اس کی کوشش کرنا۔ □ **reason with** سمجھانا، قائل کرنا۔ **with reason** بجا طور پر۔

**reasonable** *adj.* ① معقول، صائب الرائے، متوازن، فہمیدہ۔ ② قابل فہم، بامعنی۔ ③ توقع کے مطابق، مناسب، معقولیت کے دائرے میں۔ ④ ذی عقل، منطقی سوچ بچار یا استدلال کا اہل۔ ● **reasonably** م ف۔

**reassemble** *v.* دوبارہ یکجا کرنا، جوڑنا، بنانا۔

**reassure** *v.* توثیق مزید کرنا؛ اعتماد بحال کرنا۔ ● **reassurance** اسم: مکرّر یقین دہانی۔

**rebate** *n. & v.* ① قابل ادائیگی رقم میں تھوڑی سی چھوٹ، رعایت۔ ② =RABBET کا تبدیل شدہ املا۔

**rebel** *n. & v.* اسم: باغی، سرکش، منحرف۔ ف: (**rebelled، rebelling**) سر اُٹھانا، علَم بغاوت بلند کرنا۔ ● **rebellion** اسم۔ **rebellious** صف۔

**reboot** *v.* کمپیوٹر: کمپیوٹر کو کسی سسٹم یا نظام عمل سے دوبارہ لیس کرنا، نیا پروگرام بھرنا۔

**rebound** *v. & n.* ف: ٹکرا کر پلٹنا۔ اسم: ردّعمل، پلٹ کر ٹکرانے کا عمل۔ □ **on the rebound** جذباتی ردّعمل سے دوچار خصوصاً محبت میں ناکامی کے اثر سے۔

**rebuff** *n. & v.* اسم: ردکرنے کا عمل، دھتکار، ناقبولیت۔ ف: دھتکارنا، ردکرنا، دوٹوک جواب دینا۔

**rebuild** *v.* (**rebuilt, rebuilding**) دوبارہ بنانا، ڈھانے کے بعد تعمیر نو کرنا۔

**rebuke** *v. & n.* ف: ڈانٹنا، پھٹکارنا، جھڑکنا، نشانۂ تنقید و ملامت بنانا۔ اسم: ① ڈانٹ۔ ② تنبیہہ۔

**rebus** *n.* تصویری معما، خصوصاً کسی کے نام کا جس میں اس کے اجزا کی طرف اشارے ہوں۔

**rebut** *v.* (**rebutted, rebutting**) (گواہی یا الزام کو) ردکرنا، اُلٹنا، مسترد کرنا۔ ● **rebuttal** اسم۔

**recalcitrant** *adj.* گستاخ، نافرمان، برگشتہ، باغی۔ ● **recalcitrance** اسم: نافرمانی، سرکشی۔

میں نئی گروہ بندی کرنا۔

**realism** *n.* اشیا اور مظاہر کو ان کے اصلی روپ میں دیکھنے کا رویہ، حقیقت۔ ● **realist** اسم: حقیقت پسند۔

**realistic** *adj.* ① حقیقت پسندانہ۔ ② عملی۔ ③ حقائق نہ کہ تصوّرات پر مبنی۔ ● **realistically** م ف۔

**reality** *n.* (*pl.* **-ies**) ① حقیقت، اصلیت جو مظاہر میں پائی جاتی ہے۔ ② (کسی شے کی) اصل نوعیت۔ ③ کسی اصل سے مطابقت یا مشابہت۔

**realize** *v.* (also **-ise**) ① پوری طرح آگاہ ہونا، حقیقی سمجھنا۔ ② اچھی طرح سمجھنا۔ ③ اصل کے طور پر پیش کرنا۔ ④ اپنی صلاحیتوں کو پروان چڑھانا۔ ⑤ (اثاثے کو) نقدی میں تبدیل کرنا؛ اچھے داموں بک جانا۔ ● **realization** اسم: عمل پذیری، حصول۔

**really** *adv.* ① حقیقت میں، واقعتہً۔ ② یقیناً۔ ③ درحقیقت، بالکل، میں وثوق سے کہتا ہوں۔ ④ کسی قدر احتجاج یا حیرت کا کلمہ ارے!۔ ⑤ (سوالیہ) کیا واقعی؟۔

**realm** *n.* ① بادشاہت، مملکت۔ ② عالم، شعبہ، دائرہ۔

**realty** *n.* جائیداد غیر منقولہ زمین مکان وغیرہ۔

**ream** *n.* ① کاغذ کے عموماً ۵۰۰ شیٹ۔ ② (**reams**) کاغذوں یا تحریروں کا بڑا ذخیرہ یا مقدار۔

**reap** *v.* ① فصل کاٹنا (خصوصاً غلّے کی) کٹائی کرنا۔ ② عمل کا صلہ پانا یا نتیجہ بھگتنا۔ ● **reaper** اسم۔

**reappear** *v.* دوبارہ ظہور کرنا یا نمودار ہونا۔

**rear** *n. & adj.* اسم: کسی چیز کا پچھلا حصّہ، عقب، پچھاڑی، پشت۔ ف: ① پرورش کرنا، (جانور) پالنا، گلّہ بانی کرنا۔ ② (گھوڑے وغیرہ کا) پچھلی ٹانگوں پر کھڑا ہونا۔ ③ بہت اونچا اُٹھانا (عمارت وغیرہ) □ **bring up the rear** سب سے آخر میں آنا یا چلنا۔

**rear admiral** *n.* بحریہ کا وائس ایڈمرل سے نچلا عہدہ۔

**rearguard** *n.* فوج کا محافظ عقبی دستہ۔

**rearm** *v.* نئے سرے سے مسلّح ہونا یا نئے ہتھیاروں سے لیس ہونا۔ ● **rearmament** اسم۔

**rearrange** *v.* نئے سرے سے ترتیب دینا یا ترتیب بدلنا، ترتیب نو کرنا۔ ● **rearrangement** اسم۔

**rearward** *n., adj. & adv.* اسم: پیچھے یا پیچھے

**recall** *v. & n.* ف:① واپس طلب کرنا، بلالینا۔ ② یاد کرنا، حافظے سے برآمد کرنا۔ ③ کسی فیصلے یا عمل کو منسوخ، موقوف کرنا۔ اسم:① واپس بلانے کا عمل یا حکم۔ ② یاد کرنے کا عمل۔

**recant** *v.* (کسی سابقہ بیان یا عقیدے سے) دستبردار ہونا، پھرنا، مکرنا۔● **recantation** اسم: رجوع۔

**recap** *v. & n.* **(recapping،recapped)**:ف بول چال: خلاصہ کرنا، اختصار کے ساتھ دہرانا۔ اسم: تخفیف: RECAPITULATION خلاصہ، اختصاریہ۔

**recapitulate** *v.* ① دہرانا، مختصراً بیان کرنا۔② خاص خاص نکات کا اعادہ کرنا۔● **recapitulation** اسم۔

**recapture** *v. & n.* ف:① دوبارہ قبضے میں لینا۔ ② کسی جذبے کو دوبارہ طاری کرنا۔ اسم:① دوبارہ وجود میں لانے کا عمل، تسخیر نو۔② دوبارہ حصول یا قبضہ۔

**recce** *n.* بول چال: گشتی معائنہ، دیکھ بھال کی کارروائی۔

**recede** *v.* ① پیچھے ہٹنا، پسپا ہونا، لوٹنا۔② گریز کرنا، پرے ہٹنا، دور تر جانا۔③ پیچھے کی طرف جھکنا یا دبا ہونا۔

**receipt** *n.* ① وصول کرنے یا پانے کا عمل، وصولی۔ ② وصولی کی تحریری رسید خصوصاً رقم کی۔

**receive** *v.* ① وصول کرنا، قبضے میں لینا، پانا۔② لینا یا پیش کیا جانا؛ آگاہ ہونا۔ ③ (اعزاز وغیرہ) سے سرفراز ہونا، عطا کیا جانا۔④ مہمان کی آؤ بھگت کرنا۔

**receiver** *n.* ① وصول کنندہ، پانے والا شخص یا شے۔ ② کسی آلے یا کل کا اشارات یا آواز وصول کرنے والا پُرزہ (خصوصاً ٹیلیفون کا آلۂ سماعت)③(**official receiver** کا اختصار) عدالت کی طرف سے مامور شخص جو کسی دیوالیے وغیرہ کی املاک کا نگراں منتظم ہو۔

**receivership** *n.* ① عدالت کے مقرر کردہ منتظم املاک کا منصب۔② منتظم کے زیر تحویل (املاک)

**recent** *adj.* ① حالیہ، زمانۂ قریب کا۔② جدید، نیا۔● **recently** م ف: حال میں۔

**receptacle** *n.* برتن، مقام جہاں کوئی چیز سمائے۔

**reception** *n.* ① پذیرائی، استقبال۔② سماجی اجتماع خصوصاً کسی تقریب کے سلسلے میں۔ ③ ہوٹل یا دفتر وغیرہ میں وہ جگہ جہاں ملاقاتی یا مہمان اپنی آمد کی اطلاع دیتے ہیں، استقبالیہ۔④ نشریات کی وصولی۔

**receptionist** *n.* کسی دفتر یا ہوٹل میں مہمانوں یا ملاقاتیوں کو خوش آمدید کہنے اور مدد کرنے پر مامور شخص۔

**receptive** *adj.* خیالات یا تأثرات کو جلد قبول کرنے والا، ذکی، زود فہم۔● **receptiveness** اسم۔

**receptor** *n.* کوئی عضو جو بیرونی مہیج مثلاً روشنی وغیرہ کا اثر قبول کرے اور اس کی بابت عصبی پیغام دے۔

**recess** *n. & v.* اسم:① موکھا، طاقچہ۔② گہری خفیہ جگہ۔ ③ مدّت کار میں وقفہ۔ ف: موکھے میں رکھنا؛ التوا میں ڈالنا۔

**recession** *n.* کاروبار میں مندی، معیشت میں عارضی گراوٹ، کساد بازاری۔

**recessive** *adj.* ① پیچھے ہٹتا ہوا، گریزاں، رخنہ دار۔ ② جینیات: (کوئی موروثی خصوصیت) جو اولاد میں کسی حاوی خصوصیت کی موجودگی میں دبی رہے۔

**recidivist** *n.* جرم کی طرف بار بار پلٹ جانے والا مجرم۔● **recidivism** اسم: تکرار یا اعادۂ جرم۔

**recipe** *n.* ① نسخۂ ترکیب، کسی کھانے کے اجزا اور پکانے کی ترکیب۔② گُر، کار برآری کی تدبیر۔

**recipient** *n.* پانے والا، وصول کرنے والا شخص۔

**reciprocal** *adj.* ① جوابی، بدلے کا۔② باہمی، مشترک۔③ (کوئی معاہدہ) جو فریقین کو یکساں پابند کرے۔ ● **reciprocally** م ف۔ **reciprocity** اسم۔

**reciprocate** *v.* ف①: جواب دینا، بدل کرنا۔ (محبت وغیرہ کا) ② ادلے کا بدلہ کرنا۔ ③ (مشین کے پرزے کا) آگے پیچھے حرکت کرنا۔● **reciprocation** اسم: جوابی عمل۔

**recital** *n.* ① آواز یا لحن کے ساتھ پڑھنا یا پڑھا جانا۔ ② مفصّل بیان، حکایت، روئداد خوانی۔

**recitative** *n.* لحن و موسیقی کے ساتھ جیسے آپرا کے مکالمے یا مناجات خوانی۔

**recite** *v.* ف:① (نظم وغیرہ) لحن یا ترنّم سے پڑھنا، خصوصاً منہ زبانی، سامعین کے سامنے۔ ② ترتیب وار ذکر کرنا، گنوانا۔● **recitation** اسم: کلام خوانی۔

**reckless** *adj.* انجام سے بے پروا، بے خطر، بے دھڑک۔● **recklessly** م ف۔ **recklessness** اسم۔

**reckon** *v.* ①حساب لگانا، شمار کرنا۔② سمجھنا، خیال کرنا۔③غور وفکر کے بعد نتیجہ اخذ کرنا۔□ **reckon on** بھروسا کرنا۔ **reckon with** حساب میں لگانا۔

**reclaim** *v.* ①اپنی املاک کی بازیابی کے لیے قدم اٹھانا۔②(بیکار زمین کو) قابل استعمال بنانا۔● **reclamation** اسم: بحالی، بازیابی۔

**recline** *v.* نیم دراز ہونا، کمر ٹکا کے بیٹھنا۔

**recluse** *n.* گوشہ نشین آدمی، تارک الدّنیا۔

**recognition** *n.* شناخت، پہچان۔

**recognizance** *n.* ①مچلکہ جو عدالت کے سامنے بھرا جائے جس میں کوئی شخص بعض شرائط پوری کرنے کا اقرار کرے۔②ضمانت کی رقم۔

**recognize** *v.* (also **-ise**) ① کسی کو شناخت کرنا، دیکھے ہوئے شخص یا شے کو پہچاننا۔② اعتراف کرنا، مان لینا، جان لینا۔③ (کسی کی حیثیت کو) تسلیم کرنا۔● **recognizable** صف: قابلِ شناخت۔

**recoil** *v.* & *n.* ف:① اچانک پیچھے ہٹنا (ڈر کر، گھبرا کر یا گھن کھا کر)② ٹکرا کر پلٹنا۔ اسم: بازگشت، الٹی دھکیل۔□ **recoil upon** بانی ہی پر آ پڑنا اپنے مخرج، منبع کو نقصان پہنچانا۔

**recollect** *v.* ① حافظے میں لانا، یاد کرنا۔② یاد کو تازہ کرنا۔● **recollection** اسم: حاضر یادداشت۔

**recommend** *v.* ①سفارش کرنا۔②صلاح دینا۔ ③(خوبیوں یا اعمال کی بابت) پسندیدہ یا قابل قبول بنانا۔● **recommendation** اسم: سفارش۔

**recompense** *v.* & *n.* ف:① کسی کے نقصان کی تلافی کرنا، نقصان کا بدل کرنا۔② کسی کو اس کے عمل کی سزا یا جزا دینا۔ اسم:①انعام، بدلہ۔②پاداش، عوض۔

**reconcile** *v.* ① کشیدگی کے بعد دوبارہ مفاہمت یا مصالحت کرلینا، موافق ہو جانا۔② کسی ناخوشگوار یا ناپسندیدہ بات کو گوارا کرلینا، سمجھوتہ کرلینا۔③ جھگڑا طے کرلینا۔● **reconciliation** اسم: تجدید تعلقات۔

**recondite** *adj.* ① دقیق، غیر معروف، نامانوس۔ ② مبہم، بعید از فہم، مغلق، مشکل پسند۔

**recondition** *v.* ① مرمّت وغیرہ سے نیا کردینا، دوبارہ چالو کردینا۔② دوبارہ کارآمد بنادینا۔

**reconnaissance** *n.* کسی علاقے کا جائزہ خصوصاً فوجی نقطۂ نظر سے، دشمن کا پتہ چلانے یا فوجی اہمیت کے ٹھکانوں کا کھوج لینے کے لیے۔

**reconnoitre** *v.* (*US* **reconnoiter**) ① کسی علاقے کا جائزہ لینا (دشمن کی چوکیوں وغیرہ کا پتہ چلانے کے لیے)② دیکھ بھال، معائنہ، مشاہدہ کرنا۔

**reconsider** *v.* مزید غور و خوض کرنا، فیصلے پر نظر ثانی کرنا۔● **reconsideration** اسم: نظر ثانی۔

**reconstitute** *v.* ① دوبارہ تشکیل دینا۔② سابقہ حیثیت کو بحال کرنا۔③ (خشک کھانے وغیرہ کو) پانی ملا کر تازہ کرنا۔● **reconstitution** اسم۔

**reconstruct** *v.* ①دوبارہ تعمیر کرنا۔② پرانے واقعات، شہادتوں کی روشنی میں ذہنی یا بصری نقش تیار کرنا۔● **reconstruction** اسم: تعمیر نو۔

**record** *n.* & *v.* اسم:① محفوظ یادداشت، روئیداد، قلمبند معلومات، شہادت وغیرہ۔② کسی امر کے تحریری یا کسی اور شکل میں موجود یا محفوظ ہونے کی صورت۔③ ریکارڈ یا مقناطیسی فیتے (ٹیپ پر) محفوظ یا نقش کی ہوئی بات۔④ کسی کی زندگی کے معلومہ کوائف۔⑤ کھیلوں وغیرہ میں بہترین کارکردگی، یادگار کارنامہ۔ ف:① آئندہ حوالے کے لیے تحریراً یا کسی اور شکل میں محفوظ کرنا۔② آواز یا کسی نشریے کو آئندہ سننے یا دیکھنے کے لیے محفوظ کر لینا۔③ تاریخی یا کوئی دوسرا ریکارڈ ترتیب دینا یا محفوظ کرنا۔□ **off the record** نجی، نہ کہ تشہیر یا اشاعت کے لیے، غیر سرکاری بیان۔

**recorder** *n.* ① آواز کو محفوظ کرنے والا آلہ خصوصاً ٹیپ ریکارڈر۔② بیرسٹر یا وکیل جسے جز وقتی جج بنا دیا جائے۔ ③بانسری کی طرح کا پھونک کر بجایا جانے والا ساز۔

**recount** *v.* ① بیان کرنا۔② تفصیل سے بتانا۔

**re-count** *v.* & *n.* ف: دوبارہ گننا۔ اسم: شمار، گنتی، دوبارہ پڑتال۔

**recoup** *v.* ①(نقصان کا) بدل پانا۔② تلافی کرنا، بھرنا، پورا کرنا۔

**recourse** *n.* امداد کے لیے متوقع ذریعے کی طرف رجوع۔□ **have recourse to** امداد طلب ہونا، امداد کے لیے رجوع کرنا۔

**recover** *v.* ①دوبارہ قبضہ، تصرّف حاصل کرنا۔② بیماری کے بعد صحت پانا۔● **recovery** اسم: بازیابی۔

**recreation** *n.* تفریح، آرام، تازہ دم ہونے کے لیے تفریحی مشغلہ۔● **recreational** صف: تفریحی۔

**recrimination** *n.* باہمی الزام تراشی۔● **recriminatory** صف: الزامی، طعن آمیز۔

**recruit** *n. & v.* اسم: تازہ بھرتی کیا ہوا جوان، نوسیکھ، زیرِ تربیت، رنگروٹ خصوصاً فوج میں۔ ف: ① رنگروٹ بھرتی کرنا۔② رنگروٹ بھرتی کر کے فوج اکٹھی کرنا۔● **recruitment** اسم: بھرتی۔

**rectal** *adj.* مقعد سے متعلق۔

**rectangle** *n.* مستطیل، ایسا چوکور جس کے چاروں زاویے قائمہ ہوں اور دو متصلہ ضلع یکساں طول کے نہ ہوں، قائم الزوایا۔● **rectangular** صف۔

**rectifier** *n.* برقیات: اے سی کو ڈی سی (بدلتی رو کو راست رو) میں بدلنے کا آلہ۔

**rectify** *v.* (-ies, -ied) ①درست کرنا، کھوٹ یا خرابی دور کرنا، ترمیم کرنا۔② اے سی کو ڈی سی میں بدلنا۔● **rectification** اسم: تصحیح، درستی۔

**rectilinear** *adj.* مستقیم الاضلاع، جس کے خطوط مستقیم ہوں۔

**rectitude** *n.* ①راست بازی، اخلاقی درستی۔② نیکی، پاکبازی۔③ صحت، درستی۔

**rector** *n.* ① کلیسائی حلقے کا عہدہ دار، حلقے کا نگراں پادری۔② اسکول، کالج، یونیورسٹی کا سربراہ۔

**rectory** *n.* (*pl.* -ies) ریکٹر کی اقامت گاہ۔

**rectum** *n.* (*pl.* **rectums** or **recta**) بڑی آنت کا نچلا سرا جو مقعد پر ختم ہوتا ہے۔

**recumbent** *adj.* لیٹا ہوا، دراز یا نیم دراز۔

**recuperate** *v.* ① بیماری، تھکن، نقصان کے بعد سنبھلنا۔② صحت بحال کرنا۔● **recuperation** اسم: بحالی، بازیابی۔ **recuperative** صف: صحت یابی کا۔

**recur** *v.* (**recurred, recurring**) ①دوبارہ واقع ہونا۔② (کسی خیال وغیرہ کا) دوبارہ ذہن میں آنا۔● **recurrence** اسم۔ **recurrent** صف۔

**recusant** *n.* نافرمان، اطاعت سے منحرف فرد۔

**recycle** *v.* (استعمال شدہ مواد کو) دوبارہ کارآمد بنانا۔

**red** *adj. & n.* صف: (**redder**، **reddest**) ①لال، سرخ۔② تمتماتے ہوئے چہرے والا، شرم، غصّے وغیرہ کی بنا پر لال۔③سرخی مائل بھورے یا نارنجی (بال) ④ اشتراکی، سرخا۔ اسم: ① سرخ رنگ یا روغن۔② سرخ کپڑے یا اشیا۔③ اشتراکی۔ □ **in the red** منفی، زیرِ بار۔ **see red** بہت غصّے میں ہونا۔● **reddish** صف: سرخی مائل۔ **redness** اسم: لالی، سرخی۔

**red carpet** *n.* کسی اہم شخصیت کی آمد پر خصوصی استقبال۔

**redcurrant** *n.* ① سرخ کشمش کا پودا۔② اس کا پھل، کشمش کا دانہ۔

**redden** *v.* سُرخ ہو جانا یا کر دینا۔

**redeem** *v.* ① دوبارہ خرید لینا، دام چکا کر یا کوشش کر کے واپس لینا۔② (تمسکات وغیرہ) کو بھنانا یا مال سے تبدیل کرنا۔③ گناہ اور ذلّت سے نجات دلانا۔④ وعدہ پورا کرنا، نبھانا۔● **redemption** صف۔

**redeploy** *v.* نئی جگہ کام یا لام پر بھیجنا، نئی پرے بندی کرنا۔● **redeployment** اسم۔

**red-handed** *adj.* رنگے ہاتھوں، عین ارتکابِ جرم کے وقت یا فوراً بعد پکڑا جانے والا۔

**redhead** *n.* سرخ بالوں والا شخص۔

**red herring** *n.* بھٹکانے، بہکانے والا اشارہ۔

**red-hot** *adj.* ① تپا کر سرخ کیا ہوا، لال انگارہ۔② نہایت ولولہ خیز، ہیجان انگیز۔

**redirect** *v.* دوسری سمت بھیجنا، خصوصاً (خط کا) پتہ تبدیل کر کے پھر روانہ کرنا۔● **redirection** اسم۔

**red-letter day** *n.* خوشی کا یادگار دن، جشن منانے کا دن، روزِ عید۔

**red light** *n.* ① سرخ بتی جو ٹھہرنے کے اشارے کے طور پر جلتی ہے۔② خطرے کا نشان۔

**red-light district** *n.* وہ شہری علاقہ جہاں قحبہ خانے اور دوسرے عیاشی کے اڈّے واقع ہوں۔

**redolent** *adj.* ① کسی کی یاد دلانے والا، کسی سے مشابہ یا نسبت رکھنے والا، ذہنی مطابقت رکھنے والا۔② تیز بو والا۔● **redolence** اسم: (تیز) خوشبو وغیرہ۔

**redouble** *v.* زیادہ بڑا، کثیر ہو جانا، شدید کرنا، بڑھنا، پھیلنا یا بڑھانا، پھیلانا۔

**redoubtable** *adj.* زبردست، ہیبت ناک۔

**redress** *v. & n.* ف: درست کرنا، عیب دور کرنا، تلافی کرنا، ازالہ کرنا۔ اسم: تاوان، زرتلافی۔

**red tape** *n.* بول چال: افسرشاہی کی کارروائیوں میں حد سے زیادہ پیچیدگی۔

**reduce** *v.* ① چھوٹا ہونا یا کم کرنا۔ ② بری حالت کو پہنچانا۔ ③ مختلف (خصوصاً سادہ) شکل میں تبدیل کرنا۔ ④ درجہ، مرتبہ، اعزاز گھٹانا۔ ⑤ وزن یا جسامت کم کرنا۔ ● **reducible** صف۔ **reduction** اسم: کمی۔

**redundant** *adj.* ① فاضل، فالتو، زائد از ضرورت۔ ② جس کو نظر انداز کیا جاسکتا ہو۔ ③ نامطلوب اس لیے بے روزگار۔ ● **redundancy** اسم: زیادتی، کثرت۔

**redwood** *n.* امریکی تاڑ کا درخت۔

**reed** *n. & v.* ① نرسل، جو پانی یا مرطوب زمین میں اگتا ہے، نرکل، سرکنڈا، اس کا تنا۔ ② بعض پھونکنے والے سازوں کا پیپا جیسے ترئی یا نفیری۔

**reedy** *adj.* **(reedier, reediest)** ① سرکنڈوں سے پٹا ہوا۔ ② کوکتی ہوئی کوئل جیسی (آواز) ● **reediness** اسم۔

**reef** *n. & v.* ① سطح سمندر پر یا اس کے قریب واقع مونگے کا یا چٹانی ابھار۔ ② بادبان کی کئی پٹیوں میں سے کوئی جنھیں تیز مخالف ہوا کے وقت لپیٹا جاسکتا ہے۔ ف: بادبان کی پٹی کو لپیٹ کر چوڑائی کم کرنا۔

**reefer** *n.* ① بول چال: چرس بھرا سگریٹ۔ ② ایک موٹا چست سینہ بند کوٹ۔

**reef knot** *n.* متناسب دہری گرہ جو مضبوط ہو۔

**reek** *v. & n.* ف: سڑاندا، متعفن، سخت بدبودار ہونا۔ اسم: بساند، بدبو، تعفّن۔

**reel** *n. & v.* اسم: ① نلکی نما گٹی، پھرکی یا چرخی جس پر کچھ لپیٹا جاتا ہے۔ ② پھرتیلا عوامی یا اسکا چستانی رقص۔ ف: ① چرخی وغیرہ پر لپیٹنا۔ ② ناہموار قدموں سے چلنا، ڈگمگانا۔ □ **reel off** روانی سے بے تکان بولنا۔

**refectory** *n.* (*pl.* **-ies**) طعام گاہ خصوصاً خانقاہ، کالج وغیرہ میں۔

**refer** *v.* **(referred, referring)** □ **refer to** ① کسی سے منسوب کرنا۔ ② متعلق کرنا۔ ③ کسی شخص یا کسی سوال یا مسئلے کو فیصلے کے لیے کسی کے سپرد کرنا۔ ④ کسی ماہر یا مآخذ معلومات سے رجوع کرنا۔

**referee** *n. & v.* اسم: ① فٹ بال، باکسنگ وغیرہ کا امپائر، نگراں۔ ② ثالث، ایسا شخص جس کا فیصلہ کسی تنازعے کے بارے میں لیا جائے۔ ③ ایسا شخص جو ملازمت کے سلسلے میں کسی شخص کے چال چلن کی تصدیق پر آمادہ ہو۔ ف: **(refereeing, refereed)** ① ثالث یا حَکم بنانا۔ ② بحیثیت ریفری کھیل کی نگرانی کرنا۔

**reference** *n.* ① کسی امر کو کسی بااختیار شخص یا ادارے کی طرف سے غور یا فیصلے کے لیے بھیجنے کا عمل۔ ② نسبت، تعلق۔ ③ کسی کتاب وغیرہ کی طرف رجوع جہاں مطلوبہ معلومات مل سکے، کوئی کتاب یا اقتباس جس کا حوالہ دیا جائے۔ ④ کسی شخص کی طرف معلومات کے لیے رجوع کرنے کا عمل۔ ⑤ کسی ملازمت کے امیدوار کی بابت تصدیق نامہ۔ □ **with** or **in reference to** بحوالہ (فلاں) کے حوالے سے۔

**reference book** *n.* حوالے کی کتاب جس سے حسب ضرورت رجوع کیا جاتا ہے۔

**reference library** *n.* (*pl.* **-ies**) دارالمطالعہ جہاں سے کتابیں باہر نہیں لے جائی جاسکتیں، صرف حوالے کے لیے ہوتی ہیں۔

**referendum** *n.* (*pl.* **referendums** or **referenda**) استصواب رائے، مراجعہ، کسی مسئلے پر براہ راست عوام کی رائے معلوم کرنے کا عمل۔

**referral** *n.* کسی مریض کو عام ڈاکٹر کی طرف سے خصوصی معالج یا ماہر کے پاس بھیجنے کا عمل۔

**refill** *v. & n.* ف: دوبارہ بھرنا۔ اسم: ① نئی بھرائی۔ ② بھری جانے والی شے، بھری بھرائی نلکی یا نلی۔

**refine** *v.* ① خالص بنانا، چننا، چھاننا۔ ② زیادہ نفیس، مہذب، خوش اسلوب بنانا یا بننا۔

**refined** *adj.* شائستہ، مہذب، نفیس۔

**refinement** *n.* ① خالص بنانے کا عمل۔ ② خوش ذوقی۔ ③ مہذب انداز و اطوار۔ ④ ترقی، اصلاح مزید۔ ⑤ نازک امتیاز۔

**refinery** *n.* (*pl.* -ies) پٹرول یا تیل کی صفائی کا کارخانہ۔

**refit** *v.* (**refitted, refitting**) دوبارہ کارآمد بنانا یا ہو جانا، پھر سے ٹھیک کرنا۔

**reflate** *v.* (معیشت) کو افراط زر کے ذریعے سنبھالنا۔ ● **reflation** اسم۔ **reflationary** صف۔

**reflect** *v.* ① (کسی سطح یا جسم کا) حرارت، روشنی یا آواز کا انعکاس کرنا، لوٹانا۔ ② (آئینے کا) شبیہ دکھانا۔ ③ ترجمانی کرنا، مطابق ہونا، سبب یا مظہر ہونا۔ ④ (کسی عمل یا نتیجے کا) اچھی یا بری شہرت کا باعث بننا۔ ⑤ غور و خوض کرنا؛ کسی کی طرف دھیان لگانا۔

**reflection** *n.* ① انعکاس، پرتو، اشعاع۔ ② منعکس حرارت، روشنی یا رنگ، منعکس شبیہ، عکس۔ ③ مزید سوچ بچار۔ ④ ذہن میں ابھرنے والا نقش۔ ⑤ پُرمعنی جملہ یا قول دانش۔ □ **a reflection on** باعث رسوائی۔

**reflective** *adj.* ① انعکاس پذیر، عکس انداز، شبیہہ دکھانے والی (سطح) ② فکر، غور، سوچ بچار کرنے والی۔

**reflector** *n.* حرارت یا روشنی منعکس کرنے والی کوئی شے۔

**reflex** *n.* (also **reflex action**) اضطراری، بے اختیارانہ لاشعوری حرکت۔

**reflex angle** *n.* ۱۸۰ درجے سے اوپر کا زاویہ۔

**reflexive** *adj.* & *n.* قواعد، صف: ① رجعی، جملے کے فاعل خصوصاً ضمیر کی طرف راجع (م: *myself*) ② وہ فعل جس کا فاعل ضمیر رجعی ہو (م: *to wash oneself*) اسم: رجعی لفظ یا شکل خصوصاً ضمیر۔

**reflexology** *n.* ہاتھ، پاؤں اور سر کے اضطراری اعصابی نقاط کی مالش کا ایک طریقہ جو ذہنی تناؤ رفع کرنے یا علاج کے طور پر کی جاتی ہے۔

**reform** *v.* & *n.* ف: ① اصلاح کرنا یا پانا، درست ہونا، خامیاں دور کرنا۔ ② کسی مذموم شے یا عمل کا ازالہ کرنا۔ اسم: خامیوں، غلط کاریوں کی اصلاح۔ ● **reformation** اسم: اصلاح۔ **reformer** اسم: مصلح۔ **reformist** اسم: اصلاح پرست۔

**reformatory** *n.* & *adj.* (ج: -ies) اسم: امریکا، تاریخ: کم عمر مجرموں کی اصلاح و تربیت کا سرکاری ادارہ۔ صف: اصلاحی؛ برائے اصلاح۔

**refract** *v.* (پانی، ہوا، شیشے وغیرہ کا) روشنی کی شعاع کو کسی خاص زاویے پر منعطف کرنا، جبکہ وہ کسی اور واسطے سے ترچھی آکر پڑے۔ ● **refraction** اسم: عمل انعطاف۔ **refractive** صف۔ **refractor** اسم۔

**refractory** *adj.* ① ضدّی، ہٹیلا، سرکش۔ ② جس پر علاج بے اثر ہو، آگ، گرمی کا اثر نہ ہو۔

**refrain** *v.* ف: بچنا، احتراز کرنا۔ اسم: ٹیپ کا مصرعہ، بیت یا بول، اس کے ساتھ کی موسیقی۔

**refresh** *v.* ① تازہ دم ہونا (کچھ کھا پی کے یا آرام کرکے) ② یاد یا حافظے کو تیز کرنا، ابھارنا یا تازہ کرنا۔

**refreshing** *adj.* ① حوصلہ، طبیعت، توانائی بحال کرنے والا۔ ② تازہ، جدید، انوکھا، دلچسپ، دل خوش کن، مخلصانہ۔ ● **refreshingly** م ف۔

**refreshment** *n.* ① ذہنی یا جسمانی طور پر تازہ دم ہونے کا عمل۔ ② (**refreshments**) مشروب یا غذا۔

**refrigerate** *v.* ① ٹھنڈا کرنا یا ہونا۔ ② ٹھنڈا کرکے محفوظ رکھنا، جمانا۔ ● **refrigeration** اسم۔

**refrigerator** *n.* ٹھنڈی الماری یا ٹھنڈا نعمت خانہ۔

**refuge** *n.* پناہ گاہ، تعاقب یا خطرے یا فساد سے جائے فرار یا جائے قرار۔

**refugee** *n.* پناہ گزین خصوصاً جو جنگی مصائب یا قدرتی آفات کی بنا پر کسی دوسرے ملک، میں پناہ حاصل کرے۔

**refulgent** *adj.* ادبی: رخشندہ، تابندہ، فروزاں۔

**refund** *v.* & *n.* ف: ① واپس ادا کرنا۔ ② کسی کو اس کے اٹھائے ہوئے اخراجات کی ادائیگی کرنا۔ اسم: ① حساب چکانے کا عمل۔ ② ادا کی جانے والی رقم۔

**refurbish** *v.* ① اجالنا، چمکانا۔ ② آب و تاب بحال کرنا۔ ● **refurbishment** اسم: آرائش و زیبائش۔

**refuse**[1] *v.* ① قبول کرنے سے انکار کرنا، راضی نہ ہونا۔ ② نارضامندی کا اظہار کرنا۔ ● **refusal** اسم: انکار۔

**refuse**[2] *n.* بے کار، ردی ہوئی، فالتو، فاضل اشیا۔

**refute** *v.* (کسی بیان یا اس کے جاری کرنے والے کی) تردید کرنا، جھٹلانا۔ ● **refutation** اسم: تردید۔

---

وضاحت: *refute* کے معنی جھٹلانا، تردید کرنا ہے محض انکار

اور اختلاف نہیں ہے۔

---

**regain** *v.* دوبارہ حاصل کرنا (کھونے کے بعد)
**regal** *adj.* ① بادشاہوں کا۔ ② بادشاہوں کے لائق، شاہانہ، پُرشکوہ۔ ● **regality** اسم۔ **regally** م ف۔
**regale** *v.* خاطر مدارات کرنا، تفنن طبع کا سامان کرنا۔
**regalia** *n.pl.* شاہی نشانات، لوازم شاہی۔
**regard** *v. & n.* ف: ① زیرِ غور لانا، توجہ دینا۔ ② کسی شخص یا شے کی بابت کوئی خاص احساس یا رویہ رکھنا۔ ③ کسی خاص نظر سے دیکھنا۔ اسم: ① توجہ، خیال داری۔ ② احترام، اچھے جذبات، عمدہ رائے۔ ③ پُر معنی نظر۔ ④ (**regards**) اظہار دوستی یا تعلق خاطر کا کلمہ؛ نیک تمنائیں، نیک خواہشات۔ □ **as regards** جہاں تک (فلاں بات کا) تعلق ہے، بابت، برائے کا ہم معنی۔ **with regard to** مسائل کی رو سے، کی نسبت سے، کے حوالے سے۔
**regarding** *prep.* کی بابت، بارے میں، کے تعلق سے، کی نسبت۔
**regardless** *adj.* بلا لحاظ، قطع نظر۔
**regatta** *n.* کشتیوں کی دوڑ کا سلسلہ۔
**regency** *n. (pl.* **-ies)** ① بادشاہ کی نیابت پر مامور۔ ② نیابت کی مدّت۔
**regenerate** *v.* ف: ① نیا جنم لینا، دوبارہ پیدا کرنا، حیات نو بخشنا۔ ② ناکارہ نسیجوں کی جگہ نئی افزائش کرنا۔ ● **regeneration** اسم۔ **regenerative** صف۔
**regent** *n.* نائب السلطنت، جو بادشاہ کی نابالغی، ناموجودگی یا معذوری کی بنا پر نیابت پر مامور ہو۔
**reggae** *n.* غرب الہند کا ایک طرز موسیقی۔
**regicide** *n.* بادشاہ کا قاتل یا اس کے قتل میں ملوّث۔
**regime** *n.* ① طریق سلطنت یا نظام حکومت، کوئی خاص حکومت۔ ② رائج الوقت دستور، طور طریقے۔
**regimen** *n.* بحالی صحت کے لیے تجویز کردہ تدابیر۔
**regiment** *n. & v.* اسم: رجمنٹ، فوج کا ایک مستقل حصّہ۔ ف: ① کسی بندوبست کا پابند یا خانوں، فریقوں میں تقسیم کرنا۔ ② رجمنٹ سازی کرنا۔ ● **regimentation** اسم: جماعت بندی۔

**regimental** *adj.* رجمنٹ سے متعلق۔
**Regina** *n.* موجودہ تخت نشین ملکہ (نام کے بعد یا عدالتی مقدمات کے عنوان میں م: *Regina v. Jones* ملکہ بنام جونز یعنی حکومت بنام جونز)
**region** *n.* ① خطّہ، علاقہ، قطعۂ زمین۔ ② جسم کا کوئی حصّہ خصوصاً کسی عضو کے آس پاس۔ ③ ملک کی کوئی انتظامی تقسیم۔ □ **in the region of** تقریباً، کم و بیش۔ ● **regional** صف: علاقائی۔
**register** *n. & v.* اسم: ① فرد، فہرست، اندراجات کی کتاب۔ ② آواز یا آلے کا طیف یا درجات، حدود۔ ③ لسانیات: کسی زبان کی مختلف شکلوں میں سے کوئی۔ ف: ① کسی نام یا واقعہ وغیرہ کا رسمی اندراج کرنا۔ ② ذہنی طور پر محفوظ کر لینا۔ ③ کسی کتاب، دفتر یا رجسٹر میں داخل کرنا یا کرانا۔ ④ کسی کے ذہن پر کوئی تأثر پیدا کرنا۔ ● **registration** اسم: رجسٹری۔
**register office** *n.* سرکاری دفتر جہاں شادی، پیدائش و اموات کا قانونی اندراج کر کے سند جاری کی جاتی ہے۔
**registrar** *n.* ① سرکاری یادداشتیں اور دستاویزات کا محافظ افسر۔ ② یونیورسٹی کا اعلیٰ انتظامی افسر۔ ③ ہسپتال میں کام کرنے والا ڈاکٹر جو ماہر معالج کے طور پر تربیت حاصل کر رہا ہو۔
**registry** *n. (pl.* **-ies)** ① دستاویزات کا محافظ خانہ۔ ② رجسٹری، رجسٹر پر چڑھانے کا عمل۔
**registry office** *n.* =REGISTER OFFICE۔
**regress** *v. & n.* ف: پیچھے کی طرف پلٹنا، مراجعت کرنا، سابقہ حالت پر آ جانا۔ اسم: ① پلٹنے، لوٹنے، واپسی کا عمل۔ ② نتیجے سے سبب کی طرف استدلال معکوس۔ ● **regression** اسم۔ **regressive** صف: رجعی۔
**regret** *v. & n.* ف: (**regretted**، **regretting**) رنجیدہ ہونا یا اظہار رنج کرنا۔ اسم: کسی عمل یا نقصان پر افسوس، ندامت یا مایوسی کا احساس۔ ● **regretful** صف: متأسف۔ **regretfully** م ف۔
**regrettable** *adj.* افسوس ناک، ناواجب، ناپسندیدہ۔ ● **regrettably** م ف: افسوسناک طور پر۔
**regular** *adj. & n.* صف: ① بااصول، منظّم، منضبط۔

۲ہم آہنگ، باترتیب، مربوط، ہموار۔ ۳باقاعدگی کے ساتھ ہونے، کرنے یا آنے والا۔ ۴ مستقل، باقاعدہ تنظیم سے تعلق رکھنے والے (فوجی جوان) اسم: ۱ باقاعدہ فوجی جوان۔ ۲بول چال: بندھا ہوا گاہک۔ ● **regularity** اسم: باقاعدگی۔ **regularly** م ف۔

**regularize** v. (also -ise) باقاعدہ، باترتیب بنانا، ہموار کرنا۔ ● **regularization** اسم۔

**regulate** v. ۱اصول، قاعدے کے تحت چلانا۔ ۲ ضبط میں لانا، پابندیاں عائد کرنا۔ ۳ گھڑی یا مشین وغیرہ کی چال درست کرنا۔ ● **regulator** اسم۔

**regulation** n. ۱ عملِ تنظیم، باقاعدگی پیدا کرنے کا عمل۔ ۲مقررہ ضابطہ، ہدایت، حکم۔

**regulo** n. گیس کے چولھے میں لگے ہوئے پیمانے کا کوئی نشان جو درجۂ حرارت ظاہر کرے۔

**regurgitate** v. ۱ نگلی ہوئی غذا کو دوبارہ منہ میں لانا، اگلنا۔ ۲ دہرانا، باہر نکالنا۔ ● **regurgitation** اسم۔

**rehabilitate** v. بحال کرنا، معمول پر لانا، تربیت وغیرہ کے ذریعے سدھارنا خصوصاً قید کاٹنے یا بیماری کے بعد۔ ● **rehabilitation** اسم: بحالی۔

**rehash** v. & n. ف: پرانے مواد، اشیا یا اجزا کو نئی شکل دینا۔ اسم: نئی شکل میں پرانی شے۔

**rehearse** v. ۱ مشق کرنا (ڈرامے وغیرہ کی پیشکش سے پہلے) ۲ مشق کرانا۔ ۳ کسی شخص کو مشق کے ذریعہ تربیت دینا۔ ● **rehearsal** اسم: آزمائشی عمل۔

**reign** v. & n. ف: ۱ راج کرنا، فرماں روائی کرنا۔ ۲ اقتدار، غلبہ، تسلّط رکھنا۔ اسم: دورِ فرماں روائی۔

**reimburse** v. کسی کا اٹھایا ہوا خرچ بھر دینا، ادا کر دینا۔ ● **reimbursement** اسم: تلافی۔

**rein** n. & v. اسم: ۱لگام، گھوڑے کی عنان۔ ۲ قابو میں رکھنے کی تدبیر۔ ف: ۱باگ ڈور سنبھالنا۔ ۲ لگام کھینچنا، لگام دینا۔ ۳روک کے رکھنا، تھامنا۔

**reincarnation** n. عقیدہ تناسخ، آواگون، مرنے کے بعد، روح کا پرانے جسم سے نئے جسم میں داخل ہونے کا عقیدہ۔ ● **reincarnate** ف۔

**reindeer** n. (*pl.* same or **reindeers**) قطب شمالی کے زیریں علاقے کا ہرن کی نسل کا جانور۔

**reinforce** v. مزید تقویت دینا، زیادہ آدمی یا سامان مہیّا کر کے کمک پہنچانا۔ ● **reinforcement** اسم۔

**reinstate** v. کسی کو اس کے سابقہ عہدے پر دوبارہ فائز کرنا۔ ● **reinstatement** اسم: بحالی۔

**reiterate** v. دہرانا، زبانی یا عملاً، تکرار کرنا۔ ● **reiteration** اسم: تکرار۔

**reject** v. & n. ف: ۱رد کرنا، ترک کرنا واپس کرنا۔ ۲ماننے، یقین کرنے سے انکار کرنا۔ اسم: ناموزوں قرار دیا ہوا مسترد شخص یا شے۔ ● **rejection** اسم: نامنظوری۔

**rejig** v. (**rejigged, rejigging**) ۱(کسی کارخانے کو) ترمیمات یا نئے سازوسامان کے ذریعے دوسری قسم کی مصنوعات کے لیے موزوں بنانا۔ ۲نیا بندوبست کرنا، دوبارہ ترتیب و نظم پیدا کرنا۔

**rejoice** v. ۱بہت خوش و خرّم ہونا۔ ۲ تفریح لینا، فرحت محسوس کرنا۔ ۳ کسی واقعہ یا خوشی کو منانا۔

**rejoin** v. ۱باہم ملانا، جوڑنا، متحد کرنا۔ ۲جواباً کچھ کہنا، پلٹ کر جواب دینا۔

**rejoinder** n. ۱جواب الجواب۔ ۲جوابی فقرہ۔

**rejuvenate** v. اعادہ شباب کرنا، جوانی لوٹا دینا یا جوانوں جیسا کر دینا۔ ● **rejuvenation** اسم: تجدید جوانی۔ **rejuvenator** اسم۔

**relapse** v. & n. ف: (حالت کا) سنبھل کر پھر بگڑنا۔ اسم: مریض کی بہتری کے بعد پھر بری حالت میں واپسی۔

**relate** v. ۱بیان کرنا، دہرانا (واقعہ، کہانی وغیرہ) ۲ خونی یا ازدواجی رشتے سے ناتی، قرابت دار ہونا۔ □ **relate to** ۱ تعلق رکھنا، متعلق ہونا۔ ۲خود کو کسی سے متعلق، منسلک، وابستہ کرنا۔

**related** adj. ۱ہم رشتہ، قرابت دار، خون کے یا سسرالی رشتے سے۔ ۲ایک قسم کے۔

**relation** n. ۱ تعلق، رشتہ جو کسی شے یا شخص کو دوسرے سے ہو، مطابقت، ربط۔ ۲ رشتہ دار، عزیز۔ ۳ تعلقات، مراسم، برتاؤ۔ ۴ بیان، نقل۔ ۵ (**relations**) آشنائی، جنسی تعلق۔ □ **in relation to** بابت، نسبت، تعلق۔ ● **relationship** اسم: تعلق، رشتہ۔

**relative** adj. & n. صف: ۱ متعلقہ، اضافی، ذیلی، کسی نسبت سے نہ کہ مطلق۔ ۲ کسی شے کے تناسب

کے مطابق۔③مقابلے میں۔④بہ نسبت، کی نسبت سے۔ اسم:عزیز،قرابت دار۔● **relatively** م ف: نسبتاً۔

**relative pronoun** رک:PRONOUN۔

**relativity** *n.* ①یہ حقیقت یا حالت کہ ہر شے اضافیت پر مبنی ہے نہ کہ مطلق۔②طبیعیات: آئن سٹائن کا خصوصی نظریۂ اضافیت، یہ نظریہ کہ کائنات کی تمام حرکات اضافی ہیں نیز یہ کہ روشنی کی رفتار حرکت سے متاثر نہیں ہوتی بلکہ مستقل رہتی ہے، مزید برآں 'وقت' چوتھی جہت کے تسلسل کا نام ہے۔

**relax** *v.* ①نرم، لچکدار بننا یا بنانا۔② تکلّفات میں کمی، رویے میں ملائمت پیدا کرنا۔③ کوشش میں ڈھیل دینا، توجہ ہٹانا۔● **relaxation** اسم: آرام، تفریح، سکون۔

**relay** *n. & v.* اسم:① تھکے ہوئے آدمیوں یا گھوڑوں کی جگہ دوسری ٹولی۔②=RELAY RACE۔③برقی دور میں تبدیلیوں کا سلسلہ۔④ برقی پیغام، نشریہ وغیرہ کو وصول کرکے تقویت دینے کے بعد نشرِ مکرّر۔ف: پیغام یا نشریہ وصول کرکے دوبارہ نشر یا دوسروں کو ارسال کرنا۔

**relay race** *n.* دو ٹیموں یا ٹولیوں کے درمیان مقابلے کی دوڑ جس میں ہر کھلاڑی کچھ فاصلے تک دوڑتا ہے پھر دوسرا اس کی جگہ دوڑنے لگتا ہے، باری کی دوڑ۔

**release** *v. & n.* ف:① آزاد کرنا، چھوڑنا، بندھن کھولنا۔② معلومات، ریکارڈ وغیرہ عام کرنا، جاری کرنا، فلم وغیرہ کو عام نمائش کے لیے پیش کرنا۔اسم:① کسی بندش، فرض یا مشکل سے نجات، سبکدوشی۔② کسی کل کو کھولنے والا دستہ یا کھٹکا۔③نشریہ، اعلامیہ، نئی جاری ہونے والی فلم یا ریکارڈ۔

**relegate** *v.* تنزلی کرنا، رتبہ گھٹانا، گرانا۔ ● **relegation** اسم: رتبہ گھٹانے کا عمل۔

**relent** *v.* نرم پڑنا، سختی میں کمی کرنا۔

**relentless** *adj.* ① کٹّر، جابر، سخت گیر۔② مسلسل، علی التواتر۔● **relentlessly** م ف: بے دردی سے۔

**relevant** *adj.* متعلقہ یا زیرِ غور معاملے سے مربوط، متعلق، برمحل۔● **relevance** اسم: مناسبت۔

**reliable** *adj.* ① قابلِ اعتبار۔②اچھے کردار یا خوبیوں کا حامل۔● **reliability** اسم۔ **reliably** م ف۔

**reliance** *n.* ① بھروسا، اعتماد۔②جس چیز پر تکیہ یا بھروسا کیا جائے۔● **reliant** صف: خوش اعتماد۔

**relic** *n.* ①قدیم یادگار، آثار قدیمہ میں سے کوئی شے۔② (**relics**) اشیا جو تبرک یا یادگار کے طور پر محفوظ رکھی جائیں۔

**relief** *n.* ① تکلیف، مصیبت، پریشانی سے نجات، مخلصی، آرام۔② یکسانیت، اکتاہٹ یا کھنچاؤ کو دور کرنے والی شے۔③امداد خصوصاً (مالی) مستحقین کے لیے۔④ کام سنبھالنے کے لیے کسی کی جگہ عیوضی پر تعیناتی۔⑤ چھپائی یا ڈھلائی، کھدائی کا کام جس میں نقش کو سطح سے تھوڑا یا بہت ابھارا جائے، اسی طرح کاغذ پر خطوط یا رنگوں کے امتزاج کے ذریعے ابھرواں نقش کا تأثر۔

**relief road** *n.* ٹریفک کو گنجان علاقوں سے بچا کر لے جانے والی امدادی سڑک۔

**relieve** *v.* ①مدد یا امدادی سامان بہم پہنچانا۔②درد، مصیبت میں کمی کرنا۔③ نجات، چھٹکارا دلانا مصیبت پریشانی سے۔④ کسی کو بدل یا عیوضی کے ذریعے ڈیوٹی سے فارغ کرنا۔⑤ کسی کے سر سے ذمّہ داری کا بوجھ کم کرنا۔□ **relieve oneself** پیشاب یا پاخانہ کرنا۔

**religion** *n.* ①مذہب، مافوق الفطرت وجود خصوصاً خدا یا دیوتاؤں پر اعتقاد اور ان کی پرستش۔② عقائد اور عبادات کا کوئی مخصوص نظام۔③ وہ کام جس کا کرنا انسان واجب سمجھے۔

**religious** *adj. & n.* ① دین دار، متقی، عبادت گزار۔ ②مذہب سے متعلق۔● **religiously** م ف۔

**relinquish** *v.* ① ترک کرنا، چھوڑنا، دستبردار ہونا۔ ②(کوئی عادت، منصوبہ، عقیدہ وغیرہ) چھوڑ دینا۔● **relinquishment** اسم: ترک تیاگ، دستبرداری۔

**reliquary** *n.* (*pl.*-**ies**) تبرکات رکھنے کا ظرف۔

**relish** *n. & v.* اسم:①ذوق، پسند، رغبت۔② اشتہا انگیز خوشبو یا ذائقہ، خاص دلچسپی۔③ اچار، چٹنی وغیرہ۔ف: مزا لینا، لطف اُٹھانا۔

**relocate** *v.* ①دوبارہ تلاش کرنا، نشان زد کرنا۔② نئی جگہ چلا جانا۔● **relocation** اسم۔

**reluctant** *adj.* مذبذب، متامّل، ڈھلمل، جھجکتا ہوا۔ ● **reluctance** اسم۔ **reluctantly** م ف۔

**rely** *v.* (**-ies, -ied**) ① بھروسا کرنا، یقین، اعتماد رکھنا۔② کسی کے آسرے یا سہارے پر ہونا۔

**REM** تخفیف:rapid eye movement خواب کے دوران آنکھوں کی پھڑکن۔

**remain** *v.* ①باقی بچنا جب کہ دوسرے یا باقی اجزا تمام ہو چکے ہوں۔②ایک ہی مقام پر موجود رہنا، برقرار رہنا، ایک حالت یا منصب پر رہنا۔

**remainder** *n. & v.* اسم:①بقیہ، بچا ہوا حصّہ۔ ②باقی رہنے والے لوگ یا اشیا۔③تفریق کا حاصل یا تقسیم کا باقی۔ف: کسی کتاب کی بچی ہوئی جلدیں سستے داموں نکال دینا۔

**remains** *n.pl.* ①بقیہ اجزا یا باقی بچی ہوئی اشیا۔ ②آثار قدیمہ۔③مرنے کے بعد انسان کی لاش۔

**remand** *v. & n.* (ملزم کو) حراست میں دے دینا خصوصاً مزید تفتیش کے لیے۔□**on remand** زیر سماعت مقدمے کے سلسلے میں زیر حراست۔

**remark** *v. & n.* ف: تبصرہ کرنا، رائے زنی کرنا، نظر ڈالنا، غور سے دیکھنا، توجہ کرنا۔ اسم: تحریری یا زبانی تبصرہ، کوئی قول یا رائے۔

**remarkable** *adj.* ①قابلِ توجہ؛ غیر معمولی۔② جاذبِ نظر، نمایاں۔● **remarkably** م ف۔

**remedial** *adj.* ①اصلاحی، انسدادی؛ علاج کی غرض سے۔②خصوصی (معذور) بچوں کی (تعلیم)

**remedy** *n. & v.* اسم: (جمع: -ies) ① کوئی دوا یا علاج۔ ② کسی علّت کے انسداد کی تدبیر۔ ف: (-ies، -ied) درست کرنا، اصلاح کرنا، تلافی کرنا۔

**remember** *v.* ①یاد رکھنا، حافظے میں محفوظ کرنا، نہ بھولنا۔② خیال میں لانا، تصوّر کرنا، ذہن میں تازہ کرنا۔● **remembrance** اسم: یادآوری۔

**remind** *v.* یاددلانا، یاددہانی کرنا۔

**reminder** *n.* ①یاددہانی کرانے والی شے خصوصاً خط یا بل۔②یادگار نشانی۔

**reminisce** *v.* یادوں میں گھرا ہونا۔

**reminiscence** *n.* ①پرانی یادوں کو تازہ کرنے کا عمل۔② کوئی پرانا واقعہ جسے یاد کیا جائے، اس کا بیان۔

**reminiscent** *adj.* ①یاددلانے والا، دھیان دلانے والا۔②یادوں سے متعلق۔

**remiss** *adj.* غافل، بے پروا، سست، کام چور۔

**remission** *n.* ①قید کی سزا میں تخفیف۔②قرضے یا جرمانے وغیرہ کی معافی۔ ③ زور، اثر، شدّت میں کمی (خصوصاً مرض کی)

**remit** *v. & n.*① **(remitting، remitted)**:ف قرضہ یا سزا معاف یا موقوف کرنا۔② رقم ادا کرنا، بھیجنا۔ ③معاملہ تصفیے کے لیے کسی بااختیار شخص کے سپرد کرنا۔اسم: کسی تحقیقاتی کمیٹی کو تفویض کیے ہوئے دریافت طلب امور۔

**remittance** *n.* ①ارسال کردہ رقم خصوصاً بذریعہ ڈاک۔②ترسیلِ زر کا عمل۔

**remnant** *n.* ① تھوڑی سی بچی ہوئی چیز، کپڑے وغیرہ کا بچا ہوا ٹکڑا۔② بچے ہوئے آثار، باقیات۔

**remold** امریکا:REMOULD کا متبادل۔

**remonstrate** *v.* احتجاج کرنا، دہائی دینا، سخت حجّت کرنا۔● **remonstrance** اسم: احتجاج۔

**remorse** *n.* شدید احساسِ ندامت، پچھتاوا۔

● **remorseful** صف۔ **remorsefully** م ف۔

**remorseless** *adj.* بے رحم، ظالم، بے مہر۔

● **remorselessly** م ف: ظالمانہ۔

**remote** *adj.* ①دور دراز، بعید۔②شہر کے عموماً آباد علاقوں سے ہٹا ہوا، دور افتادہ۔ ③ گمان، بعید ترین امکان یا خیال۔ ④ الگ تھلگ، اکیلا، بلا دوست۔● **remotely** م ف۔ **remoteness** اسم: فصل، دوری۔

**remould** *v. & n.* (*US* **remold**) ف: ① دوبارہ ڈھالنا، تشکیل دینا۔②(ٹائر کے) نالیوں دار خول کو نیا کرنا۔اسم: اصلاح شدہ ٹائر۔

**remove** *v. & n.* ف:① الگ کرنا، موجودہ جگہ سے منتقل کرنا، سلسلہ منقطع کرنا۔② اٹھا کر لے جانا، ہٹانا۔③ موقوف کرنا، برطرف کرنا۔ اسم: دوری کا درجہ، فاصلہ۔

● **removable** صف۔ **removal** اسم: علاحدگی۔ **remover** اسم: ہٹانے والا۔

**remunerate** *v.* خدمات کا بدلہ، انعام، معاوضہ دینا۔● **remuneration** اسم: اجرت۔

**remunerative** *adj.* فائدہ مند، اچھا بدل، معاوضہ دینے والا۔

**Renaissance** *n.* ①نشاۃ الثانیہ، یورپ میں احیاء علوم کا دور (۱۴ ویں تا ۱۶ ویں صدی) ②اس عہد کا کلچر۔

۳ (renaissance) کوئی اسی طرح کی تحریک۔

**renal** *adj.* گردے سے متعلق۔

**rend** *v.* **(rent, rending)** ٹکڑے ٹکڑے کرنا۔

**render** *v.* ۱ کر دینا، بنا دینا، کسی حالت میں پہنچا دینا۔ ۲ دینا، ادا کرنا۔ ۳ بہم پہنچانا۔ ۴ پیش کرنا، شریک کرنا، حاضر کرنا۔ ۵ فنی یا غنائی طور پر پیش کرنا۔ ۶ ترجمہ کرنا۔ ۷ چکنائی وغیرہ کو پگھلا کر صاف کرنا۔

**rendezvous** *n. & v.* اسم: ۱ ملنے کی مقررہ جگہ، جائے ملاقات۔ ۲ بلایا ہوا جلسہ، طے شدہ اجتماع۔ ف: (**rendezvoused، rendezvousing**) جائے ملاقات پر آملنا۔

**rendition** *n.* ڈرامے کے کسی پارٹ یا موسیقی وغیرہ کی ادائیگی۔

**renegade** *n.* کسی جماعت یا عقیدے، اصول کو چھوڑنے والا، وفاداری بدلنے والا شخص۔

**renege** *v.* وعدہ، عہد یا معاہدے سے پھر جانا۔

**renew** *v.* ۱ تجدید کرنا، دوبارہ اجرا، آغاز کرنا، تازہ کرنا، بحال کرنا۔ ۲ تقویت دینا۔ ۳ نئے سرے سے حاصل کرنا۔ ۴ (لائسنس وغیرہ) کی تجدید یا تسلسل ہونا۔ ۵ کھوئی ہوئی قوت بحال کرنا۔ ● **renewal** اسم: تجدید، اعادہ۔

**rennet** *n.* جامن، پنیر مایہ جو دودھ جمانے وغیرہ کے لیے استعمال ہوتا ہے۔

**renounce** *v.* ۱ ترک کر دینا، چھوڑ دینا، قطع تعلق کر لینا۔ ۲ ماننے، تسلیم کرنے سے باز رہنا، رد کرنا۔ ● **renouncement** اسم: ترک، تیاگ۔

**renovate** *v.* نیا کرنا، تازہ کرنا، درست حالت میں واپس لانا، بحال کرنا۔ ● **renovation** اسم: تجدید، درستی، بحالی۔ **renovator** اسم: جدت طراز۔

**renown** *n.* شہرت، امتیاز، ناموری۔

**renowned** *adj.* مشہور، معروف، ممتاز، نامور۔

**rent**[1] *n. & v.* اسم: کرایہ مکان جو مقررہ وقفوں سے ادا کیا جائے۔ ف: ۱ کرائے پر لینا۔ ۲ کرائے پر چڑھانا۔

**rent**[2] REND کا ماضی و ماضیہ۔ اسم: چیرا، دراڑ۔

**rental** *n.* ۱ وصول یا ادا کیا جانے والا کرایہ۔ ۲ کرائے پر چڑھانے کا عمل۔

**renunciation** *n.* ترک، دست برداری کا عمل۔

**reorganize** *v.* (also **-ise**) تنظیم نو کرنا۔ ● **reorganization** اسم: تنظیم نو۔

**reorient** *v.* نیا رخ، نیا موڑ دینا، نئی سمت میں پھیرنا۔ □ **reorient oneself** خود کو نئی چیز سے مانوس کرنا۔

**rep** *n. & v.* بول چال: ۱ نمائندہ، خصوصاً مال تجارت کو متعارف کرانے والا۔ ۲ REPERTORY (رک)

**repair** *v. & n.* ف: ۱ گھسی پٹی چیز کو سنوارنا، ٹوٹی پھوٹی چیز کو اچھی حالت میں کر لینا۔ ۲ نیا کرنا، مرمت کرنا۔ ۳ رجوع کرنا، کسی طرف جانا۔ اسم: ۱ سدھارنے سنوارنے کا عمل۔ ۲ مرمت کا نتیجہ، مرمت کی ہوئی شے۔ ۳ اچھی درست حالت۔ ● **repairer** اسم۔

**repartee** *n.* حاضر جوابی، ترکی بہ ترکی جواب۔

**repast** *n.* رسمی: کھانا، غذا، طعام۔

**repatriate** *v.* ۱ غریب الوطن یا تارک وطن کو واپس وطن پہنچانا۔ ۲ اپنے وطن میں واپس آنا۔ ● **repatriation** اسم: وطن واپسی، وطن کو مراجعت۔

**repay** *v.* **(repaid, repaying)** ف: ۱ (رقم) واپس کرنا۔ ۲ کسی کا حساب چکانا۔ ● **repayable** صف: واجب الادا۔ **repayment** اسم: باز ادائیگی۔

**repeal** *v. & n.* ف: (کسی قانون کو) منسوخ کرنا، کالعدم قرار دینا۔ اسم: منسوخی کا اقدام۔

**repeat** *v. & n.* ف: ۱ دہرانا، دوبارہ کہنا یا کرنا۔ ۲ کسی سنی ہوئی بات کی روایت کرنا۔ ۳ کسی بات یا کسی عمل کی نقل اُتارنا۔ اسم: تکرار، دہراون۔ □ **repeat itself** اسی طرح بار بار واقع ہونا۔ **repeat oneself** اپنے عمل یا قول کو متواتر دہرانا۔

**repeatedly** *adv.* بار بار، متواتر، مکرراً۔

**repel** *v.* **(repelled, repelling)** ۱ دھکیلنا، دفع کرنا، پیچھے ہٹانا۔ ۲ (دلیل کو) نہ ماننا، رد کرنا۔ ۳ برگشتہ کرنا، ناخوشگوار، ناپسندیدہ ہونا۔

**repellent** *adj. & n.* صف: ۱ رد کرنے، دفع کرنے والا۔ ۲ ناگوار، مکروہ۔ اسم: کریہہ، دافع شے (بالخصوص کیڑے مکوڑوں کے لیے)

**repent** *v.* اپنے کیے پر سخت ندامت محسوس کرنا، پچھتانا۔

● **repentance** اسم: ندامت، خجالت۔ **repentant** صف: خجل، نادم۔

**repercussion** *n.* کسی واقعے یا عمل کا ردّ عمل یا بالواسطہ اثر، نتیجہ۔

**repertoire** *n.* کسی طائفے یا تماشا گر، گلوکار وغیرہ کے رواں چلتے ہوئے کھیل، نغمے یا شعبدے۔

**repertory** *n.* (*pl.* **-ies**) ①=REPERTOIRE۔ ② کسی کمپنی کی طرف سے مختلف ڈراموں وغیرہ کی تھوڑے عرصے کے لیے نمائش۔

**repetition** *n.* ① تکرار، دہرانے کا عمل۔ ② نقل، تکرار کرنے والی شے۔

**repetitious** *adj.* بالتکرار (خصوصاً جب کہ غیر ضروری یا تھکا دینے والا ہو)

**repetitive** *adj.* =REPETITIOUS۔ ● **repetitively** م ف۔ **repetitiveness** اسم۔

**repine** *v.* ادبی: پیچ و تاب کھانا، نا مطمئن ہونا۔

**replace** *v.* ① دوبارہ اپنی جگہ پر رکھنا۔ ② کسی کی جگہ لینا۔ ③ متبادل تلاش کرنا۔ ● **replacement** اسم۔

**replay** *v. & n.* ف: دوبارہ کھیلنا؛ ریکارڈ وغیرہ دوبارہ چلانا۔ اسم: دوبارہ کھیلنے یا بجانے کا عمل۔

**replenish** *v.* ① پھر سے بھرنا، پُر کرنا۔ ② نئی رسد بھیجنا۔ ● **replenishment** اسم: ذخیرہ کاری۔

**replete** *adj.* بھرپور، مالا مال، اٹاٹ بھرا ہوا۔

**replica** *n.* من و عن یا نقل۔

**replicate** *v.* ① دہرانا، اعادہ کرنا۔ ② کسی نقش یا فن پارے کی نقل تیار کرنا۔ ● **replication** اسم۔

**reply** *v. & n.* ف: (**-ies**، **-ied**) ① جواب دینا۔ ② جواب میں کہنا۔ اسم: (ج: **-ies**) ① جواب دینے کا عمل۔ ② جو کچھ جواب میں کہا جائے، جواب۔

**report** *v. & n.* ف: ① روئداد بیان کرنا، اطلاع دینا، بتانا، خبر دینا، بیان کرنا۔ ② شکایت کرنا، جرم یا مجرم کی نشاندہی کرنا۔ ③ اپنی واپسی کی اطلاع دینا یا پیش ہونا۔ اسم: ① غور و خوض یا تحقیقات کا نتیجہ یا تحریری خلاصہ۔ ② کسی واقعے کی کارروائی کا اخبار میں اشاعت یا نشریے کے لیے خلاصہ یا خبر۔ ③ رائے عامہ، افواہیں، یا عام تأثر۔ ④ اطلاع نامہ (اسکول کے طالب علم کے کام یا برتاؤ کی بابت۔ ⑤ دھماکے کی آواز۔

**reportage** *n.* روئداد نگاری خصوصاً پریس میں اشاعت یا نشر کے لیے، رپورتاژ۔

**reported speech** *n.* بالواسطہ بیان۔

**reporter** *n.* نامہ نگار، اخبار یا ریڈیو، ٹی وی وغیرہ کا خبر رساں۔

**repose** *n. & v.* اسم: ① آرام، سکون، اطمینان۔ ② نیند۔ ③ خاموشی، ٹھہراؤ؛ آسودگی۔ ف: آرام کرنا، لیٹ جانا، کمر سیدھی کرنا۔

**repository** *n.* (*pl.* **-ies**) اشیا یا معلومات کا ذخیرہ خصوصاً عجائب گھر۔

**repossess** *v.* دوبارہ قبضہ حاصل کرنا (خصوصاً رہن شدہ املاک، سامان وغیرہ کا) ● **repossession** اسم۔

**reprehend** *v.* دھمکانا، الزام دینا؛ عیب جوئی کرنا۔

**reprehensible** *adj.* قابل مذمّت، مورد الزام۔ ● **reprehensibly** م ف: قابل ملامت طور پر۔

**represent** *v.* ① ترجمانی، نمائندگی کرنا۔ ② کسی اصل کا نمونہ، یا گروہ کا نمائندہ ہونا۔ ③ علامت یا نشان ہونا۔ ④ بیان یا تصویر کشی یا تخیل کے ذریعے ذہن میں کوئی نقش ابھارنا۔ ⑤ کسی کا روپ بھرنا، اسٹیج پر کوئی کردار کرنا۔

**representation** *n.* ① نمائندگی، نمائندگی کرنے یا نمائندہ ہونے کی حیثیت۔ ② (**representations**) الزامی بیان یا اظہار رائے۔ ③ شبیہہ، صورت، نقل۔

**representative** *adj. & n.* صف: ① کسی نوع یا طبقے سے مخصوص۔ ② کئی طبقوں یا اقسام کے مثالی نمونوں پر مشتمل۔ ③ منتخب ارکان پر مشتمل۔ اسم: ① نمونہ، مثال۔ ② کاروباری نمائندہ۔ ③ مندوب، قائم مقام۔

**repress** *v.* ① روکنا، دبا کے رکھنا، استیصال کرنا، بھڑکنے نہ دینا۔ ② قابو میں رکھنا (جذبات وغیرہ) ● **repression** اسم۔ **repressive** صف: جبری۔

**reprieve** *v. & n.* ف: سزا موقوف کرنا، سزائے موت کو معاف یا ملتوی کرنا۔ اسم: ① التوا، موقوفی یا معافی دینے یا لینے کا عمل۔ ② سکون کا وقفہ، وقتی چھٹکارا۔

**reprimand** *n. & v.* اسم: (کسی خطا وغیرہ پر) سخت سرزنش۔ ف: سرزنش کرنا۔

**reprint** *v. & n.* ف: دوبارہ چھاپنا۔ اسم: کتاب

وغیرہ کی مکرّر یا دوبارہ اشاعت۔

**reprisal** *n.* بدلہ، جوابی کارروائی۔

**reproach** *v.* & *n.* ف: ملامت کرنا، کسی شخص کو کسی بات پر برا بھلا کہنا۔ اسم: ① سرزنش، مذمّت۔ ② باعث شرم، رسوائی کا سبب۔ ● **reproachful** صف: پُر مذمّت۔ **reproachfully** م ف۔

**reprobate** *n.* بگڑا ہوا، بے اصولا، بدکردار آدمی۔

**reproduce** *v.* ① نقل یا مثل تیار کرنا۔ ② دہرانا، دکھانا یا سنانا۔ ③ اسی نوع کی اور بہت سی مخلوق پیدا کرنا۔ ● **reproduction** اسم۔ **reproductive** صف۔

**reproof** *n.* اعتراض، گرفت، پکڑ، جھڑکی، الزام دہی۔

**reprove** *v.* دھمکانا، اعتراض کرنا، گرفت کرنا۔

**reptile** *n.* رینگنے والا جانور، جیسے سانپ، چھپکلی، مگرمچھ، کچھوا وغیرہ۔ ● **reptilian** صف و اسم۔

**republic** *n.* ایسی ریاست جس میں اصلی اقتدار عوام یا ان کے منتخب نمائندوں کو حاصل ہو، جمہوریہ۔

**republican** *adj.* & *n.* صف: جمہوریہ کے طور پر قائم شدہ، جمہوری ریاست کی خصوصیات کا حامل۔ اسم: ری پبلکن طرز کی حکومت کا حامی شخص۔

**repudiate** *v.* ماننے سے انکار کرنا، مسترد کرنا، تسلیم نہ کرنا، تردید کرنا۔ ● **repudiation** اسم۔

**repugnant** *adj.* ① نہایت ناگوار۔ ② متضاد۔ ③ بے جوڑ، ناموافق، بے ربط۔ ● **repugnance** اسم۔

**repulse** *v.* & *n.* ف: ① پیچھے دھکیلنا، پسپا کرنا۔ ② دوستی کے اظہار پر جھڑک دینا۔ ③ نامنظور کرنا۔ اسم: ① دھکیلنے یا دھکیلے جانے کا عمل۔ ② دھتکار، رد، دھکیل۔

**repulsion** *n.* کراہت، سخت ناپسندیدگی۔

**repulsive** *adj.* ① مکروہ، گھناؤنا، نفرت انگیز۔ ② طبیعیات: دافع، گریزاں۔ ● **repulsively** م ف۔

**reputable** *adj.* نیک نام، معزز، خوش اطوار۔

**reputation** *n.* ① شہرت، عام رائے۔ ② اچھی شہرت، امتیاز۔ ③ ساکھ، اعتبار، نیک نامی یا بدنامی۔

**repute** *n.* شہرت۔

**reputed** *adj.* مشہور، معروف؛ مانی ہوئی بات۔

**reputedly** *adj.* معروف طور پر۔

**request** *n.* & *v.* اسم: ① درخواست، التجا، التماس۔ ② مانگی جانے والی شے۔ ف: ① کسی بات کے لیے درخواست کرنا۔ ② کسی سے کچھ کرنے کو کہنا۔

**requiem** *n.* ① روحوں کی تسکین کے لیے خصوصی دعا۔ ② اس کے ساتھ کی موسیقی۔ ③ یادگار۔

**require** *v.* ① چاہنا، منحصر، موقوف، مبنی ہونا۔ ② حکم کے طور پر نافذ کرنا۔ ③ حکم دینا، ہدایت کرنا۔

**requirement** *n.* مانگ، طلب، شرط لازم۔

**requisite** *adj.* & *n.* صف: لازمی، مطلوبہ، ضروری۔ اسم: کسی مقصد کے لیے درکار شے۔

**requisition** *n.* & *v.* اسم: سامان یا املاک کے سرکاری استعمال کے لیے مطالبہ یا اجراء حکم۔ ف: کوئی شے تصرف کے لیے حکماً مانگنا، طلب کرنا۔

**requite** *v.* ادلے کا بدلہ کرنا، احسان اتارنا۔ ● **requital** اسم: جوابی کارروائی۔

**resale** *n.* خریدی ہوئی چیز کو بیچنا۔

**rescind** *v.* مسترد کرنا، منسوخ کرنا، کالعدم کر دینا۔

**rescue** *v.* & *n.* ف: بچانا، چھڑانا، آزاد کرانا، قبضے، خطرے یا نقصان سے نکالنا۔ اسم: چھڑانے، آزاد کرانے کا عمل، نجات، بازیابی۔ ● **rescuer** اسم: نجات دہندہ۔

**research** *n.* & *v.* اسم: ① تحقیق، باقاعدہ چھان بین، نئی دریافت کے لیے گہرا مطالعہ یا تجربات وغیرہ۔ ف: ① تحقیق کرنا کسی امر کی بابت یا موضوع پر۔ ② تحقیقی کام کرنا۔ ● **researcher** اسم: محقق۔

**resemble** *v.* مشابہ ہونا، ملتا جلتا، ایک جیسا نظر آنا۔ ● **resemblance** اسم: مشابہت۔

**resent** *v.* برا ماننا، خفا ہونا، ناراض ہونا، بگڑنا، رنجیدہ ہونا۔ ● **resentful** صف: آزردہ، کشیدہ خاطر۔ **resentfully** م ف۔ **resentment** اسم: غصّہ۔

**reservation** *n.* ① مخصوص یا محفوظ کرنے یا کرانے کا عمل یا مثال۔ ② نشست، کمرہ وغیرہ محفوظ کرایا ہوا۔ ③ کسی معاہدے وغیرہ میں واضح یا کنایتہً شامل شرط یا استثنا۔ ④ کسی مقصد کے لیے الگ کیا ہوا علاقہ۔

**reserve** *v.* & *n.* ف: ① آئندہ استعمال یا کسی خاص مقصد کے لیے روک رکھنا، محفوظ کر لینا۔ ② کسی کے نام سے منسوب، اسکے استعمال کے لیے محفوظ یا نامزد کر دینا۔ ③ (رائے، فیصلہ وغیرہ) ملتوی کرنا، محفوظ رکھنا، آئندہ پر

**resin** *n. & v.* اسم:①نباتی گوند، رال، خصوصاً چیڑ، صنوبر کی ریزش۔② اسی طرح کا مصنوعی طور پر مختلف مادّوں سے تیار کردہ چپچپا مادّہ جو پلاسٹک بنانے کے کام آتا ہے۔● **resinous** صف۔

**resist** *v. & n.* ①مدافعت کرنا، مزاحمت کرنا، روکنا۔ ② کسی چیز سے بچنا، رکاوٹ ڈالنا، عملدرآمد نہ ہونے دینا۔ ● **resistance** اسم: مزاحمت۔ **resistant** صف: مزاحم۔**resistible** اسم: قابلِ مزاحمت۔

**resistivity** *n.* برقیات: برقی رو کے ایصال میں کسی مادّے کی مزاحمت کی پیمائش۔

**resistor** *n.* برقیات: برقی رو کے بہاؤ میں مزاحمت ڈالنے والا آلہ یا پُرزہ۔

**reskill** *v.* کارکنوں کو نیا ہنر سکھانا، نئی مہارت پیدا کرنا۔

**resolute** *adj.* پُرعزم، دُھن کا پکّا، محکم، غیر مذبذب، ثابت قدم۔● **resolutely** م ف: ثابت قدمی سے۔

**resolution** *n.* ①مضبوط قوت ارادی، مستقل مزاجی، حوصلہ۔② طے شدہ مقصد، باندھا ہوا عہد۔③ کسی جلسے کی منظور کردہ قرارداد۔④ مسئلے کا حل۔

**resolve** *v. & n.* ف:①طے کرنا، ٹھان لینا۔② اجزا میں تقسیم کرنا، ٹکڑے ٹکڑے کرنا۔ ③ (جھگڑا، قضیہ، مسئلہ) طے کرنا، شک رفع کرنا۔ اسم: ① عزم صمیم، پکا ارادہ۔② مستقل مزاجی۔

**resonant** *adj.* ① گمک دار یا گونج دار (آواز)، مسلسل صوتی ارتعاش۔② (جگہ) جس میں آواز دیر تک گونجے۔● **resonance** اسم: گونج۔

**resonate** *v.* گونجنا، گمک پیدا کرنا، مرتعش ہونا۔ ●**resonator** اسم۔

**resort** *n. & v.* اسم:① تفریحی یا صحت افزا مقام۔ ② آسرا، مدد، سہارا جس کی طرف رجوع کیا جائے۔□ **resort to** کار برآری کے لیے رجوع کرنا، کام لینا۔

**resound** *v.* ① کسی جگہ کا آوازوں سے گونجنا۔ ② (کسی جگہ کا) آواز کو لوٹانا، گونجنا، بازگشت کرنا۔

**resource** *n.* ① کارگر تدبیر یا وسیلہ۔② پس انداز ذخیرۂ رسد جو وقت پر کام آئے۔③ **(resources)** موجود وسائل، سرمایہ، صلاحیتیں وغیرہ۔ ④ باتدبیری، حالات سے نمٹنے کا ہنر۔

اٹھا رکھنا۔اسم: ① آئندہ استعمال کے لیے سینت کر رکھی جانے والی شے۔ ② بیگانہ روش، الگ تھلگ رہنے کا انداز۔③ آئندہ کمک یا کسی مقصد کے لیے محاذ سے بچا کر رکھی گئی فوج۔ ④ فاضل کھلاڑی جو احتیاطاً متبادل کھلاڑی کے طور پر ٹیم میں رکھا جائے۔⑤ خصوصی مقصد کے لیے مختص کی ہوئی جگہ۔ ⑥ نیلام میں کسی شے کے لیے کم قابل قبول بولی۔ □ **in reserve** غیر مستعمل، آئندہ کے لیے بچایا ہوا۔

**reserved** *adj.* الگ تھلگ، خاموش، جذبے سے عاری، اظہار رائے میں محتاط، کم گو۔

**reservist** *n.* محفوظ فوج کا جوان۔

**reservoir** *n.* ① پانی کا سرچشمہ، منبع، وسیلہ، جھیل وغیرہ۔② قدرتی یا بنایا ہوا ذخیرۂ آب یا تیل وغیرہ کا ذخیرہ۔ ③ کسی مائع کو ذخیرہ کرنے کا برتن۔

**reshuffle** *v. & n.* ف: دوبارہ پھینٹنا، ملانا، گڈمڈ کرنا۔اسم: پھینٹنے، گڈمڈ کرنے یا ردّوبدل کرنے کا عمل۔

**reside** *v.* رہنا، آباد ہونا، بسنا، مستقل طور پر مقیم ہونا۔

**residence** *n.* ① قیام، اقامت۔② جائے سکونت، مکان، قیام گاہ۔□ **in residence** (سرکاری عہدے دار کا) مقررجگہ پر قیام پذیر ہونا۔

**resident** *n. & adj.* اسم: ① کسی شہر یا علاقے کا مستقل باشندہ۔② ہوٹل میں رات گزارنے والا مہمان۔ صف: ① اقامت پذیر۔ ② کام کے مقام پر اقامت رکھنے والا، کسی جگہ باقاعدہ کام کرنے والا۔

**residential** *adj.* ① اقامتی، رہائشی، نجی مکانات پر مشتمل۔ اقامت گاہ کے طور پر مستعمل۔

**residue** *n.* بچی کھچی شے، باقی بچا ہوا حصّہ۔ ● **residual** صف: بچا کچا یا باقی۔

**resign** *v.* ①استعفا دینا، سبکدوش ہونا۔②عہدہ یا کام چھوڑ دینا، دستبردار ہونا۔ □ **resign oneself to** حالات سے سمجھوتا کر لینا۔● **resignation** اسم۔ مستعفی، مجبوراً راضی برضا۔

**resigned** *adj.* مستعفی، مجبوراً راضی برضا۔ ● **resignedly** م ف: صبر سے۔

**resilient** *adj.* ① لچکدار، دبنے مڑنے کے بعد دوبارہ اپنی اصلی شکل میں واپس۔② صدمے یا کمزوری سے جلد بحال ہونے والا۔ ● **resilience** اسم: اسم۔

**resourceful** *adj.* باوسائل، طبّاع، خوش تدبیر۔ ● **resourcefully** م ف۔ **resourcefulness** اسم۔

**respect** *n. & v.* اسم: ① تکریم، تعظیم جو کسی کو دی جائے، کسی شخص یا شے کی خوبی کا اعتراف، قدر۔ ② لحاظ، احترام، توجہ یا خیال۔ ③ کوئی پہلو یا نکتہ۔ ف: عزت کرنا، لحاظ کرنا۔ □ **in respect of** or **with respect to** بابت، برائے، کی نسبت یا تعلق سے، حوالے سے۔

**respectable** *adj.* ① قابل احترام، قابل لحاظ۔ ② سماجی طور پر معروف اور معتبر، اچھی خصوصیات کا حامل۔ ③ ایماندار، بھلا مانس۔ ④ کسی لحاظ سے کارآمد، عمدہ یا اہم۔ ● **respectability** اسم۔ **respectably** م ف۔

**respective** *adj.* متعلقہ، منسوب، اپنا اپنا، چندافراد میں، علاحدہ علاحدہ، ہر ایک کا مخصوص۔

**respectively** *adj.* بالترتیب، فرداً، نسبتاً۔

**respiration** *n.* تنفس، سانس لینے کا عمل، دم کشی۔

**respirator** *n.* ① زہریلی گیس، بہت ٹھنڈی ہوا یا دھول سے بچاؤ کے لیے چہرے پر لگایا جانے والا نقاب۔ ② مصنوعی تنفس کا آلہ۔

**respiratory** *adj.* تنفس کا؛ سانس لینے کا عمل۔

**respire** *v.* سانس لینا، کھینچنا یا چھوڑنا۔

**respite** *n.* ① آرام یا سکون کا وقفہ۔ ② کسی فرض کو انجام دینے یا تعزیر بھگتنے سے پہلے مہلت۔

**resplendent** *adj.* پُرنور، جگمگاتا، درخشاں۔

**respond** *v.* ① سوال کا جواب دینا۔ ② اشارے پر یا حسب ہدایت عمل کرنا۔

**respondent** *n.* مدعا علیہ خصوصاً اپیل یا طلاق کے مقدمے میں۔

**response** *n.* ① جواب الفاظ میں یا عملی طور پر۔ ② کسی محرک یا مہیج کا اثر یا نتیجہ۔

**responsibility** *n.* (*pl.* **-ies**) ① ذمّہ داری، ذمّہ دار یا جوابدار ہونے کی کیفیت یا حیثیت۔ ② اختیار، آزادانہ کام کرنے اور فیصلے کی ذمّہ داری۔

**responsible** *adj.* ① جواب دہ۔ ② اخلاقی طور پر اپنے عمل کا ذمّہ دار؛ بالغ، ذی ہوش۔ ③ اچھی شہرت کا مالک، عزت دار۔ ④ اصل سبب، بنیادی وجہ۔ ● **responsibly** م ف: ذمّہ داری کے ساتھ۔

**responsive** *adj.* ① جلد ردّعمل ظاہر کرنے والا، جلد متاثر ہونے والا۔ ② ہمدردانہ؛ اثر پذیر۔ ③ موافق، ہم آہنگ۔ ● **responsiveness** اسم: اثر پذیری۔

**rest** *v. & n.* ف: ① محنت، کام، حرکت یا مصروفیت کے بعد ستانا، آرام کرنا۔ ② خاموش یا سویا ہوا ہونا۔ ③ آرام پہنچانا۔ ④ لیٹا یا پڑا ہونا یا کسی چیز کے سہارے ٹکا ہونا۔ ⑤ کسی چیز پر مبنی، منحصر، موقوف ہونا۔ ⑥ معرض التوا میں رہنا۔ اسم: ① نیند۔ ② تعطل، درمیان کا وقفہ۔ ③ ستانے کا وقت۔ ④ کسی چیز کو تھامنے کا سہارا یا ٹیک۔ □ **the rest** باقی، دوسرے (اجزا، حصے لوگ وغیرہ)

**restaurant** *n.* سب کے لیے کھلی طعام گاہ جہاں باقاعدہ کھانا یا کچھ کھانے پینے کو مل جائے۔

**restaurateur** *n.* ریستوراں چلانے والا۔

---

وضاحت: لفظ *restaurateur* کو اکثر اوقات *restauranteur* لکھ دیا جاتا ہے جو غلط ہے۔

---

**restful** *adj.* آرام دہ، پُرسکون، فرحت بخش۔

**restitution** *n.* ① کوئی چیز اصل مالک کو واپس پہنچانے کا عمل۔ ② نقصان یا ایذا کی تلافی۔ ③ کسی چیز کی اصل حالت پر بحالی۔

**restive** *adj.* بے چین، بے کل، بے سکون۔

**restless** *adj.* بے کل جو بے چین ہو یا چین نہ لینے دے۔ ● **restlessly** م ف۔ **restlessness** اسم۔

**restorative** *adj. & n.* صف: صحت و توانائی بحال کرنے والا۔ اسم: تقویت بخش، مقوی دوا، غذا وغیرہ۔

**restore** *v.* ① اصل شکل یا حالت میں واپس لانا، بحال کرنا، کھنڈر کی تعمیر نو یا عمارت کی رنگ و روغن وغیرہ کے ذریعے بحالی کرنا۔ ② اصل مالک کو واپس پہنچانا، حوالے کرنا۔ ● **restoration** اسم۔ **restorer** اسم۔

**restrain** *v.* روکنا، تھام کے رکھنا، قابو یا حدود کے اندر رکھنا۔ ● **restraint** اسم: رکاوٹ، بندش۔

**restrict** *v.* پابندی لگانا، باندھ کے رکھنا، محدود کرنا، بند کرنا۔ ● **restrictive** صف۔ **restriction** اسم۔

**result** *n. & v.* اسم: ① نتیجہ، حاصل، انجام کسی چیز کا۔ ② مقدار، رقم یا عدد جو حسابی عمل سے برآمد ہو۔ ③

امتحان یا کھیلوں کے مقابلے میں حاصل کردہ نشانات، درجہ۔ ف: حالات، اسباب وغیرہ کا منطقی نتیجہ ہونا۔□ **result in** کسی مخصوص نتیجے کی صورت میں ظاہر ہونا۔

**resultant** *adj.* بطور نتیجہ، خلاصہ، انجام یا ماحصل۔

**resume** *v.* ① خلل یا رکاوٹ کے بعد پھر سلسلہ پکڑنا، شروع کرنا۔ ② واپس لینا، دوبارہ حاصل کرنا۔ ● **resumption** اسم۔ **resumptive** صف۔

**résumé** *n.* ① خلاصہ، روئداد، ماحصل۔ ② امریکا: **(curriculum vitae)** مختصر شخصی کوائف۔

**resurface** *v.* ① نئی تہ بچھانا۔ ② دوبارہ ظاہر ہونا۔

**resurgent** *adj.* نئے سرے سے ابھرنے، اٹھنے یا برپا ہونے والا۔ ● **resurgence** اسم: نئی سرگرمی۔

**resurrect** *v.* ① کسی عمل، استعمال یا یادداشت کو تازہ کرنا۔ ② قبر میں سے نکالنا۔ ③ کھود نکالنا۔

**resurrection** *n.* ① مردہ حالت سے یا مردوں میں سے اٹھنا۔ ② بیکار رہنے کے بعد دوبارہ کارآمد ہونا۔

**resuscitate** *v.* ظاہری موت یا سکتے کی حالت سے نکالنا، حیات نو بخشنا یا پانا۔ ● **resuscitation** اسم۔

**retail** *n., adj., adv. & v.* اسم: خردہ فروشی، پھٹکل سودا، پرچون۔ صف وم ف: خردہ فروخت، خردہ کی قیمت پر۔ ف: ① خردہ فروشی کرنا۔ ② اس طرح بکنا۔ ③ تفصیل سے بیان کرنا، جزئیات میں جانا۔ ● **retailer** اسم: خردہ فروش۔

**retain** *v.* ① قبضے میں رکھنا، ہاتھ سے نہ جانے دینا، زیر عمل رکھنا، منسوخ یا موقوف نہ کرنا، جاری، قائم رکھنا۔ ② حافظے میں رکھنا، یاد رکھنا۔ ③ خدمات حاصل کرنا۔

**retainer** *n.* ① شخص یا شے جو قبضے میں یا روکے رکھے۔ ② بیرسٹر وغیرہ کا بندھا ہوا محنتانہ۔

**retaliate** *v.* ف: چوٹ، ہتک وغیرہ کا بدلہ لینا؛ انتقام لینا، کسی حرکت کے جواب میں ویسی ہی حرکت کرنا۔ ● **retaliation** اسم: انتقام۔ **retaliatory** صف۔

**retard** *v.* دیر کرانا، التوا میں ڈالنا۔ ● **retardation** اسم: ڈھیل، تاخیر۔

**retarded** *adj.* ذہنی یا جسمانی معذوری کا شکار۔

**retch** *v.* ابکائی لینا (بے اختیارانہ بغیر قے کیے)

**retention** *n.* روک رکھنے یا روکے جانے کا عمل۔

**retentive** *adj.* ① رطوبات وغیرہ کو روک رکھنے والا، ممسک۔ ② حافظے کا تیز (آدمی یا دماغ)

**rethink** *v.* **(rethought , rethinking)** مزید سوچ بچار کرنا خصوصاً بغرض ترمیم۔

**reticence** *n.* کم سخنی، گفتگو میں احتیاط، سب کچھ اگل دینے سے گریز۔ ● **reticent** صف: کم گو، خاموش۔

**retina** *n* (*pl.* **retinas, retinae**) آنکھ کی پتلی کے پیچھے حساس پردۂ چشم یا شبکہ جو بصری تہیجات کو بصری عصبے کے ذریعے دماغ کی طرف بھیجتا ہے۔

**retinue** *n.* کسی بڑے آدمی کے ساتھ چلنے والے لوگ، نوکر چاکر، خدّام۔

**retire** *v.* ① ترک ملازمت کرنا خصوصاً عمر کی بنا پر، اسی بنا پر نوکری سے فارغ کرنا۔ ② پلٹ جانا، پیچھے ہٹ جانا۔ ③ سونے کے لیے جانا۔ ● **retirement** اسم۔

**retiring** *adj.* خلوت پسند، شرمیلا۔

**retort** *n. & v.* اسم: ① برجستہ یا چبھتا ہوا جوابی فقرہ۔ ② مخالف کو اسی کی دلیل سے قائل کر دینے کا عمل۔ ③ شیشے کا، مڑی ہوئی نلکی والا ظرف، عمل کشید کے لیے۔ ف: جوابی فقرہ کسنا، ترکی بہ ترکی جواب دینا۔

**retouch** *v.* (کسی تصویر، تحریر یا نقش وغیرہ کو) اجالنا، ادھر اُدھر سے درست کرنا۔

**retrace** *v.* ① (الٹے قدموں) واپس جانا۔ ② یادیں تازہ کرنا۔ ③ پیچھے چل کر ابتدا تک پہنچنا۔

**retract** *v.* ① کسی عہد یا قول سے پھر جانا، پلٹ جانا۔ ② (خصوصاً کسی عضو وغیرہ کو) (جسم کے) اندر سمیٹ لینا۔ ③ کسی بیان یا رائے سے منکر ہونا۔ ● **retractable** صف۔ **retraction** اسم۔ **retractor** اسم۔

**retractile** *adj.* سکیڑ لینے کے قابل، جسے اندر کی طرف سمیٹا یا کھینچا جا سکے۔

**retreat** *v. & n.* ف: پیچھے ہٹنا، چوکی یا مورچہ چھوڑنا، پسپا ہونا۔ اسم: ① پسپائی۔ ② گوشہ گیری۔

**retrench** *v.* اخراجات میں کمی کرنا، خرچ گھٹانا، کفایت شعاری کرنا۔ ● **retrenchment** اسم۔

**retrial** *n.* (مقدمے کی) دوبارہ کارروائی۔

**retribution** *n.* مکافات، برائی کا بدلہ، پاداش۔

**retrieve** *v.* ف:① کسی چیز کادوبارہ قبضہ حاصل کرنا، حافظے سے یا تحقیق و جستجو کے ذریعے برآمد کرنا۔② (کمپیوٹر سے) معلومات کو برآمد کرنا۔ ③ سنوارنا، سدھارنا۔④بحال کرنا۔● **retrieval** اسم: بازیافت۔

**retriever** *n.* کتوں کی ایک نسل جو شکار ڈھونڈ لانے کے لیے پالی جاتی ہے۔

**retro** *n. & adj.* اسم:①ماضی قریب کے نمونے پر یا اس کی یاددلانے والی شے۔②لباس، مذاق، موسیقی وغیرہ میں قدامت پسندی۔صف: ماضی قریب کی وضع قطع کی نقالی پر مبنی۔

**retroactive** *adj.* گزشتہ وقت سے نافذ قرار دیا ہوا۔● **retroactively** م ف: پچھلی تاریخ سے۔

**retrograde** *adj.* ① پیچھے کی طرف حرکت کرتا ہوا، پیچھے ہٹتا ہوا۔② گھٹتا، خراب ہوتا ہوا۔

**retrogress** *v.* لوٹنا، پچھڑنا، انحطاط پذیر ہونا۔

● **retrogression** اسم۔ **retrogressive** صف۔

**retrospect** *n.* ① سابق مثال یا سند کی طرف منسوب، سابقہ نظیر، پچھلی حالت۔② گزشتہ وقت یا واقعات کا جائزہ۔□ **in retrospect** ① گزشتہ پر نظر کرتے ہوئے۔②پیچھے مڑکر دیکھتے ہوئے۔

**retrospective** *adj.* ①ماضی یا سابقہ حالات سے متعلق۔② (کوئی قانون) جو ماضی اور مستقبل دونوں پر اطلاق رکھتا ہو۔● **retrospectively** م ف۔

**retroussé** *adj.* اوپر کی طرف اٹھی ہوئی (ناک)

**retroverted** *adj.* پچکا ہوا یا پیچھے ہٹا ہوا۔

● **retroversion** اسم: پس خمیدگی۔

**retsina** *n.* یونان کی ایک سفید یا گلابی شراب۔

**return** *v & n.* ①واپس آنا یا جانا۔②اپنے ٹھکانے وغیرہ یا اصل کی طرف لوٹانا۔③ادلے کا بدلہ کرنا، جواب دینا۔ ④ منتخب کرنا، رکن پارلیمنٹ یا حکومت کو۔ ⑤ (منافع) حاصل کرنا یا دینا۔اسم:①آمد یا واپسی۔ ② بھیجنے، ادا کرنے، جگہ پر پہنچانے کا عمل۔③ بھیجی، رکھی، دی جانے والی شے۔④ منافع، یافت۔

**return match** *n.* انہی فریقوں کے درمیان جوابی میچ۔

**return ticket** *n.* آنے جانے کا ٹکٹ۔

**reunion** *n.* پرانے ساتھیوں وغیرہ کا اجتماع۔

**reunite** *v.* پھر سے آملنا۔

**reusable** *adj.* دوبارہ قابل استعمال۔

**Rev.** اختصار: Reverend۔

**rev** *n. & v.* بول چال اسم: انجن کی گردش فی منٹ۔ ف: (**revving، revved**) ① (انجن کا) تیز گردش کرنا۔② انجن کو تیز تیز چلانا۔

**revalue** *v.* معاشیات: اعادۂ قدر، سکّے کی قیمت یا شرح مبادلہ میں تبدیلی کرنا۔● **revaluation** اسم۔

**revamp** *v.* نیا کرنا، سنوارنا سدھارنا، بہتر بنانا۔

**Revd** Reverend کا اختصار۔

**reveal** *v.* ①دکھانا، ظاہر کرنا۔② نظر یا علم میں آنا۔

**reveille** *n.* فوجیوں کو جگانے کے لیے صبح کا بگل۔

**revel** *v. & n.* ف: (**revelling، revelled**: امریکا: **reveled**) تفریح کرنا؛ جشن منانا، مزے اڑانا۔ اسم: رنگ رلیاں، خوش وقتیاں۔□ **revel in** (کسی بات پر) بہت شادمان ہونا۔● **reveller** اسم: شاداں وفرحاں۔ **revelry** اسم: عیش ونشاط۔

**revelation** *n.* ①القا، الہام، وحی، اس طرح پہنچی ہوئی غیبی خبر یا ہدایت۔② کوئی نیا یا حیرتناک انکشاف۔

**revenge** *n. & v.* اسم:①بدلہ، انتقام۔②جوابی کارروائی۔ف: کسی ظلم زیادتی کا بدل چکانا، انتقام لینا۔

**revenue** *n.* ①آمدنی۔② کسی ملک کی محصولوں کے ذریعے آمدنی۔③ محصولات سے تعلق رکھنے والا محکمہ۔

**reverberate** *v.* ①(آواز، روشنی وغیرہ کا) بار بار پلٹ کر آنا، منعکس ہونا، بار بار سنائی دینا۔② کسی واقعے کا دیر تک اثر ہونا۔● **reverberation** اسم۔

**revere** *v.* احترام کرنا، مقدّس ماننا، گہرا لگاؤ رکھنا۔

**reverence** *n.* ادب واحترام، تعظیم، تکریم، ادب لحاظ کرنے کی لیاقت، تمیز۔● **reverent** صف۔ **reverently** م ف: عزت وتکریم سے۔

**reverend** *adj. & n.* صف: (پادری کے لقب کے طور پر) قابل احترام، عزت مآب۔اسم، بول چال: پادری کا لقب۔

**reverie** *n.* عالم خیال میں محویت، تصوّرات میں گم۔

**reversal** *n.* کایا پلٹ، الٹنے والا، قابل منسوخی۔

**reverse** *v., adj. & n.* ف:①الٹنا۔② یکسر پلٹ دینا۔③اُلٹی سمت چلنا یا چلانا۔ ④ کسی فرمان یا قانون کو کالعدم کرنا۔صف:①مخالف سمت میں رکھا یا چلایا ہوا۔ ②الٹی ترتیب یا الٹے قاعدے پر مبنی۔اسم:① متضاد بات۔ ② عام قاعدے کے خلاف۔ ③ قسمت کا پھیر۔ ● **reversely** م ف۔**reversible** صف: قابل منسوخی۔

**revert** *v.* ① پچھلی حالت پر واپس جانا، سابقہ رائے یا عمل کی طرف لوٹنا۔② (املاک وغیرہ کا) سابق مالک کی طرف لوٹ جانا۔● **reversion** اسم: رجوع۔

**review** *n. & v.* اسم:① کسی چیز کا عمومی معائنہ، جائزہ ۔② گزشتہ واقعات پر نظر۔③فوج کے دستوں کی پریڈ مظاہرہ اور رسمی معائنہ۔④ کتاب، ڈرامے وغیرہ پر تبصرہ۔ ⑤ نظر ثانی، دوسرا خیال۔ ف:①جائزہ لینا، نظر ڈالنا۔② کتاب، تمثیل وغیرہ پر تبصرہ کرنا۔

**revile** *v.* برا بھلا کہنا، سخت مذمّت کرنا، گالیاں دینا۔

**revise** *v.* ① نظر ثانی کرنا، مزید جانچنا، ترمیم، تصحیح کرنا۔ ② علم کو تازہ کرنا، پڑھی ہوئی چیز کا اعادہ کرنا خصوصاً امتحان کے لیے۔● **reviser** اسم۔ **revision** اسم: اعادہ، نظر ثانی۔ **revisory** صف: ترمیمی۔

**revivalist** *n.* تحریک احیائے دین کا حامی۔ ● **revivalism** اسم: تحریک احیائے دین۔

**revive** *v.* ① تازہ کرنا، نئی توانائی بخشنا۔② نئے سرے سے رائج، مقبول عام یا زندہ کرنا۔● **revival** اسم۔

**revivify** *v.* **(-ies,-ied)** توانائی بحال کرنا، چاق وچوبند، پھرتیلا بنانا۔

**revoke** *v.* منسوخ کرنا، واپس لینا (کوئی وعدہ یا فرمان)● **revocable** صف۔ **revocation** اسم۔

**revolt** *v. & n.* ف:①بغاوت کرنا، منحرف، سرکش، باغی ہونا۔ ② کراہت، تنفر پیدا کرنا، نفرت دلانا۔ اسم: ①سرکشی، غدّاری۔②شورش، بغاوت۔③اکراہ، نفرت۔

**revolting** *adj.* نفرت انگیز، خوفناک۔

**revolution** *n.* ①انقلاب، کسی حکومت کا تختہ الٹنے کا واقعہ، حکومت کی زبردستی تبدیلی یا نظام کی تبدیلی۔ ② کوئی بنیادی تبدیلی یا الٹا پلٹی۔ ③ مدار یا محور پر گھومنے کا عمل، گردش، مدار یا محور پر ایک پورا چکّر۔

**revolutionary** *adj. & n.* صف:①زبردست تبدیلیوں کا حامل خصوصاً پُرتشدّد، جابرانہ۔②سیاسی انقلاب سے متعلق یا اس کا محرّک۔اسم: (ج: **-ies**) سیاسی انقلاب برپا کرنے والا یا اس پر اکسانے والا رکن، انقلابی۔

**revolutionize** *v.* (also **-ise**) دوررس تبدیلیاں لانا، یکسر بدل ڈالنا۔

**revolve** *v.* ① گھومنا، چکّر کھانا، گردش کرنا یا گردش میں لانا خصوصاً محور پر گھومنا یا گھمانا۔②دائرے میں گھومنا۔

**revolver** *n.* ریوالور، گردشی پستول۔

**revue** *n.* طنز ومزاح پر مبنی رنگا رنگ ہلکا پھلکا تماشا۔

**revulsion** *n.* ① تنفر، اکراہ۔② شدید جذباتی ردّعمل، برگشتگی۔

**reward** *n. & v.* اسم: انعام، صلہ خدمت یا حسن کارکردگی، نیکی یا بدی کا بدلہ، جزا یا سزا۔ف :انعام دینا، کسی شخص کو یا کسی خدمت وغیرہ کا۔

**rewire** *v.* بجلی کے نئے تار ڈلوانا، تار تبدیل کرنا۔

**rewrite** *v.*(**rewrote,rewritten,rewriting**) دوبارہ یا مختلف طور سے لکھنا۔

**Rex** *n.* فرماں روائے وقت، تخت نشین بادشاہ۔

**Rf** عنصر rutherfordium کی علامت۔

**Rh** ① عنصر rhodium کی علامت۔ ② rhesus کی تخفیف۔

**rhapsodize** *v.*(also **-ise**) کسی چیز کے بارے میں پُرجوش انداز میں لکھنا، بات کرنا۔

**rhapsody** *n.* (*pl.*-**ies**) ① بلند آہنگ، مبالغے اور لفاظی پر مبنی کلام یا اس کی ادائیگی۔②موسیقی کا کوئی ٹکڑا، عموماً جذباتی، جوشیلا۔● **rhapsodic** صف۔

**rhenium** *n.*(Re: علامت) ایک کمیاب دھاتی عنصر

**rheostat** *n.* مزاحمت کی کمی بیشی سے برقی رو پر قابو رکھنے کا آلہ۔

**rhesus** *n.* شمالی ہند کا عام بھورا بندر۔

**rhesus factor** *n.* ایک تریاقی مادّہ جو اکثر انسانوں کے خون میں پایا جاتا ہے۔ □ **rhesus-negative** (خون) جس میں ریس عامل کی کمی ہو، ریس منفی۔ **rhesus-positive** (خون) جس میں ریس عامل کی زیادتی ہو، ریس مثبت۔

**rhetoric** *n.* مؤثر تقریر وتحریر کا فن، فن خطابت۔

**rhetorical** *adj.* مؤثر، پُر تکلف، مبالغہ آمیز، لفاظی پر مبنی (بیان)● **rhetorically** م ف۔

**rhetorical question** *n.* استفہام، انشائی، سوالیہ انداز جس کا جواب نہیں مطلوب ہوتا ہے، محض زور بیان پیدا کرنے کے لیے آتا ہے۔

**rheumatism** *n.* ایک مرض جس میں جوڑوں، عضلات اور نسیجوں میں سوجن اور درد شامل ہوتا ہے، گٹھیا۔ ● **rheumatic** صف۔ **rheumaticky** صف۔

**rheumatoid** *adj.* گٹھیا سے مشابہ، گٹھیا جیسا۔

**rhinestone** *n.* نقلی، مصنوعی ہیرا۔

**rhino** *n.* (*pl* **-os** or same) بول چال: گینڈا rhinoceros کی تخفیف۔

**rhinoceros** *n.* (*pl.* **rhinoceroses** or same) گینڈا، موٹی سخت کھال والا، سبزی خور سُم دار (کھروں والا) چوپایہ، ناک پر ایک اور بعض صورتوں میں دو سینگ ہوتے ہیں اور کھال میں سلوٹیں۔

**rhizome** *n.* بعض پودوں کی زیر زمین جڑ کی طرح تنا جس سے جڑیں بھی پھوٹتی ہیں اور کونپلیں بھی۔

**rhodium** *n.* ایک دھاتی عنصر (علامت:Rh)

**rhododendron** *n.* ایک سدا بہار جھاڑی جس میں گھنٹی نما پھولوں کے بڑے بڑے گچھے لگتے ہیں۔

**rhombus** *n.* معین، ایک متوازی الاضلاع جس کے ضلعے برابر اور زاویے نوے درجے کے نہ ہوں، شکل لوزی۔● **rhomboid** صف و اسم۔

**rhubarb** *n.* ایک پودا جس کے گہرے سُرخ ڈنٹھل پکا کر کھائے جاتے ہیں۔

**rhyme** *n.* & *v.* اسم: ① قافیہ۔② مقفّٰی شاعری۔ ③ قافیہ بندی، مقفّٰی نظم۔④ لفظ جو بطور قافیہ باندھا گیا ہو۔ ف: الفاظ یا نظم کا مقفّٰی ہونا، ہم قافیہ ہونا۔

**rhythm** *n.* ① صوتی توازن، خوش آہنگی۔② لحن، تال اور سُر سے پیدا ہونے والا ترنم، اس کا کوئی مخصوص یا معروف انداز۔ ③ حالات یا افعال کی باقاعدگی۔● **rhythmic** صف۔ **rhythmically** م ف۔

**rhythm method** *n.* ضبط تولید کا ایک طریقہ، (نسوانی بیضہ اترنے کے دنوں) میں جماع سے پرہیز۔

**rib** *n.* & *v.* اسم: ① پسلی۔② اس سے ملتی کڑی جو کسی تعمیر کو تھامے۔ ③ ابھرواں دھاری ڈالنے کے لیے بُنائی کا طرز۔ ف: (**ribbed**، **ribbing**) ① بول چال: مذاق اڑانا، ستانا، تنگ کرنا۔② ابھرواں دھاریاں ڈالنا۔

**ribald** *adj.* گستاخ یا گستاخانہ ہنسی، ٹھٹا، مخول بازی کرنے والا۔● **ribaldry** اسم: ہرزہ سرائی۔

**riband** *n.* فیتہ، ربن۔

**ribbon** *n.* ① فیتہ، کپڑے کی پتلی پٹی خصوصاً آرائش میں کام آنے والی۔② کوئی فیتہ نما لمبی پٹی۔

**riboflavin** *n.* (also **riboflavine**) حیاتین ب مرکب (بی کامپلیکس) میں سے ایک، کلیجی، دودھ اور انڈے میں پائی جاتی ہے۔

**ribonucleic acid** *n.* رائبو مرکزائی تیزاب ذی حیات خلیوں میں موجود جہاں یہ لحمیات کی ترکیب و تالیف میں کام آتا ہے۔

**rice** *n.* ① مرطوب زمین میں اگنے والا خاص طور پر ایشیائی دھان کا پودا۔ ② اس سے حاصل ہونے والا مرغوب غلّہ چاول۔

**rich** *adj.* & *n.* صف: ① دولتمند۔② رئیسانہ، ٹھاٹھ دار، قیمتی۔ ③ وافر، بھرپور۔ ④ (زمین، خطہ وغیرہ) زرخیز۔ ⑤ (کھانے یا غذا) مرغن اور مسالے دار۔ اسم: (**riches**) بے پناہ دولت، وافر وسائل۔ □ **a bit rich** بول چال: (رائے زنی) غیر معقول یا غیر منصفانہ۔● **richness** اسم: امیری، دولت۔

**richly** *adv.* ① رئیسانہ طور پر۔② پوری طرح، خوب اچھی طرح سے۔ ③ کثرت سے، بافراط۔

**Richter scale** *n.* صفر سے ۱۰ تک کا لوگارتمی پیمانہ جو زلزلے کی شدّت کو ظاہر کرتا ہے۔

**rick** *n.* & *v.* اسم: ① سوکھی گھاس، پودوں وغیرہ کا گٹھا۔② ہلکی موچ یا چک۔ ف: چک آنا، موچ آنا۔

**rickets** *n.* ہڈیوں کی بیماری جو وٹامن ڈی کی کمی سے پیدا ہوتی ہے۔

**rickety** *adj.* ہلتا جلتا، ڈانواڈول، ڈھینے کے قریب۔

**rickshaw** *n.* دو پہیّوں کی سواری جسے آدمی کھینچتے ہیں، رکشا۔

**ricochet** *n.* & *v.* اسم: کسی گولی وغیرہ کا کسی

سطح سے ٹکرا کر اچھلنے، اچھل کر کہیں جا لگنے کا عمل۔ ف: (ricocheting، ricocheted) (کسی گولی وغیرہ کا) ٹکرا کے پلٹنا، اچٹنا، ٹپے کھانا۔

**ricotta** *n.* ایک نرم اطالوی پنیر۔

**rid** *v.* **(rid, ridding)** کسی جگہ یا شخص کو کسی ناپسندیدہ چیز سے نجات دلانا، پاک کرنا۔ □ **get rid of** کسی ناگوار یا ناپسندیدہ شے سے چھٹکارا پانا یا دلانا۔

**ridden** RIDE کا ماضیہ۔

**riddle** *n. & v.* اسم: ① معمّا، چیستان، بجھارت۔ ② چکرانے، اچنبھے میں ڈالنے والی شے۔ ③ گھٹیا قسم کی یا موٹے چھیدوں کی چھلنی۔ ف: ① چھید ڈالنا، چھلنی کرنا۔ ② سرایت کر جانا، بھر جانا، پٹا ہوا ہونا۔

**ride** *v. & n.* ف: **(ridden، rode)** ① سواری کرنا یا لے جایا جانا (گھوڑے یا بائیسکل وغیرہ پر) ② گاڑی میں سفر کرنا یا پہنچایا جانا۔ ③ بیٹھنا، لے جایا جانا۔ اسم: ① گاڑی میں سفر۔ ② گھوڑے وغیرہ پر سواری کا عرصہ۔ ③ گھڑ سواری کا راستہ، خصوصاً جنگل میں سے۔ ④ میلے، تفریحی پارک وغیرہ میں سواری کے لیے بنے ہوئے چکّر، کھلونا ریل وغیرہ۔

**rider** *n.* ① سواری کرنے والا خصوصاً گھڑ سوار۔ ② کسی دستاویز کے ساتھ کوئی استثنائی یا اضافی شق۔

**ridge** *n.* ① دو ڈھلوان سطحوں کا اتصال۔ ② طویل پہاڑی چوٹی۔ ③ کسی سطح پر پتلا لمبا ابھار۔ ④ اونچے درجے کے ہوائی دباؤ کا لمبا علاقہ۔ ● **ridged** صف۔

**ridicule** *n. & v* اسم: تمسخر، استہزا۔ ف: مذاق اڑانا، مضحکہ کرنا۔

**ridiculous** *adj.* ① مضحکہ خیز۔ ② لغو، بے معنی۔ ● **ridiculously** م ف: مضحکہ خیز طور پر۔

**rife** *adj.* عام، مروّجہ؛ سب طرف پھیلا ہوا۔ □ **rife with** کثیر، فراواں۔

**riff** *n.* جاز موسیقی میں ٹیپ کے بول یا استھائی کے سُر۔

**riffle** *v.* جلدی جلدی ورق گردانی کرنا۔

**riff-raff** *n.* عام نفری، ایرے غیرے، بازاری لوگ۔

**rifle** *n. & v.* اسم: رائفل، ایک لمبی نال کی بندوق۔ ف: ① بندوق کی نال میں چکّر دار لہریے ڈالنا تاکہ گولی گھومتی ہوئی نکلے۔ ② (کسی چیز کو) چھان مارنا، پوری تلاشی لینا۔

**rift** *n.* ① کسی چیز میں کوئی درز یا دراڑ۔ ② زمین یا چٹان میں درز یا دراڑ۔ ③ دوستانہ تعلقات میں رخنہ۔

**rig** *v. & n.* ف: **(rigging، rigged)** ① بادبانی جہاز میں طنابیں، پال وغیرہ لگانا، جہاز کو روانگی کے لیے تیار کرنا۔ ② کسی کارروائی میں دھاندلی کرنا۔ اسم: ① بادبانی جہاز کے بادبان، طنابوں وغیرہ کی تنصیب۔ ② تیل کے کنویں کھودنے اور ان سے تیل نکالنے کے آلات۔ ③ لباس، پوشاک اور دوسرا ساز و سامان۔

**rigging** *n.* جہاز کے رسّے وغیرہ جو بادبانوں کو سہارتے ہیں اور اس کے چلنے میں مددگار ہوتے ہیں۔

**right** *adj., n., v. & adv.* صف: ① دایاں، داہنا، سیدھا؛ اخلاقی یا سماجی لحاظ سے مناسب۔ ② صحیح، درست، بے خطا۔ ③ لائق ترجیح۔ ④ ٹھیک ٹھاک۔ ⑤ شمال رو آدمی کے مشرق کی سمت کا علاقہ۔ ⑥ بول چال: واقعی، سچ مچ۔ اسم: ① درست یا جائز بات، مناسب برتاؤ۔ ② جائز دعویٰ یا جواز۔ ③ استحقاق، اخلاقی یا قانونی اختیار۔ ④ سیدھے ہاتھ کی طرف کا علاقہ۔ ⑤ قدامت پسند گروہ، روایت پرست لوگ بحیثیت مجموعی۔ ⑥ سیدھے رخ یا سیدھی طرف۔ ف: ① سیدھا کر کے رکھنا، صحیح حالت میں رکھنا۔ ② (غلطیاں) درست کرنا، صحیح کرنا۔ م ف: ① مکمل طور پر، پوری طرح۔ ② بالکل ٹھیک، عین۔ ③ صحیح طور سے، بجا طور سے۔ ④ سیدھے رخ یا سیدھی طرف۔ □ **in one's own right** اپنے طور پر، اپنے بل پر، اپنی کوشش سے۔ **in the right** صحیح موقف پر، انصافاً حق پر۔ **right away** فوراً، ابھی۔

**right angle** *n.* ۹۰ درجے کا زاویہ، زاویۂ قائمہ۔

**righteous** *adj.* نیک، اخلاقی طور پر درست، خوش اطوار۔ ● **righteously** م ف: خوش اطواری سے۔ **righteousness** اسم: پاکبازی۔

**rightful** *adj.* ① (کسی جگہ یا حیثیت کا) جائز حقدار۔ ② (کوئی عمل) منصفانہ، جائز۔ ● **rightfully** م ف: جائز طریقے سے۔ **rightfulness** اسم: استحقاق۔

**right-handed** *adj.* عادۃً سیدھے ہاتھ سے کام کرنے والا۔

**right-hand man** *n.* معتبر، معتمد یا مددگار، بھروسے کا آدمی، دست راست۔

**right of way** *n.* ① طویل استعمال کی بنا پر کسی کی زمین پر سے راستہ چلنے کا حق۔ ② کسی جہاز یا گاڑی کا دوسرے سے پہلے چلنے یا آگے بڑھنے کا حق۔

**rigid** *adj.* سخت، بے لچک، جس کا موڑنا یا جھکانا آسان نہ ہو۔ ● **rigidity** اسم۔ **rigidly** م ف۔

**rigmarole** *n.* ① طویل اور پیچیدہ طریقۂ کار۔ ② لمبی الجھی ہوئی بات یا حکایت، بیان، بے سر و پا گفتگو۔

**rigor mortis** *n.* موت کے بعد اعضا کی سختی۔

**rigour** *n.* (*US* **rigor**) ① سختی، ضابطے کی پابندیوں پر اصرار، رورعایت سے گریز۔ ② درشتی، ترش روئی، سخت اقدامات یا حالات۔ ③ آب وہوا یا موسم کی سختی۔

**rile** *v.* بول چال: ناراض کرنا، چھیڑنا، غصّہ دلانا۔

**rill** *n.* چھوٹی ندی یا پانی کا دھارا۔

**rim** *n. & v.* اسم: اُبھرا ہوا کنارا یا حاشیہ، خصوصاً گولائی لیے ہوئے شے کا کنارا۔ ف: (**rimming،rimmed**) ① گھیرا چڑھانا، فریم لگانا، چوکھٹا بنانا، کنارا چوکھٹا وغیرہ ہونا۔ ② گھیرے یا حدود میں لینا۔

**rime** *n.* دُھند، کہر۔

**rimy** *adj.* کہر آلود، پالے سے ڈھکا ہوا۔

**rind** *n.* پھلوں کا چھلکا، درختوں کی چھال وغیرہ۔

**ring**[1] *n. & v.* اسم: ① انگوٹھی، انگشتری یا چھلّا۔ ② کسی بھی دھات کی کوئی گول یا گھیرے کی شکل کی شے، حلقہ، کڑا وغیرہ۔ ③ گول احاطہ، اکھاڑا وغیرہ۔ ④ حلقے کی صورت میں رکھی ہوئی اشیا۔ ⑤ مجرمانہ کارروائی کرنے والوں کی ٹولی، گروہ۔ ف: ① حصار یا حلقہ کھینچنا۔ ② گھیرنا، گھیر کے لانا۔ ③ انگوٹھی وغیرہ پہنانا۔

**ring**[2] *v. & n.* ف: (**rung،rang**) ① (گھنٹی وغیرہ کی طرح) بجنا، ٹنٹناتی، کھنکھناتی ہوئی آواز کرنا۔ ② کوئی چیز (گھنٹی وغیرہ) بجانا، گھنٹی وغیرہ بجا کر بلانا، اکٹھا کرنا، متوجہ کرنا۔ اسم: ① گھنٹی بجانے کا عمل، بجنے کی آواز۔ ② بول چال: فون پر پیغام۔ ③ کسی بات کا تأثر۔ □ **ring off** گفتگو منقطع کرنے کے لیے فون بند کر دینا۔ **ring up** فون ملانا۔

**ringleader** *n.* سرغنہ، کسی مجرمانہ کارروائی کا بانی۔

**ringlet** *n.* بالوں کی لہریے دار لٹ، کاکل، گیسو۔

**ringside** *n.* باکسنگ کے پالے کے قریب کا علاقہ۔

**ringworm** *n.* داد، ایک جلدی مرض جو ایک قسم کی پھپھوند (فطر) سے پیدا ہوتا ہے۔

**rink** *n.* ① برف کا میدان کرلنگ، اسکیٹنگ وغیرہ کے لیے۔ ② بند علاقہ، رولر اسکیٹنگ وغیرہ کے لیے عمارت جہاں یہ دونوں سہولتیں موجود ہوں۔

**rinse** *v. & n.* ف: ① صاف پانی سے دھونا۔ ② کپڑوں پر سے صابن وغیرہ صاف کرنے کے لیے پانی میں دھو کر نچوڑنا۔ اسم: ① غوطہ دینے یا کھنگالنے کا عمل۔ ② کلّی یا غرارہ کرنے کی دوا۔ ③ خضاب۔

**riot** *n. & v.* اسم: ① بلوا، بدامنی، فساد، ہنگامہ، شوروغل۔ ② بے تحاشا پن، ازحد نمود نمائش یا اظہار مسرت۔ ③ بول چال: بہت دلچسپ بات یا شخص۔ ف: بلوا، فساد، ہنگامہ کرنا۔ □ **run riot** ① تمام پابندیاں، رکاوٹیں توڑ دینا۔ ② (پودوں کا) ادبدا کے پھیلنا، بے تحاشا پھیل جانا۔

**riotous** *adj.* ① فسادزدہ؛ بلوے فساد، گڑبڑ سے متعلق۔ ② بے مہار، بے قابو۔ ● **riotously** م ف۔

**RIP** تخفیف: REST IN PEACE، اس (مرد یا عورت) کی روح کو سکون حاصل ہو [اصل لاطینی دعائیہ]

**rip** *v. & n.* ف: (**ripping،ripped**) ① ایک دم کاٹ یا چیر ڈالنا۔ ② پھاڑ کے شگاف ڈالنا۔ ③ ٹوٹنا، دوٹکڑے ہونا۔ ④ تیزی سے دوڑنا، جھپٹنا۔ اسم: ① لمبا شگاف یا چیرا۔ ② چیرنے پھاڑنے کا عمل۔ □ **let rip** بول چال: بے قابو ہو کر بولنا یا عمل کرنا۔ **rip into** کسی پر زبانی کلامی حملہ آور ہونا۔ **rip off** بول چال: جُل دینا، چوری کرنا۔

**ripcord** *n.* پیراشوٹ کو کھولنے والا بند یا ڈوری۔

**ripe** *adj.* ① پکا ہوا، توڑنے یا کھانے کے لیے تیار۔ ② پختہ رسیدہ، بالغ، جوان وغیرہ۔ ③ پکّی، پختہ (عمر) ④ کسی عمل کے لیے موزوں یا تیار۔ ● **ripeness** اسم۔

**ripen** *v.* پکنا، پختہ ہونا۔

**rip-off** *n.* بول چال: دھوکا، فریب۔

**riposte** *n. & v.* اسم: تڑاق سے دیا ہوا جواب، ترکی بہ ترکی۔ ف: حریف کے وار کا چمک کر جواب دینا۔

**ripple** *n. & v.* اسم: ① چھوٹی لہریں، ہلکورے۔ ②

سہانی، کھنکتی، لہراتی آواز۔ ف: لہریں اٹھانا یا لہروں کی طرح قلقلانا۔

**rise** *v. & n.* ف:(risen، rose) ① نیچے سے اُوپر جانا، چڑھنا، اونچا ہونا۔ ② بڑھنا، پنپنا، پھیلنا۔ ③ لیٹی، بیٹھی صورت سے اُٹھنا۔ ④ اونچی سطح پر پہنچنا۔ ⑤ ترقی کرنا، زیادہ اونچے درجے پر پہنچنا۔ ⑥ سرکشی کرنا۔ اسم: ① بڑھنے چڑھنے کا عمل۔ ② چڑھائی، اونچی ہوتی ہوئی زمین۔ ③ مقدار، وسعت وغیرہ میں اضافہ، اُجرت یا تنخواہ میں اضافہ۔ □ **give rise to** سبب یا وجہ ہونا۔

**risible** *adj.* مضحکہ خیز، ہنسنے والا۔ ● **risibility** اسم: خندگی۔ **risibly** م ف۔

**risk** *n. & v.* اسم: ① خطرہ، خدشہ؛ نقصان یا برے نتائج کا امکان۔ ② کوئی شخص یا شے جو خطرے کا باعث ہو۔ ف: ① خطرے میں مبتلا کرنا۔ ② خطرہ مول لینا۔

**risky** *adj.* **(riskier, riskiest)** خطرے سے پُر ● **riskily** م ف۔ **riskiness** اسم: خطرناکی۔

**risotto** *n.* (*pl.* **-os**) چاول، گوشت پیاز وغیرہ سے تیار کی ہوئی ایک اطالوی ڈش یا خاصے کی غذا۔

**risqué** *adj.* کسی حد تک غیر شائستہ، بیہودہ، فحش۔

**rissole** *n.* ایک ڈش جس میں مسالے دار گوشت میں ڈبل روٹی کا چورا ملا کر تل لیا جاتا ہے۔

**rite** *n.* ① کوئی مذہبی یا سنجیدہ سماجی رسم۔ ② ریت، رواج، چلن، طور طریقے۔

**ritual** *n. & adj.* اسم: کوئی بندھا ہوا مذہبی، سماجی معمول، ریت، رواج، چلن۔ صف: رسم کے طور پر انجام دیا جانے والا، رسمی۔ ● **ritually** م ف۔

**ritualism** *n.* رسم و رواج کی زیادتی اور اس پر کثرت سے عمل۔ ● **ritualist** اسم۔ **ritualistic** صف۔

**rival** *n. & v.* اسم: ① مدّ مقابل، رقیب۔ ② ہم پلّہ، برابر کا، ٹکّر کا آدمی یا شے۔ صف: مقابلے کا، حریف۔ ف: **(rivalled، rivalling** امریکا: **rivaled)** ① حریف یا مقابل ہونا۔ ② ہمسری، برابری کا دعویٰ کرنا۔ ● **rivalry** اسم: رقابت، ہمسری۔

**river** *n.* ① دریا، بڑی ندی۔ ② بڑا ابہاؤ یا اُبال۔

**rivet** *n. & v.* اسم: ریپٹ، دھاتی چادروں کو جوڑنے والی کیل جس کی نوک کو پیٹ کر چپٹا کر دیا جاتا ہے۔ ف: **(riveted، riveting)** ① ریپٹ یا کیل کے ذریعے باہم پیوست کرنا، مضبوط طرح سے جوڑنا۔ ② کسی چیز پر نظر جمانا، توجہ مرکوز کرنا، ذوق وشوق سے دیکھنا۔

**rivulet** *n.* ندی، چھوٹا دریا۔

**Rn** عنصر radon کی علامت۔

**RNA** تخفیف: ribonucleic acid۔

**road** *n.* ① سڑک، شارع، یا شاہراہ، گاڑیوں کی گزرگاہ۔ ② کسی کے سفر کا راستہ، راہ منزل۔ □ **on the road** گشتی خدمت پر؛ آوارہ گرد۔

**road hog** *n.* سڑک پر بے احتیاطی یا بے لحاظی سے چلنے والا، خصوصاً موٹر گاڑی میں۔

**roadie** *n.* بول چال: سازوں کی دیکھ بھال اور تنصیب پر مقرر گشتی طائفے کا مددگار ساتھی۔

**road metal** *n.* سڑک کی یا ریل کی پٹڑی بچھانے کے لیے استعمال کی جانے والی روڑی۔

**roadster** *n.* کھلی چھت کی دو نشستوں والی موٹر کار۔

**roadway** *n.* سڑک، شارع عام یا شاہراہ۔

**roadworks** *n.* مرّمت یا کسی اور کام کے لیے سڑک کی کھدائی اور درستی۔

**roadworthy** *adj.* سڑک پر استعمال کے قابل (گاڑی) ● **roadworthiness** اسم۔

**roam** *v.* گھومنا پھرنا؛ آوارہ گردی کرنا۔

**roan** *adj.* سفید (گھوڑا) جس کے سیاہی مائل بالوں میں سفید رنگ کے بالوں کی گہری ملاوٹ ہو۔

**roar** *n. & v.* اسم: ① شیر کی دہاڑ، گہری گمبھیر آواز، گرج جیسے شیر کی۔ ② زور کا قہقہہ۔ ف: ① دہاڑنا، گرجنا۔ ② (خصوصاً موٹر گاڑی کا) زور کی آواز کرتے ہوئے تیزی سے گزرنا۔

**roaring** *adj.* ① گرجتا، دہاڑتا۔ ② بول چال: زبردست، ہنگامہ خیز، پُرشور۔

**roast** *v. & n.* ف: ① تنور، چولھے وغیرہ میں یا کھلی آنچ پر بھوننا۔ ② کسی کو اذیت دینے کے لیے آگ یا تیز گرمی میں تپانا۔ ③ سخت تنقید یا مذمّت کرنا۔ اسم: بھنا ہوا گوشت، بھنے ہوئے گوشت کی ڈش۔

**rob** *v.* **(robbed, robbing)** طاقت کے استعمال یا دھمکی سے لوٹنا، ناواجب طور پر مار لینا، جبراً ہتھیا لینا، ڈاکا

ڈالنا۔ ● **robbery** اسم۔ **robber** اسم: لٹیرا، ڈاکو۔

**robe** *n. & v.* اسم: اوپر سے پہننے کا لبادہ، خصوصاً رسمی پوشاک، عبا۔ ف: پوشاک یا لبادہ پہنانا۔

**robin** *n.* (also **robin redbreast**) ایک چھوٹی چڑیا جس کا گلا اور سینہ سرخ ہوتا ہے، کستوری۔

**robot** *n.* ① مشینی آدمی، انسان نما یا انسانوں کے سے کام انجام دینے والی کل۔ ② کوئی خودکار مشین جو کئی قسم کے پیچیدہ کام آناً فاناً نمٹا دے۔ ● **robotic** صف۔

**robotics** *n. pl.* روبوٹ کا مطالعہ، خودکار مشینوں کی ساخت اور عمل کا فن یا علم۔

**robust** *adj.* مضبوط، تنومند، جسمانی طور پر قوی۔ ● **robustly** م ف۔ **robustness** اسم: تنومندی۔

**rock** *n. & v.* ① زمین کا چٹانی مادّہ جو مٹی کے نیچے بھی ہوتا ہے اور اوپر بھی۔ ② زمین پر ابھری ہوئی چٹانیں، پہاڑیاں، چوٹیاں وغیرہ۔ ③ پودینے کے ست کی آمیزش سے بنائی جانے والی ایک مٹھائی۔ ④ ایک مقبول عوامی موسیقی۔ ف: ① اِدھر اُدھر حرکت دینا۔ ② ہلنا جلنا، لہرانا، جھومنا، ہلانا جلانا۔ ③ پریشان کرنا، مصیبت میں ڈالنا۔ ④ (راک موسیقی پر) جھومتے جھامتے گانا، بجانا یا رقص کرنا۔ □ **on the rocks** بول چال: ① بے زر، مفلس، نادار۔ ② برف کے ساتھ پی جانے والی (شراب)

**rock and roll** *n.* عوام پسند رقص و موسیقی کا ایک طرز، سادہ دُھنیں طبلے یا ڈرم کی تیز تھاپ کے ساتھ۔

**rock-bottom** *adj. & n.* صف: پست سے پست، انتہائی کم۔ اسم: انتہائی نچلی سطح۔

**rocker** *n.* ① جھولنے، جھومنے والی شے یا شخص۔ ② کوئی خمدار سلاخ وغیرہ جس پر کوئی چیز آگے پیچھے حرکت کرے۔ ③ آگے پیچھے جھولنے والی آرام کرسی۔

**rockery** *n.(pl.*-**ies)** مٹی ملے پتھروں کا ٹیلا یا تودہ جس پر پہاڑی پودے اُگائے جاتے ہیں۔

**rocket** *n. & v.* اسم: ① ایک استوانی ساخت کا بارودی میزائیل، جو بڑی اونچائی تک داغا جاسکتا ہے عموماً آتشبازی یا دور کے اشارات کے لیے مستعمل۔ ② کوئی ڈھانچہ جو جلتی گیسوں کے اخراج سے اڑتا ہے؛ خلائی جہاز جو اسی طرح آگے دھکیلا جاتا ہے۔ ③ بول چال: سخت سرزنش۔ ف: **(rocketing، rocketed)** تیزی سے اوپر یا دور جانا، تیزی سے بڑھنا۔

**rocketry** *n.* راکٹ داغنے کا فن یا سائنس۔

**rock plant** *n.* چٹانوں میں اگنے والا کوئی پودا۔

**rocky** *adj.* **(rockier, rockiest)** ① چٹانی، پتھریلا یا پتھر کی طرح سخت۔ ② پتھروں سے پٹا ہوا۔ ③ بول چال: ڈگمگاتا، ہلتا جلتا۔ ● **rockily** م ف۔ **rockiness** اسم: ناہمواری، ڈگمگاہٹ۔

**rococo** *adj. & n.* آرائش و تزئین کا ایک پُر تکلف اظہار جو اٹھارہویں صدی کے یورپ میں رائج رہا۔

**rod** *n.* ① لوہے یا لکڑی کا ڈنڈا۔ ② FISHING ROD۔

**rode** RIDE کا صیغۂ ماضی۔

**rodent** *n.* مضبوط نکیلے کیلوں والا مگر بغیر کچلیوں کا جانور جیسے چوہا، گلہری، اودبلاؤ، سیہہ۔

**rodeo** *n.(pl.*-**os)** کاؤبوائیز کے فن کا مظاہرہ، مویشیوں کو قابو میں رکھنے، سدھانے وغیرہ کے ہنر اور کرتب یا اس کے لیے لگنے والا میلہ۔

**roe**[1] *n.* مچھلی کے بیضہ دان میں بھرے ہوئے انڈے۔

**roe**[2] *n.* (*pl.* **roe** or **roes**) چھوٹا ہرن، چکارا۔

**roentgen** *n.* (also **röntgen**) رواں انگیز اشعاع کی پیمائش کی ایک اکائی۔

**roger** *int.* ریڈیائی مواصلات میں ایک جوابی اشارتی پیغام کہ تمہارا پیغام سن کر سمجھ لیا گیا ہے۔

**rogue** *n.* اسم: ① بدمعاش، بے ایمان، لچّا۔ ② بے قابو، وحشی، گلّے سے الگ تھلگ رہنے والا جانور۔

**roguish** *adj.* ① شرارتی، شوخ۔ ② بدمعاشوں جیسا۔ ● **roguishly** م ف۔ **roguishness** اسم۔

**roister** *v.* سرمستی میں اُدھم مچانا، غل غپاڑا کرنا۔

**role** *n.* ① ڈرامے، فلم وغیرہ میں کسی اداکار کا پارٹ۔ ② کسی شے یا شخص کا کسی کارروائی میں خصوصی کردار۔

**roll** *v. & n.* ف: ① گول گول لڑھکتے ہوئے کسی سمت میں جانا، کسی محور کے گرد گھومتے ہوئے حرکت کرنا، لڑھکانا۔ ② دو سطحوں کے درمیان گھما کر گول کرنا۔ ③ پہیوں پر یا پہیوں کی طرح تیزی سے گزرنا۔ ④ گول گول گھما کر لپیٹنا یا تہ کرنا۔ ⑤ بیلن وغیرہ پھیر کر ہموار یا چپٹا کرنا۔ ⑥ لہرانا، لہریے دار، اونچا نیچا ہونا یا لہروں کی شکل میں دھکیلنا، ٹھیلنا۔ ⑦ مرتعش، لہراتی یا لرزاں آواز نکالنا۔ اسم: ①

لہراتی ہوئی حرکت؛ اونچ نیچ۔ ② لوٹنے، لوٹ لگانے کا عمل۔ ③ بادل کی مسلسل گرج یا طبلے، ڈھول وغیرہ کی مسلسل آواز۔ ④ گول لمبائی میں لپٹی ہوئی چیز، دستاویز خصوصاً سرکاری۔□ **be rolling (in money)** بول چال: بہت امیر کبیر ہونا۔

**roll-call** *n.* حاضری کے رجسٹر میں سے نام پکارنے کا عمل یہ جاننے کے لیے کہ کون حاضر ہے۔

**rolled gold** *n.* سستی دھات پر چڑھا ہوا سونے کا ملمع۔

**roller** *n.* ① ہموار کرنے کا، پھیلانے کا بھاری بیلن پہیّا۔ ② بالوں میں گھونگرڈالنے کے لیے استعمال ہونے والی گول کھوکھلی ڈنڈیاں۔ ③ گول لہراتی موج۔

**roller coaster** *n.* میلوں وغیرہ میں بچوں کے لیے پٹڑی پر تیز دوڑنے والی چھوٹی ریل گاڑی۔

**roller skate** *n. & v.* اسم: پہیّے دار اسکیٹ۔ ف: پہیّے دار اسکیٹ کے ذریعے چلنا۔

**rollicking** *adj.* شاداں فرحاں، خوش باش۔

**rolling pin** *n.* آٹے کے پیڑوں کو بیلنے والا بیلن۔

**rolling stock** *n.* ریلوے کے انجن، گاڑیاں، ڈبّے وغیرہ۔

**rolling stone** *n.* کسی ایک جگہ نہ ٹکنے والا، اٹھاؤ چولھا آدمی۔

**rollmop** *n.* ایک طرح کا بغیر پکائی مچھلی کا اچار۔

**roly-poly** *n. & adj.* اسم: (ج: **-ies**) چربی ملے آٹے کے ساتھ جام وغیرہ ملا کر بنائی ہوئی میٹھی غذا یا پڈنگ۔ صف: گول مٹول گل گوتھنا سا (بچہ)

**ROM** *n.* تخفیف: read-only memory (کمپیوٹر پروگرام) جو صرف پڑھا جاسکتا ہے لیکن اس میں کوئی تبدیلی نہیں کی جاسکتی۔

**Roman** *adj.* قدیم ملک روم یا اس کے باشندے، رومی، قدیم روم کی زبان۔

**roman** *n.* چھپائی کا رومن ٹائپ۔

**Roman Catholic** *adj. & n.* صف: پاپائے روم کو دینی پیشوا ماننے والا۔ اسم: کلیسائے روم کا پیرو۔

**romance** *n. & v.* اسم: ① رومان، روزمرہ زندگی سے دوری یا اس میں خیالی رنگ بھرنے کا رویہ۔ ② محبت، عشق وعاشقی۔ ③ عشق ومحبت سے تعلق رکھنے والا یا خیالی افسانہ یا افسانوی تخلیق۔ ف: ① واقعات میں رنگ آمیزی کرنا۔ ② بول چال: دل لگانا، محبت کی پینگیں بڑھانا، کسی کو پرچانا، شیشے میں اتارنا۔

**Romance language** *n.* کوئی بھی زبان جو لاطینی سے نکلی ہو (فرانسیسی، اطالوی، ہسپانوی وغیرہ)

**Romanesque** *n. & adj.* اسم: تعمیرات کا ایک انداز جو یورپ میں تقریباً ۹۰۰ سے ۱۲۰۰ عیسوی تک رائج رہا۔ صف: رومانی طرز تعمیر سے متعلق۔

**Roman numerals** *n. pl.* رومن اعداد جو حروف کی شکل میں لکھے جاتے ہیں (مثلاً I=۱؛ v= ۵ وغیرہ)

**romantic** *adj. & n.* صف: ① رومانی، رومان پسندانہ، تخیلی غیر حقیقت پسندانہ، زندگی کی بابت جذباتی۔ ② عشق ومحبت سے متعلق، ولولہ خیز، رومان انگیز۔ اسم: رومان پسند آدمی۔ ● **romantically** م ف۔

**romanticism** *n.* آرٹ موسیقی ادب وغیرہ میں رومان پسندی۔

**romanticize** *v.* (also **-ise**) ① حقیقت کو افسانوی رنگ دینا، جذبات کی آمیزش کے ساتھ بیان کرنا۔ ② رومانی افکار واعمال میں گھرا رہنا۔

**Romany** *n.* (*pl.* **-ies**) ① خانہ بدوش، جپسی، بنجارہ۔ ② خانہ بدوشوں کی جپسی زبان۔

**romp** *v.* ① کھیلنا کودنا۔ ② بول چال: بلا زحمت ہنستے کھیلتے کچھ حاصل کرنا۔

**rondeau** *n.* (*pl.* **rondeaux**) دس یا تیرہ مصرعوں کی نظم جس میں آخر تک صرف دو قافیہ چلتے ہیں۔

**rondo** *n.*(*pl.*-**os**) ایک دُھن جس میں ٹیپ کے سُر دہرائے جاتے ہیں۔

**rood-screen** *n.* گرجا کے ایوان (صحن گرجا) اور صدر کے درمیان لکڑی یا پتھر کا منقش پردہ۔

**roof** *n. & v.* اسم: (ج: **roofs**) مکان کی چھت، بام، گاڑی کا اوپری حصّہ، اوون یا ریفریجریٹر کے اندر کی بالائی سطح۔ ف: ① ڈھکنا، چھانا، چھت بنانا یا چھت کی طرح بنانا۔ ② بطور چھت ہونا۔

**rook** *n. & v.* اسم: ① کوّے کی نسل کا پرندہ۔ ②

شطرنج کا مہرہ رخ جو عموماً قلعہ بندی کی شکل کا ہوتا ہے۔ ف: بول چال: دھوکا دے کر نقصان پہنچانا۔

**rookery** *n.* (*pl.* -ies) کوّوں کا بسیرا۔

**room** *n.* اسم: ① جگہ، سمائی، گنجائش۔ ② کمرہ، حجرہ، مکان کا کوئی علاحدہ گوشہ۔ ③ کسی مقصد کے لیے مخصوص جگہ۔ ④ موقع، محل۔

**roomy** *adj.* (**roomier, roomiest**) کشادہ، فراخ، بڑی گنجائش والا۔

**roost** *n. & v.* اسم: شاخ یا ٹکنے کی جگہ جہاں پرندہ ٹھہر سکے یا پرندے کا بسیرا۔ ف: پرندے کا بسیرا کرنا۔

**root** *n. & v.* اسم: ① جڑ، جڑ کی شاخیں یا ریشے جن میں وہ تقسیم ہوتی ہے۔ ② خوردنی جڑ والا پودا جیسے مولی، گاجر۔ ③ (**roots**) سماجی، نسلی یا ثقافتی جڑیں، نسبتیں قرابتیں۔ ④ بعض اعضائے جسمانی جیسے بال، دانت، ناخن کا پیوست حصّہ، جڑ۔ ⑤ اصل سبب، ماخذ، بنیادی وجہ۔ ⑥ کسی عدد کی کسی بڑے عدد سے ایسی نسبت کہ وہ چند بار اپنے سے ضرب کھا کر اس عدد تک پہنچ جائے، جذر المربع۔ ف: ① جڑ پکڑنا، جڑیں نکالنا۔ ② مضبوطی سے جمانا، قائم کرنا۔ ③ جڑ سے اکھیڑنا۔ ④ (کسی جانور کا) تھوتھنی، چونچ وغیرہ سے زمین کھودنا، زمین کی سطح توڑ کر مٹی ڈالنا۔ □ **root out** جڑ سے اکھاڑ پھینکنا۔ **take root** ① (پودے کا) جم جانا۔ ② قائم، مستحکم ہوجانا۔ ● **rootless** صف: بے ٹھکانا۔

**rope** *n. & v.* اسم: رسّا یا رسّی۔ ف: ① رسّے سے جکڑنا۔ ② رسّوں کا گھیرا ڈالنا۔ □ **on the ropes** تقریباً ہارا ہوا۔ **rope in** شرکت پر راضی کرنا۔

**rosary** *n.* (*pl.* -ies) رومن کیتھلک کلیسا: دعا یا عبادت کی ایک صورت جس میں کئی بار دہرایا جاتا ہے، اس دُعا کے لیے مخصوص دانوں کی تسبیح۔

**rose**[1] *n.* ① خاردار پودا یا جھاڑی جس میں خوشبودار گلاب کے پھول لگتے ہیں۔ ② ہلکا گلابی یا قرمزی رنگ۔

**rose**[2] RISE کا صیغۂ ماضی۔

**rosé** *n.* کوئی ہلکی گلابی شراب۔

**rosemary** *n.* ایک سدا بہار خوشبودار جھاڑی جس کے پتّے طبّاخی یا عطر سازی میں استعمال ہوتے ہیں۔

**rosette** *n.* عموماً فیتے کو موڑ کر بنایا ہوا پھول نما نشان جو سینے پر شناخت وغیرہ کے لیے سجایا جاتا ہے۔

**rosewood** *n.* گلاب جیسی لکڑی یا فرنیچر بنانے کی لکڑیوں میں سے کوئی گٹھی ہوئی رگوں والی مہکیلی لکڑی۔

**rosin** *n.* تارپین کا تیل نکالنے کے بعد بچنے والی رال۔

**roster** *n.* نقشہ نظام الاوقات جس میں افراد یا گروہ کے اوقات کار کی تفصیل درج ہو۔

**rostrum** *n.* (*pl.* **rostra** or **rostrums**) منبر، چبوترہ وغیرہ جہاں سے مقرر خطاب کرے، سازندوں کو ہدایت کار اشارات کرے، اسی سلسلے کا کوئی اور چبوترہ۔

**rosy** *adj.* (**rosier, rosiest**) ① گلابی یا سرخ، صحتمندی کی علامت۔ ② پُر امید، خوش وخرم۔

**rot** *v. & n.* ف: (**rotting، rotted**) ① گلنا، سڑنا، جراثیم، پھپھوند وغیرہ کے عمل سے خراب ہونا، ٹوٹ کے بکھرنا۔ ② انحطاط پذیر ہو کر یا توانائی کھو کر تباہ ہونا۔ اسم: ① گلنے سڑنے کا عمل؛ خرابی، تباہی۔ ② بول چال: بکواس، بے معنی، احمقانہ بیان، دلیل یا تجویز۔

**rota** *n.* کسی ادارے کے افراد کا نظام الاوقات، خصوصاً جو باریاں باندھ کر کام کریں۔

**rotary** *adj.* باری باری عمل کرنے یا فرائض انجام دینے والے یا اس سے متعلق۔

**rotate** *v.* ① کسی محور کے گرد گھومنا، گھمانا، گردش کرنا۔ ② باری باری آنا یا حاصل کرنا۔ ● **rotation** اسم: گردش، چکّر۔ **rotatory** صف: باری باری کا۔

**rote** *n.* رٹّا، رٹائی، محض رٹی ہوئی بات۔ □ **by rote**

**rotisserie** *n.* گوشت یا مسلّم مرغ بھوننے کی مشین جس میں گھومنے والی سیخیں لگی ہوتی ہیں۔

**rotor** *n.* کسی مشین کا گھومنے والا پُرزہ، چرخی وغیرہ۔

**rotten** *adj.* ① گلا سڑا، خراب، بوسیدہ، گرنے، جھڑنے، ٹوٹنے کے قریب۔ ② بگڑا ہوا، بدعنوان۔ ③ بول چال: ناپسندیدہ، قبیح، کریہہ، ناخوش گوار۔ ● **rottenness** اسم: بوسیدگی، سڑاند۔

**rotund** *adj.* ① گول، مدوّر، کروی۔ ② موٹا گول مٹول (آدمی) ● **rotundity** اسم: گولائی۔

**rotunda** *n.* گول عمارت یا ایوان خصوصاً گنبددار۔

**rouble** *n.* (also **ruble**) روس کا معیاری سکّہ۔

**rouge** *n. & v.* اسم: سرخی یا لالی، گلگونہ جو گالوں پر لگایا

جاتا ہے۔ف: روج لگا کر سرخ کرنا۔

**rough** *adj. & n.* صف: ① ناہموار، اونچا نیچا، کھردرا، غیر شفاف۔ ② (زمین، علاقہ وغیرہ) گڑھے دار، رکاوٹوں والا۔ ③ تقریباً درست، اصل کے لگ بھگ۔ ④ (کردار یا انداز) درشت، اکھڑ، اُجڈ، ناملائم، ناشائستہ (زبان کے لیے) نازیبا، بے ہودہ، (شراب وغیرہ) تیز، تند، تلخ۔ ⑤ (سمندر، موسم) شدید، طوفانی، سخت، غیر معتدل۔اسم: ① سخت حالات۔② اکھڑ، ناملائم آدمی۔ ③ گولف: سبزہ زار سے ہٹ کے چٹیل زمین کا ٹکڑا۔□ **rough it** مشکل حالات میں کوئی کام کرنا۔ **rough up** رگیدنا، تشدّد کرنا، ظلم کرنا۔ ● **roughly** م ف۔**roughness** اسم: کھردرا پن۔

**roughage** *n.* غذائی اشیا کا ریشے دار نا قابل ہضم جزو جو غذا کے ہضم کرنے میں مددگار ہوتا ہے۔

**rough-and-ready** *adj.* کام چلاؤ، موٹا جھوٹا مگر مفید۔

**rough-and-tumble** *adj.* بے قاعدہ، اُلٹ پلٹ، گڈمڈ۔

**rough diamond** *n.* ① بے ترشا ہیرا۔② انگھڑ، سیدھا سادہ، بھلا آدمی، بظاہر سخت گیر، فطرۃً اچھا۔

**roughen** *v.* کھدیڑنا، کھندلنا، کھردرا، ناہموار بنانا۔

**roughshod** *adj.* (گھوڑا) جس کی نعل کی کیلوں کے سرے باہر نکلے ہوئے ہوں تاکہ پیر نہ پھسلے۔□ **ride roughshod over** کسی کے ساتھ تکبّر، بے دلی، لاپروائی سے پیش آنا۔

**roulette** *n.* جوئے کا ایک کھیل جس میں میز پر گھومتے ہوئے نمبر والے خانوں پر ایک گیند آ کر گرتی ہے۔

**round** *adj., n., adv., prep. & v.* صف: ① گول، گولائی لیے ہوئے، دائرہ یا گرہ نما۔ ② مکمل، بلا کسر۔ ③ اصلی، سچا، صاف، برملا، واضح، محکم۔ ④ تخمیناً، تقریباً عدد صحیح میں۔اسم: ① گول شے یا شکل۔② چکّر، معمول کی گردش، بندھے ہوئے مشاغل، لائحہ عمل یا متواتر سلسلہ، جلسوں یا مذاکرات کا دور۔③ معمول کا بندھا ہوا راستہ، نگرانی یا معائنوں، دیکھ بھال وغیرہ کا معمول۔④ حصہ رسد کی تقسیم۔ ⑤ کسی گروہ، زمرے یا سلسلے کے تمام رکن یا اجزا کا مجموعہ۔م ف: ① چکّر کھاتے ہوئے، گول گول حرکت کرتے ہوئے۔② گھوم کر، پوری طرح رخ پلٹ کر۔ ③ اکثر یا سب کے لیے یا سب سے۔ ④ کسی مقام یا احاطے میں۔⑤ سب طرف، چاروں سمت۔ ⑥ پھیر کھا کر۔حرف جار: ① کے گرد، گردا گرد۔② دائرے میں، گولائی میں۔ ③ لوٹ پھر کر، بار بار۔ ④ کسی جگہ سے مختلف سمتوں میں۔⑤ بطور محور یا مرکز۔ف: ① گول شکل دینا، گول شکل اختیار کرنا۔② گزرنا یا گھوم کر آنا۔ ③ کسی رقم یا عدد کو اختصار کے لیے کسر کے بغیر عدد صحیح میں ظاہر کرنا۔□ **in the round** ہر پہلو کو ظاہر کر کے، ہر بات کا لحاظ کرتے ہوئے۔ **round about** ① دائرے میں، کسی جگہ کے اردگرد۔② تقریباً، کم و بیش۔ **round the clock** مسلسل دن رات۔ **round off** (کسی چیز کو) مکمل، مرتب یا صحیح حالت میں لانا۔ **round up** گھیرنا، اِدھر اُدھر سے پکڑ کر لانا۔ ● **roundness** اسم: گولائی۔

**roundabout** *n. & adj.* اسم: ① چوراہا جہاں بیچ میں گول چکّر ہو جس کے پہلو سے گاڑیاں گزریں، چورنگی۔ ② کھیل کے میدان میں بچوں کے لیے گول گھومنے والا بڑا تخت۔صف: چکّر دار، پیچیدہ، الجھا ہوا۔

**roundel** *n.* چھوٹا قرص، ڈسک۔

**rounders** *n.* گیند بلّے کا ایک کھیل جس میں کھلاڑی گیند پر بلّا مار کے دوڑتا ہے اور کئی ٹھکانوں سے گزرتا ہے۔

**Roundhead** *n.* تاریخ: برطانیہ کی خانہ جنگی میں پارلیمانی پارٹی کا رکن۔

**roundly** *adv.* ① صاف لفظوں میں، کھل کر، بے دھڑک۔② پوری توجہ یا دلچسپی سے، اچھی طرح۔ ③ گول گول، دائرے کی صورت میں۔

**round robin** *n.* محضر یا درخواست جس پر دستخط دائرے کی صورت میں کیے جاتے ہیں تاکہ یہ پتا نہ چلے کہ پہلے کس نے کیے یا تقدیم و تاخیر کا سوال پیدا نہ ہو۔

**round trip** *n.* کئی جگہ ہو کر واپس آنا، واپسی کا چکّر، دوطرفہ سفر۔

**round-up** *n.* ① اشخاص یا اشیا کا سمٹاؤ، گھراؤ۔ ② خلاصہ، حقائق یا واقعات کی روئداد۔

**roundworm** *n.* کیچوا، حیطیہ خصوصاً طفیلی۔

**rouse** *v.* ①جگانا، نیند سے ہوشیار کرنا۔②چونکانا، جوش دلانا، غفلت سے ہوشیار کرنا۔

**rousing** *adj.* اُکسانے، بھڑکانے، گرمانے والا۔

**rout** *n. & v.* اسم: (فوج کی) پسپائی، لشتم پشتم پیچھے ہٹنا، شکست فاش۔ف: پسپا کرنا، ہزیمت دینا۔

**route** *n.* راستہ خصوصاً معمول کا، بندھا۔

**route march** *n.* فوجیوں کا کوچ مارچ۔

**router** *n.* ①ایک طرح کا دو دستے والا رندا یا بجلی سے چلنے والی مشین۔② کمپیوٹر: نیٹ ورک پر صحیح جگہ بہتر راستے سے پیغام بھیجنے کا آلہ۔

**routine** *n. & adj.* اسم: ①بندھا ہوا معمول یا طریق کار۔ ②رقص، ڈرامہ، مزاحیہ تمثیل وغیرہ میں کوئی تربیت یا سلسلہ۔ صف: بندھا ہوا (طریقہ) معمول کے مطابق۔ ● **routinely** م ف: حسب معمول۔

**roux** *n.* (*pl.* same) مکھن ملا آٹا جس سے چاشنی یا چٹنی بنائی جائے۔

**rove** *v.* آوارہ پھرنا، اِدھر اُدھر مارا مارا پھرنا۔

● **rover** اسم: جہاں گرد۔

**row**[1] *n.* ①قطار، صف بندی۔② نشستوں کی قطار۔

**row**[2] *v. & n.* ف: ① کشتی کو چپوؤں سے کھینا۔② کسی مسافر کو اس طرح کھے کر پار اتارنا۔ اسم: ① کشتی رانی کا ایک دور یا عرصہ۔② کشتی کی سیر۔

**row**[3] *n. & v.* بول چال، اسم: ①ہنگامہ، شورش، شور۔ ② سخت لڑائی جھگڑا۔ ف: ① جھگڑا کھڑا کرنا یا جھگڑے میں ملوث ہونا۔② تنبیہہ کرنا، ڈانٹنا، پھٹکارنا۔

**rowan** *n.* دیودار کی ایک قسم جس میں سرخ پھل آتے ہیں۔

**rowdy** *adj. & n.* صف: (**rowdier**، **rowdiest**) شور شرابہ کرنے والا، ہنگامہ پرور۔ اسم: (ج: **-ies**) جھگڑالو آدمی۔ ● **rowdiness** اسم۔ **rowdily** م ف: جھگڑے فساد سے۔

**rowlock** *n.* کشتی کے کنارے پر چپّو کے سہارے کے لیے بنا ہوا حلقہ یا ٹیک۔

**royal** *adj. & n.* صف: ①شاہانہ، بادشاہ یا ملکہ کے لائق۔②بادشاہ یا ملکہ کی ملازمت میں یا زیرِ سایہ۔③ شاندار، پُرشکوہ۔ اسم: بول چال: شاہی خاندان کا فرد۔

● **royally** م ف: شاہانہ طریقے سے۔

**royal blue** *n. & adj.* گہرا نیلا (رنگ)

**royalist** *n.* بادشاہت کا حامی یا طرفدار۔

**royalty** *n.* (*pl.* **-ies**) ①فرماں روا، بادشاہ یا ملکہ کا منصب، مرتبہ، دبدبہ، اقتدارِ اعلیٰ، شاہی اختیارات۔② بادشاہ یا ملکہ اور ان کے افرادِ خانہ، شاہی خاندان کا فرد۔③ پیٹنٹ یا حق ملکیت کے حامل کو اسکی مصنوعات کے استعمال کے لیے ادا کی جانے والی رقم یا مصنف کو فروخت شدہ جلدوں پر دیا جانے والا حق تصنیف یا حق تالیف۔

**RPI** تخفیف: retail price index: خوردہ قیمتوں کے اتار چڑھاؤ کا اشاریہ۔

**r.p.m.** تخفیف: revolutions per minute: گردش فی منٹ۔

**RSI** تخفیف: repetitive strain injury: تکراری عضلاتی کھنچاؤ یا بار بار بائی آنا۔

**RSJ** تخفیف: rolled steel joist: لوہے کی ڈھلی ہوئی کڑی یا شہتیر۔

**RSVP** تخفیف: (دعوت ناموں میں) جواب سے ممنون فرمائیں۔[فرانسیسی الفاظ *répondez s'il vous plaît* کے پہلے حروف]

**Ru** قدرتی عنصر ruthenium کی علامت۔

**rub** *v. & n.* ف: ①(**rubbing**، **rubbed**): رگڑنا؛ ہاتھ یا کوئی شے کسی سطح پر دبا کر پھیرنا۔② مل مل کر سکھانا، چمکانا، چھلکا اتارنا وغیرہ۔ ③ دو چیزوں کو آپس میں رگڑنا، گھسنا یا پھسلانا۔④ رگڑ کر دکھن یا سوزش پیدا کر دینا۔ اسم: ① ملنے کا عمل، مالش۔ ② رکاوٹ، مزاحمت، مشکل۔ □ **rub along** بول چال: کسی خاص دقّت کے بغیر کام چلا لینا۔ **rub it in** کسی بات کو بار بار جتانا، زور دے کر کہنا خصوصاً شرمندہ کرنے کے لیے۔

**rubber** *n.* ①ربڑ جو درخت کے دودھ سے تیار ہوتا ہے اور مصنوعی طور پر بھی۔ ② ربڑ کی ٹکیہ یا ٹکڑا جو پنسل یا سیاہی کے نشان مٹانے کے لیے استعمال ہوتا ہے۔ ③ بول چال: مانع حمل غلاف ذکر۔□ **rubber stamp** غور کیے بغیر کسی بات سے اتفاق کر لینا۔● **rubbery** صف: لچکیلا۔

**rubberize** *v.* (also **-ise**) ربڑ کی تہ چڑھانا۔

**rubbish** *n.* ① کوڑا کرکٹ، ردّی چیزیں۔② فضول، ناکارہ چیزیں۔③ فضول، بکواس، احمقانہ مشورہ۔
**rubble** *n.* اینٹ پتھر کے ٹکڑے، روڑی، کنکر پتھر۔
**rubella** *n.* جرمن خسرہ۔
**rubidium** *n.* ایک نرم روپہلی دھاتی عنصر (علامت:Rb)
**ruble** ROUBLE کا متبادل۔
**rubric** *n.* ① کسی متن کے ساتھ سرخ رنگ کا عنوان۔ ② تشریحی یا توضیحی الفاظ۔
**ruby** *n. & adj.* اسم:(ج:-ies) ① لعل یاقوت۔ ② تابدار بنفشئی سرخ رنگ۔صف: اس رنگ کا، یاقوتی۔
**ruby wedding** *n.* شادی کی چالیسویں سالگرہ۔
**ruche** *n.* آرائشی جھالر یا بیل وغیرہ۔
**ruck** *v. & n.* ف: جھریانا، پُرشکن ہونا۔اسم: ① شکن، جھرّی، سلوٹ۔ ② کھچاکھچ بھرا مجمع۔ ③ رگبی: گیند کے پاس کھڑے ہوئے اشارے کے منتظر کھلاڑی۔
**rucksack** *n.* پیٹھ پر لادنے کا تھیلا، پٹھو۔
**ructions** *n. pl.* بول چال: بحث، حجّت، جھگڑا، تکرار۔
**rudder** *n.* جہاز کے دنبال کے ساتھ لگی ہوئی عمودی چپوار یا سکان سمت کے تعیّن کے لیے۔
**ruddy** *adj.* **(ruddier, ruddiest)** سرخ صحت مند (چہرہ یا رنگ)، شاداب، شگفتہ، سرخی مائل۔
**rude** *adj.* ① ناشائستہ، گستاخ۔② نفاست، صفائی سے عاری۔ ③ سیدھا سادہ، بھولا۔ ④ توانا، بھرپور۔ ● **rudely** م ف۔ **rudeness** اسم: اجڈپن۔
**rudiment** *n.* ① مبادیات، کسی علم کے ابتدائی بنیادی اصول۔ ② کسی کام یا ساخت کا ادھورا آغاز۔
**rudimentary** *adj.* ① ابتدائی، بنیادی، مبادیات سے تعلق رکھنے والا۔② ناپختہ، خام؛ زیر تکمیل۔
**rue** *v. & n.* ف: پچھتانا، تأسف کرنا۔اسم: ایک سدابہار جھاڑی، پتے کڑوے، پہلے دواؤں میں استعمال ہوتی تھی، سداب کوہی، اسپند۔
**rueful** *adj.* متأسف، اندوہ آگیں، خصوصاً مزاحاً یا طنزیہ طور پر۔● **ruefully** م ف: افسوس کے ساتھ۔
**ruff** *n.* ① گلے کے گرد پہنی جانے والی کلف دار جھالر۔ ② بعض پرندوں یا جانوروں وغیرہ کی گردن کا کنٹھ۔
**ruffian** *n.* بدمعاش، شورہ پشت، غنڈہ۔
**ruffle** *v. & n.* ف: ① گڑبڑ مچانا، امن سکون میں خلل ڈالنا۔ ② کسی کا ذہنی سکون برباد کرنا۔ اسم: حاشیہ یا جھالر جو فیتے وغیرہ کو موڑ کر بنائی جائے۔
**rug** *n.* ① موٹے روئیں کا غالیچہ۔② موٹی اونی چادر یا موٹا کمبل یا کھیس۔
**rugby** *n.* (in full **rugby football**) ایک بیضوی گیند سے کھیلا جانے والا فٹ بال، جس میں پاؤں کے ساتھ ساتھ ہاتھ بھی استعمال کرسکتے ہیں۔
**rugged** *adj.* ① اونچی نیچی، ناہموار (زمین یا میدان)۔ ② بھدّا، ناملائم (نقشہ یا چہرہ) ③ سخت، مضبوط، مستحکم، بے لچک۔● **ruggedness** اسم: سختی، درشتی۔ **ruggedly** م ف: کرختگی سے۔
**rugger** *n.* بول چال: رگبی، فٹ بال کا عرف عام۔
**ruin** *n. & v.* اسم: ① تباہی، تباہ حالت۔ ② بربادی، کسی کی اپنی املاک یا رتبے سے یکسر محرومی، تباہ، برباد شخص۔ ③ کسی عمارت کے آثار، کھنڈر۔ ④ تباہی کا باعث، ذریعہ۔ ف: ① تباہ کرنا، دیوالیہ بنانا، بالکل خراب کردینا۔ ② کھنڈر بنا دینا، خستہ حال کردینا۔ ● **ruination** اسم: بربادی، تباہی۔
**ruinous** *adj.* ① تباہ کن، غارت گر۔② خستہ، شکستہ، کھنڈر کی صورت میں۔● **ruinously** م ف۔
**rule** *n. & v.* اسم: ① اصول جس کی پابندی کی جائے یا لازم ہو، قاعدہ۔② چالو، رائج عمومی حالت، وضع، طور طریقہ۔③ حکومت، فرماں روائی۔④ مسطر، جس سے طول ناپتے یا سطریں کھینچتے ہیں۔ ف: ① زیر اثر رکھنا یا حکومت کرنا، حاوی ہونا۔② حکم ناطق دینا۔③ اسکیل سے سیدھے خطوط کھینچنا۔□ **as a rule** عموماً، عام طور پر۔ **rule out** خارج رکھنا، غیر متعلق قرار دینا۔ **rule of thumb** ① عمومی ضابطہ جو تجربے یا رواج پر مبنی ہو۔ ② قیاس، تخمینہ، ظن غالب۔
**ruler** *n.* ① فرماں روا، حکومت کرنے والا۔② مسطر جس سے پیمائش کی جاتی ہے یا خط مستقیم کھینچا جاتا ہے۔
**ruling** *n.* فیصلہ کن حکم۔
**rum** *n. & adj.* اسم: گنّوں کے رس یا راب سے بنائی

جانے والی شراب۔ صف:(rummest،rummer) بول چال:انوکھا، اجنبی، انجانا۔

**rumba** *n.* بال روم یا جوڑوں کا اجتماعی رقص۔

**rumble** *v. & n.* ف:① گڑگڑاہٹ پیدا کرنا، گرجتے بادل کی سی آواز نکالنا۔ ② بول چال: کھوج لگانا، معلوم کرنا۔ اسم: گونجتی، گرجتی آواز، گڑگڑاہٹ۔

**rumbustious** *adj.* بول چال: پُرشور، ہنگامہ خیز، غوغائی۔

**ruminant** *n. & adj.* اسم: جگالی کرنے والا جانور۔ صف:① جگالی کرنے والے جانوروں کا یا ان سے متعلق۔ ② غور و فکر کا عادی، سوچ بچار کرنے والا۔

**ruminate** *v.* ① فکر و تأمل کرنا، سوچ بچار کرنا۔ ② (جگالی کرنے والے جانوروں کا) پاگر کرنا، چبانا۔ ● **rumination** اسم۔ **ruminative** صف۔

**rummage** *v. & n.* کسی چیز کے کھوج میں الٹے سیدھے ہاتھ چلانا، گھبراہٹ میں ڈھونڈنا، ٹٹولنا۔ اسم: کسی چیز کی تلاش میں چیزوں کو تلپٹ کر دینے کی حرکت۔

**rummage sale** *n.* امریکا: ملے جلے سامان کا نیلام یا فروخت۔

**rummy** *n.* تاش کا ایک کھیل۔

**rumour** *n.* (*US* **rumor**) ① افواہ، چہ میگوئی، مشتبہ خبر۔ ② اڑتی سی خبر، گرم خبر۔

**rump** *n.* جانور کا پٹھا، پشت، ران کا بالائی حصّہ۔

**rumple** *v.* ملنا، دلنا، شکنیں، چرسیں ڈالنا۔

**rumpus** *n.* بول چال: جھگڑا فساد، جھڑپ، ہنگامہ۔

**run** *v. & n.* ف:(running،run،ran) ① بھاگنا، دوڑنا، تیز تیز قدم اٹھانا، اس طرح کہ دونوں پاؤں بیک وقت زمین پر نہ ہوں۔ ② چمپت ہونا، فرار ہونا، غائب ہوجانا۔ ③ جلدی میں یا مختصر سفر یا دورہ کرنا۔ ④ پہیّوں پر یا ویسی ہی روانی کے ساتھ بڑھنا، چالو ہونا، زیرِ عمل ہونا۔ ⑤ میعاد پوری ہونے تک جاری، لاگو، نافذ رہنا۔ ⑥ (بس یا ریل گاڑی کا) اپنے بندھے ہوئے راستے پر چلنا۔ ⑦ (کھیل، تماشے، نمائش وغیرہ کا) دکھایا، منعقد کیا جانا۔ ⑧ انتخاب میں کھڑے ہونا۔ ⑨ کسی مائع کا بہت زیادہ بہنا یا ٹپکنا۔ ⑩ (سامان) غیر قانونی طور پر پہنچانا۔ اسم: ① دوڑنے یا بھاگنے کا عمل۔ ② مختصر دورہ خصوصاً تفریحی۔ ③ طے شدہ فاصلہ۔ ④ کوئی عمومی میلان یا رجحان۔ ⑤ تیز حرکت۔ ⑥ روزمرہ کا راستہ۔ ⑦ دوڑ، پھیرا، لمبا سلسلہ یا عرصہ۔ ⑦ کرکٹ یا بیس بال میں بلّے باز کا دوڑ کے بنایا ہوا ایک رن یا پوائنٹ۔ ⑧ کسی جانور کا بندھا ہوا راستہ، مرغیوں، بطخوں وغیرہ کا ڈربا یا خرگوشوں وغیرہ کے لیے کھینچا ہوا باڑا، چراگاہ کی حدود۔ ⑨ بنیان یا جراب وغیرہ میں بنا ہوا سیڑھی نما چاک۔ □ **in the long run** آخر کار؛ آخری نتیجہ میں؛ آخر میں۔ **on the run** ① بھاگتا ہوا، فراری۔ **run across** ① اچانک مڈ بھیڑ ہونا، ٹکرانا۔ **run away** ① فرار ہو جانا۔ ② کسی کے ساتھ بھاگ جانا۔ **run down** ① کسی سے بھڑنا، ٹکرانا، متصادم ہونا۔ ② کمزور ہو جانا، گر جانا، کثرت کار یا ناکافی غذا کے سبب جھٹک جانا۔ **run into** ① ٹکرانا، متصادم ہونا، بھڑنا۔ ② مقابلہ کرنا۔ **run out** ① ختم ہونا، تمام ہونا۔ ② سارا مال خلاص کر دینا۔ **run over** ① ابل پڑنا، کناروں سے بہہ نکلنا۔ ② گاڑی یا اس کے چلانے والے کا کسی پر سے گزرنا، کچل دینا۔ **run through** سرسری نظر سے جانچنا یا آزمائش کرنا۔ **run up** دیکھتے دیکھتے (بہت قرضہ وغیرہ) چڑھا لینا۔

**rundown** *n. & adj.* اسم: مفصّل تجزیہ۔ صف: (**run-down**) نحیف، کمزور، جھٹکا ہوا۔

**rune** *n.* قدیم جرمینک رسم الخط کا کوئی حرف۔ ● **runic** صف: رونی۔

**rung**[1] *n.* سیڑھی کا کوئی بھی قدم وغیرہ۔

**rung**[2] RING[2] کا ماضیہ۔

**runner** *n.* ① دوڑنے والا شخص یا جانور۔ ② کسی بیل کی شاخ جو جڑ پکڑ سکے، لپٹنے والی بیل۔ ③ کوئی ڈنڈا یا نالی یا دھار جس پر کوئی چیز دوڑ یا پھسل سکے۔ ④ پیغام رساں، ہرکارہ۔ ⑤ بھاری سامان کو لڑھکا کر لے جانے والا پہیّہ یا بیلن دار دستی ریڑھا۔ ⑥ پتلا لمبا آرائشی کپڑا یا غالیچہ۔

**runner-up** *n.* مقابلے میں دوم آنے والا فریق۔

**runny** *adj.* (**runnier, runniest**) ① رواں، ابلواں۔ ② بہت پتلا۔

**run-of-the-mill** *adj.* معمولی، عام، کام چلاؤ۔

**runt** *n.* چھوٹا کمزور آدمی یا جانور۔

**run-up** *n.* کسی اہم تقریب سے پیشتر کا عرصہ۔
**runway** *n.* ہوائی جہازوں کے اترنے اور پرواز کے لیے دوڑنے کی پٹی، فرودگاہ۔
**rupee** *n.* پاکستان، ہندوستان وغیرہ کا سکّہ، روپیہ۔
**rupture** *n. & v.* اسم: ① شگاف، رخنہ، ٹوٹنے پھوٹنے، پھٹنے کا عمل۔ ② پھوٹ، نفاق، ان بن، جدائی، علاحدگی۔ ③ پیٹ میں پیدا ہونے والا مرض ہرنیا۔ ف: ① ٹوٹنا، پھٹنا، رخنہ پڑنا۔ ② رشتہ توڑنا، تعلق ختم کرنا۔ ③ مرض ہرنیا میں مبتلا ہونا۔
**rural** *adj.* دیہی، دیہاتی، مضافاتی، گاؤں کا۔
**ruse** *n.* چال، ترکیب، حکمت عملی، حیلہ، دکھاوا۔
**rush**[1] *v. & n.* ف: ① جھٹ پٹ، جھپاکے یا تیزی، پھرتی کے ساتھ کام کرنا۔ ② اچانک تیزی سے حرکت کرنا، کسی کام پر ٹوٹ پڑنا۔ ③ بعجلت، مارامار میں کوئی کام یا فیصلہ کرنا۔ ④ تیزی سے دوڑنا، بہنا، گرنا، پھیلنا، لڑھکنا وغیرہ۔ اسم: ① جھپاکا، پھرتیلی، جوشیلی، تند پیش رفت یا حملہ، اچانک بہاؤ میں تیزی، سیلاب۔ ② ہلچل، دوڑ دھوپ کا زمانہ۔
**rush**[2] *n.* نرسل کی قسم کا مرطوب زمین میں اُگنے والا پودا، گودے دار ڈنڈیوں والا۔
**rush hour** *n.* دن کے اوقات جب ٹریفک زور پر ہو۔
**rusk** *n.* پاپا، ایک قسم کا ہلکا مسام دار کرارا بسکٹ۔
**russet** *adj. & n.* صف: لاکھی، سرخی مائل بھورا۔ اسم: سرخی مائل بھورا رنگ۔
**rust** *n. & v.* اسم: ① زنگ جو خصوصاً نمی کی موجودگی میں لوہے یا فولاد میں لگتا ہے۔ ② بھورا سرخ رنگ۔ ف: زنگ آلود، زنگ خوردہ ہونا یا بنانا، زنگ لگانا۔
**rustic** *adj.* ① دیہی، دیہاتی فضا یا زندگی کی خصوصیات رکھنے والا۔ ② سیدھا سادہ، نفاست سے عاری، گنوارو۔ ③ موٹے جھوٹے کام کا، ناتراشیدہ لکڑی کے کندوں، ٹہنیوں سے بنا ہوا۔
**rusticate** *v.* کسی طالب علم کو یونیورسٹی سے کچھ عرصے کے لیے خارج کر دینا، نکالا دینا۔
**rustle** *v. & n.* ف: ① سرسراہٹ پیدا کرنا جیسے خشک پتّوں کے ہوا میں ہلنے سے۔ ② (مویشی یا گھوڑے) چوری کرنا۔ اسم: سرسراتی آواز۔ □ **rustle up** بول چال: کوئی شے پھرتی سے تیار کرنا۔ ● **rustler** اسم۔
**rustproof** *adj. & v.* صف: زنگ لگنے سے محفوظ۔ ف: زنگ سے محفوظ کرنا۔
**rusty** *adj.* **(rustier, rustiest)** ① زنگ آلودہ۔ ② استعمال نہ کرنے کے سبب خراب و خستہ۔ ③ سرخی مائل بھورے رنگ کا، زنگی۔
**rut**[1] *n.* ① پہیّوں کے مسلسل چلنے سے بن جانے والے گڑھے یا نالیاں۔ ② بندھا ٹکا معمول، گھساپٹا طریقۂ کار۔
**rut**[2] *n. & v.* اسم: ہرن، بکرے، بھیڑ وغیرہ کی شہوت یا مستی کا زمانہ۔ ف: **(rutting، rutted)** جانور کا جفتی کی خواہش میں ہونا، بہار پر ہونا۔
**ruthenium** *n.* ایک کمیاب، سخت، سفید، دھاتی عبوری عنصر (علامت: Ru)
**rutherfordium** *n.* ایک غیر مستحکم عنصر (علامت: Rf)
**ruthless** *adj.* بے رحم، جابر؛ ظالمانہ۔
● **ruthlessly** م ف۔ **ruthlessness** اسم۔
**rye** *n.* ① غلے کا ایک پودا۔ ② اس کی تخمیر سے تیار کی جانے والی وھسکی۔

# S s

**S** تخفیف: ① south، southern۔ ② siemens۔ ③ علامت: عنصر sulphur گندھک۔
**s** تخفیف: ① second(s)۔ ② shilling(s)۔
**SA** تخفیف: ① Salvation Army۔ ② South Africa۔ ③ South Australia۔
**sabbath** *n.* یوم سبت، آرام اور عبادت کا دن (یہودیوں میں ہفتے کا دن، عیسائیوں میں اتوار کا)
**sabbatical** *n.* یونیورسٹی کے اساتذہ کے سفر اور

مطالعے کے لیے رخصت۔

**sable** *n. & adj.* اسم:سمور اور نیولے کا ہم اصل جانور،اس کی سیاہ پوستین۔صف:سیاہ۔

**sabotage** *n. & v.* اسم:تخریب کاری خصوصاً سیاسی حربے کے طور پر۔ف:① تخریب کاری کرنا۔② ناکارہ بنانا،تباہ کرنا،بگاڑنا۔● **saboteur** اسم:تخریب کار۔

**sabre** *n. & v.* (*US* **saber**) خم دار پھل کی تلوار۔

**sac** *n.* تھیلی،پودوں یا حیوانوں کے جسم میں جھلّی دار تھیلی۔

**saccharin** *n.* ایک میٹھا مصنوعی مادّہ جو شکر کی جگہ مٹاپے کو روکنے یا کم کرنے کے لیے استعمال ہوتا ہے۔

**saccharine** *adj.* ① شکریں۔② شکر آمیز،شیریں۔③ حد سے زیادہ تکلّف یا شیریں کلامی پر مبنی۔

**sack** *n. & v.* اسم:① بورا یا بوری عموماً ٹاٹ کی،کاغذ یا پلاسٹک کا بڑا تھیلا۔② **(the sack)** بول چال: ملازمت سے برطرفی۔ف:① لوٹنا،تباہ کرنا۔② بول چال: ملازمت سے برطرف کرنا۔● **sackful** اسم:بوری بھر۔

**sackcloth** *n.* (also **sacking**) ① ستلیاں،سن کے ریشے یا ٹاٹ۔② سن کے ریشوں سے بنا ہوا کپڑا۔

**sacral** *adj.* ① ریڑھ کی نچلی ہڈی کے متعلق۔② مقدّس رسوم کے متعلق۔

**sacrament** *n.* میثاقِ مسیحی،مسیحی کلیساؤں کی ایک مقدّس رسم جسے اندرونی پاکیزگیٔ نفس کا بیرونی اظہار خیال کیا جاتا ہے۔● **sacramental** صف۔

**sacred** *adj.* ① مقدّس،مذہبی معبود یا دیوتا سے متعلق، دینی یا دینی امور سے متعلق۔② وہ باتیں جنہیں مذہبی تحفظ یا تقدس حاصل ہو،متبرک۔

**sacred cow** *n.* بول چال:کوئی خیال یا ادارہ جسے تنقید سے بالاتر سمجھا جائے۔

**sacrifice** *n. & v.* اسم:① قربانی،کسی عزیز شے کو کسی اہم مقصد کے لیے تج دینا۔② قربان کی جانے والی شے،جان یا مال،نذر،نیاز۔ف:① کوئی چیز قربان کرنا، وارنا۔② کسی کو نذر پیش کرنا۔③ نذر کے طور پر ذبح کرنا۔● **sacrificial** صف:قربانی کا۔

**sacrilege** *n.* مقدّس،متبرک اشیا کی بے حرمتی۔ ● **sacrilegious** صف۔

**sacristan** *n.* کلیسا میں مقدّس اشیا کے حجرے کا محافظ۔

**sacristy** *n.* (*pl.* **-ies**) کلیسا میں مقدّس اشیا کو محفوظ رکھنے کا گوشہ یا حجرہ۔

**sacrosanct** *adj.* مقدّس،انتہائی متبرک اور قابل حرمت (شخص،جگہ،روایت،قانون وغیرہ)

**sacrum** *n.* (*pl.* **sacra** or **sacrums**) ایک تکونی ہڈی جو ریڑھ کے منکوں کے نچلے سرے سے شروع ہو کر کولھے کی دونوں ہڈیوں کے درمیان پائی جاتی ہے۔

**SAD** seasonal affective disorder:تخفیف خزاں کے آخری اور جاڑوں کے دنوں کی سستی اور پژمردگی جو بعض لوگوں کو غالباً سورج کی روشنی کی کمی کے باعث لاحق ہو جاتی ہے۔

**sad** *adj.* **(sadder, saddest)**،① افسردہ،رنجیدہ، ناخوش۔② المناک۔③ افسوس کے قابل۔● **sadly** م ف۔ **sadness** اسم:الم،افسردگی۔

**sadden** *v.* رنجیدہ کرنا،ہونا۔

**saddle** *n. & v.* اسم:① زین،کاٹھی۔② بائیسکل وغیرہ کی گدّی۔③ پٹھے کا گوشت مع ہڈی۔ف:① گھوڑے وغیرہ پر زین کسنا۔② کسی شخص پر کوئی کام یا ذمّہ داری لادنا،کسی شخص پر کوئی دباؤ ڈالنا۔

**saddler** *n.* زین ساز،گھوڑے کا ساز تیار کرنے والا۔

**sadism** *n.* جنسی کجروی کی ایک شکل جس میں آدمی دوسروں کو ایذا پہنچا کر یا ایذا میں دیکھ کر تسکین حاصل کرتا ہے،سادیت۔● **sadist** اسم:سادیت زدہ،شقی۔ **sadistic** صف:ایذا پسند۔ **sadistically** م ف۔

**sae** ۔stamped addressed envelope:تخفیف

**safari** *n.* جانوروں کے مشاہدے،شکار یا سائنسی تحقیق کی مہم۔

**safari park** *n.* وسیع احاطہ جہاں شیر وغیرہ جنگلی جانور نسبتۃً کھلی فضا میں رکھے جاتے ہیں اور لوگ گاڑیوں میں وہاں سے سیر کرتے ہوئے گزرتے ہیں۔

**safe** *adj. & n.* صف:① خطرے یا آزار سے محفوظ۔ ② تحفظ دینے والا،عافیت کا۔③ بھروسے کے قابل، معتبر۔اسم:مضبوط آہنی تجوری۔● **safely** م ف۔

**safe conduct** *n.* پروانۂ راہ داری،گرفتاری یا

ضرر، نقصان وغیرہ سے بچاؤ کی پیش بندی۔

**safe deposit** *n.* بینک، ہوٹل وغیرہ میں قیمتی اشیا حفاظت سے رکھنے کا محفوظ و مستحکم کمرہ۔

**safeguard** *n. & v.* اسم: ① حفظِ ماتقدم۔ ② تحفظ۔ ف: تحفظ کرنا، محفوظ رکھنا، (حقوق وغیرہ) کا پاس کرنا۔

**safe sex** *n.* جنسی تعلق، جس میں جنسی عمل سے پھیلنے والی بیماریوں خصوصاً ایڈز کے خطرے سے محفوظ رہنے کے لیے احتیاطی تدابیر اختیار کی جائیں۔

**safety** *n.* (*pl.* **-ies**) تحفظ، بچاؤ، خطرے سے محفوظ و مامون ہونے کی صورت۔

**safety belt** *n.* =SEAT BELT۔

**safety pin** *n.* اٹکانے کا دہرا کیا ہوا حفاظتی پن جس کی نوک ڈھکی رہتی ہے تاکہ چبھنے نہ پائے۔

**safety valve** *n.* ① جوشدان میں لگا صمامہ جو دباؤ پڑنے پر خود بخود کھل جاتا ہے۔ ② شدید جوش یا دباؤ کو گھٹانے کی تدبیر۔

**saffron** *n.* ① زعفران، کیسر۔ ② زعفرانی یا کیسری رنگ، زردی مائل نارنجی، جوگیا۔

**sag** *v. & n.* ف: (sagging، sagged) دباؤ سے پچک جانا، جھول کھانا، ڈھیلا ڈھالا ہو جانا۔ اسم: گراوٹ، جھکاؤ کی حالت۔

**saga** *n.* طویل داستان، افسانوی یا نیم تاریخی رزمیہ۔

**sagacious** *adj.* ① دانا، زیرک، دانشور۔ ② ذی فہم، تیز، ذکی۔ ③ ہوشیار، ذہین۔ ● **sagacity** اسم: ہوشیاری، ذکاوت، سمجھ۔ **sagaciously** م ف۔

**sage** *n. & adj.* اسم: ① ساج، سمندر سوکھ، ایک خوشبودار جھاڑی۔ ② گہرا، گمبھیر آدمی۔ صف: ① دانا، بینا۔ ② دانشمندانہ۔ ● **sagely** م ف: عالمانہ۔

**sago** *n.* (*pl.* **-os**) ساگودانہ، ایک طرح کا نشاستہ جو ساگو پام (یا نخلیہ) کے گودے سے بنایا جاتا ہے۔

**said** SAY کا ماضی و ماضیہ۔

**sail** *n. & v.* اسم: ① کشتی یا جہاز کا بادبان۔ ② بادبانی جہاز یا کشتی کا سفر یا سیر۔ ③ پون چکّی کا پنکھا۔ ف: ① پانی پر تیرنا، مشینی قوت یا کسی اور ترکیب سے۔ ② جہاز رانی یا کشتی رانی کرنا، (سمندر میں) سفر کرنا۔ □ **sail through** آسانی سے جیتنا یا کامیابی حاصل کرنا۔

**sailboard** *n.* ہوا کے زور سے تفریحی طور پر تیرایا جانے والا بادبانی عرشہ۔ ● **sailboarder** اسم۔ **sailboarding** اسم: بادبانی تختہ رانی۔

**sailboat** *n.* بادبانی کشتی۔

**sailcloth** *n.* ① بادبانوں کے لیے کرمچ یا کوئی اور کپڑا۔ ② پوشاک کے لیے موٹا کرمچ جیسا کپڑا۔

**sailor** *n.* جہاز کے عملے کا آدمی، افسران کے علاوہ۔

**saint** *n.* اسم: ① کسی مقدّس نام سے پہلے بطور لقب، مراد برگزیدہ، عالم بالا میں اعلیٰ مقام پر فائز۔ ② عیسائی اولیا نیز فرشتوں کے سردار کا لقب اکثر کلیساؤں وغیرہ کے نام کا جزو۔ ③ نہایت نیک آدمی۔ ● **sainthood** اسم: خدا رسیدگی۔ **saintliness** اسم۔ **saintly** صف۔

**sake**[1] *n.* برائے، کے واسطے، کے لیے۔ □ **for the sake of** ① (کسی کا) لحاظ کرتے ہوئے، کسی کی خاطر، کسی کے سبب سے۔ ② کسی غرض سے۔

**sake**[2] *n.* چاول کی جاپانی شراب۔

**salaam** *n.* ① سلام (سلامتی کی دعا) ② تعظیمی جھکاؤ یا ماتھے تک ہاتھ اٹھا کر اظہارِ دوستی یا تکریم۔

**salacious** *adj.* ہوس ناک، عیّاش، شہوت پرست۔ ● **salaciously** م ف۔ **salaciousness** اسم۔

**salad** *n.* سلاد، کچی یا پکی ترکاریوں کو تیل، سرکے وغیرہ میں ملا کر تیار کیا ہوا کچومر۔

**salamander** *n.* چھپکلی کی طرح کی دم دار مخلوق۔

**salami** *n.* مسالے دار قیمہ بھرا سموسہ نما کھاجا (ساسیج)۔

**salaried** *adj.* تنخواہ دار۔

**salary** *n.* (*pl.*-**ies**) بندھی ہوئی تنخواہ عموماً ماہانہ جو ملازم کو دی جائے۔

**sale** *n.* ① فروخت، داموں کے بدلے بیچنے کا عمل۔ ② قیمت گھٹا کر مال کی نکاسی کرنے کا عمل، سستی فروخت کاری۔ ③ کسی خاص موقع پر ہونے والی فروخت، نیلام عام۔ □ **on** or **for sale** برائے فروخت۔

**saleable** *adj.* (also **salable**) قابلِ فروخت۔

**salesman** (*pl.* **-men**; *fem.* **saleswoman**, *pl.* **-women**) دکان کا فروخت کار ملازم۔

**salesmanship** *n.* فروخت کاری کی مہارت۔

**salient** *adj. & n.* صف: نکلتا ہوا، نمایاں، آشکار۔

اسم:فصیل کا آگے کو نکلا ہوا حصّہ، دمدمہ۔

**saline** *adj.* ① نمکیات آمیز۔② نمکین ذائقے والا۔ ● **salinity** اسم:شوریدگی؛شورزدگی۔

**saliva** *n.* تھوک،لعاب دہن،رال۔ ● **salivary** صف:لعابی،لعاب دار۔

**salivate** *v.* تھوکنا،تھوک پیدا کرنا خصوصاً زیادہ یا منہ میں پانی بھرلانا۔ ● **salivation** اسم:رال ٹپکنا۔

**sallow** *adj.* & *n.* صف:مریضانہ زردی مائل بھورا (رنگ یا جلد)اسم:بید کا نسبتہً چھوٹا درخت۔

**sally** *n.* & *v.* (*pl.* **-ies**) اسم:① محاصرہ کرنے والوں پر محصورین کی جھپٹ، یورش، دھاوا۔② بذلہ سنجی، پھڑکتا ہوا فقرہ جو بحث مباحثے میں کسی پر چست کیا جائے۔ ف:(**-ied**‹**-ies**)۔ ① سفر پر روانہ ہونا۔② حملے کے لیے یکا یک نکل پڑنا۔ □ **sally forth**

**salmon** *n.* (*pl.* same) ایک بڑی مچھلی جس کا گلابی گوشت بہت شوق سے کھایا جاتا ہے۔② نیز (**salmon pink**) سامن کا رنگ ،زردی مائل گلابی۔

**salmonella** *n.* ایک جرثومہ جو فساد ہضم یا غذائی سمیّت پیدا کرتا ہے۔

**salon** *n.* ① کسی محل یا رئیسانہ مکان کا ملاقات کا کمرہ۔② وہ کمرہ جہاں سنگھار کرنے والے، فیشن ڈیزائنر وغیرہ کے کاروبار کا ٹھکانا ہو۔③ کوئی آرائش گاہ۔

**saloon** *n.* ① بڑا کمرہ، ہال، ایوان خصوصاً کسی جہاز یا ہوٹل وغیرہ میں۔②(**saloon car**) ریل کا پُرآسائش ڈبا جس کے ساتھ بیٹھنے اٹھنے کا کمرہ بھی ہو۔

**saloon car** *n.* بند کار جس میں ڈرائیور کے پیچھے کوئی پردہ نہیں ہوتا۔

**salsa** *n.* ① لاطینی امریکا کے ایک رقص کی موسیقی، جاز اور راک کا مجموعہ۔② ایک چٹنی۔

**SALT** Strategic Arms Limitation:تخفیف Talks (or Treaty)۔

**salt** *n., adj.* & *v.* اسم:① عام خوردنی نمک، سوڈیم کلورائڈ۔② ایک کیمیائی مرکب جو کسی اساس پر تیزاب کے ردّعمل سے بنتا ہے۔③ (**salts**) نمک سے ملتی جلتی شے، جلاّب کے طور پر دیا جانے والا نمک کی شکل کا سفوف۔ صف:نمک آلود، نمکین یا نمک سے بنا ہوا؛نمک لگا کر محفوظ کیا ہوا۔ ف:نمک لگا کر یا نمکین پانی میں محفوظ کر لینا۔ □ **take with a pinch** (or **grain**) **of salt** مبالغہ آمیز، ناقابل یقین، مشتبہ سمجھنا۔ ● **worth one's salt** اہل، لائق، کام کا (آدمی) ● **saltiness** اسم:نمکینی، ملاحت۔ **salty** صف۔

**salt cellar** *n.* نمک دان یا نمک دانی، کھانے کی چیزوں پر نمک چھڑکنے کے لیے۔

**saltpetre** *n.* (*US* **saltpeter**) شورہ یا قلمی شورہ، پوٹاشیم نائٹریٹ جو گوشت کو محفوظ کرنے اور دواؤں اور بارود میں استعمال ہوتا ہے۔

**salubrious** *adj.* صحت بخش، مفید صحت۔

**salutary** *adj.* فائدہ مند، موافق، حسب دلخواہ۔

**salutation** *n.* سلام، ملاقات پر اظہار خوشنودی یا رخصت پر دعائیہ کلمہ۔

**salute** *n.* & *v.* اسم:① سلام، اظہار خلوص و نیازمندی خصوصاً آمد یا رخصت کے وقت۔② مقررہ طریقے سے ہتھیار یا اعضا یا پرچم کو جنبش دے کر عسکری سلام۔ ف: سلام کرنا، (کسی کو) سیلیوٹ یا فوجی سلام کرنا۔

**salvage** *n.* & *v.* اسم:① جہاز کے ڈوبنے یا آگ لگنے کے بعد سامان وغیرہ کی بازیابی۔② اس طرح کی بازیاب کی ہوئی املاک۔ ف:تباہی، آگ یا ڈوبنے کے بعد بازیاب کرنا۔ ● **salvageable** صف:قابل بازیابی۔

**salvation** *n.* ① تحفظ، بچاؤ۔② نجات، بخشش۔

**salve** *n.* & *v.* اسم:① ایک تسکین بخش مرہم۔② کوئی تسلّی دینے، روحانی سکون پہنچانے والی شے۔ ف: تسکین دینا (زعم، انا، ضمیر وغیرہ کو)

**salver** *n.* کشتی عموماً سونے چاندی یا پیتل کی۔

**salvo** *n.* (*pl.* **-oes** or **-os**) ① بندوقوں یا توپوں کی باڑھ، ایک ساتھ سلامی کے طور پر یا بحری جنگ میں۔ ② اظہار مسرت یا تحسین کا غلغلہ یا تالیاں۔

**sal volatile** *n.* ایمونیم کاربونیٹ، خصوصاً الکحل آمیز خوشبودار محلول کی صورت میں سونگھنے کے لیے۔

**Samaritan** *n.* & *adj.* ① ہمدرد، مددگار شخص۔② (برطانیہ) ایک فلاحی ادارے کا فرد جو پریشان، مصیبت زدہ لوگوں کو بالمشافہہ یا ٹیلی فون پر مشورے دیتا ہے۔

**samarium** *n.* (**Sm**:علامت) ایک دھاتی عنصر

**samba** *n.* ایک بال روم (جوڑوں کا) رقص۔
**same** *adj., pron. & adv.* صف: ①وہی نہ کہ اور کوئی، ویسا ہی نہ کہ مختلف، وہی کا وہی۔ ② غیر مبدّل؛ ہموار، یکساں۔ ضمیر: وہی شخص یا شے۔ م ف: اسی طرح، ویسے ہی۔ □ **all the same** بہرحال، پھر بھی۔ ● **sameness** اسم: یکسانیت۔
**sampan** *n.* مشرق بعید کی ایک چھوٹی کشتی۔
**samphire** *n.* سمندری چٹانوں میں پیدا ہونے والا چھتری نما پودا جس کے خوشبودار پتّوں کا اچار پڑتا ہے۔
**sample** *n. & v.* اسم: ① نمونہ۔ ② تھوڑی سی مقدار جو پورے کی نمائندگی کرے۔ ف: ① نمونہ حاصل یا پیش کرنا۔ ② آزمانا۔
**sampler** *n.* کشیدہ کاری، سوزن کاری وغیرہ کا مثالی نمونہ مہارت جانچنے کے لیے۔
**samurai** *n.* (*pl.* same) جاپان کا فوجی افسر۔
**sanatorium** *n.* (*pl.* **sanatoriums** or **sanatoria**) اقامتی دارالشفا جہاں معذوروں، ضعیفوں یا بیماریوں کا علاج اور دیکھ بھال کی جاتی ہے۔
**sanctify** *v.* (**-ies, -ied**) ①مقدّس، برگزیدہ قرار دینا۔ ② پاک کرنا، تطہیر کرنا۔ ● **sanctification** اسم۔
**sanctimonious** *adj.* ظاہردار، بناوٹی تقدس پر مبنی، ریاکارانہ۔ ● **sanctimoniously** م ف۔ **sanctimoniousness** اسم: ظاہری تقدس مآبی۔
**sanction** *n. & v.* اسم: ① منظوری، تصدیق، باضابطہ اجازت، جواز۔ ② اصول توڑنے پر جرمانہ۔ ③ کسی ریاست کے خلاف بین الاقوامی معاہدے یا اصول کار سے انحراف کی بنا پر فوجی یا اقتصادی کارروائی۔ ف: ① منظوری یا اجازت دینا۔ ② تصدیق، توثیق کرنا۔
**sanctity** *n.* (*pl.***-ies**) تقدّس، پاکیزگی، حرمت۔
**sanctuary** *n.* (*pl.***-ies**) ① متبرک مقام، عبادت خانہ وغیرہ۔ ② پرندوں، جنگلی جانوروں کے لیے مخصوص کردہ محفوظ علاقہ۔ ③ پناہ گاہ۔
**sanctum** *n.* ①مقدّس مقام۔ ② کسی کا نجی کمرہ، حجرہ، مطالعہ گاہ یا گوشۂ عافیت۔
**sand** *n. & v.* اسم: ① بالو، ریت، ریگ، چٹانوں کا مہین برادہ جو ساحلوں وغیرہ پر پایا جاتا ہے۔ ② **(sands)** صحرا، ریتیلا میدان۔ ③ ریتیلا ساحل۔ ف: ① ریت یا ریگ مال وغیرہ سے رگڑ کر صاف کرنا۔ ② ریت چھڑک کر یا ریت کی تہ چڑھا کر ڈھکنا، ریت میں چھپانا۔
**sandal** *n.* ہلکی، کھلی تسمہ دار جوتی۔
**sandalwood** *n.* صندل کی خوشبودار لکڑی۔
**sandbag** *n. & v.* اسم: ریت کا بورا یا تھیلا جو فوجی مورچہ بندی، دھماکے سے بچاؤ یا عمارات کے گرد یا سیلاب کی روک تھام وغیرہ کے لیے استعمال ہوتا ہے۔ ف: (**-bagged**، **-bagging**) ریت کی بوری سے رکاوٹ ڈالنا، روک لگانا، بچاؤ کرنا۔
**sandbank** *n.* سمندر یا دریا کی تہ میں ریت کا بھاری جماؤ جس سے وہ اتھلا ہو جائے۔
**sandblast** *v.* ہوا یا بھاپ کے ذریعے ریت کا تند جھونکا دے کر صفائی کرنا یا شیشے وغیرہ کی سطح کو کھردرا بنانا۔
**sandcastle** *n.* ریت کا قلعہ، عموماً گیلی ریت سے بچوں کے ہاتھ کا بنایا ہوا۔
**sander** *n.* سطح کو کھرچ کر یا رگڑ کر ہموار کرنے کا برقی آلہ، مشینی ریگ مال۔
**sandpaper** *n. & v.* اسم: ریگ مال۔ ف: ریگ مال پھیرنا، ریگ مال سے ہموار کرنا۔
**sandstone** *n.* کوئی قدیم چٹان یا پتھر جس کو قریب سے دیکھنے پر ذرّات نمایاں نظر آئیں، ریگی پتھر۔
**sandstorm** *n.* ریتیلی آندھی، طوفان خاک وباد۔
**sandwich** *n. & v.* اسم: توسوں کے درمیان قیمہ، پنیر وغیرہ رکھ کر بنائے ہوئے دوہرے پارچے، کوئی شے اس طرح رکھی ہوئی۔ ف: ① دو مختلف اشیا یا لوگوں کے درمیان بے میل ٹکڑا لے آنا۔ ② دونوں طرف سے دبایا، بھینچا، پچکا یا جانا۔
**sandy** *adj.* (**sandier, sandiest**) ① ریت کی طرح، ریت بھرا، ریتیلا۔ ② سرخی مائل زرد (بال)
**sane** *adj.* ① صحیح الدّماغ نہ کہ سر پھرا۔ ② معقول، معتدل (خیالات وغیرہ) ● **sanely** م ف۔
**sang** SING کا صیغۂ ماضی۔
**sangria** *n.* سرخ شراب اور لیمونیڈ کا اسپینی مشروب۔
**sanguinary** *adj.* ① خون آمیز؛ سفاکانہ۔ ② خونخوار، خونی۔

**sanguine** *adj.* رجائی، خوداعتمادی پر مبنی۔
**sanitarium** *n.* (*pl.* **sanitariums** or **sanitaria**) امریکا=SANATORIUM۔
**sanitary** *adj.* ①صفائی ستھرائی اور حفظانِ صحت سے متعلق۔② جراثیم سے پاک۔
**sanitary towel** *n.* (*US.* **sanitary napkin**) ایامِ حیض میں استعمال کی گدّی۔
**sanitation** *n.* ①صفائی ستھرائی کا انتظام، اس کی بہتری کی تدابیر۔② کچرے اور گندے پانی کی نکاسی کا انتظام۔
**sanitize** *v.* (also **-ise**) صحت کے لیے بے ضرر بنانا، جراثیم سے پاک کرنا۔
**sanity** *n.* عقل مندی، صحیح الدّماغی۔
**sank** SINK کا صیغۂ ماضی۔
**sap** *n.* & *v.* اسم: ①پودوں کے اندر کی رطوبت، چوب رس۔② توانائی، قوتِ جسمانی۔③ بول چال: گاؤدی آدمی۔ ف: (sapping، sapped) تباہ کرنا، چپکے چپکے کمزور یا کھوکھلا کرنا۔● **sappy** صف۔
**sapling** *n.* نیا پودا یا پود۔
**sapphire** *n.* ① نیلم۔② کوئی کرنچ دار شفاف پتھر یا نگینہ۔③ چمکیلا نیلا آسمانی رنگ۔
**saprophyte** *n.* مردہ یا گلے سڑے نامی مادّے پر پلنے والا پودا یا خوردحیویہ۔
**sarcasm** *n.* ①طنز، طعن، چوٹ، چبھتے ہوئے الفاظ، نکتہ چینی۔② طنزیہ فقرہ، پھبتی۔● **sarcastic** صف: طنزیہ۔ **sarcastically** م ف: طنزاً، بطور طعن و تشنیع۔
**sarcophagus** *n.* (*pl.* **sarcophagi**) قبر کا تعویذ خصوصاً کندہ کاری سے مزیّن۔
**sardine** *n.* ہیرنگ سے مشابہ چھوٹی سمندری مچھلی، تارلی یا رایو مچھلی کا بچہ۔
**sardonic** *adj.* ① تمسخر آمیز، بہت جلا کٹا۔② تضحیک آمیز، مذاق اڑانے والا، (قہقہہ وغیرہ) زہرخند۔
● **sardonically** م ف: زہر خندانہ۔
**sari** *n.* جسم کے گرد لپیٹا جانے والا سوتی یا ریشمی زنانہ ہندوستانی لباس، ساڑی۔[ہند]
**sarong** *n.* ملایا اور جاوا کے طرز کا تہمد جو مرد اور عورتیں دونوں پہنتے ہیں، عموماً دھاری دار۔
**sartorial** *adj.* ①خیاطی سے متعلق۔②پوشاک، لباس خصوصاً ان کی تراش اور وضع سے متعلق۔
**sash** *n.* ① لمبی پٹی یا پٹکا جو کاندھے سے بغل کے نیچے تک آتا ہے، نیز کمر پٹکا۔② دروازے کے شیشوں کا چوکھٹا۔③ شیشے کی چھت کا کھسکواں روشن دان۔
**sash window** *n.* اُوپر تلے لگے ہوئے کھڑکی وغیرہ کے شیشہ دار کھسکواں چوکھٹے۔
**Sat.** Saturday کا اختصار۔
**sat** SIT کا ماضی و ماضیہ۔
**Satan** *n.* شیطان، ابلیس [اصلاً عبرانی]
**satanic** *adj.* شیطانی، شیطان صفت، شیطان جیسا۔
**Satanism** *n.* ابلیس کی اطاعت یا پرستش۔
●**Satanist** اسم: شیطان کا چیلا۔
**satchel** *n.* اسکول کے طالبِ علم کا بستہ۔
**sateen** *n.* ایک طرح کی سوتی چمکیلی ساٹن۔
**satellite** *n.* ① طفیلی سیّارہ جو کسی بڑے سیّارے یا ستارے کے گرد چکّر لگائے۔② برائے نام آزاد، چھوٹا، کمزور ملک جو کسی بڑے ملک کے زیرِ اثر ہو۔
**satellite dish** *n.* ایک رکابی نما ایریل جو سیٹلائٹ سے آنے والے اشارات وصول کرتا ہے، ڈش اینٹینا۔
**satiate** *v.* پوری طرح تسلّی یا تسکین کر دینا، نیت بھر آنا، آسودہ کر دینا۔● **satiety** اسم۔ **satiation** اسم۔
**satin** *n.* & *adj.* اسم: ریشم یا مصنوعی ریشوں کا بنا ہوا ایک طرف سے چمکیلا کپڑا۔ صف: ساٹن کی طرح نرم۔
**satire** *n.* ① ہجو، طنزیہ تحریر جو کسی کی حماقت وغیرہ پر لکھی جائے۔②طنز پر مبنی نظم و نثر کی کوئی تحریر۔③ طنزیہ ادب۔● **satirical** صف۔ **satirically** م ف۔
**satirize** *v.* (also **-ise**) طنزیہ رنگ دینا، مضحکہ اڑانا، طنزیہ انداز میں بیان کرنا۔● **satirist** اسم۔
**satisfactory** *adj.* ① کافی، اطمینان بخش، باعث تسلّی۔② حسبِ توقع یا حسبِ ضرورت، کافی، شافی۔●
**satisfactorily** م ف: قابلِ اطمینان طور پر۔
**satisfy** *v.* (**-ies, -ied**) ف: ① توقع پوری کرنا، مطمئن کرنا، حسبِ مراد، حسبِ ضرورت ہونا۔② تسلّی، تسکین، سیری کرانا۔③ کسی خواہش کو آسودہ نہ چھوڑنا۔

● **satisfaction** اسم: تسکین، طمانیت۔
**satsuma** *n.* نارنگی کی ایک قسم اصلاً جاپانی۔
**saturate** *v.* ① تر بتر کر دینا، پوری طرح سیراب کر دینا۔ ② کسی مارکیٹ میں مانگ سے سوا مال پہنچا دینا۔ ● **saturation** اسم: نمی، رطوبت۔
**Saturday** *n.* ہفتہ، شنبہ، سنیچر، یوم سبت۔
**saturnine** *adj.* افسردہ، غمگین (مزاج یا طبیعت)
**satyr** *n.* یونانی دیوتا نگری کی ایک مخلوق جس کے کان اور دُم گھوڑے کے (یا رومی روایت میں بکری کے) ہوتے تھے لمبی ٹانگیں اور سر پر سینگ، ساطر۔
**sauce** *n.* ① ذائقے کے لیے چاشنی دار گاڑھی چٹنی۔ ② کوئی چٹپٹی شے۔ ③ بول چال: گستاخی، شوخ چشمی۔
**saucepan** *n.* دستہ دار، گول دھات کا برتن چولھے پر رکھ کر تلنے، اُبالنے وغیرہ کے لیے۔
**saucer** *n.* ① عموماً گول، اتھلی، پیالی کے ساتھ کی پرچ۔ ② طشتری یا اس سے ملتا جلتا کوئی برتن یا شے۔
**saucy** *adj.* **(saucier, sauciest)** گستاخ، شوخ چشم، بے باک۔ ● **saucily** م ف۔
**sauerkraut** *n.* بند گوبھی یا کرم کلّے سے تیار کیا ہوا ایک کھٹا جرمن کھانا۔
**sauna** *n.* گرم حمام جس میں بیٹھنے سے بہت پسینہ خارج ہوتا اور جسم تازگی محسوس کرتا ہے۔
**saunter** *v. & n.* ف: آہستہ چلنا، ٹہلنا، چہل قدمی کرنا۔ اسم: آہستہ خرامی، خوش خرامی۔
**sausage** *n.* آنت کے اندر قیمہ بھرا مسالے دار لمبوترا کیسہ جو کچا بکتا ہے اور کھانے سے قبل پکایا جاتا ہے۔
**sauté** *v.* **(sautéd** or **sautéed, santéing)** فوری استعمال کے لیے تیز تیز تلنا۔
**savage** *adj & n.* صف: ① وحشی، تندخو، خونخوار، ظالمانہ۔ ② جنگلی، ابتدائی عہد کا، غیر مہذب۔ اسم: ① قدیم، ابتدائی غیر مہذّب فرد۔ ② ظالم، تندخو آدمی۔ ● **savagely** م ف۔ **savagery** اسم: جنگلی پن۔
**savannah** *n.* **(**also **savanna)** گرم علاقے کا وسیع گھاس کا میدان جس میں خال خال درخت ہوں۔
**save** *v. & n.* ف: ① بچانا، تحفظ دینا، خطرے سے نکالنا، ساکھ بحال کرنا وغیرہ۔ ② پس انداز کرنا، آئندہ کے لیے اُٹھا رکھنا۔ ③ صرفے، وقت کے ضیاع، محنت مشقت وغیرہ سے بچانا۔ ④ (کھیل، میچ وغیرہ کو) ہارنے سے بچا لینا۔ اسم: فٹ بال وغیرہ: مخالف کے غلبے یا جیت سے بچاؤ۔ ● **saver** اسم: جزرس، کفایت شعار۔
**savings** *n. pl.* پس انداز رقم، جمع پونجی۔
**saviour** *n.* **(**US **savior)** نجات دہندہ۔
**savoir faire** *n.* ہر صورتِ حال سے نبٹنے کا گُر۔
**savory** *n.* **(**pl. **-ies)** پودینے کی خوشبو جیسی ایک نبات جو کھانے میں ذائقے کے لیے ڈالی جاتی ہے۔
**savour** *n. & v.* **(**US **savor)** مخصوص ذائقہ، مہک، سواد۔ ف: ① کسی تجربے یا نئی بات سے لطف اندوز ہونا۔ ② مہک یا ذائقے سے کسی اور چیز کی یاد دلانا۔
**savoury** *adj. & n.* **(**US **savory)** صف: ① مزیدار، نمکین (غذا) ② اشتہا انگیز، بھوک کھولنے والی (خوشبو یا ذائقہ)۔ اسم: (ج: **-ies**) کوئی چٹپٹی، بھوک کھولنے والی شے خصوصاً جو کھانے سے پہلے پیش کی جائے یا میٹھے کی قسم کی بالکل آخر میں۔
**saw**[1] *n. & v.* اسم: آرا یا آری، آرا مشین۔ ف: **(sawed** یا **sawn)** ① آرے یا آری سے چیرنا، کاٹنا۔ ② آری چلانے کی طرح ہاتھ آگے پیچھے کرنا۔
**saw**[2] SEE[1] کا ماضی۔
**saw**[3] *n.* مثل، مقولہ، کہاوت۔
**sawdust** *n.* لکڑی کا برادہ جو آری چلانے سے جھڑتا ہے۔
**sawmill** *n.* مشینوں سے لکڑی چیرنے یا تختہ سازی کا کارخانہ، آرا مشین۔
**sawn** SAW[1] کا ماضیہ۔
**sax** *n.* بول چال: SAXOPHONE۔
**saxe blue** *n. & adj.* اسم: ہلکا نیلا خاکستری رنگ۔ صف: اس رنگ کا، سلیٹی۔
**saxophone** *n.* پھونک سے بجانے والا نفیری کی طرز کا ساز جس کی کلیدیں انگلیوں سے چلائی جاتی ہیں۔
● **saxophonist** اسم۔
**say** *v. & n.* ف: **(saying, said)** ① بولنا، زبان سے ادا کرنا، الفاظ کے ذریعے اظہار کرنا۔ ② بیان کرنا، اطلاع دینا، بتانا۔ اسم: ① بولنے کا موقع، بیان کردہ

رائے۔② کسی فیصلے میں دخل، شرکت۔

**SAYE** تخفیف: save-as-you-earn۔

**saying** *n.* ① قول۔② مقولہ، مثل، کہاوت وغیرہ۔

**Sb** عنصر antimony کحل یا سرمہ کی علامت۔

**Sc** عنصر scandium سکینڈیم کی علامت۔

**scab** *n.* ① کھرنڈ جو زخم کے بھرنے پر بن جاتا ہے۔ ② جلدی بیماری یا پودوں کا فطری مرض جس میں کھرنڈ کی طرح کے تپڑ جاتے ہیں۔③ بول چال، تحقیراً: وہ شخص جو ہڑتال یا مزدور اتحاد میں شامل ہونے سے گریز کرے۔● **scabby** صف۔

**scabbard** *n.* تلوار، سنگین وغیرہ کی نیام، میان۔

**scabies** *n.* متعدی جلدی مرض جو خارشی جوں سے لگتا ہے اور جسم پر آبلے ڈال دیتا ہے۔

**scabrous** *adj.* ① کھردرا۔② فحش، ناشائستہ۔

**scaffold** *n.* ① کٹ گھر جس پر مجرم کو کھڑا کر کے پھانسی دی جاتی ہے۔② بلند چبوترہ۔

**scaffolding** *n.* پاڑ، جو مرمّت وغیرہ کے لیے کسی دیوار کے سہارے باندھی جاتی ہے۔

**scald** *v. & n.* ف:① جلد پر کھولتے پانی یا گرم بھاپ کا آبلے ڈالنا۔ ② گرم پانی سے دھونا، صاف کرنا۔ اسم: کھولتے سیّال یا بھاپ سے جلنے کا زخم، آبلہ کا چرکا۔

**scale** *n. & v.* اسم:① مچھلی وغیرہ کی جلد کا کھپرا وغیرہ۔ ② کھال کا تپڑ، پپڑی۔③ زنگ خوردہ لوہے پر زنگ کی تہ، کیتلی وغیرہ پر جمنے والی سفید تہ۔ ④ دانتوں پر جمنے والا کلس۔⑤ میزان، ترازو، ڈنڈی۔ ⑥ درجہ بندی، سلسلۂ مدارج۔⑦ نقشے پر طول وعرض وغیرہ کا تناسب، مقابلۃً حیثیت، مقدار یا درجہ۔⑧ آلۂ پیمائش پر نشانات۔⑨ سُروں کی بندھی ہوئی ترتیب۔ف: ① کھپرے چھیلنا، (دیوار، بلندی وغیرہ پر) چڑھنا۔② متناسب مقدار میں ظاہر کرنا یا گھٹانا۔③ (مختلف مقداروں کا) ایک ہی پیمانے سے جانچا جانا۔● **scaly** صف: پرت دار۔

**scalene** *adj.* (خصوصاً مثلث کے لیے) مختلف الاضلاع۔

**scallion** *n.* لمبی آل اور چھوٹی گٹھی والی پیاز۔

**scallop** *n.* (also **scollop**) اسم:① دوصمامی خوردنی صدفہ یا سیپ کا جوڑا۔② کوئی ایک صمامہ یا سیپ جس کی دھاریاں جوڑ کے وسط سے پھیلنی شروع ہوتی ہیں، بطور پلیٹ مستعمل۔③ (scallops) سیپی کی طرح کا نیم دائری شکلوں کا نشان۔● **scalloped** صف۔

**scallywag** *n.* بدمعاش، لفنگا۔

**scalp** *n. & v.* اسم: چندیا کی کھال مع بال۔ف: چندیا کی کھال اُتارنا۔

**scalpel** *n.* سرجن یا آرٹسٹ کا ایک قلم نُما آلہ۔

**scam** *n.* بول چال: چکمہ، دھوکا، فریب۔

**scamp** *n.* بدمعاش، لفنگا۔

**scamper** *v. & n.* ف: اُچھلنا کودنا، طرّارے بھرنا۔ اسم: اچھل کود، اٹکھیلی۔

**scampi** *n. pl.* بڑے جھینگے۔

**scan** *v. & n.* **(scanning، scanned)** ف: ① جائزہ لینا، گہری نظر ڈالنا، تیزی سے پڑھ ڈالنا۔ ②(مصرعوں کا) عروضی اعتبار سے موزوں ہونا۔ ③ (کسی سطح وغیرہ) کو جانچنا، (کسی فضا میں) راڈار وغیرہ کی شعاع دوڑانا۔④ تصویر کو ٹیلی وژن کے ذریعے نشر کرنے کے لیے سیاہ وسفید اجزا میں تقسیم کرنا۔اسم: جائزہ کاری کا عمل یا مثال۔● **scanner** اسم۔

**scandal** *n.* عوامی رسوائی یا عوام کو برانگیختہ کرنے والی بات، شے یا شخص، کھلبلی، چہ مگوئیاں، غیبت۔● **scandalous** صف : رسواکن، اہانت آمیز۔ **scandalously** م ف: اہانت آمیزانہ۔

**scandalize** *v.* (also **-ise**) جذبات یا حس اخلاق کو مجروح کرنے والی بات کرنا، فساد انگیزی کرنا۔

**scandalmonger** *n.* افترا پرداز، لگائی بجھائی کرنے والا، دوسروں پر کیچڑ اُچھالنے والا۔

**Scandinavian** *n. & adj.* اسم: اسکینڈی نیویا کا باشندہ یا شہری، اس علاقے کی زبانوں کا خاندان۔ صف: وہاں کے اشخاص، زبان وغیرہ سے متعلق۔

**scandium** *n.* ایک دھاتی عنصر (علامت:Sc)

**scansion** *n.* اشعار کے وزن کی جانچ، تقطیع۔

**scant** *adj.* بمشکل کافی، ناقص، کم۔

**scanty** *adj.* **(scantier, scantiest)** ①مقدار یا وسعت میں کم، تھوڑا۔② بمشکل کافی۔● **scantily** م ف۔ **scantiness** اسم: قلّت، کمی۔

**scapegoat** *n.* قربانی کا بکرا، جس کے سر کسی اور کا قصور ناحق منڈھ دیا جائے۔

**scapula** *n.* (*pl.* **scapulae**) شانے کی ہڈی۔ ● **scapular** صف۔

**scar** *n.* & *v.* اسم: جلد پر مندمل زخم یا چیرے وغیرہ کا نشان، داغ، دھاری۔ ف: (**scarring, scarred**) ① مستقل خراش، داغ وغیرہ ڈالنا۔ ② (زخم وغیرہ کا) مندمل ہو کر نشان چھوڑ جانا۔

**scarab** *n.* ① ایک قسم کا بھونرا جسے قدیم مصر میں مقدّس سمجھا جاتا تھا۔ ② بھونرے کی شکل کا تراشہ نگینہ۔

**scarce** *adj.* قلیل، ناکافی، کمیاب، ناقابلِ حصول۔

**scarcely** *adv.* ① بمشکل، بہت کم، برائے نام۔ ② بالکل نہیں۔

**scarcity** *n.* (*pl.* **-ies**) قلّت، کمی، کمیابی۔

**scare** *v.* & *n.* ف: ① ڈرانا، خوف دلانا۔ ② ڈرنا، خوف کھانا۔ اسم: ① اچانک طاری ہونے والا خوف۔ ② عام طور پر پھیلا ہوا ہراس۔

**scarecrow** *n.* کھیت میں پرندوں کو ڈرانے کے لیے کھڑا کیا جانے والا آدم نما پتلا، بجھ کاگ، بچوگا، ڈراوا۔

**scaremonger** *n.* ہولانے، ہراس پھیلانے والا شخص، افترا پرداز۔ ● **scaremongering** اسم: ڈراوا۔

**scarf** *n.* (*pl.* **scarves** or **scarfs**) گلے میں لپیٹنے یا کاندھوں پر ڈالنے یا سر پر لپیٹنے کا رومال یا گلوبند۔

**scarify** *v.* (**-ies, -ied**) ① چھیدنا، چھونا، چھلکا یا پوست اُتارنا۔ ② چبھتا ہوا تبصرہ کرنا۔ ③ (گھاس کے قطعے میں سے) سہاگا مشین چلا کر کنکر وغیرہ چھانٹنا۔

**scarlet** *n.* & *adj.* اسم: سرخ، قرمزی رنگ۔ صف: قرمزی رنگ کا۔

**scarlet fever** *n.* لال بخار، تپ سرخ، بچوں کا ایک متعدی مرض جس میں بخار کے ساتھ جسم پر سرخ دانے ہو جاتے ہیں۔

**scarp** *n.* سیدھی ڈھلان۔

**Scart** *n.* (also **scart**) ۲۴ پنوں (سوئیوں) کا کھانچا (ساکٹ) جس سے وِڈیو کے آلات کا سلسلہ جوڑتے ہیں۔

**scary** *adj.* (**scarier, scariest**) بول چال: مہیب، خوف ناک، ڈراؤنا۔

**scathing** *adj.* (تنقید) تند، تیز، جلی کٹی۔

**scatology** *n.* گو موت، غلاظت سے بیمارانہ دلچسپی، چرکینیت۔ ● **scatological** صف۔

**scatter** *v.* اِدھر اُدھر بکھیرنا، منتشر کرنا، پھیلانا۔

**scatterbrain** *n.* بے پروا، بھلکڑ، پریشاں دماغ شخص۔ ● **scatterbrained** صف: پراگندہ دماغ۔

**scatty** *adj.* (**scattier, scattiest**): بول چال: پراگندہ دماغ، حواس باختہ۔

**scavenge** *v.* ① (کوڑا کباڑ) سمیٹنا، اکٹھا کرنا، صاف کرنا۔ ② (مردار خور جانور یا پرندے کا) لاشوں کو ٹھکانے لگانا۔ ● **scavenger** اسم: خاک روب، بھنگی۔

**scenario** *n.* (*pl.* **-os**) ① منظرنامہ، کسی ڈرامے، فلم وغیرہ کی کہانی کے خدوخال مع تفصیل مناظر۔ ② (آئندہ) واقعات کی خیالی ترتیب یا صورتِ حال۔

**scene** *n.* ① منظر، کسی واقعے کا محل وقوع۔ ② حقیقی زندگی یا افسانے کا واقعہ، واقعات کا بیان یا ترجمانی۔ ③ فساد، جذبات، مزاج وغیرہ کا تکلیف دہ مظاہرہ۔ ④ ڈرامے کا کوئی منظر، ایکٹ کا کوئی حصّہ، کتاب، فلم وغیرہ کا کوئی ایسا ہی حصّہ یا منظر۔ ⑤ کوئی منظر، نظارہ، تماشا۔ ⑥ بول چال: دائرۂ کار۔ □ **behind the scenes** عام لوگوں کی نظروں سے دور، درپردہ، خفیہ طور پر۔

**scenery** *n.* ① منظر، قدرتی نظارہ خصوصاً قابلِ دید۔ ② تھیئٹر: منظر نما پردہ جو حسبِ موقع لٹکایا جائے۔

**scenic** *adj.* خوش منظر، قابلِ نظارہ۔

**scent** *n.* & *v.* اسم: ① خوشبو، خوشگوار بو۔ ② شکاری بو جو اس کے گزرنے کے راستے پر کتے سونگھ لیتے ہیں، بو سے ملنے والا سراغ، نشان جس سے تفتیش میں مدد ملے۔ ف: ① بو سے پہچاننا، تاڑنا، بھانپنا۔ ② بو یا خوشبو پھیلانا، مہکانا۔ ③ سونگھنا، بولینا۔ □ **on the scent** سُراغ کے پیچھے رواں، تفتیش میں پتے کی بات پائے ہوئے۔

**sceptic** *n.* (*US* **skeptic**) ① عام عقائد پر شک کرنے والا، متشکک۔ ② مذہب سے برگشتہ۔

**sceptical** *adj.* (*US* **skeptical**) شک پر مبنی یا مائل، شکّی، متامّل، ایمان میں خلل ڈالنے والا۔ ● **sceptically** م ف۔ **scepticism** اسم: تشکیک۔

**sceptre** *n.* (*US* **scepter**) عصائے شاہی جو بادشاہت کی علامت کے طور پر ہاتھ میں لیا جاتا ہے۔

**schadenfreude** *n.* دوسرے کی مصیبت پر خوش ہونے کی مذموم خصلت۔

**schedule** *n.* & *v.* اسم: ① نقشۂ ترتیب کار، لائحہ عمل۔ ② کوئی فہرست، تفصیلی دستاویز، گوشوارہ۔ ف: ① درج فہرست کرنا، گوشوارے پر چڑھانا۔ ② کسی عمارت کو تحفظ کے لیے نشان زد کرنا۔

**scheduled flight** *n.* بندھے ہوئے اوقات کے مطابق پرواز۔

**schema** *n.* (*pl.* **schemata** or **schemas**) ① خلاصہ؛ خاکہ؛ نقشہ۔ ② تجویز، مجوزہ ترتیب یا تنظیم۔

**schematic** *adj* ① کسی منصوبے یا خاکے سے متعلق۔ ② اشیا کو علامت وغیرہ کے طور پر ظاہر کرنے والا، علامتی۔ ● **schematically** م ف: قیاسانہ۔

**schematize** *v.* (also **-ise**) ① مرتّب، منظّم کرنا، قاعدے میں لانا۔ ② خاکے یا ترسیم کے ذریعے پیش کرنا۔ ● **schematization** اسم: ترتیب دہی۔

**scheme** *n.* & *v.* اسم: ① منصوبہ، تدبیر کار، لائحہ عمل۔ ② سازش، چال۔ ف: ① سازش کرنا۔ ② منصوبہ بندی کرنا۔ ● **schemer** اسم: سازشی، چالباز۔

**scherzo** *n.* (*pl.* **-os**) ہلکی پھلکی شوخ موسیقی۔

**schism** *n.* کسی جماعت کا اندرونی افتراق یا دھڑے بندی؛ اصولی یا عقائدی اختلافات کے سبب فرقہ بندی۔ ● **schismatic** صف و اسم: افتراقی، اختلافی۔

**schist** *n.* پرت دار چٹان، ورقی چٹان۔

**schizoid** *adj.* & *n.* صف: ① دولخت نفسیات کے مریض سے ملتا جلتا یا اس کا میلان رکھنے والا۔ ② بے ربط، پراگندہ دماغ۔ اسم: دولخت شخصیت رکھنے والا شخص۔

**schizophrenia** *n.* ① انشقاق نفسی، پراگندہ ذہنی، ایک نفسیاتی عارضہ جس میں خیالات، جذبات اور افعال کا باہمی ربط بگڑ جاتا ہے، اکثر واہمے لاحق ہوتے ہیں، اس کے ساتھ مغالطے، وسوسے اور سماجی زندگی سے علاحدگی۔ ② بول چال: نامربوط ذہنی رویّہ۔ ● **schizophrenic** صف و اسم: پراگندہ ذہن۔

**schmaltz** *n.* بناوٹی جذباتیت خصوصاً موسیقی، ناٹک تحریر وغیرہ میں۔

**schmuck** *n.* امریکا، بول چال: گاؤدی، نامعقول، ناپسندیدہ آدمی۔

**schnapps** *n.* تیز الکحلی شرابوں میں سے کوئی۔

**schnitzel** *n.* بچھڑے کے گوشت کا تلا پارچہ۔

**scholar** *n.* ① دانشور، عالم، صاحب علم، ادب داں۔ ② وظیفہ پانے والا۔ ③ طالبِ علم۔ ● **scholarly** م ف: فاضلانہ۔ **scholarliness** اسم: علمیت۔

**scholarship** *n.* ① علمی کارنامہ؛ اعلیٰ معیار کا علم، ایک اچھے عالم کے شایانِ شان طریقے اور معیار۔ ② وظیفہ، نمایاں کامیابی پر آگے پڑھنے کے لیے امداد۔

**scholastic** *adj.* تعلیم و تعلّم سے متعلق، جامعات، مدارس، درس، مدرسین وغیرہ سے منسوب، تدریسی۔

**school** *n.* & *v.* اسم: ① مدرسہ، اسکول۔ ② کسی مفکر یا آرٹسٹ کے معتقدین، پیرو، کسی ایک حلقے کے فن کار وغیرہ جن کے فن کی خصوصیات مشترک ہوتی ہیں۔ ③ مچھلیوں، سوساروں، وہیل مچھلیوں وغیرہ کا غول۔ ف: ① اسکول بھیجنا، تعلیم دلانا۔ ② تربیت دینا، سکھانا۔ ● **schoolboy**، **schoolchild**، **schoolgirl**. اسم۔

**schoolteacher** *n.* اسکول کا معلّم، استاد۔

**schooner** *n.* ① بادبانی جہاز۔ ② شیری نوشی کے لیے مخصوص جام یا پیمانہ۔

**sciatica** *n.* کولھے اور ران کا اعصابی درد، عرق النّسا۔

**science** *n.* ① کائنات کے مادّی حقائق سے تعلق رکھنے والا علم، جو معروضی مشاہدات اور حقائق پر مدار رکھتا ہے؛ مادّی علوم کا جامع اصطلاحی نام۔ ② کسی خاص مضمون کا باضابطہ علمی مطالعہ، اس کے اصول و قواعد۔ ● **scientific** صف۔ **scientifically** م ف۔

**scientist** *n.* سائنسدان، سائنس کا ماہر۔

**scimitar** *n.* مشرقی ساخت کی خمدار تلوار۔

**scintilla** *n.* آثار، سراغ، بقیہ نشان۔

**scintillate** *v.* ① باتوں سے روشنی بکھیرنا، ضوفشانی کرنا، چمکنا، خوش طبع ہونا۔ ② دمکنا، کرنیں بکھیرنا۔ ● **scintillating** صف: چمکتا دمکتا۔

**scion** *n.* ① پودے کی شاخ کاٹ کر بھرنے یا قلم

لگانے کے لیے۔ ② کسی خاندان کی نوعمر اولاد۔

**scissors** *n. pl.* قینچی، مقراض، کترنی۔

**sclerosis** *n.* نسیجوں کی غیر معمولی سختی۔

**scoff** *v.* ① مذاق اڑانا، طنز کرنا۔ ② بول چال: ندیدہ پن سے کھانا، ہوڑنا۔

**scold** *v.* ڈانٹنا، سخت سست کہنا (خصوصاً بچے کو) ● **scolding** اسم: ڈانٹ پھٹکار۔

**scollop** SCALLOP کا متبادل۔

**sconce** *n.* موم بتّیوں کے لیے دیوار میں آرائشی بریکٹ۔

**scone** *n.* آٹے، چکنائی اور دودھ سے تیار کردہ تھوڑی دیر سینکا ہوا کیک۔

**scoop** *n. & v.* اسم: ① چمچے، کفگیر، ڈوئی کی قسم کا کوئی برتن۔ ② بول چال: گرما گرم خبر جو کسی اخبار نے دوسروں سے پہلے چھاپ دی ہو۔ ف: ① پھاوڑے وغیرہ سے کھود کر گڑھا ڈالنا۔ ② کفگیر، کفچے وغیرہ میں بھر کر کسی ڈھیر میں سے نکالنا۔ ③ بول چال: خبر کی اشاعت میں (حریف پر چوں سے) بازی لے جانا۔

**scoot** *v.* بول چال: تیزی سے دوڑنا یا گزر جانا۔

**scooter** *n.* ① بچوں کے کھیلنے کی پہیّے دار تختی، رواں تختہ جس پر ایک پیر رکھ کر دوسرے سے کھسکاتے اور لڑھکاتے ہیں۔ ② دوپہیا ہلکی موٹر سائیکل۔

**scope** *n.* احاطۂ کار، دائرۂ عمل، ذہنی صلاحیت کی نوعیت یا حدود، میدانِ عمل، آزادیٔ عمل۔

**scorch** *v.* ① شعلے یا حدّت سے جھلسانا؛ آزار دینا، سوزش، جلن پیدا کرنا۔ ② تپش سے جھلس جانا۔

**scorching** *adj.* تپانے والا، بہت گرم۔

**score** *n. & v.* اسم: ① کسی کھیل میں کسی فریق کے حاصل کردہ نشان، نمبر، پوائنٹ۔ ② بیس کی تعداد یا بیس کا مجموعہ۔ ③ تحریر کردہ موسیقی کے قطعات کا مجموعہ؛ کسی فلم یا ڈرامے کے لیے مرتب کردہ موسیقی۔ ④ کسی سطح پر کھینچا یا گودا ہوا نشان، لکیر۔ ف: ① گول یا پوائنٹ بنانا، نمبر حاصل کرنا۔ ② کسی کھیل میں نمبر وغیرہ بنانا، نمبروں، دوڑوں وغیرہ کا حساب رکھنا۔ ③ نشان، لکیریں، خراش ڈالنا، کھونچنا۔ ④ موسیقی یا سنگیت مرتب کرنا۔ □ **score out** عبارت پر خط کھینچنا۔ ● **scorer** اسم۔

**scorn** *n. & v.* اسم: ① حقارت، مذمّت، ملامت، استہزا، طنز۔ ② طنز و ملامت کا نشانہ، زیرِ عتاب۔ ف: ① حقیر گردانا۔ ② کسی کام کو ناپسندیدہ سمجھ کر ترک کرنا۔ ● **scornful** صف: بیزار، متنفر۔ **scornfully** م ف۔

**scorpion** *n.* بچھو، عقرب۔

**Scot** *n.* اسکاچستانی، اسکاٹ لینڈ کا اصلی باشندہ۔

**Scotch** *adj. & n.* صف، قدیم: SCOTTISH۔ اسم: اسکاچ وھسکی۔

---

وضاحت: *Scottish* یا *Scots* کے بدل کے طور پر *Scotch* کو عام طور پر قابلِ اعتراض سمجھا جاتا ہے۔

---

**scotch** *v.* ① حتمی طور پر منسوخ کرنا، روک دینا (کارروائی وغیرہ) ② قدیم: زخمی کرنا، مارنا نہیں۔

**scot-free** *adv.* بغیر سزا پائے، بغیر دکھ اٹھائے۔

**Scots** *adj. & n.* صف: =SCOTTISH۔ اسم: اسکاٹ لینڈ میں بولی جانے والی انگریزی زبان۔ ● **Scotsman** اسم۔

**Scottish** *adj.* اسکاٹ لینڈ یا اس کے باشندوں سے متعلق۔

**scoundrel** *n.* حد سے گزرا ہوا بدمعاش، لفنگا۔

**scour** *v. & n.* ف: ① صاف کرنا، مانجھنا، چمکانا۔ ② نالی، نلکی وغیرہ کو ٹھونک کر یا پانی کی دھار سے صاف کرنا، رکاوٹ دور کرنا۔ ③ مکمل طور پر چھان بین کرنا۔ اسم: صفائی، منجھائی، رگڑائی۔ ② صفائی، منجھائی کا ساز و سامان۔

**scourge** *n. & v.* اسم: ① دُرّہ، تازیانہ، کوڑا۔ ② عذاب، قہر، تازیانۂ عبرت خصوصاً بڑے پیمانے پر۔ ف: ① تاریخ: کوڑے لگانا، چابک مارنا۔ ② سزا دینا، عذاب میں مبتلا کرنا، جبر کرنا۔

**scout** *n. & v.* اسم: کوئی آدمی خصوصاً فوجی جسے دشمن کے ٹھکانوں کا پتہ لگانے کے لیے بھیجا جائے، فوجی مخبر، کھوجی۔ ف: ① مخبری کرنا۔ ② تلاش کرنا، ٹوہ لینا۔

**scowl** *n. & v.* اسم: غصیلے، غضب ناک تیور۔ ف: تیوری چڑھانا۔

**scrabble** *v.* ہاتھ یا پنجے چلانا، کسی پکڑ یا سہارے کی

تلاش میں یا کچھ بٹورنے کے لیے۔

**scraggy** *adj.* **(scraggier, scraggiest)** دبلا، بے چربی کا۔● **scragginess** اسم: دبلاپا۔

**scram** *v.* **(scrammed, scramming)** بول چال: چل دو، دور ہو۔

**scramble** *v. & n.* ف: ① چاروں ہاتھ پاوؤں کے بل چڑھائی یا اونچی نیچی پتھریلی زمین پر چلنا، رینگنا، گھسٹنا۔ ② حریفوں کے مقابل کسی چیز کو جھپٹنے کی کوشش کرنا۔ ③ گڈمڈ کرنا، بے ترتیب کرنا۔ ④ انڈا دودھ میں پھینٹ کر تلنا۔ ⑤ نشریے یا ٹیلیفون میں آواز کو اس طرح بگاڑ دینا کہ رمزکشا پرزے کے بغیر سمجھی نہ جاسکے۔ ⑥ (لڑاکا طیاروں کا) فوری کارروائی کے لیے پرواز کرنا۔ اسم: ① گڈمڈ کرنے یا جھپٹنے کا عمل۔ ② مشکل چڑھائی یا چال۔ ③ سخت مقابلہ یا مہم۔ ④ اونچی نیچی زمین پر موٹر سائیکلوں کی دوڑ۔● **scrambler** اسم۔

**scrap** *n. & v.* اسم: ① کاغذ کا پرچہ یا پرزہ، بچا ہوا ٹکڑا، کترن وغیرہ۔ ② ردّی، کوڑا۔ ③ دھات کے فاضل ٹوٹے، دوبارہ پگھلا کر ڈھالنے کے لیے چھیلن، چھٹن۔ ④ اقتباس، تراشہ۔ ⑤ بول چال: جھڑپ، جھگڑا۔ ف: **(scrapping ،scrapped)** ① ردّی کے طور پر الگ کرنا۔ ② بول چال: لڑنا، جھگڑا کرنا۔

**scrapbook** *n.* سادہ اوراق کی کاپی یادداشتوں وغیرہ کے اندراج یا تراشے وغیرہ چپکانے کے لیے۔

**scrape** *v. & n.* ف: ① کسی بھاری چیز سے دبا کر سطح کو ہموار کرنا بیلن وغیرہ پھیرنا۔ ② رگڑ کر یا مانجھ کر دھبّہ، داغ مٹانا۔ ③ دو سپاٹ سطحوں کو باہم رگڑنا، رگڑنے گھسنے میں خراب کر دینا۔ ④ رگڑنے گھسنے کی آواز پیدا کرنا۔ ⑤ کفایت شعاری کرنا۔ ⑥ بمشکل حاصل کرنا (روزی کامیابی وغیرہ) اسم: ① رگڑنے کا عمل یا آواز۔ ② جلد وغیرہ پر رگڑ سے چھلی ہوئی جگہ یا چھلنے کا نشان۔ ③ بول چال: مشکل صورت حال خصوصاً جو غیر معقول رویّے سے پیدا ہو۔● **scraper** اسم: صفا کار۔

**scrapie** *n.* بھیڑوں کا ایک مرض جو اعصابی نظام پر حملہ کرتا ہے جس سے وہ بے ربط حرکتیں کرتی ہیں۔

**scraping** *n.* رگڑنے، چھیلنے سے پیدا ہونے والے ذرّے یا چھیلن۔

**scrappy** *adj.* **(scrappier, scrappiest)** چھٹن، چھیلن، فالتو ٹکڑوں پر مبنی۔● **scrappily** م ف۔ **scrappiness** اسم۔

**scratch** *v., n. & adj.* ف: ① کھرچنا، کسی سطح پر خراشیں ڈالنا۔ ② کھجانا، کھجلاہٹ مٹانا، سہلانا۔ ③ کھرچی ہوئی لکیروں سے کوئی نقش بنانا۔ ④ کوئی شے بمشکل حاصل کرنا۔ ⑤ قلمزد کرنا، لکیر پھیرنا پنسل وغیرہ سے۔ ⑥ کسی کو مقابلے میں شرکت سے روک دینا۔ اسم: ① کھرچنے کا نشان، خراش، دھاری۔ ② کھرچنے کی آواز۔ ③ کھجانے کا عمل۔ ④ سرسری، اوپری زخم، خراش۔ صف: مہیّا ٹکڑوں پارچوں سے تیار کردہ ملغوبہ، چوں چوں کا مربہ۔ □ **from scratch** ابتدا سے یا بغیر تیاری کے۔ **up to scratch** مقررہ معیار کے مطابق۔● **scratchy** صف۔

**scratch card** *n.* کارڈ جس میں کہیں موی مادّہ لگا ہوتا ہے جس کو کھرچنے سے معلوم ہوتا ہے کہ آپ نے کوئی انعام جیتا ہے یا نہیں۔

**scratchings** *n. pl.* سؤر کی چربی کے بچے ہوئے خشک ٹکڑے جو علاحدہ فروخت ہوتے ہیں۔

**scrawl** *v. & n.* ف: قلم برداشتہ لکھنا، گھسیٹنا۔ اسم: جلدی میں لکھی یا گھسیٹی ہوئی تحریر۔

**scrawny** *adj.* **(scrawnier, crawniest)** دبلا سوکھا، مریل۔

**scream** *n. & v.* اسم: ① چیخ، پکار، جو خوف، تکلیف وغیرہ میں منہ سے نکلے۔ ② بول چال: نہایت مضحکہ خیز واقعہ یا شخص۔ ف: ① چیخنا، چلاّنا، اونچی آواز نکالنا۔ ② چیخ چنگھاڑ سے ملتی ہوئی آواز کے ساتھ حرکت کرنا۔

**scree** *n.* ① پتھر کی بٹیاں، روڑے۔ ② ان سے پٹی ہوئی پہاڑی ڈھال۔

**screech** *n. & v.* اسم: ناگوار، سمع خراش، چیخنے کی سی آواز۔ ف: اونچی تیز، ناگوار آواز نکالنا، چیخ کر کہنا۔

**screed** *n.* ① لمبی، اکتانے والی تقریر یا تحریر۔ ② ہموار رکھنے کے لیے (سیمنٹ وغیرہ کا) پلستر۔

**screen** *n. & v.* اسم: ① ہوا، گرمی یا روشنی کی روک کے لیے لگایا، لٹکایا یا کھینچا جانے والا پردہ۔ ② چھپ کر بیٹھنے، پناہ لینے یا کسی اور غرض سے لگائی جانے والی اوٹ،

آڑ، روک۔③ خالی یا سفید سطح جس پر تصویر منعکس کی جائے۔ ④ منفی شعاعوں کی نلکی یا اسی طرح کے برقی آلے خصوصاً ٹیلیوژن کی نلکی کا بیرونی رخ۔ف: ① پناہ دینا، آڑ بننا، تحفظ فراہم کرنا۔② بند کرنا یا پردے کے پیچھے چھپا دینا۔③ (فلم وغیرہ) پردے پر دکھانا، ٹیلی وژن پر نشر کرنا۔④ (کسی فرد یا گروہ کا) طبّی معائنہ کرنا۔

**screenplay** *n.* فلم کا منظرنامہ۔

**screen saver** *n.* کمپیوٹر: پردے کے دیر تک ساکت رہنے سے پہنچنے والے نقصان سے بچانے کے لیے خود بخود چل پڑنے والی متحرک تصویر، محافظ پردہ۔

**screw** *n. & v.* اسم: ① پیچ جس کے باہری رخ پر چوڑیاں کٹی ہوتی ہیں۔ ② ایذادہی کے لیے جسم کو کسنے کا شکنجہ۔ ③ پانی یا ہوا کو کاٹنے کے لیے مڑے ہوئے پروں کا دھکیلو پنکھا۔④ بول چال: قیدخانے کا نگراں۔⑤ فحش: مجامعت۔ف: ① پیچ سے کسنا، باندھنا، جوڑنا۔ ② پیچ گھمانا، کسنا۔③ کسی پر جسمانی مشقت کے ذریعے نفسیاتی دباؤ ڈالنا، تشدّد کرنا۔④ فحش: کسی کے ساتھ مجامعت کرنا۔□ **screw up** ① (حوصلہ، ہمت) پیدا کرنا۔ ② بول چال: بگاڑنا، ستیاناس کرنا، کھنڈت ڈالنا۔③ ذہنی طور پر پریشان کرنا، خلفشار میں مبتلا کرنا۔

**screwdriver** *n.* پیچ کش۔

**scribble** *v. & n.* ف: ① جلدی جلدی لکھنا، گھسیٹنا۔ ② کیل کانٹے بنانا، لکیریں کھینچنا۔ اسم: ① لکیر، خراش۔② جلدی میں لکھا ہوا پرچہ، پرزہ۔

**scribe** *n.* ① منشی، قلم کش، نقل نویس، قدیم یا وسطی دور میں مخطوطوں کو نقل کرنے والا۔② تاریخ: قدیم محافظ دستاویزات، بعد میں عالم دین، فقیہہ۔

**scrimmage** *n.* ہاتھا پائی، چھینا جھپٹی، جھڑپ۔

**scrimp** *v.* ① جزورسی، کفایت شعاری، خسّت پر مائل ہونا۔② کم کم خرچ کرنا، بچا بچا کر رکھنا۔

**script** *n.* ① تحریر، لکھے ہوئے حروف۔② چھپائی سے ملتی جلتی لکھائی۔③ کوئی رسم تحریر۔④ کسی فلم، ڈرامے وغیرہ کا متن۔

**scripture** *n.* ① مقدّس صحیفہ، آسمانی کتاب۔② (**the Scriptures**) بائبل، عہدنامہ عتیق و جدید، تورات و انجیل، کسی اور مذہب کی مقدّس کتاب۔●

**scriptural** صف: صحائف سماوی سے متعلق۔

**scroll** *n. & v.* اسم: ① گول لپٹا ہوا کاغذ، پارچہ، دستاویز، طومار۔② پرانے طریقے سے لکھی اور گول گول لپیٹی ہوئی کتاب۔ف: VDU کو اوپر یا نیچے کھسکانا، نئی تصویر دیکھنے کے لیے۔● **scrollable** صف۔

**scrotum** *n.* (*pl.* **scrota** or **scrotums**) فوطہ، خصیہ دانی۔

**scrounge** *v.* ① بے ایمانی، غیرقانونی طریقے سے چیزیں ہتھیانا۔② مفت اڑانے کے لیے چیزوں کی ٹوہ میں رہنا۔● **scrounger** اسم: اٹھائی گیرا، مفت خورا۔

**scrub** *v. & n.* (**scrubbing**، **scrubbed**): ف: ① رگڑ رگڑ کر صاف کرنا، خصوصاً کسی سخت، کھردرے برش سے۔② بول چال: رد یا منسوخ کرنا۔ اسم: ① رگڑنے، ملنے، گھس گھس کر صاف کرنے کا عمل۔② جھاڑ جھنکاڑ، جھاڑیوں سے پٹا ہوا جنگل کا قطعہ۔

**scruff** *n.* گدّی، پشت گردن۔

**scruffy** *adj.* (**scruffier**, **scruffiest**) بول چال: کاہل الوجود، برے حلیے سے رہنے والا، بدوضع۔● **scruffily** م ف۔ **scruffiness** اسم۔

**scrum** *n.* ●=SCRUMMAGE۔

**scrummage** *n.* رگبی: بال کو قابو کرنے کی جدوجہد کے لیے ٹیموں کی قطاربندی۔

**scrumptious** *adj.* بول چال: خوش ذائقہ، مزے دار۔

**scrunch** *v. & n.* ف: کچلا جانا، چُرمُر ہونا، پچکنا، شکن آلود ہونا۔ اسم: دبنے، پچکنے کی آواز۔

**scruple** *n. & v.* اسم: اخلاقی تقاضوں کا لحاظ، تمیز نیک و بد، حسن اخلاق کے سبب جھجک، تامّل، پروا۔ ف: ① اخلاقی تقاضوں کے سبب تذبذب، تامّل کرنا۔ ② حسن اخلاق کا حامل ہونا، اخلاقی تقاضے پر عمل کرنا۔

**scrupulous** *adj.* معقولیت پسند، نہایت محتاط، بہت با اصول۔● **scrupulously** م ف: نہایت احتیاط سے۔ **scrupulousness** اسم: اصول پرستی۔

**scrutinize** *v.* (also **-ise**) جانچ پڑتال کرنا، تفتیش کرنا، غائر نظر سے دیکھنا۔

**scrutiny** *n.* (*pl.* **-ies**) ① تنقیدی نظر۔②

تفصیلات کی گہری تفتیش، معائنہ، مشاہدہ۔
**scuba** *n.* تخفیف: self- contained underwater breathing apparatus آبی پھیپڑا، آب شش۔● **scuba-diving** اسم۔
**scud** *v.* **(scudded, scudding)** سیدھا، ناک کی سیدھ میں دوڑنا، اڑنا یا تیرنا۔
**scuff** *v.* ① رگڑا دینا، بھڑ کر ٹکراتے ہوئے چلنا۔ ② رگڑتی چال سے جوتے گھسنا، قدم گھسیٹتے ہوئے چلنا۔
**scuffle** *n. & v.* اسم: دھینگا مشتی، لپاڈ گی، لڑائی بھڑائی۔ف: ہاتھاپائی کرنا۔
**scull** *n. & v.* اسم: ① اکیلے کشتی کھینے والے کے چپوؤں کی جوڑی میں سے کوئی۔ ② دنبالے پر سے چلانے کا چپّو جسے عموماً گھماتے ہوئے چلاتے ہیں۔ف: چپّوؤں کی جوڑی سے کشتی کھینا۔
**scullery** *n.* (*pl.* **-ies**) برتن وغیرہ دھونے کا باورچی خانے کے ساتھ کا کمرہ یا کوٹھڑی۔
**sculpt** *v.* SCULPTURE= سنگتراشی۔
**sculptor** *n.* سنگتراش، بت گر، مجسمہ ساز۔
**sculpture** *n. & v.* اسم: ① سنگتراشی، مجسمے بنانے، نقش ابھارنے، بیل بوٹے بنانے کا فن۔ ② نقش گری، مجسمہ سازی۔ ف: نقش گری مجسمہ سازی کے ذریعے صورت گری یا منظرکشی کرنا۔● **sculptural** صف۔
**scum** *n. & v.* ① پھین، جھاگ، میل جو مائع کی سطح پر اُبھر آئے۔ ② بول چال: مجہول، نکما آدمی۔
**scupper** *n. & v.* اسم: جہاز کے پہلو میں فالتو پانی کی نکاسی کے لیے بنا ہوا پرنالہ۔ف: ① جہاز یا اس کے عملے کو ڈبونا۔ ② ہرانا، شکست دینا، تباہ کرنا۔
**scurf** *n.* ① سر اور جسم سے اُترنے والی پرانی کھال، خصوصاً سر کی خشکی۔ ② کسی سطح پر کوئی اکھڑنے والا پرت یا مادّہ وغیرہ۔
**scurrilous** *adj.* ① فحش، گندہ دہن۔ ② ہزلیہ، گھٹیا مذاق پر مبنی۔● **scurrility** اسم: گالی گلوج، بدکلامی۔ **scurrilously** م ف۔
**scurry** *v. & n.* ف: (-ied،-ies) تیز تیز چھوٹے چھوٹے قدم اٹھا کر بھاگنا۔اسم: (ج: -ies) ① بھگدڑ، افراتفری۔ ② سٹرپٹر، بھاگ دوڑ، مارامار۔
**scurvy** *n.* اسم: حیاتین C(ج) کی کمی سے پیدا ہونے والا ایک مرض۔
**scutter** *v. & n.* ف: بول چال: چھوٹے تیز تیز قدم اٹھانا؛ بھگدڑ مچانا۔ اسم: بھاگا دوڑی۔
**scuttle** *n. & v.* اسم: ① کوئلے اٹھانے یا جھونکنے کا بیلچہ نما ظرف۔ ② جہاز کے پہلو کا پرنالہ۔ ف: ① بھگدڑ مچانا۔ ② جہاز میں سمندر کا پانی بھر کر اسے ڈبونا۔
**scythe** *n.* ایک طرح کی لمبے دستے والی درانتی۔
**SE** تخفیف: south-east، south-eastern۔
**Se** کیمیائی عنصر selenium سیلینیم کی علامت۔
**sea** *n.* ① سمندر، بحر، جو دُنیا کے براعظموں کے اردگرد واقع ہے۔ ② اس کا کوئی حصّہ۔ ③ جزوی یا مکمل طور پر خشکی سے گھرا ہوا کوئی خاص سمندر۔ ④ سمندر کی لہریں۔ ⑤ کوئی بہت بھاری مقدار یا وسعت۔□ **at sea** ① جہاز پر، سمندر میں۔ ② چکرایا ہوا، الجھن میں مبتلا۔
**seaboard** *n.* سمندر کے ساحل کا علاقہ۔
**seaborgium** *n.* ایک کیمیائی عنصر (علامت: Sg)
**sea breeze** *n.* سمندر سے آنے والی ہوا۔
**seafaring** *adj. & n.* ① سمندر کے راستے (اکثر) سفر کرنے والا (شخص)● **seafarer** اسم۔
**seafood** *n.* خوردنی سمندری مچھلیاں، کیکڑے وغیرہ۔
**seagoing** *adj.* ① سمندری سفر کے قابل (جہاز) ② سمندری جہاز کا مسافر۔
**seagull** *n.* سمندری کوّا، یاغو۔
**sea horse** *n.* چھوٹی، سیدھی کھڑی ہو جانے والی گھوڑے سے مشابہ سر والی سمندری مچھلی۔
**seal**[1] *n. & v.* اسم: ① مہر، ٹھپّا جو دستاویزات پر لگتا ہے۔ ② اس کا نشان۔ ③ کسی سوراخ وغیرہ کو بند کرنے کا مسالہ۔ ④ اجازت، رضامندی کا اظہار۔ف: ① مضبوطی سے بند یا ہوا بند کرنا۔ ② مہر لگا کر تصدیق کرنا۔ ③ طے کرنا، فیصلہ کرنا۔
**seal**[2] *n.* دریائی بچھڑا، سگ ماہی۔
**sealant** *n.* مہر بند کرنے کا مسالہ وغیرہ خصوصاً پانی یا ہوا ناگزار بنانے کے لیے۔
**sea lion** *n.* ایک بڑا دریائی بچھڑا۔

**seam** *n. & v.* اسم:① سیون۔② دو سِروں کے درمیان فصل، درز۔③ جھری، خراش۔ ④ کوئلے وغیرہ کی لمبی پتلی کان۔ ف: سیون ملانا، سرے جوڑنا۔

**seaman** *n. (pl.* **-men)** ① جہازی، ملّاح۔② جہازرانی کی مہارت رکھنے والا۔● **seamanship** اسم۔

**seamless** *adj.* بلا سیون، بلا جوڑ، ہموار، بیشکن۔

**seamstress** *n.* سلائی کرنے والی عورت، درزن۔

**seance** *n.* روحوں سے ملاقات کی محفل جو روحانیات کے بعض عامل منعقد کرتے ہیں، حاضرات کا عمل۔

**seaplane** *n.* پانی سے اڑنے اور پانی پر اترنے اور تیرنے والا آبی طیارہ۔

**seaport** *n.* سمندری بندر یا بندرگاہ۔

**sear** *v.* جلانا، جھلسانا۔

**search** *v. & n.* ف: ① تلاش کرنا، جستجو میں اِدھر اُدھر نظریں دوڑانا۔ ② ٹٹولنا، تلاشی لینا۔ ③ جانچنا، تحقیق، تفتیش کرنا۔ اسم: ① تلاش، جستجو۔ ② تفتیش، سراغ۔

**searching** *adj.* مفصّل، مکمّل، کسی کسر کے بغیر۔

**searchlight** *n.* تیز برقی روشنی جس کی مرتکز دھار گھما کر کسی سمت میں ڈالی جاسکتی ہے۔

**seascape** *n.* سمندر کا نظارہ یا اس کی تصویر۔

**seasick** *adj.* جہاز کے اتار چڑھاؤ سے آنے والے چکّروں، متلی میں مبتلا۔● **seasickness** اسم۔

**seaside** *n.* سمندر کا ساحل خصوصاً بطور تفریح گاہ۔

**season** *n. & v.* اسم: ① سال کے چار موسموں میں سے کوئی رت (بہار، گرمی، خزاں یا سردی) ② کوئی خاص خصوصیات رکھنے والا عرصہ۔ ③ کسی پودے کے پھولنے پھلنے، کسی جانور کی نسل کشی یا کسی خاص شکار کا زمانہ۔ ④ کسی چیز کی افراط یا رواج فعّال ہونے کا دور۔ ف: ① کھانے میں مسالہ ڈال کر ذائقہ دار بنانا۔ ② کسی عمل مثلاً سکھانے، ہوا یا دھوپ دینے سے تیار یا پختہ کرنا۔

**seasonable** *adj.* ① (موسم کے لیے) صحیح موزوں، مقررہ، بروقت۔ ② سازگار، موافق۔

---

وضاحت: seasonable بمعنی موزوں، موافق کو زیادہ عام لفظ seasonal کا ہم معنی نہیں خیال کرنا چاہیے جس کے معنی ہیں موسم کے مطابق یا موسم سے متعلق۔

---

**seasonal** *adj.* سال کے موسموں سے متعلق؛ کسی خاص موسم پر مبنی یا اس سے منسوب، موسم کے لحاظ سے بدلنے والا۔● **seasonally** م ف: بہ لحاظ موسم۔

**seasoned** *adj.* تجربہ کار، جہاندیدہ۔

**seasoning** *n.* کھانوں میں ذائقہ پیدا کرنے کے لیے شامل کیے جانے والے مسالے۔

**season ticket** *n.* سفر کا رعایتی میعادی ٹکٹ۔

**seat** *n. & v.* ① نشست، بیٹھنے کی جگہ یا بیٹھنے کی چیز، کرسی، اسٹول وغیرہ۔ ② چوتڑ، سُرین، لباس کا حصّہ جو اس کو ڈھکے۔ ③ نشست کا حق، پارلیمنٹ یا کسی کمیٹی وغیرہ کے رکن کی حیثیت سے۔ ④ کسی چیز کا محل وقوع۔ ⑤ مضافاتی کوٹھی۔ ف: ① بٹھانا، جگہ پر ٹھہرنا۔ ② بیٹھنے کے لیے نشستیں رکھنا یا سمانا۔ ③ کسی جگہ میں سمانا، کھپانا۔

**seat belt** *n.* جھٹکے وغیرہ سے بچاؤ کے لیے باندھی جانے والی حفاظتی پٹی۔

**sea urchin** *n.* ایک سمندری جانور جس کا خول چپٹا خاردار یا گول ہوتا ہے، بحری خار پشت۔

**seaward** *adv. & adj.* سمندر کی جانب۔
● **seawards** م ف: سمندر کی جانب سے۔

**sea water** *n.* سمندر کا نمکین پانی۔

**seaweed** *n.* سمندری کائی یا سمندر میں اُگنے والی نبات۔

**seaworthy** *adj.* سمندری سفر کے لیے موزوں اور درست حالت میں، (جہاز کے لیے مستعمل) تیرنے کے قابل۔● **seaworthiness** اسم۔

**sebaceous** *adj.* چربیلا، چکنائی سے پُر۔

**secateurs** *n. pl.* جھاڑیاں وغیرہ چھانٹنے کی قینچی۔

**secede** *v.* کسی سیاسی وفاق یا مذہبی تنظیم سے باضابطہ علاحدگی کا اعلان کرنا۔● **secession** اسم: علاحدگی۔

**seclude** *v.* (کسی فرد یا جگہ کو) اپنے حلقے سے خارج، علاحدہ، بےتعلق رکھنا۔

**secluded** *adj.* (جگہ کے لیے) الگ تھلگ، ذاتی، لوگوں کی برائے نام آمد و رفت۔

**seclusion** *n.* علاحدگی، عزلت، تنہائی، گوشہ گیری۔

**second**[1] *n., adj. & v.* اسم: ① دوسری حیثیت، مقام یا مرتبہ، ثانوی۔ ② (seconds) دوسرے یا کمتر درجے کا مال؛ کھانے میں کسی چیز کی مزید مقدار جو دوسری مرتبہ لی جائے۔ ③ یک یکی یا کشتی وغیرہ میں حصّہ لینے والے کا مددگار ساتھی۔ ④ امتحان میں دوسری پوزیشن۔ صف: ① دوسرا، پہلے کے بعد کا۔ ② مزید، اضافی، اگلا، ایک اور۔ ③ ثانوی، ماتحت۔ ف: ① تعاون کرنا۔ ② رسماً تائید کرنا، (کسی تجویز وغیرہ کی) ● **secondly** م ف۔

**second**[2] *n.* ① منٹ کا ۶۰ واں حصّہ۔ ② زاویائی فاصلے کے ایک منٹ کا ساٹھواں حصّہ۔

**second**[3] *v.* کسی کو عارضی طور پر کسی اور جگہ تعینات کرنا۔ ● **secondment** اسم: عارضی تبادلہ۔

**secondary** *adj. & n.* صف: ① ثانوی، اصل یا اوّل کے بعد کا۔ ② اصل یا بنیاد سے ماخوذ۔ ③ (تعلیمات میں) ابتدائی کے بعد کا درجہ یا ثانوی عموماً ۱۱ سے ۱۸ سال کی عمر تک کے طلبہ کا تعلیمی دور۔ اسم: ثانوی شے۔ ● **secondarily** م ف: ثانوی طور پر۔

**secondary colour** *n.* دو ابتدائی رنگوں کو ملا کر بنایا ہوا مخلوط رنگ۔

**second-best** *adj.* اوّل کے بعد کا، نسبتہً کمتر۔

**second-class** *adj. & adv.* صف: ① دوسرے درجے کا۔ ② نسبتہً گھٹیا، کم قیمت، کم اہمیت۔ م ف: دوسرے درجے میں۔

**second-hand** *adj.* ① برتا ہوا، پرانا (سامان) (دکان وغیرہ) جہاں پرانا مال بکتا ہو۔ ② (اطلاع وغیرہ) جو ثانوی ذرائع سے پہنچے نہ کہ براہ راست، غیر مصدقہ۔

**second nature** *n.* پختہ طور پر اختیار کی ہوئی عادت، عادت ثانیہ۔

**second-rate** *adj.* معمولی، ادنیٰ، کمتر۔

**second sight** *n.* پیش بینی کی قدرتی صلاحیت۔

**second thoughts** *n. pl.* ترمیم شدہ رائے۔

**second wind** *n.* تازہ دم ہونے کی کیفیت۔

**secret** *adj. & n.* صف: ① خفیہ، اَن جانا؛ پوشیدہ۔ ② چپ چپاتے انجام دیا جانے والا۔ اسم: ① راز، خفیہ بات۔ ② پُراسرار معاملہ۔ ③ کامیابی وغیرہ کا بھید، گُر کی بات۔ □ **in secret** خفیہ طور پر، رازداری سے۔ ● **secrecy** اسم۔ **secretly** م ف: خفیہ طور پر۔

**secretariat** *n.* انتظامی محکمہ، اس کا عملہ یا عمارت۔

**secretary** *n.* (*pl.* **-ies**) ① نجی معتمد، ذاتی مددگار جو خط و کتابت میں مدد کرے، ملاقاتوں، مصروفیتوں وغیرہ کا بندوبست کرے۔ ② کسی انجمن وغیرہ کا باضابطہ متعیّن کردہ عہدے دار، معتمد۔ ③ کسی سرکاری وزیر، سفیر وغیرہ کا مددگار اعلیٰ۔ ● **secretarial** صف۔

**Secretary-General** *n.* (*pl.* **Secretary Generals**) کسی ادارے کا منتظم اعلیٰ۔

**secrete** *v.* ① (کسی خلیے یا عضو وغیرہ کا) رسنا، ریزش پیدا کرنا۔ ② چھپانا، پوشیدہ جگہ رکھنا۔ ● **secretion** اسم: رطوبت، ریزش۔ **secretor** اسم۔

**secretive** *adj.* رازداری برتنے والا، بھید چھپانے والا۔ ● **secretively** م ف۔ **secretiveness** اسم۔

**secretory** *adj.* فعلیاتی ریزش کے متعلق۔

**sect** *n.* ① مذہبی فرقہ، خصوصاً منحرف۔ ② کسی مُفکر یا مکتبِ فکر کے پیروؤں کا حلقہ سیاسیات وغیرہ میں۔

**sectarian** *adj.* ① کسی فرقے سے منسوب یا متعلق۔ ② فرقہ وارانہ، تنگ نظری پر مبنی۔

**section** *n. & v.* اسم: ① کسی جسم یا شے کا قطع کردہ حصّہ۔ ② منقسم شے کا ہر جزو۔ ③ کسی بڑی جماعت کا کوئی حلقہ، طبقہ، گروہ۔ ف: ① حصّوں میں بانٹنا، تقسیم کرنا۔ ② (کسی کو) نفسیاتی شفاخانے میں داخل کرنا۔

**sectional** *adj.* ① کسی سماجی طبقے سے متعلق، طبقہ واری۔ ② حصّوں میں منقسم۔

**sector** *n.* ① کسی منصوبے، وغیرہ کا کوئی واضح شعبہ یا شاخ۔ ② کسی علاقے کا کوئی حصّہ۔ ③ دائرے کے دو نصف قطروں کے درمیان کی سطح، قطاع۔

**secular** *adj.* ① دُنیوی امور سے متعلق۔ ② (تعلیمات وغیرہ کے لیے) لادینی، غیر مذہبی۔

**secure** *adj. & v.* صف: ① بعافیت، خطرے یا خوف سے بری۔ ② حملے سے محفوظ، ناقابل تسخیر۔ ③ قابل اعتبار، یقینی۔ ④ پکا، مضبوط۔ ف: ① محفوظ بنانا۔ ② باندھنا، کسنا، حفاظت سے بند کرنا۔ ③ پانے یا حاصل کرنے میں کامیاب ہونا۔ ④ ضامن ہونا۔

**security** *n.*(*pl.* **-ies**) ① محفوظ حالت یا تحفظ کا احساس۔② محافظ یا ضامن شے۔③ جاسوسی، چوری اور دوسرے خطرات سے بچاؤ کے اقدامات۔④ ضمانت کے طور پر رہن رکھی ہوئی شے۔⑤ ساکھ یا حصص وغیرہ کی ملکیت کا صداقت نامہ۔

**sedate**[1] *adj.* پُرسکون، باوقار، متوازن، سنجیدہ۔ ● **sedately** م ف۔ **sedateness** اسم: متانت۔

**sedate**[2] *v.* سکون آور دوا سے سکون سے لٹانا یا سلا دینا۔ ● **sedation** اسم: آرام، سکون۔

**sedative** *n. & adj.* اسم: سکون آور دوا یا کوئی اور تسکین بخش ذریعہ۔صف: سکون پہنچانے، تسلّی دینے، خلفشار دور کرنے، نیند لانے والی (شے یا تدبیر)

**sedentary** *adj.* بیٹھا ہوا، بیٹھ کر کرنے کا (کام)

**sediment** *n.* تلچھٹ، دُرد، گاد، رُسوب، جو کسی مائع کی تہ میں بیٹھ جائے۔ ● **sedimentary** صف: تہ نشین۔ **sedimentation** اسم: تہ نشینی، ترسیب۔

**sedition** *n.* سرکشی، نظم وضبط میں خلل ڈالنے والا باغیانہ عمل، تقریر وغیرہ۔ ● **seditious** صف: باغیانہ۔ **seditiously** م ف: باغیانہ طور سے۔

**seduce** *v.* ① ورغلانا، جنسی ملاپ کی طرف مائل کرنا۔ ② بری ترغیب دینا، گمراہ کرنا۔ ● **seducer** اسم۔ **seduction** اسم: گمراہی کی ترغیب۔ **seductive** صف: گمراہ کن، ورغلانے والا۔ **seductress** اسم۔

**sedulous** *adj.* مستقل مزاج، محنتی، جفاکش۔ ● **sedulously** م ف: تن دہی سے۔

**see**[1] *v.* (**saw, seen, seeing**) ① دیکھنا، آنکھ سے مشاہدہ کرنا۔ ② آنکھ سے اشیا کو شناخت کرنے کی قدرت رکھنا۔ ③ ذہنی طور پر سمجھنا۔ ④ تحقیق کرنا۔ ⑤ اندازہ کرنا، سوچنا، جاننا۔⑥ نظر ڈالنا، رجوع کرنا۔ ⑦ ملنا، ملاقات کرنا۔ ⑧ رسمی یا کام کی ملاقات کرنا۔⑨ مشورے کے لیے کسی کے پاس جانا۔□ **see about** توجہ دینا کسی بات پر۔ **see off** رخصت کرنا، خدا حافظ کہنا۔ **see through** ① دھوکے کو بھانپ لینا۔ ② گہری نظر سے دیکھنا۔

**see**[2] *n.* اسقف یا اسقف اعظم کی عملداری۔

**seed** *n. & v.* اسم: ① بیج، تخم جس سے پودا پھوٹتا ہے۔ ② مادّہ منویہ، نطفہ۔ ③ کسی کام کی داغ بیل، ابتدائی آثار۔④ کھیل: درجہ بندی میں کسی مقام پر رکھا ہوا کھلاڑی۔ ف: ① کسی جگہ بیج رکھنا، بیجوں سے بھرنا۔ ② بیج بونا۔③ (پھل وغیرہ میں سے) بیج نکالنا، الگ کرنا۔ ④ کھیل: کسی منجھے ہوئے کھلاڑی کو فہرست مدارج میں کسی مقام پر رکھنا، تاکہ بڑے کھلاڑی ابتدائی مقابلوں میں ایک دوسرے سے نہ ٹکرائیں۔□ **go or run to seed** ① بیج کے پھوٹنے پر پھول کھلانے بند کرنا۔② ناکارہ، نااہل، غیر مؤثر ہونا۔

**seedless** *adj.* بے بیج، بے اولاد۔

**seedling** *n.* پود، ننھا پودا خصوصاً بیج سے اگایا ہوا۔

**seedy** *adj.* (**seedier, seediest**) ① خراب حلیے کا، بدوضع، خستہ حال، بیمار سا۔ ② بری شہرت رکھنے والا۔ ● **seediness** اسم: زدہ حالت۔

**seek** *v.* (**sought, seeking**) ① تلاش کرنا، کسی چیز کی جستجو کرنا، تفتیش، پوچھ گچھ کرنا۔ ② چاہنا، طلب کرنا۔

**seem** *v.* ① معلوم ہونا، نظر آنا یا محسوس ہونا۔② باور ہونا، تصوّر کرنا۔ ● **seemingly** م ف: ظاہرانہ طور پر۔

**seen** SEE[1] کا ماضیہ۔

**seep** *v.* رسنا، ٹپکنا، آہستہ آہستہ چھن چھن کے گرنا، بہنا۔ ● **seepage** اسم: رسنے کا عمل۔

**seer** *n.* دیکھنے والا، ناظر، رسول، صاحب بصیرت۔

**see-saw** *n. & v.* اسم: ① تختے کا جھولا جس کے سروں پر بیٹھ کر بچے اُوپر نیچے جھولتے ہیں۔② اونچی نیچی، حرکت۔③ کوئی مقابلہ جس میں باری باری فریقین کا پلّہ بھاری ہوتا رہے۔ف: ① اونچے نیچے پر جھولنا۔ ② اوپر نیچے جنبش کرنا۔

**seethe** *v.* ① اُبلنا، جھاگ لانا، کھدبدانا، جوش کھانا۔ ② ہیجانی حالت خصوصاً غیظ وغضب میں ہونا۔

**segment** *n.* ① قطعات کی مختلف صورتوں میں سے کوئی قطعہ، جس میں کوئی چیز تقسیم کی جاسکے۔ ② دائرے کا کوئی حصّہ جو اس میں سے گزرنے والے خط سے قطع ہو۔ ● **segmented** صف۔

**segregate** *v.* ① دوسروں سے علاحدہ کرنا، تنہا رکھنا۔ ② نسلی امتیاز کی بنا پر معاشرے کی اکثریت سے علاحدہ کر دینا۔ ● **segregation** اسم: علاحدگی، جدائی۔

**seine** *n.* مچھلیوں کوگھیر کر پکڑنے کا وسیع جال۔
**seismic** *adj.* زلزلے سے متعلق، بھونچالی۔
**seismograph** *n.* زلزلہ نگار، زلزلہ پیما آلہ جو زلزلوں کی قوت، سمت وغیرہ کا حساب رکھتا ہے۔
**seismology** *n.* زلزلہ نگاری، علم زلزلہ۔
● **seismological** صف۔ **seismologist** اسم۔
**seize** *v.* ① قبضے میں لینا۔ ② ہتھیانا، زبردستی گرفت میں لینا۔ ③ سرکاری طور پر ضبط کرنا۔ ④ آلینا، اچانک آپڑنا (افتاد وغیرہ کا) □ **seize on** فوری فائدہ اٹھانا۔ **seize up** ① (جسم کے کسی حصّے کا) اکڑ جانا، ماؤف ہو جانا۔ ② (مشینی نظام کا) یکا یک بیٹھ جانا، ٹھپ ہو جانا۔
**seizure** *n.* ① پکڑ، گرفت، قبضہ، تسلّط۔ ② فوری حملہ یا دورہ (مرگی، فالج وغیرہ کا)
**seldom** *adv.* کبھی کبھار، شاذ و نادر۔
**select** *v. & adj.* ف: انتخاب کرنا، عموماً سمجھ کر چننا، پسند کرنا۔ صف: منتخب؛ خصوصی۔ ● **selector** اسم۔
**selection** *n.* ① انتخاب کا عمل۔ ② منتخب فرد یا شے۔ ③ اشیا جن میں سے انتخاب کیا جا سکے۔
**selective** *adj.* ① انتخابی، انتخاب پر مبنی۔ ② انتخاب کرنے کا اہل۔ ● **selectively** م ف: منتخب طور پر۔ **selectivity** اسم: ترجیحی رجحان۔
**selenium** *n.* ایک کیمیائی عنصر (علامت: Se)
**self** *n.(pl. selves)* ① کسی شخص یا شے کی اپنی ذات، نفس، انفرادیت۔ ② کسی فرد کا نفس باطن۔ ③ کسی فرد کے ذاتی ذوق شوق، دکھ سکھ، ان سے رابطہ۔ ④ بول چال: میں، آپ، وہ یا کوئی بذات خود۔
**self-** *comb. form* خود کا رعمل کو ظاہر کرنے والا سابقہ: ① اپنی طرف مائل یا راجع۔ ② بذات خود، کسی بیرونی وسیلے کے بغیر۔ ③ خود سے متعلق۔
**self-assured** *adj.* پُر اعتماد۔
**self-centred** *adj.* اپنی ذات میں مگن، خودغرض۔
**self-confidence** *n.* خوداعتمادی۔
● **self-confident** صف: پُر اعتماد۔
**self-conscious** *adj.* اپنے رویے، حلیے وغیرہ کی بابت ضرورت سے زیادہ حسّاس، احساس کمتری کا شکار۔
**self-contained** *adj.* ① الگ تھلگ، کم گو آزاد منش۔ ② ضروری سامان سے لیس (قیام گاہ)
**self-control** *n.* خود پہ قابو؛ ضبط نفس۔
● **self-controlled** صف: ضبط نفس کرنے والا۔
**self-denial** *n.* بے نیازی، ترک، قربانی، نفس کشی۔
**self-determination** *n.* ① خودارادیت، ہر قوم کا حق آزادی۔ ② قدرت یا آزادی عمل۔
**self-evident** *adj.* بیّن، روشن، خودعیاں۔
**self-interest** *n.* ذاتی مفاد یا دلچسپی۔
**self-interested** *n.* اپنے نفع سے کام رکھنے والا۔
**selfish** *adj.* ① خودغرض، مطلب پرست۔ ② خودغرضانہ (مقصد، سوچ وغیرہ) ● **selfishness** اسم: خودغرضی۔ **selfishly** م ف: خودغرضی سے۔
**selfless** *adj.* بے غرض، بے نفس، مخلص۔
● **selflessly** م ف: بے غرضی سے۔
**self-made** *adj.* جس نے اپنی کوشش سے کامیابی حاصل کی ہو، ترقی کی ہو، خودساز۔
**self-possessed** *adj* اپنی عادات واطوار پر قابو رکھنے والا، بُردبار۔ ● **self-possession** اسم۔
**self-respect** *n.* خودداری، عزت نفس۔
**self-righteous** *adj.* اپنی نیک نیتی یا نیکی پر مُصر، خود کو راہ راست پر سمجھنے والا۔
**selfsame** *adj.* بعینہٖ وہ، بالکل وہی۔
**self-satisfied** *adj.* اپنے کارناموں وغیرہ پر ضرورت سے زیادہ مطمئن، مطمئن بالذّات۔
**self-seeking** *adj.* نفس پرور، اپنی بھلائی چاہنے، اپنے مفاد کو مقدّم رکھنے والا۔
**self-service** *adj.* (دکان، وغیرہ) جہاں خریدار اپنی ضرورت خود پوری کریں اور کاؤنٹر پر ادائیگی کر جائیں، خودخدمتی۔
**self-styled** *adj.* خودساختہ، بزعم خود۔
**self-sufficient** *adj.* ① اپنی جگہ کافی، مدد یا سہارے سے بے نیاز۔ ② خودرائے، دوسروں کے مشورے سے بے نیاز۔ ● **self-sufficiency** اسم: خودکفیلی۔
**self-willed** *adj.* خودسر، خودرائے، دُھن کا پکّا۔
**sell** *v. & n.* ف: (**selling**، **sold**) ① دام لے کر

فروخت کرنا۔ ② دکانداری یا بیوپار کرنا۔ ③ کسی چیز کی خوبیوں کا چرچا کرنا، اشتہار دینا، کسی کو کسی چیز کے خریدنے کی ترغیب دینا۔ اسم: بکری کا انداز، ڈھب، قرینہ۔ □ **sell off** بچاہوا مال سستا کرکے بیچ ڈالنا۔ **sell out** ① اپنا سارا مال بیچ ڈالنا۔ ② بدعہدی کرنا۔ **sell up** اپنا کاروبار یا گھر وغیرہ بیچ دینا۔ ● **seller** اسم۔

**Sellotape** *n. & v.* تجارتی نام: چپکواں، شفاف پلاسٹک وغیرہ کا فیتہ۔

**selvedge** *n.* (also **selvage**) کپڑے کی بناوٹ کو ادھڑنے یا بکھرنے سے بچانے کے لیے گوٹ۔

**semantic** *adj. & n.* صف: زبان میں الفاظ کے معانی و تعبیر سے متعلق۔ اسم: (**semantics**) لسانیات کی وہ شاخ جو الفاظ کے معنی سے تعلق رکھتی ہے، معنیات۔ ● **semantically** م ف۔

**semaphore** *n.* بازوؤں یا جھنڈیوں کی حرکات سے پیغام رسانی، اشاراتی ترسیل۔

**semblance** *n.* ظاہری یا اوپری طور پر دھارا ہوا روپ، بناوٹ، نقل، شائبہ۔

**semen** *n.* نرحیوانوں کا مادّۂ منویہ جس میں منوی حیوییے یا نطفے کے جرثومے تیرتے ہوئے پائے جاتے ہیں۔

**semester** *n.* یونیورسٹیوں میں ششماہی کورس یا درسی دور۔

**semi-** *pref.* ① نصف۔ ② جزوی، کسی قدر۔

**semibreve** *n.* طویل ترین رائج سُر جس کا وقفہ دو سُرتیوں (minims) کے برابر ہوتا ہے۔

**semicircle** *n.* نصف دائرہ۔ ● **semicircular** صف: نیم مدوّر۔

**semicolon** *n.* نیم وقفے کا نشان (؛)

**semiconductor** *n.* کوئی ٹھوس مادّہ جو مخصوص حالتوں میں برق گزار ہو، جزوی برق گزار۔

**semi-detached** *adj.* (عمارت یا مکان) جو بغل کے مکان کے ساتھ مشترک درمیانی دیوار رکھتا ہو۔

**semi-final** *n.* (میچ یا مقابلہ) آخری سے پہلا۔ ● **semi-finalist** اسم۔

**seminal** *adj.* ① بیجوں یا مادّۂ منویہ سے متعلق۔ ② بنیادی (خیالات وغیرہ) جن پر آئندہ ترقی کا دارومدار ہو۔ ● **seminally** م ف: ابتدائی طور پر۔

**seminar** *n.* یونیورسٹی میں بحث یا تحقیق کے سلسلے میں مختصر جماعت۔

**seminary** *n.* (*pl.*-ies) پادریوں، ربّیوں وغیرہ کی تربیت گاہ۔

**semi-precious** *adj.* نیم گراں بہا (نگینہ) اعلیٰ جواہر سے کمتر۔

**semiquaver** *n.* موسیقی: نصف لرزش (*quaver*) کے برابر طول کی ماترا یا سُر کا جزو۔

**Semite** *n.* سامی نسل کے لوگ بشمول یہود اور عرب۔ ● **Semitic** صف: سامی، سامی نسل کا۔

**semitone** *n.* سُرتی، موسیقی میں نیم سُر۔

**semolina** *n.* ① آٹے کی موٹی پسائی کے دردرے دانے، دلیہ، تھولی۔ ② اس سے بنائی ہوئی پڈنگ۔

**senate** *n.* (often **Senate**) ① قانون ساز مجلس خاص طور پر ایوان بالا۔ ② یونیورسٹی کی مجلس منتظمہ۔

**senator** *n.* سینیٹ کا رکن۔

**send** *v.* (**sent, sending**) ① بھیجنا، بھجوانا، دھکیلنا، پھینکنا، رخصت کرنا۔ ② خط یا پیغام بھیجنا۔ ③ جذباتی طور پر متاثر کرنا۔ □ **send for** بلانا، طلب کرنا۔ **send up** بول چال: مذاق اڑانا خصوصاً نقل اتار کر۔

**senile** *adj.* ① بڑھاپے سے متعلق۔ ② بڑھاپے کے امراض کا شکار۔ ● **senility** اسم: کہولت، سن رسیدگی۔

**senior** *adj. & n.* صف: ① عمر یا عہدے، مرتبے میں بڑا۔ ② بہتر مرتبے پر فائز۔ اسم: ① عمر رسیدہ یا زیادہ طویل عرصے تک خدمات انجام دینے والا۔ ② بڑی کلاس کا طالب علم۔ ● **seniority** اسم: برتری۔

**senior citizen** *n.* بزرگ شہری خصوصاً معمر پنشن یافتہ۔

**senna** *n.* ① سنا، املتاس کی قسم کا ایک پودا۔ ② اس کی خشک پھلیوں سے تیار کردہ جلاب [ع]

**sensation** *n.* ① کسی عضو جسمانی کو محسوس ہونے والی کیفیت، حس، احساس۔ ② شعور، تأثر۔ ③ جذباتی ہیجان، سنسنی، جوش و خروش، ہیجان کا سبب یا بانی شخص یا واقعہ وغیرہ۔

**sensational** *adj.* ① سنسنی خیز، ہیجان انگیز۔

② بہت اچھا یا بہترین۔ ● **sensationally** م ف۔

**sensationalism** *n.* ادب میں سنسنی خیز مواد کا استعمال یا شوق۔ ● **sensationalist** اسم: ہیجان پسند۔

**sense** *n. & v.* اسم: ① مختلف جسمانی حواس میں سے کوئی (دیکھنے، سننے، سونگھنے، چکھنے اور چھونے کی حسّیات) ② اشیا کے وجود اور ان کے خواص کا شعور وادراک۔ ③ سمجھ، فہم۔ ④ تیز فہمی، زود حسی۔ ⑤ سمجھ بوجھ، قوت فیصلہ، عمومی فراست۔ ⑥ لفظ یا بات کا اصل مطلب یا کہنے کا مدّعا۔ ف: ① کسی ایک یا کئی حسوں سے کام لینا۔ ② کسی بات کا عمومی ادراک رکھنا۔ □ **make sense** قابل فہم یا قابل عمل ہونا۔ **make sense of** کسی بات کے معنی تلاش کرنا یا تشریح کرنا۔

**senseless** *adj.* ① غافل، بے ہوش۔ ② احمق۔ ③ بے معنی، بے مقصد۔

**sensibility** *n.* (*pl.* **-ies**) کسی جذبے سے متأثر ہونے کی اہلیت؛ معقول بات کا ادراک۔

**sensible** *adj.* ① معقول، معقولیت پسند؛ سمجھ دار، متوازن۔ ② باخبر۔ ● **sensibly** م ف: سمجھ داری سے۔

**sensitive** *adj.* ① حسّاس، ذی حس۔ ② زودرنج۔ ③ کوئی بھی مواد جو فوری طور پر خارجی عمل سے متأثر ہو۔ ④ (موضوع وغیرہ) نازک جس پر گفتگو میں احتیاط لازم ہو۔ ● **sensitively** م ف۔ **sensitivity** اسم۔

**sensitize** *v.* (also **-ise**) ذی حس بنانا۔ ● **sensitization** اسم۔ **sensitizer** اسم: حسّاس گر۔

**sensor** *n.* محاس، عضو یا آلہ جو کسی مادّی وجود، عمل یا تبدیلی کو پکڑ لے یا اس پر فوری ردّعمل کا اظہار کرے۔

**sensory** *adj.* احساس یا حسّیات سے متعلق، حسّیانی۔

**sensual** *adj.* شہوانی خواہشات کا اسیر، عیاش، جنسی یا کام و دہن کی تسکین کا جویا۔ ● **sensualism** اسم: نفس پرستی۔ **sensuality** اسم۔ **sensually** م ف۔

**sensuous** *adj.* ① حسّیات پر مبنی، حواس سے ماخوذ یا حسّیات سے متعلق، خصوصاً لطیف۔ ② لطف انگیز یا جمالیاتی طور پر تسکین بخش۔ ● **sensuously** م ف۔ **sensuousness** اسم: حسّاسیت۔

---

وضاحت: *sensual* کو بعض اوقات *sensuous* کا ہم معنی سمجھ لیا جاتا ہے۔ *sensual* کا اطلاق ان چیزوں پر ہوتا ہے جو جسمانی خواہشات کی تسکین کا باعث ہوں، خاص کر جنسی شہوت کی جبکہ *sensuous* کا مطلب ہے، حواس کو لبھانے، جمالیاتی تسکین پہنچانے والا۔

---

**sent** SEND کا ماضی و ماضیہ۔

**sentence** *n. & v.* اسم: ① جملہ، الفاظ کا بامعنی مجموعہ۔ ② قانونی فیصلہ، خصوصاً فوجداری مقدمے میں سزا کا حکم۔ ف: مجرم کے بارے میں فیصلہ صادر کرنا۔

**sententious** *adj.* پُرزور، پُرجوش، ڈرامائی یا قائل کرنے کے انداز میں کی جانے والی (بات، تقریر وغیرہ) ● **sententiously** م ف۔ **sententiousness** اسم: خطیبانہ انداز۔

**sentient** *adj.* اعضاء حسّی سے کام لینے والا، ذی حس۔ ● **sentience** اسم۔ **sentiently** م ف۔

**sentiment** *n.* ① کسی موضوع پر کسی کے احساسات، رائے، نقطۂ نظر۔ ② الفاظ کے پیچھے محسوس ہونے والا منشا، جذبہ۔ ③ لطیف، پُرگداز احساسات۔

**sentimental** *adj.* ① جذباتی، جذبات سے متعلق۔ ② فکر یا عقل کے برخلاف، جذباتیت پر مبنی۔ □ **sentimental value** کسی چیز کی جذباتی لگاؤ کی بنا پر وقعت۔ ● **sentimentalism** اسم: جذباتیت۔ **sentimentality** اسم۔ **sentimentally** م ف۔

**sentinel** *n.* پہرہ دار، نگہبان، سنتری۔

**sentry** *n.* (*pl.* **-ies**) سنتری، پہرہ دار، چوکی دار۔

**sepal** *n.* پھول کی کٹوری یا اکمامے پر جڑی ہوئی پنکھڑیوں میں سے کوئی، سبلہ۔

**separate** *adj. & v.* صف: علاحدہ، الگ، جداگانہ۔ ف: ① الگ کرنا، کاٹنا، قطع کرنا۔ ② ملنے نہ دینا، الگ الگ رکھنا۔ ③ مختلف سمتوں میں روانہ ہونا؛ متفرق، تتر بتر ہونا۔ ④ شادی شدہ جوڑے کا علاحدگی اختیار کرنا۔ ● **separability** اسم۔ **separable** صف: قابل تقسیم۔ **separately** م ف: علاحدہ علاحدہ۔ **separation** اسم: علاحدگی۔ **separator** اسم: علاحدہ کرنے والا۔

**separatist** *n.* علاحدگی پسند، جو سیاسی یا مذہبی

جماعت یا تنظیم وغیرہ سے علاحدگی یا آزادی چاہے۔● **separatism** اسم: علاحدگی پسندی۔

**sepia** *n.* گہرا سرخی مائل بھورا رنگ۔

**sepsis** *n.* پیپ پڑنا سور۔

**Sept.** اختصار: September۔

**September** *n.* ستمبر، سال کا نواں مہینہ۔

**septet** *n.* سات موسیقاروں کا طائفہ، سات سازوں یا آوازوں کے لیے ترتیب دی جانے والی موسیقی۔

**septic** *adj.* متعفّن، پیپ پڑا ہوا۔

**septicaemia** *n.* (*US* **septicemia**) سمّیت خون، خون میں زہریلے مواد کی موجودگی۔

**septic tank** *n.* گندے پانی کی نکاسی کے لیے زیرِ زمین ہودی۔

**septuagenarian** *n.* ستر سے اُناسی سال تک کی عمر کا شخص۔

**sepulchre** *n.* (*US* **sepulcher**) قبر، مقبرہ۔

**sequel** *n.* ① نتیجے کے طور پر ظاہر ہونے والی بات۔② ناول، فلم وغیرہ جو سابقہ کہانی یا تخلیق کے سلسلے کی کڑی یا اس کے ساتھ مربوط ہو۔

**sequence** *n.* ① سلسلہ، تسلسل، تواتر۔② مربوط یا معیّن ترتیب۔③ کوئی رواں، مربوط، بلا توقف سلسلہ۔ ④ کسی مسلسل فلم کی کوئی قسط یا کڑی۔

**sequential** *adj.* تسلسلی، سلسلے میں آنے والا۔ ● **sequentially** م ف: علی التواتر۔

**sequester** *v.* ① علاحدہ کرنا، الگ رکھنا۔② =SEQUESTRATE۔

**sequestrate** *v.* ① ضبط کرنا، مار لینا ہتھیا لینا۔② قانون: (قرض دار کی املاک کو) عارضی طور پر قبضے میں لے لینا۔● **sequestration** اسم: علاحدگی، قرقی۔

**sequin** *n.* کپڑے پر ٹانک کر سجانے کا گول ستارہ وغیرہ۔● **sequinned** صف: ستارہ دار۔

**sequoia** *n.* کیلیفورنیا کا ایک بہت قد آور درخت۔

**seraglio** *n.* (*pl.* **-os**) حرم سرا۔

**seraph** *n.* (*pl.* **seraphim** or **seraphs**) فرشتوں کے نو مدارج میں سے سب سے اونچے درجے کا فرشتہ۔● **seraphic** صف۔

**serenade** *n. & v.* اسم: رات کا ایک رومانی گانا جو عاشق رات کے وقت گاتا ہے، اس جیسا کوئی شبینہ گیت۔ف: کسی کے آگے محبت کا گیت گانا۔

**serendipity** *n.* اتفاقی اہم پُر مسرت دریافتوں کا کارنامہ۔● **serendipitous** صف۔

**serene** *adj.* پُرسکون، تسکین بخش، خاموش، بے خلل۔ ● **serenity** اسم: سکون، خاموشی۔ **serenely** م ف۔

**serf** *n.* قرونِ وسطٰی کا پابند کھیت مزدور جو زمین کو چھوڑ کر نہیں جا سکتا تھا۔● **serfdom** م ف: غلامی۔

**serge** *n.* ایک مضبوط آڑی بناوٹ والا نفیس کپڑا۔

**sergeant** *n.* ① غیر کمیشن یافتہ افسر، کارپورل corporal سے اوپر۔② انسپکٹر سے نیچے کا پولیس افسر۔

**serial** *n. & adj.* اسم: ① قسط وار کہانی، ڈراما یا فلم۔ ② رسالہ، جریدہ۔ صف: ① سلسلہ وار۔ ② کہانی وغیرہ قسط وار۔● **serially** م ف: تواتر سے۔

**serialize** *v.* (also **-ise**) اقساط میں شائع یا پیدا کرنا، قسط وار ترتیب دینا۔● **serialization** اسم۔

**serial killer** *n.* یکے بعد دیگرے کئی قتل کی وارداتوں کا مرتکب شخص۔

**serial number** *n.* کسی سلسلے میں کسی شے کے مقام کو ظاہر کرنے والا عدد، سلسلہ واری عدد۔

**series** *n.* (*pl.* same) ① مربوط سلسلہ، مماثل اشیا کا مرتب مجموعہ۔② تماشوں، پروگراموں کا سلسلہ جو ایک ہی موضوع پر ہوں یا ان میں وہی کردار شامل ہوں۔

**serious** *adj.* ① ذی شعور، صاحبِ فکر، سنجیدہ، متین، ٹھنڈے مزاج کا، معتبر۔② اہم، قابلِ لحاظ۔③ توجہ طلب۔ ④ پُرخلوص، سرگرم، ہوش مند۔● **seriously** م ف۔ **seriousness** اسم: متانت، سنجیدگی۔

**sermon** *n.* وعظ، کسی مذہبی موضوع پر تقریر یا مقالہ۔

**sermonize** *v.* (also **-ise**) ① کسی کو اخلاقی درس دینا۔② اخلاقی موضوعات پر گفتگو کرنا۔

**serpent** *n.* بڑا سانپ۔

**serpentine** *adj.* ① سانپ کی مثل۔② کنڈلی کی طرح، لپٹا ہوا یا لہریے دار، بل کھاتا۔

**serrated** *adj.* دندانے دار یا کٹاؤ دار۔

● **serration** اسم: کٹاؤ داری۔

**serried** *adj.* قریب قریب کھڑے ہوئے، گنجان۔

**serum** *n.* (*pl.* **sera** or **serums**) ①سیرم، خوناب، وہ زرد عنبرین رنگ کا سیّال جس میں خون کے خلیے تیرتے ہیں اور خون کے جمنے پر الگ ہو جاتا ہے۔ ② کسی حیوانی جسم کا سیرہ یا سیّال مادّہ۔● **serous** صف۔

**servant** *n.* نوکر، خادم، ملازم، خدمت گار۔

**serve** *v.* & *n.* ف: ①خدمت انجام دینا۔② کسی کا نوکر خدمت گار ہونا۔ ③ فرض ادا کرنا، ذمّہ داری کو نبھانا۔ ④ کسی ادارے خصوصاً فوج سے وابستہ ہونا۔ ⑤ مفید ہونا، کسی کے کام کا ہونا۔ ⑥ کسی میعاد کو پورا کرنا (عہدے، تربیت، قید وغیرہ کی) ⑦ کھانا لگانا، پیش کرنا۔ ⑧ دکان میں گاہک کو سودا دینا۔ ⑨ عدالت کا حکم وغیرہ متعلقہ شخص کو باضابطہ طور پر حوالے کرنا۔ ⑩ ٹینس وغیرہ میں کھیل شروع یا جاری رکھنے کے لیے گیند وغیرہ اچھالنا۔ اسم: ٹینس وغیرہ میں گیند اچھالنے کا عمل۔

**server** *n.* کمپیوٹر کے نظام کا وہ مرکزی پروگرام جو معلومات کی ایک دوسرے تک پہنچ اور پیغامات کی رسائی کے لیے کام کرتا ہے۔

**service** *n.* & *v.* اسم: ①خدمت، کسی شخص یا ادارے کے کام کی انجام دہی۔ ② انجام دیا جانے والا کام۔ ③ کسی کے ساتھ حسن سلوک۔ ④ عوام یا شہری ضروریات پوری کرنے کا نظام جیسے رسل و رسائل، پانی، گیس، بجلی، ٹیلی فون وغیرہ کا سلسلہ۔ ⑤ نوکری کا پیشہ، روزگار، کام کی نوعیت۔ ⑥ مذہبی رسوم و عبادات، دعا، پوجا۔ ⑦ (**the services**) مسلح افواج۔ ⑧ مشین وغیرہ کی دیکھ بھال۔ ف: ① خدمات مہیّا کرنا یا ان کا انتظام رکھنا۔ ② مرمّت یا دیکھ بھال کرنا (کاروں وغیرہ کی) ③ (قرض پر) سود ادا کرنا۔ □ **at a person's service** خدمت یا مدد کے لیے حاضر۔ **be of service** مدد کے لیے موجود۔

**serviceable** *adj.* ① کار آمد۔ ② قابل استعمال۔ ③ پائیدار، کارگزار، مضبوط۔

**service area** *n.* شاہراہ کے پہلو میں، پٹرول بھرنے، کھانے پینے کی سہولیات کے لیے مخصوص احاطہ۔

**service flat** *n.* رہائشی فلیٹ جہاں منتظمین کی طرف سے گھریلو خدمت اور کھانے کا بھی انتظام ہو۔

**serviceman** *n.* (*pl.* **-men**) ① فوجی خدمت پر مامور شخص۔ ② مرمّت، دیکھ بھال کا ذمّہ لینے والا شخص۔

**service road** *n.* بڑی سڑک کے پہلو میں پتلی سڑک، مکانات، دکانوں وغیرہ کے لیے۔

**service station** *n.* سڑک کے پہلو میں مہیّا پٹرول وغیرہ بیچنے کی سہولت۔

**servicewoman** *n.* (*pl.* **-women**) فوجی ملازم عورت۔

**serviette** *n.* کھانے کی میز کا رومال، زانو پوش۔

**servile** *adj.* غلامی سے منسوب، غلام سرشت، غلامانہ، غلاموں جیسا۔● **servility** اسم: چاکری۔

**servitude** *n.* غلامی، محکومیت، جبری اطاعت۔

**sesame** *n.* ① تلوں کی جھاڑی۔ ② تل۔

**session** *n.* ① اجلاس، کسی مجلس، عدالت وغیرہ کا۔ ② تعلیمی سال، اسکول میں پڑھائی کی مدّت۔ ③ کسی کام میں صرف ہونے والا یا اس کے لیے مقرر وقت۔

**set** *v.* & *n.* ف: (**setting**, **set**) ① کسی چیز کو کسی جگہ یا کسی صورت سے رکھنا، جمانا، ملانا۔ ② تیار یا صحیح حالت میں رکھنا، کام سے لگانا، زیرعمل لانا یا نمایاں کرنا۔ ③ گھنٹے وغیرہ کا وقت صحیح کرنا۔ ④ جوڑنا، ترتیب دینا، ٹانکنا، (نگینہ وغیرہ) جڑنا؛ چوکھٹے میں لگانا۔ ⑤ مشین، پرزہ چالو کرنے کے لیے تیار کرنا، حرکت میں لانا، کسی چیز پر کوئی عمل کرنا۔ ⑥ جمانا، منجمد کرنا یا ہونا۔ ⑦ (چاند سورج وغیرہ کا) غروب ہونا۔ ⑧ مثال یا معیار کے طور پر پیش کرنا۔ ⑨ (ٹوٹی ہڈی وغیرہ) بٹھانا، جوڑنا، جمانا۔ ⑩ (جوار، موج وغیرہ کا) کوئی حرکت یا رخ اختیار کرنا۔ اسم: ① ہم جنس، ہمرشتہ اشیا کا مجموعہ، ملتی جلتی چیزوں یا باہم مربوط اجزا کا مجموعہ یا شیرازہ۔ ② گروہ، ٹولا، طائفہ، منڈلی، جماعت۔ ③ کوئی برقی آلہ، ریڈیو، ٹی وی وغیرہ۔ ④ (ٹینس، ڈارٹس وغیرہ میں) کھیل کا ایک حصّہ۔ ⑤ تماشے یا فلم بندی وغیرہ کے لیے تیار کیا ہوا منظر۔ ⑥ گیلے بالوں کی کنگھی یا جماؤ۔ ⑦ SETT کا متبادل۔ □ **set about** ① آغاز، اقدام کرنا۔ ② بول چال: حملہ کرنا۔ **set in** موسم وغیرہ کا ٹھہرنا، یک سُو ہونا، قرار پکڑنا۔ **set apart** جدا کرنا، علاحدہ محفوظ یا مخصوص کرنا، تفریق، تمیز کرنا۔ **set off** ① سفر کا

آغاز کرنا۔ ② گولہ چھوڑنا۔ ③ چمکا دینا، رونق بڑھانا۔**set out** ① سفر کا آغاز کرنا۔② تجویز کرنا، پیش کرنا۔**set sail** ① بادبان چڑھانا۔ ② سفر کا آغاز کرنا۔**set up** ① ٹھیک طرح رکھنا یا سامنے لانا۔② (کوئی کاروبار وغیرہ) جمانا۔ ③ کسی حیثیت میں مقرر کرنا۔④ بول چال: (کسی کو) پھنسا دینا۔

**setback** *n.* ترقی میں مزاحمت، رکاوٹ، دھکّا، دھچکا۔

**set piece** *n.* پُرتکلف، سجا ہوا خصوصاً کلام یا فن پارہ۔

**set square** *n.* ایک زاویۂ مستقیم والا تکونا اوزار ڈرائنگ کے لیے، گنیا۔

**sett** *n.* (also **set**) ① بجّو کا بل۔② فرش یا راستے میں لگانے کا تراشا ہوا پتھر کا چوکا۔

**settee** *n.* صوفہ عموماً گدّے دار۔

**setter** *n.* کتوں کی لمبے بالوں والی ایک نسل۔

**setting** *n.* ① ماحول، اطراف، آس پاس کا قریبی علاقہ۔ ② محل، موقع، منظر وغیرہ۔ ③ کسی کہانی ڈرامے وغیرہ کا مقام، وقت اور منظر۔ ④ کھانے کی میز پر ایک شخص کے لیے رکھے جانے والے چھری کانٹے وغیرہ۔

**settle**[1] *v.* ف: ① بسنا، جمنا، ٹھہرنا، قیام کرنا، کسی کام سے لگنا، کوئی مشغلہ ہاتھ میں لینا۔ ② اطمینان، سکون، دلجمعی حاصل کرنا۔ ③ باہم فیصلہ یا اتفاق کرنا۔④ (جھگڑا وغیرہ) چکانا، ختم کرنا۔ ⑤ کسی بات کو مان لینا، کسی بات کا فیصلہ کرنا۔⑥ حساب چکانا، بے باق کرنا۔⑦ بستی بسانا، رہنا، آباد ہونا۔□ **settle for** کسی بات کو مان لینا، منظور کر لینا، راضی ہو جانا۔ **settle up** (قرضہ وغیرہ) بے باق کرنا۔● **settlement** اسم: تصفیہ۔

**settle**[2] *n.* اونچی پشت کی ہتھے دار لکڑی کی کرسی۔

**settler** *n.* نئی جگہ جا کر بسنے والا۔

**set-up** *n.* ① کوئی تنظیم یا ترتیب۔② بول چال: سازش، جال۔

**seven** *n. & adj.* اسم: ① سات کا عدد۔② اس عدد کی علامت (۷، 7، vii، VII) صف: سات پر مشتمل، سات کے برابر۔ ● **seventh** صف و اسم: ساتواں۔

**seventeen** *n. & adj.* اسم: ① سترہ کا عدد۔② اس کی علامت (۱۷، 17، xvii، XVII) صف: سترہ پر مشتمل، سترہ کے برابر۔ ● **seventeenth** صف و اسم۔

**seventy** *n. & adj.* اسم: ① ستّر کا عدد۔② اس کی علامت (۷۰، 70، lxx، LXX) صف: ستّر کے بقدر۔ ● **seventieth** صف و اسم: ستّر واں۔

**sever** *v.* ① الگ کرنا، کاٹنا۔② ٹوٹ جانا، علاحدہ ہو جانا، قطع تعلق رکھنا۔● **severance** اسم: انقطاع۔

**several** *pron. & adj.* ضمیر: کئی، متعدد، چند، دو سے زائد مگر محدود اشیا، اشخاص۔ صف: ① متفرق، الگ الگ یا بالترتیب؛ نمایاں۔② انفرادی طور پر، فرداً فرداً۔

**severally** *adv.* فرداً فرداً۔

**severe** *adj.* ① سخت، شدید، جابر۔② بہت زیادہ، بڑا، زبردست۔ ③ تند و تیز۔ ④ سادہ، بے تکلّفانہ۔● **severely** اسم: سختی سے۔ **severity** اسم: شدّت۔

**sew** *v.* (**sewed, sewn** or **sewed, sewing**) ① سینا، ٹانکنا، جوڑنا، دستی یا مشینی ٹانکے لگانا، سوزن کاری کرنا۔ ② کپڑا، لباس سینا۔ ③ سوئی دھاگے سے ٹانکنا۔● **sewer** اسم: سوزن کار۔ **sewing** اسم۔

**sewage** *n.* گندنکاسی، نالیوں کے ذریعے کچرا، فضلہ رفع کرنے کا عمل یا اس کا نظام۔

**sewer** *n.* گندگی یا گندے پانی کی نکاسی کے لیے زیر زمین نالیوں، ناہدان وغیرہ کا سلسلہ، بدررو، گنداب۔

**sewerage** *n.* گندے پانی کی نکاسی کا نظام۔

**sewn** SEW کا ماضیہ۔

**sex** *n. & v.* اسم: ① نر مادہ، مرد عورت کی دوگانہ اصناف میں سے کوئی صنف یا جنس۔② جنسی جبلّت، تقاضے یا ان کے مظاہر۔③ بول چال: مباشرت۔ ف: جنس معلوم کرنا (کسی جاندار کی)

**sexagenarian** *n.* ۶۰ سے ۶۹ برس تک کی عمر کا آدمی۔

**sexism** *n.* جنسی تعصب، امتیاز یا تفریق خصوصاً جو عورتوں کے ساتھ روا رکھی جائے۔● **sexist** اسم۔

**sexless** *adj.* ① بے جنسا۔② جنسی طور پر غیر دلچسپ؛ جنسی خواہش سے بیگانہ۔

**sextant** *n.* ایک آئینہ دار آلہ جس کے ذریعے زاویائی فاصلے معلوم کیے جاتے ہیں، جہاز رانی میں مستعمل۔

**sextet** *n.* چھ آوازوں یا سازوں کے لیے باندھی گئی دُھن، اس دُھن کو گانے یا بجانے والا ٹولہ۔
**sexton** *n.* گرجا اور اس سے ملحق قبرستان کا چوکیدار۔
**sextuplet** *n.* چھ جڑواں بچوں میں سے کوئی۔
**sexual** *adj.* جنس یا جنسی تعلقات سے متعلق، جنسی، شہوانی۔ ● **sexually** م ف: جنسی طور پر۔
**sexual intercourse** *n.* مجامعت، مباشرت، جنسی صحبت یا ملاپ، ہم بستری۔
**sexuality** *n.* ① شہوانیت، جنسی کشش۔ ② جنسیت، تذکیر و تانیث۔
**sexy** *adj.* **(sexier, sexiest)** ① جنسی کشش رکھنے والا یا شہوت انگیز۔ ② جنسی خواہش کے زیر اثر۔
**Sg** seaborgium کی علامت۔
**Sgt.** Sergeant کا اختصار۔
**shabby** *adj.* **(shabbier, shabbiest)** ① ابتر حالت میں، مرمّت طلب۔ ② زدہ حال، پھٹے حالوں۔ ③ قابل مذمّت، شرمناک۔ ● **shabbily** م ف۔ **shabbiness** اسم: گھٹیا پن، بھدّا پن۔
**shack** *n.* جھگّی، کھوکھا۔
**shackle** *n. & v.* اسم: ① کڑی یا زنجیر۔ ② بیڑی یا ہتھکڑی۔ ③ روک، بندش۔ ف: روکنا، گرفتار کرنا، ہتھکڑی، بیڑی لگانا۔
**shade** *n. & v.* اسم: ① سایہ جو روشنی کے رکنے سے بنتا ہے، پرچھائیں۔ ② سایہ دار جگہ۔ ③ تصویر کے گہرے رنگ۔ ④ رنگ خصوصاً ہلکا یا گہرا ہونے کے اعتبار سے۔ ⑤ خفیف مقدار یا درجہ۔ ⑥ (shades) دھوپ کی عینک۔ ⑦ خفیف فرق، ایک رنگ کا کوئی درجہ یا ایک بات کا کوئی روپ۔ ف: ① روشنی سے بچانا، آڑ میں لینا۔ ② ڈھانپنا، دھیما یا مدّھم کرنا۔ ③ پنسل کی لکیروں سے گہرا کرنا۔
**shadow** *n. & v.* اسم: ① کسی جسم کا سایہ، پرچھائیں۔ ② روشنی کی شعاعوں کو روکنے والی کسی شے سے بننے والا عکس؛ شبیہہ یا خدوخال۔ ③ سایے کی طرح ساتھ رہنے والا خدمت گار یا ساتھی۔ ④ خفیف شائبہ۔ ⑤ افسردگی، بے کیفی۔ ف: ① کسی چیز پر سایہ ڈالنا۔ ② تعاقب یا پیچھا کرنا۔ ● **shadower** اسم: ٹوہی، کھوجی، پیچھا کرنے والا۔ **shadowy** صف۔

**shadow-boxing** *n.* مشق کے لیے فرضی حریف سے مکّے بازی کا مقابلہ۔
**shady** *adj.* **(shadier, shadiest)** ① سایہ دار۔ ② سائے میں واقع۔ ③ مشتبہ، نامعتبر، بدنام۔ ● **shadily** م ف: **shadiness** اسم: پُراسراریت۔
**shaft** *n. & v.* اسم: ① تیر یا بھالا۔ ② شعاع، کرن۔ ③ کسی اوزار کا دستہ، ہتھا یا ڈنڈا۔ ④ ستون، تھم۔ ⑤ تنگ، پتلا راستہ۔ ⑥ گاڑی کا کوئی سا بم جن کے بیچ گھوڑا جتا ہوتا ہے۔
**shag** *n.* ① گتھے ہوئے بال، لمبے، کھردرے ریشوں کا غالیچہ وغیرہ۔ ② تمباکو کے کترے ہوئے کھردرے ریشے۔ ③ ایک غوطہ خور سیاہی مائل، سبز پرندہ۔ صف: (قالین کے لیے) لمبا، کھردرا، سخت ریشے والا۔
**shaggy** *adj.* **(shaggier, shaggiest)** ① جھبرا، گھنے، گتھے ہوئے بالوں والا۔ ② گھنے، بے ترتیب (بال) ● **shagginess** اسم: الجھاؤ۔
**shaggy-dog story** *n.* بے سروپا کہانی؛ داستان در داستان۔
**shah** *n.* بادشاہ کا خطاب۔
**shake** *v. & n.* **(shaking، shaken، shook)**: ف: ① جھنجوڑنا، ہلانا جلانا، کپکپانا، لرزنا، تھرتھرانا، حرکت میں لانا۔ ② دہلانا، سنسنی پیدا کرنا، سکون، امن میں خلل ڈالنا۔ اسم: ① لرزش، کپکپی، تھرتھرانے یا ہلائے، دہلائے جانے کا عمل۔ ② جھٹکا، صدمہ۔ □ **shake down** ہلا ہلا کر ہموار کرنا، جمانا۔ **shake hands** مصافحہ کرنا، ہاتھ ملانا۔ **shake off** جان چھڑانا، بچ نکلنا۔ **shake up** ① اچھال اچھال کر یا ہلا ہلا کر اجزا کو گڈمڈ کرنا۔ ② جھنجھوڑنا، غفلت سے چونکانا، ہشیار کرنا۔ ● **shaker** اسم۔
**shake-up** *n.* کسی ادارے کی تنظیم نو، یکسر تبدیلی۔
**shaky** *adj.* **(shakier, shakiest)** ① ہلتا ڈولتا، غیر مستحکم، ڈھلمل۔ ② لرزاں، کپکپاتا۔ ③ ناقابل اعتبار، مذبذب۔ ● **shakily** م ف۔ **shakiness** اسم۔
**shale** *n.* نرم، بھربھرا، پھوٹک پتھر یا منجمد ڈھیلا۔ ● **shaly** صف: پرت دار، پھوٹک۔
**shall** *v. aux.* ① (متکلم I, We کے لیے) فعل مستقبل کو ظاہر کرتا ہے یا مضبوط ارادہ ظاہر کرنے کے لیے۔ ②

(حاضر و غائب کے لیے) امر، حکم، پُرزور ہدایت نہ کہ محض خواہش یا مرضی کا اظہار (جس کے لیے WILL آئے گا)

**shallot** *n.* پیاز کی طرح کا ایک پودا۔

**shallow** *adj., n. & v.* صف: ① اُتھلا، کم گہرا۔ ② سرسری، سطحی، اوپری، معمولی۔ اسم: **(shallows)** نشیبی مقام۔ ف: پاٹ دینا، پٹ جانا، گہرائی کم کرنا۔ ● **shallowness** اسم: سطحیت، اتھلا پن۔

**shalom** *n.* یہودی طریق سلام، ملاقات یا رخصت کے وقت کا سلام۔

**sham** *v., n. & adj.* ف: **(shammed، shamming)** ① بننا، مکر کرنا۔ ② کسی کا روپ دھارنا، کسی بات کی نقالی کرنا۔ اسم: ① مکر، ریا، بہروپ، دکھاوا۔ ② مکار، فریب کار، نقال۔ صف: نقلی، جعلی۔

**shamble** *v.* گھسٹتے، رگڑتے، لنگڑاتے ہوئے مشکل سے چلنا یا دوڑنا۔

**shambles** *n.* بول چال: ① بے ترتیبی، گڑبڑ، خرابی، ابتری۔ ② مذبح، بوچڑ خانہ۔ ③ خون خرابے کا منظر۔

**shame** *n. & v.* اسم: ① شرم، ندامت، خجالت، شرمندگی کا احساس۔ ② غیرت، پاس آبرو۔ ③ افسوس ناک صورت حال۔ ④ بے آبروئی کا باعث، رسواکن، افسوس ناک حرکت یا واقعہ۔ ف: ① رسوائی کا باعث بننا، بے آبرو کرنا؛ شرمندہ کرانا۔ ② غیرت دلانا، شرمندہ کرنا۔ ● **shameful** صف: شرمناک۔ **shamefully** م ف۔ **shameless** صف: بے شرم۔ **shamelessly** م ف۔

**shamefaced** *adj.* نادم، خجل، شرمسار۔

**shammy** *n. (pl.* **-ies)** بول چال: بھیڑ، بکری، ہرن کا نرم مخملی چمڑا۔

**shampoo** *n. & v.* اسم: ① پتلی کریم یا ایک قسم کا پتلا صابن جو بالوں کو دھونے کے لیے استعمال ہوتا ہے۔ ② قالین وغیرہ کو دھونے کا اسی طرح کا محلول۔ ③ شیمپو سے دھونے کا عمل۔ ف: شیمپو کرنا، شیمپو سے دھونا۔

**shamrock** *n.* ایک قسم کی تپتیا گھاس۔

**shandy** *n. (pl.* **-ies)** لیمونیڈ یا ادرک کی بیئر کے ساتھ ملائی ہوئی بیئر یا جو کی شراب۔

**shank** *n.* ① ٹانگ، پنڈلی، پنڈلی کی ہڈی۔ ② ڈنڈا، ساقہ، تنہ۔ ③ دستہ اوزار وغیرہ کا۔

**shanty** *n. (pl.* **-ies)** ① جھگی، کٹیا، جھونپڑی۔ ② ایک گانا جو ابتداءً جہازراں طنابیں کھینچتے وقت گاتے تھے۔

**shanty town** *n.* جھونپڑیوں میں رہنے والے غریب غربا کی بستی۔

**shape** *n. & v.* اسم: ① کینڈا، ڈول، کسی شکل کی بیرونی حدود۔ ② ظاہری ہیئت۔ ③ قرینہ، طریقہ، صورت، انداز۔ ④ سانچا، قالب۔ ف: ① تشکیل کرنا، صورت گری کرنا۔ ② کسی خیال یا نمونے کے مطابق بنانا، ڈھالنا۔ □ **shape up** کسی خاص شکل میں ڈھلنا، صورت پکڑنا۔ ● **shapeless** صف: بے ڈول۔

**shapely** *adj.* **(shapelier, shapeliest)** ① خوش وضع، متناسب؛ جاذب نظر۔ ② نفیس، عمدہ، دیدارو۔ ● **shapeliness** اسم: خوش نمائی، زیبائی، خوش ترکیبی۔

**shard** *n.* کرچی، چینی، شیشے وغیرہ کی۔

**share** *n. & v.* اسم: ① شرکت کا حصّہ جو دیا یا لیا جائے، حصّہ، شراکت داری۔ ② کسی کام یا مہم میں کسی فرد کا حصّہ، اعانت، اس کا اجر یا جزا۔ ③ کسی مشترک املاک یا مشترک تجارتی سرمائے کا حصّہ جس پر منافع کا حق ہو۔ ف: ① حصّہ بٹانا، شرکت کرنا۔ ② حصّہ دار، شریک، ساتھی ہونا۔ ● **sharer** اسم: ساجھی، حصّہ دار۔

**shareholder** *n.* تجارتی یا کاروباری حصّہ دار، شراکت دار، کسی کمپنی کے شیئرز رکھنے والا۔

**shareware** *n.* کمپیوٹر پروگرام جو آزمائش کے لیے ابتداءً مفت پیش کیے جائیں۔

**shark** *n.* ① شارک مچھلی۔ ② بول چال: خطرناک، دھوکے باز، لوٹنے والا شخص، خصوصاً سودخوار۔

**sharkskin** *n.* ایک نرم کسی قدر چکنا کپڑا۔

**sharp** *adj., n. & adv.* صف: ① تیز، دھاردار۔ ② نکیلا۔ ③ یکایک مڑنے یا گرنے والا، ڈھالو، سیدھی ڈھلان والا۔ ④ سڈول، سیدھے، ہموار خطوط پر مشتمل۔ ⑤ تند، تیز مزاج، کھٹا، ترش، تیز ذائقے والا (کھانا وغیرہ) ⑥ سخت، کٹیلے (الفاظ یا لہجہ) ⑦ ذکی، ذہین (آدمی) ⑧ موسیقی: عام سطح سے اونچی آواز، نسبتہً اونچا سُر۔ اسم: موسیقی: معمول سے بلند سُر، اس کی علامت (#) م ف: ① ٹھیک ٹھیک، بالکل صحیح۔ ② اچانک، یکایک، معاً۔ ③ متعیّن سطح سے بلند تر، چڑھا (سُر) ● **sharply** م ف:

تیزی سے،سختی سے۔ **sharpness** اسم: تیزی۔
**sharpen** *v.* تیز کرنا یا ہونا، سان رکھنا، دھار بنانا، نوک نکالنا۔● **sharpener** اسم۔
**sharp practice** *n.* دھوکے کی چالیں یا بمشکل قابل برداشت طرزِ عمل۔
**sharpshooter** *n.* ماہر نشانے باز۔
**shatter** *v.* ① ٹکڑے ٹکڑے ہونا، بکھرنا۔ ② سخت نقصان پہنچانا، تباہ کرنا۔ ③ بگاڑنا، تتر بتر کرنا۔
**shave** *v. & n.* ف: ① مونڈنا، استرا پھیرنا۔ ② باریک پرت اتارنا۔ ③ لکڑی وغیرہ کی سطح کو چھیلنا، چھیلن اتارنا۔ ④ بال بال بچ کر نکل جانا، ٹکراتے ٹکراتے رہ جانا۔ اسم: مونڈنے، استرا پھیرنے کا عمل۔ □ **a close shave** بول چال: بال بال بچنے کا واقعہ۔
**shaving** *n.* لکڑی وغیرہ کی چھیلن، مہین پرت۔
**shawl** *n.* شال، کندھوں پر ڈالنے کی نفیس چادر۔
**she** *pron. & n.* ضمیر: ① وہ (عورت یا لڑکی جنس مؤنث، مادہ) ② کوئی شے جو مؤنث شمار ہوتی ہو۔ اسم: عورت، مادہ۔
**s/he** *pron.* ضمیر مشترک کے طور پر جہاں مرد عورت دونوں سے مراد ہو۔
**sheaf** *n.* (*pl.*- **sheaves**) اجزا کو باندھ کر بنایا ہوا مُٹھا، گٹھا، پُولا۔
**shear** *v.* (**sheared, shorn** or **sheared, shearing**) ① مونڈنا، اون اتارنا۔ ② قینچی وغیرہ سے کاٹنا، تراشنا، چھانٹنا۔ ③ دباؤ سے ٹوٹ پھوٹ جانا، بکھرنا، پچکنا۔● **shearer** اسم۔
**shears** *n. pl.* قینچی کی طرح کاٹنے کا ایک بڑا اوزار۔
**sheath** *n.* ① میان، نیام، غلاف تلوار، چاقو وغیرہ کا۔ ② مانعِ حمل غلاف ذکر، کنڈوم۔
**sheathe** *v.* ① نیام وغیرہ میں رکھنا، میان میں ڈالنا۔ ② خانے، ڈبے وغیرہ میں رکھنا۔
**shed** *n. & v.* اسم: عمارت بطور مویشی خانہ یا کارگاہ، گودام۔ ف: (**shedding، shedded**) ① گرانا، جھاڑنا (پتّوں وغیرہ کا) ② اتارنا (کپڑے) ③ پھیلانا، ڈالنا، منعکس کرنا۔ ④ پیچھا چھڑانا۔

**sheen** *n.* ① چمک، چکنی سطح۔ ② روشنی، بھڑکیلا پن۔
● **sheeny** صف: بھڑک دار، چمکیلا۔
**sheep** *n.* (*pl.* same) بھیڑ۔
**sheepdog** *n.* بھیڑوں کی رکھوالی کرنے والا کتا۔
**sheepish** *adj.* شرمیلا، دبّو، جھجکو، کھسیانا۔
● **sheepishly** م ف۔ **sheepishness** اسم۔
**sheepskin** *n.* بھیڑ کی کھال (جس پر اُون موجود ہو)
**sheer** *adj., adv. & v.* صف: ① عین، بالکل، محض، قطعی۔ ② (پہاڑی یا ڈھلان کے لیے) تقریباً عمودی، بہت ڈھالو۔ ③ بہت مہین (کپڑا) م ف: ① ایک دم، بالکل۔ ② عمود، سیدھ۔ ف: گھومنا، راستہ تبدیل کرنا۔ ● **sheerly** م ف۔ **sheerness** اسم۔
**sheet** *n.* ① چادر جیسے پلنگ کی۔ ② ورق، پارچہ، تختہ جیسے کاغذ کا، یا لوہے کی چادر۔ ③ پانی کی چادر یا دور تک پھیلا ہوا اتھلا پانی، شعلوں کی چادر۔ ④ بادبان کے نچلے کونے سے جڑا ہوا رسّا جو اسے تھام کر رکھتا ہے۔
**sheet anchor** *n.* مددگار آدمی، آخری آسرا جس پر وقتِ ضرورت بھروسا کیا جاسکے۔
**sheikh** *n.* ① شیخ، عرب سردار۔ ② خاندن یا قبیلے کا بزرگ۔ ● **sheikhdom** اسم: شیخ کی عملداری۔
**shekel** *n.* ① اسرائیل کا موجودہ قومی سکّہ۔ ② (**shekels**) بول چال: رقم، نقدی، دولت۔
**shelf** *n.* (*pl.* **shelves**) ① دیوار میں جڑا ہوا چیزیں رکھنے کا لکڑی یا دھات وغیرہ کا تختہ، بندخانہ یا الماری۔ ② زیرِآب چٹان کی کگر۔ □ **on the shelf** بول چال: ڈھلی ہوئی عمر کی شادی کی عمر سے نکلی ہوئی (عورت)
**shelf-life** *n.* کسی شے، دوا خوراک وغیرہ کے قابل استعمال رہنے کی مدّت۔
**shell** *n. & v.* اسم: ① بہت سے سمندری جانوروں کا خول، صدف، سیپ، کوڑی، گھونگا، انڈے کا چھلکا، میوے کا سخت چھلکا، خول۔ ② توپ وغیرہ سے چھوڑا جانے والا بم۔ ③ کوئی کھوکھلی شے، محض چھلکا، خالی کھال۔ ف: ① چھلکا اتارنا، پھلی چھیلنا۔ ② کسی شہر یا فوج کے دستوں پر اڑن بمباری کرنا۔ □ **shell out** بول چال: ① رقم ادا کرنا۔ ② (مطلوبہ رقم) حوالے کرنا۔
**shellac** *n. & v.* اسم: لاکھ کے باریک پترے جن

سے وارنش یا چُپڑا تیار کیا جاتا ہے۔ف:(shellacked، shellacking)شیلک پھیرنا، چمکانا۔

**shellfish** *n.* (*pl.* same) سمندری صدفہ، کیکڑا، جھینگا وغیرہ۔

**shell-shock** *n.* جنگ کی بدولت لاحق ہونے والی اعصابی علّت یا دہشت۔

**shelter** *n. & v.* اسم:① پناہ گاہ۔② کوئی تحفظ دلانے والی شے، خطرے، موسم وغیرہ سے بچاؤ کا سامان یا ذریعہ۔③ پناہ، بچاؤ، تحفظ، آڑ۔ف: ① پناہ دینا، تحفظ دلانا۔② پناہ پانا، پناہ لینا۔

**shelve** *v.* ① ملتوی کرنا، ٹالنا۔② کتابیں شیلف پر جمانا۔③ زمین یا سطح کا کسی سمت ڈھالو ہونا۔

**shelving** *n.* =SHELVES۔

**shepherd** *n. & v.* اسم: چرواہا، گڈریا، گلّہ بان۔ ف: رہنمائی کرنا۔

**shepherd's pie** *n.* قیمے پر کچلے ہوئے آلوؤں کی تہ جما کر تیار کی جانے والی ڈش۔

**sherbet** *n.* شربت، ایک جھاگ دار مشروب۔

**sheriff** *n.* ① کاؤنٹی کا سربراہ شاہی افسر جو عدالت وغیرہ کا حاکم ہوتا ہے، بعض شہروں میں سال بسال منتخب کیا جانے والا اعزازی افسر۔② امریکا: کسی کاؤنٹی کا منتخب افسر، امن وامان کا ذمّے دار۔

**Sherpa** *n.* ہمالیہ کی ایک قوم جو نیپال اور تبت کی سرحد پر آباد ہے اور کوہ پیمائی میں مہارت رکھتی ہے۔

**sherry** *n.* ایک قسم کی تیز شراب۔

**shiatsu** *n.* ایک جاپانی طریق علاج جس میں انگوٹھوں، ہتھیلیوں وغیرہ سے جسم کے بعض حصّوں پر مالش یا چپی کی جاتی ہے۔

**shibboleth** *n.* کسی قوم، طبقے یا گروہ کا روایتی اصول، نعرہ وغیرہ جس سے اس کی شناخت ہو جائے۔

**shield** *n. & v.* اسم: ① ڈھال، سپر، تحفظ دلانے والی شے۔② سپر نما شکل یا شے۔ف: بچانا، تحفظ دینا۔

**shift** *v. & n.* ف: ① ایک سے دوسری جگہ منتقل ہونا۔② ہٹانا، دور کرنا۔③ بول چال: عجلت کرنا۔④ بول چال: ٹال مٹول کرنا۔اسم: ① منتقلی، جگہ کی تبدیلی، کسی جگہ یا چیز کا بدل، چیزوں کی ادلا بدلی۔② باری سے کام کرنے والوں کی باری، نوبت، اس کام کی مدّت۔

**shiftless** *adj.* ٹھس، بے تدبیر، نالائق۔

**shifty** *adj.* **(shiftier, shiftiest)**: بول چال: غیر مستقل مزاج، بے بھروسا، عیّار، دھوکے باز۔● **shiftily** م ف۔ **shiftiness** اسم: متلون مزاجی۔

**Shi'ite** *n. & adj.* اسم: مسلمانوں کا ایک بڑا فرقہ، شیعہ، شیعی۔صف: شیعوں سے متعلق۔

**shilly-shally** *v.* **(-ies, -ied)**، ہچر مچر کرنا، رکنا، جھجکنا۔

**shim** *n.* مشین کے پرزوں کو چست رکھنے کے لیے پھنسایا جانے والا پترا، پچّڑ، چُول۔

**shimmer** *v. & n.* ف: جھلملانا، دمکنا۔اسم: جھلمل، جھلکار، دمک۔

**shin** *n. & v.* ① پنڈلی، ساق۔② مذبوحہ گوشت کا پایا۔ ف: **(shinning، shinned)** □ **shin up** چاروں ہاتھ پاؤں پر تیزی سے اوپر کی طرف چڑھنا۔

**shindig** *n.* بول چال: ① دھوم دھامی دعوت، جشن۔② جھگڑا، جھڑپ؛ فساد، ہنگامہ۔

**shine** *v. & n.* ف: ① **(shining، shone)** چمکنا، روشن، چمکیلا ہونا۔② (سورج، ستاروں وغیرہ کا) دکھائی دینا، بادل وغیرہ کی اوٹ نہ ہونا۔③ لیمپ وغیرہ روشن کرنا۔④ سبقت لے جانا، نمایاں ہونا۔⑤ (ماضی و ماضیہ **shined**) چمکانا، پالش کرنا۔اسم: ① روشنی، تابانی، ضیا۔② چمک، چکاچوند۔ □ **take a shine to** بول چال: کسی کا گرویدہ ہونا۔

**shingle** *n.* (in *sing.* or *pl.*) ① بٹیا، خصوصاً ساحل پر پایا جانے والا گھسا ہوا پتھر کا ٹکڑا، سنگریزہ۔② مستطیل چوبی تختہ جو چھتوں پر چپکایا جاتا ہے۔③ **(shingles)** تکلیف دہ سوزش یا ورم جس کے ساتھ جسم پر دانے ابھر آتے ہیں۔● **shingly** صف۔

**Shinto** *n.* پرکھوں کی پوجا اور ارواح فطرت کی پرستش پر مبنی جاپانی مذہب۔● **Shintoism** اسم: شنتو مت۔

**shiny** *adj.* **(shinier, shiniest)** چمکیلا، چمکدار، چکنا، منوّر۔● **shininess** اسم: آب، چمک۔

**ship** *n. & v.* اسم: پانی کا جہاز۔ف: **(shipped، shipping)** جہاز سے سامان، مسافروں کو لانا، لے

جانا۔ □ **ship off** ①جہاز سے روانہ ہونا یا بھجوانا۔ ②بول چال: دور بھجوا دینا (کسی شخص کو)

**shipmate** *n.* جہاز کے عملے کا ساتھی، شریک عملہ۔

**shipment** *n.* ①ایک وقت میں جہاز پر لادا جانے والا سامان۔ ②جہاز سے روانہ کیا جانے والا مال۔

**shipping** *n.* جہاز بحیثیت مجموعی۔

**shipshape** *adj.* درست حالت میں، صاف ستھرا۔

**shipwreck** *n.* جہاز کا ٹکرا کر، طوفان کی زد میں آ کر یا اتھلی جگہ میں پھنس کر تباہ ہونا، جہاز کی تباہی۔ ● **shipwrecked** صف۔

**shipyard** *n.* جہاز سازی کا کارخانہ۔

**shire** *n.* کاؤنٹی، انتظامی وحدت، حلقہ یا ضلع۔

**shire horse** *n.* ایک مضبوط کوتل گھوڑا۔

**shirk** *v.* بچنا، پہلوتہی کرنا، احتراز کرنا، گریز کرنا (کام، ذمہ داری وغیرہ سے) ● **shirker** اسم۔

**shirt** *n.* قمیص، جسم کے اوپری حصّے کا لباس۔

**shirty** *adj.* **(shirtier, shirtiest)**: بول چال: خفا، ناراض، روٹھا ہوا۔

**shit** *v. & n.* مبتذل، ف: **(shitted** یا **shat** یا **shit، shitting)** پاخانہ کرنا، اجابت کرنا۔ اسم: ① گو، پاخانہ۔ ② قابل نفرت شے یا شخص۔

**shiver** *v. & n.* ف: ①کانپنا، ڈرنا سردی یا خوف کے مارے۔ ② ٹوٹ کر ریزہ ریزہ ہونا۔ اسم: ① پھریری، تھرتھری، لرزہ۔ ② کپکپی کا دورہ۔ ● **shivery** صف۔

**shoal** *n. & v.* اسم: ① مچھلیوں کا جھول یا جمگھٹا۔ ② اُتھلے پانی کا پھیلاؤ، غرقاب ریتیلا کنارہ جو اتھلے پانی میں نظر آئے۔ ف: مچھلیوں کا ہجوم کرنا۔

**shock** *n. & v.* اسم: ① دھاکا، تصادم، لرزش وغیرہ۔ ②ناگہانی صدمہ، سخت اعصابی ہیجان۔ ③ کسی زخم یا شدید چوٹ وغیرہ کے بعد خون زائل ہونے سے پیدا ہونے والی نقاہت۔ ف: دہشت زدہ کرنا، کھلبلی مچانا، صدمہ پہنچانا، جذباتی ہیجان برپا کرنا، غمگین، افسردہ کرنا۔ ● **shocker** اسم: بھیانک، مکروہ چیز یا شخص۔

**shocking** *adj. & adv.* ①وحشت خیز، بہت ناپسندیدہ۔ ②بول چال: بہت ناخوش گوار۔

**shod** SHOE کا ماضی و ماضیہ۔

**shoddy** *adj.* **(shoddier, shoddiest)** ① گھٹیا، ادنی، پھٹیچر۔ ② مصنوعی، جعلی۔ ● **shoddily** م ف۔ **shoddiness** اسم: گھٹیا پن۔

**shoe** *n. & v.* اسم: ①جوتے کی جوڑی میں سے کوئی ایک پاؤں۔ ② گھوڑے کا نعل۔ ③ گاڑی وغیرہ کے پہیے میں لگا ہوا چال روک پترا۔ ف: **(shoeing، shod)** گھوڑے کی نعلبندی کرنا؛ جوتا پہنانا۔

**shoehorn** *n.* دھات کا خمدار پترا، جس کے سہارے جوتا پہننے میں آسانی ہوتی ہے۔

**shoe lace** *n.* جوتا کسنے کا فیتہ، تسمہ۔

**shoeshine** *n.* جوتا پالش۔

**shoestring** *n.* ①=SHOELACE۔ ②بول چال: تھوڑی آمدنی۔

**shoetree** *n.* جوتے کا فرما جسے جوتے میں پھنسا دیتے ہیں تاکہ اس کی شکل صحیح رہے۔

**shone** SHINE کا صیغۂ ماضی و ماضیہ۔

**shoo** *int. & v.* فجائیہ: چڑیوں کو اڑانے یا بچوں کو ڈرانے کی آواز۔ ف: **(shooing، shooed)** ① ہُش کرنا، شُو کرنا۔ ② چڑیوں وغیرہ کو ہش کر کے اڑانا۔

**shook** SHAKE کا ماضی۔

**shoot** *v. & n.* ف: **(shooting، shot)** ① بندوق وغیرہ سر کرنا، کمان، غلیل، بندوق وغیرہ سے کسی آدمی یا جانور کو جان سے مارنا یا زخمی کرنا۔ ② تیزی، جھپاکے یا دھاکے سے روانہ کرنا، دھکیلنا۔ ③ پودے کا کونپل یا کلیاں نکالنا، پھوٹنا۔ ④ تصویرکشی یا فلمسازی کرنا۔ ⑤ گول کی طرف گیند اچھالنا۔ اسم: کونپل، نئی ٹہنی، شاخ۔ □ **shoot up** ایک دم نمودار ہونا؛ تیزی سے ترقی کرنا۔ ● **shooter** اسم: گولی چلانے والا۔

**shooting star** *n.* شہاب ثاقب، ٹوٹا ہوا تارہ۔

**shooting stick** *n.* دستی چھڑی جس کا سرا یا دستہ کھل کر نشست کا کام دیتا ہے۔

**shop** *n. & v.* اسم: ① دکان، خوردہ فروخت یا کاروبار کا ٹھیا، ٹھکانہ، مستقل جگہ۔ ② کارخانہ، جہاں مرمت وغیرہ کی جائے۔ ف: **(shopping، shopped)** ① خریداری کے لیے نکلنا۔ ② بول چال: مخبری کرنا □ **shop around** بہترین سودا کرنے کی جستجو کرنا۔ **talk shop** عام محفل میں

اپنے کاروبار، پیشے یا مشغلے کی بابت گفتگو کرنا۔● **shopper** اسم: خریدار، گاہک۔

**shop floor** *n.* کارخانے کا عملہ بغیر انتظامیہ۔

**shoplifter** *n.* دُکان سے مال اُڑانے والا اُچکا۔ ● **shoplifting** اسم: دکان میں چوری۔

**shopping** *n.* بازار کی خریداری، خریدا ہوا سامان۔

**shop-soiled** *adj.* دکان میں نمائش کے لیے رکھا ہوا (مال) جو پرانا یا ناکارہ ہو جائے۔

**shop steward** *n.* کارخانے میں کارندوں کا منتخب نمائندہ، جو ان کی طرف سے پیروی کرے۔

**shore** *n. & v.* اسم: دریا، سمندر وغیرہ کا کنارا۔ ف: بلّی وغیرہ سے سہارا دینا، ٹیک لگانا۔

**shorn** SHEAR کا ماضیہ۔

**short** *adj., adv., n. & v.* صف: ① پیمائش میں کم، مختصر فاصلے کا، نزدیک، تھوڑی دیر کا، وقت یا دوران میں کم۔ ② کوتاہ قد، ٹھگنا۔ ③ قلّت، کمی یا محرومی سے دوچار، پہنچ کے اندر۔ ④ گستاخ، بے تمیز۔ ⑤ (پیسٹری) جو جمی نہ ہو، ڈھیلی۔ م ف: وقت سے پہلے، قبل از وقت۔ اسم: ① تیز شراب جو چھوٹے جاموں میں پیش کی جائے۔ ② منقطع برقی دور۔ ③ چھوٹی فلم۔ ④ (shorts) نیکر۔ ف: بجلی کے دور کا ٹوٹنا۔

**shortage** *n.* قلّت، کمی، توڑا۔

**shortbread** *n.* (also **shortcake**) مکھن، آٹے اور شکر سے تیار کردہ ایک خستہ بسکٹ۔

**short-change** *v.* بھنانے پر دھوکا دینے یا ٹھگنے کے لیے قصداً کم خوردہ دینا۔

**short circuit** *n. & v.* اسم: عام برقی دور کی بجائے، تھوڑی مدافعت والا بودا برقی دور۔ ف: **(shortcircuit)** ① برقی دور کوتاہ کرنا یا ہونا۔ ② (سفر، کام وغیرہ کو) مختصر کرنا، کسی تدبیر سے یا راستہ بدل کر۔

**shortcoming** *n.* کوتاہی، کسر، معذوری، نقص، خامی، کسی معیار تک پہنچنے سے قاصر رہنے کی صورت۔

**short cut** *n.* ① نسبتہً مختصر یا بچت کا راستہ۔ ② کسی کام کو جلد نمٹانے کی تدبیر۔

**shorten** *v.* کوتاہ، چھوٹا یا نسبتہً کم کرنا یا ہونا۔

**shortening** *n.* پیسٹری بنانے میں استعمال ہونے والا مکھن یا چکنائی۔

**shortfall** *n.* خسارہ، کمی، کسر۔

**shorthand** *n.* مختصر نویسی۔

**short-handed** *adj.* عملے کی کمی سے دوچار۔

**shortlist** *n. & v.* اسم: اُمیدواروں کے کسی گروہ میں سے پہلا انتخاب، جس میں سے آخری انتخاب کیا جائے۔ ف: ایسے منتخب کیے ہوئے افراد کی فہرست نکالنا۔

**shortly** *adv.* ① عنقریب، جلدی۔ ② تھوڑے الفاظ میں، مختصراً۔ ③ روکھے پن سے۔

**short-sighted** *adj.* ① کوتاہ نظر، قریب کی چیزیں ٹھیک دیکھ سکے، دور کی نہیں۔ ② ناعاقبت اندیش۔

**short ton** رک: TON۔

**short wave** *n.* ریڈیو کی ترسیل کی لہر جس کا تعدّد ۳ میگا ہرٹز سے زیادہ ہو۔

**shot**[1] *n.* ① توپ، بندوق وغیرہ چھوٹنے، سر ہونے کا عمل۔ ② کسی کو گولی کا نشانہ بنانے کی کوشش۔ ③ فوٹوگراف، تصویر، فلمی کیمرے کا ایک دفعہ میں فلمایا ہوا منظر وغیرہ۔ ④ کسی کھیل میں گیند پر لگائی ہوئی کک یا ٹھوکر۔ ⑤ بول چال: کسی بات کو بوجھنے یا کام کو انجام دینے کی کوشش۔ ⑥ بول چال: اچھا یا بُرا نشانہ باز ہونے کی صورت۔ ⑦ مار یا فاصلہ جہاں تک کسی چیز کی پہنچ ہو۔ ⑧ بول چال: شراب کا جام، نشہ آور سیّال کا انجکشن یا بچاؤ کا ٹیکا۔ □ **like a shot** بول چال: بلا جھجک، خوشی سے۔

**shot**[2] SHOOT کا ماضی و ماضیہ۔ □ **shot through with** بھرا ہوا، سیراب۔

**shotgun** *n.* تھوڑی مار کی سپاٹ نال والی بندوق۔

**should** *v. aux.* shall کا ماضی خصوصاً: ① بالواسطہ بیان میں خصوصاً جب کہ دہرانے والا خود متکلم ہو۔ ② فریضہ، ذمّہ داری یا امکان ظاہر کرنے کے لیے، (متکلم کی صورت میں) عارضی یا وقتی رائے کے طور پر۔ ③ متکلم کی مشروط بات کے لیے۔

**shoulder** *n. & v.* اسم: ① کاندھا، جسم کا وہ حصّہ جس کے ساتھ بازو، چوپائے کا اگلا پاؤں یا پرندے کا شہپر جُڑا ہوتا ہے۔ ② مذبوحہ جانور کے اگلے پاؤں کا بالائی حصّہ۔ ف: ① کندھا مارنا، کندھے سے دھکیلنا، کندھے

سے دھکیلتے ہوئے اپنا رستہ بنانا۔② ذمّہ داری اُٹھانا۔

**shoulder blade** *n.* پشت کی دونوں بالائی چوڑی ہڈیوں میں سے کوئی،شانے کی ہڈی۔

**shout** *v. & n.* ف:① چیخنا،چلاّنا،زور کی آواز دینا۔② آواز لگانا۔اسم:اُونچی آواز کا نعرہ۔ □ **shout down** اپنی آواز سے کسی کی بات کو دبا دینا۔

**shove** *v. & n.* ف:① ٹھیلنا،دھکیلنا۔② لوگوں کو دھکیلتے ہوئے آگے بڑھنا۔③ کسی چیز کو کسی جگہ ٹھونس دینا۔اسم:دھکیلنے یا کسی کو کسی کام کے لیے اُکسانے،آگے بڑھانے کا عمل۔□ **shove off** ① ساحل پر سے کشتی میں روانہ ہونا۔② بول چال: چل دینا،رخصت ہونا۔

**shovel** *n. & v.* اسم:① ایک طرح کا چھوٹے دستے کا بیلچہ،کوئلہ جھونکنے یا مٹی اُٹھانے کے لیے۔② یہی کام انجام دینے والی مشین۔ ف:(**shovelled**، **shovelling** امریکا:**shoveled**) ① بیلچے،کرچھے، پھاوڑے وغیرہ سے اٹھانا، ہٹانا،سمیٹنا۔② بول چال: پھانکنا،خصوصاً بہت زیادہ یا چھپاکے سے ہڑپنا۔

**show** *v. & n.* ف:(**showed**، **shown**، **showing**) ① دکھانا،ظاہر کرنا،نمودار کرنا یا ہونا۔② پیش کرنا،نکال کر دکھانا۔③ اظہار یا مظاہرہ کرنا۔④ (جذبات وغیرہ کا) نمایاں،آشکار ہونا۔⑤ ثابت کر دکھانا، نشاندہی کرنا،سکھانا۔⑥ خود کو کسی خاص صورت میں ظاہر کرنا۔⑦ راستہ دکھانا۔اسم:① دکھانے یا دکھائے جانے کا عمل۔② نمائش،تماشا، نظارہ ۔③ اسٹیج تماشا، کھیل۔④ مظاہرہ، دکھاوا۔□ **show off** ① اِترانا۔② اپنی دولت، لیاقت وغیرہ کی نمائش کرنا۔ **show up** ① نمایاں طور پر ظاہر ہونا یا نظر آنا۔② اصلیت ظاہر کرنا قلعی کھول دینا۔

**show business** *n.* تھیٹر،تماشا گری وغیرہ سے متعلق پیشہ۔

**showdown** *n.* فیصلہ کن مقابلہ۔

**shower** *n. & v.* اسم:① بارش، اولے، برف کا جھالا، بوچھاڑ۔② تحائف، خطوط، اعزازات، دادوستائش کا دونگڑا۔③ فوارہ دارحمام،اس میں لگا ہوا نل، فوارہ وغیرہ، فوارے سے غسل۔④ ہونے والی دلہن کو تحائف دینے کے لیے منعقد ہونے والی دعوت۔ ف:① بوچھاڑ کرنا، برسانا۔② فوارے کے نیچے نہانا۔③ جھالے کی صورت میں برسنا۔

**showerproof** *adj. & v.* صف: ہلکی بارش کو سہہ جانے والا۔ ف: نم روک بنانا۔

**showjumping** *n.* رکاوٹوں کی گھڑ دوڑ۔

**showman** *n.* (*pl.* **-men**) ① سرکس کا مالک۔ ② وہ آدمی جو اپنے آپ کو مشتہر کرنے میں طاق ہو۔

**showmanship** *n.* خودنمائی، تماشا گری یا اشیا وغیرہ کی عمدہ پیش کش کی مہارت۔

**shown** SHOW کا ماضیہ۔

**show of hands** *n.* ہاتھ اُٹھا کر رائے دہی۔

**showpiece** *n.* کسی شے کا اعلیٰ قابلِ نمائش نمونہ۔

**showroom** *n.* مصنوعات کی نمائش کا کمرہ۔

**showy** *adj.* (**showier, showiest**) بھڑکیلا، بارونق، نمائشی خصوصاً بدذوقی کے ساتھ آراستہ۔● **showily** م ف۔ **showiness** اسم: دکھاوٹ۔

**shrank** SHRINK کا ماضی۔

**shrapnel** *n.* بم وغیرہ کے ٹکڑے جو دھماکے وغیرہ سے بکھریں۔

**shred** *n. & v.* ① کپڑے یا کاغذ وغیرہ کی کترن۔ ② تھوڑی مقدار، کسی چیز کا بقیہ ۔ف: (**shredded**، **shredding**) کاٹ کے ٹکڑے ٹکڑے، دھجی دھجی کرنا۔ ● **shredder** اسم: کترنے، کاٹنے والی مشین۔

**shrew** *n.* چوہے سے ملتا، چھوٹا نکیلی تھوتنی کا جانور۔

**shrewd** *adj.* ذی فہم، ہوشیار، صورت حال کو بھانپنے والا۔ ● **shrewdly** م ف۔ **shrewdness** اسم۔

**shriek** *v. & n.* ف: چیخ مارنا، ڈر یا تکلیف کے مارے کسی چیز کا واضح طور پر اظہار کرنا۔ اسم: چیخ، چنگھاڑ۔

**shrill** *adj.* اونچی، چبھتی، تیز آواز والا۔ ● **shrillness** اسم: چلاّہٹ۔ **shrilly** م ف۔

**shrimp** *n. & v.* اسم: ① جھینگا، چھوٹا (خصوصاً بحری) کھایا جانے والا۔ ② بول چال: ٹھگنا، دبلا، منحنی شخص۔

**shrine** *n.* خانقاہ وغیرہ، مقدّس، متبرک جگہ۔

**shrink** *v. & n.* ف:(**shrank**، **shrunk**، **shrinking**) چھوٹا کرنا یا ہونا، دبکنا، پچکنا، احتراز کرنا، بچنا، پہلوتہی کرنا۔ اسم: بول چال: نفسیاتی معالج۔

**shrinkage** *n.* ① سکڑن، سکڑنے کی مقدار یا درجہ۔

②مال کے ضائع یا چوری ہونے کے امکان کی رعایت۔

**shrive** *v.* **(shrove, shriven, shriving)** قدیم: (پادری کا) اعتراف گناہ کی سماعت کر کے کفارہ عائد کرنا اور بخش دینا۔

**shrivel** *v.* **(shrivelled, shrivelling** *US* **shriveled)** مرجھانا، چُرمُر ہونا، سکڑ کے شکل بدلنا، خشک، سوکھا ہونا۔

**shroud** *n. & v.* اسم: ① کفن۔② کوئی ڈھانپنے والی شے۔③ مستول یا سرِ مستول کو تھام کر رکھنے والے رسّے، طنابیں۔ ف: ① کفنانا۔② چھپانا، پوشیدہ رکھنا۔

**shrub** *n.* سخت تنے کا نیچا جھاڑ یا جھاڑی جس کی شاخیں زمین کے قریب رہیں۔ ● **shrubby** صف۔

**shrubbery** *n.* (*pl.* **-ies)** جھاڑیوں سے پٹا ہوا علاقہ، شاخسار۔

**shrug** *v. & n.* ف: **(shrugged، shrugging)** کندھے اُچکانا، بے پروائی، بے چارگی، عدم دلچسپی یا حقارت کے اظہار میں۔ اسم: شانے اُچکانے کا عمل۔

**shrunk** *adj.* SHRINK کا ماضیہ۔

**shrunken** *n.* سکڑا، سمٹا ہوا۔

**shudder** *v. & n.* ف: لرزنا، تھرّانا خصوصاً بے اختیار، خوف یا سردی وغیرہ کے سبب۔ اسم: کپکپی، تھرتھری۔

**shuffle** *v. & n.* ف: ① گھسٹتے، پھسلتے، رگڑتے ہوئے حرکت کرنا۔② بے ترتیب یا دوبارہ مرتب کرنا۔ اسم: ① گھسٹتی ہوئی چال یا حرکت۔② ادلا بدلی، اُلٹ پھیر، اُلٹا پلٹی۔ □ **shuffle off** پیچھا چھڑانا، الگ کرنا۔

**shun** *v.* **(shunned, shunning)** بچنا، گریز کرنا، محترز ہونا۔

**shunt** *v.* ① ریل کی پٹڑی بدلنا، خصوصاً راستے سے ہٹانے کے لیے۔② متبادل راستہ مہیا کرنا۔

**shush** *int. & v.* فجائیہ: HUSH شش۔ ف: شش کہہ کر چپ کرانا۔

**shut** *v.* **(shut, shutting)** ① بند کرنا، بھیڑنا۔② بند ہونا یا ہوسکنا۔③ دکان، کاروبار وغیرہ کا موقوف ہونا۔④ لپیٹنا، تہ کرنا۔⑤ روکنا، اندر نہ آنے دینا یا باہر نہ نکلنے دینا۔⑥ کسی جگہ سے آمدورفت روکنا۔ □ **shut down** (فیکٹری وغیرہ) بند کرنا۔ **shut off** ترسیل، نکاسی روکنا۔ **shut up** ① تمام دروازے، کھڑکیاں بند کرنا۔② بول چال: چپ رہو، خاموش رہو۔

**shut-eye** *n.* بول چال: نیند۔

**shutter** *n.* ① کھڑکی کے اندر یا باہر کی طرف پردے یا دھوپ روکنے کے لیے چوکھٹا، جھلملی۔② کیمرے کا کھٹکا۔ ● **shutterless** اسم: بند، بے کھٹکے دار۔

**shuttle** *n. & v.* اسم: ① دو نکیلے سروں والی ڈھولکی نُما بنا لا یا بانا ڈالنے والی پھرکی، نال، دھڑکی۔② معیّن یا محدود فاصلے تک آنے جانے والی پھیری دار بس، ریل وغیرہ۔③ بار بار استعمال ہونے والی خلائی گاڑی۔ ف: ① اِدھر سے اُدھر دوڑنا، چکّر لگانا۔② پھیری دار گاڑی میں سفر کرنا۔

**shuttlecock** *n.* کاگ پر جڑے ہوئے پروں کی بیڈمنٹن وغیرہ میں استعمال ہونے والی چڑیا۔

**shy** *adj. & v.* صف: ① شرمیلا، کم آمیز، ڈرنے، بھڑکنے والا۔② گریز کرنے والا، محتاط۔ ف: **(shied، shies)** ① بھڑک جانا، بدک جانا۔② بھاگ کھڑا ہونا، ڈر یا گھبرا کر گریز کرنا۔ ● **shyly** م ف۔ **shyness** اسم۔

**SI** تخفیف: *Systéme International*۔ پیمائش کا بین الاقوامی نظام۔

**Si** عنصر سلیکون کی علامت۔

**Siamese** *n. & adj.* اسم: سیام (موجودہ تھائی لینڈ) کا باشندہ۔ صف: سیام سے متعلق؛ وہاں کے لوگوں یا ان کی زبان سے متعلق۔

**Siamese cat** *n.* ایک ہلکی خوبصورت، نیلی آنکھوں اور چھوٹے بالوں والی بلّی۔

**Siamese twins** *n. pl.* آپس میں جُڑے ہوئے توام بچے جن کے بعض اعضا مشترک ہوتے ہیں۔

**sibling** *n.* ایک ماں باپ کی اولاد یا جن کی ماں یا باپ ایک ہو۔

**sibyl** *n.* غیب کی باتیں بتانے والی عورت۔

**sic** *adv.* (عموماً قوسین میں درج) کسی اقتباس کے بعد درج، مراد یہ کہ جوں کا توں نقل کیا گیا، اردو مترادف: کذا (=اسی طرح، یونہی)

**sick** *adj.* ① ابکائی کرنے والا۔② بیمار، خلل دماغ

میں مبتلا۔③ بیزار۔④سنگ دلانہ، کٹھور (مذاق) جوکسی کی مجبوری، بیماری، موت وغیرہ پر طنز کرے۔

**sicken** *v.* ① بیزار، متنفر کرنا۔② بیماری کی علامات ظاہر کرنا۔③ سخت بیزاری، بدمزگی، تنفر محسوس کرنا۔

**sickle** *n.* درانتی۔

**sickly** *adj.* **(sicklier, sickliest)** ① مستقل مریض، اُترا، نڈھال، پچکا۔ ② مضر صحت، ناخوشگوار۔③ جی متلانے والا۔● **sickliness** اسم: روگی پن۔

**sickness** *n.* ① بیماری، علالت؛ مرض۔② متلانے اکثر قے کرنے کی بیماری۔

**side** *n. & v.* اسم:① ضلع، بازو، طرف، کنارہ جوکسی چوڑی سطح کو گھیرے ہو۔ ② جسم کا داہنا یا بایاں حصّہ، پہلو، کسی شے یا عمارت وغیرہ کا دایاں یا بایاں حصّہ، کسی شے یا شخص کے برابر کی جگہ، سمت، رخ، کسی مقام یا شے کی نسبت سے۔③ کسی دورُخی شے کا کوئی رُخ۔④ کسی سوال، کردار، شخصیت وغیرہ کا کوئی رُخ، پہلو، حصّہ، عنصر۔⑤ کسی جنگ، کھیل، قضیے وغیرہ کے فریقوں میں سے کوئی فریق، متضادنظریات وغیرہ میں سے کوئی۔⑥ مرکز سے دور، کنارے کے قریب کا علاقہ۔ف: □ **on the side** ①مزید، معمول کے کام سے متجاوز۔② خفیہ یا ناجائزطور پر۔ **side by side** برابر برابر، دوش بدوش۔ **take sides** جانبداری برتنا۔

**sideboard** *n.* ① کھانے کے کمرے میں برتن وغیرہ رکھنے کے لیے زائد میز۔② **(sideboards)** بول چال: گل مچھے۔

**sideburns** *n. pl.* =SIDEBOARD معنی②۔

**side effect** *n.* ذیلی اثرات (عموماً ناموافق)

**sidelight** *n.* کار کے آگے پہلو میں لگی ہوئی روشنی۔

**sideline** *n.* ①اصل کام یا پیشے کے علاوہ اضافی مصروفیت۔② **(sidelines)** ہاکی، ٹینس وغیرہ کے میدان میں پہلو میں کھنچا ہوا خط، میدان اور تماشائیوں کے درمیان کا علاقہ۔

**sidelong** *adj. & adv.* صف: ایک طرف جھکا ہوا، آڑا، ترچھا۔م ف: اُریبی، آڑی سمت۔

**sidereal** *adj.* ستاروں اور جھرمٹوں کی بابت، یا ان کے ذریعے متعیّن کیا جانے والا۔

**side-saddle** *n. & adv.* اسم: خواتین کے لیے زنانہ زین جس پر گھوڑے کے ایک ہی سمت دونوں پاؤں لٹکا کر بیٹھتے ہیں۔م ف: اس طرح گھوڑے پر بیٹھے ہوئے۔

**sideshow** *n.* نمائش، میلے وغیرہ میں شامل تماشا۔

**sidestep** *v.* **(-stepped, -stepping)** ایک جانب ہوجانا، گریز کرنا، راستے سے ہٹ جانا۔

**sidetrack** *v.* کسی معاملے کو التوا میں یا پس پشت ڈالنا یا نیا موڑ دینا، اصل مسئلے سے گریز کرنا، موضوع بدلنا۔

**sidewalk** *n.* سڑک کے کنارے پیدل پٹڑی۔

**sideways** *adv. & adj.* م ف:① پہلو کی طرف یا پہلو سے۔② سامنے کی طرف سے رُخ پھیر کر۔صف: پہلو کی طرف کا یا پہلو سے۔

**siding** *n.* ریل گاڑیوں کا رُخ بدلنے یا ڈبوں کو جوڑنے کے لیے اصل پٹڑی کے پہلو میں مختصر مقامی پٹڑی۔

**sidle** *v.* جھجکتے قدموں سے، دبک کر چوری چھپے چلنا۔

**SIDS** تخفیف: sudden infant death syndrome =COT DEATH۔

**siege** *n.* فوج کا محاصرہ کرنا، گھیرا ڈالنا (کسی جگہ پر) قبضہ کرنے کے لیے۔

**sienna** *n.* ایک طرح کی لوہا ملی مٹی جو رنگ وروغن بنانے میں استعمال ہوتی ہے۔

**sierra** *n.* نکیلی پہاڑی چوٹیوں کا آری نما لمبا سلسلہ خصوصاً اسپین یا ہسپانوی امریکا میں۔

**siesta** *n.* دوپہر کا قیلولہ؛ تھوڑی سی نیند، خصوصاً گرم ممالک میں۔

**sieve** *n. & v.* اسم: چھلنی یا چھلنا۔ف:① چھلنی سے چھانا۔② شہادتوں وغیرہ کو پرکھنا، چھان بین کرنا۔

**sift** *v.* ① چھاننا، چھان پھٹک کرنا، چننا۔② (واقعات، گواہوں کے بیانات وغیرہ کو) جانچنا، پرکھنا۔

**sigh** *v. & n.* ف:① آہ بھرنا، لمبا سانس لینا۔② کسی چیز یا کسی بچھڑے ہوئے کی حسرت کرنا۔③ آہ بھر کر کہنا۔ اسم:① آہ بھرنے یا کھینچنے کا عمل۔② اس کی آواز۔

**sight** *n. & v.* اسم:① بصارت، بینائی، دیکھنے کا عمل، نظر، دید۔② منظر، تماشا، نظارہ۔③ قابل دید جگہیں یا چیزیں۔④ بندوق وغیرہ میں لگا ہوا نشانہ لینے میں مدد

دینے والا پرزہ۔ ⑤ بول چال: ہیئت کذائی، برا حلیہ۔ ف: نظارہ کرنا، خصوصاً قریب آتے ہوئے دیکھ سکنا۔ □ **at (or on) sight** نظر پڑتے ہی۔ **catch sight of** نظر میں لانا۔

**sightless** *adj.* نابینا۔

**sight-read** *v.* تحریری موسیقی کو دیکھ کر گانا یا بجانا۔

**sightseeing** *n.* سیاحی، سیر تماشا، دلچسپی کے مقامات کی سیر۔ ● **sightseer** اسم: سیلانی، سیاح۔

**sign** *n. & v.* اسم: ① علامت غیبی اشارہ؛ کرامات، شگون۔ ② نشان، شناخت، اثر۔ ③ ہاتھ یا کسی عضو جسمانی کا اشارہ، اشاراتی زبان میں استعمال ہونے والا اشارہ۔ ④ اشتہاری تختہ؛ نام کی تختی یا کھمبا۔ ⑤ نجوم کی رو سے بارہ آسمانی برجوں میں سے کوئی۔ ف: ① دستخط کرنا بطور تصدیق وغیرہ، کوئی نشان ڈالنا۔ ② اشارے سے مطلب ظاہر کرنا، اشاراتی زبان میں پیغام رسانی کرنا۔ □ **sign in** آمد پر رجسٹر میں نام وغیرہ لکھنا۔ **sign on** ① معاہدے، ملازمت وغیرہ کی رضا مندی دینا۔ ② بے روزگار کی حیثیت سے نام درج کرانا۔ **sign up** ① کسی کو ملازمت دینا، دستخط کر کے خود پابند ہونا یا کسی کو پابند کرانا، بھرتی ہونا۔

**signal** *n., v. & adj.* اسم: ① مقررہ اشارات میں مطلب کی ادائیگی خصوصاً دور کے اشارات۔ ② برقیاتی یا ریڈیائی تہیج کی ترسیل یا وصولی، ان تہیجات کا سلسلہ۔ ③ ریل کے انجن ڈرائیوروں کی ہدایت کے لیے جھنڈی یا روشنی کا اشارہ۔ ف: (**signalling**، **signalled** امریکا: **signaled**) ① اشارے کرنا یا دینا۔ ② کسی کو اشارے میں ہدایت دینا، اطلاع وغیرہ پہنچانا؛ اعلان کرنا، اظہار کرنا۔ صف: نمایاں طور پر اچھا یا برا؛ قابل لحاظ۔ ● **signaller** اسم۔ **signally** م ف۔

**signal box** *n.* ریلوے اسٹیشن کے قریب ایک تعمیر جہاں سے سگنل اور کانٹے بدلے جاتے ہیں۔

**signalman** *n.* (*pl.*-**men**) سگنل بدلنے والا۔

**signatory** *n.* (*pl.*-**ies**) معاہدے پر دستخط کرنے والے فریقوں میں سے کوئی ایک۔

**signature** *n.* ① دستخط جو کسی خط، دستاویز وغیرہ پر ثبت کیے جائیں۔ ② کوئی نمایاں خصوصیت جو کسی شے کی شناخت ہو۔ ③ موسیقی: وہ علامات جن کو زیر و بم کہا جاتا ہے اور جن سے گت اور تال کا پتہ چلتا ہے۔

**signature tune** *n.* ٹیلیوژن یا ریڈیو پر مخصوص شناختی دُھن۔

**signet ring** *n.* مہر بردار انگوٹھی۔

**significance** *n.* ① اہمیت؛ امتیاز۔ ② پنہاں یا ظاہر معنویت۔ ③ نمایاں ہونے کی صورت حال۔ ● **significant** صف۔ **significantly** م ف۔

**signification** *n.* صحیح مفہوم، اصل معنیٰ۔

**signify** *v.* (**-ies, -ied**) ① کسی شے کی شناخت، نشان، علامت یا مظہر ہونا۔ ② کوئی مطلب، مفہوم رکھنا۔ ③ بتانا، مطلع کرنا۔ ④ اہمیت رکھنا۔

**signpost** *n.* نشان راہ، مسافروں کی ہدایت کے لیے کسی مقام کی سمت یا اکثر فاصلہ بتانے والے نشانات۔

**Sikh** *n.* ہندوستان کے موحد سکھ مذہب کا پیرو۔ ● **Sikhism** اسم: سکھ مذہب۔

**silage** *n. & v.* مویشیوں کے چارے کے گودام میں رکھا ہوا یا گڑھے میں دبایا ہوا چارہ۔

**silence** *n. & v.* اسم: ① خاموشی، سنّاٹا، سکوت۔ ② رازداری، گُپ چپ، ذکر سے گریز۔ ف: چپ کرا دینا۔

**silencer** *n.* آواز کم کرنے کا پرزہ یا آلہ۔

**silent** *adj.* ① خاموش، چپ، بے آواز۔ ② کم سخن۔ ③ معلومات یا ذکر سے خالی۔ ● **silently** م ف: خاموشی سے، چپ چپاتے۔

**silhouette** *n. & v.* اسم: سفید پس منظر کے مقابل نظر آنے والی سیاہ شکل یا ہیولا۔ ف: جزوی تفصیل کے بغیر بیرونی خطوط میں ظاہر کرنا۔

**silica** *n.* سلیکون ڈائی آکسائڈ جو چقماق وغیرہ میں پایا جاتا ہے اور بالو پتھر وغیرہ کا اصل مادّہ ہے۔ ● **siliceous** صف۔

**silicate** *n.* سلیکون کا مرکب۔

**silicon** *n.* ایک کیمیائی عنصر (علامت: Si)

**silicon chip** *n.* سلیکون کی مہین قرص یا ٹکلی۔

**silicone** *n.* سلیکون اور آکسیجن کے بہت سے کثیر ترکیبی مرکبات میں سے کوئی جو سردی، گرمی اور نمی کو روکتے ہیں اور غیر موصل ہوتے ہیں۔

**silicosis** *n.* سلیکا آمیز دھول سے پیدا ہونے والا ورم شش، پھیپھڑے کی سوزش۔
**silk** *n.* ① ریشم، حریر ریشم کے کیڑے کے کوئے سے بنا دھاگا۔ ② ریشمی کپڑا۔ ● **silky** صف: ریشمی۔
**silken** *adj.* ریشمی، ریشم کی طرح نرم یا ریشم نما۔
**silkworm** *n.* پتنگے کی قسم کا حشرہ جو ریشم کا کویا تیار کرتا ہے اور اسی غرض سے پالا جاتا ہے۔
**sill** *n.* سل، سلی، پتھر، دھات یا لکڑی کا تختہ جو کھڑکی یا دہلیز میں لگایا جاتا ہے۔
**silly** *adj.* **(sillier, silliest)** ① بے وقوف، احمق سادہ لوح، ناسمجھ، بے شعور۔ ② کمزور ذہن کا۔ ● **silliness** اسم: احمق پن۔
**silo** *n.*(*pl.*-**os**) ① چارہ بھر کر محفوظ کرنے کا گڑھا یا کھلیان، اٹالا۔ ② غلّے کا گودام یا کوٹھا؛ سیمنٹ وغیرہ رکھنے کا بارخانہ یا بھنڈار۔ ③ زمیں دوز مورچہ جہاں میزائل یا اڑن بم چھوڑنے کے لیے تیار رکھا جاتا ہے۔
**silt** *n. & v.* اسم: پانی کی بہا کر لائی ہوئی تہ نشیں ریت، رسوب۔ ف: ریت سے اٹنا، بند ہو جانا۔
**silvan** SYLVAN کا متبادل۔
**silver** *n. & adj.* اسم: ① چاندی، ایک قدرتی نرم، چمک دار عنصر (علامت: Ag) ② سفید، نقرئی رنگ۔ ③ چاندی یا تانبے اور چاندی کی بھرت کے سکّے۔ ④ چاندی کے برتن وآلات۔ ⑤ گھر کے چھری کانٹے خواہ کسی دھات کے ہوں۔ صف: ① خالص چاندی یا چاندی کی ملاوٹ کے ساتھ بنا ہوا۔ ② چاندی جیسے رنگ کا۔
**silverfish** *n.* (*pl.* same) ایک چھوٹا مچھلی کی سی شکل کا سفید کیڑا، کرم کتابی۔
**silver jubilee** *n.* کسی اہم واقعہ کی پچیسویں سالگرہ، جشن سیمیں۔
**silverside** *n.* گائے کے گوشت کا پائے کے اوپر یا پنڈلی کا حصّہ۔
**silver wedding** *n.* شادی کی ۲۵ ویں سالگرہ۔
**silvery** *adj.* ① نقرئی، سیمیں، چاندی کی طرح۔ ② نقرئی، کھنکتی ہوئی آواز والا۔
**simian** *adj.* ① انسانوں سے ملتے بندروں جیسا، بوزنہ۔ ② بندروں جیسا۔
**similar** *adj.* مماثل، مشابہ، مطابق، ملتا جلتا۔ ● **similarity** اسم: مماثلت۔ **similarly** م ف۔
**simile** *n.* تشبیہ، ایک چیز کو کسی دوسری چیز کے مانند ٹھہرانا۔
**similitude** *n.* مماثلت، ظاہری یگانگت، مشابہت۔
**simmer** *v.* ف: ① ہلکے ہلکے اُبلنا، آہستہ آہستہ کھد بدانا یا اس حالت میں رکھنا۔ ② جوش یا غصے کو قابو میں رکھنا، اندر ہی اندر کھولنا۔ □ **simmer down** اُبال کا اترنا، جوش کا دھیرے دھیرے ٹھنڈا ہونا۔
**simper** *v. & n.* ف: گیگلی یا مصنوعی ہنسی ہنسنا۔ اسم: اس طرح کی مصنوعی ہنسی۔
**simple** *adj.* ① سادہ، سہل، عام فہم؛ بے تکان، بلا زحمت کیا، کہا یا سمجھ میں آنے والا۔ ② غیر مرکب۔ ③ راست، سیدھا؛ مطلق؛ بے ملاوٹ؛ واضح۔ ④ سادہ لوح، نادان، کند ذہن۔ ⑤ بے تصنّع، بے بناوٹ، سیدھا سادہ۔ ● **simplicity** اسم: سادگی۔ **simply** م ف۔
**simpleton** *n.* سادہ لوح، بھولا، نادان آدمی۔
**simplify** *v.* **(-ies, -ied)** سادہ بنانا، کھولنا، وضاحت کرنا، اختصار کرنا۔ ● **simplification** اسم۔
**simplistic** *adj.* سہل پسندانہ۔ ● **simplistically** م ف: سہل پسندی سے۔
**simulate** *v.* ① بناوٹ کرنا، ظاہر داری کرنا (جذبے یا احساس کو) مصنوعی طور پر طاری کرنا، مکر کرنا، کوئی روپ دھارنا۔ ② کمپیوٹر کے ذریعے خاکہ بنانا۔ ● **simulation** اسم: نقل۔ **simulator** اسم۔
**simultaneous** *adj.* بیک وقت ہونے والا، ہم وقتی، ہم زمانی۔ ● **simultaneity** اسم: توارد۔ **simultaneously** م ف: بیک وقت۔
**sin**[1] *n. & v.* اسم: ① گناہ، پاپ، مذہبی حکم کی خلاف ورزی خصوصاً دانستہ۔ ② نامعقول، ناپسندیدہ حرکت۔ ف: (**sinning، sinned**) گناہ کا مرتکب ہونا۔ ● **sinner** اسم: گناہ گار، پاپی۔
**sin**[2] sine کا اختصار۔
**since** *prep., conj. & adv.* حرف جار: کسی خاص وقت سے اب تک۔ عطف: ① کسی وقت کے بعد۔ ②

چونکہ، اس سبب، اس وجہ سے۔ م ف: ① اس وقت یا واقعے سے اب تک۔ ② اب سے (اتنا) عرصہ ہوا۔

**sincere** *adj.* ① پُرخلوص، تصنع یا بناوٹ سے عاری، سیدھا سچّا۔ ② ایماندار، صاف گو۔ ● **sincerely** م ف۔ **sincerity** اسم: خلوص، سچائی۔

**sine** *n.* ریاضی: ① جیب، ایک مثلثاتی تفاعل جو مثلث قائم الزاویہ میں کسی زاویے کے مقابل ضلع اور وتر کے باہمی تناسب کے مساوی ہوتا ہے۔ ② کسی قوس کے ایک سرے سے دوسرے سرے تک نصف قطر سے عموداً کھینچے ہوئے خط کا تفاعل، جیبی تفاعل۔

**sinecure** *n.* منافع بخش، آرام کا عہدہ وغیرہ۔

**sine qua non** *n.* شرط لازم، ناگزیر لازمہ۔

**sinew** *n.* ① رگ، نس وہ مضبوط بافتیں جو عضلات کو ہڈی کے ساتھ جوڑتی ہیں۔ ② **(sinews)** عضلات؛ جسمانی قوت۔ ● **sinewy** صف: توانا، مضبوط۔

**sinful** *adj.* ① گناہگار (آدمی) خصوصاً عادی۔ ② گناہ پر مبنی ناجائز (عمل) ③ قابل نفرت یا مذمّت۔ ● **sinfully** م ف۔ **sinfulness** اسم: معصیت، گناہ کاری۔

**sing** *v.* **(sang, sung, singing)** ① گا کر سنانا خصوصاً گیت یا بول۔ ② گانا، نغمہ سرائی کرنا۔ ③ گنگنانا، لوری دینا۔ ④ گا کر کسی چیز، نئے سال وغیرہ کا استقبال کرنا۔ ● **singer** اسم: گلوکار۔

**singe** *v. & n.* ① ف: **(singeing، singed)** ہلکا سا چرکا کھانا، جل جانا۔ ② سرے جلا دینا۔ اسم: معمولی جھلساہٹ۔

**single** *adj., n. & v.* صف: ① اکیلا، واحد۔ ② متحد، غیر منقسم۔ ③ ایک آدمی کے لیے تیار کردہ یا موزوں۔ ④ ایک اکیلا، مجرد۔ ⑤ تنہا، غیر شادی شدہ۔ ⑥ ایک طرف کا ٹکٹ۔ اسم: ① ایک، اکیلی شے یا کسی سلسلے کا ایک رکن یا جزو۔ ② یک طرفہ (ٹکٹ) ③ مجرد، بن بیاہا آدمی۔ ④ **(singles)** کھیل جس میں دونوں طرف صرف ایک ایک کھلاڑی ہو۔ □ **single out** گروہ میں سے کسی ایک کو چُننا۔ ● **singly** م ف: فرداً فرداً۔

**single figures** *n. pl.* ا سے ۹ تک کے اعداد۔

**single-handed** *adv. & adj.* م ف: بغیر کسی کی مدد کے۔ صف: ایک ہاتھ سے یا تنہا کیا ہوا۔

**single market** *n.* مختلف ممالک کا تجارتی اتحاد، مشترک منڈی۔

**single-minded** *adj.* پوری توجہ ایک بات کو دینے، صرف ایک مقصد کو سامنے رکھنے والا، یکسو، مستقل مزاج، دُھن کا پکّا۔

**single parent** *n.* ماں یا باپ جو تنہا بچے کی پرورش کرے۔

**singlet** *n.* بنیان یا قمیص کی جگہ پہنا جانے والا کپڑا۔

**singleton** *n.* کسی خاص قسم میں تنہا آدمی یا واحد شے۔

**singsong** *adj. & n.* صف: بے کیف (لحن) اُکتاہٹ بھرا، روں روں ریں ریں کرتا (گانا یا آواز) اسم: شوقیہ گانے والوں کی محفل۔

**singular** *adj. & n.* صف: ① یکتا، نادر، بہت غیر معمولی۔ ② عجیب، انوکھا۔ اسم: قواعد: ① واحد کلمہ یا شکل۔ ② صیغۂ واحد۔ ● **singularity** اسم: ندرت، انوکھا پن۔ **singularly** م ف: نمایاں طور پر۔

**sinister** *adj.* بدی کی طرف مائل، قبیح، مجرمانہ۔

**sink** *v. & n.* ف: **(sinking، sunk، sank)** ① آہستہ آہستہ نیچے اُترنا یا گرنا، تہ نشین ہونا۔ ② اُفق کے پیچھے چھپنا۔ ③ سطح کے نیچے اُترنا خصوصاً سیّال کا، (جہاز کا) سمندر کی تہ کی طرف جانا۔ ④ آہستہ آہستہ کمزور ہونا۔ ⑤ کسی کام میں روپیہ لگانا، رقم ڈبونا۔ ⑥ بلیئرڈز میں گیند جیب کے اندر یا گالف میں سوراخ میں ڈالنا۔ اسم: ① غسل خانے میں نصب تسلہ مع ٹونٹی وغیرہ۔ ② ناب دان جہاں گندہ پانی جمع ہو۔ □ **sink in** ① در آنا، گھس آنا، اترنا۔ ② رفتہ رفتہ واضح ہونا۔

**sinker** *n.* مچھلی پکڑنے کی ڈور میں بندھا ہوا وزن۔

**sinking fund** *n.* قرضہ وغیرہ چکانے کے لیے علاحدہ رکھا جانے والا حصّۂ آمدنی۔

**sinuous** *adj.* جس میں بہت سے موڑ واقع ہوں، پیچیدہ، پُرخم، لہراتا۔

**sinus** *n.* ہڈی یا نسیجوں میں کوئی جوف یا خلا خصوصاً کھوپڑی میں جو نتھنوں سے ملا ہوتا ہے۔

**sinusitis** *n.* ناک کی نسیجوں کے جوف کا ورم

یا سوزش، جو دائمی نزلے کا سبب ہوتی ہے۔

**sip** *v. & n.* ف:(sipping، sipped) چسکی لینا یا لگانا۔ اسم: چسکی، چھوٹا گھونٹ۔

**siphon** *n.* اسم: ہوا کے دباؤ سے کام لے کر مڑی ہوئی نلکی کے ذریعے پانی اُوپر کی طرف سے نیچے پہنچانے کا عمل؛ بوتل جس میں سے سوڈا واٹر گیس کے دباؤ سے باہر نکالا جاتا ہے۔ ف: سائفن کے ذریعے سیّال کو کھینچنا یا پہنچانا؛ کسی جگہ سے حاصل کرنا خصوصاً بے ایمانی سے۔

**sir** *n.* ① کسی مرد سے کلام کرنے کے لیے پُر تپاک کلمۂ تخاطب۔ ② (Sir) انگلستان میں نائٹ یا بیرونٹ کا لقب جو نام کے ساتھ لگایا جاتا ہے۔

**sire** *n. & v.* اسم: جانور کا نر جو کسی بچے کا باپ ہو۔ ف: (خصوصاً جانور کے لیے) جنم دینا۔

**siren** *n.* ① اونچی مسلسل آواز نکالنے کا آلہ، اس کی آواز یا سیٹی۔ ② خطرناک حسینہ۔

**sirloin** *n.* بڑے گوشت کی ران کے (بہترین) بالائی حصّے کا گوشت۔

**sirocco** *n.* (*pl.* -os) ایک گرم ریتیلی آندھی جو شمالی افریقہ سے جنوبی یورپ تک آتی ہے۔

**sisal** *n.* میکسیکو کا ایک پودا جس کے ریشے سے بنایا جانے والا پارچہ، رسّی وغیرہ۔

**sissy** *n.*(*pl.*-ies) بول چال: کمزور، بزدل، زنان پن کی طرف مائل آدمی۔

**sister** *n.* ① بہن، ہمشیرہ۔ ② کسی تنظیم کی خاتون رکن، انسانی رشتے سے بہن کے برابر۔ ③ سینئر خاتون نرس۔ ④ عیسائی راہبہ۔ ● **sisterly** صف۔

**sisterhood** *n.* ① بہناپا۔ ② زنانہ تنظیم، خصوصاً کلیسائی۔ ③ عورتوں کی باہمی جذباتی یگانگت یا ایکا۔

**sister- in-law** *n.* (*pl.* sisters- in-law) بیوی یا شوہر کی بہن، بھاوج، سلہج، سالے کی بیوی۔

**sit** *v.*( sat, sitting) ① بیٹھنا، فرش یا کسی چیز پر۔ ② بٹھانا یا بیٹھی ہوئی حالت میں رکھنا۔ ③ (پرندے کا) نیچے آ کر کسی جگہ ٹکنا، (جانور کا) پچھلے پاؤں موڑ کر زمین پر بیٹھنا۔ ④ پرندے کا انڈے سینا۔ ⑤ کسی کام پر جمنا۔ ⑥ (کمیٹی وغیرہ کا) اجلاس کرنا۔ ⑦ تصویر کھنچوانے کے لیے مقابل بیٹھنا۔ ⑧ (کسی حلقے کی طرف سے) پارلیمنٹ کا رکن ہونا۔ □ **sit tight** بول چال: اپنی جگہ سے نہ ہلنا۔

**sitar** *n.* ستار، ایک مضراب سے بجنے والا ساز۔

**sitcom** *n.* بول چال: مزاحیہ ڈراما، کسی دلچسپ صورت حال پر مبنی۔

**site** *n. & v.* اسم: ① کسی تعمیر کے لیے انتخاب کردہ زمین۔ ② کسی اور کام کے لیے مخصوص کردہ یا استعمال کیا جانے والا قطعۂ زمین۔ ف: زمین مہیا کرنا۔

**sitter** *n.* ① بیٹھنے والا، خصوصاً تصویر کھنچوانے کے لیے۔ ② =BABAYSITTER (رک: BABYSIT)

**sitting** *n.* ① نشست خصوصاً طویل کسی خاص مقصد سے۔ ② وقت کا وہ حصّہ جس میں کوئی اسمبلی کام میں مصروف ہوتی ہے۔ ③ تیاریاں کھانا کھلانے کی۔

**sitting room** *n.* گھر میں آرام سے بیٹھنے اُٹھنے کا اندرونی کمرہ۔

**sitting tenant** *n.* قابض کرایہ دار۔

**situated** *adj.* کسی خاص حالت میں یا جگہ پر واقع۔

**situation** *n.* ① ماحول، آس پاس کا علاقہ۔ ② حالات، کوائف، صورت حال۔ ③ عہدہ، ملازمت۔ ● **situational** صف: صورت حال کے مطابق۔

**situation comedy** *n.* ایسا طربیہ کھیل جس میں مزاح کسی صورت حال سے پیدا ہو جس میں کردار گھرے ہوں۔

**six** *n. & adj.* اسم: ① چھ کا عدد۔ ② اس کی علامت (6، vi، VI، ۶) صف: چھ کی مقدار میں، چھ کے برابر۔ ● **sixth** صف و اسم: چھٹا۔

**sixteen** *n. & adj.* اسم: ① سولہ کا عدد۔ ② اس کی علامت (16، xvi، XVI، ۱۶) صف: سولہ کے بقدر، سولہ کے برابر۔ ● **sixteenth** صف و اسم: سولھواں۔

**sixty** *n. & adj.* اسم: ① ساٹھ کا عدد۔ ② اس کی علامت (60، lx، LX، ۶۰) صف: ساٹھ کی تعداد میں یا ساٹھ کے بقدر۔ ● **sixtieth** صف و اسم: ساٹھواں۔

**size[1]** *n.* ① حجم، ناپ، پیمائش۔ ② مختلف سائزوں کی تیار کردہ اشیا خصوصاً لباس۔ □ **size up** ① ضخامت وغیرہ کا اندازہ کرنا۔ ② بول چال: صحیح رائے قائم کرنا۔

**size²** *n.* ایک طرح کی سریشی لگدی جو کاغذ کو چکانے، کپڑوں کو کرارا کرنے کے لیے استعمال ہوتی ہے۔

**sizeable** *adj.* (also **sizable**) خاصا بڑا، معقول۔

**sizzle** *v.* کھدبدانا، اتھل پتھل ہونا، چھن چھن کرنا جیسے تلتے وقت آواز نکلتی ہے۔

**skate** *n. & v.* اسم: ①برف پر یا کسی سخت سطح پر پھسلنے کے لیے دھاردار تلے یا پہیّوں کے آہنی جوتے۔ ② ایک خوردنی مچھلی جس کی دونوں آنکھیں ایک طرف ہوتی ہیں۔ ف: اسکیٹوں پر پھسلنا۔ □ **skate over** کسی امر کو سرسری طور ٹالنا۔ ● **skater** اسم۔

**skateboard** *n. & v.* اسم: پہیّہ دار تختہ، اسکیٹنگ کی طرح پھسل کر چلنے یا بوجھ ڈھونے کے لیے۔ ف: اس تختے پر سواری کرنا۔

**skedaddle** *v.* بول چال: فرار ہونا، رفوچکر ہونا۔

**skein** *n.* ①دھاگوں یا ڈوریوں کا ڈھیلا لچھا۔ ② اُڑتی ہوئی قازوں کا جھلّڑ۔

**skeletal** *adj.* ①پنجرہ نما، ڈھانچے جیسا۔ ② دُبلا پتلا، چمرخ۔

**skeleton** *n.* ①جسمانی ڈھانچہ، پنجر۔ ② کسی تعمیر یا ساخت کا بنیادی ڈھچر۔ ③ خاکہ، چوکھٹا، محیط، بیرونی خطوط، حدوداربعہ۔ ④ کم سے کم افراد یا اجزا پر مشتمل۔

**skeleton key** *n.* کئی قفل کھولنے والی کنجی۔

**skeleton staff** *n.* واجبی عملہ۔

**skeptic** *n.* امریکا: SCEPTIC کا متبادل۔

**sketch** *n. & v.* اسم: ①خاکہ، کسی نقش کی بیرونی حدود، ادھوری تصویر۔ ② خلاصۂ مضمون یا روداد۔ ③ مختصر ڈراما یا کھیل۔ ف: خاکہ بنانا، تصویر بنانا، نقاشی کرنا۔

**sketchy** *adj.* (**sketchier, sketchiest**) سرسری، ادھورا، خاکہ سا، صرف بنیادی خطوط پر مشتمل۔ ● **sketchily** م ف۔ **sketchiness** اسم: سرسری۔

**skew** *adj., n. & v.* صف: اُریبی، ترچھا، آڑا کیا ہوا۔ ف: ①ترچھا کرنا۔ ② مسخ کرنا۔ ③ آڑا آڑا چلنا۔ ④ مروڑنا، بل دینا۔ ⑤ کسی جانب میلان رکھنا۔

**skewbald** *adj.* (جانور) جس کی کھال عموماً کالے کے علاوہ دوسرے رنگ کے دھبوں یا چتیوں والی ہو۔

**skewer** *n. & v.* اسم: سیخ جس میں گوشت کی بوٹیاں وغیرہ پروئی جائیں۔ ف: سیخ میں پرونا۔

**ski** *n. & v.* (*pl.* **skis**) اسم: برف پر چلنے یا دوڑنے کے لیے لمبوترے نوک دار آگے سے اُبھرے تختوں کی جوڑی میں سے کوئی۔ ف: (**skiing، skied، skis**) پاتختوں سے برف رانی کرنا۔ ● **skier** اسم۔

**skid** *v. & n.* (**skidding، skidded**) ف: (کسی گاڑی یا پہیّوں یا سوار کا) پھسلنی سطح پر بے ساختہ پھسلنا۔ اسم: پھسلن، پھسلنے کی حرکت۔ □ **put the skids under** بول چال: ① جلد دھکیلنے، دفع کرنے کی کوشش کرنا۔ ② عجلت کا سبب بننا، جلدی کرانا۔

**skid-pan** *n.* ڈرائیوروں کو پھسلنے راستے پر چلنے کی تربیت دینے کے لیے تیار کردہ پھسلواں میدان۔

**skiff** *n.* چپّو سے کھینے کی ہلکی کشتی۔

**skilful** *adj.* (*US* **skillful**) ہنرور، منجھا ہوا، ماہر، اپنے فن میں طاق۔ ● **skilfully** م ف: ماہرانہ۔

**skill** *n.* مہارت، ہنرمندی، چابک دستی۔ ● **skilled** صف: عمدہ تربیت یافتہ، ماہر۔

**skillet** *n.* ①پکانے کا ایک دستہ دار برتن۔ ② امریکا: فرائی پان (FRYING PAN)

**skim** *v.* (**skimmed, skimming**) ① کسی سیّال شے پر سے جھاگ وغیرہ چھانٹنا۔ ② سطح کو چھوتے ہوئے اُڑنا یا دوڑانا۔ ③ سرسری مطالعہ کرنا، اوپری نظر ڈالنا۔

**skim milk** *n.* (also **skimmed milk**) مکھن نکالا ہوا دودھ۔

**skimp** *v.* کسی چیز کے استعمال یا خرچ میں کمی کرنا۔

**skimpy** *adj.* (**skimpier, skimpiest**) قلیل، ناکافی۔ ● **skimpily** م ف۔ **skimpiness** اسم: کمی، قلّت، کوتاہی۔

**skin** *n. & v.* اسم: ① کھال، جلد، چمڑی۔ ② مذبوحہ جانور کی کھال۔ ③ اوپری خول یا تہ خصوصاً چھال، بکّل، چھلکا وغیرہ۔ ④ کسی سیّال کی سطح پر پتلی تہ۔ ف: (**skinning، skinned**) کھال اُتارنا۔

**skin diver** *n.* گہرے پانی میں غوطہ خوری کرنے والا، صرف پیر میں بندھے پیراکوں اور مصنوعی آلۂ تنفس کے ساتھ۔ ● **skin diving** اسم۔

**skinflint** *n.* بول چال: بخیل، کنجوس آدمی۔
**skinny** *adj.* **(skinnier, skinniest)** بول چال: دُبلا، پتلا، چمرخ۔
**skint** *adj.* بول چال: قلاش، نادار۔
**skip**[1] *v. & n.* **(skipping،skipped)**: ف: ① اٹھلاتی چال سے چلنا، خصوصاً ایک ایک پاؤں سے دو دو قدم رسّی کودنا۔ ② ایک کام چھوڑ کر دوسرا کام اختیار کرنا۔ ③ کسی سلسلے میں سے کچھ اجزا کو خارج رکھنا۔ ④ بول چال: کسی کام میں شرکت سے گریز کرنا۔ ⑤ بول چال: کسی جگہ سے جلد یا چپکے سے چل دینا۔ اسم: اٹھلاتی چال یا بے ربط حرکت۔
**skip**[2] *n.* معماروں کا کوڑے دان ملبے کے لیے۔
**skipper** *n.* بول چال: کپتان۔
**skipping rope** *n.* رسّی کودنے کی رسّی۔
**skirmish** *n. & v.* اسم: چھوٹی جھڑپ، اتفاقی ٹکراؤ، چپقلش، مچیٹا۔ ف: بھڑنا، الجھ پڑنا، ٹکرانا۔
**skirt** *n. & v.* اسم: ① گھیردار سایہ جو کمر سے نیچے لٹکتا ہے۔ ② کمر سے بندھنے والا کوئی لباس یا لباس کا حصّہ۔ ③ گگر، کنارا، حاشیہ، گھیرا۔ ④ گائے کا پٹھے کا گوشت۔ ف: ① کسی چیز کے کنارے کے گرد یا قریب سے گزرنا۔ ② کسی موضوع سے گریز کرنا۔
**skirting** *n.* (in full **skirting board**) اندرونی دیوار کے پائے کی تختہ بندی۔
**skit** *n.* مختصر ہلکا پھلکا طنزیہ مضمون یا تمثیل۔
**skittish** *adj.* ① چنچل، کھلنڈرا۔ ② گھبرایا، شرمیلا، جھجکتا، کسمساتا۔ ③ متلوّن، سیمابی۔
**skittle** *n.* اسکٹل skittle یا گولے لڑھکانے کے کھیل میں استعمال ہونے والی کھونٹی۔
**skive** *v.* بول چال: کام چوری کرنا، خواہ مخواہ کام سے غیر حاضر ہونا۔
**skulduggery** *n.* چال بازی۔
**skulk** *n.* دبکنا، چھپتے پھرنا۔
**skull** *n.* کھوپڑی، کاسۂ سر۔
**skullcap** *n.* سر سے چمٹی یا چندیا پر رکھی ہوئی ٹوپی۔
**skunk** *n.* ① امریکی نیولا، بلّی کے برابر جو مزاحمت کے لیے سخت بدبودار سیّال مادّہ نکالتا ہے۔ ② بول چال: قابلِ نفرت، گھناؤنا آدمی۔
**sky** *n.* آسمان، فضائے آسمانی جیسی کہ زمین سے نظر آتی ہے۔
**skydiving** *n.* محافظ چھتری (پیراشوٹ) کے سہارے اترنے اور فضا میں کرتب دکھانے کا کھیل۔
**skylark** *n. & v.* چکاوک، ایک خوش آواز پرندہ جو دورانِ پرواز چہکتا ہے۔ ف: چہل بازی، شوخی، شرارت کرنا۔
**skylight** *n.* چھت کا روشن دان۔
**skyscraper** *n.* کثیر منزلوں کی عمارت۔
**slab** *n.* سِل، چوڑا، خاصا موٹا تراشا ہوا پتھر کا ٹکڑا۔
**slack** *adj., n. & v.* صف: ① ڈھیلا ڈھالا۔ ② سست، کاہل۔ ③ لاپروا، کام کو ٹالنے والا۔ اسم: ① ڈھیلا رسّا۔ ② کوئلے کا برادہ۔ ف: ① سست پڑنا، جی چھوڑنا۔ ② بول چال: سستی سے یا آہستہ آہستہ کام کرنا۔ ● **slacker** اسم۔ **slackly** م ف۔ **slackness** اسم۔
**slacken** *v.* سست پڑنا یا سست کر دینا۔
**slacks** *n. pl.* ڈھیلا ڈھالا پاجامہ یا پتلون۔
**slag** *n. & v.* اسم: ① دھات کا میل جو پگھلانے کے بعد رہ جائے۔ ② بول چال: طوائف، فاحشہ عورت۔ ف: **(slagging ، slagged)** (نیز **slag off**) بول چال: عیب نکالنا، ہتک کرنا۔
**slag heap** *n.* دھاتی کثافت کا تودہ یا پہاڑی۔
**slain** SLAY کا ماضیہ۔
**slake** *v.* ① (پیاس) بجھانا؛ (بدلہ) چکانا؛ ٹھنڈک پڑنا۔ ② (چونے کو) پانی میں بجھانا۔
**slalom** *n.* ① رکاوٹوں سے بچتے ہوئے ترچھے راستے برف پر تختہ رانی۔ ② رکاوٹوں کی دوڑ کا مقابلہ کاروں، پھسل تختوں یا پانی پر تختہ رانی کرنے والوں کے درمیان۔
**slam** *v. & n.* **(slamming, slammed)**: ف: ① زور سے یا دھڑ سے بند کرنا۔ ② کسی چیز کو زور سے یا دھڑ سے زمین پر پٹکنا۔ ③ بول چال: سخت تنقید کرنا، جھاڑنا۔ اسم: دروازے کو زور سے بند کرنے کی آواز یا اس سے ملتا جلتا دھڑاکا۔
**slander** *n. & v.* اسم: ① کسی کے خلاف جھوٹی افواہ سازی۔ ② بہتان، الزام تراشی۔ ف: مفت بدنام

**slave** *n. & v.* اسم:① غلام، بندہ، تابعدار۔② سخت محنت کوش آدمی۔③ کسی کام کی دُھن میں یا عادت سے مجبور۔④ مشین یا مشین کا پرزہ جو کسی اور پرزے کے چلانے سے چلے۔ف: سخت محنت کرنا۔

**slave-driver** *n.* دوسروں سے سختی کے ساتھ کام لینے والا شخص۔● **slave-driving** اسم۔

**slaver** *v.* تھوک اُڑانا، رال ٹپکانا۔

**slavery** *n.* ① غلامی، بندگی۔② برائے نام قیمت کے عوض سخت مشقت۔

**slavish** *adj.* ① غلامانہ۔② لکیر کا فقیر۔③ تابعدار، عزت نفس سے عاری۔● **slavishly** م ف۔

**Slavonic** *adj. & n.* صف: سلاوی زبانوں کے حلقے سے متعلق۔اسم: سلاوی زبانوں کا حلقہ۔

**slay** *v.* **(slew, slain, slaying)** قتل کرنا، جان سے مارنا۔

**sleazy** *adj.* **(sleazier, sleaziest)**، ① میلا کچیلا، گھٹیا۔② غلاظت بھری (جگہ) ③ جھر جھرا (کپڑا) ● **sleaze** اسم۔**sleaziness** اسم: گھٹیا پن۔

**sled** *n.* امریکا: =SLEDGE۔

**sledge** *n. & v.* اسم: بغیر پہیوں کی گاڑی جسے گھوڑے، کتے یا رین ڈیر یا کبھی آدمی کھینچتے ہیں، برف گاڑی۔ف: برف گاڑی میں سفر کرنا یا اس کو لے جانا۔

**sledgehammer** *n.* پتھر توڑنے کا بھاری ہتوڑا۔

**sleek** *adj.* ① نرم، ملائم، چکنا چکنا، چمکیلا۔② شکم سیر، آسودہ۔● **sleekness** اسم: برّاقی۔

**sleep** *n. & v.* اسم: ① نیند، سونے کا عرصہ۔② آرام، نیند یا غفلت کی کیفیت۔ف: **(sleeping، slept)** ① سونا، نیند لینا۔② رات گزارنا۔③ شب خوابی کا انتظام کرنا۔□ **sleep in** صبح دیر تک سونا۔**sleep off** کسی بات کے تدارک کے طور پر سو جانا۔

**sleeper** *n.* ① سوتا ہوا آدمی یا جانور۔② مضبوطی کے لیے ریل کی پٹڑی میں لگائے جانے والے تختے۔③ ریل کا ڈبا جس میں سونے کی جگہ ہو۔④ کان میں پہننے کا حلقہ یا بالی تاکہ چھید بند نہ ہو۔⑤ کوئی چیز جو پوشیدہ رہی ہو اور اچانک نمایاں ہو جائے۔

**sleeping bag** *n.* سفر یا مہم کے دوران استعمال

کرنا؛ ہتک عزّت کا مرتکب ہونا۔● **slanderer** اسم۔ **slanderous** صف: رسوا کن۔

**slang** *n.* عامیانہ بولی، بے تکلفانہ بولے جانے والے عوامی الفاظ فقرے وغیرہ یا جو کسی خصوصی موضوع یا کسی مخصوص گروہ سے تعلق رکھتے ہوں۔

**slant** *v. & n.* ف: ① ڈھالو ہونا؛ ترچھی وضع اختیار کرنا، ہونا؛ کسی افقی یا عمودی خط سے کٹنا، ترچھا چلنا۔② متعصّبانہ نظر سے یا کسی مخصوص نقطۂ نظر سے پیش کرنا۔اسم: ① آڑی وضع۔② طرز نظر، رجحان، کسی شے کی بابت رائے خصوصاً عصبیت پر مبنی۔● **slantwise** م ف۔

**slap** *v.,n. & adv.* **(slapping، slapped)**: ف: ① کسی کو کُھلے ہاتھ کا چپت یا تھپڑ مارنا۔② زور سے پٹکنا۔③ جلدی جلدی تھوپنا۔اسم: کسی سطح پر کھلے ہاتھ کی ضرب۔م ف: سیدھا، اچانک، بھرپور، ٹھیک نشانے پر۔

**slapdash** *adj.* جلد باز، بے احتیاط۔

**slap-happy** *adj.* بول چال: غیر سنجیدہ چبلا، بہت بے تکلف، منہ چڑھا۔

**slapstick** *n.* غل غپاڑے والا طربیہ ڈراما۔

**slap-up** *adj.* بول چال: نہایت عمدہ؛ بڑھیا، پُرتکلّف، فیاضانہ۔

**slash** *v. & n.* ف: ① چاقو، تلوار وغیرہ کے چرکے لگانا، شگاف ڈالنا۔② بول چال: (قیمتیں وغیرہ) بڑے پیمانے پر گھٹانا۔③ سخت تنقید کرنا۔اسم: ① چرکا، بدّھی۔② آڑی دھاری، آڑا خط فاصل (/)

**slat** *n.* پتلی لمبی پٹی کسی دھات، پلاسٹک یا لکڑی کی۔

**slate** *n. & v.* اسم: ① سلیٹ، سنگ لوح، نیلا ہٹ لیے ہوئے پھوٹک۔② اس کی سلیں جو چھت پہ بچھائی جاتی ہیں۔③ لکھنے کی مشق کے لیے عموماً چوکھٹے میں جڑی ہوئی سلیٹ۔ف: ① چھت پر سلیٹ کی پٹیاں یا سلیں جمانا۔② بول چال: سخت تنقید یا ملامت کرنا۔

**slaughter** *n. & v.* اسم: ① (جانور کا) ذبیحہ (ذبح کیا جانا) ② قتل عام۔ف: انسانوں یا جانوروں کو خصوصاً بے رحمی سے بڑی تعداد میں ہلاک کرنا۔

**slaughterhouse** *n.* ① مذبح، کمیلا۔② مقتل۔

**Slav** *n. & adj.* اسم: یورپ کی سلاوی یا سلافی بولنے والی ایک قوم کا فرد۔صف: سلاوی قوم سے متعلق۔

کے لیے شب خوابی کا گدّے کا تھیلا۔

**sleepwalk** *v.* سوتے میں چلنا یا کوئی کام کرنا۔

**sleepy** *adj.* **(sleepier, sleepiest)** ① اونگھتا ہوا، سونے کے قریب۔ ② سست، مٹھا، بے کار، بے عمل، ساکت۔ ● **sleepily** م ف۔ **sleepiness** اسم۔

**sleet** *n. & v.* اسم: بارش کے ساتھ برف باری، برف وباراں۔ ف: برف وباراں کا ایک ساتھ گرنا۔

**sleeve** *n.* ① آستین۔ ② گراموفون ریکارڈ کا غلاف۔ ③ کسی چیز کا لمبا خول یا خانہ۔ □ **up one's sleeve** خفیہ مگر تیار، وقت پر بروئے کار لانے کے لیے محفوظ۔

**sleigh** *n.* برف پر سواری کرنے کی تختہ گاڑی جسے گھوڑے یا قطبی ہرن کھینچتے ہیں۔

**sleight of hand** *n.* شمشیر زنی کا پینترا؛ ہاتھ کی صفائی، شعبدہ کاری۔

**slender** *adj.* ① نازک، دلآویز طور پر دُبلا، پتلا۔ ② قلیل، ناکافی، خفیف۔ ● **slenderness** اسم: نزاکت۔

**slept** SLEEP کا ماضی وماضیہ۔

**sleuth** *n.* بول چال: جاسوس، مخبر۔

**slew** *v.* (also **slue**) ① زور سے گھما کر یا کھینچ کر پیچھے لانا۔ ② SLAY کا ماضی۔

**slice** *n. & v.* اسم: ① کسی چیز کا تراشا ہوا ٹکڑا، پارچہ۔ ② حصّہ، بخرہ جو تقسیم ہوکر ملے یا حاصل ہو۔ ③ گولف: گیند پر آڑی ضرب۔ ف: ① قاشیں بنانا۔ ② ٹکڑا تراشنا۔ ③ آڑی ضرب لگا کر گیند کو دور پھینکنا۔ ● **slicer** اسم: تراشنے والا (آلہ)

**slick** *adj., n. & v.* صف: ① ماہرانہ، لائق، کارگزار؛ ظاہری طور پر عمدہ؛ اتراہٹ بھرا، طرار، چرب زبان۔ ② صاف ستھرا، ہموار، پھسلواں۔ اسم: ① تیل کا چکتا یا نشان خصوصاً سطح سمندر پر۔ ② چمک دار کاغذ پر چھپا ہوا رسالہ وغیرہ۔ ف: ① تیز، طرار بنانا۔ ② نرم چکنا، چمکدار بنانا۔

**slide** *v. & n.* ف: **(sliding ،slid)** ① چکنی، صاف سپاٹ سطح پہ پھسلنا، گھسٹنا۔ ② آہستہ آہستہ یا غیر محسوس طریقے سے گزرنا۔ اسم: ① بچوں کے پھسلنے کے لیے تختوں کا سلامی دار ڈھانچا۔ ② پھسلنے کے لیے صاف کیا ہوا راستہ خصوصاً برف پر۔ ③ کھسکا کر لگانے کا پرزہ وغیرہ، خصوصاً خوردبین کے نیچے رکھنے کا شیشہ۔ ④ پردے پر منعکس کرنے کے لیے خوردفلمی تصویر یا چوکھٹا۔ ⑤ بالوں کو بندھا رکھنے کا آرائشی چھلّا۔

**sliding scale** *n.* فیسوں، ٹیکسوں، اجرتوں وغیرہ کی تدریجی شرحوں کا پیمانہ۔

**slight** *adj., v. & n.* صف: ① خفیف، معمولی بمشکل محسوس، ناکافی، سرسری۔ ② کمزور، نحیف۔ ف: کسی کا ذکر تحقیر کے ساتھ کرنا یا حقارت آمیز سلوک کرنا۔ اسم: کسی کی طرف بے توجہی، ہتک آمیز سلوک۔ ● **slightly** م ف۔ **slightness** اسم: ہلکا پن۔

**slim** *adj. & v.* صف: **(slimmer، slimmest)**: ① چھریرا، خوشنما طور پر دُبلا، ہلکا، کم وزن۔ ② چھوٹا، مختصر، ناکافی، ناقابل اطمینان۔ ③ ف: **(slimmed، slimming)** ① وزن گھٹانا، دُبلا ہونے کی کوشش کرنا ورزش وغیرہ کے ذریعے۔ ② دُبلانا، وزن، جثہ گھٹانا۔ ● **slimness** اسم: دُبلاپا، چھریرا پن۔

**slime** *n.* کیچڑ، دلدل یا دلدلی لیس دار ناگوار شے۔

**slimline** *adj.* ہلکا، پتلا، کم جسامت کا۔

**slimy** *adj.* **(slimier, slimiest)** ① دلدلی، کثافت والا۔ ② رال یا کسی گاڑھے مادّے میں لپٹا ہوا۔ ③ بہت بے ایمان، دھوکے باز، چاپلوس۔ ● **slimily** م ف۔ **sliminess** اسم: لجلجا پن۔

**sling** *n. & v.* اسم: ① کوئی تسمہ، پٹّا یا پٹّی وغیرہ جس کے سہارے کوئی چیز لٹکائی جائے۔ ② غلیل۔ ف: **(slinging، slung)** ① بول چال: پھینک کر مارنا، اچھالنا۔ ② تسمے وغیرہ کے سہارے لٹکانا، جھولتا ہوا رکھنا۔

**slink** *v.* **(slunk, slinking)** چپکے چپکے، دبے پاؤں چوروں کی طرح چلنا۔

**slinky** *adj.* **(slinkier, slinkiest)** سڈول، حاشیہ دار، لہراتا۔

**slip** *v. & n.* ف: ① **(slipping، slipped)**: پھسلنا، توازن کھونا۔ ② کھسکنا، سٹکنا۔ ③ چکنا، پھسلواں ہونے کے باعث پکڑ میں نہ آنا۔ ④ چپکے سے نکل جانا یا در آنا۔ ⑤ چپکے سے منتقل کرنا، کھسکا دینا یا حوالے کرنا۔ اسم: ① کھسکنے، نکلنے، پھسلنے کا عمل یا حرکت۔ ② اتفاقی غلطی۔ ③ ڈھیلا ڈھالا لباس یا غلاف۔ ④ پرچہ، پرزہ، کاغذ کی کترن۔ ⑤ ایک قسم کا روغن خاص طور پر مٹی کے برتنوں

**give a person the slip** بول چال: کسی کوچھوڑ کر یا قبضے سے نکل کر بھاگ جانا۔ **let slip** بے ساختہ کسی بات کا منہ سے نکل جانا۔ **slip up** بول چال: چوکنا، غلطی کرنا۔

**slipped disc** *n.* فقروں یا مہروں کے درمیان غضروفی یا کرکری ہڈی کی قرص جو اپنی جگہ سے ہل جائے اور ریڑھ کے عصبوں میں درد پیدا کرے۔

**slipper** *n.* گھر میں پہننے کے ہلکے جوتے، سلیپر۔

**slippery** *adj.* ① پھسلنا، ہاتھوں سے پھسل جانے والا، چکنا یا چلبلا۔ ② پھسلنی (سطح) ③ ناقابل اعتبار، غیر محتاط، ہیرا پھیری والا۔ ● **slipperiness** اسم۔

**slip road** *n.* شاہراہ سے نکلنے یا اس میں داخل ہونے کے لیے چھوٹی سڑک۔

**slipshod** *adj.* بے اصولا، بے قاعدہ، بے احتیاطی کا۔

**slipstream** *n.* چلتی گاڑی یا چرخی سے پیچھے کی طرف دوڑنے والا پانی یا ہوا کا بہاؤ۔

**slipway** *n.* کشتی اتارنے یا جہاز بنانے کے لیے تعمیر کیا ہوا ڈھالو ڈھانچا۔

**slit** *n. & v.* اسم: ① لمبا سیدھا پتلا شگاف۔ ② لمبی تنگ درز یا دراڑ۔ ف: (slitting، slit) ① لمبا شگاف ڈالنا، طولاً قطع کرنا۔ ② کترنیں، دھجیاں تراشنا۔

**slither** *v.* ڈگمگاتے ہوئے پھسلنا، گھسٹنا، رپٹنا۔

**sliver** *n.* لمبا، پتلا تراشا یا الگ کیا ہوا ٹکڑا، قاش۔

**slob** *n.* بول چال: گاؤدی، موٹا، لاپروا، آدمی۔

**slobber** *v.* ① رال ٹپکانا۔ ② ضرورت سے زیادہ جذبات کا اظہار کرنا۔

**sloe** *n.* سیاہ آلوچے جیسا پھل جو بہت کھٹا ہوتا ہے۔

**slog** *v. & n.* ف: (slogging، slogged) ① تیز زناٹے دار ضرب دینا۔ ② تیز تیز چلنا یا کام کرنا۔ اسم: ① تیز ضرب۔ ② انہماک سے کام یا مستعدی سے چال۔

**slogan** *n.* نعرہ، فقرہ خصوصاً اشتہاری۔

**sloop** *n.* چھوٹا یک مستولی بادبانوں کا جہاز۔

**slop** *v. & n.* ف: (slopping، slopped) ① ابلنا، چھلکنا۔ ② کپڑے شرابور کرنا، فرش کو گیلا کرنا۔ اسم: ① (slops) گندہ پانی، باورچی خانے کے برتنوں کی جھوٹن۔ ② پھیکا، سیٹھا، پتلا، بے مزہ کھانا۔

**slope** *n. & v.* اسم: ① ڈھال یا ڈھلان یا ڈھالو رخ۔ ② کسی چیز کے دو سروں کی اونچائی کے درمیان فرق۔ ف: ڈھالو، نشیبی ہونا؛ آڑا لیٹا ہوا یا جھکاؤ ہونا۔ □ **slope off** بول چال: چنپت ہونا، خصوصاً کام سے بچنے کے لیے۔

**sloppy** *adj.* **(sloppier, sloppiest)** ① (زمین) گدلی، کیچڑ سے بھری ہوئی۔ ② بے پروا، الل ٹپ کام کرنے والا۔ ③ (جذبات، گفتگو) اوپری، بے اثر ● **sloppily** م ف۔ **sloppiness** اسم: بے ڈھنگا پن۔

**slosh** *v. & n.* ف: ① چھینٹے اڑاتے، چھپ چھپ کرتے جانا۔ ② بول چال: مارنا، ضرب لگانا۔ اسم: ① چھپاکے کی آواز یا حرکت۔ ② بول چال: بھاری ضرب۔

**sloshed** *adj.* بول چال: نشے میں دُھت۔

**slot** *n. & v.* اسم: ① مشین میں شگاف، درز، دراڑ، کٹاؤ جس میں کوئی چیز خصوصاً (سکّہ) ڈالا جائے۔ ② نالی، نلکی، خانہ جس میں کوئی چیز سمائے۔ ③ جگہ، گنجائش جو کسی چیز کے لیے رکھی جائے۔ ف: (slotting، slotted) کسی جگہ سمانا، بیٹھنا، چست ہونا۔

**sloth** *n.* ① سستی، آلکسی، کام سے بے رغبتی۔ ② جنوبی امریکا کا ایک سست رو، رات کو نکلنے والا ممالیا۔ ● **slothful** صف: کاہل، سست۔ **slothfully** م ف۔

**slot machine** *n.* سکّہ ڈال کر چلانے والی مشین۔

**slouch** *v. & n.* ف: ڈھیلا ڈھالا، جھکا جھکا بیٹھنا یا چلنا۔ اسم: ڈھیلی ڈھالی جھکی جھکی چال یا نشست۔

**slough**[1] *n.* مرطوب، دلدلی زمین۔

**slough**[2] *v.* کینچلی کی طرح اتارنا، کینچلی سے باہر آنا۔

**slovenly** *adj.* لاپروا، گندا، بے ڈھنگا۔ ● **slovenliness** اسم: الکساہٹ۔

**slow** *adj., adv. & v.* صف: ① سست رو، دھیما، تیزی پھرتی سے عاری۔ ② (گھنٹہ وغیرہ) وقت سے پیچھے، سست۔ ③ غبی جو دیر میں سیکھے یا سمجھے۔ م ف: ① دھیمی چال سے۔ ف: اپنی یا گاڑی کی رفتار دھیمی کرنا۔ ● **slowly** م ف۔ **slowness** اسم: دھیما پن۔

**slowcoach** *n.* بول چال: سست، کاہل، غبی آدمی۔

**slow-worm** *n.* ایک چھوٹی بے پیروں کی چھپکلی۔

**sludge** *n.* چکنی پھسلواں مٹی یا دلدل۔

**slue** SLEW کا متبادل۔

**slug** *n. & v.* اسم:① بے سیپ کا صدفہ یا رخوہ جو اکثر پودوں کو نقصان پہنچاتا ہے۔② دھات کا کوئی ٹکڑا، بندوق وغیرہ کی گولی۔ ف:(slugging،slugged)① لمبے لمبے گھونٹ بھرنا، چڑھانا۔② زور کی چوٹ لگانا۔

**sluggard** *n.* ڈھیلا ڈھالا، سست، ٹھس آدمی۔

**sluggish** *adj.* کاہل، سست، محنت سے جی چرانے والا۔● **sluggishly** م ف: سستی سے کاہلی سے۔ **sluggishness** اسم: الکساہٹ، کاہلی۔

**sluice** *n.* ① پانی کے بہاؤ کو روکنے والا سرکواں دریا پٹ۔② پانی کا مصنوعی نالہ۔③ دھونے کا گھاٹ یا گوشہ۔④ بدرو، موری۔

**slum** *n. & v.* پسماندہ بستی، کچی آبادی، شہر کا وہ علاقہ جہاں غریب لوگوں کے کچے پکے گھر ہوں۔

**slumber** *v. & n.* ف: سونا، نیند لینا۔ اسم: نیند۔

**slump** *n. & v.* اسم: قیمتوں یا مانگ کے اچانک یا تیزی سے یا بہت زیادہ گرنے کا عمل۔ ف:① قیمتوں کا گرنا۔② ڈھینا، دھب سے بیٹھنا۔

**slung** SLING کا ماضی و ماضیہ۔

**slunk** SLINK کا ماضی و ماضیہ۔

**slur** *v. & n.* ف:(slurring،slurred) ① بولتے میں حروف کی آوازوں کو مدغم کرنا، ناصاف گفتگو کرنا۔② کسی پر تہمت باندھنا۔③ کسی بات، غلطی وغیرہ کو چھپا جانا یا کم اہمیت گردانना۔ اسم: ① الزام تراشی۔ ② تلفظ میں حروف دبانے یا چبا جانے کا عمل۔ ③ موسیقی: تحریری موسیقی میں ایک لہراتا ہوا خط، سُروں کو یکجا کرنے کی علامت۔

**slurp** *v. & n.* ف: کھانے پینے میں آواز کرنا، چَپ چَپ کرنا یا سڑپے لگانا۔ اسم: اس طرح کی آواز۔

**slurry** *n.* ① پتلی کیچڑ یا اس سے ملتی جلتی شے۔② پتلی سیمنٹ یا تعمیر کا مسالہ۔③ گیلی کھاد۔

**slush** *n.* ① کیچڑ یا پگھلتی ہوئی برف۔② کوئی احمقانہ جذبہ۔● **slushy** صف: پتلا، رقیق، کیچڑ جیسا۔

**slush fund** *n.* بول چال: محفوظ سرمایہ، خصوصاً سیاسی رشوت کے لیے۔

**slut** *n.* بطور مذمّت: گندی سندی، بدوضع یا آوارہ، فاحشہ عورت۔● **sluttish** صف: اخلاق باختہ۔

**sly** *adj.* **(slyer, slyest)** ① چالاک، مکّار، دھوکے باز۔② پُراسرار مشتبہ کردار کا آدمی، بناوٹی، مصنوعی، فریب کاری پر مبنی (عمل)③ گھنّا، خفیہ کارروائی کرنے والا، سازشی۔□ **on the sly** نجی یا خفیہ طور پر، چپ چپاتے۔● **slyly** م ف: مکّاری سے۔ **slyness** اسم: عیّاری۔

**Sm** عنصر samarium سماریم کی علامت۔

**smack** *n. & v.* اسم:① زور کا تھپڑ یا ہاتھ کی ضرب، اس کی آواز۔② باآواز بوسہ۔③ ذائقہ، مہک جس سے کسی چیز کی موجودگی کا پتہ چلے۔④ اکیلے بادبان والی کشتی۔ ⑤ بول چال: ہیروئین۔ ف:① کھلے ہاتھ سے مارنا۔② زور کی چوٹ لگانا۔③ چٹخارہ لینا۔

**small** *adj., n. & adv.* صف:① چھوٹا، دُبلا پتلا، لاغر۔ ② معمولی تعداد، مقدار، زور میں کم۔ ③ خفیف، سرسری۔ اسم: ① کسی چیز کا چھوٹا یا کمزور حصّہ۔② **(smalls)** بول چال: چھوٹی اشیا، زیرجامہ، بنیان وغیرہ۔ م ف: چھوٹے ٹکڑوں میں۔● **smallness** اسم۔

**smallholding** *n.* چھوٹی زمینداری۔ ● **smallholder** اسم: چھوٹا زمندار۔

**small hours** *n. pl.* رات کو بارہ بجے کے بعد کا وقت، رات کا پچھلا پہر۔

**small-minded** *adj.* ادنیٰ، اوچھا؛ تنگ نظر، تنگ دل۔

**smallpox** *n.* چیچک، سیتلا، ایک متعدی مرض جس میں تیز بخار کے ساتھ جسم پر دانے اکثر اپنے مستقل نشان چھوڑ جاتے ہیں۔

**small talk** *n.* ہلکی پھلکی، اِدھر اُدھر کی معمولی گفتگو۔

**small-time** *adj.* بول چال: غیراہم، معمولی۔

**smarmy** *adj.* **(smarmier, smarmiest)** بول چال: خوشامدی، چاپلوس۔● **smarmily** م ف۔ **smarminess** اسم: خوشامد، کاسہ لیسی۔

**smart** *adj. & v.* صف:① تیز، چاق و چوبند، ذہین، چالاک، ہوشیار، عیّار، طرار، بے باک۔② خوش لباس، خوش وضع۔③ صاف ستھرا، نیا نویلا، درست، اچھی حالت میں۔ تیز، پھرتیلا۔ ف:① تکلیف محسوس کرنا، دُکھنا۔ ②(کسی ہتک، شکایت وغیرہ کا) کھٹکنا۔③ نتیجہ بھگتنا،

چھپتانا۔ ● **smartly** م ف۔ **smartness** اسم۔

**smarten** *v.* چاق وچوبند بنانا یا ہونا۔

**smash** *v. & n.* ف: توڑ کر ٹکڑے ٹکڑے کرنا، اچانک یا مکمل بربادی، شکست، تباہی کے قریب پہنچانا یا پہنچنا۔ اسم: ① ٹوٹ پھوٹ، شکست، تصادم، تباہی۔ ② ٹوٹنے، گرنے کی آواز کا دھماکا، وغیرہ۔ □ **smash hit** بول چال: زوردار گانا، تماشا، نظارہ وغیرہ۔

**smashing** *adj.* بول چال: اعلیٰ درجے پر، زوردار، حیرت ناک، حسین۔

**smatter** *n.* (also **smattering**) کسی زبان یا علم کی سرسری معلومات، علم خام۔

**smear** *v. & n.* ف: ① دھبّا لگانا، چکنا یا داغدار کرنا۔ ② کسی کی شہرت کو داغ لگانا، بدنام کرنا۔ اسم: دھبّا لگانے، داغدار کرنے وغیرہ کا عمل۔

**smell** *n. & v.* اسم: ① سونگھنے کی حس، شامّہ۔ ② خوشبو، مہک یا کوئی بو جو کسی چیز کا خاصّہ ہو۔ ③ سونگھنے کا عمل۔ ف: (**smelling** ، **smelled** یا **smelt**) ① بو لینا، سونگھ کر پہچاننا۔ ② بدبو خارج کرنا، محسوس ہونا۔ ③ ● **smelly** صف: بودار۔

**smelt** *v.* ① کچ دھات کو تپانا، گلانا، پگھلانا۔ ② پگھلا کر دھات کی صفائی کرنا، سودھنا۔

**smidgen** *n.* (also **smidgin**) بول چال: تھوڑی سی مقدار یا چھوٹا سا ٹکڑا۔

**smile** *v. & n.* ف: ① مسکرانا، تبسم کرنا۔ ② مسکرا کر کسی بات کا اظہار کرنا، مرحمت کرنا۔ اسم: ① مسکراہٹ، تبسّم، ہنسی۔ ② معنی خیز یا کسی خاص انداز کی مسکراہٹ۔

**smirch** *v. & n.* ف: داغ لگانا، آلودہ کرنا (کسی کی شہرت وغیرہ کو) اسم: ① داغ، دھبّا۔ ② بدنما داغ۔

**smirk** *n. & v.* اسم: مصنوعی، شیخی کی یا احمقانہ ہنسی۔ ف: بناوٹی ہنسی ہنسنا۔

**smite** *v.* (**smote**، **smitten**، **smitting**) ادبی: مارنا، ضرب لگانا۔

**smith** *n.* ① دھات کا کام کرنے والا کاریگر۔ ② لوہار، لوہے کی اشیا ڈھالنے والا۔

**smithereens** *n. pl.* چھوٹے ٹکڑے، ریزے۔

**smithy** *n.* (*pl.*-**ies**) لوہار کا کارخانہ یا بھٹّی۔

**smitten** SMITE کا ماضیہ۔

**smock** *n.* ① ڈھیلا، لمبے کرتے کا سا گھریلو پہناوا، بالاپوش جس کا صدر پلیٹوں دار ہوتا ہے۔ ② ڈھیلا لبادہ۔

**smog** *n.* کہر، دُھند جو فضا کی آلائش سے زیادہ گہری ہو گئی ہو۔

**smoke** *n. & v.* اسم: ① دھواں، ہوا میں گھلا ہوا کاربن۔ ② تمباکو نوشی کا عمل۔ ③ بول چال: سگریٹ یا سگار۔ ف: ① دھواں یا نظر آنے والے بخارات خارج کرنا۔ ② سگریٹ، پائپ وغیرہ کے کش لینا، تمباکو نوشی کا عادی ہونا۔ ③ دھویں میں سکھا کر گوشت، مچھلی وغیرہ محفوظ رکھنا۔ ● **smokeless** صف۔ **smoky** صف۔

**smoker** *n.* تمباکو نوش۔

**smokescreen** *n.* کسی کارروائی پر پردہ ڈالنے کی کوشش۔

**smolder** امریکا: SMOULDER کا متبادل۔

**smooch** *n.* بول چال: ① آپس میں بھڑ کر ناچنے کا دور۔ ② بوسے بازی کا دور۔

**smooth** *adj. & v.* صف: ① ہموار، بے اونچ نیچ، صاف شفاف، چکنا۔ ② پتلا، جس میں گٹھل یا پھٹکیاں نہ ہوں۔ ③ یکساں، معتدل، متوازن، بے اتار چڑھاؤ۔ ④ (شخص یا انداز) شائستہ، باتمیز، مؤدب، لیے دیے۔ ف: سیدھا، ہموار، یکساں ہونا یا بنانا۔ ● **smoothly** م ف۔ **smoothness** اسم: صفائی، ہمواری، درستی۔

**smorgasbord** *n.* بوفے دعوت جس میں کئی اقسام کے کھانے ہوں اور سب خود لیں۔

**smote** SMITE کا ماضی۔

**smother** *v.* ① دبانا، گلا گھونٹنا۔ ② پورا ڈھانپ دینا۔ ③ آگ یا شعلے کو ڈھانپ کر بجھا دینا۔

**smoulder** *v.* (*US* **smolder**) ① بغیر شعلے کا آہستہ آہستہ یا اندر ہی اندر سلگنا۔ ② (جذبات کا) گھٹنا، اظہار نہ پانا، اندر ہی اندر پیچ وتاب کھانا۔

**smudge** *n. & v.* اسم: داغ، چھینٹا۔ ② کردار پر داغ۔ ف: ① دھبّا یا داغ لگانا۔ ② داغدار ہونا۔ ③ دھبّے دار بنانا یا دُھندلانا۔ ● **smudgy** صف: دھبّے دار۔

**smug** *adj.* (**smugger, smuggest**) مگن، اپنی ذات سے مطمئن، نچنت۔ ● **smugly** م ف۔

**smugness** اسم: خود پسندی۔

**smuggle** *v.* ① محصول کے بغیر ناجائز درآمد برآمد، چنگی چوری۔ ② خفیہ طور پر پہنچانا۔ ● **smuggler** اسم۔

**smut** *n.* ① کالک، کلونس کا ذرّہ، پرہ یا پھٹکی۔ ② فحش باتیں، تصاویر یا کہانیاں۔ ● **smutty** صف: فحش۔

**Sn** ٹین (tin) کی کیمیائی علامت۔

**snack** *n.* تفریحاً کھائی جانے والی خوراک، چکّھا چکّھی۔

**snaffle** *n. & v.* اسم: گھوڑے کی لگام کا سادہ دہانہ زنجیر کے بغیر۔ ف: بول چال: چرانا، پار کر دینا، اڑا لینا۔

**snag** *n. & v.* اسم: ① اچانک پیدا ہونے والی رکاوٹ یا دقّت۔ ② راستے کی ٹھوکر۔ ③ کپڑے وغیرہ میں چھید، کھونچ۔ ④ نکلا ہوا ٹھنٹھ وغیرہ۔ ف: (snagged، snagging) رکاوٹ ڈالنا، کھونچ لگانا۔

**snail** *n.* گھونگا، کوئی سست رفتار معدہ پا صدفہ جو اپنے خول میں پورا سما جاتا ہے۔

**snake** *n. & v.* اسم: سانپ۔ ف: سانپ کی طرح چلنا یا بل کھانا۔ ● **snaky** صف: سانپ جیسا۔

**snakeskin** *n.* سانپ کی کینچلی۔

**snap** *v., n. & adj.* ف: (snapped، snapping) ① چٹاخ سے ٹوٹنا، ٹوٹنے کی آواز کرنا۔ ② کھٹاکے کے ساتھ بند کرنا۔ ③ کیمرے سے فوری تصویر لینا۔ ④ غصّے یا عداوت سے کسی کے ساتھ اچٹتی ہوئی بات یا کسی پر چوٹ کرنا۔ ⑤ ایک دم حرکت کرنا، چمکنا، پھرتی دکھانا۔ اسم: ① چٹاخا، چٹخنے، تڑقنے وغیرہ کی آواز۔ ② کیمرے کی فوری جھپکی سے تصویر لینے کا عمل۔ صف: اچانک، غیر متوقع طور پر ہونے والا عمل۔ □ **snap up** جھٹ قبول کر لینا، تیزی سے لپکنا یا اٹھا لینا۔

**snapper** *n.* ایک لال سمندری خوردنی مچھلی۔

**snappy** *adj.* **(snappier, snappiest)** بول چال: ① چاق و چوبند، جوشیلا۔ ② صاف ستھرا، سجا سجایا۔ ③ بے باک۔ □ **make it snappy** پھرتی دکھاؤ۔ ● **snappily** م ف۔ **snappiness** اسم۔

**snapshot** *n.* بلا اہتمام کھینچی ہوئی فوری تصویر۔

**snare** *n. & v.* اسم: جال، تاروں یا ڈوریوں کا پھندا۔ ف: جال میں پھانسنا۔

**snarl** *v. & n.* ف: ① دانت نکوس کے غرّانا۔ ② جلی کٹی باتیں کرنا، کڑوے کسیلے جملے کسنا۔ اسم: ① غرّاہٹ، طیش کا اظہار۔ ② گرہ، پھندا۔

**snarl-up** *n.* بول چال: پھنسا ہوا ٹریفک، رکی ہوئی آمد و رفت، الجھاوا، بے ترتیبی؛ خطا، چوک۔

**snatch** *v. & n.* ف: جھپٹنا، جلدی سے ہاتھ مارنا، اچانک چھین لینا۔ اسم: ① جھپٹا، گرفت، پکڑ۔ ② کسی گیت یا گانے کا ٹکڑا یا بول یا گفتگو وغیرہ کا جملہ۔

**snazzy** *adj.* **(snazzier, snazziest)** بول چال: پھرتیلا چاق و چوبند۔

**sneak** *v. & n.* ف: ① چپکے سے کھسک جانا۔ ② خاموشی سے چرا لینا، لے بھاگنا۔ ③ بول چال: چغلی کھانا، مخبری کرنا۔ اسم: ① گھٹیا، کمینہ، بزدل۔ ② بول چال: مخبر، چغل خور۔ ● **sneaky** صف: سازشی۔

**sneaking** *adj.* جس کا سرِ عام اظہار نہیں کیا گیا ہو (احساس، خیال وغیرہ)

**sneer** *n. & v.* اسم: زہر خند یا طنزیہ فقرہ۔ ف: ① ترش روئی سے ہنسنا۔ ② طعن، طنز کرنا۔

**sneeze** *n. & v.* اسم: ① چھینک۔ ② چھینکنے کی آواز۔ ف: چھینکنا۔

**snicker** *v. & n.* =SNIGGER۔

**snide** *adj.* ① طنز آمیز، مذمّت یا الزام دہی پر مبنی۔ ② جعلی، نقلی، بے اصل۔

**sniff** *v. & n.* ف: ① سانس اوپر کھینچنا خصوصاً با آواز، سونگھنے، بو لینے یا محض اظہار حقارت کے طور پر ناک چڑھانا۔ ② ٹوہ لینا، کھوج لگانا۔ اسم: سونگھنے کا عمل یا سانس کھینچنے کی آواز۔ ● **sniffer** اسم: سونگھنے والا۔

**sniffle** *v. & n.* ف: ہلکے ہلکے بار بار سانس کھینچنا۔ اسم: سونگھنے کا عمل یا آواز۔

**snifter** *n.* بول چال: شراب کی تھوڑی مقدار۔

**snigger** *n. & v.* اسم: دبی دبی ہنسی، خندۂ زیرِ لب۔ ف: اس طرح کی ہنسی ہنسنا۔

**snip** *v. & n.* ف: (snipping، snipped) کپڑے پر قینچی چلانا، کاٹنا، قطع کرنا۔ اسم: ① قینچی سے کاٹنے، قطع کرنے کا عمل۔ ② قطع کیا ہوا پارچہ۔ ③ بول چال: سہل الحصول شے، سستا سودا یا معاملہ۔

**snipe** *n. & v.* اسم: (ج: یہی یا **snipes**) پانی

پر چلنے والا ایک پرندہ۔ف:① کمیں گاہ سے بندوق چلانا۔② چبھتے چبھتے فقرے کسنا۔● **sniper** اسم۔

**snippet** *n.* چھوٹا سا ٹکڑا، مختصر معلومات، مختصر اقتباس۔

**snivel** *v.* **(snivelled, snivelling** *US* **sniveled)** سسکیاں، سسکیاں لے کر رونا۔

**snob** *n.* ① اتراہٹ بھرا، نخوت زدہ، دولت اور مرتبے کو اہمیت دینے اور معمولی آدمی کو خاطر میں نہ لانے والا آدمی۔② برتری کے خبط میں مبتلا، خود پسند، خود پرست۔ ● **snobbery** اسم؛ **snobbish** صف: خود پسندانہ۔

**snood** *n.* بالوں کو ڈھانپنے کی جالی، موباف۔

**snooker** *n.* بلیئرڈز کی طرح کا کھیل جس میں ۱۵ سرخ اور ۶ دوسرے رنگ کی گیندیں جیبوں یا تھیلیوں میں ڈالی جاتی ہیں۔

**snoop** *v.* بول چال: دوسروں کے معاملات کی ٹوہ میں رہنا۔● **snooper** اسم: تاک جھانک کرنے والا۔

**snooty** *adj.* **(snootier, snootiest)** بول چال: مغرور، حقارت آمیز۔● **snootily** م ف۔

**snooze** *n. & v.* اسم، بول چال: مختصر نیند خصوصاً دن کے وقت، قیلولہ۔ف: نیند لینا۔

**snore** *n. & v.* اسم: خرّاٹا، خرّاٹے لینے کا عمل۔ ف: سوتے میں خرّاٹے لینا۔● **snorer** اسم۔

**snorkel** *n. & v.* اسم: زیرِ آب تیرنے کے لیے آلۂ تنفس۔ف: **(snorkelling،snorkelled** امریکا: **snorkeled)** یہ مشین استعمال کرنا۔

**snort** *n. & v.* اسم: غصے میں پھنپھنانے کی آواز؛ فوں فاں۔ف: ① ناک سے سانس یا آواز باہر نکالنا، غصّے، ناپسندیدگی کے اظہار میں۔② بول چال: نشے کے لیے (عموماً ناجائز منشیات کوکین وغیرہ) سونگھنا۔

**snout** *n.* ① تھوتھنی۔② ناک، ناکڑا، نکو۔

**snow** *n. & v.* اسم: ① آسمان سے گالوں کی شکل میں گرنے والی برف۔② برفباری یا برف کا ڈھیر یا تہ۔ف: ① برف کا گرنا۔② برف کے گالوں کی طرح بکھرنا، پھیلنا۔□ **snowed under** منہمک ہونا، غرق ہونا، گراں بار ہونا، خصوصاً کام میں۔● **snowy** صف۔

**snowball** *n. & v.* اسم: برف کا گولا، خصوصاً ایک دوسرے پر پھینکنے کے لیے بنایا ہوا۔ف: تیزی سے بڑھنا۔

**snowblower** *n.* برف کو سڑکوں پر سے صاف کر کے پہلو میں ڈھیر کرنے والی موٹر مشین یا گاڑی۔

**snowdrift** *n.* برف کا تودہ جو ہوا کے زور سے بن جائے۔

**snowdrop** *n.* ایک جھاڑی جو آغازِ بہار میں سفید لٹکتے ہوئے پھول کھلاتی ہے، گل حسرت۔

**snowman** *n.* *(pl.* **-men)** آسمانی برف سے تفریحاً بنایا جانے والا پتلا، برف کا پتلا۔

**snowplough** *n.* *(US* **snowplow)** سڑکوں سے برف ہٹانے والی گاڑی۔

**snowstorm** *n.* برف کا طوفان، شدید برف باری۔

**snub** *v., n. & adj.* ف: **(snubbed، snubbing)** دھتکارنا، حقیر گردانا، تخفیف کرنا۔اسم: تحقیر، تذلیل، جھڑکی، بے ملاحظہ برتاؤ۔ صف: مختصر اور اوپر اٹھی (ناک)● **snub-nosed** صف۔

**snuff** *n. & v.* اسم: ہلاس، نسوار لینا، ناک میں چڑھانا۔ف: (موم بتّی) بجھانا، گل کرنا۔□ **snuff it** بول چال: مرنا۔● **snuffer** اسم۔

**snuffle** *v. & n.* ف: زور سے با آواز سانس کھینچنا۔ اسم: زور سے سانس لینے کی آواز یا انداز۔

**snug** *adj. & n.* **(snuggest،snugger)** صف: ① آرام دہ، محفوظ، آراستہ۔② خوب لپٹا ہوا۔ اسم: کسی شراب خانے میں چھوٹا سا کمرہ۔● **snugly** م ف۔

**snuggle** *v.* آرام کی جگہ بسا دینا یا پہنچا دینا، پہنچ جانا؛ گرمی یا آرام کے لیے پاس لینا، رکھنا۔

**so** *adv. & conj.* م ف: ① اتنا، ایسا، اس قدر۔② اتنا یا اُتنا، جیسا کہ۔③ اس درجے۔④ قابل لحاظ حد تک، بڑی حد تک۔⑤ ویسا جیسا کہ کہا۔عطف: ① نتیجے میں، چنانچہ۔② تاکہ، اس لیے کہ۔③ تب، پھر، اس کے بعد۔□ **so as to** اس بنا پر، تاکہ۔ **so what?** بول چال: تو کیا ہوا، کوئی بات نہیں۔

**soak** *v. & n.* ف: ① تربتر ہو جانا، پوری طرح جذب کر لینا، چوس لینا۔② (بارش وغیرہ کا) شرابور کر دینا۔ اسم: جذب ہونے یا کرنے کی کیفیت۔② بول چال: بہت پینے والا شخص۔□ **soak up** پورا علم حاصل کرنا، گھول کے پی جانا۔

**so-and-so** *n.* (*pl.* **so-and-sos**) ①فلاں چیز یا شخص جس کا نام لینا ضروری نہیں۔② بول چال: کسی ناپسندیدہ آدمی کی طرف اشارہ،شخص معلوم۔

**soap** *n.* & *v.* اسم:①صابن جو چکنائی،سوڈا اور پوٹاش سے بنتا ہے۔② بول چال: SOAP OPERA ۔ف: ①صابن لگانا۔② صابن کے ساتھ رگڑنا۔

**soap opera** *n.* ہلکا پھلکا ریڈیائی ڈراما،عموماً قسط وار گھریلو موضوعات یا مسائل پر مبنی۔

**soapsuds** *n. pl.* صابن کے پانی کے جھاگ۔

**soapy** *adj.* (**soapier, soapiest**) ①صابن کی مثل۔② صابن لگا ہوا،صابن سے بھرا۔③ چکنی چپڑی باتیں کرنے والا۔ ● **soapiness** اسم: چاپلوسی۔

**soar** *v.* ①اونچا اڑنا یا جانا۔② اعلیٰ سطح یا معیار پر پہنچنا۔

**sob** *v.* & *n.* ف:(**sobbing**،**sobbed**)① سسکیاں بھرنا،سبکیاں لینا،اس طرح رونا۔② سبکیاں لے کر بولنا۔اسم: سسکیوں کے ساتھ سانس لینے کا عمل۔

**sober** *adj.* & *v.* (**soberest**،**soberer**):صف: ① جو شراب کے نشے میں نہ ہو۔② سنجیدہ، متین۔③ (رنگ) جو شوخ، تیز نہ ہو۔ ف: ٹھنڈا پڑنا، ہوش میں آنا۔ جوش وجذبہ سے بچنا۔ ● **soberiety** اسم: سنجیدگی۔ **soberly** م ف: ہوشمندی سے۔

**sobriquet** *n.* (also **soubriquet**) ① عرف۔② اختیار کردہ نام،اصلی نام کے علاوہ۔

**so-called** *adj.* نام نہاد،عرف عام میں(عام طور سے غلط طور پر)مشہور مفروضہ۔

**soccer** *n.* فٹ بال کا عام کھیل۔

**sociable** *adj.* ① ملنے جلنے کا شوقین،محفل پسند، ملنسار۔②دوستانہ(رویہ،طبیعت)● **sociability** اسم: ملنساری۔ **sociably** م ف: ملنسارانہ طور پر۔

**social** *adj.* & *n.* صف:①معاشرے یا اس کے افراد سے متعلق،معاشرتی،عمرانی۔② انسانوں یا طبقات کے باہمی رابطے کے متعلق۔ اسم:اجتماعی تقریب خصوصاً کسی کلب وغیرہ کی طرف سے۔● **socially** م ف۔

**socialism** *n.* ①اشتراکیت،سماجی تنظیم کا یہ سیاسی و معاشی نظریہ کہ ذرائع پیداوار اور تقسیم دولت پر بحیثیت مجموعی ریاست کا اختیار ہونا چاہیے۔② اس نظریہ پر مبنی سیاست اور سیاسی عمل۔● **socialist** اسم: اشتراکی۔ **socialistic** صف و اسم: اشتراکیت کا۔

**socialite** *n.* کوئی شخص جو ملنے جلنے والوں میں مقبول ہو۔

**socialize** *v.* (also **-ise**) ملنا جلنا،لوگوں سے راہ ورسم رکھنا۔

**socialization** *n.* ① میل جول۔②معاشرتی بنانے کا عمل۔③ اشتراکی اصولوں پر معاشرے کی تنظیم۔

**social security** *n.* مالی طور پر بے سہارا لوگوں کے تحفظ اور بہبود کے لیے سرکاری امداد۔

**social services** *n.* معاشرے کے لیے سرکاری طور پر مہیا کی جانے والی خدمات۔

**social work** *n.* سماجی فلاح و بہبود کے کام۔ ● **social worker** اسم: سماجی کارکن۔

**society** *n.* (*pl.* **-ies**) ①معاشرہ،سماج،ہیئت اجتماعی۔② کوئی گروہ انسانی۔③ اجتماعی رہن سہن، منظم معاشرے کے رسوم وآداب،طور طریقے۔④ معاشرے کا کوئی خاص طبقہ۔

**sociology** *n.* ① عمرانیات،انسانی معاشرے کی تنظیم،عمل اور ارتقا کا مطالعہ۔② سماجی مسائل کا مطالعہ۔ ● **sociological** صف۔ **sociologist** اسم۔

**sock** *n.* & *v.* ①اسم: جراب،موزہ۔② جوتے کے اندر کا تلا یا جوتے میں رکھنے کا پاتاوا۔③ زور کا مکّا۔ ف: بول چال زور کی ضرب لگانا۔

**socket** *n.* کسی چیز کا خانہ،جس میں کوئی چیز سمائے۔

**sod** *n.* ① گھاس کا قطعہ یا گھاس کی جڑوں والی مٹی۔ ② فحش: ناخوشگوار، ناپسندیدہ، اینڈا بینڈا آدمی یا شے۔

**soda** *n.* ①سوڈیم کے مختلف عام مرکبات میں سے کوئی۔②(**soda water**) کاربن ڈائی آکسائڈ کی آمیزش سے زیر فشار تیار کیا ہوا جھاگ دار مشروب۔

**sodden** *adj.* گیلا،تر کیا ہوا۔

**sodium** *n.* سوڈا،نمک وغیرہ میں موجود ایک قدرتی عنصر (علامت:Na)

**sodomy** *n.* اغلام بازی،لڑکے کے ساتھ مجامعت۔ ● **sodomite** اسم۔

**sofa** *n.* صوفہ،لنبوتری گدّے دار نشست۔

**sofa bed** *n.* صوفہ بستر، صوفہ جسے کھول کر بستر کے طور پر استعمال کیا جا سکتا ہے۔

**soft** *adj.* ① نرم، ملائم، گداز، دبانے دبنے پچکنے والا، آسانی سے کٹنے والا۔ ② چکنا، حریری (کپڑا) ③ خوشگوار، لطیف (ہوا وغیرہ) ④ ہلکا، صاف (پانی) نمکیات وغیرہ سے خالی۔ ⑤ (روشنی، رنگ وغیرہ کے لیے) دھیمی، مدّھم نہ کہ شوخ، تیز۔ ⑥ (آواز کے لیے) نرم، خوش آئند۔ ⑦ (خط، لکیر، حدود کے لیے) غیر واضح، دُھندلا۔ ⑧ ہلکی، غیر نشہ آور (شراب، معجون وغیرہ) ⑨ (کرنسی، زرمبادلہ کے لیے) جس کے دام گر رہے ہوں۔ ● **soft-hearted** صف: نرم دل۔ **softly** م ف۔ **softness** اسم: ملائمت، لطافت وغیرہ۔

**softball** *n.* بیس بال کی طرح کا کھیل جس میں بیس بال سے بڑی گیند استعمال ہوتی ہے۔

**soft drink** *n.* غیر نشہ آور عرق، شربت وغیرہ۔

**soften** *v.* نرمانا یا نرم پڑنا، ملائم کرنا یا ہونا۔ ● **softener** اسم: ملائم گر۔

**soft fruit** *n.* چھوٹا بے گٹھلی یا بے دانہ پھل (جیسے اسٹرابری وغیرہ)

**soft furnishings** *n. pl.* پردے، غالیچے وغیرہ، فرنیچر کے لوازمات۔

**softie** *n.* (also **softy**) بول چال: کمزور طبیعت یا کمزور دل کا آدمی۔

**soft option** *n.* سہل تر متبادل صورت، آسان طریقۂ کار۔

**soft-pedal** *v.* (**soft-pedalled, soft-pedalling,** *US* **soft-pedaled**) سختی یا زور دینے سے گریز کرنا، نرم روی سے کام لینا۔

**soft-spot** *n.* بول چال: کسی سے مروّت، موانست۔

**software** *n.* کمپیوٹر کے پروگرام۔

**softwood** *n.* چیڑ، سفیدہ یا دوسرے صنوبری قسم کے درختوں کی نرم، آسانی سے چرنے والی لکڑی۔

**softy** SOFTIE کا متبادل۔

**soggy** *adj.* (**soggier, soggiest**) گیلا، رسیلا، مرطوب، لت پت۔ ● **sogginess** اسم: سیلن۔

**soh** *n.* موسیقی: ① (تان سول فاہیں) کبیر سرگم کا پانچواں سُر۔ ② معیّن ۸ سُروں کے سرگم کا پانچواں سُر۔

**soigné** *adj.* آراستہ، پیراستہ، سجا سجایا، سلیقے سے مرتّب کیا ہوا۔

**soil** *n. & v.* ① زمین کا بالائی پرت، جس میں مٹی، ٹیلے واقع ہیں، پودے اگتے ہیں۔ ② علاقہ یا خطۂ زمین جو کسی قوم کی ملکیت ہو۔ ف: میلا کرنا، خاک آلود کرنا۔

**soirée** *n.* گھریلو ضیافت برائے گفتگو یا موسیقی۔

**sojourn** *n. & v.* اسم: عارضی قیام۔ ف: کچھ دیر ٹھہرنا یا رہنا۔

**solace** *n. & v.* اسم: تالیف قلب، تسلّی، دلاسا۔ ف: دلاسا دینا، تسکین پہنچانا۔

**solar** *adj.* سورج سے متعلق۔

**solar cell** *n.* سیل جو سورج کی شعاع ریزی کو بجلی کی طاقت میں تبدیل کر دیتا ہے۔

**solar plexus** *n.* معدے کی تہ میں ایک عصبی جال۔

**solar system** *n.* نظام شمسی، سورج اور اس کے گرد گھومنے والے سیارے۔

**sold** SELL کا ماضی و ماضیہ۔

**solder** *n. & v.* اسم: ایک پگھلنے والا بھرت جو دھات، تار وغیرہ کو ٹانکا لگا کر جوڑنے کے لیے استعمال ہوتا ہے۔ ف: ٹانکا لگا کر جوڑنا، ملانا، ہموار کرنا، جھالنا۔

**soldering iron** *n.* ٹانکا لگانے کا اوزار۔

**soldier** *n. & v.* اسم: فوج کا جوان، سپاہی۔ ف: فوجی خدمت انجام دینا۔ □ **soldier on** بول چال: سخت محنت کرنا، جان لڑانا۔

**sole**[1] *n. & v.* اسم: ① تلوا۔ ② جوتے، جراب وغیرہ کا تلا۔ ③ کوئی چپٹی خوردنی مچھلی۔ ف: جوتے کا تلا لگانا یا بدلنا۔

**sole**[2] *adj.* واحد، اکیلا، بلا شرکت غیرے۔ ● **solely** م ف: سراسر، محض۔

**solemn** *adj.* ① سنجیدہ، متین، محترم، باوقار۔ ② رسمی، باضابطہ۔ ● **solemnity** اسم۔ **solemnly** م ف۔

**solemnize** *v.* ① رسم کی باضابطہ ادائیگی کرنا (خصوصاً شادی کی) ② تہوار وغیرہ منانا۔ ③ تقدیس کرنا، متبرک بنانا۔ ● **solemnization** اسم: باضابطہ انعقاد۔

**solenoid** *n.* تاروں کا مخروطی لچھا جو برقی رو کے

گزرنے کی صورت میں مقناطیس کا کام کرتا ہے۔

**sol-fa** *n.* =SOLMIZATION۔

**solicit** *v.* ① کسی چیز کے حصول کے لیے کوشش کرنا، زور دینا، اصرار کرنا، ترغیب دینا۔② التجا، التماس کرنا۔③ رنڈی کا کسی کو اپنی طرف مائل کرنا، پرچانا، لبھانا۔● **solicitation** اسم: ترغیب، پرچاوا۔

**solicitor** *n.* عدالتی قانوں داں پیروکار جو قانونی مشورہ مہیّا کرتا، بیرسڑوں کا صلاح کار ہوتا ہے۔

**solicitous** *adj.* ①مشتاق، دلچسپی رکھنے، اصرار کرنے، مائل کرنے والا۔② (کسی بات پر) تُلا ہوا، متمنّی۔● **solicitously** م ف۔**solicitude** اسم۔

**solid** *adj. & n.* صف:① ٹھوس، ہموار، جامد، ٹھہرا ہوا۔ ② مسطّح، مجسّم۔③ ایک ہی مادّے پر مشتمل، بے ملاوٹ۔④ مضبوط، سخت، کڑا، ٹھوس یا مجسّم اشیا سے تعلق رکھنے والا۔اسم:① ٹھوس جسم، مجسّم۔② ٹھوس غذا۔● **solidity** اسم: ٹھوس پن۔ **solidly** م ف۔

**solidarity** *n.* ①اتحاد، یک جہتی۔②باہمی تعاون۔

**solidify** *v.* **(solidified, solidifying)** ٹھوس بنانا، جمانا، سخت کرنا۔● **solidification** اسم: انجماد، جماؤ۔

**solidus** *n.* (*pl.* **solidi**) بٹے یا کسر کی علامت(/)

**soliloquize** *v.* (also **-ise**) ڈرامے کے کردار کا تنہائی میں بولنا، خود کلامی کرنا۔

**soliloquy** *n.* خود کلامی، اپنے آپ سے باتیں۔

**solitaire** *n.* ①اکیلا جڑا ہوا نگینہ۔②ایک تختی پر جمائی ہوئی میخوں سے کھیلا جانے والا، تنہا آدمی کا کھیل۔

**solitary** *adj. & n.* صف: اکیلا، مجرد، الگ تھلگ، تن تنہا، یکہ وتنہا۔اسم: (ج: **-ies**) تارک الدّنیا، راہب۔

**solitude** *n.* ①اکیل پن، تنہائی۔②اکیلی جگہ۔

**solmization** *n.* موسیقی: سارے گاما کے مثل سرگم کے بول یا علامات(*doh ray me fah* وغیرہ)

**solo** *n. & adv.* اسم: (ج: **-os**) ① ایک ہی آواز یا ایک ہی ساز کا نغمہ یا ایک کلاکار کا رقص۔② کوئی کام جو کوئی فرد بلاشرکت انجام دے۔م ف: بلاشرکت، تنہا۔

**soloist** *n.* ایکل گایک یا اکیلا کلاکار۔

**solstice** *n.* انقلابین میں سے کوئی وقت جبکہ سورج نصف النّہار پر سال کے سب سے بلند یا سب سے نچلے مقام پر ہوتا ہے اور دن سب سے لمبا یا سب سے چھوٹا۔

**soluble** *adj.* ①جو آسانی حل ہو سکے، خصوصاً پانی میں گھولا جا سکے، حل پذیر۔② (مسئلہ وغیرہ) جو حل کیا، سلجھایا، سمجھایا، کھولا جا سکے۔● **solubility** اسم۔

**solution** *n.* ① کسی محلل کی آمیزش سے بنایا ہوا سیّال۔② حل کرنے، گھولنے کا عمل۔③ کسی مسئلے یا مشکل کا حل کھولنے، سمجھنے، سلجھانے کا طریقہ۔

**solve** *v.* حل یا جواب تلاش کرنا یا کسی صورت حال سے نمٹنے کا طریقہ سوچنا۔● **solvable** صف: قابل حل۔

**solvent** *adj. & n.* صف:① محلل، حل کرنے میں مددگار یا حل ہونے کے قابل۔② کھری اسامی، جس کے اثاثے واجبات سے کم نہ ہوں۔اسم:① محلل۔② گھولنے، پگھلانے والا مادّہ۔● **solvency** اسم۔

**somatic** *adj.* جسمانی، بدن سے تعلق رکھنے والا، ذہن یا روح کے برخلاف۔

**sombre** *adj.* ( *US* **somber**) ①سیاہ، اندھیرا۔ ②افسردہ، بے کیف، مایوس کُن۔

**sombrero** *n.* (*pl.* **-os**) ایک چوڑے چھجے کی نرم نمدے (فیلٹ) یا تنکوں کی ٹوپی۔

**some** *adj. & pron.* صف:①غیر معیّن مقدار یا تعداد۔② نامعلوم، بے نام، کوئی۔③ اندازے پر مبنی (تعداد)④ کافی، خاصا۔ضمیر: کچھ لوگ یا اشیا۔

**somebody** *pron. & n.* ضمیر: کوئی شخص۔اسم: (ج: **-ies**) اہم شخصیت۔

**somehow** *adv.* ① کسی سبب سے، کسی نہ کسی بنا پر۔②جس طرح بھی ہو، جوں توں، بہرحال۔

**somersault** *n. & v.* اسم: قلابازی۔ف: قلابازی کھانا۔

**something** *n. & pron.* ① کوئی نامذکور یا نامعلوم بات یا شے۔② معلوم مگر نامذکور مقدار، قسم یا حد۔③ بول چال: کوئی اہم لائق ذکر شخصیت یا شے۔

**sometime** *adv. & adj.* م ف: کسی نامعلوم یا نامذکورہ وقت پر۔صف: اگلا، سابقہ، پہلے کا۔

**sometimes** *adv.* کبھی کبھی، گاہے گاہے، موقع موقع سے۔

**somewhat** *adv.* کسی قدر۔
**somewhere** *adv.* کسی جگہ پر یا کسی جگہ کی طرف۔
**somnambulism** *n.* ①سوتے میں چلنے یا کام کرنے کا عارضہ۔② دماغی کیفیت جو اس کا باعث ہوتی ہے۔ ●**somnambulist** اسم: نیند میں چلنے والا۔
**somnolent** *adj.* ①غنداسا، سونے پر مائل۔② نیند لانے والا، خواب آور۔ ●**somnolence** اسم۔

وضاحت: *somnolent* کو اکثر *soporific* سے خلط ملط کر دیا جاتا ہے۔

**son** *n.* بیٹا، فرزند۔
**sonar** *n.* صوتی لہروں کی بازگشت سے زیرِ آب اشیا کا پتہ لگانے کا طریقہ۔
**sonata** *n.* ایک یا دو سازوں کے لیے ترتیب دی گئی موسیقی، یگانہ یا دُگانہ (عموماً پیانو کے ساتھ)
**son et lumière** *n.* کسی تاریخی عمارت پر رات کے وقت ایک تقریب جس میں روشنی کے اثرات اور آوازوں کے ذریعے اس کی تاریخ ڈرامائی انداز میں بیان کی جاتی ہے۔
**song** *n.* گیت، موسیقی کے لیے ڈھالے ہوئے بول۔ □ **going for a song** بول چال: بہت سستے داموں، تقریباً مفت۔
**songbird** *n.* ایک چہکنے والا پرندہ۔
**songster** *n.* گا یک، موسیقار، خصوصاً ماہر اور منجھا ہوا۔
**sonic** *adj.* صوت، صدا، آواز سے متعلق یا آواز کی لہروں سے متعلق، صوتی۔
**sonic boom** *n.* (also **sonic bang**) اونچی دھماکے کی آواز جو اس وقت پیدا ہوتی ہے، جب ہوائی جہاز کی رفتار آواز کی رفتار سے بڑھ جائے۔
**son-in-law** *n.* (*pl.* **sons-in -law**) داماد، بیٹی کا شوہر، جمائی۔
**sonnet** *n.* چودہ مصرعوں کی نظم۔
**sonorous** *adj.* بلند، بھاری یا گمبھیر آواز کرنے والا؛ گونجدار، بلند آہنگ۔ ●**sonority** اسم: گھن گرج، بلند آہنگی۔ **sonorously** م ف: بھاری آواز کے ساتھ۔

**soon** *adv.* ① تھوڑی دیر میں۔② جلدی۔③ پیشتر، نسبتۃً پہلے۔④ فوراً، بلا تاخیر یا بلا تامّل۔ □ **sooner or later** کبھی نہ کبھی، جلد یا بدیر۔
**soot** *n.* بھٹّی وغیرہ کی چمنی میں جم جانے والی کالک، دھوانسا۔ ●**sooty** صف: کالک لگا، دھوانسا۔
**soothe** *v.* ① تسلّی دینا، تشفّی کرنا۔② (درد میں) تسکین پہنچانا۔ ●**soothing** صف: تسکین بخش۔
**soothsayer** *n.* پیشین گو، کاہن، رمّال۔
**sop** *n. & v.* اسم: ① منہ بند کرنے کے لیے دی ہوئی شے یا تحفہ۔ ف: (**sopping، sopped**) ① شرابور، تربتر ہونا۔② تولیے وغیرہ میں سیّال کو جذب کرنا۔
**sophism** *n.* سخن سازی، دلیل باطل جو فریب کے طور پر دی جائے، سوفسطائیت۔
**sophisticated** *adj.* ①مہذّب، نفیس الطبع، باذوق، فہمیدہ (آدمی)② پیچیدہ، ترقی یافتہ (اشیا، خیال وغیرہ) ●**sophistication** اسم: نفاست، تصنع۔
**sophistry** *n.* (*pl.* **-ies**) ① منطقی مغالطوں پر مبنی استدلال۔② سوفسطائیت۔ ●**sophist** اسم۔
**soporific** *adj. & n.* صف: خواب آور۔ اسم: سلانے والی دوا یا اثر۔
**sopping** *adj.* (also **sopping wet**) تربتر، بھیگ کے چوڑا۔
**soppy** *adj.* (**soppier, soppiest**) بول چال: کم فہم، برخود غلط آدمی، ناگوار طور پر جذباتی۔ ●**soppiness** اسم۔
**soprano** *n.* (*pl.* **-os**) گانے میں سب سے اونچی آواز گانے والی عورت یا لڑکا۔
**sorbet** *n.* ① جمی ہوئی برف۔② شربت کی تحریف۔
**sorcerer** *n.* جادوگر، ساحر۔ ●**sorcery** اسم۔
**sordid** *adj.* ① گندہ، مکروہ۔② مذموم، شرمناک، رذیل۔③ کمینہ، بخیل، خسیس۔ ●**sordidly** م ف۔ **sordidness** اسم: گندگی، خست۔
**sore** *adj. & n.* صف: ① دکھتا ہوا (عضو) ② چوٹ کھایا، درد میں مبتلا (شخص) ③ دکھیارا، پریشان، نالاں۔ اسم: ① جسم میں دکھتی ہوئی جگہ۔② تکلیف دہ، پُرآزار بات۔ ●**soreness** اسم: دکھن، چوٹ۔

**sorely** *adv.* ①نہایت، اشد ②شدید طور پر۔
**sorrel** *n. & adj.* اسم: کوئی کھٹ مٹھے پتّوں کا پودا۔ صف: ہلکا سرخی مائل بھورا۔
**sorrow** *n. & v.* اسم: ①رنج، غم۔ ②ملال کا سبب۔ ③اظہارِ غم۔ ف: ①رنجیدہ، غمگین ہونا۔ ②سوگ منانا۔ ● **sorrowful** صف۔ **sorrowfully** م ف۔
**sorry** *adj.* **(sorrier, sorriest)** ①رنجیدہ، افسوس کرنے والا، دکھی، افسردہ خاطر، پُرملال۔ ②کسی سے ہمدردی محسوس کرنے یا ترس کھانے والا۔ ③معذرت کا کلمہ۔ ④خستہ حال، زدہ حالت میں، افسوس ناک۔
**sort** *n. & v.* اسم: ①قسم، نوع، گروہ، زمرہ۔ ②بول چال: کسی کردار یا وضع کا، اچھا یا برا آدمی۔ ف: مرتب کرنا، قسم، وضع وغیرہ کے لحاظ سے الگ الگ کرنا یا ترتیب دینا۔ □ **sort out** سلجھانا، حل کرنا۔
**sortie** *n.* اسم: ①ہلّہ، یلغار خصوصاً کسی محصور قلعے میں سے نکل کر۔ ②فوجی طیارے کی کسی مہم پر پرواز۔
**SOS** *n.* تخفیف: *Save Our Souls* انتہائی مایوسی میں مدد کے لیے استعمال ہونے والا بین الاقوامی اشارہ۔
**sot** *n.* شراب کا دھتّی۔
**sotto voce** *adv.* زیرِلب یا علاحدگی میں۔
**sou** *n.* ایک پرانا فرانسیسی چھوٹا سکّہ۔
**soubriquet** SOBRIQUET کا متبادل۔
**soufflé** *n.* ایک ہلکی اسفنجی میٹھی غذا جو انڈے کی زردی اور پھینٹی ہوئی سفیدی سے بنتی ہے۔
**sough** *v. & n.* ف: سائیں سائیں کرنا یا کراہنے یا ہوا کے پتّوں میں سرسرانے کی سی آواز نکالنا۔ اسم: کراہ، سسکی، سسکاری۔
**sought** SEEK کا ماضی و ماضیہ۔
**souk** *n.* عرب ملکوں کا بازار۔
**soul** *n.* ①روح، آتما، نفس، جان، غیر مادّی وجود۔ ②کسی کی اخلاقی یا فطری خصلت۔ ③کسی شے کی انفرادی حیثیت۔ ④کوئی فرد۔ ⑤کوئی شخص جسے کسی گروہ کا روحِ رواں یا جانِ محفل سمجھا جائے۔ ⑥**(soul music)** امریکی سیاہ فام لوگوں کا رائج کردہ طرزِ موسیقی جس میں تال سُر کے ساتھ حزنیہ لہجے اور کچھ کلیسائی غنائیت کی آمیزش ہے۔

**soulful** *adj.* دل گداز، جذباتی، پُرجوش۔ ● **soulfully** م ف: دل نشین انداز سے۔
**soulless** *adj.* ①بے دلانہ، بے حسی پر مبنی۔ ②بے روح، بے حرارت، سپاٹ۔
**sound**[1] *n. & v.* اسم: ①آواز، جو کانوں کو سنائی دیتی ہے۔ ②وہ ارتعاش جو آواز پیدا کرتا ہے۔ ف: ①آواز نکالنا۔ ②منہ سے ادا کرنا۔ ③آواز سے کوئی تأثر دینا۔ □ **sound off** اپنی رائے کا پُرزور اظہار کرنا۔
**sound**[2] *adj.* ①صحت مند، چست، ٹھیک ٹھاک۔ ②درست، صائب۔ ③مالی طور پر مضبوط، معتبر۔ ● **soundness** اسم: درستی، سلامتی۔ **soundly** م ف۔
**sound**[3] *v. & n.* ف: ①گہرائی کا اندازہ کرنا، تہ پانا۔ ②پوچھنا، دریافت کرنا۔ ③معائنہ کرنا، کسی کے مثانے وغیرہ کا سلائی سے۔ ● **sounder** اسم۔
**sound**[4] *n.* دریا، جھیلوں وغیرہ کو ملانے والی نہر یا نالی، آبنائے۔
**sound barrier** *n.* آواز کی رفتار سے اڑنے والے جہاز سے ہوا کی روک یا رگڑ کی بنا پر پیدا ہونے والا کڑاکا۔
**sound bite** *n.* کسی ریکارڈ کردہ بیان وغیرہ کا کوئی پھڑکتا ہوا ٹکڑا۔
**sounding board** *n.* ①منبر وغیرہ کے اوپر بنی ہوئی چھتری جو آواز کا رخ حاضرین کی طرف پھیرتی ہے۔ ②عوامی رائے کا اندازہ لگانے کے لیے حاضرین کا نمائندہ یا نمونے کا مختصر مجمع۔
**soundproof** *adj. & v.* صف: صدا روک، جس میں سے آواز کا گزر نہ ہو۔ ف: صدا روک بنانا۔
**soup** *n.* پتلا شوربا، یخنی، گوشت، ترکاریوں وغیرہ سے تیار کردہ۔ □ **soup up** بول چال: طاقت یا کارکردگی کو بڑھانا، زیادہ پُراثر یا زوردار بنانا۔
**soupçon** *n.* بہت مختصر مقدار۔
**soupy** *adj.* **(soupier, soupiest)** ①پتلے شوربے جیسا، ڈھب ڈھب۔ ②بول چال: جذباتی، حسّاس، رقیق القلب۔
**sour** *adj., n. & v.* صف: ①کھٹّا، تُرش لیموں یا سرکے جیسا۔ ②ذائقے سے اُترا ہوا، جس میں خمیر کے

باعث کھٹاس پیدا ہوگئی ہو۔③ (مزاج یا شخص کے لیے) تیز، ترش۔ ف: کھٹا کرنا یا کھٹا ہوجانا؛ ترش مزاج ہو جانا۔● **sourness** اسم: ترشی۔ **sourly** م ف۔

**source** *n.* ① منبع جہاں سے سوتا نکلے یا نالہ وغیرہ چلے۔② کسی شخص، مقام یا شے کی اصل، نژاد۔③ معلومات، شہادت وغیرہ کا ذریعہ، دستاویز یا گواہ۔

**sourpuss** *n.* بول چال: چڑچڑا، بدمزاج آدمی۔

**souse** *v.* ① اچار میں ڈالنا۔② کسی سیّال مادّے میں ڈبونا یا ڈوبنا۔③ کسی چیز پر پانی انڈیلنا یا چھڑکنا۔

**south** *n., adj. & adv.* اسم: ① جنوب، دکھن۔② قطب نما کی سوئی جو جنوب کی طرف اشارہ کرے۔③ جنوب کی طرف واقع مقام، جنوبی علاقہ۔ صف: ① جنوب رویہ، جنوبی، جنوب کی طرف رخ کیے ہوئے یا جنوب کی جانب واقع۔② (ہوا) جو جنوب کی طرف سے آئے۔ م ف: جنوب کی طرف۔

**south-east** *n.* افق پر جنوب اور مشرق کا درمیانی علاقہ، جنوب مشرقی سمت۔● **south-easterly** صف و م ف۔ **south-eastern** صف۔

**southerly** *adj., adv. & n.* صف و م ف: ① جنوبی مقام پر یا جنوب کی طرف۔② جنوب سے آنے والی (ہوا) اسم: (ج: -ies) جنوبی ہوا۔

**southern** *adj.* جنوبی، جنوب کا، جنوب میں۔

**southerner** *n.* جنوب کے علاقے کا رہنے والا یا وہاں کا مقامی۔

**southpaw** *n.* بول چال: کھبّا آدمی۔

**southward** *adj.* جانب جنوب۔

● **southwards** م ف۔

**south-west** *n.* افق پر جنوب اور مغرب کا درمیانی نقطہ۔● **south-westerly** صف و اسم۔ **south-western** صف: جنوب مغربی جانب واقع۔

**souvenir** *n.* کسی مقام یا کسی موقع کی یادگار یا یاد دلانے والی شے۔

**sou'wester** *n.* =SOUTHWESTER ایک نم روک ٹوپی جس کا چوڑا حاشیہ گردن کو ڈھک لیتا ہے۔

**sovereign** *n. & adj.* اسم: ① مطلق العنان فرماں روا، خصوصاً بادشاہ۔② ایک طلائی سکّہ جس کی عرفی قدر ایک پونڈ تھی۔ صف: ① اعلیٰ ترین، مقتدر، بے حد۔② اعلیٰ ترین اختیارات کا حامل۔● **sovereignty** اسم: اقتدار اعلیٰ۔

**Soviet** *n. & adj.* سابق متحدہ سوویت سوشلسٹ ری پبلک کا (باشندہ)

**sow**[1] *v.* (**sowed, sown** or **sowed, sowing**) ① زمین میں بیج بونا، کاشت کرنا۔② کسی کھیت کی سنچائی کرنا، اس میں بیج بونا۔③ ڈول ڈالنا، تحریک کرنا۔● **sower** اسم: بیج بونے والا۔

**sow**[2] *n.* جوان سؤرنی۔

**soy** *n.* (also **soy sauce**) =SOYA۔

**soya** *n.* (in full **soya bean**) سوئے کا خوردنی بیج جو آٹا، تیل وغیرہ بنانے کے لیے استعمال ہوتا ہے۔

**sozzled** *adj.* بول چال: نشے میں دُھت۔

**spa** *n.* گندھک کے پانی کا چشمہ۔

**space** *n. & v.* اسم: ① مسلسل وسعت یا خلا، وسعت مکانی جہاں کوئی چیز واقع ہو یا نہ ہو، رقبہ، خالی جگہ یا قطعہ۔② بڑا خالی میدان یا علاقہ۔③ زمین کے کرۂ ہوائی سے باہر کی وسعت مکانی۔④ وقفہ۔ ف: ترتیب دینا، مناسب وقفوں کے ساتھ رکھنا۔□ **spaced out** بول چال: حیران ہکّا بکّا، حواس باختہ۔

**spacecraft** *n.* خلا میں اڑانے والی خلائی گاڑی۔

**spaceship** *n.* خلائی جہاز۔

**spacious** *adj.* وسیع، بڑی گنجائش والا، فراخ۔

● **spaciousness** اسم: وسعت، فراخی۔

**spade** *n.* ① تیشہ، پھاوڑا۔② حکم کا پتّہ۔

**spadework** *n.* کسی مہم یا کام کے لیے ابتدائی کارروائی یا ضروری محنت۔

**spaghetti** *n.* میکرونی اور سویوں کی درمیانی موٹائی کی میدے کی بنی ہوئی لڑیوں کی صورت کا کھاجا۔

**span** *n. & v.* اسم: ① عرصہ، ایک مکانی یا زمانی نقطے سے دوسرے تک کا کل فاصلہ۔② پل کی محرابوں میں سے کوئی، ایک پائے سے دوسرے پائے تک کا پاٹاؤ۔ ف: (**spanning، spanned**) ① (پل، محراب وغیرہ کا) چھانا، کسی جگہ کو پاٹنا، عبور کرنا۔② (کسی مدّت یا عرصے پر) محیط ہونا۔

**spangle** *n. & v.* اسم: زری وغیرہ کے کام کا پھول یا ستارہ وغیرہ جو لباس کی زینت کے لیے ٹانکا جاتا ہے۔ ف: پھولوں، ستاروں وغیرہ سے سجاوٹ کرنا۔

**Spaniard** *n.* اسپین (ہسپانیہ) کا باشندہ یا شہری، ہسپانوی نژاد شخص۔

**spaniel** *n.* لمبے نرم بالوں اور لٹکتے کانوں کا ایک کتا۔

**Spanish** *adj. & n.* صف: اسپینی، ہسپانوی، اسپین کے لوگوں یا زبان سے متعلق۔ اسم: اسپین اور ہسپانوی امریکا کی زبان۔

**spank** *v.* چوتڑوں پر دھپ لگانا۔

**spanking** *adj.* ① سرپٹ دوڑنے والا، چست و چالاک۔ ② بول چال: نمایاں، ممتاز۔

**spanner** *n.* ڈھبری کسنے، پکڑ کر رکھنے والا اوزار، پانا۔

**spar** *n. & v.* اسم: مستول کی بلّی۔ ف: (**sparring, sparred**) ① مکّا مارنا، چلانا خصوصاً مشق کے دوران۔ ② بحث کرنا۔

**spare** *adj., n. & v.* صف: ① فالتو، ضرورت کے لیے محفوظ، پس انداز، خالی جس پر کسی کا قبضہ نہ ہو۔ ② دُبلا، پتلا، منحنی۔ اسم: فالتو پُرزہ (وقت ضرورت پر استعمال کے لیے) ف: ① غیر ضروری سمجھ کر چھوڑنا، جانے دینا۔ ② مارنے یا زخمی کرنے سے یا آواز دینے سے گریز کرنا۔ □ **go spare** بول چال: سخت برہم ہونا، غصّے میں بھرنا۔ **to spare** باقی، موجود، فالتو، بچا ہوا۔

**sparing** *adj.* ① بچت، کفایت، پس اندازی کرنے والا، جُز رس۔ ② محدود، متعیّن۔

**spark** *n. & v.* اسم: ① شرارہ، چنگاری۔ ② کسی چیز کا کوئی ذرّہ۔ ③ برقیات: ہوائیں وغیرہ تیزی سے گزرنے پر رگڑ سے پیدا ہونے والی روشنی۔ ④ ذکاوت۔ ف: آگ یا بجلی کی چنگاری پیدا کرنا۔ □ **spark off** شوق یا جذبے کو اُکسانا۔

**sparkle** *v. & n.* ف: شرارے چھوڑنا، چمکنا دمکنا؛ جودت طبع دکھانا، برّاقی کا مظاہرہ کرنا۔ اسم: چمک۔

**sparkler** *n.* پھلجھڑی۔

**sparkling** *adj.* (شراب وغیرہ) جھاگ دار، بلبلے چھوڑتی۔

**spark plug** *n.* (also **sparking plug**) انجن میں چنگاری پیدا کر کے ایندھن کو بھڑکانے والا پرزہ۔

**sparrow** *n.* گوریا، گھریلو چڑیا۔

**sparse** *adj.* چھدرا، گنجان، گھنا کی ضد۔ ● **sparsely** م ف۔ **sparseness** اسم: چھدرا پن۔

**spartan** *adj.* (حالات وغیرہ کی بابت) بے آسائش، سخت، دشوار، قلّت کا شکار۔

**spasm** *n.* ① تشنّج، اینٹھن، کسی عضو کی اچانک پھڑکن۔ ② کسی اضطراری حرکت یا جذبے کا دورہ۔ ③ کوئی وقتی ہلچل یا سرگرمی کی لہر۔

**spasmodic** *adj.* ① تشنّجی ضطراری، بے اختیار دورے پر مبنی۔ ② بے قاعدہ، غیر مسلسل، وقفے وقفے سے ہونے والا۔ ● **spasmodically** م ف۔

**spastic** *adj. & n.* صف: مرگی کے مرض کا شکار۔ اسم: مرگی یا صرع کا مریض۔ ● **spasticity** اسم۔

---

وضاحت: چونکہ *spastic* کا لفظ بطور مذمّت آتا ہے، اس لیے طبّی اصطلاح کے طور پر *cerebral palsy* استعمال کیا جاسکتا ہے۔

---

**spat**[1] SPIT کا ماضی و ماضیہ۔

**spat**[2] *n.* بول چال: معمولی چپقلش یا جھگڑا۔

**spate** *n.* اچانک دریا کا چڑھاؤ، سیلاب۔

**spatial** *adj.* فضا سے متعلق، مکان یا وسعت مکانی سے متعلق۔ ● **spatially** م ف۔

**spatter** *v. & n.* ف: لت پت کرنا، سانا، لتھیڑنا، چھڑکنا، ادھر اُدھر پھیلانا۔ اسم: ① چھینٹا، بوچھاڑ۔ ② چھینٹے اُڑنے یا ٹوٹ کر بکھرنے کی آواز، چھنا کا، چھپا کا۔

**spatula** *n.* رنگ وروغن ملانے یا پھیرنے کا عموماً لچکیلے چپٹے منہ کا آلہ؛ زبان دبا کر رکھنے کا ایک طبّی آلہ۔

**spawn** *v. & n.* ف: ① مچھلی، مینڈک، صدفے وغیرہ کا انڈے دینا۔ ② انسان (بچے) جننا۔ ③ ادبدا کے پیدا ہونا۔ اسم: مچھلی، مینڈک وغیرہ کا انڈا۔

**spay** *v.* مادہ جانور کو (بیضے دان نکال کر) بانجھ بنانا۔

**speak** *v.* (**spoke, spoken, speaking**) ① بولنا، بات کرنا، (الفاظ) منہ سے ادا کرنا، حقائق کا اظہار کرنا۔ ② ہم کلام ہونا، گفتگو، مکالمہ کرنا۔ ③ کسی

بات کی توثیق کے لیے یا حوالے سے بولنا۔ ④ کوئی خاص زبان بول سکنا۔ □ **speak up for** کسی کی حمایت میں بولنا۔

**speaker** *n.* ① مقرر، بولنے والا۔ ② کسی زبان کا بولنے والا۔ ③=LOUDSPEAKER۔

**spear** *n. & v.* اسم: ① بلّم، برچھا، نیزہ۔ ② نوکدار کونپل، ڈنڈی۔ ف: بلّم کی طرح بھونکنا یا مارنا۔

**spearhead** *n. & v.* اسم: کوئی شخص یا گروہ جسے کسی مہم میں پہل کرنے کے لیے چنا جائے، اگوا، پیش رو۔ ف: (حملے وغیرہ میں) پیش روی کرنا۔

**spec** *n.* بول چال: کوئی کاروباری مہم یا منصوبہ۔ □ **on spec** داؤ لگا کر متوقع، متمنّی۔

**special** *adj. & n.* صف: ① خصوصی، بہت عمدہ، اعلیٰ، خاص الخاص، مخصوص، مطلوبہ، مقررہ۔ ② کسی خاص مقصد کے لیے۔ ③ خصوصی مضمون جس میں کوئی تخصیص رکھتا ہو۔ ● **specially** م ف: خاص طور پر، خصوصاً۔

**specialist** *n.* کوئی شخص جو کسی خاص علم یا پیشے میں خصوصی مہارت حاصل کرے۔

**speciality** *n.* (*pl.* -ies) ① خصوصیت، کوئی خاص مقصد، مصنوعہ، کارروائی وغیرہ جس پر خصوصی توجہ دی جائے۔ ② کوئی خاص خوبی، مہارت، امتیاز۔

**specialize** *v.* (also -ise) ① خصوصیت حاصل کرنا، کسی کام کا شائق یا عادی ہونا۔ ② کسی خاص مقصد کے لیے موزوں بنانا۔ ● **specialization** اسم۔

**species** *n.* (*pl.* same) ① مشترک خصوصیات رکھنے والی اشیا کا گروہ، طبقہ، زمرہ۔ ② ایک قسم کے جانوروں یا پودوں کا گروہ جس کے افراد آپس میں عمل تولید کر سکیں۔

**specific** *adj. & n.* صف: ① واضح، صریح، معروف۔ ② کسی خاص موضوع یا مضمون سے متعلق۔ اسم: خصوصی پہلو، عنصر یا عامل۔ ● **specifically** م ف: خصوصی طور پر۔

**specification** *n.* ① تخصیص، تصریح۔ ② کسی تعمیر کی تفصیلات، تعمیر میں لگنے والا مال، نقشہ وغیرہ۔

**specify** *v.* (-ies, -ied) ① نام لے کر یا صراحت کے ساتھ بتانا۔ ② شرط کے طور پر عائد یا طلب کرنا۔

**specimen** *n.* ① نمونہ، اصل یا کل کا نمائندہ۔ ②

بول چال: کسی خصوصیت کا آدمی یا جانور۔

**specious** *adj.* ① بظاہر درست، اصل میں غلط یا غیر معقول۔ ② گمراہ کن۔ ● **speciously** م ف۔ **speciousness** اسم: نظر فریبی۔

**speck** *n.* بُندکی، بندی، چھوٹا سا دھبّا یا داغ۔

**speckle** *n.* جلد وغیرہ پر پڑی ہوئی کوئی بندکی، کوئی قدرتی نشان۔ ● **speckled** صف: داغدار۔

**specs** *n. pl.* بول چال: عینک، چشمہ [اختصار]

**spectacle** *n.* ① تماشا، تقریب وغیرہ۔ ② کوئی جاذب نظر منظر۔ ③ (**spectacles**) عینک، چشمہ۔

**spectacular** *adj. & n.* صف: نظر فریب، لائق سیر، قابل دید، دھوم دھامی، حیرت خیز۔ اسم: ایسی تقریب جو قابل دید ہو۔ ● **spectacularly** م ف۔

**spectator** *n.* تماش بین، تماشائی، ناظر۔

**spectral** *adj.* ① بھوتوں سے متعلق، بھوتیا، بھوت جیسا۔ ② طیف یا منشور سے متعلق۔

**spectre** *n.* (*US* **specter**) ① آسیب، بھوت، سایہ۔ ② کوئی چیز جس کا ڈر، خوف سوار ہو۔

**spectrum** *n.* (*pl.* **spectra**) ① طیف، رنگوں کی پٹی جیسی کہ قوس قزح میں نظر آتی ہے اور روشنی کے اجزا کے اپنے اپنے طول موج کے مطابق انشقاق یا بکھرنے سے پیدا ہوتی ہے۔ ② کسی چیز کے اجزا کی ترتیب کا اسی طرح کا نقشہ۔

**speculate** *v.* ① قیاس آرائی کرنا۔ ② حصص میں سرمایہ لگانا، جُوا یا سٹّہ کھیلنا۔ ● **speculation** اسم۔ **speculative** صف۔ **speculator** اسم۔

**speculum** *n.* (*pl.* **specula**) اعضاء جسمانی کو معائنے کے لیے پھیلا کر دکھانے والا آلہ۔

**sped** SPEED کا ماضی و ماضیہ۔

**speech** *n.* ① گویائی، بولنے کی صلاحیت۔ ② تقریر، خطاب۔ ③ انداز کلام۔

**speechless** *adj.* دم بخود، حیرت یا غلبۂ جذبات کے سبب چپ۔

**speed** *n. & v.* اسم: ① تیز رفتاری۔ ② شرح رفتار (فی منٹ وغیرہ) ③ بول چال: چستی پیدا کرنے والی دوا خصوصاً amphetamine۔ ف: (**sped**، **speeding**) (speeded، ①تیزی سے چلنا، گذرنا یا بھیجنا۔② (speeding)(موٹر چلانے والے کا) خطرناک رفتار سے جانا۔□ **speed up** پھرتی کرو۔

**speedboat** *n.* تیز رفتار موٹر کشتی۔

**speedometer** *n.* موٹر کار وغیرہ میں لگایا ہوا ایک آلہ جو رفتار بتاتا ہے، رفتار پیما۔

**speedway** *n.* ①موٹر سائیکلوں کی دوڑ، اس کے لیے بنا ہوا راستہ یا اسٹیڈیم۔② امریکا: موٹر کاروں کی دوڑ کا راستہ، تیز رفتار گاڑیوں کے لیے مخصوص شاہراہ۔

**speedy** *adj.* **(speedier, speediest)** ① تیز رو، رواں دواں، سریع۔②پھرتیلا، زود انجام، بلا تاخیر ہونے والا۔● **speedily** م ف: تیزی سے، روانی سے۔ **speediness** اسم: تیزی، تیز روی۔

**speleology** *n.* ①غاروں کا سائنسی مطالعہ۔ ② غاروں کی تلاش و جستجو۔● **speleologist** اسم۔

**spell** *v. & n.* ف: **(spelled** یا **spelt)** ①ہجّے کرنا۔② (حرفوں کا) مل کر لفظ بنانا، (حالات، منصوبے وغیرہ کا) کسی انجام کو پہنچتا نظر آنا۔ اسم: ①منتر، افسوں، پُراسرار، جادوئی بول۔②پُرکشش، دلچسپ کارروائی، سحر انگیزی یا خوبی جو کسی کے عمل سے ظاہر ہو۔③ تھوڑی مدّت، مختصر عرصہ۔□ **spell out** لفظ یا عبارت کو حرفاً حرفاً دہرانا، وضاحت کرنا۔● **speller** اسم۔

**spellbound** *adj.* محوحیرت، متحیّر۔

**spend** *v.* **(spent, spending)** ①خریداری وغیرہ پر خرچ کرنا، کسی کو دینا یا کسی کام کے لیے دینا۔② (وقت یا توانائی) صرف کرنا۔● **spender** اسم۔

**spendthrift** *n.* فضول خرچ آدمی۔

**sperm** *n.*(*pl.* same or **sperms**) مرد کا مادّۂ منویہ، منی، نطفہ، تخم۔

**spermatozoon** *n.* (*pl.* **spermatozoa**) پختہ حرکت پذیر حیوانی خلیہ۔

**spermicide** *n.* تولیدی کرموں کو مارنے والا (حوینات کُش) مادّہ۔● **spermicidal** صف۔

**spew** *v.* (also **spue**) ①قے کرنا۔② کسی شے کو دھکیل کر نکالنا، بزور خارج کرنا۔

**SPF** تخفیف: Sun Protection Factor (جلد کی حفاظت کے لیے) کریم وغیرہ۔

**sphere** *n.* ① کرہ، گولا۔② کروی شکل کی شے۔ دائرۂ عمل یا حلقۂ اثر۔

**spherical** *adj.* کروی شکل کا؛ گنبد نما۔

**sphincter** *n.* عضلاتی حلقہ جو کسی نالی خصوصاً مقعد پر بطور صمامہ بنا ہوتا ہے۔

**sphinx** *n.* ①قدیم مصری مجسمہ جس کا جسم شیر کا اور سر آدمی یا مینڈھے کا۔② عجیب، پُراسرار آدمی۔

**spice** *n. & v.* ① گرم مسالے کا کوئی جز، گرم مسالے بحیثیت مجموعی۔ ②چٹپٹا پن، ذائقہ داری۔ ف:① گرم مسالے سے ذائقہ یا مہک پیدا کرنا۔② کوئی مزیدار بات پیدا کرنا۔● **spicy** صف: مسالے دار، چٹپٹا۔

**spick and span** *adj.* نہایت صاف ستھرا۔

**spider** *n.* مکڑی، ایک ہشت پایہ حشرہ جو اپنے شکار کے لیے جالا بنتی ہے۔● **spidery** صف: مکڑیلا۔

**spiel** *n.* بول چال: لفّاظی، چرب زبانی پر مبنی گفتگو۔

**spigot** *n.* ① پیپے میں روک یا ڈاٹ کے طور پر جڑنے کی کیل۔② ٹونٹی، پانی کے بہاؤ پر قابو رکھنے کا پرزہ۔

**spike** *n. & v.* اسم: ①نوک، نکیلا ڈنڈا وغیرہ۔② ②جوتے کے تلے میں جڑے ہوئے دھات کے کیلے۔ ف: ① کیلوں سے ٹھونکنا، جوڑنا، کیل سے چھیدنا۔② بول چال: مشروب میں الکحل یا کوئی نشہ آور شے ملانا۔③ (کسی منصوبے کو) ترک یا فسخ کرنا۔● **spiky** صف۔

**spill** *v. & n.* **(spilling،spilled** یا **spilt)**: ف ①چھلکنا، چھلکانا، کناروں پر سے اُبلنا۔② مجمع کا کسی جگہ سے ہجوم کر کے نکلنا۔ اسم: ①اُبلنے، اُچھلنے، چھلکنے یا چھلکانے کا عمل، اُچھال، اُبال، اُبلی ہوئی مقدار یا شے۔ ② گھوڑے وغیرہ پر سے گرنا۔③ لکڑی کا ٹکڑا، کاغذ کی مروڑی ہوئی بتی آگ وغیرہ سلگانے کے لیے۔● **spillage** اسم: انڈیلنے یا گرانے کا عمل۔

**spin** *v. & n.* ف: ①**(spinning،spun)** گول گول گھمانا، چکّر دینا۔② اون یا سوت کاتنا، کاٹ کر سوت یا دھاگے بنانا۔ اسم: ① گردش، چکّر، گھماؤ۔② بول چال: تفریحی چکّر، سیر۔□ **spin out** (بحث وغیرہ کو) طول دینا، دراز کرنا۔● **spinner** اسم۔

**spina bifida** *n.* ریڑھ کی ہڈی کا ایک موروثی

مرض جس میں ریڑھ کا ایک حصّہ اور اس کی جھلّیاں منکوں میں فصل کے سبب کھل جاتے ہیں۔

**spinach** *n.* پالک کا ساگ۔

**spinal** *adj.* ریڑھ سے متعلق۔

**spindle** *n.* چرخے کا تکلا، ہاتھ سے کاتنے میں استعمال ہونے والی سلاخ یا سلائی، مشینی کتائی کا محور یا سلاخ جس پر چرخی چڑھی ہوتی ہے۔

**spindly** *adj.* اونچا یا لمبا اور پتلا۔

**spin doctor** *n.* بول چال: صحافیوں کو وضاحتی بیانات دینے پر مامور سیاسی ترجمان۔

**spindrift** *n.* سطح سمندر پر اُڑنے والا جھاگ۔

**spine** *n.* ① ریڑھ۔② سخت نوک والا جسم یا ڈھانچا، سول، خار، کانٹا۔③ کتاب کا پُشتہ۔

**spineless** *adj.* ① (جانور یا پودا) جس کے ریڑھ نہ ہو۔② (آدمی) قوت ارادی سے عاری، ڈھلمل، ڈھیلا۔

**spinet** *n.* آڑے کسے ہوئے تاروں کا ایک قدیم ساز ہارپسی کورڈ harpsichord۔

**spinnaker** *n.* کشتی رانی کے مقابلے کی کشتی کے بڑے بادبان کے مقابل ایک چھوٹا تکونا بادبان۔

**spinneret** *n.* مکڑی یا پِلّے کا عضوِ تارکش جس سے جالا، تانا یا کویا بنایا جاتا ہے۔

**spinney** *n.* (*pl.* **-eys**) چھوٹا جنگل، جھاڑیوں کا جھنڈ، شاخسار۔

**spin-off** *n.* اصل مقصد کے علاوہ کوئی ذیلی فائدہ۔

**spinster** *n.* غیر شادی شدہ عورت۔

**spiny** *adj.* (**spinier, spiniest**) خاردار، چبھنے والا، کانٹوں سے بھرا۔

**spiracle** *n.* (also **spiraculum**) بعض حشرات یا وھیل وغیرہ کا بیرونی عضوِ تنفس یا نتھنا۔

**spiral** *adj., n. & v.* صف: چکّر دار، کسی مرکز کے گرداگرد باہر یا اندر کی طرف بتدریج لپٹتا ہوا، مرغولہ دار۔ اسم: ① افقی یا سہ ابعادی لولبی دائرہ، مرغولہ۔② چکراتا ہوا لولبی شکل میں لپٹتا ہوا تار۔③ قیمتوں وغیرہ کا تدریجاً اتار چڑھاؤ۔ ف: (**spiralling، spiralled** امریکا: **spiraled**) ① چکّر دار حرکت کرنا خصوصاً اوپر یا نیچے کی طرف۔② مرغولہ بنانا۔③ (قیمتوں وغیرہ کا) چڑھنا یا اترنا خصوصاً تیزی کے ساتھ۔● **spirally** م ف۔

**spire** *n.* مخروطی گاؤدُم تعمیر خصوصاً کسی گرجا کے منارے کے اوپر۔

**spirit** *n. & v.* اسم: ① حوصلہ، ہمت، زور۔② انسان کا غیر مادّی ناطق، ذی شعور وجود، روح، کوئی مافوق الفطرت وجود، بھوت پریت، جن پری وغیرہ۔③ رائج ذہنی یا اخلاقی رویہ، رجحان، انداز۔④ تیز کشید کردہ شراب۔⑤ جذبہ، ذہنی یا اخلاقی خصوصیت۔⑥ اصل مدّعا، مفہوم، روح۔ ف: (**spiriting ، spirited**) چپکے سے، آناً فاناً اڑا دینا، چلتا کرنا۔

**spirited** *adj.* پُر جوش، سرگرم، چونچال، طرّار، حوصلہ مندانہ۔● **spiritedly** م ف: سرگرمی سے۔

**spirit level** *n.* افقی سطح کی ہمواری جانچنے کا آلہ، پن سال جس میں بھری ہوئی اسپرٹ کے بلبلے سے سطح کی ہمواری جانچی جاتی ہے۔

**spiritual** *adj. & n.* صف: ① مادّے کے برخلاف روح سے متعلق، روحانی۔② مقدّس، مذہبی، اُلوہی۔③ شائستہ، حسّاس، پاکیزہ (ذہن، خیالات) ④ قلبی، جذبات و احساسات پر مبنی۔ اسم: امریکی سیاہ فاموں کا ایک مذہبی لوگ گیت۔● **spiritually** م ف: روحانی طور سے۔ **spirituality** اسم: روحانیت۔

**spiritualism** *n.* روحوں سے رابطے، حاضرات وغیرہ پر اعتقاد۔● **spiritualist** اسم: معتقدِ روح، عامل۔ **spiritualistic** صف۔

**spirituous** *adj.* بہت زیادہ الکحل سے بھرا ہوا۔

**spit** *v. & n.* ف: (**spitting، spit** یا **spat**) ① تھوکنا، تھوک کر اظہار نفرت کرنا۔② (غذا وغیرہ) منہ سے خارج کرنا۔③ (بارش کا) کم کم ہونا۔ اسم: ① تھوک۔② تھوکنے کا عمل۔③ سیخ جس پر کباب کا قیمہ چڑھا کر سینکا جاتا ہے۔④ سمندر میں نکلی ہوئی پتلی خاکنائے۔

**spite** *n. & v.* اسم: ① بغض، بدخواہی۔② کینہ، بیر۔ ف: نقصان پہنچانا، تنگ کرنا، ناراض کرنا۔□ **in spite of** باوجودیکہ، ہر چند کہ۔● **spiteful** صف: کینہ ور۔ **spitefully** م ف۔ **spitefulness** اسم: بدخواہی۔

**spitfire** *n.* غصیل، آتش مزاج شخص۔

**spittle** *n.* تھوک، لعاب دہن۔

**splash** *v. & n.* ف:① چھینٹے اڑانا۔② کسی پر چھینٹے یا کیچڑ اچھالنا۔③ پانی کو تھل پتھل کرنا۔④ خبر کو پھیلا کر نمایاں طور سے چھاپنا۔⑤ رنگ یا مختلف رنگوں سے سجانا۔اسم:① پانی وغیرہ اچھالنے، چھپا کا کرنے کا عمل یا اس کی آواز۔② خبر وغیرہ کی جلی سرخی یا نمایاں اشاعت۔③ کسی شے یا جانور پر رنگ کا دھبّا یا نقش۔□ **splash out** بول چال: بے دریغ خرچ کرنا۔

**splatter** *v. & n.* ف:① چھینٹوں سے سانا یا آلودہ کرنا۔② زور کی آواز کے ساتھ مسلسل چھینٹے اُڑانا۔ اسم: پانی کے اچھلنے کی تیز، زوردار آواز، شرّ اٹا۔

**splay** *v.* ① پاؤں، کہنی وغیرہ پھیلانا، پسارنا۔② کسی سوراخ یا اس کے پہلوؤں کا کھلنا، بڑا ہونا۔

**spleen** *n.* ① تلّی۔② بے کیفی، بدمزاجی، حسد، بیر۔

**splendid** *adj.* ① شان دار، زبردست، پُرتکلّف۔② باوقار، رعب دار۔③ عمدہ، نادر۔● **splendidly** م ف۔

**splendour** *n.* (*US* **splendor**) ① شان و شوکت، تابناکی، درخشانی۔② شکوہ، جلال، عظمت۔

**splenetic** *adj.* بدمزاج، چڑچڑا، تنک مزاج۔

**splice** *v.* سانٹھنا (رسّی کے) دونوں سروں کو ملا دینا، ریشوں کو باہم گوندھ کر۔

**splint** *n. & v.* اسم: ٹوٹی ہوئی ہڈی کو جوڑ کر ملائے رکھنے والی گل پٹی میں لگی ہوئی لکڑی وغیرہ کی پٹی۔ف: (ٹوٹی ہڈی وغیرہ کو) پٹی یا پٹیوں سے سنبھالنا، سہارنا۔

**splinter** *v. & n.* ف: توڑ کر ٹکڑوں، چھپٹیوں میں تقسیم کرنا۔اسم: لکڑی کی چھپٹی یا پتھر کا ٹکڑا، روڑا۔

**splinter group** *n.* کسی بڑی جماعت سے ٹوٹ کر بنی ہوئی چھوٹی جماعت، دھڑا۔

**split** *v. & n.* ف: (**split**، **spilitting**)① بیچ سے توڑنا، ٹکڑوں میں تقسیم کرنا، ہونا، بانٹنا۔② ٹوٹ کر یا کٹ کر الگ ہونا یا کیا جانا۔اسم:① ٹوٹ پھوٹ۔② جھری، درز، دراڑ وغیرہ۔③ (**splits**) مختلف ورزشی پینترے۔

**split infinitive** *n.* دولخت مصدر، ایسا جملہ جس میں to اور فعل کے بیچ میں کوئی لفظ متعلق فعل وغیرہ داخل ہو جائے (م: *seems to really like it*)

**splodge** *n. & v.* بول چال، اسم: دھبّا، داغ، چپکا۔ف: کسی چیز پر بڑا سا بے ڈول داغ یا دھبّا ڈالنا۔

**splotch** *n. & v.* =SPLODGE۔

**splurge** *n. & v.* بول چال، اسم: بے تحاشا خرچ کا مظاہرہ، کوشش۔ف: بہت زور یا لاگت لگانا۔

**splutter** *v. & n.* ف:① جلدی جلدی، جوشیلے انداز میں یا پھولتی سانس سے بات کرنا، منہ سے کسی چیز کی پھوہار چھوڑنا۔② جلدی جلدی بے ربط طور پر منہ سے اگلنا۔اسم: تیز تیز، بے ربط اکھڑی اکھڑی بات۔

**spoil** *v. & n.* ف: (**spoilt** یا **spoiled**، **spoiling**)① بگاڑنا، خراب کرنا، بدمزہ کرنا۔② لاڈ وغیرہ سے بگاڑنا (خصوصاً بچے کو)③ (کھانے کا) خراب ہونا، مزے سے اُترنا، سڑنا۔ اسم: (**spoils**) مال غنیمت یا لوٹ کا مال۔□ **spoilt for choice** جسے مواقع کی کثرت سے انتخاب میں دشواری محسوس ہو۔

**spoiler** *n.* ہوائی جہاز کی ایک کل جو ہوا کے بہاؤ میں رکاوٹ ڈال کر رفتار دھیمی کرتی ہے، اسی طرح کا ایک پرزہ گاڑیوں میں جو سڑک پر اس کی گرفت مضبوط کرتا ہے۔

**spoilsport** *n.* دوسروں کی تفریح میں کھنڈت ڈالنے والا، رنگ میں بھنگ ڈالنے والا شخص۔

**spoke**[1] *n.* پہیّے کا کوئی ارّا جو ناہ سے گھیرے تک جڑے ہوتے ہیں۔

**spoke**[2] SPEAK کا ماضی۔

**spokesman** *n.* (*pl.* **-men**) کسی جماعت کی طرف سے بیان دینے والا نمائندہ، ترجمان۔

**spokesperson** *n.*(*pl.* **-persons** or **-people**) ترجمان، نمائندہ۔

**sponge** *n. & v.* اسم:① اسفنج، ایک مسام دار لچکیلا حیوانی جسم، اس کا کوئی ٹکڑا یا نمونہ جو پانی جذب کرنے، پونچھنے یا نہانے میں استعمال ہوتا ہے، کوئی ربڑ یا پلاسٹک کی اسفنج سے مشابہ شے جو اسی مقصد کے لیے ہو۔② اسفنج سے مشابہ، ہلکی پھلکی شے، جیسے اسفنجی پڈنگ، کیک وغیرہ۔ ف:① اسفنج سے پونچھنا، صاف کرنا۔② بول چال: کسی کے سر پڑ رہنا، کاہل، ناکارہ ہونا۔● **spongeable** صف۔ **spongy** صف: اسفنجی۔

**sponger** *n.* طفیلی آدمی جو خود کچھ نہ کرے، دوسروں کے سر رہے۔

**sponsor** *n. & v.* اسم:① مربّی، سرپرست، کفیل جو

کسی فلاحی کام میں امداد فراہم کرے، کسی فن کار یا کھیلوں کی سرگرمی کی سرپرستی کرے۔② مسودۂ قانون پیش کرنے والا رکن۔③ (بپتسمہ) کے وقت دینی باپ بننے والا شخص۔ف: کسی کا مربی، سرپرست، ضامن یا کفیل ہونا۔● **sponsorship** اسم: کفالت۔

**spontaneous** *adj.* ① اضطراری، غیرارادی۔② از خود، کسی بیرونی تحریک کے بغیر۔● **spontaneity** اسم: بے ساختگی۔ **spontaneously** م ف: بے ساختہ۔

**spoof** *n.* بول چال: ① کسی ادب پارے یا ادبی انداز کی مزاحیہ نقل۔② دھوکا، فریب۔

**spook** *n.* بول چال: بھوت۔● **spooky** صف۔

**spool** *n. & v.* اسم: مقناطیسی فیتے، فوٹو فلم وغیرہ کو لپیٹنے کی پھرکی، چرخی۔ف: چرخی پر چڑھانا۔

**spoon** *n. & v.* اسم: چمچہ۔ف: چمچے سے نکالنا، لینا۔ ● **spoonful** اسم: چمچہ بھر۔

**spoonerism** *n.* ایک لسانی سہو جس میں الفاظ کے پہلے حروف آپس میں تبدیل ہوجاتے ہیں، تقلیب حروف (م: سستا پردم بجائے پردہ سستم)

**spoon-feed** *v.* **(fed, feeding)** ① بچے، مریض وغیرہ کو چمچے سے کھلانا۔② کسی کو پکی پکائی چیز (معلومات وغیرہ) پیش کرکے زحمت سے بچانا۔

**spoor** *n.* جانور کا سراغ یا بو۔

**sporadic** *adj.* جستہ جستہ، اِدھر اُدھر، کہیں کہیں، متفرق صورت میں۔● **sporadically** م ف۔

**spore** *n.* بہت سے نباتات اور خورد حیویوں کا تولیدی خلیہ، تخمک، بذرہ، بیج۔

**sporran** *n.* ایک تھیلی جو اسکاچستانی اپنے گھگرے کے آگے لٹکاتے ہیں۔

**sport** *n. & v.* اسم: ① کھیل، ورزشی کھیل، کھیلوں کے مقابلے، خصوصاً بیرون خانہ۔② بول چال: منصف مزاج، کھلے دل کا آدمی۔ف: ① تفریح کرنا، دل بہلانا۔② نمائش کے لیے پہننا، دکھاوا کرنا۔

**sporting** *adj.* ① کھیلوں کا شائق۔② کھلے دل کا۔

**sporting chance** *n.* کامیابی کا کچھ امکان۔

**sportive** *adj.* تفریحی۔● **sportively** م ف۔

**sports car** *n.* عموماً کھلی چھت کی، نیچی تیز رفتار موٹر کار۔

**sports coat** *n.* (also **sports jacket**) عام طور پر پہننے کا معمولی مردانہ کوٹ۔

**sportsman** *n.* (*pl.* **-men**) ① کھلاڑی خصوصاً پیشہ ور جو اسپورٹس وغیرہ میں حصّہ لیتا ہے۔② انصاف پسند، کھلے دل کا شخص۔● **sportsmanlike** صف۔ **sportsmanship** اسم: انصاف پسندی۔

**sportswoman** *n.*(*pl*-**women**) کھلاڑی عورت، جو کھیلوں میں حصّہ لیتی ہے۔

**spot** *n. & v.* اسم: ① بندی، بندکی، دھبّا، نشان، دانہ، مہاسا۔② کوئی مقام، ٹھکانا، علاقہ۔③ بول چال: کسی چیز کی چھوٹی سی مقدار۔④ =SPOTLIGHT۔ ف: **(spotting، spotted)** ① نظر میں رکھنا، نشان زد کرنا۔② کسی کی لیاقت، اہلیت وغیرہ کا اندازہ کرلینا۔③ نشان لگانا یا نشان زدہ ہونا۔□ **on the spot** ① برمحل، عین وقوع یا عمل کے مقام پر۔② بول چال: بلا تاخیر۔③ اسی وقت، فی الفور۔④ چوکنّا، مستعد، مقابلے کے لیے تیار۔

**spot check** *n.* اچانک آزمائش۔

**spotless** *adj.* بے داغ، صاف ستھرا۔ ● **spotlessly** م ف: داغ دھبّے کے بغیر۔

**spotlight** *n. & v.* اسم: روشنی کا دھارا کسی خاص جگہ، خصوصاً تھیٹر کے اسٹیج یا گاڑی کے سامنے سڑک پر مرتکز۔ف: **(-lighting، -lighted ، lit)** ① کسی چیز پر بھرپور روشنی ڈالنا۔② نمایاں کرنا، مرکز توجہ بنانا۔

**spotty** *adj.* **(spottier, spottiest)** چتی دار، گل دار، دھبّے دار، ناہموار۔

**spouse** *n.* میاں یا بیوی، شوہر یا زوجہ۔

**spout** *n. & v.* اسم: ① ٹونٹی، جگ وغیرہ کا دہانہ یا لب، پرنالہ، نلکی۔② پانی کی گرتی ہوئی دھار۔ف: ① دھار چھوڑنا، پچکاری مارنا۔② زور خطابت دکھانا۔

**sprain** *v. & n.* ف: زور سے مروڑنا، موچ ڈالنا۔ اسم: موچ۔

**sprang** SPRING کا ماضی۔

**sprat** *n.* ایک چھوٹی خارماہی جیسی خوردنی مچھلی۔

**sprawl** *v. & n.* ف: ہاتھ پاؤں پھیلا کر اوندھنا یا

گرنا،اس طرح ہاتھ پاؤں پھیلانا۔اسم: پھیلنے کی حرکت یا رجحان۔

**spray** *n. & v.* اسم:① پھوہار، چھڑکاؤ، پچکاری، جھرنے،گلاب پاش وغیرہ کی دھاریں، برسات کی بوندیں ۔② پھولوں یا پتوں کی ڈالی خصوصاً سجاوٹ کے لیے۔ف:① چھڑکاؤ، بکھراؤ کرنا۔② پھوہار ڈال کر گیلا کرنا، بھگونا۔● **sprayer** اسم۔

**spray-gun** *n.* پھوہار ڈال کر رنگنے کا اوزار۔

**spread** *v. & n.* (**spreading‹spread**) ف: ① کسی شے کی سطح کو پھیلانا، کشادہ کرنا، کسی سطح پر کسی چیز کو پھیلانا، پھیرنا، لیپنا۔② وسیع یا وسعت پذیر ہونا۔③ خبر وغیرہ کا اشاعت پانا، اڑنا، پھیلنا، لوگوں تک پہنچنا۔ اسم: ① پھیرنے، پھیلانے، لیپنے وغیرہ کا عمل۔② پھیلنے کی صلاحیت۔③ نفوذ، سرایت کرنے، جڑ پکڑنے کا عمل۔ ④ روٹی پر چپڑنے یا پھیلانے کا مزیدار، میٹھا یا کھٹا قوام۔ ⑤ کئی کالموں یا دو مقابل صفحات پر پھیلا ہوا مطبوعہ مواد۔

**spreadeagled** *adj.* ہاتھ پاؤں پھیلے ہوئے۔

**spreadsheet** *n.* ایک کمپیوٹر پروگرام، مرتب و شماریا معلومات کو کام میں لانے، بازیاب کرنے وغیرہ سے متعلق خصوصاً جدولی طور پر مرتب اعدادی معلومات۔

**spree** *n.* گھر سے باہر کوئی تفریح یا سرگرمی۔

**sprig** *n.* کونپل، شاخ یا ڈنڈی۔

**sprightly** *adj.* (**-lier, -liest**) چونچال، جوشیلا، ہشاش بشاش۔● **sprightliness** اسم: زندہ دلی۔

**spring** *v. & n.* (**springing** ‹**sprung**‹**sprang**) ف: ① اپنی جگہ سے اچھلنا، تیزی سے حرکت کرنا؛ چھلانگ لگانا۔② کسی اٹکاوے سے چھٹ کر جھٹکے کے ساتھ پلٹنا۔③ کسی اصل یا نژاد سے ہونا۔④ اچانک نمودار ہونا۔اسم: ① چھلانگ، زقند۔②(چھٹ کر) زور سے پلٹنے کا عمل، ردّعمل۔③ لچک، دب کر زور سے پلٹنے کی اہلیت، لوچ۔④ روئیدگی کے نمودار ہونے، نشوونما کا زمانہ، موسم بہار۔⑤ قدرتی چشمہ خصوصاً گرم پانی کا یا تیل کا۔

**springboard** *n.* کمانی دار تختہ جس پر سے کھلاڑی چھلانگ لگاتے ہیں۔

**spring-clean** *n. & v.* گھر کی مکمل صفائی خصوصاً موسم بہار میں۔

**spring roll** *n.* ایک ہلکی پھلکی چینی غذا، ایک طرح کا ترکاری بھرا سموسہ۔

**spring tide** *n.* سمندری مدوجزر جبکہ مد اور جزر کے درمیان فاصلہ اپنی انتہا پر ہوتا ہے، مدوجزر اعظم۔

**springy** *adj.* (**springier, springiest**)① لچکیلا، دب کر اچھلنے والا۔② کمانی کی طرح کی حرکت یا جست کرنے والا۔● **springiness** اسم: لچک۔

**sprinkle** *v.* ① چھڑکنا، بکھیرنا۔②(زمین وغیرہ کو) چھڑکاؤ سے تر کرنا۔③ (کسی سیّال) کا برسنا، بکھرنا۔

**sprinkler** *n.* چھڑکاؤ کرنے والا آدمی یا کل وغیرہ، خصوصاً گھاس کو پانی دینے یا آگ بجھانے والا۔

**sprinkling** *n.* کسی چیز کا بہت معمولی حصّہ، حصّۂ رسد جو بہت خفیف ہو۔

**sprint** *v. & n.* ف:① مختصر فاصلے پر سرپٹ بھاگنا۔② بگ ٹٹ دوڑنا۔اسم:① تیز دوڑ۔② مختصر فاصلے کی دوڑ۔● **sprinter** اسم: تیز دوڑنے والا۔

**sprite** *n.* پری یا بھوت۔

**spritzer** *n.* شراب اور سوڈا واٹر کا آمیزہ۔

**sprocket** *n.* پہیّے یا گراری کا کوئی دندانہ جیسے بائیسکل کی زنجیر یا فلم کو چلانے والی ریل میں ہوتا ہے۔

**sprout** *v. & n.* ف: بیج کا پھوٹنا یا کونپل کا نکلنا، بالوں کا اگنا۔اسم: کونپل یا شاخچہ، ڈنٹھل۔② BRUSSELS SPROUT گوبھی کی ایک قسم۔

**spruce** *adj., v. & n.* صف: لباس اور صورت شکل میں صاف ستھرا، چُست۔ف: بانکا چھیلا بننا، ہونا۔ اسم: (صنوبر) کا مخروطی شکل کا درخت۔ ● **sprucely** م ف۔ **spruceness** اسم: وضع داری، طرح داری۔

**sprung** SPRING کا ماضیہ۔

**spry** *adj.* (**spryer, spryest**) مستعد، سرگرم، زندہ دل۔● **spryly** م ف۔**spryness** اسم۔

**spud** *n.* ① بول چال: آلو۔② نلائی کرنے، فالتو نبات چھانٹنے کا کھرپا وغیرہ۔

**spue** SPEW کا متبادل۔

**spume** *n.* جھاگ، کف۔

**spun** SPIN کا ماضی و ماضیہ۔

**spur** *n. & v.* اسم:① ایڑ، مہمیز، گھڑسوار کی ایڑی پر

چڑھی ہوئی گھرنی یا کیل۔ ② ترغیب، تحریک۔ ف: (spurring، spurred) ① گھوڑے کو ایڑ لگانا۔ ② کسی کو اکسانا، شوق دلانا۔ □ **on the spur of the moment** برمحل، اسی وقت۔ **put (or set) spurs to** ① گھوڑے کو ایڑ لگانا۔ ② ارادے کو تقویت دینا۔

**spurious** *adj.* نقلی، جعلی، جھوٹا، بناوٹی۔ ● **spuriously** م ف۔ **spuriousness** اسم۔

**spurn** *v.* ① ٹھکرانا، رد کرنا۔ ② ٹھوکر مارنا۔

**spurt** *v. & n.* ف: ① دھارے کی شکل میں پھوٹ پڑنا، دھار ڈالنا۔ ② اچانک رفتار بڑھانا۔ اسم: ① یکایک پھوٹنے والی دھار۔ ② رفتار میں اچانک اضافہ۔

**sputter** *v. & n.* ف: ① تھوکنے کی سی آواز نکلنا خصوصاً گرم کرنے میں۔ ② عجلت میں یا درشت لہجے میں بات کرنا۔ ③ اکھڑی اکھڑی تیز تیز بات کرنا۔ اسم: ① تھوکنے کی آواز۔ ② اُکھڑی اُکھڑی گفتگو۔

**sputum** *n.* تھوک اور بلغم ملا جلا۔

**spy** *n. & v.* اسم: (ج: **spies**) ① جاسوس، مخبر، سراغ رساں۔ ② لوگوں پر خفیہ نظر رکھنے والا۔ ف: (**spies**، **spied**) ① کوشش یا جستجو سے معلوم کرنا۔ ② مخبری کرنا، نگرانی رکھنا۔ ③ تاک جھانک کرنا، چپکے چپکے نظر رکھنا۔

**sq.** اختصار: SQUARE۔

**squabble** *n. & v.* اسم: جھگڑا، شور، فساد، کسی معمولی بات پر تکرار، تو تو میں میں۔ ف: جھگڑنا۔

**squad** *n.* ہمکار لوگوں کا جتھا۔

**squadron** *n.* ① سوار فوج یا ہوائی فوج کا دستہ۔ ② کسی خاص مہم پر بھیجے جانے والے جنگی جہاز۔

**squalid** *adj.* ① گندہ، خراب، غلیظ۔ ② صورت شکل میں گھٹیا، ذلیل۔ ③ قابل نفرت۔ ● **squalidly** م ف۔ **squalor** اسم: گندگی، آلودگی۔

**squall** *n.* اچانک زور کی آندھی، جھکڑ جس کے ساتھ بارش یا برف باری بھی ہو۔ ● **squally** صف۔

**squander** *v.* بے جا طور سے صرف کرنا۔

**square** *n., adj., adv. & v.* اسم: ① چوکور، مربع شکل۔ ② مربع شکل کی شے۔ ③ اعداد کا مربع، کسی عدد کو اس عدد سے ضرب دینے کا حاصل۔ ④ L یا T کی شکل کا اوزار جس سے زاویۂ قائمہ بنایا جاتا ہے۔ صف: ① مربع شکل کا۔ ② زاویہ قائمہ بنانے والا۔ ③ سیدھے خطوط پر مشتمل۔ ④ رقبے کی پیائش مربعوں میں۔ ⑤ ہموار، متوازی، ہم آہنگ، موافق، باہم مربوط۔ ⑥ مرتب، آراستہ، چست یا درست بیٹھا ہوا۔ ⑦ انصاف پسند، ایمان دار۔ م ف: ① چوکور یا پھیلی ہوئی شکل میں۔ ② منصفانہ، ایمانداری کے ساتھ۔ ف: ① مربع یا مستطیل شکل میں تراشنا۔ ② کسی عدد کا مربع نکالنا، عدد کو اسی عدد سے ضرب دینا۔ ③ ہم آہنگ، موافق، مطابق ہونا۔ ④ چار خانہ بنانا۔ ⑤ ادا کرنا، بے باق کرنا۔ ⑥ بول چال: رشوت دینا۔ □ **square up to** ① کسی کی طرف لڑنے کے لیے بڑھنا، پیش قدمی کرنا۔ ② (کسی مشکل کا) مقابلہ کرنا۔ ● **squarely** م ف: سچائی سے۔ **squareness** اسم۔

**square dance** *n.* ایک رقص جس میں چار چار جوڑے چار طرف سے مقابل ہو کر ناچتے ہیں۔

**square meal** *n.* پیٹ بھر کھانا۔

**square root** *n.* جذر (*3 is the square root of 9* ۳ جذر ہے ۹ کا)

**squash** *v. & n.* ف: ① دبا کر چپٹا کر دینا یا پیس ڈالنا، لگدی بنا دینا۔ ② دب دبا کر اپنا راستہ نکالنا۔ ③ ٹھونسنا، کھچا کھچ بھرنا۔ ④ کسی کو خاموش کرا دینے والا جواب دے کر چپ کرا دینا۔ اسم: ① مجمع، ہجوم، پُرہجوم جلسہ۔ ② پھلوں کے عرق سے تیار کردہ مشروب جو پانی میں ملا کر پیا جاتا ہے۔ ③ (**squash rackets** کا اختصار) تانت کے بلّوں اور ایک نرم گیند سے بند اکھاڑے میں کھیلا جانے والا کھیل۔ ⑤ کوئی زمینی بیل جس میں کدو جیسی تونبیاں لگتی ہیں۔ ● **squashy** صف۔

**squat** *v., adj. & n.* ف: (**squatted**، **squatting**) ① آلتی پالتی مار کر بیٹھنا، دو زانو ہو کر بیٹھنا۔ ② کسی کو اس طرح بٹھانا۔ صف: ٹھگنا اور فربہ (آدمی) اسم: ① اکڑوں یا دوزانو بیٹھنے کی حالت۔ ② دھرنا دے کر ہتھیائی ہوئی جگہ۔

**squatter** *n.* خالی جگہ پر قبضہ جمانے والا شخص۔

**squawk** *n.* ناگوار طور پر تیز بھاری آواز۔

**squeak** *n. & v.* اسم: چوہے کی طرح کی چچکاری۔ ف: تیز کانوں کو چیرتی آواز میں بولنا۔ □ **narrow squeak** بال بال بچنا۔ ● **squeaky** صف۔

**squeal** *n. & v.* اسم:طویل کان پھاڑ آواز، چلاّہٹ۔ ف:①چیخنا، چلانا۔② بول چال: مخبر بن جانا۔

**squeamish** *adj.* ① نازک مزاج، آسانی سے مکدّر، بدمزہ ہوجانے والا۔② محتاط، معقولیت پسند۔● **squeamishly** م ف۔ **squeamishness** اسم۔

**squeeze** *v. & n.* ف:①دبوچنا، چاروں طرف سے دبانا، حجم کم کرنے یا عرق نکالنے کے لیے بھینچنا نچوڑنا۔② نچوڑ کر عرق نکالنا۔③ چھوٹی تنگ جگہ میں گھسا دینا، دھکا پیل کر کے راستہ بنانا۔④بول چال: جبراً وصولنا، روپیہ اینٹھنا۔⑤ اسم:① دبوچنے، بھینچنے، نچوڑنے کا عمل، نچوڑ کر نکالا ہوا عرق۔②پُر جوش معانقہ۔③ ہجوم، بھیڑ، دھکاّ پیل۔④ قرض لینے یا سرمایہ کاری کرنے پر پابندی۔● **squeezer** اسم۔

**squelch** *v. & n.* ف:① کیچڑ یا دلدل میں سے چلنے کی آواز، کھچ کھچ کرنا۔ اسم: اس طرح کی آواز۔

**squib** *n.* آتش بازی کی ایک قسم جو سوں سوں کرنے کے بعد بھڑک اٹھتی ہے۔

**squid** *n.* کوئی لنبوترا سر پایہ صدفہ جس کے آٹھ بازو ہوتے ہیں، خصوصاً عام خوردنی جھینگا۔

**squiffy** *adj.* **(squiffier, squiffiest)** بول چال: کسی قدر نشے میں، پیے ہوئے۔

**squiggle** *n.* تحریر میں چھوٹا سا حلقہ یا لہر۔ ● **squiggly** صف۔

**squint** *v. & n.* ف:① بھینگا ہونا۔② آنکھ ٹیڑھی کر کے دیکھنا۔③ آنکھ مچکانا، ادھ کھلی آنکھ سے دیکھنا۔ اسم:① بھینگا پن۔② چور نظر۔

**squire** *n. & v.* اپنے علاقے کا بڑا زمیندار یا معزز آدمی، صاحب کا مترادف۔

**squirm** *v.* بل کھانا، تڑپنا، پیچ و تاب کھانا۔

**squirrel** *n.* گلہری۔

**squirt** *v. & n.* ف:①دھار چھوڑنا یا پچکاری مارنا۔ ②(کسی سیّال کی) دھار یا پچکاری چھوڑنا۔③اس طرح گیلا کرنا، بھگونا۔ اسم:①پانی وغیرہ کی دھار۔②بول چال: معمولی حیثیت کا اتراہٹ بھرا آدمی۔

**squish** *n. & v.* اسم: ہلکی سی دبنے، کچلنے کی آواز۔ ف: کسی چیز پر سے دبنے کچلنے کی سی آواز کرتے چلنا۔ ② پچکانا، دبانا، نچوڑنا۔● **squishy** صف۔

**Sr** علامت: قدرتی عنصر strontium اسٹرونٹیم۔

**SS** تخفیف:①Saints۔②steamship۔③ تاریخ:Nazi special police force۔

**St** اختصار:Saint۔

**St.** اختصار:Street۔

**st.** اختصار:stone (وزن کے معنی میں)

**stab** *v. & n.* ف:①**(stabbing، stabbed)**: کوئی نکیلا ہتھیار مثلاً چاقو یا خنجر گھونپنا۔② چبھونا۔ اسم:① دھاردار ہتھیار کا وار۔② نہایت تکلیف دہ ذہنی یا جسمانی احساس۔③ بول چال: کوشش، آزمائش۔

**stabilize** *v.* (also **-ise**) استحکام بخشنا، معتدل بنانا، استقلال پیدا کرنا یا مستقل ٹھہرا ہوا ہونا۔● **stabilization** اسم: توازن، ٹھہراؤ۔

**stabilizer** *n.* (also **-iser**)، کسی چیز میں استواری، توازن، ٹھہراؤ پیدا کرنے والا پرزہ، عمل وغیرہ۔

**stable**[1] *adj.* **(stabler, stablest)** ①مضبوط، مستحکم، استوار۔② مستقل مزاج، پکاّ، غیر مذبذب، ثابت قدم۔● **stability** اسم۔ **stably** م ف: پختگی سے۔

**stable**[2] *n. & v.* اسم:①اصطبل۔② گھڑ دوڑ کے گھوڑوں کی تربیت گاہ۔③ کسی خاص اصطبل کے گھوڑے۔④ ایک جگہ کی مصنوعات یا ایک مقام کے لوگ۔ ف: گھوڑے کو اصطبل میں داخل کرنا۔

**staccato** *adv. & adj.* موسیقی: ایک ایک سُر الگ الگ وضاحت سے ادا کرتے ہوئے۔

**stack** *n. & v.* اسم:①صفائی سے بنایا ہوا تودہ، گٹھا، انبار۔②بول چال: بڑی مقدار۔③ لائبریری کا وہ حصہ جہاں کتابیں تہ بہ تہ رکھی ہوتی ہیں۔④ کمپیوٹر: معلومات کو محفوظ رکھنے کا نظام۔ ف:① گٹھا، پُولا بنانا۔② تاش کے کھیل میں پتےّ لگانا۔③ ہوائی جہاز کو اترنے کی اجازت کے انتظار میں مختلف اونچائیوں پر ایک ہی نقطے کے گرد چکر لگوانا۔

**stadium** *n.* جسمانی ورزشوں یا کھیلوں کے مقابلوں کے لیے مقرر کردہ میدان جن میں تماشائیوں کے لیے نشستوں کی قطاریں بنی ہوں۔

**staff** *n.* ①لاٹھی، ڈنڈا، عصا، سہارے کے لیے یا ہتھیار

کے طور، عصا بطور نشان منصب۔ ② کسی ادارے کا عملہ۔ ③ موسیقی: وہ افقی خطوط جن میں سُر کی علامت درج کر دی جاتی ہے۔ ف: کسی ادارے کے لیے عملہ مہیّا کرنا۔

**stag** *n.* جوان نر ہرن خصوصاً بارہ سنگھا۔

**stage** *n. & v.* اسم: ① کسی طویل عمل کا کوئی مرحلہ یا دور۔ ② تماشا گاہ کا چبوترہ، ڈراما منعقد کرنے، ڈراما کرنے یا ڈراما نگاری کا فن۔ ف: ① اسٹیج پر تماشا پیش کرنا۔ ② کسی عمل کا اہتمام یا مظاہرہ کرنا۔ □ **go on the stage** تھیئٹر کی اداکاری اختیار کرنا۔

**stagecoach** *n.* تاریخ: مسافر گھوڑا گاڑی جو باقاعدگی سے مقررہ جگہوں پر ٹھہرتی ہوئی چلتی تھی۔

**stage fright** *n.* حاضرین کے سامنے آنے سے پہلے یا سامنے آنے کے بعد کی گھبراہٹ۔

**stage whisper** *n.* ایکٹروں کا علاحدہ ہو کر اونچی آواز میں سرگوشی کرنا تاکہ تماش بین سن سکیں۔

**stagflation** *n.* افراط زر کی صورت جس میں مال کی متناسب مانگ یا روزگار مہیّا نہ ہو۔

**stagger** *v. & n.* ف: ① لڑکھڑاتے ہوئے چلنا۔ ② ہلا دینا، سٹ پٹا دینا۔ ③ اشیا کو اس طرح مرتب کرنا کہ ایک سیدھ میں نہ آئیں۔ اسم: لڑکھڑاہٹ۔

**staggering** *adj.* ① حیرت انگیز، سناٹے میں ڈالنے والا۔ ② ہلتا جلتا، ڈگمگاتا۔

**staging** *n.* ① ڈرامے وغیرہ کی پیشکش۔ ② اس کے لیے تیار کیا ہوا عارضی چبوترہ۔ ③ پودگھر میں پودوں کو ترتیب سے رکھنے کے لیے لگے ہوئے تختے۔

**stagnant** *adj.* ① ٹھہرا ہوا (پانی یا کوئی سیّال) ساکت، بے لہر۔ ② ٹھپ، بند، مندا، ٹھنڈا (کاروبار) ● **stagnancy** اسم: سکوت، بے رونقی، جمود۔

**stagnate** *v.* جامد، ٹھہرا، ساکت ہونا یا کر دیا جانا۔ ● **stagnation** اسم: جمود، سکون، بے حرکتی۔

**stag-night** *n.* مردانہ ضیافت یا تقریب خصوصاً عنقریب شادی کرنے والے مرد کے اعزاز میں۔

**staid** *adj.* ٹھنڈے مزاج کا، خاموش طبیعت۔

**stain** *v. & n.* ف: ① رنگ وغیرہ پھینکنے سے دھبّے دار کرنا یا ہونا۔ ② رنگنا۔ اسم: ① داغ، دھبّا، چھینٹا۔ ② اخلاقی برائی، عیب، نام پر دھبّا۔ ③ رنگنے، نشان ڈالنے کا مادّہ، روغن، رنگ وغیرہ۔ ● **stainless** صف: بے داغ۔

**stainless steel** *n.* فولاد، جس پر زنگ نہیں لگتا اور ماند نہیں پڑتا۔

**stair** *n.* ① زینے یا سیڑھی کا ہر قدم۔ ② (stairs) زینہ، سیڑھیوں کا سلسلہ۔

**staircase** *n.* ① زینے کی کل تعمیر۔ ② عمارت کا وہ حصّہ جس میں زینہ واقع ہو۔

**stairway** *n.* زینہ، سیڑھیوں کا سلسلہ۔

**stairwell** *n.* وہ خول یا خلا جس میں زینہ بنا ہو۔

**stake** *n. & v.* اسم: ① زمین میں باڑھ کے طور پر گاڑی جانے والی بلّی یا نکیلا ڈنڈا۔ ② داؤ پر لگائی ہوئی رقم۔ ③ کسی چیز میں خصوصاً مالی دلچسپی یا لگاؤ۔ ف: ① بلّی یا ڈنڈے کے سہارے کھڑا کرنا، باندھنا۔ ② کھونٹوں یا باڑھ کے ڈنڈوں سے احاطہ بندی کرنا۔ ③ داؤ یا شرط لگانا۔ □ **at stake** داؤ پر لگا ہوا جو جیتا جائے یا ہارا جائے۔ **stake out** بول چال: ① زیر نگرانی رکھنا۔ ② کسی کو پہرے پر کھڑا کرنا۔

**stalactite** *n.* کلسی بلور جو غاروں کی چھت یا چٹانوں کی ڈھلان پر سے مخروطی شکل میں لٹکتا ہوا پایا جاتا ہے۔

**stalagmite** *n.* کیلسائیٹ کا مخروطی ڈھیر جو غاروں کی زمین میں سے رستے۔

**stale** *adj. & v.* صف: ① باسی، بے مزہ، بُسا ہوا۔ ② گھسا پٹا، پرانا۔ ③ تھکا ہارا، ڈھیلا پڑا ہوا۔ ف: پرانا کر دینا، فرسودہ بنا دینا۔ ● **staleness** اسم: باسی پن۔

**stalemate** *n.* اسم: ① شطرنج: برابر اٹھنے والی بازی۔ ② ایسی صورت حال جس میں کوئی پیش رفت ممکن نہ ہو۔ ف: ① زچ یا عاجز کر دینا۔ ② تعطل پیدا کرنا۔

**stalk** *v. & n.* ف: ① دبے پاؤں پیچھا کرنا، تعاقب کرنا۔ ② تمکنت کے ساتھ یا اکڑ کر چلنا۔ اسم: جھاڑی یا پودے کا اصل ساقہ، تنا۔ ● **stalker** اسم۔

**stalking-horse** *n.* اصل غرض کو چھپانے کا بہانہ، حیلہ، آڑ۔

**stall** *n. & v.* اسم: ① بازار میں یا کھلی جگہ پر فروخت کا ٹھکانا، کھوکھا، بکری کا اڈا۔ ② اصطبل یا مویشیوں کا باڑا، ایک جانور کو بند کرنے کا خانہ یا تھان۔ ③ گرجا میں الگ تھلگ اوٹ میں بنی ہوئی نشست، کلیسائی عہدہ

داروں کے لیے محفوظ جگہ۔ ④ (stalls) تھیٹر کی زیریں منزل کی نشستیں۔ ⑤ کسی انجن میں چلتے چلتے رکاوٹ۔ ف: ① (انجن وغیرہ کا) کسی سبب سے ٹھپ ہوجانا، رک جانا۔ ② مویشی باڑے میں بند کرنا۔

**stallion** *n.* اچھی نسل کا، غیرآختہ، نسل کشی کے لیے رکھا ہوا گھوڑا۔

**stalwart** *adj. & n.* صف: ① توانا، طاقتور، تنو مند۔ ② حوصلہ مند، بہادر، پُرعزم۔ اسم: مضبوط، وفادار، مستقل مزاج ساتھی۔

**stamen** *n.* پھولوں کے پودے کا نرعضو، زرریشہ دار یا زردان مع زریازیرہ۔

**stamina** *n.* جسمانی یا ذہنی قوت برداشت، سکت، توانائی، دم۔

**stammer** *v. & n.* ف: ① ہکلانا، مستقل طور پر عادۃً یا اتفاقاً گھبراہٹ کے عالم میں۔ ② ہکلا کر بولنا۔ اسم: ہکلا کر یا رک رک کر بات کرنے کا انداز یا عادت، لکنت۔

**stamp** *v. & n.* ف: ① زمین پر زور سے پاؤں مارنا۔ ② ٹھپّہ لگانا، مہر کرنا۔ ③ لفافے وغیرہ پر ٹکٹ چسپاں کرنا۔ ④ کسی چیز کو کسی خصوصیت سے متصف کرنا۔ اسم: ① ٹھپّہ لگانے کی مہر یا آلہ۔ ② اس سے ڈالا ہوا نشان، ٹھپّہ۔ ③ محصول کی مالیت کا ٹکٹ یا اسٹامپ، ڈاک کا ٹکٹ وغیرہ۔ ④ لات، ٹھوکر، اس کی آواز۔ □ **stamp out** ختم کرنا، نابود کرنا۔

**stampede** *n. & v.* جانوروں یا لوگوں میں مچنے والی بھگدڑ، افراتفری۔ ف: ① بھگدڑ میں شریک ہونا۔ ② بھگدڑ مچانا، افراتفری پھیلانا۔

**stamping ground** *n.* کسی عمل کے لیے موزوں یا پسندیدہ میدان۔

**stance** *n.* ① انداز، پینترا۔ ② نقطۂ نظر، موقف، طرزِ فکر۔

**stanch** STAUNCH کا متبادل۔

**stanchion** *n.* کھمبا، ستون، تھونی؛ اڑواڑ۔

**stand** *v. & n.* ف: ① **(standing، stood)**: کھڑا ہونا۔ ② واقع ہونا۔ ③ کوئی لمبائی یا طول رکھنا۔ ④ کسی خاص صورت حال میں ہونا۔ ⑤ کسی خاص صورت سے رکھنا۔ ⑥ قائم رہنا، جمے رہنا۔ ⑦ برداشت کرنا۔ ⑧ اپنے خرچ پر کسی کو کچھ پیش کرنا۔ ⑨ انتخاب میں امیدوار ہونا۔ اسم: ① سکوت، قیام۔ ② رویّہ، طرزِ عمل۔ ③ الماری، خانہ، دراز وغیرہ۔ ④ بکری کرنے کا تختہ، دکان یا مارکیٹ میں۔ ⑤ اڈا، گاڑیوں وغیرہ کا۔ ⑥ تماشائیوں کے لیے کسی قدر اونچی جگہ۔ □ **stand by** ① قریب ہی ٹھہرنا؛ خاموشی سے دیکھنا، دخل نہ دینا۔ ② کسی کی حمایت کرنا، ساتھ دینا۔ ③ (وعدے کا) پاس کرنا۔ **stand a chance** کامیابی وغیرہ کی توقع ہونا۔ **stand down** کسی جماعت، ٹیم یا انتخاب سے دست بردار ہونا۔ **stand for** ① ترجمانی یا نمائندگی کرنا، (کسی چیز کی) علامت ہونا۔ ② سہنا، برداشت کرنا، گوارا کرنا۔ **stand in** کسی کی قائم مقامی کرنا۔ **stand out** نمایاں، ممتاز ہونا۔ **stand up** ① بیٹھے سے کھڑا ہونا، کھڑا رہنا۔ ② (دلیل کا) محکم ہونا۔ ③ بول چال: کسی سے طے شدہ وقت کی پابندی سے قاصر رہنا۔ **stand up for** کسی کی حمایت کرنا، پاسداری کرنا۔

**standard** *n. & adj.* اسم: ① معیار، کوئی مانا ہوا پیمانہ یا درجہ یا مثال جس کی پیروی متوقع ہو۔ ② کسی مقصد کے لیے ضروری خصوصیت یا خوبی۔ ③ جھنڈا۔ ④ مانی ہوئی شکل، وضع، خوبی، مثال جس کی توقع کی جائے۔ صف: ① عام طور پر رائج یا متفقہ نمونہ۔ ② مصدقہ۔

**standardize** *v.* (also **-ise**) ① کسی معیار کے مطابق بنانا۔ ② کسی معیار سے مقابلہ کر کے جانچنا۔ ● **standardization** اسم: تعیّن معیار۔

**standard lamp** *n.* اونچا فرشی لیمپ، جس کا پایہ فرش پر ٹکا ہو اور بتی اوپری سرے پر۔

**standby** *n. & adj.* (*pl.*-**bys**) ① ہنگامی ضرورت پر مدد کے لیے موجود شخص۔ ② فرائض سنبھالنے کے لیے آمادگی، مستعدی۔ صف: ① فوری استعمال کے لیے تیار۔ ② (ہوائی سفر، تھیٹر وغیرہ کی نشست) پہلے سے نامحفوظ شدہ، دستیابی پر مبنی۔

**stand-in** *n.* کسی کا مثل یا قائم مقام۔

**standing** *n.* ① مرتبہ، مقام، حیثیت۔ ② مدّت، عرصہ۔ ③ رکنیت، ملازمت وغیرہ کی کل مدّت۔

**standing order** *n.* بینک کے نام کسی کو باقاعدہ ادائیگی کی مستقل ہدایت۔

**stand-offish** *adj.* بول چال: الگ تھلگ، بے واسطہ، بے تعلق، روکھا، سرد مہر۔

**standpipe** *n.* عموداً لگا ہوا پائپ یا پانی کی نلکی خصوصاً عارضی ٹونٹی اور ٹنکی کے درمیان۔

**standpoint** *n.* نقطۂ نظر یا رُخ۔

**standstill** *n.* تعطّل، جمود۔

**stank** STINK کا ماضی۔

**stanza** *n.* نظم کا کوئی بند جس میں کئی مصرعے ہوں۔

**staphylococcus** *n.* (*pl.***staphylococci**) جرثومہ جو پیپ پیدا کرتا ہے۔

**staple** *n., adj. & v.* اسم: ① کاغذوں کو نتھی کرنے کا نکیلے پتلے تار کا ٹانکا جو ایک دستی آلے کو دبا کر لگایا جاتا ہے۔ ② کوئی خاص کھانا یا اہم تجارتی پیداوار۔ صف: خاص، بنیادی، اہم۔ ف: تار یا اسٹیپل سے جوڑنا، نتھی کرنا، تار پرونا۔ ● **stapler** اسم: تار پرونے والا آلہ۔

**star** *n. & v.* اسم: ① ستارہ، تارا، نجم، جرم فلکی۔ ② ستارہ نما شکل۔ ③ ستارے کی علامتی شکل بطور خصوصی نشان یا خوبی کا درجہ ظاہر کرنے کے لیے۔ ④ مشہور یا باکمال آدمی؛ کسی ڈرامے وغیرہ کا اصل یا نمایاں کردار۔ ف: (**starring, starred**) ① (کسی فلم وغیرہ میں) نمایاں کردار کے طور پر پیش کرنا، (اداکار کا) کسی فلم میں کام کرنا۔ ② ستاروں سے مزین کرنا، کسی نام یا فہرست کی کسی شق پر ستارے کا نشان ڈالنا۔

**starboard** *n.* جہاز، کشتی یا طیارے کا داہنی طرف کا حصہ۔

**starch** *n. & v.* اسم: ① نشاستہ، کاربو ہائڈریٹ مادّے سے معمور اور انسانی غذا کا ایک اہم جزو۔ ② اس سے تیار کردہ کپڑوں پر پھیرنے کا کلف۔ ③ پُرتکلّف انداز۔ ف: کپڑوں پر کلف لگانا۔ ● **starchy** صف۔

**stare** *v. & n.* ف: ٹکٹکی باندھ کے کسی طرف حیرت یا تجسّس سے دیکھنا۔ اسم: جمی ہوئی یا گہری نظر، گھورنے تاکنے کا عمل۔

**starfish** *n.* ستارہ مچھلی، جس کے جسم سے پانچ یا اس سے بھی زیادہ بازو ستارے کی نوکوں کی طرح نکلتے ہیں۔

**stark** *adj. & adv.* صف: ① اُجاڑ، بے آب وگیاہ۔ ② بیّن، ظاہر و باہر، جس سے مفر نہ ہو۔ ③ بالکل، قطعی۔ ④ چُم ننگا۔ م ف: پوری طرح، مکمل طور پر۔ ● **starkly** م ف۔ **starkness** اسم: عریانی، کوراپن۔

**starling** *n.* چھوٹا جھنڈ بنا کر اڑنے والا ایک پرندہ جس کے پر سیاہی مائل بھورے، چتی دار ہوتے ہیں۔

**starry** *adj.* (**starrier, starriest**) ① تاروں بھرا، تاروں سے جگمگاتا۔ ② ستارے جیسا۔

**starry-eyed** *adj.* ① خیالوں میں گم رہنے والا؛ پُرجوش مگر بے عمل۔ ② ہشاش بشاش۔

**START** تخفیف: Strategic Arms (or Talks) Reduction Treaty

**start** *v. & n.* ف: ① شروع کرنا، کرنے لگنا۔ ② کسی کام، کارروائی کا آغاز کرنا۔ ③ حرکت کرنا، چل پڑنا، روانہ ہونا، سفر شروع کرنا۔ ④ بنیاد ڈالنا، قائم کرنا۔ ⑤ چونک پڑنا، اچھل پڑنا۔ اسم: ① آغاز؛ کسی کام کا پہلا حصہ۔ ② وہ جگہ جہاں سے دوڑ شروع ہو، نقطۂ آغاز۔ ③ دوڑ میں کسی کو رعایت۔ ④ حیرت وغیرہ سے چونک پڑنے کی حرکت۔ ⑤ اضطراری، بے اختیارانہ حرکت □ **for a start** بطور ابتدا۔ ● **starter** اسم۔

**startle** *v.* چونکا دینا، ڈرا دینا۔

**starve** *v.* ف: ① بھوکوں مرنا، قلّتِ غذا کا شکار ہونا۔ ② بھوکا مارنا۔ ③ بول چال: بہت بھوک محسوس کرنا۔ ● **starvation** اسم: فاقہ کشی۔

**stash** *v.* بول چال: چھپانا، پوشیدہ رکھنا۔

**state** *n., adj. & v.* اسم: ① حالت، کسی شخص یا شے کا احوال۔ ② بول چال: ہیجانی ذہنی یا جسمانی کیفیت۔ ③ ایک حکومت کے تحت منظّم سیاسی گروہ، دولت مشترکہ یا قوم۔ صف: ① ریاست یا حکومت سے متعلق۔ ② رسمی تقریبات کے لیے مخصوص یا ان سے منسوب۔ ف: ① ظاہر کرنا، بیان کرنا۔ ② صراحت کرنا۔

**stateless** *adj.* بے ملک شہری جسے کسی جگہ کی شہریت حاصل نہ ہو۔

**stately** *adj.* (**statelier, stateliest**) شاندار، پُرشکوہ، عظیم، باوقار۔ ● **stateliness** اسم۔

**statement** *n. & v.* ① بیان، رسمی اظہار، الفاظ میں اپنی رائے یا مافی الضمیر کی ادائیگی۔ ② بیان کردہ بات؛ دعویٰ، اعلان۔ ③ بینک کے کھاتے کی تفصیل۔

**stateroom** *n.* ① کسی محل یا ہوٹل وغیرہ میں سرکاری کمرہ۔ ② مسافر جہاز یا ریل گاڑی میں نجی کمرہ۔
**statesman** *n.* (*pl.*-**men**) سیاسیات میں عملی دلچسپی رکھنے والا شخص، سیاست داں، مدبّر ماہرِ سیاست۔
● **statesmanship** اسم: سیاسی سوجھ بوجھ۔
**static** *adj. & n.* صف: ① ساکت، جامد، غیر فعّال، مجہول۔ ② طبیعیات: ان اجسام سے متعلق جو سکونی حالت میں ہوں یا ان قوتوں سے جو متوازن صورت میں ہوں۔ اسم: ① (**static electricity**) برقی توانائی جو برقی رو کی صورت میں رواں نہ ہو، سکونی برق۔ ② فضائی خلل، گڑبڑ جو نشریات کو متاثر کرے۔
**statics** *n. pl.* سکونیات، جامد یا ساکن اجسام اور متوازن توانائیوں کا مطالعہ۔
**station** *n. & v.* اسم: ① ریل کے ٹھہرنے کا مستقل مقام، ریلوے اسٹیشن۔ ② کسی کی جائے تقرر۔ ③ کوئی محکمہ یا دفتر وغیرہ۔ ④ نشریات سے تعلق رکھنے والا ادارہ یا عمارت۔ ⑤ زندگی میں منصب، مرتبہ، سماجی درجہ۔ ف: ① کسی جگہ پر تقرر کرنا۔ ② اپنی جگہ پر بٹھانا، جمانا۔
**stationary** *adj.* جامد، غیر متحرک، ایک جگہ قائم۔
**stationer** *n.* لکھنے لکھانے کا سامان کاغذ قلم اور دیگر اشیا بیچنے والا۔
**stationery** *n.* لکھنے کا سامان کاغذ قلم وغیرہ۔
**station wagon** *n.* امریکا: ESTAITE CAR۔
**statistic** *n. & adj.* اسم: شماریاتی حقیقت۔
صف: شماریاتی۔ ● **statistical** صف۔ **statistically** م ف: از روئے شماریات۔
**statistics** *n. pl.* وہ علم جو عددی معلومات فراہم کرتا اور مثالی نمونوں کے تجزیے سے مفید نتائج اخذ کرتا ہے۔
**statistician** *n.* ماہر شماریات۔
**statue** *n.* مجسمہ جو ڈھالا یا تراشا گیا ہو۔
**statuesque** *adj.* مجسمے جیسا، باوقار، دلآویز۔
**statuette** *n.* مورتی، چھوٹا مجسمہ۔
**stature** *n.* ① قد، قامت (خصوصاً انسانی) ② بزرگی، برتری، ذہنی یا اخلاقی پایہ؛ سماجی مرتبہ، ذاتی وجاہت۔
**status** *n.* ① مرتبہ، درجہ، سماجی حیثیت، تعلقات، رسوخ، رسائی۔ ② اونچا مرتبہ، بڑی حیثیت۔

**status quo** *n.* موجودہ صورت حال۔
**statute** *n.* ① مجلس قانون ساز کا منظور کردہ قانون۔ ② کسی ادارے کا مستقل دستور یا ضابطہ۔
**statutory** *adj.* قانوناً نافذ؛ قانونی۔
**staunch** *adj. & v.* صف: قابل اعتبار، وفادار۔ ف: (نیز **stanch**) بہاؤ کو روکنا خصوصاً خون بہنے کو۔ ● **staunchly** م ف۔
**stave** *n. & v.* اسم: ① پیپے یا بالٹی کے پہلو کی پٹیاں۔ ② عموماً پانچ متوازی افقی خطوط جن پر موسیقی تحریر کی جاتی ہے۔ ف: (**stove** یا **staved**) ① چھید کرنا، سوراخ ڈالنا۔ ② کچل کر یا دبا کر شکل بگاڑنا۔ □ (**staved**) **stave off** ٹالنا، دفع کرنا خصوصاً خطرے وغیرہ کو۔
**stay** *v. & n.* ف: ① ایک حالت پر ٹھہرنا، ایک مقام پر رہنا۔ ② عارضی طور پر قیام کرنا۔ ③ روکنا، توقف کرنا، رکنا۔ ④ ملتوی کرنا۔ اسم: ① ایک جگہ پر قیام، قیام کی مدّت۔ ② فیصلے یا عمل درآمد کا التوا۔ □ **stay the course** مستقل مزاجی سے ایک راستے پر لگے رہنا۔
**STD** subscriber trunk dialling: تخفیف: (بغیر آپریٹر کی مدد کے ٹیلی فون کرنا)
**stead** *n.* □ **in a person's** or **thing's stead** (کسی کی) بجائے، بطور بدل۔ **stand some one in good stead** کسی کے حق میں مفید، موافق ہونا۔
**steadfast** *adj.* پکا، مستقل مزاج، غیر مذبذب۔
● **steadfastly** م ف: ثابت قدمی سے۔
**steady** *adj. & v.* صف: (**steadier**، **steadiest**) ① مضبوطی سے قائم، استوار، متوازن۔ ② ہموار، یکساں، مسلسل، برابر۔ ③ مستقل مزاج، راسخ، غیر مبدّل۔ ④ متین، سنجیدہ، قابل اعتبار، محنتی، محفوظ، محتاط۔ ف: (**-ies**، **-ied**) سنبھالنا، سیدھا کرنا۔ ● **steadily** م ف۔ **steadiness** اسم: استواری۔
**steak** *n.* گوشت کا پارچہ بھوننے، تلنے یا پکانے کے لیے بنایا ہوا خصوصاً مچھلی یا گائے کا۔
**steal** *v. & n.* (**stealing**، **stolen**، **stole**): ف: ① سرقہ کرنا، کسی کا مال چرانا۔ ② دبے پاؤں چلنا۔ اسم: بول چال: ① سرقہ، چوری۔ ② کوئی غیر متوقع طور پر

**steal the show** □ ہاتھ آنے والا نفع وغیرہ ۔ غیر متوقع طور پر دوسروں سے بہتر کارکردگی کا مظاہرہ کرنا۔
**stealth** *n.* چوری چھپے کی کارروائی، اخفا، خفیہ کام۔
**stealthy** *adj.* **(stealthier, stealthiest)** ① نظر بچا کر، خفیہ طور پر کیا جانے والا (کام) ② چپکے چپکے حرکت کرنے والی شے یا شخص۔ ● **stealthily** م ف۔ **stealthiness** اسم: رازداری، اخفا۔
**steam** *n. & v.* اسم: بھاپ، بخار، جوش کھاتے ہوئے پانی سے اٹھنے والا گیسی مادّہ جو توانائی کا وسیلہ بھی ہے۔ ف: ① بھاپ میں کھانا پکانا۔ ② بھاپ چھوڑنا، اس طرح کہ نظر آئے۔ ③ بھاپ کے زور سے حرکت کرنا۔ ④ بڑے زور میں دوڑنا۔ □ **pick up steam** تیزی سے کام یا حرکت کرنا۔ ● **steamy** صف۔
**steamer** *n.* ① بھاپ کے زور سے چلنے والی سواری یا کشتی۔ ② بھاپ سے کھانا پکانے کا برتن۔
**steamroller** *n.* سڑک کوٹنے کا انجن جس میں اگلے پہیے کی جگہ ایک بھاری چوڑا بیلن لگا ہوتا ہے۔
**steed** *n.* شاعرانہ: گھوڑا خصوصاً تیز دوڑنے والا۔
**steel** *n.* ① فولاد، لوہے کا مرکب، عمارات اور صنعتی اشیا میں مستعمل۔ ② سان رکھنے کا لوہا جس پر چاقو، چھرے تیز کیے جاتے ہیں۔ □ **steal oneself** دشواریوں کا سامنا کرنے کے لیے خود کو تیار، مستعد رکھنا۔ ● **steeliness** اسم: سختی، صلابت۔ **steely** م ف۔
**steel wool** *n.* مہین فولادی چھیلن یا بُونا جس سے رگڑائی گھسائی کا کام لیا جاتا ہے۔
**steep** *adj. & n.* صف: ① ڈھالو، ڈھلوان تقریباً عمودی۔ ② (اتار یا چڑھاؤ) تیز، اچانک، غیر معمولی۔ ③ بول چال: (قیمت وغیرہ) چڑھی ہوئی، بے تحاشا، ناواجب۔ اسم: ڈھلان، اتار، نشیب۔ ف: ① تر بتر، شرابور کرنا۔ ② سرایت کرنا، سیر یا سیراب کرنا، ڈبونا۔ ● **steeply** م ف۔ **steepness** اسم: سیدھی چڑھائی یا اتار۔
**steeple** *n.* گمٹی یا منارہ خصوصاً جو کسی چرچ کی عمارت کے اوپر بنا ہو۔
**steeplechase** *n.* گھڑ دوڑ یا کھلاڑیوں کی دوڑ جس میں مضافات میں سے گزرنا اور کھائیاں، جھاڑیاں وغیرہ پھلانگنا ہو۔ ● **steeplechaser** اسم: رکاوٹوں کی دوڑ میں حصہ لینے والا۔ **steeplechasing** اسم۔
**steeplejack** *n.* اونچی چمنیوں، گمٹیوں وغیرہ پر چڑھ کر صفائی کرنے والا۔
**steer**[1] *v.* ① گاڑی یا ہوائی جہاز وغیرہ چلانا۔ ② گاڑی یا جہاز کو کسی خاص سمت میں جانا، لے جانا۔
**steer**[2] *n.* آختہ بیل۔
**stellar** *adj.* ستاروں سے متعلق، کوکبی۔
**stem** *n. & v.* اسم: ① کسی پودے یا جھاڑی کا تنہ یا ساق۔ ② پھل یا پھول کی ڈنڈی، تنکا، ڈنٹھل۔ ③ قواعد: لفظ کا جزوِ اصلی جس سے اشتقاق کیا جاتا ہے۔ ف: **(stemmed، stemming)** روکنا، روک تھام کرنا۔ □ **stem from** پھوٹنا، نکلنا، برآمد ہونا۔
**stench** *n.* بدبو، سڑاند۔
**stencil** *n. & v.* اسم: چربہ اُتارنے کی تختی، تاؤ، کارڈ وغیرہ جس پر حروف وغیرہ گودے یا چھیدے جاتے ہیں، سیاہی پھیر کر چھاپنے کے لیے۔ ف: **(stencilled، stencilling** امریکا: **stenciled)** ① اسٹینسل سے نقش اُتارنا۔ ② کسی سطح کو اس طرح چھاپنا۔
**stenography** *n.* زودنویسی یا مختصر نویسی اور اس کا فن۔ ● **stenographer** اسم: مختصر نویس۔
**stentorian** *adj.* (آواز کے لیے) زوردار۔
**step** *n. & v.* اسم: ① چلنے یا دوڑنے میں ایک قدم، ایک قدم کا فاصلہ۔ ② رقص میں ایک جنبش پا۔ ③ عملی اقدام۔ ④ **(steps)** سیڑھی۔ ⑤ تھوڑا سا فاصلہ۔ ⑥ ترقی یا افزائش کا کوئی درجہ یا مرحلہ۔ ف: **(stepped، stepping)** ① چلنے میں ایک پاؤں اُٹھانا یا رکھنا۔ ② کسی سمت چل کر جانا۔ ③ کسی قسم کا اقدام، عمل یا حرکت کرنا۔ □ **in step** ① موسیقی کی تال یا ساتھیوں کے ساتھ قدم ملاتے ہوئے۔ ② دوسروں کا ساتھ دیتے ہوئے۔ **mind or watch one's step** قدم سنبھال کے رکھنا۔ **step down** استعفا دینا، دست بردار ہونا۔ □ **step in** ① داخل ہونا۔ ② دخل دینا۔ **step up** تیز کرنا، بڑھانا۔
**step-** *comb. form* سوتیلے رشتوں کو ظاہر کرنے کے لیے۔
**stepladder** *n.* بغیر دیوار کے سہارے کے کھڑی

ہوجانے والی دھات کی بنی ہوئی چھوٹی سیڑھی، گھوڑی۔

**steppe** *n.* گھاس کا وسیع میدانی علاقہ، درختوں سے خالی خصوصاً جنوب مشرقی یورپ یا سائبیریا کا۔

**stepping stone** *n.* ① چڑھ پتھر، اُبھرا ہوا پتھر جو کسی چشمے یا کیچڑ کی جگہ سے گزرنے کے لیے رکھ دیا جائے۔ ② منزل مقصود تک پہنچنے کا ذریعہ۔

**stereo** *n.*(*pl.*-**os**) ① صوتی ریکارڈ نواز، ٹیپ ریکارڈر وغیرہ، چند جہاتی صدابندی۔ ② =STEREOSCOPE۔

**stereophonic** *adj.* صوتی تجسیم سے متعلق، صوت نگاری کی وہ صورت کہ آواز کئی مآخذ سے آتی ہوئی سنائی دے۔ ● **stereophony** اسم: صوتی تجسیم۔

**stereoscope** *n.* مجسّم نما، ایک بصری آلہ جو ایک منظر کو کئی زاویوں سے دکھا کر سہ ابعادی منظر پیش کرتا ہے۔ ● **stereoscopic** صف۔

**stereotype** *n. & v.* اسم: جانی بوجھی، گھسی پٹی، بے مزہ شے یا بات، یا بندھے ٹکے روایتی انداز کا ٹھس آدمی۔ ف: رسمی قاعدے قواعد میں محصور کرنا یا ہونا۔ ● **stereotyped** صف۔

**sterile** *adj.* ① تولید کے ناقابل، بانجھ، بنجر، اوسر، بے ثمر۔ ② خورد حیویوں، جراثیم وغیرہ سے پاک۔ ● **sterility** اسم: بانجھ پن۔ **sterilization** اسم۔ **sterilize** ف۔ **sterilizer** اسم: جراثیم کُش۔

**sterling** *adj. & n.* ف: معیاری، کھرا، سچّا۔ اسم: برطانوی سکّہ۔

**stern** *adj. & n.* صف: درشت، سخت گیر، بے لچک، بیملا حظہ۔ اسم: جہاز یا کشتی کا پچھلا حصّہ، دنبالہ۔ ● **sternly** م ف: درشتی سے۔ **sternness** اسم: تندی۔

**sternum** *n.* (*pl.* **sternums** or **sterna**) سینے کی ہڈی، کوڑی۔

**steroid** *n.* نامیاتی مرکبات میں سے کوئی جن میں کئی ہارمون شامل ہیں۔

**stertorous** *adj.* (سانس وغیرہ کی بابت) بدقّت اور پُرشور؛ خراٹوں جیسی آواز دینے والا۔

**stet** *v.* (**stetted, stetting**) (متن کی کسی تصحیح کو کو منسوخ اور اصل کو بحال کرنے کی ہدایت) جیسا تھا ویسا ہی رہنے دیں۔

**stethoscope** *n.* کانوں پر لگا کر دل، پھیپھڑوں وغیرہ کا احوال سن کر معلوم کرنے کا ڈاکٹری آلہ۔

**stevedore** *n.* جہاز پر مال چڑھانے اتارنے والا قلی۔

**stew** *v. & n.* ف: ① بند برتن میں آہستہ آہستہ کھولتے ہوئے پکانا یا پکنا۔ ② (چائے کا) دیر تک پکنے سے تیز ہو جانا۔ ③ جھنجھلانا یا متفکّر ہونا۔ اسم: ① گوشت کا اسٹو۔ ② بول چال: ہلچل، سراسیمگی کی حالت۔

**steward** *n.* ① جہاز، طیارے یا ریل میں مسافروں کی خدمت پر مامور یا خادموں کا نگراں۔ ② کسی جلسے یا نمائش وغیرہ کا منتظم۔ ③ کسی کی جائیداد کا نگراں۔

**stick** *n. & v.* اسم: ① بیت، چھڑی، ہاتھ کی لکڑی، عموماً کوئی ٹہنی، چھلی ہوئی لکڑی۔ ② ہاکی، پولو وغیرہ کھیلنے کی مخصوص شکل کی لکڑی۔ ③ بول چال: مخالفانہ تنقید، عیب جوئی، مذمّت، لے دے۔ ف: (**sticking**، **stuck**) ① کوئی چیز کہیں گھسانا۔ ② گھونپنا، چھیدنا، گھاؤ لگانا۔ ③ کسی نکیلی چیز پر پرونا، چڑھانا۔ ④ چپکنا یا چپکایا جانا۔ ⑤ باقی، برقرار رہنا۔ ⑥ جامد ہو جانا، شل ہو جانا۔ ⑦ بول چال: سہنا، برداشت کرنا۔ □ **stick out** آگے کو نکلنا یا نکالنا۔ **stick to** ① کسی جگہ پر جمنا، ٹکنا، چپکنا۔ ② وفاداری کرنا۔ **stick together** بول چال: متحد رہنا، ایک دوسرے کا ساتھ دینا۔ **stick to one's guns** ڈٹ کر مقابلہ کرنا۔ **stick up for** کسی شخص یا مقصد کی پیروکاری کرنا۔

**sticker** *n.* چپکنے والا لیبل، چٹ، اشتہار وغیرہ۔

**sticking plaster** *n.* زخموں وغیرہ پر لگانے کا چپکنے والا پلستر۔

**stick-in-the-mud** *n.* بول چال: پرانی وضع کا آدمی، لکیر کا فقیر۔

**stickleback** *n.* ایک چھوٹی مچھلی جس کی پشت کے کانٹے تیز ہوتے ہیں۔

**stickler** *n.* □ **a stickler for** کسی بات پر اصرار کرنے والا، مین میکھ نکالنے والا۔

**sticky** *adj.* (**stickier, stickiest**) ① چپکواں، لیس دار، گوند یا سریش لگا۔ ② مرطوب (موسم) ③ بول چال: ٹیڑھا، مشکل، عاجز کرنے والا۔ ● **stickily** م ف۔ **stickiness** اسم: لسلساپن۔

**stiff** *adj. & n.* صف:① سخت، بے لچک۔ ② مشکل، دقّت طلب۔ ③ شدید، تیز۔ ④ پُرتکلّف، رسمی، قاعدے ضابطے میں جکڑا۔ ⑤ تند شراب۔ اسم، بول چال: لاش۔ ● **stiffly** م ف۔ **stiffness** اسم: نالائمت، کڑواپن، سختی۔

**stiffen** *v.* اکڑنا یا اکڑانا۔ ● **stiffener** اسم۔

**stiff-necked** *adj.* ضدّی، ہٹیلا، سرپھرا، بددماغ۔

**stifle** *v.* ① دبا دینا، روک دینا۔ ② دم گھٹنے کی کیفیت میں ہونا یا پیدا کرنا۔

**stigma** *n.* ① بدنامی کا داغ، بٹّہ، کلنک کا ٹیکا۔ ② تخم دان، جس میں زیرہ داخل ہوکر باروری کرتا ہے۔

**stigmata** *n. pl.* کلیسا: حضرت عیسیٰؑ کے سولی پر چڑھائے جانے کے نشانات سے مشابہ نشانات۔

**stigmatize** *v.* (also **-ise**) داغ لگانا، رسوا کرنا۔ ● **stigmatization** اسم: بدنامی، رسوائی۔

**stile** *n.* سیڑھیاں جن پر سے گزر کر آدمی جنگلے یا دیوار پر چڑھ سکیں۔

**stiletto** *n.* (*pl.* **-os**) دبیز پھل کا چھوٹا خنجر۔

**stiletto heel** *n.* اونچی پتلی جوتے کی ایڑی۔

**still** *adj., n., adv. & v.* صف:① ساکت، خاموش، پُرسکون۔ ② بے جھاگ (مشروب) اسم:① گہرا سکوت۔ ② غیر متحرک تصویر۔ ③ عرق کشید کرنے کی مشین۔ م ف: ① ٹھہری ہوئی حالت میں، بے جنبش۔ ② اب بھی، تب بھی، ہنوز۔ ③ تاہم، پھر بھی۔ ④ ابھی اور (زیادہ) مزید، کچھ سوا۔ ف: خاموش ہونا یا کرنا۔ ● **stillness** اسم۔

**stillborn** *adj.* مردہ پیدا ہونے والا (بچہ)

**still life** *n.* بے جان چیزوں کی نقاشی جیسے پھول۔

**stilted** *adj.* خشک، اٹکتا کھٹکتا، غیر فطری، مصنوعی۔

**stilts** *n. pl.* ① لکڑی کے پایوں کی جوڑی جن پر پاؤں رکھ کر زمین سے اوپر چلا جاسکتا ہے۔ ② زمین سے اٹھی ہوئی تعمیر یا ڈھانچے کے پائے۔

**stimulant** *adj. & n.* صف: محرک، جسم و دماغ میں چستی توانائی پیدا کرنے والا۔ اسم: اکساہٹ، ترنگ، تنومندی پیدا کرنے والی شے، دارو، شراب وغیرہ۔

**stimulate** *v.* اُکسانا، ابھارنا، جوش دلانا، تحریک پیدا کرنا۔ ● **stimulation** اسم: تحریص، ترغیب، اکساوا۔ **stimulator** اسم۔ **stimulative** صف: ہیجان انگیز۔

**stimulus** *n.* (*pl.* **stimuli**) ① مہیج، محرک شے۔ ② تحرک کا اثر، جوش، ابھار، اُکساہٹ، ہیجان۔

**sting** *n. & v.* اسم:① ڈنک، نوک، کانٹا۔ ② چبھنے یا ڈسنے کا عمل، اس سے پیدا ہونے والا زخم یا درد۔ ③ چبھن، خلش، کھٹک۔ ف: (**stinging، stung**) ① ڈنک مار کے یا چبھو کر زخمی کرنا۔ ② جسمانی یا ذہنی آزار پہنچانا یا محسوس کرنا۔ ③ چھیڑ کر یا چبھتی ہوئی بات کہہ کر اکسانا۔ ④ بول چال: دھوکا دینا، لوٹنا، زیادہ دام وصول کرنا۔

**stingy** *adj.* (**stingier, stingiest**) کنجوس، خسیس، تنگ دل۔ ● **stingily** م ف: کنجوسی سے۔ **stinginess** اسم: خسّت کنجوسی۔

**stink** *v. & n.* ف: (**stinking، stank**) ① سخت بدبو چھوڑنا۔ ② کسی جگہ بدبو پھیلانا۔ ③ بول چال: سخت ناگوار، قابل نفرت، شرمناک ہونا۔ اسم:① بدبو، سڑاند۔ ② بول چال: فساد، جھگڑا۔

**stinker** *n.* بول چال:① ناگوار شخص یا شے۔ ② مشکل بات یا کام۔

**stinking** *adj. & adv.* صف:① بدبودار، سڑاندا۔ ② بول چال: سخت قابل اعتراض۔ م ف، بول چال: بہت زیادہ، قابل اعتراض یا ناگوار طور پر۔

**stint** *v. & n.* ف:① کمی کرنا، خسّت برتنا۔ ② کسی کے ساتھ کنجوسی کرنا۔ اسم:① قلّت، کمی یا کوشش میں کوتاہی۔ ② کام کی مقررہ مقدار، میعاد یا مرحلہ۔

**stipend** *n.* بندھا ہوا وظیفہ یا ماہانہ۔

**stipendiary** *adj.* وظیفہ پانے والا۔

**stipple** *v.* ① نقطوں سے تصویر بنانا۔ ② (روغن، سیمنٹ وغیرہ کی) سطح کو کھردرا، ناہموار بنانا۔

**stipulate** *v.* کسی سودے یا معاہدے کا جزو قرار دینا یا اس کا مطالبہ کرنا۔ ● **stipulation** اسم: شرط۔

**stir** *v. & n.* ف: (**stirring، stirred**) ① چمچہ چلانا خصوصاً مائع میں اجزا کو حل کرنے کے لیے۔ ② جنبش کرنا، حرکت میں آنا۔ ③ سوتے سے اٹھنا۔ ④ کسی کو اُکسانا، ابھارنا، شہ دینا۔ اسم:① چھینٹے، ہلانے جُلانے کا عمل۔ ② ہلچل، عوامی جوش و خروش۔ ③ ہلکی سی جنبش۔

**stirrup** *n.* گھوڑے کی رکاب۔

**stitch** *n. & v.* اسم: ① (سینے، بُننے یا کروشیا میں) سوئی یا دھاگے وغیرہ کا ٹانکا یا ایک بار گزارنے کا عمل یا اس سے بننے والا حلقہ وغیرہ۔ ② پہلو میں اچانک ہونے والی چبھن۔ ف: ① سینا، ٹانکے بھرنا۔ ② سلائی کرکے جوڑنا۔ □ **in stitches** بول چال: بے اختیار قہقہہ لگاتے ہوئے۔

**stoat** *n.* ایک لمبا گوشت خور جانور، نیولے کا ہم اصل۔

**stock** *n., adj. & v.* اسم: ① فروخت یا تقسیم کاری کے لیے موجود مال۔ ② کسی چیز کی مہیّا مقدار۔ ③ صنعتی عمل یا پیداوار کے لیے خام مال۔ ④ کسی کاروباری کمپنی کا سرمایہ، اس کے حصص۔ ⑤ وراثت، خاندان، اصل، نژاد۔ ⑥ سوپ تیار کرنے کے لیے ابالی ہوئی ہڈیاں، ترکاریاں، مچھلی وغیرہ۔ ⑦ (**stocks**) چوبی شکنجہ جس میں مجرم کو جکڑ دیا جاتا تھا، اس میں سر اور پیروں کے لیے سوراخ ہوتے تھے۔ ⑧ (**stocks**) جہاز سازی کے درمیان اس کو سہارا دینے والے پشتے۔ صف: ① تیار، مہیّا (مال) ② فرسودہ، گھسا پٹا، لگا بندھا۔ ف: (مال کا) ذخیرہ رکھنا، ضروری اشیا سے بھرنا۔

**stockade** *n.* حفاظتی جنگلہ۔

**stockbroker** *n.* اسٹاک مارکیٹ کا رکن جو حصص کی فروخت کاری کرتا ہے۔

**stock car** *n.* خاص طور پر مضبوط بنائی کاروں کی دوڑ میں شریک ہونے والی کار۔

**stock exchange** *n.* حصص کا دارالمبادلہ۔

**stocking** *n.* لمبی جراب، موزے خصوصاً زنانہ۔

**stock-in-trade** *n.* ① کسی تجارت یا پیشے کے لیے درکار اشیا، بکری کے لیے رکھا ہوا مال۔ ② لگے بندھے الفاظ، محاورے یا فقرے؛ روایتی فرسودہ طرز، طور۔

**stockist** *n.* کسی خاص قسم کا مال رکھنے اور فروخت کرنے والا۔

**stockmarket** *n.* ① =STOCK EXCHANGE۔ ② حصص کی خرید و فروخت۔

**stockpile** *n. & v.* اسم: مال تجارت وغیرہ کا محفوظ ذخیرہ۔ ف: کسی چیز کا ذخیرہ کرنا۔

**stock-still** *adv.* بالکل ساکت، بے جنبش۔

**stocktaking** *n.* دکان وغیرہ میں مال کی جانچ، پڑتال کا عمل۔

**stocky** *adj.* (**stockier, stockiest**) چھوٹا، مضبوط جسم جثے والا (شخص، پودا یا جانور) تنومند، ہٹا کٹا۔ ● **stockily** م ف۔ **stockiness** اسم: تناوری۔

**stodge** *n.* بول چال: کھانا خصوصاً ثقیل قسم کا۔

**stodgy** *adj.* (**stodgier, stodgiest**) ① ثقیل، دیرہضم (غذا) ② غیر دلچسپ، ٹھس، بے کیف۔

**Stoic** *n.* ① رواقی مدرسۂ فکر کا پیرو، جس میں نیکی اختیار کرنے اور جذبات پر قابو رکھنے پر زور ہے۔ ② (**stoic**) رواقی مزاج و فکر کا آدمی، ضبط نفس کرنے والا۔

**stoical** *adj.* ضبط نفس کرنے والا، صابر و ضابط۔ ● **stoically** م ف۔ **stoicism** اسم: رواقیت۔

**stoke** *v.* ف: سلگانا، بھڑکانا، گرم کرنا (چولھا، بھٹّی وغیرہ) ● **stoker** اسم۔

**stole**[1] *n.* ① چادرے کی طرح کندھوں کو ڈھکنے والا زنانہ جامہ۔ ② اسی طرح کا پادریوں کا ریشمی جامہ۔

**stole**[2], **stolen** STEAL کا ماضی و ماضیہ۔

**stolid** *adj.* غیر جذباتی، ٹھنڈے مزاج کا۔ ● **stolidity** اسم: دھیما پن، بے حسی۔ **stolidly** م ف۔

**stomach** *n. & v.* اسم: ① معدہ جہاں ہاضمے کا پہلا عمل ہوتا ہے۔ ② پیٹ، شکم، توند۔ ③ بھوک، اشتہا۔ ف: سہنا، برداشت کرنا (گستاخی، ہتک وغیرہ کو)

**stomp** *v.* بھاری قدم مارنا یا بھاری قدموں سے چلنا۔

**stone** *n., adj. & v.* اسم: ① پتھر، سنگ، چٹان کا ٹکڑا۔ ② جوہر، قیمتی پتھر۔ ③ کوئی پتھریلی، سخت شے جیسے پھلوں کی گٹھلی یا سخت بیج۔ ④ پتھری، بعض جسمانی اعضا میں جمع ہو کر جم جانے والا پتھریلا مادّہ۔ ⑤ وزن کی ایک اکائی ۱۴ پونڈ کے برابر۔ صف: پتھر کا بنا۔ ف: ① پتھراؤ کرنا، پتھر پھینک کر مارنا، سنگ باری کرنا، سنگسار کرنا۔ ② پھل کی گٹھلیاں یا بیج نکالنا۔

**Stone Age** *n.* حجری دور، قبل تاریخ کا وہ زمانہ جب پتھر کے اوزار اور ہتھیار بنائے جاتے تھے۔

**stoneground** *adj.* چکّی کا پسا (آٹا)

**stonemason** *n.* سنگساز جو پتھروں کو تراشتا، گھستا اور عمارتوں میں لگاتا ہے۔

**stonewall** *v.* مسدود کرنا، رکاوٹ ڈالنا، بات کو ٹالنا،

جواب سے گریز کرنا۔

**stonewashed** *adj.* (لباس یا کپڑا) جو رنگ اڑانے والے مادّے سے اس طرح دھویا جائے کہ پرانا اور رنگ اڑا نظر آئے۔

**stony** *adj.* **(stonier, stoniest)** ① پتھریلا، پتھروں سے پٹا ہو۔ ② سخت، بے لچک، بے مہر، بے درد، سخت گیر۔ ● **stonily** م ف: پتھر کی طرح سے۔

**stood** STAND کا ماضی و ماضیہ۔

**stooge** *n.* ① اسٹیج پر کسی مسخرے کا ساتھی جسے تختۂ مشق بنایا جائے۔ ② کسی کے ہاتھ کے نیچے کام کرنے والا خصوصاً بے مزہ، غیر دلچسپ کام میں لگایا ہوا شخص۔

**stool** *n. & v.* ① اسٹول، بغیر پشت اور ہتھوں کے بیٹھنے کی شے، مونڈھا۔ ② **(stools)**=FAECES۔

**stool-pigeon** *n.* ① دوسروں کو دھوکے سے پھندے میں پھنسانے والا (خصوصاً مجرموں کو) ② پولیس کا مخبر۔

**stoop** *v. & n.* ف: ① سر یا جسم کو آگے اور نیچے جھکانا۔ ② سر تسلیم خم کرنا۔ ③ گھٹیا، کمینی حرکت کرنا۔ اسم: آگے کی طرف جھکنے کا عمل۔

**stop** *v. & n.* ف: ① **(stopping، stopped)**: روکنا، کسی عمل یا حرکت کو ٹھہرانا، تھامنا، بندش لگانا، رکوا دینا، بند کرا دینا، کسی عمل میں رخنہ، رکاوٹ یا وقفہ ڈالنا؛ موقوف کرنا۔ ② رک جانا ٹھہرنا، ہرانا، شکست دینا۔ ③ تھوڑی دیر قیام کرنا۔ اسم: ① بندش، روکنے کا عمل۔ ② بس، ریل وغیرہ کے ٹھہرنے کا مقام۔ ③ کسی عمل کو کسی نقطے پر روکنے کا پرزہ وغیرہ۔ ④ (ارغنوں میں) ایک سُر کی نلکیوں کی قطار، ان کو چھیڑنے والی کلید۔

**stopcock** *n.* نلکی میں لگی ہوئی ٹونٹی یا باہر سے کھولنے بند کرنے والا والو۔

**stopgap** *n.* عارضی، متبادل۔

**stopover** *n.* سفر میں مختصر قیام۔

**stoppage** *n.* ① رکاوٹ، اڑاس، بندش۔ ② روکنے کا عمل۔ ③ کارخانے وغیرہ میں تعطّل۔

**stopper** *n.* بوتل وغیرہ بند کرنے کا کاک یا ڈھکنا۔

**stop press** *n.* چھپائی کے دوران آنے والی خبر جو چھپتے چھپتے اضافہ کی جائے۔

**stopwatch** *n.* دوڑ وغیرہ کا دورانیہ بتانے والی گھڑی، روک گھڑی، کھٹکا دبا کر چلانے روکنے والی۔

**storage** *n.* گودام میں مال بھرائی، مال بھرائی کی گنجائش؛ ذخیرہ کاری۔

**storage heater** *n.* برقی گرمالہ جو کم دباؤ کے اوقات میں زائد توانائی آئندہ کے لیے ذخیرہ کرتا ہے۔

**store** *n. & v.* اسم: ① ذخیرہ، کسی چیز کی محفوظ مقدار۔ ② کسی خاص ضرورت کا سامان، کسی سامان کی مہیّا مقدار یا ذخیرہ گاہ، گودام۔ ف: آئندہ کے لیے بھرنا، ذخیرہ کرنا۔ □ **in store** ① مہیّا، فراہم، موجود۔ ② کسی مقصد کے لیے تیار رکھا ہوا۔ **set store by** اہمیت دینا، وقعت دینا۔

**storehouse** *n.* گودام، بھنڈار، مال خانہ، کوٹھی۔

**storey** *n* (also **story**) عمارت کی کوئی منزل یا مالہ۔ ● **storeyed** صف: منزلہ۔

**stork** *n.* لمبی ٹانگوں والا پانی میں چلنے والا پرندہ، لم ٹنگو، سارس، بگلا۔

**storm** *n. & v.* اسم: ① طوفان، آندھی، جھکّڑ جس کے ساتھ عموماً بارش ہوتی ہے، طوفان بادوباراں۔ ② انسانی معاملات میں کوئی شدید ہلچل۔ ③ تیروں یا گولیوں کی بوچھاڑ، داد و تحسین، تالیوں، کسے جانے والے فقروں، آوازوں وغیرہ کا شور، غوغا، غلغلہ۔ ف: ① (کسی پر) گرجنا برسنا، صلواتیں سُنانا۔ ② غصّے میں بھر کر کوئی حرکت کرنا۔ ③ ہلّہ بول کر تسخیر کرنا۔ ● **stormy** صف۔

**story** *n.* (*pl.* **-ies**) قصّہ، کہانی، گزشتہ واقعات کا بیان؛ روئداد؛ واقعہ۔

**stout** *adj. & n.* صف: ① کسی قدر فربہ، اچھے تن و توش والا۔ ② جی دار، طاقتور۔ اسم: ایک تیز گہرے رنگ کی بیئر۔ ● **stoutly** م ف۔ **stoutness** اسم۔

**stove**[1] *n.* کسی ایندھن یا بجلی سے جلنے والا بند چولھا۔

**stove**[2] STAVE کا ماضی و ماضیہ۔

**stow** *v.* ① سامان کو صفائی اور سلیقے سے جمانا۔ ② صندوق خانے وغیرہ میں چیزوں کو پوری طرح بھرنا۔ □ **stow away** جہاز پر خفیہ طور سے سوار ہو جانا۔

**stowaway** *n.* پانی کے یا ہوائی جہاز پر چپکے سے چڑھ کر مفت سفر کرنے والا شخص۔

**straddle** *v.* ① کسی چیز پر پاؤں لٹکا کر بیٹھنا، کسی چیز

کے دونوں طرف واقع ہونا۔② (ٹانگوں کا) پھیلا، علاحدہ علاحدہ ہونا۔③ (کسی کا) پاؤں پھیلانا۔

**strafe** *v.* بمباری یا گولیوں کی بوچھاڑ خصوصاً ہوائی جہاز سے۔

**straggle** *v.* ①الٹ پلٹ، تتر بتر ہونا۔② بکھرنا، بے قاعدہ، غیر مسلسل ہونا۔③ دوڑ وغیرہ میں پھسڈّی رہ جانا۔ ● **straggler** اسم۔ **straggly** م ف۔

**straight** *adj., n. & adv.* صف:① بغیر موڑ، سیدھا ایک سمت یا سیدھ میں۔② مسلسل، بلا وقفہ۔③ باقاعدہ، مربوط، مرتب، درست حالت میں، ہموار۔④ ایماندارانہ، راست گوئی پر مبنی۔⑤ بول چال: دگر جنسی نہ کہ ہم جنس پرست۔ اسم: کسی چیز کا سیدھا حصّہ یا رخ، خصوصاً گھڑ دوڑ کے میدان کا۔ م ف:① ایک قطار یا سیدھ میں۔② بے تأمل، بے جھجک؛ دو ٹوک، صاف گوئی پر مبنی۔□ **go straight** جرم سے تائب ہو کر شریفانہ زندگی گزارنا۔ **straight away** اسی دم، فوراً۔ **straight off** بول چال: بے جھجک، بے تأمّل وغیرہ۔ ● **straightness** اسم: راستی۔

**straighten** *v.* سیدھا کرنا یا سیدھا ہو جانا۔

**straight face** *n.* سپاٹ چہرہ جس پر کوئی تأثر نہ ہو، خصوصاً بہت سنجیدہ۔

**straight fight** *n.* دو حریفوں کے درمیان راست مقابلہ۔

**straightforward** *adj.* ①دیانت دار، صاف گو۔② سیدھا (کام) جس میں کوئی پیچیدگی نہ ہو۔ ● **straightforwardly** م ف۔

**strain** *v. & n.* ف:①زور سے کھینچنا، تاننا، اکڑانا یا تننا۔②(اپنے اعضا یا حواس یا کسی چیز پر) بہت دباؤ ڈالنا، انتہا تک آزمانا۔③ بھرپور کوشش کرنا۔④ کسی مائع سے ٹھوس اشیا کا چھان کر نکال دینا۔ اسم:①دباؤ ڈالنے، زور دینے کا عمل، اس میں صرف ہونے والا زور۔② رگوں، پٹھوں کا کھنچاؤ۔③ جسمانی قوت یا اہلیت پر سخت دباؤ؛ اس میں صرف ہونے والی قوت۔④ موسیقی یا شاعری کا کوئی ٹکڑا یا بند۔⑤ حیوانات، وغیرہ کی نسل یا ذات۔⑥ طبیعت کا رجحان۔ ● **strainer** اسم۔

**strained** *adj.* ① مصنوعی، زبردستی کا، بناوٹی۔② دوطرفہ بے اعتباری یا جذباتی دباؤ پر مبنی (تعلق)

**strait** *n.* ① آبنائے جو دو سمندروں کو ملائے۔ ② (**straits**) مشکل، مصیبت، آزمائش۔

**straitened** *adj.* مالی طور پر سقیم (حالات) ناداری۔

**straitjacket** *n. & v.* (also **straightjacket**) جکڑ بند، لمبی آستینوں والا سخت لباس جس میں متشدّد قیدیوں یا ذہنی مریضوں کے بازو جکڑ دیے جاتے ہیں۔ ف: (**-jacketed** ، **-jacketing**) ① جکڑ بند کرنا۔② سخت پابندیاں لگانا۔

**strait-laced** *adj.* نہایت نیک، صالح، پارسا۔

**strand** *v. & n.* ف:①(جہاز وغیرہ کا) خشکی پر چڑھ آنا یا چڑھایا جانا۔② مشکلات میں پھنسا ہونا۔ اسم: ①ساحل سمندر، جھیل یا دریا کا کنارہ۔② رسّی وغیرہ کے بل یا ڈوریاں۔③ کسی مرکب مخلوط شے کا ایک جزو۔

**strange** *adj.* ①غیر معمولی، نرالا، عجیب، انوکھا؛ نیا، انجانا۔② نامانوس، غیر۔ ● **strangely** م ف۔ **strangeness** اسم: اجنبیت، انوکھا پن۔

**stranger** *n.* ①اجنبی، غیر، پرایا۔② ناواقف، ان جانا، ناشناسا۔③ بے خبر، لاعلم۔

**strangle** *v.* ① گلا گھونٹنا، ٹیٹوا دبانا۔② دبانا، بندش لگانا۔ ● **strangler** اسم: گلا گھوٹنے والا۔

**stranglehold** *n.* ① کشتی میں گردن دبانے کا داؤ۔② جان لیوا پکڑ۔③ مکمل بلاشرکت غیرے قابو۔

**strangulation** *n.* ① گلا گھونٹنے یا گلا گھٹنے کا عمل۔ ② کسی رگ، آنت وغیرہ میں خون کی گردش روکنے کا عمل۔

**strap** *n. & v.* اسم: تسمہ، چمڑے یا کسی اور چیز کی پٹی باندھنے یا لپیٹنے کے لیے۔ ف: (**strapped**، **strapping**) تسمے سے باندھنا، کسنا، محفوظ کرنا۔ □ **strapped for** بول چال: قلّت، تنگی کی حالت۔

**straphanger** *n.* بول چال: بس یا ریل میں کھڑا ہو کر چلنے والا مسافر۔

**strapping** *adj.* تنومند، ہٹا کٹا (خصوصاً نوجوان)

**strata** STRATUM کی جمع۔

**stratagem** *n.* ① حصولِ مقصد کے لیے سوچی سمجھی چال، حیلہ۔② دھوکا، فریب کاری۔

**strategic** *adj.* ① حکمت عملی یا جنگی چال سے متعلق۔② دشمن کے گھر میں یا اس کی سرزمین پر (بمباری یا ہتھیاروں کا استعمال) دوررس نتائج کے لیے، محاذ پر کارروائی کے برخلاف۔● **strategically** م ف۔

**strategist** *n.* جنگی مدبّر، صاحب تدبیر۔

**strategy** *n.* (*pl.* **-ies**) ① جنگی حکمت عملی۔ ② جنگی کارروائی میں فوج کی کمان، سپاہ، جہازوں، طیاروں وغیرہ کو حسب موقع اور برمحل بروئے کار لانے کا فن۔③ کاروبار یا سیاست میں حصول مقصد کی تدبیر۔

**stratify** *v.* (**-ies, -ied**) ① پرتوں یا طبقات کی صورت میں جمانا۔② تہ بہ تہ یا مختلف مراحل، مدارج کی صورت میں ترتیب دینا۔● **stratification** اسم۔

**stratosphere** *n.* سطح زمین سے تقریباً ۵۰ کلو میٹر اوپر ایک ہوائی تہ۔

**stratum** *n.* (*pl.* **strata**) ① طبقاتی ترتیب یا تشکیل کا کوئی طبقہ، پرت یا تہ۔② سماجی طبقہ، حلقہ۔

**straw** *n.* ① پھونس، غلّے کے سوکھے ڈنٹھل، ایسا کوئی مہین ٹکڑا، تنکا۔② مشروبات وغیرہ پینے کے لیے کاغذ یا پلاسٹک کی پتلی نلکی۔

**strawberry** *n.* گودے دار پھل، اسٹابری جس کے چھلکے پر بندکیاں ہوتی ہیں۔

**strawberry mark** *n.* جلد پر سرخ گلابی رنگ کا پیدائشی لہسن۔

**straw vote** *n.* (also **straw poll**) (کسی مسئلے پر) غیر رسمی نمونے کی رائے شماری۔

**stray** *v., n. & adj.* ف: ① گروہ سے بچھڑنا، اپنی جگہ سے اُٹھ کر دربدر پھرنا، بھٹکنا۔② اخلاقی طور سے بے راہ رو، بدچلن ہونا۔ اسم: گھر سے بھاگا ہوا (خصوصاً پالتو جانور) صف: ① کھویا ہوا، گھر سے بھٹکا ہوا یا بھاگا ہوا۔② اکیلا، یکہ وتنہا؛ اتفاقی، حادثاتی، کبھی کبھار کا۔

**streak** *n. & v.* اسم: ① دھاری، لہر خصوصاً دوسرے رنگ کی۔② کسی کے کردار یا طبیعت میں کوئی میلان یا رنگ۔③ سلسلہ یا تواتر۔ ف: ① لہریے ڈالنا۔② تیزی سے حرکت کرنا۔③ بول چال: من چلے پن سے برسر عام ننگا دوڑنا۔● **streaker** اسم۔ **streaky** صف۔

**stream** *n. & v.* اسم: ① پانی کا سوتا، دھارا یا ندی۔ ② کسی سیّال یا آدمیوں کا ریلا۔③ رخ جدھر کوئی شے یا اشیا رواں یا مائل ہوں۔④ ہم عمر اور ایک ہی ذہنی سطح کے بچوں کا ہم سبق گروہ۔ ف: ① دھارے کی طرح رواں دواں ہونا۔② پُرنم ہونا۔③ (بالوں یا پھریرے کا) ہوا سے ایک طرف اُڑنا، لہرانا۔④ اسکول کے بچوں کی استعداد کے لحاظ سے گروہ بندی کرنا۔● **on stream** (کارخانے وغیرہ کا) چالو ہونا۔

**streamer** *n.* ① لمبا، پتلا پھریرا۔② لمبا پتلا کاغذیا فیتہ جو آرائش کے لیے استعمال کیا جاتا ہے۔

**streamline** *v.* ① گاڑی وغیرہ کو تیر جیسی شکل دینا تاکہ دوڑنے میں ہوا یا پانی کم سے کم مزاحم ہو۔② کسی تنظیم یا عمل کو سادہ، زیادہ کارگزار یا زیادہ رواں بنانا۔

**street** *n.* بستی میں واقع سڑک جس کے گرد دکانیں اور مکانات ہوں۔

**streetcar** *n.* امریکا: ٹرام کار۔

**street cred** *n.* (in full **street credibility**) شہر کے فیشن پسند لوگوں میں مقبول۔

**streetwise** *adj.* بول چال: جدید شہری طور طریقوں سے واقف۔

**strength** *n.* ① زور، طاقت؛ کسی شخص یا شے کی قوت کا درجہ۔② ذریعہ طاقت، سہارا، خصوصیت، خاصہ۔③ افراد کی تعداد جو موجود یا مہیّا ہوں۔④ مقرر یا متوقع تعداد۔□ **on the strength of** کی بنا یا بل پر۔

**strengthen** *v.* تقویت دینا، مضبوط کرنا۔

**strenuous** *adj.* ① وقّت طلب؛ محنت کوش۔② توانا، لگاتار کام کرنے والا۔● **strenuously** م ف۔

**streptococcus** *n.* (*pl.* **streptococci**) ایک جرثومہ جو متعدی امراض پیدا کرتا ہے۔

**stress** *n. & v.* اسم: ① دباؤ، جو کسی مادّی شے پر ڈالا جائے۔② جسمانی یا ذہنی مشقّت، بار۔③ زور، اصرار، نبرہ، بل، تاکید کسی لفظ یا اس کے جزو پر۔ ف: زور دینا، اصرار، تاکید کرنا۔□ **stressed out** تھکا ہارا، نڈھال۔● **stressful** صف: تھکانے والا۔

**stretch** *v. & n.* ف: ① طول میں کھنچنا، دراز ہونا، جسامت میں بڑھنا۔② کھنچا جانا یا کھینچے جانے کا احساس رکھنا۔③ کھنچ کر پھیلنا۔④ آگے بڑھانا، پھیلانا۔ اسم:

①دباؤ یا کھنچنے، دبنے، زور پڑنے کی کیفیت۔② کھنچنے کے قابل، لچک دار۔③عرصہ، مدّت۔ □ **at a stretch** ①ایک مسلسل مدّت میں۔② بڑی کوشش سے، بدقت۔ **stretch a point** (رعایتہً)مان لینا، اگرچہ چنداں درست نہ ہو۔● **stretchy** صف: پھیلنے والا، کھنچنے والا۔

**stretcher** *n.* دوڈنڈوں پر کرمچ کے بستر کی ڈولی جس پر مریض کولٹا کر لے جاتے ہیں۔

**strew** *v.* ( **strewn** or **strewed**) ① کسی سطح پر بکھیرنا۔② کسی سطح کو کوئی شے یا اشیا بکھیر کر پُر کرنا۔

**striate** *adj. & v.* صف: دھاری دار؛ نالیوں یا ابھرواں رگوں، مینڈھوں وغیرہ سے پٹاہوا۔ف: دھاری دار یا نالی دار بنانا۔● **striation** اسم: خطوط کشی۔

**stricken** *adj.* بیماری یا بدقسمتی کا مارا، زدہ حال۔

**strict** *adj.* ① ٹھیک ٹھیک، عین مین، بلاکم وکاست، کامل۔② مکمل طور پر قابل تعمیل۔● **strictness** اسم: سختی، سخت گیری۔ **strictly** م ف: سختی کے ساتھ۔

**stricture** *n.* ① بے رعایت سخت تنقید، چبھتا ہوا فقرہ، نکتہ چینی۔② جسم کی کسی نالی کا سکڑاؤ۔

**stride** *v. & n.* ف:①(**stridden**، **strode**) لمبے قدم مارنا، ڈگ بھرنا۔② ایک ہی قدم میں پار کرلینا۔ اسم:① لمبا قدم۔② کسی کی چال قدم کے طول کے لحاظ سے۔③(**strides**) ترقی، آگے بڑھنے کا عمل۔

**strident** *adj.* تیز، کرخت (آواز)
● **stridency** اسم: کرختگی۔ **stridently** م ف۔

**strife** *n.* لڑائی، جھگڑا، تصادم۔

**strike** *v. & n.* ف:①(**striking**، **struck**) ٹکرانا، ضرب لگانا، تصادم ہونا۔② کسی کو مارنے کی کوشش کرنا۔③ گھنٹے بجنا، (وقت کا) اس طرح معلوم ہونا۔④ اچانک غلبہ پانا یا متاثر کرنا۔⑤ ایک دم کسی کیفیت میں مبتلا ہو جانا۔⑥ دریافت کر لینا یا ڈھونڈ پانا (تیل، سونا وغیرہ)⑦ خیال میں آنا، سوجھنا۔⑧ (ملازمین کا) ہڑتال کرنا۔⑨ اُتارنا یا نیچا کرنا (جھنڈا، تنبو وغیرہ) اسم:① ضرب لگانے وغیرہ کا عمل۔② احتجاجی ہڑتال۔ □ **strike home** ①مؤثر ضرب لگانا۔② مطلوبہ نتیجہ حاصل کرنا، مؤثر، کارگر ہونا۔ **strike off** بیک جنبش قلم زد کرنا، کاٹنا، حذف کرنا۔ **strike up** ①(گفتگو یا ملاقات وغیرہ کا) آغاز کرنا (بالخصوص اتفاقاً) ② (سُر، لے وغیرہ) چھیڑنا۔

**striker** *n.* ① ہڑتالی مزدور۔② فٹ بال: اگلے کھلاڑیوں میں سے کوئی جو گول کرنے کے قابل ہو۔

**striking** *adj.* جاذب نظر، پُر اثر، لائق ذکر۔
● **strikingly** م ف: نمایاں طور پر۔

**strimmer** *n.* تجارتی نام: بجلی کی گھاس کاٹنے کی نائلون کی دھاروں والی مشین۔

**string** *n. & v.* اسم:① بٹی ہوئی ڈوری یا رسّی۔② اس کا کوئی ٹکڑا جو باندھنے، لپیٹنے کے کام آئے۔③ساز وغیرہ کا تانت یا تار۔④ (**strings**) آرکسٹرا وغیرہ میں شامل تاروں والے ساز۔⑤(**strings**) مشکل یا ناخوشگوار شرط یا جزو لازم۔⑥ باہم پیوستہ یا ساتھ پروئی ہوئی اشیا کا مجموعہ یا افراد کا گروہ ف:(**stringing**، **strung**) ① تار لگانا۔② تار سے باندھنا، جکڑنا۔③ تار یا ڈوری میں (منکے وغیرہ) پرونا۔□ **string along** بول چال: ① کسی شخص کو دھوکا دینا خصوصاً بظاہر مواققت کرتے ہوئے۔ ② ساتھ رہنا یا ساتھ دینا۔ **string up** ①ڈوری، تار وغیرہ پر لٹکنا یا لٹکانا۔② پھانسی دینا۔

**stringent** *adj.* سخت، سخت گیرانہ (اصول وقواعد) جن میں کوئی ڈھیل یا جن سے سرتابی کی گنجائش نہ ہو۔● **stringency** اسم: سختی۔ **stringently** م ف۔

**stringy** *adj.* (**stringier**, **stringiest**) ① ریشے دار، لیفی، ٹھوس (غذا) ② ریشوں، تاروں جیسا۔③ مضبوط، چھریرا، توانا (آدمی)

**strip** *v. & n.* (**stripping**، **stripped**):ف ① ننگا کرنا (کسی شخص یا شے کو) کپڑے یا زیور وغیرہ اتارنا۔② کسی کو لوٹ لینا، نادار کر دینا یا خطابات وغیرہ چھین لینا۔اسم:① ننگا پن ہونے کا عمل۔② لمبی پٹی۔

**stripe** *n.* ① کسی سطح پر مختلف رنگ کی لمبی پتلی دھاری۔② فوج: حرف v کی شکل کا شیوران (نشان پٹی) یا کوئی اور فوجی نشان جو رتبے کو ظاہر کرتا ہے۔● **striped** صف: دھاری دار۔ **stripy** صف بپّٹیوں والا۔

**strip light** *n.* فلوری روشنی کی برقی نلکی۔

**stripling** *n.* نوعمر لڑکا، بالا۔

**stripper** *n.* ① رنگ روغن اتارنے کا عمل یا محلول۔

۲ عریاں رقص یا ادائیں دکھانے والی تماشا گر لڑکی۔

**striptease** *n.* اسٹیج پر ایک تماشا جس میں اداکارہ رفتہ رفتہ اپنے کپڑے اتارتی جاتی ہے۔

**strive** *v.* **(strove,striven,striving)** ۱ سخت کوشش کرنا، بہت زور لگانا۔ ۲ مقابلہ کرنا، جدوجہد کرنا۔

**stroboscope** *n.* (also *informal* **strobe**) دوری حرکت ناپنے والا آلہ جو گنڈے دار طریقے سے روشنی پھینکتا ہے۔ ● **stroboscopic** صف۔

**strode** STRIDE کا ماضی۔

**stroganoff** *adj.* (گوشت) پارچوں کی شکل میں کاٹ کر کھٹے کریم ساس یا چٹنی میں ملا کر پکایا ہوا۔

**stroke** *n. & v.* اسم: ۱ ضرب، وار، چوٹ، کوڑے وغیرہ کی پھٹکار۔ ۲ دماغ کی طرف دوران خون رک جانے کے سبب اچانک غشی۔ ۳ کسی عمل کا پورا دور۔ ۴ تیراکی میں اعضا کی حرکت کا انداز۔ ۵ کھیلوں میں بلا چلانے کا انداز۔ ۶ قلم، پنسل یا موقلم کی کسی سمت میں ایک جنبش۔ ۷ گھنٹے کی ایک دفعہ کی باج یا ایک ٹن۔ ف: بالوں کو تھپکنا، پیار سے تھپ تھپانا۔ □ **at a stroke** ایک ہی دفعہ، یکبارگی، ایک ہی وار یا داؤ میں۔

**stroll** *v. & n.* ف: ٹہلنا، چہل قدمی کرنا۔ اسم: چہل قدمی، ٹہلائی۔

**stroller** *n.* امریکا: دھکیلنے والی کرسی۔

**strong** *adj.* ۱ مضبوط، طاقت ور، سخت مدافعت کا اہل، پائیدار۔ ۲ مؤثر، زوردار۔ ۳ پکا، فیصلہ کن، ذہن میں بیٹھا ہوا یا دل میں اترا ہوا۔ ۴ حواس یا جذبات پر اثر انداز ہونے والا، شدید۔ ۵ خالص، بے ملاوٹ، (شراب وغیرہ) ۶ کسی خاص تعداد پر مشتمل (گردہ) ۷ تند، سخت (اقدام) □ **going strong** بول چال: کسی کام پر جوش و خروش سے ڈٹے رہنا؛ بدستور صحتمند اور توانا رہنا۔ ● **strong language** سخت زبان؛ گالی گلوچ۔ ● **strongly** م ف: مضبوطی سے، شدت سے۔

**stronghold** *n.* ۱ قلعہ بندی، مورچہ۔ ۲ محفوظ جائے پناہ۔ ۳ کسی مقصد یا تحریک کا مرکز۔

**strong-minded** *adj.* مضبوط ارادے والا۔

**strongroom** *n.* آگ، چوری وغیرہ سے محفوظ، نوادر یا قیمتی اشیا رکھنے کا کمرہ، آہنی کمرہ۔

**strontium** *n.* ایک نرم سفید نقرئی، معدنی عنصر (علامت: Sr)

**strontium-90** *n.* اسٹرونٹیم کا تابکار ہم جا۔

**strop** *n.* اُسترا تیز کرنے کی چمڑے کی پٹی، چھوٹا۔

**stroppy** *adj.* **(stroppier, stroppiest)** بول چال بدمزاج، جس کے ساتھ نباہ مشکل ہو۔

**strove** STRIVE کا ماضی۔

**struck** STRIKE کا ماضی و ماضیہ۔

**structure** *n.* ۱ کوئی مکمل ڈھانچا خصوصاً عمارت۔ ۲ کسی مرکب ساخت یا نظام کے باہم مربوط اجزا۔ ● **structural** صف۔ **structurally** م ف۔

**strudel** *n.* پیسٹری کی پتلی پٹی، میوے وغیرہ کی بھرائی کے گرد لپٹی ہوئی۔

**struggle** *v. & n.* ف: ۱ کسی بندش سے چھٹکارے کے لیے قوت یا زور زور سے ہاتھ پاؤں مارنا۔ ۲ مشکل حالت میں شدید محنت، جدوجہد کرنا۔ ۳ سخت مقابلہ کرنا۔ اسم: ۱ جدوجہد، کوشش، محنت کا دور۔ ۲ مشکل، پیچیدہ مقابلہ۔ ۳ پختہ عزم کے ساتھ مشکل حالات کا مقابلہ۔

**strum** *v. & n.* ف: (**strummed**، **strumming**) کسی تاروں والے یا کلیدوں والے ساز کے ساتھ چھیڑ چھاڑ کرنا خصوصاً اناڑی پن کے ساتھ۔ اسم: اس طرح چھیڑنے سے پیدا ہونے والی آوازیں۔

**strumpet** *n.* قدیم: طوائف۔

**strung** STRING کا ماضی و ماضیہ۔

**strut** *n. & v.* اسم: ۱ کسی چوکھٹے وغیرہ کو کھنچا ہوا یا تنا رکھنے کے لیے جڑی جانے والی سلاخ۔ ۲ اتراتی چال۔ ف: (**strutting**، **strutted**) ۱ اکڑ کر یا ناز سے چلنا۔ ۲ پٹیوں سے تاننا، کسنا۔

**strychnine** *n.* کچلا، ایک کڑوی، نہایت زہریلی نباتی الکلی جو پودے سے حاصل کی جاتی ہے۔

**stub** *n. & v.* اسم: ۱ پنسل، سگریٹ وغیرہ کا بچا ہوا ٹکڑا، ٹوٹا۔ ۲ چیک یا رسید کا مثنیٰ۔ ف: (**stubbed**، **stubbing**) ۱ کسی چیز کے ٹھوکر لگانا۔ ۲ سگریٹ کو کسی چیز سے رگڑ کر بجھانا۔

**stubble** *n.* ۱ فصل کی کٹائی کے بعد کھڑے رہ جانے والے ڈنٹھل، کھونٹیاں۔ ۲ سر یا ڈاڑھی کے کٹے

ہوئے بالوں کی کھونٹیاں۔● stubbly صف۔

**stubborn** *adj.* ①ہٹیلا، بہت ضدّی۔② نہ جھکنے، نہ ماننے والا، خود سر۔● stubbornly م ف۔ stubbornness اسم: اکڑ، ہٹ، خودسری۔

**stubby** *adj.* (stubbier, stubbiest) موٹا چھوٹا اور گول مٹول۔● stubbiness اسم۔

**stucco** *n.* گاڑھا پلستر جو دیوار لیپنے یا تعمیری آرائش میں کام آتا ہے۔● stuccoed صف۔

**stuck** STICK کا ماضی و ماضیہ۔

**stuck-up** *adj.* بول چال: نخوت زدہ، الگ تھلگ رہنے والا، اتراہٹ بھرا۔

**stud** *n. & v.* اسم: ①چوڑے سر کی کیل، گل میخ وغیرہ۔ ② کان کا ہلکا زیور یا ناک کی کیل۔③ قمیص کا دہرا بٹن۔ ④ نسل کشی کے لیے رکھے ہوئے بہت سے گھوڑے، ان کا اصطبل۔ ف: (studding، studded) ① میخوں سے جڑنا۔② (کسی سطح پر) بکھرا ہوا ہونا۔

**student** *n.* طالب علم، خصوصاً اعلیٰ جماعتوں کا۔

**studio** *n.* (*pl.* -os) ① کسی مصوّر، فوٹوگرافر وغیرہ کی کارگاہ۔② فلمسازی کا مرکز، نگار خانہ، ٹیلیوژن، ریڈیو وغیرہ کی نشرگاہ جہاں پروگرام تیار کیے جاتے ہوں۔

**studio flat** *n.* ایک کمرے کا فلیٹ، مع غسل خانہ، باورچی خانہ، آرٹسٹ کے اسٹوڈیو کے لائق۔

**studious** *adj.* ①مطالعے سے شوق رکھنے والا، تعلیم میں محنت کرنے والا۔② دانستہ، شعوری، بامقصد، محنت کے ساتھ انجام دیا جانے والا۔● studiously م ف۔ studiousness اسم: مطالعہ کا شوق۔

**study** *n. & v.* اسم: (ج: -ies) ①مطالعہ، پڑھائی، حصول علم کی کوشش۔② (studies) اعلیٰ تعلیم کا حصول، علمی سرگرمی۔③ پڑھنے لکھنے کا کمرہ۔④ کوئی کام بطور مشق۔⑤ مشق کرانے کے لیے بنائی ہوئی موسیقی کی بندش یا دُھن۔⑥ لائق مطالعہ، غور سے دیکھنے کے لائق، توجہ طلب شے۔ف: (-ies، -ied) ①مطالعہ، تحقیق، آزمائش کرنا۔② مطالعے میں انہماک رکھنا۔

**stuff** *n. & v.* اسم: ①مادّہ جس سے کوئی چیز بنی ہو؛ کسی کام کے لیے مفید یا ضروری مادّہ۔② کسی امر کی بابت مواد، معلومات، متفرق باتیں۔ ف: ① کسی چیز کو پوری طرح بھرنا۔② ٹھونسنا۔ ③(کسی جانور، پرندے وغیرہ کی) کھال میں بھس وغیرہ بھرنا۔□ stuff oneself بول چال: بدنیتی سے کھانا۔

**stuffing** *n.* ① گدّوں، تکیوں وغیرہ کی بھرائی۔② مرغی وغیرہ پکانے سے پہلے بھرا جانے والا مسالہ۔

**stuffy** *adj.* (stuffier, stuffiest) ① گھٹی ہوئی (فضا)② بے کیف، غیر دلچسپ۔③ ٹھس، بور، دقیانوسی۔● stuffily م ف۔ stuffiness اسم۔

**stultify** *v.* (-ies, -ied) بے اثر بنانا، ناکارہ کرنا، بے کیفی پیدا کرنا۔● stultification اسم۔

**stumble** *v. & n.* ف: ① ٹھوکر کھانا، لغزش کرنا، لڑکھڑانا۔② لڑکھڑاتے قدموں سے چلنا۔③ بولنے میں زبان کا لڑکھڑانا۔ اسم: لڑکھڑاہٹ، لغزش پا۔□ stumble across اتفاقاً دوچار ہونا۔●

**stumbling block** *n.* سنگ راہ، راستے میں حائل دُشواری، ناموافق صورت حال۔

**stump** *n. & v.* اسم: ① کٹے یا گرے ہوئے درخت کا ٹھنٹھ۔② کسی چیز کا باقی ماندہ حصّہ۔③ کریکٹ: وکٹ پر گڑے تینوں ڈنڈے۔ ف: ①اکڑ کر دندناتے ہوئے چلنا۔② حیران، بے بس ہونا۔□ stump up بول چال: (مطلوبہ رقم) مہیّا کرنا۔

**stumpy** *adj.* (stumpier, stumpiest) چھوٹا یا ٹھگنا اور موٹا۔● stumpiness اسم: گٹھاپن۔

**stun** *v.* (stunned, stunning) ①مارکر بے ہوش کر دینا، چکرا دینا۔② حیرت میں ڈالنا۔

**stung** STING کا ماضی و ماضیہ۔

**stunk** STINK کا ماضی و ماضیہ۔

**stunning** *adj.* بول چال: بہت بارعب یا نظر فریب۔● stunningly م ف: زنّاٹے سے۔

**stunt** *n. & v.* اسم: ① عام توجہ حاصل کرنے کے لیے کوئی چونکانے والا کام۔② کرتب، شعبدہ، چال۔③ جسمانی طاقت کا مظاہرہ۔ ف: ① کرتب دکھانا؛ چونکانا۔ ② نشو ونما یا ترقی روکنا، ٹھٹھرنا۔

**stupefy** *v.* (-ies, -ied) ①ہوش گم کرنا، چکرا دینا، بدحواس کرنا۔② حیرت میں ڈالنا، مبہوت کر دینا۔● stupefaction اسم: مدہوشی۔

**stupendous** *adj.* حیرت انگیز، زبردست، عظیم۔ ● **stupendously** م ف: حیرت انگیزی سے۔
**stupid** *adj.* ①احمق، کم عقل، سست دماغ۔ ②احمقانہ، کم فہمی پر مبنی، نامعقول۔ ● **stupidity** اسم: حماقت۔ **stupidly** م ف: بے وقوفی سے۔
**stupor** *n.* مبہوت، دم بخود، گم صم ہونے کی کیفیت۔
**sturdy** *adj.* **(sturdier, sturdiest)** ①توانا، قوی، مضبوط ہاتھ پاؤں والا۔ ② پُر جوش، پُر عزم۔ ● **sturdily** م ف۔ **sturdiness** اسم: توانائی۔
**sturgeon** *n.* شارک سے ملتی جلتی ایک بڑی مچھلی۔
**stutter** *v. & n.* ف: ہکلانا خصوصاً لفظ کے پہلے مصمتوں کو دہرانا، لکنت کرنا۔ اسم: لکنت، ہکلا پن۔
**sty** *n.(pl.-sties)* ①سؤروں کا باڑا۔ ② (نیز **stye**) آنکھ کے پپوٹے پر نکلنے والی گوہانجنی۔
**style** *n. & v.* اسم: ①وضع، انداز، طرح۔ ② تحریریا تقریر کا اسلوب۔ ③ کسی فرد یا دور وغیرہ کا مخصوص انداز، اسلوب خصوصاً طرز تعمیر، فرنیچر، پوشاک وغیرہ کا۔ ④ اعلیٰ، برتر قسم یا وضع۔ ف: کسی خاص وضع میں بنانا، تشکیل دینا، خصوصاً نفاست کے ساتھ یا پسندیدہ چلن کے مطابق۔ □ **in style** نفاست، شائستگی، تکلف سے۔
**stylish** *adj.* ①خوش وضع، نفیس۔ ②اعلیٰ قسم یا انداز کا۔ ● **stylishly** م ف۔ **stylishness** اسم۔
**stylist** *n.* ① نئے فیشن کی چیزیں اختراع کرنے والا۔ ②بال بنانے والا، اصلاح ساز۔ ③صاحب طرز ادیب یا مصنف، خوش اسلوب فن کار۔
**stylistic** *adj.* اسلوب، انداز، طرز سے متعلق خصوصاً ادب میں۔ ● **stylistically** م ف۔
**stylized** *adj.* (also-ised) (کسی موضوع کی) روایتی، غیر حقیقت پسندانہ انداز میں نقاشی، اظہار۔
**stylus** *n.* (*pl.* **styluses** or **styli**) گراموفون کی ہیرے یا نیلم کی بنی ہوئی سوئی یا نوک جو تھالی کی چوڑیوں پر چلتی اور آواز پیدا کرتی ہے۔
**stymie** *v.* **(stymied, stymieing)** بول چال: رکاوٹ ڈالنا، مقصد یا معاملہ بگاڑنا۔
**styptic** *adj. & n.* خون روکنے والی (دوا)
**styrene** *n.* سیّال ہائڈروکاربن جو پلاسٹک وغیرہ بنانے کے کام آتا ہے۔
**suave** *adj.* نرم مزاج، تکلّف پسند، پُرتپاک۔ ● **suavely** م ف۔ **suavity** اسم: شائستگی۔
**sub** *n.* بول چال: ①SUBMARINE آبدوز۔ ② SUBSCRIPTION چندہ۔ ③ SUBSTITUTE بدل۔ ④ سب ایڈیٹر۔
**sub-** *pref.* سابقہ: ①نچلے درجے یا سطح پر۔ ② ثانوی یا کمتر درجے، منصب وغیرہ میں۔
**subaltern** *n.* فوج: کیپٹن سے نچلا افسر خصوصاً سیکنڈ لیفٹیننٹ۔
**sub-aqua** *adj.* زیر آب تیراکی یا غوطہ خوری کا یا اس سے متعلق۔
**subatomic** *adj.* ایٹم کے اندر واقع یا زیر ایٹمی: ایٹم سے چھوٹا (ذرّہ)
**subcommittee** *n.* ذیلی کمیٹی۔
**subconscious** *adj. & n.* صف: تحت الشعوری، انفرادی نفس کے اس شعبے سے متعلق جو پوری طرح باشعور نہیں لیکن عمل کو متاثر کرتا ہے۔ اسم: نفس تحت الشعور۔ ● **subconsciousness** اسم۔
**subcontinent** *n.* براعظم سے چھوٹا وسیع قطعۂ زمین، برّصغیر، برکوچک۔
**subcontract** *v.* ① کسی بڑے منصوبے کے ایک حصّے کی بابت کسی کمپنی کو معاہدے کے تحت مامور کرنا۔ ②ذیلی معاہدہ کرنا۔ ● **subcontractor** اسم۔
**subculture** *n.* ذیلی ثقافت جو کسی بڑے ثقافتی گروہ میں شامل ہو۔
**subcutaneous** *adj.* جلد کے نیچے، زیر جلدی۔
**subdivide** *v.* پہلی تقسیم کے بعد مزید درجہ بندی وغیرہ کرنا۔ ● **subdivision** اسم: تقسیم در تقسیم۔
**subdue** *v.* ①زیر کرنا، تابع کرنا، قابو میں لانا۔ ② ملائم کرنا، دھیما، ہلکا کرنا۔
**subeditor** *n.* اخبار یا کتاب میں چھپنے والے مواد کو مرتب کرنے والا۔
**subhuman** *adj.* ①انسان سے قرابت رکھنے والا (حیوان) ② (کردار، ذہانت وغیرہ) انسان سے کمتر۔
**subject** *n., adj. & v.* اسم: موضوع بحث، زیر غور

معاملہ۔② مطالعے کا شعبہ یا مضمون۔③ قواعد: جملے میں کسی فعل کا فاعل یا خبر کا مبتدا، اسم یا ضمیر۔④ پرجا، رعیت میں سے کوئی، کوئی شخص جو کسی کا مطیع یا تابع ہو۔ صف: محکوم، زیرنگیں۔ ف: کسی کیفیت میں مبتلا رکھنا، کسی طرح کا سلوک روا رکھنا۔ □ **on the subject of** کے موضوع پر۔ ● **subjection** اسم: محکومی۔

**subjective** *adj.* ① موضوعی، ذاتی ذوق، رجحانات وغیرہ کا تابع۔ ② قواعد: فاعل یا مبتدا سے متعلق۔ ● **subjectively** م ف۔

**subject matter** *n.* موضوع، کتاب یا تقریر کا نفس موضوع۔

**sub judice** *adj.* قانون: عدالت کے سامنے پیش، فیصلہ طلب، زیرکارروائی۔

**subjugate** *v.* مطیع کرنا، تابع بنانا، زیر کرنا۔ ● **subjugation** اسم: تسخیر، غلبہ۔

**subjunctive** *adj.* قواعد: (طورِ فعل کی بابت) شرطی، خیالی، تمنّائی وغیرہ (م: *if I were you*: میں تمھاری جگہ ہوتا تو)

**sub-let** *v.* **(-let, -letting)** کسی املاک کے کرائے دار کا کسی دوسرے کو کرائے پر دینا۔

**sublimate** *v.* کسی جبلّی قوت یا ترنگ کو کسی اعلیٰ ثقافتی یا سماجی کام کی طرف لگا دینا۔ ● **sublimation** اسم: تطہیر۔

**sublime** *adj.* بلند، ارفع، اعلیٰ، برتر، برگزیدہ۔ ● **sublimely** م ف: بلند نظری سے۔

**subliminal** *adj.* نفسیات: شعور یا احساس کی پہنچ سے نیچے، نامحسوس طور پر لاشعور میں داخل۔

**sub-machine gun** *n.* دستی، ہلکی مشین گن۔

**submarine** *n. & adj.* اسم: آبدوز کشتی۔ صف: زیرآبی (عمل یا شے)

**submerge** *v.* پانی میں ڈبونا؛ پانی پھیر دینا، کام یا مسائل کے تلے دبا دینا۔ ● **submersion** اسم۔

**submersible** *n. & adj.* اسم: زیرآب عمل کرنے والی آبدوز کشتی۔ صف: زیرآب اترنے کے لائق۔

**submission** *n.* ① پیش کرنے کا عمل، پیش کی جانے والی شے۔ ② نیازمندی، اطاعت، تسلیم۔

**submissive** *adj.* ① مطیع، فرماں بردار۔ ② ہار ماننے، اطاعت قبول کرنے والا۔ ● **submissively** م ف۔ **submissiveness** اسم: اطاعت گزاری۔

**submit** *v.* **(submitted, submitting)** ① شکست یا اطاعت قبول کرنا، خود کو کسی کے حوالے کرنا۔ ② غور یا فیصلے کے لیے پیش کرنا۔ ③ کسی شے یا شخص پر کوئی عمل، کارروائی وغیرہ کرنا۔

**subordinate** *adj., n. & v.* صف: نسبتہً کم حیثیت یا رتبے کا حامل، ثانوی۔ اسم: کسی کے ہاتھ کے نیچے کام کرنے والا، ماتحت۔ ف: کم اہمیت قرار دینا، تابع کرنا۔ ● **subordination** اسم: ماتحتی۔

**suborn** *v.* رشوت وغیرہ کے ذریعے جھوٹا حلف اٹھانے یا غیرقانونی حرکت کی ترغیب دینا، جرم پر ورغلانا۔ ● **subornation** اسم: ترغیب جرم۔

**subpoena** *n. & v.* اسم: کسی شخص کی حاضری کے لیے عدالتی حکم۔ ف: (**subpoenaed**، **subpoenaing**) کسی کو عدالت میں حاضری کا حکم پہنچانا۔

**subscribe** *v.* ① چندہ دینا، خصوصاً باقاعدگی سے۔ ② اخبار، رسالے وغیرہ کا پیشگی چندہ دینا۔ ③ کسی رائے یا تجویز وغیرہ سے اتّفاق کرنا، ہم خیال ہونا۔ ④ دستخط ثبت کرنا۔ □ **subscribe to** ساتھ دینا، مان لینا (کسی نظریہ وغیرہ کو) ● **subscriber** اسم۔

**subscription** *n.* ① چندہ دہی، چندے کی رقم۔ ② کسی انجمن وغیرہ کا باقاعدہ ادا کیا جانے والا چندہ۔

**subsequent** *adj.* کسی واقعے کے بعد کا واقعہ۔ ● **subsequently** م ف: بعدۂ، اس کے بعد۔

**subservient** *adj.* ① تابعدار، نیازمند، خوشامدی۔ ② کسی بات کا ذریعہ، وسیلہ۔ ③ تابع، ماتحت۔ ● **subservience** اسم۔ **subserviently** م ف۔

**subset** *n.* ① کسی مجموعے کا جزو۔ ② ریاضی: ذیلی سیٹ جس کے تمام اجزا کسی دوسرے میں شامل ہوں۔

**subside** *v.* ① ابھار یا انتشار کے بعد بیٹھنا، ٹھنڈا ہونا، دھیما پڑنا۔ ② پانی، معلق مادّے وغیرہ کا نیچے اترنا، جذب ہونا۔ ● **subsidence** اسم: اتار، ٹھیراؤ، تہ نشینی۔

**subsidiarity** *n.* ① امدادی، ذیلی، تکمیلی۔ ② یہ

نظریہ کہ مرکزی حکومت کو صرف ان ذیلی امور سے واسطہ ہونا چاہیے جو مقامی حکومتیں انجام نہ دے سکیں۔

**subsidiary** *adj. & n.* صف: ① امدادی، اعانت کرنے والا۔ ② کمپنی جو کسی اور کمپنی کے زیر انتظام ہو۔ اسم: (ج: -ies) ① ذیلی، تحتی، ثانوی اہمیت یا حیثیت کا آدمی یا شے۔ ② ذیلی کمپنی، اصل کمپنی کے زیر انتظام۔

**subsidize** *v.* (also **-ise**) کسی کو یا کسی کے لیے امدادی رقم ادا کرنا۔

**subsidy** *n.* (*pl.* **-ies**) اشیا کی قیمتیں کم رکھنے کے لیے حکومت یا کسی ادارے کی طرف سے دی جانے والی مالی امداد، فلاحی کاموں کے لیے دی جانے والی امدادی رقم، کوئی عطیہ، چندہ وغیرہ۔

**subsist** *v.* ① بسر کرنا، گزارہ کرنا۔ ② زندہ رہنا، سلامت رہنا، پیٹ پالنا۔ ● **subsistence** اسم۔

**subsoil** *n.* سطح کے عین نیچے کی مٹی۔

**subsonic** *adj.* آواز کی رفتار سے کم رفتار والا یا اس سے متعلق۔

**substance** *n.* ① کسی شے کا اصل مادّہ، کسی خاص قسم کا یا خاص خصوصیات کا حامل مادّہ۔ ② حقیقت، جسمانی وجود، کردار کی مضبوطی۔ ③ اصل مفہوم، خلاصہ، معنی؛ کسی شے کا جوہر۔ ④ منشیات میں سے کوئی شے۔

**substantial** *adj.* ① واقعی، اہمیت یا قدر و قیمت کا حامل۔ ② ٹھوس، مضبوط، وسیع و عریض۔ ③ دولت مند۔ ④ لازمی طور پر یا کم و بیش درست۔ ⑤ ٹھوس وجود رکھنے والا، حقیقی۔ ● **substantially** م ف۔

**substantiate** *v.* دلائل لانا، ثابت کرنا، توثیق کرنا۔ ● **substantiation** اسم: ثبوت۔

**substantive** *adj.* ① آزاد یا علاحدہ وجود رکھنے والا؛ قائم، موجود۔ ② ٹھوس بنیاد پر مبنی۔

**substitute** *n. & v.* اسم: بدل، قائم مقام، کوئی شخص یا شے جو کسی دوسرے کی جگہ کام انجام دے۔ ف: کسی کی قائم مقامی کرنا۔ ● **substitution** اسم۔

**subsume** *v.* کسی اصول، طبقے یا زمرے وغیرہ میں شامل کر لینا، اطلاق کو وسیع کرنا۔

**subtenant** *n.* ذیلی یا شکمی کرایہ دار جو کسی دوسرے کرائے دار سے قبضہ حاصل کرے۔

**subterfuge** *n.* حیلہ، بہانہ جو کسی الزام یا ہزیمت سے بچنے کے لیے اختیار کیا جائے۔

**subterranean** *adj.* ① سطح زمین کے نیچے واقع یا ہونے والا۔ ② خفیہ، زیر زمین، پوشیدہ۔

**subtext** *n.* گفتگو یا تحریر میں بین السّطور موضوع۔

**subtitle** *n. & v.* اسم: ① کتاب وغیرہ کا ذیلی یا تحتی عنوان۔ ② فلم کے نیچے چھپی ہوئی عبارت، عموماً مکالمے کا ترجمہ۔ ف: ذیلی سرخیاں لگانا۔

**subtle** *adj.* (**subtler, subtlest**) ① دقیق، نازک، عسیر الفہم۔ ② ہلکا، بمشکل محسوس ہونے والا۔ ③ حسّاس، تیز نظر، باریک بیں۔ ● **subtlety** اسم: لطافت، باریک بینی۔ **subtly** م ف: باریکی سے۔

**subtotal** *n.* مرکب گوشوارے کے کسی حصّے کی جزوی میزان۔

**subtract** *v.* تفریق یا منہا کرنا۔ ● **subtraction** اسم: تفریق، منہائی۔

**subtropics** *n. pl.* مدارین کے نواح کا علاقہ، زیر مدارینی خطّہ۔ ● **subtropical** صف۔

**suburb** *n.* کسی شہر کا نواحی رہائشی علاقہ، مضافات۔ ● **suburban** صف۔ **suburbanite** اسم۔

**suburbia** *n.* مضافات، نواح شہر، وہاں کے باشندے، رہن سہن۔

**subvention** *n.* مالی امداد، عطیہ۔

**subvert** *v.* تختہ الٹنا؛ مذہب، حکومت، ملوکیت، روایتی نظام اخلاق وغیرہ کو اکھاڑنے کی کوشش کرنا۔ ● **subversion** اسم: بغاوت۔ **subversive** صف۔

**subway** *n.* ① سڑک کے نیچے سے گزرنے والا پیدل کا راستہ۔ ② امریکا: زمین دوز ریل۔

**succeed** *v.* ① کامیاب ہونا، مقصد حاصل کرنا۔ ② کسی ترتیب میں کسی کے بعد آنا، کسی کے فوراً بعد کا ہونا۔ ③ وارث ہونا، میراث پانا، جانشین ہونا۔

**success** *n.* ① کامیابی جو کسی مقصد کے پانے میں حاصل ہو؛ مبارک نتیجہ۔ ② دولت مندی؛ شہرت، مرتبہ وغیرہ کا حصول۔ ③ کوئی بات جس کا انجام اچھا رہے۔

**successful** *adj.* ① کامیاب، کامران، بامُراد۔ ② دولت، عزت، مرتبے والا۔ ● **successfully** م ف۔

**succession** *n.* ①وراثت، جانشینی، تواتر، اشخاص یا اشیا کا ترتیب وار سلسلہ۔ ② کسی عہدے، ترکے وغیرہ کو پانے کا یا اسی طرح تخت نشینی کا حق، حقداروں کا سلسلہ۔ □ **in succession** یکے بعد دیگرے۔

**successive** *adj.* لگا تار، یکے بعد دیگرے آنے والے۔ ● **successively** م ف: متواتر۔

**successor** *n.* کسی کا جانشین، وارث یا کسی کی جگہ لینے والا۔

**succinct** *adj.* مجمل، مختصر مگر جامع، کفایت لفظی کا حامل۔ ● **succinctly** م ف۔

**succour** *n.* (*US* **succor**) امداد، اعانت۔

**succulent** *adj. & n.* صف: ①رسیلا، خوش ذائقہ۔ ②موٹا گودے دار (پودا، تنا، شاخ یا پتّہ) اسم: ایسا پودا خصوصاً کیکٹس۔ ● **succulence** اسم: رسیلا پن۔

**succumb** *v.* ① مغلوب ہوجانا، دبنا، بے بس ہوجانا۔ ② مرنا، جان دینا۔

**such** *adj.* ① ایسا، جیسا کہ معلوم یا زیرِ غور ہے۔ ② اتنا بڑا، عظیم، اس درجے کا۔ □ **as such** معلومہ طور پر یا اس حیثیت میں جو بیان کی گئی۔ **such as** ① مثلاً۔ ② اس قسم کا جیسا کہ، بمثل۔

**such-and-such** *adj.* فلاں فلاں جس کا یا جن کا نام لینا ضروری نہیں۔

**suchlike** *adj.* اسی طرح کے دوسرے، اس قسم کے۔

**suck** *v. & n.* ف: ①چُوسنا۔ ② چُسکی لگانا۔ ③ چُوسنے کی طرح کی حرکت کرنا یا آواز نکالنا، جیسے پائپ پینا۔ اسم: چوسنے کا عمل۔ □ **suck up to** بول چال: خوشامد، چاپلوسی کرنا خصوصاً اپنا مطلب نکالنے کے لیے۔

**sucker** *n. & v.* ① کوئی عضو یا آلہ جو خلا کے سبب سطح پر چپک جاتا ہے۔ ② بول چال: آسانی سے دام میں آجانے والا سادہ لوح آدمی۔ □ **a sucker for** کسی چیز پر فدا، مر مٹنے والا۔

**suckle** *v.* (تھنوں یا پستانوں سے) دودھ پلانا۔

**suckling** *n.* شیر خوار بچہ جس کا دودھ نہ چھٹایا گیا ہو۔

**sucrose** *n.* عام شکر، چینی، قند۔

**suction** *n.* ① چُوسنے کا عمل۔ ② ہوا کو دھکیل کر خلا پیدا کر کے مائع کو کھینچنے کا عمل، اس عمل سے پیدا ہونے والی طاقت۔

**sudden** *adj.* اچانک، یکا یک، معاً، جلدی جلدی میں۔ □ **all of a sudden** دیکھتے ہی دیکھتے، بالکل اچانک۔ ● **suddenly** م ف: معاً، فوراً۔ **suddenness** اسم۔

**sudorific** *adj.* پسینے بہانے والی۔

**suds** *n. pl.* صابن کا جھاگ، کف۔

**sue** *v.* (**sued, suing**) قانون: کسی کے خلاف عدالتی چارہ جوئی کرنا، مقدمہ دائر کرنا۔

**suede** *n.* چمڑا اندر کی جانب سے کمایا اور نرمایا ہوا۔

**suet** *n.* جانوروں کے گُردے کے گرد یا پٹھے کی چربی جو پکانے کے کام آتی ہے۔

**suffer** *v.* ① تکلیف، رنج، صدمہ وغیرہ سہنا، بھگتنا۔ ② کسی تجربے، تبدیلی، آزمائش وغیرہ سے گزرنا؛ مشکل میں مبتلا ہونا۔ ③ گوارا کرنا، برداشت کرنا۔ ● **suffering** اسم: مصیبت، ابتلا۔

**sufferance** *n.* مقدّر یا ڈھکی چھپی اجازت۔ □ **on sufferance** برداشت یا گوارا کیا جانے والا۔

**suffice** *v.* کافی ہونا، حسبِ ضرورت ہونا۔

**sufficient** *adj.* کافی، حسبِ مُراد، حسبِ ضرورت۔ ● **sufficiency** اسم۔ **sufficiently** م ف۔

**suffix** *n.* لاحقہ جو بعض الفاظ کے آخر میں لگتا اور مشتقات بناتا ہے۔

**suffocate** *v.* ① دم گھونٹنا، سانس روک دینا۔ ② دم گھونٹ کر مار دینا۔ ③ دم گھونٹنے کا احساس پیدا کرنا۔ ● **suffocation** اسم: سانس کی رکاوٹ۔

**suffrage** *n.* سیاسی انتخابات میں حق رائے دہی۔

**suffragette** *n.* تاریخ: خواتین کے لیے حق رائے دہی طلب کرنے والی تحریک کی حامی عورت۔

**suffuse** *v.* (رنگ، نمی وغیرہ کا) اندر سے رسنا، پھوٹ نکلنا، جھلکنا۔ ● **suffusion** اسم: رنگ کی جھلکی۔

**sugar** *n.* شکر، چینی جو گنّے، گاجر، چقندر وغیرہ سے تیار کی جاتی ہے۔ ف: ① شکر سے میٹھا کرنا۔ ② میٹھی بات کرنا۔ ● **sugary** صف: میٹھا، شیریں۔

**sugar beet** *n.* چقندر کی ایک قسم جس سے شکر تیار کی جاتی ہے۔

**sugar cane** *n.* شکر، گنّا، مداریی علاقے کا گھاس کی نوع کا ایک پودا۔

**sugar soap** *n.* رنگ چھڑانے کا الکلی سوڈا اور صابن ملا الکلی مرکب۔

**suggest** *v.* ① تجویز کرنا۔ ② کسی خیال، کیفیت، یاد وغیرہ کو تازہ کرنا، کسی بات کی طرف اشارہ کرنا، علامت ہونا۔

**suggestible** *adj.* بات ماننے پر آمادہ، آسانی سے اتفاق کر لینے والا۔ ● **suggestibility** اسم۔

**suggestion** *n.* ① تجویز، رائے؛ تأثر۔ ② خیال، نظریہ، منصوبہ وغیرہ جو پیش کیا جائے۔ ③ ہلکا سا نشان، خفیف سا شائبہ۔

**suggestive** *adj.* ① ایما، اشارہ کرنے والا، ترغیب دینے والا۔ ② ناشائستہ، نازیبا (فقرہ، مذاق وغیرہ) ● **suggestively** م ف: معنی خیز طور پر۔

**suicidal** *adj.* ① خودکشی پر مائل۔ ② خودکشی کی بابت۔ ③ خود تباہ ہونے والا، بنیادی خرابی کا حامل۔ ● **suicidally** م ف: خودکشی کے ذریعہ۔

**suicide** *n.* ① خود کو ہلاک کرنے کا ارادہ یا اقدام، خودکشی کرنے والا شخص۔ ② خود ہلاکتی عمل یا انداز۔

**sui generis** *adj.* اپنی قسم کا ایک، یکتا، یگانہ۔

**suit** *n. & v.* اسم: ① مردانہ لباس، کوٹ پتلون اور بعض اوقات صدری پر مشتمل، اسی طرح کا زنانہ لباس جس میں پتلون کے بجائے اسکرٹ شامل ہو۔ ② تاش کے پتوں کے چاروں رنگ یعنی (حکم، پان، اینٹ یا چڑیا) میں سے کوئی ایک رنگ۔ ③ مقدمہ۔ ف: ① میل کھانا، موزوں ہونا، موافقت رکھنا۔ ② پورا اُترنا (مانگ، مذاق وغیرہ پر) ③ ڈھالنا، مطابق کرنا۔

**suitable** *adj.* موزوں، حسب ضرورت، مناسب۔ ● **suitability** اسم: موزونیت۔ **suitably** م ف۔

**suitcase** *n.* کپڑے وغیرہ رکھنے کا مستطیل صندوق۔

**suite** *n.* ① ایک وضع یا قسم کی چیزیں، کمروں کا ایک سلسلہ، ایک وضع کے صوفے، کرسیاں وغیرہ۔ ② سازوں کی دُھنیں، جو یکے بعد دیگرے بجائی جائیں۔

**suitor** *n.* کسی عورت سے شادی کا خواہاں مرد۔

**sulk** *v. & n.* ف: چُپ چپ، الگ تھلگ، بدمزاجی کے عالم میں ہونا۔ اسم: **(the sulks)** خاموشی، بدمزاجی، بے کیفی کا دورہ۔ ● **sulkily** م ف۔ **sulkiness** اسم: افسردہ دلی، بے کیفی۔ **sulky** صف: کشیدہ، مکدّر۔

**sullen** *adj.* افسردہ، بے کیف، خاموش، ناراض۔ ● **sullenly** م ف۔ **sullenness** اسم: جل ککڑپن۔

**sully** *v.* **(-ies,-ied)** (کسی کی شہرت، کردار، کامرانی وغیرہ کو) داغ لگانا، رسوا، بدنام کرنا۔

**sulphate** *n.* (*US* **sulfate**) گندھک کے تیزاب کا نمک یا ایسٹر۔

**sulphide** *n.* (*US* **sulfide**) گندھک کا ایک دوعنصری مرکب۔

**sulphite** *n.* (*US* **sulfite**) کیمیا: گندھک کے کمزور تیزاب (sulphurous acid) کا نمک۔

**sulphur** *n.* (*US* **sulfur**) گندھک، ایک زرد کیمیائی مادّہ (علامت: S) ● **sulphurous** صف۔

**sulphuric acid** *n.* ایک نہایت تُرش تیزابی، جلا دینے والا مادّہ۔

**sultan** *n.* سلطان، مسلمان فرماں روا۔

**sultana** *n.* ① بے بیج کی کشمش۔ ② سلطانہ، سلطان کی ماں، بیوی یا بیٹی۔

**sultanate** *n.* سلطان کی حکمرانی یا عملداری، سلطنت۔

**sultry** *adj.* **(sultrier, sultriest)** ① گرم، گھٹا ہوا حبس زدہ (موسم یا فضا) ② جذباتی، شوقین مزاج (شخص یا کردار) ● **sultriness** اسم: گھٹن۔

**sum** *n. & v.* اسم: ① میزان، حاصل جمع؛ دو یا زیادہ شقوں کا مجموعہ۔ ② کوئی رقم حساب یا ریاضی کا سوال۔ □ **sum up** ① دلائل وغیرہ کا خلاصہ کرنا اور جائزہ لینا۔ ② کسی صورت حال یا کسی کے کردار کی بابت مجموعی رائے۔

**summarize** *v.* (also **-ise**) خلاصہ کرنا۔ یا خلاصہ ہونا۔ ● **summarization** اسم: تلخیص۔

**summary** *n. & adj.* اسم: (ج: **-ies**) مختصر روئداد، خلاصہ۔ صف: ① زائد تفصیلات کو چھوڑ کر مطلب کا مختصر (بیان) ② رسمی، قانونی کارروائیوں کے بغیر، سرسری (مقدمہ وغیرہ) ● **summarily** م ف۔

**summation** *n.* ① حاصل جمع، میزان۔ ② خلاصہ، تلخیص، اختصار کرنے کا عمل۔

**summer** *n.* موسم گرما۔ ● **summery** صف۔

**summer time** *n.* موسم گرما میں آگے کیا ہوا وقت

تاکہ دن کی دھوپ سے زیادہ کام لیا جا سکے، اوقات گرما۔
**summit** *n.* ①سب سے اونچا مقام خصوصاً پہاڑ کی چوٹی۔② سربراہان ممالک کے درمیان مذاکرات۔
**summon** *v.* ①عدالت میں حکماً طلبی، سمن عدالت۔ ② بلانا، طلب کرنا۔③مدعو کرنا کسی جلسے وغیرہ میں۔④ (ہمت، حوصلہ) پکڑنا، سے کام لینا۔
**summons** *n. & v.* اسم:①رسمی، سرکاری طلبی، بلاوا۔② عدالت میں طلبی کا حکم نامہ، اس کی تحریری دستاویز۔ف: سمن کی تعمیل کرنا، پہنچانا۔
**sumo** *n.* بھاری پہلوانوں کے درمیان جاپانی کشتی۔
**sump** *n.* ①فالتو پانی کی نکاسی کی نالی جیسے کھان یا مشین میں۔② نابدان۔
**sumptuous** *adj.* امیرانہ، پُرتکلّف، قیمتی۔
● **sumptuously** م ف۔ **sumptuousness** اسم: شہ خرچی۔
**Sun.** SUNDAY کا اختصار۔
**sun** *n. & v.* اسم: سورج، وہ ستارہ جس کے گرد دنیا گھومتی ہے اور جس سے روشنی اور گرمی حاصل کرتی ہے، شمس، آفتاب، خورشید ؛ اسی طرح کے دوسرے آفاقی ستاروں میں سے کوئی۔ف:(sunning،sunned) ①دھوپ لینا، سینکنا۔② دھوپ دکھانا، دھوپ میں رکھنا۔
**sunbathe** *v.* دھوپ سینکنا، خصوصاً رنگ سنولانے کے لیے۔● **sunbather** اسم۔
**sunbeam** *n.* سورج کی کرن، شعاع آفتاب۔
**sunbed** *n.* ①دھوپ تاپنے کے لیے استعمال ہونے والی ہلکی، لمبی آرام دہ کرسی عموماًتہ ہوجانے والی۔② آفتابی لیمپ کے نیچے لیٹنے کا بستر۔
**sunblock** *n.* جلد کو دھوپ کی تمازت سے بچانے کے لیے ملنے کی کریم، تیل یا لوشن۔
**sunburn** *n. & v.* اسم: زیادہ دھوپ پڑنے سے بدن پر اُبھرنے والی سرخی اور سوزش، آفتاب زدگی۔ف: جسم پر تامڑے پڑنا۔● **sunburnt** صف: سنولایا۔
**sundae** *n.* پھلوں کے قتلے، خشک میوے کی گریاں (چنے، بادام، پستے وغیرہ) ملا کر بنائی ہوئی آئس کریم۔
**Sunday** *n.* ہفتے کا پہلا دن، اتوار، یک شنبہ۔
**Sunday school** *n.* بچوں کی دینی تعلیم کے لیے اتوار کو کھلنے والا اسکول۔
**sunder** *v.* ادبی: علاحدہ کرنا، الگ الگ کرنا، کاٹنا۔
**sundial** *n.* دھوپ گھڑی، عموماً پتھر پر جڑی ہوئی کیل یا پترہ جس کے سائے سے وقت معلوم کیا جاتا ہے۔
**sundown** *n.* غروب آفتاب۔
**sundry** *adj. & n.* صف: مختلف، متنوع۔اسم: **(sundries)** متفرق چھوٹی موٹی اشیا، جن کی الگ وضاحت نہ ہو۔□ **all and sundry** ہر ایک۔
**sunflower** *n.* سورج مکھی۔
**sung** SING کا ماضیہ۔
**sunk** SINK کا ماضی وماضیہ۔
**sunken** *adj.* سطح کے نیچے یا غرقاب۔
**Sunni** *n. & adj.* ①(واحد نیز جمع یا **Sunnis**) اسلام کا بڑا فرقہ اہلِ سُنّت والجماعت۔② اس فرقے کا کوئی فرد۔صف: سُنّی فرقے سے منسوب۔
**sunny** *adj.* **(sunnier, sunniest)** ①روشن، سُورج کی روشنی سے منوّر۔② خوش باش، ہنس مکھ۔● **sunnily** م ف: شادمانی سے۔
**sunrise** *n.* طلوع آفتاب۔
**sunset** *n.* ①غروب آفتاب۔②شام کی شفق۔
**sunshade** *n.* ① چھتری یا چھتر۔② سائبان، چھجا۔③ پردہ، روک، اوٹ۔
**sunshine** *n.* سورج کی روشنی، دھوپ۔
**sunspot** *n.* سورج کے داغ جو گھٹتے بڑھتے اور شکلیں بدلتے رہتے ہیں، ان میں سے کوئی۔
**sunstroke** *n.* گرمی کی شدّت سے نقاہت اور غشی کا دورہ جسے عام طور پر لُو لگنا کہتے ہیں۔
**super** *adj.* بول چال: غیر معمولی، بہت عمدہ۔
**superannuation** *n.* ①ملازمت سے سبکدوش آدمی کو ادا کی جانے والی پنشن۔②پنشن یابی۔
**superb** *adj.* ①بہت بلند، اعلیٰ، شاندار، غیر معمولی۔② بہترین، بہت خوب۔● **superbly** م ف۔
**supercharge** *v.* (اندرونی احتراق والے انجن میں) سپر چارجر لگانا تاکہ زائد ہوا اور ایندھن انجن میں جا سکے۔● **supercharger** اسم۔
**supercilious** *adj.* ①نخوت زدہ، مغرور، متکبر۔

② حقارت آمیز، متکبّرانہ۔ ● **superciliously** م ف۔ ● **superciliousness** اسم: تکبّر، دماغ داری۔

**supercomputer** *n.* غیر معمولی طور پر طاقتور اور کارگزار کمپیوٹر، زیادہ پیچیدہ مسائل کو حل کرنے والا۔

**superficial** *adj.* سطحی، اُتھلا، اُوپری، سرسری۔ ● **superficiality** اسم۔ **superficially** م ف۔

**superfluous** *adj.* فاضل، زائد از ضرورت۔ ● **superfluity** اسم۔ **superfluously** م ف۔

**superhighway** *n.* اطلاعات کو تیزی سے مختلف عددی صورتوں میں ایک وسیع برقیاتی جال کے ذریعے روانہ کرنے کا نظام، اطلاعاتی شاہراہ۔

**superhuman** *adj.* ① عام انسانی صلاحیتوں سے بڑھ کر، فوق البشری۔② غیر معمولی کمالات کا پیکر۔

**superimpose** *v.* کسی پر کوئی شے مسلّط کرنا؛ کسی شے پر کوئی شے چڑھانا، منڈھنا۔

**superintend** *v.* دیکھ بھال، نگرانی، انتظام، بندوبست کرنا۔ ● **superintendence** اسم۔

**superintendent** *n.* ① منتظم، نگرانِ کار۔② انسپکٹر سے اوپر کے درجے کا پولیس افسر۔

**superior** *adj. & n.* صف: ① برتر، بہتر، اعلیٰ۔② معمول یا اوسط سے بڑھ کر، بہتر قسم کا۔③ خود پسند، انانیت زدہ۔ اسم: رتبے، کردار وغیرہ میں فوقیت رکھنے والا شخص یا کردار۔ ● **superiority** اسم: برتری، فوقیت۔

**superlative** *adj. & n.* صف: ① اعلیٰ ترین درجے پر۔② قواعد: صفت یا متعلق فعل کی تفضیل۔ اسم: ① کامل نمونہ۔② قواعد: صیغۂ تفضیل تفضیلی اسم صفت۔ ● **superlatively** م ف۔

**supermarket** *n.* بڑی خود خدمتی دکان، جہاں خوراک اور اشیائے صرف فروخت ہوتی ہیں۔

**supernatural** *adj.* مافوق الفطرت، قانونِ فطرت سے ماورا دوسرے مظاہر، مفروضات یا (عقائد) سے متعلق۔ ● **supernaturally** م ف۔

**supernova** *n.* (*pl.* -novae or -novas) کوئی ستارہ جو اچانک کسی دھاکے کے باعث بھڑک اٹھے اور اس کی روشنی اچانک بہت تیز ہو جائے۔

**supernumerary** *adj.* مطلوبہ تعداد سے، زائد۔

**superphosphate** *n.* ایک کیمیائی کھاد جو فاسفیٹ کے ڈلوں کو گندھک یا گندھک کے تیزاب میں ملا کر تیار کی جاتی ہے۔

**superpower** *n.* طاقتور ذی اثر ریاست۔

**superscript** *adj.* کسی سطر یا خط کے فوراً اوپر یا دائیں طرف لکھا یا چھپا ہوا (حرف یا عدد)

**supersede** *v.* ① کسی کی جگہ لے لینا یا کسی کی جگہ پر کسی اور کو مامور کر دینا۔② برطرف کرنا، علاحدہ کرنا۔

---

وضاحت: صحیح املا sede ہے cede نہیں۔

---

**supersonic** *adj.* آواز سے زیادہ تیز رفتاری سے رواں۔ ● **supersonically** م ف۔

**superstition** *n.* توہم، مافوق الفطرت باتوں پر یقین، ایسی باتوں کی طرف سے بے جا ہراس، ٹونے ٹوٹکوں پر یقین۔ ● **superstitious** صف: ضعیف الاعتقاد۔

**superstore** *n.* بڑا اسٹور جس میں بہت طرح کا سامان بِکتا ہو۔

**superstructure** *n.* ① بنیاد کے اوپر کی تعمیر۔② کسی تعمیر کے اوپر بالائی تعمیر۔

**supervene** *v.* دخل انداز ہونا، رخنہ ڈالنا، ناگہاں نازل ہونا۔ ● **supervention** اسم: ناگہانی نزول۔

**supervise** *v.* ① نگرانی کرنا، کسی کام کی تکمیل یا تعمیل پر نظر رکھنا۔② دوسروں کے کام کا نگراں ہونا۔ ● **supervision** اسم: دیکھ بھال۔ **supervisor** اسم۔ **supervisory** صف: نگرانی کا۔

**supine** *adj.* ① چت حالت میں۔② بے حرکت، سُست، لدّھڑ، ناکارہ، بے عمل۔

**supper** *n.* شام کا کھانا خصوصاً ہلکا، گھریلو، غیر رسمی۔

**supplant** *v.* کسی کو بے دخل کر کے اس کی جگہ پر قبضہ جمانا۔

**supple** *adj.* نرم، لچکیلا، آسانی سے مُڑنے، ڈھل جانے والا۔ ● **suppleness** اسم۔ **supply** م ف۔

**supplement** *n. & v.* اسم: ① تکمیل، درستگی اصلاح کے لیے اضافہ کی جانے والی شے۔② کتاب وغیرہ کا ضمیمہ۔ ف: ضمیمہ ہونا یا ساتھ لگانا۔

**supplementary** *adj.* بطور ضمیمہ، اضافی، ضمنی۔

**suppliant** *adj. & n.* صف: ① عرضی گزار۔ ② عاجزی کا اظہار کرنے والا۔ اسم: ملتمس، خواستگار شخص۔

**supplicate** *v.* (کسی بات کے لیے کسی سے) التجا، التماس، درخواست کرنا۔ ● **supplication** اسم۔

**supply** *v. & n.* **(-ied،-ies)** ف: ① ضرورت کی شے یا سامان مہیّا کرنا۔ ② کسی کمی یا ضرورت کو پورا کرنا۔ اسم: (ج: **-ies**) ① فراہمی رسد۔ ② مہیّا سامان یا رسد کا ذخیرہ یا قابلِ حصول مقدار۔ ③ **(supplies)** رسد، فوج یا کسی مہم کے لیے درکار سامان۔

**support** *v. & n.* ف: ① کسی کا بوجھ اٹھانا، سہارا دینا۔ ② گرنے، ڈوبنے، ہارنے سے بچانا۔ ③ پالنا، خرچ اٹھانا۔ ④ حمایت کرنا، حوصلہ دینا، ہمّت باندھنا۔ ⑤ توثیق، تصدیق کرنا۔ ⑥ تائید تعاون، مدد کرنا۔ اسم: ① امداد، تائید۔ ② تعاون کرنے والا شخص یا شے۔ ● **supporter** اسم: حمائتی۔ **supportive** صف۔

**suppose** *v.* ① مان لینا، خصوصاً معلومات نہ ہونے کی وجہ سے، فرض کرنا۔ ② منطقی فرضیہ کے طور پر قیاس کرنا۔ ③ (بطور امر) تجویز کے طور پر سامنے لانا۔ ④ (کسی نظریے یا نتیجے کی بابت) چاہنا، طلب کرنا، تقاضا کرنا۔

**supposed** *adj.* عام طور پر مانا ہوا مگر اکثر غلط۔

**supposedly** *adv.* بالفرض، جیسا کہ گمان کیا جاتا ہے۔

**supposition** *n.* ① مفروضہ، گمان، قیاس کی ہوئی بات۔ ② فرض کرنے کا عمل یا مثال۔

**suppository** *n.* (*pl.* **-ies**) شافہ، دوا کی بتّی جو مقعد یا فرج میں چڑھائی جائے تاکہ وہیں گھل جائے۔

**suppress** *v.* ① کسی عمل کو روک دینا، خصوصاً بالجبر۔ ② خبر، معلومات وغیرہ کو دبا دینا، شروع ہی میں روک دینا۔ ● **suppression** اسم۔ **suppressor** اسم۔

**suppurate** *v.* ① زخم میں پیپ پڑنا۔ ② سڑنا۔ ● **suppuration** اسم: پیپ پڑنے کا عمل۔

**supra-** *pref.* ① اوپر، بالا۔ ② ماورا۔

**supreme** *adj.* ① سب سے بلند، رتبے یا اختیار میں سب سے بڑھ کر۔ ② عظیم ترین، اہم ترین۔ ● **supremacy** اسم: بالادستی۔ **supremely** م ف۔

**supremo** *n.* (*pl.* **-os**) بول چال: ① اعلیٰ با اختیار حاکم۔ ② مختارِ کل۔ ③ کسی چیز کا ماہر۔

**surcharge** *n. & v.* اسم: معمول سے زائد، ضمنی مالی مطالبہ یا ادائیگی۔ ف: زائد مطالبہ وصول کرنا۔

**sure** *adj. & adv.* صف: ① یقینی، جس کی بابت کافی شہادت موجود ہو۔ ② مطمئن۔ ③ بڑی حد تک واقف، آگاہ۔ ④ اطمینان بخش، ماننے کے قابل۔ ⑤ شبہ سے مبرّا۔ ⑥ بلا شبہ سچ یا سچائی پر مبنی۔ م ف: بول چال: یقیناً، یقینی طور پر۔ □ **make sure** دھیان رکھو، یاد رکھو، پکا اطمینان کرلو۔ ● **sureness** اسم۔

**sure-footed** *adj.* پُراعتماد، اطمینان سے صحیح قدم اٹھانے والا۔

**surely** *adv.* ① یقینی طور پر۔ ② امکان یا دلیل پر توجہ دلانے کے لیے۔ ③ دیکھ بھال کر، سنبھال سنبھال کر۔

**surety** *n.* (*pl.* **-ies**) ① ضمانت۔ ② کسی کی طرف سے کسی بات کا ذمّہ لینے والا۔

**surf** *n. & v.* اسم: ① سمندر کے ساحل یا چٹان سے ٹکرانے والی موج۔ ② اس سے پیدا ہونے والے جھاگ، کف۔ ف: موج رانی کرنا۔ ● **surfer** اسم۔

**surface** *n. & v.* اسم: ① کسی جسم کی بیرونی سطح، اس کا رقبہ۔ ② کسی ٹھوس شے کا حدود اربعہ۔ ③ مائع یا خشکی کی اوپری تہ۔ ④ ظاہری منظر۔ صف: سطح سے متعلق، سطح کا، سطح پر۔ ف: ① کافی رقبہ چھوڑنا، دینا (سڑک، کاغذ وغیرہ پر) ② سطح پر لانا، ابھارنا۔ ③ نظر آنا، دکھائی دینے کے قابل ہونا۔

**surfboard** *n.* سمندری موجوں پر سواری کا تختہ۔

**surfeit** *n. & v.* اسم: (خصوصاً کھانے یا پینے میں) اعتدال سے تجاوز۔ ف: ① بہت پیٹ بھر لینا کہ منہ پھر جائے۔ ② افراط کے سبب بے رغبتی، اکتاہٹ پیدا ہونا۔

**surf-riding** *n.* موجوں پر تختہ رانی کا کھیل۔

**surge** *n. & v.* اسم: ① کوئی فوری جوش، جذبہ، دورہ۔ ② قیمتوں یا کسی قسم کی کارروائی میں عارضی تیزی۔ ③ ریلا یا اچھال۔ ف: ① دریا کا موجیں مارنا، تلاطم میں ہونا۔ ② (مجمع یا بھیڑ کا) یکایک ہلّہ کرنا۔

**surgeon** *n.* تربیت یافتہ ماہرِ جراحی۔

**surgery** *n.* (*pl.* **-ies**) ① عملِ جراحی، آلات جراحی کے ساتھ۔ ② ڈاکٹر، دنداں ساز وغیرہ کا مطب۔

● **surgical** صف۔ **surgically** م ف۔

**surly** *adj.* **(surlier, surliest)** بدمزاج، ترش رو، بے مروّت، اکھڑ۔ ● **surliness** اسم: اکھڑپن۔

**surmise** *n. & v.* اسم: اندازہ، قیاس، تخمینہ۔ف: خیال دوڑانا، بغیر کسی بنیاد کے گمان کرنا، قیاس آرائی کرنا۔

**surmount** *v.* ① قابو پانا، غالب آنا (کسی دشواری یا رکاوٹ پر) ② اوپر چڑھا ہونا، چوٹی پر ہونا۔ ● **surmountable** صف: قابل عبور۔

**surname** *n.* موروثی، آبائی نام، خاندان کا نام۔

**surpass** *v.* سبقت لے جانا، پیچھے چھوڑ دینا۔

**surplice** *n.* ایک ڈھیلا ڈھالا سفید سوتی لبادہ جو عیسائی پادری عبادت کے وقت پہن لیتے ہیں۔

**surplus** *n.* باقی بچ رہنے والا، فاضل مقدار۔

**surprise** *n. & v.* اسم: ① کوئی غیر متوقع یا حیرت انگیز واقعہ۔ ② اس سے پیدا ہونے والا جذباتی ردّعمل۔ ف: ① حیرت میں ڈالنا، غیر متوقع یا اچانک کسی بات سے سراسیمہ کرنا، گھبرا دینا۔ ② اچانک آ دبوچنا یا پل پڑنا۔

**surreal** *adj.* ① ماورائے حقیقت کی خصوصیات کا حامل۔ ② عجیب، انوکھا، نرالا۔

**surrealism** *n.* آرٹ اور ادب کی ایک تحریک جو تحت الشّعور کی عکاسی سے تعلق رکھتی ہے، مثلاً نقوش کی بے جوڑ، غیر منطقی ترتیب، مافوق الحقیقت نقّاشی۔ ● **surrealist** اسم۔ **surrealistic** صف۔

**surrender** *v. & n.* ف: ① حوالے کر دینا، کسی شے سے دستبردار ہو جانا۔ ② اطاعت قبول کرنا، ہتھیار ڈالنا، ہار مان لینا۔ اسم: اطاعت گزاری، تسلیم۔

**surreptitious** *adj.* خفیہ، چُپ چُپاتے کیا جانے والا۔ ● **surreptitiously** م ف: چوری چھپے۔

**surrogate** *n.* بدل، قائم مقام، کسی کی جگہ کسی منصب پر یا حیثیت میں کام کرنے والا، عیوضی۔ ● **surrogacy** اسم: قائم مقامی، تولیت۔

**surrogate mother** *n.* کوئی عورت جو کسی دوسری عورت کی جگہ بچہ پیدا کرے۔

**surround** *v. & n.* ف: ① چاروں طرف سے گھیر لینا، احاطہ کرنا، محصور کر لینا۔ ② چاروں طرف سے گھرا ہونا۔ اسم: حاشیہ، پٹّی۔

**surroundings** *n. pl.* مضافات، ہمسائے میں واقع اشیا، حالات وغیرہ، جو کسی کو متأثر کریں۔

**surtax** *n.* کسی ٹیکس لگائی ہوئی چیز پر مزید ٹیکس۔

**surveillance** *n.* کڑی نگرانی۔

**survey** *v. & n.* ف: ① مجموعی طور پر جائزہ لینا، غور سے مشاہدہ کرنا۔ ② (کسی عمارت وغیرہ) کا بغور امتحان کرنا۔ اسم: ① کسی چیز کا عمومی نقشہ، مساحت معائنہ۔ ② املاک کا معائنہ، اس کی تحریری رپورٹ یا نقشہ۔

**surveyor** *n.* عمارات اور اراضی کا معائنہ کرنے والا شخص۔

**survival** *n.* ① بقا، زندہ بچ جانا، باقی رہ جانا۔ ② کوئی فرد، شے، عمل، رواج جو پہلے سے چلا آ رہا ہو۔

**survive** *v.* ف: ① زندہ، بقید حیات رہنا، جیتا رہنا۔ ② کسی سے زیادہ لمبی عمر پانا، اس کی وفات کے بعد موجود ہونا۔ ③ باقی بچ جانا، قائم رہنا، خطرات وغیرہ سے نکل آنا۔ ● **survivability** اسم۔ **survivable** صف۔ **survivor** اسم: بچ رہنے والا۔

**sus** SUSS کا متبادل۔

**susceptible** *adj.* اثر قبول کرنے کی اہلیت رکھنے والا، اثر گیر، اثر پذیر، حسّاس، زُود حس، آسانی سے جذباتی ہو جانے والا۔ ● **susceptibility** اسم: زود حسی۔

**sushi** *n.* ایک جاپانی کھانا جس میں مختلف اجزا جیسے کچی مچھلی سرکہ آمیز ٹھنڈے خشکے کے ساتھ ملا کر گولے بنا لیے جاتے ہیں۔

**suspect** *v., n. & adj.* ف: ① کسی بات یا شے کے ہونے کا شبہ کرنا۔ ② مفروضے کے طور پر باور کرنا۔ ③ کسی کو مشتبہ، موجب الزام سمجھنا، خیال کرنا۔ اسم: مشتبہ، مشکوک آدمی۔ صف: نا قابل اعتبار۔

**suspend** *v.* ① لٹکانا، معلّق کرنا، رکھنا؛ فیصلہ نہ کرنا۔ ② معطل کرنا۔ ③ ملتوی کرنا۔ ④ خارج، بدر کر دینا، کسی تقریب، منصب، حق یا اسکول کی حاضری سے۔

**suspender** *n.* ① جراب کو گیٹس کی طرح سنبھالنے والا تسمہ۔ ② **(suspenders)** امریکا: پتلون کو سنبھالے رکھنے کے لیے دہرے تسمے۔

**suspense** *n.* بے یقینی، امید و بیم کا عالم۔

**suspension** *n.* ① تعطل، معطّلی، التوا۔ ② گاڑی

آرائشی بیل۔

**swagger** *v. & n.* ف:①اکڑ کر، ناز سے چلنا۔② دھونس جمانا۔اسم: اتراتی چال، متکبّرانہ انداز۔

**Swahili** *n.* ①زنجبار اوراس کے ساحلی علاقوں کے بانتو بولنے والے لوگوں میں سے کوئی۔② ان کی زبان جو مشرقی افریقہ کی عام بولی ہے۔

**swallow** *v. & n.* ف:①نگلنا، حلق سے اتارنا۔ ②منہ چلا کر یہ عمل انجام دینا۔③ (ہتک یا کسی ناگوار بات کو) سن کے پی جانا، جبراً سہہ جانا، کسی ناقابل یقین بات کو مان لینا۔④ کسی جذبے کو دبالینا۔⑤ بڑبڑانا، الفاظ کو چبانا۔ اسم: ①نگلنے، گھیر لینے، ہڑپ کر جانے کا عمل۔ ②ایک وقت میں نگلی جانے والی شے کی مقدار۔③ابابیل جس کی دم دوشاخہ اور پر لمبے اور نکیلے ہوتے ہیں۔

**swam** SWIM کا ماضی۔

**swami** *n.* سوامی، ہندو پنڈت، آقا یا راجکمار۔

**swamp** *n. & v.* اسم: پانی کھڑا ہوا علاقہ، مرطوب یا دلدلی زمین۔ ف: ① چھا جانا، ڈبو دینا؛ پانی پھیر دینا، شرابور، تربتر ہونا۔② چھا جانا، دبوچ لینا، کسی چیز سے بالکل ڈھک دینا، چھپا دینا۔● **swampy** صف۔

**swan** *n.* ہنس، ایک سفید بڑا آبی پرندہ۔

**swank** *v.& n.* بول چال: ف: اترانا، گھمنڈ کرنا۔ اسم: نمائش، اتراہٹ، دکھاوا۔

**swansong** *n.* کسی شخص کی زندگی یا عملی زندگی کا آخری کارنامہ۔

**swap** *v. & n.* (also **swop**) ف: (**swapping** ، **swapped**) مبادلہ کرنا، ادل بدل کرنا۔ اسم: ①ایک کے بدلے دوسری چیز لینے، ادلا بدلی کرنے کا عمل۔② بدلنے یا بدلے میں لینے کے قابل چیز۔

**swarm** *n. & v.* اسم: ① کیڑے مکوڑوں، شہد کی مکھیوں کا جھلّڑ۔② آدمیوں کی بھیڑ، جمّ غفیر۔ ف: جانوروں کا غول بنانا، بڑا قافلہ یا ریلا بنا کر چلنا۔□ **swarm up** (درخت وغیرہ پر) چڑھنے کی کوشش کرنا، خصوصاً جلدی میں چاروں ہاتھ پاؤں کے سہارے۔

**swarthy** *adj.* (**swarthier, swarthiest**) کالے رنگ کا، سیاہ فام۔● **swarthiness** اسم۔

کو دھروں پر قائم رکھنے والی کمانی۔

**suspension bridge** *n.* معلّق پل جس کے پٹاؤ کو آہنی رسّوں سے تھاما جائے، جو دوطرفہ مضبوط ڈھانچوں کے سہارے لٹکے ہوں، جھولا پُل۔

**suspicion** *n.* ①شبہ کرنے والے کے احساسات و خیالات۔② شبہ، شک، گمان یا بدگمانی۔③ شائبہ، ہلکا سا تأثر یا آمیزش۔

**suspicious** *adj.* ①شک کرنے والا، شک میں مبتلا، بدظن۔② شک کا اظہار کرنے والا۔③شبہ پیدا کرنے والا۔● **suspiciously** م ف: مشتبہ طور پر۔

**suss** *v.* (also **sus**) بول چال: تفتیش کرنا، کھوج لگانا، سمجھنا، جانچنا، پوری طرح واقف ہونا۔

**sussed** *adj.* بول چال: پوری طرح واقف، ہوشیار۔

**sustain** *v. & n.* ① سہارنا، بوجھ اٹھانا، سہارا دینا، تقویت پہنچانا، ہمّت بندھانا۔② برداشت کرنا، سہنا، مقابلہ کرنا۔③ شکست یا چوٹ کھانا، نقصان اٹھانا۔④ عدالت کا اعتراض وغیرہ کو قبول کرنا، تائید کرنا۔

**sustainable** *adj.* (ترقی کی بابت) جو قدرتی وسائل کے تحفظ کا خاص خیال اور مقامی ماحولیاتی توازن کو قائم رکھے۔

**sustenance** *n.* غذا، خوراک۔

**suture** *n. & v.* اسم: زخم کی سلائی، اس کے لیے استعمال ہونے والی ڈوری یا تار۔ ف: زخم سینا۔

**suzerain** *n.* ①جاگیرداری دور کا بڑا جاگیردار۔② بالادست ملک یا ریاست۔

**svelte** *adj.* دبلا پتلا؛ پھرتیلا؛ خوش اندام۔

**SW** تخفیف: ①south-west جنوب مغرب۔② south-western جنوب مغربی۔

**swab** *n. & v.* اسم: ①پوچا لگانے کا کپڑا وغیرہ، پوچا۔ ②پونچھنے، صاف کرنے کا کپڑا، گالا، پھاہا وغیرہ، روئی کی پھریری، کسی مادّے کے امتحان کے لیے پھریری وغیرہ پر لیا جانے والا نمونہ۔ ف: (**swabbing**، **swabbed**) زخم پونچھنا؛ جہاز کے عرشے وغیرہ پر پوچا پھیرنا۔

**swaddle** *v.* کپڑوں میں لپیٹ کر کس دینا۔

**swag** *n.* ①لوٹ کا مال جو ڈاکو یا نقب زن لے جائیں، ناجائز کمائی۔② پھولوں وغیرہ سے سجائی ہوئی لڑی یا

**swashbuckler** *n.* بڑبولا، دھونس جمانے والا، جھگڑالو، ڈینگ مارنے والا۔● **swashbuckling** صف و اسم: شورہ پُشت، جھگڑالو۔

**swastika** *n.* سواستیکا، ایک قدیم صلیبی نشان جس کے ہر بازو سے زاویہ قائمہ پر ایک خط نکلتا ہے۔

**swat** *n.*(**swatted, swatting**) کسی چیز کی تیز ضرب لگا کر پھٹاک سے مارنا، چوٹ لگانا۔

**swatch** *n.* نمونہ خصوصاً کپڑے، پارچے کا۔

**swath** *n.* (also **swathe**) ① کٹی ہوئی گھاس کا ڈھیر، غلّے وغیرہ کا تودہ۔ ② گھاس کاٹنے کی مشین کے گزرنے کے بعد صاف شدہ پٹّی۔

**swathe** *v. & n.* ف: کپڑے یا پٹیوں سے باندھنا، لپیٹنا۔ اسم: پٹی، بند وغیرہ جن سے لپیٹا، باندھا جائے۔

**sway** *v. & n.* ف:①ڈولنا، ڈگمگ کرنا۔② حرکت یا سمت کو قابو میں رکھنا، حکومت کرنا، تسلّط رکھنا۔ اسم:①اثر، اقتدار یا حکومت۔②ڈولتی، جھولتی ہوئی حرکت۔

**swear** *v.* (**swore, sworn**) ① قسم کھا کر کہنا، حلف اٹھانا۔ ② زور دے کر کہنا۔ ③ مغلظات بکنا۔ □ **swear in** بول چال: کسی عہدہ پر حلف لے کر فائز کرنا۔

**swear word** *n.* گالی، ناشائستہ زبان، غصّے میں یا اپنی بات پر زور دینے یا منوانے کے لیے، بطور قسم۔

**sweat** *n. & v.* اسم:①پسینہ، عرق، خصوصاً جو جسم کے مسامات سے بہے۔② پسینہ میں تر ہونے کی حالت یا موقع۔③ پریشانی کا عالم ۔④ محنت، مشقت، عرق ریزی، محنت طلب کام یا ذمّہ داری۔ ف: ① پسینہ لانا، پسینے میں تر ہونا۔ ② سخت تکلیف میں ہونا۔③ مشقّت کرنا، دکھ بھرنا۔● **sweaty** صف: پسینہ دار۔

**sweatband** *n.* جاذب پٹّی، پسینہ خشک کرنے کے لیے۔

**sweated labour** *n.* کم تنخواہ اور برے حالات میں کیا ہوا کام؛ اس طرح کام کرنے والے لوگ۔

**sweater** *n.* =PULLOVER۔

**sweatshirt** *n.* لمبی آستینوں کا خصوصاً موٹے سوتی کپڑے کا سوئٹر، اندر سے روئیں دار۔

**sweatshop** *n.* کوئی کارخانہ جہاں بہت مشقت لی جائے۔

**Swede** *n.* سویڈن کا شہری یا باشندہ۔

**swede** *n.* شلجم کی ایک بڑی قسم۔

**Swedish** *adj. & n.* صف: سویڈن یا اس کے باشندوں یا وہاں کی زبان سے متعلق۔ اسم : سویڈی زبان۔

**sweep** *v. & n.* (**sweeping‹swept**):ف ① جھاڑو سے صفائی کرنا کمرے وغیرہ کی۔② جھاڑو دینا۔③ بزور ساتھ لے جانا۔④ تیزی سے یا ہلکے سے، دبے پاؤں گزرنا۔ اسم: ① جھاڑنے بہارنے کا عمل۔ ② پہاڑیوں کا سلسلہ۔ ③حدود، استطاعت، مقدور۔ □ **sweep the board** ① جوئے میں ساری رقم جیت لینا۔② تمام انعامات مار لے جانا۔

**sweeping** *adj.* ① وسیع یا وسیع طور پر اثرانداز ہونے والا۔ ② عمومی (بیان وغیرہ) جو جزوی فرق کو نظرانداز کرے، سب کو ایک لاٹھی سے ہانکنے والا۔

**sweepstake** *n.* جُوا جس میں لگائی ہوئی تمام رقم جیتنے والوں میں تقسیم کر دی جاتی ہے۔

**sweet** *adj. & n.* صف:① میٹھا، شیریں۔② گلاب یا عطر جیسا خوشبودار۔③ سُریلا، خوش آہنگ۔④ خوش آئند، خوش گوار، پُرکشش۔ ⑤ خوش طبع، خوش اخلاق۔⑥ خوب صورت، دلکش۔ اسم: ① ایک مٹھائی جو عموماً چاکلیٹ کے ساتھ تیار کی جاتی ہے۔② کھانے کے ساتھ میٹھی چیز، میٹھا۔● **sweetly** م ف : ملائمت سے۔ **sweetness** اسم: مٹھاس، مہک۔

**sweetbread** *n.* جانور کا لبلبہ خصوصاً بطور غذا۔

**sweetcorn** *n.* میٹھی قسم کی عمدہ مکئی۔

**sweeten** *v.* میٹھا یا زیادہ میٹھا کرنا۔

**sweetener** *n.* ①ایک کم حراروں والی مصنوعی شکر۔ ② بول چال: رشوت یا ترغیب۔

**sweetheart** *n.* ① پیارا یا پیاری، محبوب، محبوبہ۔② پیار سے مخاطب کرنے کا لفظ۔

**sweetmeal** *n.* ① مٹھاس ملا بے چھنا گیہوں کا آٹا۔②اس آٹے کا بسکٹ۔

**sweet tooth** *n.* مٹھائی سے رغبت، میٹھی چیزوں کا شوق۔

**swell** *v. & n.* (**swelled، swollen** یا:ف

(swelling، swelled) ① پھولنا، حجم میں بڑھنا یا تیز، اونچا، بلند آہنگ ہونا، شدّت پکڑنا۔ ② سُوجنا، پھیل کرتن جانا۔ اسم: ① سوجن، اُبھار، پھیلاؤ۔ ② سمندر کا تموّج، اتھل پتھل۔ ③ قدیم، بول چال: نمایاں نظر آنے والا، وضع دار، خوش پوشاک آدمی۔

**swelling** *n.* جسم پر پڑنے والا گومڑا، پھنسی، ورم۔

**swelter** *v.* شدید گرم ہونا، گرمی سے بے حال ہونا۔

**swept** SWEEP کا ماضی و ماضیہ۔

**swerve** *v.* & *n.* ف: چلتے چلتے رخ موڑنا، خصوصاً ایک دم۔ اسم: گھماؤ، موڑنے یا مڑنے کی حرکت۔

**swift** *adj.* & *n.* صف: تیز رفتار یا تیزی سے حرکت کرنے والا، جلد آنے یا گزرنے والا۔ اسم: تیزی سے اڑنے والی ایک چڑیا، کوہی ابابیل۔ ● **swiftly** م ف: تیزی سے۔ **swiftness** اسم: پھرتی، تیزی۔

**swill** *v.* & *n.* ف: ① کھنگالنا، نتھارنا، پانی میں ڈبو کر نکالنا یا اوپر سے پانی بہانا۔ ② ندیدوں کی طرح پینا۔ اسم: باورچی خانے کا گیلا کچرا جو سؤر کی غذا ہے۔

**swim** *v.* & *n.* ف: (swam، swum، swimming) ① تیرنا، تیراکی کرنا جسم کی حرکت سے۔ ② غوطے کھاتا ہوا دکھائی دینا۔ ③ چکرانا۔ ④ زیر آب ہونا، پانی سے بھر جانا۔ اسم: تیرنے کا عمل یا عرصہ۔ ● **swimmer** اسم: تیراک۔

**swimming bath** *n.* تیرنے کا تالاب خصوصاً عمارت کے اندر۔

**swimmingly** *adj.* بآسانی، بلا رکاوٹ۔

**swimming pool** *n.* تیراکی کے لیے تعمیر کردہ تالاب۔

**swindle** *v.* & *n.* ف: ① دھوکا دینا۔ ② دھوکے سے رقم وصول کرنا۔ اسم: ① دھوکے بازی۔ ② دھوکے کی چال۔ ● **swindler** اسم: فریبی، دھوکے باز۔

**swine** *n.* (*pl.* same) ① سؤر۔ ② (ج: swine یا swines) بول چال: کسی کے لیے دشنام کا لفظ، سخت گالی؛ کوئی بہت دشوار یا ناپسندیدہ کام یا شے۔

**swing** *v.* & *n.* ف: ① (swinging، swung) جھولنا، جھلانا، جھولے یا لنگر کی طرح ادھر سے اُدھر ڈولنا۔ ② دائیں بائیں جنبش کرنا، معلق لٹکنا۔ ③ گھومنا یا گھمانا۔ ④ کسی چیز کے سہارے اِدھر سے اُدھر چھلانگ لگانا۔ ⑤ متلوّن مزاج ہونا۔ ⑥ رائے دہی وغیرہ کے فیصلے پر اثر انداز ہونا۔ اسم: ① جھولنے، لٹکنے، چھلانگ لگانے وغیرہ کا عمل یا مثال۔ ② رسّیوں وغیرہ کے سہارے لٹکتی ہوئی نشست، جھولنا۔ ③ عام پسند موسیقی یا رقص، رواں، پُرجوش تال پر مبنی۔ ④ عمومی رجحان کا نمایاں پھیر۔ □ **in full swing** اپنے پورے شباب پر۔ ● **swinger** اسم۔

**swing-bridge** *n.* جہازوں کے لیے کھل جانے والا دولخت دریائی پل۔

**swingeing** *adj.* بھاری، دوررس، شدید اور وسیع اثر رکھنے والا۔

**swing-wing** *n.* ہوائی جہاز کا پر، بازو جو پیچھے کی طرف جھکایا جا سکے۔

**swipe** *v.* & *n.* بول چال: ف: ① ہاتھ تول کر الل ٹپ (گھونسا وغیرہ) مارنا۔ ② چوری کرنا۔ اسم: جھولتے ہاتھ کی ضرب یا وار۔

**swipe card** *n.* بینک وغیرہ کا کریڈٹ کارڈ جس پر مقناطیسی عمل سے درج کی ہوئی عبارت برقیاتی مشین پڑھ لیتی ہے۔

**swirl** *v.* گھومتے چکراتے ہوئے چلنا یا بہنا۔

**swish** *v., n.* & *adj.* ف: سنائی دینے والی آواز کے ساتھ (لکڑی، درانتی وغیرہ کو) ہوا یا گھاس وغیرہ میں چلانا۔ اسم: زنّاٹے، فراٹے کی آواز یا حرکت۔ صف: بول چال: طرحدار، فیشن پسند۔

**Swiss** *adj.* & *n.* صف: ملک سوئٹزرلینڈ یا اس کے باشندوں سے متعلق۔ اسم: وہاں کا شہری یا باشندے۔

**Swiss roll** *n.* ایک مخروطی شکل کا کیک، اسپنج کیک کے ٹکڑے پر جام وغیرہ لگا کر لپیٹا ہوا۔

**switch** *n.* & *v.* اسم: ① بجلی کھولنے بند کرنے کا کھٹکا یا بٹن۔ ② تبدّل، ادل بدل، انحراف۔ ③ درخت سے کاٹی ہوئی پتلی شاخ یا ٹہنی۔ ④ ہلکی، نکیلی، دستی چھڑی۔ ⑤ مصنوعی بالوں کی لڑ ایک طرف سے گرہ دار۔ ف: ① بجلی کا کھٹکا کھولنا یا بند کرنا۔ ② موقف یا موضوع وغیرہ کو بدلنا۔ ③ دو چیزوں کو ادل بدل کرنا، آپس میں تبدیل کرنا، ادلا بدلی کرنا۔

**switchback** *n.* ① نمائش یا میلے میں چلنے والی

ریل جو لہریے دار طور پر اونچی نیچی ہوتی ہوئی چلتی ہے اور پچھلے اتار کی رفتار کے زور سے چڑھائی پر چڑھتی ہے۔② تیز اتار چڑھاؤ کے ساتھ سڑک یا پٹڑی۔

**switchboard** *n.* برقی سلسلوں کو ملانے اور تبدیل کرنے کا مختلف کھٹکوں والا تختہ، جوڑ تختہ۔

**swivel** *n. & v.* اسم: مشینی پرزوں کے درمیان لگا ہوا جوڑ جو ایک کو حرکت دے اور دوسرے کو ساکت رکھے، چول چکّر۔ ف: (**swivelling**، **swivelled** امریکا: **swiveled**) چول چکّر پر یا چول چکّر کی طرح گھمانا۔

**swizz** *n.* (also **swiz**)(*pl.* **swizzes**): بول چال: ① کوئی ناخوشگوار یا خلاف توقع بات۔② دھوکا، فریب۔

**swollen** SWELL کا ماضیہ۔

**swoop** *v. & n.* ف: ① شکاری پرندے کی طرح جھپٹّا مارنا۔② دُور سے اچانک حملہ کرنا۔ اسم: جھپٹّا۔

**swop** SWAP کا متبادل۔

**sword** *n.* تلوار، شمشیر، تیغ۔

**swordfish** *n.* (*pl.* usu. same) ایک لمبی تلوار نما تھوتھنی والی مچھلی، کٹار مچھلی۔

**swore** SWEAR کا صیغۂ ماضی۔

**sworn** SWEAR کا ماضیہ۔ صف: حلف اٹھائے ہوئے، مراد: پکا عزم کیے ہوئے (*sworn enemies* پکے دشمن)

**swot** *v. & n.* ف: (**swotting**، **swotted**) بول چال: تن دہی سے مطالعہ کرنا۔ اسم: تن دہی سے مطالعہ کرنے والا شخص۔② ایسا مطالعہ۔

**swum** SWIM کا ماضیہ۔

**swung** SWING کا ماضی و ماضیہ۔

**sybarite** *n.* عیّاش، جسمانی لذّتوں کا شائق فرد۔ ● **sybaritic** صف: عیّاشانہ۔

**sycamore** *n.* میپل کی بڑی قسم جو اپنے گھنے سائے اور عمارتی لکڑی کے لیے کاشت کیا جاتا ہے۔

**sycophant** *n.* خوشامدی، چاپلوس۔ ● **sycophantic** صف۔ **sycophantically** م ف: خوشامدانہ۔

**syllable** *n.* رکن کلمہ، تلفظ کی اکائی جو کسی لفظ کا حصّہ یا بجائے خود ایک لفظ ہو۔ ● **syllabic** صف۔

**syllabub** *n.* کریم اور دودھ سے تیار کردہ ایک میٹھی غذا جسے پھینٹ کر پھُلایا جاتا ہے، مثل نمش۔

**syllabus** *n.* (*pl.* **syllabuses** or **syllabi**) مطالعے یا پڑھائی کا مقررہ نصاب۔

**syllogism** *n.* قیاس، ایک طریق استدلال جس میں دو مقدمات یا بیانات (صغریٰ و کبریٰ) سے نتیجہ اخذ کیا جاتا ہے۔ ● **syllogistic** صف: قیاسی۔

**sylph** *n.* ① ہوا کی مفروضہ روح۔② نازک، کامنی عورت یا لڑکی۔

**sylvan** *adj.* (also **silvan**) ① جنگل سے متعلق، جنگلاتی، جنگلوں سے منسوب یا معمور۔② دیہی۔

**symbiosis** *n.* (*pl.* **symbioses**) دو یکجا رہنے والے مختلف النّوع نامیوں کے درمیان باہمی ردّعمل، عموماً دونوں کے لیے فائدہ مند، خوش گوار، ہم زیستی۔ ● **symbiotic** صف: ہم باش، مقرِب۔

**symbol** *n.* ① علامت، رمز، شناختی نشان۔② کوئی نشان یا حرف وغیرہ جو کسی شے، خیال، عمل وغیرہ کا نمائندہ قرار دیا جائے۔

**symbolic** *adj.* (also **symbolical**) ① علامتی، بطور علامت شناخت ہونے والا۔② علامت کے استعمال سے متعلق۔ ● **symbolically** م ف۔

**symbolism** *n.* خیالات کے اظہار کے لیے علامات کا استعمال، رمزیت، علامتیت۔ ● **symbolist** اسم: علامتی، علامت پسند۔

**symbolize** *v.* (also **-ise**) ① کسی تصوّر، خیال یا وجود کی علامت ہونا۔② علامتوں کے ذریعے ظاہر کرنا۔

**symmetry** *n.* (*pl.* **-ies**) ① عناصر کا صحیح تناسب، توازن؛ صحیح تناسب سے پیدا ہونے والا حسن توازن۔② کوئی ڈھانچا، تعمیر یا شکل جس میں توازن ملحوظ رکھا گیا ہو۔ ● **symmetrical** صف: متوازن، متناسب۔ **symmetrically** م ف۔

**sympathetic** *adj.* ① ہمدرد، ہمدردانہ۔② ہمدردی کا جذبہ پیدا کرنے والا، ہمدردی کا مستحق۔③ دوستانہ یا مخلصانہ روّیہ رکھنے والا۔④ (وہ درد) جو کسی حصّۂ جسم میں کسی اور کے درد یا کسی اور حصّۂ جسم کے درد سے محسوس ہو۔⑤ کسی جسم کے ارتعاش سے متاثر ہو کر کسی اور جسم میں پیدا ہونے والا (ارتعاش یا لرزش)●

**sympathetically** م ف: ہمدردی سے۔

**sympathize** *v.* (also **-ise**) ہمدردی محسوس کرنا یا اس کا اظہار کرنا۔ ● **sympathizer** اسم: ہمدرد۔

**sympathy** *n.* (*pl.* **-ies**) ① کسی دوسرے شخص کے ساتھ اس کے تأثر، احساس یا جذبے میں اتحاد، شرکت، ہمدردی۔ ② کسی جذبے، احساس وغیرہ میں شرکت کی صلاحیت، رحم دلی، دردمندی، غم میں شرکت۔

**symphony** *n.* (*pl.* **-ies**) وسیع پیمانے پر ترتیب دیا ہوا تفصیلی سازینہ۔ ● **symphonic** صف۔

**symposium** *n.* (*pl.* **symposia**) مجلس مذاکرہ جو کسی خاص موضوع پر منعقد ہو، اس موقع کے لیے لکھے جانے والے مقالات کا مجموعہ۔

**symptom** *n.* ① مرض کی علامات میں سے کوئی جو بعض جسمانی یا ذہنی کیفیات سے ظاہر ہوں۔ ② کسی چیز کے وجود کا نشان، سراغ۔

**symptomatic** *adj.* مرض کی علامت کے طور پر ظاہر ہونے والا، علامتی۔

**synagogue** *n.* یہودیوں کی عبادت گاہ نیز دینی مرکز، کنیسہ، جامع الیہود۔

**synapse** *n.* دو عصبوں کا اتصال جن کے درمیان خفیف سا فصل ہوتا ہے۔

**synchronic** *adj.* کسی مخصوص وقت کے حوالے سے کسی موضوع سے متعلق، یک زمانی۔

**synchronize** *v.* (also **-ise**) ①دو باتوں کا ایک ساتھ واقع ہونا۔ ②باہم مربوط کرنا، یکجا کرنا۔ ③ گھنٹے گھڑیوں کا وقت ملانا، گھنٹے گھڑیوں کا آپس میں ملا ہونا۔ ● **synchronization** اسم: ہم وقتی۔

**synchronous** *adj.* ایک ساتھ موجود یا واقع ہونے والے، معاصر، ہم وقت۔

**syncopate** *v.* تال میں تبدیلی کرنا؛ دھیمی تال کو تیز یا تیز کو دھیما کرنا۔ ● **syncopation** اسم۔

**syndicate** *n.* & *v.* اسم: مشترک مفاد کے فروغ کے لیے افراد یا تجارتی اداروں کی انجمن۔ ف: ① باہم مل کر سنڈیکیٹ بنانا۔ ② سنڈیکیٹ کے ذریعے (مضامین وغیرہ) شائع کرانا۔ ● **syndication** اسم۔

**syndrome** *n.* ① کسی مرض کی مجموعی علامات۔ ②

کسی امر میں خیالات، جذبات، رویّے کا اتحاد۔

**synod** *n.* کلیسا کی نمائندہ مجلس جس میں مذہبی امور اور تعلیم وغیرہ پر بحث ومباحثہ کیا جاتا ہے۔

**synonym** *n.* کسی لفظ، فقرے، جزو جملہ کا مترادف ہم معنی اسی زبان میں۔ ● **synonymous** صف۔

**synopsis** *n.* (*pl.* **synopses**) ①خلاصہ یا خاکہ۔ ② عمومی یا سرسری جائزہ۔

**synovial** *adj.* مفاصل کی فطری رطوبت، لعاب مفاصل سے متعلق۔

**syntax** *n.* ① ترکیب نحوی، جملے میں الفاظ کی ترتیب جس سے ان کا باہمی ربط واضح ہو۔ ● **syntactic** صف۔ **syntactically** م ف: نحو کے اعتبار سے۔

**synthesis** *n.* (*pl.* **syntheses**) ①ترکیب، تالیف، متفرق اجزا کا امتزاج۔ ② کیمیا: بنیادی اجزا سے مصنوعی طور پر ترکیب دیے جانے والے مرکبات۔

**synthesize** *v.* (also **-ise**) ① ترکیب دینا، تالیف کرنا، خلاصہ کرنا۔ ② باہم آمیز یا مربوط کرنا۔

**synthesizer** *n.* (also **-iser**) ایک برقیاتی آلۂ موسیقی جو متنوع قسم کی آوازیں نکالتا ہے۔

**synthetic** *adj.* & *n.* صف: ① مصنوعی عمل سے تیار کردہ۔ ② غیر حقیقی، بناوٹی۔ اسم: مصنوعی طور پر تیار کیا ہوا مرکب۔ ● **synthetically** م ف۔

**syphilis** *n.* آتشک، ایک متعدی جنسی مرض۔ ● **syphilitic** صف: آتشک زدہ۔

**syringe** *n.* & *v.* اسم: ①جراحی میں مستعمل سیّال کو کھینچنے یا خارج کرنے کی پچکاری۔ ف: پچکاری سے (کان، پودے وغیرہ کو) دھونا، پانی چھڑکنا۔

**syrup** *n.* شربت یا شیرہ جو پھلوں کو محفوظ رکھنے کیلیے استعمال ہوتا ہے، مفرّح، شیریں مشروب۔ ● **syrupy** صف: شربت کا سا۔

**system** *n.* ① مختلف اجزا کا مربوط مجموعہ، تنظیم، منظّم ہیئت، مادّی یا غیر مادّی اجزا یا افعال کا مجموعہ۔ ② مختلف پُرزوں کو جوڑ کر بنائی ہوئی کل، مشین۔ ③ جسم کے کسی عمل میں شریک اعضا کا مجموعہ، جسم، جسد انسانی یا حیوانی۔ ④طریق عمل، اصول کار وغیرہ، تقسیم، ترتیب، صنف بندی۔

**systematic** *adj.* باقاعدہ، باضابطہ، کسی منصوبے

یانظام کے ساتھ مربوط۔● systematically م ف:

**systematize** *v.* (also **-ise**) باضابطہ بنانا، ضابطے قاعدے میں لانا، کسی کام کے لیے کوئی منظّم طریقہ کاروضع کرنا۔

**systemic** *adj.* ① کسی نظام کا یا اس سے متعلق۔ ② پورے جسم نہ کہ کسی عضو یا ایک حصّہ، جسم کے متعلق۔

# T

**T** tritium کی علامت۔ □ **to a T** ٹھیکم ٹھیک، پوری طرح، مکمل طور پر۔

**Ta** عنصر tantalum ٹینٹلم کی علامت۔

**ta** *int.* بول چال: شکریہ (بچوں کی بولی)

**tab** *n.* نشانی کی چٹ، بلّا، پتر او غیرہ۔ □ **keep tabs on** بول چال: نگرانی رکھنا۔

**tabard** *n.* بے آستین کا زنانہ شلوکا، کمری یا کرتی۔

**tabby** *n.* (*pl.* **-ies**) لہریے دار بھوری یا خاکستری جلد کی بلّی یا بلاّ۔

**tabernacle** *n.* ① کلیسا: قربانی اور عشائے ربانی کے تبرکات کو رکھنے کا گوشہ۔ ② پاپائے روم سے منحرف عیسائی فرقوں کی عبادت گاہ۔ ③ بائیبل: مستقل یا عارضی تعمیر وغیرہ جسے اٹھا کر دوسری جگہ نصب کیا جاسکے۔

**table** *n.* & *v.* اسم: ① میز جو لکھنے، کھانے یا کھیل کھیلنے وغیرہ کے لیے ہو۔ ② کھانے کا انتظام یا گھریلو کھانا۔ ③ جدول، فہرست، اس کے مشمولات، پہاڑے۔ ف: جلسے میں بحث کے لیے (کوئی تجویز یا رپورٹ) رکھنا۔

**tableau** *n.* (*pl.* **tableaux**) ① تابلو، چپ تمثیل، منظری پیشکش۔ ② کوئی ڈرامائی منظر۔

**table d'hôte** *n.* ہوٹل میں مقررہ داموں پر لگا بندھا کھانا۔

**tableland** *n.* میدانی علاقہ یا چپٹی سطح مرتفع۔

**tablespoon** *n.* کھانے کا بڑا چمچہ۔

● **tablespoonful** اسم۔

**tablet** *n.* ① چپٹی گولی، ٹکیا، خصوصاً دوا کی۔ ② لکڑی یا پتھر کا چپٹا ٹکڑا، تختہ، لوح۔

**table tennis** *n.* پنگ پونگ، میز پر جالی باندھ کر چھوٹی ہلکی گیندوں سے ٹینس کی طرح کا کھیل۔

**tabloid** *n.* بڑی بڑی سرخیوں اور تصاویر کے ساتھ چھپنے والا مقبول عام اخبار یا اخبارچہ، عوامی روزنامہ۔

**taboo** *n.* & *adj.* (also **tabu**) اسم: ① کسی شخص یا شے کو حرام یا حلال، نجس یا پاک قرار دینے کا رواج دستور یا عمل۔ ② بندش، ممانعت۔ صف: ممنوع قرار دیا ہوا۔

**tabular** *adj.* فہرست، جدول کے طور پر مرتب۔

**tabulate** *v.* (اعداد یا معلومات کو) جدولی طور پر مرتب کرنا، خانہ بندی کرنا۔ ● **tabulation** اسم۔

**tachograph** *n.* رفتار پیما، بھاری موٹر گاڑیوں میں لگا ہوا ایک آلہ جو رفتار اور سفر کا دورانیہ ریکارڈ کرتا جاتا ہے۔

**tachometer** *n.* سرعت پیما، جو دھرے کی حرکت سے انجن کی رفتار کو جانچتا ہے۔

**tacit** *adj.* بے کہے مانا ہوا، خاموش مگر ظاہر۔

● **tacitly** م ف: ضمناً۔

**taciturn** *adj.* کم گو، کم سخن، الگ تھلگ۔

● **taciturnity** اسم: کم آمیزی۔

**tack** *n.* & *v.* اسم: ① کوکا، چپٹے سر کی کیل۔ ② کاغذ میں چبھونے کا چپٹا ڈرائنگ پن۔ ③ کپڑوں کو یکجا کرنے کا عارضی لمبا ٹانکا۔ ④ جہاز کی روانی کا رخ۔ ⑤ راہ عمل، پالسی، حکمت عملی۔ ⑥ گھوڑے کا ساز۔ ف: ① کیلوں سے گاڑنا۔ ② کپڑے کے پارچوں کو عارضی طور پر آپس میں جوڑنا، ملانا۔ ③ جہاز کا رخ ہوا کے موافق کرنا، جہاز کا رخ بدلتے ہوئے چلنا۔ ④ پالسی یا طرز عمل بدلنا۔ □ **tack on** کسی شق کا اضافہ کرنا۔

**tackle** *n.* & *v.* اسم: ① کھیلوں وغیرہ کا ساز و سامان۔ ② بھاری بوجھ وغیرہ اٹھانے کے لیے کل، رسّے وغیرہ۔ ③ فٹ بال وغیرہ میں گیند پر قابو کے لیے (حریف سے) بھڑنے کا عمل۔ ف: ① (مسئلے کا) حل نکالنا۔ ② (حریف سے) بھڑنا، فٹ بال وغیرہ میں گیند چھیننے کی کوشش کرنا۔ ③ کسی مسئلے پر سلسلہ جنبانی، آغاز گفتگو کرنا۔

**tacky** *adj.* **(tackier, tackiest)** ①(گوندیا رنگ) جو ابھی گیلا ہو۔ ② بول چال: گھٹیا، بدمذاقی کا (انداز، لہجہ وغیرہ) ● **tackiness** اسم: چھچھا پن۔

**taco** *n.* (*pl.* -os) مکئی کی روٹی میں لپٹا ہوا قیمہ۔

**tact** *n.* ① خوش تدبیری، رکھ رکھاؤ، حکمت عملی۔ ② مؤثر، مناسب عمل۔ ● **tactful** صف: موقع شناس با تدبیر، خوش اسلوب۔ **tactfully** م ف: ہوشیاری سے۔

**tactic** *n.* ① چال، تدبیر، مناسب اقدام۔ ② **(tactics)** جنگی چالیں، کسی مقصد کے حصول کی تدابیر، ماہرانہ چال، پینترا۔

**tactical** *adj.* ① حکمت عملی پر مبنی۔ ② (اسلحہ، بمباری وغیرہ) فوری طور پر کمک پہنچانے کے لیے۔ ③ مدبّرانہ حکمت عملی۔ ● **tactically** م ف: حکمت سے۔

**tactical voting** *n.* کسی قوی حریف کے توڑ پر کسی دوسرے امیدوار کی مدد۔

**tactician** *n.* کارداں، تدبیر ساز۔

**tactile** *adj.* حسّ لمس یا چھونے سے متعلق، لمسی۔ ● **tactility** اسم: لمس، چھونے کی حس۔

**tactless** *adj.* گھامڑ، مصلحت ناشناس، مصلحت، تدبیر سے عاری۔ ● **tactlessly** م ف۔

**tadpole** *n.* مینڈک یا آبی چھپکلی کا پہل روپ۔

**taffeta** *n.* ایک نفیس ریشمی کپڑا۔

**tag** *n. & v.* اسم: ① چٹ، پرچی خصوصاً جس پر نام، پتہ، قیمت لکھی ہو۔ ② کسی ڈوری یا فیتے کے سرے پر دھات کا نکیلا ٹکڑا پرونے میں آسانی کے لیے۔ ③ کسی فرد یا شے پر لگایا جانے والا برقی پرزہ جس سے اس کی کسی جگہ موجودگی کا پتہ چل سکے۔ ④ گھسا پٹا جملہ یا فقرہ۔ ف: **(tagging، tagged)** ① چٹ، پرچی وغیرہ لگانا۔ ② کمپیوٹر: کسی محفوظ یادداشت یا معلومات کو نام دینا۔ □ **tag along** پیروی کرنا، بن بلائے پیچھے پیچھے چلنا۔ **tag on** آخر میں اضافہ کرنا۔

**tagliatelle** *n.* ایک طرح کی باریک سویّاں۔

**t'ai chi** *n.* چین کی مارشل آرٹ کی جسمانی ورزش یا کسرت جو آہستہ آہستہ حرکات پر مشتمل ہوتی ہے۔

**tail** *n. & v.* اسم: ① دُم، پونچھ، دُم نما شے، کسی چیز کا پچھلا سرا۔ ② **(tails)** بول چال: پیچھے کی طرف نکلے دامن کا کوٹ، ٹیل کوٹ۔ ③ **(tails)** پانسے کے طور پر اچھالتے وقت سکّے کی پشت۔ ④ بول چال: کسی کا پیچھا کرنے والا آدمی، پچھ لگا۔ ف: بول چال: تعاقب کرنا۔ □ **tail off** کم ہونا، بتدریج گھٹنا یا پتلا ہونا۔

**tailback** *n.* گاڑیوں کی لمبی قطار، لین ڈوری، رکی ہوئی گاڑیوں کا لمبا سلسلہ۔

**tailboard** *n.* لاری وغیرہ کے پیچھے قبضہ دار کھلنے بند ہونے والا تختہ۔

**tailcoat** *n.* رسمی لباس کے ساتھ کا آگے سے نچلی طرف کھلا اور پیچھے مخروطی شکل میں دولخت کوٹ۔

**tailgate** *n.* ① =TAILBOARD۔ ② کھلی چھت کی گاڑی کا پچھلا دروازہ۔

**tail light** *n.* (also **tail lamp**) ریل یا کسی گاڑی کی عقبی روشنی، پچھلی بتّی۔

**tailor** *n. & v.* اسم: درزی۔ ف: ① کپڑوں کی سلائی کرنا۔ ② درزی کا کام کرنا۔ ③ کسی کا لباس تیار کرنا۔ ● **tailor-made** صف: خاص طور پر بنوائی ہوئی۔

**tailplane** *n.* ہوائی جہاز کی دُم پر افقی ہوا پترا، ایروفوئل۔

**tailspin** *n.* ہوائی جہاز کا گھومتے ہوئے نیچے کی طرف اتار۔

**taint** *n. & v.* اسم: داغ، دھبّا یا خراب ہونے، چھوت لگنے یا کسی عیب کا نشان۔ ف: ① دغیلا بنانا، دھبّا، چھینٹا ڈالنا۔ ② آلودہ کرنا، متاثر کرنا۔

**take** *v. & n.* ①**(taking، taken، took)**: ف: پکڑنا، ہاتھ میں لینا۔ ② پانا، کمانا، حاصل کرنا۔ ③ خریدنا یا کرائے پر لینا۔ ④ ڈالنا، استعمال کرنا (نسخے ترکیب وغیرہ میں) ⑤ سواری کے لیے پکڑنا۔ ⑥ (رسالے اخبار وغیرہ کا) باقاعدہ خریدار رہنا۔ ⑦ پہننا (کسی خاص سائز، ناپ وغیرہ کا پہناوا) ⑧ اڑالینا، اٹھالے جانا؛ پکڑنا، لگالینا (آگ یا روگ وغیرہ)؛ محسوس کرنا، آزمانا، مزا لینا۔ ⑨ کسی کا درجۂ حرارت وغیرہ جانچ کر دیکھنا۔ ⑩ تصویر کھینچنا۔ اسم: ① ایک دفعہ میں ہاتھ آنے والی رقم۔ ② فلم کا ایک دفعہ میں کھینچا جانے والا منظر یا مناظر۔ □ **be taken ill** بیمار پڑ جانا۔ **take after** مشابہ یا مماثل ہونا خصوصاً والدین یا کسی خاندانی بزرگ سے۔

**take back** (بیان وغیرہ) واپس لینا۔ **take in** ① دھوکا دینا۔② شامل کرنا۔③ (لباس وغیرہ کو) چھوٹا کرنا۔ ④ ذہن نشین کرنا۔ **take off** ① بول چال: نقل اتارنا، بہروپ بھرنا۔ ② اچھلنا۔③ ہوا میں اُٹھ جانا۔ **take on** ① سنبھالنا (کام وغیرہ) ② ملازم رکھنا۔③ کھیل یا بحث وغیرہ میں ٹکّر لینے کے لیے آمادہ ہونا۔ **take one's time** جلدی یا جلد بازی نہ کرنا۔ **take over** ① کوئی ذمّہ داری، کام، عہدہ وغیرہ سنبھالنا۔ **take part** کسی کام میں حصّہ لینا۔ **take place** واقع ہونا۔ **take sides** ایک فریق کے مقابلے میں دوسرے فریق کی حمایت کرنا۔ **take to** ① کوئی عادت پالنا یا اختیار کرنا۔② تدبیر یا ذریعہ اختیار کرنا۔③ خود کو کسی صورت حال کے مطابق ڈھالنا۔④ کسی چیز یا شخص پر راغب ہونا۔ **take up** ① کسی کام میں لگنا۔② کسی کو اپنی قبولیت میں لینا۔③ استعمال کرنا (وقت یا مقام) ④ کسی جگہ اقامت اختیار کرنا۔ **take up with** کسی سے میل جول پیدا کرنا۔

**takeaway** *n.* ① کھانا جو خرید کر ساتھ لے جایا جائے۔② اس طرح کا کھانا فروخت کرنے والی جگہ۔

**take-off** *n.* ① ہوا میں اُٹھنے، رواں ہونے کا عمل۔ ② مزاحیہ نقالی۔

**takeover** *n.* قبضہ لینے کا عمل (خصوصاً کاروبار کا) کسی کمپنی کا دوسری کمپنی کو خریدنا۔

**takings** *n.* کاروبار کی آمدنی، یافت۔

**talc** *n.* اسم: ① ابرق کا سفوف۔② میگنیسیم سلیکیٹ جو چکنائی کے طور پر استعمال ہوتا ہے۔

**talcum** *n.* (in full **talcum powder**) خوشبودار پوڈر یا ابرق کا سفوف جسم پر لگانے کے لیے۔

**tale** *n.* کہانی، حکایت، داستان عموماً خیالی۔

**talent** *n.* کسی بات کی فطری صلاحیت، جوہر، لیاقت یا طبعی رجحان، موزونیت۔

**talented** *adj.* قابل، لائق، ذہین، باصلاحیت۔

**talisman** *n.* (*pl.* **talismans**) تعویذ، عموماً نقش کی صورت میں، خصوصاً آفات سے بچاؤ کے لیے۔

**talk** *v. & n.* ف: ① بات کرنا، بولنا۔② الفاظ میں ادا کرنا، کسی معاملے پر گفتگو یا بحث کرنا۔③ کسی زبان کو ذریعۂ اظہار بنانا۔ اسم: ① گفتگو، تبادلۂ خیال۔② کسی خاص قسم کی بولی یا لہجہ۔③ طویل مذاکرہ یا معاملے کی بات چیت۔ □ **talk of** ① کسی بات کا تذکرہ کرنا۔② ارادہ ظاہر کرنا۔ **talk of the town** وہ بات جس کا چرچا ہو۔ **talk over** مکمل، تفصیلی بات کرنا۔ ● **talker** اسم۔

**talkative** *adj.* باتونی، بہت بولنے والا۔

**talking book** *n.* بول کر ریکارڈ کی ہوئی کتاب خصوصاً نابیناؤں کے لیے۔

**talking shop** *n.* بول چال: جگہ جہاں صرف غیرضروری باتیں کی جائیں کام نہ ہو۔

**talking-to** *n.* بول چال: فضیحت، سرزنش، تنبیہہ۔

**tall** *adj.* ① لمبا، معمول سے زیادہ اونچا، قدآور۔② کسی خاص پیمائش یا قد وقامت کا۔ ● **tallness** اسم۔

**tall order** *n.* بہت زیربار کرنے والا حکم یا فرمائش۔

**tallow** *n.* پگھلائی ہوئی سخت قسم کی چربی جس سے موم بتیاں، صابن وغیرہ بنایا جاتا ہے۔

**tall story** *n.* (*pl.*-**ies**) بول چال: خیالی، فرضی، افسانوی، بعید از قیاس تذکرہ۔

**tally** *n. & v.* اسم: (ج **-ies**) میزان، کل گنتی؛ اس طرح رکھا گیا حساب۔ ف: (**tallying**، **tallied**) ملنا، میل کھانا، مطابق، موافق ہونا۔

**Talmud** *n.* تلمود یا تالمود، یہودیوں کی فقہ اور مذہبی رسومات کی کتاب۔ ● **Talmudic** صف: تلمودی۔

**talon** *n.* پنجہ، خصوصاً شکاری پرندے کا، چنگال۔

**tamarind** *n.* املی، املی کا درخت۔

**tambourine** *n.* ایک قسم کا گول دف جس میں جھنجھنانے والے دھاتی پترے لٹکے ہوتے ہیں۔

**tame** *adj. & v.* صف: ① سدھا ہوا (جانور) ② بے مزہ، پھیکا سیٹھا، بے کیف، بے دلانہ۔ ف: سدھانا، راہ پر لانا۔ ● **tamely** م ف۔ **tameness** اسم۔

**Tamil** *n. & adj.* اسم: ① جنوبی ہند اور سری لنکا کی ایک دراوڑی قوم۔ ② اس کی بولی۔ صف: اس قوم یا اس کی زبان سے متعلق۔

**tamp** *v.* ① ٹھونس کے بھرنا۔② دبا دبا کر ہموار کرنا۔

**tamper** *v.* □ **tamper with** دخل اندازی کرنا، ادلنا بدلنا، تحریف کرنا۔

**tampon** *n.* زخم کا پھاہا، حیض کا خون روکنے والی گدّی۔

**tan¹** *n., adj. & v.* اسم: ① سورج سے سنولایا ہوا رنگ۔ ② زردی آمیز بھورا رنگ۔ ③ چھال خصوصاً بلوط کی جو چمڑا رنگنے کے کام آتی ہے۔ صف: پیلا بھورا۔ ف: **(tanning, tanned)** ① سنولانا، پیلا یا بھورا پڑنا۔ ② چمڑا کمانا، کچی کھال کو چمڑے میں تبدیل کرنا۔

**tan²** TANGENT کا اختصار۔

**tandem** *n. & adv.* اسم: آگے پیچھے دو یا تین نشستوں والی بائیسکل یا ٹرائی سائیکل۔ م ف: آگے پیچھے، ایک ساتھ۔ □ **in tandem** ① ایک کے پیچھے دوسرا۔ ② باہم مل کر، ایک ساتھ۔

**tandoori** *n.* روٹی وغیرہ جو تندور میں پکی ہو۔

**tang** *n.* تیز ذائقہ یا بو۔ ● **tangy** صف۔

**tangent** *n. & adj.* ① مماس، کوئی خط مستقیم یا منحنی یا سطح جو دوسرے خط یا سطح کو چھوئے مگر اسے قطع نہ کرے۔ ② کسی زاویے کے بالمقابل یا ملحق اضلاع کا (وتر کو چھوڑ کر) باہمی تناسب۔ □ **go off at a tangent** پچھلے طریق یا خیال سے اچانک منحرف، برگشتہ ہونا۔ ● **tangential** صف۔

**tangerine** *n.* نارنگی کی ایک قسم۔

**tangible** *adj.* ① چھونے سے محسوس ہونے کے قابل۔ ② واضح، قابل ادراک، محکم، اصلی نہ کہ خیالی، باوثوق۔ ● **tangibility** اسم۔ **tangibly** م ف۔

**tangle** *v. & n.* ف: ① الجھانا۔ ② پیچیدہ بنانا۔ اسم: ① الجھاوا، الجھے ہوئے، پیچیدہ تار، ڈورے وغیرہ۔ ② پیچیدہ، مشکل صورت حال۔ □ **tangle with** بول چال: جھگڑے، ٹنٹے، بحث میں الجھنا۔

**tango** *n.* (*pl.***tangos**) ایک اجتماعی دوگانہ رقص۔

**tank** *n. & v.* ① حوض، سیّال یا گیس کا ذخیرہ کرنے کا تالاب یا ٹنکی۔ ② توپوں وغیرہ سے مسلّح جنگی گاڑی جو پہیّوں پر لپٹی ہوئی آہنی پٹیوں پر چلتی ہے۔

**tankard** *n.* بیئر پینے کا لمبوترا پیالہ۔

**tanker** *n.* ایندھن بردار طیارہ، بحری جہاز یا گاڑی، تیل وغیرہ کی باربرداری کرنے والا ذریعۂ نقل وحرکت۔

**tanner** *n.* ① چمڑا رنگنے یا کمانے والا، دبّاغ، کھٹیک۔ ② بول چال: چھ پینس کا سکّہ۔

**tannery** *n.* (*pl.*-**ies**) دباغت کا کارخانہ۔

**tannic acid** *n.* =TANNIN۔

**tannin** *n.* تینن، ایک نامیاتی مرکب جو بعض درختوں کی چھال سے حاصل کیا جاتا ہے، مثلاً بلوط اور چمڑے کی رنگائی یا روشنائی بنانے کے کام آتا ہے۔

**tannoy** *n.* تجارتی نام: پبلک ایڈریس سسٹم۔

**tantalize** *v.* (also **-ise**) ترسانا، دور سے دکھا کر للچانا، اشتیاق دلانا مگر محروم، بے چین، مشتاق رکھنا۔

**tantalum** *n.* ایک کمیاب، سخت، سفید دھاتی مادّہ (علامت: Ta) ● **tantalic** صف۔

**tantamount** *adj.* مساوی، برابر، ہم معنی۔

**tantra** *n.* ہندوانی یا بودھ مت کی قدیم روحانی یا جادوئی تحریریں، تنتر۔ ● **tantric** صف: تنتری۔

**tantrum** *n.* غصہ، جھونجل، بدمزاجی کا دورہ۔

**tap** *n. & v.* اسم: ① ٹونٹی، نل، ٹنکی وغیرہ کی۔ ② دوسروں کے ٹیلیفون سننے کی کوشش، اس کے لیے استعمال ہونے والا آلہ، پُرزہ۔ ③ ہلکی ضرب، کھٹاکا، دستک، تھپکی، اس کی آواز۔ ف: **(tapping, tapped)** ① پیپے میں ٹونٹی جڑنا، ٹونٹی کھول کر نکالنا، بھرنا۔ ② تھپتھپانا، ہلکی چوٹ مارنا۔ ③ (ذخیرہ وغیرہ) تلاش کرنا، ٹوہ لینا۔ ④ آلۂ سماعت ٹیلی فون وغیرہ کے تاروں میں بات چیت سننے کے لیے تار ملانا۔ ⑤ ڈھبری کی چوڑیاں کاٹنا۔ □ **on tap** بول چال: فوری استعمال کے لیے تیار، عام طور پر مہیّا۔

**tapas** *n. pl.* ہلکی پھلکی، چاشنی دار ہسپانوی کھانے کی چیزیں۔

**tap dance** *n.* ایک رقص جو جوتوں میں دھات کے پترے لگا کر کیا جاتا ہے جس سے کھٹاکے کی آواز ہو۔

**tape** *n. & v.* اسم: ① فیتہ، پتلی لانبی پٹی یا ڈوری باندھنے، کسنے کے لیے۔ ② ناپنے کا فیتہ۔ ③ آواز یا تصویر ریکارڈ کرنے والی نرم مقناطیسی پٹی۔ ف: ① فیتے سے باندھنا، کسنا۔ ② پٹی ڈال کر حد بندی کرنا، مقناطیسی فیتے پر صدابند کرنا، فیتے سے پیمائش کرنا۔ □ **have something taped** بول چال: کسی چیز یا شخص کو خاطر خواہ طور پر جان لینا، سمجھنا، مکمل جائزہ لینا۔

**tape deck** *n.* صدابندی کے آلات کا ایک پُرزہ جو

آوازسنواتا ہے۔

**tape-measure** *n.* ناپنے کا فیتہ، پیمائشی فیتہ۔

**taper** *n. & v.* اسم: ① موم بتی۔ ② فتیلہ۔ ف: بتدریج کم پتلا، مخروطی بنانا یا ہونا۔ □ **taper off** تدریجاً گھٹنا، پتلا نا، دُبلانا۔

**tape recorder** *n.* صوت بند مشین جو مقناطیسی فیتے میں آواز بھرتی ہے۔ ● **tape recording** اسم۔

**tapestry** *n.* (*pl.* -ies) رنگین دھاگوں کی آمیزش سے بنا ہوا دبیز منقش کپڑا، اس سے ملتی جلتی کشیدہ کاری۔

**tapeworm** *n.* کدو دانہ، کیچوا، جو آنتوں میں گھر کر لیتا ہے۔

**tapioca** *n.* کساوا جھاڑی سے حاصل ہونے والے سفید مہین نشاستے کی طرح کے دانے جو پڈنگ وغیرہ بنانے کے کام آتے ہیں، کساوا سوجی۔

**tapir** *n.* سؤر کی طرح کا ایک جانور جس کی تھوتھنی چھوٹی، لچکیلی اور نرم ہوتی ہے۔

**taproom** *n.* کوئی جگہ جہاں ٹونٹی کھول کر شراب خصوصاً بیئر انڈیلی جاتی ہو عموماً فروخت کے لیے۔

**tap root** *n.* زمین میں سیدھی اترنے والی مخروطی جڑ۔

**tar** *n. & v.* اسم: ① ایک گاڑھا سیاہ آتشگیر سیّال جو لکڑی یا کوئلے میں سے کشید کیا جاتا ہے، ڈامر، کولتار۔ ② تمباکو وغیرہ کے جلنے سے پیدا ہونے والی کیٹ، گاد۔ ف: (tarring، tarred) کولتار یا ڈامر پھیرنا۔

**taramasalata** *n.* (also **tarama**) مچھلی کے انڈوں سے تیار کردہ ہلکے سرخ رنگ کی لگدی جو زیتون کا تیل اور مسالے ملا کر تیار کی جاتی ہے۔

**tarantella** *n.* جنوبی اٹلی کا ایک تیز رقص۔

**tarantula** *n.* گھنے روئیں والی بڑی مکڑی۔

**tardy** *adj.* **(tardier, tardiest)** ① سست، مٹھا، لدّھڑ۔ ② وقت سے پیچھے، دیر سے آنے والا۔ ● **tardily** م ف۔ **tardiness** اسم: کاہلی، الکساہٹ۔

**tare** *n.* ① جنگلی، خودرو موٹھ کی قسم کا پودا، چارے کے طور پر مستعمل۔ ② مال کے گرد پیکنگ وغیرہ کے وزن کی رعایت؛ موٹر گاڑی کا خالص وزن تیل وغیرہ کے بغیر۔

**target** *n. & v.* اسم: ① ہدف، نشانہ، خصوصاً نشانہ بازی کا تختہ۔ ② کوئی شے یا شخص جسے نشانہ بنایا جائے، کوئی نتیجہ جو حاصل کرنا ہو، مقصود، مدّعا۔ ف: (targeting، targeted) ① ہدف قرار دینا، نشانہ بنانا۔ ② کسی سمت میں روانہ کرنا۔

**tariff** *n.* ① داموں یا اُجرتوں کا گوشوارہ، نرخنامہ۔ ② کسی خاص قسم کے مال پر لگائی جانے والی شرح محصول۔

**tarmac** *n.* تجارتی نام: ① کولتار میں روڑی ملا کر بنایا ہوا مسالہ جسے سڑکوں وغیرہ پر بچھاتے ہیں۔ ② اس سے تیار کردہ سطح۔ ● **tarmacked** صف۔

**tarn** *n.* چھوٹی پہاڑی جھیل۔

**tarnish** *v. & n.* ف: ① ماند کرنا آب، رونق۔ ② شہرت بگاڑنا۔ ③ (دھات وغیرہ کا) ماند پڑنا۔ اسم: داغ، کلنک، دھات پر زنگ یا میل کی تہ۔

**tarot** *n.* ① پانچ رنگوں والے تاشوں سے کھیلا جانے والا تاش کے پتّوں کا ایک کھیل۔ ② اسی طرح کے شعبدہ بازوں یا قسمت کا حال بتانے والوں کے پتّوں کی گڈی۔

**tarpaulin** *n.* دبیز نم روک روغنی کپڑا، ترپال۔

**tarragon** *n.* ایک خوشبودار بوٹی۔

**tarsus** *n.* (*pl.* **tarsi**) پنڈلی اور ٹخنے کی ہڈیاں۔

**tart** *n. & adj.* ① پیسٹری کا خول جس میں جام وغیرہ بھرا ہو۔ ② بول چال: طوائف۔ صف: کھٹّا یا چرپرا ذائقہ؛ چبھتا ہوا (جملہ، فقرہ) □ **up tart** بول چال: سجانا، آرائش کرنا خصوصاً بھڑکیلے پن یا بھونڈے انداز سے۔ ● **tartly** م ف: ترش روئی سے۔ **tartness** اسم۔

**tartan** *n.* ① رنگین چارخانے کا اونی جامہ جیسا کہ اسکاچستان کے پہاڑی علاقے کے لوگ پہنتے ہیں۔ ② اس طرح کی بناوٹ کا اونی کپڑا۔

**tartar** *n.* ① دانتوں پر جمنے والا میل۔ ② شراب کشید کرتے میں پیپے کی اندرونی تہ میں جمنے والی گاد کی پپڑی۔ ③ (**Tartar**) تاریخ: وسطی ایشیا کے مغل اور ترک اقوام میں سے کسی کا فرد۔ ④ بدمزاج، جھگڑالو، ہٹیلا آدمی۔

**tartare sauce** *n.* ککڑی وغیرہ اور میونیز مسالہ ملا کر تیار کی ہوئی چٹنی، ساس۔

**tartaric acid** *n.* ایک ترشہ جو خمیر اٹھانے کے لیے سوڈے میں استعمال ہوتا ہے؛ طرطیری ترشہ۔

**tartrazine** *n.* ایک شوخ چمکیلا زرد رنگ کا مادّہ جو کھانوں وغیرہ میں رنگ کے لیے استعمال ہوتا ہے۔

**task** *n.* کام جو کرنا ہو یا ہاتھ میں لیا جائے۔ □**take to task** ڈانٹنا، سرزنش کرنا۔

**task force** *n.* ① کسی خاص مقصد کے لیے مامور یا تیار کی گئی فوج۔ ② کوئی ٹولی جو کسی کام پر لگائی جائے۔

**taskmaster** *n.* سخت گیر آدمی جو بہت محنت پر مجبور کرے، مشقّت گیر۔

**tassel** *n.* پھُندنا، طرّہ۔● **tasselled** صف۔

**taste** *n. & v.* اسم: ① کسی شے کی خصوصیت جو زبان اور منہ کو محسوس ہوتی ہے، مزا، ذائقہ، حسّ ذائقہ، چکھنے کی صلاحیت۔ ② چکھنے بھر کی مقدار۔ ③ کوئی تجربہ یا سابقہ۔ ④ پسند، مذاق۔ ⑤ خوش ذوقی، جمالیاتی حس۔ ف: ① چکھنا، ذائقہ معلوم کرنا۔ ② کھانے وغیرہ کے نمونے کو زبان سے پرکھنا۔ ③ تھوڑا سا نوش کرنا، زبان پر رکھنا۔

**tasteful** *adj.* خوش ذوقی پر مبنی، نفیس، پسندیدہ۔ ● **tastefully** م ف: خوش ذوقی سے۔

**tasteless** *adj.* ① بے مزہ، بے ذائقہ، پھیکا سیٹھا، بدذوقی پر مبنی۔ ② بدمذاقی سے کیا ہوا (کام وغیرہ)● **tastelessly** م ف: بے مزگی سے۔ **tastelessness** اسم: پھیکا پن۔

**taster** *n.* ① ذائقہ چکھنے پر مامور شخص، ذائقہ چش۔ ② کسی چیز کا کوئی نمونہ۔

**tasty** *adj.* **(tastier, tastiest)** خوش ذائقہ، مزے دار۔

**tat** *n.* بول چال: بدوضع زیورات وغیرہ۔

**tattered** *adj.* پھٹے حالوں، لیر لیر، چیتھڑے لگا۔

**tatters** *n.pl.* چیتھڑے، دھجّیاں۔

**tatting** *n.* ہاتھ سے بنی ہوئی ایک طرح کی گچھے دار لیس یا جھالر جو حاشیے کے طور پر لگائی جاتی ہے۔

**tattle** *v. & n.* ف: ① بکواس، یاوہ گوئی، بیکار باتیں کرنا۔ ② بے سوچے سمجھے بولنا۔ اسم: خرافات، بکواس۔

**tattoo** *v. & n.* ف: ① جلد کو گودنا، چھید کر رنگ بھرنا۔ ② اس طرح کوئی نقش بنانا۔ اسم: ① گودا ہوا نقش وغیرہ۔ ② سپاہیوں کے لیے بجنے والا بگل اور ڈھول۔ ③ ڈھول کی ضربیں یا ٹکوریں۔

**tatty** *adj.* **(tattier, tattiest)** بول چال: ① بدوضع، پھٹے حالوں، چیتھڑے لگا۔ ② گھٹیا، ادنیٰ۔ ③ بدمذاقی کا۔● **tattily** م ف۔ **tattiness** اسم۔

**taught** TEACH کا ماضی و ماضیہ۔

**taunt** *n. & v.* اسم: طعنہ، طنز۔ ف: ① طنز کرنا، طعنہ دینا۔ ② ملامت کرنا، برا بھلا کہنا۔

**taupe** *n.* خاکستری رنگ جس میں کوئی اور آمیزش بھی ہو جیسے بھورے پن کی جھلک۔

**taut** *adj.* تنا ہوا، کسا ہوا، کھنچا ہوا۔

**tauten** *v.* تاننا، کسنا یا تنا ہوا، کسا ہوا ہو جانا۔

**tautology** *n.* (*pl.* **-ies**) ایک ہی بات کو ناحق دہرانا، طول کلامی (م: *arrived one after the other in succession*)● **tautologous** صف: حشو، زائد، مکرّر۔ **tautological** صف۔

**tavern** *n.* قدیم: سرائے، شراب پینے کی دکان۔

**taverna** *n.* یونانی ہوٹل، طعام خانہ، ریستوراں۔

**tawdry** *adj.* **(tawdrier, tawdriest)** شوخ، چمکیلا بھڑکیلا مگر گھٹیا۔● **tawdrily** م ف: بھونڈے طور پر۔ **tawdriness** اسم۔

**tawny** *adj.* نارنجی یا زردی مائل بھورے رنگ کا۔

**tax** *n. & v.* اسم: ① ٹیکس، محصول، مال گزاری، سرکاری واجبات میں سے کوئی۔ ② بھاری مطالبہ یا بوجھ، دباؤ۔ ف: ① ٹیکس لگانا، محصول عائد کرنا۔ ② کسی پر بوجھ ڈالنا، گراں بار کرنا۔● **taxable** صف۔ **taxation** اسم۔

**tax evasion** *n.* محصول چوری، محصول کی ادائگی سے مجرمانہ گریز یا کم ادائگی۔

**taxi** *n. & v.* (also **taxi cab**) اسم: کرائے پر چلنے والی اجازت یافتہ گاڑی۔ ف: (**taxied**، **taxiing**) (طیارے کا) زمین پر چلنا۔

**taxidermy** *n.* مردہ جانوروں کی کھال میں بھُس وغیرہ بھر کر سجانے کے لیے تیار کرنے کا ہنر، پوست انبازی۔● **taxidermist** اسم: پوست انباز۔

**taxonomy** *n.* ① صنف بندی خصوصاً زندہ اور ناپید نامیاتی انواع کی۔ ② کسی طرح کی قسم بندی، اصولی ترتیب۔● **taxonomical** صف۔ **taxonomist** اسم۔

**tax return** *n.* ٹیکس کی تشخیص کے لیے آمدنی کا گوشوارہ۔

**TB** تخفیف: tuberculosis۔

**Tb** عنصر terbium ٹربیم کی علامت۔

**t.b.a.** تخفیف: to be announced۔

**T-bone** *n.* حرف T کی شکل کی ہڈی خصوصاً بچھڑے کی بھنے ہوئے گوشت کے ساتھ۔

**tbsp** تخفیف: tablespoonful۔

**Tc** عنصر technetium ٹیکنیٹیم کی علامت۔

**Te** عنصر tellurium ٹیلیوریم کی علامت۔

**te** *n.* (*US* **ti**) ① (سُر بندی میں) بڑی یا شدھ سپتک کا ساتواں سُر۔ ② fixed-doh نظام میں سُر B۔

**tea** *n.* ① چائے جو ہندوستان، چین وغیرہ میں ایک خاص جھاڑی کی پتیوں سے بنائی جاتی ہے، اس کی خشک پتیاں۔ ② سہ پہر کا ہلکا ناشتہ چائے کیک وغیرہ کے ساتھ، شام کا کھانا جس میں چائے بھی پیش کی جائے۔

**tea bag** *n.* مسام دار کاغذ کی چھوٹی تھیلی میں بھری چائے پیالی میں ڈالنے کے لیے۔

**teacake** *n.* چائے کے ساتھ کھانے کا ایک طرح کا بن جسے اکثر سینک کر کھاتے ہیں۔

**teach** *v.* (**taught, teaching**) کسی کو کوئی ہنر، مضمون وغیرہ پڑھانا سکھانا، تعلیم دینا۔

**teacher** *n.* استاد، معلّم، پڑھانے والا۔

**tea chest** *n.* چائے کی درآمد برآمد میں استعمال ہونے والی لکڑی کی پیٹی۔

**tea cloth** *n.* =TEA TOWEL۔

**teacup** *n.* چائے کی پیالی۔

**teak** *n.* ساگوان، ساج، ایشیا کے ایک سدا بہار درخت کی سخت لکڑی۔

**team** *n.* & *v.* اسم: ① کھلاڑیوں کی ٹولی جو کسی دوسری ٹولی کے مقابلے پر کھیلے۔ ② ہم کار، آڑی، ساتھی، شریک کار۔ ③ بار برداری کے جانوروں کی ٹولی۔ ف: جوڑا یا ٹولی بنانا، شراکت کرنا۔

**teamster** *n.* ① امریکا: لاری چلانے والا۔ ② جتے ہوئے جانوروں کو ہانکنے والا، کوچ بان، ہنکیّا۔

**teamwork** *n.* مل جل کر کیا جانے والا عمل۔

**teapot** *n.* چائے دانی، چائے کی کیتلی۔

**tear¹** *v.* & *n.* (**tearing،torn،tore**): ف: ① زور سے پھاڑنا، ٹکڑے ٹکڑے کرنا۔ ② چاک کرنا، سوراخ ڈالنا۔ ③ زبردستی چھیننا، زور سے کھینچنا۔ ④ بول چال: تیزی یا جوش میں بھر کر گزرنا یا سفر کرنا۔ اسم: چھید، سوراخ، چاک جو پھاڑنے سے پڑ جائے۔

**tear²** *n.* ① آنسو، اشک۔ ② آنسو کی طرح کا قطرہ۔

□ **in tears** روتا پیٹتا ہوا۔

**tearaway** *n.* ① خودسر نوجوان۔ ② آوارہ، غنڈہ۔

**tearful** *adj.* رونکھا، رونے کے قریب۔

● **tearfully** م ف: رو رو کر۔

**tear gas** *n.* اشک آور گیس۔

**tea room** *n.* چائے خانہ یا چائے بیچنے کی دکان۔

**tease** *v.* & *n.* ف: ① (کسی کو) چڑانا، تنگ کرنا۔ ② اونی دھاگوں یا بالوں میں کنگھی پھیرنا۔ اسم: چھیڑ خانی۔

**teasel** *n.* پودا جس میں گوکھرو لگتے ہیں۔

**tea set** *n.* چائے نوشی کے برتن یا آلات۔

**tea shop** *n.* =TEAROOM۔

**teaspoon** *n.* ① چائے کا چمچہ۔ ② چمچہ بھر مقدار۔

● **teaspoonful** اسم۔

**teat** *n.* ① بھٹنی، سرِ پستان۔ ② چُسنی، چوچی، جیسے دودھ کی بوتل کی۔

**tea towel** *n.* برتن دھو کر پونچھنے سکھانے کی صافی۔

**technetium** *n.* ایک مصنوعی تابکار دھاتی عنصر (علامت: Tc)

**technical** *adj.* ① میکانیاتی علوم اور اطلاقی سائنس سے متعلق۔ ② کسی خاص مضمون یا مہارت طلب عمل سے متعلق۔ ③ کسی علم کی مخصوص زبان اور اصطلاحات استعمال کرنے والی۔ ④ قانونی، اصولی، از روے ضابطہ۔

**technicality** *n.* (*pl.* **-ies**) ① تکنیکی نوعیت۔ ② تکنیکی اصطلاح۔ ③ تکنیکی، خالص فنی نکتہ یا تفصیل۔

**technically** *adv.* ① تکنیکی طور پر، فنیاتی طور پر۔ ② اصول فنی کے مطابق؛ اصول فن کے لحاظ سے۔

**technician** *n.* ① ماہر فن، تکنیک داں جو کسی علم کے عملی اطلاق کی دست گاہ رکھتا ہو۔ ② معمل یا تجربہ گاہ میں فنی ساز و سامان کا سنبھالنے والا۔

**Technicolor** *n.* ① تجارتی نام: رنگین فلم سازی کا ایک عمل جس میں کئی رنگوں کی فلموں کو ملا کر رنگین تصویر تیار کی جاتی ہے۔ ② بول چال: شفاف رنگ۔

**technique** *n.* ① تکنیک، کسی فن میں مشینی آلات کا استعمال یا اس کی مہارت۔ ② حصول مقصد کا اصولی طریق کار۔ ③ کسی کام کی انجام دہی کا اصلی یا ماہرانہ طریقہ۔
**technocrat** *n.* تکنیکی ماہر، تکنیک یا فنّیات کی بالا دستی کا حامی یا نمائندہ۔ ● **technocracy** اسم۔
**technology** *n.* (*pl.* **-ies**) ① فنّیات، مشینی صنعت اور اطلاقی علوم کا شعبہ۔ ② اطلاقی علوم بحیثیت مجموعی۔ ● **technological** صف: تکنیک پر مبنی۔ **technologically** م ف۔ **technologist** اسم۔
**teddy** *n.* (*pl.* **-ies**) (in full **teddy bear**) کھلونے کا ریچھ، بھالو کی شبیہہ۔
**tedious** *adj.* تھکانے، اکتاہٹ پیدا کرنے والا، بے کیف۔ ● **tediously** م ف۔ **tediousness** اسم: کوفت۔ **tedium** اسم: کوفت، اکتاہٹ۔
**tee** *n.* & *v.* اسم، گولف: خالی میدان جہاں سے گیند اچھالی جاتی ہے، لکڑی یا پلاسٹک کا چھوٹا ٹکڑا جس پر رکھ کر گیند کو اُچھالا جاتا ہے۔ ف: (**teeing**، **teed**) گولف: گیند کو اچھالنے کے لیے ٹی پر رکھنا۔ □ **tee off** گولف کا پہلا اسٹروک کھیلنا۔
**teem** *v.* ① افراط سے ہونا۔ ② بھرا ہونا، پٹا پڑا ہونا۔ ③ (پانی وغیرہ کے بارے میں) شدّت سے بہنا یا برسنا۔
**teenager** *n.* ۱۳ سے ۱۹ سال تک کی عمر کا نوجوان فرد۔ ● **teenage** صف۔ **teenaged** صف۔
**teens** *n. pl.* ۱۳ سے ۱۹ سال تک کی عمر کے سال۔
**teeny** *adj.* (**teenier, teeniest**) بول چال: مختصر، چھوٹا، خورد، منحنی۔
**teepee** TEPEE کا متبادل۔
**tee shirt** T-SHIRT کا متبادل۔
**teeter** *v.* لڑکھڑانا، ناہموار قدموں سے چلنا۔
**teeth** TOOTH کی جمع۔
**teethe** *v.* (خصوصاً بچے کا) دانت نکالنا یا دودھ کے دانت جھاڑ کر نئے دانت نکالنا۔
**teething troubles** *n.pl.* بول چال: کسی کام کے ابتدائی مراحل یا عارضی مسائل ومشکلات۔
**teetotal** *adj.* نشہ آور مشروبات سے یکسر پرہیز کرنے والا۔ ● **teetotaller** اسم: تارک مشیات۔

**TEFL** تخفیف: teaching of English as a foreign language۔
**Teflon** *n.* کیمیائی مادّے کا ایک معروف تجارتی نام جسے باورچی خانے کے برتنوں پر چڑھاتے ہیں۔
**tele-** *comb. form* ① دور یا فاصلے پر۔ ② بعض اوزاروں وغیرہ کے نام کا جز جو دور کے کام انجام دیتے ہیں۔ ③ ٹیلیوژن۔ ④ بذریعہ ٹیلیفون کیا جانے والا۔
**telecommunications** *n. pl.* تار برقی، ٹیلیفون یا نشریات کے ذریعے فاصلے پر پیغام رسانی۔
**telegram** *n.* تار برقی، تار پر پیغام۔
**telegraph** *n.* & *v.* اسم: برقی دور کو توڑنے جوڑنے والے کھٹکوں کے ذریعے پیغام رسانی۔ ف: (کسی کو) تار پر (پیغام) بھیجنا۔
**telegraphic** *adj.* ① تار برقی کے ذریعے۔ ② مختصر الفاظ میں تحریر کردہ۔ ● **telegraphically** م ف۔
**telegraphy** *n.* تار برقی پیغام رسانی۔ ● **telegraphist** اسم: تار بابو۔
**telekinesis** *n.* بغیر چھوئے اشیا کو حرکت دینے کی مفروضہ یا مافوق العادت قوت۔
**telemarketing** *n.* ٹیلیفون پر مال بیچنا، ٹیلیفونی فروخت کاری۔
**telemessage** *n.* ٹیلی فون یا ٹیلیکس کے ذریعے پیغام جو تحریراً پہنچایا جائے۔
**telemeter** *n.* کسی آلے کی پیمائشوں کی ریڈیو کے ذریعے ترسیل کا نظام، دور پیما۔ ● **telemetry** اسم۔
**telepathy** *n.* مادّی وسیلے کے بغیر ایک ذہن سے دوسرے ذہن تک مفروضہ خیال رسانی جو عام حسّیاتی ادراک سے ماورا ہو۔ ● **telepathic** صف۔
**telephone** *n.* & *v.* اسم: صوتی لہروں کو برقی لہروں میں بدل کر دور کی آواز سننے سنانے کا نظام۔ ف: ① (کسی سے) ٹیلیفون پر بات کرنا۔ ② فون پر پیغام بھیجنا۔ ③ ٹیلیفون کرنا۔ ● **telephonic** صف: ٹیلیفون سے متعلق **telephonically** م ف۔
**telephonist** *n.* ٹیلیفون کے مرکز (ایکسچینج) یا بورڈ پر نمبر ملانے اور پیغام وصول کرنے والا فرد۔
**telephony** *n.* ٹیلیفون کا نظام۔

**telephoto lens** *n.* دور کے منظر کو بڑا کر کے دکھانے والا کیمرے کا عدسہ، مکبّر عدسہ۔

**teleprinter** *n.* ٹیلیگراف کے ذریعے ٹائپ شدہ پیغام بھیجنے اور وصول کرنے کا ایک ذریعہ، دورنویس۔

**teleprompter** *n.* ٹیلیوژن پر یا فلم کیمرے کے سامنے بولنے والے کی سہولت کے لیے آہستہ آہستہ سرکنے والی عبارت یا اسے پڑھوانے کی ترکیب۔

**telesales** *n. pl.* ٹیلیفون سے فروخت کاری۔

**telescope** *n. & v.* اسم: دور کے منظر کو قریب لا کر دکھانے والا آلہ، دوربین۔ ف: نلکیوں وغیرہ کو ایک دوسرے میں پیوست کرنا، ایک دوسرے میں گھسانا۔● **telescopic** صف۔ **telescopically** م ف۔

**teletext** *n.* خبریں اور معلومات جو کمپیوٹر کی وساطت سے ٹیلیوژن کو ترسیل کی جائے۔

**telethon** *n.* غیر معمولی طور پر طویل ٹی وی پروگرام، خصوصاً کسی فلاحی کام کے لیے چندے کی خاطر۔

**televise** *v.* ٹیلیوژن پر نشر کرنا۔

**television** *n.* ① ریڈیو اشارات کے ذریعے آواز اور عکس نشر کرنا، سمعی بصری نشر۔② (**television set** کا اختصار) ٹیلیوژن کے اشارات کے ذریعے تصویر اور آواز پردے پر دکھانے اور سنانے والا۔③ ٹیلیوژن نشریات کا نظام۔● **televisual** صف۔

**telework** *n.* گھر بیٹھے ٹیلی فون، ٹیلیکس، موڈم وغیرہ کے ذریعے کاروبار یا کارروائی کرنا۔

**telex** *n. & v.* (also **Telex**) اسم: ٹیلی گرافی کا بین الاقوامی نظام جس کے تحت عام ٹیلی مواصلات کے ذریعے چھپے ہوئے پیغام بھیجے اور وصول کیے جاتے ہیں۔ف: ٹیلیکس کے ذریعے پیغام رسانی کرنا۔

**tell** *v.* (**told, telling**) ① تقریر یا تحریر کے ذریعے کہنا، بیان کرنا، معرض اظہار میں لانا۔② علامتی طور پر ظاہر کرنا۔③ بولنا، آگاہ کرنا۔④ راز فاش کرنا۔ ⑤ کسی کو حکم یا ہدایت دینا۔⑥ اطمینان دلانا، یقین دہانی کرنا۔□ **tell off** بول چال: دھمکانا۔ **tell tales** چغلیاں کھانا، بھید بتانا۔

**teller** *n.* ① بینک کیشیئر۔② گننے والا، شمار کنندہ (ووٹوں کا) ③ قصہ گو، (کہانی) سنانے والا۔

**telling** *adj.* ① نمایاں، معنی خیز۔② اہم، لائق غور۔

**tell-tale** *n.* ① عقدے کھولنے والا۔② بھانڈا پھوڑنے والا۔

**tellurium** *n.* ایک کمیاب روپہلی، چمکدار عنصر (علامت: Te)

**telly** *n.* (*pl.* **-ies**) بول چال: ٹیلیوژن۔

**temerity** *n.* ① لاابالی پن۔② منہ زوری، گستاخی۔

**temp** *n. & v.* بول چال: عارضی ملازم۔

**temper** *n.* اسم: ① مزاج، مستقل یا وقتی طور پر کسی ذہنی کیفیت میں۔② غصیل پن۔ف: ① دھات یا مٹی کا قوام موافق منشا بنانا۔② اعتدال پر لانا، شدّت کم کرنا۔□ **in a bad temper** طیش میں، برہم۔ **out of temper** خفا، ناراض۔

**tempera** *n.* نقاشی میں ایملشن کا استعمال، مثلاً انڈے میں ملائے ہوئے رنگ جنھیں کرچ کے پردے پر پھیرا جائے۔

**temperament** *n.* خلقی کیفیت، مزاج، طبیعت؛ خصلت، پختہ ذہنی عادت۔

**temperamental** *adj.* ① مزاج دار۔② متلوّن مزاج۔● **temperamentally** م ف۔

**temperance** *n.* ① مزاج پر قابو رکھنے والا، اعتدال خصوصاً کھانے پینے میں۔② شراب سے بالکل پرہیز یا کم استعمال۔

**temperate** *adj.* ① اعتدال پسند، متحمل مزاج۔ ② (علاقہ آب و ہوا وغیرہ) معتدل، درمیانہ۔● **temperately** م ف: اعتدال سے۔

**temperature** *n.* ① کسی جسم کا درجۂ حرارت۔ ② معمول سے بڑھ کر جسمانی حرارت۔

**tempest** *n.* طوفان باد، آندھی، جھکّڑ۔

**tempestuous** *adj.* طوفانی، شورانگیز۔

**template** *n.* دھات، لکڑی یا پتھر کو کسی خاص شکل میں تراشنے کے لیے نمونے کا عموماً دھاتی یا چوبی ٹکڑا جس کے مطابق کنارے کاٹے جاتے ہیں، سانچا۔

**temple** *n.* ① عبادت گاہ، مندر۔② کنپٹی۔

**tempo** *n.* (*pl.*-**os** or **tempi**) ① تال ٹھیکا، سُروں کا درمیانی وقفہ جو موسیقی کی چال متعین کرتا ہے۔②

رفتارِعمل،حرکت،چال۔
**temporal** *adj.* ①دنیوی،دینی وروحانی کے مقابل،مادّی،ارضی۔②زمانے یاوقت سے متعلق۔③کنپٹی کے اندرواقع،شقیقی۔
**temporary** *adj.* عارضی،وقتی،عبوری۔ ● **temporarily** م ف: عارضی،ہنگامی طور پر۔
**temporize** *v.* (also **-ise**) ٹالنا،التوامیں ڈالنا، مہلت لینے کے لیے جان کر دیر لگانا۔
**tempt** *v.* ورغلانا،اُکسانا،شوق دلانا،لبھانا۔ ● **temptation** اسم: ترغیب۔ **tempter** اسم۔
**ten** *n.* & *adj.* اسم: ①دس کا عدد۔②اس کی علامت (10، x، X، ۱۰) صف: دس عدد۔
**tenable** *adj.* ①جس کا حملے یا اعتراض سے بچاؤ کیا جاسکتا ہے۔② پائیدار جو دیر تک چلے یا دیر تک کسی کے پاس رہے (عہدہ، اقتدار وغیرہ) ● **tenability** اسم۔
**tenacious** *adj.* مضبوطی سے (کسی حیثیت وغیرہ پر) قائم، قابض، قابو یافتہ۔ ● **tenaciously** م ف: سختی سے۔ **tenacity** اسم: سختی، مضبوطی۔
**tenancy** *n.* (*pl.* **-ies**) مزارع یا کرایہ دار کی حیثیت، اس حیثیت سے زمین یا عمارت پر قبضہ، اس کی میعاد۔
**tenant** *n.* زمیندار یا مالک مکان سے کرائے یا پٹے پر زمین یا مکان لینے والا شخص، کرایہ دار یا مزارع۔
**tend** *v.* ①مائل، راغب، آمادہ ہونا۔② دیکھ بھال، رکھوالی، خبر گیری کرنا۔
**tendency** *n.* (*pl.* **-ies**) میلان، رجحان، جھکاؤ۔
**tendentious** *adj.* کسی مقصد یا نقطۂ نظر کی حمایت پر مائل، (تحریر وغیرہ) مقصدی، جانبدارانہ۔ ● **tendentiously** م ف: مقصدی طور پر۔
**tender**[1] *adj.* **(tenderer, tenderest)** ① نرم، دردمند، جلد اثر پذیر۔ ②دکھتا ہوا، پولا جو چھونے سے دکھے۔③بامحبت، مانوس، چاہنے والا۔ ● **tenderly** م ف۔ **tenderness** اسم: نرمی، گداز۔
**tender**[2] *v.* & *n.* ف: ①پیش کرنا (خدمات، وغیرہ) ② پیشکش کرنا، کسی مال کی رسد یا کام کی انجام دہی کے لیے ٹینڈر داخل کرنا۔ اسم: ①ٹینڈر، پیشکش، مال یا کام کے لیے شرح وغیرہ کے ساتھ۔② کوئی کشتی جو بڑے جہاز کے لیے سامان وغیرہ لے جائے یا مسافروں کو پہنچائے۔③ ریل کے انجن کے ساتھ لگا ہوا ایندھن وغیرہ کا چھکڑا۔ □ **legal tender** زرِقانونی جسے قرض کی ادائیگی میں وصول کرنا لازمی ہو۔
**tendon** *n.* نسیج، وہ ریشہ جس کے ذریعے عضلات ہڈی کے ساتھ جڑے ہوتے ہیں۔
**tendril** *n.* ①بیلوں کی ڈوریاں یا سوت جن کے ذریعے وہ درختوں وغیرہ پر چڑھتی اور لپٹتی ہیں۔② بالوں کا گھونگر یا ڈوریوں کا حلقہ۔
**tenement** *n.* کئی حصّوں میں تقسیم مکان جو کرائے پر چڑھائے جائیں۔
**tenet** *n.* کوئی عقیدہ، اصول، ایمان۔
**tenfold** *adj.* & *adv.* ①دس گنا، دہ چند۔②دس اجزا پر مشتمل۔
**tenner** *n.* بول چال: دس پونڈ یا دس ڈالر کا نوٹ۔
**tennis** *n.* ٹینس، کرچ کی گیند اور ریکٹوں سے بیچ میں جال تان کر کھیلا جانے والا کھیل جس میں دونوں جانب ایک ایک یا دو دو کھلاڑی ہوتے ہیں۔
**tenon** *n.* کسی چھید یا سال میں بٹھایا جانے والا لکڑی کا ٹکڑا، چول یا چر۔
**tenor** *n.* ① مردانہ پاٹ دار آواز کا اونچا سُر۔② کسی تقریر یا تحریر کی عمومی غایت، مطلب۔③عام رخ یا روش خصوصاً کسی کے کردار یا عادات کی۔
**tense**[1] *adj.* & *v.* صف: ①تنا ہوا، کسا ہوا، کشیدہ۔② مضطرب، متفکّر، بے چین۔ ف: تاننا، کھینچنا یا تننا، مضطرب، متفکّر ہونا۔ ● **tensely** م ف۔ **tenseness** اسم۔
**tense**[2] *n.* قواعد: ①فعل کا زمانہ۔② فعل کی گردان بلحاظ زمان (بحوالۂ واحد و جمع)
**tensile** *adj.* ① تنش یا تناؤ سے متعلق۔② لچکدار، کھینچنے کے قابل۔
**tension** *n.* ①فشار، دباؤ۔② ذہنی یا جذباتی تناؤ۔③ شدّتِ جذبات، برانگیختگی، ہلچل۔ ④متضاد قوتوں کے عمل سے پیدا ہونے والی کیفیت۔⑤ برقناطیسی قوت۔
**tent** *n.* خیمہ، چھولداری عموماً کپڑے یا ترپال کی۔
**tentacle** *n.* بعض جانوروں کا لمبا باریک نرم عضو، جس سے وہ چھوتے پکڑتے یا محسوس کرتے ہیں۔

**tentative** *adj.* بطور آزمائش، عارضی، وقتی، سردست برائے غور۔ ● **tentatively** م ف۔

**tenterhook** *n.* مشین میں کپڑوں کو سکھانے کے لیے لٹکانے کا ہُک یا چٹکی۔ □ **on tenterhooks** معلّق، تعطّل کی حالت میں، سراسیمہ۔

**tenth** *n. & adj.* اسم: ① دسواں مقام یا درجہ۔ ② دسویں درجے یا نمبر پر واقع شے۔ صف: دسواں، دہم۔ ● **tenthly** م ف: دسویں۔

**tenuous** *adj.* ① ہلکا، پتلا، لطیف، بہت نازک۔ ② دُبلا، لاغر۔ ③ مہین۔ ● **tenuousness** اسم۔

**tenure** *n.* قبضہ، تصرّف جو کسی املاک یا عہدے پر حاصل ہو، اس کی مدّت یا میعاد۔

**tepee** *n.* (also **teepee, tipi**) شمالی امریکی انڈین قبائل کا مخروطی خیمہ۔

**tepid** *adj.* گُنگنا، قدرے گرم، شیر گرم۔

**tequila** *n.* میکسیکو کی ایک شراب۔

**terbium** *n.* ایک نقرئی دھاتی عنصر (علامت: Tb)

**tercentenary** *n.* تین سو سالہ تقریب۔

**tergiversate** *v.* ① منحرف ہونا، اپنی جماعت کے اصولوں سے پھرنا۔ ② گول مول بات کرنا۔

**term** *n. & v.* اسم: ① اصطلاح، کوئی لفظ جو مخصوص یا معیّن معنی میں استعمال ہو، خصوصاً علمی یا تکنیکی۔ ② طرز کلام یا اظہار۔ ③ روابط، ذاتی تعلق۔ ④ **(terms)** شرائط، قرارداد، قیمت، دام، شرح۔ ⑤ میعاد، مقررہ مدّت، تکمیل کار کے لیے متوقع یا مطلوبہ وقت، تعلیمی ادارے میں پڑھائی کے ہفتے۔ ⑥ ریاضی: تناسب کی دو مقداروں میں سے کوئی، ایک سلسلے کی رقوم میں سے کوئی رقم۔ □ **come to terms with** کسی مشکل وغیرہ سے سمجھوتا کرلینا، مانوس ہوجانا۔

**termagant** *n.* لڑاکا، کلّے دراز، مردمار عورت۔

**terminal** *adj. & n.* صف: ① (مرض کی بابت) مہلک، قریب المرگ، آخری درجے کی (بیماری) ② آخری (حد یا منزل) اسم: ① حد، انتہا، نہایت۔ ② گاڑیوں کا آخری اسٹیشن۔ ③ ہوائی جہاز کے مسافروں کی آمدورفت کا مقام یا عمارت۔ ④ برقی دور کا اتصالی نقطہ یا سرا۔ ⑤ کمپیوٹر وغیرہ کے پیغامات روانہ اور وصول کرنے کا آلہ۔ ● **terminally** م ف۔

**terminate** *v.* اختتام پر لانا یا آنا، ختم کرنا۔

**termination** *n.* خاتمہ، اختتام۔ ● **terminator** اسم: ختم کرنے والا۔

**terminology** *n.* (*pl.* -ies) ① اصطلاحات کا علمی مطالعہ۔ ② کسی خاص مضمون یا شعبے کی مخصوص اصطلاحات۔ ● **terminological** صف۔

**terminus** *n.* (*pl.* **termini** or **terminuses**) ① ریل یا بس کے مقررہ راستے کا اختتام، اس اختتام پر بنا ہوا اسٹیشن۔ ② آخری منزل، مقصد یا منتہیٰ۔

**termite** *n.* دیمک جو لکڑی کو کھاجاتی ہے۔

**tern** *n.* سمندری چڑیا، بحری بگلے سے مشابہ۔

**ternary** *adj.* تین اجزا پر مشتمل، سہ جزوی۔

**terrace** *n.* ① اوپر تلے واقع پہاڑی علاقے کی ہموار سطحیں۔ ② مکان کے قریب پکّا چبوترہ یا فرش۔ ③ ایک وضع کے مکانوں کا سلسلہ۔

**terracotta** *n.* ① سرخی مائل بھورے رنگ کی مٹی کی کوئی مورت، برتن وغیرہ۔ ② اس مٹی کا سرخی مائل بھورا رنگ۔

**terrain** *n.* طبیعی جغرافیے میں قطعۂ زمین۔

**terrapin** *n.* میٹھے پانی کا ایک چھوٹا کچھوا۔

**terrarium** *n.* (*pl.* **terrariums** or **terraria**) ① چھوٹے زمینی جانوروں کی پرورش گاہ۔ ② بند پود گھر، پودوں کی پرورش کے لیے شیشہ گھر۔

**terrestrial** *adj.* ① زمین سے متعلق، ارضی۔ ② خشکی سے متعلق، زمین پر بسنے والا، زمین پر مٹی میں اُگنے والا۔ ③ (ٹیلیوژن نشریات) زمینی واسطے سے نہ کہ مصنوعی سیّارے سے۔

**terrible** *adj.* ① بول چال: خوفناک، بھیانک۔ ② بڑا، بہت، نہایت۔ ● **terribly** م ف۔

**terrier** *n.* ایک چھوٹا کتا۔

**terrific** *adj.* ① بول چال: زبردست، عظیم، بہت شدید، بہت عمدہ، اعلیٰ، بہت زیادہ۔ ② خوفناک، لرزہ خیز۔ ● **terrifically** م ف: نہایت شدّت سے۔

**terrify** *v.* (**terryfied, terrifying**) خوف زدہ کرنا، دہشت بٹھانا۔

**terrine** *n.* پسایا کٹا ہوا گوشت، کلیجی وغیرہ۔
**territorial** *adj.* مملوکہ علاقہ، عملداری۔
**territory** *n.* (*pl.* **-ies**) ① کسی حکمراں، ریاست، شہر وغیرہ کی عملداری یا حدودِ حکمرانی۔ ② کوئی بڑا خطۂ زمین۔ ③ دائرۂ عمل یا دائرۂ فکر، حلقۂ اثر۔
**terror** *n.* ① ہیبت، دہشت، ہراس۔ ② مہیب، خوفناک آدمی یا شے۔ ③ بول چال: دہشت پھیلانے والا آدمی یا شے۔
**terrorist** *n.* دہشت گرد جو اپنی حرکتوں سے خوف، ڈر اور انتشار پھیلائے یا حکومت اور عوام پر دباؤ ڈالے۔
● **terrorism** اسم: دہشت گردی۔
**terrorize** *v.* (also **-ise**) ① دہشت زدہ کرنا۔ ② کسی کے خلاف جارحانہ کارروائی کرنا۔
**terry** *n.* کپڑے کی بنائی سے اوپر ابھرے ہوئے ریشے خصوصاً تولیا وغیرہ بنانے کے لیے۔
**terse** *adj.* ① مختصر اور جامع۔ ② دوٹوک، بے ملاحظہ۔
● **tersely** م ف۔ **terseness** اسم: اختصار و جامعیت۔
**tertiary** *adj.* سوم، تیسرے درجے پر، عہدے مرتبے یا ترتیب کے لحاظ سے تیسرا۔
**tessellate** *v.* پتھر، لکڑی، ہاتھی دانت وغیرہ کے ترشے ہوئے ٹکڑوں سے پچی کاری کرنا۔
**tessellated** *adj.* پچی کاری یا اس سے مشابہ۔
**test** *n.* & *v.* اسم: ① امتحان، آزمائش، پرکھ۔ ② اس کا طریق کار یا عمل یا ذریعہ۔ ③ اسکول وغیرہ میں لیاقت کی عام طور پر جانچ۔ ④ ٹیموں کے درمیان مقابلے کا کھیل۔ ⑤ کسی مرکب میں کسی جزو کی موجودگی کی شناخت کا عمل۔ ⑥ کسی بیماری کے ہونے یا نہ ہونے کے بارے میں چھان بین کا طریقہ کار۔ ف: ① جانچنا، امتحان کرنا۔ ② آزمائش میں ڈالنا۔ ● **tester** اسم۔
**testament** *n.* ① عہد، قرار، حلف۔ ② ثبوت، شہادت۔ ③ وصیت۔ □ **Old Testament** تورات جو یہودیوں کی تاریخ اور عقائد بتاتی ہے۔ **New Testament** انجیل، جو حضرت عیسیٰؑ کی زندگی اور تعلیمات بتاتی ہے۔
**testate** *adj.* وصیت چھوڑ کر جانے والا۔
● **testacy** اسم: وصیت کردگی۔
**testator** *n.* وصیت چھوڑ کر جانے والا شخص۔
**testicle** *n.* فوطہ، خُصیہ، آدمی یا نر ممیلیہ کا جو مادۂ منویہ پیدا کرتا ہے۔
**testify** *v.* (**testfied, testifying**) ① گواہی دینا، شاہد ہونا۔ ② عدالت میں گواہی دینا۔ ③ توثیق کرنا۔
**testimonial** *n.* ① کسی کے کردار، لیاقت وغیرہ کی بابت تصدیقی تحریر، صداقت نامہ۔ ② کسی کی خدمات وغیرہ کے اعتراف میں پیش کیا جانے والا یادگاری تحفہ۔
**testimony** *n.* (*pl.* **-ies**) (خصوصاً حلفیہ) زبانی یا تحریری شہادت۔
**testis** *n.* (*pl.* **testes**) فوطہ، خُصیہ۔
**test match** *n.* مختلف ممالک کی ٹیموں کے درمیان کرکٹ یا رگبی کے میچوں کا سلسلہ۔
**testosterone** *n.* ہارمون جو مردانہ خصوصیات کی نمو کا باعث ہوتا ہے۔
**test tube** *n.* کیمیائی آزمائشوں کے لیے ایک سرے پر بند باریک شیشے کی نلکی۔
**test-tube baby** *n.* بول چال: رحم مادر کے علاوہ مصنوعی طور پر پرورش کیا جانے والا جنین۔
**testy** *adj.* (**testier, testiest**) حسّاس، زودرنج، چڑ چڑا، تنک مزاج۔ ● **testily** م ف: جھلاّ کر۔
**tetanus** *n.* ایک جراثیمی مرض، کُزاز یا چاندنی جس میں شدید تشنج کے دورے پڑتے ہیں۔
**tête-à-tête** *n., adv.* & *adj.* اسم: نجی بات چیت، بالمشافہ گفتگو۔ م ف: باہم، آپس میں، ایک دوسرے کے ساتھ۔ صف: نجی، بصیغۂ راز۔
**tether** *n.* & *v.* اسم: جانور کے گلے میں ڈالنے کی رسّی۔ ف: جانور کو رسّی سے باندھنا۔ □ **at the end of one's tether** ہمّت، برداشت، استطاعت وغیرہ کی حد پر۔
**tetrahedron** *n.*(*pl.* **tetrahedra** or **tetrahedrons**) چار ضلعی یا چو پہلو ٹھوس جسم۔
**Teutonic** *adj.* جرمن قوم یا اس کی خصوصیات یا جرمن زبان سے متعلق۔
**text** *n.* ① کسی کتاب کا اصل متن، حواشی، ضمیمہ جات، تصاویر وغیرہ کے علاوہ۔ ② کسی مصنف یا دستاویز کے

اصل الفاظ۔ ② مذہبی صحائف کے اقتباس یا وہ آیات جو وعظ میں دہرائی جائیں۔ ● **textual** صف: متن کا۔

**textbook** *n.* نصاب کی کتاب، کسی تعلیمی موضوع پر معیاری تصنیف یا تالیف۔

**textile** *n. & adj.* اسم: ① بنا ہوا یا ساختہ کپڑا۔ ② دھاگا جو بُننے میں استعمال ہو۔ صف: پارچہ بافی یا کپڑے کی صنعت سے متعلق۔

**texture** *n.* ① بُناوٹ، ہاتھ پھیرنے سے محسوس ہونے والی سطح یا بناوٹ کی کیفیت۔ ② کپڑے میں تانے بانے کی ترتیب وترکیب۔ ③ کسی شے کے اجزا یا مشمولات کی ترتیب۔ ● **textural** صف۔

**textured** *adj.* کسی خاص طرز یا صورت کی بناوٹ کا تیار کردہ۔

**Th** عنصر thorium تھوریم کی علامت۔

**thalidomide** *n.* ایک دوا جو پہلے مسکّن کے طور پر دی جاتی تھی مگر دریافت ہوا کہ حاملہ عورتیں ابتداء حمل میں استعمال کریں تو جنین کی نشوونما کو بگاڑ دیتی ہے۔

**thallium** *n.* ایک کمیاب سفید نرم دھاتی عنصر (علامت: Tl)

**than** *conj. & prep.* حرف تقابل، مترادف بمقابل۔

**thank** *v. & n.* ف: شکریہ ادا کرنا، اظہار ممنونیت کرنا۔ اسم: (**thanks**) ① تشکّر، احسان مندی۔ ② شکر، اظہار ممنونیت۔ ③ شکریہ، مہربانی۔ □ **thank you** شکریہ، کسی تحفے پر یا مدد یا خدمت کے اعتراف میں۔

**thankful** *adj.* ① ممنون، شکر گزار۔ ② اظہار تشکّر کرنے والے (الفاظ یا کوئی اور طریق اظہار)

**thankfully** *adv.* ① شکریے کے ساتھ۔ ② خوش قسمتی ہے، شکر کی جگہ ہے کہ۔

---

وضاحت: *thankfully* کا استعمال معنی ② میں بہت عام ہے، مگر بعض کے نزدیک درست نہیں۔ اس کا استعمال بے تکلّفانہ بول چال تک محدود رکھنا بہتر ہوگا۔

---

**thankless** *adj.* ① شکریے سے گریز کرنے والا۔ ② بے لطف، بے فائدہ (کام وغیرہ) ③ شکریے کے ناقابل۔ ● **thanklessness** اسم: ناشکری۔

**thanksgiving** *n.* شکر خصوصاً خدا کا۔

**that** *pron., adv. & conj.* (**those**: ج) ضمیر: ① مذکورہ شخص یا شے یا جس سے مراد ہو۔ ② دور تر یا غیر واضح۔ ③ کوئی تازہ بات، عمل، رویّہ یا موقع جو فوری طور پر سامنے آیا یا مذکور ہوا ہو۔ م ف: ① اس درجے، اتنا۔ ② بول چال: بہت۔ ③ جس پر، جبکہ وغیرہ۔ عطف: تحتی جملہ لانے کے لیے: ① کوئی بیان یا مفروضہ۔ ② کوئی مقصد۔ ③ کوئی نتیجہ۔ ④ کوئی سبب یا وجہ۔

**thatch** *n. & v.* اسم: چھپّر۔ ف: چھپّر چھانا۔ ● **thatcher** اسم: چھپّر بند۔

**thaw** *v. & n.* ① (برف، ژالے وغیرہ کا) پگھلنا، گھلنا۔ ② پسیجنا، ترک تکلّف کرنا۔ اسم: ① پگھلنے پگھلانے کا عمل۔ ② موسم کی گرماہٹ جو برف وغیرہ پگھلا دے۔

**the** *adj.* definite article حرف تعریف (لفظ the کہلاتا ہے) اس کا عام طور پر استعمال: ① کسی شخص یا شے کے ساتھ جن کا ذکر پہلے ہو چکا ہوتا ہے یا جانی بوجھی ہوتی ہیں۔ ② کسی کی انفرادیت یا امتیاز کو جتانے کے لیے۔ ③ اہمیت یا شہرت پر زور دینے کے لیے۔

**theatre** *n.* (*US* **theater**) ① تمثیل گھر یا کھلی تمثیل گاہ جہاں ڈرامے کھیلے جائیں۔ ② ڈرامانگاری اور ڈرامائی پیشکش۔ ③ بتدریج اونچی ہوتی ہوئی نشستوں کی قطاروں والا ہال یا جلسہ گاہ لیکچر وغیرہ کے لیے۔ ④ کمرہ جہاں ڈاکٹر آپریشن وغیرہ کرتے ہیں۔

**theatrical** *adj. & n.* صف: ① تھیٹر کا، تھیٹر کے لیے، ایکٹروں ایکٹرسوں کے لیے۔ ② اثر انگیز دانستہ یا بناوٹی (انداز، طرز گفتگو وغیرہ) اسم: (**theatricals**): ① ڈرامائی پیشکش۔ ② ڈرامائی حرکات یا ادا کاری۔ ● **theatricality** اسم۔ **theatrically** م ف۔

**thee** *pron.* قدیم: THOUH کی مفعولی حالت۔

**theft** *n.* چوری، سرقہ۔

**their** *adj.* اُن کا۔

**theirs** *poss. pron.* ان کا، ان کے، ان کی ملکیت یا اُن سے منسوب۔

**theism** *n.* خدا یا دیوتاؤں پر ایمان، خصوصاً ایک خدا پر جس کے وجود کا علم انسان پر القا ہوا۔ ● **theist** اسم: موحّد۔ **theistic** صف: توحید پرستانہ۔

**them** *pron.* THEY کی مفعولی حالت۔

**theme** *n.* اسم:① نفس موضوع، کسی تقریر یا تحریر یا فکر کا اصل مضمون یا مسئلہ۔② موسیقی: سُروں کی باہم بندش، استھائی۔● **thematic** صف: موضوعی۔

**theme park** *n.* کوئی تفریح گاہ جس میں کسی خاص موضوع سے نسبت رکھنے والا ماحول پیدا کیا گیا ہو۔

**themselves** *pron.* THEM یا THEY کی تاکیدی اور رجعی شکل۔

**then** *adv., adj. & n.* م ف:① اس وقت، اس موقع پر۔② اگلا، اسکے بعد کا یا اس کے بعد، تو پھر، آخر۔③ اس صورت میں، مراد۔ صف واسم: اس وقت کا، جو اس وقت تھا، وہ وقت یا اس وقت۔

**thence** *adv.* رسمی: ① اس جگہ، مقام یا مخرج، ماخذ سے۔② اس سبب سے۔

**thenceforth** *adv.* قدیم: اس وقت کے بعد سے۔

**theocracy** *n.(pl.* **-ies)** حکومت الٰہیہ، علمائے دین کے ذریعے، دینی یا مذہبی حکومت۔● **theocratic** صف۔

**theodolite** *n.* زاویہ پیما، جو ایک گھومنے والی دوربین سے عمودی اور افقی زاویوں کی پیمائش کرتی ہے۔

**theology** *n. (pl.* **-ies)** دینیات، دینی تقاضے، دینی صحائف کا مطالعہ، عقائد پر علمی و منطقی بحث۔● **theologian** اسم: عالِم دین۔ **theological** صف۔

**theorem** *n.* ریاضی کا مسئلہ، کلّیہ یا قابل حل قضیہ جسے دلائل سے ثابت کیا جا سکے۔

**theoretical** *adj.* ① خالص علمی، نظری، عملی یا اطلاقی کے برخلاف۔② فکر و نظر نہ کہ تجربے پر مبنی۔● **theoretically** م ف: نظری طور پر۔

**theorist** *n.* کسی نظریے کا خالق یا قائل۔

**theorize** *v.* (also **-ise**) نظریات سے دلچسپی رکھنا یا نظریہ سازی کرنا۔

**theory** *n. (pl.* **-ies)** ① نظریہ، خصوصاً عام اصول کے طور پر۔② کوئی قیاس یا نقطۂ نظر③ مجرّد خیال، فکری یا نظری بات۔④ علمی یا سائنسی حقائق کا اظہار۔

**theosophy** *n.* روحانی ریاضت یا تفکّر کے ذریعے خدا یا حقیقت اصلی سے لو لگانے کا مدرسۂ فکر، عرفان الٰہی کی جستجو، عرفانیات۔● **theosophical** صف۔

**therapeutic** *adj.* معالجاتی، شفائی، امراض کے علاج سے متعلق۔● **therapeutically** م ف۔

**therapist** *n.* معالج، ماہر علاجیات۔

**therapy** *n. (pl.* **-ies)** جسمانی یا ذہنی عوارض کا جراحی سے ماورا علاج، علاجیات، شفابخشی، چارہ گری۔

**there** *adv. & int.* م ف:① وہاں، اس جگہ، اس مقام پر۔② اس مرحلے یا موقع پر۔③ اس لحاظ سے، اس بارے میں۔ فجائیہ: ① توثیق، کامیابی، ناامیدی وغیرہ کے اظہار میں۔② بچے کو منانے کے لیے۔

**thereabouts** *adv.* ① اس جگہ کے آس پاس۔ ② اس مقدار وغیرہ کے لگ بھگ۔

**thereafter** *adv.* بعد ازاں، بعدۂ، اس کے بعد۔

**thereby** *adv.* اس ذریعے سے، اس سبب سے۔

**therefore** *adv.* اس سبب سے، لہٰذا، چنانچہ۔

**therein** *adv.* رسمی: ① اس جگہ یا مقام پر۔ ② اس لحاظ سے۔

**thereof** *adv.* رسمی: اُس کا یا اِس کا۔

**thereto** *adv.* رسمی: ① it یا to that کا متبادل۔② علاوہ ازیں، اس پر مزید۔

**thereupon** *adv.* رسمی: ① اس کے نتیجے میں۔ ② اس کے فوراً یا ذرا بعد۔

**thermal** *adj. & n.* صف:① حرارت پیدا کرنے والا یا حرارت پیدا کرنے سے متعلق۔② حرارت روک۔ اسم: گرمائی ہوئی ہوا کا اوپر کی طرف ابھار۔

**thermodynamics** *n. pl.* حرحرکیات، وہ علم جو حرارت اور توانائی کی دوسری (میکانکی، برقی وغیرہ) صورتوں کے باہمی تعلق کا مشاہدہ کرتا ہے۔

**thermoelectric** *adj.* حربرقی، حرارت کے فرق سے برقی قوت پیدا کرنے والا۔

**thermometer** *n.* آلہ حرارت پیما، جس میں پارہ یا الکحل بھرا ہوتا ہے، جو گرمی سے پھیلنے لگتا ہے، تپش پیما۔

**thermonuclear** *adj.* حرمرکزی یا حرنیوکلیائی، اونچے درجے کی حرارت پر ایٹم کے مرکزے کے انفجار یا اس سے کام لینے کے متعلق۔

**thermoplastic** *adj. & n.* صف: (وہ مادّہ) جو تپانے پر پگھل جائے اور ٹھنڈا ہونے پر جم جائے۔ اسم:

ایسا مادّہ، حرپلاسٹک۔

**thermos** *n.* (in full **thermos flask**) تجارتی نام: دہرے شیشے کی حرارت روک بوتل جس میں دیر تک ٹھنڈی چیز ٹھنڈی اور گرم گرم رہتی ہے، تھرمس۔

**thermosetting** *adj.* اونچی حرارت پر ڈھل جانے والے (پلاسٹک مادّے)

**thermostat** *n.* ایک آلہ جو خود بخود حرارت کو اعتدال پر لے آتا ہے یا کسی عمل یا پرزے کو چالو کر دیتا ہے۔ ● **thermostatic** صف: حرقراری۔

**thesaurus** *n.* (*pl.* **thesauri** or **thesauruses**) الفاظ کے مترادفات اور متعلقہ الفاظ بتانے والا مجموعۂ لغات، قاموس۔

**these** THIS کا صیغۂ جمع۔

**thesis** *n.* (*pl.* **theses**) ①زیر بحث قضیہ جسے ثابت کرنا ہو۔② مقالہ جو ڈگری کا امیدوار پیش کرے۔

**thespian** *adj.* & *n.* صف: ڈرامے یا المیے سے متعلق۔اسم: اداکار یا اداکارہ۔

**theta** *n.* یونانی ترتیب تہجی کا آٹھواں حرف (Θ،T)

**they** *pron.* ①وہ، انسان، حیوان یا اشیا؛ زیر بحث یا معلومہ۔② عام طور پر لوگ یا کوئی لوگ۔

**thiamine** *n.* (also **thiamin**) حیاتین ب (یابی کامپلکس) کی ایک قسم جو غلّے، پھلیوں اور کلیجی میں پائی جاتی ہے۔

**thick** *adj., n.* & *adv.* صف: ①بڑی موٹائی، جسامت والا، موٹے دور یا گولائی والا۔② دبیز، موٹا (خط یا ٹائپ وغیرہ کے لیے) جلی۔③ قریب قریب، آپس میں ملے جلے، گھنے، کثیر۔④ گاڑھا، دقیق، کثیف۔⑤ دُھندلا، گدلا، گہرا گرد آلود، ابر آلود، بھاری، گراں۔⑥ بول چال: بیوقوف، ٹھس۔⑦بول چال: قریبی، بہت مانوس۔ اسم: کسی چیز کا موٹا حصّہ۔م ف: گہرے، گھنے طور پر، پے در پے۔● **thickly** م ف۔ **thickness** اسم: موٹائی۔

**thicken** *v.* گاڑھا، گہرا، موٹا، دبیز بنانا یا بننا۔

**thicket** *n.* جھاڑی، درختوں کا جھنڈ، شاخسار۔

**thickset** *adj.* ① گٹھے ہوئے، مضبوط جسم والا۔ ② گھنے طور پر بڑھتا پھیلتا ہوا، گھچ پچ۔

**thick-skinned** *adj.* موٹی کھال کا، بے حس،

ڈھیٹ۔

**thief** *n.* (*pl.* **thieves**) چور، اچکا، سارق۔

**thieve** *v.* ①چوری کرنا، چور ہونا۔② کوئی چیز چرانا۔ ● **thievery** اسم: چوری کا کام یا پیشہ۔

**thigh** *n.* ① ران۔② جانوروں کا ایسا ہی عضو۔

**thimble** *n.* انگشتانہ جو سلائی کے وقت انگلی کی حفاظت کے لیے پہنا جاتا ہے۔

**thin** *adj.* & *v.* (**thinnest**،**thinner**): صف: ① پتلا، کم موٹائی والا۔② مہین، باریک، خفی۔③ ہلکے، پتلے کپڑے کا بنا ہوا۔④ دُبلا، لاغر۔⑤ چھدرا، الگ الگ۔⑥ پتلا، رقیق، لطیف۔ ف: (**thinning**، **thinned**) ① پتلا، رقیق، نحیف ہونا یا کرنا۔② چھدرا کرنا، چھانٹنا۔● **thinly** م ف۔ **thinness** اسم: باریکی، دبلا پن۔

**thine** *adj* & *poss. pron.* قدیم: تیرا یا تیری۔

**thing** *n.* ① شے، کوئی مادّی یا خیالی یا بے جان وجود۔ ② نامعلوم چیز یاد۔③ کوئی عمل، قول، بات، حرکت۔④ کوئی واقعہ، خصوصیت، عجیب یا قابل لحاظ بات۔⑤ (**the thing**) مناسب، پسندیدہ بات، ضروری شے، حسب موقع، قابل غور یا فیصلہ طلب بات۔⑥ (**things**) ذاتی استعمال کی چیزیں، سازوسامان عام چلن، طریقہ، حالات۔

**think** *v.* & *n.* (**thinking**،**thought**): ف: ① کوئی رائے رکھنا، سمجھنا، یا یقین کرنا۔② سوچنا، گمان کرنا، اچانک یا وقتی طور پر ذہن میں لانا۔③ تصوّر میں لانا، آگاہ، باخبر ہونا۔ اسم: بول چال: غور، فکر، سوچ۔ □ **think better of it** مزید تأمل کے بعد ارادہ یا رائے تبدیل کرنا۔ **think up** بول چال: اختراع کرنا، سوچ کر ذہن سے اتارنا (تدبیر وغیرہ)● **thinker** اسم: مفکّر، دانش ور۔

**think-tank** *n.* ماہرین، اہل فکر، صاحب الرّائے اشخاص کی جمعیت جو کسی خاص قومی یا کاروباری مسئلے پر غور کرنے یا مشورہ دینے کے لیے قائم کی جائے۔

**thinner** *n.* رنگ روغن وغیرہ کو پتلا کرنے والا مادّہ۔

**third** *n.* & *adj.* اسم: ① کوئی شے جو تیسرے مقام یا درجے پر ہو۔② کسی چیز کا تیسرا یا ۱/۳ حصّہ۔ صف: تیسرا، سوم، ثالث۔□ **the third degree** معلومات حاصل کرنے کے لیے سخت، طویل جرح۔

**third-degree burn** *n.* جھلسنے کے زخموں سے متعلق جو جلد کی نچلی تہ تک پہنچے ہوں، جھلسنے کی شدید قسم۔
**third party** *n.* (*pl.*-**ies**) ①دو خاص پارٹیوں کے علاوہ کوئی پارٹی۔ ② تماشائی، الگ تھلگ آدمی۔
**third-party insurance** *n.* بیمہ دار کے علاوہ نقصان اٹھانے والے کسی اور فریق کے تحفظ کے لیے بیمہ۔
**third-rate** *adj.* گھٹیا، ادنیٰ، خراب قسم کا۔
**Third World** *n.* ایشیا، افریقہ و لاطینی امریکا کے ترقی پذیر ممالک جو مجموعی طور پر تیسری دنیا کہلاتے ہیں۔
**thirst** *n.* & *v.* اسم: ① پیاس، تشنگی۔ ② سخت طلب یا خواہش، ہوس۔ ف: ① پیاس محسوس کرنا۔ ② سخت خواہش مند ہونا۔ ● **thirstily** م ف: تشنگی سے۔ **thirsty** صف: پیاسا۔
**thirteen** *n.* & *adj.* اسم: تیرہ کا عدد۔ ② اس کی علامت (۱۳، 13، xiii، XIII) صف: تیرہ کا مجموعہ۔ ● **thirteenth** صف و اسم: تیرھواں۔
**thirty** *n.* & *adj.* اسم: ① تیس۔ ② تیس کے عدد کی علامت (۳۰، XXX، xxx، 30) صف: تیس کی مقدار یا تعداد۔ ● **thirtieth** صف و اسم: تیسواں۔
**this** *pron.* & *adj.* (*pl.* **these**) یہ، شخص یا شے کے لیے جو قریب ہو یا موجود ہو یا جس کا ذکر کیا گیا ہو۔
**thistle** *n.* کانٹے دار جھاڑی، اونٹ کٹارا وغیرہ۔ ● **thistly** صف: خار دار۔
**thistledown** *n.* اونٹ کٹارا کے گول پھل سے نکلنے والے روئی کے سے پھوئے، بڑھیا۔
**thither** *adv.* قدیم: اُدھر کی طرف، اس جانب۔
**thong** *n.* چمڑے کا تسمہ، چابک یا لگام۔
**thorax** *n.* (*pl.* **thoraces** or **thoraxes**) سینہ سے پیٹ تک کا حصّہ جسم۔ ● **thoracic** صف۔
**thorium** *n.* (Th:علامت) ایک تابکار دھاتی عنصر
**thorn** *n.* کانٹا، خار، سول؛ خار دار جھاڑی، کانٹوں والا پودا۔ ● **thorny** صف: کٹیلا، خار دار۔
**thorough** *adj.* ① مکمل، بھرپور، بلا کم و کاست۔ ② احتیاط اور جامعیت کے ساتھ انجام دیا ہوا۔ ● **thoroughly** م ف۔ **thoroughness** اسم۔
**thoroughbred** *adj.* & *n.* صف: خالص نسل کا، اصیل۔ اسم: اصیل گھوڑا وغیرہ۔
**thoroughfare** *n.* دونوں جانب سے کھلا راستہ، شارع عام جہاں گزرنے پر کوئی روک ٹوک نہ ہو۔
**those** THAT کی جمع۔
**thou** *pron.* قدیم: you-
**though** *conj.* & *adv.* عطف: ① اگرچہ، گوکہ۔ ② باوجودیکہ۔ ③ تاہم، پھر بھی۔ ④ کے باوجود۔ م ف بول چال: خیر، یوں ہی سہی۔
**thought** *n.* THINK کا ماضی و ماضیہ: ① سوچنے سمجھنے کی صلاحیت، عقل۔ ② کسی خاص عہد یا شخص یا حلقے سے منسوب خیال، طرز فکر۔ ③ تفکّر، سوچ بچار، غور و خوض۔ ④ سوچ کا حاصل، خیال، تدبیر، تجویز وغیرہ۔
**thoughtful** *adj.* ① گہری سوچ بچار، غور و فکر یا مراقبہ کرنے والا۔ ② سنجیدہ، فکر انگیز، سوچا سمجھا۔ ③ دوسروں کا خیال رکھنے والا۔ ● **thoughtfully** م ف۔ **thoughtfulness** اسم: خیال داری۔
**thoughtless** *adj.* ① بے پروا، نتائج یا دوسروں کے جذبات سے بے تعلق۔ ② بے سوچا سمجھا۔ ● **thoughtlessly** م ف: بے فکری، بے دلی سے۔ **thoughtlessness** اسم: بے فکری، بے خیالی۔
**thousand** *n.* & *adj.* اسم: ① ہزار کا عدد۔ ② اس کی علامت (۱۰۰۰، M، m، 1000) صف: ہزار، دس سو۔ ● **thousandth** صف و اسم: ہزارواں (حصّہ)
**thrall** *n.* بندہ، غلام، بال بیندھا؛ کسی عادت میں مبتلا، کسی علّت کا اسیر، کسی کے زیر اثر۔
**thrash** *v.* & *n.* ① لکڑی، کوڑے وغیرہ کی سخت مار دینا۔ ② بری طرح ہرانا۔ ③ ہاتھ پاؤں مارنا، تڑپنا، پھٹپٹانا۔ □ **thrash out** (مسئلے کی) پوری طرح چھان بین کرنا، نتیجہ خیز سوچ بچار کرنا۔
**thread** *n.* & *v.* اسم: ① دھاگا، رشتہ، ڈوری، شیشے کا تار، اس کا کوئی ٹکڑا۔ ② بُنائی کی ڈوری۔ ③ پیچ کی چوڑیاں، دھاری یا چکّر دار کٹاؤ۔ ف: ① سوئی میں دھاگا پرونا، (ڈوری وغیرہ کو) سوراخ یا سوراخوں میں سے گزارنا، دھاگے وغیرہ میں دانے پرونا۔ ② بھیڑ بھاڑ میں سے (اپنا راستہ نکالتے ہوئے) چلنا۔ ③ بالوں وغیرہ کو بل دے کر باندھنا۔ □ **lose the thread** کہانی، بحث

وغیرہ کا بھول میں تسلسل ٹوٹ جانا۔

**threadbare** *adj.* ① اتنا گھسا ہوا (کپڑا) کہ رواں اڑ گیا ہو اور دھاگے نظر آئیں، جھیر جھیر۔ ② پھٹے حالوں (آدمی)

**threat** *n.* ① ڈراوا، دھمکی، خطرہ، جسمانی آزار پہنچانے کی نیت کا اظہار۔ ② کسی خوفناک یا ناپسندیدہ بات کے آثار۔ ③ کوئی شے یا شخص جو ذریعۂ آزار ہو۔

**threaten** *v.* دھمکانا، دھمکی، ڈراوا دینا، خوف دلانا۔

**three** *n. & adj.* اسم: تین کی تعداد یا عدد، اس کی علامت یا ہندسہ (3، iii، III، ٣) صف: تین کا مجموعہ۔

**three-dimensional** *adj.* سہ ابعادی، جس میں طول، عرض اور گہرائی تینوں نظر آئیں۔

**threefold** *adj. & adv.* ① تگنا، سہ چند۔ ② تین حصّوں پر مبنی، سہ گانہ۔

**threesome** *n.* تین اشخاص کا گروہ، تگڈم۔

**thresh** *v.* ① (اناج کو) چھٹرنا، گاہنا، دانے الگ کرنا۔ ② ہاتھ پاؤں مارنا، تڑپنا۔

**threshold** *n.* ① دہلیز، چوکھٹ۔ ② داخل ہونے کی جگہ۔ ③ نفسیات: ایک حد جس سے نیچے کوئی مہیج یا بیرونی محرک کوئی ردِّعمل پیدا نہیں کرتا۔

**threw** THROW کا ماضی۔

**thrice** *adv.* ادبی: تگنا، تین بار۔

**thrift** *n.* جزورسی، کفایت شعاری؛ باکفایت انتظام۔ ● **thriftily** م ف۔ **thrifty** صف: کفایت شعار۔

**thrill** *n. & v.* اسم: سنسنی، جذبے کی لہر، لرزش، دھڑکن، پھڑکن۔ ف: سنسنی محسوس کرنا، جوش میں آنا۔

**thriller** *n.* سنسنی پیدا کرنے والی کہانی، ڈراما وغیرہ خصوصاً جرائم یا جاسوسی کے متعلق۔

**thrive** *v.* (**throve** or **thrived, thriven** or **thrived, thriving**)، ① پھلنا پھولنا۔ ② خوش حال، دولتمند ہونا۔ ③ تیزی سے نشوونما پانا۔

**throat** *n.* گلا، حلق، نرخرا، حلقوم۔

**throaty** *adj.* (**throatier, throatiest**) ① گھٹی ہوئی، دبی دبی، بھاری (آواز) ② حلقی، حلق سے نکلنے، ادا ہونے والا۔ ● **throatily** م ف۔

**throb** *v. & n.* ف: (**throbbed**، **throbbing**) ① زور سے پھڑکنا۔ ② لرزنا، مرتعش ہونا خصوصاً متوازن طور پر۔ اسم: ① ارتعاش، دھڑکن، پھڑکن۔ ② اختلاج، نبض کی تیزی۔

**throes** *n. pl.* تڑپ، اینٹھن، درد کی ٹیسیں (وضع حمل کے وقت اٹھنے والی)؛ نزع کی تکلیف، جاں کنی۔ □ **in the throes of** کسی کام سے دست و گریباں۔

**thrombosis** *n.* (*pl.* **thromboses**) خون کی رگ میں یا جسم کے کسی حصّے میں خون میں سدے پیدا ہونے کا عمل، انجماد خون۔

**throne** *n.* ① تخت شاہی، راج سنگھاسن، بشپ کی کرسی۔ ② شاہی اقتدار۔

**throng** *n. & v.* اسم: ① جمگھٹا، بھیڑ، لوگوں کا مجمع۔ ② کثرت، ازدحام خصوصاً تنگ جگہ میں۔ ف: ① بڑی تعداد میں آنا، ہجوم کرنا۔ ② (کسی جگہ) بھرنا، گھس آنا۔

**throttle** *n. & v.* اسم: ایک پرزہ یا جو موٹر کے انجن میں ایندھن وغیرہ کے بہاؤ پر قابو رکھتا ہے۔ ف: گلا گھوٹنا، دبانا۔

**through** *prep., adv. & adj.* حرف جار: ① ایک سرے سے دوسرے تک، سرتاسر، آرپار۔ ② بیچ میں سے ہو کر۔ ③ ازاوّل تا آخر۔ ④ کے ذریعے، کی بدولت۔ ⑤ تا، تک، بشمول۔ م ف: ① کسی شے یا جگہ میں سے پوری طرح گزر کر۔ ② مکمل کر کے، پوری طرح نبٹ کر۔ صف: ① (ریل وغیرہ کا راستہ) بغیر لائن یا ڈبا تبدیل کیے یا ایک ہی ٹکٹ پر۔ ② کہیں سے گزر کر منزل کی طرف چلتا ہوا (ٹریفک) □ **through and through** مکمل طور پر، کاملاً۔

**throughout** *prep. & adv.* حرف جار: ایک سرے سے دوسرے سرے تک۔ م ف: ہر لحاظ سے، ہر حصّے میں۔

**throughput** *n.* صنعت یا پیداوار وغیرہ میں لگایا جانے والا مال یا مسالہ، جو تیار ہو کر نکلے۔

**throve** THRIVE کا صیغۂ ماضی۔

**throw** *v. & n.* ف: (**threw**، **thrown**، **throwing**) ① پھینکنا، دور اچھالنا۔ ② کسی جگہ پر یا کسی صورت میں دھنسانا، زبردستی لا پھینکنا۔ ③ اچانک کسی حالت کو پہنچا دینا۔ ④ کوئی عضو آگے بڑھانا خصوصاً

بازو۔⑤ کشتی میں پچھاڑنا۔⑥ بول چال: بوکھلا دینا۔ ⑦(کپڑے وغیرہ) مارا مار اتارنا یا چڑھانا۔⑧ کمھار کے چاک پر برتن ڈھالنا۔⑨ دعوت دینا، منعقد کرنا۔ اسم: ① پھینکنے، اچھالنے وغیرہ کا عمل۔② فاصلہ جس پر یا جس تک کوئی چیز پھینکی یا اچھالی جائے۔□ **throw away** ①ردکرنا، بیکار سمجھ کر الگ کرنا۔② کھو دینا، ہاتھ سے جانے دینا۔□ **throw in the towel** ہار مان لینا۔ **throw out** ①زبردستی یا اچانک پھینکنا، نکالنا، الگ کرنا۔②رد کرنا، برطرف، علاحدہ، نکال باہر کرنا۔ **throw over** ترک کرنا، چھوڑنا، پہلوتہی کرنا۔ **throw up** ①ترک کرنا۔② مستعفی ہونا۔③قے کرنا۔● **thrower** اسم: پھینکنے والا۔

**throwback** *n.* پرکھوں کے کردار کی طرف رجعت، اس کی کوئی مثال۔

**thru** امریکا: THROUGH کا متبادل۔

**thrum** *v.* (**thrummed,thrumming**) ① کسی تاروں والے ساز کو یکسانیت کے ساتھ چھیڑنا، بے سُرے طور پر ٹُن ٹُن کرنا۔② ڈھول تاشے وغیرہ کو فضول تھاپ دینا، ناحق تھپتھپانا۔

**thrush** *n.* ①ایک سُریلی چڑیا۔② خمیر کی طرح کی ایک پھپھوند جو حلق اور منہ میں سفید دانے یا چھالے پیدا کرتی ہے، فرج میں اسی طرح کا مرض۔

**thrust** *v. & n.* (**thrusting‹thrust**): ف: ①دھکیلنا، ٹھونسنا۔② کسی پر کوئی چیز تھوپنا، زبردستی سرمنڈھنا۔③ گھونپنا، گھسانا، بھونکنا۔ اسم: ① اچانک دھکّا، صدمہ۔② گھونپنے، بھونکنے کا عمل۔

**thud** *n. & v.* اسم: بَھد یا دھب کی نہ گونجنے والی دبی ہوئی آواز۔ ف: (**thudding‹thudded**) دھب یا بھد سے گرنا۔

**thug** *n.* ٹھگ، قزاق۔ **thuggery** اسم: ٹھگی۔

**thulium** *n.* ایک دھاتی عنصر (علامت: Tm)

**thumb** *n. & v.* اسم: انگوٹھا۔ ف: ①انگوٹھے سے چھونا یا ورق پلٹنا۔② انگوٹھا اُٹھا کر گاڑی والوں سے ساتھ لے چلنے کی درخواست کرنا۔③انگوٹھے سے کوئی اشارہ کرنا۔□ **under a person's thumb** کسی کے زیر اثر، دباؤ میں، انگوٹھے کے نیچے۔

**thumbnail** *n. & adj.* اسم: انگوٹھے کا ناخن۔ صف: مختصر، جامع۔

**thump** *v. & n.* ف: ① مکّا، گھونسا، کھلے ہاتھ کی ضرب لگانا، ٹھونکنا، پیٹنا۔② دستک دینا، دھڑ دھڑانا۔ اسم: ①زور کی ضرب۔② اس کی آواز، دھب۔

**thunder** *n. & v.* اسم: ① گرج، رعد، گڑگڑاہٹ۔② کوئی گونجتی گرجتی ہوئی آواز۔ ف: ① پُر زور سرزنش یا مذمّت کرنا۔② کڑکنا، گرجنا، گرج یا کڑک کی طرح کی آواز نکالنا۔③ زور سے یا غصّے سے چلانا۔□ **steal a person's thunder** کسی شخص کے خیال یا تدبیر کو بیچ سے اچک لینا؛ کسی کو شہرت یا مقبولیت میں پیچھے چھوڑ دینا۔● **thundery** صف: گرج دار، کڑک دار۔

**thunderbolt** *n.* ① بجلی کا کڑکا، گرج چمک، آسمانی آفت۔② کوئی اچانک دھماکہ خیز خبر۔

**thunderclap** *n.* بجلی کا کوندا۔

**thundering** *adj.* بول چال: زبردست، دھماکا خیز (بات یا شے)

**thunderous** *adj.* ① گرج دار۔② بہت پُرشور۔

**thunderstorm** *n.* طوفان بادوباراں، گرج چمک کے ساتھ زور کی بارش۔

**thunderstruck** *adj.* نہایت حیرت زدہ۔

**Thur** (also **Thurs.**) Thursday کا اختصار۔

**Thursday** *n.* جمعرات کا دن، پنج شنبہ۔

**thus** *adv.* رسمی: ①اس طریقے سے، اس طرح جیسے بتایا گیا۔② بمطابق، حسب (حکم، معمول وغیرہ) چنانچہ، نتیجے میں۔③ اس حد تک، بس اتنا۔

**thwack** *v. & n.* ف: زور کی ضرب لگانا، ٹھکائی کرنا۔ اسم: شدید ضرب یا اس کی آواز۔

**thwart** *v. & n.* ف: (کسی شخص یا مقصد کو) ناکام کردینا، پانی پھیر دینا۔ اسم: کشتی میں کھینے والے کے بیٹھنے کی جگہ۔

**thy** *adj.* قدیم: بمعنی تو سے منسوب، تیرا۔

**thyme** *n.* ایک خوشبودار جھاڑی، چندروس۔

**thymus** *n.* (*pl.* **thymi**) غدّۂ تیموسیہ، ایک لمف زا غدّہ جو گردن میں واقع ہے۔

**thyroid** *n. & adj.* **thyroid gland**): اسم:

کا اختصار) غدّہ درقیہ، گلے میں ایک غیرقناتی غدّہ جو ہارمون کے ذریعے نشوونما میں باقاعدگی پیدا کرتا ہے۔

**thyself** *pron.* THOU اور THEE کی تاکید نیز رجعی صورت۔

**Ti** عنصر titanium کی علامت۔

**tiara** *n.* سر پر سجانے کا تاج نما زنانہ جڑاؤ زیور۔

**tibia** *n.* (*pl.* **tibiae**) پنڈلی کی بڑی ہڈی۔

**tic** *n.* عضلات کی پھڑکن، خصوصاً چہرے کی پھڑک۔

**tick** *n. & v.* اسم: ① ٹک ٹک خصوصاً گھڑی یا گھنٹے کی۔ ② بول چال: ایک پل یا لمحہ۔ ③ درستی پڑتال وغیرہ کا نشان (✓) ④ چیچڑی جو کتوں کا خون چوستی ہے۔ ف: ① (گھنٹے وغیرہ کا) ٹک ٹک کی آواز نکالنا، ٹکٹکانا۔ ② لکھے ہوئے سوال، عبارت وغیرہ پر درستی یا صحت کا نشان بنانا۔ □ **in two ticks** بول چال: بہت جلد، چٹکی بجاتے۔ **tick off** بول چال: تنبیہ کرنا۔ **tick over** (انجن کا) چالو رہنا بغیر کام پر لگے۔

**ticket** *n. & v.* اسم: ① کاغذ یا گتّے کا چھپا ہوا ٹکڑا جو کہیں داخل ہونے یا شرکت وغیرہ کا اجازت نامہ ہو۔ ② ٹریفک یا سڑک کے قوانین کی خلاف ورزی پر ملنے والا تعزیری ٹکٹ۔ ③ جہاز کے پائلٹ وغیرہ کی اہلیت کا صداقت نامہ۔ ④ کسی چیز پر لگی ہوئی اس کی قیمت یا دوسری تفصیلات کی پرچی۔ ⑤ انتخابات میں کسی پارٹی کے امیدواروں کی فہرست۔ ف: (**ticketing**، **ticketed**) ① کسی چیز پر ٹکٹ، لیبل یا چپٹ لگانا۔ ② ٹکٹ دینا۔ □ **just the ticket** بول چال: بالکل وہی چیز جس کی ضرورت یا خواہش ہو۔

**ticking** *n.* گدّوں وغیرہ کے غلاف کا مضبوط کپڑا۔

**tickle** *v. & n.* ف: گدگدانا، گدگدی کرنا، گدگدی یا کھجلی محسوس کرنا۔ اسم: ① گدگدانے، اکسانے، شوق دلانے کا فعل۔ ② گدگدی۔

**ticklish** *adj.* ① بہت حسّاس۔ ② مشکل، نازک (معاملہ یا مسئلہ)

**tick-tack** *n.* (also **tic-tac**) گھڑ دوڑ کے نال داروں (جوا کھلانے والوں) کی اشاراتی زبان۔

**tidal** *adj.* سمندری مدّ و جزر سے متعلق۔

**tidbit** امریکا: TITBIT کا متبادل۔

**tiddler** *n.* بول چال: چھوٹی مچھلی خصوصاً خار پشت۔

**tiddly** *adj.* (**tiddlier, tiddliest**): بول چال: ① کسی قدر نشے میں۔ ② چھوٹا، کوتاہ۔

**tiddlywinks** *n.* کسی ٹکلی کا کنارہ دوسری ٹکلی سے دبا کر اچھالنے اور ایک پیالی میں گرانے کا کھیل۔

**tide** *n.* اسم: ① سمندری جوار بھاٹا، مدّ و جزر۔ ② عمومی رُخ یا رجحان، خیالات یا تقدیر کا۔ □ **tide over** کسی مشکل پر عبور حاصل کرنا یا اس میں مدد دینا۔

**tidemark** *n.* ① جوار کے وقت پانی کے ساحل پر چڑھنے کا نشان۔ ② حوض میں پانی کی سطح کا نشان۔

**tidings** *n. pl.* ادبی: خبریں۔

**tidy** *adj. & v.* صف: ① (**tidier**، **tidiest**): صاف ستھرا، باقاعدہ، سلیقے کا، مرتّب، منظّم۔ ② سلیقہ شعار، خوش اطوار۔ ف: (**-ies**، **-ied**) صفائی درستی، ٹھیک ٹھاک کرنا۔ ● **tidily** م ف۔ **tidiness** اسم: ستھرائی۔

**tie** *v. & n.* ف: (**tied**، **tying**) ① ڈوری، رسّی وغیرہ سے باندھنا۔ ② (جوتے کا تسمہ، فیتہ ٹائی وغیرہ) باندھنا، حلقہ دار گرہ دینا، گانٹھنا۔ ③ (کسی شخص کو) کسی جگہ سے وابستہ یا کسی شرط وغیرہ کا پابند کر دینا۔ ④ کسی دوسرے کھلاڑی وغیرہ کے برابر رہنا، یکساں نمبر لینا۔ اسم: ① باندھنے کی ڈوری وغیرہ۔ ② گلے میں باندھنے کی صلیبی شکل کی ٹائی یا نکٹائی۔ ③ باہمی معاہدہ، تعلق، بندھن۔ ④ برابر کا مقابلہ، ایک کی چوٹ پر ایک۔ ⑤ مقابلے کی ٹیموں میں سے کسی دو کھلاڑیوں کا مقابلہ۔ □ **tie in** کسی معاہدے وغیرہ کا پابند کرنا۔ **tie up** ① رسّی ڈوری وغیرہ سے کسنا، مضبوط کرنا۔ ② (نقد سرمایہ وغیرہ) کہیں لگا کر یا محفوظ کر کے نا مہیّا کر دینا۔ ③ کسی کو پوری طرح کام میں لگا دینا یا پابند کر دینا۔

**tie-break** *n.* (also **tie-breaker**) برابر رہنے والے کھلاڑیوں وغیرہ کے درمیان فیصلہ۔

**tied** *adj.* ① مالک مکان کی خدمت کے عوض رہنے کی (جگہ) ② شراب ساز کارخانے کی اپنی (دکان)

**tiepin** *n.* گلے کی ٹائی کو تھام کر رکھنے والا آرائشی پن۔

**tier** *n.* قطار، خصوصاً کئی بتدریج اونچی ہوتی ہوئی قطاروں میں سے کوئی۔

**tie-up** *n.* رابطہ، تال میل۔

**tiff** *n.* معمولی لڑائی جھگڑا، چپقلش۔

**tiger** *n.* بڑاایشیائی درندہ شیر، باگھ، جس کے زردی مائل بھورے جسم پر سیاہ دھاریاں ہوتی ہیں۔

**tight** *adj. & adv.* صف:① مضبوط گرفت رکھنے والا، کسا، تنا ہوا، تنگ، جسم پر چست۔② مضبوطی سے جوڑا ہوا۔ ③ ضرورت سے زیادہ تنگ، کاٹنے والا۔④ سب طرف سے بند۔⑤ بول چال: پیے ہوئے، نشے میں۔⑥ بول چال: کنجوس، خسیس۔ ⑦ کمیاب، محدود۔⑧ بہت سخت، دشوار۔م ف: مضبوطی سے، سختی سے دبا کر۔□ **tight corner** مشکل صورت حال۔● **tightly** م ف: کس کر، جکڑ کر۔ **tightness** اسم: تناؤ۔

**tighten** *v.* اورزور سے باندھنا، کسنا یا تننا۔

**tight-fisted** *adj.* بول چال: کنجوس، خسیس۔

**tightrope** *n.* نٹوں کے کرتبوں کے لیے زمین سے اونچا تانا ہوا رسّا۔

**tights** *n. pl.* چُست اونی یا نائیلون وغیرہ کا زیر جامہ جو دھڑ کے نچلے حصے کو ڈھانپتا ہے۔

**tigress** *n.* شیرنی۔

**tike** TYKE کا متبادل۔

**tilde** *n.* (~) بعض حروف پر بنائی جانے والی علامت، جس سے تلفظ میں تبدیلی ہوجاتی ہے۔

**tile** *n. & v.* اسم: کنکریٹ، پکی مٹی وغیرہ کا سڈول ٹکڑا جیسے کہ دیواروں کی آرائش یا فرش پر جمانے کے لیے استعمال ہوتے ہیں۔ف: ٹائلوں سے ڈھکنا۔

**till**[1] *prep. & conj.* ① تب تک، اس وقت تک۔ ② فلاں وقت تک۔ ③ اس وقت تک کہ۔

---

وضاحت: تمام صورتوں میں *till* کا بدل *until* ہوسکتا ہے جو قدرے پُرتکلف لفظ ہے۔

---

**till**[2] *n.* دکانوں یا بینک وغیرہ میں لگی ہوئی گلّہ مشین، تجوری یا پیٹی جو ہر سودے وغیرہ کا اندراج کرتی جاتی ہے۔

**till**[3] *v.* (زمین) کو فصل اگانے کے لیے تیار کرنا، جوتنا بونا، کاشت کاری کرنا۔

**tiller** *n.* کشتی کا سکّان پر لگا ہوا ہتھا یا آڑا ڈنڈا جسے سمت موڑنے کے لیے گھماتے ہیں۔

**tilt** *v. & n.* ف: جھکانا، خم کرنا، ٹیڑھا کرنا۔اسم: جھکی ہوئی، ایک طرف لٹکی ہوئی حالت۔□ ① **at full tilt** پوری تیز رفتاری سے۔② پوراز ور لگا کر۔

**timber** *n.* ① نجاری وغیرہ کے کام کے لیے تیار کی ہوئی لکڑی۔② کوئی لمبا لکڑی کا کندہ۔③ کوئی قدآور درخت جس کی لکڑی کارآمد ہو؛ جنگل جہاں سے عمارتی لکڑی حاصل کی جا سکے۔

**timbered** *adj.* ① لکڑی سے بنی ہوئی (تعمیر) یا جس میں لکڑی لگی ہو۔② جنگلات سے مالا مال (ملک)

**timbre** *n.* آواز کی اونچائی یا گہرائی سے بالکل الگ اس کی انفرادی خصوصیت، طنین، دُھن۔

**time** *n. & v.* اسم:① ماضی حال و مستقبل کے واقعات کا تسلسل بحیثیت مجموعی۔② رفتار وقت جو اشخاص و واقعات پر اثر انداز ہو۔③ دور، عہد، وقت کا کوئی کم و بیش معیّن عرصہ۔④ مہیّا یا دیا ہوا یا مقرر کیا ہوا وقت۔ ⑤ صحیح وقت، گھنٹوں اور منٹوں میں۔⑥ کوئی موقع، کوئی واقعہ جس کے ساتھ کوئی خصوصیت ہو۔⑦ کسی کام کے لیے موزوں یا معیّن وقت۔⑧ (**times**) ضرب کا عمل ظاہر کرنے والا لفظ۔ ف:① کسی کام کا وقت یا موقع سوچ لینا۔ ② کسی منتخب موقع یا صحیح وقت پر کوئی کام کرنا۔ ③ کسی کی آمد کا وقت متعین کرنا۔□ **ahead of one's time** خیالات کے اعتبار سے اپنے زمانے سے آگے۔ **all the time** ① ہمہ وقت، پورے عرصے۔② متواتر، پے درپے۔ **at a time** اک وقت میں؛ ایک ساتھ۔ **for the time being** سر دست۔ **in time** ① ٹھیک وقت پر، بروقت۔② آخرکار، آگے چل کر۔ **time and again** اکثر و بیشتر۔

**time-and-motion study** *n.* صنعتی اور دوسری کارروائیوں کی کارکردگی کا جائزہ لینے کا طریقۂ کار۔

**time bomb** *n.* مقررہ وقت پر پھٹنے والا بم۔

**time-honoured** *adj.* روایتۃً یا قدیم ہونے کی بنا پر اہم یا قابل قدر۔

**time lag** *n.* کسی واقعے یا سبب اور اس کے نتیجے کا درمیان کا وقت۔

**timeless** *adj.* جس پر وقت اثر کرتا نہ دکھائی دے، لازوال، دائمی۔ ● **timelessness** اسم: ابدیت۔

**timely** *adj.* **(timelier, timeliest)** بروقت، برمحل، موزوں، مناسب وقت پر۔ ● **timeliness** اسم۔

**timepiece** *n.* وقت ناپنے والی کل، گھنٹہ یا گھڑی۔

**timeshare** *n.* کسی مشترک املاک یا شے سے باری باری یا مقررہ اوقات میں فائدہ اٹھانے کی صورت۔

**time switch** *n.* مقررہ وقت پر خود بخود چالو ہو جانے والا بجلی کا کھٹکا یا بٹن۔

**timetable** *n.* لائحۂ عمل، برنامہ یا اوقات نامہ؛ ہونے والے واقعات یامدات کی تفصیل مع اوقات؛ بس، ٹرین یا ہوائی جہاز وغیرہ کی آمد اور روانگی کا اوقات نامہ۔

**time zone** *n.* دو خطوط (طول البلد کا درمیانی خطّہ) جن کے مابین ایک معیاری وقت ہو۔

**timid** *adj.* ڈرپوک، بزدل، شرمیلا، دبکنے لجانے والا۔ ● **timidity** اسم: بزدلی۔ **timidly** م ف۔

**timing** *n.* ① تعیّن اوقات خصوصاً اس وقت کا تعیّن جب کوئی کام بہتر طریقے سے ہو سکے۔ ② (انجن میں) صماموں کے کھلنے بند ہونے کا پسٹن اور سلنڈر کی حرکات کے ساتھ تال میل۔

**timorous** *adj.* ڈرپوک، خوف زدہ، ہراساں۔ ● **timorously** م ف۔ **timorousness** اسم۔

**timpani** *n. pl.* (also **tympani**) تاشے، طنبورے۔ ● **timpanist** اسم۔

**tin** *n. & v.* اسم: ① ٹین، ایک روپہلی نرم دھاتی عنصر (علامت: Sn) ② لوہے اور ٹین کے بھرت سے بنا ہوا برتن، خصوصاً غذائی اشیا کو محفوظ رکھنے کے لیے ٹین کا ہوا بند ڈبّا۔ ف: (**tinning، tinned**) ① ٹین کے ہوا بند ڈبے میں غذا وغیرہ محفوظ کرنا۔ ② ٹین کا پچارا پھیرنا۔

**tincture** *n.* ① خفیف ذائقہ یا شائبہ۔ ② کسی رنگ کی ہلکی سی جھلک۔ ③ الکحل میں تیار کی ہوئی دوا۔

**tinder** *n.* کوئی جلد سلگ اٹھنے والا مادّہ، جیسے لکڑی۔

**tine** *n.* کنگھی وغیرہ کا دندانہ، کانٹے، سینگ کی نوک۔

**tinge** *v. & n.* ف: (**tingeing، tinged**) ① ہلکا سا رنگ چڑھانا۔ ② قدرے اثر ڈالنا۔ اسم: ① تھوڑا سا تاثُر۔ ② کسی رنگ کی جھلک یا نشان۔

**tingle** *v. & n.* ف: جھنجھناہٹ محسوس کرنا، جھن جھن کی آواز یا گونج پیدا کرنا، کان بجنا۔ اسم: جھنجھناہٹ، سنسنی۔

**tinker** *n. & v.* اسم: ① ٹھٹیرا، برتنوں وغیرہ میں ٹانکے لگانے والا قلعی گر۔ ② بول چال: شریر بچہ، بے قابو آدمی یا جانور۔ ف: ① کسی کام خصوصاً مشینری وغیرہ کی مرمّت میں اناڑی پن سے دخل دینا، الٹے سیدھے ہاتھ چلانا۔ ② دھات کے برتنوں وغیرہ کی مرمّت کرنا۔

**tinkle** *v. & n.* ف: ٹن ٹن کی آوازیں نکالنا، ٹن ٹنانا۔ اسم: گھنٹی وغیرہ کی بجتی گونجتی آواز۔

**tinnitus** *n.* کانوں کا بجنا۔

**tinny** *adj.* **(tinnier, tinniest)** ① ٹین کا یا ٹین جیسا۔ ② کمزور، بودا، ہلکا۔ ③ ٹین بجانے یا ٹھونکنے کی آواز۔

**tinpot** *adj.* بول چال: معمولی، گھٹیا۔

**tinsel** *n.* پنّی وغیرہ کے چمکیلے رنگین فیتے، کترنیں، ڈوریاں وغیرہ جن سے سجاوٹ کی جائے۔

**tint** *n. & v.* اسم: ① ہلکا رنگ یا روغن۔ ② ایک رنگ میں دوسرے رنگ کی ہلکی آمیزش۔ ف: رنگ ہلکا کرنا۔

**tiny** *adj.* **(tinier, tiniest)** ننھا منّا، بہت چھوٹا۔

**tip** *n. & v.* اسم: ① کسی چیز کا سرا، نوک۔ ② ٹہوکا، ہلکا سا دھکّا۔ ③ کوڑا کرکٹ پھینکنے، بھرنے کی جگہ۔ ④ بخشش، انعام۔ ⑤ کوئی سرسری اشارہ، صلاح، معلومات۔ ف: (**tipping، tipped**) ① نوک بنانا، شام، چھلاّ وغیرہ چڑھانا۔ ② ایک طرف جھکنا، جھکانا آڑا ہونا یا آڑا کرنا۔ ③ ہلکے سے چھیڑنا، ٹہوکنا۔ ④ کسی خدمت پر بیرے، ملازم وغیرہ کو بخشش دینا۔ ⑤ بول چال: مقابلوں، دوڑوں وغیرہ میں متوقع جیتنے والے کا نام بتانا۔ □ **tip off** بول چال: کسی کو کوئی مفید کام کی بات بتانا۔ ● **tipper** اسم: مخبر۔

**tip-off** *n.* خفیہ اشارہ یا معلومات۔

**tippet** *n.* کاندھوں پر ڈالنے کی زنانہ پوستین۔

**tipple** *v. & n.* ف: عادتاً شراب پینا۔ اسم: بول چال: تند و تیز الکحلی مشروب۔

**tipster** *n.* گھڑ دوڑ میں داؤ لگانے والوں کو مشورہ دینے والا شخص۔

**tipsy** *adj.* **(tipsier, tipsiest)** سرور کے عالم میں، سرخوش۔

**tiptoe** *v.* (**tiptoed, tiptoeing**) پنجوں کے بل آہستہ آہستہ یا دبے پاؤں چلنا۔

**tip-top** *adj.* بول چال: اعلیٰ ترین، بڑھیا۔

**tirade** *n.* لمبی مذمّتی تحریر یا تقریر، ملامت کی بوچھاڑ۔

**tire** *v. & n.* ف: ① تھکنا، بے دم ہونا، تھکانا۔ ② تنگ آ جانا، اکتانا۔ اسم: امریکا: TYRE کا متبادل۔

**tired** *adj.* تھکا ہوا؛ نندا سا، اونگھتا ہوا۔ □ **tired of** تنگ، اکتایا ہوا۔

**tireless** *adj.* ان تھک، نہایت محنتی۔ ● **tirelessly** م ف۔ **tirelessness** اسم۔

**tiresome** *adj.* تھکانے والا، اکتاہٹ بھرا۔

**tiro** TYRO کا متبادل۔

**tissue** *n.* ① نسیج، ریشۂ لحمی، خصوصی خلیوں کا مجموعہ جس سے حیوانات اور پودوں کا جسم بنتا ہے۔ ② =TISSUE PAPER خشک کرنے والا نرم جاذب کاغذ۔

**tissue paper** *n.* کسی بھی سائز کا ایک نرم، سادہ کاغذ جس میں نازک اشیا کو باندھا یا لپیٹا جاتا ہے۔

**tit** *n.* ① ایک خوش الحان چڑیا۔ ② مبتذل: عورت کی چوچی، بھٹنی۔ □ **tit for tat** ادلے کا بدلہ۔

**titanic** *adj.* عظیم الجثّہ، دیوقامت۔

**titanium** *n.* (Ti:علامت) ایک خاکستری دھاتی عنصر

**titbit** *n.* (*US* **tidbit**) ① مزیدار نوالہ۔ ② کوئی چٹپٹی خبر وغیرہ۔

**tithe** *n.* عشر، زرعی پیداوار کا دسواں حصّہ جو پہلے کلیسا یا پادریوں کی امداد کے لیے وصول کیا جاتا تھا۔

**titillate** *v.* ① گدگدانا۔ ② اُکسانا، شہ دینا۔ ● **titillation** اسم: گدگدی۔

**titivate** *v.* (also **tittivate**) بول چال: ① سجانا، آراستہ کرنا، چاق وچوبند کرنا۔ ② پوری طرح درست کرنا، سنوارنا۔ ● **titivation** اسم: بناؤ، آراستگی۔

**title** *n.* ① کتاب، نظم، تصویر وغیرہ کا نام یا عنوان۔ ② فلم یا نشریے کا نام یا فلم سازوں وغیرہ کے ناموں کا تعارف۔ ③ کسی کے کار منصبی یا رتبے کے حوالے سے اس کی پہچان یا خطاب۔ ④ کھیلوں میں چیمپیئن ہونے کا اعزاز۔ ⑤ قانوناً: کسی جائیداد وغیرہ کا حق ملکیت یا قبضہ۔

**titled** *adj.* خطاب یافتہ۔

**title deed** *n.* ملکیت کی قانونی دستاویز۔

**title role** *n.* ڈرامے کا وہ کردار جس کے نام سے ڈرامہ موسوم ہو۔

**titter** *v. & n.* ف: چپکے چپکے یا منہ چھپا کر ہنسنا؛ دبی دبی ہنسی ہنسنا۔ اسم: نیم خند، زیرلب مسکراہٹ۔

**tittle-tattle** *n. & v.* اسم: فضول، اِدھر اُدھر کی باتیں، گپ شپ۔ ف: یاوہ گوئی کرنا۔

**titular** *adj.* برائے نام، دکھاوے کا، محض از روئے خطاب نہ کہ مؤثر یا با اختیار۔

**tizzy** *n.* (*pl.* -ies) بول چال: اعصابی ہیجان کا عالم۔

**T-junction** *n.* سہ راہا جہاں کوئی سیدھی سڑک کسی دوسری سڑک سے آ کر ملے۔

**Tl** عنصر thallium تھیلیم کی علامت۔

**Tm** عنصر thulium تھولیم کی علامت۔

**TNT** تخفیف: trinitrotoluene ایک نہایت شعلہ گیر مادّہ۔

**to** *prep.& adv.* حرف جار: ① اسم سے پہلے (الف) کہیں پہنچنے یا چھونے، آ پڑنے کی جگہ کو ظاہر کرتا ہے (ب) ہدف یا نشانے کو (ج) (فلاں جگہ) تک، اتنی دور یا اتنی دیر تک (د) کسی درجے یا حد تک (ر) کے مطابق (س) زیرغور یا متاثرہ شے کی بابت (ص) نتیجے یا حاصل کے لیے (ط) اس چیز کو ظاہر کرنے کے لیے جس سے مقابلہ مقصود ہو (ع) اضافہ کی جانے والی شے کے لیے (ف) نامذکور مقررشے کی طرف اشارے کے لیے (ک) بل وغیرہ میں واجب الوصول مد کے لیے۔ ② علامت مصدر کے طور پر (الف) حاصل مصدر بنانے کے لیے (ب) نتیجہ یا مقصد ظاہر کرنے کے لیے۔ م ف: ① مطلوبہ یا عام صورت یا کیفیت میں۔ ② (دروازے کے لیے) تقریباً بند۔ □ **to and fro** ① آگے پیچھے، اِدھر اُدھر۔ ② متواتر دو نقطوں کے درمیان۔

**toad** *n.* پانی میں بچے دینے اور زیادہ تر خشکی پر رہنے والا مینڈک کی طرح کے جانوروں میں سے کوئی۔

**toad-in-the-hole** *n.* مختلف اشیا ملا کر تیار کیا ہوا سا سیخ۔

**toadstool** *n.* ایک زہریلی کھنبی۔

**toady** *n. & v.* اسم: (ج: -ies) خوشامدی، جی

(toadying، toadied): حضوری، ہر دیگی چمچہ۔ف: کسی کے آگے پیچھے پھرنا، چاپلوسی کرنا۔

**toast** *n. & v.* اسم: ① توس، سکا ہوا ڈبل روٹی کا پارچہ۔ ② (کوئی شے یا شخص) جس کے اعزاز میں جام صحت نوش کیا جائے، جام صحت ۔ف: ① کسی کھانے کی چیز کو سینکنا، سینکنے پر بھورا رنگ پکڑنا۔ ② کسی کا جام صحت نوش کرنا۔

**toaster** *n.* توس سینکنے کا برقی آتش دان۔

**tobacco** *n. (pl. -os)* ① تمباکو جو ایک جھاڑی کی نکوٹین بردار پتّیوں سے بنتا ہے۔ ② تمباکو کا پودا۔

**tobacconist** *n.* تمباکو فروش۔

**toboggan** *n.* بے پہیّوں کی پھسلنی گاڑی جس کے ذریعے برف پوش یا یخ بستہ پہاڑیوں پر سے پھسل کر اترتے ہیں۔ ● **tobogganing** اسم۔

**tocsin** *n.* خبردار کرنے والی گھنٹی یا اشارہ۔

**today** *adv. & n.* م ف: ① آج۔ ② ان دنوں، آج کل۔ اسم: ① آج کا دن۔ ② موجودہ زمانہ۔

**toddle** *v.* چھوٹے چھوٹے قدموں سے (ننھے بچوں کا) ڈولتے ہوئے چلنا۔

**toddler** *n.* بچہ جس نے پہلے پہل چلنا سیکھا ہو۔

**toddy** *n. (pl. -ies)* ① گرم پانی میں شکر یا مسالے ملا کر پی جانے والی شراب۔ ② بعض درختوں کا رس جسے تخمیر کر کے منشی عرق یا تاڑی تیار کی جاتی ہے۔

**to-do** *n. (pl.* **to-dos***)* بول چال: فساد، گڑبڑ۔

**toe** *n. & v.* اسم: ① آدمی یا جانور کے پاؤں یا پنجے کی انگلی۔ ② جوتے یا موزے کا اگلا حصّہ جو پنجے کو ڈھانپے۔ ف: پنجوں سے چھونا۔ □ **be on one's toes** ہوشیار، خبردار، چوکنّا ہونا۔ **toe the line** کسی اصول یا پالسی پر چلنا، خصوصاً بادلِ ناخواستہ یا زبردستی۔

**toehold** *n.* ① پنجہ ٹکانے بھر کی جگہ۔ ② آغاز کار، ابتدا یا معمولی سا فائدہ۔

**toff** *n.* بول چال: دولتمند یا اونچے درجے کا آدمی۔

**toffee** *n.* شکر، مکھن وغیرہ کو جوش دے کر بنائی ہوئی سخت یا نیم سخت منہ میں گھلنے والی مٹھائی۔

**toffee apple** *n.* بول چال: ٹافی میں لپٹی ہوئی سیب کی قاش۔

**tofu** *n.* کٹی، پسی ہوئی سویا بین سے بنایا ہوا دہی۔

**tog** *n.* ① بول چال: (**togs**) پہننے کا کپڑا۔ ② کپڑوں، وغیرہ کی گرمی کو ناپنے کی ایک اکائی۔ □ **tog out or up** بول چال: پہناوا، لباس۔

**toga** *n.* قدیم رومی شہری کا اوپری لبادہ۔

**together** *adv.* ① ایک ساتھ، مل کر، باہم۔ ② بیک وقت۔ ③ ایک دوسرے کے ساتھ۔ ④ ملا کر، جوڑ کر۔

**toggle** *n. & v.* اسم: ① بند، تکمہ خصوصاً دہرا یا زنجیر دار جیسے کفوں کے اوپر کے بٹن۔ ② کمپیوٹر: کوئی کلید جو ایک دفعہ دبانے پر ایک عمل کرے اور دوسری بار دبانے پر دوسرا عمل۔

**toil** *v. & n.* ف: ① محنت یا لگاتار کام کرنا، دکھ بھرنا۔ ② دھیمی رفتار سے بدقّت بڑھنا یا ترقی کرنا۔ اسم: طویل یا شدید محنت یا جفاکشی۔ ● **toilsome** صف: دقّت طلب۔

**toilet** *n.* ① =LAVATORY۔ ② طہارت، سنگھار وغیرہ کا عمل۔

**toiletry** *n.* طہارت، غسل اور سنگھار کے لوازمات۔

**toilet water** *n.* غسل کے بعد بدن پر ملنے کا خوشبودار پانی۔

**token** *n. & adj.* اسم: ① کوئی شے جو کسی چیز کی نشانی یا علامت ہو۔ ② کوئی پرچی وغیرہ جس کے عوض کوئی (خاص) سامان حاصل کیا جاسکے۔ ③ سکّے کے بدلے مشین میں ڈالنے کی علامتی ٹکلی وغیرہ۔ صف: ① برائے نام یا سرسری۔ ② علامتی، محض مظاہرے کی خاطر۔

**tokenism** *n.* ① تھوڑی بہت رعایت یا لقمہ دے کر چُپکا کرنے کی پالسی۔ ② محض علامتی کوشش کرنا۔

**told** TELL کا ماضی و ماضیہ۔ □ **all told** سب کچھ گننے کے بعد؛ کل۔

**tolerable** *adj.* ① قابل برداشت۔ ② خاصا اچھا، معقول، قابل قبول۔ ● **tolerably** م ف: خاصا۔

**tolerance** *n.* ① رواداری، برداشت، سمائی۔ ② کسی مشین وغیرہ کی مطلوبہ خصوصیت میں تھوڑے بہت ردّوبدل کی گنجائش۔ ● **tolerant** صف: متحمل، روادار۔ **tolerantly** م ف: بردباری یا رواداری سے۔

**tolerate** *v.* ① تحمل سے برداشت کرنا یا اجازت دینا۔ ② مصیبت کو گوارا کرنا۔ ● **toleration** اسم: رواداری۔

**toll** *n. & v.* ①چنگی، کہیں سے گزرنے پر واجب ادا ئیگی پل وغیرہ کا گزرانہ،محصول راہداری۔② کسی آفت یا جنگ وغیرہ میں ہونے والے اخراجات یا نقصانات۔ ③(گھنٹہ کے) مخصوص آہنگ کے ذریعے کسی کے مرنے کا اعلان۔④ گھنٹہ بجانے کا عمل۔ف: (گھنٹے کا) آہستہ آہستہ یکساں آہنگ کے ساتھ بجنا یا بجانا۔

**toll gate** *n.* وہ پھاٹک جس سے گزرانہ ادا کیے بغیر نکلنا ممنوع ہو۔

**tom** *n.* (in full **tom-cat**) بلّا۔

**tomahawk** *n.* شمالی امریکا کے قدیم انڈین قبائل کا پتھر یا لوہے کے سر والا گرز یا ہتھوڑا، بطور ہتھیار۔

**tomato** *n.* (*pl.*-oes) ٹماٹر۔

**tomb** *n.* قبر، مقبرہ، قبر پر تعمیر عمارت۔

**tombola** *n.* ایک طرح کی قمار بازی جس میں پرچیاں نکال کر جیتنے والوں کو انعام دیے جاتے ہیں۔

**tomboy** *n.* لڑکا نما یا لڑکوں کے سے اطوار رکھنے والی لڑکی خصوصاً شریر، اُودھم مچانے والی۔

**tombstone** *n.* قبر پر لگا ہوا پتھر، کتبہ۔

**tome** *n.* ضخیم کتاب، بھاری، موٹی جلد۔

**tomfoolery** *n.* احمقانہ حرکات، فضول باتیں۔

**tommyrot** *n.* بول چال: بکواس، فضول بات۔

**tomorrow** *adv. & n.* م ف: ① آئندہ کل کے دن۔② آئندہ، پھر کبھی۔اسم: فردا، آئندہ کل۔

**tom-tom** *n.* لمبا، اونچا ڈھول، طبل۔

**ton** *n. & v.* ① وزن کا ایک پیمانہ: (**long ton**) ۲۲۴۰ پونڈ، (**short ton**) ۲۰۰۰ پونڈ، (**metric ton**) ۱۰۰۰ کلوگرام؛ جہاز کا وزن یا حجم ناپنے کا ایک پیمانہ۔ ② بول چال: بہت بڑی مقدار یا تعداد۔

**tone** *n. & v.* اسم: ① سُریلی آواز، سُر بلحاظ سطح، قسم اور زور، تان۔② آواز کے اتار چڑھاؤ سے کوئی خاص کیفیت پیدا کرنے کا عمل۔ ③ موسیقی: سُر، کسی خاص سطح یا کیفیت کی حامل غنائی آواز، دو سُروں کا درمیانی فاصلہ (م: C-D) ④ کسی تصویر میں رنگ کی گہرائی یا ہلکا پن۔⑤ پٹھوں، مچھلیوں کی مناسب سختی۔ف: ① پٹھوں، مچھلیوں کو مضبوط بنانا۔② سُر ملانا، ہم آہنگ ہونا۔ □ **tone down** ① سُروں یا رنگوں کا مدّھم ہونا یا کرنا۔② (بیان وغیرہ کے) لہجے کو نرم کرنا۔● **tonal** صف: صوتی۔ **tonality** اسم: آہنگ۔ **tonally** م ف۔

**tone-deaf** *adj.* سُروں کی شناخت سے عاری، سُر بہرا۔

**toneless** *adj.* بے آواز، بے صدا؛ بے رنگ، بے کیف؛ سست، نڈھال۔● **tonelessly** م ف۔

**tone poem** *n.* طویل سازینہ کسی ولولہ انگیز یا حکایتی موضوع پر۔

**toner** *n.* فوٹو کاپی کو اجاگر کرنے کے لیے کیمیائی محلول۔

**tongs** *n. pl.* دست پنا، چمٹا، موچنا۔

**tongue** *n. & v.* ① زبان، جو انسانوں میں چکھنے اور بولنے کا عضو ہے۔② مذبوحہ جانور کی پکائی جانے والی زبان۔ ③ بولنے کی صلاحیت یا انداز وغیرہ۔④ کوئی بولی۔⑤ شعلے کی لو۔

**tongue-in-cheek** *adj.* طنزیہ، بناوٹی۔

**tongue-tied** *adj.* خاموش، گنگ، شرم یا گھبراہٹ کے سبب بولنے سے معذور۔

**tongue-twister** *n.* ایسے الفاظ جنھیں تیزی سے مسلسل ادا کرنے میں زبان لڑکھڑا جائے، زبان توڑ جملہ (م: کچھ تو اونچا اونٹ ہے کچھ پیٹھ اونچی اونٹ کی)

**tonic** *n. & adj.* اسم: ① مقوی، توانائی بخش دوا۔② ③ (keynote) موسیقی: سپتک کا پہلا قائم سُر =TONIC WATER۔ صف: قوت بخش، فرحت افزا۔

**tonic sol-fa** *n.* موسیقی: تانی سول فا، ایک بندش جس میں بڑے یا میجر اسکیل کا کھرج سُر *doh* ہوتا ہے، *lah* چھوٹے اشٹک کا۔

**tonic water** *n.* ایک کاربن ملا ہلکا مشروب جس میں کونین بھی شامل ہوتی ہے۔

**tonight** *adv. & n.* م ف: آج رات کو جو آنے والی ہے۔اسم: آج کی رات یا شام۔

**tonnage** *n.* ① کسی جہاز میں مال کی سمائی مکعب ٹنوں میں۔② کسی ملک کے تجارتی جہازوں کی مال برداری کی مجموعی مقدار یا صلاحیت۔

**tonne** *n.* =METRIC TON ۱۰۰۰ کلوگرام۔

**tonsil** *n.* حلق کے دونوں طرف زبان کی جڑ میں گلے کے غدود میں کوئی۔

**tonsillitis** *n.* گلے کے غدود پھولنا۔

**tonsorial** *adj.* رسمی: حجاموں (اصلاح سازوں) یا حجامت وغیرہ سے متعلق۔

**tonsure** *n.* ①مذہبی علامت کے طور پر چندیا کے بال تراشنا یا پورے سر کا منڈن۔②چندیا کا منڈا ہوا حصّہ۔● **tonsured** صف۔

**too** *adv.* ①مناسب، معقول، جائز، واجبی یا ممکن سے بڑھ کر۔② بول چال: بے حد، نہایت۔③ کے علاوہ، نیز، مزید۔④ علاوہ ازیں، مزید برآں۔

**took** TAKE کا صیغۂ ماضی۔

**tool** *n. & v.* اسم:①اوزار، دستی یا مشین سے کام لینے کا۔② کسی شے کے لوازم کار یا وسائل۔③ آلۂ کار شخص، جس کے ذریعے کوئی اپنا کام نکالے۔ ف:① چمڑے کی جلد پر ٹھپّہ لگانا۔② اوزار مہیّا کرنا۔

**toolbar** *n.* کمپیوٹر: علامتی نشان کی پٹّی جس پر ماؤس لے جا کر کلید دبا کر مختلف فنکشن عمل میں لائے جاتے ہیں۔tortuous

**toot** *n. & v.* اسم: نرسنگھے یا سیٹی کی مختصر تیز آواز۔ ف: اس قسم کی آواز نکالنا۔

**tooth** *n.* (*pl.* **teeth**) ①دانت، دنداں، جن کی لڑی جبڑے میں کاٹنے، چبانے کا کام کرتی ہے۔②دانت سے مشابہ شے جیسے گراری، کنگھے یا آری کے دندانے۔ ③ (**teeth**) زور، اثر۔● **toothed** صف: دندانے دار۔

**toothpaste** *n.* دانت صاف کرنے کا نیم سیّال سفیدہ، سفید یا رنگ آمیز۔

**toothpick** *n.* خلال، دانت کریدنے کا تنکا۔

**tooth powder** *n.* دانت صاف کرنے کا منجن۔

**toothy** *adj.* (**toothier, toothiest**) بڑدنتا، بڑے بڑے دانت (دکھانے) والا۔

**top** *n., adj. & v.* اسم:①سب سے اونچی جگہ، مرتبہ یا مقام۔② کسی چیز کی اوپری سطح خصوصاً زمین، میز وغیرہ کی۔③ کسی چیز کا اوپری حصّہ خصوصاً چولی، صدری وغیرہ جو اوپر پہنی جائے۔④ انتہائی بلندی۔⑤بہترین قسم کی شے یا کسی زمرے کا فرد۔⑥لٹو۔ صف:① ترتیب میں اوپر۔② درجے یا اہمیت میں فائق۔ ف: (**topped**، **topping**) ① چھت، ڈھکنا، ٹوپی وغیرہ مہیّا کرنا، تہ چڑھانا۔② کسی پودے وغیرہ کی چوٹی یا پھننگ تراشنا۔ ③ سب سے آگے نکل جانا، اوّل رہنا۔□ **on top of** ① مستزاد۔② ملحق، قریب قریب۔ **top up** کسی برتن کو پُر کرنا، اُوپر تک بھرنا۔

**topaz** *n.* ایک شفاف معدنی نگینہ عموماً زرد۔

**topcoat** *n.* ①بڑا کوٹ۔② روغن کا اوپری پچارا۔

**top dog** *n.* بول چال: جیتنے والا یا استاد۔

**top-dress** *v.* (زمین پر) اوپر اوپر سے کھاد چھڑکنا۔

**top hat** *n.* چھجے دار اونچی ٹوپی، رسمی لباس کے ساتھ ساتھ پہنی جاتی ہے۔

**top-heavy** *adj.* ①اوپر سے بھاری جس کے لڑھکنے کا خطرہ ہو۔②(ادارہ) جس میں اعلیٰ عہدے دار زیادہ ہوں۔

**topiary** *n.* جھاڑیوں درختوں کی چھٹائی کر کے ان کو نئی نئی شکلیں دینے کا فن۔● **topiarist** اسم۔

**topic** *n.* ① کتاب کا موضوع، مقالے، وعظ وغیرہ کا عنوان یا مضمون۔② زیر گفتگو مسئلہ، موضوع بحث۔

**topical** *adj.* خبروں اور حالات حاضرہ سے متعلق۔● **topicality** اسم: چلتا ہوا موضوع۔ **topically** م ف۔

**topknot** *n.* ① سر پر سجانے کا فیتہ یا پھول گرہ۔② کلغی، قدرتی بالوں کا طرّہ۔

**topless** *adj.* کھلے سینے کا (لباس)

**topmost** *adj.* سب سے اونچا۔

**top-notch** *adj.* بول چال: اعلیٰ، عمدہ، برتر۔

**topography** *n.* مقام نگاری، کسی علاقے یا شہر وغیرہ کی جغرافیائی نقشہ نگاری، مقامی جغرافیائی خصوصیات یا تفصیلات۔● **topographical** صف۔

**topology** *n.* ریاضی: اقلیدسی اشکال کے باہمی ربط و تناسب کا ہیئت یا شکل کی تبدیلی یا توسیع کے باوجود قائم رہنے کا مشاہدہ و مطالعہ۔

**topper** *n.* بول چال: =TOP HAT۔

**topple** *v.* گرانا، ڈھا دینا، یا لڑکھڑا کر گر پڑنا۔

**top secret** *adj.* تاکیداً بصیغۂ راز، نہایت خفیہ۔

**topside** *n.* گائے کے گوشت کا اوپری حصّہ۔

**topsoil** *n.* زمین کی بالائی تہ۔

**topspin** *n.* ٹینس وغیرہ میں گیند کو آگے اچھالتے ہوئے تیزی سے گھومتی ہوئی حرکت دینے کا عمل۔

**topsy-turvy** *adv. & adj.* ①الٹا، اوندھا،

سرنگوں۔② درہم برہم، تتر بتر، اوندھا سیدھا۔

**tor** *n.* پہاڑی، چٹان، چٹانی چوٹی۔

**torch** *n. & v.* ① دستی روشنی جو (بیٹری) سے جلتی ہے۔ ② لکڑی، کپڑے وغیرہ کا فتیلہ، کوئی اسی طرح کا چراغ، روشن کیا ہوا لیمپ۔ ● **torchlight** اسم۔

**tore** TEAR[1] کا صیغۂ ماضی۔

**toreador** *n.* سانڈ سے لڑنے والا (خصوصاً گھڑسوار)

**torment** *n. & v.* اسم: سخت ذہنی یا جسمانی آزار، سبب آزار۔ ف: ① آزار دینا، باعث اذیت ہونا۔ ② ستانا، پریشان کرنا۔ ● **tormentor** اسم: اذیت رساں۔

**torn** TEAR[1] کا ماضیہ۔

**tornado** *n.* (*pl.* -oes or -os) شدید آندھی، بگولا۔

**torpedo** *n. & v.* اسم: (ج: **-oes**) زیر آب مار کرنے والا بم جو جہاز سے ٹکرا کر پھٹ جاتا ہے۔ ف: (**torpedoing**، **torpedoed**) تارپیڈو مار کر حملہ کرنا یا تباہ کرنا۔

**torpid** *adj.* کاہل الوجود، بے حس، بے عمل، مجہول۔ ● **torpidity** اسم: سستی، کاہلی۔ **torpidly** م ف۔

**torpor** *n.* سستی، کاہلی، بے حسی۔

**torque** *n.* گردش دینے والی، کلوں کو چلانے والی قوت، دوری حرکت کا زور۔

**torr** *n.* (*pl.* same) دباؤ یا فشار کی پیائش کی اکائی۔

**torrent** *n.* ① پانی یا لاوے وغیرہ کا ریلا۔ ② تیز، رواں، دھواں دار کلام۔ ● **torrential** صف۔

**torrid** *adj.* آتش ناک، جذباتی، پُرغضب۔

**torsion** *n.* بل دینے، مروڑنے کا عمل، مروڑ۔

**torso** *n.* (*pl.*-os) انسانی دھڑ۔

**tort** *n.* ہرجانہ وحق تلفی کا قانون، (معاہدے کے علاوہ) جس سے ہرجانہ ادا کرنا لازم آئے۔

**tortilla** *n.* میکسیکو کا مکئی سے تیار کردہ کیک۔

**tortoise** *n.* کچھوا۔

**tortoiseshell** *n.* بعض کچھوؤں کا زردی مائل بھورا چتی دار خول، جس سے کنگھے، زیورات وغیرہ بنتے ہیں۔

**tortuous** *adj.* ① پیچیدہ، پُرخم، ٹیڑھا میڑھا جس میں بہت سے موڑ یا چکر ہوں۔ ② پیچ دار؛ پُرفریب، چالاک، عیّار۔ ● **tortuously** م ف: پُرفریب طریقے سے۔

---

وضاحت: *tortuous* کو *torturous* سے نہیں ملانا چاہیے جس کے معنی ہیں اذیت ناک، پُرآزار۔

---

**torture** *n. & v.* اسم: ① تشدّد، جسمانی اذیت پہنچانے کا عمل خصوصاً بطور سزا یا مجبور کرنے کے لیے۔ ② سخت ذہنی یا جسمانی تکلیف۔ ف: جسمانی، ذہنی دکھ دینا۔ ● **torturer** اسم: جابر، اذیت رساں۔

**Tory** *n.* (*pl.*-**ies**) بول چال: کنزرویٹو CONSERVATIVE پارٹی کا ممبر یا حمایتی۔

**toss** *v. & n.* ف: ① اچھالنا (گیند وغیرہ) ② ہلنا ڈولنا، ڈگمگ ہونا۔ ③ پھینک دینا، بے پروائی سے ڈال دینا۔ ④ سکّہ اچھالنا شرط لگا کر یا فیصلے کے لیے۔ ⑤ (کھانے کی چیز پر) کسی چیز کی تہ چڑھانا، خصوصاً اوپر سے گھماتے یا ہلاتے ہوئے۔ اسم: اچھالنے کا عمل۔ □ **toss off** ① ایک گھونٹ میں پی جانا۔ ② کوئی کام جھٹ سے کر ڈالنا۔ **toss up** فیصلہ کرنے کے لیے سکّہ اچھالنا۔

**toss-up** *n.* ① مشتبہ معاملہ۔ ② بول چال: بات طے کرنے کے لیے سکّہ اچھالنے کا عمل۔

**tot** *n.* ① چھوٹا بچہ۔ ① شراب کا ایک چھوٹا گھونٹ۔ □ **tot up to** جمع ہو کر کوئی میزان بنانا۔

**total** *adj., n. & v.* صف: ① میزان کل، حاصل جمع، کل تعداد۔ ② قطعی، بالکل۔ اسم: کل مقدار یا رقم۔ ف: (**totalled**، **totalling** امریکا: **totaled**) ① کل تعداد معلوم کرنا۔ ② باہم مل کر کسی تعداد تک پہنچنا۔ ● **totality** اسم: کل تعداد یا مقدار۔ **totally** م ف۔

**totalitarian** *adj.* مرکزی آمرانہ حکومت سے متعلق جس میں مکمّل اطاعت پر زور ہو۔ ● **totalitarianism** اسم: مرکزی مطلق العنانیت۔

**totalizator** *n.* (also **totalisator**) گھڑدوڑ وغیرہ میں شرط لگانے والوں کے درمیان جیتی ہوئی رقم، حصّہ، رسد کا حساب لگانے والی محاسب مشین۔

**tote** *n.& v.* اسم: بول چال: گھڑدوڑ وغیرہ کی محاسب مشین۔ ف: امریکا: اٹھانا، لے جانا۔

**totem** *n.* کوئی فطری شے یا عموماً جانور جسے کوئی قبیلہ یا فرد اپنے مخصوص نشان کے طور پر اپنا لے۔

**totem pole** *n.* کھنبا جس پر ٹوٹم کندہ یا نقش کیے جاتے ہیں۔

**totter** *v. & n.* ف: ڈھیلے ڈھالے انداز میں لڑکھڑاتے ہوئے چلنا۔ اسم: ڈگمگاتی چال یا حرکت۔ ● **tottery** صف: لرزاں۔

**toucan** *n.* امریکا میں مدارینی علاقے کا پرندہ جس کی چونچ بہت بڑی اور پر اکثر شوخ چمکدار ہوتے ہیں۔

**touch** *v. & n.* ف: ① چھونا، کسی ایک یا کئی نقطوں پر کسی چیز سے ملنا، لمس کرنا۔ ② (دو چیزوں کا) باہم ملنا، بھڑنا۔ ③ متاثر کرنا، کسی جذبے کو اکسانا۔ ④ ٹکرانا، ہلکے سے دھکیلنا۔ ⑤ چیزوں کو چھیڑنا، بے ترتیب، الٹ پلٹ کرنا، تعلق یا دلچسپی رکھنا، استعمال کرنا، کام میں لانا۔ ⑥ بول چال: کسی سے کوئی رقم، تحفہ مانگ کرلینا۔ اسم: ① لمس، چھونے کا عمل یا احساس۔ ② قوت لامسہ، چھونے کی حس۔ ③ قدرے، کسی قدر، ذرا، تھوڑا بہت۔ ④ کوئی نمایاں خصوصیت، امتیاز، کیفیت یا حیثیت۔ □ **in touch** ① رابطے میں۔ ② باخبر، واقف، آگاہ۔ **lose touch** رابطہ منقطع ہوجانا، بے خبر رہنا۔ **touch off** دیا سلائی وغیرہ دکھا کر دھاکہ کرنا۔ **touch on** سرسری تذکرہ کرنا۔ **touch up** ① تصویر یا تحریر کو آخری شکل دینا۔ ② بول چال: شہوت خیز بوسہ بازی کرنا۔

**touch-and-go** *adj.* غیر یقینی بات۔

**touché** *int.* ① شمشیر زنی میں حریف کا کسی وار کو تسلیم کرنے کے لیے۔ ② کسی واجبی تنقید، مذاق یا اعتراض کو قبول کرنے کے لیے۔

**touching** *adj. & prep.* صف: پُراثر، دل پر اثر کرنے والا، رقت انگیز۔ حرفِ جار: بحوالہ، بابت، متعلق۔

**touchline** *n.* (مختلف کھیلوں میں) اطراف کی حدود بتانے والے خطوط میں سے کوئی۔

**touchstone** *n.* کسوٹی، معیار۔

**touchy** *adj.* **(touchier, touchiest)** ① زودرنج، حساس۔ ② نازک، احتیاط سے چھیڑنے کے قابل (موضوع، مسئلہ وغیرہ) ● **touchiness** اسم۔

**tough** *adj. & n.* صف: ① سخت، کڑا، مضبوط جو آسانی سے نہ ٹوٹے، پائیدار۔ ② تنومند، جفاکش۔ ③ ہٹیلا، اڑیل، مشکل سے مڑنے، جھکنے یا قابو میں آنے والا۔ ④ سخت گیر، پُرتشدد۔ اسم: اکھڑ، خصوصاً بدمعاش، شورہ پشت شخص۔ ● **toughness** اسم: سختی، درشتی وغیرہ۔

**toughen** *v.* سخت، کڑا، مضبوط بنانا یا ہونا۔

**toupee** *n.* گنج وغیرہ کو چھپانے کے لیے مصنوعی بال۔

**tour** *n. & v.* اسم: دورہ، مختلف مقامات کا سفر، کاروباری یا سفارتی دورہ وغیرہ۔ ف: (کہیں کا) دورہ یا سفر کرنا۔ □ **on tour** دورے پر۔

**tour de force** *n.* (*pl.* **tours de force**) زور آوری یا ہنرمندی کا مظاہرہ۔

**tourism** *n.* بیرونی ممالک کی سیاحت کا انتظام خصوصاً تجارت کے طور پر، سیاحی کی صنعت۔

**tourist** *n.* سیاح۔

**tourmaline** *n.* بورون ایلومینیم سلیکیٹ جو مختلف رنگوں میں ہوتا ہے، برقی اور بصریاتی آلات میں مستعمل۔

**tournament** *n.* کھیلوں یا فنی مہارت کا مقابلہ عموماً خاص موسم میں سلسلہ وار۔

**tourniquet** *n.* بہتے ہوئے خون کو پٹی باندھ کر سلاخ سے بل دے کر کسنے کا عمل، شریان بندی۔

**tousle** *v.* بکھیرنا، تتر بتر کرنا، خصوصاً بالوں کو بگاڑنا۔

**tout** *v. & n.* ف: ① پٹانا، (خصوصاً ٹکٹ وغیرہ بیچنے کے لیے) کسی کے پیچھے پڑنا۔ ② گھڑ دوڑ کی بابت معلومات کے لیے جاسوسی کرنا۔ اسم: دلال؛ خبر رساں۔

**tow** *v. & n.* ف: کشتی، موٹر گاڑی، گھوڑے یا آدمی کو کھینچ کر یا رسی سے باندھ کر لے جانا۔ اسم: ① کھینچ کر لے جانے کا عمل۔ ② پٹ سن کا ٹوٹا ہوا یا موٹا ریشہ۔

**towards** *prep.* (also **toward**) ① کی طرف، کی سمت میں۔ ② کے بارے میں، کی بابت۔ ③ برائے، کے لیے۔ ④ قریب، نزدیک۔

**towel** *n. & v.* اسم: تولیا، جاذب کاغذ وغیرہ، برتن پونچھنے کی صافی۔ ف: (**towelling، towelled**: امریکا: **toweled**) تولیے سے جسم خشک کرنا۔

**towelling** *n.* (*US* **toweling**) تولیہ کا کپڑا۔

**tower** *n. & v.* اسم: منارہ یا مینار، قلعہ، گڑھی جس میں مینار شامل ہو۔ ف: اونچا، بلند، حاوی ہونا۔

**tower block** *n.* کئی منزلہ اونچی عمارت۔

**tower of strength** *n.* کوئی شخص جو تقویت کا باعث ہو، بہت بڑا سہارا۔

**town** *n.* چھوٹا شہر جس میں مقامی انتظامیہ ہو، کوئی گھنی آبادی کا علاقہ، دیہات سے مختلف۔ □ **go to town** بول چال: جوش و خروش سے یا پورا زور لگا کر کام کرنا۔ ● **townsman** اسم۔ **townswoman** اسم۔

**town hall** *n.* بلدیہ کی عمارت جس میں اس کے دفتر وغیرہ بھی ہوتے ہیں۔

**township** *n.* ① چھوٹی شہری بستی۔ ② جنوبی افریقہ، تاریخ: کالے لوگوں کی علاحدہ بستی۔

**towpath** *n.* دریا یا نہر کے ساتھ گزرنے والی سڑک، جس پر ابتدا میں گھوڑے کشتیاں کھینچ کر لے جاتے تھے۔

**toxaemia** *n.* (*US* **toxemia**) ① سمّیت خون۔ ② حمل کے زمانے میں خون کے دباؤ میں زیادتی کی شکایت۔

**toxic** *adj.* ① سمّی، زہر سے متعلق۔ ② زہر کے سبب یا اثر سے۔ **toxicity** اسم: سمّیت۔

**toxicology** *n.* سمّیات کا مطالعہ۔ ● **toxicologist** اسم: ماہر سمّیات۔

**toxin** *n.* زندہ یا نامی جسم میں پیدا ہونے والا زہر۔

**toy** *n. & v.* اسم: ① کھلونا۔ ② کوئی تفریحی آلہ۔ ③ کسی جانور وغیرہ کی چھوٹی نسل جیسے کتا۔ ف: کھیلنا، کسی چیز سے لطف لینا۔ □ **toy with** کسی چیز کو ہلانا جلانا، شغلاً چھیڑنا۔

**toyboy** *n.* بول چال: کسی عورت کا کمسن آشنا۔

**trace** *v. & n.* ف: ① سراغ لگانا، پتہ چلانا۔ ② نقل اتارنا، چربہ لینا، خصوصاً شفاف یا کاربن کاغذ کی مدد سے۔ ③ احاطہ کرنا؛ خطوط یا الفاظ میں نقشہ کھینچنا۔ اسم: ① کسی چیز کے آثار، باقیات میں سے کوئی۔ ② بہت تھوڑی مقدار۔ ③ آدمی یا جانور کے چھوڑے ہوئے قدموں کے نشان۔ ④ پہلو کے دو بندوں میں سے کوئی جن کے ذریعہ گھوڑا گاڑی کو کھینچتا ہے۔ □ **kick over the traces** نافرمان یا بے پروا ہونا۔ ● **traceable** صف: قابل دریافت یا مشاہدہ۔ **tracer** اسم۔

**trace element** *n.* ① کوئی قلیل یا کمیاب کیمیائی مادّہ۔ ② کوئی کیمیائی مادّہ جس کی بہت خفیف مقدار زندگی کی نشوونما کے لیے درکار ہو۔

**tracery** *n.* (*pl.* **-ies**) ① سنگی نقش ونگار۔ ② کوئی آرائشی ڈیزائن۔

**trachea** *n.* (*pl.* **tracheae** or **tracheas**) سانس کی نالی۔

**tracheotomy** *n.* (*pl.* **-ies**) سانس کی نالی میں شگاف دینے کا عمل۔

**tracing** *n.* چربہ، نقل جو لکیر پر لکیر کھینچ اتارا جائے۔

**tracing paper** *n.* چربہ اتارنے کے لیے شفاف کاغذ۔

**track** *n. & v.* اسم: ① آدمی یا کسی شے کے راستے پر سے گزرنے کا نشان۔ ② پگ ڈنڈی جو راستہ چلنے سے بن جائے۔ ③ ریل کی لمبی مسلسل پٹڑی۔ ④ گھڑ دوڑ یا کتوں وغیرہ کی دوڑ کا راستہ، مقابلے کی دوڑ کا راستہ۔ ⑤ کیسٹ کے فیتے، یا ریکارڈ پر اتنا ہی ٹکڑا۔ ⑥ ٹینک، ٹریکٹر وغیرہ کے پہیّوں پر چڑھی ہوئی مال۔ ف: ① سراغ لینا، کھوج لگانا۔ ② نشانات سے کسی واقعے یا حقائق کا پتہ لگانا۔ □ **keep (or lose) track of** واقعات کی رفتار سے مسلسل باخبر رہنا (یا نہ رہنا) ● **tracker** اسم۔

**tracksuit** *n.* ورزش کا ڈھیلا ڈھالا گرم لباس۔

**tract** *n.* ① وسیع قطعۂ زمین، علاقہ۔ ② کسی عضو یا نظام جسمانی کا حصّہ۔ ③ مختصر مقالہ، رسالہ خصوصاً کسی مذہبی موضوع پر۔

**tractable** *adj.* آسانی سے قابو میں آجانے یا سدھ جانے والا۔ ● **tractability** اسم: تربیت پذیری۔

**traction** *n.* ① زمینی باربرداری خاص کر سڑک یا ریل کی پٹڑی وغیرہ پر۔ ② کسی عضو کی کسرت، زور آزمائی، کسی پٹھے کا اکڑنا، اینٹھن۔ ③ سڑک پر ٹائر کی گرفت، پکڑ یا پٹڑی پر ریل کے پہیّے کی۔

**tractor** *n.* زرعی ضروریات کے لیے استعمال ہونے والی موٹر گاڑی۔

**trad** *adj.* بول چال: روایتی۔ [TRADITIONAL کا اختصار]

**trade** *n. & v.* اسم: ① تجارت، خرید و فروخت، منافع کے لیے کیا جانے والا کاروبار۔ ② ہنر، جس کے

لیے تربیت درکار ہو۔③ کاروباری حلقہ۔ ف: ①
کاروبار کرنا۔② مال کے بدلے مال کا کاروبار کرنا۔ ③
کسی سے کسی چیز کا معاملہ کرنا۔ □ **trade in** بدلنا (پرانی
کار وغیرہ) کچھ زائد ادائگی پر۔ **trade off** مبادلہ کرنا،
خصوصاً بطور تصفیہ۔ **trade on** کسی کے اعتبار کا ناجائز
فائدہ اٹھانا۔● **trader** اسم: تاجر۔

**trade mark** *n.* (also **trademark**) کسی
کمپنی یا مال تجارت کا شناختی نشان یا نام جو رجسٹر شدہ ہو
یا طوالت یا کثرت استعمال سے اس کے ساتھ مخصوص ہو۔

**tradesman** *n.* (*pl.*-**men**) کاروباری،
بیوپاری، تاجر۔

**trade union** *n.* مزدوروں کی تنظیم جو ان کے
حقوق اور مفادات کی نگرانی کرتی ہے۔● **trade
unionist** اسم: مزدار انجمن کا رکن۔

**trade wind** *n.* تجارتی ہوا، ہوا کی وہ رو جو مسلسل
خط استوا کی طرف چلتی رہتی ہے۔

**tradition** *n.* روایت، کوئی لگا بندھا طور طریقہ،
عادت، رواج، ریت، رسم جو پہلے سے چلی آ رہی ہو۔●
**traditional** صف۔ **traditionally** م ف۔

**traditionalist** *n.* روایت پرست، روایات کا
حامی۔● **traditionalism** اسم: روایت پرستی۔

**traduce** *v.* کسی کی برائی، مذمّت یا کسی کی بابت
غلط بیانی کرنا۔● **traducement** اسم: بدگوئی۔

**traffic** *n. & v.* اسم: ①راستے پر چلنے والی گاڑیاں،
فضا میں یا پانی پر ایسی ہی آمدورفت۔ ② تجارت، خصوصاً
ممنوعہ۔ف: (**trafficking،trafficked**) ① کسی
چیز کا کاروبار کرنا خصوصاً ناجائز یا خفیہ۔ ② اشیا کا مبادلہ
کرنا۔● **trafficker** اسم: ممنوعہ اشیا کا تاجر۔

**traffic warden** *n.* ٹریفک کی رہبری اور پارک
کرنے کی جگہوں پر نظر رکھنے والا افسر۔

**tragedian** *n.* ①المیہ نگار۔②المیہ ڈراموں میں
کام کرنے والا اداکار۔

**tragedienne** *n.* المیہ ڈراموں میں کام کرنے
والی اداکارہ۔

**tragedy** *n.* (*pl.* **-ies**) ① کوئی حادثہ یا قدرتی
آفت۔② کوئی ناخوشگوار یا المیہ واردات یا واقعہ، کوئی
المیہ ڈراما، منظوم یا نثر میں۔

**tragic** *adj.* ①المناک، حسرت ناک، پُرالم۔②المیے
کے انداز یا مزاج کا۔● **tragically** م ف۔

**tragicomedy** *n.* (*pl.* **-ies**) المیہ جس میں
طربیہ مناظر شامل ہوں، مخلوط المیہ طربیہ۔

**trail** *n. & v.* اسم: ① کسی چیز یا شخص کے گزرنے سے
زمین یا کسی سطح پر پڑنے والا نشان۔② بٹیا، پگ ڈنڈی۔
ف: ①پیچھے پیچھے گھسٹنا خصوصاً زمین پر۔② تھکے تھکے
قدموں سے چلنا، پیچھے رہ جانا، بچھڑنا۔③ تعاقب کرنا۔

**trailer** *n.* ① کھینچ کر لے جائی جانے والی گاڑی،
گاڑی کے پیچھے باندھ کر لے جانے والا پہیّوں پر قائم
کمرہ یا گھر۔② فلم کی جھلکیوں پر مبنی اشتہار۔

**train** *v. & n.* ف: ① سکھانا، مشق کرانا، تربیت دینا۔
② ریاضت کرنا یا کرانا کسی کام یا کھیل وغیرہ کی۔③ کسی
پودے کو مرضی کے مطابق پروان چڑھانا۔④ بندوق،
کیمرے وغیرہ سے کسی طرف شست لینا۔اسم: ①ریل
گاڑی۔② کوئی چیز جو کسی دوسری چیز مثلاً لباس وغیرہ کے
پیچھے لگی ہو یا اس کا جزو ہو۔③ افراد یا اشیا کا لمبا سلسلہ۔ □
**in train** پوری طرح مرتّب یا زیر قابو۔

**trainee** *n.* زیر تربیت شخص۔

**trainer** *n.* ①تربیت دینے والا۔② گھوڑوں، کھلاڑیوں
وغیرہ کا پیشہ ور تربیت کار۔③ (**trainers**) ایک نرم
جوتا، کھلاڑیوں خصوصاً دوڑنے والوں کے لیے موزوں۔

**traipse** *v.* دھیمی تھکی ہاری چال سے چلنا یا غیر ضروری
دشوار، تھکا دینے والے راستے سے جانا۔

**trait** *n.* امتیازی خصوصیت یا شناخت۔

**traitor** *n.* غدّار خاص طور پر اپنے ملک کا، قوم فروش۔

**trajectory** *n.* (*pl.* **-ies**) وہ قوسی خط جو کسی گولی
وغیرہ کے چھوٹنے سے زمین کی کشش ثقل کے زیر اثر بنے۔

**tram** *n.* آہنی پٹڑی پر چلنے والی برقی مسافر گاڑی۔

**tramcar** *n.* ٹرام۔

**tramlines** *n. pl.* ① ٹرام کی پٹڑی۔②بول چال:
متوازی لکیروں کا جوڑا، خصوصاً وہ لمبی لکیریں جو ٹینس
کورٹ وغیرہ کے پہلو یا پیچھے کی طرف کھینچی جاتی ہیں۔

**trammel** *v.* (**trammelled, trammelling**
*US* **trammeled**) روکنا، مزاحم ہونا۔

**tramp** *v. & n.* ف:① بھاری قدموں سے، پاؤں مارتے ہوئے چلنا، پیدل چلنا خصوصاً دور تک۔② روندنا، پاؤں سے کچلنا۔ اسم: ① آوارہ گرد یا بھک منگا آدمی۔② بھاری قدموں کی آواز۔③ پا پیادہ سفر۔④ کان کنوں وغیرہ کے جوتے کا آہنی تلا، بیلچے کا ڈنڈا جس پر جوتے کی ٹھوکر لگتی ہے۔⑤ بول چال: آوارہ ہرجائی عورت۔

**trample** *v.* ① پاؤں سے کچلنا، روندنا۔② پاؤں سے کچل کر توڑنا، دبانا۔

**trampoline** *n. & v.* اسم: ترپال، چوکھٹے میں جڑی ہوئی کینوس کی چادر جس پر ورزش کرنے والے یا تماشا گر اوپر سے کودتے ہیں۔ ف: ترپال پر اچھلنا، کودنا۔

**trance** *n.* نیم بیداری کا عالم، وجد، حال، بے خودی، سرمستی، سکتے کے اثر میں ہونے کا عالم، سحر زدگی۔

**tranquil** *adj.* پُرسکون، ساکت، بے اضطراب۔ ● **tranquillity** اسم: سکون۔ **tranquilly** م ف۔

**tranquillize** *v.* (also **-ise**; *US* **tranquilize**) تسکین پہنچانا، ساکن کرنا یا ہونا۔

**tranquillizer** *n.* (also **-iser**; *US* **tranquilizer**) مسکّن دوا، بے چینی، خفقان دور کرنے والی۔

**transact** *v.* (کاروباری) معاملہ کرنا، سودا کرنا، پورا کرنا، انجام دینا۔ ● **transaction** اسم: معاملہ، سودا۔

**transatlantic** *adj.* ① ماورائے اوقیانوس۔② بالائے یا براہ اوقیانوس۔

**transceiver** *n.* ریڈیو نشریات بھیجنے اور وصول کرنے والا مشترک (نشر وصولی) آلہ۔

**transcend** *v.* ① (انسانی تجربات، فہم وغیرہ سے) ماورا ہونا۔② افضل، فائق بالا، برتر ہونا، آگے نکل جانا۔

**transcendent** *adj.* ① اعلیٰ تر، بڑھ چڑھ کر، برگزیدہ۔ ② انسانی تجربے یا مشاہدے سے بالاتر۔ ● **transcendence** اسم۔ **transcendent** صف۔

**transcendental** *adj.* تخیلاتی، مجرّد، مبہم، ماورائے عقل۔

**transcontinental** *adj.* بین برّ اعظمی، تمام برّ اعظم میں ایک سرے سے دوسرے سرے تک۔

**transcribe** *v.* ① نقل تیار کرنا خصوصاً تحریر میں۔ ② کسی عبارت، نوٹس وغیرہ کو پوری شکل میں لکھنا۔③ کسی نغمے کو دوسرے ساز پر بجانے کے لیے تحریر کرنا۔ ● **transcription** اسم: نقل نویسی۔

**transcript** *n.* تحریری یا ریکارڈ کی ہوئی نقل۔

**transducer** *n.* کوئی آلہ یا عمل جس سے ایک ذریعۂ ترسیل کا اشارہ یا پیغام دوسرے ذریعۂ ترسیل میں تبدیل ہوتا ہے۔

**transept** *n.* صلیبی شکل کے گرجا کا کوئی سا بازو یا ضلع، ناف کلیسا سے زاویۂ قائمہ پر بنا ہوا۔

**transexual** TRANSSEXUAL کا متبادل۔

**transfer** *v. & n.* ف: (**transferred**، **transferring**) منتقل کرنا، دینا، حوالے کرنا کسی کو۔ اسم: ① منتقلی کا عمل۔ ② نقش یا ڈیزائن جو ایک چیز پر سے دوسری چیز پر منتقل کیا جائے۔③ حقوق، املاک وغیرہ کا ہبہ، منتقلی، اس کی دستاویز۔ ● **transferable** صف: قابل انتقال۔ **transference** اسم۔

**transfigure** *v.* ہیئت یا شکل تبدیل کرنا بہتر بنانا۔ ● **transfiguration** اسم: تبدیلی ہیئت یا سراپا۔

**transfix** *v.* ① آر پار کرنا، چھیدنا۔② حیرت یا دہشت سے کسی کو اپنے مقام پر ساکت کر دینا۔

**transform** *v.* ① یکسر یا اچانک تبدیل کرنا، کایا پلٹ کرنا، قلب ماہیت کرنا۔② (برقی روکا) وولٹیج تبدیل کرنا۔ ● **transformation** اسم۔

**transformer** *n.* متبادل رو (اے سی) کی وولٹائی قوت کو گھٹانے بڑھانے والا آلہ، بدل گر۔

**transfuse** *v.* ① سرایت کرنا، داخل کرنا، سمانا۔② ایک جاندار کا خون دوسرے کے جسم میں چڑھانا، داخل کرنا۔ ● **transfusion** اسم: نفوذ۔

**transgenic** *adj.* (حیوان یا پودا) جس میں کسی اور حیوان یا پودے کا تولیدی یا جینیاتی مادّہ مصنوعی طور پر داخل کیا جائے، جین یافتہ۔

**transgress** *v.* حد سے تجاوز کرنا، قانونی یا مذہبی اصول کو توڑنا۔ ● **transgression** اسم: زیادتی، قانون شکنی۔ **transgressor** اسم: قانون شکن۔

**transient** *adj.* عارضی، آنی وفانی، ناپائیدار۔

**transistor** *n.* ① ایک نیم موصل برقی آلہ جو آواز

پاٹنے والا عقبی کندہ یا تختہ۔

**transparency** *n.* (*pl.* **-ies**) ① شفافیت۔② فوٹوگرافی: شیشے وغیرہ پر تیار کردہ تصویر، سلائیڈ۔

**transparent** *adj.* ① شفاف، جس کے آرپار دیکھا جاسکے۔② (بھیس، بہانہ وغیرہ) آشکارا، آسانی سے تاڑ جانے والا۔ **transparently** م ف۔

**transpire** *v.* ① پھوٹنا، کھل جانا، پتہ چلنا، معلوم ہونا۔② (پودے یا پتّے کا) بخارات خارج کرنا۔● **transpiration** اسم: اِفشا۔

**transplant** *v.* & *n.* ف: ①ایک جگہ سے دوسری جگہ لے جا کر لگانا یا بونا۔② کسی عضو کو ایک جگہ سے لے کر دوسرے حصّۂ جسم یا کسی اور کے جسم میں لگانا۔ اسم: ①اعضا کی منتقلی، منتقل کیا ہوا عضو۔② اکھاڑ کر اور جگہ لگایا ہوا پودا۔● **transplantation** اسم: منتقلی۔

**transport** *v.* & *n.* ف: مال برداری یا بار برداری کرنا۔ اسم: ① بار برداری، مال یا مسافروں کو لانے لے جانے کا انتظام، سواری۔② (**transports**) شدید جذبہ۔● **transportation** اسم: نقل وحمل، بار برداری۔ **transporter** اسم۔

**transpose** *v.* ① (دو یا زائد چیزوں کو) ادل بدل کرنا، کسی چیز کی جگہ بدلنا۔② کسی جملے میں لفظ یا الفاظ کی ترتیب یا مقام بدلنا۔③ موسیقی: اصل اشٹک سے دوسری اشٹک میں جانا۔● **transposition** اسم۔

**transsexual** *n.* (also **transexual**) ① جسمانی طور پر ایک جنس اور نفسیاتی طور پر دوسری جنس سے تعلق رکھنے والا شخص۔② کوئی فرد جس کی جنس عمل جراحی سے تبدیل کی گئی ہو۔

**transubstantiation** *n.* یہ عقیدہ کہ عشائے ربانی کی اشیا حضرت عیسیٰ کا جزو بدن بن جاتی ہیں۔

**transuranic** *adj.* ماورائے یورینیم (وہ عنصر) جس کا ایٹمی عدد یورینیم سے زائد ہو۔

**transverse** *adj.* آرپار، آڑا، عرضی حالت میں۔

**transvestism** *n.* مخالف جنس کا لباس پہننے کا شوق جنسی محرک کے طور پر۔● **transvestite** اسم۔

**trap** *n.* & *v.* اسم: ① پھندا، جال، کھٹکا، چوہے دان وغیرہ۔② کسی کو بے خبری میں پکڑنے کے لیے اختیار

کو تیز نیز درست کرنے کا کام کرتا ہے۔② چھوٹا یا جیبی ریڈیو، جس میں ٹرانزسٹر استعمال ہوتے ہیں۔

**transit** *n.* ① گزرنے یا گزارنے کا عمل، نقل وحرکت خصوصاً کچھ فاصلے تک۔② راستہ، رہگزر۔

**transition** *n.* نقل مکانی، ایک حالت سے دوسری حالت کی طرف رجوع۔● **transitional** صف: عبوری، عارضی۔

**transitive** *adj.* قواعد: (فعل) متعدی جہاں فعل کسی مفعول کے ساتھ منسلک ہو۔

**transitory** *adj.* عارضی، عبوری، وقتی، مختصر۔

**translate** *v.* ① ترجمہ کرنا، ایک زبان سے دوسری زبان میں۔② قابل ترجمہ ہونا۔③ تبدیل ہونا، ایک حالت، کیفیت، جگہ یا شخصیت سے دوسری میں۔④ کسی بات کا کوئی مطلب اخذ کرنا۔● **translation** اسم: ترجمہ۔ **translator** اسم: مترجم۔

**transliterate** *v.* (ایک رسم الخط میں لکھے ہوئے لفظ یا عبارت کو) امکانی صحت کے ساتھ دوسرے رسم الخط میں لکھنا۔● **transliteration** اسم۔

**translucent** *adj.* نیم شفاف جس کے آرپار روشنی مدّھم ہو کر گزرے۔● **translucence** اسم۔

**transmigrate** *v.* روح کا مرنے کے بعد قالب بدلنا (آواگون کا عقیدہ)● **tansmigration** اسم۔

**transmission** *n.* ① ترسیل، ایصال۔② ٹیلیوژن یا ریڈیو کا نشریہ۔③ گاڑی میں انجن سے دھرے تک طاقت کی منتقلی کا نظام۔

**transmit** *v.* (**transmitted, transmitting**) ① پہنچانا، ارسال کرنا، ایک سے دوسرے کو منتقل کرنا۔② (ریڈیو یا ٹیلیوژن کے پروگرام کو) نشر کرنا۔● **transmissible** صف: قابل ترسیل یا ابلاغ پذیر۔ **transmittable** صف **transmitter** اسم: ترسیل کنندہ شخص یا شے۔

**transmogrify** *v.* (**-ies,-ied**) کایا پلٹ کرنا، کچھ کا کچھ بنا دینا خصوصاً چھومنتر سے۔

**transmute** *v.* قلب ماہیت کرنا، ہیئت تبدیل کرنا۔● **transmutation** اسم: کایا پلٹ۔

**transom** *n.* ① کھڑکی کے پٹ کے چوکھٹے کی پٹّی یا دروازے کے اوپر افقی تختہ۔② جہاز کے دنبالے کو

کیا جانے والا ذریعہ۔③ وہ پنجرہ نما خانہ جس میں سے مقابلے کی دوڑ میں شامل کتا دوڑ کے آغاز پر نکلتا ہے۔④ پرنالے وغیرہ میں ایک خم جو مائع سے پُر ہو کر گیس کے اوپر چڑھنے کو روکتا ہے۔⑤ بول چال: منہ، دہانہ۔ف: (trapping، trapped) پھندے میں پھانسنا یا جال میں پکڑنا، کسی ترکیب یا حیلے سے پکڑنا یا قابو میں کرنا۔

**trapdoor** *n.* فرش یا چھت میں بنا ہوا کھٹکے دار چور دروازہ خصوصاً سطح کے ساتھ ہموار۔

**trapeze** *n.* نٹوں یا کرتب دکھانے والوں کے لمبے جُھولے جن میں پٹڑیوں کی جگہ ڈنڈے ہوتے ہیں۔

**trapezium** *n.* (*pl.* **trapezia** or **trapeziums**) ① چار ضلعی شکل جس کے صرف دو ضلع متوازی ہوں۔② امریکا: TRAPEZOID۔

**trapezoid** *n.* ① شکل منحرف جس کے کوئی دو ضلع متوازی نہ ہوں۔② امریکا: TRAPEZIUM۔

**trapper** *n.* شکاری، جنگلی جانور پکڑنے والا، خصوصاً کھال وغیرہ کے لیے۔

**trappings** *n. pl.* آرائشی سازوسامان خصوصاً مرتبے، دبدبے کو ظاہر کرنے والے۔

**trash** *n. & v.* اسم: ① کوڑا کرکٹ۔② گھٹیا مال، بے کار چیز۔ف: ① بول چال: تباہ کرنا۔② برائیاں بیان کرنا، عیب ظاہر کرنا۔● **trashy** صف: فضول۔

**trash can** *n.* امریکا: کوڑے دان۔

**trattoria** *n.* اطالوی طعام خانہ۔

**trauma** *n.* ① جذباتی صدمہ جو بعض اوقات مستقل اعصاب زدگی کا باعث ہوتا ہے۔② جسمانی چوٹ یا زخم۔● **traumatic** صف۔ **traumatize** ف۔

**travail** *n. & v.* قدیم، اسم: ① کاوش، مشقت، جوکھوں۔② دردِ زہ۔ف: سخت تکلیف سے گزرنا، خصوصاً بچہ جننے میں۔

**travel** *v. & n.* ف: (**travelling**، **travelled**) امریکا: **traveled**) ① سفر کرنا، خصوصاً دور تک۔② کسی مقام یا علاقے سے گزرنا، راستہ یا منزل طے کرنا۔اسم: ① بیرونی سیر و سیاحت، سیّاحی۔② (**travels**) سفر۔

**traveller** *n.* (*US* **traveler**) ① مسافر، سیّاح۔② خانہ بدوش۔

**traveller's cheque** *n.* سفری چیک، خاص مالیت کا جسے بالعموم عالمی سطح پر بھنا سکتے ہیں۔

**travelogue** *n.* سفر کے مناظر پر مبنی فلم یا کتاب۔

**traverse** *v. & n.* ف: سرتاسر ایک سرے سے دوسرے تک سفر کرنا، یا رکھا ہوا ہونا۔اسم: ① پہلو کی طرف حرکت، آڑی چال۔② کسی سطح یا فاصلے کو طے کرنے کا عمل۔③ کوئی شے جو کسی سطح کو عرضاً قطع کرے۔

**travesty** *n. & v.* اسم: (ج: **-ies**) شدید غلط بیانی، بناوٹ، اصل کا خاکہ۔ف: (**-ies**، **-ied**) کسی چیز کا خاکہ اڑانا۔

**trawl** *v. & n.* ف: ① کھڑے یا پڑے مہاجال سے مچھلیاں پکڑنا۔② اچھی طرح چھان بین کرنا۔اسم: ① چھان بین کا عمل۔② مچھلیاں پکڑنے کا مہاجال۔

**trawler** *n.* ماہی گیری وغیرہ کے کام کی ناؤ۔

**tray** *n.* برتن وغیرہ رکھ کر لے جانے یا چھوٹی موٹی چیزیں قلم کاغذ وغیرہ رکھنے کی کشتی، سینی۔

**treacherous** *adj.* ① غدّار، دغاباز، فریبی۔② ناقابلِ اعتبار۔● **treacherously** م ف۔

**treachery** *n.* (*pl.* **-ies**) ① اعتماد کو جھٹلانے کی حرکت؛ دھوکا دہی۔② دھوکے کا عمل۔

**treacle** *n.* شکر سازی میں بننے والا شیرہ، راب، سیّال گڑ۔● **treacly** صف: شیرہ بھرا۔

**tread** *v. & n.* ف: (**trod**، **trodden**) ① قدم رکھنا، چلنا، روندنا، (پیر کا) جمانا، رکھنا۔② پیروں سے دبانا یا کچلنا۔اسم: ① چاپ، قدموں کی آواز۔② زینے کی کوئی سیڑھی یا قدم۔③ ٹائر کا اوپری ڈھلا ہوا خول جو سڑک کو چھوتا یا پکڑتا ہے۔□ **tread water** پانی میں تیرتے ہوئے سیدھا کھڑا ہو جانا، کھڑی لگانا۔

**treadle** *n.* مشین کا پاؤں سے دبانے کا پُرزہ، جسے دبانے سے مشین چلے۔

**treadmill** *n.* ① پیر چکّی، پاؤں کے زور سے چلنے والی کل یا چرخی۔② کوئی اکتانے والا کام۔

**treason** *n.* حکمران یا ملک سے بغاوت۔

**treasonable** *adj.* بغاوت، غدّاری سے متعلق یا اس کا مرتکب۔

**treasure** *n. & v.* اسم: ① قیمتی دھاتیں اور جواہر،

ان کا خزانہ۔② نایاب شے یا کاری گری کا اعلیٰ نمونہ یا بہت قابلِ قدر یا عزیز شخص۔ف:① سینت کے رکھنا۔② بہت عزیز یا قابل قدر سمجھنا۔

**treasurer** *n.* خازن؛ بلدیہ، انجمنوں وغیرہ کا مالی امور سے تعلق رکھنے والا افسر۔

**treasure trove** *n.* دفینہ، گڑا ہوا یا پوشیدہ خزانہ جس کی ملکیت کا پتہ نہ ہو۔

**treasury** *n.* (*pl.* -ies) ① خزانے کی عمارت۔ ② ریاست، ادارے یا انجمن وغیرہ کا سرمایہ یا محاصل۔③ (Treasury) کسی ملک کی مالیات سے تعلق رکھنے والا محکمہ، اس کے افسران اور وہ جگہ۔

**treat** *v. & n.* ف:① سلوک یا برتاؤ کرنا، پیش آنا۔② کسی چیز پہ کوئی خاص عمل کرنا، مطلوبہ مقصد حاصل کرنے کے لیے کسی عمل سے گزارنا۔③ علاج کرنا۔④ کسی موضوع پر لکھنا یا کسی شے کو آرٹ کا موضوع بنانا۔⑤ تواضع کرنا۔اسم: کوئی تقریب یا اہم واقعہ جو بڑی مسرت کا باعث ہو۔

**treatise** *n.* کسی موضوع پر علمی مقالہ۔

**treatment** *n.* ① برتاؤ، سلوک۔② دوا، علاج۔

**treaty** *n.* (*pl.*-ies) رسمی طور پر طے کردہ معاہدہ خصوصاً ریاستوں کے درمیان۔

**treble** *adj. & n.* صف:① تگنا، سہ چند، تہرا، تین گنی تعداد میں۔② (آواز کے لیے) اونچی، SOPRANO۔ اسم: ① تگنی مقدار یا تعداد۔② SOPRANO = اونچی تیلی آواز، اس آواز والا شخص۔● **trebly** م ف۔

**tree** *n.* درخت، پیڑ، عموماً سدا بہار۔

**trefoil** *n.* ① پودا جس میں تین تین پتیوں کے گچھے ہوتے ہیں۔② سہ برگہ یا تین گولوں والی آرائش۔

**trek** *v. & n.* (trekking، trekked):ف: چلنا، سفر کرنا، خصوصاً دشواری سے۔اسم: لمبا پیدل سفر۔

**tremble** *v. & n.* ف:① کپکپانا، لرزنا۔② انتہائی خوف زدہ ہونا۔اسم: لرزش، کپکپی۔● **trembly** صف۔

**tremendous** *adj.* ① زبردست، عظیم۔ ② بول چال: نہایت عمدہ۔● **tremendously** م ف۔

**tremolo** *n.* (*pl.* **tremolos**) باجے یا گلے کی آواز کا ارتعاش، گٹکری۔

**tremor** *n.* ① تھرتھری، لرزش۔② جوش، جذبہ۔ ③ ہلکا زلزلہ۔

**tremulous** *adj.* لرزاں، تھرّاتا، ڈانواڈول۔ ● **tremulously** م ف: کانپتے ہوئے۔

**trench** *n.* کھائی، خندق۔

**trenchant** *adj.* مؤثر، دوٹوک، جاندار (انداز، بیان، پالیسی وغیرہ)

**trend** *n.* عمومی روش، رجحان، جھکاؤ، رُخ، فیشن۔

**trendsetter** *n.* فیشن رائج کرنے، مذاق یا وضع متعیّن کرنے والا، رجحان ساز۔

**trendy** *adj.* (**trendier, trendiest**) بول چال: فیشن پرست، شوقین مزاج۔● **trendily** م ف۔ **trendiness** اسم: وضعداری، شوقینی۔

**trepidation** *n.* گھبراہٹ، سراسیمگی۔

**trespass** *v. & n.* ف: ناجائز مداخلت کرنا (خصوصاً کسی کی زمین یا جائیداد پر) اسم: مداخلت بے جا۔ ● **trespasser** اسم: مداخلت بے جا کا مرتکب۔

**tress** *n.* بالوں کی لٹ (خصوصاً زنانہ)

**trestle table** *n.* نچلے ڈھانچوں یا پایوں پر تختوں کی بنی ہوئی میز۔

**trews** *n. pl.* پتلون خصوصاً تنگ چارخانے دار۔

**tri-** *comb. form* تین یا تین گنا، سہ چند۔

**triad** *n.* ① تین کا مجموعہ۔② ایک خفیہ چینی تنظیم۔

**trial** *n. & v.* ① عدالتی کارروائی، مقدمہ۔② معائنہ، جانچ، خوبی یا خصوصیت کی پرکھ۔③ صبر آزما حالت، دشواریاں۔ □ **on trial** ① عدالت میں زیرِ مقدمہ۔② زیرِ آزمائش برائے انتخاب۔

**triangle** *n.* ① مثلث، تکون جس کے تین پہلو اور تین زاویے ہوتے ہیں۔② مثلث قائم الزاویہ کی شکل کا ایک ہندسی اوزار۔③ تکونا اوزار۔

**triangular** *adj.* ① تکونا، مثلثی شکل کا۔② سہ فریقی (معاہدہ، مقابلہ وغیرہ)

**triangulation** *n.* مثلثی پیمائش، مثلثوں میں تقسیم کر کے کسی علاقے کی پیمائش یا نقشہ نویسی۔

**tribe** *n.* قبیلہ، کوئی انسانی گروہ، ہم نژاد کنبوں کا مجموعہ جن کے درمیان نسلی، سماجی، معاشی، ثقافتی، لسانی اشتراک

یا یگانگت ہو۔ ● **tribal** صف۔ **tribesman** اسم۔

**tribulation** *n.* سخت مصیبت، بپتا۔

**tribunal** *n.* کسی معاملے کی تحقیقات یا تصفیہ کرنے کے لیے قائم کی جانے والی خصوصی عدالت یا بورڈ۔

**tributary** *n. & adj.* (*pl.* **-ies**) دریا کا معاون یا جھیل میں گرنے والا (دھارا)

**tribute** *n.* ① اظہار عقیدت، ستائش، نذر۔ ② تاریخ: خراج، باج جو بالادست ریاست یا حکمراں کو زیردست کی طرف سے مقررہ میعاد پر پیش کی جاتی تھی۔

**trice** *n.* □ **in a trice** معاً، فوراً، تُرت، لمحہ بھر میں۔

**trichology** *n.* بالوں کی ساخت، افزائش اور امراض کا مطالعہ۔ ● **trichologist** اسم۔

**trick** *n. & v.* اسم: ① دھوکا، فریب، چال جو کسی کو بیوقوف بنانے، چکرانے یا دھوکا دینے کے لیے چلی جائے۔ ② گُر کی بات، کسی کام کا ڈھب، طریق عمل۔ ③ شعبدہ، ہاتھ کی صفائی۔ ف: ① دھوکا دینا، چکرانا، بیوقوف بنانا۔ ② دھوکے سے ہتھیانا۔ □ **do the trick** بول چال: کام نکالنا، مقصد، مطلوبہ نتیجہ برآمد کرنا۔

**trickery** *n.* دھوکے بازی، شعبدہ کاری، چھل بٹّا۔

**trickle** *v. & n.* ف: ① قطرہ قطرہ ٹپکنا، رسنا۔ ② تھوڑا تھوڑا کر کے ظاہر ہونا۔ اسم: رساؤ، ٹپکن، تراوش۔

**tricky** *adj.* (**trickier, trickiest**) ① مشکل، پیچیدہ، دقّت طلب، احتیاط، ہوشیاری کا طالب (پیچیدہ کام) ② دھوکے باز۔ ● **trickiness** اسم۔

**tricolour** *n.* (*US* **tricolor**) ترنگا جھنڈا، پٹّیوں کے ساتھ۔

**tricycle** *n.* تین پہیّوں کی سائیکل۔

**trident** *n.* ترشول، تین نوکوں والا بلّم یا نیزہ۔

**triennial** *adj. & n.* ① تین سال کی مدّت تک رہنے والا۔ ② ہر تیسرے سال ہونے والا، آنے والا۔

**trier** *n.* مستقل مزاجی سے کوشش کرنے والا شخص۔

**trifle** *n.* اسم: ① معمولی، بے قدر چیز۔ ② تھوڑی سی مقدار خصوصاً تھوڑی رقم۔ ③ اسفنج کیک بطور شیرینی، کسٹرڈ جیلی، پھلوں کی قاشوں اور کریم وغیرہ کے ساتھ۔ □ **trifle with** کسی کے ساتھ حقارت آمیز برتاؤ، غیر سنجیدہ انداز اختیار کرنا۔ ● **trifler** اسم۔

**trifling** *adj.* ① غیر اہم، معمولی، ادنیٰ۔ ② غیر سنجیدہ۔

**trigger** *n. & v.* اسم: بندوق پستول وغیرہ کی لبلبی، اسی طرح کا اور کوئی پُرزہ۔ ف: (نیز **trigger off**) (کسی عمل یا کارروائی کا) آغاز کرنا، کسی سلسلے کا محرک ہونا۔

**trigger-happy** *adj.* ذرا سی بات پر بندوق چلانے والا۔

**trigonometry** *n.* علم مثلث، ریاضی یا ہندسے کی وہ شاخ جو مثلثوں کے پہلوؤں اور زاویوں کے باہمی تعلق اور زاویوں کے متعلقہ عمل سے تعلق رکھتی ہے۔

**trilateral** *adj.* تین پہلوؤں والا یا سہ فریقی۔

**trilby** *n.* (*pl.* **-ies**) پتلی باڑھ کی نرم فیلٹ ہیٹ۔

**trill** *n. & v.* اسم: لرزتی، تھراتی یا گٹکری دار آواز خصوصاً موسیقی میں۔ ف: گٹکری دار یا لہراتی آواز نکالنا۔

**trillion** *n.* ① ایک ملین ملین، ایک کھرب ($10^{12}$) ② (سابق خصوصاً انگلستان میں) ملین ملین ملین ($10^{18}$)

**trilobite** *n.* سمندری مفصل پا کا قدیم حیاتی دور کا سنگوارہ۔

**trilogy** *n.* (*pl.* **-ies**) تین جلدوں پر مشتمل کتاب یا تین باہم مربوط کتابوں کا سلسلہ۔

**trim** *v., n. & adj.* (**trimming، trimmed**): ف: ① چھیل چھانٹ کے درست کرنا، سنوارنا۔ ② تراش خراش کر کے سبک بنانا۔ ③ سامان کو اِدھر اُدھر کر کے جہاز یا طیارے کا توازن درست کرنا۔ اسم: ① تیاری، تکمیل، بنی سنوری حالت۔ ② کانٹ چھانٹ کا عمل۔ ③ لباس، پوشاک یا ساز و سامان۔ صف: (**trimmest ، trimmer**) ① تیار، بنا سنورا۔ ② اچھی حالت میں، صحیح ترتیب سے۔ ● **trimly** م ف۔ **trimness** اسم: خوش ترتیبی۔

**trimaran** *n.* تختوں کو جوڑ کر بنائی ہوئی تین متوازی خانوں یا عرشوں والی ناؤ۔

**trimming** *n.* ① تزئین، آرائش خصوصاً پوشاک کی۔ ② (**trimmings**) بول چال: لوازم خصوصاً کھانے کی خاص ڈش کے ساتھ کے۔ ③ (**trimmings**) چھٹن، چھیلن، کترنیں، ٹوٹے، ٹکڑے۔

**trinity** *n.* (*pl.* **-ies**) ① تین کا مجموعہ یا گروہ۔ ② (**the Trinity**) دینیات: عیسائی عقیدے میں تثلیث کے تین ارکان، اقانیم ثلاثہ (باپ، بیٹا، روح القدس)

**trinket** *n.* کوئی چھوٹا موٹا زیور، بندہ، چھلاّ وغیرہ۔
**trio** *n.* (*pl.* **-os**) ① تین کا مجموعہ، تگڈّم۔ ② تین موسیقاروں کے گانے، تین سازندوں کی سنگت۔
**trip** *v. & n.* (**tripping،tripped**) ف: ① تیز ہلکے قدموں سے چلنا یا رقص کرنا، دھیما ہونا۔ ② ٹھوکر کھانا یا پاؤں میں الجھنا۔ ③ کسی مشین وغیرہ کو روک ہٹا کر اچانک چالو کرنا۔ اسم: ① سرسری یا تفریحی سفر۔ ② لغزش یا غلطی، ٹھوکر کھانے کی واردات یا کیفیت۔ ③ بول چال: نشہ کی ترنگ۔ ④ مشین وغیرہ کو چالو کرنے کا پُرزہ۔ □ **trip up** لغزش یا غلطی کرنا یا اس کا سبب بننا۔
**tripartite** *adj.* تین حصّوں پر مشتمل، سہ گانہ۔
**tripe** *n.* ① جگالی کرنے والے جانوروں کا پہلا یا دوسرا معدہ۔ ② بول چال: بکواس، فضول باتیں، یاوہ گوئی۔
**triple** *adj. & v.* صف: ① تین، عموماً برابر کے اجزا پر مشتمل، سہ گانہ، تگنا۔ ② تین فریقوں کے درمیان۔ ③ سہ چند، تین گنا۔ ف: تین سے ضرب دینا، تگنا کرنا۔
**triplet** *n.* ① تین جڑواں بچوں میں کوئی۔ ② تین کا مجموعہ۔
**triplex** *adj.* تین حصّوں پر مشتمل، سہ گانہ یا سہ چند۔
**triplicate** *adj. & v.* صف: ① جس کی تین نقلیں یا مثل موجود ہوں۔ ② تین اجزا پر مشتمل۔ ف: کسی چیز کی تین نقلیں تیار کرنا۔ □ **in triplicate** جسکی تین یکساں نقلیں ہوں۔
**tripod** *n.* تین ٹانگوں والی ٹیک، اسٹول، تپائی وغیرہ۔
**tripos** *n.* (کیمبرج یونیورسٹی میں) بی اے کی ڈگری کا آنرز کے لیے امتحان۔
**tripper** *n.* ① سیلانی، سیّاح۔ ② بول چال: نشے کی ترنگ میں، بہکا ہوا، واہمے کا شکار شخص۔
**triptych** *n.* چھپکوں سے جڑی ہوئی تین لوحوں پر مشتمل تصویر یا ابھرواں کندہ کاری۔
**trite** *adj.* پٹا ہوا، پامال، فرسودہ۔
**tritium** *n.* ہائڈروجن کا تابکار ہم جا (علامت: T)
**triumph** *n. & v.* اسم: ① فتح، جیت، کامیابی، بڑا کارنامہ۔ ② اس کی خوشی کا اظہار یا علامت۔ ف: ① فتح پانا، کامیاب رہنا؛ غالب آنا۔ ② فتح کا جشن منانا۔

**triumphal** *adj.* فتح کو منانے، فتح کی یادگار یا فتح و کامرانی سے متعلق۔

وضاحت: *triumphal* کا مفہوم فتحمندی سے متعلق (م: *triumphal arch* فتح مینار) اسے *triumphant* سے الگ سمجھنا چاہیے، جس کا مطلب ہے کامران، فتح یاب۔

**triumphant** *adj.* ① کامران، فتح یاب۔ ② شادمان۔ ● **triumphantly** م ف: فتحمندی سے۔
**triumvirate** *n.* تین سربراہوں پر مشتمل نظام، سہ سری حکومت۔
**trivet** *n.* لنگن، تین ٹانگوں والا آہنی ڈھانچہ جس پر برتن رکھ کر گرم کر سکتے ہیں۔
**trivia** *n. pl.* معمولی، حقیر اشیا۔
**trivial** *adj.* ادنیٰ، بے قدر، بے اہمیت۔ ● **triviality** اسم۔ **trivially** م ف: معمولی طور سے۔
**trod, trodden** TREAD کا صیغۂ ماضی و ماضیہ۔
**troglodyte** *n.* غاروں میں رہنے والا شخص۔
**troika** *n.* ① ایک روسی گھوڑا گاڑی جس میں تین گھوڑے جوتے جاتے ہیں۔ ② تین آدمیوں کی جمعیت خصوصاً انتظامی کونسل۔
**troll** *n.* (اسکینڈی نیویا کی لوک روایات) کوئی افسانوی کردار، خصوصاً غار میں رہنے والا دیو یا بونا۔
**trolley** *n.* (*pl.* **-eys**) ① پہیّے دار میز، کشتی، کھانا یا بڑی دکانوں پر خریدا ہوا سامان ٹھیل کر لے جانے والا ٹھیلچہ۔ ② آہنی پٹڑیوں پر چلنے والا نیچا ریل چھکڑا۔
**trollop** *n.* آوارہ، بدچلن عورت یا لڑکی۔
**trombone** *n.* ایک پھونکنے والا بڑا برنجی ساز، تُرم۔
**troop** *n. & v.* اسم: ① جمگھٹا، مجمع، گروہ۔ ② فوجی دستہ۔ ف: قریب آنا، گروہ کی صورت میں چلنا۔
**trooper** *n.* ① سوار یا بکتر بند دستے کا نوجوان۔ ② آسٹریلیا و امریکا: گھڑسوار یا موٹر سوار پولیس کا افسر۔
**trophy** *n.* (*pl.* **-ies**) ① مقابلوں میں کامیابی پر دی جانے والی کوئی شے۔ ② کوئی یادگار شے جیسے دشمن سے چھینے ہوئے ہتھیار وغیرہ بطور یادگار۔
**tropic** *n.* اسم: ① خط استوا کے متوازی ایک خیالی خط

عرض بلد ۲۶° ۲۳' شمالی (tropic of Cancer خط سرطان) یا جنوبی (tropic of Capricorn خط جدی) ② (the tropics) ان دونوں مداروں (خط سرطان وخط جدی) کے درمیان کا مدارینی علاقہ، منطقہ حارّہ۔ ● tropical صف: مدارینی۔

**troposphere** *n.* کرۂ متغیرہ یا کرۂ اوّل، کرۂ فضائی کا نچلا طبق جو سطح زمین سے ۶ تا ۱۰ ک م کی بلندی تک ہے اور جس میں درجۂ حرارت بلندی کے ساتھ ساتھ کم ہوتا جاتا ہے۔

**trot** *v. & n.* ف: (trotting، trotted) ① دھیمی رفتار سے چھوٹے چھوٹے قدم اُٹھا کر دوڑنا۔ ② (گھوڑے کا) دلکی درمیانی چال چلنا۔ اسم: ① دوڑنے کا عمل یا مشق۔ ② کاروبار زندگی میں متوسط، متوازن رفتار، مستقل مزاجی۔ □ on the trot بول چال: ① کسی کام میں منہمک۔ ② متواتر، یکے بعد دیگرے۔ trot out بول چال: کوئی بہانہ بار بار کرنا یا کوئی رائے بار بار دینا۔

**troth** *n.* قدیم: ① اعتقاد، ایمان، وفاداری۔ ② حق، صداقت۔

**trotter** *n.* جانور کے پائے جو پکائے جائیں۔

**troubadour** *n.* عہد وسطیٰ کا نغمہ نگار یا نغمہ کار۔

**trouble** *n. & v.* اسم: ① مصیبت، مشکل، پریشانی۔ ② کوفت، تکلیف، پریشانی کا سبب یا بانی۔ ③ دقت، دشواری۔ ④ لڑائی جھگڑا، گڑبڑ، فساد۔ ف: ① پریشان کرنا، دشواری، تکلیف کا باعث ہونا۔ ② بے چین، بے آرام، فکرمند ہونا۔ ③ آزار پہنچانا، جسمانی تکلیف دینا۔

**troubleshooter** *n.* ① صنعتی یا سفارتی تنازعوں میں صلح کرانے والا۔ ② کل پرزوں کی علّت، نقص معلوم کرنے اور مرمّت کرنے والا۔

**troublesome** *adj.* باعثِ زحمت، تکلیف دہ۔

**trough** *n.* ① جانوروں کو چارہ یا پانی دینے کی ناندیا کھرلی۔ ② ہوا کا کم دباؤ رکھنے والا ایک لمبا قطعہ۔ ③ موجوں کے اُبھار کے درمیان کا نشیب۔

**trounce** *v.* زبردست شکست دینا۔

**troupe** *n.* تماشا گروں، نٹوں، بازیگروں کا طائفہ۔

**trouper** *n.* ① تھیٹر، ناٹک والوں کی منڈلی کا فرد۔ ② قابل اعتماد شخص۔

**trousers** *n. pl.* پتلون، پاجامہ۔

**trousseau** *n.* (*pl.* **trousseaus** or **trousseaux**) دلہن کے جہیز کے کپڑے۔

**trout** *n.* (*pl.* same or **trouts**) میٹھے پانی کی مچھلی، کھیتی خصوصاً جو کھانے میں لذیذ ہوتی ہے۔

**trowel** *n.* ① پلستر، مسالہ پھیرنے کی کرنی۔ ② کھرپی۔

**troy weight** *n.* قیمتی دھاتوں اور جواہر کو تولنے کا نظام۔

**truant** *n.* اسکول سے فراری لڑکا، بھگوڑا۔ □ play truant کام سے بھاگنا۔ ● truancy اسم۔

**truce** *n.* ① عارضی جنگ بندی۔ ② باہمی جھگڑے کی موقوفی، معطلی۔

**truck** *n.* ① کھلا ریل کا چھکڑا۔ ② بھاری موٹر چھکڑا، مال برداری کرنے والا؛ موٹر لاری۔

**trucker** *n.* لاری کا ڈرائیور۔

**truculent** *adj.* ① تُند خُو، جھگڑالو۔ ② وحشی، جنگلی۔ ● truculence اسم۔ truculently م ف۔

**trudge** *v. & n.* ف: ① پیدل گھسٹنا۔ ② بمشکل پیدل چل کر فاصلہ طے کرنا۔ اسم: دشوار پیدل کا سفر۔

**true** *adj. & adv.* صف: ① سچا، حقیقت پر مبنی۔ ② اصلی۔ ③ صحیح، معیاری۔ ④ ٹھیک، بچا تلا۔ م ف: ① سچ سچ، ٹھیک ٹھیک۔ ② درستی کے ساتھ۔ ③ بلا کم وکاست۔ □ come true سچ نکلنا، درست ثابت ہونا۔

**truffle** *n.* ① زمین کے اندر اُگنے والی مہکیلی کھمبی جو شوق سے کھائی جاتی ہے۔ ② چاکلیٹ سے بنی مٹھائی۔

**trug** *n.* لکڑی کی پٹیوں سے بنی ہوئی ٹوکری۔

**truism** *n.* ① سامنے کی بات، مسلّمہ حقیقت۔ ② فرسودہ مقولہ۔

**truly** *adv.* ① خلوص کے ساتھ، حقیقت میں، دلی طور پر۔ ② سچ مچ، واقعی۔ ③ وفاداری یا اطاعت گزاری کے ساتھ۔ ④ درست طور پر، اصل کے مطابق۔ ⑤ مناسب، حسبِ قاعدہ۔

**trump** *n.* ① ترپ کا پتہ یا رنگ۔ ② کوئی اچانک، مؤثر چال۔ ③ بول چال: کارگزار یا پسندیدہ آدمی، بااختیار آدمی۔ □ trump up گھڑنا، تراشنا۔ turn up trumps بول چال: ① توقع سے بڑھ کر اچھا نکلنا۔ ② نہایت کامیاب یا مفید ثابت ہونا۔

**trumpet** *n.* & *v.* اسم: پیتل کا منہ سے پھونکنے کا ساز، نفیر، ترّم، قرنا، جس کی آواز تیز، کٹیلی ہوتی ہے۔ ف:(**trumpeting، turmpeted**) ① نفیر، ترئی یا قرنا پھونکنا، بجانا۔② ہاتھی کا اپنی مخصوص نفیری جیسی آواز میں چنگھاڑنا۔③ نشر کرنا، اعلان کرنا۔

**truncate** *v.* قطع وبرید کرنا، درخت کی پھننگ یا سرے تراشنا۔● **truncation** اسم: تراش خراش۔

**truncheon** *n.* سوٹا، ڈنڈا خصوصاً پولیس والوں کا۔

**trundle** *v.* ٹھیلنا، ڈھکیلنا، لڑھکانا خصوصاً بہ زور و شور پہیوں پر گڑگڑاہٹ کے ساتھ۔

**trunk** *n.* ① درخت کا تنہ۔② اوپری دھڑ، سروپا کے علاوہ۔③ چھپکے دار ڈھکنے والا صندوق۔④ امریکا: موٹر کار کا سامان رکھنے کا خانہ، ڈگی۔⑤ ہاتھی کی سونڈ۔⑥ (**trunks**) مردانہ جانگھیا، مکّے بازی، تیراکی وغیرہ کے لیے۔

**trunk road** *n.* بڑی سڑک، شاہراہ۔

**truss** *n.* & *v.* اسم: ① کڑیوں وغیرہ کا ڈھانچا جو پُل وغیرہ کے فرش کو سنبھالے ہو۔② فتق یا آنت اُترنے کے مرض میں آنت کو سہارا دینے کے لیے لگائی جانے والی پٹی یا کمانی۔③ پھولوں یا پھلوں کا گچھا یا خوشہ۔ ف: آدمی کے بازو سیدھے کر کے باندھنا، مشکیں کسنا۔

**trust** *n.* & *v.* اسم: ① بھرپور اعتبار، بھروسا، ساکھ، اچھی شہرت۔② خوش فہمی، امید، آس۔③ کسی کی تحویل یا تولیت میں دیا ہوا فرد یا شے، وقف، اس کے ساتھ عائد ہونے والی ذمّہ داری۔ ف: ① کسی پر بھروسا کرنا؛ کسی کے کردار وغیرہ کو معتبر قرار دینا۔② کوئی چیز کسی کے سپرد یا حوالے کرنا۔□ **in trust** قانون: تولیت وغیرہ کی بنا پر قبضے میں لیا ہوا۔ **on trust** ① قرضے پر۔② اعتبار یا بھروسے پر۔● **trustful** صف: بااعتماد۔ **trustfully** م ف۔ **trustfulness** اسم: بااعتمادی۔

**trustee** *n.* متولی، امین، کوئی فرد یا ادارہ جسے کسی املاک کے انتظام کا مختار بنایا جائے۔

**trusty** *adj.* (**trustier, trustiest**) وفادار، بھروسے کے لائق۔

**truth** *n.* ① سچائی، صداقت، سچا، صادق ہونے کی خصوصیت۔② سچ بات، کوئی بات جس کو سچ مانا جائے۔

**truthful** *adj.* ① عادتہً سچ بولنے والا، راست گو۔ ② سچا، حقیقی، واقعی۔③ مطابق اصل۔● **truthfully** م ف۔ **truthfulness** اسم: سچاپن، راستی۔

**try** *v.* & *n.* ف:(**-ied، -ies**) ① کسی بات یا کسی کامیابی یا کچھ حاصل کرنے کی کوشش کرنا۔② کسی چیز کی خوبی کو پرکھنا، آزمانا۔③ مقدمہ کی سماعت اور فیصلہ کرنا، کسی پر مقدمہ چلانا۔④ کسی بات کا تجربہ کرنا۔ اسم: ① کوئی چیز پانے یا کچھ حاصل کرنے کی جدوجہد۔② رگبی: مقابل کی گول لائن کے پیچھے گیند زمین پر ٹکا کر پوائنٹ حاصل کرنا اور اگلے ساتھیوں کو گول کرنے کا موقع دینا۔□ **try on** (کپڑا وغیرہ) پہن کر دیکھنا۔ **try out** ① آزمانا۔② پوری طرح جانچنا۔

**tsar** *n.* (also **czar**) روس کے سابق شہنشاہوں کا لقب۔

**trying** *adj.* تنگ کرنے، ستانے والا، پریشان کُن۔

**tsetse** *n.* افریقی مکھی، جو اپنے ڈنک سے انسانوں اور حیوانوں کا خون چوستی اور مرض النّوم کا باعث ہوتی ہے۔

**T-shirt** *n.* (also **tee shirt**) آدھی آستینوں کی روزمرّہ پہننے کی ڈھیلی قمیص۔

**T-square** *n.* حرف T کی شکل کا اوزار جس سے قائمہ زاویے کھینچے یا جانچے جاتے ہیں۔

**tsunami** *n.* سمندر کی اونچی طوفانی لہر جو زیرِ آب زلزلے سے پیدا ہو۔

**tub** *n.* نہانے اور مختلف مقاصد کے لیے کُھلے منہ، چپٹے پیندے کا بالعموم گول ظرف، ناند کی مثل۔

**tuba** *n.* نیچی بھاری آواز کا پیتل کا منہ سے پھونکنے کا بھونپونما باجا۔

**tubby** *adj.* (**tubbier, tabbiest**): بول چال: ٹھگنا، موٹا۔● **tubbiness** اسم۔

**tube** *n.* ① نلکی، نالی، سخت یا لچک دار خصوصاً مائع بھرنے یا گزارنے کے لیے۔② ڈھکنے دار دہانے کا پلاسٹک وغیرہ کا کیسہ۔③ (**the tube**) بول چال: زمیں دوز ریلوے کا نظام۔

**tuber** *n.* بعض پودوں کی زیرِ زمیں ڈنڈی یا خوردنی جڑ جیسے آلو، بصلہ، گٹھی۔

**tubercle** *n.* مہین گول اُبھار، سوجن، گومڑ او غیرہ۔

**tubercular** *adj.* غیر طبعی، مریضانہ سوجن، گومڑے وغیرہ یا مرض سل کا حامل۔

**tuberculosis** *n.* دق، ایک متعدی لگنے والا مرض جس سے زخم پیدا ہو جاتے ہیں، خصوصاً پھیپھڑوں میں۔

**tuberous** *adj.* ① گومڑے دار، گٹھیلا۔ ② گٹھی، بصلے جیسا۔

**tubing** *n.* ① نلکی کی لمبائی۔ ② نلکیوں کی مقدار۔

**tubular** *adj.* ① نلکی نُما۔ ② نلکیوں دار۔

**tuck** *v.* & *n.* ف: ① تہ کرنا، لپیٹنا، اڑسنا۔ ② سمیٹنا، سکیڑنا۔ ③ کسی چیز کو کسی جگہ لے جا کر سما دینا، اپنی جگہ پر لے جانا۔ ④ کپڑے میں پلیٹیں ڈالنا، ٹانکے دے کر چھوٹا یا آراستہ کرنا۔ اسم: کپڑے میں ڈالی ہوئی پلیٹ یا ٹانکا۔ □ **tuck in** بول چال: ڈٹ کر، سیر ہو کر کھانا۔

**tuck shop** *n.* چھوٹی سی دکان عموماً اسکول کے بچوں کو کھانے پینے کی چیزیں بیچنے کے لیے۔

**Tues.** (also **Tue**) اختصار: Tuesday منگل۔

**Tuesday** *n.* منگل، سہ شنبہ۔

**tufa** *n.* ایک مسام دار چونے کا پتھر جو معدنی چشموں کے گرد مسام دار شکل اختیار کرتا ہے۔

**tuft** *n.* دھاگوں کا لچھا یا گچھی؛ گھاس کا مُٹھا، پروں کا، بالوں کا گچھا وغیرہ۔ ● **tufted** صف: گچھے دار۔

**tug** *v.* & *n.* (**tugging**, **tugged**): ف: ① زور سے کھینچنا، جھٹکا دے کر اپنی طرف لانا۔ ② جہاز وغیرہ کو کشتی کے ذریعے کھینچنا۔ اسم: ① زور کا جھٹکا۔ ② بڑے جہازوں اور کشتیوں کو کھینچنے والی ایک چھوٹی کشتی۔

**tug-of-war** *n.* ① رسّا کشی کا مقابلہ جس میں دو فریق ایک رسّے پر زور آزمائی کرتے اور گھسیٹ لے جانے کی کوشش کرتے ہیں۔ ② فیصلہ کُن یا سخت مقابلہ۔

**tuition** *n.* معلّمی، سکھانے پڑھانے کا کام، درس۔

**tulip** *n.* گلِ لالہ، جس کی کئی قسمیں ہیں، رنگ برنگے پیالہ نما پھولوں کے لیے کاشت کیا جاتا ہے۔

**tumble** *v.* & *n.* ف: ① ٹھوکر کھانا، لڑکھڑانا، اوندھا گر پڑنا یا گرانا، لڑھکانا۔ ② اچانک یا تیزی سے گھٹنا۔ ③ اُلٹ دینا، پھینک دینا۔ ④ قلابازیاں کھانا۔ اسم: ① اچانک منہ کے بل گر پڑنے کا عمل۔ ② قلابازی۔ ③ انتشار، گڑبڑ، بدنظمی۔ □ **tumble to** کسی بات کو تاڑ لینا، پا جانا۔

**tumbledown** *adj.* تباہ حال، خستہ، کھنڈر۔

**tumble-dryer** *n.* (also **tumble-drier**) کپڑے سکھانے کی مشین جو دُھلے ہوئے کپڑے اُلٹ پلٹ کر کے سکھاتی ہے۔

**tumbler** *n.* ① بغیر دستے کا پانی پینے کا پیالہ جو پہلے گول پیندے کا ہوتا تھا۔ ② قلا باز۔ ③ تالے کا کھٹکا۔

**tumbril** *n.* (also **tumbrel**) تاریخ: کھلا چھکڑا جس میں قیدیوں کو موت کی سزا دینے کے لیے لے جاتے تھے، خصوصاً گلوٹین پر۔

**tumescent** *adj.* پھولنے والا، پھولا پھولا۔ ● **tumescence** اسم: خفیف سوجن یا ورم۔

**tummy** *n.* (*pl.* **-ies**) بول چال: پیٹ۔

**tumour** *n.* (*US* **tumor**) رسولی، سلعہ۔

**tumult** *n.* شور شغب، ہنگامہ، اُتھل پتھل۔

**tumultuous** *adj.* ہنگامہ خیز، پُرشور، پُرجوش۔

**tun** *n.* ① شراب کا بڑا پیپا۔ ② شراب سازوں کی ناند۔

**tuna** *n.* (*pl.* same or **tunas**) سمندر کی کھائی جانے والی مچھلی جس کا جسم گول اور منہ نکیلا ہوتا ہے۔

**tundra** *n.* قطب شمالی کا وسیع چپٹا، چٹیل علاقہ عموماً دلدلی جس کے نیچے جمی ہوئی برف کی تہ ہوتی ہے۔

**tune** *n.* & *v.* اسم: سُر، آہنگ۔ ف: ① ساز کے سُر ملانا۔ ② ریڈیو سیٹ کو مطلوبہ طول موج کی لہروں سے ملانا، ریڈیو سیٹ کو مطلوبہ سگنل سے ملانا۔ ③ (انجن وغیرہ) کی چال درست کرنا۔ □ **in tune** ① موزوں، مربوط، مترنّم ہونا۔ ② ماحول، صحبت، ساتھیوں سے متفق، ہم آہنگ ہونا۔ **out of tune** بے سُرا، بے آہنگ، موزونیت، موسیقی سے عاری۔

**tuneful** *adj.* خوش آہنگ، سُریلا۔

**tuner** *n.* ① موسیقی کے آلات خصوصاً پیانو کی مرمّت کرنے والا۔ ② ریڈیو سیٹ کی درستی کا ایک اوزار۔

**tungsten** *n.* ایک بھاری آہنی یا خاکستری رنگ کا دھاتی عنصر (علامت: W)

**tunic** *n.* ① ایک چست اونچا وردی کا کوٹ۔ ② ایک ڈھیلا ڈھالا نیچا گھٹنوں تک آنے والا پہناوا۔

**tunnel** *n.* & *v.* (**tunnelling**, **tunnelled**): اسم: سُرنگ، زمیں دوز یا پہاڑ کے اندر سے بنایا ہوا راستہ۔ ف:

امریکا: (tunneled) ①سرنگ نکالنا، (پہاڑی وغیرہ کے اندر سے) راستہ بنانا۔②سُرنگ کھود کر اپنا راستہ نکالنا۔

**tunny** *n.* (*pl.*-**ies**) =TUNA۔

**tup** *n.* بھیڑا، مینڈھا۔

**turban** *n.* صافہ، پگڑی، دستار، ایسا زنانہ ہیٹ۔

**turbid** *adj.* ①میلا، دُھندلا، گدلا، مکدّر، کثیف (سیّال) ②مبہم، غیر واضح ● **turbidity** اسم۔

---

وضاحت: *turbid* پر بعض اوقات *turgid* کا اشتباہ ہوتا ہے جس کے معنی ہیں پھیلا، پھولا۔

---

**turbine** *n.* پانی، گیس یا ہوا کے زور سے چلنے والی چرخی خصوصاً جس سے بجلی پیدا کی جائے۔

**turbo-** *comb. form* چرخی، چرخاب یا باد چرخ۔

**turbot** *n.* ایک چپٹی مزیدار مچھلی۔

**turbulent** *adj.* ①متلاطم، پُرآشوب۔②(ہوا کے جھکڑ کے لیے) چوطرفی ہوا۔③ ہنگامہ خیز۔④قابو سے باہر۔● **turbulence** اسم۔ **turbulently** م ف۔

**turd** *n.* مبتذل: گو، پاخانہ، غلاظت۔

**tureen** *n.* گہری ڈھکی ہوئی رکابی سُوپ وغیرہ پیش کرنے کے لیے۔

**turf** *n. & v.* اسم: (ج: **turves**یا**turfs**) ① گھاس کا قطعہ، طرف، گھاس کی جڑ کہیں اور اُگانے کے لیے۔② لکڑی کا کوئلہ بطور ایندھن۔③ (**the turf**) گھڑ دوڑ، گھڑ دوڑ کے میدان۔ف: گھاس اُگانا، طرف بنانا۔□**turf out** بول چال: نکل جانے پر مجبور کرنا۔

**turf accountant** *n.* گھڑ دوڑ کا قمار باز۔

**turgid** *adj.* ①لفّاظی پر مبنی، پھیلا پھیلا (انداز) ②پھولا، چڑھا ہوا۔● **turgidity** اسم: سوجن، تناؤ۔

**Turk** *n.* ترکی کا باشندہ۔

**turkey** *n.* (*pl.* -**eys**) فیل مرغ، پیلو، ایک قسم کی پالتو مرغی۔

**Turkish** *adj. & n.* صف: ترکی کا یا اس سے منسوب۔ اسم: ترکی زبان۔

**Turkish bath** *n.* گرم حمام، بھاپ غسل؛ اس کے بعد ٹھنڈے پانی سے نہانا اور جسم کی مالش وغیرہ۔

**Turkish delight** *n.* جلاٹین کی میٹھی لذیذ گولیاں۔

**turmeric** *n.* ہلدی، ادرک کے خاندان کا ایشیائی پودا۔

**turmoil** *n.* ① ہلچل، افراتفری؛ ہیجان، ہول جول۔ ②ہنگامہ، شوروغوغا۔

**turn** *v. & n.* ف:① کسی محور کے گرد گھومنا؛ گھمانا، چکّر دینا۔② پلٹنا، اُلٹنا یا اُلٹانا، رُخ پھیرنا یا پھرانا۔③ دوسری سمت میں موڑنا، اور طرف مڑنا۔④ کسی طرف کا نشانہ لینا۔⑤ ہیئت، حالت یا اصلیت بدلنا۔⑥ کسی کام میں لگنا، کوئی عادت ڈالنا؛ کسی کا سہارا یا ساتھ پکڑنا، کسی طرف متوجّہ ہونا۔ ⑦ (پتّوں یا بالوں کا) رنگ بدلنا۔⑧ (دودھ کا) پھٹنا۔⑨(معدے کا) اُلٹ پلٹ ہونا، جی متلانا۔ ⑩ کسی عمر یا وقت سے آگے نکل جانا۔ اسم: ① گھماؤ، چکّر دینے یا کھانے کا عمل۔② سمت کی تبدیلی، متبادل سمت، رُخ یا رجحان، انحراف یا منحرف شے۔③ کوئی نقطہ جہاں تبدیلی یا موڑ واقع ہو۔④ سڑک کا موڑ۔⑤ حالات کا نیا رُخ۔⑥ رجحان، میلان۔ ⑦ چہل قدمی۔ ⑧ اسٹیج پر یا سرکس میں مختصر سا کام۔□ **at every turn** پیہم، متواتر۔**out of turn** بغیر باری آئے باری۔**in turn**-**by turns** ادل بدل کر۔ باری باری۔**turn down** ① (تجویز، درخواست وغیرہ کو) نامنظور کرنا۔ ②(آواز، حرارت وغیرہ کو) دھیما کرنا۔ **turn in** ① بول چال: جلد سوجانا۔② ملزم وغیرہ کو ذمّہ دار ہاتھوں میں سونپنا، حوالے کرنا۔**turn off** ① بند کرنا (بجلی، نل وغیرہ کو) ② بول چال: بددل کرنا، اُچاٹ کرنا۔**turn on**①(بجلی، نل وغیرہ) کھولنا، جلانا، چلانا۔②بول چال: جوش دلانا، شہوت خیزی کرنا۔ **turn out** ① باہر نکالنا، بدر کرنا۔② بجھانا (روشنی وغیرہ) ③ لباس زیب تن کرنا۔ ④ (صنعتی مال، اشیا) پیدا، تیار کرنا۔⑤ (کمرہ وغیرہ) خالی یا صاف کرنا۔ ⑥ (جیب وغیرہ کو) خالی کرکے دیکھنا کہ کیا کیا ہے۔□ **turn the tables** تختہ یا پانسا پلٹنا۔**turn to** ① کسی سے مدد مانگنا۔② اپنے کام پر لگنا۔**turn up** ①(آواز، حرارت وغیرہ کو) تیز کرنا۔ ② اوپر لے جانا۔ ③ دریافت یا ظاہر کرنا۔④پایا جانا، خصوصاً اتفاق سے۔⑤

آنا، حاضریا موجود ہونا۔ ⑨بول چال: متلی پیدا کرنا۔
**turncoat** *n.* ساتھ چھوڑ کر مخالفوں سے جا ملنے والا۔
**turner** *n.* خرادی۔
**turning** *n.* ① بڑی سڑک سے پھوٹنے والی سڑک، دوراہا۔ ②چکّر، موڑ، گھماؤ۔
**turning point** *n.* کانٹے کا موڑ، فیصلہ کن تبدیلی۔
**turnip** *n.* شلغم، گول سفید خوردنی جڑ۔
**turnout** *n.* ① کسی جلسے، انتخاب وغیرہ کے لیے آنے والے لوگوں کی تعداد۔② کسی عرصے میں تیار ہونے والے مال کی مقدار۔③ سامان یا آلات، لباس وغیرہ کا مجموعہ یا نمائش۔
**turnover** *n.* ①رُخ بدلنے کا عمل یا واقعہ۔② کسی کاروبار میں بکری کی مقدار یا ایک عرصے کا لوٹ پھیر۔③ ملازمت وغیرہ پر آنے اور الگ ہونے والے لوگوں کی تعداد۔④ ایک طرح کا میٹھا سموسہ۔
**turnpike** *n.* تاریخ: سڑک کا گزرانہ وصول کرنے کا ناکہ، سڑک جس پر سے گزرنے کا محصول لیا جاتا تھا۔
**turnstile** *n.* گھومنے والا چوگوشیا دروازہ جس میں سے فرداً فرداً ایک ایک آدمی گزر سکتا ہے۔
**turntable** *n.* ریلوے انجن وغیرہ کا رُخ پلٹنے کے لیے بنا ہوا گردشی چبوترہ۔
**turn-up** *n.* ① پتلون کے پائنچے کا لوٹا یا ہوا نچلا کنارہ۔② بول چال: اچانک کوئی خلاف توقع بات۔
**turpentine** *n.* تارپین کا تیل جو رنگ وروغن، وارنش وغیرہ میں ملایا جاتا ہے۔
**turpitude** *n.* رسمی: کمینہ پن، بدی، بدمعاشی۔
**turps** *n.* بول چال: =TURPENTINE۔
**turquoise** *n.* ① فیروزہ، ایک نیم قیمتی نگینہ عموماً سبزی مائل نیلا۔② فیروزی رنگ۔
**turret** *n.* ① چھوٹا آرائشی منارہ، چھوٹا برج۔② جنگی جہاز، طیارے یا ٹینک میں بنا ہوا آہنی گمٹی نما مورچہ، عموماً گھومنے والا۔● **turreted** صف: برج دار۔
**turtle** *n.* کچھوا، (سمندری یا میٹھے پانی کا جانور)
□ **turn turtle** اُلٹ جانا، اوندھا ہو جانا۔
**turtle-dove** *n.* جنگلی فاختہ، قمری، جس کی کوک بہت نرم ہوتی ہے۔

**turtleneck** *n.* بُنے ہوئے بند گلے کے سویٹر وغیرہ کا اونچا کالر۔
**tusk** *n.* ہاتھی دانت، عاج یا فیل البحر (WARLUS) کا دانت۔
**tussle** *n.* جھگڑا، ہاتھاپائی۔
**tussock** *n.* گھاس وغیرہ کا گٹھا یا پولا۔
**tutelage** *n.* ①تولیت، سرپرستی۔② سرپرستی میں رہنے کا زمانہ۔③ ہدایت، سبق، تعلیم، پڑھائی۔
**tutor** *n.* & *v.* اسم: ①نجی استاد۔② یونیورسٹی کا استاد۔ ف: ①بحیثیت اتالیق کام کرنا۔② ٹیوشن یا نجی سبق لینا۔
**tutorial** *adj.* & *n.* صف: نجی تربیت یا سبق سے متعلق۔ اسم: ① یونیورسٹی کی طرف سے دیے جانے والے اسباق کی میعاد۔ ② نجی مطالعے کے لیے تشریحات، خلاصے وغیرہ۔
**tutti** *adv.* موسیقی: پورے سازوں کے ساتھ مکمل سنگت کے لیے۔
**tut-tut** *int.* ڈانٹ، بیزاری یا حقارت کا کلمہ۔
**tutu** *n.* بیلے رقص میں پہننے کا اٹنگا سایہ جس میں کلف لگی جھالر لگی ہوتی ہے۔
**tuxedo** *n.* (*pl.* **-os** or **-oes**) امریکا: تقریب، ضیافت کا لباس۔
**TV** تخفیف: TELEVISION۔
**twaddle** *n.* بیکار، بے معنی، یا بے لطف گفتگو یا تحریر۔
**twang** *n.* & *v.* اسم: ① ساز کے تار یا تانت کی گونجتی آواز۔② غنائیت، نون غنّہ، ناک میں سے نکلنے والی آواز۔ ف: ①سازتار یا تانت کو چھیڑ کر آواز نکالنا۔②اس انداز سے کوئی دُھن یا ساز بجانا۔
**tweak** *v.* & *n.* ف: ① چھیننا، ہتھیانا، جھٹکا دے کر چھڑانا۔②بول چال: مشین کے پُرزوں کو ٹھیک ٹھاک چاق وچست کرنا۔ اسم: چھیننے کا عمل؛ جھپٹّا۔
**twee** *adj.* (**tweer, tweest**) مصنوعی طور پر، پُرتکلّف، اتراتا ہوا۔
**tweed** *n.* ①ایک کُھردری بناوٹ کا اونی کپڑا عموماً رنگین دھاریوں والا۔② (**tweeds**) ٹویڈ کی پوشاک۔
**tweet** *n.* & *v.* اسم: چھوٹی چڑیا کی چہکار، چوں چوں۔ ف: چہکنا، چوں چوں کرنا۔

**tweeter** *n.* اونچی طول موج کی آوازیں نکالنے کے لیے بنایا ہوا ایک چھوٹا لاؤڈ اسپیکر۔

**tweezers** *n. pl.* موچنا جس سے چھوٹی چیزیں پکڑی، اٹھائی جاتی ہیں۔

**twelve** *n. & adj.* اسم: ① بارہ کا عدد۔ ② اس کی علامت (XII، xii، 12، ۱۲) صف: ۱۲ کی مقدار یا بارہ عدد۔ ● **twelfth** صف و اسم: بارہواں۔

**twenty** *n. & adj.* اسم: ① بیس کا عدد۔ ② اس کی علامت (XX، xx، 20، ۲۰) صف: بیس کی مقدار یا بیس عدد۔ ● **twentieth** صف و اسم: بیسواں، بیسویں۔

**twerp** *n.* (also **twirp**) بول چال: بیوقوف آدمی۔

**twice** *adv.* ① دو چند، دگنا؛ دو مرتبہ۔ ② دہرا، ڈبل۔

**twiddle** *v. & n.* ف: شغلاً چھیڑنا، چکّر کھانا۔ اسم: اس قسم کی کوئی حرکت یا عمل۔ □ **twiddle one's thumbs** خالی، بے کار، نٹھلا ہونا۔

**twig** *n. & v.* اسم: پودے یا درخت کی چھوٹی شاخ، ٹہنی یا کونپل۔ ف: (**twigging**، **twigged**) بول چال: سمجھنا، ذہن نشین کرنا، ماہیت یا معنی کی شناخت کرنا۔

**twilight** *n.* ① جھٹپٹا، سورج ڈوبنے کے بعد چھائی ہوئی شفق یا دھیمی دھیمی روشنی۔ ② اس کی مدّت۔

**twill** *n.* اُریبی، متوازی ابھرواں لکیروں کی بناوٹ کا کپڑا۔ ● **twilled** صف۔

**twin** *n., adj. & v.* اسم: ① جوڑا، کسی چیز کے دو عدد؛ جڑواں بچے۔ ② کسی چیز کی نقل، جوڑا، کسی کا ہمزاد۔ صف: جوڑے یا جڑواں بچوں میں سے کوئی۔ ف: (**twinning**، **twinned**) ① باہم منسوب یا منسلک کرنا، جوڑا لگانا۔ ② کسی شہر کا رشتہ دوسرے شہر سے جوڑنا اظہار دوستی اور ثقافتی مبادلے کی غرض سے۔

**twine** *n. & v.* اسم: پٹ سن یا روئی وغیرہ کا بنا ہوا ڈورا یا دھاگا، کنڈلی یا انٹی، لچھا۔ ف: (ڈوری یا دھاگے کو) مروڑ کر بُننا، آپس میں بل دے کر دہرا کرنا۔

**twinge** *n.* درد کی چمک، چبھن۔

**twinkle** *v. & n.* ف: جھلملانا، چمکنا، جھل جھل کرنا۔ اسم: روشنی کی لہر یا ہلکی سی جھلملاہٹ۔

**twin town** *n.* وہ شہر جسے کسی دوسرے شہر کے ساتھ خیر سگالی کے رشتے میں جوڑا گیا ہو۔

**twirl** *v. & n.* ف: تیز تیز قدموں سے گھومنا، چک پھیریاں لینا، جسم کو مٹکانا۔ اسم: ① چک پھیری، تھرک۔ ② مرغولے دار شکل۔ ● **twirly** صف: بل کھایا ہوا۔

**twirp** TWERP کا متبادل۔

**twist** *v. & n.* ف: ① ایک سرے سے پکڑ کر دوسری طرف بل دینا، لہریے دار بنانا، موڑنا، مروڑنا۔ ② دو ڈوریوں کو آپس میں بل دینا، رسّی بٹنا۔ ③ مروڑ کر توڑ دینا یا علاحدہ کرنا۔ ④ بیان یا الفاظ میں تحریف کرنا، غلط معنی پہنانا۔ اسم: ① توڑنے مروڑنے کا عمل۔ ② مڑی تڑی حالت یا شکل، مڑنے کی کیفیت یا انداز۔ ③ بل کھائی، لپٹی، گتھی ہوئی صورت۔ ④ حالات کا اچانک پلٹا، غیر متوقع موڑ، خصوصاً کہانی میں۔

**twister** *n.* ① برط، بول چال: چال باز، بے ایمان آدمی۔ ② امریکا: آندھی کا بگولا یا گھومتا ہوا جھکّڑ۔

**twit** *n. & v.* اسم، بول چال: احمق سرپھرا آدمی۔ ف: (**twitted**، **twitting**) طعنہ دینا، ملامت کرنا۔

**twitch** *v. & n.* ف: ① عضو، پٹھے وغیرہ کا پھڑکنا۔ ② جھٹکا دینا۔ اسم: ① اچانک حرکت، چمک، ٹیس۔

**twitcher** *n.* بول چال: پرندوں کے مشاہدے کا شوقین جو کسی نادر پرندے کی ٹوہ میں ہو۔

**twitter** *v. & n.* ف: پرندے کا چہکنا، ہلکی لہراتی آواز میں متواتر بولنا؛ ٹرٹر بولنا، تیز تیز بیکار باتیں کرنا۔ اسم: ① اس طرح بولنے کا عمل۔ ② لرزش، تھرتھری۔

**two** *n. & adj.* اسم: ① دو کا عدد۔ ② اس کی علامت یا ہندسہ (II، ii، 2، ۲) صف: دو کی مقدار یا ۲ عدد۔

**twoc** *v.* (**twocced, twoccing**) بول چال: چرانا (کار)

**two-dimentional** *adj.* ① جس میں طول و عرض ہو، گہرائی نہ ہو۔ ② اتھلا، سطحی۔

**two-faced** *adj.* نامخلص، نامعتبر۔

**twofold** *adj. & adv.* ① دگنا، دوچند۔ ② دو حصّوں پر مشتمل۔

**twosome** *n.* دو آدمیوں کی جوڑی یا صحبت، ساتھ۔

**two-time** *v.* بول چال: ① دھوکا دینا (خصوصاً اپنے ساتھی کو)، بے وفائی کرنا۔ ② چال بازی، بے ایمانی کرنا۔

**tycoon** *n.* اثر و رسوخ والا بڑا تاجر صنعتکار۔

**tying** TIE کا حالیہ۔
**tyke** *n.* (also **tike**) ① قدیم: ناشائستہ، اجڈ آدمی۔ ② بول چال: چھوٹا شریر بچہ۔
**tympani** TIMPANI کا متبادل۔
**tympanum** *n.* (*pl.* **tympanums** or **tympana**) ① کان کا پردہ، جھلی۔ ② عمارات کی پیشانی پر مثلثی تعمیر کا درمیانی حصہ۔
**type** *n.* & *v.* اسم: ① ایک وضع کے لوگ یا اشیا، قسم، زمرہ۔ ② کوئی شخص، شے یا واقعہ جسے نمونہ یا مثال سمجھا جائے۔ ③ مثل، طرح۔ ④ بول چال: کوئی شخص خصوصاً کسی خاص وضع یا کردار یا مذاق وغیرہ کا۔ ⑤ طباعت: چھپائی کے لیے ڈھالے ہوئے حروف وغیرہ، ٹائپ سے چھپے ہوئے حروف۔ ف: ① کسی گروہ کا نمائندہ یا مثال ہونا۔ ② ٹائپ مشین پر لکھنا۔
**typecast** *v.* (**typecast, typecasting**) (کسی اداکار یا اداکارہ کو) متواتر ایک طرح کے کردار کے لیے منتخب کرنا۔
**typeface** *n.* طباعت: کسی خاص شکل یا وضع کے حروف کا ٹائپ۔
**typescript** *n.* ٹائپ شدہ دستاویز یا مسودہ۔
**typesetter** *n.* طباعت: ① حرف چیں جو طباعت کے لیے ٹائپ کے حروف جوڑتا ہے۔ ② اس کام کی مشین۔
**typewriter** *n.* ٹائپ مشین مع کلیدی تختہ جس پر چھاپے کی طرح لکھا جائے۔ ● **typewritten** صف۔
**typhoid** *n.* (in full **typhoid fever**) میعادی بخار، ایک خطرناک متعدی مرض۔
**typhoon** *n.* مداریی علاقوں کی طوفانی آندھی جو بحرالکاہل کے مغربی علاقوں میں اٹھتی ہے [ع: طوفان]
**typhus** *n.* ایک متعدی بخار جو طفیلیوں سے پھیلتا ہے، بخار اور عموماً ہذیان اس کی علامات ہیں۔
**typical** *adj.* ① مخصوص نوعیت وضع یا قسم کا، مثالی، نمائندہ۔ ② کسی نوع کی علامت، شناخت۔ ③ علامتی۔ ● **typically** م ف: مخصوص یا مثالی طور پر۔
**typify** *v.* (**-ies, -ied**) ① مثال یا علامت ہونا، مخصوص شناخت رکھنا۔ ② نمائندگی کرنا۔
**typist** *n.* ٹائپ کار، ٹائپ نویس خصوصاً تربیت یافتہ۔

**typography** *n.* طباعت کا فن۔ ● **typographical** صف۔
**tyrannize** *v.* (also **-ise**) دہشت زدہ کرنا، ظلم کرنا، آمرانہ حکومت کرنا۔
**tyrannosaurus** *n.* (also **tyrannosaur**) ایک دو پایہ گوشت خور ڈائنوزار۔
**tyranny** *n.* (*pl.* **-ies**) ① اختیار کا جابرانہ استعمال، خودسرانہ حکومت۔ ① ظالمانہ کارروائی، استبداد۔ ● **tyrannical** صف: جابر، خودسر۔ **tyrannically** م ف۔ **tyrannous** اسم: ظالمانہ۔
**tyrant** *n.* حکمران یا کوئی شخص جو طاقت کا جابرانہ اور ظالمانہ استعمال کرتا ہے۔
**tyre** *n.* (*US* **tire**) ① ربڑ ٹائر۔ ② کسی پہیّے پر مزید مضبوطی کے لیے چڑھایا جانے والا آہنی گھیرا۔
**tyro** *n.* (also **tiro**) (*pl.*-**os**) نوسیکھ، زیرِتربیت۔
**tzatziki** *n.* ایک قسم کا یونانی رائتہ جو دہی، کھیرا، لہسن اور اکثر پودینہ ملا کر تیار کیا جاتا ہے۔

# Uu

**U** ① عنصر uranium کی علامت۔ ② =universal (ایسی فلم جسے سب دیکھ سکتے ہیں)
**UAE** United Arab Emirates (متحدہ عرب امارات) کا مخفف۔
**UB40** تخفیف: (برطانیہ میں) رجسٹر شدہ بے روزگار کو جاری کیا جانے والا کارڈ۔
**ubiquitous** *adj.* ہمہ جا موجود، حاضر و ناظر، ہر جگہ یا بیک وقت کئی جگہ موجود۔ ● **ubiquity** اسم۔
**udder** *n.* تھن، مویشیوں کے تھیلے نما پستان۔
**UDI** تخفیف: unilateral declaration of independence (یک طرفہ اعلانِ آزادی)
**UFO** تخفیف: unidentified flying object

(ناشناختہ اڑنے والی شے) اڑن طشتری کا ایک نام۔

**ugly** *adj.* **(uglier, ugliest)** ①بدنما، بھدّا، کریہہ۔②خطرناک، ڈراؤنا۔● **ugliness** اسم۔

**UHF** تخفیف:ultra-high frequency۔

**UHT** تخفیف:ultra heat-treated(انتہائی تیز حرارت سے گزارا ہوا خصوصاً دودھ)

**UK** تخفیف:United Kingdom۔

**ukulele** *n.* ایک چھوٹا چار تاروں والا گٹار۔

**ulcer** *n.* ناسور یا پھوڑا۔● **ulcerous** صف۔

**ulcerated** *adj.* ناسورزدہ۔● **ulceration** اسم: ناسورزدگی۔

**ulna** *n.* (*pl.* **ulnae** or **ulnas**) پیش بازو میں لمبی اور پتلی ہڈی۔● **ulnar** صف۔

**ult** اختصار:ULTIMO۔

**ulterior** *adj.* ①پس پردہ، پوشیدہ، خفیہ جو ظاہر نہ ہو یا جسے تسلیم نہ کیا جائے۔②پرے واقع، دور از کار۔

**ultimate** *adj.* ①آخری، حتمی، قطعی۔②بنیادی، اساسی۔● **ultimately** م ف: بالآخر۔

**ultimatum** *n.*(*pl.* **ultimatums** or **ultimata**) الٹی میٹم، آخری مطالبہ یا شرائط جن کو مسترد کردیا جائے تو تعلقات یا تعاون ختم ہوسکتا ہے یا جنگ چھڑسکتی ہے۔

**ultimo** *adj.* قدیم: گزشتہ ماہ کا یا کی۔

**ultra** *adj.* انتہا پسندانہ نظریات یا اقدامات خصوصاً دینی امور یا سیاست میں۔

**ultra-** *pref.* ①اُس پار، پرے۔②انتہائی، حد سے زیادہ۔

**ultra-high** *adj.* انتہائی بلند (ایسا تعدّد) جس کی حد تین سو سے تین ہزار میگا ہرٹز کے درمیان ہو۔

**ultramarine** *n.* لاجورد، چمکیلا گہرا نیلا رنگ۔

**ultrasonic** *adj.* ایسی صوتی لہروں سے متعلق جن جن کا تعدّد انسانی سماعت کی بالائی حدود سے ماورا ہو۔

**ultrasound** *n.* ①بالاصوت، آواز جو بالاصوتی تعدّد رکھتی ہو۔②بالاصوتی لہریں۔

**ultraviolet** *adj.* بالائے بنفشی، ایسی برقناطیسی اشعاع جن کا طول موج بنفشی رنگ سے کم لیکن لاشعاعوں سے زیادہ ہو۔

**ululate** *v.* شور شرابہ کرنا، ہوحق کرنا، ہائے ہو مچانا، گیدڑ بولی بولنا، آہ و بکا کرنا۔● **ululation** اسم۔

**umbel** *n.* چھتر، پھولوں کا گچھا۔

**umber** *n.* گیرو سے مشابہ قدرتی رنگ مگر زیادہ کتھئی۔

**umbilical** *adj.* نافی، ناف سے متعلق۔

**umbilical cord** *n.* نال۔

**umbra** *n.* (*pl.* **umbras** or **umbrae**) غیر شفاف شے کے سائے کا وہ حصّہ جو پوری طرح تاریک ہو، خصوصاً زمین یا چاند کا وہ حصّہ جو گہن کے نتیجے میں مکمل طور پر تاریک ہو۔

**umbrage** *n.* آزردگی، سُبکی یا خفّت کا احساس۔

□**take umbrage** ٹھیس پہنچانا یا چڑ جانا، برا ماننا۔

**umbrella** *n.* چھتری، چھاتا، چھتر۔

**umlaut** *n.* نشان (¨) جو کسی حرف علّت پر لگاتے ہیں، خصوصاً جرمانی زبانوں میں، تلفظ کی کوئی تبدیلی ظاہر کرنے کے لیے۔

**umpire** *n.* & *v.* اسم: امپائر جو مختلف کھیلوں میں اس بات کی نگرانی کرتا ہے کہ قوانین پر عمل درآمد ہو رہا ہے یا نہیں۔ف: امپائر کے فرائض انجام دینا۔

**umpteen** *adj.* بول چال: ان گنت بار، لاکھ بار، کثرت سے۔● **umpteenth** صف۔

**UN** تخفیف:United Nations اقوام متحدہ۔

**un** *pref.* سابقہ:①اسمائے صفت، فعلی صفات اور ان سے مشتق اسما اور متعلق افعال میں لگایا جاتا ہے، اس سے درج ذیل مطالب مراد ہیں۔①(الف) نہیں، کسی صفت یا حالت کی عدم موجودگی (ب) کسی بات کا اُلٹ، خواہ اس سے تحسین یا تنقیص مراد ہو یا کوئی اور تعبیر نکلتی ہو۔② کسی کمی کو ظاہر کرنے کے لیے اسما سے پہلے، لیکن شاذ۔

**un-** *pref.* افعال سے پہلے لگایا جاتا ہے اور کبھی کبھی ان اسما سے پہلے جن سے افعال بنتے ہوں:① کسی عمل یا حالت کا برعکس یا منسوخ ہونا۔② کسی چیز سے محروم یا جدا کرنا۔③ چھٹکارا دینا۔④ کسی صفت سے محروم کرنا۔

**unabridged** *adj.* (متن وغیرہ) بلا اختصار؛ مکمل۔

**unabsorbed** *adj.* غیر جذب شدہ۔

**unacademic** *adj.* ① غیر علمی (خصوصاً جو عالمانہ یا فکری نہ ہو) ②(فرد) عالمانہ مطالعے کے لیے ناموزوں۔
**unaccented** *adj.* بلا تاکید۔
**unacceptable** *adj.* ناقابلِ قبول، نامنظور۔
**unaccommodating** *adj.* بے لحاظ، بے مروّت، سخت گیر، غیر مصالحتی۔
**unaccompanied** *adj.* ① تن تنہا۔ ② موسیقی: سنگت کے بغیر۔
**unaccomplished** *adj.* ① ناحاصل شدہ، غیر تکمیل شدہ۔ ② تکمیل سے قاصر۔
**unaccountable** *adj.* ① ناقابلِ توضیح، بلا دلیل، عجیب۔ ② غیر ذمّہ دار، غیر جوابدہ۔ ③ متلوّن مزاج۔ ● **unaccountably** م ف: عجیب طور سے۔
**unaccustomed** *adj.* ① غیر مانوس، خلافِ عادت۔ ② خلافِ معمول؛ خلاف رواج۔ ● **unaccustomedly** م ف: خلاف معمول طور پر۔
**unacknowledged** *adj.* جس کی رسید یا جواب نہ ملا ہو۔
**unacquainted** *adj.* ناواقف، انجان۔
**unadapted** *adj.* غیر مطابق، ناموزوں۔
**unaddressed** *adj.* ① بے پتے کا (خصوصاً خط وغیرہ) ② غیر مخاطب۔ ③ عدم توجّہ کا شکار۔
**unadjacent** *adj.* غیر متصل۔
**unadjusted** *adj.* ① غیر تصفیہ شدہ (خصوصاً میزان یا جوڑ) ② نامربوط، بھونڈا۔
**unadorned** *adj.* بے آرائش، سادہ، سجاوٹ سے عاری۔
**unadulterated** *adj.* ① مرتکز، بے آمیزش، خالص، ان میل۔ ② لچ، پورم پور۔
**unadventurous** *adj.* مہم جُوئی سے عاری، جوکھم نہ اٹھانے والا۔ ● **unadventurously** م ف: جان جوکھوں میں ڈالے بغیر۔
**unadvertised** *adj.* غیر مشتہر شدہ، بلا اعلان۔
**unadvisable** *adj.* ① جو مشورہ قبول نہ کرے یا جس کے لیے مشورہ قبول نہ ہو۔ ② خلافِ مصلحت۔
**unadvised** *adj.* ① غیر محتاط، ناعاقبت اندیشانہ، بغیر سوچے سمجھے، خلاف مصلحت۔ ② جسے نصیحت نہ کی گئی ہو۔ ● **unadvisedly** م ف: ناعاقبت اندیشانہ طور سے۔
**unaesthetic** *adj.* ① غیر جمالیاتی۔ ② خوش ذوقی کے اصولوں سے مبرّا۔
**unaffected** *adj.* ① غیر متأثر۔ ② بے تصنّع، بناوٹ سے خالی۔ ③ مخلص، کھرا۔ ● **unaffectedness** اسم: اخلاص۔
**unaffiliated** *adj.* غیر ملحق، بے الحاق۔
**unaffordable** *adj.* استطاعت یا مجال سے باہر۔
**unafraid** *adj.* نڈر، بے خوف۔
**unaggressive** *adj.* غیر جارحانہ، مائل بہ صلح۔
**unaided** *adj.* بلا مدد، اپنے طور پر۔
**unalike** *adj.* مختلف، نامشابہ۔
**unalive** *adj* ① توانائی سے عاری۔ ② جو مکمل طور پر متأثر نہ ہو یا بے خبری میں ہو۔
**unalleviated** *adj.* جس میں نرمی نہ آئے، شدّت میں کمی کے بغیر۔
**unallied** *adj.* جس کا کسی سے اتحاد نہ ہو، بے اتحادی، لاتعلق۔
**unallowable** *adj.* ناقابلِ اجازت، ناجائز۔
**unalloyed** *adj.* کھوٹ کے بغیر، خالص۔
**unanimous** *adj.* سب کے اتفاق سے، متفقہ۔ ● **unanimity** اسم: اتفاق رائے۔
**unarmed** *adj.* غیر مسلح، نہتا۔
**unassuming** *adj.* سادہ مزاج، بناوٹ سے خالی، حلیم الطبع۔
**unattended** *adj.* ① جس کا کوئی پُرسانِ حال نہ ہو۔ ② (فرد، گاڑی وغیرہ) جس کے ساتھ کوئی نہ ہو، تنہا۔
**unavoidable** *adj.* ناقابلِ مفر؛ ناگزیر۔ ● **unavoidably** م ف: ناگزیر طور پر۔
**unawares** *adv.* ① غیر متوقع طور پر، ناگہانی طور پر۔ ② بلا ارادہ، قصد کے بغیر۔
**unbalanced** *adj.* ① غیر متوازن، غیر مستحکم، ہلا

ہوا۔ ② ذہنی یا جذباتی طور پر ڈانواں ڈول۔

**unbeknown** *adj.* (also **unbeknownst**) علم کے بغیر، خبر ہوئے بغیر۔ □**unbeknown to**

**unbend** *v.* کوئی جھکی ہوئی حالت بدلنا، سیدھا کرنا۔

**unbending** *adj.* ① جو جھکنا نہ جانتا ہو، بے لچک۔ ② مستقل مزاج، کٹّر، ثابت قدم۔

**unbidden** *ddj.* بغیر حکم یا بلاوے کے۔

**unblock** *v.* کوئی رکاوٹ، بندش دور کرنا۔

**unbolt** *v.* (دروازے وغیرہ کی) چٹخنی کھولنا۔

**unborn** *adj.* نازائیدہ، جو ابھی پیدا نہ ہوا ہو۔

**unbounded** *adj.* بے پایاں، لامحدود۔

**unbridled** *adj.* بے لگام، بے روک ٹوک۔

**unburden** *v.* □**unburden oneself** اپنے خیالات اور احساسات ظاہر کر دینا۔

**uncalled for** *adj.* ناپسندیدہ، غیر ضروری، گستاخانہ۔

**uncanny** *adj.* **(uncannier,uncanniest)** جس پر مافوق الفطرت ہونے کا گمان ہو، پُراسرار اور بھیانک۔ ● **uncannily** م ف: پُراسرار طریقے سے۔

**uncared-for** *adj.* جس کا کوئی پُرسان حال نہ ہو، نظر انداز کیا ہوا۔

**unceasing** *adj.* مسلسل، کسی وقفے کے بغیر۔

**unceremonious** *adj.* تعلقات یا رسمی رکھ رکھاؤ سے آزاد۔

**uncertain** *adj.* ① غیر یقینی، غیر واضح، گول مول۔ ② ناقابل اعتبار۔ ③ متلوّن، ڈانواں ڈول۔

**uncle** *n.* ① چچا، تایا یا ماموں۔ ② خالو یا پھوپھا۔

**unclean** *adj.* گندا، میلا کچیلا، ناپاک، فاسق۔

**uncoil** *v.* (کسی لپٹی ہوئی چیز کو) کھولنا یا کھلتا جانا۔

**uncommon** *adj.* جو عام نہ ہو، غیر معمولی، انوکھا۔

**uncompromising** *adj.* جو سمجھوتے پر تیار نہ ہو، مصالحت نہ کرنے والا، اڑیل، ہٹیلا، ضدّی۔

**unconcern** *n.* لاتعلقی، بے فکری، بے حسی۔

**unconditional** *adj.* غیر مشروط، مکمل اور قطعی۔ ● **unconditionally** م ف: غیر مشروط طور پر۔

**unconscionable** *adj.* ① بے ضمیر، ضمیر کے منافی۔ ② غیر معقول حد تک زیادہ۔ ③ غیر منصفانہ۔

**unconscious** *adj.* بے خبر، بے ہوش، بے شعور، غافل، بے حس۔ ● **unconsciously** م ف۔ **unconsciousness** اسم: بے ہوشی۔

**unconsidered** *adj.* ① جس پر غور نہ کیا گیا ہو۔ ② جسے نظر انداز کر دیا گیا ہو۔

**uncork** *v.* (بوتل کا) کاگ نکالنا۔

**uncouple** *v.* ① الگ یا جُدا کرنا، کھولنا۔ ② (گاڑی کے ڈبوں وغیرہ کو) ایک دوسرے سے الگ کرنا۔

**uncouth** *adj.* (فرد، اطوار، ظاہری شکل صورت وغیرہ) ناشائستہ، بے سلیقہ، بے ڈھنگا، گنوار، اُجڈ۔

**uncover** *v.* ① کسی چیز پر سے غلاف، پردہ، ڈھکنا وغیرہ ہٹانا۔ ② عام کر دینا، آشکار کرنا۔

**unction** *n.* ① روغن وغیرہ ملنے کا عمل، خصوصاً مذہبی رسم کے طور پر۔ ② حد سے زیادہ اور پُرفریب خوشامد۔

**unctuous** *adj.* ① (رویّہ، گفتگو وغیرہ) ناگوار حد تک چاپلوسانہ، چکنی چپڑی۔ ② چکنائی بھرا۔ ● **unctuously** م ف۔ **unctuousness** اسم۔

**undeceive** *v.* (کسی فرد کی) غلط فہمی دور کر دینا۔

**undecided** *adj.* ① جو طے نہ ہوا ہو یا یقینی نہ ہو۔ ② متذبذب، پس و پیش میں مبتلا۔

**undeniable** *adj.* شک و شبہے سے بالاتر، ناقابل تردید، یقینی۔ ● **undeniably** م ف: بلا انکار۔

**under** *prep. & adv.* حرف جار: ① نیچے، تلے، زیر، کسی سطح کے نیچے، اندر کی طرف۔ ② کمتر، معمولی، ماتحت۔ ③ قابو یا بس میں، زیر، تحت، کسی عمل سے گزرتا ہوا، درجہ بندی میں کسی ذیل میں۔ ④ کسی چیز کے نیچے یا اوٹ میں۔ م ف: ① ماتحتی کی حالت میں یا کم تر مقام پر۔ ② بے ہوشی کے عالم میں یا بے ہوش کر کے۔ □ **under way** حرکت میں، جاری، زیرِ تکمیل۔

**under-** *pref.* ① نیچے، نچلا، زیر حیثیت یا عہدے کے لحاظ سے کمتر، ماتحت۔ ② نامکمل طور پر، ناکافی طور پر۔

**under age** *adj.* نابالغ، کم عمر، کسی خاص عمر سے کم۔

**underarm** *adj., adv. & n.* صف و م ف: ① زیر بازو، اس طرح گیند کرنا یا پھینکنا کہ بازو کندھے سے اوپر نہ جائے۔ ② بغل کے نیچے۔ اسم: بغل۔

**underbelly** *n.* (*pl.* **-ies**) پیٹ،تلا،کسی جانور، گاڑی وغیرہ کا نچلا حصّہ جو خصوصاً حملے کی زد میں ہو۔

**undercarriage** *n.* ①طیارے کا نچلا حصّہ جس میں پہیّے لگے ہوتے ہیں۔② کسی گاڑی کو سہارنے والا ڈھانچہ۔

**underclass** *n.* ملک کا غریب نچلا سماجی طبقہ۔

**undercliff** *n.* نچلی چٹان،چبوترے جیسا چھجّا یا نچلی چٹان جو زمین کے کھسکنے سے وجود میں آئی ہو۔

**underclothes** ( also **underclothing**) *n.pl.* زیر جامے، کپڑے جو دوسرے کپڑوں کے نیچے پہنے جائیں۔

**undercoat** *n.* نچلا استر،رنگ یا روغن کا ابتدائی پچارا جو تیاری کا ہاتھ پھیرنے سے پہلے لگایا جائے۔

**undercover** *adj.* ①چوری چوری،چوری چھپے۔ ②در پردہ کام کرنے والا۔

**undercurrent** *n.* ①زیریں رو۔②احساس، سرگرمی یا اثر جو تہ میں موجود اور اکثر مخالف نوعیت کا ہو۔

**undercut** *v.* (**undercut,undercutting**) ①مقابلتاً کم قیمت پر بیچنا یا کم تنخواہ پر کام کرنا۔②نچلی کٹائی کرنا(کسی چیز کا) نچلا حصّہ کاٹ کر الگ کرنا۔③غیر مستحکم کرنا،کمزور کرنا۔

**underdog** *n.* ①پھسڈّی،کوئی شریک مقابلہ جس کا جیتنے کا کم امکان ہو۔②ستم رسیدہ،مظلوم، کچلا ہوا شخص۔

**underdone** *adj.* (کھانا)ادھ کچا یا کم پکا۔

**underestimate** *v.* (کسی فرد یا شے کی)قدر و قیمت کو بہت ہلکا سمجھنا،کسی کو حقیر یا کمزور گردانا۔

**underfelt** *n.* قالین کے نیچے بچھانے کا نمدا،فوم۔

**underfoot** *adv.* ①قدموں یا پیروں تلے۔② برسرِ زمین۔③راستے کے روڑے کے طور پر۔

**underfunded** *adj.* فنڈ کی ناکافی فراہمی۔

**undergo** *v.*(**-goes,-went,-gone,-going**) جھیلنا،سہنا،برداشت کرنا،سہارنا،مبتلا ہونا۔

**undergraduate** *n.* یونیورسٹی یا کالج کا طالب علم جس نے ابھی امتحان نہ پاس کیا ہو۔

**underground** *adv., adj. & n.* ①:م ف زیرِ زمین۔②خفیہ یا پوشیدہ طور پر۔صف:زیرِ زمین واقع۔ اسم:①زیرِ زمین ریلوے۔②خفیہ تنظیم،کارروائی۔

**undergrowth** *n.* (گنجان جھاڑیاں وغیرہ جو بڑے بڑے درختوں کے نیچے اُگیں) جھاڑ جھنکاڑ۔

**underhand** *adj.* ①چوری چھپے،خفیہ۔② پُرفریب،مکّارانہ۔③ کندھے سے نیچے،زیرِ بازو۔

**underlay** *n. & v.* اسم: نچلی بچھائی،فرش یا کوئی چیز جو سہارا دینے کے لیے قالین یا دری وغیرہ کے نیچے بچھائی گئی ہو۔ف:**underlie** کا ماضی۔

**underlie** *v.* (**-lay, -lain, -lying**) ①(کسی نظریے، اصول وغیرہ کی) اساس یا وجہ ہونا۔② ظاہری پہلو کی تہ میں کارفرما ہونا۔

**underline** *v.* ① نیچے لکیر ڈالنا،توجہ دلانے کے لیے۔② کسی بات پر زور دینا،تاکید سے کہنا۔

**underling** *n.* ماتحت۔

**undermanned** *adj.* جس عملے میں ضرورت سے کم افراد ہوں۔

**undermine** *v.* ①غیر محسوس طور پر یا مسلسل کمزور یا خراب کرتے جانا۔②بنیاد کھوکھلی کرنا۔

**underneath** *prep. & adv.* حرف جار:نیچے، تحت،زیر،اندر کی طرف۔م ف:نیچے کی طرف کو۔

**underpants** *n.* جانگیا،زیر جامہ۔

**underpass** *n.* زیر گزر،سڑک وغیرہ جو دوسری سڑک کے نیچے سے گزرتی ہو۔

**underpay** *v.* (**-paid, -paying**)کسی شخص کو بہت کم رقم ادا کرنا یا کسی چیز کی بہت کم قیمت دینا۔

**underpin** *v.* (**-pinned,-pinning**) ① نیچے سے کسی تعمیر کو استحکام بخشنا۔②سہارا دینا،تقویت دینا۔

**underprivileged** *adj.* ① کم مراعات یافتہ۔ ② زندگی کے عام معیار یا مسلّمہ حقوق سے محروم۔

**underrate** *v.* کم تر گردانا،ہیچ یا حقیر سمجھنا۔

**underscore** *v.* رک UNDERLINE۔

**underseal** *v. & n.* ف:تہ بندی کرنا(کار وغیرہ کے نچلے حصّے پر زنگ وغیرہ سے بچانے کے لیے) کسی طرح کا روغن پھیرنا۔اسم:اس مقصد کے لیے حفاظتی تہ۔

**undersell** *v.* (-sold, -selling) ①(مقابلے میں) کم قیمت پر بیچنا۔②اونے پونے بیچ ڈالنا۔

**undershoot** *v.*(-shot, -shooting) ① (طیّارے کا) رن وے سے پہلے اتر جانا۔② (گولی، تیر وغیرہ کو) کسی نشانے تک نہ پہنچا پانا۔

**undersigned** *adj.* زیرِ دستخطی، جس کے دستخط کسی دستاویز کے آخر میں ثبت ہوں۔

**underskirt** *n.* اندرونی اسکرٹ، پیٹی کوٹ۔

**understand** *v.* (-stood,-standing) ① (کسی بات کا مطلب، مدّعا) سمجھنا۔② کسی چیز کی معنویت، وجہ یا وضاحت سمجھ لینا۔③ کسی معاملے یا صورتِ حال کو یا کسی کے مزاج کو سمجھنا؛ کسی چیز سے نمٹنے کا گُر جاننا۔④ نتیجہ اخذ کرنا۔⑤ کسی بات کی سوجھ بوجھ رکھنا۔

**understandable** *adj.* قابلِ فہم، جو جانا جاسکے، سمجھا جاسکے۔● **understandably** م ف۔

**understanding** *n. & adj.* اسم: ① سمجھ بوجھ، ذہانت، فہم و فراست۔ ② مفاہمت۔ ③ معاہدہ، اتفاق، ہم آہنگی۔④ ہمدردانہ آگاہی یا رواداری۔ صف: ① سمجھ بوجھ رکھنے والا، باشعور۔② ہمدرد۔

**understate** *v.* ① بہت ہی گھٹا کر کہنا، بات کھل کر نہ کہنا۔ ② اصلیت کو بہت گھٹا کر پیش کرنا۔● **understatement** اسم: ناکافی اظہار۔

**understated** *adj.* مبالغہ یا رنگ آمیزی کے بغیر۔

**understudy** *n. & v.* اسم: (ج: -ies) زیرِ آمیز اداکار جو کسی دوسرے اداکار کے رول کو سیکھ لے تاکہ اگر دوسرا اداکار موجود نہ ہو تو اس کی جگہ کام کرسکے۔ ف: ① قائم مقامی کی تربیت لینا۔② کسی فرد کا اس طور پر اداکاری کرنا۔

**undertake** *v.*(-took, -taken, -taking) کسی بات کا قصد کرنا، بیڑا اٹھانا، کرنے کی ٹھان لینا۔

**undertaker** *n.* فرد جو تکفین و تدفین کے انتظامات کاروباری طور پر کرتا ہو۔

**undertaking** *n.* ① مہم یا کام جس کا بیڑا اٹھایا گیا ہو یا ذمے لیا گیا ہو۔② عہد، پیمان، وعدہ، ضمانت۔

**undertone** *n.* ① دبا دبا سُر یا دبتا ہوا رنگ۔② پوشیدہ عنصر یا خصوصیت۔

**undertow** *n.* سمندر کی سطح کے نیچے کوئی دھارا جو سطح پر چلتے دھارے کے خلاف بہہ رہا ہو۔

**underwear** *n.* زیر جامہ، انڈر وئیر۔

**underwent** UNDERGO کا ماضی۔

**underworld** *n.* ① معاشرے کا وہ حصّہ جس کے افراد منظّم جرائم اور اخلاق سوز اعمال پر گزر بسر کرتے ہیں۔ ② (اساطیر میں) پاتال، تحت الثریٰ۔

**underwrite** *v.* (-wrote,-written,-writing) ① (بیمہ پالسی پر) دستخط کرکے واجبات کا ذمّہ لینا، واجبات قبول کرنا۔② سرمایہ فراہم کرنے اور سہارا دینے کا ذمّہ لینا۔● **underwriter** اسم: بیمہ کار۔

**undesirable** *adj.* ناپسندیدہ، قابلِ اعتراض، ناخوش گوار۔● **undesirably** م ف: ناپسندیدگی سے۔

**undies** *n.* بول چال: زنانہ زیر جامے۔

**undo** *v.* (-does,-did,-done,-doing) ① کھولنا، کسی فرد کے لباس کے بٹن یا گرہیں کھولنا۔② مسترد کرنا، منسوخ کرنا، مٹاڈالنا۔③ تباہ و برباد کرنا۔

**undone** *adj.* ① نامکمل، ادھورا۔② جو لگا یا بندھا ہوا نہ ہو۔③ قدیم: تباہ و برباد۔

**undoubted** *adj.* یقینی جس میں شک کی گنجائش نہ ہو، غیر مشکوک۔● **undoubtedly** م ف: یقیناً۔

**undreamed** *adj.* (also **undreamt**) جو خواب میں بھی نظر نہ آیا ہو، جو خیال یا تصوّر میں بھی نہ ہو۔

**undress** *v.* کپڑے اتارنا۔

**undue** *adj.* ① حد سے زیادہ۔② ناموزوں۔

**undulate** *v.* لہرانا، لہروں کی طرح آنا جانا یا لہروں جیسا نظر آنا۔● **undulation** اسم: لہریے دار۔

**unduly** *adv.* غیر مناسب طور پر، حد سے بڑھ کر۔

**undying** *adj.* لافانی، کبھی ختم نہ ہونے والا۔

**unearned income** *n.* بن کمائی آمدنی، جو سود یا کرائے کی صورت میں حاصل ہو۔

**unearth** *v.* ① ڈھونڈ نکالنا، کھود کر یا چیزوں کو الٹ پلٹ کر کوئی چیز برآمد کرلینا۔② زمین سے کھود نکالنا۔

**unearthly** *adj.* ① مافوق الفطرت، پُراسرار۔②

بول چال: ناوقت، بے آرام، بے جا طور پر جلد۔

**uneasy** *adj.* **(uneasier, uneasiest)** ① بے کل، پریشان۔② پریشان کن۔ ● **unease** اسم۔ **uneasily** م ف۔ **uneasiness** اسم: بے چینی۔

**uneatable** *adj.* جو کھانے کے قابل نہ ہو۔

**uneconomic** *adj.* غیر منفعت بخش۔

**unemployable** *adj.* تنخواہ دار ملازمت کے لیے ناموزوں۔

**unemployed** *adj.* ①بے روزگار۔② جس سے کام نہ لیا جا رہا ہو۔● **unemployment** اسم۔

**unending** *adj.* جو ختم ہونے میں نہ آئے۔

**unequalled** *adj.* (*US* **unequaled**) سب سے برتر، لاثانی۔

**unequivocal** *adj.* واضح، غیر مبہم، جس کے غلط معنی نہ لیے جا سکیں۔● **unequivocally** م ف۔

**unerring** *adj.* بے خطا، تیر بہدف، یقینی۔

**UNESCO** (also **Unesco**) تخفیف: یونسکو United Nations Educational, Scientific, and Cultural Organization۔

**unessential** *adj.* غیر ضروری۔

**unestablished** *adj.* جس کا مقام یا حیثیت مسلّم نہ ہوئی ہو، غیر قائم شدہ، غیر مستحکم۔

**unethical** *adj.* غیر اخلاقی، خصوصاً جو کاروباریا پیشہ ورانہ رویّے میں سب کچھ روا سمجھتا ہو۔

**uneven** *adj.* ①ناہموار، اونچا نیچا۔②غیر یکساں، غیر مساوی۔③مقابلہ نا برابر۔● **unevenly** م ف۔ **unevenness** اسم: غیر یکسانیت۔

**uneventful** *adj.* اہم یا قابل ذکر واقعات سے خالی۔

**unexamined** *adj.* جسے جانچا پرکھا نہ گیا ہو۔

**unexampled** *adj.* بے مثل، بے نظیر۔

**unexceptionable** *adj.* جس میں ذرا سا بھی نقص نہ ہو، ہر عیب سے بری، مکمل طور پر اطمینان بخش۔

وضاحت: *unexceptionable* کا کبھی کبھی *unexcepional* سے مغالطہ ہوتا ہے۔

**unexceptional** *adj.* جس میں غیر معمولی بات نہ ہو، عام، معمول کے مطابق۔

**unexcitable** *adj.* جو آسانی سے جوش میں نہ آئے، ٹھنڈے مزاج کا۔

**unexciting** *adj.* غیر دلچسپ، بے لطف، بے مزہ۔

**unexecuted** *adj.* جس پر عمل درآمد نہ ہوا ہو۔

**unexhausted** *adj.* ①جو خرچ، صَرف یا ختم نہ ہوا ہو۔②جو خالی نہ ہوا ہو۔

**unexpected** *adj.* غیر متوقع، ناگہانی، حیران کن۔ ● **unexpectedly** م ف: ناگہاں۔

**unexpired** *adj.* جس کی میعاد ابھی ختم نہ ہوئی۔

**unexplainable** *adj.* ناقابل توجیہہ۔

**unexplained** *adj.* جس کی وضاحت نہ کی گئی ہو۔

**unexploded** *adj.* (بم وغیرہ) جو پھٹا نہ ہو۔

**unexploited** *adj.* (وسائل وغیرہ) جن کو کام میں نہ لایا گیا ہو۔

**unexplored** *adj.* (کوئی علاقہ، جگہ، صورتِ حال) جس کا بغور جائزہ نہ لیا گیا ہو، جس کے بارے میں تحقیق یا چھان بین نہ کی گئی ہو۔

**unexposed** *adj.* ① جو (ہوا، روشنی، خطرے وغیرہ کی) زد میں نہ ہو۔② جو آشکار نہ ہوا ہو۔

**unexpressed** *adj.* جس کا اظہار نہ ہوا ہو یا جسے ظاہر نہ کیا جائے۔

**unexpurgated** *adj.* (خصوصاً متن وغیرہ) غیر حذف شدہ، حرف بحرف، مکمل۔

**unfaceable** *adj.* جس کا سامنا نہ کیا جا سکے

**unfading** *adj.* جو کبھی ماند نہ پڑے، جو کبھی نہ مرجھائے۔

**unfailing** *adj.* مسلسل، مستقل، قابلِ اعتبار۔ ● **unfailingly** م ف: یقینی طور پر۔

**unfair** *adj.* ناجائز، غیر منصفانہ، خلافِ قاعدہ۔● **unfairly** م ف۔ **unfairness** اسم: دھاندلی۔

**unfaithful** *adj.* ①بے وفا (خصوصاً میاں بیوی کے تعلق میں) ②غیر وفادار۔ ● **unfaithfully** م ف۔ **unfaithfulness** اسم: بے وفائی۔

**unfaltering** *adj.* جس کے پائے ثبات کو لغزش نہ ہو، ثابت قدم، پُرعزم۔

**unfamiliar** *adj.* نامانوس، ناواقف۔

**unfashionable** *adj.* جو فیشن کے مطابق نہ ہو، جدید وضع کے خلاف۔

**unfathomable** *adj.* جس کی تھاہ نہ ملے۔

**unfavourable** *adj.*(*US* **unfavorable**) ناسازگار، ناموافق، مخاصمانہ، مخالفانہ۔

**unfeasible** *adj.* ناقابلِ عمل، ناممکن العمل۔

**unfed** *adj.* جسے کھانا نہ کھلایا گیا ہو، غذا سے محروم۔

**unfeeling** *adj.* غیر ہمدردانہ، احساس سے عاری، سنگ دل۔ ● **unfeelingly** م ف: بے حسی سے۔

**unfenced** *adj.* ①باڑ یا احاطے کے بغیر۔ ② غیر محفوظ۔

**unfettered** *adj.* جس پر کوئی روک ٹوک یا قدغن نہ ہو، بے قید، پابندی سے مبرّا۔

**unfilled** *adj.* بے بھرا، خالی۔

**unfinished** *adj.* نامکمل، ادھورا۔

**unfit** *adj.* ① ناموزوں، جو ٹھیک نہ ہو۔ ② جو پوری طرح صحت مند نہ ہو۔

**unflagging** *adj.* ان تھک، کام مین جتا رہنے والا، ثابت قدم رہنے والا۔

**unflappable** *adj.* بول چال: اوسان درست رکھنے والا، جو بڑے سے بڑے بحران میں بھی پُرسکون رہے، مطلق نہ گھبرانے والا۔

**unflattering** *adj.* جس میں چاپلوسی یا خوشامد کا شائبہ نہ ہو، صحیح صحیح، بے کم و کاست، حسبِ حقیقت، غیر خوشامدانہ۔

**unflinching** *adj.* جو ذرا نہ ہچکچائے، نہ ٹھٹکنے والا۔

**unfold** *v.* ① کسی چیز کی تہ یا تہیں کھولنا، پھیلا دینا۔ ②(خیالات وغیرہ) ظاہر کرنا۔ ③ کھل جانا، پھیلنا۔ ④ بتدریج واضح ہونا، رفتہ رفتہ ظاہر ہونا۔

**unforced** *adj.* ①جو کوشش یا کاوش کا نتیجہ نہ ہو، ازخود، فطری، باسہولت۔ ②جبر یا زبردستی مسلّط کیے بغیر، بلا اکراہ۔

**unforeseen** *adj.* جس کا پہلے سے علم نہ ہو۔

**unforgettable** *adj.* ناقابل فراموش، یادگار، حیرت انگیز۔ ● **unforgettably** م ف۔

**unforgivable** *adj.* ناقابل معافی۔

**unformed** *adj.* ①جسے شکل نہ دی گئی ہو۔ ② اروپ۔ ③جس کی صحیح نشوونما نہ ہوئی ہو۔

**unfortunate** *adj.* ①بدنصیب، قسمت کا ہیٹا۔ ② افسردہ۔ ③افسوس ناک۔

**unfortunately** *adv.* ①(کسی پورے جملے کے بارے میں) بدقسمتی ہے کہ۔ ② بدنصیبی کے انداز میں۔

**unfounded** *adj.* بے بنیاد، بے سروپا۔

**unfriendly** *adj.* غیر دوستانہ (رویّہ، سلوک وغیرہ)

**unfrock** *v.* کسی پادری کو اس کے عہدے سے ہٹا دینا۔

**unfruitful** *adj.* ①غیر منفعت بخش، بے نتیجہ۔ ② بے ثمر، غیر بار آور۔

**unfurl** *v.* کسی لپٹی ہوئی چیز کو کھولنا یا پھیلانا۔

**unfurnished** *adj.* ①مہیّا نہ کیا ہوا۔ ② بلا فرنیچر، غیر آراستہ۔

**ungainly** *adj.* بدوضع، اینڈا بینڈا، بدزیب۔ ● **ungainliness** اسم: بدوضعی۔

**ungenial** *adj.* ناملنسار، ناخوش گوار۔

**unglazed** *adj.* جسے روغن کی تہ چڑھا کر چمکایا نہ گیا ہو۔

**ungodly** *adj.* ①بے دین، بدکردار، فتنہ پرور۔ ② بول چال: نامعقول، الٹا پلٹا۔ ● **ungodliness** اسم۔

**ungovernable** *adj.* جس پر قابو پانا ممکن نہ ہو۔

**ungraceful** *adj.* بے سبھاؤ، ادا سے خالی۔

**ungracious** *adj.* ①نامہربان، بے مروّت۔ ② غیر دلکش، پھیکا۔ ● **ungraciously** م ف۔

**ungrateful** *adj.* ①احسان فراموش۔ ② ناگوار، ناپسندیدہ۔

**unguarded** *adj.* ①بے احتیاطی کا، بغیر سوچے سمجھے۔②حفاظتی بندوبست کے بغیر۔
**unguent** *n.* مرہم، کوئی لیس دار شے جو مشینوں کو چکنار کھنے کے لیے ڈالی جائے۔
**ungulate** *n.* کُھر والا جانور۔
**unhampered** *adj.* بلا قدغن، روک ٹوک کے بغیر۔
**unhand** *v.* ادبی: (کسی کو) ہاتھ سے چھوڑ دینا۔
**unhappy** *adj.* **(unhappier,unhappiest)** ①ناخوش، غمگین، غیر مطمئن۔②ناکام، بدنصیب، نصیبہ بگاڑنے والا۔③تباہ کن۔④منحوس، شامت زدہ۔● **unhappily** م ف: بدنصیبی سے۔ **unhappiness** اسم: ناخوشی۔
**unharmed** *adj.* جسے نقصان نہ پہنچا ہو، بال بیکا ہوئے بغیر۔
**unhealed** *adj.* جو ابھی صحت یاب نہ ہوا ہو؛ (زخم) جو مندمل نہ ہوا ہو۔
**unhealthy** *adj.* **(unhealthier, unhealthiest)**۔ خراب صحت والا، بیمار، مضرِ صحت؛ مخرب اخلاق۔ ● **unhealthily** م ف: ناقص طریقے سے۔
**unheard-of** *adj.* جو نہ پہلے سنا ہو، نہ معلوم ہو۔
**unhelpful** *adj.* جو مدد نہ دے، جو کسی کام نہ آئے، بے مصرف۔
**unhesitating** *adj.* بلا پس و پیش، بغیر ہچکچاہٹ۔
**unhindered** *adj.* راہ میں روڑے اٹکائے بغیر، بنا روک ٹوک۔
**unhinged** *v.* ذہنی طور پر غیر متوازن، پاگل۔
**unholy** *adj.* **(unholier, unholiest)** ① ناپاک، پلید، پُر شیطنت۔②بول چال: غضبناک، شدید۔
**unhuman** *adj.* ①غیر انسانی۔② مافوق البشر۔ ③بہیمانہ، وحشیانہ۔
**unhurt** *adj.* جسے چوٹ نہ آئی ہو۔
**unicameral** *adj.* یک ایوانی، آئین ساز ادارہ جو ایک ایوان پر مشتمل ہو۔
**unicorn** *n.* گھوڑے کی شکل کا ایک افسانوی جانور، جس کے ماتھے پر ایک سیدھا سینگ ہوتا ہے۔
**unidimensional** *adj.* یک بُعدی، یک سمتی۔
**unidirectional** *adj.* یک سمتی، جو صرف ایک ہی سمت میں حرکت، عمل وغیرہ کر سکتا ہو۔
**unification** *n.* اتحاد، متحد ہونے یا کرنے کا عمل، مثال یا حالت۔
**uniform** *adj. & n.* صف: ① یکساں، ایک جیسا جس کی شکل یا حقیقت نہ بدلے، ویسے کا ویسا۔② ایک معیار، ضوابط یا طرز کے مطابق۔ اسم: وردی۔● **uniformity** اسم: یکسانیت۔ **uniformly** م ف۔
**unify** *v.* **(unified, unifying)** متحد کرنا، یکسانیت پیدا کرنا، ایک جیسا بنا دینا۔
**unilateral** *adj.* جو فرد واحد یا صرف ایک جماعت کے عمل کا نتیجہ ہو یا جس سے کوئی فرد واحد یا صرف ایک جماعت متاثر ہو۔● **unilaterally** م ف۔
**unimaginable** *adj.* نا قابلِ تصوّر، قیاس سے باہر۔
**unimaginative** *adj.* بے تخیل، تخیل کے مادّے سے محروم، ٹھس، غبی۔
**unimpassioned** *adj.* جوش و خروش سے خالی۔
**unimpeachable** *adj.* جس پر کوئی الزام نہ آ سکے، مکمل طور پر قابل بھروسہ۔
**unimpeded** *adj.* روک ٹوک کے بغیر، جس کا کوئی مزاحم نہ ہو۔
**unimportant** *adj.* غیر اہم۔
**unimpressed** *adj.* جو متاثر نہ ہوا ہو، جس پر رعب نہ پڑا ہو۔
**unimproved** *adj.* ① جسے بہتر نہ بنایا گیا ہو، ان سدھرا، بے اصلاح شدہ۔② جس سے کام نہ لیا گیا ہو یا فائدہ نہ اٹھایا گیا ہو۔③ (زمین) جس پر کاشت یا تعمیرات نہ کی گئی ہوں، غیر ترقی یافتہ۔
**uninfected** *adj.* جو چھوت کی بیماری سے محفوظ ہو، جسے کوئی متعدی بیماری نہ لگی ہو۔
**uninfluenced** *adj.* جس نے کسی کا اثر قبول نہ کیا ہو، جو متاثر نہ ہوا ہو۔
**uninformed** *adj.* ① جسے اطلاع نہ دی گئی ہو، نہ ملی ہو۔② ان پڑھ، بے خبر، جاہل۔

**uninhabitable** *adj.* نا قابلِ سکونت، جہاں آباد ہونا ممکن نہ ہو۔
**uninhibited** *adj.* شرم وحجاب یا پابندیوں سے آزاد۔
**uninsured** *adj.* غیر بیمہ شدہ۔
**unintelligent** *adj.* کند ذہن، فراست سے محروم۔
**unintelligible** *adj.* نا قابلِ فہم، مبہم۔
**unintentional** *adj.* بلا قصد، غیر ارادی۔
**uninterested** *adj.* ① جسے کوئی دلچسپی نہ ہو، بے لگاؤ۔ ② لاتعلق، بے نیاز۔
**uninteresting** *adj.* غیر دلچسپ، بے لطف، سپاٹ۔
**uninterrupted** *adj.* جس میں وقفہ نہ آیا ہو، لگاتار۔
**uninvestigated** *adj.* جس کی تفتیش نہ کی گئی ہو، ناتحقیق۔
**uninvited** *adj.* بن بلایا، جسے مدعو نہ کیا گیا ہو۔
**uninviting** *adj.* جو اپنی طرف راغب نہ کرے، غیر دلکش، پُر کراہت۔
**uninvolved** *adj.* ① غیر ملوّث، غیر متعلق، جو کسی معاملے میں شریک یا وابستہ نہ ہو۔ ② (تحریر وغیرہ) اینچ پیچ سے پاک۔
**uninviting** *adj.* جو اپنی طرف راغب نہ کرے، غیر دلکش، پُر کراہت۔
**union** *n.* ① ایکا، اتحاد، ملاپ۔ ② کُل جو اجزا کے اتحاد سے وجود میں آئے۔ ③ =TRADE UNION۔
**union catalogue** *n.* یکجا فہرست، کئی کتب خانوں کے مجموعی ذخیرۂ کتب کی فہرست۔
**unionist** *n.* کسی مزدور انجمن کا رکن؛ مزدور انجمنوں کا حامی۔
**unionize** *v.* (also **-ise**) متحد ہونا یا کرنا، کسی ٹریڈ یونین تنظیم یا قواعد کے تحت لے آنا یا آ جانا۔ ● **unionization** اسم: اتحاد، یونین سازی۔
**Union Jack** *n.* برطانیہ کا قومی پرچم۔
**unique** *adj.* ① بے مثل، بے نظیر، یگانہ، یکتا۔ ② غیر معمولی، نادر۔ ● **uniquely** م ف۔

وضاحت: معنی ② میں *unique* کا استعمال بہت سے لوگوں کے نزدیک درست نہیں ہے۔

**unisex** *adj.* مرد عورت دونوں کے لیے موزوں۔
**unison** *n.* □ **in unison** ① آوازوں یا سُروں کے زیروبم کی ہم آہنگی۔ ② آوازوں یا سازوں کا ملاپ، سنگیت۔ ③ اتفاق، یکدلی۔
**unit** *n.* ① اکائی، نَی، کوئی شے، فرد یا گروہ جسے اپنی جگہ واحد اور مکمل سمجھا جائے، خصوصاً حساب کتاب کی غرض سے۔ ② کوئی مقدار جسے معیار بنالیا گیا ہو اور جس کے مطابق دوسری مقداروں کو ظاہر کیا جا سکے۔ ③ فرنیچر یا مشین کا کوئی حصّہ؛ کسی ادارے کا کوئی حصّہ، شعبہ جس کا اپنا کوئی مخصوص کام ہو۔
**Unitarian** *n.* موحّد، جو تثلیث کو نہ مانے، ذات باری کی وحدانیت کا قائل۔
**unitary** *adj.* ① واحدی، اکائی والا۔ ② اتحاد یا یکسانی کا حامل۔
**unit cost** *n.* اکائی کی لاگت، بڑے پیمانے پر تیار کردہ کسی شے پر آنے والا فی عدد خرچ۔
**unite** *v.* ① ملا دینا، مل جانا، ایک کرنا یا ایک ہو جانا۔ ② (کسی مشترکہ مقصد یا کارروائی کے لیے) متحد ہونا۔
**United Kingdom** *n.* مملکت متحدہ، برطانیۂ عظمیٰ اور شمالی آئرستان۔
**United Nations** *n.pl.* اقوام متحدہ (ابتدا میں ۱۹۴۲ء میں) وہ ملک جو دوسری عالمی جنگ میں محوری طاقتوں کے خلاف متحد تھے؛ بعد میں ان ممالک اور بہت سے دوسرے امن کے متلاشی ملکوں کی بین الاقوامی تنظیم۔
**unit trust** *n.* کوئی سرمایہ کار کمپنی جو بہت سے افراد کی مشترکہ رقوم سے مختلف تمسکات میں سرمایہ لگائے اور ان افراد کے اثاثوں کے حساب سے منافع ادا کرے۔
**unity** *n.* (*pl.* **-ies**) ① اتحاد، وحدت، یک جہتی، مختلف اجزا کو جوڑ کر بنائی ہوئی (کوئی چیز) ② ہم دلی، ہم آہنگی۔
**universal** *adj.* آفاقی، ہمہ گیر، جامع، ایک طبقے یا تمام لوگوں سے متعلق۔ ● **universally** م ف۔

**universal donor** *n.* ہمہ گیر دہندہ، خون کا 'او' گروپ رکھنے والا فرد جو، نظری طور پر 'اے بی او' خون گروپ کے کسی بھی وصول کنندہ کو خون دے سکتا ہے۔

**universal language** *n.* عالم گیر زبان، مصنوعی زبان جسے تمام دنیا میں رائج کرنا مقصود ہو۔

**universal recipient** *n.* ہمہ گیر وصول کنندہ، خون گروپ 'اے بی' رکھنے والا فرد جو نظری طور پر کسی 'اے بی او' خون گروپ والے فرد کا خون لے سکتا ہے۔

**universal suffrage** *n.* ہمہ گیر حق رائے دہی، تقریباً تمام بالغ افراد کو ووٹ ڈالنے کا حق۔

**universe** *n.* ① کائنات، کون و مکاں؛ کُل مخلوق، موجودات۔ ② کل بنی آدم، کُل جہاں۔

**university** *n.* (*pl.* -ies) یونیورسٹی، جامعہ۔

**unjust** *adj.* غیر منصفانہ، نادرست۔

**unjustified** *adj.* بلا جواز۔

**unkempt** *adj.* ① پراگندہ حال، میلا کچیلا، خراب و خستہ۔ ② (بال) پریشان، بکھرے ہوئے۔

**unkind** *adj.* ① نامہربان۔ ② ظالم، بے رحم۔ ③ ناگوار۔ ● **unkindly** م ف۔ **unkindness** اسم۔

**unknown** *adj. & n.* صف: نامعلوم، نامانوس۔ اسم: نامعلوم فرد یا شے۔

**Unknown Soldier** *n.* نامعلوم سپاہی، کسی ملک کی مسلح افواج کا ایسا نمائندہ رکن جو جنگ میں کام آیا ہو، جس کی شناخت نہ ہو سکی ہو اور جسے کسی قومی یادگار میں خصوصی اعزاز سے دفنایا گیا ہو۔

**unlabelled** *adj.* (*US* **unlabeled**) نشانی، چٹ یا لیبل کے بغیر۔

**unladylike** *adj.* بیگمانہ شان یا وقار کے برخلاف۔

**unlawful** *adj.* غیر قانونی، حرام، ناجائز، خلافِ ضابطہ۔

**unleaded** *adj.* (پٹرول وغیرہ) جس میں سیسہ نہ ملایا گیا ہو۔

**unleash** *v.* ڈوری یا زنجیر کھول دینا، آزاد کرنا۔

**unleavened** *adj.* غیر خمیری، بغیر خمیر کے بنایا ہوا۔

**unless** *conj.* اگر نہیں تو، بجز یہ کہ، الّا یہ کہ۔

**unlettered** *adj.* اَن پڑھ، ناخواندہ، کم تعلیم یافتہ۔

**unlike** *adj. & prep.* صف: ① غیر مشابہ، مختلف۔ ② اور طرح کا، جدا۔ حرف جار: مختلف طرح سے، جدا انداز میں۔

**unlikely** *adj.* (**unlikelier, unlikeliest**) ① بعید از قیاس۔ ② غیر متوقع۔ ③ غیر امید افزا۔

**unlimited** *v.* لامحدود، نہایت وسیع، بے حد و حساب۔

**unlisted** *adj.* خارج از فہرست، جو کسی شائع شدہ فہرست میں درج نہ ہو، خاص طور پر اسٹاک ایکسچینج کی قیمتیں یا ٹیلی فون نمبر۔

**unload** *v.* ① (گاڑی وغیرہ سے) مال اتارنا۔ ② (آتشی اسلحہ) گولی یا بارود وغیرہ نکال دینا۔ ③ بول چال: چھٹکارا پانا۔

**unlock** *v.* ① (کسی دروازے، صندوق وغیرہ کا) قفل کھولنا۔ ② بندش ختم کر کے باہر نکالنا یا افشا کرنا۔

**unlooked-for** *adj.* غیر متوقع، ناگہاں۔

**unloose** *v.* (also **unloosen**) کھول دینا، رہا کرنا، کھلا چھوڑ دینا۔

**unloved** *adj.* جس سے کوئی محبت نہ کرتا ہو۔

**unlucky** *adj.* (**unluckier, unluckiest**) ① کم بخت، ناکام۔ ② شامت زدہ، بے حال۔ ③ منحوس۔ ④ انصاف کا مارا، نافہمیدہ۔

**unmanageable** *adj.* قابو سے باہر، ناقابل انتظام، جس پر قابو پانا، قابو میں رکھنا یا سنبھالنا مشکل ہو۔

**unmanned** *adj.* ① جس پر کوئی آدمی یا عملہ تعینات نہ ہو۔ ② وفورِ جذبات سے نڈھال۔

**unmapped** *adj.* ① جس کا نقشہ نہ بنا ہو یعنی کسی جغرافیائی یا کروموسومی نقشے میں موجود نہ ہو۔ ② جس کی سیاحت یا مساحت نہ کی گئی ہو۔

**unmarked** *adj.* ① بلا نشان۔ ② جس پر نظر نہ پڑی ہو۔

**unmarried** *adj.* غیر شادی شدہ، بن بیاہا۔

**unmask** *v.* ① نقاب ہٹانا۔ ② کسی کا اصل چہرہ سامنے لے آنا، بے نقاب کرنا۔

**unmatched** *adj.* بے نظیر، لاثانی، نامساوی۔

**unmentionable** *adj.* ناقابل ذکر، جس کا اظہار مناسب نہ ہو۔

**unmerciful** *adj.* بے رحم، سفاک۔
**unmetalled** *adj.* کچی (سڑک)
**unmindful** *adj.* لاپروا، بے دھیان، خیال نہ رکھنے والا۔
**unmistakable** *adj.* بیّن، شک ومغالطے سے بالاتر، بالکل واضح۔ ● **unmistakably** م ف۔
**unmitigated** *adj.* ① بلا تخفیف، بلا رُو رعایت، بلا ترمیم۔ ② مطلق، سراسر، غیر مشروط۔
**unmodified** *adj.* بلا ردّ و بدل، بغیر ترمیم کے۔
**unmotivated** *adj.* کسی تحریک یا ترغیب کے بغیر؛ بلا مقصد۔
**unmoved** *adj.* ① اپنی جگہ قائم، اٹل۔ ② ثابت قدم۔ ③ جوش یا جذبات کا اثر قبول نہ کرنے والا۔
**unnamed** *adj.* جس کا نام نہ لیا گیا ہو، جس کا نام نہ رکھا گیا ہو، بے نام۔
**unnatural** *adj.* ① غیر فطری، معمول سے ہٹ کر۔ ② فطری جذبات سے عاری، انتہائی شقی یا بدمعاش۔ ③ نقلی، مصنوعی۔ ④ پُر تصنّع، بناوٹی۔
**unnecessary** *adj.* ① غیر ضروری، خواہ مخواہ کا۔ ② ضرورت سے زیادہ۔ ● **unnecessarily** م ف۔
**unnerve** *v.* ہاتھ پاؤں پھُلا دینا، حواس باختہ کر دینا۔
**unnoticeable** *adj.* جو توجہ کے قابل نہ ہو یا جس پر آسانی سے نظر نہ پڑے، بآسانی نظرانداز۔
**unnumbered** *adj.* ① نمبر شمار کے بغیر یا (جس پر) نمبر نہ ڈالا گیا ہو۔ ② جس کو گنا نہ گیا ہو۔ ③ بے شمار۔
**unobstructed** *adj.* جسے روکا ٹوکا نہ گیا ہو، بلا مزاحمت۔
**unobtainable** *adj.* نا قابلِ حصول۔
**unobtrusive** *adj.* لیے دیے رہنے والا، کم آمیز، خاموش، محتاط۔ ● **unobtrusively** م ف۔
**unoccupied** *adj.* خالی، غیر آباد، غیر مشغول۔
**unoffending** *adj.* جو کسی کی دل آزاری نہ کرے، بے ضرر، بے گناہ، معصوم صفت۔
**unofficial** *adj.* ① غیر سرکاری، غیر مصدّقہ۔ ② غیر افسرانہ۔

**unoiled** *adj.* جسے تیل نہ دیا یا لگایا گیا ہو، بن چکنایا۔
**unopened** *adj.* جسے کھولا نہ گیا ہو یا جو کھلا نہ ہو، سربند۔
**unopposed** *adj.* بلامقابلہ۔
**unorthodox** *adj.* جو راسخ العقیدہ نہ ہو، غیر روایتی۔
**unpack** *v.* ① (کسی بکس، پیکٹ، اسباب وغیرہ کو) سامان نکالنے کی غرض سے کھولنا۔ ② (کسی بکس، پیکٹ وغیرہ میں سے) چیزیں نکالنا۔
**unpaged** *adj.* جس کے صفحوں پر نمبر نہ پڑے ہوں۔
**unpaid** *adj.* قرض جو ادا نہ ہوا ہو، فرد جسے ادائگی نہ کی گئی ہو۔
**unparalleled** *adj.* بے مثل، یکتا، لاجواب۔
**unpardonable** *adj.* نا قابلِ معافی۔
**unparliamentary language** *n.* غیر پارلیمانی زبان، فحش کلامی، بدزبانی۔
**unpeeled** *adj.* جس کا چھلکا نہ اتارا گیا ہو، بے چھلا۔
**unperceived** *adj.* جو مشاہدے میں نہ آیا ہو، جسے محسوس نہ کیا گیا ہو۔
**unperturbed** *adj.* نامضطرب، نچنت، پُرسکون۔
**unpick** *v.* ادھیڑنا، (ٹانکے) کھولنا۔
**unplaced** *adj.* بے مقام، خصوصاً جو کسی دوڑ وغیرہ میں پہلا، دوسرا، تیسرا نہ آیا ہو۔
**unpleasant** *adj.* ناگوار، دل خراش، بدمزہ۔
● **unpleasantly** م ف۔ **unpleasantness** اسم۔
**unplumbed** *adj.* جسے پوری طرح سمجھا بوجھا نہ گیا ہو یا جس کی چھان بین نہ کی گئی ہو۔
**unpoetic** *adj.* (also **unpoetical**) غیر شاعرانہ۔
**unpopular** *adj.* غیر مقبول، ناپسند۔
● **unpopularity** اسم: نامقبولیت۔
**unpopulated** *adj.* غیر آباد، اُجاڑ۔
**unpractical** *adj.* ① غیر عملی، جس پر عمل درآمد ممکن نہ ہو۔ ② (فرد کے حوالے سے) غیر ہنرمند، جسے

عملی کام کا تجربہ نہ ہو۔

**unprecedented** *adj.* ①بلانظیر، جس کی مثال پہلے سے موجود نہ ہو۔②انوکھا، طرفہ۔

**unpredictable** *adj.* جس کے بارے میں پیش گوئی یا حکم لگانا ممکن نہ ہو، ناپیش گفتنی۔

**unprejudiced** *adj.* بلا تعصب، غیر متعصّبانہ۔

**unpremeditated** *adj.* بلا قصد یا بلاعمد، جو اچانک سرزد ہو جائے اور جس کی پہلے سے منصوبہ بندی نہ کی گئی ہو، غیر ارادی۔

**unprepared** *adj.* ①جو (پہلے سے) تیار نہ کی گئی ہو (تقریر وغیرہ)②جو تیار نہ ہو۔

**unprepossessing** *adj.* غیر دلکش، جاذبیت سے محروم۔

**unpresumptuous** *adj.* جس میں اکڑفوں نہ ہو، تکبر سے پاک۔

**unpretending** *adj.* بناوٹ، دکھاوے سے خالی، سادہ مزاج۔

**unpretentious** *adj.* دھوم دھڑکّے کے بغیر، نمود و نمائش کے بغیر، سادہ، انکسار آمیز۔

**unpriced** *adj.* جس کی قیمت درج یا مقرر نہ ہو۔

**unprincipled** *adj.* بے اصول، جو اخلاقی اصولوں پر مبنی یا عمل پیرا نہ ہو۔

**unprintable** *adj.* (فحش یا گستاخانہ یا اہانت آمیز ہونے کی بنا پر) ناقابلِ اشاعت۔

**unprivileged** *adj.* غیر مراعات یافتہ، جسے کوئی خصوصی حق حاصل نہ ہو۔

**unproblematic** *adj.* الجھن سے پاک، دشواری یا پیچیدگی سے خالی، سہولت آمیز۔

**unprocurable** *adj.* ناقابلِ حصول۔

**unprofessional** *adj.* ①غیر پیشہ ورانہ، پیشہ ورانہ رویّے وغیرہ کے منافی۔②غیر پیشہ ور، شوقیہ، جو کسی خاص پیشے سے منسلک نہ ہو۔

**unprofitable** *adj.* غیر نفع بخش، بنا فائدے کا۔ ● **unprofitably** م ف: غیر مفید طریقے سے۔

**unprompted** *adj* فی البدیہہ، بے ساختہ۔

**unproved** *adj.* (also **unproven**) غیر ثابت شدہ، جسے ثابت نہ کیا جا سکا ہو، ثبوت طلب۔

**unpublished** *adj.* غیر شائع شدہ۔

**unqualified** *adj.* ①نااہل، ناقابل۔②جو قانونی یا سرکاری طور پر سندیافتہ نہ ہو۔③جس میں ترمیم یا تجدید نہ ہو، اگر مگر کے بغیر، غیر مشروط، ہر طرح سے مکمل۔

**unquestionable** *adj.* شک و شبہ سے بالاتر، ناقابلِ اعتراض۔ ● **unquestionably** م ف۔

**unquotable** *adj.* ناقابلِ نقل و حوالہ جسے (فحش یا گستاخانہ ہونے کی بنا پر) نقل یا پیش نہ کیا جا سکے۔

**unravel** *v.* (**unravelled**, **unravelling** *US* **unraveled**) ①سلجھانا، مزید الجھاؤ نہ ہونے دینا۔② (کسی معمے یا راز کو) سوچ بچار کے بعد حل کر لینا۔③ادھیڑنا، ادھڑ جانا، کسی کشمکش سے نکل آنا۔

**unreachable** *adj.* ماورائے رسائی، جہاں پہنچا نہ جا سکے۔

**unread** *adj.* ①(کتاب وغیرہ) جو پڑھی نہ گئی ہو، ناخواندہ۔②(فرد) کم سواد، زیادہ تعلیم سے محروم۔

**unready** *adj.* ①جو تیار نہ ہو۔②کاہل الوجود، سُست۔③قدیم: بے دھڑک، غیر معقول۔

**unreal** *adj.* ①غیر حقیقی۔②خیالی، فرضی، تصوّراتی۔③بول چال: ناقابلِ یقین، حیرت ناک۔

**unrealistic** *adj.* غیر حقیقی، لاموجود۔

**unreasonable** *adj.* نامعقول، نامناسب، ناواجب۔ ● **unreasonably** م ف۔

**unreceptive** *adj.* غیر اثر پذیر، اثر قبول نہ کرنے والا۔

**unrecognized** *adj.* (also **-ised**) غیر تسلیم شدہ، جس کی شناخت نہ کی گئی ہو۔

**unrecorded** *adj.* جسے قلم بند یا کسی دستاویز میں درج نہ کیا گیا ہو۔

**unredeemable** *adj.* جس کی اصلاح، نجات یا بازیابی ناممکن ہو۔

**unredressed** *adj.* جس کی تلافی یا دادرسی نہ کی گئی ہو، جس کا تدارک نہ کیا گیا ہو۔

**unrefined** *adj.* ① غیر مصفّا۔② ناشائستہ، لطافت سے عاری۔

**unreformed** *adj.* جس کی اصلاح نہ کی گئی ہو؛ جسے سدھارا نہ گیا ہو۔

**unregistered** *adj.* ①(ڈاک) جس کی رجسٹری نہ ہوئی ہو۔② جسے قلم بند یا ذہن نشین نہ کیا گیا ہو۔

**unrelated** *adj.* ① بے تعلق؛ بے رشتہ۔② جسے بیان نہ کیا گیا ہو۔

**unrelenting** *adj.* ①جو ذرا بھی ڈھیل نہ دے۔ ②رحم سے ناآشنا۔③ جس میں کوئی کمی نہ آئے۔

**unreliable** *adj.* نامعتبر، پُرتلوّن، کبھی کچھ تو کبھی کچھ، ڈانواں ڈول۔

**unreligious** *adj.* ① غیر مذہبی، مذہب سے بیگانہ یا بے تعلق۔② بے دین، مذہبی رسوم سے بے پروا۔

**unremitting** *adj.* ① ڈھیل یا کمی کے بغیر۔② متواتر، لگاتار، مسلسل۔

**unrepealed** *adj.* جسے منسوخ نہ کیا گیا ہو؛ کالعدم قرار نہ دیا گیا ہو۔

**unrepeatable** *adj.* ① جسے دہرانا یا مکرر کہنا یا کرنا ممکن نہ ہو۔②(انتہائی فحش ہونے کی بنا پر) دہرائے جانے کے نا قابل۔

**unrepentant** *adj.* جو توبہ نہ کرے، جسے اپنے کیے پر ندامت نہ ہو۔

**unreported** *adj.* جس کی اطلاع یا خبر نہ دی گئی ہو۔

**unrequited** *adj.* (محبت وغیرہ) جس کا جواب اسی گرم جوشی یا جذبے سے نہ دیا گیا ہو۔

**unreservedly** *adv.* کھلے دل سے، جھجک کے بغیر، مکمل طور سے۔

**unresolvable** *adj.* (کوئی مسئلہ، تنازعہ وغیرہ) ناقابلِ حل۔

**unrest** *n.* ① بے آرامی۔② بے چینی، شورش، گڑبڑ۔

**unrestrained** *adj.* جسے حد کے اندر یا قابو میں نہ رکھا گیا ہو، بے لگام، بے روک ٹوک۔

**unrestricted** *adj.* پابندیوں یا بندشوں یا حد بندیوں سے آزاد؛ لامحدود۔

**unrevealed** *adj.* جو منکشف نہ ہوا ہو، جو ظاہر یا افشا نہ کیا گیا ہو، خفیہ۔

**unrevised** *adj.* جس پر نظرِ ثانی نہ کی گئی ہو، اصل حالت میں۔

**unrewarding** *adj.* لاحاصل، نرا زحمت بھرا۔

**unriddle** *v.* (کسی اسرار یا معمے کو) حل کرنا، بوجھنا، سمجھانا۔

**unripe** *adj.* کچّا، ادھ پکا، ادھ کچرا۔

**unrivalled** *adj.* (*US* **unrivaled**)، بے مثال، بے نظیر، جس کا کوئی ثانی نہ ہو۔

**unrobe** *v.* ① خود کو یا کسی اور کو کسی عہدے یا اختیار سے الگ کرنا۔② کپڑے اتارنا۔

**unroll** *v.* لپٹی ہوئی چیز کا کھلتے جانا یا کھول کر دکھایا جانا۔

**unromantic** *adj.* غیر رومانی۔

**unroot** *v.* ① جڑ سے اکھاڑ دینا۔② قلع قمع کرنا، استیصال کرنا۔

**unruly** *adj.* (**unrulier, unruliest**) بآسانی قابو میں نہ آنے والا، اڑیل، اپنے کہے کا۔

**unsaid** *adj.* ان کہا، جو زبان سے ادا نہ کیا گیا ہو۔

**unsaleable** *adj.* (also **unsalable**) ناقابلِ فروخت۔

**unsanctioned** *adj.* جس کی منظوری نہ دی گئی ہو۔

**unsatisfied** *adj.* جس کا اطمینان یا تسلّی نہ ہوئی ہو، نا مطمئن۔

**unsaturated** *adj.* (کوئی چربی یا روغن) ہائڈروجن کے ساتھ مزید کیمیائی عمل کا اہل۔

**unsavoury** *adj.* (*US* **unsavory**) ① جس کا مزہ یا بُو ناگوار ہو۔② اخلاقی طور پر ناگوار۔

**unscarred** *adj.* جسے خراش بھی نہ آئی ہو۔

**unscathed** *adj.* جسے زخم تک نہ آیا ہو۔

**unscheduled** *adj.* (ملاقات، دورہ وغیرہ) جو پہلے طے نہ ہو، پروگرام کے خلاف۔

**unscholarly** *adj.* غیر عالمانہ۔

**unscientific** *adj.* ① غیر سائنسی، جو سائنس کے اصولوں کے منافی ہو۔② سائنس ناآشنا۔

**unscramble** *v.* منتشر اجزا کو جوڑنا، اپنی اصل شکل میں لانا (خصوصاً کسی ایسے ریڈیائی پیغام کی صحیح تشریح کرنا جسے توڑ مروڑ کر نشر کیا گیا ہو)

**unscrew** *v.* ① پیچ گھما کر یا ڈھیلا کر کے ڈھکنا کھولنا۔ ② پیچ ڈھیلا کرنا، پیچ کھولنا۔

**unscripted** *adj.* (ریڈیو، ٹی وی وغیرہ) ناتحریر شدہ پروگرام جو پہلے سے تیار متن کے مطابق نہ ہو۔

**unscrupulous** *adj.* بے ایمان، جسے برے بھلے کی مطلق پروانہ ہو، بے اصولا، غیر محتاط۔

**unseasonable** *adj.* ① بے موسمی، بے ربط کا۔ ② بے محل، بے موقع۔

**unseat** *v.* ① نشست سے محروم کرنا (خصوصاً پارلیمانی) ② گرا دینا (خصوصاً گھوڑے کی پیٹ پر سے)

**unsecured** *adj.* غیر محفوظ، جس کے تحفظ کا بندوبست نہ کیا گیا ہو۔

**unseeded** *adj.* کھیل: (کھلاڑی) جو زمرے میں نہ آتا ہو۔

**unseemly** *adj.* **(unseemlier, unseemliest)** ① ناشائستہ۔ ② نازیبا۔

**unseen** *adj.* ① جسے دیکھا نہ گیا ہو۔ ② ناقابل دید۔ ③ (ترجمہ) جو بغیر تیاری کیا گیا ہو۔

**unselfish** *adj.* بے غرض، بے غرضانہ۔

● **unselfishly** م ف۔ **unselfishness** اسم۔

**unsentimental** *adj.* غیر جذباتی، جذباتیت سے عاری، ٹھنڈے مزاج کا۔

**unseparated** *adj.* ناجدا کردہ، بن بچھڑا، یکجا، مجتمع۔

**unserious** *adj.* غیر سنجیدہ، خوش دل۔

**unsettle** *v.* ① گڑبڑا دینا، اُلٹ پلٹ کر ڈالنا، ترتیب بگاڑ دینا۔ ② ہولا جبا کر دینا، سکون میں خلل ڈالنا۔

**unsettled** *adj.* ① جس کا تصفیہ نہ ہوا ہو۔ ② جس میں ردّ و بدل کی گنجائش ہو۔ ③ بے کل، پریشان۔

**unsexy** *adj.* **(unsexier, unsexiest)** بے جنسی کشش یا تحریک، جنسی دلکشی سے محروم، جنسی جذبات کو برانگیختہ کرنے سے عاری۔

**unshakeable** *adj.* (also **unshakable**) غیر متزلزل، اٹل، مستحکم، اڑیل، ضدّی۔

**unshapely** *adj.* بے ڈول، کڈھب، بے ڈھنگا۔

**unshaved** *adj.* جس نے شیو نہ کی ہو، جس کی ڈاڑھی مونچھیں بڑھی ہوئی ہوں۔

**unshrinkable** *adj.* (کپڑا وغیرہ) جو نہ سکڑے۔

**unsightly** *adj.* جو آنکھوں کو بھلا نہ لگے، بدنما، بدصورت۔ ● **unsightliness** اسم: بدصورتی۔

**unsigned** *adj.* غیر دستخط شدہ۔

**unskilled** *adj.* غیر ہنرمند، جس کے لیے خصوصی ہنرمندی یا مشّاقی درکار نہ ہو۔

**unsociable** *adj.* مردم بیزار، ناملنسار، الگ تھلگ۔

---

وضاحت : *unsocial* کو *unsociable* اور *antisocial* کے معنوں میں استعمال کر لیا جاتا ہے حالانکہ یہ غلط ہے۔ ہر لفظ کے اپنے بنیادی معنی ہیں۔

---

**unsocial** *adj.* ① آداب محفل کے منافی۔ ② سماج دشمن۔ ③ روزمرہ کام کاج کے اوقات کے علاوہ۔

**unsold** *adj.* اَن بکا، نافروخت شدہ۔

**unsolicited** *adj.* بن مانگا، بلا طلب۔

**unsolvable** *adj.* غیر حل پذیر، لاینحل، جسے حل کرنا ممکن نہ ہو۔

**unsolved** *adj.* غیر حل شدہ۔

**unsophisticated** *adj.* ① سادہ مزاج، جس کی طبیعت میں بناوٹ نہ ہو۔ ② جس میں تصنّع نہ ہو۔

**unsound** *adj.* ① بیمار، کمزور۔ ② گلا سڑا، خراب۔ ③ ناقص بنیادوں پر قائم۔ ④ غیر معتبر۔ □ **of unsound mind** پاگل، ذہنی فتور کا شکار۔

**unsparing** *adj.* بے دریغ، فیاضانہ، لکھ لُٹ۔

**unspeakable** *adj.* ① جسے الفاظ میں بیان کرنا ممکن نہ ہو۔ ② (اتنا خراب یا بیہودہ کہ) جس کا ذکر زبان پر نہ لایا جاسکے، ناگفتہ بہ۔

**unspecified** *adj.* جس کی کسی قطعی انداز میں صراحت نہ کی گئی ہو یا تعیّن نہ کیا گیا ہو۔

**unspiritual** *adj.* غیر روحانی؛ ارضی، دنیاوی،

مادّی۔

**unspoiled** *adj.* ① جو بگڑا یا خراب نہ ہوا ہو۔ ② جسے لوٹا نہ گیا ہو۔

**unsporting** *adj.* کھیل اور کھلاڑیوں کے صحیح جذبے کے منافی ، کھیل کا کھوٹا ؛ بد معاملہ ، غیر منصفانہ، بے ایمان۔

**unstable** *adj.* ① غیر مستحکم ۔ ② تغیر پذیر، قابل تبدیلی ۔ ③ ذہنی یا جذباتی طور پر ڈانواں ڈول۔

**unstained** *adj.* ستھرا، بے داغ۔

**unstated** *adj.* جو بیان نہ کیا گیا ہو ؛ جس کا اعلان نہ کیا گیا ہو۔

**unsteady** *adj.* **(unsteadier, unteadiest)** ① لڑکھڑاتا ہوا، ڈانواں ڈول ، جس میں ٹھیراؤ نہ ہو ۔ ② متلون ، گرگٹ کی طرح رنگ بدلنے والا ۔ ③ بے قاعدہ ، یکسانیت کے خلاف، بے وحدت۔

**unstick** *v.* **(unstuck, unsticking)** ف: (آپس میں چپکی ہوئی چیزوں کو) الگ کرنا۔ □ **come unstuck** بول چال :ٹھوکر کھانا، درگت بننا، ناکامی کا منہ دیکھنا۔

**unstinting** *adj.* بلا دریغ، وافر، کثیر۔

**unstitch** *v.* سلائی یا ٹانکے اُدھیڑنا۔

**unstoppable** *adj.* جسے روکنا ممکن نہ ہو یا جس سے بچنا محال ہو۔

**unstudied** *adj.* بے ساختہ، خود بخود، فطری، بناوٹ یا تصنّع سے پاک، سہل وسادہ۔

**unstylish** *adj.* ① بے اسلوب۔ ② فیشن نا آشنا۔

**unsubstantiated** *adj.* غیر مصدّقہ ، ثبوت کا محتاج۔

**unsuccessful** *adj.* ناکام ، ناکامیاب ۔

**unsuitable** *adj.* ناموزوں ، نامناسب ۔

**unsullied** *adj* آلودگی سے پاک صاف ۔

**unsung** *adj.* جس پر گیت نہ بنے ہوں، گمنام، بے نام ونشان، جس کو تسلیم نہ کیا گیا ہو۔

**unsupportable** *adj.* ① ناقابلِ برداشت ۔ ② جس کے دفاع یا تائید یا حمایت میں کچھ کہنا ممکن نہ ہو۔

**unsure** *adj.* بے یقینی کا مارا ہوا، اعتماد سے محروم، مشکوک ، غیر محفوظ ، غیر معتبر۔

**unsusceptible** *adj.* غیر اثر پذیر، جو کوئی اثر قبول نہ کرے، جو زودِ حس نہ ہو۔

**unsuspecting** *adj.* جو شبہ نہ کرے، بے گمان، انجان، بے وسوسہ۔

**unswerving** *adj.* ① ثابت قدم، مستقل، اپنی جگہ قائم ۔ ② جو جھوک نہ کھائے یا دائیں بائیں نہ ڈولے۔

**unsymmetrical** *adj.* تناسب سے محروم، غیر متناسب۔

**unsympathetic** *adj.* غیر ہمدرد، ناموافق ۔

**unsystematic** *adj.* بے نظم وضبط ، بے طور۔

**untainted** *adj.* بگاڑ یا فساد یا آلودگی سے پاک ، بدبو سے پاک۔

**untamed** *adj.* ان سدھا، وحشی ، بھڑکیل، جو پالتو نہ ہو۔

**untarnished** *adj.* جس کی آب وتاب قائم ہو، جس کی نیک نامی پر داغ نہ آیا ہو۔

**untaxed** *adj.* ① جس پر ٹیکس واجب نہ ہو۔ ② جس پر ٹیکس عائد نہ کیا گیا ہو۔

**unteachable** *adj.* ① جسے تربیت دینا یا سکھانا ممکن نہ ہو۔ ② جس کی تعلیم دینا ممکن نہ ہو۔

**untechnical** *adj.* غیر تکنیکی ۔

**untenable** *adj.* (دلیل، موقف وغیرہ) ناقابلِ دفاع، دلیل جس میں کوئی وزن یا معقولیت نہ ہو۔

**untested** *adj.* جسے آزمایا یا ثابت نہ کیا گیا ہو، ناآزمودہ۔

**unthankful** *adj.* ناشکرا، ناسپاس گزار۔

**unthinkable** *adj.* ① وہم وگمان سے بالاتر، ناقابلِ تصوّر۔ ② بول چال: ناممکن، ناپسندیدہ، مکروہ۔

**unthinking** *adj.* لاپروا، جو سوچے نہ سمجھے۔

**untidy** *adj.* **(untidier, untidiest)** اُلٹا پلٹا، بے ترتیب، بے سلیقہ، میلا کچیلا۔ ● **untidily** م ف: بے ترتیبی سے۔ **untidiness** اسم: ان ستھراپن۔

**untie** *v.* **(untied, untying)** ①(گرہ وغیرہ کھولنا۔② کسی تعلق یا بندھن سے آزاد کرنا۔
**until** *prep. & conj.* تب تک، اس وقت تک، فلاں وقت تک۔
**untilled** *adj.* (اراضی) جو بوئی جوتی نہ گئی ہو۔
**untimely** *adj. & adv.* ①بے محل، بے موقع۔ ② قبل از وقت۔● **untimeliness** اسم: ناوقتی۔
**untiring** *adj.* اَن تھک، بہت محنتی۔
**unto** *prep.* قدیم: حرف جار to کا مترادف۔
**untold** *adj.* ①اَن کہی۔②بے شمار، اَن گنت۔
**untouchable** *adj. & n.* صف: جسے چھوا نہ جائے یا چھوا نہ جاسکتا ہو۔اسم: اچھوت، شودر، ہندوؤں کی سب سے چھوٹی ذات۔
**untoward** *adj.* ① تکلیف دہ، نامبارک۔② اینڈا بینڈا، بے تکا۔③بے موقع، ناگوار۔
**untraditional** *adj.* غیر روایتی، خلاف معمول۔
**untrained** *adj.* ناتربیت یافتہ، غیر تعلیم یافتہ۔
**untranslatable** *adj.* ناقابلِ ترجمہ۔
**untried** *adj.* ناآزمودہ، بے پرکھا۔
**untrimmed** *adj.* ①جسے بے ہنگم یا بدوضع چھوڑ دیا گیا ہو، کاٹ چھانٹ کر سنوارا نہ گیا ہو۔② بلا آرائش، بے سنورا۔
**untruth** *n.* ①جھوٹ۔② جھوٹی بات یا جھوٹا بیان۔
● **untruthful** صف۔ **untruthfully** م ف۔
**unusual** *adj.* ①غیر معمولی، خلافِ معمول، انوکھا، نرالا۔② قابلِ ذکر، امتیازی۔● **unusually** م ف۔
**unutterable** *adj.* ناقابلِ بیان، اظہار سے باہر۔
● **unutterably** م ف: ناقابل بیان طور پر۔
**unvarnished** *adj.* ①بے وارنش، بے رنگ و روغن۔②راست گوئی پر مبنی، کھرا، بے لاگ۔
**unveil** *v.* ①بے نقاب کرنا۔② نقاب کشائی کرنا۔ ③انکشاف کرنا، ظاہر یا افشا کرنا، منظر عام پر لے آنا۔
**unwaged** *adj.* جسے تنخواہ نہ ملتی ہو، بے روزگار۔
**unwarranted** *adj.* ①بلا اختیار، بے سند۔② بلا جواز، خوامخواہ کا۔
**unwary** *adj.* غیر محتاط۔

**unwell** *adj.* جس کی صحت ٹھیک نہ ہو، بیمار۔
**unwieldy** *adj.* **(unwieldier, unwieldiest)** بھدا، اوٹ پٹانگ، جسے جسامت، شکل یا وزن کی وجہ سے اٹھانا یا برتنا مشکل ہو۔
**unwilling** *adj.* نارضامند، متأمل، مذبذب۔
**unwind** *v.* **(unwound, unwinding)** ①(کسی لپٹی ہوئی چیز کو) کھولنا، (کسی لپٹی ہوئی چیز کا) کھلتا جانا۔② بول چال: تناؤ ختم ہونے پر دم لینا، اطمینان کا سانس لینا۔
**unwise** *adj.* ①ناعاقبت اندیش، احتیاط سے کام نہ لینے والا۔② کوتاہ اندیش۔● **unwisely** م ف۔
**unwitting** *adj.* ①صورت حال سے بے خبر، نادانستہ۔② بلا قصد۔● **unwittingly** م ف۔
**unwonted** *adj.* خلاف معمول، خلافِ دستور، بے قاعدہ۔
**unworldly** *adj.* ①روحانیت پسند، دنیا ومافیہا سے بیگانہ۔② روحانی۔● **unworldliness** اسم۔
**unworthy** *adj.* **(unworthier, unworthiest)** ①غیر مستحق، نااہل۔② کسی کردار کے لیے نازیبا، نامعقول، شرم ناک۔③ پوچ، گھٹیا۔
**unwrap** *v.* **(unwrapped, unwrapping)** ①اوپر لپٹا یا چڑھا ہوا کاغذ، کپڑا وغیرہ اتارنا۔ ② کھولنا، تہ در تہ کھول کر پھیلاتے جانا، سامنے لے آنا۔
**unwritten** *adj.* ①بغیر لکھا۔②جس کی بنیاد قانون کی بجائے کسی رواج پر رکھی گئی ہو۔
**unzip** *v.* **(unzipped, unzipping)** زپ کھولنا، زپ کا کھلنا۔
**up** *adv., prep., adj. & v.* م ف:①اوپر، پر، بلند تر جگہ پر یا میں یا بلند تر جگہ کی طرف۔② اس جگہ میں یا اس جگہ کی طرف جو زیادہ اونچی سمجھی جائے۔③ بول چال: سامنے، آگے وغیرہ جیسا اشارہ کیا جائے۔④ سیدھی یا کھڑی حالت میں۔⑤ زیادہ مضبوط یا جیتنے والی حالت میں۔⑥ (کمپیوٹر) چالو اور استعمال کے لیے دستیاب۔⑦ قدر و قیمت کے لحاظ سے زیادہ یا زیادہ ہوتا ہوا؛ مکمل یا مؤثر طور پر، زیادہ زور سے یا صاف طرح سے۔⑧ بستر سے باہر۔⑨ کسی دریا کے منبع کی طرف۔⑩ اسٹیج پر سے

اٹھا ہوا (پردہ) حرف جار: ①اوپر کی طرف ،ساتھ ساتھ، آرپار یا اندر۔ ② کسی بالاتر جگہ پر۔صف:①اوپر کی جانب۔ ② ایسے سفر سے متعلق جو کسی صدر مقام یا مرکز کی طرف کیا جائے۔ف:(upping، upped) ① بول چال:اچک پڑنا،اچانک کچھ کہنے یا کرنے لگنا۔ ② بلند کرنا، اٹھالینا۔ ③ بڑھانا، اضافہ کرنا۔□ **something is up** بول چال:دال میں کچھ کالا ہے۔ **up against it** بول چال:سخت مشکل میں مبتلا۔ **ups and downs** کبھی اچھی قسمت کبھی خراب۔ **up to** ① یہاں تک، اب تک۔② اس سے زیادہ نہیں۔ ③(کسی بیان کردہ تعداد سے) کم یا اس کے برابر۔ ④ باری یا ذمّے داری۔⑤ کسی کام کے لیے موزوں۔⑥ مصروف،مشغول۔

**up-and-coming** *adj.* بول چال:(فرد کی بابت) ہونہار، جو خاصی ترقی کر رہا ہو اور کامیابی عین ممکن ہو۔

**up-and-over** *adj.* (دروازے کی بابت) ایک پٹ کا کواڑ جسے اوپر اٹھا کر پیچھے دھکیلا جائے تو کھل جائے۔

**up-and-running** *adj. & adv.* فعّال، ٹھیک ٹھاک، چالو حالت میں۔

**Upanishad** *n.* اپنشد، ہندوؤں کی مقدّس فلسفیانہ یا صوفیانہ کتابوں میں سے کوئی جن میں ویدوں کی شرح کی گئی ہے۔

**upbeat** *n. & adj.* اسم: تال جس پر زور نہ دیا گیا ہو، مدھر (تال سُم کے برخلاف) صف، بول چال: رجائی، بشاش۔

**upbraid** *v.* جھڑکنا، ڈانٹنا، ڈپٹنا، آڑے ہاتھوں لینا۔

**upbringing** *n.* تعلیم و تربیت، اٹھان، پرورش۔

**upchuck** *v. & n.* امریکا، بول چال، ف: اُلٹی کرنا۔اسم: اُلٹی، قے۔

**upcoming** *adj.* خصوصاً امریکا: جو واقع ہونے والا ہو، جلد متوقع ہو۔

**up-country** *adv. & adj.* ملک یا سرزمین کے اندر یا اندرونی علاقوں میں۔

**update** *v.* تازہ ترین معلومات فراہم کرنا۔

**updraught** *n.* (*US* **updraft**) (کسی کمرے، عمارت وغیرہ میں) ہوا کی اوپر جاتی ہوئی رو، ہوا کا اوپری جھونکا، ہمک۔

**upend** *v.* ایک سرے پر نصب یا کھڑا کرنا، ٹکانا یا ٹکنا۔

**upfield** *adv.* ایسی جگہ پر یا ایسی جگہ کی طرف جو فٹ بال وغیرہ کے میدان میں مخالف ٹیم کے پالے میں ہو۔

**upfront** *adv. & adj.* بول چال، م ف: (عام طور پر **up front**) ① آگے کی طرف، سامنے، پیش پیش۔② (ادائیگی) پیشگی رقم۔صف: ① دیانت دار، کھرا، صاف گو۔② پیشگی (ادائیگی) ③ سب سے نمایاں، آگے آگے رہنے والا۔

**upgrade** *v.* ①رتبہ، درجہ، عہدہ وغیرہ بڑھانا۔② (مشینری، سازوسامان وغیرہ کو) بہتر بنانا۔

**upheaval** *n.* شورش، ہنگامہ، کوئی اچانک دہشت انگیز تبدیلی۔

**uphill** *adv. & adj.* م ف: کسی پہاڑی وغیرہ پر اوپر کو چڑھتا ہوا۔صف، ① اوپر کے رخ جاتی سلامی دار (سطح) ② کٹھن، محنت طلب۔

**uphold** *v.* (**upheld, upholding**) ①برقرار رکھنا، توثیق کرنا۔② حمایت یا پشت پناہی کرنا۔

**upholster** *v.* آراستہ کرنا (فرنیچر کو) پوشش، گدّوں، کمانیوں وغیرہ سے مزیّن کرنا۔

**upholstery** *n.* آراستہ گری، فرنیچر کی پوشش، گدّیاں، کمانیاں وغیرہ۔

**upkeep** *n.* ①دیکھ بھال، نگہداشت۔②دیکھ بھال کا خرچ یا ذریعہ۔

**upland** *n. & adj.* اسم: سطحِ مرتفع، پہاڑی یا بلند علاقہ۔صف: بلند یا پہاڑی علاقوں سے متعلق۔

**uplift** *v. & n.* ①اوپر اٹھانا۔② روحانی یا اخلاقی طور پر بلند کرنا۔ اسم: ① بلند کرنے کا عمل یا وقوعہ۔② کوئی فیض جو روحانی یا اخلاقی بلندی کا باعث ہو۔

**uplighter** *n.* بالا تابی، روشنی جو ایسی جگہ رکھی جائے یا اس طرز پر بنائی گئی ہو کہ اس کی کرنیں اوپر کی طرف پھیلیں۔

**uplink** *n. & v.* اسم: ربط بالا، کسی مصنوعی سیّارے

سے ابلاغی ربط۔ ف: بالا ربط قائم کرنا، بالا ربط فراہم کرنا یا بالا ربط کے ذریعے پیغام وغیرہ بھیجنا۔

**upmarket** *adj. & adv.* بازار یا منڈی کے زیادہ مہنگے یا متمول حصّے سے متعلق یا اس کی طرف۔

**upon** *prep.* =ON۔

**upper** *adj. & n.* صف: اوپر کا، بالائی، مقام یا حیثیت کے اعتبار سے بلند تر۔ اسم: اپر، جوتے کا اوپر کا حصّہ۔ □ **the upper hand** بالا دستی، فوقیت۔

**upper case** *n.* چھپائی یا ٹائپ میں انگریزی کے بڑے حروف تہجی۔

**upper class** *n.* اوپر کا سماجی طبقہ۔ ● **upper-class** صف: بالائی طبقے کا یا اس سے متعلق۔

**upper crust** *n.* بول چال: اوپری سماجی طبقہ۔

**uppermost** *adj. & adv.* صف: ① بالاترین، سب سے اوپر۔ ② بالا دست، فائق۔ م ف: سب سے نمایاں، غالب طور پر، اعلیٰ ترین مقام سے۔

**uppish** *adj.* (also **uppity**) بول چال: اکڑباز، نک چڑھا، متکبّر۔

**upright** *adj. & n.* صف: ① سیدھا کھڑا، عمودی۔ ② کھرا، آبرو مندانہ۔ اسم: کھمبا، بلّی یا ڈنڈا جو سیدھا لگا ہو، خصوصاً کسی سہارے کے لیے۔

**uprising** *n.* بغاوت، سرکشی۔

**uproar** *n.* غُل غپاڑا، دند، ہلّڑ بازی۔

**uproarious** *adj.* ① غُل غپاڑے سے بھرپور، ہنگامہ خیز۔ ② قہقہہ آور۔ ● **uproariously** م ف۔

**uproot** *v.* ① (پودے وغیرہ کو) جڑ سے اکھاڑ دینا۔ ② آباد جگہوں سے بے گھر کرنا یا بے گھر ہونا۔

**ups and downs** *n. pl.* ① اتار چڑھاؤ، نشیب و فراز۔ ② قسمت کے ہیر پھیر۔

**upset** *v. & n.* ف: ①(**upsetting**، **upset**) الٹ دینا یا الٹ جانا۔ ② بوکھلا جانا، نہایت پریشان ہونا۔ ③ پیٹ خراب ہو جانا؛ خلل ڈالنا۔ اسم: خرابی، پریشانی، اُلٹ جانے کی حالت، بگاڑ۔

**upshot** *n.* انجام، نتیجہ، حاصل کار۔

**upside down** *adv. & adj.* ① اوندھی حالت میں، پلٹا ہوا۔ ② تہ و بالا، درہم برہم، اتھل پتھل۔

**upstage** *adj., adv. & v.* صف و م ف: تھیٹر کے اسٹیج کے پچھلے حصّے کے قریب۔ ف: لوگوں کی توجہ ہٹا کر اپنی طرف مائل کرنا، زیادہ نمایاں ہونا۔

**upstairs** *adv. & adj.* م ف: ① کسی بالائی منزل پر یا کی طرف۔ صف: (نیز **upstair**) اوپر یا بالائی منزل پر واقع یا موجود، کوٹھے پر۔

**upstanding** *adj.* ① چاق و چوبند، صحت مند۔ ② دیانت دار، کھرا۔

**upstart** *n.* نو دولتیا، چھٹ بھیا، جسے نئے نئے بھاگ لگے ہوں۔

**upstream** *adv. & adj.* م ف: بہاؤ کے رخ کے خلاف، اوپر کی طرف۔ صف: بہاؤ کے خلاف، دھارے کے مخالف۔

**upsurge** *n.* زور، اُبال، کثرت۔

**upswing** *n.* اوپری جھوک، کوئی حرکت یا رجحان جس کا رخ اوپر کی طرف ہو۔

**uptake** *n.* **quick on the uptake** □ سمجھنا۔ بول چال: سمجھنے میں تیز۔

**uptight** *adj.* بول چال: غصّے میں اینٹھا ہوا؛ اعصابی کھنچاؤ میں مبتلا۔

**up to date** *adj.* تازہ ترین تقاضوں، معلومات یا فیشن کے مطابق، جدید۔

**upturn** *n. & v.* اسم: اٹھان، بہتری۔ ف: لٹانا، اوندھا دینا۔

**upward** *adv. & adj.* (نیز **upwards**) م ف: اوپر یا بہتر یا برتر کی طرف؛ بلند تر، زیادہ، اعلیٰ، تعداد میں بڑھ کر۔ صف: اوپر کی طرف بڑھتا، پھیلتا، لے جاتا ہوا۔

**upwind** *adj. & adv.* ہوا کے رخ کے خلاف۔

**uranium** *n.* یورینیم، ایک بھورا بہت ٹھوس تابکار دھاتی عنصر جو ایٹم بم بنانے اور ایٹمی توانائی حاصل کرنے کے کام آتا ہے (علامت: U)

**urban** *adj.* شہری، شہر یا قصبے سے متعلق یا ان میں واقع یا ان میں رہنے والا۔

**urbane** *adj.* خوش اخلاق، شائستہ، نستعلیق، خلیق۔ ● **urbanely** م ف۔ **urbanity** اسم: شائستگی۔

**urbanize** *v.* (also **-ise**) (دیہات کو) شہر میں

تبدیل کرنا۔ ● urbanization اسم۔

**urchin** *n.* شرارتی لڑکا خصوصاً کم عمر۔

**Urdu** *n.* اردو، پاکستان کی قومی زبان جو ہندوستان میں بھی بولی جاتی ہے، ہندی سے ملتی جلتی جس میں عربی فارسی اور ترکی کے الفاظ شامل ہیں۔

**ureter** *n.* حالب، ایک نالی جس کے ذریعے پیشاب گردے سے مثانے تک پہنچتا ہے۔

**urethra** *n.* نالی جس سے پیشاب مثانے سے پیشاب خارج ہونے کے سوراخ تک پہنچتا ہے۔

**urge** *v. & n.* ف: ① بزور آگے بڑھنے پر مجبور کرنا، بڑھتے جانے کی تاکید کرنا، جلد جلد چلانا، ڈپٹانا۔ ② بار بار کہنا، اصرار، تقاضا کرنا۔ اسم: شدید خواہش، چیٹک۔

**urgent** *adj.* ① فوری، جلد۔ ② اشد ضروری، لازمی۔ ● **urgency** اسم۔ **urgently** م ف: فی الفور۔

**urinal** *n.* ① پیشاب دان، عموماً دیوار میں نصب جس میں مرد پیشاب کر سکیں۔ ② پیشاب خانہ۔

**urinate** *v.* پیشاب کرنا۔ ● **urination** اسم۔

**urine** *n.* پیشاب۔ ● **urinary** صف۔

**urn** *n.* ① گل دان نما برتن کسی جلے مردے کی راکھ رکھنے کے لیے۔ ② ٹونٹی والا بڑا کیتلی نما برتن جس میں چائے، کافی وغیرہ گرم رکھی جائے۔

**ursine** *adj.* ریچھ کا یا ریچھ جیسا۔

**us** *pron.* WE کی مفعولی حالت۔

**US, USA** تخفیف: United States of America (ریاستہائے متحدہ امریکا)

**usable** *adj.* (also **useable**) قابلِ استعمال۔

**usage** *n.* ① استعمال، چلن، استعمال کرنے کا انداز، برتاؤ۔ ② رواج، ریت یا روایت خصوصاً جو کسی حق، ذمّہ داری یا معیار کی بنیاد بن جائے۔

**use** *v. & n.* ف: ① کام میں لانا، استعمال کرنا۔ ② (کسی سے) کسی خاص طرح کا سلوک کرنا۔ ③ کام نکالنا، اپنا الّو سیدھا کرنا۔ اسم: ① استعمال، برتاؤ۔ ② کام لینے کا حق یا قوت۔ ③ کارآمد ہونے کی حالت، فائدہ، حاصل۔ ④ رواج، برتنا۔ □ **use up** ① کسی چیز کو ختم کر ڈالنا۔ ② کسی (باقی ماندہ چیز کا) مصرف نکالنا۔

**used** *adj.* استعمال شدہ، برتا برتایا، پرانا۔

**used to** *v. & adj.* ف: جو ماضی میں کیا جاتا تھا اب نہیں۔ صف: عادی، خوگر۔

**useful** *adj.* کارآمد، مفید، اچھے نتائج کا حامل، سودمند، کام کا۔ ● **usefully** م ف۔ **usefulness** اسم۔

**useless** *adj.* ① بیکار، بے فائدہ، لاحاصل۔ ② بول چال: نکمّا، فضول، غیر مؤثر۔ ● **uselessly** م ف: بے فائدہ طور پر۔ **uselessness** اسم: نکمّا پن۔

**user** *n.* استعمال کنندہ۔

**user-friendly** *adj.* (مشین یا نظام کی بابت) جس کا استعمال آسان ہو۔

**usher** *n. & v.* اسم: وہ شخص، جو مہمانوں کو کسی ایوان یا تھیٹر وغیرہ میں ان کی نشستوں تک پہنچائے۔ ف: ہمراہی کرنا، پذیرائی کرنا، اندر لے جانا۔

**usherette** *n.* پذیرائی کرنے والی، کسی سینما وغیرہ میں نشستوں تک پہنچانے والی خاتون۔

**USSR** تخفیف، تاریخ: Union of Soviet Socialist Republics۔

**usual** *adj.* جو عام طور پر کیا جائے یا ہوتا ہو، معمول کے مطابق۔ ● **usually** م ف: عموماً۔

**usurp** *v.* غاصبانہ طور پر قبضہ کر لینا، غصب کر لینا۔ ● **usurpation** اسم۔ **usurper** اسم: غاصب۔

**usury** *n.* سودخوری، خصوصاً غیر معمولی یا حد سے زیادہ شرح پر۔ ● **usurer** اسم: سودخور۔

**utensil** *n.* برتن، ظرف خصوصاً گھریلو استعمال کا۔

**uterus** *n.* رحم، بچہ دانی۔ ● **uterine** صف۔

**utilitarian** *adj.* مفید مطلب، صرف کسی کام کو انجام دینے کے لیے نہ کہ دلکش، سراسر عملی۔

**utilitarianism** *n.* افادیت پسندی، یہ نظریہ کہ جس عمل سے اکثر لوگوں کو فائدہ پہنچے وہ اچھا ہے۔

**utility** *n. & adj.* اسم: (ج: -ies) ① افادیت، فائدہ، منفعت، فائدہ مندی۔ ② (public utility) لوگوں کو پانی، گیس وغیرہ مہیّا کرنے والے ادارے۔ صف: سراسر عملی، عام معیار کے مطابق افادی۔

**utility room** *n.* گھریلو کاموں کے لیے کمرا، جو کپڑے دھونے، استری کرنے اور دوسرے گھریلو کام کاج کے آلات سے لیس ہو۔

**utilize** *v.* (also **-ise**) استفادہ کرنا، کام میں لانا، استعمال کرنا، اچھی طرح برتنا۔ ● **utilization** اسم۔
**utmost** *adj. & n.* صف: بعید ترین، عظیم ترین، انتہائی، انتہا درجے کا۔ اسم: بعید ترین نقطہ، درجہ وغیرہ۔
**Utopia** *n.* یوٹوپیا، ایک فرضی مقام جہاں ہر شے مثالی اور کامل ہو، جنت ارضی۔ ● **Utopion** صف۔
**utter** *adj. & v.* صف: نرا، قطعی، مکمل۔ ف: کہنا، منہ سے نکالنا۔ ● **utterance** اسم۔ **utterly** م ف۔
**uttermost** *adj.* =UTMOST بعید ترین، انتہائی۔
**U-turn** *n.* ① پورا گھماؤ، گاڑی کا اس طرح گھوم جانے کا عمل کہ جدھر سے آ رہی ہو اُدھر رخ ہو جائے، U موڑ۔ ② حکمت عملی میں یکسر تبدیلی۔
**UV** تخفیف: ultraviolet بالابنفشی۔
**uvula** *n.* (*pl.* **uvulae**) لہات، حلق کا کوّا۔ ● **uvular** صف۔
**uxorious** *adj.* ① زوجہ پرست، زن مرید۔ ② (رویّہ وغیرہ) زن مریدانہ۔

# V v

**V** ① رومن ہندسوں میں پانچ۔ ② عنصر vanadium کی علامت۔ ③ تخفیف: volt(s) وولٹ۔
**v** تخفیف: ① versus۔ ② very۔
**vac** *n.* بول چال: ① vacation۔ ② vacuum cleaner۔
**vacancy** *n.* (*pl.* **-ies**) ① خلا، خالی ہونے کی حالت۔ ② عہدہ یا ملازمت جو خالی ہو۔
**vacant** *adj.* ① خالی، جس میں کچھ بھرا نہ ہو۔ ② خالی الذّہن، ہر طرح کے تأثر سے خالی، دلچسپی کے بغیر۔ ● **vacantly** م ف: خالی الذّہن ہو کر۔
**vacate** *v.* کسی گھر، کمرے وغیرہ کو خالی کر دینا یا چھوڑ کر چلا جانا یا قبضہ ختم کر دینا۔
**vacation** *n.* اسم: ① تعطیلات، چھٹیاں (خصوصاً تعلیمی اداروں، عدالتوں وغیرہ میں)۔ ② امریکا: چھٹی۔ ③ (کسی مکان یا عہدے وغیرہ کو) چھوڑنے کا عمل۔
**vaccinate** *v.* کسی بیماری سے بچاؤ کا ٹیکا لگانا، بیماری سے تحفظ دلانا۔ ● **vaccination** اسم: ٹیکا لگائی۔
**vaccine** *n.* ضد جسیمے پیدا کرنے والا مادّہ جو کسی بیماری یا کئی بیماریوں کی روک تھام کرتا ہو۔
**vacillate** *v.* ① لڑکھڑانا، ڈگمگانا، جھونٹے لینا۔ ② پس وپیش کرنا۔ ● **vacillation** اسم: پس وپیش۔
**vacuous** *adj.* ① تأثر سے خالی، سپاٹ۔ ② کم عقلی پر مبنی۔ ③ خالی، کھوکھلا، بے مغز۔ ● **vacuity** اسم: خالی پن، کم عقلی۔ **vacuously** م ف۔
**vacuum** *n. & v.* اسم: (ج: **vacuums** یا **vacua**) ① خلا، فضا یا جگہ جس میں مطلق مادّہ نہ ہو۔ ② جگہ یا ظرف جسے پمپ وغیرہ کے ذریعے ہوا سے خالی کر دیا گیا ہو۔ ف: بول چال: ویکیوم کلینر سے صفائی کرنا۔
**vacuum cleaner** *n.* ویکیوم کلینر، صفا کار مشین جو گرد اور کوڑے کو اپنے اندر کھینچ لیتی ہے۔
**vacuum flask** *n.* تھرماس۔
**vacuum-packed** *adj.* جس میں سے ہوا کو نکال کر بند کیا گیا ہو۔
**vagabond** *n.* آوارہ گرد، سیلانی، نکمّا۔
**vagary** *n.* (*pl.* **-ies**) ترنگ، للک، تلوّن مزاجی۔
**vagina** *n.* اندام نہانی، فرج اور بچے دانی کے درمیان کی نالی۔ ● **vaginal** صف۔
**vagrant** *n.* نکمّا، آوارہ، بے گھر۔ ● **vagrancy** اسم: آوارہ گردی۔
**vague** *adj.* ① مبہم، غیر واضح، گول مول۔ ② ابہام کا شکار۔ ● **vaguely** م ف۔ **vagueness** اسم۔
**vain** *adj.* ① گھمنڈی، متکبّر، خود بیں۔ ② خالی، کھوکھلا۔ ③ بے کار، بے سود، بے فائدہ، لاحاصل۔ □ **in vain** بے سود، بے فائدہ طور پر۔ ● **vainly** م ف۔
**vainglory** *n.* لاف وگزاف، بے جا خودنمائی۔ ● **vainglorious** صف: شیخی خورا۔
**valance** *n.* چھوٹا پردہ جو مسہری یا کھڑکی وغیرہ سے حاشیے یا جھالر کی طرح لٹکتا ہو۔

**vale** *n.* وادی۔

**valediction** *n.* الوداع کہنے کا عمل یا موقع۔ ● **valedictory** صف: الوداعی۔

**valence** *n.* (also **valency**) کیمیا: گرفت، کسی ایٹم کے ملاپ کرنے کی قوت کہ وہ ہائڈروجن کے کتنے ایٹموں کو ہٹا کر ان کی جگہ لے سکتا ہے یا ہائڈروجن کے کتنے ایٹموں سے جڑ سکتا ہے۔

**valentine** *n.* ① محبت یا اخلاص کے اظہار کے لیے سینٹ ویلنٹائن کے دن (۱۴ فروری) بھیجا جانے والا کارڈ یا تحفہ (عموماً بھیجنے والا اپنا نام نہیں لکھتا) ② محبوب یا محبوبہ جسے اس دن چنا جائے۔

**valet** *n.* & *v.* اسم: ① کسی آدمی کا ذاتی خدمتگار۔ ف: (**valeting**، **valeted**) ① (کار کی) دھلائی صفائی کرنا۔ ② ویلے یا ذاتی خادم بننا۔

**valetudinarian** *n.* سدا روگی، دائم المرض یا جسے اپنی صحت کے بارے میں خواہ مخواہ تشویش رہے۔

**valiant** *adj.* (کسی شخص یا رویّے کے بارے میں) دلیرانہ، بہادر، جی دار۔ ● **valiantly** م ف۔

**valid** *adj.* ① (دلیل، اعتراض وغیرہ) معقول، جائز، مضبوط بنیادوں پر۔ ② مکمل اور باجواز، قانونی طور پر درست اور قابل قبول۔ ● **validity** اسم: جواز۔

**validate** *v.* تصدیق، توثیق کرنا، باجواز بنانا، جائز قرار دینا۔ ● **validation** اسم: تصدیق، توثیق۔

**valise** *n.* چمڑے کا چھوٹا سفری بیگ۔

**valley** *n.* (*pl.* **valleys**) ① درّہ، گھاٹی، دو پہاڑیوں کے درمیان کی نشیبی جگہ۔ ② کھڈ۔

**valour** *n.* (*US* **valor**) بہادری، شجاعت، دلیری۔

**valuable** *adj.* & *n.* صف: قیمتی، بیش بہا، گراں مایہ۔ اسم: (**valuables**) قیمتی اشیا، چھوٹی موٹی مگر قیمتی چیزیں جو ذاتی سامان میں شامل ہوں۔

**valuation** *n.* کسی چیز کی قیمت کا اندازہ یا تشخیص۔

**value** *n.* & *v.* اسم: ① قیمت، دام، قدر؛ کسی چیز کے کارآمد ہونے کی حالت یا وہ اوصاف جو اسے کارآمد بناتے ہوں۔ ② قیمت، رقم جو کوئی چیز خریدنے کے لیے ادا کی جائے۔ ③ (**values**) اقدار، وہ باتیں (اصول، معیار یا فیصلہ) جنھیں کوئی فرد اہم سمجھتا ہو۔ ف: ① قیمت کا اندازہ لگانا۔ ② قابل قدر سمجھنا یا اہم گردانا۔

**value added tax** *n.* اضافی قیمت پر ٹیکس، پیداوار کے ہر مرحلے پر کسی چیز کی قیمت میں اضافہ ہونے کی رو سے لگایا جانے والا ٹیکس۔

**value judgement** *n.* موضوعی، ذاتی رائے پر مبنی فیصلہ، کسی شے کے بارے میں موضوعی تخمینہ۔

**valuer** *n.* کوئی شخص جو پیشہ ورانہ طور پر قیمتوں کا اندازہ لگاتا ہو، تخمینہ کار۔

**valve** *n.* ① کسی پائپ وغیرہ میں سے سیّال یا گیس کے بہاؤ کو کنٹرول کرنے کا آلہ۔ ② جسم میں جھلّی وغیرہ جو خون کو صرف ایک سمت میں بہنے دے۔ ③ کسی صدفے وغیرہ کا آدھا خول۔ ● **valvular** صف۔

**vamoose** *v.* امریکا، بول چال: جھٹ پٹ چلتا بننا، سٹک جانا، اچانک ہوا ہو جانا۔

**vamp** *n.* & *v.* اسم: ① بوٹ یا جوتے کا اگلا بالائی حصّہ۔ ② الم غلّم جوڑ کر بنائی ہوئی چیز۔ ف، موسیقی: چھوٹا، سادہ سا تعارفی ٹکڑا کئی دفعہ دہرانا۔

**vampire** *n.* مردہ جس کے بارے میں ہے کہ رات کو زندہ ہو کر قبر سے نکل آتا ہے اور سوئے ہوؤں کا خون چوستا ہے۔

**van** *n.* ① مال بردار گاڑی۔ ② ریل میں سامان رکھنے کا یا گارڈ کا ڈبّا۔ ③ ہراول۔ ④ سب سے اگلی صف۔

**vanadium** *n.* ایک سخت سرمئی فلزاتی عبوری عنصر (علامت: V)

**vandal** *n.* غارت گر، جو جان بوجھ کر املاک کو تباہ کرے۔ ● **vandalism** اسم: غارت گری۔

**vandalize** *v.* (also **-ise**) غارت گری کرنا، جان بوجھ کر املاک کو تباہ کرنا۔

**vane** *n.* ① رک: WEATHER VANE۔ ② پتواریا پون چکّی وغیرہ کا پنکھ۔

**vanguard** *n.* ① فوج کا سب سے اگلا حصّہ، ہراول دستہ۔ ② کسی تحریک یا خیال کے قائدین۔

**vanilla** *n.* & *adj.* اسم: ونیلا جس سے آئس کریم، چاکلیٹ وغیرہ کا ذائقہ بڑھایا جاتا ہے۔ صف: بول چال: عام، بغیر کسی خصوصیت وغیرہ کے۔

**vanish** *v.* اچانک چمپت ہو جانا، اڑن چھو ہو جانا۔

**vanity** *n.* (*pl.* **-ies**) ① گھمنڈ، خود بینی، خودنمائی۔ ② لاحاصلی، موہومیت۔ ③ کوئی غیر حقیقی شے۔

**vanity case** *n.* زنانہ بیگ جس میں چھوٹا آئینہ، میک اپ کا سامان وغیرہ رکھا جاتا ہے۔

**vanquish** *v.* ہرانا، نیچا دکھانا، مغلوب کرنا۔

**vantage point** *n.* اونچا اور مناسب مقام جہاں سے کوئی منظر صاف اور پورا نظر آئے۔

**vapid** *adj.* پھیکا سیٹھا، غیر دلچسپ، بے لطف، بیزار کن۔ ● **vapidity** اسم۔ **vapidly** م ف۔

**vaporize** *v.* (also **-ise**) بخارات میں تبدیل کر دینا یا ہو جانا۔ ● **vaporization** اسم: تبخیر۔

**vapour** *n.* (*US* **vapor**) ① بخارات، دُھند، دھواں، بھاپ۔ ② کسی ایسی چیز کی گیسی شکل جو عام طور پر سیّال اور ٹھوس ہو۔ ● **vaporous** صف: دھندلا، بھاپ جیسا۔

**variable** *adj.* & *n.* صف: ① تبدّل پذیر، نہ کہ لگا بندھا۔ ② تلوّن پذیر، غیر مستقل۔ اسم: تغیر پذیر شے یا مقدار۔ ● **variability** اسم: تغیر پذیری۔

**variance** *n.* □ **at variance** اختلاف رائے، نااتفاقی، تنازع، ان بن، ہم آہنگی کی کمی۔

**variant** *adj.* & *n.* صف: اصل شکل سے مختلف، جدا، بدلا ہوا۔ اسم: کوئی متبادل شکل، ہجے، املا وغیرہ۔

**variation** *n.* ① بدلنے کا عمل یا مثال، تبدیلی، فرق۔ ② چیز جو معمول کے نمونے سے مختلف ہو۔ ③ موسیقی: ادائیگی میں حسب گنجائش تھوڑی سی تبدیلی۔

**varicose** *adj.* پھولی سوجی (رگ) خاص طور پر ٹانگوں کی۔ ● **varicosity** اسم۔

**varied** *adj.* طرح طرح کا، گونا گوں، مختلف النوع۔

**variegated** *adj.* مختلف رنگوں کے جوڑ؛ پودے یا پھول جن کی پتیاں یا پنکھڑیاں دو یا دو سے زیادہ رنگوں کی ہوں۔ ● **variegation** اسم: رنگا رنگی۔

**variety** *n.* (*pl.* **-ies**) ① تنوّع، گونا گونی، کثیر الجہتی۔ ② مختلف النوع چیزوں کی یکجائی۔ ③ کسی چیز، کیفیت وغیرہ کی ذرا بدلی ہوئی شکل۔ ④ رنگا رنگ ناچ گانوں اور مزاحیہ کھیلوں وغیرہ کا کوئی ملا جلا پروگرام۔

**various** *adj.* ① مختلف، بے میل۔ ② متنوّع، ایک سے زیادہ اقسام کا۔ ● **variously** م ف۔

---

وضاحت: *several* کے برخلاف *various* کے ساتھ *of* نہیں آتا، مثلاً یہ غلط ہے کہ:

*Various of our friends arrived late.*

---

**varlet** *n.* قدیم: ① نچی ملازم۔ ② گرگا، لفنگا۔

**varnish** *n.* & *v.* اسم: وارنش، چمکانے کا ایک گوند ملا محلول۔ ف: وارنش کرنا، پھیرنا۔

**vary** *v.* (**varied, varying**) ادلنا بدلنا، ترمیم کرنا، مختلف بنانا یا ہونا۔

**vascular** *adj.* عروقی، خون لانے لے جانے والی رگوں، نالیوں سے متعلق۔

**vase** *n.* پھول سجانے کا برتن، گل دان۔

**vasectomy** *n.* (*pl.* **-ies**) مرد کو سرجری کے ذریعے غیر بارآور بنانے کا عمل، نس بندی۔

**Vaseline** *n.* تجارتی نام: ویسلین، ایک قسم کی پیٹرولیم جیلی، مرہم یا چکنانے والے مادّے کے طور پر مستعمل۔

**vassal** *n.* زیر سایہ رہنے والا آدمی یا ملک۔

**vast** *adj.* وسیع و عریض، بے کراں، بہت بڑا۔ ● **vastly** م ف۔ **vastness** اسم: عظیم وسعت۔

**VAT** value added tax کا مخفف۔

**vat** *n.* حوض، ہودی، سیّال شے کے لیے خصوصاً رنگ ریزی، چمڑا کمانے، شراب بنانے میں مستعمل۔

**vault** *n.* & *v.* اسم: ① گنبد نما چھت۔ ② چیزوں کو محفوظ رکھنے کے لیے کوئی زیر زمین کمرا؛ کسی گرجا میں جائے تدفین۔ ③ جست، چھلانگ۔ ف: کسی چیز پر ٹیک کر یا بلّی کی مدد سے چھلانگ لگانا۔ ● **vaulted** صف۔

**vaunt** *v.* & *n.* ف: ① شیخی بگھارنا۔ ② قصیدے پڑھنا، تعریفوں کے پل باندھنا۔ اسم: شیخی، لن ترانی۔

**V-chip** *n.* ایک کمپیوٹر چپ جو ٹیلیوژن پر غیر اخلاقی مواد کو روکنے کے لیے لگایا جاتا ہے۔

**VCR** تخفیف: video cassette recorder۔

**VD** تخفیف: venereal disease (جنسی بیماری)

**VDU** تخفیف: visual display unit۔

**veal** *n.* بچھڑے کا گوشت۔
**vector** *n.* اسم:① سمتیہ، مقدار جو قدر کے ساتھ سمت کی حامل بھی ہو، خصوصاً جو فضا میں ایک نقطے کی جائے وقوع کا تعیّن کسی دوسرے نقطے کے حوالے سے کرے۔② کوئی نامیہ، جو کسی مرض یا طفیلیے کو ایک سے دوسرے تک پہنچائے۔
**veer** *v.* رخ بدلنا، پلٹا کھانا۔
**veg** بول چال: ترکاریاں، سبزیاں [اختصار]
**vegan** *n.* جو شخص گوشت انڈا وغیرہ نہ کھاتا ہو۔
**vegetable** *n. & adj.* اسم: سبزی یا ترکاری۔ صف: پودوں یا پودوں سے متعلق۔
**vegetarian** *n. & v.* اسم: سبزی خور، جو شخص حیوانی غذا، خصوصاً گوشت نہ کھاتا ہو۔ صف: سبزی خوروں کا یا ان سے متعلق۔ ● **vegetarianism** اسم۔
**vegetate** *v.* بے رنگ، بے کیف زندگی گزارنا۔
**vegetation** *n.* سبزہ، پودے بحیثیت مجموعی۔
**veggie** *n. & adj.* بول چال: سبزی خور (شخص)
**vehement** *adj.* پُرزور، پُرجوش، شدید، غضب کا۔ ● **vehemence** اسم۔ **vehemently** م ف۔
**vehicle** *n.* ① کوئی گاڑی جو مسافر یا سامان برداری کے لیے مخصوص ہو، خصوصاً خشکی پر۔② خیال، احساس یا عمل کے اظہار کا کوئی ذریعہ یا وسیلہ۔
**veil** *n. & v.* اسم: نقاب، نیم شفاف کپڑے کا ٹکڑا جو چہرے کو چھپائے یا دھوپ، گرد وغیرہ سے بچائے؛ کوئی چیز جو آڑ بنے۔ ف: نقاب ڈالنا/اوڑھنا۔
**vein** *n. & v.* اسم:① ورید، رگ۔② چٹان میں کوئی درز جس میں کچ دھات جمع ہوگئی ہو۔③ کوئی پتلی دھاری یا پٹی۔④ نمایاں مزاج، رجحان۔ ● **veined** صف۔
**Velcro** *n.* تجارتی نام: دو کپڑوں وغیرہ کو باہم چسپاں کرنے کی پٹیاں، نائلون کی دو پٹیوں پر مشتمل جن کو ملا کر دبایا جائے تو آپس میں جڑ جاتی ہیں۔
**veld** *n.* (also **veldt**) جنوبی افریقہ: گھاس کا میدان جس میں درخت نہ ہوں یا اکا دکا درخت ہوں۔
**vellum** *n.* نفیس چرمی ورق جو کبھی بچھڑے کی کھال سے تیار کیا جاتا تھا، ایسے چرمی اوراق پر لکھا مخطوطہ۔
**velocity** *n.* (*pl.*-**ies**) رفتار، کسی حقیقی سمت میں۔
**velour** *n.* (also **velours**) مخمل کی طرح کا کوئی سوتی یا ریشمی کپڑا یا نمدا۔
**velvet** *n. & adj.* اسم: مخمل، اونی یا سوتی ریشوں والی۔ صف:① مخملی، مخمل کی طرح نرم و گداز۔② (کوئی سیاسی تبدیلی) بغیر کشت وخون کے عمل میں لائی ہوئی۔ ● **velvety** صف: مخملی۔
**Ven** اختصار: Venerable۔
**venal** *adj.* کوئی شخص جس کی خدمات رشوت وغیرہ کے بدلے قابل فروخت ہوں۔ ● **venality** اسم۔
**vend** *v.* بیچنا، فروخت کے لیے پیش کرنا۔
**vendetta** *n.* خون خرابہ، پشتینی جھگڑا۔
**vending machine** *n.* خودکار مشین جس میں سکہ یا ٹوکن ڈالنے سے چھوٹی موٹی چیزیں مل جاتی ہیں۔
**vendor** *n.* بیچنے والا، خصوصاً املاک کا۔
**veneer** *n. & v.* اسم:① عمدہ لکڑی یا کسی اور چیز کی باریک سی تہ۔② پُرفریب، ظاہری ٹیپ ٹاپ، ملمّع۔ ف: کھدری لکڑی یا چپ بورڈ پر چکنی تہ لگانا۔
**venerable** *adj.* ① محترم، معزز، واجب التعظیم۔ ② (**Venerable**) آرچ ڈیکن کا لقب۔
**venerate** *v.* نہایت تعظیم وتکریم کی نظر سے دیکھنا۔ ● **veneration** اسم: تعظیم وتکریم۔
**venereal** *adj.* ① شہوانی، جماعی۔② امراض خبیثہ سے متعلق۔
**Venetian** *n. & adj.* اٹلی کے شہر وینس کا (باشندہ)
**venetian blind** *n.* جھلملی، ایک طرح کی چلمن جس میں آنے والی روشنی کو کم یا زیادہ کیا جاسکتا ہے۔
**vengeance** *n.* انتقام، بدلا۔ □ **with a vengeance** شدّت کے ساتھ، توقع سے زیادہ۔
**vengeful** *adj.* منتقم مزاج، بدلہ لینے والا۔
**venial** *adj.* (گناہ یا خطا) قابل معافی، لائق درگزر، معمولی نوعیت کی (لغزش) ● **veniality** اسم۔
**venison** *n.* ہرن کا گوشت۔
**Venn diagram** *n.* ریاضی کی وین اشکال، عموماً دائروں پر مشتمل جو ایک دوسرے کو قطع کریں تو مشترک رقبے مشترک عناصر کی نمائندگی کرتے ہیں۔
**venom** *n.* ① زہر، جو سانپ کے ڈسنے سے جسم میں

پھیلے۔ ② خباثت، احساس، رویے یا الفاظ میں چھپا ہوا زہریلا پن یا کینہ وغیرہ۔ ● **venomous** صف۔

**venous** *adj.* رگ سے متعلق یا بھرپور رگوں والا۔

**vent** *n.* & *v.* اسم: ①ہواداان، روزن، جھری یا رستہ جو کسی بندجگہ میں سیّال مادّہ یا ہوا آنے جانے دے۔② پوشاک میں بنایا ہوا چاک، خصوصاً کوٹ کی پچھلی طرف۔ ف: کھلم کھلا اظہار کرنا۔ □ **give vent to** دل کا غبار یا بھڑاس نکالنا۔

**ventilate** *v.* ①ہوادار کرنا، کمرے وغیرہ میں ہوا کے گزر کا لحاظ رکھنا۔ ② کسی سوال یا شکایت کو غوراور بحث کے لیے لوگوں کے سامنے لانا۔ ● **ventilation** اسم۔

**ventilator** *n.* ① کمرے وغیرہ کو ہوادار کرنے کا آلہ یا روزن۔② طب=RESPIRATOR آلۂ تنفس۔

**ventral** *adj.* پیٹ پر یا پیٹ سے متعلق۔

**ventricle** *n.* جسم میں کوئی جوف، خلا خصوصاً دل یا دماغ میں۔ ● **ventricular** صف۔

**ventriloquist** *n.* اس طرح بولنے کا فن کہ آواز کسی اور کے منہ سے یا کہیں اور سے آتی معلوم ہو۔ ● **ventriloquism** اسم۔

**venture** *n.* & *v.* اسم: جوکھم، مہم جوئی۔ ف:① جرأت دکھانا، بے خوفی کا مظاہرہ کرنا۔② خطرے میں ڈالنا، داؤں پر لگانا۔ ● **venturesome** صف۔

**venue** *n.* مقررہ جگہ، کھیلوں کے کسی مقابلے، اجلاس یا موسیقی کے لیے۔

**veracious** *adj.* سچا، حق گو، حق گوئی پر مائل۔ ● **veraciously** م ف۔ **veracity** اسم: صداقت۔

**veranda** *n.* برآمدہ، پیش دالان۔

**verb** *n.* قواعد: فعل، وہ کلمہ جو کوئی کام، وقوعے یا حالت کو بیان کرے اور جملے میں خبر کا خاص جزو ہو۔

**verbal** *adj.* ① لفظی یا لفظوں سے متعلق؛ زبانی۔ ② فعل سے متعلق فعلی۔ ● **verbally** م ف۔

**verbalize** *n.* (also **-ise**) لفظوں کا جامہ پہنانا؛ لفّاظی کرنا۔ ● **verbalization** اسم۔

**verbatim** *adv.* & *adj.* م ف: لفظ بہ لفظ، ہو بہو، انہیں لفظوں میں۔صف: بعینہٖ، جوں کا توں۔

**verbiage** *n.* الفاظ کی بھرمار؛ طول کلامی، لفّاظی۔

**verbose** *adj.* لفّاظ، طوالت پسند۔ ● **verbosely** م ف۔ **verbosity** اسم: لفّاظی۔

**verdant** *adj.* (گھاس وغیرہ) ہری بھری۔

**verdict** *n.* ① کسی دیوانی یا فوجداری مقدمے یا عدالتی تحقیق کا فیصلہ۔② کوئی فیصلہ، رائے۔

**verdigris** *n.* تانبے یا پیتل پر ہرا زنگ۔

**verdure** *n.* ہریالی، سبزہ۔

**verge** *n.* اسم: ① کگر، کنارہ۔② کسی بات کی آخری حد۔ ③ سڑک کے کنارے گھاس پٹی۔ □ **verge on** قریب پہنچنا، آس پاس ہونا۔

**verger** *n.* (also **virger**) گرجا کا اہل کار جو اس کی دیکھ بھال کرتا ہے۔

**verification** *n.* تصدیق یا توثیق۔

**verify** *v.* (**-ies, -ied**) تصدیق کرنا، صحیح ثابت کر دینا، شہادت دینا۔

**verisimilitude** *n.* ① سچائی سے ظاہری مطابقت۔② بیان وغیرہ جو سچ معلوم ہو۔

**veritable** *adj.* صحیح معنی میں جیسا کہ چاہیے۔

**vermicelli** *n.* عام سویّاں، نیز ولایتی سویّاں۔

**vermilion** *n.* & *adj.* شوخ سرخ (رنگ)

**vermin** *n.* ایسے حشرات یا جانور جو انسانوں کو، فصلوں کو نقصان پہنچائیں۔ ● **verminous** صف۔

**vernacular** *n.* & *adj.* مقامی زبان؛ کسی خاص ملک یا ضلعے کی زبان یا بولی۔

**vernal** *adj.* بَہاری، بسنت بہار سے متعلق۔

**verruca** *n.* (*pl.* **verrucae** or **verrucas**) مسّا یا اس طرح کا کوئی ابھار، خصوصاً تلوے پر۔

**versatile** *adj.* ① ہرفن مولا، ہمہ داں۔② کثیر المقاصد۔ ● **versatility** اسم: ہمہ گیریت۔

**verse** *n.* & *v.* ① بحر اور وزن میں خیالات کا منظوم اظہار، شاعری؛ شاعری کی کوئی خاص وضع یا طرز۔② بائیبل یا کسی اور آسمانی صحیفے کی سورت یا باب کا رکوع۔

**versed** *adj.* تجربہ کار، ماہر، کسی ہنر یا علم میں طاق۔ □ **versed in**

**versify** *v.* (**-ies, -ied**) ① شعر کا روپ دینا، نظمانا۔② شاعری کرنا۔ ● **versification** اسم۔

**version** *n.* ① کسی بات کا احوال، کسی خاص فرد کا نقطۂ نظر۔ ② کسی کتاب کی کوئی خاص اشاعت یا ترجمہ۔ ③ کسی چیز کا بدلا ہوا متن۔

**verso** *n.* (*pl.* **versos**) ① کھلی کتاب کا بایاں صفحہ۔ ② کسی مخطوطے یا چھپے ہوئے صفحے کی پشت۔

**versus** *prep.* بالمقابل، بمقابلہ۔

**vertebra** *n.* (*pl.* **vertebrae**) فقرہ، ریڑھ کی ہڈی کا کوئی مہرہ، منکا۔ ● **vertebral** صف۔

**vertebrate** *n.* & *adj.* ریڑھ کی ہڈی رکھنے والا (کوئی جانور)

**vertex** *n.* (*pl.* **vertices** or **vertexes**) بلند ترین نقطہ، بالائی حصّہ، چندیا۔

**vertical** *adj.* & *n.* صف: کھڑا، عمودی، افقی سطح پر عمود۔ اسم: عمودی خط یا سطح۔ ● **vertically** م ف۔

**vertiginous** *adj.* سر چکرا دینے والا۔

**vertigo** *n.* گھمیری، دوران سر، چکّر۔

**verve** *n.* ولولہ، جوش، جذبہ۔

**very** *adv.* & *adj.* م ف: ① کہیں زیادہ، بڑی حد تک، بہت۔ ② پوری طرح سے، بہت بھرپور طریقے سے۔ صف: عین، یہی، بالکل، حقیقی، واقعی۔ □ **very good (or well)** بجا، بہت خوب، بالکل ٹھیک۔

**vesicle** *n.* ① چھوٹا سا پھکنا یا تھیلی جو سیال سے پُر ہو۔ ② آبلہ، پھپھولا۔

**vessel** *n.* ① برتن، خصوصاً سیّال رکھنے کے لیے۔ ② جہاز یا کشتی۔ ③ خون یا کسی اور سیّال کی نالی یا رگ۔

**vest** *n.* & *v.* اسم: ① صدری، بنیان۔ ② امریکا: واسکٹ۔ ف: کسی کو اختیار یا طاقت عطا کرنا۔

**vested interest** *n.* ① مخصوص مفاد (عموماً کوئی املاک یا رقم) جس پر کسی کا حق تسلیم کیا جاتا ہو۔ ② بالعموم فائدے کی امید پر کسی معاملے میں ذاتی دلچسپی۔

**vestibule** *n.* ڈیوڑھی، پیش دالان۔

**vestige** *n.* ① علامت، آثار، نشان، سراغ، شہادت۔ ② ذرہ بھر۔ ● **vestigial** صف: آثاراتی۔

**vestment** *n.* عبا، قبا، جو پادری، مناجات خواں وغیرہ گرجا میں عبادت گزاری کے وقت پہنتے ہیں۔

**vet** *n.* ① مویشیوں کا سرجن۔ ② امریکا: veteran کا اختصار۔ ف: (**vetting**، **vetted**) کسی کام، منصوبے، امیدوار وغیرہ کا ناقدانہ جائزہ لینا۔

**veteran** *n.* جنگ دیدہ، عمر رسیدہ تجربہ کار فوجی یا کسی اور شعبے کا تجربہ کار شخص۔

**veterinarian** *n.* مویشیوں کا سرجن، ڈنگر ڈاکٹر۔

**veterinary** *adj.* پالتو جانوروں یا مویشیوں کی بیماریوں، زخموں اور معالجے سے متعلق۔

**veterinary surgeon** *n.* مویشی ڈاکٹر، جس کے پاس بیمار یا زخمی جانوروں کا علاج کرنے کی سند ہو۔

**veto** *n.* & *v.* اسم: کسی تجویز، اقدام وغیرہ کو مسترد کرنے کا یک طرفہ حق؛ ممانعت، مناہی۔ ف: (**-oes**، **-oed**) (کسی تجویز، اقدام وغیرہ کو) ویٹو کرنا۔

**vex** *v.* دق کرنا، تنگ کرنا، چھیڑنا، تکلیف پہنچانا، کوفت پہنچانا۔ ● **vexation** اسم۔ **vexatious** صف۔

**vexed question** *n.* کوئی الجھا ہوا مسئلہ یا معاملہ جس پر بہت بحث ہو چکی ہو۔

**VHF** تخفیف: very high frequency (ریڈیائی لہریں) جن کا تعدّد ۳۰ تا ۳۰۰ میگا ہرٹز ہوتا ہے۔

**via** *prep.* براہ، بتوسط، سے ہو کر۔

**viable** *adj.* ① قابل عمل یا قرین فہم۔ ② (بیج یا تخمک) جمنے یا اگنے کے قابل؛ (جنین) پیدا ہونے کے بعد جینے کے قابل۔ ● **viability** اسم: پنپنے کی صلاحیت۔

**viaduct** *n.* لمبے پل جیسی تعمیر، جس پر سے سڑک یا ریل کی پٹڑی کسی وادی یا کھڈ کے اوپر سے گزرے۔

**vial** *n.* چھوٹی سی گول شیشی۔

**viands** *n.* قدیم: کھانے کی چیز، سامان خورد و نوش۔

**vibes** *n. pl.* بول چال: ① ارتعاش، لرزشیں، خصوصاً احساسات جس سے کسی خاص طرح کا تأثر ملے یا کوئی فضا قائم ہو۔ ② =vibraphone۔

**vibrant** *adj.* ① لرزاں، مرتعش۔ ② جوش سے بھرا ہوا، دھک دھکاتا ہوا۔ ③ (آواز) گونجتی ہوئی۔

**vibraphone** *n.* زائلوفون سے مشابہ برقی ساز، جس میں لگی دھاتی نلکیاں جھنکار پیدا کرتی ہیں۔

**vibrate** *v.* ① مرتعش کرنا، تھرتھرانا، لرزنا۔ ② (آواز کا) لرزنا، گونجنا، دیر تک سنائی دیتا رہنا۔ ● **vibrator** اسم: ارتعاش کار۔ **vibratory** صف: ارتعاشی۔

**vibration** *n.* ① تھرتھراہٹ،لرزش۔② (vibrations) کسی شے کا اثر جو ذہن پر پڑے۔ ③ کسی جگہ کی کوئی خاص فضا یا احساس جسے محسوس کیا جا سکے۔
**vibrato** *n.* موسیقی: آواز کے زیر و بم میں تیزی سے خفیف سی تبدیلی جس سے لرزش کا تأثر ملتا ہے۔
**vicar** *n.* پادری جو کسی کلیسائی حلقے کا نگراں ہو۔
**vicarage** *n.* وکار کی رہائش گاہ۔
**vicarious** *adj.* ① خیالی، اوروں کی حرکات کے بارے میں پڑھنے یا سننے یا ان کی بابت خیال آرائی سے محظوظ ہونے والا۔② کسی اور کی خاطر کوئی عمل۔● **vicariously** م ف: نیابتہً۔
**vice** *n.* ① برائی، عیب، بدی، نہایت برا یا کھلم کھلا اخلاق سوز رویہ، بدکاری۔② (امریکا: **vise**) شکنجہ۔
**vice-** *comb. form* نائب؛ عہدے میں دوسرا۔
**vice-chancellor** *n.* (کسی یونیورسٹی کا) وائس چانسلر، شیخ الجامعہ۔
**viceroy** *n.* وائسرائے، نائب شاہ، جو کسی نوآبادی، صوبے وغیرہ پر کسی بادشاہ کی طرف سے حکومت کرے۔
● **viceregal** صف۔
**vice versa** *adj.* برعکس، الٹ (*could go from left to right or vice versa* بائیں سے دائیں جائے گا یا اس کے برعکس)
**vicinity** *n.* (*pl.* **-ies**) آس پاس کا علاقہ، قرب و جوار۔ □ **in the vicinity of** کے قریب، کے پڑوس میں۔
**vicious** *adj.* بدمزاج، بدذات، موذی، خراب عادت کا، شدید، غضب کا، بلا کا۔● **viciously** م ف۔
**vicious circle** شیطانی چکر، اسباب و نتائج کا نہ ختم ہونے والا سلسلہ۔
**vicissitude** *n.* الٹ پھیر، خصوصاً قسمت کا اتار چڑھاؤ، گردش زمانہ۔
**victim** *n.* مارا، شکار کیا ہوا، جو کسی حادثے وغیرہ میں مارا جائے، زخمی ہو یا رنج اٹھائے۔
**victimize** *v.* (also **-ise**) چن کے نشانہ بنانا، کسی فرد کو خاص طور پر سزا دینا یا بدسلوکی کا نشانہ بنانا۔● **victimization** اسم: نشانہ بنانے کا عمل۔

**victor** *n.* فاتح، فتح یاب (کسی مقابلے یا لڑائی میں)
**Victorian** *adj. & n.* وکٹوریائی، وکٹوریا کے عہد (۱۸۳۷ء سے ۱۹۰۱ء) کا (کوئی فرد)
**victorious** *adj.* فاتح، ظفرمند، منصور۔
**victory** *n.* (*pl.* **-ies**) فتح، جیت، کامرانی (کسی جنگ یا مقابلے میں)
**victualler** *n.* (*US* **victualer**) شراب فروش جس کے پاس شراب بیچنے کا اجازت نامہ ہو۔
**victuals** *n. pl.* کھانے کے لائق چیزیں، غذا۔
**video** *n. & v.* اسم: ① (ج: **videos**) تصویروں کو مقناطیسی فیتے یا قرص پر ریکارڈ کرنے، ان کی نقلیں تیار کرنے اور نشر کرنے کا عمل۔② اس کام کے لیے آلہ، ویڈیو ٹیپ۔ف: ویڈیو ریکارڈنگ کرنا۔
**videotape** *n. & v.* اسم: ① ویڈیو فیتہ، ٹیلیوژن کے لیے تصویریں اور آوازیں ریکارڈ کرنے کا مقناطیسی فیتہ۔② فلم وغیرہ جو ویڈیو فیتے پر ریکارڈ کی گئی ہو۔ف: ویڈیو فیتے پر ریکارڈ کرنا۔
**videotex** *n.* (also **videotext**) کوئی برقیاتی اطلاعاتی نظام، خصوصاً ٹیلیوژن کا متن یا بصری مواد۔
**vie** *v.* (**vied, vying**) مقابلہ کرنا، ہمسری کرنا۔
**view** *n. & v.* اسم: ① نظر، حدّ نظر، آنکھوں کے سامنے کا منظر۔② منظر، نظارہ جو کسی خاص جگہ سے دکھائی دے۔ ③ رائے، خیال، ذہنی رویہ (جو کسی ذہنی روش کا اظہار کرے) ف: ① دیکھنا، ملاحظہ کرنا، جائزہ لینا۔ ② کسی طرح کی رائے یا خیال رکھنا۔ ③ ٹیلیوژن پروگرام دیکھنا۔ □ **in view** نظر میں ہونا۔ **in riew of** (کے) پیش نظر، (کی) وجہ/سبب سے۔ **on view** برائے دید، منظر عام پر۔ **with a view to** ارادے یا قصد سے، ٹھان کر۔● **viewer** اسم: ناظر۔
**viewdata** *n.* کسی کمپیوٹر کے مأخذ سے حاصل شدہ خبریں اور معلومات جسے ٹیلیوژن اسکرین سے ٹیلی فون لائن کے ذریعے منسلک کر دیا جاتا ہے۔
**viewfinder** *n.* کیمرے میں نصب شیشہ جو دکھاتا ہے کہ فوٹو لیتے وقت عدسے نے کتنے رقبے کا احاطہ کیا۔
**viewpoint** *n.* نقطۂ نظر، موقف۔
**vigil** *n.* رت جگا، شب بیداری، خصوصاً پہرہ دینے

یا عبادت کی غرض سے۔

**vigilant** *adj.* چوکس، خبردار، چوکنّا، ہشیار۔ ● **vigilance** اسم: چوکسی۔ **vigilantly** م ف۔

**vigilante** *n.* چوکسی دار، کسی چوکسی کمیٹی کا رکن جو رضا کارانہ طور پر قانون نافذ کروائے۔

**vignette** *n.* مختصر بیانیہ مضمون یا کرداری خاکہ۔

**vigour** *n.* (*US* **vigor**) جسمانی طاقت، ذہنی قوت، دم خم، کس بل۔ ● **vigorous** صف: تندرست و توانا۔ **vigorously** م ف۔ **vigorousness** اسم۔

**Viking** *n.* اسکنڈی نیویا سے تعلق رکھنے والے قدیم لٹیروں اور تاجروں میں سے کوئی۔

**vile** *adj.* گھناؤنا، کریہہ، پلید۔ ● **vilely** م ف: کمینہ پن سے۔ **vileness** اسم: بدی، پاجی پن۔

**vilify** *v.* (**vilified, vilifying**) برا بھلا کہنا، لعن طعن کا نشانہ بنانا۔ ● **vilification** اسم: تذلیل، مذمّت۔ **vilifier** اسم: بدگو۔

**villa** *n.* دیہی رہائش گاہ، کسی رہائشی علاقے میں الگ تھلگ یا نیم علاحدہ مکان؛ چھٹیاں گذارنے کے لیے کرائے پر لیا ہوا گھر۔

**village** *n.* گاؤں، دیہات۔ ● **villager** اسم۔

**villain** *n.* پرلے درجے کا بدمعاش یا لچا یا غنڈا۔ ● **villainous** صف۔ **villainy** اسم: بدمعاشی۔

**villein** *n.* تاریخ: جاگیردار کا مزارع جو ہر طرح سے آقا کا مطیع ہو۔

**vim** *n.* بول چال: سکت، قوت، کس بل۔

**vinaigrette** *n.* سلاد کے اوپر تیل اور سرکے کی خوش ذائقہ آرائشی تہ۔

**vindicate** *v.* ① شک یا الزام سے بری کرنا۔ ② حق بجانب ثابت کرنا۔ ● **vindication** اسم۔

**vindictive** *adj.* منتقم مزاج، کینہ پرور۔ ● **vindictively** م ف۔ **vindictiveness** اسم۔

**vine** *n.* انگور کی بیل۔

**vinegar** *n.* سرکہ۔ ● **vinegary** صف۔

**vineyard** *n.* انگور باڑی، خصوصاً جس کے انگوروں سے شراب بنانی مقصود ہو۔

**vintage** *n. & adj.* اسم: ① انگور کی فصل، شراب جو ان انگوروں سے کشید کی جائے۔ ② اعلیٰ قسم کی شراب جو کسی خاص سال میں بنی ہو۔ ③ سال وغیرہ جس میں کوئی چیز تیار ہوئی ہو۔ صف: اعلیٰ قسم کا، خصوصاً جس کا تعلق گزرے زمانے سے ہو۔

**vintner** *n.* شراب کا تاجر، مے فروش۔

**vinyl** *n.* ایک قسم کا پلاسٹک۔

**viola**[1] *n.* وائلن کی قسم کا ایک ساز جو وائلن سے بڑا ہوتا ہے لیکن امتداد یا بم کم ہوتا ہے۔

**viola**[2] *n.* ویولا جنس کا کوئی پودا، ان میں بنفشہ اور پینزی شامل ہیں۔

**violate** *v.* ① (کسی حلف، قانون وغیرہ کو) توڑنا، خلاف ورزی کرنا۔ ② بے حرمتی کرنا، تقدس پامال کرنا۔ ③ خلل انداز ہونا، مداخلت کرنا۔ ④ عصمت دری کرنا۔ ● **violation** اسم: خلاف ورزی۔ **violator** اسم۔

**violent** *adj.* ① پُرتشدّد، مار پیٹ پر تلا ہوا۔ ② شدید، زبردست، غضب کا، انتہا کا۔ ● **violence** اسم: تشدّد، زیادتی۔ **violently** م ف: سختی سے، تشدّد سے۔

**violet** *n. & adj.* ① بنفشہ جس پر عموماً اودے، نیلے یا سفید پھول آتے ہیں۔ ② بنفشی رنگ۔ صف: بنفشی۔

**violin** *n.* وائلن یا بیلا۔ ● **violinist** اسم۔

**violoncello** *n.* (*pl.* **-os**) =CELLO۔

**VIP** تخفیف: very important person۔

**viper** *n.* کوئی زہریلا سانپ، خاص طور پر عام افعی۔

**virago** *n.* (*pl.* **-os**) لڑاکا، بدزبان (عورت)

**viral** *adj.* وائرس کا، وائرس سے متعلق۔

**virgin** *n. & adj.* اسم: ① جس سے کبھی مباشرت نہ کی گئی ہو (خصوصاً عورت) کنواری، دوشیزہ۔ ② (**the Virgin**) حضرت عیسیٰؑ کی والدہ، بی بی مریم۔ ③ سادہ لوح، ناتجربہ کار آدمی۔ صف: ① کنواری۔ ② دوشیزہ جیسی۔ ③ جسے ابھی برتا نہ گیا ہو۔ ● **virginal** صف۔ **virginity** اسم: کنوار پن۔

**virile** *adj.* مردانہ خصوصیات کا حامل، خصوصاً قوت مردانگی رکھنے والا۔ ● **virility** اسم: مردانگی۔

**virology** *n.* وائرس کا سائنسی مطالعہ۔ ● **virologist** اسم۔

**virtual** *adj.* واقعی، اصلی، عملی طور پر کارفرما، چاہے

ازروئے اسم یا تعریف ایسا نہ ہو۔ ● virtually م ف۔

**virtual reality** *n.* فی الواقع حقیقت، شبیہہ یا ماحول جسے کمپیوٹر کے سافٹ وئیر نے تخلیق کیا ہو۔

**virtue** *n.* ①وصف، صفت، خوبی، اچھائی، اخلاقی بلندی، راستی۔② عصمت یا عفت (خصوصاً عورت کی) ③ اچھی خاصیت۔□ **by (or in) virtue of** کے بل پر، کی بنا پر۔

**virtuoso** *n.* (*pl.* **virtuosos** or **virtuosi**) کامل، کامل فن جو کسی لطیف فن میں کمال یا مہارت رکھتا ہو۔ ● **virtuosity** اسم: کمال، کمال فن۔

**virtuous** *adj.* نیک، پاکباز، پارسا۔ ● **virtuously** م ف۔ **virtuousness** اسم۔

**virulent** *n.* ①نہایت زہریلا، مسموم۔② (بیماری) سخت، شدید۔③ نہایت مخاصمانہ۔ ● **virulence** اسم: زہریلا پن۔ **virulently** م ف: سختی سے۔

**virus** *n.* ①وائرس، خورد حیوےیے جو مختلف بیماریوں کا سبب ہوتے ہیں۔② کسی کمپیوٹر پروگرام کا خفیہ کوڈ جو اس کے عمل میں خلل ڈالنے یا معلومات کو ضائع کردینے کے لیے داخل کردیا گیا ہو۔

**visa** *n.* ویزا، کسی ملک میں داخلے کا اجازت نامہ۔

**visage** *n.* ادبی: خدوخال، چہرہ، مکھڑا۔

**vis-a-vis** *prep.* ① حوالے سے، تعلق سے، مقابلے میں۔② بالمقابل۔

**viscera** *n. pl.* جسم کے اندرونی اعضا (مثلاً دل، جگر) خصوصاً آنتیں۔ ● **visceral** صف۔

**viscid** *adj.* گاڑھا، چپچپا۔ ● **viscidity** اسم۔

**viscose** *n.* ①وسکوز، سیلیولوز کی ایک قسم، دھاگا بنانے کے لیے موزوں۔ ② ریون (RAYON) جو اس سیلیولوز سے بنتا ہے۔

**viscount** *n.* وائی کاؤنٹ، برطانوی امرا کا ایک عہدہ جو بیرن اور ارل کے درمیان ہوتا ہے۔

**viscountess** *n.* ① کسی وائی کاؤنٹ کی بیوی یا بیوہ۔② خاتون جو خود وائی کاؤنٹ کے مرتبے پر فائز ہو۔

**viscous** *adj.* لیس دار، چپچپا، گاڑھا، نیم سیّال۔

**vise** امریکا: VICE معنی ۲ کا متبادل۔

**visibility** *n.* ①دکھائی دینے کی حالت۔②روشنی اور فضا کی کیفیات کے باعث حدّ نظر۔

**visible** *adj.* ①جو آنکھ سے دکھائی دے، نظر محسوس کرسکے۔② ظاہری، واضح، آشکار۔ ● **visibly** م ف۔

**vision** *n.* ①بینائی، نظر، بصارت۔②خواب یا کشف کے عالم میں دیکھا ہوا فرد، شے یا منظر۔③ مدبّرانہ بصیرت۔④ غیر معمولی طور پر حسین وجمیل فرد۔

**visionary** *adj. & n.* صف: خواب دیکھنے والا، خیالی باتوں میں مگن۔ اسم: (ج: ies-) تخیّل پرست، خیالی باتوں میں مگن رہنے والا آدمی۔

**visit** *v. & n.* ف: (visiting، visited)① دیکھنے یا ملنے جانا۔② (کسی کے پاس یا کسی جگہ) عارضی طور پر رہنا۔③ گناہ پر عذاب دینا۔ اسم: کسی سے ملنے جانے یا آنے کا عمل۔ ● **visitor** اسم: ملاقاتی۔

**visitation** *n.* ①معائنے کے لیے سرکاری آمد۔ ② نزول آفت یا مصیبت (بطور خدائی قہر)

**visor** *n.* (also **vizor**) ① ہیلمٹ کا سامنے کا وہ حصّہ جسے اوپر نیچے کھسکایا جاسکتا ہو۔ ② آنکھوں کو غیرضروری روشنی سے بچانے کے لیے کار وغیرہ کے سامنے کے شیشے پر نصب چھجّا۔

**vista** *n.* دور تک پھیلا ہوا تنگ منظر، جیسا دو رویہ درختوں کے درمیان نظر آتا ہے۔

**visual** *adj.* بصری، نظری، دیکھنے سے متعلق، عینی۔ ● **visually** م ف: بصری طور پر۔

**visual display unit** *n.* کمپیوٹر: بصری اظہار کا نظام جو ڈیٹا کو لفظوں وغیرہ کی شکل دے کر اسکرین پر دکھائے۔

**visualize** *v.* (also **-ise**) ①تصوّر کی آنکھ سے دیکھنا یا دکھانا۔② ذہنی تصویر بنانا۔③ آنکھوں کے سامنے لے آنا۔ ● **visualization** اسم: ذہنی تصویر۔

**vital** *adj. & n.* صف: ① کسی چیز کے وجود یا کارگزاری کے لیے لازمی؛ جو معاملہ درپیش ہو اس کی رو سے نہایت ضروری، انتہائی اہم، ناگزیر۔②زندگی یا سرگرمی سے بھرپور۔ اسم: (vitals) اعضائے رئیسہ (مثلاً دل و دماغ)

**vitality** *n.* ①جان داری، گرمجوشی، چونچالی۔② فطری قوت جو زندگی یا افعال جسمانی کو برقرار رکھے۔

**vital statistics** *n. pl.* ①لازمی اعداد و شمار،

پیدائشوں، شادیوں اور اموات وغیرہ کی تعداد۔ ② بول چال: کسی عورت کی چھاتیوں، کمر اور کولھوں کا ناپ۔

**vitamin** *n.* حیاتین، وٹامن، نامیاتی مادّہ جو صحت مند رکھنے اور نشوونما کے لیے ضروری ہے۔

**vitiate** *v.* ① معیار یا استعداد کو خراب کرنا، بگاڑنا، ملاوٹ کرنا۔ ② غیر مؤثر کرنا۔ ● **vitiation** اسم: بگاڑ۔

**viticulture** *n.* انگور کی کاشت یا اس کا علم۔

**vitreous** *adj.* سختی، شفافیت، ساخت وغیرہ کے لحاظ سے شیشے جیسا، شیشے سے مشابہ۔

**vitrify** *v.* **(-ies, -ied)** شیشے کی طرح یا شیشہ بنا دینا یا بن جانا۔ ● **vitrifaction** اسم: شیشہ گری۔

**vitriol** *n.* ① قدیم: گندھک کا تیزاب۔ ② زہر آلود، طعن و تشنیع سے پُر، مخالف (تقریر، تحریر، تنقید یا مزاج) ● **vitriolic** صف: زہر آلود، جلی کٹی۔

**vituperate** *v.* گالیاں دینا، برا بھلا کہنا۔ ● **vituperation** اسم۔ **vituperative** صف۔

**viva**[1] *n.* بول چال =VIVA VOCE۔

**viva**[2] *int.* زندہ باد کا کوئی نعرہ بطور سلام۔

**vivace** *adv.* موسیقی: چنچل پن کے ساتھ جھومتے، چھکتے انداز میں۔

**vivacious** *adj.* چنچل، طرّار، پھرتیلا، لپکتا جھپکتا، پُرجوش۔ ● **vivaciously** م ف۔ **vivacity** اسم۔

**vivarium** *n.* (*pl.* **vivaria**) احاطۂ حیوانات، مصنوعی طور پر تیار کی ہوئی کوئی جگہ جہاں جانوروں کو تقریباً ان کے فطری ماحول میں رکھا جا سکے، جیسے مچھلی گھر وغیرہ۔

**viva voce** *n.* کسی تعلیمی سند کے لیے زبانی امتحان۔

**vivid** *adj.* ① تیز، شوخ۔ ② بیّن، برّاق، واضح تصویر کھینچ دینے والا۔ ③ زندگی سے بھرپور، جان دار۔

**vivify** *v.* **(vivified, vivifying)** زندہ کر دینا، جان ڈال دینا، روح دوڑا دینا۔

**viviparous** *adj.* جو بچے پیدا کرے نہ کہ انڈے دے۔

**vivisection** *n.* سائنسی تحقیق کی خاطر زندہ جانوروں کی چیر پھاڑ یا کسی تکلیف دہ علاج کا عمل۔

**vixen** *n.* لومڑی۔

**viz** *adv.* یعنی کہ، مراد یہ ہے کہ، دوسرے الفاظ میں۔

**vizor** *n.* VISOR کا متبادل۔

**V-neck** V کی شکل کا گریبان سویٹر وغیرہ پر۔

**vocabulary** *n.* (*pl.*-**ies**) ① ذخیرۂ الفاظ، فرہنگ، وہ لفظ جو کسی زبان میں ہوں، یا کسی خاص شعبے میں برتے گئے ہوں یا کسی خاص مصنف نے استعمال کیے ہوں۔ ② ایسے الفاظ کی کوئی الفبائی فہرست، مع تعریف، تشریح یا ترجمہ۔ ③ کل الفاظ جو کسی کو معلوم ہوں۔

**vocal** *adj.* & *n.* صف: ① صوتی، نطقی، زبانی، جس کا تعلق آواز سے ہو یا جو آواز کے ذریعے ادا ہو۔ ② اپنے جذبات کو زبانی ادا کرنے پر قادر۔ اسم: موسیقی کی بندش کا وہ حصّہ جو گایا جائے۔ ● **vocally** م ف: آواز سے۔

**vocalist** *n.* گویّا، گایک یا گایکہ۔

**vocalize** v.(also **-ise**) (گلے سے) کوئی آواز پیدا کرنا یا لفظ ادا کرنا۔ ● **vocalization** اسم۔

**vocation** *n.* ① کسی پیشے یا خاص شعبۂ زندگی کے لیے موزوں ہونے کا قوی احساس۔ ② پیشہ، حرفہ، تجارت، کاروبار، کام۔ ● **vocational** صف: پیشہ وارانہ۔

**vociferate** *v.* ① چیخ چیخ کر کہنا۔ ② غپاڑا یا چیخم دھاڑ مچانا، شور اٹھانا۔ ● **vociferation** اسم۔

**vociferous** *adj.* شورانگیز، آسمان سر پر اٹھا لینے والا، ہانک پکار مچانے والا۔ ● **vociferously** م ف۔

**vodka** *n.* ایک الکحلی شراب جو رئی سے تیار کی جاتی ہے۔

**vogue** *n.* ① مروّجہ فیشن۔ ② جس کا بہت چرچا یا رواج ہو یا رہا ہو۔ □ **in vogue** آج کل فیشن میں۔

**voice** *n.* & *v.* اسم: ① آواز؛ بولنے کی صلاحیت۔ ② لفظوں میں بیان کرنے کا عمل، رائے جو اس طرح ظاہر کی جائے، رائے ظاہر کرنے کا حق۔ ف: بیان کرنا، رائے یا خیال کا اظہار کرنا۔

**voicemail** *n.* ایک مرکزی الیکٹرانک نظام جو ٹیلی فون یا ڈیجیٹل کمپیوٹر نیٹ ورک کے ذریعے وصول ہونے والے پیغامات کو اسٹور کر سکتا ہے۔

**voice-over** *n.* فلم وغیرہ میں بیانیہ تبصرہ جس میں بولنے والے کی تصویر نہ دکھائی جائے۔

**voice vote** *n.* باآواز رائے شماری۔

**void** *adj.*, *n.* & *v.* صف: ① خالی، سُونا، بلا، بغیر۔

② باطل، غیر مؤثر، ناقابل نفاذ۔اسم: ① خالی جگہ، خلا۔② خالی چھوڑی ہوئی جگہ۔ف: ① ناجائز، غیر مؤثر یا ناقابل نفاذ بنادینا۔② (فضلے کو) خارج کرنا۔

**voile** *n.* وائل، ایک طرح کا باریک کپڑا۔

**volatile** *adj. & n.* ① بہت جلد اُڑ جانے والا۔② متلوّن، گھڑی تولا گھڑی ماشہ۔③ عارضی، چند روزہ، عبوری۔● **volatility** اسم۔

**vol-au-vent** *n.* ایک ختہ، ہلکی پھلکی پیسٹری جس میں گوشت، مچھلی وغیرہ اور ساس بھرا ہوتا ہے۔

**volcano** *n.* (*pl.*-**oes**) آتش فشاں، پہاڑ جس کے دہانے سے مسلسل یا گاہے گاہے لاوا خارج ہو۔● **volcanic** صف: آتش فشانی۔

**vole** *n.* کترنے والے خاندان کا ایک چھوٹا چوہے جیسا نباتات خور جانور۔

**volition** *n.* ① ارادے پر عمل۔② قوت ارادی۔

**volley** *n. & v.* اسم: (جمع: -eys) ① باڑ، بہت سے ہتھیاروں کے بیک وقت چلائے یا پھینکے جانے کا عمل۔② سوالات وغیرہ کی بوچھاڑ؛ (کسی بھی چیز کے) پے در پے ہونے کا عمل۔ف: ٹینس وغیرہ میں گیند اس طرح پھینکنا کہ وہ ٹپا کھانے سے پہلے ہی بلّے باز کی پہنچ میں آجائے۔

**volleyball** *n.* والی بال، بڑی گیند کا ہاتھ سے جال کے اوپر سے اِدھر اُدھر پھینکنے کا کھیل۔

**volt** *n.* وولٹ، برقی حرکی قوت کی اکائی۔

**voltage** *n.* وولٹیج، برقی قوت کی مقدار کا فرق جسے وولٹوں میں بیان کیا گیا ہو۔

**volte-face** *n.* پلٹا کھانا، قلابازی، کسی معاملے میں اپنے موقف سے مکمل طور پر پھر جانے کی حالت۔

**voltmeter** *n.* وولٹ پیما، برقی قوت کو وولٹوں میں ناپنے کا آلہ۔

**voluble** *adj.* چرب زبان، فرفر بولنے والا، باتونی ● **volubility** اسم: باتونی پن۔**volubly** م ف۔

**volume** *n.* ① جلد، کتاب، مطبوعہ صفحات کا مجموعہ، کسی سلسلے کا جزو۔② حجم، جگہ جو کوئی سیّال یا گیس گھیرے؛ مقدار، وسعت۔③ آواز کی اونچائی کی مقدار۔

**voluminous** *adj.* ① ضخیم، حجم دار، بھاری بھرکم۔

**voluntary** *adj.* ① حسب مرضی/منشا، بالارادہ، اختیاری۔② بلا معاوضہ۔③ رضاکارانہ امداد سے چلنے والا (ادارہ) ● **voluntarily** م ف: بلا جبر۔

**volunteer** *n. & v.* اسم: ① رضاکار۔② جو بلا معاوضہ خدمت انجام دیتا ہے۔③ جو فوج میں رضاکارانہ طور پر بھرتی ہوگیا ہو۔ف: ① رضاکارانہ طور پر اپنی خدمات یا تأثرات یا توضیح پیش کرنا۔② رضاکار بننا۔

**voluptuary** *n.* (*pl.*-**ies**) عیش وعشرت کا دلدادہ آدمی، نفسانی خواہشات کا غلام، نفس پرستی کا مارا شخص۔

**voluptuous** *adj.* ① پُرتعیش، لذّت خیز، حسّی۔ لذّات سے متعلق۔② (عورت) شہوانی طور پر پُرکشش۔● **voluptuously** م ف۔**voluptuousness** اسم۔

**vomit** *v. & n.* (**vomiting**، **vomited**): ف: اُلٹی یا قے کرنا، ڈاکنا۔اسم: اُلٹی، قے۔

**voodoo** *n. & v.* ایک طرح کی مذہبی جادوگری جو سیاہ فام لوگ کرتے ہیں۔● **voodooism** اسم۔

**voracious** *adj.* ① پیٹو، مربھکا، کھاؤ، ہبوڑا، ندیدہ۔② انتہا کا شائق۔● **voraciously** م ف۔**voracity** اسم۔

**vortex** *n.* (*pl.* **vortexes** or **vortices**) چکّر، بھنور، گرداب، بادگرد، بگولا۔

**vote** *n. & v.* اسم: ① رائے، رائے دہی، پسند کا اظہار، ووٹ۔② حق رائے دہی۔③ حاوی رائے جس کو ووٹوں کی اکثریت سے ظاہر کیا جائے۔ف: ① ووٹ دینا، ڈالنا۔② رائے دہی کے ذریعہ کوئی حیثیت حاصل کرنا۔● **voter** اسم: رائے دہندہ۔

**votive** *adj.* نذر نیاز کی، منّتی، منّت پوری ہونے پر دی جانے والی (شے)

**vouch** *v.* □ **vouch for** جواب دہ ہونا، ضمانت دینا، ضامن ہونا، ثبوت فراہم کرنا۔

**voucher** *n.* واؤچر، سند، دستاویز جس کے بدلے سامان یا خدمات حاصل کی جاسکتی ہوں۔

**vouchsafe** *v.* عنایت کرنا، مہربانی فرمانا، نوازنا۔

**vow** *n. & v.* اسم: قسم، عہد، خدا یا کسی دیوتا یا ولی کے حضور کسی بات کا پکّا وعدہ۔ف: حلفیہ وعدہ کرنا، قسم کھانا۔

**vowel** *n.* ①مصوّتہ، حرف علّت ۔② ان حروف میں سے کوئی جو حروف علّت یا مصوّتوں کی نمائندگی کرتے ہیں (جیسے انگریزی میں *a, e, i, o, u* وغیرہ)

**vox pop** *n.* بول چال: رائے عامہ جو عام لوگوں سے غیر رسمی طور پر بات چیت کر کے قائم کی گئی ہو۔

**voyage** *n. & v.* اسم: کوئی سمندری یا خلائی سفر خصوصاً طویل۔ ف: بحری یا خلائی سفر کرنا۔● **voyager** اسم: بحری یا خلائی مسافر۔

**voyeur** *n.* جو دوسروں کو جنسی افعال میں مشغول دیکھ کر یا جنسی اعضا دیکھ کر جنسی لذّت حاصل کرتا ہو۔

**vs** تخفیف: versus۔

**V-sign** *n.* ①وی کا اشارہ، ہاتھ کی پشت سامنے کر کے انگوٹھے کے ساتھ کی دو انگلیاں اُٹھا کر V کا نشان، یہ ایک طرح کی گالی یا تحقیر وغیرہ کا اظہار ہے۔② ہتھیلی سامنے کر کے انگوٹھے کے ساتھ کی دو انگلیاں اُٹھا کر وی کا نشان، یہ جیت کی علامت ہے۔

**vulcanite** *n.* ولکانائز کیا ہوا (گندھک ملا) سخت، کالا ربڑ، گندھک اور ربڑ کا مرکب۔

**vulcanize** *v.* (also **-ise**) ولکانائز کرنا، ربڑ کو مضبوط اور لچکیلا بنانے کے لیے، گندھک کے ساتھ کیمیائی عمل سے گزارنا۔● **vulcanization** اسم۔

**vulgar** *adj.* عامیانہ، سوقیانہ، بازاری؛ بدتہذیب، ناشائستہ۔● **vulgarity** اسم ۔ **vulgarly** م ف۔

**vulgar fraction** *n.* لنگڑی کسر، سادہ کسر، جسے شمار کنندہ اور نسب نما کے ذریعے ظاہر کیا جائے نہ کہ اعشاری طور پر۔

**vulgarian** *n.* اوچھا خصوصاً نیا نیا امیر آدمی۔

**vulgarism** *n.* ①سوقیانہ پن، لفظ یا کلمہ جو بازاریوں یا ان پڑھوں کی زبان پر ہو۔② گھٹیا یا جاہلوں جیسا رویّہ۔

**vulnerable** *adj.* ①جسے چوٹ لگنے یا زد پہنچنے کا احتمال ہو۔② (کسی ہتھیار، تنقید وغیرہ کے سامنے) نہتا، عاجز، بے بس۔● **vulnerability** اسم۔

**vulture** *n.* گدھ، کرگس۔

**vulva** *n.* فرج، زنانہ شرم گاہ۔

**vying** VIE کا حالیہ۔

# W w

**W** ① تخفیف: west یا western (مغرب یا مغربی) ② watt(s) (مشینی طاقت کی بین الاقوامی اکائی) ③ علامت: tengsten نامی عنصر۔

**wacky** *adj.* (**whackier, wackiest**) بول چال: اول جلول، پاگل، سنکی۔

**wad** *n. & v.* اسم: ① کسی نرم چیز کی گدّی۔② نوٹوں، کاغذوں وغیرہ کی گڈّی۔ ف: (**wadded، wadding**) روئی، اون وغیرہ بھرنا یا استر دینا۔

**wadding** *n.* روئی، اون وغیرہ جو کپڑوں، رضائیوں، لحافوں میں بھری جائے۔

**waddle** *v. & n.* ف: چھوٹے چھوٹے قدم اٹھا کر مٹکتے ہوئے چلنا۔ اسم: مٹکتی ہوئی چال۔

**wade** *v.* ① پانی، برف، کیچڑ ریت وغیرہ میں سے گزرنا۔② بدقت یا زور لگا کر گزرنا، ریلتے پیلتے گزرنا۔

**wader** *n.* ① کیچڑ پانی میں چلنے والا، کوئی لم ٹنگو پرندہ ۔ ② (**waders**) اونچے پن روک جوتے، مچھلی کے شکار وغیرہ کے دوران پہنے جاتے ہیں۔

**wadi** *n.* پتھریلی آبی گزرگاہ جس میں برسات کے موسم میں پانی بھر جاتا ہے۔

**wafer** *n.* پتلا، خستہ بسکٹ؛ بہت پتلا توس۔

**waffle** *n. & v.* بول چال، اسم: ① بھاری بھرکم مگر بے مقصد تحریر یا تقریر۔② چھوٹا خستہ کیک۔③ (**waffle-iron**) ویفل توا، خستہ کیک بنانے کا برتن۔ ف، بول چال: غیر رسمی بات چیت کرنا یا بے مقصد تحریر لکھنا۔

**waft** *v. & n.* ف: نرمی اور آہستگی سے تیرتے یا لہراتے گزرنا یا گزارنا۔ اسم: ہوا کا ہلکا سے جھونکا یا بو باس۔

**wag** *v. & n.* ف: (**wagged، wagging**) جلدی جلدی آگے پیچھے ہلنا ہلانا، تیزی سے لہرانا۔ اسم: ① ہلانے جلانے کا عمل ۔② قدیم: مسخرہ، ظریف۔

**wage** *n. & v.* اسم: تنخواہ، مقررہ اجرت، جو کسی کارکن

کوادا کی جائے۔ف:(کوئی جنگ) جاری رکھنا۔
**waged** *adj.* افراد جو اجرت یافتہ یا تنخواہ دار ہوں۔
**wager** *n. & v.* شرط (بدنا، لگانا)
**waggle** *v. & n.* ف، بول چال: ہلانا جلانا۔ اسم: ہلانے کی حرکت۔● **waggly** صف: لڑھکواں۔
**wagon** *n.* (also **waggon**) ① چھکڑا، بھاری سامان ڈھونے کی چوپہیّا گاڑی۔ ②مال گاڑی کا ڈبا، خصوصاً جس میں چھت نہ ہو۔□ **on the wagon** بول چال: شراب سے تائب۔
**waif** *n.* بے یارومددگار آدمی؛ بے گھر، لاوارث بچہ۔
**wail** *n. & v.* لمبی آہ یا بلند چیخ (نکالنا) جس سے دکھ درد کا اظہار ہو۔
**wainscot** *n.* (also **wainscoting**) کمرے کے نچلے حصّے کی دیواروں کی تختہ بندی۔
**waist** *n.* کمر؛ درمیانی تنگ حصّہ۔
**waistcoat** *n.* واسکٹ، بغیر آستین کا اوپری لباس۔
**waistline** *n.* کمر کا گھیر یا کمر کی ظاہری صورت۔
**wait** *v. & n.* ف: ① ٹھہرے رہنا، انتظار یا توقف کرنا، کسی بات کی توقع پر اپنی جگہ سے نہ ہلنا، اتنا تیز نہ جانا کہ کوئی دوسرا پیچھے رہ جائے۔②انتظار میں رہنا۔ اسم: ٹھیرنے یا انتظار کرنے کا عمل۔□ **wait on** بطور ویٹر یا خدمت گار کھانے کی میز پر حاضر رہنا، خدمت کے فرائض انجام دینا۔
**waiter** *n.* مرد جو ہوٹل یا ریستوراں میں گاہکوں کی خدمت کے لیے میز پر حاضر رہے، بیرا۔
**waitress** *n.* عورت جو ہوٹل یا ریستوراں وغیرہ میں گاہکوں کو کھلانے پلانے پر مامور ہو۔
**waive** *v.* کسی حق، دعوے، وغیرہ سے دست بردار ہوجانا یا اصرار نہ کرنا۔● **waiver** اسم۔
**wake**[1] *v. & n.* ف: (ماضی **woke** یا **waked** ماضیہ **woken** یا **waked**) ①جاگ اُٹھنا، جگانا۔② چونکنا یا باخبر ہونا۔اسم: دفنانے سے پہلے کسی میّت کے پاس بیٹھ کر رات بھر کی جگائی، اس موقع پر ہونے والا ماتم یا چہل پہل۔□ **wake up** جاگنا، ہوشیار کرنا یا ہونا۔
**wake**[2] *n.* پانی کی سطح پر بننے والی لکیر جو چلتا جہاز اپنے پیچھے چھوڑتا جائے۔□ **in the wake of** پیچھے پیچھے، نتیجے کے طور پر، کسی کی نقل میں۔
**wakeful** *adj.* بے خواب، جسے نیند نہ آئے۔● **wakefulness** اسم: بے خوابی، بیداری۔
**waken** *v.* جگانا یا جاگ اٹھنا۔
**walk** *v. & n.* ف: پیدل چلنا، اس طرح چلنا جو پیدل چال کی نقل ہو، کسی راستے وغیرہ پر اس طرح پیدل چلنا؛ کسی کے ہمراہ چلنا؛ ٹہلتے ہوئے چلنا۔اسم: پیدل چلنے کا عمل؛ عام انسانی چال، کسی کے چلنے کا انداز، ٹہلنے کی جگہ یا راستہ۔□ **walk of life** پیشہ، ملازمت یا کام۔ **walk out** اچانک اور غصّے سے چلے جانا؛ اچانک ہڑتال پر چلے جانا۔ **walk out on** ساتھ چھوڑ دینا، دغا دینا، ترک کر دینا۔● **walker** اسم۔
**walkabout** *n.* کسی عالی مرتبت شخصیت کا ہجوم میں بے تکلّفانہ چلنا پھرنا۔
**walkie-talkie** *n.* واکی ٹاکی، ساتھ لے جانے والا ایک دوطرفہ ریڈیو ٹرانسمیٹر اور ریسور۔
**walking stick** *n.* سیر کی چھڑی چلنے کے لیے یا سہارے کی لکڑی۔
**walkout** *n.* کسی جگہ سے طیش کے عالم میں اچانک چلے جانے کا عمل، خصوصاً احتجاج یا ہڑتال کے طور پر۔
**walkover** *n.* آسان فتح یا بلا مقابلہ کامیابی۔
**wall** *n. & v.* اسم: ①دیوار، دیوار کی سطح، بالخصوص کمرے کے اندر۔② کوئی چیز جو دیوار جیسی ہو یا دیوار کا تأثر دے؛ کوئی پناہ یا رکاوٹ۔ف: چاروں طرف دیوار کھڑی کر دینا یا دیوار سے تحفظ دینا۔
**wallaby** *n.* (*pl.* **-ies**) کنگرو کی طرح کا تھیلی دار جانور لیکن چھوٹا۔
**wallet** *n.* کاغذات اور نوٹ وغیرہ رکھنے کا چمڑے کا چھوٹا کیس یا تھیلا۔
**wallflower** *n.* ① گلِ دیوار، ایک باغاتی پود۔② بول چال: عورت جسے رقص کی محفل میں کوئی ساتھی نہ ملے اور ایک طرف بیٹھی رہ جائے۔
**wallop** *v. & n.* بول چال: ف: (**walloped**،**walloping**) ٹھکائی کرنا، دھنائی کرنا۔اسم: دھموکا، دھپ، کندی۔
**wallow** *v. & n.* ف: کیچڑ، ریت یا پانی میں لوٹنا،

**wallow in** □ لوٹنیاں لگانا۔ اسم: لوٹنی لگانے کا عمل۔ کسی چیز سے بے انتہا لطف لینا۔

**wallpaper** *n.* دیواری کاغذ، آرائشی کاغذ جو اندرونی دیواروں پر منڈھا جاتا ہے۔

**wally** *n.* (*pl.* **-ies**) بول چال: بھونڈو، پھوہڑ۔

**walnut** *n.* اخروٹ کا درخت، اس کا پھل۔

**walrus** *n.* لمبے دانتوں والا، شمالی قطبی علاقوں کا ایک بڑا جانور، فیل البحر۔

**waltz** *n.* & *v.* اسم: ① تہری تال میں ایک ناچ۔ ② اس ناچ کی مخصوص موسیقی۔ ف: ① اس انداز کا رقص کرنا۔ ② بول چال: سبک اور سرسری انداز میں چلنا۔

**wan** *adj.* تھکی ہاری، زرد پیلی، اڑی اڑی رنگت۔ ● **wanly** م ف۔ **wanness** اسم: تھکا ہاراپن۔

**wand** *n.* چھڑی خصوصاً جادو کی چھڑی۔

**wander** *v.* & *n.* ف: مارامارا پھرنا؛ ڈانواں ڈول پھرنا؛ بھٹکتا پھرنا؛ توجہ ادھر اُدھر ہونا۔ اسم: ڈانواں ڈول پھرنے کا عمل یا کوئی مثال۔ ● **wanderer** اسم۔

**wanderlust** *n.* سیر و سیاحت کی زبردست خواہش۔

**wane** *v.* ① (چاند کا) گھٹنا جو پندرھویں رات سے شروع ہوتا ہے۔ ② چمک دمک، جسامت وغیرہ میں کمی واقع ہونا، گھٹنا۔ □ **on the wane** روبہ زوال۔

**wangle** *v.* بول چال: چال بازی سے اپنا مطلب حاصل کر لینا۔

**wannabe** *n.* بول چال: کسی نامور شخصیت پر فریفتہ، جو بالکل ویسا ہی روپ دھارنا چاہے۔

**want** *v.* & *n.* ف: ① چاہنا، خواہش رکھنا، ضرورت رکھنا۔ ② کمی ہونا (کسی چیز سے) محروم ہونا۔ اسم: کوئی خواہش؛ کسی چیز کی خواہش یا ضرورت۔

**wanted** *adj.* مطلوب (مشتبہ مجرم وغیرہ) جس کی پولیس کو تلاش ہو۔

**wanting** *adj.* ناکافی، کم، ادھورا، غیر موجود۔

**wanton** *adj.*, اوباش، غیر ذمہ دار؛ بلاروک ٹوک۔

**war** *n.* & *v.* اسم: جنگ، لڑائی (جنگ کا زمانہ) خصوصاً ملکوں کے درمیان؛ کھلی مخاصمت۔ ف: (**warred**، **warring**) جنگ کرنا۔

**warble** *v.* & *n.* ف: دھیمے انداز میں لہرا کر گانا، چہکارنا۔ اسم: چہکار، غنائیت کے ساتھ گانے کا عمل۔

**ward** *n.* ① وارڈ، کسی ہسپتال، جیل وغیرہ کا الگ کمرہ یا حصہ۔ ② کوئی انتخابی حلقہ، اسی طرح کی کوئی انتظامی حدبندی۔ ③ نابالغ بچہ جس کی دیکھ بھال ایسے سرپرست کے ذمے ہو جسے اس کے والدین یا عدالت نے مقرر کیا ہو۔ □ **ward off** ① وار کو خالی جانے دینا۔ ② ٹالنا، دور کرنا۔

**warden** *n.* اتالیق، نگران عہدے دار۔

**warder** *n.* قید خانے کا افسر۔

**wardrobe** *n.* کپڑے لٹکانے اور رکھنے کے لیے کوئی بڑی الماری؛ ملبوسات کا اسٹاک، ڈھیر۔

**ware** *n.* ① ایک ہی وضع کی چیزیں، بالخصوص برتن۔ ② (**wares**) سامان جو برائے فروخت ہو۔

**warehouse** *n.* & *v.* ① مال گودام، عمارت جس میں سامان یا فرنیچر وغیرہ ذخیرہ کیا جائے۔ ② خردہ فروشی یا تھوک کے کاروبار کے لیے بڑا اسٹور۔

**warfare** *n.* جنگ و جدل، جنگ جوئی۔

**warhead** *n.* میزائل، تارپیڈو یا اسی قسم کے ہتھیار کا دھماکے سے پھٹنے والا سرا۔

**warlike** *adj.* ① جنگجویانہ، لڑنے مرنے کو تیار۔ ② جنگی، سپاہیانہ، فوجیوں جیسا۔

**warm** *adj.* & *v.* صف: ① گرم، مناسب تپش کا؛ گرمی پہنچانے والا۔ ② ہمدردانہ، دوستانہ، پُرتپاک، پُرجوش، مخلصانہ۔ ف: گرمانا، گرم ہونا۔ □ **warm to** کسی کے بارے میں گرم جوشی یا اشتیاق کا اظہار کرنا۔ **warm up** ① ہاتھ پیر ہلا جلا کر خود کو مقابلے یا مظاہرے کے لیے تیار کرنا۔ ② دوبارہ گرم کرنا۔ ③ جوش میں آجانا۔ ● **warmly** م ف۔ **warmness** اسم۔

**warm-blooded** *adj.* ① گرم خون والا (حیوانی جسم) ② گرم جوش، پُرتپاک۔

**warmonger** *n.* جنگ پرداز، جو جنگ کرادے یا جنگ کو ہوا دے۔

**warmth** *n.* حرارت، جوش، جذبہ۔

**warn** *v.* ① خبردار کرنا، متنبہ کرنا۔ ② کسی کو موجودہ یا بعد کے خطرے، دشمن یا مشکل وغیرہ سے خبردار کرنا، اس

**wash up** ① کھانے کے بعد برتن، چھری کانٹے دھونا۔ ② ساحل پر لا پھینکنا۔

**washable** *adj.* دھلائی کے قابل، خصوصاً جو دھونے دھلانے سے خراب نہ ہو۔

**washbasin** *n.* دیوار میں لگا ہوا ایک طرح کا تسلا جس میں ہاتھ منہ وغیرہ دھوئے جا سکتے ہیں۔

**washed out** *adj.* ① جس کا دھل دھل کر رنگ اُڑ گیا ہو۔ ② پیلا، فق۔

**washed up** *adj.* بول چال: ہارا یا پٹا ہوا، ناکام۔

**washer** *n.* واشر، ربڑ، لوہے، چمڑے وغیرہ کا چپٹا چھلا جو جوڑ میں پھنسا دیتے ہیں تاکہ جوڑ کسا رہے۔

**washing** *n.* کپڑے جو دھلنے والے ہوں یا دھل چکے ہوں۔

**washing-up** *n.* استعمال کیے گئے برتنوں وغیرہ کو دھونے کا عمل۔

**wash-out** *n.* بول چال: کھنڈت، ستیاناس۔

**washroom** *n.* امریکا: غسل خانہ جہاں رفع حاجت کا بھی بندوبست ہو۔

**washy** *adj.* **(washier, washiest)** ① بہت پتلا، بے مزہ (شوربہ وغیرہ) ② ڈھیلا ڈھالا، مریل۔

**Wasp** *n.* (also WASP) امریکا کے متوسط طبقے کا سفید فام پروٹسٹینٹ۔

**wasp** *n.* بھڑ، تتیا۔

**waspish** *adj.* بدمزاج، چڑچڑا، جھلّا کر جواب دینے والا۔ ● **waspishly** م ف: تلخی سے۔

**wassail** *n.* & *v.* قدیم، اسم: جشن، محفل شراب نوشی۔ ف: اس طرح کی رنگ رلیاں منانا۔

**wastage** *n.* ① ضیاع، نقصان۔ ② ریٹائرمنٹ یا ملازمت ترک کر جانے کی وجہ سے ملازموں کی کمی۔

**waste** *v., adj.* & *n.* ف: ① ضائع کرنا، برباد کرنا، اڑا دینا۔ ② گنوانا (موقع) ہاتھ سے جانے دینا۔ ③ کمزور ہونا، کمزور کر دینا؛ مرجھا جانا۔ صف: ① بیکار، فالتو، ناکارہ، بے مقصد۔ ② (ضلع وغیرہ) غیر آباد، غیر مزروعہ، ویران۔ اسم: ① فضول خرچی، ضیاع، اسراف، بربادی۔ ② اجاڑ علاقہ، ویرانہ، بیابان۔ ● **waster** اسم۔

**wasteful** *adj.* فضول خرچ، اڑاؤ؛ نقصان رساں۔

سلسلے میں مشورہ دینا۔ □ **warn off** (کسی کو) کسی جگہ سے دور رہنے یا کسی چیز سے بچنے کی تاکید کرنا۔

**warning** *n.* انتباہ، خبردار کرنے کا عمل، کوئی چیز جو خبردار کرنے کا کام دے۔

**warp** *v.* & *n.* ف: سکڑنے یا پھیلنے سے ٹیڑھا میڑھا ہو جانا یا بل کھا جانا، بگڑ جانا یا بگاڑ دینا، مزاج میں ٹیڑھ آ جانا۔ اسم: ① ٹیڑھ، اینٹھ، بل، سکڑی یا پھیلی ہوئی حالت۔ ② تانا، کھڈی میں لمبائی کے رخ کے دھاگے۔

**warrant** *n.* & *v.* اسم: ① کسی عمل کا اختیار، مختار نامہ، رقم کا واؤچر۔ ② تحریری قانونی اجازت نامہ جس کی رُو سے کوئی قدم اٹھایا جا سکتا ہے۔ ف: ① جواز ہونا، حق بجانب ہونے کی بنیاد بننا۔ ② ضمانت دینا۔

**warranty** *n.* (*pl.* **-ies**) ضمانت دہی، کسی فروخت کی ہوئی چیز کی ایک معیّن مدّت تک نقائص دور کرنے یا مرمّت کرنے یا تبدیل کرنے کی ذمّہ داری۔

**warren** *n.* بل واڑا، خرگوشوں کے بلوں کا جال جو ایک دوسرے سے ملے ہوتے ہیں۔

**warrior** *n.* جنگ میں حصّہ لینے والا، جنگجو۔

**wart** *n.* مسا، گومڑی۔

**warthog** *n.* گومڑیلا سوٴر، بڑے سر والا افریقی جنگلی سوٴر جس کے چہرے پر گومڑے ہوتے ہیں۔

**wary** *adj.* **(warier, wariest)** چوکس، محتاط، ہوشیار، شکی۔ ● **warily** م ف۔ **wariness** اسم۔

**wash** *v.* & *n.* ف: ① پانی وغیرہ سے دھونا، نہانا، کوئی داغ دھبّا یا میل کچیل دور کرنا؛ کپڑے وغیرہ دھونا۔ ② چھوتے ہوئے بہنا، تھپیڑنا؛ کسی چیز کو کسی خاص طرف بہالے جانا۔ ③ رنگوں سے ہلکی تہ چڑھانا۔ ④ بول چال: قابل یقین یا ترغیب دلانے والا ہونا۔ اسم: ① دھونا، دھلانا؛ کپڑے جنھیں دھونا مقصود ہو یا جو دھل چکے ہوں؛ دھلائی کا محلول۔ ② اتھل پتھل، پانی یا ہوا کی دکھائی دینے والی حرکت یا سنائی دینے والا شور، خصوصاً جہاز یا طیارے کے گزرنے سے۔ ③ صاف کرنے، رنگنے یا دوا کے طور پر کسی سطح پر پھیلا سیّال۔ □ **wash down** کھانے کے ساتھ کوئی مشروب نوش کرنا۔ **wash one's hands of** کسی ذمّہ داری سے کنارہ کرنا، واسطہ نہ رکھنا۔ **wash out** بارش کا کسی واقعے، مقابلے وغیرہ کے انعقاد کو ناممکن بنا دینا۔

● **wastefully** م ف۔ **wastefulness** اسم۔

**waste pipe** *n.* گندے پانی یا بھاپ کے نکاس کے لیے نلکا۔

**watch** *v. & n.* ف:① نظر رکھنا، بغور دیکھتے رہنا۔ ② نگرانی کرنا، چوکس یا خبردار رہنا، آنکھیں کھلی رکھنا۔ ③ دیکھ بھال کرنا، خیال رکھنا۔ ④ قدیم: عبادت وغیرہ کی غرض سے رات کو جاگنا۔ اسم: ① چھوٹی گھڑی، ٹائم پیس۔ ② خبرداری، نگہبانی، چوکسی۔ ③ جہازیوں کا، پولیس وغیرہ کا فرائض کی انجام دہی کا دورانیہ۔ □ **on watch** پہرے پر مامور۔ **watch out** ① محتاط رہنا۔ ② خبردار! دیکھ کے!۔ ● **watcher** اسم: پہرے دار۔

**watchdog** *n.* ① رکھوالا کتا، جو املاک وغیرہ پر پہرہ دے۔ ② لوگوں کے حقوق وغیرہ کا نگہبان۔

**watchful** *adj.* ① چوکس رہنے والا، نظر رکھنے میں طاق۔ ② پہرے پر متعین۔ ③ چوکس، خبردار۔ ● **watchfully** م ف۔ **watchfulness** اسم۔

**watchtmaker** *n.* گھڑی ساز۔

**watchman** *n.* (*pl.* **-men**) چوکیدار، پہرے والا۔

**watchtower** *n.* پہرا برجی، جہاں سے اردگرد نظر رکھی جا سکے۔

**watchword** *n.* جملہ یا لفظ جس میں کسی جماعتی اصول کا خلاصہ پیش کیا جائے، نعرہ۔

**water** *n. & v.* اسم: ① پانی (آکسیجن اور ہائڈروجن کا) ایک سیّال مرکب۔ ② سمندر، جھیل، دریا وغیرہ۔ ③ چڑھا ہوا پانی، جوار بھاٹے کی کیفیت۔ ④ بدنی رطوبت کا اخراج؛ پیشاب۔ ⑤ **(waters)** سمندر کا وہ حصّہ جو کسی ملک کی عملداری میں ہو۔ ف: ① پانی چھڑکنا یا پانی میں بھگونا۔ ② پانی پلانا۔ ③ منہ میں لعاب یا آنکھوں میں آنسو بھر آنا۔ □ **by water** جس میں سفر یا نقل و حمل کے لیے کشتی، بحری جہاز وغیرہ کو استعمال کیا جائے۔ **watered down** ہلکا پھلکا، کم اثر انگیز یا کم طاقت کا۔

**waterbed** *n.* آبی بستر، جس کے ربڑ، پلاسٹک وغیرہ کے گدّے میں پانی بھرا ہو۔

**water biscuit** *n.* آبی بسکٹ، آٹے اور رائی سے بنا پھیکا لیکن پتلا اور خستہ بسکٹ۔

**water-butt** *n.* بارش کا پانی جمع کرنے کا پیپا۔

**water cannon** *n.* آبی توپ، جس سے پانی کی موٹی دھار بڑے زور سے نکلتی ہے، ہجوم وغیرہ کو منتشر کرنے کے لیے مستعمل۔

**water chestnut** *n.* سنگھاڑا۔

**water closet** *n.* کموڈ وغیرہ جسے پانی کے بہاؤ کے زور سے صاف کیا جا سکتا ہو۔

**watercolour** *n.* (*US* **watercolor**) ① آبی رنگ جسے تیل کے بجائے پانی سے پتلا کیا جائے۔ ② تصویر جو آبی رنگوں سے بنائی گئی ہو۔

**watercourse** *n.* ① آب راہ، چشمہ، ندی یا نہر۔ ② ندی وغیرہ کی گزرگاہ۔

**watercress** *n.* دریائی چنسر، آبی سلاد، ایک سدابہار پودا جو بہتے پانی میں اگتا ہے، بطور سلاد مستعمل۔

**waterfall** *n.* آبشار، جھرنا۔

**waterfront** *n.* کسی آبادی کا وہ حصّہ جو دریا، جھیل یا بندرگاہ سے ملحق ہو۔

**water ice** *n.* خوشبودار پانی اور شکر وغیرہ کی بنی ایک طرح کی قلفی، ایک طرح کا شربت۔

**watering can** *n.* جھارا، پودوں میں پانی دینے کا برتن جس کی ٹونٹی پر فوارہ ہوتا ہے۔

**watering place** *n.* جوہڑ وغیرہ جہاں جانور پانی پیتے ہیں؛ ساحلی تفریح گاہ۔

**water lily** *n.* کنول، نیلوفر۔

**waterline** *n.* خط آبی، جہاز پر وہ خط جہاں تک سطح آب پہنچے۔

**waterlogged** *adj.* پانی سے سیراب؛ سیم زدہ (زمین)

**water main** *n.* پانی کی فراہمی کے کسی نظام میں سب سے بڑا پائپ۔

**watermark** *n.* کاغذ ساز وغیرہ کی شناخت کے لیے بعض کاغذوں پر بنا ہوا مدّھم نشان، جو کاغذ کو روشنی کے سامنے کرنے پر نظر آتا ہے۔

**water meadow** *n.* آبی مرغزار، اراضی جسے پانی سے سیراب کر کے زرخیز بنایا جاتا ہے۔

**watermelon** *n.* تربوز۔

**watermill** *n.* پن چکّی۔

**water power** *n.* آبی طاقت، میکانکی طاقت جو پانی کے گرنے یا اس کی حرکت سے حاصل ہو۔

**waterproof** *adj., n. & v.* صف: نم روک، جس میں پانی داخل نہ ہو سکے۔ اسم: لباس یا کپڑا وغیرہ جو نم روک ہو۔ ف: نم روک بنانا۔

**water rat** *n.* دریائی چوہا، ایک طرح کا نیم آبی چوہا جو دریا، جھیل وغیرہ کے پاس پایا جاتا ہے۔

**watershed** *n.* ① ان دھاروں کے درمیان خط فاصل جو مختلف دریاؤں، طاسوں یا سمندروں کی طرف رواں ہوں۔ ② معاملات میں اہم موڑ۔

**water-skiing** *n.* موٹر بوٹ رسّے کے سہارے پانی پر پھسلنے کا کھیل، اسکی بازی یا آب رانی۔

**waterspout** *n.* جل بگولا، پانی کی ناچتی ہوئی ستون نما دھار جو ہوائی بگولے کی وجہ سے سمندر پر بنے۔

**water table** *n.* سطح آب، زمین کی وہ سطح جس کے نیچے پانی ہوتا ہے۔

**watertight** *adj.* ① اس طرح بنا، کسا یا جوڑا ہوا کہ پانی سرایت نہ کر سکے۔ ② (دلیل وغیرہ) ٹھوس، ناقابلِ تردید۔

**waterway** *n.* آبی راستہ، آب راہ، جس پر جہاز، کشتیاں چل سکتی ہوں۔

**waterwheel** *n.* پانی کے زور سے گھومنے والا پہیّا جس سے مشینری چلائی جائے۔

**water wings** *n. pl.* ہوا بھرے تیرا کے جو اس آدمی کے بازوؤں پر باندھ دیے جاتے ہیں جو تیرنا سیکھنا چاہتا ہو۔

**waterworks** *n. pl.* آب رسانی کا کوئی نظام یا محکمہ۔

**watery** *adj.* پانی کا یا پانی جیسا، پانی سے بھرا؛ زرد، کمزور۔

**watt** *n.* واٹ، برقی طاقت کی بین الاقوامی اکائی۔

**wattage** *n.* واٹیج، برقی طاقت کی مقدار جسے واٹوں (watts) میں ظاہر کیا گیا ہو۔

**wattle** *n. & v.* ① ٹھاٹر، ٹٹی، جعفری، جس سے دیوار، باڑ وغیرہ کا کام لیا جائے۔ ② بغبغا، فیل مرغ یا بعض دوسرے پرندوں کے جبڑے کے نیچے لٹکی سرک کھال۔

**wave** *v. & n.* ف: ① سلام یا اشارے کے طور پر ہاتھ وغیرہ ہلانا، لہرانا؛ ہاتھ وغیرہ کو اس طرح اِدھر اُدھر، اُوپر نیچے ہلانا۔ ② (بالوں، لکیروں وغیرہ کو) لہراتی شکل دینا۔ اسم: ① لہر، موج۔ ② ہلانے کا عمل، خصوصاً ہاتھ کو۔ ③ بالوں کی لہردار صورت۔ ④ کسی جذبے، حالت یا اثر کا اتفاقاً پیدا ہونا، لہر، ترنگ۔ ⑤ غیر معمولی گرمی یا سردی جو کچھ مدّت تک پڑے۔ ⑥ ایک موج دار حرکت جس سے حرارت، روشنی، آواز یا بجلی پھیلتی ہے، اس موج دار حرکت کے دوران کوئی واحد خم یا لہر۔

**waveband** *n.* خاص حدود کے درمیان طول ہائے امواج کا سلسلہ (خصوصاً ریڈیائی امواج کا)

**wavelength** *n.* طولِ موج، موج کی لمبائی، کسی موج کے دو متصل فرازوں کا درمیانی فاصلہ، خصوصاً کسی برقی مقناطیسی یا صوتی موج میں۔ □ **on the same wave lenght** مزاج اور سوچ کی مطابقت۔

**waver** *v.* لڑکھڑانا، ثابت قدم نہ رہنا؛ ششں و پنج میں مبتلا ہونا۔ ● **waverer** اسم: ڈانواں ڈول۔

**wavy** *adj.* **(wavier, waviest)** (کوئی خط یا سطح) لہریے دار، موج نما۔

**wax** *n.* اسم: ① موم۔ ② سفید دُھندلا مادّہ جو موم بتیاں، مومی مجسمے، پالش وغیرہ بنانے میں استعمال ہوتا ہے۔ ف: ① مومیانا، موم سے پالش کرنا۔ ② (ٹانگوں وغیرہ سے) موم لگا کر فالتو بال اُتارنا۔ ③ چاند کا بڑھنا۔ ④ زیادہ بڑا یا توانا ہو جانا۔ ⑤ قدیم: کوئی خاص حالت یا انداز اختیار کرنا۔ ● **waxy** صف: موم نما۔

**waxwork** *n.* موم کا مجسمہ خصوصاً انسان کا۔

**way** *n. & adv.* اسم: ① سڑک، راستہ، راہ۔ ② کسی جگہ پہنچنے کا رستہ، خصوصاً جو سب سے بہتر ہو۔ ③ **(ways)** طریقۂ کار، ڈھب، چنی ہوئی یا پسندیدہ راہِ عمل، روش، طریقہ، خاص عادت۔ ④ اپنا کام نکالنے کی صلاحیت۔ ⑤ زندگی کا کوئی خاص قرینہ یا دستور۔ ⑥ مسافت (جو طے کی جائے یا طے کرنی ہو) م ف: بڑی حد تک۔ □ **by the way** ① بر سبیل تذکرہ، سرراہے۔ **by way of** ① کے ذریعے، واسطے سے۔ ② متبادل ٹھہرا کر یا طور پر۔ **have one's way** اپنی مرضی چلانا، اپنی بات منوانا۔ **in a way** ایک لحاظ سے، ایک

طرح سے۔ in the way راہ میں حائل۔ make or give way راستہ چھوڑنا، آگے سے ہٹ جانا۔ on the way ① سفر وغیرہ کے دوران۔ ② (بچہ) جو پیٹ میں ہو، پیدانہ ہوا ہو۔ out of one's way جو اس راستے میں نہ ہو جسے اختیار کرنا مقصود ہو۔

**waybill** *n.* ان مسافروں یا پارسلوں کی فہرست جو کسی گاڑی پر جارہے ہوں۔

**wayfarer** *n.* سیّاح، مسافر، راہ گیر (خصوصاً پیدل)

**waylay** *v.* (**waylaid, waylaying**) کسی کی گھات میں بیٹھنا۔

**waymark** *n.* (also **waymarker**) نشان راہ، قدرتی یا مصنوعی جو مسافروں کی رہنمائی کرے۔

**wayside** *n.* سڑک کا کنارہ، سڑک کی پیدل پٹری۔

**wayward** *adj.* خودرائے، کج رائے، متلوّن مزاج، منچلا۔ ● **waywardness** اسم: تلوّن مزاجی۔

**WC** تخفیف: WATER CLOSET۔

**we** *pron.* ① ہم، ہم نے۔ ② ضمیر جو شاہی فرد کسی فرمان وغیرہ میں یا مدیر اداریے میں اپنی ذات کے لیے استعمال کرے۔ ③ لوگ، بحیثیت مجموعی۔

**weak** *adj.* ① کمزور، تعداد میں تھوڑا، نازک۔ ② نحیف، نزار، مریضانہ۔ ③ ڈھلمل یقین، ڈھیلا، بودا۔ ④ غیر متاثر کُن، منطقی اعتبار سے ناکافی، پوچ۔ ⑤ (کوئی آمیزہ یا محلول) پتلا۔ ● **weakly** م ف: کمزوری سے۔

**weaken** *v.* کمزور کرنا یا کمزور ہو جانا۔

**weakling** *n.* بودا، مریل (آدمی یا جانور)

**weakness** *n.* ناتوانی، لاغری، ضعف؛ عیب، نقص؛ بے انتہا رغبت، ہوکا۔

**weal** *n.* بدّھی، برت، نشان جو بدن پر قمچی یا کوڑے کی مار سے پڑ جائے۔

**wealth** *n.* دولت، تموّل، ثروت؛ دولت مندی؛ فراوانی، بہتات۔ ● **wealthy** صف: دولت مند۔

**wean** *v.* بچے کو دودھ کے علاوہ کسی دوسری غذا کا عادی بنانا؛ کسی لت، عادت وغیرہ کو بتدریج چھڑا دینا۔

**weapon** *n.* ① ہتھیار، بندوق، تلوار وغیرہ۔ ② کوئی ذریعہ جس سے کسی پر دباؤ ڈالا جائے۔

**wear** *v.* & *n.* (**wearing, worn, wore**) ف: ① پہننا، اوڑھنا، (لباس یا آرائش کے طور پر جسم پر لینا) ② گھس کر یا رگڑ کر، خراب کر دینا، ہو جانا۔ ③ دیر تک چلنا، کسی خاص مدّت تک اچھی حالت میں رہنا۔ اسم: ① پہننے کا عمل یا پہنے ہونے کی حالت؛ پہناوا، لباس جو حسبِ فیشن یا موزوں ہو۔ ② گھسائی، مسلسل استعمال سے پہنچنے والا نقصان۔ □ **wear down** مستقل مزاجی سے، ثابت قدمی سے مخالف پر قابو پانا۔ **wear off** اُتر جانا، زور ٹوٹ جانا، اثر ختم ہو جانا۔ **wear on** (وقت کا) آہستہ آہستہ گذرنا۔ **wear out** اتنا پہننا یا پہنا جانا کہ قابل استعمال نہ رہے۔ ● **wearable** صف۔ **wearer** اسم: پہننے والا۔

**wearisome** *adj.* اجیرن، دوبھر، اکتا دینے والا۔

**weary** *adj.* & *v.* صف: (**wearier**، **weariest**) تھکاہارا، ماندہ، بے دم؛ بیزار کن۔ ف: (**wearied**، **wearying**) تھک جانا یا تھکا دینا۔ ● **wearily** م ف۔ **weariness** اسم: تھکاوٹ۔

**weasel** *n.* نیولا۔

**weather** *n.* & *v.* اسم: موسم۔ ف: ① کسی چیز کو پکّا کرنے یا سُکھانے کے لیے یا موسمی اثرات کا عادی بنانے کے لیے کھلے آسمان تلے چھوڑ دینا۔ ② (طوفان سے) بحفاظت نکل آنا۔ □ **make heavy weather of** بول چال: کسی مسئلے یا کام کی مشکلات یا بوجھ کو بڑھا چڑھا کر ظاہر کرنا۔ **under the weather** قدرے بیمار، شکستہ دل، افسردہ خاطر۔

**weather-beaten** *adj.* موسم زدہ۔

**weatherboard** *n.* موسمی تختہ، بیرونی دروازے کے نچلے حصّے سے جڑا ہوا سلامی دار تختہ جو بارش کے پانی وغیرہ کو اندر آنے سے روکے۔

**weathervane** *n.* (also **weathercock**) کسی اونچی جگہ پر نصب گھومنے والا رُخ نما جو بتاتا ہے کہ ہوا کدھر سے چل رہی ہے۔

**weave** *v.* & *n.* ف: (**wove**، **woven**، **weaving**) ① کپڑا بُننا، کپڑے کا بنا جانا۔ ② (کہانی وغیرہ) ترتیب دینا۔ ③ مشکل راستہ اختیار کرنا۔ اسم: بناوٹ، بُنت، بُننے کا انداز۔ ● **weaver** اسم: بُننے والا، جلاہا۔

**web** *n.* & *v.* اسم: ① مکڑی کا جالا۔ ② کسی پرندے یا تیراک جانور کے پنجوں کی جھلّی۔ ③ کوئی پتلا چپٹا حصّہ

جو مشینری وغیرہ کے زیادہ دبیز یا ٹھوس حصّوں کو جوڑے رکھے۔● **webbed** صف: جھلّی دار۔

**webbing** *n.* نواڑ۔

**web page** *n.* کمپیوٹر: کوئی ڈاکومنٹ جو World Wide Web سے حاصل کیا جا سکے۔

**web site** *n.* کمپیوٹر: انٹرنیٹ پر موجود کسی موضوع یا ماخذ سے متعلق ویب صفحات۔

**Wed.** *n.* Wednesday کا اختصار۔

**wed** *v.* **(wedded, wedding)** شادی کرنا، بیاہنا؛ جوڑنا، ملانا، پیوست کرنا۔

**wedding** *n.* تقریب شادی، بیاہ، عروسی۔

**wedge** *n. & v.* اسم: ① پچر، کھونٹی، میخ۔ ② کوئی شے جو پچر جیسی ہو یا پچر کا کام کرے۔ ف: پچر ٹھونک یا اڑا کر کسی چیز کو اپنی جگہ قائم رکھنا، مضبوط کرنا، چیز کو چیرنا پھاڑنا یا کھول دینا، اڑا دینا، اڑس دینا۔

**wedlock** *n.* ازدواج، عقد، شادی شدہ حالت۔

**Wednesday** *n.* بدھ، منگل کے بعد کا دن۔

**wee** *adj., n.& v.* اسکاچ: صف: بہت چھوٹا، ننھا منا۔ اسم وف، بول چال: = WEE-WEE۔

**weed** *n. & v.* اسم: ① خودرو گھاس پھوس۔ ② بول چال: نہایت دبلا یا کمزور آدمی۔ ف: خودرو گھاس پھوس اکھاڑ پھینکنا۔ □ **weed out** چھانٹنا، چھنٹائی کرنا، ادنیٰ یا فالتو حصّوں کو نکال پھینکنا۔ ● **weedy** صف۔

**week** *n.* ① ہفتہ۔ ② سات دن کا لگاتار عرصہ، خصوصاً پیر سے اتوار تک۔ ③ پیر سے جمعے تک کے پانچ دن، جتنے وقت ان پانچوں دنوں میں کام کیا جائے۔

**weekday** *n.* اتوار یا اتوار اور سنیچر کے علاوہ ہفتے کا کوئی دن۔

**weekend** *n.* سنیچر اور اتوار، اختتام ہفتہ، بند ہفتہ۔

**weekly** *adj., adv. & n.* صف وم ف: ہفتہ وار، جو ہفتے میں ایک دفعہ کیا جائے یا واقع ہو۔ اسم: (ج: -ies) ہفت روزہ (رسالہ، اخبار وغیرہ) جو ہر ہفتے شائع ہو۔

**weeny** *adj.* **(weenier, weeniest)** بول چال: چنّا منّا، چھوٹا۔

**weep** *v. & n.* ف: **(weeping, wept)** ① رونا، آنسو بہانا۔ ② پھوڑے کا رسنا۔ اسم: رونے کا دورہ۔●

**weeper** اسم: رونے والا، نوحہ گر۔

**weeping** *n.* (درخت) جس کی شاخیں سرنگوں ہوں۔

**weepy** *adj.* **(weepier, weepiest)** روہانسا، روتا بسورتا۔

**weevil** *n.* کوئی چھوٹا حشرہ، کیڑا جو اناج پر پلتا ہو۔

**wee-wee** *n. & v.* بول چال: اسم: ① موتنے، پیشاب کرنے کا عمل۔ ② پیشاب۔ ف: پیشاب کرنا۔

**weft** *n.* ① بانا، بھرنی، جو دھاگا بانے کے طور پر برتا جائے، بُنائی۔ ② ٹوکری کی بُنائی کا آڑا پھیر، تللم۔

**weigh** *v.* ① تولنا، وزن کرنا، ہاتھ میں اُٹھا کر وزن کا اندازہ لگانا۔ ② اہمیت یا خاطر خواہ ہونے کا اندازہ لگانا؛ اہمیت رکھنا، اثر انداز ہونا، قابلِ لحاظ ہونا۔ ③ بوجھ بن جانا، دل پر گراں گزرنا۔ □ **weigh anchor** لنگر اٹھانا اور سفر شروع کر دینا۔ **weigh down** ① بوجھ تلے جھکانا یا دبانا، بوجھ بن جانا۔ ② کسی کے لیے دوبھر ہو جانا۔ **weigh up** اندازا لگانا؛ خوب غور کرنا۔

**weighbridge** *n.* کانٹا، گاڑیاں تولنے کی مشین، عموماً سڑک پر ایک فولادی پلیٹ لگا دی جاتی ہے جس کے نیچے زمین دوز مشین ہوتی ہے۔

**weight** *n. & v.* اسم: ① زمین کی کشش کی وجہ سے کسی جسم پر جو قوت لگتی ہے، اس سے مشابہ کوئی قوت جس کی وجہ سے کوئی جسم کسی مرکزِ کشش کی طرف کھنچتا ہے۔ ② وزن، بوجھ۔ ③ کسی چیز کے وزن کی مقدار، اس طرح کے تول کے پیمانوں میں سے کوئی۔ ④ تولنے کا باٹ۔ ⑤ بوجھ، بار۔ ⑥ اثر، اہمیت۔ ف: ① (کسی چیز کے ساتھ) بوجھ باندھ دینا؛ کسی چیز کو وزن ڈال کر نیچے رکھنا۔ ② بوجھ ڈالنا؛ روک لگانا؛ اہمیت دینا۔● **weightless** صف۔ **weightlessness** اسم۔

**weighting** *n.* اضافی تنخواہ یا الاؤنس جو بعض خاص صورتوں میں دیا جاتا ہے۔

**weighty** *adj.* **(weightier, weightiest)** ① وزنی، بھاری، بوجھل۔ ② نہایت اہم، گراں قدر۔ ③ قابلِ لحاظ؛ پُر متانت، لائق توجہ۔ ④ مستند، محکم، بااثر۔

**weir** *n.* دریائی بند، دریا کے آر پار بنا ہوا پشتہ، دریا کے پانی کے بہاؤ میں باقاعدگی پیدا کرنے کے لیے۔

**weird** *adj.* طلسماتی، حیرت ناک، مافوق الفطرت،

پُراسرار۔ ● **weirdly** م ف۔ **weirdness** اسم۔

**welch** WELSH کا متبادل۔

**welcome** *n., adj., v. & int.* اسم: (کسی شخص یا نظریے وغیرہ کا) خیر مقدم ۔صف: جس کا استقبال خوشی سے کیا جائے، پسندیدہ مہمان۔ ف: خوش آمدید کہنا۔ فجائیہ: مبارک سلامت، خوش آمدید۔ □ **welcome to** بلا تکلّف دعوت، جس میں زیر باری نہ ہو۔

**weld** *v. & n.* ف: ویلڈ کرنا، جوڑنا دھات کے ٹکڑوں کو، عموماً تپا کر اس طرح جوڑنا کہ وہ یک جان ہو جائیں۔ اسم: جوڑ، ٹانکا۔ ● **welder** اسم: ٹانکا لگانے والا۔

**welfare** *n.* ① فلاح، بہبود، بھلائی اور خوش حالی۔ ② سماجی کوشش سے افراد کی بہبود کا بندوبست۔

**welfare state** *n.* فلاحی مملکت یا ریاست، ایسا نظام جس میں حکومت اپنے شہریوں کی صحت، عافیت اور قرینے سے گزر بسر کا ذمّہ لے۔

**well**[1] *adv., adj. & int.* م ف: ① اچھی طرح سے، بخوبی۔ ② صحیح طور سے، درست انداز میں۔ ③ عمدگی یا مہارت سے۔ ④ مہربانی سے، شفقت سے۔ ⑤ مکمل طور پر۔ ⑥ تائید کے طور پر، پسندیدگی ظاہر کرتے ہوئے۔ ⑦ شاید، غالباً، مصلحت کے طور پر۔صف: (**best** ،**better**) صحت مند، ٹھیک ٹھاک۔ فجائیہ: تعجب، اقرار، اصرار وغیرہ کا اظہار یا محض تکیے کے طور پر کسی جملے کے شروع میں۔ □ **as well** مزید برآں، نیز، بھی۔ **as well as** علاوہ ازیں، یہ بھی اور وہ بھی۔ **might as well** کوئی حرج نہیں۔

**well**[2] *n. & v.* اسم: ① (پانی، تیل وغیرہ کا) کنواں۔ ② کوئی بند کنویں جیسی جگہ۔ ف: اُبل آنا، امنڈنا، لبریز ہو کر بہہ نکلنا۔

**well-appointed** *adj.* پوری طرح تیار، کیل کانٹے سے لیس۔

**well-being** *n.* فلاح و بہبود، آسودگی، خیر وعافیت۔

**well disposed** *adj.* مہربان، کرم فرما، خوش مزاج، دوستانہ جذبات رکھنے والا۔

**well-heeled** *adj.* بول چال: دولت مند۔

**wellington** *n.* (in full **wellington boot**) پانی روک بوٹ جو عموماً گھٹنوں تک کا ہوتا ہے۔

**well-meaning** *adj.* (also **well-meant**) خیر خواہی یا نیک نیتی پر مبنی۔

**well-nigh** *adv.* تقریباً، قریب قریب۔

**well off** *adj.* ① امیر، مال دار، کھاتا پیتا۔ ② آسودہ حال، خوش نصیب۔

**well-read** *adj.* وسیع المطالعہ، عالم فاضل۔

**well-spoken** *adj.* خوش کلام، تر زبان۔

**well-to-do** *adj.* آسودہ، دولت مند، خوشحال۔

**Welsh** *adj.* ویلز یا اہل ویلز یا وہاں کی زبان سے متعلق۔ ● **Welshman** اسم۔

**welsh** *v.* (also **welch**) قرض ادا کیے بغیر رفوچکّر ہو جانا، وعدہ نہ نباہنا۔ ● **welsher** اسم: دغاباز۔

**Welsh rabbit** *n.* (also **Welsh rarebit**) پگھلے پنیر وغیرہ کی تہ لگا توس۔

**welt** *n. & v.* اسم: ① چمڑے کی پٹی جو جوتے کی اوگی اور تلے کو جوڑتی ہے۔ ② =WEAL۔ ③ لباس کی حاشیوں پر لگی ہوئی جھالر یا دوہری پٹی۔ف: ① پھانس یا جھالر لگانا۔ ② بید سے پٹائی کرنا، خوب ٹھکائی کرنا۔

**welter** *v. & n.* ف: ① لوٹنا پوٹنا، لڑھکیاں کھانا، ڈبکیاں کھانا۔ ② خون وغیرہ میں لت پت پڑا ہونا۔اسم: ابتری، افراتفری۔ ② جھمیلا، بکھیڑا۔

**welterweight** *n.* مکّے بازی میں وزن کا ایک معیار جو ہلکے اور درمیانی وزن کے بین بین ہوتا ہے۔

**wen** *n.* جلد پر، خصوصاً چندیا پر گلٹی جو بے ضرر ہو۔

**wend** *v.* ادبی، قدیم: جانا۔ □ **wend one's way** اپنی راہ لگنا، راستہ پکڑنا۔

**went** GO کا ماضی۔

**wept** WEEP کا ماضی اور ماضیہ۔

**werewolf** *n.* (*pl.* **werewolves**) مفروضہ مخلوق جو کبھی کبھی آدمی کی جون چھوڑ کر بھیڑیا بن جائے۔

**west** *n., adj. & adv.* اسم: مغرب، پچھّم، کسی شہر وغیرہ کا مغربی حصّہ؛ سمت مغرب۔صف: ① مغربی، مغرب کی طرف یا مغرب میں۔ ② مغرب کی طرف سے آنے والی (ہوا) م ف: ① سوئے مغرب، مغرب میں، مغرب کے پاس۔ ② (اس کے) مغرب میں۔ □ **go west** بول چال: مارا جانا، تباہ ہونا وغیرہ۔

**westerly** *adj.* ① مغربی پچھمی سمت یا مقام۔

④ (ہوا) جو مغرب سے آئے۔

**western** *adj. & n.* صف: مغربی، مغرب کا رہنے والا، مغرب میں۔ اسم: شمالی امریکا کے مغربی علاقے کے کاؤبوائز کے بارے میں فلم، ٹیلیوژن ڈرامہ یا ناول۔

**westerner** *n.* مغربی، مغرب کا رہنے والا۔

**westernize** *v.* (also **-ise**) مغربیانا، مغربی دنیا کے رسم و رواج اور تصوّرات کو اپنا لینا یا ان کا اثر قبول کرنا۔ ● **westernization** اسم: مغربیت۔

**westernmost** *adj.* انتہائی مغرب میں۔

**westward** *adj.* مغرب کی طرف، پچھّم کو۔ ● **westwards** م ف: مغرب کی طرف سے۔

**wet** *adj., v. & n.* (**wettest**، **wetter**) صف: ① بھیگا، گیلا، تربتر؛ (موسم) بارانی، بارش والا؛ (پینٹ وغیرہ) جو ابھی سوکھا نہ ہو۔ ② بول چال: مریل، بے تکا، فضول۔ ف: (**wetting**، **wetted**) بھگونا، گیلا یا تر کرنا۔ اسم: ① تری، نمی، رطوبت۔ ② برسات، بارشوں کے دن۔ ● **wetly** م ف۔ **wetness** اسم: نمی، تری۔

**wet blanket** *n.* بول چال: افسردہ دل، کوئی مغموم آدمی جس کی وجہ سے محفل کا لطف غارت ہو جائے۔

**wether** *n.* خصّی مینڈھا۔

**wet-nurse** *n. & v.* اسم: دودھ پلائی، دایہ۔ ف: ① دایہ بن کر دودھ پلانا۔ ② بول چال: کسی کے ساتھ ایسا سلوک کرنا جیسے وہ دودھ پیتا بچہ ہو۔

**wetsuit** *n.* ربڑ کا چست لباس جو پانی کے کھیلوں، غوطہ خوری وغیرہ میں جسم کو گرم رکھنے کے لیے پہنتے ہیں۔

**whack** *v. & n.* بول چال، ف: دھڑاک سے مارنا، پوری طاقت سے چوٹ لگانا۔ اسم: ① دھموکا۔ ② باری، کوشش۔ ③ رقم، حصّہ۔

**whacked** *adj.* بول چال: تھکاہارا، پست۔

**whale** *n.* وھیل، ایک بہت بڑی مچھلی جس کا دودھ پلانے والے جانوروں میں شمار ہوتا ہے۔ □ **a whale of a** بول چال: کوئی بہت ہی بڑھیا یا عمدہ (چیز)

**whalebone** *n.* وھیل کی ہڈی، کچکڑا، ایک لچکیلی، سینگ جیسی چیز جو بعض وھیلوں کے بالائی جبڑے میں پائی جاتی ہے۔

**whaler** *n.* وھیل گیر، جہاز یا ملاح جو وھیل مچھلیاں مارنے کے لیے مخصوص ہو۔

**whaling** *n.* وھیل گیری، وھیلوں کا شکار۔

**wham** *int. & n.* بول چال، فجائیہ: نقل صوت، دھائیں۔ اسم: زور سے دھماکے کی آواز۔

**wharf** *n.* (*pl.* **wharfs** or **wharves**) بندر، گودی، جہاں جہاز لنگر انداز کیا جا سکے اور اس پر سامان لادا یا اتارا جا سکے۔

**what** *adj., pron., adv. & int.* صف: ① کیا، سوال جس سے کسی چیز کی قسم یا نوعیت معلوم کرنی مقصود ہو، کس قسم کی یا طرح کی۔ ② کتنا زبردست یا قابل ذکر۔ ضمیر: ① کیا چیز۔ ② چیز جو۔ م ف: کس حد تک، کس قدر۔ فجائیہ: حیرت کا نعرہ۔ □ **what for** کیوں؟

**whatever** *adj.* ① جو بھی، جتنا بھی۔ ② کچھ بھی، کیسا ہی۔ ③ (نفی یا سوالیہ) مطلق، ذرا بھی۔

**whatnot** *n.* بول چال: الّم غلّم، یا بے کار چیزیں۔

**whatsoever** *adj. & pron.* =WHATEVER-

**wheat** *n.* ① گیہوں، گندم۔ ② اس کے دانے جن کو پیس کر آٹا وغیرہ بنایا جاتا ہے۔

**wheaten** *adj.* گندمی، گیہوں سے بنا ہوا۔

**wheatmeal** *n.* گیہوں یا کسی اناج کا آٹا جس کو چھانا نہ گیا ہو۔

**wheedle** *v.* بہلانا پھسلانا، پرچانا، ورغلانا۔

**wheel** *n. & v.* اسم: پہیّا؛ کوئی پہیّا نما شے، چکّر، حلقہ۔ ف: کسی مدار یا محور کے گرد گھومنا، (سائیکل وغیرہ) کو دھکیلنا یا کھینچنا، گول گول گھومنا، چکّر لگانا، منڈلانا۔ □ **at the wheel** ① گاڑی چلاتے ہوئے۔ ② جہاز اڑاتے ہوئے۔ ③ نظم و نسق یا معاملات کو سنبھالے ہوئے۔ **wheel and deal** سیاسی یا کاروباری طور پر دھوکا دھڑی کرنا۔

**wheelbarrow** *n.* ہتھ گاڑی، ایک پہیّے والی ریڑھی، ٹرالی۔

**wheelbase** *n.* گاڑی کے اگلے اور پچھلے دھروں کے درمیان کا فاصلہ۔

**wheelchair** *n.* پہیّے دار کرسی، معذوروں کے لیے۔

**wheel-clamp** *v.* غلط جگہ پارک کی ہوئی گاڑی کے پہیّوں کو ایسے جکڑ دینا کہ وہ حرکت نہ کر سکیں۔

**wheelwright** *n.* پہیّا ساز، جو بالخصوص لکڑی کے پہیّے بناتا یا مرمت کرتا ہو۔

**wheeze** *v. & n.* ف:①اس طرح سانس لینا کہ سیٹی کی سی آواز سینے سے نکلے۔اسم:①اس طرح کی آواز۔ ②بول چال:ہوشیاری کی چال۔● **wheezy** صف۔

**whelk** *n.* صدفہ،جس کا مرغولے دار خول ہوتا ہے۔

**whelp** *n. & v.* اسم:کتّے کا پلّا۔ ف:جانور کا بچہ یا جھول جننا۔

**when** *adv., conj., pron. & n.* م ف:① کب۔ ② کس موقع پر؟ ③ کتنی جلد؟ ④ کتنی دیر پہلے۔ ⑤جب، جس پر۔عطف:① جب، جب چاہے، جوں ہی۔ ② اگرچہ، حالانکہ، اس کے پیش نظر۔③ تب، اور پھر۔ضمیر:کب؟کس وقت۔اسم:وقت،موقع یا تاریخ۔

**whence** *adv. & conj.* رسمی،م ف: کہاں سے،کس طرف سے۔عطف:①اسی طرف جدھر سے آنا ہوا ہو۔ ② جہاں سے۔③ لہٰذا اس وقت سے یا اس بنا پر۔

**whenever** *conj. & adv.* ①جب چاہے، کسی بھی وقت۔② ہر موقع پر، ہر مرتبہ۔

**where** *adv., conj. & pron.* م ف:① کہاں، کدھر، کس جگہ۔② کس طرف، کس لحاظ سے۔③ کس کتاب وغیرہ میں، کہاں سے یا کس سے۔④ کس حالت یا حال میں۔عطف:① جہاں، جدھر، جس لحاظ سے۔② اور وہاں۔ضمیر:کہاں سے، کس جگہ سے۔

**whereabouts** *adv. & n.* م ف: کہاں یا اندازے سے کہاں۔اسم:اتا پتا، وہ جگہ جہاں کسی شخص یا شے کے مل جانے کا امکان ہو۔

**whereas** *conj.* ①جب کہ، مقابلے میں۔② رسمی:حقائق کے پیش نظر۔

**whereby** *conj.* جس وجہ سے،جس ذریعے۔

**whereupon** *conj.* جس کے ساتھ ہی، اسی وقت، جس کے فوراً بعد۔

**wherever** *adv. & conj.* جہاں بھی، جہاں کہیں، ہر جگہ جہاں۔

**wherewithal** *n.* بول چال:چیزیں، خصوصاً روپیہ وغیرہ جو کسی مقصد کے لیے درکار ہو۔

**wherry** *n. (pl.-ies)* ہلکی کھینے والی کشتی؛ایک بڑا مگر ہلکا بجرا۔

**whet** *v.(whetted,whetting)* ① (اوزار یا ہتھیار پر) سان رکھنا۔② (اشتہا،شوق،تجسّس وغیرہ کو) تیز کرنا، بھڑکانا۔

**whether** *conj.* آیا، خواہ (یہ یا وہ)

*(I'll see whether he's in)*

**whetstone** *n.* سان،سلی، عمدہ دانے دار پتھر جو اوزار تیز کرنے کے کام آتا ہے۔

**whey** *n.* ودھ کا پانی، جو دہی بننے کے بعد بچا رہتا ہے۔

**which** *adj. & pron.* ① کسے، کون سا یا سی۔ ② جو، جون سا۔③ جس میں، جس کے لیے، جس پر، جسے۔④ کون سا، کس، جس۔

**whichever** *adj. & pron.* ①جو بھی، جون سا بھی۔② کوئی بھی، کوئی۔

**whiff** *n.* ہوا کا ہلکا سا جھونکا یا بو باس۔

**Whig** *n.* تاریخ، سیاسیات:وگ، برطانیہ کی اصلاح پسند اور آئینی جماعت کا کوئی رکن جو ۱۶۸۸ء کے بعد پارلیمنٹ کی بالادستی کے لیے کوشاں رہی اور جس کی جگہ بالآخر انیسویں صدی میں لبرل پارٹی نے لے لی۔

**while** *n. & conj.* اسم:مدّت، وقت جو کسی کارروائی میں لگے۔عطف:①اس دوران میں، جس اثنا میں، اتنے عرصے اسی وقت یا دوران میں۔② اگرچہ، حالاں کہ۔□ **while away**-MEANWHILE = **the while** (وقت وغیرہ) مزے سے یا کسی دلچسپ انداز میں گزارنا۔

**whilst** *conj.* رک:WHILE۔

**whim** *n.* ①ترنگ، للک، لہر۔②متلوّن مزاجی۔

**whimper** *v. & n.* ف:ریں ریں کرنا، مری آواز میں رونا۔اسم:① ریں ریں، ٹھنک۔② مرا مرا لہجہ۔

**whimsical** *adj.* ① عجیب، انوکھا؛ظریفانہ۔② موجی، متلوّن مزاج۔● **whimsicality** اسم: انوکھا پن، خبطی پن۔ **whimsically** م ف۔

**whine** *n. & v.* اسم:①رونے کی آواز یا ایسی ہی کوئی چیخی تیز لمبی آواز۔②چڑچڑا انداز، ناتواں انداز میں گلہ شکوہ۔ف:①آواز سے رونا، بلکنا۔② چڑچڑے انداز یا ناتوانی کے ساتھ دکھڑا رونا۔● **whiner** اسم۔

**whinge** *v.* بول چال: جھینکنا، رریانا، چراہند کرنا۔

**whinny** *n. & v.* اسم:(ج:-ies) ہلکی سی یا خوشی بھری ہنہناہٹ۔ف:(-ies،-ied) ہلکے سے یا خوشی سے ہنہنانا۔

**whip** *n. & v.* اسم:① کوڑا، چابک۔② پھینٹی ہوئی کریم وغیرہ سے بنائی ہوئی ایک میٹھی ڈش۔③ کسی سیاسی جماعت میں نظم وضبط رکھنے کا نگران۔ف: (**whipping**، **whipped**) ① کوڑے مارنا، کوڑے مار مار کر چلانا۔② (کریم، انڈوں وغیرہ کو) پھینٹنا۔③ اچانک جھپٹ پڑنا، چھین لینا۔④ بول چال: چرالینا۔ □ **have the whip hand** کنٹرول رکھنا۔ **whip up** بھڑکانا، جوش دلانا۔

**whipcord** *n.* ① مضبوطی سے بل دی ہوئی ڈوری۔ ② کوئی اونی گٹھا ہوا غف کپڑا۔

**whiplash** *n.* ① کوڑے کی مار۔② سر کی چوٹ سے گردن میں جھٹکا۔

**whippet** *n.* گرے ہاؤنڈ سے ملتا جلتا ایک چھوٹا کتا۔

**whipping boy** *n.* قربانی کا بکرا، جسے دوسروں کی خطاؤں کی سزا دی جائے۔

**whippy** *adj.* لچکیلا، اسپرنگ دار۔

**whip-round** *n.* بول چال: چندہ، جو لوگوں سے کسی کام کے لیے لیا جائے، بھتّہ۔

**whirl** *v. & n.* ف: چکّر پہ چکّر کھانا، تیزی سے گھومنا، چکرا جانا۔اسم: ① چکّر، گھمیر۔② گہما گہمی۔③ ابتری یا پراگندگی کی حالت۔□ **give something a whirl** بول چال: کوئی کوشش کرنا۔

**whirlpool** *n.* گرداب، بھنور۔

**whirlwind** *n.* گردباد، بگولا۔

**whirr** *n. & v.* اسم: گھر گھر کی آواز، فراٹا، گھمر گھمر۔ف: پھراٹا بھرنا، گھمر گھمر چلنا۔

**whisk** *v. & n.* ف:① تیزی سے جھاڑنا یا سمیٹ لے جانا۔② پھینٹنا، متھنا۔③ سبھج سے یا فوری لے جانا۔ اسم:① تیزی سے ہٹانے، اٹھانے یا لے جائے جانے کا عمل۔② (پھینٹنے کی) رئی یا مدھانی۔③ مورچھل، بہارنی جو مٹی جھاڑنے یا مکھیاں بھگانے کے کام آئے۔

**whisker** *n.* ① (**wiskers**) گل مچھے، مردوں کے چہرے پر اُگنے والے بال۔② بلّی وغیرہ کے منہ پر سخت کھڑے بالوں میں سے کوئی۔

**whisky** *n.* (*US & Ir.* **whiskey**) وِسکی (اناج خصوصاً جو وغیرہ سے) کشید کی ہوئی شراب۔

**whisper** *v. & n.* ف: زیرلب بات کرنا، سرگوشی کرنا۔اسم:① سرگوشی، کھسر پھسر۔② افواہ، گپ۔

**whist** *n.* تاش کا ایک کھیل، ترپ چال سے مشابہ جس میں دو جوڑے حصّہ لیتے ہیں۔

**whistle** *n. & v.* اسم:① سیٹی کی چبھتی تیز آواز۔② سیٹی جیسی آواز۔③ سیٹی (بجانے کا آلہ) ف: ① سیٹی بجانا؛ سیٹی بجا کر کوئی اشارہ کرنا یا بلانا۔② سیٹی کے ذریعے کوئی دُھن بجانا۔● **whistler** اسم۔

**whistle-stop** *n. & adj.* اسم: کسی دورے کے درمیان توقف۔صف: (دورہ) تیز، مختصر وقفوں کا توقف۔

**Whit** *adj.* جو وٹ اتوار سے متعلق ہو یا وٹ اتوار (ایسٹر کے بعد ساتواں اتوار) کے بعد آئے۔

**white** *adj. & n.* صف:① سفید، اُجلا، دودھ یا برف جیسا۔② سفید سا خصوصاً چہرہ جو فق ہو۔③ (کافی یا چائے) دودھ یا کریم کے ساتھ پیش کی ہوئی۔اسم:① سفید رنگ۔② سفید لباس یا سفید کپڑا۔③ (کسی کھیل میں) سفید مہرہ، گوٹ، گیند وغیرہ۔④ گورا، گوری نسل کا کوئی فرد۔⑤ انڈے کی سفیدی۔⑥ آنکھ کی سفیدی۔● **whiteness** اسم: سفیدی، چٹّا پن۔

**white ant** *n.* دیمک، ارضیہ۔

**whitebait** *n.* (*pl.* same) بہت چھوٹی مچھلیاں جنہیں کھایا جاتا ہے۔

**whiteboard** *n.* تختۂ سفید، اس پر رنگین قلم سے لکھتے ہیں جسے مٹا کر صاف کیا جاسکتا ہے۔

**white-collar worker** *n.* کارکن، جس کے کام میں جسمانی مشقت درکار نہ ہو۔

**white elephant** *n.* سفید ہاتھی، چیز یا جائداد جو اپنی افادیت کھو چکی ہو یا جس کی ضرورت نہ رہی ہو۔

**white gold** *n.* سفید سونا، سونے کی کوئی بھرت جس کا رنگ روپہلا ہوتا ہے، زیورات میں مستعمل۔

**whiten** *v.* سفید یا سفید تر کرنا یا ہو جانا۔

**white hope** *n.* فرد جس سے یہ توقع ہو کہ کارہائے نمایاں انجام دے سکے گا۔

**white horses** *n. pl.* سمندر کی لہریں جن کے جھاگ سفید ہوتے ہیں۔

**white-hot** *adj.* (دھات کے لیے) حدّت سے سفید تپتی ہوئی۔

**white lie** *n.* سفید جھوٹ، کوئی بے ضرر چھوٹا جھوٹ۔

**white noise** *n.* شور جس میں ایک سی شدّت کے کئی تعدّ دات کی امواج مل رہی ہوں؛ تیز سی سی کی آواز۔

**White Paper** *n.* قرطاس ابیض، سرکاری رپورٹ جو کسی مسئلے پر معلومات فراہم کرے یا تجاویز پیش کرے۔

**white sale** *n.* گھریلو استعمال کے کپڑوں، چادروں وغیرہ کی فروخت۔

**white spirit** *n.* ہلکا پٹرولیم جس سے محلل کا کام لیا جاتا ہے۔

**whitewash** *n. & v.* اسم: ① سفیدی، قلعی۔ ② اغلاط یا نقائص چھپانے کا کوئی گر۔ ف: ① سفیدی یا قلعی کرنا، لپائی پتائی کرنا۔ ② (غلطیاں، نقائص) چھپانا، کسی کی بدنامی پر پردہ ڈالنے کی کوشش کرنا۔

**whither** *adv.* قدیم: کس طرف کو، کدھر کو۔

**whiting** *n.* (*pl.* same) ایک چھوٹی سمندری مچھلی جس کا گوشت سفید ہوتا ہے۔

**whitlow** *n.* انگوٹھے یا انگلی کے ناخن کے پاس تکلیف، سوجن۔

**Whitsun** *n.* وٹ اتوار اور اس کے آس پاس کے دن۔ ● **Whitsuntide** اسم: ہفتہ یا اختتام ہفتہ جس میں وٹ اتوار شامل ہو۔

**whittle** *v.* ① بار بار چھیل کر (لکڑی کو) کوئی شکل دینا۔ ② بار بار گھٹا کر کم کرنا، چھٹ چھٹا کر تھوڑا رہ جانا۔

**whizz** *n. & v.* (also **whiz**) اسم: ① زنّاٹا۔ ② فرد جو کسی ہنر میں طاق ہو۔ ف: (**whizzed**، **whizzing**) زناٹے سے گزرنا، زن زن کرتے ہوئے جانا۔

**whizz-kid** *n.* (also **whiz-kid**): بول چال: عالی دماغ، نہایت قابل یا کامیاب نوجوان۔

**who** *pron.* ① کون، کس نے، کسے، جو، جسے۔ ② اور (یا لیکن) وہ جس نے، جنھوں نے۔

**whodunnit** *n.* (*US* **whodunit**): بول چال: بوجھوکون، کوئی کہانی یا ڈراما جو کسی جرم، خصوصاً قتل کا سراغ لگانے کے بارے میں ہو۔

**whoever** *pron.* ① جو بھی، کوئی بھی۔ ② چاہے کوئی یا کسی کو، چاہے کسی کا۔ ③ کبھی کسی نے، کون ہے جس نے کبھی۔

**whole** *adj. & n.* صف: ① مکمل، سالم، سموچا، پورے کا پورا۔ ② خالص، جس کا کوئی جز والگ نہ کیا گیا ہو۔ اسم: ① مکمل شے۔ ② تمام کی تمام شے۔ ③ تمام لوگ، اراکین وغیرہ۔ □ **on the whole** ہر اعتبار یا لحاظ سے، مجموعی طور پر۔

**wholefood** *n.* مکمل غذا اصلی یا قدرتی شکل میں۔

**wholehearted** *n.* ① دلی، پُر جوش، سنجیدہ۔ ② پوری کوشش، توجہ اور خلوص سے کی جانے والی (شے)

**wholemeal** *adj.* گیہوں یا کسی اور اناج کے بغیر چھنے آٹے سے بنا ہوا۔

**whole number** *n.* صحیح عدد، جس میں کسریں شامل نہ ہوں۔

**wholesale** *n., adj. & adv* اسم: تھوک، تھوک فروشی۔ صف وم ف: ① تھوک کے ذریعے، تھوک کی قیمت پر۔ ② بہت بڑے پیمانے پر تھوک کے حساب سے۔ ● **wholesaler** اسم: تھوک فروش۔

**wholesome** *adj.* جسمانی، ذہنی یا اخلاقی صحت کے لیے اچھا، صحت بخش۔ ● **wholesomeness** اسم۔

**wholism** HOLISM کا متبادل۔

**wholly** *adv.* کلّی، قطعی طور پر، ہر طرح سے، بالکل۔

**whom** WHO کی مفعولی حالت۔

**whoop** *n. & v.* (also **hoop**) اسم: نعرہ جوخوشی، جوش میں لگایا جائے۔ ف: نعرۂ مستانہ بلند کرنا۔

**whooping cough** *n.* کتا کھانسی، کالی کھانسی۔

**whopper** *n.* بول چال: ① اپنی قسم کی بہت بڑی شے۔ ② پرلے درجے کا جھوٹ۔

**whore** *n.* طوائف۔

**whorl** *n.* ① پودے کے ڈنٹھل کے گرد پتیوں یا پتوں کا دائرہ، گول گچھا۔ ② سیپی پر مرغولے کا ایک پیچ۔ ③

انگل چھاپ میں پورادائرہ۔④ مرغولے کا ایک حلقہ۔

**who's** *n.* اختصار:who is, who has۔

وضاحت: چونکہ یہاں علامت تملیکی (apostrophe) لگی ہوئی ہے اس لیے who's پر آسانی سے whose کا مغالطہ ہوسکتا ہے۔ دونوں کا درست استعمال یوں ہے: Who's there?(= Who is there?) Who's taken my pen?(=Who has taken my pen?), Whose book is this?(=Who does this book belong to?)۔

**whose** *pron. & adj.* کسی کا/کی؛ جس کا/ کی (نیز) کس کا/ کی۔

**whosoever** *pron.* =WHOEVER۔

**why** *adv. & int.* م ف:① کیوں، کس لیے، کس بنا پر۔② جس وجہ رسبب سے۔ فجائیہ: اچانک دریافت کر لینے یا پہچان جانے پر۔

**wick** *n.* اسم: بتی، فتیلہ (لالٹین یا چراغ میں)

**wicked** *adj.* ① خبیث، پاجی، لچا، بدکار۔② بدمزاج، چڑچڑا، پُر آزار۔③ شیطان، شریر۔④ بول چال: واہیات، بیہودہ؛ ہیبت ناک، ڈراؤنا۔⑤ بول چال: بڑھیا، کمال کا، غضب کا۔● **wickedly** م ف۔ **wickedness** اسم: بدی، بدمعاشی۔

**wicker** *n.* بید، جھاؤ وغیرہ کی گتھی ہوئی ٹہنیاں جن سے کرسیاں، ٹوکریاں، چٹائیاں وغیرہ بُنی جاتی ہیں۔● **wickerwork** اسم: بید، جھاؤ وغیرہ کا بنا ہوا کام۔

**wicket** *n.* کرکٹ: وکٹ، تین تین ڈنڈوں کا سیٹ جن پر گلیاں دھری ہوتی ہیں، دونوں وکٹوں کے درمیان زمین کی پٹی۔

**wide** *adj. & adv.* صف:① چوڑا، چکلا۔② چوڑائی میں۔③ لمبا چوڑا، بہت پھیلاؤ والا۔④ کھلا، کشادہ۔⑤ پوری طرح کُھلا ہوا۔⑥ کسی نشان سے اچھے خاصے فاصلے پر۔ م ف: چوڑائی میں، کافی دور دور تک۔② پوری طرح۔□ **wide awake** بول چال: چوکس، ہوشیار۔ ● **widely** م ف: دور دور تک۔ **wideness** اسم۔

**widen** *v.* چوڑا کرنا یا ہونا۔

**widespread** *adj.* دور دور تک پھیلا، کافی وسیع علاقے پر محیط۔

**widow** *n.* بیوہ۔● **widowhood** اسم: بیوگی۔

**widowed** *adj.* جس کا شریک حیات مر چکا ہو۔

**widower** *n.* رنڈوا، جس کی بیوی مر چکی ہو اور اس نے دوسری شادی نہیں کی ہو۔

**width** *n.* ① چوڑائی، چوڑان، عرض۔② پورے عرض کا کپڑا وغیرہ۔③ وسعت، پہنائی۔

**wield** *v.* ① (ہتھیار یا اوزار سے) کام لینا۔② (اختیار، اقتدار وغیرہ کو) بروئے کار لانا۔

**wife** *n.* (*pl.* **wives**) بیوی، زوجہ، بیگم، جورو۔ ● **wifely** صف: بیوی کا سا، بیوی کے لائق۔

**wig** *n.* مصنوعی بال، وگ؛ مصنوعی بالوں کی ٹوپی۔

**wiggle** *v. & n.* تیزی سے لہرا لہرا کر کبھی دائیں کبھی بائیں ہو کے چلنا یا اس طرح لہراتی چال سے چلانا۔ اسم: ایسی لہریا چال۔● **wiggly** صف: لہریا چال والا۔

**wigwam** *n.* شمالی امریکا کے قدیم باشندوں کا قبہ نما جھونپڑا یا خیمہ۔

**wild** *adj. & n.* صف:① وحشی (جانور) یا خودرو (پودا) ② جنگلی، غیر مہذب۔③ اُجاڑ، ویران۔④ آپے یا قابو سے باہر۔⑤ طوفانی، غضب کا۔⑥ بول چال: جھلّایا ہوا، غصّے میں بھرا۔⑦ الل ٹپ، اٹکل پچو۔⑧ دیوانہ وار فریفتہ۔ اسم: (the wild ، the wilds) ویرانہ، اُجاڑ، بیابان۔● **wildly** م ف۔ **wildness** اسم۔

**wildcat** *adj.* (ہڑتال) اچانک اور غیر تنظیمی۔

**wildebeest** *n.* (*pl.* same or **wildebeests**) =GNU ایک افریقی ہرن۔

**wilderness** *n.* ویرانہ، دشت، بیابان۔

**wildfire** *n.* □ **spread like wildfire** جنگل کی آگ کی طرح، آن کی آن میں پھیل جانا۔

**wildfowl** *n. pl.* پرندے جن کا شکار کھیلا جائے۔

**wild goose chase** *n.* بے نتیجہ جستجو، کام۔

**wildlife** *n.* جنگلی جانور اور نباتات مجموعی طور پر۔

**wiles** *n. pl.* حیلہ، مکر، فریب۔

**wilful** *adj.* (*US* **willful**) ① جان بوجھ کر، دیدہ و دانستہ، عمداً۔② اڑیل، ضد کا پورا، سرکش۔●

**wilfully** م ف۔ **wilfulness** اسم: خودسری۔

**will**[1] *v.aux.* یہ بطور امدادی فعل I اور we کے ساتھ مضبوط ارادہ ظاہر کرنے کے لیے استعمال ہوتا ہے اور باقی you، he، she، it، they کے ساتھ بطور صیغۂ مستقبل۔

**will**[2] *n. & v.* اسم: ① ارادہ، مرضی۔ ② عزم، تہیّہ۔ ③ اپنے ارادوں پر اثرانداز ہونے یا دوسروں پر غالب آنے کی قوت۔ ④ وصیت، وصیت نامہ۔ ⑤ دوسروں کے بارے میں اچھی یا بُری خواہش۔ ف: ① قوت ارادی کو بروئے کار لانا، اس کے ذریعے اکسانا یا مجبور کرنا۔ ② وصیت کے ذریعے دینا یا بخشنا۔ □ **at will** جب جی چاہے۔ **have one's will** جو چاہنا سو کرلینا۔

**willie** WILLY کا متبادل۔

**willing** *adj.* ① آمادہ، راضی، تیار۔ ② جو کسی آدمی نے اپنی مرضی سے کیا یا دیا ہو۔ ● **willingly** م ف۔ **willingness** اسم: آمادگی۔

**will-o'-the-wisp** *n.* ① دلدلی علاقوں میں نظر آنے والی روشنی جو شاید گیسوں کے احتراق سے بن جاتی ہے۔ ② چھلاوا، آدمی جس کا ہاتھ آنا مشکل ہو۔ ③ موہوم اُمید یا خام خیالی پر مبنی منصوبہ۔

**willow** *n.* (also **willow tree**) بید، بید کا درخت یا جھاڑی جن کی لچکدار شاخیں ہوتی ہیں۔

**willowy** *adj.* لچکیلا اور چھریرا۔

**will-power** *n.* قوت ارادی، ضبطِ نفس، ارادے کی پختگی۔

**willy** *n.* (*pl.* **-ies**) (also **willie**) بول چال: عضوِ تناسل۔

**willy-nilly** *adv.* چاروناچار، طوعاً و کرہاً۔

**wilt** *v.* مُرجھانا، کمھلانا، پژمردہ ہونا۔

**wily** *adj.* (**wilier, wiliest**) حیلہ باز، عیّار، مکّار۔ ● **wiliness** اسم: عیّاری۔

**wimp** *n.* بول چال: نحیف یا نکما آدمی۔

**win** *v. & n.* ف: (**winning، won**) ① مقابلہ میں جیتنا، کامیاب ہونا۔ ② فاتح ہونا۔ اسم: (کسی کھیل، وغیرہ میں) جیت، فتح۔ □ **win over** ہم نوا بنالینا، تائید حاصل کرنے میں کامیاب ہوجانا۔

**wince** *n. & v.* اسم: تکلیف یا پریشانی سے بے ساختہ چونکنے یا پیچھے ہٹنے کا عمل۔ ف: ہچکنا، دبکنا، ٹھٹھکنا۔

**winch** *n. & v.* اسم: ① دھرے یا پہیے کا کج گردانہ۔ ② گھرنی، آہنچ۔ ف: گھرنی سے اُٹھانا۔

**wind**[1] *n. & v.* اسم: ① (تیز یا ہلکی) ہوا، کسی خاص سمت سے آنے والی یا کسی طرح کی ہوا۔ ② دم، سانس، تنفس۔ ③ لایعنی تقریر۔ ④ ریاح، نفخ۔ ⑤ کسی سازینے کے کل ہوائی ساز۔ ف: مشقّت یا ضرب سے بے دم کر دینا۔ ② بوسونگھ کر سراغ نکالنا۔ □ **get wind of** بول چال: اُڑتی اُڑتی خبر سُن لینا۔ **in the wind** جو درپیش ہو یا پیش آنے والا ہو۔ **put the wind up** بول چال: خوف زدہ کردینا۔ **take the wind out of a person's sails** پہلے ہی وہ کرگزرنا یا کہہ دینا جو کوئی اور کرنے یا کہنے کی سوچ رہا ہو، کسی پر اوس ڈالنا۔

**wind**[2] *v.* (**wound, winding**) ① گھوم کر یا چکّر کھا کر جانا، پیچاک یا مرغولے کی صورت اختیار کرنا۔ ② لپیٹ لینا، کسی چیز کے گرد کنڈل مارلینا۔ ③ گولا یا پنڈا بنانا، تاگا وغیرہ لپیٹ دینا۔ ④ (گھڑی وغیرہ میں) چابی / کوک دینا۔ ⑤ گھرنی کی مدد سے اُٹھانا یا کھینچنا۔ □ **wind down** بول چال: سکھ کی سانس لینا۔ **wind up** ① (گھڑی وغیرہ میں) چابی بھرنا۔ ② ختم کرنا، اختتام پرلانا۔ ③ (کسی کمپنی کا) حساب کتاب چکا کر ختم کرنا۔ ④ بول چال: کسی کو اتنا دق کرنا کہ وہ آگ بگولا ہوجائے۔ ● **winder** اسم: لپیٹ لینے والی شے، چابی، پھرکی۔

**windbag** *n.* بول چال: بک بک کرنے والا شخص۔

**windbreak** *n.* ہواتوڑ، کوئی چیز، درختوں کی قطار، باڑ، دیوار وغیرہ، جو ہوا کا زور توڑنے کا کام دے۔

**wind-chill** *n.* ہوا کی خنکی، ٹھٹھرن جو ہوا کے چلنے سے پیدا ہو۔

**windfall** *n.* ① آندھی کا پھل، جو ہوا کے زور سے ٹوٹ گرے، ٹپکا۔ ② دولت جو بیٹھے بٹھائے مل جائے۔

**wind farm** *n.* توانائی پیدا کرنے والی پون چکیوں یا ہوائی چرخیوں سے پُر کوئی گوشہ۔

**wind instrument** *n.* باجا جو پھونک سے بجایا جائے۔

**windlass** *n.* گھرنی، اُفقی دھرے والی چرخی جس سے کھینچنے یا اُٹھانے کا کام لیا جاتا ہے۔

**windmill** *n.* پون چکّی۔

**window** *n.* ① کھڑکی، شیشہ جو کھڑکی میں لگا ہوتا ہے۔② دُکان کی کھڑکی کے ساتھ وہ جگہ جہاں مال کی نمائش کی جائے۔③ کمپیوٹر کے پردے پر علاحدہ بنا ہوا فریم جہاں سے مختلف معلومات دیکھی جاسکتی ہے۔

**window box** *n.* پھول پودے اُگانے کی غرض سے کھڑکی کے باہر رکھا ہوا بکس۔

**window dressing** *n.* ①دکان کی کھڑکی وغیرہ میں چیزیں سجانے کا فن۔② حقائق کو اس طرح بنا سنوار کر پیش کرنے کا عمل جس سے اچھا تأثر ملے۔

**window-shopping** *n.* کوئی چیز خریدے بغیر دُکان کی کھڑکیوں میں سجا مال دیکھ کر خوشی کا اظہار۔

**windpipe** *n.* نرخرا۔

**windscreen** *n.* (*US* **windshield**) موٹر کار وغیرہ کے سامنے کا ہوا روک بڑا شیشہ۔

**windsock** *n.* مستول پر نصب کرمچ کا تھیلا جو ہوائی اڈوں وغیرہ پر ہوا کا رُخ ظاہر کرتا ہے۔

**windsurfing** *n.* تیراک تختے پر چڑھ کر آب سواری کا کھیل۔● **windsurfer** اسم۔

**windswept** *adj.* بادزدہ، ہوا کی مار کھایا ہوا یا ہوا کے زور سے پیچھے کو جھکا ہوا۔

**wind tunnel** *n.* عمارتوں، طیاروں وغیرہ کے نمونوں پر سے ہوا کا دھارا گزارنے کا آلہ جس کے ذریعے پتا چلایا جاتا ہے کہ ان پر ہوا کے کیا اثرات مرتب ہوں گے۔

**windward** *adj., adv. & n.* صف و م ف: روبہ ہوا، اس طرف جدھر سے ہوا آرہی ہو۔ اسم: سمت یا علاقہ جدھر سے ہوا چلے۔

**wine** *n.* اسم: ①انگوری شراب۔②ایسی ہی کوئی دوسرے پھلوں سے کشید کی ہوئی شراب۔③ گہرا سرخ۔ □ **wine and dine** کھلانا پلانا، شراب وکباب کی محفل گرم کرنا۔

**wine bar** *n.* بار یا چھوٹا ریستوران جہاں بیشتر شراب ہی ملتی ہو۔

**wing** *n. & v.* اسم: ①پر، بال و پر، پنکھ، کسی پرندے، چمگادڑ یا کیڑے کا وہ عضو جس سے وہ اُڑتا ہے۔② کسی عمارت وغیرہ کا کوئی حصّہ جو ایک سمت میں پھیلا یا بڑھا ہوا ہو۔③فٹ بال، ہاکی وغیرہ میں مرکز سے دائیں بائیں کھیلنے والا کوئی اگلا کھلاڑی۔④(**wings**) تھیٹر کے اسٹیج کے دونوں پہلو۔⑤بازو، کسی سیاسی جماعت کا گروہ، اپنے خیالات کی انتہاپسندی کے لحاظ سے۔⑥ جنگی صف آرائی میں کوئی بازو۔⑦ کار، بس وغیرہ کا وہ حصّہ جو پہیّوں کو ڈھکے ہو۔ف: ① اُڑتے جانا (پروں کے زور سے یا طیارے پر سوار ہوکر)②پر یا بازو کو زخمی کرنا۔③ تیزی سے حرکت کرنا۔□ **on the wing** اُڑتا ہوا، محوِ پرواز۔ **take under one's wing** اپنی سرپرستی/حفاظت میں لے لینا۔ **take wing** اُڑجانا، اُڑے اُڑے پھرنا۔● **winged** صف: پردار۔

**winger** *n.* فٹ بال، ہاکی وغیرہ میں وہ کھلاڑی جو کسی پہلو میں کھیلے۔

**wink** *v. & n.* ①(آنکھ یا آنکھیں) جھپکنا،②آنکھ مچکانا، آنکھ مار کے اشارہ کرنا۔③ (روشنی وغیرہ کا) ٹمٹمانا، جھلملانا۔اسم: ①آنکھ سے اشارہ۔② ذرا سی نیند یا جھپکی۔ □ **not a wink** ذرا سی بھی نیند نہیں۔

**winkle** *n.* کوئی سمندری خوردنی شکم پا صدفہ۔□ **winkle out** اُگلوالینا، کھینچ لینا/نکالنا، اکھیڑ دینا۔

**winner** *n.* ① جیتنے والا، فاتح۔② بول چال: نہایت کامیاب، امید افزا خیال، دھندا وغیرہ۔

**winning** *adj. & n.* صف: دلکش، دل جیتنے والا، راغب کر لینے والا۔اسم: (**winnings**) جیتی ہوئی رقم (خصوصاً شرط وغیرہ لگا کر)

**winnow** *v.* پچھوڑنا، اناج سے بھس الگ کرنا۔

**wino** *n.* (*pl.* **-os**) بول چال: نشے میں ہر وقت دُھت رہنے والا شخص۔

**winsome** *adj.* دل فریب، دل آویز، پُرکشش۔

**winter** *n. & v.* اسم: جاڑا، سردیاں، موسم سرما۔ف: جاڑا گزارنا (کسی خاص جگہ)● **wintry** صف۔

**wipe** *v. & n.* ف:①(کپڑے یا ہاتھ سے) پونچھ کر صاف یا خشک کرنا۔② (گرد وغیرہ) جھاڑنا۔③ کسی سطح پر (سیّال وغیرہ کو) رگڑ رگڑ کر پھیلانا۔اسم: پونچھنے کا عمل؛ پونچھنے کا کپڑا، صافی وغیرہ۔□ **wipe out** نیست و نابود کر دینا، مٹا دینا۔

**wiper** *n.* ونڈ اسکرین کو بارش کے پانی، دھند وغیرہ سے صاف رکھنے کی خودکار ڈنڈیاں۔

**wire** *n. & v.* اسم: ① تار، تار کا ٹکڑا۔ ② بجلی کے تار یا باڑ بنانے کے تار کا گچھا۔ ف: تار سے کسنا، باندھنا، تار لگانا؛ بجلی کے تار نصب کرنا۔

**wiring** *n.* ① تار بندی، بجلی پہنچانے والے تاروں کا نظام۔ ② اس نظام کی تنصیب۔

**wiry** *adj.* **(wirier, wiriest)** تار کی طرح؛ کڑا؛ چھریرا اور مضبوط۔ ● **wiriness** اسم: مضبوطی۔

**wisdom** *n.* ① دانائی، عقل مندی۔ ② دانش، حکمت۔ ③ دانش مندانہ اقوال، افکار وغیرہ۔

**wisdom tooth** *n.* عقل ڈاڑھ (آخری چار ڈاڑھیں جو عموماً بیس سال کی عمر سے نکلتی ہیں)

**wise** *adj.* ① دانا، عقل مند؛ دانش مندانہ، سمجھ داری کا۔ ② عاقلانہ، فہیم، ذکی۔ □ **wise to** بول چال: باخبر، ہوشیار۔ ● **wisely** م ف: دانائی سے۔

**wiseacre** *n.* جو خود کو بڑا عقل مند ظاہر کرے۔

**wisecrack** *n. & v.* بول چال، اسم: پھبتا یا چبھتا ہوا جملہ۔ ف: جملہ چست کرنا، فقرہ کسنا۔

**wish** *v. & n.* ف: ① چاہنا، آرزو، تمنا، خواہش رکھنا۔ ② کسی چیز کا آرزومند یا تمنائی ہونا؛ اُمید یا تمنا ظاہر کرنا۔ اسم: ① خواہش، تمنا، آرزو یا خواہش، تمنا کا اظہار۔ ② **(wishes)** نیک خواہشات کا اظہار۔

**wishbone** *n.* کسی پرندے کی گردن اور سینے کے درمیان کی دوشاخہ ہڈی۔

**wishful thinking** *n.* حقائق کی بجائے اپنی خواہشوں پر یقین، خام خیالی۔

**wishy-washy** *adj.* کمزور، روکھا پھیکا، ڈھلمل۔

**wisp** *n.* ① گھاس وغیرہ کی پولی، مٹھا۔ ② دھوئیں وغیرہ کی لاٹ۔ ● **wispiness** اسم۔ **wispy** صف۔

**wistful** *adj.* (فرد، تیور وغیرہ) حسرت آمیز، غم زدہ، ملول۔ ● **wistfully** م ف۔ **wistfulness** اسم۔

**wit** *n.* ① تیز فہمی، ذکاوت، نکتہ سنجی، لطافت، ظرافت۔ ② ظرافت، بذلہ سنجی، شگفتہ مزاجی رکھنے والا شخص۔ □ **at one's wits' end** بالکل بے بس یا مایوس۔

**witch** *n.* ① جادوگرنی، ساحرہ، چڑیل۔ ② کوئی دل فریب لڑکی یا عورت۔

**witchcraft** *n.* جادوگری، جادو ٹونا کرنے کا عمل۔

**witch doctor** *n.* سیانا، بوجھا، کسی قبیلے کا جادوگر، طبیب، عامل۔

**witch hazel** *n.* جھاڑی جس کی چھال اور پتیوں سے حاصل ہونے والا عرق جس سے خون بہنا رک جاتا ہے۔

**witch-hunt** *n.* بول چال: ایسے لوگوں کی تلاش کرنے اور ایذا پہنچانے کی مہم جو اختلافی یا آزادانہ نظریات رکھتے ہوں۔

**with** *prep.* سے، کے ساتھ، مع: ① وسیلہ یا آلہ جس سے کام لیا جائے؛ ساتھ یا پاس؛ وجہ یا سبب۔ ② کسی وصف یا شے کا حامل ہونے کی حالت۔ ③ آس پاس کے متعلقہ حالات۔ ④ طور جو اپنایا یا ظاہر کیا گیا ہو۔ ⑤ اتفاق رائے یا ہم آہنگی۔ ⑥ نااتفاقی، مخاصمت، مقابلہ۔ ⑦ مادہ یا چیز کے لیے جو بننے میں کام آئی ہو۔ ⑧ اضافہ یا فراہمی؛ کسی چیز، وصف، حالت وغیرہ کے حامل ہونے کی کیفیت۔ ⑨ حوالہ یا لحاظ؛ تعلق یا سبب، رشتہ۔ ⑩ تسلیم شدہ صورت حال یا لحاظ۔ □ **with it** بول چال: تازہ ترین معاملات سے باخبر، نئے تصورات سے آشنا؛ چوکس اور سمجھ دار۔

**withdraw** *v.* **(withdrew, withdrawn, withdrawing)** ① کھینچ یا ہٹا لینا۔ ② جاری نہ رکھنا، منسوخ کرنا۔ ③ واپس لے جانا، اُٹھا لینا، ہٹا لینا۔ ④ کھاتے میں سے روپیہ نکال لینا۔ ⑤ الگ تھلگ ہو جانا، دور چلا جانا، واپس چلا جانا۔ ● **withdrawl** اسم۔

**withdrawn** *adj.* غیر معمولی طور پر شرمیلا، غیر ملنسار؛ کھویا کھویا، اپنی دنیا میں گم۔

**wither** *v.* ① مُرجھا جانا، کمھلانا۔ ② توانائی، زور، تازگی سے محروم ہو جانا۔ ③ گھٹنا، زوال پذیر ہونا۔

**withhold** *v.* **(withheld, withholding)** ① باز رکھنا، روکے رکھنا۔ ② دینے یا بتانے یا منظور کرنے سے انکار کرنا۔

**within** *adv. & prep.* م ف: ① اندر، اندر کو، اندر کی طرف۔ ② گھر میں۔ ③ بتائے وقت یا فاصلے کے اندر۔ حرف جار: ① گھرا ہوا، محصور۔ ② جو باہر نہ ہو یا بڑھا

ہوا نہ ہو۔

**without** *prep. & adv.* حرف جار:① بغیر، بلا، بنا۔② سے آزاد رہ کر۔③ غیر موجودگی میں۔④ بے توجہی یا ٹال مٹول سے۔⑤ باہر۔م ف: باہر سے، بظاہر۔

**withstand** *v.* **(withstood, withstanding)** (کسی فرد، قوت وغیرہ کی) مزاحمت یا مقابلہ کرنا، سامنے ڈٹے رہنا، تاب لانا۔

**witless** *adj.* کوڑھ مغز، عقل سے تہی، باؤلا۔

**witness** *n. & v.* اسم:① گواہ، شاہد۔② گواہ، جو حلفیہ شہادت دے، جو کسی دستاویز پر کسی شخص کے دستخط کی تصدیق کرے۔③ فرد یا شے جس کا وجود، حالت وغیرہ کسی امر کی گواہی دے یا اسے ثابت کرے۔④ شہادت، گواہی، تصدیق۔ف: (کسی وقوعے وغیرہ کو) اپنی آنکھوں سے دیکھنا۔

**witter** *v.* بول چال: چیں چاں کیے جانا، بیکار کے معاملوں پر بولے چلے جانا۔

**witticism** *n.* پھڑکتا ہوا جملہ، ظرافت آمیز جملہ۔

**witty** *adj.* **(wittier, wittiest)** خوش طبع، مزاحیہ، ذہین۔● **wittily** م ف۔ **wittiness** اسم۔

**wives** WIFE کی جمع۔

**wizard** *n. & adj.* اسم:① ساحر، جادوگر۔② صاحب کمال۔③ شعبدہ باز۔● **wizardry** اسم۔

**wizened** *adj.* سوکھا ہوا، جھریایا ہوا، چڑ مُڑ۔

**woad** *n.* ایک پودا جس سے نیلا رنگ حاصل کیا جاتا ہے۔

**wobble** *v. & n.* ف:① ڈولنا، ڈگمگانا، اِدھر اُدھر ہلنا، لڑکھڑانا، ڈھلملانا، پاؤں بہکنا۔② ہچکچانا، پس و پیش کرنا، ایک بات پر قائم نہ رہنا۔③ (آواز کا) لرزنا، تھرّانا۔ اسم: ① ڈولتی حرکت۔② لرزش، تھرتھراہٹ۔

**wobbly** *adj.* **(wobblier, wobbliest)** ① ڈگمگاتا ڈولتا، اوپر نیچے ہوتا ہوا۔② لڑکھڑاتا ہوا۔③ ڈھلمل، پُرتذبذب، غیر محفوظ۔□ **throw a wobbly** بول چال: گڑبڑا جانا یا ابل پڑنا، مزاج یا اعصاب قابو میں نہ ہونا۔

**wodge** *n.* بول چال: قتلہ، ڈلی، لونداْ۔

**woe** *n.* ① دُکھڑا، آفت، الم۔② مصائب، آفات۔③ پریشانیاں، مسائل۔● **woeful** صف: غمزدہ، دکھ بھرا۔ **woefully** م ف۔ **woefulness** اسم۔: غمگینی۔

**woebegone** *adj.* غم زدہ، دُکھی، سوگوار، افسردہ۔

**wog** *n.* بول چال، تحقیراً: کوئی غیر ملکی، خصوصاً جو گورا نہ ہو۔

**wok** *n.* پیالہ نما فرائی پان، خصوصاً چینی کھانا پکانے میں مستعمل۔

**woke, woken** WAKE کا ماضی و ماضیہ۔

**wold** *n.* زمین کا اونچا، کھلا اور غیر آباد قطعہ۔

**wolf** *n. & v.* اسم: (ج: **wolves**) ① بھیڑیا۔② بول چال: مرد جو عورتیں پھانستا رہتا ہو۔ ف: ندیدے پن سے کھانا۔□ **cry wolf** جھوٹ موٹ شور مچانا کہ خطرہ ہے۔● **wolfish** صف: بھیڑیے جیسا، ندیدہ۔

**wolfram** *n.* ٹنگسٹن یا ٹنگسٹن کی کچ دھات۔

**wolf whistle** *n.* بھیڑیا سیٹی، جو کسی کی جنسی دلکشی کی داد دینے کے لیے بجائی جائے۔

**woman** *n.* (*pl.* **women**) ① بالغ، جوان عورت۔② عام عورت۔③ بیوی یا محبوبہ۔

**womanhood** *n.* ① نسوانیت۔② نسوانی جبلّت۔③ صنف نسواں۔

**womanize** *v.* (also **-ise**) عورتوں کے پیچھے پھرنا، ان سے تعلقات رکھنا۔● **womanizer** اسم۔

**womankind** *n.* نوع نسواں، عورتیں، خواتین۔

**womanly** *adj.* وہ تمام اوصاف رکھنے والا جو روایتی طور پر عورتوں سے منسوب کیے جاتے ہیں۔● **womanliness** اسم: نسوانیت، عورت پن۔

**womb** *n.* بچہ دانی، رحم، کوکھ، جہاں پیدائش سے پہلے بچہ پروان چڑھتا ہے۔

**wombat** *n.* آسٹریلیا کا ایک سبزی خور، بل بنا کر رہنے والا تھیلی دار جانور، چھوٹے ریچھ سے مشابہ۔

**women** *n.* WOMAN کی جمع۔

**womenfolk** *n.* ① عام عورتیں۔② ایک خاندان کی عورتیں۔

**won** WIN کا ماضی و ماضیہ۔

**wonder** *n. & v.* اسم: ① حیرانی، حیرت، استعجاب۔② عجوبہ، اچنبھا، کرامات۔③ کراماتی، عجائباتی۔ ف: ① حیران ہو کر رہ جانا، اچنبھے میں ہونا/ رہنا، تعجب کرنا۔

۲ کسی بات کے معلوم ہونے پر حیرت زدہ رہ جانا۔

**wonderful** *adj.* ۱ کمال کا، دنگ کر دینے والا، بہت عمدہ، قابل تعریف۔ ۲ عجیب و غریب، حیرت ناک۔ ● **wonderfully** م ف: نہایت خوبی سے۔

**wonderland** *n.* پرستان، طلسم، حیرت کدہ۔

**wonderment** *n.* حیرت، تعجب، تحیّر۔

**wonky** *adj.* **(wonkier, wonkiest)** بول چال: ۱ ٹیڑھا میڑھا، ترچھا۔ ۲ ڈگمگ، ڈھلمل۔ ۳ بے اعتبار۔

**wont** *adj. & n.* صف، قدیم: حسب معمول۔ اسم: معمول، دستور، عادت۔

**woo** *v.* **(woos, wooed)** لگاوٹ کی باتیں کرنا، محبت جتانا، عورت سے شادی یا پیار کا طلب گار ہونا۔

**wood** *n.* ۱ لکڑی، کٹی ہوئی لکڑی، عمارت سازی، دستکاری وغیرہ میں مستعمل، نیز ایندھن کے لیے۔ ۲ (نیز **woods**) جنگل، بن۔ □ **out of the wood** خطرے یا مشکل صورت حال سے محفوظ۔

**woodbine** *n.* زہرۃ العسل، جنگلی شبدر، ایک بیل جس میں زرد خوشبودار پھول آتے ہیں۔

**woodcut** *n.* لکڑی کے کندے پر ابھرے ہوئے نقش ونگار کے ذریعے کوئی چھپائی۔

**wooded** *adj.* درختوں سے پٹا، پُر اشجار۔

**wooden** *adj.* ۱ لکڑی کا بنا، لکڑی جیسا۔ ۲ تاثر سے خالی۔ ● **woodenly** م ف: بھونڈے طور سے۔

**woodland** *n.* جنگل، بن۔

**woodlouse** *n.* (*pl.* **woodlice**) گھن، ارضہ، دیمک۔

**woodpecker** *n.* کٹھ پھوڑا، ہدہد، کھٹ بڑھئی۔

**woodwind** *n.* سازینے کے وہ تمام ساز وغیرہ جو پھونک کر بجائے جاتے ہیں، یہ پہلے پہل زیادہ تر لکڑی کے ہوتے تھے مثلاً شہنائی یا بانسری یا الغوزہ۔

**woodwork** *n.* ۱ لکڑی سے چیزیں بنانے کا کام۔ ۲ لکڑی کی بنی چیزیں؛ کسی عمارت میں لکڑی کا کام۔

**woodworm** *n.* فرنیچر کے بھونرے کا لاروا جو لکڑی میں چھید کر دیتا ہے۔

**woody** *adj.* **(woodier, woodiest)** ۱ (علاقہ) جہاں جنگل ہی جنگل ہو، جنگل سے پٹا۔ ۲ لکڑی کا یا لکڑی کی طرح ساخت، لکڑی پن۔

**woof** *n. & v.* اسم: (کتے کی) عف عف، غرّاہٹ، بھونک۔ ف: عف عف کرنا۔

**woofer** *n.* ایک لاؤڈ اسپیکر جو نیچی فریکوینسی کی آوازوں کو دہراتا ہے۔

**wool** *n.* ۱ بھیڑ بکری کے بال؛ اون، پشم۔ ۲ اونی دھاگا، اونی دھاگے سے تیار کیا ہوا کپڑا یا اونی لباس۔ □ **pull the wool over a person's eyes** کسی کی آنکھوں میں دھول جھونکنا۔

**woollen** *adj. & n.* (*US* **woolen**) صف: اونی۔ اسم: **(woollens)** اونی ملبوسات۔

**woolly** *adj. & n.* صف: **(woollier، woolliest)** ۱ اون دار، اون سے ڈھکا ہوا۔ ۲ اون جیسا۔ ۳ اونی، اون سے بنا ہوا۔ ۴ غیر واضح، مبہم، گول مول۔ اسم، بول چال: اونی لباس۔ ● **woolliness** اسم: اونی پن۔

**woozy** *adj.* **(woozier, wooziest)** بول چال: چکرایا ہوا، لڑکھڑاتا۔

**word** *n. & v.* اسم: ۱ لفظ، کلمہ۔ ۲ قول، تقریر۔ ۳ وعدہ، اقرار، یقین دہانی۔ ۴ بات، بات چیت، گفتگو، کلام۔ ۵ کسی گیت کے بول، جملے۔ ۶ تو تکار، تکرار۔ ف: الفاظ میں ادا کرنا، ادائے مطلب کے لیے لفظ چننا۔ □ **have a word with** ایک آدھ بات کرنا، مختصر بات کرنا۔ **have words** جھگڑنا۔ **word of mouth** (صرف) منہ زبانی بات۔

**wording** *n.* لفظوں کا انتخاب یا ترتیب جو کسی بات کو بیان کرنے کے لیے قائم کی جائے۔

**word-perfect** *adj.* از بر مکالمہ، وہ جسے اپنے مکالمے، تقریر از بر ہوں۔

**word processor** *n.* لفظ نگار، کمپیوٹر پر متن درج اور ذخیرہ کرنے کا نظام جس میں تصحیح کرنے اور چھپی ہوئی نقل نکالنے کی سہولت بھی ہوتی ہے۔

**wordy** *adj.* **(wordier, wordiest)** ۱ لفاظی سے معمور۔ ۲ لفظوں پر مشتمل۔

**wore** WEAR کا ماضی۔

**work** *n.* & *v.* اسم:① کام، دھندا، شغل، مصروفیت۔ ② کام جو نمٹنا ہو، کام جسے انجام دینے میں ایک معیّن وقت درکار ہو۔ ③ کام کرنے سے بننے والی چیز۔ ④ کام، روزگار، دھندا، خصوصاً جس میں آمدنی ہو۔ ⑤ کوئی ادبی تصنیف یا غنائی تخلیق۔ ⑥ کسی خاص طرح کا عمل یا تجربہ۔ ⑦ کسی خاص شے سے بنی ہوئی چیزیں یا اجزا یا جنھیں اوزاروں وغیرہ کی مدد سے بنایا گیا ہو۔ ⑧ کارخانہ، جہاں بڑے پیمانے پر چیزیں تیار ہوتی ہوں۔ ⑨ کسی خاص وضع کی آرائش۔ ف: ① کام کرنا، جسمانی یا ذہنی طور پر مشغول ہونا۔ ② کسی خاص طرح کا کام کرنا، ہم کار ہونا۔ ③ کدوکاوش کرنا، سعی کرنا۔ ④ کاریگر یا ہنرمند ہونا۔ ⑤ کام کرنا، چلنا۔ ⑥ (مشین کا) چلنا یا گھومنا یا باقاعدگی سے حرکت کرنا۔ ⑦ چلانا، سنبھالنا، نگرانی کرنا، قابو میں رکھنا۔ ⑧ کام لینا، کام میں لانا، (زمین) کاشت کرنا، جوتنا۔ ⑨ کر دکھانا، نتیجہ پیش کرنا۔ ⑩ بول چال: بندوبست یا انتظام کرنا۔ □ **work off** کام کرکے یا مشغول ہوکر کسی بات سے بتدریج نجات حاصل کرنا۔ **work one's way or passage** رقم دینے کی بجائے محنت مشقت کرکے کوئی قیمت ادا کرنا۔ **work out** ① ریاضی کا کوئی مسئلہ حل کرنا یا حساب لگاکر کوئی رقم معلوم کرنا، کسی مسئلے کو حل کرنا۔ ② نتیجہ خیز ہونا۔ ③ کوئی مقررہ نتیجہ نکلنا۔ ④ ورزش کرنا۔ **work to rule** کام حسب قاعدہ سرکاری ضابطوں کی پیروی مگر پیداوار اور کارگزاری میں کمی بطور احتجاج۔ **work up** ① رفتہ رفتہ ایسی حالت میں لے آنا کہ کام بخوبی ہو سکے۔ ② بتدریج نقطۂ عروج تک پہنچا دینا۔ ③ رفتہ رفتہ بھڑکانا، تھوڑا تھوڑا کرکے غصّہ دلانا۔

**workable** *adj.* ① جس سے کام لیا جاسکے، جو کام دے جائے۔ ② قابل عمل۔

**workaday** *adj.* ① معمولی، روزمرہ کا، عملی۔ ② کام کاج کے دن کے لیے موزوں۔

**workbook** *n.* مشقی کتاب، طالب علم کی کتاب جس میں مشقیں درج ہوں۔

**worker** *n.* ① کارکن، مزدور۔ ② حشرات میں کوئی لاجنس حشرہ یا غیر مکمل مادہ شہد کی مکھی جو اپنی بستی کے بنیادی کام انجام دے۔ ③ کامی، محنتی آدمی۔

**workhouse** *n.* سرکاری ادارہ جہاں مساکین کو کام کے عوض رہنے کی جگہ اور خوراک ملتی تھی۔

**working** *adj.* & *n.* صف: ① مصروفِ کار، خصوصاً ایسی محنت میں جو ہاتھ سے کی جائے، کام میں گزارا ہوا (وقت) ② کام کرتا ہوا۔ اسم: ① کان یا کان کا کوئی حصّہ۔ ② (**workings**) کسی چیز کے کام کرنے کا انداز یا ڈھب۔

**working class** *n.* & *adj.* اسم: مزدور یا کاریگر طبقہ۔ صف: (**working-class**) مزدور طبقے کا یا اس سے متعلق۔

**working knowledge** *n.* کام چلاؤ علم، اتنا علم جو کام چلانے کے لیے کافی ہو۔

**workman** *n.* (*pl.* **-men**) مزدور، کاریگر۔

**workmanlike** *n.* کاریگرانہ، ہنرمندانہ۔

**workmanship** *n.* ① کاریگری، ہنرمندی، کام کی عمدگی۔ ② کسی خاص آدمی کی بنائی ہوئی چیز۔

**workout** *n.* ورزش یا جسمانی تربیت کا کوئی دور۔

**workshop** *n.* ① کارخانہ، کارگاہ۔ ② مشاورت، خصوصی اجتماع یا اجلاس جس میں مل جل کر کسی خاص معاملے پر گفتگو کی جائے یا کسی سرگرمی میں حصّہ لیا جائے۔

**workstation** *n.* ① کسی صنعتی چیز کی تیاری کے دوران کوئی مرحلہ۔ ② کسی کمپیوٹر کا ٹرمینل اور کی بورڈ یا وہ ڈیسک وغیرہ جہاں واقع ہو۔

**worktop** *n.* تختۂ کار، خصوصاً باورچی خانے میں کام کرنے کی چورس جگہ۔

**world** *n.* ① دنیا یا دنیا جیسا کوئی سیّارہ، دنیا کے ممالک اور ان کے باشندے، کل عالم۔ ② بہت بڑی مقدار، بہت زیادہ، انتہا کا۔ ③ انسانی معاملات؛ دنیا کا کاروبار؛ عملی زندگی۔ □ **think the world of** کسی کے بارے میں حسنِ ظن رکھنا، کسی کا بہت گرویدہ ہونا۔

**worldly** *adj.* ① دنیاوی، دنیا کا۔ ② دنیا کے مزوں میں کھویا ہوا۔ ③ زندگی یا دنیا کی سوجھ بوجھ رکھنے والا۔ ● **worldliness** اسم: دنیاداری۔

**world wide** *adj.* عالم گیر، آفاقی، دنیا بھر میں۔

**World Wide Web** *n.* انٹرنیٹ پر ہر قسم کی معلومات کے لیے ایک مربوط نظام۔

**worm** *n. & v.* اسم:① کیڑا،کرم۔ ② کسی حشرے کا لمبا پتلا لاروا، خصوصاً پھل یا لکڑی میں۔③ **(worms)** پیٹ کے کیڑے،کیچوے۔④ بول چال: ذلیل یا حقیر آدمی۔⑤ پیچ کا چوڑی دار حصّہ۔ف:① رینگتے ہوئے چلنا، پیٹ کے بل چلنا۔② چالاکی سے کسی کا اعتماد حاصل کر لینا۔③ کھود کرید کر کسی سے کچھ (راز وغیرہ) معلوم کر لینا۔④ (پودے، کتے وغیرہ کے) کیڑے جھاڑنا/دور کرنا۔● **wormy** صف: کیڑوں بھرا۔

**worm-cast** *n.* کیچوے کا اگال، مٹی کے پیچ دار لچھے جو کیچوے باہر لا کر اگلتے ہیں۔

**worm-eaten** *adj.* ① گھن لگا، کڑ کھایا، کرم خوردہ، دیمک زدہ، بوسیدہ، گلا سڑا۔② پرانا، کھنڈلا۔

**wormwood** *n.* افسنتین ،ایک قسم کی تلخ جڑی۔

**worn** *past part.* of **wear** *adj.* ① تھکا ہارا، ماندہ، خستہ حال۔② گھسا پٹا، فرسودہ۔③ پامال۔

**worn out** *adj.* ① بے حال، تھک کر چور۔② گھسا پٹا، خصوصاً اتنا کہ مزید استعمال کے اہل نہ رہے۔

**worried** *adj.* پریشان، بے کل، متفکر، جس سے پریشانی کا تأثر ملے۔

**worry** *v. & n.* ف:(**-ies**،**-ied**)① پریشان ہونا، فکر مند ہونا، ذہنی کوفت میں مبتلا ہونا۔② پریشان کرنا، ستانا۔③ (کتے وغیرہ کا) بھنبھوڑنا، جھنجھوڑنا۔اسم: (ج: **-ies**) ① پریشانی، فکر، تردّد۔② تشویش، فکر مندی، ذہنی اضطراب، گھبراہٹ۔● **worrier** اسم: پریشان کن۔

**worse** *adj., adv. & n.* صف: بدتر، ابتر، زیادہ برا، خراب۔م ف: زیادہ بیمار یا زیادہ بری طرح بیمار۔اسم:① خراب تر باتیں یا باتیں۔② بدتر حالت۔□ **(none) the worse for** کی وجہ سے کچھ نہیں بگڑا۔

**worsen** *v.* اور بگاڑ دینا، بد سے بدتر ہو جانا۔

**worship** *n. & v.* اسم:① عبادت، پرستش، پوجا، عبادت کی رسوم، عمل یا طریقۂ کار۔② کسی شخص یا اصول کی بہت زیادہ تکریم یا تقدیس۔ف: (**worshipped**، **worshipping** امریکا: **worshiped**) ① عبادت یا پرستش کرنا، پوجنا، مذہبی رسوم ادا کرنا، تعظیم بجا لانا۔② کسی کا کلمہ پڑھنا، کسی پر جان چھڑکنا، جان و دل سے فدا ہونا۔● **worshipper** اسم: پجاری، عابد۔

**worst** *adj., adv., n. & v.* صف: بدترین، نہایت خراب۔م ف: بدترین انداز میں، بہت بُری طرح سے۔ اسم: کسی واقعے، صورت حال یا امکان کا بدترین حصّہ۔ ف: غالب آنا، شکست دینا، سبقت لے جانا۔□ **get the worst of** منہ کی کھانا، زک اٹھانا۔

**worsted** *n.* ایک اعلیٰ قسم کا اونی دھاگا یا کپڑا۔

**worth** *adj. & n.* صف:① کسی قیمت کا۔② جس کا کوئی جواز یا حاصل ہو؛ لائق، مستحق؛ جس کا کچھ عوض ملے۔ ③ اتنی مالیت کی املاک رکھنے والا۔اسم: قدر و قیمت جس کا کوئی فرد یا شے حامل ہو؛ کسی شے کی قیمت۔□ **for all one is worth** بول چال: ایڑی چوٹی کا زور لگا کر، کوئی کسر نہ چھوڑ کر۔ **worth one's while** مفید، کسی ایسے کام میں وقت گزاری یا ایسی محنت جس میں اپنا بھلا ہو۔

**worthless** *adj.* بیکار، نکما، بے حیثیت، خراب، بے وقعت۔● **worthlessness** اسم: بے وقعتی۔

**worthwhile** *adj.* وقت یا محنت کا صحیح بدل۔

**worthy** *adj. & n.* صف:(**worthier**، **worthiest**) ① قابل احترام، صاحب عزت۔② قابل، لائق، مستحق۔اسم:(ج : **-ies**) ① معزز، شریف شخص۔ ② صاحب امتیاز۔● **worthily** م ف۔ **worthiness** اسم: وقعت، منزلت۔

**would** *v. aux.* WILL[1] کا ماضی، خاص طور پر ان صورتوں میں:① اس کا استعمال ماضی کے صیغے میں will ہی کی طرح ہوتا ہے (الف) جس میں بالواسطہ گفتگو نقل کی جائے (ب) مشروط کیفیت کے اظہار کے لیے۔② کوئی عمل جسے بار بار کیا جائے۔③ سوال کرنے یا شائستگی سے کوئی درخواست کرنے کے لیے۔④ احتمال ظاہر کرنے کے لیے۔⑤ ادبی: خواہش کے اظہار کے لیے، کاش۔ ⑥ مرضی ظاہر کرنے کے لیے۔

**would-be** *adj.* جسے کچھ بننے کی تمنّا یا طلب ہو۔

**wound**[1] *n. & v.* اسم:① زخم، گھاؤ۔② گہرا داغ جو کسی کی نیک نامی کو لگے، جذبات کو لگنے والی گہری ٹھیس یا صدمہ۔ف: زخمی کرنا، گھاؤ لگانا، مجروح کرنا۔

**wound**[2] WIND[2] کا ماضی و ماضیہ۔

**wove, woven** WEAVE کا ماضی و ماضیہ۔

**wow** *int. & n.* فجائیہ: کلمہ جس سے حیرت یا تحسین

ظاہر کی جائے۔اسم:بول چال:سنسنی خیز کامیابی۔

**WP** تخفیف:word processor۔

**WPC** تخفیف:woman police constable۔

**w.p.m** تخفیف:words per minute (الفاظ فی منٹ ٹائپنگ میں)

**wrack** *n.* ایک سمندری بُوٹی۔

**wraith** *n.* ① بھوت پریت،سایہ،آسیب۔② کسی زندہ آدمی کا بھوت یا ہمزاد جو کسی کو نظر آئے۔

**wrangle** *n. & v.* اسم: تو تکار،تو تو میں میں،ٹنٹا، گرما گرمی۔ف: کسی بات پر لڑنا جھگڑنا، بحث مباحثہ کرنا۔

**wrap** *v. & n.* ف:(**wrapped**، **wrapping**) ① (کسی فرد یا شے کے گرد) کوئی نرم، آسانی سے تہ ہوجانے والی شے لپیٹ دینا۔اسم: شال یا اسکارف،کوئی لپیٹنے یااوڑھنے کی چیز۔□**under wraps** پوشیدہ، درپردہ، چھپایا ہوا۔**wrapped up** (کسی بات میں) محو،غرق یا منہمک۔**wrap up**① بول چال:پایۂ تکمیل کوپہنچادینا۔② گرم کپڑے پہننا۔

**wrapper** *n.* مٹھائی،چاکلیٹ وغیرہ لپیٹنے کا کاغذ۔

**wrapping** *n.* لپیٹنی، چیزیں جن سے لپیٹنے،ڈھانپنے کا کام لیاجائے۔

**wrath** *n.* غصّہ،قہر،غضب۔● **wrathful** صف: قہرآلود،غضبناک۔**wrathfully** م ف۔

**wreak** *v.* ①انتقام یا بدلہ لینا۔②توڑ پھوڑ کر رکھ دینا۔

**wreath** *n.* پھولوں کاہار یا گلدستہ۔

**wreathe** *v.* ① گھیرے میں لینا۔② گرد باہیں ڈالنا۔③ (دھویں وغیرہ کا) دائرے کی شکل میں حرکت کرنا۔④ ہار گوندھنا، گجرا بنانا۔

**wreck** *n. & v.* اسم:① کسی جہاز کی تباہی خصوصاً بیکار ہوجانے کی حالت۔② جہاز جوٹوٹ پھوٹ چکا ہو۔③ کوئی تباہ حال عمارت، شے یا فرد۔ف:①(جہاز وغیرہ کو) پارہ پارہ کرڈالنا، پرخچے اڑادینا۔② خاک میں ملا دینا۔③ ستیاناس کردینا۔

**wreckage** *n.* ①ٹوٹی پھوٹی چیزیں۔② کسی ٹوٹی چیز کا ملبا، باقیات۔

**wren** *n.* ایک بہت چھوٹی چڑیا۔

**wrench** *n. & v.* اسم:①جھٹک یا جھٹکا،مروڑ،زور سے بل یا مروڑ دے کر کھینچنے یا اکھاڑ لینے کا عمل۔② ڈھبریاں وغیرہ کھولنے کسنے کا اوزار، سنسی۔③ بچھڑنے یا اجاڑے جانے یا بے دخل کیے جانے کا غم۔ف: مروڑنا، جھٹکا یا بل دے کر کھینچنا یا ڈھیلا کرنا۔

**wrest** *v.* زبردستی لے لینا، چھین لینا؛ کھینچا تانی کر کے یا بڑی زورآزمائی سے حاصل کرنا۔

**wrestle** *n. & v.* اسم: کشتی، پہلوانی۔ف:① کشتی لڑنا، داؤ پیچ کرنا۔② ٹکّر لینا، مقابلہ کرنا، جدّ وجہد کرنا، (کسی کام یا مشکل سے نمٹنے کے لیے) پورا زور لگادینا۔

**wretch** *n.* کمینہ،گھٹیا،بدبخت،قابل رحم آدمی۔

**wretched** *adj.* ①نامراد، بدبخت،نحوست زدہ۔②بیہودہ،مہمل،ناگوار،فضول۔● **wretchedly** م ف۔ **wretchedness** اسم: بدنصیبی، بدبختی، بیچارگی۔

**wriggle** *v. & n.* ف:① کلبلانا،بل کھاکے چلنا۔②(کسی مشکل، پریشانی سے) چالاکی، ہوشیاری سے بچ نکلنا۔اسم: کلبل،کلبلاہٹ۔

**wring** *v.*(**wrung, wrigging**) ① بھینچنا، دبانا،کس کے نچوڑنا، مروڑنا۔② دق کرنا۔③ (رس،عرق وغیرہ) نچوڑلینا۔④ ہتھیانا،زبردستی چھین لینا۔

**wrinkle** *n. & v.* اسم:①جھرّی،شکن۔② سلوٹ، گُرس۔③ بول چال: نکتہ، خصوصاً کوئی کارآمد گُر یا جدّت۔ف: جھرّیاں یا سلوٹیں ڈالنا؛ جھرّیاں یا سلوٹیں پڑ جانا۔● **wrinkly** صف: جھرّیوں بھرا، پُرشکن۔

**wrist** *n.* ① کلائی، پہنچا۔② قمیص وغیرہ کا کف۔

**writ** *n.* حکم نامہ،کسی عدالت،سرکار،فرماں روا وغیرہ کی طرف سے تحریری حکم نامہ جس میں کسی کام کو کرنے یا نہ کرنے کی تاکید ہو۔

**write** *v.* (**wrote, written, writing**) ① لکھنا،تحریر کرنا۔② قلم پنسل وغیرہ سے کسی حرف،علامت، نشان وغیرہ کی شکل بنانا۔③ (کوئی متن، مضمون، ناول وغیرہ) اشاعت کے لیے لکھنا؛کسی صنف ادب میں کچھ تحریر کرنا۔④ خط لکھ کر بھیجنا۔□ **write off** ① کسی ڈوبے ہوئے قرضے یا کسی اثاثے کے ضائع ہونے کا اعتراف کرنا۔② حقیر گردان کے خاطر میں نہ لانا۔ **write up** ①پورا احوال قلم بند کرنا۔ ② (روزنامچے وغیرہ میں) اندراج کرنا۔

**write-off** *n.* قلمزد، کوئی شے جسے ردکردیا گیا ہو، خصوصاً کوئی کار، بس وغیرہ جو اتنی ٹوٹ پھوٹ چکی ہو کہ اس کی مرمّت نہ کی جاسکے۔

**writer** *n.* ① لکھنے والا، راقم۔ ② مصنف، ادیب۔

**writer's cramp** *n.* بسیار نویسی کی وجہ سے لاحق ہونے والا عضلاتی تشنّج۔

**write-up** *n.* تحریری یا مطبوعہ احوال، جائزہ، مضمون۔

**writhe** *v.* ① تڑپنا، تلملانا۔ ② تڑپ اٹھنا، تلملا جانا (ذہنی بے آرامی یا شرمساری سے)

**writing** *n.* ① تحریر، لکھائی۔ ② تحریریں، ادبی تصنیف، وغیرہ۔ □ **in writing** تحریری طور پر، لکھ کر۔

**writing paper** *n.* لکھنے کا کاغذ جو خصوصاً خط لکھنے کے لیے موزوں ہو۔

**written** WRITE کا ماضیہ۔

**wrong** *adj., adv., n. & v.* صف: ① غلط، غلطی پر، نادرست۔ ② ناموزوں، نامناسب۔ ③ قانون یا اخلاقیات کے منافی۔ ④ خراب، بگڑا ہوا۔ م ف: غلط طریقے سے، غلط سمت میں؛ جس سے غلط نتیجہ برآمد ہو۔ اسم: ① بداخلاقی پر مبنی، غلط بات۔ ② ناانصافی، زیادتی، ظلم۔ ف: ① ناانصافی کرنا، زیادتی کرنا۔ ② کسی کی نیت پر شبہ کرنا۔ □ **in the wrong** جھگڑے یا غلطی یا جرم کا ذمّہ دار، قصوروار۔ ● **wrongly** م ف: غلطی سے۔

**wrongdoer** *n.* بداخلاق، غلط کار، ظلم پرور۔ ● **wrongdoing** اسم: خطا، بدی۔

**wrongful** *adj.* ① غیر منصفانہ، ظالمانہ۔ ② ناجائز، غیر قانونی۔ ● **wrongfully** م ف: بے جا طور پر۔

**wrongheaded** *adj.* ضدّی، اڑیل، ہٹیلا، الٹی مت کا۔

**wrote** write کا ماضی۔

**wrought** *adj.* ① (دھاتیں) جنھیں ہتھوڑے کی چوٹ سے کوٹ پیٹ کر کوئی شکل دی گئی ہو۔ □ **wrought up** بے چین، مصیبت میں۔

**wrought iron** *n.* لوہے کی ایک مضبوط قسم، آگ میں تپا کر اور کوٹ کر شکل دینے کے لیے موزوں۔

**wrung** WRING کا ماضی اور ماضیہ۔

**wry** *adj.* **(wryer, wryest** or **wrier, wriest)** ① ٹیڑھا، ایک طرف کو مڑا۔ ② (چہرہ) تنفر یا مایوسی کی وجہ سے اینٹھا ہوا یا ٹیڑھا۔ ③ (مزاح) روکھا، محض خاکہ اُڑانے والا۔ ● **wryly** م ف۔ **wryness** اسم۔

**WYSIWYG** *adj.* کمپیوٹر: وزی وگ، متن جس طرح اسکرین پر دکھایا گیا ہے ہو بہو اسی طرح چھپ کر نکلے گا [*what you see is what you get* کے پہلے حرفوں کو جوڑکر بنایا ہوا لفظ]

# Xx

**X** *n.* ① (رومن ہندسوں میں) دس کا نشان۔ ② علامت: (فلموں کی بابت) صرف بالغوں کے لیے۔

**X chromosome** *n.* جنسی لون جسمیہ، ان کی تعداد نسوانی خلیوں میں مردانہ خلیوں کی نسبت دگنی ہوتی ہے۔

**Xe** عنصر xenon زینون کی علامت۔

**xenon** *n.* زینون، ایک بھاری، بے رنگ، بے بو، کیمیائی گیسی عنصر (علامت: Xe)

**xenophobia** *n.* غیر ملکیوں یا اجنبیوں سے شدید نفرت اور بے اعتباری۔

**xenotransplantation** *n.* کسی نسیج یا عضو کی کسی دوسری نوع کی نسیج یا عضو کے ساتھ پیوندکاری یا تبدیلی۔

**Xerox** *n. & v.* اسم: تجارتی نام: ① زیروکس، فوٹو اسٹیٹ کے ذریعے نقل تیار کرنے کی مشین۔ ② اس مشین سے تیار کردہ نقل۔ ف: عکسی نقل تیار کرنا۔

**Xmas** *n.* بول چال: کرسمس، بڑا دن۔

**X-rated** *adj.* ناشائستہ، فحش، عریاں۔

**X-ray** *n. & v.* اسم: (X-rays) برقناطیسی شعاعوں کی مدد سے لی جانے والی تصویر جس میں جسم کے اندرونی اعضا، بالخصوص ہڈیاں نظر آجاتی ہیں۔ ف: ایکسرے کی مدد سے تصویر لینا، طبّی معائنہ یا علاج کرنا۔

**xylophone** *n.* ایک ساز جس میں لکڑی کی ڈنڈیوں

پر لمبائی کے رُخ نشان ڈال دیے جاتے ہیں اور جسے چھوٹے چھوٹے لکڑی کے ہتھوڑوں سے بجایا جاتا ہے۔

# Yy

**Y** کیمیا: عنصر yttrium ٹریم کی علامت۔

**yacht** *n.* ① ہلکی پھلکی بادبانی کشتی، خصوصاً جو کشتی دوڑ کے لیے لیس ہو۔ ② نسبتہً بڑی کشتی انجن سے چلنے والی، سیر و سفر کے لیے موزوں۔ ● **yachting** اسم: کشتی رانی۔ **yachtsman** اسم۔ **yachtswoman** اسم۔

**yak** *n.* تبت کا کوہان والا جھبرا بیل۔

**yam** *n.* کھانے والی نشاستے دار موٹی جڑ پنڈالو؛ شکرقند۔

**yang** *n.* (چینی فلسفے میں) کائنات کا فعّال مردانہ اصول۔

**yank** *v. & n.* بول چال، ف: جھٹکے سے اپنی طرف کھینچنا۔ اسم: ① زوردار جھٹکے سے کھینچنے کا عمل، اینچن۔ ② **(Yank)** امریکا کا باشندہ، امریکی۔

**yap** *v. & n.* ف: **(yapping، yapped)** بھونکنا، تیز آواز میں چیخنا۔ اسم: بھونکنے کی آواز۔

**yard** *n.* ① گز، لمبائی ناپنے کا پیمانہ، تین فٹ (۰٫۹۱۴۴ میٹر) کے برابر۔ ② مستول کے ساتھ ترچھی لگی ہوئی بلّیاں جس پر بادبان تانے جاتے ہیں۔ ③ باڑا، احاطہ، خاص طور پر کسی عمارت کے ساتھ کھلا حصّہ۔

**yardage** *n.* کسی چیز کی گزوں میں لمبائی۔

**yardstick** *n.* ① معیار برائے موازنہ۔ ② ایک گز لمبی ڈنڈی جس میں ۳۶ انچ ہوتے ہیں۔

**yarmulke** *n.* (also **yarmulka**) چندیا پر منڈھی چھوٹی ٹوپی جو یہودی مرد پہنتے ہیں۔

**yarn** *n.* ① بٹا ہوا دھاگا، ڈوری، بتلی وغیرہ۔ ② بول چال: طول طویل قصّے۔

**yashmak** *n.* چہرے کی نقاب جسے اکثر مسلم خواتین گھر سے نکلتے وقت ڈال لیتی ہیں، یشمک۔

**yaw** *v.* (بحری جہاز یا طیارے کا) سیدھا سیدھا نہ چل سکنا، ہچکولے کھانا۔

**yawn** *v. & n.* ف: جمائی لینا، منہ پھاڑے ہونا۔ اسم: جمائی لینے کا عمل۔

**Yb** ytterbium اٹربیم نامی عنصر کی علامت۔

**Y chromosome** *n.* ایک جنسی لونی جسمیہ جو انسانوں اور پستانی حیوانوں کے صرف مردانہ خلیوں میں پایا جاتا ہے۔

**yd** اختصار: yard۔

**year** *n.* سال، برس، عرصہ جو زمین کو سورج کے گرد ایک چکّر مکمل کرنے میں لگتا ہے یعنی ۳۶۵ دن، ۵ گھنٹے، ۴۸ منٹ اور ۴۶ سیکنڈ (نیز **calendar year**) پہلی جنوری سے ۳۱ دسمبر تک ۳۶۵ دن کی مدّت، اتنی ہی مدّت کا کوئی عرصہ۔

**yearbook** *n.* سالانہ کتاب، سال میں ایک بار شائع ہونے والی کتاب یا جریدہ جس میں (عموماً گزشتہ) سال کے واقعات اور حالات کا جائزہ پیش کیا جائے۔

**yearling** *n.* ایک سال اور دو سال کے درمیان کی عمر کا جانور۔

**yearly** *adj. & adv.* صف: ① سالانہ، سال میں ایک بار واقع ہونے والا۔ ② سال بھر یا سال بھر کے لیے۔ م ف: سالانہ؛ سال بسال۔

**yearn** *v.* انتہائی آرزومند یا مشتاق ہونا۔

**yeast** *n.* خمیر، جامن۔

**yell** *n. & v.* اسم: بلند چیخ۔ ف: نعرہ لگانا، چیخ اُٹھنا۔

**yellow** *adj., n. & v.* صف: ① زرد، پیلا جیسے انڈے کی زردی، لیموں یا سونے کا رنگ۔ ② بول چال: بزدلانہ۔ ③ (اخبار وغیرہ) سنسنی خیز۔ اسم: پیلا رنگ یا شے۔ ف: پیلا پڑ جانا۔ ● **yellowish** صف: زردی مائل۔

**yelp** *n. & v.* اسم: تکلیف یا جوش میں نکالی گئی تیز اور باریک کتوں جیسی آواز۔ ف: ایسی آواز نکالنا۔

**yen** *n.* ① جاپان کا معیاری سکّہ۔ ② بول چال: ہڑک، طلب، اشتیاق۔

**yeoman** *n.* (*pl.* **-men**) تاریخ: چھوٹی موٹی زرعی اراضی کا مالک جو خود اس پر کاشت کرتا تھا۔

**yes** *int. & n.* فجائیہ:①جی ہاں، ہاں، اثبات میں جواب۔② (مخاطب کیے جانے یا طلبی پر) اپنی موجودگی کا اعلان۔ اسم:① لفظ ہاں کی ادائیگی۔② رضامندی۔

**yes-man** *n.* (*pl.* **-men**) بول چال: جی حضوری کرنے والا، خوشامدی، تابعدار۔

**yesterday** *adv. & n.* ①(گزرا ہوا) کل۔② ماضی قریب میں۔

**yet** *adv. & conj.* م ف:① اب تک، اس وقت تک، تاحال۔② مزید برآں، پھر، اور ابھی۔③ ابھی، اب تک، اتنی جلدی، اس کے باوجود۔ عطف: تاہم، اس کے ساتھ ساتھ، لیکن اس کے باوجود۔

**yeti** *n.* آدمی سے ملتا جلتا ایک حیوان جو ہمالیہ میں موجود بتایا جاتا ہے۔

**yew** *n.* نکیلے پتوں والا سدا بہار صنوبری درخت۔

**Y-fronts** *n. pl.* برط، تجارتی نام: مردانہ جانگیا جس میں آگے Y کی شکل کی سلائی ہوتی ہے۔

**Yiddish** *n.* ایک بولی جو وسطی اور مشرقی یورپی نژاد یہودی بولتے ہیں۔

**yield** *v. & n.* ف:① پیدا کرنا، پھل یا منافع دینا، نتیجہ حاصل کرنا۔② چھوڑ دینا، قبضہ دے دینا، مان لینا، تعمیل کرنا۔ اسم: پیداوار، حاصل، یافت، منافع۔

**yin** *n.* (چینی فلسفے میں) کائنات میں کارفرما انفعالی نسوانی اصول۔

**yippee** *int.* ارے واہ! مسرت یا جوش ظاہر کرنے کا فجائی کلمہ۔

**YMCA** تخفیف: Young Men's Christian Association۔

**yob** *n.* بول چال: لفنگا، لچّا، بدمعاش (آدمی)

**yodel** *v. & n.* ف: (yodelling، yodelled امریکا: yodeled) عام سُریلی آواز میں گاتے گاتے باریک اونچے سُر میں بے ربط تان لگانا۔ اسم: ایسی تان۔ ● **yodeller** اسم: بے ربط تان لگانے والا۔

**yoga** *n.* یوگ، تپسّیا، ریاض اور مراقبے کا ایک ہندوانہ طریقہ جو انسان کو قوت عرفان عطا کرتا ہے؛ یوگا ورزشیں۔

**yogurt** *n.* (also **yoghurt**) دہی سے بنی ہوئی نیم جامد ترشی مائل غذا۔

**yoke** *n. & v.* اسم:① (بیلوں کی گردن پر ڈالا جانے والا) جُوا۔② پوشاک کا بالائی حصّہ جس سے باقی حصّہ لٹکا ہوتا ہے، چولی۔③ محکومی، یا غلامی، خصوصاً جس میں ظلم کا دور دورہ ہو۔ ف ①: جوے میں جوتنا، جوا رکھنا۔② جوڑی ملانا۔③ دو چیزوں کو باہم ملانا، جوڑ دینا۔

**yokel** *n.* گنوار، گھامڑ، دہقانی۔

**yolk** *n.* انڈے کی زردی۔

**yonder** *adj. & adv.* قدیم: اُدھر کا، جس طرف اشارہ کیا گیا ہو اُدھر۔

**yonks** *n. pl.* بول چال: طویل عرصہ، لمبی مدّت۔

**yore** *n.* □ **of yore** ادبی: پرانے وقتوں کا، قدیم۔

**Yorkshire pudding** *n.* ایک قسم کی پڈنگ جو عام طور پر گائے کے بھنے ہوئے گوشت کے ساتھ کھائی جاتی ہے۔

**you** *pron.* ① تم، آپ، آپ سب۔② ہر ایک، کوئی بھی۔

**young** *adj. & n.* صف: (**younger**، **youngest**) ① نوجوان یا جوان۔② توانا، جوشیلا، ناتجربہ کار۔ اسم: جانور کا بچہ۔

**youngster** *n.* جواں سال لڑکی، لڑکا، بچہ۔

**your** *adj.* تمھارا، آپ کا۔

**yours** *poss. pron.* تمھارا، آپ کا۔

**yourself** *pron.* (*pl.* **yourselves**) تم خود یا آپ خود کی تاکیدی شکل۔

**youth** *n.* ① نوجوانی، نوعمری، لڑکپن۔② توانائی، جوش، ناتجربہ کاری وغیرہ جو نوجوانی کا خاصہ ہیں۔③ نوجوان؛ نوجوان افراد بحیثیت مجموعی۔

**youth club** *n.* نوجوانوں کا کلب، جو نوجوانوں کے فرصت کے مشاغل کے لیے وقف ہو۔

**youthful** *adj.* جوان بالخصوص ظاہری وضع قطع اور انداز و اطوار میں۔ ● **youthfulness** اسم: نوعمری۔

**youth hostel** *n.* نوجوانوں کی اقامت گاہ، کوئی جگہ جہاں (بالخصوص نوجوان) چھٹیاں منانے والے بہت تھوڑا کرایہ دے کر رات گزار سکیں۔

**yowl** *n. & v.* اسم: درد بھری بھیانک چیخ، کتے بلّی جیسی آواز جو وہ چوٹ یا تکلیف سے نکالتے ہیں۔ ف: دردناک، بھیانک چیخ نکالنا۔

**yo-yo** *n. & v.* اسم:(ج: **yo-yos**) تجارتی نام: ایک کھلونا جس میں دو جڑی ہوئی ٹکیوں کے بیچ میں ایک نالی پر ڈوری لپٹی ہوتی ہے اور جو بار بار کھلتی اور لپٹتی ہے اس طرح کھلونا اوپر نیچے ہوتا رہتا ہے۔ف: (**yo-yoed**،**yo-yoes**) تیزی سے اوپر نیچے آنا جانا۔

**ytterbium** *n.* ایک روپہلی فلزاتی عنصر جو قدرت میں ہمجاوں کی شکل میں ملتا ہے(علامت:Yb)

**yttrium** *n.* ایک سرمئی دھاتی عنصر (علامت:Y)

**yuan** *n.* (*pl.* same) چین کا سکّہ۔

**Yuck** *int.* (also **yuk**) بول چال: فجائیہ: کلمہ جس سے نفرت یا بدمزگی کا اظہار مقصود ہو؛ تھو، تف۔

**yuletide** *n.* قدیم: کرسمس کا تہوار۔

**yummy** *adj.* (**yummier, yummiest**) بول چال: نہایت مزے دار، لذیذ، خوش ذائقہ۔

**yuppie** *n.* (also **yuppy**) بول چال: متوسط طبقے کا کوئی نوجوان ہنرمند جو شہر میں کام کرتا ہو۔

**YWCA** تخفیف: Young Women's Christian Association۔

# Zz

**zany** *adj. & n.* صفت:(**zanier**،**zaniest**) اول جلول، مضحکہ خیز۔اسم: مسخرا، نقلچی، بھانڈ۔

**zap** *v. & n.* بول چال،ف:(**zapped**،**zapping**) ① مار ڈالنا، تباہ کردینا، (کسی پر) اچانک وار کرنا۔② جوش و خروش سے تیز قدم چلنا۔ اسم:① توانائی، کس بل۔② شدید جذباتیت۔

**zeal** *n.* ① سنجیدگی، ذوق و شوق، جوش و خروش کسی مقصد کے لیے۔② دلجمعی اور مستقل مزاجی سے کوشش۔ ● **zealous** صفت: پُرجوش۔ **zealously** م ف۔

**zealot** *n.* کٹر حامی، حد سے زیادہ یا انتہائی جانبدار۔

**zebra** *n.* زیبرا، سیاہ و سفید دھاریوں والا گھوڑے اور خچر کے خاندان کا افریقی چوپایہ۔

**zebra crossing** *n.* پیدل چلنے والوں کے لیے سڑک پار کرنے کا پٹی دار راستہ جہاں انھیں گاڑی والوں پر فوقیت ہوتی ہے۔

**Zen** *n.* مہایانا بدھ مت کا ایک مسلک جس میں مراقبے اور وجدان پر زور دیا جاتا ہے [جاپانی=استغراق]

**zenith** *n.* ① سمت الرّاس، کرۂ فلکی کا وہ حصّہ جو مشاہدہ کرنے والے کے عین سر پر ہو۔② انتہائی عروج۔

**zero** *n. & v.* اسم:(ج: **-os**) ① صفر، صفر کا ہندسہ (٠)؛ نہ کوئی مقدار نہ تعداد، کچھ نہیں۔② کسی پیمانے پر وہ سطحی نقطہ جس سے مثبت یا منفی مقدار کا حساب لگایا جائے۔ ف:(**zeroed**،**zeroing**)(کسی پیمائشی آلے کو) صفر پر لے آنا۔□ **zero in on** ① کسی چیز کا نشانہ لینا۔ ② کسی بات پر پوری توجہ مرکوز کرنا۔

**zero-emission** *adj.* (گاڑی) جو زہریلا دھواں بالکل نہ خارج کرے۔

**zero hour** *n.* ① وہ وقت جس پر کسی طے شدہ کارروائی کو شروع ہونا ہو۔② فیصلہ کن یا انتہائی اہم لمحہ۔

**zest** *n.* ① تیکھا پن، ترغیب آفریں مزا۔② ذوق و شوق، لگن رغبت۔③ لیموں، سنترے وغیرہ کے کترے ہوئے چھلکے، ذائقہ بہتر کرنے کے لیے مستعمل۔ ● **zestful** صفت: پُرجوش۔ **zestfully** م ف: لطف انگیز طور پر۔

**zigzag** *n., adj., adv. & v.* اسم: آڑی ترچھی لکیر یا راستہ جو بار بار ادھر اُدھر مڑے۔ صف: ٹیڑھے میڑھے خطوط کی شکل کا، لہریے دار۔م ف: چکّر دار راستے سے۔ ف:(**zigzagged**،**zigzagging**) ٹیڑھے میڑھے راستے پر چلنا۔

**zilch** *n.* بول چال: کچھ نہیں، خاک دھول۔

**zinc** *n.* (علامت: Zn) جست، ایک سفید دھاتی عنصر

**zing** *n. & v.* بول چال، اسم: توانائی، چُستی، جان، قوت۔ف: بہت تیزی سے حرکت کرنا۔

**Zionism** *n.* صیہونیت، ابتدا میں فلسطین میں اسرائیل نام کی یہودی مملکت کے دوبارہ قیام کی تحریک اور اب اسرائیل کے تحفظ اور ترقی کی تحریک۔● **Zionist** اسم۔

**zip** *n. & v.* ① (**zip fastener** کا اختصار) زپ، کپڑے کے دو سرے جوڑنے کی چیز۔② توانائی، قوت،

پھرتی۔ ف:(zipping،zipped) ①زپ لگا کے بند کرنا۔② تیزی کے ساتھ حرکت کرنا یا تیز رفتاری سے۔

**zip code** *n.* امریکا: ڈاک کی تقسیم میں سہولت کے لیے ایک شناختی نظام۔

**zipper** *n.* زپ۔

**zircon** *n.* زرقون، جس کی کچھ اقسام سے قیمتی جواہر تراشے جاتے ہیں۔

**zirconium** *n.* سرمئی دھاتی عنصر (علامت:Zr)

**zit** *n.* بول چال: مہاسا، کیل، دانہ۔

**zither** *n.* چھ تارا، ایک قسم کا ستار یا بربط جسے انگلیوں اور مضراب سے بجایا جاتا ہے۔

**zloty** *n.* (*pl.* same or **zloties**) پولینڈ کا سکہ۔

**Zn** عنصر جست کی علامت۔

**zodiac** *n.* علم نجوم یا جیوتش کی رو سے ایک آسمانی دائرہ جس میں سورج، چاند اور اکثر جانے بوجھے سیّارے شامل ہیں اور اسے ۱۲ برجوں یا راسوں میں تقسیم کیا جاتا ہے جو (signs of the zodiac) کہلاتے ہیں۔ ● **zodical** صف۔

**zombie** *n.* بول چال: ①ٹھس، بے حس آدمی۔② لاش جس میں جادو کے زور سے جان ڈال دی گئی ہو۔

**zone** *n. & v.* اسم: کوئی خطّہ جس کے کچھ مخصوص خدوخال، صفات، مقاصد یا استعمال ہوں۔ف: خطّوں میں تقسیم کرنا یا ترتیب دینا۔● **zonal** صف: خطّہ واری۔

**zoo** *n.* چڑیا گھر۔

**zoology** *n.* حیوانیات، حیوانوں کا سائنسی مطالعہ۔● **zoological** صف: حیوانیاتی۔**zoologist** اسم۔

**zoom** *v.* ①نہایت تیزی سے حرکت کرنا۔② (کیمرے کے متعلق) دور کا شاٹ لینے کے بعد منظر کو نہایت تیزی سے بالکل پاس لے آنا۔③ (قیمتوں کا) تیزی سے اوپر چڑھ جانا۔

**zoophyte** *n.* حیوانی نبات، بالخصوص مرجان، اسفنج اور بحری شقائق۔

**Zr** zirconium زرکونیئم نامی عنصر کی علامت۔

**zucchini** *n.* (*pl.* same or **zucchinis**) خصوصاً امریکا: گھیا توری۔

**Zulu** *n.* جنوبی افریقہ کی بانتو قوم کا رکن یا ان کی زبان۔

**zygote** *n.* دو گمٹوں یا زواجوں کے ملاپ سے وجود میں آنے والا خلیہ۔

# اوقاف و علامات

عبارت کی وضاحت اور معنی کی تقسیم و تفہیم کے لیے مستعمل اوقاف ورموز جو برطانوی انگلش میں رائج ہیں ، ان کی تفصیل و تشریح ذیل میں درج ہے۔
امریکی انگریزی میں ان کا استعمال قدرے مختلف ہے جو واضح کر دیا گیا ہے۔

**Capital letter** حرف کبیر، بڑا حرف
اُردو میں غیر مستعمل۔

**Full stop(.)** وقفہ یا وقفۂ کامل یا ختمہ ( ۔ )
اردو میں اس کی جگہ عموماً چھوٹا افقی خط لگایا جاتا ہے۔

**Semicolon (;)** سیمی کولن یا نیم وقفہ ( ؛ )
اردو میں الٹے واؤ کے نیچے ایک بندی۔

**Comma (,)** کوما یا وقفۂ صغریٰ ( ، )
اردو میں الٹے واؤ کی صورت میں۔

**Colon ( : )** وقفۂ توضیح ( : )
اردو میں بھی یہی۔

**Question mark ( ? )** استفہامیہ علامت ( ؟ )
اردو میں اس کا رخ الٹا ہو جاتا ہے

**Exclamation mark (!)** فجائیہ ( ! )
اردو میں بھی یہی علامت۔

**Apostrophe ( ' )** واؤ تملیکی یا حذفی
اردو میں غیر مستعمل۔

**Quotation marks (' ')** واوین یا علامت اقتباس ( ' ' )
اردو علامات بھی اسی کے مماثل۔

**Brackets ( [ ] )** قوسین ( [ ] )
(اردو میں بھی اسی کے مماثل ) بعض اوقات ہلالی کی جگہ کھڑی یا عمودی شکل میں: [-]

**Dash (—)** خطِ افقی ( ـ )
خطِ فاصل۔ اردو میں عام طور پر فل اسٹاپ کے لیے استعمال ہوتا ہے۔

**Hyphen (-)** خطِ ربط یا خطِ الحاق
اردو میں غیر مستعمل۔

**General remarks** عمومی اشارات
عام طور پر وقفۂ کامل اور کوما زیادہ استعمال ہوتے ہیں۔ وقفہ یا وقفۂ کامل جملوں کو اور کوما فقروں یا تحتی جملوں یا ان کے اجزا کو الگ الگ کرتا ہے ۔ بریکٹ اور قوسین کا بھی یہی مصرف ہے ۔ ربط و تسلسل قائم رکھتے ہوئے، ابہام دور کرنا۔

**Capital letter (A.B.C...)** حرفِ کبیر

- عموماً جملے کے آغاز میں پہلا حرف بڑا ہوتا ہے، م:

  *He decided not to come. Later he changed his mind.*

- تحتی فقرہ جو کسی جملے کے درمیان بریکٹ کے اندر آئے اسے بڑے حرف سے شروع کرنا ضروری نہیں، م:

  *I have written several letters (there*

are many to be written ) and hope to finish them tomorrow.

• مگر ذیل کے جملے کے درمیان ایک مکمل جملہ آتا ہے اس لیے اسے بڑے حرف سے شروع کیا جائے گا،م :

There is more than one possibility. (You have said this often before.) So we should think carefully before acting.

• بڑاحرف اقتباسات کے شروع میں بھی آتا ہے،م:

The assistant turned and replied, 'There are no more left.'

• اسم اعلام،خطابات وغیرہ بھی بڑے حرف سے شروع ہوتے ہیں۔

**Full stop (.)** فل اسٹاپ (وقفۂ کامل)

• یہ جملے کے ختم پرآتا ہے(استفہامیہ یافجائیہ کے علاوہ)۔ باہم مربوط جملوں کے مابین سیمی کولن یا نیم وقفہ ہوگا۔

• وقفۂ کامل اختصارات ظاہر کرنے کے لیے بھی لگایا جاتا ہے، (م: Weds.,Gen., p.m. )۔

بعض عام اور مانوس اختصارات بغیر وقفے کے بھی لکھے جاتے ہیں۔(م: Dr ، Mr ، Mrs وغیرہ) نیز سرنامے یااختصارات جیسے : (BBC ، GMT وغیرہ)۔

• اگر ایسا کوئی نام یا اختصار ( جیسے .etc ) جملے کے آخر میں آئے تو مزید وقفہ لگانے کی ضرورت نہیں، لیکن ذیل کی صورت میں جائز ہے:

They have a collection of many animals, (dogs, snakes, cats, tortoises, etc. ).

• تین مسلسل فل اسٹاپ حذف یا نامکمل اقتباس کو ظاہر کرتے ہیں۔ اس صورت میں ایک چوتھا فل اسٹاپ جملے کے اختتام کے طور پرلگایا جاتا ہے،م :

He left the room, banged the door,... and went out.

The report said : 'There are many issues to be considered, of which the chief are money, time, and personnel.... Let us consider personnel first.'

• فل اسٹاپ اعشاریہ کی علامت کے طور پربھی آتا ہے۔ ( 10.5%; Rs. 11.65 ) یا گھنٹوں یا منٹوں کی تفریق کے لیے ( .6.15 p. m )۔امریکا میں اس موقع پرکولن لگاتے ہیں۔

**Semicolon( ; )** سیمی کولن (نیم وقفہ)(؛)

• یہ دو جملوں یا فقروں کو، جن میں معنوی ربط ہو، باہم ملانے کا کام کرتا ہے۔

In the north of the city there is a large industrial area with little private housing ; further east is the university.

To err is human ; to forgive, divine

• اس کے علاوہ یہ تحتی جملوں کو جن کے بیچ میں کومے آئے ہوں، زیادہ واضح طور پرتقسیم کرتا ہے۔

• اسی طرح فہرست وغیرہ میں بھی وسیع ترشق بندی کا کام کرتا ہے،م :

I should like to thank the managing director, Stephen Jones; my secretary, Mary Cartwright ; and my assistant, Kenneth Sloane.

**Comma(,)** کوما (وقفۂ صغریٰ یا چھوٹا وقفہ)(،)

• اس کے کئی مختلف استعمال ہوتے ہیں۔ یہ عموماً لمبے جملوں کو تقسیم کرتا ہے۔ زیادہ کومے ذہن کو بھٹکا سکتے ہیں۔ ناکافی ہوں تو عبارت گنجلک ہوسکتی ہے۔

- یہ زیادہ تر مرکب جملوں کے باہم مربوط ٹکڑوں میں امتیاز کرتا ہے ۔جہاں سیمی کولن کے ذریعے تقسیم پر زیادہ زور دینا غیر ضروری ہو عموماً ان کے درمیان کوئی حرفِ ربط لایا جاتا ہے جیسے: and، but، yet وغیرہ:

*The road runs through a beautiful wooded valley, and the railway line follows it closely.*

- مرکب جملے کے اجزا کو حرفِ ربط کے بغیر مسلسل لکھنا غلط سمجھا جاتا ہے ۔ ذیل کے جملے میں یا تو کومے کی جگہ سیمی کولن آ جانا چاہیے یا کومے کے ساتھ and آنا چاہیے:

*I like swimming very much, I go to the pool every week.*

- تفاعل کو فعل سے کوما لگا کر جدا کرنا بھی درست نہیں جیسے :

*Those with the smallest incomes and no other means, should get most support.*

- کومے عموماً اسم سے پہلے آنے والی صفتوں کے درمیان لگائے جاتے ہیں، م :

*A cold, damp, badly heated room.*

*An enterprising, ambitious person.*

- لیکن اگر آخری صفت اس کے ساتھ زیادہ مربوط ہو تو کوما نہیں لگاتے ،م :

*A little old lady.* یا *A distinguished foreign politician.*

- کوما اکثر ابہام رفع کرنے کا کام بھی کرتا ہے:

*With the police pursuing, the people shouted loudly.*

- جملے کے بیچ میں داخل ہونے والے الفاظ کو بھی جو جملے کا لازمی جز و نہ ہوں کومے کے ذریعے الگ کیا جاتا ہے،م :

*I should like you all, ladies and gentlemen, to raise your glasses.*

*There is no sense, as far as I can see, in this suggestion.*

*It appears, however, that we were wrong.*

- کوما ذیلی فقرے کو پچھلے لفظ سے علاحدہ کرنے کے لیے بھی آتا ہے،م :

*The book, which was on the table, was a present.*

یہاں کتاب کا میز پر ہونا اتفاقی امر ہے ۔اگر کوما نہ ہوتو کتاب کی تعریف یا شناخت مراد ہوگی یعنی وہ کتاب جو میز پر تھی اور اس صورت میں which کی جگہ that بھی آ سکتا ہے۔

- کوما فہرست کی مدات یا شقوں کو جدا کرنے کے لیے بھی آتا ہے ۔ آخری مد کے ساتھ and سے پہلے کوما لگانے کے بارے میں اختلاف ہے ۔ اس ڈکشنری کا اصول یہ ہے کہ کوما لگایا جائے،م:

*The following will report at 9.30 sharp: Jones, Smith, Thompson, and Williams.*

اس طرح بعض صورتوں میں ابہام رفع ہو جاتا ہے جبکہ آخری نام دہرا ہو، جیسے:

*We shall go to Smiths, Boots, Woolworths, and Marks and Spencer.*

- چار سے زیادہ اعداد پر مشتمل رقم کے درمیان سیدھے ہاتھ کی طرف سے تین تین اعداد کے بعد کوما آتا ہے جیسے: (10,135,793)

## کولن ( وقفہ، توضیحی ) ( : ) **Colon ( : )**

- کولن اصلی جملوں کے درمیان فاصلہ رکھنے کے لیے لایا جاتا ہے، جبکہ پہلے کے بعد دوسرے میں بات ذرا آگے بڑھی ہو، تمہیدی جملے کے بعد اصل نکتہ :

*There is something I want to say: I should like you all to know how grateful I am to you.* یا

*It was not easy: to begin with I had to find the right house.*

• یہ کسی فہرست کے آغاز سے پہلے بھی آتا ہے :

*The following will be needed: a pen, pencil and a rubber.*

**Question mark ( ? )** استفہامیہ (؟)

• یہ فل اسٹاپ کی جگہ آتا ہے اور ظاہر کرتا ہے کہ اس سے پہلے کا جملہ سوال تھا، م :

*Do you want another piece of cake?*

*He really is her husband?*

• علامت استفہام اس سوال کے بعد نہیں لگائی جاتی جو جملہ خبریہ میں مضمر ہو،م:

*I asked you whether you wanted another piece of cake.*

• یہ کبھی ( بریکٹ کے اندر ) شک ظاہر کرنے کے لیے بھی آتا ہے :

*Julius Caesar, born (?) 100 BC.*

**Exclamation mark ( ! )** فجائیہ (!)

یہ علامت ان استعجابیہ جملوں میں لگائی جاتی ہے جہاں :

☆مہملیت کو جتانا مقصود ہو *What an idea!*

☆حکم دینا یا تنبیہہ کرنا *Go to your room!*

*Be careful!*

☆نفرت یا بیزاری کا اظہار *They are revolting!*

☆ جذبے یا تکلیف کا اظہار *That really hurts!*

*I'd love to come!*

*Ouch!*

☆کسی تمنّا یا توقع یا رنج و افسوس کا اظہار *If only I could swim!*

*Let me come!*

☆حیرت و استعجاب ، یا داد وستائش کے لیے *Aren't they beautiful!*

*What a good idea!*

**Apostrophe ( ' )** علامت تمکیلی یا حذفی

• اکثر نسبت یا ملکیت ظاہر کرنے کے لیے آتی ہے ،م: John's book, the girls' mother وغیرہ۔ جو الفاظ، واحد یا جمع s پر ختم نہ ہوں ان میں s سے پہلے ، م: the boy's games یا the women's games اور جو s پر ختم ہوں ان میں s کے بعد، م : the boys' games

• واحد الفاظ جو s پر ختم ہوں ان کے بارے میں اختلاف ہے کہ علامت s سے پہلے لگے یا بعد میں، جیسے: Charles's اور Charles' لیکن بعض صورتوں میں اختصار کو ترجیح دی جاتی ہے، جیسے : Xerxes' fleet

• یہ علامت کاروبار کے مقام کو ظاہر کرنے کے لیے بھی آتی ہے جیسے : the butcher's. مراد قصائی کی دکان ۔ بعض معروف ناموں میں خارج بھی رکھی جاتی ہے جیسے : Smiths, Lloyds Bank. اسے اختصار یا تخفیف کے لیے بھی لایا جاتا ہے جیسے:

( he,s, wouldn't, bo's'un, o'clock )

• یہ کبھی کبھی مخففات کی جمع بنانے کے لیے بھی آتی ہے مگر اب بہت کم۔ cross your t's میں درست مگر MPs اور 1940s میں غیر ضروری۔

• علامت اقتباس کے طور پر اس کا استعمال آگے واضح کیا گیا ہے۔

**Quotation ( ' ' ) marks** علامات اقتباس (' ')

• ان کا اصل کام اقتباس یا براہِ راست ، بلا واسطہ بیان کو ظاہر

• اور ضمنی الفاظ کے لیے بھی :

*There are many (apparent) difficulties.*

• کھڑے بریکٹ نسبتاً کم برتے جاتے ہیں ۔ یہ عموماً زائد معلومات کے اندراج کے لیے استعمال ہوتے ہیں جب اصل مصنف کے علاوہ ایڈیٹر وغیرہ کی طرف سے اضافہ کیا جائے،م:

*The man walked in, and his sister [Sarah] greeted him.*

• ایسی صورت میں بھی لگائے جاتے ہیں کہ قوسین یا ہلالی بریکٹ بھی ساتھ ہی ساتھ کسی اور مقصد سے برتے جارہے ہوں۔

**Dash(—)** ڈیش(-)

• یہ وقفے کے لیے آتا ہے یا کسی توضیح ماقبل کی تفصیل کے لیے:

*'I think you should have–told me,' he replied.*

*We then saw the reptiles–snakes, crocodiles, that sort of thing.*

• دہرا ڈیش جملہ معترضہ کو ظاہر کرتا ہے یا کومے کو جبکہ کومے یا چھوٹے وقفے سے ذرا زیادہ فاصلہ رکھنے کی ضرورت ہو :

*People in the north are more friendly - and helpful - than those in the south.*

*There is nothing to be gained–unless you want a more active social life - in moving to the city.*

• کبھی یہ کسی فحش لفظ کو حذف کرنے کے لیے بھی آتا ہے :

*'_you all,' he said.*

**Hyphen ( - )** ہائفن: خطِ ربط یا خطِ الحاق (-)

• ہائفن کے دو کام ہیں : لفظوں کو باہم ملا کر مرکب لفظ بنانا، یا سطر کے آخر میں کوئی لفظ پورا نہ آئے تو اسے تقسیم کرنا۔

کرنا ہے ۔ایک الٹا بالائی کوما بیان کے شروع میں اور ایک سیدھا بالائی کوما بیان کے بعد :

*She said, 'I have something to ask you.'*

• آخری کوما دوسری علاماتِ اوقاف کے بعد آنا چاہیے :

*They shouted, 'Watch out !'.*

• اقتباس یا بیان کو دولخت کرنے والی علامت بالائی کومے (واوین) کے اندر رہنی چاہیے :

*'Go away,' he said,'and don't ever come back.'*

• اقتباس در اقتباس کی صورت میں اکہری اور دہری علامات استعمال کی جاتی ہیں :

*'Have you any idea,' he said, what "integrated circuit" means?*

**Brackets ( [ ] )** بریکٹ یا خطوطِ وحدانی( [ ] )

بریکٹ عموماً دو طرح کے ہوتے ہیں ہلالی : ( ) یا عمودی کھڑے : [ ]۔

• ہلالی بریکٹ یا قوسین کے درمیان توضیح یا مزید معلومات درج ہوتی ہے،م :

*He is (as he always was) a rebel.*

*Zimbabwe (formerly Rhodesia).*

*They talked about Machtpolitik (power politics).*

• یہ حوالے کے لیے بھی استعمال ہوتے ہیں:

*Thomas Carlyle (1795-1881).*

*A discussion of integrated circuits (see p.38).*

• بریکٹ حوالے کے حروف یا اعداد کے لیے بھی استعمال ہوتے ہیں : (a),(1) (1)،(الف)

ربط ہو،

جیسے: hard-covered books اور

French-speaking people

یہاں مراد سخت جلد والی کتابوں سے ہے اور فرانسیسی بولنے والے لوگوں سے نہ کہ سخت کتابوں یا فرانسیسی لوگوں سے جو گونگے نہ ہوں۔

- یہ بعض صورتوں میں ابہام دور کرتی ہے، جیسے: twenty-odd people. میں (مراد بیس سے کچھ بڑھ کر)۔
- یہ بعض دوسرے سابقوں کے ساتھ بھی آتی ہے جیسے: anti-, non-,over-, and post-.
- یہ سلسلے وار مرکب الفاظ کے دوسرے مشترکہ جزو کی جگہ بھی لگتی ہے سوائے آخری لفظ کے جیسے: two-,three-,or fourfold.

- انگلستان میں اب مرکبات کے درمیان ہائفن کا استعمال بتدریج کم ہو رہا ہے، خصوصاً جبکہ ملائے جانے والے الفاظ یک جزوی ہوں جیسے:

playgroup اور eardrum، birdsong

اور بعض ان سے لمبے مرکبات میں بھی جیسے:

nationwide اور figurehead

- یہ ایسے لفظوں اور ٹکڑوں کو بھی ملاتی ہے جو مرکبات میں جزو وصفی کے طور پر برتے جاتے ہیں، جیسے: Christmas-tree lights اور well-known man
- یہ سابقوں کے ساتھ بھی آتی ہے جیسے:

re-enact تا کہ ایک e دوسری سے الگ رہے

یا

re-form تا کہ اس پر reform کا دھوکا نہ ہو۔

- ہائفن ایسے لفظوں اور ٹکڑوں کو ملاتی ہے جن کے درمیان معنوی

# Irregular verbs استثنائی افعال

| Infinitive | Past tense | Past participle |
|---|---|---|
| be | was,were | been |
| bear | bore | borne |
| beat | beat | beaten |
| become | became | become |
| begin | began | begun |
| bend | bent | bent |
| bet | bet,betted | bet,betted |
| bind | bound | bound |
| bite | bit | bitten |
| bleed | bled | bled |
| blow | blew | blown |
| break | broke | broken |
| breed | bred | bred |
| bring | brought | brought |
| broadcast | broadcast | broadcast |
| build | built | built |
| burn | burnt, burned | burnt, burned |
| burst | burst | burst |
| buy | bought | bought |
| catch | caught | caught |
| choose | chose | chosen |
| cling | clung | clung |
| come | came | come |
| cost | cost | cost |
| creep | crept | crept |
| cut | cut | cut |
| deal | dealt | dealt |
| dig | dug | dug |
| do | did | done |
| draw | drew | drawn |
| dream | dreamt,dreamed | dreamt,dreamed |
| drink | drank | drunk |
| drive | drove | driven |
| eat | ate | eaten |
| fall | fell | fallen |
| feed | fed | fed |

| Infinitive | Past tense | Past participle |
| --- | --- | --- |
| feel | felt | felt |
| fight | fought | fought |
| find | found | found |
| flee | fled | fled |
| fling | flung | flung |
| fly | flew | flown |
| forbid | forbade | forbidden |
| forget | forgot | forgotten |
| forgive | forgave | forgiven |
| freeze | froze | frozen |
| get | got | got |
| give | gave | given |
| go | went | gone |
| grind | ground | ground |
| grohang | hung,hanged | hung,hanged |
| grow | grew | grown |
| have | had | had |
| hear | heard | heard |
| hide | hid | hidden |
| hit | hit | hit |
| hold | held | held |
| hurt | hurt | hurt |
| keep | kept | kept |
| kneel | knelt,kneeled | knelt,kneeled |
| know | knew | known |
| lay | laid | laid |
| lead | led | led |
| lean | leant,leaned | leant, leaned |
| leap | leapt, leaped | leapt, learned |
| learn | learnt, learned | learnt, learned |
| leave | left | left |
| lend | lent | lent |
| let | let | let |
| lie | lay | lain |
| light | lit,lighted | lit,lighted |
| lose | lost | lost |
| make | made | made |
| mean | meant | meant |
| meet | met | met |

| Infinitive | Past tense | Past participle |
|---|---|---|
| mislead | misled | misled |
| mistake | mistook | mistaken |
| misunderstand | misunderstood | misunderstood |
| mow | mowed | mown |
| overhear | overheard | overheard |
| oversleep | overslept | overslept |
| overtake | overtook | overtaken |
| pay | paid | paid |
| prove | proved | proved,proven |
| put | put | put |
| read | read | read |
| repay | repaid | repaid |
| ride | rode | ridden |
| ring | rang | rung |
| rise | rose | risen |
| run | ran | run |
| saw | sawed | sawn |
| say | said | said |
| see | saw | seen |
| seek | sought | sought |
| sell | sold | sold |
| send | sent | sent |
| set | set | set |
| sew | sewed | sewed,sewn |
| shake | shook | shaken |
| shed | shed | shed |
| shine | shone | shone |
| shoot | shot | shot |
| show | showed | shown,showedw |
| shrink | shrank | shrunk |
| shut | shut | shut |
| sing | sang | sung |
| sink | sank | sunk |
| sit | sat | sat |
| sleep | slept | slept |
| slide | slid | slid |
| sling | slung | slung |
| slit | slit | slit |
| smell | smelt,smelled | smelt,smelled |

| Infinitive | Past tense | Past participle |
|---|---|---|
| sow | sowed | sown,sowed |
| speak | spoke | spoken |
| speed | sped,speeded | sped,speeded |
| spell | spelt,spelled | spelt, spelled |
| spend | spent | spent |
| spill | spilt,spilled | spilt,spilled |
| spin | spun | spun |
| spit | spat | spat |
| split | split | split |
| spoil | spoilt,spoiled | spoilt,spoiled |
| spread | spread | spread |
| spring | sprang | sprung |
| stand | stood | stood |
| steal | stole | stolen |
| stick | stuck | stuck |
| sting | stung | stung |
| stink | stank | stunk |
| stride | strode | stridden |
| strike | struck | struck |
| swear | swore | sworn |
| sweep | swept | swept |
| swell | swelled | swollen, swelled |
| swim | swam | swum |
| swing | swung | swung |
| take | took | taken |
| teach | taught | taught |
| tear | tore | torn |
| tell | told | told |
| think | thought | thought |
| throw | threw | thrown |
| thrust | thrust | thrust |
| tread | trod | trodden |
| understand | understood | understood |
| undo | undid | undone |
| upset | upset | upset |
| wake | woke | woken |
| wear | wore | worn |
| weave | wove | woven |
| weep | wept | wept |

| Infinitive | Past tense | Past participle |
|---|---|---|
| win | won | won |
| wind | wound | wound |
| wring | wrung | wrung |
| write | wrote | written |

# Geographical names جغرافیائی نام

کسی ملک کے حوالے سے اگر صفت اور شخص کے لیے دو مختلف لفظ ہیں تو ہم شخص کے لیے موجود لفظ بھی دیتے ہیں، مثلاً *Finland* کے لیے *Finnish* صفت ہے اور شخص *Finn* ہے۔

| نام | noun | adjective |
|---|---|---|
| افغانستان | Afghanistan | Afghan |
| افریقہ | Africa | African |
| البانیہ | Albania | Albanian |
| الجیریا | Algeria | Algerian |
| امریکا | America | American |
| انگولا | Angola | Angolan |
| (قطب شمالی) انٹارکٹکا | the Antarctic | Antarctic |
| (قطب شمالی) آرکٹک | the Arctic | Arctic |
| ارجنٹائن | Argentina | Argentinian, Argentine |
| آرمینیا | Armenia | Armenian |
| ایشیا | Asia | Asian |
| بحراوقیانوس اٹلانٹک | the Atlantic | the Atlantic |
| آسٹریلیا | Australia | Australian |
| آسٹریا | Austria | Austrian |
| آذربائجان | Azerbaijan | Azerbaijani |
| بنگلہ دیش | Bangladesh | Bangladeshi |
| بیلا روس | Belarus | Belorussian |
| بلجیم | Belgium | Belgian |
| بینن | Benin | Beninese |
| بولیویا | Bolivia | Bolivian |
| بوسنیا ہرزگووینا | Bosnia Herzegovina | Bosnian |
| بوٹسوانا | Botswana | Botswanan |
| برازیل | Brazil | Brazilian |
| برطانیہ | Britain | British (person:Briton) |
| بلغاریہ | Bulgaria | Bulgarian |
| برکینا | Burkina | Burkinese |
| برونڈی | Burundi | Burundian |
| کمبوڈیا | Cambodia | Cambodian |
| کیمرون | Cameroon | Cameroonian |
| کینیڈا | Canada | Canadian |
| کیریبین | the Caribbean | Caribbean |
| جمہوری وسطی افریقہ | Central African Republic | |
| چاڈ | Chad | Chadian |
| چلی | Chile | Chilean |

| نام | noun | adjective |
|---|---|---|
| چین | China | Chinese |
| کولمبیا | Colombia | Colombian |
| کانگو | Congo | Congolese |
| کوسٹاریکا | Costa Rica | Costa Rican |
| کروشیا | Croatia | Croatian |
| کیوبا | Cuba | Cuban |
| قبرص | Cyprus | Cypriot |
| جمہوریہ چیک | Czech Republic | Czech |
| ڈنمارک | Denmark | Danish (Person:Dane) |
| ایکواڈور | Ecuador | Ecuadorian |
| مصر | Egypt | Egyptian |
| ایل سلواڈور | El Salvador | Salvadorean |
| انگلستان | England | English Person: Englishman, Englishwoman |
| اسٹونیا | Estonia | Estonian |
| ایتھوپیا | Ethiopia | Ethiopian |
| یورپ | Europe | European |
| فن لینڈ | Finland | Finnish (Person: Finn) |
| فرانس | France | French |
| گیمبیا | Gambia | Gambian |
| جارجیا | Georgia | Georgian |
| جرمنی | Germany | German |
| گھانا | Ghana | Ghanaian |
| برطانیہ عظمیٰ | Great Britain | British (person:Briton) |
| یونان | Greece | Greek |
| گوئٹے مالا | Guatemala | Guatemalan |

| نام | noun | adjective |
|---|---|---|
| گنی | Guinea | Guinean |
| ہیٹی | Haiti | Haitian |
| ہالینڈ | Holland | Dutch |
| ہونڈوراس | Honduras | Honduran |
| ہنگری | Hungary | Hungarian |
| آئس لینڈ | Iceland | Icelandic (Person: Icelander) |
| بھارت | India | Indian |
| انڈونیشیا | Indonesia | Indonesian |
| ایران | Iran | Iranian |
| عراق | Iraq | Iraqi |
| آئرلینڈ | Ireland | Irish (Person:Irishman Irish woman) |
| اسرائیل | Israel | Israeli |
| اٹلی | Italy | Italian |
| آئیوری کوسٹ | Ivory Coast | Ivorian |
| جمیکا | Jamaica | Jamaican |
| جاپان | Japan | Japanese |
| اردن | Jordan | Jordanian |
| قازقستان | Kazakstan | Kazakh |
| کینیا | Kenya | Kenyan |
| کرغستان | Kirgyzstan | Kirgyz |
| کوریا | Korea | Korean |
| کویت | Kuwait | Kuwaiti |
| لاؤس | Laos | Laotian |
| لیٹویا | Latvia | Latvian |
| لبنان | Lebanon | Lebanese |
| لیبیا | Libya | Libyan |
| لتھوانیا | Lithuania | Lithuanian |

| نام | noun | adjective |
|---|---|---|
| میسوڈونیا (مقدونیہ) | Macedonia (Former Yugoslav republic) | Macedonian |
| مڈغاسکر | Madagascar | Madagascan (person: Malagasy) |
| ملاوی | Malawi | Malawian |
| ملائشیا | Malaysia | Malaysian |
| مالی | Mali | Malian |
| بحیرہ روم | the Mediterranean | Mediterranean |
| میکسیکو | Mexico | Mexican |
| مولڈووا | Moldova | Moldovan |
| مراکش | Morocco | Moroccan |
| موزمبیق | Mozambique | Mozambiquean |
| میانمار | Myanmar | Myanmar |
| نیپال | Nepal | Nepalese |
| نیدرلینڈ | the Netherlands | Dutch (person: Dutchman, Dutchwoman) |
| نیوزی لینڈ | New Zealand | New Zealand (person: New Zealander) |
| نکاراگوا | Nicaragua | Nicaraguan |
| نائیجر | Niger | Nigerian |
| نائیجیریا | Nigeria | Nigerian |
| شمالی آئرلینڈ | Northern Ireland | Northern Irish |
| ناروے | Norway | Norwegian |
| بحرالکاہل | the Pacific | Pacific |
| پاکستان | Pakistan | Pakistani |
| فلسطین | Palestine | Palestinian |

| نام | noun | adjective |
|---|---|---|
| پناما | Panama | Panamanian |
| پاپوا، نیوگنی | Papua New Guinea | Papuan |
| پیراگوائے | Paraguay | Paraguayan |
| پیرو | Peru | Peruvian |
| فلی پین | the Philippines | Philippine person: Filipino) |
| پولینڈ | Poland | Polish (person: Pole) |
| پرتگال | Portugal | Portuguese |
| پیورٹوریکو | Puerto Rico | Puerto Rican |
| رومانیہ | Romania | Romanian |
| روس | Russia | Russian |
| روانڈا | Rwanda | Rwandan |
| سعودی عرب | Saudia Arabia | Saudi |
| اسکاٹ لینڈ | Scotland | Scottish (person: Scot, Scotsman, Scotswoman) |
| سینی گال | Senegal | Senegalese |
| سیرالیون | Sierra Leone | Sierra Leonean |
| سنگاپور | Singapore | Singaporean |
| سلوواکیہ | Slovakia | Slovak |
| سلووینیا | Slovenia | Slovenian |
| صومالیہ | Somalia | Somali |
| جنوبی افریقہ | South Africa | SouthAfrican |
| اسپین | Spain | Spanish (person: Spaniard) |
| سری لنکا | Sri Lanka | Sri Lankan |
| سوڈان | Sudan | Sudanese |
| سویڈن | Sweden | Swedish (person: Swede) |

| نام | noun | adjective |
|---|---|---|
| سوئٹزرلینڈ | Switzerland | Swiss |
| شام | Syria | Syrian |
| تائی وان | Taiwan | Taiwanese |
| تاجکستان | Tajikistan | Tajik |
| تنزانیہ | Tanzania | Tanzanian |
| تھائی لینڈ | Thailand | Thai |
| تبت | Tibet | Tibetan |
| ٹوگو | Togo | Togolese |
| تیونس | Tunisia | Tunisian |
| ترکی | Turkey | Turkish (person: Turk) |
| ترکمانستان | Turkmenistan | Turkmen |
| یوگنڈا | Uganda | Ugandan |
| یوکرین | Ukraine | Ukrainian |
| مملکت متحدہ (برطانیہ) | The United Kingdom (also UK) | British |
| ریاستہائے متحدہ امریکا | The United States of America (also USA and US) | American |

| نام | noun | adjective |
|---|---|---|
| یوروگوئے | Uruguay | Uruguayan |
| ازبکستان | Uzbekistan | Uzbek |
| وینزویلا | Venezuela | Venezuelan |
| ویت نام | Vietnam | Vietnamese |
| ویلز | Wales | Welsh (person: Welshman, Welshwoman) |
| غرب الہند | the West Indies (the Republic of) | West Indian |
| یمن | Yemen | Yemeni |
| یوگوسلاویہ | Yugoslavia | Yugoslavian (person: Yugoslav) |
| زائر | Zaire | Zariean |
| زیمبیا | Zambia | Zambian |
| زمبابوے | | Zimbabwean |